梁山县志

（1994—2013）

梁山县地方志编纂委员会 编

方志出版社
Publishing House of Local Records

图书在版编目（CIP）数据

梁山县志：1994—2013 / 梁山县地方志编纂委员会编. --北京：方志出版社，2018.4
ISBN 978-7-5144-3025-7

Ⅰ. ①梁… Ⅱ. ①梁… Ⅲ. ①梁山县—地方志—1994-2013Ⅳ. ①K295.24

中国版本图书馆CIP数据核字（2018）第048096号

梁山县志（1994—2013）

编　　者：梁山县地方志编纂委员会
责任编辑：王　品

出 版 人：冀祥德
出 版 者：方志出版社
地址　北京市朝阳区潘家园东里9号（国家方志馆4层）
邮编　100021
网址　http://www.fzph.org
发　　行：方志出版社图书经销中心
电话（010）67110500
经　　销：各地新华书店
印　　刷：山东黄氏印务有限公司

开　　本：889×1194　1/16
印　　张：64
字　　数：1550千字
版　　次：2018年4月第1版　2018年4月第1次印刷
印　　数：0001～5000册

ISBN 978-7-5144-3025-7　**定　价**：696.00元

梁山縣名片

◎ 中国专用汽车产业基地

◎ 中国出版物发行产业基地

◎ 全国粮食生产先进县

◎ 全国科技先进县

◎ 全国体育先进县

◎ 全省县域经济跨越发展先进单位

◎ 全省民营经济发展先进县

◎ 全省农田水利基本建设先进县

◎ 全省社会文化先进县

◎ 山东省城市规划管理先进城市

◎ 山东省首批省级风景名胜区

◎ 山东省省级卫生县城

梁山县地方史志编纂委员会

（2012年8月成立）

名 誉 主 任　田卫东

主　　　 任　贾治阜

副　主　 任　孙　颖

委　　　 员　吴春雷　陈丕田　韩仰河　胡　强　王全亮　杨东亮

张忠志　袁怀柱　薛祥卿　刘景冉　闫宪民　李孟雷

杨其勇　孔令军　张广斌　王先华　吴春福　李士兵

佟振堂　王建设　李迎绪　李　华　房继宽　刘志刚

刘汉江　袁东成　王成东　黄尊科　艾桂秋　孙庆军

赵锦民　马　涛　张明进

办公室主任　韩仰河

办公室副主任　刘传镇

（2016年12月调整）

名 誉 主 任　贾治阜

主　　　 任　侯典峰

副　主　 任　孙　颖

委　　　 员　宋培忠　王道岭　张忠志　袁怀柱　薛祥卿　陈丕田

孔庆金　胡克松　胡　强　赵　伟　王先华　李明峰

刘志刚　王成东　赵锦民　黄尊科　李　华　孙明庆

袁东成　马正栋　佟振堂　闫长虹　连桂军　杨东亮

耿树民　杨其勇　艾桂秋　孙庆军　孙　源　苏振明

张　莹　张保贵　袁绍信

办公室主任　胡克松

办公室副主任　邵凤霞

《梁山县志（1994—2013）》编审及工作人员

主　　审　侯典峰

副 主 审　孙　颖

主　　编　孔庆金

执行主编　袁绍信

副 主 编　邵凤霞　袁　博　邓　佳

特邀编辑　房瑞荣　徐长富　徐新生　李树合

编　　辑　（按姓氏笔画排列）

王　前　邓　佳　刘大聪　刘景冉　关义华

孙　源　李孟雷　杨　坤　何清华　张登玺

邵凤霞　周　畅　赵性洪　袁　博　高二焕

县志办主任　韩清春

县志办副主任　刘传镇　邵凤霞

编辑部主任　张　龙

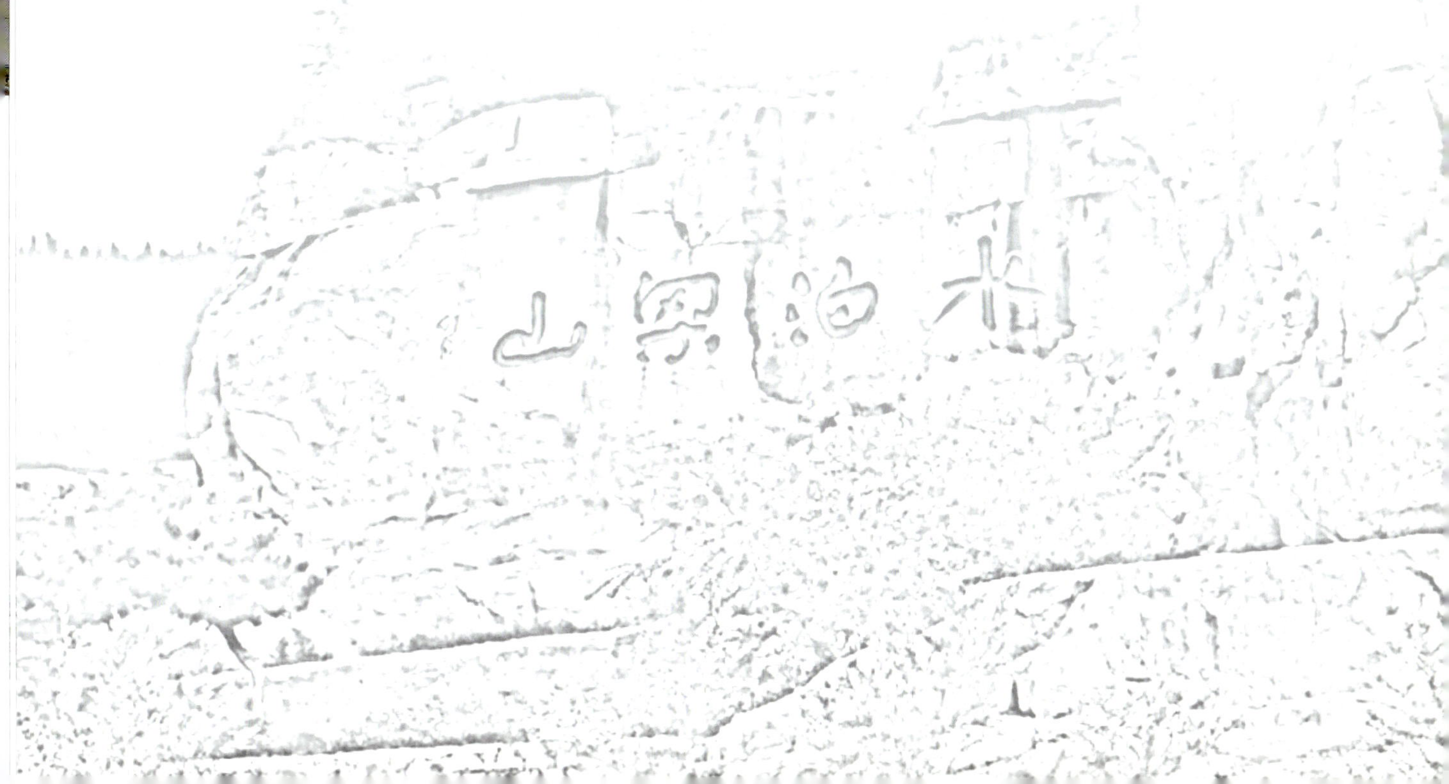

◎ 水泊梁山（关义华摄）

◎ 崛起的梁山新城

◎ 环城水系

◎ 梁山聚义厅

◎ 水泊梁山

◎ 水泊梁山记

◎ 摩崖石刻

◎ 梁山泊及广场全景（关义华摄）

◎ 梁山泊

◎ 梁山泊广场

◎ 凤凰公园全景 （师清杨摄）

◎ 凤凰阁

◎ 凤凰公园东门

◎ 水浒文化广场

◎ 水浒大酒店

◎ 杏花村大酒店

◎ 京九铁路黄河大桥（艾兰英摄）

◎ 南水北调邓楼泵站

◎ 小路口镇产业园黄金谷

◎ 小麦丰收收割忙

◎ 梁山教育出版研发基地

◎ 梁山县专用汽车产业集群

◎ 运河花园鸟瞰图

◎ 盛世华城（雷玉玺摄）

◎ 锦绣城（张仪凤摄）

凡例

一、本志以马克思列宁主义、毛泽东思想和习近平新时代中国特色社会主义思想为指导，坚持辩证唯物主义和历史唯物主义的立场、观点和方法，按照实事求是的原则，力求全面、系统、客观地反映梁山县1994年至2013年间的发展历程，为全县经济、政治、文化、社会、生态文明建设服务。

二、本志为《梁山县志》（1997年版）之续志，上限为1994年，下限为2013年。为保持事物的完整性及记述的连贯性，对某些内容适当上溯或下延。

三、本志采用述、记、志、传、图、表、录、索引诸体，以志为主，图表随文插入。横排门类，纵述史实，详近略远，突出地方特色和时代特点，努力反映县情全貌。

四、本志为中篇结构，设政区建置、自然环境、农业、工业、商贸、金融、财政税收、经济管理、城乡建设、交通邮电、水利建设、国土环保、中共梁山县委、人民代表大会、人民政府、人民政协、党派团体、军事政法、社会管理、教育科技、医疗卫生、文化体育、水浒文化、梁山景观、社会生活、乡镇名村，计26篇、136章、626节；志首设序言、概述、大事记，志末设人物、附录、编后记。

五、本志记述区域以县内现行行政区划为准。

六、本志记述时间一般采用公元纪年，采用历史纪年的，括注公元纪年。

七、本志数据多采用统计部门提供的数据，其他数据经相关部门核实后采用。

八、本志所收“人物”，已故知名人物列入“人物传略”，按其去世时间顺序记述；在梁山县担任过正县级正职、梁山籍在外地任副厅级以上党政干部和少将以上军队干部以及为梁山经济发展、社会进步做出重要贡献的在世社会知名人士列入“人物简介”，其他英模先进人物和有影响的在世社会人士等收入“人物名录”，均按其出生年月顺序记述。

九、本志资料多为相关部门单位提供，部分资料搜集于各类文献史料及有关档案、媒体，有的资料为社会有关人士提供。图片除署名者外，一般由编者拍摄或搜集。各类资料均经考证鉴别后载入，文中不再注明出处，只在志后附供稿人及资料提供人员名单。

梁山縣志

LIANG SHAN XIAN ZHI

1994—2013

目录

CONTENTS

第三篇 农业

第四篇 工业

第五篇 商贸

第六篇 金融

第七篇 财政税收

第八篇 经济管理

第九篇 城乡建设

第十篇 交通邮电

第十一篇 水利建设

第十二篇 国土环保

第十三篇 中共梁山县委

第十四篇 人民代表大会

第十五篇 人民政府

第十六篇 人民政协

第十七篇 党派团体

第十八篇 军事法治

第十九篇 社会管理

第二十篇 教育科技

第二十一篇 医疗卫生

第二十二篇 文化体育

第二十三篇 水浒文化

第二十四篇 梁山景观

第二十五篇 社会生活

第二十六篇 乡镇名村

人物

附录

GAI SHU

概述

概　述

一

梁山县因境内梁山而得名，梁山因《水浒传》而驰名中外。

梁山县位于山东省西南部，地处山东、河南两省和济宁、泰安、菏泽、濮阳四市交界处；东邻汶上，西毗郓城，南连嘉祥，北接东平，西北与河南省台前县隔黄河相望。地理位置为北纬35°36′～35°58′、东经115°51′～116°21′之间；县境南北最长41公里，东西最长45公里，总面积965平方公里。

梁山1949年置县，行政区划历经多次调整，初属平原省菏泽专区，1952年随菏泽专区划归山东省，1958年改属济宁专区，1959年复属菏泽专区，1990年划归济宁市。县内行政区域亦经数次区划变动，2013年，全县辖拳铺、马营、杨营、黑虎庙、小路口、寿张集、小安山、馆驿、韩岗、韩垓10个镇，大路口、赵堌堆2个乡，梁山、水泊2个街道，1个经济开发区，619个行政村、7个居民区。总人口79万人，其中城区人口16万人。

梁山境域位于黄河下游，地处暖温带半湿润地区，属大陆型季风气候，四季分明，光照充足，水源充沛，气候适宜。县境内大多为黄河冲积平原，地势西高东低，相对平坦，西北部为引黄灌区，东南部为机井灌区，东半部为滞洪区（湖区），西半部为平原。域内土质肥沃，盛产小麦、玉米、大豆、谷子、棉花、花生、瓜菜等，是鲁西南主要粮仓、棉仓和蔬菜基地之一。域内自然生物资源丰富，种类繁多，植物类有梁山蜜桃、白杏、苹果、鸭梨等数百种，动物类有青山羊、乌骨羊、小尾寒羊、梁山黑猪、鲁西黄牛等饲养动物30多种，水生类有黄河鲤鱼、鲑鱼、甲鱼等70多种。

梁山境内山明水秀，景色宜人，旅游资源丰富。梁山、青龙山、凤凰山、灵龟山、小安山等5座山脉盘踞县境中部，黄河、大运河、宋金河、金码河、流畅河等5条河流贯穿全境，东平湖与县境东部相连。其中，水泊梁山是山东省人民政府首批公布的省级风景名胜区和著名AAAA级风景名胜区，风景区内有忠义堂、靖忠庙、莲台寺、法兴寺、杏花村、断金亭、黑风亭、疏财台、号令台、一关、二关等，古迹众多，景观独特；梁山与凤凰山、灵龟山为省级地质公园，园内地质资源丰富，凤凰溶洞、卧牛洞、灵龟石极为壮观，凤凰阁　、凤凰公园等景观美不胜收。经过八百多年积淀和洗练，水浒文化内涵不断丰富，外延日益拓展，成为中华传统文化殿堂中一颗璀璨明珠。梁山既是水浒文化发源地，也是中华武术四大发祥地之一，习武之风遍及城乡，梁山武术被公布为国家级非物质文化遗产。

梁山地理位置优越，交通四通八达。京九铁路纵贯县境南北，设有梁山站；瓦日铁路横贯县境东西，设有梁山北站；济菏高速、220国道和蒙馆路、聊商路、肥梁路、济梁路4条省道交叉贯穿境内。

梁山县城位于县境中部，东毗京杭运河，西邻宋金河，南起流畅河，北至金码河，四河环绕县城，蜿蜒长流；梁山、青龙山、凤凰山、灵龟山四山交错城中，巍然耸立；山水城景浑然一体，刚柔相济，是一座极具特色而又充满灵性的风景旅游城市。

二

梁山置县前，曾先后分属于寿张、东平、汶上、南旺、郓城等县管辖。梁山置县虽晚，但历史悠久，文化灿烂。

夏商时期，先人就在这里稼穑渔猎，繁衍生息，创造了灿烂的古代文化，留下青堌堆、贾堌堆等远古文明的标志。西汉年间，梁山为皇家猎场，汉文帝之子梁孝王封地，并因梁孝王病故葬于山麓而得名。隋唐时期，梁山成为全国佛教胜地之一，莲台寺及周边寺庙香火旺盛。五代到北宋，黄河多次溃决，大水汇于梁山脚下，形成八百里水泊。北宋末年，宋江结天下绿林英豪，聚集梁山，凭借水泊天险，除暴安良，替天行道，演出一幕幕可歌可泣的活剧，给后人留下对烟波浩渺、旌旗林立场景的无限遐想。明嘉靖年间，东鲁西竺禅师率领僧兵三千，赴东部沿海抗击倭寇，后在梁山法兴寺讲学，使法兴寺声名远播。梁山县古建文物、墓葬遗址、风景名胜，展示了其古老文明和灿烂文化。青堌堆遗址列为全国重点文物保护单位，京杭大运河列为世界文化遗产，梁山这块古老的土地成为中华民族文化发祥地之一。

梁山人民历史上曾深受帝国主义、封建主义、官僚资本主义三座大山压迫，但梁山人民富于革命传统，境内农民曾多次揭竿而起，勾勒出一幅幅壮烈斗争画卷。在现代长期的革命斗争中，老一辈革命家在这块土地上，用鲜血和生命写下光辉历史篇章。1919 年春，毛泽东到梁山，寻求革命救国之道；抗日战争时期，万里、杨勇等在梁山一带组织武装民众，抗倭除奸，“梁山歼灭战”创造了歼灭日军的辉煌战例；解放战争时期，刘邓大军在梁山蔡楼渡口强渡黄河，挺进中原，千里跃进大别山，揭开战略反攻的序幕，留下让梁山引以为豪的“将军渡”。为新中国的建立，梁山人民前赴后继，历经艰苦卓绝的斗争，杨静斋、田子珍等民主革命时期参加革命事业的爱国知识分子，为人民解放事业建立了不朽功绩；在长期的革命斗争中，梁山有 1446 名优秀儿女献出宝贵生命。

新中国成立后，在社会主义革命、社会主义建设和现代化建设事业中，造就和涌现出众多优秀人物。梁山人杰地灵，成就了很多有志之士的梦想，从梁山这块热土上，走出佟振合等 3 位国家“两院”院士，走出姜洪全等 16 位共和国将军，走出戚万学等数以百计的专家学者和高校管理者、数以千计的企业家和管理人才、数以万计的各行各业创业人物。梁山山河毓秀，孕育出大批英模人物，一批批各行各业优秀人才扎根这片热土，默默奉献聪明才智，全国劳动模范赵庆珠等，他们在不同的岗位上历尽艰辛，艰苦创业，成为梁山一代人的优秀代表。

三

梁山置县 65 年来，勤劳纯朴的梁山人民在县委、县政府的领导下，艰苦奋斗，自强不息，用自己的心血汗水谱写了辉煌灿烂的篇章。20 世纪 90 年代起，梁山人民以争上游、创一流的拼搏进取精神，在各条战线上取得辉煌成就，梁山国民经济快速发展，社会事业全面进步。1993 年，全县粮食总产量 2.9 亿公斤，农业总产值 6.46 亿元，先后被授予全国粮食与棉花生产“创高产先进单位”“全国平原绿化先进单位”“全省农田水利基本建设先进县”。全县共有工业企业 4694 家，从业人员 56666 人，工业总产值达 17.65 亿元，拥有机械、纺织、化工、建材、造纸、印刷、电力等 18 个工业门类、50 多个工业产品。

1994 年后，梁山县委、县政府以经济建设为中心，坚持四项基本原则，坚持改革开放，正确处理改革、发展与稳定的关系，经济建设驶入持续发展的快车道。至 2013 年，全县完成地区生产总值 216.61 亿元，比 1993 年增长 174.7 倍，年均递增 29.45%；全县财政总收入 16.93 亿元，其中，公共财政预算收入 8.54 亿元，是 1993 年的 15.3 倍，年平均增幅 14.59%；全县固定资产投资完成 147.74 亿元，20 年累计固定资产投资为 771.25 亿元；社会消费品零售总额 72.7 亿元；

城镇居民年人均可支配收入20466.41元，农村居民年人均纯收入10554元，均比1993年增长13.98倍；全县城乡居民储蓄存款177.93亿元，比1993年增长35.3倍。纵观梁山县20年社会主义现代化建设的伟大实践，梁山人民同心同德，艰苦奋斗，取得了前所未有的光辉成就，成为梁山经济发展最快、经济实力增长最大、人民得到实惠最多的时期。

农村经济。梁山在历史上是黄淮泛滥多灾地区，旱涝交错，加之滩区湖区，自然灾害更为频繁，粮食生产低而不稳。为从根本上改变农业生产落后面貌，20世纪60—70年代，全县进行几次较大规模的农田水利基本建设；20世纪90年代至21世纪初，国家连续投资大型灌区续建配套与节水改造项目建设，全县基本达到“田成方、林成网、沟相通、渠相连、路平坦”的农田新格局。1994年后，在稳定粮食总产量的基础上，大力调整种植结构，积极培植抗虫棉、大棚蔬菜等主导产业，努力扩大经济作物面积，至2000年，全县经济作物面积达30417公顷，占总耕地面积的55.3%，并成为全省绿化先进县。2001年后，发挥粮食、棉花等种植优势和鲁西黄牛、小尾寒羊等养殖优势，在重点发展高效经济作物的同时，提出“畜牧兴县”富民战略，启动肉蛋奶瓜果菜等菜篮子工程建设，大力推进农业产业化和规模化，大力促进农业增效、农民增收、农村稳定。至2010年，市级以上农业龙头企业发展到37家，规模化种养基地发展到352处，农产品质量安全示范区发展到8处，无公害、绿色、有机农产品基地发展到34处，种养殖优势产业逐步形成，鲁西黄牛、小尾寒羊等产品列入省政府五大产业振兴规划。2011年起，进一步推进农业规模化、标准化、集约化生产经营，建设农业标准化基地和农产品质量安全示范区；推进土地有序流转，推行种植养殖规模化、庄园化、农场化，发展高效、生态、安全农业；至2013年，粮食生产实现连续11年增产、增收，被命名为全国粮食生产大县；全县规模以上农业龙头企业发展到195家，规模化种养基地达到360处，家庭农场发展到71个，17家农业龙头企业质检机构通过省级计量认证，28家企业通过ISO 9000、HACCP、GAP、GMP等质量体系认证，梁山黑猪获国家地理标志产品认证。农业及畜牧业成为富民兴县的重要产业。

工业经济。梁山建县之初，全县工业生产几乎为零，经过几十年的发展，相继建起国棉厂、轴承厂、油漆厂、石棉制品厂、水泥厂等地市属5大厂，同时建成发电厂、农机厂、造纸厂、印刷厂、麻纺厂、磷肥厂、床单厂、棉花加工厂等16家县属企业，还建有水泥制品厂、石棉保温厂、五金厂、木器厂、服装厂、皮件厂等9家集体企业，初步形成以轻工、化工、机械、建材、纺织为主，门类较为齐全的工业生产体系。1994年后，全县工业均实行不同形式的改革及生产责任制，从一定程度上调动了企业生产积极性。同时，通过股份制改造、资产委托经营、兼并、租赁、拍卖、破产等改革措施，国有企业逐步转化为私营企业，个体私营企业得到较快发展。至2000年，全县工业企业共有1369家，固定资产16.6亿元，年产值达22.5亿元，上缴税金6005万元；全县民营经济户发展到1.45万户，资产总额6.3亿元，完成工业总产值6.4亿元，上缴税金3204万元。2001年，梁山县实施“工业立县”战略，以增量提质为目标，做大集群、做强产业、做优产品，主导产业快速壮大，23家专用汽车企业相继进入国家公告目录，专用汽车年产量突破10万辆，专用汽车产业成为全县第一个百亿产业和全国最大的专用汽车产业集群，梁山县被中国汽车工业协会命名为“中国挂车专用车生产基地”。文化出版印刷产业销售网络覆盖全国除港、澳、台以外的所有地区，文化出版产业被省委、省政府确定为全省重点扶持文化产业园。至2010年，全县规模以上工业、企业发展到347家，实现工业增加值78亿元；主营业务收入274亿元、实现利税25.8亿元。2011年，梁山县实施“工业强县”战略，突出壮大专用汽车、出版印刷、纺织服装、建材装饰、医药化工、食品加工等优势主导产业。新增专用汽车公告目录企业5家，研发专用汽车新产品30个，中集东岳获“市长质量奖”；出版印刷产业顺势转型升级，电子、数字高端产品推向市场，被授予“中国出版物发行产业基地”；投资44亿元的菱花科技以及投资10亿元以上的万达碳素、蓝天纺织、祥盛纺织等项目建成投产，伦达城市广场等一批重大项目落户梁山。至2013年12月，全县规模以上工业企业159家，完成工业总产值230.25亿元，实现工业增加值62.4亿元，上缴税金过千万元的企业达到16家。

梁山县电力事业取得令人瞩目的成就。1993年实现全县村村通电，1995年实现全县户户通电，完成梁山县电力发展史上一次大跨度飞跃。其后，又先后投资5000多万元，用于电网建设和电网改造，至2013年，梁山县有220千伏变电站1座，110千伏变电站4座，35千伏变电站10座，输电线路总长度1755.78公里，初步形成以220千伏梁山变电站为主供电源、110千伏变电站为枢纽、35千伏变电站为布点、10千伏配电线路为网络、覆盖全县城乡的供电格局，年供电量8.85亿千瓦时，创历史最高纪录，是1994年供电量的7.7倍。

商贸金融。20世纪90年代，全县商贸流通企业进行股份制及集体承包改革，并逐步以出售、转让形式改制，城乡市场向多种经济成分、多种经营方式、多种流通渠道、少环节的“三多一少”新型流通形式转变，个体私营商业网点急剧增加，城乡市场日益繁荣。至2000年，全县共有各类商业零售网点5627个，从业人员17425人；各类集贸市场达65处，成交额达到5.8亿元；社会消费零售总额实现6.7亿元，各类商品出口总额达5668万元。2001年，梁山县加大市场建设力度，建设规范五大商贸区，组建名牌专业门店和超市，并实施“万村千乡”市场工程，扩大农村消费需求，有效地促进了商贸流通服务业的快速发展。至2010年，水泊商场物流配送中心及两处直营超市建成运营，九龙家电、爱客多、佰度等大型连锁超市相继投入运营。2011年，积极推进商贸物流业发展，启动专用汽车大型交易市场和瓦日铁路梁山站煤炭、京杭运河梁山港口仓储、铁水联运等大型物流园区的规划建设；大力培植新兴服务业，引进兴办研发设计、电子商务、中介咨询等新型科技服务业，培育家政及社区服务等新兴消费热点。2013年，全县商业、供销、粮食等主要商贸企业年销售收入27.76亿元，第三产业增加值完成62.18亿元，社会消费品零售额完成71.72亿元。

梁山县金融业通过不断改革与发展，经济实力不断壮大。1994年，县内拥有工商银行、农业银行、建设银行、中国银行、农村信用联社等商业金融机构。2000年，全县金融机构发展到23家，营业网点106个，保险公司3家，农村基金会24个。2010年，加快发展金融服务业，金融产品不断创新，投资担保形成规模，存款、贷款同步增长。2013年，全县银行存款余额177.93亿元、贷款余额75.71亿元。

民营经济。1994年2月，梁山县召开全县第一次发展民营经济万人动员大会，自此，全县民营经济作为“富民强县”战略任务得到较快发展，梁山县连续三年被济宁市评为发展民营经济先进县。2000年4—7月，县委、县政府相继召开4次万人大会，号召“全党动员、全民发动、解放思想、优化环境、大力发展个体私营经济”，提出“全面放开、全民招商、全民经商、全力保护、全面推行个私经济”的“五全战略”，以及“突出经济、确保稳定、鼓劲实干、创业兴县”的总动员令，全县民营经济发展进入高潮。2001年，县委、县政府又进一步提出“思想再解放，胆子再放开，力度再加大，步子再加快”的“四再”要求，全力推动民营经济发展。至2005年末，全县民营业户 1.79 万户，资产总额 47.6 亿元，规模以上民营企业发展到 122 家。2006 年，继续实施“铺天盖地增总量、顶天立地上档次、内资外资一齐抓、大中小项目一齐上”的发展方针，同时，提出大力推进制度、科技、管理“三个创新”，全面实施集群、品牌、重点产业“三大带动”，至 2010 年，全县民营企业发展到 1479 家，注册资金 19.11 亿元，资产总额达 141.4 亿元，完成营业收入 301.23 亿元，上缴税金 5.86 亿元，梁山县被评为“全省民营经济发展先进县”。2012 年，梁山县按照“民营化、产业化、工业化、城镇化”的“四化”方针，再一次掀起乡乡办企业、村村上项目、户户干个体、全民创业发展民营经济的热潮。至 2013 年，全县民营经济户数 2.52 万户，注册资金 24.57 亿元，资产总额 202.38 亿元，营业收入 569.34 亿元，上缴税金 10.59 亿元，民营经济在全县工业企业中的比重超过 90%。

四

随着经济的快速发展，交通、通信、城市、旅游等基础设施建设得到相应发展，全县城乡面貌发生显著变化。

公路交通。梁山县境内从 1956 年修建第一条干线公路起，公路建设步伐逐步加快，至 1993 年，县境内干线公路四通八达，县乡公路纵横交织。1994 年，梁山县贯彻执行国家关于“人民公路人民建”等公路建设的各项方针政策，调动社会力量，掀起公路建设大会战，县境内国道、省道等干线公路相继进行改造扩建，至 2000 年，全县境内沥青路总里程为 421 公里，其中干线公路 161 公里，县乡公路 260 公里，公路密度为 35 公里 / 平方公里，初步形成以干线公路为骨架、县乡公路相互配套、相互连接的公路网络。2001 年后，梁山县继续强化公路建设投资，加快县、乡公路建设进程，并先后启动“村村通”“村内通”工程，至 2013 年，县境内公路通车里程达 1822.77 公里，其中，县城公路通车里程 143 公里，农村公路通车里程 1531.27 公里，干线公路（国道 1 条、省道 4 条）通车里程 148.5 公里。在这期间，京九铁路于 1996 年建成通车，梁山火车站同时建成运营，结束了梁山县境内无铁路、无火车站的历史；济菏高速公路于 2007 年建成通车，并建有梁山进出口及梁山服务区，梁山境内自此有了第一条过境高速公路；瓦日铁路及梁山火车北站于 2010 年开工建设，梁山县境内形成南北与东西相互交织的两条铁路大动脉，为县域经济发展与社会进步插上腾飞的双翼。与此同时，交通运输业迅速发展，至 2000 年，全县公路年客运量达 83 万人次，客运周转量 6629 万人 / 公里；公路年货运量达 157 万吨，货运周转量 19810 万吨 / 公里。2000 年后，客货运输形成多层次、多渠道、多方式的新型运输结构，运输市场空前活跃，交通运输事业快速发展。2013 年，全县公路年客运量达 381 万人次，客运周转量 36620 万人 / 公里；公路年货运量达 1158 万吨，货运周转量 216693 万吨 / 公里。

通信邮政。1994—2013 年，梁山通信事业经历了本地网、村村通、电话县三个阶段较大规模的基础设施建设，1995 年建成本地电话网，2000 年实现全县村村通程控电话，2003 年建成电话县和覆盖全县的无线市话网、宽带城域网。伴随基础设施建设的发展，通信技术日益提升。1994 年 3 月，梁山第一代移动通信——模拟“大哥大”开通；同年 7 月，梁山县 6000 部固定电话由纵横制电话改程控电话，结束了接转电话靠人工、打电话凭摇把子的历史。1996 年 4 月，第二代移动通信——数字手机电话开通；同年 6 月，全球通数字移动电话开通。1999 年，梁山县首次开通电脑拨号上网业务；2000 年 9 月，建立首家互联网站点——“梁山信息港”；2010 年，开始提供 4M 以上产品，最高可达到 400K。至 2013 年，全县基站 167 个，固定电话用户

92358户，其中，市话用户33250户，农话用户59108户，移动电话用户622095户，互联网用户77783户。梁山邮政事业在20世纪90年代初，主要开办函件、包裹、汇兑、邮政储蓄、报刊发行、零售、机要通信、集邮、特快专递等业务。1998年邮电分营后，邮政业务持续发展，至2013年，主要经营报刊发行、函件、代理保险业务等八大专业。全县邮电通信事业发生前所未有的变化，2013年，邮电业务总量达到34008.98万元。

城乡建设。1990年前后，梁山县依据县城规划，拓展延伸城区道路，拉开县城总体框架，同时加强供水、排水、环卫、照明、绿化等基础设施建设，二级供水工程建成运行，县城三大排水系统形成，城区主干道安装路灯，第一块县城绿地建成，城市综合功能大幅提高。1992年，梁山县被省政府授予“城市规划管理先进城市”。1995年，编制新一轮城市总体规划，规划在1995年至2000年间，利用山、水、城、绿和标志性建筑群，把梁山县城建设成山中有城、城中有山、山水相依、绿地建筑交相辉映的具有水浒文化特色的现代化风景旅游城市。1996年，第一次建成高标准水冲式公厕；同年底，创建成鲁西南第一个省级卫生县城；1998年，第一次实现城市公交车运行；1999年，第一次实施城市集中供热。2001年后，以创建旅游城、巩固卫生城为目标，全面推进城市规划、建设、管理工作，加快推进城市化进程。2005年，全县完成城市建设投资1.68亿元，城区主要街道全部实施改造，供水、排污、供热、绿化、亮化等配套设施进一步完善，城区建成区面积11平方公里，城区人口9.8万人。2006年至2010年，5年累计投入30亿元，实施城市基础设施重点工程40项，水泊花园等10处商住区建成启用，梁山县城建成区面积扩大到20.9平方公里、人口增加到14.5万。2011年后，梁山县城建设按照“东进、南接、西连、北优”的布局，以梁山为中心，向东南、西南两翼发展，规划建设以行政中心、文教、旅游为主的东南部城市新区和以交通中心、卫生、商务为主的西南部城市新区，梁山以南则规划建设以梁山泊为主的城市景观新区，全力打造美丽宜居新梁山。至2013年，县城东南部城市新区6条长5.85公里的主干道路建成通车，县城西南部城市新区新建和延伸、拓宽改造等道路工程建设完成，县城中心南北主干道8.5公里的水泊大街全线贯通，县城南部东西主干道6.6公里的水浒大道建成通车。与此同时，上述区域的县政务中心、梁山体育馆、中医院新院区、二实小东校区、运河花园居民小区等主体工程基本完成，绿化、亮化、美化等各项城市配套建设工程同步进行，林业生态观光园建成开放，流畅河湿地建成蓄水，新增湿地景观142万平方米，绿化面积200万平方米。在老县城内，道路改造、街头绿地建设速度加快，凤凰阁、凤凰公园及大型市民广场建成开放，结束了梁山县城无公园的历史。至2013年，县城建成区面积22.1平方公里，县城人口16万人，城镇化水平33.1%。这一时期，梁山形成了城市建设史上空前发展期，铸就了梁山城市建设的辉煌。

景观旅游。梁山是水浒故事的发祥地，水浒名胜古迹星罗棋布，自然景观独特壮丽，人文景观众多。1985年，山东省人民政府将水泊梁山公布为首批省级风景名胜区，梁山县同时启动风景区建设。1994年，梁山县实施“水浒旅游带动战略”，不断加大景区建设投入，修复建设忠义堂、水浒寨、莲台寺等多处景点，旅游服务设施逐步改善，旅游收入连年增长，旅游业逐步成为全县新的经济增长点。进入21世纪，县委、县政府审时度势，把开发旅游列为全县五大工作重点之一，着力构建多元文化旅游发展新格局，创建全国文化旅游名城，打造世界知名旅游品牌。至2005年，先后筹资800余万元，相继修建一关、二关、聚义厅、号令台等一系列景观及基础设施。2005年后，深入挖掘、整合县内水浒文化、运河文化、黄河文化、红色文化、民俗文化等多种文化旅游资源，规划建设水面工程、水浒影视城、梁山歼灭战遗址等旅游区。2010年，梁山景区被命名为国家AAAA级景区、山东省森林公园和山东省地质公园。2011年后，梁山县以水浒文化为核心，提出“天道水浒，大义梁山”的梁山旅游文化品牌，全力启动并推进聚义湖、梁山泊、水浒街、法兴寺等景区项目建设，发掘并开发红色文化游、黄河文化游、湿地休闲游等旅游项目，努力实现旅游业发展新突破。至2013年，水浒街及牌坊建成竣工，800亩聚义湖竣工蓄水，2000亩梁山泊平原水库工程基本完成，游客步行道、电瓶车道铺装完毕，水浒文化广场、生态停车场建成启用，水浒大酒店基本建成，独山战役纪念馆正式开馆。经过几十年的开发建设，水泊梁山风景名胜区，山峰横亘绵延，铺绿叠翠，三关六寨，壁垒森严；各类名胜古迹景观独特，雄浑壮观；杏花村争妍斗芳，十里飘香；聚义湖碧波荡漾，万千气象；水泊梁山以众多独特的古迹、景观，展示出梁山水浒遗风和水浒文化的独特魅力。2013年，水泊梁山风景区接待游客突破200万人次，旅游收入4.8亿元。

五

在经济建设快速发展的同时，科技、教育、卫生、文化等各项社会事业取得令人瞩目的成就；社会保障机制逐步健全，人民生活水平全面提高。梁山县被省政府授予“教育先进县”称号，初级卫生保健实现省级达标；新农保取得良好成绩，并被列入全国新农保试点县。

教育科技。20世纪80年代后期至90年代初期，是梁山教育快速发展的辉煌时期。在这期间，全县24个乡镇实施初等义务教育任务全部完成，农村校改、城镇校改取得巨大成就，学校管理、教学质量在菏泽地区、济宁市均名列前茅，高考成绩曾获“五连冠”，继成为全国百县教育改革试验区之一后，又被评为全省二十个教育先进县之一。20世纪90年代后期，教育事业发展失去昔日辉煌，教学质量水平呈下滑趋势。进入21世纪，受教育产业化影响，“校中校”及私人办学逐步兴起，国有教育资源不断流失，择校之风盛行，教育腐败滋生，教育质量滑坡。但这一阶段，各级政府对教育工作比较重视，2002年国家对公办中小学免费提供教科书，2006年10月山东省对农村义务教育阶段学生开始免收杂费，并实施农村中小学危房改造；2007年1月县政府开始清理核实农村教育债务，全县2892.24万元的教育债务数额全部化解。2009年后，教育部门及中小学逐步端正办学方向，加强教学质量管理，教学质量逐步恢复提高，至2010年，高考录取人数虽低，但增长幅度全市第一。2011年，梁山县进一步优化教育资源配置，完善教师管理机制，提高教育教学质量。至2013年，一实小南校区竣工，二实小东校区主体工程完成，梁山一中高考录取人数突破千人大关，名列全市第四位。

1994年后，全县科技队伍人数、布局、文化知识素质等逐步提高和改善。1998年，全县企事业单位和国家机关共有专业技术干部12085人，其中，高级职称408人，中级职称3884人，初级职称7793人。2000年，全县深入实施创新驱动战略，逐步形成以企业为主体、市场为导向、产学研相结合的技术创新体系。至2013年，全县有各类专业技术人员13207人，其中，高级专业技术职务1126人，中级专业技术职务4584人，初级专业技术职务7497人。1993—2013年，全县取得重要科技成果650多项，其中获得市级以上科研成果360多项，获得市级以上科技进步奖300多项，授权专利1000多件（含授权发明专利60多件）；全县有各类科研机构、科技团体69家，其中省级工程技术研究中心3家、院士工作站2家。1994—2013年，全县共实施国家级、省级、市级、县级等各级各类科技计划400多项。

医疗卫生。20世纪90年代中期，通过普及初级卫生保健、实施乡镇卫生院改貌工程，促进了全县卫生事业较快发展，县级医院医疗技术水平得到提高，各种传染病、地方病、寄生虫病发病率大幅度下降，城乡卫生服务水平有一定提高。20世纪90年代末至21世纪初，随着各项改革及市场经济体系的形成，县乡医疗机构由原来的公益性福利事业单位逐步过渡为自主经营、自负盈亏的企业化管理模式。在这一阶段，民营医院、个体诊所大量涌现，村卫生室由原来的村集体所有制变为个体私营，大部分乡镇卫生院实行承包、租赁经营，并逐步陷入困境。与此同时，县直各医疗卫生单位努力加强内部管理，推行“以病人为中心，以质量为核心”为主要内容的医疗服务活动，落实岗位责任制，经济效益和社会效益均创历史新高。

2003年，随着抗击非典的进行，国家卫生政策发生变化，全县卫生工作整体形势向好的方面转化。2006年，县委、县政府高度重视卫生工作，卫生主管部门以清晰的发展思路，开拓进取，艰苦奋斗，大力实施“360工程”及“1127工程”，中心卫生院门诊综合楼全部竣工，一般乡镇卫生院门诊楼建设相继开工；认真实施新农合市级试点工作，并在试点取得圆满成功的基础上进入新农合省级试点县行列；积极推进医疗卫生体系建设，疾控中心、救治中心两个体系建设相继建成；全县卫生事业得到空前发展，整体卫生工作首次跨入济宁市先进行列。2009年后，国家启动医药卫生体制改革，并相继出台政策，逐步加大基层卫生事业投入，全县医疗机构基础设施建设进一步加快。至2013年，全县乡镇卫生院门诊楼、病房楼及规范化村卫生室基本建成，县人民医院急救病房大楼建成投入使用，县中医医院新院区建设开始启动，疾控中心与卫生监督大楼主体工程业已完成；基层公共卫生受到高度重视，梁山县先后被确定为“全省疾病控制基层责任指导团队试点县”，被命名为“全省慢性非传染性疾病综合防治示范县”。

文化体育。1994年后，梁山县大力加强公共文化体系建设，全面促进文学、艺术、电影、电视、广播、图书、报刊等文化事业发展，并多次举办水浒文化节等大型群众文化活动，多次参与国家和省市大型文艺演出，均取得优异成绩和圆满成功。1996年5月，梁山县被省委、省政府命名为“全省社会文化先进县”。2001年后，全县进一步加强文化基础设施建设，强化公共文化服务，实施文化惠民工程，积极探索“政府买单、群众看戏”等多种运营模式，开展送戏、送电影下乡活动，繁荣城乡文化，全县文化事业进入新的发展时期。

20世纪90年代初，梁山县以争创全国体育先进县活动为契机，大力推进全县体育事业发展，1992年被国家体委命名为全国体育先进县。1994年后，多次承办国家及省、市运动会，均取得圆满成功。2012年，在县城东南部新城区建设占地面积60余亩、建筑面积17800平方米的大型综合体育馆，成为梁山新城区标志性建筑。2013年，全县拥有大型体育场馆1处，其他各类体育场室300多处；全县共获各类奖牌459枚，其中洲际奖牌8枚，国家级奖牌3枚，省市级金牌130枚、银牌150枚、铜牌168枚。

社会政治。县委、县政府以建设人民满意的服务型、法治型、廉洁型党政机关为目标，注重加强自身建设，担负推动梁山经济发展、社会进步的重任。县政府坚持依法行政，认真执行县人大及其常委会决议，主动接受人大及其常委会法律监督，支持县政协履行政治协商、民主监督和参政议政职能，并主动接受新闻舆论和社会公众监督，提高了行政机关的公信力和执行力。同时，注重创新社会管理，依照法律规定权限和程序行使权力、履行职责，畅通群众利益诉求表达渠道，妥善解决群众合理诉求。全县广大党政公职人员牢记服务宗旨，不断提升素质，切实转变作风，以实际行动树立了风清气正、务实高效的良好形象。

人民生活。20世纪90年代，随着全县国民经济和各项社会事业持续、快速、健康发展，城乡居民收入逐步增长，基本保障制度逐步健全。1994年建立农村社会养老保险制度，1998年建立农村居民最低生活保障制度，1999年建立城镇最低生活保障制度，群众生活水平大幅度提高，饮食讲营养、穿着讲漂亮、住房讲宽敞、家具讲高档，成为人民生活的主流。进入21世纪，梁山县把民生工作摆在更加突出的位置，把更多财政资金投向民生。2006—2010年，县级财政累计投入民生事业14.6亿元，发放各项惠农补贴10.5亿元，发放低保资金6382万元。2011年，新农保参保率达到97%；2012年，城镇职工和城乡居民社会保险实现全覆盖；2013年，建立城乡居民大病保险制度。2011—2013年，县级财政累计投入民生事业30.3亿元，新增财力的80%用于改善民生，占公共财政预算支出的70%以上，民生配套服务政策逐步完善，福利性公共产品逐年增加，人民群众幸福感、满意度进一步提升。

六

20年成就来之不易，20年经验弥足珍贵。回首20年，既充满艰辛，又深感欣慰。20年发展成就，归功于县委、县政府的科学决策、正确领导，归功于全县人民的同心协力、艰苦奋斗。20年奋斗实践，给梁山人民带来深刻的思考和宝贵的经验。

20年间，县委、县政府准确把握县情特点，不断扩展思路视野，科学决策，引领全县经济社会发展。1995年，县委、县政府抢抓改革开放试点县和京九铁路通车两大机遇，提出“奋进开拓创大业，团结苦干夺第一”的梁山精神，大力推进实施农民“211”致富工程和企业“213”规模工程。2000年，县委、县政府实行全党动员，全民发动，提出“全面放开，全民招商，全民经商，全力保护，全面推向个私经济”的“五全战略”，全力发展民营经济。2005年，县委、县政府以科学发展观总揽全局，牢牢把握“科学发展、跨越发展”总基调，突出抓好“发展民营，壮大工贸、调整农业、开发旅游、提升城建”五大工作重点，加快壮大“专用汽车、出版印刷、纺织服装、建材装饰、医药化工、食品加工”六大产业。2011年后，县委、县政府以建设“工业强县、文化名城、生态和谐家园”为发展定位，全面壮大优势产业，强力实施城市建设和水浒旅游开发，努力建设经济繁荣、社会和谐、民生殷实、生态宜居的新梁山。正是历届县委、县政府立足县情、解放思想、把握政策、正确决策，才得以高起点定位、超常规运作、追求更大发展成果，才得以实现为人民谋福祉、为发展打基础，创造出经得起历史和群众检验的实绩。

20年间，梁山县人民拥护中国共产党领导，坚持走社会主义道路，坚忍不拔，艰苦创业，共同创建梁山美好家园。梁山人民质朴善良，崇尚节俭，自然环境赋予他们勤劳俭朴的美德和奋发进取的精神。从古至今，日夜奔腾不息的黄河，让人们自强不息，在黄河沙滩种养收获；蜿蜒静谧流淌的运河，让人们辛勤劳动，在运河两岸幸福生活；突兀耸立的梁山，让人们坚韧不拔地奋斗，给山峦披上翠盖，松柏长成栋梁；一望无垠的平原，让人们世代勤奋地耕种，给大地披上绿装，收获一片金黄。特别是在快速发展的20年中，梁山人民更是同心同德，群策群力，以特有的凝聚力和创造力，聚精会神搞建设，一心一意谋发展，用心血和汗水描绘梁山现代化建设新蓝图。梁山专用汽车产业、梁山出版印刷业成为全国闻名的产业基地，梁山城市建设焕发出前所未有的光彩，全县形成经济建设快速发展、社会事业全面进步、人民群众安居乐业的大好局面。

20年间，梁山县坚持遵循历史发展规律，善于总结经验教训，扬长避短，把握时机，加快推进梁山现代化进程。在经济和社会发展过程中，梁山县既取得了辉煌成就，也经历了曲折过程。究其原因，既有客观条件制约，也有人为因素所致。迄今，全县人民生活水平虽较前大有提高，但作为经济欠发达县的县情没有根本改变，特别是与其他经济发达地区相比，还有很大差距。面对优势与不足互见、挑战和机遇并存的现实，全县各级领导和各界有识之士及全县 79 万人民，只有居安思危，扬长避短，认真总结和汲取历史经验教训，才能在群雄并起、激烈竞争的社会大潮中劈波斩浪，开拓前进，振兴梁山，铸就梁山县发展史上新的辉煌。

鉴古知今，光照来人。人杰地灵的水浒故里，英雄辈出，铸就了世代不息的历史荣耀；物华天宝的忠义梁山，万物生辉，激荡着再创伟业的时代豪情。今日梁山，既具备自身发展优势，又面临历史发展机遇，更重要的是梁山人民素有豪爽义气、不甘落后、不畏艰险、艰苦奋斗的光荣传统。县委、县政府在总结经验教训的基础上，从梁山实际出发，确立“工业强县、文化名城、生态和谐家园”的发展定位和“科学发展、跨越发展”的工作基调，努力把梁山建设成为经济强县和旅游名城。勤劳、智慧的梁山人民，定能在中共梁山县委、梁山县人民政府的坚强领导下，怀着对梁山这方热土的无限情感，肩负起时代赋予的光荣使命，同心同德，和衷共济，励精图治，锐意进取，奋力开创梁山科学发展、跨越发展新局面，共同建设繁荣、昌盛、美丽、文明新梁山！

梁山縣志

LIANG SHAN
XIAN ZHI

1994—2013

DA SHI JI

大事记

大事记

（1994—2013）

1994年

1月　副省长陈建国考察梁山境内京九铁路土方施工现场。

1月15日　副省长王建功到梁山考察灾后生产自救情况。

1月20—21日　全县经济工作会议召开，要求集中抓好企业、农村、财税金融体制、住房制度与社会保障制度等项改革。

1月26—29日　县政协五届二次会议召开，会议听取并通过县政协主席杨朝福所作的县政协常委会工作报告。

1月27—29日　县十三届人民代表大会二次会议召开，会议听取并审议通过县长赵步荣所作的《政府工作报告》、县人大常委会主任穆衍峰所作的县人大常委会工作报告。

1月下旬　省委、省政府召开全省经济欠发达地区改革开放试点工作会议，梁山县被确定为全省第二批16个改革开放试点县之一。

3月13日　济宁市扫盲检查团一行23人到梁山检查验收扫盲工作，梁山县非盲率达到国务院《扫除文盲工作条例》规定标准，通过市级验收。

4月15日　中国梁山第二届国际水浒文化节举行，县委副书记、县长赵步荣宣布中国梁山第二届国际水浒文化节开幕，县委书记连广生致开幕词。开幕式上演出《爱我梁山》大型文艺节目。

4月26—27日　梁山县总工会第四次代表大会召开，会议听取并审议通过县总工会第三届委员会向大会所作《团结带领全县职工为振兴梁山而奋斗》的工作报告，选举产生县总工会第四届委员会。

5月　县委、县政府制发《关于工业企业产权制度改革的试行意见》。

6月14—15日　省委常委、宣传部部长董凤基到梁山考察工作，济宁市委常委、宣传部长周光珍陪同，梁山县委书记连广生汇报全县经济和社会发展情况。

6月21日　全县经济工作会议召开，县委书记连广生主持，县委副书记、县长赵步荣讲话，并与县属10个重点企业厂长和负责10个企业的责任部门签订扭亏增盈目标责任状。

7月15日　中共济宁市委副书记、市长王仁元带领有关部门负责人及专家到梁山考察防汛工作，县委副书记、县长赵步荣汇报工作。

8月6—7日　梁山境内突降暴雨，平均降雨量204.1毫米。全县53万亩农作物受灾，25个村庄被洪水围困，倒塌损坏房屋5329间，死亡大畜生866头，家畜、家禽13.89万只（头），毁坏鱼塘3112亩，造成直接损失2.3亿元。县委、县政府紧急部署抗洪救灾工作。

8月15日　中共梁山县委八届六次全委会召开，县委书记连广生发表《坚持两手抓，做到两手硬，努力开创全县思想政治领域工作新局面》的讲话。

8月23日　中共梁山县委召开全县党员代表会议，县委副书记、县长赵步荣主持会议，县委书记连广生讲话，会议选举产生梁山县出席济宁市第八次党代会代表28名。

8月　全县高考成绩揭晓，本科上线人数214人，居全市第二位，其中梁山一中本科上线195人，居全市第一位。

9月　全县开展“发展社会主义市场经济”

大讨论。

11月　梁山县培育适合麦棉套种的棉花新品种中棉17号，获国家农业部“科技进步奖一等奖”。

12月7—8日　梁山县科学技术协会第三次代表大会召开，大会听取并审议县科协第二届委员会工作报告，修改《梁山县科学技术协会章程》，选举产生梁山县科学技术协会第三届委员会。

12月10日　梁山县在北京京西宾馆举行“梁山在京人员联谊会”，梁山籍在京人员北京军区副司令员姜洪全等出席，中共济宁市委副书记韩笔祥、中共梁山县委书记连广生分别致辞。

12月26—30日　县委、县政府召开全县农村工作会议，会议设中心会场和分会场，中心会场设在县剧院，各乡镇设分会场。

1995年

1月1日　县委、县政府在济南交通宾馆举行发展梁山经济座谈会，省委常委、宣传部长董凤基，副省长王玉玺，济宁市委书记王修智应邀出席并讲话，县委书记连广生致辞，县委副书记、县长赵步荣主持座谈会。

1月15日　中共济宁市委书记王修智到梁山考察工作，县委书记连广生陪同。

1月　济梁公路延伸段（即县城至火车站）开工建设，并举行开工典礼。同年11月2日竣工通车，并举行通车仪式。该路段全长20.5公里，工程总投资1958万元。

2月8—11日　县政协五届三次会议召开，会议听取并通过县政协副主席刘邦兰所作的县政协常委会工作报告。

2月9—11日　县十三届人民代表大会三次会议召开，会议听取并审议通过县长赵步荣所作《政府工作报告》、县人大常委会主任穆衍峰所作县人大常委会工作报告。

3月12日　中共济宁市委决定：王廉秀任中共梁山县委书记。

3月25日　县委、县政府召开全县棉花生产动员大会，中心会场设在梁山剧院，各乡镇设分会场。县委副书记、县长赵步荣做动员讲话，县委书记王廉秀等出席会议。

4月5日　位于梁山境内的京九铁路黄河特大桥竣工。大桥全长6685米，为当时黄河最长的双线铁路桥。

4月12日　中共山东省委书记赵志浩在济宁市委书记王修智、市长王仁元陪同下到梁山考察工作，县委书记王廉秀汇报工作。

4月19日　梁山县第一所希望小学——兖州矿务局希望小学奠基仪式在梁山县黑虎庙乡东郭村举行，市县及有关部门负责人出席。兖州矿务局希望小学由兖州矿务局广大干部职工捐资22万元与梁山县共同投资修建。

4月26日　县人民医院举行二级甲等医院暨济宁医学院临床教学基地挂牌仪式。

4月27日　全县住房制度改革动员大会召开，会议提出，全县房改任务主要是推行住房公积金制度，推进租金改革，稳步出售公有住房，加强房改资金管理，加快经济适用房开发建设。

4月　梁山县从北京农科院引进国家高新技术“863”计划重点项目抗虫棉三系种子100粒，并被暂定为国家“转基因抗虫棉”试种基地。

5月4日　位于原越山南路西端的“水泊梁山”石牌坊落成。

5月20日　中共中央政治局委员、国务院副总理吴邦国到梁山，出席京九铁路黄河特大桥通车典礼，并为梁山火车站题写“梁山站”；铁道部部长韩杼斌、中共山东省委书记赵志浩等陪同。

5月24—27日 中国共产党梁山县第九次代表大会召开，大会听取并审议通过王廉秀代表中共梁山县第八届委员会所作的工作报告，通过臧凤柱代表中共梁山县纪律检查委员会所作的工作报告；大会选举产生中共梁山县第九届委员会和中共梁山县纪律检查委员会。在九届一次全委会上，王廉秀当选为县委书记，赵步荣、高太平、曹耀华、李来云当选为县委副书记，臧凤柱当选为县纪委书记。

6月6日 纪念《中华人民共和国城市规划法》颁布实施五周年暨梁山建设大楼落成典礼举行，县委、县人大、县政府、县政协领导等出席，副县长王钦之致辞。

6月12日 济宁市政府在梁山县召开梁山工业现场会，副市长周喜良主持并讲话。

6月29日 梁山县境内遭受龙卷风袭击。

7月1日 凌晨5点40分至8点50分，全县遭受特大冰雹灾害，冰雹降落持续半小时之久，同时伴有狂风暴雨，最大风力10级以上，局部降雨达100多毫米。全县农作物受灾面积50多万亩，树木倒折6万棵，损毁房屋5000间，人员致伤200多人，死亡1人，失踪1人，畜禽死亡不计其数。

7月 县文化局与山东省歌舞剧院、济宁市音乐家协会在梁山电影院联合主办“黄河个人独唱音乐会”。

9月8日 全县农村经济上台阶动员大会召开，会议提出：奋力实施农民“211”致富工程。

9月 京九铁路梁山火车站竣工。

12月15日 中共梁山县委九届二次全委会召开，县委书记王廉秀讲话，县委副书记、县长赵步荣作“九五”纲要草案说明，会议审议并原则通过《梁山县国民经济和社会发展第九个五年计划及2010年远景目标纲要（草案）》。

12月18日 县人民医院举行CT开机暨急救中心启动仪式。

12月 由梁山县陈垓引黄灌区管理处完成的黄河下游引黄灌区节水灌溉综合技术研究项目获国家“科技进步三等奖”。

1996年

1月初 县委对县直和乡镇部分领导班子进行调整，调整人员410名，其中县直242名，乡镇168名。

1月5日 县人武部召开全县民兵组织整顿大会，会议提出：严格整顿程序，开好民兵连大会，抓好基干民兵集合点验，配好民兵干部。

1月17—18日 县委书记王廉秀带领县六大班子成员及各乡镇党委书记、县直有关部门负责人赴河北省清河县实地考察学习个体私营企业，并召开全县个体私营经济工作会议。

1月下旬 全县第四届农民艺术节开幕，艺术节历时43天，至3月11日落下帷幕。

2月7—10日 县政协五届四次会议召开，会议听取并通过县政协副主席房瑞荣所作的县政协常委会工作报告。

2月8—10日 县十三届人民代表大会四次会议召开，会议听取并审议通过县长赵步荣所作《政府工作报告》、县人大常委会主任穆衍峰所作县人大常委会工作报告，会议批准《梁山县国民经济和社会发展第九个五年计划及2010年远景目标纲要（草案）》。

2月26日 梁山县通过省政府扫盲验收。

2月26—27日 全县实施农民“211”致富工程动员大会召开，县委书记王廉秀作动员报告，提出：奋斗三年，实现农民人均每年种植收入2000元、养殖收入1000元、乡镇企业收入1000元。

3 月 13 日　全县工业经济工作会议召开，会议号召奋力实施工业企业“213”规模工程，到 20 世纪末，力争培植 20 家利税超千万元、10 家利税超 500 万元、30 家利税超百万元的重大企业。

4 月 22 日　经济宁市体改委、财委批准，梁山县水泊商场定为中型（一）企业，并保留梁山镇供销社建制。

4 月 26 日　位于京九铁路梁山站北侧的梁山农资储运站建成开业，该站总投资 550 万元，年储运服务能力 40 万吨。

5 月 13 日　梁山县被省委、省政府授予“全省社会文化先进县”称号。

5 月 17 日　水利部、黄委会、灌区协会、淮工委、省水利厅以及黄河下游各灌溉区等单位领导、专家近百人应邀到梁山参加陈垓引黄灌区 35 周年庆祝活动。

5 月 17 日　团省委副书记孙永春由团市委书记孔维民陪同到梁山检查指导共青团工作。

6 月　梁山县初级卫生保健工作通过省级评审和考核验收。

7 月 24 日　中国美术家协会会员、菏泽地区文联创作室主任、梁山籍著名画家梁兆存将自己精心绘制的巨幅国画《刘邓大军过黄河》及一批书画作品捐给梁山县档案局和水浒陈列馆。

7 月 31 日　全县创建文明卫生城动员大会在梁山剧院召开，县委副书记、县长赵步荣作动员报告，县委副书记、常务副县长高太平主持会议，县六大班子负责人出席会议。同时成立由赵步荣、高太平为指挥长的创建文明卫生城指挥部。

7 月　梁山县被山东省委、省政府、省军区命名为“拥军优属模范县”。

8 月 4 日　由于黄河中游连降暴雨，黄河花园口水文站出现 14 年来未有过的特大洪峰，流量 7660 立方米 / 秒，水位高达 49.73 米，超过 1958 年最高洪水位。县委、县政府抽调 330 名县直机关干部，组织 2 万名民工上阵，调集数百辆汽车、拖拉机，帮助滩区人民群众搬迁，团结奋战在黄河防汛前线。省长李春亭、副省长王玉玺等率省直有关部门负责人，在济宁市委书记王修智、市长王仁元及县委、县政府主要负责人陪同下，先后两次赴黄河滩区察看灾情，慰问群众。

8 月 27 日　国际红十字会驻华救灾代表让 • 朴般，在中国红十字总会及山东省红十字会负责人陪同下，从济南专程到梁山黄河滩区察看灾情，慰问群众。

8 月　根据省市《关于从民办教师中选招公办教师的通知》政策规定及分配名额，全县 861 名民办教师被招为公办教师，其中省指标 231 名，市指标为 630 名。

9 月 1 日　京九铁路全线贯通，梁山火车站正式投入运营。

9 月 13 日　省委副书记、副省长宋法棠到梁山考察抗洪救灾工作。

9 月 17 日　中共中央总书记、国家主席、军委主席江泽民视察京九铁路梁山站，询问梁山经济发展状况，听取县委书记王廉秀有关县情介绍。

9 月　梁山县百货大楼晋升为国家中型（一）企业。

10 月 6 日　省委宣传部部长董凤基由市委宣传部部长徐永莲陪同到梁山考察指导工作。

10 月 17 日　晋冀鲁豫边界相邻地区县级人大工作研讨会第十八次会议在梁山召开，山西省襄垣县、泌源县，河北省武安市、馆陶县、邯郸县，河南省林州市、安阳县，山东省冠县、郓城县、梁山县人大常委会等负责人参加。

10 月 20 日　民盟梁山县支部、水浒书画社邀请县内 108 位书画家和书画作者，挥毫泼墨，集体创作一幅长 113 米的纪念中国工农红军长征胜利 60 周年书画长卷，县委书记王廉秀为长卷题词：“继承长征传统，发扬梁山精神。”

10 月 29—30 日　共青团梁山县第十四届代表大会召开，会议听取并审议通过共青团梁山县第十三届委员会所做《奋进开拓，团结苦干，为梁山腾飞贡献青春》的报告，大会选举产生共青团梁山县第十四届委员会。

11月14日　中共山东省委副书记、省长李春亭在市委书记王修智、市长王仁元、县委书记王廉秀、县长赵步荣陪同下，考察梁山火车站，指导滩区村庄搬迁工作。

11月29日　中共梁山县委九届四次全体会议召开，县委书记王廉秀讲话，会议审议通过《梁山县“九五”期间社会主义精神文明建设规划（草案）》。

11月　中共梁山县委党校列为中等专业学校体制，由正科级单位升格为副县级单位，县委书记王廉秀兼任党校校长。

12月6—8日　梁山创建卫生县城通过山东省爱卫会考核验收，并予以命名表彰。

12月10日　梁山县行政干部学校成立，与县委党校联署办公，一个机构、两块牌子，县委副书记、县长赵步荣兼任梁山县干部学校校长。

12月26日　县委、县政府以梁发〔1996〕51号文，命名表彰第三批县级专业技术拔尖人才6名，第二批优秀知识分子21名，第二批乡村优秀科技人才53名。

12月28日　全县经济工作会议召开，县委书记王廉秀，县委副书记、县长赵步荣分别讲话，要求加快实施农民“211”致富工程和企业“213”规模工程。

1997年

1月6日　国家防汛总指挥部秘书长、水利部副部长周文智一行17人到梁山进行检查，副县长王钦之汇报滩区村庄迁建进展情况。

1月18日　全县个体私营经济工作会议召开，县委书记王廉秀讲话。

1月21日　省委常委、宣传部长董凤基一行10人到梁山看望慰问特困职工及滩区群众。

1月22日　中共济宁市委书记王修智带领有关部门负责人，走访慰问黄河滩区，并察看迁建示范村现场，县委书记王廉秀汇报相关工作情况。

1月25日　梁山科技兴县工作和创建全国科技先进县活动通过省科委考核验收。

1月29日　县六大班子主要负责人及县直有关部门负责人走访答谢向滩区无私捐款达1600多万元的济宁市11个县市区和邹城电厂、兖州矿业集团。

1月30日　庆祝省级卫生县城命名暨创建工作总结表彰大会隆重召开，市卫生局、市爱卫办及县六大班子负责人出席会议，大会宣布省爱卫会正式命名梁山县城为省级卫生县城的决定，县委、县政府表彰56个“创建省级卫生城工作先进单位”，为34人记三等功，对46人予以嘉奖。

2月5日　中共济宁市委副书记、市长王仁元带领有关人员到梁山走访慰问，县委书记王廉秀等陪同并汇报工作。

2月16—17日　全县农村工作会议召开，中心会场设在梁山剧院，各乡镇设分会场，县委书记王廉秀讲话，会议动员全县广大群众努力完成农民“211”致富工程提出的各项任务，确保农业持续稳定增长。

2月25—28日　县政协五届五次会议召开，会议听取并通过县政协副主席房瑞荣所作县政协常委会工作报告，协商增选陆书杰为县政协副主席。

2月26日—3月1日　县十三届人民代表大会五次会议召开，会议听取并审议通过代理县长曹耀华所作县政府工作报告、县人大常委会副主任王占甲所作县人大常委会工作报告；会议选举高太平为县人大常委会主任，刘殿印为县人大常委会副主任，曹耀华为县长。

3月5日 世界银行考察团一行6人，在国家、省市有关部门和县委书记王廉秀、县长曹耀华等陪同下，考察梁山第一、二期加强灌溉农业世行贷款项目。该次二期世行贷款项目的投资额为2000万元，由国家财政部贴息，国家综合开发办担保，合同期为四年。

5月11日 省林业厅厅长辛云岩，济宁市政府秘书长毕常先，市林业局局长王庆来一行到梁山考察林业工作。

5月12日 县中医医院举行晋升二级甲等医院挂牌仪式，济宁市副市长李广生及梁山县委、县政府有关负责人出席并揭牌。

5月25—27日 中国梁山首届“棋友杯”全国象棋精英赛在梁山县政府招待所举行。

5月29日 济宁市县域企业改革会议在梁山召开，市长王仁元主持，各县市区及有关部门主要负责人参加会议。

5月31日 全县24处乡镇党委领导班子换届选举工作圆满结束。

6月19日 中共山东省委副书记、省长李春亭，副省长邵桂芳率领省黄河河务局、水利厅、财政厅等部门和泰安、济宁两市有关部门负责人到梁山检查指导黄河东平湖防汛工作。

7月18日 全县企业改制动员大会召开，县委书记王廉秀、县长曹耀华分别讲话。

7月23日 鲁豫两省勘界协商会议在梁山县举行，国务院勘界办、河南省勘界办、山东省勘界办负责人和鲁豫边界沿线6个市地、20个县市负责人及有关人员出席会议。会议确定边界线走向，设定埋桩位置。

8月11日 中共济宁市委书记王修智等到梁山考察，县六大班子负责人陪同。

8月14日 中国农科院植保所研究员郭子元等10多名棉花和植保专家组及省市有关部门到梁山，对国家“863”转基因抗虫棉进行系统考察，确认从农科院引进的转基因抗虫棉GK—12品系在梁山试验示范成功。

9月4—5日 济宁市政法委书记会议在梁山召开，市委副书记韩笔祥，市委常委、政法委书记刘景伦等出席会议，全市各县、市、区政法委书记参加会议。

10月6日 县政府制发《梁山县农村村民最低生活保障线制度实施细则》，确定自1998年1月1日起实行农村村民最低生活保障线制度，保障标准为每人每年560元。

10月31日 中共梁山县委九届五次全委会召开，会议通过《中共梁山县委关于学习贯彻党的十五大精神，广泛开展抓住机遇加快发展大讨论的意见》。

11月11日 中共中央政治局委员、山东省委书记吴官正到梁山考察工作，省委常委、省委秘书长张宗亮及济宁市委、市政府、梁山县委、县政府主要负责人陪同考察。

11月13日 梁山县青年联合会成立，并举行第一届一次会议。

11月20日 梁山县烈士陵园被市委宣传部确定为首批爱国主义教育基地之一。

12月9日 县委以梁发〔1997〕50号文件发布《梁山县企业出售拍卖办法（试行）》。

12月14日 中共济宁市委决定：韩军任中共梁山县委书记，温杭东、商建设任县委副书记。

12月19日 梁山县十三届人大常委会决定：温杭东任副县长、代理县长，商建设任副县长。

12月22日 由山东省邮电管理局、济宁市人民政府主办的中国古典名著《水浒》特种邮票（第五组）首发式在梁山县举行。原邮电部副部长刘平源、省人大常委会原副主任卢洪、邮票设计者周峰和市、县负责人等出席首发式。

12月31日 县人大代表换届选举圆满结束，选出县人大代表257名。

1998 年

1月4日 中共济宁市委副书记、代市长贾万志等一行，到梁山考察冬季农田和机井建设情况。

1月5日 县委九届六次全委会召开，部署换届选举工作，县委书记韩军讲话，县委副书记、代理县长温杭东主持会议。

1月10日 中共济宁市委书记陈光林、市委常委连广生、副市长蔡敬钦等到梁山黄河滩区走访慰问滩区困难群众。

1月11—14日 县政协六届一次会议召开，会议听取并通过县政协副主席刘邦兰所作县政协常委会工作报告。大会选举杨朝福为县政协主席，李兆申、薛凡义、刘邦兰（女）、王瑞兰（女）、于瑞龙、苏桂香（女）、陆书杰、岳宗周为副主席。

1月12—17日 县十四届人民代表大会一次会议召开，会议听取并审议通过代理县长温杭东所作《政府工作报告》、县人大常委会主任高太平所作县人大常委会工作报告。大会选举高太平为县人大常委会主任，刘殿印、鞠艳芬（女）、王佑明、林英科、王志宪、信再高为副主任；选举刘慎刚为县长，李文运、刘振诺、王崇志、王成爱、高启顺为副县长；张仁端为县人民法院院长；李文汉为县人民检察院检察长；选举出席济宁市第十三届人民代表大会代表 41 名。

1月17日 经中共济宁市委常委会研究同意，济宁市纪委、市政府决定，撤销刘慎刚中共梁山县委党校党委书记、常务副校长和梁山县长职务。

1月18日 县十四届人大常委会第一次会议任命张忠建为副县长。

1月20日 县委书记韩军兼任中共梁山县委党校校长。

2月13—14日 全县农村工作会议召开，县委书记韩军讲话，县委、县政府制发《关于进一步加快农村经济发展的实施意见》，宣布《关于表彰农村先进乡镇，奔小康带头村、农村致富大王、科技女状元的决定》。

3月3日 山东省科委、济宁市科委在济南主持召开鉴定会，对梁山县承担省科委 1995 年下达的《抗虫棉花新品种引进与实验示范项目》进行技术鉴定。

3月14日 县第十四届人大常委会第二次会议任命张忠建为代理县长。

3月18日 水泊商场获全国“诚信单位”及“山东省保护消费者权益先进单位”庆祝仪式举行，省人大常委会副主任郭长才等省、市有关部门负责人，及梁山县委、县人大、县政府主要负责人出席庆祝仪式。

4月8日 全县选派干部下基层蹲点包村工作会议召开，全县抽调人员 945 名奔赴农村第一线。

4月24日 全国绿化委员会、省林业厅、市林业局一行 7 人到梁山，对“京九绿色长廊工程”建设情况进行检查。

同日 中共济宁市委通知，温杭东不再担任中共梁山县委副书记职务。

5月11日 王府集乡王府集村、姚庄村发生自采误食野生蘑菇中毒事件，致使 27 人中毒，其中 4 人中毒较重，转往省医院治疗（3 人抢救无效死亡），其余大部分中毒病人经抢救脱离危险。事件发生后，县委、县政府迅速组织卫生等部门全力抢救，济宁市副市长李广生及市卫生局局长带领 8 名医疗专家，到医院组织抢救病人。

5月 经省政府批准，设立济宁梁山对外加工贸易区。

5月 “水泊梁山”主页上线。

6月4日 经中共济宁市委常委会研究同意，济宁市纪委、市政府决定给予王成爱留党察看二年、撤销梁山县人民政府副县长职务的处分。

6月8日 县造纸厂水污染治理项目通过省环保局验收。

6月15日 经中共济宁市委常委会研究同意，济宁市纪委、市政府决定给予王祟志留党察看一年、撤销梁山县人民政府副县长职务的处分；给予高启顺党内严重警告、撤销梁山县人民政府副县长职务的处分。

6月21日 中共济宁市委书记陈光林在市委常委、秘书长连广生陪同下到梁山调查研究。

6月25日 全县企业产权转让动员大会召开，县委书记韩军讲话，会议听取菏泽地区企业产权转让经验，县委、县政府出台《梁山县企业产权转让办法》。

6月27日 中共济宁市委副书记、市长贾万志等到梁山检查指导防汛工作。

7月19日 副省长陈延明、省黄河河务局局长廖义伟一行到梁山察看黄河梁山段的汛情，听取梁山黄河防汛工作汇报。

7月20日 凌晨3点50分，黄河下游梁山蔡楼水文站出现一号洪峰，洪水流量为2600立方米／秒，水位48.06米，属中常洪水。

8月8日 中共济宁市委书记陈光林，市委常委、秘书长连广生等到梁山考察防汛救灾工作。

8月9日 中共中央政治局委员、省委书记吴官正在省委常委、秘书长张宗亮及市、县主要负责人陪同下，察看陈垓引黄闸大堤、艾那里险工险段，及部分乡镇受灾和排涝情况，听取梁山工作汇报。

同日 梁山县与章丘市结为友好县市。

8月12日 经专家评审，GK-12抗虫棉抗虫性、丰产性、抗病性，表现良好，中试成功，可大面积推广。

8月 梁山公交公司正式成立并挂牌运营，成为省内首家民营公交公司。至此，梁山县结束县城无公交车的历史。

9月16日 农业部、国家科委在梁山召开全国重点项目“863”转基因抗虫棉现场会，与会人员对梁山抗虫棉试种成功给予高度评价。

9月19日 梁山县通过全国科技先进县复查。

9月27日 省人大常委会副主任李文全到梁山视察。

10月14日 济宁市黄河滩区扶贫开发暨经济强乡与欠发达乡镇结对帮扶座谈会在梁山召开，市委书记陈光林，市委副书记、市长贾万志及全市12市、县、区主要负责人出席会议。会议确定：兖州市新兖镇帮扶梁山郓陈乡、任城区柳行镇帮扶梁山赵堌堆乡、兖州市大安镇帮扶梁山黑虎庙乡。

10月17日 梁山县通过省级卫生县城复核。

10月26日 梁山县第一次向社会公开拍卖企业，梁山县麻纺厂拍卖成功（该厂于1996年依法宣布破产）。

11月17日 济宁市农田水利基本建设现场会在梁山召开。

11月18日 梁山县工商联第五届会员代表大会召开，大会审议通过上届执委会工作报告，选举县工商业联合会第五届执行委员会，在第五届执行委员会第一次会议上，选出县工商业联合会五届会员代表大会执委会会长、副会长、秘书长。

11月30日—12月1日 日本国爱知县丰明市考察团久野贞美一行，到梁山考察访问，并举行中国梁山与日本丰明市缔结友好合作关系意向签订仪式。

12月22—24日 中国共产党梁山县第十次代表大会召开，大会讨论审议通过韩军代表九届县委所作的工作报告及县纪委工作报告，选举产生中共梁山县第十届委员会。在十届一次全委会上，选举韩军为县委书记，张忠建、臧凤柱、商建设、李传武为县委副书记。

1999 年

1 月 1 日　《梁山报》改版为《济宁日报·梁山版》。

1 月 20—24 日　县政协六届二次会议召开，会议听取并通过县政协副主席李兆申作县政协常委会工作报告，补选张先知为县政协副主席。

1 月 22—25 日　县十四届人民代表大会二次会议召开，会议听取并审议通过代理县长张忠建所作《政府工作报告》、县人大常委会主任高太平所作县人大常委会工作报告。大会补选张忠建为县长，李文汉为县人大常委会副主任，袁存力为梁山县人民法院院长，王宜海为梁山县人民检察院检察长。

1 月 27 日　国家水利部部长汪恕诚、副部长张基尧、国家黄委会主任鄂竟平一行，在副省长陈抗甫及有关部门负责人陪同下，到梁山检查黄河防汛、湖区移民迁安等工作。

2 月　县委、县政府制发《关于搞好农村二轮土地承包的意见》。

3 月 22 日　全县乡镇人大政府换届选举工作圆满结束，提名的 143 名候选人全部当选。

3 月 24 日　国家计委副主任刘江、黄委会副主任陈效国一行，在副省长陈延明等省、市、县有关领导陪同下，对梁山的黄河防洪渡汛等水利建设专项资金项目进行考察。

3 月 30 日　全县个体私营经济会议召开，县委书记韩军讲话。

4 月 15 日　省政协副主席刘洪仁在市、县有关负责人陪同下，考察梁山部分个体私营企业，并听取县政协工作汇报。

4 月 26 日　全县蹲点包村工作总结表彰暨第二批下派干部欢送大会在县剧院召开。

5 月 4 日　纪念“五四运动”80 周年与面向新世纪优秀青年座谈会召开，县委书记韩军出席并讲话，县委副书记、组织部长商建设主持会议。

5 月 8 日　“宣传梁山、发展梁山新闻恳谈会”在济南珍珠泉宾馆召开，大众日报社总编何荣德、省广播电视厅厅长于钦彦等应邀出席会议。

6 月 1 日　梁山县通过省政府“两基”（基本普及九年义务教育、基本扫除青壮年文盲）评估验收。

6 月 4 日　梁山县妇女领导干部联谊会正式成立，选举产生联谊会会长、副会长、秘书长、副秘书长，全县 93 名副科级以上妇女干部组成联谊会第一届理事会。

6 月 8 日　副省长林廷生及省黄河河务局副局长袁崇仁等，到梁山考察黄河防汛工作。

6 月 15 日　济宁市 12 个县市区和兖州矿业集团的民兵应急分队，进入梁山黄河路那里险工段进行黄河防汛演习。

6 月 18 日　全县第六届村委会换届工作完成。

6 月 29 日　全县先进基层党组织、优秀共产党员表彰大会召开，会议向受表彰的 50 个先进基层党组织、50 个五好村党支部、100 名优秀共产党员、30 名刘运库式的村党支部书记颁发奖状和荣誉证书。

8 月 1 日　副省长陈延明、省黄河河务局副局长袁崇仁一行到梁山检查东平湖黄河防汛工程。

8 月 9 日　中共济宁市委副书记、市长周齐到梁山检查指导工作。

8 月 12 日　中共济宁市委书记贾万志，市委常委、秘书长连广生在县委、县政府主要负责人陪同下到梁山看望蹲点包村干部。

9 月 4 日　山东省武警总队政委方南江到梁山检查武警工作，济宁市武警支队及梁山县有关负责人陪同检查。

9月27日 梁山县召开庆祝建国50周年大会，并举行《祖国万岁》大型文艺晚会。

9月28日 中国共产党梁山县党员代表会议召开，选举产生梁山县出席中国共产党济宁市第九次代表大会代表29名。

10月13日 中共济宁市委副书记、市长周齐到梁山考察小麦种植工作。

10月21—24日 全国中老年人太极拳比赛在梁山县体育中心举行，全国各地63个代表队参加，梁山县代表队获得集体拳第一名。

11月18—19日 共青团梁山县第十五次代表大会召开，大会听取并审议通过共青团梁山县第十四届委员会所做《鼓劲实干，创业兴县，为实现跨世纪宏伟目标建功立业》的工作报告，大会选举产生共青团梁山县第十五届委员会委员和出席济宁市团代表大会代表。

11月20日 梁山县通过全国体育先进县复查验收。

12月22日 经省政府批准，杨营乡撤乡设镇。

12月29日 梁山县总工会第五次代表大会召开，大会听取并审议通过第四届工会所做《高举伟大旗帜，突出维护职能，团结动员全县职工为实现跨世纪宏伟目标而奋斗》的工作报告，大会选举产生梁山县工会第五届委员会。

12月30日 全县思想政治工作会议召开，县委印发《关于加强和改进思想政治工作的意见》。

2000年

1月10—12日 县政协六届三次会议召开，会议听取并通过县政协副主席李兆申所作县政协常委会工作报告，副县长商建设作关于《政府工作报告》的说明。

1月12日 县十四届人大常委会十八次会议任命商建设为代理县长。

1月17日 中共济宁市委副书记、市长周齐等到梁山看望慰问特困群众，县委、县政府主要负责人陪同。

1月19—22日 县十四届人民代表大会三次会议召开，会议听取并审议通过代理县长商建设所作《政府工作报告》、县人大常委会主任高太平所作县人大常委会工作报告，选举商建设为县长。

2月7日 中共济宁市委决定：姜居祯任中共梁山县委副书记，提名任县政府副县长。

2月14日 全县农村工作会议召开，县委、县政府发布《关于命名表彰第二批小康村的决定》和《关于表彰农业先进乡镇及农村致富状元的决定》。

2月20日 “三讲”教育动员大会在县剧院举行，县委书记韩军在会上作动员报告，县委副书记、县长商建设主持会议，省巡视组组长马东向、济宁市委副书记褚庆观先后讲话。

2月28日 梁山县被市委、市政府授予落实人口目标责任一等奖，综合考核得分位居全市第三名。

3月5日 三八妇女节表彰大会召开，县委、县人大、县政府、县政协负责人出席会议，县妇联、县文明办等发布表彰巾帼十杰、巾帼岗位明星、十佳文明家庭、十星级文明家庭的决定。

3月25日 梁山县被市委、市政府授予农业科技示范园建设先进县，梁山镇被命名为小康乡镇和经济强乡镇，拳铺乡为农业结构调整先进乡镇，鲁润京九石化公司、山东大鹏集团被表彰为明星乡镇企业，良福制药公司名列全市25个先进私营企业之首。

4月11日 县委、县政府召开全县发展个体私营经济动员大会，其后相继于4月26日、6月21日、7月14日召开全县全民招商引资动员大会、全县解放思想放开搞活创办特区动员大会、全县全民经商动员大会，时称四次万人大会。每次大会都由县委书记做动员报告，动员实施全面放开、全民招商、全民经商、全力保护、全面推向个体私营经济的“五全”战略，提出把梁山建成“内陆的特区，江北的温州”。还相继发布《关于全县个体私营经济工作的实施意见》《关于优化经济发展环境的十条规定》《梁山县招商引资奖励（暂行办法）》《关于鼓励机关人员离岗从事经济工作的十条规定（试行）》等一系列文件。

4月20日 原中共山东省委书记梁步庭到梁山考察工作。

4月27日 国家防总秘书长、水利部副部长周文智，国家黄委会主任鄂竟平一行，在副省长陈延明及省河务局、水利厅及市县等负责人陪同下，到梁山检查黄河防汛工作。

4月29—30日 中共济宁市委常委（扩大）会议在梁山召开，市委书记贾万志讲话，会议确定把梁山县定为济宁市改革开放试验区。

4月30日 县委、县政府颁发关于命名表彰第三届“梁山十大杰出青年”的决定。

5月1日 副省长陈延明在县长商建设、副县长王佑明等陪同下，察看滴灌和微喷等节水灌溉技术情况。

5月12日 由山东电力集团捐资与梁山县共同兴建的“鲁能梁山希望小学”，在小安山乡黄河崖村举行奠基仪式。团省委副书记张光峰、市人大常委会副主任李咸亭、市政府副市长王守恒、市政协副主席徐永莲、山东电力集团有关负责人及县六大班子负责人出席奠基仪式。

5月18日 经省政府批准，拳铺乡撤乡设镇。

5月21日 县级领导班子、领导干部“三讲”教育总结大会召开，省巡视组与六大班子负责人出席会议。会议由县委副书记、县长商建设主持，县委书记韩军作总结报告，省巡视组组长马东向对梁山县“三讲”教育给予充分肯定，并对巩固“三讲”教育成果提出希望和建议。

5月 济宁市政府确定将梁山纺织厂、梁山轴承厂、梁山油漆厂、梁山石棉厂、梁山水泥厂市属五厂划归梁山县管理。

6月2日 中共济宁市委副书记、市长周齐等带领有关部门负责人，到梁山考察“三夏”和黄河防汛工作，县委副书记、县长商建设汇报相关工作情况。

6月16日 水利部副部长张基尧带领南水北调东线工程考察组一行21人，察看梁山县境内工程设施及济梁运河梁山段的水质情况，省、市、县政府负责人陪同考察。

同日 山东省东平湖防汛工作会议在梁山召开，东平湖防汛指挥部指挥长鲍志强代表总指挥部分别与梁山、东平、汶上三县签订防汛目标责任书。

7月18日 副省长林廷生一行到梁山检查指导工作。

7月23日 水利部副部长敬正书、黄委会主任鄂竟平一行到梁山县检查黄河防汛工作。

7月26日 全县经济工作会议召开，县委书记韩军、县长商建设分别讲话，县粮食局、油漆厂、拳铺挂车总厂等单位作典型发言。

8月10日 县政府决定对县直部分学校布局结构进行调整，将梁山县职工中等专业学校、教师进修学校、工厂小学、劳动技工学校、县直机关幼儿园分别进行合并，划归教育部门统一管理。

8月10—11日 省委常委、省纪委书记赵春兰到梁山调查研究，市委书记贾万志汇报工作情况，县委书记韩军、县纪委书记马传申分别汇报梁山有关工作。

8月16日 县十四届人大常委会第二十四次会议审议通过《梁山县城市管理暂行办法》。

9月9日 济宁市暨梁山县小尾寒羊比赛在梁山体育场举行。

9月26—27日 梁山县第八次妇女代表大会召开，大会听取七届妇联工作报告，选举县妇联第八届执行委员会及主席、副主席。

10月20—21日 省政协副主席李殿魁到梁山考察工作。

10月21日 中国水浒研究会执行会长张国光教授一行到梁山考察水浒文化。

10月25日 鲁能梁山希望小学在小安山乡黄河崖村落成，省、市、县有关领导为希望小学的落成剪彩。鲁能梁山希望小学由山东鲁能集团捐资20万元与梁山共同兴建。

11月1日 全国第五次人口普查正式开始，全县4500名普查员、指导员正式入户登记。

同日 中共济宁市委常委、邹城市委书记梁之安，邹城市委副书记、市长李来云等六大班子负责人到梁山走访慰问，县六大班子负责人在政府招待所举行欢迎仪式。

11月15日 市政协主席韩笔祥一行，在县委书记韩军、县长商建设、县政协主席杨朝福等陪同下，调查了解梁山县民营经济发展情况。

11月16日 国家体育总局党组书记、副局长李志坚到梁山考察，并观看梁山武术表演。

12月4日 县委、县政府公布乡镇规模调整实施意见，将原19个乡镇合并为9个镇：梁山镇、前集乡、后孙庄乡合并为梁山镇，小安山乡、李官屯乡合并为小安山镇，馆驿乡、王府集乡合并为馆驿镇，韩岗镇、袁口乡合并为韩岗镇，韩垓乡、开河乡合并为韩垓镇，徐集镇、信楼乡合并为徐集镇，拳铺镇、方庙乡合并为拳铺镇，杨营镇、馆里乡合并为杨营镇，小路口镇、郓陈乡合并为小路口镇。马营乡、寿张集乡、大路口乡、黑虎庙乡、赵堌堆乡5个乡原行政区划保持不变。

12月10日 全国政协副主席陈邦柱在水利部及省、市、县负责人及有关部门专家陪同下，察看“南水北调”工程涉及的梁山境内梁济运河段。

12月22日 全县实施林业四项重点工程动员会召开，县委副书记、县长商建设作动员讲话。

12月28日 县委、县政府以梁发〔2000〕108号文，命名表彰第四批县级专业技术拔尖人才7名，第三批优秀知识分子21名，第三批乡村优秀科技人才22名。

2001年

1月3日 中共梁山县委召开十届五次全委会议，县委书记韩军，县委副书记、县长商建设分别讲话，会议审议通过《梁山县国民经济和社会发展第十个五年计划及2010年远景目标纲要》。

1月8—10日 县政协六届四次会议召开，会议听取并通过县政协副主席李兆申所作县政协常委会工作报告，县长商建设在会上作《关于政府工作报告的说明》；会议选举臧凤柱为县政协主席，韩相顺、孙伯泉为副主席。

1月13—16日 县十四届人民代表大会四次会议召开，会议听取并审议通过县长商建设所作《政府工作报告》、常务副县长姜居祯所作关于“十五”计划及远景目标纲要的说明、县人大常委会主任高太平所作人大常委会工作报告。会议补选张先知为县人大常委会副主任。

1月18日 云雁集团举行ISO9000质量体系认证颁证仪式，县委书记韩军，县委副书记、县长商建设出席并讲话。

2月2日 全县发展民营经济动员大会召开，县委书记韩军讲话，县委副书记、县长商建设主持。其后分别于4月11日、4月29日、8月24

日召开全民招商引资大会、全县民营经济工作会议、全县发展民营经济第八次动员大会。

2月8日 全县农村工作会议召开，县委书记韩军，县委副书记、县长商建设分别讲话，会上表彰2000年农村工作先进单位、先进个人以及被命名的小康村，部分乡镇作表态发言。

2月21日 全县城市经济工作会议召开，县委书记韩军，县委副书记、县长商建设分别讲话，县有关部门和企业在会上作表态发言。

3月 济宁市政府公布全市第三批市级文物保护单位，其中，水泊梁山名胜区（包括梁山寨、莲台石刻、东鲁西竺禅师塔、问礼堂、法兴寺、天齐庙、八角琉璃井）、独山抗日歼灭战遗址、贾堌堆遗址3处文物点被公布为市级文物保护单位。

4月4日 范曾撰文并书写的《水泊梁山记》在天津南开大学举行馈赠仪式，县委副书记马传申、副县长高天宝等出席。

4月11—14日 县委副书记、县长商建设带领有关负责人，参加大连“孔孟之乡”济宁项目推广恳谈会暨招商引资新闻发布会。其间，达成合作意向13个，其中合资项目7个，项目投资总额715万美元，外方投资367万美元，贸易项目6项，贸易额30万美元。

4月16—18日 梁山与首科集团北京科技招商信息发布洽谈会在北京友谊宾馆举行，县委书记韩军，县委副书记、县长商建设及有关部门、各乡镇主要负责人参加，共签订技术合同13个，建立合作关系7个，签订技术协作意向书123个，引进科技人才27名。

4月19日 县委书记韩军，县委副书记、县长商建设就林业四项重点工程工作发出《给乡镇党委、政府的一封信》，要求切实加强林木管护工作，进一步巩固造林绿化成果。

5月18日 中共山东省委副书记、省长李春亭到梁山县考察工作。

6月1日 梁山县城市建设捐资动员会召开，县委书记韩军出席，县委副书记、县长商建设讲话，县委副书记、常务副县长姜居祯主持会议。

6月3日 中共济宁市委副书记、市长周齐到梁山考察工作。

6月22日 全市民营经济工作现场会在梁山召开，市委书记贾万志、副书记褚庆观出席并分别讲话，副市长李广生主持会议，梁山县、兖州市分别作典型发言。

同日 中共济宁市委书记贾万志带领水利局等部门负责人到梁山考察黄河防汛工作。

7月9—11日 著名画家范曾一行10人到梁山察看《水泊梁山记》摩崖石刻。

7月13日 梁山京九轴承公司ISO9000质量体系认证颁证仪式举行，山东省轴承公司经理刘守福、济宁出入境检验检疫局副局长姜德忠到会并讲话，梁山县委书记韩军、县委副书记、县长商建设等出席。

7月19日 梁山县红十字会第三届会员代表大会召开，济宁市红十字会常务副会长张玉荣出席并讲话，会议听取二届理事会工作报告，选举第三届红十字会理事、常务理事、会长、副会长，并聘请名誉会长、名誉副会长。

8月7日 中共济宁市委副书记、市长周齐到梁山县考察东平湖防汛情况。

8月15日 县政府召开全县中小学危房改造工作会议，县委副书记、县长商建设讲话。

8月17日 中共梁山县委十届六次全委（扩大）会议召开，县委书记韩军讲话，县委副书记、县长商建设就全县的经济工作作题为《正确把握形势，扎扎实实工作，确保全年任务目标的实现》的讲话，县委副书记李传武主持会议。

9月5日 县安全生产监督管理局举行揭牌仪式。

9月11日 梁山鲁西南黄牛育肥公司与广东省互安清真肉牛公司举行合作签字仪式。

9月15—19日 梁山发展经济恳谈会分别在黑龙江省伊春市、黑河市召开，梁山县政府与伊春市西林区政府签订两县区缔结友好县区协议书。

9月 县政府确定撤销驻青岛等10个驻外办事处。

10月9日 梁山水浒商贸城一期市场开业，县委、县人大常委会、县政府、县政协主要领导为水浒商贸城正式开业剪彩，并为二期工程开工奠基。

10月14日 国土资源部纪检书记董道华到梁山县考察土地管理和开发工作。

10月26日 省政协副主席、省农工民主党主委张敏一行8人到梁山考察旅游工作。

11月21日 驻济宁市全国和省人大代表到梁山考察工作。

11月28日 县工商联第六届会员代表大会召开，会议选举产生县工商联第六届执委会会长、副会长及秘书长。

11月 县文化部门在前码头村东发现元代开挖会通河记事碑，该碑距今700多年。

12月4日 全市经济形势调度分析座谈会在梁山召开，济宁市政府研究室及部分县区政府研究室主任参加，县长商建设、常务副县长姜居帧到会与参会人员进行座谈。

12月18—19日 台湾凯胜工业集团董事长黄胜德一行到梁山考察济宁（梁山）对外加工贸易区，县政府与其签订在对外加工贸易区内投资5亿元（一期1.5亿元）兴建液晶电子生产企业协议。

2002年

1月21—23日 县政协六届五次会议召开，会议听取并通过县政协副主席李兆申所作县政协常委会工作报告，增选高天宝为县政协副主席。

1月27—29日 县十四届人民代表大会五次会议召开，会议听取并审议通过县长商建设所作《政府工作报告》、县人大常委会主任高太平作人大常委会工作报告，补选王佑明、陆书杰为县人大常委会副主任。

2月21日 全县发展民营经济第九次动员大会召开，县委书记韩军讲话，县委副书记、县长商建设主持，县委、县政府发布《关于在全县开展远学温州、近学拳铺，加快民营经济发展的决定》。

3月8日 梁山县行政审批中心举行揭牌仪式。

3月12日 山东省部分县市发展民营经济现场会在梁山县召开，省委常委、副省长韩寓群出席并讲话。

4月4日 全县民师选招会议召开，按照省市政府有关文件规定，全县589名民办教师大部分转为公办教师，个别实行退养或给予经济补偿。自此，“民办教师”成为历史名词。

4月20日 《水泊梁山记》摩崖石刻落成典礼仪式举行，山东省副省长邵桂芳、济宁市委书记贾万志、市长周齐等出席，范曾及夫人楠莉、央视主持人赵忠祥、表演艺术家王刚、演员张金玲等出席仪式。县长商建设主持，县委书记韩军致辞，省、市领导发表讲话。

4月24日 晋冀鲁豫边界相邻10县市人大工作研讨会召开，县长商建设作县情介绍。

5月22日 全县党政机关机构改革动员大会召开，安排部署梁山县党政机关机构改革工作。

5月28—29日 共青团梁山县第十六次代表大会召开，大会听取并审议上届团县委所做《与时俱进，再创辉煌，为建设现代化新梁山贡献青春》的工作报告，选举产生共青团梁山县第十六届委员会。

6月27日 全市欠发达乡镇民营经济发展

现场经验交流会在梁山召开。

7月1日 《中国共产党梁山县历史大事记》第一卷、《中国共产党梁山县组织史资料》第二卷出版。

7月5日 拳铺工业园区被命名为山东省民营经济示范园区。

7月22日 县政府召开全县农村税费改革工作会议。

9月 中国农业大学将梁山正式确定为“国家863转基因动物山东基地”。

10月8日 中共济宁市委副书记、市长周齐到梁山检查指导，县委副书记、县长商建设汇报工作。

10月16日 11时58分，中国首例利用玻璃化冷冻技术培育出的第一头体细胞克隆牛在梁山县顺利降生。

11月1日 梁山县再次通过省级卫生县城复验。

11月15日 全县城镇职工基本医疗保险制度改革动员会议召开，确定自12月1日起，实施《梁山县城镇职工基本医疗保险暂行规定》。

11月28日 全省小尾寒羊赛羊会及交易会在梁山举行。

11月29日 全县第一家大型超市——“百货大楼联华超市”开业。

11月30日 全县首次出让国有土地使用权拍卖会举行。

12月12—13日 中共梁山县委十届九次全委会议召开，会议审议通过《中共梁山县委十届九次全委会议关于深入学习贯彻党的十六大精神的决议》。

12月 梁山县风景名胜区被评为国家AAA级旅游区，并举行揭牌仪式。

2003年

1月10—13日 县政协七届一次会议召开，会议听取并通过县政协副主席李兆申所作县政协常委会工作报告。选举臧凤柱为政协七届委员会主席，李兆申、薛凡义、刘邦兰（女）、高天宝、于瑞龙、苏桂香（女）、岳宗周、韩相顺、李启胜为副主席。

1月17—22日 县十五届人民代表大会一次会议召开，会议听取并审议通过县长商建设所作《政府工作报告》，县人大常委会主任高太平所作县人大常委会工作报告。大会选举高太平为县人大常委会主任，王佑明、陆书杰、王信义、林英科、孙伯泉、赵玉民（女）、乔允华为副主任；选举商建设为县长，刘振诺、刘振西、贾治阜、任艳云（女）、蒋衍涛、宁瑞峰为副县长；选举袁存力为县人民法院院长，王宜海为县人民检察院检察长。

3月3—6日 中国共产党梁山县第十一次代表大会召开，大会听取并审议通过韩军代表中共梁山县第十届委员会所作的工作报告，审议通过宋科代表中共梁山县纪律检查委员会所作的工作报告，选举产生中共梁山县第十一届委员会，选举产生中共梁山县纪律检查委员会。在十一届一次全会议上，选举韩军为书记，商建设、马传申、宋科、王保清为副书记。

3月 梁山县全面启动抗击“非典”工作，县政府成立抗击“非典”指挥部，由县长任指挥长，卫生、公安、工商等20余个单位为成员单位，指挥部下设办公室、综合协调、技术导等8个专业组，实行全民动员，群防群控。

4月中旬 梁山与中国连五洲集团签订梁山景区合作开发协议。

4月30日 县政府命名表彰71名县劳动模

范。

4月　在济宁市十一届运动会上，梁山县获金牌21枚、银牌18枚、铜牌21枚。

5月7日　抗击“非典”指挥长、县委副书记、县长商建设到抗击“非典”指挥部（县卫生局）现场办公，检查指导抗击“非典”工作。

6月　县政府公布第二批县级文物保护单位9处，其中：古墓葬3处，古建筑5处，石刻1处。

7月15日　县委、县政府召开城市综合开发专题会议，决定成立梁山县城市综合开发办公室、梁山县规划局。

10月12日　黄河滩区小路口镇黄那里村生产堤决口，19个村庄、5104户、17336人被洪水围困，3万多亩耕地被洪水淹没，部分交通、电力、电讯、水利设施等被冲毁。

10月23日　中共山东省委副书记、省长韩寓群，中共济宁市委书记贾万志到梁山宏志中学考察。

12月19日　县人民医院人事制度改革动员会召开，副县长任艳云出席并讲话；会前，县长商建设专门就此听取汇报，并作具体安排。

12月30日　中共济宁市委副书记张振川及有关部门负责人到梁山参加山东臻嘉食品进口公司开业典礼，县委副书记、县长商建设陪同并讲话。

12月　全国抗击“非典”工作宣告结束，梁山县无一例“非典”病例发生，取得抗击“非典”全面胜利，受到省、市政府表彰。

2004年

1月2—5日　县政协七届二次会议召开，会议听取并通过县政协副主席李兆申所作政协常委会工作报告。

1月3—6日　县十五届人民代表大会二次会议召开，会议听取并审议通过县长商建设作所《政府工作报告》、县人大常委会主任高太平所作县人大常委会工作报告。

2月　县委、县政府发布《关于表彰全县林业四项重点工程建设先进单位和先进个人的通报》。

3月18日　全市供销工作暨基层社改造会议在梁山召开。

3月　县政府授予李兰蕴、李建宝、张青云梁山县科技进步特别奖；同时，授予其他个人、单位、项目县科技进步一等奖5项、二等奖7项、三等奖8项。

4月27日　济宁市第一批市直驻村干部到黄河滩区、东平湖区包村驻村。

5月12日　梁山县商品交易中心暨颐园小区举行开工奠基仪式。

6月24日　经济宁市委研究并报山东省委批准，商建设任中共梁山县委书记。

8月11日　县十五届人大常委会十二次会议任命宋科为副县长、代理县长。

10月21日　梁山县举办首届金融产品推介会。

11月11日　济宁市专用车制造行业协会在梁山举行成立大会。

2005年

1月11—14日　县政协七届三次会议召开，会议听取并通过县政协副主席李兆申所作政协常委会工作报告。

1月11—15日 县十五届人民代表大会三次会议召开，会议听取并审议通过代理县长宋科所作《政府工作报告》，县人大常委会主任高太平所作县人大常委会工作报告。会议补选宋科为县长，补选李培宪为县人民法院院长，补选张义民为县人民检察院检察长。

3月 县政府批复县发展计划局《梁山县汽车工业发展规划（2005—2010）》。

4月 县政府公布实施《梁山县矿产资源总体规划》。

5月29日 武警总部政委隋明太在总队政委冯金安等陪同下到梁山视察，并慰问驻梁山武警中队官兵，梁山县委书记商建设等陪同。

5月 南水北调东线梁山县截污及污水资源化工程开工建设。

6月30日 济宁市第二批市直驻村干部到梁山包村驻村。

7月6日 县政府确定：从2005年1月起在全县实施住房公积金制度。

7月11日 副省长谢玉堂带领公安厅、重汽集团等有关部门单位负责人到梁山召开结对帮扶工作现场会。

8月 县政府公布县委、县政府及档案、文物、金融、供水、供电、通信和部分学校、商场等为内部治安保卫重点单位。

9月23日 中国汽车工业协会在梁山举办"中国梁山专用汽车展销会"，并举行"中国挂车（专用车）生产基地"挂牌仪式。

9月25日 县委、县政府在梁山风景名胜区举行新忠义堂落成典礼。

9月 梁山县被列入全省农村药品监管网络和供应网络建设试点县。

11月24日 中共梁山县委十一届七次全委会议召开，县委书记商建设讲话，会议审议并原则通过《梁山县国民经济和社会发展第十一个五年规划纲要（草案）》。

12月28日 中共山东省委书记张高丽在省委副秘书长、办公厅主任刘忠泉和市委书记、市人大常委会主任贾万志等陪同下，到梁山县看望慰问困难企业、困难职工。

2006年

1月1日 国家农业税、农业特产税及积累工、义务工全面取消，中国历史上存在2600多年的"皇粮国税"终结，农民彻底告别缴纳农业税的历史。

同日 根据《中华人民共和国公务员法》，对依法履行公职、纳入国家行政编制、由国家财政负担工资福利的工作人员，包括党的机关、法院、检察院等符合上述条件机关工作人员再次向公务员过渡。

1月9—12日 县政协七届四次会议举行，会议听取并通过县政协主席臧凤柱所作政协常委会工作报告；会议选举马传申为县政协主席。

1月9—13日 县十五届人民代表大会四次会议召开，会议听取并审议通过县长宋科所作《政府工作报告》、县人大常委会主任高太平所作县人大常委会工作报告；会议批准《梁山县国民经济和社会发展第十一个五年规划纲要（草案）》；会议选举商建设为县人大常委会主任。

1月 县政府以梁政发〔2006〕2号文制发《关于建立保安队伍的通知》。

2月 县卫生系统启动"360工程"建设，利用中央和省市投资360万元，为拳铺、徐集、黑虎庙、韩岗4处中心卫生院各建设1500平方米左右的门诊楼一幢；同时投资139万元为四处中心卫生院购置一批医疗设备，并投资10多万元用于培训专业技术人员。

3月5日 中共济宁市委书记孙守刚等到梁山县调研工作，县委书记商建设等陪同并汇报工作情况。

3月10日 县人大常委会主任会议首次在县政府部门召开，听取县卫生局工作汇报，县委书记、县人大常委会主任商建设出席会议。

同日 全县新型农村合作医疗试点工作暨卫生工作会议召开，会议由副县长任艳云主持，县长宋科安排部署新农村合作医疗试点和全县卫生工作任务，并分别同小路口、黑虎庙、拳铺3处试点乡镇政府主要负责人签订责任书。

3月16日 县政府成立新型农村合作医疗管理委员会及其办公室，负责新农合综合组织协调工作，由县长、卫生局长分别兼任管委会主任及管委会办公室主任。

3月17日 全县农村工作会议召开，各乡镇设分会场，县委书记商建设，县委副书记、县长宋科分别讲话，县农业局、县卫生局等主要负责人做大会发言。

3月28日 济宁市副市长陈颖、市卫生局长王汝才等到梁山检查指导布病防治工作。

4月4日 全县对外开放暨城市经济工作会议召开。县委书记、县人大常委会主任商建设，县委副书记、县长宋科到会并作重要讲话。

4月 县政府以梁政发〔2006〕19号文制发《关于全县农村村村通自来水工程的实施意见》。

5月11日 梁山县首次举行高规格、大规模“5•12”国际护士节庆祝大会及文艺联欢晚会，县委副书记冯冲、县人大常委会副主任赵玉民、县政府副县长任艳云、县政协副主席高天宝等出席，会上宣读县委书记商建设、县长宋科的贺信，县委副书记、县纪委书记冯冲代表县委、县政府讲话。

5月17日 中国水浒研究学会成立大会召开，县委副书记冯冲等出席。会议通过《中国水浒研究学会章程》，并选举产生学会会长、副会长、秘书长、副秘书长。

5月25日 全县科学技术大会召开，县委书记、县人大常委会主任商建设，县委副书记、县长宋科，县政协主席马传申，县委副书记、县纪委书记冯冲等出席。县政府授予刘宪福、任宪君、杨玉强梁山县科技进步特别奖；同时，授予其他个人、单位、项目县科技进步一等奖12项、二等奖13项、三等奖8项。

同日 梁山一中通过省级规范化学校验收。

5月30日 省交通厅公路局党委书记侯树荣到梁山县考察济菏高速公路建设情况，县委书记商建设介绍相关情况。

5月 梁山县新型农村合作医疗管理委员会办公室（简称“新农合办”）列入编制管理，为正科级全额拨款事业单位，编制7人，隶属县卫生局管理。

6月12日 县政府决定从2006年起将城市居民最低生活保障标准提高到每人每月150元，农村居民最低生活保障标准提高到每人每年700元。

6月22日 专用汽车研发中心、检测中心、物流中心举行奠基仪式，县委书记商建设出席并讲话。

6月 县政府以梁政发〔2006〕20号文发布《关于表彰第三届劳动模范的决定》，授予65人“梁山县劳动模范”称号。

7月1日 全县建设社会主义新农村现场会暨良福村成立庆典大会在良福集团举行，县委书记商建设出席并讲话。

7月13日 中共济宁市委书记孙守刚等到梁山考察指导工作，县委书记商建设等陪同。

7月19日 省政协原副主席李殿魁到梁山县考察旅游业发展状况。

8月8日 中共山东省委副书记、省长韩寓群在市委书记孙守刚、县委书记商建设、县长宋科等陪同下，考察和调研梁山县工业经济发展和新农村建设。

8月9日 梁山县举行惠民医疗服务暨新农合网上报销启动仪式，县委、县人大、县政府、县政协主要负责人和济宁市卫生局局长王汝才出席，各乡镇党委书记、乡镇长、县直有关部门主要负责人、卫生系统中层以上干部参加，市卫生局局长王汝才、县委书记商建设、县委副书记冯冲分别讲话。

8月18日 由小松山推机械制造有限公司捐资20万元兴建的黑虎庙乡西小吴村希望小学举行奠基仪式。

8月20日 全市县市区纪委书记座谈会在梁山县召开。

8月21日 省农科院畜牧兽医研究所良种猪示范场在黑虎庙乡富乐家畜良种公司举行揭牌仪式。

8月23日 市直部门60多名干部入驻梁山县，开展新农村建设帮扶工作。

8月28日 由省委组织部等部门选派的20名大学生到梁山县开展支农、支教、支医和扶贫志愿服务活动。

9月8日 金泊园农贸市场开业。

9月14日 省政府有关部门到梁山检查指导“360”工程建设情况，县委副书记冯冲、副县长任艳云等陪同。

9月14日 220国道北段及后码头运河大桥竣工通车。

9月21日 凤山公园一期工程完成并举行竣工典礼。

9月 县政府表彰梁山县“十佳校长”“十佳教师”。

10月13日 县人大常委会视察卫生系统“360”工程建设情况。

10月16日 市工业产业集群及核心项目研究课题调研组到梁山县调研，县委书记商建设，县委副书记、县长宋科，副县长刘振西等陪同。

10月23日 济梁公路梁山段改造工程举行竣工通车仪式。

10月24日 山东水泊焊割设备制造公司承担的“异形罐体环缝自动焊机”项目通过省级鉴定，该项目在异形罐体的环缝焊接方面达到国内领先水平。

10月25日 梁山县通过省级卫生城复核验收。

10月25—26日 省委考察团到梁山县考察民营经济工作，县委书记商建设等陪同考察。

10月27日 梁山风景名胜区西麓原采石场发现“康熙御制训饬士子文”碑，碑宽1.1米，高3.3米，厚0.38米，上有五爪龙十条，刻“御制训饬士子文”全文。经北京故宫博物院研究员徐启宪鉴定，该碑刻于康熙四十二年（1703年）二月，共两块，其中一块留在故宫国子监内。

10月30日 中共济宁市委书记孙守刚带领市直有关部门负责人，到梁山县进行构建和谐社会专题调研，并举行座谈会，县委书记商建设汇报工作，县劳动保障局、县卫生局主要负责人发言。市委书记孙守刚对梁山构建和谐社会所做工作、特别对卫生系统工作给予高度评价及赞赏。

11月7日 全县“360工程”项目——4处中心卫生院门诊楼通过省政府验收。

11月12日 济宁九龙家电店在梁山正式开业运营，县长宋科等参加开业仪式并剪彩。

11月18日 省、市国土资源业务专家对梁山县城区土地级别与基准地价调整更新工作进行检查验收。

11月 县政府决定实施乡财县管。

11月 梁山县疾病预防控制中心（加挂梁山县卫生检测检验中心牌子，编制80人）、梁山县卫生局卫生监督所（编制40人）正式成立，均为正科级全额预算管理事业单位，隶属县卫生局，同时撤销原县卫生防疫站。

12月5日 中共梁山县委十一届九次全委会召开，县委书记商建设主持，会议决定召开中国共产党梁山县第十二次代表大会。

12月7日 山东省人民政府公布法兴寺遗址（包括莲台石刻、西竺禅师墓塔、问礼堂）为省级文物保护单位。

12月8日 济宁市人大常委会副主任连广生等到梁山考察公路建设，县委书记、县人大常委会主任商建设汇报相关工作。

同日 梁山县文学艺术界联合会第一次全县代表大会召开，市文联党组书记孙迎建、县委书记商建设、县长宋科、县政协主席马传申等出席，县委副书记、县纪委书记冯冲主持会议。

12月18日 水泊商场被中国合作贸易协会评为供销合作企业百强企业暨农民最信赖品牌企业。

12月19—20日 县人大常委会组织省、市人大代表视察全县卫生工作。

12月 全县13处乡镇卫生院除韩垓、赵堌堆外，均由个人承包改为卫生院集体经营。

12月 县政府以梁政字〔2006〕58号文正式批转县卫生局关于乡镇卫生院上划管理的报告，确定将全县13处乡镇卫生院人员、业务、经费等全部上划县级卫生行政部门按职责管理。

2007年

1月 梁山县被山东省确定为新农合省级试点县，并在全县全面推行新型农村合作医疗制度。

1月 梁山县获2006年度济宁市10县区卫生工作综合考核第一名，其中，县人民医院位居全市第二位。

1月16—19日 县政协七届五次会议举行，会议听取并通过县政协主席马传申所作政协常委会工作报告，补选徐长富、王昌珍、王玉斌为县政协副主席。

1月17—20日 县十五届人民代表大会五次会议召开，会议听取并审议通过代理县长陈国华所作《政府工作报告》、县人大常委会副主任刘振诺作县人大常委会工作报告，补选刘本相、张恒福为县人大常委会副主任，补选陈国华为县长。

1月26—29日 中国共产党梁山县第十二次代表大会召开，大会听取并审议通过商建设代表中共梁山县第十一届委员会所作的工作报告，王宏伟代表中共梁山县纪律检查委员会所作的工作报告，选举产生中共梁山县第十二届委员会及县纪律检查委员会。在十二届一次全会上，选举商建设为书记，陈国华、冯冲为副书记。

3月1日 县委、县政府颁发《关于梁山经济开发区管理范围等问题的决定》，设立梁山经济开发区行政管辖区，实行单独的财政管理体制，实现区镇分离和经济开发区的实质性运转。

3月10日 中共济宁市委副书记、代市长张振川到梁山县调研指导工作。县党政主要负责人商建设、陈国华、马传申、冯冲等陪同。

3月11日 县酿酒总厂被全国酒文化万里行评为2006年度“中国酒业文化百强企业”。

3月25日 梁山县在菏泽市花城酒店举办菏泽梁山经济发展促进会，县委副书记冯冲出席并讲话。

3月29日—4月1日 梁山县政府、韩国友信产业株式会社签订《梁山县人民政府、韩国友信产业株式会社合作兴办汽车配件项目备忘录》。

4月2日 省财政厅厅长尹慧敏一行6人，在市委常委、常务副市长张术平等陪同下，到梁山就有关财政情况进行调研。

4月13日 县疾病预防控制中心举行揭牌仪式。

4月22日 由中国诗歌学会与中共济宁市委宣传部、中共梁山县委、梁山县人民政府共同主办的中国诗歌万里行走进梁山——“同一首诗写梁山”大型采风活动开幕式在梁山风景区举行。

4月24日 省政协原副主席李殿魁到梁山县就南水北调与京杭运河通航问题进行调研，县政府、县政协、山东黄河东平湖管理局负责人陪同。

5月31日 梁山、台前、阳谷、莘县、东平、郓城六县社会治安综合治理协会第二次会议暨边界“三联”工作会议在梁山县召开，济宁市及有关县领导参加会议。会议选举梁山县委常委、政法委书记玄志祥为新一届鲁豫六县社会治安综合治理协会会长。

6月12日 中共济宁市委副书记、市长张振川等到梁山县考察“三夏”生产和黄河防汛工作，县委书记商建设汇报相关工作情况。

同日 全县城乡困难群众大病医疗救助金发放仪式举行，全县城乡200名重大疾病贫困患者领取大病医疗救助金。

7月 县政府授予陈坚冲梁山县科技进步特别奖；同时，授予有关个人、单位、项目县科技进步一等奖8项、二等奖10项、三等奖12项。

8月6日 梁山县在北京国宏宾馆举行水浒文化旅游产业发展专家座谈会。

8月7日 在北京人民大会堂举行2007年中国（梁山）水浒文化节、中国（梁山）专用汽车博览会新闻发布会，文化部、国家旅游局等部门负责人到会祝贺并致辞。

9月11日 中共济宁市委副书记、市长张振川带领市交通局等有关部门负责人，到梁山县考察济菏高速公路梁山段工程建设情况。

9月17—26日 2007年中国（梁山）水浒文化节暨第三届中国（梁山）专用汽车博览会在梁山举行，该届文化节暨博览会以“弘扬水浒文化，打造旅游名城，建设和谐梁山”为宗旨，以“水浒故地，魅力梁山”为主题，先后举行新闻发布会、开幕式、文艺晚会、宴宾酒会、水浒文化展示、水浒文化高层论坛、水浒之旅启动仪式、水浒旅游推介会暨百家旅行社签约仪式等一系列活动。

11月2日 县政府以梁政发〔2007〕64号文首次印发《梁山县物业管理办法》。

11月21日 济宁市专用车企业生产管理现场会在梁山东岳公司召开，国家发改委产业政策司副司长王富昌、省经贸委产业政策处处长陈竹君等出席会议并讲话。

12月11—14日 县政协八届一次会议召开，会议听取并通过县政协主席马传申所作政协常委会工作报告，选举马传申为八届县政协主席，徐长富、王昌珍、王玉斌、吴婧（女）、刘征、王学灵为副主席，杨丁一为秘书长。

12月11—15日 县十六届人民代表大会一次会议召开，会议听取并审议通过县长陈国华所作《政府工作报告》、县人大常委会副主任刘振诺作县人大常委会工作报告。大会选举商建设为县十六届人大常委会主任，刘振诺、赵玉民（女）、刘本相、张恒福、林宪良为副主任；选举陈国华为县长，贾存琰、贾治阜、任艳云（女）、蒋衍涛、宁瑞峰、楚宪海为副县长；选举李培宪为县人民法院院长，张义民为县人民检察院检察长。

2008年

2月18日 县政府印发《关于提高城乡居民最低生活保障标准和农村五保对象供养标准的通知》（梁政发〔2008〕7号），确定从2008年1月起，提高全县城乡居民最低生活保障标准和农村五保对象供养标准。城市低保标准由每人每月150元提高到180元，月人均补差由75元提高到85元。农村低保标准由每人每年700元提高到800元，月人均补差由25元提高到30元。

农村五保对象供养标准由当时集中供养每人每年2160元提高到2400元，分散供养每人每年1360元提高到1500元。

3月14日 梁山县人民政府聘请佟振合、郝吉明、李宁三位院士为科技顾问。

3月30日 梁山县召开发展梁山水浒文化旅游研讨会，中国国际电视总公司、山东省电视台、济宁电视台等媒体负责人参加会议。

3月 县委、县政府印发《关于实施林业六大工程建设的决定》。

4月15—16日 中共济宁市委副书记袁久强到梁山县考察工作。

4月27日 由山东省纪录片学术研究会常务副会长孙玉平先生执导的108集大型文化系列片《八百年水浒》，在梁山县水泊梁山风景区举行开机仪式，省政协原副主席李殿魁、解放军电视艺术中心原主任李文朝、山东省古典文学学会会长袁世硕等省市领导和专家学者出席，县委书记、县人大常委会主任商建设致辞。

4月 在济宁市十二届运动会上，梁山县获金牌35枚、银牌21枚、铜牌65枚。

5月1日 首届梁山全国功夫争霸赛在水泊梁山风景区举行。

6月12日 城乡困难群众大病医疗救助金发放仪式举行，共发放救助金47万余元，对全县城乡200名重大疾病贫困患者实施救助。县委书记、县人大常委会主任商建设出席发放仪式并讲话。

7月9日 中共济宁市委书记、市人大常委会主任孙守刚，市委副书记、市长张振川带领全市科学发展现场观摩会与会人员到梁山县参观。

7月10日 省委常委、省军区司令员谈文虎、省军区政委南兵军等一行到梁山县考察黄河防汛工作。

同日 京九孙口黄河大桥武警部队上勤仪式在梁山县赵堌堆乡驻地举行。自7月10日16时起，京九黄河大桥由济南铁路公安局交由武警济宁支队十二中队看守。

7月 县委、县政府决定并经有关方面批准：将徐集镇整建制并入拳铺镇，建立新的拳铺镇；从梁山镇划出18个行政村设立梁山风景区管辖区，实行独立财政管理体制。

7月 县城第一个保障性住房小区惠民小区一期工程开工建设，其中，建设经济适用住房221套（2.1万平方米），总投资约2200万元；廉租住房100套，总投资约600万元。

8月1日 县委、县政府决定在田大店村恢复万里早期革命活动旧址;抗日战争题材电影《梁山歼灭战》在梁山开机拍摄。

9月12日 县政府以梁政发〔2008〕39号文公布第一批县级非物质文化遗产目录23项，其中：民间文学7项，民间音乐3项，民间信仰1项，戏曲2项，曲艺2项，传统工艺2项，武术游艺6项。

9月 北京时代电影有限公司在梁山开机拍摄水浒英雄谱——《晁盖》《杨雄》《石秀》等7部电影。

10月20日 梁山县与北京时代电影有限公司、中海投资（集团）有限公司合作在梁山建设中国最大的影视基地正式动工建设。

10月 县政府授予刘宪福梁山县科技进步特别奖；同时，授予有关个人、单位、项目县科技进步一等奖8项、二等奖7项、三等奖5项。

11月15—17日 首届中国（梁山）梅花拳演武大会暨保护发展论坛在梁山县举行，国内十几个省、市及多个国家和地区的梅花拳弟子云集梁山切磋武艺。

12月8日 梁山风景区通过国家AAAA级旅游景区验收。

2009 年

1 月 6—9 日 县政协八届二次会议召开，会议听取并通过县政协主席马传申作政协常委会工作报告。

1 月 7—10 日 县十六届人民代表大会二次会议召开，县委书记、县人大常委会主任商建设讲话，会议听取并通过县长陈国华所作《政府工作报告》、县人大常委会副主任刘振诺所作人大常委会工作报告。

1 月 13 日 梁山县十一届农民文化艺术节开幕式暨 2009 年度“三下乡”活动启动仪式在马营乡举行。

1 月 全县实施政府购买基本公共卫生服务政策，按全县人口计，每人每年补助标准 15 元，由中央、省、市、县四级财政分担。

2 月 8 日 上午 11 点 40 分左右，县气象局实施人工增雨作业，共发射火箭弹四枚，距离云层 8000 余米，直径为 20 公里，雨量增加 30% 左右，降雨量达 12.8 毫米，高于全市 7.1 毫米的平均水平。

2 月 24 日 晚 18 点 20 分，县气象局再次实施人工增雨作业，全县普降小雨，平均降雨量达到 5.7 毫米。

2 月 25 日 济宁市黄河标准化堤防工程建设开工仪式在黄河岸边举行。

3 月 19 日 全市肉牛产业发展现场会在梁山县召开，省科技厅厅长翟鲁宁、济宁市委常委张开郎、副市长陈颖、县委书记商建设、县长陈国华等出席。

3 月 25 日 全县城建和旅游工作会议召开，济宁市旅游局局长颜廷洲参加会议，县委书记商建设、县长陈国华分别讲话。

4 月 8 日 省教育厅、省环保局授予南关小学省级“绿色学校”称号。

4 月 30 日 县政府发布《关于表彰第四届劳动模范的决定》，授予 61 人“梁山县劳动模范”称号。

5 月 5 日 梁山民营书业参展第十九届全国图书交易博览会，国家新闻出版总署副署长李东东、济宁市委书记孙守刚、市长张振川、市政协主席赵树国等与会领导考察梁山书业展区。

6 月 25—26 日 共青团梁山县第十八次代表大会召开，县委书记商建设到会讲话，大会听取共青团梁山县第十七届委员会工作报告，选举共青团梁山县第十八届委员会及书记、副书记。

6 月 26 日 县政府决定设立“梁山食品工业园区”，南起原人民北路，北至前码头村南，东起京杭运河，西至建设一路，总面积 296.8 公顷。

6 月 梁山县被山东省经济和信息化委员会、省中小企业办公室命名为“山东省专用汽车产业集群”。

7 月 7 日 中共济宁市委书记孙守刚、市长张振川带领全市科学发展现场观摩会与会人员到梁山开发区观摩出版印刷书业园建设情况，县党政主要负责人商建设、陈国华等陪同。

7 月 18 日 县政府与菱花集团举行菱花集团梁山生物科技工业园区项目合同签约仪式，副市长周洪参加并讲话。

7 月 24 日 中共济宁市委副书记、市长张振川及市政府有关部门主要负责人到梁山县调研工作。

8 月 2 日 《纪念梁山歼灭战胜利七十周年》加印邮资明信片首发式在梁山县举行。

8 月 26 日 副省长贾万志到梁山考察工作。

8月 梁山县启动医药卫生体制改革。

9月9日 县政府公布第三批县级重点文物保护单位44处，其中：古遗址6处，古墓葬6处，古建筑15处，石碑石刻8处，现代重要史迹及代表性建筑8处，其他1处。

同日 县政府公布市级以上文物保护单位保护范围和建设控制地带。

9月17日 副省长王随莲带领省卫生厅、教育厅负责人到梁山考察甲型H1N1流感防治工作。

9月17—20日 第五届中国（梁山）专用汽车博览会开幕。

9月19日 山东省水浒文化研究会揭牌暨新景点落成仪式在梁山风景区举行，省政协原副主席李殿魁，省古典文学学会会长、山东大学教授袁世硕等专家学者出席，县委书记、县人大常委会主任商建设致辞。

10月27日 全国部分风景名胜区县(市、区)人大工作研讨会第八次会议在梁山举行，省、市人大常委会负责人出席会议，县委书记、县人大常委会主任商建设出席并致欢迎词。

10月30日 梁山菱花生物科技工业园举行开工奠基仪式。

10月 由梁山县政协与山东省音乐家协会、济宁市文学联合会等联合主办的侯平个人演唱会在梁山电影院演出，著名歌唱家卞小贞等到场祝贺。

11月1日 水浒文化主题公园启动仪式暨大型系列数字电影水浒英雄谱《杨雄与石秀》《入云龙公孙胜》《神偷时迁》开机仪式在梁山风景区举行。中央电视台、山东省委宣传部、省文化厅、省旅游局领导和济宁市委、市政府领导及梁山县领导出席活动。

11月5日 中共山东省委副书记刘伟到梁山县考察城乡开展学习实践科学发展观活动情况。

12月11日 梁山县与安徽省阜阳市颍上县缔结友好县，并举行签字仪式。

12月16日 县政府印发《关于促进农村土地承包经营权流转工作的意见》。

12月30日 梁山县妇女第九次代表大会开幕，县委书记商建设出席并致辞，会议听取并审议通过梁山县妇女第九次代表大会工作报告，选举产生县妇联第九届执行委员会主席、副主席。

2010年

1月10日 中共济宁市委书记孙守刚，市长张振川带领全市经济工作会议现场观摩会与会人员到梁山县进行实地观摩检查。

1月17日 济宁市暨梁山县2010年文化科技卫生“三下乡”活动启动仪式在杨营镇举行，济宁市和梁山县农业科技、医疗卫生、法律咨询等方面的专家及文艺工作者组成10多个服务队，举行专场文艺演出，现场为百姓义诊，并解答生产生活中的疑难问题，还挥毫泼墨为群众写春联。在启动仪式上，济宁市民政、教育、卫生、科技等20家单位为梁山县送医疗设备、彩电、DVD、科普书籍、种子、药品、教学仪器等价值93万余元的新年大礼。

1月22日 山东省国土资源厅发布《关于批准第六批省级地质公园资格的通知》，授予梁山省级地质公园资格。

同日 中共山东省委副书记刘伟带领省委工作组到梁山县走访慰问新中国成立前老党员、困难群众和困难职工，市、县主要负责人陪同。

3月9日 文物部门组成考古队在前码头发现元代闸口遗址，并鉴定为元代会通河码头水利设施遗址、桥涵码头。

3 月 27—28 日 中国社会新闻出版总社社长米有录一行到梁山县金榜苑、天成民营书社参观考察。

3 月 梁山县城乡规划局成立。

4 月 7 日 经济宁市委研究并报山东省委批准，陈国华任中共梁山县委书记。

4 月 16 日 山北水面工程暨水浒文化广场项目开工仪式在梁山风景区举行。

4 月 20 日 县人民医院举行急救病房综合楼开工典礼。

4 月 21—22 日 县政协八届三次会议召开，会议听取并通过县政协主席马传申作政协常委会工作报告，补选张传胜、刘超波为县政协副主席。

4 月 21—23 日 县十六届人民代表大会三次会议召开，会议听取并审议通过代理县长田卫东所作《政府工作报告》、县人大常委会副主任刘振诺所作人大常委会工作报告，会议补选陈国华为县人大常委会主任，郭建华（女）、王才利为副主任；补选田卫东为县长。

4 月 29 日—5 月 1 日 县委书记陈国华、县长田卫东率领县领导班子成员、县直各部门主要负责人以及各乡镇党委书记乡镇长一行 100 余人，赴巨野、郓城、嘉祥、汶上、东平五个县区考察学习城市建设、新农村建设、城乡环境综合整治和大项目建设工作。

5 月 9 日 全市城乡综合环境整治调度会在梁山召开，会议由副市长周洪主持，市委副书记张术平及各县、市、区有关负责人、市直有关部门负责人参加会议。

5 月 31 日 县政府公布第四批县级文物保护单位 1 处（前码头闸口遗址）。

6 月 2 日 济宁市军地联合应急动员暨全市防汛抢险演练在黄河梁山段国那里险工举行，来自武警济宁市支队、12 个县市区、梁山河务部门的 15 支应急分队共 2020 名抢险队员参加演练。省委常委、省军区司令员谈文虎，省军区副司令员兼参谋长荣森之及济宁市、梁山县负责人观摩演练。

7 月 13 日 经省、市批准，寿张集乡、黑虎庙乡撤乡设镇；撤销梁山镇，设立梁山街道和水泊街道，水泊街道辖区为原划为梁山风景区管辖的 18 个行政村。

7 月 23 日 全市人大工作座谈会在梁山县召开，各县市区人大常委会主任交流工作情况，市人大常委会副主任梁之安主持座谈会。

7 月 27 日 梁山县被授予“创建山东省优质专用汽车生产基地”称号，梁山通亚专用车汽车制造公司、梁山华宇集团汽车制造公司被授予“龙头骨干企业”称号。

8 月 17 日 梁山县在济南举行 2010 年中国（梁山）专用汽车博览会新闻发布会，省委宣传部、省旅游局、省经信委和省文化厅等部门负责人到会祝贺。

8 月 全县高考成绩揭晓，文理科军检上线人数 403 人，较 2009 年增加 26.72%，增幅居全市第一位。

9 月 1 日 梁山人民广播电台“阳光政务热线”开播。

9 月 5 日 梁山县举行法兴寺重建开工奠基仪式，中国佛教协会会长传印法师亲笔书写法兴寺寺名匾额并题写“法界圆融”四字捐赠，北京市文联主席朱明德、崂山道观道长朱鹤亭、上海佛教协会会长照诚法师等参加仪式。

9 月 17—19 日 第六届中国（梁山）专用汽车博览会在梁山举行。

9 月 25 日 县委副书记、县长田卫东主持召开毛泽东与《水浒传》座谈会，县政协主席马传申等人参加。

9 月 瓦日铁路梁山段开工建设。

10 月 8 日 日本国会众议院议员、日本农林渔业振兴会会长岩永带领日本畜牧、农业考察访问团到梁山县参观考察，县委副书记、县长田卫东等陪同，并与日本肉牛改良实行委员会项目合作签约。

10 月 15 日 梁山县在县体育场举办第二届中国（梁山）梅花拳演武大会暨保护发展论坛开幕仪式，来自全国各地及海内外的 133 支代表队、1000 余名专家学者和运动员聚义梁山，切磋武功，研讨学术。

10 月 17—19 日 由中国社会科学院、山东省水浒文化研究会联合举办的“天下水浒论坛”在梁山举行，来自欧洲、亚洲、非洲、美洲等 8 个国家和地区、近 40 家高校和学术机构的著名专家学者齐聚梁山，省政协副主席王志民及近百名教授、学者参加开幕式。

10 月 21 日 国务院南水北调办公室主任鄂竟平到梁山县考察。

11 月 1 日 零时，第六次全国人口普查正式开始。

11 月 3 日 济宁市副市长陈颖到梁山县调研计划生育工作。

11 月 8 日 山东政法学院实践教学基地在梁山县人民检察院揭牌。

11 月 14 日 致公党山东省委会捐建的“致公爱心书屋”在拳铺镇东马小学举行挂牌仪式。

11 月 17 日 华东六省一市新闻出版局考察组一行 15 人到梁山县考察民营书业发展情况。

11 月 27 日 县委副书记、县长田卫东主持召开《梁山县城市总体规划（2010—2030）》评审会，有关方面专家出席。

12 月 6 日 济宁市旅游局副局长陈晓霞主持《梁山县旅游产业发展总体规划（2010—2020）》评审会，有关方面专家出席。

12 月 12 日 2010 年中国水浒文化旅游产品国际营销研讨会暨山东省旅行社协会第六届年会在梁山开幕，来自省内外部分市县旅游局负责人，200 多家旅行社的总经理，近 20 家新闻媒体的记者共 340 多人参加开幕式。济宁市旅游局局长颜廷洲参加会议并致辞。

12 月 18 日 中共中央政治局常委、全国政协主席贾庆林到梁山县调研水浒文化旅游产业发展情况。

12 月 27 日 县十六届人大常委会第二十五次会议听取审议并通过《梁山城市总体规划（2010—2030）》和《梁山旅游产业发展总体规划（2010—2020）》。

2011 年

1 月 5 日 中共济宁市委书记张振川，中共济宁市委副书记、代市长梅永红带领全市经济工作会议与会人员到梁山县观摩。

1 月 11—13 日 县政协八届四次会议举行，会议听取并通过县政协主席马传申作政协常委会工作报告。

1 月 11—14 日 县十六届人民代表大会四次会议召开，会议听取并审议通过县长田卫东所作《政府工作报告》、县人大常委会副主任刘振诺所作人大常委会工作报告。会议批准《梁山县国民经济和社会发展第十二个五年规划纲要（草案）》，补选蒋衍涛为县十六届人大常委会副主任。

1 月 全县乡镇卫生院及社区卫生服务中心实行国家基本药物制度，国家及省确定的 523 种基本药物，全部按进价实行零差率销售。

2 月 26 日 全县经济工作暨新农村六大工程建设动员大会召开，县委书记陈国华主持并讲话。

3 月 7 日 濮阳台前与济宁梁山高速公路建设座谈会在梁山召开，济宁市交通运输局局长李大友、濮阳市交通运输局局长黄守信、两县政府及县有关负责人参加座谈会。

3 月 22 日 全市畜牧工作现场会议在梁山召开。

3月23日　县政府与山东宁鲁生态旅游发展有限公司举行梁山泊遗址湿地生态旅游综合开发项目签约仪式。

3月　梁山县突发食盐抢购风潮，县政府及盐业部门及时启动应急预案，积极组织货源，满足供应，并通过新闻媒体，做好宣传，稳定局势，及时平息该次食盐抢购风潮，稳定了梁山食盐市场。

4月28日　县政府同意小路口、大路口、寿张集、小安山、馆驿、赵堌堆6乡镇调整行政村规模。

5月8日　全国政协委员毛新宇到梁山考察，县政府聘毛新宇为梁山发展顾问。

7月28日　济宁市政府批复《梁山县城市总体规划（2010—2030）》。

7月28日　第十一届全国子午门、少林、民间武术争霸赛开幕式在梁山风景区举行。

8月6日　“水泊梁山之约”暨重点合作项目签约仪式在杭州举行，县委副书记、县长田卫东出席并致辞，有30个项目达成合作协议，签约资金达120多亿元。

8月12日　全国人大代表、中国佛教协会副会长、河南佛教协会会长、少林寺方丈释永信，山西五台山瑞应寺文殊金刚活佛白铁龙一行游览梁山风景区，并实地查看法兴寺遗址。

8月16日　全市新农合工作座谈会暨省级定点医疗机构签字仪式在梁山县举行，济宁市卫生局、各县市区新农合办公室主任和省立医院等6家省级定点医疗机构有关负责人参加。

8月17日　2011年中国（梁山）水浒文化节、专用汽车博览会暨《八百年水浒》首映新闻发布会在山东电视大厦举行。

8月23日　全市第一辆高度达38米的臂架式混凝土输送泵车在梁山通亚重工机械有限公司试产成功。

8月26日　梁山县青年志愿者协会成立大会暨授旗仪式在凤山公园举行。

8月　全县高考成绩揭晓，文理科、军检上线人数544人，较2010年增加34.98%，增幅居全市第一位。

9月10日　济宁市第十三届运动会散打比赛在梁山县落下帷幕，比赛共产生17枚金牌，梁山获7枚金牌。

9月16日　2011年中国（梁山）水浒文化节暨第七届中国（梁山）专用汽车博览会开幕式在水浒文化广场举行。省、市、县及部门行业负责人出席开幕式，新华社、中新社、中央电视台、《人民日报》、山东电视台、《大众日报》等30多家媒体记者应邀参加开幕式。

9月18日　中国艺术研究院美术师、山东鲁源文化书画院名誉院长、著名画家袁敏《水浒英雄》人物画全国巡展在梁山县住建局举行首展。

10月16日　韩国《梨花雨》大型歌舞晚会在梁山影院举行。

10月30日　梁山新城投资发展论坛在济南山东大厦举行。省政协原副主席李殿魁，梁山县陈国华、田卫东、马传申、蒋衍涛、钟秀芳等参加。

11月2日　水浒博物馆破土动工，中共济宁市委副书记、代市长梅永红以及梁山县主要负责人参加开工奠基仪式。

11月16日　县政府与香港易高环保资源投资公司在济宁市委党校大厦举行铁水联运项目签约仪式，济宁市政府、梁山县委、县政府领导和香港易高环保资源投资公司负责人参加签约仪式。

11月21日　经济宁市委研究并报省委批准，田卫东任中共梁山县委书记；市委决定贾治阜任中共梁山县委副书记。

12月18日　中共济宁市委书记马平昌到梁山县考察工作。

12月23—26日　中国共产党梁山县第十三次代表大会召开，县委书记田卫东作题为《致力科学发展，加速跨越崛起，为建设工业强县文化名城生态和谐家园而努力奋斗》的报告。大会选举产生中共梁山县第十三届委员会及县纪律检查委员会委员，并选举出席中共济宁市第十二届代表大会的代表。十三届一次全体会议选举田卫东为书记，贾治阜、李金礼为副书记；会议审议通过《中共梁山县委关于加强县委领导班子自身建设的决定》。

12月27日 梁山县工商联合会第八届会员代表大会召开，会议选举梁山县工商联第八届执行委员会主席、副主席、秘书长、常委、执委。

2012年

1月6—9日 县政协九届一次会议召开，会议听取并通过县政协主席马传申作八届县政协常委会工作报告。马传申当选九届县政协主席，刘征、王学灵、刘超波、梁开平、崔根博、于安玲（女）当选副主席。

1月7—10日 县十七届人民代表大会一次会议召开，会议听取并审议通过代理县长贾治阜所作《政府工作报告》、县人大常委会副主任蒋衍涛所作县人大常委会工作报告。大会选举田卫东为县人大常委会主任，蒋衍涛、林宪良、郭建华（女）、王才利、郭继田为副主任；选举贾治阜为县长，秦延信、张玕、王宇帆、崔加清、李瑞林、孙颖（女）为副县长；选举王爱新为县人民法院院长，臧卫华为县人民检察院检察长。大会选举出席市第十六届人民代表大会的代表。

1月12日 梁山县首届狮王争霸赛开幕式在县体育场举行，该次狮王争霸赛由各乡镇10支民间团体舞狮队同台竞技。

2月7日 全县经济工作会议召开，会议采取调频广播形式向全县直播，并在县政府一会议室设主会场，各乡镇、街道、开发区、县直部门、驻梁单位设分会场。

2月16日 济宁市交通运输局局长李大友到梁山县考察客运中心、铁水联运物流园区项目选址情况。

2月19日 县委发布《关于在全县党组织和党员中开展向丁曙光同志学习的决定》，并召开丁曙光表彰大会暨事迹报告会，为丁曙光颁发梁山县"见义勇为道德模范"和"见义勇为先进分子"证书及奖金。

3月1日 中共山东省委宣传部组织《大众日报》、山东电视台等11家新闻媒体，到梁山县采访丁曙光先进事迹。

3月12日 山东省社会管理综合治理委员会、山东省见义勇为基金会在县法院会议室举行颁奖仪式，授予丁曙光"山东省见义勇为先进分子"称号。

3月28日 山东水泊焊割设备制造有限公司承担的"大型罐体制造自动化生产线"通过国家创新基金管理中心验收，该项目是梁山县首个通过验收的国家创新基金重点项目。

4月4日 中共济宁市委书记马平昌到梁山县考察经济发展运行情况、风景区建设等情况。

4月7日 中共山东省委常委、副省长孙伟带领省直有关部门负责人，到梁山县调研科技、环保和教育等方面工作。

4月8日 山东农业大学教学科研基地揭牌仪式在科龙畜牧公司举行，山东农业大学党委常委、副校长孙永华，梁山县委副书记、县长贾治阜等出席。

4月27日 梁山县在全市春季绿化造林工作评比中获第一名。

4月28日 梁山县在聚义湖举行以"天地人和、亲水爱鱼"为主题的首届放鱼节，黄河流域渔业资源管理委员会、山东省海洋与渔业厅、济宁市渔业局、梁山县六大班子负责人及社会各界爱心人士参加放鱼节启动仪式和放鱼活动。

5月3日 水浒街牌坊举行落成典礼。

5月6日 县委机关报《今日梁山》举行创刊暨揭牌仪式，县委书记田卫东、县政协主席马传申等出席，市委宣传部副部长孙爱民，济宁日报社社长、总编辑陈玉星，县委副书记李金礼在仪式上分别致辞，田卫东、孙爱民为今日梁山编辑部揭牌。

6月6日 中共济宁市委副书记、市长梅永红到梁山县考察“三夏”生产和黄河防汛工作。

6月9日 国家工商总局局长周伯华到梁山县调研工作。

7月5日 梁山县获“2009—2011年全省县域经济跨越发展先进单位”，名列全省跨越发展县（市、区）第九位，为济宁市唯一受到省委、省政府表彰奖励的县（市、区）。

7月15日 梁山县在全省森林抚育试点工作检查验收中获第一名。

7月28日 瓦日铁路黄河特大桥主桥合龙，县委书记田卫东等参加合龙仪式。

7月31日 梁山县在水浒文化广场举行庆祝建军85周年及“八一军旗红”军警民联欢晚会，济宁军分区、梁山县党政军主要负责人等与驻地军警官兵一起观看演出。

8月11日 全县城市景区建设百日会战动员大会召开，县委书记田卫东讲话，县长贾治阜主持。

同日 2012年“好客山东——文化济宁休闲汇”启动仪式暨“水浒故地、大义梁山”山寨休闲晚会举行，市人大常委会副主任殷允岭、市政府副市长吴霁雯、市政协副主席陈颖、县委书记田卫东、县长贾治阜等领导出席启动仪式。

8月28日 良福制药院士工作站揭牌暨合作签字仪式举行，中科院院士佟振合、县委书记田卫东出席并揭牌。

8月29日 中共山东省委常委、省纪委书记李法泉到梁山调研。

8月 全县高考再创佳绩，文理科军检上线人数695人，较2011年增加27.75%，增幅居全市第一位。

9月9日 县委办公室、县政府办公室联合发出奖励梁山一中创高考佳绩的通报。

9月10日 县政府召开全县第二轮县志修编工作动员会议，副县长孙颖作动员报告，济宁市地方史志办公室副主任邵鸿志出席并讲话。

9月14日 大型水浒情景剧——《大义水浒》在水泊梁山风景区一关广场上映。

9月15日 中国汽车工业协会授予梁山县“中国专用汽车产业基地”称号，山东省汽车行业协会授予梁山县“专用汽车培训中心”称号。

9月16日 2012年中国（梁山）水浒文化节暨第八届专用汽车博览会开幕式及大型文艺演出在水浒文化广场举行。国家有关部委和省、市、县各级领导人参加开幕式。

同日 菱花生态工业园举行投产剪彩仪式，田卫东、贾治阜、马传申等参加，并为菱花生态工业园投产剪彩。

9月17日 专用汽车及零部件展览开展仪式在梁山工业园元田车业举行。车展会的主题是“创新提升，合作发展”。

9月18日 梁山县“鲁西黄牛”和“青山羊”通过国家地理标志登记保护评审，给予实行国家农产品地理标志登记保护。

同日 中国（梁山）梅花拳第三届演武大会开幕，全国20多个省市及海内外70多个代表队共500多名运动员参加。

9月21日 梁山民丰村镇银行举行开业庆典仪式，县长贾治阜及有关部门负责人出席仪式。

9月24日 全县农村环境综合整治动员大会召开，县委书记田卫东讲话，县长贾治阜主持，县政协主席马传申等领导出席。

10月2日 中共济宁市委书记马平昌到梁山调研假日旅游工作。

10月12日 杏花村社区举行开工奠基仪式，

县委书记田卫东、县长贾治阜、县政协主席马传申等领导出席。

同日 流畅河社区举行开工奠基仪式，县委副书记李金礼、副县长张玕等出席。

10月16日 梁山县自来水公司苏奇岩获“山东省十大慈孝人物”。

10月31日 全国政协副主席、民盟中央第一副主席张梅颖到梁山现代高级中学出席民盟山东省委农村教育“烛光行动”培训基地揭牌仪式。

11月13日 山东能源肥矿集团杨营矿井竣工投产大会召开，省煤炭工业局局长乔乃琛、山东省煤矿安全监察局局长王端武、肥矿集团董事长孙廷华、县委书记田卫东、县长贾治阜等出席竣工投产大会，并为杨营矿井竣工投产剪彩。

11月27日 济宁市政府公布全市第四批市级文物保护单位，其中，梁山县韩氏家祠、马氏家祠、张氏家祠、刘氏家祠、岳家大院5处古建筑，陆氏墓群、王氏墓群、薛氏墓群3处古墓葬，大元新开会通河记碑等碑刻及闸址1处石刻被公布为市级文物保护单位。

12月2日 梁山县在水浒文化广场举行山东梆子传承保护中心、县演艺中心成立庆典暨“城乡文艺百团汇演”总结表彰仪式，市文广新局局长周立华、县长贾治阜、副县长孙颖等参加，并为县山东梆子传承保护中心和县演艺中心揭牌。

12月4日 梁山泊平原水库、梁济运河湿地工程举行开工典礼，省水利厅副厅长曹金萍、市政府特邀咨询张生贤、县委书记田卫东、县长贾治阜、县政协主席马传申等出席。

12月10日 中共济宁市委副书记、市长梅永红到梁山调研。

12月12日 济宁市副市长吴霁雯到梁山县调研文化旅游产业。

12月13日 济宁市人大常委会副主任商建设等到梁山考察南水北调工程建设情况。

12月26日 纪念毛泽东诞生119周年毛泽东与水浒文化图片展览举行，展示农民红色收藏家马克桓收集的毛泽东像章、图书等，共展示毛泽东像章2万余枚、图书1000余册。

12月27日 梁山县获全省粮食生产十连增优胜单位。

12月30日 首届感动梁山十佳人物评选揭晓，丁曙光、于崇运、吕玉军、刘承仁、苏奇岩（女）、宋纯振、张娟（女）、郝迎冰、韩玉勇、韩相涛被评为感动梁山十佳人物。

12月 创建省级慢性病综合防治示范县活动通过考核验收，并正式命名梁山县为山东省慢性非传染性疾病综合防治示范县。

2013年

1月4日 全县党员领导干部廉政勤政宣誓和书写廉政勤政承诺书活动仪式在县政府第一会议室举行。县委书记、县人大常委会主任田卫东出席仪式并讲话，县委副书记、县长贾治阜主持，县委常委、县纪委书记马平监誓。

1月12—15日 县政协九届二次会议召开，会议听取并通过县政协主席马传申作九届县政协常委会工作报告。

1月13日 梁山县在电影院举行首届“感动梁山”十佳人物颁奖典礼，市委宣传部、市总工会、团市委、市妇联和梁山县有关负责人参加并分别为获奖者颁奖。

1月14日 县十七届人大二次会议召开，会议听取并审议通过县长贾治阜所作《政府工作报告》、县人大常委会第一副主任蒋衍涛所作县人大常委会工作报告。

1月 经省、市批准，马营乡撤乡设镇。

2月18日 全县科学发展综合考核总结表

彰暨干部作风建设大会召开，县委书记田卫东讲话，县委副书记、县长贾治阜主持。

3月5日　青堌堆遗址被国务院公布为全国重点文物保护单位。

3月23—24日　县委书记田卫东、县长贾治阜率领梁山县考察团赴邹平、广饶、诸城、曲阜、兖州等县市考察学习工业经济、企业管理经验。

3月26日　全县振兴工业动员大会召开，县委书记田卫东、县长贾治阜分别讲话。会上，县人大常委会主任田卫东向梁山中集东岳总经理岳增才颁发“梁山人民奖章”。

3月28日　国务院南水北调办主任鄂竟平到梁山县检查指导工作，副省长赵润田等陪同。

4月6日　梁山省级地质公园（梁山园区、灵龟山—凤凰山园区）通过省级地质公园专家组验收，并举行揭碑开园仪式。

4月16—17日　副县长孙颖作为特邀嘉宾应邀参加“第四届中国慢性病管理大会”，作为山东省唯一县级代表作大会发言，并与国家卫计委疾控局副局长孔灵芝、妇社司副司长秦耕、北京大学教授胡大一等出席慢性病防控高端访谈，接受媒体采访。

4月24日　县政府与山东德临石化有限公司举行年产10万吨针状焦项目合作签约仪式，山东力宝得化工公司董事长、山东德临石化公司总经理毛恒涛，济宁市副市长周洪，县领导田卫东、贾治阜、马传申等出席签约仪式。

5月4日　水泊梁山林业生态观光园建成开园。

5月18日　梁山县志愿者协会成立，县委副书记李金礼、副县长孙颖出席会议。县人大常委会原副主任赵玉民当选志愿者协会会长。

5月19日　梁山风景区启动“2013中国旅游日”山东主会场系列主题活动，省、市旅游、邮政部门负责人和县委书记田卫东等参加活动。

6月14日　中共济宁市委副书记、市长梅永红一行到梁山检查指导防汛及“三夏”生产。

6月16日　国家基因库济宁青山羊保种基地揭牌仪式在科龙畜牧公司举行，深圳华大基因研究院董事长汪建、济宁市招商局局长王宏伟、梁山县县长贾治阜等出席揭牌仪式，并为国家基因库济宁青山羊保种基地揭牌。

6月17日　济宁市2013年度第二批重大项目集中开工暨山东德临十万吨针状焦项目奠基仪式在梁山举行，市委书记马平昌、市长梅永红、县委书记田卫东、县长贾治阜等参加开工仪式，并为重大项目开工培土奠基。

6月27日　县老年科协第二次会员代表大会召开，市老年科协会长连广生、县委书记田卫东出席并讲话。

7月26日　中国科学院院士宋振骐一行到梁山县洽谈合作，签订合作协议，并被县政府聘请为科技顾问。

7月31日　中共梁山县委十三届三次全委会召开，县委书记田卫东讲话，会议审议通过《关于打造区域桥头堡，冲刺鲁西20强的决议》。

8月10日　县政府与济宁唐口密度板公司举行高档密度板深加工项目签约仪式，县长贾治阜、济宁唐口密度板公司董事长张厚法等参加。

9月10日　全国供销合作社总社理事会副主席骆琳一行在省供销合作社理事会主任侯成君、理事会副主任许广民的陪同下到梁山县调研全国供销合作社基层工作会议筹备情况。

9月16日　大义梁山——中国画名家邀请展开幕式在杏花村大酒店举行，县委书记田卫东出席，县政协主席马传申讲话，中央美术学院中国画院院长、博士生导师唐勇力致辞。

同日　山东科技大学与县政府举行产学研合作签约仪式，县长贾治阜、副县长孙颖、山东科技大学副校长张士强出席签约仪式。

9月16—17日　中共济宁市委副书记、市长梅永红一行到梁山调研。

10月10日　山东省人民政府将贾堌堆遗址、张坊张氏家祠、大元新开会通河记事碑公布为省级文物保护单位。

同日 庆祝全国第一个法定老人节（农历九月初九）在水浒文化广场举行，县委副书记李金礼、副县长孙颖出席活动并讲话。会上表彰“十佳敬老之星”，并演出文艺节目。

10月12日 梁山县与新兴重工集团举行合作协议签署仪式，县委书记田卫东、县政协主席马传申、新兴重工集团副总经理兼新兴能源装备股份有限公司董事长汪宇、山东省政府驻北京办事处经贸处处长王延明等参加。

10月 梁山县被中国书刊发行业协会命名为“中国出版物发行产业基地”。

11月1日 济宁市副市长张继民到梁山调研，县长贾治阜、副县长孙颖陪同。

11月5日 滨河大道（济宁至梁山段）开工仪式在梁山县举行，县委书记田卫东致辞，市委书记马平昌出席，市长梅永红讲话并下达开工令，市交通运输局局长李大友介绍工程概况，省交通运输厅公路局副局长薛宝仓出席开工仪式。

11月17日 义乌市山东商会（梁山）科技工业园举行奠基仪式，县党政负责人田卫东、贾治阜等出席。

11月27日 第二届（2013年度）“感动梁山”十佳人物评选揭晓，马昭阳、王万秋、王守庆、王美英（女）、闫华伟、汤玉民、肖作芝（女）、张传记、赵如风、黄河勇士6人被评为“感动梁山”2013年度人物。

11月28日 济宁职业技术学院与梁山县政府校地合作协议签约仪式在济宁职业技术学院举行，济宁职业技术学院副院长孙志春、梁山县副县长孙颖等参加签约仪式。

12月9日 县中医院新院区在新城区破土动工，县委书记田卫东、副县长孙颖到场察看建设情况。

12月19日 投资16亿元的山东百居艺高密度板深加工项目在梁山经济开发区举行开工奠基仪式，县委书记田卫东出席，县长贾治阜致辞，常务副县长秦延信主持。

12月28日 凯鲜万吨鸡精项目举行投产仪式，市人大常委会原第一副主任连广生、县委书记田卫东等参加仪式。

同日 山东远大菱花食品公司脱水蔬菜项目在食品工业园区举行开工奠基仪式，副市长田志锋、市人大常委会原第一副主任连广生、县党政负责人田卫东、贾治阜、马传申等出席仪式，并为项目开工建设破土奠基。

第一篇
DI YI PIAN

政区建置

梁山县1949年建县，与新中国同龄。梁山县地处山东省西南部，位于两省（山东、河南）、四市（济宁、泰安、菏泽、濮阳）交界处，东北与东平县毗邻，东与汶上县接壤，南与嘉祥县为邻，西与郓城县相连，西北靠黄河与河南省台前县隔河相望。县境南北长41公里，东西长45公里，县域面积965平方公里。梁山自建县起，行政隶属几经变动，行政建置几经区划，境域居民逐渐增多，人口及民族、姓氏、家庭构成不断变化，至2013年，梁山县隶属山东省济宁市，全县辖10镇、2乡、2街道、1经济开发区，总人口79万人。

第一章　建置 区划

第一节 建置沿革

梁山置县前，曾先后分属于寿张、阳谷、东平、汶上、南旺、郓城等县管辖。1941年，中共鲁西区委在原六县交界处张博士集设立昆山县。1949年8月，昆山县改称梁山县，县政府驻地由张博士集迁至西小吴村。1950年2月，县政府驻地由西小吴村迁至郑垓村。1952年春，县政府驻地由郑垓村迁至现址后集村。

1949年建县之初，梁山县隶属平原省菏泽专区。1952年11月，平原省撤销，梁山县随菏泽专区划归山东省。1958年10月，菏泽专区撤销，梁山县改属济宁专区。1959年6月，梁山县复属菏泽专区。1990年1月，梁山县划归济宁市辖属。

第二节 行政区划

梁山建县后，行政区划多次变动。1949年，全县设辖9个区，其后，部分区又有调整、分设和撤销，至1956年，全县设12区74乡，所设区先以数码序列命名，后以区驻地命名。1958年2月，撤区并乡，全县辖25乡1镇；同年9月，撤销乡镇，建起7处人民公社。1959年，调整为10处人民公社。此后，汶上县的东平、沙河站、须城、寅寺公社及平阴县的黄花园、东阿公社的一部分曾划归梁山县，梁山县的开河公社及孙庄公社的一部分曾划归汶上县；其间，部分人民公社亦有调整、增设或分设及更名。

1982年12月，城关公社改称梁山镇，至此，全县辖19处人民公社、1个建制镇，即：梁山镇

1985年梁山县政区图

1990 年梁山县地图

和斑鸠店、银山、戴庙、商老庄、大安山、小安山、寿张集、大路口、小路口、赵堌堆、黑虎庙、马营、拳铺、徐集、信楼、韩垓、韩岗、馆驿、王府集19处人民公社。1984年2月，全县撤社建乡，设6区、5镇、27个乡，城郊区辖1镇5乡，小路口区辖1镇5乡，银山区辖1镇5乡，韩岗区辖1镇4乡，徐集区辖1镇3乡，小安山区辖5乡。1986年1月，银山区及所辖的银山镇、斑鸠店乡、豆山乡、昆山乡、司里乡、戴庙乡和小安山区所辖的大安山乡、商老庄乡划归东平县。1987年2月，撤销区级建制，至1993年12月，全县辖4镇20个乡，即：梁山镇、徐集镇、韩岗镇、小路口镇，拳铺乡、方庙乡、信楼乡、韩垓乡、开河乡、袁口乡、馆驿乡、王府集乡、小安山乡、李官屯乡、后孙庄乡、前集乡、馆里乡、郓城乡、寿张集乡、大路口乡、赵堌堆乡、黑虎庙乡、杨营乡、马营乡。全县24个乡镇辖709个行政村。

1999年12月，杨营乡撤乡建镇，改为杨营镇。2000年12月，撤销前集乡、后孙庄乡，其境域并入梁山镇；撤销信楼乡，其境域并入徐集镇；撤销袁口乡，其境域并入韩岗镇；撤销馆里乡，其境域并入杨营镇；撤销郓城乡，其境域并入小路口镇；撤销拳铺乡、方庙乡，合并建立拳铺镇；撤销韩垓乡、开河乡，合并建立韩垓镇；撤销馆驿乡、王府集乡，合并建立馆驿镇；撤销小安山乡、李官屯乡，合并建立小安山镇。至此，全县辖9镇5乡，即：梁山镇、拳铺镇、徐集镇、韩垓镇、韩岗镇、馆驿镇、小安山镇、小路口镇、杨营镇，寿张集乡、大路口乡、赵堌堆乡、黑虎庙乡、马营乡。2007年3月，经省政府批准，由杨营镇划出

2001 年梁山县地图

10 个行政村，设立梁山经济开发区行政管辖区，实行单独的财政管理体制。2008 年 7 月，将梁山镇 18 个行政村划出，设立梁山风景区行政管辖区，实行单独的财政管理体制。同时，拳铺镇与徐集镇合并，称为拳铺镇。2010 年 7 月，黑虎庙乡、寿张集乡撤乡建镇，分别改为黑虎庙镇、寿张集镇。同时，撤销梁山镇，设立梁山街道办事处和水泊街道办事处，水泊街道办事处辖原由梁山县风景区管辖的 18 个行政村，原梁山镇其他 38 个村由梁山街道办事处管辖。2013 年 1 月，马营乡撤乡建镇，改为马营镇。至 2013 年 12 月，全县辖拳铺、韩垓、韩岗、馆驿、小安山、寿张集、小路口、黑虎庙、杨营、马营 10 个镇，大路口、赵堌堆 2 个乡，梁山、水泊 2 个街道办事处，1 个省级经济开发区，619 个行政村、7 个居民区。

第二章 城镇 村庄

第一节 县城

梁山县城位于县境中部，东靠大运河，西邻宋金河，南抵流畅河，北枕黄河，梁山、青龙山、凤凰山、灵龟山盘踞城中，城中有山，山中有城，山水相依，交相辉映，浑然一体，景色宜人，可谓是风水宝地、新兴县城。

由于梁山置县较晚，县城建设始于 20 世纪 50 年代。1980 年，梁山县编制第一个《梁山县城总体规划》，并经山东省政府批准实施；此后，依据规划进行大规模的县城建设。至 1993 年，梁山县城初具规模，县城建成区面积达 10 多平方公里，城区居民达 10 万人。1994 年后，县城建设进入一个新的发展时期。1995 年，梁山县启动第二轮城市规划编制，第二个《梁山城市总体规划》经济宁市政府批准实施;其后，于 2005 年、2010 年又先后编制两轮新的城市建设总体规划。依据上述规划，县城经过多次改造建设。特别是 2011 年后，县委、县政府加大县城规划建设力度，依城市中心城区，按照“东进、南接、北优、西联”的主导发展方向，在城区东南部开辟建设新城区，在城区西南部改造优化老城区，城市规模空前发展，至 2013 年年末，县城建成区面积达 30 多平方公里，城区居民达 16 万人。

与此同时，县城建有门类较为齐全的工业和日益繁荣的商业，建有完善的教育、文化、体育、卫生等设施，梁山县城成为全县政治、经济、文化中心。县城区设有 2 个街道办事处、1 个经济开发区。

基础设施 1993 年，城区建有水泊中路、水泊东路、水泊西路、水泊南路、水泊北路、人民北路、人民中路、人民南路、工人路、青年路、文化路、交通路、迎宾路、金城路、越山路、凤园路、东环路等 19 条城区道路，供水、供电、排水、环卫、照明、绿化等基础设施功能配套齐全。1994 年后，不断加大道路等基础设施建设步伐，至 2013 年，先后新建济水路（原南环路）、西环路、公明大道、迎宾大道、水浒大道、忠义路、汶水路、浒源路、杏花村路、安民山路、独山路等道路，延伸扩建改造水泊大街（原水泊中路、北路及新路）、青龙山路（原金城路及越山南路）、天罡路（原东环路）等道路。供水、供电、供热、排水、环卫、照明、绿化等基础设施配套更加齐全，城市功能进一步提高。同时，建设了凤凰阁、凤凰公园、生态观光园、聚义湖、梁山泊、水浒文化广场等大型公共设施及各类绿地景观，县城规模逐年扩大，县城形象不断提升，梁山县城成为梁山县一颗璀璨的明珠。

区域分布　县城行政机关、企事业单位及居民区，分布相对均匀合理，生产、生活、工作、学习等较为方便。

行政机关　县委、县政协及相关部门设在人民南路东段路北县委院内，县人大、县政府及部分工作部门设在人民中路东端县政府院内；县政府大部分部门及其他机关单位分散在一些街道，以水泊西路居多，财政局、国税局、地税局、工商局、教育局、卫生局、原计生委、原体育局、原商业局、检察院、县委党校等，均位于水泊西路两侧；农业局、粮食局、环保局、商业集团、供销集团等位于水泊东路，公安局、法院位于水泊中路，建设局、计生局、药监局等位于原人民北路，林业局、工会位于人民南路，水利局位于人民中路，交通局位于交通路。

文教卫生　梁山一中、实验中学（原梁山师范）位于文化路中段，梁山二中位于原建设路北侧，梁山第一实验小学位于水泊大街中段北侧，梁山第二实验小学位于人民中路西端南侧，南关小学、北关小学分别位于县城南北位置。县人民医院位于水泊南路东侧，县中医医院、县妇幼保健院位于原人民北路北侧，县疾控中心位于水泊西路西侧。文化馆、文物馆位于水泊东路西侧，图书馆、新华书店位于人民中路北侧，电视台、广播电台位于文化路东端北侧，剧院、影院位于水泊大街，原体育场位于水泊西路北端西侧。

工商金融　原轴承厂位于青年路，原国棉厂位于原人民北路，原石棉厂位于水泊大街，原油漆厂位于原越山北路，原水泥厂位于原越山南路；原县属企业大都分布在青年路、工人路、原金城路，农机厂位于青年路中段北侧，酒厂、造纸厂位于工人路北侧，陶瓷厂、皮件厂等位于原金城路北侧。2000年后，工业企业逐步"破产改制""退城进园"，城区工业大都进入城郊工业园区。百货大楼位于水泊大街与人民中路的十字路口，水泊商场等大型商场、超市位于人民中路东段；随着个体私营经济的发展，水泊大街、水泊西路、水泊东路、人民中路、步行街等县城中心区域，商业门市店铺林立。人民银行位于原人民北路北侧，工商银行位于人民中路东端南侧，农业银行位于水泊西路南段西侧，建设银行位于原人民北路东段北侧，中国银行位于人民中路东段北侧。各商业银行均在相关路段区域设立分理处。

城市居民小区　20世纪90年代，城区居民大多散居于各机关单位家属院。进入21世纪，随着城市开发及住宅小区建设，居民居住相对集中。至2013年年末，已建成水泊花园、山景花苑、金河花园、崇文小区、和谐家园、东方国际、东方华城、盛世华城、锦绣城、美的亚等初具规模的居民小区，运河花园、杏花村苑、流畅河人家等较大规模的居民区正在建设之中。水泊花园位于水泊大街中段东侧、水泊东路以西；山景花苑、金河花园均位于水泊大街北段西侧、龟山河以北；崇文小区位于水泊西路以西、文化路以南区域；和谐家园位于水泊大街以西、水泊西路以东、迎宾路以南区域；东方华城位于青龙山路南侧，东与东方国际相邻；东方国际位于青龙山路南侧，东临水泊大街；盛世华城位于青年路中段北侧；锦绣城位于独山路两侧，东靠水泊南路，西临水泊大街；美的亚位于水泊南路南段南侧，北临梁山泊；运河花园位于县城东南部新区，东靠金线岭路、西邻天罡路、南临忠义路，北依泰山路；杏花村苑位于县城东南部新区，东靠金线岭路、西邻天罡路、北依杏花村路、南至浒源路；流畅河人家位于县城东南部新区，东靠雪山峰路，西邻安民山路，南临迎宾大道，北依天魁路。

城区街道村居　城区设有2个街道办事处，由原梁山镇"镇改街道"而成。梁山街道位于梁山县城区西北部，其区域包括城区的西北部和东南部，辖区面积65.4平方公里，辖35个行政村、3个村居，47735人。水泊街道位于梁山县城区东南部，其区域包括城区的南部和梁山的周围，辖区面积28.7平方公里，辖14个行政村，

4个村居，3.997万人。城区村居设有7个居委会，均由城中村“村改居”而成，马庄、吕屺口、凤山3个居委会属梁山街道管辖，张坊、后集、付庙、馍台属水泊街道管辖。后集村位于梁山北侧、水泊东路以东、公明大道以南区域，后在公明大道以北、原建设一路两侧建后集新村；张坊村位于青龙山西侧、水泊大街以东、文化路以南区域；付庙村位于梁山东侧、公明大道以南区域，东与馍台村相连；馍台村位于梁山东侧、公明大道以南区域，东与茶庄村为邻；凤山村位于凤凰山南侧、水泊西路以西、人民南路以南、迎宾路以北区域，西与程垓村相连；吕屺口村位于凤凰山和灵龟山西侧、公明大道两旁、龟山河以南区域，南与前窑村相连，北与马庄村为邻；马庄村位于灵龟山北侧、工人路两旁、水泊大街以西区域，南与吕屺口村为邻。除7处设居委会的村庄外，随着城市建设的发展，位于梁山以东、天罡路以西的茶庄、郑垓、刘集等村庄，位于梁山以西、水泊南路以东的郝山头、独山、孟庄、前集等村庄，位于凤凰山以西、西环路以东的程垓、冯屺口、前窑等村庄，位于灵龟山以东、青年路以北的任庄村、位于流畅河以北、安民山路以西的后孙庄村，均逐渐成为城中村。

经济开发区　梁山经济开发区位于梁山县城西部，始建于1998年1月，前身为济宁梁山对外贸易加工区；2002年2月，梁山对外加工贸易区更名为梁山经济开发区，与杨营镇实行镇区合一体制，实行“一套班子，两块牌子”的管理体制；2007年3月，开发区从杨营镇划出，并将10个行政村划归经济开发区管辖，全区区域总面积30平方公里（其中经济开发区面积11.3平方公里），辖10个行政村，11个自然村，2594户，总人口9176人，开发区机构设置为副县级单位。该区出版印刷产业园、蓝天纺织工业园、生物医药产业园渐成规模，初步形成了出版印刷、纺织服装、生物科技、机械制造、畜牧养殖、食品加工以及化工及新材料等主导产业。出版印刷为开发区的特色产业，其产业园区集研发、出版、发行、印刷、物流、数字多媒体、电子新产品于一体，被命名为全省十佳文化产业园区。

第二节　乡镇

2013年，全县辖10镇2乡，小安山镇、馆驿镇位于县境东部，马营镇、杨营镇、黑虎庙镇位于县境西部，拳铺镇、韩垓镇、韩岗镇位于县境东南部，寿张集镇、大路口乡、小路口镇、赵堌堆乡位于县境西北部。乡镇境域面积较大的乡镇为拳铺镇、韩岗镇、馆驿镇、小安山镇，拳铺镇面积最大，为145平方公里；乡镇境域面积较小的乡镇为大路口乡、寿张集镇、黑虎庙镇、赵堌堆乡，赵堌堆乡面积最小。拳铺镇人口为11万多人，居第一位；韩岗镇6.5万人，居第二位；人口最少的乡镇为赵堌堆乡，为3万人，其他乡镇在3万以上、至5万人左右。

拳铺镇　梁山建县前属南旺县；1953年8月，设立拳铺区；1958年2月撤区并乡，设拳铺、徐集、信楼等乡；1959年11月，分别改建为人民公社；1984年2月，撤社改乡，徐集区辖徐集镇、拳铺乡、方庙乡、信楼乡；2000年，撤销拳铺乡，改设拳铺镇，方庙乡并入拳铺镇，信楼乡并入徐集镇；2008年7月，徐集镇和拳铺镇合并，统称拳铺镇，实行分别办公，分为拳铺办公区和徐集办公区。拳铺镇区域面积145.1平方公里，辖124个行政村，29995户，总人口111477人。该镇为全国重要的专用汽车生产基地，初步形成以专用汽车及配件产业为主导，以物流商贸、农副产品加工等产业为辅助的多元化产业发展格局。

韩垓镇　梁山建县前属南旺县；1953年8月，南旺县撤销，划归梁山县，为十五区；1959年11月，改建为开河人民公社；1960年3月，划归汶上县；1961年3月，划归梁山县；1971年10月，开河公社更名为韩垓公社；1984年2月，撤社改乡，分为韩垓乡和开河乡；2000年12月，撤销开河乡、韩垓乡，合并设立韩垓镇。韩垓镇区域总面积77.7平方公里，全镇有48个行政村，63个自然村，16272户，总人口59687人。该镇成规模、无公害蔬菜、花木基地种植为特色产业，并初步形成以商贸物流、红木家具、专用车、服装加工、机械制造、建筑材料、煤炭加工、玻璃批发等多业并举的产业发展新格局。

韩岗镇 梁山建县前属南旺、汶上等县；1953年8月，南旺县撤销，南旺、汶上部分管辖区划归梁山县，为十四区；1955年9月，改称孙庄区；1958年9月，成立“卫星”人民公社；1959年11月，改称孙庄人民公社；1971年10月，孙庄人民公社改称韩岗人民公社，驻地迁至韩岗村；1984年2月，撤社改乡，韩岗人民公社分设为韩岗镇和袁口乡；2000年12月，乡镇规模调整，袁口乡并入韩岗镇。韩岗镇区域总面积82.2平方公里，全镇辖62个行政村，83个自然村，总人口62613人。全镇工业以挂车生产、纺织刺绣、面粉加工、火机制造等为主导产业。

馆驿镇 梁山建县前属汶上、东平等县；1955年9月，称馆驿区；1958年2月，设立馆驿乡；1965年2月，成立馆驿人民公社；1984年2月，撤社改乡，改为馆驿乡；2000年12月，馆驿乡与王府集乡合并为馆驿镇。馆驿镇地处东平湖滞洪区，区域总面积95.7平方公里，全镇辖47个行政村，74个自然村，总人口50151人。该镇以无公害大棚蔬菜生产、食用菌工厂化生产、鲁西黄牛和小尾寒羊饲养繁育为特色产业。

小安山镇 梁山建县前属东平等县；1953年，分属梁山县第五、六、八区；1958年，国家建设东平湖滞洪区水库，居民陆续移民至黑龙江或搬迁到湖外；1964年，滞洪区退水还耕，居民陆续返回；1965年2月，成立小安山人民公社；1984年2月撤社改乡，分为小安山乡、李官屯乡；2000年12月5日，乡镇规模调整，小安山乡与李官屯乡合并为小安山镇。小安山镇地处东平湖滞洪区，区域总面积109.2平方公里，全镇辖37个行政村，73个自然村，总人口53485人。全镇以种植、养殖为主，渔业水产养殖为该镇特色养殖，全镇拥有养殖水面14800亩，亩产达到1000公斤，亩效益达1万余元，是市、县闻名的水产养殖基地。

寿张集镇 历史上属寿张县；1956年，属梁山县商老庄区；1958年2月，设寿张集乡，同年9月，撤乡建社，寿张集归属大路口（时称“火箭”）人民公社；1963年5月，寿张集从大路口人民公社划出，设立寿张集人民公社；1984年2月，撤社改乡，寿张集人民公社分设为寿张集乡、馆里乡；2010年7月，撤乡建镇，更名为寿张集镇。寿张集镇区域面积42.1平方公里，全镇辖26个行政村，47个自然村，总户数10391户，总人口36072人。全镇以农业种植、养殖和酒曲加工生产为主，为著名的“酒曲之乡”，被山东省轻工业协会命名为山东省酒曲特色产业集群（基地）。

大路口乡 历史上属寿张县；1941年，为昆山县第四区；1949年，为梁山县第二区；1956年，属商老庄等区；1958年2月，设立大路口乡；同年8月，成立火箭人民公社；1959年10月，改称大路口人民公社；1984年，改称大路口乡。大路口乡区域总面积43.7平方公里，全乡辖38个行政村，46个自然村，总人口34828人。全乡主要以农业种植、养殖为主，地瓜种植、野猪养殖颇具特色，并有木材加工、生化涂料、棉纺织等产业。瓦日铁路梁山站位于该乡，物流业逐步兴起。

小路口镇 历史上属寿张县；1949年，隶属梁山县管辖；1958年2月，撤区并乡称为小路口乡，同年8月，撤乡建社，小路口属黑虎庙人民公社；1959年，从黑虎庙公社分出，设立小路口人民公社；1984年4月，小路口公社划分为小路口镇与郓陈乡；2000年12月，郓陈乡并入小路口镇。小路口镇区域总面积69.2平方公里，全镇辖56个行政村，71个自然村，总户数13707户，总人口51656人。农业以粮、棉及蔬菜种植为主，养殖则以猪、羊及家禽为主。

赵堌堆乡 历史上属寿张县；1979年1月，赵堌堆从小路口公社划出，成立赵堌堆公社；1984年，赵堌堆公社改社建乡，成立赵堌堆乡。赵堌堆乡区域总面积39.4平方公里，全乡现辖30个行政村，41个自然村，总人口29676人。该乡银耳等食用菌养殖成规模化发展，素有“银耳之乡”之称，同时黄河滩区西瓜等优质产品享有盛名。京九铁路、蒙馆路、德商路均在此交汇，交通便利。

黑虎庙镇 历史上曾先后属寿张县、郓城县；1958年，设立黑虎庙公社；1984年，改社建乡，设立黑虎庙乡；2010年7月，撤乡设镇，设立黑虎庙镇。黑虎庙镇区域总面积42.2平方公里，全镇辖18个行政村，51个自然村，总人口32580人。全镇工业以钢球制造、板皮加工、淀粉加工、食品冷藏为主。

杨营镇 历史上曾先后属寿张县、郓城县，梁山建县之初属原梁山县第四区；1958年2月，设立杨营乡；同年9月撤乡建社，属黑虎庙人民公社；1984年2月，撤社建乡，重新设立杨营乡；1999年12月，撤乡设镇，设立杨营镇。2000年12月，馆里乡并入杨营镇；2007年3月，杨营镇10个行政村划归梁山县经济开发区。杨营镇区域面积61.8平方公里，全镇辖50个行政村，58个自然村，总人口46268人。全镇以农业种植、养殖、加工生产为主，素有“粉条之乡”称号，为山东省政府命名的中心镇。

马营镇 历史上曾属郓城县；1958年9月，成立芦里人民公社；1982年3月，芦里公社更名为马营公社；1984年2月，撤社改乡，设立马营乡；2013年1月，撤乡改镇，设立马营镇。马营镇区域总面积51.1平方公里，全镇辖24个行政村，30个自然村，总人口32451人。全镇以农业特色种植和工业贸易为主，除粮、棉种植外，葡萄、西瓜、韩国梨等种植颇负盛名，同时，推出乡村田园风情游、踏青赏花游、采摘游，积极培育农家乐、特色餐饮农庄，吸引了大批周边地市的游客，先后被评为“省级文明乡镇”“山东省特色林果之乡”。

2013年梁山县各乡镇区街村居人口耕地概况统计表

表1-2-1

乡镇	居委会（个）	行政村（个）	自然村（个）	户数（户）	人口（人）	区域面积（平方公里）	耕地面积（公顷）
拳铺镇	—	124	120	29995	111477	145.1	9677
韩垓镇	—	48	63	16272	59687	77.7	5658
韩岗镇	—	62	83	16691	62613	82.2	5772.6
馆驿镇	—	47	74	13639	50151	95.7	7096
小安山镇	—	37	73	15533	53485	109.2	7770
寿张集镇	—	26	47	10391	36072	42.1	2947
大路口乡	—	38	46	9742	34828	43.7	3046
小路口镇	—	56	71	13707	51656	69.2	4678
赵堌堆乡	—	30	41	8667	29676	39.4	2383
黑虎庙镇	—	18	51	9802	32580	42.2	2707
杨营镇	—	50	58	13062	46268	61.8	4326
马营镇	—	24	30	9545	32451	51.1	3617.7
经济开发区	—	10	11	2594	9176	11.3	684

续表 1-2-1

乡镇	居委会（个）	行政村（个）	自然村（个）	户数（户）	人口（人）	区域面积（平方公里）	耕地面积（公顷）
梁山街道	3	35	38	13210	44435	65.4	3285
水泊街道	4	14	23	11874	39973	28.7	1386
合计	7	619	829	194724	694528	965	65033.3

第三节 村庄

村庄变迁 梁山县村庄发展历史悠久，历经几千年自然变迁与朝代更替，从无到有，从少到多，从小到大，从原生到派生，从荒凉到繁荣，县域内村庄逐步稠密，至 2013 年，全县有自然村 829 个。

梁山历史上位于济水、黄河下游冲积平原，气候温和，水源充足，土质肥沃，平原低丘，适于人类居住，早在原始社会后期就有人类在此渔猎稼穑，定居繁衍，小安山镇境内的青堌堆遗址、大路口乡境内的贾堌堆遗址都留有人类居住的遗迹。西周时期，小安山东 3 公里处，曾建有须句故城，故城周围便有村庄分布。秦汉时期，境域内居民从事农业生产，人口遍及境域各地，梁山脚下发现汉墓群，韩岗、韩垓一带出土汉墓，后集、茶庄、小安山及银山地区，均有大量汉画像石出土，这些汉画像石多反映汉代时期梁山居民丰富多彩的生产生活场景。魏晋时期，多年灾害和战乱，造成全国人口大减，幸存者大量南逃，梁山境域内村庄凋敝，十去八九。隋唐至宋元时期，由于黄河数次决口，梁山一带尽成泽国，村庄数量锐减。

梁山一代村庄设置虽较早，但明代以前见诸记载的极少，仅有 20 多个。唐代有尚那里村（现属黑虎庙镇）、赵堌堆村（现属赵堌堆乡）、蔡林村（现属拳铺镇），宋代有后集村、茶庄村（上述 2 村现属水泊街道）、拳铺村、牛楼村、玉皇阁村、东王庄村、西王庄村、柳店村（上述 6 村现属拳铺镇）、临湖集村（现属寿张集镇）、寻那里村（现属黑虎庙镇），元代有寿张集村、郭楼村（现属寿张集镇）、刘普桥村（现属杨营镇）、王那里村（现属小路口镇）、玉皇庙村（现属韩岗镇）、范桥村（现属馆驿镇）、青堌堆村（现属小安山镇）、李保营（现属拳铺镇）。

明代是县域内村庄发展的高峰时期，在梁山境域先后建村 680 多个，村庄发展呈现大繁荣的局面。史载，按照明太祖“晋民东迁”政策，明洪武、永乐年间，曾先后六次规模性迁移晋民到鲁、豫、皖、苏等地，部分晋民奉诏迁到梁山周围，以家族为单位居住下来，逐渐发展成村庄，其间建村 376 个；明成化至嘉靖年间建村 103 个；明万历年间至明末建村 104 个。上述迁建的村庄中绝大多数从山西洪洞移民迁来建村，其他分别从河北、河南、安徽等地迁到梁山建村居住。后又有部分家族从他处迁来建村。

从清初到清末的 268 年里，梁山境域新建村庄 71 个，且大部分为从邻近地区迁来或由原生村庄分支派生出来的村庄。民国期间建村 2 个，即：大路口村（现属大路口乡）、黑北村（现属黑虎庙镇）。此后，除大村分设外，无其他新建村庄。

村名由来 梁山一代村庄名称多由先祖姓氏加地标而来，有的直接以祖先姓名命名，也有的以地标直接命名；由先祖姓氏加地标的，其地标有庙、楼、庄（聚住）、集（集市）、屯（军屯、屯田）、口（渡口、山口、路口）、垓（堤界、低洼）、那里（地方）等。姓氏＋那里命名的，如孔那里、胡那里、殷那里等，这部分村庄多分布在梁山西北一带，并有“七十二那里”之说；姓氏＋垓命名的，如郑垓、程垓、韩垓等，这部分村庄多分布在梁山中部及东南一带；姓氏＋口命名的，如袁口、靳口、吕屺口等，这部分村庄多分布在古运河畔、交通路口或山岭之间；姓氏＋屯命名的，如薛屯、兴屯、大屯等，这部分村庄多分布在梁山西南和东南一带；姓氏＋集命名的，如刘集、葛集、寿张集、张博士集等，这部分村庄多分布在梁山中部及西北一带；姓氏＋楼命名的，如邵楼、蔡楼、李楼、刘举楼，分布较广泛，仅在梁山西北一带就有“一溜十八楼”之说；姓氏＋庄、姓氏＋庙命名的，全县分布也较广泛，如任庄、孙庄、张庄、马庙、胡台庙、高大庙等；以祖先姓名命名的，如孙老包、王大称、张文一、张三槐等，这部分村庄多在大路口等梁山西北一带乡镇；以地标直接命名的，如凤山、独山、码头、郝山头、石头园等，这部分村庄多在梁山中部，且各乡镇均有以此命名村庄。

梁山县拳铺镇村庄概况一览表

表 1-2-2

村庄	户数（户）	人口（人）	耕地（亩）	建村时间	村庄起源及村名由来
拳铺	1233	3323	3594	公元 1127 年	权氏在义军船住堡而建村称权铺，后改称拳铺，后分为东西南北四村
拳东	412	1472	1462	—	—
拳西	232	833	290	—	—
拳南	352	1400	1557	—	—
拳北	239	639	285	—	—
李乡	610	2132	2720	明洪武年间	李氏祖由山西洪洞建村，命名李乡
南杨楼	330	1149	1560	明洪武年间	杨氏祖在此建村，以姓氏方位命名
古路沟	190	742	765	明洪武年间	张氏祖由嘉祥迁此建村，因一古路深沟而得名
徐庄	89	324	295	明永乐年间	徐氏祖由江南淮安府迁此建村，以姓氏命名
西刘庄	93	377	389	明洪武年间	刘氏祖由山西洪洞迁此建村，以姓氏方位命名
北盛庄	231	947	1131	明永乐年间	盛氏兄弟由山西洪洞迁此建村，以姓氏方位命名
前王	185	585	738	明洪武五年	王氏祖由山西洪洞迁此建村，以姓氏方位命名
后王	78	287	195		
南杜	287	1172	1344	明永乐年间	杜氏祖在此建村，以姓氏方位命名
北杜	60	247	208	明崇祯年间	杜氏祖由郓城东南杜庄迁此，以姓氏方位命名
黄庄	432	1536	1736	明永乐年间	黄氏祖由山西洪洞迁此，以姓氏命名
蔡庄	219	756	623	明洪武年间	蔡氏祖由山西洪洞迁此，以姓氏命名
韩楼	176	531	628	明洪武年间	韩氏在此建村，以建有楼房而得名
北陶庄	180	636	724	明崇祯年间	原名宋家庄，后陶氏迁入，改称陶庄
苗庄	226	890	1148	明正德年间	苗氏祖由郭庄迁此建村，以姓氏命名
玉皇阁	28	90	117	宋末	孙氏祖在此建村，并建玉皇阁而得名
玉皇庙	543	2140	1658	明万历年间	李氏在此建村，因建有玉皇庙而得名
前杨楼	658	2107	3357	明洪武年间	杨氏祖由合肥迁此建村，并建有楼房，故名杨楼，后分为前、后杨楼
后杨楼	498	1886	1769		
前仝店	135	541	623	明洪武年间	仝氏祖由山西洪洞迁此，经营店铺，故名仝店，后分为前、后仝店
后仝店	130	488	440		
郭堂	700	2300	2303	明初	郭氏祖在此建村，因建有七圣堂庙得名

续表 1-2-2-1

村庄	户数（户）	人口（人）	耕地（亩）	建村时间	村庄起源及村名由来
西吴庄	110	437	338	明洪武年间	吴氏祖由山西洪洞迁此建村，以姓氏方位命名
宋庄	108	344	375	明永乐年间	宋氏祖由山西洪洞迁此建村，以姓氏命名
西崔庄	140	456	410	明洪武年间	崔氏在此建村，以姓氏方位命名
东杨集	408	2111	2532	明洪武年间	杨氏祖由合肥迁此建村，并设集市，后以方位更名为东、西杨集
西杨集	230	753	777	明万历年间	
牛楼	60	189	326	宋代	牛氏由兖州府五里村迁此，并盖有楼房，故名
李官楼	260	1020	1043	明洪武年间	李氏祖在此建村，因有人为官建楼房，故名
汪海屯	189	583	556	明洪武年间	汪氏祖汪海由南京随驾来此建村，以姓名命名
方庄	396	1297	1219	明洪武年间	方氏祖由山西洪洞迁此建村，以姓氏命名
西高庙	226	896	1099	明成化年间	高氏在此建村，并建庙宇，故名
路垓	190	780	672	明崇祯年间	路氏祖由汶上路尚村迁此建村，故名
方庙	774	2899	3545	明洪武年间	孙氏祖在此建村，因建有方形庙宇，故名方庙，后分为东西方庙，简称方东、方西
方东	198	766	874		
方西	553	2067	2671		
甄庄	50	165	145	明永乐年间	甄氏祖由谷亭县迁此建村，以姓氏命名
谢街	59	205	245	明洪武年间	谢氏祖在方庙村外单独建街成立村庄，以姓氏命名
姚庄	85	345	534	—	因有座窑，故名窑庄，后演变为姚庄
杨街	125	487	741	明永乐年间	杨氏祖迁此建村，因仅有一条东西大街，故名
褚庄	320	1158	878	明洪武年间	褚氏祖由山西洪洞迁此建村，以姓氏命名
西张庄	208	766	955	明嘉靖年间	张氏祖由山西洪洞迁此建村，以姓氏方位命名
琉璃井	864	3260	3397	明洪武年间	原名任庄，因打一眼玻璃砖砌成的大井而改称
西戴庄	362	1298	1693	明永乐年间	戴氏祖由山西洪洞迁此建村，以姓氏方位命名
万花张	260	877	1419	明洪武年间	原名张庄，因张氏酷爱花、种花而改称
刘官屯	432	1562	2158	明初	刘氏祖来此建村，因有一人为官，故名
申垓	350	1290	1368	明永乐年间	申氏祖由山西洪洞迁此建村，以姓氏命名
齐楼	265	964	1223	明洪武年间	齐氏祖由山西洪洞迁此建村，并建楼，故名
东邱	84	362	448	明万历年间	邱氏祖迁此建村，名邱庄，后分为东、西邱庄
西邱	180	662	680		
西路楼	123	495	558	明洪武年间	路氏祖由山西洪洞迁此建村，并建楼，故名
徐集	593	2065	1693	明洪武年间	徐氏祖迁此建村，并设集市，故名，后划分为东、西徐集
西徐	126	473	438		
东徐	467	1592	1255		
吴楼	286	1210	1351	明嘉靖年间	因吴氏迁入，李氏绝后，改称吴楼
东吴大庙	217	890	704	明代	吴氏祖由山西洪洞迁此建村，因建庙称吴大庙，后吴氏分支在村西再建一村，称西吴大庙
西吴大庙	276	1127	1404	明末	
袁庄	160	775	658	明洪武年间	袁氏祖在此建村，故名
刘楼	242	936	983	明永乐年间	刘氏祖来此建村，因建有楼房，故名
东张庄	78	297	217	明嘉靖年间	张氏祖由张楼迁此建村，以姓氏方位命名

续表 1-2-2-2

村庄	户数(户)	人口(人)	耕地（亩）	建村时间	村庄起源及村名由来
盛垓	180	720	613	明崇祯年间	盛氏祖由山西洪洞迁此建村，故名
北张	245	976	1043	清顺治年间	张氏祖由张楼迁此，以姓氏方位命名
堂子	535	1752	1450	明洪武年间	宋氏祖在此建村，名为宋道人堂，后简称堂子
鲁庙	95	389	404	明初	鲁氏祖在此建村，因建有庙宇，故名
东马	340	1240	798	明洪武年间	马氏祖由山西洪洞迁此，以姓氏方位命名
西马	105	386	257	明洪武年间	马氏祖由山西洪洞迁此，以姓氏方位命名
郭楼	233	934	1002	明永乐年间	郭氏祖由山西洪洞迁此，因建有楼房，故名
阚庄	220	797	702	明成化年间	阚氏祖由济宁南阚庄迁此建村，以姓氏命名
秦店	375	1475	1383	清顺治年间	秦氏祖由蔡林来此，因设有客店，故名
耿乡	153	508	530	明洪武年间	耿氏祖由山西洪洞迁此建村，以姓氏命名
北王	112	365	450	明崇祯年间	王氏在此建村，以姓氏方位命名
李垓	136	430	403	明永乐年间	李氏祖由山西洪洞迁此建村，以姓氏命名
关乡	92	365	383	明永乐年间	关氏祖由山西洪洞迁此建村，以姓氏命名
蔡林	1089	3413	4087	唐代	原为蔡家林，后简称蔡林；1981 年，设蔡东、西、南、北 4 个行政村
蔡东	345	1364	1370		
蔡西	200	838	944		
蔡南	243	908	1158		
蔡北	186	634	615		
东刘庄	198	808	918	明洪武年间	刘氏祖由山西洪洞迁孔楼，后迁此建村以姓氏方位命名
东吴庄	156	620	721	明崇祯年间	吴氏祖由山西洪洞迁此建村，以姓氏方位命名
西侯	146	516	597	明成化年间	侯氏祖由韩垓石钟楼迁此，命名侯庄，后以方位称西侯
杨庙	90	325	367	清乾隆年间	杨氏祖由二郎庙来此建村，故名
东崔庄	234	749	760	明洪武年间	始名范场，后范氏迁出，崔氏迁入，改东崔庄
王楼	174	634	706	明代	王氏祖由山西洪洞迁此，建有楼房，故名
马庄	149	779	573	清初	马氏由蔡林迁此建村，以姓氏命名
李阁	264	989	1123	明崇祯年间	李氏祖由山西洪洞迁此，因建有楼房，故名
孔楼	260	968	1230	明初	孔氏祖由汶上县迁此，因建有楼房，故名
黄庄	48	190	209	明代	黄氏祖由山西洪洞迁此建村，以姓氏命名
张楼	216	911	1045	明洪武年间	张氏祖由山西洪洞迁此，因建有楼房，故名
李保营	274	1153	1282	元代	李氏祖由汶上城西周村迁此，以其姓名命名
安庄	150	538	475	明洪武年间	安氏祖在此建村，以姓氏命名
刘集	252	890	806	明成化年间	刘氏祖由山西洪洞迁此，设有集市，故名
东侯	131	508	482	明永乐年间	侯氏祖在此建村，命名侯庄，后以方位称东侯
前张	188	645	800	清顺治年间	张氏八世祖由张楼迁此建村，命名沙沃张庄，后分为前、后张庄
后张	380	1320	1524	清顺治年间	
汤垓	335	1365	2069	明永乐年间	汤氏祖来此建村，以姓氏命名
林庄	224	805	1125	清康熙年间	林氏祖由汶上温口来此建村，命名为林庄
吕楼	278	1062	1308	清乾隆年间	吕氏祖由汶上白马河迁此，并建有楼房，故名

续表 1-2-2-3

村庄	户数（户）	人口（人）	耕地（亩）	建村时间	村庄起源及村名由来
郭庄	256	850	909	明永乐年间	郭氏祖由郓城冉里街迁此，以姓氏命名
孙庄	120	469	491	明永乐年间	孙氏祖由山西洪洞迁此，以姓氏命名
南陶庄	212	820	695	明崇祯年间	陶氏祖由申垓迁此建村，以姓氏方位命名
南李垓	202	801	691	明嘉靖年间	李氏祖在此建村，命名李垓
西王庄	233	792	940	宋代	王氏祖王相臣迁此建村，以姓氏方位命名
东王庄	155	560	701	宋代	王氏祖王相臣迁此建村，以姓氏方位命名
柳店	60	242	268	宋代	因朱氏一家在大柳树下经营客店，故名
曹楼	66	252	270	清同治年间	曹氏在此建村，并建楼房，故名
西坑	256	843	905	明建文年间	陶氏祖由今拳铺申垓迁此，因位于一水坑涯上，故名水坑涯，后分为东、西水坑
东坑	110	435	368		
潘庄	721	2967	4445	明永乐年间	潘氏祖由山西洪洞迁此，以姓氏命名
东高庙	88	312	340	明成化年间	原名高家庄，后因建庙宇，改称高庙
南盛庄	180	670	923	明永乐年间	盛氏组由盛垓迁此，以姓氏方位命名
南王楼	158	643	802	明永乐年间	王氏祖由蔡林迁此建村，为王庄，后改称王楼
东杨楼	576	1850	1797	明代	杨氏祖由山西洪洞迁此，并建楼房，故名
吴庄	38	153	153	明崇祯年间	吴氏祖由山西洪洞迁此建村，故名
二郎庙	275	1110	991	明洪武年间	杨氏祖由山西洪洞迁此，因有一座二郎庙得名
信楼	387	1408	1569	明永乐年间	信氏祖由山西洪洞迁此，并建楼房，故名
东路楼	121	441	600	明代	路氏祖由山西洪洞迁此，并建有楼房，故名
西官路	202	731	731	明洪武年间	信氏祖由山西洪洞迁此，因处于官方修筑的大路上得名，后分东、西官路
东官路	310	1200	1338		
李庄	210	786	1131	明洪武年间	李氏祖由汶上县迁此，以姓氏方位命名
南王	137	557	726	明初	王氏在此建村，后以方位命名
南张庄	105	367	552	明代	张氏祖在此建村，以姓氏方位命名
前申	104	312	374	明洪武年间	申氏祖兄弟二人由山西洪洞迁此建村，兄在前，弟在后，分别命名为前、后申庄
后申	145	430	536		
戴庄	110	443	668	明代	戴氏祖迁此建村，以姓氏命名
陆庄	544	1864	4076	清道光年间	陆氏祖迁此建村，以姓氏命名
林辛	139	585	868	明洪武年间	原村位于银山镇，后迁移此地

说明：全镇 124 个行政村、120 个自然村，自然村不含拳东、拳西、拳南、拳北、蔡东、蔡西、蔡南、蔡北、东徐、西徐、方东、方西

梁山县韩垓镇村庄概况一览表

表 1-2-3

村庄	户数（户）	人口（人）	耕地（亩）	建村时间	村庄起源及村名由来
红庙	110	371	405	明洪武年间	因有一红色元帝庙，故名
王庄	6	46	63	明天顺年间	王氏祖由前王庄迁此建村，以姓氏命名

续表 1-2-3-1

村庄	户数（户）	人口（人）	耕地（亩）	建村时间	村庄起源及村名由来
李堂	423	1580	1890	明永乐年间	李氏祖由汶上草桥迁此，简称李堂
东高庄	70	228	320	明嘉靖年间	以高氏姓氏命名高庄，后次支迁居东边，称东高庄，原村改称西高庄
西高庄	300	1020	1428		
赵庄	138	470	525	明永乐年间	以赵氏姓氏命名
后关庄	71	314	319	明天顺年间	关氏祖由现汶上南旺迁此建村，命名关家庄，简称关庄，后分为前、后关庄
前关庄	236	927	773		
孙庄	59	243	236	明永乐年间	孙氏祖由山西洪洞迁此建村，以姓氏命名
龙庄	19	82	103	明成化年间	龙氏祖由汶上城南龙家集迁此建村，以姓氏命名
赵庄	23	75	126	明成化年间	赵氏祖由汶上次丘迁此建村，以姓氏命名
大李庄	240	981	930	明崇祯年间	李氏祖由汶上次丘迁此建村，以姓氏命名
侯庄	348	1246	1425	明永乐年间	侯氏祖由山西洪洞迁此建村，以姓氏命名
王庄	367	831	1163	明永乐年间	王氏祖由山西洪洞迁此建村，以姓氏命名
小屯	298	1264	1551	明永乐年间	赵氏祖由山西洪洞迁此，名曰小屯
五里堡	978	3898	3500	明代	因距开河五里设堡，故名
东马垓	862	3221	4085	明嘉靖年间	马氏八世祖迁此现西马垓村东立村，故名
东薛垓	500	1885	2580	明嘉靖年间	薛氏由薛阁迁此，命名薛垓，后分为东西薛垓
铁炉庄	120	463	500	清康熙年间	冯氏祖在此建村，因户户生炉打铁，故名
西马垓	480	1520	2355	明永乐二年	马氏祖由山西洪洞迁此建村，后改为西马垓
郑庄	116	452	406	明永乐二年	郑氏祖由山西洪洞迁此建村，故名
开河	2575	8912	8543	明永乐九年	明朝重挖大运河时挖出一大闸，命名开河；后分东、西、南、北 4 个行政村
东村	628	2217	1968		
西村	633	2187	1754		
南村	748	2872	3421		
北村	566	1636	1400		
杨垓	251	918	808	明崇祯年间	杨氏祖由南旺高堤顶迁此建村，以姓氏命名
郭仓	330	1306	1305	明嘉靖年间	郭氏祖由韩岗大屯迁此建村，因有官府粮仓得名
东刘口	98	406	536	明永乐年间	刘氏祖由山西洪洞迁此，因此处系一渡口，故名，后分为东、西刘口
西刘口	263	576	603		
杜庄	70	298	326	明永乐年间	杜氏祖由山西洪洞迁此建村，以姓氏命名
辛庄	70	160	189	明永乐年间	辛氏祖由山西洪洞迁此建村，以姓氏命名
石钟楼	385	1495	1825	清康熙年间	因村东修建一座全石结构的钟楼而得名
油坊	945	3485	4068	明永乐年间	赵、董氏由山西洪洞迁此建村，并经营油坊，故名
黄庄	130	470	536	清康熙年间	黄氏祖迁此建村，以姓氏命名
李垓	340	1103	840	明永乐初年	李氏祖迁此，因地势低洼名李海，后称李垓
柴庄	16	80	112	明永乐年间	柴氏祖由山西洪洞迁此建村，以姓氏命名
靳楼	400	1480	1455	明洪武年间	靳氏祖由山西洪洞迁此建村，建有楼房，故名

续表 1-2-3-2

村庄	户数（户）	人口（人）	耕地（亩）	建村时间	村庄起源及村名由来
仲庄	212	832	795	明万历年间	仲氏祖由济宁仲浅村迁此建村，以姓氏命名
翟庄	258	969	1305	明嘉靖年间	翟氏祖由山西洪洞迁此建村，以姓氏命名
韩垓	438	1648	1515	明成化年间	韩氏祖迁此，因地势低洼名韩家海，后称韩垓
马店	163	694	450	明洪武年间	马氏迁此建村，且经营店铺，故名
刘庄	15	80	120	明嘉靖年间	刘氏祖由桑庄迁此建村，以姓氏命名
西薛垓	420	1727	2470	明永乐年间	薛氏由薛阁迁此，命名薛垓，后分东、西薛垓
宋庄	10	80	110	明弘治年间	宋氏祖在此建村，以姓氏命名
吴垓	187	630	555	明天顺年间	吴氏祖由今汶上南旺迁此建村，以姓氏命名
张庄	138	578	525	明永乐年间	张氏祖由山西洪洞迁此建村，以姓氏命名
赵花园	134	496	450	清道光年间	赵氏在此建村并建花园，故名
前王庄	270	1125	1023	明永乐年间	原称王庄，后为区别后王庄，改称前王庄
后王庄	174	624	555	明永乐年间	王氏祖由山西洪洞迁此，以方位命名
师庙	70	260	364	明洪武年间	师氏祖由山西洪洞迁此建村，并建庙，故名
前王楼	278	1070	1275	明永乐年间	王氏祖由山西洪洞迁此建村，因建有楼房而得名
后王楼	346	1128	1320	明永乐年间	王氏祖由山西洪洞迁此建村，因村前有王楼，故名
佟楼	117	478	525	明永乐年间	佟氏祖由山西洪洞迁此建村，且建有楼房，故名
郭楼	485	1844	2235	明嘉靖年末	郭氏分支由路集迁此建村，并建楼，故名
郑庄	116	452	510	明永乐二年	郑氏祖由山西洪洞迁此建村，以姓氏命名
董庄	207	786	1125	明永乐年间	董氏祖由直隶真德府高城县寿南庄迁此，以姓氏命名
蔡垓	156	623	675	明永乐年间	蔡氏祖由山西洪洞迁此建村，以姓氏命名
东徐庄	75	300	404	明嘉靖年末	徐氏八世祖由汶上后岗迁此建村，名徐庄，以方位称
西徐庄	126	458	465	明永乐年间	徐氏在此建村，名徐庄，以方位称
碱场	236	709	790	明洪武年间	吴氏祖由山西洪洞迁此建村，因土地盐碱而得名
桑庄	240	940	1125	明洪武年间	桑氏祖由山西洪洞迁此建村，故名
乔李庄	133	512	360	明永乐年间	乔、李氏迁此建村，以姓氏命名
魏堂	126	507	480	明万历年间	魏氏祖由郓城县魏家路口迁此建村，以姓氏命名
路集	210	804	1095	明嘉靖年间	路氏祖由山西洪洞迁此建村，设有集市，故名
高店	562	1986	2355	明嘉靖年间	高氏祖由山西洪洞迁此建村，经营店铺，故名
后店	100	417	501	明嘉靖年间	—

说明：全镇 48 个行政村、63 个自然村，自然村不含开河的东村、西村、南村、北村

梁山县韩岗镇村庄概况一览表

表 1-2-4

村庄	户数（户）	人口（人）	耕地（亩）	建村时间	村庄起源及村名由来
袁口	1753	6852	6756	明初	元末开挖大运河后，袁氏在此建村，并设有渡口，故名袁口。后分为东、北、南 3 个行政村
东袁口	820	3420	3593		
北袁口	402	1645	1603		
南袁口	531	1787	1560		
孟 庄	70	200	300	明洪武年间	孟氏祖由山西洪洞老鸹窝迁此，故名
东大屯	136	456	903	明万历年间	该村原为申垓、赵家胡同和张家海子 3 个小村，后经协商，总称大屯，1945 年改称西、中、东大屯
中大屯	183	738	1032		
西大屯	422	1548	1522		
东孙庄	146	546	719	明景泰年间	孙氏祖由山西洪洞老鸹窝迁此，以姓氏方位命名
范庄	141	625	778	明永乐年间	范氏祖由山西洪洞迁此，以姓氏命名
韩堂	672	2623	2033	明永乐年间	因建观音堂一座，故名观音堂，后改为韩家堂
北王	165	613	493	明万历年间	王氏十五世祖迁此，以姓氏方位命名
张楼	152	645	696	明宣德年间	张氏八世祖由汶上迁此，因建有楼房，故名
宋庄	134	500	523	清雍正年间	宋氏祖由张楼迁此建村，以姓氏命名
蒋庄	50	200	265	明洪武年间	蒋氏祖在此建村，以姓氏命名
朱庄	134	560	528	明洪武年间	朱、潘氏表兄弟由山西洪洞迁此建村，以兄姓命名
后张楼	40	156	184	明宣德年间	张氏八世祖三支由汶上迁此建村，因位于张楼后，故名
贾庄	132	488	503	明嘉靖年间	贾氏十一世祖来此建村，以姓氏命名
郑庄	363	1059	1152	明永乐年间	郑氏祖由汶上迁此，以姓氏命名
陈庄	120	530	650	明洪武年间	陈氏祖由汶上迁此，以姓氏命名
张庄	80	270	354	明万历年间	张氏在此建村，以姓氏命名
崔庄	288	1248	1074	明天顺年间	崔氏由山西洪洞迁此，因崔氏得名
房村	415	1658	1802	明万历年间	房氏祖由山西洪洞迁此，以姓氏命名
刘庙	461	1846	1966	明永乐年间	刘氏祖由山西洪洞迁此，建观音庙一座，故名
清店	163	540	440	明洪武年间	（不详）
尚阁	64	240	315	明永乐年间	尚氏祖由山西洪洞迁此建村建有楼阁，故名
马垓	86	270	352	乾隆五十一年	马氏祖由汶上高里庄迁此建村，名马垓
任李庄	364	1455	1240	明洪武年间	原名李庄，后因李氏渐少，任氏渐多，故改称
鹿吊	210	748	1037	明洪武年间	因村中菜园井上均悬吊着辘轳，故名辘轳吊
王堂	93	312	464	元朝初年	王氏在此建村，并建有大堂房，故名
王府庄	236	856	961	明洪武年间	王氏祖由山西洪洞迁此，命名王府庄
辛集	70	310	295	清顺治年间	辛氏在此建村，设有集市，故名

续表 1-2-4-1

村庄	户数（户）	人口（人）	耕地（亩）	建村时间	村庄起源及村名由来
于牌	180	630	586	明洪武年间	于氏在此建村，名于牌
于垓				明洪武年间	于氏祖由山西洪洞迁此建村，因地势低洼，易存水，故名于垓，后于氏分支另居，遂以居住方位称东、西、后于垓
东于垓	120	578	653		
西于垓	100	300	362		
后于垓	30	140	188		
薛庄	281	1068	984	明崇祯年间	薛氏祖由韩垓薛垓来此建村，以姓氏命名
盛庄	126	448	635	明成化年间	盛氏祖在此建村，以姓氏命名
三皇庙	268	1056	1086	明永乐年间	田氏祖在此建村，并在村东修三皇庙一座，故名
薛楼	227	984	1021	明万历年间	薛氏祖来此建村，建有楼房，故名
彭庄	342	1075	1414	明崇祯年间	原名大李庄，后彭氏迁入、李氏迁出，改彭庄
陈庄	26	102	116	（不详）	（不详）
刁集	320	1178	1094	清宣统年间	始名刁贾集，后贾氏绝后，改为刁集
李坊	250	868	1187	明永乐年间	李氏祖来此建村，因经营纸坊，故名
杜庄	249	863	1124	明永乐年间	杜氏祖在此建村，以姓氏命名
闫庄	131	467	597	明成化年间	闫氏祖在此建村，以姓氏命名
管庄	537	1771	2457	明洪武年间	管氏祖由汶上徐村迁此建村，以姓氏命名
马庙	87	300	321	明洪武年间	马氏祖由山西洪洞迁此建村，建庙一座，故名
郑楼	98	311	418	明洪武年间	郭氏建村，后郑氏迁入，郭氏渐少，改称郑楼
杨尧	230	960	1100	明洪武年间	杨氏在此建村，并建窑，故名
老庄	27	105	220	明洪武元年	崔氏祖由山西河间静海红庙迁此，名崔老庄，后简称
中孙	230	895	760	明洪武年间	孙氏祖由山西洪洞迁此，以方位姓氏命名
槐王	129	525	451	明洪武年间	原名大槐树王庄，后简称槐王
何庄	140	429	510	明永乐年间	何氏在此建村，以姓氏命名
冯庄	102	319	394	明洪武年间	冯氏在此建村，以姓氏命名
张坊	240	845	780	明洪武年间	张氏祖由山西洪洞迁此，以姓氏命名
西草庙	126	516	702	明洪武年间	韩氏祖由山西洪洞迁此建村，并建庙宇，庙顶用草，故名草庙。后分为东、西草庙
东草庙	140	471	648	明洪武年间	
赵楼	154	467	570	明洪武年间	赵氏祖由山西洪洞迁此，建有楼房，故名
胡楼	45	212	240	明洪武年间	胡氏祖由山西洪洞迁此，建有楼房，故名
玉皇庙	123	360	410	元代	崔氏在此建村，始称崔庙；明代孙氏迁入建玉皇庙得名
韩庄	157	547	641	明洪武年间	韩氏祖由山西洪洞迁此，以姓氏命名
北刘庙	110	396	480	明洪武年间	刘氏祖迁此建村，并建庙宇一座，故名
韩岗	298	1087	1059	明洪武年间	韩氏祖由山西洪洞迁此建村，因处砂岗得名
蔺庄	45	174	229	明永乐年间	蔺氏祖由山西洪洞县迁此，以姓氏命名
许寺	350	1232	1006	元朝初年	许氏祖由山西洪洞迁此，因建有寺院，故名
柴庄	220	900	800	明洪武年间	柴氏祖在此建村，以姓氏命名
丁楼	540	1650	2321	明嘉靖年间	丁氏祖迁此建村，并建楼，故名

续表 1-2-4-2

村庄	户数(户)	人口(人)	耕地(亩)	建村时间	村庄起源及村名由来
齐庄	300	1100	715	明洪武年间	齐氏祖由徐集齐楼迁此，以姓氏命名
前尧	153	550	513	明代中期	杨氏祖迁此建村，因处于杨窑前面，故名
东张	80	318	401	明成化年间	张氏祖由山西洪洞迁此，以姓氏方位命名
辛庄	92	303	482	明洪武年间	崔氏在此建村，命名辛庄
焦庄	73	204	255	明洪武年间	焦氏祖由东平县须城焦村迁此，以姓氏命名
前林	98	293	570	明崇祯年间	林氏分支由后林庄迁此建村，以姓氏方位命名
孟庄	123	492	615	明永乐年间	孟氏祖由山西洪洞老鸹窝迁此，以姓氏命名
齐岗	747	2917	3345	明永乐年间	齐氏祖迁此，为齐家寨，因地势较高，遂改称
西孙庄	202	719	809	明成化年间	孙氏祖由汶上县石楼迁此，以姓氏方位命名
郭楼	140	530	533	明崇祯年间	郭氏祖迁此建村，并建楼，故名
小窑	216	1004	935	清乾隆年间	始名刘楼，后因村中建许多小窑，更名小窑
司垓	412	1496	1490	明永乐年间	司氏祖由山西洪洞迁此建村，故名
张庄	110	470	450	明万历年间	张氏祖在此建村，以姓氏命名
任庄	117	521	398	明万历年间	任氏祖由现嘉祥梁宝寺迁此建村，故名
时庄	197	691	633	明洪武年间	时氏祖在此建村，以姓氏命名
荣店	295	1113	1843	明嘉靖年间	荣氏祖由汶上南周村迁此，并经营客店，故名
季庙	147	559	662	明永乐年间	季氏祖迁此建村，并建庙宇，故名
付庄	116	453	494	明成化年间	付氏祖在此建村，以姓氏命名

说明：全镇 62 个行政村、83 个自然村，自然村不含袁口的东、北、南袁口

梁山县馆驿镇村庄概况一览表

表 1-2-5

村庄	户数(户)	人口(人)	耕地(亩)	建村时间	村庄起源及村名由来
馆驿	585	2238	3225	明洪武年间	李氏祖由山西洪洞迁此建村，因设驿站，故名
井庄	183	692	1027	明永乐二年	井氏在此建村，命名为井庄
东尚庄	233	843	1193	明洪武年间	尚氏官员建村，名尚家花园，后改为尚庄
靳口	760	2668	2395	明洪武年间	靳氏在老运河一渡口处建村，命名靳口。后称河南东岸为东靳口，西岸为西靳口。
东靳口	398	1509	1476		
西靳口	558	2057	3438		
曹园	205	1003	2456	明洪武年间	马氏建村，名马庄，后曹氏迁入，以种菜为主，改称曹园
东刘庄	312	1108	1518	明洪武年间	刘氏祖由鱼台县迁此建村，以姓氏方位命名
后林	521	2010	2213	明洪武年间	林氏祖迁此建村，故名
田庄	302	1004	1223	明万历年间	田氏分支由东田店迁此建村，以姓氏命名
苏庄	296	1104	1511	明洪武年间	苏氏分支由苏菜园迁此，以姓氏命名
菜园	219	802	816	明洪武年间	苏氏祖由山西洪洞迁此建村，因习惯种菜，故名菜园

续表 1-2-5-1

村庄	户数（户）	人口（人）	耕地（亩）	建村时间	村庄起源及村名由来
东郝庄	150	586	766	明洪武年间	郝氏祖由山西洪洞迁此，命名郝庄，后分为东、西郝庄
西郝庄	200	706	1096		
毛庄	71	201	421	明永乐年间	毛氏祖由山西洪洞迁此，以姓氏命名
李庄	52	205	344	明嘉靖年间	李氏六世祖由靳口迁此建村，以姓氏命名
东侯庄	232	801	1330	明洪武年间	侯氏祖由东面的侯昌迁此，故名东侯庄
潘庄	255	1011	1400	公元 1930 年	潘氏祖由山西洪洞迁此，以姓氏命名
东丁	206	738	1461	明嘉靖年间	丁氏长支在西丁庄东面建村，以姓氏方位命名
西丁	332	1302	1540	明嘉靖年间	丁氏祖由山西洪洞迁此，以姓氏方位命名
韩庄	177	645	1440	明永乐年间	韩氏祖由山西洪洞迁此，以姓氏命名
师庄	169	601	645	明永乐年间	师氏祖由山西洪洞迁此，以姓氏命名
石庙	86	303	564	明永乐年间	石氏祖由山西洪洞迁此，并建庙，故名
陈庄	140	424	506	明代	陈氏祖由山西洪洞迁此，以姓氏命名
李庄	112	438	696	清康熙年间	李氏由韩岗李坊迁此，以姓氏命名
西北楼	102	410	507	明洪武年间	丁氏祖由山西洪洞迁此，名丁楼，后改称西北丁楼
王府集	325	1282	2265	清康熙年间	因此地曾建王府，并设集市，故名
任楼	176	631	709	明正德年间	任氏在此建村，并建楼房，故名
毕庄	162	571	722	明洪武二年	毕氏在此建村，以姓氏命名
高庄	295	1082	1910	明洪武年间	高氏祖由山西洪洞迁此，以姓氏命名
姚庄	340	1233	2196	明洪武年间	姚氏祖在此建村，以姓氏命名
南尚庄	57	179	650	明洪武年间	尚氏祖由山西洪洞迁此建村，以姓氏方位命名
孙坊	27	155	643	明洪武七年	孙氏祖由山西洪洞迁此，以姓氏命名
秦楼	20	141	622	明洪武年间	秦氏祖在此建村，并建楼，故名
王庄	45	101	610	明洪武年间	王氏祖由山西洪洞迁此建村，以姓氏命名
黄庄	25	133	727	明洪武年间	黄氏祖在此建村，以姓氏命名
西张庄	94	330	792	明朝初年	张氏十一世祖由汶上平原迁此，以姓氏方位命名
蒋庄	62	201	752	明宣德年间	蒋氏祖由山西洪洞迁此建村，以姓氏命名
邓庄	57	205	751	明朝初年	—
康庄	54	206	744	明朝初年	—
赵庄	67	235	720	明朝初年	—
轩庄	316	1182	1728	明洪武年间	轩氏祖迁此建村，以姓氏命名
丁庄	110	305	433	明成化年间	丁氏由西丁村迁此建村，以姓氏命名
何庄	109	302	427	明嘉靖年间	何氏九世祖由梁山前何庄迁此，沿用原名
武庄	157	515	980	明永乐年间	武氏祖迁此建村，以姓氏命名
滑庄	266	863	1120	明正德年间	滑氏祖由山西洪洞迁此，以姓氏命名

续表 1-2-5-2

村庄	户数（户）	人口（人）	耕地（亩）	建村时间	村庄起源及村名由来
东田店	522	1947	3166	明洪武年间	田氏三支由青州府宜都县田家大街迁此建村，并设客店，故名田店。清初，田氏分支，由东田店转建西田店
西田店	238	899	1332		
东红庙	214	732	1620	明弘治十八年	陈、王氏迁至一处红色庙宇东面建村，故名
西红庙	201	621	1054	明弘治十八年	张氏由山西洪洞迁至红色庙宇西面，故名
西侯庄	173	630	1068	明洪武年间	侯氏祖由山西洪洞迁此，命名西侯庄
唐楼	179	314	744	清康熙年间	由山西洪洞县迁此建村，并建楼房，故名
贾庄	106	210	401	明永乐年间	贾氏祖由山西洪洞迁此，以姓氏命名
侯集	226	859	1232	明嘉靖年间	侯氏在此建村，并设集市，故名
西刘庄	142	475	752	明嘉靖年间	刘氏祖由山西洪洞迁此，以姓氏方位命名
袁河	97	357	801	明洪武二年	袁氏在此建村，因村西有一小河，故名
牛楼	72	254	677	明永乐年间	牛氏祖在此建村，并建楼房，故名
王庄	69	201	605	明永乐年间	王氏祖在此建村，以姓氏命名
范桥	79	305	611	元代	范氏祖在此建村，因村西有石桥，故名范桥
大刘	378	1352	3261	明洪武年间	刘氏祖由山西洪洞迁此，因村庄较大，故名
亓庄	123	459	1036	明永乐二年	亓氏祖亓德用兄弟二人在此建村，以姓氏命名
西王庄	187	678	2086	明永乐年间	王氏祖三兄弟由南京水西门外铁板桥迁此建村
张桥	469	1899	4358	明洪武年间	张氏祖由山西洪洞迁此，名富粮屯，后改张桥
李村	247	541	936	明永乐年间	李氏祖由山西洪洞迁此建村，以姓氏命名
李庄	253	1128	1919	公元 1573 年	李氏祖由山西洪洞迁此，以姓氏命名
乔庄	123	607	723	明洪武二年	乔氏祖由山西洪洞迁此，以姓氏命名
王思口	215	792	1001	明万历年间	王氏在运河一渡口处建村，故名王思口
戚村	185	658	1027	明成化年间	戚氏祖来此建村，以姓氏命名
徐楼	455	1635	2986	明永乐年间	徐氏祖在此建村，并建楼房，故名
北张庄	106	541	1003	明洪武二年	—
北王庄	115	598	1003	明洪武年间	—
王仲口	355	1338	1469	明洪武二年	耿氏由山西洪洞迁此，因王仲在此摆渡得名
大营	435	1565	2758	明洪武年间	蒋氏祖由山西洪洞迁此打鱼为生，故名大鱼营，简称大营
小营	415	1547	3146	明洪武年间	张氏迁此以打鱼为生，故名小鱼营，简称小营
辛庄	201	753	1993	明永乐年间	张氏祖由东平迁此建村，后遭水灾，只一支重新安家，名新庄，演变为辛庄
任庄	184	602	700	明正德年间	任氏分支由梁山镇任庄迁此建村，以姓氏命名

说明：全镇 47 个行政村、74 个自然村，自然村不含靳口的东、西 2 个靳口

梁山县小安山镇村庄概况一览表

表 1-2-6

村庄	户数(户)	人口(人)	耕地(亩)	建村时间	村庄起源及村名由来
宋庄	1284	5812	6687	明洪武年间	宋氏祖由山西洪洞迁此建村，以姓氏命名
土庄				清康熙年间	王氏祖由东平花兰店北梯门迁此，以姓氏命名
赵庄				明正德年间	赵氏祖由山西洪洞迁此建村，以姓氏命名
庞庄				明弘治年间	庞氏祖由东平花兰店西金山口迁此，以姓氏命名
小王庄				明洪武年间	—
冯庄				明洪武年间	—
渔业队				公元 1963 年	—
东唐	128	388	857	明永乐年间	唐氏祖由南京随驾在此建村，以姓氏命名，后称东唐
西唐	521	1722	3093	明永乐年间	唐氏祖由南京随驾来此建村，以姓氏命名，后称西唐
石佛寺				明代	
祝庄	244	770	1728	明代	祝氏祖由山西洪洞迁此建村，以姓氏命名
何官屯	473	1445	2692		
姜庄				明永乐年间	姜氏祖由山西洪洞迁此建村，以姓氏命名
李庄				明成化年间	李氏祖由山西洪洞迁此建村，以姓氏命名
张庄				明成化年间	张氏祖由山西洪洞迁此建村，以姓命名，亦称何官屯张庄
北张庄	829	2445	4343	明代	张氏在此建村，以姓氏命名
康庄				明朝末年	康举人在此建村，以姓氏命名
郑庄				清乾隆年间	郑氏由梁山附近郑垓迁此建村，以姓命名
北唐				清乾隆年间	唐、宋梁姓氏在此建村，名唐宋庄，后称北唐
范庄	761	2336	4698	明嘉靖年间	东平州一范氏官员命人在此建村垦荒，故名范庄
干鱼头	477	1657	2833	明隆庆年间	芦氏、殷氏、周氏等由山西洪洞迁此，因地下挖出一干枯大鱼头骨，故名
刘堂	383	1217	2602	明末	刘氏祖由南京菜市口迁此，因建有大堂房，故名
黄河涯	345	1017	1532	明洪武二年	王氏祖由青州府迁此建村，因东靠古黄河，故名
郑那里	208	626	893	明洪武年间	郑氏祖由小安山宋庄迁此建村，以姓氏命名
殷那里	152	425	633	明洪武十五年	殷氏祖由河南及县西关迁此建村，以姓氏命名
杨庄	131	390	576	清康熙年间	杨氏祖由梁山附近吕屺口迁此建村，以姓氏命名
马坊	184	566	875	清康熙年间	马氏二支由汶上高里迁此建村，因有作坊，故名
大吴	294	856	1348	明永乐年间	吴氏祖由山西洪洞迁此建村，以姓氏命名
周楼	468	1566	1860	明正德年间	周氏祖由山西洪洞迁此，建有楼房，故名
张坊				明永乐年间	张氏祖由山西洪洞迁此，因有作坊，故名
杨堤口	497	1541	3392	明代	杨氏祖由山西洪洞迁此堤口处建村，故名
东张庄	318	999	2298	明景泰年间	张氏祖由南京迁此，以姓命名张庄，后称东张庄
小王庄					
老王庄	391	1578	2919	明嘉靖年间	王氏祖由南京迁此建村，故名

续表 1-2-6-1

村庄	户数（户）	人口（人）	耕地（亩）	建村时间	村庄起源及村名由来
百忍庄	434	1488	3818	清乾隆年间	张氏、高氏来此建村，以名人张百忍的名字命名
鹅鸭场	643	2634	5717	明洪武年间	公、白、周氏由山西洪洞迁此，因放羊鹅鸭得名
后水屯	453	1395	2529	明成化年间	马、陈氏由山西洪洞迁此，因周围积水名水屯，后改后水屯；宋、王氏在后水屯前建村，故名前水屯
前水屯					
四柳树	394	1277	2137	明洪武年间	董、崔氏迁此建村，因有四棵古柳树，故名
闫集	605	1779	3924	明永乐年间	闫氏祖由南京随驾来此建村，因设有集市，故名
曹庄	518	1860	3042	明万历年间	曹氏祖由山西洪洞迁此建村，以姓氏命名
酆庄				明成化年间	酆氏祖由山西洪洞迁此建村，以姓氏命名
黄庄				明成化年间	黄氏祖由山西洪洞迁此建村，以姓氏命名
周庄	196	561	1199	明永乐年间	周氏祖由山西洪洞迁此建村，故名
三元井	230	783	1580	清朝初期	因张氏三兄弟各挖一口井，称张三元，后称三元井
朱庄				明成化年间	朱氏祖由山西洪洞迁此，以姓氏命名
前闫楼	328	1219	2332	明永乐年间	彦氏迁此建村，后阎氏迁入，彦氏渐少，故改为阎楼，辖前阎楼、后阎楼、阎楼
后闫楼					
义和庄	540	1709	4632	清同治年间	聂、张氏等由郭何庄迁此，为求团结和睦，命名
姜庄				清嘉庆年间	姜氏祖由后集姜家胡同迁此建村，以姓氏命名
郭河庄				明洪武年间	郭氏、何氏同时在此建村，以两姓命名
胡楼				清嘉庆六年	胡氏在此建村，后建楼，故名
高楼	289	901	2475	明洪武年间	高氏祖由山西泽州府迁此建村，因有楼房，故名
高庄				明洪武年间	高氏祖由山西洪洞迁此，以姓氏命名
陈庄	246	914	1531	明崇祯年间	陈氏在此建村，以姓氏命名
南张庄	179	516	896	明洪武年间	张氏祖由山西洪洞迁此建村，以姓氏命名
魏庄	216	796	1146	明洪武二年	魏氏祖由山西洪洞迁此，以姓氏命名
解庄	300	1040	2321	清康熙年间	解氏祖由东平解楼迁此，故名
亓庄				清康熙年间	—
谭庄	210	796	1554	明洪武年间	谭氏在此建村，以姓氏命名
彭村	492	1713	3791	清代	彭氏祖由山西洪洞迁此，以姓氏命名
李楼	141	480	865	明嘉靖年间	李氏祖由山西洪洞迁此，因建有楼房，故名
李庄	132	397	564	公元 1965 年	李氏祖由李楼迁此建村，以姓氏命名
李官屯	861	2847	5280	明永乐年间	李氏祖迁此，因系管一百户人家的小官吏，故名
乔庄	108	316	585	明代	乔氏祖由山西洪洞迁此，以姓氏命名
张官屯	333	1264	2850	明永乐年间	张氏随驾来此留驻垦荒，因管百户人家小官得名

续表 1-2-6-2

村庄	户数（户）	人口（人）	耕地（亩）	建村时间	村庄起源及村名由来
董庄	170	574	1067	明洪武年间	董氏祖由山西洪洞迁此建村，以姓氏命名
邓庄	51	157	306	明万历年间	邓氏在此建村，以姓氏命名
太平庄					—
前青堌堆	187	583	993	元代	邵、白氏在此建村，因距青堌堆土丘较近，故名
后青堌堆	147	426	788		
郭庄	147	442	856	明洪武六年	郭氏迁此建村，以姓氏命名
孙庄	129	388	624	清代	孙氏迁此建村，以姓氏命名
冯庄	239	787	1734	明代	冯氏、阎氏来此建村，命名冯庄

说明：全镇 37 个行政村、73 个自然村

梁山县寿张集镇村庄概况一览表

表 1-2-7

村庄	户数（户）	人口（人）	耕地（亩）	建村时间	村庄起源及村名由来
四合兴	600	2060	2220		
陈集	164	691	559	明崇祯年间	陈氏祖由梁山附近凤凰集迁此建村，故名陈集
谢营	132	392	753	明万历八年	谢氏祖由汶水西邢庄迁此建村，始称小营，后称谢营
周庄	161	502	753	明崇祯年间	周氏分支由周堤口迁此建村，以姓氏命名
田庄	143	475	450	清雍正年间	田氏祖由莘县迁此建村，以姓氏命名
临湖集	581	1968	3197	北宋时期	于氏祖在临湖堤处建村，始称于家庙；明初起，牛、王、林、崔等姓氏陆续迁此，多至 20 余姓，村庄绵延数里，并成为集市；至清初，经协商，于家庙改称临湖集；20 世纪 40 年代，临湖集又分为牛垓、玉皇庙、林王庄、崔杨庄，对外一般仍称临湖集
牛垓	114	361	487		
玉皇庙	179	580	780		
林王庄	145	451	662		
崔杨庄	129	340	670		
东张庄	80	261	364	明洪武年间	张氏祖由山西洪洞迁此，因姓氏、方位而得名
东孙庄	270	950	945	明洪武年间	孙氏祖由山西洪洞迁此，因姓氏、方位而得名
倪王庄	142	449	421	明洪武年间	始称王家庄，后倪氏迁入，遂更名倪王庄
井桥	259	863	831	明洪武年间	井氏祖由山西洪洞迁此，因村西建桥得名
陶庙	167	504	638	明洪武年间	陶氏祖由山西洪洞迁此，因建庙得名
李集	292	946	1108	明成化年间	李氏祖自寿张县姜家岗迁此，并设集市得名
李文斗	265	836	775	明万历年间	李氏祖由附近李集迁此建村，并以该村名人李文斗命名
蒋集	243	762	955	明洪武年间	蒋氏兄弟自山西洪洞迁此，并设集市，故名
穆桥	233	755	697	明正德年间	穆高祖自青州府宜都迁此，因建石桥得名
景庄	78	230	219	清康熙初年	景氏祖由泰安州莱芜县水白庄迁此建村，以姓氏命名
程垓	270	808	891	明朝末年	始称张庄，后程氏迁入，建国初期改为程垓

续表 1-2-7

村庄	户数（户）	人口（人）	耕地（亩）	建村时间	村庄起源及村名由来
宋庄	177	525	664	清康熙年间	宋在此建村，以姓氏命名
王楼	150	484	891	明朝末年	王氏祖由青州府迁此建村，并建楼得名
周堤口	201	711	960	明万历年间	周氏祖由山西洪洞迁此建村，因处堤口处得名
黄庄	58	203	284	明朝末年	黄氏祖由山西洪洞迁此建村，以姓氏命名
宋铺	320	1186	1271	明朝末年	宋氏祖自山西临汾迁此建村，因经营店铺得名
张东溪	540	1760	1424	明嘉靖年间	张氏祖从寿张集迁此，以名人张东溪命名
寿张集	640	2410	22260	元代	因系寿张县古城，又为贸易场所，故名
道沟	460	1738	2331	明洪武年间	任氏由山西洪洞迁此，因有道口河汉，故名
戚楼	623	2228	2473	明朝末年	戚氏祖由东平城百里戚庄迁此建村，以姓氏命名
北张庄	107	429	369	明朝末年	张氏祖在此建村，以姓氏方位命名
贾庄	380	1440	1680	明正统五年	贾氏祖由山西洪洞大孔村迁此建村，以姓氏命名
王胖	73	300	300	明洪武年间	王氏祖王胖在此建村，以其名为村名
小徐	58	210	200	明朝末年	徐氏祖在此建村，因村小称小徐
郭楼	560	1790	2338	元末明初	郭氏祖由汶上贾柏迁此，以姓氏命名
徐坊	313	1295	1206	清代	徐氏祖自东平章州迁此建村，以姓氏命名
叶庄	62	186	146	清顺治年间	叶氏祖在此建村，以姓氏命名
孙佃言	140	489	267	明万历年间	始称孙庄，后演变为孙佃言
邵楼	246	865	653	明嘉靖年间	邵氏祖由济宁范村迁此建村，建有楼房得名
肖庄	430	1506	1827	清光绪年间	肖氏祖由邵楼迁此建村，故名
义和庄	140	475	425	清道光年间	徐、张氏等由徐楼迁此建村，为团结和睦故名
唐坊	98	308	334	明洪武年间	王氏祖由韩岗槐王迁此建村，开办糖坊得名，后变唐坊
西孙庄	350	1154	1367	明洪武年间	孙氏祖孙飞虎由梁山镇张坊迁此，故名
安楼	84	259	331	明建文年间	安氏祖由南京随驾在此建村，并建楼得名
李楼	223	822	968	明朝初年	李氏祖由李阁迁此，并建楼房，故名
徐楼	610	2120	2210	明永乐年间	徐氏由大路口徐桥迁此，并建楼房五座，故名
黄庙	89	285	140	明洪武年间	黄氏祖由山西洪洞迁此建村，并建庙得名
杨楼	243	1030	780	明朝初年	杨氏祖由兖州府汶上县张吴乡迁此，并建楼房，故名
殷庄	166	640	572	明崇祯年间	殷氏祖由寿张迁此建村，以姓氏命名

说明：全镇 26 个行政村、47 个自然村

梁山县大路口乡村庄概况一览表

表 1-2-8

村庄	户数（户）	人口（人）	耕地（亩）	建村时间	村庄起源及村名由来
清堂李	279	1035	784	明洪武年间	李氏祖建村，因村民廉洁堂正，县令送名得名
刘举楼	299	1096	1192	明洪武年间	刘氏祖迁此建村，因建有楼房、考取举人得名

续表 1-2-8-1

村庄	户数(户)	人口(人)	耕地(亩)	建村时间	村庄起源及村名由来
黄庄	—	—	—	明洪武年间	黄氏祖由山西洪洞迁此，以姓氏命名
东姜	277	924	980	明洪武年间	姜氏祖姜福旺由山西洪洞迁此，以方位命名
油坊	356	1325	1471	明洪武年间	王氏祖由山西洪洞迁此，因经营油坊而得名
大张	356	1221	1147	明宣德年间	张氏祖由山西洪洞迁此建村，以姓氏命
姚庄	—	—	—	明代	姚氏祖由山西洪洞迁此建村，以姓氏命名
沙窝李	164	538	607	明洪武年间	李氏祖由山西洪洞迁此，此处为沙性土得名
贾堌堆	249	839	923	明洪武年间	贾氏祖由山西洪洞迁此，因村西土堌堆而得名
袁那里	274	979	1260	明洪武二年	袁氏祖由山西洪洞迁此建村，以姓氏命名
大路口	440	2251	1222	民国初年	张、吕氏在此建村，因村西有条大路，故名
秦那里	—	—	—	明洪武年间	秦氏祖在此建村，以姓氏得名秦那里
东冯	201	766	963	明洪武九年	冯氏祖由河南八里庙迁此，后按方位，分东冯、西冯
西冯	395	1349	1441		
北刘庄	68	262	263	清乾隆年间	刘氏祖由王朝刚迁此，以方位姓氏命名
王朝刚	293	949	1045	明洪武年间	因王氏祖王朝刚由山西洪洞迁此建村而得名
张博士集	913	3047	2891	明正统年间	刘氏祖由汶上迁此，以名人张博士命名，1963 年，分东、西张博
东张博	328	1155	952		
西张博	484	1852	1939		
北李那里	215	705	905	明永乐年间	李氏祖由山西洪洞迁此，以姓氏命名
孔那里	353	1147	1802	明崇祯年间	孔氏祖由曲阜迁此，以姓氏命名
大乔	174	532	244	明洪武年间	乔氏祖由山西洪洞迁此，初称乔沙窝，后称大乔
西乔	126	471	552	清嘉庆年间	乔氏二支由大乔迁至村西建村，故名西乔
乔辛	80	288	262	清嘉庆年间	乔氏三支由大乔迁至村北建新村，称乔新庄，后称乔辛
彭那里	147	511	475	清乾隆年间	彭氏祖由东平彭集迁此，以姓氏命名
胡那里	177	669	973	明崇祯年间	胡氏祖迁此建村，以姓氏命名
陶那里	256	871	1459	明崇祯年间	陶氏祖由汶上新驿迁此，以姓氏命名
文那里	184	654	568	明成化年间	因文氏祖在此建村，以姓氏命名
王垓	142	492	583	清道光年间	王氏祖由王朝刚迁此，因地势低洼而得名
翟楼	251	1005	1414	明万历年间	翟氏祖由山西洪洞迁此，建楼数座，故名
戚贾	166	621	907	明末	因戚氏、贾氏在此建村而得名
东戚	230	752	971	明洪武年间	戚氏祖在此建村，命名为戚家庄，后部分居民迁至村东另立新村，遂分为东戚、西戚
西戚	175	593	737		
西姜	149	520	618	明弘治年间	姜氏祖姜禄在此建村，以方位姓氏命名
西杨	201	717	812	明洪武年间	杨氏祖杨九清在此建村，始称杨那里，后称西杨
徐桥	349	1133	1065	明洪武年间	徐氏祖由山西洪洞迁此，因村西有大桥而得名
东许	172	582	560	明洪武年间	许氏祖由山西洪洞迁此建村，称许那里，后称东许
西许	102	313	322	明末	许氏祖在此建村，称许那里，后称西许

续表 1-2-8-2

村庄	户数（户）	人口（人）	耕地（亩）	建村时间	村庄起源及村名由来
碱水李	79	181	196	清道光年间	李氏祖在此建村，因其土质盐碱，故名碱水李
任楼	148	506	390	明崇祯年间	任、王氏在此建村，因任氏先盖起楼房而得名
张文一	121	383	415	明初	张氏在此建村，以其祖先名字命名
王大称	113	341	374	明崇祯年间	王氏在此建村，以其祖先名字命名
双庙	269	910	1295	明洪武年间	张、左氏迁此建村，因村东建有两座庙而得名
王芝茂	153	535	812	明末	李氏祖迁此建村，后以村中名人姓名命名
西刘庄	167	563	859	清初	刘氏祖由寿张县城南关迁此建村，故名
祁辛庄	146	544	565	明洪武年间	辛氏祖在此建村，后祁氏迁入，改为祁辛庄
孙老包	255	872	1012	明嘉靖年间	孙氏祖孙老包在此建村，因其姓名命名
吕那里	132	490	544	明洪武年间	吕氏祖由山西洪洞迁此建村，以姓氏命名

说明：全乡 38 个行政村、46 个自然村，自然村不含东博、西博

梁山县小路口镇村庄概况一览表

表 1-2-9

村庄	户数（户）	人口（人）	耕地（亩）	建村时间	村庄起源及村名由来
后门王	388	1508	2556	明洪武年间	王氏祖由山西洪洞迁此，因家院留有后门得名
张三槐	223	870	591	清康熙年间	张氏祖张三槐迁此建村，以姓名命名村名
邓那里	404	1523	3046	明洪武年间	邓氏祖在此建村，以姓氏命名邓那里
宋那里	322	11174	2074	明末	宋氏祖由阳谷石门宋迁此，故名宋那里
张那里	435	1642	1791	明隆庆年间	张氏祖由赵堌堆范城迁此，故名张那里
戴那里	347	1304	1797	明永乐年间	戴氏祖由山西洪洞迁此建村，故名戴那里
梁那里	86	317	351	明末	因地势低洼，故名梁水坑，后改为梁那里
赵那里	107	468	622	明末	赵氏祖由河北赵洼迁此建村，故名赵那里
李楼	422	1518	3372	明末	李氏祖由山西洪洞迁此建村，并建楼，故名李楼
南董	182	714	808	清顺治年间	董氏祖由赵堌堆董花园迁此建村，以姓氏方位命名
北董	234	895	559	明末	董氏祖由阳谷东庄迁此建村，以姓氏方位命名
前董集	122	468	415	明成化年间	董氏祖由杨营镇董楼迁此建村，因设集市，称董集，后分为前、后董集
后董集	124	496	426		
张振公	196	758	744	清乾隆年间	张氏祖张振公在此建村，以其姓名命名
小路口	125	504	538	清康熙年间	因村南有一小路通往黄河渡口而得名
岳那里	214	801	791	明嘉靖年间	岳飞后裔由寿张县北台村迁此，以姓氏命名
孙那里	142	548	568	清顺治年间	孙氏祖由寿张迁此建村，以姓氏命名
殷那里	260	1001	1029	明朝中期	殷氏祖由寿张北关迁此建村，以姓氏命名
花李	68	248	236	明末	李氏祖由汶上草桥迁此，因喜种花，故名
梁庙	231	878	976	明洪武八年	原名两庙，后梁氏迁入，改为梁庙
侯坊	134	482	521	明永乐年间	侯氏祖由马营大侯迁此，故名

续表 1-2-9-1

村庄	户数(户)	人口(人)	耕地(亩)	建村时间	村庄起源及村名由来
张庄	64	203	207	明洪武年间	张氏祖由山西洪洞迁此建村，以姓氏命名
张桥	244	894	1043	明永乐年间	张氏祖随驾北征来此建村，因村旁有石桥得名
王尧	219	854	1001	明永乐年间	原名孙庄，后王氏迁入，孙氏绝后，改为王尧
葛集	404	1520	1830	明万历年间	葛氏祖由河北葛堤口迁此，并设有集市，故名
陈集	126	521	565	清顺治年间	陈氏祖由汶上陈村迁此，因设有集市而得名
陈庄	52	159	105	清初	陈氏祖由河北陈塘迁此建村，以姓氏命名
石庙	101	450	400	明崇祯年间	杨氏祖由河北迁此，因村中有全石庙宇而得名
岳庄	89	443	303	清顺治年间	岳氏祖由河北东官路迁此建村，以姓氏命名
于那里	110	311	311	明崇祯年间	于氏祖由周村迁此建村，以姓氏命名
马那里	174	650	758	明洪武年间	马氏祖在此建村，故名
丁井	165	571	687	明成化年间	丁氏祖由寿张东关迁此，因村有大井而得名
郓陈	79	292	248	明崇祯年间	陈氏祖由山西洪洞迁此建村，曾属郓城管辖，故名郓陈
谷陈	45	185	147	明洪武年间	陈氏祖由山西洪洞迁此建村，曾属阳谷管辖，故名谷陈
赵庄	136	580	520	明崇祯年间	赵氏祖由河北赵岗迁此，以姓氏方位命名
七户屯	157	631	560	明崇祯年间	庄、孙等七户在此建村，古称七户屯
王蜂楼	287	1051	1981	明永乐年间	王氏祖迁此，因村中有楼房，村民爱养蜂得名
楚桥	246	932	1008	明崇祯年间	楚氏祖由山西迁此建村，因村东有一石桥得名
王洼	257	992	757	明万历年间	王氏祖由河北王海迁此，因地势低洼，故名
南吕	83	295	336	明末	吕氏祖由梁山附近吕屺口迁此建村，以姓氏方位命名
后吕	190	713	263	明嘉靖年间	吕氏祖由阳谷吕那里迁此，以姓氏方位命名
前吕	109	347	303	清末	以姓氏方位命名
潘那里	130	412	333	明嘉靖年间	潘由河北八里营迁此建村，以姓氏命名
许那里	128	419	402	明成化年间	许氏祖在此建村，以姓氏命名
黄那里	205	788	2071	明嘉靖年间	黄氏迁此建有围墙，名黄家围子，后改黄那里
闫那里	149	557	1079	清嘉庆年间	闫氏祖由阳谷县闫集迁此，以姓氏命名
路那里	233	895	1662	明洪武年间	路氏祖由山西洪洞迁此建村，以姓氏命名
国那里	146	559	339	明嘉靖年间	国氏祖由阳谷国庄迁此，以姓氏命名
雷口	307	1147	1441	明成化年间	雷、赵氏在此建村，因雷氏人多且处河口得名
菜园	316	1085	851	明洪武年间	赵氏祖在此建村，因建有大菜园，故名
王石楼	289	1098	1072	清初	王氏祖迁此建村，并建有五间石头大楼，故名
蔡李庄	73	330	328	明洪武年间	蔡、李氏同时由山西洪洞迁此，故名
前鱼口	137	523	671	清顺治年间	杨氏祖在此建村，以捕鱼为生，以方位命名
后鱼口	307	1173	1221	明成化年间	李氏在此建村，临近黄河打鱼为生，以此命名
东西李	186	714	625	明末	李氏祖由台前姜岗迁此建村，故名
朱丁庄	197	734	899	明中期	朱、丁氏祖分别由山西洪洞迁此，故名
刘灿东	280	1050	1951	明嘉靖年间	刘氏祖刘灿东从山西洪洞迁此，以姓名命名

续表 1-2-9-2

村庄	户数(户)	人口(人)	耕地(亩)	建村时间	村庄起源及村名由来
李岔河	271	993	1444	明成化年间	李氏在此建村，因地处河岔，故名
荣岔河	152	589	970	清乾隆年间	荣氏祖在此建村，因地处河岔，故名
马岔河	418	1535	3281	清乾隆年间	马氏祖在此建村，因地处河岔，故名
徐岔河	171	666	903	明末	徐氏祖由山西洪洞迁此，因地处河岔口，故名
东雷庄	194	630	604	明初	张氏随驾北征在此建村，后雷氏迁入人渐多，故名
孙楼	216	791	482	明永乐年间	孙氏祖由山西洪洞迁此，并建有楼房，故名
邹桥	137	550	681	明嘉靖年间	邹氏由南京迁此，于村东修桥一座，故名
杨盘	175	654	998	明成化年间	杨氏祖由汶上云义迁此，并复建三关庙，故名
白庙	59	240	420	明洪武年间	白氏祖由山西洪洞迁此，并建有庙，故名
马楼	110	463	403	明万历年间	马氏祖由山西洪洞迁此，并建有楼房，故名
红庙	106	440	217	明永乐年间	因建红色庙宇，故名
沙窝刘	185	693	603	明万历年间	刘氏祖由山西洪洞迁此，因地处沙地而得名
大王	233	873	911	明万历年间	王氏祖迁此带有大碾砣，名大碾王，后称大王
尹那里	260	1001	1221	明永乐年间	尹氏祖由山西洪洞迁此，以姓名命名

说明：全镇 56 个行政村、71 个自然村

梁山县赵堌堆乡村庄概况一览表

表 1-2-10

村庄	户数(户)	人口(人)	耕地(亩)	建村时间	村庄起源及村名由来
前范城	221	707	705	清道光年间	范氏祖由山西洪洞迁此，位于古范城前得名
后范城	192	636	687	明嘉靖年间	柳氏祖由山西洪洞迁此，位于古范城后得名
井那里	166	595	35	明洪武年间	井氏祖来此建村，以姓氏命名
雷那里	221	776	53	明洪武年间	雷氏祖来此建村，以姓氏命名
丁那里	115	467	470	明成化年间	丁氏祖由河南台前大丁庄迁此，故名
梁岭	387	1336	1460	明嘉靖三十三年	梁氏祖由东平迁此，村前有一土丘，故名
雷庄	145	532	512	明洪武年间	雷氏祖由山西洪洞迁此，以姓氏命名
黄庄	140	526	488	明嘉靖三十三年	黄氏祖由山西洪洞迁此，以姓氏命名
东刘力	89	271	246	清道光年间	刘氏祖刘力由马营曹庙迁此建村，以姓名命名，后分为东、西刘力
西刘力	171	560	490		
王大井	165	565	550	明末	王氏祖由山西洪洞迁此，村内打一大井得名
董花园	458	1550	1382	明洪武年间	董氏祖由寿张县董楼迁此，并建有花园，故名
宁阳郭	391	1319	1346	明正德年间	郭氏祖由宁阳迁此，以迁出地和姓氏命名
王和楼	82	287	188	明洪武年间	王氏祖由江苏沛县迁此，建有楼，故名
赵堌堆	342	1264	1250	唐朝末年	原名杨道沟，后因村一土堌堆和赵氏迁入得名

续表 1-2-10

村庄	户数（户）	人口（人）	耕地（亩）	建村时间	村庄起源及村名由来
孙孝溪	165	562	504	明洪武年间	孙氏祖孙孝溪由山西洪洞迁此，以人名命名
范那里	116	399	337	明洪武年间	范氏祖由河南范县老范庄迁此，以姓氏命名
赵洛图	136	497	400	明洪武年间	赵氏祖赵洛图由寿张赵孟俭迁此，以姓名命村名
姚庄	121	376	470	明洪武年间	以姓氏命名
钟那里	264	1023	1220	明弘治年间	钟氏祖由阳谷迁此建村，故名
王老君	238	822	1038	明洪武年间	王氏祖由山西洪洞迁此，以名人王老君命名
房那里	465	1670	1785	明洪武年间	房氏祖由山西洪洞迁此，以姓氏命名
杨寨	287	926	962	明嘉靖年间	杨氏祖由肥城白石正迁此，并筑寨墙，故名，后分为东、西杨寨
东杨寨	136	450	456		
西杨寨	151	476	506		
藕池	147	442	448	明洪武年间	张氏祖由山西平阳张家大店迁此，印村东北由藕池得名
东潭	231	860	785	明洪武年间	侯氏祖由山西洪洞迁此，因位于潭坑东而得名
西潭	177	617	570	明洪武年间	张氏祖由山西洪洞迁此，因位于潭坑西而得名
中潭	166	540	517	明洪武年间	陈氏祖迁此，因位于东、西潭中间而得名
八分庄	329	1135	1395	明洪武年间	王氏祖兄弟八人由黑虎庙河西迁此，故名
堤头	75	278	340	—	—
张湾	150	564	627	明万历年间	张氏祖由汶上东高岗子迁此，因靠河湾处得名
东小吴	68	220	282	明代	吴氏祖在此建村，以方位姓氏命名
艾那里	230	729	183	明永乐年间	艾氏祖兄弟二人由寿张县迁此建村，以姓氏命名
蔡楼	600	1980	1235	清顺治年间	蔡氏祖由大路口乡双庙迁此建村，并建楼房，以方位分别命名，1997 年搬迁合并到堤内新村
前蔡楼	146	563	351		
中蔡楼	315	987	616		
后蔡楼	139	430	268		
郭庄	79	290	391	明末	郭氏祖由小路口于口迁此称郭庄，后与蔡庄合为郭蔡
蔡庄				明永乐年间	蔡氏祖由寿张迁此称蔡庄，后与郭庄为郭蔡
西刘	110	355	360	明嘉靖年间	原名刘八狗，后田氏迁入，以方位更名为西刘
程坊	74	264	272	明末	程氏祖由寿张迁此建村，以姓氏命名
贾庄	209	708	693	明末	贾氏祖由寿张付起楼迁此建村，以姓氏命名
马湾	220	818	867	明洪武年间	马氏祖由山西太原迁此，位于黄河弯曲处得名
李楼	244	762	890	明末	李氏祖由小路口镇鱼口迁此，建有楼房得名
大吴	306	1093	1095	明成化年间	吴氏祖由河南赵白如村迁此，以姓氏命名
崔温	335	1190	1356	明朝末年	崔、温氏来此建村，以姓氏命名

说明：全乡 30 个行政村、41 个自然村，自然村不含前、中、后蔡楼，东、西杨寨

梁山县黑虎庙镇村庄概况一览表

表 1-2-11

村庄	户数（户）	人口（人）	耕地（亩）	建村时间	村庄起源及村名由来
黑虎庙	356	1194	922	明洪武年间	高氏祖自江南凤阳迁此建村，因有一古庙，故名
河西	393	1248	1428	明永乐二年	王、陈氏自山西洪洞迁此，因位于一河西岸得名
西小吴	841	2619	3256	明洪武年间	吴氏祖自山西洪洞迁此建村，故名西小吴
赵水坑	141	442	456	明洪武年间	赵氏祖由山西洪洞迁此，因村旁有一水坑，故名
沙沃	168	533	620	明洪武年间	因其村土质沙壤，得名沙沃，曾分前、后沙沃两村
刘老家	287	900	1064	明洪武年间	刘氏祖由山西洪洞迁此，为不忘老家，故名
毛庄	204	647	887	明洪武年间	毛氏祖由山西洪洞迁此，以姓氏命名
刘七				明洪武年间	刘氏祖刘七由山西洪洞迁此，以其名命名
东闫庄	166	524	655	明洪武年间	闫氏祖在此建村，称闫庄，后分为东、西闫庄
西闫庄	122	409	419		
师庄	190	623	655	明洪武年间	师氏祖由山西洪洞迁此，以姓氏命名
祝庄	158	534	427	明嘉靖年间	祝氏祖由河南永城迁此，以姓氏命名
黑北	438	1459	1250	公元 1930 年	民国十八年建村，命名黑北
侯庄				明洪武年间	侯氏祖由山西洪洞迁此，以姓氏命名
南场里				公元 1964 年	从黑北迁出建村，因村建在黑北南打麦场里，故名
梁口	193	690	902	明万历年间	梁氏祖从寿张集迁此建村，因位于古赵王河渡口处得名
后郭	216	766	722	清康熙年间	郭氏祖从黑虎庙迁此建村，称郭庄，后分为前、后郭庄
前郭	131	474	523		
刘大庄	97	333	398	明正德年间	刘氏在此建村，因其有地 40 顷，故名刘大庄
包那里	170	583	720	明洪武二年	包氏祖由山西洪洞迁此建村，故名包那里
吕那里	290	949	1233	明洪武年间	吕氏在此建村，得名吕那里
尚那里	325	1167	1273	唐代	始名杨家井，清代尚氏迁入，后遂改名尚那里
寻那里				宋代	寻氏祖在此建村，得名寻那里
杨桥	316	1069	1728	明朝初年	杨氏祖在此建村，修建了石桥，故名杨桥
马店	142	501	714	明洪武年间	马氏祖在此建村，经营店铺，故名马店
许庄	139	536	646	明永乐年间	许氏祖在此建村，以姓氏命名
西高庄	186	636	700	明永乐年间	高氏祖由山西洪洞迁此建村，以姓氏命名，后分东、西高庄
西张庄	282	928	895	明弘治 18 年	张氏祖由寿张集张楼迁此，曾名琵琶张庄，后分东、西张庄
姚垓	67	367	463	明洪武年间	姚氏在此建村，故名姚垓
西李庄	129	485	568	清康熙年间	李氏祖由宁阳西术迁此建村，以姓氏方位命名
东王全 西王全	182	649	751	明嘉靖年间	王氏祖王全在此建村，以其姓名命名，后分为东西王全
丁那里	149	568	616	明洪武二年	丁氏祖由山西洪洞迁此建村，以姓氏命名
马庄	146	552	775	明洪武年间	马氏在此建村，以姓氏命名
田垓	222	724	860	明洪武年间	田氏祖由山西洪洞迁此建村，以姓氏命名

续表 1-2-11

村庄	户数（户）	人口（人）	耕地（亩）	建村时间	村庄起源及村名由来
王换徐	185	602	747	明洪武二年	王、徐氏由山西洪洞迁此建村，因其子女互换，故名
邱堂	345	1032	1620	明洪武二年	邱氏祖由江苏永丰高利迁此建村，因建有大堂房，故名
东闫集	105	380	541	公元 1573 年	闫氏祖由兖州府迁此建村，因设有集市，故名闫集，后分东、西闫集。
西闫集	143	464	785		
义和	375	1080	1310	明万历年间	赵氏祖由山西洪洞迁此，名为赵庄。后因寿张县令赞其村民义和，遂改为义和村
陈垓				清康熙年间	陈氏祖由东平边庄迁此建村，故名陈垓
杨庄				公元 1955 年	联建新村，以杨姓为多，故名
程那里	359	1024	738	明洪武二年	程氏祖由兖州府汶上县迁此建村，故名程那里
刘堂				明洪武年间	刘氏祖由山西洪洞迁此建村，因建有大堂房，故名
吴楼	289	919	972	明洪武年间	因吴氏祖在此建村而得名
于楼	445	1547	1746	明正德年间	于氏祖迁此建村，因建有南北门楼房故名
东郭	478	1622	1635	明初	郭氏祖由山西洪洞迁此，以姓氏方位命名
西郭				明洪武二年	郭氏祖由山西洪洞迁此，以姓氏方位命名
大营				明成化年间	因军队在此安营扎寨得名
高堂				明洪武年间	高氏祖由山西洪洞迁此建村，因建有大堂房，故名
潘庄				明洪武年间	—

说明：全镇 18 个行政村、51 个自然村

梁山县杨营镇村庄概况一览表

表 1-2-12

村庄	户数（户）	人口（人）	耕地（亩）	建村时间	村庄起源及村名由来
东高庄	171	649	686	明洪武年间	高氏祖由山西洪洞迁此建村，以姓氏命名，后分东、西高庄
东张庄	223	861	730	明弘治年间	张氏祖由寿张集张楼迁此，曾名琵琶张庄，后分东、西张庄
郭金台	91	310	324	明万历年间	因郭氏祖郭金台迁此建村而得名
南小吴	173	558	697	明嘉靖年间	吴氏由山西洪洞迁此，因系小弟立村，名小吴，后称南小吴
李庄	186	616	727	明洪武年间	由李氏祖自汶上草桥迁此，因养鹌鹑故名鹌鹑李，后称李庄
野猪淖	293	1094	1368	明洪武年间	由郑氏祖迁此建村，因常有野猪出没而得名
前李庄	38	121	245	明洪武年间	由山西洪洞迁此，因李氏祖姓氏而得名
张水坑	221	777	874	明洪武年间	由张氏祖迁此建村，因村东有一大水坑而得名
侯道沟	102	157	375	明洪武年间	侯氏由汶上石楼迁此，因村有一道沟而得名
杨庄	38	132	142	明洪武年间	杨山西洪洞迁此建村，初名杨沙窝，后改杨庄
五里庙	278	884	1473	明万历年间	蒋、曹氏在此建村，因距郓城县张楼石桥五华里，且村中有一古庙，故名
曹庄	159	573	1083	明洪武年间	因曹氏在此建村而得名

续表 1-2-12-1

村庄	户数(户)	人口(人)	耕地（亩）	建村时间	村庄起源及村名由来
丁庄	297	967	1406	明洪武年间	由汶上丁家洼迁此，因丁氏祖姓氏而得名
大吴	88	293	511	明嘉靖年间	自山西洪洞迁此，因吴氏兄弟兄长立村而得名
侯寺	716	2400	3354	明洪武年间	侯氏祖自山西洪洞迁此，因村东有寺院而得名
高楼	434	1434	1709	明洪武年间	高氏祖自山西泽州迁此，因地势高且建有楼房，故名天棚高家楼，简称高楼
魏庄	129	426	508	明洪武年间	魏氏祖在此建村，以姓氏命名
薛阁	349	1247	1384	明嘉靖年间	薛氏祖在此建村，并建有阁楼而得名
任庄	108	389	435	清康熙年间	任氏祖由梁山附近任庄迁此建村，以姓氏命名
高垓	265	1010	1166	明洪武年间	高氏祖由黑虎庙迁此建村，以姓氏命名
小高庄	56	202	250	明洪武年间	—
杨营	314	1153	1426	明正德年间	杨氏祖由山西洪洞迁此建村，以姓氏命名
高大庙	235	859	827	明洪武年间	高氏祖由山西洪洞迁此，建高大庙宇而得名
蔡庄	110	355	104	明洪武年间	蔡氏祖由辛县莲花池迁此建村而得名
柏庄	220	686	787	明洪武年间	柏氏祖由山西洪洞迁此建村而得名
洼王	336	961	1322	明洪武年间	慈氏在此建村，名慈岗，后王氏迁入，居村外洼地，改为洼里王，简称洼王
王连坡	263	938	879	明嘉靖年间	王氏祖由山西洪洞迁此，以王连坡姓名命名
张楼	325	1123	1040	明洪武年间	张氏祖由寿张集镇杨楼迁此，故名
碌礴庙	377	1456	1691	明洪武年间	李氏祖由南京迁此，因用碌礴建庙宇而得名
庄垓	220	778	980	明洪武年间	庄氏迁此建村，以姓氏命名
油坊	110	385	490	明天启年间	高氏祖由江南凤阳府铁板桥迁此，因开设油坊得名
高老牛	56	196	250	明万历年间	高氏祖高老牛由江南凤阳府铁板桥迁此，以其名命名
三里庄	35	124	156	明万历年间	王氏祖由山西洪洞迁此，因距黑虎庙三里地得名
馆里	426	1477	1840	明建文年间	王氏祖由寿张城西油坊迁此，并设书馆得名
王庄	165	623	892	明洪武年间	王氏分支的七世祖自馆里村迁此建村，故名
荣庄	257	789	794	明永乐年间	荣氏祖由阳谷八里庙迁此建村，故名
西李庄	223	769	792	明永乐年间	李氏祖李养禹自山西洪洞迁此建村，名西李庄
东李庄	67	259	250	明洪武年间	李、张、聂氏等来此建村，因李氏人多而得名
蔚营	352	1221	1765	清顺治年间	蔚氏祖由东平沙河站迁此建村，故名蔚营
程垓	283	1039	1121	明洪武年间	程氏分支自胡台庙迁此，因村周筑围墙而得名
胡台庙	417	1648	1644	明洪武年间	由胡氏祖迁此建村，因庙宇建在土台上而得名
贾庄	141	489	817	明正统年间	贾氏祖由山西洪洞迁此建村而得名
耿楼	508	1832	1739	明崇祯年间	耿氏祖由山西洪洞迁此建村，后因村内建高楼，称耿楼
冯庄	77	284	245	清顺治年间	冯氏祖由大路口北冯迁此建村，故名冯庄
董相白	219	790	1157	明万历年间	董氏祖由董楼迁此，以村内名人董相白命名
侯庄	177	758	710	明嘉靖年间	侯氏祖由寿张县迁此建村，故名侯庄
李大郭	244	852	978	明万历年间	李氏迁此建村，因人多锅大而得名李大锅，后演变为李大郭

续表 1-2-12-2

村庄	户数（户）	人口（人）	耕地（亩）	建村时间	村庄起源及村名由来
靳庄	176	650	690	明洪武年间	靳氏祖由山西洪洞迁此建村而得名
吴庄	187	727	615	明嘉靖年间	吴氏祖由东平吴家沙河崖迁此建村而得名
刘普桥	170	610	747	元代	因村内富户刘浦在村旁小河架桥一座，故命名为刘浦桥，后演变为刘普桥
大杨	376	1317	1960	明嘉靖年间	杨氏祖由杨营迁此建村，因喜大，故名为
艾庄	179	658	999	明洪武年间	艾氏祖由山西洪洞迁此建村，故名
周楼	328	1215	1298	明洪武年间	周氏祖迁至寿张县后迁此建村，建有楼房得名
张庄	241	845	1005	明洪武年间	张氏祖由山西洪洞迁此，因近旁有棵大槐树，故名槐树张庄，后改为张庄
姚庄	156	579	892	明洪武年间	李氏祖迁此建村，后姚氏迁入，改称姚庄
刘庄	211	880	1211	明洪武年间	刘氏祖由梁山附近吕屺口迁此建村，以姓氏命名
平顶王	29	112	154	明洪武年间	—
董楼	437	1531	1796	明永乐年间	董氏祖由直隶真定府迁此建村，故名

说明：全镇 50 个行政村、58 个自然村

梁山县马营镇村庄概况一览表

表 1-2-13

村庄	户数（户）	人口（人）	耕地（亩）	建村时间	村庄起源及村名由来
赵坝	945	2945	4268	明洪武年间	吕、牟、赵三氏自山西洪洞迁此建村，因村东头有条沙河土堤坝，且赵家添丁较快，故名
小李庄	56	215	306	明洪武年间	李氏由山西洪洞迁此，以姓氏命名
东李庄	334	1099	1342	明洪武年间	李氏祖由山西洪洞迁此，以姓氏方位命名
东王庄	85	350	525	明末清初	王氏分支从馆里迁此建村，以姓氏方位命名
杨营	516	1889	1840	明洪武年间	杨氏祖由寿光杨家大楼迁此，命名杨营
马营	421	1435	1678	明洪武末年	马氏祖由河南省台前县马楼迁此建村
芦里	374	1362	2328	明洪武年间	郑氏、白氏、李氏等由山西洪洞迁此建村
曹庙	84	170	396	明洪武年间	曹氏祖由山西洪洞迁此，因建庙得名曹庙
辛兴屯	1122	3544	4311	明洪武年间	辛氏祖由山西洪洞迁此建村，以姓氏命名
岳垓	132	379	531	明万历年间	岳氏祖由寿张北台迁此建村，以姓氏命名
孙庄	70	302	422	明成化年间	孙氏祖由山西洪洞迁此建村，以姓氏命名
普屯	240	796	1002	明洪武年间	普氏祖由南京天马桥迁此建村，以姓氏命名
李屯	50	170	275	明洪武年间	李氏祖由范县李河崖迁此建村，以姓氏命名
江屯	140	1189	450	明成化年间	由江氏祖自河北邯郸江家楼迁此建村，以姓氏命名
杨屯	589	2075	3651	明洪武年间	由杨氏祖自河南汝宁府迁此建村，以姓氏命名
郝庄	252	882	1203	明万历年间	由郝氏祖自山西洪洞迁此建村，以姓氏命名
杜庄	189	713	814	明正德年间	由杜氏祖自山西洪洞迁此建村，以姓氏命名
倪楼	805	2435	4542	明洪武年间	由倪氏祖自邳州倪家楼迁此建村，以原名命名

续表 1-2-13

村庄	户数（户）	人口（人）	耕地（亩）	建村时间	村庄起源及村名由来
南穆官屯	221	716	913	明洪武年间	由穆氏祖迁此建村，因村中有人为官，故名为穆官屯，并分为南、北穆官屯
北穆官屯	323	1234	1579		
王楼	244	825	1396	明洪武年间	黄氏在此建村为黄庄，后王氏迁入，建十八座阁楼，更名为王楼
许庄	252	919	1248	清顺治年间	由许氏祖自兖州皮园迁此建村
吴垓	431	1598	2742	明洪武年间	由吴氏祖自汶邑城南迁此建村
胡屯	229	757	1285	明嘉靖年间	由胡镇自兖州府滋阳迁此建村，因其为世袭宣武将军，命名胡官屯，简称胡屯
鲍垓	160	610	677	明万历年间	因鲍氏在此建村而得名
宋庄	131	410	483	明洪武年间	由宋氏祖自山西洪洞迁此建村
胡坑	264	901	944	明洪武年间	胡氏祖自山西洪洞迁此，因村前一大坑而得名
张飞垓	458	1488	1849	明洪武年间	张氏祖自湖北黄冈迁此建村，因村民有尚武之风，故以三国战将张飞的名字命名
薛屯	446	1612	2819	明洪武年间	薛氏祖由山西洪洞迁此建村
柯庄	72	248	312	明洪武年间	柯氏祖由山西洪洞迁此建村

说明：全镇 24 个行政村、30 个自然村

梁山县经济开发区村庄概况一览表

表 1-2-14

村庄	户数（户）	人口（人）	耕地（亩）	建村时间	村庄起源及村名由来
洼李	440	1760	1600	公元 1506 年	李氏祖由后集村迁此，因地处洼地里，故名洼李
陈营	280	965	950	明洪武年间	张氏来此建村，名为张庄，后陈氏迁入，改名陈营
刘仙庄	248	823	825	明初期	因刘氏最早迁此建村，后李、张氏迁入，故名
孙庄	243	785	1130	明永乐年间	孙氏祖由山西洪洞迁此，曾称孙碱场，后更名孙庄
师庄	127	412	515	明初	师氏祖师林公自山西洪洞迁此建村
西张庄	75	262	450	明洪武年间	张氏祖由山西洪洞迁此，称槐树张庄，后改称张庄
太平王	187	584	560	公元 1644 年	王氏祖在此建村，名为王家庄，后更名为太平王
太平集	158	503	400	公元 1644 年	王氏祖迁此，以命名为太平集
东丁庄	135	450	500	公元 1336	丁氏祖由丁家洼来此建村，名丁家庄，简称丁庄
大侯	291	1113	1236	明洪武年间	侯氏祖自寿张城西五里村迁此，因喜大，而得名
李阁	402	1418	1564	明崇祯年间	因李氏祖自大运河西李家坑迁此建楼阁而得名

说明：全区 10 个行政村、11 个自然村

梁山县梁山街道村庄概况一览表

表 1-2-15

村庄	户数（户）	人口（人）	耕地（亩）	建村时间	村庄起源及村名由来
凤山	1238	4186	3541	明洪武二年	由山西洪洞迁此，因毗邻凤凰山而居并设集市故名凤凰集，1953 年更名凤山
程垓	415	1491	1751	明洪武年间	由山西洪洞迁此，程氏祖因筑有垓子墙而得名

续表 1-2-15

村庄	户数（户）	人口（人）	耕地（亩）	建村时间	村庄起源及村名由来
前尧	205	722	430	明万历年间	吕氏七世祖由吕屺口迁此，因村前有窑而得名
冯屺口	588	1826	1450	明正统九年	由张垓迁此，冯氏祖因居于山凹坡处而得名
吕屺口	347	1402	415	明洪武年间	由河南莒州迁此，吕氏祖因居于山凹坡处而得名
马庄	429	1446	338	明永乐年间	由山西洪洞迁此，以马氏祖而得名
丁庄	568	1402	1864	清咸丰年间	以丁氏祖而得名
关庄	772	2975	2764	明成化年间	由山西浦州迁此，以关氏祖而得名
陈楼	649	2169	2845	明建文年间	由宜都迁此，因陈氏祖建有楼房而得名
前码头	421	1438	1373	明永乐年间	随驾军户王勋建村，因系古运河码头而得名
后码头	344	1111	1021	清康熙年间	由庞氏五兄弟建村，因系运河北岸码头而得名
任庄	595	2066	1512	明洪武年间	由山西洪洞迁至任垓子，后任氏分支迁居此地
丁堂	385	1499	2080	明景泰年间	由韩岗镇丁楼迁此，因丁氏祖而得名
樊庄	329	1081	1109	明洪武年间	由山西洪洞迁此，因樊氏祖而得名
孔坊	596	2087	2143	明洪武年间	因孔氏祖迁此，并建有作坊而得名
鱼王庄	515	1604	1613	明洪武年间	因鱼氏祖命名鱼庄，后王氏迁入，遂更名
叶庄	146	438	372	明初	由山西洪洞迁此，因叶氏祖而得名
何庄	262	855	721	明成化年间	由汶上沙河站董堂迁此，因何氏祖而得名
曾庄	85	336	352	明永乐年间	因曾氏祖来此建村而得名
李庄	369	1301	933	明洪武年间	由长清县匾鹊村迁此建村
韦臧庄	131	502	500	明洪武年间	由山西洪洞迁此，韦氏祖名韦庄，后臧氏迁入，更名韦臧庄
后孙庄	330	1207	1436	明成化年间	孙氏祖迁此建村，因村前有一孙庄，故名后孙庄
前孙庄	300	1040	1147	明洪武年间	由山西洪洞迁此，因方位和孙氏祖姓氏而得名
姜庄	204	511	592	明洪武年间	由山西洪洞迁此，因姜氏祖而得名
土囤	139	403	445	明初	由山西洪洞迁此，因地形呈囤状，故名土囤
林庄	259	775	719	明洪武年间	由山西洪洞迁此，因林氏祖而得名
中王庄	232	803	704	明永乐年间	由山西洪洞迁此，因王氏祖名王庄，后更中王庄
许河头	197	619	991	明洪武年间	因许氏祖在一古河的源头建村而得名
周庄	163	596	665	明弘治年间	由山西于城迁此，因周氏祖迁自周家庄而得名
洼王	179	548	642	明洪武年间	由山西洪洞迁此，因地势低洼而得名
夏庄	254	825	970	明永乐年间	由山西洪洞迁此，因夏氏祖而得名
邓庄	453	1478	1771	明洪武年间	因邓氏祖姓氏而得名
邓楼	192	715	788	明万历年间	由山西洪洞迁此，因邓氏祖在此建有楼房而得名
马园	140	459	510	明万历年间	因马氏在此建村，并种有大片菜园而得名
庄楼	379	1146	1415	明永乐年间	因庄氏祖在此建村，并建有楼房而得名
高垓	127	447	645	明永乐年间	因高氏祖姓氏而得名
梁庄	212	701	966	明景泰年间	因梁氏祖建村而得名
解庄	61	185	362	明万历年间	由东平迁此，因解氏祖迁自解家河口而得名

说明：梁山街道 3 个居委会、35 个行政村、38 个自然村

梁山县水泊街道村庄概况一览表

表 1-2-16

村庄	户数（户）	人口（人）	耕地（亩）	建村时间	村庄起源及村名由来
后集	1486	4885	1050	宋代	始称后寨，后马、史氏迁此并成立集市，遂改称
张庄				（不详）	后并入后集
张坊	1610	5510	2260	明永乐年间	冯庄和张庄合并，因有蒸酒大作坊，更名为张坊
馍台	486	1903	670	明洪武年间	张氏祖由山西洪洞迁此，因有一石馍馍台得名
付庙	436	1336	308	清顺治年间	因付氏迁此建村，并建庙宇，故名付庙
茶庄	988	3050	1122	宋代	因赵匡明在此歇息并赞其"茶水好甜"而得名
杨堂				明洪武年间	杨氏祖由山西洪洞迁此，因建有祠堂得名，后并入茶庄
宋胡同				明永乐年间	宋氏祖由山西洪洞迁此，因住一胡同得名，后并入茶庄
侯沙馆				（不详）	后并入茶庄
玉皇集				（不详）	后并入茶庄
郑垓	1350	4328	4102	明洪武年间	由山西洪洞迁此，因郑氏祖姓氏而得名
杏花村	401	1358	837	明洪武年间	因莲台寺附近故名莲台村，先更名张垓，后更名杏花村
东马庙	367	1168	638	明嘉靖年间	由马庄和后集迁此，因马氏姓氏，故名马庙。后以地形高低分上、下马庙，1955 年分东、西马庙
西马庙	344	1120	656		
郭庙	348	1067	688	明初	由郭氏祖迁此建村，并建有庙宇，故名
刘集	406	1468	1520	明初	刘氏祖自徐州沛县迁至玉皇集，后分支到此建村
邵楼	331	1131	965	明景泰年间	原称司家垓子，后因邵氏迁来，建有楼房，故名
孟庄	450	1460	853	明洪武年间	由山西洪洞迁此，因孟氏祖姓氏而得名
前集	520	2020	1202	明永乐年间	由山西洪洞迁此，因居梁山前面并有集市而得名
独山	535	1860	1014	明永乐年间	由王氏祖自山西洪洞迁此，因居独山脚下而得名
石头园	422	1377	780	明洪武年间	原以姓氏命名为王庄，后因筑有石头围墙，改称
马振杨	583	2084	1428	明洪武年间	由马氏祖迁此建村，因村内名人马振杨而得名
郝山头	811	2878	2020	明永乐年间	原以郝氏祖姓氏命名为郝家庄，后更名为郝山头

说明：水泊街道 4 个居委会、14 个行政村、23 个自然村

第三章　境域居民

第一节　人口

梁山自建县起，根据国家统一部署，分别于1953年、1964年、1982年、1990年、2000年、2010年进行六次人口普查。1990年，全国第四次人口普查人口总数为654517人。2000年11月，全国第五次人口普查人口总数为675392人，比1990年增加20875人，增长3.2%。2010年11月，全国第六次人口普查人口总数为730652人，比2000年增加55260人，增长8.2%。1994年，全县统计总人口为68.4万人。2003年，全县统计总人口为71.5万人。2013年，全县统计总人口为79.3万人。

人口结构　包括年龄、性别、文化、户籍等方面的构成情况。

年龄构成　1994—2013年，随着人民生活水平和医疗水平的提高及计划生育政策的影响，全县人口的年龄构成发生了很大变化，少年儿童人口比例下降，老年人口比例上升。2000年，第五次全国人口普查资料显示，全县有0岁8036人，1～14岁的少年儿童151492人，占总人口的22.43%，15～59岁的青中年441302人，占总人口的65.34%，60～79岁的为65586人，占总人口的9.72%，80岁以上的老年人8976人，占总人口的1.33%。从人口普查数据可以看出，县内人口老龄化问题逐渐显现，在高龄人群中，男女比例相差甚大，2000年，80～89岁的人群中男女比例为63.7:100，90～99岁的人群中男女比例为38.63:100，100岁及以上的老人男女比例为1:5。2010年，第六次全国人口普查资料显示，全县有0～4岁62036人，5～14岁的少年儿童86149人，占总人口的20.3%；15～59岁的青中年479806人，占总人口的65.7%；60～79岁的为87545人，占总人口的12%；80岁以上的老年人15115人，占总人口的2%。从人口普查数据可以看出，县内人口老龄化问题更加突出，在高龄人群中，男女比例相差较大，2010年80～89岁的人群中男女比例为70.35:100，90～99岁的人群中男女比例为49.95:100，100岁及以上的老人男女比例为3:20。有60岁及以上老年人口的家庭户数为67084户，占全市751328户的8.9%，其中，有一个60岁及以上老年人的为36537户，有两个60岁及以上老年人的为29474户，有三个60岁及以上老年人的为1073户。

性别构成　1994—2013年，全县人口性别比一直都在合理、科学的比例范围之内，并以微小幅度的比例变化。1994—2009年，人口性别比保持在103.05～104.50之间。2010—2011年，人口性别比保持在105～106之间。2013年，总人口793254人，其中男性408253人，女性385001人，人口比例为106.04。

梁山县2010年第六次全国人口普查分年龄、性别人口统计表

表1-3-1 单位：人

年龄段	人口数			性别比（女=100）
	合计	男	女	
总计	730652	371772	358880	103.59
0—4	62036	36384	25652	141.84
5—9	45565	26278	19287	136.25
10—14	40584	22285	18299	121.78
15—19	36880	19206	17674	108.67
20—24	74071	36561	37510	97.47
25—29	54262	26940	27322	98.6
30—34	44460	21861	22599	96.73
35—39	54222	26192	28030	93.44
40—44	74875	36500	38375	95.11
45—49	58576	27328	31248	87.46
50—54	37118	18625	18493	100.71
55—59	45342	23119	22223	104.03
60—64	33569	17287	16282	106.17
65—69	23966	12510	11456	109.2
70—74	16445	8171	8274	98.76
75—79	13565	6411	7154	89.61
80—84	9412	4021	5391	74.59
85—89	4153	1581	2572	61.47
90—94	1287	425	862	49.3
95—99	241	84	157	53.5
100以上	23	3	20	15

文化构成 1994—2013年，随着全县教育事业全面发展，九年制义务教育全面普及，初中以上人口不断增加，至2013年，九年制义务教育普及率已达到100%，文化层次也越来越高，全县人口素质明显提高。2000年，第五次人口普查中，全县6岁及6岁以上人口631131人（男性315991人，女性315140人）。其中，文盲75542人（男性20707人，女性54835人），扫盲班9677人（男性3056人，女性6621人），小学250520人（男性109721人，女性140799人），初中241936人（男性146272人，女性95664人），高中32812人（男性23046人，女性9766人），中专11467人（男性4773人，女性7085人），大学专科7085人（男性4892人，女性2193人），大学本科2067人（男性1585人，女性482人），研究生25人（男性18人，女性7人）。2010年，第六次全国人口普查时，全县6岁及6岁以上人口657195人（男性328871人，女性328324人）。其中，文盲63506人（男性15829人，女性47677人），小学186624人（男性83908人，

女性102716人），初中310012（男性170402人，女性139610人），高中71982人（男性43333人，女性28649人），大学专科11937人（男性7305人，女性4632人），大学本科6455人（男性4092人，女性2363人），研究生224人（男性130人，女性94人）。2010年全县受教育人口，比2000年增加26064人，受教育的程度也有所增加，大专、本科、研究生学历人数所占的比例也不断增加，其中女性受教育的数量也呈现不同幅度的上升趋势。

梁山县2010年第六次全国人口普查6岁及6岁以上人口受教育程度情况统计表

表1-3-2　　单位：人

年龄	合计	文盲	小学	初中	高中	大学专科	大学本科	研究生
总计	657195	63506	186624	310012	71982	11937	6455	224
6-9岁	34144	1045	32625	474	0	0	0	0
10-14岁	40594	217	22199	17473	26	0	0	0
15-19岁	36880	155	2108	19918	1120	329	237	1
20-24岁	74071	288	4079	49579	2616	3097	1372	55
25-29岁	54262	339	3854	39248	2212	1610	1072	63
30-34岁	44460	424	4912	29986	1518	1589	849	27
35-39岁	54222	1004	8970	34947	1447	1532	1066	21
40-44岁	74875	2321	18249	45837	925	965	752	18
45-49岁	58576	3232	17290	29910	855	781	998	22
50-54岁	37118	4278	13876	13300	722	613	166	3
55-59岁	45342	909	19847	13126	553	578	125	5
60-64岁	33569	8336	15440	7431	430	405	94	5
65岁及以上	69092	33958	23175	8786	440	438	224	4

户籍构成 2000年，第五次全国人口普查中，全县户籍人口710646人，常住人口661827人，其中居住在本地的人口661827人，外出半年以上人口47926人，居住在本乡镇街道、户口待定的884人，原住在本乡镇街道、现在国外工作学习、暂无户口的9人，外出半年以上人口占总人口的比例为3.92%。2010年，第六次全国人口普查时，全县常住人口730652人，其中居住在本乡镇、街道，户口在本乡镇、街道的673323人，居住在本乡镇、街道，户口在外乡镇、街道，离开户口登记地半年以上的33915人，居住本乡镇、街道，户口待定的23186人，原住本乡镇、街道，现在国外工作学习的228人，比2000年增加219人。

除常住人口外，随着市场经济的发展，暂住人口包括外来经商办企业、探亲、旅游、从事劳务和生产经营等暂住3日以上的流动人口越来越多。1995年，山东省颁发《山东省流动人口管理办法》，并于1996年1月1日实行。梁山县对暂住人口的数据统计始于2003年，当年，公安机关建立暂住人口网上统计、核查系统；全县17个派出所共补录、新登记暂住人口2332人次。2003—2007年，全县暂住人口稳中有增，其中2004年，全县登记暂住人口2404人；2005年，全县登记暂住人口2466人；2006年，全县登记暂住人口2678人；2007年，全县登记暂住人口2818人。2008年起，全县暂住人口明显增加，其中2008年统计暂住人口为3671人，2009年统计暂住人口数为4037。此后，全县暂住人口持续增加，至2013年年底，统计暂住人口达8035人。

人口变动 人口变动包括自然变动和机械变动两个方面。

自然变动 1994—2013年，全县人口呈现低出生率、低死亡率、低自然增长率。1994年，全年人口出生率6.5‰，死亡率5.4‰，人口自然增长率1.1‰。2003年，全年人口出生率9.4‰，死亡率4.9‰，人口自然增长率4.5‰。2010年，全年出生人口9079人，出生率11.8‰；死亡人口4954人，死亡率6.4‰；人口自然增长率5.4‰。2013年，全年出生人口7844人，出生率10.02‰；死亡人口3182人，死亡率4.06‰；人口自然增长率5.95‰。

机械变动 1994年，迁入人口6816人，迁出人口7536人。1997年，迁入人口10387人，其中省内迁入为9714人，省外迁入673人；迁出人口9976人，其中迁往省内9144人，迁往省外832人。1998—2001年，迁入人口出现逐年下降趋势，从1998年的6277人降至2001年的4104人；迁出人口总体下降，但迁往省外人口逐年增加。迁移的主要原因是婚姻、工作调动、分配录用、学习培训、投靠亲友等。2004—2007年，迁入人口缓慢增加，迁往省外人口达到历史高峰阶段。2007年，全县迁入为6416人，其中省内迁入为5463人，省外迁入953人；迁出为6533人，其中迁往省内5141人，迁往省外1392人。2008—2010年，县政府实施劳动力就业转移，有组织、有计划地进行劳动输出，全县人口迁移总量激增，在外求学、外出务工经商的人数占人口迁移数量的大部分，人口迁往的地方多为经济发展快、劳动密集型企业集中的内地和沿海城市；三年内平均迁入6670人，平均迁出6676人；2010年，全县迁入为6437人，其中省内迁入为5614人，省外迁入823人；全县迁出为6523人，其中迁往省内5381人，迁往省外1142人。2011—2013年，迁移人口量开始出现回落，其中省内迁入和迁往省内人口减少幅度明显，而省外迁入和迁往省外人口变化不大。2013年，全县迁入人口5024人，迁出人口5866人。

1994年，全县总人口为684183人；至2013年12月31日，全县总人口为793254人，20年间全县共增加109071人，年均增加5400多人，其中，1994—2000年间，每年人口增长4000人左右；2001—2005年间，每年人口增长1800人左右；2005—2010年间，2008年人口增长为2000人左右，2010年人口增加32434人（说明：为历年计划生育瞒报漏报所致，全国第六次人口普查报出），其他年份都在8000人左右。

梁山县1994—2013年人口变动统计表

表1-3-3　　　　单位：人

年度	总人口	男	女	常住	暂住	迁入	迁出	出生率（‰）	死亡率（‰）	自增率（‰）
1994	684183	347831	336352	—	—	6816	7536	6.5	5.4	1.1
1995	687271	348798	338473	—	—	6998	6803	7.65	5.56	2.09
1996	691743	351541	340202	—	—	11019	9468	9.77	5.8	2.54
1997	696702	353787	342915	—	—	10387	9976	9.7	4.89	4.8
1998	702115	356817	345298	—	—	6277	6172	12.25	5.2	7.05
1999	705778	358803	346975	—	—	5917	6797	11.13	4.76	6.37
2000	709397	364022	348975	661827	—	5693	6156	11.15	5.39	5.08
2001	711553	361586	349967	—	—	4104	5402	9.86	5.02	5.02

续表 1-3-3

年度	总人口	男	女	常住	暂住	迁入	迁出	出生率（‰）	死亡率（‰）	自增率（‰）
2002	713414	362464	350950	—	—	4572	5840	9.6	5.2	4.38
2003	715049	364017	351032	—	2332	4491	6082	9.4	4.9	4.52
2004	717160	365598	351562	—	2404	5055	7022	10.7	5.0	5.69
2005	724558	369405	355153	—	2466	5048	6380	10.1	5.5	4.63
2006	735000	374593	360407	—	2678	4509	4679	9.9	5.0	4.9
2007	740705	377199	363506	—	2818	6416	6533	11.7	5.8	5.9
2008	743135	378446	364689	—	3671	6917	6840	10.2	7.2	3
2009	751420	383867	367553	—	4037	6655	6666	11.5	5.6	5.9
2010	768123	402279	381575	730652	4424	6437	6523	11.8	6.4	5.4
2011	778983	408161	385039	735706	4550	5377	6009	9.8	4.2	5.6
2012	776299	401106	375193	736280	4530	5132	5766	10.2	4.4	4.4
2013	793254	408253	385001	739600	8035	5024	5866	10.02	4.06	5.9

第二节 民族

2013 年，梁山县境内有 30 个民族，绝大多数为汉族，有少数民族 29 个，即：回族、壮族、满族、蒙古族、维吾尔族、苗族、彝族、布依族、朝鲜族、瑶族、白族、土家族、哈尼族、傣族、黎族、佤族、畲族、拉祜族、景颇族、达斡尔族、仫佬族、布朗族、毛南族、锡伯族、阿昌族、怒族等。少数民族总人口 700 人左右，其中，200 人以上的有回族（226 人）、壮族（224 人），100 人以上的有蒙古族（106 人），20 人以上的有满族（21 人），10 人以上的有佤族（16 人）、傣族（13 人）、朝鲜族（12 人）、苗族（12 人）、维吾尔族（11 人）、彝族（11 人），其他少数民族人数均在 10 人以下。回族主要居住在梁山街道后集村和馆驿镇王府集村，其他少数民族居住较为分散。由于县内少数民族人口在全县人口中所占比例较低，不足千分之一，因此，他们在经济社会发展方面、语言文字、风俗习惯和宗教信仰方面没有多大差别。

第三节 姓氏

县内姓氏 梁山境内人口大姓与全国主要姓氏基本一致。随着县域内人口流动的增加、婚姻圈的扩大及村庄的变迁，梁山县姓氏数量随之逐渐增加，特别是县内人口较少的特殊姓氏迅速增多，如玄、居、车、龙、兰、白、米、佀、仇、仁、仲、信、祁、迟、壮、刚、雪、鄂、覃、蔚、蒙、满、湛、滑等。至 2013 年，全县姓氏数量由 1993 年的 231 个增加至 581 个，其中复姓 4 个。

2013 年全县姓氏（按笔画为序）

二画：丁、卜、刁

三画：于、万、习、马、卫、门

四画：王、井、韦、牛、毛、文、卞、方、尤、火、车、尹、孔、邓、仁、仇

五画：边、宁、玄、艾、兰、白、仝、包、代、丛、布、左、平、田、由、申、石、古、叶、司、甘、卢、史、龙、冯

六画：闫、齐、安、庄、关、米、吕、曲、朱、乔、任、伍、仲、巩、权、成、寻、吉、华、毕、牟、邦、向、刘、刚、壮、江、池、许、孙、祁、阮、阴、邬、邢、师

七画：连、迟、宋、辛、初、严、苏、芮、杜、李、杜、肖、吴、何、轩、佟、佀、纪、余、谷、沙、沈、汪、汤、杨、张、陆、陈、邵、邱、邹、狄

八画：林、尚、郑、房、庞、苗、苑、范、荏、单、冼、岱、岳、国、居、屈、罗、周、金、者、明、季、孟、武、孤

九画：项、赵、郝、郗、郜、彦、胥、荣、茹、宫、胡、柳、柯、柏、果、钟、段、饶、侯、修、姜、南、洪、姚、骆、战、饶、祝、贺、信

十画：高、栾、郭、唐、党、袁、秦、夏、贾、聂、晁、展、顾、钱、铁、倪、徐、殷、海、涂、奚、陶、柴、耿、桑、莫、姬

十一画：章、常、康、商、寇、扈、鹿、戚、盛、雪、黄、盖、曹、崔、梁、渠、续、梅、隋、屠、鄂

十二画：童、彭、韩、董、葛、蒋、鲁、惠、粟、景、覃、普、程、智、傅、湛、舒、焦、鲁、曾、温、滑、游、谢

十三画：靳、甄、鲍、解、褚、雍、窦、路、赖、蓝、蔚、蒙、满、蒲、楚、慈、雷、臧

十四画：蔡、廖、韶、谭、阚、黎、熊、翟、管、裴

十五画：颜、滕、潘、蔺、樊

十六画：薛、薄、燕、穆、冀、霍

十七画：鞠、戴、魏

复姓：公冶、司马、端木、欧阳

姓氏分布 1994—2013年，虽然县域内的人口流动速度较之以前有很大提高，但长期定居和宗族繁衍造成的县域内姓氏的地域性依然没有根本改变，比如王、李、张、刘、陈、杨等姓氏分布比较广泛。姓氏在某个地域内的数量和种类依然保持着相对稳定性，且每个乡镇均有一些传统姓氏以及出现频率比较高的姓氏，如杨营镇高姓和王姓，韩岗镇的韩姓和齐姓，韩垓镇的马姓和韩姓，寿张集镇的井姓和万姓，大路口乡的袁姓，赵堌堆乡的蔡姓，黑虎庙镇的吴姓，小路口镇、马营镇的赵姓，大路口、拳铺的孔姓，等等；但也有的乡镇较为复杂，如小路口镇姓氏多达60多个，其多数姓氏分布在不同的村庄。同时，每个村庄均有自己的主流姓氏，如高楼、高垓、高庄的高姓，后集、马庄、马垓的马姓，吕屺口的吕姓，拳铺的李姓、赵坝的赵姓、西小吴的李姓、毕姓等。在县城区内，因作为政治、经济、文化中心，人口密集，流动相对较大，因而姓氏种类较为繁多，分布较为复杂。

2013年梁山县主要姓氏及特殊姓氏分布一览表

表1-3-4

乡镇	主要姓氏	特殊姓氏
拳铺镇	李、王、张、刘、孔	苑、燕、孤、曲、司、隋
韩垓镇	马、刘、赵、王、李、薛、郭、韩、郝、仲、陈	信、玄、仁、左、覃、鄂
韩岗镇	韩、齐、于、刘	司马、公冶
馆驿镇	李、刘、林、马、牛、庞、苏、蒋、陈、郝、侯	白、龙、车、迟、仇、壮
小安山镇	王、张、李、宋、杨、林	兰、白、南、廖、霍、肖
寿张集镇	张、李、徐、孙、井、万	—
大路口乡	王、李、刘、张、姜、袁、戚、徐、许、冯、孔	祁、玄、常
小路口镇	王、李、刘、张、马、徐、赵、杨、孙、陈、董	米、蒙、湛
赵堌堆乡	李、张、蔡、董、王、刘、梁、杨、郭、雷、黄	满、耿、薛
黑虎庙镇	王、郭、李、毕、吴	姚、滑

续表 1-3-4

乡镇	主要姓氏	特殊姓氏
杨营镇	高、王、李、周、张、吴	佀
马营镇	马、赵、杨、张、袁、薛、	—
开发区	李、张、师、韩、刘、王、侯、孙、徐、董	—
梁山街道	王、张、刘、吕、马、任、关、丁、冯、程	阚、骆、韦、卜、佟、谷
水泊街道	王、马、张、郑、宋、冯、刘、孟、梁、邵	雪、毛、居、仲、路

第四节 家庭

历史上，人们总希望扩大家庭，常常用“子孙满堂”来表述长辈的成功与幸福。随着社会的变化，家庭也在变。“上以事宗庙，下以继后世”的婚姻目的以及“男主外，女主内”的传统观念逐渐消失，现代婚姻家庭以爱情为基础，丈夫与妻子共同承担家庭义务，家庭生活更丰富、新鲜、幸福，逐步呈现家庭人口少、跟长辈共同居住少、单居制增多的趋势，同时，家庭关系稳定性减弱，婚外恋及离婚率提升。

现代家庭结构模式正向多元的方向发展，除了传统家庭之外，出现了单身家庭、单亲家庭、丁克家庭、空巢家庭等非传统家庭结构。随着家庭结构的变化，家庭构成以三人户、四人户居多，仅这两种家庭户就占50%以上，八人以上的户不足1%。2000年，第五次全国人口普查，全县184648户，其中：一人户10755户，占比5.82%；二人户27759户，占15.03%；三人户51814户，占28.06%；四人户47450户，占25.7%；五人户30031户，占16.26%；六人户11574户，占6.27%；七人户3777户，占2.05%；八人户1059户，占0.57%；九人户310户，占0.17%；十人及十人以上户119户，占0.06%。2010年，第六次全国人口普查，全县213043户，其中：一人户19189户，占比9.01%；二人户46799户，占比21.97%；三人户55117户，占比25.87%；四人户51486户，占比24.17%；五人户24669户，占比11.58%；六人户11023户，占比5.17%；七人户3134户，占比1.47%；八人户999户，占比0.47%；九人户395户，占比0.19%；十人及十人以上户232户，占比0.11%。

面对家庭发生的变化及新的家庭环境，梁山县有关部门注重家庭道德建设，强化家庭功能，提倡家庭成员勤劳朴素、诚实为人，忠厚善良、礼貌待人，尊老爱幼，和睦相处、作风正派、教育后人；为人父母者，为子女创造优越的生活和学习环境，培养子女面对困难的勇气和意志；为人子女者，对老人尽赡养义务，注重对老人尽孝道进行感情陪护，以促进社会安宁与家庭幸福。

梁山縣志

LIANG SHAN XIAN ZHI

1994—2013

第二篇

DI ER PIAN

自然环境

“迤逦梁山，荦确延岱宗脊脉；浩淼水泊，波澜接黄河源头。千秋云走，史乘载铮铮人杰；万里风飙，水浒传凛凛鬼雄。盖凡河岳阔峻、草木萧森之地，必有万千气象在焉，所谓水土养人，斯之谓也。”范曾在《水泊梁山记》开篇，以雄健的笔调描绘出梁山的山水地理风貌和万千气象。水浒故地，千年沧桑；今之梁山，万物萌生。

梁山县地处北纬 35° 36′ 36″ ~ 35° 58′ 59″，东经 115° 51′ 37″ ~ 116° 21′ 26″，位于山东省西南部，济宁市西北部。境内梁山、青龙山、凤凰山、灵龟山等相拥矗立县境中部，大运河、宋金河、金码河、流畅河等贯穿县域东西南北。黄河沿西北过境，县内引黄灌区、机井灌区、滞洪湖区，分布西北、东南、东北三方；东平湖位于梁山东北部，为昔日八百里梁山水泊遗迹。梁山县临黄靠湖，河水纵横，山湖相映，地理位置独具特色。

县境内均为黄河冲积平原，地势西高东低，相对平坦，土质肥沃，盛产小麦、玉米、大豆、谷子、棉花、花生、瓜菜等，是鲁西南主要粮仓、棉仓和蔬菜基地之一。梁山自然资源丰富，有充沛的水力资源、富足的矿产资源，更有种类繁多的生物资源，植物数百种，动物几十种。县内自然灾害主要气象灾害有干旱、冰雹、大风、雷电、暴雨、内涝、高温、冻害以及大雾等，1994—2013 年 20 年间，各类自然灾害均有发生。

第一章 地质 地貌

第一节 地质

梁山县境属华北地块，南部位于鲁西南块陷区的北部，中部和北部位于鲁中块隆区的西部。不同时期的地壳运动，形成不同的地层和地质。

地层 县境内地层发育不够完整，只有太古界构造及古生界（寒武系、奥陶系、石炭系）和新生界。在地表出露的地层，有连续沉积的寒武系、奥陶系和第四系松散土层。

太古界 在水泊街道前集村南钻探时发现，位于第四系松散土层下，主要岩性为片岩和片麻岩。梁山县基底为太古界。

古生界 下奥陶统在凤凰山、灵龟山、小安山和土山顶部，主要岩性是肉红色糖粒状白云质灰岩和纯灰岩。中奥陶统在梁山县西北部第四系下，主要岩性是灰色厚层灰岩。石炭系分布在县境西部地下，主要岩性为灰岩和砂页岩，有煤层。

新生界 第三系分布在县境西北部和南部地下，主要岩性有砂岩、页岩和石膏岩。第四纪以后，县境域长期处于下降状态，因此第四系特别发育。残丘的山麓地带都不同程度地分布有更新统的坡积洪积物，标高大约 40 ～ 100 米。上部为黄色亚黏土、亚砂土，含有钙结核、基岩碎屑和少量的蜗牛碎片；下部多为红黄色亚黏土，夹棕色黏土薄层，含有较多的钙结核和基岩碎屑。地层垂直节理发育，局部地区有垂直漏斗的黄土岩溶现象。由于黄河和汶河河流不断泛滥改道，不同岩相的沉积物相互迭置，平原地区地形十分复杂。一般汶河冲积物较黄河冲积物颗粒粗，汶河冲积层在地表无出露，分布在县境东部黄色冲积层之下。此外，县境地下 5 ～ 10 米处有冲积湖积层，以灰色、灰黑色、灰黄色的亚黏土、黏土为主，有机质含量较多，具臭味，含有莲子和贝壳，俗称“宋江土”。

构造 县境内地层褶皱微弱，发育一定数量的断层残丘，多呈单斜构造，倾角只有 3 ～ 10°，局部地区有宽浅的褶皱和小穹窿构造。琉璃河以北有一小背斜构造；在梁山、独山、灵龟山、凤凰山岩层产状呈放射状。凤凰山西部埋藏的奥陶系灰岩，其产状也呈放射状。同时，由于县境地处在三个构造单元上，受各种力的影响，发育了较多的断层，但绝大部分埋藏在第四系地层之下，灵龟山、凤凰山、梁山等有一些出露地表的小断层。

延伸到梁山县境内的较大断层有：

汶泗断层 西起黄河入境，经黑虎庙镇、杨营镇、马营镇、至馆驿镇出境，县境内长 27.5 公里。

巨野断层 从西南县界入境，经马营、寿张集、杨营、大路口等乡镇，在小路口镇中部至黄河出境，县境内长 17 公里。

嘉祥断层 从东南县界入境，经韩岗镇、韩垓镇出境，县境内长 16.5 公里。

郓城断层 从南部县界入境，经拳铺东南部、韩垓镇南部出境，县境内长 10 公里。

肥城断层 从东北部县界入境，经小安山镇东部、南部，止于戴垓断层。

起止于县境内的较大断层有：

梁山断层 中部位于梁山南前集附近。走向北东，长约 14 公里，与小安山断层、汶泗断层、叶尚断层相交。

叶尚断层 尚阁至大邓庄，近东西向，大邓庄至前李庄转为北西走向，长 34 公里，与汶泗断层、梁山断层、辛兴断层相交。

辛兴断层 中部位于大侯村北，走向北东，长 15 公里，与小安山断层相交。西部止于汶泗断层和叶尚断层。

小安山断层 位于梁山和小安山之间，西北东南走向，长 19 公里，与辛兴断层相交。

戴垓断层 南起韩垓村北，经戴庙至黄河岸边，西北东南走向，长 43 公里，与叶尚断层、汶泗断层、肥城断层相交。

此外，小路口镇还有一条东南西北走向的小断层，长 2.7 公里。

梁山县残丘地带节理较发育，既有构造节理，也有风化节理。构造节理受地质构造控制，走向和断层大体一致，有 NE20° ～ 80° 和 NW10° ～ 70° 两组。风化节理主要走向为 NE60° ～ 80°，部分节理内为红黄色黏性土和钙质胶结物充填。

第二节 地貌

梁山县地处黄河冲积扇的东北部边缘，境内除有部分残丘外，其他均为冲积平原。全县地势西南高，东北低。从黄河向东逐渐降低，从金线岭高地向南、向北逐渐降低。地面最高处海拔（黄海 0 点）47.6 米（赵堌堆乡钟那里村西高地），最低处海拔 35.9 米（韩垓镇西马垓村东）；地面坡降 1/3000 ～ 1/8000。全县有山脉 7 座，面积 5.1 平方公里。在山脉中又分荒山坡岭和近山阶地，面积分别为 2.3 和 2.8 平方公里。县境地貌类型差异较大，主要分高地、坡地、洼地三种微地貌类型。

高地 可分为河滩高地、垄岗高地和沙丘高地，面积为 100 多平方公里。

河滩高地 位于黄河堤至河槽（县界），长条形，西南东北向，愈往北愈低。滩地地形，从大堤向主河道倾斜，高差 1 ～ 3 米，面积为 56.8 平方公里，占全县总面积的 5.89%。分布在黑虎庙、赵堌堆、小路口 3 个乡镇。

垄岗高地（金线岭） 西起马营乡东南部，经拳铺镇北部，韩岗镇中部至韩岗镇北部，海拔 40 ～ 41.8 米，西部高、东部低，面积为 52.13 平方公里，占全县总面积的 5.41%。

沙丘高地 位于小路口镇国那里东北部，系 1982 年东平湖一级湖滞洪时，林辛、十里堡进

湖闸放水冲积而成，海拔 40 ～ 41 米，呈扇形，高出邻近地面 0.5 ～ 1 米，面积 4.5 平方公里。

坡地 县内平原大部分为坡地，面积为 800 多平方公里。

西南坡地 位于黄河堤与宋金河之间，包括黑虎庙、杨营镇西部，赵堌堆乡和小路口镇的南部及马营镇的西南部，从西南向东北逐渐降低，海拔 43.2 ～ 40 米，面积 109 平方公里。

宋金河东坡地 位于宋金河南段，东至凤凰山、梁山南，西部位于黄河冲积扇上，东部位于梁山小穹窿构造的南部，西部西高东低，东部北高南低，海拔在 40 米以上，总面积 74 平方公里。

中部坡地 黄河堤至东平湖新库区西部，包括小路口镇北部、西南部，寿张集、大路口乡全部，杨营镇的东部，梁山街道的大部，小安山镇的西部，处于黄河冲积扇上，从西向东降低，海拔 40 ～ 38 米，总面积 238.5 平方公里。

南部坡地 垄岗高地至南旺湖洼地之间，包括拳铺镇、韩岗镇、韩垓镇的北部。从北向南降低，海拔 40 ～ 37.5 米，总面积 361.91 平方公里。

东部坡地 东至县界（古运河河道），西至安山洼地。南至垄岗高地，包括小安山镇、馆驿镇的东部和韩岗镇的北部，从东南向西北降低，处于汶河冲积扇上，海拔 40 ～ 38 米，总面积 85 平方公里。

洼地 全县洼地主要是南旺湖洼地、安山湖洼地等，面积为 200 多平方公里。

南旺湖洼地 位于湮灭的南旺湖北部，包括韩垓镇南部、拳铺镇东南部、面积 41.05 平方公里，海拔 35.9 ～ 37.5 米。

安山湖洼地 位于小安山东北部，包括小安山镇的东部、北部和馆驿的西部、西北部，总面积 114 平方公里，海拔 37.2 ～ 38 米。

流畅河洼地 位于垄岗高地与宋金河东坡地、梁济运河河堤之间，包括梁山街道的中南部，中北部，西窄东宽成带状，总面积 36.16 平方公里，海拔 38 ～ 40 米。

河槽地 含宋金河废弃河道、古运河废弃河道和梁济运河滩地，总面积 30 平方公里，海拔 40 米以下。

另外，还有因修村台取土，高地（包括残丘）围封和其他原因造成零星洼地。

第二章 山脉 河流

第一节 山脉

梁山县境内有梁山、青龙山、凤凰山、灵龟山、小安山、独山、土山 7 座山。梁山最高，海拔 197.9 米；土山最低，海拔 58.1 米。

梁山 位于县城东南部，由 7 条支脉和 9 个山峰组成，占地面积 3.55 平方公里，主峰虎头峰海拔 197.9 米。主峰北通一条狭窄的山梁，即黑风口，黑风口北连骑三山。骑三山向东为雪山峰，雪山峰向东延伸部分为小平山（下有溶洞），向北延伸部分为小黄山，向东北延伸较低的山峰为玉皇顶，向西北延伸的部分为东狗爪山。骑三山向西延伸较长，自东向西依次为：狗头山、西狗爪山、郝山峰三个山峰。

青龙山 为梁山支脉，位于县城中部，与梁山群峰隔谷相望，东西走向，长 1.1 公里，占地 0.24 平方公里。主峰位于中部，海拔 116.2 米，向西北延伸部分亦称鏊子山。

凤凰山 亦称凤山，位于县城西部，西南东北走向，长 1 公里，占地 0.22 平方公里。自南向北共有 3 个山峰，以南边的山峰最高，海拔 98.4 米。山南侧有 1 个长条形溶洞和 4 个堂式溶洞，北与灵龟山相接。

灵龟山 亦称龟山，位于县城西部，西南东北走向，长 0.8 公里，占地 0.28 平方公里。主峰靠南端，海拔 119 米，山南有大山沟和小溶洞，称卧牛洞。南与凤凰山相连。

小安山 原名安民山，亦称安山，后改称小安山。位于县城东北 7 公里处，占地面积 1 平方公里，呈圆形，直径 0.8 ～ 1.2 公里。主峰位于山体东南部，海拔 157.4 米。西侧顶部和底部各有溶洞一处，顶部溶洞发育在奥陶系中，深不可测，底部溶洞发育在寒武系中，面积较大。山体中上部无植被。

独山 位于梁山西南 0.5 公里处，占地 0.03 平方公里，海拔 83.5 米。1939 年 5 月，著名的独山战役在此发生。

土山 位于灵龟山北 1 公里处，占地 0.02 平方公里，海拔 58.1 米，山体被黄土覆盖，因名土山。

第二节 河流

梁山县境内除黄河、大运河外，流域面积在 200 ～ 1000 平方公里的有郓城新河、琉璃河、湖东排水河、湖里柳长河等，流域面积 200 平方公里以下的有湖外流畅河、北宋金河、金码河、龟山河等。这些河道及建筑物多系 20 世纪六七十年代开挖修建。

黄河 黄河位于梁山县境西北部，由郓城县下界（黄堤 313+075）进入梁山县黑虎庙镇，至小路口镇国那里（黄堤 336+600）出梁山县进入东平县，河道总体呈西南东北流向，属游荡型向弯曲型河道的过渡性河段。境内黄河河道长 30.2 公里，河道宽 3000 ～ 9000 米，主河槽宽 400 ～ 800 米。由于黄河泥沙进入下游河道，一部分输入大海，一部分淤在河道，抬高河床，因此形成槽高滩低、堤根低洼的“地上河”。

大运河 京杭大运河自黄河以南至南阳湖，称为梁济运河。梁济运河位于县境中部，贯穿县境南北，全长 90 公里，梁山县境内长 48 公里，北起小路口镇国那里村，南至韩垓镇五里堡村。2002 年，大运河被纳入“南水北调”三线工程之一，输水干线选在京杭运河故道，成为中国南水北调东线工程的重要通道。

宋金河 宋金河位于梁山县境西部，由郓城县东部向北流向梁山县境西部，至大路口乡彭那里村向东北汇入东平湖，全长 70 公里，平均宽度 200 米，一般水深 2.5 ～ 3.0 米。至 20 世纪 60 年代后，该河因历年水系调整分段切割而湮废，只有部分河段可见当年踪迹。宋金河梁山县境内长约 30 公里，南起马营镇倪楼村，北至大路口乔辛村；倪楼至赵坝段成为湿地，徐桥至乔辛段主要承担陈垓总干渠以北、金堤两侧的汇水。

龟山河 龟山河位于梁山县城西北，原是顺自然流势开挖的一条排水沟，因流经灵龟山脚下，称龟山沟。20 世纪 70 年代中期，北部向西延伸经西李庄到陈垓灌区的南分干，全长 12.5 公里，名为龟山河。

金码河 金码河开挖于 1973 年春，位于梁山县境中部，西起黑虎庙乡侯庄北的金堤，向东沿陈垓总干渠及北一干渠南侧至梁山镇后码头北，入梁济运河，因西抵金堤，东至后码头，故名金码河。河长 14.6 公里，下游河口宽 35 米，是全县排水标准较高的河道。

琉璃河 琉璃河开挖于 1966 年春，位于梁山县西南部。因河道下游规划路线在琉璃井村流入郓城新河（后在实施时改线入梁济运河），故命名为琉璃河。该河北起赵坝，上接金堤西河，向南走宋金河至倪楼东折向东南，经褚庄折向东，在高店村东南入梁济运河，河长 34.45 公里，下游段河槽口宽 30 ～ 40 米，金堤口以西尚有北沙河、二支河、金堤西河三支流汇入，该河为边界季节性排水河道。

郓城新河 原名新河，发源于郓城东北的后孙庄附近，为季节性排涝河道。1960 年，西起郓城唐店南宋金河东岸起，向东在新河流域中部开新河道入京杭运河，长30.6公里，改名为郓城新河，流域面积660平方公里。后几经扩展延伸变化，现今的郓城新河，西起郓巨河东岸的唐店，向东在梁山县拳铺镇琉璃井村西入境，沿南边界至陆庄东南入梁济运河，河长27.9公里，流域面积229平方公里。梁山县境内河段长15.7公里，河槽宽40～50米，流域面积60平方公里。

湖里柳长河 1963年，东平湖水库改为以防洪为主，并修筑二级湖堤，新老湖区分级运用，新库区腾空还耕。1964年，为解决新库区排涝问题，开挖湖里柳长河。该河北起八里湾引湖闸至张桥开挖河道，经柳长河泄水闸入梁济运河，该河长20公里，流域面积225.58平方公里。1970年4月进行疏浚，1972年进行复堤。该河下游河口宽40米，系东平湖新库区骨干排水河道。“南水北调”工程将该河作为引水北上的主干线。

湖外流畅河 原为柳长河上游段，初在后孙庄北入梁济运河，河名逐渐演变为流畅河。1975年春，西起汪海屯，东至后孙庄，改线沿梁兖公路南侧向东入梁济运河。河长8.68公里，流域面积56.3平方公里，河口宽30米。

湖东排水河 原名湖东排渗沟，是1960年为排除东平湖水库蓄水后堤外渗水而开挖的季节性排水河道。北起东平县大清河南岸的吴家漫，经东平城西，沿东平湖围堤东侧至张坝口，向南顺老运河交错穿梁山、汶上两县边界，在开河村北折向西南，于东马埉村西南入梁济运河，全长47.28公里。1965年春，自开河村东北改线，向南至开河村东南穿老运河折向西南，于嘉祥县王场村北入梁济运河，改称湖东排水河。该河系边界河流，现全长49公里，流域面积312平方公里，其中，梁山县境内河段长12公里，河槽口宽20米，流域面积25.5平方公里。

第三章 土壤 植被

第一节 土壤

县境内土壤共分为2个土类、6个亚类、13个土属和59个土种。2个土类，即：褐土和潮土；6个亚类，即：褐土性土、褐土、褐土化潮土、潮土、盐化潮土和湿潮土;13个土属分别为：钙质岩类褐土性土、坡积洪积物褐土、砂质褐土化潮土、壤质褐土化潮土、砂质潮土、壤质潮土、黏质潮土、砂质盐化潮土、壤质盐化潮土、黏质盐化潮土、黏质冲积黑潮土、黏质湖积黑潮土、黏质冲积湿潮土。

褐土 为县境内低山残丘钙质母岩，在半湿润半干旱季风气候区，长期风化发育而成的一种较古老的土壤。褐土主要分布在梁山镇和小安山镇的低山残丘区，面积548.9公顷，占农用土地面积的0.76%。

褐土性土亚类 俗称石渣子土，面积397.5公顷，占土壤面积的0.53%。分布在梁山镇、小安山镇海拔80米以上的荒山坡岭。土层浅薄，细粒较少，土层厚15～35厘米，土壤呈石灰反应，植树造林较少，植被多为耐旱性的杂草、灌木、柏树、刺槐等，覆盖率40%～60%。此土类分为钙质类褐土1个土属，岭坡石渣子土1个土种。

褐土亚类 俗称壤质山红土、“立土”，面积260公顷，占土壤面积的0.35%。分布在残丘下部山脚处，多数在山北坡，可整修为梯田。以农业利用为主，也有部分果园，土层较深厚，表层土壤质地稍松，为淋溶层，心土较上层黏重，呈棱柱状结构。酸碱度7.4左右，土壤养分含量低。划分为坡积洪积物和黄土母质2个土属，山红土和轻质山红土2个土种。

潮土 为县境内的主要土壤类型，群众俗称“潮黄土”，面积 71315.1 公顷，占农用土地面积的 99.24%。土壤质地有砂壤、轻壤、中壤、重壤、黏土 5 种。

砂壤 面积 11756.3 公顷，占农用土地面积的 16.36%。通气性、透水性较好，蓄水力弱，抗旱能力差，保肥性差，有机质分解快，肥效快、猛而不稳，一般为中低产地块。

轻壤 面积 16166.8 公顷，占农用土地总面积的 22.50%。养分含量中等，适耕性好，通透性优良，抗涝不抗旱，保肥保水性能较好，适种各种作物。

中壤 面积为 19157.2 公顷，占农用土地总面积的 26.66%。中壤土适耕期长，耕性较好，通透性和保肥保水能力适中，供肥性能好，不黏不硬，抗旱抗涝，土壤水、肥、气候状况协调，适种各类农作物。

重壤 面积为 18894.6 公顷，占农用土地总面积的 26.29%。质地黏重，耕性较差，但保水、保肥好，土壤中养分含量高。

黏土 面积为 5889.1 公顷，占农用土地总面积的 8.19%。质地黏重，通气性极差，耕层浅，土性冷凉，养分转化慢，耕作费力，旱时无水，汛期易涝。

土体构型 全县耕地土壤的土体构型包括：重壤均粘、中壤均砂、砂壤均砂、重壤砂腰、重壤砂心、中壤砂腰、砂壤粘心、重壤壤心、砂壤壤心、轻壤粘心、中壤粘腰、轻壤砂腰、砂土砂心、轻壤均砂、中壤粘心、轻壤砂心、中壤砂心、砂壤粘腰、中壤壤质、轻壤粘腰等 20 种不同的土体构型。土壤剖面中的主要障碍层有厚砂心、厚砂腰、砾石层、厚粘心、厚粘腰等。

县境内各等级耕地比例相对均衡，以一级地、二级地、三级地和四级地为主，各等级占耕地面积的比例接近或超过 20%，其中二级地达到 34.23%，四者面积之和占到了耕地面积的 86.93%；其次五级地，占耕地面积的 9.58%；六级地面积较少，占耕地面积的 3.49%。

土壤成分 县境内土壤养分不断变化，据 2010 年测量，土壤有机质平均 14.2 克 / 公斤，含量变化范围是 5.0 ～ 29.6 克 / 公斤；pH 数值变化范围从 7.0 ～ 9.0，众数为 7.9。

全氮含量变化范围为 0.23 ～ 1.53 克 / 公斤，平均值为 0.9 克 / 公斤。碱解氮含量变化范围为 40 ～ 168 毫克 / 公斤，平均值为 75.4 毫克 / 公斤，较 1982 年土壤普查提高 20 毫克 / 公斤，较 1997 年提高了 17.4 毫克 / 公斤。有效磷含量变化范围为 3.7 ～ 99 毫克 / 公斤，平均值 23.4 毫克 / 公斤，平均含量较 1982 年土壤普查提高 19.1 毫克 / 公斤，较 1997 年提高 9.6 毫克 / 公斤。速效钾含量变化范围为 42 ～ 396 毫克 / 公斤，平均值为 141 毫克 / 公斤，比 1982 年的土壤普查增加了 15 毫克 / 公斤，比 1997 年提高 3 毫克 / 公斤。缓效钾平均含量为 808 毫克 / 公斤，变幅 50 ～ 1397 毫克 / 公斤。交换性钙变化范围为 5297 ～ 24351 毫克 / 公斤，平均值为 12035 毫克 / 公斤。交换性镁变化范围为 49 ～ 1270 毫克 / 公斤，平均值为 490.4 毫克 / 公斤，土壤有效硫变化范围为 16.59 ～ 98.4 克 / 公斤，平均值为 39.35 克 / 公斤。有效铁变化范围从 3 ～ 43.2 毫克 / 公斤，平均为 10.47 毫克 / 公斤。有效锰 3.2 ～ 20 毫克 / 公斤，平均为 10.73 毫克 / 公斤。有效铜范围从 0.35 ～ 5.53 毫克 / 公斤，平均为 1.48 毫克 / 公斤。有效锌范围 0.01 ～ 14.636 毫克 / 公斤，平均为 1.65 毫克 / 公斤。有效硼范围从 0.02 ～ 1.32 毫克 / 公斤，平均为 0.47 毫克 / 公斤。有效钼范围从 0.01 ～ 0.47 毫克 / 公斤，平均为 0.18 毫克 / 公斤。有效硅范围从 20.65 ～ 403.49 毫克 / 公斤，平均为 139.98 毫克 / 公斤。

第二节 植被

梁山县属暖温带落叶阔叶林带，由于自然因素和人类生产活动的影响，自然植被残存极少，人工植被占绝对优势。

自然植被 境内自然植被具有明显的次生性质，主要分布于低山残丘的中下部及河堤沿岸，残丘中上部有零星树木和杂草。乔木主要有侧柏、刺槐、榆树、臭椿；灌木主要有火炬树、酸枣、荆条、野葡萄等；杂草主要有回针草、茅草、蒺藜、狗尾草等。河堤两岸主要有杨树、柳树；草本为狗尾草、稗草、莎草、香蒲、野小麦、马齿苋、柽柳、碱蓬、芦苇等。

人工植被 境内人工植被以植树造林为主。2013 年，全县林业用地 20068 公顷，占土地总面积的 20.8%，植被总面积 5.49 万公顷，覆盖率 57%。树木主要有杨树、柳树、槐树、梧桐树等，果树主要有苹果、杏、柿、梨、元枣、石榴、核桃等。

另外，各类药材种植主要有：远志、牛夕、黄芪、茜草、玄草、生地、桔梗、丹参、白术、板蓝根、白芷、柏子、瓜蒌、杏仁、桃仁、木瓜、枣仁、蛇床子、苍耳子、枸杞子、苡末子、车前子、芡实、苏子、菟丝子、莲子、蒺藜、透骨草、甜地丁、翻白草、茵陈、蒲公英、坤草、紫苏、槐花、蒲黄、红花、菊花、旱莲草、扁蓄、香附、旋复花、芦根、茅根、槐米、白头翁蒜、山药、狼毒、甘草、生地、白芭根、地夫子、莱菔子、大麦、薄荷、大蓟、小蓟、地丁草、马齿苋、瓦松、黑芝麻、马兰花、艾叶、凤仙花、地骨皮、柴胡、马勃、石花、蘑菇、赤芍等。

第四章 气候 物候

第一节 气候

全县地处暖温带半湿润地区，大陆性季风气候，气候适宜，热量丰富、降水适中，雨热同期，适于自然生物的繁殖生长。县境内气候四季分明，冬季寒冷干燥，雨雪稀少；春季干旱、多风；夏季高温高湿，雨水集中，易出内涝；秋季光照充足，无霜期长，晚秋有时干旱。

四季 一般按照节气划分四季。立春（2 月 4 日或 5 日）标志着春季的开始，气温回升，万物复苏；立夏（5 月 5 日或 6 日）拉开夏天的序幕，赤日炎炎，蝉声阵阵；立秋（8 月 7 日或 8 日）之后，秋高气爽，天气转凉；立冬（11 月 7 或 8 日）意味着冬天的来临，北风萧瑟，万物沉寂。

日照 以北纬 36° 计，夏至日白昼长 14 小时 32 分，冬至日白昼 9 小时 41 分，全年平均日白昼时间 12 小时 6 分 30 秒，年平均日照时数为 2245.7 小时，日照百分率为 51%。最多年日照 2808.4 小时（1965 年），日照率为 63%；最少年份日照 1934.6 小时（2003 年），日照率为 44%。夏季平均每月日照 239.6 小时，春季为 231.8 小时，秋季为 194.7 小时，冬季为 169.2 小时。从月份上看，5 月份日照时数最多，为 247.1 小时；6 月份次之，为 229.6 小时；12 月份日照时数最少，为 143.3 小时；1 月份次之，168.5 小时；日照率 4 月份最大，为 58%；5 月份次之，为 57%；7 月份最小，为 43%。

气温 县境平均气温 13.6℃；1 月平均气温 -1.4℃，7 月平均气温 26.8℃；极端最低气温 -20.5℃（1990 年 1 月 31 日），极端最高气温 41.7℃（2009 年 6 月 25 日）。平均气温年较差 28.2℃，日较差 10.6℃，最大日较差 24.1℃（1982 年 5 月 4 日）。东平湖一带和黄河滩区冬夏季气温偏低，西南部、南部和黄河滩区春末夏初气温偏高。无霜期年均 197.7 天，最长达 235 天，最短 175 天。

降水 全县平均降水量 580.1 毫米，极端年最大雨量966.2毫米（1998年），极端年份最少雨量340.9毫米（2002年）。最大日降水量179.8毫米（1994年8月7日），年平均降雨日数为68.3天，最多达114天（1964年），最少为52天(1980年)。县域各地降水强度略有不同，金线岭南，地势南倾，得到太阳辐射较多，加上沙碱地，上升气流强等原因，暴雨次数较多，暴雨量较大；北部山体裸露，又受东平湖和黄河水面影响，暴雨量相对偏多；西南部因上升气流强度大且受黄河水面影响，暴雨次数亦较多；县境中西部相对偏少。年均降雪日为9.9天，最多为14天。最早初雪日为11月8日，最晚初雪日为3月15日。平均积雪日为10.1天，最多18天，最大积雪厚度为15厘米（1993年）。

气压 年平均气压为1012.2百帕，极端最高值1044.0百帕（2000年1月31日），极端最低值985.1百帕（2006年6月9日）。年气压变化曲线为“V”形，1—7月，气压逐渐降低，7月份降至最低值，7—12月，气压逐渐升高。春秋两季是两个高低压转换时期，变化大，尤以秋季为甚。一天中气压变化呈“二谷二峰”型，即两个低值，两个高值。最低值一般出现在14—17时，次低值一般出现在3—5时，最高值一般出现在8—10时，次高值一般出现在20—24时。夏季气压日变化缓慢，其他季节变化比较剧烈。

风 夏半年盛行南向风，冬半年盛行北向风，主导风向是南风和北风。南风频率为40%，其中正南风为13%，偏南风为27%。北风频率为33%，其中正北风为13%，偏北风为20%。年平均风速为每秒2.5米，瞬时极端最大风速22.9米/秒。年平均大风日数为3.4天。春季风速最大，平均每秒3.0米，冬季平均每秒2.5米，夏季平均每秒2.0米，秋季平均每秒2.3米。3、4月份平均风速最大，每秒3.2米；8月份平均风速最小，每秒1.8米。以昼夜而言，白天风速大、变化大，夜间风速小、变化小。一般6时开始加大，至14时风速最大，14时后风速逐渐降低，17—18时降低较快，20时后风速变化小，趋于稳定。

第二节 物候

植物物候 各类植物都有自己的物候。比如，作物以物候预告农事，“五月芒种麦在后，四月芒种麦在前”“白露早，秋露迟、秋分种麦正当时”“立冬不倒股，不如土里捂”等。林木候，境内的林木，柳树发芽最早，被人们誉为“报春的使者”；枣树发芽较晚，凋落较早；惊蛰过后，开展植树造林。花候，县内春、夏、秋、冬季均有应时开放的花卉。春分过后，桃、杏、梨、苹果等含苞欲放；立夏前后，桐、槐、马兰、芍药、车前子等群芳斗艳；盛夏炎暑，石榴花、荷花竞相开放；秋分一过，菊花竞放。

县内气候区域变化不大，植物候在各地也基本相同。小麦，2月下旬返青。地地英，春分露芽，清明开花。密密蒿，清明前露芽，芒种前结籽。迎春花，立春时开花，花败后抽芽。柳树，雨水泛青，惊蛰抽芽，清明成叶，立夏后飘絮，霜降开始落叶。榆树和槐树，清明前发芽、开花，霜降落叶。枣树，清明前后发芽、开花，霜降落叶。杏树，春分前开花，清明前花落，6月初果实成熟。桃树，清明开花。梨树，春分后开花，清明前花繁叶长。

动物物候 立夏前后，布谷鸟鸣，喜鹊、乌鸦等鸟产卵育雏。蝉，夏至始鸣，夏天闷热，蝉鸣不休；秋分后，蝉鸣终。一般而言，燕子每年春分始自南方向县境迁徙，至清明节为止，霜降陆续飞回南方越冬。大雁霜降至立冬陆续从北方迁入县境，次年春分后开始向北方返迁。鹌鹑每年霜降前后成批从北方飞来，约在县境内留半月后再向南方迁徙。杜鹃5月中旬飞临县境，7月下旬离去。獾立冬后开始冬眠，春分时冬眠结束。蛇惊蛰出洞“活动”，立冬进洞“冬眠”。蝎子霜降后冬蛰，惊蛰后出蛰。蚰蜒霜降后冬蛰，惊蛰后出蛰。

第五章 自然资源

第一节 水资源

梁山县境内河渠纵横，水利资源比较丰富。全县平均水资源总量为34164万立方米，其中：按流域划分，黄河流域1701万立方米，淮河流域32463万立方米；按地表水和地下水分：地表水16565万立方米，地下水17599万立方米。县域水资源主要包括地表水资源和地下水资源两部分。

地表水资源 梁山县地表水资源丰富，主要有大气降雨产生的径流和引黄客水。全县地表水径流量为16565万立方米，引黄客水量17153万立方米，可利用地表水资源量为33718万立方米。地表水资源基本用于工农业生产，是全县的主要灌溉水源。

地下水资源 县境地下水储量较为丰富，由浅层地下水资源和深层地下水资源两部分组成。浅层地下水受黄河侧渗补给和降水入渗补给及地下水储藏条件等因素影响，资源较为丰富；深层地下水资源受东北部山地地质构造和东平湖渗漏影响，具有质好量大、埋深浅、易开发且极为丰富的特点。天然地下水源主要靠大气降水、灌溉回归、地表水体渗漏补给，损耗于潜水蒸发、地下径流排泄和人工开采。地下水资源是工业用水、人畜饮用水、农业灌溉用水的重要水源。

水质状况 饮用水源地水质较好，经过水厂净化处理，可安全饮用；在县城工业区附近，因长期受工业废水和城区污水排放污染，水质极差。主要污染物为挥发酚、氯化物、总硬度等，其中挥发酚超标最大值为29.8倍，氯化物超标最大值为1.66倍，总硬度超标最大值为0.41倍。因水质污染造成的缺水主要分布在县城区周围及金码河、梁济运河沿线；季节性缺水主要分布在梁山县南部金线岭沿线的部分村庄；饮水方便程度不足的村庄主要分布在东平湖二级湖区。

可利用量 全县平均水资源可利用总量为41413万立方米，地表水（含引黄量）23554万立方米，地下水16554万立方米，平均产水模数为42.92万立方米/平方公里；人均占有水资源量484立方米，亩均占有水资源量414立方米。在水资源中，黄河水在水资源实际利用中居主要地位，由于多年的开采利用，梁山县现属于水资源相对缺乏地区，2013年，全县人均水资源量225立方米，亩均占有水资源量211立方米。

第二节 土地资源

梁山县境内土地资源包括耕地、林地、城镇建设用地、交通道路用地等，随着经济和社会发展，土地资源不断变化。

1996年，土地变更调查数据显示，梁山县土地总面积为96231.16公顷。其中，耕地65513.83公顷，占土地总面积的68.1%；园地1127.25公顷，占土地总面积的1.2%；林地2076.7公顷，占土地总面积的2.2%；居民点及工矿用地12494.08公顷，占土地总面积的13%；交通用地2651.82公顷，占土地总面积的2.7%；水域及水利设施用地10257.02公顷，占土地总面积的10.6%；未利用地2110.46公顷，占土地总面积的2.2%。

2010年，梁山县土地变更调查数据为，全县土地总面积96081.1公顷。其中，耕地65309.6公顷，占土地总面积的68%；园地267.2公顷，占土地总面积的0.3%；林地4845.6公顷，占土地总面积的5%；草地88.5公顷，占土地总面积的 0.1%；城镇村及工矿用地 13494.9 公顷，占土地总面积的 14%；交通运输用地 3994.2 公顷，占土地总面积的 4.2%；水域及水利设施用地 7028.3 公顷，占土地总面积的 7.3%；未利用地 1052.8 公顷，占土地总面积的 1.1%。

2013 年年末，依据梁山县土地变更调查成果，梁山县土地总面积 96080.99 公顷。其中，耕地 65024.4 公顷，占土地总面积的 67.7%；园地 265.33 公顷，占土地总面积的 0.27%；林地 4573.7 公顷，占土地总面积的 4.8%；草地 77.69 公顷，占土地总面积的 0.08%；城镇村及工矿用地 13637.2 公顷，占土地总面积的 14.2%，交通运输用地 4050.58 公顷，占土地总面积的 4.2%；水域及水利设施用地 7095.19 公顷，占土地总面积的 7.4%；其他土地 1356.9 公顷，占土地总面积的 1.4%。

第三节 矿产资源

梁山县境内矿藏品种多样，主要发现能源矿产、非金属建材矿产、水气矿产等三大类，煤、石膏、铁矿、铝土储量较大，并有丰富的天然气和石油资源。已查明矿区（床）28 个，按矿种分为煤、建筑石料用灰岩、砖瓦用黏土、矿泉水。

境内能源矿产主要为煤炭，潜在资源较丰富，分布面积 216.3 平方公里，占全县土地面积的 22.46%；累计查明煤炭资源储量约 37001 万吨，预测远景资源量 10395 万吨，2007 年底保有资源储量 37001 万吨（其中可采储量 4516.7 万吨、基础储量 8607.7 万吨、资源量 28393.3 万吨）。至 2013 年，梁山县境内共有杨营煤矿、大营煤矿、泰西煤矿 3 处煤矿，3 处矿区煤炭资源总面积为 400 多平方公里，地质总储量为 17.8 亿吨，可采储量约 11.4 亿吨。井田内含煤地层为二叠系下统山西组及二叠石炭系太原组，含煤地层总平均厚度约 248.23 米，共含煤 24 层，煤层总平均厚度 12.67 米，含煤系数 5.1%。煤种为低碳、低磷、低－中灰、高发热量的优质气煤、天然焦、1/3 焦煤、贫煤及无烟煤。各类煤的基本特征为：贫煤煤化度最高的烟煤，不黏结或微具黏结性，燃烧时火焰短，耐烧；无烟煤固定碳含量高，挥发分产率低，密度大，硬度大，燃点高，燃烧时不冒烟；气煤煤化度较浅，加热时能产生较高的挥发分和较多的焦油，胶质体的热稳定性低于肥煤，能够单独炼焦，但焦炭的抗碎强度和耐磨强度均较其他炼焦煤差；焦煤是中等及低挥发分的中等黏结性及强黏结性的一种烟煤，加热时能产生热稳定性很高的胶质体，单独炼焦时能得到块度大、裂纹少、抗碎强度高的焦炭，其耐磨性好，但产生的膨胀压力大，使推焦困难；1/3 焦煤是新煤种，单独炼焦能生成熔融性较好、强度较高的焦炭。

境内主要非金属矿产为建筑石料、石灰岩及砖瓦黏土，优质石灰岩储量达 15 亿立方米，是生产石灰、水泥的原料。砖瓦黏土虽广布全境，但耕地中的黏土矿根据国家相关政策为规划期内禁采的矿种，可利用黄河清淤黏土进行砖瓦集约化生产。

境内水气矿产为矿泉水，梁山县境内有 1 处，矿区面积 1 平方公里，属偏硅酸锶型矿泉水，是天然的优质饮料和生产地方名酒的主要水源，开采量为 1 万立方米／年。

第四节 生物资源

植物资源 县境内植物资源丰富，包括乔木、灌木、果树、花草等，共 54 科，86 属，160 余种。乔木主要有杨、柳、柏、松、槐、椿、榆、楝、桐、枫、楸、梓、桃、杏、梨、柿、枣、桑、李、苹果、山楂、石榴、海棠、棠梨、林檎、皂角、核桃、山桃、杜仲、合欢、丁香、无花果、白蜡等；灌木主要有紫穗槐、簸箕柳、杞柳、花椒、荆条、冬青、枸杞、黄连、连翘、沙棘、山榆、香莲、黄刺玫、胡枝子、野蔷薇、金银花、牛金条、夹竹桃等；花木主要有木槿、百日红、榆叶梅、鸡冠花、凤仙、芍药、萱草、牡丹、玫瑰、月季、蔷薇、夜香、水仙、步登高、万年青、仙人掌、菊花、美人蕉、石竹梅、老来少、喇叭花、芙蓉、牵牛花、山芋、迎春花等。杂草有100余种，最常见的有茅草、节节草、结缕草、蒲公英、地黄、青蒿、米蒿、尖叶、苜蓿、地柏、茜草、白薇、卫茅、狼毒、毛莨、山韭、大兰、小兰、益母草、抓地秧、打碗花、水稗草、杏仁棵、牦牛墩、谷莠草、星星草、曲曲菜、灰灰菜、苋菜、地地英、苦苦菜、麦札草、竹鞭菜、白羊草、萎陵菜、百里香、黄背茅、铁扫帚、苦马豆、山豆花、野豌豆、鬼圪针、山菊花、黄花菜、小猫眼、蛇床子、猪毛菜、黄榆菜、小芙子苗、萎、菰、苦草、菱草、聚草、芦苇、蒲草、轮叶墨藻、马来眼子草等。

动物资源 县境内有丰富的野生动物资源，包括兽、鸟、昆虫、水生、两栖爬行等各类野生动物资源。兽类有黄鼠狼、果子狸、狐狸、赤狐、野猫、野兔、刺猬、老鼠、獾、黄鼬，鸟类有鹰、雁、燕、麻雀、水鸭、山鸡、杜鹃、啄木鸟；昆虫类有蜜蜂、蝴蝶、蜻蜓、螳螂、蝈蝈、蝗虫、蝉；水生类有鲤鱼、鲫鱼、草鱼、鲶鱼、青鱼、白鲢、三角鲂、团头鲂、泥鳅、黄鳝、米虾、中华鳖、圆田螺、圆扁螺、三角帆蚌、圆顶珠蚌等；两栖爬行类有蛇、壁虎、蟾蜍、青蛙等。梁山有悠久的畜牧业历史，经过广大劳动者的长期驯养和精心选育，形成了丰富多彩的畜禽动物品种资源。牲畜类主要有鲁西黄牛、绵羊、山羊、猪、马、驴、骡等，家禽类主要有鸡、鸭、鹅等。

第五节 千年莲子

2013年7月16日下午，在梁山主峰南侧的梁山泊平原水库施工现场发现大面积莲子。此次发现的莲子位于地下大约6.5米处，有一层黑色的腐殖土，当地百姓称其为“宋江土”，比较干燥，一层一层地揭开，还能清晰地看到水草根茎的痕迹，这些莲子就藏在这些黑色的宋江土中，莲子呈椭圆形，深褐色，大小和花生米相似。经相关部门初步考证，这些莲子已有大约1000年的历史，故此次出土的莲子被称为“千年莲子”。

千年莲子

千年莲子出土后，对部分莲子进行简易种植，5天后，千年莲子即出现种皮变软、胚芽萌动；10天后，稚嫩的胚芽逐步突破种皮，绿色小芽探出，显示出旺盛的生命力；其后，依旧能够开花结果。与此同时，梁山县与省市相关科研院所协同协作，开展千年莲子药用产品研究与新产品开发，建设梁山千年莲子产业化发展体系。首先，现场兜底收购千年古莲子，完善相关莲子（荷花）品种种质资源库材料，建立千年莲子品种保护机制；然后培育开发千年古莲子新品种，并在聚义湖、梁山泊、运河湿地等地种植荷花千亩以上，不断提升梁山千年莲子产业的社会经济生态效益。

千年莲子发芽长叶

千年莲子开花结子

千年莲子外皮坚硬致密，像小小“密封包”，把种子密闭在里面，可防止外面水分和空气渗入，也可以防止种子内水分和空气散失，因此莲子生命活动极为微弱，相当于休眠状态；此外，这些古莲子是被埋在深约 30 ～ 60 厘米的泥炭层中，而泥炭的吸水防潮性能良好，再加上泥炭层的上面又有 5、6 米的泥土覆盖，几乎处于一个密闭的环境中，不具有生根发芽的条件，因而得以保持千年的生命力。

千年莲子的发现位置距梁山主峰不到 2 公里，由此进一步证实八百里水泊确实存在，当年宋江等好汉在此聚义；进一步表明千年前梁山一带四面环水，是适宜人类及各种生物生存生长繁衍的好地方；今后更将适宜人类居住和生命繁衍。同时，通过研究探索千年古莲子的生物学信息传递规律，进一步挖掘、培育梁山千年古莲子，加大千年古莲花种质资源保护及产业化系列产品品牌开发，进而丰富水浒文化研究内涵，开创水浒旅游开发新优势，具有重要意义。

第六章 自然灾害

第一节 旱灾

多发生在春、夏季，以春季居多。1994—2013 年的 20 年间，全县大的旱情灾害发生 6 次，分别发生在 1997 年、2002 年、2009 年、2010 年、2011 年、2012 年 6 个年份。

1997 年，黄河自春季开始断流，至 8 月复流，其间 6 月份降雨仅为 3 毫米，造成严重干旱，严重影响夏播。

2002 年，全县遭遇百年不遇的大旱，从年初至年末，持续干旱，全年降雨仅 336.8 毫米，为正常年份的 57%。

2009 年 1—4 月，全县降雨偏少，农作物普遍受旱，受旱面积达 82 万亩，其中：轻旱 65 万亩，重旱 17 万亩，旱地缺墒 5 万亩。因旱造成 15 个自然村 0.5 万人和 0.3 万头大牲畜饮水困难，部分自然村 0.32 万人生产、生活严重缺水，有的地方水源干涸，由于旱情导致全县农作物减产。

2010 年 9 月至 2011 年 2 月，全县连续 5 个多月无有效降雨，平均降雨量仅为 2.2 毫米，比历年同期偏少 97.7%，气温偏高，土壤失墒严重，造成全县农作物普遍受旱，旱情持续延续、形成了冬春连旱，全县重旱面积 46.47 万亩，轻旱面积 24.49 万亩。

2012 年 5—7 月，全县降雨比历年偏少，5 月份降雨量仅为 3.7 毫米，为历年同期 43.7 毫米的 0.8%；6 月份降雨量为 19.4 毫米，为历年同期 67.8 毫米的 29%；7 月份降雨量为 81.9 毫米，为历年同期 159.6 毫米的 51%。该次旱情造成 9.1 万亩夏作物轻旱。

第二节 涝灾

一般发生在夏、秋两季，以秋季最多。造成涝灾的原因有：一是地势低洼，易受涝灾；二是暴雨集中，泄洪河道排水不畅；三是客水流入；四是黄河决口。县内所发涝灾一般多为暴雨集中，泄洪排水不畅所致。

1994年8月6—7日，全县突降特大暴雨，平均降雨量204.1毫米，杨营乡达317.5毫米，又加郓城县大量客水涌入，琉璃河8处洪水漫堤，1处决口，洪涝灾害面积53万亩，成灾20万亩，水围村庄25个，倒塌房屋5329间，造成直接损失2.3亿元。

1994年11月11—30日，梁山县20天内出现极为少见的无日照天气，5天连阴雨和连续7天大雾天气，给工农业、运输等造成不同程度的影响。

1996年7月30—31日，全县降大暴雨，平均111.4毫米；8月4—6日，全县再降大暴雨，平均100.5毫米。两次暴雨，全县积水面积达15.43万亩，成灾8.8万亩，绝产2.8万亩，水围村庄12个，倒塌房屋506间。

1998年8月出现三次暴雨过程，特别是8月7日一次的特大暴雨过程造成城区严重积水，14个乡镇农田积水成灾，受灾面积达30余万亩。

2003年，全县遭遇1964年以后最大降雨，全县降雨822毫米，比常年平均多200多毫米。特别是进入10月后，阴雨连绵，出现最大降雨量215毫米的强降雨过程，造成全县40多万亩农田积水。

2004年7月18日至8月3日，全县出现强降水，平均降雨235.45毫米。连续降雨使梁山县大部分地区形成内涝，汛期农作物受灾面积51万亩，低洼地块的玉米和花生减产和绝产，绝产面积17.67万亩，倒塌房屋300间，受灾人口18.4万人，毁坏堤防30处，桥涵站等基础设施15处，灌溉设施21处，直接经济损失923万元。

2009年8月17—18日，寿张集、小路口、黑虎庙等乡镇遭受暴雨灾害，造成农作物大面积倒伏和房屋倒塌。据民政部门统计，受灾人口56250人，农作物受灾面积9万亩，房屋倒塌53间，损坏122间，经济损失1100万元。

2013年5月26—27日，降水量75.9毫米，造成小麦大面积倒伏，据县民政局统计，全县受灾人口7800人，农作物受灾面积1.1万亩，成灾面积0.33万亩，直接经济损失102万元。

第三节 风雹灾

县域内，风雹灾害多有发生。

1993年8月4—5日，全县突降暴雨，局部特大暴雨，间有龙卷风，时间持续22个小时，全县平均降雨量为163.2毫米，局部达320.7毫米，积水面积46万多亩，倒塌房屋4800多间，直接经济损失1.5亿元。

1995年6月29日，县境内遭受龙卷风袭击。同年7月1日，凌晨5点40分至8点50分，全县遭受特大冰雹灾害，冰雹降落持续半小时之久，最大冰雹重达2.6公斤，同时伴有狂风暴雨，最大风力10级以上，局部降雨达100多毫米。全县农作物受灾面积53多万亩，树木倒折6万棵，损毁房屋5000间，人员致伤200多人，死亡1人，失踪1人，畜禽死亡不计其数。

2004年6月22日、24日，出现两次大风天气，刮倒许多围墙和树木，造成一定经济损失。2006年6月13日15时30—42分降冰雹，冰雹的最大直径为5毫米，没有造成灾害。

2010年4月26日17时前后，梁山县中部出现一次大风天气过程，寿张集、马营、馆驿等乡镇遭受大风灾害，造成部分蔬菜大棚、畜牧养殖大棚倒塌，树木刮倒。据民政部门统计，蔬菜大棚倒塌42间，畜牧养殖大棚倒塌12间，倒塌连体大棚80公顷，刮倒、刮断树木5万棵，经济损失2500万元。

第四节 病虫害

病害 小麦病害主要有纹枯病、白粉病、赤霉病、全蚀病、锈病等。纹枯病是全县小麦的常发病害和重点防治病害，后随着包衣种子大面积推广，纹枯病发生程度明显减轻。白粉病发生面积都比较大，严重年份达50万亩。赤霉病主要由小麦扬花期连续阴雨天气所致，1998年、2012年全县大面积发生。全蚀病是小麦的常发病害，随着包衣种子大面积推广，全蚀病明显得到控制，危害程度较轻。锈病主要受外来菌源、穗期气候条件影响，由于逐年加强防治，病害逐步减轻。

玉米病害主要有小斑病、大斑病、弯孢菌叶斑病、茎腐病、青枯病、玉米粗缩病等。小斑病、大斑病、弯孢菌叶斑病主要受气候影响，经科学合理防治，病害多能控制在病害发生初期。茎腐病是由于栽培管理中肥水运筹不当所致，县内常零星点片发生。青枯病一般发生在玉米生长中后期，2010年、2011年因连续阴雨天气，青枯病发生严重，是造成玉米低产的主要原因。玉米粗缩病主要是灰飞虱发生猖獗所致，2008年后，全县大面积发生玉米粗缩病，后经调整播期、选用抗性品种、药剂防控，粗缩病发病率大幅降低。

蔬菜病害由于品种更新、外界环境改变，发生了较大变化。西瓜的蔓枯病已经超越枯萎病上升为主要病害。大棚黄瓜新出现了斑点病，为黄瓜较难防治病害。西红柿出现曲叶黄化病毒病，无特效药剂，只有加强健身栽培，提前预防。选择抗病毒品种，为最有效措施。

虫害 小麦害虫主要有麦蚜、麦蜘蛛、麦叶蜂、吸浆虫、蝼蛄、蛴螬、金针虫等害虫。麦蚜在适宜的环境条件下，常会大面积发生。发生时，多处于小麦扬花灌浆期，对小麦产量影响很大，是全县小麦田防治的主要对象。玉米害虫主要有玉米螟、黏虫、玉米蚜、二代棉铃虫、甜菜夜蛾、二点委夜蛾，且为玉米常发性害虫。个别年份，气象条件适宜、生态条件适宜时，玉米螟、玉米蚜、二代棉铃虫、甜菜夜蛾都会出现大发生的情况。如：2002年甜菜夜蛾暴发，2008年玉米蚜暴发，2010年甜菜夜蛾暴发；2011年，二点委夜蛾作为一种新出现害虫，迅速暴发成灾。随着种植业结构的调整，蛴螬、蝼蛄、金针虫等地下害虫等成因也发生了变化。随着大豆田、花生田面积锐减，蛴螬数量大量减少；牲畜饲养量减少，施到田间的畜粪等有机肥减少，生态环境发生了变化，蝼蛄在田间数量已经很少。群众忽视对地下害虫的防治，金针虫对一些药剂产生抗性，在田间呈上升趋势，个别地块危害严重。

棉花虫害主要有棉蚜、棉铃虫、棉叶螨，其他有小地老虎、棉盲蝽、小造桥虫、棉蓟马。棉铃虫可以用灯光和杨树枝诱蛾，其他棉花害虫实行化学防治。蚜虫是十字花科蔬菜病毒的传播媒介，其传播病毒所造成的危害，有时比蚜害本身更大。

蔬菜害虫主要有小菜蛾、菜白蝶、菜螟、白粉虱等，影响蔬菜产量。菜蛾虫害春、秋季为盛；菜螟俗称钻心虫，为害时期大多在8—10月；白粉蝶幼虫俗称菜青虫，适宜于月均温20℃～25℃，月降水量在100毫米以下的月份生长发育；白粉虱主要是温室害虫，繁殖力强，主要危害番茄、黄瓜、茄子等蔬菜。

果木虫害主要有美国白蛾、白杨透翅蛾、松毛虫等。美国白蛾为外来物种，传入中国的主要为“黑头型”，食性杂、繁殖量大、适应性强、传播途径广，危害严重，嗜食桑、杨，其次为榆、柳、苹果、梧桐、李、樱桃、柿等，2008年、2009年全县曾爆发大规模疫情。白杨透翅蛾成虫体长11～21毫米，翅展23～39毫米，外形似胡峰，多危害白杨、毛白杨、银白杨、小白杨等杨树。同时危害柳树，繁殖多为一年一代，少数一年两代，主要危害期在4—5月。

梁山縣志

LIANG SHAN XIAN ZHI

1994—2013

第三篇

DI SAN PIAN

农业

20世纪90年代，县委、县政府坚持以市场为导向，大力培植特色农业主导产业和产品，经济作物和养殖业所占比重迅速上升，营造绿色通道、防护林工程和“京九绿色长廊”工程，在全县基本构筑起高标准农田林网的基本框架。2000年，县委、县政府坚持“多予、少取、放活”的方针，实施农业综合开发，逐年增加对农业基础设施、交通通讯、水利电力的投入，大力发展高产、优质、高效农业及特色农业，高效种植、畜禽养殖等传统主导产业规模不断壮大，一大批现代农业示范区、各类生产基地崛起，农业产业结构由以粮为主转变为粮经协调发展、以农业为主转变为农业与非农产业协调发展，农业社会化、规模化、产业化、现代化水平不断提升，全县形成商品粮基地、无公害蔬菜、食用菌、花卉苗木等高效种植和小尾寒羊、鲁西黄牛、肉牛、奶牛畜禽特色养殖等农村经济发展的支柱产业。同时，全面实施绿色通道、农田林网、封山育林、经济林基地等林业四项工程建设，全县植树造林取得显著成绩，全县过境高速、国道、省道和县乡道路基本建成绿色通道，林木覆盖率逐步提高。至2013年，全县农田林网面积80万亩，占宜林网化面积的96.4%；全县粮食总产量78.29万吨，平均亩产量498.5公斤；棉花4333.5公顷，籽棉总产量1.76万吨；蔬菜种植面积16318.4公顷，总产量79.87万吨；果品产量4.53万吨，畜产品产量9.82万吨，水产品产量3.1万吨，实现农业总产值85.88亿元，农民人均纯收入10554元。

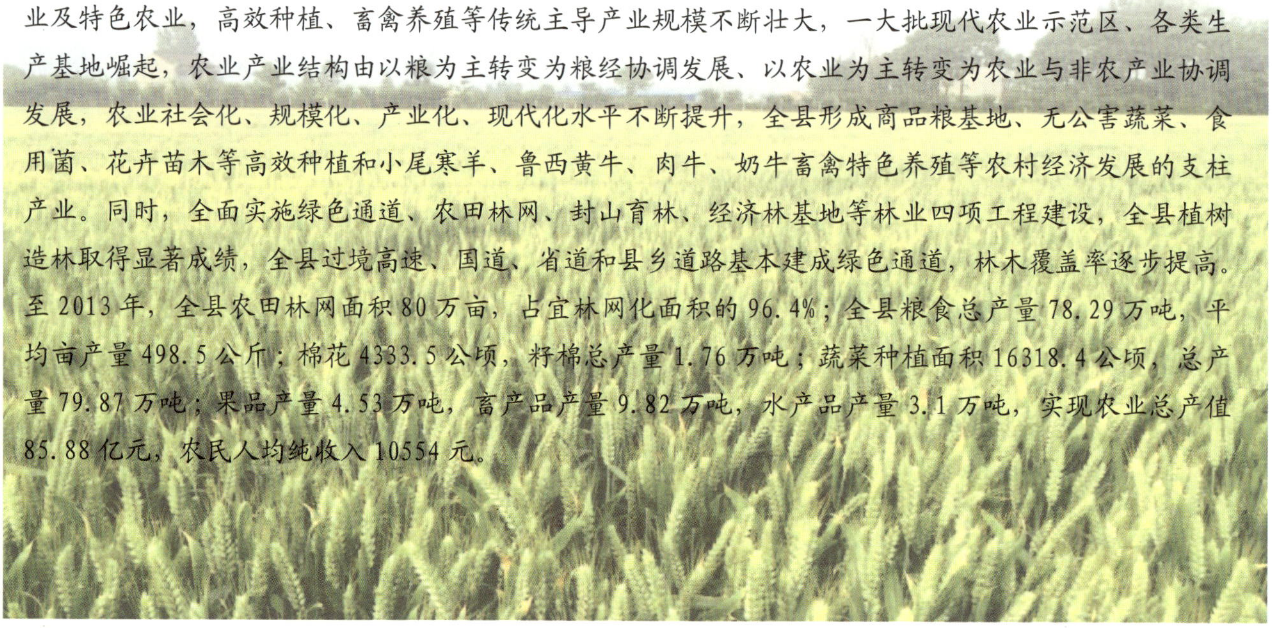

第一章 农业管理

第一节 管理机构

梁山县农业局，正科级行政单位，县政府组成部门，主管全县农业和农村经济发展工作。县农业局为县政府最早设立的科局之一，始称农业科。1956年7月，改称农业局；1959年2月复称农业科；同年9月，改为农林局，其后又分设合并，先后改称农业局、农牧局。1993年12月，县农牧局撤销，设立县农业服务中心，由行政单位改为事业单位，级别未变，归口县农业委员会管理。

1994年，县农业服务中心内设秘书股、政工股、财务股、审计股4个股室，下属农技站、植保站、种子站（后亦称种子公司）、土肥站、科教站、能源站、农经站、畜牧兽医工作站、干鱼头良种场、后孙庄良种场、良种棉保种场11个股级事业单位和县农广校1个副科级事业单位。1996年1月，恢复设立县农业局，正科级行政单位，重新列为政府组成部门，同时，撤销县农业服务中心；同年4月，县减负办由县农业委员会划归县农业局；同年11月，增设县农业环保站、县蔬菜站，均为股级事业单位。2002年4月，县农业局内设办公室（挂政工科牌子）、财务科、政策法规科、生产指导科、市场与经济信息科5个股级职能科室。同年5月，县林业局合并到县农业局，县农业局加挂县林业局牌子，县棉花生产办公室挂靠县农业局。2007年，设立农业产业化办公室，为正科级事业单位；2008年10月，种子公司划归梁山县国有资产管理局，更名为水泊种业有限公司，由农业局代管。2009年，县农业局撤销党组，设立党委。2010年5月，县农业产业化办公室与原棉花生产管理办公室合并为新的农业产业化办公室（挂县农业产业招商局牌子），为正科级事业单位，归口县农业局管理。同年12月，县农业局与县农业委员会合并组建新的农业局，内设办公室、教育科技科（挂人事科牌子）、财务科、发展规划与生产指导科、政策法规科（挂行政许可科牌子）、农产品市场信息与质量监管科、农村经济经营管理科、农业产业化经营科（挂扶贫开发科牌子）8个职能科室。2013年，县农业局及所属单位有在职干部职工150名，其中，干部104人，工人46人；副科级以上干部14人，股级干部39人；具有高级技术职称人员29人，中级技术职称人员36人，初级技术职称人员15人。驻地在县城水泊东路39号。

第二节 农村经济管理

农民减负 1994年，全县“三提五统”总额2206.97万元，人均36.80元，占上年人均纯收入的4.83%，与上年相比下降了0.05个百分点；全县农村义务工262.23万个，劳均9.5个，劳动积累工508.13万个，劳均18.4个。1995年3月，县政府印发《1994年农民负担监督管理工作情况及1995年工作意见》，全面总结1994年农民负担监督管理工作情况，对1995年农民负担监督管理工作提出要求，进一步严格乡统筹村提留费提取程序，严格执行《条例》规定的标准范围，坚决刹住乱集资、乱摊派、乱罚款之风，并管好、用好统筹提留资金。1997年，县政府印发《关于1997年农民负担监督管理工作情况及1998年工作意见》，全县乡村统筹提留预算提取总额为4926.71万元，农民人均82.13元，占上年全县农民人均纯收入的4.68%，其中乡镇统筹费2523.05万元，农民人均42.06元，占上年农民人均纯收入的2.40%，村提留费2403.66万元，农民人均40.07元，占上年农民人均纯收入的2.28%，全县24处乡镇的统筹提留预算总额全部控制在上年农民人均纯收入的5%以内，且全部以村计提。全县编制的义务工、劳动积累工分别为266.97万个、513.60万个；全县农业税征收653.10万元，农民人均10.89元。1998年，农民负担以1997年村农民人均纯收入为基数计提“三提五统”，一定三年不变，全面推行农民负担卡制度，严格实行凭卡向农民收取有关费用，及时开具省主管部门监制的统一票据。同时建立农民负担专项审计制度，财务公开民主监督制度，并认真落实贫困户税费减免政策，对农民人均纯收入850元以下的村，免收乡统筹费，对年人均纯收入850元以下的贫困农户，免收村提留乡统筹费，对特别困难户，其承担税费全部减免，减少份额不得分摊到其他村、户。

税费改革 2001年，中央提出农村税费制度改革，主要是“三取消、两调整、一改革”，即：取消乡统筹和农村教育集资等专门向农民征收的行政事业性收费和政府性基金、集资，取消屠宰税，取消统一规定的劳动积累工和义务工；调整现行农业税政策，调整农业特产税政策；改革现行村提留征收使用办法。2002年，全县开始实施农村税费改革，“三提五统”演变为农业税及附加、农业特产税。2005年5月，县政府印发《关于继续做好减轻农民负担工作的意见》（梁政发〔2005〕18号），提出：严格执行减轻农民负担的政策规定，全面取消除烟叶外的农业特产税，在上年基础上农业税税率再降低2个百分点，继续停收乡村公益事业金，取消统一规定的农村义务工和劳动积累工。同时，规范村级“一事一议”筹资筹劳管理，进一步加强涉农税费的监管，全面落实减轻农民负担的四项制度。2006年1月，随着国家农业税的取消，农村经济管理主要是规范“一事一议”筹资筹劳财政奖补工作，做好村级“一事一议”筹资筹劳的审批工作；认真落实国家粮食直补、良种补贴、农机补贴、农资补贴和库区移民后期扶持政策，农民负担进一步减轻。2007年7月，县政府印发《关于做好2007年度减轻农民负担工作的意见》(梁政发〔2007〕46号),明确农民负担监管工作重点,深入开展专项治理;认真落实减轻农民负担的制度,严肃查处加重农民负担的行为;建立健全减轻农民负担的长效机制。2009年,全年发放粮食直补、农资综合补贴6771万元,发放小麦、玉米、水稻和棉花良种补贴1500余万元。2010年,对农村公益事业"一事一议"筹资筹劳实行财政奖补。2012年,申报"一事一议"项目408个,受益人口45万人,筹资金额280余万元,筹劳个数260万工日,项目总投资11102万元,财政奖补2580万元。2013年,富农、惠农政策全面落实,农机购置补贴1000万元,机械化耕作、收获面积达到200万亩。

"三资"管理 梁山县于1998年和2013年两次进行全县范围内的农村集体"三资"(即资金、资产、资源)清产核资。1998年,全县进行农村集体资产清产核资工作,成立由分管副县长任组长的农村集体资产管理工作领导小组,各乡镇相应成立清产核资领导机构,印发《梁山县农村集体资产清产核资工作实施方案》,明确清产核资的指导思想、主要任务和目标、清产核资工作的对象、范围和内容以及工作步骤,全面清理农村集体资产家底,维护集体资产的安全与完整。受当时条件的限制,历时一年多的农村集体资产清产核资工作没有坚持下去,村账乡管、村会计代理工作也因此而告终。2013年,全县再次进行农村集体三资清产核资工作,制定《梁山县农村集体经济组织三资管理办法》和《梁山县违反农村集体三资规定责任追究办法》,各乡镇调整充实三资委托代理服务中心工作人员61人,乡镇三资委托代理服务大厅面积达到1024平方米,配备计算机32台,打印机21台,电话14部,档案柜橱198组,办公桌椅76套,其他设备32套,农村集体三资管理各项设施和制度逐步完善。全县共清查核实各类资产6.05亿元,负债0.45亿元,包括耕地在内的各类资源6.84万公顷。

第三节 农业体制改革

土地承包流转 20世纪80年代,农村实行家庭承包经营,农业经济和农村居民家庭人均纯收入都有较大增长。20世纪90年代,农村经济发展减缓,农民收入增长缓慢,城乡居民收入差距不断扩大,至90年代中期,农业生产出现低谷,农民收入增幅减缓。1999年3月,县委、县政府印发《关于搞好农村第二轮土地承包的意见》,召开专门会议进行部署安排,全县农村第二轮土地承包工作全面展开。农村第二轮土地承包共签订农村家庭承包合同16.4万余份,颁发土地承包经营权证书11.3万余件。2007年,全县开展农村土地突出问题专项治理工作,违反土地承包法的现象得到有效遏制。

2009年12月,县政府制发《关于促进农村土地承包经营权流转工作的意见》(梁政发〔2009〕52号),促进和规范农村土地承包经营权流转。农村土地承包经营权流转坚持家庭承包经营制度不变,坚持依法、自愿、有偿,坚持因地制宜、分类指导,坚持有序流转、规模经营,引导鼓励多种形式的土地流转,包括:通过委托方式流转、入股合作方式流转、各类农业经营主体和各类人才参与农村土地流转、引导社会资本参与农村土地流转等,明确推进农村土地流转的相关政策及服务措施等。2010年,梁山县采用灵活多样的形式,以农业区域化布局、规模化生产、产业化经营、社会化服务为工作重点,积极推进土地流转和主导产业规模经营,促进"三农"工作和社会主义新农村建设。2013年,全县开展农村土地承包经营权确权登记颁证试点工作,涉及36个村,7100余户,3.75万亩土地。至2013年12月,全县农村实行家庭承包经营的农户18万户,承包耕地面积81.3万亩;全县土地流转面积达13.8万亩,涉及农户3.2万户,分别占承包面积的17%和承包户数的17.8%;全县实现规模经营的面积达5.4万亩,占家庭土地承包总面积的6.6%。

合作经济组织 2000年，梁山县农民专业合作经济组织开始逐步发展，至2006年，全县农民专业合作经济组织发展到76个，其中种植业协会37个，“龙头+基地+农户”的产业化经营格局初步形成。2006年，规模种养总投资达7908.48万元，年纯收入达到2373.1万元；参与产业化经营的农户达到59180户，农民来自产业化经营新增收入人均超过1000元。2007年，《农民专业合作社法》颁布实施，梁山县开始大规模培育发展各类农民合作经济组织。2009年，县政府及有关部门把培育和发展农民专业合作社，作为创新农村经营体制、提高农民组织化程度、增加农民收入的重要基础，大力扶持专业合作组织，积极培育专业协会和农民经纪人队伍，激发农村发展活力，农民专业合作社呈现出迅猛的发展态势。当年，成立合作经济组织15个，农民专业合作社发展到100多户。

2010年，梁山县加快推进合作社发展和规范化建设，至2013年12月，全县有农民专业合作社874个，专业合作社成员24753人，专业合作社带动非成员农户17756户；注册资金21.98亿元。种植业614个，林业35个，畜牧业175个，渔业5个，农机等服务业33个，其他12个；产加销一体化服务451个，生产服务为主289个，购买服务为主12个，仓储服务为主1个，运销服务为主22个，加工服务为主3个，其他96个。2013年，农民专业合作社统一销售农产品总值51589万元，统一组织购买农业生产投入品总值35945万元，培训成员数151520人次，通过农产品质量认证的合作社8个；开展标准化生产的合作社30个，标准化生产基地面积10200亩；创办加工实体的合作社6个，获得财政扶持资金的合作社5个，各级财政专项扶持资金总额30万元。

第四节 农业综合发展

产业调整 20世纪90年代，梁山县开始重视和加强农业产业化调整。1990年，全县农业增加值为34160万元，1995年农业增加值达到97750万元，按可比价格计算，年均递增6.2%。1996年，全面实施农民“211”致富工程；至1998年，全县发展到千头猪场50处，百头牛场50处，百只羊场120处，百只兔场100处，万只禽厂120处。2000年，农业增加值达到11.9亿元，年均递增6.5%。进入21世纪，梁山县加快农业产业调整步伐。2001年，县政府提出加快实施农业产业化战略，实施种植结构、农业内部结构、农业品种结构、农村经济结构四大调整，在稳定粮食总产的基础上，努力扩大经济作物和高效作物种植面积，最大限度地提高土地产出率和经济效益；走“高（科技含量高、生产水平高）、大（规模大）、外（外向型）、新（新产品）”的路子，立足全县资源、区位、技术、市场及传统优势，培植林果、畜禽、瓜菜、渔业、淀粉加工、桑蚕、食用菌7个主导产业，形成区域化布局、规模化生产新格局；充分发挥县域产业优势，在全县形成畜禽规模饲养、万亩水产品养殖、万亩抗虫棉种植、桑蚕生产、优质果园花卉、万亩西瓜生产、圆葱生产、大棚菜生产、食用菌生产、粉条加工等十大生产基地。同年，实施“畜牧富民兴县”战略，大力发展畜牧业，加强龙头企业和基地建设，加快农业产业化进程。至2004年，全县种植瓜菜、棉花、花生等经济作物80万亩以上，粮经比例达到45：55；小尾寒羊、鲁西黄牛、奶牛、生猪分别存栏60万只、14万头、4000头、50万头，禽蛋产量4.5万吨，畜牧业产值占农业产值的比重达到48%。2005年，从以数量调整为主转向以质量调整为主，着力提高农村经济的质量和效益，着力提高可持续发展能力，狠抓粮食生产，稳定面积、提高单产、增加总产，确保粮食安全。全县粮食总产达到35万吨，农业总产值达到38.6亿元，农业增加值达到17.6亿元，畜牧业产值占农业总产值的50%。2008年5月，县政府印发《关于加快发展现代渔业的意见》（梁政发〔2008〕

21号），提出把全县建成布局合理、产业结构优化、地方特色鲜明、生态环境良好的现代渔业经济强县。2010年11月，县政府印发《关于梁山县2010—2012年发展现代农业的意见》（梁政发〔2010〕35号），提出按照“转方式、调结构、促增长、惠民生、保稳定”的要求，加速推进农业产业化进程，不断拓宽农民增收渠道，深化农村综合改革，全力提升农业综合效益。至2013年，全县农作物总播种面积保持在160万亩左右，其中特色高效经济作物达到55%以上，粮食总产达78.29万吨，全县农林牧渔业总产值达到86亿元，农民人均纯收入10554元。

龙头企业 2000年后，随着种植、养殖产业的发展，一批农业企业应运而生。2004年，新上在建农业龙头企业11家，新增投产企业12家，其他粮食加工企业48家，棉花加工企业22家，蔬菜、食品加工企业17家，种植企业2家。至年年底，全县共有年营销额在百万元以上的农业龙头企业109家，其中规模以上农业龙头企业57家，规模以下农业龙头企业29家。至2006年，年销售额超百万元的农业龙头企业达200家，其中年销售额超500万元以上的160家；农业产业化县重点龙头企业39家，市重点龙头企业21家，省重点龙头企业2家。2009—2013年，全县规模以上农业产业化龙头企业达到195家，其中国家级1家，省级4家，市级以上重点农业龙头企业46家。通过省级质量抽检，有20家农业龙头企业质检机构通过省级计量认证，有35个企业通过ISO9000、HACCP、GAP、GMP等质量体系认证。

特色产品 至2013年年底，全县认证无公害农产品8个，其中，认证期内的7个；绿色食品12个，其中，认证期内的8个；地标农产品3个，均在认证期内。梁山县农村能源管理站养殖的梁山青山羊、鲁西黄牛，大义和养猪协会养殖的梁山黑猪，获得农业部农产品地理标志认证；小路口镇路那里西瓜协会、马营乡西瓜协会生产的西瓜，马营乡葡萄协会生产的葡萄，韩国梨协会生产的韩国梨，馆驿镇蔬菜协会生产的黄瓜、苦瓜，安达蒜业产销协会生产的大蒜，绿洲生态农业有限公司生产的小麦、玉米，先后获无公害农产品认证；干鱼头良种繁育场生产的大豆，荣善菌业开发有限公司生产的鲜金针菇，美联果业有限公司生产的黄金梨、红富士苹果，张得格韩国梨种植专业合作社生产的韩国梨，吴路韩国梨专业合作社生产的韩国梨，马营乡惠民农资专业合作社生产的葡萄，金穗粮油工贸有限公司生产的雪花粉、特一粉、家庭面包粉、麦芯颗粒粉、高级饺子粉，梁山菱花生物科技有限公司生产的味精（谷氨酸钠含量≥99%），先后获绿色食品认证；高档鲁西黄牛风味育肥牛肉、青山羊、“臻嘉牌”牛羊肉、“忠义”牌松花蛋等农产品在省内外具有一定的知名度，“梁山泊”青鱼成为济宁市八大渔业品牌之一。

第二章 农业种植

第一节 作物种植

粮食作物 梁山县粮食作物以小麦、玉米、大豆为主。

小麦 小麦是全县最主要粮食作物，1994—2013年，全县各乡镇普遍种植，2013年种植面积最大，为75.54万亩。小麦种植面积占全年粮食总面积的62%，平均亩产416公斤以上。

玉米 1994—2013年，玉米种植面积平均占全年作物总面积31%。随着高产稳产品种的推广，玉米成为全县夏粮主要粮食作物，亩产一般在400～500公斤，2012年亩产突破550公斤，万亩示范方达668公斤；2013年最高亩产达803公斤。

大豆 20世纪90年代，全县常年种植大豆面积在20万亩左右。2000年以后，由于病虫害的加重和比较效益的降低，大豆种植面积大幅下降，平均每年种植面积 8.5万亩以上，亩产140～190公斤。2006年，全县大豆种植面积达12.45万亩，至2013年种植面积为6.44万亩，亩产为188公斤。

1994—2013年梁山县主要粮食作物种植面积与产量统计表

表3-2-1 单位：公顷、吨

年度	小麦		玉米		大豆	
	面积	总产	面积	总产	面积	总产
1994	36897	198018	20165	102480	9174	18743
1995	39293	208378	21304	108696	10239	22233
1996	39946	219541	20683	124992	7012	13676
1997	44861	246376	19975	106195	9277	13118
1998	41686	216621	19209	113957	10497	19403
1999	42640	246246	18689	111013	11346	24902
2000	43270	227563	16433	109668	12087	25965
2001	42842	226606	17080	114938	8696	19436
2002	40973	218533	17510	102040	8088	20194
2003	40460	224353	12581	75680	5451	13976
2004	33188	187722	16530	90048	6018	13072
2005	38771	236980	12290	87542	5064	12929
2006	44600	272952	21000	152964	8303	21301
2007	41421	250739	14055	101008	5449	14111
2008	37226	239474	15327	112281	7577	20044
2009	40072	256030	16681	122931	5462	14499
2010	41746.9	269832	18736	135819	5260	14050
2011	42758.1	289445	35391	262138	4323.4	12014.9
2012	50363.8	352254	47039.3	388488	4294.9	12112
2013	53560.6	382004	46635.4	387580	4438.2	12545.6

经济作物 梁山县经济作物以棉花、瓜菜为主。

棉花 棉花是全县四大农作物和主要经济作物之一，各乡镇均有种植。20世纪90年代，全县棉花生产发展良好，产业经济、社会效益显著，抗虫棉品种多，年种植面积在20万亩以上。其后，由于物价上涨、成本增加、棉花价格下滑，棉花种植面积逐年减少，至2013年，棉花种植面积仅有6.5万亩。

瓜菜 1994—2013年，梁山县把发展瓜菜产业列为优势特色产业，先后出台一系列政策措施，瓜菜种植规模不断扩大，产量和质量不断提高。全县普遍引进推广蔬菜优良品种和种植新技术，健全蔬菜标准体系、检测体系、质量认证体系，共创建农产品质量安全示范区 8 处，其中瓜菜质量安全示范区 4 处，形成日光温室、大中拱棚、地膜覆盖、露地栽培等多种模式并存、多种蔬菜周年生产的格局。至 2013 年，全县蔬菜面积 22 万亩、产量 64 万吨。其中设施蔬菜面积达到 5.6 万亩，产量 33.5 万吨。全县各乡镇均种植西瓜，马营、小路口、赵堌堆等乡镇为西瓜主要产区，2006 年种植面积最大，为 76725 亩；2007 年总产最多，为 259021 吨，平均亩产 3843.3 公斤。

1994—2013 年梁山县主要经济作物种植面积与产量统计表

表 3-2-2　　　　单位：公顷、吨

年度	棉花		瓜菜		油料	
	面积	总产	面积	总产	面积	总产
1994	13400	6345	5265	215966	3616	14760
1995	5400	4536	9663	575023	4544	21784
1996	8339	6217	16062	797408	5713	21157
1997	5314	4908	15955	641807	5953	21483
1998	6260	5454	13736	491679	6272	20253
1999	6352	7365	14250	576698	7860	35269
2000	6333	8170	13213	554957	10164	45929
2001	9181	13293	12962	529104	10042	46347
2002	10204	13479	14805	580540	9128	36097
2003	15009	18170	17467	694049	10583	38104
2004	15865	21312	17798	662691	9205	36847
2005	16704	23029	20455	811038	9555	46129
2006	14013	19446	19393	1066168	6740	34547
2007	19124	29605	22657	1210029	8719	41701
2008	17306	24730	25073	1245169	7326	36548
2009	15916	20549	28059	1352108	4978	24585
2010	13008	16746.2	27854.2	1335717.2	4869.8	24650.7
2011	8681.1	11117	20188.2	986249.7	3435	17469.6
2012	5283.6	7100.8	18847.8	931314	3475.5	18397.3
2013	4333.5	5876.4	19837.7	980775	3177.7	16666.6

第二节 种植管理

梁山县属黄泛冲积平原，地势平坦，土壤肥沃，排灌方便，光热资源丰富，比较适宜小麦、玉米、大豆和棉花的种植。

小麦主推品种为高产潜力大、抗逆性强的济麦 22 号、良星 99 和山农 20。其生长以较高的土壤肥力和良好的肥水条件为基础，故在小麦播种前施足小麦底肥，培肥地力，深耕细耙，营造适宜的土壤墒情，使土壤相对含水量在 75%～80% 之间，并做到适期播种、精细播种、提高播种质量。对小麦的田间管理要做到：冬前管理要疏密补稀，保证苗全苗匀；冬前旺长麦田，进行隔行深耘断根；底墒不足和冬前较旱的地块浇越冬水，墒情适宜时及时划锄，以破除板结，疏松土壤，促根系发育，促壮苗；春季返青期要因地因苗，精细划锄，拔节期追肥浇水；小麦生长后期要浇好灌浆水，同时还要预防白粉病、锈病，切实防治蚜虫。

玉米品种主要是中晚熟紧凑的郑单958，一般在每年5月下旬麦田套种玉米，主要推广小麦宽幅精播高产机械化栽培技术和深耕改土整地技术。玉米的播种应合理密植，一般在30～45公斤/公顷，平衡施肥、精细管理，及时间苗、定苗，去糵，拔除小弱株；当雄穗抽出而未开花散粉时，隔行或隔株去除雄穗；在苗期和穗期，结合除草和施肥及时中耕两次。

大豆品种主要为荷豆12、中黄13、早熟1号等，产量一般亩产150公斤左右。大豆生育期较短，属于直根系作物，适时切断大豆主根，可促进大豆侧根生长，增加养分吸收和增强根瘤菌固氮能力，断根宜在播种后10～11天时进行。对有徒长或贪青晚熟趋势的大豆要摘除顶心。

棉花主要推广丰产潜力大、抗病虫性强的鲁棉研28和鲁棉研36等抗虫棉品种。播种前要对种子进行晾晒处理，还应对种子进行浸种催芽和药剂拌种处理。直播棉田要进行造墒保墒、精细耕作、培肥地力、合理施肥。适时播种是棉花全苗的关键，正常年份一般在4月16—25日为最佳播种时期，在这个范围内，播期要服从天气变化和墒情，一般选在冷尾暖头。播种时要注意适量规范播种，掌握好播种方法。棉花苗期病害种类较多，在棉花生长过程中要注意防病害和虫害。

第三节 种植技术

20世纪90年代初，梁山在农业技术方面注重各种农作物种植及田间技术指导。全县小麦种植品种主要是鲁麦1号、晋麦21、鲁麦8号等，推广的主要技术为适期早播技术，适宜播期在秋分左右；玉米主要种植大穗型品种，如农大108、鲁单981、金海5号等，由于当时是人工种植，因此种植密度较稀，平均3000株/亩；大豆种植大都是地方性的老品种，种植较稀，一般在10000株/亩以下，由于当时大豆大都不施肥、不浇水，因此产量水平很低；棉花种植主要是非抗虫棉品种。20世纪90年代中期，梁山县逐步加大引进推广农业新技术力度，作物栽培研究进入探索发展时期，全县在小麦、玉米、大豆和棉花四大作物大面积高产综合配套技术体系得到全面发展，无公害、绿色、有机等标准化栽培技术进入快速发展时期，农业信息化技术得到广泛应用。这一时期，实施小麦“增穗增粒稳定粒重”的高产技术模式，及小麦与棉花的“四加一”和“三加二”的套种种植模式等，棉花种植主要推广抗虫棉，取得较好的收益。

进入21世纪，主要农作物种植品种进行更新换代，小麦主推品种为济宁12、济麦20、济麦19、济宁13等，这些品种无论产量还是品质都有所提升，2000年前后曾一度推广过潍麦8号、淄麦12、兰考906等大穗型品种，这些品种对地力水平要求较高，稳产性较差，其后恢复种植密植性品种，这个时期推广的技术主要为精量半精量播种。2004年，全县开始推行强筋小麦品种，如济麦20、济宁16、洲元9369等，这些品种品质好，但产量水平相对较低，逐步退出市场，高产中筋小麦逐步成为生产上主推品种，如济麦22、良星99、良星66、鲁原502等，这一时期在小麦上推广的先进技术主要是冬小麦宽幅精播高产栽培技术、小麦氮肥后移高产栽培技术、小麦规范化播种技术和小麦深松少免耕镇压节水栽培技术。在玉米种植上主要推广玉米“一增四改”技术（合理增加种植密度，改稀植品种为密植品种，改麦田套种为麦后直播，改粗放施肥为配方施肥，改人工种植为机械化作业），并推广玉米晚收技术、玉米粗缩病综合防治技术和二点委夜蛾综合防控技术。大豆种植上改种生育期长的高产品种，如山宁16、徐豆14、中黄35等，亩产能达250公斤以上，主要推广大豆窄行密植技术，其技术要点包括：选择适宜品种、根据地力水平品种特点确定适宜的种植密度、足墒精细早播种、适时灌水、合理施肥、及时铲除田间杂草、搞好病虫害防治。在棉花种植上，重点推广抗虫棉防早衰丰产栽培技术，采用对路品种、秋冬深耕棉田、追肥后移、早发棉田去早果枝等技术措施，协调棉花的库源关系和根冠关系，实现早熟不早衰的正常属相；还推广盐碱地棉花丰产栽培技术、棉花轻简化生产关键技术和配方施肥技术。

第四节 特色种植

2001年以后，梁山县加快农业产业结构的调整优化，逐渐形成不同品种、不同方式的特色农产品产业带。其中以馆驿、小路口为中心形成梁山一东一西两个食用菌产业园，以黑虎庙、馆驿为基地的蔬菜大棚形成一定规模，以马营、小路口为主的西瓜基地、赵堌堆乡的花生基地、梁山街道办的莲藕基地、拳铺镇的绿色韩国梨基地等形成特色农产品种植产业带，由原来的分散种植经营转变为集中区域种植经营，为现代农业示范园区奠定了基础。2005年，全县棉花、花生、瓜菜、花卉苗木、中药材等经济作物种植面积达到82万亩，其中，反季节精细瓜菜达到3万亩，露地瓜菜24万亩，形成23万亩优质小麦、30万亩优质棉花、万亩中药材、小安山万亩大蒜、韩垓万亩芦笋和马营、小路口万亩西瓜等一大批高效农业种植基地。2006年，注重培植大蒜、瓜菜、杞柳、肉奶牛、肉蛋鸭、中药材、特色林果等产业，规模种养基地发展到130个。其中，全县大蒜基地规模达到12万亩，大棚蔬菜面积发展到2000亩，拱棚西瓜发展到3000亩。2007年，规模种养基地发展到157多家，其中市级种养基地50家。至2008年，培育形成千亩以上西（甜）瓜、黄瓜、西红柿等瓜菜村35个，发展冬暖式大棚（菜）5000个，瓜菜面积达到25万亩，食用菌种植面积达到580万平方米，同年，梁山县被命名为首个“全国食用菌工厂化生产示范点”。2009年，建成标准化规模种植基地47处。至2013年，全县建成食用菌、西瓜、葡萄、韩国梨、畜产品、水产品等市县农业质量安全示范区30余处，规模种养基地发展到360处，初步形成以馆驿现代食用菌产业园、凯莱生态农业文化园、黄河农业科技观光园、粮食高产创建示范区、馆驿设施蔬菜示范区、菱花现代生态农业示范园、金农渔业生态示范园为代表的现代农业示范园区。

西瓜种植基地

采摘食用菌

第五节 梁山抗虫棉

梁山县作为全省植棉大县，每年种植棉花面积占全县耕地面积的三分之一左右。20 世纪 90 年代初期，在棉花种植过程中，棉铃虫给棉花生产带来极大危害，全县年平均损失 500 万元以上。1995 年，县人大常委会副主任王占甲得知北京农科院研究出一种不生棉铃虫的抗虫棉，他马上与分管农业的副县长王佑明及农业、科技部门有关人员研究，确定想方设法引进这种抗虫棉。抗虫棉属国家高新技术“863”计划重点项目，其产量、衣分、绒长、色泽、抗拉力等，各项指标优于现行主栽品种，尤其是杀虫基因“加倍的双向高效植物表达载体”的构建，达到国际领先水平。据此，县里决定去北京联系引进抗虫棉事宜，经反复协商，终于获得三系种子 100 粒，并将梁山暂定为“转基因抗虫棉”试种基地，正式签订合作合同。

100 粒种子带到梁山后，立即组成“转基因抗虫棉”实验示范领导小组，于 1995 年 4 月在后孙庄良种场立即投入试种。同时，到海南进行加代繁育，进一步验证这种棉花抗棉铃虫以及抗其他病虫害和自然灾害的性能。副县长王佑明专门组织安排赴海南繁育等事宜，有关人员在海南省租来的四亩多地里精心耕耘半年，至 1996 年 3 月，将收获的 101 公斤抗虫棉运回梁山。同年 5 月，县农业局组织后孙庄良种繁育场把转基因抗虫棉移栽到 300 亩麦套棉田中。同年 7 月，县委、县政府组织专门班子对 300 亩抗虫棉的变异性、抗虫性、丰产性、出苗率等一系列指标进行严格鉴定，得出套种在低于一般地力麦田中的这 300 亩转基因抗虫棉，棉铃虫对其危害为零的结论。在大面积种植时，产量、衣分等主要指标均优于其他品种，在冀鲁豫一带有巨大的丰产潜力。同年 8 月，抗虫棉专家郭三堆偕同农业部品种审定委员会主任郭恒敏到梁山考察，对梁山 300 亩棉花长势喜人、丰收在望的情景，感到非常高兴。该次考察，为将梁山定为全国“转基因抗虫棉繁育基地县”奠定基础。

梁山抗虫棉

1997 年 8 月，国家科委、农业部、中国农科院、国家科委生物工程开发中心、山东省农业厅、山东省科委有关领导、专家到梁山县对转基因抗虫棉试验示范进行现场考查，认定 A-18 系抗虫性强，丰产性好，定名为 GK-12（即国抗 12 号）。经测算，若按种植 5 万亩计算，仅种子一项，将收获 1000 万斤，如果能外调 700 万斤，可获得亿元以上的效益。当时，全国仅有这种转基因抗虫棉 1000 余亩，其中梁山就有 300 亩。1998 年，全县扩大抗虫棉种植面积，达到 10 万多亩，棉花丰收，经济收入大增。1998 年 9 月 16 日，农业部、国家科委在梁山召开全国重点项目“863”转基因抗虫棉现场会，参加会议的有来自江苏、安徽、河北、山西等省和国家重点科研所负责人，会上参观马营乡洼里片、小安山乡青堌堆片大面积抗虫棉丰产方和重点试验对比区，与会人员对梁山抗虫棉试种成功给予高度评价。1999 年 10 月，梁山县获国家农业部颁发的科技进步奖，奖金 50 万元；同年 11 月，获山东省农业厅颁发的科技进步一等奖，奖金 10 万元；2001 年 9 月，获山东省科学技术进步奖三等奖，奖金 10 万元。2007 年 5 月，中国农科院、中国农业大学在北京人民大会堂举行全国种养基地代表大会，县人大常委会原副主任王占甲应邀参加，并受到国家领导人接见。

第三章 林果业

第一节 管理机构

梁山县林业局，始建于1956年1月，时称林业科；1959年10月，改为林业局。后与农业局多次合并分设，曾称农林局。1975年1月，复设林业局。1993年12月，县林业局撤销，成立县林业服务中心，正科级事业单位，退出政府序列，归口县农业委员会管理，在乡镇工作的林业技术人员移交各乡镇管理。1996年1月，恢复设立县林业局，正科级行政单位，县政府组成部门，内设人秘股、财务股、林政股，下设林业站、果树站、种苗站、森保站、木材检查站、蚕桑生产办公室，直属西郊苗圃。1999年，林业局在后码头设立木材检查站，为股级事业单位。2002年5月，县林业局与县农业局合并，称梁山县农业局，加挂梁山县林业局牌子，为县政府直属行政单位。2003年11月，县政府成立森林防火指挥部，指挥部办公室设在县林业局。2008年7月，人秘股、财务股、林政股分别更名为办公室、财务科、林政科，同时增设科技产业科。2010年12月，县林业局设办公室、资源和林政科（挂行政许可科牌子）、财务科、科技与产业发展科4个职能科室。2013年，林业局有工作人员64人，其中高级职称专业技术人员16人，中级职称专业技术人员12人。驻地梁山县城人民南路21号。

第二节 林业资源

资源种类 县境内共有各类乔木及灌木、花木54科，86属，160余种。

乔木主要有杨、柳、松、柏、槐、椿、榆、楝、桐、枫、楸、梓、桃、杏、梨、柿、枣、桑、李、苹果、山楂、石榴、海棠、棠梨、林檎、皂角、核桃、山桃、杜仲、合欢、丁香、无花果、白蜡等。

灌木主要有紫穗槐、簸箕柳、杞柳、花椒、荆条、冬青、枸杞、黄连、连翘、沙棘、山榆、香莲、黄刺玫、胡枝子、野蔷薇、金银花、牛金条、夹竹桃等。

花木主要有牡丹、玫瑰、月季、合欢、玉兰、菊花、芍药、蔷薇、芙蓉、水仙、凤仙、萱草、冬青、石楠、山芋、毛竹、雪松、桧柏、紫藤、栾树、木槿、樱花、百日红、夜来香、迎春花、牵牛花、鸡冠花、喇叭花、步登高、万年青、美人蕉、仙人掌、石竹梅、榆叶梅、老来少、大叶女贞、金叶女贞等。

主要树木 县境内主要有杨、柳、松、柏、槐、椿、楝、桐等树种。

杨树　主要品种有：毛白杨，白杨派乔木，皮青白平滑，树干端正，木材呈淡黄褐色，纹理直，结构细致，树干挺拔高大，树势雄伟，木材为民用优质材，系主要乡土树种之一；小叶杨，青杨派乔木，树木呈灰褐色，树皮粗糙，木材纹理细致，易加工；加拿大杨，黑杨派乔木，树皮灰绿色或灰褐色，表皮粗糙，容易成活，生长迅速；中林“46”杨，中国林科院1979年选育成功，20世纪80年代引入梁山，生根力强，苗期生长量大，造林成活率高，为县内主栽品种之一；“107”杨，属黑杨派无性系，从美洲黑杨和欧洲黑杨中选育出的优良品种，因其具有干形好、材质好、生长期长、抗病虫、生长快的特点，已在全县普遍种植。

槐树 主要品种有：国槐，又名家槐，落叶乔木，有黄槐、黑槐两种，黑槐木质呈白色，质地较粗糙；黄槐木质细致坚硬，是制作器具之佳材。刺槐，俗称洋槐，由美国引进，喜光，忌水湿，浅根性，耐干瘠及轻度盐碱，生长迅速。

柳树 乔木，喜光，抗寒耐涝，较适应湿润土壤栽植。

榆树 又名家榆，榆科乔木，是乡土良种之一，木质坚硬，为民用上等梁檩材料，果实形似制钱，俗称“榆钱”，可食用。

椿树 苦木科，落叶乔木，叶有臭味，抗烟尘，耐干瘠及轻度盐碱，是荒山造林的优良树种之一，木质软硬适中，纹理直，多用于加工门窗。

楝子树 幼树皮光滑、多孔，木质淡红褐色，纹理直，软硬适中，抗虫蛀，不易变形，最适于制作家具。

梧桐树 又名泡桐，喜爱湿气候，适宜疏松肥沃土壤，具有根系发达、耐贫瘠、生长快等优点，生长最高者达 17 米，胸径达 1 米。

柏树 又名侧柏，柏科乔木，四季常绿树种，耐干瘠及轻度盐碱，是荒山造林的主要树种。

种植分布 侧柏主要分布在梁山、凤凰山等地区及村庄、四旁，圆柏、龙柏、桧柏、洒金柏、绒球柏、扫帚柏、铅笔柏等主要分布在机关单位庭院；雪松、赤松、油松、金钱松、白皮松分布于庭院，黑松分布于烈士陵园。黄连木、火炬树分布于梁山，五角枫、三角枫、栓叶枫分布于庭院、街道。杨树、柳树、槐树、榆树在全县分布广泛，其中，毛白杨分布于村庄四旁，加拿大杨分布于河堤及村庄、四旁，小叶杨、“107”杨等均零星分布；旱柳多分布黄河滩区及湖洼、四旁，垂柳分布于城区公园路旁，较零星，簸箕柳道路两旁；刺槐广泛分布，国槐、龙爪槐分布于四旁，紫穗槐等其他分布于道旁；白蜡分布于河滩、堰边，青桐分布于庭院，法桐分布于庭院、街道，苦楝、川楝、皂角、毛竹、刚竹、零星分布，桑树零星分布或种植于专用桑园。蔷薇科包括苹果、桃、杏、李，多种植于果园，芸香科包括花椒、黄蘖种植于庭院、果园，林檎、海棠、棠梨多种植四旁、果园，葡萄、胡桃、大枣、柿子、枸杞、无花果零星分布于庭院、山坡等。

花木苗圃 2013 年，全县共有各类花木苗圃 60 处、面积 3 万亩，其中，国有苗圃 1 处，私营苗圃 59 处。国有梁山县西郊苗圃占地 360 亩，育有各类树木；梁山良福园林，面积 360 亩，以国槐、白蜡、大叶女贞为主；梁山艺馨园林有限公司，面积 320 亩，以竹柳、白蜡、法桐、女贞为主；梁山春天苗木专业合作社，面积 316 亩，以大叶女贞、国槐、白蜡为主；梁山森汇苗木种植专业合作社，面积 310 亩，以法桐、白蜡、国槐为主；梁山昌宇绿色苗木专业合作社，面积 300 亩，以国槐、白蜡、合欢、栾树、紫薇、樱花为主；梁山聚贤园林合作社，面积 260 亩，主栽品种为樱花、紫叶李、西府海棠、百日红、大叶女贞；梁山长岭森林苗木有限公司，面积 260 亩，以海棠、国槐、法桐为主；梁山绿满苑苗木有限公司，面积 240 亩，以法桐、国槐、白蜡、垂柳为主；小路口镇孙那里村苗圃，面积 260 亩，主栽品种为高杆石楠；梁山良丰苗木花卉有限公司，面积 380 亩，以栾树、大叶女贞为主。至 2013 年，全县育苗面积达到 2 万亩，苗木产量达 264 万株，观赏苗木 200 万株，可提供下年造林用苗 240 万株。

古树名木 梁山历史悠久，拥有一定存量的古树名木。2002 年 6 月，全县进行第一次古树名木保护调查工作，对全县古树名木进行测量、登记、编号、拍照、造册、建档，落实管护责任单位或责任人。县政府出台《梁山县古树名木保护管理办法》，古树名木保护工作全面加强，对村庄内古树名木制作护栏，并定期进行

水泊街道张坊村古槐树

拳铺镇岳家大院皂荚树

检查，发现病虫害及时进行防治，强化了保护措施，各类古树名木全部长势良好。至2013年，全县有古树名木品种5个，主要是国槐、侧柏、皂荚、桑树等，各种古树名木13株。

2013年梁山县古树名木一览表

表3-3-1

名称	树龄	生长地	保护级别	保护措施	备注
国槐	600多年	县城水泊东路南端（张坊村）	一级	挂牌、设立护栏、病虫害防治	生长旺盛
国槐	600多年	县城银都山庄南（张坊村）	一级	挂牌、设立护栏、病虫害防治	生长旺盛
国槐	350多年	水泊街道孟家店村	二级	挂牌、设立护栏、病虫害防治	生长一般
国槐	300多年	马营镇鲍垓村北	二级	挂牌、修补树洞、病虫害防治	生长一般
国槐	300多年	韩岗镇西大屯村	二级	挂牌、病虫害防治	生长旺盛
国槐	260多年	韩岗镇西孙庄村	三级	挂牌、设立护栏、病虫害防治	生长一般
国槐	200多年	拳铺镇琉璃井村	三级	挂牌、设立护栏、病虫害防治	生长一般
国槐	200多年	寿张集镇道沟村后街	三级	挂牌、病虫害防治	生长一般
国槐	150多年	水泊街道孟家店村	三级	挂牌、病虫害防治	生长一般
桑树	280多年	梁山街道高垓村	三级	挂牌、修补树洞、病虫害防治	生长旺盛
皂荚	280多年	拳铺镇拳西村	三级	挂牌、设立护栏、病虫害防治	生长旺盛
皂荚	120多年	开发区洼李村东北	三级	挂牌、病虫害防治	生长旺盛
侧柏	200多年	梁山风景区一关附近	三级	挂牌、病虫害防治	生长一般

第三节 植树造林

1994年6月，梁山县植树造林达到山东省“八五”绿化标准，先后建成东部用材林、西部丰产林、南部经济林、北部防护林、中部风景林等五大林区。之后，重点抓窗口绿化和绿色通道工程、第二期黄河防护林工程和“京九绿色长廊”工程，在全县基本构筑起高标准农田林网的基本框架。至1996年年底，全县有林地面积发展到11.8万亩，其中，果树面积6.7万亩，林网化面积8.3万亩，四旁植树达到1872万株，林木覆盖率达到17.6%。2012年6月，在县城区东部启动现代林业观光园建设，观光园规划总面积1000余亩，以现代林业示范、经济林品种资源汇集、生态旅游等现代林业产业项目展示为主要内容，栽植各类果树4.8万余棵，绿化苗木近万株。至2013年年底，全县路旁、沟旁、渠旁和宅旁等四旁空地全部绿化；农田林网面积80万亩，占宜林网化面积的96.4%；全县过境高速、国道、省道和县乡道路基本建成绿色通道，绿化区建设总面积达3000亩；在南水北调两侧栽植防护林8000亩；景区绿化1100亩，林木覆盖率逐步提高，树种结构得到优化，绿化档次明显提升。

林业重点工程 2000年12月，县政府召开实施林业重点工程动员大会，县长商建设作动员报告。自此，梁山县实施绿色通道、农田林网、封山育林、经济林基地等林业四项工程建设全面启动，至2001年，全县林业四项工程建设取得显著成绩，新建绿色通道150公里；新建农田林网5万亩，完善林网18万亩；新增封山育林100亩，完善封山育林2000亩；新造林1万亩，其中栽植经济林（主要是桑园）5500亩。2003年，梁山县继续引导广大农民发展速生用材林、名优经济林、林木种苗和林木加工业，在全县建成较完备的生态体系和比较发达的林业产业体系。至2007年，全县有林地面积25.72万亩，其中速生丰产林9.9万亩，经济林3万亩，种苗花卉5800亩，林木覆盖率25.1%；林木蓄积101万立方米。2008年，按照《中共济宁市委、济宁市人民政府关于实施林业六大工程推进现代林业建设的决定》（济发〔2008〕7号），结合梁山林业发展实际，在实施林业四项工程的基础上，县委、县政府坚持以生态县建设为中心，以农业增效、农民增收为重点，以改善生态环境为目标，进一步组织实施以绿色通道、景区绿化、湿地保护恢复、果品质量安全示范区、三大特色产业基地、绿化示范村镇建设为主的林业六大重点工程建设。至2013年，林业六大重点工程全面完成，5年全县累计造林7.85万亩，其中，速生丰产林4.31万亩，防护林2.07万亩，经济林1.47万亩，营造绿色通道1012公里，完成封山育林2000亩，累计育苗2.4万亩。林地面积达32万亩，其中，丰产林13万亩，防护林14万亩，经济林5万亩，森林覆盖率达29.6%，林木蓄积达126万立方米，全县生态环境得到明显改善。

黄河生态防护 梁山县地处黄河南岸，黄河滩区总面积6.5万亩，涉及小路口、赵堌堆、黑虎庙三个乡镇。由于历史上黄河多次决口、改道冲积，滩区土地沙化严重，土地瘠薄，漏水漏肥，土地条件恶劣。据此，梁山县在黄河滩区持续推进植树造林运动，2011年，以治理生态环境、改善群众生产生活条件、实现经济可持续发展为目标，对滩区土地进行统一规划造林，综合治理，分批实施，组织开展以“治沙源、涵水源、增资源、拓财源”为主要内容的林业生态建设；2012年，建成1.2万亩水系生态防风固沙林；至2013年，全县滩区有林地面积达4万亩，滩区森林覆盖率达到71.4%。

第四节 果业生产

1994年，县委、县政府积极引导林农发展经济林，至2013年，全县果园总面积达5.48万亩，其中苹果0.85万亩，梨1.99万亩，桃0.2万亩，葡萄0.5万亩，无公害果品质量安全示范区3处，面积6000亩。

果品种类 主要果品有：苹果、梨、桃、杏、李、核桃、柿子、枣、山楂、草莓、樱桃、木瓜、石榴、无花果等。

苹果 主要品种有金帅系、元帅系、富士系、腾牧一号、早捷、嘎啦、美国八号、津轻、乔纳金等品种。其中，以元帅系的玫瑰红、新红星、首红、金帅系的金矮生、富士系的长富、短富、烟富6等栽培面积较大。

桃 桃类有蜜桃、五月鲜、六月红、毛桃等品种，尤以梁山蜜桃品质最佳。后引进肥城桃、上海小蜜桃、曙光、中华寿桃、蟠桃、油桃等。

杏 杏为梁山长寿果树，栽培历史悠久，多植山坡、庭院，分布广泛，梁山杏花村为集中产地之一。梁山杏品种较多，有红荷包、白雪花、白核杏、菜籽黄、麦黄杏、老来酸、李子杏、大青杏、老鸹头、大红杏、巴旦杏、红巴一等10余个品种，其中，以红荷包、白核杏、麦黄杏、巴旦杏为佳；新栽品种有金太阳、凯特杏等。

梨 当地品种主要有池梨、坠子梨、酥梨、金花梨、莱阳梨、香水梨、巴梨，新引进的有华山、新高、元黄、秋黄、黄金、水晶等品种。

柿子 主要品种有牛心柿、蜜心柿、镜面柿、磨盘柿、日本甜柿。多栽植山区的村内外、梯田堰边。

山楂 主要品种有大金星、大货、敞口、绵球。

葡萄 主要品种有巨峰、玫瑰香、龙眼、富士、京亚、红提、腾稔等。葡萄种植发展较快，2011年，全县达333公顷，年产量3900吨。

特色果品 县内特色物产主要有白杏、蜜桃、大枣等。

梁山白杏

梁山白杏 又称蚕白杏、白核杏、大白杏、银杏等，产于梁山山麓及周围村庄，已有400余年的栽培历史。梁山白杏的集中种植区为杏花村，该村原是一个杏桃柿梨间植、村民散居的山村，包括东马庙村、西马庙村、杏花村三个自然村，后合并成为一个行政村。原有杏树8000多棵，其中百年以上杏树200多棵。1987年，梁山白核杏被山东省林业厅评为优质果品。至2013年，栽种白核杏树新品种“金太阳”1.2万棵。白杏单果重45～50克，可食率95.6%，具有个大、色鲜、核白、味美、肉质细嫩、甘甜微面等特点，拿在手中便可嗅到一股沁人心脾的清香味；核中果实称杏仁，为重要中药材，有镇咳祛痰等功效。

梁山蜜桃 因成熟于八月，俗名是八月寿，产于梁山周围，已有300余年栽培历史。蜜桃是长期选育而成的秋桃优良群系，共有25个品种。其中，以平顶桃、大白桃、大青桃、水

梁山蜜桃

红桃、裂桃5个品种尤佳。梁山蜜桃的突出特点是个头大（单果重150～180克）、形色好、（呈白、青、红三种颜色）、纤维少、浆汁多、肉质细腻、味道甘甜（含糖量达16.38%），含有丰富的维生素C等多种营养物质，具有独特的冰糖味，品质最佳，驰名省内外。20世纪70—80年代，梁山蜜桃被誉为“山东四大蜜桃”之一，被编入农学教科书。至2013年，县林业局建有梁山蜜桃生产科研基地一处，占地300亩，栽有梁山蜜桃3000多棵。

梁山大枣 主要品种有圆铃枣、长红枣，大都分布在寿张集、大路口、小路口、黑虎庙一带。圆铃枣个大、质硬、色鲜红、含糖量高，丰产优质，制干率高，适于加工，生熟食皆宜。长红枣形长、个大、脆甜，色红绿相间，含糖量丰富，宜生食。

果业发展 梁山县境内属黄河冲积平原，土层深厚，土质多为中壤土，有机质含量0.9～1.3%，且水源充足，水质为重碳酸型淡水，矿化程度0.5～1.5g/L，pH值在6.8～8之间，加之气候温和、光照充足，非常适宜果树等经济林生长。全县果树等经济林栽培历史悠久，20世纪60年代，梁山县林果园成为菏泽地区林果示范园，梁山蜜桃成为省、部级优质选育成果项目。2000年后，全县果树等经济林快速发展，各类果林果品专业合作社、民间协会相继组建，林果业实现生产、销售一条龙，进一步促进了林果业的发展。梁山美联园艺场、永丰核桃园、得格韩国梨专业合作社、美联黄金梨专业合作社、“郓哥”梨种植专业合作社、绿丰园苹果种植专业合作社、核桃专业合作社、杨奉福苹果园等渐成规模，并涌现一批林果专业村，如：薛屯葡萄专业村、张飞垓梨专业村、码头苹果专业村等，其果品产量稳、质量好、远近闻名，备受中外客户欢迎和好评，产品远销俄罗斯及东南亚其他国家和国内的南北各省。2001年，红珍珠石榴获国际林产品博览会金奖；2009年，“华山”梨获国际林产品博览会金奖；其他多种果品多次获济宁市优、市级金奖。至2013年，全县果园发展到800余处，绿丰园苹果种植专业合作社被评为市级标准化示范园，杨奉福苹果园获济宁市“四星级”果园称号;各类果品获有机食品认证2个，绿色食品认证1个，无公害食品认证3个，其中，“琉璃河”牌系列果品获绿色食品、有机转换食品、富硒食品认证，“浒泊”牌韩国梨获无公害产品认证，“浒泊”牌巨峰葡萄获无公害产品认证。

巨峰葡萄采摘

1994—2013 年梁山县果园面积及产量统计表

表 3-3-2

年度	种植面积（万亩）	果品产量（万公斤）	年度	种植面积（万亩）	果品产量（万公斤）
1994	6.8	980	2004	2.9	2492
1995	5.6	980	2005	3.6	2500
1996	5.3	1046	2006	4.4	2516
1997	4.0	1587	2007	4.5	2537.9
1998	3.8	1896	2008	4.8	2415.2
1999	3.8	2396	2009	5.1	2616.9
2000	3.0	2460	2010	5.18	2647.8
2001	2.9	2480	2011	5.29	2649.4
2002	2.9	2490	2012	5.48	2720.26
2003	2.9	2468	2013	5.31	6212

第五节 植桑养蚕

1994 年，梁山县设立蚕桑生产办公室。到 1995 年，设立拳铺、马营、徐集、馆驿四处收烘站，已具备产供销一条龙的服务体系。至 2002 年，全县桑园面积达 4000 多亩。桑蚕基地主要分布在拳铺、马营、小路口、小安山、馆驿、赵堌堆等乡镇。2003 年，全县发放蚕种 14000 余张，产鲜茧 58 万余公斤，产值近 1000 万元，亩均效益在 2600 ～ 3200 元。马营乡柯庄村、许庄村、拳铺镇东杨集村、方庄村等形成了植桑养蚕专业村，仅此一项，人均增收在 800 ～ 1400 元。拳铺镇苗庄村的苗翠友、黄庄村黄略义，马营乡许庄村许克松、柯庄村柯洪图，赵堌堆乡孙孝溪村李文春等一大批专业户，靠植桑养蚕走上了富裕之路。后来，随着蚕茧价格下降，木材价格上升，蚕农将桑树改种果树和丰产林。2009 年，因植桑养蚕户大量减少，蚕桑生产办公室已不能正常开展业务，县机构编制委员会取消该机构编制。

第六节 林业管理

资源管理 20 世纪 90 年代初，全县注重加强对林木采伐及木材经营、加工、运输的监督管理，严肃查处毁林案件；强化木材检查职能，规范木材流通秩序，依法制止木材违章调运行为。1993—1994 年，连续两年召开全县林木护管经验交流表彰会，促进全县林木保护管理工作。1999 年，梁山县林业局在后码头设立木材检查站，进一步加强对林木采伐和木材经营的监督管理，依法制止木材违章调运行为。2000 年后，梁山县坚持把造林绿化与调整农村经济结构、增加农民收入结合起来，进一步明晰林权，深化林业改革，大力保护、积极培育、合理利用林木资源，促进林业增长方式转变，扩大造林规模，提升林业生态、经济、社会三大功能。2001 年，全县宜林面积为 83.1 万亩，林网化面积 21.8 万亩，绿化带长 2337 公里，林木覆盖面积 14.4 万亩，林木覆盖率 10%。按照国家林业局《关于开展全国森林分类区划界定工作的通知》精神及省市相关要求，在全县范围内实行统一规划、合理布局，完善林业生态和产业体系，将黄河沿岸、运河两岸、铁路两旁、梁山风景区、凤凰山、灵龟山等区域，均划为国家级公益林，其他分别划为地方公益林和商品林。全县共区划界定公益林面积 12.58 万亩，其中，国家级公益林 12.19 万亩，地方公益林 0.39 万亩。2009 年，在馆驿镇和赵堌堆乡两个乡镇进行集体林权制度改革试点；2010 年，集体林权制度改革在全县全面铺开；至 2013 年，全县共明晰产权 7.19 万亩，占集体林权改革面积的 100%。

森林防火 2003 年 11 月，梁山县成立森林防火指挥部，指挥部办公室设在县林业局。指挥部与各成员单位签订森林防火责任书，将任务落实到单位、到人、到点，做到分工具体，责任明确，各司其职，各负其责，并实行行政首长负责制和 24 小时值班制度，对林区、景区火情进行全方位立体监测。2004 年后，注重加强森林防火基础设施和消防队伍建设，在梁山风景区制高点建立瞭望台 2 处，配备扫帚、风力灭火机、通信工具，组建森林防火联防队等。至 2009 年，全县配备包括森林消防车等各类防火设备，健全包括专业、联防等各类防火队伍。2010 年，进一步修订完善火灾扑救应急预案，不断强化防火救火应急措施。2012 年，成立梁山县森林公安局；2013 年 6 月，成立梁山县森林防火与林业有害生物防控指挥部；全面加强森林防火的组织指挥系统，为森林防火奠定了坚强的组织基础。

病虫防治 1994 年，全县认真贯彻落实《森林病虫害防治条例》《森林植物检疫条例》《野生动物保护法》等法律法规和上级有关指示精神，对主要林业有害生物实施工程治理，采取虫情监测、检疫封锁、药剂防治等措施进行防控。防治叶部虫害主要采取人工摘茧、摘袋、捕杀蛹、用化学药剂喷杀幼虫、综合防治等方法；防治果实虫害主要采取在幼虫孵化未注入荚果前，连续喷洒化学药剂防治方法。1995 年以后，随着杨树的大规模种植，杨树病虫害逐年加重。1998 年以后，膜肩网蝽危害一直较重。2008 年，美国白蛾在部分乡镇发生；2009 年，县政府投入大量资金进行防控，采取人工喷药、摘除网幕等手段，并开始采用飞机施用阿维、灭幼尿进行防治，有效控制美国白蛾的扩展蔓延，至 2011 年美国白蛾被有效控制。同年，春尺蠖（又名杨尺蠖）在马营水泊湿地公园附近、赵堌堆乡贾庄、馆驿镇滑庄附近发生较重。2012 年，杨小（肩）舟蛾在韩垓镇、拳铺镇爆发，采用飞机喷施阿维、灭幼尿进行防治。杨树病害主要有早期落叶病、杨树溃疡病，对杨树生长影响较大，侧柏受侧柏毒蛾、双条杉天牛的危害，国槐受锈色粉肩天牛危害，法桐受方翅网椿、龟腊蚧危害，至 2013 年，各类病虫害基本消失。

第四章 畜牧业

第一节 管理机构

梁山县畜牧局，始建于 1959 年 2 月，1961 年撤销，1980 年复设，1984 年 4 月与农业局合并称农牧局。1993 年 12 月，农牧局撤销，成立县畜牧服务中心，为正科级事业单位，归口县农业委员会管理。1996 年 1 月，恢复设立县畜牧局，为正科级事业单位，与“梁山县畜牧服务中心”合署办公，为一个机构、两块牌子。

2002年12月，县畜牧局设办公室、财务股和种畜禽监督管理所、饲料兽药监察所、兽医卫生监督所、小尾寒羊市场管理办公室、兽医站7个科室单位。2004年1月，撤销种畜禽监督管理所、兽医卫生监督所、小尾寒羊市场管理办公室，设立畜牧法规股、动物检疫所、生产科。2008年6月，县畜牧局定为参照公务员法管理单位。2010年4月，县畜牧局更名为县畜牧兽医局，主管全县畜牧养殖和兽医监督工作。至2013年12月，县畜牧兽医局内设办公室（政工科）、计划财务科、行政审批科、生产科技科（畜牧兽医工作科）、畜产品质量安全监管科、兽药饲料监察科6个职能科室，以及县动物卫生监督所（挂梁山县畜牧综合执法大队牌子）、县动物疫病预防控制中心（挂梁山县动物疫病预防控制中心实验室牌子）、县动物防疫监督检查站3个股级事业单位。各乡（镇）均设有畜牧兽医综合服务站，人、财、物由各乡（镇）政府管理，业务由县畜牧兽医工作站指导。

第二节　畜牧养殖

1994年，全县大牲畜存栏21.07万头，其中黄牛16.5万头；生猪存栏22.01万头，羊存栏36.37万只，禽类存栏292.46万只；肉类总产量1293吨，牧业产值2.36亿元，占农业总产值的30%。2000年，梁山县把大力发展畜牧业作为农业结构调整、增加农民收入、发展农村经济的突破口来抓，立足资源优势，积极实施畜牧兴县战略，县政府制定了“畜牧富民兴县”的经济发展战略，各乡（镇）采取引进养畜大户、联合开发方式，大力发展畜牧业生产，牧业产值达到5.2亿元，占农业总产值的比重达到34.5%，人均畜牧收入800元。畜牧业已成为全县农村经济的一大支柱产业。2001年，全县畜牧业生产水平大幅提升，有畜牧养殖专业户2300余户，生猪存栏43.83万头，牛存栏10.94万头，羊存栏53.79万只，禽存栏828.27万只；肉7.44万吨，蛋3.53万吨，奶727吨。2005年，全县建成各类饲养小区70处，规模养殖2800余户，建立养殖协会及专业市场等各类中介组织20多个。2013年年底，全县生猪存栏30.4万头，牛存栏6.68万头，羊存栏21万只，兔存栏32万只，家禽存栏893万只；肉类总产量13万吨，禽蛋产量4.1万吨，奶类产量3.9万吨。

肉牛　20世纪90年代，全县农民养牛积极性较高，1994年，全县黄牛饲养量16.5万头，多为农户散养。其后，由于农业生产机械化程度的提高，黄牛由役肉兼用逐渐变为以肉用为主，加之盗牛之风一度盛行，特别是受欧洲一些国家疯牛病疫情的影响，居民对牛肉消费需求锐减，1997年，牛饲养量开始下滑，为13.18万头。2001年，全县组织实施肉牛规模化养殖及产业化技术研究与开发等项目，徐集镇创办“五位一体”规模养牛模式，全县形成徐集镇郭楼村养牛小区、馆驿镇王仲口养殖小区等，肉牛专业养殖户发展到110户；县肉联厂年产销牛肉4000余吨，年供港牛肉3000余吨，带动了全县肉牛养殖业的发展。2003年，山东梁山臻嘉食品进出口有限公司，开发高档肉牛生产与宰杀，日宰杀肉牛260头，拉动了全县肉牛的发展，全县肉牛饲养量开始上升。至2013年，全县肉牛饲养量达6.6万头，涌现出一批新的养牛大户和小区，其中杨营镇薛阁村养殖小区饲养肉牛达3000头，梁山街道刘庄养牛小区存栏肉牛2000头。

奶牛　20世纪90年代，国家相继出台一系列政策，推动奶牛业发展。1994年，全县奶牛养殖还是空白。其后，随着牛奶购销价格放开，乳制品市场逐渐兴起，奶牛养殖逐渐增加，1997年，全县奶牛存栏2400头。此后又逐渐降低，2000年，全县奶牛存栏仅为8头。随着人们生活水平的提高，鲜奶需求量逐年增加，奶牛饲养量开始回升。至2013年，全县奶牛养殖由传统模式向规模化、集约化、标准化的现代养殖模式转变，涌现出安山牧业、中汇奶牛养殖场、富民奶牛养殖场等一大批奶牛养殖龙头企业，全县奶牛存栏达8135头。所产鲜奶主要被伊利、佳宝等大型乳品加工企业收购，其他一部分用于满足城镇居民对鲜奶的需求。

肉羊 1994年，梁山养羊业开始较快发展，单纯的家庭副业发展成为畜牧产业中的一个主导产业。1997年，县内养羊多为小群散养，饲养量为35.62万只。其中，小尾寒羊因适宜舍饲半舍饲、耐粗饲且多胎高产、生长发育快等特点，被国家作为扶贫开发重要项目，年调拨量达2万多只。2005年，全县肉羊存栏量达到56.48万只。其后，随着市场价格回落，农民养殖肉羊热情开始降温，调拨量逐年下降，2011年年底肉羊存栏量降至7.07万只。2012年，县政府出台相应的扶持政策，进一步规范牛羊调拨市场，肉羊发展逐步出现回升势头，2013年，全县肉羊存栏15.8万只。

生猪 1994年，全县生猪饲养方式是以传统农户分散饲养为主，无大型规模猪场，生猪存栏22.01万头。1997年，农业产业化开始推进，集约化、工厂化猪场快速增长，全县养猪业跨入规模化养猪阶段。2000年，全县生猪存栏达28.52万头，其中农家乐合同猪养殖基地不断扩大规模，为农户提供产前、产中、产后服务，一年外调生猪6万多头，起到了龙头带动作用。2007年，县畜牧局开始在全县推广生猪饲养直线育肥综合技术、母猪标准化饲养综合技术，采取建暖舍、喂配合全价料、集中防治疫病等科技含量较高的饲养措施，饲养量逐年递增，涌现出一批年出栏肥猪500头以上的养猪大户。2013年年底，全县有养猪专业户500户，猪存栏34.42万头，出栏74.82万头。2007—2013年，梁山县连续7年获得生猪调出大县奖励资金。

禽类 20世纪90年代，梁山县禽类产品主要以自给为主，养殖方法以庭院式养殖为主，较大规模的养殖场较少。1994年，全县家禽饲养量为292.46万只。1997年，全县禽类饲养量为366万只。其后，随着市场变化，人们对肉、蛋需求量逐年增加，相继引进优良品种，推广高产综合饲养技术，促进了全县养禽业向规模化养殖快速发展。2000年，全县开始组织实施畜牧“千百万”工程，规模养殖得到较大发展，徐集镇安庄、馆驿镇苏菜园、小安山谭庄等一批养鸡专业小区、养鸡专业村相继出现，养禽专业户达1029户。2001年，全县家禽发展到870.19万只。2005年8月，兖州绿源公司在梁山县设立分公司，带动了20多个养鸭专业户发展合同鸭养殖。2013年年底，全县家禽存栏1000万只。

特种 20世纪90年代，梁山特种养殖还不成规模。2000年，特种养殖有了较大发展，全县发展养兔户40户、狐狸养殖户10余户、肉鸽及观赏鸽养殖场10多家，存栏3万多只；涌现一批带动力强的特种养殖场，其中水泊獭兔良种繁育种场存养獭兔1700余只，成为全省规模较大的獭兔场；还有梁山镇水泊梅花鹿养殖场、馆驿镇矿柱林鹿场、黑虎庙乡香猪养殖等。特种养殖在经历几年发展后逐步被一些传统养殖取代，肉兔养殖相对稳定，2013年年底，全县肉兔存栏30万只。

第三节 特色养殖

鲁西黄牛 鲁西黄牛因产于山东省西南地区而得名，系全国五大名牛之一，鲁西黄牛为肉役兼用牛，体躯高大，肌肉发达，前躯发育好，体质结实，结构匀称，适应性强，以体大力强、外貌一致、品种特征明显、肉质良好而著称。按体型可分高辕牛和抓地虎牛两种，公牛体重一般800公斤，母牛一生可繁殖8～10头牛犊。

鲁西黄牛

1977 年，梁山县被山东省确定为鲁西黄牛繁殖饲养基地，是鲁西黄牛中心产区，年存栏量在 4 万头以上。2006 年，农业部确定鲁西黄牛为国家级畜禽遗传资源保护品种。2011 年 10 月，鲁西黄牛通过农业部农产品地理标志认证，被列为“山东省十大地方畜禽品种名牌”称号，并被列入国家级畜禽遗传资源重点保护品种名录。至 2013 年，全县鲁西黄牛存栏 5000 头，主要以大型牛场和养牛小区为主，农户散养牛仍不同程度地存在。存栏数量中，以母牛为多，部分公牛和大部分母牛留作繁殖用途，其他进行短期育肥进行屠宰。

梁山黑猪 梁山黑猪毛色全黑，稀而短软，成年种猪鬐甲部鬃毛长而硬，皮较厚；两耳大、软而下垂，头大额宽，嘴筒长且微凹，额部有明显皱褶，分寿字头、马面头、翁字头三种；背腰较长，腹微下垂但较紧，乳头较多，一般

梁山黑猪

8～10 对，形状分“蓑衣奶”和“丁香奶”二类；四肢稍高，后腿瘦削、有皱褶，部分卧系撒蹄；体型中等，体质结实，结构匀称，成年公猪体重 128 公斤左右，成年母猪体重 102.90 公斤左右；具有性成熟早、繁殖力高、性情温驯、耐粗饲料、适应性强、杂交配合力强、抗病性能强等特点；属脂肪型品种，肌肉富有弹性，不饱和脂肪酸高，胆固醇低，肉质优异、口感好，肉味香，熬出的汤口味鲜美，含钙丰富，为农业部认定的无公害农产品和有机产品。1993 年，梁山县黑猪存养量高达 19 万多头。其后，由于梁山黑猪生长周期较长，成本较高，加之引进品种较多，黑猪饲养受到影响，甚至面临无人饲养的境况。2000 年，梁山县大义和农民养殖专业合作社先后投资 2000 多万元，建起 100 多亩的规范化养场，专业从事黑猪饲养，取得良好效益。2013 年 3 月，梁山黑猪被国家工商总局注册为地理标志证明商标。2013 年年底，全县有梁山黑猪规模养殖场 5 家，存栏 21400 头以上。

小尾寒羊 小尾寒羊原产于鲁、豫、苏、皖四省交界的黄河冲积平原，梁山县属中心产区；梁山小尾寒羊因其生长速度快、耐粗饲、抗病力强、繁殖率高、皮肉兼用等特点，被誉为“中华国宝”。1980 年，梁山县被山东省定为小尾寒羊保种基地，年存养量达 2.5 万只以上。小

小尾寒羊

尾寒羊系全国绵羊优良品种之一，羊毛颜色以纯白色为主，体格健壮，四肢高大，脂尾短小。公羊个头大、体格雄壮，角呈螺旋形，彪悍好斗，成羊体重可达150公斤，最大体重可达177公斤，被称为世界超级巨羊，是进行肉羊生产的最佳基因库。母羊温顺，有小角或无角，成年体重一般在70公斤左右。小尾寒羊具有许多优良性状，并且遗传性能相当稳定。早熟性能好，性成熟较早，繁殖率高，具有多胎高产性能。小尾寒羊常年发情，一年四季皆可配种，可1年2产或2年3产，每胎产仔2～4只，多者7只。2013年，全县小尾寒羊存养量达11万只，拥有独山、拳铺、大路口、寿张集等规模较大的古会斗羊交易市场，河南、江苏、山东等省市的羊爱好者纷纷来梁参与斗羊交易，使善斗公羊价格倍增。据统计，全县年交易市场表演斗羊100多场，成交斗羊600多只，有许多善斗的公羊被广州、江苏、北京等地的斗羊爱好者高价买走。有的大批量在本地购买品种好的小尾寒羊饲养、繁殖，还有部分善斗公羊出口到韩国及东南亚等国家和地区。

青山羊 青山羊原产于鲁西南菏泽、济宁两地区，中心产区分布在梁山、嘉祥、金乡、任城、鱼台、汶上等县区。青山羊具有“四青一黑”特征，即被毛、嘴唇、角、蹄为青色，前膝为黑色。青山羊性成熟早、繁殖率高、适应性强，肉皮毛兼用；其肉质细嫩，无腥膻味，并以其内脏入药；其羊肉汤色白似奶，香而不腻，并因具有温中散寒、滋阴壮阳之独特功效而享有“天下第一汤”的美誉；其皮毛以产花纹独特的青猾子皮而闻名。2006年，梁山青山羊被农业部公告为国家级畜禽遗传资源保护品种；2011年10月，梁山青山羊通过农业部农产品地理标志认证，列为“山东省十大地方畜禽品种名牌”称号。至2013年，全县年存栏量2万多只。

青山羊

乌骨羊 乌骨羊原产地在云南省，被科学界确定为除乌骨鸡以外的第二种具有可遗传性能的乌质性状动物，乌质性状最直接表现就是全身羊毛通黑，无一杂色，特别是骨膜和肉质均呈乌色。乌骨羊的乌质是由其体内高含量的黑色素引起的，并具可遗传性，是迄今为止人类发现的唯一在体内含有大量黑色素的哺乳类动物，其肉具有极高的药用和保健价值。2002年，梁山县科龙公司引进乌骨羊纯黑原种，之后与科研院所专家对乌骨羊进行专门研究，经研究测定，乌骨羊全身是宝，为中国独有的“羊王”“药羊”“黄金羊”。其后，逐步加大引进、繁殖、饲养量，乌骨羊成为梁山县乃至全省、全国特色养殖品种。2006年，国家认定乌骨羊为国家级畜禽遗传资源保护品种，同年被列入《国家级畜禽遗传资源名录》《中国珍稀动物品种名录》和《世界珍稀动物品种名录》。由于乌骨羊属稀有与珍贵品种，全国饲养量不大，2013年，全国乌骨羊原种不到3000只，纯黑

乌骨羊

品种仅1200多只，其中梁山县科龙公司饲养纯黑原种乌骨羊1000只。

第四节 养殖技术

1994年，全县畜禽良种覆盖率分别为70%和60%左右。其后，全县大力普及推广畜禽养殖实用技术，强化基层专职技术人员培训，做好良种引进与牛冻精配种等实用技术的推广工作。通过引进畜牧优良品种，杂交或淘汰本地劣质品种，进一步提高全县畜牧品质量和档次，至2013年，先后引进了利木赞牛、夏洛莱牛、波尔山羊、杜泊羊、海兰白、海蓝褐鸡、新长白、杜约克、荷斯坦奶牛等优良品种20多个，建设生猪人工授精站5处，配种点7处，畜禽全部实现良种化。

瘦肉猪育肥技术 20世纪90年代初，县内养猪专业户规模小，存栏数量少，出栏率低。生猪饲养主要以野菜、土杂粮、豆毛等为饲料，猪胴体背膘厚、体型小。1997年，开始在全县推广瘦肉猪配套直线育肥技术，生猪育肥周期由7～8个月缩短为4个月，日增重由不足0.5公斤提高到0.75公斤，瘦肉率由45%提高到53%。至2013年，全县累计直线育肥猪100万头。

肉牛育肥技术 2000年，县畜牧局开始在全县推广肉牛集中育肥技术。通过冷配站建设、中心示范区设立和示范场的试验、科研、生产联合攻关，取得了较明显的成效，肉牛及冷配数量不断增加。其后，采取引入西门塔尔、利木赞、夏洛来与鲁西黄牛杂交改良，对杂交牛犊实行集中饲养，短期育肥，拴系补料，把18～20日龄架子牛，集中到育肥场，拴养补配合料，育肥3个月。改良后的肉牛通过喂配方饲料，日增重明显提高，每头牛体重可达350～400千克，增肉80千克。经过杂交改良，本地肉牛除保种的鲁西黄牛外，品种已全部为改良牛。1994—2013年，全县累计改良牛20多万头。

羔羊育肥技术 1998年，全县推广羔羊育肥饲养技术，母羊在上一年的8—9月份开始配种，翌年1—2月产羔；羔羊出生后7天开始训练吃草、吃料，15天开始正式补精料，从15日龄50克/日一直补到60日龄300克/日，60日龄后断乳，但不能马上断料，要有20天的过渡期，从每日300克逐渐减少其补料量，直至青草能吃饱后完全停止，八月份要剪羔毛；10月上、中旬至11月上、中旬为补料育肥期，育肥开始后平均每天每羊补料0.5公斤，补料方法是晚间收牧后一次投给，饲槽长度以每只羊30厘米为宜，育肥前要进行驱虫，育肥开始后要加强放牧、饮水、啖盐等；11月中旬开始屠宰，育肥羔羊胴体重都在12公斤以上。至2013年，全县累计育肥羔羊100万只。

鸡高产综合技术 1994年，推行鸡饲养高产综合技术，引进蛋鸡海赛克斯、伊莎褐和肉鸡AA、艾维茵等新品种，采取蛋鸡全阶梯或半阶梯笼养，肉鸡网上平养或叠层笼养的方式；根据鸡的不同生物学时期，把玉米面、豆饼、麦麸、鱼粉、贝克粉、骨粉、食盐、添加剂、蛋氨酸按一定比例配合成全价饲料，密集饲养；根据不同日龄分别注射马立克氏病疫苗、法氏囊病疫苗、新城疫Ⅰ系和Ⅳ疫苗、鸡豆疫苗，按程序免疫。采取高产综合饲养技术8周龄肉鸡重量可达到2～2.3千克，料肉比2：1；蛋鸡产蛋在220枚以上，料蛋比2.8:1。至2013年，全县累计出栏肉鸡8000万只，饲养蛋鸡5000万只。

奶牛胚胎移植克隆技术 2000年，梁山县聘请中国农科院畜牧研究所朱化彬博士为技术负责人，积极开展胚胎移植工作。2001年3月28日，邀请法国奶牛专家布拉特先生到梁山考察指导奶牛生产工作，至4月11日共实施胚胎移植手术260头，成功136头，移植成活率达52.3%；同年10月，与中国农业大学建立克

克隆牛——大隆、二隆

隆实验基地合同，在县畜牧发展公司组织实施37头克隆奶牛胚胎移植手术。2002年10月16日，中国首例冷冻胚胎克隆牛“维娃”三姐妹在梁山出生。2003年10月，世界首例转有人岩藻糖转移酶等三种外源基因的克隆牛“岩娃”在梁山出生。2004年3月，世界顶级种公牛“龙”的两个克隆体“大隆”和“二隆”在梁山出生。2006年1月，转基因体细胞克隆牛再克隆牛“十福娃”在梁山诞生。

克隆牛——十福娃

第五节 疫病防治

畜禽疾病防疫 1994年以后，县畜牧部门认真贯彻《中华人民共和国动物防疫法》及《动物防疫条例》，坚持“预防为主”的防疫方针，不断加强畜禽疫病防治工作。县畜牧总站设有兽医站，各乡（镇）设有畜牧兽医综合服务站，配有专职防疫人员，村村设防疫员，形成县、乡（镇）、村三级防疫网络。每年春、秋季节，防疫人员定期深入到养殖户进行畜禽防疫，全县猪瘟、猪丹毒、猪肺疫平均免疫密度为100%。1999年8月，在220国道后码头设立“梁山县动物防疫监督检查站”，对防止外疫传入起到重要的作用。2006年，投资100万元，按国家标准改造化验室260平方米，购置化验、监测仪器设备42台套，进一步提高动物防疫监督水平。2007—2008年，实施乡镇兽医站基础设施建设项目，为拳铺镇、馆驿镇、梁山镇、小安山镇、杨营镇、小路口镇、黑虎庙镇、韩岗镇、韩垓镇、大路口乡、赵堌堆乡、马营乡、寿张集乡13处乡镇兽医站调整改造防检疫监督工作室，配置仪器设备。2010年，实施《梁山县2010年乡镇兽医站扩建项目》，为15个乡镇兽医站补充购置动物疫病快速检测诊断、猪牛发情鉴定、高压灭菌消毒、畜牧生产及疫病防控技术推广等仪器设备。至2013年，动物疫病强制免疫工作，特别是口蹄疫、禽流感等对人兽共患且对养殖业危害重大的动物疫病的强制免疫工作得到加强。

畜禽屠宰检疫 1992年4月，全县推行生猪“定点屠宰”试点工作，实行“定点屠宰，集中检疫，统一纳税，分散经营”的生猪市场管理办法。1994年，全县有黑虎庙、大路口、小路口、赵堌堆、寿张集、郓陈、杨营7个定点屠宰场，之后其他乡镇陆续建立定点屠宰点。同年，县兽医站设立检疫组，实施全县动物检疫工作。1997年6月，县畜牧局成立县兽医卫生监督检验所。2002年4月，县畜牧局严格按照《中华人民共和国动物检疫法》《种畜禽管理条例》规定，坚持牲畜定点屠宰、集中检疫的原则，在全县按区域划分成立城郊分所、寿张集分所、杨营分所、徐集分所、馆驿分所5个动物检疫分所，招聘50名专业技术人员，实施动物检疫工作。未经检疫或检疫不合格的肉类一律不准上市，杜绝了私屠滥宰现象的发生，对肉食经营户、冷库、饲养场、养殖户进行宰前检疫、宰后检验，对病害肉进行无害化处理，保证居民吃上放心肉。2013年，全县有馆驿镇、天威食品有限公司等定点屠宰场8个，每个屠宰场均派驻检疫员，畜牧部门共有动物检疫人员26人，其中乡镇有动物检疫员10人。

禽流感防控 2012年，防控禽流感疫情形势十分严峻，县政府及有关部门积极开展各项防控工作，全县动物疫情稳定，未出现异常情况。2013年3月，县政府召开全县重大动物疫病防治工作会议，对全县重大动物疫病防控工作进行部署。同年4月，县政府办公室印发《关于切实做好重大动物疫病防控工作的紧急通知》明传电报，进一步完善突发疫情应急预案落实各项应急保障措施，全面提升应对突发疫情处理的能力，做好应急物质储备。同年4月8日，全县启动疫情排查和“零”报告制度，畜牧局24小时值班，各乡镇每天上午11点以前报告疫情排查情况，每天下午14时之前，县畜牧兽医局将前24小时内H7N9禽流感防控工作情况上报市畜牧兽医局。至2013年年底，县财政拨付物质储备资金40.3万元，全年共储备喷雾器30个，密封袋3.5万条，隔离衣400件，雨靴400双，消毒液20吨，防控应急物资随时处于有效状态。

第六节 养殖企业

科龙畜牧产业公司 2003年8月成立，位于梁山经济开发区，占地268亩，注册资金3000万元，资产总额8491万余元，建筑面积5万平方米。公司主营转基因、克隆和胚胎工程技术研究，畜牧良种繁育及高档肉牛肉羊开发，产品主要包括鲁西黄牛、济宁青山羊、乌骨羊及牛羊冷鲜肉。公司自成立起，在中国农业科学院北京畜牧兽医研究所指导下，主要开展国家863计划“优质鲁西肉牛新品系选育技术研究”。2005年，公司开展“优质鲁西黄牛繁育与风味育肥开发”项目；2007年，该项目经过省科技厅鉴定，技术达到国内领先水平，并被省科技厅列为山东省科技成果转化自主创新重大专项和科技富民强县专项行动计划。2009年，该项目被国家发改委列为优质鲁西黄牛肉用新品系选育高技术产业化示范工程。同年，经山东省科技厅批准，公司建立山东省科龙畜牧院士工作站；2010年，成立山东省转基因动物生产与应用工程技术研究中心。2013年4月，公司与深圳华大基因研究院签订合作协议，共同开展“济宁青山羊高繁系选育及产业化项目”。公司还与中国农业大学农业生物技术国家重点实验室合作，先后承担国家“863”计划项目2个、“973”计划项目1个，项目技术均达到国际领先水平。至2013年年底，公司存栏鲁西黄牛600多头，济宁青山羊2000多只，乌骨羊1000只，克隆牛和转基因牛60多头。公司先后被命名为国家级鲁西牛保种场、国家肉牛标准化示范场、全国母牛养殖示范企业、国家基因库济宁青山羊保种基地、中国农业大学转基因动物基地、中国农科院成果转化示范基地、国家星火计划农村区域科技成果转化中心、国家农业产品地理标志单位、全省无公害产地和产品单位、济宁市鲁西黄牛生物育种工程研究中心、山东农业大学校外教学科研基地，并被评为全国惠农兴村先进单位、国家高新技术企业、全省农业产业化重点龙头企业、全省畜牧业发展领军企业、全省重点农产品加工骨干企业、全省高新技术企业、全省科技创新型企业等。

安山牧业公司 2005年10月，创建奶牛养殖场，2009年10月，成立有限责任公司，公司位于梁山县小安山镇，注册资金500万元，一期工程占地110亩，建筑面积1.54万平方米。公司自创建之初，坚持“高端起步、科技领先”

的发展理念，建有一流的防暑保温牛舍和现代化挤奶设施，配备TMR饲料加工配送和自动化饮水、通风喷淋设备，先后建设标准化牛舍1.28万平方米，挤奶厅514平方米，干草棚及库房1465平方米，办公楼、食堂与职工宿舍608.24平方米，购置挤奶机、TMR饲料搅拌机、鲜奶运输车等仪器设备680台（套），存栏良种奶牛1000余头。公司采用“骨干企业为龙头、入社奶农为主体、奶牛养殖专业合作社为纽带”的经营模式，农户以奶牛的市场价值核算参股并入公司股份，参与公司经营运转，使企业的资金、技术、管理、市场优势与专业合作社社员联保贷款筹措发展资金、自主发展奶牛养殖、争取最佳经济效益积极性实现有机统一，形成了规模化生产、专业化经营、企业化管理、合同化产销的高效运行机制。2011年，公司与山东农业大学等大专院校开展产学研合作，着力推进应用性别控制技术产业化育种，项目先后纳入济宁市社会主义新农村建设科技专项和2012年山东省科技发展规划。2013年，结合国外先进技术和经验，公司投资200万元，新建长90米、宽50米、高12米的标准化牛舍，并引用自由式发酵卧床，每天产生的牛粪及牛尿自然发酵降解，不仅增加了效益，而且解决了环保问题。

中汇奶牛养殖公司 2011年成立，公司位于梁山县韩岗镇北袁口村以西，占地面积320余亩，是在国家农业产业政策扶持下，立项建设的一处规模较大、标准较高的进口高产奶牛养殖基地。公司自成立起，先后建设完成6万立方米的青储氨化发酵池、3800平方米的饲料加工干草储备库、21栋养殖大棚、2个48瓶挤奶车间、274间职工宿舍、2间化验室、8间药房、2间消毒室等基础设施，硬化道路14条，新打深水井2眼，架设高压线路2000余米，安装变压器2台、电子监控摄像头100余个。厂区内卫生间、消毒间、药房、诊疗室等配套设施一应俱全，企业实行规模化、规范化、现代化养殖方式，采用清洁生产，养殖场圈舍、生产、生活布局科学合理。至2013年年底，公司奶牛存栏量3200余头，年销售收入达9800万元，销售利润达2920万元。同年，被评为济宁市农业产业化龙头企业。

金合种禽公司 公司始建于1984年，是一家以畜牧产业为主导的民营企业。公司建立之初，用土炕孵化法孵化家禽，逐步推广鸡苗。1994年，引进商品蛋鸡5000只，做标准化饲养探索；1995年，引进5000套海兰白父母代蛋种鸡，繁育商品蛋鸡；1996年，引进艾维茵父母代种鸡5000套，繁育商品肉鸡；1997年，购进全自动孵化器5台，正式孵化商品鸡苗；2000年，建设养殖量5万套种鸡养殖场；2001年，购进“国家电子部第41研究所”19000型孵化器50台；2003年，被省政府授予“山东省菜篮子工程”；2009年，建设存栏20万套父母代种鸡养殖繁育基地，成为鲁西南最大的商品肉鸡繁育基地。2011年，公司被评为“济宁市农业产业化重点龙头企业”；2013年，公司扩建商品肉鸡养殖场5处，年出栏商品肉鸡300万只；同年，被中国科协、财政部授予“科普惠农兴村先进单位”；至2013年年底，公司占地260亩，下辖1个孵化场，2个种鸡场，5个商品鸡场，存栏父母代种鸡20万套，可向社会提供优质肉鸡苗2000万只，发展成为集种禽饲养、饲料加工、屠宰加工、商品鸡苗孵化、鸡苗销售、毛鸡回收于一体的大型综合性种禽繁育基地。

金城畜牧发展公司 公司是一家以梁山黑猪保种、繁育、饲养、生猪人工授精及采用发酵床饲养等为一体的民营企业，占地100亩，建成科研办公综合区400平方米，标准化猪舍6000平方米，有产房、保育室、配种室、消毒室、妊娠室等2000平方米。公司始终坚持“抓质量、求信誉、重科学、严管理、创一流”的宗旨，奉行“以人为本、诚信先行、务实求真、开拓创新”的经济理念，企业形象不断提高，经济和社会效益稳步上升。2009年，被评为农业产业化市重点龙头企业、市级生猪养殖示范基地。2011年，被评为市级生猪养殖示范基地。2012年，被评为山东省畜牧旅游示范点。2013年2月，梁山黑猪生态养殖技术获梁山县科学技术奖，同年，中央七套每日农经栏目组、乡村季风栏目组先后对其做专题报道。至2013年年底，公司注册资金1018万元，银行信誉等级AAA级，并先后获得动物防疫条件合格证、种畜禽生产经营许可证、绿色无公害产地认证、中国有机产品认证证书、猪人工授精站许可证等。

第五章 水产业

第一节 管理机构

梁山县水产局，始建于1955年12月，时称水产科；1960年4月改称水产局，后又复称科、局及与农业局合并分设。1992年7月，机关驻地由县城凤园路8号迁往县城人民中路3号。1993年12月，水产局撤销，设立县水产服务中心，为正科级事业单位，归口县农业委员会管理。1997年6月，恢复设立县水产局，与县水产服务中心一个机构两块牌子，单位性质、级别未变。2008年3月，县水产局人秘股更名为办公室，统计计划财务股更名为统计规划科，渔政监督管理站更名为渔政监督科，水产技术推广站更名为技术推广科，同时增设经济贸易科。2013年，水产局有职工20人，其中：党员15人，股级以上干部15人，高级职称专业技术人员3人，中级职称专业技术人员6人。

第二节 水产资源

水域资源 梁山沿黄靠湖，京杭运河纵贯南北，河流纵横，地势低洼，水资源丰富，全县有各类水域16.8万亩，宜渔面积7.9万亩，至2013年，全县池塘养殖面积达到5.1万亩，并有1万多亩的涝洼地和废旧窑场需要开发改造，800亩的聚义湖建成，近3000亩梁山泊遗址湿地、2000余亩梁山泊湖面及平原水库、2000亩流畅河湿地正在建设。

水生动物 县境内的水生动物主要是鱼类，共有13科，37属，63种；其次是蟹、鳖、虾及贝类等。在鱼类中主要有鲤鱼、鲫鱼、鳜鱼、鲶鱼、泥鳅、乌鳢、黄鳝、鲹、长鲚鱼、赤眼鱼、白条鱼、小麦穗鱼等当地品种；人工养殖品种主要有鲤鱼、草鱼、白鲢、鳙鱼、泥鳅、黄鳝、鲶鱼等;培育发展了青鱼、黄河鲤鱼、黄河甲鱼、“浦江一号”团头鲂、乌鳢等名优品种。

水生植物 县内水生植物主要有芦苇、蒲草、莲藕、金鱼藻、水竹叶及沮草，其次有马来眼子菜、佛朗眼子菜、小眼子菜、尖眼子菜、蓖凿眼子菜、轮叶黑藻、水车前、紫背萍、白菖蒲、华水韭、旱苗蓼、苦穗、聚草、泽泻、狸藻，茨藻，苦江草等。

第三节 水产养殖

养殖发展 梁山县水产渔业养殖经历了初级精养、精养发展、规模化标准化养殖三个阶段。

1994—2000年，为初级精养阶段，全县养殖水面在3万亩左右，单产水平400公斤/亩，亩利润800元左右。1993—1994年，梁山县出现革胡子鲶人工繁育热潮，革胡子鲶繁场达到10处，年人工繁育苗种能力达到5000万尾左右，后期又从浙江调运一部分苗种，成为当时长江以北最大的苗种繁殖、培育、购销集散地，苗种销往山东、河北、河南、天津、黑龙江等地。1997年10月，地处小路口镇陈庄的113亩淡水养殖试验场，因水资源匮乏及黄河滩区搬迁，由县政府划归郓陈乡后于口村。1998—2000年，梁山县把宜渔资源开发改造作为渔业工作重点，对东平湖二级湖区和沿黄涝洼地进行开发，对废旧坑塘进行改造，建成一批成方连片的渔业养殖基地，面积达9000亩。县水产部门有直属淡水养殖试验场2处，分别位于小安山西唐村和小路口镇陈庄村。部分乡镇进行罗非鱼池塘套网箱养殖试验，面积1000平方米，产量25公斤/平方米；梁山一电厂利用工厂余热进行养殖罗非鱼，面积1500平方米，年产量50公斤/平方米左右；重点推广建鲤精养高产技术和团头鲂池塘养殖技术及颗粒饲料养鱼技术，逐渐配套增氧机和投饵机，池塘主养建鲤和团头鲂单产水平分别达到0.75吨和0.5吨。至2000年年底，全县水产养殖形成以小安山为主的东平湖二级湖区鲂鱼生产基地（面积0.6万亩，单产0.5吨/亩）、以拳铺和徐集为主的东南池塘主养建鲤高产基地（面积达到0.5万亩，平均亩产0.75吨，个别池塘突破1吨）、以黑虎庙和小路口为主的沿黄藕鱼混养基地（面积0.5万亩，亩产藕1.5吨，亩产鱼75公斤左右）水产养殖发展格局。

2001—2007年，为精养发展阶段。全县水产养殖面积达到4.6万亩，亩平均产量达到0.6吨，亩效益在2000元左右。池塘主养建鲤，一般亩产达到1吨，亩效益在3000元左右，重点推广了美国80：20养殖技术和鱼类无公害养殖技术。

2008—2013年，进入规模化、标准化养殖阶段。全县规模养殖基地有20余处，水产养殖面积达到5.1万亩，亩平均产量达到0.7吨，亩效益在3000元左右，大力推广名特优养殖，引进和推广青鱼、锦鲤、金鲫、大口鲶、黄河甲鱼、黄河鲤鱼、俄罗斯鲤鱼、“浦江1号”团头鲂等名优品种，进行养殖试验，并获得成功。建鲤养殖亩产达到1.5吨，亩效益在4000元左右；青鱼养殖亩产量达到0.8吨，亩效益在4500元左右；黄河鲤鱼养殖亩产1.25吨，亩效益在5600元左右；“浦江1号”团头鲂养殖亩产0.8吨，亩效益在5000元左右；小路口镇陈集村黄河甲鱼养殖场，面积60亩，年效益在50万元左右，商品甲鱼市场价格在每斤120元左右，主要销往天津和济南、东平等地。至2013年年底，全县申报无公害养殖基地21处，产品认证66个。

特色养殖 梁山县沿黄靠湖，宜渔资源丰富，自然风光优美，有着发展特色鱼类及水产植物的天然优势。

黄河鲤鱼 俗称红鱼，主要产于黄河、运河及东平湖水域。鱼大部金黄色，腹部乳白色，脊部暗褐色，尾部红色，其体梭形、侧扁而腹部圆，头背间呈缓缓上升的弧形，背部稍隆起，头较小，口端位，呈马蹄形，口下位有须两对，鳞片较大，背鳍、臀鳍均具硬刺，最后一刺的后缘具锯齿。雌鱼微肥，雄鱼略瘦，栖于水底，适应性强。食性杂，生长快，生活力、繁殖力均很强，耐高温和污水，从清明到夏末产卵两次，冬季少食而处于休眠状态，为最肥期，是捕捞和食用的最佳季节。20世纪90年代初，梁山县开始对黄河鲤鱼进行人工养殖，多以养殖户粗放粗养、自繁自育为养殖方式，至2010年，黄河鲤鱼养殖发展到1200余亩。2012年起，山东省淡水水产研究所与梁山县水产局联合开展“梁山县黄河鲤鱼高效生态养殖技术”项目，通过科学喂养，黄河鲤鱼实现产量高、口感好、外观佳等优点，深受养殖户和消费者青睐。至2013年，全县推广试验养殖黄河鲤3000亩。

黄河甲鱼　俗称团鱼、老鳖、王八，卵生两栖爬行动物。甲鱼外形呈椭圆形，头颈可以伸缩，其头像龟，背部隆起有骨质甲，边缘有软状裙边，颜色黄绿或墨绿，腹面白里透红；四肢粗短稍扁平，肢各生五爪，趾间有蹼膜，爬行敏捷；雌体尾一般不达裙边外缘，雄体大都伸出裙边外。梁山黄河滩涂湿地水域系软质泥底，水质营养丰富，水生动、植物品种多，是甲鱼的良好生长区，盛产黄河甲鱼。同时，梁山曾有多处甲鱼养殖场，特别在20世纪90年代，出现一股甲鱼养殖热，并不断升温，其销售价格之高令人咋舌；进入21世纪后，“甲鱼热”逐步降温，市场价值与价值基本同步。至2013年，水产养殖场仍进行甲鱼养殖，且有较好的市场。

梁山毛蟹　螃蟹是水泊梁山繁衍生息的水生动物，因其前肢密生绒毛，故俗称毛蟹。螃蟹虽小，却是五脏俱全。螃蟹身体左右对称，可区分为额区、眼区、心区、肝区、胃区、肠区、鳃区。螃蟹身体的两边有附属肢连接，头部的附属肢称为触角，具备触觉与嗅觉功能，位在前方的一对附属肢备有强壮的螯，可做觅食之用，其余的四对附属肢就是螃蟹的脚，螃蟹走路移动要依靠这四对附属肢，大多是横着地走而不是往前直行。梁山毛蟹养殖主要分布在黄河滩区水域，而堤外湿地毛蟹主要是引进蟹苗放养。

观赏鱼　1991年，庭院、大棚或工厂化金鲫、锦鲤和热带观赏鱼养殖面积420平方米，养殖数量1.2万尾。1996年，大棚或工厂化养殖600平方米，养殖数量2万尾；热带观赏鱼养殖面积30平方米，养殖数量3000尾。1999年，县水产局进行金鲫、锦鲤和热带观赏鱼的引进和人工繁育项目，试验成功培育出锦鲤苗种3.5万尾，锦鲫苗种2.5万尾，热带观赏鱼种2万尾。由于各种因素，尚未形成生产能力。2000年，县水产技术推广站，在水产科技示范园进行“锦鲤、金鲫引进繁育试验”项目，培育出锦鲤苗种6万尾，金鲫苗种5万尾，并在示范园进行池塘养殖，面积2500平方米。2003年，水产科技示范园锦鲤、金鲫的池塘养殖面积700平方米，养殖数量2.2万尾。2005年，庭院、大棚、池塘养殖锦鲤、金鲫养殖总面积1500平方米，养殖数量5万尾。2006年后，因水源不足，主要在淡水养殖试验场进行养殖。

鸡头米　又名芡实，是芡的种子。主要产于东平湖水域，含有丰富的蛋白质及多种维生素，营养价值很高，可供食用，也可药用。性温、味甘涩，有补肾固精、健脾止泻等功效，主治脾虚、泄泻、遗精及带下等症。

养殖园区　县水产部门积极推动渔业示范基地和水产养殖基地建设，县内形成多处大型养殖园区。

淡水养殖试验场　位于小安山镇西唐村，股级自收自支事业单位，隶属县水产局。淡水养殖试验场占地面积209亩、水面100亩，主要从事鱼苗的繁育、孵化和鱼种的培育及新品种的引进、试验，是县内大型鱼苗种生产基地之一。1994后，由于生产承包等原因，淘汰亲鱼，终止人工繁殖四大家鱼。1996年起，引进南方早繁殖鱼苗，进行人工培育乌仔，至2008年，年培育各种乌仔3000万尾，生产鱼种50吨左右，并办理苗种生产许可证。2012年起，开始为梁山城市水系、南四湖的人工增殖放流及周边县市区提供苗种供应。至2013年，淡水养殖试验场养有鲤鱼、草鱼、鲢鱼、鳙鱼、鲫鱼、团头鲂鱼等，年培育鱼苗8000余万尾，年生产鱼种75余吨。

水产科技示范园　位于水泊街道办事处郑垓村。水产科技示范园始建于1999年，占地面积260亩，池塘28个，水面110亩，越冬温室400平方米，配备增氧机、投饵机，采取人工繁殖、苗种培育和成鱼养殖于一体。水面养殖草鱼、鲤鱼、鲫鱼、鲂鱼、花白鲢等，并引进大口鲶、俄罗斯鲟和观赏鱼类等新品种。2004年后，因其水源不足，大部分池塘干枯，无法进行渔业生产，逐步进行林果种植和畜牧养殖。

现代渔业园区 位于小安山镇青堌堆村西。该园区始建于2010年，通过涝洼地改造，建设鱼池3000亩，铺设电缆5290米，架设低压线6600米，高低压架空线2500米，新上变压器2个，建看守房40个，面积800平方米，硬化道路5250米。同时，成立梁山金农渔业有限公司，投资建设办公用房1500平方米，购买渔业机械60套，建桥涵闸8座，建设水产专家服务站1处，购买排灌设施12套，新打机井20眼，修复进排水渠5000米，于2012年10月通过验收，获得省级现代渔业园区称号。2013年8月，被认定为济宁市农业产业化重点龙头企业。

第四节 水产科技

水产养殖饲料 水产养殖大都采用全价配合颗粒饲料，主要是省淡水水产研究所生产的“天神”牌、菏泽生产的“六合”牌、天津生产的“大北农”牌饲料。1998年，县水产技术站开展颗粒饲料养鱼高产高效试验，饲料系数1.8～2.0，改变过去那种一把麸子一把面的投喂方式。2011年，部分养殖户开始使用浮性膨化饲料，提高饲料的利用率，降低饵料系数，降低养殖成本。2013年，中央扶持资金100万元，在梁山县淡水养殖试验场区内，建设县级水生动物疫病防治站，对全县鱼病防治起到很好的指导作用。

科技成果应用 1994年1月，县水产局完成“池塘网箱养殖罗非鱼试验”项目，获得济宁市科技进步三等奖、梁山县科技进步二等奖。同年12月，县水产局完成济宁市水产局承担的农业部丰收计划“池塘养鱼优质、高产、高效开发”项目，并超额完成各项计划指标。1995年，县水产技术站陈德英主持进行“乌鳢人工繁殖和苗种培育技术试验”项目，该项目试验成功，达省内先进水平，填补济宁市一项空白，成果获得县科技进步二等奖。同年，县水产技术站开展大面积池塘养殖团头鲂试验。1998年，县水产技术站开展颗粒饲料养鱼高产高效试验，饲料系数1.8～2.0，产量突破吨鱼，并形成规模，亩效益2000元。同年，县水产技术站陈德英主持进行黄鳝人工繁殖及苗种培育试验，获得成功。2003年，县水产技术站在梁山镇夏庄开展设施养殖革胡子鲶技术推广，池塘面积18亩，越冬温室900平方米，采取“两茬”养殖的生产模式，年产革胡子鲶20万公斤，年纯收入25万余元。2004年，县水产局开展“乌鳢人工繁殖”及苗种培育技术试验，成果获得县科技进步二等奖。2006年，县水产局参与“济宁市11万亩名优淡水良种生态高效健康养殖技术推广”项目，成果获得全国农牧渔业丰收奖三等奖。2007年，县水产局开展“传统淡水养殖品种质量提升技术研究与示范”，成果获得市科技进步三等奖。其后，部分水产养殖基地分别获省、部级健康养殖示范区称号。2011年，实施沿黄低洼盐碱地以渔改碱综合治理技术，获2013年度全国农牧渔业丰收奖二等奖和山东省农牧渔业丰收奖一等奖。2012—2013年，县水产局承担省厅下达的“黄河鲤鱼池塘高产高效养殖”试验，获得成功，圆满完成各项技术经济指标，平均亩产过吨，亩纯效益5600元，推广黄河鲤鱼成鱼养殖面积3000亩。

技术培训交流 1994—1996年，县水产学会每年召开一次会议，进行学术交流。1996年，成立渔业协会，培植水产养殖龙头，打造渔业名牌产品，开展相关技术、信息咨询服务。1997年4月，县水产技术站陈德英参加在江西庐山召开的全国水产养殖技术研讨会，在会上进行论文交流，其中《乌鳢人工繁殖及苗种培育技术》和《浅淡提高乌鳢养殖水平的途径》两篇论文，获得全国科技优秀论文奖。1995—2005 年，县水产局会同移民办，先后在湖区及有关乡镇举办 6 期较大规模水产养殖技术培训班，每期培训人员多在 200～300 人；授课内容主要是渔场开发建设、苗种培育、成鱼养殖和鱼病防治技术。2008—2012 年，县水产局每两个月出版一期《渔业信息》，介绍养鱼基本知识、新品种养殖、鱼病防治等。2012 年，开展基层渔业技术推广体系改革与建设工作，选聘 15 个优秀技术辅导员对全县遴选出的 150 户养殖示范户进行面对面技术指导。2011—2013 年，连续在农广校举办阳光工程水产养殖技术培训班 5 期，受训人员 600 人。

第五节 渔业生产

渔业捕捞 梁山县为沿黄县区，境内除黄河及河道外，无大型水面，故淡水捕捞业较为落后。黄河捕捞主要分布在黑虎庙、赵堌堆、小路口三乡（镇）的黄河滩区共 53 个村，水面主要是黄河干流和滩区洪水退后残留的静水面，面积 1.2 万亩，主要有黄河鲤鱼、鲶鱼、鲫鱼和赤眼鳟等，其中，刀鲚为黄河特产。由于污染及水利设施等影响，主要捕捞场所为河道转弯处的浅水、静水区和被淹没的河滩农田，以及洪水退后残留的滩地静水区。捕捞时间一般在夏、秋汛期和水位特大时的冬季，全部为季节性捕捞。主要渔具是拉网、箔滩网、刺网、罩、卡、钩等。船多是木质船（主要作用是防汛或部分兼渡河之用，大部分船临时安装柴油机带动螺旋桨作为机动防汛抢险工具），从事捕捞生产的 100 余人，年产鱼量 10 吨左右。除此之外，内河捕捞主要在梁济运河下游和郓城新河的东段，从事捕捞渔具主要是定置拦河大网，形不成鱼产量。

加工流通 水产部门认真管理、指导全县的水产品加工、流通和进出口贸易，并指导水产品市场网点建设和水产企业经营管理。水产品企业主要有：

梁山县水产供销公司始建于 1955 年，地处县城水泊西路 63 号，主要经营鱼类渔需物资收购、水产品的批发和销售。该公司主要设有冷库及松花蛋厂。冷库始建于 1985 年，吨位 50 吨，主要储存海水鱼类，如带鱼、鲅鱼等，还有肉食产品，主要供应地方客户，年营业额 100 万元左右，年纯利润 20 余万元。2003 年，因房地产开发冷库被拆除。松花蛋厂主要生产无铅松花蛋，通过青岛外贸出口日本和香港，年产量 100 万枚，产值 80 万元，出口创汇 1 万美元，年利润 20 万元左右。2002 年，结束生产。

梁山华奇食品有限公司始建于 1998 年，地处东平湖二级湖区，占地面积 1300 余平方米，位于梁山县城北开发区，通过 ISO 9001 国际质量体系认证。有职工 120 人，其中高中级技术人员 20 余人，主要生产各种产品 3 大系列，30 余个品种，鱼类系列精品主要是真空包装鱼和侯氏大炖鱼。该公司年产值 3000 余万元，产品远销 20 个省市区，深受消费者喜爱，成为梁山县的鱼类加工龙头企业。2006 年，因多种因素结束生产。

梁山来宾糟鱼厂始建于 2001 年，主要生产盒装糟鱼，有鲤鱼、白鲢、鲫鱼，年产量 1 万盒左右，产值达 30 万元左右，年利润 5 万元左右。另外，全县水产品批发零售市场 28 个，主要分布在各个乡镇集市，梁山金泊园市场最大，2011 年 3 月注册“梁山泊”牌活鱼商标。

第六章 农业机械

第一节 管理机构

梁山县农业机械管理局（简称农机局），始建于1959年7月。1962年撤销（职能并入农业局）。1973年7月复设农机局，1984年4月改称农机公司。1989年9月复称农机局。1993年12月改为县农机服务中心，为正科级事业单位，归口县农业委员会管理。1997年6月，恢复设立县农机局，与县农机服务中心合署，实行一个机构两块牌子。2000年12月，不再称县农机服务中心，只称农机局。2005年9月，县农机局人秘股改称人事科，增设办公室。2007年3月，机务股、财务股改称机务科、财务科，人员、职能不变。2008年6月，农机局定为参照公务员法管理的事业单位，主管全县农业机械管理工作。同年11月，增设质量监督科。至2013年，县农机局内设人事科、办公室、财务科、机务管理科、质量监督科；下辖县农业机械安全监理站、县农业机械化学校、县农机化技术推广服务站3个股级事业单位。县农机管理服务系统有干部职工60人，其中参照公务员法管理人员22人、研究员2人、高级工程师5人、工程师10人。驻地县城水泊中路148号。

第二节 农机推广

小麦联合收获机 20世纪90年代初期，政府采取柴油补助的形式，鼓励农村集体购买50型拖拉机背负式小麦联合收获机。1994年，提倡全县小麦联合收获机跨区作业的同时，从外地引进小麦联合收获机参加县内小麦收获，在一定程度上加快了全县小麦收获进度。1997年，上海向明、广西桂林等新型小麦联合收获机开始进入梁山县。1998年，梁山镇凤山村村民购置10台自走式小麦联合收获机。2002年，小麦联合收获机动力加大，实用技术不断完善，收获质量有了保证，全县人工收获小麦逐年减少，至2004年，除机械不能进入地块人工收获外，其他全部由机械完成，镰刀和割晒机退出农业生产的历史舞台。2012年，背负式小麦联合收获机停用。

玉米机械化技术 2000年，梁山县第一台背负式玉米联合收获机由济宁市政府无偿配给，但由于农民意识和机械质量问题，在农业生产中，没有起到应有作用。2005年，随着国家农机购置补贴的实施，补贴玉米联合收获机10台，梁山县有了真正意义上的背负式玉米联合收获机。2007—2012年，县农机局先后在韩岗镇、馆驿镇、拳铺镇、黑虎庙镇、韩垓镇等乡镇召开玉米机械化暨保护性耕作现场会和作业观摩会。2011年3月，梁山县第一台自走式玉米青贮收获机现场作业，玉米机械化收获和机械化保护性耕作技术的推广逐步上升到新阶段。

农机购置补贴 2005年，梁山县实施国家惠农政策"国家农业机械购置补贴"，首次实施资金30万元。此后，国家农机购置补贴力度不断加大，补贴资金不断增加，2012年，全县争取农机购置补贴资金达到1130万元（其中市财政资金160万元）。至2013年，梁山县共实施国家农机购置补贴资金4646万元，补贴各类机具6601台，受益农户2813户，拉动农民投资11635万元，小型机具逐渐被大型机具所替代，由2006年60马力拖拉机发展到

2013年的110马力拖拉机，部分用户开始购置四驱拖拉机。

第三节 社会服务

服务网络 1994年，全县农机社会化服务水平开始逐步提高，农机服务领域由原来种植业扩大到农、林、牧、渔及农产品加工、农村运输等各个方面，进入产前、产中、产后系列服务的广大领域。至2013年，全县基本形成县、镇、村农机社会化服务网络，有县农机安全监理站1处，县农机化推广服务站1处，县农机化学校1处，镇（街道）农机管理服务站15处，农机专业合作社27个，县级农机协会1个，乡镇级农机协会4个，农机服务队50多个，农机服务专业户2068个，农机维修点73个，农机供油站（点）25个，农机从业人员7万多人；全县各类农机服务组织共拥有大中型拖拉机2000多台，联合收获机1200台，配套机具3000多套，承担梁山县农机作业总量的80%以上。

跨区作业 1998年，县农机技术推广服务站组织赴河南驻马店一带、安徽太和一带进行首次跨区作业，同年，引进江苏徐州贾汪区的10台自走式小麦联合收获机到梁山县作业，拉开了梁山县完整形式的跨区作业。其后，梁山县每年参加跨区作业的收获机和农机户不断增加，取得较大的经济效益和社会效益。2013年“三夏”期间，梁山县共组织近700台联合收获机、3000多名机组人员，成立45个作业队（组）前往河南、安徽、江苏及河北省北部、天津市附近和周边县市进行跨区作业，总作业量达到了70万亩，跨区作业总收入达到3500万元。2013年“三秋”期间，梁山县共组织100多台农业机械参加跨区作业，大多在河北省北部、东北、天津市附近和周边县市开展作业，作业面积达到11万亩，作业收入达920万元左右。

梁山县农机跨区作业服务队

农机合作社 2008年11月，梁山县富民农机专业合作社成立，成为全县第一家农机专业合作社。2012年，3个农机合作社获得省农机规模化作业推进项目资金奖励，2个农机专业合作社获县优秀农民专业合作社称号（即国惠农机专业合作社、滨湖益民农机专业合作社），奖励现金1万元，其中国惠合作社连续两年受到县级奖励。2013年，国惠农机专业合作社、兴隆农机专业合作社被评为市级重点扶持合作社，扶持资金5万元。至2013年年底，全县在工商部门登记注册的农机专业合作社32家，入社社员362户，服务农户4.9万余户，从业人员654人。合作社拥有农机具1526台，其中大型拖拉机210台；小麦联合收获机272台；玉米联合收获机103台，资产总额7358.75万元，配套设施面积6.1万平方米。全县农机专业合作社服务总收入约为1840.11万元，其中田间作业收入为1666.01万元，农机修理服务收入76.6万元，其他收入97.5万元。

第四节 市场管理

农机维修市场 1994年后，梁山县加大对申请经营农机维修网点的业户实施资格认证，对经营农机维修网点实施年度审验。2003年，取消农机维修网点行政审批过程的所有收费项目。至2013年，共审核建立农机维修网点106个，依法取缔维修网点19个，自动退出维修市场16个；县农机局管理的农机维修网点共71个，其中，创建四星级文明维修网点1处（梁山县农机维修服务中心），三星级文明农机维修网点6处（亨通农机维修中心、瑞福农机维修中心、海红农机维修站、圣达公司农机三包服务站、曙光汽拖大修厂、任李庄农机维修中心），二星级文明农机维修网点7处，一星级文明农机维修网点23处。

农机销售市场 1994年，全县农机销售市场较多，属县农机局管理的农机销售企业5个，成规模农机销售市场主要集中在水泊南路南首，销售辐射周边县市区。2008—2013年，共受理农机质量咨询15起；接受农机质量投诉10起，协调解决10起。至2013年年底，梁山县共组织农机质量检查48次，查处假冒伪劣农机配件423件。

农机作业安全 1994年以后，梁山县每年组织农机安全专项整治活动、农机安全生产教育活动、农机安全示范创建活动。2000年，梁山县开始执行《山东省机械耕整地、谷物收获、播种农机作业技术标准》。2001年，改建高标准的农机监理服务大厅。2002年，新增执行《山东省玉米秸秆还田机械化作业技术规范》。在三夏、三秋期间，县农机局组织人员严把农机作业质量关，按标准检查农机作业质量，提高、规范农机作业质量。2008年8月，全县14人参加济宁市农机监理员执法培训班，均取得农机监理员资格，其中农机检验员3名，农机考试员2名，农机事故处理员2名。至2013年，共挂发鲁08新牌照4415副，核发驾驶证4286本；创建农机安全示范镇7个，农机安全示范村65个，农机安全示范户563户。

职业技能鉴定 2002年，梁山县开始实施农机职业技能鉴定，培训鉴定主体为农机行业从业人员。2002—2007年，鉴定工种36种；2008年规范为28种；2010年规范为从事农机操作和农机维修两大类8个工种。2002—2011年，县农机局共组织农机行业职业技能培训120期，培训鉴定各类农机行业技术人员3849人。2003—2012年，梁山县农机局连续10年获全省农机修配管理职业技能开发工作先进单位称号。

第五节 技术培训

梁山县农业机械化学校（简称农机校），承担全县农机系统的管理干部、职工和农业机械驾驶、操作、维修、经营管理人员的岗位培训工作。2004年8月，农机校被确认为“山东省农机规范化建设学校”；2005年，农机校获得中华人民共和国机动车驾驶培训许可证。2009年1月1日起，对参加培训的拖拉机驾驶员、联合收割机驾驶员免收培训费，培训经费由财政拨付和单位自筹解决。2010年，农机校被济宁市农业机械管理局评为“阳光工程农机培训先进单位”。2011年，梁山县被山东省农业机械管理局评为“全省农机化教育培训工作先进县”。

农机技术培训主要包括：（1）农机管理人员集中进行农机知识更新培训，重点开展国家惠农政策、农机化法律法规知识培训。1994—2013年，培训农机管理人员1015人。（2）农机技术人员培训，主要培训小麦精少量播种和联合收获技术、玉米联合收获和秸秆还田知识，保护性耕作、精量播种、化肥深施、土地深松、秸秆还田和旱作节水等机械化技术。1994—2013年，培养农机人才3472人。（3）农机作业服务人员培训，培训以农机大户、农机专业合作社社员和农机营销、维修服务及新购机农民为主要对象。1994—1998年，以拖拉机驾驶员培训为主；1999—2003年，以农用汽车及农用三轮车驾驶员培训为主，年培训能力达到

3000余人的规模；2005年实施《中华人民共和国道路交通安全法》后，拖拉机驾驶员培训数量呈下滑趋势。1994—2013年，共新训拖拉机、联合收割机驾驶员7876人。

第七章 农业开发

第一节 管理机构

梁山县农业综合开发办公室（简称开发办），始建于1988年，时称梁山县黄淮海平原农业开发办公室，与县经济研究中心合署办公，实行一个机构，两块牌子，为县政府正科级事业单位，编制8人。1993年，黄淮海平原农业开发办公室降为副科级事业单位，隶属县农业委员会；经济研究中心划归县计划委员会。2002年5月，撤销县农业委员会，其所属扶贫、多种经营职能及部分人员并入黄淮海平原农业开发办公室，同时，更名为梁山县农业综合开发办公室，恢复正科级事业单位级别，隶属县政府。其后，根据工作需要，农业综合开发办公室先后并入中共梁山县委农村工作办公室、中共梁山县委农村工作委员会。2010年4月，撤销农业综合开发办公室及中共梁山县委农村工作委员会，将县农业综合开发办公室的职责划入县财政局，为县财政局管理的事业单位。2010年5月，县农业综合开发办加挂县新型农村社区建设办公室牌子，兼管全县新型农村社区建设工作。至2013年，机构未再变化。

第二节 项目建设

第一期（1988—1990）农业开发 三年共实施开发项目13个，总投资933万元，占计划投资822万元的135%。经省验收，13个开发项目，被评为优秀的8个、良好的4个，合格的1个。第一期农业综合开发，梁山县被评为全市第一名、全省先进单位，获奖励项目资金30万元，用于兴办为农业服务的经济实体。项目具体实施情况为：

农田水利建设 完成投资421万元，投工93万个，完成土石方109万立方，集体和农民自筹188万元，在拳铺、前集、梁山镇、寿张集、馆里5个乡镇修建桥涵闸422座，修筑水泥衬砌渠43.1公里，铺设地下管道57.8公里，建扬水站14个，完善配套建筑物587座，扩大灌溉面积0.27万公顷，改善灌溉面积0.67万公顷，新增除涝面积0.23万公顷。

农业科技开发 完成投资81万元，占计划的100%，另外劳务折资7.5万元，农作物开发面积2.8万公顷，增产粮食14.5万斤，棉花4.41万担。其中，实施小麦丰产技术开发0.73万公顷，增产幅度26.1%，夏玉米中低产田开发1.6万公顷，增产幅度23.4%，夏棉技术开发0.47万公顷，增产幅度36.9%。在馆里乡新建农技综合服务站一处，建筑面积150平方米，翻修仓库120平方米，购置化验仪器一宗。

林业开发 完成投资51万元，占计划的100%，新建果树良种选育场4.66公顷，其中，在林业局西郊苗圃建设苹果良种采穗圃3.33公顷，梁山蜜桃、白核杏育苗圃1.33公顷；在寿张集等乡镇新建农田林网0.33万公顷；在拳铺等乡镇开发低产果园0.08万公顷。

畜牧开发 共完成投资82万元，占计划的74%，建畜禽养殖场2处（一处在畜牧兽医站，一处在寿张集郭楼），引进繁育父母代种肉蛋鸡，规模4000套；鲁西黄牛核心群生产基地一处，规模1340头；小尾寒羊良种繁育群一处，规模2000只。

水产养殖 完成投资18万元，占计划的72%，改造了县鱼种场和小路口老鱼厂 。

荒地开发 完成投资40万元，占计划的100%。新开荒地100公顷。其中，小安山乡西唐村防波堤南北两侧涝洼地73.33公顷，李官屯乡青堌堆（今属小安山镇）13.33公顷，袁口乡袁口村（今属韩岗镇）废弃宅基地13.33公顷。

农业机械 完成投资55万元，占计划的82%，购置大、中型拖拉机8台，推土机2台，播种机10台，收割机22台，秸秆还田机36台，动力植保机械10台。

第二期（1991—1993）农业开发 依据“集中连片、综合开发、综合治理”的原则与一期世界银行贷款加强农业灌溉项目结合，安排在黄灌区的马营、杨营、大路口、小路口四个乡镇，其中马营乡是重点。开发区三年共改造中、低产田0.47万公顷，包括农田水利工程、农业科技、农田林网、宜农荒地开发、畜牧开发、淡水养殖、农业机械七项建设内容。总投资775万元，其中，中央省市拨款278万元，专项贷款111万元，县配套209万元，县以下自筹177万元。项目具体实施情况为：

农田水利工程 共完成投资432万元，占计划417万元的103.5%。修筑水泥衬砌渠38.432公里，桥涵闸675座，建设扬水站13座，管道站20座，埋设地下低压管道13.8公里，扩大灌溉面积0.2万公顷，改善灌溉面积0.27万公顷，架设农田高压线路6公里。

农业科技 投入132万元，占计划114万元的116%；建良种基地0.1万公顷，推广麦棉、玉米增产技术0.57万公顷；建农业科技综合服务中心两处，晒场450平方米，仓库400平方米，购种子加工机械千台，仪器38件，培训人员1.7万人次，即发各种科技资料2.3万份；山东农业大学对马营乡开发方进行全面土壤检测，对重点项目进行专题分析，整地改土0.23万公顷，土壤有机质含量由原来的0.8%提高到1.1%。

林果业 完成投资85万元，占计划的127%，植树24万株，新建农田林网0.31万公顷，改造旧果园230公顷，新建苗圃13.33公顷，护林房35间。开发区内森林覆盖率由原来的13.2%提高到16.78%。

畜牧业 完成投资40万元，占计划33万元的116%。新建良种蛋鸡养殖场2处，引进良种蛋鸡3万套，购置孵化设备6台套，建饲料加工厂1处，发展鲁西黄牛6500头，小尾寒羊2.5万只，发展养羊专业户90个，建青贮氨化池200个。

淡水养殖 完成投资27.5万元，占计划的125%，开挖鱼塘26.67公顷，改造鱼塘40公顷，购增氧机7台。

荒地开发 完成投资86万元，占计划73万元的118%。开垦改造涝洼荒地333.33公顷，形成良田213.33公顷，鱼塘120公顷。

农业机械 完成投资40.5万元，占计划45万元的90%，购进中小型拖拉机14台，播种机12台，收割机22台，秸秆还田机7台，粉碎机9台，动力植保机械28台。帮扶农机维修站一处。

二期农业开发的实施，有效改善了开发区农业生产条件和生态环境，提高了生产能力。据统计，0.33万公顷良种基地每年向社会提供良种小麦1710万千克，玉米2450万千克，棉花60万千克。开发区0.3万公顷小麦经过实施丰产开发，平均亩产量达到420.3千克，比非开发区增56.9千克，0.27万公顷玉米平均单产462.3千克，比非开发区亩增156千克。1991年棉花丰收，亩产皮棉80千克。渔业开发实现当年开发当年收益，平均单产鲜鱼768.6千克，最高单产860千克。

第三期（1994—1996）农业开发 项目安

排在韩垓、开河两乡镇的南湖区域，改造治理中低产田0.2万公顷。该区域位于梁山东南隅，京杭运河东岸，梁济公路两侧，北起开河、薛垓、南到汶上县界、东起五里堡，西至京杭运河，东西宽4.5公里，南北长5公里，辖开河、韩垓两乡镇18个行政村，2.5万人。三期农业开发计划投资1407万元，其中，改造中低产田项目及土地开发治理投资358万元，多种经营项目投资1049万元（其中贷款360万元），实际完成1439万元，占计划的102%。项目具体实施情况为：

农田水利工程　计划投资232万元，实际完成248万元，完成计划的107%。其中，开挖沟渠59条，长74.3公里；建扬水站（300千瓦）一座，桥113座，涵闸169座，打机井159眼，硬化道路13公里，建井房、护林房88个，埋设地下管道15公里。

整地改土　完成投资12万元，深翻平整土地0.2万公顷，建方田125方，秸秆还田及配方施肥0.2万公顷。

农业科技　完成投资34万元，建仓库600平方米，晒场800平方米，技术培训1.8万人次，印发科技资料0.8万册、建良种基地466.67公顷，作物技术开发0.4万公顷，完善农技推广服务站一处，购置检测仪器30台件。

农田林网　计划投资45万元，实际完成投资48万元，新建农田林网0.15万公顷，植树50.5万株，栽植灌木3.5万墩。

经济林　按计划完成投资100万元。在王府集乡矿柱林场发展桑园面积66.67公顷，植桑150万株。

畜牧业　完成投资746万元，发展鲁西黄牛繁育基地和黄牛育肥基地各一处，养牛0.5万头，扶持肉蛋鸡养殖场一处，向社会提供仔鸡26万只，育肥黄牛出栏1500头。

淡水养殖　计划投资133万元，实际完成投资126万元。开发鱼塘50公顷，改造鱼塘200公顷，放养水面250公顷。年新增产值240万元，利润60万元。

大棚蔬菜　完成投资70万元，建大棚300个，新增蔬菜供应62万千克，获利36万元。

农业机械　完成投资29万元，购小型拖拉机及配套农机具30台套，购置收割机及植保机械100台件。

三期农业开发突出集中连片和高标准建设，1995年被济宁市政府评为农业开发先进单位，并获奖励资金20万元。通过开发治理，项目区呈现出田成方、林成网、路相通、沟相连，生产设施配套，社会化服务体系健全，粮棉油产量稳定增长，农民收入不断增加，农林牧副渔全面发展的良好势头。初步实现国家综合开发、综合治理“四高”（高起点规划、高标准设计、高质量施工、高效益开发）、“八化”（农田园林化、耕作机械化、作物种植区域化、种植技术现代化、经营规模化、管理规范化、生产服务系列化、产出优质高效化）要求，取得显著的经济效益、生态效益和社会效益。

第四期（1997）农业开发　计划投资204万元，其中市以上财政资金134万元，县配套资金10万元，县以下自筹资金60万元，实际完成218万元，占计划的107%。主要建设内容为方田建设和植树造林。项目区设在拳铺乡和后孙庄乡。

农田水利　计划投资137万元，实际完成157万元，完成计划的110%。开挖沟渠16条，长36850米；道路36条，长36850米，动土方16万立方米，建生产桥168座，打机井88眼，硬化道路13公里，建井房109座。同时，深翻平整土地666.67公顷，秸秆还田、配方施肥666.67公顷，完成投资5万元；新建农田林网666.67公顷，植树3.8万株，苗圃建设等完成投资5万元。

农业科技　按计划完成投资13万元，新建农机推广站一处，购检测仪器15台（件），建晒场200平方米，仓库100平方米，技术培训0.6万人次，印发科技资料0.8万册，建良种繁育基地133.33公顷。同时，农业机械按计划完成投资30万元，购中小型拖拉机及与之配套的农机具5台套，购收割机、脱粒机、植保机械40台（套）。扶持县水利机械厂设备更新改造建设20万元。

第五期（1998—2002）农业开发 也称世行二期农业开发项目，主要实施加强灌溉农业项目。五期项目开发仍以改造中低产田、全面提高农业综合生产能力为主，同时注重节水及农村生态环境的改善。该项目期完成总投资3080万元，占计划2919万元的105.6%。其中中央和省拨款1662万元，市配套105万元，县配套196万元，县以下自筹1117万元。五年共完成农田水利建设投资1170万元，农业项目投资599万元，林业环境投资265万元，机构发展支持投资88万元，改造治理中低产田6666.67公顷，修筑斗农渠316公里，动用土方79万立方米，新建的维修泵站、桥闸720座，新打机井568眼，维修机井280眼，硬化道路162公里，埋设地下管道43公里，铺设PVC管道21公里，发展滴灌200公顷，完成土地平整2963.8公顷，深耕改土3178.4公顷，秸秆还田750公顷，完成良种繁育体系建设投资252万元，农业技术推广服务体系56万元，乡镇农技推广服务体系建设50万元，新建林网416公顷。

该期农业综合开发按照农业市场化、产业化、现代化的要求，在项目区（拳铺、后孙庄、徐集、韩垓等乡镇）进行农业现代化示范区和农业科技示范园区两区的建设，使农业综合开发推动农业现代化。

第六期（2003—2005）农业开发 该期农业开发主要实施土地治理项目，按年度分三批进行。

2003年，项目区设在拳铺、徐集两乡镇，开发治理中低产田1200公顷，完成投资305万元，其中市以上财政资金213万元，完成计划的100%。其中水利项目完成193万元，农业项目完成投资50万元，林业项目完成投资12万；农业科技项目完成投资50万元，建设梁山蜜桃基地66.67公顷。同时完成自然灾害损毁工程修复项目投资190万元，其中市以上财政资金120万元。

2004年，项目区设在马营乡东部和韩垓镇南部，开发改造中、低产田各666.67公顷。完成投资899万元。其中市以上财政资金671万元。项目包括土地治理359万元，土地治理增量项目432万元和自然灾害损毁工程项目108万元。

2005年，项目区设在大路口乡。项目以方田为核心，以农田水利建设为重点，大力发展水利和农业基础设施的建设和配套。经过开发改造，项目区的农业生产条件和环境明显改善。该项目总投资580万元。其中，中央财政资金215万元，省、市配套资金215万元，县以下自筹及投劳折资150万元，开发面积866.67公顷。

该期农业开发，在农业综合开发项目区和世行项目区利用英国国际发展部赠款，实施农村水利改革（DFID）项目，项目投资110万元。其中英国赠款55万元，省配套55万元。该期农业开发，实施了产业化经营“进口高产奶牛养殖”项目，项目总投资560万元，其中，上级财政资金200万元，企业自筹360万元。该项目由山东绿健奶牛养殖公司承担，引进大洋洲纯种黑白花高产奶牛200头；建标准化牛舍2600平方米；贮粪池7000立方米，建秸秆饲料青贮池10个，青贮玉米秸秆2000吨；购建机械挤奶厅2座及恒温贮奶设施一套。

第七期（2006—2009）农业开发 也称世行三期农业开发项目，该期农业开发，项目区设在梁山县东南部、梁济运河以东的引河提灌和井灌区。项目于2005年进入井灌区，2006年全面实施，2009年完善扫尾。项目主要内容为建设和配套桥、涵、闸，增大和配套机井泵房，发展以地下管道为主的节水灌溉。该项目累计完成投资3479.8万元，占计划的101%。其中，节水灌溉项目完成投资2731.8万元，占计划的101%；农业标准化和组织化建设项目完成投资295万元，占计划的100%；农业生态环境建设和管理项目投资263.2万元，占计划的100%；机构发展与支持项目完成投资96.7万元，占计划的100%；项目设计与管理完成投资93.1万元，完成计划的100%。

2010—2012年农业开发 2010年，项目区均设在小安山镇，开发改造中低产田600公顷，总投资821万元，其中，中央财政资金370万元，省、市配套资金266万元，群众投劳折资185万元，农业产业化经营项目（梁山锦绣大地菌业）投资200万元。2011年，项目区设在韩岗镇，开发改造中低产田面积666.67公顷。农业综合开发项目总投资912万元。其中，中央财政资金570万元，省市配套资金285万元，群众投劳折资57万元。产业化经营补助项目总投资480万元，其中，中央财政资金70万元，省、市配套资金35万元，自筹资金375万元。产业化经营财政补助项目为珍稀食用菌加工扩建项目，由山东瑞芝生物科技有限公司承担；产业化经营贷款贴息项目由山东臻嘉食品进出口有限公司和山东沃德面粉有限公司实施。2012年，项目区均设在小安山镇，改造中低产田466.67公顷，实际投资630万元，占计划投资682万元的92%。其中各级财政投资588万元，占计划投资640万元的92%；项目区群众投资折资42万元，占计划的100%。产业化经营财政补助项目为食用菌设施栽培新建项目，由梁山锦绣大地菌业农民合作社承担实施，项目实际投资300万元，占计划的100%，其中，财政资金完成52.5万元，自筹资金247.5万元。产业化经营贷款贴息项目由山东沃德面粉有限公司和梁山县天昊食品有限公司承担实施，财政贴息分别为59万元和24万元。

第三节 开发管理

梁山县农业综合开发按照国家黄淮海平原农业开发和山东省“两黄”（黄淮海平原、黄河三角洲）农业开发的统一部署，从1988年开始实施，并分期进行。1994年后，梁山县农业综合开发以改造中低产田为中心、以农田水利建设为重点、以农业新技术新成果推广开发应用为内容，以增产粮、棉、油、肉、蛋、果为目的，通过对山、水、田、林、路综合治理，农业基础设施建设全面加强，农业生产条件和生态环境逐步改善，推进了农林牧副渔全面发展，特色、优势种养加产供销产业不断壮大，畜牧、苗木花卉、乡村旅游等产业初具规模。1995、1998、2004、2007年分别被济宁市政府授予“全市农业综合开发先进单位”。

在实施农业综合开发中，梁山县坚持集中开发与规模开发、资源开发与产业开发、科技开发与扶贫开发相结合，并对综合开发项目实行统一组织、分级管理、权责结合、动态管理制度。2011年，梁山县农业综合开发项目分别代表县级、市级、省级接受济宁市、山东省、国家的综合验收组验收，均得到一致好评，认为梁山县在农业综合开发工作实际中，注重考虑群众意愿，工作思路明确，善于经验总结；在实施农业综合开发项目上敢于创新、程序规范、基础工作扎实，项目工程效益良好，达到预期目的，其经验应予推广。

资金管理 农业综合开发资金包括中央财政、地方财政、项目单位和群众自筹、引进外资等各类用于农业综合开发项目建设的资金，主要用于土地治理、扶持农业产业化发展及项目管理。农业综合开发年度财政资金安排遵循效益优化、兼顾公平、突出重点、兼顾一般、集中投入、不留缺口、奖优罚劣、激励竞争的原则，优先保障上级下达的基数，以资金投入控制项目规模，按项目管理资金。农业综合开发资金实行专人管理、专账核算、专款专用，严格按照农业综合开发财务、会计制度进行管理，按规定范围使用。财政资金实行县级报账制，报账资金的拨付实行国库集中支付制度。

项目管理 农业综合开发项目管理主要包括前期准备、申报审批、组织实施、竣工验收和运行管护等，并遵循因地制宜、统筹规划、规模开发、产业化经营、依靠科技、注重效益、公平竞争、择优立项原则，对符合立项条件的高标准农田建设、优势农产品基地建设、良种繁育、小流域治理、生态林建设、中型灌区节水配套改造等项目，由项目申报单位编制项目建议书，经县、市级农发机构审核和实地考察合格后，存入县、市农发机构项目库，并报省农发管理机构备案。农业综合开发项目建设实行项目法人制、招投标制、工程监理制、资金和项目公示制以及竣工验收制度。竣工项目市级验收合格后，及时明确管护主体，办理移交手续，保证项目正常运转并长期发挥效益。

梁山縣志

LIANG SHAN XIAN ZHI

1994—2013

第四篇 DI SI PIAN

工业

20世纪90年代，梁山县工业发展处于极为困难时期。这一时期，企业生产的部分产品不能适应市场需求，企业持续不景气，经济效益大幅度滑坡。根据国家有关政策，梁山工业企业开始启动各项改革，以产权制度改革为重点，推进存量资产有效流动，直至企业兼并重组、破产拍卖、工人下岗。进入21世纪，县委、县政府大力推行“工业强县”经济发展战略，出台一系列振兴工业的政策措施，引导企业抓住产业转型升级的有利时机，引进先进技术，开发高端产品，打造产业集群，促进企业规模化、产业化生产，全县工业进入新的发展时期，专用汽车异军突起，出版印刷辐射全国，纺织服装、食品加工初具规模，至2013年，以机械制造、纺织服装、医药化工、建材装饰、出版印刷、食品加工为代表的支柱产业逐步形成，涌现出中集东岳、通亚公司、华宇集团、蓝天纺织、良福制药、三利树脂等一批省市重点民营企业，奠定了支撑梁山经济全面发展的工业基础。

梁山煤炭工业起步较晚，进入21世纪，才逐步进行煤炭资源的勘探、开发。至2013年，探明杨营、大营、泰西3处较大的矿区煤炭资源，杨营煤矿建成投产，其他2处正在建设中。

梁山专用汽车基地（关义华摄）

第一章 体制改革

第一节 工业管理体制

管理机构 梁山县经济和信息化局（简称县经信局，挂县商务局牌子），由原县经济贸易局和县民营经济发展局合并而成，为主管全县工业经济的行政管理机构，县政府组成部门。

县经济贸易局前身为县经济委员会（正科级行政单位，县政府组成部门），始建于1979年10月。1993年12月，撤销县经济委员会及县工业公司、县二轻工业公司、县纺织工业公司、县技术进步办公室、生产调度室、县财政贸易委员会、县对外经济委员会等10个部门单位，设立经济贸易委员会。1996年1月，经济贸易委员会，复称经济委员会，县财政贸易委员会、县对外经济委员会独立划出。2002年，县经济委员会与县财政贸易委员会、县对外经济贸易委员会合并，组建县经济贸易局（挂县对外贸易经济合作局牌子）。

县民营经济发展局前身为乡镇企业局（正科级行政单位，县政府组成部门），始建于1980年7月，时称公社工业局，曾称社队企业局，1984年4月改称乡镇企业局。2002年5月，更名为县民营经济发展局。

2010年5月，设立梁山县经济和信息化局（挂县商务局牌子），撤销县经济贸易局、县对外贸易经济合作局、县民营经济发展局，其原所属单位，均由县经济和信息化局管理；兼管梁山县专用汽车产业管理办公室（正科级全额预算管理事业单位，2006年5月成立）和梁山县人民政府节约能源办公室（正科级全额预算管理事业单位，2007年7月成立）。

内设机构 1994年，县经济贸易委员会内设办公室等12个职能科室，在编工作人员50人；

县乡镇企业局内设人秘股等6个职能科室，在编工作人员24人。2002年，县经济贸易局内设办公室等10个职能科室，在编工作人员48人；县民营经济发展局内设办公室等5个职能科室，在编工作人员33人。2010年5月，县经信局内设办公室、政工科、经济运行办公室、规划与技术改造办公室、中小企业办公室、信息产业办公室、企业管理科、科技科、产业政策科、能源办公室等10个职能科室，在编工作人员53人。

工业企业 20世纪90年代，全县工业企业中国有、集体所有制工业企业占主导地位。1994年，全县有国有、集体企业159家，其中市属企业5家，县属企业44家，乡镇办企业114家，共有职工9569人。1999年4月，原属县电业局管辖的第一发电厂和第二发电厂，改为隶属县经济委员会领导。进入21世纪，随着产权制度改革，多数工业企业的国有和集体所有成分逐步退出，股份制、股份合作制和个体民营企业成为全县工业的中坚力量。2000年5月，原市属五厂（山东梁山云雁纺织集团有限责任公司、山东梁山京九轴承有限公司、山东梁山石棉制品厂、山东梁山油漆厂、山东梁山企业集团总公司）划归属地管理，列入县工业系统，县属国有工业企业为32家。至2013年年末，全县有规模以上工业企业159家。

国有工业 1994年，梁山县国有工业企业中，市属企业有国棉厂、轴承厂、油漆厂、石棉厂、水泥厂5大厂，县属企业有农机厂、造纸厂、印刷厂、床单厂、麻纺厂、陶瓷厂、水泥制品厂、磷肥厂、酒厂等20多家，涉及机械、造纸、印刷、纺织、陶瓷、建材、化工、酿酒8个工业门类；从业人员12980人（其中县属企业4286人），固定资产2.1亿元，年产值3.5334亿元，占全县工业总产值的20.16%。通过逐步改革，有的企业改制成为国有控股公司，有的通过破产拍卖、兼并重组为民营工业企业，至2013年，国有工业企业不复存在。

集体工业 1994年，全县县属集体工业企业有服装厂、木器厂、家具厂、皮件厂、水泥制品厂、工业供销公司等17家，涉及纺织、服装、皮革、家具制造、工艺美术、建材、金属制品、机械8个工业门类，从业人员4638人，固定资产总值5821万元，当年产值11095万元，占全县工业总产值的6.33%；乡镇集体企业有大鹏公司、腾达公司等18家，其中，乡镇办17家、村办1家。通过逐步改革，各种形式的乡镇企业数量大增，逐步发展成为股份制合作制或私营企业，至2000年，全县93家乡镇集体工业企业中，有16家实行股份制合作制，36家实行租赁经营，其余全部成为私营企业。2013年，全县运行的集体工业企业已经消失，只有红麻制品厂等19家尚未完成破产程序。

私营工业 20世纪80年代，个体、私营工业主要涉及粮食加工、砖瓦烧制、家具制造等行业；进入90年代，个体、私营工业企业迅速发展，部分乡镇集体企业改制成为私营企业；进入21世纪，涌现出中集东岳、华宇集团、良福制药、三利树脂、通亚公司等一批省市重点民营企业。至2013年年底，全县个体私营工业企业发展到19155户，年销售收入超亿元的企业达29家，利税总额超千万元的企业达20家；完成营业收入146.2亿元，占全县工业营业收入的39.41%；实现增加值42.8亿元，占全县工业的25.6%；上缴税金2.33亿元，占全县工业的71.5%。

第二节 产权制度改革

改革政策 1994年5月，县委、县政府制发《关于工业企业产权制度改革的试行意见》，当年推行三项制度改革的企业20户，实行厂长聘任制的企业16户，实行岗位技能工资的企业19户，实行租赁经营的企业有五金厂、木器厂、床单厂等，磷化总厂实施破产。1997年7月，根据《中共中央关于建立社会主义市场经济体制若干问题的决定》和国务院、省、市对国有工业进行产权制度改革的指示精神，县委、县政府制发《关于整体推进我县县域企业改制工作的意见》《梁山县企业出售拍卖办法》等文件，部署国有工业企业资产评估等产权制度改革的前期准备工作，鼓励企业采取多种形式实行产权制度改革。据此，全县工业企业实行“三改一加强”，即改革、改组、改造、加强科学管理，逐步推行股份制、股份合作制和租赁经营等企业经营形式，探索公有制实现形式的多样化和所有制结构的多元化。其后，按照“抓住一头、退出一块、放开一片、整体推进”的改革思路，对资产规模大、产品市场占有率高、效益好的企业，变工厂制为公司制；对规模小的企业，推行股份合作制改造；对长期经营不善、扭亏无望的企业，由效益较好的企业通过控股、购买和无偿划转实施全部或部分兼并；对符合规定条件的县属国有、集体和乡镇集体所有的工业企业实行出售拍卖。

2000 年 4 月 29 日，济宁市委常委（扩大）会议在梁山召开，把梁山确定为全市改革开放实验区。同年，全县县属工业企业共盘活存量资产 7000 余万元。2001 年 5 月，县委、县政府制订“工业强县”发展战略和“民营化、规模化、产业化”工作方针，出台鼓励工业企业联合重组，走规模化、产业化的路子的政策措施，支持优势企业兼并弱小企业，以强带弱，把产业做强；鼓励技术、产品关联度高的企业强强联合，优势互补，打造高新技术、名牌产品高地；帮助有实力的企业兼并、联合县外优势的企业，重组产业集团、形成带动全县工业经济发展的龙头产业，推动全县工业投资主体多元化，产业、产品结构优化和经济总量的跨越式发展。机械总厂从转变经营机制入手，采取剥离经营，分块搞活的办法，先后成立铸件股份有限公司、花键轴公司、收割机配件公司、纺机专件公司，3000 多万元的存量资产得到充分利用。2002 年，对资产闲置或低效利用的国有集体企业，继续采取兼并、出售、“退二进三”等行之有效的措施，石棉保温厂、钢制家具厂、红麻制品公司、华福化工公司、服装厂等利用闲置土地搞房地产开发、租赁空闲厂房，实施“退二进三”改造。至 2006 年年底，县属 24 家工业企业中，公有资产全部退出的有 7 户，实施“退二进三”改造的 8 户，公有资产正在准备退出的 2 户，其他企业也都进行不同形式的改革、改制。其后，不断强化改革措施，加大改革力度，至 2013 年，国有、集体企业全部实施破产拍卖。

股份制改造 1994 年 7 月，县属工业按照县委、县政府的要求，首先在印刷厂、皮件厂、专件厂、家具厂 4 个企业进行股份合作制试点改造工作，采取“带资投劳”“入股分红”“合股经营”等方式，组建由企业内部职工持股的股份合作制企业，股本向经营者集中。通过改制，4 个企业的经营指标均有不同程度的提高。同时，县印刷厂更名为印刷有限公司。1995 年，县陶瓷厂转换经营机制，更名为黄河陶瓷厂；1996 年 2 月，县服装厂、石棉保温厂推行股份合作制，县服装厂更名为服装总公司。1997 年 8 月，县电力集团公司将一电厂、二电厂合并，改制成国家控股、多元投资的梁山热电有限责任公司。1998 年，国有工业企业实施产权制度改革，梁山棉纺织厂（国棉厂）在原厂的基础上，国有出资 2001 万元、职工出资 567 万元，组建山东梁山云雁纺织集团有限责任公司（简称云雁集团）；同年 12 月，梁山轴承厂在原厂的基础上，国有出资 200 万元、职工入股 467 万元，组建山东梁山京九轴承有限公司（简称京九轴承），云雁集团和京九轴承改制成为国有控股公司，实现工厂制向公司制的转变。2001 年，县床单厂实行股份合作制，重新注册成立宏祥纺织有限责任公司。2006 年 9 月，县第一发电厂、县热电厂改制，资产移交给县热电厂工会委员会；县热电厂工会委员会以受让净资产 381.9 万元出资，成立梁山县新东利热电公司，承担原企业债权债务，原企业全部资产转移给梁山县新东利热电公司。至 2007 年年底，全县国有、集体工业企业进行股份制（股份合作制）改革的共56家，总股本金3.5亿元，新募集资金1.3亿元；经省政府规范确认的股份有限公司共8家（其中县属企业3家），总股本9.9亿元，新募集资金12.26亿元。

破产拍卖 1994年7月，县磷肥厂进入破产程序，是县属工业第一家宣布破产的企业。1995年，县酒厂实施拍卖。1996年3月，停产6年之久、资产负债率高达520%的化肥厂破产后，拍卖给攀宝国际集团。同年8月，县酒厂依法破产后，由厦门银盛海藻食品有限公司收购，组建“玖玖”食品有限公司。1997年，梁山县第二棉纺织厂拍卖。1998年6月，县委、县政府相继出台《关于进一步深化企业改革的实施意见》《企业产权转让办法》，确立以坚持“三个有利于”为标准、以建立现代企业制度为目标、以出售转让公有资产为主要形式，加快工业产权制度改革的工作思路，企业破产拍卖、资产重组全面、持续展开。第一批进入产权转让程序的有机械总厂、农药厂、红麻制品厂、县水泥制品厂等4家企业。床单厂、磷肥厂、皮件厂、玉器公司等一批小企业，实行对外出售或整体租赁。至2000年，先后有酒厂、化肥厂（化工总厂）、第二棉纺厂、红麻制品厂、水泥制品厂等5个企业实施破产拍卖，共甩掉债务8000余万元，盘活存量资产2000余万元。2001年，云雁集团公司实施破产，并将1.5亿元有效固定资产剥离出来，出售给由董事会控股、职工自愿入股的蓝天集团公司。2002年，县造纸厂被上海森银公司投资3000万元整体收购，成立海梁纸业公司。同年，县工业供销公司引入江苏万家福服饰超市，投资1000万元开办万家福服饰超市梁山连锁店。2003年2月，梁山油漆厂宣告破产，蓝天集团公司收购梁山县油漆厂，成立蓝天化工有限公司，一次性购买油漆厂的全部厂房和设备，盘活固定资产1.8亿元。2005年9月，梁山轴承厂实施破产。2006年，县工业供销公司实施破产，被三利树脂公司购买后，引入济宁爱客多超市。2007年5月，梁山石棉厂实施破产，被韩国亚进株式会社以1250万元收购。同年8月，梁山水泥厂实施破产。至2007年年底，全县共对49家中小型企业依法实施企业破产，甩掉企业债务负担36亿元，安置破产企业职工5200人。2009年，梁山机械总厂、新东利热电有限公司先后宣告破产。2011年，宏祥纺织有限责任公司、海梁纸业有限公司相继宣告破产。至2013年年底，梁山油漆厂、梁山轴承厂、梁山石棉厂、梁山水泥厂、梁山机械总厂、宏祥纺织有限责任公司（原县棉纺厂）、山东海梁纸业有限公司（原县造纸厂）、新东利热电有限公司（原电厂）等8家破产企业清算、兑付、退城进园、遗留问题解决等各项工作还在进行中。

兼并重组 1996年10月，县农机厂兼并县纺织专件厂，成立梁山机械集团，兼并后的企业仍为国有企业，注入资金110万元开发“0”类系列轴承，自身生产能力进一步扩大，并开创全县国有工业成功兼并先例。2000年5月，梁山通亚公司兼并青岛轻型汽车厂并顺利通过国家机械工业局验收，成为国内第一家纳入国家汽车《公告目录》的民营汽车挂车生产企业和全省最大的挂车制造厂家重组的范例。2001年7月，对历史包袱沉重、亏损严重、负债率高达560%的企业集团（原水泥厂）下属食油厂，依法实施破产重组，由梁山水浒油脂有限公司以承债方式收购其全部有效资产，盘活资产320万元。2007年9月，梁山东岳公司与中国集装箱集团联合重组，成立中集东岳挂车制造有限公司，梁山东岳公司以2250万元入股，占全部股权的49%，中国集装箱集团以6775万元入股，占全部股权的51%。2011年7月，梁山新宇车业研发制造有限公司以厂房、场地、设备和资金做出资占90%的股份，广州港口机械工业有限公司以技术、商标做出资占10%的股份进行重组，更名为梁山新宇车业研发制造有限公司。同年8月，中集东岳再次实施联合并购，先由中国国际海运集装箱（集团）股份有限公司并购山东万事达专用汽车制造有限公司，成立中集万事达，然后由中集东岳公司与中集万事达公司并购重组；梁山宝华专用汽车制造有限公司以厂房、场地、设备和现金等作价出资3464万元，占投入资本的比例为80%，泉州远东专用汽车制造有限公司以技术、商标、设备等作价出资866万元，占投入资本的比例为20%，重组为梁山宝华专用汽车制造有限公司。同年9月，山东梁山亚中车辆有限公司兼并重组秦皇岛泰运专用汽车制造有限公司。同年11月，梁山晨润达公司与威海开发区汽车改装有限公司（国家公告目录企业）联合重组，成立梁山晨润达工贸有限公司，梁山晨润达公司以厂房、设备、资金入股，占全部股权的80%，威海开发区汽车改装有限公司以商标、技术和无形资产入股，占全部股权的20%。

第三节 管理制度改革

人事管理制度 1994年，企业全面推行干部聘任制，打破传统的用人观念，不分资格、不讲资历、不看身份、不限籍贯、不拘一格选拔人才。县委、县政府按干部管理权限对县属企业的15名正职、5名专职书记、47名副职全部免职，按干部聘任制程序重新聘任15名企业法定代表人，企业法定代表人重新聘任24名副职，中层干部、班组长逐级推行聘任制，打破了干部职务终身制带来的弊端。各企业中层科室、管理人员打破身份界限，实行竞争上岗、择优聘任。1995年，企业用工由有关部门统一分配的方法及企业职工原有的国家干部、固定工人、合同制工人的身份界限被逐渐打破，企业全面实行管理人员聘任制、职工全员劳动合同制，企业与职工签订劳动合同，为职工缴纳各种保险，企业自主决定招工条件和数量，招工实行双向选择，劳动用工实行了优化劳动组合，竞争上岗，下岗人员接近20%，对未优化上岗人员实行待业培训。1996年，工业企业普遍推行内部改革，打破能上不能下的企业干部人事制度，实行“能者上，平者让”的干部竞争聘任制，精简机构，科室人员减少了三分之一。

1997年7月，县委、县政府制发《关于进一步加强县属企业干部管理工作的意见》，要求深化企业干部人事制度改革，企业和企业领导干部与行政级别脱钩，全面推行选任制、聘任制和任期目标责任制以及企业领导干部离任审计制度。按照公开、平等、竞争的原则，采取聘任、选举、引进、竞争上岗等多种形式，配好企业领导班子，并根据经营业绩进行考核，重点抓好严重经营性亏损以及职工意见较大和问题较多的企业领导班子的调整。在企业内部，优秀工人可以被提拔、聘用为管理人员，管理人员被解聘或未被重新聘用的安排其他工作。1999年，根据国家深化国有企业人事制度改革的具体要求，全县国有工业企业进一步落实党委书记和董事长可以由一人担任、董事长与总经理原则分设、董事会和监事会都要有职工代表参加的要求，并建立与现代企业制度相适应的收入分配制度，实行董事会、经理层等成员按照各自职责和贡献取得报酬的办法。2006年，县委、县政府提出推进制度、科技、管理“三个创新”的思路，一大批职业经理人上岗，企业财务管理、内审管理逐步规范，民营企业逐渐由家族管理向现代企业管理制度转变。2007年，《梁山县关于全面推行人员聘用制工作方案》出台，通过实行人员聘用制，实现了用人关系由身份管理向岗位管理转变，由行政管理向合同契约管理转变，形成职务能上能下、待遇能高能低、人员能进能出的人事管理制度。

工资分配制度 20世纪90年代初，全县工业企业初步形成工效挂钩、工资总额包干、企业自定工资总额的政府调控企业工资方式。1994年，随着《中华人民共和国劳动法》的颁布实施，企业工资管理全面进入法制化阶段，开始建立最低工资保障制度，并按照“市场机制决定、企业自主分配、职工民主参与、政府监督调控”的思路，逐渐打破企业档案级别工资，原工资级别记入本人档案，在企业内一律实行全额浮动制，分配实行工效挂钩和岗位技能工资制，同时，根据企业生产经营实际，将工资制定为几个档次，全体员工按岗对档，按档取酬。各班组相继实行车间班组包干、浮动工资、定产定销、岗位指标等各种形式的生产责任制，实行岗位技能工资、质量工资、定额工资、计件工资等多种分配形式。1995年，为充分调动厂长（经理）的生产积极性，县委、县政府决定在县属以上工业企业实行厂长（经理）年薪制，合理拉开企业经营者、技术人员和一般人员的收入差距，企业法人代表收入可高于本企业员工平均工资的 3 ～ 4 倍。1998 年，进一步深化企业劳动用工制度改革，形成按劳分配与按生产要素分配相结合的分配机制。2009 年，进行收入、分配、社保制度改革，进一步健全劳动、资本、技术、管理等生产要素按贡献参与分配的制度；提高最低工资标准，建立企业职工工资正常增长机制和支付保障机制；全面推进社会保障制度改革，促进企业、机关、事业单位基本养老保险制度建设。

第二章　生产经营

第一节　国有集体企业

1994 年，全县工业企业开始推行厂长负责制、承包经营责任制，并在县印刷厂、县皮件厂先行试点。承包经营责任制以车间（或班组）为单位，根据上年的生产情况，核算出产品生产成本，加入适量的利润后定价销售给企业承包人，所获销售收入减去原材料消耗等生产费用即为车间职工劳动所得，从而在企业内部把改制、改组、改造和加强企业管理紧密结合起来，形成搞活生产经营的合力。同年 5 月，县造纸厂开源节流，减人增效，人员精简近 60%，仅管理费用一项就比上年同期减少 58 万元，同时，实行产供销全员管理和生产全过程质量管理，增强广大职工的竞争意识和质量意识，企业经营形势逐步好转。至年底，实行厂长聘任制的企业 16 家，实行岗位技能工资的企业 19 家。

1996 年，县委、县政府先后制发《梁山县关于加强工业企业管理的意见》《梁山县工业企业竞争进位考核办法》《梁山县关于对重点企业实行“双保”的意见》等文件，提出大力转换企业经营机制，全面推行公有资产委托经营；集中精力扶优扶强，推动全县经济的快速发展和整体效益的进一步提高。农机厂、酒厂、农药厂、床单厂、服装厂、磷化总厂、麻纺厂、水泥制品厂、工业供销公司等 13 个企业相继实施公有资产委托经营。同年，法人代表实行民主选举，竞争上岗，由经济主管部门聘任，国资局与法人代表签订公有资产委托经营责任状，实行企业综合考核评价制和法人代表年薪制。法人代表则根据本企业资产额上交 1 ～ 3 万元的风险抵押金，进一步明确了资产所有者、经营者和劳动者的权利、义务和责任，调动了企业的积极性。2001 年，县机械总厂从转变经营机制入手，采取剥离经营、分块搞活的办法，先后成立了铸件股份有限公司、花键轴公司、收割机配件公司、纺织专件公司，企业生产全面启动，3000 多万元的存量资产得到充分利用。京九轴承公司（原梁山轴承厂）从干部管理体制、用工制度入手，引入竞争机制，精简行政机构，上岗职工由不足百人增加到一千多人。油漆厂先后对印铁制罐车间、劳动服务公司招标承包，启动 800 万元的闲置资金，安排 41 名职工上岗。至 2013 年，国有集体工业基本不存在。

第二节 民营工业企业

发展环境 1994年2月，县委、县政府召开全县第一次发展民营经济万人动员大会，提出“发展民营，活在民间”的口号。2000年，县委、县政府出台《关于优化经济发展环境的十条规定》和《关于保护经济发展的十条规定》，实施“全面放开、全民招商、全民经商、全力保护、全面推行个体私营经济”的“五全”战略，提出把梁山建成“内陆的特区，江北的温州”的目标，相继召开发展民营经济、招商引资、创办特区、温州模式、全民经商5次万人大会，提出“发展民营经济光荣，服务民营经济有功”“支持民营经济发展是功臣，不支持发展是罪人”“进了梁山无三乱”“来到梁山县事事都好办”等口号，形成大力发展民营经济的良好环境。2001年初，县委、县政府提出“思想再解放、胆子再放开、力度再加大、步子再加快”的“四再”要求，并要求有关部门对民营企业只服务、不干预，充分尊重其生产经营自主权，引导民营企业由粗放型经营向集约型经营转变，由家族式管理向现代科学管理转变，引导其建立现代企业制度，逐步形成一批重点骨干民营企业和企业集团。2002年，县委、县政府进一步提出“民营化、产业化、工业化、城镇化”的“四化”发展方向，制发《关于加快个体私营经济发展若干规定》和《关于搞好乡镇企业二次创业的决定》，推动民营经济二次创业。2003年5月，县委、县政府印发《关于进一步加快民营经济发展的决定》，实行更加开放的行业准入制度，放开和支持各类人员从事民营经济，改进金融服务和拓宽民营经济融资渠道，加大对民营企业的扶持力度。2004年，按照“放得更开，搞得更活，招商更多，环境更优，发展更快”的要求，为民营经济发展营造了更加宽松的发展环境。2009年，县委、县政府制发《关于进一步促进中小企业发展的实施意见》，把实施“中小企业成长计划”作为加快全县民营经济发展的重要举措，从加大财政支持力度，优化发展环境，鼓励自主创新，转变发展方式等方面制订措施，落实责任，鼓励中小企业快速膨胀、支持民营大户低成本扩张；对到梁山开发建设、投资创业和进行经济、技术、文化合作的外商，从土地征用、税费减免、信贷资金、资源保障等方面给予全力支持，全县上下形成亲商、爱商、富商的良好环境。2012年4月，县委、县政府出台《关于全面振兴工业经济的若干意见》，大力培植骨干企业，加大技术改造力度，推动企业兼并、集聚发展，营造全社会尊重、重视企业家的浓厚氛围。2013年，县委、县政府推进包保培育重点企业工作，实施重点企业“一企一策”培育，积极争取上级资金，为企业申报项目，对企业实行“零距离”的服务。

优势产业 20世纪90年代，在梁山县南部兴起挂车制造业、在西北部兴起出版印刷业，并随着全县民营经济的发展而迅速崛起，逐渐发展成为全县的优势产业。2013年，梁山县召开首次新产品评审会，6家企业的10个新产品被评定为梁山县历史上首批新产品，以名牌效应带动产业集群发展，实现由“梁山制造”向“梁山创造”的转变。

2005年，梁山县制定全县挂车产业整合方案，帮助挂车企业开展申报国家公告，永固、恩信、飞驰、杨嘉、四通、盛鑫、新科7家挂车企业进入国家公告目录，全县挂车公告企业达到10家。同年7月，中国汽车工业协会正式命名梁山县为“中国挂车（专用车）生产基地”。2006年，梁山县大力推进制度、科技、管理“三个创新”，挂车企业逐渐由家族管理向现代企业管理制度转变。2009年，全县年产专用汽车6万辆，专用车制造业成为全县一大主导产业。同年7月，梁山县专用汽车产业被山东省经济和信息化委员会、省中小企业办公室命名为“山东省专用汽车专用集群”；同年12月，被命名为“创建山东省优质专用汽车生产基地”。2010年，专用汽车产业发展成为全县第一个百亿产业，成为全国最大的专用汽车产业集群，中集东岳、通亚、华宇等骨干企业规模迅速扩张，23家专用汽车生产企业进入国家公告目录，专用汽车年产量突破10万辆。2012年9月，中国汽车工业协会命名梁山县为“中国专用汽车产业基地”。至2013年，全县有33家企业进入国家汽车公告目录，形成年产专用汽车15万辆的生产能力，生产仓栅车、低平板、自卸车、水泥搅拌车、罐式车、厢式车、混凝土输送泵车、轿车运输车等12大系列、500多种型号、1300多种专用汽车产品，产品远销全国30多个省、市、自治区及加拿大、俄罗斯、中东、东南亚、非洲等国家和地区。当年全县生产专用车8万辆，产业总销售收入140亿元，实现销售收入70亿元，利税11.3亿元。

2007年，县委、县政府把出版印刷产业作为新兴文化产业进行引导和培植，按照“正确引导、依法处理、规范经营、合法发展、做大做强”的思路，对全县出版物市场、企业进行规范整顿，研究制定出版印刷产业发展规划，理顺管理体制。2007年、2008年、2009年、2010年连续四年把发展出版印刷产业列为全县重点建设产业，从政策、资金、环境等方面全力给予支持，促进出版印刷产业健康繁荣发展，成为继挂车之后的全县又一大产业。至2010年，全县出版印刷产业年产教辅材料等出版物产品3亿册，占国内市场28%，完成销售收入（码洋）69.8亿元，利税1.4亿元，共安置就业13600余人，成为全国闻名的出版印刷产业基地。

第三节 工业园区建设

经济开发区 1998年1月，省政府批准设立济宁（梁山）对外加工贸易区，后更名为经济开发区。经济开发区位于梁山县城西部，东临西环路，西至宋金河，南连梁五路，北靠公明大道，区域规划总面积12平方公里。经济开发区分为4个功能性区域，即：以面粉、饲料、纺织为主的水浒工业园，以医药、机械制造为主的良福高科技园，以纳米材料、电子元件、热敏陶瓷为主的民营科技工业园，以农副产品加工、通信线杆制造及仓储业为主的京九工贸园。2005年，经济开发区6平方公里的道路、绿化工程基本完成，建成面积达到3.5平方公里，入园项目80多个，园区内企业营业收入达63亿元，占全县民营经济营业收入的35.9%。该开发区作为省级经济开发区，顺利通过国家审核验收。2009年，经济开发区完成13.8公里路网建设；至2013年，经济开发区基础设施进一步完善，承载能力进一步提高。

金三角工业园区 该园区由梁山镇、拳铺镇、徐集镇三大民营园区联合而成，位于三镇接合部，总面积50平方公里。金三角工业园区的形成，使原三园区不断相向发展，延伸辐射，集中连片，形成新的区域经济新兴工业区。2003年，园区内入驻投资50万元以上的项目120多家，初步形成专用汽车制造、电子电器、纺织卫材、医药化工、农副产品加工等产业体系。至2005年，该园区初步成为设施齐全、功能齐备、环境整洁的区域工业发展中心，吸纳工业项目200多个，同年6月，金三角工业园区被列为省级经济开发区。其后，进一步加大投入，扩张规模，提高档次，完善功能，至2013年，园区经济集聚效应明显增强。

拳铺民营工业园 该园区位于拳铺镇政府驻地，以220国道为轴心，总面积6.8平方公里。2000年年初开始兴建，2001年，园区形成“九纵九横”的交通网络。至2002年，进入园区的项目达72家，其中投资在1000万元以上的项目12家，500万元的11家，百万元以上的18家，形成汽车挂车、专用车生产为主导、油漆化工、复合肥料、轻纺机械、等级面粉、保健饮料、商贸流通、民办教育等多业并举的产业格局，实现工业总产值9亿元，实现利税7400万元。至2013年，该园区成为全国规模最大、密集度最高的专用汽车及零配件生产基地，入驻园区企业320个，实现销售收入167.7亿元，上缴税金4.82亿元。拳铺工业园区先后被国家农业部和山东省命名为“全国乡镇企业科技园区”“省级民营经济示范区”“全国民营工业示范园”和“全省十大民营示范区”，被中国汽车工业协会命名全国唯一的“中国挂车专用车生产基地”。

第四节 生产经营效益

1994年，全县工业以搞活企业生产经营机制、优化内部人事、劳动和分配制度为重要内容，采用新技术，开发新产品，实现经济增长方式的转变。1996年2月，县造纸厂1760长网纸机进入试产运行；同年4月，梁山水泥厂投资1800万元冷粉生产流水线，初淀粉车间投入批量生产，县农机厂投资200万元，实施花键轴扩产改造项目竣工投产，县钢制家具厂投资50万元钢锯条扩产项目安装调试完毕，县皮件厂投资51万元再生革项目竣工投产；同年8月，“玖玖”食品有限公司（原县酒厂）投资1100多万元，新上三条果蔬生产线和一条白酒灌装线，生产得到迅速恢复和发展。2000年，梁山机械总厂对一分厂实行租赁经营；对原二分厂面向全厂职工募股，成立铸造股份有限公司，恢复启动生产；对停产的花键轴产品，采取厂内职工入股，总厂配股的方式，成立花键轴公司。同年12月，木器厂、黄河陶瓷厂、服装总公司3家企业先后实行租赁经营；新建农药厂、印刷综合、石棉保温厂3个企业。2000年全年完成工业总产值8.4亿元，增长52%，营业收入1.4亿元，增长60%，增加值3.65亿元，增长56.6%，利税总额1.55亿元，增长51%。

2001年，梁山油漆厂先后对印铁制罐车间、劳动服务公司招标承包，启动800万元的闲置资产，安排41名职工上岗；梁山石棉厂6个车间对内租赁，盘活闲置资产2000余万元，上岗职工220人；县农药厂由外地客商租赁，投资150万元上农药生产线，盘活存量资产200万元；全年共有26家企业采取多种形式最大限度地盘活存量资产6300万元，激发了企业活力。2002年1月，新组建的蓝天纺织有限公司新上织机200台，盘活二棉厂闲置国有资产，新建占地200亩的白云纺织有限公司。县机械总厂（原农机厂）采取分块搞活的办法，成立纺机、铸件、花键轴、收割机配件等4个分公司，投资新建泰福挂车公司。随着民营工业的迅速发展、特别是专用汽车及配件企业的崛起，工业生产及效益大幅提高。2006—2010年，规模以上工业企业销售收入增长218.4%，工业增加值增幅12.42%，增幅在全市排名第2位；实现销售收入52.28亿元、同比增长39.41%，增幅在全市排名第1位；实现利税4.73亿元、同比增长71.50%，增幅在全市排名第1位；实现利润2.95亿元、同比增长71.62%、增幅在全市排名第2位。2011年8月，新整合的中集东岳公司进入中国挂车生产企业前10名，生产能力7000余台，销售收入6亿元，纳税5110万元。至2013年，全县规模以上工业企业实现主营业务收入226.09亿元，实现利税24.14亿元。

第三章 技术改造

第一节 技改项目

1994年，县造纸厂实施轻量涂布纸生产线项目，县农机厂实施农用运输车花键轴技术改造项目；1996年，两项目相继完成，轻量涂布纸生产线项目的完成，结束了梁山县不能生产高档纸的历史；运输车花键轴技术改造项目完成后，年新增销售收入1550万元，新增利税304万元。同年，县二棉纺织厂实施一万枚纱锭改依纳V型牵引项目，总投资698万元，项目完成后年产精梳纱1000吨，增加销售收入2800万元，利税422万元。1999年，全县工业企业共实施技改项目7项，竣工项目5项；完成技术开发项目29项，其中县属企业5项，乡镇企业24项。2000年，全县开始逐年加大技术改造投资力度。三利树脂公司实施“医用高分子记忆材料”开发项目，研制生产的高分子原子灰、高档衬布、活性颜料填补国内空白，与中科院联合开发研制的“医用高分子记忆材料”被省科委鉴定为“填补国内空白，具有世界领先水平”的产品。良福制药公司投资2000万元，实施国际制药企业GMP标准制剂生产线，研制的维A酸系列产品填补国内空白，被列入国家“星火计划”，粉针剂是国家保护的二类新药。至2004年，全县累计投资10.6亿多元，技术开发项目200多项，其中，县属工业完成技改投资8770万元，完成技术开发项目20个；国有和国有控股企业完成技改投资1.28亿元，完成技术创新项目7项、技术开发项目12项。2007年，完成科技创新项目16项，其中，三利树脂的泮托拉唑、科鑫生物的软骨素，填补国内空白；水泊焊割的异形环缝自动焊机、徐坊大曲的白曲、东岳的自卸汽车纵向及密封装置，达国内先进水平；另有8项填补省内空白。2009年，全县拥有被省、市认定的高新技术企业28家，其中：省级13家，市级15家；拥有省级工程技术研究中心3家，县级1家。2010—2013年，蓝天集团纺织有限公司实施新型纤维纱项目，总投资12.3亿元；通亚重工机械有限公司实施年产800台臂架式混凝土输送泵项目，总投资5亿元；菱花生物科技有限公司实施小麦生物发酵、连续等电与转晶技术制取味精项目，总投资12.58亿元；万达碳素有限公司实施8万吨/年UHP石墨电极生产项目，总投资约11.6亿元；山东德临材料有限公司实施产能10万吨催化油浆生产针状焦项目，项目总投资39.7亿元。

项目签约仪式

第二节 技改产品

主要产品 20世纪90年代，全县工业产品主要有：棉纱、棉布、床单、服装、面粉、白酒、家具、轴承、油漆、石棉、水泥、磷肥、农药、农机、收割机刀片、拖拉机花键轴、水稻收割机切割器总成、有光纸、牛皮条纹纸、保温系列产品等。这一时期，除市属五大厂生产棉布、轴承、油漆、石棉、水泥外，县属企业生产传统产品的同时，相继研究开发新产品。1994年，县农机厂与南京金蛙三轮车厂“联姻”，先后开发生产农用三轮车轴、工程机械液压件、数控车床、机床配件等六大类164个新品种，新产品达到当年投产，当年见效。1995年，磷化总厂开发适用于各种作物的专用多元肥料系列产品，适用于不同地区、不同土质的富含各种微量元素的综合性肥料；同年，以原有建材企业为依托，积极开发生产各种节能保温材料及保温系列产品。1996年，玖玖食品有限公司投资1100多万元，新上三条果蔬生产线和一条白酒灌装线，开发新产品“九月九”白酒，在海峡两岸评酒会上被评为台湾人民最受欢迎的产品。1998年，县农机厂成功研制新产品水稻收割机切割器总成，给南京的主机厂配套，同时，开发纺织配件及轴承40多个品种销往省内外。

进入21世纪，全县工业产品除棉纱、棉布、服装、面粉、白酒、轴承、油漆等传统产品外，新增半挂车、专用车、塑钢型材、防水涂料、玻璃、医用高分子记忆材料、双点黏合衬布等产品。2001年，纺织专件厂利用收割机刀片名牌优势，开发研制联合收割机切割器总成，成为全国品种最多、规模最大、市场占有率最高的切割器总成生产基地。三利树脂公司研制生产的高分子原子灰、高档衬布、活性颜料填补国内空白，与中科院联合开发研制的“医用高分子记忆材料”被省科委鉴定为“填补国内空白，具有世界领先水平”的产品。2006年，水泊焊割设备制造有限公司的异形罐体环缝自动焊机经过专家鉴定，达到国内领先水平，并拥有国家专利20余项，成为研制专用焊割设备和技术的高科技企业。2009年，梁山通亚汽车制造有限公司新研发“水泥车载式混凝土泵车”系列产品，并投资5亿元实现混凝土输送泵车批量生产，同时成功开发出高性能臂架泵车。2010年，华宇集团汽车制造有限公司新增抽拉式低平板车、三轴长10米半挂车、20英尺集装箱骨架车3个新品种。2012年，永兴重工机械项目自行研制的GWB轨道轮式扒装机试产成功，技术填补了国内空白，申报了国家专利。2001—2013年间，还相继开发生产人造大理石、花岗石、水磨石及玻璃钢系列产品，高级内外墙涂料及屋面防水涂料等系列产品，新型高精密工具、电动工具等五金产品，BT粉剂、生物农药，单细胞饲料蛋白和糖化酶等生物产品等。

名牌产品 20世纪90年代，县内工业产品先后获国家银质奖产品1个，部优产品6个，省优产品11个。县酒厂的系列义酒获“国际金奖”;县机械总厂的“梁山牌”收割机刀片获“国家银质奖”；梁山轴承厂的大锥角圆锥滚子轴承27311，获国家级新产品；梁山三利树脂公司生产的“三利”牌衬布、医用高分子记忆材料、双点黏合衬布，获中国著名品牌。2006年2月，梁山天泓公司生产的“天泓”牌塑钢型材获“山东省名牌产品”称号，被确定为国家质量免检产品及省免检产品。同年4月，县面粉厂生产的“水浒”牌面粉获“山东省名牌产品”称号。2008年8月，梁山油漆厂生产的“水泊牌”油漆获“山东省名牌产品”称号。2009年5月，梁山通亚汽车制造有限公司的“通亚达”牌半挂车获“山东省名牌产品”称号，被确定为国家质量免检产品和山东省标志产品。同年9月，梁山杨嘉专用汽车制造有限公司生产的“杨嘉”牌低平板半挂车获“山东省名牌产品”称号；同年10月，梁山华宇挂车制造有限公司的“华宇达”牌专用车获“山东省名牌产品”称号，被确定为国家质量免检产品。2010年4月，水泊焊割设备制造有限公司的发明专利“无模板异性封头旋边机”，获第十届“山东省专利奖”一等奖。2011年8月，大桥涂料有限公司生产的“宏达益佰”牌各色氨基烘干磁漆获“山东省名牌产品”称号。

著名商标 1996年，水泊商场、大鹏公司先后注册“水泊牌”“大鹏牌”等服务商标。1998年，梁山油漆厂“水泊”牌商标被评为全省著名商标;梁山轴承厂的“LSZ”商标、大鹏公司的“大鹏”商标被评为知名商标。2004年8月，梁山蓝天化工有限公司“水泊”获山东省著名商标。2005年1月，梁山万事达专用汽车制造有限公司的“万事达及图”获山东省著名商标。2006年1月，梁山酿酒总厂有限公司的“義”被评为山东省著名商标；同年5月，梁山通亚挂车制造有限公司的“通亚达及图”被评为山东省著名商标。2007年11 月，梁山华宇挂车制造有限公司的“华宇达”牌专用车被评为山东省著名商标。2008年，三利树脂有限公司的“三利”、良福制药有限公司的“良福”被评为山东省著名商标。2009年7月，天泓塑料建材有限公司“天泓及图”获山东省著名商标;同年10月，梁山华宇挂车制造有限公司“华宇”获中国驰名商标；梁轴轴承有限公司“LSZ及图”获山东省著名商标，同时获济宁市知名商标。2010年2月，梁山蓝天集团的“云雁牌”无捻纱线获中国驰名商标，同时获山东省著名商标；同年9月，梁山太岳弹簧制造有限公司的“安富及图”获山东省著名商标。2011年4月，梁山水泊焊割设备有限公司的“水泊及图”获山东省著名商标；同年6月，梁山徐坊大曲有限公司的“徐坊”酒获山东省著名商标。2012年3月，梁山神力汽车配件有限公司的“梁山神力及图”获山东省著名商标；同年10月，梁山蓝天集团的“云雁及图”获中国驰名商标；水泊焊割设备制造有限公司的“水泊焊割”获中国驰名商标。2013年3月，山东臻嘉食品进出口有限公司的“臻嘉及图”获山东省著名商标;同年9月，中集东岳汽车制造有限公司的“梁山东岳”获山东省著名商标。至2013年年末，县内工业企业先后获得中国驰名商标4个、山东省著名商标16个、济宁市知名商标3个。

第四章 工业门类

第一节 机械制造

梁山县机械制造业具有较好的发展基础。1994年年初，梁山县轴承厂、县农业机械厂、县纺织专件厂等机械企业拥有职工3600多人，固定资产原值达到4500万元，完成工业总产值4989万元，收割机刀片、花键轴、滚子轴承等产品在国内市场占有重要位置。同年，专用汽车产业起步发展。2001年，专用汽车产业驶入发展快车道。至2013年，专用车制造业成为全县一大主导产业。

轴承机械 主要由县轴承厂、县农业机械厂生产各类轴承和农业机械。

梁轴轴承有限公司　前身为梁山轴承厂，始建于1966年，为市属中型企业。2005年9月，梁山轴承厂宣告破产，改制为梁轴轴承有限公司。2010年1月，公司迁新址，占地面积11.88万平方米，建筑面积4.2万平方米，专业轴承生产设备430余台，年生产能力200多万套，公司总资产17000万元，拥有员工600余人，其中工程技术人员89人。公司专业生产各种圆锥滚子轴承，主要生产滚动轴承、滑动轴承、关节轴承、出组合轴承，产品主要配套于载重汽车、工程机械、减速机、矿山、冶金等行业，覆盖一汽、二汽、上汽、北汽福田、陕西重汽、陕西法士特齿轮有限公司、安徽安凯福田曙光车桥有限公司、济南重汽等几大厂家，市场占有率13.6%。公司先后通过IS09000质量体系认证、ISO/TS16949质量管理体系认证，研制生产的组合轴承填补国内空白，关节轴承以及整体外圈双列圆锥滚子轴承为山东省独家产品，填补省内项目空白。2009年，公司产品获“山东名牌产品”称号,公司“LSZ及图”商标获“山东省著名商标”称号。至2013年，公司实现年销售收入1.3亿元、利润1300万元、税金260万元，先后获“第三届全国轴承行业管理先进企业”、省级“重合同、守信用企业”“济宁市百强民营企业”“全县技术进步先进企业”等称号。

梁山县农业机械厂　始建于1955年，为县属中型（二）企业，占地面积9.4万平方米，固定资产3039万元，职工1133人，其中专业技术人员197人。该厂拥有机械设备414台(套)，具备机械加工、铸造、锻造、热处理及焊接等综合加工能力，主要产品有收割机刀片（获国家银质奖）、泰山-12拖拉机花键轴（获部优称号）、农用运输车轴系列产品等，为国家原机电部和机械工业部唯一定点生产收割机刀片和花键轴的专业厂家。1994 年，县农业机械厂以提高综合效益为目标，推广应用现代化管理模式，开展“双增双节”活动，促进了企业发展，年产收割机刀片 2000 万片，花键轴 80 万只，产品出口美国、韩国及东南亚地区，且保持稳定增长势头。1998 年，农业机械厂开始实施产权转让，与南京金蛙三轮车厂“联姻”，生产农用三轮车车轴（仅此一项年产值达 2000 万元）；此后相继开发汽车、农用车、工程机械、液压件、数控车床、机床配件等六大类 164 个新品种，完成设备改造，工艺改进，工装设计制造 200 余台件，新产品达到当年投产，当年见效。至 2002 年 12 月，完成工业总产值 2416 万元，实现销售收入 2232.7 万元，实现利税 249.2 万元。其后，相继实施多项改革措施，但收效甚微，2009 年，县农业机械厂宣告破产。

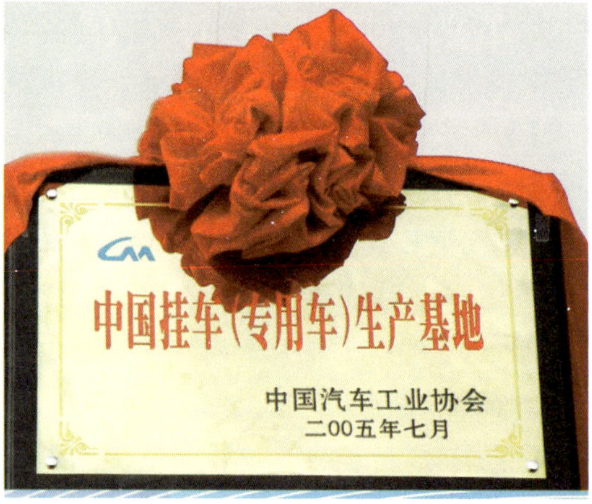

专用汽车 梁山县专用汽车产业起始于 20 世纪 90 年代，并呈快速发展趋势。随着全国汽车工业的发展和全县民营经济的发展，县委、县政府因势利导，梁山县专用汽车产业迅速崛起，至 2013 年，全县有 33 家专用汽车企业进入国家汽车公告目录，专用汽车生产能力达 15 万辆，并先后建起专用汽车及配件检测中心、特种车辆工程技术研究中心、专用汽车物流配送中心。梁山县相继成功举办九届专用汽车博览会，并先后被命名为“中国挂车（专用车）生产基地”“中国专用汽车产业基地”“山东省专用汽车专用集群”等。

中集东岳车辆公司 始建于 1987 年，由小型焊接企业起家。2000 年，开始迅速发展；2002 年，进入国家公告管理。2004 年，销售收入达 4 亿元，成为全国最大的挂车（专用车）生产基地的领军企业。2005 年，公司成功由低档次普通半挂车生产进入技术含量和附加值相对较高的专用车制造领域，生产的专用车被评定为山东省名牌产品。2007 年，与中集集团合作，成为中集车辆集团下属骨干企业，注册资金 9000 万元，资产 3.2 亿元，员工 1000 余人，生产性建筑面积 10 余万平方米，主要生产栏板半挂车、仓栅半挂车、厢式半挂车、自卸车、罐式车、特种作业车等 6 大系列 140 余种专用车产品，具有年产 2 万台各类专用车的生产能力和遍布全国的销售网络。2011 年，公司各类专用车产销 7000 余台，销售收入 6 亿元，纳税 5110 万元。

中集东岳集团

通亚汽车制造公司 公司占地面积380余亩，总资产5.2亿元，有员工1000余人。公司是经国家经贸委批准的汽车改装定点生产企业，集产品设计、科研开发、生产销售为一体，拥有汽车生产、汽车贸易、汽车配件生产、重工机械制造等子公司。公司拥有国内先进的数控切割机、自动焊机、大型折弯机和拼板机、罐体自动焊接翻转机、数控车床、钻床、洗床、省内最大的整车通过式抛丸机、21米超大喷漆房、烤漆房、瑞士四轮定位仪等检测设备400余台套，以及现代化的工装设备，生产八大系列100余种产品，主导产品有“通亚达”牌系列半挂车、自卸车、油罐车、粉粒性物料运输车、散装水泥车、混凝土搅拌车、道路清障车、拖式混凝土输送泵车、车载泵、臂架泵车等各种专用车、特种车；产品销往国内20余个省、市、自治区，部分产品出口俄罗斯等5个国家和地区。2000年，通亚公司兼并青岛轻型汽车厂并顺利通过国家机械工业局验收，成为国内第一家纳入国家公告目录的民营汽车挂车生产企业。2003年，公司被认定为山东省“高新技术企业”，并先后通过中国质量认证中心CCC认证和ISO9001：2008质量管理体系认证。至2013年，实现年销售收8亿多元、利税4000余万元。

金盛车桥制造公司 始建于2001年1月，是一家专业生产挂车车轴及相关零配件的民营企业。公司占地面积7.1万平方米，注册资本6000万元，拥有年生产能力5万套挂车悬架生产线和年产9万件挂车牵引销生产线，固定资产8258万元，有职工186人。2004年，公司通过ISO 9001:2000质量管理体系认证；产品主要供给全县挂车（专用车）制造厂家，并销售到东北三省及内蒙古、新疆等20多个省、市自治区，出口到北美、俄罗斯、东南亚等40多个国家。2012年，总投资2.3亿人民币、年新增产值68600万元的年产15万根挂车车轴技术改造项目建成投产。

专用汽车生产车间

水泊焊割设备制造公司 始建于2004年5月，注册资金5000万，资产总额1.5亿元，拥有员工400余人，其中工程技术人员78人，设有山东省企业技术中心、山东省专用车装备工程技术研究中心、以中国工程院蔡鹤皋院士为首席科学家的“蔡鹤皋焊接机器人院士工作站”。公司主要从事专用车焊接设备的研发与制造，为汽车改装、工程机械、钢结构等提供专用焊接设备。公司先后开发异形罐体环缝自动焊接机、智能旋边机、大型数控旋压机、汽车行业配套试验机、门式纵梁焊接机、数控切割机等18个系列40余种焊割设备，产品覆盖于一汽、二汽、中集集团等全国800余家专用汽车企业，并远销德国、加拿大、俄罗斯、北美、巴西等20多个国家和地区。至2013年，公司拥有国家专利83项，其中发明专利31项，实用新型52项，先后承担国家及省、市级课题项目10余项，其中自主研发的异形罐体环缝自动焊接机被国家和山东省分别列为2007年度科技型中小企业技术创新基金项目，无模板异形封头旋边机被列为2007年度济宁市重大科技招标项目，通过山东省科技厅科技成果鉴定，技术达到国内领先水平。公司先后被评为国家级重点高新技术企业、中国专利山东省明星企业、山东省创新型企业、山东省知识产权试点单位，获2010年度山东省最具发展潜力民营企业等称号。

华宇集团 为跨行业、多方位的综合性集团，由汽车制造有限公司、汽车贸易有限公司、纺织有限公司、房地产开发有限公司、华宇建材有限公司组成，建筑面积23万平方米，总资产达4.5亿元，职工1600人。汽车制造有限公司研发生产100多种产品，“华宇达”牌汽车产品已纳入国家汽车产品目录《公告》，年产改装车、半挂车、罐式车、特种车1万余辆，市场占有率在10%左右；纺织有限公司有6万纱锭规模生产线，拥有国际最先进的纺纱设备，年产精梳棉纱2万余吨；房地产开发有限公司，成立于2008年，投资2亿元，征地185亩，建筑面积达20余万平方米。至2013年，华宇集团年销售收入8.5亿元，上缴税金4000余万元。

2013年梁山县专用汽车公告目录企业情况一览表

表4-4-1

企业名称	法人代表	注册资金（万元）	占地面积（亩）	所在地址
梁山中集东岳车辆公司	叶俊	9000	320	拳铺工业园220国道西
梁山通亚汽车制造公司	杨奉社	3000	380	拳铺工业园220国道西
梁山华宇集团汽车制造公司	胡桂花	2000	441	梁山工业园220国道东
梁山永固挂车制造公司	周广科	2000	95	周庄村220国道路西
梁山沃德汽车制造公司	吴存长	2000	50	拳铺工业园东马路东首
梁山恩信特种车辆制造公司	王恩刚	3000	210	郭堂村220国道西
梁山华信专用汽车制造公司	杨尊银	2050	40	220国道路东
中国重汽梁山龙腾专用汽车公司	张山景	2000	47	梁山工业园园区北路
梁山万事达专用汽车制造公司	刘现允	2000	76	泰福路路北
梁山巨源专用汽车制造公司	贾廷福	2000	76	樊庄南220国道东
梁山县杨嘉挂车制造公司	杨合连	2018	126	通亚路路北
梁山飞驰挂车制造公司	于齐文	2068	105	梁山工业园姜解路北
梁山宇通专用汽车制造公司	邱传香	2080	54	泰福路路南
梁山汇统交通设备公司（挂车制造）	吴存生	2000	42	梁山工业园姜解路北
梁山远东专用车制造公司	张兰奎	1000	25	拳铺工业园220国道东
梁山盛鑫集团专用车公司	张清世	2035	70	济梁路南侧
山东盛润专用汽车制造公司	杨奉社	6100	17	通亚路路南
山东梁山新科特种车辆公司	张统祥	2000	110	樊庄东220国道东
中国重汽梁山四通专用汽车公司	李彦德	2000	50	府后路南220国道东
梁山亚隆专用车制造公司	谢国民	2050	80	府后路路北
梁山鸿运达专用车制造公司	程福	2108	100	济梁路路北
梁山瑞发专用车制造公司	徐西发	2050	66	拳堂路中段路南
梁山通宇集团专用汽车公司	刘敦海	2050	117	亚中路路北
梁山亚中专用车制造公司	王培彬	2000	66	亚中路路南
梁山宝华专用汽车制造公司	张以省	2050	128	220国道路西
梁山新宇车业研发制造公司	解来新	2100	69	梁济路路东
梁山晨润达工贸公司	刘承臣	2050	97	泰福路路南
梁山圣德车辆公司	秦秀云	2000	60	梁济路路北
梁山华瑞专用汽车制造公司	李国华	2050	40	拳堂路路南
梁山广通专用车制造公司	岳四菊	2370	70	崔庄村220国道西
梁山聚丰专用车制造公司	梁吉文	2100	65	樊庄南220国道西
梁山跃通专用汽车制造公司	褚秀娥	2050	45	拳铺工业园区

第二节 纺织服装

纺织服装产业起步于20世纪60年代，是梁山县的传统和优势产业之一。1994年，县属以上纺织工业企业6家（国营有企业3家、集体企业3家），从业人员5100人，拥有纱锭5万枚，布机1000台，基本形成以棉纺织为主，麻、针织产品为辅，从纺纱到针复制和服装的系列化加工体系。当年，拥有固定资产7500万元，实现产值11228万元。2003年，纺织服装企业11家，从业人数1808人，实现增加值6263万元，销售收入24415万元，上缴税金229万元。2005年，纺织服装企业37家，从业人数1390人，拥有纱锭26万枚，完成增加值5835万元，销售收入21483万元，实现利润1394万元，出口交货值305万元。2007年，纺织企业79个，资产总额11.08亿元，生产规模达44.4万锭，布机1786台；服装加工企业18家，年生产能力达873.9万套。2009年，全县纱锭拥有量突破万锭，各类型号的织机达到1150台，实现销售收入9.5亿元，利税2880万元。2010—2013年，主要企业生产规模不断扩大，以棉纺、纤维纺、精纺、织布、高档服装面料于一体的综合生产企业蓝天集团，以针织纱为主的祥盛纺织，以来料加工和出口创汇为主的万得福制衣、恒泰制衣等一批重点骨干企业逐步形成。至2013年年底，全县规模以上纺织、服装加工企业68家，全行业职工6000余人，共有纱锭50万锭，各类型号的织机达到1886台，服装加工达到年产600万套的生产能力；纱产量6.25万吨，织布6250万米，服装300万件；纺织服装业实现销售收入17.7亿元，实现利税1.25亿元，出口总额为1524亿美元。

蓝天集团纺织公司 前身为国有梁山棉纺织厂（简称国棉厂），始建于1966年，为市属中型企业。2000年，国棉厂由济宁市属划归梁山县管理。2002年1月，国棉厂宣布破产，改制成为由经营层控股、员工参股的民营企业（蓝天集团）。蓝天集团纺织有限公司总资产6.02

蓝天集团（原国棉厂）办公楼

亿元，职工3200人，其中技术人员334人，为国家中型纺织骨干企业、山东省重点纺织企业。公司拥有棉纺锭11万枚，织机400台（其中喷气织机200台），年产纱19000吨，布6000万米，并通过ISO9001国际质量管理体系认证、环境职业健康安全管理体系认证及“AAA”标准化良好行为体系认证。公司为全国最大的无捻纱线生产厂家，先后开发无捻纱、竹纤维纱、精棉莫代尔纱等新产品，获得国家专利7项，其中，新型纤维纱线与布专利5项，节能专利2项；主要生产高档巾被用无捻纱线为主的新型纤维纱线以及各类高档家纺面料。公司拥有自营进出口权，主导产品远销欧美、南非、土耳其、

纺织车间

韩国等国家。2012年，实现销售收入35618万元，其中，出口产品收入1323万元，利润总额10万元，上缴税金2282万元。2013年，根据企业转型升级、退城进园要求，蓝天集团投资12.26亿元，在经济开发区建设占地567.4亩、建筑面积23万平方米的“蓝天纺织工业园”，实施年产4万吨新型纤维纱项目，新上43万枚纱锭。至年底，纺一、纺二、气流纺捻线3个车间竣工。

祥盛纺织公司　前身为梁山县毛巾厂，始建于1986年，总资产1.6亿元，固定资产净额7232万元，职工1100人，其中技术人员180人。公司主要生产各种纯棉粗、中、细号纱。2011年，实现销售收入1.39亿元，利润750万元，上缴税金650万元。2013年，按照企业转型升级、退城进园要求，公司投资5亿元，在经济开发区建设占地面积10万平方米的新厂区，新增规模12万枚纱锭，并正式投产运营。

万得福制衣公司　位于马营镇政府驻地，占地面积60亩，建筑面积2万平方米，由天津长城服装集团独资兴建，2007年3月1日投入运营。公司秉承天津长城服装集团生产高档西装的专业知识和管理经验，配备先进的生产设备和高素质的专业队伍，在技术、设备、管理和服务等方面具备雄厚的实力。至2013年，公司出口服装50万件(套),出口总值达600万美元，年销售收入达1.2亿元。

第三节　医药化工

梁山县化工业起源于20世纪60年代，至20世纪90年代初，全县初步形成以市属企业梁山油漆厂为龙头，以县属化工企业为骨干的化工产业，主要产品有系列油漆、钙镁磷肥、复合肥、农用化肥等。医药业起始于20世纪90年代，主要产品有“维A酸”片剂、国家四类新药“艾力可”、广谱抗真菌药“易菲莎”、治疗痤疮的“维胺酯胶囊”、医用高分子记忆材料、医用生物降解材料、新一代纳米银抗菌凝胶、新生儿一次性无菌脐带剪断器、泮托拉唑纳药用原料等。进入21世纪，县委、县政府采取一系列政策措施，培植壮大蓝天化工、良福制药、三利树脂、万达碳素、齐彩化工、水浒油漆、大桥涂料等骨干企业，医药化工产业逐渐形成全县六大支柱产业之一。至2013年12月，全县医药产业有规模以上企业18家，累计实现销售收入30.95亿元,利润0.67亿元,利税2.13亿元。

梁山油漆厂　始建于1966年，为市属中型企业，国家化工部定点涂料生产企业，占地面积144亩，拥有员工1000多人，年产油漆等涂料2万吨，其“水泊牌”油漆为全省著名商标。1992年，油漆厂成立制药车间，具备年产非那西丁原料药1000吨的能力。2000年，油漆厂由济宁市属划归梁山县管理；2003年2月，油漆厂宣告破产，其后由蓝天集团收购，在此基础上成立蓝天集团化工公司和制药公司。制药公司注册资本金100万元，总资产4832万元，其中，固定资产原值3404万元，资产负债率为38%，主要生产、销售非那西丁原料药，2004年，公司通过GMP认证。2012年，梁山油漆厂原厂址全部拆迁，制药公司迁至公明路129号（杨营镇境内），占地面积77372平方米，拥有职工86人，年生产能力2000吨。

三利树脂公司　始建于1994年3月，原为家庭作坊式小型衬布加工厂。2000年，从衬布行业向医用化工领域转型，逐步发展成为山东省高新技术企业。公司占地面积208亩，资产总额7033万元，员工360人，其中专业技术人员46人，外聘专家5人。2003年，公司通过ISO 19001和ISO14001的认证。2007年，公司设立山东省首家医用高分子材料研究中心、山东省体内植入材料研究院；承担国家、省、市科技项目8项，取得科技成果9项。研发生产高级黏合衬布、原子灰、医用高分子记忆材料、医用生物降解材料、新一代纳米银抗菌凝胶、新生儿一次性无菌脐带剪断器、泮托拉唑纳药用原料等产品；生产的医用高分子材料填补国内空白，被列为2002年度国家科技型中小企业技术创新基金项目，获2002年度山东省技术发明三等奖，山东省第七届专利实用新型奖；医用高分子记忆材料、双点黏合衬布被中国品牌推进委员会授予“中国著名品牌”称号；UF-94三组分高级原子灰为国家级新产品；医用聚乳酸工业化生产项目，被国家科技部列为2007年国家火炬计划项目。产品销往全国二十多个省市，出口韩国、日本等国家。2013年，完成销售收入6500万元，实现利润1200万元、税金500万元，公司先后获得“省级先进企业”“省乡镇企业500强”“省优秀民营科技企业”等称号和省信用等级AAA证书。

良福制药公司 始建于1996年。2001年，投资3000余万元建设新厂区，占地面积7万平方米，资产总额8000万元，员工500人，其中专业技术人员120人；拥有多功能科研办公楼、标准化综合制剂车间以及先进的配套设备，是集药品研发、生产、营销于一体的高新技术企业。公司生产片剂、胶囊剂、颗粒剂、乳膏剂、软膏剂、凝胶剂六大剂型13种成品药和5种原料药的产品系列，主要用于皮肤病、白血病、抗过敏、失眠症的临床治疗。其中：生产的“维A酸”片剂是维A酸口服制剂的唯一剂型，为国家批准且全国独家生产；维胺酯胶囊临床用于治疗中、重度痤疮，国内销量排名前三位；国家四类新药“艾力可”为全国独家生产；广谱抗真菌药“易菲莎”在治疗手、足癣方面疗效独特，被评为“全国最受百姓信赖外用药药品品牌”。2012年，实现销售收入4400余万元，实现利税600余万元，缴纳各项税金450万元。至2013年，良福制药有限公司先后被评为全省十大民营科技企业、山东省先进民营企业、山东省百强民营企业、济宁市功勋民营企业以及省级AAA级信用企业。

良福集团

嘉泰中药饮片公司 始建于2004年2月，公司厂区占地面积39200平方米，建筑面积6000平方米，总投资600万元，年设计生产能力8000吨。2005年11月，被济宁市农业产业化领导小组命名为“农业产业化重点龙头企业”。2006年9月，国家科技部为公司颁发了“国家级星火计划项目证书”。2007年3月，通过山东省食药监局组织的GMP认证，成为济宁市首家通过认证的中药饮片生产企业。2012年，实现销售收入7576万元，利税155万元。

大桥涂料公司 始建于2008年9月，占地150亩，建筑面积7400平方米，资产总额5000万元，拥有员工307人，公司通过ISO9001质量管理体系认证、ISO14001环境管理体系认证、GB/T28001职业健康安全管理体系认证。2013年，拥有生产设备100多台（套）、各种专业测试分析设备40余台（套），主要生产“宏达益佰”牌各类工业用油漆及各类油漆用合成树脂，以船舶、汽车、摩托车涂装为主的工业产品涂装为重点产品，其中“宏达益佰”牌各色氨基烘干磁漆获得山东省名牌产品称号。

第四节 建材装饰

20世纪90年代初期，梁山县建材行业大都是县属全民所有制工业企业。1994年，梁山县开始对小水泥厂进行挖潜改造，重点提高产品质量和产品标号，开发生产道路水泥、油井水泥、膨胀水泥等特种水泥，增加产品附加值。同时，建材行业积极发展新型建筑材料，调整产品结构，发展空心砖、粉煤灰砖、石膏空心砌块、混凝土空心砌块、灰砂砖等各种新型墙体材料生产，开发生产各种节能保温材料及保温系列产品，生产各级内外墙涂料及屋面防水涂料等系列产品，并对原大理石生产企业进行技术改造，进一步发展人造大理石、花岗石、水磨石及玻璃钢系列产品的生产。

20 世纪 90 年代中后期，国营企业逐渐走向破产、改制之路，一批民营公司相继涌现，至 21 世纪初，装饰建材行业开始由国营企业“一枝独秀”向民营小厂“万树花开”过渡，水浒商贸城装饰建材集散地应运而生，建材装饰业逐渐形成百花齐放的发展新格局。2003 年，以韩垓镇靳楼玻璃市场为中心的“玻璃生产基地”逐渐形成，兴华建材厂、秀乾建材厂、同泰祥建材厂等玻璃生产企业纷纷成立。2004 年年底，韩垓镇有玻璃制造企业 11 家，玻璃深加工企业 4 家，玻璃运输企业 7 家，玻璃营销市场 2 处；所生产的防弹玻璃、汽车挡风玻璃、装饰玻璃等产品远销河北、上海、内蒙古、广东、福建、浙江等全国 20 多个省市区；玻璃产业从业人员达 1.7 万人，实现年产值 6.5 亿元，利税 7000 多万元。

2010 年，县政府印发《2010 年淘汰落后产能工作实施方案》，兴华建材厂等五家玻璃厂和安达水泥被相继关停。2012 年，兴华建材厂成功转型为兴华钢构，浒光玻璃厂转产好汉木业，新世纪公司生产聚苯板、挤塑板、玻璃棉等大型保温节能材料，金鑫水泥新研制节能环保的 858 水性漆，成为传统油漆的换代产品。至 2013 年，梁山县相继建立一批节能环保的新型建材企业。其中，梁山中联混凝土有限公司，是由中国联合水泥集团全资并购梁山县 6 家商品混凝土公司，总投资 5 亿元，建成全县唯一一家大型商品混凝土加工企业；普瑞凯高分子材料（山东）有限公司与上海阳森建筑工程材料有限公司共同投资、年生产工业涂层材料及聚酰胺树脂 1 万吨；梁山金泊塑业有限公司与山东安泰公铁交通运输有限公司合作新上塑钢型材生产项目，设计年产塑钢门窗、管材、装饰板材等各类塑钢型材 2 万吨，产值 1.4 亿元。

梁山石棉厂 始建于 1966 年，为市属中型企业，是国家建材工业局下属的 18 家石棉制品骨干企业之一。主要生产高、中、低压和耐油、耐酸、耐腐蚀石棉橡胶板，石棉扭绳、石棉布、石棉带、石棉垫片、金属石墨垫片及四氟盘根、橡胶石棉盘根、碳纤维盘根、牛油棉纱盘根，产品销往全国各地；部分产品出口美国、俄罗斯及东南亚各国。生产的“水浒牌”系列石棉橡胶板，被国家建材工业局命名为优质产品，被评为山东省优质产品。2000 年，石棉厂由济宁市属划归梁山县管理。2007 年 5 月，梁山石棉厂实施破产，被韩国亚进株式会社以 1250 万元收购。至 2013 年底，梁山石棉厂破产清算、兑付、退城进园、遗留问题解决等各项工作还在进行中。

梁山水泥厂 始建于 1966 年，为市属中型企业，生产的 325#、425#、525# 水泥被评为省、市优质产品，畅销全国各地；425#、525# 水泥被京九铁路黄河大桥指定为建桥施工专用水泥。2000 年，水泥厂由济宁市属划归梁山县管理。2007 年 8 月，梁山水泥厂实施破产。2008 年 4 月，梁山水泥厂实施定向爆破。2013 年，在梁山水泥厂原址建起水浒文化广场和水浒大酒店。

安达水泥公司 始建于 1994 年 8 月。2013 年 2 月，进行技术改造，建成集生产、科研、销售、开发于一体的现代化水泥生产企业，通过 ISO 9000 认证，年生产能力 120 万吨。公司生产的“安达”牌水泥，具有强度高、碱性低等特点，超过国家颁布质量标准，主要用于工业、民用建筑领域、城乡基础建设和道路桥梁、水利水电、机场建设等国家工程建设。

第五节　出版印刷

梁山县印刷企业起步较早，建有县印刷厂，各类印刷从业人员达1200余人，其中技术人员达200余人。20世纪90年代，梁山民营书业逐步兴起。2007年，县委、县政府开始把新闻出版产业作为新兴文化产业，从政策、资金、环境等方面给予扶持。梁山民营书业在短时间内实现由小变大、由弱变强的飞跃，成为继挂车之后的梁山县又一大产业。梁山县出版印刷产业集群被市委、市政府命名为市级产业集群，受到全国教育界、出版界、发行界的高度重视。2012年，县委、县政府把出版印刷产业列为全县重点培植的3个百亿产业之一，规划建设占地100公顷、总投资12亿元的梁山出版印刷书业园，并被纳入山东省首批重点文化产业园区。山东金榜苑文化传媒公司、山东天成书业公司、新坐标公司率先入园经营。至2013年，全县出版印刷企业发展到102家，其中，出版印刷公司24家（国家图书总发行资质2家，省新闻出版局审批二级批发许可10家，县新闻出版局核发的零售许可12家），出版发行企业51家，研发机构15家；具有国家级出版物批发资质的10家，出版物印刷资质的9家，包装装潢印刷资质的15家，其他印刷品印刷资质的3家，打字复印、零售书店等56家，从业人员1.5万人；经营教辅图书60余个品种系列、4000余个品种，销售网络覆盖全国除香港、澳门、台湾以外的各个省、市、自治区，年销售码洋突破67亿元；文化出版产业实现销售收入106亿元，成为第二个百亿产业集群，梁山县被国家书刊发行行业协会命名为“中国出版物发行产业基地”。

育博苑文化传媒公司（原济南出版社水泊图书发行中心）　始建于2000年，是梁山县第一家经山东省新闻出版局核准的集教学研究、图书策划、编辑出版、图书批发、零售等于一体的文化传媒机构。公司拥有各类专业技术人员80多人，专兼职员工600余人。先后与山东出版集团美术出版社、济南出版社合作，出版发行《导学教程》《精讲精练》两大系列1000多个品种的教辅产品，行销全国各地，年销售码洋5亿多元，成为全国高中教学的著名品牌教辅。公司与北京赛通网络技术有限公司、西安导学教育科技有限公司、上海慧制信息科技有限公司3家网络技术公司联合投资6000余万元，合作打造数字化助学教育信息平台，该项目被评为山东省新闻出版重点项目，并被纳入国家新闻出版改革发展项目库。公司多次获得上级部门表彰和奖励，并多次被授予国家和省市县“先进单位”等称号。

金榜苑文化传媒公司　始建于2002年，是以高中助学读物研发为主营方向、集教学教考研究、图书策划研发、电子出版、网络出版为一体、具有国家级总发行资质的民营发行企业。公司注册资金36万元，员工600多人，办公营业面积1万平方米，仓储物流中心面积3万平方米。至2013年，公司拥有独立研发编辑300余人，签约作者1200人，其中，有高级职称190人，一线教师1000人，在全国设立8个研发分部，具备全国业界一流的教辅、教材、教参、教具研发力量，形成了纸质、电子音像、多媒体及数字出版物等形式的立体化格局，并通过ISO9001国际质量管理体系认证，与全国200余所重点中学保持着稳定、良好的调研合作关系。主要产品有《法制教育》《安全教育》等教材，《创新设计》《步步高》等系列教辅丛书，《中学教考网》《中学生淘课网》等网站；教材教辅发行网络遍及全国，年销售额突破8.8亿元。该公司多次获省、市文化产业功勋企业称号，为山东省出版物发行百强企业、山东省文化发展三十强企业，中国出版研究院确立的教育出版研发基地，公司大型助学读物研发基地被省委宣传部、省财政厅列入山东省文化产业重点扶持项目。

新坐标书业公司　始建于2005年，是一家集文化教育产品的策划编辑、联合出版、市场发行、印制储运为一体的综合性、规划、高品位的文化教育综合性企业。公司注册资金2600万元，员工400余人，主打产品为高中阶段的教辅资料，包括4大系列、1200多个品种，其中，开发打造的《课堂新坐标》系列，被誉为“茫茫学海中的精确坐标”；专供新华书店主渠道发行的《高中新课程同比核心辅导·非常学案》系列，具有很高的市场占有率；研发的形成性测试和模拟仿真测试系列，受到学校师生广泛赞誉。2009年，公司陆续出资1000多万元，在梁山县经济技术开发区兴建占地60多亩的产业园，建有设备先进的大型印刷厂和仓储物流基地。2010年，公司出资1000多万元，聘请国内知名专家，在济南筹建“中国教育考试评价中心”。2011年，被确立为“济宁市文化产业示范基地”；2012年，被中华全国工商联合会认定为“民营书业实力品牌机构”。

天成书业公司　始建于2006年，是一家兼具教学、考试研究和图书策划、编排、装潢设计、印刷发行、信息咨询、合作出版等多项功能、具有国家级总发行资质的大型民营发行文化企业。公司固定资产1.5亿元，流动资金2.8亿元，员工400余人，办公营业面积5000平方米，仓储面积3万多平方米，策划发行的《三维设计》《创新方案》两大品牌图书系列、计3000余个品种，畅销于全国各省、市、自治区。2011年，发行码洋突破12亿元，连续5年保持50%的增长势头。公司在业内率先通过了ISO9001：2000国际质量认证，为中央电视台上榜品牌。同年，被中华全国工商业联合会认定为“民营书业实力品牌机构”；被业界誉为“最具成长性的品牌图书公司”，为全国发行百强企业。

天成书业公司（关义华摄）

第六节　食品加工

1994年，梁山县食品加工企业规模不大，数量不多，有县酒厂、县面粉厂、县肉联厂、县酿造厂、县副食品厂等，主要生产白酒、面粉、肉类、调味品、副食品等，从业职工400余人，年产值1162万元。2000年，随着农业、畜牧养殖加工规模化发展及产业链逐渐拉长，全县食品加工企业得到快速发展。2012年年底，全县有食品工业企业52家，其中规模以上企业21家，实现销售收入28.2亿元，同比增长45.45%，实现利税2.5亿元，同比增长37.35%，实现利润1.6亿元，同比增长22.61%，三项指标分别占全县工业经济指标的14.61%、14.21%、12.52%。主要产品：面粉60多万吨，产值31亿元，利税3.3亿元；白酒2.9万吨，产值5.6亿元，利税1亿元。至2013年，全县共有菱花生物、正大菱花、菱花凯鲜、清华诚志、科龙畜牧、臻嘉食品、日照山河等食品加工龙头企业39家，其中，总投资44亿元的菱花集团一期工程全线投产，并获“国家循环经济示范企业”称号；投资10亿元的菱花凯鲜万吨鸡精项目全面投产；菱花凯鲜、远大菱花、天威食品、日照山河等企业已入驻园区。

梁山县酿酒总厂公司　始建于1976年，占地面积3万平方米，建筑面积1.6万平方米，年生产能力1000余吨，有员工398人，其中专业技术人员69人，为中国酿酒工业协会会员单位。酒厂以优质高粱为主要原料，采用五粮工艺，生产出“義”字牌、“水泊”牌、“梁山好汉”牌三大系列，近百个品种，并获首批国家白酒许可证，产品销往江苏、河北、北京、上海、河南等地。酒厂多次被评为梁山县经济支柱企业、明星企业、济宁市重合同守信用企业、市级消费者满意单位等，生产的品种多次被山东省第一轻工总会评定为“优级产品”“山东轻工名牌”;“義”字牌商标被省工商局认定为“山东省著名商标”；被中国文化部酒文化协会评为“中华地方文化名酒”“中华文化名酒”“中国酒业文化百强企业”等，通过ISO9001国家质量管理体系认证。

徐坊大曲公司 是集生产、科研、销售为一体的综合性生物工程企业，占地面积96570平方米，建筑面积4万平方米，有职工536人，其中科技人员78人。公司拥有两条年产万吨大曲生产流水线、4000吨中温平板生产线、千吨各类酶制剂生产线、千吨各类粮食酒生产线和年产6千吨商品酒生产线，为国内首家通过ISO 9001:2000国际质量管理体系认证的大曲专业生产企业。公司拥有十几种专业产品和酿酒生产实验基地，产品质量居同行业前茅，行销全国20多个省、市，大曲年产量超万吨，为梁山县制曲、酿酒支柱企业。

梁山县面粉加工厂 始建于1957年，原厂位于县城文化路东端，建筑面积357平方米，日产面粉35吨。1978年，对加工厂房、设备进行改造，日产面粉达120吨。20世纪90年代初，先后投资数百万元，在县城西部公明大道北侧新建日处理小麦250吨的面粉加工厂，至1997年建成投产。2006年，新上日产面粉500吨、年产18万吨面粉生产线；2007年，再上日产面粉500吨、年产18万吨面粉生产线；至此，该面粉厂成为鲁西南最大的面粉加工企业，其产品北方雪牌面粉获国家“绿色食品”称号，产品销往全国十几个省、市、自治区，2007年打入上海市场，当年在上海销售面粉3万余吨。

沃德面粉公司 始建于2001年，位于拳铺工业园区，占地面积8万平方米，公司固定资产7621万元，有职工462人，日处理小麦1500吨。公司开发生产4大系列，30多个花色品种，主导产品为“北方雪”牌系列小麦粉。2006年，“北方雪”牌小麦粉获中国粮食行业协会“放心面”称号，公司获“山东省济宁市农业产业化重点龙头企业”，山东省“食品安全诚信单位”等称号。2011年，顺利通过质量管理体系，环境管理体系、职业健康，食品安全管理体系“四体系”认证。2012年，实现销售收入2.58亿元，上缴税金246万元，被山东省质量评价协会评为“2012年度山东省质量竞争力100强企业”,综合实力跻身全国同行业前列。

臻嘉食品公司 前身为梁山县第一肉类联合加工厂，始建于1989年，后经改制变更为山东臻嘉食品进出口有限公司，注册资金为人民币1720万元。2003年5月，臻嘉食品公司迁址徐集镇工业园，占地面积120余亩，建筑面积8000平方米，拥有员工126人，资产总额9342万元，其中：固定资产4375万元，并拥有千头黄牛育肥厂2处，具备年加工肉牛4万头、各类牛羊肉制品1.2万吨的生产能力。公司先后通过ISO 2200食品安全管理体系认证、HACCP国际食品质量体系认证，取得出口食品生产企业备案证明和进出口自营资格证书，经山东省伊斯兰协会批准注册为“清真食品”生产企业，公司生产的“臻嘉”牌清真冷冻冰鲜牛羊肉被评为“山东省清真食品行业十大品牌”，获“第六届全国食品博览会金奖”,被第十一届全运会、上海世博会指定专供产品，被麦当劳指定为供应商。2005年，臻嘉食品公司被省农业综合开发办公室确定为“5430”重点项目单位，2007年被省农业厅等11个部门确定为“省级重点农产品加工骨干企业”，产品通过农业部检验认证

为“无公害农产”，2008年被国务院扶贫开发小组授予“国家扶贫龙头企业”，2009年进入中国牛肉十强企业。

日照山河肉类食品公司 始建于2004年4月，同年10月份正式投产，是国内可以替代进口高档牛肉的生产厂家。日照山河公司占地40亩，注册资金300万元，涉及肉类加工、食品深加工、养殖、餐饮等，形成以肥牛养殖为基础、以牛肉加工为龙头、以餐饮为载体的绿色产业链。2010年，生产的高档牛肉成功打入上海世博会，成为上海世博会指定牛羊肉供应商，打造出“山河肥牛”品牌，填补了国产高档牛肉的空白，被评为梁山县十大优秀龙头企业。同年8月，日照山河公司组建总公司，子公司包括肉类食品公司、调理食品公司、和盛牧业公司、餐饮公司、日照基地，公司总资产4500万元，其中固定资产2200万元。公司拥有加工车间2万平方米，国内先进的牛羊生产流水线及配套加工设备，先进的制冷设施，每日容纳100头牛、400只羊的胴体嫩化处理；冷库储存能力为1000吨，日速冻能力80吨；年生产能力可屠宰肉牛4万头，羊10万只，产品品种上百种；养殖业年育肥2200头高档肥牛。至2013年，公司拥有员工200余人，技术人员50人，公司先后通过了ISO9001:2000国际质量管理体系和HACCP食品安全管理体系两项认证，被评为农业产业化市重点龙头企业，实现年销售收入8000万元、利税850万元。

菱花集团公司 为国家级大型企业集团，资产总额30多亿元，下辖菱花股份、正大菱花等10余家公司；产品拓展到调味品、氨基酸、绿色食品等6大系列、100多个品种。菱花牌味精拥有“人民大会堂宴会专用味精”“中国名牌产品”“中国驰名商标”“绿色食品”“ISO9001：2000国际质量体系认证”等品牌优势，综合实力位居世界味精行业四强之列。2009年10月，菱花集团实施退城进园战略，在梁山投资44亿元，建设“梁山菱花生物科技工业园”，占地面积1897亩；注册资金1亿元，成立梁山菱花生物科技有限公司，建筑面积20万平方米，形成年产味精30万吨、谷氨酸30万吨、有机肥50万吨的生产能力，达到年实现销售收入109亿元、利税16亿元的规模。主要在建项目有：菱花凯鲜，由梁山菱花生物科技有限公司与上海凯鲜工贸有限责任公司合资组建，项目投资1.2亿元，2013年9月开工建设，同年12月达试产条件；主要生产经营鸡精及其他调味品，年产鸡精1万吨，年销售收入2.5亿元。远大菱花，由山东新迪置业有限公司、山东菱花集团、济宁农沣进出口公司合资组建，项目投资5000多万，占地面积62943.66平方米，2013年12月开工建设。

第五章 电力 煤炭

第一节 电网建设

1994年，全县有第一发电厂、第二发电厂、网电3个电源，其中电厂装机容量1.4万千瓦。1999年2月，第一发电厂停止发电；同年12月，第二发电厂#3机12000千瓦发电机组并网发电；2000年6月，梁山县全面进入网电供电。其后，国家逐步加大投资，梁山县持续加大电网建设力度，城乡电网全面升级改造，至2013年年底，梁山县有220千伏变电站1座，变压器2台，变电容量330兆伏安；110千伏变电站4座，变压器7台，变电容量266兆伏安；35千伏变电站10座，变压器20台，变电容量179.95兆伏安；110千伏线路8条，总长度82.45公里，35千伏输电线路25条，总长度192.214公里；10千伏线路93条，总长度1481.114公里，基本形成以220千伏梁山变电站为主供电源、4座110千伏变电站为枢纽、35千伏变电站为布点、110千伏、35千伏输电线路为主网架、10千伏配电线路为网络、覆盖全县城乡的供电格局。

输变电工程 梁山县输变电工程始建于1971年，1974年与山东电网并网供电。梁山电网持续加大电网建设投资力度，不断适应重点项目、重要工程及各区域发展用电需求，为全县生产经济发展和人民生活水平提高提供可靠的电力保障。

1997—2009年，全县先后建设安驿线（11.04公里）、徐垓线（12.72公里）、工南线（2.12公里）、双韩线（10.56公里）、拳铺线（7.53公里）、西杨线（7.15公里）、徐集线（11.15公里）、韩岗线（13.77公里）、馆驿线（12.65公里）、北关线（7.24公里）、安山线（11.26公里）、西杨矿线（8.23公里）、孙庄线（2.5公里）等13条35千伏输电线路，其中，安驿线1997年6月投入运行，徐垓线1999年4月投入运行，工南线、双韩线分别于2001年6月、12月投入运行，拳铺线2002年12月投入运行，西杨线2003年5月投入运行，徐集线、韩岗线、馆驿线、北关线均于2004年9月投入运行，安山线2007年11月投入运行，西杨矿线2008年10月投入运行，孙庄线2009年9月投入运行。2001—2006年，全县先后建设梁南线（5.9公里）、梁北线（13.4公里）、梁西线（12.97公里）等3条110千伏输电线路，梁南线2001年9月投入运行，梁西线2005年4月投入运行，梁北线2006年12月投入运行。

2000年9月6日，开工建设110千伏西郊变电站，2001年6月18日竣工投运。主变两台，1#主变为SSZ11～50000/110、2#主变为SFSZ11～40000/110，室外布置；110千伏线路进线两回，110千伏母线采用内桥接线方式，ABB LTB 145 B1型断路器，室外布置；35千伏母线采用单母线分段接线方式，35千伏出线八回，XGN17A～35型开关柜，室内布置；10千伏母线采用单母线分段接线方式，10千伏出线十回，KYN～10E型中置柜，室内布置；10千伏无功补偿装置容量4800千伏ar，室内布置，采用自动补偿方式；该站采用NSR600RF型变电站综合自动化系统，具备“四遥”“五防”“图像监控”等功能，实现无人值守。

2003年5月8日，在110千伏张坊变电站原址改造110千伏南关变电站，同年9月该工程竣工验收投运。该站主变为SFZ9～31500/110型两台，室内布置；两条110千伏线路进线，采用内桥接线方式，选用室内全密封型SF6 GIS组合电器；十二回10千伏出线，单母线分段，选用ZSG～10中置柜；两组10千伏电容器补偿，选用TBBZ10～2800型密集型无功自动补偿装置；全站采用DMP～300变电站综合自动化系统，实现“四遥”“五防”、远程图像监控功能，具备无人值守技术条件。

2008年7月，开工建设35千伏孙庄变电站，2009年7月竣工投运。主变两台，1#主变为SFZ11～16000/35、2#主变为SFZ10～12500/35，室外布置；35千伏线路进线两回，35千伏线采用单母线分段接线方式，NEX40型开关柜，室内布置，预留两路出线间隔；10千伏母线采用单母线分段接线方式，10千伏出线10回，KYN28-12型中置柜，室内布置，预留四路出线间隔；10千伏无功补偿装置容量3000+2800千伏ar，室内布置，采用自动补偿方式；该站采用DMP300型变电站综合自动化系统，具备“四遥”“五防”“图像监控”等功能，实现了无人值守。

2012年7月，开工建设110千伏路口变电站，2013年5月竣工投运。该期建设1台50兆伏安有载调压变压器，电压等级为110/35/10千伏；35千伏出线6回，电缆出线；10千伏出线10回，电缆出线。无功自动补偿电容器1×(3.6+4.8)兆伏安r。110千伏进线二回，双回同塔T接于110千伏梁北Ⅰ、Ⅱ线，共83基杆塔，全长20.75公里，架空进线。

农网改造工程 全县农村电网改造自1998年12月份启动，2003年6月全面竣工。一期农网完成投资8298.31万元，二期农网完成投资4401万元，总投资12699.31万元。

2010年，全县启动农网改造升级工程中低压项目，对已改造的农村电网实施升级改造，总投资9652.891万元，新建1条10千伏线路6.044公里，改造1条10千伏线路3.353公里，新建、改造24个低压项目，新建、改造配电变压器8台/1340千伏安；新建改造进村10千伏线路3.259公里，新建、改造0.4千伏线路52.16公里，改造户表8329户，计划资金1068万元，完成资金916.891万元，2011年11月30日全部竣工。

2012年，农网改造升级中低压项目，共新建改造项目95个，其中：10千伏工程项目12个，改造线路63.1公里；0.4千伏工程项目83个，新增和改造变压器57台，容量9495千伏安，新建、改造低压线路167.3公里，户表改造23015户。

2013年，农网改造升级工程计划资金4583万元，项目数量52个，其中10千伏项目4个，改造、新建线路10条34公里；0.4千伏项目48个，包括47个整体改造项目和2个打包项目，共计改造台区88个，改造0.4千伏线路146.626公里，进村10千伏线路11.537公里，新装、更换配变47台，改造户表16324户，完成3个电气化乡镇、159个电气化村的建设改造任务。

1994—2013年梁山县电力发展情况统计表

表4-5-1

年度	电力线路（公里）			配电线路（公里）	变电站（个）		变压器（个）		
	110千伏	35千伏	10千伏	0.4千伏	110千伏	35千伏	110千伏	35千伏	10千伏
1994	42.635	56.5	—	710	—	—	—	—	35630
1995	42.635	56.5	—	960	—	—	—	—	36100
1996	42.635	56.5	—	1020	—	—	—	—	37255
1997	42.635	67.54	—	1160	—	—	—	—	37800
1998	42.635	67.54	—	1200	—	—	—	—	38420
1999	42.635	80.264	—	1290	—	—	—	—	39050
2000	42.635	80.264	—	1370	—	—	—	—	41790
2001	57.214	92.944	—	1480	—	—	—	—	43580
2002	57.214	104.07	—	1623	—	—	—	—	46290
2003	57.214	111.221	—	1741	2	10	94.5	92.25	49300
2004	57.214	156.035	—	1896	2	10	134.5	100.25	50180

续表 4-5-1

年度	电力线路（公里）			配电线路（公里）	变电站（个）		变压器（个）		
	110 千伏	35 千伏	10 千伏	0.4 千伏	110 千伏	35 千伏	110 千伏	35 千伏	10 千伏
2005	70.181	156.035	—	1982	3	9	134.5	108.25	52000
2006	83.581	156.035	1246	2191	3	9	153	116.25	52290
2007	83.581	167.293	1265.5	2267	3	9	153	116.25	53445
2008	83.581	167.293	1287.84	2325	3	9	216	128.25	60380
2009	83.581	169.677	1320.83	2429	3	10	216	131.10	82135
2010	83.581	173.312	1337.24	2519	3	10	216	175.95	99235
2011	76.881	173.312	1346.34	2655	3	10	216	179.95	105773
2012	76.881	187.812	1351.875	2897	3	10	216	179.95	109463
2013	82.450	192.214	1481.114	2946	4	10	266	179.95	175010

第二节 电力供应

1994 年，社会用电量为 1.2311 亿千瓦时，其中生活照明 2631 万千瓦时，占社会用电量的比重 21.37%；农业用电 2260 万千瓦时，占 18.36%；工副业用电 7420 万千瓦时，占 60.27%。1995 年，最高负荷 2.7 万千瓦，社会用电量年增长率 13.56%，特别是工副业用电量年增长率达 24.11%。工副业用电量达到 9209 万千瓦时，占社会用电量的比重为 65.87%；生活照明电量 2459 万千瓦时，占社会用电量的比重为 17.59%；农业电量 2312 万千瓦时，占社会用电量的比重为 16.54%。1995—1997 年，受宏观经济调控影响，社会用电量增长趋势有所放缓，社会用电量年增长率为 8%。1998 年出现拐点，社会用电量、生活照明、工业用电量和农业用电量出现整体下降的现象。其中，社会用电量 1.5039 亿千瓦时，比 1997 年下降 9.8%；工副业用电量 8548 万千瓦时，比 1997 年下降 11.38%；生活照明电量为 3494 万千瓦时，比 1997 年下降 12.67%；农业用电量 2997 万千瓦时，下降幅度不大，为 1%。1999 年，社会用电量开始缓慢复苏，为 1.5749 亿千瓦时，其中生活照明 2932 万千瓦时，农业用电 3164 万千瓦时，工业用电 9653 万千瓦时。2001 年，农业用电量达到顶峰，为 4249 万千瓦时，工业用电和社会用电总量持续增长。2002—2004 年，农业用电量急剧下降，从 2002 年的 4059 万千瓦时跌至 2004 年的 704 万千瓦时；工业用电和社会用电总量依然持续增长，分别达到 2.2700 亿千瓦时和 2.8906 亿千瓦时。2006 年后，梁山县不断加强电力供应工作，全县社会用电量迅猛发展，农业用电、工副业电量和生活照明电量以年均 17%、12% 和 39% 的增长率递增。2013 年，社会用电量 8.8502 亿千瓦时，创历史最高纪录，是 1994 年社会用电量的 7.7 倍。其中，工副业电量 4.9429 亿千瓦时，是 1994 年社会用电量的 6.7 倍；生活照明电量 2.7932 亿千瓦时，是 1994 年社会用电量的 10.6 倍；生活照明用电、农业用电、工副业用电所占用电量的比重分别为 42%、2%、56%。1994—2013 年，平均年供电量 3.5472 亿千瓦时，全县生活照明用电、农业用电、工副业用电所占用电量的比重分别为 25%、7%、68%。

1994—2013 年梁山县供用电情况统计表

表 4-5-2　　　　单位：万千瓦时

年度	生活照明	农业用电	工业用电	供电量	售电量	线损率 %
1994	2631	2260	7420	12311	11541	7.40
1995	2459	2312	9209	13980	13207	5.53
1996	2719	2720	9494	14933	14251	4.57
1997	4001	3029	9646	16676	15075	9.6
1998	3494	2997	8548	15039	14476	3.74
1999	2932	3164	9653	15749	15120	3.99
2000	3166	3768	11349	18283	17559	3.96
2001	3082	4249	13256	20587	19525	5.16
2002	4144	4059	15841	24044	22628	5.89
2003	5051	2770	18995	26816	25121	6.32
2004	5502	704	22700	28906	27326	5.47
2005	6305	1164	23571	31040	29806	3.98
2006	7369	908	26452	34729	32949	5.13
2007	8251	936	30252	39439	37290	5.45
2008	10399	1266	31322	42987	41948	2.42
2009	12929	2243	39574	54746	52641	3.84
2010	15845	2685	42885	61415	60229	1.93
2011	20041	3179	43519	66739	64706	3.05
2012	23844	4180	42430	80634	77178	4.28
2013	27932	1999	49429	90390	88502	2.09

第三节 供电管理

管理机构 国网山东梁山县供电公司（简称国网梁山县供电公司），系国网山东省电力公司全资子公司，国家中型（Ⅱ）企业，前身为梁山县电业局。1993 年 12 月，县电业局改称县电力集团总公司。1999 年，县电力集团总公司由山东电力集团公司代管。2000 年 3 月，县电力集团总公司更名为县电业局。2002 年 6 月，县电业局更名为县供电公司。2011 年 1 月，县供电公司资产上划，成为山东电力集团全资子公司。2012 年 1 月，办公地点从水泊中路 94 号搬迁至人民北路东段路北电力办公大楼。2013 年 7 月，梁山县供电公司更名为国网山东梁山县供电公司。至 2013 年年底，国网梁山县供电公司设 7 个职能部门、2 个业务支撑和实施机构，辖乡镇供电所 12 处，员工 439 人，承担着全县的电力供应、服务、维护和管理工作。

2002 年 4 月，山东电力集团公司授予梁山供电公司为“一流管理县供电企业”

电价管理 1985 年，国家开始用经济手段管理发电供电工作，鼓励地方部门和企业投资建设电厂，并实行多种电价的办法，电价逐年增加。1995 年，全县非工业、普通工业用户实行峰谷分时电价。高峰时段（8：00—11：00，18：00—23：00）电价按基础电价上浮 50%，加附加费；低谷时段（23：00—7：00）电价按基础电价下浮 50%；平时时段电价按原电价不变。1999 年，根据国家发展计划委员会《关于进一步做好城乡用电同价工作的通知》，在全县进行农村电力管理体制改革、农村电网改造的同时，大力推行城乡同网同价，县内照明电价均在 0.67 元 / 千瓦时以下。2000 年，电价相对稳定，以后基本上每年调整一次。2001 年 3 月，全县实现农村用电全县同价。2002 年 4 月 1 日，全省城乡居民生活用电实现同网同价，统一为 0.52 元 / 千瓦时，农村电价下降为生活用电 0.52 元 / 千瓦时，非普工业用电 0.77 元 / 千瓦时，农业用电 0.68 元 / 千瓦时。2012 年 7 月 1 日，执行阶梯电价，“一户一表”居民用户按供电公司抄表周期正常交纳电费，年用电量 2520 度及以下执行现行电价每度 0.5469 元；2520 ～ 4800 度部分执行第二档电量加价标准，为每度 0.5969 元；超过 4800 度部分执行第三档电量加价标准，为每度 0.8469 元。至 2013 年底，0.4 千伏销售电价为：居民生活照明用电 0.5469 元 / 千瓦时，一般工商业 0.8174 元 / 千瓦时，农业生产 0.5777 元 / 千瓦时。

计量管理 1994 年后，根据国家有关计量法规及相关政策，注重加强计量机构设置、计量人员的调整以及计量资金的投入，认真检查监督各有关单位计量实施情况，并及时更新计量标准器具、改善计量环境条件。2002 年 10 月，为加强计量器具管理，增设了条形码系统、库房管理系统和走字试验台，配合以前配备的程控校验台，实现无笔化作业，并与 MIS 系统联网，库房、校验室、收发室配备有线或无线扫描枪，收发室配备条码机，实现条形码管理，促进了对计量装置的管理。电能计量中心严格按照计量法、电力法、计量检定规程要求，开展电能计量检定工作，保证电能表、互感器检定质量准确、可靠。2008 年 11 月，通过山东省质量技术监督局法定授权检定机构现场考核。2011 年 1 月 31 日起，实施电能计量的集约化管理，梁山县供电公司的计量器具由济宁供电公司电能计量中心负责检定和资产管理。

电费回收 1994 年，梁山县电费回收主要依靠各用电单位统一代收。1996 年起，全县统一由工商银行系统实行计算机联网代收、划转结算电费业务。1999 年 9 月，农电体制改革后，供电所和农电工所抄表码均交县供电公司营业室，统一录入微机核算，打印发票，由供电所人员和农电工负责收取电费，然后再交营业室。2000 年，受经济大环境影响，电费收缴难度加大，根据济宁电业局《关于下发济宁电业局电费回收管理办法的通知》（宁电用〔1999〕94 号）、《关于加强陈欠电费回收考核的补充规定》（宁电用〔2000〕139 号），进一步加强对陈欠电费工作的管理，加大对清理陈欠电费工作的考核力度，确保实现陈欠电费回收率达到 30%，当年电费回收率达到100%的目标。2007年4月，梁山县供电公司制定《IC卡预付费系统运行管理办法（暂行）》，在全县所有用户推广使用（更换）IC卡电能表，同时实行先交电费后用电。2012年10月，为认真落实集团公司、市公司电费管理政策，完善电费发行、回收考核办法，实施手持终端收费，电费实时进入营销系统，实现再途资金可控在控。2013年，电费解款率100%，电费到账率100%。

供电服务 1993年，开展以“为农民生活、为农业生产、为农村经济”为主题的电力“三为”服务活动。1994年后，梁山县不断加强供电管理工作。1995年8月，梁山县实施户户通电工程，县政府成立工程会战指挥部，并与各乡镇签订户户通电“责任书”，电业局配合各乡镇按施工计划落实资金和材料，并出资68.8万元，对全县6个未通电的自然村和1.14万户贫困未通电户予以扶持，每户扶持40元，每村扶持2万元，对特贫户全部扶持。至同年9月，全县户户通电工程完成。2000年，开展电力市场整顿。2002年，实施“彩虹工程”、诚信教育等一系列活动，把客户满意作为行风建设的出发点和立足点。2003年，“彩虹工程”进入常态运行，从客户用电申请、业扩报装到生产、检修维护、电费微机制单、电费电价查询等各个环节基本实现网络化，所有工作单的传递网络处理，程序分明。2012年7月，对全县城乡“低保户”和农村“五保户”设置每户每月15度免费用电基数，电费先收后返。供电公司依据民政部门提供的在册户数，以年为周期，将免费电量对应的电费统一交付省财政部门，由民政部门随低保补助一并发放。2013年，手机缴费、支付宝、网上银行等多种缴费方式并存，客户缴费方式更加方便灵活。“95598”免费服务热线电话和监督电话，客户代表实行24小时值班服务，负责受理客户用电咨询、电力事故紧急抢修等用电业务。

农电改革 1994年，农村低压电网由村投资、村管理，供电部门负责抄村庄用电总表，按总表开制电费单据收取电费，村电工由村委选派并管理，电价自定，村电工自己抄表、自己收费，电网管理、电费收缴混乱。电能损耗、运行维护费用和农村电工报酬通过电价向农民平摊。农村电网维护、改造无资金来源，电网严重老化，部分村线损率在30%左右，有的高达40%，偷漏电现象时有发生。

1999年12月，梁山县实施农电体制改革，县政府办公室印发《梁山县农村电力体制改革实施细则》，制定《梁山县乡镇供电站改革方案》，对12个供电站进行改造，撤销供电站，建立乡镇供电所。按照“两站（变电站和供电站）合一”和“营（业）配（电）合一”的管理模式，根据电网现状和发展规划组建供电所。乡镇供电所为县电业局的派出机构，接受乡镇政府和县电业局的双重领导，其人、财、物由县电业局统一管理。同时，在全县范围内进行村电工制度改革，通过报名、初选、考试考核、筛选，再经过村委会、供电所、乡镇政府、县农电管理体制改革领导小组层层对农电工进行资格审查，从原来的1200多名乡村电工中选聘210名农电工，新选招37名农电工，招聘50名后备农电工，以随顶岗，最终上岗农电工人数为289名，并组建成42个电工组，由12个乡镇供电所分别管理。

2000年1—2月，梁山县对“村收、村支”电费和电价居高不下的混乱状况进行整顿。通过整顿，全县农村供电实行“五统一”（统一电价、统一发票、统一抄表、统一核算、统一考核）、“三公开”（电量公开、电费公开、电价公开）、“四到户”（销售到户、抄表到户、收费到户、服务到户）；电工抄表，由乡镇供电所审核、电业局客户服务中心复审，并在制单室由微机统一打印农民客户电费发票。分片电工按照电费发票，逐户如实收取后上交供电所，然后由供电所汇总交到供电公司。2001年年底，全县全部实行“四到户”管理，农村电力体制改革基本完成。

第四节 煤炭开采

梁山县煤炭开采及煤矿建设工作起步较晚。2004年9月，梁山县成立支援煤矿建设服务领导小组，负责指导协调煤矿建设及煤炭开采工作。2010年，设立梁山县煤电化产业办公室，接管煤矿建设管理工作。至2013年，梁山县建成杨营煤矿，大营煤矿、泰西煤矿正在办理煤矿建设前期手续。

梁山县境内矿区煤炭资源总面积400多平方公里，地质总储量为17.8亿吨，可采储量约11.4亿吨。梁山井田内含煤地层为二叠系下统山西组及二叠石炭系太原组，含煤地层总平均厚度约248.23米，共含煤24层，煤层总平均厚度12.67米，含煤系数5.1%。煤种为低碳、低磷、低－中灰、高发热量的优质气煤、天然焦、1/3焦煤、贫煤及无烟煤。

杨营煤矿 该煤矿位于梁山县城西北12.7公里处，投资主体为肥城矿业集团。经勘探，煤炭资源面积155平方公里，矿区南起杨营镇胡台庙、王连坡、蔚营一带，北至赵堌堆乡前后贾庄、小路口镇王石楼。煤层深度700～1200米，地质储量约5亿吨，可采储量2.6亿吨。矿井设计建设规模为45万吨/年，装备能力90万吨/年，服务年限50年，劳动定员657人，项目总投资72754.13万元。2009年4月正式开工，2012年6月竣工，同年10月25日正式投产，至年底，发运量为12.6万吨。2013年，发运量为77.6万吨。

大营煤矿 该煤田覆盖黑虎庙、赵堌堆，横跨郓城、台前，见煤面积180平方公里。2004年5月，济宁鲁泰煤冶公司委托地质勘探部门进行钻探，分别在黑虎庙尚那里村西、村南及其附近进行了详查。根据勘探掌握的资料，煤田地质储量约3.7亿吨，可采储量2.2亿吨，适宜于建设年产45万吨的矿井，该项目投资额可达8.6亿元。为搞好该煤田的开发，济宁鲁泰煤冶公司新组建了济宁亿丰投资公司，负责该煤田的开发建设。至2013年，正办理相关手续。

泰西煤矿 矿区在梁山县小路口镇与东平县代庙乡交界处，总面积41平方公里，储量3.6亿吨，可采储量1.3亿吨，其中梁山境内煤区面积14.6平方公里，储量约占35%。该煤田土层浅、煤层厚，极具开采价值。该煤矿主办单位是肥城市隆源集团公司，井口设在梁山县境内，其具体位置尚未确定。至2013年年底，黄河防洪评价报告已经完成，除黄河河务部门的批准和省发改委的核准文件外，其他批准文件均已取得。

梁山縣志

LIANG SHAN XIAN ZHI

1994—2013

第五篇

DI SI PIAN

商贸

1994年后，随着经济改革的不断深入、市场经济的逐步形成，商贸流通企业从管理体制到经营方式，都发生了较大变化，国营集体商贸流通企业宣告破产改制，个体及股份制经营企业得以快速发展。通过20年的改革和发展，全县各类商品物资极大丰富，各类商业零售网点迅速增加，商贸流通市场日益繁荣，促进了人民生活水平的全面提升。至2013年，全县商业系统固定资产拥有量3.5亿元，年销售收入6.7亿元；供销系统固定资产拥有量5亿元，年销售额10亿元。20世纪90年代初，粮食经营体制进入计划调整和市场调节时期。1997年开始向购销市场化过渡。2004年起粮食经营全面进入市场化。2013年，全县粮食系统固定资产0.7745亿元，年销售额1.06亿元。全县社会消费零售总额实现71.72亿元。

第一章 商业

第一节 管理体制

梁山县商业集团总公司（简称商业集团），为经济实体，隶属县政府。商业集团前身为县商业局，始建于1956年6月，1970年1月县供销社并入商业局，1975年5月重新分设为县商业局与县供销社，1993年12月撤销商业局，组建商业集团。商业集团内设办公室、财审科、政工科（党办、团委合署办公）、综合业务科、工会（计生办合署办公）；1999年4月，财审科分设为财会科、审计科。至2013年，商业集团内设办公室、政工科（党办与其合署）、综合业务科、财会科、审计科；下属百货大楼、天星五交化商场、红房子商场、解放桥商场、天成商场、畜禽产销总厂、肉联厂、酿造总厂、饮食服务公司、聚龙宾馆等10家企业，全系统有干部职工2100人，其中党员 378人，各类专业技术人员230人。商业集团机关驻地梁山县水泊东路106号。

1993年，商业系统开始推行改革措施，以企业前三年经营实绩的平均水平为基数、各项费用为依据，测算出每节柜台的承包费和税金，由职工承包。一些企业实施政策性破产，将企业资产进行剥离，优良资产用来经营，不良资产用来应付抵挡债主索款。1994年，进行企业股份制改革。1995年，各企业延发、欠发职工工资情况增多，各企业相继通过变卖部分不良资产，偿还到期债务，并依靠国家政策，将一些银行贷款上挂，相继实行政策性破产。2000年，商业系统加大改革力度，采取出售、联合、产权置换等方法，实施整体改制，加快国合流通企业重组与调整，推进流通企业投资主体多元化，努力盘活存量资产，逐步摆脱困境。2002年，梁山大厦等企业实施彻底拍卖，其职工在商业系统内部分流。2003年6月，云龙宾馆依法破产。2004年4月，酿造总厂政策性破产改制；同年，水浒商场改制为解放桥商场。2007年5月，肉类联合加工厂进入破产程序，进行清算核资。至2013年，商业企业全部宣告破产，国有资产不复存在。

第二节 经营管理

20世纪90年代，全县商业企业先后实行国有民营、内部承包等多形式的经营方式，从一定程度上促进了企业的发展。但是，各租赁户短期行为，缺乏长期打算，使企业的发展之路越走越窄，企业的信誉和形象下滑。银行调整信贷政策，紧缩银根，企业流动资金日益短缺，企业库存结构不合理，历史遗留下来的淘汰商品沉淀在库，残次、变质、质次价高、不合时宜的库存逐年增加，可供销售的商品减少，不变费用照常支付，费用率上升，资金周转缓慢，利润明显下滑，企业逐步走入难以为继的困境。

1993年，商业系统坚持“多业兼并”的经营方针，深化企业内部改革，完善经营机制，大搞基建技改，增设经营种类和服务项目，提高服务水平和档次。同年7月，由百货二店、副食品第一批发部、交电公司门市、食品公司门市、服务公司饭店五家合并成立水浒商场。1994年，商业系统深化商业改革，不断开拓市场，规范流通秩序，加大固定资产投资，提升改造商业网点，营造服务环境，全县商业经济得以较快发展。1995年10月，水浒商场建成三层营业楼，营业面积1700平方米，主要经营百货、针织品、化妆品、副食品、鞋等。1994—1995年，县酿造厂（原蔬菜公司）投资200余万元，建成2200平方米综合营业楼，实行租赁经营。1995年6月，肉类联合加工厂整体租赁经营。1996年，在全系统开展总经销、总代理、连锁经营、配送中心等先进经营方式，调整经营人员结构，实行内部承包经营，减少行政人员，依法选举产生职代会代表，让职工参与企业管理，增强企业工作透明度。1999年，百货大楼等单位先后实行承包租赁经营，除东方畜禽产销总厂集体经营外，其他各企业均将原有场地租赁经营。

进入21世纪，商业系统加大招商引资力度，从资金、人才、经营管理模式等方面对传统国有商业改造升级，先后引进济宁九龙家电、德克士餐厅、山东亿维数码、重庆春天百货等企业。2003年，持续完善内部机制，促进各企业平稳发展。聚龙宾馆在接收云龙宾馆破产资产后，以客房部、理发店、快餐面食部等三个网点经营。2004年4月，解放桥商场经营方式改为租赁经营；同年8月，副食品加工厂更名为天成商场。2005年8月，天成商场开发商住楼。2006年9月，县商业集团工会出资成立梁山浒泊酿造厂，对经营生产场所全部租赁经营。2010年后，商业系统各企业发挥城区区位优势，实行租赁经营，经营收入不断增加。2011年 5月，以招商引资形式，引入亿维数码广场，增加营业面积和营业收入。2013年1月起，食品工业实施“退城进园”，启动新厂区建设；百货大楼通过招商引资投资5000多万元，新增营业面积3000平方米，经营商品实现品牌化，年增效益600多万元；天星五交化商场通过招商引资对水泊西路综合楼升级改造，新增营业面积550平方米，新增固定资产1000余万元，引进力动国际健身俱乐部，填补县内专业健身项目空白。

第三节 企业选介

1994年，商业系统有百货大楼、饮食服务公司、副食品公司、食品公司、五金交电公司、酿造总厂、肉联厂等直属企业7家，经破产重组，至2013年，尚有经营企业10家。

百货大楼 百货大楼始建于1986年，为梁山县百货公司第一零售商店，位于水泊中路与人民中路交汇处，地处县城黄金地段，三层建筑，占地5000平方米。1994年10月，县百货公司第一零售商店通过改制，成立梁山百货大楼，属商业流通零售企业。1996年9月，梁山百货大楼被山东省人民政府批准为国有中型（Ⅰ）类企业，有员工590余人，成为梁山县集超市、百货、家电、餐饮、通信器材、文体等于一体的“一站式”综合性现代国有购物场所。至2013年，百货大楼经营面积达1.2万平方米，为梁山县商业的标志性建筑，先后被授予“山东省物价计量信得过单位”“山东省消费者满意商店”“济宁市百城万店无假货示范单位”等荣誉称号。

梁山大厦 国有小型（Ⅲ）类企业，成立于1994年10月，时有干部职工140人，驻地在梁山县水泊中路108号。主要经营宾馆、餐厅、娱乐、服务业等。由于资金原因，大厦总体设计14层，只完成了14层的主体建设，装修运营了1层、2层。由于大厦服务项目不配套，效益不佳，经营困难，2001年，企业被县政府依法拍卖，所有员工在商业系统内部分流。

东方畜禽产销总厂 原为梁山县食品公司，始建于1954年，位于人民南路西段，占地面积4.66万平方米，职工240人。1996年3月，原县食品公司24个食品站改为16个生猪定点屠宰场；同年，公司全面实行生猪定点屠宰。1998年，成立6个分公司，对16个定点屠宰场进行规范性管理。1999年3月，撤销分公司，恢复屠宰场。2003年5月，县食品公司更名为东方畜禽产销总厂，下属16个生猪定点屠宰场。2008年，设7个国有生猪定点屠宰场。2012年，取缔小型屠宰场，保留4个屠宰场，总资产500万元，同年，新增半自动化生猪屠宰流水线一条。2013年，严格落实肉品品质检验制度，健全肉品质量监督控制体系，努力推进"放心肉"工程建设，提高肉品生产质量，确保广大城乡居民肉类商品消费安全。

红都副食品商场 原为梁山县副食品公司，始建于1956年，副食品公司下辖一、二、三、四、五门市部及第一、二、三、四批发部，分布在水泊中路、水泊西路，主要经营糖酒茶及各种副食品。1994年10月，县副食品公司宣布破产；同时成立新的公司，即红房子商场（位于水泊中路108号）。1995年，在原县副食品公司第二门市部（亦称红房子门市部）营建三层综合营业楼。1996年，随着城市道路的拓宽改造，原有门市部大部拆除，营业面积大幅度减少。2007年，撤销红房子商场，更名为红都副食品商场。2008年，商场所属的位于水泊西路财政局对过的酒水批发市场，由县政府收购改造。2013年，红都副食品商场有职工286人，经营面积1220平方米，公司通过招商引资的形式，把营业场所全部租赁经营。

饮食服务公司 始建于1956年，占地面积9000平方米，营业网点面积4500平方米；有干部职工99人，属国有小型（Ⅲ）类公司。公司内设办公室、政工科、财务科，业务科4个科室，下辖玉龙宾馆、春天百货超市两个经营网点。1994年，公司扩大基建投资，增设经营种类和服务项目，服务水平和档次逐步提高。1995年，投资200万元，建设综合性营业楼玉龙商场（后划归红房子商场）。1996年，投资40万元，建设玉龙宾馆。1997年，投资40万元，改造梁山浴池为多功能健身浴房。2006年，投资3000万元，将健身浴房推倒重建，建成营业面积2300平方米的中型超市。至2013年，公司经营正常，效益不断增加。

天星五交化商场 原为梁山县五金电料化工公司，始建于1971年7月，位于水泊西路北段，占地面积5000平方米，营业面积1500平方米，有干部职工128人。天星五交化商场主要经营五金、电料、交通器材、化工产品。1992年，公司所有门市实行租赁经营。1994年，实行资产重组，成立天星五交化商场。2001年被评为梁山县先进单位，2010年被评为济宁市安全生产单位，2012年被评为梁山县先进基层党组织和"工人先锋号"。至2013年，商场抓好租赁收入，想方设法抓业务，单位效益逐渐好转，职工的福利待遇得到提高。

浒泊酿造厂 1984年，在原蔬菜公司的基础上建立梁山酿造总厂，位于县城水泊中路37号，占地1.27万平方米，生产经营面积1.47万平方米。1995年，建成2200平方米综合营业楼一栋。2004年4月，梁山酿造总厂政策性破产改制。2006年9月，由梁山县商业局工会出资，成立梁山浒泊酿造厂，企业经营生产场所全部租赁经营。2013年酿造厂有干部职工99人，退休人员52人。

兴旺冷藏厂 原为县肉类联合加工厂，始建于1990年12月，位于水泊北路131号，占地

面积2万平方米，建筑面积1.3万平方米，储藏能力500吨；主营加工、调拨、畜禽肉类及副产品。1995年6月，肉类联合加工厂整体租赁经营。2007年5月，因企业严重资不抵债，进入破产程序，进行清算核资。2011年11月，在县肉类联合加工厂的基础上成立梁山县兴旺冷藏厂。主要从事代客储运、租赁经营。2013年，冷藏厂有职工74人，离退休人员30人。

第二章 供销

第一节 管理体制

梁山县供销合作社联合社（简称县联社或县社），是全县供销社系统所属企业和基层供销社的主管机关。县供销社始建于建县之初，时称供销合作社。1979年9月，改称供销合作社联合社。1993年，梁山县供销集团总公司成立，与县供销合作社联合社实行一个单位、两个牌子，为经济实体，隶属于县政府。同年，县社内设理事会办公室、监事会办公室、政工科、财务科、业务科、储保科、科技工业科、审计科、监察室。1996年，设立党委办公室、计划生育办公室；2008年，设立招商引资办公室；其后至2013年，内设机构未再变化。

1993年，全县供销系统共有县直企业10处，即县棉麻公司、县棉花加工一厂、县棉花加工二厂、县棉花加工三厂、县农业生产资料公司、县土产杂品采购供应站、县果品盐业公司、县第一棉纺织厂、县兔毛纺织厂、县供销社实业公司。1997年，撤销县供销社实业公司。1998年，果品盐业公司划归济宁市盐务局。2000年，供销国合流通企业开始加大改革力度，盘活存量资产，县社系统所属企业，分别采取不同形式实施整体改制，逐步摆脱困境。2002年，第一棉纺织厂破产，重组为梁山县鑫丰棉纺厂；同年，成立鲁岗酿造厂。2005年，生产资料公司破产，重组为诚信农业生产资料公司。同年，县棉花加工一厂、二厂、三厂先后破产，分别重组为水浒棉业有限公司、兴农棉业有限公司、银花棉业有限公司。至2013年，供销系统企业改革未再进行。

1993年，全县共有12处基层供销社，即梁山水泊商场（梁山镇供销社）、拳铺供销社、信楼供销社、韩垓供销社、韩岗供销社、馆驿供销社、小安山供销社、大路口供销社、寿张集供销社、赵堌堆供销社、黑虎庙供销社、马营供销社。同年，12个基层供销社除水泊商场外，全部在生活资料经营上实行“公有民营”，并逐步抽回集体成本，由职工自主经营、自负盈亏。1996年，由供销社职工出资、供销社出地、集体统一规划，经营设施进行全面改造，建成后供销社收取一定租金，由职工经营。至2003年，基层供销社累计投资1.2亿元，共改造、新建营业设施面积24万平方米，旧的经营设施全部更新改造完毕。至2005年，除水泊商场外，其他11处基层供销社先后破产重组，并各自命名。2009年，按所在乡镇名称恢复原供销社名称。至2013年，基层供销社维持运行。

2004年，县供销社开始组建各类专业合作社及专业协会，南湖优质小麦种植专业合作社、万民小麦种植专业合作社、拳铺镇裕农莲藕专业合作社、小路口黄河蔬菜种植专业合作社、小安山利民养鱼专业合作社、徐集民丰农机专业合作社、农业生产资料协会、鲁岗农产品加工贸易协会等相继建立。至2013年，全县组建各类专业合作社33个。

第二节 商品购销

生产资料供应 1993 年，县政府成立农资经营整顿小组，整顿口益混乱的农资市场，由供销社与工商部门配合对非法经营网点进行查处，对伪劣农资商品进行打击，净化农资市场，保证供销社将经营的优质农资商品供应给农民。1995 年，供销社开始在农资经营上采取赊销、代存、送货到田间地头等便民措施，与农业科技部门、大专院校联合开展测土配方施肥、科学合理用药等服务，支援农业生产，节约农民的种地成本，增加产量。2009 年，全县共有农资直营店 14 处，加盟店 40 处，年销各种化肥 8 万吨。2011 年，全市开展供销系统“化肥直供”活动，由市供销社组织货源，按当地需求直接供应到农户手中，减少流通环节，保证农资商品质量。至 2013 年，销售复合肥 12535 吨、尿素 3805 吨，各类生产资料销售总额 9575 万元。

化肥直供宣传

生活资料供应 1994 年后，各基层供销社采取灵活多样的方式，组织开展工业品“联购分销、分购联销”活动，组织职工参加订货会、展销会、赶集赶会，号召农村基层社进城、县直公司下乡，为扩大销售、搞活流通起到积极作用。2003 年起，梁山县相继成立再生资源回收公司、烟花鞭炮直营公司，并投资 200 余万元建成一处符合国家安全标准的烟花爆竹仓库。2006 年后，着重在乡镇建设农村直营超市，在大的行政村开放便民超市，以水泊商场物流配送中心为依托，统一配送商品，保证农民购买到放心、称心的商品。2006—2010 年，生活资料供应年销售额大多维持在 5.5 亿元左右；至 2013 年，生活资料供应年销售额达 18 亿元。

棉花购销 1994 年，棉花购销体制实行由国家统一定价、统一经营，不放开棉花市场，也不搞双轨制。棉花由供销社统一经营，当年济宁市下达梁山县棉花定购任务是 1180 万公斤。1996 年，棉花种植面积逐渐减少，棉花市场开始松动。1998 年，棉花市场完全放开。承担全县棉花收购加工调拨任务的企业有：县棉麻公司、棉花加工一厂、棉花加工二厂、棉花加工三厂，以及 12 处基层供销社所属的棉花收购站。2005 年，棉花加工一厂、棉花加工二厂、棉花加工三厂破产、重组后，棉花企业处于停产、半停产状态。

第三节 水泊商场

水泊商场，始建于 1983 年，前身为梁山镇供销社（建于 1950 年）。1983 年，梁山镇供销社开始进行一期改建工程，其营业楼挂牌为水泊商场。1986 年，扩建成为“四合院”式综合楼。1992 年，扩建成为郑州“亚西亚”式商贸中心。1993 年，水泊商场被中国合作贸易企业协会评为全国供销社销售“百强”商场。1996 年，水泊商场在全省基层供销社中率先晋升为国有中型（Ⅰ）类企业，成为全省商业供销企业的知名企业。21 世纪，水泊商场逐步建起宾馆饭店综合大楼、古式第一分店、欧式第二分店、大型综合超市等。2006 年，被中国合作贸易企业协会评为全国合作贸易“百强”企业。2010 年，获全国服务质量信誉行业十佳单位、全国（行业）顾客满意十大品牌、全国供销合作系统“百强”企业等荣誉称号。2012 年，水泊商场投资 2000 万元兴建冷链物流项目，建筑面积 1600 平方米，冷库面积 430 平方米，其中冷藏250平方米，冷冻库180平方米，加工车间150平方米，储存量500吨。至2013年，水泊商场发展成为拥有2100余名职工、1个大型超市、2个分店、14个经营公司、14个直营店、营业面积7.5万平方米、总资产2.5亿元，集购物、娱乐、批发零售、连锁超市、物流配送、生产资料、餐饮服务等多功能于一体的大型现代化综合性商业集团，先后获全国文明经营示范单位、全省“百城万店无假货”示范店、国家A级守信企业、全国诚信示范单位、中国商业名牌企业、中国企业三星品牌、全国企业文化建设优秀企业等及市级以上荣誉200余项。水泊商场总经理赵庆珠获“全国商业劳动模范”、职工马敏获“全国十佳营业员”，分别受到党和国家领导人的接见。

水泊商场按照“一级法人、三级承包、三级核算”和以联责、联利、联股金、联管理计酬、工资奖金全浮动的经营管理、用工、分配机制，实行统一经营、统一管理，走出一条滚动式科学发展之路，形成“水泊商场”独特的企业文化，创造了坚持集体经营、集体资产不断增加、职工没有分流下岗、养老保险、医疗保险、工伤保险齐全的奇迹。水泊商场是梁山县城最大的综合性商场，商品优质、价格低廉、服务优质，口号是“梁山购物哪里去，水泊商场最满意”，形成了一个“百货+超市”“连锁+物流”新型业态的经营模式。2013年，年销售额超5亿元，经营规模位居全省基层供销社之首，全国名列第二。

第三章 粮食

第一节 管理体制

梁山县粮食局，为全县粮食工作及所属企业的主管部门。县粮食局始建于建县之初，1993年12月，粮食局改为粮食集团总公司，由行政单位改为经济实体，退出政府组成部门，内设人秘科、会计科、审计科、计划科、仓储科、保卫科、计生办。1996年1月，恢复县粮食局，重新列入政府组成部门，内设办公室、政工科、综合科、仓储科、会计科、审计科、计生办。2003年，政工科改称人事教育科，撤销综合科、审计科，设立产业发展科。2006年，县粮食局以部门管理粮食为主转变为以执法为主体的政府工作部门。至2013年，县粮食局内设办公室、人事教育科、财务科。

1994年，粮食系统有粮油议购议销公司、粮食局劳动服务公司、友谊医院、天香大酒店、粮食局汽车队、粮油开发公司、县粮食局直属库、后孙庄粮库等直属单位；梁山镇、拳铺、徐集、信楼、韩垓、韩岗、王府集、馆驿、李官屯、小安山、寿张集、大路口、小路口、赵堌堆、黑虎庙、马营等16处乡镇粮食管理所。1998年，县粮食局推进粮食行政管理职能与粮食经营分离。1999年，成立梁山县粮食收储总公司，负责全县粮食购销企业的经营管理；16处乡镇粮食管理所改为粮食收储站，后孙庄粮库改为后孙庄粮食收储站，县粮食局劳动服务公司改为直属粮食收储站，并先后对水浒面粉厂、北方面粉厂、饲料加工厂、粮食局食品加工厂等企业进行改制。2004年，粮食储备库成立；同年，成立粮油供应公司，承担军队粮油供应和部分城镇居民的粮油供应。2005年，依法对全县基层粮食收储企业全部实施破产，破除不良资产8238万元，有1380名职工解除劳动关系；同年，成立梁山鲁南粮油购销中心，承担粮食企业的经营业务，发挥国有粮食部门的主渠道作用。2006年，成立梁山县沃德园粮油服务公司，承担县城乡部分居民的厨房供应，建立连锁店10处。2010年，随着梁山县粮食物流中心的建成，梁山粮食储备库迁至位于拳铺镇吕楼村的粮食物流中心，继续承担国家粮食储备及军粮供应任务，仍属于国有粮食购销企业。至2013年，粮食企业未再发生变化。

第二节 粮食收购

1994年，在执行国家粮食定购制度的基础上，实行定购粮食品种和保护价收购粮食的政策，山东省实行合同定购的粮食为小麦、玉米和稻谷三大品种，梁山县确定的定购粮食品种为小麦，定购任务4280万斤；小麦定购保护价为：1994年1.08元/公斤、1996年1.12元/公斤，当市场粮价高于保护价时，随行就市收购。1997年，农业发展银行开始承担粮食购销企业的资金供应及管理。1998年，先后实行“双轨制”“两条线运行”“三项政策、一项改革”“两化三放开”的粮食购销体制和政策，重点是敞开收购、顺价销售、资金封闭运行。1999年，全县实行定购价与保护价并轨，逐步降低收购价格；2000年，小麦价格为0.57元/公斤。粮食收购资金实行资金封闭运行、库贷挂钩、钱随粮走的资金供应和管理模式，粮食收购总量年均0.5亿公斤以上。2001年，粮食年收购量为1.3亿公斤；2002年粮食年收购量为1.1亿公斤，均居全市同行业前列。2004年，粮食市场全面放开。县粮食部门按保护价敞开收购农民的余粮，做到收购资金封闭运行，新增贷款与新增库存值比例达100%，销售货款归行率达100%。2005年，县粮食部门制订《梁山县国有粮食购销企业奖惩办法》，对鲁南粮食购销中心和粮食储备库分别下达任务目标，签订目标责任书，制订奖惩制度，努力做好粮食收购工作。2006年，县粮食部门利用其网点、设施、资金、人力和政策优势，整合重组粮食购销企业，转换经营机制，创新收购方式，多方筹集资金，大力开展粮食收购，由单一粮食品种收购变为多品种粮食收购，当年收购各种粮食0.714亿公斤。2007年，开展代为收购、委托收购等办法，当年 7处粮食收储站参与托市收购。2008年，11处收购网点收购托市粮1875万公斤，收购商品粮2557万公斤。2009年，全县确定2处托市粮承贷单位，设立22个托市收购网点，收购托市粮3000万公斤，占市政府下达梁山县托市粮收购计划的20%，居全市首位；全县完成最低政策收购小麦18.8万吨，收购销售商品粮小麦7.6万吨，玉米4.5万吨。2009—2011年，全县国有粮食企业粮食收购量连续三年保持全市第一位。

第三节 粮食储备

1992年，梁山粮食企业保持合理的周转库，建立储备制度，增加调控能力，确保粮食供应，储备粮任务为250万公斤。2004年，建立梁山粮食储备库，承担全县粮食购销调存业务，地方储备粮食达1000万公斤。2005年，县粮食部门制订《粮食安全应急预案》，建立以黑虎庙、小路口等六处收储站为骨干的粮食购销企业，以北方面粉厂、水浒面粉厂为特别骨干的加工企业和以县粮油供应公司为骨干的供应企业。2009年，按照谁投资谁受益的原则，鼓励各储粮单位自筹资金，利用粮站空闲地方建仓，全县共投资560万元，新建粮库仓容8万吨。鼓励国有粮食收储企业积极向外扩张，面向社会租赁适合粮食储存的仓房用于粮食收购。2012年，梁山县建容量2亿斤粮食储备仓库1处，加强地方储备粮食管理，确保全县粮食安全。2013年，梁山县调整扩大粮食储备任务为1300万公斤，食油储备规模24万公斤，并新建仓容1亿公斤粮食储备库1处。同年6月，根据《济宁市地方储备粮管理办法实施细则》，县粮食管理部门制定《梁山县地方储备粮管理办法》，全面落实储备粮管理的各项规章制度，严格执行储备粮动用、轮换制度，积极推行“流程细、操作精、指标细、控制精”的仓储精细化模式，重点抓好管理机构、制度建设、工作标准、财务管理、库存管理等十项规范的落实，积极推广科学储粮、绿色储粮，保证储备粮数量真实、质量良好、储存安全，使地方储备库成为政府放心库，确保人民群众吃放心粮。

第四节 粮油销售

1993年，粮食销售主要包括3条渠道：一是定购部分的粮食实行有计划的统一调销，二是议价收购的农民余粮采取随行就市议价销售（当年销售各种粮食2500万公斤），三是着力发展粮办工业，搞好粮食转化，促进粮食销售。油料的销售除军供外，主要是议价购进、议价销售、留有储备，以满足城乡居民的用油供应和生活需求。1998年，粮食价格低迷，库存量大，需求不旺，收销差价甚微。梁山县坚持顺价销售，开拓销售渠道，走薄利多销、快购快销、以量取胜的路子，不断拓展外地销售渠道，年销售各种粮食和油料6000万公斤，并大力开展面粉加工、饲料加工等，促进粮食的销售和转化。

2004年，县粮食部门发展城乡居民社会化供应渠道，开展“千人千车进千村，铺天盖地建网点”活动，乡镇粮站新增网点19处，县粮油供应公司开通城镇居民服务热线，做到“电话一拨通，放心粮油送家中”。2008年，县粮食部门发挥梁山沃德园粮油服务公司的业务职能，承担梁山城乡居民的厨房供应，推进“放心粮油食品示范店”建设，加强对粮油市场质量和价格监控，实行“四统一”，即：统一管理、统一价格、统一质量、统一配送，在城乡建立连锁店30处，各连锁店开通服务热线。2009年，成立梁山县粮食物流中心，属全省重点粮食物流项目，项目占地19.53万平方米，建筑面积2.8万平方米，包括12万吨粮食散装平房仓库、600吨食用油储备库，及其他辅建项目等；第一期投资8500万元，其中，中央扶持资金650万元。2010年，县粮食局沃德园粮油服务公司被授予“全省十佳居民厨房工程”荣誉称号。2012年10月，县粮食物流中心一期工程完成并投入使用。至2013年，全县城乡共开设粮油供应服务网点38个，发挥着国有粮食企业销售主渠道作用。

第五节 多种经营

1991年，全国粮食系统发展多种经营工作会议在山东召开。自此，县粮食部门开始围绕市场需求，打破行业界限，把发展多种经营作为突出任务来抓。1993年，是粮食销售价格放开的第一年，县粮食部门先后成立粮食系统友谊医院、粮食局粮油开发公司、天香大酒店、粮食局车队等经济实体，开展多种形式的经营活动。1996年，全县粮食管理所开展“两代一换”，即代农储存、代农加工、品种兑换。后孙庄粮库新上纯绿豆粉皮加工，拳铺粮所经营饭店，韩岗、馆驿粮所开展小型面粉加工业务。1997年，县城西部新建日处理小麦250吨的面粉加工厂建成投产；2006、2007年新上日产面粉500吨、年产18万吨面粉的两条生产线，成为鲁西南最大的面粉加工企业。2008年，全县粮食加工企业发展到100多家，其中，日处理小麦1000吨以上的企业3家。至2013年，全县拥有300多家粮食经营和加工转化企业，每年粮食购销交易量在50万吨以上，是鲁西南重要的粮食集散地。

第六节 执法监督

2006年，梁山县成立粮食准入中心、粮食管理中心、粮食监督检查大队等3个执法机构，配备执法人员，实行收购许可认证管理，坚持依法准入、依法监督，依法保护和规范各类粮食企业合法经营，稳定粮食市场价格，全面强化、规范粮食市场秩序。2007年7月，县粮食部门开展许可证管理、粮食执法专项检查，打击粮食收购中压级压价、坑农害农及扰乱正常粮食市场经营秩序的行为。2008年，县粮食部门对全县所有涉粮单位及粮食经纪人，进行拉网式大普查，分类管理，利用网络信息平台，建立粮食经营者电子档案信息库系统，实行监管网络化。至2009年，粮食经营企业、粮食加工企业和用粮企业均建立健全电子档案信息库，500多家各类粮食经营者和粮食经济人纳入常态化的电子管理，维护了县域粮食流通市场的正常秩序。2010年，国家粮食局到梁山县检查工作时，对梁山县首创的粮食市场网络化监管方式给予高度评价；同年，梁山县被山东省粮食局推荐为全国粮食流通监督检查示范县。至2013年，全县158家粮食经营企业、500多名粮食经纪人、50多家外来流动商贩以及30余家长期保持业务往来的外地用粮企业，登记造册，纳入管理范围，并全面加强依法开展粮食执法专项检查，严厉打击粮食收购中压级压价、坑农、害农和扰乱正常粮食市场经营秩序等违法违纪行为。

第四章 流通

第一节 物资

物资统一管理始于20世纪60年代，是国家计划经济的产物。在计划经济时期，所经营的商品都是计划调配，无自主经营权，不能随便买卖。物资管理部门主要经营钢材、生铁、汽车、汽车配件、电机、水泵、轴承、变压器、轮胎、水泥、玻璃、沥青、木材等工农业生产、交通水利设施所需要的各类物资。20世纪80年代，计划经济向市场经济过渡，整个物资行业逐渐衰落，企业逐步破产改制，物资统一管理模式退出历史舞台。

1993年12月，县物资管理局撤销，组建物资集团总公司，为经济实体，隶属县政府。物资集团总公司主要是综合统筹所属公司的物资流通经营，兼具管理和经营两种职能。2001年，物资系统采取出售、联合、产权置换等方法，加快企业重组与调整，盘活存量资产，激发企业活力。2002年7月，下属11个专业公司全部实施破产，改制成为9个股份制公司。

物资集团总公司所属9个股份制公司为：(1)梁山华宇物资贸易有限公司（原县基建物资配套供应公司，驻县城水泊中路7号），主要经营钢材、水泥、煤炭、汽车等建筑材料，在职工作人员34人，各类专业技术人员12人。(2)梁山县华鑫物资服务有限公司（原县物资服务公司，驻县城青年路18号），主要经营汽车、机电产品、钢材、化工材料等，在职人员48人，各类专业技术人员8人。(3)梁山县鑫达金属材料经营有限公司（原县金属材料公司，驻县城水泊中路31号），主要经营黑白金属、有色金属、机电设备、汽车等，在职人员40人，各类专业技术人员11人。(4)梁山县新欣机电设备有限责任公司（原县机电公司，驻县城水泊中路29号），主要经营机械、运输设备、机电产品等，在职人员50人，各类专业技术人员6人。(5)梁山县华梁物资销售有限公司（原县燃料公司，驻县城水泊中路9号），主要经营煤炭购销，担负全县工农业生产、生活用煤的供应，兼营建材、化工、钢材等，在职人员126人，各类专业技术人员12人。(6)梁山县物资贸易协作公司（原县物资贸易中心、物资协作公司、劳动服务公司3个公司合并而成，驻县城水泊中路33号），主要经营钢材、汽车、化工、建材等，在职人员42人，各类专业技术人才8人。(7)梁山县物资合作总社(驻县城水泊中路28号),主要经营化工、建材、能源等,在职人员78人,各类专业技术人员12人。(8)梁山县金属回收公司(驻县城水泊中路53号),主要经营废品物资的回收兼营汽车配件、废旧汽车、金属材料等,在职人员66人,各类专业技术人员6人。(9)梁山县木材公司(驻县城水泊西路65号),主要经营木材、木材制品等,在职人员36人,各类专业技术人员6人。

第二节 外贸

1994年7月,梁山县设立对外经济贸易委员会,为正科级事业单位。2002年5月,县对外经济贸易委员会更名为县对外贸易经济合作局。2010年5月,县对外贸易经济合作局的职责整合划入县商务局(县经济和信息化局挂县商务局牌子)管理,不再保留县对外贸易经济合作局;设立梁山县国外招商局,为科级全额预算管理事业单位,归口县商务局管理,主要负责开展境外招商引资、外资、外贸服务与管理等。

进出口贸易 20世纪90年代初,是对外贸易发展的兴盛时期,这一时期,主要协调农副土特产品和工业品的出口、进口,其后,随着改革的深入,对外贸易逐渐进入低谷。进入21世纪,外经贸工作逐渐复苏,梁山县积极引进外资,努力增加出口,促进外向型经济发展,自营出口、合同利用外资、国外劳务输出均超额完成市下达的任务,外经贸工作进入一个良好发展期。2001年,蓝天纺织、恒泰制衣、联谊淀粉、天威食品、华东电子等企业,拓宽出口渠道,保持出口创汇的良好发展势头。至2005年,自营进出口企业发展到24家,年出口额达到2100万美元,年均递增27%,五年共向国外输出劳务356人次。2006年,鼓励支持骨干出口企业,加大新产品开发力度,扩大高科技、高附加值产品出口规模,引导民营企业积极申办自营进出口经营权,加强外派劳务人员培训,提高外派劳务人员素质,扩大服装、建筑等对外劳务输出规模,"省外派劳务基地县"成果进一步巩固。2009年8月,县政府制发《关于积极应对国际金融危机保持外经贸稳定发展的意见》(梁政发〔2009〕42号),加大对实际到位外资奖励力度,推行"多点报关、口岸验放""无纸通关""口岸直通"等新型通关模式。2010年8月,县政府制发《梁山县鼓励企业对外合资合作暂行办法》(梁政发〔2010〕24号),鼓励和扶持县内企业与海内外著名企业进行合资合作,有效推进外经贸工作的开展。至2013年年底,全县外贸进出口总额增加到2706万美元。

招商引资 2001年,加大外资引进力度,采取企业招商、代理招商、优势资产招商等形式,积极组团开展境外招商,引进外资项目取得较大进展。2003年,韩国募亚流通株式会社与远洋淀粉公司合资建设的中韩大厦正式营业,韩国高丽商社与天威食品公司合资新上食品加工生产线、汉城良友电子商社与华东电子公司长期贸易合作等项目达成意向。2001—2005年,全县引进县外投资项目270个,到位县外资金17亿元;新增外资企业6家,实际利用外资580万美元。2006年,依托梁山经济开发区、"金三角"工业园、韩商投资兴业园,在更大范围、更广领域、更高层次上开展对外招商活动;依托专用汽车、纺织服装、医药化工、农副产品加工等优势产业和产品,积极开展专业招商,至2010年,5年累计利用外资3562万美元,投资16亿元的泰国正大赖氨酸项目、3.5亿元的日本元田汽车项目等正式签约。2011年后,持续开展系列招商活动,有关部门及企业分别到美国、德国、韩国、日本、新加坡、马来西亚、泰国等国家,以及中国香港、台湾等地区出访,围绕经贸洽谈、文化交流、学术研讨等方面,加强与世界500强、大型央企和知名民企的洽谈对接,引进一批重大产业项目,至2013年,实际到位资金近100亿元,新兴际华、德临化工、百居艺木业、远大脱水蔬菜、伦达城市广场等一批重大项目落户梁山。

第三节 石油

经营体制 1994年，国家经济体制由计划经济向市场经济转变，石油公司经营的重点由批发向零售转变，经营体制转变过程分为三个阶段。1994—1998年，计划经济体制时期，梁山石油公司作为独立法人，自主经营，自负盈亏，可直接从炼油厂购买成品油，通过公路运输到油库，再通过批发的方式销售给社会加油站或配送到自有加油站零售。该时期梁山石油公司隶属于山东省石油集团，受其垂直管理。1998—2001年，市场经济体制时期，1998年按照国务院要求，成立中石油和中石化两大集团，梁山石油公司随省、市公司一起划入中国石化，管理权限逐步上收，在济宁石油分公司的领导下开展经营管理业务。2001年后，现代经济体制阶段，梁山石油公司于2001年注销，成立中石化山东济宁梁山经营处，为济宁石油分公司的派出机构，负责辖区内加油站的日常管理，成品油的价格、运输和配送全部由省、市公司直接管理。

网点建设 1994年，梁山石油公司仅拥有一座加油站（梁山第一加油站），主要以批发业务为主。1995年，购买梁山县煤建公司位于孔坊村的土地建设了梁山第二加油站。1996年，租赁梁山县化轻公司位于水泊南路的土地建设梁山第三加油站；同年，租赁石头园加油站改建为梁山第四加油站。1998年，加油站网点建设驶入快车道，至2001年，通过租赁、收购和新建，新增加油站10座，分别是梁山六站、梁山七站、梁山八站、梁山九站、梁山十站、梁山十一站、梁山十二站、梁山十三站、梁山十六站和梁山十七站。2011年，山东石油分公司通过资产划拨的方式，将隶属于鲁润的京九石化第四加油站，划转归济宁石油分公司管理，改建为梁山第十八加油站。随着梁山城市发展，道路拓宽以及建设规划的不断调整，梁山四站、梁山十三站、梁山十七站3座加油站先后被拆除，至2013年，县内拥有加油站12座。

第四节 烟草

1994年，山东省烟草公司梁山县公司隶属于济宁市烟草专卖局（公司）管理。1995年7月，山东省烟草公司梁山县公司更名为鲁南烟草（集团）有限公司梁山分公司，后又更名为山东鲁南烟草（集团）有限公司梁山分公司。1998年1月，山东鲁南烟草（集团）有限公司梁山分公司更名为颐中烟草（济宁）有限公司梁山分公司；同年8月，又更名为山东烟草购销（集团）有限公司济宁分公司梁山县公司。2000年9月，山东烟草购销（集团）有限公司济宁分公司梁山县公司更名为山东济宁烟草有限公司梁山分公司。2005年10月，山东济宁烟草有限公司梁山分公司更名为山东济宁烟草有限公司梁山营销部。2009—2011年，梁山烟草专卖局（山东济宁烟草有限公司梁山营销部）先后获全省卷烟打假工作先进集体、全市烟草系统先进单位、全市卷烟打假工作先进集体等荣誉称号。2013年，梁山烟草专卖局（山东济宁烟草有限公司梁山营销部）内设综合办公室、营销科、法制科、专卖科、稽查大队、内部监管科6个工作机构，设3个中队（城区中队、韩岗中队、小路口中队）、3个专卖管理所（城区管理所、韩岗管理所、小路口管理所），共有职工124人，主要负责梁山县城区和各乡镇、街道、开发区的专卖管理、卷烟销售工作，共有3281户卷烟零售客户。

卷烟经营 20世纪80—90年代，卷烟销售主要以大前门、白莲、秋叶、蓝金鹿为主，其次为顺航、白鸽、哈德门、八喜、大鸡。销量比较好的品牌为大鸡。进入21世纪，人们生活水平不断提高，对卷烟消费的档次不断提升，泰山系列品牌逐步占据卷烟市场，销量逐步增长，深受广大消费者喜爱。2008年，销售卷烟18342箱，单箱销售收入9530元，实现利税3207.95万元。2009—2013年，营销模式基本成型，依靠优质的服务，规范化的市场管理，拉销量上档次，卷烟销量和利税明显提升，其中，2012年销售卷烟21588箱，单箱销售收入18260元，人均条数实现7.39条，实现利税7990万元，上缴地方税金4293.53万元。2013年，畅销品牌主要有泰山系列、南京系列、黄鹤楼系列、利群系列，销售卷烟 22337箱，同比增加749箱，增长3.47%；单箱值20563元，同比增加2302元，增长12.61%；人均条数7.64条，同比增加0.25条，增长3.47%；上缴地方税金4326万元，同比增加428万元，增长10.98%。

销售网络 1994年后，卷烟销售历经了坐店经营、大进大出、批发网点、访送一体、访送分离、电话访销送货上门、网上订货电子结算的经营模式，完成从传统的卷烟批发企业转型为现代化的卷烟营销模式。1994年，梁山设立城区、北关、前集、拳铺、徐集、韩岗、杨营批发部，配备送货车辆，为所负责辖区的零售客户送货上门，送货范围基本覆盖全县。2002年，对营销模式进行阶段性改革，改革将访销范围的细密化和服务水平的专业化作为重点，建设完善了城乡一体化的卷烟销售网络。2004年，初步形成“电话访销、集中配货、电子结算、统一配送”的卷烟销售、配送模式，成立客户服务中心和配送部，实现访、送分离，实行集中电话访销、统一配送，卷烟批发部全部撤销，全县零售客户入网率上升到98%以上，送货范围达到100%，卷烟销售网络建设初见成效，为建设现代烟草物流配送体系打下坚实的基础。2006年，调整电访、配送、营销线路，以实现无缝对接，本着节约、高效、便捷的访送原则，确定电访线路4条，营销线路13条，送货线路6条，访送户数与调整前基本持平，并率先在城区送货线路实行了“电子结算”。2007—2008年，深入推进网络建设工作，加强“亮丽终端”建设，完善烟签对应，所有客户全部安装卷烟轨道盒，店面管理工作得到加强，建立“明星店”263户，并签订《“明星终端”建设协议》，规定权利和义务。“明星店”使用统一的形象标志、统一的柜台和货架，主要分布在城区主要街道、公路沿线、乡镇驻地，成为梁山烟草一道亮丽的风景线。积极推进电子结算，至2013年电子结算率达85%以上，占应收资金总量的90%以上。

专卖管理 1988年，梁山县烟草专卖局启动烟草专卖零售许可证换发工作，至1992年年底共发放许可证1532个。1997年，梁山县对城乡驻地、集贸市场、各大商场和零售点进行拉网式检查，重点进行“六查”（查无证经营、查进烟渠道、查省外和计划外卷烟、查走私卷烟、查假冒商标卷烟、查无证批发），当年查获各类违法卷烟案件120余起，查获各类非法卷烟800余万支，案值60余万元。1998年，成立专卖稽查大队，严厉打击卷烟非法运输和经营首要分子，当年查获涉烟大案要案件20余起，查获非法渠道卷烟1800万支。1999—2001年，持续深入开展卷烟市场整顿，其间查获各类违法案件1600余起，查获非法卷烟3200余万支。2003年，梁山县烟草专卖局在济宁市烟草专卖局的协助下，对凤园批发市场进行集中整治，辐射周边县区长达十余年的凤园批发市场非法经营卷烟现象得到彻底解决。

2004年，全县换发烟草专卖零售许可证2432户，实现零售点的户籍化、诚信等级化管理。2006年，成立法制科、内部专卖管理监督科，“查、处、管、核”机构分设，内部监管和市场监管并重的专卖执法体系初步形成。2008年，由县社会治安综合治理办公室牵头，公、检、法、整顿办、烟草、工商、交通、质检、邮政等部门成立烟草市场集中整治领导小组及办公室，“政府领导、烟草牵头、部门配合”的烟草市场整治的新格局初步形成。2009年，开展“百日会战”“边缘市场整治”“利剑行动”等活动，整治物流货运站

411个次，名烟名酒店436个次，依托卡点1个，开展高速公路巡查25次，整治综合集贸市场21个，查获案件89起，查获非法卷烟82.33万支、卷烟纸2.589吨，涉案案值17.30万元。针对边缘地区开展路堵路查102人次，联合邮政开展稽查9次，整治边缘地区联合执法21次，查获案件42起，查获卷烟4.16万支，案值0.83万元。2012年1月，县委、县政府召开全县卷烟市场秩序集中整治暨卷烟打假工作会议，对烟草市场综合整治进行全面部署。同年6月，河南省台前县、菏泽市郓城县、泰安市东平县、济宁市梁山县等两省四县召开毗邻区域烟草打假工作联席会议，共同签署《烟草打假工作协作框架协议》，联合下发《鲁、豫两省四县毗邻区域烟草打假协作实施意见》，进一步强化和规范毗邻地区联合打假信息共享和打击跨区作案的联动协查机制。至2013年，先后开展卷烟“打假破网”行动，连续破获“4.18”“5.21”“1.10”“1.11”“3.21”“2.28”等六起非法经营烟草专卖品网络案件，行政拘留13人、劳动教养2人、刑事拘留24人，逮捕15人，判刑15人。

第五节 药械

山东省济宁市医药（集团）总公司梁山分公司始建于1956年，是梁山县唯一集批发、零售为一体的国营药品、医疗器械经营企业，经营中成药、中药材、中药饮片、化学制剂、抗生素、生化药品、生物制品、医疗器械、保健食品等。1994年，公司内设办公室、政工科、财务科、审计科、业务科、生产科、基建科、保卫科。至2013年，公司内设人秘科、财务科、管理科、质管科、仓储科、业务科、销售科。职工178人，各类专业技术人员148人，拥有执业药师6人，从业药师34人，主管药师15人，药师96人。

经营网点 1994年，公司设11个经营机构。1998年，经营机构精简为9个，即药品经营支公司、新特药支公司、许寺支公司、小路口支公司、第一零售药店、第二零售药店、第三零售药店、第四零售药店、第五零售药店。至2013年，公司设有2个配送中心和中药批发部、器械批发部、医药商场、中药房，第一、二、三、五、六、七零售药店，新优药品经营部，山口、凤山、同康、新特、韩垓、徐集、许寺、拳铺、马营、杨营、小路口零售药店，其中，中药零售药店11家，医疗器械零售药店8家，全县共有销售网点24处，覆盖全县各重点乡镇。

药械经营 1998年，公司转换经营机制，实行责任经营。2004年，对药械批发部进行重组，原来的1个批发部化为6个批发部，扩大销售渠道，当年药械销售总额为1900万元。同年，通过药品质量管理规范（简称GSP）。2006年，成立配送中心，将6个批发部的业务由配送中心统一配送到用药单位。2010年，公司严格按照《药品经营质量管理规范》制定质量管理体系，在各经营部门均设置药品质量管理、验收和养护人员。公司与全国300多个药品生产厂家和大型医药经营企业、30多家大型医院建立长期的供求关系，代理品种400余个，经营各类药品3000余种。药械配送网络占有率占全县80%以上，并辐射到周边县、市、区，配送从开票到送货实行“一站式”服务机制。2013年，药械销售总额达3100万元。

药械存储 1994年，新建全县最大药品仓库楼，建设面积达1200多平方米。2004年，对仓库进行现代化改造，实行五区三色管理，对药品按照色标分类管理，并配置专用的避光、通风、防虫、防鼠、防鸟等设备。为确保药品的低温存储要求，安装空调38台，购置冷藏柜26台；增加验收人员，验收养护室配备显微镜、分析天平、澄明度检测仪、气相色谱仪、水分测定仪、紫外线荧光灯等仪器设备，保证药品的质量。所有接触药品的工作人员每年定期查体，建立健康档案，确保药品经营、保管中的安全。公司拥有鲁西南地区设置最齐、功能最全、面积最大的医药仓库楼，满足不同类型、剂型的药品的储存条件及特殊管理的需要，确保药品存储及人民群众用药安全。

第六节 食盐

食盐最初由县果品蔬菜公司经营，隶属于县联社。1994 年 5 月，县果品蔬菜公司破产，食盐直接由县联社负责。1995 年 4 月，成立梁山县果品盐业采购供应站，为县联社下属单位，重新对盐业进行经营。2000 年 1 月，县果品盐业采购供应站整建制从县供销合作社联合社分离出来，改建为梁山盐业公司，为济宁市盐务局管理的垂直单位，并加挂“梁山县盐务局”的牌子，为梁山县人民政府的盐业行政主管机构和盐业行政执法主体，负责本行政区域内的盐业行政管理、食盐专营和盐政执法。2013 年，梁山盐业公司(县盐务局）内设办公室、财务科、专营科和 1 个稽查大队。

食盐供应 1994 年，食盐购销实行自购自销方法。2000 年，食盐购销实行省公司指定盐场统一调拨制，下达食盐调拨计划，由专营科负责供应，并与县防疫站加强合作，开展食盐监测工作，抽验食盐样本，及时发现和处理不合格食盐，以及其他理化指标不标准的情况，反馈供盐单位处理，保障全县人民群众食用合格食盐。同年，全县划分为东区和西区 2 个片区，成立东区和西区 2 个供应站，全权负责各区域的食盐销售和市场管理工作，加强食盐专营，确保食盐供应。食盐供应分两种：一是大包盐供应，二是小包装食盐供应。大包盐供应实行购盐证制度，根据客户需求，由客户申请，稽查队现场查看，确实需用大包盐，核发大包盐购盐证。客户带购盐证到盐业公司购买大包盐。大包盐实行专盐专用，不准挪用或倒卖。小包装食盐实行直送制度，由片区供应部直接把小包装食盐送到各零售网点，真正做到“一个电话，送盐到家”。

2002 年，对全县食盐销售网点进行规范，按照合理布局，方便群众的原刚，选择经营条件较好、信誉较高的经营业户作为食盐定点销售处，发放食盐零售许可证，挂牌经营。全县食盐供应初步形成“批发不出乡，零售不出村，服务有保证，供应有保障”的经营网络。2010 年，盐务局全面推行客户经理负责制，把全县 14 个乡镇分成 7 个经营区域，由 7 个客户经理负责。当年销售各类盐 4357 吨，销售收入 604 万元，上缴利税 37 万元。2011 年 3 月，突发食盐抢购风潮，县政府及盐业部门及时启动应急预案，组织货源，做好宣传，稳定局势，及时平息食盐抢购风潮。全年销售各类盐产品 4140 吨，实现销售收入 671 万元，同比增加 67 万元，增长 11%；上缴税金 40 万元，同比增加 9 万元，增长 29%。2013 年，全年销售各类盐产品 4446 吨，其中：各类小包装销售 1643 吨，大包食盐销售 2124 吨，工业盐销售 608 吨。

食盐储运 县盐务局（盐业公司）盐库修建于 1988 年，面积 1000 平方米，储盐量 600 多吨。盐库主要储存海盐和矿盐，并从不同的地方领运，平均每年运输各类盐产品 4500 吨左右。1994—1999 年，海盐每月初到省盐务局盐政处领取准运证，到潍坊市盐务局指定盐厂装盐后，按规定时间、路线运回梁山公司；矿盐根据调拨计划，由肥城精制盐厂直接运送到梁山公司。2000 年后，每年年初上报年度计划，根据实际情况把年度计划分解到每个月，然后根据省、市局下发的调拨计划调运食盐，公司使用专车运输，并与车主签订运输合同，按照规定的时间、路线运达梁山公司。食盐运达后，进行严格检查，坚持食盐质量不过关不入库、数量不足不入库，严格入库手续，保持合理库存，做到不积压、不缺货，保障食盐供应。2003 年，县盐务局对企业办公、仓储、分装加工等设施设备的建筑装饰管理状况、企业经营管理服务水平及企业执行国家政策法规和行业有关规定进行认真整改，同年 12 月，通过省、市盐务局验收，成为首批达到国家食盐批发A级标准的企业。县盐务局每年定期对盐库进行安全隐患大排查，根据排查结果及时对盐库进行整改和修缮，先后在2006年和2010年进行两次规模较大的修补，确保了盐库安全。2013年，对库内消防设备进行全面检查，对过期的灭火器材进行更换、维修，并进一步完善仓库管理制度，确保了盐库内物资的安全。

执法宣传 1994年，盐政执法由县供销合作社联合社业务科负责；至2000年，共查处各类盐业违法案件200余起，没收盐产品300余吨。2000年1月，县盐务局（盐业公司）成立，并建立专门盐政执法队伍；2002年4月，建立盐政执法110联动指挥中心值班室。至2007年，共查处涉盐违法大案要案30多起，移送司法机关20多起。其中2007年5月，经群众举报在后孙庄，查获一起贩卖私盐案件，当场查获不合格食盐5吨，经查，嫌疑人已是第五次将私盐贩运到梁山境内，前后总量达26吨。2011—2013年，查处各类盐业违法案件306起，没收盐产品123吨，罚款22.6万元。其中，2012年8月，在梁山县城东一院内查获一辆载有20吨粉碎盐的蓝色解放中型厢式货车，当场控制2名嫌疑人，逃跑1人，是破获的较大私盐购销案件。2013年，全年查处各类盐业违法案件104起，没收盐产品65.57吨，罚款5.95万元。

1994年后，县盐务局于每年的“3.15”维护消费者权益日和“5.15”防治碘缺乏病宣传日，与公安、工商、卫生、技术监督等有关部门联合，开展执法宣传活动。2013年11月，与县广播电视台联合开办《一日一盐》栏目，对有关盐业的法律法规、真假盐的识别、食用盐的品质与品种、合理用盐常识进行讲解。1994—2013年，累计发放各类宣传材料20万余份，喷刷永久性宣传标语200余幅，参加全市范围的流动宣传5次，开展全县范围的流动宣传10次，电视新闻报道20余次，报纸专栏报道80余次。

第五章 服务业

第一节 政策措施

1994年后，梁山县注重产业结构调整，促进多种经济成分共同发展，城乡消费品市场趋旺，服务业得以快速发展，并逐步成为支撑全县经济增长的重要组成部分。2001年起，全县大力发展商贸业，积极发展新型流通业态，并加快发展旅游业，着力建立特色明显、功能完善、门类齐全、高效运转的服务业体系，新兴服务业发展迅速。2004年，充分发挥区位优势，培育大市场，发展大流通，积极推行总经销、总代理、仓储式销售，取得明显成效。2005年，按照“小县城、大商城”的思路，加快市场建设步伐，发展新型流通业，深化流通企业改革，推进超市、连锁经营等商业业态迅速发展。2007年8月，县政府印发《关于进一步促进服务业发展的意见》（梁政发〔2007〕53号），放宽市场准入，除国家法律、法规禁止进入的，各类资本均可进入所有服务业领域；同时，实施用地优惠、税费优惠，加大财政、金融、价格支持力度，进一步促进全县服务业发展。2009年8月，县政府印发《关于加快服务业发展的意见》（梁政发〔2009〕40号），提出以旅游为龙头，以现代物流、新型商贸等为支柱，以房地产、金融、交通、通讯、教文卫体为基础，继续放宽市场准入条件、简化市场准入程序、保障非公有制服务行业的平等发展地位；继续实施税费优惠，加大对服务业发展的财政金融价格支持力度，保障服务业用地，优化服务业发展环境，推进全县服务业规模、结构和质量的全面提升。

2011年后，以构建“品种齐全、功能完备、业态多样、主体多元、促进生产、方便消费”现代服务业体系为目标，不断完善发展生活性服务业，大力发展生产性服务业。同年7月，县政府印发《关于加快服务业跨越发展的实施意见》（梁政发〔2011〕23号）。《实施意见》提出：（1）凡国家法律法规未明令禁止的服务业领域，全部向外资、社会资本开放，并实行内外资、内外地企业同等待遇；（2）除有特殊规定的以外，服务业企业设立连锁经营门店可持连锁经营总部出具的连锁经营相关文件和登记材料，直接到门店所在地工商行政管理部门申请办理登记和核准经营范围手续；（3）除法律、法规另有规定的外，服务业出资一律由企业投资人自行认缴，以知识产权等非货币财产出资设立服务业企业的，非货币财产出资比例最高可达注册资本的70%；（4）允许公司注册资本分期缴付，注册资本可以首付20%，其余两年内缴足。强化政策支持，对引进国内外著名服务企业总部、地区总部、采购中心、研发中心等自建、购买或租赁办公用房的，政府给予补贴，补贴金额不低于5万元；银行、保险、证券类金融机构在全县设立企业法人的，县财政给予一次性不低于5万元的财政补贴；在全县设立分支机构的，县财政给予一次性不低于1万元的财政补贴；支持服务业园区建设及重大项目建设。2012年6月，县政府印发《关于加快推进企业剥离非核心业务工作的意见》（梁政发〔2012〕24号），以行业大中型企业和龙头企业为重点，引导和鼓励企业加快剥离非核心业务，改变大而全、小而全的组织结构体系，推动企业内部服务资源专业化、社会化、市场化发展，促进服务业集聚发展，不断壮大规模和实力。

随着各项政策的不断完善及措施的不断强化，超市物流、宾馆饭店、理发美容、照相摄影、婚庆礼仪、家政服务，以及茶馆会所、娱乐健身、刻字广告等服务行业得到较快发展。

第二节 超市物流

1994年后，梁山县充分发挥区位优势和交通优势，加大市场建设和商业营销力度，进一步活跃商贸流通，物流业随之得到发展。水浒商贸城、农机商城、服装商业街等大型商贸市场以及挂车、玻璃、花生、粉条等专业市场相继建成运营，其辐射范围又随着物流业的发展逐步扩大，成为跨省跨地区的商贸集散中心。至2013年，全县大型超市、物流等各类服务业得到空前发展，社会消费品零售额完成71.72亿元，其中批发零售贸易业零售额 64.23 亿元。

超市 水泊商场、经纬商厦、百货大楼等较大商业网点，不断增加品种，拓宽营销渠道；规模较小的各类门店，走品牌经营、专卖经营的路子，形成各具特色、各展其长的专业商店。2002年11月，全县第一家大型超市“百货大楼联华超市”开业。其后，水泊商场、经纬商厦相继实行超市经营。2006年起，连锁超市、商品配送、仓储销售等流通方式和新型业态不断发展，农村现代流通网络和专业合作组织、社区综合服务设施日趋完善。2009年，110个“万村千乡市场工程”示范店挂牌营业，城乡居民粮油供应连锁店发展到38家。

物流 2000年后，除县运输公司、市十二公司专业运输企业从事物流业务外，一些较大规模的生产企业也开始从事物流业务，同时，天顺物流、顺鑫物流、万通物流、万发物流、利贞物流等一些个体专业物流企业相继运营。利贞物流以“立足物流、内引外联、服务社会”为目标，为企业、商场提供仓储、中转、配送服务，逐步发展成具有一定规模的中型物流运输企业。2009年后，商贸物流等服务业日趋活跃，投资10亿元的新昌物流、5亿元的华泰物流、3亿元的联通汽贸、3000万美元的富源大酒店等项目落户梁山，宏碁电脑建成投产，多种品牌汽车在梁山建立中转库、4S店。2011年起，梁山县以重点项目建设为抓手，培育专用车、建材、家具、煤炭、农副产品、中药材等专业物流中心，促进服务业集聚化、规模化发展。

快递 2000年前后，随着邮政体制改革，民营快递迅速崛起。圆通、申通、中通、汇通、韵达、顺丰等一批物流快递公司落户梁山，给梁山物流快递市场注入活力。随着物流快递市场的竞争加剧，各物流快递公司不断提升服务质量，努力加大物流快递市场份额，促进了物流快递的健康发展。

第三节 宾馆饭店

1994年，全县有招待所、宾馆、旅社等30家左右，其中，县政府招待所为全县最好的宾馆饭店，其他配套设施较好的有3～5家，设施一般的有10多家，乡镇供销社和个体户在乡镇驻地和交通要道处建旅馆20多家。1995年，建成集宾馆、餐厅、娱乐等服务业于一体的梁山大厦，并投入运营。至2000年年底，全县餐饮业零售额为5298万元。2002年，在城区南部建成杏花村宾馆。随着社会经济发展和人民消费水平的提高，餐饮业得到较快发展，尤其是个体餐饮经营业户大幅增加，大小酒店、餐饮遍布县城。2005年后，消费环境、消费档次逐步提高，仅住宿功能的宾馆逐渐减少，餐饮服务结构和经营方式由单一的经营面食、酒菜转变为融吃、住、玩、乐于一体的服务项目。较为高档的宾馆、加盟店、星级酒店陆续兴建，德克士、肯德基等洋快餐先后入驻县城。至2010年年底，全县餐饮业零售额4.03亿元。2010年后，格林豪泰酒店、如家快捷酒店、7天连锁酒店、速8酒店、汉庭酒店、柏林小镇主题酒店等相继开业运营。2013年，全县有餐饮住宿规模以上宾馆餐饮企业达23家、星级酒店客房416间，其中，三星级宾馆3家，星级旅游餐馆5家，规模较大、档次较高的有水泊宾馆、杏花村大酒店、水浒大酒店、中韩大酒店等10余家，其他规模较小的餐饮业户800多家；全县餐饮业零售额7.49亿元。

水泊宾馆（县政府招待所） 位于水泊大街与公明大道交汇处，始建于1955年，是县委、县政府机关进行公务接待的机关招待所，隶属于县政府办公室。20世纪90年代后，招待所几经建设改造，逐渐发展成为一家集住宿、餐饮、会务、健身、娱乐、购物于一体的综合性服务性宾馆，对外称“水泊宾馆”（对内仍称“县政府招待所”），并由县财政局实施管理。水泊宾馆占地1.8万平方米，建筑面积1万平方米，拥有客房70套（其中套房8套），大型宴会厅（可容纳400人就餐）1个，中型餐厅1个，小型餐厅20个，大型多功能厅1个，中小型会议室5个，另有商务中心、购物中心、休闲健身、歌舞厅各1处。水泊宾馆先后被评为济宁市接待系统先进单位、梁山县餐饮服务食品安全示范单位、梁山县十佳文明窗口、梁山县经济支柱企业等，2012年，被评定为国家旅游三星级宾馆。

杏花村大酒店 位于水泊南路与济水路交汇处，始建于2002年，是集餐饮、住宿、商务会议为一体的县内首家三星级旅游饭店。设有以“水浒文化”为主题的高档聚义厅、贵宾接待室及28间宴会包房。菜品以鲁菜和传统水浒宴为主，能容纳1000人同时就餐。客房拥有豪华标准间119间、豪华套房4间，另有多功能厅和大小会议室。2013年，杏花村大酒店投资4800万元，改造建设成面积1.2万平方米集“吃、住、行、游、购、娱”于一体的水浒酒文化体验馆；同年8月该馆通过国家AAA级旅游景区评定，成为国内首家以水浒酒文化为主题的体验馆。

水浒大酒店 位于青龙山路东段南侧，紧邻水泊梁山风景区，2013年建成营业，是一家以“水浒文化”为主题的四星级特色品牌酒店。酒店拥

有套房、标准间、单人间、商务间等192套，设有多功能会议室6个及2000多平方米穹顶中央大厅，设有容纳1000余人同时就餐的宴会包房及2个大型多功能宴会厅，并配备水浒文化艺术品展销厅、购物中心、商务中心、美容美发厅、棋牌室、健身房等服务设施，适合探源水泊史迹、举办盛典活动、进行商务洽谈、度假休闲娱乐等活动。

中韩大酒店 位于水泊大街与人民中路交汇处，是集餐饮、客房、娱乐、商务于一体的高档三星涉外商务酒店，是县内唯一一家国家五钻级酒店。酒店拥有豪华商务套房、豪华标间、豪华单间、商务间等多种类型的客房。酒店还设有可接待千人以上的大型豪华宴会厅，能容纳300人同时就餐的自助餐厅；同时为满足游客的多层次需求，还设有商务中心、酒吧、保健中心、棋牌等服务和娱乐设施，配套项目齐全。

三元大酒店 位于青龙山路东段南侧，毗邻水泊梁山风景区，占地4500平方米，是集餐饮、娱乐、休闲于一体的大型生态酒店。酒店内部亭台楼阁、小桥流水、奇石飞瀑，设有大中小包房20间，零点餐厅2000平方米，能同时容纳700人就餐。大厅宽敞明亮、标间古典豪华，四合院优雅别致，为客人提供良好的就餐环境。

一和涮园 位于县城水泊南路与独山路交汇处，设有大型停车场，交通便利，是一家现代化专业火锅餐饮店。涮园以自然、生态、和谐、健康为经营理念，崇尚返璞归真、绿色环保的饮食方式，配有大型养殖场、加工场，以自产肥牛、肥羊和绿色蔬菜为主涮品。营业面积1500平方米，一层设有大厅，上下共设20个雅间，雅间内部配有空调、增氧消毒设施、中央排风，多个雅间设有观景台，可直接观赏梁山全景。

第四节 美容美发

20世纪90年代前后，商业系统所属的第一理发店、大众理发店以及工业系统的五七理发店、汽运理发店等城区理发店铺逐渐由集体经营转为个体经营，与此同时，凤山、金地、不老松等个体美容美发店大量涌现，主要从事理发、剪发、染发等项目。2000年后，随着女性对美容要求提高，专业从事美容护理的店铺陆续出现，业务范围逐步由面部护理发展到美体、排毒、养生、减肥等。2002年，美发美容师白玉梅开设沙宣美业，其以出色的经营、精湛的技术、超群的发艺、优质的服务，由原单一理发逐步发展成为集美发、美容、养生、微整、色彩搭配、私人形象订制等于一体的大型美容美发机构。沙宣美业坚持以艺术雕琢发型，以发型体现艺术，创造县内专业形象设计品牌，被定为梁山电视台主持人发型定点设计机构，并多次举办梁山行业内明星会等大型活动。2013年，全县共有注册美容美发企业3家，注册美容美发个体经营户45户，其中经营时间较长、规模较大、信誉较好的美容美发店铺有沙宣美业、泊美发艺、雅芳园美容养生会所，以及再来美、不老松、金地等理发店。

第五节 照相摄影

20世纪90年代初，梁山县城有国营东风照相馆1处，各乡镇供销社也大都在乡镇驻地设有照相馆。20世纪90年代前后，梁山县向阳小学开设向阳照相馆，并对外营业。其后，水泊商场经营照相业务。进入21世纪，县城照相摄影发展较快，东风、向阳照相馆先后进行改造，增置彩扩机、复印机等设备，由单一黑白照相增加了彩照、彩扩、婚纱照、一分钟特快、以旧翻新等业务。其后，个体照相馆迅速发展，柯达数码冲印、新艺数码摄影等相继开馆营业。2005年后，除照相彩扩洗印之外，又相继出现专业婚纱摄影和儿童摄影，有的摄影店推出上门服务。婚纱摄影和儿童摄影迅速兴起，成为主要的照相业务，并逐步向高端化、定制化发展。建立较早、档次较高、名气较大的婚纱摄影门店有巴黎春天、大上海、皇冠、宝岛等，较早专注婴儿、儿童摄影的门店有爱你宝贝、微笑宝贝、七色花、大风车等，东风、向阳、巴黎春天等除新上专业摄影项目外，仍保持原有的传统照相及冲扩项目，成为为数不多的综合摄影照相机构。2002 年，一级摄影师师清杨创办巴黎春天婚纱摄影（初为柯达数码冲印），拥有照相摄影、冲扩洗印、千人合影、冰晶制作等专用设备，主要经营婚纱摄影、儿童摄影、大众摄影、标准摄影、数码冲扩、大照片制作等业务，成为县内综合照相摄影行业的标志性品牌。至 2013 年，全县有照相摄影企业 5 家，另有个体营业户 40 户。

第六节 婚庆礼仪

20 世纪 90 年代，县内婚庆礼仪未有专业的婚礼庆典公司，婚礼的承办大都是由单位有关负责人及相关人员或村庄的村干部、家族长、明白人等负责办理。2000 年后，专业婚庆礼仪开始出现，但规模较小，服务项目也较单一，婚庆典礼的形式主要有庭院婚礼及中式婚礼，并多由婚纱摄影楼兼营。2005 年后，婚庆行业进入快速发展阶段。喜洋洋、今生缘、天地缘、华艺盛世、金玉良缘等多家婚庆礼仪公司相继注册开张。一些鲜花店如天禧花店、中意花屋、红玫瑰花屋也开始涉足庆典服务。2010 年起，婚庆行业向规模化、高端化发展，并出现竞争态势。婚庆典礼的形式也由庭院婚礼及中式婚礼，发展到酒店婚礼及户外婚礼等。同年，成立梁山县礼仪庆典行业联谊会，联谊会的成立，促进了业内交流合作和行业规范发展。2012 年后，酒店婚礼开始盛行，促进了婚庆业与宾馆餐饮业的合作。2013 年，全县婚庆礼仪注册企业 11 家，注册个体经营户 66 户；其中规模较大、较为知名的有皇冠、天禧、喜洋洋、红双喜、今生缘、天地缘、好日子、九九红、华艺盛世、金玉良缘、美满姻缘、世纪情缘等婚庆公司。这些婚庆公司主要承办结婚庆典、开业典礼、开盘奠基、会议庆典等活动策划、组织与服务。

随着婚庆行业的迅速发展，婚礼主持人应运而生。教育、文化界的一些具有主持特长的教师、歌手等进入兼职婚礼主持人行列，主持水平不断提升，在省、市举办的婚庆主持人历次比赛中，梁山婚庆主持人均获得良好成绩。2010 年，梁山县教体局张华胜获“省级金牌礼仪主持人”称号。至 2013 年，多人先后获得“市级金牌主持人”“市级银牌主持人”称号。

梁山縣志

LIANG SHAN XIAN ZHI

1994—2013

第六篇

DI LIU PIAN

金融

1994—2013年，梁山县金融事业不断加快改革与发展，金融调控能力不断加强，金融经济实力不断壮大，保险业也得到相应发展，金融保险业在促进经济发展、保障人民生活等方面发挥了重要作用。至2013年，全县金融机构年末存款余额177.93亿元，年末贷款余额75.71亿元。

第一章 金融管理

第一节 管理机构

县人行 中国人民银行梁山县支行（简称县人行），始建于1949年8月，前身为冀鲁豫边区银行昆山县支行。县人行主要依法实施和执行货币信贷政策，负责人民币流通和外汇管理，经理国库等。1950年，县人行相继成立一批营业室，开展现金管理和存款业务，实行转账结算，吸收存款。1986年，县人行作为中央银行的分支机构，不再办理存款等业务，专门行使中央银行职能。2000年1月，县人行内设办公室、人事教育科、金融管理科、计划调研科、会计国库科、货币发行科、稽核科、保卫科；2004年，县人行内设综合科、金融机构监管科、会计国库科、货币金银科、货币信贷与统计科、保卫科、纪检监察室；2006年，县人行内设办公室、综合业务部、调查信息部、纪检监察室；至2013年末，内设机构未作变动。

银监办 中国银行业监督管理委员会济宁监管分局梁山县办事处（简称银监办），成立于2003年12月，主要负责县域银行业金融机构的监管。银监办作为济宁银监分局的办事机构，没有审批权和处罚权，开展监管工作均须经过济宁银监分局授权。2013年，有工作人员1人，为济宁银监分局的在编人员。

金融办 2010年7月，设立梁山县人民政府金融工作办公室，为县政府办公室所属行政支持类副科级事业单位，编制5名，配备主任1名，副主任1名。2013年12月，设立梁山县金融工作办公室（简称县金融办），为县政府直属正科级全额预算管理事业单位，挂梁山县地方金融监督管理局牌子，定编6名，配备主任（局长）1名，副主任（副局长）1名，不再保留梁山县人民政府金融工作办公室。县金融办主要依法制定地方金融监管规则和办法，审核、审批县内部分新型金融组织及交易场所的设立、变更及业务范围并对其进行监管。县金融办（金融监督管理局）内设综合科、政策法规稳定科、银行保险资本市场科、民间资本管理科。

第二节 体制改革

梁山县金融体制改革始于20世纪80年代初，主要是突破计划金融体制模式，向多元化、市场化金融体系迈进。20世纪90年代初至21世纪，主要是依据市场经济发展需要，实行政策性金融与商业性金融相分离，逐步建立以人民银行为领导、国有商业银行为主体、多种金融机构并存的现代化市场金融体系。

1983年9月，国务院发布《关于中国人民银行专门行使中央银行职能的决定》，确立中国人民银行为领导和管理全国金融事业的国家机关，主要用经济办法对各金融机构进行管理。1984年，在县人行加挂中国工商银行梁山县支行牌子，与县人行实行“一个机构，两块牌子，资金分开、两套账目”，由工商银行办理县人行原来所办理的工商信贷业务和城镇储蓄业务。1986年，中国工商银行梁山县支行从县人行正式分出，县人行开始专门行使中央银行职能。之后农业银行梁山县支行、建设银行梁山县支行、中国银行梁山县支行相继成立。至1993年，以县人民银行梁山支行为主导，以工商银行梁山支行、农业银行梁山支行、建设银行梁山支行、中国银行梁山支行四大国有商业银行为主体的全县金融体系正式确立。

1994年，全县金融系统开始贯彻执行“分业经营、分业管理”原则，进一步推进金融体制改革。1995年3月，《中华人民共和国中国人民银行法》正式颁布，中国人民银行作为国家的中央银行，其性质、地位、职能有了坚实可靠的法律保障。自此，县人行正式依法行使中央银行职能。1997—1998年，由中国人民银行监管的证券经营及保险业先后从人民银行划出，设立独立的监管机构。2003年12月，县人行行使的银行业监督管理职能分离出来，由县银监会统一监管银行、金融资产管理公司、信托投资公司等金融机构。自此，县人行专职履行中央银行职责。与此同时，农业发展银行梁山县支行、邮政储蓄银行梁山县支行、济宁银行、民丰银行等各种性质的金融机构相继成立。2011年3月，县政府制发《关于支持和鼓励引进金融机构的意见》，对新设金融机构，梁山县提供选址服务，并在购置、租赁、装修办公用房及工商税务登记手续费用等方面给予一定补贴，对将机构总部迁入梁山县或新设机构总部的金融机构，提高补贴标准，采取一事一议办法给予支持，自开业年度起的3个营业年度内，按每年缴纳的营业税和所得税所形成地方净财力的30%和50%给予奖励。同时，县政府制发《关于加强金融生态环境建设的意见》，强化政策支持引导，推进金融产业发展和征信体系建设，优化金融服务环境，提升金融服务水平，规范金融市场行为，提供公平有序的法治保障，维护金融机构合法权益。2012年，建立公共资源交易平台，将政府投资项目纳入平台统一管理，进一步推进融资创新，强化银企对接，组建国有资产运营公司、水泊城市投资公司、水浒文化旅游公司三大投融资平台。至2013年年底，全县有县级金融机构9家，储蓄所和营业所94家，形成以人民银行为中心、各国有商业银行为主体、政策性银行及其他金融机构并存的金融体系，财政投融资体系进一步健全完善，国有资产运营公司、水泊城市投资公司、水浒文化旅游公司投入运营，全县存款、贷款同步增长，存款余额177.93亿元、贷款余额75.71亿元。

第三节 货币管理

1999年10月，县人行发行库撤销，人民币发行职能集中到人民银行济宁市中心支行，全县各金融机构对外支付的人民币在本系统内自主调拨解决。全县货币流通量顺应社会经济发展和商品流通不断扩大，呈逐年增加趋势。由于电子支付手段的迅猛发展，现金流通增量受到一定抑制。2009年，实施跨境贸易人民币结算试点。1994—2013年，全县累计净回笼人民币现金21.43亿元。

纪念币发行 1984年，人民银行发行第一套普通纪念币，至2013年，共发行91套103枚（张）普通纪念币，发行总量为9.7亿枚（张）。发行纪念币选题丰富多彩，设计匠心独运，规格材质多彩多样，图案新颖美观，面额不等。题材内容涉及政治、法律、体育、教育、环保、金融等多方面。

反假币工作 1987年，县人行会同县内金融机构及公安、工商行政管理部门组成反假币工作领导小组，开展全县范围内的反假币工作。1996年8月，全县首次开展“反假币宣传周”活动。此后，全县每年都开展专项反假币宣传活动。1990—2013年，全县柜台共缴假币4822起，收缴假币6170张，金额33.41万元；配合公安机关破获各类假人民币案件60余起，收缴假人民币13200余张，金额40.85万元。

金银管理 1991年，成立水泊金店（经济实体），隶属县人行，主要经营黄金、白银饰品和流通纪念币零售业务。1998 年 11 月，按照中国人民银行《关于人民银行各机构必须与所办经济实体脱钩的规定》，水泊金店出售给社会个人。2000 年 1 月，县人行停办黄金、白银收购业务。2001 年 8 月，黄金饰品价格放开，企业经营黄金制品须经县人行核准。2003 年 3 月，金银制品市场经营完全放开。

第四节 信贷政策

县人行通过召开货币信贷政策通报会、金融运行形势分析会、项目推介会、金融产品推介会和银企座谈会等形式，引导各金融机构认真执行国家的货币信贷政策，合理增加信贷投放，调整信贷结构，不断加大信贷资金扶持经济发展的力度。

主要信贷政策 运用再贷款、再贴现、利率等货币政策工具，进一步加大政策调节力度；发挥支农再贷款的作用，引导农村信用社增加对“三农”的贷款投放；改革信贷管理方式，适度扩大贷款规模，支持民营企业发展。另外，县人行加强对民间借贷的监测分析，跟踪民间借贷资金规模、资金流向、资金价格以及资金安全，及时进行风险提示，正确引导民间借贷的交易行为和资金流动，发挥民间资本在支持地方经济发展中的积极作用。

银行利率调整 1991—1995 年，为抑制金融过热、物价上涨，调控贷款的增长，先后进行 5 次利率上调；1996—2001 年，为加快经济的发展，适当增加信贷投放，先后进行 8 次利率下调；2004 年，针对固定资产投资过快，信贷投放过多的情况，进行利率上调。由于国家商业银行实行一级法人管理，经济管理权高度集中，基层银行基本不存在贷款自主权，国家实行利率调整对基层贷款投放影响不大。

不良贷款剥离 1994 年以后，随着国家经济由计划经济向市场经济的转轨，全县多数工业、商业、粮食、外贸等企业相继出现停产和半停产状态，各国有商业银行相继出现大量不良贷款。1999 年起，国家成立东方、长城、信达、华融 4 家金融资产管理公司，分别接收 4 家国有商业银行不良资产。至 2004 年，全县共剥离不良贷款 20360 万元，其中，县工商银行 4750 万元、县农业银行 5280 万元、县建设银行 6320 万元、县中国银行 4100 万元；至 2005 年，县工商银行核销和剥离不良贷款达 6000 万元，中央银行发行专项票据置换县农村信用社不良贷款 12698 万元。

政策性金融机构 中国农业发展银行梁山县支行（简称县农发行），是梁山县县域内唯一农业政策性金融机构（行址位于梁山县城水泊西路 65 号），始建于 1996 年 11 月，属中国农业发展银行下属县级营业机构。1996—1998 年，先后接管由人民银行、农业银行等划转的政策性贷款、划拨的农业政策性贷款，逐步建立粮棉油收购资金供应管理工作机制，为促进地方农业和农村经济的发展发挥了积极作用。1998—2004 年，实行收购资金封闭管理，其间投放粮棉收购资金近 6 亿元，实现当期收购资金封闭运行，促进了粮棉流通体制改革的顺利进行。2004—2013 年，县农发行承担国家规定的农业政策性信贷业务和经批准开办的涉农商业性信贷业务，初步形成以粮棉油收购信贷为主体、以农业产业化信贷和农村中长期信贷为双翼的信贷业务发展格局，共投放国家规定的农业政策性调控粮收购资金近 2 亿元，投放县域地方储备粮信贷资金约 1 亿元，投放新农村中长期建设贷款 1.2 亿元，营销农业小企业贷款企业逾 10 家，投放信贷资金约 1 亿元。2013 年，县农发行内设办公室、客户部、会计结算部，主要办理政策性涉农贷款业务，适时研发开办支农商业性贷款业务。

第二章 金融业务

第一节 存款业务

1993年，全县各项存款余额为65128万元，人均储蓄存款824.06元，2006年突破50亿元，2010年突破100亿元，2012年突破150亿元，2013年年底各项存款余额达177.9亿元，人均储蓄存款为18774.24元，比1993年增长2178.26%。存款业务主要包括居民存款、企业存款、财政存款、机关团体存款等。

居民存款 居民储蓄存款分为活期储蓄存款、定期储蓄存款、定活两便储蓄存款等种类。随着经济的发展和居民收入的增加，居民储蓄存款额总体呈现不断攀升的趋势。1993年，居民储蓄存款余额为54388万元，1994年略有回落，为53936万元。2000年，居民储蓄存款余额突破20亿元，2008年达到58亿元。2013年年底，居民储蓄存款为138.8543亿元，比1993年增长2453.03%，占全县各项存款的78.04%。

企业存款 企业存款包括工业存款、商业存款、三资、私营企业、个体工商业等存款，并随企业的效益变化而变化。1993年，企业存款量为6877万元。1994—1996年，企业存款变化不大，年均企业存款为11601.33万元。1997年，企业存款有所增长，为14018万元；至2000年，四年间时涨时降，但总体变化幅度很小，年均企业存款为16042.50万元。2002年，企业存款量为27335万元，至2004年增长至41574万元。之后，出现回落现象，2006年降到33654万元。2008—2011年，企业存款量稳步上升，2011年为170187万元。2012年，企业存款量为152486万元。2013年年底，企业存款量为191104万元，比1993年增长2678.89%，占全县各项存款的10.74%。

财政存款 财政存款包括财政金库存款、特种存款等。1994年，财政存款为负数。1995年，全县财政存款余额为2万元，仅占全县各项存款的0.0017%。1996年，增幅明显，达869万元。1996—2002年，财政存款量变化波动频繁，变化幅度比较大，其中，最高值为1998年的4118万元，最低值出现在1999年，为78万元。2003—2007年，全县财政存款量持续增加，2007年年底达到8625万元。2008年又降至2075万元。2011年，全县财政存款量达到历史最高值，为9592万元。2013年年底，财政存款为7185万元，占全县各项存款的0.40%。

机关团体存款 1994年，机关团体存款484万元。之后至1998年，机关团体存款出现波浪式变化，其中1997年为343万元，1998年增至1174万元。1999—2013年，机关团体存款稳步增长，其中1999年为704万元，2005年为13854万元，2010年突破10亿元，达到11.2125亿元。2013年年底，机关团体存款余额为178420万元，占全县各项存款的10.03%。

第二节 贷款业务

贷款业务按用途分有工业贷款、商业贷款、农业贷款等，按偿还期有短期贷款、中期贷款、长期贷款等，按贷款条件有抵押贷款、信用贷款等。

工业贷款 根据县政府制订的《全县小企业贷款风险补偿试行办法》，各金融机构积极创新适应民营企业需求的金融产品，创新服务手段，对资信状况良好、确有还款能力、与银行有长期稳定关系的企业，发放信用贷款。1994年，全县工业贷款余额14304万元，占全部贷款余额的18.78%；2000年为16347万元，占全部贷款余额的10.52%；2009年为28967万元，占全部贷款余额的9.96%。

农业贷款 县农发行在充分发挥政策性金融支农作用的同时，努力扩大信贷业务涵盖面，积极向农业产业化龙头企业及农业科技、农村基础设施建设、农业综合开发、农业生产资料等领域延伸，积极拓展支农领域，不断加大对粮棉油产业化龙头生产加工企业、农村公共事业发展、基础设施建设和农业综合生产能力建设的支持力度。各商业银行围绕“以城带乡、以工促农”的思路，积极面向农村市场拓展业务，大力支持农业产业化经营、农村小城镇建设和基础设施建设。县农业银行确保新增贷款的30%以上用于支持“三农”经济发展，其他商业银行也将新增贷款的20%以上用于支持“三农”经济发展。农村信用社坚持服务“三农”的经营方针，积极支持农业和农村经济发展，确保新增贷款的70%以上用于支持“三农”经济发展。1993年，全县农业贷款13923万元，占全部贷款余额的22.36%；2000年为36059万元，占全部贷款余额的23.26%；2009年为115947万元，占全部贷款余额的39.85%。

短期贷款 1994年，全县短期贷款余额为63223万元，占全部贷款余额的68.9%；2000年，短期贷款余额为145134万元，占全部贷款余额的93.6%;2013年，短期贷款余额为463270万元，占全部贷款余额的61.19%。

中长期贷款 1994年，全县中长期贷款余额为4451万元，占全部贷款余额的8.31%;2000年，中长期贷款余额为8473万元，占全部贷款余额的5.47%；2013年，中长期贷款余额为255723万元，占全部贷款余额的33.78%。

抵押贷款 2000年后，各金融机构扩大抵押物范围，在法律允许范围内试行在动产和权利方面设置抵押或质押，包括保单质押、仓单质押、应收货款质押、无形资产质押、产成品和原材料质押及其他权益抵（质）押等多种担保方式。2005年起，积极推广房产和商铺抵押贷款、按揭贷款、中小企业联保贷款，大力发展个人有价证券质押贷款。

信用贷款 大力开展信用村镇建设，健全社会信用制度。至2013年12月，“信用户”“信用村”“信用镇”的比例分别达到6.21%、82.8%、26.7%，社会公众信用意识得到提升。

第三节 商业银行

1994年，县内拥有工商银行、农业银行、建设银行、中国银行、农村信用联社等商业金融机构；其后，邮政储蓄银行等相继成立。至2013年12月，全县拥有各类商业银行9家。

工商银行 中国工商银行股份有限公司梁山支行（简称县工行），始建于1984年11月，1986年从梁山县人民银行分设成立，隶属菏泽地区中心支行管理(地处梁山县水泊东路80号)。1990年12月，随行政区划，隶属中国工商银行济宁市分行。2006年10月，县工行股改上市，更名为中国工商银行股份有限公司梁山支行，属国有商业银行。

1994年，县工行设人民中路、水泊中路中心、水泊中路南段、水泊中路北段、水泊西路、青年路、工人路、人民北路、越山路9个储蓄所，1个办事处（北关)，内设办公室、人事科、计划科、信贷科、会计科、出纳科、储蓄科、技改信贷科、科教科、保卫科、房地产信贷部11个部室。1996年8月，撤销房地产信贷部。1997年1月，撤销技改信贷科，设立信用卡科。1999年9月，撤销科教科、信用卡科、会计科、出纳科，成立营业部，储蓄科更名为零售业务科。2000年5月，撤销水泊中路北段储蓄所，业务合并至水泊中路中心储蓄所；同年 11 月，机构改革，内设公司业务部、个人金融业务部、营业部、办公室等“三部一室”。2002 年 8 月，撤销北关办事处，业务合并到营业部。2003 年 12 月，撤销人民中路储蓄所，业务合并到营业部。2004 年 5 月，工人路储蓄所、人民北路储蓄所、水泊西路中段储蓄所、越山路储蓄所分别升格为分理处。2005 年 9 月，撤销青年路储蓄所，业务合并到营业部。2006 年 5 月，水泊中路中心储蓄所升格为水泊中路中心分理处；同年，撤销水泊中路南段储蓄所，业务合并到越山路分理处，撤销人民北路分理处，业务合并到工人路分理处。2011 年 12 月，在拳铺镇增设网点梁山拳铺支行（二级支行）。至 2013 年，县工行营业机构（网点）共有 6 个，即：支行营业室、水泊中路中心分理处、水泊西路分理处、工人路分理处、越山路分理处、拳铺支行；内设公司客户营销部、个人金融业务部、风险管理部、办公室；员工 84 人。

1991 年，县工行办理居民储蓄存款主要是在储蓄所，为手工开具存单、折等业务。1991 年以后，县工行全面启动电子化建设，所有储蓄网点实行电脑办理业务，存款先后实现全市、全省通存通兑。至 1994 年 12 月底，县工行各项存款 2.12 亿元，其中，储蓄存款 1.94 亿元，对公存款 0.18 亿元。1996 年 4 月，县工行对 1988 年 9 月至 1996 年 4 月间储户存入银行的三年、五年、八年期储蓄存款在规定的期限内给予一定保值补贴，9 年间保值储蓄存款余额 2.03 亿元。1998 年 9 月，县工行大机系统延伸至网点，存款业务实现全国联网。2000 年 4 月至 2008 年 10 月，开办教育储蓄，其中 2003 年 4 月，教育储蓄存款金额高达 1.86 亿元。2001 年，综合业务处理系统上机，网点全面推行综合柜员制，对柜台服务功能进行全面整合，实行“一站式”服务。2006 年，单一的储蓄业务发展成为包括储蓄存款业务、个人中间业务和个人消费信贷在内的多元化业务体系，全面提升了机构的综合服务功能。至 2013 年，县工行共有个人客户 143394 万户，居民储蓄存款金额 24.93 亿元，企业存款余额为 5.51 亿元，财政存款余额为 3.98 亿元，同业存款余额 1.33 亿元。

1994 年起，县工行先后开办汽车消费贷款、个人经营性贷款、个人消费贷款、房地产开发贷款和个人住房贷款等业务，至同年 12 月底，县工行各项贷款 1.6 亿元。2003 年以后，随着市场经济的不断发展，全县原有的国有企业逐渐衰败，民营企业不断发展，工商银行转变经营观念，实施积极信贷业务。2006 年，开办房地产开发贷款和集体土地抵押贷款业务；同年，为规模较小的个体私营企业主及个人开办个人经营贷款、汽车贷款、住房贷款等业务。2008 年 12 月，贷款余额达到 5 亿元。2009 年，开办股权质押贷款业务。2011 年，开办“产业集群”贷款业务，年年底贷款余额突破 10 亿元。2012 年，开办银团贷款业务，对全县的挂车、纺织、轴承、食品等企业实施信贷进入，有效解决了中小企业、民营企业融资难的问题。至 2013 年年底，贷款余额 12.46 亿元，累计发放个人贷款金额 4.73 亿元。

1997 年 12 月，县工行开办网站。2000 年 2 月，正式开办网上银行业务。2001 年，在支行营业室安装梁山第一台 ATM（自动取款机）。2003 年 12 月 18 日，正式推出新一代个人网上银行“金融@家”。至 2013 年末，梁山工行个人网上银行客户达到 11.32 万户，企业网上银行客户达到 944 户，网上银行交易额达到 711 亿元，ATM（自动取款机）共 7 台，存取款一体机共 18 台，离柜业务占比达 24%。

农业银行 中国农业银行梁山县支行（简称县农行），始建于 1979 年。1994 年，县农行受中国人民银行委托，行使对农村信用社的管理职能，成为对外“一个牌子”、对内“两个机构、两个队伍”的独特经营管理模式；同年 10 月，县农行与农村信用社脱钩。1995 年，县农行逐步由国家银行向商业银行转变。1996 年 10 月，县农行行使的粮、棉、油收购、财政贴息等政策性贷款业务单独划分，由新设立的中国农业发展银行梁山县支行经营管理，县农行不再行使国家政策性银行职能，开始成为独立的、真正意义上的商业性银行。2010年4月，县农行顺利完成三农事业部制改革；7月，正式加挂“中国农业银行梁山县支行三农事业部”牌子；同年，成功上市，属国有商业银行。

1994年4月，县农行与县农村信用社分开办公。1995年，县农行设立人事教育科、监察稽核科、计划信贷科、保卫科、办公室、工会。1996年7月，全县15处乡镇均设立营业所、办事处，县城驻地设立营业室，城内设立梁山镇办事处和南关、北关、城中、水泊西路、越山路、水泊中路各1处储蓄所。1997年6月，由“科”改“部”，即设办公室、资金组织部、计划财务部、信贷部、保卫部。1999年1月，部室进行调整，设立综合管理部、财会部、储蓄部、市场开发部、计算机网络管理部、计划信贷部、保卫部、稽查部。2000年9月，撤销南关、越山路、水泊西路储蓄所、馆驿营业所、寿张集营业所。2001年4月，调整为办公室、计划财务部、信贷管理部、公司业务部、个人业务部、清收中心。2006年12月，调整为综合管理部、公司业务部、个人业务部、财务会计部。2008年10月，撤销水泊中路分理处(原储蓄所)。2009年3月，调整为综合管理部、公司业务部、个人金融部、财会运营部。同年7月，撤销黑虎庙营业所、赵堌堆营业所。至2013年，县农行下辖9个营业网点，其中城区网点包括县行营业室和农机楼、城关、城中、北关4个分理处，农村网点包括拳铺、徐集、韩垓、韩岗4个分理处；内设综合管理部、公司业务部、个人金融部、财会运营部；员工48人。

1989年6月，县农行在中心储蓄所实行电脑（计算机）办理存款业务，成为梁山县第一家使用计算机办理存款业务的金融机构。至1994年年底，各项存款余额达48777.9万元。1995年4月，县农行所有储蓄网点，推行柜员制，扩大电脑联网，增加服务功能，方便客户。1996年3月，城区内9处农行储蓄网点计算机联网，实现通存通兑。1998年4月，县农行实现全县城乡所有网点通存通兑。1998年1月，农行在全县发行第一张银行卡，存款业务从此向现代化方向发展。2001年2月，农行银行卡存款与山东省农行系统联网。2004年8月，农行银行卡存款与全国农行系统联网。2005—2008年，农行办理教育储蓄，共办理教育储蓄1290万元。至2013年年底，农行存款余额达到350733万元，企事业单位存款达到53618万元，同业存款余额达到3588万元。

1994年，在发放农业、工业、贸易及乡镇企业贷款的同时，县农行适时推出存单、国库券等有价证券抵押、质押贷款。至同年年底，各类贷款余额为4927.7万元。2000年，推出个人汽车消费贷款；同年9月，推出助学贷款业务，为大学生单笔贷款额度3000～5000元，期限不超过四年。2005年，推出“金钥匙”个人住房贷款、二手房贷款业务。2007年，随着农行股份制改革和国务院对农行服务“三农”的定位，县农行在当地金融机构中独家推出专门服务于农民的惠农卡，办理“三户联保”贷款和农户生产经营贷款业务等，农村群众一次申请、随借随还，至2012年年底，农户小额贷款余额达到23415万元，农村生产经营贷款余额达到14222万元，较好满足了农村客户的资金需求。2013年，县农行支持工业企业发展和农村经济发展，向菱花科技、臻嘉食品、沃德面粉、金穗粮油、远洋农业、荣善菌业等12家农业产业化龙头企业投放贷款18900万元。至2013年年底，贷款余额达到101335万元。其中法人客户贷款余额55769万元，较年初增加22432万元；个人贷款余额45566万元，较年初增加14986万元；住房贷款余额33224万元。20年累计投放质押贷款9500万元。

1996年，县农行开办代发工资、代收费用、上门收款、送款等业务，积极为企事业单位做好代发工资服务。2002年9月，开通“银保通”“银证通”“银彩转账”，代理发行各类开放式、封闭式基金业务。2004年4月，代办保险业务，代理中保财险、中国人寿保险、太平洋人寿保险等7家公司相关业务；同年，开办网上银行业务，并推出“95599”电话银行业务，当年网上银行业务交易量达5.4亿元。2005年，代理发行五期国债；同年，促销齐鲁旅游卡，完成发卡1400张。2006年，农行顺应市场需求，所属营业机构均办理基金销售业务，基金销售额突破1307万元。2007年，实现基金销售2065万元。2008年股市低迷，销售基金只有598万元。2010年后，销售量稳步增长，至2013年，销售基金2206万元。

建设银行 中国建设银行股份有限公司梁山支行（简称县建行），始建于1987年11月，时称中国人民建设银行梁山县支行，正科级国有商业银行，隶属于中国人民建设银行菏泽地区中心支行和梁山县双重领导。随着行政区划，1990年1月至1999年12月，隶属于中国建设银行济宁市分行和梁山县双重领导。1995年4月迁至梁山县人民北路79号。1996年3月，中国人民建设银行梁山县支行改称中国建设银行梁山县支行。2004年12月，中国建设银行梁山县支行改为中国建设银行股份有限公司梁山支行，属国有商业银行。

1994年，县建行有水泊中路、水泊西路、水泊东路、体育场、矿柱林、凤园路、顺河街、青年路、文化路9个储蓄所，1个储蓄专柜，2个办事处（水泊中路、车站）；内设办公室、人事教育科、会计出纳科、储蓄科、投资信贷科、建经科、行政科、保卫科、房地产信贷部、车站办事处10个科室。1997年10月以后，相继撤销文化路、青年路、体育场、水泊中路、矿柱林、顺河街、水泊东路、水泊西路、凤园路9个储蓄所，其账务相继并入水泊中路分理处。2000年，县建行内设办公室、储蓄科、信用卡业务部、筹资信贷科、信贷业务科、资产保全科、会计出纳科、计划财务科。2001年起，撤“科”设“部”。2009年5月，水泊中路分理处迁至梁山县水泊中路90号，水泊中路分理处原址设为建行离行式自助区。至2013年，县建行内设综合部、信用卡业务部、筹资信贷科、信贷业务科、资产保全科、客户服务部、个人贷款中心、营业室，员工53人。

1994年，县建行一般性存款达10500万元，其中储蓄存款余额7250万元，企业存款余额3250万元。1996年3月，县建行开办通知储蓄存款业务。1999年，储蓄卡实现全国联网。2002年，开通活期存款无折（卡）续存业务。2005年，开办教育储蓄，推出吉祥存单。2006年8月，正式开通通存通兑业务；同年年底，建行全口径存款突破3亿元，2009年突破6亿元。2010年，县建行一般性存款突破7亿元。2012年，建行对公存款过亿元。至2013年，建行一般性存款突破10亿元，个人存款突破7亿元。

1994年，累计发放各项贷款5229万元，其中信贷计划内贷款累计发放4965万元。1996年，县建行开办月内小额抵押贷款，开始推行住房公积金制度。1999年，开展汽车消费贷款业务。2001年，贷款规模（公司业务）集中省行。2002年，开展全额保证金银行承兑汇票业务。2004年，推出个人高端客户授信，个人住房贷款标准化、规范化服务操作。2005年，推出个人保单质押贷款，乐得家房地产金融客户综合营销。2006年，推出“速贷通”“成长之路”业务；同年12月，对公信贷业务实现从手工操作到电子化处理的飞跃。2008年，推出“房易安”，成立小企业中心。2009年，“百易安”业务实现突破。2010年贷款余额突破1亿元。2011年，“房e通”电子商务平台推广上线，至年年底，各项贷款突破4亿元。2012年，成立个贷中心，开展车位分期业务。2013年，各项贷款余额突破5亿元。

1994年，县建行申报代理市行外汇业务。1995年起，先后发行龙卡商标、住房公积金卡、生肖卡、支付宝龙卡、信用卡明卡、龙卡金卡、双币种贷记卡、理财卡、汽车卡、水泊梁山卡、齐鲁龙卡联名卡、医保龙卡、龙卡贷记卡等。1996年，中间业务收入47.6万元。1999年，开办个人电子汇兑、“证银通”、代发养老保险金、代收路桥费等业务。2000年，“95533”客户服务系统开通。2001年，推出个人电子汇款（升级优化版）。2002年，代理中国平安、人寿、太平洋、新华、寿康保险公司保险业务，并开办山东移动通信有限责任公司、通信公司代收通讯费业务、企业财务顾问业务。2004年，推出电子记账式国债，实现汇款资金即时到账，国债通买，实现记账式国债柜台交易业务；同年DCC系统上线，开通“银保通”业务。2005年，推出利得盈人民币理财、实物金、账户金、出国金融服务，推出“e路通”品牌。2006年10月，新版网银上线。2010年，中间业务收入356万元。2012年，推出具有ETC功能的储值式IC信用卡鲁通龙卡、网银专享理财产品和夜市理财产品。2013年，中间业务收入793万元。

中国银行 中国银行股份有限公司梁山支行（简称县中行），始建于1990年7月。2000年11月，县中行降格为分理处，改称中国银行济宁分行梁山分理处。2004年11月，县中行股份制改革，更名为中国银行股份有限公司济宁分行梁山分理处。2008年7月，升格为支行，称中国银行股份有限公司梁山支行，属国有商业银行，隶属中国银行济宁分行。

1994年，县中行有营业厅专柜和解放桥、水泊南路等5个储蓄所；内设人秘科、财会科、计划信贷科、存汇科、信用卡科、保卫科、储蓄专柜、工会办公室。同年12月，增设监察稽核科。1996年4月，设立电脑室；同年10月，设立人民中路办事处。1999年12月，县中行内部机构改革，内设行长办公室、营业部、公司业务部、零售业务部。2000年11月，撤销解放桥等3个储蓄所，设立水泊中路储蓄所。2003年4月，撤销原人民北路储蓄所。2004年9月，撤销水泊南路储蓄所。2005年12月，行长办公室改为综合管理部，公司业务部、零售业务部合并为业务发展部。2006年8月，撤销水泊中路储蓄所；同年12月，撤销综合管理部。至2013年，县中行设业务发展部和营业部。

1994年年底，县中行存款余额5120万元。2000年，存款余额达15099万元，外币存款余额95万美元。2002年，各项人民币存款余额14141万元，外币存款126万美元。2003年，各项人民币存款余额17363万元，其中，对公存款余额5032万元，储蓄存款余额12331万元。2007年12月，人民币各项存款余额达到新高，为31938万元，其中，对公存款新增6414万元；储蓄存款新增595万元。2009年，各项存款余额持续攀升至52773万元，占四家国有商业银行的9.88%，占全部金融机构的5.97%；其中，储蓄存款余额23729万元，企业存款余额29044万元，外币存款余额377万美元。2010—2012年，存款业务量逐年上升，存款余额分别为58676万元、71747万元、81069万元，至2013年年底，存款余额有所回落，为76684万元。

1994年，中行各项人民币贷款余额为1603万元。2000年，各项人民币贷款余额2016万元。2002年，达到4512万元，外汇贷款折合37万美元，逾期贷款26万元，呆滞贷款1734万元，呆账贷款为零，三项贷款分别占贷款总额的0.58%、38.43%和0%，三项不良贷款合计1760万元，贷款不良率39.01%，其中人民币贷款不良率35.17%，外汇贷款不良率为100%。2003年年底，人民币贷款余额5099万元，现金清收不良271万元，完成市行下达现金不良清收任务的202.24%。2004年，各项贷款余额6132万元，存贷比为29.45%，不良贷款余额813万元，不良贷款率13.26%，实际收息率达到93.59%。信贷资产质量得到较大改善，现金清收44.42万元，其中收回以前年度已核销贷款10万元，完成市行下达全年不良现金清收任务（65万元）的

68.34%。2007年，各项贷款余额4837.18万元，成功清收不良贷款本金277万元，利息71万元。2009年，中行人民币贷款余额8466万元，余额占四家比8.37%，占全部金融机构的2.91%，完成计划的17.71%，其中人民币公司贷款（不含贴现）1127万元，余额占四家比1.76%，占全部金融机构0.46%，人民币消费贷款余额7138万元，占四家比19.31%，占全部金融机构18.40%。2010—2013年，贷款余额分别为20953万元、32916万元、34563万元、44273万元，不良贷款余额分别为208万元、400万元、248万元、208万元。

2004年，县中行代售寿险89万元，完成市行下达任务的98.89%，其中完成代售平安寿险84万元，完成市行50万元计划的168%，实现代售寿险手续费收入7289元，完成代销开放式基金61.7万元，实现手续费收入5001元；共发售"汇聚宝"折合16.46万美元，实现美元收益583.24美元，港币收益2614港元；信用卡发卡41张，国际卡发卡9张，电子借记卡1308张，本卡本地、本卡外地、外卡本地三项交易总笔数15293笔，总金额19457.08万元。2007年，保险新增3万元，代销基金总量高达3821万元，中银信用卡新增192件，新增商户4家，实现中间业务收入60.84万元。2009年，个人网银累计新增2540户，银行卡新增1062张，理财客户期末总数86户，累计销售各种理财产品5119万元，贵金属销售9.59万元，中间业务收入120.42万元。

信用联社 梁山县农村信用合作联社（简称县信用联社），始建于1987年11月，时称梁山县农村信用合作社联合社，与县农行合署办公，接受县农行管理，由农行行长兼任主任。1994年4月，县信用联社与农行分开办公，负责对各乡镇农村信用社的管理，同年10月同县农行脱钩。1998年，推行公司架构法人治理结构，每三年召开一次社员代表大会，通过社员代表大会选举理事会、监事会；在理事会会议上选举产生理事长，并经理事长提名，全体理事审议表决，聘任主任1名、副主任3名；在监事会第一次会议上选举产生监事长。2006年1月，更名为梁山县农村信用合作联社。

梁山县水泊城市信用社，始建于1987年12月，隶属于梁山县人民银行管理。2000年1月，梁山县水泊城市信用社更名为城区信用社，归属梁山县农村信用联社。

1994年，全县有20个基层信用社，各社均是独立的企业法人，实行独立核算，自负盈亏。同年4月，县信用联社内设办公室、人事监察保卫科、会计出纳科、业务管理科。2002年，对35个营业网点进行优化重组，合并为梁山县农村信用合作社等13个具有独立企业法人资格的信用社和1个联社营业部、小安山农村信用合作社李官屯分社等9个信用分社、徐集农村信用合作社后孙庄储蓄所等12个储蓄所。2004年，设有办公室、人事科、监察保卫科、业务管理科、会计出纳科、审计科、营业部、资产管理部、中间业务部、计算机网络中心（挂靠会计出纳科）。2005年12月，实现由二级法人治理向一级法人治理的改革，设27个营业网点，其中13个信用社、1个营业部、13个信用分社，内设机构调整为办公室、人事教育部、风险管理部、资产管理部、财务会计部、稽核监察部、保卫部、市场拓展部等8个职能部门。2006年4月，增设公司业务部。2008年11月，增设科技部。2010年4月，办公室并入人事教育部，并更名为人事综合部，保卫部更名为监察保卫部，稽核监察部更名为审计稽核部（内设贷后检查中心），资产管理部更名为资产运营中心；同年9月，财务会计部内设事后监督中心。2011年4月，增设信贷管理部和押运中心。2012年，设放款中心和政策法规部。至2013年末，全县共设28个网点，包括梁山、寿张集、大路口、小路口、赵堌堆、黑虎庙、马营、拳铺、徐集、信楼、韩垓、韩岗、馆驿、王府集、小安山15个信用社，12个信用分社、1个营业部；

县信用联社内设机构有：人事综合部、财务会计部（内设事后监督中心）、风险管理部、市场拓展部、审计稽核部（内设贷后检查中心）、监察保卫部、公司业务部、科技部、放款中心、政策法规部、信贷管理部、资产运营中心、押运中心和营业部。

县信用联社主要办理居民储蓄存款和少量单位存款。1988年9月至1996年4月，开办保值储蓄储种。1996年以后，全面加快电子化建设，所有储蓄网点实行电脑办理业务。2000年，个人存款业务实现全市通存通兑。2000年4月至2008年10月，开展教育储蓄。2006年，实现全省通存通兑。2009年，全省上线网上银行、手机银行业务，进一步畅通了结算渠道，拉动存款增长。1994年存款余额为28428.36万元，至1999年，增幅逐年降低，存款额持续增加，1999年为61114.59万元。2000—2007年，存款额稳定增加，至2008年，存款余额突破20亿元。2008—2013年，存款额大幅度增长，其中，2011年突破30亿元，2012年突破40亿元，2013年年底存款余额达503429万元。

1994年，县信用联社各类贷款余额18592万元，其中集体农业贷款154万元、乡镇企业贷款1645万元、农业贷款9708万元、其他贷款7085万元。1996年，县信用联社先后推出农户小额信用贷款、农户贷款、个体工商户贷款、农户联保贷款、个人消费贷款、信用共同体贷款和抵押贷款等业务品种，扩大信贷资金投放，支持农村经济发展，农民贷款难的问题得到解决。至1998年，贷款总额不断攀升，达39728万元，民营企业的发展使乡镇企业贷款也持续增加，达到2665万元，集体农业贷款减少至50万元，农业贷款增加至23866万元，其他贷款13147万元。1999年，取消集体农业贷款业务。2002年，乡镇企业贷款到达一个新的高度，为3053万元。2004年，各项贷款较2003年呈现下降趋势，贷款总额从2003年的79198万元降至78364万元，乡镇企业贷款为1540万元，农业贷款变化幅度不大，为59844万元。2005年，县域经济不断发展，县信用社各项贷款持续增加，至2013年，各类贷款余额达299705万元，其中乡镇企业贷款为28936万元，农业贷款为189445万元，其他贷款为50593万元。

2003年2月，县信用联社开始办理中间业务，主要有发行信通卡（记名式）、代收地税税收、代收各种电话费、代理太保人寿公司借款人意外伤害保险（安贷保）业务、代收电费等。2009年，开办发行泰山借记卡（无名卡）、泰山联名卡、企业网银、个人网银、财富在手卡，代理政府对种粮农民的各种补贴和库区移民补贴。至2013年，开通粮农补贴17万本、户（每年兑付8000余万元）和库区移民一本通11.4万本、户（每年兑付4500万元），以及农民低保和养殖户补贴3万户。

邮政储蓄银行 中国邮政储蓄银行股份有限公司梁山县支行（简称县邮政银行），始建于2007年12月，承继原邮政局经营的邮政金融业务。2008年5月，县邮政局和邮政银行分设，邮政银行设综合部、信贷部、业务部3个部室。2010年6月，业务部分设为个金业务部、公司业务部，综合部更名为综合管理部，信贷部更名为信贷业务部。2011年9月，县邮政银行搬迁至青年路16号（原轴承厂西邻），营业面积365平方米。2012年3月，原4个部室整合组成综合部、风控部。2013年9月，综合部更名为综合管理部，风控部更名为综合业务部。至2013年年底，县邮政银行有徐集支行、拳铺支行和公明大道支行、青年路营业部4个网点，员工85人。

1986年，县邮政局正式开办邮政储蓄业务。2007年12月，县邮政银行主要为企业客户提供单位活期存款、单位定期存款、单位协定存款、单位通知存款等对公存款业务。至2013年年底，各项存款余额达26.9亿元（含邮政代理网点），自营网点储蓄存款余额达5.46亿元。邮政储蓄银行主要贷款业务有小额贷款、个人商务贷款、个人质押贷款和个人二手房贷款等。2009年，推出第一张信用卡，开展小额贷款、个人商务贷款、二手房贷款等业务。2010年6月，中国邮政储蓄银行公司信贷系统成功上线运行；同年7月，邮储银行推出一款信用卡高端产品——信用卡金卡。至2013年年末，累计各项贷款1.91亿元。

2007年以后，县邮政银行向企事业单位提供票据、汇兑、委托收款等多样化的对公结算服务，帮助客户设定个性化的理财规划，为客户提供量身定做的投资理财产品服务，包括稳健系列产品（保证收益理财产品）、平衡系列产品（保本浮动收益理财产品）、成长系列产品（非保本浮动收益理财产品）等。至2013年年底，累计人民币理财业务量2.2亿元。

济宁银行 济宁银行梁山支行（简称梁山济宁银行），前身为济宁市商业银行梁山支行，始建于2009年8月，地处水泊中路117号。同年12月，更名为济宁银行梁山支行，由地方性股份制银行转变为区域性股份制商业银行，内设会计科和业务科。2012年12月，设立梁山拳铺支行，为梁山支行的二级支行。2013年8月，梁山济宁银行增设行政管理科，梁山拳铺支行内设营业室和业务科。至2013年末，梁山济宁银行设立梁山支行和梁山拳铺支行。

2009年，济宁银行梁山支行开办存款业务，包括个人存款业务及单位存款业务。同年12月，开办儒商卡业务，儒商卡除具有普通借记卡功能外，具有17项免费和卡内存款自动转存定期理财功能。2010年8月，开办网上银行业务。2012年8月，增加“周周赢”业务。2013年6月，开办手机银行业务。同年8月，开办儒商卡存款积分换礼业务。至2013年末，济宁银行梁山支行累计办理儒商卡3.93万张，企业网银402户，个人网银5707户，手机银行466户；各项存款余额为9.59亿元，其中对公存款余额5.74亿元，储蓄存款余额为3.85亿元。济宁银行采取土地及房产抵押、企业担保、动态质押监管、多户联保等多种信贷方式，积极为县域经济提供信贷支持，支持的中小企业涵盖了专用汽车、出版印刷、农产品加工、医药化工、纺织等重点产业。至2013年末，梁山支行各项贷款余额达7.3亿元，不良贷款率为0，余额存贷比达76%，居全县金融机构首位，高出全县平均水平33%；签发差额银行承兑汇票信用敞口余额1.86亿元，支持法人信贷客户近200户，在全县金融机构支持信贷客户数中排名第一。

民丰银行 山东梁山民丰村镇银行有限责任公司（简称梁山民丰银行），始建于2012年9月，为具有独立法人资格的地方性商业银行，是济宁市首批村镇银行。民丰银行设执行董事1名，行长1名，副行长1名，下设风险管理部、信贷管理部、财务会计部、内审稽核部，员工24人。驻地梁山县水泊西路188号。

2013年2月，梁山民丰银行间接加入人行大小额系统，实现汇款实时到账，解决广大客户的转账汇款问题；同年6月，正式开通网上银行及手机银行业务，至2013年年底，梁山民丰村镇银行各项存款余额为3.15亿元，其中个人储蓄存款余额为1.05亿元，占比33.33%；对公存款余额为2.1亿元，占比66.67%。2013年8月，梁山民丰银行向中国人民银行济宁中心支行申请支农再贷款，以满足农村旺盛的资金需求。

第四节 商业保险

梁山县保险业务始于建县初。1951年，中国人民保险公司梁山县支公司成立，开展财产、人身、牲畜等保险业务。1957年12月，撤销保险公司，停办保险业务。1981年，县人行设立保险股，自此恢复保险业务。1983年，中国人民保险公司梁山县支公司恢复建立，保险业务从县人行正式分出。2003年，在中国人民保险公司梁山县支公司基础上，成立中国人民财产保险股份有限公司梁山支公司。至2013年12月，全县各类保险公司达22家。

梁山人保 中国人民财产保险股份有限公司梁山支公司（简称梁山人保）为中国人民财产保险股份有限公司的分支机构，设韩垓、徐集、拳铺、杨营、小路口、韩岗6处农村代理网点。主要经营企事业单位财产保险、家庭财产保险、机动车辆保险、货物运输保险及各种意外责任保险，险种达70余种。公司率先在全国开通365天24小时服务专线95518，为客户理赔提供的全方位的服务。每年赔款数千万元，上缴利税千万元，2013年位列全县非工业类企业第15位。

保险种类 1994—2013年，全县开办财产险和人身险达20多种。财产险种类有：企业财产保险、家庭财产保险（包括农村房屋保险、自行车保险）、机动车辆保险、船舶保险（包括机动船和非机动船）、货物运输保险、承运保险、牲畜（耕牛、生猪）保险、农险（包括水产养殖保险、砖瓦坯责任保险、农田排涝保险）、种植业保险。人身险种有：养老金保险（包括个人及村干部养老金保险、计划生育夫妇养老金保险）、简易人身险、独生子女保险、子女婚嫁金保险、人身意外伤害保险（包括机动车、船舶驾驶员、乘车人、师生平安保险、机关企业团体人身意外保险、团体险、团体人身险）。

保险责任 分为财产险类和人身险类。财产险类保险责任包括：企业财产、家庭财产、机动车、船等各类保险因火灾、爆炸、暴风雨、洪水、地震、雪灾等自然灾害和意外事故造成的财产损失，负责赔偿。人身险类保险责任包括：养老金保险，负责被保险人退休后领取养老金及身故后给付丧葬费的责任。人身意外伤害保险，负责意外伤害事故造成的医疗费及人身残废或死亡给付保险金。

理赔案例 1998年8月，梁山深圳家电公司发生火灾，保险公司一次赔付40余万元。2009年11月，因暴雪造成梁山金马家具城展厅压塌并砸坏家具，保险公司及时给予赔付，赔款22.6万元，使其恢复经营能力。通亚挂车集团于2013年承保企业财产险，保费1.5万元，烤漆房因工作人员处理不善而发生火灾，损失近200万元，公司立即组织理赔服务队，在最短的时间内，提前支付50万元，后期又经过调查、定损，接着赔付150万，为通亚集团的事故进行了贴心的理赔服务。梁山水浒客运车辆多次发生交通事故，保险公司最高赔付金额150多万元，最低赔付在50万元左右，公司及时予以定损赔付。

梁山縣志
LIANG SHAN XIAN ZHI

1994—2013

第七篇

DI QI PIAN

财政税收

1994年后，梁山县按照国家财政体制改革统一部署，积极推行县乡财政体制改革，对乡镇实行“分税制”，调动基层发展经济、组织财政收入的积极性，全面加强税收征管，不断增加财政收入；至2000年，财政收入突破亿元大关，达到10300万元。2001年后，逐步开展农村税费改革，同时大力培植财源，努力涵养税源，并实施严格的财政收支和税收监管政策，科学合理地调度资金，集中资金保重点，促进全县经济和社会全面发展，发挥了财政保民生、保运转、保稳定、保发展的职能作用。2009年，梁山县开始启动部门预算、收支两条线、国库集中收付制度及政府采购制度等预算管理制度改革，逐步建立起一套编制有标准、执行有约束、绩效有考评的现代预算管理制度，并不断优化财政支出结构，加大对民生领域的投入，至2013年，全县财政总收入达到16.9亿元，其中地方财政收入达8.5亿元，为1994年的27倍多；财政支出达到22.5亿元。

第一章 管理机构

第一节 财政局

梁山县财政局，正科级行政单位，县政府组成部门，主管全县财政工作。县财政局为县政府最早设立的科局之一，始称财政科，1956年7月，改称财政局；其后，几次易名，并曾称财经局、财税局；1983年10月，复称财政局，其后未再变动。1980年12月，财政局设立党组。

内设机构 1994年1月，县财政局内设机构为：人秘股、预算股、企财股、行财股、农财股、综合计划股、农税股、会计事务管理股、控制社会集团购买力办公室、财政驻厂员管理所、农业发展基金管理所、会计师事务所、国债服务部、住房资金管理中心。1995年8月，设立资金管理股、税收政策股、基本建设财务管理股。1997年9月，设立财务会计股、社会保障股、财经政策研究室。1999年12月，会计师事务所从县财政局划出独立。2002年5月，撤销农税股；同年9月，人秘股改称办公室，基建财务管理股改称经济建设科，预算股、资金管理股、农财股、行财股、社保股、企财股、会计事务管理股均改称科，住房资金管理中心名称不变，其他股室所部均予撤销。2005年3月，增设债务金融科。2006年9月，增设行政事业资产管理科。2007年6月，住房资金管理中心上划济宁市垂直管理。2010年12月，增设国库科、行政许可科、行政政法科、教科文科、国资科、政府采购监督管理科、监督检查办公室，撤销资金管理科、行财科，债务金融科改称金融与国际合作科。2012年11月，增设综合科、农村综合改革办公室。至2013年12月，县财政局内设：办公室、综合科、预算科、社保科、农业科、企财科、行政政法科、教科文科、经济建设科、会计事务管理科、金融与国际合作科、行政事业资产管理科、国资科、国库科、行政许可科、政府采购监督管理科、监督检查办公室、农村综合改革办公室。

二级单位 1993年12月，县财政局所属二级单位有：税收财务物价大检查办公室，副科级行政单位；利用世界银行贷款加强灌溉农业项目领导小组办公室，副科级事业单位；国有资产管理局，副科级事业单位。1995年8月，设立梁山县收费管理局，正科级事业单位。1996年1月，国有资产管理局升格为正科级行政单位。1998年12月，税收财务物价大检查办公室更名为县财政监督局，仍为副科级行政单位。2001年4月，收费管理局更名为预算外资金管理局。同年7月，设立县政府采购管理办公室，副科级全额事业单位。2002年5月，设立县农业税征收管理局，正科级全额事业单位。同年9月，撤销利用世界银行贷款加强灌溉农业项目领导小组办公室。2006年3月，设立县经济投资管理中心，正科级全额事业单位。2007年4月，设立县财政投资评审中心，正科级全额事业单位。同年5月，设立县财政集中支付核算中心，正科级全额事业单位。2010年12月，撤销国有资产管理局、财政监督局、政府采购管理办公室。2011年9月，撤销县农业税征收管理局，设立县基层财政管理局，正科级全额事业单位。2013年2月，预算外资金管理局更名为县非税收入管理局，县财政集中支付核算中心更名为县财政集中支付中心。至2013年12月，县财政局所属二级单位有：县非税收入管理局、县基层财政管理局、县财政集中支付中心、县经济投资管理中心、县财政投资评审中心，均为正科级单位。

2013年，县财政局行政编制20人，有工作人员105人（含全额挂靠二级单位），其中：党员72人，股级以上干部65人，高级职称专业技术人员9人，中级职称专业技术人员40人。驻地在县城水泊西路31号。

第二节 税务局

梁山县税务局，正科级行政单位，县政府组成部门，主管全县税务工作。县税务局为县政府最早设立的科局之一，后多次并入财政局又几经分设；1983年10月，恢复设立税务局，同时设立党组。1994年7月，县税务局撤销，分别设立国家税务局和地方税务局，同时上划管理。

国税局 梁山县国家税务局（简称县国税局）始建于1994年7月，正科级行政单位，直属济宁市国税局。县国税局内设办公室、人事科、思想政治工作科、监察室、税收管理科、个体税收管理科、涉外税收管理科（挂涉外征收分局牌子）、计划财务科、装备票证管理科、政策法规科10个行政科室。2001年3月，撤销思想政治工作科、个体税收管理科、涉外税收管理科、计划财务科、装备票证管理科，人事科改称人事教育科、政策法规科改称税政法规科、税收管理科改称征收管理科。2005年9月，增设计划统计科、税源管理科、征收管理科、办税服务厅，撤销税政法规科。2010年10月，增设政策法规科、收入核算科、纳税服务科，另外设置机关党委办公室，与人事教育科合署办公。至2013年，县国税局内设办公室、人事教育科、监察室、税政科、征收管理科、收入核算科、税源管理科、政策法规科、纳税服务科。

1994年，县国税局直属征收分局、稽查分局2个副科级单位，税务咨询事务所1个事业单位，14个税务所，即梁山镇税务所、前集税务所、马营税务所、黑虎庙税务所、赵堌堆税务所、大路口税务所、小路口税务所、寿张集税务所、小安山税务所、李官屯税务所、馆驿税务所、韩岗税务所、韩垓税务所、拳铺税务所。1996年10月，撤销税务所，新设6个副科级分局，即城郊分局、小安山分局、杨营分局、韩岗分局、徐集分局、小路口分局。核定总编制193人，其中机关行政管理编制30名，工勤编制3名；分局征收编制145名，工勤编制15名。1997年3月，增设梁山县国家税务局票款结报稽核中心。1998年9月，撤销城郊分局，组建前集分局；同年11月，增设信息中心（正股级事业单位），编制3人。2001年3月，进行机构改革，设稽查局、计划征收局2个直属机构，信息中心1个事业单位，城区分局、拳铺分局、杨营分局、小安山分局、韩岗分局、徐集分局、小路口分局7个管理分局；核定总编制166人，其中：行政编制158人（管理编制26人，征收编制132人）、事业编制8人。2003年4月，撤销计划征收局，增设发票管理所（事业单位），增加事业编制3人。2005年9月，稽查局、信息中心均为股级单位，城区税务分局、拳铺税务分局、经济开发区税务分局、韩岗税务分局、徐集税务分局、小路口税务分局 6 个派驻机构，均为副科级单位。2008 年 12 月，重新明确稽查局为副科级单位。2013 年，进行机构改革，直属机构为稽查局；事业单位为信息中心；派驻机构为城区税务分局、拳铺税务分局、韩岗税务分局、经济开发区税务分局、徐集税务分局、小路口税务分局。

地税局 梁山县地方税务局（简称县地税局），始建于 1994 年 7 月，正科级行政单位，直属济宁市地税局。县地税局内设办公室、人事教育科、税收政策科、征收管理科、计划会计科、装具票证科 6 个科室。2000 年 1 月，县地税局内设机构调整为办公室、人事政工科、税收管理科、法规征管科、计划财务科、信息管理科 6 个科室，撤销装具票证科和涉外分局。局机关设置纪检监察室，直属单位和基层分局配备 1 名纪检监察员。2005 年 3 月，县地税局成立纳税服务中心，税务师事务所不再保留。2007 年 9 月，县地税局内设机构为：办公室、人事政工科、政策法规科、征收管理科、计划财务科、信息管理科、纳税服务中心、监察室。2009 年 3 月，信息管理科调整为税源管理科。2011 年 12 月，局内设职能科室调整为 6 个，分别是办公室、法规税政科、征管和科技发展科、税源管理科、收入核算和财务科、人事科，并成立机关党委。

1994 年，地税局直属征收分局、税务稽查局两个副科级事业单位，24 个乡镇基层地方税务所，与乡镇财政所一个机构两个牌子，受县财政局和地方税务局的业务指导。1997 年 1 月，撤销乡镇地方税务所，新设城郊征收分局（由梁山镇地税所、前集乡地税所、后孙庄地税所合并组建）、小安山征收分局（由小安山地税所、馆驿乡地税所、李官屯乡地税所、王府集地税所合并组建）、杨营征收分局（由杨营地税所、马营乡地税所、馆里乡地税所、黑虎庙地税所组建）、小路口征收分局（由小路口乡地税所、大路口乡地税所、寿张集乡地税所组建）、韩岗征收分局（由韩岗镇地税所、袁口乡地税所、韩垓乡地税所、开河乡地税所合并组建）、徐集征收分局（由徐集镇地税所、拳铺乡地税所、信楼乡地税所、方庙乡地税所组建）6 个股级农村征收分局，另设涉外征收分局和税务师事务所。1998 年 4 月，6 个农村征收分局升格为副科级单位。2008 年 11 月，6 个农村征收分局均更名为中心税务所，仍为副科级单位。

第二章 财税改革

第一节 分税体制改革

1994 年 1 月 1 日起，国务院实行以分税制为主要内容的财政体制改革，将税种统一划分为中央税、地方税和中央地方共享税，并设中央与地方两套税务机构，分别征收中央税与地方税，共享税由中央税务机构征收，共享税地方分成部分由中央税务机构征收后直接划入地方金库。

中央与地方财政收入的划分 将维护国家权益、实施宏观调控所必需的税种划为中央税；将同经济发展直接相关的主要税种划为中央与地方共享税；将适合地方征管的税种划为地方税，并充实地方税税种，增加地方税收入。中央固定收入包括：关税、海关代征消费税和增值税，中央企业所得税，非银行金融企业所得税，铁道、银行总行、保险总公司等部门集中交纳的收入（包括营业税、所得税、利润和城市维护建设税），中央企业上缴利润等。地方固定收入包括：营业税，地方企业所得税，地方企业上缴利润，个人所得税，城镇土地使用税，固定资产投资方向调节税，城市维护建设税，房产税，车船使用税，印花税，屠宰税，农牧业税、耕地占用税，契税，遗产税和赠予税，房地产增值税，国有土地有偿使用收入等。中央财政与地方财政共享收入包括：增值税、资源税、证券交易税。增值税中央分享75%，地方分享25%。资源税按不同的资源品种划分陆地资源税作为地方收入，海洋石油资源税作为中央收入。证券交易税，中央和地方各分享50%。

中央与地方事权和支出的划分 中央财政支出包括：国防、外交、武警、重点建设、中央财政负担的支农支出和内外债还本付息以及中央直属行政事业单位的各项事业费支出。地方财政主要承担本地区政权机关运转所需支出和本地区经济、事业发展所需支出，具体包括：地方统筹的基本建设投资、地方企业的技术改造和新产品试制费、支农支出、城市维护和建设费，以及地方各项事业费支出。

中央对地方税收返还的确定 从1994年开始，税收返还数额在1993年基数上逐年递增，递增率按全国增值税和消费税增长率的1:0.3系数确定，即全国增值税和消费税每增长1%，中央财政对地方的税收返还增加0.3%。当年，梁山县“两税收入”为3417万元，形成的县财政收入为3146万元，占两税收入的92.07%。2002年1月1日起，国务院确定按企业隶属关系划分所得税、营业税收入交库，实行中央与地方按比例分享，同时，对地方营业税收入实行省与下级财政按比例分享。除一些特殊企业所得税外，其他一般企业所得税和个人所得税作为中央与地方共享收入，分享基数以2001年为基期，一般企业所得税收入，2002年中央、省、地方分别分享50%、10%、40%，2003年中央、省、地方分别分享60%、8%、32%；个人所得税收入，2002年中央分享50%、地方分享50%，2003年中央分享60%、地方分享40%。营业税实行省与市、县分享，分享比例也以2001年为基数，省级为20%，市、县为80%。2005年起，山东省又将原属中央与省级分享的储蓄存款利息所得税下划到市县，与原属中央与市县分享的个人所得税一并实行中央、省、市按比例共享，共享比例为中央60%、省级15%、市县25%。

第二节 县级财税体制

按照分税制体制规定，县级财政收入包括：中央四大部门及市属驻县以外的企业缴纳的增值税的25%部分，市属驻县企业缴纳的增值税20%部分和营业税的80%部分，县以下企业所得税、上缴利润、亏损补贴及城镇土地使用税、印花税、个人所得税、固定资产投资方向调节税、车船使用税、屠宰税、农业四税、遗产税和赠予税、土地增值税及其他原属县的各项收入，资源税市、县五五分享；国有土地有偿出让收入省、市、县分别分享5%、25%、70%。为保持税种划分的规范性，除资源税、国有土地出让收入按分享比例，城镇土地使用税、印花税按预算级次平时分别入库外，市属驻梁山企业缴纳的增值税5%部分和营业税20%部分，平时缴入县级库，年终市、县进行结算。以1993年为基础，上级财政对梁山县财政测定的税收返还基数为2244万元。自1994年始，税收返还额逐年递增，递增率按增值税和消费税增长率的1:0.3。1994年以后上划中央的收入达不到确定的基数，上级财政相应扣减税收返还基数。

随着上级财政对县财政预算管理体制的改变，县财政对乡镇财政的预算管理体制亦随之不断变化。自1995年1月1日起，乡镇财政收入包括：县属驻乡镇的非工业企业、乡镇和村属企业、个体工商户缴纳的增值税的25%部分及企业所得税（不含信用社）、上缴利润、亏损补贴（不含粮食企业所得税、上缴利润、亏损补贴)、营业税(不含营业所)、城镇土地使用税、印花税、个人所得税、固定资产投资方向调节税(不含县属及县以上工业企业、邮电所)、房产税、车船使用税、城市维护建设税、屠宰税、农业税、农林特产税、耕地占用税(包括批文占用部分的30%和不批文部分)、契税、遗产税和赠予税、土地增值税、能源交通重点建设基金15%部分和预算调节基金的50%部分,其他收入及其他原属乡镇的各项收入。黄河大桥、火车站建筑营业税县乡五五分成。乡镇财政支出范围不作调整,仍按原体制规定执行。县对乡镇税收返还的确定,按1994年各乡镇增值税和消费税的净入库数,计算出上划中央的收入数额,在此基础上增长12%,作为以后县对乡镇的税收返还基数和税收上划基数。1995年和1996年"两税"(增值税的75%部分和消费税)超基数增长的70%部分,中央不再返还地方,由县代乡镇消化,1997年起由乡镇自行消化,即按基数增长部分的1:0.3返还乡镇。1995年以后,若上划中央的"两税"收入达不到法定的上划基数,县财政相应扣减乡镇的税收返还基数。

实行分税制预算管理体制后,原体制规定"上解额比例递增包干"的梁山镇仍继续递增上交,包干上交的递增比例由15%调减为7%。小安山、信楼、前集、馆里、杨营5个乡镇,1995年保留原定额补助的25%,1996年脱补,自收自支;李官屯、馆驿、王府集、袁口、韩垓、开河、徐集、方庙、拳铺、后孙庄、黑虎庙、郓陈、赵堌堆13处乡镇,1995年按原定额补助的75%,1996年按原定额补助的50%,1997年按原定额补助的25%,1998年脱补,自收自支。韩岗、马营、寿张集、小路口、大路口5个乡镇,1995—1998年原定额补助不变,1999年脱补,自收自支。原来县对乡镇的各项专款,该下拨的继续下拨。

实行分税体制,主要是确定收入划分,支出划分范围和内容没有变动,仍按原体制规定执行,定额补助数不变,上级财政该下拨的专款继续下拨。1998年,济宁市为解决各县之间存在的财政能力差异,市财政实行转移支付办法,即市财政每年集中所辖各县实有财力的5%,再按所辖各县"标准支出需求"计算,对财政困难县给以支付补助。梁山县属财政困难县,年年均需市财政支付补助,但市财政当年区划调整时所定每年给定额补贴170万元,在实行转移支付办法后取消。

第三节 农村税费改革

取消专项收费 2002年,梁山县全面实行农村税费改革,以减轻农民负担为中心,取消乡统筹费、农村教育集资等"三提五统"专门面向农民征收的行政事业性收费和政府性基金、集资,取消屠宰税,并逐步取消统一规定的义务工和劳动积累工,调整农业税收和农业特产税政策,改革村提留征收使用办法。重新核定农业税计税常年产量,税负为6%;每公斤粮标准价格为1.14元,农业税附加为40%,农业特产税附加为15%。原由乡镇统筹安排的乡村办学、计划生育、优抚三项经费纳入乡镇财政预算管理,民兵训练费由县级预算安排,乡镇道路修建所需资金也不再固定向农民收取。通过税费改革,人均减负32.2元,减负率31.53%。对改革后带来的减收,上级财政以转移支付的方式给予适当补助。济宁市财政核实梁山县每年转移支付补助数额为1867万元。县财政将该项转移支付资金全部分配到乡镇,并通过加强资金的管理和监督检查,确保专项用于农村税费改革。

取消农业税 农业税俗称"公粮",是国家历代财政收入的主体。1958年6月3日,第一届全国人大常务委员会第九十六次会议通过并颁布《中华人民共和国农业税条例》;1994年1月30日,国务院发布《关于对农业特产收入征收农业税的规定》。2004年,按照国务院减征或免征农业税的惠农政策,取消农业特产税,农业税税率降低

3个百分点，即由原来的6%改按3%征收；2005年又降低2个百分点，改按1%征收。同年12月，十届全国人大常委会第十九次会议通过决定，自2006年1月1日起废止《中华人民共和国农业税条例》。至此，国家农业税全面取消，终结了中国历史上存在2600多年的“皇粮国税”，9亿中国农民彻底告别缴纳农业税的历史。2006年1月1日起，梁山县全面取消农业税。

第四节 税务征收改革

2001年5月1日，修订后的《中华人民共和国税收征收管理法》正式施行。据此，县政府及税务部门进一步加强税源管理工作，增加防范涉税违法行为的措施，加大打击偷逃骗税的力度，增加保护纳税人合法权益和纳税人依法享有权利的内容和条款，同时，更加重视税收与经济发展和社会进步的关系，进一步发挥了税收的积极作用。

2007年，《中华人民共和国企业所得税法》颁布实施，由此，梁山县各类企业所得税实现统一，差别待遇消除，税收环境改善，减轻了内资企业税收负担，促进了企业间的公平竞争。通过将税率由原来的33%下调为25%，降低了企业所得税税负，为提升梁山县企业的发展能力提供了更有利的条件。

2009年，随着《中华人民共和国增值税暂行条例》《中华人民共和国消费税暂行条例》等法规的实施，增值税转型改革，消除生产型增值税制存在的重复征税因素，并允许企业抵扣其购进设备所含的增值税。该项减税政策，降低企业设备投资的税收负担，有利于鼓励投资和扩大内需，促进企业技术进步、产业结构调整和经济增长方式的转变，对于提高全县企业竞争力和抗风险能力，克服国际金融危机的不利影响，起到积极作用。

第三章 财政

第一节 财政预算

梁山县财政预算的编制、执行和决算，均在预算法的规范下进行，财政预算编制后，每年都要经县人民代表大会审查批准，然后组织实施。

预算管理 财政预算管理，主要是依据1994年起实行的分税制进行财政预算。2000年，为解决县乡和乡镇之间预算体制执行中出现的新问题，理顺分配关系，县政府颁发梁政发〔2000〕7号文，明确税收征管划分范围，规定税收征管方面新出现情况的处理原则，主要包括县属企业、行政事业单位的场地、房屋、设备等，不论经营机制发生何种变化，即不论实行股份制或内外承包、承租等形式，或核算地点转移，其形成的地方收入一律归县级收入。县属企业、股份制或三资企业、行政事业单位在城区新征土地建设的项目，其形成的收入一律归县级收入；在城区以外的，与所在地乡镇实行流转税、所得税二八分成（乡镇得20%，县级得80%），其他各税归县级。县属企业整体购买、兼并、租赁乡镇企业，其被购、兼、租的企业实现的流转税、所得税二八分成（即乡镇得80%，县级得20%），其他各税除城镇土地使用税和印花税外都归乡镇。乡镇企业整体购买、兼并、租赁县属企业或行政事业单位的资产，其实现的流转税、所得税实行二八分成（乡镇得20%，县级得80%），其他各税归县级。乡镇之间税收征管范围参照以上办法划分。同年5月，市政府确定将市属五厂，即梁山纺织厂、梁山轴承厂、梁山油漆厂、梁山石棉制品厂、梁山水泥厂划归梁山县管理，其原缴市级金库的增值税的5%、营业税的20%、城镇土地使用税、印花税改缴县级金库。经测算，由于上述五厂在市场经济的冲击下，经营状况欠佳，实现税收已寥寥无几。

预算改革 2007年，县财政开始稳步推进部门预算改革，完善部门预算基础信息库和部门经费额控制标准，规范编报程序。编制的范围包括县级行政部门和与县级财政有缴拨款关系的全额、差额、自收自支事业单位。预算编制的主要内容包括收入预算和支出预算，其中，收入预算包括部门及所属单位取得的非税收入和其他各项收入，支出预算包括基本支出、业务类及发展类项目支出。预算编制全面反映本部门各项收入和支出，进一步增强支出预算的科学性、有效性和透明度。同时扎实推进会计集中核算、国库集中支付改革，取消单位账户和会计岗位，实行财银联网并轨运行，单位财务收支和会计行为明显规范，不合法、不合理开支得到较好控制，会计信息质量进一步提高。

2008年，县财政对各乡镇的预算管理再次进行调整。（1）从2008年起，以各乡镇国地税部门组织的地方税收收入（不含资源税）作为分享收入，县与拳铺镇、梁山镇、杨营镇、开发区、风景区实行3:7分享，即县级分享30%，乡镇70%；县与其他乡镇实行2:8分享，即县级分享20%，乡镇级分享80%。县级分享部分，平时计入乡镇级收入，年终通过体制结算上解县级财政。（2）建立分享收入增长与奖惩挂钩的激励约束机制，对分享收入比上年增长达不到20%的，县级分享部分仍按增长20%计算；对小安山镇、馆驿镇、韩岗镇、韩垓镇、马营乡、寿张集乡、大路口乡、小路口镇、黑虎庙乡、赵堌堆乡，分享收入比上年增长超过20%的，县级超过20%分享部分全部返还；对拳铺镇、梁山镇、杨营镇、开发区、风景区，分享收入比上年增长超过20%的，县级返还超过20%分享部分的60%。（3）进一步明确县与乡镇相关支出责任，逐步完善转移支付制度，增加转移支付配套规模，加大对财政困难乡镇的支持力度，促进区域经济社会协调发展，努力实现乡镇之间的财力平衡。（4）及时调整乡镇上划基数，按财权与事权相结合的原则，进一步加强对农村教育卫生等社会事业的管理，需地方配套的义务教育、新型农村合作医疗等经费相应增加乡镇上划基数。上划农村中小学教师工资性支出增长部分及其他增支通过体制调整解决。

2009年，县政府及财政主管部门全面推行乡财县管改革，取消乡镇总预算会计岗位，由县财政代理乡镇总预算会计账务，乡镇财政所设置财政结算员、统管会计、出纳和征解会计岗位，取消乡镇财政在各金融机构所有账户，县财政内设专门办事机构，统一开设“支出专户”和“村级资金专户”，实行集中收付管理。2013年，县政府进一步推进财税管理改革，先后研究制定《关于进一步加强财税工作的意见》《梁山县县级财政支出绩效评价管理暂行办法》以及《梁山县融资资金使用管理办法》等文件，规范财政资金管理使用程序，推进部门预算、国库集中支付等改革，实现了会计集中核算向国库集中支付的顺利转轨。

第二节 财政收入

县级财政收入主要包括：工商税收，农业四税（农业税、农林特产税、耕地占用税、契税），非税收入（行政事业性收费收入、罚没收入、专项收入）等。为增加财政收入，县政府采取一系列有效措施，包括：大力培植财源，促进经济全面发展；加大税收征管力度，确保实现的财政收入足额入库；落实新农业四税税收政策，对农民建房及非法占用耕地的依法及时征收；强化非税收入征收管理，对行政事业性收费收入、罚没收入、专项收入等严格执行“收支两条线”制度；从而确保了收入及时足额入库，增加了地方财政实力。全县地方财政收入从1994年的3000多万元，增长到2013年的8亿元，20年间财政收入年均增幅18.94%。

1994年，全县财政收入为3154万元；此后逐年增长，至2000年，全县财政收入首次突破亿元大关，达到10289万元，其中，工商税5130万元，农业四税1121万元，其他非税收入4038万元。其后，每年大都以2000万元左右递增；至2003年，全县财政收入达到15971万元，其中，工商税5667万元，农业四税6776万元，其他非税收入3528万元。2004年，全县财政收入出现较大降幅，仅实现财政收入11536万元，其中工商税5127万元，农业四税2653万元，其他非税收入3755万元，农业四税大幅下降。此后，财政收入又逐步恢复增长，2006年全县财政收入达到14065万元；2007年全县财政收入增长最快，达到18285万元，其中，工商税12396万元，农业四税1831万元，其他非税收入4058万元，工商税大幅提升，农业四税持续下降。

2008年，全县财政收入突破2亿元，达到21459万元，其中，工商税14143万元，农业四税3039万元，其他非税收入4277万元。2010年，全县财政收入突破3亿元，达到34817万元，其中，工商税24852万元，农业四税4346万元，其他非税收入5619万元。其后，财政收入实现快速增长。2011年，全县财政收入突破5亿元，达到50609万元，其中，工商税32532万元，农业四税9516万元，其他非税收入8561万元，农业四税增幅较大。2012年，全县财政收入突破6亿元，达到65097万元，其中，工商税36437万元，农业四税13207万元，其他非税收入15453万元。2013年，全县财政收入突破8亿元，达到85426万元，为1994年的27.1倍，其中，工商税50962万元，农业四税15801万元，其他非税收入18663万元；按可比口径较上年增长21.5%，收入增幅在全市排名第4位，较全市县市区平均水平高4.5个百分点。

1994—2013年梁山县地方财政收入统计表

表7-3-1　　单位：万元

年度	税收收入	其中		非税收入	合计
		工商税	农业四税		
1994	2511	2132	379	643	3154
1995	3105	2653	452	2026	5131
1996	5992	5255	737	1387	7379
1997	6230	5503	727	3345	9575
1998	5200	4765	435	2560	7760
1999	5885	4490	1395	2985	8870
2000	6251	5130	1121	4038	10289
2001	8804	7133	1671	3661	12465
2002	10408	4987	5421	2777	13185
2003	12443	5667	6776	3528	15971
2004	7780	5127	2653	3755	11535
2005	8574	6041	2533	3964	12538
2006	9841	7230	2611	4224	14065
2007	14227	12396	1831	4058	18285

续表 7-3-1

年度	税收收入	其中		非税收入	合计
		工商税	农业四税		
2008	17182	14143	3039	4277	21459
2009	20419	17547	2872	4109	24528
2010	29198	24852	4346	5619	34817
2011	42048	32532	9516	8561	50609
2012	49644	36437	13207	15453	65097
2013	66763	50962	15801	18663	85426

第三节 财政支出

县级财政支出主要包括：行政公务支出、文教卫生支出、社会保障支出、三农支出、基建支出等。全县地方财政支出从 1994 年的 7000 多万元，增长到 2013 年的 20 多亿元，20 年间财政支出年均增幅 19%，各项民生及社会事业支出得到较好保障。

为确保财政正常支出，县政府及财政部门坚持“有保有压”的原则，科学合理地调度资金，最大限度地发挥保民生、保运转、保稳定、保发展的职能作用，严格支出管理，集中资金确保重点支出，不仅切实保障了各项事业的发展，而且保持了良好的支出结构。2013 年，全县公共财政预算支出完成 22.5 亿元，主要用于进一步提高工资标准、各项民生支出扩面提标等。全县用于民生方面的财政支出达到 17.2 亿元，占公共财政预算支出的比重达 70% 以上。在财政部对全国近 2000 个县的县级财政支出管理绩效综合评价中，梁山县作为欠发达县，与作为经济发达县的荣成等县市区，同时受到财政部通报表彰。

1994 年，县财政会同县编委对事业单位实行分类管理，将事业单位划分为全额、差额、自收自支三种预算管理形式。同时，建立财政供养人员信息库，严禁超编进人，严格控制行政、事业机构人员的增加。另外，大力压缩和节减公用经费支出，坚持“一支笔”审批制度，行政成本得到有效控制。

1994 年，全县财政支出 7393 万元，其中，公务支出 1540 万元，三农支出 925 万元，文教卫生支出 3057 万元，社会保障支出 489 万元，其他事业支出 403 万元，专项支出 738 万元，其他支出 241 万元。其后，财政支出呈逐年增长态势，1996 年，全县财政支出超过 1 亿元，达到 12714 万元。至 2002 年，全县财政支出超过 2 亿元，达到 21511 万元。其中，公务支出 3384 万元，三农支出 2442 万元，文教卫生支出 8054 万元，社会保障支出 3838 万元，其他事业支出 465 万元，专项支出 3263 万元，其他支出 65 万元。此后两年，财政支出相对稳定，增幅不大；至 2005 年，全县财政支出超过 3 亿元，达到 32292 万元。其后，财政支出每年增加 1 亿元左右，至 2009 年，全县财政支出超过 8 亿元，达到 88069 万元。其后，财政支出增长幅度进一步提高，2010 年，全县财政支出达 12.22 亿元；2011 年，全县财政支出达 14.56 亿元；2012 年，全县财政支出达 17.83 亿元；2013 年，全县财政支出超过 20 亿元，达到 22.47 亿元，其中，公务支出 23813 万元，三农支出 34662 万元，文教卫生支出 93399 万元，社会保障支出 38289 万元，其他事业支出 7438 万元，专项支出 26748 万元，其他支出 428 万元。

1998 年，各项支出均有所下降，社会保障支出、专项支出下降幅度较大。2001 年，除社会保障支出、专项支出保持增长外，其他支出均有所下降，全县财政支出总体仍呈大幅增加趋势。2007年起，县乡行政事业单位财政供养人员实发工资水平逐步达到国家规定工资标准要求，并逐步补发了离退休人员欠发的部分工资；2013年，全县行政事业单位在职和离退休人员先后人均增加津补贴400元；故2007、2013两个年度公务支出增幅较大。2008年起，农业各项补贴及各项支农惠农政策得到落实，资金发放方式进一步完善，三农支出在2008、2010、2012、2013年度增幅较大。随着教育经费保障力度逐步加大，农村中小学教师工资实行上划管理，全县义务教育阶段学生免收学杂费、免费提供教科书，及其他补助费，生均公用经费稳步提高，至2013年，教育事业费支出占全县财政总支出的25.34%；2006年起，卫生经费逐步增加，乡镇卫生院上划县级管理，公共卫生费基本得到保障，至2013年，全县年人均公共卫生费补助达到30元；所以，文教卫生支出增加较快，特别是2007年、2008年、2011年、2013年四个年度增幅较大。社会保障支出自2009年起增幅逐年加大，新农合、城镇居民医疗保险政府补助标准提高到人均280元；养老保险、城乡低保、社会救助等民生支出逐步增加，2013年，用于民生的支出占财政总支出的70%以上，民生福祉显著改善。

1994—2013年梁山县地方财政支出统计表

表7-3-2 单位：万元

年度	公共服务	三农	文教卫生	社会保障	其他事业	专项	其他	合计
1994	1540	925	3057	489	403	738	241	7393
1995	1828	1123	3898	461	341	613	441	8705
1996	2418	1473	4875	1851	598	941	558	12714
1997	2941	1668	5942	1574	609	1075	1143	14952
1998	2399	1494	5162	744	572	612	152	11135
1999	2810	1596	5869	1394	251	895	346	13161
2000	3299	2323	7191	1535	314	1675	1730	18067
2001	3189	1607	6660	3228	212	3050	714	18660
2002	3384	2442	8054	3838	465	3263	65	21511
2003	4114	2799	9751	4713	569	3454	181	25581
2004	4466	2622	8467	5940	425	1693	933	24546
2005	6134	3249	10051	7458	976	2491	1933	32292
2006	7938	4494	11669	8003	1068	3448	8030	44650
2007	13826	8418	21350	9520	4196	3247	2624	63181
2008	13741	14092	29531	11911	4442	3559	1296	78572
2009	13937	14455	33902	16552	4133	3632	1458	88069
2010	17050	22551	44315	20522	4944	10648	2265	122295
2011	17926	23695	60421	25217	5738	12560	101	145658
2012	19334	29188	74190	32010	5779	17704	130	178335
2013	23813	34662	93399	38289	7438	26748	428	224777

第四节 财政监督

财政综合监督 1994年，财政监督主要进行财务、税收大检查，根据国务院文件规定及省、市部署，在每年第四季度进行。县政府分别从检查重点、政策把握、清缴入库等方面进行研究安排，召开全县增收入保平衡、全力做好大检查工作的动员大会，并从财政、税务、审计等部门抽调近百人业务熟练的检查队伍，到全县被查单位进行检查。1996年、1997年，梁山县财务、税收大检查连续两年被评为“省级先进集体”。1998年，国务院取消一年一度的检查工作，财税大检查工作发生根本性的转变，从事后监督转变为事前预测、事中监控、事后监管的全方位检查。2003年，从财政、国税、地税、纪检、司法等部门抽调业务骨干，成立县综合治税办公室，固定办公场所、经费来源、专职人员，实行常年办公，对纳税单位进行重点监督检查。同时，建立信息共享制度，向有关部门定期通报情况，交流信息；建立联席会议制度，有关部门负责人定期共同研究工作情况，解决有关问题。另外，发动群众举报涉税违法犯罪行为，对重大涉税违法犯罪行为建立案件移交制度，凡涉税金额达到“涉税案件立案标准”或发现有犯罪嫌疑的，及时向司法机关或纪检部门移送。2005年，实行财政监督检查“一口对外”制度，避免多次或重复检查，减轻部门、单位的被查负担，实现了监督检查部门“信息共享”。

非税收入监督 1994年，加强非税收入管理监督，重新规定票据管理办法，严格票据领缴管理制度。1995年，设立梁山县收费管理局（后相继更名为预算外资金管理局、非税收入管理局），对行政事业单位收费资金管理实行统一管理部门、统一票据管理、统一征收办法、统一奖惩制度、统一收支计划、统一账户管理。凡有收费任务的行政事业单位，只能在财政部门批准的一个国有专业银行开设一个账户。各收费单位持物价部门核发的收费许可证，使用省财政厅统一印制或监制的收费票据进行收费；收费资金及时足额上缴财政局，支出由财政局按计划拨付。2000年，认真抓好票据管理的五个环节，即发放、缴验、报表、检查及核缴核对五个环节，环环相扣，一环不放，并做到坚持对所有收费票据全面统管。2002年，实行年初预算内经费与收费资金收支计划统一部署、统一核实、统一下达的办法，形成预算内外收支计划相结合、预算内外资金统一管理的格局，解决预算内紧、预算外松，两者相互脱离的问题，杜绝部门分配不公现象。按照省、市两级财政“金财工程”的要求，新的财务核算处理系统于2004年1月开始运行，县财政对执收执罚单位重新办理“票款分离”“罚缴分离”手续，换发新的执收代码，要求单位严格按照“部门开票、银行收款、财政统管”的程序进行运作。

国有资产监督 1994—1995年，连续两年对全县全民所有制企业、国有资产投入的股份制企业、联营企业、企业集团，国有资产开办的集体企业，使用国有资产的单位等进行清产核资工作。按照“核实资金、准确定性、不重不漏”的原则，完成户数清理、资产清查、产权界定、价值重估、资金核实、报表衔接、土地估价等阶段的任务，向企业单位核发“国有资产授权占用证书”。两年的清产核资工作，使全县国有企业的资产负债结构发生很大变化，资产负债率由清产核资前的118.54%下降为87.88%，为国有资产保值增值和深化企业改革打下坚实的基础。1996年，在县域企业实行联合、兼并、分立、破产、出售、租赁、承包以及股份制等形式改制中，为防止国有（集体）资产流失，坚持严把资产评估关、资信审查关、资金回收关和职工安置关，同时，明确把企业实现利润、上缴利税、资产保值增值等经济发展指标作为企业法人代表业绩评价及百分制考核的内容。1997年7—12月，对城镇集体企业进行清产核资工作，在摸清资产存量的基础上，要求各单位做到账实相符，完善落实资产管理责任制，盘活资产存量，优化资源配置，把超标配置、低效运转或者长期闲置的资产调剂到需要的单位。

2003年，行政事业单位在1993年清产核资的基础上再次进行清产核资。2004年，行政事业单位资产实行微机化管理，建立资产管理与财务管理相结合的网络系统，及时、准确地记录资产的增减变动、占用使用及分布状况，实现资产管理、预算管理和政府采购对行政事业单位资产的共同监管和信息共享。2010年4月，进一步加快利用信息化手段构建资产管理与预算管理、实物管理与价值管理相结合的有力渠道，通过财政专网登陆本级财政服务器完成数据传输和业务处理，构建起横向“财政部门—主管部门—行政事业单位”、纵向“省—市—县—乡”的资产管理信息立体框架。至2013年，梁山县初步建立起产权登记、统计评价、资产评估、保值增值考核、资产流失查处“五位一体”的国有资产基础管理体系。

会计工作监督 为强化财政监督，县财政依据《中华人民共和国会计法》，不断推进会计基础工作。按照“诚信为本，操守为重，遵循准则，不做假账”的要求，围绕“会计诚信建设年”，向全县会计工作者发出诚信倡议书，倡导从自身做起，从现在做起，依法执业，自觉抵制和揭露会计造假行为。同时，加强会计培训，坚持持证上岗，严格会计从业资格报名条件并组织相关考试，提高会计人员业务素质。2007年，财政部举办全国范围的会计知识网络大赛，梁山县会计人员参赛率为124.8%，经层层选拔，梁山县组成参赛代表队参加济宁市决赛口试比赛，取得第三名，获二等奖。县政府还定期对会计人员举行表彰活动，2008年，对从事会计工作满30年的发放荣誉证书。

财政投资评审 梁山县财政投资评审工作始于2007年，是济宁市开展该项工作较早的县市之一。2007—2013年，县财政不断加大评审宣传力度，加强沟通协调，践行“客观、公正、精细、科学”的评审原则，努力实践“不唯减、不唯增、只唯实”的投资评审理念，着力完善“先评审、后预算;先评审、后采购;先评审、后拨款”的财政投资评审管理机制。至2013年，完成评审金额21.98亿元，审减金额3.48亿元，综合审减率16%，被省财政厅誉为财政投资评审先进单位。

政府采购 梁山县政府采购工作始于2001年。随着政府采购制度的不断健全完善，政府采购规模逐年扩大。2003年上半年，首先对行政事业单位的餐饮、住宿及车辆用油实行定点，按照程序，采取公开招标的形式，5家餐饮住宿单位、3家加油站中标，节支率15%；同年下半年扩至汽车、微机、空调的采购，节支率9%。2004年，全县行政事业单位机动车辆保险，由政府采购管理办公室负责代理统一投保，通过招标的方式确定承保机构，原来新车保险价格在8000左右，政府采购统一招标价格降低50%。2009年，又将部分专项资金项目纳入政府采购范围，进一步规范政府采购运行程序，平均节支率达到14%。2013年，实际采购资金达33239万元，平均节约率9.43%。

第四章 国税

第一节 税种税率

1994年，国家税务局负责征收的税种主要有增值税、消费税、企业所得税、外商投资企业和外国企业所得税。1999年11月1日，开征储蓄存款利息所得个人所得税，根据利息产生的不同时间段，税率有所不同。2001 年 1 月 1 日，开征车辆购置税，该税种通过“费改税”方式改革而来。

梁山县各税种税率一览表

表 7-4-1

税 种	现 行 税 率
增值税	基本税率 17%，农产品等执行低税率 13%，出口货物执行零税率。另外对小规模纳税人设立简易征收办法，征收率为 3%
消费税	消费税实行从价定率、从量定额，或者从价定率和从量定额复合计税。根据商品的不同，税率从 1% 到 45% 不等
企业所得税	25%
车辆购置税	10%
储蓄存款利息个人所得税	1999 年 10 月 31 日前，不征收个人所得税
	1999 年 11 月 1 日至 2007 年 8 月 14 日，20%
	2007 年 8 月 15 日至 2008 年 10 月 8 日，5%
	2008 年 10 月 9 日后，暂免征收个人所得税

第二节 国税收入

梁山县国家税务局自成立起，始终坚持以组织收入为中心，抓牢主体税源，加强税收分析预测，严格依法治税，强化税收征收管理，积极做好税收收入调度，及时兑现税收优惠政策，全面落实收入计划和组织收入工作责任制，努力化解组织收入工作中的困难。1994 年，梁山县国家税务局实现税收收入 3417 万元；2006 年，首次突破亿元大关，达到 10386 万元。2011 年，全局税收收入突破 4 亿元大关，5 年收入翻了两番。2013 年，国税收入达 4.24 亿元，实现了税收收入快速稳步增长。1994—2013 年，梁山县国家税务局累计征收税款 281499 万元，年均 14075 万元，年均增幅 14.2%。

1994—2013 年梁山县税收收入情况统计表

表 7-4-2　　单位：万元

年度	全口径税收收入	其中县级税收收入	年度	全口径税收收入	其中县级税收收入
1994	3417	939	2004	7154	1499
1995	3456	857	2005	7452	1792
1996	3624	906	2006	10386	2547
1997	3951	982	2007	16046	3905
1998	3954	971	2008	18459	4716
1999	4281	1070	2009	22740	5426
2000	4555	1214	2010	35722	7501
2001	4703	1292	2011	40667	8673
2002	6171	1328	2012	35695	7349

续表 7-4-2

年度	全口径税收收入	其中县级税收收入	年度	全口径税收收入	其中县级税收收入
2003	6668	1474	2013	42398	9051
			合计	281499	63492

注：县级税收收入数据中不含中央“两税”返还部分

第三节 税收征管

国税部门不断深化税收征管改革，构建现代化税收征管体系，坚持依法治税、科技治税、管理治税，明晰征纳双方权利和义务，协调税收执法与税收服务关系，指导纳税人正确履行纳税义务，并不断强化重点税源管理，不断提高税收征管水平。

征收模式 1994 年，梁山县国税局实行税收专管员制度，依法明确权责，落实税收任务，对纳税人实行属地管理、行业管理，积极推行办公信息化、电子化，对各种税源进行有力监控，提高办税效率，优化纳税服务。1995 年，适度收缩农村和城区税收管理机构，取消“一人进厂、各税统管”的专管员管户模式，确立纳税人自行申报纳税制度，实现“征、管、查”业务分离，税收管理与服务得到初步规范。2000 年，科学划分管户管片范围，量化工作任务，强化工作责任落实到人，建立起一套覆盖国税工作各环节、各层面、规范高效的税收征管机制。同时注重部门配合，加强与工商、地税的联系，促进征管工作优化。2001 年，实施“机构、人事、征管”三项改革，逐步构建起信息化条件下“多元申报、集中征收、分类管理、一级稽查”的税收征管机制。2004 年，实施科学化精细化管理，充实完善税源监控岗位工作内容，并积极探索税源分类管理的新路子。2009 年，组建专门机构，统筹纳税服务与税收征管，初步形成以管理对象、管理协作、管理团队和管理手段四个方面专业化为重点的税源管理模式。2012 年，国税部门以提高税法遵从度和纳税人满意度、降低税收流失率和征纳成本为目标，以明晰征纳双方权利和义务为前提，以专业化管理为基础，以重点税源管理为着力点，以信息化为支撑，构建现代化税收征管体系。至 2013 年，税收征管质量和效率不断提升，税收持续快速增长。

税源监管 1994 年后，国税部门充分发挥国税职能优势，努力培植涵养税源，加强税源监控，创新税收征管方式和手段，扩大国税税基。2006 年，以深入推行税收管理员制度为龙头，以开展税负调查分析为平台，对牵动全局、经营规模大、疑点多的业户实施重点调查，创新实施“捆绑式”调查分析方法，做到调查与入库同步，促进了税收整体管理水平的提升。2007 年，根据不同纳税人相关的经济税收指标，科学划分大、中、小三种税源类型，实行分类管理，节约税收成本，提高管理效率，加强了对不同税源的监控。2010 年后，在对税源进行科学分类的基础上，注重研究完善管理方法，对重点税源企业，准确把握企业经营规律及核算特点，突出针对性管理和个性化服务；对中小税源企业，建立健全行业（产品）税收信息库，分行业（产品）确定监控方法、指标体系和指标参照值，探索分行业管理方法；对个体工商户，从完善社会化协作机制入手，不断规范委托代征，全面推行社会综合治税。

综合治税 1994 年后，每年的 4 月县国税局都在辖区内开展“税法宣传月活动”，并在每年的 12 月 4 日法制宣传日当天开展税法宣传活动。先后开展以“税收、发展、民生”为总主题的税法宣传活动、“税法宣传进乡村”“税法宣传进集市”“税法宣传进社区”“税法宣传进学校”等系列普法活动，进一步提高了纳税人的法制观念。县国税局本着清查税源、挖潜增收、整顿秩序、营造环境的原则，积极配合县政府和各部门，深入开展社会综合治税活动。从2009年起，在全县范围内集中开展专用车制造业、纺织业等行业专项治理活动，成立由常务副县长任组长，公检法、纪委监察、财政、国税、地税、工商等部门主要负责人为成员的领导小组，各个部门抽调业务骨干，实行集中人员、集中时间、集中办公，在全县范围内进行大规模的税法宣传，营造良好的治税氛围，集中开展专项治理整顿工作，并以重点企业的税收分析为突破口，以收集的各项信息资料为依据，采取由点到面的工作方式，对税负偏低的企业进行纳税评估和深入分析。2009—2013年，连续5年开展综合治税，并且加强对纳税人的评估，5年评估税款8093万元。

优化服务 1994年，实行税收专管员制度，对纳税人实行属地管理、行业管理。1996年，开始对办税服务进行规范化管理。2003年，办税服务厅开始推行服务承诺，进行限时服务、延时服务、电话预约服务、首问责任制、办税引导员、申报期末纳税提醒制、局长接待日、“一窗式”“一站式”服务、全程服务等一系列办税服务措施，积极简化办税程序，下放办税权限，缩短办税时间，全面提高国税工作效率。2010年，在办税服务厅里设置自助办税区，安装了ARM自助办税终端，在全局推行使用纳税人身份识别管理系统，积极推行普通发票网络开具与认证管理系统，进一步节省纳税人办税时间、降低征纳成本。2012—2013年，国税部门按照忠信服务、忠诚服务、共促和谐的工作思路，创建“忠诚义信，税企同心”纳税服务品牌，坚持“五四三”服务理念，真心诚意服务纳税人，在办税厅推行统一规范的服务标识，并设置等候休息区和表格填写区，配备导税咨询台、电子显示屏、便民服务箱、宣传资料架和饮用水设施，服务厅工作人员实行挂牌服务，亮证上岗，强化内务管理，加强纳税人监督，对纳税人所办涉税事项实行限时办结制度。同时，在办税服务厅内部开展纳税服务明星评选活动，激发窗口人员的工作积极性，在历年行风评议中都名列前茅，并先后获得“市级巾帼文明示范岗”“市级文明号”等多种荣誉称号。

税收信息化 1994年后，梁山县国家税务局注重发挥计算机网络在税收征管中的运用，不断加大资金投入，优化设备配置，加强广域网与局域网建设，推进信息化、电子化管税。1998年，全局实现征管、会计核算、新版稽查选案和新版稽查管理系统在局域网上的联网运行，达到征管环节的信息共享。2000年，县国税局与上级机关之间连接DDN专线，为县局和稽查局各架设一条DDN专线，完成金税工程设备配置工作，并在县局建设FTP服务器，用于征管数据及其他数据的传输共享。2001年，中国税收征管信息系统软件（CTAIS）在县国税局全面上线，实现了税收管理以手工操作为主到以计算机管理为主的转变，税收征管全面实行电子化管理。同年，县国税局将ISO9000质量管理体系导入税收征管工作，以ISO9001质量标准建立科学、规范的税收征管质量管理体系，通过制定岗位职责和质量目标，使税收征管的全部过程都处于严格的受控状态，丰富了税收征管的内涵，扩大了精细化管理的外延。2002年，光缆全面进入县国税局征收系统，税收征纳渠道进一步畅通，工作效率进一步提高。2006年，综合征管软件V2.0全面上线。同年，全局推广“税收管理员监控系统”“外部信息应用管理系统”和“税收执法管理信息系统”，加强对税收管理员的事前、事中和事后的预警及监控，进一步提高了税收管理员的工作责任心和积极性。2007年，税收分析预警系统与纳税评估系统上线，以开展宏观税负分析为切入点构建税收征管长效机制，进一步整合加强税收征管信息分析功能，促进了征管工作的深化与强化。2010年，全局推行使用纳税人身份识别管理系统。

2013年，金税三期税收管理信息系统试点上线，纳税服务质效、税收执法水平全面提升。

第五章 地税

第一节 税种税率

税种 地税征收13个税种，即营业税、资源税、企业所得税、个人所得税、房产税、车船税、城镇土地使用税、印花税、城市维护建设税、土地增值税、契税、耕地占用税、固定资产投资方向调节税。其中，企业所得税、个人所得税由国税、地税共管。同时，代征代收7项规费，即：教育费附加、地方教育附加、文化事业建设费、残疾人就业人保障金、地方水利建设基金、工会经费、煤炭价格调节基金。

税收分成 增值税收入：中央75%，县级25%；消费税收入：中央100%；营业税收入：省级20%，县级80%；铁路运输企业、国有邮政企业、国有商业银行、石油、电力等企业缴纳的企业所得税（包括滞纳金、罚款）收入：中央100%；其他企业所得税收入：中央60%，省级8%，县级32%；个人所得税：中央60%，省级15%，县级25%；资源税、房产税、车船税、城镇土地使用税、土地增值税、契税、耕地占用税、城市维护建设税、印花税9个税种收入均为县级100%。

税率和征收率 营业税按为纳税人提供应税劳务、转让无形资产或者销售不动产向对方收取的全部价款和价外费用，征收范围及税率为：(1) 交通运输业、建筑业、邮电通信业、文化体育业，征收税率为3%；(2) 金融保险业、服务业、销售不动产、转让无形资产，征收税率为5%；(3) 娱乐业征收税率为20%。城建税按缴纳的营业税与增值税之和缴纳，纳税人所在地在县城、镇的，税率为5%；纳税人所在地不在县城或镇的，税率为1%缴纳。教育费附加按缴纳的营业税与增值税之和的3%缴纳。地方教育费附加按缴纳的营业税与增值税之和的2%缴纳。地方水利建设基金按缴纳的营业税与增值税之和的1%缴纳。文化事业建设费按广告、娱乐业收入的3%缴纳。企业所得税按应纳税所得额缴纳，法定税率为25%。车船税按车辆船舶型号及载重量确定固定税额缴纳。印花税按合同所载金额或账簿、证照数量缴纳。资源税纳税人开采或者生产应税产品销售的按以销售数量缴纳，产品自用的按自用数量缴纳。城镇土地使用税按实际占用的土地面积缴纳，城区4.8元/平方米，建制镇3.2元/平方米。房产税按照房产原值或房产租金收入缴纳，房产余值税率为1.2%，房产租金收入税率为12%。耕地占用税按占用耕地和其他农用地的每平方米30元或占用基本农田的每平方米45元缴纳。契税按成交价格、交换或支付的补偿等全部经济利益3%缴纳。土地增值税按转让房地产所取得的增值额缴纳，出售或者其他方式有偿转让房地产，增值额未超过扣除项目金额50%的部分，税率为30%；增值额超过扣除项目金额50%、未超过扣除项目金额100%的部分，税率为40%；增值额超过扣除项目金额100%、未超过扣除项目金额200%的部分，税率为50%；增值额超过扣除项目金额200%的部分，税率为60%。个人所得税按收入总额扣除规定费用后的余额或所得全额缴纳，具体缴纳税率为：(1) 工资薪金所得，不超过1500元的税率为3%，超过1500～4500元的部分税率为10%，超过4500～9000元的部分税率为20%，超过9000～35000元的部分税率为25%，超过35000～55000元的部分税率为30%，超过55000～80000元的部分税率为35%，超过80000元的部分税率为45%；(2) 个体工商户所得及对企事业承包承租所得，不超过 15000 元的税率为 5%，超过 15000 ～ 30000 元的部分税率为 10%，超过 30000 ～ 60000 元的部分税率为 20%，超过 60000 ～ 100000 元的部分税率为 30%，超过 100000 元的部分税率为 35%；（3）劳务报酬所得，不超过 20000 元的部分税率为 20%，超过 20000 ～ 50000 元的部分税率为 30%，超过 50000 元的部分税率为 40%；（4）稿酬所得税率为 20%；（5）特许权使用费所得税率为 20%；（6）利息股息红利所得税率为 20%；（7）财产租赁所得税率为 20%；（8）财产转让所得税率为 20%；（9）偶然所得税率为 20%；（10）其他税率为 20%。

第二节 地税收入

1994 年后，地税部门坚持以组织收入为中心，严格坚持依法治税，强化税收征收管理，挖掘潜力、堵塞漏洞、攻坚克难，加强税收分析，及时做好税收收入调度，一级抓一级，层层抓落实，全面落实组织收入工作责任制。当年，地税实现各项收入 1539 万元。2007 年，首次突破亿元大关，达到 12429 万元；至 2012 年，地税收入突破 5 亿元大关；2013 年，地税收入达 6.75 亿元，实现了税收收入快速稳步增长。1994—2013 年，县地方税务局累计实现收入 302791 万元，年均 15139.55 万元；累计实现县级收入 239060 万元，年均 11953 万元。

1994—2013 年梁山县各项收入及县级收入情况统计表

表 7-5-1　　单位：万元

年度	税收总收入	其中县级收入	年度	税收总收入	其中县级收入
1994	1539	1227	2004	5668	3955
1995	1930	1586	2005	6319	4574
1996	4714	4593	2006	7001	5027
1997	5180	5070	2007	12429	9092
1998	3997	3871	2008	14179	10247
1999	3932	3514	2009	17401	12823
2000	4196	4047	2010	27069	18432
2001	5786	5675	2011	47258	34594
2002	5615	3751	2012	55166	43542
2003	5901	4276	2013	67511	59164
			合计	302791	239060

第三节 税收征管

20 世纪 90 年代中后期，适应实行社会主义市场经济体制的需要，地税部门逐步建立纳税人自行申报纳税制度和服务体系、管理监控体系、稽查体系、组织体系，基本形成征收、管理、稽查既相互分离又相互制约的征管格局。进入 21 世纪后，现代信息技术逐步得到广泛应用，征管工作科技含量明显提升，并实行管理与科技双轮驱动，促进提高税收征管水平。

纳税服务 尊重纳税人的平等主体地位，大力改进和优化纳税服务，加强税法宣传和咨询辅导，做好税收政策和管理措施解读工作，帮助纳税人及时准确地掌握税收政策规定，引导纳税人自觉遵从税法，构建和谐融洽、互信合作的税收征纳关系，减轻纳税人办税负担，建设标准统一、功能整合、运转协调，涵盖办税服务厅、税务网站、“12366”纳税服务热线和短信系统的一体化纳税服务平台。做好纳税人维权工作，高度重视纳税人关切，建立健全纳税人需求征集、分析、响应、处置机制，快速有效地处理投诉和举报问题，确保纳税人及时全面地享受税收优惠；积极支持建立纳税人维权组织，依法开展维权工作。健全纳税信用管理机制，依法加大对税收违法行为的惩戒力度，广泛形成依法诚信纳税光荣、偷税逃税骗税可耻的社会氛围。完善税务行政复议制度，积极运用和解、调解手段化解税收争议。

纳税评估 规范纳税评估程序，认真做好案头审核、实地审核等工作。加强与纳税人的沟通约谈，深入核实有关情况。对纳税人申报信息及相关涉税信息开展同行业税负比对等综合评估工作，有效排查风险点。探索实施纳税评估定期复核制度。以数据信息的采集和应用为重点，充分利用集中的信息资源，对税源状况进行全方位、多角度分析，不断提高税收风险分析能力。发挥数据集中优势，提升税收风险分析监控工作的管理层级。同时，深入开展税收收入分析与预测，把握税收收入发展趋势，促进税收收入随着经济发展保持平稳较快增长。

执法监督 深入推行税收执法责任制，进一步完善税收执法管理信息系统，扩大自动考核与疑点信息库的监控范围。落实重大案件审理制度，建立重大减免税、行政审批集体审议制度，加强对政策性个案批复的监督。重点规范行政处罚、核定征收、税务审批等行政裁量权，最大限度地减少执法随意性。坚持依法文明稽查，严厉打击涉税违法行为，增强税务稽查威慑力，维护税法严肃性，营造公平正义的税收环境。深化稽查管理方式改革。科学划分各层级的检查职责，实施分类分级稽查。围绕税收执法权运行的重点领域、重要岗位和关键环节，加强内控机制建设，合理配置和分解权力，促进税务干部廉洁从税和行业作风进一步好转。

梁山縣志

LIANG SHAN XIAN ZHI

1994—2013

第八篇

DI BA PIAN

经济管理

1994—2013年，县政府经济管理部门注重发挥综合协调职能，全面加强宏观经济调控管理，努力规范市场经济秩序，不断加强价格调控监管，逐步加大审计监督力度，发展改革、工商物价、统计审计、质量监督等经济管理工作逐步加强，有效地推动了全县经济快速发展和社会事业全面进步。

经过20年的发展，梁山县建立了比较完整的国民经济部门，工业经济形成专用汽车、出版印刷、纺织服装、建材装饰、医药化工、食品加工等六大主导产业；农业经济实现连续增收，现代农业体系初步建立；现代服务业蓬勃发展，梁山风景区被命名为国家AAAA级景区、山东省森林公园和山东省地质公园，水浒文化旅游品牌特色更加突出；城市空间得到拓展，城乡面貌日新月异，生态环境持续改善，人民群众生活水平日益提高；“工业强县，文化名城，生态和谐家园”的发展目标逐步实现。

第一章 综合管理

第一节 管理机构

梁山县发展和改革局（简称发改局），正科级行政单位，县政府组成部门，主管全县综合经济与社会发展规划的制定和实施。发改局前身为县计划委员会，始建于1955年1月，其间科、委、办几经变更易名，1976年10月复称计划委员会。2001年，县计划委员会更名为县发展计划局。2005年，县发展计划局更名为县发展和改革局。

2001年，县发展计划局内设办公室、国民经济综合科、投资科、工业经济发展科、农业经济发展科5个职能科室；2005年，县发展和改革局内设办公室、国民经济综合科、固定资产投资科、农村和区域经济科、经济体制综合改革科、工业经济科、社会事业发展科、煤炭资源管理科、服务业办公室。局机关行政编制20名。

归口管理单位 1995年，设立县项目办公室，为正科级事业单位，编制3人；2003年设立县招商局，为正科级事业单位，编制8人；2009年，设立县支持铁路建设办公室，为正科级事业单位，编制5人；2010年，设立梁山县煤电化产业办公室，为正科级事业单位；同年，招商局并入商务局；2013年，设立县域经济发展办公室，为正科级行政单位。

第二节 计划编制

中长期计划编制 1994—2013年，梁山县共编制中长期计划4个，即“九五”规划、“十五”规划、“十一五”规划、“十二五”规划。中长期计划由县政府组织编制，县委研究并提出编制建议，由县人民代表大会审议通过执行。

《梁山县国民经济和社会发展第九个五年规划纲要》，1996年编制完成并开始实施。规划按照“鼓劲实干、创业兴县”的总要求，提出到2000年底，主要发展指标达到：全县地区生产总值29.8亿元，比1995年年均递增8%；社会消费品零售总额达到6.4亿元，年均递增10.8%；出口商品交货总值达到1.52亿元，年均递增12.6%；累计完成固定资产投资44.5亿元，为“八五”期间的2.6倍；财政总收入达到1.03亿元，年均递增15%；城镇居民人均收入达到4060元，农民人均纯收入达到2356元；实施省以上科技项目14项，转化科技成果36项，实施专利技术42项。

《梁山县国民经济和社会发展第十个五年计划及 2010 年远景目标纲要（草案）》，2001 年编制完成并开始实施。规划按照“发展民营、壮大工贸、调整农业、开发旅游、提升城建”的总要求，提出到 2005 年年底，全县地区生产总值达到 69 亿元，较 2000 年年均递增 18%；全县地方财政收入达到 1.35 亿元，年均递增 16.2%；累计完成固定资产投资 126.2 亿元，为“九五”期间的 3.6 倍，年平均增幅达到 45% 以上；出口商品交货总值以年均 27% 的速度递增，年出口额达到 1600 万美元；五年内完成城市建设投资 1.68 亿元；城镇居民人均收入达到 5210 元，农民人均纯收入达到 3460 元；实施省以上科技成果 18 项，转化科技成果 23 项。

《梁山县国民经济和社会发展第十一个五年规划纲要（草案）》，2006 年编制完成并开始实施。规划按照“两个高于，两个前移”的目标定位，提出到 2010 年年底，地区生产总值达到 148 亿元，为“十五”末的 2.2 倍，年均递增 16.1%；地方财政收入达到 3.48 亿元，为“十五”末的 2.8 倍，年均增长 22.7%；固定资产投资五年累计完成 255 亿元，年均增长 25.5%，是“十五”末的 2.1 倍。五年内完成城市建设投资 30 亿元，实施 40 项城市基础设施重点工程；2010 年，景区接待游客突破 100 万人次、旅游总收入过亿元，分别是 2005 年的 5 倍、4 倍；城镇居民可支配收入达到 13483 元，农民人均纯收入达到 6804 元；承担市级以上科技计划项目 80 项，取得市级以上科研成果 23 项，获得市级以上科技进步奖 24 项，授权专利 625 件。

《梁山县国民经济和社会发展第十二个五年规划纲要（草案）》，2011 年编制完成并开始实施。规划按照打造“工业强县，文化名城，生态和谐家园”的目标要求，主要目标定为地区生产总值年均增长 14%（高出全市 2 个百分点），地方财政收入年均增长 18%，固定资产投资年均增长 22% 以上，社会消费品零售总额年均增长 19%，服务业增速高于生产总值增速，年均增长 21.7%，高新技术产业占比达到 33%，城镇居民人均可支配收入年均增长 14%，农民人均纯收入年均增长 14%。

短期计划（年度计划）编制 1994 年后，编制的年度计划共有 13 种，即：国民经济和社会发展年度计划，基本建设基金投资年度计划，重要农产品进出口年度计划，重要物资储备年度计划，社会发展年度计划，国民经济动员年度计划，固定资产投资年度计划，利用国际金融组织和外国政府贷款年度计划，水资源平衡与节约、生态建设与环境保护、防灾减灾发展年度计划，工业发展年度计划，人口、教育等社会事业发展年度计划，铁路行业发展年度计划，国内外贸易发展年度计划。其中主要是国民经济和社会发展计划、固定资产投资年度计划。

国民经济和社会发展年度计划主要是总结上一年度国民经济和社会发展计划执行情况，提出未来一年内国民经济、社会事业发展所作的规划和安排及相关政策建议，由县政府向县人民代表大会提交审议。固定资产投资年度计划包括固定资产投资建议计划、新开工和续建项目投资建议计划、前期储备重大项目等内容，每年年末由各乡镇及有关部门按照国家资金的投向、项目安排做好计划，并由县发改局汇总后按要求上报至市发改委于下年初统一下达。至 2013 年，编制国民经济和社会发展计划 20 个，固定资产投资计划 20 个，重点项目计划及实施方案 8 个，保障性住房建设投资计划 6 个。

第三节 计划实施

20 世纪 90 年代初起，国民经济体制逐步实现由计划体制向社会主义市场经济体制转变，全县国民经济出现全面发展的势头。

1994—1995 年，是第八个五年计划的最后两年，全县国民经济持续快速发展，社会事业进步不断发展，人民生活水平逐步改善。至1995年底，全县实现国内生产总值209185万元，其中，第一产业增加值97750万元，第二产业增加值74192万元，第三产业增加值48250万元。三次产业结构比例为44.39:33.69:21.91，农业在国民经济中仍占主导地位。全县社会消费品零售额35054万元，地方预算收入5131万元，职工人均工资3872元，农民人均纯收入1353元。

1996—2000年的第九个五年计划期间，全县加大农业结构调整，并以企业改革为重点，大力发展民营工业经济，一批工业重点项目相继竣工投产，城乡市场规模不断扩大，以公有制为主体、多种经济成分共同发展的格局逐步形成。至2000年，全县实现国内生产总值29.8亿元，年均递增8%，其中一、二、三产业增加值分别达到12.23亿元、8.47亿元和9.1亿元，年均分别递增6.2%、5.5%和12.9%。三次产业结构比例调整到41:28.4:32.6。全县社会消费品零售总额达到6.4亿元，固定资产投资5年累计完成44.5亿元，地方财政收入10289万元，城镇居民人均收入达到4060元，农民人均纯收入达到2356元。

2001—2005年的第十个五年计划期间，全县坚持“工业立县”战略，继续深化农业结构调整，强化招商引资，优化发展环境，成功举办“首届中国（梁山）专用汽车展销会”。深化企业产权制度改革，国有集体企业逐步实现投资主体多元化，民营经济强力发展，一批骨干企业逐步建立现代企业制度。至2005年，实现地区生产总值65亿元，年均递增18%，其中一、二、三产业增加值分别达到16亿元、30亿元和19亿元，年均分别递增8%、28%和15.8%；三次产业的比例调整到24:46:30，工业开始在国民经济中占据主导地位；固定资产投资5年累计完成120亿元，民营企业资产总额达45.8亿元；社会消费品零售总额达到12亿元，全县地方财政收入达到1.25亿元；城镇居民可支配收入达到5210元，农民人均纯收入达到3300元。

2006—2010年的第十一个五年计划期间，全县认真落实扩内需、促增长的各项决策部署，不断完善创新发展的政策举措，大力实施“项目带动”战略，连续成功举办中国（梁山）专用汽车博览会，专用汽车产业成为全县第一个百亿产业，被命名为中国专用汽车生产基地、山东省优质专用汽车生产基地，全县呈现出经济快速增长、民生不断改善、改革力度加大、社会和谐稳定的良好局面。至2010年，实现地区生产总值149亿元，年均递增16.1%，其中，一、二、三产业增加值分别达到32.62亿元、77.9亿元和38.62亿元，年均增长6.4%、16.3%和20.3%。三次产业结构比例调整到21.9：52.2：25.9，工业主体地位进一步凸显。实现地方财政收入3.48亿元，年均增长22.7%，增幅居济宁市各县区第二位。固定资产投资5年累计完成255亿元，年均增长25.5%；社会消费品年零售总额达到47.55亿元，国民经济开始进入快速发展时期。城镇居民可支配收入达到13483元，农民人均纯收入达到6804元。

2011年是实施第十二个五年计划的第一年，自此，全县上下统一思想，凝聚合力，统筹推进稳增长、促改革、调结构、惠民生、防风险等各项任务，深入实施“工业强县”战略，在项目建设、城乡发展、生态文明等领域取得重大突破，出版印刷产业转型升级，电子、数字高端产品推向市场，被授予中国出版物发行产业基地；城乡建设实现突破，新城区、凤凰公园、梁山泊水库等全面启动建设；全县经济总量保持高速稳定增长，综合经济实力迈上新台阶。至2013年，规模以上工业企业达到178家，居全市第4位；规模以上农业龙头企业达到195家，粮食生产连续11年增产增收；全县实现地区生产总值216.61亿元，年均增长13.2%，其中，第一产业增加值完成42.96亿元，第二产业增加值完成111.47亿元，第三产业增加值完成62.18亿元，年均增长 9.6%、12.7%、17.2%；三次产业结构比例为 19.8：51.5：28.7，产业结构进一步优化；固定资产投资 3 年累计完成 367.3 亿元，年均增长 21.6%；社会消费品零售总额达到 71.72 亿元，年均递增 14.7%；公共财政预算收入实现 8.54 亿元，年均增长 34.9%；城镇居民全年人均可支配收入、农村居民人均纯收入分别达 20466.41 元、10554 元。

第四节 体制改革

1994 年后，全县经济体制改革不断深化。在农村，主要改革农产品收购制度，健全农村社会化服务体系，加快了农村、农业和农民向市场经济的转变。在城镇，主要围绕增强企业活力，从放权让利、强化激励机制开始，有计划、有步骤地推行厂长负责制、承包经营责任制、流通企业四放开、股份制及股份合作制等改革形式。在企业内部，把改制、改组、改造和加强企业管理紧密结合起来，进行人事、劳动和分配三项制度改革。

企业改革 梁山县国有企业改革改制工作从 1992 年开始，至 2007 年年底完成。1994 年后，大力推进中小企业的股份合作制改革，企业人事、用工、分配体制改革不断深化，至 1995 年，70% 以上的企业进行股份制改造，56 家股份合作制改革企业，总股本金 3.5 亿元，新募集资金 1.3 亿元，各项经济指标连年增长。1996 年起，对中小企业加大产权置换力度，突出“改”和“卖”，加快企业兼并、出售步伐，打破地区、行业和所有制限制，既鼓励骨干、优势企业积极兼并弱小、亏损企业，以强带弱，也鼓励优势企业与优势企业合并，实行强强联合，推动企业资产重组步伐。同时规范实施企业破产，组建破产清算小组，负责破产财产的保管、清理、评估、处理和分配工作及解决职工问题，企业产权制度改革取得明显成果，90% 以上的国有集体企业通过改制实现投资主体多元化，一批骨干企业基本建立现代企业制度。至 2007 年，共组建发展省、市、县三级企业集团 25 家，经省政府规范确认的股份有限公司 8 家，其中县属企业 3 家，总股本 9.9 亿元，共新募集资金 12.26 亿元。

农村改革 1994 年起，持续实施以农村家庭联产承包责任制为主要内容的农村改革，并推行农村土地延包，至 2000 年，农村土地延包工作完成，土地承包期由 15 年延长到 30 年。2001 年后，以税费改革为重点的农村改革取得重大进展，并不断加大农村基础设施投资力度，强力推进新农村建设，至 2005 年，逐步形成具有代表性的食用菌工厂化生产基地、板皮生产加工等特色农业产业化集群。2006 年起，农业税及特产税、农民义务工、劳动积累工全部取消，梁山县大力推进农业产业化进程，逐步推进土地托管流转，部分土地向种田能手集中，各类专业合作组织大量兴起，现代农业稳步发展，至 2013 年，规模以上农业龙头企业达到 195 家，13 万亩土地向种粮大户、家庭农场、农业企业集中，家庭农场发展到 72 个，各类专业合作组织发展到 1616 个，成员 10593 个，入社股金 305222.1 万元，进一步推动了农业产业化、市场化进程，提高了农业规模效益，农业种植水平得到提升。

宏观经济管理 1994 年，实行财税体制改革，国税、地税分设，形成以增值税为主的流转税制，促进了全县财政税收和税收稳定增长。同年，实行国家政策性银行和商业银行的分设，陆续设立中国农业发展银行梁山县支行、中国邮政储蓄银行梁山支行、济宁市商业银行梁山支行、梁山民丰村镇银行等。1996 年起，梁山县开始探索国有资产管理经营体制改革，通过建立县国有资产管理委员会、国有资产运营公司及资产经营责任制，使国有、集体资产管理和运营步入规范化管理的渠道，确保公有资产的有效运营和保值增值，逐步实现政企职责分开。2001 年后，城镇土地使用制度和户籍制度改革成效明显，社会保障、投融资体制、财政管理、教育卫生等配套改革全面推进，市场在资源配置中的基础性作用显著增强。2006年起，实行国库集中支付、会计集中核算等财政体制改革，并实施粮食供销购销体制改革，至2010年，土地招牌挂、政府采购的招投标管理机制逐步完善，集体林权制度主体改革基本完成，梁山县被评为国家粮食行政执法工作示范县。2011—2013年，全面推行财政投资评审、涉企收费“一费制”、城区建设项目“一票式”、乡镇财政账户统筹管理等一系列财政体制改革；建立公共资源交易平台，所有政府投资项目纳入平台统一管理；改革投融资体制，组建国有资产运营公司、水泊城市投资公司、水浒文化旅游公司三大投融资平台。

社会保障体制 1994年后，城镇社会保障服务网络得到发展，乡镇逐步建立农村社会保障网络；城镇居民住房、社会保障体系等项改革逐步推进。1998年，梁山县开始实行最低生活保障制度，并设立帮困基金。2001年起，养老保险金收缴、劳动力市场建设、城镇职工基本医疗保险等社会保障配套改革全面推进。2006年后，以养老、失业、医疗保险为重点城镇社会保障体系不断完善，至2010年，城镇基本养老保险和失业保险实现全覆盖，新型农村合作医疗农民参合率达到96.6%，乡镇五保集中供养率达到80%以上，建设经济适用房9.5万平方米、廉租房1.3万平方米。2011—2013年，城乡社会养老保险工作全面启动，梁山县被列入全国新农保试点县；新型农村合作医疗农民参合率达到100%，城乡医疗保险实现全覆盖，并建立了城乡居民大病保险制度；城乡低保、农村五保供养标准逐年提高，县社会福利中心建成使用，社会救助水平不断提升。

第五节 重点项目

县政府确定2006年为“项目建设年”，开始实施“重点项目带动战略”，实行一名牵头领导、一套工作班子、一条龙服务体系的工作机制，确保大产业、重点项目建设的顺利进行，并通过简化审批程序、落实服务承诺、推行一站式办理、一次性办结、一条龙服务，对重点项目实施挂牌保护，打造项目建设“绿色通道”。根据特色优势和产业特点，2006—2008年，全县共确定实施154个重点项目，包括“金三角”工业园、韩商投资兴业园、良福制药新上的红霉素维A酸复方凝胶项目、三利树脂投资1000万元新上的“潘多拉索”原料药项目、梁山义和蔬菜发展有限公司大蒜贮藏加工项目、水泊南路仿宋街开发改造项目、污水处理厂、垃圾处理场等项目、梁山轴承厂迁建项目、华宇纺织扩建项目、杨营煤矿建设项目、水浒文化产业园建设项目、水泊商场物流配送中心建设项目、峰威印务二期建设项目、力建碳素生产基地建设项目、大和纺织建设项目等。

2009年，开始实施“重点工程、重点项目、重要事项（简称‘三重’）带动战略”，把全县经济建设中具有全局性、综合性或跨区域、跨行业的工程、项目和事项纳入“三重”工作，统一管理。其中，重点项目管理更加注重产业项目的转型提升。2009—2013年，全县共确定实施180个投资规模大、带动能力强的重点项目，包括蓝天化工迁建项目、科龙公司优质鲁西黄牛产业化发展项目、粮食物流中心项目、生物质能发电项目、美的亚商务中心、菱花公司味精生产线项目、飞驰专用车生产项目、县医院病房楼建设项目、泰国正大赖氨酸生产项目、蓝天集团退城进园项目、万达碳素预焙阳极项目、华泰型钢制造项目、元田汽车配件制造项目、太岳弹簧生产项目、通亚重工泵车生产项目、华丰收获机械制造项目、金盛车桥制造项目、亿鑫冷轧钢项目、华宇特种车项目、飞驰特种车项目、汇统特种车项目、威特立邦矿山机械设备制造项目、宏达厢式车汽车配件特种车生产项目、华通二手车中心建设项目、梁山宇通特种车制造项目、梁山中策农业机械及配件生产研发建设项目、江铃华岳车桥制造项目、万达碳素二期工程、中汇奶牛养殖项目、祥盛高档棉纺织项目、天诺雅种禽饲养、孵化项目、赵堌堆黄河生态旅游项目等，总投资共计510亿元。

蓝天集团年新型纤维纱线项目 年产4万吨新型纤维纱线项目占地400亩，总投资13亿元，拟建原料库房、生产车间、成品仓库、原料场、办公楼、化验室、供水泵站、锅炉房、空压站、变配电站共23.35万平方米，由山东梁山蓝天集团投资建设。项目以新型纺织纤维为原料，采用国内最先进的设备，部分选用世界上最先进的设备，采用最先进的纺纱制线工艺，生产科技含量高的功能性产品，购置国内最先进的精梳联合机、精梳机、粗纱机、紧密纺细纱机、意大利产自动络筒机等各类新型纺纱设备1421台（套）。该项目2012年开工建设，至2013年底，项目正在建设中。

梁山菱花生物科技项目 该项目是菱花集团在梁山投资建设的高科技生物项目，并将以此建设“循环经济生态示范园区”，项目计划总投资44亿元。主要产品及设计规模：形成年产35万吨调味品、30万吨氨基酸产品、30万吨有机食品、50万吨有机肥、40万吨饲料、74兆瓦余热余压发电的规模，实现销售收入109亿元、实现利税16亿元，成为全国最大的氨基酸生物工程、生态工业园区。该项目分三期进行。其中，一期工程于2012年9月16日正式投产。至2013年，完成投资25亿元，建成谷氨酸车间、淀粉车间、鸡精车间、有机肥车间等生产车间，并完成设备安装调试。

正大菱花十万吨赖氨酸项目 正大菱花生物科技公司是泰国正大集团于2004年7月在济宁兴办的企业，年产2万吨赖氨酸，2006年投产，经营状况良好。根据济宁市城市发展规划，正大菱花实施“退城进园”战略，在梁山建设赖氨酸生产项目，项目总投资10亿元，占地400亩，可年生产饲料级赖氨酸10万吨，2011年开工建设。

梁山万达预焙阳极项目 该项目由梁山力建碳素有限公司与山东淄博宇盛物资有限公司、济南澳海碳素有限公司合资创办，总投资10.5亿元，占地500亩，分两期实施。一期工程占地290亩，投资6.2亿元，2010年9月正式动工，2012年10月竣工，主要建设车间、办公生活配套设施等，总面积约14万平方米，包含2条13.5万吨现代化焙烧线，2条煅烧生产线，2条自动化成型生产线，一座大型自动化地下原料场，购置机器设备600余台套。

祥盛高档棉纺织项目 该项目由山东祥盛纺织有限公司和江苏申利集团联合投资兴建，为梁山县“退城进园”项目，占地面积155亩，新建高档纺纱车间67896平方米，库房14610平方米，办公楼及附属设施7346平方米，总投资10.07亿元。2011年，该项目开始实施，至2013年，项目已完成厂房建设，部分设备调试生产。

通亚重工泵车生产项目 该项目由梁山通亚重工机械有限公司共同投资3亿元兴建，项目占地200余亩，建设标准化生产车间、办公研发大楼等3万多平方米，购置设备180余台套。主要从事混凝土泵车的研发生产，设计年生产车载式、臂架式、拖式混凝土输送泵1500余台，正常年可实现销售收入20.3亿元。该项目于2010年2开工建设，2012年10月建成投产，产品通过国家级技术鉴定，达到国内领先水平。

水浒文化广场建设项目 水浒文化广场位于梁山风景名胜区西侧原水泥厂区域，占地176亩，项目总投资1.6亿元，于2010年开工建设，至2013年，完成7500平方米的水浒大酒店、2.3万平方米的接待中心、1万余平方米的表演馆建设。

第六节 招商引资

梁山县招商引资工作，经历了从萌芽探索逐

步向正规化、成熟化发展的阶段。2000年后，县委、县政府把招商引资列为经济工作的重中之重和加快发展的突破口，积极发展对外贸易，大力推进外经合作，出台一系列对外合资合作优惠政策，全县招商引资工作开始步入专业化、精细化的轨道。至2013年，先后吸引世界500强企业泰国正大集团、马来西亚前能一辉德多元有限公司，中国500强企业中集集团、江铃集团、中联建材、雨润集团、六合集团等，菱花集团、奥德集团、福建泉州赖氨酸公司等一批知名企业到梁山落地生根。

招商政策 县委、县政府高度重视招商引资工作，坚持全方位、多层次对外开放，实施全民招商战略。1999年，县政府制发《梁山县鼓励投资开发旅游景点暂行办法》，推动风景区开发建设，促进旅游业发展。2000年，县委、县政府先后出台《济宁（梁山）对外加工贸易区优惠政策》《梁山县招商引资优惠政策》《梁山县招商引资奖励暂行办法》等一系列政策措施，全面推进招商引资工作。2003年，县委提出在全县实施“五全”战略，即全面放开、全民招商、全民经商、全力保护、全面推向个私经济，努力把梁山建成“内陆的特区，江北的温州”；还提出“增一个外商，添一份光彩”“多一个商人，增加一次就业机会，保护商人就是保护党政干部”“投资者是上帝，引资者是功臣”的口号。同时采取以内引内、以外引外、以商引商、委托招商等多种招商形式，组织人员赴北京、济南召开招商引资新闻发布会，拓宽招商引资领域，形成招商引资热潮。

2007年5月，梁山县委、县政府以梁发〔2007〕50号文件，制定《关于进一步做好招商引资工作的实施意见》，提出18条指导性意见，包括：组建专业招商队伍，由传统招商向专业招商转变；实行招商代理制，在外地聘任1～2名招商代理；鼓励各类产业项目进园建设，发挥园区整体功能；对乡镇、部门招商引资完成情况进行年度考核，先进者予以奖励；鼓励县内企业与县外企业合资、合作，对引资建设的各类项目实行挂牌服务，放宽注册条件；设立招商引资专项基金，用于奖励在招商引资工作中做出突出贡献的单位、个人等。2009年，县委召开全县招商引资动员大会，进一步部署招商引资工作，县委、县政府还先后出台了一系列招商引资的优惠政策和措施，加强对招商引资工作的领导。

2010年，县政府发布《梁山县鼓励企业对外合资合作暂行办法》，对符合一定规模的投资适用的优惠政策作出进一步具体规定，包括：优先保障安排供地指标，政府土地收益全部用于扶持企业基础设施建设；新征用地耕地占用税，前3年所征土地使用税全额奖励给企业，后2年50%奖励给企业，5年内所征城市维护建设税全额奖励给企业；县内企业与海内外著名企业开展合资合作，股权转让过程中形成的税收，按50%（地方分享部分）奖励企业；自合资合作之日起，企业较上年新增增值税、所得税、营业税地方分享部分连续5年按50%奖励企业；对引资人按固定资产投资（县外部分）的5‰予以奖励等。

招商方式 县委、县政府广泛采取蹲点招商、网络招商、亲情招商、产业招商、企业招商等多种招商方式，推进全县招商引资工作不断进展。

蹲点招商 在青岛、宁波、北京、昆山、厦门、南京、嘉兴、义乌、珠海、深圳、天津、江阴、广州、上海、绍兴等地设立15个驻外招商办事处，每个办事处配备一名副科级领导干部和两名由县直各部门统一选拔的招商骨干，长期驻外蹲点招商。

网络招商 通过开通“梁山招商网”“中国·梁山”、县委、县政府门户网站招商引资专栏等手段，充分发挥国际互联网优势，全面介绍梁山县的投资环境，以及招商引资的优惠政策，详细介绍全县的招商引资项目，吸引国内外的客商到梁山洽谈投资，实行网络招商。

亲情招商 通过各地梁山同乡会等渠道，利

用春节等重要节假日，积极联系重点企业、重点人群，组织回梁山探亲的外地同乡座谈，着重介绍梁山目前发展现状和重点项目，以人性化的服务、人情化管理和“让投资商先赚钱、赚大钱”的理念触动投资商的投资神经，提高他们的投资积极性，实行亲情招商。

产业招商 依托专用车产业基地、图书出版发行基地、国家优质小麦良种繁育基地、国家鲁西黄牛、小尾寒羊繁育基地、国家商品粮、抗虫棉生产基地、全国食用菌工厂化生产示范县、山东省十大产业集群、鲁西南最大的畜禽加工基地等梁山产业基础优势，实行产业招商，引进高端产品生产技术，形成完整产业链，进一步提高招商引资的竞争力。

专业招商 建立健全招商项目库，筛选一批投资前景好、发展潜力大的招商项目，采取组织招商小分队的形式，带着项目有针对性地开展专业招商。另外，还实行领导亲自带队外出招商，做到重要信息亲自跟踪，重要客商亲自接洽，重大项目亲自推进，确保招商工作切实有效。同时鼓励引导企业对外合资合作，谋求更大的发展空间，大力加强与国内外优势企业的挂靠联合、嫁接改造，实行企业招商。

招商活动 2001 年 4 月，县委、县政府在北京友谊宾馆与首科集团举行大规模科技招商信息发布会及一系列招商引资活动，签订技术合同 13 项，签订技术协作意向书 123 项，建立合作关系 7 个，引进科技人才 27 人。

2007 年，县委、县政府进一步重视招商引资工作，把招商引资作为第一责任、第一能力，县、乡领导把主要精力用在招商引资上，有效提高了招商成功率。中集集团进驻梁山，收购梁山东岳公司，成立中集东岳公司，带动梁山挂车市场超前、超高发展。2008 年，全县新签合同项目 80 个，竣工投产和在建项目 262 个，实际到位县外资金 28.4 亿元。在合同项目中，500 万元以上的项目 68 个，1000 万元以上的项目 52 个，工业项目 47 个，商贸服务业项目 18 个，农业项目 10 个。2009 年，县委、县政府邀请外商到梁山实地考察，借以宣传梁山、推介梁山、吸引客商，增强全民抓招商的意识，全县招商引资工作呈现出快速发展的良好势头。菱花集团生物科技工业园、生物质能发电、华宇集团与一汽合作建设高档车生产等项目落户梁山。

2010 年，县委、县政府分别在长三角、珠三角、京津、东部沿海地区、闽中南、香港、澳门、台湾等地区，韩、日、新、美、德等国家开展集中招商活动，召开招商引资调度会、投资环境说明会、产业对接座谈会等一系列活动，并对重大招商项目主动跟进，积极推进项目的转化升级。全年共引进招商项目 112 个，国内到位资金 37.6 亿元，国外资金到位 1269 万美元。2011 年，全县共引进招商项目 156 个，利用县外国内合同金额约 339 亿元，实际到位资金 39.6 亿元；外资到位 768 万美元，新报批项目 8 个，合同利用外资 810 万美元。

2012 年，全县认真贯彻落实全市“大项目突破年”暨招商引资动员大会精神，把招商引资作为跨越发展的第一推动力，以领导带头招商、专业招商、园区招商和企业招商为重点，继续实施“走出去、请进来”战略，先后赴京津地区，杭州、上海、嘉兴、宜兴、镇江、湖州等长三角地区，广州、深圳、珠海、东莞、惠州、大亚湾等珠三角地区及港澳地区开展以小分队为主要形式的蹲点招商活动。围绕专用汽车制造、城市基础设施建设、水浒旅游、文化出版、公共服务、商贸物流、专用车及配件、农产品深加工、纺织服装等领域，先后在京津地区、长三角地区、珠三角地区、闽中南地区及香港地区适时组织“梁山县投资环境说明会”“招商项目对接恳谈会”“重点合作项目集中签约仪式”等一系列专题招商推介活动。至年底，到位市外国内资金 43.25 亿元，完成市下达年度任务目标的 113.8%。共签约 5000 万元以上的项目 110 个，合同利用金额 395.5 亿元。在谈项目 144 个，其中亿元以上项目 84 个。在建项目（含续建项目）119 个，其中新建亿元以上项目 23 个，10 亿元以上项目 3 个，20 亿元以上项目 1 个，全县直接利用外资达 2400 万美元，相比 2011 年同期增长 1026 万美元，同比增长 75%。

2013 年，县委、县政府坚持“大开放、大招商、大发展”的工作思路，切实转变招商方式，强力推进招商引资工作深入开展。大项目招商实现新的突破，山东德临新型碳材料有限公司总投资 39.7 亿元的 10 万吨针状焦项目、河南天盈家具有限公司总投资 30 亿元的名博家居建材广场建设项目等，均已开工建设。全县 15 个招商办事处工作全面展开：驻北京办事处的 LNG 全产业链、绿色物流园建设项目、驻珠海办事处的圣元环保公司垃圾处理中转站项目、驻宁波亿达汽车生活广场建设项目成功签约；驻厦门招商办事处的新型建筑材料机械生产项目、驻绍兴招商办事处的太阳能热水器及太阳能路灯生产项目成功落地。同时，鼓励引导企业以集聚上下游产品、降低综合配套成本、拉长产业链、培育优势支柱产业为重点，积极对外寻求合资合作，成效初显。新兴重工集团与梁山重汽龙腾挂车公司和山东盛润汽车有限公司成功签约，标志着又一家世界五百强企业成功落户梁山。在重点引进生产项目的同时，加强现代服务业招商，天津长城集团投资的富源大酒店、北京客商吴文娟投资的城区供热等项目开工建设，浙江龙腾控股有限公司投资的梁山浙江商城、上海伦达集团投资的城市商业综合体建设等项目成功签约。

第二章 统计管理

第一节 管理机构

梁山县统计局，始建于建县之初，时称统计科。1980 年 4 月设立统计局，正科级行政单位，县政府组成部门，主管全县国民经济和社会事业统计核算工作。1994 年，县统计局内设秘书股、业务股，同时设农村住户经济调查队（股级事业单位）。1996 年 8 月，撤销业务股，设立工业统计股、社会财贸统计股、法规股、计算站。2004 年，设立办公室，工业统计股改为工业投资科、社会财贸统计股改为社会财贸科，同时设社会经济调查队（副科级全额事业单位）。2010 年，县统计局内设办公室（挂政策法规科牌子）、国民经济和社会发展综合统计科、工业交通能源统计科（挂固定资产投资统计科牌子）、服务业统计科设 4 个职能科室，并设总统计师 1 名。

1994 年，县统计局在乡镇设专（兼）职统计人员 1 ～ 2 名；1997 年，乡镇成立统计站，业务上受县统计局指导；2007—2013 年，乡镇统计站上划到县统计局管理，实行“机构、人员、经费、编制”四统一的垂直管理体制。

第二节 统计调查

全面普查 1993 年后，全县开展各类普查 11 次，其中：人口普查 2 次，基本单位普查 2 次，经济普查 3 次，农业、工业、第三产业普查 4 次。每次普查完毕后，均发表普查公报。

人口普查 第五次全国人口普查，以 2000 年 11 月 1 日零时为标准时点，全县总人口 675392 人，男女性别比（以女性为 100）101.3，民族 29 个，少数民族人口为 619 人。第六次全国人口普查，以 2010 年 11 月 1 日零时为标准时点，全县总人口 730652 人，男女性别比（以女性为 100）103.59，民族 24 个，少数民族人口 619 人。

基本单位普查　全国第一次基本单位普查，以1996年12月31日为标准时点，全县共有法人单位1902个，产业活动单位3101个。第二次全国基本单位普查，以2001年12月31日为标准时点，全县共有法人单位1600个，产业活动单位2493个。

经济普查　第一次全国经济普查，以2004年12月31日为标准时点，全县共有法人单位1694个，产业活动单位3208个，法人单位和产业活动单位从业人员共113786人，个体经营户17714户，从业人员39090人。第二次全国经济普查，以2008年12月31日为标准时点，全县共有法人单位3007个，产业活动单位4079个，法人单位和产业活动单位从业人员共201986人，个体经营户22826户，从业人员66768人。第三次全国经济普查，以2013年12月31日为标准时点，产业活动单位5520个，其中，从事第二、三产业单位5446个；从事第二、三产业活动单位中法人单位4571个；个体经营户24108户，其中有证照个体经营户7393个。

农业、工业、第三产业普查　第一次全国农业普查，以1996年12月31日为标准时点，全县从事农业经营活动的农村户14.45万户，农村总人口61.66万人，从业人员38.13万人。第二次全国农业普查，以2006年12月31日为标准时点，全县农村住户17.85万户，其中农业生产经营户17.08万户，农村人口64.03万人。第三次全国工业普查，以1995年12月31日为标准时点，全县共有工业企业256个，从业人员35933人；销售收入114250万元，总产值116777万元，利润总额4674万元。第一次全国第三产业普查，以1993年12月31日为标准时点，全县第三产业单位2065个，从业人员44846人。

专项调查　1998年后，全县开展各项专项调查20余种，其中：1998年，开展个体工商户、私营企业调查。1998—2000年，连续三年开展人口变动情况抽样（全国）调查。2002年10月，开展全县农村劳动力劳务输出情况调查。2005—2013年，开展全国1%人口抽样调查和劳动力抽样调查。2006年，开展限额以下批发和零售业、住宿和餐饮业抽样调查、文化产业调查、规模以下工业抽样调查、全县畜禽生产情况快速调查。2007年，开展全市失地农民调查。2008年，开展全县单位用工调查。2009年，开展全县畜牧业发展情况快速调查。2010年，开展妇女儿童监测调查、工业品与房地产价格调查、服务业调查、全县大学生就业调查。2011年，开展畜禽监测调查、规模以下工业企业调查、限额以下批零住餐业调查、劳动力抽样调查、非公有制企业调查、文化产业调查、妇儿监测统计调查、工业品房地产价格调查、服务业抽样调查、村村通自来水情况调查。2012年，开展规模以下工业抽样调查、人口变动及劳动力抽样调查，组织限额以下批发和零售贸易业、住宿和餐饮业抽样调查、畜禽监测调查、规模以上工业企业创新能力与知识产权状况调查、非公企业党建工作专题调查、企业开工率调查、工业生产价格调查、工业企业购销价格“剪刀差”情况调查。2013年，开展粮食抽样调查、玉米实割实测采样、秋粮航拍遥感测量、畜禽监测调查、城乡住户调查、工业抽样、贸易抽样、服务业抽样等专项调查。

第三节　统计服务

统计公报　1994年后，县统计部门按时发布《梁山县国民经济和社会发展统计公报》，编印《梁山统计年鉴》《统计分析报告》，向社会各界提供多方面的统计信息服务。定期向山东省统计协会推荐优秀统计论文、统计分析，1999年，县统计局会同县政府研究室编写《京九重镇——梁山县》，记述展示全县五十年发展成就，被收入《新中国五十年》（济宁篇）。县统计部门还整理编印《1949—1999辉煌五十年》彩册。2000年后，每年初整理编印图文并茂的梁山社会经济发展彩册，每月印发《梁山县统计月报》。2005年，组织编写《统计志》，详细记载梁山县统计发展史，被收入《济宁市统计志》。2008年，组织撰写《梁山县发展成就综述》，被收入《崛起的新济宁》。

2009—2013年，统计部门及时发布全县经济社会发展指标和乡镇主要经济指标完成情况，分析预测全县经济发展趋势，参与制定全县经济发展目标；积极参与县委、县政府对各乡镇街道的季度考核工作，为考核工作提供各种统计数据。同时，每年围绕全县经济发展中心工作，跟踪监测经济社会发展中的热点、难点、焦点问题，开展调查分析和统计监测。2013年，推荐的两篇论文在第九届山东省统计科研优秀成果评选中获论文类优秀奖。

统计监督 1994—2013年，全县每年开展较大规模的统计法制宣传活动，向群众宣传《中华人民共和国统计法》。2001年，全县开展《中华人民共和国统计法》执行情况大检查，县统计局、县监察局、县司法局联合成立领导小组。在1083个单位开展自查的基础上，重点抽查5个乡镇、18个县直单位，对6个违法较严重的单位立案调查，并进行经济处罚。2010年，通过电视网络、街道电子屏和悬挂条幅等方式，向群众宣传统计法规政策，取得一定的成效。2012年，对全县46个企事业单位的统计工作情况进行重点检查，查出存在问题的12个，立案结案8起，已全部整改。2013年，在开展全国第三次经济普查中，先后选调检查组赴各乡镇，对有违反统计法行为的单位和个人进行查处和通报，共下达催报单5个，查处案件3起，通报批评1家。

统计教育 1994—2013年，统计部门每年组织开展统计继续教育、统计上岗培训工作，对统计人员进行专业知识培训，学习《中华人民共和国统计法》、统计制度、统计基础专业知识等，坚持实行统计人员持证上岗制度。梁山县每年都组织统计从业人员资格考试，至2013年，全县县直单位、各乡镇（街道、开发区）企业拥有从业资格证书的人员达246人。

统计技术职称评审工作始于1981年，当年8月，县统计局、人事局、劳动局、经委、县社等部门组成“梁山县统计职称初级评审委员会”，负责全县机关、企业、事业单位统计初级职称的评定工作。1983年年底，职称评审工作暂时停止并进行整顿。1987年，恢复成立“梁山县统计专业技术职务初级评审委员会”，负责全县事业、企业单位统计人员的统计专业职务评审工作。1990年起，统计员任职资格不再实行评审办法，而改为全国统一考试。1991年起，助理统计师资格每年进行一次。1993—2013年，统计师职称严格按照国家、省、市统一安排部署，每年10月的第二个周日统一进行考试，县统计局取得中级统计职称的10人，高级统计职称1人。

统计信息化 1994—2013年，统计信息化建设得到快速发展。1987年，县统计局使用第1台电脑。2003年，实现专线宽带上网，统计计算手段实行新的飞跃。2010年，县统计局投入近8万元，为乡镇（街道、开发区）统计站配置15台20寸液晶电脑，局机关配置投影仪、多功能彩色复印机，建立符合规范要求的高清视频会议系统，实现人手一台液晶电脑，统计手段更加完备，统计信息化建设迈上了新台阶。2012年，建立内容完备的网络系统，统计实现省、市、县、乡四级联网，实行无纸办公和网上直报工作，真正实现了信息化办公。2013年，配备一批笔记本电脑、台式电脑、打印机、PDA设备，统计信息化进一步完善。

第三章 审计管理

第一节 管理机构

梁山县审计局，始建于 1983 年 10 月，为正科级行政单位，县政府组成部门，主管全县审计工作。1994 年，县审计局内设秘书股（先后改称人秘股、办公室）、行政事业审计股、工交审计股、商粮贸审计股。1996 年 8 月，增设综合审计室，为股级事业单位；2000 年 5 月，设立干部任期经济责任审计办公室，为股级行政单位（2003 年 8 月，改为正科级全额事业单位）。2002 年，设立固定资产投资审计科；2006 年 12 月，设立梁山县固定资产投资审计办公室，为副科级全额事业单位。2010—2013 年，县审计局内设办公室、财政审计科、行政事业审计科、农业和社会保障审计科、企业审计科、法制审理科、审计结果执行科，设总审计师 1 名。驻地县城凤园路 191 号。

第二节 财政审计

县级财政审计 1994 年 8 月 31 日颁布实施的《中华人民共和国审计法》，将本级预算执行审计纳入同级审计机关的职责范围。1995 年开始，县审计局对上年度财政决算按照“摸清总量，揭露问题，规范管理，促进改革，制约权力，提高效益”的工作思路，通过审计及时掌握每年财政预算执行情况，摸清预算内外资金、重点专项资金、财政周转金、财政债务等财政资金的收支、使用、管理、效益情况，并针对县财政部门及其有关部门存在的预算外资金管理不规范、部分行政性收费未纳入预算管理、专项资金管理使用混乱、效益不高、财政部门多头开户、超预算越级次拨款、财政周转金发放、管理混乱造成损失浪费等现象，向本级政府提交审计结果报告，并受政府委托向同级人大常委会作审计工作报告，以保证财政预算执行的规范性和严肃性。

乡镇财政审计 1998 年开始，县审计局每年以三分之一的覆盖面对乡镇财政决算情况进行审计，至 2013 年，共查出违纪金额 10847 万元，促进增收节支 130 万元。针对乡镇财政财务管理不规范、财务体系不健全、财政决算不实、人为调节因素较多、债务包袱较重、固定资产缺乏有效管理、未建账建卡等问题，及时督促乡镇进行整改。

县乡结合审计 2001 年，借鉴国家审计署、省审计厅、市审计局及其他兄弟县市审计经验，打破年度界限、上下级界限，做到同级审计与专业审计、专题审计和下级财政审计相结合，充分挖掘和利用已有的审计成果、审计资源，在审计的深度和广度上得到加强，增强了同级预算执行审计的涵盖内容。2001—2013 年，共查处违纪违规金额 62500 万元。

第三节 单位审计

行政事业审计 2001 年起，县审计局加强行政事业单位审计，审计重点是有资金分配权、预算外收入、罚没收入的行政执法部门，着重对挤占挪用专项资金、乱收费、乱罚款、乱集资摊派、私设小金库、巧立名目乱发奖金和实物、用公款吃喝送礼、挥霍浪费等违纪违规问题进行查处。开展对普教经费和农村中小学收费的审计和调查工作，揭露中小学乱收费问题，规范中小学收费。2003 年，开展二期世行贷款灌溉项目审计和“非典”捐赠款项的专项审计，受到上级审计部门表彰。至2013年，共对172个行政事业单位的财政财务收支进行审计，17项行政性收费纳入预算内管理，遏制了乱收费、乱罚款、乱集资、乱摊派等违法违纪行为，对个别设账外账、小金库的单位进行通报批评，并对直接责任人进行严肃处理。至2013年，共查处违纪违规金额58998万元，上缴财政547万元。

国有企业审计 1991年起，审计局加强对国有企业的审计监督。审计内容包括：(1)对县属重点企业的财务收支实行经常性审计，着重查处偷税漏税、乱挤乱摊成本、隐瞒利润、资产不实、虚盈实亏、损失浪费、经营管理不善等违纪违规问题。(2)适时开展承包责任审计和厂长（经理）离任审计，采取抓重点企业、分层次审计的方法，对县属国有大中型企业和骨干企业由审计机关审计，其余由内部审计机构或社会审计组织审计，审计机关进行抽查，确保审计质量。(3)对企业开展资产、负债、损益审计，帮助企业摸清家底，发现问题，改善管理，堵塞漏洞，提高经济效益。在审计过程中，认真把握真实性原则，严格执行财经纪律，及时纠正会计资料失真问题，防止国有资产流失。至2013年，共提出审计建议192条，查处企业违纪违规金额31288万元，收缴财政200余万元。

重点投资审计 2002年，重点开展农村电网改造、县医院门诊楼等投资项目的审计，审计出违反工程管理规程、超规模建设和高估冒算等问题，并作了相应处理。2007年，加强对固定资产投资项目开工前和竣工决算的审计监督，运用录像、拍照、电子测量等先进审计手段，采集准确、可靠的审计证据，预防施工单位在工程结算时高估冒算、随意增加工程小项和工程量，对审计中发现的新情况、新问题，及时向县委、县政府提出整改建议，促进了相关部门制订和完善有关政策措施。2008年，县政府制发《梁山县建设项目审计监督管理暂行办法》，对全县范围内投资金额5万元以上的各类建设项目的审计内容、审计程序、法律责任追究，作出明确具体的规定。至2013年，共完成固定资产投资审计项目150多个，涉及农村电网改造、农村公路建设、全县重点工程建设等重点建设项目，查处违规金额21352万元，审减工程造价16171万元。

干部任期审计 2000年，梁山县实行领导干部任期经济责任审计。县委、县政府先后制发《梁山县机关事业单位领导干部和国有企业及国有控股企业法定代表人任期经济责任审计暂行规定》《关于进一步加强“一把手”经济责任审计监督的意见》，并成立领导干部经济责任审计领导小组，实行领导干部经济责任审计工作联席会议制度，不断加大对全县县直部门及乡镇领导干部和县属国有企业及国有控股企业法定代表人任期经济责任审计力度。审计部门认真执行审计署提出的“积极稳妥，量力而行、提高质量、防范风险”的原则，坚持依法审计，严格审计程序，规范审计行为，提高审计质量。同时，全面实施任中审计，建立“凡动必审，不动也审”的经济责任审计新模式，并积极推行审计前公示和审计结果公告制度。至2013年，共对289名领导干部进行经济责任审计，查处各类违规金额12988万元，管理不规范金额38449万元，并将审计结果如实向县委、县政府作报告，为组织、人事部门选拔任用干部提供依据。

第四节 综合审计

内部审计 20世纪90年代初，梁山县教育、交通、邮电、金融、物资、商业、粮食等系统和主要经济管理部门以及大中型企事业单位先后建立内部审计机构，并逐步开展工作。1994年5月，梁山县教委、商业局等单位及内审人员受到济宁市审计局通报表彰。此后，工商银行梁山县支行、梁山油漆厂、县粮食局、水泊商场等部门和单位的内审工作相继受到市、县级表彰。1997年5月，根据《审计署关于内部审计工作的规定》及济宁市审计局《关于开展全市内部审计业务工作质量检查的通知》，县审计局从审计程序、审计项目、审计档案等方面加强对内审工作的检查和指导。2012年12月，成立梁山县内部审计协会，设会长一名，由县审计局局长兼任，副会长两名、秘书长一名，内部审计协会会员单位40个，内部审计协会会员95人。至2013年，全县行政部门、企事业单位设置内审机构36个，其中专职机构15个，配备内审人员53名，内审工作不断发展。

社会审计 1989年8月，梁山审计事务所成立，在县审计局管理和指导下独立承办审计查证和咨询服务，实行有偿服务，自收自支，独立核算，依法纳税。1991年，审计师事务所业务范围不断扩大，除验资、查证、清产核资、经济责任、基建预算、经济效益审计外，还开展审计咨询、会计建账和担任会计顾问等业务。1994年3月，县政府批转县审计局《关于开展集体企业审计工作的报告》，同意集体企业的审计监督由审计师事务所承担，审计师事务所依照国家法律、法规和有关规定进行审计监督，行使审计机关的有关职权，执行审计机关关于审计工作程序的规定，承担相应的法律责任，并根据有关规定收取服务费，收费标准按（88）鲁审综字第54号文件执行。1999年，根据国家和省、市财政部门关于会计师（审计）事务所脱钩改制的意见，县审计局积极配合有关部门，做好审计事务所的脱钩改制工作；同年12月，县财政局、县审计局联合下发《关于会计师事务所、审计师事务所脱钩改制的实施意见》，梁山审计事务所与梁山会计师事务所正式合并，成立梁山中良有限责任会计师事务所，共有注册会计师5人，助理人员16人。

第四章 工商管理

第一节 管理机构

梁山县工商行政管理局（简称县工商局），始建于1971年，正科级行政单位，县政府组成部门，主管全县工商行政管理工作。1993年11月，县物价局并入县工商局，改称工商物价行政管理局。1996年1月，物价局分设，复称工商行政管理局。1999年3月1日，全省工商行政管理体制改革，实行省以下工商行政管理机关垂直管理，县工商局为济宁市工商局直属机构。2013年12月，县工商局由省垂直管理调整为地方政府管理。县工商局2008年被评为市级文明单位，2011年被评为省级文明单位，2013年被评为全省工商系统网络市场监管先进单位，并被定为市、县两级廉政文化示范点。

1993年11月，县工商局内设秘书股、个体私营经济管理股、市场管理股、企业登记管理股、商标广告管理股、经济合同管理股、物价管理股7个股级行政科室。1996年1月，撤销物价管理股；同年8月，增设法制股。1998年12月，县工商局内设秘书股、个体私营经济管理股、市场管理股、企业登记管理股、商标广告管理股、经济合同管理股、法制股、治安室，并设立县工商局稽查大队、个体劳动者协会办公室、消费者协会办公室等股级事业单位。2002年6月，县工商局内设办公室、人事政工科、财务装备科、法制科、监察室、市场合同科、商标广告科、消保科8个股级科室，下设企业注册局、公平交易局2个副科级直属局，同时撤销稽查大队。

1994年，各乡镇及专业市场设工商所，全县有基层工商所25个（后增设2个专业市场所）。2002年6月，撤并基层工商所，按经济区域设10个工商所，为县工商局派出行政机构，其中副科级所 7 个（城关工商所、城区工商所、城郊工商所、杨营工商所、韩垓工商所、馆驿工商所、徐集工商所），股级所 3 个（大路口工商所、小路口工商所、赵堌堆工商所），并重新划定了管辖区域范围。至 2013 年，县工商局内设 8 个股级科室、2 个事业单位、2 个副科级直属局、10 处基层工商所（副科级工商所 7 处、股级工商所 3 处）；县工商行政管理系统有在职国家公务员 134 人，工勤事业人员 43 人，共计 177 人。

第二节 市场建设

20 世纪 90 年代初，县政府把市场建设纳入目标管理，组织有关部门和乡镇到外地参观学习，研究规划、部署实施市场建设。1992 年，在县城解放桥附近投资 300 万元，兴建楼房式梁山泊市场，容纳 500 商户进行经营，年经营额达千万元；全县年度集市贸易成交额达 9277 万元，占社会商品零售额的 32%。1993 年 3 月，在首届“水浒文化节”期间，认真做好物资交流大会的服务和管理工作，优先为来自 20 个省市的外地客商安排场地，整个交易大会秩序良好，交易活跃。据统计，参加大会的客商 1280 户，上市物资 16 类 5600 多个品种，总额 3.69 亿元，总成交额 8048 万元。1994—1995 年，市场建设总投资达 2342.7 万元，新扩建市场总面积 13.9 万平方米。新建的韩垓乡浒光建材市场、开河西村农贸市场、梁山县凤山新市场及“凤园市场”二期工程，投资均过百万元。至 2000 年年底，全县实现第三产业增加值 9.1 亿元，其中城乡集贸市场成交额达 5.8 亿元。

2001 年，县政府按照“建设大市场，搞活大流通”的思路，进一步巩固壮大县城五大商贸区（梁山泊综合区、水浒中心区、凤园果蔬区、南关农机区、北关建材区），水浒商贸城一期工程全部竣工并正式营业，服装商贸街建设全面启动，同时调整市场布局，重点解决“马路市场”问题，全县集贸市场达到 66 处，其中专业市场 16 处，综合农民市场 50 处，年成交额达 6.3 亿元。2003 年，梁山县启动百货大楼超市、水泊商场连锁店等大型商场建设，新型流通业态发展迅速，联华、苏果、银座、万家福、三联家电等一批超市和连锁店相继落户梁山。2004 年，规划建设鲁西黄牛、小尾寒羊调拨和蔬菜瓜果批发等大型专业市场，形成一批集商流、物流、信息流于一体的现代物流配送中心。2005 年，联华、苏果、爱客多、家乐佳等大型超市相继投入运营。至 2005 年底，实现第三产业增加值 16.6 亿元，增长 17%；全年实现社会消费品零售总额 20.8 亿元，比 2004 年增长 15.3%；其中，批发零售贸易业零售额 17.9 亿元，增长 20.9%。

2006 年，投资 1000 万元、占地面积 6 万多平方米的金泊园市场启动建设，百货大楼九龙家电超市顺利开业运营，县社系统基层网点设施改造全面完成，全县小商品、生产资料、服装、副食、蔬菜瓜果等专业市场进一步完善，大中小配套、综合专业相结合的流通网络初步形成。2008 年，水泊商场 1 万平方米的现代化超市建成运营，物流配送体系不断完善。至 2010 年，实现第三产业增加值 38.62 亿元，增长 15.4%；社会消费品零售额完成 47.55 亿元，比 2009 年增长 19.4%；其中，批发零售贸易业贸易额 43.52 亿元，增长 18.3%；餐饮业零售额 4.03 亿元，增长 21.5%。2011 年起，梁山县以重点项目建设为抓手，促进服务业集聚化、规模化发展，启动梁山泊、法兴寺、铁水联运、伦达商城等一批重点项目建设，开发水浒系列产品和旅游纪念品，至 2013 年，专用车、建材、家具、煤炭、农副产品、中药材等专业物流中心逐步形成。

第三节 市场管理

1996年，围绕“公平交易执法年”活动，集中人员和时间，对出售假冒伪劣商品、哄抬物价、缺斤少两、扰乱市场秩序等行为进行整顿，全面推行“三定”“五包”责任制，当年有2处被评为省级、6处被评为市级文明集贸市场。1998年，会同技术监督、公安等部门，对全县白酒生产和销售单位进行“拉网式”检查，凡进货渠道不明的白酒，就地封存，经检验合格后，方可上市销售；凡生产条件差，特别是没有检测机构和检测制度的白酒生产企业，一律停业整顿，逾期达不到要求的，依法吊销其营业执照，取消其生产资格。1999年，会同文化、新闻、公安等单位，对全县报刊零售点和印刷企业进行全面检查。

2001年12月，根据国家和省、市关于工商行政管理机关限期与所办市场彻底脱钩的要求，工商局不再负责市场建设，专职市场管理工作。2002年，以集贸市场整治为重点，整顿和规范市场经济秩序，先后对农资、食品、建材、药品、文化、燃气具、粮食、棉花等市场进行集中整治，取缔销售假冒伪劣商品摊位40余个。2003年，防“非典”期间出动执法人员1800多人次，执法车辆360多辆次，检查各类场所4200余处，现场纠正违章经营行为70多起，查处囤积居奇、哄抬物价、虚假宣传、制售假冒伪劣“非典”用品等违法案件20余起。2004—2006年，在建立打击制售假冒伪劣商品的长效机制的基础上，以商场、超市、集贸市场为重点区域，先后对农资、食品、建材、药品、文化、易燃易爆、粮食、棉花、旅游、成品油市场进行集中整治，端掉一批造假窝点，查处一批大案要案。同时，加强对市场主体准入、交易、竞争、退出行为的全过程监控，改进和完善“两账两票一卡一留样”和农资经营者信用管理制度，落实监管责任制及责任追究制，做到了“抽查一类商品、查处一类案件、教育一批企业、规范一个行业”。

2007年，以迎接国家工商总局、省、市局检查为契机，深入开展“红盾护农行动”，共检查农资经营户370户，取缔无照经营户15户，查获假化肥160余吨，假种子800公斤，假农药300公斤，有效地净化了全县农资市场环境，省《消费与法》栏目组专题报道梁山县工商局护农先进事迹。2008年，对家用电器、儿童玩具、劳动防护用品、汽车配件、低压电器、建筑钢材、人造板、扣件、电线电缆、燃气器具、进京产品、与奥运有关的产品、危险化学品、进出口产品等，主要检查产品合格证明以及是否以假充真、以次充好、以不合格产品冒充合格产品、是否有虚假广告、商标侵权、仿冒知名商品特有的包装装潢和“傍名牌”等不正当竞争行为；对实施3C认证的产品，重点检查是否加贴3C认证标志及是否伪造或者冒用3C标志。同时，加大对重点产品的检测力度，主要检测安全性能、有毒有害物质含量等项目；加大对制假售假重点区域的监管力度，对售假问题突出的市场，抓住运输、仓储、销售等环节，切断假货流通渠道，摧毁假货集散地，切实保证流通环节产品市场消费安全。

2009年，全县共有二手车交易市场（停车场）21处，年交易二手专用车1万余辆，成为全国最大的二手车交易中心。针对二手车市场存在布局分散、竞争力不强、欺诈消费者等现象，县政府及工商管理部门确定对二手车交易市场进行专项治理工作，查处无照经营二手车市场13处，二手车经营户17户，二手车市场秩序明显好转，交易行为得到规范。同时，协调济宁市交警部门将二手车过户审批权下放到梁山县，形成二手车鉴定评估、买卖、转籍过户、牌证制作、纳税保险办理等“一站式”服务新格局。另外，加强对二手车经纪人管理培训，全县先后有459名二手车经纪人经考试合格，获得“经纪人证书”，实现了持证上岗、网上公布、挂牌经营，并成功调解二手车纠纷120余起，为消费者挽回经济损失

1300余万元。

2011年，随着网络商品交易迅速发展，县工商局认真贯彻国家工商总局《网络商品交易管理办法》规定，加大网络商品交易监管力度，建立网络商品交易主体数据库，按照“以网管网、全面覆盖、高效服务、促进发展”的思路，充分利用监管平台，稳步推进网络市场监管工作，对辖区网络商品交易主体、交易行为进行有效巡查。至2012年，建立网络经济户口1013户，巡查各类网站和网页6000余次，实地巡查企业114户次，查处各类涉网违法案件100余起，删除违法商品信息200余条，有力地促进了网络市场的发展。2012年10月，济宁市在梁山召开全市网络商品交易暨食品安全电子化监管工作会议，充分肯定并推广梁山经验。2013年，金泊园市场进行升级改造，市场面貌焕然一新，脏乱差的形象得到改观；城区内流通环节食品安全监管更加规范，无照经营现象得到有效遏制，人民群众购物环境大幅改善。

第四节 经济监督

1993—1995年，经济监督检查工作坚持经常性检查与集中检查相结合，3年间集中检查21次，查处违章案件1424起，其中大案87起；查处伪劣化肥316吨，农药58吨，农膜3.4吨，假劣种子3.8吨，病死、掺水肉类26.7吨，非法出版物36.7万册，走私车12辆，其他物资1宗，捣毁制假窝点57处，维护了广大消费者权益。1996—2000年，以经济监督工作为重点，一方面严厉打击利用制售假劣农业生产资料坑农害农活动，查获一批假劣农业生产资料，包括农药26.7吨、化肥183吨、种子16.6吨、柴油157吨、农膜151件，取缔农资非法经营户146户；另一方面严厉查处危害人体健康、危机群众生命财产安全的制售假冒伪劣商品的行为，共查处冒牌白酒7万瓶、酒精1.5吨、卷烟7700条、霉变食品10吨、医药8000瓶。同时，打击非法印刷，销售违禁书刊，清除精神垃圾，查封非法印刷机共66台，当场拆机拍卖、查获销售非法出版物共53.7万册。

2001年，根据各级整顿和规范市场经济秩序会议精神，及时整顿和规范市场经济秩序，对全县60多家涉及易燃易爆企业进行现场检查，同时查封假“即墨老酒”、假“关节炎胶囊”、假农药、劣质化肥等一批造假窝点。2003年，办理各类经济案件2231起；2004年，依法查处不正当竞争案件和抽逃注册资本案件1800多起，有效地维护了经济秩序；2006年，加大对种子、农药、化肥等农资商品的检测力度，先后对46个品种的230个样品进行检测，对21份不合格样品进行立案查处，并在新闻媒体上公开曝光。同时，严厉查处交易活动中的各类商业贿赂行为，查处商业贿赂案件4起，罚款8万元。

2007—2008年，认真落实国务院《关于加强食品安全等监管的特别规定》，强化流通环节食品安全监管，全面落实“四项制度”。“三鹿奶粉事件”发生后，立即启动Ⅰ级响应机制，加强奶粉市场监管，共出动执法人员842人次，检查市场26户次，下架就地封存和退回厂房含三聚氰胺奶粉24111公斤，受理群众相关资讯283宗，责令经营者无条件退款2.3万余元。

2010年，以工程建设、产权交易、公共服务、垄断行业、医药行业等群众反映强烈的热点难点领域为重点，严厉查处商业欺诈和不正当竞争行为，维护公平竞争，规范拍卖行为，维护市场交易秩序。依法查处一批不正当竞争案件，当年共查办各类案件372件，有效维护了全县公平竞争的良好环境。2011年，针对专用车领域制假售假现象突出的现状，严厉打击用假配件制售专用车行为，立案查处非法生产专用车案件176件，查获商标侵权车轴407根、轮毂215个、其他假冒伪劣配件1宗，取缔无照经营窝点2个，捣毁制假售假窝点3处，确保了全县专用车产业良好的发展局面。同时，严厉打击涉及危害人民群众身体健康、生命安全和破坏环境的无证无照经营行为，立案查处无证经营案件158起。

2011年，在梁山水泊商场、爱客多超市等大中型商场、超市推行食品安全信息查询监控系统，形成“日常监管一条线、处置问题点对点”的防控格局；2012年，在全市率先推行食品经营电子化监管体系，在梁山嘉惠超市、惠康公司等155户食品供货商中全面推广，在51户食品零售商中试点推行。同时，组织流通环节商品质量检测工作，立案查处不依法履行供货责任等食品安全案件161件，规范食品经营户396户，端掉食品制假窝点3处。

2012—2013年，保持对各类制假售假行为的高压态势，查处了大批案件，查处严重危害经济健康发展的无照经营案件205起，制假售假案件101起，不正当竞争案件68起，食品安全案件86起；依法吊销非法生产销售企业的营业执照11家，查扣假车桥49根、假制动气室465件、假钢圈24只；向公安机关移交某专用车制造有限公司涉嫌商标侵权案等案件3起，追究违法当事人刑事责任。

第五节 消费维权

1993年起，广泛开展消费维权活动，认真办理消费者投诉案件，至1995年，共受理投诉案件1412起，涉及争议金额209万元，为消费者挽回经济损失95.4万元。1996—2000年，共受理消费者投诉案件3934件，争议额347万元，为消费者挽回经济损失87.3万元，赔偿消费者27.5万元。同时还组织消费者开展评选“诚信店”“消费者满意单位”活动，1998年，经各级评选认定市级“诚信店”6个，“消费者满意单位”10个，水泊商场被评为全国诚信单位。

2002年，设立消费者权益保护科，加强流通环节产品质量监管和对消费者合法权益的行政保护。2004年，大力推进维权体系建设，隆重召开“3.15”国际消费者权益日纪念大会，开展放心店宣誓活动，组织30多家单位走上街头，散发宣传材料8万份，现场解答群众咨询2000多人次。2005年，为全面提升消费维权的质量和水平，在全县设立消费者投诉站和“12315”消费者申诉举报站120个，发展230名“3.15”志愿者，形成遍及城乡、快捷方便的消费者权益保护网络。2006年，以“3.15”活动为契机，紧紧围绕消费维权的年主题，广泛开展宣传教育，散发宣传材料17000余份，现场解答群众咨询3500余人次，收到良好社会效果。同时，广泛开展“消费者满意单位”“诚信企业”等评选活动，在山东省第六届消费者满意单位评选活动中，全县有六家单位获“消费者满意单位”称号。2009年，健全“12315”申诉举报网络，建立快速反应机制，实现消费者投诉处理不过夜，消费者投诉解决率达到100%。

2003—2013年，共受理各类消费投诉2600余起，争议、涉及金额额300多万元，为消费者挽回经济损失2660万元。其中，六洁汽贸诉某公司消费纠纷案被消费者贴到网络上传为佳话，广大消费者的合法权益得到有效保护。新创省级“消费者满意单位”10家。

第六节 企业登记管理

服务经济发展 1993年，县委、县政府召开第一次全县个体私营经济工作会议，县政府以梁政发〔1993〕9号文制发《关于大力促进个体私营经济发展的意见》，把发展个体私营经济列入县委、县政府的重要日程，纳入全县经济发展规划，并出台发展个体私营经济“七不限”措施，即不限比例、不限速度、不限范围、不限规模、不限方式、不限身份、不限籍贯。据此，工商行政管理部门贯彻“减费减赋，放水养鱼”的政策措施，对新开业户一律免收三个月管理费、承担办理营业执照的部分工本费。当年新发展个体工商户 1057 户，私营企业 19 家。

1994 年 7 月 1 日，《中华人民共和国公司法》《中华人民共和国公司登记管理条例》正式颁布实施。1995 年，全县登记注册有限公司 31 家，累计登记其他法人企业 602 家，营业性企业 1380 家，中外合资企业 14 家。1996 年，县委、县政府先后两次召开全县个体、私营经济工作会议，出台《关于保护鼓励个体私营经济发展的若干规定》，制定《乡镇发展个体私营经济的奖惩办法》，私营企业发展环境空前改善，当年新发展个体工商户 2385 户，同比增长 92%，新增注册资金 4577 万元，同比增长 48%；新发展私营企业 126 家，同比增长 93%，新增注册资金 6684 万元，同比增长 85%。为支持企业改制，引进技术和资金，为 6 家联营企业、40 多家承包或租赁经营，划小核算单位、分设机构的企业办理登记注册，其中注册资金在百万元以上的 11 家；为 19 家企业在县外设立的 27 个经营机构办理介绍及备案手续。

1998 年，县工商管理部门注重引导个体工商户向私营企业发展、私营企业向公司化和集团化发展，鼓励个体私营经济参与国有企业改组、改制、改造，兴办科技含量高的大企业，提高市场竞争力。同时，鼓励引导下岗职工发挥优势，自谋职业。当年有 156 名下岗职工从事个体私营经济，有 368 名在个体私营企业中就业。至 2000 年，全县共注册企业 1186 家，其中法人企业 354 家，经营性分支机构 832 户，有限公司 47 家。2003 年，县工商管理部门重点致力于招商引资工作，引进省内外投资项目 12 个，合同投资 1.626 亿元，实际到位资金 3900 万元。同年底，登记注册国有、集体企业 1082 家，注册资本 9.5 亿元；个体工商户 7502 户；私营企业 610 家，比 2002 年增长 24%，注册资本增长 73%；个体私营企业安排下岗职工 1940 人。

2007 年，县工商行政管理部门全面实行“无间隙工作制”和上门服务、跟踪服务、预约服务等服务措施，充分发挥登记注册职能，在所有登记窗口全面实行一条龙服务，一站式办公，对重点项目和外商投资企业，凡材料齐全，都做到现场办公，日夜加班，当日办结。当年为企业提供各种咨询 1780 余次，进行预约登记服务 320 余次，为 450 余家企业当日办理完审批手续。2008 年，企业登记和管理工作坚持符合条件的马上办、急需营业执照的加班办、重点项目跟踪办、对企业遇到困难和问题深入现场办、对一时拿不准的大胆探索办，为企业营造宽松的市场准入环境。同时，为最大限度地方便企业和群众，全面推行企业网上年检，将个体工商户的办照全部授权下放到基层工商所，对符合开业条件的当场发照，并按照国家有关部门要求，从 9 月 1 日起停收个体工商户管理费和市场管理费。至 2009 年年底，全县企业总数 1972 家，个体工商户 9762 户，涌现出中集东岳、华宇集团、蓝天集团、通亚公司等一大批企业，为全县财税增收奠定了良好基础。

2010 年，企业登记与管理工作从进一步放宽民间资本市场准入的领域和条件入手，只要国家不禁止的，全部允许进入，并大力开展股权出资和动产抵押登记工作，解决一批中小企业融资难、筹资难的问题。当年全县新增法人企业 390 户，新增个体工商户 1804 户，新增注册资本 12069 万元；全县企业总数达 2399 家，比 2009 年增长 22.4%；个体工商户达 11126 户，比 2009 年度增长 17.8%。2011 年，将全部行政审批职能集中到县行政审批大厅办理，企业登记只要手续齐全的，当场受理，当天发照；手续不全的，专人指导，及时补充；实现全系统行政审批事项时限最短化、效率最高化的目标。专人专件办理企业登记 217 户，为企业在申请当天发放营业执照 168 户。至年底，全县各类市场主体发展到 13705 户，同比增长 18%；注册资本（金）70.53 亿元，同比增长 24%。同时，免费办理企业营业执照副本、企业分支机构年检、筹建企业注册登记、食品流通许可证、个人独资企业营业执照、农民专业合作社营业执照等证照，2011年为企业减轻负担300余万元。

创新管理模式 2002年，按照全市工商系统机构改革要求，县工商局撤销个体经济管理股和企业登记管理股，设立企业注册局，负责全县各类企业和个体工商户的登记管理工作。2004年，县工商局先后制订《关于改革企业登记管理工作的实施方案》和《企业登记注册窗口规范化建设的实施意见》等文件，全面推行“一审一核制”，企业分段年检和个体户滚动验照，做好个体工商户登记权限下放的试点工作，推进市场准入制度改革。继续整顿和规范挂车企业生产经营活动行为，进一步明确市场准入条件及违法违规生产行为的查处办法。凡企业不具备生产挂车前置审批条件的不予登记注册；对企业生产经营中的虚假宣传、商标侵权、超范围经营等违法行为，依法进行查处。2005年，积极探索创新企业登记管理模式，认真落实“三统一”“五规范”，积极稳妥地推行个体工商户分层分类登记管理，依法对他们的市场准入、经营、退出等信息进行综合评价，按A、B、C、D四级实行登记管理。至年底，全县累计登记国有、集体企业875家、注册资本9955万元；个体和私营企业10242家，注册资本10.4亿元，其中私营企业988家。对不按国家规定组织生产的依法予以查处，当年共立案查处挂车行业违法案件14起，下达限期整改通知书40余份，违规生产的步伐行为得到遏制，挂车生产秩序明显好转。国家工商总局、国家发改委、国家质检总局等组成的联合检查组对挂车市场查访后，对挂车市场经营秩序和梁山县工商局的做法，给予高度评价。

2006年，《中华人民共和国公司法》及《公司登记管理条例》经过修订开始正式实施。据此，企业注册管理工作认真规范市场主体资格，依法规范企业登记注册行为，严把市场准入关，认真维护市场准入秩序。至年底，共登记国有（集体）企业722家，注册资本80245万元，个体私营企业11491家，注册资本179247万元，其中私营企业1046家，个体工商户10445户。同时，积极探索企业登记管理模式，严格落实“三统一”“五规范”，认真实施企业信用管理和个体工商户分层分类管理，大力查处无证经营行为，维护了良好的市场准入秩序。对于挂车产业，依法设立盛鑫和恩信两个集团，工商机关帮助他们积极申请半挂车、专用车生产资格，为加盟两个集团的18家小型全挂车生产企业找到了一条快捷、合法的发展路子。2007年，按照《中华人民共和国农民专业合作社法》的规定，开始受理农民专业合作社的登记申请，当年共办理农民专业合作社营业执照6个。

企业监管 在鼓励私营企业发展的同时，注重加强对企业的监管工作，特别对挂车生产企业进行整顿、规范和服务。2001年，有9家企业获得省汽车工业总公司颁发的新产品新技术鉴定证书和县质检部门办理的企业产品执行标准登记证书，其中1家企业进入国家经贸委汽车生产企业和产品公告，全县挂车生产这一新兴行业初步进入规范生产轨道。2003年，规范40家企业名称，依法查处12家企业的违法活动，并对2059户无证经营户进行清理，其中符合条件的2024户予以登记，发照经营，对35户不具备条件的予以取缔。2012年，两次组织企业和个体工商户档案评查活动，对查出的问题进行逐一纠正。全面停止收取会员费、代理费、咨询费、查询费、个体工商户登记费等各种收费，工商所提供服务零收费，全年为企业减轻负担160余万元。2013年，共办理行政审批事项7000余户次，年检市场主体2万余户，为企业减轻负担400余万元。至2013年底，全县各类市场主体发展到23520户，同比增长20.59%；注册资本（金）104340万元，同比增加38.81%，注册资本增长率列济宁市第一位。同时，农民专业合作社蓬勃发展，全县农民专业合作社发展到1776户，占济宁市农民专业合作社总数的1/5，居全市第一位；家庭农场从无到有，发展到72户。

第七节 经济合同管理

1993年，《中华人民共和国经济合同法》经全国人大常委会重新修订颁布，县工商局加大宣传力度，进行各种形式的宣传活动，并连续两年举办25期合同管理岗位培训，共计培训1448人。至1995年，共鉴证经济合同3.57万份，金额2.63亿元，受理合同纠纷案件666起，争议金额323万元。1996年，县政府转发《山东省人民政府关于同意由工商行政管理部门办理以企业厂房等建筑作抵押进行登记管理的批复》，县工商局与县法院联合制发《关于贯彻执行〈担保法〉有关抵押物登记问题的意见》，开展对企业动产、城市房地产、乡镇企业厂房等建筑物抵押登记，当年办理抵押登记16份，登记主债权额1414万元。1999年，县人行牵头召开金融系统座谈会，联合制定规范易操作的抵押登记实施办法，当年共办理抵押登记46份，主债权额5011万元。同年6月12日，以全省《中华人民共和国经济合同法》宣传日为契机，县工商局通过开展经济合同法宣传活动，持续推进经济合同管理。2001年，开展私营企业和个体工商户的财产抵押登记44份，主债权额9943万元，同时对季节性很强的加工行业开展抵押登记。2003年，举办《中华人民共和国经济合同法》知识学习班，近百名企业法人代表和合同兼管员参加，增强了企业的合同管理意识。2011年，开展股权出资和动产抵押登记，实现股权出资额 6500万元。2003—2013年，共依法办理抵押登记740起，主债权额116013万元，为企业融资提供了便利条件；评选出“重合同、守信用”企业116家，其中国家级1家、省级30家、市级85家。

第八节 商标广告管理

商标广告管理 1983年3月1日，《中华人民共和国商标法》（简称《商标法》）正式实施，商标管理工作纳入法制化轨道。1994年10月，《中华人民共和国广告法》（简称《广告法》）颁布实施，广告管理工作进入法制化轨道。同年，全县组织大规模的《商标法》和《广告法》的宣传活动。在此基础上，工商行政管理部门不断强化商标广告使用监督管理，加大对著名商标的保护力度。1994年，对全县61家的注册商标使用情况进行检查，查出擅自改变注册商标图形、文字及组合的4家，改变注册人名义的2家，连续停业使用3年的9家，依法分别对其进行纠正或处罚。至1995年，办理注册商标94件，续展商标5件，变更13件，转让1件，查处商标广告案件153起，罚没款13万元，没收印制假冒商标模版6块，侵权商标标识9万套，发展专业广告公司1家，设立广告群3处，面积1750平方米，以及其他类型广告一批。1996—2003年，先后查处非法使用“火炬”商标的石油经营企业26家；查处外地市场上假冒“水泊”牌油漆480桶，与“水泊”牌商标构成近似的“冰泊”“木泊”牌油漆520桶；查处梁山水泊酒厂、梁山水浒城酒厂假冒著名品牌“水浒”酒的违法行为，收缴商标标识10万套；查处各类商标违法案件12起，收缴商标标识2万余套；检查各类广告经营场所20余处，登记备案各类广告925件，集中查处违法广告案件 40起，收缴并销毁各类印刷品广告1.5万余份；会同县畜牧中心、县医药公司进行畜禽广告和医药广告大检查，查处畜禽违法广告6起，医药违法广告8起，收缴假冒商标标识6.5万套。

与此同时，工商行政管理部门指导帮助企业运用商标广告战略，增强企业竞争力，在第一、第二届“水浒文化节”期间，组织企业在会场内外开办产品展室，制作广告图板，设置路牌、墙壁广告，在中心街道布置广告一条街，提高产品知名度，创出一批与“水泊梁山”有关的享有较高声誉的商标。1996年，指导企业从以功利宣传向商标广告文化、企业形象宣传转变。水泊商场、大鹏公司先后注册“水泊牌”“大鹏牌”等服务商标。1998年，县油漆厂的“水泊”牌商标被评为全省著名商标，轴承厂的“LSZ”商标、大鹏公司的“大鹏”商标被评为知名商标。至2005年底，全县共有注册商标300个，其中，梁山油漆厂的“水泊”等被评为著名商标。2006年起，酿酒总厂的“義”、通亚汽车的“通亚达”、三利树脂的“三利”、良福制药的“良福”、万事达挂车的“万事达”、梁轴轴承的“LSZ”、天泓塑料的“天泓”、蓝天集团的“云雁”、太岳汽车弹簧的“安富”、八百里水泊化工的“鲁化”、徐坊大曲的“徐坊”、水泊焊割的“水泊”先后被评为山东省著名商标。2012年，县政府出台《梁山县商标奖励暂行办法》，县工商局进一步加强对商标注册、打造著名商标的指导工作，当年申请注册商标203件，成功注册121件，总注册量1165件，并成功申报中国驰名商标1个，山东省著名商标2个，其中“云雁”纺织被评为中国驰名商标，梁山县旅游局的“水泊梁山”、山东梁山神力汽车配件有限公司的“神力”被评为山东省著名商标。梁山臻嘉食品有限公司的“臻嘉”在香港成功注册，水泊焊割申报中国驰名商标材料、梁山黑猪申报地理标志商标材料已报送国家工商总局，山东水泊焊割设备制造有限公司的“水泊”商标在印度、土耳其注册中。至2013年12月，全县共成功注册商标1315件，申报成功山东省著名商标16个。

第五章 物价管理

第一节 管理机构

县物价局始建于1980年4月。1993年12月，县物价局与县工商局合并为县工商物价局。1996年1月，恢复设立县物价局，为县政府直属正科级行政单位。2010年10月，撤销县物价局，成立梁山县粮食和物价局，归口县发展和改革局管理（县发展和改革局加挂粮食和物价局牌子，粮食部门和物价部门各自独立办公）。1994年1月，县物价局设人秘股、收费管理股、综合股、工农产品成本调查室、价格举报中心、信息股、物价检查所。1996年，设价格信息中心（2001年更名为价格认证中心）。2004年5月，物价检查所升格为副科级事业单位。2007年4月，价格认证中心升格为副科级事业单位。其后，内设机构几经调整更名，至2007年12月，县物价局设办公室、收费管理科、价格管理科、综合管理科、价格举报中心、价格认证中心、物价检查所。2009年5月，成立梁山县物价局审价委员会。

第二节 价格管理

物价控制 1994年，对商品和服务实行明码标价管理，并在全县国有、集体企业中全面推行“一员五制”价格管理制度，即：充实稳定物价员队伍，建立完善行情调研、价格决策、明码标价、价格台账、定期审价制度。2008年11月，贯彻执行《政府制定价格听证办法》。物价部门贯彻实施《山东省服务价格管理办法》《山东省价格决策跟踪调查与评估办法（试行）》，按照《山东省服务价格管理目录》开展价格管理工作，加强对政府定价、政府指导价及市场调节价的管理，促进了全县物价基本稳定。

石油、电热　1994年5月，调整成品油市场销售价格。1995年，推行峰谷分时电价。2007年6月，实行城乡用电同价。2008年6月，加强煤电油气运价格监管，调整峰谷分时电价政策；同年8月制定县城区集中供热临时性收费价格。2009年9月，建立供热企业价格及成本情况定期上报制度；同年11月调整全县销售电价。2011年5月，对县内车用天然气销售价格进行调整；同年8月制定新建住宅小区供电设施配套费收费标准，同年10月对城区集中供热价格进行适当调整，并制定全县天然气（试行）价格，同年12月调整全县销售电价。2013年5月，贯彻落实《国家发展改革委关于进一步完善成品油价格形成机制的通知》精神，进一步加强对成品油价格的管理；同年9月，对县内车用天然气销售价格进行调整。

交运、物业　2000年4月，制定梁山县客运出租车、三轮车价格。2002年9月，制定梁山县城乡公交客运价格。2004年4月，制定客运出租汽车基本运价。2005年3月，对汽车客运运价进行整顿、规范。2008年9月，按照《济宁市物业服务收费管理实施办法（试行）》对物业管理企业进行管理；同年11月，对惠民小区首批经济适用住房的价格进行批复。2010年4月，对慧馨苑物业小区物业收费等级标准进行批复；同年11月，对祥和小区经济适用住房销售基准价格进行批复，对梁山县水泊公共汽车公司公交票价及IC卡电子收费标准进行批复。2011年9月，制定梁山至济南等34条线路的上限票价，企业可以在上限票价内自主制定具体执行票价；同年12月，对山景花苑物业小区收费等级标准进行批复。2012年1月，贯彻实施《山东省住宅物业服务收费管理办法》。

农资、粮油、副食、餐饮　1994年6月，调整粮油购销价格。1996年1月，对化肥调拨、零售实行综合经营差率，取消出厂价格浮动形式；适当调整食盐价格，规定食盐的批零差率顺价最高不超过20%。1997年，对餐饮业价格实行综合毛利率和进销差价控制，对县城内的餐饮单位实行定级挂牌服务等措施。1998年，实行定点屠宰，开始对猪肉价格进行管理。2008年1月，公布引黄灌区农业用水终端水价最高限价；同年6月，加强化肥等农资价格的监管。2009年6月，印发《山东省农村公共供水管理办法》。2011年7月，对食用再制盐小包装改进后价格进行管理。2013年2月，对绿色食品精制碘盐、海晶盐试销价格进行管理。

医药、服务　1999年，对宾馆、招待所、理发美容以及自行车看管进行价格管理。2001年，加强经营者收购、销售商品和提供服务实行明码标价的管理。2003年，对药品价格实行备案制度，同时加强对县医院自制药品的管理。在防治“非典”的特殊时期，对部分商品和服务价格实行最高限价。2005年4月，对集中招标采购药品价格及收费管理制定暂行规定。2007年7月，按照《关于药品价格政策有关问题的补充通知》管理药品价格。2010年3月，贯彻执行《关于济宁市基本药物最高采购限价的批复》和《关于实施基本药物制度过渡期价格管理有关问题的通知》。2011年12月，开始执行《山东省医疗机构制剂价格管理暂行办法》。2013年5月，贯彻落实省物价局《山东省服务价格登记证管理办法》。

价格监测　1994年后，物价部门密切关注国内外市场粮食、食用植物油、石油、钢材、化肥等重要商品价格变动情况，对食品、副食品价格，生产资料、成品油价格等实行按时监测上报，先后监测10大类57个品种，完成2000余条的监测数据上报任务，且及时准确，无一漏报、错报。尤其是在口蹄疫和甲型H1N1流感病毒传播期间，每日监测生猪、仔猪、猪肉、羊肉、食用油等8种商品的价格变动情况，当天将监测情况及分析报告报送市物价局和县政府有关领导。2011年3月，梁山县出现抢盐风波，县物价部门第一时间上报异常情况，启动应急预案。3月17日当晚，县物价部门连夜以工作报告的形式把食盐市场价格现状、物价部门采取的应对措施及工作方案向县委、县政府进行专题汇报，为政府制定全方位的应对措施提供决策依据，为迅速平息这次大规模食盐抢购和价格上涨风波打下坚实基础。另外，县物价局严格按照《政府制定价格成本监审办法》的规定，遵循公平、科学、规范、效率的原则，依法开展成本监审工作。2007年起，相继对城市供热、殡葬服务、物业管理、旅游、数字电视、经济适用住房、教育收费等24个收费项目进行成本监审，至2013年，共监审收费单位20家，企业上报成本2.3亿元，核减不合理成本4000万元。

物价检查 物价检查以贯彻落实《中华人民共和国价格法》及有关法律、法规、政策为总抓手，牢牢把握政府和企业关注、群众关心的热点、难点问题，大力整顿和规范市场价格秩序，认真落实价格调控监管措施，妥善应对价格异常波动，切实规范不正当价格行为，在促进经济发展、保持社会稳定、维护群众利益中发挥了积极作用。

涉农收费专项检查 1994年3月，开展农业生产资料价格检查，重点是生产、经营化肥、农药、农地膜、柴油、农机、种子和农电等价格执行情况。2005年，对化肥、柴油等农业生产资料价格和涉农收费情况进行专项检查，共查处价格违法行为48件，经济制裁总金额142余万元。2011年，开展涉农价格与收费专项检查，共检查单位52个，其中有违纪行为的单位41个，价格违法总金额102.60万元，其中退还用户7.60万元，罚没款金额48.00万元，收缴入国库率100%，结案率达95%以上。2012年，加强对农村殡葬服务收费、农产品检验检疫收费、婚姻登记、农机监理等部分单位的价格与收费情况的检查，共查处违法总金额150.59万元，罚没款金额65万元。

教育收费专项检查 1996年11月，开展以中小学收费为重点的物价大检查，共检查各级、各类学校46所，查处违纪金额180万余元，其中退还学生35万余元，罚没入库40万余元。由于教育乱收费一直是群众反映的焦点、热点问题，所以物价局每年都开展教育收费专项检查，在春秋季开学之际，组织对全县中小学收费情况进行检查，在检查过程中，通过听汇报、查账目、看公示、座谈走访等多种形式全方位了解学校收费情况，对不按要求，搭车收费，超标准、超范围等不规范的收费进行清退和处理。

其他专项检查 1998—2000年，重点开展教育、民政、粮食、旅游、石油等行业的收费及价格执行情况的检查。共查处违纪案件52件，查处违纪金额830万余元，经济制裁金额160万余元，其中退还用户56万余元，上缴财政104余万元。2003年，在“非典”防治时期，重点检查了与防治“非典”有关的药物、口罩、消毒液等生产和经营单位，检查单位33个，查处违法单位6个，罚没款3万余元，相关药品价格得到有效控制。2005—2007年，对医疗服务价格、旅游价格等价格和收费情况进行专项检查，对全县公安系统二代身份证办理收费情况进行检查，对工商、技术监督、建设系统开展价格检查。2008—2009年，在全县各乡镇、行政村开展农村医药市场集中整治活动。

在元旦、春节、国庆等国家法定假日及地方习俗节日及时开展节假日市场巡查，主要是监管对涉及人民群众切身利益的政府指导价、政府定价的商品价格和经营性收费标准及对实行市场调节价的商品，认真搞好市场监测，密切关注价格变动情况，发现价格违法行为及时采取措施，防止出现异常波动。1996年11月，配合全县生猪定点屠宰工作，下发《关于生猪收购、猪肉销售价格的通知》，并组织3次市场猪肉价格检查。同时，运用实地调查和暗访相结合，并充分发挥“12358”举报电话的职能作用，及时受理和查处群众举报案件，先后接待来信、来访、来电46件，立案查处16件，结案率100%。

第三节 收费管理

1994—2013年，物价部门坚持以“清费、治乱、减负”为重点，以全面推行价格和收费公示为切入点，不断加强收费管理，全面规范收费行为，并积极落实收费公示制度，及时清查整改收费过程中存在的问题。同时，认真组织实施行政事业性收费年审，切实治理乱收费现象，减轻群众和企业负担。

收费年度审验 1997年，贯彻执行省物价局、财政厅联合印发的《山东省行政事业性收费年度审验办法》，就年审的范围、内容、方法步骤作具体规定。通过组织实施行政事业性收费年审，2000年，暂停收费项目152个，降低收费标准118个，取消收费项目10个；2005年，取消收费项目51个，降低收费标准106个；2009年，共审验收费单位276个，审验收费总额1.1亿余元，审验率达100%，取消收费项目96个，降低收费标准11个，停止征收13个，注销收费许可证6个；2010年，降低收费标准8项，注销收费许可证33个。

收费公示制度 1998年，在全县范围内实行收费公示制度，要求各收费单位对收费项目实行明码标价。1999年，实施国家发展计划委员会、财政部、监察部、审计署等部门发布的《收费许可证管理办法》。2007年，对已核发的276个收费许可证进行彻底清理，取消收费项目4个。2008年9月，统一换发收费许可证。同时，开展“价格服务进万家”活动，设立价格服务监督站，方便群众了解价格收费信息，帮助经营者完善价格管理制度。至2013年，绝大部分收费单位按照规定要求进行收费公示，做到规范化、制度化。

规范行业收费 1993年，全县中小学收费统一执行省规定的收费标准。1997年，经国家和省政府批准取消74项建设收费项目，清理取消收费文件33个。2001年9月，制发《关于进企业收费有关规定的通知》，对合法收费，由县物价局签发《进企业收费标准通知书》，企业缴费时，要由收、付双方共同按规定要求填写“企业缴费登记卡”。2002年，制定幼儿园、托儿所、学前班收费标准。2007年4月，制定《梁山县城区生活垃圾处理费征收管理暂行办法》。2008年7月，对全县涉企收费进行全面清理，取消涉企收费项目2个，降低收费标准3个，以书面形式将审核标准的涉企收费项目、计费单位、收费标准、收费依据、收费范围告知各收费单位，并向社会公示。同时，配合县纪委制订《梁山县涉及企业的行政事业性收费项目及标准》。2011年，配合纪检、财政等有关部门扎实推进涉企收费“一费制”改革，确定108家企业，将6个部门、8个收费项目列入“一费制”管理范围。

第四节 价格认证

梁山县价格认证工作始于1994年。1997年，价格认证工作由县物价局价格信息中心负责，处理公、检、法、司等部门委托的价值认定案件，出具价值认定书。1998年9月，开始开展交通事故车物损失案件价值认证工作。2001年3月，价格信息中心更名为梁山县价格认证中心，承担全县刑事、民事、行政以及仲裁案件涉及的各种扣押、追缴、没收及纠纷财物的价值认定工作。2007年4月，价格认证中心升格为副科级全额预算管理事业单位，并取得国家发改委颁发的“价格鉴证机构资质证书”，承担全县价格鉴定、价格认证和价格服务工作。2008年，接受司法、行政机关等委托，共办理价格认证业务466件，标的额983.25万元；2009年共办理价格认证业务243件，标的额794万元；2010年共办理各类价格认证业务396件，认证总额763万元。同时，为政府部门行政工作中涉及的财物进行价格认定，2011年，配合农村社区建设，对馆驿镇亓庄村、王庄村旧村改造工程中需要拆迁的492户村民的房屋及地上附着物进行价格认证，认证金额达2386万余元。2012年，共完成各类价格认证业务410件，认证总额809万元。除司法、行政领域外，在经济领域也存在许多价格不明、价格有争议的问题，价格认证在调节价格矛盾、处理价格纠纷发挥着积极作用。2013年，价格争议调解处理及价格鉴证援助服务工作进一步规范。

第六章　质量监管

第一节　管理机构

梁山县质量技术监督局，始建于1980年4月，时称标准计量局，为正科级行政单位。1984年，更名为标准计量所，为副科级行政单位。1989年11月，更名为技术监督局。1993年12月，技术监督局并入县经贸委，改为县经贸委技术监督办公室。1996年1月，恢复设立县技术监督局（正科级行政单位，为县政府组成部门）。1998年7月，县技术监督局实行全省垂直管理，隶属济宁市质量技术监督局。2001年1月，更名为质量技术监督局。2014年1月，县质量技术监督局划归梁山县管理，为县政府组成部门。

1996年8月，县技术监督局内设人秘股、业务股、稽查队。2000年9月增设锅容管特设备安全监察科。2005年1月增设监督与法制科。2008年11月内设办公室、政策法规科、食品生产安全监管科、特种设备安全监察科、综合业务科5个科室和直属监管分局、韩岗监管分局、杨营监管分局、稽查队、质量计量检验检测中心（计量检定测试所、产品质量监督检验所）5个股级办事单位。2010年11月，内设办公室、财务科、政策法规科、食品生产安全监管科、特种设备安全监察科、综合业务科、驻行政审批大厅窗口（局内部挂标准化科牌子）7个科室，下辖稽查队（副科级）和计量检定测试所、产品质量监督检验所2个股级技术机构。2013年，全局有工作人员56人，其中公务员15人，参照公务员管理稽查人员18人，工勤人员1人，事业人员15人，离退休人员7人。

1996年，县质量技术监督局被山东省技术监督局、山东省人事厅评为“技术监督行政执法先进集体”。2002年，被山东省质量技术监督局授予“消灭无标准生产试点工作先进单位”。2003—2005年，连续三年被济宁市质量技术监督局评为先进集体。2011年，被济宁市政府评为安全生产先进单位。2010年和2012年，两年度被国家质量技术监督局评为《中国质量报》通联工作先进单位。2012年，被梁山县委、县政府评为先进集体。2013年，被梁山县委、县政府评为2013年度综合考核三等奖。

第二节　计量质量管理

计量管理　由梁山县计量检定测试所实施。计量检定测试所设有业务室、收发室、力学室、热工室、时间室、长度室、医检室、流量室、定量包装测试室10个工作室，建立23项社会公用计量标准，确保计量装置准确、可靠、客观、正确的计量电能的传输与消耗。1994—2013年，计量检定检测机构不断加强计量科学方面的研究，加强量值的传递和溯源，积极开展计量器具的检定测试与校准，共检定各类计量器具9万余台件，其中日衡4万余台，电子汽车衡3000余台，血压计2000余台，压力表2.8万余块，天平2000余架、加油机1.4万余台次，定量包装商品检验1000余批次。通过开展计量检定检测服务，有效保证了企业在用计量器具的准确性，为企业节能降耗、安全生产和市场公平交易打下坚实的基础。

质量管理 由梁山县产品质量监督检验所实施。产品质量监督检验所设有业务室、样品室、食品室、化工室、建材室5个工作室，收藏国家标准5000件、行业标准2000件、地方标准800件、企业标准360件，具备对食品、化工、轻工、建材等4大类102项产品的检验能力。1994年后，产品质量监督检验机构按照国家法律法规和上级质监部门统一部署，积极开展产品质量监督检验和仲裁检验与鉴定、生产许可证检验、相关委托检验工作；质监部门注重加强和完善质量保障体系建设，积极引导企业按照国际标准、国家标准、行业标准和地方标准进行生产，指导企业建立标准化良好行为，推进企业产品质量提高。至2013年，共检验各类样品8000余批次，涉及白酒、面粉、调味品、植物油、速冻食品、禽蛋制品、腌制品、建筑材料、农资等多个品种。全县产品标准覆盖率达到98%以上，食品生产企业标准覆盖率达到100%，并有8家企业顺利取得山东省标准化良好行为AA级证书。

优质产品创建 围绕专用汽车、出版印刷、农副产品加工、纺织服装等主导产业，深入开展优质产品生产基地创建工作。至2013年，全县有12家企业的13个产品获得山东省名牌产品，2家服务企业获得服务名牌，2家企业负责人获得市长质量奖提名奖，60家企业通过市级计量合格确认，18家企业通过省级计量保证确认，26家企业通过质量管理体系认证，全县标准化建设水平大幅度提高。

第三节 综合执法监察

特种设备监察 质监部门本着“人命关天的事，一定要慎之又慎”的原则，严格特种设备的安装审核和验收，依法严厉查处特种设备违法违规行为。2000年9月，锅容管特管理纳入质量技术监督系统；至2013年，相继检查特种设备使用单位3114家次，发出监察指令书769份，配合上级特种设备安全监察部门和特种设备安全检验机构检验锅炉、压力容器、电梯和厂内机动车辆3677台次，清理未注册在用特种设备105台，依法查处非法安装行为125起，整治安装单位安装未告知行为214起，安装未监督检验78起，使用单位在用未注册登记行为97起。通过开展特种设备安全监察，有效排除各种安全隐患，避免特种设备安全事故。

质量监督执法 1994年后，质量技术监督部门根据《中华人民共和国计量法》《中华人民共和国产品质量法》《中华人民共和国标准化法》《中华人民共和国食品安全法》《认证认可条例》等质监法律法规，认真整顿企业假冒伪劣产品，严厉打击制假售假行为，规范市场经济秩序，营造良好投资环境，维护市场秩序公平正义；对县内食品生产企业进行全面检查，对出现不合格产品企业下达责令整改通知书，努力营造较好的食品生产与销售安全环境，保障人民生命健康安全。至2013年，先后出动执法人员6万人次，查获假冒伪劣产品标值900万元，立案查处1780起，现场处罚2200起，挽回经济损失430万元。

第七章 安全监管

第一节 管理机构

梁山县安全生产监督管理局（简称县安监局），正科级行政单位，县政府组成部门，综合管理全县安全生产工作。县安监局前身为县劳动局所属的县安全办公室（股级单位），始建于1987年2月。1993年12月，县安全办公室划归县经贸委，更名为县经贸委安全办公室（副科级行政单位）。1994年7月，安全办公室由县经贸委重新划归县劳动局，改称县安全生产管理办公室（副科级行政单位）。2000年9月，县安全生产管理办公室再次划归县经贸委。2001年8月，县经贸委设立县安全生产监督管理局，正科级行政单位，同时撤销原县安全生产管理办公室。2005年9月，县安全生产监督管理局列入政府组成部门，且为县安全生产委员会的常设办事机构。2009年5月，县安全生产监督管理局设立党组。

2002年9月，县安监局内设安全生产监察科、安全生产综合管理科两个职能科室。2006年2月，增设办公室、危险化学品安全监督管理科。2004年11月，成立县安全生产监察大队（副科级事业单位）。2006年6月，乡镇经济发展办公室加挂“乡镇安全生产监督管理站”的牌子，负责乡镇安全生产监督管理工作。2007年10月，各乡镇设立安全生产监察执法中队，与乡镇安监站合署办公，一个机构两块牌子。2010年12月，县安监局内设办公室、综合监督管理科（挂政策法规与行政许可科牌子）、工矿商贸安全监管管理科、危险化学品安全监督管理科。2013年5月，增设职业卫生监管科。同年11月，设立县安全生产应急救援指挥中心（股级事业单位）。

第二节 责任体系

2002年，县政府充实调整县安全委员会，由县长兼任县安全委员会主任，分管安全生产的副县长任副主任，县直有关部门分管安全生产的负责人为成员。其后，根据人员变动情况，及时对安全委员会进行调整。安全委员会办公室设在县安监局，配专职干部4人，并下设工业、农业、建设工程和城市燃气、道路交通、水上、消防、危险化学品、煤矿等13个行业领域的专业安全生产委员会。各专业安全生产委员会按照各自分工，加强领导，落实责任，强化措施，抓好相关行业领域的安全生产监管工作。2008年，县安全委员会制发关于进一步加强县安全委员会成员单位履行职责的意见。2013年3月25日，县政府办公室印发《梁山县乡镇（街道、开发区）安全生产日常管理工作规定》和《梁山县安全委员会成员单位安全生产日常管理工作规定》，安全委员会成员单位安全生产日常管理工作得到全面规范。

责任落实 在建立安全责任体系的基础上，县政府下达年度安全生产控制指标及安全生产目标指令书，并与各乡镇、部门签订年度安全生产责任书，把安全生产任务指标和责任层层分解落实到基层，全县形成“一级抓一级，层层抓落实”的责任保障体系和“纵向到底，横向到边”的安全生产管理格局。县安全委员会制定《梁山县生产经营单位安全生产主体责任考核办法（试行）》，组织各主管部门对生产经营单位主体责任落实情况实行年度量化考核，考核采用百分制，考核结果不合格的，不得参加年度评奖、授予荣誉称号，并且列为重点监管对象；年终对出现较大以上事故的，实行“一票否决”，不能评为先进单位，所有责任人不得评为先进个人。县安全委员会办公室和安监局实行月报制度，将每月安全生产情况、事故发生起数等定期进行上报市局；对于发生生产安全事故瞒报、漏报、迟报的，从严追究部门领导的责任，视情况给予组织处理和经济处罚。2008年11月，县委、县政府印发《关于进一步加强安全生产工作的意见》，县安全委员会加强企业规章制度建设、帮助企业制定物质保障制度、安全资金投入制度，从业人员教育培训制度等。要求各类企业对照上级文件，结合“三项行动”，开展自查自纠，促进企业安全规范化建设。同年，县财政局、县安监局联合印发《梁山县企业安全生产风险抵押金管理实施办法》和《高危行业安全生产费用财务管理暂行办法》，召开安全生产风险抵押金专题会议。针对在危险化学品、非煤矿山、烟花爆竹、交通运输、建筑施工、城市燃气、电力等领域或行业从事生产经营活动的企业推行安全生产风险抵押金和安全生产费用提取、安全生产责任保险制度，对38家企业下达安全生产风险抵押金核定通知书。全县高危行业提取和使用安全费用112.9万元，交纳风险抵押金和责任保险27.2万元，加大安全生产投入，及时淘汰和改造落后的生产工艺和设备，提高了企业抗御风险的能力。

宣传教育 1994年后，县安全生产工作倡导和树立“以人为本”安全价值观、营造安全发展和“关爱生命、关注安全”舆论氛围为目标，组织开展内容丰富、形式多样的“安全生产月”宣传系列活动、“主题咨询日”活动，切实抓好宣传教育工作。2003年，在全县开展以“实施安全生产法，人人事事保安全”为主题的宣传活动，组织观看安全生产宣传综合文艺“平安祝福”晚会。2004年，县公安、交通、质监、建设、经贸、安监、卫生等10个部门联合开展安全生产咨询活动，梁山电视台等新闻媒体对全县咨询活动集中宣传报道。同时，组织广大干部职工收看由国家安监局制作的十二集电视宣教片《法佑平安》，参加国家安监局统一安排的安全生产知识竞赛答卷活动。2005年，印发宣传资料2万余份，设置宣传咨询站11个，同时配合有关部门开展“安康杯”知识竞赛、“青年安全示范岗”活动。2006年，紧紧围绕“安全生产、国泰民安”活动主题，向全县人民群众宣传安全生产法律法规和安全常识，设置事故图片展。2007年，县交警大队开展“倡导文明行车，构建和谐交通”为主题的宣传活动；县安监局、卫生局、劳动局组织实施职工劳动安全卫生知识培训月活动，开展安全科普知识竞赛、专业技术大赛活动。2008年，开展“隐患治理年”和“百日安全督查专项行动”活动，增强全民安全生产意识。2009年，县安全委员会制订《梁山县2009年“安全生产月”活动方案》，在各乡镇（区）学校、建筑工地、企业、车站、码头、旅游景点等人流密集场所，悬挂宣传横幅，张贴标语和宣传画，设置公共宣传栏。发送手机公益短信，开动“安全月”宣传公交车，播发公益广告，新闻媒体集中报道，在全县广泛开展安全警示教育活动。2010年，在以“安全责任，重在落实”为主题的全国“安全生产月”活动中，开展安全警示教育、“安康杯”竞赛、“十个一”“青年安全生产示范岗”等活动，进一步增强干部职工群众的安全意识，提高遵章守纪的自觉性。2011—2013年，围绕“科学发展，安全发展”“安全责任，重在落实”等活动主题，县安全委员会办公室制定活动方案，以深入开展“安全生产基层基础深化年”宣教活动，普及安全生产法律法规和安全常识，推动各项安全措施落实，有效防范各类事故发生。先后开展以“防治职业病，幸福千万家”为宣传主题的《中华人民共和国职业病防治法》宣传周活动，在全社会营造“关注安全，关爱生命”的良好氛围，提高全县人民的安全健康意识。

第三节 综合管理

县安监局贯彻“安全第一、预防为主”的安全生产方针，全面落实安全生产责任制，不断加大安全生产监督检查力度，努力消除安全隐患，全县安全生产事故起数、死亡人数连续下降，安全生产形势保持持续平稳。县安监局多次被评为全市安全生产工作先进单位，2005—2008年，连续4年被评为全省安全生产监督管理工作先进单位。

隐患排查 2000年后，县安监部门相继出台《梁山县重大安全隐患整改指令督办制度暂行规定》《梁山县事故隐患治理和防范责任落实的意见》及《关于开展基础设施安全隐患排查工作的通知》。同时，对查出的隐患以县政府督办令的方式下达给各乡镇、各部门和企业，限期整改。2006年，在全县开展以“查隐患、抓整改、重落实、保安全”为内容的冬季安全生产集中整治活动，针对道路交通、水上交通和渔业、消防、烟花爆竹和民用爆破器材、建设、非煤矿山等行业进行安全集中整治；针对交通、水利、电力、城市基础设施等重大基础设施安全进行隐患排查。2007年，在全县范围内展开“三合一”建筑及“九小场所”火灾隐患整治活动。针对重点行业和领域制发《关于印发在重点行业和领域开展安全生产隐患排查治理专项行动方案的通知》，明确工作目标、隐患排查对象和范围、具体实施步骤和工作要求，明确在排查治理中企业和政府部门的责任，建立健全重大隐患排查治理机制及分级管理制度。2008年，重点对梁山火车站至货场涵洞安全和蔡楼渡口凌期安全进行安全隐患排查，制定落实整改措施，保证铁路和水上交通安全。2009年，县安全委员会制定《梁山县安全生产事故隐患排查治理监督管理规定》，逐步建立起全县安全生产事故隐患排查治理的长效机制，强化生产经营单位的安全生产主体责任，加强事故隐患排查治理工作的监督管理，防止和减少事故的发生。2010年，以安全委员会名义组织相关部门，在重点行业、重点领域继续开展道路交通、非煤矿山、消防安全、危险化学品、烟花爆竹、建筑施工、水上交通、特种设备等9个方面的安全生产专项整治。2011—2013年，在重点领域持续开展隐患排查和监督检查，并建立“分级排查、梯级管理、四个一百、两个经常”的隐患排查治理机制，做到排查及时，措施有力，整改到位。对排查出的事故隐患、无证非法开采、无证经营、违法违规生产经营活动，采取措施，集中开展大整治活动，确保企业的安全生产、经营。

专项整治 县安委会结合公安局、质监局、交通局、建设局、教育局、安监局等部门的力量，在全县重点领域、重点行业内开展安全生产专项整治活动。每年年初专门召开会议进行部署，明确各牵头和共同负责部门的责任。每季度召开一次调度会，及时对各专项整治的情况进行调度和督促，形成齐抓共管的良好局面和工作机制。

爆破器材和烟花爆竹整治 完善民间爆破器材站管理制度，按标准配备安全防护措施，严格存放、配送管理，进行等级评定，实行等级化管理。加强对烟花爆竹经营、运输、储存等环节的监管，对烟花爆竹的零售点、批发站责任到人，严加防范。每年冬季组织人员，出动车辆，对烟花爆竹传统生产乡镇、村庄进行严格清查，严厉打击非法生产经营行为。

危险化学品整治 严禁在城区新建危险化学品生产、储存企业，同时重点对生产、经营、储存、运输等环节进行整治，对重大危险源进行普查登记，严格落实监控手段，强化防范措施，确保了危化品行业没有发生一例泄漏、爆炸、中毒等事故。同时，以整顿和规范液化气和燃气器具市场为重点，强化对燃气企业的安全检查，对私设的罐装点进行取缔，规范经营行为。

公共场所整治 对公共娱乐场所、宾馆、饭店、商场、超市、体育馆、中小学校、幼儿园、医院、

液化气站、加油站、小化工、网吧等进行专项整治；重点对影剧院、网吧、宾馆、饭店、商场、专业批发市场等人员密集场所的火灾隐患进行整治，完善内部消防设施，纠正堵塞疏散通道、违章用电用火等行为。

校园安全专项整治　重点加强对中小学、幼儿园的安全管理，加大校舍、校车和学校食堂卫生的安全管理，严格对学生接送车辆和学生食堂卫生的安全管理，强化学校用电安全管理，对鉴定为四级和随时能危及师生生命财产安全的危房封闭停用。

施工现场整治　重点强化施工现场安全管理，严格安全用电警示警告管理，对施工现场高空作业和起重机械进行整治。集中对非煤矿山企业进行全面清理整顿，2002 年，依法关闭小安山采石场，吊销其安全生产合格证、采矿许可证。2007 年按照县政府关闭砖瓦窑黏土矿的要求，收回 16 个砖瓦厂的“安全生产许可证”，并依法关停。同时，会同交通部门、沿黄乡镇，根据季节气候特点，加强汛期、凌期和调水调沙期间的安全防范措施，重点加强对黄河浮桥和船舶的安全治理。

特种设备整治　重点对在用特种设备进行注册登记专项整治活动，查清全县在用特种设备数量及安全状况，特别是对危险化学品生产、储存、运输用的压力容器和压力管道、取暖锅炉等特种设备进行认真检查检验。2013 年 4—5 月，县安全委员会在全县范围内开展锅炉和压力容器专项整治工作，在企业自查自纠的基础上进行重点检查，对存在违法违规行为的单位，依法严肃处理，确保锅炉、压力容器的安全运行。

安全培训　县安监部门注重对生产一线职工进行安全生产教育和培训，保证职工具备作业需要的安全生产知识，了解有关的安全生产法律法规，熟悉规章制度和安全技术操作规程，掌握本岗位的安全操作技能、应急措施、作业场所危险危害因素等。对其进行安全技术理论考核和实际技能操作考核，经考核合格者，颁发安全作业证书。未经安全生产教育和培训合格的从业人员，不得上岗作业，特别严格坚持特种作业人员持证上岗制度。依据《中华人民共和国安全生产法》，安监部门每年不定期举办危化品、烟花爆竹等高危行业（领域）经营安全管理厂长（经理）培训班，提高其安全意识，掌握安全生产管理知识。与此同时，以企业负责人、安全管理人员和特种作业人员为重点，进行安全培训考核。特种作业人员的培训考核严格实行培考分离制度，按照国家统一制定的特种作业人员培训大纲和考核标准进行。企业所有特种作业人员必须持证上岗。冶金、有色企业从事煤气生产、储存、输送、使用、维护检修的作业人员，按照有关规定进行专门的煤气安全基本知识、煤气安全技术、煤气监测方法、煤气中毒紧急救护技术等内容的培训，并经考核合格后，取得特种作业操作证。至 2013 年，培训危化品企业主要负责人、安全管理人员 380 余人次，培训烟花爆竹 300 多人次。

事故统计　全县规模以上企业 377 家，高危行业企业 40 家，并且分布于城乡各地，企业规模小，高危生产经营企业较多，安全生产监管任务较重。按照国家和省、市安监局的要求，县安监局统一制发“企业职工伤亡事故报表”和“企业职工伤亡事故伤亡人员报表”，进行事故情况分析和通报。2012 年 12 月，县政府印发《梁山县安全生产约谈制度（试行）》，对每年度内发生安全生产事故的，一律进行约谈，以防止和减少生产安全事故发生。

安全标准化　2009 年，县安监局印发《梁山县危险化学品从业单位安全标准化实施方案》，召开安全标准化会议，对相关企业做出具体部署，组织各企业按照《危险化学品从业单位安全标准化规范》和《评级办法》有序开展安全标准化建设。2011 年 10 月，县安全委员会办公室制订《梁山县工商贸企业安全生产标准化推进工作实施方案》，在全县工商贸企业系统全面开展安全生产标准化建设工作，实现企业安全管理标准化、作业现场标准化和操作过程标准化。2013 年，按照《中华人民共和国职业病防治法》和安监总局职业危害防治相关规章要求，强化生产经营单位作业场所职业健康安全监管工作，全面展开职业病危害项目申报工作，对职业病危害项目申报情况进行梳理，提高职业病危害项目的申报率和审核率，进一步掌握本辖区职业病危害底数。同时，针对薄弱环节，对开发区、杨营、黑虎庙、梁山街道、拳铺等片区开展宣传培训及集中申报工作。至 2013 年年底，全县 178 家存在职业危害的生产经营单位完成申报工作；在 29 家危险化学品生产企业中，3 家企业报停，26 家企业完成三级安全标准化创建工作，并被评为市级安全标准化达标企业；另外，23 家企业与安全生产标准化中介机构签约，在中介技术服务机构的指导和帮助下开展安全生产标准化创建工作。

第四节 行政执法

县安监部门不断采取强化措施，制订完善行政执法文书，明确执法责任要求及规定程序；加强执法队伍建设，全面提高行政执法人员政治业务素质；加强联合执法，全面推进安全生产行政执法工作。

行政许可 对建设项目坚持“安全第一、预防为主、综合治理”的方针，依法加强和规范监督管理，确保建设项目安全设施和职业危害防护设施与主体工程同时设计、同时施工、同时投入生产和使用。严格要求企业认真做好建设项目安全设施“三同时”工作；督促企业严格执行安全设施“三同时”制度；督促企业单位落实建设项目安全设施“三同时”规定；依法办理行政许可，依法关闭不具备安全生产条件的生产经营单位。为加强生产经营性建设项目安全设施和职业危害防护设施的监督管理，坚持按照《中华人民共和国行政许可法》，严把市场准入关，严格落实安全生产许可制度，严格建设项目审批和管理，把安全生产作为建设项目设立的重要前置条件，从源头上控制和消除事故隐患，做到建设项目“不论企业性质、规模大小、投资多少和隶属关系”，凡是安全设施未与主体工程同时设计、同时施工或者同时投入使用，并履行备案审批相关手续的，对与此有关的行政许可一律不予审批；未经批准擅自开工建设的，责令生产经营单位立即停止施工，依法予以处理，限期改正违法行为，借以防范和减少安全生产事故，保障人民群众生命财产安全。

执法检查 在严格行政许可、完善安全监管的基础上，定期开展执法检查。本着“分级负责，归口管理”的原则，采取专家查隐患、政府搞督察、部门抓监管、企业抓落实的措施，按照“不放过隐患、不漏单位、不留死角”的要求，紧紧抓住重点行业、重点部位等点面结合的方式，并采取全面检查与重点抽查、经常检查与突出检查相结合的办法，组织开展以建筑施工、道路交通、水上运输、危险化学品、非煤矿山、民爆物品和烟花爆竹、公共场所、工商贸企业、电力压力容器、液化气站、加油站为重点的全方位、多层次的安全生产专项执法检查活动。同时，注重重大节日和政治敏感时期的安全检查，注重劳动防护用品配备使用、特种作业人员持证上岗、建筑施工、安全用电等专项检查。严厉打击“三非”（非法建设、非法生产、非法经营），做到“四个一律”，即对非法生产经营建设和经停产整顿仍未达到要求的，一律关闭取缔；对非法违法生产经营建设的有关单位和责任人，一律按规定上限予以处罚；对存在违法生产经营建设行为的单位，一律责令停产整顿，并严格落实监管措施；对触犯法律的有关单位和人员，一律依法严格追究法律责任。

梁山縣志

LIANG SHAN XIAN ZHI

1994—2013

第九篇

DI JIU PIAN

城乡建设

梁山县城建设始于1953年，起步较晚，基础薄弱，道路、供水、供电、排水、环卫基础设施较差，建筑大都是平房或红瓦房。20世纪80年代中期至90年代初期，梁山县城建设步入较快发展期，道路、供水、排水、环卫、照明、绿化等基础设施建设加快，实现了二级供水设备，修筑了第一块县城绿地，单位办公楼、学校教学楼、商业楼等楼房逐步建设，县城建设框架初步拉开，城市功能逐步增强。

1994年起，县政府不断加大城市建设投资，县城建设步伐日益加快，基础设施日趋完善，县城规模逐步扩大。1996年，开始建设水冲式公厕、垃圾处理站等环卫设施。1998年，县城部分区域开始实现集中供热。2000年，城区道路照明全部实现“亮化”，单位家属楼、居民住宅楼、沿街商业楼等城区楼房建筑渐成规模。2001年，县城建设开始进入大建设、大发展、大提升时期，道路、供水、排水、绿化系统进行升级改造，居民住宅小区开发建设全面启动。2005—2010年，累计投入30亿元，实施40项城市基础设施重点工程，建成居民住宅小区10余个，中心城区建成区面积由2005年的11平方公里扩大到20.9平方公里、人口由9.8万人增加到14.5万人。

2011年后，梁山县城建设进入高峰期，城市基础设施建设突飞猛进，先后建成安民山路、杏花村路、浒源路、汶水路、忠义路、水浒大道、迎宾大道等东部新区道路，新建改建水泊大街延伸段、西环路拓宽延伸段、济水路拓宽改造、独山路等西部新区道路工程；住宅小区开发建设规模进一步加大，湿地、绿地、公园等生态城市建设全面启动，凤凰公园建成开放，结束了梁山县城无大型公园的历史；聚义湖建成蓄水，结束了水泊梁山有山无水的遗憾；梁山泊大型水库及绿地公园开工建设。至2013年12月，累计投入8亿元，完成30余项城市基础设施重点工程，梁山县城建成面积22.1平方公里，城区道路总长91.4公里，面积308.5366万平方米；城区绿化面积达108万平方米，绿化覆盖率35.1%，人均公共绿地6.71平方米；城区总人口16万人。

第一章 管理机构

第一节 住建局

梁山县住房和城乡建设局，正科级行政单位，县政府组成部门，主管全县城乡建设和住房工作。县住房和城乡建设局始建于1959年12月，时称建设工程局，后相继改称建筑工程局、基本建设局、基本建设委员会、城乡建设环境保护委员会、城乡建设委员会。1993年12月，县环境保护局并入县城乡建设委员会，复称县城乡建设环境保护委员会（简称县建环委）。1996年1月，县建环委与县环境保护局分设，复称县城乡建设委员会（简称县建委）。2002年5月，县建委改称县城乡建设局（简称县建设局）。2010年5月，原房管局行政管理职能划归县建设局，县建设局改称县住房和城乡建设局（简称县住建局）。1979年9月，县基本建设委员会设立党组。2004年3月，县建设局撤销党组、设立党委。至2013年年底，住房建设系统共有干部职工2230人，其中，高级职称8人，中级职称65人，一级造价师7人、二级造价师36人，监理师8人，评估师6人。

内设机构 1993年12月，县建环委内设办公室、政工科、财审科、城建科、施工科、乡建科、计生办等科室。1995年10月，增设规划处，与城建科一个机构两个名称；增设建管处，与施工科一个机构两个名称。2004年8月，县城乡建设局增设政策法规科。2005年9月，在施工科加挂“梁山建筑施工安全监督站”牌子。2008年6月，增设公用事业管理科。2010年12月，县住建局内设办公室、财审科、政策法规科（挂行政许可科牌子）、住房保障与房产管理科、城建开发与房屋拆迁科、工程建设科、城市建设管理科（挂城市防汛办公室牌子）、村镇建设管理科等8个职能科室。团委、计生办、督考办、建筑工程管理处、建筑节能办公室、建筑市场稽查办公室、建筑施工安全监督站、城市建设档案馆，也按照机关科室进行管理。2012年12月，增设政工科、燃气热力办公室。至2013年，县住建局内设办公室、政工科、财审科、政策法规科（挂行政许可科牌子）、住房保障与房产管理科、城建开发与房屋拆迁科、工程建设科、城市建设管理科（挂城市防汛办公室牌子）、村镇建设管理科、燃气热力办公室等10个职能科室。

事业单位 1994年，县建环委所属事业单位8个，除房地产综合开发公司为正科级事业单位外，建筑工程质量监督站、工程建设标准定额站、建筑设计室、市政工程管理处、城市管理监察队、环境卫生管理所、房产管理所7个单位均为股级事业单位。1995年8月，增设建设工程招标投标办公室，为股级事业单位。1996年5月，县建委增设建筑企业劳保费用行业管理站，为股级事业单位。1999年，设立房地产管理局，正科级事业单位，同时撤销房管所及原县房改办。2001年5月，环境卫生管理所改称环境卫生管理处；同年7月，工程建设标准定额站更名为建设工程标准造价管理站，其单位性质级别不变。2002年5月，县城乡建设局所属城市管理监察队改称城市管理行政执法大队，同时升格为副科级单位；同年12月，设立拆迁安置局，为正科级事业单位（自收自支）。2004年5月，设立城市综合开发办公室，为正科级事业单位（自收自支）；同年11月，设立规划局，为正科级事业单位，同时撤销原规划处。2006年6月，房地产综合开发公司由正科级改为股级事业单位。2007年5

月，撤销原市政工程管理处，分别设立市政管理处、园林管理处、路灯管理所，单位性质级别及隶属关系不变；同时，城市管理行政执法大队改称城市管理行政执法局，升格为正科级单位，职能独立，不再隶属建设局。2008年5月，设立经济开发区城建分局，为副科级事业单位。2010年3月，撤销拆迁安置局、建设工程招标投标办公室，房地产管理局改称梁山县保障性住房办公室，单位性质级别及隶属关系不变；同年10月，规划局职能独立，不再隶属住建局；建筑设计室改称建筑设计院，划归规划局管理。2012年3月，县住建局设立城乡环境管理局、房屋征收办公室，均为正科级事业单位。2013年1月，环境卫生管理处更名为环境卫生管理办公室（由城乡环境管理局直接管理）。至2013年，县住建局直属事业单位13个，其中正科级单位4个（城市综合开发办公室、房屋征收办公室、保障性住房办公室、城乡环境管理局），副科级单位1个（经济开发区城建分局），股级单位8个（建设工程标准造价管理站、建筑工程质量监督站、建筑企业劳保费用行业管理站、房地产综合开发公司、环境卫生管理办公室、市政管理处、园林管理处、路灯管理所）。

主要企业 1994年，建设系统主要有建筑工程公司、安装公司、自来水公司3个企业单位。1999年6月，成立工程建设监理中心，与建筑工程质量监督站同为一个机构、两块牌子。2005年5月，建立污水处理厂。2007年7月，工程建设监理中心与建筑工程质量监督站分设。至2013年，建设系统共有5个直属企业。

第二节 规划局

梁山县城乡规划局（简称县规划局），正科级行政单位，县政府组成部门，主管全县城乡规划管理工作。城乡规划局前身为县建委设立的规划处（股级事业单位），成立于1995年10月，与县建环委城建科合署办公。2004年11月，成立县规划局（正科级事业单位）。2010年12月，县规划局改称县城乡规划局（挂县城市管理行政执法局牌子），核定行政编制7名，配备局长1名、副局长3名，总规划师1名（按内设科室职务配备）。县城乡规划局内设办公室、规划设计科（挂行政许可科牌子）、法制监察科3个职能科室；下属梁山县建筑设计院1个事业单位。至2013年，内设机构未再变动。

第三节 城管局

梁山县城市管理行政执法局（简称县城管局），正科级行政单位，在城乡规划局挂牌，为县政府工作部门。城市管理工作原由县建委城建科及城市管理监察队（1989年5月成立、股级事业单位、隶属县建委）负责。2001年9月，成立梁山县城市综合管理办公室，为正科级事业单位。2002年5月，城市管理监察队更名为城区规划建设管理执法大队，为副科级单位，受县建设局和县城市综合管理办公室双重领导。2007年5月，成立梁山县城市管理行政执法局，为正科级行政单位，核定行政编制7人，事业编制65人，同时，撤销城市综合管理办公室。城管局内设人秘科、行政许可科、政策法规科（加挂督查室牌子）3个股级职能科室，城区规划建设管理执法大队改设为2个城市管理行政执法大队，均为副科级事业单位。2013年6月，设立基层行政执法管理办公室，正科级事业单位，隶属于城市管理行政执法局。

第二章 城乡规划

第一节 城市总体规划

梁山县城乡规划工作始于 1958 年，1960 年编制完成第一个县城建设规划，规划县城南北长 5 公里、东西长 4.2 公里、总面积 20 多平方公里，该规划未实施。20 世纪 80 年代初，县城规划工作步入正轨，至 2013 年，相继编制四轮梁山县城总体规划和两轮村镇建设规划。梁山县四轮城市建设总体规划分别是：1980 年规划、1995 年规划、2005 年规划、2010 年规划。

《梁山县城总体规划（1980—2000）》 1978 年，梁山县开始编制《梁山县城总体规划（1980—2000）》，至 1980 年，《梁山县城总体规划（1980—2000）》编制完成，并经山东省政府批准实施。该规划中，城市规划发展方向是向东围绕运河发展。

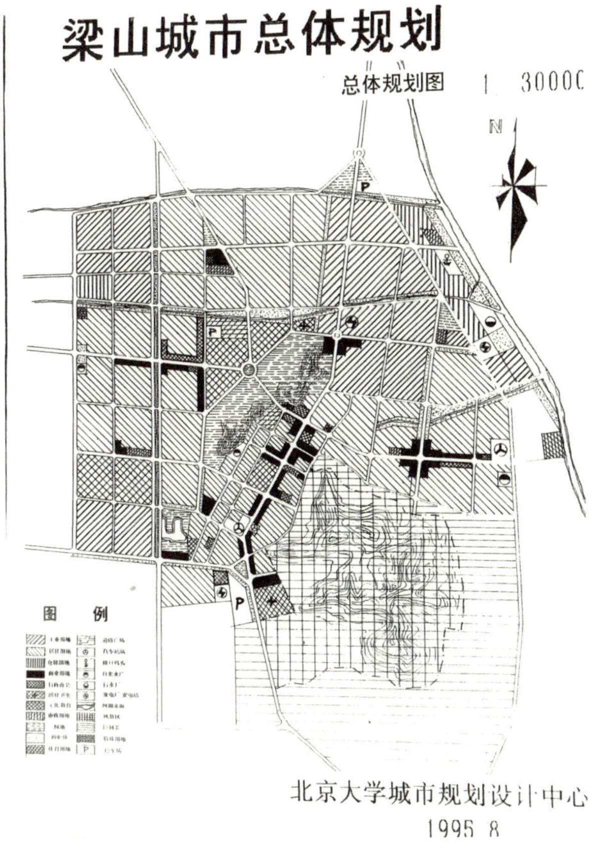

1995 年梁山城市总体规划图

《梁山城市总体规划（1995—2010）》 1995 年，梁山县编制《梁山城市总体规划（1995—2010 年）》，1998 年济宁市政府批复实施。该轮规划是在经济发展大环境的变化和京九铁路的开通以及对梁山风景区价值的重新认识基础上完成。

规划期限：近期 1995—2000 年，远期 2000—2010 年。

城市性质：全县政治、经济、文化中心，以纺织、机械、食品工业为主，具“水浒文化”特色的风景旅游城市。

规划规模：人口规模，至 2000 年，县域总人口为 72 万人，其中城区人口 12 ～ 13 万人；至 2010 年，县域总人口为 76 万人，其中城区人口 20 万人左右。用地规模，至 2000 年，城市建设总用地 13 平方公里，人均用地约 105 平方米；至 2010 年，城市建设总用地 21 平方公里，人均用地约 105 平方米。

城市总体结构布局规划：“两轴、三心、四口、一门”，“两轴”，即水泊中路为城市的南北轴，公明路及人民北路为城市东西轴；“三心”，即城市行政文化娱乐中心及由城市的东西轴串联的商业中心及副中心；“四口”，即城市的东南西北四个入口，南、北入口各设一个大型停车场，东、南入口各设一个长途汽车站，西入口设公交停靠站，入口处设城市标志物；“一门”，即以龟山、凤山为门，建设门外、门内、梁山三种城市风貌。凤、龟二山把门，象征吉祥如意之门，也是跨世纪大门。

该轮规划首次提出把梁山建成为“山中有城、城中有山、依山傍水、山水相依”的美丽城市，明确将凤凰山、灵龟山规划建设为城市中心公园，目标是将梁山建设成为生态优良、环境优美、经济繁荣、生活舒适的现代化风景旅游城市。

《梁山城市总体规划（2005—2020）》 基于梁山县经济社会快速发展需要，统筹全县城乡发展，加强对全县城镇发展布局和城镇化进程宏观调控与引导，促进城镇开发建设活动合理有序地进行，2005 年编制《梁山城市总体规划（2005—2020）》。

规划期限：近期 2005—2010 年，远期 2011—2020 年，远景规划至 2050 年。

城市性质：以机械、纺织和食品工业为主的县域政治、经济、文化中心；以水浒文化为特色的风景旅游城市。

规划规模：人口规模，至 2010 年县域总人口为 75 万人左右，其中城区人口为 14 万人左右；至 2020 年，县域总人口为 78 万人左右，其中城区人口为 22 万人左右。用地规模：至 2010 年，城市建设总用地 15.07 平方公里，人均建设用地 107.6 平方米；至 2020 年城市建设总用地 23.07 平方公里，人均建设用地 104.9 平方米。

规划区控制规划范围为：东至大运河，西至马营乡政府西侧公路，南至流畅河，北至金码河，面积 116 平方公里。

城市建成区规划范围为：规划期内北至龟山河，南至流畅河，西至西干渠，东至东环路，建成区面积 23.07 平方公里；远景预留北至金码河，南至流畅河，西至西干渠以西 2000 米，东至东环路，建成区总面积 46 平方公里。总体布局结构规划为：“‘大’字骨架、五纵八横、二片双环、四心四区”。‘大’字骨架，即以东西向的公明大道—人民北路，南北向的水泊路及水泊新路为核心，形成城市发展的“大”字骨架；五纵八横，即由城市交通型主干道及生活性主干道构成的干道网络，保证市内交通的畅通；二片双环，即老城区和新城区两个片区和蓝绿双环，绿环即为环老城林荫游憩路，蓝环则为环山绕城沟通水系，结合水泊公园、水上乐园、儿童公园、植物园、市民公园，形成三山五园，蓝绿双环的景观绿地系统结构；四心四区，即四心为一个行政中心、三个商业中心，四区为三个居住集中区和一个工业集中区。

该轮规划城市发展方向主要是向南发展，目标是把梁山建设成产业协调、布局合理、功能完善、环境优美、城乡统筹发展、水浒文化突出的风景旅游名城。

2010 年梁山城市总体规划图

《梁山县城市总体规划（2010—2030）》 2010年4月，县政府委托上海复旦规划建筑设计研究院编制《梁山县城市总体规划（2010—2030)》。同年12月，县十六届人大常委会第二十五次会议审议通过该规划。2011年7月，济宁市人民政府批复实施。

规划期限：近期2010—2015年，远期2015—2030年，远景展望到2050年左右。

城市性质：以现代服务业和汽车装配制造业为主导，以水浒文化为特色的风景旅游城市。

规划规模：人口规模，至2015年，县域总人口为77.5万人，其中城区人口19万人；至2030年，县域总人口为84万人，其中城区人口30万人。用地规模，至2015年，城市建设总用地22.70平方公里，人均用地约119.46平方米；至2030年，城市建设总用地35.73平方公里，人均用地约119.10平方米。

规划区协调发展规划范围为：梁山街道办事处、水泊街道办事处、拳铺镇、杨营镇、马营镇和省级经济开发区行政区划范围，总面积为399.03平方公里。规划区空间结构规划为："一轴两心、三廊五带、八组团"，"一轴"，即城市发展轴，由东南至西北连接中心城区、拳铺镇、杨营镇的发展轴；"两心"，即两个生态绿心，分别为位于中心城区的梁山风景区和位于马营镇内的水泊湿地；"三廊"，即联系梁山风景区、水泊湿地以及规划区外的湖泊湿地的三条景观通廊；"五带"，即五条分隔组团的生态控制绿廊，为规划区永久性生态绿地；"八组团"，即被五条生态绿廊划分的八个功能组团，分别为中心城区老城综合组团、中心城区东部文体组团、中心城区西部现代新城组团、经济开发区组团、杨营镇区组团、马营镇区组团、拳铺工业组团和拳铺综合服务组团。

中心城区规划范围为：东抵梁济运河、南至南环路、西到西环路、北达北环路，总面积为60.06平方公里。城市空间发展方向为："东进、南接、西联、北优"。城市功能空间结构规划为："一核半围、五心四带、四组团"，"一核"，即城市绿核，梁山风景区；"半围"，即城市建设用地与梁山风景区成半围合，使城市内外的"绿"相互渗透；"五心"，即五大功能中心，分别为老城综合服务中心、东部文体中心、西部商务中心、南部交通集散中心和南部商贸物流中心；"四带"，即四条放射状生态控制绿带，连接梁山风景区和中心城区外围生态板块；"四组团"，即被城市生态基质划分的4个功能组团，分别为老城综合组团、东部文体组团、西部商务组团和商贸物流组团。

该轮规划城市主要发展方向是向东、向南发展，最大亮点是高度重视山水资源和文化资源，以梁山风景区为核心，按照大风景区的概念，着力打造环城水系、环山水系，引水入城、引水进山，形成以山为核、以水为脉、以路为骨、以绿为本，山、水、绿、城相互融合的总体结构布局，把梁山建设成为山在林中、城在水中，山水城一体、城与林相融、布局合理、功能完善、环境优美的生态园林宜居城与水浒文化标志城。

第二节　城市区域规划

2005年4月15日，县城市建设规划委员会第一次会议召开，县委、县政府和城市规划、建设等有关部门主要负责人参加会议；至2013年12月，梁山县共召开20次城市规划委员会会议，就城市区域、地段详细规划及道路、绿化等基础设施和重点建设项目规划进行反复认真的研究，城市建设规划更加完善。2010年，依据总体规划，规划部门先后编制完成和谐家园、一电厂、崇文新区等小区的详细规划，完成水浒文化主题公园回迁区的详细规划和宋江大道、文化路的规划设计。2011年，县政府委托上海中建建筑设计院编制完成东部文体中心组团、南部商贸物流组团、西部新城商务组团的控制性规划，完成三个组团内的道路、给水、排水、燃气、热力、通讯等专项规划。同年，委托中国风景园林设计院杭州分院编制完成梁山新城绿地规划和水系景观规划，委托山东同圆设计集团编制流畅河湿地规划。2012年，委托上海同济建筑设计院、上海中建建筑设计研究院、上海复旦规划建筑设计院、中国风景园林设计院杭州分院等，对新城区基础设施和凤凰阁、凤凰公园、凤凰广场、招待所周边绿地、天佑河景观工程、流畅河景观桥等工程，以及杏花村社区、流畅河社区等建设项目进行规划编制和施工图设计。2013年，委托山东省城市规划建筑设计研究院、中国建筑规划设计院、上海中建建筑设计院等，编制完成城市给水、排水、供热、供电、燃气、环卫设施、管线综合等13项专项规划，编制完成政务中心主体工程、政务中心广场绿化景观、体育馆环境绿化景观、中医院及黄河河务局片区绿化景观等景观工程的详细规划设计，以及梁山泊平原水库工程、迎宾大道入口渠化改造、水浒大道等基础设施建设项目的详细规划和施工设计，还对老城区城中村、棚户区开发改造、基础设施、新城区基础设施、公共服务设施等建设项目进行重点研究，为城市建设发展起到科学、合理的引领作用。

东部城市新区规划 东部新城区位于天罡路以东、京杭运河以西，北起公明大道，南至流畅河，总面积约12平方公里。该区以城市南北主干道安民山路为建设轴线，包含行政办公、商业服务、教育、卫生、文化展览、体育健身、居住等功能，是梁山未来的政治、文化、体育中心，是集多种功能于一体的城市综合体。该区域主要规划行政中心、综合体育馆、流畅河社区、杏花村社区、运河花园小区、德馨花园小区等建筑群，以及运河景观、流畅河景观等园林绿地景观。

西部城市新区规划 西部新城区位于西环路以东、水泊南路以西，南至南环路，北至青龙山路，总面积约2.5平方公里。该区以城市南北主干道水泊大街南段为建设轴线，集办公、商住、学校、酒店、公园、商贸金融、新型社区于一体，是西南部新城建设的启动区，是城市规模向南推进的引擎。该区域主要规划卫生疾控中心与卫生监督办公楼、客运中心、伦达广场、富源酒店、锦绣城、东方国际等项目。

中心城区绿地景观规划 该规划利用梁山县山水相依的自然地理条件，按照生态优先的原则和可持续发展的要求，将公园绿地、防护绿地、带状绿地、居住绿地统筹考虑，建立丰富的、立体的、布局合理、植物多样的城市绿地系统，建设绿色走廊与景观水系，实现“绿色入城，山水融城”，构筑“青山、碧水、绿地、蓝天”的景观格局，形成有山、有水、有主题、有文化的生态绿城、水浒名城，将梁山县建成景观优美、生态安全、环境健康、最宜于人居的山水型园林城市。中心城区绿地系统的结构为一心（水泊梁山风景名胜区）、两环（风景区外围的生态控制绿环和中心城区外围的环城水系蓝环）、三区（老城综合风貌区、新城现代风貌区、新城园林风貌区）、四带（以梁山风景区为核心，向东、南、西方向留设4条生态绿地廊道）、五园（5个城市级综合公园）、多点（多个散布的小型绿地）。

城市东南入口门户区规划 该规划以都市、生态和人文三个主题为核心，通过流畅河版块、梁济运河版块和西北角三大版块，规划城市东南入口景观，体现梁山的城市形象和人文风貌，集中反映梁山所特有的民俗风情和生态环境，规划用地面积约13万平方米。流畅河版块通过园路、绿化平台、绿岛等设计元素，形成一河两岸的都市滨水空间；梁济运河版块局部拓宽梁济运河水面，与小山坡形成抽象的山水景观，大面积的林地、草坡和湿生林带共同构成沿梁济运河的滨水生态空间；西北角版块在迎宾大道与运河路交叉口，通过大块面、直线形的构成元素形成一处崖壁瀑布景观，集中反映出梁山人的豪爽、热情与好客的人文风貌。

第三节　重点村镇规划

梁山县村镇规划始于20世纪90年代初。1991年，全县进行新一轮的村镇规划，其中，韩岗镇、韩垓镇、徐集镇、拳铺镇、杨营镇等编制完成“五图一书”，即乡镇驻地现状图、小城镇建设规划图、道路绿化图、给水排水图、电力电信图和说明书，并例行了审批手续。1994—1998年，对原村镇的性质、发展规模及方向，进行相应的调整、完善，至1998年，全县累计调整和完善村庄发展规划557个，占原规划总数的82%；22个小城镇中有12个编制新一轮规划，占总数的55%，其中，韩岗、韩垓、徐集、马营、杨营、李官屯6个乡镇驻地依照梁山县第二轮城市发展规划为指导，聘请上级规划部门编制完成总体发展规划和小城镇建设规划。还编制完成梁山火车站商业一条街详细规划，并对全县主要交通干线沿途乡镇驻地规划区道路控制红线宽度再次进行考察和论证，制定一大片（梁山火车站前）规划、七条线（220国道、聊商路、蒙馆路、肥梁路、济梁路、公明大道等）公路两侧建设规划。

1999年后，组织拳铺、杨营、马营、寿张集等乡镇总体规划编制和新一轮村庄建设规划编制工作，至2005年12月，全县14个乡镇驻地中有7个完成规划编制，99个村庄完成新一轮村庄建设规划编制；至2007年，全县小城镇总体规划全部完成，其中，小路口镇、馆驿镇、韩岗镇、赵堌堆、大路口等乡镇总体规划通过专家评审。2008年，全县12个乡镇陆续开始总体规划的编制工作。2009年6月，全县村镇体系规划、新型社区规划、农村住房建设与危房改造规划等编制工作均完成；同年8月，全部通过专家评审委员会评审。

2010年，开始新一轮乡镇规划的修编工作；至2013年，拳铺镇、杨营镇、小安山镇总体规划完成编制报批工作；韩垓镇、韩岗镇、小路口镇、大路口乡总体规划通过专家评审；寿张集镇、马营镇总体规划编制完成；赵堌堆乡总体规划完成初步方案；经济开发区、马营镇、杨营镇的开发区发展战略规划和产业研究编制完成；全县619个行政村中完成村庄规划的有369个，56个中心村规划完成14个，18个新型农村社区修建性详细规划完成编制报批工作。

《拳铺镇新型乡镇总体规划（2008—2020）》 该镇规划性质定为中国专用车制造强镇、梁山县城市副中心、生态宜居的新型乡镇。城镇规模：近期2015年镇域总人口为14万人，镇域建设用地规模16.5平方公里，其中城镇建设用地15平方公里；远期到2020年镇域总人口为19万人；镇域建设用地规模24平方公里，其中城镇建设用地21平方公里。镇区空间结构为“一河、两轴、一带、三区”。“一河”是指东西贯穿镇域的琉璃河，与镇域周边的两条河相呼应形成具有特色的绿化景观；“两轴”即沿220国道和梁济公路形成的城镇对外发展轴线;“一带”京杭运河生态保护带;“三区”即北部城镇用地发展区、中部协调发展区、南部农业作业区。该镇规划以“发展低碳型产业”为主题，围绕争创“全市一流、全省争先”目标，加快城镇化和工业化进程，大力提升专用车为主的制造业、商贸物流业；积极发展生物医药、纺织服装、农副产品加工、现代农业构成的培育型产业等战略性新型产业，打造现代高端制造业强镇。

《梁山县拳铺镇总体规划（2012—2030）》 该镇规划性质定为梁山县域次中心，以专用车生产及商贸流通为主的省域示范镇。城镇规模：近期镇域人口16.3万人，城镇化水平61%；远期镇域人口246万人，城镇化水平85%；近期镇区人口10万人，用地1890.97公顷；远期镇区人口22万人，用地2801.41公顷。城镇发展方向为：禁止东西拓展，完善东南新城，南部暂控，北部对接县城。镇区空间结构为“两心、五轴、四组团”。两心：规划形成综合服务中心和园区服务中心。综合服务中心：依托原徐集镇驻地，打造集行政办公、商务金融、教育科研、文体卫生于一体的全镇综合服务中心。商业服务中心：依托原拳铺镇驻地，布置为工业园区服务的办公、商贸、商务设施。五轴：220国道、济梁路交通发展轴、东风路商贸发展轴、东马路、拳堂路城镇发展轴。四组团：西部工业组团、中部工业组团、商贸物流组团、港口物流组团。

《杨营镇总体规划（2008—2025）》 该镇规划性质定为梁山县西部重要的交通枢纽，鲁西南地区的煤电、纺织工业重镇，重点发展煤电、轻工业、物流、仓储业、食品加工、石油化工、生物技术、汽车配件及特色农业。镇区规模：近期2015年常住人口为2.3万人，远期2025年常住人口为3.73万人；用地规模近期2015年为620.3公顷，远期2025年为662.3公顷。镇域空间结构形态为“一心、六点”的空间布局。“一心”为中心镇区，规划建成区面积为6.22平方公里，居住人口3.73万人；“六点”分别为侯寺、碌庙、蔚营、董相白、馆里和周楼六个中心居民点，中心居民点建设用地面积在0.2平方公里左右，人口在2500人左右。该镇规划主要目标为：完善杨营镇功能，促进国民经济和社会可持续发展，力争在规划期内将杨营镇建设成为经济繁荣、生活富裕、环境优美的现代化工贸型城镇，同时又是煤炭、农业、商贸综合发展的梁山县中心城镇。

《小安山镇总体规划（2010—2030）》 该镇规划性质定为现代农业生产基地，以农副产品加工业为主的农业服务型生态小城镇。镇区规模：近期至2015年，镇区人口为1.2万人，远期至2030年镇区人口为2万人；建设用地近期1.5平方公里，远期2.3平方公里。镇区空间结构概况为规划形成“一轴串两城、四区绕秀山、街区中心荣”镇区的空间布局结构。“一轴”沿东西向安山街形成贯穿东西城区的景观轴线。“两城”即东侧依托现状发展成生活性综合服务型东城区，西侧发展工业及农业服务业生产性西城区。“四区”指由镇区主要道路和山体划分形成的四个居住片区。“秀山”即以小安山山体为主的生态修复区，通过保护性开发，使其成为镇区的绿肺。“街区”即镇区公共中心，位于镇中心公园附近，主要承担行政办公、商业金融、休闲娱乐等功能。该镇规划以“建设省级中心名镇”为主题，提升城镇综合服务能力，加快畜牧业、渔业、种植业升级，加快建设以合作社为主体的现代化农业合作模式，优化畜牧业、种植业等传统产业，打造生态型产业强镇。

第四节 规划管理

20世纪90年代初，县政府成立城市建筑艺术评审委员会，由分管城市建设的副县长兼任主任，县政府办公室负责协调城建工作的副主任和建委主任为副主任，有关部门负责人为成员，主要是依据城市规划负责对城市主要建筑评审。2005年，梁山县加大对城市规划建设的领导和指导力度，不定期召开县城市建设规划委员会，研究审定有关城市建设区域、地段规划和重点建设项目、建筑群体规划。2010年7月，县政府颁布实施新的《梁山县城市规划管理办法》，明确规划审批的程序及责任主体、规划执法主体，明确规划的技术规定和规划许可的审批程序，规划管理做到有章可循。同年12月，县政府制发《关于规范建设项目规划审批程序的有关规定》，进一步完善建设项目审批程序，要求规划管理部门在项目审批过程中严格按照老城区、风景区只做减法、不做加法的原则，严格建设项目规划初审、政府联审及规划委员会会审制度，实行集体决策。2011年9月，规划部门筹建梁山县城市规划临时展馆，展馆占地3.2亩，模型面积596平方米，模型按1:350的比例制作，配备声、电、光，周围建有回马廊，配有多媒体，定时播放梁山城市规划宣传片。至2013年，梁山县在规划管理工作中坚持执行集体会审制度和分级审批制度，严格执行各项规划控制指标，做到“一部规划管到底，一张蓝图建到底”。在审批城市建设项目中，严格执行规划初审、联审、会审三级审查制度，严格执行规划审批“一书两证”制度；在村镇规划管理中，坚持严把“四关”，即选址关、设计关、审批关、放线关，发好“三证”，即：《建设用地规划许可证》《工程规划许可证》《施工许可证》。

第三章 城市建设

第一节 道路建设

梁山县城市道路建设起步于1955年，至20世纪80年代初，县城南北仅有3条道路，即水泊中路、水泊东路、水泊西路，且只有水泊中路贯通城外；东西道路7条，即：人民北路、人民中路、人民南路、工人路、青年路、文化路、交通路，且大都不能向城外贯通。从20世纪80年代中期至90年代初期，梁山县城建设经历了一个较快发展期。县政府依据县城规划，拓展延伸城区道路，拉开县城总体框架，除了对原有道路建设改造外，先后延伸人民北路、水泊东路、水泊西路，新建迎宾路、凤园路、越山路、建设一路等。

1994年后，梁山县对城区道路进行升级改造，先后拓宽改建水泊中路、水泊北路、凤园路、文化路等，并开始对人行道实施简易装铺。1994年，实施水泊中路、水泊北路拓宽改建工程，按照三块板结构设计施工，改造工程动用土方40多万立方米，拆迁房屋3.8万平方米，硬化路面2万多平方米，组织义务装铺人行道3万多平方米，建成主车道、慢车道、人行道，并配置路灯、绿化带。同年，启动西环路建设。1996—2000年，按照城市建设总体规划，以创建省级卫生县城为契机，先后新建凤园路，改建延伸交通路、迎宾路，重新铺设人民北路中段、水泊西路北段、水泊中路和水泊北路慢车道等路段的沥青路面，西环路建成竣工。2001—2010年，县城道路进入大改造、大提升阶段，城市道路设计、质量进一步提升，先后改建水泊北路、水泊中路、水泊西路、人民北路、人民中路、人民南路、文化路、青年路、交通路等12条道路。2001年，进一步拓宽建设水泊中路主车道。2002年以后，先后改建水泊西路、水泊南路、人民北路、人民中路、人民南路、工人路、青年路、文化路、建设路、交通路；其后，又相继对水泊东路、凤园路、迎宾路、金城路等道路进行改造；进行水泊中路、人民中路示范街建设，实施路面、绿化、排水等设施全面配套。至2007年，城区道路由原沥青路面全部改建成水泥混凝土路面，对主要干道建设慢车道，实现机动车和非机动车分流，初步形成由主干道—次干道—支路—过境道路组成的道路体系。人行道面层逐步由红砖或水泥面改建成釉面砖，道路的平整性、耐久性、美观实用性进一步提高。2008年，启动水泊中路、水泊东路向南延伸工程和东环路、南环路及公明路东段慢车道提升改造工程。2011年，开通文化路西段。2012年，实施集中突破新城区、完善老城区的开发战略，在东环以东、运河以西，全面启动东南新城区“三纵六横”路网建设工程；在水浒大道以北、青龙山路以南，启动西南新城区水泊大街、西环路向南延伸拓宽工程；在老城区打通原金城路与越山路，贯通青龙山路。至2013年年底，安民山路、天罡路取直延伸段、迎宾大道、水浒大道、忠义路、汶水路、浒源路、杏花村路等道路建成，拉开了梁山县城东南新区的发展框架；水泊大街向南延伸段建成通车、西环路拓宽改造工程完成，实现了老城区与梁山县城西南新区的高效连通；横贯东西的水浒大道将东南新区和西南新区紧密连在一起，城市路网格局基本形成；梁山县城区有主要道路33条，总长91.4公里，总面积308.5366万平方米，人均道路面积19.28平方米。

水泊大街 北起码头大桥，南至水浒大道，全长8800米，由原水泊中路、水泊北路和新建迎宾路至水浒大道段合并而成，是县城区建设最早、改造次数最多、位于县城中心、纵贯县城南北的一条主干道。

水泊中路始建于1955年，南起原菏泽汽车五队，北至原县化肥厂，长3360米，是城区第一条贯穿县城南北的主干道；该路红线控制初为30米，车行道宽为12米，人行道各5米，砂石路面。1972年，铺设沥青路面。1983年进行重新修建，仍为沥青路面。1994年，该路进行拓宽改造，按三块板形式进行建设，红线控制40米，中间机动车道12米，两侧依次设2米绿化带、6米非机动车道、5米人行道，机动车道、非机动车道均改为水泥路面。2001年，对该路部分路段进行改造。2007年8月，该路再次进行改建，取消绿化隔离带，加宽中间机动车道，机动车道宽16米，并对大部分路段机动车道重新铺设水泥路面，同时设置机动车道隔离护栏。

水泊北路初为国道220路段，北起码头大桥，南至龟山河桥，长1460米，路宽12米，砂石路面。1983年，铺设沥青路面。1994年，该路进行拓宽改造，按三块板形式建设，红线控制30米，中间机动车道宽12米，两侧依次设2米绿化带、5米非机动车道。1996年，对两侧慢车道进行拓宽改造，各增宽度1米，铺设沥青路面。

水泊大街向南延伸段始建于2010年，北起迎宾路东端，南至水浒大道，长3980米，该路从水泊中路南端向南延伸，道路设计分幅为四块板形式，设双向主车道，规划道路红线宽度60米，其中，中央绿化带宽6米，外侧各依次为11米机动车道，4.5米绿化带，5.5米非机动车道，6米人行道，红线外侧两边为20米绿地。该道路于2010年9月开工建设，2013年12月主车道竣工通车。

水泊南路 该路初为国道220路段，东南起水浒大道，西北至水泊大街，全长4530米。2001年，铺设沥青路面，并对两侧慢车道进行拓宽改造。2007年，该路独山至张坊段进行拓宽改造，按三块板形式建设，红线控制40米，中间机动车道宽14米，两侧依次设2米绿化带、5米非机动车道。2010年，独山至原东环路段按济梁路进行拓宽改造，主车道两旁铺设人行道及绿化带。

水泊东路 该路始建于1955年，南起原面粉厂，北至城关医院，长1300米，路宽24米，其中车行道12米，砂石路面。1985年，重修部分路段，铺设混凝土路面。1989年，该路进行延伸拓宽改造，向北延伸至轴承厂，该路长达1600米，并适当展宽部分路面，铺设沥青路面。2008—2009年，先后对该路分段进行混凝土路面改造。2012年，该路向南延伸至青龙山北侧，全长达1760米。

水泊西路 该路始建于1976年，南起汽车五队西，北至原位山局，长1600米，路宽22米，其中车行道12米，初为砂石路面，后于1979年、1980年、1985年分段铺设沥青路面。1988年，该路向南延伸至青龙山路（原金城路），全长达2160米，是城区主要南北通道，路宽达24米，其中，车行道14米。后于1996年、2000年、2002年分段改造为水泥混凝土路面。2010年，结合排水管道改造，对财政局至工商局段路面再次进行改造。

水浒街 北起工人路，南至聚义湖，全长2076米，由原建设一路和越山北路合并而成，是通往梁山风景区的一条南北道路。

建设一路始建于1985年，南起原人民北路，北至工人路，全长1787米，宽20米，其中车行道宽12米，人行道宽4米。2002年、2006年分别对二中小桥至青年路路段、青年路至工人路路段进行沥青混凝土罩面处治。

越山北路始建于1977年，原油漆厂路口至风景区，长290米。2012年，随水浒街建设，该路段改造为青石板路面。

凤园路　该路始建于1987年，南起青龙山路，北至人民中路，全长1930米，初为土路面，后开始在南、北两段铺设沥青路面，车行道宽9米，人行道宽4米。1995年，建设水厂东至交警队路段，至此，该路全线贯通。1998年，改造二实小至水厂东路段；2000年，改造交警队至金城路路段；2007年，改造水厂东至交警队路段；改造后的路面全部为水泥混凝土路面。

西环路　始建于1994年，位于县城西、王楼干沟东侧，属省道济梁路外环路，南起胡坑村东，北至陈集村西，全长7050米。1994年，建设胡坑村东至冯屺口村西路段，长4160米，铺设沥青路面，路宽18米，机动车道16米。1997年，建设冯屺口村西至陈集村西路段，长2890米，铺设沥青路面，路宽18米，机动车道16米。2003—2009年，先后两次对西环路部分路段进行改造。2013年7月，对西环路进行延伸和改建，青龙山路至济水路（原南环路）为改建扩建段，济水路（原南环路）至水浒大道为延伸段，长1838米。道路设计分幅为一块板形式，规划道路红线宽度36米，机动车道32米，2米人行道、5米绿化带；建设单侧雨水管网3542米（管径0.6、0.8米），单侧污水管网3542米（管径0.6、0.8米）。2013年12月主车道完工。延伸扩建后的西环路，南起水浒大道，北至蒙馆路，全长8888米，是一条城市主干道。

天罡路（原东环路）　始建于1986年，位于县城东，属220国道外环路，南起孔坊村，北至码头村，全长9500米。1996年、2006年，两次对该路进行改造建设，主车道宽18米。2010年，对该路济梁路口至人民北路段进行升级改造，按三块板形式设双向主车道，中间设隔离护栏，两侧各依次为11米机动车道，3米绿化带，4米非机动车道，3米人行道，均为沥青混凝土路面。2012年9月，该路南段进行南北取直建设，该路段位于东部新城区邵楼变电所东，北起济水路、南至济梁路，长2150米，该道路设计分幅为四块板形式，规划道路红线宽度60米，其中22米机动车道，外侧各依次为绿化带7米，5.5米非机动车道，6.5米人行道，红线外侧两边为30米绿地；建设双侧雨水管网4200米（管径0.8、1米），双侧污水管网3300米（管径0.8米），新装路灯93基。2013年9月，完成取直路段。该路南段取直建设后，南起济梁路，北至码头大桥，全长9550米，是东部新城区的一条城市主干道，东环路命名为天罡路。

安民山路　始建于2012年8月，位于东部新城区行政中心以东，南起迎宾大道，北至公明大道，全长5850米。该道路属新建城市主干道，道路设计分幅为四块板形式，设双向6车道，规划道路红线宽度64米，其中，中央绿化带宽10米，外侧各依次为11米机动车道，4.5米绿化带，5.5米非机动车道，6米人行道，红线外侧两边为30米绿地。建设双侧雨水管网11704米（管径0.8、1米），双侧污水管网11704米（管径0.5、0.6、0.8米），新装路灯266基。2013年9月竣工通车。

雪山峰路　始建于2013年，位于体育馆东侧，南起迎宾大道，北至杏花村路，全长3850米。该路设计分幅为三块板形式，规划道路红线宽度50米，机动车道22米，外侧各依次为4.5米绿化带、5.5米非机动车道、4米人行道，红线外侧两边为绿地。

公明大道　由原公明路和人民北路合并而成，东起京杭大运河，西至京九火车站，全长17900米，是位于县城中部、横贯县城东西、城区最长的一条主干道。

公明路始建于1995年，东起寿翔桥，西至火车站，全长13900米。西段西环路至火车站，长12200米，路宽12米，按济梁路延伸段进行建设，1995年12月建成通车；东段吕屺口山口至西环路口，长1800米，路宽24米，1997年建成通车。2009年，西段路面拓宽改造，改造后的路宽18米。2011年，东段路面进行拓宽升级改造，道路红线宽度50米，中间机动车道24米，两侧各依次绿化带宽3米，非机动车道宽5米，人行道5米。路面均为沥青混凝土路面。

人民北路始建于1955年，东从付庙村北起，西至吕屺口山口，长1350米。1987年，从付庙村北向东延伸至东环路，全长达3200米，是城区的主干路。该路初为砂石路面，1980年，铺设吕屺口至水泊中路沥青路面；1985年，铺设水泊中路至付庙沥青路面；1987年，铺设付庙村至东环路水泥路面。1991年，按三块板形式对该路进行建设改造，中间机动车道宽14米，两侧依次绿化带宽2米，非机动车道宽6米，人行道宽6米。1997—2010年，分段完成旧混凝土路面改造。2010年，对水浒街至东环路段（长1779米）原混凝土路面进行沥青混凝土罩面。东环路至运河段800米，原为县乡公路，2013年，按原人民北路标准延伸改造。

工人路 始建于1978年，东起县酒厂，西至马庄村，长630米，宽12米，初为砂石路面。2003年，进行延伸拓宽改造，从县酒厂向东延伸至天罡路（原东环），从马庄村向西延伸至龟山河桥，全长2340米，路宽15米，混凝土路面。

青年路 始建于1958年，东起任庄村，西至水泊中路，长1550米，宽22米，其中，车行道宽14米，人行道宽各8米，初为砂石路面；1985年，铺设沥青路面。1987年，该路从任庄村向东延伸至天罡路（原东环），全长达2380米，宽22米，机动车道宽12米，人行道宽5米。2002年，对全路段进行改造，改造为水泥混凝土路面。2005年，该路东段（建设一路至东环路）进行拓宽改造，改造后机动车道宽14米，人行道宽5米，为水泥混凝土路面。

人民中路 始建于1955年，东起县政府，西至凤凰山，全长800米，宽24米，其中，车行道宽12米，人行道宽各6米，初为砂石路面。1972年，县政府至百货楼路段铺设沥青路面。1979年，百货楼至原交电公司路段铺设沥青路面；其后，水泊西路至凤凰山段铺设沥青路面。2002—2003年，分段对该路路面进行改造，改造为水泥混凝土路面。

人民南路 始建于1955年，东起水泊东路，西至凤园路，全长820米，宽24米，其中车行道宽12米，人行道宽各5米，初为砂石路面。1972年，原五七工厂至原邮电局段铺设沥青路面。1979年，原邮电局至县财政局路段铺设沥青路面。其间，曾分段对该路进行多次改造。2002—2003年，分段对该路路面改造为水泥混凝土路面。

文化路 始建于1955年，东起水泊东路，西至凤山村，长870米，宽22米，其中车行道宽12米，人行道宽5米，初为砂石路面；1979年，梁山一中南侧路段铺设沥青路面；1981年东段铺设为沥青路面；其后将西段铺设为沥青路面。2002年、2007年、2009年，先后对该路中段、西段、东段改造为水泥混凝土路面。2010年，由于凤凰城的建设，文化路延伸至西环路，全长1886米。

交通路 始建于1971年，东起水泊中路，西至原交通监理站，长500米，宽22米，其中车行道宽12米，人行道宽5米，东西段分别为砂石路面和土路面。1979年，东段水泊中路至水泊西路铺设沥青路面。1981年，西段铺设沥青路面；1992年，延伸至凤园路，全长达530米。1995年、2002年、2007年分别将凤园路至水泊西路路段、水泊西路至水泊中路路段、水泊西路至凤园路路段改造为水泥混凝土路面。

迎宾路 始建于1984年，东起汽车五队，西至原梁山第十九中学，长500米，宽22米，其中车行道宽12米，人行道宽5米，初为土路面。1995年，该路向西延伸至西环路，全长达1200米，宽24米，其中机动车道宽12米，人行道宽6米。

1996年、2000年、2007年分别对水泊西路—水泊南路、水泊西路—凤园路路段、水泊西路—水泊南路路段改造为水泥混凝土路面。

青龙山路 东起风景区一关广场，西至宋金河路，全长5400米，由原越山南路、金城路合并而成。

越山南路始建于1977年，水泊梁山牌坊至一关广场，原全长1650米。至2013年，多次对部分路段进行改造建设。

金城路始建于1992年，东起水泊南路，西至西环路，全长1164米，宽12米，初为砂石路。1999—2000年，由西向东分段进行沥青罩面改造。2013年，对水泊大街至水泊南路段进行改线建设，与越山路对接。

独山路 始建于2013年7月，东起水泊南路，西至西环路，全长1430米，位于西南部新城商务区第三实验小学南，该道路设计分幅为三块板形式，规划道路红线宽度36米，中间15米机动车道，两侧各为2米绿化带、5米非机动车道、3.5米人行道，红线外侧两边为10米绿地。同时建设双侧雨水管网2850米（管径0.8米），双侧污水管网2850米（管径0.5、0.6米）。至2013年12月，该路建成通车。

济水路（原称南环路） 始建于1995年，属省道济梁路外环路，东起独山三角花园，西至西环路，全长1600米。2009年，原南环路改造建设，路面为沥青混凝土路面。2013年5月，对该路进行扩建改建，道路设计分幅为三块板形式，规划道路红线宽度50米，其中，中间机动车道宽22米，外侧各依次为4.5米绿化分隔带，5.5米非机动车道，4米人行道；建设双侧雨水管网3206米（管径0.8、1.2 米），双侧污水管网3206米（管径0.4、0.5米）。至2013年11月，扩建改建工程完工。

水浒大道 始建于2012年，位于梁山泊水库以南，东起运河路，西至西环路，全长6666米。该道路是县城南部的一条新建城市主干道。道路设计分幅为四块板形式，设双向主车道，规划道路红线宽度64米，其中，中央绿化带宽10米，外侧各依次为11米机动车道、4.5米绿化带、5.5米非机动车道、6米人行道，红线外侧两边为30米绿地。建设双侧雨水管网13326米（管径0.6、0.8、1米），双侧污水管网13326米（管径0.4、0.6、0.8米），新装路灯302基。该道路于2012年8月开工建设，2013年12月主车道竣工。

迎宾大道 始建于2012年，位于东南部新城区流畅河湿地北。规划东起运河路，西至天罡路，全长2600米，建成部分西至金线岭路，长1985米。该道路是在原337省道（济梁路）基础上向北拓宽，道路设计分幅为两块板形式，其中，中央绿化带宽10米，外侧各为22米机动车道，北侧为6米人行道，人行道外侧为30米绿地；南侧为3米人行道，人行道外侧为流畅河湿地；建设单侧雨水管网1900米（管径0.6米），新装路灯84基。2012年11月，该道路扩建工程开工建设。2013年7月竣工通车。

忠义路 始建于2012年，位于东南部新城区行政中心南，规划东起运河路，西至天罡路，全长2323米，建成部分东至雪山峰路，长1900米。该路设计分幅为三块板形式，规划道路红线宽度48米，机动车道22米，外侧各依次为4米绿化带、5米非机动车道、4米人行道，红线外侧两边为13米绿地。2012年9月开工建设，至2013年12月，完成1658米路面及绿化、管网等附属工程建设，新装路灯82基。

汶水路 始建于2012年，位于东南部新城区二实小东校区南，规划东起运河路，西至天罡路，全长2400米，建成部分东至安民山路，长1366米。该路设计分幅为四块板形式，设双向主车道，规划道路红线宽度64米，其中，中央绿化带宽10米，外侧各依次为11米机动车道、4.5米绿化带、5.5米非机动车道、6米人行道，红线外侧两边为30米绿地。2012年8 月开工建设，至2013年12月，完成1640米路面及绿化、管网等附属工程建设，新装路灯74基。

浒源路 始建于2012年，位于东南部新城区体育馆北，规划东起运河路，西至天罡路，全长2175米，建成部分东至雪山峰路，长1806米。该路设计分幅为四块板形式，设双向主车道，规划道路红线宽度50米，其中，中央绿化带宽6米，外侧各依次为11米机动车道、2米绿化带、5米非机动车道、4米人行道，红线外侧两边为12米绿地。2012年7月开工建设，至2013年12月，完成1782米路面及绿化、管网等附属工程建设，新装路灯86基。

杏花村路 始建于2012年，位于东南部新城区中医院新址北（杏花村牌坊东），规划东起运河路，西至天罡路，全长2025米；建成部分东至雪山峰路，长1710米。该道路属新建道路，道路设计分幅为四块板形式，设双向主车道，规划道路红线宽度50米，其中中央绿化带宽6米，外侧各依次为11米机动车道、2米绿化带、5米非机动车道、4米人行道，红线外侧两边为12米绿地。2012年7月开工建设，至2013年12月，完成1587米路面及绿化、管网等附属工程建设，新装路灯79基。

2013年梁山县城区主要道路一览表

表9-3-1

道路	走向	起 止 点	长度（米）	宽度（米）		
				机动车道	非机动车道	混合车道
水泊大街	南北	码头大桥—水浒大道	8800	11×2	5.5×2	
水泊南路	南北	水泊大街—水浒大道	4530	14	5×2	
水泊东路	南北	青年路—青龙山北	1760			12
水泊西路	南北	公明大道—青龙山路	2160			12
凤园路	南北	人民中路—青龙山路	1930			9
运河路	南北	水浒大道—迎宾大道	1360			22
雪山峰路	南北	杏花村路—迎宾大道	3850	22	5.5×2	
安民山路	南北	公明大道—迎宾大道	5850	11×2	5.5×2	
天罡路	南北	水泊大街—济梁路	9550	18-22	4×2	
郓州路	南北	青年路—公明大道	611			12
水浒街	南北	工人路—聚义湖	2076			12
银山路	南北	蒙馆路—公明大道	990			12
西环路	南北	蒙馆路—水浒大道	8888			16-32
公明大道	东西	运河路—火车站	17900	14-24	6×2	
水浒大道	东西	西环路—运河路	6666	11×2	5.5×2	
迎宾大道	东西	运河路—金线岭路	1985			22
忠义路	东西	雪山峰路—天罡路	1900	22	5×2	
汶水路	东西	安民山路—天罡路	1366	11×2	5.5×2	
浒源路	东西	雪山峰路—天罡路	1806	11×2	5×2	
杏花村路	东西	雪山峰路—天罡路	1710	11×2	5×2	
济水路	东西	水泊南路—西环路	1600	22	5.5×2	
独山路	东西	水泊南路—西环路	1430	15	5×2	

续表 9-3-1

道路	走向	起 止 点	长度（米）	宽度（米）		
				机动车道	非机动车道	混合车道
青龙山路	东西	风景区—西环路	3300			12
迎宾路	东西	水泊大街—西环路	1200			12
交通路	东西	水泊大街—凤园路	530			12
文化路	东西	水泊东路—西环路	1886			12
人民南路	东西	水泊东路—凤园路	820			12
人民中路	东西	水泊东路—凤园路	800			12
青年路	东西	天罡路—水泊大街	2380			14
工人路	东西	天罡路—龟山河	2340			14
北环路	东西	天罡路—西环路	2700			12

第二节 城区供水

20 世纪 90 年代初，凤园水厂建成后，城区由一级供水转变为二级供水。1995 年，配套建设供水设施，城市供水管网长度达到 16 公里，水质水压得到基本保障。2008 年，供水管网总长度达 32 公里。2010 年，实施自来水水质改造提升工程。2011 年，自来水水质提升工程竣工，在改造部分管网的基础上，铺设供水管道 2 万多米。

供水资源 1993 年，凤园水厂建成投产，位于凤园路北段凤山脚下，是梁山县唯一一处水厂，设计日供水量 1.5 万立方米。凤园水厂建成后，采用二级供水方式。供水水源井 6 眼，1 号井位于原位山局院内，井深 203.8 米，井径 330 毫米，出水量 220 立方米 / 小时；2 号井位于凤凰公园西北角，井深 174.86 米，井径 330 毫米，出水量 140 立方米 / 小时；3 号井位于凤山旅店内，井深 330 米，井径 330 毫米，出水量 220 立方米 / 小时；4 号井位于自来水公司院内，井深 250.16 米，井径 400 毫米，出水量 230 立方米 / 小时;5 号井位于凤园水厂院内，井深 230.31 米，井径 470 毫米，出水量 140 立方米 / 小时；6 号井位于凤园水厂院内井深 271 米，出水量 140 立方米 / 小时。2012 年，梁山县实施农村饮水安全工程项目，由县水利局引进外资在新城区开始建设第二水厂，日供水量 1.5 万立方米，批复投资 1560 万元。至 2013 年年底，该项目工程正在建设中。

供水管网 1994 年，城区有供水主管道 26 公里，主要包括水泊中路、水泊西路、水泊东路、交通路、文化路、人民南路、人民北路、青年路等主要供水主管道。1995—2001 年，主要维修原有管网，没有进行新的建设，供水主管道以水泥管为主，其中输水管道、出厂水及部分交叉路口的主管使用铸铁管道。2002 年以后，铺设的供水主管道均为 PE 材质。2002 年，铺设公明大道供水主管道 3338 米。2005 年，铺设韩国工业园供水主管道 2456 米、东环路至污水处理厂供水主管道 1141 米。2006 年，铺设水泊北路供水主管道 1680.5 米。2007 年，铺设凤园路供水主管道 560 米、迎宾路供水主管道 700 米。2009 年，铺设东环路供水主管道 5415 米、南环路供水主管道 2667 米。2010 年，铺设开发区供水主管道 3980 米。2012 年，安装水泊新路供水主管道 2360 米。至 2013 年年底，公共供水主管网达 78 公里，公共供水覆盖整个城市建成区。

供水监测 1993年前，县城区供水采用一级供水方式，无消毒设施；1993年凤园水厂建成投产后，开始实行二级供水，采用液氯消毒方式。1994年以后，逐步建设化验室，配齐化验设备，具备10项日常指标的监测能力，坚持每天对出厂水、管网末梢水进行10项日程指标的检测，每年进行一次108项出厂水水质全分析。2006年，安装二氧化氯发生器，实行二氧化氯消毒方式。2010年，投资1000多万元，在凤园水厂建设水质深度处理车间，采用“水源水预过滤+超滤+RO膜除硬度”处理技术，进行水质提升改造；2011年1月正式运行，经测定，水质硬度降到了370毫克/升，符合国家生活饮用水卫生标准（450 毫克/升），但仍有较明显水垢。至2013年12月，实现对出厂水主要指标的在线监测。

供水价格 1994年，全县公共供水价格为：生活用水0.38元/立方米，工业用水0.50元/立方米，建筑及经营业用水为0.65元/立方米。2000年9月，通过调整水价听证会，并经济宁市物价局批准，梁山县自来水价格调整为：居民生活用水0.86元/立方米，工业企业用水1.1元/立方米，建筑经营用水1.4元/立方米。2003年8月，水价再次调整，居民生活用水综合水价调整为1.24元/立方米，其中基本水价1.15元/立方米，城市附加费0.09元/立方米；工业用水综合水价调整为1.83元/立方米，其中基本水价1.70元/立方米，城市附加费0.13元/立方米；建筑、经营用水综合水价调整为2.26元/立方米，其中基本水价2.10元/立方米，城市附加费0.16元/立方米。2004年9月，县政府决定按0.65元/立方米标准征收公共供水水资源费，并由自来水公司代征。2006年5月，县政府决定征收城区污水处理费，并由自来水公司代征，污水处理费征收标准为：居民生活、行政事业用水0.70元/立方米，工业用水0.80元/立方米，经营服务业及其他用水0.90元/立方米。2007年，提高污水处理费标准：居民、生活行政污水处理费0.8元/立方米；工业用水和建筑、经营服务及其他用水污水处理费1元/立方米。至2013年，居民生活、行政事业用水2.69元/立方米（基本水价1.15元/立方米、城市附加费0.09元/立方米、污水处理费0.8元/立方米、水资源费0.65元/立方米），工业用水3.48元/立方米（基本水价1.7元/立方米、城市附加费0.13元/立方米、污水处理费0.8元/立方米、水资源费0.65元/立方米），经营服务业及其他用水3.91元/立方米（基本水价2.1元/立方米、城市附加费0.16元/立方米、污水处理费1元/立方米、水资源费0.65元/立方米）。

供水管理 梁山县城区供水由县自来水公司具体管理。该公司为全县唯一一家具有供水资质的公用供水企业，始建于1979年12月。1994年，全县日均供水量3000立方米，公共供水普及率68%，位居济宁市各县供水前列。1997年，供水量升至顶峰，日均供水量达到19000立方米；1998年开始逐步下降，2008年供水量降至低点，日均供水量仅为6000立方米。2009年，开始逐步回升，2012年日均供水达到9000立方米。2013年，日均供水量为1万立方米，年供水量达370万立方米，其中，生活供水226万立方米，工业供水83万立方米，经营供水61万立方米，供水普及率达98.37%，水质综合合格率和水压综合合格率均达到99%以上，维修及时率达到100%，管网漏失率达到10%，在济宁市处于领先位置。

1994—2013年梁山县城区供水统计表

表 9-3-2

年度	供水量（万方）	销售量（万方）	其中（万方）		
			生活水	工业水	经营水
1994	656	—	—	—	—
1995	661	—	—	—	—
1996	658	—	—	—	—
1997	652	567	—	—	—
1998	628	546	—	—	—
1999	491	438	—	—	—
2000	480	429	—	—	—
2001	422	373	—	—	—
2002	369	324	—	—	—
2003	332	303	—	—	—
2004	294	278	—	—	—
2005	288	255	122	96	36
2006	259	237	121	85	31
2007	242	218	117	74	28
2008	230	205	118	60	26
2009	238	215	126	60	28
2010	255	228	141	60	27
2011	273	245	153	57	32
2012	328	278	179	59	40
2013	372	309	187	64	48

第三节　排水治污

排水管网　1994—1998年，梁山县城排水系统主要有三大排水沟，即：张任排水沟，从解放桥经国棉厂、过任庄至京杭运河，全长2220米；张王排水沟，从张坊沿金城路至王楼干沟、再沿西环路至龟山河，长12000米；水泊中路排水沟，从政府招待所路口沿水泊中路、水泊北路至龟山河，长1548米。

1999—2005年，城市排水工程建设进入快速发展期。1999年，人民北路排水沟开工建设，当年铺设油漆厂至运河段排水管道2650米，管径1.8米。2000—2001年，铺设迎宾路西段排水管道国税局路口至西环路段，长919米，管径1.2米。2001年，改造张任排水沟国棉厂以东段长300米，管径1.5米；水泊北路排水沟改造为排水管道，长1548米，管径1.2米、1.5米；铺设工人路马庄至环卫路排水管道长666米，管径0.8米。2002年，铺设人民北路排水沟政府招待所路口至城关医院段排水管道370米，管径0.8米；建设水泊南路排水沟，当年建设汽车站至黄灌处段，长2752米，宽0.7米；铺设水泊中路管道长2680米，管径0.8米，1米、1.2米；

铺设建设一路排水管道二中北路口至张任排水沟段，管道长382米，管径0.8米；铺设建设一路排水管道张任排水沟至油漆厂路口段长1160米，宽0.5米；铺设交通路农行至汽车站段，排水管道长293米，管径0.8米；铺设青年路排水管道物资局路口至二中北路口段，长743米，管径1米、0.8米；铺设青年路排水管道二中北路口至任庄村段，长860米，宽0.5米；改造文化路排水管道，铺设一中西路口至东路口排水管道长295米，管径0.8米；一中东路口至电视台路口排水管道长640米，宽0.5米。2002—2003年，铺设人民中路排水管道全长794米，管径0.8米；铺设人民南路排水管道全长804米，管径0.8米。2003年，铺设人民北路排水沟中医院至政府招待所路口段、城关医院至油漆厂段排水管道，共长1553米，管径分别为1.2米、1.5米；铺设凤园路排水管道全长1340米，管径0.8米、0.6米。同年，建设水泊西路排水沟，中医院路口至农行路口段，长2200米，宽0.5米；铺设农行路口至金城路段，长787米，管径0.8米。2004年，铺设管道长4600米，管径1.2米。2005年，铺设青年路二中北路口至东环路段，排水管道长1600米，管径1米、1.5米。

2007年，铺设东环路排水管道3000米。2008年，改造建设张王排水沟（张坊—金城路—西环路—龟山河），铺设排水管道长9500米。2009年，南环路排水管道升级改造，长1.5万米，管径1.2米。2010年，铺设文化路一中西路口至西环路段，排水管道长2000米，管径0.8米；铺设东环路排水管道2万米，管径0.5米、0.6米、0.8米。2011年，铺设吕屺口至西环路排水管道长1600米，管径0.6米。城区污水配套管网达96.5公里，服务面积15平方公里，服务人口14万人。2012年，县政府制定城市排水工程专项规划，规划充分利用现状设施，按地势合理划分排水分区，老城区结合城区改造逐步实施雨污分流，合理布置污水处理设施、污水管网。当年依照新的规划铺设排水管道（管径一般0.5～0.6米，最大0.8米），其中：安民山路23356米，东环路取直段8120米，迎宾大道3734米，水浒大道18652米，浒源路8704米，泰山路5700米，忠义路9292米，杏花村路8088米，水泊大街南段（原水泊新路）9824米。至2013年，共铺设排水管道96990米。

污水处理 2003年，梁山县启动垃圾处理厂、污水处理厂和城区雨污分流工程建设，全面实施地下管道排水改造，城区排水治污系统作用得到有效发挥。2005年5月，县城区启动2万吨/日污水处理厂建设，至2007年9月，污水处理厂建设完成并投入运行，排放水质执行国家一级B标准。2010年，完成3万吨/日污水处理扩建工程和4万吨/日升级改造工程建扩建工程，完成1万吨/日再生水利用工程，再生水目前主要应用于景观用水、园林绿化、农田灌溉。至2013年，梁山污水处理厂污水处理规模达到5万吨/日，处理后的水质达到《城镇污水处理厂污染物排放标准》(GB18918-2002)污水排放一级A标准，污水处理效果良好，出水水质全部达标排放。

第四节 环境卫生

环卫设施 20世纪90年代，环卫基础设施逐年加强，服务功能逐年提高。1996年，以创建省级卫生县城为契机，投资200余万元，新建9处水冲式公厕，1处垃圾中转站，11处垃圾平台，城区主要街道设置垃圾桶50个，果皮箱100个，结束了城区主要街道无果皮箱的历史；新建1000立方米垃圾处理池2个，容积1500立方米粪便处理池1处，购买洒水车1部，垃圾清运拖拉机6台。1998—1999年，建设汽车十二队垃圾中转站1座，建绿色垃圾屋10处，水泊西路中段水冲式公厕1座，购置环卫监察管理车辆1部。2000—2005年，购买洒水车1部，更新垃圾清运拖拉机3台，新建改建水冲公厕9座、垃圾中转站3处，购置5吨吸粪车1部。2007年，新开通水冲公厕4座，新建生活垃圾转运箱8处，购买配套专用车辆2部，翻新改造保洁车80余辆，在城区主要街道两旁设立果皮箱216个；同年12月，垃圾处理场举行开工建设奠基仪式，20万立方米的一期填埋池建设破土动工。2008年，垃圾处理场一期工程竣工验收，并投入试运营。同年，在主要街道设立广告式果皮箱156个，为繁华路段门店配备可移动式垃圾桶100个；至2011年，增加移动式垃圾桶700个、冷轧板式果皮箱200个，更新购置摆臂式垃圾清运车2部，压缩式垃圾车2部，中转站用自卸车1部，垃圾处理场专用装载车1部，垃圾运输拖拉机6部，小型吸粪车1部，旱厕清运机动灌车2部，吸尘式扫地车3部，吸污车13部，环卫管理车1部。至2013年底，城区共有公厕13座，垃圾处理场1处，垃圾中转站3处，地上或地下式垃圾中转箱19处，配置垃圾桶4200个，各类环卫专用车辆近40部。

保洁清运 1994年，街道保洁面积为40万平方米，人工清掏旱厕212座，垃圾清运单位、小区180个，实行单班制、全天候保洁。2000年，街道保洁面积增加到80万平方米，人工清掏旱厕减少至120座，垃圾清运单位、小区180个，清运量80吨／日。2007年，保洁街道面积为90万平方米，人工清掏旱厕为80座，垃圾清运单位、小区190个，清运量120吨／日。至2013年，保洁街道面积增加到141万平方米，在全天候保洁的基础上，实行两班制，增加一日两机械清扫和洒水降尘，城区所有单位、小区旱厕全部改建为水冲式厕所，垃圾清运单位、小区212个，清运量180吨／日，全部运至县垃圾处理场进行无害化处理。

环卫队伍 20世纪80年代，梁山县街道保洁人员月工资为60元，后逐步增加到100元，厕所清理和垃圾清运人员工资稍高一些。1994年，全县有环卫工人78人，其中街道保洁员42人，厕所清管20人，垃圾清运8人，环卫工人平均月工资200元。2000年，有环卫工人95人，其中，街道保洁人员62人，厕所清管12人，垃圾清运15人，街道保洁人员平均月工资300元，厕所清管人员平均月工资600元。2007年，全县有环卫工人120人，其中，街道保洁人员80人，厕所清管人员12人，垃圾清运人员15人，街道保洁人员平均月工资为380元，厕所清管人员平均月工资900元。至2013年，梁山县有环卫工人441人，其中街道保洁员401人，厕所清管人员8人，垃圾清运人员32人，有环卫事业管理人员205人，其中正式工167人，临时工38人。街道保洁人员平均月工资达到800元，并办理商业意外伤害保险；厕所清管人员平均月工资2000元；环卫事业管理人员工资待遇为2000～3000元，并缴纳“三险一金”。

环卫管理 1991年，原由县卫生局爱卫会办公室管理的城区道路保洁工作及人员移交县建环委环境卫生管理所管理。1994年，环境卫生管理所由企业转为事业单位，主要负责道路保洁、厕所清洁等。1997年，环境卫生管理所内设厕所清洁所、街道保洁队、卫生监察队、收费科。1998年，县政府办公室印发《城区环境卫生有偿服务办法》，自此，开始对城区环境卫生实行有偿服务。2001年5月，环境卫生管理所更名为环境卫生管理处，内设办公室、财务科、收费科、后勤办，下设环卫监察大队、清运大队、清卫大队、督查大队、垃圾处理场。2007年，县政府出台《梁山县城区环境卫生管理办法》(梁政发〔2007〕25号)，进一步强化城区环境卫生管理工作。2008年，县政府办公室印发《梁山县城区生活垃圾处理费征收管理办法》，进一步规范征收生活垃圾处理费和环境卫生有偿服务费。2010年后，环卫管理部门逐步实行市场化运作，以购买服务方式，对街道、厕所等保洁工作交由私营作业公司进行承包。2011年，对城市公厕保洁实行承包。2012年9月，成立县城乡环境卫生管理局，为正科级事业单位，主管全县城乡环境卫生管理工作。2013年5月，对城区道路保洁实行承包，其后对凤凰公园、西环城河、龟山河保洁也先后实行承包。至2013年年底，环境卫生管理部门实行城乡环境管理局、城区环卫办、作业公司（队）三级检查考评机制，确保保洁质量，各乡镇健全镇村环卫工作机构、队伍，配备环卫设施，建立起“村收集、乡镇（街道、开发区）转运、县处理”的农村垃圾处置机制。

第五节 绿化 照明

绿化 20世纪90年代，梁山县城市绿化处于起步阶段。城市绿化以道路绿化为主，主要在道路两侧栽植法桐、柳树、古槐等行道树，辅助配植低矮灌木绿化带。1992年4月至1995年4月，先后建成人民北路绿化带7360平方米、水泊南路绿化带5730平方米。小型绿地只有始建于20世纪80年代后期的县政府门口800平方米绿地及以后建设的几处街头小块绿地，无大型绿地。

2000年后，城市绿化进入较快发展期，绿化的标准、面积均有明显提高。在提升道路绿化的同时，更加注重街头绿地、休闲小景的建设。2001年4月，改造建设政府门口绿地。2004—2006年，相继建设完成一中路口街头花园、三角花园、独山绿地等十余处街头花园绿地小景。2004年4月至2008年3月，先后建成水泊中路绿化带4650平方米、水泊北路绿化带3750平方米、青年路绿化带9520平方米，济梁路（独山至后孙庄）绿化带116200平方米。至2010年8月，先后建起一中绿地880平方米、独山绿地9250平方米、招待所绿地2820平方米、人行绿地560平方米、大鹏绿地710平方米、东环路口四角绿地及绿化带63400平方米。2001—2010年，共绿化道路16条，栽植行道树5万余株。

2012年，道路绿化带、道旁绿地等绿化工程开始进行大规模投入，绿色、生态成为新城区重要标志之一。安民山路、迎宾大道、水浒大道均建10米宽的道路中间绿化带，道路两旁均建30

街头绿地

米宽的绿地，安民山路、水浒大道在机动车道与非机动车道之间各建有4.5米的分隔绿化带；忠义路、汶水路均在机动车道与非机动车道之间各建有4米的分隔绿化带，路两旁均建10～30米宽的绿地；浒源路、杏花村路均建6米宽的道路中间绿化带，在机动车道与非机动车道之间各建

路旁绿地

有2米的分隔绿化带，路两旁均建12米宽的绿地；绿化总面积达141.6万平方米，其中，道路中央绿带16.9万平方米，道路分隔绿带16.5万平方米，道旁绿地108.2万平方米。至2013年12月，新城区道路绿化工程基本完成，建设完成公明路东段（西环路至商贸城路段）绿化带5500平方米；水泊大街南段（青龙山路至水浒大道路段）计3167米长、6米宽道路中央绿带、4.5米宽道路分隔绿带、20米宽道旁绿地，绿化面积达173800平方米。大型绿化工程主要包括：凤凰公园、流畅河湿地公园、生态林业观光园以及招待所路口绿地、张坊三角绿地等，绿化总面积达100.08万平方米，其中，凤凰公园绿化面积9.6万平方米，流畅河湿地公园绿化面积6.6万平方米，生态林业观光园绿化面积77.9万平方米，招待所路口绿地面积0.56万平方米，张坊三角绿地面积2.48万平方米，独山三角绿地面积0.92万平方米，其他绿地2万多平方米。城区绿化覆盖率达35.1%，人均公共绿地面积6.71平方米。

公园绿地

照明　1994年，梁山县城区范围内共有路灯720盏，主要架设在高压线杆上，灯具大多采用搪瓷铁罩，灯臂采用角铁制作，主要安装在水泊中路、水泊东路、人民中路、人民南路等城区中心区域道路上。1995—1998年，在人民北路安装双臂灯130基、水泊中路安装双臂灯272基、文化路安装单臂灯38基。2000年，梁山县城实施城区亮化工程，城区主要路段两侧单位及门面均安装了霓虹灯。2001年，开始实施水泊中路、人民北路绿亮工程及沿街建筑容貌工程，至2003年，对城区水泊中路、水泊西路、人民北路等5条道路照明进行了翻新改造，主要道路安装了豪华灯，沿街门店安装了装饰灯，改善了城区面貌。2007年开始，重点实施提升水泊中路、人民中路、人民南路、文化路等街道的灯光装饰观赏效果，对凤凰山山体进行亮化美化，至2009年，水泊南路、水泊北路、凤园路、文化路、迎宾路、金城路、水泊中路、人民中路等路段，相继安装单臂灯538基、849盏，双臂灯189基，各类景观灯120基。2010—2013年，在天罡路（原东环路）、安民山路、杏花村路、浒源路、汶水路、忠义路、水浒大道等东部新城区铺设电缆，安装路灯，共铺设电缆226.2公里，安装陶瓷金卤灯1094基，其中，水浒大道安装355基（中杆30×8盏、双臂325×2盏），安民山路安装251基（中杆36×8盏、双臂215×2盏），其他道路安装一般70—80基；忠义路安装中华灯88×13盏、高压钠灯88×2盏。水泊大街向南延伸段（原称水泊新路）铺设电缆40800米，安装陶瓷金卤灯177基（中杆137×8盏、双臂40×8盏）。2012年起，凤凰广场实施亮化工程，至2013年底，城区基本形成以凤凰公园、水浒街整体亮化为重点，城区主要路段霓虹灯和高杆路灯交相辉映的多元化、立体化的夜间照明格局。

从县城安装路灯起，照明管理维护工作隶属于县建委所属的市政工程管理处。2007年5月，路灯管理从市政工程管理处分出，设立县路灯管理所，主要负责城区路灯的建设施工和维护管理工作。路灯维护最初只能靠人工登杆与破旧的升降平台车完成维护作业；2005年起，先后购买两辆高空作业车，维修路灯开始机械化作业。至2013年，城区路灯光源以高压钠灯为主，节能灯为辅，主要路段交通路口采用250瓦高压钠灯、特殊路段使用150瓦和400瓦高压钠灯、比较窄的路段采用80瓦节能灯。路灯控制全部采用计算机自控系统进行控制，城区亮灯率保持在95%以上，设备完好率超过95%，维修及时率达98%。

第六节 供热 供气

供热 1994—1997年，梁山县供热由各单位利用小型锅炉自行采暖。1998年，梁山县城区公共供热开始启动，由梁山县一电厂和二电厂共同在发电的基础上，铺设热力管道12.7公里，利用余热向城区供热，供热面积34万平方米。2008年6月，在原有"汽—水换热系统"基础上，通过招商引资，引进恒源热力有限公司，与梁山电厂联合，实施热电联产、低温水循环形式城市供热工程，增加供热面积，减少冬季污染。同年，集中供热工程一期投资6000万元，改造城区供热管网，集中供热面积增加到46万平方米。至2010年，城区集中供热面积扩大到51万平方米。2013年，通过招商引资，引进杰森热力公司，投资5亿元，在城区南部建设第二热源，通过板式换热器间接供热方式实施冬季供暖。至2013年12月，全县铺设供暖管道45.5公里，城区供暖总面积为115万平方米，集中供暖户达10137户。

供气 1994年以后，城区液化气供给主要来源于几家私营液化气公司，共有石油液化气储气站5座。2011年7月，县发改局、县住建局与山东奥德燃气有限公司签订管道燃气特许经营协议。根据协议，奥德燃气有限公司管道燃气项目计划总投资3.2亿元，建设高压、中压、低压管网，管道燃气门站、汽车加气站等，至2020年实现遍布城乡的天然气供应设施。公司以管道输送形式向工业用户、公服用户及居民用户供应天然气，并为城市公交车、城市出租车提供能源。至2013年年底，完成高压管网25公里，中压管网70公里，门站建设正在筹备中。

第七节 旧城改造

20世纪90年代，县城主要进行规模建设，基本没有进行拆迁改造。梁山县旧城改造始于2001年，至2013年，旧城区改造取得较大成就。

房屋拆迁 2001年7月，成立县房屋拆迁管理办公室，隶属县建设局；其后该机构撤销，其职能由县住建局城建开发与房屋拆迁科承担。2001—2005年，旧城改造多半是小规模拆迁改造，对部分旧厂区、旧家属院进行拆迁改造。2006年，对建筑公司厂区及家属区和棉一厂厂区、原化肥厂旧厂区、原锻造厂厂区、印刷厂家属院、郝山头村部分房屋相继进行拆迁，至2007年，共完成100余个项目的拆迁改造，拆迁2000余户，拆迁房屋面积20余万平方米。2008年起，启动青龙山片区拆迁，从山南、山西、山北依次拆迁；其后，在实施退城进园的基础上，对一电厂、农机厂、石棉厂、轴承厂、油漆厂等几大厂区实施拆迁开发，对卫生局及周边单位家属区、居民区进行拆迁。2012年，拆除汽车十二公司以南单位居民区、国土资源楼等。至2013年，共完成拆迁40余个项目，拆迁3200余户，拆迁房屋面积58万平方米。

沿街改造 2001—2007年，主要对城区主要道路的沿街门面房进行拆迁改造建设，拆除招待所东沿街楼，建设街头绿地；拆除县委沿街门面房，建设停车位；拆除凤山广场内的部分房屋，建设部分游乐设施。2001年，对原县服装总厂厂区和家属区的房屋进行拆除改造，建成梁山县城第一条步行街，在街道两侧建成四栋商住综合楼，其中一楼为商业门面房。2002年，以人民北路、水泊南路等沿街开发为重点，先后在人民北路建成一批综合性建筑，在水泊南路建成一批仿宋建筑。2005年，对百货公司家属院进行改造建设，建成两栋商住综合楼，并先后进行水泊中路、水泊南路、水泊北路、水泊西路、水泊东路、人民北路、人民南路、人民中路东段等城区沿街门面房的拆迁改造。2007年，先后建设连接凤凰山与灵龟山之间的寿翔廊桥、横跨水泊中路的水浒天桥，成为县城标志性建筑。2012年起，先后拆除水泊东路南端、文化路西段、金城路东段、越山北路等路段建筑物，对道路两侧旧房实施改造建设，相继实施向南延伸建设水泊东路、向西延伸建设文化路、向南延伸建设水泊大街、扩建水浒街，建设张坊三角花园等公共绿地建设项目。至2013年，完成电力公司楼、大鹏公司楼、吕屺口综合楼、中医院综合楼、黄河局办公楼、房管局等单位居民楼、原体委办公及居民区等项目的拆迁，实施并完成凤凰公园、招待所路口大型绿地建设，启动灵龟山南绿色停车场建设和卫生监督与疾控中心大楼建设。

小区开发 20世纪90年代初，梁山县城居民住宅多是单位家属院或利用各自空余地建设的职工住宅楼。其后，小区开发从凤园小区建设起步，以后陆续展开，多半是零星插建，成规模的住宅小区非常少，具有一定规模的小区只有凤园小区、杏苑小区、八一小区等几个住宅区。2002年，后集、张坊等逐步启动“城中村”及住宅小区开发建设。2003年，水泊花园小区规划建设开始启动，建筑面积10.31万平方米，公共建筑面积3.47万平方米，容积率1.29，绿化覆盖率为36%，由县建筑公司和北京投资集团开发建设，该小区为全县第一次比较完整的综合开发。其后，阳光小区、银都小区、粮食小区、慧馨苑小区、山景花苑、金河花园等相继开工建设。至2008年，水泊花园、山景花苑、阳光小区、银都小区、粮食小区等居民住宅小区相继竣工，新建楼房建筑面积达200余万平方米;张坊片区、凤山片区以及东环路、济梁路两侧拆迁面积达到25万平方米，丽景花园、山水家园、和谐家园、银都庄园、宋城名郡、东方华城、盛世华城、锦绣城等先后开工建设。2009年，青龙山、凤凰城等片区70万平方米商品房开发建设全面启动；至2013年，水泊花园、山景花苑、丽景花园、山水家园、和谐家园、银都庄园、宋城名郡、东方华城、盛世华城、凤凰城、锦绣城、慧馨苑小区等10多处商住区均已竣工入住。2001—2013年，梁山县共建设各类居民小区30多个，其中，竣工入住24个，在建6个，还有其他正在启动建设。居民楼建设除了6层以下的多层楼房之外，已经开发建设12层以上的小高层楼房。其中，盛世华城建设小高层19幢，面积达18万平方米；银都庄园建设小高层3幢，面积达4万平方米；崇文新区、宋城名郡、锦绣城等小区都建有小高层居民楼。小区开发建设改善了居民的居住条件和环境，也使县城区容貌发生较大的变化。

1994—2013年梁山县城居民小区开发建设情况一览表

表9-3-3

小区名称	建筑面积（平方米）	户数（户）	幢数（幢）	开工时间	竣工时间
水泊花园	89000	870	22	2003.05	2008.10
山景花苑	86400	596	16	2005.03	2007.07
金河名仕	41000	360	10	2007.05	2009.05
丽景花园	90000	670	17	2008.12	2011.10
金桂花园	20842	180	5	2010.04	2012.08
银都庄园	130000	950	19	2009.12	2012.06
盛世华城	180000	1354	25	2011.09	2013.12
东方华城	68000	630	19	2008.04	2012.06

续表 9-3-3

小区名称	建筑面积（平方米）	户数（户）	幢数（幢）	开工时间	竣工时间
东方国际	134294	780	12	2011.12	2013.06
宋城名郡	45000	390	6	2009.12	2012.10
和谐家园	180000	1200	30	2010.03	2013.10
山水家园	52000	450	14	2008.07	2011.12
慧馨苑	47500	360	10	2007.11	2009.05
凤凰城	157363	650	25	2009.06	2011.05
锦绣城	166774	882	22	2012.03	2013.01
步行街	40000	380	18	2001.03	2002.10
水浒山庄	33559	144	4	2009.10	2011.05
水浒佳园	8000	72	2	2009.03	2010.05
惠良家园	19744	108	3	2009.03	2010.11
金泰鑫寓	83257	624	16	2012.07	2013.07
银都小区	28000	260	6	2005.09	2008.11
阳光小区	18000	156	3	2005.04	2006.06
粮食小区	24000	190	6	2005.05	2007.10
石油小区	14000	120	2	2006.10	2008.07
农机厂小区	9000	96	2	2006.03	2007.03
印刷厂小区	32000	260	3	2007.05	2010.06

注：小区楼房建筑除盛世华城 19 幢、东方国际 10 幢、银都庄园 3 幢、锦绣城 3 幢、宋城名郡 1 幢为高层、小高层之外，其他均为多层

第八节 新城建设

2009 年，梁山县启动新城区建设，同年，完成原东环路、原南环路升级改造。2010 年，启动水泊大街南延伸段（时称水泊新路）、水浒街建设。2012 年，开始集中实施东南部新城区建设，对杏花村、石头园、东马庙、西马庙、郭庙、刘集、郑垓、臧庄、丁堂、后孙庄、前孙庄等村房屋及土地进行征收并对部分房屋进行拆除，安民山路、雪山峰路、运河路、天罡路、迎宾大道、水浒大道、忠义路、汶水路、浒源路、杏花村路及其绿带、绿地、路段、供水、排水、地下电缆等基础设施建设全面展开，新的行政中心、综合体育馆、学校、医院、运河小区、杏花村社区、流畅河社区相继开工建设。

在东南部新城区建设的同时，西南部新城区建设相应展开，对张坊、独山、前集、孟庄、郝山头等村房屋及土地进行征收并对部分房屋进行拆除，同步实施道路、绿化等基础设施建设和大型平原水库建设，将水泊大街向南延伸至水浒大道，改造拓宽升级西环路、南环路（后命名为济水路），新建独山路，并配套建设绿化、供电供暖、排水等设施；启动梁山泊水库、梁山泊广场、伦达商贸广场及居民小区、学校等建设项目。

至 2013 年，新城区南部横贯东西的水浒大道，东部安民山路、天罡路、迎宾大道、水浒大道、忠义路、汶水路、浒源路、杏花村路及绿化、管网等配套设施，西部的水泊大街向南延伸段、西环路拓宽及向南延伸段、济水路（原称南环路）拓宽升级工程，均已全面完成。新城行政中心、综合体育馆、二实小东校区主体工程业已完成，

一实小南校区已经竣工，梁山泊水库土方开挖工程基本完成，各居民小区正在建设之中。城市规划建设面积扩大15平方公里，达40平方公里，城镇化率提高3.2个百分点，达到36.3%。

2013年梁山县城新区居民小区建设情况一览表

表9 -3-4

小区名称	占地面积（亩）	建筑面积（平方米）	高层（幢）	多层（幢）	建筑密度	容积率（%）	绿地率（%）	开工时间	竣工时间	拥纳户数
运河花园	200	389000	28	—	15	2.12	35	2012	—	1962
杏花村苑	342	420000	30	8	25	1.85	37	2012	—	—
流畅河人家	184	130000	20	13	17.37	1.7	37	2012	—	—

注：运河花园地上面积28.3万平方米

第四章 城市管理

第一节 市容环境

1994年起，城市管理结合爱国卫生运动，多次举行城区市容环境整治活动。1996年，按照县委、县政府统一部署，开展大规模的创建文明卫生城活动，城区市容环境卫生面貌明显改观。1997年后，每年开展城区市容环境治理活动，城市管理监察队对门头牌匾、户外广告等进行认真规范和清理，全面提高城市容貌和观瞻，确保了1998年、2000年省级卫生城复验的顺利通过。

2001年，城市综合管理办公室成立，全面取缔马路市场，实行入市归场经营；认真治理乱贴乱画，并不定期进行夜间巡查，乱贴乱画现象得到有效控制。同年，强化城市景观管理，全面拆除违规户外广告，提高城市道路两侧立面牌匾、广告设置档次，先后完成水泊中路、水泊南路、水泊北路、人民北路、人民中路等城区主要道路及凤凰公园周边建筑的户外广告、门头牌匾、建筑立面改造工作。2002年，城市管理以市容环境管理为重点，切实治理城区环境卫生和经营秩序，对重点路段进行重点治理，违章占道、店外经营、乱占乱摆、乱停乱放、乱贴乱画等“乱象”得到有效治理，基本实现经商归店、摊贩归市、车辆归场、广告归栏。同年，查处各种违章建筑，重点查处多起越权审批建设工程、占压道路红线建设、无证建设以及少批多建工程，依法对影响城区规划的多处建筑进行强制拆除，努力创造优美舒适的生产生活环境。

2003年，开始对户外广告进行全面整治，以水泊中路的门头牌匾、霓虹灯饰的改造为突破口，对水泊中路、人民北路、水泊南路、仿宋街等路段的门头牌匾、墙体广告全部进行升级改造，实现了市容面貌大改观，城市形象大提升。2004年后，持续加大城区破旧广告牌匾的清理力度，全面拆除违规户外广告，提高城市道路两侧立面牌匾、广告设置档次和品位。至2011年，先后完成主要路段的户外广告、门头牌匾、建筑立面的美化改造和老城区主要建筑物的霓虹亮化工作，城市景观形象进一步提升。2012年，主要实施城区主干道亮化、美化工程，先后完成城区主干道两侧73栋建筑楼体的美化亮化工程，城市夜景得到美化。2013年，实施人民北路示范街建设美化工程，先后对油漆厂十字路口北侧低矮临街门市、城关医院十字路口破旧楼体、凤凰公园周边建筑进行铝塑板包装、粉刷和整改，提升了城市容貌。

第二节 综合治理

城区交通 20世纪90年代初期，城区内各类载客车型多，主要有三轮车、四轮车、城乡小巴士、摩托三轮车、木的等，导致交通拥堵，影响城市形象。2002年6月，梁山县全面取缔城区内2200余辆客运木的、摩的，有效改善了城区交通状况；运作成立凤园、银河2家城市出租车管理公司，组织购买出租车42辆，结束了梁山县城没有出租车的历史。2004年，梁山县对停车场进行建设和规范治理，规范10个停车场地。其后，针对城市道路指示牌、候车亭、城乡客车停靠牌设置杂乱无章现象，开展更新规范公交站牌、道路指示牌工作。2005年，城市出租车公司增加到了3家，出租车增至85辆，城市出租车完成新旧交替，由北京现代伊兰特1.6升标准型轿车更换原“夏利”型轿车，梁山县成为全省第一家在公共客运领域中拥有1.6升标准以上豪华小轿车进行出租营运的县城。2006年，20辆原“昌河”型出租车全部更换为“捷达”城市出租车，统一归口城管执法局管理。2010年，进一步加强城市出租车管理，有关部门严把车辆市场准入，规范城市出租车经营行为，对无牌无证或自用车拉客营运的依法予以取缔，城区道路交通秩序逐步好转。2011年，城市出租车管理工作移交县交通部门管理。2013年，开展城市道路指示牌、公交站牌、城乡客车停靠牌等更新规范活动，计拆除破旧道路指示牌、候车亭、广告栏等370余块，安装110余块公交站牌、100个城区道路指示牌，给广大市民提供出行便利。

违章建筑 2001年起，县城管执法部门开始参与县重点工程建设的拆迁工作，全力做好重点工程执法保障。2002年，城市管理以强化规划建设管理为重点，及时拆除各类违规建筑。2007年，规范房地产建筑市场，查处各种零星插建。2008—2009年，牵头实施东环城路建设改造工程，共计拆迁东环路沿途60米控制红线内的各类建筑物285户，总面积达39146平方米，清除树木3万余棵，拆除加油站3个；集中拆除南至孔坊村、西至独山三角花园道路两侧违法建筑2400平方米、各类围墙500米，保障了东环路升级改造的顺利完成。2011年，完成对金桂园小区、泊岸景园等违法建设的及时停建工作；对新城区内的违法建设行为进行查处，依法查处和拆除违法建设5万余平方米。2012年，参与新城区拆迁、老城区改造等大型拆迁拆除工作，协议拆迁凤山公园建筑近3万平方米。2013年，全年共计参与征地、拆迁和强制拆除违法建筑15万余平方米，有效保障了基础设施建设重点工程、新城区建设、城中村改造、住宅区开发、风景区项目建设等重点工程的顺利进行。

综合环境 1994年9月，县政府成立由县长赵步荣为组长的创建文明卫生城领导小组，由县爱卫办牵头开展城区环境治理活动，取得较好成效，为创建省级卫生城市奠定基础。1996年6月，成立由县长赵步荣、常务副县长高太平为指挥长的创建省级卫生县城指挥部，由县爱卫办和县建委牵头、县政府办公室负责协调，开展大规模的创建省级卫生城活动；同年12月，创建省级卫生县城取得圆满成功，梁山县成为鲁西南第一个省级卫生县城。1998年8月，成立由代理县长张忠建任指挥长的城区市容环境卫生指挥部，由县政府办公室直接协调城建、爱卫办等有关部门开展城区环境综合治理，迎接省级卫生城首次复验；同年11月，顺利通过省级卫生县城首次复验。2000年4月，县政府召开创建中国优秀旅游城市暨爱国卫生活动动员大会；同年8月，县政府召开城区环境综合治理动员大会。2001年后，主要根据县里重要活动的统一部署，配合有关部门开展城区环境综合治理活动，至2013年，先后开展各类大型城区环境治理活动近百次。

第三节 法规政策

20世纪90年代，县政府及有关部门依据国家和省市有关法律法规，制定一系列县城管理的政策规定及具体办法措施，较好地促进了城市管理工作的开展和城区市容环境的清洁卫生。其后，县政府进一步加大依法管理城市力度，制定一系列城管法规，城市管理逐步走向依法管理的轨道。2000年8月，县政府以梁政发〔2000〕25号文印发《梁山县城市管理暂行办法》，对涉及城市管理的范围、内容、形式、要求等作了明确的规定；同年9月，县政府以梁政发〔2000〕30号文发布三个规范性文件，即《梁山县城市绿化管理办法》《梁山县城市照明设施管理办法》《梁山县城市供水管理办法》；同年11月，县政府以梁政发〔2000〕38号文发出《关于加强城市规划管理工作的通知》，要求全面强化城市规划意识，切实加大规划管理力度，认真坚持建设审批制度，严厉查处违规乱建行为，确保县城按规划建设。2007年5月，县政府以梁政发〔2007〕25号文印发《梁山县城区环境卫生管理办法》，对环境卫生设施规划、建设与管理、街道保洁、垃圾管理、公厕管理及城中村、城乡接合部的环境卫生管理等作了明确规定。2010年2月，县政府以梁政发〔2010〕2号文印发《梁山县城市出租车管理暂行办法》，对出租车的准入、运营、管理等作了明确规定。至2013年，城市管理法规政策逐步得到配套完善。

第五章 房产管理

第一节 机构设置

1991年5月，梁山县城乡建设环境保护委员会设房管所，为股级事业单位，具体负责全县房屋管理工作。1994年11月，县政府设立住房制度改革办公室，为正科级事业单位，具体负责公有住房改革工作。1999年12月，设立县房地产管理局（简称房管局），为正科级事业单位，隶属县建委；撤销住房制度改革办公室和房管所。房管局内设办公室、财务科、房管科、住房制度改革办公室、物业管理服务中心5个科室，后增设政工科、政策法规科；下属房地产评估事务所、房地产交易所，后增加房地产测绘中心、住宅室内装饰装修管理办公室、房产监察执法大队等。2007年6月，设立经济适用房廉租房管理办公室（正科级事业单位），与房管局合署办公，实行“一个机构、两块牌子”。2010年5月，县建设局改称县住建局，房管局行政职能划归县住建局，经济适用房廉租房管理办公室更名为保障性住房管理办公室。2013年3月，保障性住房管理办公室更名为住房保障和房产管理办公室，内设办公室、财务科、政策法规科、档案管理科、住房保障科、房产管理科、物业管理科、产权产籍审批科8个行政科室，下属房地产测绘中心、住宅室内装饰装修管理办公室、房地产交易所、房产监察执法大队、城市房屋安全鉴定办公室、房地产评估所6个事业单位。至2013年，梁山县房产管理形成集住房保障、房屋产权产籍管理、商品房预售管理、物业管理和住宅装饰装修管理等多种职能于一体的综合管理体系。

第二节 住房改革

公有住房 1994—1995年，县政府出台《梁山县加快城镇住房制度改革实施意见》《梁山县出售公有住房办法》《梁山县公有住房出售价格评估暂行办法》《关于〈关于严格执行城镇公有住房改革政策的规定（试行）的通知〉》《关于进一步深化城镇住房制度改革的通知》等文件，文件提出职工购买公有住房，根据不同情况，可按成本价购买，也可按标准价购买；可一次性付款，也可分期付款。职工以成本价购买的住房，产权归个人所有；职工以标准价购买的住房，拥有80%产权；一次性付款给予一定比例的折扣。1994年，城区新建砖混结构一等成套住宅，成本价为每平方米498元，标准价为每平方米403元；在实际操作过程中，一般按成本价购买、一次性付款。同年5月，县房改办牵头组织开展全县城区公有住房情况调查摸底，至年底结束。至1994年年底，县城区总户数13289户，总人口为46149人，户均3.5人；县城区有168个产权单位，共有公有住房套数9355套，总建筑面积528512平方米，平均每套55.6平方米，折使用面积364360平方米。在住房总面积中，楼房144幢，4278套，266915平方米；平房228处，5085套，253597平方米；城区无房户3254户，租房户864户，约13486人。1995年4月，召开全县住房制度改革动员大会，标志着全县住房制度改革工作正式拉开序幕；同年5月，举办房改业务培训班，全县168个产权单位、360人参加培训班。1999年7月起，城区新建砖混结构一等成套住宅成本价为每平方米688元，超标面积市场价为770元，并取消现住房折扣和一次性付款折扣。至2000年6月30日，全县公有住房改革结束，至此，全县168个单位参加房改工作，共分四批出售公有住房：第一批售房7558套，建筑面积53万平方米；第二批售房851套，建筑面积7.2万平方米；第三批售房534套，建筑面积4.9万平方米；第四批售房1247套，建筑面积12.3万平方米，四批共出售公有住房10190套，建筑面积77.4万平方米，售房率达97%，上交售房款2000万元，维修基金374万元；并给购房户发放了房屋所有权证，明确了其产权比例，为53个产权单位返还维修基金278万元。

住房租金 1995年，梁山县开始实施住房租金改革。《梁山县城镇住房制度改革实施意见》规定，1995年上半年租金要达到上年双职工家庭平均工资的7%，1998年要达到双职工家庭平均工资的11%，2000年要达到双职工家庭平均工资的15%。租金控标面积以建筑面积计算，一般干部为65平方米，科级干部为75平方米，县级干部为90平方米，地专级干部为120平方米。超标部分一律按建筑面积计租金并实行加租，超过标准20%以内（含20%）的部分，每平方米建筑面积在提高后的租金基础上加收1元，超过标准20%以上的部分加收2元。1995年，县城区一等房使用面积月租金为1.10元/平方米，五等房调减系数最大的为0.66元/平方米，单人集体宿舍按使用面积0.40元/平方米计租。1999年7月1日起，成本租金由原来每平方米1.10元提高到1.79元，至2000年年底，全县提租单位97个，租房户869个。2000年后，随着公有住房改革的结束，住房租金未再统一提取。

住房公积金 1995年，全县开始推行住房公积金制度。《梁山县城镇住房制度改革实施意见》规定，住房公积金从新的住房租金提高后，由职工个人及其所在单位，按职工工资总额的4%逐月交存，归个人所有，存入个人公积金账户。同年，设立县住房公积金管理中心。2007年8月，县住房公积金管理中心上划济宁市住房公积金管理中心管理，成为济宁市住房公积金管理中心在梁山的分支机构，称梁山管理部。至2009年10月，全县城乡有214个单位建立住房公积金制度，缴存职工人数15718人，累计归集住房公积金17665万元，职工个人累计提取3867万元，为1021户职工发放贷款8266万元；公积金缴存余额13698万元，贷款余额6804万元，公积金个贷率为49.67%。至2013年12月，住房公积金累计归集额4.7亿元，累计发放住房公积金贷款2.3亿元。

集资建房 梁山集资建房始于20世纪90年代初，主要是是由政府、单位、单位职工个人三方共同承担、筹集资金，进行房屋建设。1993年1月至1995年12月，全县参加集资建房的单位93个，建设住房2527套，总建筑面积21.2181万平方米，解决了2527户的住房问题。1996年后，对集资建房开始进行限制，要求参加单位集资合作建房的对象，必须限定在本单位符合县人民政府规定的低收入住房困难家庭。至2000年，集资建房逐渐停止，城区居民住房实行统一开发建设。

第三节 住房保障

保障性住房建设 2008年7月，县城区第一个保障性住房小区——惠民小区一期工程开工建设，其中，建设经济适用住房221套（2.1万平方米），总投资约2200万元；廉租住房100套，总投资约600万元。2009年6月，怡民小区保障性住房项目开工建设，共新建经济适用住房345套，廉租住房40套。同年，惠民小区二期工程（经济适用房）开工建设。2010年7月，祥和小区经济适用住房项目开工建设，共建设经济适用住房348套。2011年9月，全县首批公共租赁住房在惠民小区破土动工，第一个小高层经济适用住房项目在良嘉小区开工建设，共建设经济适用住房332套。2012年7月，梁元小区保障性住房项目开工建设，共建设经济适用住房306套，廉租住房60套，公共租赁住房192套。至2013年，全县共建设经济适用住房1552套，廉租住房312套，公租房392套。

保障性住房管理 2007年5月，启动县城区廉租住房租赁补贴保障工作。2008年2月，县政府出台《梁山县经济适用住房管理办法》《梁山县廉租住房工作实施方案》《梁山县申请廉租住房城市低收入家庭资格认定办法》等一系列政策，成立以分管副县长为指挥长，有关部门主要负责人为成员的住房保障工作领导小组和保障性住房建设指挥部。同年，成立由县纪委监察局牵头，县公安、法院、组织、人社、财政、工商、民政、房管等9个部门参与的联合审核工作组，由联合审查工作组按照当年申请标准，对申购家庭户籍、车辆、收入、企业营业执照注册情况、婚姻状况和住房状况等八个方面进行全面核查，以完善保障性住房准入机制，合理分配住房；当年，全县申请住房保障的家庭共计3528户，经过三级审核、三级公示，最终符合2008年度住房保障条件共计620户。其中：低保户64户，低收入家庭556户。因房源有限，64户低保申购家庭直接参与当年经济适用房选房活动，556户低收入申购家庭通过电脑摇号决定准购资格和选房顺序。2012年，在联合审核工作组的组织下，对经济适用房申购家庭实行5轮审核。从全县3400户申报家庭中核掉不符合申请条件的家庭2490户，符合当年经济适用房申购条件的家庭为910户，通过率为26.77%。至2013年12月，全县共分配经济适用住房1246套，廉租住房113套，累计保障双困家庭1200余户，累计发放保障资金110万元。

棚户区改造 2009年，梁山县开始实施棚户区改造，县政府把蓝天集团、机械总厂、磷化总厂、天成商城、皮件厂等家属院、住宅片区纳入全县首批棚户区改造计划；同年10月，蓝天集团棚户区改造项目正式动工，完成改造任务247户，回迁面积2.1万平方米，争取中央专项补助资金247万元，2010年10月安置房全部竣工。2010年7月，实施机械总厂和天成商场片区2个棚户区改造项目，完成改造任务172户，争取中央和省专项补助资金73.55万元，2011年10月安置房全部竣工交付使用。2011年3月，皮件厂和磷化总厂2个棚户区改造项目开始实施，完成改造任务162户，回迁面积约3.6万平方米，安置房241套，争取中央和省专项补助资金44.89万元，2012年10月安置房全部竣工交付使用。至2013年底，蓝天集团、机械总厂、磷化总厂、天成商城、皮件厂5个棚户区改造项目全部完成，安置房竣工率100%，为581户职工改善了居住条件，争取到中央和省棚户区改造专项补助资金365.44万元。

第四节 房产交易

房产登记 1993年4月，梁山县全面开展城区房屋确权发证工作，共核查自管公房单位194个，院落442处，勘测丈量建筑面积156.054万平方米，确权发证310个，登记面积为154.49万平方米，私房确权发证120个；同年，建立城区住房产权产籍管理制度。1995年，正式启动私有房屋确权登记工作，当年办理房屋交易登记22件；同年，开展房屋租赁许可备案制度，发放租赁许可证书207件。1997年，在全县范围内开展换发全国统一房屋权属证书工作，至2000年，共换发新证1万余份。其后，县房管部门进一步建立简捷、规范、高效的工作流程，实行一站式服务，受理、审核、发证均在大厅内完成，至2013年12月，全县共办理房屋权属登记业务36187件，其中，公有房307件，私有房31328件。

交易监管 1994年7月，县城乡建设环境保护委员会成立房地产交易监理所、房产评估事务所，引导和规范全县房地产交易市场的健康有序发展，当年办理租赁交易监理60起，成交额达到318246元，补办房产买卖交易15起，交易额15万元。2000年，开办住房抵押贷款业务，为全县605户购房职工贷款1044万元，解决职工集资建房筹款难的问题。2007年，县房管局成立房产监察执法大队，进一步加强对房地产交易市场的管理和监督。2008年，县政府出台《梁山县城市商品房预售管理暂行办法》，建立商品房预售许可制度，进一步规范商品房预售行为，切实维护买卖双方当事人的合法权益。2012年12月，县房管部门更新房产管理系统，增设商品房网签备案系统，建立商品房预售网签备案和资金监管制度，形成房管部门与开发企业、银行共同合作、共同监管的网络系统，杜绝开发商一房多卖、捂盘惜售等违规行为，进一步规范了房地产市场。至2013年年底，全县累计发放商品房预售许可证33个。

房屋测绘 2001年12月，成立房地产测绘中心，配备测绘仪器设备，并逐步建立完善的测绘管理制度和健全的质量保证体系，实现与房产登记信息系统进行无缝对接。房地产测绘中心严格按照国家的法律、法规及房产行政管理部门要求开展房产测绘业务，包括房屋实地查勘测算、计算绘图及测绘成果报告，测绘中采用NTS-355S全站仪、A1322-a水准仪、手持式激光测距仪等先进的仪器设备，2007年10月，启用数字房产测绘管理软件，实现房产面积测算微机化。至2013年年底，先后完成梁山县城区居民小区、家属院的房产初始登记、变更登记、交易、房改确权等面积测绘工作，共测算各类房产面积500余万平方米，出具书面测绘报告3万余件，为房产登记提供了准确的面积依据。

房产档案 1997年，房产档案管理达到“省二级先进单位”标准。2001年，晋升为“省一级科技事业单位档案管理”标准。2007年，启用产权产籍档案管理、统计查询、法院查封信息多功能于一体的数字房产信息管理系统，实现房产档案数字和电脑检索自动化。至2013年，库房面积近100平方米，专业档案员6人，共收集整理入库档案资料49145件，全部档案主要信息入库率达到100%。

信息化建设 1997年，房管部门购置微机和房产管理软件，实行微机缮证。2007年10月，启用唐山达意科技公司数字房产信息管理系统，实现房产权属登记数字化。2009年，新增1台服务器，实现市、县房屋登记信息联网共享。2010年，房地产管理局被山东省住建厅评为“全省房地产交易与权属登记达标单位”。2012年12月，县保障性住房管理办公室新增2台服务器，在原有基础上进行房产管理系统更新，开办梁山县住宅与房产信息网站，增设商品房网签备案系统，建立房管部门与开发企业、银行共同合作、共同监管的网络系统。

第五节　小区物业

1998年3月，县城乡建设委员会成立物业管理处，负责全县住宅小区物业管理工作。2000年12月，县房管局成立物业管理科，主要负责全县物业管理活动的监督管理工作。2007年年底，县政府出台《梁山县物业管理办法》，实行全县物业服务企业资格及从业人员登记备案制度，引导建立业主自治机制，协助小区组建业主委员会，规范全县物业管理市场；同年，山景花苑小区成立业主委员会。2012年12月，县房管部门组织对部分住宅小区进行调查摸底。在被调查的24个小区中，山水家园、东方华城、黄河小区、锦绣城等配套设施建设较好，涉及的物业服务企业有7家拥有物业管理资质。2013年，县住房保障和房产管理办公室对全县城区住宅小区物业管理进行全面摸底调查，摸清小区基本情况及物业管理中存在的问题，为全县卫生复验工作及物业管理综合整治活动奠定基础；制定《梁山县物业管理监督考核办法》，对全县所有小区物业进行考核，对全县物业公司进行年审及资质备案，完成物业质量保证金和住宅专项维修资金制度征收前期筹备工作。至2013年年底，全县经工商注册的物业服务企业共12家，从业人员近200人，实施物业管理项目18个，物业管理面积累计100多万平方米。

第六章　建筑管理

第一节　建筑企业

1994年,全县有资质等级的施工企业33家，其中，二级企业3家（总承包企业2家），三级企业10家（专业承包企业1家），四级企业18家,非等级企业2家;全县建筑从业人员4万人,建筑业完成总产值4.2亿元,总收入1.26亿元,建筑业农民人均纯收入达210元。1996年，新增施工总承包三级企业1家；2002年新增劳务分包企业2家；2003年新增施工总承包三级企业2家；2004年新增劳务分包企业1家；2009年新增专业承包企业2家，劳务分包企业1家；2010年新增专业承包企业1家；2011年新增专业承包企业4家，劳务分包企业1家。2012年，有6家专业承包企业合并为1家，新增专业承包企业2家。2013年新增专业承包企业1家，同年对全县建筑业企业进行诚信行为信息评价，包括良好行为记录和不良行为记录，并引导建筑业进行产业结构调整。至2013年，梁山县共有施工总承包企业 14 家（其中总承包二级企业 2 家，总承包三级企业 12 家），专业承包企业 10 家、劳务分包企业 7 家；全县建筑从业人员 2.8 万人，建筑业完成总产值 9.1 亿元，总收入 10.3 亿元；有 6 家外地企业进入梁山县建筑市场，为建筑业发展注入了活力。

梁山县建筑工程公司（简称建筑公司）始建于 1953 年 5 月，是县内规模最大的集体所有制公司，也是全县建筑行业唯一建筑工程施工总承包一级资质企业，隶属于梁山县住建局管理。先后承建梁山剧院、梁山影院等大跨度项目，以及梁山国棉厂、梁山发电厂、农机厂等一批大型工业厂房。20 世纪 90 年代后，建筑公司全面贯彻“立足本县、服务全省、面向全国、广拓市场”的经营方针，大力开拓外埠市场，先后在北京、济南、东营、济宁、新疆、黑龙江、吉林等地设分公司，常年外出施工人员 2000 人，每年完成产值均达 2.2 亿元，并先后完成北京北苑小区 301 号、303 号、305 号住宅楼等高层建筑及一批高、大、精尖工程。进入 21 世纪，建筑公司在县内先后完成水泊花园、水晶城、锦绣城、东方国际、东方华城、金泰鑫寓、和谐家园、崇文小区等近 100 万平方米住宅小区建设项目，相继建设完成梁山中行办公营业楼、梁山建行办公营业楼、梁山新华书店大楼、电信综合楼、水利培训中心大楼、建设培训中心大楼等一批经营、办公综合楼，并先后取得省级优良工程 5 个、市级优良工程 38 个，还多次受到省、市、县政府部门表彰。至 2013 年，公司拥有固定资产 2.2 亿元，职工 3400 人，其中，高级工程师 13 人，高级经济师 4 人，工程师 66 人，助理工程师 246 人；一级建造师 15 人，二级建造师 28 人，各类管理人员 500 余人。

第二节 建筑设计

梁山县建筑设计起始于 1975 年，由梁山县基本建设局设计室行使该职能，时为建筑工程丁级资质。1986 年 5 月，梁山县建筑设计室成立，为县城乡建设委员会下属股级事业单位，实行独立核算、自负盈亏、企业化管理，同年获建筑工程丙级资质。20 世纪 90 年代，建筑设计绘图及计算均靠手工操作，设计内容也局限为单体住宅、多层办公及 24 米以下跨度单体厂房，设计风格较为单调，色彩以瓷砖白和米色为主，主要作品有部门单位办公楼和家属楼。2000 年 7 月，梁山县建筑设计室更名为梁山县建筑设计院，开始配备先进的计算机、绘图仪、工程机、大型晒图机、彩色复印机、彩色绘图仪等大量现代化设备，手工操作全部由电脑设计取代，实现计算机联网出图，设计风格及内容由单一性向多样性转变。2010 年 4 月，再次获建筑行业（建筑工程）丙级资质。同年 12 月，划归县城乡规划局管理。至 2013 年，全院拥有职工 40 余人，其中，国家一级注册结构工程师 1 人，二级注册结构工程师 1 人，二级注册建筑师 2 人；高级职称 5 人，中级职称 18 人，初级职称 20 余人，建筑、结构、给排水、暖通、空调、电气等各专业配套齐全，是全县唯一具有建筑工程设计资质的设计单位，业务范围涵盖全县城乡规划、建筑工程、相关工程设计和技术咨询等，设计的主要工程有疾控中心与卫生监督大楼、水浒街、名博广场、美的亚商城、运河花园、盛世华城、东方华城、和谐家园、丽景花园、锦绣城、流畅河社区、杏花村社区等居民小区。

第三节 建筑施工

1994—1997 年，梁山县建筑主要以砖混结构和平屋顶为主，大部分为 1 层或 2 层，少有 3 ～ 6 层，办公楼一般 2 ～ 3 层。基础为砖条基，3:7 灰土垫层或素混凝土垫层，墙体材料为机制红砖，内外墙仅做简单的涂刷，楼地面一般为水泥砂浆，卫生间一般贴马赛克或缸砖。

1997—2001年，建筑层数逐渐增多，新建建筑层数一般为4～6层。部分办公楼、教学楼和生产楼为框架结构，一般2～3层，少有5～6层，基础形式一般为钢筋混凝土条基或钢筋混凝土筏板基础。卫生间墙面有1.2米或1.5米高的瓷砖墙裙，屋面增加简单的保温层和防水层。2002—2005年，商住楼和综合楼逐渐增多，住宅楼一般设有地下储藏室+住宅层，外装修种类也越来越多，分为贴面类、抹灰类和喷刷类等。

2006—2009年，梁山县住宅建筑主要是屋面平坡结合，墙体材料一般为砌块，外墙做法增加保温层，节约了能源。地面做法普遍为整体面层和块料面层两大类，特殊建筑有时还采用做防静电地坪、环氧树脂地坪及防腐面层等。整体地面的面层一般有水泥砂浆地面、混凝土地面、水磨石地面、菱苦土地面等。块料面层种类较多，有预制水磨石板、地面砖、磨光的大理石或花岗岩板、塑料板与木板等。地面的基本组成有面层、垫层和基层三部分，有的设有保温层，部分小区设有地暖。住宅建筑逐渐发展为车库+住宅层+阁楼形式。2008—2010年，全县低层、多层住宅建筑太阳能与住宅建筑一体化推广率达到80%以上，小高层、高层住宅建筑太阳能与住宅建筑一体化推广率达到20%以上。至2010年年底，全县城市建成区供热覆盖率达到70%，供热合格率达到96%。

2010—2013年，梁山县建筑向高层发展，部分建筑为11层和18层。高层建筑一般为框架结构，基础一般为混凝土桩基。墙体材料为钢筋混凝土剪力墙及砌块，剪力墙现浇钢筋混凝土强度等级不应低于C20，厚度根据抗震等级楼层高度的不同分为100毫米、120毫米、200毫米及250毫米等，剪力墙按一次支模一次浇筑组织施工，墙、柱与梁板间不留施工缝，每层墙、柱、梁板模板一次支齐，砼同时浇筑。屋面以平屋顶为主，主要构造层次是承重层、隔气层、保温层、找平层、防水层和保护层。内外墙装修一般为抹灰类和喷刷类，喷刷类饰面施工简单，造价便宜，而且有一定的装饰效果，外墙增加保温层。顶棚一般为抹灰和涂料，高档建筑有时做各种吊顶。2011年，全县完成太阳能光热一体化建筑4万平方米；2012年，完成太阳能光热一体化3.5万平方米。至2013年，梁山县新建建筑10%以上达到绿色建筑标准，城市规划区12层以下居住建筑和医院、学校、宾馆、洗浴场等公共建筑中的热水消耗大户强制安装太阳能光热系统，完成太阳能光热一体化4.2万平方米，县城大部分实行集中供水、供暖，新建建筑节能标准执行率达到96%以上。

第四节 建筑材料

节能政策 1994年前后，城建部门开始推行新型节能建筑材料，后逐步加大推行力度，并取得较好成效。2003年5月，县政府印发《关于在全县建设工程中逐步禁止使用实心黏土砖的通知》，要求自2004年7月1日起全县城市规划区禁止使用实心黏土砖。同年12月1日起，全县新建、改建和扩建的居住建筑实行建筑节能设计。2006年6月1日起，凡新建、扩建的公共建筑和居住建筑项目的工程设计必须达到省建设厅关于《公共建筑节能设计标准》和《居住建筑节能设计标准》。2004年年底，县级财政设立新型墙材专项基金专户，纳入县财政预算。2006年12月，县政府印发《梁山县新型墙体材料发展应用与建筑节能管理规定》的通知，要求逐步淘汰以黏土为原材料的建筑材料，鼓励企业利用煤矸石、粉煤灰、炉渣等原料开发、生产新型墙体材料和建筑节能技术与产品。2007年，县建设局出台《关于进一步开展"紧实"建筑节能和专项基金征管的实施方案》，全面关停辖区内的12座实心黏土砖瓦窑，取而代之的是烧结煤矸石、黄河淤泥烧结砖等新型节能墙体材料。2008 年 3 月，县建设局印发《关于对全县新建建筑严格执行建筑节能标准的通知》，要求凡是新建建筑必须进行节能设计，公共建筑执行节能 50% 设计标准，居住建筑执行节能 65% 设计标准。2009 年，制订《梁山县既有居住建筑供热计量及节能改造方案》，明确节能改造的具体目标，开始进行既有居住建筑供热计量及节能改造。同年底，全县新型墙体材料专项基金预收款金额为 306893.8 元，上缴省财政 15344.69 元，全部由县财政局统一收取并按文件规定使用新型墙体材料专项基金票据。2011 年，征收新型墙材专项基金 7 个工程项目，征收金额 1002323.2 元。2012 年，征收新型墙材专项基金 5 个工程项目，征收金额 272 万元。2013 年，征收新型墙材专项基金 5 个工程项目，征收金额 176.09 万元。

新型材料 1994—1997 年，梁山县建筑材料主要有砖、瓦、灰、砂、石、钢材、木材、水泥等，砖为黏土机制红砖，钢筋主要有冷拔丝、冷轧带肋钢筋、一级钢和二级钢，预制构件用的比较广泛，如预制楼板、平板及过梁，防水材料一般为二毡三油或三毡四油，保温材料主要有保温砂浆，门窗主要是木门窗，玻璃一般 3 毫米厚的平板玻璃。1998 年，国家提倡发展节土、环保的新型墙体材料，特点是质轻、隔热、隔音、保温、无甲醛、无苯、无任何污染，部分新型复合节能墙体材料集防火、防水、防潮、隔音、隔热、保温等功能于一体。2007 年，在民用建筑中，浆料类外墙保温和膨胀珍珠岩、蛭石类屋面保温做法逐渐被禁止使用，新型墙体材料建筑节能技术产品必须取得山东省认定证书后方可在建设工程中使用，以确保居住建筑节能满足 65%、公共建筑节能满足 50% 的设计标准要求。2008 年，梁山县在建工程中开始试行相变复合材料保温工程技术，加强建筑用钢、塑料管材及管件、建筑涂料、防水材料及密封材料、混凝土外加剂与建筑胶黏剂、卫生洁具及配件等 6 大产品的登记备案。2011 年，梁山县开始禁止在建工程使用预制件，提倡混凝土现场浇灌，采取集中搅拌方式。2012 年，梁山县新型墙材的生产量达 0.97 亿块标砖，应用量 0.85 亿块标砖，建筑节能标准执行率达 95% 以上。至 2013 年，梁山县常用的新型墙材料主要有煤矸石烧结砖、页岩烧结砖、蒸压灰砂砖、蒸压加气混凝土砌块、淤泥烧结砖、粉煤灰烧结砖等，常用外墙保温材料有胶粉聚苯颗粒、挤塑板 XPS、硬泡聚氨酯保温板，屋面、车库或储藏室顶棚保温材料有挤塑板 XPS，楼梯间墙及用户隔墙一般用聚苯颗粒保温砂浆做保温层。外窗采用铝合金或塑钢窗，玻璃为 5 毫米厚中空玻璃。防水材料主要为弹性沥青防水卷材、高分子防水卷材、防水涂料等，其中防水卷材是用量最大的防水材料，主要用于屋面及基础防水。

第五节 工程管理

造价管理 1990 年 8 月，梁山县工程建设标准定额站成立，隶属县建委。2001 年 7 月，更名为梁山县建设工程标准造价管理站，隶属县住建局，主要依据城乡建设环境保护部 1985 年编制的《全国建筑安装工程统一劳动定额》，负责建筑工程定额管理、建筑工程预算及结算和提供有关定额业务咨询。2009 年，开始执行《建设工程工程量清单计价规范》，推行工程量清单计价，做好建设工程类别鉴定、各类计价依据管理、工程合同价和结算价备案、建设工程结算价款支付核准和工程安全防护、文明施工措施费审核备案的管理工作。2013 年 7 月，新版《建设工程工程量清单计价规范》正式实施，为工程计价管理提供新的法规依据。至 2013 年年底，全县共有造价专业人员 101 人，其中，具备国家注册资格 6 人，具备工程造价专业资格15人；高级资格2人，中初级资格13人；共办理建设工程类别鉴定书378件，合同价登记备案书378件，建筑面积256.58万平方米，合同价198406.62万元，办件无一差错，按时办结率100%；建设工程定额口头解释120余次，书面解答20余次，申报一次性补充定额17项，调解工程造价经济纠纷13次，群众满意率100%。

质量管理　1985年2月，梁山县建筑工程质量监督站（简称监督站）成立，隶属县建委。1999年8月，工程建设监理中心成立，由监督站统一管理，统一对各项工程进行监督、监理。2000年4月，国家建设部发布《房屋建筑工程和市政基础设施工程竣工验收备案管理暂行办法》，监督站的职能由工程质量验收主体转变为政府监督，实行竣工验收备案制，业务工作由验收评定转变为对五大责任主体和工程实体质量的监督管理。2007年7月，工程建设监理中心和县建筑工程质量监督站分离，属全民所有制企业，直接隶属于县住建局。工程建设监理中心监理资质等级为乙级，能承担14～28层、24～36米跨度的一般公共建筑，单项工程建筑面积1万～3万平方米、建筑面积6万～12万平方米住宅工程，单项工程14～28层、高度70～120米的高耸构筑工程的工程监理业务。至2013年年底，先后监理梁山县医院门诊楼、惠堂春饭店、水泊商场超市二期工程、一中教学楼、县法院办公楼、济宁第一跨度36米的水浒过街天桥、邮政局办公楼、宋城名郡小高层(11层+1)、银都庄园小高层（11层+1)、盛世华城高层（17层+1)、东方国际高层（17层+1)、梁山火车站广场扩建、水泊新路、新城区道路建设五横两纵等工程；监理工程面积由每年12万平方米增加到每年41万平方米，质量合格率100%，其中县邮政局办公楼获得市优工程项目奖、水浒过街天桥获市优良工程奖。

招标投标　梁山县建设工程招投标始于1995年。1995年8月，梁山县建设工程招标投标办公室成立，为股级事业单位，隶属县建委。1995年8月至2010年4月，全县共实行建设工程施工招标341项，招标工程总面积达184.42 万平方米，累计标底或预算控制价13.893亿元，中标造价12.295亿元，共节约投资1.598万元；累计定额工期2788个月，投标工期2631个月，工期提前率平均达5.63%。

2010年5月，梁山县建设工程招标投标办公室撤销，其后相继成立梁山县招投标监督管理委员会办公室和梁山县招标投标中心，但其尚未开展具体工作，具体招投标工作业务由县住建局办理。2012年3月，梁山县招投标监督管理委员会办公室、梁山县招标投标中心、梁山县政府采购中心、梁山县地产交易所合并，成立梁山县公共资源交易服务中心，为县政府直属正科级事业单位，主要负责县公共资源交易服务工作，按照市场要求依法向社会提供招投标服务，以及县政府集中采购服务。2012年3月至2013年12月，累计完成交易项目952项，完成交易额243999万元，节约资金10842万元。其中，工程建设项目完成85项，交易金额221545万元，节约资金7799万元，节支率3.4%。

第七章　村镇建设

第一节　管理体系

20世纪90年代，梁山县成立由分管县长任组长的县村镇建设工作领导小组，对全县村镇建设实行统一领导、统一组织、统一规划、统一部署，具体负责村镇建设的协调、监督和指导，实行目标管理责任制，把搞好村镇建设列入考核乡镇和主管部门政绩的一项重要内容。1994年，全县各乡镇成立村镇建设服务站。1995年，组建梁山县村镇建设服务中心，各乡镇普遍建立建筑公司、建材供应站、预制厂等，多数乡镇成立房地产综合开发公司，开展村镇建设规划设计，建筑施工、建材供应、房屋开发、人员培训和信息咨询一条龙服务。1999年，贯彻落实省委、省政府鲁发〔1999〕18号文件《关于进一步加快小城镇建设的决定》和市委、市政府济发〔2000〕13号文件《关于加快小城镇建设的意见》，加强村镇规划管理。2000年后村镇规划管理工作逐步加强，至2013年，全县建立起较为完善的村镇规划管理体系，保障了村镇规划的顺利实施。

第二节　小城镇建设

1994年，以徐集、拳铺、杨营、韩岗、小路口、后孙庄等乡镇作为全县小城镇建设试点，重点抓好基础设施配套，改善小城镇功能，不断总结经验，逐步进行推广，促进全县小城镇化建设及城乡一体化步伐。至1997年，全县共新修乡镇驻地道路20公里，安装路灯140盏，绿化带15公里。乡镇驻地自来水、电话到村普及率达100%。其中，徐集镇当年用于小城镇建设的资金达1600万元，扩建商业街计52850平方米，开辟农贸市场14000平方米，兴建学校、邮电、金融、商贸等楼房建筑面积28600平方米。

1998年，全县将徐集、拳铺、杨营3个乡镇作为小城镇建设的示范乡镇，进行全面推广。至1999年，徐集投资1050.7万元，建成东西长1.8公里，南北长1.5公里的集商业、卫生、教育、餐饮、住宿、娱乐为一体的商贸城；拳铺投资达3260万元，建成长2.5公里、基础设施配套齐全的工业、农贸、商贸、文化4个小区；杨营筹资5000万元，境内四纵四横八条道路全部硬化，总面积达15万平方米，驻地绿地面积1万平方米，建起长2.5公里、宽500米、集生产、加工、销售于一体的综合商业区，建设住宅小区8个，粉条工业小区7个。全县硬化乡村道路42公里，新扩宽街道17公里，修建排水沟、下水道4600米，有6个村庄新上了自来水，受益人口6900人，新建、翻建、改建农村住宅43.4万平方米，公共建筑0.76万平方米，生产建筑1.23万平方米。

2000年后，各乡镇完善基础设施配套，改善小城镇生产生活环境，增强小城镇的辐射带动作用。2013年，全县启动村镇污水和垃圾处理项目建设，争取拳铺镇污水管网建设配套资金（30公里总造价3600万元）1440万元；杨营镇污水管网配套资金120万元。至2013年，先后投资 240052万元，共硬化道路874.33公里，绿化道路两侧518.05公顷、安装路灯7312盏；建成楼房1547幢，建筑面积2036.51万平方米，全县各乡镇区域内主要路街全部硬化、绿化、亮化、美化，交通、通讯、电力等基础设施日臻完善，文化教育、科研、体育、卫生等事业全面推进。其中：拳铺镇驻地面积9平方公里，楼房建筑面积38万平方米，硬化道路223公里，绿化道路两侧2.35平方公里、安装路灯1320盏；韩垓镇驻地面积2.35平方公里，楼房建筑面积12万平方米，驻地硬化道路5公里，绿化道路两侧1平方公里、安装路灯120盏；韩岗镇驻地面积3.5平方公里，楼房建筑面积20万平方米，硬化道路80公里，绿化道路两侧0.25平方公里、安装路灯1000盏；馆驿镇驻地面积2.8平方公里，楼房建筑面积 2.2万平方米，硬化道路12公里，绿化道路两侧0.012平方公里、安装路灯268盏；小安山镇驻地面积2平方公里，楼房建筑面积1.4万平方米，硬化道路15公里，绿化道路两侧0.015平方公里、安装路灯520盏；寿张集镇驻地面积3.3平方公里，楼房建筑面积1.2万平方米，硬化道路120公里，绿化道路两侧0.048平方公里、安装路灯1200盏；小路口镇驻地面积1.0234平方公里，楼房建筑面积5.28万平方米，驻地硬化道路4公里，绿化道路两侧0.0225平方公里、安装路灯140盏；黑虎庙镇驻地面积0.81平方公里，楼房建筑面积2.8万平方米，硬化道路81.67公里，绿化道路两侧0.49平方公里、安装路灯510盏；杨营镇驻地面积5平方公里，楼房建筑面积19万平方米，硬化道路46公里，绿化道路两侧0.21平方公里、安装路灯300盏；马营镇驻地面积0.62平方公里，楼房建筑面积1902万平方米，硬化道路112公里，绿化道路两侧0.25平方公里、安装路灯1200盏；大路口乡驻地面积1.26平方公里，楼房建筑面积3.63万平方米，驻地硬化道路4.56公里，绿化道路两侧0.008平方公里、安装路灯52盏；赵堌堆乡驻地面积1.4平方公里，楼房建筑面积12万平方米，硬化道路117.6公里，绿化道路两侧0.117平方公里、安装路灯124盏；经济开发区，硬化道路17.5公里，绿化道路两侧0.356平方公里、安装路灯278盏；水泊街道办事处楼房建筑面积17万平方米，硬化道路36公里，绿化道路两侧0.052平方公里、安装路灯280盏；梁山街道农村建设住宅220万平方米，人均住宅面积达50平方米，村内硬化面积37万平方米，主要街道硬化率达到100%。

第三节　新农村建设

小康屋建设　1995年，梁山县开始进行“小康屋”建设试点工作，县里成立农村“小康屋”建设试点的领导小组，确定梁山镇的吕屺口村、徐集镇的林庄村、信楼乡后杨楼村、袁口乡的北袁口村、南袁口村为县级“小康屋”建设试点村。对率先起步的样板房建设户给予适当补贴，其中，楼房样板房每栋补助2000元，平房样板房每栋补助1000元。通过试点，全县农村“小康屋”建设逐渐推开，高标准、高质量的居民住宅大量出现。至1997年，全县农村各类房屋建筑面积1830.16万平方米，生产用房建筑面积110.11万平方米，农村住宅建筑面积1365.2万平方米，农村人均建筑面积21平方米，新建住宅的质量逐步提高，楼房在新建住宅中所占比重日益增长，一批适应农村经济发展的上宅下店的住房相继建立起来。2000年，村镇住宅建设稳定发展，质量和水平明显提高，新

梁山街道马庄村鸟瞰

建住宅中楼房所占比例逐步增长，涌现出像梁山镇马庄村、吕屺口村、杨营镇高庄村等住宅内部设施配套、功能合理、内外装修的住宅建筑，极大改善了居民居住条件和居住环境。至2005年12月，全县村镇各类房屋建筑面积3174.92万平方米，其中公共建筑364.62万平方米；生产建筑面积146.35万平方米。至2013年，全县农村建设住宅 4494.94万平方米，人均住宅面积达43平方米。村内道路硬化638.74万平方米，主要街道硬化率达到97%以上，基本实现了村村通公路，村村通自来水。

新型社区建设 2009年，梁山县启动新型农村社区建设试点，成立新型农村社区建设指挥部，组建新型农村社区建设办公室，具体负责新型农村社区建设相关工作，确定10个市级示范点和25个县级示范点。至2013年，全县农村新社区建设投资累计完成近7亿元，其中，县拨付扶持资金2.64亿元；共开工建设农村新社区建设示范点15个，建设居民楼186幢、71万平方米，建设老年房（平房）208户。其中，8个新社区建设通过省级复垦验收，贡献建设用地指标1600余亩。其中，完成居民楼建设、已入住、通过省级复垦验收的新社区为：韩岗镇司垓社区，一期523户、1427人，建设居民楼19幢、580户，社区服务中心一处，幼儿园一处，商业街2万平方米；韩垓镇大李庄社区，237户、913人，建设居民楼7幢，社区服务中心一处；拳铺镇盛垓社区，165户、705人，建设居民楼5幢、250户，30户老年房，社区服务中心一处；拳铺镇陆庄社区，546户、1777人，建设居民楼17幢、580户，社区服务中心一处；马营镇马营社区，450户、1420人，建设居民楼16幢、540户，社区服务中心1处；杨营镇蔡庄社区，84户、331人，建设居民楼4幢、124户；馆驿镇亓庄社区，145户、453人，建设居民楼5幢；梁山街道办姜庄社区，181户、506人，建设居民楼6幢、250户。完成居民楼建设、已入住、待通过省级复垦验收的新社区为：黑虎庙镇西张庄社区，275户、854人，建设居民楼6幢、210户、90户老年房，社区服务中心一处；黑虎庙镇义和社区，300户、1100人，建设居民楼10幢、288户，老年房90户，社区服务中心一处；黑虎庙镇西小吴社区，860户、2886人，建设居民楼4幢，社区服务中心1处；拳铺镇南杜社区，280户、1092人，建设居民楼9幢、320户，1处社区服务中心。基本完成或在建新社区为：拳铺镇东马社区，335户、1240人，一期建设居民楼4幢、240户，社区服务中心1处，二期建设西马、鲁庙、阚庄居民楼7幢，主体工程已完工；韩岗镇司垓社区二期，小窑村213户、940人，建设居民楼8幢、320户，主体工程已完工；梁山街道办前码头社区，385户、1367人，一期工程建设居民楼5幢，社区服务中心1处，二期规划建设居民楼20幢，建设至5层。

农村危房改造 2013年，启动农村住房与危房改造工作。同年，省市下达梁山县危房改造任务570户，中央和省两级补助资金655.5万元，户均为1.15万元；其中，中央补助资金为427.5万元，户均7500元；省级补助资金为228万元，户均4000元。农村危房改造资金专项用于农村分散供养五保户、低保户、贫困残疾人家庭和其他贫困户等的危房改造。至年底，危房改造任务落实到户。

第四节 创建活动

明星村镇创建 1995年，梁山县组织开展建设新型乡镇和明星村的“十百千”活动，涌现出一批先进乡镇、先进村。徐集镇、韩岗镇、黑虎庙乡3个乡镇达到新型乡镇的标准；馆驿乡王思口村等10个村庄具备明星村的标准。1996年，馆驿乡王思口村、韩岗镇冯庄村、寿张集乡徐楼村被授予“山东省村镇建设明星村”

称号。1999 年，徐集镇被授予“村镇建设新型乡镇”称号，徐集镇林庄村、后杨楼村，袁口乡张楼村、西大屯村，信楼乡二郎庙村，拳铺乡徐庄村、玉皇庙村、郭堂村，赵堌堆乡王大井村，韩岗镇北袁口村、东袁口村被授予“山东省村镇建设明星村”称号。2005 年，徐集镇被授予“山东省小城镇建设示范镇”，徐集镇西侯村、刘集村，拳铺镇前仝店村，韩岗镇朱庄村，黑虎庙乡于楼村被评为“市级村镇建设先进村”。

示范村镇创建 2011 年，根据省住建厅《关于开展“百镇千村”建设示范活动的通知》精神，组织开展“百镇千村”示范镇村及上报县历史文化名镇名村申报活动，成功申报了拳铺镇、杨营镇为山东省小城镇建设示范镇，申报馆驿镇陈李庄等 12 个村庄建设示范村（新型农村社区），申报独山村、后集村、刘集村、杏花村 4 个村庄为历史文化及民俗特色村。2012 年，梁山县组织开展“百镇建设示范行动”活动，积极协助拳铺镇申报全省“百强示范镇”，同年 8 月，省政府办公厅正式发文公布，拳铺镇为省级百强示范镇之一，省政府每年给予“百强示范镇”扶持资金 1000 万元，土地指标 50 亩等优惠政策（该行动期限为四年）。至 2013 年，创建省级生态乡镇 5 个、市级生态村 83 个。

生态村镇创建 2013 年，梁山县加快推进农村环境综合整治工作，开展生态村镇创建活动，大力开展“净化、美化、绿化、亮化”工程，集中清理堆在户外街旁的垃圾、柴草、物料，粉刷主要街道两侧墙壁面，整治废旧坑塘并植藕养鱼，农村环境综合整治成效显著。同时，投资 3 亿元，新修道路 1100 公里，408 个村庄实现村内通，并在干线公路、县乡公路、主要河道两侧及村前屋后栽植各类树木花草。农村环境状况得到明显改善，美丽乡村建设逐步启动。

梁山街道周庄村文化墙及广场一角

梁山街道夏庄村新修建的坑塘及凉亭

梁山街道不断加大投入，在环境综合整治的基础上，率先启动美丽乡村建设，硬化村内街道，修建排水沟渠，整治美化坑塘，栽植绿化苗木，建设文化广场及文化墙，并安装路灯，被定为美丽乡村示范片区。全县先后创建省级生态示范镇 2 个、市级示范村 30 个，杨营镇获省级生态镇称号，小安山镇东张庄村、马营乡薛屯村等 34 个村获市级生态村称号。

第十篇
DI SHI PIAN

交通邮电

1994 年，梁山县公路建设进入高潮期。县委、县政府认真贯彻执行国家关于公路建设的各项方针政策，把公路建设列入县委、县政府重要工作日程，成立公路建设指挥部，对全县的公路建设实行统一领导、统一组织、统一规划、统一部署，组织公路建设大会战，全县形成齐抓共管、群策群力、多方筹资的格局。至 2000 年，公路通车里程持续大幅增加，梁山境内国道、省道干线公路及桥梁改建、新建工程建设取得巨大成就。2003 年，县政府召开农村公路建设动员大会，启动“村村通油路”工程，并充分利用省交通厅扶持及国债项目，全力加快工程建设进程，完善农村公路网络。至 2013 年，“村村通油路”工程取得良好成绩。同年 12 月，根据省政府《关于组织开展“全省村级公路网化示范县”活动的通知》精神，县政府积极推进村级公路网化示范县建设，构筑“便捷、畅通、安全”的农村公路交通体系，推动城乡交通一体化。

梁山邮政通信事业是发展最为迅速的行业之一，经过 20 年的发展，在全县区域内形成了一个全方位、多层次，多功能、立体交叉、四通八达的现代化通信网络，为全县经济发展、社会进步提供了强有力的现代通信支撑。

第一章　管理机构

第一节　交通局

梁山县交通运输局，正科级行政单位，县政府组成部门，主管全县交通运输工作。交通运输局为县政府最早设立的科局之一，始称交通科，后称交通局，其后，科、局又几经变更。1970 年 5 月，交通局与邮政局合并为交通邮政局。1974 年 1 月，分设恢复交通局。1979 年 6 月，交通局设立党组。1994 年，县交通局内设秘书股、财务股、路政股、运务股、企管股。2001 年 4 月，撤销党组、设立党委。2002 年 9 月，秘书股、财务股、路政股分别改称办公室、财务科、路政科，撤销运务股、企管股，设立法规科、综合科。2010 年 5 月，县交通局改称县交通运输局。2011 年，县交通运输局设立办公室（挂交通战备办公室牌子）、政策法规科（挂行政许可科牌子）、财务审计科、规划建设科、运输管理科、安全监督科、港航管理科（挂县地方海事处牌子）7 个职能科室。驻地在梁山县城交通路中段。

直属单位　1994 年年初，县交通局直属事业单位有：汽修管理所、客运管理所、交通稽查大队、县乡公路管理处以及城郊、县直、徐集、拳铺、韩岗、李官屯、寿张集、赵堌堆等乡镇交通管理所。1995 年 8 月，设立车辆购置附加费征收办公室。1997 年，设立出租车管理所。2001 年，设立汽车综合性能检测站，车辆购置附加费征收办公室更名为车辆购置税征收管理办公室。2002 年 6 月，设立航运管理所。2005 年，车辆购置税征收管理办公室划归国税局。2007 年，交通稽查大队升格为副科级事业单位；2011 年，交通稽查大队更名为交通运输监察大队；同年，撤销出租车管理所、县直交通管理所、徐集交通管理所、寿张集交通管理所，增设驻杨营煤矿管理站。至 2013 年，县交通运输局有 11 个股级事业单位：汽车维修行业管理所、汽车综合性能检测站、客车运输管理所、驻杨营煤矿管理站、县乡公路管理处、城郊交通管理所、拳铺交通管理所、韩岗交通管理所、李官屯交通管理所、赵堌堆交通管理所、火车站交通管理所。直属企业有：县运输公司、县水浒客运有限公司、航运一公司、航运二公司、蔡楼渡口。

第二节　公路局

梁山公路局，正科级事业单位，隶属于济宁市公路管理局，始称梁山公路站。1993 年 5 月，根据济宁市编制委员会《关于市县公路管理机构更名的批复》，梁山公路站更名为济宁市公路管理局梁山公路局（简称梁山公路局）。驻地在梁山县城水泊南路。

1994 年，梁山公路局内设办公室、政工科、财务科、法规科、养护科、路政科、征稽办、工程处等科室，下辖孙庄、码头两个公路站，在岗干部职工 119 人，退休干部职工 60 人。其后，公路局相继增设 220 国道码头桥收费站、富通产业开发中心、法规科、养护公司、督查考核办公室、治超治污办公室 6 个科室。2004 年 7 月，220 国道码头桥收费站升格为正科级事业单位，直接隶属于济宁市公路管理局管理；2009 年，220 国道码头桥收费站撤销。2013 年，梁山公路局内设办公室、政工科、财务科、法规科、养护科、路政大队、治超治污办公室、富通产业开发中心 8 个科室，辖码头、孙庄、大路口 3 个公路站，共有干部职工人数 190 人。公路局主管梁山县境内国道 220 线、省道 333 线、337 线、250 线、254 线五条国省干线公路的建设、养护、管理、养路费和通行费征收工作，管养路段总里程 148.5 公里。

第三节 邮电局

机构沿革 1994—1998 年，梁山县邮电局负责管理经营全县的邮政和电信业务。1998 年 9 月 1 日，经山东省邮电管理局批准，成立梁山县邮政局，负责全县邮政业务经营管理；成立梁山县电信局，负责全县电信业务经营管理；同时，撤销梁山县邮电局。按照人随事走的原则，将邮政金库、信函、速递、集邮等部门及相关人员和大路口、黑虎庙、赵堌堆、李官屯、袁口、信楼、方庙 7 个乡镇支局，划归梁山县邮政局；将具有通信基站功能的拳铺、马营、杨营、寿张集、小路口、小安山、馆驿、韩垓、韩岗、徐集、后孙庄 11 个乡镇支局及相关人员，划归梁山县电信局。

邮政局 1998 年 9 月，县邮政局由原邮电局分设成立，位于县城水泊东路中段 84 号。2008 年 5 月，邮政储蓄银行从邮政局划出独立经营。2009 年 1 月，邮政速递公司从邮政局划出独立经营。至 2013 年，邮政局内设立办公室、市场经营部两个机关科室，设代理金融业务局、代理保险业务部、报刊发行局、商函广告局，集邮公司、物流公司、电子商务局、报刊零售公司 8 个部门，有前集、后孙庄、袁口、韩垓、韩岗、开河、拳铺、杨营、马营、大路口、小路口、寿张集、赵堌堆、小安山、馆驿、李官屯、黑虎庙、方庙、信楼、中心所 20 个金融网点和徐集 1 个邮政网点，职工总数 189 人，其中合同用工 A 类 34 人，合同用工 B 类 10 人，劳务用工 145 人。

电信局（网通公司） 1998 年 9 月，县电信局由原邮电局分设成立，位于水泊大街中段 124 号。1999 年 4 月，县电信局拆分为通信公司和移动公司；2004 年 11 月，中国网通集团上市，县通信公司改为县网通公司。2008 年 9 月，网通公司与联通公司合并。1999—2004 年，县电信局（通信公司）下设办公室、人事科、经营科、运行科、总务科、营业室、市场经营部、运行维护部等 12 个内设机构和 14 个支局。2004—2008 年，县网通公司下设综合部、市场部、客户服务中心、设备维护中心等 10 个内含机构及 14 个乡镇营业部，公司共有员工 86 人。

联通公司 2008 年 9 月，梁山县网通公司与联通公司合并，成立中国联合网络通信有限公司梁山县分公司（简称梁山联通公司），隶属济宁市联通公司。2008年9月至2013年12月，梁山联通公司内设综合部、财务部等职能科室，设立销售中心、卖场中心、渠道中心、集团客户中心、客户响应中心、设备中心、管线中心等业务部门。

移动公司 中国移动通信集团山东有限公司梁山分公司（简称梁山移动公司），隶属于中国移动通信集团山东有限公司济宁分公司。1999年4月，县电信局拆分为通信公司和移动公司；同年7月，在原梁山县电信局移动通信资产总体剥离的基础上，山东移动通信有限责任公司济宁分公司梁山经营部成立。2000年10月，随山东移动通信公司在美国和香港上市后，更名为山东移动通信有限责任公司梁山分公司。2006年10月，按照中国移动通信集团公司要求，更名为中国移动通信集团山东有限公司梁山分公司。1999年，梁山移动公司设立综合部和市场部，建立县城区营业厅。2002年，梁山移动公司增加大客户服务部；同年5月，新增拳铺、徐集、韩岗、杨营4处乡镇经营部。2003年4月，新增韩岗、韩垓、小路口、赵堌堆4处乡镇经营部。2005年，原乡镇经营部全部转变成乡镇营业厅；同年，成立馆驿、小安山、大路口3处乡镇营业厅。2006年，成立马营、寿张集乡镇营业厅。2007年，新增1处城区营业厅。2011年，新增李官屯、信楼营业厅。至2013年，梁山移动公司内设综合部、市场部、大客户服务部等中层机构3处，城区营业厅2处，乡镇经营部15处。

第二章　公路建设

第一节　高速公路

济菏高速公路（G35） 济菏高速公路是济南至菏泽的一条高速公路，双向四车道，全长153.591公里，途经梁山境内20.326公里，跨越梁山县韩岗镇、徐集镇两个乡镇。济菏高速在梁山县徐集立交北200米设收费站一处，徐集立交南5公里设梁山服务区一处。济菏高速梁山段隶属于山东省交通运输厅公路局济菏高速有限公司管辖。济菏高速公路梁山段自2005年开工建设，于2007年竣工通车。济菏高速公路竣工通车，结束了梁山县境内没有高速公路的历史。

梁山连接线工程 2006年5月，济菏高速公路梁山连接线工程（注：济梁线徐集至梁山县城段自济菏高速建成后改称为济菏高速公路梁山连接线）开工建设。该段起点为济菏高速公路徐集立交，终点为梁山县城独山花园，路线全长16.26公里，由省道济梁线10公里、蒙馆线6.26公里组成，建设标准为一级公路，路基宽23.5/28.5/30米，路面宽18/21.5/28米。该工程由梁山公路局和济宁鲁南公路工程公司承建，于2006年年底竣工通车。

第二节　干线公路

1994—1997年、2003—2009年，是梁山县境内干线公路及桥梁相对集中改造建设时期。县境内干线公路及桥梁建设主要由梁山公路局承担；2011年后，不具备工程建设资质的县市区公路局退出公路建设市场，不再承担公路工程建设任务。至2013年，梁山县境内有五条干线公路，其中国道1条，即220线；省道4条，分别是蒙馆路（333线）、济梁路（337线）、肥梁路（250线）、德商路（254线）。

220国道（G220） 220国道是山东省东

营市至河南省郑州市一条国道，属二级公路，途经梁山县境内25.7公里。220国道梁山段北起东平县梁山县交界处，南至梁山县郓城县交界处，桩号为366.88K～392.626K。该段路基路面宽窄设计不同。其中，（366.88K～372.136K）路基宽13米，路面宽10米；（372.136K～382.78K）路基宽21米，路面宽18米；（382.78K～387.364K）路基宽21米，路面宽15米；（387.364K～389.964K）路基宽21米，路面宽18米；（389.964K～392.626K）路基宽13米，路面宽10米。沿线设有大桥1座，中桥2座，小桥5座，涵洞36座，码头和杨楼2个公路站。

1996年5—11月，根据济宁市公路管理局"省级文明样板路"工作部署，组织实施220国道梁山段"省级文明样板路"建设工程，实施改建路段15.5公里，中修罩面10.3公里，GBM工程25.7公里，加宽、加固、维修桥梁4座，增设示警桩、标志标牌130余块，改造码头和杨楼公路站2处，收费站1处，投入机械设备120余台套，公路职工100余名，民工950余名，建设资金1250万元。该工程由梁山、微山、邹城、曲阜、泗水五个公路局承建，达到省优良级工程。2006年4月，220国道梁山段再次进行改建。该工程起点为梁山泰安交界处，终点为梁山郓城交界处，全长22.955公里，二级公路标准，路面宽10～18米，路基宽13～21米。该段建设中桥两座，采用柱桩式墩台、灌注桩基石。该段总投资7910万元，于2006年年底竣工通车。

蒙馆路（S333）蒙馆路是蒙阴至馆陶的一条省道，属一、二级混合公路，途经梁山县境内42.707公里。蒙馆路梁山段东起于梁山县和汶上县交界处，西至梁山县蔡楼黄河渡口，桩号为173.231K～231.368K。该段公路路基路面宽窄设计不同，其中，（173.231K～193.531K）路基宽15米，路面宽9米，为二级公路；（193.531K～197.179K）路基宽35米，路面宽28米，为一级公路；（197.179K～206.26K）路基宽21米，路面宽18米，为二级公路；（206.26K～231.358K）路基宽15米，路面宽12米，为二级公路。该路与济梁线、肥梁线、德商线均有重合路段。

1996年，蒙馆路梁山东段（县城至汶上交界）改建工程启动。同年10月，该段袁口中桥开工改建，结构和设计规模为4～10米石拱桥，全长57.1米，宽10.5米，建设投资80.84万元，1997年4月竣工。1997年3月，蒙馆路梁山东段（县城至汶上交界）改建工程全面开工建设。该路段全长29.3公里，设计标准为平原区二级公路，其中，孙庄路口至汶上交界长20.3公里，路基宽12米，路面宽9米，路面结构为4.5厘米沥青碎石+沥青下封层+12厘米水泥石灰土（老路）或34厘米石灰土（加宽或新建）；县城至孙庄路口段长9公里，路基宽12～18米，路面宽9～15.5米，路面结构为2×15厘米石灰土+12厘米水泥石灰土稳定碎石+下封层+4.5厘米沥青碎石（按专项工程开工建设）。工程总投资约1667万元，于同年9月底竣工通车。

2003年4月，蒙馆路梁山西段（县城至蔡楼黄河浮桥）改建工程开工建设。该路段全长24.025公里，建设标准为平原微丘区二级公路，路幅布置为12～15～20米路面+2×1.5米路肩。路面结构为：老路改建段14.6公里，6厘米沥青混凝土+透层+16厘米水泥稳定碎石+30厘米石灰土；新建段6.5厘米沥青混凝土+透层+16厘米水泥稳定碎石+24厘米石灰土。该工程经招标选定梁山公路局、金乡公路局、中建八局3家施工单位承建，2003年年底竣工通车。

2010年3月，蒙馆路梁山东段再次进行改建，起点为梁山孙庄桥，终点为汶上界，全长20.3公里，二级公路标准，路基宽16～18米，路面宽12～15米。同时建设孙庄运河大桥一座，结构为7孔33米现浇连续梁桥，柱式墩台、桩基基础。该路段与汶上段同时建设，总投资9310

万元，于2011年11月建成通车。

德商路（S254）德商路是德州至商丘的一条省道，属二级公路，途经梁山县境内17.992公里。德商路梁山段北起梁山县蔡楼黄河渡口，南至梁山县郓城县交界处，桩号为190.66K～208.652K。该段公路路基路面宽窄设计不同。其中，（190.66K～194.689K）路基宽15米，路面宽12米；（194.689K～202.829K）路基宽12米，路面宽9米；（202.829 K～206.222K）路基宽18米，路面宽15米；（206.222 K～208.652K）路基宽12米，路面宽9米。

2008年5月，德商路蔡楼渡口至郓城界大中桥路面改建工程开工建设。改建路线始于梁山蔡楼黄河浮桥东岸，止于郓城界，路线全长18.015公里，二级公路标准，路面宽12米，路基宽15米，沿线小桥涵与路基同宽，桥涵设计标准为公路一级，建设投资3500余万元。该段于同年10月底竣工通车。

肥梁路（S250）肥梁路是肥城至梁山的一条省道，属二级公路，途经梁山县境内17.01公里。肥梁路梁山段东起梁山县东平县交界处，西至梁山县蔡楼黄河渡口，桩号为173.231K～231.368K。该段公路路基路面宽窄设计不同，其中，（77.739K～86.639K）路基宽12米，路面宽9米；（86.639K～87.739K）路基宽13米，路面宽12米；（87.739K～89.876K）路基宽12米，路面宽9米；（89.876K～90.787K）路基宽13米，路面宽10米；（90.787K～92.227K）路基宽21米，路面宽18米；（92.227K～97.1K）路基宽15米，路面宽12米。同时，该路与济梁线、德商线均有重合路段。

2000年3月，肥梁线梁山段改建工程开工。该段改建全长18公里，建设标准按平原区二级公路，路面宽9～18米，路基宽12～20米。该段由梁山公路局承担路基、小桥涵、路面基层、底基层的施工，油层通过招标由济南市政二公司承建。该段改建工程于同年8月底竣工通车。2010年6月，梁山西环路段改建，并以肥梁路其中路段改建名义开工建设。该路段全长2.88公里，路面宽18米，路基宽21米，总投资976万元。该段于2010年10月竣工通车。

济梁路（S337）济梁路是济宁市至梁山县的一条省道，属一、二级混合公路，途经梁山县境内45.001公里。济梁路梁山段东南起梁山汶上交界处，西北至京九铁路梁山火车站，桩号为28.047K～76.696K。该段公路等级不同，路基路面宽窄设计不同，其中，（28.047K～37.328K）路基宽26米，路面宽18米，为二级公路；（37.328K～38.678K）路基宽14米，路面宽12米，为二级公路；（38.678K～42.447K）路基宽26米，路面宽18米，为二级公路；（42.447K～52.539K）路基宽28.5米，路面宽21.5米，为一级公路；（52.539 K～58.627K）路基宽35米，路面宽28米，为一级公路；（58.627K～64.427K）路基宽21米，路面宽18米，为二级公路；（64.427K～76.696K）路基宽26米，路面宽18米，为二级公路。

1995年1月，济梁路延伸段（亦称“公明大道”）开工建设。该路段东起梁山县城，西至梁山火车站，全长20.5公里，道路控制红线100米，先期按二级公路标准设计，路基宽15米，路面宽12米，路面结构为石灰土碎石和沥青碎石，修建中桥3座，涵洞46座，工程总投资为1958万元。11月2日，梁山县举行公明大道竣工通车仪式。2007年5月，进行改建，路基加宽至21～26米，路面宽增至18米，建设投资3000余万元。改建工程于当年9月底竣工通车。

1995年12月，济梁路梁山郭楼大桥开工建设，于1997年4月下旬竣工通车。该桥全长314.96米，宽14米，建设总投资1237.6万元。该桥设计结构及规模为：主孔为下承式60米系杆拱桥，全宽16.5米，边孔为10～25米预应力T梁桥，下部为柱式墩台，钻全部竣孔灌注桩基础，设计载荷汽车—20，挂车—100，洪水频率1/100。

1997 年 3 月，梁山西环路北段（公明路—蒙馆路）开工建设，以济梁路段改造的名义进行建设。该路段全长 2.88 公里，二级公路标准，设计路基宽 12.5 ～ 14.0 米，路面宽 11.5 ～ 12.0 米，该路段内刘庄桥为 2×10 米空心板桥，于当年 12 月竣工通车。

2005 年 6 月，济梁路改建工程（济梁线汶上交界处—济菏高速徐集立交）开工建设，工程全长 14.36 公里，为二级公路（平纵线型达到一级公路标准），设计路基宽 26 米，路面宽 18 米，郭楼运河大桥引道维持原线型，路基宽 14 米，路面宽 12 米。该工程由梁山公路局中标承建，总投资 3600 余万元，于 2006 年 6 月竣工通车。

2007 年 5 月，济梁路梁山县城至火车站段开工建设。该段始于济梁路与水泊南路交叉口，经济水路（原称南环路）、西环路至肥梁路路口，向西至火车站广场，全长 17.827 公里，按二级公路标准改造建设，路面宽 18 米，路基宽 21 / 26 米，投资 3000 余万元。该段于同年 9 月底竣工通车。

滨河大道 滨河大道是济宁至梁山的二级公路，路基宽 15 米，路面宽 13.5 米，设计速度为 80 公里 / 小时。该路起点为济梁线与日兰高速济宁西引道交叉口，沿济梁线至汶上太平村向西过梁济运河，沿梁济运河西岸至梁山邓楼村北向西至济梁路，全长 38.4 公里，梁山县境内长 19.8 公里。2013 年 11 月开工建设。

滨河大道（济宁至梁山段）开工仪式

1994—2013 年梁山县境内国道省道概况一览表

表 10-2-1

道路名称	性质级别	起止点	县境内长（公里）	路基宽（米）	路面宽（米）	备注
220 国道	国道二级	东营—郑州	25.7	13 ～ 21	9 ～ 18	—
蒙馆路	省道一、二级	蒙阴—馆陶	42.7	15 ～ 21	9 ～ 18	—
德商路	省道二级	德州—商丘	18.0	18 ～ 12	9 ～ 15	—
肥梁路	省道二级	肥城—梁山	17.0	21 ～ 12	9 ～ 18	—
济梁路	省道一、二级	济宁—梁山	45.0	26 ～ 35	18 ～ 28	至火车站
滨河大道	城际二级	济宁—梁山	19.8	15	13.5	—

第三节 农村公路

1993 年，全县有县乡公路 6 条，即梁五路、梁靳路、徐顺路、丁杨路、高滑路、拳方路，总长 64 公里。1994 年，全县开始实施大规模的公路建设，除干线公路外，农村县乡公路建设进入一个新的建设时期。依据上级文件政策及“人民公路人民建”的方针，县政府出台包括群众集资、筹劳等一系列加快公路建设的政策措施，至 2000 年，全县新建、改建县乡及农村公路 108 公里，其中，新建乡村道 98 公里，改造县乡道 10 公里。

2003 年，梁山县抓住村村通油路的机遇，召开全县农村公路建设动员大会，进行全面动员部署，县交通部门利用省交通厅扶持及国债项目，加快村村通公路工程建设，完善农村公路网络。至2005年，3年累计完成投资1.2亿元，改造硬化乡村道路152条、667公里，村村通油路工程全面完成。至2009年年底，累计完成投资4.79亿元，共争取上级补助资金1.54亿元，筹集地方配套资金3.25亿元，新修改建农村公路1453.4公里，其中：县道97.1公里，乡道252.4公里，村道1103.9公里，农村公路密度按地域面积计算达到151公里/百平方公里；按照人口计算达到20.33公里/万人，基本形成四通八达的农村公路网络。

2010年，农村公路建设开始由“村村通”向“村内通”及“网络化”延伸，实施农村环境综合整治村庄道路硬化工程。至2012年，投资4689万元，建设通村道路156.3公里，完成111个行政村“村村通”。至2013年，投资5567.674万元，建设农村环境综合整治村庄道路硬化工程1320.2公里，其中主街道400公里，小街巷788公里，进村道路132.2公里，508个村实现村内通，完成拳柴路西段中修、梁靳路东段改造、梁五路西段改造工程。至2013年年底，全县农村公路通车里程1530多公里，其中，县道97.1公里，乡道269公里，村道（不含村内街巷）1165公里。

1994—2013年梁山县主要县乡公路概况一览表

表10-2-2

公路名称	起止点	走向	里程（公里）	路面宽（米）	途径乡镇	建设或改造时间
梁靳路	梁山—靳口（东环路—东平县界）	东西	16.4	9	小安山、馆驿	2013
梁五路	梁山—五里庙（西环路—德商路）	东西	11.4	12～20	马营、杨营	2013
徐顺路	徐集—梁宝寺（济梁路—嘉祥县界）	南北	7.5	6	拳铺	2007
拳方路	拳铺—方庙（220国道—嘉祥县界）	南北	11.9	7	拳铺	2003
拳柴路	拳铺—柴林（220国道—济梁路）	东西	6.8	12	拳铺	2012
张韩路	张官屯—韩垓（东平县界—济梁路）	南北	26.2	6～7	小安山、馆驿、韩岗、韩垓	2007
张杨路	张桥—杨营	南北	10.1	7	杨营、小路口	2009
双杨路	火车站—郓城界	东西	6.8	7	杨营、黑虎庙	2005
黄兴路	黄河段—新兴屯	南北	21.4	5～7	大路口、寿张集、杨营、马营	2005
大赵路	大路口—赵堌堆	东西	12.4	5～12	大路口、小路口、赵堌堆	2008
大郑路	大路口—郑那里—东平界	东西	6.1	5～6	大路口、小安山	2009
黑井路	黑虎庙—井雷	南北	9.6	4	黑虎庙、赵堌堆	2004
孙姚路	孙孝溪—姚垓	南北	8.5	4	赵堌堆、黑虎庙	2004
丁杨路	丁庄—杨营（蒙馆路—德商路）	东西	12.5	5～6	梁山镇、杨营镇	2013
韩信路	韩垓—信楼	东西	9.2	6	韩垓、拳铺	2008
韩张路	韩垓—张坝口（济梁路—汶上界）	南北	12.4	5	韩垓、韩岗	2008
袁开路	袁口—开河	南北	8.9	4	韩岗、韩垓	2005
郭东路	郭楼—东于垓	南北	7.1	4	韩垓、韩岗	2014

续表 10-2-2

公路名称	起止点	走向	里程（公里）	路面宽（米）	途径乡镇	建设或改造时间
曹中路	曹园—中孙庄（梁靳路—蒙馆路）	南北	7.3	5～6	馆驿、韩岗	2009
张东路	张桥—东草庙	东西	13.6	6	馆驿、韩岗	2010
高滑路	高庄—滑庄（蒙馆路—梁靳路）	南北	6.6	5	馆驿	2005
丁王路	丁庄—王仲口	南北	5.6	3.5	馆驿	2005
唐东路	唐楼—东刘庄	东西	8.9	3.5	馆驿	2004
高鹅路	高楼—鹅鸭场（梁靳路—东平界）	南北	11.6	4	小安山	2006
寿叶路	寿张集—叶庄（蒙馆路—宋金河）	东西	6.9	4	寿张集	2004
井肖路	井桥—肖庄	东西	9.6	3.5	寿张集	2009
殷张路	殷那里—张三槐	南北	7	4	小路口	2004
小李路	小路口—李岔河	南北	7.3	5	小路口	2011
花荣路	花里—荣岔河	南北	6	5	小路口	2010
浮桥路	京九铁路附近	南北	3.8	6	赵堌堆	2008
黑杨路	黑虎庙—杨桥	南北	5.5	5	黑虎庙	2005
王孙路	王换徐—孙姚路		3.2	3.5	黑虎庙	2008
李油路	李大郭—油坊	东西	12.1	4	杨营	2004
薛鲍路	薛屯西—鲍垓（梁五路—郓城界）	南北	7	7	马营	2008
胡王路	胡坑—王楼	南北	4.5	5	马营	2003
拳堂路	拳铺—堂子（220国道—济梁路）	东西	6.8	15	拳铺	2008
方信路	方庙—信楼	东西	5.6	6	拳铺	2009
袁戴路	袁庄—戴庄	南北	6.3	3.5	拳铺	2004
徐马路	徐集—马庄	东西	5.9	4	拳铺	2014

第四节　主要桥梁

干线公路　1993—2000年，建设各类桥梁13座，其中，大型桥梁1座，中型桥梁3座；2001—2013年，建设各类桥梁26座，其中，大型桥梁2座，中型桥梁6座。至2013年，干线公路建有各类桥梁53座，其中大型桥梁5座，中型桥梁12座。

码头大桥，位于东郑线（220国道）梁山街道后码头村北（中心桩号371.329），横跨梁济运河，大桥全长139米，跨径长120米，3孔，单孔跨径40米；桥宽12.5米，桥面宽10米。该桥始建于1987年，1994年后多次大修改建。

郭楼大桥，位于济梁线韩垓镇郭楼村西（中心桩号38.104），横跨梁济运河，大桥全长315米，跨径长310米，单孔最大跨径60米，主孔为下承式60米系杆拱桥，边孔为10～25米预应力T梁桥，下部为柱式墩台；桥宽14米，桥面宽12米。该桥于1995年12月开工建设，1997年10月竣工通车，建设投资1237.6万元。

孙庄大桥，位于蒙馆线梁山街道后孙庄东

（中心桩号 192.956），横跨梁济运河，大桥全长 239.1 米，跨径长 231 米，结构为 7 孔 33 米现浇连续梁桥，柱式墩台、桩基基础；桥宽 16 米，桥面宽 15 米。2010 年 3 月开工建设，2011 年 11 月竣工通车，总投资 9310 万元。

京杭运河大桥，位于蒙馆线（中心桩号 188.602），横跨运河南水北调输水河道，大桥全长 651.6 米，跨径长 647.5 米，单孔最大跨径 95.7 米；桥宽 25 米，桥面宽 21.5 米。2013 年 10 月竣工通车。

农村公路 1994 年，县境内有农村公路桥梁 62 座，总长 1657.6 米。其中大型桥梁 2 座，长 190.2 米，中型桥梁 16 座，长 850.8 米，小桥 44 座，长 616.6 米。随着农村公路建设快速发展，桥梁新建、改建步伐也加快进行。至 2013 年，县境内共有农村公路桥梁 133 座，总长 3098.9 米。其中大型桥梁 2 座，长 174.5 米；中型桥梁 26 座，长 1144.5 米；小桥 105 座，长 1779.9 米。

2013 年梁山县公路主要桥梁一览表

表 10-2-3

桥梁名称	所在线路	桥梁类别	长度（米）		宽度（米）		竣工通车时间
			全长	跨径	全宽	桥面	
码头运河大桥	东郑线	大桥二类	139	120	12.5	10	1987.10
金码河桥	东郑线	中桥二类	54	48	19.5	18	1996.9
孔坊桥	东郑线	中桥一类	26.4	20	18	16.5	2006.8
徐庄桥	东郑线	中桥三类	92.6	88	15.5	14	1986.9
袁口桥（旧）	蒙馆东线	中桥二类	55	40	10.5	9	1969.10
袁口桥（新）	蒙馆东线	中桥二类	55	44	8	7	1997.10
巨源运河大桥	蒙馆东线	大桥一类	651.6	647.5	25	21.5	2013.10
孙庄运河大桥	蒙馆东线	大桥二类	239.1	231	16	15	2011.11
孙坊桥	蒙馆东线	中桥一类	97.5	96	25	21.5	2013.12
龟山河桥	蒙馆西线	中桥二类	55.5	50	13	12	2013.12
金码河桥	蒙馆西线	中桥二类	55.5	50	13	12	2003.10
侯寺桥	德商线	中桥二类	68.2	65	13	12	2006.10
老王庄桥	肥梁路	大桥一类	669.5	668	13	12	1970.10
南兴河桥（旧）	济梁线	中桥二类	38	32.5	12.5	11.5	1992.10
南兴河桥（新）	济梁线	中桥二类	43.5	39	12.3	11.2	2006.10
郭楼大桥	济梁线	大桥三类	315	310	14	12	1997.10
孙庄桥	济梁线	中桥二类	52	52	22.5	21.5	2006.10
湖堤运河桥	梁靳路	大桥	100.5	100	12.3	9	1998
红庙运河桥	梁靳路	大桥	520	517	9.5	8.5	2013
王府集运河桥	张东路	大桥	520	517	9.5	8.5	2013
褚庄桥	拳方路	中桥	37	31.5	10	9	2008
琉璃井桥	拳方路	中桥	53	50	10	9	2007
南新河桥	徐顺路	中桥	116.5	88	7.8	7	1966
琉璃河桥	徐顺路	中桥	44	43.5	7.6	6.8	1966

续表 10-2-3

桥梁名称	所在线路	桥梁类别	长度（米）		宽度（米）		竣工通车时间
			全长	跨径	全宽	桥面	
琉璃河桥	梁五路	中桥	68	60	27	26	2015
金码河桥	张杨路	中桥	38	30	8	7	2004
宋金河桥	大赵路	中桥	36	30	8.1	7	2008
郑那里运河桥	大郑路	中桥	52	40	7.5	6.5	2009
任庄运河桥	梁靳路	中桥	70	60	7.5	6.5	2009

第三章　路政管理

第一节　干线公路

执法管理　1998年1月1日起，实施《中华人民共和国公路法》（简称《公路法》）。梁山公路局组织宣传车队、印发宣传单、张贴宣传标语，开展宣传活动，向人民群众宣传讲解《公路法》及《路政管理条例》等公路交通法律法规。自此，梁山公路局以《公路法》为依据，坚持公路巡查制度，巡路中做到定人、定时、定路段，每天巡路不少于7小时，并坚持每天填写巡路日记，及时发现问题，及时处理解决。同时，及时清除在公路上打场晒粮、堆放物料、倾倒垃圾、摆摊设点和设置非公路标志的现象。2003年，建设路政综合服务大厅，配备1台电子触摸显示屏，2台电脑，全方位公开，集中办理各种路政事案，并逐步实现路政办案程序的微机化和网络化。2012年9月，成立超限运输治理办公室和3个执法中队，配备执法人员29名，配备执法车辆2台，超限运输检测设备一套，开展超限运输治理，保护公路路面和桥梁通行安全。

公路养护　梁山公路局负责境内国、省干线公路的养护管理，定期组织养护质量的检查、评比、总结；坚持天天巡路、日常清扫路容，及时填垫路面坑槽、整修路肩边坡、疏通边沟和维修、更换、刷新沿线构造物；负责干线公路危、窄桥梁的维修和加固；组织开展文明样板路、文明公路站工作；搞好公路养护统计，配合财务科搞好养护成本分析、核算工作；负责搞好公路绿化管理工作；负责油路修补、罩面等大中小修工程的施工管理、安全生产和资料统计工作。

第二节　农村公路

管理养护　县乡公路由梁山县交通运输局管理。1994年以后，农村公路建设发展迅速，通车里程不断增加，县政府每年列支专款用于农村公路日常养护。2008年，县政府制发《梁山县农村公路管理养护暂行办法》。2011年，制发《梁山县农村公路管理养护实施细则》。同年，成立农村公路管理养护办公室，15个乡镇成立农村公路管理养护站，设立固定的办公场所，配备专职管理养护人员。县农村公路管理养护办公室负责县道的养护管理，并加强对乡村道路养护管理的指导，乡镇的农村公路管理养护站负责乡镇区域范围内乡村公路建设及养护管理、道路巡查、路域综合整治。

规费征收　1995年，县交通局设立车辆购置附加费征收办公室，负责车辆购置附加费的征收工作。2001 年，国家将车辆购置附加费改为车辆购置税，在过渡期间由交通部门代征。2005 年 1 月 1 日起，交通部门不再代征车辆购置税，由国税部门直接征收。

梁山县交通规费征收标准一览表

表 10-3-1

收费项目	车辆类型	收费标准	征收文件依据
陆港建设费	汽车	30 元 / 月吨	鲁政发〔1996〕71 号文
	拖拉机	30 元 / 月吨	
	正三轮	10 元 / 月车	
	侧三轮	5 元 / 月车	
	二轮	5 元 / 月车	
管理费	汽车	8.5 元 / 月吨	鲁交计字〔1995〕159 号文
	挂车	7 元 / 月吨	
	拖拉机	7 元 / 月吨	
	大客（31 座以上）	1.5 元 / 座月	
	中客（16-30 座）	2 元 / 座月	
	小客（6-15 座）	3.5 元 / 座月	
货运附加费	汽车	45 元 / 月吨	鲁财综〔2002〕78 号文
	挂车	24 元 / 月吨	
	拖（其他机动车）	24 元 / 月吨	
	特种车（21 吨以上）	18 元 / 月吨	
	特种车（21 吨以下）	24 元 / 月吨	
客运附加费	客车	80 元 / 座月	鲁财综〔2002〕78 号文
养路费	汽车	190 元 / 月吨	鲁政发〔1996〕71 号文、鲁交计〔1994〕105 号文、鲁价涉字〔1993〕213 号文
	挂车	133 元 / 月吨	
	大拖	45 元 / 月吨	
	小拖	45 元 / 月吨	
	正三轮	54 元 / 月吨	
	侧三轮	12 元 / 月吨	
	二轮	10 元 / 月吨	

第四章 运输管理

第一节 客运

梁山客运主要以国营梁山汽车站为主。20世纪90年代后期，县交通部门组建水浒客运公司及社会客车站。1994年，全县拥有客车71辆、1890座位，客运量43.6万人次，客运周转量3685万人公里，营运收入为220.2万元。2007年，全县拥有营运客车270辆、5920个座位，客运量达173万人，客运周转量达到15902万人公里。至2013年，全县拥有营运客车313辆、6122座位，客运量达381万人，客运周转量达到36620万人公里。客运线路达80多条，直通北京、天津、上海、青岛、烟台、徐州等40多个城市。

客运车站 梁山汽车站隶属济宁交通运输集团有限公司（原称济宁汽车运输总公司），始建于1952年。之后站址几经迁移，至1972年12月，汽车站迁往水泊中路135号，占地面积19743平方米，并建新站。1992年11月，汽车站站房重建，新站房建筑面积3300平方米，总投资314万元；至1993年12月28日，新站房落成启用。2009年4月8日，投资5万余元的汽车站“宁运快货”营业厅开通营业；同年5月1日，投资3万余元的汽车站公营超市正式营业；各项便民服务设施、设备也进一步配备齐全。2010年，按照济宁市集团公司统一要求和站级标准，实施二级站站级复核工作，投资28万余元，对停车场、候车室、售票室进行整修，更换座椅，增加迎门服务台、自动检票机，安装电子屏幕、视频监控、安检仪、空调等服务设施；建立智能化生产管理系统与自动化办公系统。同年12月1日，梁山汽车站“报班系统一卡通”正式运行，汽车站实现了客运广域互联售票管理、一卡通微机报班、全部微机售检票，以及办公OA等现代经营管理系统，车站现代化管理和服务水平全面提高。

社会客车站隶属于水浒客运有限责任公司，始建于1997年，占地面积3300平方米；1999年变更为水浒客运有限责任公司，是经上级交通主管部门批准的三级客运站。社会客车站主要从事城乡客运业务，对城乡客车实行以线路管理为主的管理模式。至2013年，公司拥有营运车辆188部。

客运线路 20世纪60年代，梁山汽车站有6条线路，发车17个班次。20世纪90年代初，日发送客运班车53次，过路班次38次，平均日输送3000余人。1993年12月，车站日发客车120个班次，营运里程达4000公里。1997年，先后开通梁山—青岛、梁山—烟台客运班线。2000年6月，开通梁山—新安客运班线。2002年5月，开通梁山—济宁快客线路。2006年，先后开通梁山—潍坊、梁山—宁阳客运班线。2008年1月，开通梁山—寿光班线。2009年12月，开通梁山—上海班线。至2009年年底，梁山汽车站共有实发班车148班次，其中县际班车56班次，市际班车67班次，省际班车25班次，平均日运送旅客3600人次。2010年3月，对快客班次进行调整，由原来每天9个班次增加到每天15个班次。2013年，有始发车149车次，过路班车88车次，通往全国六省（市）；始发跨省班次12班，跨区班次44班，区内班次12班，始发班次通达北京、上海、天津、石家庄、郑州五个中心城市，平均日运送旅客4000人次。

1997年5月，社会客车站日发班车155班次，主要发往乡镇和济宁等地。1998年1月，开通梁山—大安山、梁山—州城班线。2001年6月，开通梁山—台前班线。2007年，开通梁山—

潍坊班线。至2013年，社会客车站有省际、市际、县际及县内线路30条，分别发往北京、郑州、潍坊、淄博、菏泽、济宁、曲阜、兖州、嘉祥、寿光、台前等市县及县内各乡镇。平均日发256班次、日发送旅客2200人次。

营运车辆 梁山汽车站营运车辆由济宁汽运十二公司提供。1993年，汽运十二公司有客车47辆、1880个座位。1995年7月，营运客车实行租赁承包经营，时有客运班车32辆。1997年5月，开通梁山—青岛客运班线，营运车3辆，车型宇通，30座。同年9月，开通梁山—烟台客运班线，营运车3辆，车型亚星，30座。1998年6月，新增梁山—兖州营运车2辆，车型亚星，30座。同年8月，新增梁山—曲阜营运车1辆，17座。2000年6月，开通梁山—新安客运班线，营运车1辆，45座。2002年5月，公司营运车辆开始实行集约化经营，开通梁山—济宁快客线路，时有5辆营运车实行"一票直达"运营模式，安全、舒适、快捷的服务方式得到广大旅客的认可。2003年7月，梁山—济宁快客5辆减少为3辆，2辆划归零集公司所有。2006年5月，开通梁山—潍坊客运班线，营运车1辆，车型中通，45座。同年 6月，开通梁山—宁阳客运班线，营运车辆1部，车型中通，30座。2009年10月底，拥有营运客车44辆，集装箱货车24辆。2011年1月至2013年1月，逐渐收回客运班车承包经营权，由汽运十二分公司实行营运班线集约化公车公营模式。先后收回梁山—兖州线、梁山—菏泽线、梁山—曲阜线、梁山—郑州线、梁山—济南线所有班车的私人承包经营权，从营运班车的维护保养、生产经营、安全管理、优质服务等各方面实行统一管理。

1997年5月，社会客车站有班车56辆，由个体业户自主经营。1998年1月，增加梁山—大安山、梁山—州城班车6辆。2007年12月，增加梁山—潍坊班车2辆。2008年，对车辆进行缩减调整。至2013年，共有车辆197辆，其中长途客车62辆，省际包车4辆，城乡公交班车88辆。

运营管理 1998年，梁山汽车站修建微机售票室，开始实行微机售票。2004年11月，实行全封闭式发车管理，重新布车场，设置护栏，划分下客区、停车区和发车区，实现人流和车流的完全分离，消除车场不安全因素。2006年，被省交通厅运管局评为"百强汽车站"。2007年4月，汽车站在县城南北两个主要路口设立补票点，同时撤销原代办点，车辆出站后上车的旅客一律在补票点按站内外同价补票；制止过境车辆乱停上下客现象，努力净化市场经营环境，实现车归站、人归点的目标。同年5月，济宁快客服务人员全部统一着装，规范服务，接受社会监督，加强公营车营运管理，提高了服务质量。2007年春运期间，根据客流变化规律，全面做好春运运量预测，共发送旅客89716人次，发送班车5733班次，实现销售收入400多万元，比上年同期增长33.3%。2008年1—3月，在为期40天的春运期间，共发送班车5505班次，发送旅客101079人次，实现销售收入480多万元，比上年同期增长20.5%。至2009年，汽车站相继开展"强素质、铸文明""春运安全、优质、高效劳动竞赛""迎奥运保平安""迎全运保安全稳定工作""讲文明树新风、全力办好文化节""安全生产月""安全生产日""安全百日竞赛""十一黄金周运输与安全生产""整顿规范和创建文明星级服务客运站"及反"三违""四防"等一系列活动，服务质量、经营管理水平不断提高，济宁集团公司交给的各项利润收入计划全面超额完成，被山东省道路运输协会、山东省企业经营管理学会等评为山东省道路运输2006—2007"百强诚信客运站"、山东省道路运输2008—2009"百强诚信站场"。2009年，全年实现客运收入达2412多万元，同比提高7.8%。2010—2013年，汽车站开展"保畅通、保安全、树品牌、树形象"活动，进行机构设置和竞争上岗，制订工作标准及评分细则，促进了公营客车服务质量的提高，成立稽查科，负责对有关证件、票据、经营行为等进行检查，进一步强化安全生产。2010年，全年实现客运收入2779.6万元，同比提高15.1%。2012年，春运期间，共发送客运车辆6223个班次，共运送旅客113184人次，售票总金额达529万元，创历史新高。2013年，汽车站被集团公司评为“先进单位”。

梁山县社会客运站设发车位8个，日均发班近2100班次。客运站建立完善的规章制度，明确专人负责经营管理和车辆调度工作，坚持“三不进站、六不出站”“三品”检查及车辆出入库检制度，层层签订责任书。同时加强对驾乘人员的业务培训和安全知识教育，提高车站站务人员和驾乘人员的安全意识和服务质量，为广大旅客提供“安全、舒适、方便、快捷”的优质服务。该站曾多次被济宁市运管处评为“文明汽车站”。

1994—2013年梁山县客运量、客运周转量统计表

表10-4-1

年度	客运量（万人）	客运周转量（万人公里）	年度	客运量（万人）	客运周转量（万人公里）
1994	43.6	3685	2004	113	8812
1995	49.7	4569	2005	117	8898
1996	53.9	4680	2006	134	11455
1997	72	5464	2007	173	15902
1998	73	6019	2008	178.2	18471
1999	76.5	6220	2009	181	19040
2000	82.6	6629	2010	205	22200
2001	91.3	6997	2011	316	30781
2002	99	7538	2012	360	34881
2003	101.2	8220	2013	381	36620

第二节 货运

梁山货运主要以济宁汽运十二公司和梁山县运输公司为主。1994年，全县拥有货车726辆、2529吨位，货运量105.5万吨，货运周转量18604万吨公里。至2007年，拥有货运汽车4374辆、14977吨位，公路运输货运量达到340万吨，货运周转量达到42060万吨公里；至2013年，全县拥有货物运输企业46家、货运汽车8330辆、109829吨位，其中大型载货汽车5112辆、105125吨位，运力结构逐渐趋于合理，运输能力大幅增强，公路运输货运量达到1158万吨，货运周转量达到216693万吨公里。

济宁汽运公司 济宁汽运十二公司，始建于1970年10月，时称菏泽地区运输公司汽车五连，有货车48辆、235个吨位，主要从事梁山县工厂、企业的货物运输任务。1978年，汽车五连改称汽车五队。1990年1月，菏泽汽车运输公司汽车五队随行政区划划归济宁，改称济宁汽车运输公司汽车十二队。1991年7月，十二队更名为济宁汽车运输总公司第十二公司。至1993年12月，公司有货车28辆、252个吨位，客车47辆、1880座。1995年7月，公司营运客车实行租赁承包经营；2002年5月，公司开始实施客运集约化经营；2003年7月，梁山—济宁线路5辆公营客车中2辆划归零集公司。2004年，济宁汽运十二分公司一次购进30辆集装箱货车，全部投放在黄岛江港运营。2006年3月，公司更名为山东省济宁交通运输集团有限公司第十二分公司（简称济宁汽运十二公司）。2011年1月，济宁汽运十二分公司和梁山汽车站开始合署办公。2013年，济宁汽运十二公司全年完成客运收入2275万元，实现利润105万元。

梁山运输公司 梁山县运输公司，始建于1952年，集体所有制企业，隶属县交通局。至1990年，公司占地14.6亩，拥有车辆120辆，职工270名。1992年，公司实行集体所有、单车租赁经营，当年实现扭亏为盈，《大众日报》《中国交通报》等多家新闻媒体先后给予报道。2003年，公司通过ISO90001标准质量管理体系认证，为三级道路货物运输资质的专业运输企业。2010年，公司实行融资吸纳社会车辆，大、中型运输车辆达108辆，承接多种货物的长、短途运输业务。至2013年，公司拥有职工200人，实行统一调度、提供货源、安全培训、维修和办理保险等有关业务，经营情况良好，曾多次受到县交通运输局的表彰。

1994—2013年梁山县货运量、货物周转量统计表

表10-4-2

年度	货运量（万吨）	货物周转量（万吨公里）	年度	货运量（万吨）	货物周转量（万吨公里）
1994	105.46	16604	2004	293	36432
1995	153.3	22435	2005	313	37490
1996	156.87	25407.4	2006	315	37667
1997	178.96	27789	2007	340	42060
1998	182.35	25232	2008	361	43608
1999	187	25767	2009	374.2	44766
2000	197.9	25354	2010	490	59300
2001	214.4	26554	2011	790	140751
2002	224.2	27937	2012	935	172296
2003	232.9	28174	2013	1158	216693

第三节 驾驶员培训

梁山县机动车驾驶员培训始于20世纪70年代末。1984年1月，县公安局正式组建梁山县机动车驾驶员培训学校，负责机动车驾驶员培训及管理。2005年，机动车驾驶员培训管理由公安部门划归交通部门。至2013年，全县有机动车驾驶员培训学校4处。

梁山平安驾校 梁山平安驾校是经省市交通、公安部门批准的一所综合驾驶员培训学校，始建于1984年1月，由公安局交警队举办，时称梁山汽校。建校之初，汽校占地11499.32平方米，拥有大型教练车40辆，小型教练车3辆，教职员工60人。2006年4月，经交通主管部门许可、工商部门批准，原梁山汽校改制组建为梁山平安机动车驾驶员培训股份有限公司（简称梁山平安驾校），并设董事会，实行校长负责制。2007—2013年，连续7年被评为济宁市AAA级驾校，2009年被评为省级规范化学校，2012年在济宁市驾驶培训行业质量信誉考核中获得AAA级99.6分的优异成绩，名列全市第一名。至2013年，平安驾校拥有完备的教学、训练、考试场地和设施，驾校有东、西两区，建有A2、B2、C1、C3、C4、D、E车型训练场52666平方米，理论教室260平方米，科目一无纸化考场一处，C1车型科目二考场一处，科目三考试路段7公里，拥有新型教练车96辆，电子化教学设备、仪器一套，聘用教职员工139人，学员餐厅、宿舍、休息室、待考室、班车等服务设施齐全；学员结业合格率、考试及格率在济宁市名列前茅，招生人数、车辆总数、考试设备、经济效益位居一流，共培训合格驾驶人4.3万多人。

梁山水浒驾校 梁山水浒驾校是经省交通厅批准的一级培训学校，始建于2005年10月。2007年被济宁市交通局运管处评为全市“规范化驾校”。2008—2013年，在全市驾培行业质量信誉考核中，连续6年被评为“AAA级驾校”。2009年度被评为山东省规范化驾校。至2013年，水浒驾校占地面积66666.7平方米，驾驶训练场地52614平方米，理论教室430平方米，拥有微机、汽车模型机等各类教学设备，新型教练车101辆（其中：大型教练车19辆，半挂教练车5辆，桑塔纳教练车15辆，雪铁龙27辆，双排皮卡教练车26辆，单排皮卡教练车9辆）。学校办公面积370平方米，管理人员21名，理论教练员10名，驾驶操作教练员142名，学员公寓面积400平方米，食堂面积350平方米。水浒驾校主要培训项目有：A2、B2、C1，培训学员达2.4万多人，学员毕业合格率达90%以上。

第四节 机动车维修

1994年，交通部门注重加强对汽车维修行业管理，调整充实管理人员。2004年，汽车维修行业管理与汽车综合性能检测分离，汽车维修行业加强诚信建设，维修企业管理逐步规范，逐年开展“汽车维修质量服务月”活动及汽车维修企业质量信誉考核，提高汽车维修质量和服务水平。2005年，全县机动车维修企业达到二类标准的5家，三类标准的22家。2009年，组建汽车维修协会，加强维修企业管理，规范汽车维修市场。至2013年底，全县共有机动车维修企业108家，其中，一类维修企业5家（十二公司汽修厂、顺达汽修厂、独山汽修厂、顺发汽修厂、鹏程汽车销售公司），二类维修企业10家（县运输公司、神龙汽修厂、水泊汽修厂、金兰汽修厂、铭浩汽车销售公司、圣华汽车销售公司、东旭汽修服务公司、金瑞达汽车销售公司、福豪汽车销售公司、聚源汽车销售公司），三类维修企业18家，其他75家。

第五节 行政执法

制度建设 1994年，梁山县加强交通执法人员的法制培训、交通法规普及、依法行政、强化监督检查等，全面建立交通系统行政执法人员全面培训、考试和持证上岗制度。2008年，落实《中华人民共和国行政许可法》，完善行政许可配套制度，严格禁止搭车收费、乱收费等私设项目的行为，规范交通行政审批工作。完善执法服务机制，大力实施标准化、规范化、集约化、人本化“四化”执法管理，促进文明执法。2012—2013年，开展保畅通、保安全、树品牌、树形象“两保两树”活动，进一步提高执法管理水平，为全县交通事业的健康发展创造良好的法制环境。

超限治理 1994年，交通部门开展治超活动，保护交通设施建设成果，提高道路交通安全水平，维护正常的交通秩序。2003年，集中开展治理车辆超员超限超开行动；至2006年，多次组织开展大规模集中整治活动，着力查处超限超载运输、非法改装、大吨小标、乱道行驶、乱停乱放、违规停靠、无证无牌、闯卡逃费、暴力抗法等交通违法违规行为。2008年，根据全省治超和整治交通秩序统一部署，交通局与有关部门密切配合，扎实开展治超和联合整治行动，严厉查处绕行超限超载车辆及偷逃交通规费行为；对辖区非法经营沙场反弹现象，协调交警、公路、工商等部门，开展专项治理行动；通过明察暗访、巡查监督、新闻媒体暗访曝光和群众举报等多种形式，深入检查监督执法人员履职、执法等情况，促进依法行政。特别是严查春运、“五一”“十一”期间超员、旅游车超范围经营、无证运输等违法行为。2011年，梁山县投资280万元建设徐集治超点办公楼，投入资金10余万元装修治超违章车辆处理室，投资20万元更新后码头治超检测站设备，投资36万元购置2辆福特新世纪全顺车，投资60余万元硬化卸载场地，投资30余万元配备机电、称重、监控、电源系统和数据联网等治超设施；调整29名同志充实到稽查队伍，并对其进行为期2天的集中培训。2012年，采取固定站点检查和流动稽查相结合、重点治理与长效治理相结合的办法，形成以治超站执法为主，流动执法为辅的治超格局，加大治理力度。2013年，集中开展“规范执法行为，预防公路三乱”教育活动，做到程序合法，依据准确、案卷规范，推行人性化执法，坚持“宜放则放，宜宽则宽”“教育为主，处罚为辅”的治超原则，树立交通稽查文明执法形象。

第五章　铁路 港航

第一节　铁路

梁山县境内有京九铁路贯穿县境南北，瓦日铁路贯穿县境东西，分别设有梁山站、梁山北站。

京九铁路　京九铁路梁山段位于梁山县境西部，县境内全长15公里，从赵堌堆乡范那里村西北入县境，至杨营镇丁庄村西南出县境，途经赵堌堆、黑虎庙、杨营3个乡镇。该段铁路由铁道部第三设计院勘测设计，铁道部第四工程局施工，1991年9月开工建设。1992年3月，京九铁路梁山段线路工程全面动工。在京九铁路建设过程中，梁山县政府成立支持京九铁路建设指挥部，指挥沿线三个乡镇完成承担的路基土方施工任务，三个乡镇先后出动民工1.2万人，动用人力车4000多辆，拖拉机800多台，挖掘机、铲运机、推土机40多部，完成土方130万立方米。其中火车站站基土方38万立方米，黄河特大桥桥头土方19万立方米，区间路基土方73万立方米。境内大、中、小型桥涵57座，其中，黄河特大桥，全长6685米，两岸引桥386米，为双线铁路桥，由铁道部大桥局勘测设计院设计，大桥局二、四两个工程处承建，总投资4.82亿元。1996年9月1日，京九铁路全线建成通车，梁山县结束了境内无铁路的历史。

瓦日铁路　瓦日铁路梁山段位于梁山县境北部，县境内全长33.1公里，从小路口镇刘灿东村入县境，至小安山镇李官屯村出县境，途经赵堌堆、小路口、大路口、寿张集、小安山、馆驿5个乡镇，在县境内跨越黄河、京杭大运河、南水北调工程、东平湖滞洪区等大型水系。2010年9月，瓦日铁路通道梁山段开工建设；同年10月，梁山县政府成立梁山县支援山西中南部铁路建设协调推进指挥部，完成红线征地1300余亩，用地500余亩，土方200万立方米。至2013年，县境内路基基建、墩身、承台建设基本完成。

第二节　车站

梁山站　京九铁路梁山火车站（称梁山站），地处杨营镇，位于公明大道西首，距梁山县城15公里，是县境内第一座火车站，北距北京西站502公里，南离深圳站1870公里，为京九大铁路四大仿古建筑车站之一。梁山火车站于1992年11月动工兴建，于1995年9月建成。1995年5月20日，时任中共中央政治局委员、国务院

京九铁路梁山火车站及广场

副总理吴邦国为梁山火车站题写站名。1996年9月1日正式运营。1997年3月，梁山县委主要负责人专程赴北京，向时任全国人大常委会副委员长、民盟中央名誉主席费孝通汇报，特别重点汇报梁山火车站的建设和发展情况。费孝通听取汇报后批示："梁山是鲁西南经济文化发展中心，京九铁路梁山站，由于历史、地理的原因，有它自身的重要性和特殊性，主要车次应该在这个站停车，一般车次也应该在这个站停车。"铁道部随即将梁山站"三等站"运营，改为"三等甲站"运营。后随着火车的全线提速，由于梁山站与黄河大桥距离太近，为安全计，梁山站不再停靠特快列车。至2013年，该站为县级三等甲站，占地面积21.2公顷，建筑面积11080平方米，配有货场、地方专用线等设施，设有客运、货运、行车三个主要部门，建有铁路公安、房建工区、电力工区、信号工区、工务工区等配套工区，共有干部职工110余人，隶属济南铁路局济南铁路分局聊城车务段管辖。同年12月，车站在候车室、站台、地道、出站口增设电子显示屏6块，提示列车时刻信息和晚点信息、停靠站台、车厢序号等信息；售票厅增设票额余额显示屏，显示三天内各次列车的余票信息。

梁山北站　瓦日路梁山火车站（称梁山北站），位于梁山县大路口乡东北部，为二级站，设有货场及大型物流中心。2012年开始动工兴建，至2013年底，火车站、站前广场及连接线正在建设中。

瓦日铁路梁山北站及广场示意图

第三节　运营

客运　1996年9月，梁山站运营之初，日均办理客车8列，日均发送旅客200余人，主要到达北京、衡水、聊城、菏泽、商丘、深圳等停车站。1998年，铁路相继开展六次大提速，由于速度提升、票价便宜、安全便捷，客流持续增加，至2002年，梁山站每日停靠客车12列，旅客发送达到日均600人左右，客流长途以北京、深圳、青岛、福州方向为主。2012年，实行实名制售票，旅客购票方式和购票渠道增加，可以在互联网购票、电话订票，也可以到车站和代售点购票。2013年，火车站售票厅增加自动售票机和自动取票机，方便了旅客，带动了客流的增加。至2013年年底，梁山站日均办理停靠客车17列，日均发送旅客1000余人，年收入约2000多万元，旅客列车主要有哈尔滨、北京、天津、大连、临沂、郑州、重庆、连云港、温州、杭州、合肥、南昌、广州等方向，连接京哈线、京沪线、京广线、陇海线四大干线。

货运　货物运输设有货物线3条，梁山中谷国家粮食储备库专用线1条，山东京九鲁润有限公司专用线1条。年发送货物15万余吨，年收

入1200余万元，承担梁山县面粉、小麦、化肥等物资的到发业务。

2013年梁山站列车时刻表

表10-5-1

车次	类型	梁山到站时间	梁山开车时间
K1901/K1904（北京 - 临沂）	快速	05:13	05:15
K666/K667（福州 - 沈阳北）	快速	06:08	06:11
K572（龙岩 - 北京西）	快速	07:25	07:27
K1123/K1122（广州东 - 哈尔滨）	快速	09:15	09:18
1304（郑州 - 北京西）	普快	12:41	12:55
2071/2074（北京 - 济宁）	普快	13:55	13:59
2073/2072（济宁 - 北京）	普快	14:58	15:00
K1062/K1063（哈尔滨 - 重庆北）	快速	15:03	15:05
1503/1502（北京 - 连云港东）	普快	15:43	15:45
K1124/K1121（哈尔滨 - 广州东）	快速	18:49	19:03
K1071（北京西 - 安庆）	快速	19:35	19:37
K716/K717（郑州 - 大连）	快速	21:05	21:08
K1902/K1903（临沂 - 北京）	快速	22:04	22:06

第四节　港航

20世纪60年代，京杭运河济宁至梁山段（梁济运河）西岸建有港口1处，时称任庄港，隶属于梁山县交通局；70年代改称梁山港，隶属于菏泽地区交通局。京杭运河梁山段70年代初通航，70年代中期逐步停航，80年代断航；原有港口闲置。2006年，县交通部门设立航运管理所；2011年，改设港航管理科，加挂地方海事处、航运管理所牌子，具体从事水路运输市场管理服务工作。同年，国家重点工程京杭运河济宁至东平湖段工程开工建设，梁山航运设施建设逐步展开。2012年3月，京杭运河济宁至东平湖段复航重点项目邓楼船闸正式开工建设，该船闸设计最大船舶吨级2000吨级，年单向通过能力2460万吨，总投资5.2亿元；至2013年，该船闸基本建成。2013年底，县境内共有10家水路运输企业，其中，7家长航企业，作业范围在济宁以南的京杭运河及长江等水系，长航企业共有船舶318艘；3家浮桥企业，分别为赵堌堆乡将军渡浮桥、京九浮桥、小路口镇刘灿东浮桥，浮桥企业共有承压舟32艘，渡轮5艘，从事客货水路运输。

第六章 公共交通

第一节 城市公交

公交公司 梁山县城市公交主要由县水泊公共汽车有限公司（简称梁山公交公司）负责运营。20世纪90年代中期，梁山县城尚无公交车。1998年8月,梁山公交公司正式成立并挂牌运营，成为省内首家民营公交公司，是全县唯一取得城市客运交通“资质证书”、具备从事公共客运资格的城市公共交通企业。2000年，公交公司按照《中华人民共和国公司法》，对所有单股参营车辆评估合并，进行资产重组。2001年年底，重新修制定《公司章程》，召开股东大会，选举产生董事会和监事会，由原来的松散型合作制企业，完全转变成严谨的集约化股份制有限公司。至2002年，公司经营初具规模，总资产达到780万元。2003年，公司取得省建设厅颁发的城市公共客运交通企业资质证书。2004年，公交公司在西环路南端，征用土地66亩，建设办公楼1800平方米，职工食堂300平方米，公司不再租赁经营办公场所，公司总资产达1420万元。2005年，全面加强公共设施和经营服务，所有车辆安装投币箱，彻底取消人工售票，全部实现自动投币；规范城区主要线路的站牌、站点340个，建立高档候车亭6座。2007年11月，公司投资100余万元,在所有公交线路推行“IC卡”电子收费业务，全部安装语音报站系统、GPS卫星定位系统，成立智能化管理中心，对所有运营车辆实施全程实时定位监控调度，在全省率先实现了公交完全智能化管理。

2013年，公交公司会同城市交通管理部门，对各线路、站牌进行统一规划、合理定位，建设标准较高的候车亭306个。在运营过程中，实行低票价运营，对城乡居民及全县在校中小学生实行刷卡打折优惠，为全县老年人、残疾人、伤残军人办理免费乘车卡，年减免总金额1723万元。至2013年年底，公司拥有总资产4200万元，占地面积41316平方米，建筑面积3611平方米，在岗职工316人，拥有大中型公交车216部，运营线路16条，其中城乡公交10条，总运营长度186.6公里，年运营里程1432万公里，年客运量2885万人，年营业收入1700万元。拥有大型加油站（占地2000平方米，设计储油量360吨）、汽车修理厂（占地8000平方米、维修专用地沟7条）各1处,建有梁山水浒旅行社有限公司（业务覆盖全国各大城市和景区）、梁山余声公交广告传媒公司（承接车体、语音、电子滚动屏等各类广告传媒业务)2个子公司,是一个集公交运营、加油、汽车修理、广告传媒、旅游服务为一体的公益性股份制企业。

公交车辆 1998年，公司运营之初，运营车辆有“凌空KJ6600”型中巴车6辆,随后购进“凌空KJ6600”中型车2辆。同年，以车辆入股的形式、按统一车型，吸纳社会车辆11台，实行统一管理,分线路运营单车单股核算。1999年5月，公司吸纳社会人员购买“胜利”牌中巴车13辆，公司自身购买2辆，购进广东大客2辆，哈尔滨大客1辆。2001年1月，公司投资120余万元，购进第一批济南“JK6800G”型客车12辆，将1路线公交车全部更新。2002年，公司投资近300万元，分三批购进济南大客和扬子大客各12辆，更新城区1路、3路、6路公交车辆。2003年4月，先后购进“扬子”“舒驰”豪华大巴公交车41辆。2007年9月，购进“星凯龙牌HFX6100SK72”双层观光巴士2辆，同年10月购进中国重汽济客“JK6800G”型客车26辆。2009年，购买适合在乡镇公交线路运行的迷巴车30辆，收购梁山至赵堌堆（途径杨营、黑虎庙）城乡公交线路上的城乡客运车辆19辆，改成公交运营车辆，该路线由城乡客运转变成为城乡公交线路。2010年，公司投资780万元，购进由济南重汽生产的豪华型大客“黄河牌JK6129G”大巴公交车20辆。至2013年，公司拥有各类车辆216辆，其中公交运行车辆181辆。

梁山县城公交车

2013年梁山县公交运行车辆及开通时间一览表

表10-6-1

线路	运行车辆	开通时间	线路	运行车辆	开通时间	线路	运行车辆	开通时间
1	24	1998.8	8	12	2000.4	16	6	2009.12
2	25	2000.5	9	6	2008.4	17	4	2010.8
3	18	1998.8	10	6	2009.12	18	8	2008.4
5	8	1999.1	12	24	2010.8	21	13	2008.4
6	11	1998.9	13	6	2006.6	—	—	—
7	4	2000.4	15	6	2010.8	—	—	—

公交线路 1998年8月，公交运营线路有3条：1路公交线4辆车，由孟家店开往北转盘（马庄）；3路公交线2辆车，由凤园路口开往东环路口；总运营长度20公里。同年9月，在增加运营车辆的基础上，对原有线路班次加密，并开通县医院至盐业公司（任庄村）6路公交线路。至同年12月，拥有公交运营线路3条，总运营长度近30公里。1999年1月，开通第一条城乡公交线路（5路公交线路），由长途汽车站开往五里庙，单向运程8公里。2000年1月，1路线公交车线路向北延伸至收费站、向南延伸至南转盘；同年，开通县城至杨营（2路）、收费站至小安山（7路）、南转盘至拳铺（8路）3条城乡公交线路。其后，陆续开通风景区至北环路（13路）、南转盘至梁庄（9路）、汽车站至鲍垓（10路）、县医院至赵堌堆（12路）等9条城乡公交线路。至2013年，全县城市公交共有线路16条，即：1路（梁山泊广场—后码头大桥）、2路（县医院—火车站）、3路（梁山泊广场—公交公司）、5路（汽车站—五里庙）、6路（公交公司—菱花味精厂）、7路（后码头大桥—小安山）、8路（梁山泊广场—拳铺）、9路（梁山泊广场—梁庄）、10路（汽车站—鲍垓）、12路（县医院—赵堌堆）、13路（风景区—北环路）、15路（火车站—义和村）、16路（汽车站—方庄）、17路（火车站—赵那里）、18路（汽车站—李屯）、21路（汽车站—杨营煤矿），单向运行总长186.6公里。

城市公交主要运行线路及站点为：

1路，起点为梁山泊广场西，沿水泊南路经杏花村酒店、县医院、至张坊三角花园，由三角花园转向水泊大街向北，经汽车站、百货楼、招待所、解放桥、马庄、关庄、至后码头终点站。

2路，起点为县医院南，沿水泊南路至张坊三角花园，由三角花园转向水泊大街向北，经汽车站、百货楼、至招待所，由招待所转向公明大道向西，经寿翔桥、西环路口、开发区、杨营镇、至火车站终点站。

3路，起点为中医院，沿青龙山路向东至凤园路口，由凤园路向北至交警队转向迎宾路，由迎宾路向东至水泊西路，由水泊西路向北至农行转向交通路，由交通路向东转向水泊大街，由水泊大街向北至一中路口转向文化路，由文化路向东至水泊东路，由水泊东路经县政府至公明大道，沿公明大道向东，经供电公司、药监局至天罡路，沿天罡路向南经杏花村、梁山泊至水浒大道，由水浒大道向南、继而向西转向水泊南路，至梁山泊广场西终点站。

6路，起点为公交公司，沿汶水路向东至水泊大街路口，沿水泊大街向北至独山路口，由独山路向东经锦绣城至水泊南路，沿水泊南路向北至青龙山路口，沿青龙山路向西至水泊西路口，沿水泊西路向北经国税局、教育局、至凤凰公园转向公明大道，由公明大道向东经招待所至水泊东路，沿水泊东路向北至青年路，沿青年路向东至天罡路，由天罡路向北至菱花味精终点站。

2013年梁山县城市公交线路及主要站点与运行里程一览表

表10-6-2

线路	起止点	途经主要站点	单向里程
1	梁山泊广场—后码头	孟家店、杏花村酒店、县医院、汽车站、百货楼、马庄、关庄	14
2	县医院—火车站	汽车站、百货楼、招待所、寿翔桥、开发区、杨营镇	18.5
3	中医院—梁山泊广场	交警队、交通局、武装部、县政府、国棉厂、杏花村、梁山泊	13
5	汽车站—五里庙	交通局、西环路口、马营镇政府	13
6	公交公司—菱花味精	锦绣城、县医院、东方华城、凤凰公园、城关医院、轴承厂	8
7	后码头—小安山	小安山镇政府	5
8	梁山泊广场—拳铺	拳铺镇政府	9.5
9	梁山泊广场—梁庄	车管所、流畅河湿地、运河大桥	6.1
10	汽车站—鲍垓	国税局、物价局、张飞垓、胡屯	8.8
12	县医院—赵堌堆	汽车站、交通局、工商局、寿翔桥、高楼、黑虎庙	25
13	风景区—北环路	汽车站、百货楼、解放桥、龟山河桥	8
15	火车站—义和村	杨桥、吕那里	11.5
16	汽车站—方庄	杏花村宾馆、公交公司、许庄、杨集	9
17	火车站—赵那里	张三槐、张那里	10.5
18	汽车站—李屯	县医院、胡坑、张飞垓、姜屯	12
21	汽车站—杨营煤矿	汽车站、凤凰城、馆里、蔚营	14.7

第二节 城乡公交

城乡公交运营始于2011年1月，由梁山县水浒客运有限责任公司城乡公交分公司（简称水浒公交分公司）负责运营。2011年，县交通部门及水浒客运有限责任公司对城乡客运班车进行公交化改造试点，以线路管理为主，实行集中管理，统一排班，定点发车，规范经营。水浒公交分公司拥有城乡公交车116辆，运行县城通往乡镇的主要线路，发往赵堌堆5条、黑虎庙1条、拳铺2条、发往韩垓3条、韩岗5条、馆驿3条、小安山3条、寿张集1条。2013年，县政府及交通运输管理部门确定参照城市公交运营模式、服务标准、票价、扶持政策等，对城乡公交全面实行公交化改造，以方便百姓出行，降低票价，在更大范围内让更多农村群众享受普惠性的公共交通服务。

2013年梁山县水浒城乡公交线路运营情况一览表

表10-6-3

线路名称	运营里程（公里）	车辆数	线路名称	运营里程（公里）	车辆数
梁山—赵堌堆	35	8	梁山—二郎庙	32	3
梁山—贾庄	37	5	梁山—鹅鸭场	28	3
梁山—北李楼	38	4	梁山—孙楼	29	4
梁山—荣岔河	33	4	梁山—大安山	26	4
梁山—前菜园	35	3	梁山—阳城坝	28	6
梁山—徐坊	23	2	梁山—黑北	22	3
梁山—袁口	40	15	韩岗—盛庄	15	2
梁山—草庙	39	1	韩岗—张庄	16	2
梁山—油坊	37	2	梁山—州城	52	2
梁山—薛垓	33	11	梁山—西郝庄	42	1
梁山—开河	35	11	梁山—靳楼	37	1
梁山—斑店	32	16	梁山—郑庄	33	1
梁山—琉璃井	30	3	—	—	—

第三节 城区出租

梁山县城区出租车运营始于2002年。2002年，城区出租车由城建及城管部门审批管理，出租车运营实行“招手停”模式，收费标准为每次1人2元、2人3元、3人4元、4人5元。2011年，改由交通部门审批管理。2012年8月，所有出租车安装GPS卫星定位系统，改变“招手停”运营模式，全部实行“打表计费”的经营模式，制止乱收费、拒载、甩客等违规经营行为。至2013年，全县共有3家汽车出租公司，拥有车辆85辆，其中水浒汽车出租有限公司43辆、银河汽车出租有限公司21辆、凤园汽车出租有限公司21辆，均以挂靠经营和承包经营的方式交由从业人员购买或承包经营。

银河汽车出租有限公司 2002年，梁山县银河小型客车公司成立，归属梁山县城管局管理。同年，公司引进夏利小汽车21辆。2008年，夏利小汽车全部更换为伊兰特汽车。2011年，公司注册更名为梁山县银河汽车出租有限公司，改由交通局管理。至2013年，公司拥有汽车21辆，员工48人，其中管理人员6人。

凤园汽车出租有限公司 2002年，梁山县凤园小型客车公司成立，归属梁山县城管局管理。同年，引进夏利小汽车21辆。2008年，夏利小汽车全部更换为伊兰特汽车。2011年，公司注册更名为梁山县凤园汽车出租有限公司，改由交通局管理。至2013年，公司拥有出租汽车21辆，从业人员48人。

第七章 邮政

第一节 邮路投递

邮路 1993年，全县共有邮路6条，其中5条自行车邮路，1条摩托车邮路；投递与特快分开运行，配备一辆长安面包车用于特快专递邮件的投递。1994年，邮路总长度为168公里，邮运汽车9辆。1995年，至支局邮件全部改为个人汽车投递，每日1班，每日上午11点往返支局接送邮件。1998年，邮电分营，邮运汽车及生产用车共7辆。2005年，按照市场化运作模式，对全县汽车邮路全面实行承包，济宁邮区中心局每日两次（上午8：00、下午4:30）往返梁山，提高了邮运车辆综合利用率，控制了运行成本。至2013年，邮路配有电动三轮车7辆，电动自行车6辆。

投递 1994年，梁山县投递路线总长度（单程）为1781公里，其中城市投递段道9条，农村投递段道56条。1998年，城市投递段道调整为8条。1999年，全县所有段道实行上门收订，满足私人订阅报刊亲投到户。2003年，将城区投递段道划分为5条，主要投递报刊邮件，1条大客户投递段道为汽车专人投递。2013年，城市投递段道4条，农村投递共有段道32条；投递进口包件41744件，出口包件26003件，投递报刊流转额479万元，投递邮件数71.85万件，投递平常邮件数22.79万件。

第二节 邮政业务

1994年，县邮电局主要开办函件、包裹、汇兑、邮政储蓄、报刊发行、零售、机要通信、集邮、特快专递等业务；邮政营业室配备2台微机，邮政营业实现电子化。1998年，邮电分营后，邮政业务进行重组，划分为邮政储蓄、汇兑、分销物流、电子商务、函件、集邮、报刊发行、机要通信、普通包裹、快递包裹、国际包裹、特快专递等，邮政业务得到持续发展。2002年，开办代理保险业务。2012年，对报刊发行、函件、代理保险业务等八大专业实行专业化经营，加强专业专职营销体系建设，制定《营销体系建设管理办法》和各专业客户经理选聘办法，并进行客户经理培训。至2013年，有邮资机1台，过戳机2台，条码扫描器1台，邮政营业水平逐步提升。

函件 1994年，函件业务量为84.5万件。1998年9月，邮电分营后，成立函件局，邮政业务实行承包经营。1999年，成立广告公司，并与函件局合并，合称商函广告局。除基本的信函、明信片业务以外，有专门设计人员，承揽各项广告业务，扫描仪、彩色喷墨打印机齐全。同年3月1日，国内函件业务资费调整，信函首重100克内每重20克本埠（县）0.60元、外埠0.80元，续重101～2000克每重100克本埠1.2元、外埠2.00元；印刷品首重100克本埠0.6元，续重每重100克本埠0.15元、外埠0.3元；明信片每件0.60元；邮简每件0.6元；盲人读物按平常邮件寄递免费。另外，挂号费每件2元，回执费每件3元，存局候领手续费每件1元；取消邮件附加费，废除特种挂号信函业务，将特种挂号信函寄递范围纳入保价信函寄递。同日起，对寄往港澳台地区的信函增加20～50克档次，资费为2.8元；印刷品增加20～50克档次，资费1.5元。同年3月16日，停止办理“邮电公事”邮件业务，对邮政部门内部寄递的各种邮件一律照章收费。2000年，制定企业拜年卡揽收方案，打开商函广告业务市场，征订企业拜年卡3.0万枚，打破梁山企业拜年卡零的空白，当年函件收入完成108.85万元。同年7月1日，对寄往世界各国及中国港、澳、台和各省、市、自治区、直辖市的速递邮件资费进行调整。2001年，利用梁山旅游资源优势，印制梁山风景区门票明信片10万张，函件收入完成175.23万元。2007年，先后开发寄递学生通知书商函、民企商函、技术监督年检通知书寄递业务等，并以中邮广告业务作为“3·15”期间宣传的主要媒体。2012年，建立精品数据库，利用邮政在社会上的良好形象和独特媒体优势，大规模扩大市场占有率，建立客户档案。至2013年，实现业务收入214.6万元。

包件 1994年，包件业务量为2.8万件。1998年9月，邮电分营后，包件业务收入呈下滑趋势。1999年，实施邮购承包，各支局尝试开办小型邮购业务，当年包件收入完成22.23万元，同比增长11.53%。2003年，启动上门揽收服务，快递包裹率90%，各支局业务发展平稳。2004年1月，暂存侯领包件手续费每件由2元调整为3元，撤回或更改收件人名址手续费每件由2元调整为3元。2005年4月20日起，收寄寄往香港的包件，其限重提高到40千克；开拓商包季节性包裹市场，对协议大客户提供包裹、速递、物流一揽子产品组合服务，包件收入26.19万元。至2013年，包件收入达到83.9万元，实现业务的规模化发展。

汇兑 1998年8月，开办电报入账汇款业务，有关汇兑业务种类、资费、处理手续不变。1999年3月，汇款最低费用及撤回汇款手续费由1元提高到2元。同年6月，开办特快汇款业务，资费除按现行规定收取外，另加收特快处理费每张10元。同年8月，电报入账汇款收费标准按规定收取外，不再加收其他费用。同年10月，办理用户一次交汇1～5万元超限汇款业务，收费标准以1万元为计费单位，5万元以内实行累加计算。2001年11月，将汇兑业务纳入电子汇兑系统运行，通称电子汇兑业务，原普通汇款和电报汇款业务终止。2002年1月，进行省际间电子汇兑业务全面切换，电子汇款费率与原普通汇款、电子汇款费率相同，最低收取2元。同年10月，对汇款附言超字段部分实行按字收取资费，每个汉字（两个字节）收取0.1元，标点符号或字母视为1个字节，不足2个字节免收资费。同年10月，调整国内邮政电子汇款限额标准，由每笔最高限额1万元提高到5万元，基本费率不变，每笔最低汇费2元，最高50元。2003年3月，停止办理“公事汇款”，各类邮政业务汇款均照章收费，当年3月，在全省范围内正式开办邮政电子汇款回执业务，资费标准除收取正常汇费外，每笔加收回执费3元。2004年8月，开办电子汇兑短信汇兑业务，手续费按每笔1元计算。2005年，为方便用户通过网通灵活、便捷支付汇款，开办“网通卡”业务，分10元、50元、100元三种面额，网通汇款每笔最低限额10元，最高限额2000元。2006年后，“网通卡”用户不断增多，邮政汇兑业务由兴到衰，只作为普遍服务的一项标准存在，重点服务偏远、经济落后的城乡，2013年汇兑收入仅为1.4万元。

发行 1994年，报纸发行2.5万份、杂志期刊发行2.3万份，报刊流转额为137.7万元。1998年11月，梁山县以报刊征订为重点，对重点客户上门收订，适当延长收订网点营业时间，零星散户由投递员上门收订。同时，调整全国各类报刊要数批次，报纸、杂志分别为3个和8个批次。收订时限“报纸按月，杂志按季”，每年2月、5月、8月、11月作为订阅次月、次季或下年报刊的预订时限。1999年，报刊业务实行承包经营责任制，制订年度报刊破订、续订流转额计划，开展报刊收订“突击月”竞赛活动，对职工收订报刊按定价的8%、零售按零售额18%进行奖励兑现。工作重点放在自费订阅用户上，定制信报箱3000个，对私人用户实行送信报箱、投递到户、订阅有奖，并在县城内建报刊零售亭10处，扩大报刊零售，当年零售额实现16万元。2000年，加大开拓私费订阅和报刊零售市场力度，新增报刊零售亭5处，在全县20处支局试办报刊零售业务，报刊流转额达165万元，业务收入完成52.03万元。2003年，落实激励政策调动投递人员收订积极性，减少缺报、少刊现象发生，投递员到学校、小区居民家中推荐收订，扩大邮发报刊市场占有率。与6所中、小学签订图书销售协议，销售图书11500册。2005年，发行业务开始步入正轨发展，以市局开展的有奖订阅活动为契机，加大宣传力度，积极鼓励客户私费订阅，开展图书展销活动，利用支局网点优势，将书展推向农村市场，使图书销售常态化，至2007年，流转额达到178.35万元。至2013年，流转额达到386万元，实现收入138.26万元。

速递 1998年9月，制订拓宽特快专递业务发展规划，大力发展货运、礼仪、税务文书快递、信汇、往来凭证、收件人付费等业务，加强对185（中国邮政客户服务电话）特服号的宣传。1999年，改革速递业务经营机制，采取激励政策，调动职工积极性，当年，特快收入完成33.99万元，比1998年增长46.83%。2000年，改革速递管理和考核模式，对速递局实行承包经营，当年完成收入54万元，同比增长64.77%。2002年，抓住市场卖点，利用情人节、母亲节、圣诞节、生日、寿辰等有利时机，开拓鲜花礼仪业务。2006年，开办身份证快递业务，快递业务量急剧上升。2009年，速递鲜花礼仪、生日蛋糕等同城快递业务快速发展。至2013年，速递业务收入达到94万元。

物流 2002年，开展邮政物流业务，逐步形成一体化物流、区域配送、货运代理、分销与邮购等四大主要业务板块。2003年，为物流中心配备微机，编制配送软件，完善统计要数、档案管理、信息反馈、工资考核等工作。2004年，重点培育农村市场，抓好村级代办所建设及酒类等商品配送工作。2005年，建立完善县、乡、村三级物流网络体系，把物流和老百姓的生产生活紧密结合，努力打造梁山邮政物流新格局。2013年，全年完成收入206万元。

第三节 其他业务

1998年，成立电子商务局，主要业务包括代收话费、代收电费、代售飞机票火车票，代售门票、邮乐卡，至2013年，累计完成收入125.48万元。1999年，成立集邮公司，实行专业承包经营，完成收入75.77万元。2000年，邮票发行减量，公司开发适销对路邮品，提高邮品档次和艺术价值，引导集邮收藏消费。2005年，编印水泊集邮报，组织部分集邮爱好者举办集邮讲座活动，当年完成收入8.8万元；2006年，收藏市场发展火爆，集邮业务快速发展，当年完成收入26.39万元。2009年，积极拓展营销渠道，成立专职营销队伍，大力拓展集邮文化礼品市场，开发《水浒故里》集邮册，结合专业汽车、出版书业、旅游业等定向开发企业形象年册、集邮文化礼品册等，至2013年实现收入116万元。2009年6月，金融业务局成立，业务包括邮政储蓄、汇兑、代发工资、绿卡发放、商务通等，至2013年余额达15亿元。2011年6月，保险业务部成立，业务包括代理保险、代理理财、代理车险、国债。2012年，代理保险总额达到1.6亿元。2013年，代理保险总额为1.49亿元。

第四节 基层支局

基层邮电支局均设在乡镇政府驻地，原有基础设施较为落后。1994—1995年间，以本地网建设为契机，各乡镇均建起邮电楼，一般三层，面积大都在500～700平方米之间。各支局均设有S1240程控电话交换机500门，并配备微机等设备。

马营邮电支局 位于马营镇驻地，始建于1957年8月。1994年7月，迁至乡政府东侧，建楼房三层，占地3386平方米，建筑面积744平方米，于1995年7月迁入新址，经办各类邮电业务。该支局划归通信公司。

杨营邮电支局 位于梁山火车站东侧杨营镇驻地，始建于1994年7月，建设楼房五层，使用面积1307平方米，经办各类邮电业务。该支局划归通信公司。

黑虎庙邮电支局 位于黑虎庙镇政府东侧，始建于1956年6月。1995年7月，迁至黑虎庙乡政府东侧三岔路口处，新建楼房四层，面积为617平方米，经办各类邮电业务。该支局划归邮政局，有联通营业网点和部分设备。

赵堌堆邮电支局 位于赵堌堆乡政府驻地，原为代办所。1995年7月，迁至新建楼房内，面积为685平方米，该支局划归邮政局，有联通营业网点和部分设备。

小路口邮电支局 位于小路口镇驻地，始建于1956年6月。1995年迁入新址，建设楼房三层，使用面积768平方米，经办各类邮电业务。该支局划归通信公司。

大路口邮电支局 位于大路口乡政府驻地，始建于1958年。1995年7月，迁至大路口村东，新建楼房四层，面积为617平方米，经办各类邮电业务。该支局划归邮政局，有联通营业网点和部分设备。

寿张集邮电支局 位于寿张集镇驻地，始建于1956年，1957年年底撤销，1963年重新设立该支局，租赁民房营业。1995年7月，迁至新建三层楼房内，房屋面积639平方米，经办各类邮电业务。该支局划归通信公司。

小安山邮电支局 位于小安山镇驻地，始建于1965年，1989年2月，迁至自建楼房内，房屋面积为410平方米，经办各类邮电业务。该支局划归通信公司。

李官屯邮电支局 位于原李官屯乡驻地。1986年为邮电代办所，租赁民房营业。1995年，原乡供销社划拨给一栋二层楼房改为李官屯邮电支局，经办各类邮电业务。该支局划归邮政局，仅有联通部分设备。

馆驿邮电支局 位于馆驿镇驻地，始建于1956年，1958年撤销，1965年重新设立。1989年在馆驿镇政府对面路角新建营业厅营业，房屋面积220平方米，经办各类邮电业务。该支局划归通信公司。

韩岗邮电支局 位于韩岗镇驻地，始建于1953年，开始在许寺村东路北租赁民房营业，1994年，迁至韩岗镇西侧新建三层楼房内，面积589平方米，经办各类邮电业务。该支局划归通信公司。

袁口邮电支局 位于原袁口乡驻地，1953年设立，时称邮电代办所；1962年撤销，1986年重新设立邮政代办所。1995年7月，新建二层楼房，面积为499平方米，改为邮电支局，经办各类邮电业务。该支局划归邮政局，有联通部分设备。

韩垓邮电支局 位于韩垓镇驻地，始建于1953年。1995年7月，迁至韩垓镇梁济公路南侧新建三层楼内，面积为767平方米，经办各类邮电业务。该支局划归通信公司。

徐集邮电支局 位于原徐集镇驻地，1953年设立，1994年7月，迁至梁济公路侧新建三层楼房内，房屋面积554平方米，经办各类邮电业务。该支局划归通信公司。

信楼邮电支局 位于原信楼乡信楼村。1986年为邮电代办所，租赁民房营业。1995年7月，迁至新建楼房，面积为502平方米，改为信楼邮电支局，经办各类邮电业务。该支局划归邮政局，有联通部分设备。

拳铺邮电支局 位于拳铺镇驻地，1953年设立，时称邮政代办所，1959年为拳铺公社邮电局。该支局划归通信公司。

方庙邮电支局 位于原方庙乡方庙村。1953

年设立，时称邮电代办所；1962年撤销，1989年重新设立邮政代办所，租赁民房营业。1995年7月，迁至方庙村北路西新建楼房，面积为502平方米，改为方庙邮电支局，经办各类邮电业务。该支局划归邮政局，有联通部分设备。

后孙庄邮电支局 位于原后孙庄乡驻地，1990年设立邮电代办所，租赁民房营业。1995年7月，迁至新建两层楼房内，楼房面积499平方米，改为邮电支局，经办各类邮电业务。该支局划归通信公司。

前集邮电支局 位于原前集乡驻地。1949年10月设立邮电代办所，1962年撤销，1986年重新设立邮政代办所，经办各类邮电业务。该支局邮、电共用，2009年撤销。

第八章 通信

第一节 通信业务

1994年7月1日，纵横制电话改程控电话6000门顺利开通，梁山县市内电话由纵横制改程控，长途电话实现国际、国内直拨，并举行程控电话开通仪式，自此，梁山电话结束了接转电话靠人工、打电话凭摇把子的历史。1995年4月30日，梁山县电话号码由6位升为7位；1998年，开通移动电话、无线寻呼；1999年，全县实现“村村通”电话，梁山首次开通电脑拨号上网业务；2002年，梁山建成“电话县”；2003年，建成无线市话网、宽带城域网，覆盖全县；2009年，市话实现C3本地网，全县通信达到国内先进水平。

电话业务 电话业务包括市内电话、长途电话、公用电话等。

市内电话 市内电话业务（简称市话）始于1953年，至1988年年底，全县市内电话400余户，市话容量800门，市话电缆18皮长公里。1989年，建成1000门纵横制电话。1993年，开通S-1240 3000门数字程控电话，由此完成了由纵横制向程控化、数字化的转变。1994年，县内市话交换机容量为5120门；1995年，引进程控交换机2.45万门；至1996年年底，市话交换机容量达到10240门，市话电缆长度115.8皮长公里，出局用户线达到1.6万对，市话普及率为12部/百人。1997年，县内引进具有世界先进水平的德国产西门子数字程控交换设备6000门，为市话发展提供充足的号源；1998年3月，引进德国西门子全程空电子交换机2.048万门，进一步改善了全县电话通信布局。1999年，通信部门以网点建设和线路扩容改造为重点，投资上千万用于通信工程建设；当年12月，覆盖全县乡镇村庄的本地网接入网点大规模安装并陆续开通；至2001年12月，出局主干电缆达4.66万线，改造、新建市话电缆100皮长公里，新建管道11.5管程公里，县城周边村配线到户率达80%，共计开通9万门通信端口，覆盖整个县域，为实现电话县建设铺平了道路。至2005年，县城市话建成以光缆传输为主体的大容量、高速率、数字化、安全可靠的通信网，固话交换机总容量达13.7万门，通信管道达60管程公里，杆路1543杆公里，配线电缆1353皮长公里，光缆896皮长公里，覆盖县城各个角落，连通全国及世界各地；同时建成乡镇端局14处，乡镇以下接入网102处，农村交换机总容量达8万门；全县城乡固定电话9.7万户，电话普及率达17部/百人、56部/百户，其中，农话用户6万户，农村电话普及率达到60部/百户，全县建成“电话村”406个，并实现了农、乡、市话联网，旧的市话、农话、乡话之分彻底结束。至2013年，梁山县域内形成一个全方位、多层次，多功能、立体交叉、四通八达的现代化通信网络，涉及语音、数据、图像、视频等多个领域。

长途电话 长途电话业务（简称长话）开办于1954年。1989年，新增MX201IV载波话端机1部，自此，全县长途电话业务得到较快发展。1995年，县内长话全部实现自动化，进入全国大网，撤掉人工接转台，结束了梁山人工接转长途电话的历史。

公用电话 1996年，通信部门开始在县城装置公用电话。1997年，县政府及有关部门将公用电话建设纳入城市公用设施计划，当年在县城繁华地段安装公话亭30个，无人值守公话亭60个，IC卡电话40部。同时，乡镇也开始装置公用电话；2000年年底，乡镇共安装电话亭40个，IC卡电话80部。

小灵通 2002年，梁山县启动小灵通电话筹建工作，首期工程在县城城区建设基站150个，信号覆盖城区及周边村庄；当年年底，小灵通用户达到1800部。2003年，先后在乡镇建设基站86个，小灵通网络覆盖到全县14个乡镇驻地，一些经济状况相对比较好的村庄也在信号覆盖之内。至2005年底，境内小灵通用户达到9600户。2007年，推出小灵通和固定电话同号业务，用户享受到的服务更加便捷。

电话语音 1993年，为方便用户查询电话号码，县邮电局开通“114”查号台；1994年，在开通程控电话的基础上，开发来电显示、呼叫转移、呼叫限制、缺席用户服务、免打扰服务、呼叫等待、追查恶意呼叫、遇忙回叫、闹钟服务、三方在线、热线服务、缩位拨号等12种程控新功能。1996年，开通人工咨询业务，主要业务有“168/160”人工咨询服务、专家热线、考试信息一码通“16866”、电子货币购买热线，开通“121”气象预报。2002年，推出TICQ固话聊天业务。2003年，开通语音短信，即用语音发送短信息的个性化服务业务。2005年，推出悦铃业务，气象预报升级为“12121”。

上网业务 1999年，梁山电信首次推出ADSL高速上网服务，成功开通电脑拨号上网业务，拨号方式为163和169，上网设备为普通的数据设备“MODEM”，上网速率为5～8K。2000年，引进新兴的ISDN业务，过渡型一线通顺利开通，拨号方式不变，但上网速率一般可达到10～16K，上网设备为ISDN，该类型设备可以在上网的同时拨打电话。同年9月，梁山电信局建起“梁山信息港”，成为梁山县第一个互联网门户网站，主要负责办理政府、企业、个人网上信息发布、网站建立、电子邮箱和个人拨号上网用户业务。2001年12月，开通更为先进的宽带上网设备“ADSL”，上网速率一般可以达到58K。2003年，梁山通信公司投资256万元，建设城域网光缆工程，新设光交接箱12个，出局主干光缆96芯6条，建设光缆线路21.27皮长公里；当年12月，宽带网覆盖全县各乡镇。2004年2月，梁山信息港合并到济宁信息港，主要开展IDC业务（域名注册、企业邮箱、主机托管、广告服务、网站制作）。2005年2月，网通宽带中国网站在梁山开通，主要业务频道有：电影、电视剧、游戏中心、空中课堂、名师讲堂等，速度更快、更加稳定的光缆上网开始在政府部门和大型企业普遍应用。至2005年12月，全县宽带用户达到8000户，300多个村庄开通了农村干部上网直通车，200多个企、事业单位接入互联网。2008年12月，开通3G业务，采用WCDMA制式，上行网络速率达到1.44M，下行速率达到21M。2009年，梁山联通公司获得WCDMA制式的3G牌照，推出沃A和沃B融合业务。2010年，在县城区普遍开展光缆到户工作，随着光缆到户，开始提供4M以上产品，最高可达到400K。至2013年，互联网用户达77783户。

服务活动 梁山网通在加快通信事业发展的同时，始终坚持“诚信经营”的服务理念，围绕“不断创新，持续改进，永远追求客户满意”的质量方针，把“文明经营、诚信服务、取信于民”作为重要工作来抓，采取多种措施，强化诚信服务管理，提高诚信服务水平，满足客户需求。在贯彻落实《电信服务标准》的基础上，大力推行规范化服务，制定《员工岗位工作标准》《员工岗位规范》《窗口服务人员工作规范及流程》《员工礼仪守则》等包括服务功能、文明服务用语、业务受理操作、服务纪律等主要内容的一系列服务规范，倾力打造“诚信服务”品牌。开展以“情传万家”诚信服务理念为主题的“百万客户真情服务”活动，重点解决用户关心的热点、难点问题。还开展“诚信规范服务”活动，向社会各界公布服务承诺，主动接受广大用户监督，积极推进满意化服务，赢得广大客户和社会各界的广泛赞誉，先后被评为“省级文明单位”“省级青年文明号”“省级通信先进单位”“市级文明单位”。

第二节 通信资费

电话资费 电话资费主要有市话、农话、长话、公话等资费。

市话资费 市话资费分为月租费和通话费两部分。1989年，县内市话按甲、乙两种用户收取月租费；住宅用户为甲种用户，月租费为8元；单位及住宅以外用户为乙种用户，月租费为13元。市话通话按每3分钟为1次，每次0.1元。1999年3月，市话月租费调整为甲种用户12元，乙种用户18元；2001年4月，市话月租费调整为甲种用户18元，乙种用户35元。同时，将营业区内通话费由按每3分钟1次改为首次3分钟、以后按1分钟1次计费，每次为0.22元，以后每分钟为0.11元。区间话费按分钟计费，每分钟为0.5元，小灵通电话资费与此相同。

农话资费 区域内农话资费由月租费和通话费两部分构成。1989年，县内农话资费执行标准，月租费甲种用户7元，乙种用户8元；通话费按每3分钟为1次计费，25公里以内每次0.3元，25公里以外每次0.45元，不分节假日，全价收费。1992年，农话由人工计费改为自动计费，收费标准为：营业区内电话以每3分钟为1次，每次收费0.1元，不足3分钟的按3分钟计算；区间电话1分钟为1次，按距离远近收费，25公里以内每次收费0.40元，25公里以外每次收费0.60元，不足1分钟的按1分钟计算。长途直拨电话的农话过线费为每分钟0.05元。1995年，取消农村区间电话按距离的标准，统一为每分钟0.6元。2001年4月，将农话资费调整为：甲种用户月租费为15元，乙种用户月租费30元。区内通话费由3分钟1次改为首次3分钟为0.22元，以后每分钟为0.11元。区间话费按分钟计费，每分钟为0.50元。至此，全县范围内城乡电话通话费同价。

长话资费 长途电话分国内、国际电话两种，其资费由国家有关部门统一规定。1989年，国内人工长途电话按照空间距离分级收费，共分13级，具体收费标准为：1级25公里以内0.05元，2级50公里以内0.1元，3级100公里以内0.20元，4级150公里以内0.30元，5级200公里以内0.40元，6级300公里以内0.50元，7级400公里以内0.60元，8级600公里以内0.70元，9级800公里以内0.80元，10级1000公里以内0.90元，11级1500公里以内1.00元，12级2000公里以内1.10元，13级超过2000公里1.20元。基本收费时间为3分钟，不满3分钟者按3分钟计算，超过3分钟者按实际通话分钟计算，尾数不满1分钟按1分钟计算。国内长途电话的基本收费时间为1分钟，超过1分钟的按实际分钟计算。计算采取分段方法，标准为每日7时至19时按全价收费，19时至次日7时及节假日按半价收费。2000年1月，信息产业部、国家计委、财政部联合发文对长途电话资费进行调整：省内建成本地网空间直线距离300公里以内0.50元/分钟，省内本地间以及未建成本地网

空间直线距离300公里以上0.60元／分钟，省际空间直线距离800公里及以内0.80元／分钟，省际空间直线距离800公里以上1.00元／分钟；港澳台电话资费为5.00元／分钟；国际长途电话资费为：朝鲜5.40元／分钟，蒙古5.30元／分钟，越南11.60元／分钟，日本12.70元／分钟，其他亚洲国家和地区12.00元／分钟，除此以外的国家和地区15.00元／分钟。2000年12月，信息产业部、国家发展计划委员会、财政部〔2000〕1255号文对长话资费调整：降低国内长途电话资费标准，由每分钟0.50元、0.60元、0.80元和1.00元四级计费，统一调整为一级计费，将计费单元由1分钟缩短为6秒钟，资费标准为每六秒钟0.07元；降低国际及港澳台电话资费，计费单元由1分钟缩短为6秒，国际电话不再区分被叫地点，统一调整为每6秒钟0.80元，港澳台电话统一调整为每6秒钟0.2元。

公用电话资费 1989年，用户使用普通公用电话拨打电话，均由话务员负责转接，只收通话费，不收代办费。1995年，农村公用电话收费标准为：由农村公话代办拨打的区内电话：收费0.50元／次，其中代办酬金为0.10元／次；区间电话：收费0.80元／分钟，其中代办酬金为0.20元；长途电话：除按规定收取长途电话费外，按国内长途每次1元、国际电话每次2元的标准收取代办费。1996年，城区公用电话的收费标准为：区内通话每3分钟1次，收费0.40元，其中0.15元为代办费；区间通话每分钟0.70元，其中0.20为代办费。2002年6月，重新调整公用电话资费标准：本地网营业区内首次3分钟0.40元，以后每分钟0.20元；营业区间0.50元／分钟；国内长途电话0.80元／分钟；国际电话8.20元／分钟；港澳台电话2.2元／分钟。

电报资费 1989年，资费标准为：天气、水情、公益电报按实有字数计算，每字0.07元；政务、普通电报和银行系汇款电报每字0.07元；新闻电报每字0.02元。每份电报以10个计费字数起算，不足10个字者按10个字计算。采用特急、加急业务的按原价目加倍计算。去报译电每字0.005元，来报不收译电费。电报挂号登记费一年为30元，三个月为10元。1992年，调整收费标准为：天气、水情、公益、政务、普通电报和银行系统汇款电报每字为0.13元；新闻电报每字为0.05元。每份电报以10个计费字数起算，不足10个字者按10个字计算。采用特急、加急业务的按原价目加倍计算。去报译电每字0.01元，来报不收译电费。电报挂号登记费一年为60元，三个月为20元。电报专送费按照距离远近收取。3公里以内（含3公里）每份0.30元。3公里以上至6公里每份0.50元。6公里以上至10公里每份0.70元。10公里以上每份0.90元。

其他业务资费 （1）程控电话功能费，呼出限制、三方通话、闹钟服务、追查恶意呼叫、免打扰服务各收开户费10元，来电显示收开户费8元，其余项目均免收；月使用费：呼出限制6元，三方通话、闹钟服务、追查恶意呼叫、免打扰服务各2元、来电显示家庭3元、办公6元，其余项目免收。（2）电话信息费，公益类免费；法律咨询、政策规定、求学指南、居民服务等普通类每分钟0.20元；其他每分钟0.40元；金融保险、房地产、国际贸易、涉外经济等经济类每分钟0.60元；其他每分钟0.80元。（3）互联网业务费，家庭用户开户费60元，使用费60元。单位用户根据接入计算机数量收取相应费用。

第三节 通信建设

本地网建设 1994年，以本地网建设为主的通信网络建设在全县范围内全面展开。同年6月，县政府成立由县长赵步荣任组长、分管副县长王钦之和人大、政协分管领导以及县政府办公室分管副主任、邮电局局长任副组长的本地电话网建设领导小组。按照当时上级政策，本地电话网建设工程由电信部门负责线路和设备，地方政府负责用地和基建。在本地网建设中，面对乡镇政府负担重、工程任务繁重等实际情况，领导小组多次召开不同形式的动员会、调度会，县政府分管副县长及办公室分管副主任、邮电部门负责人，对工程建设进行重点协调督导，并及时协调解决有关问题，推进该项工程的顺利进展。全县24个乡镇邮电支局楼房，1994年下半年相继开工建设，至1995年7月相继竣工并投入使用，全县24个邮电支局由过去的破旧平房全部变成为三层小楼。随着本地网机房、院落等基础设施建设的完成，县邮电部门及时引进程控交换机2.45万门，并配套安装有关通信设备，本地电话网工程建设顺利完成。其间，新的县邮电通信大楼落成。由此，全县通信建设进入一个新时代。

村村通建设 1995年，全县启动村村通电话工程建设。同年12月，县政府成立由县长赵步荣为组长、分管副县长王钦之等为副组长的工作领导小组，大力推进工程建设进展，至1999年10月，全县实现村村通程控电话。2000年，新一轮村村通电话通信网络工程建设在全县范围内展开。该次建设工程共计完成建设投资6500万元，建设接入网点102个，共计扩容69248线，新建东环网、西环网SDH（622兆）传输环网两个，交换机增容8552门，模块局新增用户配线8000回线。随着通信网络建设的不断加快，以及电话线建设的启动，先前技术陈旧落后设备逐渐被先进虚拟网程控功能所替代。至2001年年初，全县共计投入2.354亿元，建设113处接入网点，全县电话容量达到12.58万门，基本满足户户通电话需求。

电话县建设 2001年3月，梁山县电话县建设正式启动，县政府组织召开电话县建设动员会议，县长商建设做动员工作报告，并与各乡镇政府签订《电话乡镇建设工作目标责任书》，为农话市场的快速启动创造了良好的外部环境。在此基础上梁山网通公司投入大量资金，积极配合各个乡镇的工作，不分昼夜地为各乡镇立杆、架线。徐集镇政府主动把任务分解到各管区抓落实，上半年安装电话1916部，走在各乡镇电话县建设的前面。杨营镇政府则充分利用独生子女奖励政策，在全镇范围内开展“独生子女装机工程”，带动全镇放号增长。在重点乡镇的带动下，其他各乡镇都有了较快发展。如韩垓镇借助夏粮征购季节，对按时完成任务的村三职干部每人奖励安装一部电话等。至2003年年底，全县固定电话达到11.5万部，电话县建设顺利完成，同年，小灵通放号近6000个。

第四节 移动通信

通信管理 梁山移动公司设经理、副经理各1人，拥有在编员工23人，劳务派遣员工77人，其中党员2人，中层管理5人。2003年，梁山移动公司建筑面积1600平方米的经营楼主体工程完成；2006年，梁山移动公司搬迁到水泊西路63号新楼办公。2009年12月，梁山移动公司业务收入达9941.96万元，上缴利税300万元；至2013年12月，业务收入突破2亿元，上缴利税676万元。

梁山移动公司坚持以“正德厚生、臻于至善”为核心价值观，以“创无限通信世界，做信息社会栋梁”为企业使命，引领全体员工团结合作，艰苦创业，用辛勤和汗水塑造通信行业的崭新形象。2001年，梁山移动公司获得市级“消费者满意单位”称号；至2013年，梁山移动公司先后获省公司授予“双十强县公司”“模范职工小家”、济宁市“工人先锋号”“青年文明号”“巾帼文明岗”等荣誉称号。

通信发展 1994年3月，梁山县第一代移动通信模拟大哥大8个信道开通；1996年4月，第二代移动通信数字手机电话开通；同年6月，全球通数字移动电话开通；1998年，全县范围内开通移动电话。1999年7月，梁山移动公司分营时建有基站20个、移动用户规模3000多用户。

2001年12月31日，第一代移动通信模拟移动退出历史舞台，梁山县模拟手机用户全部转网。2006年，全县600多个行政村移动网络实现“村村通”全覆盖。2009年12月，全县基站发展到100个、移动用户规模达到238550户；至2013年年底，梁山移动公司建有基站246个、全县移动用户规模达到344562户（不含联通等家移动用户）。经过20年的建设与发展，梁山移动已建成覆盖范围广、通信质量高、业务品种丰富、服务水平一流的综合通信网络，同时，从客户感受出发，全面开展拉网测试，着力打造精品网络，网络运行质量持续保持高水平，移动网络人口覆盖率达到99.9%，地理覆盖率达到99.2%，高速公路、国道、省道全线以及铁路沿线实现100%覆盖，信道完好率、接通率等网络各项指标均高于国家标准。

通信业务 梁山移动公司主要经营移动话音、数据、IP电话和多媒体等业务，并具有计算机互联网国际联网单位经营权和国际出入局业务经营权。1996至1998年9月，移动通信业务由原梁山县邮电局经营管理；1998年9月至1999年4月，移动通信业务由原梁山县电信局管理。1999年4月，县电信局拆分为通信公司和移动公司后，梁山移动公司先后推出全球通套餐、动感地带、神州行大众卡、小康卡、分时打、自由打、农家乐等品牌。同时致力于为客户提供数据业务和多种增值业务，推出17950/17951IP电话、GPRS、一卡双号、彩信、彩铃、家校通、全时通、手机上网、手机电视等业务。在15个乡镇建立营业网点，同时加强大卖场、代销代办点、合作营业厅、指定专营店以及电子化渠道建设，为客户提供多种新业务和良好服务。2000年1月，开展免费为客户寄送账单活动。2005年，推行服务监督卡，实施督导管理项目，提高“窗口”服务能力。2006年，开展“满意100”活动，以“双零投诉”为切入点，全面降低投诉数量，通过多渠道、多手段为客户投诉提供顺畅通道，以提升投诉现场解决率、缩短投诉处理时限、消灭重复投诉来提升客户满意度。2008年，与梁山公交公司合作建成公交车语音报站、车辆定位系统。2013年，建设“民意调查中心”“天网工程”“政法平台”等平台，并推出“家庭有线宽带”和“和TV”业务。其间，还先后推出彩铃、移动办公、移动400、物联网、专线、集团通信录、企业手机报、车辆定位、IMS、IDC、MAS、在线教育平台、一线通等50多种业务服务。

第十一篇

DI SHI YI PIAN

水利建设

1994年后，国家对地方水利基础设施建设投入增加，梁山县大力兴建完善灌排水利工程，排水以梁济运河为中心、10条骨干排涝河道呈羽状分布，灌溉以陈垓、国那里两大引黄灌区和东南部井灌区为主。至2013年，全县灌排水利工程初具规模，逐步形成能排、能灌、能蓄、能补、能调、能控、布局合理的水利工程网络。全县总耕地面积82.2万亩，其中，有效灌溉面积75.15万亩，节水灌溉面积23.4万亩，旱涝保收面积39万亩。

1994—2013年，全县农村安全饮水、城乡生态水系建设和南水北调、黄河治理、东平湖治理等国家重点工程建设取得较大成就，环城水系建设全面启动，南水北调工程全面完成，黄河及东平湖得到高水平治理与开发利用。

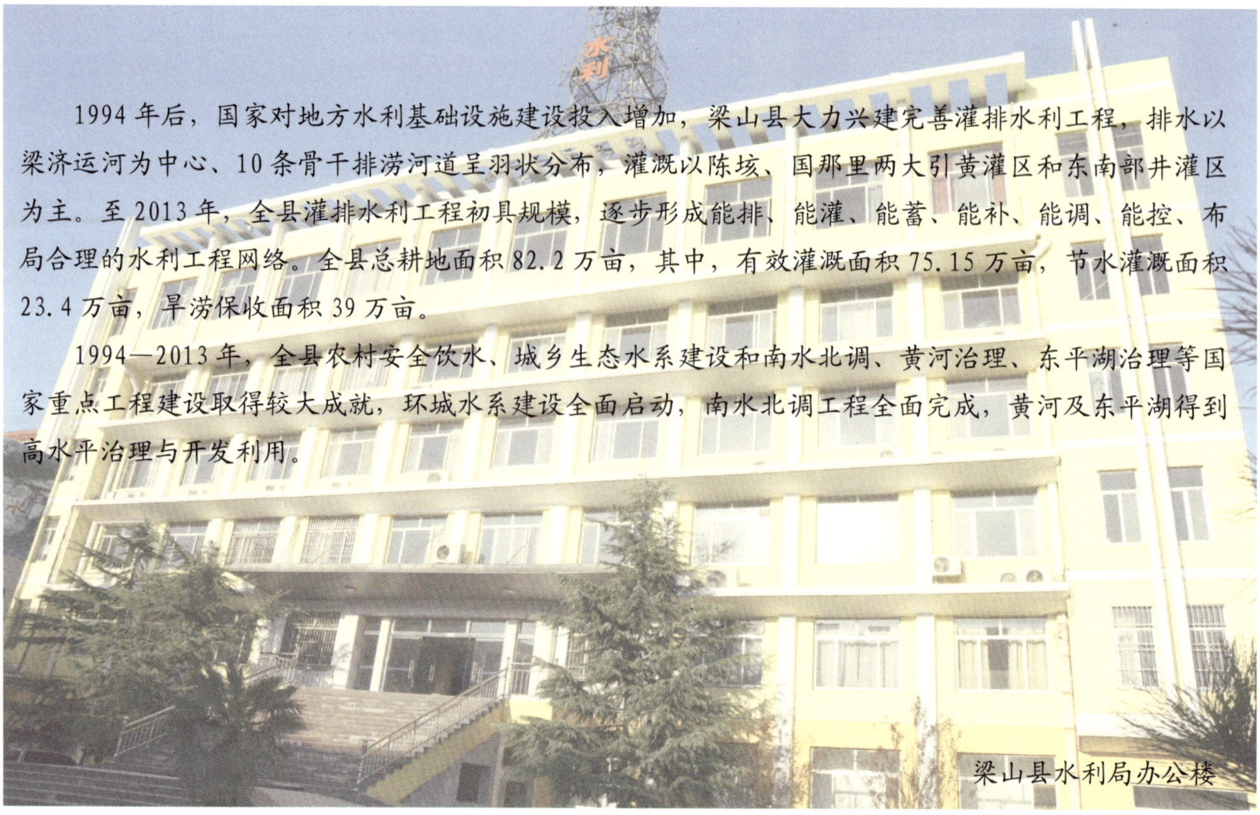

梁山县水利局办公楼

第一章 管理机构

第一节 水利局

梁山县水利局，正科级行政单位，县政府组成部门。县水利局为县政府最早设立的科局之一，始称水利科，后并入建设科；1956年1月设水利局，1958年改称水利建设指挥部；其后又几经撤销、设立、更名，1980年9月恢复设立水利局，同时设立党组。

1994年1月，县水利局内设秘书股、政工股、水政股、工程股、工管股、财务股、农田股、设计室、水资源管理办公室；2000年1月，县水利局内设秘书股、政工股、水政股、工管股、农田股、财务股等股室；2002年9月，工管股改为县防汛抗旱指挥部办公室，其他股改称科；至2013年，县水利局内设办公室、政工科、发展规划科、财务与审计科、水政与行政许可科、农村水利科、工程建设管理科7个职能科室。

1994年1月，县水利局直属水利工程处、黄灌处、湖灌处、梁济运河管理所和水利机械厂；2000年，县水利局直属水利勘测设计室、水资源办公室、水土保持办公室、陈垓引黄灌区管理处、国那里引黄灌区管理处、水利机械厂、水利工程处、梁济运河管理所。上述单位除水利机械厂、水利工程处为企业外，其他均为股级自收自支事业单位。2001年12月，成立南水北调工程建设管理办公室，正科级全额预算事业单位，隶属县水利局管理；2004年11月，南水北调工程建设管理办公室更名为南水北调工程建设管理局，单位性质、隶属关系不变。2006年，陈垓引黄灌区管理处、国那里引黄灌区管理处升格为副科级事业单位，仍实行自收自支。2008 年 12 月，梁济运河管理所整建制并入济宁市梁济运河引黄补南工程管理处。2010 年，陈垓引黄灌区管理处、国那里引黄灌区管理处合并，成立引黄灌区管理局，正科级差额预算事业单位，隶属关系不变。至 2013 年，县水利局直属南水北调工程建设管理局、引黄灌区管理局、水利机械厂、水利工程处等单位。

第二节 黄河局

梁山黄河河务局（简称黄河局）隶属山东黄河河务局东平湖管理局（原称位山工程局），行使黄河河道水行政管理和水利工程管理职能。黄河局前身为梁山黄河修防段，始建于 1946 年，隶属冀鲁豫黄委会第三修防处；1952 年，梁山黄河修防段从小路口镇国那里迁往小路口镇路那里围堤北；1989 年 12 月，梁山黄河修防段由菏泽修防处划归位山工程局（后称山东黄河河务局东平湖管理局）；1990 年 12 月 10 日，经黄河水利委员会批准，梁山黄河修防段更名为梁山县黄河河务局，并升格为副县级单位，隶属关系不变。1999 年 10 月，机关迁往梁山县城;2004 年 10 月，梁山黄河河务局更名为东平湖管理局梁山黄河河务局。梁山县境内黄河河道由梁山黄河河务局直接管辖。

1995 年，梁山黄河河务局内设办公室、工务科、工程管理科、水政水资源科、人事劳动科、财务经营管理科、公安派出所、工会 8 个科级职能科室；下属郓陈、赵堌堆、黑虎庙 3 个河务段，均为副科级事业单位，第六工程分局第一工程处 1 个内部企业单位。1999 年 9 月，增设防汛办公室、机关服务站、通信管理站、梁山第一工程处、预制厂等单位。2002 年，梁山黄河河务局内设办公室、工务科、防汛办公室、水政科、财务科、人事劳动教育科、工会 7 个正科级部门，设立服务部、经营发展管理办公室、工程管理处等 3 个正科级单位，设黑虎庙、赵堌堆、小路口 3 个河务段，均为公益类事业单位。2003 年 11 月，成立工程管理处，3 个河务段各设 1 个维修养护队。2004 年 4 月，成立梁山县黄河工程管理处，国有企业，财务独立核算、自主经营、自负盈亏，具备独立的法人资格。2005 年 5 月，梁山黄河河务局内设办公室、水政水资源科（水政监察大队、黄河公安派出所）、工程管理科、防汛办公室、人事劳动教育科（党群工作科）、财务科 6 个正科级职能科室，设置黑虎庙、赵堌堆、小路口 3 个管理段，均为正科级二级机构。梁山黄河河务局人员编制 124 人，其中机关人员编制 46 人（含公务员编制 27 人），二级机构人员编制 70 人，辅助类人员编制 8 人。同时，组建梁山龙腾黄河水利工程维修养护有限公司、梁山第一工程处。至 2013 年，机构设置未变。

第三节 湖管局

东平湖管理局梁山管理局（简称湖管局），前身为梁山湖堤修防段，始建于 1959 年 2 月；1991 年 9 月，梁山湖堤修防段更名为梁山县东平湖管理局，升格为副县级事业单位，隶属山东黄河东平湖管理局；2004 年 11 月，更名为东平湖管理局梁山管理局。梁山湖管局隶属山东黄河河务局东平湖管理局，行使梁山县行政区域内东平湖水库的水行政管理和监督检查以及水利工程运行管理职能。

1991 年 9 月，梁山湖管局设办公室、政工科、工务科、工管科、财务科、水政科、综合经营办公室、公安派出所、移民办公室，均为副科级科室；下属许寺管理段、任庄管理段、马坊管理段、司垓闸管理所，均为副科级单位。1995 年 9 月，局机关设办公室、工务科、工程管理科、水政水资源科、人事劳动科、财务经营管理科、公安派出所、工会、移民办公室（非常设机构），马坊管理段升为正科级单位。1997 年 3 月，设立机关经营办公室。同年5月，设立山东黄河工程局第六工程分局第四工程处。1998年7月，第六工程分局第四工程处更名为梁山第二工程处。同年12月，成立山东梁山第二水政监察大队。1999年9月，撤销工务科、工程管理科、移民办公室，增设河务科（正科级）、防汛办公室（正科级）、通信管理站（副科级）、机关服务站（正科级）。2002年12月，梁山湖管局设办公室、工务科（防汛办公室）、水政科（水政监察大队、黄河公安派出所）、财务科、人事劳动教育科、工会，均为正科级科室。司垓管理段（许寺管理段与司垓闸管理所合并而成）、任庄管理段、马坊管理段，均为正科级公益类事业单位；服务部，为正科级服务类事业单位；经济发展管理办公室，为正科级经营类事业单位。2005年，梁山湖管局进行水管体制改革试点，内部行政、事业、企业分离，机构设置分机关机构和基础公益性事业单位两部分。至2013年，梁山湖管局机构设置未变，全局事业编制96人，其中：机关人员编制44人，公益类事业单位34人，服务类事业单位14人；经营类事业单位4人。

第四节 移民办

梁山县人民政府移民办公室（简称移民办），设立于1959年，曾先后并入民政、水利等部门，1985年恢复设立移民办，正科级事业单位。移民办内设人秘科、工程科、财务科。2004年8月，设立移民规划计划室。2007年7月，设立移民规划设计室，为副科级全额预算管理事业单位，挂靠县移民办。2009年8月，移民办设立培训科。至2013年，共有工作人员19人，驻地在原人民北路21号。

2006年，梁山县成立由县长任组长、分管副县长任副组长、有关乡镇和县直各部门负责人任成员的梁山县水利水电工程移民工作领导小组，负责对梁山县水库移民后期扶持规划工作进行协调、指导，领导小组办公室设在县移民办，具体负责梁山县移民后期扶持规划编制及实施工作。

第二章 农田水利

第一节 水利工程

梁山县建有陈垓、国那里两处大型引黄灌区，规划灌溉面积73.21万亩，占全县耕地总面积的89%以上。农村基础设施田间渠系建筑物大多是在20世纪六七十年代国家投资极少的情况下，依靠群众自力更生兴建的；其后，因受多种因素制约，未进行末级渠道建设和改造，田间工程日益老化损坏，形成断头沟、竹节沟，灌溉功能降低，多为大水漫灌，水资源浪费严重，灌水成本高。20世纪90年代后，利用中央扩大内需的政策，实施农田水利基本建设及农业节水工程项目。1994—2013年，全县共完成土石方8100万立方米，混凝土15.8万立方米，总投资16.8亿元，其中国家和地方财政投资8.9亿元，其余为群众自筹和劳务投入冲抵。至2013年，全县建成完善骨干渠道379公里，末级渠道1313.5公里；小型泵站142座，完好率40%；支级以上建筑物2078座，完好率85%；末级渠系建筑物9310座，完好率32.8%；全县有效灌溉面积66.12万亩，节水灌溉面积26.45万亩，高效节水灌溉面积18.27万亩，渠灌区灌溉水利用系数达到0.46；全县机井16623眼，井灌区灌溉水利用系数达到0.85。

陈垓灌区 1993年年底，陈垓灌区利用世界银行贷款项目，对南总干渠孙佃言至金城路段进行全断面衬砌，长度8.33公里。1994年起，陈垓灌区对未列入世行项目示范区的25万亩土地进行渠系改造配套建设，并在提水区新增大口径低压管道节水工程4万亩。1995年，完成输沙总干渠7.7公里的全断面衬砌，并改建引黄补湖输水干线上所有建筑物工程，进一步对自流区进行田间工程配套，发展3万亩渠系衬砌节水工程。同年，修筑马营乡杨营沉沙池，占地600亩；1998年修筑马营乡杜庄沉沙池，占地640亩；2004年，修筑马营乡倪楼沉沙池，占地2750亩。2000年，陈垓灌区被水利部纳入全国大型灌区续建配套与节水改造范围，批复灌区续建配套面积42.21万亩。2000—2012年，相继实施10期灌区续建配套与节水改造项目，共完成砼渠道衬砌总长度108.53公里，疏挖干级排水沟47.96公里，新建改建配套建筑物547座，建设输沙渠上张东堤及孙佃言两处枢纽水沙监测系统，完善与改进灌区信息化监测、监控与调度决策系统。共计完成土方1304.75万立方米，砌石2.85万立方米，砼及钢筋砼11.41万立方米，工程总投资16326万元，其中中央投资5825万元，省、市、县配套资金10501万元。灌区工程灌排条件得到根本改善，灌溉水利用系数由0.42提高到0.56，工程、经济、节水及生态效益逐步显现。2013年，实施陈垓灌区续建配套与节水改造工程建设，工程投资1876万元，衬砌北四干渠10公里，北四干沟疏浚12公里，新建改建配套建筑物52座，按设计完成工程建设任务。

陈垓引黄闸

国那里灌区　1995年，国那里灌区利用世界银行贷款项目，对输沙渠进行全断面砼衬砌，长度15.2公里。2000年，该灌区被国家计委、水利部列为续建配套与节水改造的大型灌区，批准配改面积31万亩。其后相继完成4个年度(2002、2008、2009、2010）灌区续建配套与节水改造工程，共完成渠道衬砌8条，长41.01公里；配套改造及维修建筑物171座；输沙渠维修衬砌3.50万平方米；新建无喉段量水槽45座。节水续建项目的实施，渠道输水能力得到提高，经济和社会效益明显提升。2010年，灌区利用南水北调东线工程影响灌区工程项目对总干渠进行全断面砼衬砌，完成衬砌长度15.14公里，对沿线所属的126座建筑物进行配套改造。

国那里引黄闸

小型农田水利　1994年后，梁山县利用国家加大农田水利基础设施建设的机遇，组织编报小型农田水利重点县建设项目，解决影响农业综合生产能力提高的“卡脖子”工程和“最后一公里”工程。2010年，梁山县成功入选第二批全国小型农田水利重点县，完成项目工程总投资2230.83万元，完成支级以下的渠道衬砌64.9公里，配套建筑物335座，治理排水沟30.2公里，改善灌溉面积3.3万亩，新增节水能力396万立方米，新增粮食生产能力437万公斤。2011年，项目工程完成总投资2466.29万元，完成支级以下渠道衬砌63.75公里，治理排水沟57.44公里，配套建筑物1526座，改善灌溉面积4.45万亩，新增节水能力534万立方米，新增粮食生产能力590万公斤。2012年，是梁山县小型农田水利重点县三年建设任务实施的最后一年，项目涉及小路口镇33个行政村，省水利厅、财政厅批复工程总投资2685.24万元，其中，中央财政800万元，省财政900万元，市财政320万元，县财政318.27万元，结余资金170.37万元，群众投劳折资176.6万元。项目工程于2013年1月10日开工建设，于4月20日全面竣工，共完成衬砌渠道39.086公里，配套建筑物1096座；治理支沟6条，长14.18公里，改建支沟生产桥24座；新打机井91眼，维修机井11眼，配套机电设备93台套，铺设PVC输水管道46.86公里，安装射频控制器93台；建设支渠口自动化测水量水系统4处；新建农民用水户协会3个。同年，编制完成《梁山县农田水利建设规划》及《梁山县"旱能浇、涝能排"高标准农田建设规划》。2013年，梁山县列入2013—2015年全国小型农田水利重点县,2013年度项目实施方案编制工作已经完成;国那里引黄灌区续建配套与节水改造工程中央预算内投资计划已经下达。至2013年12月，2010年、2011年、2012年3个年度项目建设全面实施完成，并通过市级验收。3年累计完成衬砌渠道167.74公里，治理排水沟101.8公里，配套建筑物2981座。

小农水工程

第二节 供水管理

水利工程管理 灌区水利工程实行专管、群管和民主管理相结合的管理体制，分级管理、分级负责。专业管理组织为灌区管理处及所辖的乡镇水利站，隶属县水利局领导。灌区负责总干级以上渠道及其所属建筑物的管理与维护，干级渠道及其所属建筑物工程由所在乡镇负责管护，支级及以下末级渠道和所属建筑物由受益的行政村进行管理维护。灌区支级以下各级排灌工程均由群众管理组织管理。按工程分布状况，设有片级（或渠级）管理组织和村级管理组织。村级设有3人管理小组，由村民选举产生（一般为村长或副村长兼组长）。管理小组按村辖工程数量，配有2～4个管理员（简称五管员），分段分片管理。具体负责所属段的沟、渠、路、林及建筑物的管理工作，其劳动报酬从树木收益分成经费中解决。

灌区用水管理 20世纪80年代初，开始实行农业灌溉有偿供水。1994—2003年，水费征收工作进行一系列改革。1994年，改单一按方收费为计量水费加基本水费，计量水费仍按28厘/立方米，基本水费为2～3元/亩；1995年，改灌区与乡镇分成收费制为灌区统收统管制；2004年，执行鲁价格发〔2004〕116号文规定的4分/立方米的标准；2007年，根据山东省物价局、省水利厅、省减负办联合发布的鲁价格发〔2007〕289号文件规定，执行的农业用水终端水价标准为：自流区每亩次4.5元，提水区每亩次3.7元，补源区每亩次2.3元，所执行水价在全省属于最低。1994—2010年，灌区水费征收一直沿用乡镇代收的方式，即灌区根据每个乡镇的灌溉面积、灌溉次数、灌溉方式，核定出各乡镇年度的用水量，经水利局审核后报县政府审批，由县政府办公室以文件的形式把征收任务下达到各乡镇，由乡镇财政代收，再由乡镇财政上缴水管单位。由于各方面原因，水费收取率一直维持在20%～45%之间，远远不能满足正常的运行和管理。2010年7月，县政府办公室印发《梁山县小型农田水利重点县工程建设与管理办法（试行）》（梁政办发〔2010〕59号）。2011年1月，县政府将每个乡镇的灌溉面积和应缴水费总额以文件的形式核定下发，将农业灌溉水费纳入乡镇财政收支预算，实行收支两条线，应缴水费由县财政局从各乡镇体制结算中结算。所收水费部分用于缴纳黄河部门水源费和灌区的运行管理费用，人员工资由县财政统一发放，工程运行、维护费用由水利部门报送计划，经县政府批准后实施，工程维护管理得到保证。2013年5月，县政府办公室印发《梁山县小型农田水利设施维护管理办法》（梁政办发〔2013〕17号），对维护管理、工程保护、用水管理、罚则等方面作出详细规定，加强了农村小泵站、小河坝、小渠道等小型农田水利设施管理。

小农水管理 小型农田水利（简称小农水）工程项目区供水实行终端水价制度，按照“补偿成本、维持运行，受益负担、逐步到位”的原则，合理测算用水户协会的管理费用、配水员劳务费、维修养护费以及水量损失，经物价部门核准后，实行“一价到户”，达到管理规范透明、使用省水省钱、农民增产增收的实际效果。1999年，县政府制发梁政发〔1999〕29号文件，鼓励农民购买、租赁、承包集体所有小农水工程，提倡个体户、联户、集体企业按照“谁建、谁有、谁受益”的原则，投入兴建小农水工程，农田水利建设投入主体由国家、集体转变到用水户，极大地调动了用水户投资办水利的积极性。同时，全面推行工程建设、用水户协会、水价改革“三位一体”管理模式，建立市场化运作的农民用水户协作组织，形成以用水户管护为主、基层水利服务组织指导为辅的工程管护机制，确保工程真正走上“平时有人管、损毁有人修、更新有能力”的良性运行轨道，实现工程的长期高效运行。2013年8月，县政府先后制发《梁山县小型农田水利工程管护体制机制改革方案》（梁政发〔2013〕24号）、《关于进一步建立健全农田水利建设新机制的意见》（梁政发〔2013〕25号），放开建设权，出让资产权，转换经营权，并以落实管理权、搞活经营权为重点，实行政府支持、民办公助、民主决策、群众自愿、规划先行、注重实效、分级负责、各尽其职，调动农民群众及社会各界参与管理的积极性，全面加强基层水利服务机构建设和小型农田水利工程运行管理。

水资源管理 1992年8月，县城区水资源费征收工作由县建委转至县水利局负责，实行全县水资源统一管理。1993年4月，实行取水许可制度，颁发取水许可证43套。1994年，向农业和企事业单位发放取水许可证756套，全县取水纳入正规化管理。1996年，水利局成立水资源管理办公室；同年，成立水利治安办公室、引黄灌区管理局警务室，实施水政、公安联合执法体制建设；15个乡镇水利站配有1～2名专职水政监察员，专职水政监察队伍建设逐步规范。1999年12月，全县换发取水许可证844套；其后，3～5年审验换发一次取水许可证。2000年5月，县水利局编制《梁山县水资源保护“十五”规划及2015年远景规划》，制定水资源发展和保护的战略目标，提出水资源保护具体措施，主要包括建立水质监测体系、建设拦污和污水处理工程、开源节流、水土保持等举措。2002年2月，省政府以135号令颁布实施《山东省水资源费征收使用管理办法》，全县进一步加大水资源统一管理力度，提高水资源开发利用水平，促进水资源可持续利用，开征公共供水资源费等工作均取得显著成效。2004年9月，县政府决定对城区自备井进行清理关闭。2011年，县政府制发《梁山县用水总量控制管理实施方案》（梁政发〔2011〕40号）、《梁山县水资源管理制度》（梁政办发

〔2011〕44号），除了严格实行取水许可申报审批制度外，禁止新打机井，并对全县现有机井安装计量设备，严格控制现有农田灌溉机井提水量，有计划地控制地下水开采量，遏制地下水资源超采现象。同年5月，县政府成立梁山县清理封闭城区自备井工作领导小组，并实行领导小组成员单位分户包保封停工作责任制，依法开展城区自备井封停工作，当年封停自备井35眼，至2013年，城区自备井全部关闭，共封停自备井63眼。同时，全县37家封停自备井用户接通并用上自来水，企业用水情况均纳入规范化管理，做到“一井、一表、一台账”，实际用水总量2.8亿立方米，实现了用水总量不超过3.32亿立方米的目标。

第三节 资源开发

梁山县地处黄淮两大流域、东（汶河）西（黄河）水交汇的低洼地带。黄河从县域西北流过，境内长24公里，以黄河大堤为界，分属黄河流域和淮河流域，黄河流域面积56.4平方公里，淮河流域面积908.4平方公里。东平湖水库二级湖在梁山境内总面积235.4平方公里，湖堤围坝长45.6公里。大运河贯穿县境南北，境内长48公里。此外，境内有骨干排涝河道10条。县内水资源丰富，年平均水资源总量为34164万立方米。按流域划分，黄河流域1701万立方米，淮河流域32463万立方米；按地表水和地下水分，地表水16565万立方米，地下水17599万立方米。县域水资源主要包括地表水资源和地下水资源两部分。

地表水 县境内降水所产生的地表径流水资源由于受汛期降水集中、地势低洼、东西水交汇和涝渍灾害发生频繁等自然因素影响，未能大量有效开发利用；境内地表水主要是黄河水资源的开发利用。

引黄灌溉 1956年4月，建起第一个引黄灌溉工程——国那里虹吸工程。20世纪60至80年代，相继建设陈垓、国那里引黄闸，高堂、于楼虹吸工程，赵堌堆乡蔡楼、小路口镇朱丁庄、黑虎庙镇于楼、艾那里等扬水站。陈垓引黄闸和国那里引黄闸是利用黄河水的主要工程，其中陈垓引黄闸设计引水流量30立方米/秒，加大引水流量40立方米/秒，设计灌溉面积42.2万亩；国那里引黄闸设计引水流量45立方米/秒，加大引水流量60立方米/秒，设计灌溉面积31.0万亩。年平均引黄灌溉用水量为1.54亿立方米，另外引黄淤改土地等水量0.28亿立方米。

引黄济湖 20世纪90年代，微山湖、独山湖、昭阳湖、南阳湖（统称南四湖）出现水源不足现象，随即采取引黄济湖措施。自此，陈垓、国那里两处引黄闸除引黄灌溉外，还承担向南四湖供水任务。引黄济湖常年利用灌溉尾水自流补水，年平均引黄补南四湖水量0.43亿立方米。除此之外，先后于1993年、2002年、2003年3次大规模向南四湖供水，其中，1993年供水1.25亿立方米，2002年供水0.54亿立方米，2003年供水0.46亿立方米。

拦蓄回用 南水北调梁山县截污导流工程建成后，县污水处理厂每天处理3万立方米水；南水北调期间，对730万立方米的中水进行拦蓄并灌溉回用，增加了县域地表水供水量。全县地表水供水系统除黄河滩区外，陈垓自流灌区、东平湖滞洪区、梁南井灌区和县城工业区的地表水供水系统可联合调度运用。

地下水 20世纪80年代初，全县打成深水井29眼，各类机井总量达4918眼，井灌面积达33.6万亩，占全县总耕地面积的32%。随着引黄灌溉事业的大力发展，地表水资源较为富裕，抗旱供需矛盾缓解，机井建设任务减轻，机井管理逐步放松，毁井行为时有发生，相当数量的机井损坏、报废，井灌面积减少，地下水资源开发利用量相应减少。20世纪90年代中期，黄河客水资源量减少，农业用水供需矛盾日益突出，1997年，县政府确定“引黄补源，以井保丰”，并出台机井建设优惠政策，提高群众自筹资金进行机井建设的积极性，形成全县第二次机井建设高潮。至2013年，全县拥有机井16623眼，其中，深井1765眼。地下水资源开发利用量达19160万立方米，其中，农业灌溉13827万立方米，生活用水1723万立方米，工业、建筑、服务业用水587万立方米，畜禽渔业用水3023万立方米。同时，县政府及水利部门高度重视地下水的回补工作，保证地下水采补实现基本平衡，采取引黄补源方式加大地下水资源回补，特别是对机井布置较密集的区域，给予重点回补，全年引黄量为1.04亿立方米，地下水采补实现基本平衡。

第四节 水土保持

1994年后，全县水土保持综合治理工作，采取建设防风林带和农田林网、建设农田水利和整地改土、调整种植结构等多种综合治理措施，减少水土流失。至2013年，全县水土保持综合治理面积达69.44平方公里。

水土概况 梁山县地处鲁中山区向华北平原过渡的边缘地带，位于黄河冲积和汶河冲积的叠交带，境内为平原地貌，表层为黄泛冲积物。受黄河多次泛滥影响及古今河道再造的影响，平原上形成岗、坡、洼相间，大平小不平的复杂微地貌。表层为砂土和沙壤土，土质松软，受水力和风力的侵蚀，全县风沙区面积133.3平方公里，占全县总面积的13.89%。风沙区根据风蚀、水蚀强度分为轻度、中度、强度侵蚀区3个类型。

轻度侵蚀区 地处老宋金河以西，张东堤以东地带，包括小路口、杨营两个乡镇部分土地，土地面积为26.3平方公里，属陈垓引黄灌区的自流区。该区大部分耕地在20世纪70年代中期进行引黄淤改，因落淤厚度、质量不均，地势起伏不平，沙土、沙壤土相间分布，存在土壤沙化、盐碱化倾向。

中度侵蚀区 位于梁济运河以西，梁济（梁山—济宁）公路以东，包括徐集、拳铺等乡镇及东平湖库区的馆驿、小安山两镇的风沙区，土地面积52平方公里，属陈垓、国那里两灌区的提水区，水源保证率较低，地下水开采利用较多。该区为沙质土壤，是梁南“金线岭”的下端，地面高亢，地表岗、坡、洼相间分布，具有明显的水土流失特征。

强度侵蚀区 地处梁菏（梁山—菏泽）公路以西，老宋金河故道以东，为梁南“金线岭”的中段。包括梁山街道和拳铺、马营、杨营等乡镇土地，土地面积55平方公里。20世纪80年代，当地群众在政府的支持下，大力开展封沙造林和整地改土，水土流失有所减弱。但由于人为破坏林带林网的现象时有发生，残缺不全的林地林网得不到及时增植、补植，生态环境存有潜在沙化危险。

综合治理 1994年，综合治理完成金线岭水土流失片12600亩，其中：完成林网总长15.5公里，完善经济林650亩；疏浚沟渠路17条，总长15.52公里，完成土方9万立方米，投入工日3.32万个，累计总投资19.8万元，上级补助资金6.6万元。1998年，治理小路口东部8个村庄5.3平方公里的风沙区，其中，完成治沙改土3280亩，修建灌排渠道3.1公里，新建机井23眼；种植水保防风林带158亩，种植农田林网5565亩；投入工日25.6万个，累计投入资金43.89万元，其中上级补助资金22万元。1999—2001年，治理韩垓、韩岗10平方公里，营造防风林带6条，长3000米，完成林网面积8000余亩，营造经济林130亩；种植杨树15000株，苹果树6000棵，压植灌木2000墩；修筑道路1000米，新打机井24眼；累计完成投资60余万元，其中市级投资2.5万元，县投资1.8万元。

2002年后，梁山县利用中央及省、市水土保持补助资金，累计投入资金1300多万元，投入工日计138万个，治理完成了马营兴屯风沙片、大路口王垓风沙片、开发区洼李风沙片、拳铺李乡风沙片等多处风沙片的综合治理工作。

2003年，治理拳铺、杨营1.7平方公里，疏浚开挖沟渠8.8公里，新建改建各类建筑物30座，新打机井12眼，完成土石方15.3万立方米，工日10.71万个，工程总投资43.65万元，其中：省补助5万元，市补助3万元，县财政配套8万元。

2004—2005年，实施马营镇小流域综合治理工程，治理面积1.5平方公里，总投资30.18万元，其中，省下达梁山水土保持补助资金10万元，地方配套20.18万元。主要采取设置防风林带、普及农田林网、修建农田水利工程等措施对该区进行治理，栽植乔木0.97万株、营造经济林10公顷，开挖支斗沟8条、长10公里，修建田间生产路7条、长6.9公里，新建生产桥12座。

2006年，实施大路口小流域综合治理工程（省级水土保持项目），治理面积0.67平方公里，总投资20.89万元，其中，省拨水土保持项目资金10万元，地方配套10.89万元。主要栽植防风林带、挖沟筑路、打农业灌溉机井、新建生产桥等。该小流域治理后，基本健全了防风固沙体系，植被大量增加，土壤的渗透能力增强，土壤的蓄水保土效果明显提高，气候条件和生态环境得到明显的改善。

2009年，实施马营镇兴屯风沙片实施综合治理工程（中央水土保持补助项目），治理水土流失面积4.69平方公里，总投资138万元，其中，中央下达水土保持补助资金35万元，地方自筹103万元。主要整地改土40公顷，栽植水保林30公顷，经果林19公顷，农田林网380公顷（折实面积24.81公顷），整修道路15.2公里，开挖排水沟17.8公里，新建生产桥4座。通过对该风沙片的综合治理，项目区内减蚀率达到70%，保土率达80%，土壤各项理化指标得到明显改善，农田、林地等基础设施得到增加，农村生产条件和社会经济状况得到好转，促进了项目区经济、社会的可持续发展。

2013年，梁山县被列为全国首批水土保持监督管理能力建设试点县，根据省水利厅印发的《水土保持监督管理能力建设（第二批）实施方案》，加强水土保持监督管理工作，制发宣传图片和宣传手册，对乡镇水利站人员进行水土保持监督能力培训，配备执法及监督检查设备，审批生产建设项目的水土保持方案25个，征收水保设施补偿费6.6万元，水保方案申报率达到100%，水保方案实施率达到90%以上。

涝洼地治理 梁山县域除黄河滩区外，均属于淮河流域，存有大量涝洼地。为实施好涝洼地治理，县水利部门在郓城新河和琉璃河设计5座泵站，设计排涝总面积26100亩，其中方西泵站和王路泵站为新建，排涝面积分别为3450亩、3750亩；潘庄泵站为重建，排涝面积9000亩；信楼泵站和琉璃井泵站为加固，排涝面积分别为4650亩、5250亩。

20世纪90年代至2010年，由于缺乏投资，未进行专项系统的涝洼地治理，仅对涝洼地内部分河道进行治理。郓城新河为跨境河道，控制流域面积427平方公里；梁山县境内段长15.7公里，控制面积60平方公里。梁山县先后于1994年、2000年两度对该河进行治理，并按三年一遇除涝流量的50%标准挖河，按十年一遇防洪标准筑堤。宋金河为全县十大河道之一，控制流域面积56.82平方公里，该河在排涝、防洪、灌溉、引水等方面发挥了很大效益；为确保该河工程效益的正常发挥，2009年冬，梁山县对该河按三年一遇除涝标准进行治理，工程治理长度6.2公里，完成土方14.53万立方米。通过河道治理，防洪除涝能力得到增强，改善涝洼地30多万亩耕地的除涝条件。

2011年5月，济宁市水利局批复2010年梁山县淮河流域重点平原洼地治理工程外资项目，核定工程总投资462.78万元。通过公开招标，山东省东阿碧水土木工程有限公司负责工程施工，山东省调水工程研究中心负责工程监理。2012年2月10日正式开工，共完成方西、王路、信楼、琉璃井4座泵站的工程量：土方18702立方米，砌石570立方米、砼491立方米、钢筋23.58吨、房屋590.59平方米，拆除房屋282.61平方米，架设高压线路9.9公里，2012年11月18日通过分部及单位工程的验收。同年11月，根据山东省淮河流域洼地治理项目投资计划，济宁市发展和改革委员会和济宁市水利局联合下达南四湖周边滨湖洼地治理世行贷款项目投资计划，分配给梁山县淮河流域重点平原洼地治理工程概算总投资775.14万元，其中：中央投资144.53万元，省投资147.45万元，市配套资金77.91万元，县配套资金149.56万元，利用外资260.00万元。2012年4月，济宁市水利局批复2011年梁山县淮河流域重点平原洼地治理工程外资项目，核定工程总投资197.84万元。通过公开招标，济宁市水利机械公司负责施工，工程于2012年9月1日开工，2012年7月通过法人验收。通过对涝洼地治理，改善排涝面积26100亩。

第三章 抗旱 防汛

第一节 抗旱

梁山县旱灾多发生在春、夏季，以春季居多。在抗旱工作中，县政府及水利主管部门在不断完善大型水利工程和田间水利设施的基础上，全面做好引黄闸前引渠清淤、输水总干渠衬砌、扬水站维修加固、机井建设及配套等应急工程，使旱灾损失降到最低限度。同时充分发挥全县两处大型引黄灌区的作用，最大限度地增加引黄量，年平均引黄量达到1.04亿立方米，有效灌溉面积60余万亩;充分发挥机井作用，合理开采地下水资源，推广高效节水新技术，搞好群众动员，实现大旱之年丰产丰收。1994—2013年，全县大的旱情灾害发生6次，分别发生在1997、2002、2009、2010、2011、2012年等6个年份。

1997年，黄河断流，降雨稀少，全县受旱面积达82万亩，其中，重旱面积65万亩，因旱不能播种面积50万亩。面对严重的旱情，从陈垓闸、国那里闸引黄河水2亿多立方米，新打小口径机井400眼，同时充分利用一切水源、水具，努力扩大灌溉面积，减少旱情灾害。

2002年，面对全县百年不遇的大旱，县政府采取多种措施，组织抗旱减灾。积极协调黄河管理部门，尽量引用黄河水，并采取“干渠定水位，支渠定水量，灌溉定时间”的配水方式，给上游乡镇的干渠定水量、定时间，对全灌区实行轮灌制，确保了夏粮丰收。同时，充分发挥，机井的作用，全县共配置深井泵1200多套，增打机井285眼，确保大旱之年秋季农业不减产，全年农业灌溉155天，用水8000多万立方米。

2009年春，为缓解春季旱情，梁山县采取早引多蓄的办法，先后开启陈垓、国那里引黄闸，强引黄河水。同时，实施人工增雨，全县降水量达8～15毫米。各乡镇投入紧张的抗旱工作，全县投入抗旱劳力5.5万人次，动用机井3000眼、机泵3000台套。

2012年夏，为做好抗旱救灾工作，积极争取上级财政支持，济宁市财政局安排梁山县抗旱补助资金200万元，专项用于县级抗旱服务队购置抗旱应急拉水车、打井洗井设备、移动灌溉设备、移动喷滴灌节水设备、输水软管、简易净水设备等抗旱设备。同时，制定抗旱方案和应急措施，积极蓄引黄河水，充分发挥机井优势，成立50人的抗旱服务队，利用上级补助抗旱经费，按规定购置抗旱应急拉水车、打井设备、洗井设备、移动灌溉设备、输水软管、挖掘机等抗旱应急设备，在最短时间内对全县80%以上农田进行了灌溉，未出现人畜饮水困难的情况。

第二节 防汛

梁山县地势低洼，降雨集中，加之有多条边界河道，每到汛期，客水大量涌入，涝灾频繁。在防汛工作中，县委、县政府成立专门防汛抗旱总指挥部及黄河防汛、东平湖防汛、内河防汛、城镇防汛和抢救安置五个分指挥部，统一指挥协调防汛工作，并制定完善防汛预案，形成健全完善的防洪预案体系，组建防汛常备队伍，储备相关常备物资，为防汛奠定了坚实基础。

防汛组织 实行“行政首长负总责、河务部门当参谋、各有关部门紧密配合、全社会共同参与”的防汛管理机制。黄河防汛指挥部由梁山县委书记任政委，县长任指挥；分管农业的县长、县武装部长、县法院院长、黄河河务局正副局长、公安局局长、水利局局长、各乡镇乡镇长为副指挥，县政协主席、县委副书记、县委组织部长为副政委。黄河防汛指挥部行使县域黄河防汛指挥权，统一领导、研究部署、具体指挥黄河防汛工作；黄河防汛办公室负责黄河防汛的日常工作，办公室设在梁山黄河河务局，由黄河河务局长兼黄河防汛办公室主任。东平湖防汛指挥部由梁山县政协主席任政委，常务副县长任指挥；县人大常委会副主任、县武装部长、县法院院长、县政府办公室副主任、东平湖管理局正、副局长，县移民办公室、县湖灌处主任及各乡镇乡镇长为副指挥；县委宣传部长、县武装部政委、县人大常委会副主任为副政委。东平湖防汛指挥部组织实施域内东平湖防洪抢险指挥权，统一领导、研究部署、具体指挥东平湖防汛工作；东平湖防汛办公室设在梁山湖管局，湖管局副局长兼东平湖防汛办公室主任，负责东平湖防汛的日常工作。同时，建有内河防汛指挥部、城市防汛指挥部，分别由有关领导及部门负责人组成，办公室分别设在县水利局、建设局。

防汛队伍 包括群众防汛队伍、专业队伍、解放军和武警部队。群众防汛队伍是防汛抢险的基本力量，以基干民兵为骨干，并吸收有防汛抢险经验的人员参加，组成防汛抢险队；专业队伍分别由梁山黄河河务局、梁山湖管局职工组成，是黄河和东平湖防汛的技术力量，主要从事防汛的技术指导和防汛的各项基础工作；中国人民解放军和武装警察部队是抗洪抢险的突击力量，担负抗洪抢险、营救群众、转移物资、救灾及执行重大防洪措施的任务。另外，黄河群众防汛队伍按一、二线划分，沿黄黑虎庙、赵堌堆、小路口、大路口4个乡镇为一线，非沿黄乡镇杨营镇和拳铺镇为二线；每个一线乡镇组织一支50人的黄河防汛抢险队，基干班人员和抢险队员登记造册，实行在册“服役制”，明确任务和责任，达到思想、组织、抢险技术、工具料物和防守责任制“五落实”。东平湖水库防汛本着确保重点、兼顾一般、先一线、后二线、视汛情就近成建制上防。

民兵防汛队伍巡查堤防工程

防汛物资 主要由国家储备物资、社会团体储备物资和群众备料三部分组成，采取分散储备与集中储备相结合的储备方式。国家常备物资储备，主要是防汛常用物资及工器具，包括石料、铅丝、麻料、木桩、篷布、袋类、土工织物、发电机组、冲锋舟、救生衣、救生圈、抢险设备、照明灯具及常用工器具。国家储备防汛物资是直接为黄河、东平湖防洪抢险储备的物资，只准用于防洪工程抢险， 并严加管理，保证物资仓储安全。社会团体料物储备，由县直机关、企事业单位、社会团体、乡镇机关团体为黄河防汛筹集和掌握的可用于防汛抢险的物资，主要包括各种抢险设备、交通运输工具、通信工具、救生器材、发电照明设备、铅丝、麻料、袋类、篷布、木材、钢材、水泥、砂石料及燃料等，须登记造册，挂牌号料，落实地点、数量和运输措施。群众备料，主要根据各流量级洪水抢险所需，由群众储备，主要包括抢险工器具、各种运输车辆、树木及柳秸料等，料物按照“备而不集，用后付款”的原则，按村、户进行登记造册，挂牌号料，落实地点、数量和运输措施。防汛物资使用严格执行《山东黄河防汛物资供应方案》，国家常备物资由省黄河防办统一调度使用，市、县黄河、东平湖防办按照管理权限，负责所辖范围内黄河防汛物资的调度，包括对社会机关团体、群众备料决定待命、集中或动用。坚持按级储备，就近取材，远近结合，一般险情按批准的抢险电报动用国家常备物料，遇重大险情，可边抢护、边用料、边报告。防汛物资调用坚持“满足急需、先主后次、先近后远、先进后出”的原则，抢险中预计本级国家常备物资不能满足需要或实际消耗超过年初库存50%时，可向上级黄河防办提出物资调用申请。

在做好黄河、东平湖防汛工作的同时，梁山县认真研究拟定内河防汛与城市防汛预案，及时调整相关防汛指挥部，落实防汛工作职责，坚持“以防为主、安全为先”方针，早预防，早部署，提前做好防汛各项准备，并组织开展防汛隐患排查与整治，在汛前对县境内各大河流、城区、在建工程单位进行安全隐患大检查，对城区易受暴风雨冲击的设施、设备和重点部位，本着“谁管辖谁负责、谁设障谁清理”的原则，督促其采取有效措施，及时消除防汛隐患，防范事故发生。

第四章 饮水生态工程

第一节 农村安全饮水

农村安全饮水工程建设，始于20世纪70—80年代的人畜饮水工程和除氟改水工程，主要是通过加大水源井深度、汲取中深层地下水作为供水水源，然后采用加压罐等设施，将改善后的水送至供水点或用水户。供水工程多以行政村为单位建设，全县集中式供水工程97处，有水源井97眼，架设供水管道117公里，受益总人口12.31万人。其中，完全供水到户的集中供水工程96处，受益人口12.25万人；只设有集中供水点的集中供水工程2处，受益人口0.03万人。供水工程的建设使用，从一定程度上改善了重氟区供水水源中含氟和对人畜有害的化学元素含量，提高和保障了人民群众健康水平。

工程建设 20世纪90年代，农村饮水工程建设逐步加快。至2004年底，梁山县农村饮水安全和基本安全的人数达到22.87万人，约占农村饮水总人口的36.1%；通上自来水的户数达2.41万户，自来水入户率19.4%，饮用自来水的人口达到12.31万人，自来水普及率达到19.5%。2006年4月，县政府制发《关于全县农村村村通自来水工程的实施意见》(梁政发〔2006〕19号)，决定集中时间，加大财政投入力度，鼓励农民群众投资投劳，吸引社会资金开发农村供水市场，落实各项优惠政策，实施农村村村通自来水工程。自此，全县启动村村通自来水工程建设，将农村安全饮水作为惠及农民的“德政工程”“民心工程”来抓，结合全县实际，明确任务目标，采取有效措施，加大投入力度，确保任务目标的完成。至2007年底，全县852个自然村，63.2万农村人口中，用上自来水的有724个自然村，43.68万人，占农村人口总数的69.2%。2008年，县政府进一步推动农村饮水工程建设，并推行“规模化发展、标准化建设、市场化运作、企业化经营、专业化管理、用水户参与”的发展模式。2012年，实施农村饮水安全工程项目，在水泊街道办事处境内建设水厂一座，日供水为1.5万吨，批复投资1560万元，该项目工程正在建设中。至2013年，全县共完成农村饮水安全项目工程总投资7071万元，其中，中央财政预算内专项资金投资2183万元，省级财政投资1384万元，县级及群众自筹3504万元；总计解决175个村庄、14.11万人的饮水安全问题。

工程管理 20世纪70—80年代的人畜饮水工程和除氟改水工程主要由县卫生局及其地方病防治办公室负责建设管理，县水利局作为协助部门参与技术指导及工程建设。1992年后，全县农村安全饮水工程由水利部门实行统一管理，

供水管理及水费征收 农村供水工程管理按照不同工程规模，确定相应的工程运行管理方式。对规模较大的集中供水工程（受益人口2000人以上），组建专门管理机构，明确专管人员，建立管理制度，核定经营供水成本，依法合理收取水费；对规模较小的集中供水工程（受益人口2000人以下），由受益农户商定管理模式，确定管护人员，承包经营或实行责任制管理，保证工程长期发挥效益。工程运行的水费收取有两种方式：按方计费和按人计费，大部分集中供水工程均未安装计量设施，实行按人收费，水价每人每月0.6～2.6元不等，一般只计取电费和人工工资；2002年后，新建人饮解困和氟病改水工程，按照县物价局核定的标准，实行试行水价，计收标准为0.6元／立方米。

水源保护及水质监测 2001年前建成的农村饮水工程，只采取简单的水源保护措施，如安装井盖、修建井房等；之后新建的农村饮水工程，水源地保护措施较为完善，除以上简单措施外，将水源井周围200米范围内划定为水源保护区，将水源井严密封闭，制定管护水源地的制度规范，落实管护责任。梁山县已建成的集中和分散式供水工程均没有配备水质检验设备，一般由县疾控中心不定期进行抽样检测。2001—2004年新建集中供水工程，均制定了规范的水质检测制度，由管理单位每年送检一次，并将检测结果报送县水利局备案。至2013年，全县15处工程水源水质和供水水质均符合国家人饮水标准，水质良好。

第二节 环城生态水系

2008年，梁山县委、县政府全面加强城市水利、工程水利、民生水利、生态水利建设步伐，通过黄河、运河水源引入景区、引入城区及中水回灌农业，实现一水多用，营造梁山环城水系，壮大“水泊梁山”旅游品牌。2013年，县政府委托省水利勘测设计院编制完成《环城水系规划》，为高标准、高质量地规划建设环城水系和现代水网奠定了良好基础。

水系概况 梁山县城环城水系，以梁山为中心，以首尾相连的梁济运河、流畅河、西环城河、龟山河水系为连接，环绕梁山县城和水泊梁山风景区，营造内外两环水系，使梁山山水相依、水系相连，打造“书、山、水、人、城”于一体的“中国·水浒·梁山”水泊之城。环城水系总长约29.6公里，规划河道平均宽度140米，平均绿化带宽125米，规划面积约11765亩。环城水系分为“四河一湖一泊”，即运河、流畅河、西环城河、龟山河、聚义湖、梁山泊。

运河段 位于梁山县城东侧，长约8.9公里，河宽150～300米。在保障运河航运通畅的前提下，以生态为主，整理河道，丰富植物景观，因地制宜，通过水生植物营造湿地景观，发挥湿地

净化水质的作用，同时利用该段较宽的水面，营造出芦苇湿地景观，给过往的游人一个最初的梁山印象。

流畅河段 位于梁山县城以南，长约 7.8 公里，河宽 50 ～ 90 米。其景观特色以自然生态的湿地滨水景观为主，沿河布置游步道，局部设置游憩空间，同时设置小型具有水浒文化韵味的雕塑景观文化广场，使该段成为展现梁山美好景观的窗口。

西环城河段 位于梁山县城西侧，长约 8.6 公里，河宽 150 ～ 200 米。城内段营造现代城市滨水景观，并将水浒文化融入其中，打造极具文化内涵的城市休闲空间；城外段通过植物的搭配营造自然生态，焕发乡野活力的绿色景观。

龟山河段 位于梁山县城北部，长约 4.3 公里，宽约 100 ～ 120 米。城内段营造宋朝时期的北水水城；城外段营造芦苇荡湿地景观，与运河段顺接，同时发挥湿地净化水质的作用，改善城区水环境。

聚义湖 位于梁山山峰北侧，水域面积 800 亩，库容 120 万立方米，平均水深 3 米。沿岸种植芦苇、蒲草、水生美人蕉等水生植物，塑造水泊梁山八百里芦苇荡的壮阔景观。

梁山泊 位于梁山主峰以南，水域面积 1600 亩，库容 600 万立方米，平均水深 5 米。沿岸构建广场、码头、水榭、栈道、怀古长廊、观景平台、亲水平台、瞭望塔、湖心亭、浮雕、绿化等景观，突显水浒文化特色。

工程建设 环城水系建设主要包括：清淤及滩地工程 816 万立方米，微型地工程 9.4 万立方米，景观桥 57 座，景观亭 60 座，园路广场等工程 67 公顷，护岸驳岸 65 公里，还有园林小品雕塑、植物绿化、园林照明等。建筑工程估算投资 7.3 亿元。通过环城水系建设，形成绿脉、水脉与文脉水乳交融的城市生态系统，改善城区生态环境，提升梁山城市品位，同时为经济发展提供水源。

2009—2010 年，完成环城水系建设的第一期工程，即龟山河提水泵站工程、龟山河城区段清淤疏浚工程、西环城河清淤疏浚工程、梁五路沟下段治理工程。龟山河提水泵站位于龟山河与梁济运河交汇口处的梁济运河大堤上，该提水站泵站总装机容量 330 千瓦，投资 320.0 万元，从梁济运河提水入龟山河，是环城水系的水源工程。其间，共完成工程投资 787.99 万元，完成土方 30.78 万方、石方 4197 方、混凝土 9738 方。

2010—2012 年，完成聚义湖开挖工程。该工程是发展“水浒”文化旅游、再造“水泊”景观的重要工程，由水面工程、供水工程、排水泄洪工程三部分组成。水面工程规划水面面积约 800 亩，设计水位 42.0 米，坝顶高程 43.5 米，水深 1.5 ～ 4.0 米，库容约 120 万立方米。库底及周围采用复合土工膜防渗，上覆 0.8 米黏土，坝坡面采用绿格网垫（箱）护砌，内填级配碎石土料，可以生长芦苇、水草等植物，以再现原生态水域风貌。供水管道为地埋钢筋混凝土管，直径 1.0 米，长 3600 米，水从水面西头进东头出，整个水面流动形成活水。排水泄洪工程，从水库下游溢流坝至梁济运河，全长 2500 米，河宽 30 米，平均水深 0.7 米，内置大小不一景石，营造溪水山谷的自然景观。

2011 年，完成环城水系流畅河下游 3 公里湿地工程，总面积约为 122 万平方米，水体面积 49.4 万平方米，景观设计用地面积约 72.6 万平方米，其中，游园步道约 1.8 万平方米，木栈道约 1 万平方米，场地面积约 9.6 万平方米，园区景观建筑约 6000 平方米，停车场约 2.7 万平方米，绿化面积约 59 万平方米，完成投资 7500 万元。

2012 年，完成流畅河提水泵站工程，该站位于流畅河与梁济运河交接处，完成土方 18506 立方米，砌石 286 立方米，混凝土 415 立方米，投资 150 万元。该提水泵站主要将运河的中水提入流畅河，并维修流畅河泄水闸，达到防洪除涝、生态和经济效益兼顾之目的。

2013年5月，梁山泊（也称平原水库）工程正式开工建设。该工程位于梁山主峰南，规模为小型平原水库，属于沿黄地区饮水安全平原水库项目，省发改委以鲁发农经〔2012〕1512号批复建设。工程永久占地面积1828亩，水面面积1623亩，设计最大库容677.26万立方米，调蓄库容529.66万立方米。水库由引水渠、围坝、入库泵站、出库泵站等工程部分组成。主要工程量为：土方开挖717.11万立方米，土方回填11.19万立方米，砌石0.4万立方米，混凝土2.71万立方米。工程静态总投资33947.24万元，其中工程部分静态总投资10673.77万元，移民环境部分静态总投资23273.47万元。至2013年12月，土方开挖外运645万立方米，4公里围坝填筑9.5万立方米，土方开挖、围坝填筑及入库泵站、出库泵站、混凝土浇筑、浆砌石砌筑、钢筋制安等工程基本完成；同时，7公里干渠清淤、干渠附属建筑物南总干渠分水闸、张飞垓闸、尾水闸、杨屯管涵均已全部完成；另外，完成混凝土预制块护坡2900米，环湖道路灰土基层基本完成，工程于2014年5月建成蓄水。

第五章 南水北调工程

第一节 工程概况

南水北调东线工程途径梁山县，沿梁济运河从嘉祥县界进入梁山县境向北，在韩岗镇司垓村西修建提水站进入湖里柳长河，再进入东平县经八里湾站提水入东平湖。在梁山县境内主干线长36.5公里：其中梁济运河17.24公里，柳长河19.26公里。一期工程设计输水流量100立方米/秒，年调水量13～14亿立方米，设计总工期3年。南水北调工程在梁山县除建设截污导流工程外，还设计建设梁济运河输水、柳长河输水、邓楼提水泵站、灌区影响处理四个单元工程，涉及7个乡镇123个村，征用永久土地7886.63亩，临时用地7051亩，清理各类树木42.5万棵，拆除各类房屋1.66万平方米，搬迁户数86户，搬迁人口375人，迁建电力线路115处，通信线路106处，共完成总征地移民资金6.72亿元。

根据南水北调梁山县单元工程多、战线长、征地移民任务繁重、资金兑付量大的实际，2001年12月，县委、县政府成立南水北调工程建设管理办公室，为正科级全额预算管理事业单位；2004年11月，南水北调工程建设管理办公室更名为南水北调工程建设管理局；2008年，成立工程建设指挥部，并针对不同阶段的工作特点，又先后成立各专业工作小组。县政府多次召开南水北调工作会议，逐级落实工作责任，层层签订责任书。同时与现场建管机构、施工企业保持密切联系，与乡镇、村形成联动机制，对出现的问题合理协调解决，保障了南水北调工程顺利实施。2010年6月，梁山县政府被国务院南水北调工程管理办公室表彰为南水北调工程干线征迁工作先进集体。2013年11月15日，南水北调东线一期工程正式通水。

第二节 截污导流

南水北调截污导流工程，位于梁山县境内、南水北调输水干线邓楼节制闸以北的梁济运河上段，涉及梁山县拳铺、馆驿、小安山、寿张集、大路口、小路口6个乡镇和梁山、水泊2个街道办的38个行政村。工程主要包括：开挖梁济运河上游河道 28.5 公里，新建龟山河灌溉提水站，维修加固龟山河闸，拆除重建任庄、郑那里、东张博 3 座生产桥等。梁山县截污导流工程为Ⅳ等，拦蓄总库容为 330.6 万立方米，邓楼闸属南水北调干线工程，龟山河提水泵站属于干线输水水质保障工程，主要工程土方开挖 188.46 万立方米，土方回填 10995 立方米，砌石 903 立方米，砼 1516 立方米，钢筋制安 230 吨，灌注桩长 598 米；主要工时数量 48.08 万工时。工程投资 5336.29 万元，其中工程部分静态总投资 3490.92 万元，移民环境工程静态总投资 1725.37 万元，水质监测投资 120 万元。总工期为 2 年，工程于 2009 年 3 月开工，至 2011 年 12 月全部完工。

截污导流工程是南水北调东线工程“治、用、保”污染综合防治体系的重要组成部分，根据国务院“先节水后调水，先治污后通水，先环保后用水”的要求，2008 年 12 月，山东省发改委对《南水北调东线第一期工程梁山县截污导流工程可行性研究报告（报批稿）》进行批复。2009 年 2 月，经公开招标，确定济宁市水利工程建设监理中心为工程监理单位，济宁市水利工程施工公司为第一标段中标单位，山东黄河东平湖工程局为第二标段中标单位。同年 3 月，梁山县截污导流工程开工建设，自此拉开梁山县南水北调工程建设的序幕。梁山县委、县政府对该工程建设高度重视，为确保工程建设顺利实施，县政府成立工程建设指挥部。经努力争取，该项工程利用梁济运河上段作为拦蓄水库，形成与梁山县防洪、灌溉、城市水系、旅游等利益结合最紧密的建设方案。工程建成后，扩宽、加深梁济运河上段 28.5 公里，除涝标准提高到三年一遇；拆除重建沿河任庄、郑那里、东张博三座危桥，改善运河两岸交通条件；建设龟山河提水泵站，为梁山环城水系、引水入城解决了水源问题。

该工程建设不仅满足南水北调东线治污要求，而且对改善全县水环境，提升旅游城市形象，加快社会经济发展具有举足轻重的作用。同时，多渠道、多途径进行中水回用，密切关注污水处理厂和工业点源排入截蓄导用工程的水质状况，建立上下游水质、水量信息共享机制，逐月详细记录工程拦蓄水位、水量、水泵开机时间、灌溉水量、闸门开启关闭时间、开启高度等运行数据。2013 年，共拦蓄中水量 1080 万立方米，回用中水 1044 万立方米，确保了工程稳定运行，最大限度发挥了综合效益。

第三节　河道输水

梁济运河输水工程　2010 年 8 月，国务院南水北调办批复梁济运河输水工程。梁济运河输水工程河道总长 58.25 公里（分为 7 个标段），其中在梁山县境内长度为 17.24 公里（4、5 标段）。梁济运河段输水与航运结合工程，主要是利用梁济运河进行输水及航运，输水航道从南四湖湖口至邓楼泵站站下，一期工程按三级输水航道设计，输水流量 100 立方米 / 秒，代表船型为 1 顶 2×1000 吨级船队。其中：湖口—长沟泵站段，设计最小水深 3.3 米，设计河底高程 28.7 米，底宽 66 米，边坡 1:3 ～ 1:4；长沟泵站—邓楼泵站段，设计最小水深 3.4 米，设计河底高程 30.8 米，底宽 45 米，边坡 1:3 ～ 1:4。考虑到船行波对河岸的冲刷，桩号 0+000—11+000 梁济运河现状通航段采用模袋混凝土护坡，11+000—58+252

南水北调梁济运河输水工程　（艾兰英摄）

采用浆砌石护坡。利用梁济运河输水结合航运沿线共新建、重建主要交叉建筑物127座（处），包括新建支流口控制闸7座、重建生产桥14座、加固公路桥3座、提排站60座、涵洞引排水沟渠连接段处理43处。该工程主体工程量为：土方开挖1658.48万立方米，土方填筑91.49万立方米，砌石98.46万立方米，砼及钢筋砼16.3万立方米，灌注桩2191米，金属结构制作安装410吨，钢筋制安1790吨。主要材料用料：钢筋1889吨，水泥168254吨，柴油12087吨等。工程永久占地5518.69亩，临时用地15714.69亩，总投资171742万元。4标段施工单位为山东水利工程总公司，5标段施工单位为青州市水利建筑总公司，监理单位为黄河工程咨询监理有限责任公司。工程于2011年3月正式开工，2013年7月基本完工。

柳长河段输水工程 2010年8月，国务院南水北调办批复柳长河段输水工程。柳长河段输水工程河道总长20.996公里（分为4个标段），其中在梁山县境内长度为19.26公里（1、2、3标段）。柳长河段输水与航运结合工程，利用柳长河输水及航运，输水航道线路长20.984米，一期工程按三级输水航道设计，输水流量100立方米/秒，代表船型为1顶2×1000吨级船队，设计最小水深3.2米，设计河底高程33.2米，边坡1:3，采用现浇混凝土板衬砌方案，设计河底宽45米，衬坡不衬底，渠底换填水泥土。新建、重建交叉建筑物63座，包括公路桥5座、生产桥8座、节制闸1座、排涝闸2座、排涝站27座、涵闸16处、连接段1处、倒虹2座、渡槽1座，总投资94194.3万元。工程主要主体工程量为：土方开挖644.74万立方米，土方填筑156.91万立方米，砌石3.14万立方米，砼及钢筋砼17.85万立方米，灌注桩1337米，金属结构制作安装50吨，钢筋制安883吨。工程永久占地5200.52亩，临时用地227.30亩，总投资95027万元。经国务院南水北调工程管理办公室公开招标，确定1标段中标单位为青岛瑞源工程集团有限公司，2标段中标单位为黑龙江省水利水电工程总公司，3、4标段中标单位为山东临沂水利工程总公司，监理单位为济宁市水利工程建设监理中心。工程于2011年3月正式开工，2013年6月全部完工。

第四节 泵站枢纽

邓楼泵站枢纽工程，是南水北调东线工程第十二级抽水梯级泵站，山东境内第六级抽水泵站，位于梁山县梁济运河和东平湖新湖区南大堤相交处，司垓闸以东。由此梁济运河提水穿东平湖新湖区南大堤入柳长河，以实现南水北调东线工程的梯级调水目标。邓楼泵站工程规模为大Ⅰ型，工程等级为Ⅰ等，一期工程设计流量为100立方米/秒，选用4台液压全调节式3100ZLQ-4型立式轴流泵，其中备用一台，泵站总装机容量8960千瓦。邓楼泵站枢纽工程包括主厂房、副厂房、引水渠、出水渠、引水涵闸、出水涵闸、梁济运河邓楼节制闸、变电站、电站防洪围堤、办公生活福利设施等。邓楼泵站枢纽工程等别为Ⅰ等，主要建筑物包括泵站、变电设施、引水闸，出水涵闸、节制闸为1级，次要建筑物为3级。邓楼泵站工程批复概算投资25723万元，土石方开挖80.188万立方米；土石方填筑49.23万立方米；砌石1.568万立方米；混凝土及钢筋砼6.62万立方米；灌注桩0.3395万米；钢筋制安0.329万吨。泵站枢纽工程设计永久征地401.8亩，临时用地74.2亩。经公开招标，确定施工单位为山东黄河工程集团有限公司，监理单位为山东省科源工程建设监理中心。工程于2010年1月正式开工，2013年6月全部完工。

第五节 灌溉处理

南水北调东线第一期工程利用梁济运河、柳长河输水，梁山县引黄灌区40.01万亩受影响，分别属于国那里、陈垓两个灌区。按所处的地理位置可分为三部分。第一部分耕地面积为12.98万亩，位于柳长河以东、东平湖新湖区围堤以北，属国那里灌区自流区和湖内提水区；第二部分耕地面积为13.33万亩，包括梁济运河以东、东平湖新湖区围堤以南部分，属国那里灌区湖外提水区；第三部分耕地面积为13.7万亩，包括梁济运河以西、流畅河以南、220国道以东部分，属陈垓灌区提水区。

南水北调引黄灌区影响处理工程主要是充分利用现有沟渠，通过扩大现有工程的输水规模、新挖渠道和改建建筑物等工程措施，建成输水干渠，替代梁济运河和柳长河的输水功能，消除南水北调东线第一期工程利用梁济运河及湖内柳长河输水对灌区带来的不利影响。工程涉及寿张集、小安山、馆驿、韩岗、韩垓、拳铺和梁山镇7个乡镇70个村。建设内容为输水干渠总长49.247公里，其中，国那里输水干渠长41.040公里，陈垓输水干渠长8.207公里；利用现有沟渠扩挖34.316公里，新开挖渠道14.931公里；砼衬砌16.806公里。此外，疏通国那里灌区四分干渠5.55公里。新建、改建配套建筑物107座，其中水闸13座，涵洞5座，渡槽2座，泵站1座，桥梁86座。国家批复投资1.87亿元。2009年10月，南水北调东线山东干线有限责任公司与梁山县南水北调引黄灌区灌溉影响处理工程建设管理处签订了委托建设管理协议。工程于2010年4月开工建设，2012年9月验收并投入运行。

第六章 黄河综合治理

第一节 黄河河道

梁山县境内黄河河道全长30.2公里，河道宽3000～9000米，主河槽宽400～800米。由郓城县下界(黄堤313+075)进入梁山县黑虎庙镇，流经程那里、于楼、蔡楼、朱丁庄、路那里险工与控导工程，后出梁山县小路口镇国那里进入东平县，总体呈西南东北流向，属游荡型向弯曲型河道的过渡性河段。该河段上宽下窄，呈“漏斗”状，进水量大，泄水量小，高洪水位持续时间长，槽高滩低，堤根低洼，滩面横比降1:700，滩面纵比降1:8000。该河段由于修建5处控导工程，主流河势基本得到控制；但若洪水漫滩，由于滩面比降较大，部分堤段则顺势行洪。1994—2013年，黄河下游河道河水含沙量减少，滩地淤积相应减少；但汛期洪水天数减少使主河槽淤积大于冲刷，泥沙淤积在主槽的比例加大，槽高、滩低、堤根低洼的二级悬河局面逐年加剧。

黄河河道 （艾兰英摄）

第二节 黄河工程

堤防工程 梁山黄河河务局辖区内堤防共计长度38.636公里，其中，黄堤长23.577公里，桩号313+075—336+600，堤顶高程56.79～52.76米（大沽标高），堤顶宽12～6.2米，临背边坡均为1:3，临河护堤地宽度7～30米（防浪林段30米，其余7米），背河护堤地宽度10米，为1级一类堤防；南金堤（原称障东堤）长15.059公里，桩号0+000—15+059，堤顶宽4～6米，堤顶高程46.56～46.29米（黄海基点），临背边坡1:2，为3级堤防。黄堤堤防中有4.877公里达2000年设防标准，另有18.7公里堤顶高度尚差0.1～0.5米；堤顶无硬化，有主要上堤辅道路口2个，临、背河地面高差相差1.14～5.05米；已完成淤背长度18017米，其中达标长度8918米，未达标长度9099米；依据2000年设防标准，修做截渗墙工程3815米。南金堤为二线堤防，清光绪元年所筑障东堤，梁山段后经多次加修，成为御黄主堤；1946年后由于高堂至黄花寺民堰改修成现黄河堤，梁山境内障东堤遂退为二线堤防，称南金堤；现祝庄、黑北、张湾、张振功等村堤段均为原障东堤残堤头。境内所辖黄堤有老口门2处，即高堂老口门和黄花寺老口门，高堂老口门宽250米，采取放淤固堤和大堤加高帮宽措施进行处理；黄花寺老口门宽150米，1986年修做了后戗，"96.8"洪水期间背河堤脚附近出现了管涌群，采取放淤固堤措施予以处理。

险工堤段 梁山黄河河务局辖区内，有程那里和路那里2处险工，共计长度6130米，坝岸51段，存有备防石36024立方米。其中，程那里险工始建于1953年，1976年形成，工程长度2530米，裹护长度1889.3米，坝顶宽度13.81～15米，坝顶高程54.37～53.11米，坦石坡度1:1.50，坝岸17道，备防石20289立方米；路那里险工建于1870年，工程长度3600米，裹护长度2999.4米，坝顶宽度6～27米，坝顶高程51.62～47.92米，坝岸34道（1968年修建入黄船闸时拆除25号坝及25号坝下护岸），备防石15735立方米。至2005年，程那里险工17道坝全部达到2000年设防标准，一般情况下大溜顶冲8-10坝；路那里险工34道坝岸未达到2000年设防标准，一般情况下大溜顶冲26-29坝。

控导工程 梁山黄河河务局辖区内，有于楼、蔡楼、朱丁庄3处控导工程，均以当地4000立方米每秒流量相应水位超高1米为设防标准，共计长度8302米，坝岸90段，有备防石15180立方米，其中，于楼控导工程始建于1968年，工程长度2800米，裹护长度2961米，坝岸27个，备防石3697立方米；蔡楼控导工程始建于1968年，工程长度2802米，裹护长度2957米，坝岸35个，备防石9161立方米；朱丁庄控导工程始建于1970年，工程长度2700米，裹护长度1628米，坝岸29个，备防石2322立方米。

涵闸工程 梁山黄河河务局辖区内，有国那里入黄船闸、国那里引黄闸、陈垓引黄闸3处涵闸工程。国那里入黄船闸，始建于1968年，该闸1孔，按一级建筑物设计，设计防洪水位高程48米，因设防标准低（该处黄河1983年设防水位高程为50.81米）、工程质量差（闸身与底板出现不均匀沉陷及断裂），1987年6月，该闸被废除；为确保黄河安全，后对该闸实施围堵工程。国那里引黄闸，始建于1966年春，1967年4月竣工；1975年改建。该闸系钢筋混凝土箱形涵洞，3孔，孔口高5米，宽5米，闸室洞身长26米，闸底板高程38.5米；设计引水量45立方米每秒，灌溉面积31万亩。该闸改建后中孔5米，边孔4.5米，孔高4.5米，闸室洞身长31.5米，闸底板高程39.5米。陈垓引黄闸，始建于1959年10月，同年12月竣工；1977年3月改建，同年7月竣工。该闸系钢筋混凝土箱形涵洞，3孔，孔口尺寸为2.5米×2.5米，建筑物等级为一级，现闸底板高程分别为42.45米、40.45米，设计引水量30立方米每秒，灌溉面积50万亩。该闸1996年被山东河务局公布为涵闸闸门及启闭机设备管理类单位工程，自2000年起开始实行取水许可制度，规定年取水量7820万立方米。

第三节 黄河治理

历代虽对黄河治理较为重视，但因受当时政治与经济条件制约，以致黄河在给人们带来福祉的同时，也带来无数灾难。新中国成立后，在毛主席“一定要把黄河的事情办好”的伟大号召下，治黄工作得到高度重视，治黄方略不断完善，治黄工程不断强化，黄河治理取得辉煌成就。

堤防加固 黄河堤防加固主要采取大堤加高、后戗截渗、裂缝处理、压力灌浆、放淤固堤等措施。

大堤加高 从20世纪50年代起，至1985年，先后进行4次大规模的复堤，共完成土方1016.15万立方米，动用人工650.80万个，投资1090.25万元。1986—2005年，黄河堤防未再进行大规模的加高，仅对高堂大堤进行加高，共完成土方37.82万立方米，完成投资578.85万元。该工程于2000年5月开工，主体工程2001年4月完工，2003年5月通过验收。

后戗截渗 1998年10月，梁山岳庄328+100—329+200段后戗工程，设计标准4～5级戗，共完成土方106400立方米，排水沟浆砌石262立方米，完成投资389.92万元。梁山岳庄截渗墙工程长度4000米，该工程为一级堤防工程建筑物，以防御花园口站洪峰流量22000立方米/秒洪水为设计防洪标准。327+000—328+100段于2000年5月26日正式开工，2002年5月29日主体竣工；330+500—333+000段于2000年5月29日开工，2002年6月28日主体工程竣工，其附属工程于2003年6月15日前竣工。以上工程共完成截渗墙体5.85万平方米，复合土工膜12.67万平方米，土方共计29.79万立方米，完成投资2201.03万元。

裂缝处理 1998年5月，黄堤桩号326+960处发现裂缝。由郓陈河务段负责对裂缝进行开挖，然后回填、锥灌，共完成开挖回填土方814立方米，灌浆40眼，用工日300个。2001年10月，高堂、于楼段出现裂缝，由山东黄河东平湖工程局施工，工程按开挖深度2米、底宽0.5米、边坡1∶0.5、灌浆孔按梅花形标准施工。高堂段完成开挖土方1631立方米，回填土3970立方米，锥灌897眼，完成投资12.84万元；于楼段完成开挖土方3394立方米，回填土方7586立方米，锥灌1946眼，完成投资24.85万元。

压力灌浆 1986—1988年，先后对于楼虹吸、陈垓闸桩号330+850—331+330、331+330—332+050、320+300—320+700以及入黄船闸新堤压力灌浆，灌浆加固长度累计2270米，灌浆土方1619立方米，完成投资2.77万元；1990—1992年，先后对桩号325+300—325+900、323+000—333+050、313+075—323+000、333+000—335+221压力灌浆，灌浆加固长度累计22746米，灌浆土方9670.6立方米，完成投资18.84万元。

放淤固堤 机淤固堤始于20世纪70年代，根据黄河多泥沙的特点，黄河职工自制简易冲吸式挖泥船，利用高压水流破坏河床土体，形成泥浆，将含有大量泥沙的泥浆输送至黄河大堤背河进行沉淀。1986—2003年，梁山黄河共进行机淤固堤16次，完成工程量813.23万立方米，完成投资5729.26万元。

综合防护 除了加高固堤外，还采取多种措施对黄河大堤进行防护。

防浪林建设 黄河绿化工程始于20世纪60年代；1964年，国家黄委提出“临河防浪、背河取材”的绿化方针，并确定绿化范围，后绿化范围逐步扩大；1992年，东平湖管理局大力推动防柳荫地植树及经济林；2001年，省黄河河务局进一步扩大绿化规模，提升绿化档次，先后实施防浪林、生态林、经济林以及工程绿化等，至2005年，黄河堤防浪林工程长13670米，植高柳75970株，丛柳129100株；南金堤植树5万多棵。

标准化建设 2008年8月，经国家发改委批

准，梁山境内实施黄河标准化堤防工程建设，上起梁山与郓城交界处，下至梁山县小路口镇国那里村，全长 23.525 公里，投资 2 亿元。至 2010 年 8 月，先后完成防浪林工程、堤防帮宽加固、险工控导工程、堤防道路工程等，进一步增强了抗御黄河洪水的能力。

汛期防洪 梁山黄河防洪主要任务是确保花园口站洪峰流量在 22000 立方米 / 秒，孙口站相应流量 17500 立方米 / 秒、水位 52.01 米（大沽）的洪水下大堤不决口；遇中常洪水强化调度措施，减少滩区损失；遇超标准洪水，尽最大努力采取一切措施减轻灾害。防洪重点主要有 3 处：一是程那里险工。1997 年、2002 年两次对 1 ～ 17# 坝进行加高改建，使其达到 2000 年设防标准，但根石坡度陡、根基浅、稳定性差，13 ～ 17# 坝根基薄弱，坝下回溜重、裹护短，大水期间土坝基受回溜淘刷坍塌严重，容易发生根石走失、坦石下蛰等险情。二是路那里险工。平面形式比较混乱，没有统一的控制线，弯底曲率半径较小，坝型为下挑丁坝，遇中常洪水经常出险，20# 坝上首滩地继续坍塌，河势继续上提，一旦出现较大洪水，1 至 19# 坝易发生根石走失、坍塌、坦石下蛰等险情。三是陈垓引黄闸。该闸投入运行近 50 年，为工农业生产创造了很大效益，经过多年的长期运行，闸前左右平台、机架桥沉陷严重，闸洞洞身有多条裂缝，闸前、后砼预制件老化脱落损坏、闸门漏水等。

1988 年，黄河水量较往年偏多，且来水较为集中，8 月 9 日、12 日、17 日、20 日，黄河花园口站连续出现超过 6000 立方米 / 秒以上洪峰 4 次，由于洪峰相连，高水位持续时间长，含沙量大，冲刷力强，造成路那里险工 29# 坝上跨角长 17 米、宽 2.67 米、高 3 米的根石墩蛰险情。为确保黄河堤防安全，梁山黄河河务局干部职工会同抢险队员 60 余人，经过 4 个多小时的奋战，终于稳定险情。1996 年 8 月 5 日，黄河花园口站出现第一号洪水，流量为 7860 立方米 / 秒；8 月 15 日零时孙口站流量达 5800 立方米 / 秒，水位 49.66 米，为历史最高水位。按照山东省政府抗旱防汛指挥部黄河防汛办公室下达的“黄河第一号洪峰通报”精神，梁山黄河河务局组织全体干部职工吃住在单位，随时准备抗洪抢险。2010—

2010 年 6 月，在黄河梁山段国那里险工举行军地联合应急防汛抢险演练

2011 年汛期，程那里险工 10# 坝、11# 坝在小水情况下发生根石整体墩蛰，9 ～ 11# 坝在调水调沙期间及汛期也多次发生根石走失、根石台及坦石墩蛰等险情；路那里险工由于新加高改建工程根基较浅，加之近年河势上提，受大溜顶冲及回溜淘刷影响，均出现不同程度的根石走失、坍塌等险情。梁山黄河河务局均采取有效措施，全力做好防护工作，确保黄河安全度汛。

第四节 水文测报

孙口水文站地处黄河下游，测站距黄河源头 5015 公里，距黄河入海口 449 公里，在东平湖滞洪区上游 15 公里，集水面积 73.48 万平方公里，占黄河流域面积的 97.7%，担负黄河郓城至梁山河段基本水文测报、水质监测、河道冲淤演变及水位、流量、泥沙、雨量、气温观测等任务，常年向国家防总、黄河防总拍报水情，为下游防洪、防凌及水资源调度测取各项水文资料。

管理机构 孙口水文站，正科级单位，为东平湖分滞洪决策控制站，属国家重点报汛站。该站始建于1949年8月，1978年8月由河南省台前县孙口村迁至山东省梁山县赵堌堆乡蔡楼村，隶属黄河水利委员会山东水文水资源局。孙口水文站内设技术科、办公室、船舶科，下辖邢庙、杨集、国那里、贺洼、邵庄五个水文站，有在职职工30人。孙口水文站，1982年，被授予全国水利系统先进单位；1996年，被山东省人民政府授予“抗洪抢险先进单位”；2000年，被国家黄委会授予先进集体与黄河系统文明建设示范窗口单位;2001年,被黄河工会水文局委员会授予“黄河水文系统先进职工小家”；2005年4月，被水利部精神文明建设指导委员会办公室授予“全国文明水文站”，同年被国家防汛抗旱指挥部命名为“全国先进报汛站”；2006年2月，被黄河水利委员会水文局授予“十五”期间全河优秀水文站；2012年，被国家黄委会水文局评为“三好单位”；连续多年被评为山东黄河水文系统目标管理先进单位、精神文明建设先进单位、工会工作先进单位。

测验断面及变化 孙口水文站断面属两滩一槽复式河床，因滩槽流向差异较大，测流断面布设成折线型，折线断面总宽度为4631米，其中主槽宽966米，左滩宽1424米，右滩宽2241米。测流断面位于基本水尺断面上游145米处，上比降断面位于基本水尺断面上游1000米处。1994—2001年，孙口站大于2000立方米/每秒的洪水天数减少，主河槽淤积大于冲刷，全年呈淤积状态，同流量级洪水随着时间的推移，水位表现越来越高，河道萎缩，排洪能力逐年降低，洪水传播时间延长，槽高、滩低、堤根低洼的二级悬河局面逐年加剧。2002年，开始实施调水调沙试验，并辅以人工扰动措施，利用水库调节进入下游的水沙。2005年，调水调沙正式投入生产运行。高村至孙口河段的平滩流量由2002年的1800～2200立方米/秒升至3200～4200立方米/秒，过流能力明显增大，主槽逐年淤积的现象有所缓解，孙口水文站主槽水位达49.00米时，左右滩滩唇开始进水，其平槽流量可以达到4700立方米/秒，主槽泄洪能力可以达到5000立方米/秒，小水漫滩现象有所改善，但“二级悬河”的现状依然存在，槽高滩地堤根洼仍是断面的主要特征。

测验河段及特性 孙口水文站测验河段位于游荡型宽浅河道向弯曲性窄深河道的过渡段，流量在5000立方米/秒以下时水流在主槽内运行。当主槽水位达49.00米（流量大于5000立方米/秒）时,左右滩唇开始进水,生产堤遭洪水侵扰;当主槽水位达到49.40米时，主槽流量达到5000立方米/秒左右，生产堤会出现渗水、坍塌等现象，造成两岸滩地过流，左、右滩地的最大过流流量占洪峰流量的比例一般在30%～40%，漫滩洪水与上游站比较，洪峰削减率一般在18%左右。沙峰运行一般滞后于洪峰，但漫滩洪水沙峰一般超前于洪峰，且沙峰削减率增大，沙峰的削减率一般与洪峰的削减率相应。孙口水文站水位—流量关系，低水主要受断面控制，中、高水基本为河槽控制，其年际变化趋势左移，坡度变缓；由于低水和中、高水时期水流边界条件、水力因素影响程度的不同，其年内变化在不同的时期其表现也不相同。低水时期受假潮、引水、冲淤等因素的影响，水位流量相关点左右摆动、分布散乱；中、高水一般呈绳套曲线，大多为反时针绳套，当洪峰漫滩后持续时间较长或连续洪峰，其水位—流量关系曲线的高水部分易发生变形，因受区间漫滩的影响，一般呈倒“8”字形绳套。

主要测验及报汛 洪水期一般情况主槽部分用过河缆吊船测验，滩地用冲锋舟测验。特殊情况主槽用机动船抛锚测验，滩地用小机动船和冲锋舟联合测验。在现有测报设施设备正常情况下，按照规范和任务书要求，确保15900立方米/秒以下的各级洪水测次布置合理、水沙过程控制严密、测验质量高、水情拍报及时、准确；尽最大努力测报好超标和异常洪水。中低水期主要测验方式采用低水吊箱缆道测验与小型测验机船进行配合测验。水文站报汛配有委内微波程控电话10部，建立了Internet广域网和局域办公系统，报汛及水情查询实现了计算机网络化。

第五节 滩区搬迁

20世纪90年代，根据省委、省政府的决策部署，结合梁山县黄河滩区实际情况，县委、县政府对处于黄河滩区的村庄居民实施整体搬迁。

搬迁由来 1996年8月，受黄河1号洪峰影响，孙口水文站流量达5800立方米/秒，水位49.66米，梁山县境内黄河滩区全部进水，平均水深3米，最深处5.5米，致使滩区一片汪洋，农田全部被淹，所有村庄被洪水围困，大量房屋倒塌，交通、水利、电力、通讯等设施全部被毁，给滩区人民财产造成极大损失。据此，为确保滩区群众免遭洪灾危害，使之世代安居乐业，山东省委、省政府审时度势，做出滩区村庄全部迁到滩外的决定。梁山县委、县政府高度重视，认真组织实施。1996年11月21日，县委、县政府召开黄河滩区村庄迁建誓师大会，县委书记王廉秀讲话。自此，黄河滩区村庄迁建工程拉开序幕。

迁建规划 1996年，梁山县黄河滩区村庄迁建，计划搬迁黑虎庙、赵堌堆、郓陈3个乡、42个行政村、56个自然村，共有8668户、30161人。1999年初，根据滩区实际情况及村民意愿，经省政府有关部门同意，对原滩区搬迁计划进行调整，实行搬迁与筑台并举，3个乡有25个行政村、33个自然村、5494户实行村庄搬迁，17个行政村、24个自然村、3174户实行村庄筑台。后搬迁与筑台户又进行个别调整，搬迁户减为4951户，筑台户增为3717户。

资金筹措 实施黄河滩区村庄迁建、筑台，省、市对梁山县计划总投资4436万元，其中，省财政资金1919万元，省财政新增迁建户资金325万元，省民政资金300万元，省黄河河务局资金242万元，市建校资金600万元，市民政资金1050万元。除省、市政府扶持大批资金外，县政府开辟多条筹资渠道，动员全县人民和各个方面给予支援。县财政每年拿出预算内资金的1%、预算外资金的10%用于滩区迁建；全县24个乡镇每年按财政收入的2%提取支援滩区迁建；各级党政领导干部按每年50～100元、一般干部按每年10～30元捐助滩区迁建；全县农民群众按每人10斤小麦、10块砖一次性捐助滩区迁建；济宁市发动全市12个县捐资、捐粮，支援滩区迁建。至1998年12月，省、市投资大部分到位。同时，全面加强资金管理，设立专户储存，专款专用，按照搬迁新村建房进度拨付资金；各村对资金使用情况张榜公布，接受群众监督。财政、审计部门定期对乡、村发放资金情况进行检查审计，保证了资金的有效使用。

政策规定 在黄河滩区迁建及筑台工作中，县委、县政府依据省市有关政策要求，结合滩区实际，制定《梁山县黄河滩区村庄迁建有关政策规定》，包括对迁建户的认定、建设用地、建房标准、用工政策、土地调整、资金筹措、奖惩措施、各类补偿、基础设施建设等都做了明确规定。滩区村庄迁建用地坚持合理规划、节约土地、严格控制占用耕地的原则，新村迁建规划宅基地每户控制在3分左右，所有新村宅基地的使用，都按照新村规划，一次定址，分配到户，先用后调。滩区迁建房屋施工，采取公建与自建相结合的办法，一般民房由国家按一、二、三类标准给予补助，省市对搬迁户的补助标准按4000元掌握，县里以奖励形式相应提高补助标准；学校、邮电、交通、电力等公共基础设施建设由国家统一建设。为调动乡政府和群众迁建的积极性，县政府对乡和迁建户分别实行激励政策：凡1998年春节前完成10%建房任务的乡，每乡奖励5万元，每提高5个百分点，增加奖金1万元；凡1998年春节前完成建房任务的户，每户奖励2000元。

组织领导 黄河滩区村庄迁建筑台工作量大，

涉及面广，政策性强，省、市政府高度重视、大力支持。山东省省长李春亭专门到梁山县视察滩区村庄迁建工作，济宁市副市长蔡敬钦具体领导梁山县滩区迁建工作。梁山县实行县委统一领导、政府全面负责、分管领导具体抓的领导制度，并成立由县长任总指挥、县委书记任政委的黄河滩区村庄迁建总指挥部，具体指导、协调、检查、督促搬迁筑台工作。同时，采取县直部门包村的办法，对42个行政村分别派驻工作组，累计抽调42个县直部门的干部378人次，帮助各村搞好迁建工作。另外，对县直有关部门实行工作责任制：规划设计建房图纸及工程质量监督由县建委负责，道路建设由县交通局、公路局负责，学校校舍建设由县教委负责，供电由县电力集团总公司负责，通讯由县邮电局负责，所需木材、钢材、水泥、砖瓦等，由所在乡、村结合生产自救，组织好建材生产与供应；当地解决不了的，由县统一协调。县委、县政府和县迁建总指挥部多次召开动员大会、座谈会、调度会、现场办公会等，大讲村庄搬迁的意义、政策和方法，并利用广播、电视、报纸、喇叭、宣传车、“明白纸”等形式，争得滩区干部群众的理解和支持。

迁建成果 黄河滩区村庄搬迁与筑台工作历经4年多。自1996年起，县委、县政府认真贯彻落实省委、省政府关于滩区村庄迁建的指示，全县动员，全民发动，破难攻坚，抢时争速，大打村庄迁建、筑台攻坚战，县、乡、村为此投入的人力、物力、精力都是空前的。至2000年10月，20个行政村、25个自然村、4416户、15643人搬出滩区，建成房屋1.8万余间、33.9万平方米；22个行政村、31个自然村、4252户，14518人筑起联体村台24个，完成土方160多万立方。同时，新建小学7处、建筑面积12.2平方米，修建道路23.3公里，建设桥涵8座，修建水渠4000米，打机井266眼，架设农电线路105公里、通信线路77.2公里，圆满完成省、市部署的搬迁筑台任务。经济宁市有关部门验收，梁山县黄河滩区村庄搬迁与筑台建设工程质量达到国家有关标准。梁山县黄河滩区搬迁工作受到省委、省政府的表彰，被授予“黄河滩区搬迁先进县”。

第七章 东平湖治理开发

第一节 湖区演变

1951年5月，东平湖区被国家定为黄河自然滞洪区，经两次大规模的滞洪工程培修整治，至1958年，东平湖水库面积达943平方公里。其后，因修建位山枢纽工程及京杭运河改线，东平湖水库面积缩为627平方公里。1960年7月，东平湖水库试蓄水运用。1963年10月，根据国务院“东平湖采用二级运用”的指示，东平湖水库修建进、出水闸，并在库内加修二级湖堤，实行二级运用。二级湖以北为老湖区（一级湖），面积为209平方公里（常年水面124平方公里）；二级湖以南为新湖区（二级湖），面积为418平方公里。其功能由原来的“综合利用”改为“以防洪运用为主”“有洪蓄洪，无洪生产”；随后，新湖区大部分移民返迁，恢复农业生产。20世纪60—70年代，水库工程进行加固和改建，至90年代，多项加固工程及移民处理工作均取得显著效益。1991年起，国家进一步加大对东平湖滞洪区治理和开发建设投资力度，以确保山东黄河岁岁安澜奠定坚固的工程基础。

东平湖水库行政区划几经调整，老湖区已不在梁山县境内，新湖区在梁山县境内235平方公里，占新湖区的56%。新湖区共有耕地25.3千公顷，梁山占有耕地14.7千公顷，占库区耕地面积的58%。

第二节 堤防工程

东平湖梁山县境内共有各类堤防49.437公里，其中，临黄堤（原名“官堤”，也称国十堤，为黄河和东平湖共用堤）0.856公里，东平湖围坝45.579公里，小安山隔堤2.2公里，司垓闸东西导流堤0.802公里。

临黄堤 梁山县小路口镇国那里村至孙楼村，起止桩号336+600—337+406（围坝桩号9+665—10+471），堤顶高程为53.118～52.939米，堤顶宽度为11米，临背边坡均为1∶3，堤顶为红土杠顶，临河堤脚高程为43.59～44.21米，背河堤脚高程为41.09～42.60米，临背高差为1.61～3.12米，淤背区宽50米，顶高48.56～49.26米；该堤始建于1875年，1953年修后戗，1985年进行加培，1999年加高；该堤属凹入型整治险工工程，建有5个坝头、2处护岸，护砌总长814米，存备防石0.62万立方米。

东平湖围坝 梁山县国那里村至汶上县张坝口村，起止桩号10+471—56+050，该坝设计标准为顶高程48.50米，顶宽10米，临湖边坡1∶3，背湖边坡1:2.5，戗顶高43.50米，戗宽4米，戗坡1∶5。1988年对38+000—56+050段进行后戗加培，标准为顶宽12米，顶高程为44.50米，边坡为1∶5；1999年对13+650—24+199段进行二级后戗加固，标准为：一级戗高44.50米，二级戗高42.50米，顶宽均为6米，戗坡均为1:5，存备防石1.7万立方米。

小安山隔堤 梁山县小安山镇驻地至围堤，起止桩号0+000—2+200，两侧边坡均为1∶2，顶高程为46.29米，顶宽10米。另外，建有东、西导流堤（司垓闸—梁济运河），为司垓闸配套工程，东导流堤长621米，西导流堤长181米，两堤均与京杭运河河堤相连。

堤防维护 梁山湖管局辖区内堤防工程日常维修养护主要包括：堤顶养护土方、边埂整修、堤顶洒水、堤顶刮平、堤顶行道林养护、排水沟翻修、上堤路口养护土方、草皮养护、标志牌（碑）维修、护堤地边埂整修、护堤林带养护、淤区维修养护、前后戗维修养护、土牛维修养护和害堤动物防治，以及一些没有实物工程量的防护、巡查等。堤防工程养护实行经常性管理和突击性管理相结合，每年6月和10月为工程管理突击活动月。20世纪90年代后，主要根据不同情况对黄湖共用堤进行加培，对东平湖围坝锥探灌浆、开挖回填堤身裂缝、坝基加固、堤防固脚等措施对围坝进行了加固，先后完成东平湖部分堤防工程加高加固、修筑后戗、围坝截渗墙等工程。1991—1998年，国那里险工30#、31#、32#、33#、34#坝，完成补充根石加固、恢复土方备用等土石方1.87万立方米，投资44.6万元。1994—1999年，司垓闸东导流堤加培工程先后完成淤区包边盖顶、险工挡土墙、辅道铺设等工程。1997—1999年，对东平湖围坝利用灌溉沉沙、自流淤填，进行围坝加固，临堤地面平均抬高1.0～1.5米。1999年10月—2000年8月，实施国十堤加高工程，国十堤临河侧为国那里险工，背河侧为东平湖水库，工程设计高程堤防为52.03米，设计堤顶宽度11米，设防水位49.53米，完成土方量17.58万立方米，投资252.28万元。1999年11月，东平湖围坝后戗加固工程开工，工程位于东平湖围坝桩号13+650—24+199段背湖面，总长度10549米，完成工程土方量16.94万立方米，完成工程投资317.88万元；加固后一级戗顶高程为44.5米，顶宽6米；二级戗顶高程为42.5米，顶宽6米；戗坡均为1:5。围坝后戗加固工程于2000年11月竣工验收。2000年11月，东平湖围坝固脚工程开工，工程位于围坝桩号：24+199—24+870（宋铺段）、31+000—31+700（闫楼段）、35+800—37+300（张桥段）；工程总长度2871米，完成土方量2.99万立方米、石方量0.18万立方米，完成投资105.55万元，

2002 年 9 月竣工验收。2002 年 9 月 10 日，国那里险工根石加固工程开工，9 月 30 日完工，其间动用各类施工机械 37 台（套），共抛石 2465 立方米，铅丝笼 1056 立方米，投资 27.5 万元。

第三节 涵闸工程

东平湖梁山县辖区内，有司垓退水闸、码头泄水闸、流畅河泄水闸、国那里引黄闸等主要涵闸工程。

司垓退水闸 为桩基开敞式涵闸，属一级建筑物，位于东平湖围坝桩号 42+694—42+805 处。该闸设计泄流量 1000 立方米 / 秒，校核流量为 1500 立方米 / 秒，为防御特大洪水、水库超标准运用并为水库蓄洪期间紧急泄水和后期排水腾库的大型退水闸，尾水通过梁济运河退入南四湖。工程为钢筋混凝土结构，预制平板闸门，全闸共 9 孔，高孔尺寸为 8 米 ×3.6 米，低孔尺寸为 8 米 ×3 米，闸身总宽 111.3 米，闸身总长 260.46 米，设四级消力池；底板高程高孔为 39.5 米，低孔为 35.0 米；属桩基开敞式涵闸，设基桩 256 根。该工程于 1987 年 10 月开工建设，1989 年 10 月竣工。

码头泄水闸 为钢筋混凝土箱式结构，属一级建筑物，位于东平湖围坝桩号 25+283 处，修建于 1973 年。该工程属钢筋混凝土箱式结构，涵洞 2 孔，洞身高宽为 5.5 米 ×4.5 米，闸身总宽 11.4 米，闸身总长 36 米，底高程 36.2 米。该闸规划设计流量 50 立方米 / 秒，校核流量 100 立方米 / 秒，主要是排泄新湖区西部高地的雨涝积水，并补给南四湖用水。

流畅河泄水闸 为钢筋混凝土箱式结构，属一级建筑物，位于东平湖围坝桩号 37+996 处，始建于 1963 年。该工程属钢筋混凝土箱式结构，涵洞 8 孔，洞身高宽为 2.5×2.15 米，洞身分 3 节，总长 37.5 米，底高程为 36.0 米。该闸设计泄流量为 50 立方米 / 秒，校核泄流量为 100 立方米 / 秒，承担新湖区西南部雨涝积水及灌溉尾水的排除任务。

国那里引黄闸 为一联三孔砼箱型涵闸，属一级建筑物，位于黄河、东平湖两用堤上，主要解决东平湖新湖及梁山新湖区南共 51 万亩农田灌溉用水，必要时辅助石洼闸分洪。该闸东平湖围坝桩号 10+023（黄堤桩号 337+127 处），始建于 1966 年，1975 年进行局部加固改建，1983 年修建养水盆。该闸洞身高宽为 4.25 米 ×3 米，闸室段长 12.1 米，箱涵段长 87.3 米；消力池及海漫段长各 20 米，全闸长 159.4 米，涵洞底板高程 38.80 米，采用钢筋混凝土平板式闸门，固定式卷扬启闭机。该工程设计防洪水位为 52.14 米，校核防洪水位为 53.14 米，设计流量为 45 立方米 / 秒，设计灌溉面积 51 万亩。

涵闸管理 涵闸的日常管理维护，包括汛前汛后工程普查和分泄洪闸汛前启闭试验，对启闭机、闸门、圬工部分进行全面检查，汇总分析并写出工程普查报告，提出当年或下年度工程维修意见。该项工作每年 4 月下旬到 5 月中旬进行，非日常性的管理工作是根据上级的布置进行。涵闸管理人员日常要对各机械设备进行保养维护，对闸前后周围进行绿化美化管理等。对涵闸的重点管理维护，主要是对一些涵闸工程进行改建维修。国那里引黄闸于 2000 年 2 月进行二次改建，2000 年 9 月竣工验收。该闸为三孔箱式涵闸，闸门型式为钢筋砼平板式，闸门孔口净宽 3 米，每孔净高 4.25 米，闸身总长 99.4 米，闸身总宽 14.50 米，启闭机形式为固定卷扬式，设计防洪水位 52.14 米，设计流量 45 立方米 / 秒。设计地震烈度为 8 级。该次改建共完成国家投资 1411.14 万元，由山东黄河工程局承建。

第四节 防洪抢险

东平湖水库主要承担黄河分洪、东平湖（新湖）蓄滞洪运用等防洪任务。东平湖水库经分洪运用后控制艾山站下泄流量不超过10000立方米/秒，水库防洪运用水位44.5米，水库分洪必须做到“分得进，守得住，排得出，群众保安全”,同时,做好超标准运用准备。1994—2013年，梁山管理局扎实开展各项防汛准备工作，逐级签订防汛目标责任书，落实以行政首长负责为核心的各项防汛责任制；修订完善《防洪预案》《抢险预案》，认真进行汛前工程普查、根石探测和涵闸启闭试验等工作，对各种防汛料物、工器具进行全面清查、核实、补充，做到齐全完备、管打管用，为东平湖安全度汛做好充分准备。

1996年，受黄河1、2号洪峰影响，8月8—15日，国那里险工30、31、32、34#坝相继出险12次，梁山湖管局先后及时组织职工和基干班1866人次全力抢险，动用石方2949立方米，铅丝4.59吨，柳料11.6万公斤，险情全部得到控制。2003年9月12—18日，国那里险工31#护岸、32#坝由于受洪水长时间冲刷及大溜冲的影响，相继发生根石走失险情，梁山管理局立即组织人员进行抢护，有效控制了险情的发展。2005年汛期，由于大汶河流域降雨量偏多，戴村坝站径流量14.43亿立方米，东平湖老湖达到警戒水位43.0米，相应蓄量5.49亿立方米。汛前，国家发改委副主任刘江、黄委主任李国英率领国家防总检查组检查指导东平湖防洪工程，济宁市政府领导检查梁山县防汛准备工作。

第五节 库区开发

东平湖水库是在原东平湖滞洪区基础上建设的，至1960年秋，围坝土堤、围坝石护坡、出湖闸、拦河闸、进湖（库）闸先后建成，库区总面积943平方公里，后因京杭运河改线，库区面积缩为627平方公里,范围涵盖梁山、东平、平阴、汶上4县。1963年后，东平湖水库划分为一级湖区和二级湖区两部分，二级湖区面积为418平方公里，其中梁山境内235.4平方公里。随着东平湖水库建设及运用的变化，形成了库区移民的外迁与返湖。

库区移民变迁 东平湖地区移民，渊源已久，自明及清，经多次移民迁入和长期繁衍，东平湖一带人口不断增长。20世纪30年代后，黄河在这一带多次泛滥成灾，湖区居民常逃荒外出。新中国建立后，国家多次组织移民外迁。1950年，梁山县迁往黑龙江省、河南省沁阳县和省内菏泽、定陶、曹县3县灾民4169户，14674人；1954年，梁山县再次受淹，山东省又组织移民救灾，至1955年5月，梁山县迁往黑龙江、吉林两省6257户，28879人。1955年秋，国家把社会救灾移民改为动员青壮年支边移民，梁山县动员青壮年410人到黑龙江省逊克县垦荒；1956年，梁山县又迁移支边青壮年1370人到黑龙江省萝北、通河、木兰等县安家落户。1958年前，外迁的救灾和支边移民，大都由当地政府安置生产，原籍单位发给路费、补助或派员护送帮助安家，一般都得到妥善安置。

1958年8月，东平湖水库开工建设，国家开始组织水库范围内大规模移民，山东省政府成立移民安置委员会直接组织实施；1959年9月，梁山县成立移民委员会，由县长杨峰任主任，下设办公室；各公社亦成立移民安置领导小组，具体负责移民的安置和生产建设工作。至1960年7月蓄水前，梁山县库区内村庄群众迁往外省外县安置的25582户，121372人，其中迁至黑龙江省17380户、86576人，迁至河南、河北、新疆等省区及省内东平、汶上、曹县、巨野、郓城、鄄城、广饶等县8202户、34796人，安置在县内库区外各公社及库区内山区15900户、77475人。迁至黑龙江省的大多安排在农场、林场、农村，据黑龙江农垦史志办公室1990年编辑出版的《齐鲁儿女在北疆》记载，1959—1960年，梁山移民4200多人分别安排在7个农场。诚实仗义、吃苦耐劳、热情好客的梁山人，深受当地人民群众的欢迎，他们与农场转业官兵、城市知青和睦相处，不仅开发黑土地，而且促进梁山水浒文化与北大荒文化的融合，涌现出一大批先进模范人物，赢得北大荒人的尊敬和信任。为弘扬老一代梁山移民的历史功绩和优良传统，让子孙后代永远记住库区移民垦荒这一历史事件，梁山移民以农场为单位，纷纷自发组织起来，自费编写印刷回忆录，如绥滨农场的梁山移民2011年编写了《梁山移民之歌》。

梁山库区移民除了稳固定居、扎根当地、艰苦奋斗、成功创业之外，也有部分外迁移民由于在安置地未稳固定居，特别是由于气候、生活均不习惯，又加思念故土，自1961年初起，部分外迁移民开始返湖。1963年，随着东平湖水库修筑二级湖堤，分级运用，有洪蓄洪，无洪生产，新湖区退出耕地2.6万多公顷，外迁移民陆续返湖生产生活。由此，各级政府相继成立专管机构，采取相应措施，诸如垫房台以及沿湖堤村庄堤外居住、湖内生产等，有计划有步骤地安置移民返库生产，仅在1964—1966年间，就调集梁山、郓城等县10多万人次民工，垫房台100多个，并拨付一定数额的安置费用。同时，多方宣传动员劝阻返库，移民返迁逐步趋于稳定。

从库区移民到返迁安置，国家投入大量经费，但由于搬迁劳顿、基础薄弱及人为因素，库区生产、生活条件相对落后。1986年起，国家安排专项经费用于解决东平湖水库移民遗留问题处理。县政府及有关部门认真执行上级移民政策，不断强化移民工作管理和监督，组织东平湖水库农村移民人口统计、申报及库区移民项目开发、验收，取得较好成效。

一期移民规划实施 1990年，山东黄河河务局组织编制完成《东平湖水库移民遗留问题处理规划》，其后由山东省人民政府上报国务院；1990年8月，国家水利部复函山东人民政府，批复《东平湖水库移民处理规划》（简称一期移民规划），批准山东规划总投资1.18亿元（主要包括梁山县、东平县、汶上县3个县）。东平湖库区涉及梁山县13个乡镇，有小安山、李官屯、馆驿、王府集4个乡镇的全部，韩岗、郓陈2个乡镇的一部分，跨湖乡镇有大路口、寿张集、梁山镇、前集、后孙庄、徐集镇、袁口7个乡镇。共有176个行政村，206个自然村，33170户（在库区内居住的27656户）131561人（在库区内居住的108470人）。

一期移民规划从20世纪90年代开始实施，至2001年结束，梁山县10年共完成投资2253.1万元。主要用于改善库区生产条件，新打生产井90多眼，建小型提排站5座，建生产桥涵28座，改造涝洼地14200亩，扶持种植结构调整3920亩，扶持家庭养殖户2100户，扶持乡村企业8处，举办移民培训班6期。同时，帮助维修中小学维修校舍和乡镇卫生院门诊及病房，扶持维修民房、解决移民吃水、修建移民道路、解决移民用电困难等问题。一期移民规划的实施，库区移民安置和各项公益事业有了较大发展，初步缓解了移民存在的生产生活困难，维护了库区的社会稳定。

六年移民规划实施 2002年1月，国务院办公厅转发水利部等部门《关于加快解决中央直属水库移民遗留问题若干意见的通知》，要求从2002—2007年，利用6年时间解决水库移民温饱问题。水利部要求抓紧做好中央直属水库移民遗留问题处理的规划工作。2002年5月，山东省水利厅编制完成《东平湖水库移民遗留问题处理2002—2007年规划及总体规划报告》；同年7月，省水利厅移民办公室召开有设计院、东平、梁山、汶上三县参加的规划编制工作会议，进一步研究落实专家咨询意见；同年8月，梁山县上报《东平湖水库移民遗留问题处理2002—2007年规划及总体规划》。2003年10月，国家水利部批复上述规划，批准梁山县国家投资18928万元，其中基础设施8525.49万元，生产开发9154.15万元，科技推广1248.36万元。规划核定梁山县移民人口16.64万人，179个行政村，涉及小路口、小安山、馆驿、韩岗、寿张集、大路口、梁山镇、徐集 8 个乡镇。

梁山县六年移民规划共完成规划投资 16163.51 万元。其中，基础设施完成投资 9229.713 万元，生产开发完成投资 6172.397 万元，科技培训 761.4 万元。完成具体工程项目为：农田水利工程完成涝洼地改造 16018 亩，沙荒地改造 2420 亩，旱涝保收田 17000 亩，修排水沟 20.1 公里，打机井 906 眼，机井配套水泵 754 台套，修建水闸 31 座，建生产桥 289 座等；生产开发项目调整 2.69 万亩生产种植结构，建设良种培育基地 1 处，种植示范基地 1 处，扶持馆驿高标准食用菌园区一处，发展家庭养殖专业户 1616 户，新建小安山奶牛、小安山种鸡、馆驿六和养鸭等养殖小区 15 处；交通道路工程修水泥及机耕道路 57 条、80.9 公里，建交通桥 3 座；人畜饮水项目完成新建岩心井 16 口，一般井 18 口，原井配套 5 工程解决库区 77 个村庄的人畜饮水问题；科技推广项目配合生产开发项目工程开展，完成科技培训 132 期。通过“六年规划”实施，有效改善了库区移民生产、生活条件。2011 年 7 月，山东省水利厅委托山东大学对梁山县东平湖水库移民遗留问题处理、2002—2007 年规划实施情况进行监测评估，对梁山县移民工作给予充分肯定。

移民后期扶持政策 2006 年起，国家进一步完善水库移民后期扶持政策，国务院发布《关于完善大中型水库移民后期扶持政策的意见》（国发〔2006〕17 号），提出完善大中型水库移民后期扶持政策的指导思想、目标、原则、扶持范围、扶持标准、扶持期限、扶持方式及资金筹集。后期扶持范围为大中型水库的农村移民。扶持标准为：对纳入扶持范围的移民每人每年补助 600 元。扶持期限，对 2006 年 6 月 30 日前搬迁的纳入扶持范围的移民，自 2006 年 7 月 1 日起再扶持 20 年；对 2006 年 7 月 1 日以后搬迁的纳入扶持范围的移民，从其完成搬迁之日起扶持 20 年。扶持方式，后期扶持资金能够直接发放给移民个人的应尽量发放到移民个人，用于移民生产生活补助；也可以实行项目扶持，用于解决移民村群众生产生活中存在的突出问题；还可以采取两者结合的方式。具体方式由地方各级人民政府在充分尊重移民意愿，听取移民村群众意见的基础上确定，并编制切实可行的水库移民后期扶持规划。采取直接发放给移民个人方式的，核实到人、建立档案、设立账户，及时足额将后期扶持资金发放到户；采取项目扶持方式的，统筹使用资金，但项目的确定要经绝大多数移民同意，资金的使用与管理要公开透明，接受移民监督，严禁截留挪用。扶持资金筹集，坚持全国统筹、分省（区、市）核算，企业、社会、中央与地方政府合理负担，工业反哺农业、城市支持农村、东部地区支持中西部地区的原则，水库移民后期扶持资金由国家统一筹措。编制、申报东平湖水库移民后期扶持规划等有关规划并组织实施等工作，

移民后期扶持 2006—2010 年规划实施 2006 年 7 月，梁山县完成水库移民后期扶持人口核定登记工作，并对库区各村移民生产生活存在的突出问题，及急需解决的村内基础设施和公共设施基本情况进行了调查。2007 年 9 月，编制完成《梁山县大中型水库农村移民后期扶持 2006—2010 年规划》，并逐级上报。同年 11 月，省政府以鲁政字〔2007〕226 号文对济宁市“后扶规划”进行审批，其中，核定梁山县大中型水库移民 137916 人，涉及 7 个乡镇和 2 个街道办事处，169 个行政村；整体搬迁安置移民 114661 人，137 个行政村；生产安置移民 23255 人，43 个行政村。扶持方式有直接发放资金 600 元、直补资金发放 400 元和剩余 200 元项目扶持结合、全部 600 元项目扶持 3 种扶持类型。《梁山县大中型水库农村移民后期扶持 2006—2010 年规划》2007 年开始实施，至 2011 年 12 月底，共完成总投资 37237.32 万元，其中完成直补资金 20347.05 万元，完成项目扶持资金 16890.27 万元。

直补资金发放采用一人一折（卡）的形式兑

付，县移民办将各乡镇移民信息数据报县财政局，县财政局依据信息数据生成资金拨付至银行系统，由县信用联社为每个移民开设银行账户，农户依据“一本通”进行现金支取。同时，县移民办对移民人口实行动态管理，从2008年第三季度开始核减人口，2006—2010年规划期间，共核减移民人口5584人，核减的人口资金用于项目扶持。项目扶持资金完成1918个项目，主要用在新农合、社会公益事业、基础设施建设、农田水利、人畜饮水、基本口粮田、种植业和养殖业、病虫害防治等诸多方面。全县库区新打农田机井594眼，疏浚排水沟13.12公路，衬砌支渠7850米，新建扬水站1座，建桥、涵闸83座，置水泵21台，项目实施后，改善灌溉面积62150亩，改善排涝面积78520亩。完成226个项目，防控林业病虫害29600亩。新建68个行政村的文化大院，建筑面积14752.2平方米；完成文化广场1处，地面硬化3000平方米，绿化300平方米；完成24处中小学建设，建筑面积21626.8平方米；建设幼儿园1处，建筑面积290平方米；建设村卫生室13处，建筑面积3222.8平方米；为78个行政村、15975户安装了自来水；生产生活用电项目完成80个项目，敷设电缆53072米，钢芯铝绞线56598米，建配电室22处，置变压器25台，架高压线2270米，低压线5142米，村级下户线安装2928户，安装路灯651盏；完成社区建设拆迁补偿6个项目；修建移民道路338公里。2012年3月，山东省水利厅委托山东大学对梁山县大中型水库农村移民后期扶持2006—2010年规划实施情况进行监测评估，对梁山县移民工作及投资效果给予充分肯定。

基础设施建设和经济发展2006—2010年规划实施 梁山县大中型水库库区和移民安置区基础设施建设和经济发展规划（2006—2010）总投资20687.4万元，其中：基本口粮田及农田水利项目投资5643.63万元；基础设施项目投资11601.17万元（包括人畜饮水、农村沼气、地方交通、供电、文化教育、医疗卫生、通讯电视等七个方面内容）；劳动力技能培训项目投资1280万元；生产开发项目投资2162.6万元。

基础设施建设和经济发展规划（2006—2010年），梁山县实施2008、2009、2010等3个年度计划的投资，共完成项目资金4796.12万元。全县库区改造中低产田3730亩，改善灌溉面积1650亩；完成种植业项目1处，建设智能型蘑菇棚4704.22平方米；完成养殖业项目1处，建设高标准鸭棚13128.18平方米；修建移民道路混凝土路20余公里；建设饮水安全村1处，完成农村沼气1处，安装路灯87套；新建村级卫生室1处，建设中小学2处、幼儿园2处，建成文化广场2处；完成有线电视安装1个村，完成村级安全监控2个村；职业技能培训完成培训31期，培训移民劳动力3155人。

库区和移民安置区基础设施建设和经济发展规划项目管理，参照移民后扶项目管理办法执行。建设管理责任主体为县移民办，负责项目的规划编制、前期工作、年度计划、建设实施、监督检查、竣工验收、效益评估的全过程管理。县财政局负责资金及参与项目管理及监督，并组建东平湖水库移民后期扶持结余资金项目工程建设管理处，作为项目法人负责具体项目的实施。项目的实施实行法人代表负责制、招投标制和合同制工程监理制。

移民后期扶持2011—2015年规划实施 2010年9月，梁山县完成水库移民后期扶持方式确定、移民基本现状调查及各村规划项目征求群众意见工作，对库区各村移民生产生活存在的突出问题，及急需解决的村内基础设施和公共设施基本情况进行调查，于2011年3月编制完成《梁山县大中型水库移民后期扶持2011—2015年规划》。规划估算总投资43279.33万元。其中直补资金发放22825.9万元；项目扶持投资17463.5万元；动态项目投资2989.93万元。项目扶持规划包括基本农田及农田水利设施、新农村建设、

农村饮水安全、交通道路、生产生活用电、文化教育、医疗卫生、种植业、养殖业、二、三产业等。后期扶持方式有资金直接发放600元、资金发放400元与剩余200元项目扶持、600元全部项目扶持3种方式。

水库移民后期扶持2011—2015年规划，从2011年开始实施，直补资金发放从2011年4月开始发放，项目扶持从2011年8月份开始实施，至2011年12月底，共完成总投资5439.7万元，其中完成直补资金发放第一季度和第二季度共4457.2万元，完成项目扶持资金982.5万元，项目扶持主要完成97个村95729人新农村合作医疗及环境整治。2011年核减移民人口485人。至2013年，共完成后期扶持项目投资3352.586万元。其中，基本口粮田及农田水利方面：新打机井74眼，清挖排水沟15580米，新建排水沟1200米，新建桥涵59座，总投资212.03万元。

基础设施建设和经济发展2011—2015年规划实施 2011年3月，编制完成《梁山县大中型水库库区和移民安置区基础设施建设和经济发展规划（2011—2015）》，规划估算投资27210.17万元，其中库区移民专项资金17631.50万元，其他专项储备规划项目9578.67万元。分为基本口粮田及农田水利设施、基础设施、社会事业基础设施、劳动力就业技能培训和职业教育、生产开发规划投资等五部分。基本口粮田及农田水利项目投资4886.87万元；基础设施规划主要包括村庄环境整治、农村饮水安全、交通道路、生产生活用电等四个方面的内容，估算总投资为3395.75万元；社会事业基础设施规划主要包括文化教育规划、医疗卫生规划、其他项目规划等三方面的内容，估算总投资1840.48万元；劳动力技能培训项目主要包括农业技术培训、劳动力转移培训、综合素质培训等三个方面的内容，估算总投资805.50万元；生产开发项目主要为种植业和养殖业两方面的内容，估算总投资7749.93万元。

梁山县大中型水库库区和移民安置区基础设施建设和经济发展规划，从2011年开始实施，至2011年底，共完成投资2480.6万元，其中基本口粮田及水利设施建设完成小安山镇前青、邓庄、郭庄、冯庄等10个村鱼池改造与田间配套工程；解决了11个村人畜饮水安全问题；扶持25个村村容村貌整治及村内道路硬化；举办驾驶员、电焊、微机等移民培训班14期，扶持温室大棚2处。至2013年，新农村建设投资362.84万元，水电投资137.66万元，交通道路投资183.37万，文化教育426.05万元，新农合资金710.536万元。

梁山縣志

LIANG SHAN XIAN ZHI

1994—2013

第十二篇

DI SHI ER PIAN

国土　环保

20世纪90年代，梁山县在开展土地利用现状调查、城镇村庄地籍调查的基础上，进行土地初始土地登记，登记覆盖率达70%以上。1995年，梁山县建立城市土地定级估价信息系统。2000年后，逐步实施一系列国土资源保护政策,全面推进国土资源管理工作。2001年,开始实施梁山县土地规划编制；2002年，实行国有建设用地使用权招拍挂出让制度，并建立健全土地收储融资机制；2006年，健全完善基本农田保护制度；2008年，国土资源实行卫片执法检查全覆盖；2009年，实施征地区片综合地价标准；同年，梁山县申报山东梁山省级地质公园；至2013年，全县建设用地进一步规范，基本农田得到保护，地质管理更加完善，地质环境有效治理，并于2013年12月通过省级地质公园专家组验收。

20世纪90年代，梁山县环境保护工作注重提高全民环保意识，控制污染和生态破坏，实施“蓝天工程”，实行废气达标排放，城区大气环境质量得到好转。进入21世纪，全县开展生态县创建活动，推进城乡生态环境综合整治，逐步改善全县生态环境质量。至2013年，全县环境质量得到全面提升。

第一章 国土

第一节 管理机构

梁山县国土资源局，正科级行政单位，县政府组成部门主管全县土地资源、矿产资源等自然资源的管理、保护与合理利用等方面的工作。国土资源局始建于1988年3月，时称土地管理局，前身为县政府土地管理办公室及农牧局的土地管理工作站。1993年12月，县土地管理局与县政府矿产管理办公室合并，更名为土地矿产管理局，设立党组。1994年3月，县土地矿产管理局内设秘书股、地籍管理股、城乡用地股、设矿产管理股、法规宣教股、监察信访股等6个科室。2002年9月，县土地矿产管理局改称梁山县国土资源局，内设办公室（挂政工科、财务科牌子）、地籍管理科、土地利用管理科、矿产资源管理科、执法监察科（挂执法大队牌子）5个职能科室；2010年12月，增设规划耕保科、测绘管理科。至2013年12月，县国土资源局内设办公室（挂政策法规科、行政许可科牌子）、规划耕保科、地籍管理科、土地利用科、地质矿产管理科、测绘管理科、监察信访科7个职能科室。

直属单位 1994年3月，县土地矿产管理局下设土地执法监察大队、土地勘测规划站2个事业单位；同年7月，增设地价评估所和地产交易所。2002年4月，设置土地收购储备中心和地租征收中心，均为股级事业单位（自收自支）。2006年5月，土地收购储备中心升格为正科级事业单位（全额预算管理），土地执法监察大队升格为副科级事业单位（全额预算管理）。2010年7月，设立梁山县城乡建设用地统筹办公室，为副科级事业单位（全额预算管理）。至2013年12月，县国土资源局直属土地收购储备中心、土地执法监察大队、城乡建设用地统筹办公室、地租征收管理中心、土地整理中心、地产交易所、土地勘测规划站7个事业单位。

基层机构 2005年7月，组建16个乡镇国土资源管理所（分局）。2010年7月，将16个基层国土资源机构整合为：梁山经济开发区国土资源分局、梁山工业园国土资源分局、城区国土资源管理所、大路口国土资源管理所、馆驿国土资源管理所。2011年10月，基层国土资源机构设置2个分局和6个所，即：县国土资源局开发区分局、县国土资源局工业园分局、城区国土资源所、韩垓国土资源所、杨营国土资源所、小安山国土资源所、大路口国土资源所、赵堌堆国土资源所。

第二节 规划编制

土地利用总体规划编制 1997年，梁山县启动1996—2010年土地利用总体规划编制工作，规划期限15年，以1996年为基期，2010年为规划目标年，县级和乡镇级规划同步编制。1998年完成两级规划编制初稿，经征求意见、专家论证，同年形成1996—2010年正式规划成果资料。2000年10月，山东省人民政府批准实施梁山县土地利用总体规划（1996—2010），并获得省级土地利用规划优秀成果奖。2001年2月，乡镇级土地利用总体规划（1996—2010年）经济宁市人民政府批准实施。规划要求全县农业用地区面积71444.7公顷，园业用地区面积2044.6公顷，林业用地区面积3105.2公顷，水面用地区面积4207.9公顷，城镇建设用地区面积3418公顷，乡村建设用地区面积7015.8公顷，独立工矿用地区面积1218.6公顷，暂不利用区面积3776.3公顷，规划到2010年耕地保有量不低于66950.7公顷，基本农田保护面积40299.2公顷。该轮规划引入用途管制制度，合理调控农用地、建设用地和未利用土地规模。2004年，根据国土资源部《关于开展土地利用总体规划实施评价和修编前期调研工作通知》，全县开展上轮规划实施评价和新一轮规划修编前期工作。

2008年下半年，启动2006—2020年县、乡两级土地利用总体规划修编工作，规划修编工作由山东国建公司承担。历经一年多时间，两级规划修编工作顺利完成。2010年6月，山东省人民政府批准梁山县土地利用总体规划（2006—2020），济宁市人民政府批复拳铺镇、韩岗镇、韩垓镇、馆驿镇、小安山镇、杨营镇、马营乡、黑虎庙镇、小路口镇、大路口乡、寿张集镇、赵堌堆乡规划。同时，县政府制发《关于认真贯彻执行梁山县土地利用总体规划（2006-2020）的通知》，全县县乡两级土地利用总体规划全面实施。该轮规划主要涉及生态建设、耕地和基本农田保护、建设用地规模和布局、土地开发整治和综合治理、规划实施保障措施、规划图件等。和上轮规划相比，对生态、旅游建设提出了更高层次要求，更加注重城乡一体化建设，通过合理调整和优化土地利用结构与布局，为梁山县经济社会全面、协调和可持续发展提供土地保障，进一步改善土地生态环境，指标划分更为明确，增加了中心城区建设、挂钩整治挖潜等内容；土地分区更为科学合理，划分为禁止建设区、允许建设区、有条件建设区和限制建设区。全县规划主要控制指标到2020年耕地面积66292公顷，基本农田面积58001公顷，园地面积929公顷，林地面积2188公顷，建设用地总规模16799公顷，城乡建设用地总规模13325公顷，中心城区建设用地总规模1980公顷，交通、水利及其他用地规模3474公顷。2010年8月，山东省人民政府批准梁山镇（梁山中心城区）规划。

土地开发整理规划编制 2002年12月，《梁山县土地开发整理规划》（2001—2010）编制完成。该规划制定全县土地开发整理复垦近期与远期规划目标，划分土地开发整理四大重点区域，即耕地整理区、居民点整理区、复垦区、土地开发区，包括土地开发整理项目58个，总规模3741.46公顷，项目完成后净增加耕地1492.246公顷，其中耕地整理新增耕地433.68公顷，农村居民点整理新增耕地55.59公顷，土地复垦新增耕地414.67公顷，土地开发新增耕地588.306公顷。梁山县土地整治规划编制成果经市专家组评审通过，并被省国土资源厅评为2013年度全省国土资源科学技术三等奖。

矿产资源总体规划编制 2004年底，县政府组织编制首轮矿产资源总体规划，即《梁山县矿产资源总体规划（2001—2010）》，并经济宁市政府批准。随着规划的实施，通过总量调控使矿产资源供需基本保持平衡，矿山结构布局逐步优化，矿产资源勘查和开发利用布局趋于合理；通过限制新建规模小、破坏环境的矿山，淘汰浪费资源、破坏环境、生产能力低下的矿山，使矿山地质环境恶化的趋势得到有效遏制。2010年，县政府组织编制第二轮矿产资源总体规划，即《梁山县矿产资源总体规划（2008—2015）》，2011年6月28日，山东省国土资源厅批准该规划。

地质灾害防治规划编制 2011年，县政府根据省政府《关于组织实施山东省地质灾害防治规划的通知》（鲁政字〔2004〕8号文）要求及省国土资源厅的统一部署，委托山东省地质环境监测总站编制《山东省梁山县地质灾害防治规划（2011—2025）》。该规划阐述了地质灾害现状与防治工作进展，进行了地质灾害易发区划分、地质灾害重点防治区、矿山地质环境保护规划区和地质灾害一般防治区，提出了地质灾害防治项目的有关治理方法和治理措施以及实施规划的保障措施。

省级地质公园规划编制 2010年1月，梁山省级地质公园经省政府批准。2012年3月，县政府委托山东省地质环境监测总站编制了《山东梁山省级地质公园规划（2012-2025）》。《规划》总体目标为：到2025年，重要地质遗迹资源得到全面保护，基础设施不断完善，旅游和科普教育活动井然有序，公园保护水平、经济社会效益、科研科普能力、服务质量达到省级地质公园先进水平；《规划》将公园功能划分为：游客服务区、科普教育区、地质遗迹保护区、自然生态区和民俗风情区（居民点保留区）。游客服务区具有公园解说、景区导游、停车休息、景点门票、纪念品销售等基本服务功能，科普教育区通过影视展放、标本陈列、图片展示等形式展现公园的地学内涵，地质遗迹保护区是公园地质遗迹资源相对集中的区域，自然生态区主要是公园内植被覆盖率高、打造天然氧吧、生态观光和休闲养生的功能区域。

基础测绘规划编制 2010年，梁山县聘请山东地质测绘院开展梁山县“十二五”基础测绘规划编制工作。2011年6月12日，《梁山县“十二五”基础测绘规划》通过了专家评审。基础测绘在“十二五”期间（2011—2015）的目标是：依靠科技进步，加快基础测绘发展，建立和完善基础地理信息的采集、存储、分发、开发、服务与技术标准化体系，利用现有的基础测绘资料和空间信息资源，在建立梁山县高精度控制网基础上，完成全县大比例尺数字化测图，建设梁山县基础地理信息系统，形成科学的较为完善的基础测绘更新机制和数据更新机制，完成地理信息公共服务平台建设，不断拓宽基础测绘应用领域，为梁山县国民经济和社会发展提供测绘保障。根据省测绘管理条例要求和梁山县实际，规划进行城镇25.13平方公里1：500数字地形图的更新，采用全野外数据采集方式；2012年，建成地理信息公共服务平台；对变化大、控制点使用频繁的地区随时复测、补测，3年更新一次，到2013年，建立每年一次的更新机制，其余地区根据需要复测、补测，5年更新一次。

第三节　建设用地

建设用地供应 2002年，梁山县国有建设用地使用权开始正式实行招拍挂出让，招拍挂制度走向正轨。2002年底，县五交化商场成功拍卖，是国有建设用地使用权拍卖出让敲响的第一槌。此后，逐步规范土地招拍挂程序，土地市场稳步发展。2008年，出让国有建设用地使用权23宗，其中3宗地挂牌出让，20宗地拍卖出让，出让面积34.8501公顷，成交价款14955.6万元，纯收益11783.77万元。2009年，所有经营性用地使用权全部实行拍卖或挂牌出让，出让国有建设用地使用权24宗，其中10宗地挂牌出让，14宗地拍卖出让，面积58.10195公顷，土地出让金2.896亿元。同年，划拨土地4宗，其中3宗划拨用地用于经济适用房廉租房的建设，划拨总面积为1.67483公顷；为棚户区改造提供用地面积1.6261公顷。2010年，出让土地36宗，其中拍卖5宗地，挂牌30宗地，单独选址项目供地1宗，出让面积109.7099公顷，土地出让金75134.4492万元，并完成1宗地的划拨，面积为1.4987公顷，用于全县经济适用房廉租房的建设。同年，对2008年后城区内房地产开发项目变更容积率问题进行综合治理，清查25个项目，下发行政处罚决定书13份，补缴土地出让金、规费和罚款共1648.5073万元。2011年，出让土地28宗，其中拍卖1宗地，挂牌26宗地，协议出让1宗，出让面积90.5675公顷，土地出让金63509.0560万元。同年，完成划拨土地2宗，其中，经济适用住房用地划拨面积为1.7213公顷，廉租住房用地划拨面积为0.6361公顷；另外划拨宗地20宗，面积为26.6161公顷，用于城市和绿化等公共基础设施建设。同年，竣工验收6个房地产开发项目，补缴土地出让金746.108万元；依法同意4个房地产开发项目改变容积率，补缴土地出让金6531.9071万元。2012年，出让土地45宗，出让面积104.4711公顷，土地出让金3.22亿元。划拨1宗，面积0.8007公顷。2013年，出让土地24宗，其中，挂牌11宗，拍卖13宗，土地出让总面积77.0835公顷，土地出让金46579万元。同年，完成3宗地的划拨，其中经济适用房、公共租赁房划拨面积为3.1065公顷，县疾控中心划拨面积为0.8991公顷，县体育馆划拨面积为4.0429公顷。同年，加强土地市场整顿，着力堵塞国有土地资产流失漏洞，对改变容积率的宗地追缴土地出让金1201.56万元。

土地集约利用　2010年起，梁山县逐步提高土地投资强度和土地产出效率等工业用地准入门槛，增加用地企业的注册资本要求，并按照“政府推动、多方融资、业主开发、市场化运作”方式，推行标准化厂房的开发建设，在用地方面优先予以保障。鼓励社会资金以及有实力的企业和各类开发企业多渠道投资建设多层标准化厂房，并要求容积率不得低于0.8，建筑密度不得低于40%，提高单位土地面积的投入产出水平。依法收回闲置满两年的土地，重新安排使用；依法不能收回的，采取改变用途、等价置换、临时使用、纳入储备等多种办法，及时盘活利用。2010年底至2011年初，清理处置闲置空闲低效用地15宗，面积737.05亩，提高土地节约集约利用水平。2012年，对梁山经济开发区土地节约集约利用评价，评价范围为4.2平方公里，东至梁山街道办事处界，西至刘仙庄进村路，南至马营乡界，北至龟山河，开发区节约集约用地评价更新成果顺利通过专家组的验收。2013年，开展闲置空闲低效用地清理工作，盘活存量建设用地873亩。

土地储备使用　梁山县土地储备使用始于2002年，当年4月成立土地收购储备中心。按照“规划控制、扩大融资、增加储备、公开出让”的总体思路，逐步建立健全土地收储融资机制，并对土地利用总体规划确定的城市建设用地规模范围内的集体土地，实行分批次统一征用。对旧城改造用地等，有计划地统一收回或收购，依法纳入政府储备。对城镇规划区内的各类建设用地进行调查摸底，并对各类土地进行登记造册，为实行土地招标拍卖挂牌出让奠定基础。至2013年，经省市批准建设用地78个批次，用地总量为995公顷，其中国有建设用地648公顷，集体建设用地367公顷；单独选址项目5个，用地面积34公顷；用于保障性住房建设2个批次，用地面积5公顷；其他用地用于县城新城区及新城商务区、旧城改造、水浒文化主题公园、重点企业项目建设；共收储土地133宗，共计170.73公顷。

土地级别与基准地价 1995年，梁山建立城市土地定级估价信息系统，定级范围为梁山县城规划区。梁山县城镇规划区内的土地级别共分为三级：一级土地东起县政府，西至凤园路，南起汽车站，北至青年路范围的土地；二级土地东起土产公司，西至凤凰山，南起县医院，北至北关小学范围内的土地；三级土地为梁山县城规划区内除以上一级、二级土地外，均属三级土地（不含凤凰山及灵龟山以西的土地）。不同土地级别、不同用地类型基准地价为：一级土地商业用地744.93元/平方米，工业用地402.00元/平方米，住宅用地422元/平方米；二级土地商业用地483.96元/平方米，工业用地319.20元/平方米，住宅用地330.00元/平方米；三级土地商业用地225.00元/平方米，工业用地114.80元/平方米，住宅用地184.50元/平方米。属开发区土地基准价另定。在确定梁山县城规划区基准地价的基础上，分别于2003年、2007年、2010年进行城区土地级别调整和基准地价更新。

2003年土地估价区域面积为16.33平方公里，其中一级土地1.6平方公里，占10%；二级土地4.28平方公里，占26%；三级土地10.45平方公里，占64%。此次更新土地分等定级仍分为三级，界限为：一级土地东起县政府，西至凤园路，南至国税局，北至棉一厂；二级土地东起土产公司，西至凤凰山脚下（含水浒商贸城周围土地），北至一电厂，南至矿柱林招待所；县城规划区内其他均属三级土地。各级土地级别中，不同用地类型基准地价为：一级土地商业用地750元/平方米，住宅用地500元/平方米，工业用地410元/平方米；二级土地商业用地475元/平方米，住宅用地350元/平方米，工业用地310元/平方米；三级土地商业用地260元/平方米，住宅用地210元/平方米，工业用地170元/平方米。

2007年土地级别和基准地价的评价区调整至1990公顷（含水泊梁山风景区249公顷），其中一级土地260公顷，占13.07%；二级土地474公顷，占23.82%；三级土地1256公顷，占63.11%。土地级别仍为三级，其界限为：一级土地东起县政府，西至凤园路，南至检察院，北至梁轴轴承有限公司；二级土地东起县供电公司，西至凤凰山脚下（含水浒商贸城周围土地），北至县外贸集团公司，南至县水利局黄灌处。县城规划区内除以上一级、二级土地外，均属三级土地。各级土地级别中，不同用地类型基准地价为：一级土地商业用地815元/平方米，住宅用地550元/平方米，工业用地420元/平方米；二级土地商业用地486元/平方米，住宅用地355元/平方米，工业用地314元/平方米；三级土地商业用地279元/平方米，住宅用地220元/平方米，工业用地215元/平方米。

2010年，全县进行土地级别调整并对基准地价进行新一轮更新，根据山东省国土资源厅鲁国土资发〔2009〕143号文件精神，以梁山县土地利用总体规划和城市总体规划为基础，结合当地的实际情况，确定城区评价范围。具体范围如下：北起北环路以北350米，南至南环路—水泊南路以南600米流畅河，西起西环路，东至梁济运河（不包括梁山、凤凰山、龟山山体），总面积为3950公顷。土地利用总体规划建设用地及有条件建设用地面积为3194.6公顷。与土地利用总体规划相比较，该次评价范围面积增加755公顷，主要是增加龟山河至北环路以北350米区域以及东环路至运河连接线区域。这两个区域大部分为已建成工矿区，且在梁山县城市总体规划范围以内，综合考虑当地实际，将这两个区域纳入了评价范围。

此次城区土地级别重新调整为四级，其界限为：一级土地：北到青年路，沿水泊中路到嘉诚中专；南至原金城路，沿张坊教育中心南界址点到梁山山体；西到灵龟山、凤凰山山体、凤园路，沿迎宾路到水泊西路；东至梁山山体、原越山北路、水浒山庄、原建设一路。二级土地：北至工人路、北关小学；东到建设一路；西至公明路两侧到银河停车场和一中汽修厂、凤凰城、西环路；南到金城路、山水家园。三级土地：北至北环路、龟山河，西至蒙馆路、西环路，东至东环路，南到南环路、沿水泊南路到轴承厂。四级土地为评价区内除一、二、三级地范围以外的区域。各级土地级别中，不同用地类型基准地价为：一级土地商业用地1130元／平方米，住宅用地870元／平方米，工业用地435元／平方米；二级土地商业用地782元／平方米，住宅用地645元／平方米，工业用地328元／平方米；三级土地商业用地476元／平方米，住宅用地385元／平方米，工业用地230元／平方米；四级土地商业用地285元／平方米，住宅用地248元／平方米，工业用地165元／平方米。至2013年，基准地价更新工作通过专家评审并公布使用。

征地综合地价调整 2009年，根据《山东省人民政府办公厅关于实施征地区片综合地价标准的通知》（鲁政办发〔2009〕20号）文件精神，全县13个乡镇共计963平方公里的土地划分为3个等级标准进行征地补偿。全县一级区片范围：东到东外环以东500米，南到流畅河，西到西外环以西500米，北到金码河，区片价4万元／亩；二级片区范围：梁山镇、寿张集乡、拳铺镇、杨营镇、马营乡以上乡镇一级区片以外的范围，韩岗镇、韩垓镇、大路口乡，区片价3.8万元／亩；三级区片范围：小路口镇、赵堌堆乡、小安山镇、馆驿镇、黑虎庙乡，区片价3.5万元／亩。该征地区片价自2009年7月1日起执行。

2012年，根据山东省人民政府《关于调整山东省征地区片综合地价标准的批复》（鲁政字〔2012〕288号文）精神，对全县征地区片综合地价标准进行调整，Ⅰ类区片价由4万元／亩调整为4.5万元／亩，Ⅱ类区片价3.8万元／亩调整为4.2万元／亩，Ⅲ类区片价由3.5万元／亩调整为3.9万元／亩。

增减挂钩项目 2009年，全县开始开展城乡建设用地增减挂钩工作，共获批14个增减挂钩项目，其中2009年项目3个，分别是拳铺镇陆庄项目区、馆驿镇亓庄项目区、韩垓镇大李庄项目区；2010年一批项目为：梁山镇前后码头社区项目区、拳铺镇盛垓社区项目区（一期）、黑虎庙乡西小吴社区项目区（一期）、黑虎庙乡张庄社区项目区（一期）、黑虎庙乡义和社区项目区（一期）、韩岗镇司垓社区项目区（一期）、韩垓镇韩垓社区项目区(一期)；2010年二批项目为：马营社区、蔡庄社区项目区（一期）、蔡林社区、司垓社区项目区、孙老包社区、戴那里社区项目区（一期）、梁山镇陈楼社区、姜庄社区项目区（一期），全部整村迁建。至2013年，已完成整村迁建并通过验收的有韩垓镇大李庄、馆驿镇亓庄、黑虎庙义和社区项目区、马营镇马营社区、杨营镇蔡庄社区、梁山街道姜庄社区，拳铺镇盛垓社区、韩岗镇司垓社区也完成部分验收，其他项目区正在实施中。

第四节 农田保护

保护措施 1994年后，全县认真落实耕地保护措施，健全基本农田保护制度，完善基本农田保护用途管制、占补平衡、占用审批等一系列规章措施，强化土地规划的用途管制作用。2001年4月，制定《实施基本农田保护工作若干规定》，全面启动基本农田示范区项目建设，并统一基本农田保护标识。2006年，县、乡镇（街道）分别成立耕地保护领导小组，层层签订耕地保护责任书，将耕地保护责任落实到人、到地块，对建设项目占用耕地的，切实做到“占一补一”，确保耕地保有量和基本农田保护面积均不低于市政府下达的保护指标。至2010年，梁山县管理区域内耕地保持在65302公顷，基本农田保护面积58201公顷，始终不低于上级下达的耕地保有量目标，并实施高标准基本农田建设，设立160个基本农田保护标志牌和28个大型公告牌，形成全覆盖的基本农田保护网络。

农用地整治 1994年后，梁山县根据上级农用地整治项目安排，加大农用地整治力度，努力增加可耕地面积，基本农田得到有效保护。2005年，梁山县第一个部级开发整理项目实施，项目区总规模633.76公顷，国家投资1368万元，涉及邓庄、后青堌堆、前青堌堆、百忍庄、鹅鸭场等16个行政村。项目实施后，新增耕地173.2公顷。2011年，梁山县成为济宁市第一批国家投资土地综合整治示范项目实施县之一，并成功申报国家级拳铺土地综合整治项目。至2013年，国家级拳铺镇土地综合整治项目农用地整治部分完成90%以上，省级大路口基本农田整理等4个省、市、县项目竣工。1994—2013年，共完成国家级、省级、市级、县级土地开发复垦整理项目58个，总规模3741.46公顷，总投资25254.69万元，新增耕地1492.246公顷。此外，8万亩高标准基本农田建设工作完成项目规划设计，上级3000万元配套建设资金通过评审。

废弃地复垦 2010年，开展工矿废弃地复垦调整利用工作，申报实施项目5个，分别是大路口乡孔那里砖厂、杨营镇侯寺村砖厂、小路口镇殷那里村砖厂、赵堌堆乡砖厂、大路口乡西杨村砖厂，共复垦耕地42.9579公顷。2012年，实施工矿废弃地复垦调整利用项目6个，分别是梁山县杨营镇工矿废弃地复垦调整利用项目、梁山县韩岗镇工矿废弃地复垦调整利用项目、梁山县赵堌堆乡杨寨村工矿废弃地复垦调整利用项目、梁山县黑虎庙镇东郭村工矿废弃地复垦调整利用项目、梁山县韩垓镇工矿废弃地复垦调整利用项目、梁山县赵堌堆乡工矿废弃地复垦调整利用项目，共复垦耕地24.6183公顷。

第五节 地质保护

地质环境治理 20世纪60年代，县政府在青龙山、郝山峰、虎头峰、雪山峰等山体设立石灰岩矿区开采石灰岩资源，在梁山北开采砖瓦用黏土矿烧制砖瓦，促进了当地及周边地区经济社会的快速发展，但也造成了山体破坏，遗留了地质灾害隐患。2010年，在对梁山山体调查及地形测绘工作的基础之上，提出治理实施方案，积极争取山东省梁山风景名胜区石灰岩矿区矿山地质环境治理。同年12月，首批治理资金4500万元到位，梁山风景名胜区石灰岩矿区地质环境治理工程全面启动。主要治理范围包括梁山虎头峰、郝山峰、青龙山和山北废弃砖瓦用黏土矿矿区。其中梁山山北废弃砖瓦用黏土矿治理面积33公顷；青龙山南侧治理区破损立面面积5.2公顷，破损平面面积25.7公顷；郝山峰北侧破损立面面积4.4公顷，破损平面面积10.4公顷；虎头峰破损立面面积4.3公顷，破损平面面积10公顷。2012—2013年，梁山县全面掌握区内地质环境条件及现状，对治理范围内各区域分区进行防护治理。

地质灾害防治 2003年7月2日，对小安山矿区危岩体采取一次性爆破方式成功排除危岩体。2008年1月，成功爆破拆除水泊街道辖区内五个砖厂的烟囱。同年，梁山县编制《梁山县国土资源局破坏性地震应急预案》《梁山县突发性地质灾害应急预案》，2011年委托山东省地质环境监测总站编制《山东省梁山县地质灾害防治规划（2011—2025）》，加大地质灾害防治知识宣传力度，健全地质灾害监测预报制度、汛期值班制度、巡查制度、灾情速报制度及周报制度，对地质灾害隐患点进行拉网式排查，在凤凰山山洞等地质灾害隐患处设立警示牌，提示过往行人注意安全。在城区繁华路段设立“3.19”矿法宣传咨询台，发放宣传材料及张贴彩色宣传标语，做到零距离向广大群众进行宣传，提高群众防灾意识和自救能力。2012年，县国土资源局会同县财政局成功申报龟山地质灾害隐患点治理项目，争取上级无偿扶持资金340万元，开展龟山地质灾害隐患点治理。

地质公园建设 2009年，梁山县申报山东梁山省级地质公园。2010 年 1 月 22 日，山东省国土资源厅《关于批准第六批省级地质公园资格的通知》（鲁国土资字〔2010〕86 号文）授予山东梁山省级地质公园资格。2012 年 3 月，成立梁山省级地质公园管理局，为正科级事业单位，与梁山风景名胜区管理委员会合署办公。同年 6 月，县政府委托山东省地质环境监测总站编制《山东梁山省级地质公园规划（2012—2025)》。规划该地质公园分为二大园区：梁山园区、龟山—凤凰山园区，总面积 3.33 平方公里，属于小型地质公园。同年 7 月，县政府及国土资源等部门依据梁山地质公园规划，按省级地质公园标准，投资 4 亿多元，开展大规模的梁山和龟山—凤凰山省级地质公园建设。主要实施地质环境恢复治理、水泊梁山遗迹保护、山北水面建设、主次干道路建设等工程项目，先后完成地质景观区地质遗迹点、线路保护等各项设施建设，修建园区内主干道路及相应配备设施，包括上山道路及台阶、休息设施及安全装置。另外，梁山地质公园还建设博物馆及游客接待中心，建设北入口—水浒街。同时，先后投资 120 多万元，安装地质公园主碑及副碑 2 块、入口导游图板 2 块、方向性导游牌 5 块、地质遗迹标示牌 23 块、宣传牌 18 块、警示标志 3 处，制作公园画册 5 万份、导游手册 1 万份、宣传光盘 10000 万份。另外，开通省级地质公园网站，建立地质公园陈列室，培训地学专业导游 5 人、普通导游 25 人，为地质公园揭碑开园做了全面的准备工作。2013 年 12 月，梁山省级地质公园（梁山园区、龟山—凤凰山园区）通过省级地质公园专家组验收。

第六节 资源勘探

煤炭勘探 2005 年，山东鲁能菏泽煤电开发有限公司在黑虎庙井田进行勘查工作，该公司提交《山东省阳谷—茌平煤田黑虎庙井田勘探报告》，-1200 米水平以浅的煤炭资源量 7968.0 万吨，-1300 米水平以浅的煤炭资源量 9889.4 万吨，-1300 米～ 1500 米水平煤炭资源量 7021.1 万吨。可采煤层为 3 上、3（3 下）、8 下、16、18 下、煤层。该勘查证实了黑虎庙井田有经济、可采的煤层赋存，为小路口地区煤炭预查工作提供重要的基础地质资料和设计依据。2006 年 6 月，济宁亿丰投资有限公司提交了《山东省梁山煤田大营井田勘探报告》，查明大营地区煤炭勘查区内可采煤层的赋存状态，煤层的厚度和宏观结构。全井田新增资源量 6162.8 万吨，预测的资源量 2181.7 万吨。2009 年 11 月，邹城市宏基矿业有限公司通过对预查区东郊的大路口地区煤炭勘查，提交《山东省梁山县大路口地区煤炭普查报告》，查明可采煤层（3 上煤、9 煤和 18 煤）的情况，大致查明了煤质、煤岩特征及煤的种类，估算全区 -1200 米以浅可采煤层资源量为 3384 万吨。2011 年，争取梁山县小路口地区煤炭预查项目，省国土资源厅无偿扶持资金 160 万元，对小路口等乡镇地下煤炭资源进行勘查。此次预查工作的目的是：在充分收集以往邻区各项地质资料及本区以往二维地震资料的基础上，运用二维地震勘查等手段，对该区煤炭资源是否有进一步地质勘探价值做出评价。

地热勘探 2004 年 7 月，山东省地矿工程勘察院在初步分析全县区域地质资料的基础上，提交“山东省梁山县南部地区地热资源调查”立项申请书。同年，山东省财政厅以鲁财建指〔2004〕69 号文正式批准立项，山东省国土资源厅以鲁国土资发〔2004〕190 号文下达，财政拨款 50 万元，具体调查工作区内的地层结构、地质构造特征；调查工作区内地温场的空间分布与变化规律，推断热储、盖层、导热和控热构造，建立热储概念模型，初步圈定地热异常区；估算 E 级储量，提交调查报告，为今后地热资源进一步勘查提供依据。进一步查明工作区的地质、水文地质条件，以碳酸盐岩裂隙岩溶热储层为此次评价的主要热储层，比较符合当地的地热地质条件。同时，在建立热储概念模型的基础上，对工作区地热资源量进行计算和评估，报告中采用热储法求得工作区地热资源量为 2.09×1018J（折合标准煤 7.13×107 吨），其中可利用地热资源量 3.14×1017J（折合标准煤 1.071×107 吨）；采用平均布井法求得地下热水可采资源量 1.7 万米 3/d,，并对工作区地下热水水质进行了大致的评价，矿化度 1.5 ～ 1.8g/1，不宜饮用、农灌，可用于洗浴、温室养殖、土壤加温等。

铁矿预查 2010 年，山东省国土资源厅以《关于下达 2010 年度省地质勘查项目计划的通知》（鲁国土资字〔2010〕1130 号）下达梁山两个铁矿地质勘查项目。一是山东省梁山县东丁庄地区铁矿预查，项目任务书编号：鲁勘字〔2010〕100 号，项目资金 175 万元，项目性质为预查，山东省物化探勘查院承担该项目勘查工作，预查目标任务是：在充分收集研究区内以往地质、物化探等资料基础上，对航磁异常进行查证。通过 1∶10000 高精度磁测进一步圈定磁异常，并利用高精度磁测精测剖面和可控源音频大地电磁测量剖面进行异常研究，推断引起异常磁性体的空间形态，利用钻探对磁性体性质进行验证，为在该区进一步开展铁矿普查提供依据。预查结论是：预查区内基底岩层泰山岩群山草峪组是重要的赋矿层位，是寻找沉积变质型铁矿床的有利条件；区内 3 处高磁异常形态规则，均为北西走向，具有相似性，其中米 3 磁异常经钻探证实为隐伏的磁铁矿体所引起，推断米 1、米 2 磁异常源性质与米 3 相同，揭示了预查区具有较高的找矿潜力。二是山东省梁山县李官屯地区铁矿预查，项目编号：鲁勘字〔2010〕57 号，项目资金 401 万元。目的任务是：在研究区域成矿地质条件及成矿规律的基础上，对工作区开展地质测量、物探测量、钻探验证及分析测试等工作，寻找隐伏“鞍山式”铁矿体。初步查明矿体的形态、规模、产状及矿石质量特征，大致了解矿床的开采技术条件及矿石的加工技术性能，估算矿石资源量，为进一步勘查提供依据。

第七节 地籍管理

土地调查 梁山县先后于 1979 年和 1987 年开展土地概查和土地利用现状详查工作。1988 年，开展城镇土地申报登记和城镇地籍调查工作。1991 年，开展村庄地籍调查工作。1996 年起，每年开展一次土地利用现状变更调查。2005 年 12 月，全面开展并完成土地利用现状更新调查及数据库建设等工作，于 2007 年 7 月通过国土资源部、中国土地勘测规划院验收。该次更新调查取得以下成果：（1）编制完成区、镇（街道）、村三级土地利用现状分类面积汇总表、飞地分类面积汇总表、土地统计台账、土地统计薄；（2）编制完成 1:5 万区级土地利用现状图、1:1 万土地利用现状外业调查图（59 幅）、1:1 万土地利用现状标准分幅图（59 幅）、1:1 万土地利用现状图件及数据库、1:1 万镇（街道）级土地利用现状图及数据库、1:1 万村级土地利用现状图、1:1 万权属界线图及数据库；（3）编制完成土地利用现状更新调查工作报告、技术报告、自检报告。

2007 年 7 月 1 日，根据全国第二次调查工作统一部署，梁山县启动第二次土地调查工作，调查的主要内容包括农村土地调查、城镇土地调查、基本农田调查、专项用地统计调查、村庄地籍调查、耕地后备资源调查、土地权属调查和土地利用数据库建设等。按照《第二次全国土地调查技术规程》，对更新调查时所取得的权属调查资料、田坎系数测算资料进行补充完善；按照《土地利用数据库标准》和《城镇地籍数据库标准》，对原有数据库的内容、格式等进行调整和修改完善；农村土地调查以 1:1 万比例尺的正射影像图作为调查基础底图，对变化地块的地类、权属等情况进行外业调查，绘制相应图件，填写外业调查记录表，对每一地块的形状、范围、位置进行数字化，准确获取每一块土地的界线、范围、面积等土地利用信息；以地理信息系统为图形显示平台，以大型的关系型数据库为后台管理数据库，存储各类土地调查成果数据，实现对各类数据的一体化管理；采用多时序空间数据管理技术，实现对土地利用数据的历史回溯；采用现代网络技术，借助国土资源信息网络框架，建立先进、高速、大容量、标准统一、互联互通的土地利用信息管理和更新的网络体系，为日常管理、信息发布和社会化服务提供统一的土地资源信息共享平台，实现土地信息传输、交换、共享及社会服务一体化。2010 年 9 月 13 日，全县第二次土地调查（城镇部分）建制镇成果通过验收。

土地登记 1991 年，在开展土地利用现状调查、城镇村庄地籍调查的基础上，进行土地初始土地登记，登记覆盖率达 70% 以上。此后，土地登记工作转为日常登记和变更登记。至 2010 年，全县共颁发各类土地证书 94794 本，其中，初始登记累计发放国有土地使用权证书 1240 本，集体土地所有权证书 715 本，集体建设用地使用权证书 225 本，宅基地使用权证书 72136 本，他项权利证书 158 本。同时，变更登记累计发放国有土地使用权证书 20323 本，抵押金额近 4 亿元。2013 年，农村集体土地所有权确权登记工作完成，并通过省级验收；全年共办理土地登记 681 宗。

登记查询 2002 年 12 月，国土资源部发布《土地登记资料公开查询办法》，规定土地登记卡和宗地图的土地登记结果可以提供给任何单位和个人查询，实行有限主体查询。至 2013 年，全县累计提供土地登记查询 1728 人次，为国有农场、水利工程、河流、公路等土地确权和权益保护提供了依据，为土地权属纠纷调处提供了翔实的基础资料。

土地评估 2001 年，土地估价报告备案取代确认审批制，由中介机构对土地估价结果独立承担责任，不再通过县行政审批中心办文窗口报批，而由委托人写出书面申请，其土地评估报告连同土地评估中介机构的《土地评估报告备案表》或《土地估价报告初审表》及其他有关资料，直接向县国土资源局申请备案。2003 年，全县开展农用地分等定级工作，根据农用地的地质、土质、耕作条件统一进行分等定级，于 2004 年全面完成，为全县农用地使用情况提供可靠依据，建立了以基准地价为核心的地价体系，凡县城区内的土地实行出让、转让、租赁、抵押、拍卖等，均以基准地价为基础，评估宗地地价，进一步规范了测绘、评估、拍卖市场行为。2005 年后，中介机构全部推向社会，至 2013 年，所有土地评估均委托有资质的中介机构进行评估。

第八节 测绘管理

测量标志维护 2009 年，实行测量标志分类管理维护，认真做好县境内测量标志抽样调查和保护工作。2010 年，对完好和部分完好的标志进行核查，逐个维修维护，确保普查工作全面、准确，顺利完成省、市测量标志的检查验收工作。2012 年，县国土资源局印发《梁山县测量标志巡查工作管理办法》的通知，将全县 55 个永久性测量标志点分解到基层国土所，每个测量标志点由专门保管负责人巡查、维护，并将测量标志巡查记录表、巡查台账、巡查图像汇交测绘管理科。

地理信息整治 2009 年 7 月，县政府制定《梁山县测绘管理办法》（梁政发〔2009〕34 号），健全完善宣传教育制度、联席会议制度、信息互通制度、联合执法检查制度、联合查处案件及案件移送、联合动态监管及预警、责任追究等制度，建立测绘工作日常管理体系及地理信息市场长效监管机制。同年 9 月，县政府办公室印发《梁山县地理信息市场专项整治工作方案》（梁政办发〔2009〕111 号文），重点查处地理信息市场中各种非法测绘活动，开展测绘市场执法检查，有效遏制测绘市场中的违法违规行为，测绘市场逐步规范。

地形图及建库 2010 年，组织实施城镇 1:500

地形图测绘工作，委托具有甲级资质的山东省地质测绘院承担，全面完成了全县主城区及八个建制镇地形测绘工作，城区控制面积 29.5 平方公里，建制镇驻地控制总面积 10 平方公里，共测绘 1:500 比例尺地籍、地形图 25.13 平方公里，其中主城区 16.10 平方公里，建制镇 9.03 平方公里，2010 年 4 月 14 日通过省国土资源厅验收。

数字城市建设 2012 年，全县启动数字城市建设工作。数字城市建设的内容包括基础地理信息数据库建设、地理信息公共平台建设、应用示范建设、支撑环境建设和政策机制建设等，用于县政府各部门管理、决策与公共服务，同时作为数字山东、数字济宁地理空间框架的组成部分，纳入国家、省级、市级基础地理信息系统，用于政府宏观决策与公益性服务，实现项目成果的城市共享。至 2013 年，数字城市地理空间框架公共服务平台建设全部完成，开展了大比例尺基础地理信息数据库建设与动态更新工作。

区域三维建模 2012 年，梁山县启动重点区域三维建模工作，包括：水泊梁山风景名胜区，面积 2.775 平方公里；凤凰山、灵龟山，面积计 0.465 平方公里；水泊中路，北至北转盘，南至杏花村合计 1.21 平方公里。三个区域共计 4.45 平方公里。经专家评审，通过了由北京四维益友信息技术有限公司提供的《数字梁山地理空间框架建设三维建模项目设计书》。2013 年，水泊梁山风景名胜区、凤凰山、灵龟山及水泊中路等 4.45 平方公里重点区域三维建模工作通过上级验收。

主要测绘成果 全县基础测绘成果，主要包括：（1）大地测量成果。经测量控制点普查，县内尚有保存完好可以正常使用的控制点 89 座，其中 DCORS 连续运行参考站一个，保存完好，位于梁山县气象局内。（2）遥感影像成果。2008 年，结合第二次土地调查生产的 1：10000 正射影像图 61 幅，每年卫片土地执法检查用 SPORT5 影像 1 套，两种航天遥感影像均覆盖全县。（3）基本比例尺地形图。结合第二次土地调查城镇地籍调查生产的 1：500 比例尺地形图，覆盖全县城区及建制镇中心区域，面积为 25.13 平方公里。（4）基础地理信息系统。2008—2009 年，先后完成 1：500 城镇地籍数据库、地形基础地理信息系统，面积均为 25.13 平方公里。

第九节 监察执法

1994 年后，土地监察执法主要对贯彻执行土地法规的情况进行监督检查，并负责全县土地违法案件的查处，特别是对违法占地、土地规划、农用地转用、土地征收、土地资产处置、土地使用权交易、国有土地出租、矿业权流转、矿产品流通等领域违法案件的查处。在执法监察工作中，注重完善土地执法监察动态巡查责任目标考核体系，量化考核标准，严格落实巡查责任，对执法监察大队、基层国土所、执法中队的职责进行划分，进一步完善县、乡、村三级国土资源监察网络，形成“横向到边、纵向到底、纵横交错”的网络执法监察体系。同时，加大国土资源法律法规知识宣传力度，利用“3.19”矿法宣传日、“4.22”地球日、“5.12”防灾减灾日、“6.25”土地宣传日等进行国土资源法律法规知识宣传，并将国土资源相关法律法规知识汇编成册向社会发放，还在县电视台、县广播电台开办国土资源法律法规宣传栏目，宣传国土资源法律法规知识，提升了社会各界国土法规意识。

2008 年起，国家实行卫片执法检查全覆盖，县政府及国土资源部门多次组织开展违法违规用地清理整顿工作，严肃查处各类违法违规用地行为。同时印发《梁山县国土资源执法监察动态巡查责任制及考核办法》，全面落实国土资源执法监察动态巡查制度，设立土地动态巡查专管员，实行土地动态巡查日报告、零报告制度，将全县土地划分为 54 个巡查区域，每一个巡查区域明确一名巡查专管员，确保每平方公里土地都有动态巡查责任人，严格实行执法监察动态巡查考核奖惩制度，对辖区内的国土资源违法行为做到及时发现、及时制止、及时处理，违法行为发现率、制止率、结案率均达到100%。

与此同时，注重做好土地信访案件的调查处理及行政应诉、复议等工作。1994—2002年，县国土资源管理部门共接待、处理国土资源案件138件（次），调查处理上级转交办案件147件（次），参与国土资源行政诉讼案件14件（次），行政复议案件7件（次），胜诉率及维持率达97%，协调处理土地争议82件。2003—2013年，县国土资源管理部门共接待、处理国土资源案件178件（次），调查处理上级转交办案件316件（次），参与国土资源行政诉讼案件23件（次），行政复议案件21件（次），胜诉率及维持率达98%，协调处理土地争议96件。

第二章 环保

第一节 管理机构

梁山县环境保护局（简称环保局），正科级行政单位，县政府组成部门。环保局前身为县政府环境保护办公室，为副科级单位。1989年5月，更名为县环境保护局，为正科级单位。1993年12月，并入县城乡建设环境保护委员会，下设县环保办公室，为副科级行政单位，人、财、物保持相对独立。1994年11月，撤销县环保办公室，设立县环境保护中心，为正科级事业单位，行使环境保护行政职能。1996年1月，县环境保护中心直属县政府领导，设立党组。1997年6月，设立县环境保护局，为县政府工作部门，与梁山县环境保护中心合署，一个机构、两块牌子；内设办公室、管理股、财务股、法宣股4个职能股室，下设县环境监测站，排污收费监理站。2002年，县环保局列县政府组成部门；同年9月，县环保局内设办公室、规划财务科、政策法规科、污染控制科、监督管理科5个职能科室。2010年5月，县环保局增设自然生态保护科，下设县环境监察大队、污染物排放总量控制办公室，均为副科级单位，同时撤销排污收费监理站。至2013年，环保管理机构设置未改变。

第二节 环境状况

大气环境 梁山县境内大气环境主要受煤烟、粉尘等影响。2006年，梁山县在自来水厂、轴承厂、环保局设3个空气监测点，每年分季度4期采样，每期连续采样5天，测得空气悬浮物颗粒年平均为0.256毫克/立方米，空气二氧化硫浓度年平均值0.023毫克/立方米，空气二氧化氮浓度年平均值为0.017毫克/立方米。2008年，全县拥有工业锅炉36台，总吨位410蒸吨，工业窑炉22座。梁山电厂为耗煤大户，其耗煤总量及其含硫量以二氧化硫、烟尘为主要污染因子，对大气环境形成煤烟型污染。同时，水泥制品工业大量排放的粉尘加重了大气污染程度。2010年，全年工业燃料耗煤总量1.87万吨，原料煤消耗量3.3万吨，工业废气排放量2.2亿标立方米，二氧化硫年排放量达1400吨，烟尘和工业粉尘280吨。除工业企业外，社会上还有取暖锅炉3台，茶水炉30余个，饮食服务大灶300眼。此外，梁山县民营企业发展迅速，源污染也在增加。2012年，梁山县机动车保有量6万余台，产生的尾气和热量，形成污染气团并逐渐汇集成为城市区域空气污染的地面低空源，进一步加剧了空气污染。根据2010年监测结果，城区环境空气二氧化硫浓度为0.033毫克/立方米，二氧化氮浓度为0.057毫克/立方米，可吸入颗粒物0.49毫克/立方米，符合国家《环境空气质量标准》(GB3095-2012)二级标准。

水环境 1996—2000年，全县有重点水污染物工业企业7家，其中被列为省控的1家，市控的4家；日排废水100吨以上的企业5家，年排工业废水总量300万吨，年排COD总量3980吨，占全县工业COD排放总量的90%。2003年，全县主要水污染物COD排放总量2000吨，超出水环境容量50%以上；通过对郭楼闸断面按枯、平、丰3个水期分6次进行监测断面监测，水质均为超三类，主要超标污染参数为高锰酸盐指数、氨氮、化学需氧量和溶解氧等。2010年，全县废水排放总量为856万吨，其中，工业废水排放量186万吨，城市生活污水排放量为670万吨。化学需氧量排放总量为513吨，工业废水达标排放率为100%，工业重复用水率65%。食品、纺织、屠宰加工是主要的工业废水排放行业，累计占全年统计工业废排放量的90%。工业及生活用水几乎全部依靠取地下水，根据GB/吨14848—93《地下水环境质量标准》Ⅲ类标准进行评价，综合1991—2005年地下水的监测结果，全县地下水水质总体较好，各项指标均符合《地下水环境质量标准》和《生活饮用水卫生标准》，城区地下水总硬度略有超标。

声环境 梁山城区开展的环境噪声监测共有3类，分别为功能区噪声监测、道路交通噪声监测和区域环境噪声监测。2003年，水泊梁山监测点测得Lep=49.90分贝，县政府监测点测得Lep=55.76分贝，自来水厂监测点测得Leq=56.73分贝，造纸厂监测点测得Leq=58.37分贝，黄灌区监测点测得Leq=64.1分贝，按照《城市区域环境噪声标准》(GB3096-93)，梁山县各功能区噪声均达到国家标准。2004年监测结果显示，区域环境噪声等效声级昼间平均值为64.1分贝，夜间等效声级平均值为55.3分贝；道路交通噪声平均值72.5分贝，高于70分贝的标准限值；在影响城区环境的各种声源中，交通噪声约占46%，社会生活噪声约占35%，建筑噪声约占13%，工业噪声约占6%。

固体废弃物 固体废弃物污染主要是由工业固体废物和城镇生活垃圾组成，梁山县境内除医院废物外，尚没有《固体危险废物名录》中列出的危险废物产生。2006年，城区人口总量13万人，日产垃圾160吨，高峰期间的产量为200吨/日，全年垃圾产生量约为6～7万吨，所产垃圾仅做简单的清运、堆存、填埋，未进行深度处理。2012年，全县工业固体废物年产生量约在600万吨以上，综合利用和处理约占92%，另有约8%被贮存起来。

第三节 环境治理

水污染治理 1994年，县政府及环保部门贯彻落实《中华人民共和国环境保护法》和《中华人民共和国水污染防治法》，强化环境监督管理，局部水域环境质量得到明显改善。1996年，关停土小企业8家，其中年产5000吨以下的麦草制浆造纸企业7家，减少了污染物的排放量。至2000年，全县5家重点水污染物工业企业，依据国务院《淮河流域水污染防治暂行条例》要求，积极筹措资金，进行排污治理，分别通过省、市环保部门的验收，圆满完成限期治理任务。2001—2005年，全县有18家企业采取产业结构调整、废水再提高工程等措施，投资2800多万元，年削减COD1700多吨，降低工业污染负荷，改善全县水环境质量。2007年，占地面积36000平方米、一期设计处理能力2万吨/日的梁山污水处理厂竣工运行。2009年，总长21720米的城区污水管网二期工程成功通过验收。同年8月，县政府在全县范围内对“土小”企业进行全面排查和取缔，印发《关于取缔和淘汰污染严重土小企业的通知》(梁政发〔2009〕41号)，组织对排污企业的监督检查，集中治理废水排放企业，共关停取缔“土小”企业梁山恒鑫化工有限公司、梁山镇马庄马宗海化工厂等16家。2010年5月，梁山污水处理厂进行二期工程扩建，污水处理能力由原来的2万吨/日的规模扩大到5万吨/日，处理标准由原来的一级B标准升级至一级A标准，进水口新增重金属监测设备，实现1万吨/日的中水回用工程，完成配套管网建设，建设生物指示池。至同年底，工业废水排放量由1993年的300万吨下降到186万吨。2011年，新建项目实行排污总量控制，加强重点排污企业监管，确保企业治污设施的正常运行、出水稳定达标排放。2012年，县政府及环保部门制定《梁济运河梁山段断面水质达标方案》《梁山县南水北调治污及大气污染防治攻坚行动工作方案》，方案从水质现状、工作措施、项目工程保障、任务分工、治污措施保障等方面提出了明确要求。同年，包括库容330万立方米的截蓄导用工程、龟山河泵站及3座交通桥的南水北调截污导流工程全部竣工并通过验收。2013年，县政府及环保部门制定《南水北调水污染防治市级项目责任分工方案》《关于做好迎接南水北调试通水水质保障的通知》，加大南水北调治污力度，提升全县治污水平，确保全县水环境质量稳定达到南水北调调水水质要求。

大气污染治理 1995年，梁山县开始实施“蓝天工程”和大气污染物排放总量控制工作，6家污染严重的企业在“九五”期间完成治理任务，实现废气达标排放，并推广民用型煤，改造各类小型炉灶，城区大气环境质量有所好转。2001年，全县采取大气污染物排放总量控制等措施，至2002年，被济宁市政府列入限期治理的6家单位、被梁山县政府列入限期治理的18家单位，大部分完成限期治理任务，其中7家污染较重的单位完成治理任务，实现废气达标排放，削减烟尘190吨，二氧化硫576吨，粉尘500吨。此外，查封拆除17台炉型落后、污染严重、无法治理的小型炉具，90%的建筑工地实行封闭施工。2006年，县政府加大治污力度，禁止建筑施工场所敞开式作业，防止扬尘污染；清理取缔城区供热区内的小型燃煤锅炉，整治关停浴池、馍房等黑烟囱；治理挂车等有喷漆污染的企业，防止有毒气体污染；加强城区空气环境综合整治，着力打造出清新的生活环境。全年先后关停梁山县第二发电厂0.6万千瓦1#机组，可减少二氧化硫130.54吨；关停梁山县水泊水泥有限公司水泥生产线，可减少二氧化硫排放量54.45吨。2007年12月，关停梁山县安达水泥有限公司立窑生产线，改为水泥粉磨站，关停后可减少二氧化硫120吨/年，节煤2万吨/年；关停梁山茶庄砖窑厂、梁山馍台砖厂、梁山郑垓西砖厂、梁山郑垓东砖厂、梁山付庙砖厂，可减少废气排放量14250万标立方米/年，减少二氧化硫排放量323吨/年，节煤1.337万吨/年，节约土地350亩。2009年12月，关停梁山浒泊酿造厂4.8吨燃煤设施，梁山轴承有限公司实现二氧化硫减排量5.24吨，梁山蓝天化工有限公司实现二氧化硫减排量39.2吨。2010年6月，关停梁山县兴华建材厂、梁山永兴建材厂、梁山同泰祥建材有限公司、梁山金阳光建材有限公司、梁山秀乾建材厂，当年减排49.24吨。2011年，加大城区燃煤设施的治理力度，推进砖瓦窑的治理和关停。2012年，建立扬尘污染综合治理长效机制；同年6月，开展机动车尾气检测工作。2013年，县政府及环保部门制定《梁山县大气污染防治实施方案》，县城区集中供暖减排项目替代22家供热采暖小锅炉，实现减排二氧化硫77.35吨，氮氧化物18.20吨。

噪声污染治理 梁山县积极开展噪声污染治理工作，重点进行建筑施工噪声、交通运输噪声、工业生产噪声、商业场所噪声、文化娱乐噪声和其他社会生活噪声等6个方面的噪声治理。严格按照城市规划要求，严禁在城区新建工业项目，加强现有企业治理和监管，对城区现有企业加工点严格执行排污申报、排污许可证制度和工业企业厂界噪声标准。对超标排放噪声的加工作坊，环保部门依法对其进行限期整治，整治不达标者依法进行关停。同时，加强建筑噪声污染源头控制工作，要求所有建筑施工项目必须办理环境影响评价审批，并按环评要求控制噪声污染。另外，加强高、中考期间建筑施工噪声的监管工作，在每年高考、中考前一个月内及考试期间，禁止在噪声敏感建筑物集中区域内进行产生噪声污染的夜间施工作业，高、中考期间，24小时内禁止在考场周边100米区域内进行产生噪声污染的施工作业。

废物污染治理 固体废物主要来源于生活垃圾和锅炉灰渣。为防止固体废物污染环境，主要在有条件的村庄建设垃圾集收站，采取户分类、村收集、镇清运、县处理的方式，解决农村生活垃圾污染问题；加强畜禽养殖场粪便的无害化处理，防止畜禽养殖造成大气和水污染；在中心镇建设垃圾处理厂，有效收集处理辖区内的生活垃圾；加强医疗垃圾的管理，委托有资质的单位对各医疗机构产生的医疗垃圾进行集中处理；加强废旧电器的回收处理工作，对废品收购点集中整治，取缔不规范的垃圾收购点，防止垃圾污染环境。至2013年，城市生活垃圾做到了日产日清，电厂粉煤灰二次利用，所有锅炉渣全部综合利用未有堆存，全县固体废物全部基本得到综合利用。

污染源综合治理 2005年，县政府对14家重点废水污染源和15家废气污染单位，提出深度治理及烟尘治理再提高任务目标。2006年，全县环境保护工作以污染减排为核心，推进碧水蓝天工程建设，开展重点区域集中整治。2007年12月31日，梁山县开展第一次全国污染源普查，共完成普查对象3774家，其中工业源521家，生活源669家，农业源2584家。普查全县工业源用水总量216.5万吨，生活源用水总量800.33万吨，工业源废水排放量为150.33万吨，生活源污水排放量为955.63万吨。工业源COD产生量为5047.27吨，排放量为669.34吨，削减量较高；生活源COD产生量为4746.27吨，排放量为4234.52吨，削减量较低。工业源氨氮产生量为45.25吨，排放量为13.71吨；生活源氨氮产生量为471.66吨，排放量为462.1吨。普查工业源工业废气排放量392786万立方米，其中燃烧过程排放量110968万立方米，工艺过程排放量281818万立方米，废气处理量54969.52万立方米。普查工业源固体废物产生总量为40640.88吨，危险废物产生总量为321.64吨。其后，于2009年、2010年对污染源普查数据进行了更新。2010年底，全县关停4家污染严重、无治理价值的“十五（土）小”企业，有11家企业完成废水深度治理任务，12个烟尘污染单位完成废气治理，3个单位更新锅炉或改烧清洁能源。至2013年，县环保局共审批建设项目1899个，否决项目97个，“三同时”（建设项目防治污染措施与主体工程同时设计、同时施工、同时投产使用）执行率始终保持在100%，坚持每年对梁山县排污单位的27套污染防治设施进行108套次现场环境监理，其中对6家重点企业进行每月两次的现场监理，污染防治设施运转达标率为99.6%。

第四节 环境监测

监测机构 县内环境监测由专门的环境监测站负责。环境监测站为事业单位，始建于1984年，隶属于县环保局，业务上受济宁市环境监测站的指导。环境监测站实验室建筑面积812平方米，各类环境监测仪器68台（套），固定资产120万元，拥有专业化的环境监测人员。1996年，环境监测站首次获得山东省技术监督局颁发的计量认证合格证书；2001年，通过复审再次获得计量认证合格证书。2007年、2012年分别通过《产品质量检验机构计量认证／审查认可（验收）评审准则》的现场评审，共通过地下水监测、地表水监测、工业废水监测、自然降水监测、环境空气监测、工业废气监测、噪声振动监测等7类环境要素，总计 48 个监测项目。

监测项目 环保监测站承担着梁山县境内环境质量和污染源两类监测任务。环境质量监测包括地表水、地下水、自然降水、环境空气、环境噪声五类。地表水监测主要是境内的邓楼断面和王场断面，监测的时间统一为每年的 3 月、5 月、7 月、8 月、10 月、11 月共 6 个月份的上旬，监测项目为流量、水温、pH 值、悬浮物、总硬度、溶解氧、化学耗氧量、高锰酸盐指数、五日化学需氧量、氨氮、挥发酚、石油类等 9 项。地下水监测时间为每月上旬，监测项目为 pH 值、总硬度、挥发性酚、高锰酸盐指数、氨氮、氟化物、总大肠菌群共 6 项，主要监测自来水公司凤园水厂，自然降水是逢雨雪天气即时监测，项目包括降水量、pH 值、电导率。环境空气的监测采用空气连采仪进行，隔日采样分析，监测项目为二氧化硫、二氧化氮、可吸入颗粒物。环境噪声的监测项目包括功能区噪声、道路交通噪声、区域噪声。其中功能区噪声监测设县政府、自来水厂、黄灌处、计生委、聚义湖、造纸厂 6 个点，分别在每年 6 月、11 月各监测一次，每次昼夜分开，监测 24 小时。道路交通噪声主要监测水泊中路、人民北路，在每年 5 月份白天监测一次；区域噪声在城区内放 108 个点，在每年 5 月份昼夜监测一次。污染源监测主要是工业废水、工业废气（尘）、噪声振动，监测时间是每年 3 月、6 月、9 月、11 月，监测项目是废水排放量、化学需氧量、pH 值、生化需氧量、悬浮物、氨氮及行业特征污染物，监测对象包括一切废水排污单位。工业废气的监测时间是每年的一、三两个季度，监测项目是烟气黑度、烟尘（粉尘）、烟气中的二氧化硫，监测对象是一切废气排污单位。噪声振动的监测对象是一切相关排污单位。

第五节 环保管理

环保法制 1996 年，梁山县环保局成立法制工作领导小组，制定《梁山县环保局依法行政规范化试点实施方案》，完善建设项目环境管理、污染源现场监督检查、排污费征收、环保案件的行政处罚和听政等 15 项执法程序，规定执法人员在承办环保审批、验收、收费、处罚、登记、调处、检查等事项的权限、规则、步骤、方式、时限等，各项执法程序更具可操作性，环境保护行政执法步入“决策有制度、办事循程序、审批按权限、收费照标准、处罚讲规范”的法制轨道。2004 年 7 月 1 日，《中华人民共和国行政许可法》施行后，所有审批、审核、核准、收费等项目，均按照市政府统一要求纳入市行政审批中心办理，简化审批程序，提高办事效率，向社会公开承诺的减少审批事项、缩短办事时限、改进工作作风等事项全部兑现。同年，开展“打击环境违法行为，保障群众身体健康”的专项行动，对环保违法案件及时处理，减少污染物的排放。2010 年后，环保部门制定《梁山县环境保护综合治理方案》，全面构建“治、用、保、防、控”治污体系，实施环境保护依法综合治理目标。

环保宣传 1994 年后，利用每年的“6.5”世界环境日和省、市部署开展的“环保世纪行”活动，组织宣传车队、乐队、咨询站、环保成就展板、宣传一条街进行宣传。利用电视台开播《厂长经理谈环保》专题，并在机关、学校和社会上发放“消除白色污染倡议书”，赠送《环境保护法规汇编》等环保资料及绿色环保购物布袋等，提高全民的环保意识，推动环保工作的健康开展。重点宣传党和国家制定的一系列环保方针政策、法律法规及国家、省、市环保会议精神、领导指示、讲话内容和环境保护目标任务及工作进展以及正、反两方面的典型等，并为县领导及各乡镇党政一把手、各有关企业厂长经理免费订阅环境报刊，同时开展创建“绿色学校”和“绿色社区”活动，让社会各界自觉接受和主动参与环保宣传。2000 年后，围绕环保世界主题和中国主题，结合南水北调治污及大气污染防治攻坚行动等，梁山县组织开展形式多样的环境保护宣传活动，积极营造社会和公众关注、参与环境保护的良好氛围。2013 年 6 月，围绕第 42 个世界环境日主题“思前，食后，厉行节约”，梁山县成立“六五世界环境日宣传工作领导小组”，组织有关部门、企业、学校、社区、环保志愿者，开展一系列环保宣传活动，形成了人人关心环保、支持环保、参与环保的浓厚氛围，有效提高了市民的环境意识。

排污收费 排污收费主要对污水、废气、超标噪声、固体废物（危险废物）四个项目进行收费，收费因子涉及化学耗氧量、氨氮、悬浮物、二氧化硫、氮氧化物、烟尘等。1994 年，全县排污费征收工作步入正轨。至 2006 年，年均收费约 100 万元。2007 年，排污费征收标准逐步提高。2011 年，年收费额达到 186 万元。2003—2013 年，全县共计征收排污费 1383.8 万元。

目标责任制 1991 年，县政府成立梁山县环境保护委员会，连续签订 1991—1992 年度、1993—1997 年度、1998—2000 年度、2001—2002 年度、2003—2005 年度《政府环保目标责任书》《蓝天碧水工程污染防治目标责任书》《南水北调东线工程济宁段控制单元水污染防治工作目标责任书》《山东省“两朔一河”碧水行动水污染防治工作目标责任书》和《二氧化硫火力电厂脱硫目标责任书》，责任书中各项任务目标得到全面完成。2004 年，县政府制定《梁山县南水北调东线工程水污染防治工作目标责任书（2004—2007）》，分解到 20 个部门和单位，并在全县环境保护工作会议上，由县政府与各责任单位分别进行签订。同年，县环保局组织编写《南水北调东线工程梁济运河控制单元治污方案》，顺利通过国家专家组的审查。2009—2011 年，县政府先后与各乡镇、有关部门签订《环保主要任务目标责任书》《梁山县淮河流域水污染防治迎查目标责任书》《十二五主要污染物总量减排目标责任书》，促进环保责任目标任务的全面完成。2012 年 2 月，县政府制定《梁山县生态济宁建设三年行动计划大气污染防治目标责任书》，至 2013 年，县政府与各乡镇、有关部门连续签订该项目标责任书。

第六节 生态县建设

规划编制 2003 年，山东省全面启动生态省建设工作，梁山县成立生态县建设规划领导小组，委托青岛天人环境工程有限公司环境规划研究院进行生态县建设规划编制。2006 年 4 月，编制组完成生态县建设规划讨论稿。2006 年 8 月 25 日，济宁市环保局组织有关专家对该规划进行评审，召开《梁山生态县建设规划》论证会。编制组根据评审专家组的意见进一步修改，形成正式的规划文本。同年 9 月 7 日，梁山县第十五届人大常委会第三十二次会议，听取审议并批准县政府编制的《梁山生态县建设规划》。规划以 2003 年为规划基准年，总规划期为 17 年，近期为 2004—2007 年，中期为 2008—2015 年，远期为 2016—2020 年。规划结合梁山县属不发达地区的实际，构建的生态县建设指标体系分生态经济指标、生态环境指标和生态社会指标三大类、39 项指标。规划涉及生态功能区划、循环经济体系建设规划、生态环境体系建设规划、和谐社会体系建设规划、重点工程库及效益分析、保障措施等。

创建活动 2010 年，梁山县结合生态乡镇创建指标要求，加强农村生态环境保护，推进生态县创建活动。在创建活动中，大力防治农业污染源，全面治理农村生活垃圾污染，推进农村生态环境综合整治，逐步改善全县生态环境质量。拳铺镇、韩岗镇、杨营镇等乡镇，委托专业机构编制乡镇环境规划，并先后完成申报省级生态乡镇工作。至 2013 年，全县共有拳铺、韩岗、杨营 3 个镇和梁山、水泊 2 个街道，被命名为省级生态乡镇；小安山镇李官屯、水泊街道郝山头 2 个村，被命名为省级生态村；83 个行政村被命名为市级生态村；2 所学校被命名为省级绿色学校，

2 所学校被命名为市级绿色学校。

水系生态建设 2010 年 3 月，县政府制发《关于加强全县水系生态建设的意见》（梁政发〔2010〕4 号），提升全县生态和资源环境承载能力。《意见》确定以南水北调工程建设为契机，以加快建设水系流域大型林区和绿色保护带为重点，以保障南水北调水质及全县各水系生态安全为目标，充分发挥森林在保持水土、涵养水源、保护水质、改善区域生态环境中的主体作用，通过大力营造水源涵养林、水土保持林、生态景观林等，努力构建布局合理、结构稳定、功能完备的水系林业生态体系，进一步加快生态县建设步伐，推动全县经济社会的可持续发展。同时，提出生态优先、统筹兼顾、综合治理、多措并举、因地制宜、突出特色、重点突破、全面推进、分级负责、市场推动的建设原则及建设重点，重点推进“一湖两带两堤一环”建设，即：东平湖二级湖、南水北调输水主干线生态保护带、县域重要河流生态保护带、黄河大堤、湖东排水河堤、环绕全县生态保护体系。至 2013 年，水系生态体系建设全面实施，梁山泊、聚义湖、流畅河湿地等水系相继建成。

梁山縣志

LIANG SHAN XIAN ZHI

1994—2013

第十三篇

DI SHI SAN PIAN

中共梁山县委

中国共产党梁山县委员会（简称中共梁山县委）始建于1949年10月。1969年，成立梁山县革命委员会党的核心领导小组。1971年8月，恢复建立中共梁山县委。

1994—2013年，中共梁山县委认真贯彻执行党中央的路线、方针、政策和省委、市委统一部署及要求，坚持以经济建设为中心，牢牢把握两个基本点，实施科学发展、跨越发展，团结带领全县人民奋发图强，艰苦创业，与时俱进，开拓创新，奋力推进全县经济快速发展和社会事业全面进步，在工业强县、文化名城、生态和谐家园建设中取得令人瞩目的成就。

县委办公楼（冯传杰摄）

第一章 代表大会

第一节 党代表选举

县党代表选举在县委领导下进行，先由县委分配代表名额，然后由乡镇党委和县直部门党委（党组）选举产生。在选举过程中认真贯彻执行民主集中制原则，充分发扬民主，反复酝酿协商，采用无记名投票方式，进行差额选举。党代表选举的大致程序为：各基层党组织采取自下而上、上下结合、充分酝酿、反复协商的方法进行推荐提名；由党委（党组）根据县委分配的代表名额和代表条件、结构要求，结合多数党组织或多数党员的意见，确定代表候选人预备人选，报县委组织部审查；组织审查同意后，召开党委会（党组会议），确定代表候选人；召开党员代表大会进行选举，选举结果报县委审批。1994—2013年间，共选举第九次至第十三次5次党代会的代表。

第九次党代会代表 1995年5月，全县各选举单位根据县委分配的出席中国共产党梁山县第九次代表大会的代表名额，选举产生代表325名（出席会议的实有代表324名），其中，各级领导干部196名，占60.5%;经济、科技、文教、卫生、体育等各类专业技术人员64名，占19.8%;工业、农业等各条战线先进模范人物63名，占19.4%；武警1名，占0.3%，妇女代表47名，占14.5%。

第十次党代会代表 1998年11—12月，全县各选举单位根据县委分配的出席中国共产党梁山县第十次代表大会的代表名额，选举产生代表330名，其中，各级领导干部198名，占60%;经济、科技、政法、教育、文化、卫生、体育等各类专业技术人员 65 名，占 19.7%。工人、农民等各条战线的先进模范人物 65 名，占 19.7%;解放军、武警 2 名，占 0.6%；妇女代表 71 名，占 21.5%。

第十一次党代会代表 2003 年 1—2 月，全县各选举单位根据县委分配的出席中国共产党梁山县第十一次代表大会的代表名额，选举产生代表 338 名，其中，各级领导干部 199 名，占 58.9%；经济、科技、政法、教育、文化、卫生、体育等各类专业技术人员 67 名，占 19.8%；工人、农民等各条战线的先进模范人物 70 名，占 20.7%；解放军、武警 2 名，占 0.59%；妇女代表 65 名，占 19.3%。

第十二次党代会代表 2006 年 12 月—2007 年 1 月，全县各选举单位根据县委分配的出席中国共产党梁山县第十二次代表大会的代表名额，选举产生代表 346 名,其中,各级领导干部 193 名，占 55.8%;经济、科技、政法、教育、文化、卫生、体育等各类专业技术人员 70 名，占 20.2%；工人、农民等各条战线的先进模范人物 81 名，占 23.4%；解放军、武警 2 名，占 0.6%；妇女代表 68 名，占 19.7%。

第十三次党代会代表 2011 年 11—12 月，全县各选举单位根据县委分配的出席中国共产党梁山县第十三次代表大会的代表名额，选举产生代表 356 名，其中，各级党员领导干部代表 195 名，占 54.78%；经济、科技、政法、教育、文化、卫生、体育等方面专业技术人员 73 名，占 20.51%；工人代表 22 名，占 6.18%；农民代表 64 名，占 18.0%;解放军、武警 2 名，占 0.56%；妇女代表 75 名，占 21.1%。

第二节 历次党代会

1994—2013 年间，梁山县先后召开第九、第十、第十一、第十二、第十三次党的代表大会。

中国共产党梁山县第九次代表大会 1995 年 5 月 24—27 日在县政府一会议室召开，出席大会的代表 324 名。会议听取并审议通过王廉秀代表中共梁山县第八届委员会所作的题为《团结苦干，加快发展，努力建设繁荣富强的新梁山》的报告，审议通过臧凤柱代表中共梁山县纪律检查委员会所作的工作报告。大会选举产生中共梁山县第九届委员会，选出委员 28 名，候补委员 5 名；选举产生中共梁山县纪律检查委员会，选出委员 17 名。

大会提出：要继续深入贯彻执行党的基本路线，抢抓改革开放试点县和京九铁路通车两大机遇，奋力实施中国梁山开发区带动，全党全民抓经济，样样工作争第一，推进全县经济跨越发展，促进各项社会事业全面进步。大会号召：全县上下坚持“奋进开拓创大业，团结苦干夺第一”的梁山精神，顽强拼搏，努力奋斗，建设一个兴旺发达、繁荣昌盛的新梁山。

中国共产党梁山县第十次代表大会 1998 年 12 月 22—24 日在县政府一会议室召开，出席大会的代表 326 名。会议听取并审议通过韩军代表中共梁山县第九届委员会所作的题为《高举邓小平理论伟大旗帜，努力开创梁山现代化建设新局面》的报告，审议通过马传申代表中共梁山县纪律检查委员会所作的工作报告。大会选举产生中共梁山县第十届委员会，选出委员 29 名，候补委员 5 名；选举产生中共梁山县纪律检查委员会，选出委员 29 名。

大会提出：坚持党的基本路线，继续遵循县委确定的坚持一个原则（实事求是）、突出三大重点（稳定、发展、党建）、抓好五项工作（基础、重点、特色、班子、落实）的总体思路，切实强化党的领导，充分调动一切积极因素，齐心协力，求真务实，奋力推进全县经济快速发展和社会事业全面进步，努力把梁山建成经济强县和旅游名城。大会号召：在党中央和省市委的领导下，全面贯彻党的十五大精神，团结带领全县人民奋发图强，艰苦创业，为实现跨世纪宏伟目标和建成现代化梁山而努力奋斗。

中国共产党梁山县第十一次代表大会 2003年3月3—6日在县政府一会议室召开，出席大会的代表338名。会议听取并审议通过韩军代表中共梁山县第十届委员会所作的《深入贯彻党的十六大精神，为全面建设梁山小康社会而努力奋斗》的报告，审议通过宋科代表中共梁山县纪律检查委员会所作的工作报告。选举产生中共梁山县第十一届委员会，选出委员29名，候补委员5名；选举产生中共梁山县纪律检查委员会，选出委员17名。

大会提出：以党的十六大精神统揽全局，全面贯彻党的基本路线和基本纲领，积极实施“五全战略”（全面放开、全民招商、全民经商、全力保护、全面推行个私经济），认真落实“四再要求”（思想再解放、胆子再放开、力度再加大、步子再加快），解放思想、激发活力、乘势而上、大干快上，坚定不移走好“产业化、工业化、民营化、城镇化”的发展路子，着力抓好“发展民营，壮大工贸，调整农业，发展旅游，提高城建”五大任务，奋力促进全县国民经济跨越式发展，广泛建设具有时代特征的现代文明，努力把梁山建设成经济强县和旅游名城。大会号召：全县各级党组织和广大共产党员顾全大局，珍惜团结，维护稳定，开拓创新，为全面建设小康社会而努力奋斗。

中国共产党梁山县第十二次代表大会 2007年1月26—29日在县政府一会议室召开，出席大会的代表346名。会议听取并审议通过商建设代表中共梁山县第十一届委员会所作的《全面贯彻落实科学发展观，为建设富裕文明和谐的新梁山而努力奋斗》的报告，审议通过王宏伟代表中共梁山县纪律检查委员会所作的工作报告。选举产生中共梁山县第十二届委员会，选出委员41名，候补委员8名；选举产生中共梁山县纪律检查委员会，选出委员29名。

大会提出：以科学发展观统领全局，紧紧围绕加快构建梁山和谐社会这一战略任务，始终坚持发展第一要务、富民第一目标两个第一，深入实施开放带动、科教兴县、可持续发展三大战略，全面推进产业化、工业化、信息化、城镇化四化进程，全力抓好发展民营、壮大工贸、调整农业、开发旅游、提升城建五大任务，着力突出创新发展、调整结构、扩大开放、招商引资、优化环境、狠抓落实六个关键，奋力促进全县经济又好又快发展和社会全面进步。大会号召：为建设具有实力、充满活力、高度文明、社会和谐的新梁山，肩负起崇高的历史使命，解放思想，与时俱进，艰苦创业，励精图治，共同创造梁山的美好未来，为建设富裕文明和谐的现代化新梁山而努力奋斗。

中国共产党梁山县第十三次代表大会 2011年12月23—26日在县政府一会议室召开，出席大会的代表356名。会议听取并审议通过田卫东代表中共梁山县第十二届委员会所作的《致力科学发展，加速跨越崛起，为建设工业强县文化名城生态和谐家园而努力奋斗》的报告，审议通过钟秀芳代表中共梁山县纪律检查委员会所作的工作报告。选举产生中共梁山县第十三届委员会，选出委员41名，候补委员8名；选举产生中共梁山县纪律检查委员会，选出委员27名；选举产生出席中共济宁市第十二届代表大会的代表。

大会提出：坚持科学发展、跨越发展，以加

2011年12月23日，县十三次党代会召开

快转变经济发展方式为主线，围绕建设工业强县、文化名城、生态和谐家园的发展定位，强力推动工业化、城市化、文化旅游产业化进程，坚持全党抓经济、重点抓项目、突出抓招商、关键抓园区，着力打造全国具有实力和影响力的专业汽车产业基地、文化旅游产业基地、食品加工示范基地、商贸物流基地、特色农产品基地，全面开创富民强县、跨越崛起新局面。大会号召：站在新起点，带着对这方热土的炽热情感、带着对梁山人民的崇高责任、带着对事业发展的执着追求，同心同德，励精图治，锐意进取，顽强拼搏，为建设工业强县、文化名城、生态和谐家园而努力奋斗。

第二章 组织机构

第一节 县委领导机构

1994—2013年，中共梁山县委历经八、九、十、十一、十二、十三届县委换届选举，产生县委领导机构，至2013年12月，6届县委先后由李广生、连广生、王廉秀、韩军、商建设、陈国华、田卫东任书记。

中共梁山县第八届委员会（1990.3—1995.5）1990年3月，中共梁山县第八届委员会第一次全体会议，选举产生第八届县委常务委员会，选举李广生、吕玉山、连广生、耿进学、高太平、刘殿印、李进普、张景池、李兆申为常委，选举李广生为书记，吕玉山、连广生、耿进学为副书记。1990年4月，臧凤柱任常委；1991年7月，吕玉山离职，石柱任县委副书记；1992年12月，耿进学、石柱、李进普、张景池、李兆申离职，赵步荣、高太平、曹耀华、李来云任县委副书记，康绍军、薛凡义、李继军、刘振诺、马传申任常委；1993年2月，李广生离职，连广生任县委书记；1994年12月，康绍军离职；1995年3月，连广生离职，王廉秀任县委书记。

中共梁山县第九届委员会（1995.5—1998.12）1995年5月，中共梁山县第九届委员会第一次全体会议，选举产生第九届县委常务委员会，选举王廉秀、赵步荣、高太平、曹耀华、李来云、刘殿印、臧凤柱、薛凡义、李继军、刘振诺、马传申为常委，选举王廉秀为书记，赵步荣、高太平、曹耀华、李来云为副书记。同年8月，李来云离职，张忠建任县委副书记；1996年3月，刘殿印离职，张其良任常委；1997年1月，李继军、周洪任县委副书记；同年3月，赵步荣、高太平离职；同年4月，张其良离职；同年12月，王廉秀、曹耀华、周洪、薛凡义、刘振诺离职，韩军任县委书记，温杭东、臧凤柱、商建设任县委副书记，徐炳良、王信义、王保清、倪丽君（女）任常委；1998年6月李传武任县委副书记。

中共梁山县第十届委员会（1998.12—2003.3）1998年12月，中共梁山县第十届委员会第一次全体会议，选举产生第十届县委常务委员会，选举韩军、张忠建、臧凤柱、商建设、李传武、马传申、徐炳良、王信义、王保清、倪丽君（女）为常委，选举韩军为书记，张忠建、臧凤柱、商建设、李传武为副书记。1999年8月，贺民任常委；2000年1月，张忠建离职；同年2月，姜居祯任县委副书记；2001年1月，臧凤柱离职，马传申、宋科任县委副书记；同年7月，徐炳良离职，王继平任常委；同年10月，贺民离职，于立武任常委；2002年5月，贾存琰任常委；同年12月，李传武、姜居祯离职，王保清任县委副书记；2003年1月，王信义、王继平离职，玄志祥任常委。

中共梁山县第十一届委员会（2003.3—2007.1）2003年3月，中共梁山县第十一届委员会第一次全体会议，选举产生第十一届县委常务委员会，选举韩军、商建设、马传申、宋科、王保清、刘振诺、倪丽君（女）、于立武、贾存琰、玄志祥、葛永胜为常委，选举韩军为书记，商建设、马传申、宋科、王保清为副书记。2004年6月，韩军离职，商建设任县委书记；同年7月，倪丽君（女）离职，冯冲任县委副书记，王宏伟（女）任常委；2005年12月，马传申、刘振诺离职；2006年5月，葛永胜离职，冉舸任常委；同年8月，樊庆显任常委；同年12月，宋科、王保清、于立武离职；陈国华任县委副书记，魏明凯、秦延信任常委。

中共梁山县第十二届委员会（2007.1—2011.12）2007年1月，中共梁山县第十二届委员会第一次全体会议，选举产生第十二届县委常务委员会，选举商建设、陈国华、冯冲、贾存琰、玄志祥、王宏伟（女）、冉舸、樊庆显、魏明凯、秦延信、刘志强为常委，选举商建设为书记，陈国华、冯冲为副书记。同年8月，刘志强因公殉职；同年11月，贾治阜任常委；2008年5月，冉舸离职，李建基任常委；同年7月，冯冲离职；同年10月，贾存琰离职，申万民任县委副书记，蒋衍涛任常委；2009年12月，玄志祥、王宏伟（女）、樊庆显离职，钟秀芳（女）、马平、孔德修任常委；2010年2月，田卫东任县委副书记；同年4月，商建设离职，陈国华任县委书记；2011年1月，蒋衍涛离职；同年11月，陈国华、申万民、魏明凯、李建基离职，田卫东任县委书记，贾治阜、李金礼任县委副书记。

中共梁山县第十三届委员会（2011.12—）2011年12月，中共梁山县第十三届委员会第一次全体会议，选举产生第十三届县委常务委员会，选举田卫东、贾治阜、李金礼、钟秀芳（女）、秦延信、马平、楚宪海、张玕、孔德修、解庆法、李保江为常委，选举田卫东为书记，贾治阜、李金礼为副书记。会议还审议通过《中共梁山县委关于加强县委领导班子自身建设的决定》。2013年5月，解庆法离职，张传松任常委；同年11月，王宇帆任常委。

1994—2013年中共梁山县委历任书记、副书记任职一览表

表13-2-1

姓名	性别	职务	任职时间	离职时间	籍贯	备注
连广生	男	书记	1993.2	1995.3	齐河	—
王廉秀	男	书记	1995.3	1997.12	金乡	—
韩　军	男	书记	1997.12	2004.6	枣庄	—
商建设	男	书记	2004.6	2010.4	嘉祥	—
陈国华	男	书记	2010.4	2011.11	曲阜	—
田卫东	男	书记	2011.11	—	巨野	—
赵步荣	男	副书记	1992.2	1997.3	金乡	县长
高太平	男	副书记	1992.2	1997.3	曲阜	常务副县长
曹耀华	男	副书记	1992.2	1997.12	嘉祥	1997.3任县长
李来云	男	副书记	1992.2	1995.8	梁山	—
张忠建	男	副书记	1995.8	2000.1	汶上	1999.1任县长
李继军	男	副书记	1997.1	1998.3	—	组织部长
周　洪	男	副书记	1997.1	1997.12	兖州	常务副县长

续表 13-2-1

姓名	性别	职务	任职时间	离职时间	籍 贯	备注
温杭东	男	副书记	1997. 12	1998. 4	微山	代理县长
臧凤柱	男	副书记	1997. 12	2001. 1	梁山	—
商建设	男	副书记	1997. 12	2004. 6	嘉祥	组织部长、县长
李传武	男	副书记	1998. 6	2002. 12	滕州	—
姜居祯	男	副书记	2000. 2	2002. 12	泗水	常务副县长
马传申	男	副书记	2001. 1	2005. 12	梁山	—
宋　科	男	副书记	2001. 1	2006. 12	鱼台	纪委书记、县长
王保清	男	副书记	2002. 12	2006. 12	梁山	—
冯　冲	男	副书记	2004. 7	2008. 7	兖州	纪委书记
陈国华	男	副书记	2006. 12	2010. 4	曲阜	县长
申万民	男	副书记	2008. 10	2011. 11	—	—
田卫东	男	副书记	2010. 2	2011. 11	巨野	县长
贾治阜	男	副书记	2011. 11	—	任城	县长
李金礼	男	副书记	2011. 11	—	—	—

1994—2013 年中共梁山县委挂职副书记一览表

表 13-2-2

姓名	性别	挂任职务	任职时间	离职时间	籍贯
刘玉惠	男	副书记	1994. 3	1995. 10	—
矫新强	男	副书记	1995. 10	1996. 10	—
王元生	男	副书记	1995. 10	1996. 10	—
刘长杰	男	副书记	1997. 12	1998. 12	—
秦绍忠	男	副书记	1998. 4	1999. 4	—
李宪忠	男	副书记	1999. 5	1999. 8	—
徐恩林	男	副书记	1999. 8	2000. 8	—
容弟勇	男	副书记	1999. 8	2000. 8	—
张德泮	男	副书记	2000. 5	2001. 5	—
王学海	男	副书记	2004. 2	2006. 2	—
李可岱	男	副书记	2004. 2	2006. 2	—
葛成龙	男	副书记	2004. 2	2006. 2	—
王万威	男	副书记	2006. 3	2008. 3	—
曹卫民	男	副书记	2006. 8	2007. 8	—
岳耀明	男	副书记	2008. 10	2009. 10	—
张宪常	男	副书记	2008. 11	2009. 11	—

第二节 县委工作机构

机构设置沿革 1994年，县委设县委办公室、组织部、宣传部、统战部、政法委员会5个工作部门，均为正科级单位；并按照《党章》规定及有关要求，设中共梁山县纪律检查委员会，副县级单位；设立中共梁山县县直机关委员会，正科级单位。同时，设立老干部局、县委、县政府信访办公室，均为正科级单位，直属县委管理；设立党校、梁山报社、县级机关接待处、老龄委员会办公室、离休干部休养所，均为正科级事业单位，直属县委管理。另外，设立县委办公室研究室（县委办内设副科级单位）、县委组织员办公室（组织部内设正科级单位）、党员电化教育中心（组织部内设副科级事业单位）、县委宣传部精神文明建设办公室（宣传部内设副科级单位）、党史研究室（党校内设副科级事业单位）。

1995年8月，设立干部档案管理办公室，正科级事业单位，隶属组织部管理。1996年，设立中共梁山县委研究室，为正科级单位、直接隶属县委，县委办公室代管，同时撤销原县委办公室研究室；县委、县政府信访办公室改称信访局，性质级别隶属关系不变。其后，相继设立县委机要局、县委保密委员会办公室（挂政府保密局牌子）、县委对外宣传办公室（挂政府新闻办公室牌子）、县民族宗教局（挂县委台湾工作办公室牌子）、社会治安综合治理委员会办公室等，均为正科级单位。2002年，设立县委督查室，正科级，为县委办公室内设机构；县委机要局、县委保密委员会办公室（挂政府保密局牌子）为县委办公室内设机构，县委对外宣传办公室（挂政府新闻办公室牌子）为县委宣传部内设机构，原级别不变；县委老干部局由县委组织部管理；县委、县政府信访局由县委办公室、政府办公室共同管理，以县委办公室管理为主；县档案馆挂县档案局牌子。经改革，县委设工作机构7个，即：县纪律检查委员会（县监察局与其合署）、县委办公室、县委组织部、县委宣传部、县委统战部（县民族宗教局与其合署，挂县委台湾工作办公室牌子）、县委政法委员会（县社会治安综合治理委员会办公室与其合署）、县委县直机关工作委员会。2007年4月，县委台湾工作办公室由统战部划归县委办公室管理。同年5月，干部档案管理办公室更名为组织部干部信息中心。2010年4月，原与县人事局合署的县机构编制委员会办公室单独设置，列入党委机构序列。

至2013年，县委工作机构有：县纪律检查委员会（副县级）、县委办公室、县委组织部、县委宣传部、县委统战部、县委政法委员会、县委县直机关工作委员会，除县纪委外，均为正科级单位；同时设有：信访局、督考局、老干部局、编委办公室，均为正科级单位。县委直属事业单位设有：县委党校（副县级）、党史研究室、档案局（档案馆）、文化产业办公室（水浒研究院）、文学艺术界联合会、老龄委员会办公室，除县委党校外，均为正科级事业单位。

主要机构概况 县纪律检查委员会，副县级单位，为党内监督主管部门，主要对党员领导干部履行职责和行使权力情况进行监督检查。纪律检查委员会由党的代表大会选举产生，书记一般任县委常委，有时任县委副书记。县纪委内设办公室、研究室、监察综合室、案件审理室、纪检监察室、执法监察室、宣传教育室、党风廉政建设室、干部室、信访室10个职能科室，科室正职配副科级干部。县纪委机关与监察局（行政正科）合署办公，实行一套工作机构、两个机关名称的体制，同时管理行政机关办事效率投诉中心（事业正科）。2010年10月，县纪委设立6个派驻纪工委（正科级行政单位），单列编制25名，负责监督检查限制纳入统一管理的45个部门单位及所属系统的党风廉政建设和反腐败工作。2013年12月，全县共派驻纪工委书记5名，派驻纪工委副书记18名。

县委办公室，正科级单位，为县委综合工作部门，主任由县委常委兼任。办公室内设秘书科、信息科、行管科、老干部科等科室，均为股级。同时管理县委研究室（行政正科）、县委督查室（行政正科）、县委保密局（行政正科）、台湾工作办公室（行政副科）、机关接待处（事业正科）等单位。

县委组织部，正科级单位，为县委主管全县组织工作和干部工作的职能部门，部长由县委常委兼任。组织部内设秘书科、调研科、组织科、干部科、干部教育科、干部监督科、人才工作办公室 7 个职能科室，均为股级。同时管理县委组织员管理办公室（行政正科）、组织部干部信息中心（事业正科）、党员电化教育中心（事业副科）、新型经济组织党建工作办公室（事业副科）、农村党员干部现代远程教育管理中心（事业正科）等单位。

县委宣传部，正科级单位，为县委主管全县宣传工作及精神文明建设工作的职能部门，部长由县委常委兼任。宣传部内设秘书科、理论教育科、社会宣传科、新闻报道科、企业思想政治工作科等 5 个职能科室，均为股级。同时管理精神文明委员会办公室（行政正科）、县新闻中心（事业正科）、县委对外宣传办公室（事业副科）、互联网管理办公室（事业副科）等单位。

县委统战部，正科级单位，为县委主管全县统战工作的职能部门，部长由县政协副主席兼任。统战部内设办公室，为股级。管理民族宗教局（行政正科）。

县委政法委，正科级单位，为县委主管全县政法工作的职能部门，主任由县委常委兼任。政法委内设秘书科（股级），管理信息中心（事业正科）、社会管理综合治理委员会办公室（行政正科级），与政法委合署办公。

1994—2013 年县委主要工作部门历任正职一览表

表 13-2-3

部门	级别	职务	姓名	性别	任职时间	备注
县纪委	副县	书记	臧凤柱	男	1992. 12—1998. 9	县委副书记
			马传申	男	1998. 9—2001. 1	县委常委
			宋　科	男	2001. 1—2004. 8	县委副书记
			冯　冲	男	2004. 8—2006. 12	县委副书记
			王宏伟	女	2006. 12—2009. 12	县委常委
			钟秀芳	女	2009. 12—2011. 12	县委常委
			马　平	男	2011. 12—	县委常委
县委办公室	正科	主任	薛凡义	男	1992. 12—1998. 1	县委常委
			王信义	男	1998. 1—2003. 1	县委常委
			贾存琰	男	2003. 1—2007. 2	县委常委
			刘志强	男	2007. 2—2007. 8	县委常委
			樊庆显	男	2007. 11—2009. 12	县委常委
			秦延信	男	2009. 12—2011. 12	县委常委
			孔德修	男	2011. 12—2013. 11	县委常委
			李保江	男	2013. 11—	县委常委

续表 13-2-3

部门	级别	职务	姓名	性别	任职时间	备注
县委组织部	正科	部长	李继军	男	1992.12—1998.3	县委常委、副书记
			商建设	男	1998.3—1999.8	县委副书记
			贺　民	男	1999.8—2001.10	县委常委
			于立武	男	2001.10—2006.12	县委常委
			魏明凯	男	2006.12—2011.12	县委常委
			钟秀芳	女	2011.12—	县委常委
县委宣传部	正科	部长	马传申	男	1992.12—1998.9	县委常委
			倪丽君	女	1998.9—2004.7	县委常委
			王宏伟	女	2004.7—2007.2	县委常委
			秦延信	男	2007.2—2009.12	县委常委
			孔德修	男	2009.12—2011.12	县委常委
			李保江	男	2011.12—2013.11	县委常委
			王宇帆	男	2013.11—	县委常委
县委统战部	正科	部长	陆书杰	男	1993.12—1998.3	政协副主席
			王瑞兰	女	1998.3—2000.12	政协副主席
			韩相顺	男	2000.12—2007.2	政协副主席
			王昌珍	男	2007.2—2010.4	政协副主席
			张传胜	男	2010.4—2012.2	政协副主席
			梁开平	男	2012.2—	政协副主席
县委政法委	正科	书记	刘振诺	男	1992.12—1997.12	县委常委
			王保清	男	1997.12—2003.2	县委常委
			玄志祥	男	2003.2—2009.12	县委常委
			马　平	男	2009.12—2011.12	县委常委
			楚宪海	男	2011.12—	县委常委
县机关工委	正科	书记	贺怀彦	男	1993.3—1996.1	—
			郭秀江	女	1996.1—2011.5	—
			张延国	男	2011.5—2013.8	—
			于观清	男	2013.8—	—

第三节 基层组织机构

1994年，全县有基层党委34个，其中，乡镇党委24个，县直机关、企业党委10个；有县级行政机构及部门单位党组32个；同时，设有党总支34个，党支部1290个。2000年，全县有基层党委30个，27个党组，29个党总支部，1272个党支部。2008年1月，全县有基层党（工）委33个，其中，乡镇党委14个，企业党委8个，县直系统、机关党委9个，基层党总支49个，党支部1320个。至2013年年底，全县共有党

（工）委38个，党组37个，其中，乡镇党委12个、街道开发区党工委3个，县直部门单位党委13个、党工委2个、党组31个，企业党委6个、工委2个、党组6个。全县有党总支58个，党支部14126个，其中，农村党总支16个、党支部981个，县直党总支42个、党支部435个。

乡镇党委 1994年，全县有乡镇党委24个。1999年12月，撤销杨营乡党委，设立杨营镇党委。2000年5月，撤销拳铺乡党委，设立拳铺镇党委。同年12月，原有的6镇18乡调整合并为9镇5乡，乡镇党委相应变更。2008年7月，将徐集镇合并至拳铺镇，同时撤销徐集镇党委。2010年7月，撤销梁山镇党委，分设梁山县梁山街道党工委、梁山县水泊街道党工委；同月，撤销黑虎庙乡党委、寿张集乡党委，设立黑虎庙镇党委、寿张集镇党委；2013年1月，撤销马营乡党委，设立马营镇党委。至2013年12月，全县有乡镇街道党（工）委15个，即：拳铺镇、韩垓镇、韩岗镇、馆驿镇、小安山镇、寿张集镇、小路口镇、黑虎庙镇、杨营镇、马营镇、大路口乡、赵堌堆乡党委，梁山街道、水泊街道、经济开发区党工委。

县直部门党委 1994年，县直部门党委3个，即：县直机关党委、县委党校党委、人武部党委。1996年1月，设立县卫生局党委、县教委党委、公安局党委、县粮食局党委、商业集团党委、供销集团党委、电力集团党委，经贸委党委改称经委党委。2001年4 月，设立县交通局党委。2002年5月，经委党委改称经贸局党委，教委党委改称教育局党委。同年9月，县直机关党委改称县委县直机关工委。2004年3月，设立建设局党委。2007年12月，成立梁山一中党委。2008年7月，设立风景名胜区党工委。2010年7月，经济贸易局和民营经济发展局合并，成立经济和信息化局党委，原经贸局党委撤销；教育局和体育局合并，成立教育和体育局党委，原教育局党委撤销；粮食局和物价局合并，成立粮食和物价局党委，原县粮食局党委撤销；交通局党委改称交通运输局党委；建设局党委改称住房和城乡建设局党委；成立农业局党委（归口管理畜牧局、农机局、水产局、林业局党支部）。至2013年，县直部门共设党（工）委15个，即：县委党校、人武部、公安局、卫生局、农业局、粮食和物价局、经济和信息化局、住房和建设局、交通运输局、教育体育局、梁山一中、商业集团、供销集团党委，县直机关、风景名胜区党工委。

县直部门党组 1994年，县直部门党组26个。其后，相继设立劳动局党组、土地矿产管理局党组、计划生育委员会党组，撤销物资局、外贸局等党组。1996年1月，撤销公安局、卫生局、教委、粮食局、商业局、供销合作社联合社等党组，设立县环境保护局党组，县农业服务中心党组改为县农业局党组，县林业服务中心党组改为县林业局党组。1997年6月，县水产服务中心党组改为县水产局党组，设立县畜牧局（与县畜牧服务中心一个机构两个牌子）党组。1998年11月，设立工商联党组。2001年4月，撤销交通局党组。2002年3月，设立食品药品监督管理局党组。同年5月，建委党组改称建设局党组，劳动局党组改称为劳动和社会保障局党组，土地矿产管理局党组改称国土资源局党组，计划生育委员会党组改称计划生育局党组；2004年3月，撤销建设局党组；2005年9月，计划生育局党组改称人口和计划生育局党组，设立发展和改革局党组；2006年6月，设立移民办公室党组；2007年5月，设立城市管理行政执法局党组；同年11月，设立人事局党组；2009年5月，设立科技局党组、统计局党组、安全生产监督管理局党组；2010年5月，撤销人事局、劳动和社会保障局党组，设立人力资源和社会保障局党组；撤销文化局、广电局党组，设立文化广电新闻出版局党组；设立政府办公室党组、商务局党组、城乡规划局党组；畜牧局党组改称畜牧兽医局党组；2013年8月，设立文化市场综合执法局党组。至2013年12月，县直部门共设党组31个，即：县人大常委会、县政府、县政协、县法院、县检察院、政府办公室、发改局、人社局、民政局、财政局、国税局、地税局、工商局、商务局、安监局、工商联、统计局、科技局、林业局、水产局、水利局、环保局、城乡规划局、国土资源局、人口计生局、食药监管局、畜牧兽医局、文广新局、文化市场综合执法局、城市管理行政执法局、移民办公室党组。

企业党委(党组) 1994年,全县有企业党委、党组12个。1996年1月,成立电力集团总公司党委。同年11月,农业机械厂党委更名为机械总厂党委。1997年2月,水泥厂党委更名为企业集团总公司党委。同年8月,梁山棉纺织厂党委改称梁山云雁纺织集团党委;2001年1月改称蓝天集团党委;其后,撤销油漆厂党委。同年3月,建立良福集团党委。2002年6月,电力集团总公司党委改称供电公司党委。2005年9月,梁山轴承厂党委更名为梁轴轴承有限公司党委。2008年3月,撤销农村信用合作社联合社党组,成立农村信用合作社联合社党委。2010年3月,东平湖防汛石料供应处党委由济宁市委改为梁山县委管理。同年7月,撤销原机械总厂党委、企业集团总公司党委、石棉厂党委,成立对应的党总支,隶属经济和信息化局党委管理。至2013年12月,有党委6个,党组6个,即:梁轴轴承有限公司、蓝天集团、良福集团、供电公司、农村信用合作社联合社、东平湖防汛石料供应处党委,人行梁山支行、工行梁山支行、农行梁山支行、建行梁山支行、棉麻公司、烟草公司党组。

第三章 重要会议

第一节 县委全委会议

1994—2013年,县委全委会议除每届第一次全委会选举产生县委常务委员会和书记、副书记、常委外,其他每次全委会主要讨论研究重大问题或进行重要工作部署。

县委八届全委会 1994年8月15日,县委召开八届六次全委(扩大)会议,传达省委书记姜春云在全省市地委书记会议上的讲话,县委书记连广生作题为《坚持两手抓,做到两手硬,努力开创我县思想政治领域工作的新局面》的讲话,县长赵步荣通报了当前的经济形势和下半年工作的基本思路。1995年1月4日,中共梁山县八届七次全委(扩大)会议召开,县委书记连广生讲话,会议审议通过了《中共梁山县委1995年工作要点》。

县委九届全委会 1995年5月—1998年12月,县委共召开8次全委会。1995年12月15日,县委召开九届二次全委(扩大)会议,县委副书记、县长赵步荣就《梁山县国民经济和社会发展第九个五年计划及2010年规划纲要(草案)》作说明,县委书记王廉秀主持会议并在会议结束时讲话。1996年11月19日,县委召开九届四次全委(扩大)会议,审议并通过《梁山县"九五"期间社会主义精神文明建设规划(草案)》,讨论《关于在全县广泛开展"做文明市民,当文明家庭,创文明单位,建文明城市"活动的意见》。1998年1月5日,县委召开九届六次全委(扩大)会议,会议由县委副书记、代理县长温杭东主持,县委书记韩军讲话,县人大常委会主任高太平、县政协主席杨朝福分别就开好人代会、政协会进行了安排和部署。

县委十届全委会 1998年12月—2003年3月,县委共召开11次全委会。1999年9月22日,县委召开十届三次全委会议,传达贯彻济宁市委

《关于市第九次党代会代表选举工作的通知》，会议审议通过出席济宁市第九次党代表大会的代表候选人预备人选名单和《关于召开中国共产党梁山县代表会议的决议》。会议决定：1999 年 9 月 28 日召开中国共产党梁山县代表会议，选举出席中国共产党济宁市第九次代表大会的代表，县党代表会议的代表名额为 180 名左右。2000 年 1 月 14 日，县委召开十届四次全委会议，县委书记韩军讲话，县委副书记、代理县长商建设安排当前工作，并通过《中共梁山县第十届委员会第四次全体（扩大）会议决议》。2002 年 1 月 10 日，县委召开十届八次全委（扩大）会议，主要是回顾总结 2001 年的工作，安排部署 2002 年及今后一个时期的任务，动员全县各级党组织和广大干部群众，进一步解放思想，坚定信心，突出重点，团结奋战，实现全县经济和社会发展新超越。会议提出：今后一个时期，全县以“富民强县”为目标，走产业化、工业化、民营化、城镇化的路子，加快实施“五全”战略，认真落实“四再”要求，着力抓好“发展民营、壮大工业、调整农业、开发旅游、提高城建”五大任务，建设社会文明，推进党的建设，努力开创社会主义现代化建设新局面。县委书记韩军讲话。同年 12 月 13 日，县委召开十届九次全委会议，主要是学习党的十六大文件及省市会议精神。会议审议通过《中共梁山县委十届九次全委会议关于学习贯彻党的十六大会议精神的决议》，会议期间还参观考察了部分民营企业。县委书记韩军讲话。

县委十一届全委会 2003 年 3 月—2007 年 1 月，县委共召开 10 次全委会。

2004 年 10 月 13 日，县委召开十一届五次全委（扩大）会议，会议主要是学习党的十六届四中全会精神及省委八届八次、市委十届六次全委会议精神，贯彻《中共中央关于加强党的执政能力建设的决定》，审议通过相关决议，动员全县各级党组织以党的十六届四中全会精神为动力，牢固树立科学发展观，大力加强党的执政能力建设，努力开创各项工作新局面。会上，县委书记商建设代表县委常委会作报告，报告共分三个部分：一是认真学习十六届四中全会精神，高度统一和切实提高思想认识；二是紧紧围绕提高党的执政能力，全面加强党的建设；三是以学习贯彻四中全会精神为动力，扎扎实实做好当前各项工作。会议审议通过《中国共产党梁山县第十一届委员会第五次全体会议关于深入学习贯彻党的十六届四中全会精神的决议》。

2004 年 12 月 27 日，县委召开十一届六次全委（扩大）会议，县委书记商建设代表县委常委会作报告。会议提出，2005 年全县工作总要求是：全面落实科学发展观，坚持以发展为第一要务、以富民为第一目标，紧紧围绕“解放思想、干事创业，比学赶超，实现超常规跨越式发展”这一基调，牢牢把握“全党抓经济、重点抓工业、关键抓投入、突出抓项目”四项原则，全力抓好“发展民营、壮大工业、调整农业、开发旅游、提高城建”五大任务，着力突出招商引资、优化环境、狠抓落实三个关键，奋力促进全县国民经济全面协调可持续发展，切实加强党的执政能力建设、精神文明建设和民主法制建设，努力开创梁山各项工作的新局面。会议强调，坚持民营富县，争创经济发展新优势；坚持工业立县，努力做大做强工业经济；坚持农业稳县，确保农业增效和农民增收；坚持开放活县，实现招商引资和对外开放新突破；坚持城建塑县，提高全县城镇化水平；坚持环境兴县，全方位优化经济发展环境。同时，全面发展各项社会事业，推进民主法制建设，完善社会保障体系；加强思想政治建设和基层组织建设，加强党风廉政建设和作风建设，为经济发展和社会进步提供思想和组织保障。

2005 年 11 月 24 日，县委召开十一届七次全委（扩大）会议，会议听取县委书记商建设代表县委常委会所做的工作报告。会议要求：一要始终把思想政治建设放在首位，讲政治，讲大局，讲纪律，自觉同党中央保持高度一致；二要全力抓好发展第一要务，坚持民营富县、工业立县、农业稳县、开放活县、城建塑县；三要扎实推进和谐梁山建设，坚持以文明孕育和谐，以稳定保证和谐；四要全面加强党的先进性建设和执政能力建设，不断增强党组织的创造力、凝聚力和战斗力。会议根据党的十六届五中全会通过的《中共中央关于制定国民经济和社会发展第十一个五年规划的建议》，讨论审议梁山县十一五规划《纲要（草案）》及县长就规划所做的说明，并决定作进一步修改后提交县十五届人大四次会议审议批准。县委号召，在新的历史起点上，科学谋划新一轮的发展，全面推动县域经济更快更好发展，着力构建和谐梁山。

2006年11月16日，县委召开十一届八次全委（扩大）会议，县委书记商建设做动员报告，要求全县各级党组织认真按照党中央关于构建社会主义和谐社会的统一部署，以科学发展观为统领，团结带领人民群众，以文明孕和谐，以公正保和谐，以发展求和谐，以和谐促发展，创造一个人和心顺、公众信任、干事创业的环境；号召全体共产党员和广大干部群众树和谐观，做和谐人，为构建社会主义和谐社会做出积极的贡献。会议通过《关于贯彻落实党的十六届六中全会精神，努力构建社会主义和谐社会的决定》。

县委十二届全委会 2007年1月—2011年12月，县委共召开9次全委会。

2008年1月17日，县委召开十二届三次全体会议。县委书记商建设讲话，安排部署2008年各项工作，会议讨论通过《中共梁山县委2008年工作要点》。会议指出，2008年是全面贯彻落实党的十七大精神、加快推进梁山和谐社会建设的重要一年。会议提出，全县工作的总体要求是：高举中国特色社会主义伟大旗帜，深入贯彻党的十七大精神，全面落实科学发展观，坚持稳中求进、好字优先、好中求快的方针，紧紧围绕“发展民营、壮大工贸、调整农业、开发旅游、提升城建”五大任务，着力调整经济结构和转变经济发展方式，着力加强资源节约和环境保护，着力推进改革开放和自主创新，更加重视改善民生和促进社会和谐，全面推进社会主义经济建设、政治建设、文化建设、社会建设和党的建设，努力建设富裕、文明、和谐的现代化新梁山。

2009年6月23日，县委召开十二届五次全委会，贯彻落实胡锦涛总书记在山东视察时的重要讲话和省委九届七次、市委十一届五次全会精神，审议通过《梁山县委常委班子分析检查报告》，研究部署2009年下半年工作任务，县委书记商建设讲话。会议提出：认清形势，坚定信心，进一步增强打破常规促发展的责任感和紧迫感；理清思路，突出重点，坚定不移地推进科学发展、跨越发展。会议强调：要紧紧围绕“两个高于、两个前移”的工作目标，着力突出结构调整、投资拉动“两条主线”，倾力构建项目带动、招商引资、园区经济“三项重点格局”，强力推进城市建设、旅游开发“两大重点工作”，加快壮大专用汽车、纺织服装、出版印刷、医药化工、农副产品加工“五大产业”，提气鼓劲，奋发有为，奋力开创全县科学发展、跨越发展新局面。

2010年1月16日，县委召开十二届七次全委会，县委书记商建设向全委会做工作报告，会议指出，2009年，全县经济保持良好发展势头，主导产业加快崛起，项目建设取得突破，粮食总产再创新高；城市建设、旅游开发、和谐梁山建设迈出新步伐，党建工作再上新台阶，整体工作好于预期。会议要求，2010年，全县工作的总体要求是，继续高扬科学发展、跨越发展的主基调，牢牢把握“两个高于、两个前移”的目标定位，把提质增速作为首要目标，抓投入上项目，转方式调结构，保民生促稳定，倾力构建项目带动、招商引资、园区经济三项重点格局，强力推进城市建设、旅游开发两大重点工作，加快壮大专用汽车、出版印刷、纺织服装、医药化工、食品加工五大产业，开创又好又快发展的新局面。会议提出，以实施“百十亿工程”为抓手，建设大项目，培植大产业，发展大集群，力争利用两三年的时间，把专用汽车、出版印刷、食品加工打造成三大百亿产业，把中集东岳、通亚汽车、华宇集团、水泊焊割等骨干企业培育成十大十亿集团。同时，还提出了农业、旅游、城建、民生等方面的任务要求及具体工作措施。

2011 年 1 月 9 日，县委召开十二届八次全委会，听取和讨论县委常委会工作报告，审议通过《中共梁山县委关于制定梁山县国民经济和社会发展第十二个五年规划的建议》。同年 12 月 19 日，十二届十次全委（扩大）会议召开，县委书记田卫东通报县第十三次党代会筹备情况。县委副书记、代理县长贾治阜传达市委书记马平昌到梁山视察时的讲话和市委常委扩大会议精神。会议讨论并表决通过市党代会代表候选人预备人选和县委十二届十次全体会议公报。

县委十三届全委会　2011 年 12 月—2013 年 12 月，县委共召开 4 次全委会。

2013 年 1 月 4 日，县委召开十三届二次全委会议，审议《县委常委会 2012 年工作报告》和《中共梁山县委关于深入学习宣传贯彻党的十八大精神的决议》，并讨论《县委常委会 2013 年工作要点》（征求意见稿），研究部署 2013 年度经济社会发展任务。会上，县委书记田卫东，县委副书记、县长贾治阜分别作重要讲话。会议认为，县委常委会按照县十三次党代会战略部署，紧紧围绕建设“工业强县、文化名城、生态和谐家园”的发展定位和“三个倍增”目标要求，突出“工业化、城镇化、文化旅游产业化”工作重点，强化“项目建设、招商引资、园区发展”三项重点格局，加快推进“城市景区同步开发，山水城一体发展”步伐，进一步开创了科学发展跨越发展的新局面。会议提出，2013 年，要深入学习贯彻党的十八大精神，按照市委、市政府“落实年、突破年”的总要求，紧紧围绕“工业强县、文化名城、生态和谐家园”的发展定位和“科学发展跨越发展”的工作基调，加快集中突破工业经济、项目建设、城镇建设、文化旅游、生态建设的步伐，加快构建民生保障体系，实现经济快速健康发展和社会和谐稳定。会议强调，要全力全速求突破，立说立行抓落实，真正使今年成为“落实年、突破年”。要把任务落实到项目，把项目落实到责任人、落实到时间节点，确保迈出大步伐，干出新成效。会议号召，全县各级党组织和广大党员干部，要紧密团结在以习近平为总书记的党中央周围，在市委、市政府的坚强领导下，解放思想、凝聚力量，昂扬进取、务实苦干，为提前全面建成小康社会、开创科学发展跨越发展新局面而不懈奋斗。

2013 年 7 月 31 日，县委召开十三届三次全委会议，会议主要听取县委常委会工作报告，审议通过相关决议。会上，县委书记田卫东讲话，讨论《关于进一步加快镇域经济发展的意见（讨论稿）》，审议通过《中共梁山县委关于打造区域桥头堡，冲刺鲁西 20 强的决议》。《决议》指出，“打造区域桥头堡”，就是借助瓦日铁路、跨黄河大桥、跨黄河高速、滨河大道北延、铁水联运等一批重大工程，加快推进县域主导产业发展、城市规模扩大、物流项目建设，实现区域性大发展；“冲刺鲁西 20 强”，就是依托优势产业、园区平台、城镇建设、生态环境和工作机制，抢占县域经济发展制高点，在鲁西 60 个县市区中实施大进位、五年进入 20 强行列。《决议》提出，打造区域桥头堡、冲刺鲁西 20 强的定位目标为：壮大专用汽车、食品加工、出版印刷、纺织服装等主导产业规模，打造国家级产业基地；坚持“山水城一体建设、城市和景区同步开发”，加大环境保护和生态修复力度，做大做强中心城区，创建国家 AAAAA 级景区。会议强调，梁山打造区域桥头堡、冲刺鲁西 20 强，要以思想解放激发发展活力，以政策措施引领跨越赶超，以实干作风推动工作落实，以严格奖惩树立鲜明导向，为打造区域桥头堡、冲刺鲁西 20 强提振精气神，集聚正能量。会议号召，全县各级党组织和广大共产党员，要紧密团结在以习近平为总书记的党中央周围，按照建设“工业强县、文化名城、生态和谐家园”的发展定位，以“打造区域桥头堡、冲刺鲁西20强”统领各项工作，为加快全县科学发展、跨越发展而奋斗。

2013年12月30日，县委召开十三届四次全委会，县委书记田卫东主持会议并讲话，县委副书记、县长贾治阜传达习近平总书记视察山东、视察济宁重要讲话及市委十二届五次、六次全会精神，并安排部署2014年度经济社会发展任务。会议通过县委十三届四次全体会议公报。

第二节 县委常委会议

1995年5月—2013年12月，中共梁山县委共召开456次常委会，对全县经济社会发展的重要问题、重点事项和重大决策进行集体研究、科学决策。其中，九届县委召开86次常委会，十届县委召开102次常委会，十一届县委召开108次常委会，十二届县委召开112次常委会，十三届县委至2013年12月召开48次常委会。

1996年1月16日，县委书记王廉秀主持召开常委扩大会议，会议确定：努力搞好改革、发展、稳定，积极推进两个转变，奋力实施企业“213”规模工程和农民“211”致富工程，猛促个体私营、乡镇企业、一二三产业全面上水平，力争实现财政收入过亿元，农民增收400元，提高全县综合经济实力、市场竞争能力、发展后劲和人民生活水平。会议提出：力争使全县生产总值增长25%，达到30.6亿元；力争引进10个项目，完成投资2亿元，把开发区建成县内最大最快的经济增长点，确保实现“一年一大步、三年成规模、五年一片新兴工业城”；实现发展个体私营经济新突破，实现梁山景点建设旅游新突破。

2004年12月10日，县委书记商建设主持县委常委扩大会议，会议确定，2005年经济工作的指导思想和总体要求是：深入学习贯彻党的十六大和十六届四中全会精神，紧紧围绕解放思想、干事创业、比学赶超、实现超常规跨越式发展的基调，切实坚持全党抓经济，重点抓工业，关键抓投入，突出抓招商四项原则，全力抓好发展民营、壮大工贸、调整农业、开发旅游、提升城建五大任务，大力培植“金三角园区”、经济开发区、韩国工业园三大亮点，强力实施发展支柱产业、建设立县项目、扩大对外经贸、科技教育兴县四个工程，着力突出招商引资、优化环境、狠抓落实三个关键，坚持城乡统筹，加速跨越发展，努力实现全县经济基本竞争力每年在全省前移3～5个位次、在全市前移1个位次的奋斗目标，力争在全省欠发达县中率先实现县域经济崛起，尽快把梁山建成工业强县、民营大县、旅游名县。会议提出，重点抓好九项工作：一是坚持解放思想，激发县域经济发展活力；二是坚持工业立县，努力做大做强工业经济；三是坚持民营兴县，争创经济发展新优势；四是坚持开放活县，实现招商引资对外开放新突破；五是坚持农业稳县，全面提升农业产业化水平；六是坚持以城带乡，提高全县城镇化水平；七是坚持综合治理，全方位优化经济发展环境；八是坚持均衡发展，全力搞活乡镇经济；九是坚持真抓实干，形成求真务实、狠抓落实的氛围。

2005年11月17日，县委书记商建设主持召开常委扩大会议，讨论研究《梁山县国民经济和社会发展第十一个五年规划纲要（草案）》。会议认为，《纲要（草案）》提出的全县“十一五”经济社会发展的总体要求，较好地体现了五中全会和省委、市委全委会议精神，可以作为今后五年工作的指导思想。会议指出，制定和实施“十一五”规划事关大局，事关长远，极为重要，要以科学发展观为指导，编制完善好全县“十一五”规划，真正制定一个具有较强前瞻性、针对性、可操作性、切合梁山实际、指导和鼓舞全县人民合力推进经济社会更快更好发展的高水准规划。会议要求，编制“十一五”规划，要牢牢把握又快又好发展的主题，牢牢把握以人为本的核心内容，科学确定战略目标，抓好事关全局的重大问题，构建生活安康富裕、百姓安居乐业、政治安定团结、社会安宁文明的社会主义新梁山。

2009年4月1日，县委书记商建设主持召开常委扩大会议，主要传达贯彻全市经济发展奖惩兑现及近期重点工作点评会议精神，安排部署今后一段时间的工作。会议要求：正确认识形势，坚定发展信心；突出工作重点，强化责任落实；坚持干字当头，推进跨越发展。会议强调：推进科学发展，要立足大干，促进快干，倡导苦干，坚持实干，努力开创新局面，实现新发展。同年5月4日，县委召开常委扩大会议，学习贯彻胡锦涛视察山东时的重要讲话。会上，县委书记商建设再次强调：贯彻落实胡锦涛重要讲话精神，就是要坚持年初确定的科学发展、跨越发展不动摇，坚持干字当头、只争朝夕不动摇，确保实现“两个高于、两个前移”的工作目标不动摇，集中突破事关全局的重点工作，努力保持全县经济较快发展，全面开创梁山经济繁荣、政治安定、社会和谐、民生殷实、文明进步的新局面。

2011—2013年，县委多次召开常委会议，坚持把方向、谋长远，讲民主、聚合力，强措施、促落实，紧紧围绕县十三次党代会确立的建设“工业强县、文化名城、生态和谐家园”的发展定位，研究加快推进工业化、城市化、文化旅游产业化的具体意见及推进措施，先后出台《全面振兴工业经济的若干意见》《关于打造区域桥头堡，冲刺鲁西20强的决议》《关于进一步加快镇域经济发展的意见》等一系列文件，并决定召开全县振兴工业、突破县域经济誓师大会和全民创业大会，有效地推动了工业化、城市化、文化旅游产业化进程，开创了富民强县、跨越崛起新局面。

2013年2月1日，县委印发《县委常委会2013年工作要点》。《要点》指出，2013年是全面贯彻落实党的十八大精神的开局之年，是实施“十二五”规划承前启后的一年，也是推进梁山科学发展跨越发展的关键一年，做好全年各项工作意义重大。《要点》提出，2013年全县工作总的要求是：深入学习贯彻党的十八大精神，按照市委、市政府“落实年、突破年”的总要求，紧紧围绕“工业强县、文化名城、生态和谐家园”的发展定位和“科学发展跨越发展”的工作基调，集中突破工业经济，突破项目建设，突破城镇建设，突破文化旅游产业，突破生态建设，加快构建民生保障体系，实现经济快速健康发展和社会和谐稳定。《要点》明确了全县经济社会发展主要预期目标：地区生产总值（GDP）增长13%以上；规模以上固定资产投资增长25%以上；地方财政收入增长20%以上；社会消费品零售总额增长15%以上；城乡居民人均收入均增长15%以上。

第四章 重大决策

第一节 强县富民工程

1994年1月，梁山县被省委、省政府确定为全省第二批16个经济欠发达地区改革开放试点县之一；1995年4月，位于梁山境内的京九铁路黄河特大桥竣工，京九铁路全线通车在即。据此，县委提出：抢抓改革开放试点县和京九铁路通车两大机遇，奋力实施中国梁山开发区带动战略，坚持全党全民抓经济，样样工作争第一，实施农民“211”致富工程和企业“213”规模工程，并作为强县富民工程，推动全县经济跨越发展。“211”致富工程为：奋斗三年，实现农民人均每年种植收入2000元，养殖收入1000元，乡镇企业收入1000元；“213”规模工程为：到20世纪末，力争培植20家利税超千万元、10家利税超500万元、30家利税超百万元的重大企业。为实施好两项工程，县委提出“奋进开拓创大业、团结苦干夺第一”的梁山精神，并于1996年先后召开全县实施农民“211”致富工程动员大会、“213”规模工程动员大会，均由县委书记王廉秀作动员报告。同时提出，全县建设30万亩吨粮田、30万亩麦菜棉间作、30万亩圆葱大棚菜。1997年初，县委对实施“213”企业致富工程进行阶段性总结，并对1996年重点项目和“213”企业实施突出的有关企业和个人进行奖励表彰；同时提出，“213”规模工程是“九五”期间的重点工程，最迟到1999年实现目标。

第二节 改革开放试点

1994年1月，梁山县被省委、省政府列为全省经济欠发达地区改革开放试点县，县委、县政府与省直有关部门单位结成帮促对子，签订战略发展协议，全面启动省委、省政府提出的“三方结对，强县带动，部门承包，启动内力”发展战略。1995年，根据改革开放试点县要求，县委确定设立梁山经济开发区。1996年1月，县委、县政府研究制定《中国梁山开发区管理试行办法》（梁发〔1996〕1号）文件，对开发区管理体制、土地使用、税费征管、人才、资金引进等方面进行明确规定，全面启动梁山开发区建设。1998年1月，在经济开发区的基础上，山东省政府批准设立济宁（梁山）对外加工贸易区，同时明确对外加工贸易区为县委、县政府派出机构，实行区镇合一管理体制，在加工贸易区内行使县级管理权限。

2000年4月29—30日，中共济宁市委常委（扩大）会议在梁山召开，专题现场研究梁山工作。县委、县政府就全县经济发展情况作全面汇报，并就对外加工贸易区建设、市属五大厂经营管理、重点企业资金扶持等提出建议。会上，市委确定把梁山县作为全市改革开放试验区。2000年7月，县委、县政府以梁发〔2000〕78号文制发《关于加强济宁（梁山）对外加工贸易区建设管理的意见》，就管理机构设置、行政管理工作、建设管理工作等，提出明确具体的意见。同时，县政府以梁政发〔2000〕22号文印发《济宁（梁山）对外加工贸易区优惠政策》，包括用地、建设、税费、环境、服务等方面，出台具体的优惠政策。2002年3月，济宁梁山对外加工贸易区正式更名为梁山经济开发区。同年8月，梁山经济开发区管委会确定为副县级事业单位。2007年3月，县委、县政府决定由杨营镇划拨10个行政村归开发区管理，财政体制独立。至2013年，梁山经济开发区已构成“六纵七横”道路网络，达到“九通一平”标准，形成出版印刷、生物医药、纺织服装、农副产品加工、机械制造、高新技术等主导产业，区内共有企业56家，其中规模以上工业企业8家、批发零售企业5家。入区项目达到100个。

第三节 发展民营经济

梁山民营经济发展起始于20世纪90年代初，1994年2月，县委召开全县发展民营经济动员大会，拉开大力发展民营经济的序幕。2000年4—7月，县委相继召开发展个体私营、招商引资、创办特区、全民经商4次万人大会，均由县委书记作动员报告。在4月11日召开全县发展个体私营经济动员大会上，县委发出“全党动员，全民发动，解放思想、优化环境，大力发展个体私营经济”的号召，同时要求在全县喊响五句话：“发展是硬道理”“三个有利于是根本的标准”“经济不发达是梁山最大的实际”“加快发展是最大的政治”“发展经济是功臣、不支持经济是罪人”。在4月26日召开的全县全民招商动员大会上，提出以“突出经济，确保稳定，鼓劲实干，创业兴县”为总动员令，并下达招商指标，同时要求喊响“进了梁山门，就是梁山人；来到梁山县，事事都好办”“进了梁山无三乱，来到梁山县事事都好办”等口号，甚至要求喊出叫响“保护商人就是保护党政干部”的口号。在6月21日召开的全县解放思想放开搞活创办特区动员大会上，提出“全面放开、全民招商、全民经商、全力保护、全面推行个私经济”的“五全战略”，并提出把梁山建成“内陆的特区，江北的温州”。在7月14日召开的全县全民经商动员大会上，要求营造全民皆兵、全民经商的局面，进一步推动民营经济发展。同时，相继在温州、北京、济南、济宁等地召开招商引资新闻发布会，在一定程度上激发了干部群众发展民营经济的热情及活力，全县民营经济发展进入高潮。

2001年2—8月，县委、县政府又相继召开5次全县发展民营经济及招商引资动员大会，提出“思想再解放、胆子再放开、力度再加大、步子再加快”的四再要求，并提出“大胆地闯、大胆地创、大胆地冒、大胆地试，不动摇、不争论、不怕压、不信邪，不自满、不陶醉、不停步、不歇脚，以更大的胆略、更大的魄力、更大的干劲、更大的力度，不管东西南北风，咬定发展不放松，卧薪尝胆，负重奋起，励精图治，真抓实干，全力加速民营经济发展。”其间，相继出台《关于优化经济发展环境的十条规定》《关于保护经济发展的十条规定》《关于进一步促进民营经济发展的意见》《关于对全县民营经济工作的考核奖励办法》等一系列加快民营经济发展的政策措施，推进了全县民营经济的持续快速发展，民营经济成为全县经济发展的重要力量。2003年5月，县委、县政府印发《关于进一步加快民营经济发展的决定》，实行更加开放的行业准入制度，放开和支持各类人员从事民营经济，改进金融服务和拓宽民营经济融资渠道，营造民营经济发展的良好环境，提高民营经济的社会地位。2012年，县委、县政府出台《关于推动全民创业加快民营经济发展的实施意见》，再一次掀起全民创业发展民营经济的热潮。

第四节 培植六大产业

2004年12月，县委十一届六次全委（扩大）会议提出，以发展为第一要务、以富民为第一目标，着力突出招商引资、优化环境、狠抓落实三个关键，牢牢把握“全党抓经济、重点抓工业，关键抓投入，突出抓项目”四项原则，全力抓好“发展民营、壮大工业，调整农业，开发旅游，提高城建”五大任务。2007年1月，县委召开十一届十次全委会，决定大力实施“三四五六”工程：深入实施开放带动、科教兴县、可持续发展“三大战略”，全面推进产业化、工业化、信息化、城镇化“四化工程”，全力抓好发展民营、壮大工贸、调整农业、开发旅游、提升城建“五大任务”，着力突出创新发展、调整结构、扩大开放、招商引资、优化环境、狠抓落实“六个关键”，奋力促进全县经济又好又快发展和社会全面进步，努力建设经济繁荣、社会和谐、诚信友爱、文明向上、环境优美宜人、人民安居乐业的美好梁山。2009年6月，县委十二届五次全委会提出，紧紧围绕发展速度高于全省、全市平均水平“两个高于”的工作目标，着力突出结构调整、投资拉动“两条主线”，倾力构建项目带动、招商引资、园区经济“三项重点格局”，强力推进城市建设、旅游开发“两大重点工作”，加快壮大专用汽车、纺织服装、出版印刷、医药化工、农副产品加工“五大产业”。随着五大产业的发展，专用汽车、民营书业等重点产业及其骨干企业逐渐形成。

2010年1月，县委十二届七次全委会，继续高扬科学发展、跨越发展的主基调，牢牢把握两个高于、两个前移的目标定位，倾力构建项目带动、招商引资、园区经济三项重点格局，强力推进城市建设、旅游开发两大重点工作，加快壮大专用汽车、出版印刷、纺织服装、医药化工、食品加工“五大产业”。为促进“五大产业”发展，县委还提出以实施“百十亿工程”为抓手，利用两三年的时间，把专用汽车、出版印刷、食品加工打造成三大百亿产业，把中集东岳、通亚汽车、华宇集团、水泊焊割等骨干企业培育成十大十亿集团的目标。至2010年年底，专用汽车产业发展成为梁山县第一个百亿产业，成为全国最大的专用汽车产业集群，中集东岳、通亚、华宇等骨干企业规模迅速扩张，23家专用汽车生产企业进入国家公告目录，专用汽车年产量突破10万辆。

2011年1月，县委印发《关于制定梁山县国民经济和社会发展第十二个五年规划的建议》。《建议》依据梁山经济发展实际，适时将壮大“五大产业”，发展为壮大提升“六大产业”，即：专用汽车、文化出版、食品加工、纺织服装、煤电化工、旅游服务。2012年9月，中国汽车工业协会命名梁山县为“中国专用汽车产业基地”。同年，梁山出版印刷书业园被纳入山东省首批重点文化产业园区；聚义湖800亩全面竣工，再现了梁山水泊意境，结束了梁山景区有山无水的历史；水浒街、水浒文化广场、抗战纪念馆全面竣工；2013年，全年接待游客突破200万人次，梁山县晋升为山东旅游强县。

第五节 建设美丽梁山

2010年，县委、县政府做出“突破新城区，提升老城区，打造山水相依、生态宜居的水泊新城”的决策。2011年1月，县委提出，强力实施城市建设、水浒文化旅游开发“两大突破”，加快推进城镇化、工业化、农业现代化、城乡一体化“四化进程”，更加注重改革开放和科技创新，更加注重社会发展和民生改善，更加注重节能减排和生态文明，努力建设经济繁荣、政治安定、社会和谐、民生殷实、生态宜居的新梁山。2011年12月，中共梁山县第十三次代表大会召开，县委书记田卫东在大会报告中明确提出：站在新起点，必须凝心聚力抓发展，建设工业强县；必须攻难克艰建城市，打造文化名城；必须以人为本惠民生，共建生态和谐家园。围绕建设“工业强县、文化名城、生态和谐家园”的发展定位，强力推动工业化、城市化、文化旅游产业化进程，建设美丽宜居新梁山，全面开创富民强县、跨越崛起新局面。

为建设美丽生态宜居新梁山，县委决定，以新一轮城市规划为引领，以重大基础设施为牵动，以重点工程为支撑，坚持中心县城突破、基础设施拉动、城乡一体发展，展开城市布局，推进生态建设，提升城镇化水平，全力打造美丽宜居的新梁山。同时在城市建设中依托梁山独特的名山大河、著名的水浒文化，以文为“魂”，更多的展现水浒文化底蕴，建设富有文化内涵的“精品”工程，使城市建筑风格、城市色彩、公共设施更具文化品位和魅力；以山为“骨”，引城出山，拆房透山，沿街亮山，加大梁山景区山体修复力度，加快建设凤凰山、灵龟山城市公园，使之成为居民休闲之山；城市要以水为“脉”，引水入城，引水进山，引水造景，着力打造环城水系，加快流畅河湿地、运河湿地建设，规划实施龟山河、原王楼干沟改造，形成“四河绕城，河湖贯通、城水相依”的水系格局；城市要以绿为“韵”，大面积提高城市绿化率，重点建设水泊新路与水泊南路交叉口三角绿地、凤山公园绿地等一批城市绿地，对城市交通节点、重点社区实行绿化控制，沿城市主要干道、交通节点拆墙透绿、沿线增绿、破硬建绿，形成“点线面”结合的绿化格局。

梁山县城按照“东进、南接、西联、北优”的规划，多方位展开空间布局，拉开城市框架，完善城市基础设施建设，增强城市综合服务功能。至2013年，东南部新城区两纵三横路网全面建成，西南部新城区西环路拓宽延伸工程、南环路升级改造工程全面竣工，水泊大街南延新建道路等建成通车，老城区凤凰公园及大型市民广场、水浒文化广场相继建成开放。梁山在生态宜居环境建设上迈出坚实步伐，形成梁山城市建设史上空前发展期。

第五章 综合工作

第一节 综合协调

综合协调工作由县委办公室秘书科承担，主要负责县委及县委办公室值班、应急值守、应急联络、上传下达等方面的综合协调，负责县委重要会议及活动的组织、协调和服务工作，负责县委领导办公室卫生整理及县委会议室的管理和服务工作，管理县委印章和县委办公室印章，办理县委领导、县委办公室的函电、公文和群众来信登记、接待群众来电、来访，做好县委办公室车辆的管理、使用及领导交办的其他工作。

第二节 政策调研

政策调研由县委研究室承担。中共梁山县委研究室为正科级行政单位，归口县委办公室。1996 年 1 月，设立县委研究室，同时撤销县委办公室研究室。同年 8 月，县委研究室设立综合科、调研科、文管科 3 个中层机构。1994—2013 年，县委研究室始终坚持“围绕中心、服务大局”原则，充分发挥“参谋部”“智囊团”作用，认真研究对接上级方针政策，有针对性开展调查研究，高标准做好综合文稿服务，为县委科学决策、部署工作提供参考和依据。在综合文稿服务方面，县委研究室结合工作实际，先后建立了文稿台账、汇报性文稿分类、文稿提前介入等工作制度，认真做好领导讲话、重要文件、总结汇报、典型经验、会议纪要等各类综合文稿的起草工作。每年平均起草各类文稿 160 余件。县委研究室创办《梁山通讯》，及时印发县委主要领导重要讲话。在调查研究方面，县委研究室紧紧围绕领导关心、群众关注的热点难点问题，深入部门、乡镇、企业和农村一线开展调研活动，剖析问题原因，探索破解之策，撰写调研报告，为县委决策提供科学依据，每年都围绕县委中心工作开展一系调研活动，并撰写高水平调研报告，先后在济宁市级以上党报党刊、内部刊物发表。其中《梁山举办水浒文化节的收获与体会》《忠肝义胆是梁山文化性格的历史积淀》《深度开展农业结构调整、推进农业产业化经营》《退城进园战略，菱花集团新一轮扩张的起点》等在省级以上重要刊物发表，《全民再创业，活力在草根》《适应民生新需求、创新普惠新制度》《加快镇域经济发展》《培育特色专业村、推进农村发展》《梁山县以“大项目建设年”为抓手突破县域经济》等被评为全市优秀调研成果。

第三节 信息督查

1993 年 12 月，设立信息督查科；1996 年 1 月，撤销信息督查科，分设为信息科、督促检查科，均为股级科室；2002 年 9 月，设立县委督查室，为正科级行政单位。信息工作主要编发《梁山信息》以及上报省委、市委有关信息，平均年上报省委信息 500 多条，上报市委信息 800 多条，报市委网络舆情 2 万多条。年均编发《梁山信息》100 余期、《信息专报》10 余期，编辑县委主要领导活动新闻稿件 100 余次。1994—2013 年，县委督查室围绕县委的重大决策部署，努力寻找县委中心工作与督查工作的结合点，最大限度地发挥督查职能，严格履行督查责任制，督办事项逐项落实到人，并定期印发《梁山督查》《督查通报》和《督查专报》，随时向县委反映情况和存在的问题，通报各部门、各单位的工作情况和经验，并就相关任务落实情况及时跟踪督导，确保各项工作落实到位。

第四节　机要保密

1994 年 11 月，设立梁山县国家保密局，正科级行政单位，与县委保密委员会办公室一个机构，两块牌子，由县委、县政府共同领导，以县委领导为主，具体工作由县委办公室代管。1995 年 8 月，设立县委机要局，正科级行政单位，由县委办公室代管，主要负责传输全县党政领导机关和各部门秘密信息以及紧急重要内部信息，翻译办理县委、县政府及其所属各部门的密码电报和普通电报。2008 年 12 月，加挂梁山县密码管理局牌子，与县委机要局一个机构，两块牌子，由县委办公室管理，履行区域密码管理职能。县委机要局内设技术科、业务科，有工作人员 5 人，其中配备副科级专职密码督查员 1 人。

第五节　信访工作

1986 年 4 月，县委信访科与县政府信访科合并为县委、县政府信访办公室，正科级行政单位；1996 年 1 月，更名为县委、县政府信访局（简称信访局），单位性质级别未变。2007 年 5 月，信访局加挂县委群众工作部牌子；2009 年 9 月，成立群众服务中心，为正科级事业单位，隶属县委群众工作部。

信访工作始于 20 世纪 70 年代末 80 年代初，随着落实各项政策，实行各项改革，信访问题逐步增多。1996 年初，县直有关部门单位设置信访室，配备专兼职干部；乡镇、村也分别建立信访工作小组、信访民调小组。2007 年 12 月，全县各乡镇成立信访、司法调解、综合治理“三位一体”的群众工作办公室，配备副乡级信访助理员；2012 年，乡镇建立群众服务中心，村建立群众服务室，群众信访组织逐步健全。

信访部门紧紧围绕改革发展稳定大局，积极探索依法治访工作新途径，切实维护信访秩序，畅通民情民意反映渠道，逐步建立完善适应新时期要求的群众信访工作机制。先后建立了信访目标管理制度、领导干部接访制度、责任追究制度、一票否决制度等，同时积极化解矛盾，努力解决老大难案件，信访形势处于平稳可控的状态。

第六章　组织工作

第一节　基层组织建设

农村党组织　1995 年，制定《关于集中整顿后进村党支部的意见》，狠抓村级班子整顿，全县调整村支部班子 107 个，调整不胜任支部书记 90 名。1998 年，开展乡镇党委书记集中驻村蹲点活动，发挥乡镇党委书记在农村基层组织建设中“直接责任人”作用，组织其进驻乡镇最落后的村，帮助理清思路，解决困难，发展经济。1999 年，在农村基层组织中实施“三百”工程，重点抓好 100 个奔小康带头村巩固提高、100 个后进村治理整顿、100 个民主政治建设村示范带动；同年，选派 1173 名市、县、乡干部进驻到 212 个后进贫困村开展帮扶。2002 年，制定《关于在农村基层组织中实施“双强双富”工程的实施细则》，规划出实施“双强双富”工程的三年总体目标、年度奋斗目标以及各项目标的具体标准和实施措施，重点抓好全县50个示范村的“双强双富”工程建设，对示范村和示范户进行统一挂牌，在农村基层组织建设中产生较好效果；同年，针对换届后农村干部交叉任职、“一人兼”后可能出现的问题，制发《关于选聘农村基层组织建设工作监督员、联络员、信息员的意见》，从每个行政村选聘一名老党员或退休老干部作为村班子监督员、乡镇党委的联络员、县委组织部的信息员，并明确具体的职责任务。2001年起，在全县农村基层组织建设中开展以“创五好村党支部、五好乡镇党委和农村基层组织建设先进县”为主要内容的“三级联创”活动；至2008年，共表彰“五好”村党支部412个，群众满意乡镇站所97个，推荐受市委表彰“五好”乡镇党委4个，并表彰10名“十佳村党支部书记”和30名“优秀农村党支部书记”。2007年，县委出台《关于进一步健全完善乡镇党委书记抓党建工作责任制的意见》，由乡镇党委书记直接抓党建工作目标体系、运行体系、评价体系、奖惩体系。2008年，投资1200余万元，完成165处村级组织活动场所建设任务，统一配置办公家具及规章制度、门牌；同年，制定《关于完善农村干部经济待遇暂行办法》，规定享受补贴的村干部职数，明确村干部补贴由“固定补贴+考核补贴+效益补贴”构成，并为符合条件的村干部办理养老保险。2010年，选派、选聘4名机关年轻干部、33名优秀退伍军人、30名应届高校毕业生担任农村党支部书记、副书记或书记助理、主任助理；同年，选聘8名村党支部书记担任乡镇党委“特聘组织员”，联系94个行政村，强化村级班子建设。2012年，推行“1+X”模式发展壮大村集体经济，增强村级组织服务能力；全县共落实村级组织运转经费488.9万元，同时采取推行土地托管和土地流转、盘活村级资产资源等措施，发展壮大村集体经济。同年，实行“周六下基层日”制度，全县1500多名驻村干部累计解决群众反映问题4919件，化解矛盾纠纷2215起，新上工副业项目237个，新上种养殖项目411个。2013年，开展“组工干部村村到”活动，县委组织部全体机关干部帮助落实增收路子100多条，提出村级班子建设、服务能力提升等意见建议80多条，走访困难党员、群众100多户。

工商企业党组织　1996年10月，县委召开县直工商企业党建座谈会，促进企业基层党组织建设。1997年，县委组织部对全县县属以上企业党建工作情况进行全面调查摸底，并形成调查报告，为指导企业党建提供了第一手资料。2000年，组织考察组对国棉厂、石棉厂、轴承厂、油漆厂、水泥厂等原市属五厂领导班子进行考察调整，企业领导班子得到加强。同年，对企业党建和领导班子状况进行深入调查，制定《关于加强和改进国有、集体企业党建工作的意见》，并选择县机械总厂、电厂、北方面粉厂、油漆厂等重点企业作为试点。其中北方面粉厂抓党建、促发展，在较短时间内扭亏增盈的经验和做法，被市委组织部作为国企党建的先进经验推荐上报省委组织部。油漆厂在下岗职工党员中成立党支部的试点也取得较好的效果。2001年，在云雁集团、石棉厂、油漆厂、机械总厂等国有企业领导班子充实部分年轻干部，促进了企业的改革发展。同年，在国有、集体企业党组织中开展“实施政治核心工程，争创四有企业”活动，选择部分效益较好的企业进行党建工作试点，在一些改制企业中建立健全党的组织，加强下岗职工党员的教育管理。2003年上半年起，在全县国有企业党组织中开展以“争创先进党组织、比核心凝聚力，争做优秀共产党员、比影响带动力”为主要内容的“双争双比”活动，至2004年，县委评选出15个先进党组织、30名优秀共产党员和10名优秀党务工作者进行表彰。2005年后，国有企业逐步进行破产改制，成为民营企业，党组织按照属地管理原则，划归经贸局或乡镇、街道管理。

民办企业党组织 1998年，三利树脂有限公司、山东鲁润京九石化公司、良福制药公司3家民营企业开始建立党组织。2000年，县委先后制发《关于加强全县非公有制经济组织党建工作的意见》《梁山县新型经济社会组织党组织工作规则》等一系列文件，成立非公有制经济组织党建工作领导小组，并在县委组织部设立办公室，同时在全市组织系统率先设立"新型经济社会组织党建工作科"，与领导小组办公室合署办公。2001年5月，县委设立"县民营企业党建工作办公室"，为副科级全额拨款事业单位，负责全县非公有制经济组织党建工作的宏观指导，县委组织部副科级以上干部建立11个党建工作联系点，并向民营企业派驻政治指导员，指导各企业党组织深入开展争创"五好"民营企业党组织、争当"五好"党员活动，组织党员开展挂牌上岗、争创金言奖、先锋岗和科研攻关、技术比赛、争当生产经营能手等活动，全县民营企业党建工作逐步强化并取得明显成效。2006年，开展全县"十佳民营企业党组织"评选表彰活动，促进民营企业党建工作的开展，党的力量在民营经济领域不断壮大。2007年，对全县14个乡镇和县直部分新型经济社会组织进行全面调查摸底，将541个民营企业和21个社会组织的相关信息全部输入微机，建立工作台账。同时，在部分规模以上民营企业中开展"民营企业党组织集中组建月"活动，共组建新型经济社会组织党组织51个。同年，还从内退科级党员领导干部中选拔民营企业党务干部，纳入民营企业党务干部人才信息库，当年入库人选87名。至2008年，126家规模以上民营企业全部建立党组织，建立党组织162个（党员3971名），组建率100%，在全市名列第一，县委在全市非公有制企业党建工作会议上作典型发言，《大众日报》《支部生活》《济宁日报》《济宁组织工作》等刊载相关经验和做法。2010年起，在非公企业党组织中开展以"争创先进基层党组织、争创党员先锋岗、争当优秀共产党员，创建规范化党员活动室"为主要内容的"三争一创"及创"双强"争"六好"活动，至2013年，涌现出35个非公企业和15个社会组织党建工作典型。

第二节 党员队伍建设

党员发展 1993年，全县共有党员25144名，其中，正式党员24568名，男22759名，女2385名。1994年，在发展党员工作中，按照"坚持标准，保证质量，改善结构，慎重发展"的方针，从预备党员确定到新党员发展，从预备党员到转为正式党员，都坚持从实际出发，制定发展计划，严格执行《中国共产党章程》和《中国共产党发展党员工作细则（试行）》，并坚持发展全程公示、发展党员票决、党委派员列席支部大会、组织员谈话及材料审阅等制度。1995年后，进一步严把党员"入口关"，坚持标准，严格程序，成熟一个，发展一个，至2000年，全县共有党员29993名，其中正式党员29342名，预备党员651名，男性党员26631名，女性党员3362名。2002年，针对党员队伍年龄、文化结构等方面存在的突出问题，明确重点在农村、重点在科研生产教学一线、重点在35岁以下青年和妇女中发展党员，并突出解决三年以上未发展党员、无女党员行政村党员发展问题，使党员结构比例得到不断优化，至2007年，全县共发展党员3573名，其中一线工人、农民2661名，占全县发展党员总数的74%，35岁以下青年2295名，占64%，妇女党员702名，占20%。至2013年12月，全县共有党员35281名，其中，正式党员34859名，男30289名，女4992名，农村24399名，县直10882名；35岁以下的4529名；高中以上文化的19131名，非公有制企业的1320名。

党员教育 1994年后，县委进一步高度重视党员教育工作，采取各种有效形式，全面强化党员教育。1997年，把学习十五大精神与转变作风、纠正行业不正之风相结合，扎实开展党员思想、作风、组织“三整顿”，取得良好效果。1998年，两次组织党员集中听取市委讲师团和县委党校主讲的党课辅导，强化了党员党性意识。1999年，在全县党员中集中开展崇尚科学、破除迷信的教育活动。2001年，在庆祝建党80周年期间，举办左静事迹报告会，开展“向左静同志学习”活动。2003年，全县开展农村无职党员设岗定责活动，为农村无职党员设定农业科技示范岗、外出务工责任岗、民情民意收集岗、社会治安维护岗、红白事务管理岗、村务工作监督岗等10个岗位，全县599个农村党支部上岗党员达到9205人，广大党员的先锋模范作用充分发挥。2004年5月，为加强农村党员现代远程教育工作，县委成立远程教育管理中心，各乡镇也相继成立远程教育管理站，全县共建远程教育终端接收站点702个，站点上网率达93.01%，位于全市前列。2005年，在全县机关事业单位中开展以“争做‘五个’表率，创建‘五型’机关，争当‘五好’党员，创建‘五好’党组织”为主要内容的“双争双创”活动，全县党政机关事业单位4000多名党员参与。2007年7月，建立水泊梁山党建网，内容包括基层党建、干部工作、远程教育等栏目，在网站上建立“组工博客”，提高信息发布转载数量，较好满足了党员干部群众学习需求。同年，对民营企业党员实行县委组织部、基层党委、基层党支部“三级联管”制度，并在民营企业中推行“微型党课”，党员教育管理得到加强。同时实行流动党员“三级联管”，至2008年，建立流动党员卡、发放流动党员证各2216份，支部委员与流动党员结对2131个。同年，全县21541名共产党员共交纳“特殊党费”267万余元，其中交纳1000元以上的党员有191人，涌现出一批支援抗震救灾先进基层党组织和优秀共产党员。特别是在支援抗震救灾期间，梁山县申请入党人数倍增，做法被中组部《领导参阅》刊发，并被中组部领导批示。2009年，开通“12371”流动党员咨询服务电话，实行专机专线，安排专人值守，做好电话受理情况记录，认真解答解决党员提出的问题。2010年，推行党组织和党员双向承诺，确定每年2月份为基层党组织和党员公开承诺月。从“提诺”“示诺”“评诺”三个环节强化管理，切实规范承诺活动。全县1300多个基层党组织、3万多名党员共承诺事项13.5万余项，为群众办实事好事5.8万件。2012年，实施“党员关爱”行动，及时发放新中国成立前农村老党员、农村困难党员补贴慰问资金，开展各类走访慰问活动，落实帮扶资金167万余元。

电化教育　1997年，制定《关于进一步加强和完善党员电化教育工作的意见》，对基层电教站点的工作职责、设施建设、播放收看，做出具体明确的规定；将党员电教队伍纳入制度化、规范化管理，对全县110名播放员逐一考核，实行持证上岗。1999年，投资近10万元新上“非线性编辑”设备一套，基本满足了制片工作后期编辑的各种需要。2001年，投入10余万元，更新了部分摄录设备。制作的《马兆海的强村梦》被选送省电视台播出，《管道工“徐师傅”》在全市党员教育片观摩评比中获一等奖。2002年，开展争当党员电教示范点活动，在良福集团、东岳挂车等企业建立党员电教示范点，积极在民营企业开展党员电教工作。2005年，摄制电教片《硕士村干部新传》获中共山东省委组织部党员电教片观摩评比二等奖、山东省广播电视协会纪录片评比三等奖。2007年，在全市率先开办具有视频直播功能的“水泊梁山党建网”，拓宽了党建宣传网络渠道。开展以“县委远教中心每月组织一次督导检查、乡镇（开发区）管理站每月组织一次技术巡回指导、接收点每旬组织一次集中播放收看”为主要内容的农村党员干部现代远程教育“三个一”活动，乡镇村级接收点管理员的技术得到明显提高。开展教学资源需求调查活动，发放调查问卷687份，有10500名党员干部参与了讨论填报。制作的电视讲座类专题片《鲁西南地区的水浒文化和水浒情结》，被省远程教育中心采用并在远程教育专用频道播出，在省委组织部组织的电教片评比中获三等奖。2008年，开展远程教育设备排查摸底，完成新建办公场所远教设备的迁建安装工作。小安山镇杨堤口村远程教育站点被省委组织部命名表彰为“第二批山东省党员干部现代远程教育规范站点”。《民间艺术的忠实传播者——邱忠堂》，被省委组织部远教专用频道采用播出。2009年，投入40多万元，对全县702个基层站点全面进行检修安装。制发《关于开展党员干部现代远程教育科技致富示范基地建设的意见》，开展了科技致富示范基地创建活动。同年，在县电视台开辟“梁山远教专栏”，进一步拓宽远教宣传渠道。2010年，开展五星级站点创建活动，对评选出的全县32个五星级站点和20名远程教育工作先进个人进行了表彰。完成全县远程教育集中学习站点有关信息采集，全县接入宽带互联网的站点603个。2012年，实施“党员干部现代远程教育科技致富工程”，围绕发展现代农业重点产业、县内规模种养基地，利用科技示范基地，分层次、分专题培训基层党员干部。课件《为了总理的嘱托》在全国党员干部现代远程教育卫星数字专用频道《全国优秀电教片展播》栏目中播出。

第三节 干部教育培训

党政干部培训 1999年，县委对60名县直部门届内未参加过县委党校理论培训的科级干部进行集中培训。2001年，县委制定《关于建立科级党政领导干部理论学习考核制度的实施意见》，举办各类培训班5期，培训科级领导干部127人、党务干部28人、后备干部61人。同时，举办WTO知识讲座，乡镇党政一把手、县直部门主要负责人等共200多人听取讲座。2008年，制定《2008—2012年梁山县干部教育培训规划》，举办8期学习贯彻党的十七大精神专题培训班，培训科级领导干部786名，并推荐56名领导干部包括县级干部、乡镇党政正职参加全市领导干部学习贯彻党的十七大精神专题培训班。2009年，在水泊梁山党建网创办干部教育培训“网校”，为全县近900名副科级以上领导干部搭建起自主选学的崭新平台。2010年，制定《梁山县干部教育培训工作考核办法（试行）》，建立“考职考廉考学、述职述廉述学”的综合考核模式。2013年，开办“水泊大讲堂”，每月举办两次专题讲座，邀请市级以上领导、专家、“圣地名师”授课，以专题讲座的方式面向全县领导干部开讲，从一定程度上提升了干部素质。

农村村干部培训 1995年，本着“全面开展、重点突破”和“促强帮弱带中间”的原则，对100名经济欠发达村和100名经济强村的支部书记分期在县委党校集中进行培训；将全县709个行政村的党支部书记培训一遍。1998年，在村级干部队伍中开展“学习刘运库、当好村干部”讨论活动，改进了村干部领导作风和工作方法。2000年，为全县2000多名村党支部成员建立培训档案，由县委组织部直接管理全县780名农村党支部书记的培训档案。2002年，兴办2处“进门是课堂，出门是现场”的党员干部培训基地，分期培训近200名农村党支部书记。2007年，印发《关于开展春季农村党员干部教育培训和基层党组织整顿提高活动的意见》。从党校、纪检、农业等部门抽调10人组成讲师团，赴各乡镇集中授课。各乡镇还采取集中办班、外出参观等形式培训村干部。当年，共举办各类培训班160期，培训党员干部17000多人次。2010年，举办7期梁山县阳光工程暨基层党员干部创业能力提升培训班，培训村党支部书记和党员干部700人。2012年，组建“巡回送教讲师团”，为基层单位送课上门15场次，培训3000余人次。以现场教学的形式，分批次组织村支部书记、村委会主任和部分下派干部共1000余人开展党风廉政集中教育活动16场次。建设拳铺镇专用车生产现场教学基地，承办市委党校干部培训班现场教学3期，培训干部200余人。

第四节　干部队伍管理

1994年，全县在职干部为9425人，其中，县级31人，科级888人，一般干部8506人；行政机关2451人，事业5476人，企业1498人；县直5029人，乡镇4396人；男7335人，女2090人；在副科级以上领导干部中，女51人，非党2人。2003年，全县在职干部为11848人，其中，正县级4人，副县级34人，相当县处级职务8人，正科级212人，副科级705人，一般干部10885人；行政机关1863人，事业8437人，企业1498人；县直5770人，乡镇6078人；男8586人，女3262人；在副科级以上领导干部中，女76人，非党17人。2013年，全县在职干部为13310人，其中，正县级4人，副县级41人，正科级241人，副科级559人，一般干部12465人；行政机关1624人，事业11686人；男8915人，女4395人；在副科级以上领导干部中，女108人，非党22人。

干部人事制度　20世纪90年代，县委采取组织推荐与民意测验相结合、专门班子考察与领导人个别了解相结合、普通调查全面了解与重大问题重点调查相结合的方法考察干部。1995年，制定《关于做好社会荐举领导干部工作的意见》《关于选聘经济能人担任领导职务的试行意见》，通过组织推荐、群众举荐、个人自荐等方式，荐举各类干部310名，共起用65名荐举干部，提为正科级6名，副科级59名。1996年，全县27名农村经济带头人被聘任为副乡镇长。1997年，制定《关于公开考选县直部分单位领导干部的意见》，采取公开推荐与考试考核相结合的办法，选拔5名干部，充实到5个县直单位领导班子。进入21世纪，县委及组织部门认真践行民主、公开、竞争、择优的选人用人机制，全面推行干部考察预告制、任前公示制、聘任制、试用制、责任追究制，确立了求真务实、德才兼备、老实苦干、创新求索、群众认可的用人导向。2000年9月，县委制定《关于深化干部制度改革进一步做好干部选拔任用工作的意见》《关于进一步做好培养选拔优秀年轻干部工作的意见》《关于选拔任用干部实行公示制、聘任制、试用制的暂行规定》，逐步建立完善干部选拔任用工作制度。同时，县委批转《县委组织部关于公开选拔副科级领导干部工作实施方案》，采取个人自愿报名、组织推荐和考试、考核相结合的办法，公开选拔确定20名副科级领导干部人选。2001年，制定《关于改进和完善干部考察工作的意见》《关于建立干部选拔任用工作责任追究制的意见》《关于调整不胜任现职领导干部工作的意见》等文件，扩大干部工作民主公开程度，规范干部选拔任用工作程序，建立干部选拔任用工作责任制度。2003年，制定《关于进一步深化干部人事制度改革的意见》《梁山县党政领导干部选拔任用工作实施细则》《梁山县实行党政领导干部任前公示制的规定》《梁山县实行党政领导干部试用期制的规定》《梁山县实行领导职务聘任制的规定》《梁山县实行党政领导干部任期制的暂行规定》等文件，完善了适合地方特点的干部人事制度。2007年，按照《中华人民共和国公务员法》，登记县委管理的731名在职干部和257名按地方年龄政策规定离岗干部，完成了党群口和全县副科级以上干部工资套改审批工作。同年10月，制定《梁山县事业单位参照公务员法管理工作方案》《事业单位全面推行工作人员聘用制度工作实施方案》《事业单位公开招聘人员实施办法》等，积极稳妥地推进事业单位人事制度改革。2008年，制定并推行《民主推荐科级领导干部"两推一述"暂行办法》，增强民主推荐的科学性和真实性，形成公开有序的干部选用环境，激发了干部活力。2009年，从县直部门和乡镇选派30名年轻干部进行"双向挂职"锻炼。2010年，结合干部队伍状况和空缺岗位的实际，分别采取全县领导干部会议推荐提名、县委全委（扩大）会议公开推荐提名、县委全委会、乡镇党委集体推荐提名、系统或部门内部领导干部会议推荐提名等形式，将差额推荐、差额考察、差额酝酿、差额票决贯穿干部选拔任用工作的全过程，通过“公开差额”的方式选拔乡镇党政正职7名，县直部门正职16名，县直内设机构正职及其他科级领导干部33名。2011年，选派1000多名干部分别到农村、企业、重点工作指挥部和信访部门等从事帮扶、经济建设、城市建设和社区建设以及维护稳定工作。2012年，研发运用“干部日常考察管理系统”，实施领导干部德的考察、领导班子满意度测评、干部实绩评议。同年9月，对拟提拔重用的65名干部进行网上德的专项测评，并对发现问题的干部有针对性的进行了提醒和批评教育。2013年，制定《领导干部工作实绩公示述评制度》《科级领导干部选拔任用初始提名暂行办法》，制发《关于进一步规范机关事业单位中层干部选拔任用工作的通知》，推进班子建设和干部选拔任用工作的制度化、规范化、程序化。

干部档案管理 1994年后，干部档案管理逐步加强。1995年8月，梁山县成立干部档案管理办公室，为正科级全额事业单位（定编5人），隶属县委组织部，对全县干部档案实行集中管理。1996年7月，全县干部档案移交干部档案管理办公室集中管理，并依据县委组织部《关于出生年月、入党、参加工作时间、文化程度的认定意见》，由县委组织部、县人事局及有关部门共同认定全县干部档案信息。1997年12月，县委组织部制定《干部人事档案工作三年规划及实施方案》，并认真组织实施。1998年5月，全县实行干部人事档案工作联络员制度。1999年10月，印发《关于填写〈干部履历表〉的通知》，全县10985名在职干部填写1999版《干部履历表》。2000年12月，干部档案管理办公室被中央组织部授予“干部人事档案工作目标管理一级标准”单位。2004年年初，开始采用省委组织部推广的《山东组织干部人事管理信息系统》管理干部信息；同年10月，县委组织部、县人社局转发市委组织部、市人事局《关于事业单位新进人员实行聘用制和人事代理的通知》，对全县事业单位新进人员全部实行聘用制和人事代理，档案存放在县人才交流服务中心。2005年3月，开展全县干部档案审核工作。2006年2月，干部档案管理办公室被省委组织部评为全省干部档案工作先进集体；同年4月，被市委组织部评为全市干部档案工作先进集体。2007年4月，干部档案管理办公室更名为县委组织部干部信息中心，主要负责全县干部人事档案、干部统计工作及干部出生时间、参加工作时间、入党时间、学历学位的审查认定工作，负责干部信息的调查、分析、整理和管理，为县委和部机关及有关部门提供信息服务。2008年后，逐步将企业干部档案转递到企业保险处。2009年年初，开展干部信息库新版电子照片采集更新工作，至年底完成科级干部档案数字化管理。2012年，开展干部档案信息查核，重点筛选达不到规定年龄入学、入党、参加工作情况，以及重要信息不一致的人员。2013年年初，开始进行干部人事档案A4改版，并收集缺少的档案材料，重新整理干部档案。至2013年12月，完成干部人事档案数字化1322卷、干部档案A4改版3260余卷、干部信息查核1600余卷、干部任前档案审核460余人次。

干部监督管理 1994年，县委组织部设立干训干审科，重点办理干部有关历史遗留问题的来信来访，做好工龄接续、职级落实等工作。1995年，围绕贯彻中组部〔1994〕5号文件，着力加强对选用干部工作和领导干部的监督。1997年起，开始注重收集干部问题信息，整理分类，建档立卡，及时上报，以防止“这边审查，那边提拔”现象发生。至1998年，会同有关部门收集干部问题信息40多条。1999年，制定《关于进一步加强工作联系切实做好干部问题信息工作的意见》《关于对县委管理的领导干部实行谈话打招呼制度的暂行规定》《关于实行领导干部回复组织函询制度的暂行规定》等文件，调整充实干部问题信息联络员队伍，强化干部任期审计监督工作。2001年，出台《关于加强领导干部“八小时以外”监督管理工作的意见》，规范干部监督工作程序，被确定为市委组织部干部问题信息工作联系点。2002年，实行县委和组织部门负责人与“一把手”定期谈话制度，加强对各部门单位“一把手”的监督管理。根据年度考核情况，与领导干部谈话打招呼16人次，收集干部问题信息41条，对3名领导干部的问题进行调查核实。同年9月，干训干审科撤销，设立干部监督科。2008年，对当年提拔的副科以上领导干部，将考察的范围从“八小时内”延伸到“八小时外”，从“工作圈”扩展到“社交圈”“生活圈”“娱乐圈”，逐步建立起自我监督、党内监督、制度监督、协同监督、社会监督“五位一体”的干部监督体系。2009年，印发《关于加强领导干部日常监督管理的暂行办法》，为做好领导干部的日常监督提供规范性文件。2013年，开通“12380”短信举报平台，形成网络、电话和信访、短信“四位一体”干部举报受理体系；对干部监督材料分类建立信息库，形成电子档案，实现了干部监督工作信息化。

领导干部经济责任审计 梁山县领导干部任期经济责任审计工作始于2000年。2000年3月，县委、县政府制发《梁山县机关事业单位领导干部和国有企业及国有控股企业法定代表人任期经济责任审计暂行规定》，决定对全县县直部门及乡镇领导干部和县属国有企业及国有控股企业法定代表人实行任期经济责任审计制度。同时，县里成立干部任期经济责任审计监督工作领导小组，负责协调全县的干部任期经济责任审计工作。同年9月，县委、县政府制发《梁山县机关事业单位领导干部和国有企业及国有控股企业法定代表人任期经济责任审计结果运用实施细则（试行）》，并坚持离任必审。当年，全县共对55名党政领导干部和6名国有企业法定代表人进行任期经济责任审计。2003年，县委、县政府制发《关于进一步加强“一把手”经济责任审计监督的意见》，加大对领导干部的经济责任监督。对审计中发现的问题，根据问题的轻重，实行审计、纪委、县委三级谈话制度，并积极推行审计前公示和审计结果公告制度，以达到惩治腐败者、保护改革者、教育失误者的目的。2004年，梁山县在全省率先推行干部“任中审计”，由离任审计的“一次性”监督、事后监督，变为任职期间的经常性监督、事前监督和事中监督，实行对领导干部经济责任的全程动态监督。其做法得到市委组织部、市审计局的充分肯定，在全市干部任期经济责任审计工作会议上作典型发言，并在全省干部经济责任审计工作会议上书面交流。2005年年初，梁山县被评为全省干部经济责任审计先进县。此后，全县逐渐提高任中审计比例，加强事前审计监督。2007年，进一步推行经济责任审计离任交接制度。2009年，制发《梁山县领导干部离任经济责任审计交接暂行办法》，并对任期已满三年、三年内未进行经济责任审计的部门单位中行使资金签批权的9位负责人，进行任中经济责任审计。2013年，干部经济责任审计工作坚持“全面推进、突出重点、健全制度、规范管理、提高质量、深化发展”的工作思路，进一步扩大审计内容，突出审计重点，重视审计成果，强化审计在干部监督管理中的作用。

第五节 领导班子建设

在领导班子建设中，本着“补充缺职，优化结构，增强功能，促进工作”的原则，注重将德才兼备、政绩突出、群众公认的干部选拔到领导岗位，并注重女干部、党外干部在领导班子中比例，同时，及时把思想政治素质好、工作成绩显著、有发展潜力的年轻干部纳入后备干部队伍。

1995年，县委制定《关于对乡镇领导班子进行集中整顿的意见》，集中一个月的时间，组织广大乡镇干部学习文件，认真开展揭、摆、查活动，对乡镇领导班子进行了集中整顿。同年，县委制定《关于认真做好培养选拔女干部工作的意见》，提出了全县女干部的近期目标，当年29名妇女干部走上领导工作岗位。1996年，制定《关于进一步加强培养党外干部的意见》，在全县范围内筛选出40名优秀党外干部作为重点培养对象。同年，县委制定《关于选派优秀年轻干部到乡村挂职的意见》和《关于从政法系统选派干部到乡村挂职的意见》，坚持选精兵派强将，从县直部门选派72名优秀年轻干部到乡镇和村挂职。1997年，县委采用公开推荐与考试相结合的办法，择优选拔1名正科级、4名副科级干部，分别充实到县教委、团县委、文化局、统计局、司法局领导班子。1999年，县委制发《关于加强县直领导班子建设的几点意见》，以思想作风整顿为重点，切实解决领导班子和领导干部党性党风方面存在的突出问题，强化领导班子和干部队伍建设。2001年，制定《关于建立干部选拔任用工作责任追究制的意见》；同年，结合乡镇规模调整，对乡镇领导班子进行调整精简，选拔10名30岁以下的优秀年轻干部，充实到6个乡镇领导班子；选拔13名比较年轻的正副科级干部充实县直领导班子。调整后，乡镇领导班子成员由311人减为243人，政府班子成员大专以上文化程度的占94.7%，党政班子中女干部占18.7%。2002年，根据中央《党政领导干部选拔任用工作条例》，开始实行干部考察预告制；同年起，坚持“五不研究、一不决定”选拔任用干部，有效规范了干部选拔任用等工作，激发了干部活力。2005年后，县委严格按照“集体领导、民主集中、个别酝酿、会议决定”的原则，对干部选拔任用工作程序进一步规范完善，做到“五不研究、一不决定”：未经民主推荐的不研究，不经组织考察的不研究，常委到会人数不超过2/3的不研究，临时动议的不研究，未征求有关方面意见的不研究；不经过绝大多数常委同意，不决定干部任免。2009年，从政法系统选派15名副科级干部挂职任乡镇党（工）委副书记。2013年，利用干部日常考察管理系统对全县领导班子和领导干部上半年工作实绩在网上进行公示，并进行“网上测评”和征求意见。

第六节　重大教育活动

“三讲”教育活动　2000年2月，按照中央和省委、市委的统一部署，县委印发《关于在县级和部分县直部门领导班子、领导干部中，深入开展以“讲学习、讲政治、讲正气”为主要内容的党性、党风教育的实施方案》，对“三讲”教育活动做出全面安排。自此，在全县县级党政领导班子和领导干部以及县纪委、组织部、宣传部、检察院、法院、公安局领导班子、领导干部中，深入进行以“讲学习、讲政治、讲正气”为主要内容的党性党风教育。“三讲”教育活动分四步进行：第一步，思想发动、学习提高，主要是做好制定实施意见、召开动员会、集中学习交流、征求意见等工作；第二步，自我剖析、听取意见，主要是做好征求意见的汇总、梳理、反馈，撰写思想剖析材料，开展民主评议和民主测评等工作；第三步，交流思想、开展批评，主要是开展谈心活动、召开专题民主生活会、开展批评与自我批评等工作；第四步，认真整改、巩固成果，主要是做好分析研究问题、制定整改方案、落实整改措施、建立规章制度等工作。2000年5月，进入整改阶段，县委印发《关于县级和部分县直部门领导班子、领导干部“三讲”教育“认真整改、巩固成果”阶段工作实施意见》，对整改工作提出了具体的要求。通过开展“三讲”教育，重点解决领导班子和领导干部在理论素养和理想信念、政治素质和全局观念、中心意识和精神状态、群众路线和工作作风、民主集中制和干部路线、加强纪律和廉洁自律等方面存在的突出问题，达到提高政治素质、加强党性修养、端正思想作风、增强自觉性的目标要求，在坚定建设有中国特色社会主义的信念、贯彻执行民主与集中相结合的制度、实践全心全意为人民服务的宗旨、弘扬求真务实言行一致的作风等方面收到实际效果。

党员先进性教育活动 2005年1月，按照中央和省委、市委的统一部署，县委以梁发〔2005〕3号文印发《关于开展保持共产党员先进性教育活动的实施意见》。同年2月1日，县委召开保持共产党员先进性教育活动动员大会，县委书记商建设做动员报告。会议要求，统一思想，切实增强搞好教育活动的自觉性；明确任务要求，努力把握教育活动的正确方向；突出关键环节，高标准高质量开展好教育活动；加强组织领导，确保先进性教育活动取得实效。整个活动分三批进行，每批半年左右时间。第一批为县直党政机关及部分事业单位，从2005年1月开始到2005年6月基本结束；第二批为城市基层和乡镇机关，从2005年7月开始到2005年12月基本结束；第三批为农村和部分党政机关，从2006年1月开始到2006年6月基本结束。每批集中学习教育的时间不少于3个月，共分学习动员、分析评议、整改提高三个阶段进行。学习动员阶段，主要开展召开动员大会、集中学习、制定党员先进性标准要求和不合格党员具体表现、建立学习制度等工作；分析评议阶段，主要开展征求意见、党性分析、谈心交心、组织生活会、民主生活会、民主评议等工作；整改提高阶段，主要开展制定整改方案、落实整改措施、建立长效机制等工作。为开展好先进性教育活动，县委成立专门先进性教育活动领导小组，并向县直各大系统派驻指导组，还实行县委书记及基层党委书记上党课制度。2005年7月5日，县委召开保持共产党员先进性教育活动第一批总结和第二批动员大会，县委书记商建设做动员报告，全面总结第一批先进性教育活动取得的成效，具体部署第二批先进性教育活动的任务要求，并印发相关文件。通过开展保持共产党员先进性教育活动，有针对性地解决一些党员和基层党组织先进性意识差、执政能力弱的问题，并在济宁市率先推行党员承诺制，达到提高党员素质、加强基层组织、服务人民群众、促进各项工作的目标要求，完善了党建工作机制。

践行科学发展观活动 2009年3月—2010年2月，根据中央和省委、市委部署，县委利用一年左右的时间组织开展深入学习实践科学发展观活动。整个活动分两批进行，第一批为县党政机关、县直部门单位，从2009年3月开始到2009年8月基本结束；第二批为乡镇机关及直属单位、农村、县级以上部门单位驻乡镇机构及未参加第一批活动的企业、社会团体、社会中介组织等，从2009年9月开始到2010年2月基本结束。每批学习实践活动分学习调研、分析检查、整改落实三个阶段进行。在学习调研阶段主要开展集中学习培训、专题调讨、撰写学习体会和调研报告、深化“三学三创”“创新体制机制、推动科学发展”大讨论等工作；在分析检查阶段主要开展征求意见、召开专题民主生活会和组织生活会、形成领导班子分析检查报告、民主评议等工作；在整改落实阶段主要开展制定整改落实方案、集中解决突出问题、完善体制机制等工作。通过开展深入学习实践科学发展观活动，重点解决在坚持发展第一要务、以人为本、全面协调可持续基本要求、统筹兼顾根本方法、加强和改进党的建设等五个方面的问题，达到提高思想认识、解决突出问题、创新体制机制、促进科学发展的目标要求。

群众路线教育实践活动 2013年4月，中共中央政治局决定，从2013年下半年开始，用一年左右时间，在全党自上而下分批开展党的群众路线教育实践活动，主要以县处级以上领导机关、领导班子和领导干部为重点，“照镜子、正衣冠、洗洗澡、治治病”，全面加强全体党员马克思主义群众观点教育。同年8月，县委按照中央和省委、市委统一部署，成立县委党的群众路线教育实践活动领导小组，县纪委、县委组织部与省市纪委、组织部门同步参加第一批活动，其他部门单位参加2014年第二批党的群众路线教育实践活动。在群众路线教育实践活动中，县委坚持围绕中心、服务大局，全面贯彻落实党的十八大提出的各项任务要求，把作风建设放在突出位置，认真组织开展党的群众路线教育实践活动。教育实践活动以正面教育为主，贯彻落实中央“八项规定”，坚决反对“四风”，开展批评和自我批评，努力在解决作风不实、不正、不廉上取得实效，在提高群众工作能力、密切党群干群关系、全心全意为人民服务上取得实际成效。通过群众路线教育实践活动的开展，干部作风进一步转变，干群关系进一步密切，为民务实清廉形象进一步树立，并以作风建设的新成效，凝聚起推动事业发展的强大力量。

第七节 专业人才管理

人才选拔 20世纪90年代，县委组织部设有知识分子工作科，具体负责知识分子及人才管理工作。1991年9月，县委、县政府命名表彰首批县级专业技术拔尖人才，之后，相继于1993年7月、1996年12月、2000年12月，选拔、命名、表彰了第二批、第三批、第四批专业技术拔尖人才和第一批、第二批、第三批优秀知识分子，共命名专业技术拔尖人才28人，优秀知识分子74人，同时，还评选出乡村优秀科技人才106人。1995年，县委制定《关于开展社会荐才活动和加强梁山县人才库建设的意见》，召开荐才活动大会，组织开展推荐报名工作，共推荐出各类优秀人才960人。1999年，县委制定《关于做好选聘科技副乡镇长工作的意见》，当年，从全县各系统推荐的83名人选中，择优筛选出合适人选29人；其后又相继选聘3批、100多人次为科技副乡镇长。2000年后，县委、县政府高度重视人才的培养使用，建立县级领导联系专家制度、组织部长约谈人才制度，并定期走访慰问高层次人才。同时，开展优秀人才为振兴梁山经济献计策活动，特别在拔尖人才和优秀知识分子中积极开展“建言”活动，印发知识分子建议卡，组织优秀人才结合专业特长，针对全县实际搞好调查研究，提出合理化建议76条。2001年，县委组织部门建立健全县级拔尖人才、优秀知识分子及乡村科技人才档案，并与其签订任期目标责任书。2004年，县委制定《关于加强专业技术人才队伍建设的实施意见》，进一步建立人才工作目标。2007年4月，知识分子工作科撤销，设立人才办公室。同年，开展全县首批农村优秀实用人才（乡村之星）的评选工作，3人被确定为市农村优秀实用人才，27人被确定为全县首批农村优秀实用人才，并进行表彰；至2013年，共评选3批85名农村优秀实用人才。

人才引进 1995年，县委制定《关于开展社会荐才活动和加强梁山县人才库建设的意见》，在全县范围内广泛开展荐才活动，共推荐出各类优秀人才960人。1996年，向济宁市推荐27名人选参加全市百名现代企业管理人才评选，其中5人入选。1998年，从全县58名县乡优秀科技人才中，推选6名人选参加“济宁市首批乡村优秀科技人才”评选，其中5人入选。2000年，引进人才81名，聘请10名专家学者为科技顾问；指导13名拔尖人才、33名优秀知识分子制订年度工作目标，并签订责任书。2002年，引进博士研究生1人，硕士研究生2人，本科生20余人，并引进中科院专家完成冻胚克隆牛项目，为全县经济的快速发展起到推动作用。2004年后，县委先后制定《关于企事业单位引进人才工作的暂行规定》《关于进一步加强民营企业人才工作的意见》，对民营企业的人事管理、人才引进、职称评审、人事代理、人才培训等问题作了明确的规定，创建人才服务绿色通道，民营企业的人才政策环境得到较大的优化。当年，全县民营企业招聘的人才达1021人。其中，经营管理人才210名，具有高级以上技术职称的26人，中级以上技术职称的66人。2007年，制定《关于促进民营经济发展，进一步加强人事人才工作的实施意见》，将民营企业的职称评聘工作纳入人事部门职称评聘工作的统一安排，与国有、集体企事业单位一视同仁。2010年，以山东高校毕业生就业信息网和水泊梁山人才网为平台，开展网上人才招聘活动，新增招聘岗位800多个，新增网上求职简历640多份，达成就业意向近500人。2012年，印发《关于加强高层次创新型人才和紧缺人才引进和培养的实施意见》，明确人才引进范围、引进方式、政策保障及培养措施，为加强人才队伍建设提供了较为系统和规范的政策保证。

培养培训 1996年，选送1100名知识分子参加继续工程教育，组织400多人次外出进修学习考察，并对全县在职但没有岗位任职资格证书的60名厂长（经理）进行为期半年的系统培训，提高了知识分子业务素质。1997年，举办优秀人才培训班3期，培训51人次，提高了人才的理论水平。1998年，组织知识分子开展学术活动17次，外出进修、考察300多人次。2000—2001年，按照市委“四百人才”工程要求，推荐24人高校培训学习，被市委组织部录取4名；推荐10人乡镇挂职人员，被市委组织部录取4名。2004年，举办专业技术人员培训班，培训专业技术人员176名；推荐、选送党政人才、企业管理人才、专业技术人才191人次到高等院校学习培训。2007年，利用技工学校、社会职业培训机构和企业职工培训中心三大平台，共举办农、林、水、牧、农机专业技术人员培训班50期，培训人数达2万人次，培养致富能手和“土专家”“田秀才”和各种能工巧匠等农村实用人才1500人。同年，组织实施法律知识、公共必修课、新科技发展与展望、计算机应用能力等培训工作，至2008年，先后有5300多名国家公务员及事业单位专业技术人员接受培训。2009年，按照“干什么学什么，缺什么补什么”的原则，大规模开展人才培训，培训对象向专业技术人才、企业管理人才、农村实用人才和各类社会人才延伸。选拔33名规模以上民营企业高层管理人员参加与中国人民大学合作举办的梁山县民营企业领导力提升高级研修班。举办首届“金蓝领”培训班，共培训员工100名。2012年，在上海复旦大学举办第一期工商管理高级研修班，培训40名重点企业经营管理者。

第八节 机关党建工作

组织管理 1994年，县直机关党委辖21个党总支部，199个党支部，党员3815名；2001年，辖19个党总支部，174个党支部，党员3605名；至2013年，县直机关工委辖21个党总支部，156个党支部（其中：直属党支部30个），党员3941名。1994—2013年，县直机关党工委共发展党员1297人，其中，1994年发展党员最多，达174名；其次为1995年发展党员124名；2011年发展党员最少，仅31名，其次为2013年发展党员39名；2000年前后，一般年发展党员在60名左右；2010年前后，一般年发展党员在40名左右。

党建活动 1994年后，机关党建活动根据县委统一安排开展，机关党建工作不断加强。2003年12月，县直机关工委编写《党务工作实用手册》，该书从基层党组织工作需要出发，着重阐述党的基层组织的设置、任务、职责、规章制度、工作程序、常用文体等基本知识，并附录中央和地方各级党组织有关党建工作的政策文件。2005年9月，开展“评机关、评行风”的双评活动，评议涉及县直108个部门和单位。为开展好双评活动，成立“双评”活动领导小组及办公室，并选取20名群众代表参加监督评议团。2006年，县直机关工委会同县委组织部制定《创建特色突出、主题鲜明的机关党建品牌活动实施意见》，紧密结合部门和行业工作实际，提出有品牌名称、有创建措施、有创建载体、有工作内涵、有影响力的“五有”创建标准，在县直机关精心培育打造一批特色鲜明、措施过硬、成效明显、党员群众满意的党建品牌，做到一支部一品牌、一支部一特色。2007 年 9 月 9 日，济宁市县、市、区机关党建研讨会在梁山召开，梁山县直机关工委在会上作典型发言，并被省直机关工委授予党建理论成果奖。2013 年，县直机关工委制定《关于开展“争做为民服务标兵、争创群众满意机关”活动的实施意见》，在县直机关连续三年广泛开展“双争”主题实践活动，营造争做为民服务标兵、争创群众满意机关的浓厚氛围。同时，在县直机关推行建立“党员示范岗”，在公共服务行业和窗口单位党员中推行“戴徽”上岗，挂牌服务，亮明党员身份，便于群众监督。

宣教活动 2001 年 6 月 26 日，举办庆祝建党八十周年“信合杯”演讲比赛；2003 年，与文化局、通信公司联合举办“庆七一我为党旗添光彩”文艺演出；2005 年 6 月，会同县委组织部、宣传部主办“党在我心中”演讲比赛；2006 年，会同县委组织部、宣传部举办县直机关“公路杯—心中有党”广场歌咏比赛暨群众文艺展演；2008 年 6 月，与县民政局联合举办县直机关“慈善杯”学习十七大报告、新党章有奖知识竞赛；2009 年，举办县直机关庆“七一”、迎“国庆”“房管杯”学习贯彻科学发展观电视大奖赛；2010 年，会同县委组织部、宣传部开展“学习点亮人生”演讲比赛；2011 年，结合庆祝建党 90 周年，组织举办以“创先争优当先锋、我为党旗添光彩、争创满意机关、争当高效科室、争做优秀科长”为主题的“工商杯”演讲比赛；2012 年，会同县纪委、监察局、文广新局在全县组织开展“唱响廉政歌曲”活动，并于 6 月 30 日举行“唱响廉政歌曲、弘扬梁山正气”歌咏比赛。

第九节 老干部工作

工作机构 中共梁山县委老干部局，前身为县委组织部老干部科；1983 年 10 月，始建县委老干部局，为副科级单位；1984 年 4 月，改称县委老干部科；1988 年 9 月，复称县委老干部局，升为正科级单位。县委老干部局主管全县老干部工作，内设秘书科，辖离休干部休养所、老年大学、老干部活动中心、关心下一代工作委员会办公室。离休干部休养所，始建于 1982 年 2 月，称梁山县直机关离休干部休养所，为股级事业单位，编制 4 人；1990 年 8 月，改称梁山县离休干部休养所，升格为正科级事业单位，隶属县委老干部局。老年大学，始建于 1991 年 7 月，日常管理以县老龄办为主，后停办；2000 年 5 月，老年大学恢复办学，日常管理改为以县委老干部局为主；2004 年 5 月，梁山县老年大学为正科级事业单位，隶属县委组织部，县委老干部局协助管理。老干部活动中心始建于 2006 年 12 月，为副科级事业单位，隶属县委老干部局，编制 3 人。关心下一代工作委员会办公室始建于 2004 年 9 月，副科级事业单位，编制 2 人，原隶属团县委；2013 年 12 月，关心下一代工作委员会办公室改由县委老干部局管理。

主要工作 1985 年，离休干部达 760 人；20 世纪 90 年代起，离休干部逐年减少；至 2013 年，全县离休干部为 265 人。20 世纪 80 年代后，老干部工作由最初的安置管理为主逐步转变为管理服务为主，由生活照顾为主逐步转变为精神慰藉为主。组建离休干部休养所、老年大学、老干部活动中心（室），组织老干部开展丰富多彩的文体活动，丰富老干部精神文化生活。县委老干部局被省委和省政府的表彰为“老干部工作先进单位”，被省委老干部局授予全省离休干部信息管理工作先进单位、全省“宣传报道、学刊用刊”先进单位、《老干部之家》宣传发行先进单位、全省老干部工作“三个亮点”建设先进单位、全省老年教育宣传工作先进集体等荣誉称号；并受到济宁市委、市政府表彰，多次被评为全市老年教育工作先进单位、获全市老干部工作优秀调研成果“一等奖”。

老干部待遇　优先为离休干部增发生活费，坚持每年为老干部健康查体，较好地落实离休干部医药费按规定据实报销，县内定点医院离休干部住院实行记账制度，医药费统筹标准从1984年的每人每年45元，至2013年，逐步调整为每人每年9000元。为部分离休干部配偶、子女解决“农转非”，为无人照顾的离休干部安排一个子女在身边就业，为行动不便的办理护理费，为享受副县级以上待遇老干部报销电话费，对全县离休干部观看文艺演出和游览梁山风景区实行免费制度，为全县离休干部免费订阅《支部生活》《党员干部之友》《老干部之家》《老年教育》。从1996年1月起，企业离休干部离休费由县劳保处统筹，确保企业离休干部离休费及时发放；从2006年5月起，对每个企业离休干部都参照县直机关事业单位离休干部的待遇进行核算，与机关事业单位离休干部待遇拉平，并按照“同步增长、基本持平”的原则，参照机关事业单位离休干部增加待遇。

老干部基金　1994年6月6日，县委常委会研究决定，采取个人捐助、单位赞助、财政补助的办法，在全省率先筹资建立老干部基金，存入银行，利用基金利息，解决老干部的特殊困难。同年6月16日，县委组织部、县委宣传部、县委老干部局、县老龄办等12家单位联合发出倡议，号召全县广大党员、团员和干部职工捐款40万元，同时县财政拨款10万元，在全省率先建立“老干部基金”，利用老干部基金利息帮助老干部解决急事、难事。梁山县在全省县、市、区老干部局长学习班上作典型发言，省委《老干部之家》杂志社记者进行采访，称老干部基金为“梁山老干部的聚宝盆”,《中国劳动报》《中国老年报》等报刊分别进行宣传报道。

老干部诗社　1988年，离休老教育工作者刘广胜、张传禹、王诚志3人倡导组织创办梁山老干部诗社，成为全省第一家老干部诗社。1989年，被省诗词学会批准为“集体会员”，并颁发证书；1995年，受到省委老干部局的表彰；1996年，被市委、市政府授予“离退休干部先进集体”荣誉称号；1998年，受到省委组织部、老干部局、人事厅和市委、市政府表彰；1999年，受到县委、县政府表彰；2004年，受到市委、市政府表彰；2005年1月，省委老干部局编著的《最美夕阳红》一书刊登老干部诗社先进事迹。2007年12月21日，老干部诗社举办成立20周年暨《水泊梁山铁韵》首发式庆祝会。至2013年，诗社已编印《松鹤诗刊》140期，编印《松鹤诗刊选集》18辑，诗社社员从最初的20人发展到420余人，辐射山东、江苏、四川、广东、河南、陕西、贵州、黑龙江、北京等地。

第七章　宣传工作

第一节　理论教育

理论学习　1994年后，制定县委理论中心组学习安排意见，采取集中学习、个人自学、专题讲座、实际调研等多种方式，全面加强县委理论中心组理论学习的组织工作。县委宣传部定期为县委理论中心组成员配备学习笔记、学习用书籍，定期举办中心组读书会，并定期收阅各党委（党组）理论学习中心组读书笔记、理论调研文章，建立全县副处级以上领导干部理论学习档案。2000年后，定期举办县委理论学习中心组读书会，并组织县直各部门、各乡镇党政主要负责人参加，增强了领导干部学习的自觉性。2012年，县委理论中心组带头学习十八大精神，组织、宣传、党校等部门联合组成十八大精神宣讲团，逐乡镇巡回宣讲党的十八大精神，开办十八大精神专题辅导班，对全县科级干部和村干部进行轮训。

理论宣传 1994年，组织开展党的十四大学习宣传教育活动，通过开展理论学习、召开座谈会、研讨会等多种形式，开展宣传教育工作，使广大党员干部能够认真对待计划经济向市场经济转轨期间出现的各种新问题、新矛盾。1997年，开展以“讲学习，讲政治，讲正气”为主要内容的“三讲”教育活动，让广大干部深刻剖析自我，找出自身差距和不足，增强做好本职工作的能力。同年底，组织党的十五大精神宣讲团，到24处乡镇开展宣讲活动。2002年，组织全县各级党组织和全县群众收听收看十六大会议，并举办学习十六大精神理论宣讲骨干培训班，组成宣讲团分赴乡镇巡回宣讲。2007年起，广泛深入开展学习宣传贯彻十七大精神系列活动，全面落实科学发展观，并开办专题辅导班，对全县科级干部和村干部进行轮训，实现从机关到基层的全覆盖。2008年，县委宣传部组织全县“解放思想改革创新跨越发展大讨论”活动。2011年，组织开展纪念建党90周年理论学习宣传、理论文章征集活动，召开纪念建党90周年理论研讨会。2012年，县委组织部、宣传部、党校等联合组成十八大精神宣讲团，巡回宣讲党的十八大精神，《今日梁山》报、县广播电视台专门开辟学习十八大专栏，及时报道各乡（镇）、各部门、各条战线学习贯彻十八大精神的有关情况和解决实际问题的新成效、新进展。2013年，创办“水泊大讲堂”，重点围绕县委、县政府的中心工作和全县经济社会发展中广大干部关心的热点、难点、焦点等方面问题，定期邀请上级领导干部、专家学者、教授到梁山，以专题讲座的方式面向全县领导干部开讲。

社科研究 1994年后，组织全县优秀理论工作者撰写社会科学研究文章，参加全市社会科学规划研究项目和优秀社会科学研究成果的申报、评奖工作。同时，每年5月举办形式多样的社会科学普及周活动，并做好省、市两级社会科学普及教育基地申报工作。2008年，梁山县风景名胜区被评为全市社科普及教育基地。

第二节 宣传活动

思想解放宣传 1994年后，梁山县多次组织开展解放思想大讨论，通过动员会、座谈会、研讨会、报纸新闻评论、电视访谈等形式，让全县广大干部认清形势，树立信心，在全县范围内营造出聚精会神搞建设、一心一意谋发展的浓厚氛围。2001年起，在全县组织开展“大力发展民营经济大讨论”宣传活动，大力宣传“全面放开、全民经商、全民招商、全力保护、全面推向民营经济”的发展民营经济“五全战略”，重点宣传一批民营经济发展先进典型，特别是对拳铺镇发展民营经济创办工业园区的做法进行连续深度报道，配合市委研究室、市委宣传部对“拳铺现象”进行深入剖析，总结推广拳铺经验，并在全县广泛开展“远学温州 近学拳铺”宣传教育活动。2005年，梁山县被中汽协授予“中国挂车（专用车）生产基地”，并举办首届中国（梁山）专用汽车展销会（后称博览会），至2013年，围绕专业汽车博览会，梁山县均开展多种形式的宣传活动。2006年，第二届中国（梁山）专用汽车博览会期间，邀请中央、省、市40余家新闻媒体记者采访报道，并召开新闻发布会，制作发行《世界水浒城——中国梁山》大型外宣画册3000余册，新华社发通稿51件，中新社发通稿83件，全方位、多角度、深层次地宣传推介了梁山的优势品牌、良好的发展环境和丰富的资源，在国内外产生较大反响。2007年，第三届专用汽车博览会期间，在山东卫视、旅游卫视连续播出一个月的梁山形象宣传片，在《大众日报》《齐鲁晚报》《济宁日报》刊出专版，制作大型外宣画册《水浒故地，魅力梁山》，新华社、人民日报、中央电视台、《大众日报》等30余家主要媒体记者专程到梁山采访，中央和省、市、县各级媒体和网站陆续刊发相关报道，据不完全统计，发稿总量达200余篇。2012起，围绕“跨越发展、争先进位”主题，深入开展解放思想大讨论活动。至2013年，广大党员干部通过自觉学习，深化认识，提升境界，转变作风，全县呈现出以解放思想推动工作、以作风转变促进发展的新态势。

社会文化宣传　1993—1994年，结合水浒文化节的举办，组织开展一系列水浒文化和梁山县情宣传活动，取得良好宣传效果。1995年，在全县干部群众中开展“知我中华、兴我梁山”和“升国旗、唱国歌、识国徽”活动；在中小学生中开展“读爱国书籍、唱爱国歌曲、讲爱国故事、看爱国电影片”活动；在团员青年中开展“青春立功”活动等。同时，组织开展外学孔繁森、王廷江、韩素云，内学董玉光、张瑞伦、马敏的先模人物学习活动。1996年8月，拍摄介绍梁山县情的《奋进的水泊梁山》电视片，制作介绍梁山主要情况和梁山风景名胜的外宣折页图册，邀请水浒剧摄制组到梁山体验生活；同年9—11月，与省、市外宣部门和省电视台联合投资拍摄《今日梁山人》宣传片。1997年，以香港回归为契机，广泛开展爱国主义宣传教育活动，通过举办书画展、知识竞赛、报告会、研讨会、歌咏比赛等形式，激发广大干部群众特别是青年学生热爱祖国的思想感情。1999年，组织庆祝中华人民共和国成立50周年纪念活动，举办《祖国万岁》文艺晚会、民间艺术巡游、武术表演等大型活动。2001年，组织纪念建党80周年系列活动，包括知识竞赛、纪念征文、文艺晚会、书画展览等，全县近6万人参加。2002年，举办“喜迎十六大，颂歌献国庆”大型文艺演出和“喜庆十六大”大型美术摄影展活动，并在全县40余家规模较大民营企业中建立基层党校或党员活动室，在拳铺镇建立全县民营企业党员教育培训基地。2003年8月，邀请中央电视台《走遍中国》摄制组到梁山拍摄《画水浒，唱梁山》专题片，分别在中央一套、四套、九套播出30分钟，详细介绍梁山县的风土人情，以及水泊梁山深厚的历史文化积淀。2005年，开展纪念抗日战争暨反法西斯战争胜利60周年活动。2006年，贯彻落实党的十六届六中全会通过的《中共中央关于构建社会主义和谐社会的若干重大问题的决定》，开展社会主义荣辱观、“三学三创”等各种形式的和谐社会构建及重大主题宣传活动；组织庆祝建党85周年和纪念长征胜利70周年活动，举办“公路杯”《心中有党》大型广场歌咏比赛。2007年，广泛开展宣传十七大精神系列活动，同时组织实施“四德工程”建设，大力宣传道德模范先进事迹和高尚品德。2008年，开展纪念改革开放30周年歌咏比赛和大型图片展，编纂《梁山改革开放30年丛书》。同年，与中国新闻纪录电影制片厂、山东电视台合作拍摄108集大型电视系列片《八百年水浒》，与北京时代电影有限公司合作拍摄《水浒人物谱》系列数字电影。2009年，举办庆祝新中国成立60周年理论与实践征文、青年歌手大奖赛、首届“全民读书月”等一系列群众性爱国主义教育活动。2010年，举办济宁市暨梁山县2010年度“三下乡”活动启动仪式，并举办“济宁银行杯”梁山县首届网络歌手大赛。2011年，组织纪念中国共产党成立90周年活动，开展理论学习宣传、理论文章征集、理论研讨会、“红歌大家唱”歌咏比赛、“红色记忆”专场文艺演出、全县民间曲艺汇演等重大活动，并举办“辉煌十一五、媒体看梁山”大型图片展，全面展示了“十一五”期间梁山县在各方面取得的辉煌成就。2012年，开展“学雷锋”志愿服务活动，发出“学习雷锋，从我做起”的倡议，在县城人民南路设立“英模宣传一条街”，激励广大干部群众学习英模、干事创业、争当先进的积极性。同年，根据县委“大义梁山”水浒文化旅游品牌的提出，相继制作发行《世界水浒城——中国梁山》《水浒故地，魅力梁山》《水泊梁山》等大型外宣画册，宣传推介梁山优势品牌和丰富资源，并先后组织开展一系列宣传活动。同年，开展首届感动梁山十大人物评选。2013 年，开展“我的中国梦”主题宣传教育活动以及厉行勤俭节约、反对铺张浪费专项行动宣传。同年，全面推进“四德”工程建设，开展第二届感动梁山人物评选活动。

典型宣传 20 世纪 90 年代，通过开展精神文明活动，涌现出一批先进模范人物，县里及时进行表彰，并注意发挥榜样的作用，推进社会文明进步。进入 21 世纪，贯彻落实中共中央《公民道德建设实施纲要》，开展各种形式的社会主义文明建设活动，县委宣传部会同有关部门先后开展“巾帼十杰”“十佳青年”“十佳敬老之星”“感动梁山十大人物”等评选表彰活动，还相继推出退休后发挥余热的“九老”、平凡岗位优质服务的马敏、下岗再就业先进个人胡桂花、舍己救人的董玉光、见义勇为的于崇运等一系列国家和省、市各级公民道德典型，他们的先进事迹先后被各级电视台、《人民日报》《大众日报》等新闻媒体播发。2012 年，丁曙光见义勇为事迹发生后，宣传部与有关部门及时组织媒体采访和事迹报告会，丁曙光被中央电视台誉为“最美中国人”，在《新闻联播》中予以报道；被省各大媒体誉为“山东好人”，省委宣传部确定为学习雷锋、见义勇为的全省重要典型。梁山县在全县范围内开展创建“梁山——好人县”教育实践活动，打造“梁山好人”文化品牌，勇救落水司机的马营乡 4 名教师、勇救落水男孩的韩岗镇郝迎冰、烟台海水浴场救人的寿张集镇井振邦等相继出现，形成“梁山好人”群体效应。其后，梁山县相继启动两届“感动梁山”十大人物评选活动，并举行颁奖典礼。

第三节 新闻出版管理

梁山报社成立于 1993 年，属正科级事业单位，隶属县委宣传部管理，主要承担《梁山报》的编辑、出版、发行任务。《梁山报》作为县委机关报，始终坚持党报宗旨，坚持团结、稳定、鼓励和正面宣传的方针，紧紧围绕县委、县政府的中心工作，服务经济建设和社会发展，根据实际需要的不同层次读者需求，开设了一系列有特色、有影响、受欢迎的专题和栏目，在推进全县经济和社会各项事业快速健康发展中发挥了重要作用。2003 年 12 月，根据国家政策要求，《梁山报》停刊。2004 年 12 月，在梁山报社的基础上，组建梁山县新闻出版局，单位性质级别及隶属关系不变。2010 年 6 月，在梁山县新闻出版局的基础上，成立梁山县文化产业办公室，单位性质级别及隶属关系保持不变。

管理责任体系 新闻出版局内设出版、印刷、版权、扫黄打非、办公室 5 个科室和出版、印刷两个市场稽查队，同时归口管理梁山县发行印刷工作。新闻出版局从探索完善长效管理机制入手，逐步健全包括目标责任、执行责任、监督考核于一体的管理体系，建立县、乡镇、村一把手为第一责任人负总责、分管领导和有关人员为直接责任人具体负责的责任体系。县委、县政府并与乡镇和有关部门签订《出版印刷管理责任书》；把出版印刷业管理纳入社会治安综合管理、平安建设和文明创建活动的考核内容，作为评先树优的重要依据，对因工作不力、造成出版印刷市场出现严重违法违规案件的领导和直接责任人，严肃追究责任。

书业市场管理 2006 年 4 月，成立梁山县书刊发行业协会。新闻出版管理部门会同书刊发行业协会，先后派出 100 余人次，赴河北、河南、陕西、山西、甘肃、重庆等地帮助书业公司打击盗版，共计查处盗印盗发梁山县书业公司教辅案件30余起，查获盗版教辅近10万册。积极主动地开展打击盗版等工作，全力维护书业公司的合法权益，推动了全县出版印刷产业健康繁荣发展。2006—2008年，连年被评为全省“扫黄打非”工作先进单位和全市新闻出版系统先进单位。

印刷产业发展 2010年6月，在新闻出版局的基础上，梁山县成立文化产业办公室。文化产业办公室采取走出去、请进来等方法，多次组织书业公司负责人到外地学习品牌公司的管理经验，帮助企业建立健全严格的编稿、审稿、校对、销售等规章制度，形成一套操之可行、行之有效的科学管理体系，保证了企业制度化、规范化运作。同时，指导各书业公司努力提升图书质量，形成品牌亮点，增强了梁山教辅图书的市场竞争力，梁山教辅图书发行范围覆盖全国除港澳台之外的所有省、市、区。2013年10月，梁山县被中国书刊发行业协会命名为“中国出版物发行产业基地”。

第四节 网络宣传管理

2006年，梁山县成立互联网管理办公室；2007年，成立互联网宣传管理领导小组；同年，对全县互联网网站进行调查登记；2009年，对重点网站的加强指导和管理；2010年，举办网络新闻信息员培训班；2011年，梁山县互联网管理办公室被市委宣传部评为互联网管理先进单位；至2013年，互联网宣传管理工作逐步进入常态化、规范化。

舆情监管 2007年，协调公安机关打击非法办网、非法上网30余起，删除网上不良信息200余条，维护了良好的网上舆论环境和梁山形象。2009年，重点制止网站违规登载新闻和网上低俗之风，净化网络环境。2010年，联合县保密局、县公安局加强对各乡镇、县直有关部门内网和外网涉密工作的指导和管理，禁止办公文件等保密性要求较高的信息向外网传递，保证网络信息安全畅通。2011年，开展打击非法“网络共享”网站及设备产品专项治理行动工作。2011年后，实行24小时值班制度，监控所有涉梁网络、论坛、贴吧等舆论阵地，注重网上舆情跟踪、分析、研判、收集，在第一时间发现网站涉及梁山县的不良和有害信息，并与县公安局等单位及时沟通网上有关舆情，及时净化处理网络环境。至2013年，共发现并删除不良信息2500余条，较好地占领了网络阵地，掌握了网上舆论主动权。

舆情引导 梁山县组建网络评论员队伍，并充分调动网络评论员积极性，营造网上正面宣传强势。2009年，组织网络评论员开展“100位为新中国成立做出突出贡献的英雄模范人物和100位新中国成立以来感动中国人物”和“山东100英模人物”网络评选活动，并开展济宁市“文明网站”“优秀网站”创建评选活动，水泊梁山网等7个网站被评为全市“文明网站”。2010年，安排各网络评论员和县重点网站开展“看世博知世界”网上知识闯关赛活动和“我为黄蓝战略献良策微博大赛”活动，共发帖100余条，确保了活动的顺利完成。2011年，组织网络评论员积极做好省委宣传部、省委组织部主办的“泰山杯”“心中的歌献给党”山东省企业歌手网络大赛及第三届全国道德模范评选、“2011年地方优秀新政评选”等网络投票工作，并积极参与全国网络媒体山东红色老区行活动网上宣传活动。2011年后，通过RTX系统，积极撰写引导文章，做好网络舆论引导工作。至2013年，在市级以上主流新闻网站发稿13600余篇，其中，在中央级8大重点网站发表新闻稿件2400篇；共撰写原创主题帖文25篇，跟帖3700篇，微博9900篇，在全国各大网站、微博转发。

舆情服务 梁山县网络管理部门及各单位网管员，对所发现的涉及县内的网上重要舆情及时上报，并要求坚持每天至少上报3条关于反映全市社情民意的网络信息。2012年4月19日，中国广播网“频道首页新闻晚高峰”栏目播发题为

《山东梁县工会发售万元理财产品，机关职工被迫购买》的文章，梁山县互联网管理办公室及时发现并编发舆情简报上报县里领导，得到及时处理。同年5月3日,《南方周末》刊发《高息集资，梁山政府“上梁山”:年利率高达10%，摊派发行》一文，随后被凤凰网、中华网、新浪、网易、百度等近30家网站转载，后经县委宣传部与相关网站协调，有关网站予以摘除。至2013年，收集各种网上舆情4700余条，编发网络舆情简报114期，向市网络办上报舆情信息2600多条。

第五节 企业政工教育

县委宣传部围绕全县经济和社会发展大局，按照县委统一部署，认真指导全县企业思想政治工作、企业文化建设及舆论宣传工作，并及时了解掌握企业职工思想动态，做好企业及职工思想教育及服务工作。

思想政治工作 1994年后，坚持正确舆论导向，向广大企业职工宣传党和国家的各项方针政策，宣传经济体制改革的主要内容与形式，引导广大企业正确认识经济体制改革过程中出现的新问题。1995年，县委制发《关于加强爱国主义教育的实施意见》，贯彻落实《爱国主义教育实施纲要》，在企业开展“爱岗、爱国、爱家”为内容的“三爱”教育。1998年，在企业开展解放思想大讨论，引导职工解放思想，积极投入到市场经济大潮中。2006年，开展社会主义荣辱观教育和实践活动，引导企业职工正确认识社会主义核心价值观。同时，积极开展企业思想政治工作“五优”“双十佳”评选活动。县供电公司、网通公司、商业集团、东岳挂车、三利树脂、农村信用合作社、邮电局等多家单位先后被评为济宁市思想政治工作优秀企业。2009年,开展以“重科学发展、重思想道德、重科技创新、重环境保护、重人本管理、重企业形象，创建学习型企业”为主要内容的“六重一创”活动。2012年后，开展学习十八大系列活动，引导企业通过举办研讨班、集中培训、开展知识竞赛等多种形式，利用企业厂报、基层党校等宣传教育阵地学习领会党的十八大精神，进一步加强和改进企业思想政治工作，引导企业开展调查研究，至2013年，先后推出一批理论性、应用性较强的研究成果，多篇研究论文在省《工会论坛》发表。

企业文化建设 1994年后，全面加强企业文化建设，职工综合素质和企业整体形象得以不断提升。2004年，组织有关企业参加省委宣传部、省委组织部、省经贸委、省总工会联合举办的“八喜杯”山东省企业文化建设形象展示大赛。2007年，组织企业参加评选济宁市企业文化优秀成果。2008年,组织开展企业文化“软实力建设年”系列活动，包括在《企业政工动态》及有关媒体开展“企业软实力建设年”征文、举办企业文化建设和提升企业竞争软实力理论研讨会、参加全市企业文化汇演及企业文化建设成果展。2009年，深入推进企业文化建设工作，推荐水泊商场、三利树脂有限公司分别申报为省、市级企业文化创新成果，努力打造梁山企业文化品牌。2010年后，鼓励商家企业创建“百城万店无假货”示范店活动，树立“讲文明、去陋习、重服务、展新貌”的行业新风。2011年，水泊商场、九龙家电、佰度超市、亿隆超市被评为市级示范店，水泊商场在全市表彰会上作典型发言。2013年，围绕企业的改革和发展，持续推进“六重一创”等形式多样、丰富多彩的文化建设活动，有效地推动企业文化建设向深层次发展。

政工职称评定 对企业中专职从事党的工作和思想政治工作的人员，经企业推荐可申报评审相应职务任职资格。在政工师职称评定中，按照省、市企业思想政治工作人员专业职务评定工作规定，既重视学历、资历和论著，更重视实际工作能力、水平和实绩，本着“严肃认真，实事求是”的原则，严格审核把关，严格评审、报送等程序。1994—2013年，全县共评选出企业高级、中级政工师700余名，为企业政治思想工作开展、稳定企业政工队伍、促进政工干部队伍专业化建设奠定了坚实基础。

第六节 宣传队伍建设

1994年，成立中共梁山县委对外宣传办公室。1997年5月，县委制发《关于在全县宣传文化系统进行集中学习整顿的通知》，决定在全县宣传文化系统集中开展为期两个月的思想、作风、纪律整顿，重点抓新闻队伍的职业道德建设。2003年，组织宣传干部开展“创学习型机关，做创新型人才”活动，机关和干部队伍建设得到加强。2004年，举办全县宣传干部和骨干通讯员培训班，提高新闻战线干部职工的政治业务素质，为做好新闻宣传工作打下坚实的基础。2006年，成立梁山县互联网管理办公室，建立互联网管理体系和行业自律机制，提高了网上舆论的引导水平。2008年，县委宣传部制定出台《梁山县新闻发布工作实施意见》，规范新闻发布程序，并建立新闻发言人队伍。2011年，建立健全党委、政府两套新闻队伍。2012年，成立梁山县新闻中心，组建网络评论员队伍，主动把握正确的舆论导向。同年，县新闻中心承办由县委主管、县委宣传部主办的《今日梁山》报。至2013年，全县宣传文化队伍建设逐步健全，并担负起政治思想宣传教育工作的重要使命。

第八章 统战工作

第一节 党外人士培养

领导干部 1994年，全县有副科级以上党外干部6人，其中，副县级干部4人，副科级干部2人。1996年，重点加强党外干部考察培训工作，建立40人的党外后备干部队伍，并在县委党校举办为期两周的党外干部培训班。1997年，县委在人大、政协换届中全面加强党外代表人士安排，特别注意安排懂经济、会管理、有贡献的代表人士，先后安排3名党外副乡镇长，3名党外县直副科级领导干部。2000年，县委制发《梁山县2000—2002年培养选拔党外干部工作规划》，为全县培养选拔党外干部建立制度保障。2001年，县委建立领导干部与党外代表人士交友制度，拓宽党外代表人士选拔培养的路子。同年3月，县委安排党外干部10人，副科级以上党外干部达24人，其中，副县级领导干部6人，少数民族干部5人。2002年，组织对党外代表人士全面考察，建立了45名党外后备干部队伍，安排2名党外干部任实职副科，选派1名到省委党校学习，选派3名到市委党校学习，组织50名在县委党校举办党外干部培训班。2006年，县委统战部开展“树统战干部形象、建党外人士之家”活动，制定《2006—2010年全县统一战线干部教育培训规划》。2007年，中央提出在教育、科技、文化、卫生、监察、审计、司法等政府部门领导班子中都要配备党外干部，符合条件者可担任行政正职。据此，县委将党外干部正式列入全县干部教育培训规划，并在县委党校举办党外后备干部培训班，同时调整和安排党外干部22名。2011年，按照省委确定的“党外代表人士队伍建设年”要求，县委重点加强党外代表人士队伍建设，进一步健全充实党外6支队伍，建立148人的党外代表人士队伍人才库。2012年，继续深化党外代表人士队伍建设年活动，先后召开党外代表人士座谈会3次、情况通报会2次。县委从所需12个副科级职位中，公开招聘5名非党副科级干部到乡镇、部门任职。2013年，将202名党外代表人士纳入全县党外人才数据管理库，党外人士管理进一步规范，同时还举办60人参加的党外后备干部培训班。至2013年年底，全县共有科级党外干部22人，其中政府部门8人。

政协委员 1997年12月，第六届政协会议设置20个界别，共有委员245名，其中非党委员132名，占委员总数的53.8%，非公有制经济人士26名，占11.6%，民主党派委员9名，占4%；常委49名，党外副主席3名。同时推荐市政协委员11名，其中非党9名。2002年2月，第七届政协会议设置21个界别，共有委员245名，其中非党委员138名，非公有制经济人士36名，少数民族委员2名，三胞及眷属委员3名，宗教委员3名；非党常委26名，占常委总数的65%，党外副主席3名（驻会副主席1名）。同时推荐市政协委员11名。2007年，第八届政协会议设置21个界别，在261名委员中，非党委员139人，占委员总数的53%，民盟委员6人，九三学社委员3人；非中共党员常委30人，占常委总数的52%；推荐市政协委员11名。2011年12月，第九届政协会议设置10个界别，在257名委员中，非党155人，占委员总数的60.2%；非公有制经济人士78人，占30.4%；党派委员12人，占委员总数的4.7%；少数民族委员1名；常务委员51人，非党常务委员27名，占常务委员总数的67%。同时推荐市政协委员11名。

第二节 基层统战组织

2010年为基层统战工作基础建设年，全县15个乡镇（街道、开发区）党委全部配备专职统战委员，县直单位明确分管统战工作的班子成员，全县各行政村明确1名村支部委员做统战工作，建立县、乡镇（科局）、行政村三级统战组织网络。同时各乡镇实行“五统一”（统一配备办公室、统一挂统战工作办公室的牌子、统一建立有关制度、统一制作标牌上墙、统一配备办公设备）。2013年，统战工作作为全县年度综合考核中的一项重要考核内容，对全县基层统战工作的开展情况进行全面督导检查。

第三节 经济统战工作

1994年12月，县委召开统战会议，贯彻全国统战工作会议精神，开始将经济统战工作提上统战工作的重要位置。至1997年，注重发挥工商联职能优势和服务平台作用，发展个体会员、企业会员348名，举办各种类型的培训班12期次，帮助协调筹集资金6000余万元。2002年6月，组织民主党派、工商联等各界代表人士视察调研，写出《关于全县畜牧发展情况的调查报告》，并参加2003年全省统战调研宣传“四新工程”评选。同时，发挥统战优势，积极投身全县经济建设，协调县内企业与外地企业签订协议项目3个，协议投资5000万元，实际到位资金2700万元。另外，在全县统战干部和统一战线成员中开展“五个一批”活动，形成全县统一战线招商引资网络，促进了“三引进”工作。2013年，组织民主党派、工商联等各界代表人士大力开展招商引资工作，帮助部分非公企业与银行结成梁山县小微企业信用联盟，融资350万余元。组织全县80余名会员企业家参加了2013年中国中小企业服务模式创新高层论坛，同时，从浙江宁波成功引进总投资5亿元的精密轴承生产项目，与福建沙县工商联建立了友好商会，开拓了与外地工商客户的联系渠道。

第四节 外侨联谊工作

统战联谊 1998—2000年，统战部门从全党工作大局出发，突出统一战线大团结、大联合的主题，搞好对外联络和海外统战工作，先后与100余名海外港澳台侨胞建立了直接的联系与交往。2005年，发挥统一战线成员联系广泛的优势，向100多位海内外知名社团、港澳台侨胞及眷属、留学生以及与工商联有联系的私营企业家等发出到梁山观光，投资兴业的邀请函，至2007年，3年共接待到梁山探亲、旅游观光的台胞45人次，增进了两岸人民的感情，也为梁山招商引资牵线搭桥起到重要作用。2008年后，继续坚持联系和广泛接触港澳台同胞、海外侨胞，多次向海内外知名社团、港澳台侨胞、留学生等发出到梁参观的邀请函，但由于多方面的原因，统战联谊工作相对减少。

外事侨务 1993年12月，县外侨办撤销，其职能划归县政府办公室；1994年2月，县政府办公室设立外侨科，为股级行政单位；2006年5月，设立归国华侨联合会（人民团体），副科级事业单位，隶属县政府办公室，与外侨科合署办公。曾被评为全市外侨工作先进单位和全市“侨心工程”活动先进单位。

外事工作主要负责做好出国审报及相关事务。注重对出国任务及申报材料的审查工作，强化对出国人员的外事纪律教育和安全保密教育。同时坚持急事急办，特事特办的原则，尽力为因公出国活动提供便利条件。2006年，县政府制发《关于进一步加强全县外事管理工作的意见》，全县的外事管理工作逐步走向规范化、制度化，杜绝了涉外案件的发生。其后，进一步贯彻落实国家《关于进一步加强因公出国（境）管理的若干规定》，规范并完善因公出国（境）计划、任务审批、经费预算管理，强化监督检查和责任追究工作机制，严格审核审批党政干部因公出访团组，并通过集中教育、重点谈话、个别提醒等方式，强化外事纪律、保密纪律、财务纪律。在济宁市2005年因公出国（境）考评中，梁山县出访优秀率达100%，受到市外办的表彰。

侨务工作主要负责做好华侨华人的服务及相关工作。全县有华侨华人72名，县政府及侨务部门把平时走访和利用元旦、春节等传统节日走访相结合，开展“访侨胞、送温暖”慰问活动，至2013年，共向多个国家和地区的华侨、华人等寄发宣传资料1500余份，并加强与重点华侨特别是重点侨商、国外大公司的联系，做好以侨引侨、以外引外的文章，积极开展对外招商引资工作。同时，先后争取华人华商捐资，兴建教育和养老事业，其中，美籍华人邓先生捐资20万元兴建了杨营镇馆里村侨心小学，美国华商会捐资20万元资助杨营镇敬老院建设。

第九章　纪检监察

第一节　领导机构

中国共产党梁山县纪律检查委员会，副县级单位；与县监察局（正科级行政单位）合署办公，实行一套工作机构、两个机关名称的体制。

1995年5月27日，中共梁山县第九次代表大会选举产生第九届中共梁山县纪律检查委员会，选出委员17人。在中共梁山县第九届纪律检查委员会第一次会议上，选举产生九届纪律检查委员会常委9名，臧凤柱任书记，赵保伦、姜业兴、王玉斌任副书记。1998年9月，臧凤柱离职，马传申任书记。

1998年12月24日，中共梁山县第十次代表大会选举产生第十届中共梁山县纪律检查委员会，选出委员29人。在中共梁山县第十届纪律检查委员会第一次会议上，选举产生十届纪律检查委员会常委9名，马传申任书记，姜业兴、王玉斌、李同玉任副书记。2001年1月，马传申离职，宋科任书记。

2003年3月6日，中共梁山县第十一次代表大会选举产生第十一届中共梁山县纪律检查委员会，选出委员17人。在中共梁山县第十一届纪律检查委员会第一次会议上，选举产生十一届纪律检查委员会常委9名，宋科任书记，王玉斌、李同玉、张少军任副书记。2004年8月，宋科离职，冯冲任书记；2006年12月，冯冲离职，王宏伟任书记。

2007年1月29日，中共梁山县第十二次代表大会选举产生第十二届中共梁山县纪律检查委员会，选出委员27人。在中共梁山县第十二届纪律检查委员会第一次会议上，选举产生十二届纪律检查委员会常委7名，王宏伟任书记，张传胜、孙德玉任副书记。2009年12月，王宏伟离职，钟秀芳任书记；2011年12月，钟秀芳离职，马平任书记。

2011年12月26日，中共梁山县第十三次代表大会选举产生第十三届中共梁山县纪律检查委员会，选出委员29人。在中共梁山县第十三届纪律检查委员会第一次会议上，选举产生十三届纪律检查委员会常委7名，马平任书记，李士兵、孙德玉任副书记。

第二节 廉政建设

党风廉政建设 1994年，开展“学党章、讲奉献、做合格党员”等活动。1995年，组织3000多名党员干部和7000多名群众观看市纪委等部门联合组织的反腐倡廉图片展；同年，全县清理党政机关主办经济实体142家，其中撤销40家，规范86家，划转16家。1996年，开展“学条规、守纪律、做表率”活动。1998年，开展“领导干部要在党风廉政建设中以身作则、率先垂范”和“纪律教育月”活动；同年，建立领导干部廉政建设责任制，把党风廉政建设作为党的建设和政权建设的重要内容纳入党政领导班子、领导干部目标管理，与经济建设、精神文明建设和其他业务工作紧密结合，一起部署、一起落实、一起检查、一起考核。为保障落实，配套建立组织领导、责任追究、档案管理等五项保障制度，层层签订责任书，并且每年组织1—2次专项检查。2000年，开展胡长清、成克杰案件警示教育活动，组织近2万名干部职工观看《生死抉择》反腐倡廉电影。2001年，开展“学党章、正党风、守纪律”及“自身正、自身硬、自身净”教育活动。2004年，开展“强素质、树形象、创一流”活动，学习任长霞、牛玉儒等先进事迹，营造浓厚反腐倡廉氛围。2005年，制定《关于进一步落实党风廉政建设责任制的意见》，在纪检监察干部中组织开展“做党的忠诚卫士、当群众的贴心人”主题实践活动。2007年，开展“加强作风建设、促进社会和谐”主题教育、公开廉政承诺、廉政谈话等活动，党员干部廉洁自律意识明显增强。2009年，全县各级各部门签订党风廉政建设责任书976份，形成横到边纵到底的责任网络；组织副县级以上领导干部观看廉政戏曲《儿行千里》，组织干部职工收看专题片《光辉的历程》。2010—2011年，先后开展“增强制度意识、争做执行表率”和“以人为本、执政为民”主题教育活动，并组织副科级以上干部集中观看新编廉政历史剧《杨震荐官》。2011—2012年，全面推行党务公开，制定实施方案及公开目录，开通梁山县党务公开网站，结合党务、政务（厂务、院务、校务、村务）公开，形成“大公开”格局。同时开展“恪守从业道德、保持党的纯洁性”教育活动和以“优化环境从我做起，转变作风向我看齐”为主题的作风环境建设活动，印发“5项纪律、23个不准”“10项制度、10个严禁”和《梁山县作风效能问责暂行办法》等规章制度，并举行全县领导干部廉政勤政宣誓仪式，形成作风建设人人参与的良好氛围。2013年，开展“廉洁教育讲堂”建设，建成廉洁教育讲堂223处，开展教育活动1100场次，并邀请中纪委研究室调研处处长楚文凯为全县领导干部作党风廉政专题教育报告。

干部廉洁自律　1994年，制定《党政机关县（处）级以上领导干部廉洁自律“五条规定”的实施意见》《关于坚决制止婚丧嫁娶大操大办的通知》等文件，对公款吃喝、婚丧嫁娶大操大办、公款旅游等不良行为进行自查自纠，领导干部廉洁自律意识明显增强。1996年，各级党组织召开廉洁自律专题民主生活会，对照规定自查自纠，遏制公款吃喝歪风，全年招待费用下降20%。1997—1998年，全县各级领导干部认真执行《中国共产党党员领导干部廉洁从政若干准则（试行）》，新建和装修办公楼、公费安装住宅电话、违规配备小汽车、公款吃喝等得到有效遏制，节约资金423.3万元。1999—2000年，对全县干部职工多占住房进行专项清理，共清理清退多占住房492套。2001年，制定《关于加强党员领导干部“八小时之外”活动监督的意见》；2002年，贯彻落实《乡镇党员领导干部廉洁从政若干规定（试行）》和《村级干部廉洁自律若干规定（试行）》两个规定，提高基层党员干部廉洁自律意识。2004年，贯彻落实“四大纪律、八项要求”，严格执行“十个不许”，清理纠正机关事业单位、农村和企业干部、职工拖欠公款及违反规定用公款为个人购买商业保险资金共335.04万元。2005年，县委书记带头作出廉政承诺，并清理机关事业单位虚报冒领工资补贴36.14万元，涉及违规单位24个，违规人员9名。2010—2011年，落实领导干部廉洁自律各项规定，开展清理整顿党政干部违规经商办企业活动，共核查84个单位，清理异常情况干部1306人，督促返岗158人，停发工资127人，200名在景区建设中入股的工作人员全部退股430.7万元，并制定《梁山县机关事业单位工作人员病事假、借调和脱产学习管理暂行办法》等一系列规章制度。2013年，贯彻落实中央八项规定，制定《改进工作作风十项规定》，制发《关于进一步严格落实廉洁自律规定严肃有关纪律的紧急通知》等一系列文件，厉行勤俭节约，反对铺张浪费。实行县委常委带头改进工作作风，严格执行公务套餐定点以外接待备案，狠刹党员干部婚丧嫁娶事宜大操大办，严格禁止违规配车购车，严禁干部调动带车，严禁公车私用。制定《梁山县纪检监察监督巡查暂行办法》，由县纪委成立4个巡查组，一经发现违反上述规定，进行严肃查处。

第三节　纠风纠纪

严查乱收费　1994年，制定《关于严禁到企业乱收费的通知》，按规定废止各类收费项目253项，清理不合理收费62万元。1995年，对全县中小学乱收费情况进行清理，查出违纪资金19.06万元。1997年，制定《关于治理向企业乱收费、乱罚款和各种摊派等问题，切实减轻企业负担的措施》，全年为受保护企业抵制不合理收费、罚款85万余元。1998年，清理行政性、事业性收费项目282项，取消47项，减轻企业负担869万余元。1999年，开展纠正医药购销不正之风活动，共检查卫生医疗单位及医药经营户62家，药品生产企业2家，查出各类违纪违规金额567万元，取缔无证行医户5家，捣毁私人药贩、制售伪劣药品户3家，处罚卫生医疗和医药经营单位11家。2000年，查处影响经济发展的“霸”字号案件166起，铲除各类霸头恶势力119人；对3031项涉及企业和工商业户的收费项目进行重新审核清理，暂停和取消1505项，降低收费标准68项。2001年，对中小学乱收费进行专项清理，共查处违纪违规资金200余万元，提出整改意见及措施30多条。2004年，成立全县优化发展环境工作委员会，开通24小时优化环境投诉电话。2005—2006年，制定《关于对影响发展环境问题实行有奖举报办法》，受理投诉42起，涉及金额201万元，为当事人挽回经济损失75万余元。2007年，纠正医药购销和医疗服务行业不正之风，实现药品集中招标采购1980万元，让利患者205万元。2011年，对全县46个部门

5大类3437项行政权力进行专项清理，合并撤销223项，保留3214项；审核136项涉企行政事业性收费项目，取消11项。2012年，深入开展涉企“三乱”等专项整治活动，优化企业发展环境，通报批评3人，诫勉谈话部门主要负责人1人。

纠正不正之风 2000年，开展“万家企业评行风”活动，针对19个部门和行业进行评议。2005年，制定《梁山县机关工作效能行为责任追究暂行办法》，开展“机关效率年活动”，对108个县直机关和驻梁单位及39个部门行业进行民主评议。2010年，开展纪检监察机关“一对一联系企业”和“驻村联合”活动，帮助企业解决发展中的困难和问题。同时，开通“阳光政务热线”，通过热线解答群众反映的热点难点问题，组织33家企业法人代表和20个涉企部门单位主要负责人进行“面对面”投诉交流，强化政企沟通，密切政企关系。2011年，开通县纪委监察局网上评议管理系统，选取40家企业、20个建设工地、100个个体工商户作为发展环境监测点，聘请100名社会监督员和民调信息员，开展作风建设状况无记名问卷评议，全面构建群众监督平台，提高“双评”、服务窗口评议水平，并评选出“十佳十差”窗口。2012年，建立公共资源交易平台，全年完成招标采购项目259项，交易额5亿元，节约资金3542.66万元。2013年，组织明察暗访30次，检查各类酒店、餐馆461个次、乡镇、部门单位106个次、科室761个次，发现各类问题40多个，通报单位18个、违反工作纪律人员37名。

第四节 执法监察

土地开发监察 1994年，制发《关于对土地管理费用征收管理使用情况进行检查的通知》，查出违纪和使用不当资金110.9万元，挽回经济损失38.6万元。2004年，认真纠正对拖欠征用土地资金、城镇拆迁中侵害居民利益、拖欠农民工工资、企业改制和破产中损害群众利益的问题。2009年，开展国有土地出让、闲置低效利用土地、违规变更规划容积率等项目的执法监察，发现并纠正低效利用土地6宗、涉及土地面积4000余亩，财政增收资金近1.5亿元。2010年，开展房地产开发领域违规变更规划、调整容积率问题专项治理，共下发行政处罚决定书13份，补缴土地出让金、规费和罚款1648.5万元，查封房产7套1200平方米。2012年，开展房地产“一票式”检查，催缴税费1500余万元；2012—2013年，开展“小产权房”专项清理，治理小产权房建设37处，下达书面意见39份，催缴款项674万余元。同时，制定《梁山县“小产权房”问责处理暂行办法》，遏制了“小产权房”建设蔓延势头。

建筑工程监察 1997年，对全县124个建设工程项目进行专项执法监察，查出各种违章问题24个，挽回经济损失81.56万元。1999年，对1996年后造价在50万元以上的建筑工程进行专项检查，共检查单位、工程127个，查出问题47个，挽回经济损失150余万元。2011年，开展工程建设领域突出问题专项治理，发现项目决策、环评、招投标等环节的问题63个，并全部得到纠正。2013年，牵头开展城区基本建设项目“一票式”征管专项治理，下达限期缴款通知书14份，征缴一票式非税收入2835万元。同时，制定《梁山县重点项目提前介入跟踪监督办法》，先后对平原水库、体育馆等亿元以上重点项目提前介入跟踪监督。

资金管理监察 1994年，清理干部职工借欠挪用公款问题，清理工作涉及28个单位、2552人，清理出借挪资金815.4万元，收回资金725.7万元。1996年，对全县农民负担专项资金管理使用情况进行专项检查，共涉及资金5920万元，查出违纪和使用不当资金647.82万元，清退资金203.25万元，挽回经济损失18.65万元。1997年，配合县收费管理局开展预算外资金管理使用情况监督检查，查出违纪资金347万元，其中退还242万元，挽回经济损失85.6万元。1998年，对减轻农民负担、减轻企业负担、建筑工程项目、“收支两条线”等进行执法监察，涉及金额2159.6万元，查出违纪金额1465.8万元。2002年，清理党政机关工作人员借欠公款430余万元，收回410余万元。2007年，开展医疗保障资金管理使用情况专项检查，涉及定点医疗机构21家、资金1992万元，查出问题资金27.6万元。2013年，加强财政、公共资源交易等重点领域制度建设，强化公共资源交易监管，全年公共资源交易平台完成交易项目429项，完成交易额10.56亿元，节约资金2831.45万元。同时，强化财政投资评审，对30万元以上的所有政府性投融资建设项目，开展财政评审，审减资金4.35亿元。

第五节 案件查办

1995年，聘请17名信访信息联络员、21名人民监察通讯员，建立案件查办信息网。1996年，制定《1997—1999年全县基层纪检监察信访工作目标管理实施方案》。2003年，开展“走千村（单位）访万户”活动，排查问题126个，并建立投诉快速反应机制，实行有奖举报制度。2004年，实行“一案双报告”等制度。2005年，开展“开门大接访”、信访举报质量年等活动。2006年，制定《梁山县纪检监察信访举报工作责任制办法（试行）》。2010年，制发《纪检监察工作业务流程》，规范了办案程序。2011年，制定《执纪办案工作量化考评办法》。2012年，印发《关于开展党政纪处分执行情况专项检查的通知》，确保党政纪处分决定（批复）执行到位，巩固违纪案件查处工作成果。同时，整合举报投诉资源，设立纪委（纪工委）书记信箱，实行12388信访举报电话统一受理、分头办理。2013年，印发《梁山县纪委监察局信访举报件管理办法（试行）》，进一步规范信访举报件管理。1994—2013年，全县纪检监察机关共受理信访举报3427件，立案2443起，结案2443起；受党纪处分2153人，其中开除党籍227人，留党察看144人，撤销党内职务51人，党内严重警告1258人，党内警告495人，为国家和集体挽回经济损失1.623亿元。案件按时审结率、定性处理正确率和处分执行到位率均达100%。

第十章 党校教育

第一节 机构

中共梁山县委党校，副县级事业单位，实行党委负责制，校长均由历任县委书记兼任，校党委书记、常务副校长主持工作。党校内设办公室、教务科、总务科、马克思主义理论研究室、学员工作科、基层党校工作科等5个中层科室，在职干部职工28人。1996年11月，县委党校列为中等专业学校体制，与梁山县行政干部学校合署办公。

第二节 教师

1994年，县委党校有教师23人，其中具有大学学历的8人，大专学历10人，中专学历5人。县委党校一直高度重视教师培训工作，先后多次选派党校教师到中央党校、省委党校理论培训班学习，努力提高教师理论水平和业务能力。1996—2000年，县委党校先后选派到8人到中央党校学习，17人到省委党校学习，另外有12人通过函授等攻读大学本科学业。2001年后，在持续选派教师分别到省、市委党校进修学习的同时，选派多名骨干教师到落后村驻村，增强教师的理论联系实际能力。2006年，县委党校共有专职教师12人，其中高级讲师11人，高级讲师在教师中的比例达到91%。2009年，梁山县委党校组建梁山县干部培训兼职教师人才库，在全县领导干部中推选干部教育培训兼职教师人选116人，收集授课课题157个，为党校各主体班次、基层单位和领导干部开展自主选学提供了充足的兼职教师和课题资源。至2013年，县委党校在教师数量、职称结构、学历层次、专业配置等方面都有较大提高，共有专职教师22人，其中高级职称13人，中级职称2人，初级职称7人；研究生5人，本科17人。

第三节 教学科研

教学 1994年起，县委党校不断深化教学改革，积极探索、创新教学形式，改进教学方法，逐步确立以讲授式为主，情景式、模拟式、案例式、研讨式为辅的多种教学方法，全部实行多媒体教学及课件授课，完善校内教学与县情考察、外出参观学习相结合的教学方式，形成了以马克思主义方法论为主线、以执政能力建设为核心、以保持党的先进性为目标、以反腐倡廉教育为重点、以研究式教学为主导的教学新格局。1996年后，逐步完善课程设置和教学内容体系，使教学科研与全县经济社会发展密切联系。1997年5月，制定《梁山县委党校学员守则》。2001年，党校把提高教学质量、构建新的教学体系作为中心环节，深化教学改革，以“四单元教学”为组织形式，形成了全新的“三基本”（马列主义基本问题、毛泽东思想基本问题、中国特色社会主义理论体系基本问题）和“五当代”（当代世界经济、当代世界科技、当代世界法制、当代世界军事、当代世界思潮）教学体系。2004年8月，制定《梁山县委党校主体班次班主任职责管理办法》。2005年，县委党校制定和完善《关于教学体制改革的决定》，进一步推进党校教学体制改革。同年，梁山县委党校获山东省党校系统教学工作组织奖。2007年9月，与县委组织部共同制定《关于对主体班次实行学分制管理的实施办法（试行）》。2009年后，紧紧围绕《中国共产党党校工作条例》和《干部教育培训工作条例》的要求，开展“菜单式”教学，坚持干部自主选学，增强培训效果。为加强教学管理，县委党校先后制定《梁山县委党校学员守则》、出台《梁山县委党校主体班次班主任职责管理办法》。2011年3月，制定《学员管理办法》，对学员在校期间的知识测试、平时考勤、学习态度、调研报告或结业论文、课堂记录和读书笔记、党性锻炼进行综合考核。2013年，充分发挥干部教育培训“主阵地”作用，在办好主体班次的同时，加大开展“巡回送教”力度，提升教学效果。

科研 1994年起，党校教师先后发表科研论文及理论文章，至2000年，先后完成科研论文18篇，其中国家级2篇，省级3篇，市地级8篇，获省级奖励1篇，市级奖励4篇。在报刊上发表理论文章108篇，其中国家级7篇，省级13篇，市级28篇，县级60篇。2001年，全校全年在县级以上报刊发表文章138篇，其中省级8篇，市级52篇；获奖论文20篇，其中省级4篇、市级16篇。2002年2月，县委党校制定《关于做好科研工作的意见》。2005年，制定《关于奖励科研成果的几项规定》。2010年4月，制定《科研工作管理制度》和《科研成果奖励办法》。同年7月，县委党校组织全体教学人员围绕梁山县农村社会保障、社区建设存在的问题及对策、当前老百姓最关注的民生问题等课题，深入到各乡镇开展调研，撰写《关于梁山县农村社会保障、经济发展及民生问题的调研报告》，就有关问题提出针对性的意见和建议，为县委、县政府决策提供可靠依据。1994—2013年，共发表论文184篇，其中，国家级7篇，省级59篇，市级118篇；

承担市级调研课题 3 个，获优秀调研、科研成果奖 7 次，其中省级 2 次，市级 5 次。

第四节　干部培训

县委党校根据党在各个不同时期的中心任务，开展多层次、多形式、多种内容的干部培训和轮训。1995 年举办 6 期主体班次，共培训 500 人。1996 年举办 6 期专题班次（村支部书记培训班），培训村支部书记 706 名；同年 10 月，举办第一期中青年后备干部培训班，县直 37 个部门和 24 个乡镇的 61 名中青年干部参加了为期三个月的培训学习。1997 年举办 10 期主体班次，共培训学员 1235 人。1998 年，举办 6 期乡镇干部培训班，360 人参加培训。1999 年，先后举办县直科级干部培训班、青年干部培训班、全县优秀农村党支部书记和村委主任培训班，共 385 人参加培训。2000 年后，对副科级干部实行轮训，至 2003 年，先后举办乡镇副科级干部、县直副科级干部、党员干部、青年干部培训班，共培训各类干部 1000 余人。2004 年后，按照中央提出的“大规模培训干部、大幅度提高干部队伍素质”要求，先后举办加强党的执政能力建设研讨班、党员领导干部培训班、科级干部培训班、新当选的农村党支部书记、村主任培训班、社会主义新农村专题研讨班 20 余期，至 2006 年，累计培训各类干部 3000 多人次。2007 年，开设马克思主义中国化最新成果系列专题。2009 年，举办库区移民村干部大专班和农村后备干部中专班两期，培训学员 506 人，发展党员 19 人，30 余人进入村居两委班子。2010 年，先后举办 6 期十七届四中全会精神专题培训班和 8 期十七届五中全会精神培训班，轮训科级领导干部 900 人。2012 年 12 月，举办科级干部和村党支部书记学习贯彻党的十八大精神专题培训班，培训党员干部 1300 余人。2013 年，先后举办全县党外干部培训班、“转作风、强纪律”学习班、城市管理行政执法工作重心下移培训班、全县农村党支部书记培训班等主体班 4 期，培训干部 860 人。1994—2013 年，共举办科级干部培训班、农村党支部书记培训班、青年干部培训班、新录用公务员培训班、廉政教育培训班、入党积极分子培训班、计生干部培训班、公文写作与效能提升培训班等 90 个主题班次，累计培训干部 28000 余人次。

第五节　函授教育

梁山县委党校举办函授教育始于 1987 年，当年 9 月举办中央党校函授大专班，包括政治和经济两个专业，学制三年，两个专业共招生 259 人，1990 年全部毕业。1995 年，开始举办山东省委党校函授本科班，共招生 245 人，1997 年 12 月全部毕业。同时，招收山东省委党校函授大专班招生 124 人，1998 年 6 月全部毕业。2001 年，中央党校远程教学 C 级站正式建成，进一步提高了县委党校的办学质量。2010 年，函授教育停止招生；2012 年 12 月，在校函授学员全部毕业，函授教育停办。1994—2013 年，中央党校、山东省委党校梁山函授站共培养本、专科毕业学员 8426 人，2002、2010、2011 年获山东省教学检查“先进学区”荣誉称号。2004、2006、2007 年获济宁市委党校系统业余函授教育招生工作先进单位。2005、2007、2009 年获济宁市党校系统业余函授教育质量评比先进单位。

第十一章 党史研究

第一节 研究机构

中共梁山县委党史研究室，前身是中共梁山县委党史资料征集研究委员会，成立于1982年5月，正科级事业单位，隶属于县委。1993年12月，并入县委党校，改称县委党校党史研究室，由正科级事业单位降格为副科级事业单位；1997年12月，县委党校党史研究室更名为县委党史研究室，恢复正科级事业单位。

第二节 综合研究

县委党史研究室积极开展党史资料的收集、挖掘、整理、编撰、出版工作，其内容主要涉及新民主主义革命时期、社会主义建设时期和改革开放时期中共梁山县地方组织历史的相关情况。1982—2013年，县委党史研究室先后编撰出版《梁山党史资料》（1～5辑）、《中国共产党山东省梁山县组织史资料》《中国共产党梁山县历史大事记》《中共梁山地方史》等各类党史资料15本、1000余万字。

《中国共产党山东省梁山县组织史资料》（简称《中共梁山组织史》），至2013年编辑3卷。《中共梁山组织史》1～3卷，主要收录1933—2009年间，梁山县党的组织史发展变化情况，约计300多万字。《中共梁山组织史》第一卷，于1985年5月开始编纂，1988年2月完成初稿，同年5—10月，先后在北京、泰安、济宁、梁山等地召开审稿会，1989年12月由山东省新闻出版局出版。该卷主要记述1933—1987年梁山一带和县境内党组织和同级政权、地方武装、政协、群团等组织机构沿革资料及人物名录。《中共梁山组织史》第二卷，1999年4月开始收集资料、整理编辑，2001年12月完成编纂，2002年由中共党史出版社出版。该卷主要记述1987—2000年梁山县各级党组织和同级人大、政府、政协、地方武装、群团组织等组织机构沿革和领导人名录等。《中共梁山组织史》第三卷，自2010年6月开始收集资料、整理编辑，2011年6月完成编纂，同年由中共党史出版社出版。该卷主要记述2000—2009年梁山县各级党组织和同级人大、政府、政协、地方武装、群团组织等组织机构沿革和领导人名录等。

《中国共产党梁山县历史大事记》（简称《中共梁山历史大事记》），至2013年编辑1卷，约50万字，2002年由中共党史出版社出版。《中共梁山历史大事记》（第一卷）建县前的资料征集工作始于1982年，建县后的资料征集工作始于1993年，至2002年编辑成书。《中共梁山历史大事记》（第一卷）记载时限为1932—2000年，分为土地革命、抗日战争、解放战争、社会主义改造、社会主义革命和建设、“文化大革命”、转折、现代化建设八个时期进行记述，主要记述了梁山建县前梁山一带党的重要活动及重大事件和梁山建县后至2000年党领导全县人民进行社会主义革命和建设的重要活动及重大事件。

《中共梁山地方历史》，至2013年编辑2卷，计约52万字，均由中共党史出版社出版。其中，《中共梁山地方历史》（第一卷）于2003年出版。该卷主要记述1932—1949年梁山一带广大人民群众在中国共产党的领导下革命斗争的历史。《中共梁山地方历史》（第二卷）于2009年出版。该卷主要记述1949—1987年中共梁山县委领导全县人民进行社会主义革命和建设的艰苦奋斗史。

《丰碑——梁山改革开放30年》于2008年4月开始征稿编辑，同年12月由中共党史出版社出版，全书设综合篇、部门工作篇、乡镇工作篇和英模人物、图片资料等，计86万字，主要记述了梁山县人民在党的领导下改革开放30年的艰辛历程和成功经验。

另外，1994—2013年，还参与编撰《济宁党史人物》，为其提供万里、杨勇、杨敬斋等16篇人物传记，以及万丹如、于少畲、马诚斋、王定烈、邵子言、欧阳文、姜洪泉、徐昆、郭刚、高明宇等新民主主义革命时期在梁山县辖区内开展革命活动的基本情况、主要事迹等23篇；完成《中共济宁市组织史》（第二卷）梁山部分的供稿任务，完成相关年份的上级征稿任务及省、市党史部门安排的相关工作任务。

第三节　专题研究

在进行党史资料征集编撰的基础上，县委党史研究室认真开展党史专题研究工作。2006年起，组织开展抗战课题调查，在韩岗镇盛庄村发现去日本的“出国出境普通劳工证”一份，引起中央电视台、人民网、香港《大公报》等媒体关注并进行报道。同时对梁山县抗战时期人口伤亡和财产损失进行调研，形成各类调查表格8万份，收集县司法局公证处对日军罪行的公证书1万多份。2007年后，对“毛泽东到梁山”进行专题史料研究，对毛泽东在梁山下榻处、毛泽东登山读书休息处遗址进行调查、论证，形成一批成果。2009年后，在全县范围内进行革命遗址普查，经查确认全县有革命遗址8处，包括田大店党支部遗址、独山抗日歼灭战遗址、永安寺起义遗址、鹅鸭场战斗遗址、祝庄战斗遗址、将军渡遗址、梁山烈士陵园、毛泽东读书休息处。2011年4月28日，县委、县政府邀请毛泽东之孙毛新宇到梁山考察毛泽东当年登梁山景况，并在县政府招待所多功能厅举办“纪念建党90周年‘毛泽东与梁山’专题报告会”，引起社会各界的广泛关注。

第十四篇
DI SHI SI PIAN

人民代表大会

1994—2013年，梁山县人民代表大会及其常务委员会，严格执行《中华人民共和国宪法》及国家法律法规，依法行使国家和人民赋予的各项职权，对“一府两院”认真实施法律监督、工作监督，积极推进社会主义民主法治建设，有效促进了全县经济发展和社会进步。

第一章 代表大会

第一节 人民代表选举

依据《中华人民共和国选举法》规定及地方人民代表大会选举实施细则，梁山县对每届人大代表选举，都坚持充分发扬民主，严格依法办事，精心组织，周密部署，保障公民民主权力得到正确、充分行使。

选举委员会 选举前，均按照省、市人大常委会关于换届选举的安排意见，设立梁山县选举委员会。选举委员会在县人大常委会的领导下，具体负责制订选举工作计划、培训选举工作人员、抓好宣传教育、划分选区、分配代表名额、进行选民登记、审查选民资格、公布选民名单、安排选举日程、印发选票、主持投票、确定选举结果等选举事宜。为加强对换届选举工作的领导，县直和各乡镇均建立换届选举工作指导组。

选民登记 登记工作开始前，选举委员会印发《梁山县人大换届选举宣传实施方案》，采取多种形式和手段加强对《中华人民共和国宪法》《中华人民共和国选举法》和《中华人民共和国地方组织法》等法律法规的宣传，集中时间宣传学习选民登记的有关法律规定，使选民人人皆知，个个明白。同时，培训选民登记队伍，使其明确换届选举的意义、任务和目标，熟练掌握换届选举的法律程序。组织选民登记时，先由登记员按户口簿进行预登，然后再进行正式登记。登记结束后，由登记员对所登记选民按法定年龄和资格逐个进行审核，确定准确无误后再送交选举委员会复核，对选民资格进行确认，并按法律规定时间及时张榜公布选民名单，颁发选民证。

选区划分与名额分配 选区划分按照便于选民参加选举活动、了解和监督代表的原则进行，选区的大小，按照每选区选1～3名代表划分。选举县人大代表，农村以管区设立选区，县直单位按系统设立选区；选举乡（镇）人大代表以行政村为单位划分选区。按照《中华人民共和国全国人民代表大会和地方各级人民代表大会选举法》和《山东省县乡两级人民代表大会选举实施细则》规定和要求，县级人民代表大会代表名额基数为120名，每5000人可以增加1名代表。梁山县每次换届选举，县选举委员会均根据全县人口数量，拟定代表名额分配方案。为加强对换届选举工作的领导，各选区建立选举工作小组，选区下设选民小组。

提名推荐与代表选举 按照法定提名方式，一般分三步进行：第一步，召开选民小组会议，由选民酝酿讨论并10人以上联名推荐本选区初步候选人名单，然后与政党、人民团体提名推荐的候选人名单一起由选区如实上报选举委员会，并将名单于选举日的20日前张榜公布。第二步，各选区把公布的初步候选人名单再交选区选民小组充分酝酿，根据多数选民意见，确定第二轮代表候选人名单。选举委员会汇总后，将代表候选人名单及代表候选人的基本情况在选举日的15日以前公布。第三步，将第二轮讨论筛选后的候选人名单公布到各选民小组进行民主协商，按照较多数单位和选民意见，县选举委员会依照差额选举的规定，对照代表条件逐个审定正式代表候选人名单，并在选举日的5日（7日）前张榜公布。接近选举日，县选举委员会运用各种形式，实事求是地向选民介绍代表候选人的情况，组织候选人与选民见面。提前印制选票，制作票箱，制订代表选举办法，编写投票选举大会程序。选举日当天，各级选举机构依照法律规定，举行庄严隆重的投票仪式，让选民充分行使民主权利。选民凭证参加投票选举。有特殊情况外出不能参加投票的选民，可书面委托自己信任的人代为投票；对那些不能离开工作岗位和老弱病残不能到投票站投票的选民，采取设流动票箱的办法，在监票人的监督下，分别到他们的工作岗位和住处让其投票。

代表资格审查　根据法律规定，由选民直接选举产生的人大代表资格，均由县人大常委会代表资格审查委员会审查确认。主要审查当选代表的合法性，包括是否具备当选条件、每一选区选出的代表是否符合应选代表名额、代表候选人的提名推荐是否符合法定程序、代表候选人名额是否符合法定的差额比例、参加投票选举的选民是否符合法定人数、选举所投票数是否等于或少于投票人数、选举代表是否采取了无记名投票方式、当选的代表是否获得了法定票数、代表选举的过程是否实行差额选举、是否存在贿选情况等问题。代表资格审查委员会提出代表资格审查报告，再由县人大常委会确认代表资格是否有效。

第二节　历届代表大会

自1954年建立人民代表大会制度至1992年，共召开12届、28次人民代表大会。此后，于1993年2月、1998年1月、2003年1月、2007年12月、2012年1月，相继召开梁山县第十三届、十四届、十五届、十六届、十七届人民代表大会；每届人民代表大会一般召开5次会议。

梁山县第十三届人民代表大会（1993年2月—1998年1月）

第一次会议　县十三届人民代表大会第一次会议，于1993年2月8—12日召开，出席大会的代表280名，列席人员127名。大会听取并审议批准赵步荣代表县政府所做的《政府工作报告》，并审议批准《梁山县1992年国民经济和社会发展计划执行情况与1993年国民经济和社会发展计划（草案）的报告》《梁山县1992年财政决算和1993年财政预算（草案）的报告》。同时，听取并审议批准穆衍峰代表县人大常委会所作的《人大常委会工作报告》；听取并审议批准《县人民法院工作报告》和《县人民检察院工作报告》。大会选举穆衍峰为梁山县第十三届人大常委会主任，王占甲、杨念成、鞠燕芬（女）、傅全林、王钦孝、张先道为县十三届人大常委会副主任，常委会委员14名；选举赵步荣为县长，高太平、康绍军、张先知、王佑明、王钦之、王瑞兰（女）为副县长；选举宋声武为县人民法院院长，李文汉为县人民检察院检察长。

第二次会议　县十三届人民代表大会第二次会议，于1994年1月27—29日召开，会议听取并审议县长赵步荣作的《政府工作报告》、县计划委员会主任毛允海作的《梁山县1993年国民经济和社会发展计划执行情况和1994年计划（草案）的报告》、县财政局局长刘东升作的《梁山县1993年财政决算和1994年财政预算（草案）的报告》、县人大常委会主任穆衍峰作的《人大常委会工作报告》、县人民法院院长宋声武作的《人民法院工作报告》和县人民检察院检察长李文汉作的《人民检察院工作报告》，会议通过各项报告，并作出相应决议。

第三次会议　县十三届人民代表大会第三次会议，于1995年2月9日—11日召开。会议听取并审议县长赵步荣作的《政府工作报告》以及县计划委员会《梁山县1994年国民经济和社会发展计划执行情况和1995年计划（草案）的报告》、县财政局《梁山县1994年财政决算和1995年财政预算（草案）的报告》，听取并审议穆衍峰代表县人大常委会作的《县人大常委会工作报告》，以及《县人民法院工作报告》和《县人民检察院工作报告》，会议通过各项报告，并作出相应决议。

第四次会议 县十三届人民代表大会第四次会议，于1996年2月8—10日召开。会议听取并审议县长赵步荣作的《政府工作报告》以及县计划委员会《梁山县1995年国民经济和社会发展计划执行情况和1996年计划（草案）的报告》、县财政局《梁山县1995年财政决算和1996年财政预算（草案）的报告》，听取并审议《县人大常委会工作报告》《县人民法院工作报告》和《县人民检察院工作报告》，会议通过各项报告，并作出相应的决议。会议还听取并审议了县政府所作的《关于梁山县国民经济和社会发展第九个五年计划及2010年远景目标纲要（草案）的说明》，并批准《梁山县国民经济和社会发展第九个五年计划及2010年远景目标纲要（草案）》。

第五次会议 县十三届人民代表大会第五次会议，于1997年2月26—29日召开。会议听取审议代理县长曹耀华作的《政府工作报告》、县计划委员会主任毛允海作的《梁山县1996年国民经济和社会发展计划执行情况和1997年计划（草案）的报告》、县财政局局长刘东升作的《梁山县1996年财政决算和1997年财政预算（草案）的报告》、县人大常委会副主任王占甲作的《人大常委会工作报告》、县人民法院院长宋声武作的《人民法院工作报告》和县人民检察院检察长李文汉作的《人民检察院工作报告》，会议通过各项报告，并作出相应的决议。会议补选高太平为梁山县人大常委会主任、刘殿印为县人大常委会副主任，补选曹耀华为县长。

梁山县第十四届人民代表大会（1998年1月—2002年1月）

第一次会议 县十四届人民代表大会第一次会议，于1998年1月12—17日召开。出席代表259人，列席人员184人。会议听取并审议批准代理县长温杭东作的《政府工作报告》、副县长商建设作的《梁山县1997年国民经济和社会发展计划执行情况和1998年计划（草案）的报告》、县财政局局长刘东升作的《梁山县1997年财政决算和1998年财政预算（草案）的报告》、县人大常委会主任高太平作的《人大常委会工作报告》、县人民法院代理院长张仁端作的《人民法院工作报告》和县人民检察院检察长李文汉作的《人民检察院工作报告》，并作出相应的决议。大会选举高太平为县十四届人大常委会主任，刘殿印、鞠燕芬（女）、王佑明、林英科、王志宪、信再高为县十四届人大常委会副主任，选举常委会委员13名；选举刘慎刚为县长，刘振诺、李文运、王成爱、王崇志、高启顺为县人民政府副县长，选举张仁端为县人民法院院长，李文汉为县人民检察院检察长。

第二次会议 县十四届人民代表大会第二次会议，于1999年1月22—25日召开。会议听取并审议代理县长张忠建作的《政府工作报告》、县计划委员会主任高建国作的《梁山县1998年国民经济和社会发展计划执行情况和1999年计划（草案）的报告》、副县长陆书杰作的《梁山县1998年财政决算和1999年财政预算（草案）的报告》、县人大常委会主任高太平作的《人大常委会工作报告》、县人民法院代理院长袁存力作的《人民法院工作报告》和县人民检察院代理检察长王宜海作的《人民检察院工作报告》，会议通过各项报告，并作出相应的决议。会议补选李文汉为县人大常委会副主任，常委会委员2名；补选张忠建为县长，袁存力为县人民法院院长，王宜海为县人民检察院检察长。

第三次会议 县十四届人民代表大会第三次会议，于2000年1月19—22日召开。会议听取并审议代理县长商建设作的《政府工作报告》、县计划委员会主任高建国作的《梁山县1999年国民经济和社会发展计划执行情况和2000年计划（草案）的报告》、县财政局局长刘东升作的《梁山县1999年财政决算和2000年财政预算（草案）的报告》、县人大常委会主任高太平作的《人大常委会工作报告》、县人民法院院长袁存力作的《人民法院工作报告》和县人民检察院检察长王宜海作的《人民检察院工作报告》，会议通过各项报告，并作出相应的决议。会议补选商建设为县长。

第四次会议　县十四届人民代表大会第四次会议，于2001年1月13—16日召开。会议听取并审议县长商建设作的《政府工作报告》、副县长姜居祯作的《关于梁山县国民经济和社会发展第十个五年计划及2010年远景目标纲要（草案）的说明》。会议通过各项报告，并作出相应的决议。审议、批准《梁山县国民经济和社会发展第十个五年计划及2010年远景目标纲要（草案）》。会议补选张先知为县人大常委会副主任。

第五次会议　县十四届人民代表大会第五次会议，于2002年1月27—29日召开。会议听取并审议县长商建设作的《政府工作报告》以及县计划委员会主任高建国作的《梁山县2001年国民经济和社会发展计划执行情况和2002年计划（草案）的报告》、县财政局局长刘东升作的《梁山县2001年财政决算和2002年财政预算（草案）的报告》，听取并审议县人大常委会主任高太平作的《人大常委会工作报告》、县人民法院院长袁存力作的《人民法院工作报告》和县人民检察院检察长王宜海作的《人民检察院工作报告》，会议通过各项报告，并作出相应的决议。会议补选王佑明、陆书杰为县十四届人大常委会副主任。

梁山县第十五届人民代表大会（2003年1月—2007年1月）

第一次会议　县十五届人民代表大会第一次会议，于2003年1月18—22日召开。出席代表258人，列席人员179人。会议听取并审议批准县长商建设作的《政府工作报告》以及县发展计划局局长高建国作的《梁山县2002年国民经济和社会发展计划执行情况和2003年计划（草案）的报告》、副县长刘振诺作的《梁山县2002年财政决算和2003年财政预算（草案）的报告》，听取并审议批准县人大常委会主任高太平作的《人大常委会工作报告》、县人民法院院长袁存力作的《人民法院工作报告》和县人民检察院检察长王宜海作的《人民检察院工作报告》，并作出相应的决议。大会选举高太平为县十五届人大常委会主任，王佑明、陆书杰、王信义、林英科、孙伯泉、赵玉民（女）、乔允华为县十五届人大常委会副主任，常委会委员14名；选举商建设为县长，刘振诺、刘振西、贾治阜、任艳云（女）、蒋衍涛、宁瑞峰为县人民政府副县长。选举袁存力为县人民法院院长，王宜海为县人民检察院检察长。

第二次会议　县十五届人民代表大会第二次会议，于2004年1月3—6日召开。会议听取审议县长商建设作的《政府工作报告》以及县发展计划局局长高建国作的《梁山县2003年国民经济和社会发展计划执行情况和2004年计划（草案）的报告》、县财政局局长杨奉月作的《梁山县2003年财政决算和2004年财政预算（草案）的报告》，会议听取审议县人大常委会主任高太平作的《人大常委会工作报告》、县人民法院院长袁存力作的《人民法院工作报告》和县人民检察院检察长王宜海作的《人民检察院工作报告》，会议通过各项报告，并作出相应的决议。会议补选常委会委员1名。

第三次会议　县十五届人民代表大会第三次会议，于2005年1月11—15日召开。会议听取审议代理县长宋科作的《政府工作报告》，并审议《梁山县2004年国民经济和社会发展计划执行情况和2005年计划（草案）的报告》《梁山县2004年财政决算和2005年财政预算（草案）的报告》，听取审议县人大常委会主任高太平作的

《县人大常委会工作报告》以及法院、检察院所作的报告，会议通过各项报告，并作出相应决议。会议补选宋科为县长、李培宪为县人民法院院长、张义民为县人民检察院检察长。

第四次会议　县十五届人民代表大会第四次会议，于2006年1月9—13日召开。会议听取审议县长宋科作的《政府工作报告》，并审议《梁山县2005年国民经济和社会发展计划执行情况和2006年计划（草案）的报告》《梁山县2005年财政决算和2006年财政预算（草案）的报告》，听取审议县人大常委会主任高太平作的《县人大常委会工作报告》以及法院、检察院所作的报告，会议通过各项报告，并作出相应的决议。会议还听取并审议了县人民政府作的《关于梁山县国民经济和社会发展第十一个五年规划纲要（草案）》，并批准《梁山县国民经济和社会发展第十一个五年规划纲要（草案）》。会议补选商建设为县十五届人大常委会主任，刘振诺为县十五届人大常委会副主任。

第五次会议　县十五届人民代表大会第五次会议，于2007年1月17—20日召开。会议听取审议代理县长陈国华作的《政府工作报告》，并审议《梁山县2006年国民经济和社会发展计划执行情况和2007年计划（草案）的报告》《梁山县2006年财政决算和2007年财政预算（草案）的报告》，听取审议县人大常委会副主任刘振诺作的《人大常委会工作报告》、县人民法院院长李培宪作的《人民法院工作报告》和县人民检察院检察长张义民作的《人民检察院工作报告》，会议通过各项报告，并作出相应的决议。会议补选刘本相、张恒福为县十五届人大常委会副主任，补选陈国华为县长。

梁山县第十六届人民代表大会（2007年12月—2011年1月）

第一次会议　县十六届人民代表大会第一次会议，于2007年12月12—15日召开。出席代表256人，列席人员164人。会议听取并审议批准县长陈国华作的《政府工作报告》以及县发展和改革局局长贾朝凤作的《梁山县2007年国民经济和社会发展计划执行情况和2008年计划（草案）的报告》、县财政局局长杨奉月作的《梁山县2007年财政决算和2008年财政预算（草案）的报告》，听取并审议批准县人大常委会副主任刘振诺作的《人大常委会工作报告》、县人民法院院长李培宪作的《人民法院工作报告》和县人民检察院检察长张义民作的《人民检察院工作报告》。会议审议通过以上工作报告，并作出相应的决议。会议选举商建设为县十六届人大常委会主任，刘振诺、赵玉民（女）、刘本相、张恒福、林宪良为县十六届人大常委会副主任；选举陈国华为县长，贾存琰、贾治阜、任艳云（女）、蒋衍涛、宁瑞峰、楚宪海为县人民政府副县长。选举李培宪为县人民法院院长，张义民为县人民检察院检察长。

第二次会议　县十六届人民代表大会第二次会议，于2009年1月7—10日召开。会议听取审议县长陈国华作的《政府工作报告》，并审议《梁山县2008年国民经济和社会发展计划执行情况和2009年计划（草案）的报告》《梁山县2008年财政决算和2009年财政预算（草案）的报告》，听取审议县人大常委会副主任刘振诺作的《人大常委会工作报告》、县人民法院院长李培宪作的《人民法院工作报告》和县人民检察院检察长张义民作的《人民检察院工作报告》，会议通过各项报告，并作出相应决议。

第三次会议　县十六届人民代表大会第三次会议，于2010年4月21—23日召开。会议听取审议代理县长田卫东所作《政府工作报告》，并审议《梁山县2009年国民经济和社会发展计划执行情况和2010年计划（草案）的报告》《梁山县2009年财政决算和2010年财政预算（草案）的报告》，听取审议县人大常委会副主任刘振诺作的《人大常委会工作报告》、县人民法院院长李培宪作的《人民法院工作报告》和县人民检察院检察长张义民作的《人民检察院工作报告》。会议通过以上工作报告，并作出相应的决议。会议补选陈国华为县十六届人大常委会主任，郭建华（女）、王才利为县十六届人大常委会副主任，补选田卫东为县长。

第四次会议　县十六届人民代表大会第四次会议，于2011年1月11—14日召开。会议听取并审议县长田卫东所作《政府工作报告》，并审议《梁山县2010年国民经济和社会发展计划执行情况和2011年计划（草案）的报告》《梁山县2010年财政决算和2011年财政预算（草案）的报告》，听取审议县人大常委会副主任刘振诺作的《人大常委会工作报告》、县人民法院院长李培宪作的《人民法院工作报告》和县人民检察院检察长张义民作的《人民检察院工作报告》，会议通过各项报告，并作出相应决议。会议还审议了县人民政府《关于梁山县国民经济和社会发展第十二个五年规划纲要（草案）》，并批准《梁山县国民经济和社会发展第十二个五年规划纲要（草案）》。会议补选蒋衍涛为县十六届人大常委会副主任，补选县十六届人大常委会委员4名。

梁山县第十七届人民代表大会（2012年1月—）

第一次会议　县十七届人民代表大会第一次会议，于2012年1月6—10日召开。出席代表273人，列席人员179人。会议听取并审议批准代理县长贾治阜作的《政府工作报告》以及县发展和改革局局长崔根博作的《梁山县2011年国民经济和社会发展计划执行情况和2012年计划（草案）的报告》、县财政局局长梁开平作的《梁山县2011年财政决算和2012年财政预算（草案）的报告》，听取并审议批准县人大常委会副主任蒋衍涛作的《人大常委会工作报告》、县人民法院代理院长王爱新作的《人民法院工作报告》和县人民检察院代理检察长臧卫华作的《人民检察院工作报告》，并作出相应决议。会议选举田卫东为县十七届人大常委会主任，蒋衍涛、林宪良、郭建华（女）、王才利、郭继田为县十七届人大常委会副主任；选举贾治阜为县长，秦延信、张玕、王宇帆、崔加清、李瑞林、孙颖（女）为县人民政府副县长。选举王爱新为县人民法院院长，臧卫华为县人民检察院检察长。

第二次会议　县十六届人民代表大会第二次会议，于2013年1月14—16日召开。会议听取审议县长贾治阜作的《政府工作报告》、并审议《梁山县2012年国民经济和社会发展计划执行情况和2013年计划（草案）的报告》《梁山县2012年财政决算和2013年财政预算（草案）的报告》，听取审议县人大常委会副主任蒋衍涛作的《人大常委会工作报告》、县人民法院院长王爱新作的《人民法院工作报告》和县人民检察院检察长臧卫华作的《人民检察院工作报告》，会议通过各项报告，并作出相应决议。会议补选县十七届人大常委会委员2名。

第二章　常设机构

第一节　县人大常委会

梁山县人民代表大会常务委员会（简称县人大常委会）于1981年1月由第九届县人民代表大会选举产生。1993年1月—2013年12月，县人大常委会经历5次换届，穆衍峰、高太平、商建设、陈国华、田卫东先后担任县人大常委会主任。同时，县人大常委会设立党组，一般由人大常委会主任兼任党组书记，同时设一名党组副书记，其他党员副主任及办公室主任为党组成员。随着县人大常委会的换届，其党组成员亦进行相应调整。2006年1月起，县人大常委会主任由县委书记兼任，并设立第一副主任，主持人大常委会日常工作。

十三届人大常委会（1993.2—1998.1）县十三届人民代表大会第一次会议，选举产生县十三届人大常委会，穆衍峰为主任，王占甲、杨念成、鞠燕芬（女）、傅全林、王钦孝、张先道为副主任，委员14名。1996年3月，中共济宁市委提名刘殿印任县人大常委会副主任；同年6月，穆衍峰离职；1997年1月，中共济宁市委提名高太平任县人大常委会主任；同年2月，十三届人民代表大会五次会议补选高太平为县人大常委会主任、刘殿印为县人大常委会副主任。十三届人大常委会委员14人：马孝爱（女）、火秀云（女）、杨明勤、李文汉、张玉莲（女）、张宜科、武立芳、胡景陶、高新魁、阎旺亭、阎昭钦、韩玉忠、董传珍、蔡怀谦，其中，董传珍于1993年12月辞去人大常委会委员。

十四届人大常委会（1998.1—2003.1）县十四届人民代表大会第一次会议，选举产生县十四届人大常委会，高太平为主任，刘殿印、鞠燕芬（女）、王佑明、林英科、王志宪、信再高为副主任；王占甲、杨念成、傅全林、王钦孝、张先道离职。1998年3月，王佑明离职；1999年1月，县十四届人民代表大会二次会议补选李文汉任县人大常委会副主任；2001年1月，县十四届人民代表大会四次会议补选张先知任县人大常委会副主任；2002年1月，县十四届人民代表大会五次会议补选王佑明、陆书杰为县人大常委会副主任，刘殿印离职。十四届人大常委会委员15人：马兆海、马怀灵、王洪伦、刘甲仁、刘忠泉、张玉莲（女）、张先知、张兆兰、张宜科、张继海、张韶华、赵玉民（女）、姜序杲、徐长富、韩玉忠，其中，王洪伦、徐长富于1999年1月由十四届二次会议补选，张先知同时离职。

十五届人大常委会（2003.1—2007.12）县第十五届人民代表大会第一次会议，选举产生县十五届人大常委会，高太平为主任，王佑明、陆书杰、王信义、林英科、孙伯泉、赵玉民（女）、乔允华为副主任；鞠燕芬（女）、李文汉、王志宪、信再高离职。2006年1月，县十五届人民代表大会四次会议补选商建设为县人大常委会主任（兼），刘振诺为县十五届人大常委会副主任；高太平、林英科离职。2007年1月，县十五届人民代表大会第五次会议，补选刘本相、张恒福为县人大常委会副主任，王佑明、陆书杰、王信义离职。十五届人大常委会委员15人：马兆海、孔德雨、仲崇斌、刘甲仁、李学社、李厚道、杨智、张弟法、陈冬梅（女）、陈保德、季昌生、侯庆堂、徐长富、窦广洋、穆兆凤，其中，陈冬梅于2004年1月由十五届二次会议补选。

十六届人大常委会（2007.12—2012.1）县第十六届人民代表大会第一次会议，选举产生县十六届人大常委会，商建设为主任（兼），刘振诺、赵玉民（女）、刘本相、张恒福、林宪良为副主任；孙伯泉、乔云华离职。2010年4月，县十六届人民代表大会三次会议补选陈国华为县人大常委会主任（兼），郭建华（女）、王才利为县人大常委会副主任，商建设、赵玉民（女）、刘本相离职。2011年1月，县十六届人民代表大会四次会议补选蒋衍涛为副主任，刘振诺离职；2012年1月，田卫东为县人大常委会主任（兼），郭继田为县人大常委会副主任，陈国华、张恒福离职。十六届人大常委会委员24人：马绪印、王广民、王光远、王佑灿、孔令柱、杨先进、杨智、李学社、张弟法、张林勇、陈丕田、陈冬梅（女）、陈保德、郑一坤、胡桂花（女）、赵卫国、赵晖、侯庆堂、袁沛金、高峰、郭继田、戚聿君、窦广洋、蔡建民，其中，陈培田、赵卫国、赵晖、高峰、蔡建民等5人于2011年1月由十六届四次会议补选。

十七届人大常委会（2012.1—）县第十七届人民代表大会第一次会议，选举产生县十七届人大常委会，田卫东为主任（兼），蒋衍涛、林宪良、郭建华（女）、王才利、郭继田为副主任。十七届人大常委会委员 19 人：丁明勇、王文成、王佑灿、王显东、王朝银、孙长春、李梦良、张明进、张忠志、张洪晗、陈丕田、陈冬梅（女）、林强、胡桂花（女）、赵卫国、赵晖、徐长勇、高峰、梁传寅，其中，孙长春、徐长勇于 2013 年 1 月由十七届二次会议补选。

1994—2013 年梁山县人大常委会历任主任、副主任一览表

表 14-2-1

姓名	性别	职务	任职时间	离职时间	籍贯
穆衍峰	男	主任、党组书记	1990.3	1996.6	梁山
高太平	男	主任、党组书记	1997.2	2006.1	曲阜
商建设	男	主任、党组书记（兼）	2006.1	2010.4	嘉祥
陈国华	男	主任、党组书记（兼）	2010.4	2012.1	曲阜
田卫东	男	主任（兼）	2012.1	—	巨野
刘振诺	男	第一副主任、党组副书记	2006.1	2011.1	梁山
蒋衍涛	男	第一副主任、党组书记	2011.1	—	梁山
王占甲	男	副主任、党组副书记	1990.3	1998.1	鄄城
杨念成	男	副主任	1990.3	1998.1	梁山
鞠燕芬	女	副主任、党组副书记	1993.2	2003.1	龙口
傅全林	男	副主任	1990.3	1998.1	梁山
王钦孝	男	副主任	1990.3	1998.1	梁山
张先道	男	副主任	1990.3	1998.1	梁山
刘殿印	男	副主任、党组副书记	1997.2	2002.1	东平
王佑明	男	副主任	1998.1	1998.3	梁山
林英科	男	副主任	1998.1	2006.1	梁山
王志宪	男	副主任	1998.1	2003.1	梁山
信再高	男	副主任	1998.1	2003.1	梁山
李文汉	男	副主任	1999.1	2003.1	梁山
张先知	男	副主任	2001.1	1999.1	梁山
王佑明	男	副主任、党组副书记	2002.1	2007.1	梁山
陆书杰	男	副主任	2002.1	2007.1	东平
王信义	男	副主任	2003.1	2007.1	梁山
林英科	男	副主任	2003.1	2006.1	梁山
孙伯泉	男	副主任	2003.1	2007.12	嘉祥
赵玉民	女	副主任、党组副书记	2003.1	2010.4	曹县
乔允华	男	副主任	2003.1	2007.12	梁山
刘本相	男	副主任	2007.1	2010.4	梁山
张恒福	男	副主任	2007.1	2011.11	梁山
林宪良	男	副主任	2007.12	—	梁山
郭建华	女	副主任	2010.4	—	梁山

续表 14-2-1

姓名	性别	职务	任职时间	离职时间	籍贯
王才利	男	副主任	2010.4	—	梁山
郭继田	男	副主任	2012.1	—	梁山

第二节 工作机构

县人大常委会内设室、科、委等工作机构，均为正科级行政单位，并根据情况进行适当调整。1994年，县人大常委会内设三室四委：办公室、人事代表工作室、信访工作室、法制工作委员会、财政经济工作委员会、教育科学文化卫生工作委员会、农业工作委员会。2006年5月，设立老干部科；2007年6月，设立研究室、城乡建设与环境资源保护工作委员会。至2013年12月，县人大常委会设有办公室、人事代表工作室、信访工作室、研究室、老干部科、法制工作委员会、财政经济工作委员会、教育科学文化卫生工作委员会、农业工作委员会、城乡建设与环境资源保护工作委员会。

第三章 主要会议

第一节 常委会议

县人大常委会委员会议，一般每两个月举行一次（特殊情况提前、延后举行）；会议由主任或者委托第一副主任主持，全体委员出席会议，“一府两院”负责人一般列席会议。

1993年2月—1998年1月，县十三届人大常委会共举行34次会议。其间，先后审议通过县人民代表大会常务委员会议议事规则、监督检查执法机关和部门实行执法责任制的实施意见，作出关于深入开展普法教育和依法治理工作的决议、筹集济梁公路延伸段（公明大道）工程建设资金的决议、加强农村财务管理的决议、贯彻执行国家《中华人民共和国森林法》的决议。先后听取审议县政府关于发展高产优质高效农业情况的报告、湖区涝洼沼泽地综合开发改造情况的报告、全县畜牧工作情况的报告、县工业企业生产经营管理及效益情况的报告、关于交通管理与公路建设情况的报告、全县社会治安工作情况的报告等；听取审议《中华人民共和国产品质量法》《中华人民共和国义务教育法》《中华人民共和国教师法》《中华人民共和国药品管理法》《中华人民共和国食品卫生法》等法律贯彻实施情况的报告。与此同时，听取审议县法院关于经济审判工作的报告、民事审判工作情况的报告等，听取审议县检察院关于打击经济犯罪工作的情况报告、法纪检查工作情况的报告等。还审议通过县人民代表大会常务委员会年度工作要点、任命县十三届人大常委会代表资格审查委员会组成人员等。1997年12月19日召开的第34次县人大常委会会议，决定任命温杭东、商建设、陈波（挂职）为副县长，温杭东任代理县长，并任命张仁端为县法院副院长、代理院长；会议同意曹耀华辞去县长职务，周洪、王钦之辞去副县长职务，宋声武辞去县法院院长职务。

1998年1月—2003年1月，县十四届人大常委会共举行46次会议。其间，先后作出关于在人大代表中开展“争做发展民营经济带头人”活动的决定、授予部分人大代表“梁山县富民模范”荣誉称号的决定。审议通过人大常委会年度工作要点、梁山县农村宅基地管理暂行规定、梁山县人大常委会审议督办试行办法、梁山县人大常委会对司法机关实施个案监督的暂行办法。任命县十四届人大常委会代表资格审查委员会组成人员，先后听取审议县政府关于农业结构调整工作情况的报告、关于民营经济发展情况的报告、关于城市经济工作情况的报告、关于民事审判工作情况的报告、关于畜牧工作情况的报告、关于打黑除恶专项斗争情况的报告、关于加入WTO后县级行政审批事项改革工作情况的报告、关于社会治安工作情况的报告、关于民营经济提升规范与档次情况的报告、关于破产案件审理情况的报告，听取审议县检察院关于查办渎职侵权案件工作情况的报告、关于反贪工作情况的报告等；听取审议《中华人民共和国教育法》《中华人民共和国森林法》《中华人民共和国药品管理法》《中华人民共和国城市规划法》等法律贯彻执行情况的报告。

2003年1月—2007年12月，县十五届人大常委会共举行45次会议。其间，通过年度工作要点，传达全市人大工作会议精神和省市委关于加强人大工作的文件；发出关于在人大代表中继续开展“争做发展民营经济带头人”活动的通知；任命县十五届人大常委会代表资格审查委员会组成人员，作出关于授予徐恩润等18名同志“梁山县富民模范”荣誉称号的决定、关于县政府序列部门和有关单位进行工作评议的决定，对县政府序列部门、部分工作部门及驻梁单位进行工作评议。听取审议县政府关于农业结构调整及增加农民收入工作情况、城市建设与管理工作情况、旅游工作情况、国有企业改制工作情况、民营经济、招商引资和重点项目建设情况、社会治安工作情况、全县卫生工作及新型农村合作医疗工作开展情况、土地市场建设情况的报告等；听取审议县法院关于刑事审判工作情况、行政审判工作情况、执行工作情况的报告等；听取审议县检察院关于民刑检察工作情况、查办职务犯罪工作情况、法律监督工作情况、预防职务犯罪情况的报告等。还听取审议《中华人民共和国行政许可法》《中华人民共和国农村土地承包法》《中华人民共和国城市规划法》《中华人民共和国人口与计划生育法》《中华人民共和国教育法》等法律贯彻实施情况的报告。

2007年12月—2012年1月，县十六届人大常委会共举行36次会议。其间，审议通过年度工作要点、梁山县城市总体规划（2010—2030）、梁山县旅游发展总体规划、梁山县2011—2015年依法治县规划。任命县十六届人大常委会代表资格审查委员会组成人员，作出了关于梁山县十七届人民代表大会换届选举的决定、关于在全县公民中深入开展第六个五年法制宣传教育的决议。听取审议县政府关于市场体系建设情况、十大民心工程办理工作情况、民营经济招商引资和重点项目情况、农业产业化工作情况、社会治安情况、就业再就业工作情况、农村土地承包和流转工作情况、集体林权制度工作情况、旅游产业发展总体规划启动实施情况、全县“五五”普法、依法治县情况和“六五”普法规划及2011年至2015年依法治县规划情况的报告，审议县人民医院病房大楼项目建设的议案、审议县人民法院关于刑事审判工作情况的报告，听取审议县检察院关于反贪污贿赂工作情况、渎职侵权工作情况的报告等。还听取审议《中华人民共和国劳动合同法》《中华人民共和国食品安全法》《中华人民共和国科学技术进步法》等法律法规贯彻实施情况的报告。2011年8月22日，第32次人大常委会会议听取并审议通过县政府《关于“十二五规划”实施、2011年上半年国民经济和社会发展计划执行情况的报告》《关于2011年上半年财政预算执行情况的报告》。

2012年1月—2013年12月，县十七届人大常委会举行17次会议。其间，先后审议通过年度工作要点、县人大常委会议事规则、县人大常委会关于开展“双联”工作的实施意见、关于代表述职工作的实施方案、关于对专项工作进行满意度测评的试行办法、关于授予地方荣誉称号的试行办法。任命县十七届人大常委会代表资格审查委员会组成人员。听取审议县政府关于年度县级预算执行和其他财政收支情况的审计工作报告、县级财政决算的报告、全县城乡安防畅通工程建设情况的报告、关于城市基础设施重点工程建设情况的报告、关于招商引资“三重”工作情况的报告、关于干部作风监察工作情况的报告、关于新城区建设情况的报告、关于“打霸除恶”工作情况的报告、关于环境保护工作情况的报告、关于社会保险基金征缴工作情况的报告、关于安全生产工作情况的报告；听取审议县法院关于执行工作情况的报告、关于行政诉讼工作情况的报告；听取审议县检察院关于监所检察工作情况的报告、关于派驻检察室工作情况的报告。2012 年 3 月 6 日召开的人大常委会第 1 次会议审议通过县长贾治阜《关于提请决定任命县政府组成人员的议案》、县人大常委会《关于提请任免县人大常委会机关工作人员职务的议案》等议案、决定，并由拟任命人员向人大常委会作供职报告。2013 年 3 月 25 日召开的第 10 次人大常委会会议审议通过县政府关于提请任命孟一卿为县国土资源局局长和授予岳增才梁山人民奖章的议案。

第二节 主任会议

县人大常委会主任会议，根据工作需要不定期召开，由人大常委会主任主持；自县委书记兼任人大常委会主任后，一般由主持日常工作的第一副主任召集并主持。主任会议由主任、副主任组成，必要时由人大常委会有关科室负责人、“一府两院”主要负责人列席会议。主任会议一般在县人大常委会会议室召开，2006 年后有时在政府部门召开。主任会议实行集体负责制，在研究解决问题、决定重大事项过程中，充分发扬民主，严格依法办事，作出的决定须取得会议组成人员的过半数同意。主任会议主要研究处理人大常委会的重要事宜及工作部署，包括：决定人大常委会会议召开的日期、地点；拟定常委会会议议程、日程草案，提请常委会会议通过；向常委会会议提出属于常委会职权范围内的议案，由常委会会议审议；对县人民政府、县人民法院、县人民检察院以及常委会组成人员三人以上联名提出的议案，决定是否提请常委会会议审议等。同时，主任会议还不定期听取“一府两院”的工作汇报，并提出改进工作的建议，或作出相应的决议。

县十三届人大常委会共召开主任会议 52 次。1994 年 6 月 27 日，主任会议听取县水利局关于防汛条例贯彻落实情况及 1994 年度防汛工作准备情况的汇报，并进行审议。1996 年 6 月 20 日，主任会议听取副县长王佑明关于减轻农民负担工作的汇报，并进行审议。1997 年 9 月 10 日，主任会议听取县委书记王廉秀围绕坚持人民代表大会制度和党的基本路线、开展好各项工作的讲话，会议就如何做好人大工作进行交流探讨。

县十四届人大常委会共召开主任会议 65 次。1999 年 6 月 30 日，主任会议听取县法院关于开展“执行年”活动情况的汇报，县交通局关于贯彻实施公路法情况的汇报，县教育局关于职业教育法贯彻实施情况的汇报，并进行审议。2000 年 7 月 27 日，主任会议分别听取县劳动局关于企业养老保险工作情况的汇报，环保局关于大气污染防治法贯彻实施情况的汇报，并进行审议。2002 年 6 月 25 日，主任会议听取县民族宗教事务办公室关于山东省宗教事务管理条例贯彻执行情况的汇报，会议要求坚持依法管理，支持和维护合法宗教活动，并严格抵制境外敌对宗教势力渗透。

县十五届人大常委会共召开主任会议 58 次。2003 年 10 月 29 日，主任会议听取县国土资源局关于梁山县农村宅基地管理暂行规定贯彻执行情况的汇报，会议建议坚持依法治理，强化执法监察手段，实行齐抓共管，努力搞好农村宅基地管理。2004年7月28日，主任会议听取县教育局关于全县教育工作情况的汇报，会议要求坚持依法治教，切实解决工作存在的实际问题，不断强化各项工作措施。2005年4月1日，主任会议听取副县长蒋衍涛所作关于全县林业生产情况的汇报，会议建议进一步激发林业生产活力，多渠道筹集资金，不断加大对林业的投入，努力提高林业综合效益。2006年3月，主任会议第一次在政府部门召开，听取县卫生局工作汇报，并组织有关代表视察卫生工作。

县十六届人大常委会共召开主任会议65次。2008年3月24日，县人大常委会主任会议听取县水产局关于全县水产工作情况的汇报，并建议进一步发展渔业产业化，加强渔业基础设施建设，不断改善水产和渔业生产条件。2008年3月27日，县人大常委会主任会议听取县发改局关于煤矿建设情况的汇报，会议要求进一步加大工作力度，加快煤矿建设步伐，确保煤矿建设的顺利进行。

至2013年12月，县十七届人大常委会共召开主任会议26次，主要是决定人大常委会会议召开的日期、地点，拟定常委会会议议程草案，传达县委有关会议精神，研究人大机关工作等。

第四章　权力行使

第一节　人事任免

任免国家机关工作人员是宪法和法律赋予人大常委会的一项重要职权。1994—2013年，县人大常委会坚持党管干部与依法任免、依法监督的有机统一，充分发扬民主，依法行使人事任免权。

根据《梁山县人大常委会人事任免办法》，提请任免的所有拟任命人员必须通过法律考试，且要向县人大常委会作供职报告，使常委会组成人员知名、知面、知情；县人大常委会对拟任命干部的简历材料、考试成绩，供职发言及工作表现进行深入审议，并以无记名投票方式进行表决；其后，同被任命人员个别谈话或集体谈话，颁发任命书，向其提出勤奋工作、廉洁自律等方面的要求。1994—2013年，共依法任免"一府两院"工作人员1015人次。其中，任命县政府组成人员248人次，免职110人次，撤职1人；任命县法院工作人员319人次，免职169人次；任命县检察院工作人员80人次，免职88人次。

1994—2013年梁山县人大常委会任免"一府两院"人员统计表

表14-3-1　　单位：人

年度	县政府		县法院		县检察院		备注
	任职	免职	任职	免职	任职	免职	
1994	9	6	9	4	8	5	—
1995	2	6	21	9	3	—	—
1996	10	7	12	4	6	—	—
1997	6	5	21	6	3	—	—
1998	38	1	14	3	4	1	—

续表 14-3-1

年度	县政府		县法院		县检察院		备注
	任职	免职	任职	免职	任职	免职	
1999	7	4	64	6	17	—	—
2000	6	2	6	6	—	1	—
2001	4	4	—	1	1	1	—
2002	14	15	—	—	2	4	—
2003	25	—	28	24	2	—	—
2004	5	1	—	2	—	—	—
2005	2	—	19	5	3	2	—
2006	10	8	7	20	2	28	—
2007	15	12	14	29		10	—
2008	27	2	17	11	12	1	—
2009	4	6	5	8	1	6	撤职 1 人
2010	15	12	31	—	2	4	—
2011	12	7	22	21	10	13	—
2012	31	6	29	10	4	12	—
2013	6	6	—	—	—	—	—
合计	248	110	319	169	80	88	—

第二节 法律监督

1994 年后，为促进社会主义市场经济体制的建立和完善，县人大常委会围绕经济建设中心，重点加强对法制建设和法律法规实施情况的检查监督。县人大常委会先后听取审议县政府及有关部门对相关法律法规贯彻执行情况的汇报；听取县人民法院关于《中华人民共和国刑事诉讼法》等贯彻执行情况的汇报。至 1998 年，先后听取县政府 10 多次、20 余部法律贯彻执行情况的汇报。期间，还听取审议县政府关于第三个五年法制宣传教育和相关年度普法实施意见的汇报，并做出相应的决议。同时对《中华人民共和国土地管理法》《中华人民共和国水法》《中华人民共和国教育法》《中华人民共和国妇女权益保障法》《中华人民共和国消费者权益保护法》等多部法律法规贯彻执行情况进行视察。

1999 年起，县人大常委会针对现实生活中存在的有法不依、执法不严、违法不究问题，继续把对法律实施情况的检查监督放在重要位置，进一步加大监督力度，完善监督方式，增强监督实效。至 2004 年，常委会会议和主任会议先后听取和审议“一府两院”法律法规贯彻执行情况汇报及组织视察活动 30 多次。期间，先后对《中华人民共和国中国人民银行法》《中华人民共和国城市规划法》《山东省旅游管理条例》《山东省文化市场管理条例》《山东省计划生育条例》等法律法规执行情况进行监督检查，还听取审议全县实施“四五”普法教育和依法治县第三个五年规划的汇报，听取审议民事审判、查办渎职侵权案件等工作情况的汇报，并分别作出相应的审议意见或主任会议建议转达。此外，人大常委会还配合上级人大常委会检查《中华人民共和国代表法》《山东省机关事业单位及国有企业法人代表离任审计条例》等10余部法律法规的贯彻执行情况，如实反映法律实施过程中存在困难和问题，提出意见和建议。

2005年起，围绕法律法规的贯彻实施和县委的中心工作，把党委重大决定、政府着力推进、群众普遍关心、人大职权范围内的事项作为工作重点，注重实效，寓监督于干事创业之中，进一步加强法律监督工作。至2010年，人大常委会会议和主任会议先后听取和审议“一府两院”关于《中华人民共和国人口与计划生育法》《中华人民共和国公务员法》《中华人民共和国劳动合同法》《中华人民共和国药品管理法》《中华人民共和国动物防疫法》《中华人民共和国道路交通安全法》《中华人民共和国突发事件应对法》以及《社会保险费征缴暂行条例》等多部法律法规贯彻执行情况的汇报，并作出决议或提出审议意见。期间，人大常委会认真学习贯彻《中华人民共和国地方各级人民代表大会常务委员会监督法》和省、市人大常委会《关于贯彻实施监督法的若干意见》，明确监督职责，有计划地对工作进行梳理，对与监督法精神不一致的做出调整和规范，并综合运用听取审议专项工作报告、开展执法检查等形式，实施工作监督和法律监督，促进依法行政、司法公正。

2011年后，以建设平安梁山、法治梁山为目标，围绕宪法法律的有效实施，不断改进和完善法律监督工作，加强对执法活动的监督。重点对事关群众切身利益、社会普遍关注的10多部法律法规贯彻执行情况，进行监督检查。通过执法检查、视察调研和会议审议，提出具体的审议意见，作出相应决议，增强了有关部门的法制观念，确保了各项法律法规在全县的全面贯彻执行。

第三节 专题视察

1994年后，县人大常委会注重组织代表对全县政治、经济、教育、科学、文化、卫生、环境等工作进行视察，主要是通过视察了解政府、法院、检察院工作情况，并监督县人大及其常委会决议、决定的贯彻执行情况。2003年后，县人大常委会进一步重视人大视察工作，每年选取若干项工作开展视察，采取听取汇报、实地察看、召开座谈会、个别走访、跟踪监督等方式进行，至2013年，共组织视察70多次。

2003年起，县人大常委会主要开展对公安、审判、教育、科技、卫生、税收、供电、防汛等方面的视察，至2006年，先后视察公安局指挥中心、南区派出所、法院审判庭、梁山一中规范化学校创建活动、新农合试点、乡镇卫生院建设、疾病控制体系建设、食品药品监督、电网改造、税务征收、行政审批、南水北调工程、梁济运河与黄河路那里险工等。

2007年起，县人大常委会主要开展对工业、农业、城建、旅游、文化等方面的视察活动，至2010年，相继视察工业园区建设、煤矿建设、土地整改、土地市场建设、城中村开发改造、新农村建设试点、广播电视、旅游开发、文化产业发展、体育综合馆建设、乡镇综合文化站建设等。

2011年后，县人大常委会主要开展城市建设、水利、林业、畜牧、财税、金融、就业安置、农村环境整治、新农村建设等方面的视察活动，至2013年，先后视察新城区建设、凤山公园建设、城乡环境综合整治、梁山泊水库建设、绿化及湿地建设、人力资源服务、库区移民项目开发、畜牧养殖基地、出版印刷产业、广播电视台等，并就视察中发现的问题提交政府有关部门解决。

第四节 议案办理

历届代表议案、代表建议，均涉及工业电力、农业水利、商贸旅游、科教文卫、城建交通、政法治安等方面的问题，以交通、城建居多，特别是涉及城乡交通诸如城乡客运公交以及宋金河疏通、开发建设，几乎每届大会均有代表议案、建议及意见提出。

县十三届人民代表大会期间，收到代表议案139件，列入大会议案的3件；收到代表建议262件，共办理代表建议398件。其中，第一次会议收到代表议案21件、代表建议30件，办理代表议案1件、代表建议50件；第二次会议收到代表议案21件、代表建议82件，办理代表建议103件；第三次会议收到代表议案33件、代表建议57件，办理代表议案1件、代表建议89件；第四次会议收到代表议案26件、代表建议34件，办理代表建议60件；第五次会议收到代表议案28件、代表建议59件，办理代表议案1件、代表建议86件。代表提出的多是农业、农村、农民方面的问题，包括减轻农民负担、治理涉农物资乱涨价，还有乱收费、乱摊派等。

县十四届人民代表大会期间，收到代表议案155件，列入大会议案的3件；收到代表建议180件，共办理代表建议332件。其中，第一次会议收到代表议案50件、代表建议63件，办理代表议案1件、代表建议112件；第二次会议收到代表议案32件、代表建议25件，办理代表议案1件、代表建议56件；第三次会议收到代表议案25件、代表建议21件，办理代表议案1件、代表建议45件；第四次会议收到代表议案33件、代表建议32件，办理代表建议65件；第五次会议收到代表议案15件、代表建议39件，办理代表建议54件。代表提出的多是教育、交通、邮电、公路等方面问题，包括中小学乱收费、电信部门不合理收费等，还有工资拖欠等问题。

县十五届人民代表大会期间，收到代表议案77件，列入大会议案2件；收到代表建议165件，共办理代表建议240件。其中，第一次会议收到代表议案25件、代表建议27件，办理代表议案1件、代表建议51件；第二次会议收到代表议案13件、代表建议16件，办理代表建议29件；第三次会议收到代表议案15件、代表建议31件，办理代表议案1件、代表建议45件；第四次会议收到代表议案12件、代表建议19件，办理代表建议31件；第五次会议收到代表议案12件、代表建议72件，办理代表建议84件。代表提出的多是城乡道路建设、食药品安全、客运市场整顿等问题。

县十六届人民代表大会期间，收到代表议案52件，列入大会议案4件；收到代表建议204件，共办理代表建议252件。其中，第一次会议收到代表议案16件、代表建议61件，办理代表议案1件、代表建议76件；第二次会议收到代表议案14件、代表建议16件，办理代表议案1件、代表建议29件；第三次会议收到代表议案15件、代表建议59件，办理代表议案1件、代表建议73件；第四次会议收到代表议案7件、代表建议68件，办理代表议案1件、代表建议74件。代表提出的多是城建、旅游、民生方面的居多，包括城市规划建设、新农村建设、医疗卫生等问题。

县十七届人民代表大会第一、二次会议期间，收到代表议案20件，列入大会议案1件；代表建议96件，共办理代表建议115件。其中，第一次会议收到代表议案8件、代表建议59件，办理代表议案1件、代表建议66件；第二次会议收到代表议案12件、代表建议37件，办理代表建议49件。

1994—2013年，共办理代表议案13件，办结率100%，代表满意率100%；办理代表建议、批评和意见1355件，办结率100%，代表满意率97.5%。其中，对县十三届三次会议代表提出的“东平湖区涝洼地改造”的议案，县政府制定《梁山县湖区涝洼沼泽地综合开发改造规划》和《梁山县湖区涝洼沼泽地综合开发改造实施意见》，落实具体的任务目标、政策措施和奖惩办法，有效地推动了涝洼地改造及种植、养殖综合生产的发展。对县十三届人大五次会议代表提出的“改善企业外部环境、减轻企业负担”的议案，组织人员深入企业认真清理、审核对企业的收费项目，完善“准许收费证”，严格整顿治理部门单位向企业乱收费、乱罚款、乱摊派及个别执法人员到企业“吃、拿、卡、要”等现象。对十四届三次会议代表提出的“加强梁山风景区水面建设及林木管护”的议案，县政府认真组织落实水面开发建设规划、资金等，全力启动景区水面建设。对十五届三次会议代表提出的“加快凤凰公园建设”的议案，县政府责成有关部门做好设计、拆迁、筹资等工作，有力地推动了公园建设步伐。对十六届一次会议代表提出的“规范村级干部待遇”的议案，县委、县政府制发了《关于进一步完善农村干部经济待遇的暂行办法》，明确了村干部待遇范围、补贴发放标准及保障机制。对十六届三次、四次会议代表提出的“修编完善城市、旅游规划”和“启动修复绿化青龙山等部分山体”的议案，县政府组织有关部门认真落实，至2010年1月，《梁山城市总体规划（2010—2030）》通过专家评审，同年12月，旅游产业发展规划通过上级部门评审，县人大常委会审议批准了《梁山城市总体规划（2010—2030）》及旅游产业发展规划。同时把启动修复绿化青龙山作为打造生态景观、提升景区档次的一项重大基础性工程，组织有关部门制定相关办理措施并认真抓好落实，县国土资源局积极争取国家扶持资金4500万元，为山体修复绿化奠定了坚实基础；林业局、旅游局等相关责任部门制定好详尽的绿化实施方案。

另外，对代表提出并较为关注的议案、建议及意见，如改善城乡客运环境、加快城乡公交一体化、特别是西北乡镇城乡公交一体化问题，几乎历届历次人代会都有代表联名提出，但结果仍不尽如人意。还有十四届五次会议代表提出的要求执行国家和省的增资文件规定、解决拖欠退休干部两费问题的建议等，对办理答复表示不满意、要求重新答复。

1994—2013年梁山县历届人代会代表议案及建议意见办理情况统计表

表14-3-2

时间	会议届次	收到议案（件）	审定议案（件）	收到建议（件）	批办建议（件）	办结率（%）
1994.1	十三届人代会二次会议	21	—	82	103	100
1995.2	十三届人代会三次会议	33	1	57	89	100
1996.2	十三届人代会四次会议	26		34	60	100
1997.2	十三届人代会五次会议	28	1	59	86	100
1998.1	十四届人代会一次会议	50	1	63	112	100
1999.1	十四届人代会二次会议	32	1	25	56	100
2000.1	十四届人代会三次会议	25	1	21	45	100
2001.1	十四届人代会四次会议	33	—	32	65	100
2002.1	十四届人代会五次会议	15	—	39	54	100
2003.1	十五届人代会一次会议	25	1	27	51	100
2004.1	十五届人代会二次会议	13	—	16	29	100
2005.1	十五届人代会三次会议	15	1	31	45	100
2006.1	十五届人代会四次会议	12	—	19	31	100
2007.1	十五届人代会五次会议	12	—	72	84	100
2007.12	十六届人代会一次会议	16	1	61	76	100
2009.1	十六届人代会二次会议	14	1	16	29	100

续表 14-3-2

时间	会议届次	收到议案（件）	审定议案（件）	收到建议（件）	批办建议（件）	办结率（%）
2010.4	十六届人代会三次会议	15	1	59	73	100
2011.1	十六届人代会四次会议	7	1	68	74	100
2012.1	十七届人代会一次会议	8	1	59	66	100
2013.1	十七届人代会二次会议	12	—	37	49	100

梁山縣志

LIANG SHAN XIAN ZHI

1994—2013

第十五篇

DI SHI WU PIAN

人民政府

梁山县人民政府成立于1949年10月，1956年6月改称梁山县人民委员会，1968年2月成立梁山县革命委员会，1981年1月恢复建立梁山县人民政府。

1994—2013年，梁山县人民政府认真贯彻执行党的路线、方针、政策和省、市、县委统一部署，解放思想，励精图治，同心同德，艰苦创业，认真组织实施经济建设，全面推进全县经济快速发展，着力打造具有实力和影响力的专业汽车产业基地、文化出版印刷基地、水浒旅游产业基地、食品加工示范基地，推进了全县科学发展、跨越发展和小康社会建设进程。同时，县人民政府依法管理全县社会公共事务，全面推进社会事业进步和民生工程建设，大力构建和谐文明梁山，人民群众满意度得到全面提升。

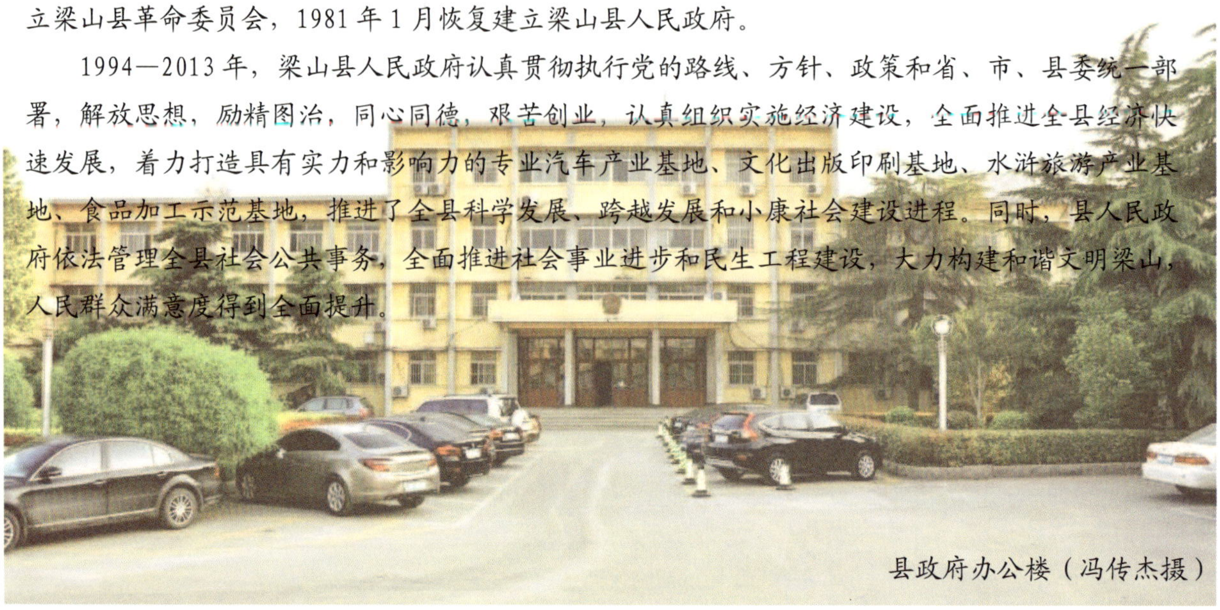

县政府办公楼（冯传杰摄）

第一章 政府机构

第一节 政府领导机构

1994—2013年，梁山县人民政府历经5次换届选举，期间又经多次调整，县长、副县长等县政府领导变动频繁。赵步荣、曹耀华、温杭东、刘慎刚、张忠建、商建设、宋科、陈国华、田卫东、贾治阜先后担任县长、代理县长或当选县长。

县十三届人民政府 1993年2月，县十三届人民代表大会第一次会议，选举赵步荣为县长，高太平、康绍军、张先知、王佑明、王钦之、王瑞兰（女）为副县长。1994年12月，县十三届人大常委会议同意康绍军辞去副县长职务。1997年2月，县十三届人大常委会任命曹耀华为副县长、代理县长，周洪为副县长；同意赵步荣辞去县长职务，高太平辞去副县长职务。同年2月，县十三届人民代表大会第五次会议，补选曹耀华为县长。同年12月，县十三届人大常委会任命温杭东为副县长、代理县长，商建设为副县长；同意曹耀华辞去县长职务，周洪、王钦之辞去副县长职务。

县十四届人民政府 1998年1月，县十四届人民代表大会第一次会议，选举刘慎刚为县长，刘振诺、李文运、王成爱、王崇志、高启顺为副县长。同年1月17日，济宁市委、市纪委、市政府决定，撤销刘慎刚梁山县县长职务。同年1月18日，县十四届人大常务会一次会议任命张忠建为副县长。同年3月，县第十四届人大常委会第二次会议任命张忠建为代理县长，任命王佑明、陆书杰为副县长。同年6月，济宁市委、市纪委、市政府决定，撤销王成爱、王崇志、高启顺梁山县副县长职务。1999年1月，县十四届人民代表大会第二次会议，补选张忠建为县长。同年8月，县十四届人大常委会十五次会议任命商建设为副县长（列刘振诺之前），李启胜为副县长，同意李文运辞去副县长职务。2000年1月，县十四届人大常委会十八次会议任命商建设为代理县长，同意张忠建辞去县长职务。同年1月，县十四届人民代表大会第三次会议，补选商建设为县长。同年3月，县十四届人大常委会二十次会议任命姜居祯为副县长（列刘振诺之前）。2002年2月，县十四届人大常委会三十九次会议同意王佑明、陆书杰、高天宝辞去副县长职务。同年3月，县十四届人大常委会三十九次会议任命任艳云为副县长。同年5月，县十四届人大常委会四十次会议任命贾治阜、蒋衍涛、宁瑞峰为副县长。

县十五届人民政府 2003年1月，县十五届人民代表大会第一次会议，选举商建设为县长，刘振诺、刘振西、贾治阜、任艳云（女）、蒋衍涛、宁瑞峰为副县长。同年2月，县十五届人大常委会一次会议任命任艳云为科技副县长。2004年8月，县十五届人大常委会十二次会议任命宋科为副县长、代理县长，任命任艳云为副县长，免去其科技副县长职务；同意商建设辞去县长职务。2005年1月，县十五届人民代表大会第三次会议，补选宋科为县长。2007年1月，县十五届人大常委会三十四次会议任命陈国华为副县长、代理县长，任命贾存琰、樊庆显为副县长；同意宋科辞去县长职务，同意刘振西辞去副县长职务。同年1月，县十五届人民代表大会第五次会议，补选陈国华为县长。同年7月，县十五届人大常委会四十一次会议任命楚宪海为副县长。同年12月，县十五届人大常委会四十五次会议同意樊庆显辞去副县长职务。

县十六届人民政府 2007年12月，县十六届人民代表大会第一次会议，选举陈国华为县长，贾存琰、贾治阜、任艳云（女）、蒋衍涛、宁瑞峰、楚宪海为副县长。2008年10月，县十六届人大常委会七次会议任命田福岭、颜世勤为副县长，同意贾存琰、任艳云辞去副县长职务。2010年3月，县十六届人大常委会十八次会议任命王仁娜为副县长。同年4月，县十六届人大常委会十九次会议任命田卫东为副县长、代理县长，同意陈国华辞去县长职务。同年4月，县十六届人民代表大会第三次会议，补选田卫东为县长。2011年1月，县十六届人大常委会二十七次会议同意蒋衍涛辞去副县长职务。同年11月，县十六届人大常委会三十四次会议任命贾治阜为代理县长，任命张玕、崔加清、李瑞林、孙颖（女）为副县长；同意田卫东辞去县长职务，同意宁瑞峰、楚宪海、田福岭、王仁娜辞去副县长职务。

县十七届人民政府 2012年1月，县十七届人民代表大会第一次会议，选举贾治阜为县长，秦延信、张玕、王宇帆、崔加清、李瑞林、孙颖（女）为副县长。2013年11月，县十七届人大常委会十五次会议任命李世兵、孔德修为副县长，同意张玕、王宇帆辞去副县长职务。

1994—2013年梁山县人民政府历任县长、副县长一览表

表15-1-1

姓名	性别	职务	任职时间	离职时间	籍贯
赵步荣	男	县长、县委副书记	1992.12	1997.2	金乡县
曹耀华	男	县长、县委副书记	1997.3	1997.12	嘉祥县
温杭东	男	代理县长、县委副书记	1997.12	1998.1	微山县
刘慎刚	男	当选县长	—	—	梁山县
张忠建	男	县长、县委副书记	1998.3	2000.1	汶上县

续表 15-1-1-1

姓名	性别	职务	任职时间	离职时间	籍贯
商建设	男	县长、县委副书记	2000.1	2004.8	嘉祥县
宋　科	男	县长、县委副书记	2004.8	2006.12	鱼台县
陈国华	男	县长、县委副书记	2007.1	2010.4	曲阜市
田卫东	男	县长、县委副书记	2010.4	2011.12	巨野县
贾治皋	男	县长、县委副书记	2011.12	—	任城区
高太平	男	副县长、县委副书记	1990.2	1997.2	曲阜市
康绍军	男	副县长、县委常委	1989.12	1994.12	梁山县
李文运	男	副县长	1993.9	1999.8	梁山县
张先知	男	副县长	1992.3	2001.1	梁山县
王佑明	男	副县长	1992.5	1998.1	梁山县
王钦之	男	副县长	1992.12	1997.12	嘉祥县
王瑞兰	女	副县长	1993.3	1998.1	郓城县
周　洪	男	副县长、县委副书记	1997.3	1997.12	兖州市
商建设	男	副县长、县委副书记	1997.12	1998.1	嘉祥县
刘振诺	男	副县长	1997.12	2006.1	梁山县
王成爱	男	副县长	1998.1	1998.6	梁山县
王崇志	男	副县长	1998.1	1998.6	梁山县
高启顺	男	副县长	1998.1	1998.6	梁山县
张忠建	男	副县长、县委副书记	1998.1	1999.1	汶上县
王佑明	男	副县长	1998.3	2002.1	梁山县
陆书杰	男	副县长	1998.3	2002.1	东平县
刘振西	男	副县长	1998.6	2007.1	巨野县
高天宝	男	副县长	1998.10	2002.1	梁山县
商建设	男	副县长、县委副书记	1999.8	2000.1	嘉祥县
李启胜	男	副县长	1999.8	2001.12	梁山县
姜居祯	男	副县长、县委副书记	2000.2	2003.1	泗水县
任艳云	女	副县长	2002.3	2008.10	山西长治
贾治皋	男	副县长、县委常委	2002.5	2011.12	任城区
蒋衍涛	男	副县长、县委常委	2002.5	2011.1	梁山县
宁瑞峰	男	副县长	2002.5	2011.12	梁山县
贾存琰	男	副县长、县委常委	2007.1	2008.10	梁山县
樊庆显	男	副县长、县委常委	2007.1	2007.12	金乡县
楚宪海	男	副县长	2007.7	2011.12	梁山县
田福岭	男	副县长	2008.10	2011.12	巨野县
颜世勤	男	副县长	2008.10	2012.	曲阜市
王仁娜	女	副县长	2010.3	2011.12	荣成市
秦延信	男	副县长、县委常委	2011.12	—	梁山县

续表 15-1-1-2

姓名	性别	职务	任职时间	离职时间	籍贯
张　玕	男	副县长	2011.12	2013.11	邹城市
王宇帆	男	副县长	2011.12	2013.11	梁山县
崔加清	男	副县长	2011.12	—	微山县
李瑞林	男	副县长	2011.12	—	济宁市中区
孙　颖	女	副县长	2011.12	—	兖州市
李士兵	男	副县长	2013.5	—	郓城县
孔德修	男	副县长、县委常委	2013.11	—	汶上县

1994—2013 年梁山县人民政府挂职副县长一览表

表 15-1-2

姓名	性别	职务	任职时间	离职时间
孙仁照	男	副县长	1993.2	1994.
孙圣瑞	男	副县长	1993.5	1994.10
李传武	男	副县长	1993.5	1994.11
高登山	男	副县长	1993.11	1994.7
赵本生	男	副县长	1994.3	—
马　健	男	副县长	1994.3	—
王培轫	男	副县长	1994.3	—
关升英	男	副县长	1994.3	—
高万荣	男	副县长	1994.3	—
刘永新	男	副县长	1994.3	—
李映边	男	副县长	1994.7	—
崔庆荣	男	副县长	1995.10	—
唐炳武	男	副县长	1996.7	—
曲绪仙	男	副县长	1996.11	—
陈　波	男	副县长	1997.2	1998.12
张福奎	男	副县长	1999.7	2001.7
杨国锋	男	副县长	2000.6	2002.6
王学海	男	副县长	2004.3	2006.3
李晓明	男	副县长	2004.3	2006.3
米志群	男	副县长	2004.6	2004.10
杨锡祥	男	副县长	2006.3	2006.6
邢志红	男	副县长	2006.3	2008.3
张　建	男	副县长	2006.6	2008.3
王相柱	男	副县长	2008.7	2010.7

第二节 政府组成部门

县政府一般由经济、文教卫生、社会管理、综合政务等部门组成。随历次机构改革及上级有关行政机构精简合并的要求，县政府组成部门随之变化。县政府组成部门均为正科级行政单位，其部门正职由县人大常委会任免，副职由县政府任免。

1994年1月，县政府组成部门（26个）为：县政府办公室、计划委员会、经济贸易委员会、农业委员会、科学技术委员会、教育委员会、文化体育委员会、计划生育委员会、城乡建设环境保护委员会、人事局、劳动局、民政局、公安局、司法局、监察局、财政局、税务局、审计局、卫生局、交通局、水利局、工商物价行政管理局、乡镇企业局、土地矿产管理局、统计局、县风景名胜区管理委员会。

1996年1月，县政府组成部门调整增设。文化体育委员会分设为文化局、体育运动委员会，均为县政府组成部门；工商物价行政管理局分设为工商行政管理局、物价局，工商行政管理局为县政府组成部门（物价局为县政府工作部门，归口计划委员会管理）；增设农业局、林业局、粮食局、技术监督局；经济贸易委员会更名为经济委员会，城乡建设环境保护委员会更名为城乡建设委员会。

2002年5月，县经济贸易委员会、县财政贸易委员会、县对外经济贸易委员会合并，组建县经济贸易局（挂县对外贸易经济合作局的牌子）；县农业委员会、县农业局、县林业局合并，组建县农业局（挂县林业局牌子）；县教育委员会、县体育运动委员会、县文化局合并，组建县教育局（挂县体育局、县文化局的牌子）；组建县环境保护局。县计划委员会更名为县发展和计划局，县科学技术委员会更名为县科学技术局，县计划生育委员会更名为县计划生育局，县劳动局更名为县劳动和社会保障局，县土地矿产管理局更名为县国土资源局，县建设委员会更名为县建设局，县乡镇企业局更名为县民营经济发展局。县风景名胜区管理委员会更名为县旅游局，整建制转为县政府直属事业单位。经合并组建，县政府组成部门（23个）为：县政府办公室、发展和计划局、经济贸易局、科学技术局、教育局、公安局、监察局（与县纪律检查委员会机关合署，不计政府部门数）、司法局、人事局（县机构编制委员会办公室与其合署）、劳动和社会保障局、民政局、财政局、审计局、卫生局、计划生育局、建设局、国土资源局、环境保护局、交通局、水利局、农业局、粮食局、民营经济发展局、统计局。

2005年，县发展和计划局更名为县发展和改革局，县计划生育局更名为县人口和计划生育局；组建县安全生产监督管理局，为县政府组成部门；县粮食局退出政府组成部门，由县发展和改革局加挂县粮食局牌子；其他部门保持不变，县政府组成部门仍为23个。

2010年，组建县经济和信息化管理局（挂商务局牌子），同时撤销经济贸易局、民营经济发展局；组建县住房和城乡建设局，同时撤销县建设局、县房管局及县建设工程招标投标办公室；组建县城乡规划局（挂县城市管理行政执法局牌子）；组建县教育和体育局，同时撤销教育局、体育局；组建县文化广电新闻出版局，同时撤销县文化局、县广播电视局（县广播电视中心）、县新闻出版局；组建县人力资源和社会保障局，同时撤销人事局、劳动和社会保障局。县交通局更名为县交通运输局；将原由省垂直管理的县食品药品监督管理局列入县政府组成部门。经调整，县政府组成部门（24个）为：县政府办公室、发展和改革局、经济和信息化管理局、农业局、科学技术局、教育和体育局、公安局、司法局、民政局、财政局、人力资源和社会保障局、监察局（与县纪律检查委员会机关合署）、城乡规划局、国土资源管理局、住房和城乡建设局、环境保护局、交通运输局、水利局、卫生局、食品药品监督管理局、人口和计划生育局、文化广电新闻出版局、审计局、统计局、安全生产监督管理局。至2013年，县政府组成部门未发生变化。

1994—2013年部分年份梁山县人民政府组成部门及局长（主任）一览表

表15-1-3

1994年		2000年		2006年		2010年		2013年	
部门	局长（主任）	部门	局长（主任）	部门	局长（主任）	部门	局长（主任）	部门	局长（主任）
县府办	刘本相	县府办	刘本相	县府办	刘本相	县府办	崔根博	县府办	孔庆金
计委	毛允海	计委	高建国	发改局	贾朝凤	发改局	贾朝凤	发改局	杨其勇
经贸委	王洪伦	经委	蔡建民	经贸局	蔡建民	经信局	蔡建民	经信局	赵　伟
建环委	任兰生	农委	张振来	科技局	李文敬	科技局	王先华	科技局	王先华
农委	张兆兰	建委	张恒福	教育局	王爱民	教体局	张广斌	教体局	张广斌
科委	李文敬	科委	李文敬	人事局	郭继田	人社局	王文成	人社局	佟振堂
教委	谭尊勇	教委	姜广生	劳保局	王昌珍	公安局	张作宜	公安局	黄　涛
文体委	王德岭	体委	刘慎朝	公安局	陈启明	司法局	刘传秀	司法局	连桂军
人事局	翟兰阁	文化局	徐新生	司法局	王慎恩	监察局	孙德玉	监察局	杨东亮
劳动局	许安民	人事局	乔允华	监察局	王玉斌	民政局	吴春福	民政局	吴春福
公安局	高思贞	劳动局	王昌珍	民政局	张希来	财政局	梁开平	财政局	李士兵
司法局	李绍勤	公安局	陈启明	财政局	杨奉月	审计局	艾桂秋	审计局	艾桂秋
监察局	赵保伦	司法局	邓兆俊	审计局	李若宽	统计局	孙庆军	统计局	孙庆军
民政局	马传儒	监察局	王玉斌	建设局	张恒福	住建局	刘　沛	住建局	李迎绪
财政局	刘东升	民政局	马传儒	国土局	赵卫国	国土局	李　超	国土局	孟一卿
税务局	（空缺）	财政局	刘东升	水利局	陈丕英	水利局	刘志刚	水利局	刘志刚
审计局	叶　蔚	地税局	曹景前	交通局	王水利	交运局	李　华	交运局	李　华
土矿局	阎桂月	审计局	高承坤	卫生局	袁绍信	卫生局	袁东成	卫生局	袁东成
水利局	林英科	土矿局	阎桂月	计生局	张志平	计生局	黄尊科	计生局	黄尊科
交通局	王水利	水利局	李厚道	民营局	李　华	文广新局	刘汉江	文广新局	马正栋
卫生局	李天信	交通局	王水利	统计局	贺　林	农业局	房继宽	农业局	赵延奎
计生委	江振华	卫生局	赵法鲁	农业局	杨绍建	安监局	安广银	安监局	梁学玉
风景委	赵德全	计生委	陈丕英	安监局	戚聿昌	环保局	陈丕秋	环保局	仝义泉
工商物价局	高承坤	风景委	赵德全	环保局	周生智	食药监局	王成东	食药监局	王成东
乡企局	信再高	工商局	董茂华	—	—	规划局	赵锦民	规划局	赵锦民
统计局	刘汝平	乡企局	丁景泉	—	—	—	—	—	—
—	—	统计局	贺　林	—	—	—	—	—	—
—	—	农业局	杨绍建	—	—	—	—	—	—
—	—	林业局	袁怀臣	—	—	—	—	—	—
—	—	粮食局	季昌生	—	—	—	—	—	—
—	—	技监局	崔瑞民	—	—	—	—	—	—

第三节 政府工作部门

除县政府组成部门外，县政府还设有其他工作部门单位，这些部门单位级别性质不同，有正科、副科之分，亦有行政、事业之别。其副科级以上负责人均由县政府直接任免。

经1993年机构改革，原政府工作部门单位一部分降格改为内设机构，一部分改为事业单位或服务实体、经济实体，一部分撤销，并对副科级以上事业单位进行规范明确。1994年，县政府工作部门单位共计52个，其中：

县政府直属管理事业单位（6个）：广播电视中心、移民办公室、扶贫办公室、老龄办公室、档案馆，均为正科级事业单位；利用世界银行贷款加强农业灌溉项目领导小组办公室，副科级事业单位。

县政府组成部门内设行政机构（15个）：县政府办公室研究室、县政府办公室经济体制改革办公室、县政府办公室法制办公室、县经贸委工业办公室、县经贸委财贸办公室、县经贸委外经办公室、县经贸委技术进步办公室、县经贸委技术监督办公室、县经贸委安全办公室、县财政局财务税收物价大检查办公室、县财政局国有资产管理局、县卫生局爱国卫生办公室、县计生委县直计划生育办公室、县城乡建设环境保护办公室，县司法局公证处，均为副科级行政单位，隶属所在部门管理。

县政府组成部门归口管理服务实体（6个）：农业服务中心、林业服务中心、畜牧服务中心、水产服务中心、农机服务中心、棉花技术推广服务中心，均为服务实体，正科级事业单位，归口县农业委员会管理。

县政府组成部门归口管理经济实体（8个）：商业集团总公司、供销集团总公司（保留县联社牌子）、粮食集团总公司、物资集团总公司、对外贸易集团总公司、电力集团总公司，均为经济实体，归口县经济贸易委员会管理；房地产开发公司，为经济实体，归口县城乡建设环境保护委员会管理；经济开发投资公司，为经济实体，归口县财政局管理。

县政府组成部门直接管理事业单位（17个）：梁山一中，为副县级事业单位；梁山三中、梁山四中、县教师进修学校、县技工学校，均为正科级事业单位；梁山二中、县教委教学研究室，均为副科级事业单位；上述单位均隶属县教委。县人民医院，正科级事业单位；县中医院、县卫生防疫站、县妇幼保健站，均为副科级事业单位；上述单位均隶属县卫生局。黄淮海平原农业开发办公室、多种经营办公室，均为副科级事业单位，隶属县农委。律师事务所，副科级事业单位，隶属县司法局。计划生育服务站，副科级事业单位，隶属县计生委。殡葬管理所，副科级事业单位，隶属县民政局。山东省农业广播电视学校梁山分校，副科级事业单位，隶属农业服务中心。

1996年1月，设立县人民政府研究室、县经济体制改革委员会，均为正科级行政单位、县政府工作部门，直接隶属县政府，同时撤销原县政府办公室研究室、县政府办公室经济体制改革办公室；设立国有资产管理局，正科级行政单位，县政府工作部门，归口财政局管理，同时撤销县财政局国有资产管理局；设立物价局，正科级行政单位，县政府工作部门，归口计划委员会管理；设立县人民政府教育督导室，正科级事业单位，县政府工作部门，归口县教育委员会管理；广播电视中心挂广播电视局牌子，性质级别不变，行使行政职能；撤销农业服务中心、林业服务中心、县经贸委技术监督办公室。

此后，政府工作机构又多次变动，畜牧、水产、农机等服务中心，均改称局，性质级别未变，直属县政府管理。1997年，县爱卫会办公室由副科级升格为正科级事业单位。1999年，撤销多种经营办公室；县经贸委工业办公室、县经贸委财贸办公室、县经贸委外经办公室、县经贸委技术进步办公室、县经贸委安全办公室、县财政局财务税收物价大检查办公室、扶贫办公室相继撤销。2005年，撤销县经济体制改革委员会，其职能划入县发展和改革局。2006年，设立新型农村合作医疗办公室，正科级事业单位，归口卫生局管理；设立疾病预防控制中心、卫生局卫生监督所，均为正科级事业单位，直属卫生局管理，同时撤销防疫站。2010年，将县畜牧局、县农机局、县水产局由县政府直属事业单位调整为由县农业局归口管理，县畜牧局更名为县畜牧兽医局。县移民办归口县水利局管理。县农业综合开发办公室的职责划入县财政局，为县财政局管理的事业单位。将县国有资产管理局的职责整合划入县财政局，不再保留县国有资产管理局。撤销县农业委员会（县委农村工作委员会、县扶贫开发办公室），其职责划入县农业局。组建县文化市场综合执法局，为科级行政支持类事业单位，组建梁山广播电视台，为科级公益三类事业单位，均由县文化广电新闻出版局管理。县公证处由行政机构调整为社会中介组织。

至2013年，县政府工作部门主要有直属正科级单位4个，即：县政府研究室、县政府法制办公室、老龄办公室、档案馆；归口管理单位11个，即：县政府教育督导室（归口教体局管理），县爱卫会办公室、新型农村合作医疗办公室（归口卫生局管理），畜牧兽医局、水产局、农机局（归口农业局管理），县移民办（归口水利局管理），粮食和物价局（归口发改局管理），文化市场综合执法局、梁山广播电视台（归口文广新局管理），县直计划生育办公室（归口计生局管理）；部门管理事业单位除设立疾病预防控制中心、卫生局卫生监督所（均为正科级）及撤销部分单位外，大部分维持未变。

第二章 重要会议

第一节 政府全体会议

县政府全体会议，由县长、副县长和县政府组成部门及工作部门主要负责人组成，由县长主持。1994—2013年，县政府全体会议大多是每年举行两次，也有时举行一次。

1996年3月19日，县政府召开政府全体（扩大）会议，县长赵步荣讲话。会议指出：1996年是实施“九五”计划开局之年，是实现经济快速发展的奠基之年，对“九五”计划的全面完成至关重要。政府工作要努力在资金投入、科技兴农、发展规模企业、外向型经济、个体私营经济、基础建设六个方面实现新突破，并提出解放思想、更新观念，振奋精神、赶超一流，转变作风、扎实苦干，明确责任、严格奖惩，抓住重点、以点带面，强化服务、优化环境等六项要求。会议强调：县政府全体成员都要讲政治、讲学习、讲纪律、讲团结、讲法制、讲廉洁，树立良好的政府形象。会议以梁政发〔1996〕9号文印发《关于加强政府自身建设的若干规定》，对县政府成员学习、工作等作出明确的规定。政治上要加强理论学习，加强政治修养，坚持正确方向；思想上要坚持廉洁从政，强化团结协调，树立良好形象；工作中要坚持求实务实，改进工作方法，转变工作作风；行动上坚持依法行政，严守政务纪律，确保政令畅通。

2000年4月6日，县政府召开全体会议，县长商建设讲话。会议提出：面对紧迫的经济发展形势，全体政府组成人员一定要以对党和人民高度负责的精神，明确目标责任，突出工作重点，切实改进工作作风和领导方法，以三讲教育为动力，凝心聚力，攻难破坚，推动全县经济快速发展，促进社会事业全面进步。为进一步加强政务纪律，建立廉洁勤奋、纪律严明、团结苦干、务实高效的政府工作机制，确保政府工作的正常、高效运转，更好地履行组织经济建设和管理社会事务的职能，会议根据上级有关规定，以梁政发〔2000〕12号文印发《关于进一步加强政务纪律的通知》。通知要求：县政府全体成员及有关部门单位，要严守政治纪律，确保政令畅通；严格履行职责，规范办事程序；严守工作纪律，做好本职工作；严格会议纪律，确保会议效果；严格财经纪律，做到廉洁勤政。同时强调：今后如再出现有令不行、有禁不止、各行其是的单位和个人，要从严处理；对玩忽职守、失职渎职、造成重大经济损失、给工作带来严重影响的，要给予党纪政纪处分；触犯刑律的坚决追究其刑事责任。

2004年4月19日，县政府召开全体（扩大）会议，县长商建设讲话。会议提出：要毫不动摇地坚持大力发展民营经济，继续实施“五全”战略，全面落实“四再”要求，把民营经济作为加快县域经济发展的主攻方向，“铺天盖地”增总量，“顶天立地”上档次，努力培植县域经济发展新优势，实现民营经济发展新跨越。会议要求：一要膨胀民营经济总量。坚持内资外资一齐抓，大中小项目一齐上，全面落实对民营经济的各项扶持政策，毫不动摇地支持非公有制经济发展，做到思想上放开、工作上放手、政策上放宽，使更多的人员从事民营经济，努力增加民营经济总量，切实提高全县民营经济对财政的贡献率。二要大力培植骨干企业。对主业突出、管理先进、发展潜力大，且有一定规模的良福、通亚、东岳、华宇、蓝天等骨干民营企业，发挥核心优势，努力做大做强。三要加快园区建设步伐。按照巩固完善提高的原则，坚持依法、合理用地，搞好现有工业园区的发展与整合，突出抓好以拳铺、徐集、梁山镇为重点的“金三角”工业园和梁山经济开发区建设，完善配套设施，提升园区档次，增强园区吸引力，提高项目聚集度。同时，鼓励支持实力强的民营企业集团自办园区。四要提高企业家队伍素质。继续抓好民营企业家队伍培训，聘请高层次专家学者授课，鼓励民营企业家到大专院校学习深造，不断提高民营企业的经营管理水平。适时建立民营企业家协会和行业协会，提高民营企业的自我管理、自我发展能力。

2012年2月4日，县政府召开全体（扩大）会议，县长贾治阜讲话。会议主要安排部署第一季度全县经济社会发展工作。会议指出：县十三次党代会、十七届人大一次会议确定了全县五年发展目标，绘就了发展蓝图，新一届政府必须进一步增强使命感、责任感和压力感，以敢作敢为、敢为人先的精神状态，鼓足干劲、苦干实干的决心，心无旁骛地做好各项工作。会议要求：在今后的工作中，实行一切事务项目化，一切工作具体化，将既定的发展目标任务细化分解成具体的事务，把事务变成一个个具体的项目；把一切工作明确具体到部门、具体到人、具体到准确的时间，并严禁在工作中使用“有关”“基本”“近期”等模棱两可、含糊不清的语言。会议强调：各乡镇（街办、开发区）人民政府、县政府各部门、各单位要严格落实全县转变干部作风优化发展环境动员大会出台的各项政策措施和规定，进一步强化工作纪律，全面提高行政效能。对县政府安排的工作要有落实、有汇报、有答复，严禁阳奉阴违，推诿扯皮。会议号召：在县委的坚强领导下，要团结一致，同舟共济，振奋精神，鼓劲实干，为建设“工业强县、文化名城、生态和谐家园”做出应有的贡献。会上，常务副县长秦延信，副县长张玕、王宇帆、崔加清、李瑞林、孙颖分别就所分管的工作做了安排部署，并提出具体建议和要求。会议还印发了《关于印发2012年重要工作事项责任分工意见的通知》和《关于加强政府自身建设的意见》。

第二节 政府常务会议

县政府常务会议，由县长、副县长和县政府组成部门主要负责人组成，由县长主持，有关方面负责人根据需要列席会议。县政府常务会议不定期召开。

1995年4月7日，县长赵步荣主持召开县政府常务会议，研究制定住房制度改革实施方案。会议确定：制定分步提租补贴方案，职工住房面积标准按普通职工为每人50平方米、科级干部55平方米、县处级干部70平方米、地市级干部90平方米掌握，超标准加租；同时，推行公积金制度，实行集资合作建房，出售公房按标准价和市场价。

1995年10月20日，县长赵步荣主持召开县政府常务会议。会议审议《梁山县国民经济和社会发展第九个五年计划及2010年规划纲要》（简称“九五”计划）。“九五”计划（1996—2000）提出全县国民经济和社会发展总任务是：到2000年国内生产总值实现四个翻番，人均占有指标达到全省平均水平，到2010年实现现代化。具体奋斗目标为：经济总量为国内生产总值2000年达到66.4亿元，一二三产业增加值分别达到12亿元、2.8亿元、26.4亿元，结构调整三次产业比例调为18:42:40。固定投资5年完成80亿元，年增44%，出口商品交易值14亿元，自营出口5000万美元，利用外资1.5亿美元，科技对经济增长的贡献率50%；人民生活，城镇职工收入9300元，农民人均收入3000元，城镇住房13平方米，农村22平方米；社会事业同步发展。经济和社会发展重点为：实施“211致富工程”，加大农业投入，发展高产优质高效农业，全面振兴农村经济，优化农业内部结构，推动农村经济产业化、工业化和城乡一体化进程；实施“213规模工程”，加大工业投入，加快技术进步，加快工业结构调整，发展规模经济，培植主导产业，提高工业经济整体素质；大力培育市场体系，加强基础设施建设，创造良好的发展环境，大力发展外向型经济；优先发展科技教育事业，加强社会精神文明和民主法治建设，促进社会全面进步。

2000年2月16日，县长商建设主持召开县政府常务会议，讨论通过《2000年政府工作要点》，会议就农业、工业、乡镇企业和个体私营企业、商贸业、旅游业、基础设施建设、财政税收、社会事业、社会稳定等分别作安排部署。会议强调：农业方面要继续强化农业基础地位，把发展农业、实现农业增产、农民增收、农村稳定作为全县工作的重中之重来抓；工业方面要深化企业改革、优化工业结构、强化企业管理、加大固定资产投资；乡镇企业和个体私营企业方面要采取更加积极的政策措施，创造更加优越的发展环境，加快乡镇企业发展步伐，要突出发展个体私营企业，注重增加数量、培植大户，促其扩大规模、上档次，不断提高个体私营企业在国民经济中的比重；商贸业要强化市场意识和消费意识，面向大市场，搞活大商贸，发展大流通，奋力抢占市场份额，提高商贸流通企业的经济效益；旅游业要认真做好借水浒旅游、以旅游兴梁山的大文章，把发展旅游与经济建设结合起来，尽快把旅游业培育成梁山县的支柱产业。基础设施建设要多渠道筹措建设资金，努力加快建设步伐，提高对经济发展的支撑力；财政税收要坚持“增收节支”的原则，大力加强财源建设，切实强化管理工作，力争财政状况逐步好转，努力实现保稳定、保发展的目标；社会事业方面，以实施科教兴梁、可持续发展战略为重点，全面推进社会各项事业进步；社会稳定上要牢固树立“稳定压倒一切”的意识，把社会稳定工作放在十分重要的位置，抓紧抓好。

2000年11月23日，县长商建设主持召开县政府常务会议，讨论研究《梁山县“十五”计划及2010年规划纲要（草案）》（简称“十五”

计划)。会议确定:原则同意“十五”计划(2001—2005),根据会议提出的修改建议进一步完善。会议要求:“十五”计划要与济宁市整体规划相衔接,与县委、县政府提出的基本思路相一致,规划内容要进一步突出经济特色,突出民营经济发展,突出旅游特色,突出外向型经济,突出城市建设。农业上要优化结构,发展高效农业,重点发展种植业和畜牧业,加快产业化进程;工业上要增加骨干企业,民营经济要增总量、上规模、提档次,提高企业整体素质,增加市场占有率;旅游上要加大景点开发力度,深入挖掘旅游内涵,研发旅游产品,完善配套设施。城市建设要加快基础设施建设,提高城市化水平。同年12月1日,县政府邀请省市领导、专家举行梁山县“十五”计划专家论证会,有关领导和专家们对梁山“十五”计划提出建设性的意见和建议。其后,县委副书记、县长商建设于2001年1月4日在县委十届五次全委(扩大)会议作《关于梁山县国民经济和社会发展第十个五年计划及2010年远景目标纲要的说明》。

2005年11月9日,县长宋科主持召开县政府常务会议,研究讨论《梁山县国民经济和社会发展第十一个五年(2006—2010)规划纲要(草案)》(简称“十一五”规划)。“十一五”规划提出梁山县经济和社会发展的奋斗目标、工作任务等。奋斗目标是:地方生产总值年均递增15%,2010年达到130亿元;一二三产业产业结构到2010年调整为12:50:38;教育、卫生、文化等项社会事业全面协调发展;城镇居民人均可支配收入达到12000元,农民人均纯收入达到5900元,以养老、失业、医疗、工伤保险为主题的社会保障体系进一步健全。

2013年12月30日,县长贾治阜主持召开县政府常务会议,研究食品药品工商质监管理体制改革,并讨论《政府工作报告(讨论稿)》及《2014年为民办理十件实事(讨论稿)》等有关事项,会议听取县编办、食品药品监管局、工商局、质监局关于食品药品工商质监管理体制改革情况的汇报,研究确定:加强食品药品工商质监管理体制改革的组织领导,成立由县长任组长的领导小组,负责整个改革的推进工作;严格执行上级规定,人员划转要坚持“先划转、先组建、后补充”的原则,人员原身份、原待遇不变,就高不就低,先将合法、合规、合文件规定的待遇进行认定,再将高出梁山相应人员待遇的部分,逐年消化;严肃改革工作纪律,有关部门在整个组建、划转完成之前,要按照原定的职责保障各项工作不空岗、不漏事、不误事,确保各项法定职责落实到位,同时,妥善处理交接前人财物问题,不准提拔干部、不准人员调动、重大开支必须向分管领导汇报。

第三节 政府专题会议

县政府专题会议,由县长、副县长或县长、副县长委托县长助理、办公室主任、副主任召开,研究协调县政府工作中的一些专门问题,根据具体情况随时召开。1994—2013年间,政府专题会议涉及工业企业、重点项目、基础设施、文教卫生等方面议题较多。

工业企业 2000年2月10日,县长商建设主持召开鼓励工业企业加快发展专题会议,副县长姜居祯及县经委等单位负责人参加会议。会议研究确定企业考核奖励办法,主要包括鼓励技术改造、新产品开发、建立工业企业发展基金、提高企业法人代表政治、经济待遇等。同年4月26日,县长商建设主持召开制杆厂破产财产及土地使用权收回再转卖专题会。会议对制杆厂破产财产清算、遗留问题、职工养老保险等进行研究,确定:依法终止制杆厂破产财产清算组与公交公司于1999年1月28日签订的买卖制杆厂破产财产协议;按照法定程序处理土地,收回与再出售同时进行,中间不间断,不留空隙;破产前欠缴的职工养老保险由制杆厂向县劳保处缴纳资金弥补，破产后根据土地拍卖后由国资局缴纳弥补。

2001年11月1日，县长商建设主持召开工业发展专题会议，会议总结经验、找出问题、理清思路、明确措施，决定大力促进全县工业企业健康发展。会议要求：充分认识工业在全县经济发展中的地位和作用，牢固树立“工业立县”的基本思想，切实担负起发展壮大企业、促进全县经济发展的重任；加大力度推进重点企业上技改、扩规模、增效益，股份制企业要规范运作，切实建立起产权明晰的现代企业制度，各重点企业要加大投入力度，既要盘活现有存量，更要增加总量，要通过企业改制等多种形式，尽快形成多元化投入机制，为企业发展注入新的活力；各职能部门要全力支持重点企业发展，踏踏实实为企业搞好服务，当好参谋，经委等经济主管部门要切实加强对工业经济工作的组织和领导。

2009年11月26日，县长陈国华主持企业退城进园专题会议。会议确定：梁轴轴承公司要加快施工进度，从12月1日起，原厂区设备要陆续搬至新厂区，梁山轴承厂原厂区土地先由政府收储，国土局要立即进入收储程序，县发改局要及时协调解决有关问题。

2012年10月9日，县长贾治阜主持召开菱花集团退城进园专题会议。菱花味精项目是济宁市退城进园项目，规划占地面积2100亩。会议确定：在已解决菱花味精项目400亩建设用地指标的基础上，县国土、规划、住建等部门积极与上级部门汇报沟通，尽快争取1000亩工业用地指标，用于菱花味精二期项目及梁山正大菱花项目建设，另外700亩的建设用地指标缺口再行努力。

重点项目 1994年6月9日，县长赵步荣主持全县本地网建设专题会议。会议确定：成立本地网建设领导小组，由分管副县长任组长；以县政府名义制发起草文件，开好会议，做好宣传；资金由县财政拨付。

1996年7月20日，常务副县长高太平主持召开火车站站前广场征地专题会议。会议确定：梁山火车站站前广场硬化面积为1万平方米；青苗损失按每亩500元赔偿；前期土方工程由杨营乡政府承担，后期硬化由县建委负责。

1997年3月11日，县长曹耀华主持县面粉厂扩建6万吨等级粉生产线项目专题会议。会议确定：县面粉厂扩建6万吨等级粉生产线项目，选址在梁山经济开发区公明大道北洼李村东南征地建设；项目建设所需缴纳的建筑营业税、投资方向调节税等由税务部门按率计征后，县财政全额返还，不抵顶年初税收计划；项目建设所需资金由县农发行、县财政和粮食系统共同筹集解决，农发行长期贷款1300万元，县财政从财源项目建设资金中拿出300万元，粮食部门自筹500万元，项目迁建所需500万，县里筹集200万元，农发行向上争取300万元，除购买设备外，主要资金先用于厂房建设；整个工程争取年底前竣工投产。

1998年4月14日，代理县长张忠建主持召开1.2万千瓦热电联产机组建设专题会。会议确定：成立县电厂热电联产机组建设指挥部，集中办公；该项目总投资4500万元，由县建行牵头，县财政局、电厂参加负责筹措项目资金，及早落实项目建设资金；主机房土建工程由县建委负责，电厂负责提供施工图纸，供应主机房土建所需三大主材，按定额和工程进度分期支付施工人员工资。所有部门和单位对该项目建设要一路绿灯，简化手续，提高效率，确保项目顺利建设。

2009年7月3日，县长陈国华主持菱花集团梁山生物科技工业园投资建设专题会议，会议确定：梁山县负责为菱花集团建设项目办理土地规划和审批手续，以6万元/亩的价格将土地出让给菱花集团公司，土地出让金采取一次性交纳或分批交纳方式，采取等额奖励给菱花集团公司，用于园区基础设施建设；将原热电厂东厂区除宿舍区以外的约135亩生产区土地及全部资产以200万元的价格转让给菱花集团公司；菱花集团公司从投产之日起五年内上缴给地方形成国地税地方留成部分的50%奖励给菱花集团公司在梁山的企业，后五年企业新投资部分仍继续享受该优惠政策；菱花集团公司凡在园区投资的建设项目发生的所有行政事业性收费，如城市配套建设费、产权办理费、治安消防费、人事代理费、质检计量费等均予免除，排污费、水资源费予以优惠；按菱花集团公司要求，县政府出面协调银行给予菱花集团公司贷款2000万元作为前期的运作费用，今后生产经营期间资金困难时，县财政可以临时帮助企业解决；将肥城矿业集团杨营煤矿5%的采矿股权以800万元的价款转让给菱花集团公司，转让款四年内从奖励给菱花集团公司的优惠政策中抵扣，将现有的煤矸石和煤泥的经营权转交给菱花集团公司，作为电厂资源再利用的能源供应；在人民北路以北、220国道以西、青年路以南为菱花集团公司规划100亩职工生活区，生活区的建设享受工业项目建设的优惠政策，以6万元/亩的价格出让给菱花集团公司，并免收城市配套费、人防费、消防费、规划建设费、节能费用及劳保基金；在供电、拆迁、治安环境等方面予以保障，并成立梁山菱花生物科技工业园项目建设指挥部。

2009年10月16日，县长田卫东主持召开梁山富源酒店项目建设专题会议，会议确定：由县国土资源局会同水泊、梁山两个街道办事处为该项目提供土地70亩，先期征地57亩；投资方取得国有土地使用权后，县政府以该宗土地出让金等额的标准奖励给投资方；富源国际酒店以及配套项目含国际会议中心、文化娱乐中心、特色餐饮、洗浴中心、健身中心、商务中心等，在建设期间及自竣工后开始经营起，1至12年内地方政府征收的所有管理费和上缴税收形成地方财力部分，即征即奖给企业，用于支持其发展；富源酒店式公寓租赁、出售按照房地产有关政策办理。该项目的建筑设计原则上应符合梁山城市整体风格，项目的详细规划要经过县城市规划委员会审批；梁山、水泊两个街道办事处会同有关部门在2010年12月10日前完成该项目区内所有地上附属物的拆迁，达到项目开工建设所需的各项条件；天津长城集团要保证该项目在2010年12月15日前开工建设。

2013年3月1日，县委书记田卫东、县长贾治阜等县领导召开“年产10万吨针状焦项目”专题会议。会议确定：确保项目建设用地需求，县政府按照新上10亿元以上大项目积极向上协调用地指标，争取列入全市、全省重点项目，分批次进行供地，确保项目建设用地需求；设立项目建设专门领导小组，负责协调、推进项目建设征地、规划建设、用水用电用气、污水处理、立项等相关工作；给予项目建设政策支持，按照金融支持项目政策规定，该项目固定资产投资达到2亿元人民币时，政府可以提供银行担保支持；固定资产投资完成3亿元人民币，具备银行担保条件时，政府可以提供5000万元人民币的流动资金支持；聘请济南天桥区化工园区主任袁培林为梁山县化工园区项目顾问，帮助支持梁山化工园区的规划、建设工作。会议要求，各有关部门要在“风险共担、诚信合作”的基础上，给予该项目全力支持、积极推进，配合开展好项目前期论证、立项报批等工作，确保项目尽快引进落地、开工建设。

基础设施 1993年3月29日，县长赵步荣主持政府专题会议，研究水泊中路、西环城路、公明路定线问题，会议确定：拓宽水泊中路，路型按原线型（250米转弯半径），断面14米的方案一步到位实施，拆迁按一次性分段进行，1994年底完成施工；西环路按原规划实施，避开皮件厂和棉花储运站；公明路确定县城经吕屺口至火车站。

1996年7月3日，县长赵步荣主持召220国道码头村段慢车道建设专题会议，会议确定：慢车道占地不征地，基备土任务由梁山镇负责，副灰土层及沥青路面由公路局负责实施。同年7

月8日，县长赵步荣主持召开县政府专题会议，研究旅游发展及景区建设问题，会议确定：重点建设北关寨门、石碣亭、莲台寺一期、左军寨、忠义堂后院等7处旅游项目。

2003年7月15日，县长商建设主持召开城市综合开发专题会，会议确定：以南北入口和水泊花园小区开发建设为重点，并搞好服装厂商贸一条街二期开发改造，在城市综合开发上实现新突破；全力推进以“绿亮清”为重点的基础设施建设，重点抓好水泊中路、人民南路、文化路等道路的路灯改造，加快凤山公园建设步伐，搞好招待所十字路口四角的绿化亮化工程；深入开展市容环境综合整治活动，重点治理城市出入口、城乡接合部、户外广告和门头牌匾，打击占道经营清退马路市场，取缔露天饮食摊点。会议还确定成立城市综合开发管理办公室。

2007年3月1日，县长陈国华主持召开政府专题会议，会议根据县委、县政府《关于梁山经济开发区管理范围等问题的决定》和《梁山经济开发区区划交接事项及责任分工》等文件精神，就梁山经济开发区建设进行研究。会议认为，梁山经济开发区是省政府批准的济宁市14个开发区之一，设立梁山经济开发区行政管辖区，实行单独的财政管理体制，实现区镇分离和经济开发区的实质性运转，对于推动全县经济的快速发展有着十分重要的意义。会议确定，开发区规划控制区域范围为：西至宋金河，东至西环路，南至金城路，北至南一干渠；开发区管辖区域范围为：东至梁山镇边界，西至宋金河，北至南二干渠，南至南三干渠，总面积约12平方公里。经济开发区财政体制坚持“以区养区、自收自支、滚动发展”的原则，区内各项收入均由开发区统一征收管理，其地方财政收入纳入县级财政预算，实行分户管理。杨营镇、开发区财政各自独立参与县财政体制结算，分享收入和补助，承担相应的支出与债权债务。会议对梁山经济开发区区划交接事项及责任分工做了说明。

2009年3月15日，常务副县长贾治阜主持召开经济开发区道路建设专题会议，会议确定：新建樱花路向北延伸段（长约400米）和紫荆花路（长约600米），规划局、开发区负责定点放线；开发区实施路基土方、管道铺设、桥涵建设、路面硬化、道路绿化亮化工程；杨営镇负责樱花路北延涉及杨营镇的土地的征地、补偿、清障、路基土方等工作；县交通局负责协调把两条道路列入村村通公路计划，全力做好工程招投标、施工监理等工作，确保4月15日前开工建设，8月15日前竣工通车。

2010年5月3日，县长田卫东主持召开济菏高速路口综合服务区建设专题会议，会议确定：把济菏高速路口综合服务区规划建设成为梁山的形象标志，突出梁山水浒文化特点，展示梁山新形象；完善济菏高速公路出口、迎宾广场、接待中心和水面的设计方案，尽快提交县规划委员会审批；加快工程建设进度，争取5月中旬开工，到6月底形象进度要有明显进展，工程初具规模；项目采用BT模式进行融资建设，回购期3年，工程所需回购资金及项目启动资金列入县财政预算；所需土方，由拳铺镇政府负责解决。

2011年6月1日，县长田卫东主持召开县城西南新城区开发建设专题会议，会议确定：水泊大街向南延伸段（时称水泊新路）所占张坊、独山、郝山头等3个村预留建设用地，暂按每亩每年2000斤小麦补偿，于每年7月16日折付现金发放给土地经营承包户，价格按当年付款时小麦的市场价格为准；尽快将该路段两侧土地进行收储，收储土地量宜大则大，按全县城区统一标准实施；依据县城西南部新区规划，将原金城路向东延伸与原越山路对接，建成新的青龙山路，并开发建设张坊三角绿地。

2012年6月19日，县长贾治阜主持召开体育场馆建设专题会议。会议认为，建设体育场馆，是承办23届省运会在梁山县举办项目的重要保障。会议确定：成立体育场馆建设指挥部，具体负责各项工作任务的推进；由县财政先期拨付500万建设资金，工程完工验收时，拨付工程造价款的50%，同时要加强资金管理，确保专款专用；按照市政府要求，体育场馆务必在2013年11月底前竣工并交付使用。

2012年8月30日，副县长张玕主持召开滨河大道北延工程建设专题会议。会议认为：规划建设滨河大道是市委、市政府围绕“孔孟之乡、运河之都、水城风貌、生态宜居”城市发展定位作出的重要决策，滨河大道北延工程让梁山更便捷地融入济宁半小时经济圈，将运河文化和水浒文化联为一个有机整体。会议确定：滨河大道北延工程项目建设主体是县政府，具体由县交通运输局负责；滨河大道北延工程按二级公路标准进行申报建设，尽量少占地或不占地；县政府成立滨河大道长沟至梁山段筹建工作领导小组及工程建设指挥部。

文教卫生 2000年5月23日，县长商建设主持召开发展职业教育、民办教育专题会议。会议研究讨论《中共梁山县委、梁山县人民政府关于大力发展职业教育的决定》（讨论稿）、《中共梁山县委、梁山县人民政府关于加快发展民办教育的若干意见》《梁山县人民政府关于依法筹措教育经费促进教育事业全面发展的通知》。会议确定：将梁山县第一职业高级中学、梁山县第二职业高级中学、梁山县技工学校合办成梁山县职业中等专业学校或梁山县职业教育中心；将民办教育纳入教育事业总体发展规划，鼓励企事业单位、社会团体、其他社会组织和公民个人依法独立办学，或以股份形式合资办学，由县级以上教育部门负责审批并发放全国统一印制的办学许可证；教育、人事、财政等有关部门单位，主动为民办教育提供服务，设立社会力量办学发展基金，奖励和资助有突出贡献的民办学校和个人；依法筹措教育经费，财政支出中教育支出所占的比例每年提高1个百分点，城乡教育费附加按增值税、营业税、消费税的3%由地税部门征收，农民按上年人均纯收入的1.5%-2%（包括在农民负担的5%内）征收教育费附加，各级城市维护费拿出部分用于中小学公用经费（不少于10%），由财政部门拨付，城镇就业职工（含合同工、临时工）按其工资总额的一定比例征收义务教育费，月工资500元以上（含500元）的按2%征收，300元以上（含300元）的按1%征收（300以下者免征），凡城镇全民、集体企事业单位（含股份制企业）每年按职工工资总额的8‰由单位缴纳职业教育经费，宾馆、旅社、招待所、饭店按住宿费标准加收3%的教育费。

2010年9月29日，县长田卫东主持召开医改专题会议。会议确定：成立深化医药卫生体制改革领导小组，常务副县长贾治阜任组长，有关部门主要负责人为成员，领导小组办公室设在县卫生局，发改局为牵头部门；调整基层医疗卫生机构设置，设立梁山街道办事处、水泊街道办事处2处社区卫生服务中心，并在杨营镇设立杨营卫生院（负责杨营镇、开发区辖区医疗卫生服务工作），并由当地政府负责建设，同时撤销梁山镇卫生院、梁山镇卫生院社区卫生服务中心；收回韩垓卫生院、赵堌堆卫生院个人承包经营管理权，由发改、人社、卫生等部门负责督导；县人社局要按照国家规定的人员比例，本着“编制从宽、进人从严”的原则，按照有关规定向上级部门申报人员编制，结合实际逐步补充基层医疗卫生机构人员，最大限度的解决基层医疗卫生机构人员编制。会议还对新农合管理、乡镇卫生院的管理、新医改项目财政投入等方面进行了研究。

2012年6月4日，副县长孙颖主持召开依法收回韩垓镇、赵堌堆乡卫生院经营管理权专题会议。会议确定：按照平等协商的原则收回赵堌堆卫生院，其资产价值遵照评估机构评估数额执行；按照依法进行的原则收回韩垓卫生院，其资产价值依照法院调解或判决结果执行；收回两个卫生院所需资金，由县乡财政按照1:1的比例共同承担，收回赵堌堆卫生院所需资金一次性拨付给承包方；收回韩垓卫生院所需资金根据法院调解或判决结果协商解决；县财政局、韩垓镇、赵堌堆乡要尽快筹集资金，待双方达成一致意见后，确保两卫生院经营管理权及时收回。

第四节 县长办公会议

县长办公会议，由县长、副县长组成，由县长主持，一般每1至2周召开一次，有时根据需要随时召开。县长办公会议列席人员变化较大，1994—1999年，县政府办公室正副主任和涉及的有关部门负责人大都列席会议；2000年明确县政府办公室主任、县政府研究室主任及有关部门主要负责人列席会议，政府办公室其他人员不再列席。

1994年1月—1996年12月，县长赵步荣主持县长办公会，先后讨论研究农业、工业、商业和科教文卫等方面的工作，并提出实施农业、县乡工业、个体私营经济、对外开放和基础设施建设“五大战略”，要求政府各部门进一步解放思想，深化改革，扩大开放，加强第一产业，提高第二产业，大力发展第三产业，突出抓好一个稳定（政治、社会局势），坚持两个加快（改革开放和经济建设），增加两个收入（财政收入和农民收入），推动国民经济和各项社会事业的持续、快速、健康发展。期间，除每年初讨论《政府工作报告》及政府日常工作之外，重点研究了梁山特困企业解困问题，确定凡具备特困企业条件的企业，由企业提出申请，经上级主管部门和县财局审核后，准许其租赁经营、兼并联合、出售、委托经营或无偿转让、重组经营、破产；研究了《中国梁山开发区管理试行办法》，确定开发区土地范围、土地使用、发展方向、人才及资金引进、管理模式、项目开发、产业认定、税费征管等；研究了矿泉水开发、1.2万千瓦热电联产机组、建设农村电气化等项目，确定了县内十大重点工程；同时研究部署创建省级文明卫生城、全省文化先进县、全国科技工作先进县等工作。

1998年3月—1999年12月，县长张忠建主持县长办公会。期间，着重研究减轻农民负担问题，确定要制定措施，建立制度，切实控制农民负担总量，确保把减轻农民负担政策落到实处；研究了农业和农村经济发展问题，要求围绕农业增产、增值、增收、增效，大力调整优化农业结构、建设农业示范基地、培植主导产业、发展特色农业、推进农业产业化进程，在畜牧养殖、科技兴农、农副产品加工等方面搞突破。

2000年1月—2004年6月，县长商建设主持县长办公会议，先后讨论研究工业、农业、城建、旅游、教育、卫生及社会管理、民生保障等方面的工作，提出了“发展民营、壮大工贸、调整农业、开发旅游、提升城建”五大工作重点。期间，每年年初县长办公会，除讨论研究《政府工作报告》外，还研究制定当年的《政府工作要点》，强化工作重点，细化工作责任，同时重点研究工业立县、五大厂发展、城市建设等重大问题，多次研究国棉厂、云雁集团改制及申请破产问题，同意其实施破产成立蓝天纺织有限公司，要求有关方面做好职工安置工作，确保稳定和国有资产不流失；研究县酒厂破产处置问题，确定酒厂生产区土地使用权采取有偿方式处置，土地价款及土地出让金全部用于安置酒厂职工，新成立水泊酒业有限公司全部接受原酒厂职工，并成立专门处理小组，负责相关事宜的处置。同时，研究部署全县经济运行分析与调研、城市综合开发、城中村开发建设、污水处理厂筹建、水泊中路开发改造、城区主要街道改造方案、乡村道路建设规划、迎接省级卫生城复验、《水泊梁山记》石刻揭幕大典、城镇职工基本医疗保险、乡镇教师工资统筹等重要工作。同时，对县长办公会从议题收集、审定、研究及会议记录，到出席、列席人员，都进一步规范，并研究制订了《县政府工作规则》。

2006年，县长宋科主持县长办公会认真听取卫生部门工作汇报，研究确定：实施“360”

工程，启动新农合试点，推进乡村卫生一体化管理，健全完善疾病预防控制和卫生监督体系，乡镇卫生院上划县级管理等。期间，还研究通过政府机构改革方案等方面的重大问题以及体育场规划改造、凤山公园建设方面的问题。

2008年8月，县长陈国华主持县长办公会议研究卫生监督、疾控中心人员工资发放及所需经费问题，确定县卫生局卫生监督所、县疾控中心及乡镇防保人员工资及必要业务经费纳入财政负担范围，编制内人员工资由县财政负担，统一代发；乡镇防保人员实行上划管理，工资及必要经费由乡镇财政负担；大项设备支出由县财政解决，并县卫生局卫生监督所、疾控中心行政事业性收入纳入财政管理，列入预算。另外，还研究了菱花工业园建设、水泥厂破产、城中村改造等问题。

2010年5月—2011年11月，县长田卫东主持县长办公会议。重点研究城市规划制定、新城区建设谋划、企业退城进园、新农村社区建设等重大问题，有效推进了相关工作的进展；研究流畅河湿地工程建设，确定流畅河湿地工程按照自然、朴实、生态、大气的总体要求进行规划建设，一期工程实施北岸造坡、南岸造绿、拓宽河道、形成水景，二期工程打造与之相配套的景观、游道等；研究南水北调工程建设，确定大力支持国家重点工程建设，并按时间要求完成工程征地移民工作，确保施工企业顺利进场施工，同时加强对征地补偿资金的监督、管理，确保土地补偿费和安置补偿费专款专用，严禁出现挤占、挪用、截留等违法违纪现象发生。期间，还专题研究医药卫生体制改革，确定由县深化医药卫生体制改革领导小组及其办公室核定各基层医疗卫生机构收支情况，核定医改支出任务，将实施国家基本药物制度的人员工资待遇、基本公共卫生服务配套经费、新农合县级补助资金等必要的刚性支出，列入年度财政预算，保证医药卫生体制改革工作顺利推进；县人社部门负责核定基层医疗卫生机构人员编制，对在编人员进行分类，并定岗、定编、不定员，与绩效工资相配套，并即时冻结县乡医疗机构人员编制；对基层医疗卫生机构所欠债务，制定切实可行的分级、分批次偿还方案，报县政府研究后实施。另外，对实施全国第六次人口普查、全国第一次水利普查工作进行研究，强调加强领导、加大宣传，保障工作经费，全力做好普查工作。

2011年11月起，县长贾治阜主持县长办公会议，至2013年12月，先后研究经济运行、环境保护、新城区建设、新农村建设、财政税收、社保费征缴、城乡低保等多方面的重要问题，相继提出：全县经济运行要把振兴工业放在重中之重的位置，千方百计抓好项目落地，精心组织好财政收入，重点解决当前全县工业的增长乏力、后劲不足问题，确保实现稳定增长，并严格县乡两级财政体制，实行“分灶吃饭”；加快推进新城区建设，提升新城区绿化标准，展示新形象，实施大体量绿化，展现“高、大、密”的绿化效果；农村社区建设要以改善农民生活环境为目的，适应农村生活需求，不要盲目追求农村城市化。切实做好财政预算执行，保刚性支出、保工资、保民生，按照政策要求增加津补贴，分门别类做好各类企业职工的养老保险清缴，实施城乡低保、农村五保提标扩面，做到应保尽保，标准逐步提高。

第三章 施政辑要

第一节 实施致富工程

1995年5月，县委提出：以京九铁路通车和改革开放试点县为契机，加快实施农民“211”致富工程和企业“213”规模工程，尽快实现经济强县和旅游名城的目标，并提出“奋进开拓创大业、团结苦干夺第一”的梁山精神。同年10月，县政府把实施“211致富工程”“213规模工程”列入《梁山县国民经济和社会发展第九个五年计划及2010年规划纲要》作为经济发展重点，同时，坚持加强第一产业，提高第二产业，大力发展第三产业，突出抓好一个稳定（政治、社会局势），坚持两个加快（改革开放和经济建设），增加两个收入（财政收入和农民收入），推动国民经济和各项社会事业的持续、快速、健康发展。

1996年2月26日，县委、县政府召开全县实施农民“211”致富工程动员大会，县委书记王廉秀在会上作重要讲话，县政府就加速畜牧业生产发展，制发《关于大力发展畜牧业的意见》。同年3月13日，县政府召开全县工业经济工作会议，会议号召全县广大干部职工围绕“两个转变”（体制上从计划经济向市场经济转变，增长方式上由粗放型向集约型转变），奋力实施工业企业“213”规模工程。同年4月26日，县政府召开深化企业内部改革动员大会，县委书记王廉秀到会讲话，会议提出企业内部改革的目标：转换机制，促使企业加强管理，按现代企业制度试行；实现生产要素的合理流动和优化组合，实现国有资产的保值和增值；增加效益，调动企业生产所有者、经营者、生产者等各方面的积极性，最大限度地发挥现有资产的效能，实现最佳经济效益。会议要求，要进一步解放思想，清除各种思想障碍，强化组织领导，全力推进企业改革。

1997年7月18日，县委、县政府再次召开全县企业改制动员大会，并制发《关于整体推进全县企业改制工作的意见》及《关于进一步加强县属企业干部管理工作的意见》。同时，县政府多次召开企业“213”规模工程和农民“211”致富工程调度会，除了推进工业企业发展外，要求农业以实施农民“211”致富工程为总抓手，积极引导农民调整种植结构，扩大瓜菜、果桑、花卉种植，继续发展圆葱、大棚蔬菜。1998年，县政府在县第十四届人民代表大会第一次会议上所做的报告中指出，围绕实施农民“211”致富工程，狠抓农村经济结构调整，重点发展高效经济作物和林牧渔业，初步形成西瓜、水果、粉条等生产基地，建成黄牛育肥、小尾寒羊购销、木器加工等龙头企业，开始形成市场牵龙头、龙头连基地、基地带农户的一体化生产。围绕实施企业“213”规模工程，培植新的增长点，1760长网纸机、等级面粉生产线等项目已经竣工投产，全县共有13个项目被列为部专项、省管项，工业生产稳步增长，经济运行质量有所提高。

第二节 推进民营经济

1994—2004年，是梁山民营经济发展的重要时期。1994年2月，县委、县政府召开全县发展民营经济动员大会，拉开了大力发展民营经济的序幕。1997年1月18日，县委、县政府再次召开全县个体私营经济工作会议，并在各乡镇设分会场；1999年3—7月，县委、县政府又先后两次召开全县个体私营经济工作大型会议；2000年4—7月，县委相继召开4次万人大会；2001年2—8月，县委、县政府又相继召开4次全县发展民营经济及招商引资动员大会。

1995年，县政府根据县委的统一部署，提出实施“农业、县乡工业、个体私营经济、对外开放、基础设施建设”五大战略，第一次将“个体私营经济”列入全县重大战略部署。1999年，县政府提出加大企业改革、结构调整、开拓市场力度，实现个人私营经济发展的新突破。2000年，县政府又提出“突出发展民营、全力壮大工贸、大力调整农业、加快旅游发展、提升城市水平”的五大战略任务。2001年，县政府再次提出要全力实施“五全”战略，加速发展民营经济，并坚持以优化环境为基础，以增量提质为目标，大力度招商引资，全方位激活民资，高标准建设园区，多层次兴办项目，全县民营经济继续保持了快速发展的良好势头。当年，全县民营经济完成固定资产投入4.76亿元，增长71.2%；实现销售收入17.4亿元，增长70.3%；上缴税金5748万元，增长79.4%。通过加大区内基础设施建设力度，全县6处经济园区功能逐步完善，经济发展承载力逐步增强，其中拳铺工业园区被列为全市十大经济园区之一。全县民营企业发展到486家，总资产达15.6亿元，初步形成了具有一定市场竞争力的民营企业群体。同年4月，梁山县被评为全市发展民营经济先进县市区第一名，同年6月22日，全市民营经济现场会在梁山召开；2002年1月，梁山县被省委、省政府命名为全省发展民营经济先进县，同年3月12日，山东省部分市县民营经济现场会在梁山县召开。

2002年，县政府以增量提质为目标，以园区建设为重点，大力推进全县民营经济持续快速健康发展，全县民营经济呈现出速度加快、投入加大、效益提高的强劲发展态势。至同年底，全县民营企业完成营业收入60.3亿元，增长48.9%；民营经济上缴税金占地方财政收入的比重达到72%；全县引进县外项目126个，外商投资企业3个，到位县外资金7.2亿元；全县民营企业发展到662家，资产总额达到27.3亿元。其中，民营科技企业发展到38家，开发新产品40多项。2004年，县政府坚持毫不动摇地大力发展民营经济，把民营经济作为加快县域经济发展的主攻方向，按照“铺天盖地”增总量、“顶天立地”上档次的思路，坚持内资外资一齐抓，大中小项目一齐上，坚持扶持民营骨干，促进企业快速膨胀，并全面落实民营经济发展政策，努力培植县域经济发展新优势，实现民营经济发展新跨越。2005—2010年，县政府实施民营经济“十佳百强”培植工程，全县民营经济保持良好的发展态势，良福制药、三利树脂、通亚挂车、科龙畜牧被认定为“省级技术创新示范企业”，东岳汽贸被列入“全市十大民营企业”。至2013年，全县民营经济户数达到2.5万余户、从业人员12万多人，注册资金24.57亿元、资产总额202.38亿元，营业收入569.34亿元、增加值163.8亿元、上缴税金10.59亿元，民营经济在全县工业企业中的比重超过90%。全县民营经济形成专用汽车、出版印刷、纺织服装、食品加工、医药化工等支柱产业，涌现出中集东岳、华宇集团、通亚汽车、蓝天集团、良福制药等一批省、市重点民营企业。

第三节 调整农村产业

20世纪90年代初期，县政府提出调整农村产业结构，进行高效示范区试点建设。1998年6月，县委、县政府召开全县农业示范基地建设工作会议，推广示范服务基地经验，部署实施农业产业化战略。2000年1月，县政府明确提出，调整优化农业结构，重点抓好高效种植和规模养殖，着力培植特色产品和优势产业，形成区域化布局、专业化生产、企业化经营、社会化服务的农业发展新格局，全面加快农业产业化进程。同时，县政府加大财政扶持力度，由县财政每年设300万元专项资金，对达到标准要求的农业龙头企业、农民专业合作社、农产品认证等项目分别给予资金奖励；对达到标准的鲁西黄牛、青山羊养殖基地，分别给予30万元、20万元奖励。2005年2月，县政府加大畜禽、林果、瓜菜、粮棉油、水产养殖等产业链和重点经济区域、规模以上农业龙头企业、合作经济组织建设及农村经济工作的综合考核。至2006年，全县销售额100万元以上的农业龙头企业发展到190家，种养基地157处，农民专业合作组织76个。此后，县委、县政府进一步推进农业示范基地建设和农业龙头企业发展，大力推行“龙头+基地（农场）+农户”经营模式，并组织引领农民专业合作社规范化建设。2007年9月，县政府印发《关于建设农产品质量安全示范区的意见》。至2010年，先后规划实施了沿黄（河）、沿运（河）、滨湖“三大特色农业产业带”“六大特色农业示范区”，市级以上农业龙头企业发展到37家，规模化种养基地发展到352处，农产品质量安全示范区发展到8处，无公害、绿色、有机农产品基地发展到34处，新增“三品”认证91个;食用菌、鲁西黄牛、小尾寒羊、青山羊等产品列入省政府五大产业振兴规划。

2009年12月，县政府制定《关于加强农民专业合作社规范化建设的意见》，决定从2010年起组织开展农民专业合作社规范化建设行动，通过这一行动，努力使农民专业合作社制度建设更加健全、内部管理更加规范、市场竞争能力明显提高、带动农户能力明显增强。2010年，县政府以抓好加强农民专业合作社规范化建设为重点，择优培育扶持一批经营规模大、服务能力强、产品质量优、民主管理好的农民专业合作社，使之成为引领农民参与国内外市场竞争的现代农业经营组织，同时支持企业创办专业合作社。至2013年，股份制合作社发展到76家，企业创办合作社123家。其中，山东远洋农业开发有限公司探索“农民小老板入股式经营模式”，3000余农民入股公司，每个农民增收2万元以上，被中国食用菌协会称为“梁山模式”。

2011年，梁山县被授予“全国生猪调出大县”“全省高效特色畜牧强县”称号；2012年，梁山县鲁西黄牛、梁山青山羊获国家农产品地理标志;2013年，粮食生产实现连续11年增产增收，被授予“全省粮食生产大县”称号。至2013年，农业龙头企业达到195家，其中，国家级龙头企业3家，省级4家、市级42家。

第四节 实施工业强县

2000年，县政府明确提出工业立县、工业强县战略，并采取一系列政策措施，抓改革，上项目，治环境，落实部门包保重点企业责任制，强力推进全县工业的发展。至2005年，全县累计完成改制企业156家，改制面达100%；重点产业逐步形成，以挂车专用车为主的机械制造和纺织、电子电器、医药化工、农副产品加工等五大产业产值占工业总产值的比重达到85%；全县高新技术企业发展到18家，医用高分子记忆材料、电视卫星接收仪、树脂骨钉等产品填补全国全省空白，高新技术产业产值占规模以上工业总产值的比重达到20%；企业规模不断壮大，档次不断提高，总投资7.5亿元的杨营煤矿、5000万元的蓝天精纺和油漆制药扩产等重点项目相继开工建设。至2008年，全县规模以上工业企业发展到259家，全年新开工规模以上项目222个，其中投资过亿元项目16个。2010年，全县规模以上工业企业发展到347家，比“十五”末增加213家；实现工业增加值78亿元，五年增长2.7倍;主营业务收入274亿元、实现利税25.8亿元，分别是2005年的3.5倍和2.8倍。

2011—2013年，县政府进一步实施“工业强县”战略，科学合理规划工业布局，制定《全面振兴工业经济的若干意见》，印发《关于规范工业项目建设审批程序和收费的实施意见》，深入开展“工业振兴突破年”“大项目提升年”活动和“为企业排忧解难”服务活动，同时采取领导包保、政策扶持、资金支持、一企一策等措施，并列支3000万元专项资金，用于融资担保和园区建设，全力振兴工业经济。2012年4月6日，县委、县政府召开全县振兴工业突破县域经济誓师大会，大会在县政府第一会议室设中心会场，各乡镇、街道办、开发区、县直部门、驻梁单位设分会场，并采取调频广播形式向全县直播。2013年3月26日，县委、县政府召开全县振兴工业动员大会，县委书记田卫东向中集东岳车辆有限公司总经理岳增才颁发"梁山人民奖章"，县长贾治阜、政协主席马传申、县委副书记李金礼分别为菱花生物科技董事长江保安、万达碳素董事长朱新启、中集东岳总经理岳增才颁发"梁山县经济顾问"聘书。

至2013年，全县规模以上工业企业发展到178家，新增46家，新增国家级高新技术企业2家、市级高新技术企业9家；新建亿元以上大项目50个，总投资144亿元；实现工业增加值62.4亿元，增长14%，上缴税金过千万元的企业新增5家，达到16家。专用汽车、出版印刷、食品加工、纺织服装四大主导产业膨胀壮大，蓝天纺织、祥盛纺织等投资10亿元以上项目建成投产，杨营煤矿、菱花生物、江铃车桥、万达碳素等重大项目建成投产，新兴产业蓬勃兴起，亚彩电缆、华泰型钢、金宇车轮、前能电力等亿元以上项目建成或投产；泰国正大10万吨赖氨酸项目、威特立邦矿山机械项目、汇统高空作业车项目、通亚重工泵车制造项目等重点项目即将建成；通亚重工、美的亚广场等重大项目开工建设；佰仕达木业、德临针状焦、义乌科技园、百居艺木业、东旭精密轴承、远大脱水蔬菜等项目开工建设。

第五节 实施五大重点

20世纪90年代初，县政府提出实施农业、县乡工业、个体私营经济、对外开放和基础设施建设"五大战略"。2002年1月，县政府提出"调整农业、壮大工贸、发展民营、开发旅游、提升城市水平"全县经济发展的五大任务；后又调整为"发展民营、壮大工贸、调整农业、开发旅游、提升城建"五大工作重点。2005年，县委、县政府审时度势，提出以科学发展观统揽全局，紧紧围绕发展第一要务、富民第一目标，牢牢把握解放思想、干事创业、比学赶超、实现超常规跨越式发展的总基调，全面实施五大工作重点，促进全县经济社会又好又快发展，努力实现发展速度高于全省、全市平均水平，县域综合实力在全省、全市位次前移的"两高于、两前移"目标。据此，县委、县政府突出结构调整、投资拉动两条主线，构建项目带动、招商引资、园区经济三项重点格局，推动城市建设、旅游开发两大重点工作，加快壮大专用汽车、纺织服装、出版印刷、医药化工、农副产品加工五大产业，认真实施十大农业优势特色产业产品工程。2006—2010年，编制完成新一轮城市总体规划，先后实施40项城市基础设施重点工程，城区面积扩大到20.9平方公里，城区人口增加到14.5万人；编制完成旅游产业总体规划，加大景区景点及旅游项目建设，梁山风景区被命名为国家AAAA级风景区、省级森林公园和省级地质公园，2010年，梁山景区接待游客突破100万人次，旅游收入达1.93亿元。至2013年，专用汽车产业发展成为全县第一个百亿产业，成为全国最大的专用汽车产业集群，先后被命名为中国专用汽车生产基地、山东省优质专用汽车生产基地；文化出版产业异军突起，销售网络覆盖中国大陆各地；全县经济作物面积发展到70万亩，大蒜、大棚菜、中药材、经济林等高效经济作物种植渐成规模，鲁西黄牛、小尾寒羊、青山羊等被列入省政府五大产业振兴计划。

第六节 发展六大产业

六大产业（专用汽车、文化出版、纺织服装、煤电化工、食品加工、旅游服务）由原五大产业（专用汽车、纺织服装、出版印刷、医药化工、农副产品加工）演变而来。2010年，县委、县政府紧紧围绕“两高于、两前移”目标，高扬“科学发展、跨越发展”总基调，以转变经济发展方式为主线，以增加有效投入、建设重大项目为支撑，以改革开放和自主创新为动力，强力实施城市建设、旅游开发两大突破，加快推进城镇化、工业化、农业现代化、城乡一体化四化进程，适时提出在全县发展壮大专用汽车、文化出版、纺织服装、煤电化工、食品加工、旅游服务六大产业。

专用汽车　梁山县专用汽车产业起始于20世纪90年代。县委、县政府积极采取鼓励、扶持的发展政策，营造宽松的外部环境，通过重点培植，强化管理，促进专用汽车企业的蓬勃发展，形成庞大的专用汽车产业。2005年7月，中国汽车工业协会正式命名梁山县为“中国挂车（专用车）生产基地”。同年，梁山县举办首届专用汽车博览会。2006年3月21日，县政府印发《关于进一步促进汽车工业发展的意见》（梁政发〔2006〕12号），确定进一步优化专用车产业结构，对现有专用车企业进行整合，鼓励联合重组改制；加快产业升级，争创品牌产品。2007年7月，县政府印发《关于整顿规范挂车市场秩序的通知》（梁政发〔2007〕45号），规范治理专用汽车领域违法违规行为；同年11月，县政府印发《梁山县专用车生产企业管理办法》（梁政发〔2007〕65号），推动专用车生产企业提高产品质量意识和品牌意识；2009年，梁山县专用汽车被命名为山东省优质专用车生产基地和山东省专用汽车产业集群。2010年，专用汽车产业发展成为梁山县第一个百亿产业，成为全国最大的专用汽车产业集群，中集东岳、通亚、华宇等骨干企业规模迅速扩张，专用汽车年产量突破10万辆。2012年9月，中国汽车工业协会命名梁山县为“中国专用汽车产业基地”。至2013年，全县有33家企业进入国家汽车公告目录，形成年产专用汽车15万辆的生产能力，可生产仓栅车、低平板、自卸车、水泥搅拌车、罐式车、厢式车、混凝土输送泵车、轿车运输车等7大系列1300多种专用汽车产品，产品远销全国30多个省、市、自治区及加拿大、俄罗斯、中东、东南亚、非洲等国家和地区。同时，连续成功举办九届“中国（梁山）专用汽车博览会”。

出版印刷　出版印刷产业起源于20世纪90年代民营书业，经历了从小到大、从弱到强、从不规范到逐步走向规范的发展历程。2007年起，县委、县政府把出版印刷产业作为新兴文化产业、重点建设产业进行引导和培植，在对全县出版物市场、印刷企业进行规范整顿的基础上，从政策、资金、环境等方面全力给予支持，促进了出版印刷产业健康繁荣发展。2010年，全县出版印刷产业年产教辅材料等出版物产品3亿册，占国内市场28%，完成销售收入（码洋）69.8亿元，利税1.4亿元，共安置就业13600余人。梁山出版印刷业成为继专用汽车之后的又一大产业，成为全国闻名的出版印刷产业基地，梁山县出版印刷产业集群被市委、市政府命名为市级产业集群。2012年，县委、县政府把出版印刷产业列为全县重点培植的3个百亿产业之一，规划建设占地100公顷、总投资12亿元的梁山出版印刷书业园被纳入山东省首批重点文化产业园区。至2013年，全县有出版印刷产业公司24家，其中，拥有国家图书总发行资质2家，拥有省新闻出版局审批的二级批发许可证10家，拥有县新闻出版局核发的零售许可证12家，从业人员1.5万人，文化出版产业实现销售收入106亿元，成为第二个百亿产业集群，梁山县被国家书刊发行行业协会命名为“中国出版物发行产业基地”。山东金榜苑图书发行有限公司大型助学读物研发基地，被省委宣传部、省财政厅列入山东省文化产业重点扶持项目，该项目及相关项目将进入国家项目库。

纺织服装　梁山县纺织服装产业起步于20世纪60年代，是梁山县的传统产业，也是全县支柱产业之一。1994—2013年间，梁山县纺织服装产业链条不断延伸，涵盖除印染和丝织品、高档服装外的所有产业门类，原料加工、棉纺、家纺、针织、织布、服装等产业门类相对齐全，并形成多种生产经营模式。2000年后，县政府大力实施“退城进园”，推进企业转型升级，蓝天纺织、祥盛纺织、恒泰制衣等企业退城进园，生产设备、技术工艺、产品质量等进一步提升，成为拉动全县工业经济快速发展的一支重要力量。以棉纺、纤维纺、精纺、织布、高档服装面料于一体的综合生产企业蓝天集团，以针织纱为主的祥盛纺织、以自纺自织为主的大河纺织、以来料加工和出口创汇为主的万德福制衣、恒泰制衣等一批重点骨干企业生产规模不断扩大，有力地支撑和带动全县纺织工业的发展。至2013年，全县共有纺织企业100多家，其中，棉纺企业80余家，毛纺和混纺企业共约20多家，服装企业20余家；规模以上纺织服装企业15家，生产能力40万纱锭，实现纱产量6.25万吨，织布6250万米，服装300万件，共完成出口交货值1524万美元。实现工业增加值5.5亿元、销售收入17.7亿元、利税2.1亿元，分别占全县规模以上工业企业总量的8.9%、8.6%、9.8%；从业人员8000余人。同时，纺织服装业拥有中国驰名商标1件，专利7件。

煤电化工 作为县域重点产业，原称医药化工业，后随着县内煤矿资源的开采及对能源的重视，逐渐称之为煤电化工。梁山县煤炭资源开发始于2004年，至2013年，县内建成杨营煤矿，大营煤矿、泰西煤矿建设正在前期筹备中。梁山县电力业自20世纪90年代起，持续加大电网建设投资力度，先后实施输变电工程、农网改造工程、户户通电工程等项目建设。至2013年年底，全县基本形成以220kV梁山变电站为主供电源、四座110kV变电站为枢纽、35kV变电站为布点、110kV、35kV输电线路为主网架、10kV配电线路为网络、覆盖全县城乡的供电格局。20世纪90年代，梁山县化工业初步形成以梁山油漆厂为龙头，以县属化工企业为骨干的化工产业；医药业主要有良福制药、三利树脂等民营企业。进入21世纪，县委、县政府高度重视医药化工产业的发展，采取一系列政策措施，培植骨干企业，至2013年，医药化工产业逐渐形成全县支柱产业之一。

食品加工 梁山食品加工企业起步较早，规模较小。2000年后，县政府把食品加工作为经济支柱产业之一，予以大力扶持发展，食品加工企业开始逐步发展壮大。梁山县第一肉类联合加工厂，后改制为山东臻嘉食品进出口有限公司，发展成规模较大、标准较高的肉牛养殖及产品深加工农业产业化出口创汇龙头企业，2005年，被省农业厅等11个部门确定为“第三批农业产业化省级重点龙头企业”。2009年10月，梁山菱花生物科技工业园开工建设；2011年6月，正大菱花10万吨赖氨酸项目落户梁山；2013年，投资2亿元的水泊梁山食品蛋制品加工项目、投资1.2亿元菱花凯鲜项目相继开工建设。至2013年年底，全县共有菱花生物、正大菱花、菱花凯鲜、清华诚志、科龙畜牧、臻嘉食品、日照山河等食品加工龙头企业39家。

旅游产业 梁山旅游业起始于20世纪80年代，兴起于90年代，兴盛于21世纪初。1999年，省政府以鲁政字〔1999〕133号批复《水泊梁山风景名胜区总体规划》，同意将水泊梁山风景名胜区确定为水泊景区、梁山景区（总面积4.6平方公里）两个相对独立的景区。2000—2005年，重点实施规划编制、建设监管、资源保护等工作，启动梁山风景区山北水面的规划开发建设工作，开辟新的旅游线路，新建一关、二关、忠义堂、号令台、石碣文台、水浒碑林等系列旅游景点，水泊梁山风景区被纳入全省重点旅游开发总体规划，并被授予国家AAA级旅游区称号，跨入“全省十佳山岳旅游区”行列。同时，以弘扬水浒文化为主线，开展丰富多彩的旅游促销活动，合力打造“水浒旅游”品牌。2006—2010年，梁山县编制旅游产业规划，把旅游业培育成梁山县的支柱产业。2006年，启动梁山古寨、杏花村民俗游等开发项目；2008年，将景区周围18个村庄划归风景区统一管理，拆除水泥厂等6处污染企业;2009年，编制水浒文化广场、梁山泊水寨、水浒街等重点旅游项目详细规划，完成6处新景点和影视基地二期工程建设，梁山景区被命名为省级地质公园和省级森林公园。2010年，编制梁山县旅游产业总体规划，新建聚义厅、天书阁、石碣文台等20余处景观景点，梁山风景区被命名为国家AAAA级景区。2011年，县委、县政府把旅游开发作为全县的主导产业，并按照山水城一体建设、城市景区同步开发的总体思路，努力打造精品项目，景区形象得到明显提升，旅游产业加速发展，水浒文化主题公园列为全省文化产业重点项目；2012年，聚义湖、水浒街、水浒文化广场等全面竣工；梁山景区总体规划编制完成，山东旅游强县创建活动取得成功；2013年，全年景区接待游客突破200万人次，梁山县晋升为山东旅游强县。

第七节 推进城市建设

2010年，县委、县政府提出“突破新城区，提升老城区，打造山水相依、生态宜居的水泊新城”的决策。2011年，县政府编制《梁山县国民经济和社会发展第十二个五年规划纲要（草案）》（2011—2015），提出重点实施城市建设、旅游开发，强力推动工业化、城市化、文化旅游产业化进程，努力建设经济繁荣、社会和谐、民生殷实、生态宜居的新梁山。同年12月，中共梁山县第十三次代表大会明确提出：围绕建设“工业强县、文化名城、生态和谐家园”的发展定位，强力推动工业化、城市化、文化旅游产业化进程，建设美丽宜居新梁山，全面开创富民强县、跨越崛起新局面。县政府注重理清思路，坚持统筹部署，强化各种措施，加大工作力度，通过建设新城区、改造旧城区、优化环境生态，全力推进城市建设。

新城区建设 坚持以路为纲，重点突破，集中建设。县城东南部新区，重点建设安民山路、天罡路、杏花村路、浒源路、忠义路、迎宾大道等；县城西南部新区重点建设水泊大街向南延伸段和独山路，改造提升南环路、西环路；城区南部建设贯通东西的水浒大道。同时，在上述区域分别开工建设政务中心、综合体育场馆、环保大厦、国土大厦、客运中心、金融中心、疾控中心、医院、学校、美的亚广场、杏花村苑、流畅河人家、运河小区、德馨花园等一批重点工程。

老城区建设 坚持拆建并重，适度改造，逐步完善。凤凰山、灵龟山周围，逐步拆除搬迁周边建筑，实行拆房透山，舒缓城市空间，建设凤凰公园，优化人居环境；青龙山西部，贯通水泊东路、交通路，改造新的青龙山路；完善道路、供水、排水、供电、供热等基础设施，提升城市综合功能。同时，按照“成熟一片、改造一片”的原则，加大企业“退城进园”和棚户区、城中村改造力度，加强城市环境卫生治理，确保城区脏、乱、差的状况得到根本改观。

园林水系建设 坚持依山造林，沿河布绿，实现生态突破。大力推进城镇、山体、河道绿化工程建设，实施道路绿化美化，打造绿色景观，努力提高城市绿化覆盖率。以山为骨，加大山体修复力度，依山建园，依山布绿，加快凤凰公园建设速度，使之成为居民休闲之山；以水为脉，实行引黄蓄水，引水进山，引水入城，着力打造环城水系，依水造景，加快天佑河、聚义湖、梁山泊、林业生态园、流畅河湿地、运河湿地等重点项目建设，集中整治西环城河、龟山河、金码河，贯通环城水系；以绿为韵，大面积提高城市绿化率，重点建设凤凰公园、招待所中心绿地、张坊三角绿地等一批城市绿地，沿城市主要干道、交通节点拆墙透绿、沿线增绿、破硬建绿，形成点、线、面结合的综合绿化格局；把梁山打造成山绿、河畅、水清、景美、山城一体、碧水环绕、绿色相间、环境宜人的生态城市景观。

至2013年，东南部新城区两纵三横路网全面建成，水泊大街、公明大道、水浒大道、迎宾大道、安民山路等城区主干道路全线贯通，天罡路、西环路、南环路的延伸拓宽升级改造全面完成；新城区行政中心、综合体育馆、杏花村社区、流畅河社区、运河小区基本建成，教育、卫生、金融、交通等一批建设项目接近完成或正在启动。西南部新城区西环路拓宽延伸工程、南环路升级改造工程全面竣工，水泊大街南延新建道路等建成通车；卫生监督和疾控中心大楼主体工程完成，伦达、富源、美的亚等一批重点工程正在启动。老城区凤凰公园及大型市民广场建成开放，凤凰阁成为梁山又一靓丽景观；招待所中心绿地、张坊三角绿地及城区主干道交叉路口绿地均已建成。天佑河、聚义湖、梁山泊建成蓄水，林业生态园、流畅河湿地成为新的景观，运河湿地启动建设，新增湿地景观142万平方米；梁山泊广场、水浒文化广场相继建成开放；城市规划建设面积达到40平方公里，城镇化率达到36.3%。先后获“省级卫生县城”“省级绿化模范县”称号。

第八节 弘扬水浒文化

20世纪90年代初，县政府开始把发掘、弘扬水浒文化，作为推进梁山旅游和全县经济发展的重要举措，列入重要议事日程，并认真组织实施。

1993年，梁山县举办首届水浒文化节，以“文化搭台、经贸唱戏、旅游兴县”为主题，丰富人民群众文化生活，繁荣文化旅游产业，促进全县经济发展。为举办好首届水浒文化节，县政府专门制发《关于举办国际水浒文化节的构想》及一系列文件，成立以县长赵步荣为组长、县委副书记李来云等四大班子分管领导为副组长、有关部门负责人为成员的水浒文化节筹备领导小组，筹备领导小组下设办公室，办公室设秘书组、宣传组、会务组、保卫组、城市美化组、文艺组、体育组、水浒研究组、书画组、经贸组，共计10个工作小组，确保了水浒文化节的圆满成功。首届水浒文化节举行了隆重的开幕式、大型文艺演出、水浒文化研讨会、经济项目洽谈会等活动及一系列经济活动。文化节期间，参加工业产品展销订货会的人员达3900多人，成交额4739.5万元；参加经济技术合作洽谈的客商300多人，招商引资的40个项目中，达成意向、签订合同的有10个，投资总额1.328亿元；参加物资交易大会的外地客商有1280多家，成交额8048万元。1994年，继续举办第二届水浒文化节，后暂停。

2007年，根据梁山专用汽车的发展，水浒文化节与专用汽车展博会合并举办，称2007水浒文化节暨第三届专用汽车博览会。水浒文化节由中国旅游协会、山东省旅游局、济宁市人民政府主办，济宁市旅游局、梁山县人民政府承办；汽车博览会由中国汽车工业协会、山东省汽车行业协会、济宁市人民政府主办，梁山县人民政府、济宁市专用汽车制造行业协会承办。此届水浒文化节以“水浒故地，魅力梁山”为主题，以“弘扬水浒文化，打造旅游名城，推动经济发展，共建和谐梁山”为宗旨，从而使水浒文化节及汽车博览会不仅成为弘扬水浒文化、丰富群众生活的文化盛宴，而且成为扩大交流、共谋发展的经济盛宴。2010年，水浒文化节以“品读水浒文化，寻游好汉故里”为主题，以“弘扬水浒文化，发展旅游经济，倡树忠义精神，构建和谐社会”为宗旨，实现了文化经济同台共赢。

历届水浒文化节，都有明确的主题和鲜明的地方特色、深刻的文化内涵。2012年水浒文化节以水浒精神的忠义、道义、信义、情义于一体的“大义梁山”为主题，汽车博览会“创新提升，合作发展”为主题，除举行开幕式及大型文艺演出外，还开展专用汽车展博会、汽车发展研讨会等，不仅繁荣了全县文化产业和文化事业，而且产生了较好的经济效益和社会效益。至2013年，梁山县成功举办6届水浒文化节，其中，水浒文化节单独办2届，水浒文化节暨专用汽车博览会联合办4届。水浒文化节及汽车博览会不仅成为梁山的一个独特节日，而且成为梁山开发利用水浒文化、传播水浒文化、宣传推介梁山的重要平台，且在省内外形成较大的影响力。

第九节　创建卫生县城

1996年7月，根据县委、县政府《关于创建省级卫生县城的决定》，认真贯彻落实国务院《关于加强爱国卫生工作的决定》《推动城市爱国卫生工作的决定》，坚持“政府组织、地方负责、部门协调、群众动手、科学治理、社会监督”的爱国卫生工作方针，集中人力、物力、财力，自8月份起，在城区开展以市政环卫基础设施建设、市容环境整治、行业卫生管理、除害灭病、健康教育为重点的创建文明卫生县城活动。

县政府成立由县长赵步荣、常务副县长高太平任指挥长，县人大、县政府、县政协等分管领导任副指挥长，有关29个部门的主要负责人为成员的创建省级卫生城指挥部，全面加强创建卫生县城的组织领导；指挥部下设办公室，并组设综合协调、市容环境、行业卫生、宣传教育、档案资料5个专业工作组；县创城指挥部各指挥长轮流值班、坐镇指挥，并实行“包工作、包部门、包工程、包集资”四包责任制；县政府还与县直18个部门和单位签订责任状，明确各责任部门的工作重点；县创城指挥部办公室及各专业工作组从有关部门抽调66名工作人员，实行集中办公，各负其责，工作配合，相互促进，具体负责创城工作的组织、协调、检查和督导，并采取集体调度与个别调度相结合方法，对资金筹集、工程建设等问题，多次进行调度，加快了创城工作进度。

创建卫生县城活动期间，县政府及创城指挥部从强化宣传入手，广泛宣传，大造声势，努力营造创建省级文明卫生城的浓厚氛围。除了县委、县政府召开近千人的创城动员大会、县长赵步荣亲自动员之外，利用广播、电视、报纸、宣传车、标语口号等多种形式，大力宣传国务院《关于加强爱国卫生工作的决定》和山东省《城市市容环境卫生管理条例》，宣传县委、县政府关于创建文明卫生县城的决定和实施方案，同时动员社会各方面的力量，采取义务劳动、个人捐资、企业赞助等多种形式，多渠道筹集城市建设资金，并制发了筹集城建资金的具体筹资渠道，为创城提供了有力的资金保障。通过宣传发动，大大提高了城区干部职工的城市意识和卫生意识，增强了他们参与创城的自觉性，形成了有钱出钱，有力出力，人人为创城争做贡献的良好局面。

通过上述工作的开展，市政环卫设施建设成绩突出，全面完成了水泊中路等5条路段的水泥路面硬化以及主要街道两侧人行道硬化任务，完成了1处垃圾中转站、11处高台式垃圾箱、10处公厕的建设任务，以及其他环卫设施建设、购置、配备。与此同时，市容环境明显改观，行业卫生水平显著提高，除害灭病工作进一步加强。至1996年12月，经省级卫生县城考核鉴定组严格检查考核，梁山县城被授予“省级卫生县城”称号。1997年1月，县委、县政府召开总结表彰大会，对在创建省级卫生县城工作中的先进单位进行表彰，对先进个人分别给予记功、嘉奖。其后，根据对省级卫生县城定期复验的要求，县政府及时组织迎验活动，均通过复验。特别是1998年、2013年两次迎验活动规模大、效果好。

第四章 综合政务

第一节 公文管理

公文管理工作分别由县政府办公室秘书科和县政府研究室文管科具体负责。办公室秘书科负责公文办理，包括收文、发文、整理归档等；研究室文管科负责公文拟制，包括公文起草、送审、送签、制发等。

公文拟制 公文拟制除综合性工作由政府研究室直接起草外，一般先由政府各部门起草，然后由政府研究室负责修改把关，其后逐级审核、签批。在公文起草或修改中，县政府研究室坚持以党的理论路线方针政策和国家法律法规为依据，坚持从县情实际出发，完整准确体现政府意图，做到内容简洁，主题突出，观点鲜明，结构严谨，表述准确，文字精练。在公文制发过程中，县政府研究室主任主持、指导重要公文起草工作，县政府办公室主任负责文稿审核，然后送县长或副县长审批签发，重要公文和上行文由县长签发。公文签批之后，政府研究室文管科对审批手续、内容、文种、格式等进行复核，然后确定发文字号、分送范围和印制份数，公文印制并核对无误后，交由政府办公室秘书科分发。

公文办理 公文办理首先对收到的公文逐件清点，核对无误后进行登记；公文登记后由政府办公室主任批阅，然后送县长及有关副县长阅示；根据县长或副县长批阅意见，转送有关部门办理，并及时了解掌握公文的办理进展情况，督促承办部门按期办结。对传阅公文随时掌握公文去向，坚持做到不漏传、误传、延误。需要归档的公文及有关材料，根据有关档案管理规定，及时收集齐全、整理归档。为做好公文办理工作，县政府办公室设有机要室，配有专门人员，较好的保障了政府机关公文的正常运转。

第二节 政务调研

政务调研工作由县政府研究室承担。县政府研究室前身为1986年设立的县政府办公室调研科（股级）及1990年设立的县政府办公室研究室（副科级）；1996年1月，设立县政府研究室，为正科级行政单位。县政府研究室内设综合科、调研科、文管科，后撤销调研科，增设农村经济调研科、城市经济调研科、社会工作调研科。

政务工作调研 20世纪90年代初期，政务调研及领导讲话、汇报材料等文字工作由政府办研究室及财经科、文教科等专业科室共同承担，综合调研一般由研究室负责，专题调研一般由专业科室负责。至90年代中期，政府办有关科室人员大都侧重以秘书身份随领导活动，调研工作根据领导安排进行。1996年，随着机构规格的提升、人员素质的提高，政务调研工作进入新时期。县政府研究室围绕县委、县政府的中心工作和重大工作部署，选择领导最关心、最迫切需要解决的问题，使调研课题选在领导关注的热点上，调研成果送在领导决策的火候上。2000年起，政务调研工作进入高峰期。县政府加大对经济工作的领导力度，连续召开一系列关系全县发展大局的会议。县政府研究室围绕政府工作重点、基层工作难点、群众关心热点、经济和社会发展中的焦点，把主要精力放在组织调查研究、撰写调研成果、为领导提供决策服务上，深入实际，深入基层，采取综合调研与专题调研相结合等多种形式，开展广泛深入的调查研究活动，先后开展调研活动20余次，写出调查报告30余篇，其中，《入世对我县工农业生产带来的影响及对策》《建设经济强县必须优先振兴工业》《发展民营经济是振兴梁山经济的必由之路》《关于加快梁山旅游发展的思考》《关于实现农民增收的对策及措施》《推进梁山教育事业持续健康发展》《梁山卫生工作调查》等多篇调查报告及理论文章在省市级有关报刊上发表，为县政府领导提供了决策依据，使政府研究室充分发挥了政府智囊和领导参谋的作用。另外，由县政府研究室主要负责人撰写的《树立服务意识，当好领导参谋助手》《围绕中心，贴近实际，努力做好政府调研工作》《强素质，树形象，做合格的文字秘书》等多篇文章先后在省市报刊上发表。至2001年，县政府研究室组织撰写的调研报告、理论文章、工作汇报、政府工作报告、领导会议讲话、政府文件及各类文稿260余篇，多达上百万字，形成空前的调研高产期。

2003年后，政府调研工作也取得一定成效。2012年，县政府研究室调查并整理《梁山县出台激励措施全面振兴工业经济》，在市政府办公室《要情快报》第8期发表。其后，调查并整理《梁山县推行1+X模式发展壮大村集体经济》在市政府办公室《要情快报》第30期发表。2013年，县政府研究室在年初确定高新技术产业发展主攻方向和措施、专用汽车产业发展水平的对策及建议、出版印刷产业发展的现状与思考、加速旅游产业发展的建议、提升城市管理水平的调查与研究、加快设施农业发展的对策建议、农村土地流转的现状及对策、医疗卫生体制改革工作情况调查、城乡最低生活保障制度落实情况调查与分析等10多项调研课题，深入乡镇、深入企业，采取“集零为整、变缺为全、化浅为深”的方法进行调研，从大量信息中找出规律性、普遍性和倾向性的问题，认真分析不同时间段的热点、难点、重点问题，撰写调查报告30余篇，编发《调查研究》5期，其中包括《创新体制机制，驱动产业升级——梁山县专用汽车产业发展的调查与思考》《强化政策引导、加大投入力度，切实加快畜牧业发展步伐》《立足产业基础，推动产业升级——梁山县纺织服装产业调研报告》《依托科技体制创新，促进县域科学发展》《关于水浒文化旅游发展的调研报告》等调研成果和建议进入领导决策，较好地发挥了以文辅政的作用;《创新体制机制，驱动产业升级——梁山县专用汽车产业发展的调查与思考》获济宁市政府系统优秀调研成果奖项，并由市政府推荐到省级参赛。

科研课题研究　2000年，济宁市政府下达科研项目课题研究，其中分配给梁山一项软课题项目研究，由县政府研究室承担，并成立以县长、常务副县长为首的课题领导小组。根据课题研究要求，政府研究室从梁山县经济欠发达县实际出发，就如何推动梁山经济的快速发展和社会事业的全面进步，尽快实现欠发达县向经济强县的跨越，在充分借鉴欠发达县市发展经验，全面考察梁山县实际的基础上，从发展基础的分析，到战略重点的确立，再到工作措施的安排，进行认真的探讨研究，写出《努力实现欠发达县向经济强县的跨越——梁山县经济和社会发展战略探讨》。该课题被济宁市科委列为重点科研课题，其成果通过专家鉴定，并获济宁市科技进步三等奖。同时被市政府推荐参加全省政府系统优秀调研成果评奖，先后获济宁市优秀调研成果二等奖、山东省优秀调研成果三等奖，并被编入人民日报出版社《中国经济结构调整理论与实践指导全书》。另外，配合计划部门积极参与《梁山县经济和社会发展第十个五年计划及远景目标发展纲要》的起草修改工作。

创办内部刊物　1998年3月，经县政府领导同意，县政府研究室主持创办内部刊物《梁山政务》，以传达政令、指导工作、交流经验、发展探讨为宗旨，开辟多种相应栏目，有效地推进了政府工作开展。2002年1月，《梁山政务》停刊，共办27期。同时，县政府研究室积极支持《济宁政报》的编发工作，多次受到市里表彰。2000年，县政府研究室积极组织参与济宁市政府开展的“我为济宁发展献一策”征文活动，梁山县选送的5篇文稿全部获奖，获奖档次、获奖数量均居全市首位，受到济宁市政府的表彰奖励。

2000年10月中旬，济宁市政府全市各县区政府研究室主任会议在梁山召开；2001年12月初，济宁市政府全市经济形势调度分析座谈会在梁山召开，济宁市政府及办公室领导与全市县市区政府研究室主任聚集梁山。同时，12县市区政府研究室工作综合评比，梁山县政府研究室工作一直名列前茅。2001年度、2002年度被评为全市政府系统调研工作先进单位。

第三节 政务信息

1994年，政府信息工作由政府办公室信息科负责；2004年，设立政府信息中心，副科级行政单位，在政府办公室统一领导下主管政府信息工作。

政府信息主要是围绕政府的中心工作，在接收县直部门和乡镇信息的基础上，通过编发《梁山政务信息》《一周政务工作动态》进行发布，同时，及时向市政府办公室信息科报送信息。1994—2013年，年平均接收各乡镇（街道、开发区）及部门报送信息2000余条，编发《政务信息》80余期，编发《一周政务工作动态》50期左右，向市政府办公室信息科上报信息400余条，被上级采用50余条，其中被市政府办公室信息科上报国务院办公厅、省政府办公厅达30余条。2012年，上报市政府信息300余条，其中主动上报信息230条，市政府约稿信息74条，被市政府办公室采用51条，由市政府转报省府办、国办21条；2013年，向市政府门户网站报送信息442条，采用245条，《梁山县推行1+X模式发展壮大村集体经济》《梁山县整治农村土地8万余亩》《梁山县反映村镇银行可贷资金不足值得关注》等信息分别被《济宁政务信息》《省府办要情》等采用，充分发挥了政务信息“反映县情，辅助决策，推进工作”的作用。

1998年6月，建立梁山县政务网站；2004年4月，在全市率先采用较为先进的ADSL宽带技术，以县政府中心网络平台为枢纽的政府办公网开通启用；2007年9月，正式启用“县政府应急信息通知系统”；2013年，建成梁山县政府协同办公网并投入使用，初步实现了政府公文传输电子化。在做好对县政府门户网站的维护更新工作的同时，突出做好对梁山动态（政务要闻、经济社会、乡镇动态）栏目内容的更新充实，特别是县内重大活动和重要公务活动及时以图文形式进行报道。县信息中心编制《政府信息公开指南》和《政府信息公开目录》，通过县政府门户网站公开信息1000余条，公开内容涉及土地征用、房屋拆迁的批准文件和补偿标准、扶贫、计划生育、婚姻登记、户口办理、企业登记、税务申报缴纳等，极大地方便了居民和企业查询。2012年，发布各类网上信息1650余条，为部门单位提供网上公告服务28次。2013年，应社会需求和上级要求，县政府积极推动政府信息公开，主动公开各类政府信息220余条，并积极督促各部门和单位主动公开信息。至2013年年底，上传4525条现行文件电子版目录，网站政府信息公开专栏的页面访问量年均达10万余人次。

第四节 政务督查

1994年，政府督查工作由县政府办公室督查科负责；2002年，设立县政府督查室，正科级行政单位，在县政府办公室统一领导下主管政府督查工作。2007年4月，县政府督查室加挂突发公共事件应急管理办公室牌子。

综合督查工作 1994—2001年，县政府办公室督查科围绕县委、县政府重要会议、重大工作部署开展督查事项300余项，临时交办的督查事项230余项，市级督查落实事项60余项，编发《政务督查》和《督查专报》120余期。2002—2013年，县政府督查室进一步建立健全督查工作机制，充实调整督查力量，突出工作重点，采取牵头直接办理、书面通知、电话催办、现场督查、联合督查、督查调研、召开督查协调会议等形式，全面开展督促检查。同时，对县政府重要会议确定事项，实行"一会一督查""一会一报告"；对县领导重要批示事项实行"一周一报告"；对县政府每年向全县人民承诺的为民所办十件实事进展情况"一月一报告"；对《政府工作报告》确定事项进展情况"一季度一报告"；对县领导特别关注的重要督办事项随时报告。2002—2013年，共完成县委、县政府重要会议、重大工作部署督查事项380余项，组织办理落实领导交办事项400余件，督促办理为民办实事80件，市级以上要求督办事项70余件；开展专项督查活动130余次，组织现场督查360余次；编发《政务督查》140余期，制发梁政督办文件60件；下发《督查通知》300余次，编发《网络舆情》28期，与广电部门共同制作《政令追踪》电视栏目16期，及时为领导决策提供参考。

议案提案办理　1994—2001年，县政府办公室督查科共组织办理人大代表议案、建议和政协委员提案共983件，其中人大代表建议362件、政协委员提案630件、市级政协委员提案1件，办复率达100%。2002—2013年，县政府督查室进一步健全完善建议、提案办理制度，明确和规范办理程序和答复格式，强化对建议、提案办理的跟踪督查，同时实行人大代表与政协委员对办理结果进行视察的制度，并在办理过程中开展走访书面答复、电话询访答复、复查及征求办理工作意见等活动，有效提高了建议、提案办理落实效果。期间，共组织办理人大代表议案、建议和政协委员提案共1565件，其中人大代表建议605件、政协委员提案957件、市级政协委员提案3件，办复率达100%。

县长公开电话　2000年，梁山县在济宁市率先开通县长公开电话，至2001年，共接听县长公开电话2900余次，办理、解释、答复2500余次，办结率达98%。2002—2013年，县政府督查室进一步完善公开电话办理工作机制，建立接听、登记、拟办、批办、承办、催办和办结等来电办理工作程序，共办理县长公开电话27000余次，其中直接答复的14000余次，办理13000余次，编发《县长公开电话通报》260余期。

领导批件办理　1994—2001年，县政府办公室督查科将领导批示件建立健全登记、交办、催办、总结、反馈、归档等办理工作制度，并强化跟踪督促办理，确保了领导批示件得到很好落实到位，共组织办理落实领导批件780余件，全部办结并及时反馈办理结果。2002—2013年，县政府督查室进一步强化领导批示件办理力度，完善办理工作机制和工作方法，结合现场督查、专项督查，组织协调有关职能部门，开展联合督查办理，提高了办理实效。2002—2013年，共组织办理领导批件960余件，其中，市级以上领导批件20余件，县级领导批件940余件。

第五节　法制工作

政府法制工作由县政府法制办公室负责。20世纪90年代初，政府法制办主要协调办理各类涉法事务、行政执法矛盾和历史遗留问题，组织力量搞好调查论证，依法提出客观公正合法合理建议。1997年，开始对政府出台的规范性文件从法律法规角度进行审核。2000年后，先后多次对县内行政执法单位和执法人员进行清理、确认，统一颁发行政执法人员行政执法证件。2012年，建立政府领导人集体学法制度，每年聘请省内外法学专家、教授，为县政府领导及组成人员举办法制讲座，并对全县行政执法人员进行以《中华人民共和国行政处罚法》《中华人民共和国行政复议法》为主要内容的集中培训。至2013年，共审查县政府规范性文件120件；累计受理和办结行政复议案件200件，应诉案件50件，其中胜诉40件，当事人撤诉3件；先后举办各类培训班50余期，累计培训3万余人次；对全县62个县直部门、单位和乡镇、办事处行政执法资格进行确认，对2000余名行政执法人员颁发全省统一的行政执法证件。

第六节 行政审批

20世纪90年代，行政审批由政府有关部门根据各自职责和法规依据，自行审批办理。进入21世纪，县政府开始组织有关部门实行集中行政审批，并筹建行政审批服务中心。2002年3月，梁山县行政审批服务中心建立，为正科级全额预算管理事业单位。中心设置管理层和窗口服务层，管理层设综合科、业务科和督查科；窗口服务层主要是设置审批服务大厅。2003年8月，县行政审批服务中心迁至人民南路西段新行政审批服务大厅，面积1700平方米；2010年12月，在水泊南路中段设立第二行政审批服务大厅，面积500平方米。至2013年，窗口服务层有55个窗口。

2003年，全县具有审批职能的单位38个，其中，20个单位进驻审批大厅；全县有行政许可审批事项141项，其中108项进驻审批大厅，进驻率77%。部分单位审批事项虽然已进驻大厅，仍存在窗口收件，回单位办理的"体外循环"现象。其后，审批大厅进驻率出现回落。2009年，县行政审批服务中心实行"首问负责制""联合办理""周办结制度""一次性告知"等工作制度，规范窗口服务工作。2010年，县政府提出行政审批"三集中、三到位"的要求，全面强化集中审批工作。2012年8月，经省标准化专家组验收，行政审批中心顺利通过省级服务标准化试点工作验收，被评为山东省服务标准化试点单位。2013年3月，县政府召开全县行政审批服务工作会议，进一步强调所有具有审批职能的单位都要集中到审批中心集中审批，实现审批大厅窗口"一站式"服务；同时，县行政审批服务中心成立重大项目联审联批办公室，制定重大项目联审联批流程图，建立健全重点项目联审联批工作机制，提高了行政审批效能，加快了重点项目审批进度和推进力度。至2013年12月，全县共有30个单位、141项行政审批事项，有22个单位、115项进驻大厅，进驻率达82%。2003—2008年，行政审批中心年办件量一般4万多件；2009年，办件量达7万多件；2010年，办件量达39.9万件；2011—2012年，办件量有所减少；2013年，办件量达27.55万件。2009年后，全县年办件量均居全市首位。

第七节 应急管理

2007年，县政府成立应急管理办公室（简称应急办），为县政府办公室内设机构，副科级单位，与县政府办公室秘书科合署办公，具体负责做好应急管理工作。

应急组织体系 2007年，成立由县长任组长、有关副县长任副组长、有关部门主要负责同志为成员的县处置重大突发事件应急领导小组，领导小组下设办公室。各乡镇、街道、区全部成立应急管理办公室，与党政办合署办公，党政办主任兼任应急办主任。2009年3月，依托民兵预备役和专用车生产企业组建由民兵100人、车辆30台组成的特种车辆民兵公路运输应急分队；同年7月，依托消防队伍建立起应急救援大队；依托团县委、红十字会和企事业单位，建立抗洪防汛、抗震救灾、医疗救护等各类志愿者救援队伍。2013年，充实调整原县处置重大突发事件应急领导小组，并改称为县突发事件应急管理委员会，除县长继续担任主任外，所有副县长及武装部长任副主任，并明确常务副县长为常务副主任。建立应急管理联席会议制度，不定期召开联席会议，研究解决突发事件应对工作中遇到的突出问题，切实保障应急管理工作的顺利开展。加大救灾物资储备和保障体系建设，把民政局、水利局、消防队等单位救灾物资库正式纳入县应急物资仓库，确保应急物资储备充足、供应及时；供水、供电、通讯及能源等领域建立备用生命线，并制定应急物资调拨和紧急配送方案，建立完善的应急物资生产、储备、调拨和紧急配送体系，在凤山公园建立1处紧急避难场所。建立监测预警机制，在各乡镇、有关部门和重点高危企业均设有专门的应急信息报送员，在社会上聘任150名热心人员作为突发事件应急信息报送员，建立专群结合的监测网络，形成了“县政府统一指挥、各部门协同配合、全社会共同参与”的应急协调联动机制。

应急预案编制 2007年8月，县政府印发《关于突发公共事件总体应急预案的通知》，编制全县突发事件总体预案。总体预案对应急预案体系及工作原则、应急组织机构及职责、突发公共事件的预测、预警、应急响应、后期处置、应急保障措施、应急宣传、培训和演习等方面进行了详细规定，重点编制了自然灾害、事故灾难、突发公共卫生事件、突发社会安全事件4件专项预案和18件单项预案。同时还编制完成了与各类应急预案相对应的应急预案操作手册，并将所有预案汇订成册，发放到各基层单位。至2013年，全县预案总数逾320件，形成“横向到边、纵向到底”、覆盖各类突发事件的应急预案体系。同时，大力加强规章制度建设，坚持值班工作制度化、信息报送规范化、工作流程标准化，并结合应急管理工作实际，制定《总体应急预案手册》，编制突发事件应急处置流程图和规范的文字说明，规定应急工作人员在突发事件发生前和发生时的具体职责任务、响应时间和操作程序等内容，使每个应急管理人员都能熟练掌握各类突发事件处置流程，应急管理制度化、规范化、标准化水平不断提高。

应急工作宣传 2007—2013年，每年11月1日，县应急办都组织县直有关部门开展《突发事件应对法》集中宣传活动，深入宣传《突发事件应对法》，增强全社会减灾防灾意识，提高公众应急避险和自救互救能力，提升科学预防和有效应对突发事件工作水平。2012年9月1日，县应急办组织有关部门在凤凰公园举行集中宣传活动，设立咨询台20个，展出宣传板90块，悬挂条幅80副，发放宣传材料近1万份，现场解答群众咨询90余人次，受教育人次2万余次。同时，开展应急知识下乡、入户、进课堂、进机关活动，先后在城区、乡镇、集贸市场、学校等重点场所开展传染病防治、人防知识、地震救援、防灾减灾以及《突发公共事件应对法》《山东省突发事件应对条例》等各种宣传活动90余次，发放宣传材料10万余份。

应急活动演练 2007—2013年，每年都利用防灾减灾日、消防日、汛期等，组织各种形式的演练活动。2008年8月，在中集东岳公司组织梁山县消防应急预案演练；2009年4月，在梁山一中学举办预防火灾安全演练以及交通安全知识讲座。2010年5月，在县二实小举行地震避险应急疏散演练。同年6月，济宁市军地联合应急动员暨济宁市防汛抢险演练在梁山县小路口镇国那里险工段举行，来自济宁市各县区2000多名民兵和武警指战员，演练抢筑子堰、编抛铅丝笼、捆抛柳石枕、生产堤爆破、反滤围井、封堵决口等防汛抢险科目。2012年6月，在大路口乡举办危险化学品事故应急救援演练暨山东大桥涂料有限公司二甲苯泄漏着火事故应急演练。至2013年，县应急办相继组织消防、食品药品监管、安监、地震、环保、住建、卫生、教育、水利、旅游等部门开展演练活动100余次。

应急事件处置 2008年6月21日，受黄河调水调沙影响，梁山县蔡楼控导工程上端生产堤约200米堤段发生坍塌。险情出现后，县政府立即启动应急预案并成立指挥部，指挥部现场指挥抢险固堤工作，3天时间共发动抢险民兵、群众

1200余人次，机动车辆1400余辆次，共抛大型柳石枕24个，动用石方1500立方米，沿险工段向上延伸加固300米，帮宽生产堤、新修二道防线，险情得到有效控制。2010年10月10日，县城中韩大酒店发生火灾，在接到社会应急信息报送员的报告后，迅速组织有关部门开展救援活动，县长田卫东、县政府办公室主任崔根博等领导及时到达现场，并启动应急预案，成立火场指挥部，由县长田卫东任指挥长，调集安监、公安、卫生、环保、气象、供电等部门参与灭火和紧急情况处置，公安局对主要道路进行交通管制，供电部门紧急切断危险电线，气象局监测风向风速，应急分队排查周围隐患。由于处置得当，大火被扑灭，且未造成人员伤亡。

梁山縣志

LIANG SHAN
XIAN ZHI

1994—2013

第十六篇

DI SHI LIU PIAN

人民政协

1994—2013年，梁山县政协在中共梁山县委领导下，高举爱国主义和社会主义两面旗帜，坚持团结和民主两大主题，贯彻执行“长期共存、互相监督、肝胆相照、荣辱与共”的方针，全面履行政治协商、民主监督、参政议政三大职能，团结带领政协委员及各界人士，发挥人民政协参与国事、民主监督的作用，在巩固和扩大全县爱国统一战线、推动社会主义现代化建设中做出了重要贡献。

第一章 组织机构

第一节 政协委员会

中国人民政治协商会议梁山县委员会（简称县政协）始建于1981年1月，由中国共产党、共青团、工会、妇联、工商联、经济、农业、科技、教育、体育、医药卫生、文化艺术、新闻出版、少数民族、宗教、港澳台胞及归侨（眷属）等界别以及特邀人士组成，至1992年3月，县政协先后选举产生4届委员会。1994—2013年，先后选举产生5届委员会，即第五届至第九届，每届任期5年。

政协第五届梁山县委员会（1993年2月—1998年1月）政协第五届梁山县委员会第一次全委会委员215名，其中：中共党员91人，占委员总数的42.2%；民主党派和无党派人士124人，占委员总数的57.8%；妇女30人，占委员总数的14%；驻乡镇委员95人，占委员总数的44.2%；具有大专以上文化程度的70人，占委员总数的32.6%；取得中级技术职称的有58人，占委员总数的27%；高级技术职称的16人，占委员总数8.8%；委员平均年龄为47.3岁。第五届委员会新增设“科协”“经济”两个界别，共设19个界别。

政协第六届梁山县委员会（1998年1月—2003年1月）政协第六届梁山县委员会委员225名，其中：中共党员90名，占委员总数的40%；民主党派、无党派人士135名，占委员总数的60%；妇女委员46名，占委员的20%；驻乡镇委员103名，占总数的45.7%；大专以上文化程度的107名，占委员总数的47.5%；委员平均年龄44.5岁。第六届县政协新增“民主党派”和“青年联合会”两个界别，将上届设置的“归侨、侨眷”“港澳台眷属”两个界别合并为“三胞及其眷属”1个界别，将“农民界”改称“农业界”。第六届共设20个界别。

政协第七届梁山县委员会（2003年1月—2007年12月）政协第七届梁山县委员会委员225名，其中中共党员87名，占38.7%；非中共人士138名，占61.3%；妇女43人，占19%；民主党派成员5人，占2.2%；民营经济人士36名，占16%；大专以上文化程度167名，占74.2%；中专以上文化程度的58名，占25.8%。第七届共设21个界别（增设社会福利和社会保障界）。

政协第八届梁山县委员会（2007年12月—2012年1月）政协第八届梁山县委员会委员239名，其中，中共党员94名，占39.3%；非中共人士145名，占60.7%；妇女委员50名，占21%；大专以上文化程度182名，占76.2%；中专以上文化程度57名，占23.8%。第八届共设21个界别。

政协第九届梁山县委员会（2012年1月— ）政协第九届梁山县委员会委员256名，其中，中共党员103名，占40.2%；非中共人士153名，占59.8%；民主党派12名，占4.7%；妇女45名，占17.6%；非公有制经济人士78名，占

30.5%；县直部门科局和有关驻梁单位委员169名，占66%，乡镇（街道、开发区）委员87名，占34%；大专以上文化程度的198名，占77.3%，其中研究生15名；第九届共设21个界别。

第二节 政协常委会

县政协常委会是县政协的领导机构，由县政协主席、副主席、秘书长和常务委员组成。县政协主席主持政协常委会的工作。1993年2月—2013年12月，县政协历经5次换届及数次届中调整，杨朝福、臧凤柱、马传申先后任县政协主席。县政协设党组，由政协主席兼任党组书记，同时设一名党组副书记，其他党员副主席和秘书长为党组成员；随着县政协换届及人员调整，其党组成员亦进行相应调整。

第五届常委会 政协第五届梁山县委员会第一次会议，于1993年2月12日选举产生政协第五届梁山县委员会主席、副主席、秘书长和常务委员。杨朝福为主席，房瑞荣、刘邦兰（女）、吴剑、于瑞龙、苏桂香（女）为副主席，陆升文为秘书长；选举常务委员26名。1994年1月29日，五届二次会议增选常委2名；1995年2月11日，五届三次会议增选常委2名；1996年2月10日，五届四次会议补选解培岱为秘书长；1997年2月28日，五届五次会议增选常委2名，增选陆书杰为副主席。

第六届常委会 政协第六届梁山县委员会第一次会议，于1998年1月14日选举产生政协第六届梁山县委员会主席、副主席、秘书长和常务委员。杨朝福为主席，李兆申、薛凡义、刘邦兰（女）、王瑞兰（女）、于瑞龙、苏桂香（女）、陆书杰、岳宗周为副主席，解培岱为秘书长；选举常务委员30名。1999年1月24日，六届二次会议增选张先知为副主席，增选常务委员4名；2000年1月12日，六届三次会议增选常务委员4名；2001年1月10日，六届四次会议补选臧凤柱为主席，增选韩相顺、孙伯泉为副主席；2002年1月23日，六届五次会议增选高天宝为副主席。

第七届常委会 政协第七届梁山县委员会第一次会议，于2003年1月13日选举产生政协第七届梁山县委员会主席、副主席、秘书长、常务委员。臧凤柱为主席，李兆申、高天宝、苏桂香（女）、岳宗周、韩相顺、李启胜为副主席，解培岱为秘书长；选举常务委员31名。2004年1月5日，七届二次会议增选常务委员3名；2006年1月12日，七届四次会议增选常务委员2名，补选马传申为主席；2007年1月19日，七届五次会议增选常务委员2名，补选徐长富、王昌珍、王玉斌为副主席。2007年4月，增选杨丁一为秘书长。

第八届常委会 政协第八届梁山县委员会第一次会议，于2007年12月14日选举产生政协第八届梁山县委员会主席、副主席、秘书长、常务委员。马传申为主席，徐长富、王昌珍、王玉斌、吴婧（女）、刘征、王学灵为副主席，杨丁一为秘书长；选举常务委员38名。2009年1月9日，八届二次会议增选常务委员1名；2010年4月22日，八届三次会议增选常务委员4名，补选张传胜为副主席；2011年1月13日，八届四次会议增选常务委员4名。

第九届常委会 政协第九届梁山县委员会第一次会议，于2012年1月9日选举产生政协第九届梁山县委员会主席、副主席、秘书长、常务委员，马传申为主席，刘征、王学灵、刘超波、梁开平、崔根博、于安玲（女）为副主席，胡强为秘书长；选举常务委员43名。2013年1月，九届二次会议增补常务委员5名；此前，接受4名政协常委、委员离任辞呈。

1994—2013 年梁山县人民政协历任主席、副主席一览表

表 16-1-1

姓名	性别	职务	任职时间	离职时间	籍贯
杨朝福	男	主席、党组书记	1990.3	2001.1	梁山
臧凤柱	男	主席、党组书记	2001.1	2006.1	梁山
马传申	男	主席、党组书记	2006.1	—	梁山
房瑞荣	男	副主席、党组副书记	1984.5	1998.1	梁山
吴　剑	男	副主席	1987.3	1998.1	丰县
于瑞龙	男	副主席	1990.3	2003.1	东平
刘邦兰	女	副主席、县委统战部长	1990.3	2003.1	东平
苏桂香	女	副主席	1993.2	2007.1	梁山
陆书杰	男	副主席、县委统战部长	1997.2	1998.3	东平
李兆申	男	副主席、党组副书记	1998.1	2007.1	梁山
薛凡义	男	副主席	1998.1	2003.1	梁山
王瑞兰	女	副主席、县委统战部长	1998.1	1998,7	郓城
岳宗周	男	副主席	1998.1	2007.1	梁山
张先知	男	副主席	1999.1	2001.2	梁山
韩相顺	男	副主席、县委统战部长	2001.1	2007.1	梁山
孙伯泉	男	副主席	2001.1	2003.1	嘉祥
高天宝	男	副主席	2002.1	2007.1	梁山
李启胜	男	副主席	2003.1	2007.4	曹县
徐长富	男	副主席、党组副书记	2007.1	2011.1	梁山
王昌珍	男	副主席、县委统战部长	2007.1	2010.4	梁山
王玉斌	男	副主席	2007.1	2010.4	梁山
吴　婧	女	副主席	2007.12	2011.11	日照
刘　征	男	副主席	2007.12	—	郓城
王学灵	男	副主席	2007.12	—	梁山
张传胜	男	副主席、县委统战部长	2010.4	2012.1	梁山
刘超波	男	副主席、党组副书记	2010.4	—	梁山
梁开平	男	副主席、县委统战部长	2012.1	—	梁山
崔根博	男	副主席	2012.1	—	高阳
于安玲	女	副主席	2012.1	—	鱼台

第三节　政协工作机构

1994 年 1 月，县政协设立办公室、学习提案委员会、文史资料委员会、经济科技委员会、文教卫生委员会、祖国统一联谊委员会等常设机构，同时设立经济一组、经济二组、科技一组、科技二组、文化体育、医药卫生、教育、政法、群团新闻、归侨及港澳台胞眷属等10个专业工作组，在全县24个乡镇设立政协工作联络组。1998年1月，撤销群团新闻、文化体育、教育3个组，组建为新闻文艺、教育体育、群团3个工作组，科技一组、科技二组合并为科技工作组；2003年1月，经济一组、经济二组合并为经济工作组，同时将原24个乡镇工作联络组（后称联络办公室）合并为14个乡镇工作组；2007年12月，县直8个政协工作组调整为10个，即：党派、台胞眷属、少数民族、宗教组，新闻、文艺、教育组，科技、卫生、体育组，农业、社会保障组，经济一组，经济二组，特邀一组，特邀二组，群团组，工商联组；乡镇区增设开发区工作组。2008年3月，学习提案委员会改称提案委员会，经济科技委员会改称经济委员会，文教卫生委员会改称教科文卫体委员会，同时设立研究室、社会法制和人口资源环境委员会。2012年10月，恢复设立乡镇政协工作办公室。至2013年，县政协设办公室、研究室，学习提案委员会、文史资料委员会、经济委员会、教科文卫体委员会、祖国统一联谊委员会、社会法制和人口资源环境委员会，10个专业工作组，15个乡镇区街道政协工作办公室。

第二章　政协会议

第一节　全体会议

政协第五届全体会议

第一次全体会议　1993年2月8—12日，政协第五届梁山县委员会第一次会议在县委第一会议室举行。五届一次全体会议设大会主席团33名，杨朝福、房瑞荣、刘邦兰（女）、吴剑、于瑞龙、苏桂香（女）、陆升文为大会常务主席，房瑞荣兼大会秘书长。于瑞龙主持会议，杨朝福致开幕词，中共梁山县委书记连广生讲话，房瑞荣作政协第四届梁山县委员会常务委员会工作报告，刘邦兰作政协梁山县四届三次会议以来提案工作情况的报告。通过政协五届委员会选举办法，总监票人、监票人、计票人名单，选举县政协五届委员会主席、副主席、秘书长和常务委员。房瑞荣主持闭幕式，刘邦兰作提案审查委员会关于提案审查情况的报告，通过政协四届委员会常务委员会工作报告的决议、政协四届三次会议以来提案工作情况报告的决议、政协五届一次会议政治决议，吴剑致闭幕词。

第二次全体会议　1994年1月26—29日，政协第五届梁山县委员会第二次会议，在县委第一会议室召开。县委书记连广生、县长赵步荣、县人大常委会主任穆衍峰、县政协主席杨朝福、县委副书记李来云、县纪委书记臧凤柱、县武装部政委刘殿印等出席会议，房瑞荣副主席主持公布县政协五届二次会议议程、日程、新增补政协委员名单、委员分组情况、大会须知等，并宣布五届二次会议开幕。中共梁山县委书记连广生讲话，杨朝福主席作政协第五届梁山县委员会常务委员会工作报告，刘邦兰副主席作关于县政协五届一次会议以来提案工作情况的报告。列席梁山县第十三届人民代表大会第二次会议，听取和讨论大会各项报告。分组协商讨论各项决议（草案），和增选县政协常务委员候选人名单及有关事项。杨朝福主席主持增选县政协五届委员会两名常务委员，刘邦兰副主席作关于县政协五届二次会议提案情况和审查意见的报告，通过县政协五届委员会常务委员工作报告的决议、县政协五届一次会议以来提案工作情况报告的决议和县政协五届二次会议政治决议，房瑞荣副主席在会议结束时讲话。

第三次全体会议 1995年2月8—11日，政协第五届梁山县委员会第三次会议在县委第一会议室举行。房瑞荣副主席主持会议，宣布县政协五届三次会议议程、日程、新增补政协委员名单、委员分组情况、大会须知等。杨朝福主席致开幕词，中共梁山县委书记连广生讲话，刘邦兰副主席作政协第五届梁山县委员会常务委员会工作报告，大会典型发言、表彰先进，杨朝福主席作表彰总结讲话。列席梁山县第十三届人民代表大会第三次会议，听取并讨论县政府报告和其他报告。杨朝福主席主持闭幕式，增选政协常务委员，听取和审议提案审查情况的报告，审议通过政协第五届委员会第三次会议各项决议，吴剑副主席致闭幕词。

第四次全体会议 1996年2月7—10日，政协第五届梁山县委员会第四次会议在县委第一会议室举行。杨朝福主席主持会议并宣布会议开幕，刘邦兰副主席致开幕词，中共梁山县委书记王廉秀讲话，房瑞荣副主席作政协第五届梁山县委员会常务委员会工作报告，刘邦兰副主席作政协梁山县五届三次会议以来提案工作情况的报告（书面）。列席梁山县第十三届人民代表大会第四次会议，听取和讨论县政府工作报告及其他有关报告。协商增选政协常委和补选秘书长。房瑞荣副主席主持闭幕式，刘邦兰副主席作关于县政协五届四次会议提案情况和审查意见的报告，审议通过县政协五届四次会议各项决议，于瑞龙副主席致闭幕词。

第五次全体会议 1997年2月25—28日，政协第五届梁山县委员会第五次会议在县委会议室举行。刘邦兰副主席主持并宣布会议开幕，杨朝福主席致开幕词，中共梁山县委书记王廉秀讲话，房瑞荣副主席作题为《围绕中心，履行职能，努力开创政协工作新局面》的工作报告，刘邦兰副主席作政协梁山县五届四次会议以来提案工作情况的报告（书面），列席梁山县第十三届人民代表大会第五次会议，听取和讨论政府工作报告及其他有关报告，协商增选陆书杰为县政协副主席。房瑞荣副主席主持闭幕式，刘邦兰副主席作关于县政协五届五次会议提案情况和审查意见的报告，审议通过县政协五届五次会议各项决议，杨朝福主席致闭幕词。

政协第六届全体会议

第一次全体会议 1998年1月11—14日，政协第六届梁山县委员会第一次会议在县委一会议室举行。六届一次全体会议设大会主席团41名，杨朝福、李兆申、房瑞荣、薛凡义、刘邦兰（女）、王瑞兰（女）、于瑞龙、苏桂香（女）、陆书杰、岳宗周、解培岱为常务主席，李兆申兼大会秘书长。杨朝福主持会议并致开幕词，中共梁山县委书记韩军出席会议并讲话，刘邦兰作政协第五届梁山县委员会常务委员会工作报告，陆书杰作政协梁山县五届五次会议提案工作情况报告。列席梁山县第十四届人民代表大会第一次会议，听取和讨论大会各项报告，协商县人大和县政府的领导人选。选举县政协六届委员会主席、副主席、秘书长和常务委员。李兆申主持闭幕式，薛凡义作县政协提案审查委员会关于提案情况和审查意见的报告，通过政协第六届梁山县委员会第一次会议各项决议，杨朝福主席致闭幕词。

第二次全体会议 1999年1月20—24日，政协第六届梁山县委员会第二次会议在县委第一会议室举行。杨朝福主席主持开幕式并致开幕词，中共梁山县委书记韩军出席会议并讲话，李兆申副主席作政协第六届梁山县委员会常务委员会工作报告，薛凡义副主席作政协梁山县六届一次会议以来提案工作情况的报告。列席梁山县第十四届人民代表大会第二次会议，听取和讨论县政府工作报告及其他有关报告。会议协商增选县政协六届委员会副主席、常务委员，审议通过政协第六届梁山县委员会第二次会议各项决议，杨朝福主席讲话并宣布大会闭幕。

第三次全体会议 2000年1月10—12日，

政协第六届梁山县委员会第三次会议在县委第一会议室举行。杨朝福主席主持并致开幕词，中共梁山县委书记韩军讲话，李兆申副主席作政协第六届梁山县委员会常务委员会工作报告，薛凡义副主席作县政协六届二次会议以来提案工作情况的报告。听取讨论县长张忠建作关于《政府工作报告》的说明。会议协商增选县政协六届委员会常务委员，表彰优秀政协提案和提案办理先进单位，审议通过政协第六届梁山县委员会第三次会议决议，杨朝福主席讲话。

第四次全体会议　2001年1月8—10日，政协第六届梁山县委员会第四次会议在县委第一会议室举行。杨朝福主席主持并致开幕词，中共梁山县委书记韩军讲话，李兆申副主席作政协第六届梁山县委员会常务委员会工作报告，薛凡义副主席作县政协六届三次会议以来提案工作情况的报告，表彰优秀政协提案和提案办理先进单位，听取并讨论政府工作报告的说明和关于梁山县国民经济和社会发展第十个五年计划及2010年远景目标纲要（草案）的说明。会议补选政协第六届梁山县委员会主席、副主席，通过《关于开展实现“五全”战略，加快梁山发展建功立业活动的决定》，通过县政协六届四次会议决议，新任县政协主席臧凤柱讲话。

第五次全体会议　2002年1月21—23日，政协第六届梁山县委员会第五次会议在县委第一会议室举行。臧凤柱主席主持开幕式并致词，中共梁山县委书记韩军讲话，李兆申副主席作县政协六届梁山县委员会常务委员会工作报告，薛凡义副主席作县政协六届四次会议以来提案工作情况的报告。听取关于政府工作报告的说明，讨论政府工作报告。会议增选副主席，审议通过政协六届梁山县委员会第五次会议决议，臧凤柱主席致闭幕词。

政协第七届全体会议

第一次全体会议　2003年1月10—13日，政协第七届梁山县委员会第一次会议在县委第一会议室举行。七届一次全体会议设大会主席团42名，臧凤柱、李兆申、薛凡义、刘邦兰（女）、高天宝、于瑞龙、苏桂香（女）、岳宗周、韩相顺、李启胜、解培岱为常务主席，李兆申兼大会秘书长。臧凤柱主持会议并致开幕词，中共梁山县委书记韩军讲话，李兆申作政协第六届梁山县委员会常务委员会工作报告，高天宝作政协第六届梁山县委员会常务委员会关于提案情况的报告。听取县政府领导关于政府工作报告的说明，协商县人大和政府的领导人选。选举县政协七届委员会主席、副主席、秘书长和常务委员。高天宝作县政协提案审查委员会关于提案情况审查意见的报告，通过政协第七届梁山县委员会第一次会议各项决议，臧凤柱主席讲话。

第二次全体会议　2004年1月2—5日，政协第七届梁山县委员会第二次会议在中韩大酒店举行。臧凤柱主席主持开幕式并讲话，中共梁山县委副书记、县长商建设讲话，李兆申副主席作政协第七届梁山县委员会常务委员会工作报告，高天宝副主席作县政协七届一次会议以来提案工作情况的报告。列席县十五届人民代表大会第二次会议，听取和讨论县政府工作报告及其他有关报告。增选县政协七届委员会常务委员，高天宝副主席作县政协提案审查委员会关于提案情况和审查意见的报告，审议通过政协第七届委员会第二次会议各项决议，臧凤柱主席致闭幕词。

第三次全体会议　2005年1月11—14日，政协第七届梁山县委员会第三次会议在中韩大酒店举行。臧凤柱主席主持，中共梁山县委书记商建设讲话，李兆申副主席作政协第七届梁山县委员会常务委员会工作报告，高天宝副主席作政协梁山县七届二次会议以来提案工作情况的报告。列席梁山县第十五届人民代表大会第三次会议，听取和讨论县政府工作报告及其他有关报告。高天宝副主席作县政协提案审查委员会关于提案审查意见的报告，表彰优秀政协提案和提案办理工作先进单位，审议通过政协第七届梁山县委员会第三次会议各项决议。臧凤柱主席致闭幕词。

第四次全体会议 2006年1月9—12日，政协第七届梁山县委员会第四次会议在中韩大酒店举行。中共梁山县委书记商建设出席会议并讲话，臧凤柱主席作政协第七届梁山县委员会常务委员会工作报告，高天宝副主席作政协梁山县七届三次会议以来提案工作情况的报告。列席梁山县第十五届人民代表大会第四次会议，听取和讨论《政府工作报告》及其他有关报告。高天宝副主席作县政协提案审查委员会关于提案情况审查意见的报告，补选七届县政协主席、增选县政协七届常务委员，审议通过政协第七届梁山县委员会第四次会议各项决议，新任县政协主席马传申讲话。

第五次全体会议 2007年1月16—19日，政协第七届梁山县委员会第五次会议在中韩大酒店会议室举行。中共梁山县委书记商建设出席会议并讲话，马传申主席作政协第七届梁山县委员会常务委员会工作报告，高天宝副主席作政协梁山县七届四次会议以来提案工作情况的报告。列席梁山县第十五届人民代表大会第五次会议，听取和讨论县政府工作报告和其他报告。会议补选七届县政协副主席，增选七届政协委员会常务委员；听取和审议政协第七届梁山县委员会提案情况和审查意见的报告，审议通过政协第七届梁山县委员第五次会议各项决议。马传申主席致闭幕词。

政协第八届全体会议

第一次全体会议 2007年12月11—14日，政协第八届梁山县委员会第一次会议在中韩大酒店三楼会议室举行。八届一次全体会议设大会主席团46名，马传申、徐长富、王昌珍、王玉斌、吴婧（女）、刘征、王学灵、杨丁一为常务主席，徐长富兼大会秘书长。徐长富主持开幕大会，中共梁山县委书记陈国华讲话，马传申作七届县政协常委会工作报告，王玉斌作七届县政协常委会提案工作报告。列席梁山县第十六届人民代表大会第一次会议，听取和讨论政府工作报告和其他有关报告，协商县人大、县政府领导成员、县法院、县检察院负责人候选人名单。选举县政协八届委员会主席、副主席、秘书长和常务委员。王玉斌作县政协关于八届一次会议提案情况和审查意见的报告，通过县政协一次会议决议，政协主席马传申讲话。

第二次全体会议 2009年1月6—9日，政协第八届梁山县委员会第二次会议在中韩大酒店三楼会议室举行。徐长富副主席主持会议，中共梁山县委书记商建设讲话，马传申主席作八届县政协常委会工作报告，王玉斌副主席作县政协八届一次会议以来提案工作报告。列席梁山县人大十六届二次会议，听取并讨论政府工作报告和其他报告。会议增补常务委员。王玉斌副主席作县政协关于八届二次会议提案情况和审查意见的报告，通过县政协八届二次会议决议，马传申主席讲话。

第三次全体会议 2010年4月20—22日，政协第八届梁山县委员会第三次会议在中韩大酒店三楼会议室举行。徐长富副主席主持会议，中共梁山县委书记陈国华讲话，听取讨论代理县长田卫东所作的政府工作报告，听取审议县政协常委会工作报告，县政协副主席吴婧作县政协八届三次会议提案情况和审查意见的报告。大会选举新充实的县政协副主席、常委，以举手表决的方式补选张传胜、刘超波为八届县政协副主席，补选常务委员4人。县政协主席马传申在闭幕式上讲话。大会还通过中国人民政治协商会议第八届梁山县委员会第三次会议决议。

第四次全体会议 2011年1月11—13日，政协第八届梁山县委员会第四次会议在中韩大酒店三楼会议室举行。徐长富副主席主持，审议通过县政协八届四次会议议程，中共梁山县委书记陈国华同志讲话，马传申主席作八届县政协常委会工作报告，刘超波副主席作县政协八届三次会议以来提案工作情况的报告。列席梁山县人大十六届第四次会议，听取并讨论县政府工作报告和其他有关报告。刘超波副主席作关于八届四次会议提案情况和审查意见的报告，通过县政协八届四次会议决议，马传申主席讲话。

政协第九届全体会议

第一次全体会议　2012年1月6—9日，政协第九届梁山县委员会第一次会议在中韩大酒店第二会议室举行。九届一次全体会议设大会主席团54名，马传申、刘征、王学灵、张传胜、刘超波、梁开平、崔根博、于安玲（女）、胡强为常务主席，刘超波兼大会秘书长。中共梁山县委书记田卫东出席并讲话，马传申作八届县政协常委会工作报告，刘超波作八届政协常委会提案工作报告。列席梁山县人大十七届一次会议，听取并讨论政府工作报告和其他有关报告。选举县政协九届委员会主席、副主席、秘书长和常务委员。崔根博作县政协关于九届一次会议提案情况和审查意见的报告，通过县政协九届一次会议各项决议，九届政协主席马传申讲话。

第二次全体会议　2013年1月12—15日，政协第九届梁山县委员会在中韩大酒店三楼会议室举行。刘超波副主席主持，审议通过县政协九届二次会议议程，中共梁山县委书记、县人大常委会主任田卫东讲话，代表县委向大会致以热烈的祝贺。县政协主席马传申作九届县政协常委会工作报告，崔根博副主席作九届政协常务会提案工作报告。列席县人大十七届二次会议，听取并讨论政府工作报告和其他有关报告。马传申主席主持，增选九届常务委员。崔根博副主席作关于九届二次会议提案情况和审查意见的报告，通过九届二次会议各项决议，马传申主席讲话。

第二节　常委会议

第五届县政协常务委员会议共举行21次。1994年1月6日，五届六次常委会议调整各委员会、工作组，决定设立乡镇政协工作联络组。1997年2月18日，五届十八次常委会议协商增选县政协副主席、常务委员候选人建议名单。在每年召开县政协全体会议之前，均召开常委会会议，审议通过召开县政协该届每次会议的决定及会议日程，协商通过增补委员或增选常务委员。1998年1月6日，五届二十一次常委会议传达上级关于县级换届工作的有关意见，协商通过关于召开县政协六届一次会议的决定、县政协六届委员名单，审议六届主席团、秘书长、常务主席、大会副秘书长名单，讨论通过县政协五届常务委员会的工作报告。第五届政协常委会，还先后审议通过《政协梁山县五届一次常委会关于若干工作制度的决议》《政协梁山县委员会关于在全县开展“五个一”活动的决定》《关于加强县政协常委会建设的若干规定》，并几次通过县政协委室负责人的任免事项。另外，1995年5月，五届十二次常委会听取杨朝福主席关于中共梁山县第九次代表大会情况的通报；1996年1月，五届十五次常委会听取县委书记王廉秀关于全县1995年工作情况和1996年工作思路的通报。

第六届县政协常务委员会议共举行23次。1998年1月14日，六届一次常委会议传达全国政协主席李瑞环在全国地方政协主席座谈会闭幕会上的讲话，审议通过《关于建立健全县政协各委员会、工作组的决定》和《政协第六届梁山县委员会常务委员会关于若干工作制度的决议》。同年8月28日，县政协六届四次常委会议协协商通过增补张先知为六届政协委员，接受王瑞兰（女）、陆书杰同志不再担任副主席的请求。1999年4月2日，县政协六届七次常委会议协商通过乡镇政协工作办公室主任名单。同年7月30日，六届八次常委会议通过《县政协专门委员会通则》《乡镇政协工作办公室规则》《县政协联系委员办法》。2001年1月9日，六届十四次常委会议听取县委组织部长贺民作补选县政协主席、副主席候选人建议名单的说明，审议通过县政协六届四次会议选举办法等。同年3月20日，六届十五次常委会议，通过张先知因工作变动辞去政协副主席的辞呈。在每年召开县政协全体会议之前，均召开常委会会议，审议通过召开县政协该届每次会议的决定及会议日程，协商通过增补委员或增选常务委员、副主席。2003年1月3日，六届二十三次常委会议协商通过关于召开县政协七届一次会议的决定及县政协七届委员名单，审议七届主席团、秘书长、常务主席、大会副秘书长名单，讨论通过县政协六届常务委员会的工作报告。第六届政协常委会，还审议通过《政协梁山县委员会关于坚决拥护中共中央处理解决“法轮功”问题的决定，积极维护社会政治稳定的决议》，并通过县政协委室负责人的任免事项，以及撤销有关人员县政协委员、常委职务的决定。另外，2000年9月，政协六届十二次常委会会议学习传达《江泽民总书记在纪念人民政协成立50周年大会的讲话》，还先后学习传达全国政协主席李瑞环的两次讲话，并先后讨论县政协《关于全县农业结构调整的调查报告》《关于我县民营经济园区建设的调查报告》。

第七届县政协常务委员会议共举行21次。2003年1月13日，七届一次常委会议召开，协商决定对县政协各委员会、工作组及其成员予以调整充实。2006年3月28日，七届十四次常委会议学习《中共中央关于进一步加强政协工作的意见》以及省政协关于学习贯彻《意见》的决议。在每年召开县政协全体会议之前，均召开常委会会议，审议通过召开县政协该届每次会议的决定及会议日程，协商通过增补委员或增选常务委员。2007年12月8日，七届二十一次常委会议通报县人大、县政府、县政协领导班子换届人事安排方案，协商通过关于召开县政协八届一次会议的决定及县政协八届委员名单，审议八届主席团、秘书长、常务主席、大会副秘书长名单，讨论通过县政协七届常务委员会的工作报告。第七届政协常委会，还先后审议通过《政协梁山县委员会提案工作条例》及人事任免事项。另外，这期间，还传达学习《中共中央办公厅关于学习全国政协章程的通知》，并先后讨论县政协《关于全县畜牧业发展情况的调查报告》《关于我县发展民营经济环境情况的调查报告》《全县农田水利基本建设情况的调查报告》《全县民营经济发展环境的调查报告》《农业龙头企业发展情况调查报告》《全县农业产业化发展调研报告》以及《水浒文化资源的开发利用》。

第八届县政协常务委员会议共举行16次。2007年12月14日，八届一次常委会议协商通过《关于建立县政协八届委员会各专门委员会及委员工作组的决定》《八届县政协常委会关于若干制度的决定》。2008年3月14日，八届二次常委会议审议通过《关于加强县政协常委会自身建设的意见》，通过政协机构设置由原来“五委一室”改为“六委二室”，并通过委室负责人的调整。同年7月29日，八届三次常委会议通过《县政协关于加强委员管理的暂行规定》《县政协关于对政协委员履职情况进行考评的意见》《县政协关于加强和改进反映社情民意信息工作的意见》和《县政协关于开展我为梁山跨越发展作贡献活动的决定》。第八届政协常委会，还审议讨论通过《关于推进全县社会主义新农村建设的建议案》以及《科学谋划，积极对接，加强融入鲁西南经济带建设》《关于全县文化产业发展》《关于城镇化建设情况的调研报告》《关于破解制约经济发展因素的调研报告》《关于全县农田水利建设及生态水系建设的调研报告》《关于全县文化产业发展情况的调研报告》等。在每年召开县政协全体会议之前，常委会会议均审议通过召开县政协该届每次会议的决定及会议日程，协商通过增补委员、常务委员、副主席；八届最后一次常委会会议，协商通过关于召开县政协九届一次会议的决定及县政协九届委员名单，审议九届主席团、秘书长、常务主席、大会副秘书长名单，讨论通过县政协九届常务委员会的工作报告。

第九届县政协常务委员会议，至2013年12月，举行9次。2012年1月9日，九届一次常委会议审议通过九届政协各专门委员会成员和委员工作组成员名单，审议通过《关于若干制度的决议》。同年3月22日，县政协九届二次常委会议审议通过《九届县政协常委会关于加强自身建设的意见》。同年12月31日，九届五次常委会议听取县委组织部关于九届县政协常委变动情况的说明，审议通过九届二次会议的建议议程、选举办法（草案）和向大会提交的常委会工作报告等文件；2013年12月28日，九届九次常委会议审议通过九届三次会议建议议程和向大会提交的常委会工作报告和提案工作报告，以及大会的有关事项。第九届政协常委会，还先后听取县政府关于经济运行情况的通报，并组织对教育、卫生、民政等方面的工作，以及对农业局、水利局、发改局、经贸局的工作，进行民主评议。还先后审议通过乡镇政协工作办公室工作规则和有关人事任免事项，通过《关于加强工业强县调研报告》以及关于城镇化建设、生态环境建设两个调研报告。

第三章 主要工作

第一节 政治协商

1994年，坚持以稳定为前提，进一步拓宽民主协商渠道，五届政协参加界别和人民团体，由过去的17个扩展到19个，扩大了联系面，有利于倾听群众呼声。1999年，在政治协商制度化方面，初步形成了全委会总体协商、常委会专题协商、主席会重点协商、各专门委员会对口协商的议政格局。同时，举行“情况通报会”“知情问政会”等，政治协商上了一个新档次。2000年起，县政府在向人民代表大会作“政府工作报告”之前，先向政协全体会员做“关于政府工作报告的说明”，事先听取政协委员的意见，使政府决策形成于政治协商之后。至2013年，每年都组织政协委员参与县委、县政府及其职能部门召开的协商座谈、情况通报、资政议政、民主评议、视察调研等会议及活动；还开展以征集社情民意为主题的“委员活动月”，活动月期间，县政协主席、副主席、秘书长分别到各自联系的委员工作组，收集社情民意信息，归纳整理涉及经济、政治、社会等方面反映集中的问题，形成《社情民意专报》，县委、县政府主要领导批转安排相关部门解决落实。所有这些活动，逐步形成进行政治协商的有效形式。

第二节 民主监督

政协民主监督主要通过信息反映、民主评议、派员监督等形式进行。1998年，委员和各界人士共反映社情民意信息600余条，大部分都是来自基层和有识之士的诤言、良策。1999年初，组织40位委员和60位个体私营业者代表，对公安、工商、技术监督、卫生防疫和城建等5个职能部门为经济服务的情况进行首次民主公开评议。2000年，通过建立政协信息网络反映社情民意达400余条。2001年12月，按市政协统一部署，对公安、工商、技术监督、卫生防疫、电业等部门的工作进行民主评议。2007年起，先后选派20余名委员担任政法、医疗、城建、交通等部门的行风评议员、监督员、人民监督员等。2009年，选派10余名委员担任县委干部监督员和各部门的行风监督员、特邀监督员等，推进民主监督的经常化、制度化。同年，组织委员对30余个涉企单位的70余个科室的工作作风、服务质量进行评议，对全县100余个部门、单位的行风评议；组织部分委员参加全县优化发展环境暨县直部门涉企单位公开评议活动，对29个涉企单位的56个科室的工作作风、服务质量进行评议。2012年，先后推荐20多名委员担任执法和服务部门的特邀监督员、评审员。至2013年，组织各种形式的民主监督活动近百人次。

第三节 参政议政

调查研究 1994—1997年，县政协抓住加快改革开放和现代化建设步伐中的重点、难点、热点问题，大兴调查研究之风，把反映民意寓于调研之中，努力提高民主监督效能和决策咨询效能。其中，1994年5月，深入有代表性的6个乡镇，历时10多天，通过实地走访乡镇干部、农民群众，召开农口负责人及科技人员座谈会，对农业生产情况进行调查，并写出《对农业基础地位再认识再提高》《逐步增加对农业投入，继续改善农业生产条件》《坚持依靠科技进步振兴农业》"进一步调整和优化农业产品结构》等专题调查报告，县委在《梁山工作》上予以转发，要求有关部门认真学习和借鉴。1995年，先后就畜牧业、水产业和水利设施管理等问题开展一系列专题调查，提出7份比较有分量的调查报告，提出"充分利用全县优势，以增加农民收入为中心，以户有户养为基础，以规模饲养为带动，抓流通促发展，抓防疫作保证，大力促进畜牧业上台阶、上水平"等建议，县委、县政府专予以吸收和采纳。期间，还写出《关于我县食用菌生产和黄河滩区开发利用情况的调查》《关于个体经济、私营经济发展情况的调查》等，从不同角度为各级党政领导机关和有关部门正确决策及改进工作，提供了来自实践的依据和认识基础。1999—2001年，围绕事关全局的重大问题深入调查研究，先后提出"发挥大京九优势，构筑大外贸格局；强化品牌意识，做好水浒文章""关于我县个体私营经济问题的调查报告""关于旅游产业开发的调查报告"等意见和建议，被县委悉数采纳。2002年5月，组织部分委员深入14处乡镇、饲养小区、规模养殖场及有关部门，对全县畜牧业发展情况进行广泛深入的调查研究，形成《关于全县畜牧业发展情况的调查报告》，县委、县政府以梁发〔2003〕51号文件予以转发；市政协机关刊《学习与通讯》也刊发此调查报告，吸引部分县市到梁山考察畜牧业。2004年5月，对全县林业发展情况进行专题调研，写出《关于全县林业发展情况的调查报告》，县委及时予以转发；同年9月，分组赴各乡镇、相关部门进行为期一个月的专题调研，形成《全县农田水利基本建设情况调查报告》，县委将其中的一些意见、建议纳入领导决策。2005年，组织开展全县民营经济发展环境、全县农业龙头企业两次专题调研活动，并先后写出《全县民营经济发展环境调查报告》和《全县农业龙头企业发展情况调查报告》，调研成果进入领导决策，发挥了参政议政作用。至2007年12月，先后就民营经济、畜牧、林业、水利基本建设、种植结构调整、农业产业化、新农村建设、财税等组织20余次专题调研活动，形成《民营经济发展环境调查》《社会主义新农村建设》等较有决策参考价值的调研报告13篇。2008年，先后就"发展文化产业""如何融入鲁南经济带"两个课题分别开展专题调研，提出"以文化产业建设促进梁山跨越发展""科学谋划、积极对接，加快融入鲁南经济带建设"等建议措施。2009年9月，组织部分常委、委员就社会主义新农村建设，深入乡镇、村队和有关部门走访调查，召开座谈会等进行专题调研，并形成《关于推进全县社会主义新农村建设的建议案》。还协助市政协开展"农村经济合作组织发展情况""农村土地流转现状""建立'三保'机制解决融资难题、确保中小企业、民营经济平衡较快发展"等多项调查研究。2010年，以"破解制约经济发展的资金、土地、人才因素"和"推进城镇化建设"为重点调研课题，组织有关常委、委员和县直部门负责人，深入走访座谈，并到先进地区考察学习，形成《关于破解制约经济发展因素的调研报告》和《关于城镇化建设的调研报告》。2012 年，选择“加快工业强县建设”作为专题调研课题，组织经济界委员和有关部门负责同志，在深入调查研究的基础上，形成《关于加快工业强县建设的调研报告》，县委、县政府主要领导对此都作出重要批示。选择加快推进“城镇化建设”和“生态县建设”两个调研课题，在深入调查分析、考察论证和借鉴外地经验的基础上，广泛征集社会各界的善谋良策，形成两篇调研报告，以专题调研建言献策。

调研视察　1996—1997 年，采取专题、专家相结合“一组、一地、一题”的方法，以调查为基础，以视察促改进，先后就文化、旅游、教育、精神文明建设、农田水利、公房房改、等方面进行多种形式的专题调查和视察。2001—2002 年，围绕实施县委“五全”战略和“四再”要求，深入全县 14 个乡镇现场视察，实地查看 40 余处民营企业，并先后召开各乡镇民营经济发展座谈会，在集思广益的基础上，形成《关于全县民营经济发展情况的报告》。2003—2007 年，除了协助省、市政协视察妇女儿童权益保护工作之外，对公安、检察、审判、税务、劳动、社会保障等 20 多项部门工作开展视察调研活动，对一些重点工作连续几年进行视察促进，同时，结合提案追踪对部分部门工作进行视察，结合专题调研对乡镇工作进行视察，共组织委员开展了近百次专题视察及调研。2004 年，坚持每月视察一个部门，相继对交通、城建、水利、林业、环保、教育、卫生等 10 个部门的工作进行视察。2005 年，组织视察县建设局、交通局、公安局、旅游局、农业局等部门的工作，并提出建议。2006 年 4 月，全县卫生工作出现前所未有的好形势，县政协主席马传申带队，组织部分政协委员对县卫生局及全县工作进行全面视察，为其鼓劲加油，收到良好效果。2007 年，就县政府承诺为民所办的“十件实事”，进行全面的视察督促，有力推动了“十件实事”的落实。2008—2011 年，先后针对主导产业培育、农村新型社区建设、新型农村合作医疗、学前教育、高中教育等重点工作组织视察 80 多次，提出一系列建设性意见和建议。2009 年，先后组织委员对全县农业产业化发展、城市改造建设、黄河标准化堤防工程建设、南水北调工程建设、水浒文化旅游发展、工业园区基础设施建设等进行工作视察及调研。2012—2013 年，有计划地针对新城区建设、文化旅游、林业生产、农业种植结构调整、农田水利基础设施建设和教育卫生等方面的工作开展近 30 次工作视察及调研。尤其是在全县春季林业六大工程建设的关键阶段，组织 30 余名常委、委员进行特别视察，提高了乡镇和相关部门的重视程度，为该项工作获得全市先进奠定了基础。

考察活动　1996 年，先后赴河北正定、涿州等 5 地发展旅游业的考察，赴江苏张家港公房房改问题的考察，赴河北承德、陕西延安九年义务普教工作的考察等，都取得较好的效果。1997 年 7 月，到河北省清河县进行考察学习，之后，以调查报告的形式就发展私营经济提出具体建议。县委、县政府十分关注，并委托县政协邀请清河县负责同志在全县农村工作会议上作经验介绍。1998 年 5 月，组织经济界委员和工商、财政、工商联、个体劳协等部门组成的考察团赴日照市、临沂市和博兴县进行为期一周的学习考察，并按市政协统一部署相继展开考察、调查、视察、评议四项活动，历时将近一年，参加人数逾千，先后深入 6 处乡镇，察看 12 处民营企业和集贸市场，以调查问卷的形式访问 804 户个体工商户，视察和评议工商、税务、公安、城建等 5 个部门，形成的调查报告被县委全文印发，7 条意见和建议被随之出台的《关于加快发展个体私营经济的规定》悉数采纳。1999 年，先后赴成武县和庆云县考察学习；组织民营大户赴苏州、无锡、上海进行考察。在赴邹城市、东平县参观考察的基础上，开展全县旅游事业发展情况的调查，提出“以梁山武术带动梁山旅游”的新思路。2000年后，由于多方面的原因，外出考察活动相对减少。

“五个一”活动 1994—2013年，持续开展“提一条建议、引一个项目、搞一项创新、写一封书信、办一件实事”为内容的“五个一”活动，广大委员立足本职，发挥专长，多办实事，坚持在本职岗位上建功立业，为梁山跨越发展做贡献。据不完全统计，委员提合理化建议300余条，写出各类书面报告100多份，引进合作、合资、独资项目60多个，引进资金6000多万元，科技创新300余项，向海外亲朋寄发书信计500余封；在本职岗位办实事5000余件，百余名委员先后受到县以上党政机关和部门的表彰或奖励。

第四节 提案办理

政协第五届梁山县委员会（1993年2月—1998年1月），共收到提案553件，经审查可立案的543件，不宜立案的2件，因提案内容相近予以合并的108件，实际立案435件。所有提案均按时全部办复完毕，并及时函告了提案人。其中，提案所提意见和建议被有关部门采纳、问题已经解决或基本解决的192件，约占已办复提案的43%，如“关于做好县改市准备工作”的提案、“关于整顿城市交通秩序、取缔县城马路市场”“关于狠刹婚丧嫁娶大操大办之风”“关于保护外地客商来梁经商办企业”“关于应该抓一抓菜篮子工程”“关于切实减轻农民负担”等提案，均得到办理或解决；提案所提意见和建议被有关部门纳入计划、正在准备解决的163件，约占已办复提案的39%，如“关于加大科技成果转化为生产力的建议”“关于加强土地管理、切实保护耕地”“关于黄灌区改自流灌溉为提水灌溉”“关于加强对农民科学技术培训”等提案；提案所提意见和建议因客观条件所限暂时不能解决或供作参考的69件，约占已办复提案的15.6%；提案所提意见和建议，由于各种原因不能解决的5件，约占已办复提案的2.3%。有关承办单位在答复中做了情况说明。

政协第六届梁山县委员会（1998年1月—2003年1月），共收到提案659件，经审查实际立案492件；所有提案均按时全部办复完毕，并及时函告提案人。其中，提案所提意见和建议被有关部门采纳、问题已经解决或基本解决的225件，约占已办复提案的55%，如“关于加快发展我县私营经济”“关于进一步加强社会治安，增强人民安全感”“关于解决城区排水问题”等提案；提案所提意见和建议被有关部门纳入计划、正在准备解决的128件，约占已办复提案的31%，如“关于加强税收队伍建设，努力开辟新税源的提案”“关于培植梁山县龙头品牌，发展特色经济”“关于下岗职工再就业”等提案；提案所提意见和建议因客观条件所限暂时不能解决的60件，约占已办复提案的13.7%，有关承办单位在答复中作了情况说明。同时，“关于恢复建设水泊梁山蓼儿洼的建议”“如何使园区真正成为企业发展的载体和经济跳跃式发展的平台”等13件提案被评为优秀提案，县委办公室、县政府办公室等6个部门被评为提案办理先进单位。

政协第七届梁山县委员会（2003年1月—2007年12月），共收到提案474件，经审查实际立案468件；所有提案均按时全部办复完毕，并及时函告了提案人。其中，提案所提意见和建议被有关部门采纳、问题已经解决或基本解决的304件，约占已办复提案的63.6%；提案所提意见和建议正在准备解决的97件，约占已办复提案的21.4%；提案所提意见和建议因客观条件所限暂时不能解决的71件，约占已办复提案的15%。同时，“奋斗三五年申创国家级绿色生态基地县，是建设小康社会最有效的途径”等10件提案被评为优秀提案；县委办公室等7个部门被评为提案办理工作先进单位。

政协第八届梁山县委员会（2007年12月—2012年1月）共收到提案544件，经审查实际立案 537 件；所有提案均按时全部办复完毕，并及时函告了提案人。其中，提案所提意见和建议被有关部门采纳、问题已经解决或基本解决的 336 件，约占已办复提案的 61%；提案所提意见和建议正在准备解决的 175 件，约占已办复提案的 32%；提案所提意见和建议因客观条件所限暂时不能解决的 36 件，约占已办复提案的 6.3%。同时，“大力扶持和发展民营科技型企业”“引导规范二手车市场，促进二手车市场健康发展”“关于加快推进梁山泊遗址湿地公园建设的提案”等 56 件提案被评为优秀提案；县委办公室、县政府办公室等 10 多个单位被评为提案办理工作先进单位。

政协第九届梁山县委员会，2012 年 1 月—2013 年 1 月，两次会议共收到提案 350 件，经审查实际立案 349 件；至 2013 年 12 月，所有提案均按时全部办复完毕，并及时函告了提案人。其中，提案所提意见和建议被有关部门采纳、问题已经解决或基本解决的 292 件，约占已办复提案的 77%；提案所提意见和建议正在准备解决的 31 件，约占已办复提案的 16.5%；提案所提意见和建议因客观条件所限暂时不能解决的 36 件，约占已办复提案的 7%。同时，“关于推进农村土地综合整治，搞好建设用地挖潜的提案”“关于加快推进农村土地使用权流转的建议”等 56 件提案被评为优秀提案，县督察考核局等 16 个单位被评为提案承办先进单位。

第五节　学习宣传

政协第五届梁山县委员会期间（1993 年 2 月—1998 年 1 月），认真学习中共十四大及十四届三中、四中、五中、六中全会精神，适时印发《关于加强委员自身学习的通知》；认真学习新修订的《政协章程》和《政协全国委员会关于政治协商、民主监督、参政议政的规定》，制发《关于认真学习贯彻〈规定〉的通知》。同时，举行形势报告会、情况通报会、学习辅导会 120 余次，参加委员及各界人士达万余人。注重加强县政协重要会议和活动及委员事迹风采的报道，举办新春佳节茶话会和人民政协成立 45 周年座谈会，扩大了政协的政治影响。

政协第六届梁山县委员会期间（1998 年 1 月—2003 年 1 月），从扩大知情、增进共识、提高水平出发，制发《梁山县政协学习制度》，做出采取集中学习与在岗自学相结合，加强有关政治理论学习的系列规定。组织和推动委员学习中共十五大、十六大精神及老一辈无产阶级革命家关于人民政协的有关论述，并组织委员参加省、市、县组织的各类研讨会、形势报告会、学习辅导会等，增强了对改革、发展、稳定等一系列重大问题的共识。市政协“委员活动日”在梁山举行，省委、省政府主要领导及部分省政协委员相继到梁山视察调研。

政协第七届梁山县委员会期间（2003 年 1 月—2007 年 12 月），组织政协委员系统地学习党的十六大和十六届三中、四中、五中、六中全会精神，学习《中共中央关于加强人民政协工作的意见》和全国及省市政协工作会议精神，强化委员对政协工作重要性的认识，提高委员依照章程和条例履行职能的水平。同时，以报纸、广播电视及《梁山政协》为阵地，大力宣传党的大政方针，宣传全县经济社会发展成就，宣传政协委员的先进事迹，达到宣传推介梁山、扩大政协影响的目的。

政协第八届梁山县委员会期间（2007 年 12 月—2012 年 1 月），认真学习贯彻中共十七大、十七届三中、四中全会精神，学习胡锦涛总书记和省市领导在庆祝人民政协成立 60 周年大会上的讲话。制订出台《关于创建学习型政协组织的意见》，引导委员和机关干部树立自我学习、终身学习、团队学习、系统思考等新型学习理念，完善自学制度，同时，积极推进“网上政协”建设，策划设计政协要闻、调研视察，委员风采、提案动态管理等 10 多个板块，县政协门户网站于 2010 年 12 月下旬正式开通。期间，冯建武委员牵头举办第二届全国梅花拳演武大会，宋义祥委员创办梁山功夫院与中国市场学会、北京传世恒源文化公司联合编制的功夫剧《神话武林》，在北京中国木偶剧院中演出等，成为政协宣传工作的新亮点。

政协第九届梁山县委员会期间（2012 年 1 月—），组织广大委员深入学习中共十八大和十八届二中、三中全会精神，学习习近平总书记重要讲话，进一步明确政协工作方向；深入学习各级政协工作会议精神和《政协章程》、政协业务知识等，深化对政协职能定位、履职方式途径的认识。同时，加大宣传力度，县政协提供的 30 余篇文稿被《人民网》《联合日报》《山东政协手机报》《济宁日报》《济宁政协》等媒体采用。县政协被评为“全省政协宣传工作先进集体”。

第六节 文史工作

1994—1997 年，县政协文史资料工作实现侧重点的转移，加强经济、科技、教育、文化等方面资料的征集，其间共征集到各类史料 310 余篇，计 80 余万字，编辑出版《梁山文史资料》第 10、11、12、13 辑，并与市政协联袂合作编辑《水泊梁山》专辑。在全省政协文史工作会议上，县政协被评为省级文史工作先进集体。1998—2002 年，挖掘整理梁山境内的运河文化资料，编撰出版 13 万余字的《梁山运河文化寻踪》，1999 年在全省政协文史资料工作会议上，与济宁市政协联袂合编的《水泊梁山》、编辑出版《梁山运河文化寻踪·梁山文史资料第 13 辑》，分别获全省“优秀文史书刊”二等奖和优秀奖，梁山县政协被评为省级文史工作优秀集体，房瑞荣、王德岭分别被授予全省“特邀优秀文史工作者”和“优秀文史工作者”称号。2003—2007 年，县政协组织人员开展梁山民俗资料的挖掘、收集、整理工作，编纂集传统节日、衣食居住、婚丧嫁娶、生儿育女、乡土艺术、民俗图画于一体、反映梁山一带民风民情的《水泊梁山风情》一书，县委、县人大、县政府、县政协主要领导分别为该书题写书名、题词、作序，被省政协评为一等奖。其间，还组织编纂《梁山武林》《水泊梁山酒文化》等，并参与市政协组织的《济宁名人》的协编工作。2007 年，围绕水浒文化的开发利用，组织《梁山与〈水浒传〉》一书的编写。2008—2011 年，围绕开发利用梁山县宝贵的文化资源，坚持每年编撰一本文史资料，先后编辑出版《史话梁山》《梁山历史名村》《梁山之水》《梁山文化概览》四部文史资料，为梁山经济社会发展提供文化支撑。组织有关部门对黄河文化、运河文化、水浒文化的结合进行调查研究，形成《整合三大资源、发展梁山旅游》调研报告。牵头组织对“毛泽东到梁山”“毛泽东评说水浒传”的发掘研究，形成《毛泽东考察梁山图文集》《毛泽东评说水浒传》《毛泽东与水浒论文集》等成果，并于 2011 年 4—5 月，促成军事科学院战略部副部长毛新宇等到梁山考察，为水浒文化与红色文化的有机联结奠定了基

文史资料

础。2012—2013年，编辑出版《梁山文物》《大义梁山》，启动《梁山县政协志》编纂工作，并配合市政协编纂《济宁文化概览》系列丛书，提供并撰写有关梁山的大量史料。2012年，县政协被省政协评为文史工作先进集体。

第七节 联谊活动

1994—1997年，先后召开5次“三胞”眷属座谈会，接待到梁山探亲观光、经贸洽谈、参观考察的“三胞”226人次。在前两届水浒文化节期间，向100位政治上有声望、经济上有实力的港澳台胞和海外人士发出邀请函，广泛宣传中央对港澳台的一系列方针政策和梁山县地理、资源优势及开发投资的优惠政策；举办“庆回归、话统一”大型书画展和“香港知识大奖赛”以及沿黄19县市区迎香港回归书画展，弘扬了民族凝聚力，增进对祖国和平统一的共识。同时，与部分周边邻县政协建立经常性、固定性的联系。1998—2002年，广泛开展联谊交友活动，组织有关委员和“三胞”眷属专程赴邹城、曲阜、菏泽、鄄城等地进行联谊活动。先后参加在山东聊城、江西赣州、河南商丘、广东龙州、安徽阜阳等地举办的京九沿线县级政协联谊会，宣传梁山经济发展的大好形势，交流了政协工作的经验。此外，每年都接待一大批来自兄弟省市县政协的参观学习团组，通过广泛联系交往，为优化全县经济发展内外环境发挥了重要作用。2003—2007年，广泛联系各界人士，巩固和扩大最广泛的爱国统一战线，积极做好团结工作，特别是非公有制经济人士、“三胞”及其眷属、梁山籍在外知名人士、民族宗教界人士的工作。同时加强与外地政协的交流联谊，先后与省内外30余个县、市级政协建立联系，相互交流县情、市情，交友联谊。为庆祝人民政协成立55周年，组织召开座谈会，并举办书画展览。在纪念红军长征胜利70周年活动中，召开各界人士座谈会，进行革命历史传统教育。2008—2011年，召开企业、工商界委员联谊会，30余名委员企业家欢聚一堂，交流经验，共话梁山发展。此外，热情接待回乡探亲、到梁山观光的港澳台侨胞20余人次，走访港澳台眷属和民族宗教界人士30余人次。其中2008年，共接待各省、市、县政协参观考察团20余个，180余人，联谊交流，广交朋友，同时获得了大量招商引资信息。2009年，组织开展新中国和人民政协成立60周年活动，召开由民主党派、无党派人士、人民团体、工商联、民族宗教和新型经济组织代表人士等近百人参加的座谈会；主办县政协常委、国家一级演员侯平暨名家群星情倾梁山文艺联欢会；举办大型书画摄影展，展出县内外梁山籍书画爱好者的作品130余幅，并精选优秀作品结辑出版。同时，加强与上级政协组织及兄弟县（市、区）政协组织之间的联谊交往，派员到滕州市、邹城市、郓城县、巨野县等地政协学习考察政协工作经验。2012年，接待来自江西、江苏、广东、河南、内蒙古等地方政协学习考察团30余批、400余人次；2013年，接待10余个省内外政协考察团。

梁山縣志

LIANG SHAN XIAN ZHI

1994—2013

第十七篇

DI SHI QI PIAN

党派团体

梁山县有民革、民盟、民建和九三学社等民主党派。1994—2013年，各民主党派努力发挥参政议政和民主监督作用，积极献言献策，参加各种会议和社会调查活动，为梁山招商引资、城乡建设、学术交流合作等做出一定的贡献。

全县有工会、共青团、妇联、科协、工商联、文联、残联、红十字会、慈善总会等社会团体。1994—2013年，各群团组织和社会团体依托自身优势，加强组织队伍建设，积极参与政策实施、经济建设、文化教育、科技创新、技术培训、就业创业、康复救助、对外推介、人民生活等，推动着梁山的政治、经济和社会的发展。

第一章 民主党派

第一节 民革

中国国民党革命委员会（简称民革）梁山小组始建于1989年，时有2名民革党员，由民革菏泽地委主委贾祥伦到梁山发展。1990年，梁山县划归济宁市，由于当时济宁市没有民革组织，梁山未再发展民革党员。2000年，2名民革党员退休，不再参加政治活动。2006年，赵堌堆乡副乡长布方峰由民革济宁小组发展为民革党员（后调入济宁市农业局）。2010年2月，山东学苑文化传媒责任有限公司执行董事孙明科加入民革。至2013年，全县民革党员仅有孙明科1人参加民革活动。

第二节 民盟

组织建设 1990年1月，岳宗周被中国民主同盟菏泽市委批准，加入中国民主同盟（简称民盟）；同年5月、7月，在梁山分两批发展5位盟员。1990年8月，民盟梁山县支部筹委会成立，岳宗周任筹委会负责人。1995年6月，民盟梁山县支部正式成立，岳宗周任主任委员，并举行成立大会，大会由民盟济宁市委主持，济宁市政协、中共济宁市委统战部、中共梁山县委、县政协等领导出席大会并讲话。民盟菏泽市委主委、教授何淑淦，兖州市政协副主席、画家李宝亮到会致辞。1997年8月、2001年8月、2004年11月、2006年10月、2011年5月，民盟梁山县支部相继举行第二至第六届支部换届选举，第二至第四届支部委员会均由岳宗周任主任委员；2006年4月，民盟梁山县支部届中调整，李建宝任副主任委员；第五届支部委员会由李建宝任主任委员，岳宗周任副主任委员；第六届设立总支部委员会，李建宝任主任委员，岳宗周、张忠华任副主任委员。至2013年，民盟梁山县总支部有盟员41人。

主要工作 1995年5月，民盟梁山县支部筹委会被民盟山东省委授予“一九九四年度先进基层”，岳宗周被授予优秀盟员称号。1996年1月，民盟济宁市委作出《关于开展向梁山县支部学习的决定》。同年，《山东盟讯》第二期，刊登题为《加强自身建设，发挥智力优势，为社会主义两个文明建设贡献力量》的文章，介绍梁山支部经验。1997年，《中央盟讯》第二期，刊登题为《民盟梁山支部办实事树形象》的文章，向全国推介梁山支部；同年，刊发简讯《民盟梁山支部向中央赠献画卷》，报道梁山支部向盟中央敬献《纪念红军长征胜利六十周年百米书画长卷》一事。

1999 年 3 月，民盟梁山县支部撰写《关于在梁山景区建设梁山武术展技馆的报告》，县委、县政府主要领导分别作出批示，并于 2000 年 1 月将梁山武术展技馆列入梁山县“十五计划”建设项目。2001 年，民盟梁山县支部组织盟员到乡镇开展调研活动，发现拳铺镇民营经济有真经，建议县委、县政府在全县范围内开展向拳铺镇学习活动，并撰写文章在《联合日报》发表。县委、县政府很快采纳民盟梁山县支部的建议，作出了远学温州，近学拳铺的决定，促进了全县民营企业迅猛发展。2009 年 1 月，民盟梁山县支部和梁山水浒城酒厂在杏花村联合举办“水浒酒文化研讨会”，全国著名专家学者百余人应邀出席，济宁市政协副主席、民盟济宁市委主委郭洪敏，县委、县人大常委会、县政府、县政协等主要负责人参加。2011 年 7 月，民盟梁山县支部向县委、县政府呈上专题报告《关于梁山县与中央电视台联合制作大型动画片“水浒”的几点建议》，县委、县政府及时作出批示，同年 9 月，梁山县政府与中央电视台正式签订合同。2012 年 10 月，梁山县被确定为民盟山东省委农村教育烛光行动培训基地，免费培训中小学教师 260 名。

第三节 民建

2008 年 7 月，齐道新正式加入中国民主建国会（简称民建）济宁市委，成为梁山县第一名会员。在民建济宁市委和中共地方组织领导下，齐道新充分发挥与经济界密切联系的特点，努力发挥参政议政和民主监督作用，积极献言献策，参加各种会议和社会调查活动，为梁山招商引资、城区建设、大项目推进、产学研交流合作等方面做出了贡献。

第四节 九三学社

九三学社梁山小组始建于 2010 年 11 月，有社员 5 人。2013 年，新发展社员 2 人；同年，正式建立九三学社梁山支社，由县政协副主席、国内招商局局长刘征任主委，刘继庆、师开阳任副主委。社员涉及行政、教育、卫生、医疗等方面，新进人员年轻，学历、职称高，进一步增强了活力，提高了成员素质。2011 年 2 月，撰写《加强农村环境治理》提案，对 2011 年春季农村环境治理活动具有重要指导意义，被县政协评为优秀提案。

第二章 社会团体

第一节 工会

梁山县总工会，正科级单位。始建于 1954 年 7 月，称梁山县工会联合会。1959 年 1 月，改称梁山县总工会，正科级单位。1978 年 7 月，建立党支部。1982 年 6 月，建立党组，同年 9 月撤销。1994 年，县总工会内设办公室、生产部（组织）部、宣教部、女工部、保障部。1999 年 1 月，重新设立党组。2009 年，工会主席由副县级干部担任，同时设常务副主席（正科级）。2013 年，县总工会内设综合办公室、经费审查工作委员会、女职工工作委员会、组织部、宣教部、财务部、生产保障部、法律基层部和女工部，在职人员 12 人，内退人员 8 人，离退休人员 17 人。

代表大会 梁山县总工会第一次代表大会于 1963 年 11 月召开，至 1993 年共召开 3 次县总工会代表大会。1994—2013 年，召开 4 次县总工会代表大会，分别选举产生县总工会四、五、六、七届委员会。

梁山县总工会第四次代表大会，于1994年4月26—27日召开，出席大会的正式代表156名，特邀代表26名。大会听取并审议通过第三届总工会题为《团结带领全县职工为振兴梁山而奋斗》的工作报告，选举产生第四届委员会委员27名，常委9名，主席1名，副主席2名。张学文为主席，刘方健、黄邦岱为副主席。1997年7月30日，县总工会第四届委员会第五次会议补选高文灏为主席，林华（女）为副主席。

梁山县总工会第五次代表大会，于1999年12月28—29日召开，出席大会的代表180名。大会听取并审议通过第四届总工会题为《高举伟大旗帜，突出维护职能，团结动员全县职工为实现跨世纪宏伟目标而奋斗》的工作报告，选举产生第五届委员会委员27名，常委9名，主席1名，副主席3名。李学社为主席，杨淑元、林华（女）、王明存为副主席。

梁山县总工会第六次代表大会，于2004年11月23—24日召开，出席大会的代表210名，大会听取并审议通过第五届总工会的工作报告及经费审查报告，选举产生第六届委员会委员27名，常委9名，主席1名，副主席4名。李学社为主席，林华（女）、包青山、杨淑元、王明存为副主席，选举产生梁山县总工会经费审查委员会和女职工委员会。

梁山县总工会第七次代表大会，于2009年10月28—29日召开，出席大会的代表197名，大会听取并审议通过第六届总工会的工作报告及经费审查报告，选举产生第七届委员会委员27名，常委9名，主席1名，副主席5名。杨先进为主席，贾存健、杨广美、戴存义、王万科（兼）、齐健（女，兼）为副主席。会议确定县总工会主席由副县级干部担任，增设县总工会常务副主席，主持工会日常工作。选举产生梁山县总工会经费审查委员会和女职工委员会。2012年3月，县委常委、县委办公室主任孔德修兼工会主席，徐长勇任工会党组书记、常务副主席。

组织建设 1994年，全县基层工会组织257个，会员47500人。2000年，开始大力组建基层工会，推动企业工会组织建设，开展“广普查，深组建，全覆盖”行动和“深层组建，二次覆盖”活动，鼓励建立基层工会联合会、区域性和行业性工会。2009年，开始在非公有制企业集中的镇、街和行业推行区域性、行业性职代会制度。2011年，开展职代会规范化建设暨星级创建活动。2012年，全县国有控股、集体企业、事业单位厂务公开民主管理建制率达到100%，非公有制职代会建制率达到85%，全县基层工会组织达1303个，其中独立工会1266个，联合工会37个，会员总数153256人，职工入会率92.7%。至2013年，工会做到了工会委员会、经审委员会、女职工委员会、劳动法律监督委员会四会同建，全面落实以职代会为基本形式的厂务公开民主管理制度。

权益维护 1994年后，县总工会依法维护职工合法权益，为职工提供经济救助、法律援助和政策咨询，调解职工劳动报酬、保险福利、工作时间、休息休假、劳动安全卫生、社保关系的衔接等劳动关系事项，组织开展集体劳动合同、女职工单项合同、工资专项集体合同签订等。至2009年，全县国有、集体企业全部建立职工代表大会制度和厂务公开制度，有105家企业开展了工资集体协商工作。2007年5月，县总工会成立县职工法律援助中心和困难职工援助中心，打造了职工维权平台。2009年后，县总工会加强困难职工档案动态管理，开展“春送岗位，夏送清凉，金秋助学，冬送温暖”活动，积极实施女职工“关爱行动”、大病互助保障等惠民工程。2012年，全县签订工资专项集体合同168份，比1994年增加140份，其中区域性（行业性）工资集体合同43份，覆盖企业965家。至2013年，每年平均救助困难职工家庭300户，资助贫困家庭大学新生100人，走访慰问困难劳模50人，提供就业岗位1000个。

劳动竞赛 1999年，梁山县开始进行县级劳模评选表彰。2009年，县总工会开始举办职工职业技能大赛。2010年4月，召开全县劳模代表大会，选举产生梁山县劳模协会。2012年，全县劳动竞赛、技能大赛涵盖各行各业，参赛单位670家，参赛职工10万人，共创新技术150项，提出合理化建议4500条，创经济效益1.2亿元。至2013年，全县共产生县级劳模288人，获市级“五一劳动奖状”23人、市级“五一劳动奖章”80人、市级劳模75人，获省“富民兴鲁劳动奖章”15人、省级劳模53人，获全国“五一劳动奖状”1人、全国“五一劳动奖章”4人、全国劳动模范3人。

文体活动 1994年后，县总工会每年举办职工篮球赛、乒乓球赛等职工文体活动。2007—2011年，连续5年举办全县职工庆五一文艺晚会；2010—2013年，连续4年举办全县职工象棋比赛；2012年，举办全县职工书画摄影展和女职工健美舞表演赛，并组队参加济宁市第四届职工运动会；2013年，举办全县职工健身长跑活动，以及职工乒乓球联赛。

第二节 共青团

中国共产主义青年团梁山县委员会（简称团县委），正科级单位。始建于1949年10月，称中国新民主主义青年团梁山县委员会；1957年5月，更名为中国共产主义青年团梁山县委员会。

1994年，团县委内设办公室、组织部、宣传权益部、工农青年部、学校少年部、统战部；2004年，增设关心下一代工作委员会办公室，为副科级事业单位；2007年，团县委7个部室精简为办公室、组织部、关心下一代工作委员会办公室，机关行政编5名，事业编2名，工勤编1名。配备书记1名，副书记2名，关工办主任1名。至2013年，团县委下辖基层团委168个，团总支19个，团支部969个，团员100583名。

代表大会 1949年10月，中国新民主主义青年团梁山县第一次代表大会召开；1949—1993年，共青团梁山县代表大会共召开13次；1994—2013年，共召开5次。

中国共产主义青年团梁山县第十四次代表大会，于1996年10月29—30日召开，大会代表156名，代表全县22500名团员。大会听取并审议倪丽君代表共青团梁山县第十三届委员会所作《奋进开拓，团结若干，为梁山腾飞贡献青春》的工作报告，选举产生共青团梁山县第十四届委员会，委员27人，候补委员8人。在共青团梁山县十四届一次全委会议上，选举产生常委9人，书记1人，副书记2人；倪丽君（女）为书记，张韶华、孙长雨为副书记。

中国共产主义青年团梁山县第十五次代表大会，于1999年11月18—19日召开，大会代表156名，代表全县23800名团员。大会听取并审议张韶华代表共青团梁山县第十四届委员会所作《鼓劲实干，创业兴县，为实现跨世纪宏伟目标建功立业》的工作报告，选举产生共青团梁山县第十五届委员会，委员27人，候补委员8人。在共青团梁山县十五届一次全委会议上，选举产生常委7人，书记1人，副书记2人；张韶华为书记，孙长雨、杜建为副书记。

中国共产主义青年团梁山县第十六次代表大会，于2002年5月28—29日召开，大会代表156名，代表全县25800名团员。大会听取并审议仲崇斌代表共青团梁山县第十五届委员会所作《与时俱进，再创辉煌，为建设现代化新梁山贡献青春》的工作报告，选举产生共青团梁山县第十六届委员会，委员25人，候补委员6人。在共青团梁山县十六届一次全委会议上，选举产生常委7人，书记1人，副书记2人；仲崇斌为书记，杜建、张林勇为副书记。

中国共产主义青年团梁山县第十七次代表大会，于2006年3月9—10日召开，大会代表155名，代表全县27200名团员。大会听取并审议张林勇代表共青团梁山县第十六届委员会所作《深入贯彻“三个代表”重要思想，努力开创梁山共青团工作新局面》的工作报告，选举产生共青团梁山县第十七届委员会，委员27人，候补委员8人。在共青团梁山县十七届一次全委会议上，选举产生常委7人，书记1人，副书记2人；张林勇为书记，申正国、王方辉为副书记。

中国共产主义青年团梁山县第十八次代表大会，于2009年6月25—26日召开，大会代表157名，代表全县28800名团员。大会听取并审议张林勇代表共青团梁山县第十七届委员会所作《举全县青年之力，务科学发展之实，为实现富民强县新跨越贡献青春力量》的工作报告，选举产生共青团梁山县第十八届委员会，委员29人，候补委员9人。在共青团梁山县十八届一次全委会议上，选举产生常委7人，书记1人，副书记2人；张林勇为书记，王方辉、高峰为副书记。

基层组织建设 1996年，梁山县农村团支部健全率达到90%以上，农村一类团支部达到50%，团支部书记进村"两委"的达到40%。1998年，开展争创"六好乡镇团委、五好村团支部"活动，团市委在梁山县召开全市青年组织建设现场会，推广梁山县团建经验。2000年，开展创建"五四红旗团委"活动，农村团支部书记基本实现了"三位一体"化配置。2002年，对团员发展和团籍管理工作进行规范。2006年，团县委发布《关于在全县开展增强团员意识主题教育活动的实施意见》，并以"青春献祖国"主题团日活动为依托，大力开展老团员重温入团誓词、新团员入团宣誓等主题活动。2009年，团县委发布《关于进一步加强共青团干部队伍建设的意见》。2010年，建立驻外团组织5个，即共青团梁山县委驻厦门市工作委员会、共青团梁山县委驻四川省红森劳务有限责任公司工作委员会、共青团梁山县委驻珠海市工作委员会、共青团梁山县委驻广州市工作委员会、共青团梁山县委驻四川省雄达劳务有限责任公司工作委员会。2011年，团县委发布《梁山县乡镇、街道共青团组织格局创新工作实施方案》，并于8月代表济宁市参加全省团组织格局创新工作现场会。2012年，联合县委组织部下发《关于加强新形势下基层党建带团建工作的意见》的通知，要求各级党组织把团的工作作为党的工作的重要组成部分，列入重要议事日程。

爱岗创业活动 1995年，组织青年工人广泛开展争创"青年全优岗"、争当"青年岗位能手""青工技术比武""五小"竞赛等一系列岗位练兵活动，激发全县青年学技术、比贡献的积极性。1997年，在全县开展"青年科技示范园"创建活动，共创建"青年科技示范园"46处，培养青年星火带头人和青年致富能手5600名。2001年，在全县团员青年中大力开展"投身经济主战场，争当民营108将"竞赛活动。2002年，在梁山馨园园艺公司、拳铺镇建立青年星火培训基地，举办培训班12期，培养青年星火带头人和青年致富能手6000名，其中梁山馨园园艺公司被共青团中央授予"示范推广科技项目神农奖"。2004年，开展新世纪青年农民培训工程、农村青年党团员上网致富工程活动，培训农村青年5000人次，涌现出青年致富带头人600名，创建青年示范基地10处。2006年，推出"青春创业，立志成才"活动，成立梁山县青年创业指导中心，在梁山通亚汽车制造有限公司建立"青春创业实践基地"，在梁山明君集团建立"青春创业示范点企业"。2007年，开展创新创效、技术比武、青工技能振兴计划等活动，涌现出青年岗位能手230名。2008年，实施农村青年致富工程、农村青年小老板创业计划，涌现出青年致富带头人180名，培养农村青年小老板71人，创建青年创业实践基地20处，其中梁山荣善菌业开发有限公司、梁山富乐家畜良种有限公司被团中央命名为国家级青年就业创业见习基地。2010年，开展返乡农民工春季技能培训、乡村旅游创业培训、青年就业创业惠民培训等多形式的培训，共计培训1100人。2012年，举办库区青年就业创业和致富技术培训班，培训学员100人；联合中国人民银行梁山县支行开展评定农村青年信用示范户活动，全年发放贷款达到1000万元以上；联合县委组织部、县农村信用联社对农村团员青年创业贷款实行利率优惠政策，贷款利率浮动幅度最高优惠30%。

教育实践活动 1995年，开展纪念反法西斯战争胜利50周年“百歌献祖国”演唱竞赛活动。1997年，围绕“爱国、立志、成才、奉献”主题教育活动，在全县中小学广泛开展“升国旗、唱国歌、识国徽”“争创国旗中队”“手拉手”活动。1999年，在全县团员青年中开展“庆祝建国五十周年”演讲比赛活动。2001年，开展“庆祝建党八十周年”演讲比赛。2006年，广泛开展“青春献祖国”“知荣辱，树新风”等主题教育活动。2009年，组织开展“我与祖国共奋进”“永远跟党走”等丰富多彩的主题教育活动。2012年，组织开展“弘扬梁山忠义精神，共建和谐平安家园”暨“学习雷锋，从我做起”的倡议活动；在全县中小学举办第四届全县校园文化艺术节，通过演讲比赛、红歌比赛等形式庆祝建团90周年。

希望工程建设 1996年，由兖州矿业集团捐助22万元共同兴建的兖矿集团梁山希望小学在黑虎庙乡东郭村投入使用。1999年，募集资金43万元，救助失学少年1801名。2002年，筹集资金65万元，救助失学儿童1898名，并涌现出“山东希望之星”关义勋、“济宁市十佳希望之星”郝海龙、陈明业等一大批品学兼优的受助生。2004年，开展“希望工程再圆学子梦”爱心助学行动，募集助学金10万元，帮助40名贫困学子顺利跨入大学校门。2006年，开展“明德奖学金”项目，积极开展特困中、小学生帮扶工作，救助中小学生120名，发放助学金4万元。2007年，兖矿希望小学被评为全省最佳希望小学。2009年，新建韩垓镇郭楼希望小学投入使用。2010年，馆驿镇济宁政协希望小学投入使用。2012年，举行“希望之火——圆梦大学”助学金发放仪式，50名学生得到了资助，资助金额9.4万元。

志愿者活动 1995年，在全县38处学雷锋责任区内开展集中性志愿服务活动。1996年，在创建省级文明卫生城活动中，组建121个青年志愿者组织，创建两条“青年文明路”。1998年，开展“一助一”尊老敬老、爱心助残青年志愿者活动。2000年，开展“讲文明，树新风”青年志愿者活动。2003年，开展“送温暖·献爱心”青年志愿者活动。2007年，组建梁山县青年志愿者协会，由团县委书记兼任会长；各乡镇和县直部门团委设青年志愿者服务队，由各乡镇、县直机关团委书记任服务队队长。2008年，开展“保护母亲河”青年志愿者活动，团县委被共青团中央授予“全国保护母亲河行动”先进集体。2010年后，青年志愿者协会大力弘扬“奉献、友爱、互助、进步”的志愿精神，围绕全县经济和社会发展大局，依托部门单位青年志愿者服务队，组织动员青年志愿者广泛开展形式多样、丰富多彩、喜闻乐见的志愿服务活动。先后组织机关青年及中小学生开展学雷锋、做好事等活动，组织部分机关和梁山一中青少年志愿者开展义务植树、建设青年林活动，组织青年志愿者开展以“读万卷书、行万里路”为主题的“中国旅游日”志愿服务活动，组织志愿者开展以“远离烟草，健康成长，青少年争做控烟先锋”为主题的“世界无烟日”系列活动，组织梁山一中、实验中学学生开展美化市容环境卫生、创建文明卫生城市志愿服务活动，组织卫生系统青年志愿者服务队开展卫生知识宣传、健康咨询、义诊服务等活动。2011年，组织300名志愿者进行无偿献血活动。2012年，组织300名青年志愿者参与2012·中国（梁山）聚义湖首届“放鱼节”启动仪式。2013年，推行志愿者注册制度，进一步加强志愿者队伍建设，至2013年，全县共有注册青年志愿者1000余人，重点分布在教育、卫生、文化、旅游等行业，初步形成以青年为主体、以注册志愿者为骨干、由全县各界广泛参与的青年志愿者队伍。

少先队工作 1994年后，团县委配合教育等有关部门认真抓好学校建队工作，建立健全各级少先队组织机构，并不断加强少先队室、红领巾广播站等少先队活动阵地建设和少先队辅导员队伍建设。1996年，在全县开展“少先队技能达标竞赛”活动。1998年，开展“少先队鼓号大赛”活动。2000年，在全县少先队中开展“雏鹰奖章争章卡”活动。2004年，深入开展十佳少先队员评选活动。2006年，组织开展“红领巾心向党”“祖国发展我成长”主题教育实践活动。2007年，组织20名单亲家庭特困小学生赴济南参加“泉城认亲”活动，在“亲人”陪同下先后参观植物园、泉城广场和科技馆，使其开阔了视野、增进了感情。2008年，开展十佳少先队辅导员评选活动。2011年，组织300余名少先队员开展以“永远不能忘记”为主题的缅怀革命先烈活动；以纪念中国共产党成立90周年为契机，组织全县少先队员开展“学党史、颂党恩、跟党走”系列主题教育活动。2012年起，利用少先队建队日时间节点，组织各学校开展“向国旗敬礼”“少先队入队宣誓”“红领巾相约中国梦—争当好队员”等系列活动。至2013年，全县共有少先队员6万余名，少先队大队160余个，中队1000余个，建队率100%；少先队辅导员配备率100%。

第三节 妇联

梁山县妇女联合会（简称县妇联），正科级单位。1994年，县妇联内设办公室、组宣部、权益部、儿童部；2000年10月，增设梁山县妇女儿童工作委员会办公室，副科级行政单位，不增加编制和人员；2007年，内设机构变更为办公室、组宣部和妇女儿童工作委员会办公室。

1994年，全县共建有乡镇妇联24个，村妇代会709个。1998年12月，新增马庄社区妇代会和吕屺口社区妇代会。2000年12月经省政府批准，由原来的24个乡镇合并为14个乡镇，乡镇妇联也由原来的24个合并为14个。2002年7月，新增5个社区妇代会，全县村居（社区）妇代会为716个。2004年，全县将行政村合并为672个，村居（社区）妇代会为679个。2007年以后，增加县经济开发区和县风景区妇联，拳铺镇与徐集镇合并为1个妇联。至2013年，全县619个行政村、7个社区，均建立妇代会；64个县直行政事业单位建立妇委会，配备专兼职妇女干部64人。

1994年，县妇联被授予全省妇联系统信息工作先进集体；1997年，被授予全省妇联系统先进集体；2000年，被评为“省三级”档案工作规范化目标管理单位；2003年，被评为省级妇女健身活动先进集体；2005年，被评为全省巾帼建功先进单位；2006年，被评为全省先进妇联；2010年被评为山东省实施“节能减排家庭社区行动”先进单位。

代表大会 1994—2013年，县妇联共召开两次妇女代表大会。2000年9月26—27日，梁山县第八次妇女代表大会召开，出席大会的代表160名；大会听取并审议通过七届妇联执委会的工作报告，选举产生梁山县第八届妇女联合会。在县妇联第八届委员会第一次全体委员会议上，选举产生第八届委员会主席1名，副主席2名，常委7名。赵玉民当选主席，许桂英、孙爱珍当选副主席。2009年12月29—30日，梁山县第九次妇女代表大会召开，出席大会的代表180名；大会听取并审议通过八届县妇联的工作报告，选举产生梁山县第九届妇女联合会。在县妇联第九届委员会第一次全体委员会议上，选举产生第九届委员会主席1名，副主席2名，常委9名。陈冬梅当选主席，吴秀兰、吕淑婷当选副主席。

实施两个纲要 1996年12月，县政府制定《梁山妇女发展纲要（1996—2000）》《梁山儿童发展纲要（1996—2000）》。至2000年，经监测评估，全面完成规划指标。2002年3月，县政府制定《梁山妇女发展纲要（2001—2010）》《梁山儿童发展纲要（2001—2010）》。2010年，经监测评估，妇女发展纲要和儿童发展纲要的可量化指标均达到终期目标要求。至2010年年底，全县在园儿童1.03万人，城区学前三年教育普及率达到100%，农村学前一年教育普及率达到98%，实现了两纲普及学前教育的目标；已婚育龄妇女计划生育知识普及率、孕产妇住院分娩率、高危孕产妇住院分娩率均达到100%，孕产妇产前检查率为98.6%，婴儿母乳喂养率为99.7%。孕产妇死亡率为13.12/10万，婴儿死亡率为2.91‰，5岁以下儿童死亡率为1.67‰，2001年以后连续10年未有新生儿破伤风发病，全县妇幼人群健康水平明显提高。

妇女就业创业 1994—2000年，每年举办一次“绿色证书”、农业十大新技术培训班。2002年7月，县妇联与县农业局、林业局、畜牧局联合成立“梁山县农村妇女科技指导中心”，制定新型女农民培训计划。2007年3月，成立“巾帼家政服务中心”。2010年，全县农村妇女接受实用技术培训759人次，女性就业人员达7.6万人，占就业人员总数的42.22%；同年9月，扶持成立“阳光大姐家政服务中心”，并率先启动“家政服务进社区”活动。2011年，成立“济宁市美万嘉家政服务中心梁山分中心”。至2013年底，共创建县妇女创业就业培训基地（学校）7处，巾帼就业培训（见习）基地6处，星火培训基地4处，培训农村妇女6万多人次，组建家庭手工业基地14处，解决4000多名“4050”妇女就业，创建巾帼科技示范基地15处，培养巾帼创业带头人126名，转移妇女就业12600多人。

妇女建功活动 1994年开始，每年都开展“五好文明家庭”“好媳妇”“好婆婆”等优秀家庭角色评选表彰活动，至2013年，共评选县、镇级五好文明家庭1500户，“好媳妇”1500名，“好婆婆”1500名。1996年开始，在城镇妇女中开展以“四有”（有理想、有文化、有道德、有纪律）、“四自”（自尊、自信、自立、自强）、“五学”（学政治、学文化、学科学、学技术、学管理）、“五创”（创优质、创效益、创最佳、创一流水平、创一流业绩）为内容的巾帼建功活动。1998年，县妇联获省“巾帼建功”竞赛活动先进协调组织奖。2002年2月，组织妇女开展“双学双比”“巾帼建功”“美在家庭”和“拥军优属”等活动。2004年，在全市率先成立梁山县“女企业家协会”，以争创“巾帼文明岗”、争当“巾帼岗位明星”为载体，在广大女职工中开展“岗位建功”竞赛活动。2010年，巾帼志愿者达1200人，巾帼文明队100支。至2013年，共创建国家级巾帼文明岗1个、省级5个、市级21个、县级98个，评选表彰巾帼岗位明星850人，其中，全国巾帼建功1人；评选全国三八红旗集体1个、全国三八红旗手1人。

妇女参政议政 1994年后，全县积极推进妇女参政议政，人大代表、政协委员、妇女党员、妇女干部比例逐年提升。2010年，县十六届人大代表中，女代表55人，占代表总数的21.5 %，比上届增加3人；县八届政协委员中，女委员50人，占委员总数的20.9%，比上届增加2人。同年，小路口镇潘那里村支部书记兼村主任王改芝、杨营镇高庄村支部书记李秀春被评为“济宁市优秀女村干部”。2013年，全县共有女党员4513名，占党员总数的13.3%；女干部4213人，占干部总数的比例由2001年的25.7%上升到31.5%，其中县级4人，占同级干部总数的13.8%，科级女干部119人，占同级干部总数的13.3%；全县146名科级后备干部中女后备干部38名，占26%。县直部门中，有32个部门配备了女领导干部，占部门总数的54.2%；15个乡镇（街道、开发区）领导班子中，全部配备了女干部，共16名。在村民换届选举工作中，每个村都配备女干部。在大学生村干部选配中，积极推荐女村干部，为女干部成长创造条件。

保护妇儿权益 1996年，梁山县开始举办妇女法律培训班，至2013年共举办法律培训班55期，培训妇女19000多人次，接待来信来访2200

多件，结案率98%以上。2006年以后，每年开展“平安家庭”和“平安示范村”创评活动，至2013年共评出县级优秀妇女维权岗150个，维权工作先进个人300名。2005、2009、2011年，县妇联三次对全县孤儿进行全面摸底调查，与县民政、残联、计生等部门联合开展贫困儿童帮扶救助活动，“六一”期间，走访慰问小学、幼儿园，关心、关爱留守儿童和贫困儿童。2009年，县妇联在全市率先成立“家庭教育研究学会”，普及家庭教育知识，提升全县家教水平，帮助广大家长树立正确的家教观念；同年11月，县妇联被命名为山东省“示范家庭教育指导中心”。2010年，获全省妇女维权先进站点1个，获全市妇女维权先进站点2个。至2013年年底，全县共建立妇女法律援助工作站点16个，少年法庭1个，未成年人法律援助工作站点16个，并成立妇女维权站(点)、110家庭暴力投诉中心、妇女维权合议庭、妇女维权热线、妇女法律援助联络中心、维权协调组。

1995年，梁山县妇联获省“维权工作”先进单位荣誉称号。2005年，梁山县第二实验小学被省妇联命名为“山东省示范家长学校”。

第四节 科协

梁山县科学技术协会（简称县科协），正科级单位。1994年，县科协内设办公室、科普部、学会部、科技咨询服务中心；2004年，梁山县成立老科技工作者协会、反邪教协会，同年5月，县科协增设老科技工作者协会办公室、反邪教协会办公室，均为正科级事业单位。2010年、2011年，连续两年被市科学技术协会评为“全市反邪教工作先进单位”。

代表大会 1980—1993年，县科协召开2次代表大会；1994—2013年，县科协召开1次代表大会。1994年12月7日，县科协召开第三次代表大会，出席代表179人。大会听取审议并通过梁山县科学技术协会第二届委员会作的《工作报告》《梁山县科学技术协会章程》《梁山县科协“金桥工程”实施方案》，选举产生县科协第三届委员会及11名常委、1名主席、1名副主席。马怀灵任主席，秦立胜任副主席。

科普活动 1994年，成立农函大梁山分校，并实施“金桥工程”。1995年，成立梁山县科协科普基金会。同年，表彰科技示范乡8个，科技示范村62个，科技示范户107户。1996年，开展“送科技书下乡”活动，举办科普讲座60余期，培训各类技术人员920余名，并在“农函大”招生培训学员1000余名。1997年，在实施“金桥工程”中，引进新成果、新项目50多个，引进科技人才16人。同年，编印《水泊科技群星》。1998年，新建科普示范基地13处，并组建由13名农业技术专家组成的科普报告团，在各乡镇、村巡回报告。1999年，组织实施“十百千”科普示范工程，全县新建12个示范基地、78个农技协、1200个示范户，并成立“梁山县科技兴农110研究所”，聘请20多名农业技术专家，为农民提供科技咨询、培训。2000年，开通“518”科普及技术创新服务咨询专线电话。2001年，组织实施“十百千”科普示范工程，开展各类科普宣传活动30次，组织送科技下乡15次，引进推广新技术、新品种40多项，培训各类人员2万人次。同年，与县文明办、团县委联合举办“崇尚科学文明，反对迷信愚昧”科普展览。2002年，县科协与县委组织部联合举办农村党员、基层干部学科技用科技大比武活动。同年起，组织青少年参加国家和省、市青少年中小学生计算机奥林匹克竞赛和青少年科技创新大赛活动。2003年，组织防治非典科普宣传队伍，开展防非典科普宣传进乡村、企业、校园等系列活动，举办科普展览50场次，开展科技咨询活动160场次。2006年5月，举办以“崇尚科学、反对邪教”为主题的“百诗百画”大型科普巡回展览，参观人数累计达3万人；组织开展拒绝邪教万人签名、民众之声和反邪教科普宣传一条街活动，印发《致全县人民一封信》等反邪教宣传资料10万份。2007年起，在职工中开展“讲敬业爱岗、比科技兴企”“争创科普车间”等活动。同年，在全县实施“户户通科普工程”，部分镇村和社区建起高档次的科普画廊，获“全省科普惠农先进县”称号。2008年起，连续5年开展科普示范乡镇（街道）、村、基地、农技协、科普带头人“五个十佳”创建活动；同年9月，实施“‘百千万’科普示范工程”（百名专家联千村，科普惠农富万户）和“科普惠农示范工程”，推进科普教育、科普示范、科普宣传、农技协、科普服务“五个体系”建设，选派百名专业技术人员成立“科普惠农专家服务团”，进村入户为群众搞技术服务，同年，获“全市科普惠农先进县”称号。2009年，被评为全省“站、栏、员”建设先进县。2010年，建立各类科普示范基地42处，农村专业技术协会发展到197个，科技示范户发展到11000个。同年，县第一实验小学、第二实验小学等学校被济宁市命名为科普教育基地、科普教育示范学校。至年底，累计有5000名企业技术人员参加“讲爱岗敬业、比科技贡献”竞赛活动，累计推广农业新技术新成果154项。2012年，有57名中小学生和辅导教师获市级奖励，有8名中小学生和辅导教师在全国、全省获奖。2013年，组织开展以“崇尚科学，反对邪教”为主题的全县反邪教知识竞赛、中小学生作文大赛、新创作文艺作品汇演、硬笔书法大赛和农村反邪教警示教育等一系列活动。至2013年年底，全县共建“科普之春”“科普活动日”“科技活动周”“科普宣传月”等科普宣传栏648个、科普画廊10处，总长度4100米，全县15个乡镇（街道）区建立科普站，所有行政村配备科普宣传员，实施服务项目70个，引进新品种130多个，推广优质小麦种植技术、甜叶菊高产栽培技术、西瓜标准化生产技术、大水面鱼虾养殖技术、淡水精养高产技术、优质生猪规模养殖技术、无公害蔬菜高产栽培技术、绿化苗木标准化栽培技术等68项新技术。

学术交流　1994年，举办以“京九铁路通车对梁山经济开发影响”为主题的省级学术交流会议。1995年，举办梁山县首届优秀论文评选活动。1996年，召开各类学术交流85次，征集学术论文350篇。同年，开展第三届梁山县优秀科技工作者评选互动，共表彰149名优秀科技工作者。1997年，召开各类学术交流68次，征集学术论文412篇。1998年，举办梁山县第二届优秀论文评选活动，表彰一等奖17篇、二等奖4篇、三等奖7篇。同年开展第四届梁山县优秀科技工作者评选活动。1999年，举办第三届优秀论文评选活动，表彰一等奖14篇、二等奖5篇、三等奖3篇。同年，开展第五届梁山县优秀科技工作者评选活动，共表彰80名优秀科技工作者。2000年，举办各类学术交流活动45次，征集学术论文230篇。2001年，开展“讲精神文明、比科技致富、创科普文明乡村”活动，共评选出科普文明乡镇6个，科普文明社区3个，科普文明村92个，科普文明户500个。2002年，开展第五次自然科学优秀论文评选活动，共评出优秀学术论文30篇。2003年，举办以“农民增收与全面建设小康社会”为主题的综合研讨活动。2004年，举办以“安全生产与可持续发展”为主题的综合研讨会。2006年，举办“技术创新和可持续发展”学术研讨活动。2007年4月，梁山县成立全民科学素质行动领导小组，至2013年，先后组织实施未成年人、农民、城镇劳动人口、领导干部和公务员等四个方面的科学素质行动，建立健全了规模以上企业科协网络。2009年，举办“依靠科技进步促进梁山跨越”学术研讨活动。至2013年，共组织各类学术交流活动27次，收到论文269篇，有56篇被评为国家和省、市优秀学术论文。

第五节 工商联

梁山县工商业联合会（简称县工商联），正科级单位。始建于1953年1月，1963年秋撤销，1988年8月恢复设立。2013年，县工商联内设办公室与会员联络室、非公有制经济组织党工委办公室。

代表大会 1994—2013年，县工商联共召开四次代表大会。

1998年11月18日，梁山县召开县工商业联合会第五次代表大会，大会通过上届执委会工作报告，选举李华为会长，王明启、袁怀柱、李建宝、戚一顺、潘敏（女）、高文胜为副会长，邱传国为秘书长，选出执委29名。

2001年11月28日，梁山县召开县工商业联合会第六次代表大会，大会通过上届执委会工作报告，选举李启胜为会长，李华、袁怀柱、葛广春、李建宝、李守忠、杨奉社、李宪吉、周广民、岳增才为副会长，邱传国为秘书长，选出执委33名。

2008年7月23日，梁山县召开县工商业联合会第七次代表大会，大会通过上届执委会工作报告，选举王学灵为主席，马德水、李培方、杨秀花（女）、李建宝、岳增才、杨奉社、吴兆海、梁传友、侯庆堂、王朝银、郝云华（女）、贾玉环（女）、赵庆珠、徐恩润为副主席，李培方兼任秘书长，选出执委38名。

2011年12月27日，梁山县召开县工商业联合会第八次代表大会，大会通过上届执委会工作报告，选举王宇帆为主席，牛淑慧（女）、杨秀花（女）、李志波、李克军、李建宝、李培方、江继锋、陈艳玲（女）、岳增才、雷其清、郝云华（女）、赵庆珠、信恒颂、贾玉环（女）、徐恩润、梁传友为副主席，李培方兼任秘书长，选出执委66名，常委33名。

主要工作 1994年后，积极开展“双思”“三个结合”教育和争当优秀中国社会主义事业建设者活动，推动广大会员参与光彩事业和社会公益事业，赢得社会好评。2008年，县工商联积极推进友好往来和工作交流，当年与杭州萧山区工商联建立友好商会，并相继与河南省舞阳县、福建省沙县等工商联组织建立友好商会。2009年，县工商联与老龄委联合举办“梁山县工商界十大孝子评选”活动。2010年5月，成立梁山县工商业联合会城区分会、中小企业家商会、女企业家商会、水浒商会、食品行业商会、各乡镇基层商会；同年6月，设立非公有制经济组织党工委办公室，大力开展党建创评工作，培树一批企业党建工作先进典型，并组织非公有制经济人士赴胶东半岛、聊城、淄博、浙江等地区参观考察。2012年1月，工商联组织企业家为贫困群众、敬老院捐款捐物，分别到全县15处敬老院走访慰问，购买油、米、面、粉条等生活用品，共计3万元。同年8月，组织基层商会开展“金秋助学”活动，扶持资金达2万元，在九九重阳节与老干部局联合开展慰问走访困难离休老干部活动，组织执委以上企业家健康查体，发放查体卡160余人次。同年12月8—9日，县工商联组织执委企业家等50余人参加济宁市“第二届儒家文化与企业发展高峰论坛”。2013年，组织企业开展结对帮扶、扶危济困等活动，其中中集东岳、华宇集团获省工商联“公益之星”称号。至2013年12月，全县建有15个乡镇（街道）商会，会员总数2612人，直属企业会员414家，个人会员116名，团体会员21名；县非公有制经济组织党工委建立直属支部11个，培养入党积极分子70多名，当年发展党员7名。

第六节 文联

梁山县文学艺术界联合会（简称县文联），正科级单位。2004年11月成立，挂靠县文化局。2009年7月，县文联设立文艺活动部。2010年6

月，县文联归口中共梁山县委宣传部管理。2011年4月，县文联成立文学编辑部，并创办《梁山》文学季刊。2013年，有编制6人。

代表大会 2006年12月8日，县文联召开第一次代表大会，出席大会的正式代表160名，特邀代表240名，选举产生县文联第一届全委会、主席、副主席、秘书长，通过《梁山县文学艺术界联合会章程（草案）》及各专业协会章程（草案）。选举产生委员118人，选举张成钢为文联主席，王清然、李兴文、张道美、毕于兵、贾玉峰、张立梅（女）、张忠安、关义华为文联副主席，尤宝柱为文联秘书长。

2009年4月8日，县文联召开第二次代表大会，出席大会的正式代表118名，特邀代表23名；2011年3月18日，召开第三次代表大会，出席大会的正式代表256名，特邀代表66名；2012年2月29日，召开第四次代表大会，出席大会的正式代表347名，特邀代表69名；2013年3月18日，召开第五次代表大会，出席大会的正式代表126名，特邀代表25名；第五次代表大会选举赵德民为文联主席，并选举张春玲（驻会）、张道美、毕于兵、贾玉峰、张忠安、关义华为文联副主席，王景坤为文联秘书长。

组织文化活动 2006年7月，举办纪念建党85周年书画展暨县美协首届会员作品展，组织展出各类书画作品120多幅，选送30余件书画作品参加济宁市庆祝建国85周年书法美术摄影展。主办“义酒飘香”消夏之夜大型文艺演出活动。2007年9月，承办《走进梁山》大型专题摄影展、《墨润梁山》书画展和楹联展，创作和征集摄影作品千件；同年12月，县文联会同水浒国画院在中韩大酒店举办迎元旦中国当今国画名家作品展，展出当代著名国画家30余人的精品力作40多件，并邀请全国国画名家10多人现场挥毫作画。2009年4月，县文联会同有关部门联合开展书画创作交流活动，其中，4幅精品报送国家民政部，参加全国“军民鱼水情”书画展览；5幅以“安全生产”为主题作品报省参展，7幅普法作品报参展并获奖。同年6月，组织举办“庆祝新中国成立六十周年”全县书法、美术、摄影作品展，展出各类作品130余幅。同年8月，举办“盛世中国·和谐梁山”庆祝建国建县60周年大型联欢晚会；同年10月，组织举办“水泊美夕阳”老人节专场文艺联欢会。2011年3月，组织举办“毛泽东与梁山”征文活动，共征集到《重走伟人路》《从梁山到井冈山》等文章30篇。同年4月，组织举办迎接毛新宇到梁山“毛泽东诗词专题书画展”；同时举办“我爱我家”“难忘的岁月”“水浒争鸣”“黄河运河文化”等系列征文活动。同年5月，组织《梁山》文学杂志编辑部在全国范围内开展“庆祝建党九十周年征文”活动，部分优秀稿件在组织《梁山》文学杂志刊发。同年7月，配合县委宣传部举办“梁山县歌”歌词征集活动，共征集谱曲作品和歌词80件，《梁山赞歌》等部分获奖作品在《梁山》文学杂志上刊载。同年8—9月，面向全国开展“我心目中的水泊梁山”和“曲艺唱词”征文活动，共征集稿件100篇，唱词30篇，优秀稿件在《梁山》文学杂志上刊载。2012年9月，会同县食药监局举办梁山美食季“绽放美丽”大型文艺演出；同年10月，组织举办“水浒戏”大型专场文艺演出。2013年1月，组织举办“大义梁山拥抱春天”梁山县春节联欢晚会。县文联还多次组织知名书法家进军营、进学校，挥毫泼墨，创作一大批精美书法作品；每年组织文艺团体下乡巡回演出，并先后举办“新农村建设杯”书法美术摄影作品展。至2013年12月，先后组织书画、摄影、曲艺、歌舞等创作、比赛和大型演出等各类文化活动达50多次。

发掘地方文化 2009年1月，县作家协会在梁山杏花村组织“水浒酒文化研讨会”，对梁山好汉和梁山地区酿酒、饮酒的风俗习惯、历史渊源等进行研讨；同年6月，县文联会同济宁市电视台、梁山县电视台记者，开展采访梁山民间艺术家活动，深入挖掘、弘扬水浒文化，并在济宁电视台《相约15分》栏目进行播放。同年9月，县文联举办首届“爱客多杯”根雕奇石展，有5省12市根石爱好者参展，共展出各类根雕奇石300余件；同年10月，组织根石协会会员参加全省根石大赛，梁山县根雕奇石共获得1个金牌、2个银牌、3个铜牌和6个优秀奖。2010年6月，举办迎七一“姜传薪先生书法作品及近现代中国书画名家作品展”，展出全国名家作品70余幅；2012年7月，联系省、市、县电视台，分别对县内曲艺、书法、绘画等代表人物进行专题采访报道。2013年10月，组织引导水泊街道刘集村成立刘集农民文化艺术联合社，同时组织筹划历时十天的刘集农民文化节，演出豫剧、秧歌、武术等精彩节目。

对外文化交流 2009年7月，组织老干部赴邹城市考察其文化市场建设情况，并向县委提出“建设文化一条街、打造梁山代表性人文景观”的建议。2010年8月，筹备编撰《梁山当代精英集萃》，赴郑州、青岛、北京、济南和济宁等地联络梁山同乡，征集稿件；同年10月，县文联与《望月文学报》编辑部、县旅游局共同组织举办“走近梁山”文学采风交流活动，创作不少精品佳作。2012年5月，省作协主席王兆山、省文联正厅级巡视员纪检书记丁殿广及省市文联专家到梁山考察文学创作和交流水浒文化；同年7月，赴北京与世界武联主席、中国武术协会副主席、北京少林武校总校长傅彪开展文化交流活动；同年8月，邀请济宁市戏剧家协会主席和县内部分剧作家召开剧本修改交流座谈会。2013年2月，组织县曲艺团演员赴滨州参加全国曲艺汇演，进行文化交流活动；同年4月，济宁市文联副主席侯健等到梁山创作采风，体验黄河、运河文化及水浒文化。同年8月，组织部分书画家赴泰安参加2013中韩书画艺术交流活动；同年9月，承办山东省第七届国际大众艺术节项目—“相约梁山·2014中韩书画艺术交流展”，省文联为梁山文联特别颁发优秀组织工作奖证书。

第七节 残联

梁山县残疾人联合会（简称县残联），1990年10月成立，时为副科级事业单位，隶属于县民政局。1994年8月，县政府成立残疾人工作委员会，由分管副县长兼任主任。1995年，县残联由副科级事业单位升格为正科级事业单位，配备理事长1人，由县民政局副局长兼任，副理事长2人（均为兼职），与县民政局合署办公。1998年4月，县残联与县民政局机构分设，为县政府管理的群团机构。2003年，县残联独立设置，设理事长1人、副理事长2人，有干部职工6人。2009年，县残联内设办公室、康复部两部室，并建立梁山县残疾人康复中心和梁山县残疾人托养中心。至2013年，共有干部职工9人。

1991年起，各乡镇陆续设立残联机构，至2013年，设有15个乡镇（街道、开发区）残联，每个残联设专职理事长1人、残疾人专职干事1人；2002年起，各村（居）开始陆续建立残疾人协会，至2013年，全县建有村（居）残协672个，残协专职委员672人。

代表会议 1994—2013年，县残联共召开五次代表会议，并选举产生理事会。

1994年9月7日，梁山县残疾人联合会第二届代表大会召开。出席大会的代表共137名，大会选举产生梁山县残疾人联合会第二届主席团委员会，选出委员68名。在县残疾人联合会第二届主席团委员会第一次全体会议上，选举产生第二届执行理事会理事长1名，聘任副理事长2名。

1998年4月24日，梁山县残疾人联合会第三届代表大会召开。出席大会的代表共176名，大会选举产生梁山县残疾人联合会第三届主席团委员会，选出委员90名。在县残疾人联合会第三届主席团委员会第一次全体会议上，选举产生第三届执行理事会理事长1名，聘任副理事长2名。

2002年4月25日，梁山县残疾人联合会第四届代表大会召开。出席大会的代表共182名，大会选举产生梁山县残疾人联合会第四届主席团委员会，选出委员96名。在县残疾人联合会第四届主席团委员会第一次全体会议上，选举产生第四届执行理事会理事长1名，聘任副理事长2名。

2007年5月22日，梁山县残疾人联合会第五届代表大会召开。出席大会的代表共168名。大会选举产生梁山县残疾人联合会第五届主席团委员会，选出委员87名。在县残疾人联合会第五届主席团委员会第一次全体会议上，选举产生第五届执行理事会理事长1名，聘任副理事长2名。

2012年12月26日，梁山县残疾人联合会第六届代表大会召开。大会听取并审议第五届主席团工作报告，总结前五年的工作，安排部署新一届的工作任务，选举产生主席团、主席、副主席、执行理事会，聘请名誉主席，选举产生出席济宁市残联第四次代表大会代表，成立新一届盲人协会、聋人协会、肢残协会、智力残疾人亲友会和精神残疾人亲友会。

残疾人救助　20世纪90年代起，梁山县相继开展政府扶残、社会助残、志愿助残、康复救助等一系列残疾人救助活动，并于每年的全国助残日期间，在县城主要街道设置宣传站，在公园、广场等公共场所举行助残仪式，至2013年，累计开展各类助残活动50余次。

扶残助残　1994后，主要以专项扶残、社会助残、发放救济、减免提留、定期定量补助、资助危房改造等形式进行扶残助残。至2005年，全县专项扶残1999人次，社会助残1335人次，贫困残疾人救济2695户，减免农村残疾人提留义工折算金额99万元，贫困残疾人享受定期定量补助869人，残疾人补助性居家托养130人次，资助残疾人危房改造137户，残疾人脱贫300多户。2006年起，除继续实行专项扶残、社会助残等扶残助残外，开始对重度残疾人纳入低保并发放补贴，同时发放残疾人燃油补贴；在残疾人补助性居家托养的基础上，实行免费机构托养。至2013年，全县专项扶残2568人次，社会助残2133人次，贫困残疾人救济3461户，减免农村残疾人提留义工折算金额101万元，贫困残疾人享受定期定量补助2359人，纳入低保重度残疾人生活补贴2217人，残疾人燃油补贴400人，残疾人补助性居家托养1053人次，免费机构托养200人次，资助残疾人危房改造336户，残疾人脱贫570多户。

教育助残　1994年，梁山县筹资200多万元，建起聋哑学校，并不断采取措施，提高残疾少年儿童入学率，2000年，全县残疾少年儿童入学率达68%以上；至2013年，全县残疾少年儿童的入学率达83%以上。同时，在全县城乡组织开展“红领巾助残”“青年志愿者助残”“助残志愿者进社区”“助残志愿者与残疾少儿联谊会”等主题活动，促进了残疾少年儿童健康成长。

医疗康复　1994年后，在全县范围内，开展白内障免费复明手术、肢体残疾人免费康复训练、肢体残疾人免费矫治训练、肢体残疾人免费安装假肢、残疾人免费适配辅助器具、脑瘫儿童免费康复训练、精神病患者免费住院及服药治疗等一系列免费医疗康复救助，至2013年，全县免费做白内障复明手术2270人，肢体残疾人免费康复训练1901人，肢体残疾人免费矫治训练866人，肢体残疾人免费安装假肢152人，残疾人免费适配辅助器具9561件，脑瘫儿童免费康复训练579人，精神病患者免费住院及服药治疗4696人。

残疾人就业　20世纪90年代初，梁山县兴办各类福利企业，集中安置残疾人员，至2000年，全县拥有各类福利企业8处，安置残疾人上岗就业305人，各福利企业残疾人占职工总数的比例均超过国家规定的25%以上。同时，举办残疾人技能培训班和农村实习技能培训班6期，累计受训人员1400余人次，扶持残疾人个体户创业103人。2001年后，继续推进各类福利企业创办，加大残疾人技能培训力度，并建立残疾人就业扶贫基地，至2010年，全县福利企业达到16处，举办残疾人就业招聘会5期，安置残疾人上岗就业总数达800多人，各福利企业安置残疾人占职工总数的比例平均达到30%以上；举办残疾人技能培训班和农村实习技能培训班18期，累计受训人员4500余人次，扶持残疾人个体户创业350多人；建成省、市、县三级残疾人就业扶贫基地12处，辐射带动残疾人家庭脱贫80余户。2011年后，在持续推进福利企业残疾人安置、残疾人就业扶贫基地建设、残疾人技能培训的同时，积极发展残疾人家门口就业、居家就业、网上就业等就业渠道，并加强残疾人求职登记、职业介绍、就业信息发布等日常性就业服务。至2013年，全县举办残疾人就业招聘会3期，新安置残疾人上岗就业670余人，福利企业安置残疾人占职工总数的比例平均达到35%以上；建成省、市、县三级残疾人就业扶贫基地14处，扶持残疾人个体户创业165人，辐射带动残疾人家庭脱贫130余户，530余名残疾人实现家门口就业、居家就业和网上就业；举办残疾人技能培训班和农村实习技能培训班8期，累计受训人员1670余人次，涉及养殖、种植、食品加工、计算机维修、电脑设计、按摩、烹饪、家电维修、电工、钳工、车工、统计、会计、手工制作等方面。

第八节 红十字会

梁山县红十字会，始建于1984年11月，县直各医疗卫生单位和各乡镇卫生院为县红十字会团体会员；全县其他各部门（包括工厂、农村、机关、学校）中热心于红十字会事业、志愿参加红十字会活动的人员均可加入红十字会，成为红十字会会员。县红十字会在县卫生局设办公室，初期日常工作由县卫生局医政股承担。1990年起，各乡镇建立红十字会组织，乡镇红十字会会长由乡镇长或副乡镇长担任，副会长由乡镇卫生院院长和乡镇中心校校长担任。乡镇红十字会下设办公室，办公室设在乡镇卫生院。2000年4月，县红十字会正式设立红十字会办公室，为副科级事业单位，隶属县卫生局，定编3人，人员由卫生局内部调剂，主任由卫生局副局长兼任。2005年12月，红十字会由卫生局代管调整为县政府管理，全额事业编制5名，设常务副会长（正科级），为县红十字会法人代表。县红十字会办公室仍设在县卫生局。2009年11月，县红十字会工作人员实行参照公务员管理。

代表大会 1994—2013年，梁山县红十字会共召开一次会员代表大会。

2001年7月，县红十字会第三次会员代表大会召开，大会由县委副书记李传武主持，副县长高天宝做工作报告，县委书记韩军、济宁市红十字会常务副会长张玉荣出席会议并讲话。大会选举第三届理事会，副县长高天宝任会长，牛淑慧任常务副会长、秘书长和红十字会办公室主任。聘请县委书记韩军任名誉会长，县委副书记李传武、县人大常委会副主任王志宪、县政协副主席刘邦兰任名誉副会长，

2003年12月，第三届理事会调整，县委书记韩军任名誉会长，县委副书记、纪委书记宋科、县人大常委会副主任赵玉民、县政协副主席高天宝任名誉副会长，副县长任艳云任会长，孟凡友任红十字会办公室主任。2009年5月，第三届理事会再次进行调整，副县长孙颖任会长，邱传国任常务副会长，雷翠峰、王清海先后任副会长。

主要工作 1998年，梁山县积极组织开展无偿献血活动，被济宁市评为“无偿献血先进县”称号。2005年，组织开展“慈心一日捐”和“农村医疗救助”捐献活动，共募捐善款25万元。

2008年，县红十字会为汶川大地震募集善款36.28万元。2010年、2011年和2012年，“慈心一日捐”分别募集到捐款5.69万元、14.15万元和10.52万元。2013年，县红十字会主要组织开展义诊救助、募捐救灾、无偿献血活动等，其中所募捐款均用于救济扶助。

第九节 慈善总会

梁山县慈善总会成立于2006年6月，隶属于梁山县民政局。慈善总会会长由分管民政工作的副县长担任，县民政局局长为慈善总会常务副会长，民政局分管慈善工作的副局长为慈善总会秘书长。至2013年，县慈善总会设理事45名，常务理事36名，会员1518名；15个乡镇（街道）慈善分会、6个企业慈善分会、626个村居慈善工作联络站，16支慈善义工队伍，慈善义工4700名。

慈善工作 2006—2013年，县慈善总会大力开展慈心一日捐、定向捐赠、企业冠名基金等活动，社会公众参与慈善的积极性逐步提高，慈善资金募集数额逐年增加，受助困难群众不断扩大，慈善救助成为与政府救助、社会救济、社会福利相衔接的社会救助体系的重要组成部分。同时，慈善总会注重建立健全管理制度，先后制定《梁山县慈善资金管理办法》《梁山县慈善总会冠名慈善基金管理使用办法》等规章制度，并出台《关于对特困家庭实行临时救助的意见》等文件，为慈善工作规范有序地开展奠定了基础。在慈善资金使用上，严格按照慈善资金管理规定，做到公开透明、阳光操作，同时定期对资金使用、财务管理以及救助项目落实情况等进行监督检查，并通过多种方式及时向社会公布，接受群众监督，慈善组织公信力不断提升。

救助活动 2006年起，县慈善总会围绕助困、助医、助学、助老、助孤、助残等方面，积极开展救助活动，先后启动12个救助项目（朝阳助学、慈善学校助学、夕阳扶老、救助贫困老人、困难群众生活救助、困难退役军人与英烈家庭救助、贫困残疾人救助、特困家庭临时救助、慈善基金医疗救助、爱心复明、微笑列车、扶持新农村建设）。银都房地产、中集东岳、蓝天集团、华宇集团、通亚汽车、三利树脂、中爱肾病医院等7家企业设立慈善助困、助学、助老、助医基金，基金总额达到1700万元。同时，慈善总会每年从“慈心一日捐”活动捐赠款中拿出30%用于特殊困难家庭临时救助活动，对适于现金救助的特困家庭，分别给予一次性5000～50000元不等的救助金。至2013年，救助特困群众和学生3万多人次，发放救助金600多万元；救助特困家庭242户，发放救助资金105万元。特别在2008年“5·12”四川汶川地震、2010年甘肃玉树地震发生后，全县广泛开展抗震救灾捐赠活动，人民群众积极捐赠。2008年，县慈善总会共接收捐款516万多元，全部用于汶川灾区；2010年，县慈善总会向玉树地区拨付捐款51.27万元；社会各界的爱心人士所捐赠的定向帮扶金20万元也按照捐赠者的意愿进行了救助。

第十节 志愿者协会

梁山县志愿者协会，始建于2013年5月，是经县民政局核准登记、县文明办主管的社会团体。同年5月18日，梁山县志愿者协会成立暨协会第一届会员代表大会召开，大会表决通过《梁山县志愿者协会章程》，选举产生梁山县志愿者协会第一届理事会理事、会长、副会长、秘书长、副秘书长，选举县人大常委会原副主任赵玉民为第一届协会会长，寻传军、吕文远、高峰、韩瑞丽等为副会长，寻传军兼秘书长。志愿者协会下设党员志愿者服务队、青年志愿者服务队、巾帼志愿者服务队、工会志愿者服务队、网友志愿者服务队5个综合志愿者服务队，就业志愿者服务队、卫生医疗志愿者服务队、文化志愿者服务队、科技志愿者服务队、扶残帮困志愿者服务队、关爱未成年人志愿服务队、法律志愿者服务队、网络文明传播志愿者服务队 8 个专业志愿者服务队，注册会员共 2000 余人，协会统一制作志愿者服装、徽章及志愿者证。

第十一节 老年人卫生健康协会

梁山县老年人卫生健康协会（简称老卫协），始建于 2013 年 9 月，系由县民政局批准、县卫生局主管的社会团体。老卫协会长由县卫生局原局长李天信担任，并聘请县人大常委会原副主任、县政协原副主席为名誉会长。老卫协下设专家联络部、健康宣教部、综合服务部。

老卫协主要由全县卫生系统团体会员和从事老年保健的专家学者、热心老年保健工作的有识之士等个人会员组成，为自愿结合组成的全县综合性、非营利性老年人卫生健康社会团体。其业务范围包括：学术研究、信息交流、业务培训、咨询服务、医疗保健、健康教育、项目推广、兴办实体。

老卫协建立后，注重加强组织建设，健全工作机构，组织热心老年健康的医卫工作者开展老年人健康研究和健康教育活动，组织县内知名专家开展医疗保健和健康咨询服务，会同卫生局组织老年人开展健康查体等活动。

第十二节 老年人体育运动协会

梁山县老年人体育运动协会（简称老体协），始建于 1989 年。2006 年，老体协设立专门办公室，由县财政全额拨款，隶属县体育主管部门，为正科级事业单位。协会主席、副主席由离退休县级或副县级老干部担任。老体协下设太极拳、乒乓球、台球、门球、地掷球、气排球、麒麟鞭、空竹、风筝、象棋、戏曲、钓鱼等分会，同时建有中老年艺术团。

1993 年，县政府建设老年人体育活动中心，为二层、四周回廊式楼房，并建有各种活动场地；2012 年 6 月，由于县城规划建设凤凰公园，老年人体育活动中心拆迁，活动中心迁至县委党校临街楼，活动场地在公园内重新建设。

1994 年，承办济宁市门球比赛。同年，赴潍坊参加全省老年人太极拳比赛，获比赛最佳奖。1997 年，赴哈尔滨参加第三届全国老年太极拳比赛，获得团体优秀奖、个人优秀奖。1998 年 10 月，举办太极拳万人武术表演大会。同年，参加济宁市全民健身杯武术比赛，包揽 6 项冠军。1999 年 10 月，承办全国中老年太极拳比赛，共有 61 支代表队参赛，梁山县获 40 式太极拳团体部分第一、42 式剑第五、个人冠军、亚军各一项。2006 年，举办首届全县老年人运动会。同年，参加山东省首届老年人运动会，获女子乒乓球单打冠军、太极拳获团体剑冠军、团体拳第三名。2007 年，承办全市老年体育工作会议。同年 8 月，举办“全民健身与奥运同行、全国亿万老年人健步走向北京奥运会”活动。2008 年，参加济宁市首届老年人运动会，共计获得 26 项金牌中的 9 项，超过总数 1/3，团体总分、金牌总数均为第一，并获优秀组织奖和体育道德风尚奖。2009 年，举办第二届全县老年人运动会。2010 年，参加山东省第二届老年人运动会，梁山县 29 名运动员代表济宁参加比赛，共计获得 4 个金奖、5 个银奖、6 个铜奖。2011 年，举办第三届全县老年人运动会。同年，参加国家体育总局主办的全国健身秧歌大赛，获一等奖。2012 年，参加济宁市第二届老年人运动会，获得 17 项金奖、8 个冠军的好成绩，金奖总数、金牌总数列全市第一，并获得大会优秀组织奖和体育道德风尚奖。2013 年，参加济宁市备战省运会选拔系列赛，取得优异成绩，争取到单独组织 4 个项目，参与组织 3 个项目。

2008 年，县老体协被省体育局、省老龄办评为“2004—2008 山东省老年体育工作先进单位";2012年,被省体育局、省老龄办评为"2008—2012山东省老年体育工作先进单位";2013年,获济宁市委、市政府"全市离退休干部工作先进集体"称号。其中,水泊梁山中老年艺术团于2003年获全国妇联、国家体育总局"全国亿万妇女健身活动先进集体"称号,2006年获得山东省妇联、省体育局"巾帼文明标兵队"称号。

第十三节 梁山武术研究学会

梁山武术研究学会,成立于2007年5月,是经县文化局审核批准、县民政局登记注册的社会团体。梁山武术研究学会首届会员代表大会选举冯建武为会长,选举贺林、周贵庆为副会长,贺林兼秘书长;聘任县政府副县长任艳云、县文化局原局长徐新生、县卫生局原局长袁绍信为名誉会长,同时聘请中国公安大学武术教授韩建中、山东大学武术教授燕子杰、山东省武术院套路部部长卢国庆、济宁市文化局社会文化科科长刘凤来、济宁市非物质文化遗产保护中心主任范学松、梁山县体育局副局长蒋先坤为顾问。学会法定代表人为冯建武。

梁山武术研究学会致力于梁山武术的挖掘、研究、保护、传承和开发利用,会同有关部门、单位和社会组织,成功发起、举办中国梅花拳演武大会暨保护发展论坛,参与了梁山武术申报国家级非物质文化遗产的拳械发掘、学术论证、材料撰写、申遗资料片的策划协拍等工作;组织编创武术、硬气功、舞龙舞狮剧目,参加国际孔子文化节、中国旅交会、青岛啤酒节、泰山登山节、中国成都全国非物质文化遗产保护传承大会、全国城运会、山东省民族运动会、山东省农民运动会、中央电视台《中华情》栏目、梁山水浒文化节和车博会开幕式、第23届省运会和第9届省残运会开幕式等大型武术表演比赛,并在九江、佛山、梧州分获国际龙狮争霸赛金、银、铜奖各一枚;组织撰写武术论文11篇,由《山东省非物质文化遗产丛书》公开发表,整理出版40万字的《中国梅花拳文集》;代表梁山武术界参加了在北京举办的中华武术四大门派学术交流大会。

梁山縣志

LIANG SHAN XIAN ZHI

1994—2013

第十八篇

DI SHI BA PIAN

军事法治

1994 年后，梁山县不断加强人民武装和民兵队伍建设，深入开展拥军优属和拥政爱民活动，武装部、武警中队、消防大队为梁山县经济和社会发展做出重大贡献。同时，不断强化全民国防意识，深入进行国防教育，认真做好兵役工作，至 2013 年，梁山县实现连续 20 年无责任退兵，被山东省人民政府征兵办公室评为“征兵工作先进单位”；梁山县人民武装部被山东省军区评为“思想政治教育”先进单位和抓基层建设“先进一线指挥部”。

1994—2013 年，梁山县公、检、法、司等政法机关，努力维护社会治安与社会公平，全力创建平安梁山，为全县经济发展、社会稳定、人民安居乐业付出辛勤的努力。1994 年 10 月，县检察院获最高人民检察院“集体嘉奖”；2005 年 2 月，被最高人民检察院授予“全国先进检察院”；2008 年，县法院获得全省司法行政工作先进集体和刑事审判工作先进集体；2013 年，县法院获全省“优秀法院”称号，县司法局被山东省司法厅授予“亮点工作创新先进集体”。

第一章 军事

第一节 军事机构

人民武装部 中国人民解放军山东省梁山县人民武装部（简称县人民武装部）为地方武装部队，隶属济宁市军分区，接受梁山县委、县政府领导，为县委的军事部、县政府的兵役机关，是梁山县最高军事领导指挥机关，主要负责全县民兵、兵役和动员工作。

县人民武装部前身是县委武装委员会，隶属梁山县委，接受军分区领导。1951 年 6 月，由地方建制改为中国人民解放军建制，列入菏泽军分区编制序列。其后，在保留县人民武装部番号的同时，曾改称兵役局，复归地方建制，因行政区划变动隶属关系。1990 年 1 月，梁山县人民武装部以地方建制移交济宁军分区，隶属济宁军分区，同时接受梁山县委、县政府领导。1996 年 4 月，县人民武装部收归军队建制，称“中国人民解放军山东省梁山县人民武装部”，隶属关系及双重领导性质不变。县委书记兼任县人武部党委第一书记，县人民武装部一名主官参加县委常委会，一名主官参加县政府常务会议、县长办公会议。

1994 年，梁山县人民武装部设有办公室、军事科、政工科、后勤科和民兵训练基地、民兵装备仓库，配部长、政委和副部长各 1 人，在编干部 17 人、职工 10 人。1996 年 4 月，县人民武装部收归军队建制，为正团级单位。配现役干部 12 人，配部长、政委、副部长各 1 人，下设军事科、政工科、后勤科 3 个正营级单位和民兵训练基地武器装备仓库两个地方副科级行政单位。1997 年，民兵武器装备集中到济宁军分区仓库统一保管，仍保留县武装部武器弹药装备仓库。1998 年，武装部机关更新办公设施，实现办公自动化，其后高标准建成工兵器材室、民兵应急分队器材室，对民兵训练基地进行规划建设。2003 年 12 月，部队体制编制调整，县人民武装部取消副部长。2004 年 12 月，县人民武装部重设副部长，兼任军事科长，设军事科、政工科、后勤科三个正营级单位。2006 年，县人武部高标准建设，完善作战室、值班室、保密室、资料室和战备器材库规范化建设。2011年，县人民武装部党委被山东省军区评为“学习型党委”；2012年，县人民武装部被山东省军区评为“思想政治教育”先进单位和抓基层建设“先进一线指挥部”。

1994—2013年梁山县人民武装部第一政委、部长、政委任职一览表

表18-1-1

第一政委	任职时间	部长	任职时间	政委	任职时间
石福堂	1949.1—1949.6	常明宇	1947.0—1948.4	高旭东	1961.5—1964.3
杨兆祥	1949.6—1951.6	尹逊远	1949.8—1949.11	辛保民	1964.11—1971.7
谢悦毅	1951.6—1952.7	樊　森	1949.7—1952.7	周林田	1971.7—1976.8
申云璞	1952.7—1954.10	王俊贤	1952.7—1953.12	崔晨光	1976.8—1980.11
张海阔	1954.10—1959.2	刘远志	1953.12—1954.10	王瑞堂	1980.11—1984.7
高文德	1959.2—1960.1	樊　森	1954.10—1966.5	贾祥河	1985.1—1986.5
刘韶亭	1960.1—1963.5	韩承福	1966.5—1978.8	刘殿印	1986.5—1996.4
高文德	1959.2—1960.1	杨　鑫	1978.9—1980.10	张其良	1996.4—1997.5
张玉颜	1971.8—1973.9	张思信	1980.10—1983.8	徐炳良	1997.5—2001.3
王庆煌	1973.9—1976.9	李若灿	1983.8—1986.1	孙建国	2001.3—2001.9
杨成训	1976.9—1979.5	刘殿印	1986.3—1986.5	王继平	2001.9—2003.1
郭守章	1979.5—1983.4	高天宝	1986.5—1998.1	葛永胜	2003.1—2006.4
段振芳	1983.4—1984.1	殷少华	1998.1—2000.1	冉　舸	2006.4—2008.1
樊思宝	1984.1—1986.4	谢云良	2000.1—2004.1	李建基	2008.1—2010.3
魏昌启	1986.4—1989.8	李文斗	2004.1—2008.8	解庆法	2010.3—2013.3
文廷良	1989.8—1989.12	胡明祥	2008.8—2009.3	张传松	2013.5—
李广生	1989.12—1993.2	张　炜	2009.3—2011.3	—	—
连广生	1993.2—1995.3	陈　伟	2011.3—2013.3	—	—
王廉秀	1995.3—1997.12	贾祥峰	2013.3 —	—	—
韩　军	1997.12—2004.6	—	—	—	—
商建设	2004.6—2010.4	—	—	—	—
陈国华	2010.4—2011.11	—	—	—	—
田卫东	2011.11—	—	—	—	—

说明：历任第一政委均由县委书记兼任

人民武装委员会　梁山县人民武装委员会，始建于20世纪60年代，由县委书记兼任主任；后几经调整、撤销、恢复，至20世纪90年代前后，县人民武装委员会主任由县长兼任。2000年后，县人民武装委员会与县国防动员委员会调整为一个机构、两块牌子。至2013年，县人民武装委员会主任由县委书记兼任。

国防动员委员会　1989年4月，梁山县成立国防教育领导小组，后改称梁山县国防教育委员会。1997年9月，成立梁山县国防动员委员会。2003年9月，国防动员委员会与县国防教育委员会合并为县国防动员委员会。至2013年，县国防动员委员会主任由县委书记兼任，下设武装动员、政治动员、经济动员、人民防空、交通战备和综合办公室6个办公室，为国防动员委员会办事机构。综合办公室设在县人武部军事科，政治动员办公室设在县人武部政工科，人民防空办公室设在县政府办公室，经济动员办公室设在县改革和发展局，交通战备办公室设在县交通局。

基层武装部 基层武装部的设置随行政区划的变动而变化。20世纪80年代撤社建乡后，原公社武装部改称乡镇武装部；设有国棉厂、轴承厂、油漆厂、石棉厂、水泥厂武装部和县直机关武装部；各基层武装部一般配部长、副部长各1人、干事2人。2001年，结合乡镇撤并，原乡镇武装部合并；结合企业改制，原企业武装部相应合并。2005年5月，设立良福集团武装部，成为济宁市第一家民营企业武装部。

武警中队 梁山县武警中队，正连级编制，前身为菏泽专署公安处梁山县中队，始建于1953年。1983年1月，改称为中国人民武装警察部队菏泽地区支队梁山县中队。1990年1月，划归武警济宁市支队，改称为中国人民武装警察部队济宁市支队梁山县中队。根据国务院和中央军委的规定，梁山县武警中队受上级支队和地方政府的双重领导。

消防大队 梁山县消防大队始建于1970年，始称消防中队。1991年1月1日，消防中队由菏泽市公安消防支队划归济宁市公安消防支队。1994年，成立梁山消防大队，为副团级单位，2002年、2003年，县公安消防大队被省公安总队评为先进消防大队；2011年1月，被市支队评为2010年度先进大队；2013年2月，被市支队评为2012年度先进大队。

第二节 兵役工作

兵役制度 1984年5月，第二部《中华人民共和国兵役法》（也称新兵役法）颁布后，实行以义务兵为主体的义务兵与志愿兵相结合、民兵与预备役相结合的兵役制度。新兵役法把兵役分为现役和预备役，现役包括现役士兵和现役军官，现役士兵又分为义务兵和志愿兵；义务兵服现役的年限为3、4、5年，服役满5年的专业技术骨干，根据部队需要和本人自愿，经师级以上机关批准，可以由义务兵改为志愿兵，其服役期限，从改为志愿兵之日算起，至少8年，不超过12年，年龄不超过35岁，本人自愿，经军级以上机关批准，可以延长。1999年年底，为适应军队现代化需要，取消志愿兵制，实行义务兵和士官相结合的兵役制度：士官实行初级（1～2期）、中级（3～4期）、高级（5～6期）三级管理；初级一、二期服役3年，中级三、四期服役4年，高级五期服役5年，六期服役9年以上，最高服役年限达30年。

兵役登记 根据新的兵役法和征兵工作条例规定，县兵役机关每年7月以县政府名义发布《兵役登记通告》，以乡镇为单位填写《兵役登记表》，依法确定应服兵役、免服兵役和不得服兵役的人员，报县、市兵役机关批准，经兵役登记和初步审查合格的，称应征公民。在每年9月30日前，组织基层单位对当年12月31日前、年满18岁的男性公民进行兵役登记。征兵开始前，各单位组织应征公民进行体格目测，病史调查和政治、文化初步审查，选定政治思想好、身体好、文化程度高的公民为当年的征集对象。

征兵工作 梁山县是人口大县，也是兵员大县，县政府每年都成立梁山县征兵工作领导小组，由常务副县长任组长，武装部政委任副组长；并设立征兵办公室，由武装部长任主任，县政府办公室副主任与武装部军事科长任副主任。同时成立政审、体检等专门小组，从有关部门抽调专门人员开展工作。每年征兵工作主要按照调查摸底、计划准备、体格检查、政治审查、审批定兵等步骤组织实施。调查摸底，主要对适龄青年情况进行详细的普查和登记，准确掌握适龄青年参军意向和数量质量情况，为高质量完成直招士官和征兵任务奠定基础；计划准备，主要包括宣传发动、调整机构、召开会议、组织集训、拟制计划、开设体检站、召开联席会议、签订责任书等工作；体格检查，由县征兵办公室统一组织，县卫生行政部门具体负责；政治审查，根据县征兵办公室统一安排，由县公安机关具体负责；审定新兵，主要对体检、政审双合格的应征公民进行全面衡量，按照基层推荐、体检复查、集体定兵的程序择优批准政治思想好、身体好、文化程度高的服现役，对审定的新兵人员名单及时进行公布公示，对不合格的及时调整更换，对合格人员及时办理入伍手续和开展役前教育，适时发放被装、办理新兵档案、组织介绍信等。1996—2013年，实现连续无责任退兵；2011年，被山东省人民政府征兵办公室、济宁市人民政府办公室评为“征兵工作先进单位”。

预备役 预备役是按照战时应急动员、平时预编起来的武装组织，是中国武装力量的重要组成部分。预备役人员分为预备役士兵和预备役军官。

士兵预备役 士兵预备役包括全部民兵和不建立民兵组织单位的经过预备役登记的退伍士兵、专业技术人员和其他符合士兵预备役条件的男性公民。士兵预备役分为第一类和第二类。第一类士兵预备役包括下列人员：经过登记服预备役士兵的35岁以下退出现役的士兵；经过登记服士兵预备役的35岁以下的地方与军事专业对口的技术人员；其他编入预备役部队和预编到现役部队的28岁以下的预备役士兵。第二类士兵预备役主要包括编入民兵组织的人员。预备役士兵年满35岁，退出预备役。

预备役军官 预备役军官来源主要包括：退出现役转入预备役的军官和文职干部、确定服军官预备役的退出现役的士兵和高等院校毕业生、确定服军官预备役的专职人民武装干部和民兵干部、确定服军官预备役的非军事部门的干部和专业技术人员。1996年1月，开始施行《中华人民共和国预备役军官法》。县人民武装部负责本行政区域的预备役军官的具体管理工作。1994—2013年，梁山县对预备役军官进行登记、统计、建卡、立档，军队转业干部由县人武部进行登记、统计后，重新评定预备役军衔。预备役军衔评定工作由县委、县政府、县人武部的领导及组织部、人事局等部门负责，并组成评定领导小组，根据上级军事机关关于评定改授、授予预备役军官军衔的有关规定进行评定。

第三节 民兵组织

组织建设 民兵组织制度始于新中国成立之初，规定18～45周岁男性公民、健康者均有参加民兵的权利与义务，其中18～25岁编入基干民兵，26～45岁编入普通民兵。20世纪80年代，多次进行民兵整组工作，减少数量、提高质量、抓好重点、打好基础，基干民兵组织更加适应国家经济建设和战备工作的需要。

基干民兵整组 1997—1999年，逐步落实民兵工作调整改革，压缩基干民兵规模，合理调整组织布局，在以行政村为主建立民兵组织的基础上，按照“五个有利于”（有利于领导、有利于提高质量、有利于开展活动、有利于执行任务、有利于平衡负担）的要求，对基干民兵进行调整，在县乡两级建立民兵应急分队，应急分队按照“五统一”（统一组织编制、统一组建范围、统一编组方法、统一教育训练、统一武器装备）的标准和组织严密、队伍精干、人员纯洁、可靠管用的要求，加强规范化建设，并制定各项应急预案，组织训练和应急演练，提高执行应急任务的能力。城市民兵坚持国有企业为主，有计划地扩大“三资”企业、股份制企业、集体企业等其他多种所有制企业基干民兵的编组。2000年，突出城镇重点，合理调整编组，优化组织结构，巩固民兵工作调整改革成果。县人武部先后制定《民兵工作调整改革方案》《关于加强民兵基层建设的实施意见》，进一步调整基干民兵编组布局，搞好城市和农村基干民兵的编组，突出抓好应急分队和民兵专业技术分队编组，加强基层武装部正规化建设和民兵连“部、室、家”建设。民兵调整改革后，民兵编组逐步实现农村向城市、国有企业向民营企业、一般企业向高科技企业战略转移，民兵编组质量和科技含量不断提高。

专武干部配备 1984年6月，中共中央组织部、民政部、劳动人事部、总参谋部、总政治部联合下发《关于基层武装部的设置和专职人民武装干部的配备原则等问题的通知》。通知要求，乡镇1万人以上不足3万人的配部长、干事各1人；重点乡镇以及3万人以上的大乡镇，配部长1人，干事2人。专武干部均由县人民武装部、县委组织部和所在单位协商提名、县委审定、县人民武装部部长、第一政委、政委任命，并报军分区备案。乡镇武装部长进同级党委，是乡镇领导成员之一，按副乡镇长级干部配备。

基层干部配备 基层民兵干部的选配，主要是根据《中华人民共和国民兵组织暂行条例》的规定，以及乡村基层组织政权建设的规定，与行政组织相适应，重点选配好民兵连长和指导员。在选配中注重选拔政治素质好、军事过硬的年纪轻、文化程度高的退伍军人担任基干民兵连长。同时解决好他们的政治、经济待遇，是党员的进党支部，不是党员的进村委会。民兵连指导员由支部书记担任。

军事训练 1991年开始，每年的3、4月份，县人武部抽调部分优秀民兵教练员集训，主要进行军事理论知识、单个军人队列动作、捕俘拳、警棍盾牌操、单兵战术基础动作、轻武器基本操作的训练；每年7、9月份，县人武部结合黄河防汛任务，集中沿黄4个乡镇民兵连，进行黄河驻堤防汛训练，每年训练时间30天，主要进行动员工作业务、组织指挥和教学法的训练；每年的暑假对初中、高中学生进行国防教育和军事训练，训练内容主要有队列基础动作、警棍盾牌操、防暴基础知识、捕俘技术等课目。1998年，在全县部分乡镇和县直单位组建迫击炮连、侦察连、通信连、工兵连、军械修理分队等8个专业分队和11个专业技术分队。1999年开始，县人武部组织机关干部开展岗位练兵活动，主要内容有微机操作、战术标图、应知应会知识、高科技知识、体能等，在全区首长机关开展大比武活动中，县人武部连续三年被军分区评为“科技练兵比武先进单位”称号。

1999年6月15日，济宁军分区组织12个县市区人武部、1200多名民兵在小路口镇国那里村进行黄河防汛演习，主要进行巡堤、打桩、捆抛柳石枕、扎纤丝笼等课目的训练，梁山县人民武装部获“黄河防汛演习先进单位”。2000年，梁山县人民武装部组织120名民兵应急分队参加济宁军分区防空袭演习，主要承担疏散群众、维护社会等课目的训练，获优秀组织奖。2001年，梁山县人民武装部组织120名民兵应急分队参加济宁军分区队列汇报表演，被评为先进单位。2013年，民兵军事训练各类人员达300多人。

第四节　双拥共建

组织领导 1994—2013年，双拥工作由县双拥工作领导小组统一领导，县双拥工作领导小组由县委书记兼任组长，县长和5名县委常委为副组长，各乡镇党委书记和县直有关部门主要领导为成员；各乡镇都成立“一把手”任组长的双拥工作领导小组，各党政部门、企事业单位均建立相应的工作班子。县双拥工作领导小组研究制订《梁山县双拥工作意见》，把双拥工作纳入各级领导干部工作责任制，与领导班子和领导干部的政绩考评挂起钩来。1994—1997年，梁山县先后被省委、省政府、省军区和市委、市政府、济宁军分区授予“拥军优属模范单位”。1999年，被全国双拥工作领导小组评为“拥政爱民先进集体”。2003年，被济宁市委、市政府、军分区评为“拥政爱民先进集体”。2010年，被省委、省政府、省军区命名为“双拥模范城（县）”。

宣传教育　1994年后，梁山县不断深化双拥宣传教育，营造良好的双拥社会氛围，在县委党校开设国防、双拥课程，把国防教育和双拥工作纳入各级领导干部教育培训规划；在全县中小学校普遍开设“少年军校”，利用暑假对中小学生集中进行国防教育及双拥宣传。2001年，结合《国防教育法》颁布实施，开展大规模的双拥宣传教育活动，不断提高全民参与双拥活动的自觉性。驻梁官兵在坚持经常性双拥宣传教育的同时，利用新兵入伍、老兵退役、重大节日、扶贫帮困、助民劳动等时机，组织官兵集中进行教育。县电视台、电台等新闻媒体开设“双拥专栏”和“双拥专题”，在公共场所、窗口单位设置一批双拥宣传栏、宣传牌、标语、口号，旅游景点现役军人、伤残军人免费游览，市内公交车义务兵、伤残军人免费乘坐，各车站、广场军车免费停放。各大商场及服务窗口单位设立“军人优先”“烈军属优先”服务台。2002年后，结合创建双拥模范县活动，集中宣传中共中央、国务院、中央军委关于加强军政军民团结的一系列指示精神，宣传创建双拥模范县活动重大意义和主要内容，宣传拥军优属和拥政爱民的动人事迹。在宣传工作中，从梁山地方具体情况、部队建设及军烈属实际需要出发，深入乡镇、街道、企事业进行面对面的宣传，宣传鼓动创建拥军优属模范单位、创建拥政爱民模范连队，至2013年，全县民拥军、军爱民蔚然成风，为军民共同开创梁山的美好未来奠定了坚实基础。

军民共建　新中国成立初期，县人武部门、武警、消防等驻梁官兵，在每年麦收、秋种等时节都帮助驻地群众抢收、抢种。20世纪50年代至80年代，驻梁山部队积极支援地方生产救灾，参加农村抗旱保苗、抢收、抢种和除草、灭虫害斗争。1998年，驻梁武警中队出动10余次近百名官兵参加东平湖抗洪救灾抢险，圆满完成任务。21世纪以后，梁山县人民武装部以促进地方经济发展为己任，积极为地方经济发展献计献策，并以实际行动支援地方经济建设。2001年，县人武部组织民兵开展“民兵带建科技示范园”活动，组织民兵建设蔬菜、花卉等科技大棚170余个（处），民兵带建经济林70余处，济宁军分区专门在梁山县召开民兵带建科技示范园现场会，给予高度赞赏，并予以推广。2003年，县人武部在全县开展“一部一村，一人一户”扶贫帮困活动，协调资金120万元，先后帮助梁山镇周庄村、大路口乡油坊村脱贫致富；积极组织民兵参加维护社会治安活动，在寿张集乡道沟村开展民兵维护社会治安活动试点，县委在寿张集乡召开了民兵维护社会治安现场会，并在全县开展推广；驻梁官兵积极参加社会公益活动，通过交纳特别党费、“慈心一日捐”、慈善基金等形式，先后向灾区捐款、募集资金20余万元，衣物3000余件，帮助寿张集乡郭楼村孤儿范学峰等17名失学儿童重返校园。同年10月，受华北西部秋雨的影响，黄河水位暴涨，小路口镇黄那里村生产堤被冲毁，黄河滩区60多个村庄被围，2万余名群众被困，人民群众生命财产和黄河大堤受到严重威胁，市县迅速组织民兵应急分队进行抢险，在连续抢堵1天1夜无效的情况，紧急向省军区、济南军区请求支援，军区迅速派舟桥团30多人前往支援，在军民共同努力下，确保了黄河大堤安全。2010年9月，驻梁武警中队圆满完成一起重大交通事故救援警戒任务。2012年，驻梁武警中队出动数十名官兵参加“9·16”涉日维稳任务，并圆满完成涉日维稳任务，受到武警山东总队和县领导的表扬及肯定。至2013年，驻梁武警中队每年出动近百余人次官兵参加押解、追捕任务，协助梁山公安系统处置各类突发事件，参加全国高考梁山县考场场外警戒勤务，协助公安系统和地方中学完成军训勤务，担负临时性警卫勤务。

第五节 国防教育

教育活动 20世纪90年代，梁山县先后开辟“将军渡”“梁山战斗遗址”“烈士陵园”等国防教育基地7处，定期组织民兵预备役人员、中小学生进行国防教育。1990年，县人武部建立梁山县国防教育中心，制作国防教育图版30余块，分为抗日战争时期、解放战争时期、社会主义建设时期，配有投影教学，每年受教育群众5000多人次。1991年5月，县人民武装部创办《梁山民兵》报，以反映梁山民兵工作为主旨，共发行42期，最大发行量2000余份，为普及国防教育知识、提高全县人民的国防意识发挥了重要作用。该报1994年12月停办。1994年，开展各种形式的国防教育和国防知识竞赛活动，纪念新《兵役法》实施10周年。进入21世纪，梁山县逐步形成由政府及宣传、教育、民政和武装部门参加的“五位一体”的新局面。梁山县全民国防教育由县政府牵头，县长任全县国防教育委员会主任，办公室设在县人民武装部政工科，政工科长担任办公室主任，具体负责全县国防教育工作。

2001年，《中华人民共和国国防教育法》颁布实施，梁山县每年9月份的第3个星期六举行全民国防教育日活动。2003—2005年，举办“良福杯”国防知识竞赛，请部队院校军事专家给县级领导上国防教育课，组织县领导“过军事日”，开展“送国防电影下乡、送教育上门”活动。期间，县人民武装部组织参加全国“爱中华，强国防、奔小康”国防知识竞赛和山东省国防办公室组织的“昊宝杯”国防知识竞赛活动，获全省“先进单位奖”，7名同志分别获全国、全省国防教育先进个人，县人武部政委葛永胜获全国国防教育先进个人，政工科长刘思峰获全省国防教育一等奖。2005年，还组织与国防有关的各种体育及武术活动，先后举办“国防杯”“武术杯”“军民团结杯”等各种体育竞赛。2012年，县人武部组织首届“兴武杯”民兵篮球赛，参加比赛民兵360名，赛期为21天，引起了社会的广泛关注。至2013年，梁山县连续多年被济宁市国防教育办公室评为国防教育先进单位，中央电视台进行多次宣传报道。

学生军训 梁山学生军训始于1967年3月，中国人民解放军二五六部队奉命在梁山进行“三支两军”。部队进驻学校后，帮助恢复正常的教学秩序外，利用早操、体育课对学生实行军训。1990年，县武装部利用县民兵训练基地，开始定期组织学生开展军事训练活动，主要进行队列和基本步伐的训练，让学生学习了解掌握基本的军事技能。同年，利用暑假期间，开办第一期少年军校，组织中小学生进行为期一个月的国防军事教育培训，主要学习国防知识、军事理论和军事技能。1991—1993年，连续三年组织少年军校学生参加济宁市少年军校比武竞赛，均取得优异成绩。1994年，县人民武装部与县教育局联合举办预备役学校，少年军校由县民兵训练基地迁至梁山第一职业学校与第二职业学校，由以学生国防教育为主转为以役前适龄青年国防教育为主，由教育局颁发职业中专毕业证书，经体检、政审合格后，优先入伍。同年，成立梁山镖师学校，组织部分适龄青年进行封闭式军事训练，军事科一名参谋任校长，面向社会招生，从地方聘请武术教官，除开展基本的军事训练外，还练习擒拿格斗、武术套路，先后向北京等地输送保安人员700多人。1996年，梁山镖师学校停办。1999年，预备役学校停办，恢复少年军校，每年9月份，利用高一新生入学之机，组织梁山一中学生开办少年军校，对学生进行国防教育和军事训练。2000年，恢复学生军训工作，全县各中学每年利用暑假和开学之机，组织梁山一中、三中、四中、宏志中学的学生，开展大规模学生军事训练。至2013年，共举办少年军校21期，受教育学生达6万多人。

梁山县 1994—2013 年参加学生军事训练人数统计表

表 18-1-2　　单位：人

年度	人数	年度	人数	年度	人数
1994	220	2001	3900	2008	4000
1995	200	2002	4100	2009	3700
1996	240	2003	4400	2010	3600
1997	180	2004	4600	2011	3900
1998	160	2005	3200	2012	4200
1999	180	2006	3500	2013	4100
2000	3600	2007	3800	合计	55780

第二章 政法

第一节 队伍建设

主题教育 1994 年起，县政法委深入组织开展教育实践活动。1998 年，开展“公正执法、文明执法、让人民满意”教育整顿活动。2004 年，开展以“公正执法树形象”为主题的“政法队伍建设年”活动。2005 年，开展以“内强素质、外树形象、打击犯罪、共创和谐”为主题的集中教育整顿活动。2006 年，开展社会主义法治理念教育和执法规范化建设。2008 年，开展“公正司法树形象，执法为民促发展”主题教育活动。2011 年，开展“发扬传统、坚定信念、执法为民”主题教育实践活动。2011 年，开展“百警驻百村、百警联百企”活动，从政法部门挑选 234 名年轻、精干、责任心强的政法干警，分别进驻 126 个后进村居和 108 个规模以上企业。2012 年，开展“忠诚、为民、公正、廉洁”核心价值观教育活动。2013 年，按照中央政法委提出的“五个能力”要求，全面加强政法队伍建设，全县政法队伍素质进一步提高。

文化宣传 1994 年后，县委政法委结合全县政法工作实际，适时开展以法律法规宣传、政法队伍建设为主题的各类文化活动。2005 年 4 月 28 日，举行“平安杯”法律法规知识竞赛。2008 年 12 月，组织 110 名政法干警参加全县庆祝改革开放 30 周年歌咏比赛，演唱《政法干警之歌》，获得一等奖。2009 年 1 月，组织政法各部门举办《平安之声》大型文艺晚会，展示了广大干警良好的精神风貌。2011 年 6 月，在庆祝建党 90 周年之际，举办梁山县政法系统《永远跟党走》红歌演唱比赛，并通过单位申报、社会公示、评委会评选、县委常委会审定，从长期奋战在基层一线的政法干警和政法工作者中，评选出全县优秀政法标兵、十佳办案能手、十佳调解能手和 70 名优秀政法干警、优秀政法工作者，进行广泛宣传。2012 年 5 月，举办《梁山县政法系统青年干警联谊联欢会》。同年 6 月，举办庆“七一”名家演唱演奏会，吸引高层次声乐专家为广大干警和社会各界演唱演奏，共享文化盛宴。同年 7 月，举办《八一军旗红》梁山县军警民大型文艺联欢晚会。

第二节 综合治理

1994年，社会治安综合治理委员会先后制定社会管理综合治理目标管理责任制、社会管理综合治理领导责任制、社会管理综合治理一票否决制、综治成员单位联系点工作制、综治委成员单位工作述职制度等。县委、县政府每年与乡镇和县直各有关部门签订社会管理综合治理承诺责任书，县综治办定期召开乡镇分管领导及县直有关单位分管领导或联络员会议，总结、交流、部署工作，并将每年的社会管理综合治理考核结果纳入党政综合考核和干部实绩考核，对没有达到工作目标或发生重特大恶性案件、严重危害社会稳定事件的，按规定实行社会管理综合治理一票否决。2004年3月，梁山县研究出台《关于建设平安梁山的实施意见》和《建设平安梁山实施细则》。县综治委、平安办制定出台《平安建设定期督查制度》《治安混乱部位、治安突出问题排查整治督查制度》和《治安防范、值班备勤夜间暗访制度》，对各乡镇、各单位平安建设工作进行综合检查和随即抽查，积极开展平安村居、平安社区、平安单位等系列创建活动，实现平安创建率达到85%以上的目标。2011年3月，综治委出台《乡镇平安建设保证金制度》，每年每个乡镇平安建设保证金5万元，年初由县财政统一扣付、统一管理，年底，兑现奖惩。全部达到平安建设保证金制度考核内容的，县委、县政府予以表彰，同时按照乡镇平安建设保证金1:1的比例进行奖励，奖金主要奖励乡镇党委书记、乡镇长、分管领导、综治办专职副主任、信访办主任、派出所所长、司法所所长及平安建设先进个人，奖金由县财政列支，保证金转入下一年度。未能达到平安建设考核内容要求的，扣除相关乡镇平安建设保证金，由县财政统一管理使用，其下一年度保证金由县财政继续扣付。2013年，在济宁市率先建立政法信息中心，推进了政法工作信息化管理工作。

第三节 治安防控

梁山县高度重视综合治安防控工作，全面加强矛盾排查、防控体系建设等方面工作。2007年1月，梁山县被省委、省政府评为平安山东建设先进县。

矛盾排查 1994年，逐步健全完善社会治安形势分析制度和矛盾纠纷挂牌督办制度。县综治委出台《矛盾纠纷排查化解首问责任追究办法》，县、乡镇定期、不定期地对辖区内的社会治安形势和社会矛盾纠纷等不稳定因素进行排查分析，研究落实针对性工作措施。2004年，综合治理工作提出“网络走在工作前、预防走在调解前、调解走在激化前”的矛盾纠纷排调“三前”方针，县和各乡镇成立矛盾纠纷调处中心，村居（单位）设立人民调解委员会、村民小组明确矛盾纠纷信息员，构建起“横到边、纵到底”矛盾纠纷排查调处网络。全县每月召开矛盾纠纷排查分析会议，坚持对重点个案、重点信访人员指定相关部门落实人员、包人包案，健全完善“工作台账、交办督办、领导包案、跟踪回访”四项机制。至2013年，累计挂牌督办矛盾纠纷42起，整治治安重点地区64个，共调处矛盾纠纷3168起，95%以上化解在了基层单位和萌芽状态。

防控体系 1994年起，全县不断加大人防、物防、技防建设，社会治安防控体系逐步加强。2003年起，在县城对重点部位实施录像监控，整合警力，加强技防；在农村实行“契约式”联防，配齐专职联防队员，推进群防群治，全力构建三道监控防线（省市治安卡口、县城出入口警务站、县际治安卡口）、五大监控系统（重点部位监控系统、单位监控系统、场所监控系统、特种行业监控系统、社区监控系统）、两张监控网络（城区监控网、农村监控网）。至2013年，全县累计安装监控探头2058个，建设完成300路图像全部接入省厅图像平台，全县80%的乡镇，把电子监控延伸至村庄，村级电子监控覆盖率达到40%以上。

跨区协作　2004年，鲁豫六县社会管理综合治理协会成立，并建立“边界犯罪联打、矛盾纠纷联调、边界治安联治”三联制度，共同打击跨界违法犯罪、共同调处跨界矛盾纠纷和共同深化平安边界建设。2007年，在梁山召开协会二次年会，在建立“三联制度”的基础上，建立起“边界治安联防协作、边界犯罪联打协作、边界矛盾纠纷联调协作、边界稳定信息交流协作”四项机制。2009年5月，在坚持好“三联”制度和“四项协作机制”的基础上，把跨区执行纳入协作范围，鲁豫六县社会治安管理综合治理大调解、大协作的格局已经形成，连续多年实现鲁豫边界无重大纠纷、无重大群体性事故。

第四节　案件协调

打恶除霸　1997年7月18日，济宁市中级人民法院在梁山召开公判大会，对犯有重大抢劫、盗窃罪的11名罪犯进行公开宣判，对8名罪犯执行枪决，另3名同案罪犯分别判处有期徒刑和无期徒刑。2000年12月29日，梁山县召开公捕公判大会，县公安局宣布对19名犯疑人逮捕命令，济宁市中级人民法院宣布对盗窃及杀人犯、故意杀人犯等3名罪犯判处死刑决定，并押赴刑场执行枪决。2001年4月24日，梁山县召开公捕公判大会，公安局对16名犯罪嫌疑人宣布逮捕，县法院对14名犯罪分子进行了宣判。2004年后，由县政法委牵头，组织协调公、检、法、司等部门，不间断地组织季节性、专题性和阶段性严打整治斗争，严厉打击爆炸、投毒、杀人、放火等各类严重暴力犯罪，严厉打击横行城乡的车霸、路霸、村霸、建筑霸、市场霸等各类霸头。2012年，开展夏季打霸除恶百日集中行动，全县共摸排出霸恶犯罪线索21条，打掉恶势力团伙3个，抓获团伙成员23名，打掉霸痞团伙9个、抓获团伙成员33名，打掉各类霸头15个，全市综合排名第5名，群众安全感和满意度大幅提升。

涉法涉诉　1994年后，县委政法委积极做好涉法涉诉工作，为当事人排忧解难。2004年起，县政法委先后制定《集中处理涉法上访问题实施方案》《集中处理涉法上访问题工作措施》《政法系统处理信访规定》《全县涉法涉诉信访案件集中化解攻坚行动实施方案》，并组织专门人员深入开展摸底排查工作，落实“定领导、定人员、定方案、定期限”，并取得良好成效。2005年3月31日，济宁市政法委在梁山召开全市涉法上访工作经验交流会。2009年起，实行政法“四长”信访接待日制度，由政法委牵头，公、检、法、司部门负责人联合接待有关涉法涉诉问题的群众来访，接受咨询，帮助解决问题。2013年，针对个别以访牟利、寻衅滋事的非访人员，引导涉法涉诉信访走向依法处理的轨道。

第三章　公安

第一节　公安机构

梁山县公安局，正科级行政单位，县政府组成部门，主管全县公安工作。县公安局为县政府最早设立的科局之一，1968年2月撤销，公检法合为一体，称公安机关军事管制小组。1973年6月，恢复设立公安局。1966年5月，公安局设立党组；1968年2月撤销，实行军管。1974年5月恢复设立党组；1996年1月撤销党组，设立党委。1993年6月，公安局开始相继配备副科级、正科级、副县级侦察员。1996年12月，局长正式按副县级干部配备。2000年1月，县公安局内设政工科、纪检监察科、行政管理科、信访科、法制科、内保科、老干科、户政科、看守所、治安科、政保科、治安拘留所。2001年6月，设立反邪教侦察科；同年11月，内保科更名为“经济犯罪侦查大队”；同年12月，治安科更名为治安警察大队。2006年6月，县公安局内设职能机构调整为：指挥中心（副科级）、国内安全保卫大队、经济犯罪侦查大队（副科级）、治安警察大队（副科级）、监所管理大队、公共信息网络安全监察大队（副科级）、户政科、出入境管理科、法制科、控申科、审计科、行政管理科、警务督察大队、政治处（副科级）、离退休干部科；直属单位有刑事侦查大队、巡逻警察大队、交通警察大队、公安局警务机动大队，均为副科级事业单位。2009年12月，公安局警务机动大队撤销。2012年，县公安局设有县城中区、县城南区、县城北区、城郊、梁山寨、拳铺、徐集、韩垓、韩岗、馆驿、小安山、寿张集、大路口、小路口、赵堌堆、黑虎庙、杨营、马营、黄河、开发区等派出所。同年6月，设立森林警察大队。

第二节 治安管理

治安机构 1994年，公安局设有治安股。2000年，改设治安科。2001年6月，成立治安警察大队。2006年6月，治安警察大队升格为副科级单位。至2013年，治安警察大队分设3个中队，对全县实行分片管理指导。一中队负责指导南区所、城郊所、拳铺所、徐集所、马营所治安管理工作，办理上述派出所辖区内治安部门管辖的刑事案件，并配合卫生局、县医院、烟草公司等单位案件办理工作。二中队负责指导北区所、小安山所、馆驿所、韩岗所、韩垓所治安管理工作，办理上述派出所辖区内治安部门管辖的刑事案件，并配合吉庆烟花爆竹公司等单位案件办理工作，同时组织实施全县枪支、爆炸物品管理工作，监督管理有关单位做好剧毒、放射性等危险物品安全管理工作，管制刀具鉴定工作，调查处理治安灾害事故，参与调查处理安全生产事故。三中队负责指导中区所、开发区所、杨营所、黑虎庙所、赵堌堆所、大路口所、小路口所、寿张集所治安管理工作，办理上述派出所辖区内治安部门管辖的刑事案件，并配合药监局、质监局等单位案件办理工作，同时组织实施全县公共场所、旅馆业、废旧物品收购业、机动车修理拆解业、刻字业、印刷业、典当业、拍卖业等特种行业治安管理，负责淫秽物品的鉴定、管理、销毁工作，重点打击、查禁卖淫嫖娼、赌博等社会丑恶现象及大型群体性活动备案、警保卫工作。

巡逻联防 1995年8月，县公安局成立巡警大队，负责城区110接处警和城区街道全天治安巡逻。1996年，县公安局开通110报警服务台。1999年，县公安局成立指挥中心调度科。2000年，投资60余万元扩建办公场所，增加办公设施。2004年，投资5万余元自行建成“110”“122”“119”三台合一系统。2005年1月，成立警务机动大队，又称特警大队，负责城区全天候网格化治安巡逻；在110报警服务台设立预警信息处置中心，在220国道、梁山县蔡楼、337省道设立电视监控点。2009年，投资400余万元扩建办公场所，增加微机、“110”接警电话等设备，建成全县治安视频监控系统，有效提升了警情处置的调控能力。2012年8月，巡警大队和警务机动大队整合为特巡警大队，负责城区110接处警和城区街道全天候网格化治安巡逻。同年，在城区每个老旧、新建居民小区由物业管理部门出资设立联防队，共有联防队90个，队员813人。2013年，依托各乡镇（街区）平安协会，成立矛盾调解办公室，指导各社区村庄成立中老年人组成的红袖标义务巡逻队，组织巡逻联防。同年提速视频全覆盖天网工程建设，加强社会面治安防控体。

特种行业 1994年，开始注重加强特殊行业管理。1995年，全县刻字从业人员培训3次，实现依法审批、承制、备案制度。1996年，对全县76家特种行业进行重新备案登记。1998年，对城区和乡镇驻地周围的21处收购点进行突击检查。2001年，开展废旧金属收购点清理整顿工作。2006年，检查旅店业189家、印刷业20家、旧货业15家，对手续不符合要求、无证经营的全部下发整改通知书，停业整顿。2007年，进一步加强机动车维修、打字复印、印刷等特种行业的治安管理，北关所组织民警对辖区内特种行业等单位进行走访调查，与业主签订责任书，填写登记表，及时将基本情况录入警综平台，切实做到对特行经营业底数清、情况明，确保全县社会治安稳定。2009年，全县集中开展开锁业清理整顿专项行动，共清理整顿专职开锁业户12家，兼职开锁业户3家，依法取缔9家，对5名违法人员给予治安处罚。2011年，检查印刷业25家、复印打字业98家，取缔复印打字业3家，签订守法经营责任书120份。2012年11月，将全县的6家非法电子游戏厅予以取缔。2013年，推进特种行业信息系统建设，严厉打击涉特种行业违法犯罪活动。

公共场所 1993年，梁山县扫黄打非工作局联合治安科开展“扫黄打非”专项行动，查缴淫秽录像带186盘，打掉传播淫秽录像团伙6个，刑事处罚7人，治安处罚23人。1999年，制定《梁山县公安局特种行业、公共场所实行公开挂牌管理的试行草案》。此后，对毒品、卖淫、嫖娼、赌博等社会丑恶现象，每年都多次开展专项打击行动。2000年，集中整治“路边店”，查处卖淫嫖娼案件57起，查处违法人员63人。2001年，取缔不法书屋、音像出租点13家、网吧9家。2003年5月，成立公共信息网络安全检察科。2003—2007年，查处“网吧”违法案件12起。2004年，全县旅馆住宿信息实行计算机管理，指导保安公司派驻保安进驻娱乐场所。2006年3—9月，开展旅馆业治理整顿工作，全县共取缔无《特种行业许可证》的旅馆35家，限期整改28家，安装旅馆业治安管理信息系统106家，安装率达95%，覆盖床位2018张，覆盖率达99%，旅客录入传输率达98%。通过旅馆业治安管理信息系统，抓获各类违法犯罪人员37人，其中公安部网上逃犯1人。2008年，公安部《娱乐场所治安管理办法》颁布以后，梁山县深入开展娱乐场所整治专项行动，严厉查处黄赌毒案件；同年8月，县公安局转发公安部、省公安厅《关于贯彻执行〈娱乐场所治安管理办法〉有关问题的通知》，研究制定《全县集中开展整治娱乐服务场所治安秩序专项行动实施方案》，各派出所分别成立专项行动领导小组，制定专项行动实施方案，在全县公安机关开展娱乐场所整治专项行动。2009—2013年，对旅店业、宾馆、洗浴等加强实名制的检查管理，对有实名制的场所每天至少检查一次，对发现问题的场所要进行整改，如发现整改不及时的给予查处，并特殊针对无证入住、一证多住、明显使用他人证件入住、有证未登记等情况，对所有场所业主进行培训教育。

涉枪涉爆 1994年以后，境内未发生剧毒、放射性物品丢失、被盗、泄露案件。1996年，梁山县对全县重点单位、偏远地带、陈旧院落、废旧窑厂等地方开展治爆缉枪专项行动，不定期对涉爆单位的外部安全防范设施、民爆物品的储存环境、出入库和领用发放登记情况、民爆信息系统的使用情况等进行检查。1998年，成立“东风民用爆破器材服务站”。1999年，开始加强涉枪涉爆管理，至2013年共收缴各类非法枪支450支，各类子弹19000余发（含气枪铅弹），查破涉枪涉爆刑事案件38起，依法处理100余人，收缴黑火药1000余公斤，导火索90万余米，雷管100万余发，废旧手榴弹152枚，废旧炮弹57枚，雷管半成品60万余发，黑火药原料1万余公斤；共查破涉烟花爆竹案件1716起，收缴非法爆竹成品600万余件，非法烟花1万余件，造烟花爆竹材料一大宗；依法打击处理涉枪涉爆涉烟花爆竹涉管制刀具等危险物品犯罪嫌疑人、违法行为人1321人。2010年，在东风民用爆破器材服务站的基础上，成立梁山富民爆破服务有限公司，实行民爆物品“一日全程服务”，安全实施爆破5次。2013年2月，梁山富民爆破服务有限公司开始运作并入山东运河爆破服务有限公司，至年底在运作中。

内保工作 20世纪90年代，全县单位内部安保工作由治安科负责；在全县各单位推广“安全财务室”制度，安装红外线报警器及“柜中柜”，全县5个银行105处营业网点安装与公安局110联网的防盗抢报警设备。2000年，县公安局成立内保科，负责全县内部单位安保工作，重要单位逐步设立保卫科。2001年，内保科更名为经济犯罪侦察大队，负责内部单位安保和经济犯罪侦查工作。2004年7月，县保安服务公司成立，由县公安局主管，其人员从社会上招募，实行有偿服务，后改制为梁山好汉保安服务有限公司，仅在业务上接受公安局指导。2011年10月，经济犯罪侦察大队将内保工作移交治安警察大队（原治安科）负责。至2013年，全县30家内部重点单位、40个党政机关设立保卫科，619个行政村设立治保组织；全县保安队伍发展到650余人，承担着全县72家企事业单位（含民营）的安全保卫任务。

警卫工作 警保卫工作由治安警察大队负责，设置警卫专职民警，负责联系对接市局警卫处。1994年开始，县公安局精心部署安排，反复勘验警卫路线和视察点内部及周边治安环境，制定详细的警卫方案，圆满完成多次一级警卫、三级警卫等重大警卫任务。

第三节 刑事侦查

案件侦破 1994年，立各类刑事案件656起，破获613起，其中重大案件138起，破获114起，重大案件破获率为82.6%。1995—1997年，刑事案件和破获率逐年下降，1997年全年立案278起，破获197起，其中重大案件101起，破获57起，重大案件破获率为56.4%。1998—2002年，刑事案件发案呈不断上升趋势，平均立案1421起，其中2002年刑事案件为2492起。2003年，刑事案件下降幅度较大，为1695起；2004年，共立各类刑事案件1043起，破获692起，其中重大案件289起，破获228起，重大案件破获率为78.9%；打掉犯罪团伙30个，成员119人。至2008年，全县刑事案件和破获率趋于平缓。至2013年，县公安局共立各类刑事案件20508起，破获17842起，破获率87%。

行凶杀人案 2000年2月，杨营镇蔡庄村发生一起入室盗窃演变成的杀人焚尸案，经过两个月的奋战，在青岛将嫌疑人蔡某某兄弟俩抓获。2002年1月12日，梁山县凤山西养鱼池内发生一起抛尸案，县刑警一中队历时6天将5名涉案嫌疑人全部抓获，首次对罪犯王某某实行注射死刑。同年5月9日，梁山镇后集村村民鲍某某在自家门口被人朝胸部连开两枪，恐其不死，又用枪托朝其头部猛砸三下致死，性质恶劣，手段残忍；同年9月11日，县公安局抓获一自报临沂兰山区的“李军”的人，并搜到其猎枪子弹8发，雷管3根，“李军”杀害鲍某某嫌疑陡增；至2003年3月，侦查人员将“李军”指纹寄往上海市公安局刑侦总队，得知真名为临沂市苍山县巩某某，梁山鲍某某被枪杀一案破获，并带破临沂涉枪命案6起。2004年2月19日，梁山风景区桥下发现一具无名男尸，经十余天的努力，将两嫌疑人缉捕归案。同年，在“五一”黄金周连续破获两起因奸情败露引发的杀人案——“4•30”韩某某故意杀人案和“5•5”张某某故意杀人案。2008年1月26日，县局刑警大队四中队和馆驿派出所并肩作战，奋战48小时，破获蒋某某雇凶杀妻案，抓获嫌疑人3名。2010年1月12日，梁山医药公司经理汪某在水泊商场家属院被人用刀捅死；刑警大队奋战87天，4名嫌疑人全部归案，一起惊动全县的雇凶杀人案告破，3名嫌疑人终审被判死刑。2011年1月，刑警大队联合拳铺派出所36小时破获潘某某故意杀人案。2011年8月，破获“7•19”抢劫杀人案。2012年1月，刑警大队24小时破获杨某某母子被杀案。2012年12月29日，梁山县杨营镇、拳铺镇发生两起抢劫杀人案，十天之内全部破获，两案两名嫌疑人均被成功抓获。

抢劫盗窃案 1996年7月，打掉以郑某某为首的8人持刀抢劫公共汽车乘客团伙，破获案件7起，价值45950元及物品一宗。1997年4月，经过两个月的缜密侦查，打掉一特大盗窃汽车团伙，该盗窃团伙在山东、江苏、河南共盗窃桑塔纳等轿车56辆，涉案价值100余万元。2005年6月，破获吕某某等人特大盗车案，共追回帕萨特、奥迪等高档轿车26辆，涉案价值500万元。2009年10月，经过一个月的奋战，县局刑警大队破获郓城县顾某某系列抢劫盗窃案，作案108起，涉案价值100余万元。

其他案件 2006年7月16日，县局刑警一中队在杏花村宾馆抓获秦某某等6名贩毒人员，当场缴获冰毒500克，麻古4000粒。2012年5月，利用DNA技术破获五年前发生在徐集镇的张某某系列入室抢劫、强奸案。

专项活动 1994—1998年，梁山县刑事专项斗争以打击拐卖妇女儿童犯罪和盗窃、抢劫犯罪为重点。1999—2005年，以“侦破命案”打击盗抢机动车、大牲畜、农机具犯罪和盗割电缆等通信工具为重点。2006—2013年，以“打黑除恶”为重点，包括电信诈骗犯罪、毒品犯罪等，期间共打掉黑恶团伙32个，抓获成员157人。其中，2011年开展“法网行动”，共抓获各类逃犯323名，被山东省公安厅评为“法网行动”先进单位；2012年开展“缉捕重大逃犯攻坚行动”，共抓获命案逃犯8名，涉枪逃犯1名，取得全市第一名。

刑事技术 刑事技术主要由刑警大队六中队负责。1994—1999年，每年进行现场勘查在100～200起。至2000年，现场勘查达到215起。2001年达262起。2002—2013年间，起落较大，2012年最高660起，2002年最低316起，物证提取率保持在80%左右，现场勘查率达到100%。至2013年，共有法医2人，痕检2人，刑事照相技术员1人，具有法医鉴定、痕迹检验、现场勘查等业务功能。

第四节 监所管理

看守所管理 梁山县看守所新所于2005年7月竣工投入使用，占地近2万平方米，其中监区占地1万平方米。2009年，梁山县看守所被省公安厅评为二级看守所。2013年，看守所共有民警25名，工勤2名，平均年龄34岁，大专以上学历26名。

拘留所管理 2005年7月，梁山县拘留所成立，2009年5月迁入新址。拘留所占地面积3000平方米，建筑面积2270平方米，分为办公区和拘留区，设有拘室，配有管教室、电教室、集体就餐厅、文体活动室和室外活动场等设施。2008年开始，连续六年被济宁市公安局评为“先进集体”。2011年、2012年连续两年被省公安厅评为二级拘留所。2012年，被济宁市公安局授予集体三等功。2013年，有监管民警10名，设所长1名、指导员1名、副所长5名，副科级2名。

第五节 出入境管理

业务办理 出入境管理工作最初由公安局政

保科管理。20世纪90年代至21世纪初，出入境管理业务不多；随着经济全球化和中国加入世界贸易组织，出入境人员和业务明显增多。2004—2006年，年受理出入境证件一般在400～600人次，3年共办理1588人次，其中，护照1215人次，往来港澳通行证及签注384人次，往来台湾通行证及签注16人次。2007年，开始对户口在梁山县的各级机关工作人员和国有企事业单位的管理人员以及法定不批准出境人员进行报备管控，至2011年，双备入库共173条。2008—2010年，共办理各类证件4190人次，其中，护照3014人次，往来港澳通行证及签注1134人次，往来台湾通行证及签注79人次，外国人证件16人次。2009年，涉外单位“境e通”系统推广应用，试行申请材料数字化审批，实现了工作效能的提高。2011年，开展集中清理因私出入境证件专项行动，查处利用双重户籍办理出入境证件2人，开展电子护照的测试工作，每天上传测试数据5～10条，在全县两家涉外宾馆中韩大酒店和杏花村宾馆安装旅馆业境外人员证件扫描系统；在全县范围内采集行政单位及金融部门领导签名130人及印章127枚。同年3月，成立出入境管理科。2012年3月15日，正式启用电子护照，采集申请人的指纹和手写签名，方便申请人自助通关；同年6月，启用POS缴费系统；同年11月，开通出国境证件省外特快专递收件人付费邮寄业务。至年底，更新“双备”数据库235条，其中新增国家工作人员48人，撤销报备人员42人，新增法定不批准出境人员145人。2013年4月，投入4万元配备“填表易”，推行网上预申请，开展证件同寄告知服务和“双向速递”港澳旅游再次签注申请服务。同年6月，出入境管理科更名为出入境管理大队；同年10月1日，实行数字化审批工作，减少申请人的纸质申请材料，加快审核移交及审批办证时间。至年底，全年共办理证件4132人，其中普通护照2176人，往来港澳通行证及签注1746人，大陆居民往来台湾通行证及签注207人，前往港澳定居申请3人，更新国家工作人员和法定不批准出境人员数据库105条。

1994—2013年梁山县出入境证件办理统计表

表18-3-1　　单位：个

年度	普通护照	往来港澳通行证	往来台湾通行证	前往港澳通行证	出入境通行证	合计
1994	10	—	—	—	—	10
1995	10	—	—	—	—	10
1996	14	—	—	—	—	14
1997	47	—	—	—	—	47
1998	43	—	—	—	—	43
1999	45	—	—	—	—	45
2000	60	—	—	—	—	60
2001	73	—	—	—	—	73
2002	139	—	—	—	—	139
2003	276	—	—	—	—	276
2004	486	—	—	—	—	486
2005	459	—	—	—	—	459
2006	749	—	—	—	—	749

续表 18-3-1

年度	普通护照	往来港澳通行证	往来台湾通行证	前往港澳通行证	出入境通行证	合计
2007	867	194	4	—	—	1065
2008	999	326	6	—	—	1331
2009	1036	466	46	3	—	1551
2010	1141	631	100	—	—	1872
2011	1235	878	90	1	—	2204
2012	1446	1327	172	—	—	2945
2013	2176	1746	207	3	—	4132

涉外治安　1994 年，梁山县开始集中开展查处非法入境、非法居留的外国人专项行动，对政府招待所、中韩大酒店、杏花村宾馆 3 家涉外宾馆进行严格管理，分别在中韩大酒店、杏花村宾馆安装旅馆业境外人员证件扫描系统。2013 年，济宁市公安局出入境管理处对全市旅馆业进行临时住宿登记培训，中韩大酒店、杏花村宾馆、银都迎宾馆等旅馆业就境外人员住宿登记参加培训，要求旅馆业对外国人住宿要及时进行临时住宿登记，禁止外宾住宿内宾登记的现象发生。至 2013 年年底，境外人员住宿登记共入库登记 86 条，共查处非法入境、非法居留外国人 22 名。其中，1999 年，查处 3 名非法入境朝鲜人；2000 年，查处 1 名朝鲜妇女非法入境案；2005 年，查处 1 名缅甸人非法入境案；2006 年，查处 3 名朝鲜人非法入境、非法居留案；2007 年，查处 1 名缅甸妇女非法入境案；2008 年，查处 2 名朝鲜妇女非法入境、4 名缅甸人非法入境案；2009 年，查处 3 名缅甸人非法入境、1 名印度尼西亚人非法居留案；2011 年，查处 1 名朝鲜妇女非法入境案；2012 年，查处 2 名越南妇女非法入境案。

第六节　户籍管理

人口概况　20 世纪 50 年代至 21 世纪初，国家在户籍管理中对户口按农业、非农业性质划分。1994 年，梁山县统计总人口为 684183 人，农业人口为 624700 人，非农业人口为 59483 人。20 世纪 80 年代后，随着国家有关政策的出台，如知识分子家属子女农转非等，加之市场经济的形成、私营企业的发展、城市建设规模的扩大，全县“农转非”规模一直持续增加，1997 年，当年非农业人口增加 10814 人，总数达到 75648 人。1998 年，“农转非”增速减缓，当年只有 2490 人转为非农业人口。1999—2002 年，非农业人口每年增加的人数维持在 1000 人左右。2003 年，梁山县开始对暂住人口实施统计，当年，公安机关建立暂住人口网上统计、核查系统；全县 17 个派出所共补录、新登记暂住人口 2332 人次。2005 年，梁山县政府办公室印发《梁山县户籍管理制度改革实施方案的通知》，对户籍管理制度进行改革，包括：建立城乡统一的户口登记管理制度，全面放开县内户口迁移政策，放宽城镇招商、投资、引资及引进人才落户条件，放宽购房落户条件，取消投靠类人员户口迁移条件限制，规范出生登记管理等。改革后，“农转非”逐步成为历史，农业、非农业户籍管理被打破，人口统计开始按乡村、城镇类别划分，当年乡村人口 620773 人，城镇人口 103785 人。2008 年，全县暂住人口开始明显增加，当年统计暂住人口为 3671 人。至 2013 年年底，全县统计总人口为 793254 人，乡村人口 478000 人，城镇人口 260900 人，统计暂住人口达 8035 人。

人口迁移 1994年，全县总人口数为684183人，迁入人口6816人。1997年，全县总人口数为696702人，迁入人口10387人，其中省内迁入为9714人，省外迁入673人；迁出人口9976人，其中迁往省内9144人，迁往省外832人。1998—2001年，迁入人口出现逐年下降的趋势，从1998年的6277人降至2001年的4104人；迁出人口总体下降，但迁往省外人口逐年增加。至2001年，迁入人口4104人，其中省内迁入为3562人，省外迁入542人；全县迁出为5402人，其中迁往省内4420人，迁往省外982人。2004—2007年，迁入人口缓慢增加，迁往省外人口达到历史的高峰阶段。2007年，全县迁入为6416人，其中省内迁入为5463人，省外迁入953人；迁出为6533人，其中迁往省内5141人，迁往省外1392人。2008—2010年，三年内平均迁入人口6670人，平均迁出人口为6676人。2010年，全县迁入为6437人，其中省内迁入为5614人，省外迁入823人；全县迁出为6523人，其中迁往省内5381人，迁往省外1142人。2011—2013年，迁移人口量开始出现回落，其中省内迁入和迁往省内人口减少幅度明显，省外迁入和迁往省外人口变化不大。2013年，全县迁入人口5024人，其中，省内迁入4182人，省外迁入842人；迁出人口5866人，其中，迁往省内4829人，迁往省外1037人。

居民身份证 1984年，梁山县开始使用第一代居民身份证。2004年1月1日，《中华人民共和国居民身份证法》施行后，梁山县正式换发应用IC卡技术、可机读的第二代居民身份证，当年办理二代身份证31354张；至同年12月，全县持有二代身份证人数477549人。2005年1月，全面换发第二代身份证，当年共办理二代身份证215184张。2006年，全县办理二代身份证183055张；2007年，办理二代身份证110620张；2008年，办理二代身份证69044张；2009年，办理二代身份证24510张；2010年，办理二代身份证26747张；2011年，办理二代身份证42271张；2012年，办理二代身份证48324张。2013年1月1日，第一代居民身份证停止使用，当年办理二代身份证35297张，至年底，全县共持有二代身份证655696人。

1994—2013年梁山县人口概况统计表

表18-3-2　　单位：人

年度	总人口	男	女	农业	非农	乡村	城镇	常住	暂住	迁入	迁出	出生率‰	死亡率‰	自增率‰
1994	684183	347831	336352	624700	59483	—	—	—	—	6816	7536	6.5	5.4	1.1
1995	687271	348798	338473	624765	62506	—	—	—	—	6998	6803	7.65	5.56	2.09
1996	691743	351541	340202	626909	64834	—	—	—	—	11019	9468	9.77	5.8	2.54
1997	696702	353787	342915	621054	75648	—	—	—	—	10387	9976	9.7	4.89	4.8
1998	702115	356817	345298	623977	78138	—	—	—	—	6277	6172	12.25	5.2	7.05
1999	705778	358803	346975	626493	79285	—	—	—	—	5917	6797	11.13	4.76	6.37
2000	709397	364022	348975	628657	80740	—	—	661827	—	5693	6156	11.15	5.39	5.08
2001	711553	361586	349967	629532	82021	—	—	—	—	4104	5402	9.86	5.02	5.02
2002	713414	362464	350950	630476	82938	—	—	—	—	4572	5840	9.6	5.2	4.38
2003	715049	364017	351032	631522	83527	—	—	—	2332	4491	6082	9.4	4.9	4.52
2004	717160	365598	351562	633160	84018	—	—	—	2404	5055	7022	10.7	5.0	5.69
2005	724558	369405	355153	620772	103786	620773	103785	—	2466	5048	6380	10.1	5.5	4.63

续表 18-3-2

年度	总人口	男	女	农业	非农	乡村	城镇	常住	暂住	迁入	迁出	出生率‰	死亡率‰	自增率‰
2006	735000	374593	360407	618384	116616	629703	105297	—	2678	4509	4679	9.9	5.0	4.9
2007	740705	377199	363506	—	—	628872	111833	—	2818	6416	6533	11.7	5.8	5.9
2008	743135	378446	364689	—	—	625980	117115	—	3671	6917	6840	10.2	7.2	3
2009	751420	383867	367553	—	—	637589	113831	—	4037	6655	6666	11.5	5.6	5.9
2010	768123	402279	381575	—	—	646405	121718	730652	4424	6437	6523	11.8	6.4	5.4
2011	778983	408161	385039	—	—	656401	221080	735706	4550	5377	6009	9.8	4.2	5.6
2012	776299	401106	375193	—	—	675900	243782	736280	4530	5132	5766	10.2	4.4	4.4
2013	793254	408253	385001	—	—	478000	260900	739600	8035	5024	5866	10.02	4.06	5.9

第七节 交通管理

梁山县公安局交通警察大队，前身为梁山县交通监理站，1987年，更名为梁山县公安局交警队（股级）。1999年，更名为梁山县公安局交通警察大队（副科级）。2013年，交通警察大队内设办公室、财务科、宣传科、事故科、交管科、培训科，下属车管所、一中队、二中队、三中队、四中队、五中队，有正式民警47人、工勤人员19人、协勤人员179人。

驾照发放审验 1984年1月，公安交通管理部门成立机动车驾驶员培训学校（梁山汽校），每年分期分批对申请人实施驾驶培训，发放、审验驾驶执照。2006年年初，驾驶员培训由社会培训机构承办，梁山汽校遂由个人投资重组，更名为梁山县平安驾校。驾校学员经考核合格，由交警管理部门发给驾驶执照。2013年，办理驾驶初学196人（县管驾驶人），审验18053人，换证7908人。

1994—2013年梁山县驾驶证发放统计表

表 18-3-3　　单位：本

年度	A1	A2	A3	B1	B2	C1	C2	C3	C4	D	E	F
1994	0	1547	0	2	6	38	0	13	32	23	8	1
1995	0	2510	0	19	16	93	0	24	79	16	39	0
1996	1	2524	0	70	44	128	0	40	230	18	102	0
1997	2	840	0	76	33	117	0	55	242	12	161	0
1998	1	690	1	54	51	92	0	78	532	40	525	0
1999	1	818	0	74	67	87	0	62	485	182	201	0
2000	1	845	0	59	156	131	0	92	1031	306	600	0
2001	1	1311	0	90	344	245	0	240	3509	520	2625	0
2002	1	1967	0	136	227	230	0	177	1642	54	577	0
2003	2	2277	0	103	167	272	0	128	1012	32	293	0
2004	1	2136	0	137	195	292	0	65	555	79	293	0
2005	9	312	0	31	1013	677	0	42	203	23	108	0

续表 18-3-3

年度	A1	A2	A3	B1	B2	C1	C2	C3	C4	D	E	F
2006	5	305	1	0	1512	1964	0	19	250	34	74	0
2007	3	310	7	0	1335	3179	0	9	152	35	66	0
2008	0	309	0	0	1790	3140	0	11	135	70	83	0
2009	0	86	5	0	2760	5153	0	19	276	136	94	0
2010	1	11	11	0	4186	8193	0	6	253	158	156	0
2011	0	15	1	0	3266	7649	1	0	108	79	80	0
2012	0	7	17	0	4399	9297	0	0	376	268	100	0
2013	189	35	0	0	366	7935	0	17	106	20	45	0

机动车辆检测 1994—2001 年，机动车检测由济宁市交警支队车辆管理所到梁山县定期集中开展年审工作，梁山交警大队予以配合。2002 年，县交警大队投资 120 万元，在汽车十二公司院内建起机动车检测线，结束了车辆流动检测的历史，但车辆年审模式未变，仍由济宁市支队车辆管理所负责审验。2009 年，县交警大队把机动车检测线转卖给个人经营，由梁山江北机动车检测线和个人投资重组，机动车检测全部由社会机构承办。自此，县交警大队车辆管理所负责机动车查验工作，年审时间按机动车登记日期时间安排年审。至 2013 年，梁山机动车检测线建有 1000 平方米的检测车间和 15000 多平方米的待检区和公共停车场，拥有 1 条全自动机动车安全技术检测设备，其中汽车检测设备 8 套，能对各种机动车进行安全技术状况检测，全部检测过程应用计算机自动控制，自动采集数据信息，汽车日检测能力 150 余台次，并经技术监督部门认可，能够承担相应的机动车安全检测项目。

1994—2013 年梁山县机动车统计表

表 18-3-4　　单位：辆

年度	大型汽车	小型汽车	低速车	摩托车	轻便摩托
1994	3	113	796	170	40
1995	259	192	1129	734	193
1996	203	198	1035	840	172
1997	133	305	904	1003	188
1998	118	300	1364	1587	267
1999	133	406	1635	1734	96
2000	207	518	189	1948	77
2001	396	582	4355	6286	178
2002	662	1157	2137	4497	59
2003	445	1217	1141	3093	31
2004	1780	1310	739	1940	5
2005	965	1351	611	1074	2
2006	3194	1595	663	733	1

续表 18-3-4

年度	大型汽车	小型汽车	低速车	摩托车	轻便摩托
2007	5787	2139	322	333	1
2008	4358	2733	199	304	0
2009	4699	5892	232	322	0
2010	5407	8283	65	368	0
2011	1838	7345	41	120	0
2012	714	7884	341	234	0
2013	5392	8196	119	78	0

交通信号标志 1994 年，梁山县城区主要交通路口开始设立信号灯指挥设施，在水泊大街交通路口、文化路口、人民中路口、公明大道口等处安装红绿灯信号标志。2000 年，陆续在水泊大街马庄路口、青年路口、人民南路口等处安装红绿灯信号标志。2012 年，相继在水泊大街北环路口、迎宾路口、青龙山路口、独山路口、济水路口、水浒大道路口，在公明大道西环路口、水泊西路口、水泊东路口、水浒街口、天罡路口、安民山路口，在安民山路杏花村路口、浒源路口、汶水路口、忠义路口、水浒大道口、迎宾大道口，西环路文化路口、迎宾路口、青龙山路口、独山路口、济水路口等处安装红绿灯信号标志。至 2013 年，县城区共有红绿灯信号标志设施 30 多套。

交通秩序管理 1994 年后，公安交警大队持续开展交通治理活动，加强车辆管控，把客车、危化品运输车、黄标车、渣土车、校车及农用车等容易发生交通事故车辆作为管控的重中之重。在国道、省道重点查处重型货车和危化品运输车强超强会及逆向行驶、客车及校车超员超速以及疲劳驾驶、酒后驾驶等；在县乡道路及城乡接合部重点查处农用车载人、报废车上道行驶、黑校车无牌上路及非法改装、故意遮挡污损号牌等；在城区重点查处机动车乱停乱放、闯信号灯、违法变道、随意掉头、逆向行驶、争道抢行、酒后驾驶、渣土车无牌上路、大货车闯禁区等；以及“中国式过马路”、非机动车走机动车道、行人和非机动车违法行为等。通过查处治理，促进了交通秩序的逐步好转。2003 年，开展奋战六十天、全力遏制重特大交通事故行动，在干线公路重点监控无证驾驶、疲劳驾驶、酒后驾驶、超速、超载、违章超车、夜间违章使用灯光、违章停车等 8 项违章行为，在县乡道路重点查处和纠正客车超载、农用运输车及拖拉机违章载人、无牌无证及报废车辆驾驶等，有效遏制住了道路交通事故多发的势头。2005 年，开展集中打击交通肇事犯罪专项行动，并成立由县公安局副局长任组长、交警大队长任副组长的专项行动领导小组，重点对全县各类原未处置的重大交通事故及当年出现的各种交通违法行为，进行严厉查处，并从 6 月 1 日起，在全县开展为期 30 天的整治无牌无证、挪用号牌、假牌假证机动车集中行动，查扣一批无牌无证、挪用号牌、假牌假证机动车，并捣毁制假贩假窝点、抓获违法犯罪人员，使盗抢、走私、非法改装、无牌无证、假牌假证、挪用号牌等非法手段上路行驶的问题得到有效遏制。

2006 年起，全县机动车数量每年以 20% ～ 30% 的速度快速递增，日益增加的车辆数量与已处于饱和状态的道路通行能力形成的矛盾逐渐凸现，时段性交通拥堵呈现出越演越烈趋势。据此，公安交警大队持续加大管理力度，最大限度地缓解交通拥挤问题。2006 年 5 月，开展为期 30 天的集中治理超载、超限整治道路交通秩序专项行动，“双超”违法行为明显下降；同年

10月起，开展决战70天、预防重特大道路交通事故攻坚战，取缔黑车运营及站外组客车辆，客运车辆、驾驶人违法发生率明显下降。2007年8月起，再次开展道路交通安全集中整治暨70天决战行动，严查超速行驶、疲劳驾驶、酒后驾驶、客车超员、摩托车和货车不按规定载人等严重交通违法行为，县境内国道、省道和重点旅游路线交通秩序明显好转。2008年9月起，开展预防特大道路交通事故百日行动，进一步加强源头管理和路面管控，确保全县交通安全形势稳定。2009年，开展国庆60周年交通安全保卫工作，加强交通安全宣传，严查各类交通违法行为，为国庆60周年庆祝活动创造了安全畅通和谐的道路交通环境。

2011年，梁山县形成购车高峰，各类车辆的增加为全县交通环境带来严峻挑战。此后，交警大队先后开展集中整治汽车、摩托车、农用机动车、电动自行车违法专项行动，大排查、大教育、大整治货车违法行为专项行动，全县校车交通安全专项整治活动等，严格查缉被盗抢车辆，依法严惩违法犯罪分子，加大各类交通违法行为整治，严厉查处校车超员、超速、酒后驾驶、无牌无证、假牌假证以及不符合安全技术标准车辆搭载学生等严重交通违法行为，最大限度地消除道路安全隐患。至2013年，汽车、摩托车、农用机动车、电动自行盗抢及交通违法行为和货车肇事导致的道路交通事故大幅下降。

醉酒驾车管理 2011年5月1日，国家对醉酒驾车违法行为的处罚从行政处罚上升到刑事处罚，自此公安交警大队紧密结合辖区交通特点，定期对酒后驾驶违法行为进行严格查处，同时分析研判酒后肇事情况，摸清乡镇驻地周围、城区背街小巷、生活区门口及周边道路等是酒后驾驶多发区域和重点路段，12：30～14：00、19：30～22：00为酒后驾驶高发时段，16：00～17：30为摩托车驾驶人酒后驾驶高发时段等酒驾规律及酒驾事故发生规律，据此确定了在乡镇区域以县乡道路、在辖区各主要路口为重点执勤位置，并采取固定检查和巡逻检查相结合的方式，严格开展酒后驾驶违法行为集中整治行动。2011年5月5日20时许，在县城北关转盘处设卡检查一辆面包车，经现场检测该驾驶人张某某的酒精检测数值为每百毫升血液中酒精含量为134毫克/100毫升，远远超过醉酒驾驶的标准80毫克/100毫升，依法对其进行控制，经济宁市公安局刑事物证鉴定中心对血样进行了乙醇成分定性定量分析，结论为“从张某某的血液中检出乙醇成分，含量为104.3毫克/100毫升”。随后，张某某因涉嫌危险驾驶罪被依法刑事拘留并被移送起诉至梁山县人民检察院，成为梁山县实施“醉驾入刑”第一人。至2013年，公安交警大队共组织酒驾治理专项行动300余次，累计出动警力5100余人次。

交通事故处理 1994年以后，机动车、驾驶人迅速增长，道路通车里程日益增加，道路交通事故及伤亡人数、经济损失呈上升趋势。1994年，发生272起道路交通事故。1999年，开通“122”交通事故报警专用电话。2001年，交通事故突破1000起。2010年，“122”并入县公安局指挥中心信息台，当年突破3000起交通事故。2013年，达到4700起。1994—2013年，共处结交通事故35379起，刑事处罚605人，治安处罚255人。

1994—2013 年梁山县道路交通事故统计表

表 18-3-5

年度	事故（起）	死亡（人）	受伤（人）	经济损失（万元）	刑责（人）	拘留（人）	吊销驾证（份）	吊扣驾证（份）
1994	272	42	189	89.6	2	8	4	27
1995	307	46	282	97.5	4	3	3	17
1996	450	50	301	115	6	7	6	25
1997	623	59	372	154.2	12	9	12	24
1998	765	62	389	176.5	15	12	15	29
1999	840	64	321	199	18	11	18	17
2000	980	66	432	216	20	13	20	18
2001	1075	74	483	286	24	10	24	15
2002	1198	86	501	301	30	12	30	17
2003	1185	96	598	395	34	10	34	16
2004	1190	105	635	486	38	13	40	14
2005	1201	120	760	537	43	15	43	15
2006	1890	121	809	682	40	15	39	15
2007	2210	128	866	721	39	14	38	14
2008	2560	130	891	762	40	16	38	16
2009	2988	132	955	800	42	17	40	17
2010	3250	138	960	834	44	15	44	15
2011	3700	140	997	960	46	16	45	16
2012	3995	149	1115	1000	50	19	48	19
2013	4700	160	1210	1100	58	20	55	20

第八节 消防管理

消防组织 梁山县消防大队始建于 1970 年 2 月，始称梁山县公安消防中队，隶属菏泽地区公安消防支队管理；1990 年 12 月，划归济宁市公安消防支队管理；1994 年，改称梁山县公安消防大队，隶属关系不变。2002 年、2003 年，梁山县公安消防大队连续两年被山东省公安总队评为先进消防大队。2006 年，大力发展群众义务消防组织，50 户以上的村建立义务消防组织，实行群防群治；发展全县企业单位专兼职消防队伍，提高全社会消防安全意识，最大限度地减少火灾损失和人员伤亡。2009 年，全面推进全县 20 个社区消防工作机构建设及消防基础建设，建立集消防、保安、联防为一体的多功能队伍，先后发展 2 个企业单位专兼职消防队伍。同时，指导建立健全社区消防工作制度，落实各设区消防安全责任制。2009—2013 年，组织企业、学校、社区等单位消防安全负责人、管理人员参加省、市消防安全培训，落实持证上岗制度，共培训 24 次数，人数达到 1092 人次。

消防宣传 1994 年开始，县消防部门每年都结合季节等特点和“119”消防宣传日、夏收防火等时期，在农村设立消防宣传教育阵地，推进消防进学校、进企业、进农村、进家庭、进社区活动，以媒体宣传、主题宣传、教育培训、公益广告等形式，宣传消防法规，开展消防知识培训和灭火应急演练，提高全民消防安全意识、自防自救能力。2009年4月9日，梁山县举办《消防法》宣传启动仪式，组织开展丰富多彩的宣传活动，最大限度地扩大宣传活动的覆盖面和群众的受教育率；同年6月9日，消防大队组织利用各乡镇广播、宣传车、宣传标语等方式，广泛宣传做好麦收防火工作的重要性及田间吸烟和焚烧麦草的危险性，并对在麦田麦场动用明火吸烟、收割机械不带防火帽进场作业、焚烧麦茬等违章蛮干的，进行严肃查纠；同年11月，举行“119”消防宣传周活动启动仪式，现场展示消防官兵的实战演练。2012年6月，消防大队巡回开展“三夏”麦收消防宣传活动。2013年6月，消防大队在人流量较大的道路旁设立宣传站，发放安全防火宣传彩页，讲解消防安全知识，提高广大群众消防安全意识、应急避险和自救互救能力。同年11月，市消防支队文艺宣传队与县消防大队在梁山县水泊商场举办“济宁市消防文艺宣传社区行”梁山专场文艺演出，以人们喜闻乐见的形式宣传消防常识。

消防执法 1994年，消防大队重点开展火灾隐患检查，发现并督促整改火灾隐患298处。1995年后，逐步开展消防提前介入活动，对工程项目投入使用前进行全面消防设施检查，至2003年，提前介入工程项目消防检查百余起。2004年，梁山县消防安全专项治理领导小组成立，多次开展防火安全检查，确定防火安全重点保卫单位，对全县81个消防安全重点单位、1处液化气站、24个加油站、57个企事业单位进行消防安全检查，依法从严查处火灾隐患和消防违章违法行为。2008年，设置“365”消防服务中心，并安装119接警指挥系统。2009年，全县开展火灾隐患大排查大整改工作，共排查企事业单位1240家，发现火灾隐患5799处，督促整改火灾隐患3032处，下发责令改正通知书856份，并对每家企业逐一出具“体检”报告，对消防安全状况全面评估。同年，梁山县制定《消防安全专项治理实施方案》，开展商场、市场、宾馆、饭店、中小学校、文化娱乐场所消防安全专项整治活动，至2013年，共检查单位、场所19803家，依法下发《责令限期通知书》85642份，纠正消防违法行为9893起，责令停产、停业、停止施工173起。

火灾扑救 1994—2004年，全县共发生2372起火灾，其中，农村火灾797次、麦季火灾468次、其他火灾605次，抢险救援502次，挽回经济损失3395万元。2005—2013年，处置火灾抢险救援5004次，其中，农村火灾1896次、麦季火灾1025次、其他火灾596次，抢险救援1487次，挽回经济损失5396万元。较为有影响的火灾扑救有：1994年5月7日，县酒厂包装仓库、酒储罐发生火灾，接警后出动消防车2部，出动官兵14人，经过3个小时的火灾扑救，成功将大火扑灭。2003年9月17日，县文化路西段路北液化气充装点发生液化气爆炸，烧毁12.5公斤液化气罐16个、60公斤液化气罐4个等，1人烧成重伤；接警后及时进行扑救。2010年10月10日，中韩大酒店一楼梁山县大风车童装店发生火灾，县消防大接到报警后立即出动3部消防车和24官兵火速奔赴火灾现场，经过消防官兵2个多小时的奋力战斗，成功将大火扑灭，无人员伤亡。2011年10月23日，赵堌堆乡京九浮桥南200米一装有30吨化学品的货车发生火灾，大队出动4部消防车和20余名官兵赶赴火灾现场，经过3个多小时的冒雨奋战，大火被成功扑灭，无人员伤亡。2012年4月28日，济菏高速菏泽方向177公里处，一油罐车与一挂车相撞后发生火灾，大队接到报警后立即出动4部大功率水罐消防车及24名指战员赶赴火灾现场，济宁消防支队出动7部消防车及官兵51人到场增援，经过3个多小时的战斗，成功将大火扑灭。

第四章　检察

第一节 检察机构

梁山县人民检察院，副县级单位，国家法律监督机关。1993 年 12 月，县人民检察院内设办公室、政工科、政策研究室、刑事检察一科、刑事检察二科、民事行政检察科、控告申诉检察科、经济检察科、法纪检察科、监所检察科、检察技术科、驻税务机关检察室 12 个科室。1994 年 3 月增设举报中心；7 月撤销经济检察科，增设反贪污贿赂局（内设 5 个科室）和司法警察大队；11 月增设地方税务检察室。1998 年 12 月撤销驻国、地税检察室，增设监察室。2000 年 8 月，撤销法纪检察科，增设渎职犯罪侦查局（内设 3 个科室）。2002 年 9 月，进行检察机构改革，设办公室、政工科、法律政策研究室、监察室、公诉科、民事行政检察科、控告申诉检察科、侦查监督科、监所检察科、检察技术科、警务科（法警大队）、反贪污贿赂局（内设 5 个科室）、渎职犯罪侦查局（内设 3 个科室）。2005 年 5 月，渎职犯罪侦查局更名为反渎职侵权局；同年 10 月增设督察考核办公室。2008 年 7 月，政工科更名为政治处（内设 2 个科）。2009 年 7 月，增设人大代表、政协委员联络室（挂信息管理科牌子），法律政策研究室挂人民监督员办公室牌子。2011 年 12 月，增设案件管理科和行政装备科，督查考核办公室更名为检务督察办公室。2012 年 11 月，增设派驻杨营、拳铺、大路口、韩岗 4 个检察室。至 2013 年年底，检察院内设办公室、政治处、侦查监督科、公诉科、民事行政检察科、控告申诉检察科、检察技术科、案件管理科、行政装备科、警务科、反贪污贿赂局、反渎职侵权局、刑事执行检察局、法律政策研究室、检务督察办公室、监察室、人大代表与政协委员联络室，县检察院派驻杨营、拳铺、大路口、韩岗 4 个检察室，行政编制人员 85 名，配检察长 1 人、副检察长 3 人、纪检书记 1 人。

第二节　刑事检察

1994—2013 年，县检察院对公安机关提请逮捕和移送起诉的案件，坚持随到随办、及时审结，并与公安、法院逐步建立健全联席会议、信息通报、检警合作等制度，形成打击刑事犯罪的协调联动机制，共批捕各类犯罪嫌疑人 4400 人，提起公诉 6638 人，批捕、起诉准确率保持 100%，先后 20 多次受到上级表彰奖励。

1994—2002 年，全县共批捕各类刑事犯罪嫌疑人 1861 人，起诉 1527 人。2003 年，县检察院在全省检察系统率先实行职业公诉人制度改革，通过严格的选拔程序，聘任 5 名优秀检察官为职业公诉人，在职级待遇方面给予优惠。该项改革得到了市、省检察院的肯定和支持，市委组织部、市委政法委、市检察院联合发文决定在全市检察系统推广，《人民日报》《检察日报》《大众日报》《济宁日报》及山东省电视台、济宁市电视台予以报道。2003—2007 年，县检察院把维护社会稳定作为首要任务，充分发挥批捕和起诉职能，依法严厉打击破坏稳定的犯罪活动，5 年内共批捕各类刑事犯罪嫌疑人 1190 人，起诉 1335 人，其中批捕抢劫、强奸、盗窃、故意伤害等严重刑事犯罪嫌疑人 1011 人，起诉 1135 人。2008 年，县检察院开始注重贯彻落实宽严相济刑事司法政策。2009 年 7 月，与公安机关协商会签《关于办理审查逮捕案件实行“逮捕必要性”论证实施办法》，注重对“有逮捕必要”条件的正确理解和把握，对于可捕可不捕的则不予批捕。2008—2013年，依法不予批捕368人；对于严重影响社会稳定的犯罪则坚决批捕，共批捕各类严重刑事犯罪嫌疑人1374人；依法起诉2504人；对于情节轻微、主观恶性不大的犯罪，可诉可不诉的则不诉，依法不予起诉23人。其中，2013年批捕刑事犯罪嫌疑人314人，追捕22人，不捕103人，起诉799人，追诉139人，不起诉14人。

第三节　民事行政检察

1994—2013年，全县共受理民事行政申诉案件333件，立案262件，提请抗诉和建议提请抗诉215件，再审检察建议38件，息诉80件；2004—2013年改判48件。

1994—2000年，县检察院把民事行政检察工作列入重点业务工作，认真履行审判监督职能，7年内共受理民行申诉案件119件，立案68件，提请抗诉和建议提请抗诉58件，再审检察建议6件。2001—2008年，共受理民行申诉案件83件，立案76件，提请抗诉和建议提请抗诉72件，再审检察建议11件，法院改判38件。其中，2007年全年受理申诉案件20件，立案15件，依法提请抗诉和建议提请抗诉13件，提出再审检察建议2件，全年有13件案件的判决结果得到改判或者改变，抗诉成功率居全市首位，被市检察院表彰为“先进集体”。2009年，开始加大民事行政检察监督改革力度，与有关部门单位建立民事行政检察便民联系制度，在全县各律师事务所和乡镇司法所设立民行检察便民联系点，在全国率先推行检察长列席审委会制度等，其做法被《检察日报》《山东法制报》等多家新闻媒体报道。2009—2013年，共受理民行申诉案件56件，立案56件，提请抗诉和建议提请抗诉42件。

第四节　职务犯罪检察

贪污贿赂检察　1994年，立查各类经济犯罪案件42件50人，其中贪污、贿赂、挪用公款案件17件19人，受到最高人民检察院通令嘉奖。2000年，县检察院开始把打击国家机关工作人员经济犯罪、为经济建设服务作为反贪工作的出发点和落脚点。2003—2007年，5年内共立查贪污、贿赂、挪用公款等职务犯罪嫌疑人90人，提起公诉77人，法院作有罪判决75人。2008年，县检察院突出查办建筑、金融等重点领域部门职务犯罪案件，集中力量查办有影响、有震动的大案要案，全年共立查14人，其中大案13人，重特大案件5人，科级干部5人，为国家和集体挽回经济损失600余万元，在全市反贪工作中名列前茅。2012年，反贪工作实现新的突破，全年查办经济职务犯罪18人，其中17人属大案要案，正科级干部4人，全部作有罪判决，被市检察院表彰为“先进集体”。1994—2013年，共立查经济职务犯罪案件298件、402人，其中贪污案件105件、156人、贿赂案件58件、68人、挪用公款案件135件、178人。

渎职侵权检察　1994—2000年，通过法纪检察查办各类法纪案件116件。其中，1994年立查14件，其中非法拘禁案4件，非法管制案2件，玩忽职守案1件，非法侵入他人住宅案7件；1997年立查24件，其中玩忽职守案9件，非法拘禁案10件，为国家和集体挽回经济损失400余万元；2000年立查12件，其中玩忽职守案5件，滥用职权案1件，其他案件6件，为国家和集体挽回经济损失200余万元。2000年后，随着渎职犯罪侦查局的设立，查办渎职侵权犯罪工作呈现出强劲势头，2001年查办28件、29人，其中玩忽职守案16件、17人，滥用职权案10件、10人，其他案件3件、3人，为国家和集体挽回经济损失200余万元。2002年立查渎职案件13人，其中重特大案件9件、9人。2003年以后，渎职侵权职务犯罪案源逐渐减少，立查的渎职侵权职务犯罪案件也随之减少。2003—2013年，共立查渎职侵权犯罪56人。

预防职务犯罪 1994年后，县检察院多次开展工程建设、医疗卫生、金融、教育、交通、税务、涉农等领域的专项预防职务犯罪活动，推动个案预防向系统预防延伸，并积极开展进乡村、进学校、进企业“巡回送教”活动，进行法制宣传。至2005年，先后与县建设、卫生、税务、教育等部门开展“廉政共建”活动。2006年，通过警示教育和预防调查，发现案件线索4件，移送侦查部门立案侦查2件8人。2009年，投资13万元建设预防教育展览室，搭建警示教育平台，参观展览的公职人员达4000人次。2012年，创新预防职务犯罪公共宣传形式，制作的廉政短片和公益广告在梁山电视台综合频道黄金时段滚动播放；搭建预防职务犯罪警示教育短信平台，向公职人员发送警示教育信息8000余条；组织人员精心创作排演大型廉政戏剧山东梆子《双面人生》公演，引起群众强烈反响，收到良好的教育效果。2013年，在拳铺、韩岗、杨营、大路口四个派驻检察室分别设立预防教育展览室；同年，《2013年惩治和预防职务犯罪年度报告》受到县委、县人大、县政府、县政协几大班子高度评价。1994—2013年，检察院共向相关单位发送预防检察建议247条，《预防检察建议书》120余份，撰写案例分析和预防调查报告220余篇，进行行贿犯罪档案查询1800余次，开展预防宣传警示教育860余次，受教育人数2万余人。

第五节　控告申诉检察

1994年，县检察院设控告申诉检察科和举报中心，直接受理群众来信来访、控告申诉和职务犯罪线索举报。1995年后，通过设立举报箱、建立举报联系点、发表电视讲话等形式，全方位开辟案件来源，同时主动变上访为下访，深入乡村集市和田间地头，开展普法宣传、法律咨询、接受群众控告申诉，取得良好社会效果。2001年起，县检察院逐步建立健全接访工作首办责任制和检察长接访日制度，试行主办检察官办案责任制，健全完善群众诉求一站式受理、一揽子解决的模式，通过开展心理疏导、平等式交流、朋友式关爱，用真情化解各类矛盾纠纷。2005年2月，县检察院控告申诉检察科被最高人民检察院授予“全国检察机关文明接待室”称号。2010年，被评为“全省检察机关文明接待室”和“全市检察机关先进集体”。2011年1月15日，《检察日报》二版头条刊登梁山县检察院用心理疏导法化解矛盾的经验。2012年，控申工作积极参与社会管理创新，结合查办两起村干部骗取、截留低保金案，向有关部门发出检察建议，引发了一场在全县全面清查整改低保金发放问题的专项活动，规范了低保金审批与管理，保护了低保户利益，中央、省、市多家新闻媒体予以宣传报道。1994—2013年，共接待来访群众2900余人次，受理群众来信1600余件，对举报职务犯罪线索初查286件，其中移送自侦部门立案130余件。2013年，被最高人民检察院授予“全国检察机关文明接待室”称号。

第六节　监所检察

看守所检察 1994—2013年，共向看守所发出书面纠正违法102件，纠正率100%；发出检察建议86件，审查看守所提请减刑57人，纠正提请减刑不当7人；审查罪犯保外就医6人；查办看守所民警受贿、帮助犯罪分子逃避处罚、滥用职权案件3件3人；向检察院渎侦部门移交民警职务犯罪案件线索1件1人；实现了看守所无重大责任事故、无超期羁押。2010年12月，在全市率先实现“两网一线”建设，实现与看守所监控联网、在押人员信息联网、开通检察内网专线。

监外执行检察 1994—2013年，县检察院与公安、司法部门共进行联合检查20次，向监外执行部门发出书面纠正违法108件，发出检察建议78件；办理批捕案件46件62人，起诉案件51件72人，监督立案5件5人。2009年，县检察院派驻看守所检察室被山东省人民检察院评为“全省三级规范化检察室”。2010年、2011年监所检察科两次被市检察院授予“全市检察机关先进集体”。2011年12月，被最高人民检察院评为“全国三级规范化检察室”。

第五章 法院

第一节 法院机构

梁山县人民法院，副县级单位，国家审判机关。1994年，县人民法院内设办公室、政工科、政策研究室、刑事审判庭、民事审判庭、行政庭、执行庭、告诉申诉庭、经济审判庭、司法警察队、法医室；同时设立城关人民法庭、前集人民法庭、大路口人民法庭、徐集人民法庭、韩岗人民法庭、小安山人民法庭、马营人民法庭、小路口人民法庭、黑虎庙人民法庭、馆驿人民法庭、韩垓人民法庭、拳铺人民法庭。1996年1月，撤销经济审判庭，增设经济审判一庭、经济审判二庭、档案科、财务计划装备科。1998年，县法院核定编制为：中央行政编105人，地方行政编43人，实有干警121人。1999年4月，县法院将原12处人民法庭合并为杨营法庭、拳铺法庭、韩岗法庭、城关法庭、馆驿法庭5处法庭；同年9月，设立监察室、技术室、立案庭。

2000年1月，法院内设机构有办公室、政工科、政策研究室、刑事审判庭、民事审判庭、经济审判一庭、经济审判二庭、立案庭、监察室、技术室、司法警察大队、城关法庭、韩岗法庭、杨营法庭、拳铺法庭、馆驿法庭；同年5月，增设执行工作局，内设综合室、执行一庭、执行二庭；同年6月，增设审判监督庭。2002年9月，撤销民事审判庭、经济审判一庭、经济审判二庭，增设民事审判一庭、民事审判二庭，在政策研究室增设审判委员会办公室；法院共设13个职能庭（室局队）和政工科，为办公室、政工科、监察室、立案庭、刑事审判庭、民事审判第一庭、民事审判第二庭、行政审判庭、审判监督庭、执行局（科级）、研究室（审判委员会办公室）、技术室、法警大队，及离退休干部管理科、党总支委员会。2003年6月，县法院实有行政编制人员77人，工勤人员14人，内退37人，离退休15人。

2005年5月，设立执行工作局（副科级行政单位）；全院政法专项编制增长到98名，工勤编制10名，共计108名。2006年6月，增设信访科。2007年6月，暂停使用拳铺法庭，原拳铺法庭的辖区合并到城关法庭；同年7月，撤销馆驿人民法庭，增设大路口人民法庭。2008年7月，政工科、执行工作局综合室、城关法庭分别更名为政治处、执行工作局综合科和城郊法庭。2009年7月，增设少年审判庭，政治处下设组织人事科和教育培训科。2013年6月，增设民事审判第三庭，共设办公室、政治处、政研室、监察室、执行局、立案庭、刑事审判庭、少年审判庭、民事审判第一庭、民事审判第二庭、民事审判第三庭、行政庭、审判监督庭、法警队、技术室、信访科、城郊法庭、韩岗法庭、杨营法庭、大路口法庭等20个科室，在岗干警98人，其中事业编制11人，工勤编制13人。至2013年年底，县法院有专项政法编制人员105人，实有75人，离岗14人；事业人员7人，工勤人员12人，离岗1人。驻地在县城文化路15号。

1994—2013年，县法院多次被山东省高院、济宁市中院记集体二等功、三等功。其中，2002年、2003年，被济宁市中院记集体三等功；2006年，获得全省法院思想宣传工作先进单位；2008年，获得全省司法行政工作先进集体和刑事审判工作先进集体;2012年，先后获得市级文明单位、省级文明单位称号，全省法院“两评查”活动先进单位；2013年，获“山东省法院无执行积案先进法院”和全省“优秀法院”、全市“优秀法院”称号。2012—2013年，在全县综合考核中连续获一等奖。

第二节 刑事审判

1994年，刑事审判主要以杀人、强奸、抢劫等带有黑社会性质的违反犯罪作为重点，开展专项审判，严厉打击各种违法犯罪。1997年，新刑法颁布施行以后，县法院在审判中充分遵循“罪刑法定”的基本原则，根据修改后的刑诉法要求，重事实，重证据，对案件定性准确，量刑适当，既实现对犯罪分子的惩罚，又体现对公民权利的保护。2001—2005年，积极参与“打霸除恶”和“打恶霸、优环境、促发展”等严打整治斗争，区别不同案情，给被告人以不同刑罚。2007年11月，县法院审结首例侵犯商业秘密刑事案件。2011年5月5日，县法院审结首例危险驾驶刑事案件。2013年6月19日，梁山县人民法院审理首例强制医疗案件。1996—2013年，共受理各类刑事案件3742起，审结3637起，惩治涉案犯罪人员5688人，其中自诉案件304起，惩治涉案犯罪人员418人。在受理的刑事案件中，盗窃684件1144人，抢劫309件566人，故意伤害858件1154人，强奸126件139人，交通肇事425件433人，绑架、拐卖妇女儿童52件157人，故意杀人28件34人，贪污受贿145件172人，其他案件811件1471人；在惩处的犯罪分子中，判处十五年至二十年有期徒刑20人，十至十五年有期徒刑179人，七年至十年有期徒刑95人，五至七年有期徒刑172人，五年以下有期徒刑5221人，宣告无罪1人。

第三节　民事审判

1994年，由民事审判庭及4处法庭负责审判民事案件。民事审判主要是针对离婚、伤害赔偿、债务等，通过宣传法律，坚持合法、合理的原则，多做疏导工作，妥善处理民事案件。1997年，深化民事审判方式改革，实行“一步到庭”“排期开庭”，强调当事人举证责任，强化合议庭的审判职能，在“热点”民事案件上加大审判力度。2000年，提高民事案件的审判质量，适应“大民事”审判格局的需要，在办理民事案件时，审判人员坚持明辨是非曲直，大力弘扬中华民族尊老爱幼、互敬互让的传统美德，努力消除当事人的对立情绪，大大缓解了人民内部矛盾，收到了良好的社会效果。1996—2001年，县法院共受理婚姻家庭、继承、房屋及其他不动产、赔偿、相邻关系、债务等各类民事案件7444件。2002年9月，民事案件审判改由民事审判一庭、三庭及4处法庭负责。2005年，民事纠纷呈现出案源下降、纠纷复杂的特点。在审理婚姻家庭、损害赔偿、民间借贷、交通肇事人身损害赔偿、合同等纠纷案件时，坚持调解与判决相结合，“能调则调、当判则判、判调结合、案件事了”，民事案件调解率较高，民事工作突出了快立、快审、快结的特点，根据不同的案件，实行繁简分流，简化程序，简便手续，实现了审判效率与公正的统一。2006年后，婚姻家庭、继承纠纷、合同纠纷等案件逐年增多，民事审判工作重点向基层法庭倾斜，法庭审判人员发挥前沿优势，采取多种手段和措施，不断创新工作思路，服务一方百姓；落实司法救助制度，通过减、免、缓交诉讼费的方式，让弱势群体打得起官司；民事审判人员通过举证引导、适当释明、宣传和解释法律法规，切实依法保护其合法权益不受侵犯，并充分发挥人民陪审员的监督作用。2002—2013年，共受理婚姻家庭、继承纠纷及权属、侵权纠纷等各类民事案件14729件，审结14582件。

第四节 商事审判

1994—1996年，商事案件由经济审判庭负责审理。1994年，梁山县企业改制，部分国营、集体企业申请破产。法院专门成立破产案件合议庭，充实审判力量，通过宣告破产、清产核资、拍卖还债等程序，盘活资产，重新启动企业生产经营活动，维护债权人和下岗职工的合法权益。1996年1月，撤销经济审判庭，由经济审判一庭、经济审判二庭负责。1998年，针对市场经济条件下多种经济成分共存、企业因改组、联合、兼并、破产、承包和股份合作过程中出现纠纷较多的特点，坚持经济审判为企业转换经营机制服务，妥善管理涉及个体、民营、三资企业等非公有制经济以及农村土地承包等经济纠纷案件，较好地理顺了各种经济关系，推动多种所有制经济共同、快速发展。2001年，围绕整顿、规范市场经济秩序开展清理农村基金会、银行、信用社不良贷款集中行动，依法平等、公正地保护各类市场主体的合法权益。1996—2001年，县法院共受理经济合同纠纷、经济损害赔偿纠纷、企业破产纠纷、交通运输经济纠纷等各类案件2972件。2002年，由民事审判二庭及4处法庭负责商事审判工作。2012年12月19日，县法院受理一起840名学生家长诉某中学教育培训合同纠纷，案件涉及当事人数众多，涉及面广，引起社会广泛关注，县法院高度重视，案件依法公正审结，赢得家长学生的赞颂。2002—2013年，审结各类合同案件12627件，诉讼标的额6.6亿余元，企业破产案件37件。

第五节 行政审判

1990年10月1日，《中华人民共和国行政诉讼法》正式实施，行政审判工作开始起步。1993年，行政审判庭负责审理行政案件。1994年，行政审判工作以受理行政机关申请强制执行案件和农民因统筹提留、税费征收不合理诉讼政府案件为重点。1996年后，针对行政审判立案难、审理难、判决难、撤诉率高、开庭率和判决率低的问题，通过对治安处罚、工商、税务、物价、土地、环境、交通等行政案件的审理，发现存在的问题，及时提出合理化建议，制止侵犯企业经营自主权和公民人身权利及其他权利的违法行政行为，促进依法行政。1996—2000年，县人民法院共受理各类行政诉讼案件609件，审结行政案件511件。2001年后，加大行政诉讼法律宣传力度，多种渠道宣传行政诉讼法律知识，重点解决老百姓不知告、不敢告、不会告的问题，扭转少数行政机关对当“被告”的错误认识，支持行政机关依法履行职责，维护其执法权威，又有效保护群众的合法效益。2005年，随着梁山县大规模的旧城改造，县城向郊区不断扩张，农民的土地被大量征用，由此引发的征地问题矛盾比较突出。2010年11月10日，行政庭受梁山县国土资源局的邀请，针对法院在土地行政诉讼和非诉审查中发现的问题，结合土地行政许可和处罚中的法律适用、事实认定、处罚程序以及申请非诉执行中的申请执行期限、送达等内容，进行详细的讲解，提出解决的措施，对执法人员提出的具体法律问题进行现场解答。2013年7月，全市法院实行行政诉讼案件集中管辖，梁山县域内行政诉讼案件由嘉祥法院负责审理；县法院行政审判庭则侧重受理审查非诉执行案件。2002—2013年，县人民法院共受理各类行政诉讼案件1288件，审结行政案件1240件。

第六节 案件执行

1994年，法院业务庭审结案件的执行工作由梁山县人民法院执行庭负责。1995年，实行依法强制执行的方针，执行难的问题逐步缓解。1996年，受理执行案件78件，结案59件；1997年，受理执行案件405件（不含旧存160），结案132件；1998年，受理执行案件1111件（不含旧存14），结案324件。1999年，集中开展“执行年”活动，当年，受理执行案件653件（不含旧存14），结案397件；至2004年，共受理执行案件2602件，结案2174件。2005年，法院业务庭审结案件的执行工作由梁山县人民法院执行局负责，下设执行一庭、执行二庭、综合科。2006年，梁山县法院召开集中清理执行积案工作调度会，有效解决“执行难”问题，在全县形成党委领导、人大监督、政府参与、政协支持、各界配合、法院主办的执行工作联动机制。2009年4月，梁山县人民法院执行局在执行工作中积极探索建立执行工作长效机制，从健全执行和解机制、执行威慑机制、社会联动机制、执行救助机制等四个方面入手，寻找新的工作方法，用新的工作模式、新的工作思路解决“执行难”问题，取得明显成效。2013年5月，梁山县人民法院在深入分析执行难产生的原因和根结的基础上，创新执行机制，科学配置执行力量，积极探索执行运行新模式。2005—2013年，县法院共受理各类执行案件7270件，审结7127件，结案标的额5.64亿余元。

1994—2013年梁山县人民法院案件审结统计表

表18-5-1　　单位：件

年度	刑事案件	民事案件	商事案件	行政案件	执行案件	监督案件
1994	—	—	—	—	—	—
1995	—	—	—	—	—	—
1996	275	—	—	30	59	—
1997	211	—	—	37	132	—
1998	133	—	—	47	324	—
1999	142	—	—	285	397	—
2000	191	—	—	142	519	—
2001	—	—	—	—	—	—
2002	182	672	649	135	435	94
2003	175	667	480	100	421	91
2004	127	621	483	53	402	92
2005	202	602	537	113	299	120
2006	196	687	524	158	410	131
2007	202	785	925	52	558	179
2008	217	1755	972	34	652	116
2009	182	1874	954	36	1164	193
2010	190	1313	886	78	749	190

续表 18-5-1

年度	刑事案件	民事案件	商事案件	行政案件	执行案件	监督案件
2011	222	1527	1202	287	713	271
2012	321	1847	2564	180	893	354
2013	501	2232	2342	14	1689	204

第六章 司法行政

第一节 管理机构

梁山县司法局，正科级行政单位，县政府组成部门，主管全县司法行政工作。县司法局成立于1980年7月，1982年6月设立党组。1994年，县司法局内设秘书科、基层科、公证律师科、普法办、宣传科等5个科和民间纠纷调解中心，辖13个乡镇司法所、3个律师事务所、5个乡镇法律服务所和公证处。1997年，增设安置帮教科和法律援助中心。2000年9月，增设“148”调度中心。2002年9月机构改革，内设人秘科、普法宣传科、基层科、公证处，并取消公证律师管理科，将其职能并入人秘科；取消安置帮教科，将其职能并入基层科；普法办与宣传科合并为普法宣传科；撤销“148”调度中心。2007年8月，增设梁山经济开发区司法所。2008年8月，增设风景名胜区司法所。2010年10月，梁山镇司法所、风景名胜区司法所分别更名为梁山街道司法所、水泊街道司法所。2011年8月，司法行政专项编制共有58人，内设办公室、法制宣传科、政策法规科、基层工作科（挂县社区矫正与安置帮教办公室牌子）、律师和公证管理科5个科室，辖1个法律援助中心、15个司法所；管理指导4个律师事务所、5个法律服务所。2012年，被评为全市司法行政系统先进集体，被市司法局荣记集体三等功。2013年3月，增设社区矫正工作科，基层工作科不再加挂县社区矫正与安置帮教办公室牌子。同年，被山东省司法厅授予“亮点工作创新先进集体”。

第二节 普法宣传

“二五”普法 1991—1995年，实施“在全县公民中开展法制宣传教育”第二个五年规划。1991年5月5日，县委、县政府印发《梁山县在公民中开展法制宣传教育的第二个五年规划》，对工人、农民、知识分子、干部、学生、个体劳动者进行法制宣传教育。“二五”普法以宪法为核心，深入宣传“十三法二条例”，即《全国人民代表大会和地方各级人民代表大会选举法》《行政诉讼法》《国旗法》《集会游行示威法》《义务教育法》《土地管理法》《环境保护法》《水法》《森林法》《矿产资源法》《食品卫生法（试行）》《文物保护法》《军事设施保护法和山东省计划生育条例》《山东省未成年人保护条例》。1992年，连续三年为村队培训普法宣讲员共5000余人，利用农村冬、春农闲季节，组织普法宣讲团下乡，开展宣传教育400余次，受教育达7万余人。1993年6月，在全县开展评选“五好家庭”“遵纪守法光荣户”和“文明单位”活动。1994年，组织开展“宪法知识竞赛”活动，全县干部职工、青少年参与人数达2万余人。

至1995年，县、乡共举办法制讲座60余场次，培训人员9000余人次，举办领导干部法律培训班20期，参训干部达1000余人次，对各部门执法人员进行培训40余次，参训人员3200人次，共印发宣传资料2万余册。至1995年年底，为39家企业聘请常年法律顾问，条件较好的企业建立法律顾问室，为全县办理经济案件272起，挽回经济损失680余万元。

“三五”普法 1996—2000年，实施“在全县公民中开展法制宣传教育”第三个五年规划。普法内容主要包括:《宪法》《刑法》《教育法》《高等教育法》《保密法》《行政诉讼法》《国家赔偿法》《行政复议条例》等。1996年5月，配合“严打”开展宣教工作，与有关部门组织讲师团深入农村，举办劣迹人员法制学习班44期，参加人数632人。1998年，成立法治宣讲团，共开展宣传教育千余次，受教育达40万人。2000年4月，开展大规模的全县普法工作宣传月活动，出动宣传车45台次，发放宣传单4万余张，法律咨询1万余人次，农民法律知识竞赛1次。至2000年，县委13次召开普法依法治理工作会议，县人大20次听取执法部门政府情况汇报，县、乡及县直部门举办各类讲座培训150余场次，培训15000人次；对各部门执法人员开展培训50余期，参训人员3500人次；为中小学生上法制课150多场次，全县青少年受到法制教育；每年组织全县领导干部、公务员、企事业单位中级职称以上3500余人参加年度普法考试；在农村建立普法一条街和法制学校；全县50万名普法对象接受法制教育，全县各乡镇85%以上的行政村、75%以上的厂校实行了依法治理，95%的国家机关推行部门普法执法制度。县“三五”普法工作顺利通过济宁普法检查组的验收，获济宁市普法先进县。

“四五”普法 2001—2005年，实施“在全县公民中开展法制宣传教育”第四个五年规划。在以领导干部、司法和行政执法人员、青少年学生、企业经营人员为重点的全体公民中继续开展以《宪法》《刑法》等为主要内容的法制宣传教育，制定《梁山县关于加强领导干部学法用法工作的实施意见》《梁山县领导干部学法制度》《梁山县执法司法人员学法制度》《梁山县普法依法治理工作监督检查制度》《梁山县行业依法治理规章制度和企业学法制度》。2001年，深入开展行政执法“四制”建设，建设示范单位10个。2003年，结合防治非典，开展《中华人民共和国传染病防治法》和《中华人民共和国传染病实施办法》学习宣传活动；实施农村广播系列普法工程，将与“三农”及热点难点密切相关的40余部法律法规，利用以案释法等多种形式到全县各个村庄进行宣传。2004年6月，开展“走百村、进千户、访万民”送法下乡活动。至2005年，县、乡共举办法制讲座90余场次，培训人员12000余人次，举办干部法律培训班20余期，参训人员1000余人次；举办5次科级以上领导干部普法考试，参考率和及格率达到100%；各中小学校法制副校长上法制课进行法制教育700多场次，受教育学生近20万人次；在农村开展“法制宣传图画一条街、民心墙、利用广播、送法下乡”等系列普法宣传活动，组织大型宣传35次，参加宣传人数达7000余人次，扎制宣传车300多辆次。2005年6月，县“四五”普法工作顺利通过市普法检查验收，并被命名为全市“四五”普法依法治理工作先进县。

“五五”普法 2006—2010年，实施“在全县公民中开展法制宣传教育”第五个五年普法规划。开展以“学法律、讲权利、讲义务、讲责任”为主要内容的公民法制宣传教育。2006年，启动“12·4”全国普法宣传进机关、进乡村、进社区、进学校、进企业单位活动；成立县青少年法治宣讲团，定期为中小学上法制课。2007年，成立县法律服务自愿团，为政府决策提供法律建议，为群众免费提供法律咨询，为村级事务管理提供法律服务。2008年，全县实行“法律六进”（进机关、进乡村、进社区、进学校、进企业、进单位）活动部门责任制。同年12月，县委组织部、县委宣传部、县司法局、县人事局、县普法办联合出台《关于进一步加强全县领导干部和公务员学法用法工作的意见》，对学法用法的总体目标、对象范围、学习内容、制度建设、考试考核等作了具体规定。“五五”普法期间，全县组织大型宣传40余次，参加宣传人数达1万余人次，发放法制宣传资料40万余份；全县共举办各类法制讲座95场次，培训人员1万余人次；举办法律培训班28期，培训人员1500余人次；连续举办领导干部、公务员、事业单位人员、企业单位中级职称以上人员普法考试5次，达4万余人次；青少年法治宣讲团为2万余名中小学生上法制课350多场次。2010年8月，市“五五”普法工作检查验收小组到梁山县验收，获得小组评价第一名的荣誉。

“六五”普法 2011—2015年是“在全县公民中开展法制宣传教育”第六个五年普法规划实施阶段。2011年12月，县委、县政府转发《县委宣传部、县司法局关于在全县公民中开展法制宣传教育的第六个五年规划》，县人大作出《梁山县2011—2015年依法治县规划的决议》和《关于在全县公民中开展第六个五年法制宣传教育的决议》。2012年4月，实施“村村建团工程”，深入开展“千台大戏进乡村、法制宣传促和谐”活动。同年12月，启动“法治梁山、法治乡镇”创建工作，出台《关于开展法治梁山、法治乡镇创建活动的意见》，印发《“法治梁山、法治乡镇”创建工作考核标准和考评细则》。2013年，县委、县政府举办“巡回送教”“水泊大讲堂”等培训，组织副科级以上领导干部、中青年干部培训班16期，培训干部1700余人次。至2013年12月，举办普法宣传员培训班8期，培训宣传骨干1600余人次，征订“六五”普法干部法律知识读本5万本，全县干部职工人均拥有学法教材4本以上；组织1.4万余人参加全县统一的普法考试，参考率合格率均达到100%，优秀率97%以上；在全县20所中小学开展了“关爱明天、普法先行”主题教育活动、6万余名学生和家长参加的“法律知识竞赛”、千名学生参加的“法育未来”全县青少年法律知识竞赛等活动，全县法制副校长（辅导员）为青少年上法制课150余场，受教育青少年达8万余人次；举办各类企业法律知识讲座36次，参训人员13000余人；组织观看法制教育片、法制宣传图片展32场次；组织大型集体普法活动14次，受教育群众达6万余人。2013年6月，市“六五”普法工作检查验收小组对梁山县普法依法治理中期工作进行验收，获得较好荣誉。

第三节 法律援助

1997年12月，梁山县法律援助中心成立，为副科级全额事业单位，核定事业编制5人。2001年，开始建立乡镇法律援助工作站，县老龄办、工会、妇联、残联等县直单位业也相继建立了法律援助工作站。2009年，县委、县政府确定把法律援助列入为民办实事项目，梁山县司法局制定《关于落实法律援助纳入县政府为民办实事项目的实施意见》（梁司发〔2009〕1号），将任务目标细化分解到县法律援助中心、各律师事务所，将206件法律援助案件全部落实到每位律师（5件）、每位法律工作者（4件），目标任务责任到人；同年，每个乡镇法律援助工作站以司法所为依托开展工作，每个村居明确一名法律援助联络员，法律援助网络进一步健全。2010年，县法律援助中心开通法律援助绿色通道，在全县所有行政村发放《法律援助便民服务手册》，方便农村群众了解法律援助的对象、范围、申请条件、申请程序、联系电话，实现法律援助无缝隙、全覆盖，使特殊群体直接获得法律援助。2011 年，县法律援助中心工作重点转为规范案件受理程序，提高案件办理质量。对所受理的案件进行跟踪旁听，并及时回访，将受援人意见反馈记录在案进行全面公示，对重大、疑难案件集体讨论，法律援助案件办理质量全面提高。2012 年，开展“为农民工讨薪便民活动”“关爱明天法律援助进校园”专题活动，开展新媒体宣传，做客县广播电台“阳光政务热线”，专题介绍法律援助工作；同年 8 月，启用 80 平方米的临街大厅作为法律便民服务规范窗口，投资 10 余万元建设规范的工作平台，配置全新的空调、沙发、桌椅、橱柜、打印复印一体机，制作并悬挂工作流程、受援人权利义务、受援范围、点援制志愿者等标识，设法律咨询、案件受理、援助热线三个窗口，每天都有一名社会执业律师在大厅值班，进一步畅通法律援助渠道，提高法律援助服务质量，为受援人提供全面、规范的贴心服务。2013 年，梁山县共有法律援助专职律师 2 名，社会律师 10 多名，全年共办理援助案件 350 件，受援人数达 1341 人，群众满意率 99%，年底被评为法律援助省级规范化便民服务示范窗口。

第四节 律师事务

1994 年，全县共有济宁及时雨、济宁义正、济宁水泊三家律师事务所，均为国资所。1999 年 6 月，三家律师事务所分别更名为山东及时雨、山东水泊、山东义正律师事务所；同年 12 月，根据国家政策，脱钩改制，山东及时雨律师事务所由国资所脱钩改制为合伙所。2000 年 9 月，山东水泊律师事务所和山东义正律师事务所脱钩改制并合并组建成立了山东水泊律师事务所。2004 年，山东水泊律师事务所分离，分别成立了山东浒源律师事务所和山东金正义律师事务所。2005 年 6—12 月，梁山县组织律师参加全市“规范执法行为、促进执法公正”活动。2010 年 5 月，开展党员律师进社区义务咨询活动。2011 年，开展律师事务所与司法所“所所结对，送法下乡”活动；同年 4 月，成立山东求胜律师事务所。2012 年，积极引导广大律师为重点项目建设、中小企业发展提供优质高效法律服务，参与矛盾纠纷排查和化解工作，引导律师采取诉前调解、庭内调解、庭外和解和非诉讼手段，化解社会矛盾。同年，县法律援助中心大厅正式启用，全县注册律师轮流到法律援助便民服务大厅值班，免费为群众提供法律咨询和法律服务。2013 年，全县共有及时雨、浒源、金正义、求胜四家律师事务所，执业律师 29 人，实习律师 5 人，其他辅助人员 4 人。

1994—2013 年，全县律师共担任法律顾问 200 余家，办理刑事诉讼及代理 1400 余件，民事案件代理 1 万件，经济诉讼代理 2600 余件，行政诉讼代理 500 余件，非诉讼 1800 余件，避免及挽回经济损失 3.8 亿元，业务收入 2000 余万元。

第五节 司法公证

梁山县公证处成立于 1981 年，副科级行政单位，独立法人，是专门从事公证业务的法定国家证明机构。2013 年，有公证工作人员 7 名，其中执业公证员 3 名。1994 年，梁山县公证处开展招标投标公证，招标投标公证作为一种特殊的法律调节手段参与到全县招投标活动中。1995 年，县公证处为全县农村《土地承包合同书》进行法律公证，并承办公用住房、房改房买卖合同公证。1997 年，县公证处开展收养公证，解决了被收养人的户口、入学、工作等生活难题，受到群众的一致欢迎。1998 年，广泛承办公用住房、房改房买卖合同公证，预防了经济纠纷，维护了当事人的利益。2000 年，开展房屋买卖公证，房产公证成为公证处支柱业务，保障了交易安全，维护了经济秩序。2001

年，深入开展遗嘱公证，预防了家庭纠纷，彰显了公证公信力。2002年，县公证处办理强制执行公证，在保护债权人合法权益，尤其在保证银行按时收贷，防范金融风险等方面发挥了积极作用。2003年，县公证处抓住国内出国留学、务工大幅度上升的外部环境，对外积极开拓证源，涉外公证事项日益增多，梁山县公证处涉外公证书发往使用的国家（地区）达100多个。2004年，开展"公证进村入户""12·4法制宣传"活动，为群众提供公证法律服务，提升了公证的社会影响力。2005年，县公证处开通"绿色通道"，为老、弱、病、残、孕等困难群众提供上门办证服务，减免公证费用，实行公证法律援助，树立了公证利民、惠民的社会形象。2007年，县公证处开展证据保全公证，对与申请人权益相关的、日后可能灭失或难以提取的证据加以验证提取，有效保持了证据的真实性和证明力。2009年，县公证处推出汽车消费贷款公证业务，拓展公证领域，实现了向"多条腿"走路的跨越式发展。2010年，县公证处与全县各乡镇司法所、律师事务所、法律服务所开展"结对帮扶、共创共建"活动，公证法律服务深入人心。2012年，启用集公证咨询、办证、出证、收费于一体的综合办证大厅，办证工作更加规范、快捷，开创了公证工作的新局面。2013年，县公证处启用天正公证业务信息管理系统V2.0，配备神思二代身份证扫描仪，实现了公证信息管理向电子化、信息化纵深发展。1994—2013年，梁山县公证处共办理公证1.9万余件，其中，办理民事公证6700余件，经济公证9500余件，涉外公证2850余件，涉及近20个国家和地区。

第六节 人民调解

1994年后，人民调解工作逐步加强，县政府成立以分管县长为组长、相关部门负责人为成员的人民调解工作领导小组，领导小组办公室在县司法局，统筹协调指挥全县人民调解工作，并在每年组织基层矛盾大排查、大调解活动。2006年起，注重加强人民调解队伍建设，并先后涌现出一批优秀调解员。2009年，开展"法律进万家、调解找司法"专项活动。2010年3月，开展"人民调解化解矛盾纠纷专项攻坚活动"。同年12月，探索建立人民调解量化考核机制。2011年，宣传贯彻落实《中华人民共和国人民调解法》，开展"百员千人大培训""百乡千村大排查"等化解矛盾纠纷专项行动，对15名司法所长和600多名骨干调解员分级分层次开展培训，对全县15个乡镇（街道）和600多个村居，分层级进行矛盾纠纷排查，取得明显效果。2012年6月，在全县开展"人民调解便民服务直通车"活动。2013年，县司法局在全市率先建成230平方米的矛盾预警调解指挥中心，设有矛盾预警指挥中心办公室、矛盾预警监控室、分析研判室和指挥督导室，并明确专人负责接收相关部门社会矛盾纠纷信息，及时进行分流处置。同年，开展创建全市品牌调解室活动，出现一批以个人命名的调解室。至2013年底，全县设有乡镇人民调解委员会15个，基层调解组织600余个，医患纠纷、道路交通安全、劳动关系纠纷等专业调解委员会3个；拳铺司法所所长李忠峰被评为全国人民调解能手，梁山街道司法所所长张洪英多次被评为全市最美人民调解员、全省优秀司法所所长、全省人民调解能手等，杨营镇周楼村支部书记周长胜被评为全省优秀人民调解员。

第七节 帮教矫正

1997年，梁山县成立县安置帮教工作领导小组及其办公室，办公室设在司法局，司法局长兼任办公室主任。同年，县司法局增设安置帮教管理科，各镇（街道）司法所增设安置帮教工作站。2000年，建立由各乡镇分管政法领导任组长的领导小组，各行政村成立3～5人的帮教小组。2007年5月，成立社区矫正工作领导小组，下设办公室，办公室设在司法局。办公场所842平方米，工作人员34名，各乡镇（街道）也成立乡镇社区矫正工作领导小组办公室。2013年4月，成立县司法局社区矫正工作科，在县司法局加挂社区矫正管理局的牌子，增配一名副局长；同年5月，成立社区矫正管理服务中心，中心集“执法监管、教育矫正、安置帮扶”三大功能于一体。

安置帮教 1997年，坚持社会各界共同参加、非强制性和教育、管理、引导、扶助相结合的安置帮教原则，逐步推进安置帮教工作的开展。2000年，建立完善帮教工作制度，包括：以沟通与监狱、劳教所工作联系为主的提前介入制度，以帮教责任制为主的接茬帮教制度，以确保帮教质量为主要内容的检查考评制度，以明确帮教情况为主要内容的建档制度，进一步推进了帮教工作的开展。2005年5月，开展“三无”人员大排查大走访。2009年，转发《中央综治委刑释解教人员安置帮教工作领导小组及办公室成员单位职责》和《2009刑释解教人员帮教安置工作要点》的通知，明确和细化各有关部门职责与工作流程，完善相互衔接、相互配合、齐抓共管工作机制。2010年9月，实施开展安置帮教“无缝对接”工作。县司法局组织专门人员与监狱联系，去监狱把刑满释放人员接回；同年12月，转发《济宁市社会治安综合治理委员会关于进一步加强刑满释放解除劳教人员安置帮教工作的实施意见》的通知，创立各类安置帮教经济实体5处，累计安置270人就业，救助生活困难人员10人，解决“三无”（无家可归、无业可就、无亲可投）人员住房2处；开展“一帮十”“十帮百”系列活动，让现实表现好、工作有业绩的刑释解教人员与10名刑释解教人员结成帮扶对子，带动更多人走向成功，顺利回归社会，真正做到“出来有人接、接回有人管、就业有人帮、困难有人助”。2011年12月，启动刑释解教信息管理系统，加强监所与安帮办、基层帮教组织信息沟通机制，实现与安帮办各成员单位信息共享，随时查询了解辖区服刑在教、刑释解教人员情况，实现对服刑在教人员和刑释解教人员的信息化管理。2012年5月，开展未成年子女排查活动，对特别困难的及考上大学的服刑人员子女进行帮扶；同年7月，启动视频帮教系统应用，加强服刑人员与家属的沟通，提升服刑在教人员教育改造质量，提高社会帮教时效。2013年，开展教育改造与安置帮教一体化延伸帮教活动、未成年子女排查帮扶工作，与监所沟通，将排查出的信息录入刑释解教系统，并把该项工作作为日常性、经常性工作，建立健全服刑人员未成年子女排查帮扶工作长效机制。至2013年，安置帮教在册1248人，做到一人一档，一档一盒，帮教率、安置率均达到100%。

社区矫正 2007年8月，在全县开展社区矫正试点工作。2008年5月，组建由老干部、老党员、老教师为主体的650名社会志愿者队伍，形成政府主导、社会参与、群众支持的社区矫正工作格局。2009年4月，县社区矫正工作领导小组、县人民法院、县人民检察院、县公安局、县司法局联合转发《济宁市社区服刑人员计分考核奖惩办法（试行）》的通知，切实加强对服刑人员的监督考察、教育矫治，推动全县社区矫正试点工作的健康发展；同年建立社区服刑人员学习教育基地8处，累计教育培训社区服刑人员153名。2010年2月，县社区矫正工作领导小组、县人民法院、县人民检察院、县公安局、县司法局联合转发《关于转发省高院等四部门〈关于在全省试行社区矫正工作的实施意见的通知〉的通知》；同年5月，成立社区矫正“检察官办公室”，创立社区矫正“检察官讲堂”，均被市司法局开展的“四大一新”活动评为月度新事。2011 年 12 月，启动社区矫正终端及应用管理系统管理，完善社区服刑人员电子档案、日常管理考核、信息交互，使社区矫正工作信息化、标准化、智能化。2012 年 12 月，建立监管部门与管理部门沟通联系机制，定期开展以抽查促管理活动。结合社区服刑人员所犯罪刑、日常表现及矫正效果等情况，推行社区服刑人员严管、普管、宽管等级化管理。2013 年，制定印发《梁山县社区矫正执法工作规范手册》，从适用社区矫正人员的审（假释）前社会调查、人员的接收、未报到人员的追查和奖惩等几个方面，对社区矫正执法和监督管理工作进行规范完善，并纳入入矫宣告、风险评估两项重要工作。

梁山縣志

LIANG SHAN XIAN ZHI

1994—2013

第十九篇

DI SHI JIU PIAN

社会管理

1994—2013年，梁山县民政、人力资源、社会保障、计划生育、老龄等项社会综合管理工作紧紧围绕党和政府工作大局，构建民生与社会保障体系，加强人事劳动等人力资源保护，强化计划生育政策落实，注重推进老龄事业发展，全县社会管理服务水平逐步提高，民生保障和社会稳定水平全面提升。1995年，梁山县被山东省委、省政府、省军区授予“拥军优属模范单位”；1999年，被全国双拥工作领导小组、民政部授予“爱心献功臣行动先进县”；2006年，被山东省委、省政府命名为“计划生育优质服务先进县”；2010年，被授予“全省就业服务工作先进单位”“山东省农村劳动力转移就业工作示范县”；同年，被省委、省政府、省军区命名为“双拥模范城（县）”。

第一章 民政

第一节 管理机构

梁山县民政局，正科级行政单位，县政府组成部门，主管全县民政事业。县民政局为县政府最早设立的科局之一，始称民政科；1959年8月，民政科改称民政局；1962年7月，民政局改称民政科；1964年1月，民政科改称民政局。1982年6月，民政局设立党组；1984年4月党组撤销，1985年2月恢复设立党组。

1994年1月，县民政局内设秘书股、民政股、基层政权股、优抚安置股、社会福利生产股；2000年1月，内设秘书股、社会股、民政股、优抚股、政权股；2002年9月，内设办公室、社会保障科、优抚安置科、社会事务科、基层政权科、社会福利科、民间组织管理办公室；2006年6月，增设计划财务科；2010年12月，基层政权科改称基层政权和社区建设科，社会福利科改称社会福利和慈善事业促进科，增设区划地名科；至2013年12月，县民政局内设办公室、社会保障科、优抚安置科、社会事务科、区划地名科、基层政权和社区建设科、社会福利和慈善事业促进科、规划财务科8个科室。局机关有行政编制13名，工作人员32人，下属事业单位人员14人。

1994年1月，县民政局直属军队离退休干部休养所（股级事业单位）、烈士陵园管理所（股级事业单位）、殡葬管理所（副科级差额事业单位），同年11月，设立农村社会养老保险处（副科级自收自支事业单位）；2000年9月，设立婚姻登记管理处，股级自收自支事业单位；2004年11月，设立慈善总会办公室，副科级全额事业单位；2006年12月，设立城乡最低生活保障管理处，副科级全额事业单位；2010年5月，设立双拥办公室，副科级全额事业单位；同年12月，设立社会福利中心，副科级全额事业单位。至2013年，县民政局直属8个副科级事业单位，即：双拥办公室、慈善总会办公室、民间组织管理办公室、城乡最低生活保障管理处、婚姻登记处、殡葬管理所、军队离休退休干部休养所、社会福利中心，其中，殡葬管理所为自收自支事业单位。

第二节 基层政权

基层政权沿革 1983年，中共中央、国务院发出《关于实行政社分开建立乡政府的通知》，对农村三级所有、队为基础的人民公社基层领导体制进行改革，农村基层政权建设发生较大变化。1984 年 2 月，梁山县撤社建乡工作完成，原来的 19 个人民公社、1 个镇改建为 6 个区公所和下辖的 32 个乡镇；后经区划调整及撤销区级建制，至 1993 年底，全县辖 24 个乡镇，709 个行政村。1994 年后，几经区划调整，至 2013 年末，全县辖小路口、小安山、馆驿、韩岗、韩垓、拳铺、马营、杨营、黑虎庙、寿张集 10 个镇，大路口、赵堌堆 2 个乡，梁山、水泊 2 个街道，1 个省级经济开发区。

村居自治组织 村民委员会在撤社建乡中由原农村生产大队或生产小队改建，1994 年，全县共有 709 个村委会，后经几次行政村调整合并，至 2013 年底，全县共有村民委员会 619 个。1998 年，梁山县开展城市社区建设及城中村撤村改居工作，梁山镇所辖马庄和吕屺口两个村率先撤村改居，建立城市居民委员会。其后，后集、凤山、张坊等行政村相继撤村改居，至 2013 年年底，县城区共有居民委员会 7 个。

1994 年后，县民政部门为推进基层政权组织的民主管理工作，除了组织好历届的村民委员会选举工作外，认真指导村（居）民委员会的组织建设和制度建设，多次培训乡镇干部和村（居）委会主任，加强村级民主法制宣传教育。同时，开展村民自治、示范单位创建活动和模范乡镇、模范村民委员会评选活动，促进了村民代表会、村民议事会、村务公开、村规民约等项制度的建立健全，发挥了村（居）民委员会的自我管理、自我教育、自我服务作用。

村居换届管理 1984 年全县完成第一届村委会的选举工作；自此，每 3 年进行一次换届选举工作，至 2013 年，共进行 10 次村委会换届选举。其中，2011 年进行第十届村（居）委会换届选举，选民为 448342 人，参加选举者 388027 人，参加投票者是 409109 人，委托投票者是 4996 人，共选出村（居）委会成员 2253 人，其中女性 624 人，党员 1304 人，大学生 82 人，35 岁以下者 180 人。

村务公开管理 2000 年，全县启动村务公开试点，对群众最为关注的村内事务上墙公开，建设村务公开栏，增强工作透明度。2004 年，加大对村务公开的指导力度，县委、县政府下发《关于在全县农村普遍实行村务公开和民主管理制度的意见》，成立村务公开领导小组和民主监督小组，召开全县村务公开工作会议和村务公开现场会，在全县统一公开内容、时间、程序，并加强公开栏建设。2006 年，进一步强化全县村务公开民主管理工作，将每年的 1 月 5 日和 7 月 5 日定为村务公开民主管理“民主日”，开展村务公开“民主日”活动和村务公开示范村活动，使村务公开工作有安排、有要求、有措施、有检查、有情况通报。至 2013 年，全县 100% 的村建立起政务公开、财务公开、事务公开制度。

第三节 老区英烈

革命老区 梁山县属革命老区，为鲁西抗日根据地、冀鲁豫革命根据地的一部分。梁山革命老区从土地革命战争时期梁山一带第一个党支部建立到永安寺起义，从“梁山歼灭战”到梁山抗日根据地的建立，从支援刘邓大军强渡黄河揭开战略反攻的序幕到迎接全国解放，从社会主义改造、建设到改革开放，走过辉煌历程，为新中国的建立做出重大贡献。1980 年 12 月，经国家民政部审核，梁山县被正式确定为革命老区（根据地）。

梁山是山东省较早传播马列主义和建立共产党组织的地区之一。1934 年 8 月，时任中共济南市委书记的赵建民到梁山一带发展党的组织。1936 年 7 月，万里等老一辈革命家在梁山田大店村任教，以教学为掩护秘密进行革命活动，与田子珍等一起建立群众组织“读书会”，宣传红军长征的意义及中国共产党抗日救国的主张，在梁山一带开展革命活动，培养了一批优秀干部。

同年9月，经中共山东省委同意，戴庙小学成立中共梁山地区第一个支部，高明宇任支部书记（寿张集村人），蒋典印任副书记（解庄村人），由省委巡视员董临仪（李官屯村人）负责联系，直属中共山东省委领导。同年10月，董临仪、万里在解庄小学建立秘密联络站，由杨海岩、王晓农负责收发、传递党的文件，护送过往地下党员。1937年春，徐昆在杨楼小学建立秘密联络站，以教学为掩护，联络党的活动者和爱国人士。同年夏，梁山一带所辖境内共产党员发展到25人；同年8月，在万里、田子珍的教育和影响下，田大店完小大部分教师走上革命道路，加入中国共产党，成立“中共田大店完小支部”，田子珍任支部书记。1940年12月，党支部发展到40个、党员发展到400人左右；抗日战争胜利时，建立党支部97个、共产党员发展到1418人。

抗日战争时期，梁山一带党组织得到进一步发展，发动群众，减租减息，建立抗日民主政权，进行武装斗争，形成抗日根据地，对鲁西抗日根据地和山东省抗日根据地的巩固、发展起到重要作用。1937年7月，万里在梁山东部的田大店、彭村一带，建立“中华民族抗日先锋队”，主要任务是向地主借枪借粮，组织抗日武装。同年秋，万里建议成立“农民福利会”，发动群众互救互济，解决群众生活问题，扩大党的影响，组织农民开展抗日救亡运动。1938年春，徐昆、朱良、李斌、陈亚邴等在寿张集建立抗日救国会。同年秋，在万丹茹、路宾、林彬等人的领导下，建立“妇女抗日救国会”，宣传抗日救国主张，组织广大妇女积极参加抗日救国运动，发挥妇女抗日救国的重大作用。梁山一带党组织把领导建立人民抗日武装作为党的主要任务，相继建立抗日武装和人民政权，形成以张博士集村为中心的抗日根据地。1938年初，田大店、小安山、侯集、贾庄等村以及韩岗、徐集、拳铺一带，共产党组织领导100余人，以拜年为掩护，在永安寺（现梁山县申垓村）建立梁山一带第一支抗日武装“汶上人民抗日自卫队”，后组成“东汶支队”，史称“永安寺抗日武装起义”。同时，在梁山一带党组织的领导下，还相继建立“东平湖西地区抗日游击大队”“运河游击队”“梁山支队”，后改编为八路军黄河支队。1939年3月，一一五师代师长陈光、政委罗荣桓率师直属部队和343旅686团组成的东进支队，挺进鲁西，进入梁山一带。8月1日，驻汶上县城的日军第32师团一部及伪军共400余人，由长田敏江少佐率领向梁山进犯。一一五师代师长陈光、政委罗荣桓决定以师直特务营、骑兵连和杨勇率领的独立旅一团三营歼灭该敌。8月2日上午，日伪军到达梁山南麓的前集村附近。115师特务营一部歼其一部后，迅速撤离，诱敌深入。日伪军气焰嚣张，沿梁山南麓搜索，到马振扬村时又遭到痛击，被歼40余人。下午，日伪军被迫退守梁山西南麓独山村及独山高地。入夜，参战部队向敌人发起攻击，以一部兵力占领独山高地，主力攻占了独山村。3日晨，退守独山坡南面的10余座石灰窑及客栈的日伪军大部被消灭，残部向汶上逃窜。该次战斗共击毙日伪军大队长以下300余人，俘敌24人，缴获山炮2门、九二步兵炮1门，掷弹筒4具、轻重机枪15挺、步枪150余支、战马50余匹、其他战利品一部，创造了平原伏击战的范例，受到表彰。1939年12月，鲁西军区在黑虎庙村成立，杨勇兼任军区司令员，下辖4个军分区。1940年8月，中共鲁西区党委为巩固鲁西抗日根据地，决定在东阿、阳谷、寿张、郓城、汶上、东平六县边区建立昆山实验区，并成立实验区工作大队，下设四个工作队，驻地在现大路口乡张博士集。1941年1月，昆山实验区改为昆山县，并在张博士集召开大会，成立中共昆山县委和昆山区抗日民主政府，邵子言任县委书记，于少畲任县长。随后又成立昆山县抗日联合会。1944年1月，梁山一带出现抗日斗争新局面，5月，冀鲁豫军区派主力八团进驻昆（山）张（秋）地区，恢复扩大抗日根据地；10月，接连拔除梁山一带40余个日伪军据点，数千名日伪军投降，解放除大安山、开河以外的全部地区，扩大了抗日根据地；在整个抗日战争中，梁山一带歼灭日军640人，伪军1450人，有602名梁山儿女为国捐躯。1945年8月，梁山一带迎来抗日战争的最后胜利，梁山县辖区获得第一次解决。

解放战争时期，梁山一带在党的组织领导下，广泛发动群众，深入进行减租减息、土地改革，开展参军、参战和支前活动，成为鲁西南战役和淮海战役的后方。同时加强党的组织建设、政权建设和地方武装建设，为解放战争的胜利作出重要贡献。1947年6月，为掩护刘邓大军南渡黄河，打好鲁西南战役，梁山军民密切配合打响鹅鸭场战斗、黑虎庙战斗，重创国民党黄河南岸的驻守部队。6月30日夜，刘邓12万大军，在从张秋镇至临濮镇150公里的地段上，一举突破国民党军队的黄河防线；7月4日晚，野战军指挥部在孙口至蔡楼渡口渡河，经蔡楼、赵堌堆驻河西村，指挥郓城战役，扫清障碍，挺进大别山。刘邓大军过黄河在梁山留下“将军渡”遗址。在刘邓大军渡河作战中，梁山人民赶造木船4只，组织水手80余名，先后出动民工7万余人，牲畜2000余头，全力支援，为刘邓大军渡河作战和鲁西南战役胜利，作出了重大贡献。1948年8月，国民党军队全部撤离梁山一带，梁山全境获第二次解放。同年11月，淮海战役开始后，梁山上万民工上阵支前，几乎涉及每个村庄、每个家庭，支前人员顶风雪忍饥寒，冒着枪林弹雨，随军出征，上前线，运粮食、运弹药、抢救伤员，千方百计地完成支前任务，在淮海战役期间，全县出动车辆5000余辆，民工2万余人，运送200万斤，为淮海战役的胜利贡献了力量。1949年2月，梁山90余名干部随军渡江南下，帮助辟建新区；大批青壮年志愿参军，随队出征，南下新区的梁山籍干部、战士，在浙江、上海、江苏、福建、江西、贵州、四川、云南等地，同当地党组织和干部一起，为新解放区的革命和建设作出了贡献。在整个解放战争时期，据不完全统计，梁山域内共发生战斗33次、歼敌1354人、俘敌1173人，缴获机枪30挺、步枪1022支、小炮3门、汽车3辆，攻克敌据点8个；出动支前民工27万人次、担架1万余付，大、小车辆5000余辆；2000多人参军，700多人牺牲。解放战争期间，梁山一带党的组织迅速发展壮大，到1948年12月，昆山县党支部发展到212个，党员2069名。同时提拔了大批有对敌斗争和群众工作经验的领导干部。1949年8月，中共昆山县委、县政府在商老庄召开干部会议，宣布昆山县改为梁山县，梁山县委迁址现黑虎庙镇阎庄村，县政府迁址县黑虎庙镇西小吴村。

烈士褒扬 全县在革命战争中牺牲的革命烈士1636名，其中有名烈士1040人，无名烈士596人；抗日战争中牺牲的革命烈士658名，解放战争中牺牲的革命烈士788名，抗美援朝战争中牺牲69名，其他时期牺牲121名；梁山烈士陵园安葬1119人，散葬29人，济宁其他地区安葬35人，省内其他地区安葬110人，省外安葬164人，国外安葬54人（主要在朝鲜），安葬地不详125人。

梁山县人民政府先后建立梁山烈士陵园、梁山战斗纪念馆等，以缅怀、纪念革命先烈，褒奖、弘扬烈士精神，对后人进行革命传统教育，在全社会广泛营造尊重烈士、崇尚烈士的浓厚氛围，使之成为全县开展国防革命传统、爱国主义教育的重要基地。县直各部门、驻梁各单位，每年到烈士陵园内开展“党风廉政教育活动”，在烈士纪念碑前进行宣誓；梁山县电视台、广播等媒体开设专栏，进行红色经典影视展播，激励全县人民继承烈士遗志，以更加饱满的政治热情投身社会主义现代化建设事业。

梁山烈士陵园 始建于1955年，1957年扩建，1977年竣工，占地面积42亩，坐落于青龙山南麓，坐北朝南，北倚青龙山，南望虎头崖，园内苍松翠柏，郁郁葱葱，塔碑高耸。陵园内主要建有革命烈士纪念碑、革命烈士纪念馆、梁山战斗纪念碑等烈士纪念设施。1990 年 6 月，梁山革命烈士陵园被山东省人民政府批准为省级“重点烈士纪念建筑物保护单位”；1999 年，被济宁市列为“爱国主义教育基地”；1999 年，被评为“省级革命烈士纪念建筑物管理工作先进单位”。

梁山烈士陵园

革命烈士纪念碑修建于 1957 年，塔高 26 米，塔顶镶嵌着直径为 0.9 米的五角红星，正面竖

革命烈士纪念碑

书“革命烈士纪念碑”七个镏金大字，东面是中共梁山县委题词“白骨换来胜利果，鲜血育成自由花”，西面是梁山县人民政府的题词“革命烈士的英灵永远活在人民心中”，背面是梁山兵役局题词“为人民的解放事业而奋斗的精神永垂不朽”；塔座题联为“梁山石畔借书革命事例，人民心里永念烈士遗风”；四周石板上雕有“精神不死，遗辉长存”“为国为民，可歌可泣”“生的伟大，死的光荣”“忠昭日月，气壮山河”。

革命烈士纪念馆始建于 1976 年，1977 年建成，位于陵园北端最高处，占地面积 560 平方米，为七间五廊两耳的现代建筑。门联题写“丹心映山河，青史照日月”。馆内正中间陈列的是梁山县 1026 名烈士英名录，东西两侧是两幅大型油画，四周是发生在梁山境内著名的独山歼灭战、祝庄守卫战、鹅鸭场战斗和杨静斋、宋兆栋、赵云德、刘广成、师安宗、马兆章、季惠印烈士的生平事迹画展，陈列着革命烈士遗像、遗物等。纪念馆于 2011 年进行了修缮改造，并对烈士事迹进行了重新陈列和布展。布展面积 480 平方米，陈列烈士 1289 人，陈列实物 42 个，陈列图片 126 张。杨得志上将的题字“梁山革命烈士陵园”，也陈列于馆内。纪念馆内共分三个展区：第一展区，为抗日战争时期梁山境内发生的主要战斗情况及意义展示；第二展区，主要展示的是梁山县在各个时期为民族解放、国家独立以及新

革命烈士纪念馆

中国建设事业牺牲的革命烈士英名墙；第三展区，展示梁山县在解放战争时期及新中国成立后以后经济、社会的发展情况画展。

纪念碑和纪念馆之间，对称分布着六个烈士墓区，安葬着为国捐躯的革命烈士1526人，其中，梁山籍烈士1119人（有名烈士1012人，无名烈士107人），非梁山籍烈士407人（有名烈士22人，无名烈士385人）；军职1人，团职3人，营职3人，连职9人、排职30人，战士1480（有名烈士1034人，无名烈士492人），较著名的有杨静斋、田子珍、赵云德等革命烈士。

梁山战斗纪念碑修建于1992年，系梁山县委、县政府为纪念梁山战斗胜利五十三周年而立。该纪念碑位于革命烈士纪念碑西侧30米处，碑体由花岗岩、大青石构筑而成，正四棱柱形，碑高6.7米、占地20平方米，正面镌刻着“梁山战斗纪念碑”七个镏金大字；背面碑文记述梁山战斗的经过；东西两侧刻有欧阳文、戴润生、阎学增、段君毅等20多名领导人的题词。陵园内还建有杨静斋烈士纪念碑，碑高6.3米，青石结构，1945年11月立，原建于小安山西坡，1983年迁至梁山县烈士陵园。正面由徐达本同志题写“名馨湖山”四个大字，背面记载有杨静斋烈士的主要功绩，两侧有曾在梁山战斗过的老一辈革命家万里、杨勇等领导人题写的挽词，万里委员长的题词是“纪念杨老先生忠实作人民的卫兵”，杨勇上将的题词是“继先烈遗志，奋战不息”。陵园内还立有“民族之光纪念碑”和“张秋县殉难烈士纪念碑”。民族之光纪念碑，全石结构、六棱、高4米，正面题“民族之光”四个大字，系1946年原昆山县民主政府为纪念1942年8月11日师集联防队与日伪在师集战斗牺牲的师安宗等烈士修建的大型石碑，始立于师集（今山东省泰安市东平县戴庙乡师集村），1956年8月20日迁至梁山烈士陵园，原梁山县长王凤林题词：“身躯不在，遗辉长存”。张秋县殉难烈士纪念碑，碑身为正八棱柱形，高6米，圆顶、大青石结构，正面刻有“张秋县殉难烈士纪念碑”，周围刻有“你们的死重于泰山”“为人民捐躯英灵荟萃”等各界代表题词，背面有原全国政协副主席宋任穷等老一辈革命家的联名题词：“你们的热血，换取群众的解放；你们的精神，永远活在群众的心中”。该纪念碑系1945年4月原张秋县（今山东省聊城市阳谷县张秋镇）抗日人民政府为纪念八年抗战死难烈士而立，原立于银山公社（今山东省泰安市东平县银山镇）石庙村，1955年迁至梁山烈士陵园。

梁山战斗纪念碑

梁山战斗纪念馆 为纪念梁山战斗（也称独山战斗）而建，位于梁山主峰西独山村，2010年10月开工建设，2013年12月建成。纪念馆区占地7500平方米，由半包围的圆形广场和中央标志塔组成，标志塔高20米，分为三层，底层为纪念馆的特殊展厅，上两层为高科技多媒体展厅。迟浩田上将题字：“梁山战斗纪念馆”。标志塔采用强调竖直方向的构件围绕圆形塔楼的方式构成，单纯的形体体现出庄严纪念氛围，竖向构件的形态象征着战士们用来保卫国家和人民的武器长枪，也是为国捐躯的将士们的化身。

梁山战斗纪念馆

1939年8月2—3日，八路军由代师长陈光、政委罗荣桓和旅长杨勇指挥，在梁山县独山村围歼了日军第三十二师团由长田敏江少佐带领一个精锐大队，史称梁山战斗（也称独山战斗），是中国抗日战争史上继平型关大捷之后又一次著名的抗日歼灭战。战斗共毙敌300余人，同时也有100余名抗日军民在战斗中英勇牺牲。为展现八路军一一五师将士挺进山东、开辟鲁西抗日革命根据地的历史画卷和铭记革命先烈在梁山战斗中的丰功伟绩，进一步弘扬和传承民族精神，更好地推动烈士褒扬工作深入发展，2010年，县委、县政府决定在梁山战斗原址（位于梁山县水泊街道办事处独山村）建设梁山战斗纪念馆。该馆根据梁山战斗的发生背景、战斗过程以及历史意义，把整个纪念馆展厅分为日伪军暴行，一一五师挺进山东、开辟鲁西抗日革命根据地，军民联欢、闻敌来袭，众志成城、决心杀敌，长田示威、沿途遇伏，诱敌深入、二次交火，戌夜杀敌、围攻独山，决战石窑、全歼余敌，胜利凯歌、日伪报复，威武之师、名垂千史10章内容进行展示。

第四节 优抚安置

优待抚恤 1994—1996年，对全县“三属”（烈属、因公牺牲军人家属、病故军人家属）进行普查登记，换发证件，并提高定补标准。老复员军人定补标准由原来的每人每月22元增加到35元，“三属”平均抚恤标准由原来的每人每月50元提高到65元。义务兵家庭优待标准在1994年基础上普遍提高，优待金每年户均达到550元，伤残抚恤金按照国家标准执行。1996年，全县共优待4216户，义务兵家属优待面达100%。

1997—1999年，优抚工作围绕为优抚对象解“三难”（生活难、住房难、治病难）开展“爱心献功臣活动”。县直30多个部门与126户“三老”（老复员军人、老伤残军人、老烈属）优抚对象结成帮扶对子，为其修缮住房43间，筹集发放临时救济3.92万元，减负医疗费16000余元。老复员军人定补标准平均提高到每人每月60元，“三属”平均抚恤标准提高到每人每月125元，义务兵家庭优待金标准提高到户均每年650元。同时，落实“三老”对象免交各类提留、集资、统筹和义务工政策。

2000—2005年，先后两次提高优抚对象优待抚恤标准。2000年，在乡复员军人定期生活补助平均每人每月达到90元，城乡“三属”平均抚恤标准每人每月达到190元，城乡义务兵家庭优待金标准户均每年800元。2004年，老复员军人的定补增加到平均每人每月120元，“三属”平均抚恤金每人每月225元，义务兵家庭优待金标准户均 每年1000元。2005年，根据国务院、中央军委颁发修订《军人抚恤优待条例》，残疾等级采用“一到十级”方式区分残情，并换发新式残疾证件。民政部门采取多种措施，登门入户为全县伤残退伍军人进行新旧等级套改和证件换发工作。同时，认真做好在乡抗日老战士的普查工作，走访慰问抗日老战士，为213名在乡抗日老战士发放了纪念章。期间，还通过为优抚对象减免义务工、减免各类提留及统筹费、解决医疗费等形式，帮助优抚对象解决实际困难，较好地保障了优抚对象的合法权益。

2006年，国家首次将带病回乡退伍军人纳入中央财政定期定量补助范围，全县491名带病回乡退伍军人享受到每人每月70元定补。2007年，国家将部分参战和参加核试验军队退役人员纳入定补范围，全县685名参战和102名参加核试验退役人员享受到每人每月100元定补。2008年，实行优抚政务公开制度，成立优抚政务公开工作领导小组，制定《优抚政务公开工作规定》，增加优抚工作的透明度，同时建立完善优抚医疗保障制度，制定《梁山县抚恤定补优抚对象医疗保障实施细则》，对重点优抚对象实行医疗补助、医疗减免、住院费按比例报销和大病救助制度，对全县1284名重点优抚对象落实每人每年120元的医疗补助。2006—2008年，优抚对象优待抚恤标准再次提高，老复员军人的定补增加到平均每人每月258元，“三属”平均抚恤金每人每月360元，义务兵家庭优待金标准户均每年1200元。

2009年，优抚对象优待标准提高幅度开始逐年加大，老复员军人的定补提高到平均每人每月443元，“三属”平均抚恤金每人每月565元，带病回乡退伍军人每人每月225元，参战、参加核试验退役人员每人每月220元，义务兵家庭优待金标准每年户均1500元。2012年，老复员军人的定补标准提高到平均每人每月593元，“三属”平均抚恤金标准每人每月833元，带病回乡退伍军人每人每月290元，参战、参加核试验退役人员每人每月285元，义务兵家庭优待金标准提高到每户每年7873元，实现县级统筹和社会化发放。2013年，义务兵家庭优待金标准达到每户每年9244元，伤残抚恤金按照国家标准执行。期间，先后投入资金22.7万元，从2009年起为符合条件的优抚对象分别办理城镇职工基本医疗保险、城镇居民医疗保险和新农合医疗保险，实行了优抚医疗“一站式”报销结算。2010年，县光荣院建成投入使用，为广大孤老优抚对象提供服务周到、环境优美的居住环境，使其老有所养，18位60周岁以上孤老优抚对象喜居光荣院。2011年起，将60周岁以上农村籍退役士兵和60周岁以上烈士子女纳入优抚范围，分别按照每服役一年计发每月计发10元和130元每月的定补给予发放生活补助，县内3032名60周岁以上退役士兵和154名60周岁以上烈士子女享受到该政策。

2013年，民政部下发《关于做好〈残疾军人证〉换发工作的通知》，新证件封底加装电子芯片，登入残疾军人身份信息，优抚证件管理更加规范，同时，省民政厅启用并完善优抚管理信息系统。至2013年12月，全县各类重点优抚对象总数6787人，伤残人员723人；伤残人员中，伤残退伍军人689人，伤残国家机关工作人员18人，伤残人民警察13人，伤残民兵民工3人；“三属”310人，其中烈属158人（城镇7人，农村151人），因公牺牲军人遗属78人（城镇12人，农村66人），病故军人遗属74人（城镇3人，农村71人）；在乡复员军人592人（抗日时期188人，其他时期404人），带病回乡退伍军人828人，参战退役人员732人，参加核试验退役人员114人，60周岁以上农村籍退役士兵3315人，60周岁以上烈士子女173人。

接收安置 1994年，国务院、中央军委《批转国务院退伍军人和军队离休退休干部安置领导小组、民政部、总参谋部关于志愿兵转业试行集中交接意见的通知》（国发〔1994〕6号），决定将转业志愿兵安置工作由部队团级单位向地方县级安置部门发函改为由军队各大军区军务部门根据国家下达的计划向省级安置部门进行集中交接。梁山县主要安置对象为：转业志愿兵、城镇户籍的退伍义务兵、荣立二等功以上的农村籍退役士兵和部分因战因公致残被评为二等、三等伤残等级的退役士兵。自1998年起，全县退役士兵安置实行档案考核和文化理论考试相结合的办法，采取公开、公平、公正的方法按成绩优异排列进行公开选岗，两用人才使用率达100%。

1999年，根据国务院、中央军委印发的《中国人民解放军士官退出现役安置暂行办法》（国发〔1999〕27号），海、陆、空、武警部队义务兵服役年限一律改为2年，并开始实行士官分期服役制度，同时建立了士官复员、安置、退休办法。梁山县主要安置对象为：服役满十年的士官、城镇户籍退伍义务兵、服现役期间荣立二等功以上的士兵以及因战因公致残被评为二等、三等伤残等级的退役士兵。

2004年，根据国务院办公厅转发民政部等九部门《关于扶持城镇退役士兵自谋择业优惠政策的意见》（国办发〔2004〕10号），从享受优惠政策资格、就业服务和社会保障、普通高等教育和成人教育、从事个体经济、税收、贷款、户籍7个方面对城镇退役士兵提出优惠政策，鼓励退役士兵自谋职业。对选择自谋职业的城镇退役士兵发放一次性自谋职业金，城镇退役义务兵一次性自谋职业补助金1万元，每服役一年增发1000元，转业士官一次性自谋职业补助金3万元。

2008年，全县开始实行“重点安置”政策，对服役10年以上的转业士官，荣立二等功以上的退役士兵，因战、因公5～8级伤残退役军人，烈士子女，1～4级残疾军人子女和孤儿进行重点安置，其他城镇退役士兵则通过自谋职业和双向选择的方式实现就业，不再由政府指令性安排工作。2009年起，对城镇退役义务兵一次性自谋职业补助金增加至2万元，每服役一年增发2000元，转业士官一次性自谋职业补助金4.5万元。

2011年，国家对《兵役法》再次进行修订，同年，《退役士兵安置条例》颁布实施，标志着国家彻底破除了长期以来实行的城镇兵安置工作、农村兵不安置工作的“二元化”安置制度，形成了“自主就业，经济补偿，重点安置，政策优惠，城乡一体”的多形式新型安置体系，退役士兵安置工作进入新的历史阶段。《退役士兵安置条例》颁布实施后的重点安置对象为：服役满12年的转业士官、平时荣立二等功或战时荣立三等功的士兵、因战致残5～8级士兵、烈士子女。从2011年12月退役士兵起，山东省为自主就业退役士兵按照每服役一年计发4500元给予发放一次性经济补助，全县为254名自主就业的2011年12月退役士兵发放补助411.3万元。

同时，梁山县认真做好军队离退干部士官安置工作。1981年，梁山县在民政部门设立军队退休干部安置办公室。1982年，建立县民政局军队离退休干部休养所，后改称军队离退休干部休养所，为股级事业单位；1997年10月升为副科级事业单位。1994—2013年，接收安置离退休干部3人，退休士官6人。至2013年，全县有军休干部、士官15人，离退休干部9人，其中副师级1人，正团级3人，副团级3人，正营级2人，士官6人。

拥军优属 20世纪90年代，县内有武装部、公安消防大队、市武警支队第四大队十二中队、县武警中队四个驻军单位，共有各类优抚对象3.1万人，其中重点优抚对象6308人。全县建立健全了县、乡镇、村三级双拥工作机构，县委、县政府成立由县委书记任组长、县长和县级有关领导任副组长、有关部门主要负责人为成员的双拥工作领导小组，设立专门双拥办公室，落实专项工作经费。各乡镇均成立相应的双拥工作领导小组或拥军优属委员会，村（居）建立拥军优属服务小组208个，双拥工作机构75个，拥军优属小组配备专（兼）职干部102人，服务人员500余人。梁山县1995年被省委、省政府、省军区授予“拥军优属模范单位”，1997年被市委、市政府、济宁军分区授予“拥军优属模范单位”，1999年被全国双拥工作领导小组、民政部授予“爱心献功臣行动先进县”；2008年被市委、市政府、济宁军分区授予“爱国拥军先进单位”，2010年被命名为“山东省双拥模范城（县）”。

县委、县政府每年利用元旦、春节、“八一”等节假日，主要领导带队走访慰问驻梁部队和重点优抚对象，并举行双拥座谈会。县人武部每年组织较大规模的拥军爱民集中宣传活动，强化“军队离不开人民、人民离不开军队”的国防双拥观念。同时，对全县中小学生、职工进行军训达2万多人次，聘请100名驻军官兵和老复退军人为校外辅导员，给中小学生、团员青年讲国防教育知识，激发了广大青少年的爱国拥军热情。县财政建立拥军优属保障金，先后投资300余万元帮助部队建起了多处文化娱乐室，为部队购置大批音像设备、微机、科技图书等物品，免费开设计算机培训班，支持驻梁部队建设发展。乡镇、村（居）委会拥军优属服务组织走访慰问辖区内军烈属，发慰问信，挂光荣牌；同时，严格落实重点优抚对象困难家庭临时救助、义务兵家庭优待和现役军人立功奖励等拥军优属政策。

同时，深入开展双拥教育，把双拥宣传教育纳入全民宣传教育之中。2010年，以团委、工会、妇联、慈善义工等志愿者队伍为依托，以城乡社区双拥工作站为平台，鼓励青年、学生、民兵、妇女成为拥军志愿者。水泊商场、马庄社区、赵堌堆乡等双拥志愿者队伍，完善双拥工作站制度，充分发挥自身优势，宣传爱国拥军精神，宣传国防和双拥政策法规，为驻军和优抚对象排忧解难，参加驻地军民共建精神文明活动。2012年，县委、县政府组织有关部门深入驻梁部队、军烈属家庭，开展走访慰问活动，会同县武装部对2012年度荣立三等功以上现役军人家庭进行送喜报和慰问信活动，并对每个家庭发放1000元慰问金。同时，看望军休老干部和退休士官，召开茶话会，听取他们对双拥工作的意见，使其感受到党和政府的关怀。各行各业不断完善军人优先、优惠、优质服务等公共服务措施，认真执行军车公共场所免费停放、现役军人和残疾军人（离退休军人）凭证免费乘坐公交车以及免费参观旅游景点等规定，以实际行动做好拥军优属工作。至2013年，全县建立城乡社区双拥工作站、活动基地和医疗服务中心，双拥志愿者队伍达11个、2000余人，拥军车队1个、出租车43辆，双拥工作走上社会化、实体化的道路。

第五节　社会服务

婚姻登记　1993年7月，成立婚姻登记管理处；2000年9月，婚姻登记管理处由企业改为股级自收自支事业单位，定编5人。2001年6月，成立红双喜婚姻服务中心。2007年7月，婚姻登记处改为副科级全额事业单位，定编5人。在县城区婚姻登记处指定专人常年负责登记，随时随办；在韩垓、赵堌堆等县域边远乡镇设立婚姻登记点，实行定时登记。同时建立婚姻服务中心，开展婚前教育、法律咨询、计划生育咨询、婚检、摄影等系列化服务项目。另外，县城婚姻登记地点几经变化，2000年搬至县建筑公司办公大楼，2004年搬迁至水泊东路，2011年3月迁至水泊南路。2001—2012年，婚姻登记处先后被评为济宁市民政工作先进集体、山东省先进社会组织、全省婚姻登记规范化建设达标单位、全国婚姻登记规范化单位、达标单位。

1993年，婚姻登记实行民政、公安、计生委三家联合办公制度，严把婚姻登记及晚婚关；1994年6月，全县开始开展婚前健康检查工作。2000年，婚姻登记开始实行信息化管理。2003年10月1日，新的《婚姻登记条例》实施，民政部门加强了对条例的宣传和落实，通过改革婚姻登记办法，简化程序，方便群众，进一步提高了服务效能。1994—2004年间，结婚登记晚婚率平均为98%；2005年起，晚婚率逐年下降，当年降至82%，至2009年降到75%。

1994—1999年，共办理结婚登记33178对，年均5530对，1996年结婚登记最多，达6808对；离婚登记322对，年均54对，1999年离婚登记最多，达 77 对。2000—2004 年，共办理结婚登记 27480 对，年均 5496 对，2003 年结婚登记最多，达 7243 对；离婚登记 767 对，年均 153 对，2004 年离婚登记最多，达 344 对。2005—2013 年，共办理结婚登记 68533 对，年均 7615 对，2009 年结婚登记最多，达 11174 对；离婚登记 4425 对，年均 492 对，2013 年离婚登记最多，达 736 对。期间，离婚登记总体呈快速上升趋势。另外，1999—2003 年，出具夫妻关系证明书 164 对；2004—2013 年，补发结婚证 3554 对，补发离婚证 146 对；2011—2013 年出具婚姻证明 7914 份。

收养登记 1991 年 12 月，国家制定《收养法》，从 1992 年 4 月 1 日起施行；1998 年 11 月，全国人大对该法做了修正，自 1999 年 4 月 1 日起施行。梁山县收养工作始于 1997 年，由民政部门负责；2002 年 11 月，民政局设立社会事务科，具体负责《收养法》的宣传和收养登记工作。

在办理收养工作中，一是坚持依法收养制度。依据《收养法》，主要收养不满十四周岁的未成年人、丧失父母的孤儿、查找不到生父母的弃婴和儿童、生父母有特殊困难无力抚养的子女。二是规范公民收养行为，收养人必须具备下列条件：无子女；有抚养教育被收养人的能力；未患有在医学上认为不应当收养子女的疾病；年满三十周岁；无配偶的男性收养女性的，收养人与被收养人的年龄应当相差四十周岁以上。同时，县民政部门不断完善规范收养登记程序，做到依法收养、依法登记，收养关系自登记之日起成立。

1997 年，办理收养申请 9 例，批准 9 例，合格率 100%。1998—2003 年间，未接到收养申请。2004 年，依法办理收养登记 15 件，合格率 100%。2008 年，办理收养 37 件，是历年办理收养登记最多的年份。自 2009 年起，每年均有收养登记办理，至 2013 年，5 年间共办理收养登记 44 件。

殡葬管理 1994 年起，殡葬管理工作逐步走向规范。梁山县成立殡葬改革领导小组，由常务副县长任组长，全县各乡镇建立健全组织，各村（居）民委员会成立移风易俗村民小组、红白理事会等组织，专门负责殡葬改革和处理丧葬事宜。2002 年，县政府出台《梁山县殡葬管理办法》，进一步推进全县殡葬改革及丧事简办新风。1994—2003 年，全县共火化遗体 33275 具，实现年火化率 90% 以上；2004—2013 年，全县共火化遗体 37078 具，实现年火化率 95% 以上。

梁山县殡葬管理所始建于 1975 年，位于县城北 5 公里处；初期为火化场，1994 年改称殡葬管理所。殡葬管理所为副科级差额事业单位，定编 14 人，现有员工 32 人，隶属于县民政局。1994—2003 年间，由于基础设施建设、殡葬设备比较简陋，殡葬服务仅限于火化、装殓、尸体接运等浅层的服务，每年收入仅几十万元。2008 年，殡葬管理所投资 120 多万元，更新火化设备，火化炉由原来的炉条式火化炉更新为平板火化炉和高档环保型拣灰炉，数量由 2 台增为 4 台。2012 年，殡葬管理所再次投资 300 余万元，新建殡仪服务大厅、营业厅、冷藏室、守灵室一处，新增金杯运尸车辆 2 部，服务项目增加了遗体接运、整容、穿衣、祭奠、守灵、骨灰运送、寄存、消毒、抬尸等。服务环境也有了较大改善，院内、院外由原来的沙石路建设为水泥路，院内绿化、美化面积得到了较大提高。

至 2013 年，殡葬管理所占地面积 30 亩，建筑面积 3600 平方米，建有办公楼、殡仪大厅、火化车间、骨灰寄存室、消毒解剖室、告别厅等，并按照国家规定的环保标准，建有高档环保型拣灰炉、普通炉及其他相关设施，总资产约 1200 万元。同时，硬化场院路面 3200 平方米，绿化面积达 3800 平方米，绿化美化覆盖率达 40% 以上，被市政府评为花园式单位、市县文明单位、县十佳文明服务窗口、全市民政工作先进集体。

第六节　保障救助

城市低保　1998年，梁山县建立城镇最低生活保障制度，城市居民最低生活保障金月补助标准最初为100元，以后逐年递增，递增幅度也逐渐增大，至2013年，城市居民最低生活保障金月补助标准达到280元。1998—2013年，全县城镇居民最低生活保障对象共计9182户、22774人次，共发放城市最低生活保障资金达3178.4万元。

2008年1月起，开始为低保对象发放各类补贴；当年为城镇低保对象每人发放30元一次性价格补贴，共发放4.33万元；同年12月，每户发放455元取暖补贴，共发放39.72万元。2009年1月，城镇低保对象每人发放150元一次性生活补贴，共发放29.42万元；同年12月，每户发放455元取暖补贴，共发放41.91万元。2010年12月，城镇低保对象每人发放200元一次性价格补贴，共发放45.5万元；每户发放455元取暖补贴，共发放49.3万元；2012年，发放一次性价格补贴和取暖补贴共计139.7万元；2013年，发放一次性价格补贴和取暖补贴共计98.9万元。

农村低保　1998年，梁山县建立农村居民最低生活保障制度。当年，把家庭人均纯收入低于最低生活保障线的3100余人列为保障对象，每人每年最低生活保障金560元，全县保障金达到45万余元，保障资金按照县、乡、村4:4:2的比例分级负担。2003年，保障资金实行县乡两级财政分级负责的原则，各负担保障资金的50%，村里不再负担;2007年，保障资金由省、市、县分级负责，原则上按照申请人家庭年人均纯收入与保障标准的差额发放，政府发给补助标准的不足部分。自2008年起，最低生活保障金标准每年都有提高，2008年提高到每人每年720元，至2013年，最低生活保障金标准提高到每人每年1584元，年均提高220多元，其中，2012年提高数额最多，达400多元。1998—2013年，全县农村最低生活保障对象共计86722户、165518人次，共发放农村最低生活保障资金14099.2万元。

1998—2013年梁山县居民最低生活保障金发放统计表

表19-1-1

城市居民低保金发放				农村居民低保金发放			
年份	户数（户）	人次（人）	金额（万元）	年份	户数（户）	人次（人）	金额（万元）
1998	350	750	14.7	1998	—	—	—
1999	358	756	14.9	1999	—	—	—
2000	360	760	14.8	2000	2195	4142	45
2001	380	790	15.3	2001	2195	4142	45
2002	390	830	16.8	2002		4200	45
2003	405	850	17.7	2003	2100	4200	45
2004	480	1050	21.3	2004	2612	4595	48.3
2005	530	1580	45.3	2005		4359	40
2006	610	1656	71.2	2006	2438	4423	45
2007	625	1694	116	2007	—	4035	58.9

续表 19-1-1

城市居民低保金发放				农村居民低保金发放			
年份	户数（户）	人次（人）	金额（万元）	年份	户数（户）	人次（人）	金额（万元）
2008	632	1709	267.9	2008	—	19224	923
2009	720	1972	303.5	2009	—	19774	1209
2010	774	2134	388.9	2010	—	20808	1454
2011	730	2020	522.4	2011	—	21464	2631
2012	902	2088	606.2	2012	12416	22059	3318.6
2013	936	2143	741.5	2013	15193	27346	4124.2

五保供养　农村“五保户”供养始于20世纪70年代。1994年后，国家颁布实施《农村五保供养工作条例》，五保供养标准逐年提高，供养机构不断完善。

供养标准　五保供养标准一般不低于当地村民的平均生活水平，并根据村民平均生活水平的提高适时调整。2006年，五保集中供养标准每人每年2000元，分散供养标准每人每年1200元。其后，供养标准逐年提高，2007年，集中供养、分散供养均增加160元；2008年，集中供养、分散供养分别增加240元、140元；至2011年，全县农村五保集中供养标准每人每年提高到3000元，分散供养标准每人每年提高到1800元。2012年，供养标准大幅提高，集中供养每人每年增加600元，分散供养每人每年增加300元，至2013年，全县农村五保集中供养标准每人每年提高到4100元，分散供养标准每人每年提高到2700元。五保供养资金，由财政预算安排，农村集体经营等收入中也可安排资金，用于补助和改善农村五保供养对象的生活。

供养机构　1998年，全县建设24处乡镇敬老院。2005年3月，对全县10处五保供养机构进行升级改造，增加床位865张，可新增院民920人，五保入院率达到60%。至2013年，全县建有寿张集镇、大路口乡、小路口镇、赵堌堆乡、黑虎庙镇、杨营镇、马营镇、拳铺镇一院、拳铺镇二院、韩垓镇、韩岗镇、馆驿镇、小安山镇、梁山街道等14处敬老院；全县有五保户2180户，2426人，其中集中供养人数675人，分散供养人数1751人，集中供养率27.8%。

1998—2013年梁山县敬老院供养老人统计表

表 19-1-2

年份	敬老院数（个）	供养对象	集中供养（人）	分散供养（人）	集中供养率
1998	24	2426	675	1751	27.8%
1999	24	2420	670	1750	27.7%
2000	14	2021	836	1185	41.1%
2001	14	2016	780	1236	38.7%
2002	14	2025	650	1375	32.1%
2003	14	2089	556	1533	26.6%
2004	14	2260	371	1889	16.6%

续表 19-1-2

年份	敬老院数（个）	供养对象	集中供养（人）	分散供养（人）	集中供养率
2005	14	1972	393	1579	19.9%
2006	14	1948	408	1540	20.9%
2007	14	1961	524	1437	26.7%
2008	14	1740	744	996	42.8%
2009	14	1655	887	768	53.6%
2010	14	1617	1022	595	63.2%
2011	14	1678	1092	586	65.1%
2012	14	1603	1201	402	74.9%
2013	14	1507	1145	362	76.0%

医疗救助 2007年起，梁山县设立定点医院开展医疗救助工作。2009年，制定《梁山县城乡困难居民大病医疗救助实施细则》，对城市低保对象、农村低保对象、农村五保对象、特困职工的住院医疗费用，在城镇职工基本医疗保险机构、城镇居民基本医疗保险机构、新型农村合作医疗保险机构报销后，个人实际负担住院医疗费用2000元以下的救助25%；2001～5000元的救助30%；5001～10000元救助35%，10001元以上的救助40%，最高救助资金限额为7000元。至2010年，共对1187名大病重病患者实施救助，救助资金392.81万元。

2010年起，在全县实行医疗救助“一站式”即时结算服务。2011年，调整医疗救助政策，城市低保对象、农村低保对象、农村五保对象、特困职工的住院医疗费用，在城镇职工基本医疗保险机构、城镇居民基本医疗保险机构、新型农村合作医疗保险机构报销后，个人实际负担住院医疗费用5000元以下的救助50%；5001～10000元的救助55%；10001元以上的救助60%，最高救助资金限额为9000元。

教育救助 2010年起，梁山县实施城乡低保家庭高等教育新生入学救助办法，凡梁山县城乡低保家庭中参加全国普通高等教育入学考试，经山东省教育考试院高等学校招生办公室正式录取为全日制本科大学生，均可申请一次性新生入学救助，救助金标准为每人4000元。同年，对全县38名城乡低保家庭本科新生实施救助，每人给予4000元的救助金。2013年，凡梁山县城乡低保家庭中参加全国普通高等教育入学考试，经山东省教育考试院高等学校招生办公室正式录取为全日制本科、专科（含高职）新生，均可享受大学生新生入学救助；自入学第二学年起至大学毕业，每年均可享受大学生在校救助。凡符合规定救助条件并经审核批准的本科新生，每人入学救助金为5000元，专科新生每人入学救助金3000，在校大学生救助金1000元。

第七节 社会福利

20世纪90年代起，社会福利工作坚持社会福利社会化方向，积极兴办各类福利事业，努力解决老年人、残疾人、孤儿等最关心、最直接、最现实的利益问题，促进社会福利工作由补缺型向普惠型转变。

福利企业 1994—2013年，全县先后兴办社会福利企业7处，即：翱翔包装总厂、环球塑料包装厂、福利包装材厂、蓝天制药有限公司、蓝天纺织有限公司、嘉华漆业有限公司、宏源纸业制品有限公司。社会福利企业努力解决残疾人就业问题，企业职工最多时达到316人，其中残疾人102人。福利企业实行厂长负责制，自主经营，独立核算，自负盈亏，企业享受充分的自主权，主要从事熟料包装，纸管制作，生产油漆等。同时，对社会福利企业进行年检，使社会福利企业优惠政策得到落实。

福利彩票 福利彩票销售始于2010年，当年，经营销售福利彩票有8家，2013年增至28家。由于管理经营得当，福利彩票市场稳步发展，销售量逐年递增，2010年销售2636万元，2011年销售3259万元，2012年销售3523万元，2013年销售3884万元，多次获市中心销售一等奖或二等奖。在福利彩票销售工作中，有关部门不断强化管理服务措施，坚持每个星期召开站点会议，增强站点之间联系；同时定时走访站点，了解一线销售情况，及时处理站点机器故障等；对中出大奖，及时予以宣传，并为站点配备宣传伞等便民措施，有效提高了站点销售的积极性。福利彩票募集的福利基金，主要用于投资建设老年福利设施“老年公寓”，同时，实施“孤残儿童手术康复明天计划”、开展“康复助医”“爱心复明”工程和项目，完成了残疾人三项康复任务，还实施完成了城镇“三无”对象、城乡孤儿的普查发证工作。

福利中心 梁山县社会福利中心（老年公寓），是由县政府及民政部门投资1000万元，兴建的一处集养老、康复、休闲、娱乐为一体的综合养老服务机构。该中心位于梁山县城利民路16号（县原化肥厂西400米），占地面积5亩，建筑面积6000平方米，主体建筑为5层（局部6层）楼房，住宿标准间90间，设计床位180张，按三星级宾馆式装修，宿舍设有电视、空调、暖气、桌椅凳、衣服橱、晾衣架等设施，配套建有办公室、娱乐室、健身室、卫生室、伙房、餐厅、警卫室等辅助基础设施。

第八节　慈善事业

2006年6月，梁山县慈善总会成立，制定《梁山县慈善总会章程》。自此，全县慈善事业走向快速发展之路，慈善募捐行为、慈善救助项目逐步规范，社会影响力不断增强。2007年，全县15处乡镇（街道）成立慈善分会，626个村（居）成立慈善工作联络站，形成县、乡、村三级慈善组织网络，并成为与政府救助、社会救济、社会福利相衔接的社会救助体系的重要组成部分。

慈善募捐 2006年，全县组织发动“梁山县慈善总会成立创始基金劝募活动”，募集创始基金100万元。2007年，接受社会捐赠59.7万元。同年，接受5个民营企业捐赠的华宇助困、蓝天助困、通亚助老、东岳助学、三利助学等冠名基金25万元。2008年起，县慈善总会每年开展一次“慈心一日捐”活动，特别是“5·12”汶川发生地震后，广泛宣传发动全县人民投入抗震救灾捐赠活动，当年募捐慈善资金516.6万元；2009—2011年，接受银都房地产开发公司捐赠的银都助困冠名基金30万元。至2013年，县慈善总会拥有创始基金100万元，6个企业设立冠名基金700万元，共接受各类慈善资金1200多万元。

慈善救助 慈善组织建立后，相继开展“微笑列车”“康复助医”“情暖万家”“夕阳扶老”“爱心助残”“物资救助”“朝阳助学”等慈善救助项目，特别是通过开展“牵手寒门学子，播撒慈善爱心”朝阳助学工程，救助应届高考新生数量及救助标准逐年提高，救助在校优秀贫困中小学生及贫困家庭范围不断扩大。每年接收的慈善捐赠，全部用于当年所开展的各项救助活动；至2013年底，共救助特困群众和学生3万多人，发放救助金600多万元。同时，县慈善总会积极做好支援地震灾区救灾捐赠工作，2008年，县慈善总会将接收的516.6万元捐款，全部用于四川灾区；

2010年，从慈善捐款中提取51.27万元用于玉树灾区。

第九节　社团管理

管理组织　梁山县社团登记管理工作始于20世纪90年代初，1991年，县民政局设立社团登记管理股，具体负责社团登记管理工作。进入21世纪后，社团管理工作得到加强，2004年8月，县政府成立梁山县民间组织管理办公室，为副科级事业单位，隶属县民政局，具体负责社团及民办非企业单位登记管理工作。为加强社会组织党的建设，2008年6月，成立县社会组织党工委，2011年8月，成立县社会组织党工委办公室。至2013年12月，全县社会组织总数142个，其中社会团体76个，民办非企业单位66个，年检合格率达到98%。社团及民办非企业单位共单独建立社会组织党支部32个，联合党支部110个。

社会团体登记管理　1992年，对全县社团进行统一整顿，成立社团登记管理领导小组，召开社团清理整顿大会，通过清理整顿，全县依法登记的社团有20个，自动解散8个。1999年，对全县社团进行年审，清查社团办经济实体有偿服务项目。同时，依法审批“水产学会”。2000年，召开全县社团工作会议，对全县社团进行全面摸底登记。2001年，对正式注册登记的48个社团单位发放清理整顿报告书，对梅花拳协会等部分社团组织进行审计。2002年，对全县社会团体进行清理整顿，依法取缔“周易研究会”“气功科学研究会”“香功协会”等35个社会团体，并收缴其原证书和公章。同年10月，全县第一家农村经济协会梁山县拳铺镇拳东高效农业开发协会成立。2003年，社团工作以民间组织管理为重点，对全县15个社团组织进行年检、清理整顿，对13个非法人社团进行变更法人社团工作，配合组织部门对社团党建、党政机关领导干部兼任社团职务进行调查。2004年9月，梁山县民间组织管理办公室加大对农村经济协会培育发展力度，深入开展“双百协会牵手扶贫行动”，有力推动了农村经济协会的发展。2005年，重点进行《社会团体登记管理条例》的宣传，严厉查处和打击非法民间组织及违法行为。同年完成非法人变更法人社团工作，并对原有15个社团进行年检。2006年起，开始逐步进行对全县社会团体进行全面检查，对社团分支（代表）机构复查登记，符合条件的21个单位进行登记注册，并颁发证书；对行业协会实施检查监督，个别单位管理混乱、不按时参加年检的提出限期改正的要求，并对全县农村经济协会进行调研指导，新登记注册农村经济协会16个。至2013年，完成全县行业协会的成立、变更、注销的登记和备案工作。

民办非企业登记管理　1998年10月25日，国务院颁发《民办非企业单位登记管理暂行条例》，将民办非企业登记管理工作，统一归口民政部门，实行业务管理单位和登记管理机关双重负责的管理体制，并开始进行民办医疗机构的登记管理试点工作。1999年，梁山县开始对全县民办非企业单位进行调查摸底登记，至2000年，通过调查摸底，全县民办非企业单位有221个，涉及30个单位。2001年，重点抓《民办非企业单位登记管理条例》的宣传，年内全县登记、注册、颁发证书的民办非企业单位57个。2002年，对部分民办非企业单位进行全面检查，对个别单位管理混乱，不按时参加年检的提出限期改正的要求。同时，积极做好民办非企业单位复查登记收尾工作，全县共登记注册61个。2004年，加大对民办非企业单位的管理，全县共登记民办非企业单位62个。2005年，重点进行《民办非企业单位登记管理条例》宣传工作，同时按照《民办非企业单位章程示范文本》，结合年度检查，搞好指导和完成章程的修订工作。2006年，通过对民办非企业单位的年度检查，评选出优秀民办非企业单位10个，限期整顿民办非企业单位10个，对存在问题的民办非企业单位进行了处理。2008年，结合年检工作，进行执法大检查，对查处的非法民办非企业单位下达限期整顿通知书。2010年，根据《梁山县镇村卫生一体化管理工作实施方案》，梁山县民间组织管理局对辖区内168个村级卫生室撤销登记，2011—2013年，坚持对民办非企业单位定期检查制度，依法开展管理工作，为全县民办非企业单位健康发展营造了良好的社会环境。

第十节 地名管理

梁山县域地界 梁山县东北至东与东平县毗邻，东至东南与汶上县相连，南与嘉祥接壤，西至西南与郓城县为邻，西北至北与河南省台前县隔黄河相望。以梁山县城为原点，东北至东平县界11公里（径距，下同），以小安山镇殷那里村为界；东至东平县界16公里，以小安山镇张官屯村为界；东南至汶上县界8.5公里，以馆驿镇靳口村为界；南至嘉祥19公里，以拳铺镇琉璃井村为界；西至郓城县界20公里，以黑虎庙镇马庄村为界；西北至河南省台前县界23公里，以赵堌堆乡蔡楼村为界。

自县境东北部起，临县界村庄依次为：周楼、刘堂、殷那里、北张庄、范庄、鹅鸭场、邓庄、张官屯、冯庄、李官屯、解庄（上述村庄属小安山镇），王仲口、王思口、戚村、尚庄、靳口、刘庄（上述村庄属馆驿镇），赵楼、张庄、郑庄、蒋庄、朱庄、东袁口、南袁口、孟庄（上述村庄属韩岗镇），刘口、辛庄、后关庄、前关庄、孙庄、开河、五里堡、马垓（上述村庄属韩垓镇），林辛庄、陆庄、戴庄、前杨楼、前申庄、高庙、潘庄、琉璃井、甄庄、褚庄、刘庄、李乡、徐庄、古路沟、前杨楼、高庙、方庄、路垓、西杨集（上属村庄属拳铺镇），鲍垓、李屯、普屯、倪楼（上述村庄属马营乡），五里庙、丁庄、侯道沟、杨庄、野猪淖（上述村庄属杨营镇），西张庄、东王全、西李庄、马庄、尚那里、高堂、大营、陈垓、程那里、刘堂（上述村庄属黑虎庙镇），孙孝溪、王老君、钟那里、姚庄、范那里、艾那里、蔡楼、西刘、贾庄、李楼（上述村庄属赵堌堆乡），丁楼、刘灿东、荣岔河、马岔河、后莱园、雷口、路那里、国那里、孙楼、杨盘、白庙、大王（上述村庄属小路口镇）。

2011年4月，县地名管理部门在拳铺镇琉璃井村（梁山—郓城—嘉祥边界）、馆驿镇王思口村（梁山—汶上—东平边界）、黑虎庙镇东郭村（鲁豫边界）设立3块界桩宣传碑。同年8月，梁山县和东平县联合检查行政区域界线的实地管理情况，检查结果显示，梁山、东平两县行政区域边界两侧的地形、地物没有明显变化，边界位置没有改变，边界实地位置清晰易辨。2013年8月，梁山、汶上两县对行政区域界线的实地管理情况进行联合检查，检查结果显示，梁山、汶上行政区域边界两侧的地形地物没有明显变化。

村镇地名更改 1994年，全县辖24处乡镇、709个行政村、864个自然村。随着行政区划的变更及其他原因，一些乡镇村的名称相应改变。1999年12月，杨营乡撤乡改镇，更名为杨营镇；2000年12月，因部分乡镇合并调整，拳铺乡改称拳铺镇，小安山乡改称小安山镇，韩垓乡改称韩垓镇，馆驿乡改称馆驿镇。2010年7月，黑虎庙乡改为黑虎庙镇，寿张集乡改为寿张集镇，梁山镇更名为梁山街道，梁山县风景区管辖的18个村设为水泊街道。2013年1月，马营乡改为马营镇。至2013年12月，全县辖小路口、小安山、馆驿、韩岗、韩垓、拳铺、马营、杨营、黑虎庙、寿张集10个镇，大路口、赵堌堆2个乡，梁山、水泊2个街道办事处，1个省级经济开发区，619个村委员会、7个居委会。

2001年2月，县政府行文对梁山镇、杨营镇、小路口镇、小安山镇、馆驿镇、韩岗镇、徐集镇等7镇所属32个重名村庄，分别作更名或保持原名称不变等标准化处理。同年4月，梁山镇张垓村更名为杏花村。2011 年 3 月，对全县城市和农村路街名、标牌、村碑进行修复。

县城街道命名 梁山县城街道正式命名始于 1981 年，当年 4 月，县政府首次行文对县城道路予以命名，共命名 11 条主要道路：水泊中路、水泊东路、水泊西路、人民中路、人民南路、人民北路、工人路、青年路、文化路、交通路、越山路。1988 年 4 月，县政府再次行文，对县城未命名道路予以命名，共命名主要道路 6 条：水泊南路、水泊北路、金城路、迎宾路、凤园路、环城路（东环），另外，还命名 8 条小街巷。同时，对 1981 年 4 月命名道路作延伸起止点的变更，除人民中路、人民南路外，其他 9 条道路均变更了起止点，其中，8 条进行了延伸，越山路分为越山南路与越山北路。

随着城市建设的快速发展，城区规模的不断扩大，一批新的城区主干道路及城市设施建成使用。为进一步提升城市文化品位，规范城市地名管理，方便群众生产生活与社会交往，县政府确定对城区道路及标志性建筑设施进行命名。2012 年 4 月，根据国务院《地名管理条例》、民政部《地名管理条例实施细则》和《山东省地名管理办法》，县政府启动梁山县城区道路和标志性公用设施更名命名工作。此次更名命名工作遵循符合法律规范、尊重历史沿革、体现风俗民情、展示水浒文化、方便群众生活的原则，经公开征集路名方案、多次组织专家论证、广泛征求各方意见，提出城区道路和标志性公用设施更名命名方案。2013 年 12 月，命名方案呈送县政府审批公布。2014 年 1 月，县政府行文批复县地名委员会《关于对梁山县城区道路和标志性公用设施更名命名的请示》及其更名命名方案，方案共命名主要道路 47 条，其中，东西走向 27 条，南北走向 20 条；新命名 42 条，合并原路新命名 4 条，更名 1 条。另外，保持原路名 11 条。同时，为大型公园、广场、湖泊、绿地命名。

新命名道路（42 条）：黄河路（北二环）、北环路、汴京路、沧州路、凤翔路、龟山河路、郝山峰路、虎头峰路、独山路、济水路、麒麟路、万福路、水浒大道、天魁路、济州路、金沙滩路、流畅河路、迎宾大道、南环路、长江路（南二环）、杏花村路、浒源路、汶水路、泰山路、忠义路，宋金河路（西二环）、西环路、金山路、银山路、昆山路、金龟路、寿良路、郓州路、凤凰山路、会通路、桃花山路、清风山路、金线岭路、安民山路、雪山峰路、运河路、运河东路。

合并原路新命名道路（4 条）：原公明路、人民北路合并命名为公明大道，原金城路、越山南路合并命名为青龙山路，原建设一路、越山北路合并命名为水浒街，原水泊中路、水泊北路、水泊新路合并命名为水泊大街。

更名道路（1 条）：原环城路（东环）及其向南延伸段更名为天罡路。

保留原路名（11 条）：工人路、青年路、人民中路、人民南路、文化路、交通路、迎宾路、凤园路、水泊西路、水泊东路、水泊南路。

城市路名由来 梁山县城道路名称蕴含着丰富的水浒文化内涵，体现着美好的现代城市形象。县城路名除以方位、地标易记和具特殊意义命名之外，东西方向道路一般以“水”命名，南北方向一般以“山”命名，主干道路一般命名为“某某大道”“某某大街”，体现城市气势与精神，为梁山城市的名片。

水泊大街　位于县城中心，南北走向，北起码头大桥，南至水浒大道，由始建于 1955 年的水泊中路、1983 年的水泊北路、2013 年的水泊新路合并而成。水泊中路以地处水泊梁山县城中心而得名，水泊北路以位于水泊中路北段而得名，水泊新路则以新建的水泊中路南延路段而得名，后依据人们习惯称谓，统一命名为水泊大街。

公明大道　位于县城中心，东西走向，东起京杭运河，西至京九火车站，由始建于 1955 年的人民北路、1995 年的公明路合并而成。公明路以梁山 108 将头领人物宋公明而命名，同时取公生明、廉生威和公正、光明之意；人民北路则以位于县人民政府门前的人民中路按所处方位而得名，公明路与人民北路在寿翔桥处连为一体，统一命名为公明大道。

水浒大道　位于县城南部、梁山泊南侧，东西走向，东起京杭运河，西至西环路。取水浒故里之意，命名水浒大道。

迎宾大道　位于县城东南部、流畅河北岸，东西走向，东起运河孙庄大桥，西至原220国道，原为济梁路段，后进行扩建，成为梁山向东南方向出行的出口道路和济宁进入梁山县城的景观道路，取迎接各地嘉宾之意，命名迎宾大道。

安民山路　位于县城东南部新区，南北走向，北起公明大道，南至迎宾大道，因该路向北直指境内小安山（古称安民山），且处于县行政中心东侧，亦取行政安民之意，命名为安民山路。

凤凰山路（在建）位于县城西南部，南北走向，北起青龙山路，南至水浒大道，向北直指城区凤凰山，并与凤园路对接，直达凤凰公园，以方位地标命名为凤凰山路。

青龙山路　位于青龙山南侧，东西走向，东起梁山风景区，西至宋金河路（西二环），由原越山南路与原金城路合并而成，以方位地标命名为青龙山路。

郝山峰路（在建）位于县城西南部，东西走向，东起水泊南路，西至西环路，向东直指梁山支脉郝山峰，以方位地标命名为郝山峰路。

雪山峰路　位于县城东南部新区体育馆东侧，南北走向，北起杏花村路，南至迎宾大道。雪山峰为梁山群峰之一，春天山下杏花村映照山峰如雪，谓之雪山峰；并取瑞雪兆丰年之意，故命名雪山峰路。

金线岭路（在建）位于县城东南部新区、县政务中心与运河花园小区之间，南北走向，北起杏花村路，南至迎宾大道，向南直达梁山泊高地——金线岭，遂命名为金线岭路。

独山路　位于县城西南部，东西走向，东起水泊南路，西至西环路，因东临独山，且为纪念著名的独山战斗，遂命名为独山路。

济水路　位于县城西南部、梁山泊西，东西走向，东起水泊南路，西至西环路。因济水发源于河南省济源市，经荥阳、至菏泽、自西向东流入山东入渤海，且济水流域物华天宝、地杰人灵，贤相名将、文人墨客不乏其人，故取济水西来、成就梁山新的荣耀与骄傲之意，命名济水路。

汶水路　位于县城东南部新区、梁山泊东，东西走向，东起雪山峰路，西至天罡路。因汶水发源于山东沂源县旋崮山北麓，汇泰山、蒙山诸水，自东向西汇注东平湖，故取汶水东来、润泽梁山之意，命名汶水路。

浒源路　位于县城东南部新区，东西走向，东起雪山峰路，西至天罡路。因路两侧规划为文化教育用地，且梁山为《水浒》发源地，为弘扬水浒文化，取水浒文化源泉之意，命名浒源路。

忠义路　位于县城东南部新区、县行政中心南侧，东西走向，东起雪山峰路，西至天罡路。取水浒故里、忠义梁山之意命名忠义路，亦有行忠义事、走忠义路之内涵。

泰山路　位于县城东南部新区、县行政中心北侧，东西走向，东起雪山峰路，西至天罡路。因梁山东北临泰山，亦取背靠泰山之意，命名泰山路。

天罡路　位于县城东部，原220国道路段东环路段，南北走向，北起北环路，南至济梁路。因《水浒传》将108位好汉分为“三十六员天罡”“七十二座地煞”，故以梁山好汉三十六天罡星命名为天罡路，亦取群星捧月、英雄辈出之意。

水浒街　位于聚义湖北，南北走向，北起工人路，南至聚义湖，由原越山北路与原建设一路合并而成。该路通往梁山风景区，南段两侧建有二层或三层仿宋建筑，灰墙青瓦，错落有致，与公明大道相交处建有大型水浒街牌坊。因水浒街牌坊为梁山水浒文化地标性建筑，故命名为水浒街。

杏花村路 位于县城东南部新区，东西走向，东起京杭运河，西至天罡路，西端与杏花村牌坊相对，直指十里杏花村，以方位地标命名为杏花村路。

人民中路 位于县城中心，东西走向，东起县政府，西至凤凰山，以方位命名人民中路，亦取人民政府为人民之意。

水泊东路 位于县城中部，南北走向，北起青年路，南至青龙山，取水泊梁山之意，与原水泊中路平行、按所处方位命名为水泊东路。

水泊西路 位于县城中部，南北走向，北起公明大道，南至青龙山路，取水泊梁山之意，与原水泊中路平行、按所处方位命名为水泊西路。

凤园路 位于县城中部，南北走向，北起凤凰公园，南至青龙山路，因邻凤凰公园而得名。

工人路 位于县城北部，东西走向，东起天罡路，西至龟山河，因该路处于原工业区，遂命名为工人路。

青年路 位于县城中部，东西走向，东起天罡路，西至水泊大街，因该路始建于 1958 年由青年突击队建设，由此命名为青年路。

文化路 位于县城中部，东西走向，东起水泊东路，西至西环路，因此路中段两侧建有梁山一中、教师进修学校等文化教育单位，遂命名为文化路。

2013 年梁山县城区道路名称一览表

表 19-1-3

命名道路	走向	起 止 点	位 置	备注
黄河路	东西	运河东路—宋金河路	金码河南	规划北外环路
北环路	东西	天罡路—宋金河路	陈楼村南	建成通车
汴京路	东西	天罡路—西环路	关庄村北	规划
沧州路	东西	水泊大街—西环路	龟山河北	规划
龟山河路	东西	运河东路—西环路	龟山河南岸	规划
凤翔路	东西	公明大道—西环路	凤凰山西	规划
郝山峰路	东西	水泊南路—西环路	伦达广场北	在建
虎头峰路	东西	水泊南路—西环路	伦达广场南	规划
独山路	东西	水泊南路—西环路	一实小南校区南	建成通车
济水路	东西	水泊南路—西环路	客运中心北	始称南环路，建成通车
麒麟路	东西	水泊南路—西环路	—	规划
万福路	东西	水泊南路—凤凰山路	—	规划
南环路	东西	运河路—宋金河路	—	规划
长江路	东西	济梁公路—宋金河路	琉璃河北	规划南外环路
流畅河路	东西	天罡路—西环路	—	规划
金沙滩路	东西	清风山路—凤凰山路	—	规划
济州路	东西	水泊南路—西环路	—	规划
迎宾大道	东西	运河路—天罡路	流畅河湿地北	济梁路段，建成通车

续表 19-1-3-1

命名道路	走向	起止点	位置	备注
天魁路	东西	运河路—凤凰山路	曲师大梁山附中南	在建
水浒大道	东西	运河路—西环路	梁山泊广场南	建成通车
忠义路	东西	运河路—天罡路	新行政中心南	建成通车
泰山路	东西	运河路—天罡路	新行政中心北	在建
汶水路	东西	运河路—天罡路	二实小新校区南	建成通车
浒源路	东西	运河路—天罡路	新体育中心北	建成通车
杏花村路	东西	运河路—天罡路	杏花村小区北	建成通车
宋金河路	南北	黄河路—长江路	西郊苗圃西侧	西外环路，规划在建
西环路	南北	黄河路—长江路	王楼干沟东	建成通车
金山路	南北	北环路—交通路	凤山村	规划
银山路	南北	北环路—公明大道	吕屺口村	始称星海路，现北至蒙馆路
昆山路	南北	北环路—龟山河路	关庄村	规划
金龟路	南北	工人路—公明大道	龟山西脚下	规划
寿良路	南北	天罡路—聚义湖	—	规划
郓州路	南北	天罡路—聚义湖	—	建成通车
凤凰山路	南北	青龙山路—流畅河路	一实小南校区东	在建
会通路	南北	麒麟路—流畅河路	城区西南部	规划
桃花山路	南北	万福路—南环路	城区西南部	规划
清风山路	南北	水浒大道—流畅河路	城区西南部	规划
金线岭路	南北	杏花村路—迎宾大道	城区东南部	在建
安民山路	南北	公明大道—长江路	新行政中心东	建成通车
雪山峰路	南北	杏花村路—迎宾大道	新体育中心东	在建
运河路	南北	公明大道—迎宾大道	运河西岸	在建
运河东路	南北	黄河路—蒙馆路	运河东岸	规划东外环路
水泊大街	南北	黄河路—长江路	城区中心	合并命名，建成通车
公明大道	东西	运河东路—火车站	凤山龟山之间	合并命名，建成通车
青龙山路	东西	风景区—西环路	三角花园南侧	合并命名，建成通车
水浒街	南北	工人路—聚义湖	聚义湖北	合并命名，建成通车
天罡路	南北	水泊大街—长江路	原东环路	更名，建成通车
工人路	东西	天罡路—龟山河路	马庄村	原路名
青年路	东西	天罡路—水泊大街	任庄村南	原路名

续表 19-1-3-2

命名道路	走向	起 止 点	位 置	备注
人民中路	东西	天罡路—凤园路	新华书店南	原路名，现东至水泊东路
人民南路	东西	水泊东路—凤园路	县委南	原路名
文化路	东西	水泊东路—西环路	电视台向西	原路名
交通路	东西	水泊东路—西环路	交通局北侧	原路名，现西至凤园路
迎宾路	东西	水泊大街—西环路	交警队北侧	原路名
凤园路	南北	人民中路—青龙山路	凤凰山东侧	原路名
水泊西路	南北	公明大道—青龙山路	凤凰公园东	原路名
水泊东路	南北	龟山河路—水泊南路	县政府西	原路名，现至青龙山北侧
水泊南路	南北	水泊大街—长江路	梁山泊以南	原路名，现南至水浒大道

说明：在城市规划区（西部经济开发区）已建成通车、尚未正式命名的道路，东西走向的有：文化路由西环路向西延伸段，迎宾路由西环路向西延伸段，现代中学南侧东西路段；南北走向的有：梁五路至公明中学路段，梁五路至洼里村路段

公用设施命名　20 世纪 90 年代前后，梁山县公用设施尚未进行正式命名。2012 年，县政府启动城区道路命名工作，同时提出标志性公用设施命名方案，并与城区道路命名一部公布。公用设施共命名广场、公园、湖泊、湿地等 5 处。

2013 年梁山县公用设施命名一览表

表 19-1-4

名称	性质	面积（亩）	坐落位置	建设时间
水浒文化广场	广场	176	郝山峰北侧	2010.4—2012.12
凤凰公园	广场、公园	150	凤凰山东侧	2012.8—2013.12
聚义湖	湖泊	800	梁山北侧	2010.4—2012.9
梁山泊	湖泊、广场	3000	梁山南侧	2013.5—
梁山泊遗址湿地	湿地	2355	马营镇西	2013.3—

第二章　人力资源

第一节　管理机构

县人事局　正科级行政单位，县政府组成部门，主管全县人事工作。人事局始称人事科，其间经撤销恢复，1975 年 6 月，成立县革命委员会人事局；1981 年 1 月，改称县人事局；2010 年 5 月，县人事局撤销。1994 年，县人事局内设秘书股、干部股、工资福利股、目标管理岗位责任制办公室、退休干部管理办公室、人才交流办公室 6 个

股级中层行政科室；同年，设立县机关事业保险处，为副科级事业单位（1999年后转县劳动和社会保障局）。1996年8月，设立职称改革办公室；1997年6月，设立大中专毕业生分配办公室；均为内设股级行政科室。2001年12月，设立县人才交流服务中心，为正科级事业单位，同时撤销人才交流办公室。2002年9月，县人事局内设5个职能科室：办公室、干部调配科（挂县军转安置办公室毕业生就业指导办公室）、工资福利科（挂县退休干部办公室牌子）、考核委员会办公室（挂国家公务员管理科牌子）、专业技术人员管理科。2006年，设立县人事争议仲裁委员会办公室，为正科级事业单位。

县劳动局 正科级行政单位，县政府组成部门，主管全县劳动和社会保障工作。劳动局始称劳动科，其间经撤销恢复，1973年5月，成立县劳动局。1999年8月，县劳动局更名为县劳动和社会保障局，同时将人事、民政部门承担社会保险职责划归劳动和社会保障部门管理；2010年5月，县劳动和社会保障局撤销。1994年，县劳动局内设计划调配股、工资福利股、安全卫生监察股、劳动争议仲裁股、秘书股；直属管理县技工学校（正科级）、县劳动就业办公室（副科级）、县社会劳动保险事业处（副科级）3个事业单位和县安全生产管理办公室（副科级）1个行政单位。1995年8月，县劳动局增设劳动监察室（副科级行政单位）、县劳务输出管理办公室（副科级事业单位）。2001年8月，县劳动和社会保障局设立县劳动监察大队（股级事业单位）。2002年9月，县劳动和社会保障局内设办公室、劳动就业培训科、劳动争议处理科（挂县劳动争议仲裁委员会办公室牌子）、保险福利科4个职能科室；直属管理县劳动就业办公室（挂县劳务输出管理办公室牌子）、县社会劳动保险事业处、县农村社会养老保险事业处、县机关事业保险处等副科级事业单位和劳动监察室（挂劳动监察大队牌子）1个副科级行政单位。同年10月，成立县医疗保险处（副科级事业单位）。2003年7月，设立县职业技能鉴定所（股级事业单位）。2006年8月，县社会保险事业处、县劳动就业办公室升格为正科级事业单位。2007年8月，设立县劳动争议仲裁院，为正科级事业单位。

县人力资源和社会保障局 正科级行政单位，县政府组成部门，主管全县人力资源和社会保障工作。县人力资源和社会保障局（简称人社局）成立于2010年5月，由原县人事局、县劳动和社会保障局合并组建。同年12月，县人力资源和社会保障局内设13个职能科室：办公室、政策法规科、公务员管理科（挂考核办公室牌子）、就业促进科（挂高校毕业生就业科牌子）、教育培训与职业能力建设科、专业技术人员管理科、事业单位人事管理科、劳动关系科（挂行政许可科牌子）、工资福利科、养老保险科、医疗工伤失业保险科、社会保险基金监督科、劳动监察室；2013年2月25日，增设规划财务科、信息中心。原县人事局、原县劳动和社会保障局所属事业单位，一并由县人力资源和社会保障局管理，共有直属事业单位10个，即：县劳动就业办公室（同时挂县劳务输出管理办公室牌子）、县人才交流服务中心、县人事争议仲裁委员会办公室、县社会保险事业处、县劳动争议仲裁院5个正科级事业单位；县农村社会养老保险事业处、县医疗保险处、县机关事业保险处3个副科级事业单位；县劳动监察大队、职业技能鉴定所2个股级全额事业单位。

第二节 干部任免

按照干部管理权限，县人事管理部门对乡镇、县直有关部门、单位中层干部实行审批、备案制度。其中，政府工作部门内设机构的正副职及相当职务、部门所属副科级行政单位的副职及内设机构正职、政府系统正科级事业单位内设机构的正副职、副科级事业单位的副职及内设机构的正职、乡镇所属事业单位的正职的任免，由县人事管理部门审批后行文公布。县直副科级行政事业单位内设机构副职的任免，报县人事管理部门备案后，由其主管部门单位行文公布；乡镇所属事业单位副职的任免，报县人事管理部门备案后，由乡镇党委政府行文公布。教育、卫生系统所属事业单位内设机构相当职务的任免，由其主管局审批后行文公布，报县人事管理部门备案。审批、备案工作程序为：职位确认，民主推荐，组织考察，酝酿，沟通汇报，呈报。1994—2013 年，行中层干部任免文 62 个，任免干部 363 人。

2007 年，县人事管理部门制定《关于印发梁山县事业单位全面推行工作人员聘用制度工作实施方案的通知》（梁人字〔2007〕12 号），转发济宁市委办公室、市政府办公室《关于济宁市事业单位岗位设置管理的实施意见》（梁办发〔2007〕76 号），在事业单位中推行聘用制度和岗位设置制度。除实施公务员法的机关单位和参照公务员法管理的事业单位外，至 2013 年年底，全县所有事业单位均签订聘用合同，实行聘用制度，74% 的事业单位实行岗位设置制度，实现了事业单位工作人员由身份管理向岗位管理转变。

第三节　公务员管理

公务员过渡　1993 年，根据《国家公务员暂行条例》和《国家公务员制度实施方案》（国发〔1993〕78 号）有关规定，国家行政机关工作人员，在核定的单位编制限额和职位设置以内，对符合国家公务员的基本条件和所任职位的任职条件，并履行法定程序，可过渡为国家公务员。公务员过渡是特定历史条件下的公务员进入方式。梁山县公务员过渡始于 1996 年，共分 3 个批次进行过渡，2100 余名工作人员参加了国家公务员过渡。第一批共有 325 人参加过渡考试；第二批共有 42 个单位的 723 人参加考试，其中，开卷 328 人，闭卷 395 人，另外，免试人员 361 人，其中，县直 167 人，乡镇 194 人；第三批共有 37 个单位的 691 人参加过渡考试，其中开卷 384 人，闭卷 307 人。2006 年 1 月 1 日，根据《中华人民共和国公务员法》，对依法履行公职、纳入国家行政编制、由国家财政负担工资福利的工作人员，包括党的机关、法院、检察院等符合上述条件机关工作人员又统一作了一次性公务员过渡。

公务员招考　除了事业单位转为参照公务员法管理单位外，进入公务员系统都必须进行统一的国家招考。1995 年，梁山县开始面向社会公开招考国家公务员，同年招考 30 人，1996 年招考 12 人，1997 年招考 17 人，2000 年招考 9 人，2002 年招考 8 人，2003 年招考 42 人，2004 年招考 45 人，2005 年招考 8 人，2006 年招考 14 人，2007 年招考 38 人，2008 年招考 32 人，2009 年招考 26 人，2010 年招考 42 人，2011 年招考 49 人，2012 年招考 45 人，2013 年招考 50 人。

参照管理人员　2007 年 10 月，梁山县列入参照管理的事业单位为 14 个，其中：县委管理的部门单位 4 个，政府管理的部门单位 10 个；县委管理的工作人员 69 人、政府管理的工作人员 82 人；具有干部身份人员 121 人，聘用到非工勤技能岗位工人身份人员 30 人。符合登记条件的工作人员中，暂缓登记工作人员 12 人，其中县委管理的工作人员 3 人，县政府管理的工作人员 9 人。2013 年，成立梁山县食品药品稽查大队，为政府管理的参照事业单位，共 18 人。

至 2013 年年末，全县公务员总人数为 1771 人，其中，副科级以上 963 人，科员 733 人，参照公务员 75 人。全县事业人员共有 12980 人。

第四节 事业人员管理

毕业生就业 1993—1997年，大中专毕业生就业方式为指令性分配，其就业分配工作由县教育委员会和县计划委员会负责，其间，共分配大中专毕业生361人。1997年始，非师范类大中专毕业生就业工作改由人事部门负责，毕业生就业方式逐步实现了由指令性安置到双向选择、自主择业的转变，至2007年，共安置大中专毕业生752人。2007年起，事业单位进人实行“凡进必考”，由人事部门负责辖区内的人事考试工作，至2013年，共招聘1408名大中专毕业生，其中具有硕士研究生以上学历78人，招聘人员平均年龄28岁，优化了事业单位工作人员队伍的年龄结构和学历层次，有效缓解了事业单位人才匮乏的问题。

三支一扶 “三支一扶”即支教、支医、支农、扶贫，2012年增加“就业服务保障”项目，原则上服务期限2年。梁山县“三支一扶”从2006年开始启动，2006—2009年到梁山服务的大学生主要从事支教、支医工作。2012年，国家实施第二个五年“三支一扶”计划，至2013年，全县共110名“三支一扶”高校毕业生，其中，服务期满102人，在岗8人。

军转干部安置 1994—2000年，军转安置采取指令化安置的办法，共安置军转干部89人、随迁家属9人。2001年起，军转安置政策逐步由指令化安置转向考试、考核的方式进行，同时，开始接收自主择业军官，至2013年，共接收军转干部27人，其中，自主择业13人；在接收的自主择业干部中，副团职2人、正营职3人、副营职4人、技术干部4人，另有随迁随调家属3人。1994—2013年，全县共接收军转干部116人，随迁随调家属12人；并均按规定落实了军转干部的相关待遇。同时，对自主择业军转干部家属就业、子女上学、住房问题作了妥善安排。

第五节 职称评聘

专业技术职务评审聘任制始于1986年，由科技部门负责实施管理，设有教育、卫生、工程、图书文化、农业技术、档案管理、艺术等初级评审委员会，负责评审初级职称、推荐中级职称、报送高级职称。1990年，全县专业技术人员职称评聘管理工作由县科委移交县人事局。至此，全县共评审通过专业技术人员4320人，其中，高级专业技术人员316人，中级职务专业技术人员1020人，初级职务专业技术人员2984人。

职称评审 1993年，经济、会计等专业开始实施资格考试制度；2006年，中初级卫生专业技术资格取消评审，实行全国统一考试制度；2012年，成立教育、卫生、工程、图书文化、农副产业等初级评审委员会，负责评审初级职称、推荐中级职称、报送高级职称；会计、审计、统计等专业由系列评审制改为资格审查晋升考试制度。至2013年12月，专业技术职务资格考试的种类达41种；全县专业技术人员达13207人，其中，取得高级专业技术职务1126人，中级专业技术职务4584人，初级专业技术职务7497人。

评聘分开 1991年，全国开始推行评聘分开试点；1998年，全县开始全面推行专业技术人员职称评聘分开、竞聘上岗。2007年，县政府出台《梁山县事业单位岗位设置管理暂行办法》（梁政发〔2007〕76号），要求事业单位须先根据单位职能进行岗位设置，再根据岗位设置进行评审和聘用，由此，全县专业技术职务评聘工作进一步规范，事业单位岗位管理制度进一步完善。

继续教育 根据《2003-2010年济宁市人才队伍建设规划纲要》，自2003年起，每年对专业技术人员开展大规模教育培训工作。至2013年底，对全县11000名专业技术人员进行了《创新思维与创新力开发》《专业技术人员职业修养与发展》《计算机操作》等知识的教育培训，专业技术人员综合素质得到较大提高。

2013年梁山县各类专业技术职务人员统计表

表19-2-1　　单位：人

类别	职称			
	合计	高级	中级	初级
工程	1069	98	328	643
农业	286	26	77	183
经济	1623	16	518	1089
会计	613	23	180	410
统计	72	3	26	43
审计	16	—	6	10
卫生	1760	160	831	769
教育	5962	785	1445	3732
中专教师	106	11	33	62
技校教师	46	8	15	23
艺术美术	277	18	91	168
图书文化	267	13	80	174
出版	24	—	4	20
播音	18	—	2	16
新闻	26	—	6	20
体育	18	—	2	16

第六节　工资管理

工资制度改革　梁山县机关事业单位工资管理工作，主要依据1993年、2006年先后进行的两次工资制度改革精神，按照国家统一安排，并结合梁山县经济发展情况，定期调整并落实机关事业单位工作人员工资标准和正常晋升工资，确保了全县机关事业单位人员工资按时足额发放。1993年工资制度改革，主要是按照改革开放和建立社会主义市场经济体制的要求，进一步贯彻按劳分配原则，克服平均主义，建立符合机关事业单位各自特点的工资制度与正常的工资增长机制，并将工资划分为行政机关和事业单位两大类。机关工作人员人均增资102元；事业单位工作人员人均增资113元；离退休人员人均增资135元。改革的工资标准从1993年10月1日起执行。2006年工资制度改革，主要实行统一的职务与级别相结合的公务员工资制度，建立科学的公务员正常的工资增长机制，形成了适应经济体制和干部管理体制要求的公务员工资管理体制。同时，同步推进了事业单位收入分配制度改革，调整了机关事业单位离退休人员待遇政策。工资制度改革人均增资300元，从2006年7月1日起执行。

行政人员工资　1993年10月，机关行政人员实行职务级别工资制（简称职级工资制），由职务工资、级别工资、基础工资和工龄工资四个组成部分，四项之和为机关行政人员的基本工资。机关工人分为技术工人和普通工人两大类，技术工人实行技术岗位等级（职务）工资制，其工资构成分为岗位工资、技术等级（职务）工资和奖金三个部分；机关普通工人实行岗位工资制和奖金两个部分。机关工作人员正常增加工资主要有三种途径：在年度考核的基础上，连续两年考核称职以上的人员可以正常晋升职务（岗位）工资档次；机关行政人员年度考核连续五年称职以上或者四年内三个优秀一个称职或者连续三年优秀可以晋升一级级别工资；工作年限每增加一年，工龄工资可增加一元。2006 年 7 月，机关行政人员实行职级工资制，基本工资由职务工资和级别工资构成。机关工人分为技术工人和普通工人两大类，技术工人实行岗位技术等级工资制，基本工资由技术等级（职务）工资和岗位工资构成。普通工人实行岗位工资制，岗位工资为基本工资。机关工作人员正常增加工资主要有三种途径：晋升职务相应增加职务和级别工资；在年度考核的基础上，连续两年考核称职以上的人员可以正常晋升级别（岗位）工资档次；机关行政人员年度考核连续五年称职以上晋升一级级别工资。

事业人员工资 1993 年 10 月，事业单位工作人员工资构成分为职务工资（固定部分）和津贴（活的部分）。其中职务工资，主要体现工作人员的职务高低和责任大小；津贴主要体现工作人员实际工作量的大小。活的部分在工资构成中所占的比例，根据全额拨款、差额拨款、自收自支等单位性质的不同分别占 30%、40%、50% 。事业单位工人分为技术工人和普通工人两大类，技术工人实行技术等级工资制，主要分为技术等级工资和岗位津贴两部分；普通工人实行等级工资制，主要分为等级工资和津贴两部分。事业单位工作人员正常增加工资主要途径为：凡连续两年考核合格以上的人员可以晋升一个工资档次；专业技术人员、管理人员和工人可以按晋升的专业技术职务、行政职务和技术等级晋升职务（技术等级）增加工资。2006 年 7 月，事业单位工作人员实行岗位绩效工资，由岗位工资、薪级工资、绩效工资和津贴补贴组成，其中岗位工资和薪级工资为基本工资。事业单位岗位分为专业技术岗位、管理岗位和工勤技能岗位。事业单位工作人员正常增加工资主要途径为：年度考核结果为合格及以上等次的工作人员，每年增加一个薪级工资，并从第二年的 1 月 1 日起执行；事业单位工作人员岗位变动后，从变动的下月起执行新聘岗位的工资标准。

工资调整晋升 根据人薪发〔1997〕89 号、国办发〔1999〕78 号、国办发〔2001〕14 号、国办发〔2001〕70 号、国办发〔2003〕93 号文件精神，自 1997 年起，先后 5 次对全县机关事业单位工作人员的工资进行调整。同时，根据相关文件精神，为离退休人员增加了离退休费。1993 年工资套改后，根据（人薪发〔1995〕150 号）文件规定，分别在 1995 年 10 月、1997 年 10 月、1999 年 10 月、2001 年 10 月、2003 年 10 月和 2005 年 10 月，先后 6 次为连续两年考核等级为称职（合格）以上人员，晋升职务工资档次；同时也相应增加了离退休人员的离退休费。

第七节 人才交流

宣传推介 1999 年 2 月，县委组织部、县人事局出台《关于选拔应届大中专毕业生到村级领导班子挂职的通知》，改善村级领导班子年龄、学历和知识结构，提高整体素质，促进农村经济的快速发展。2004 年 5 月，在梁山县体育馆举办了全县人才交流会，除梁山 34 家企事业单位到会外，来自济南、青岛、威海和蓬莱的 8 家企业也参加大会。该次人才交流会是全县实施“人才强县”的有力措施，特别是外地企业到梁山招聘人才，不但缓解了梁山县的就业压力，也开拓了新的用人思路，促进了与沿海地区人才的交流。

同年还参加国际孔子人才交流大会，用人单位与中专、大专及本科各层次人才达成合作意向30多人。2007年起，梁山县人才交流中心每年举行春秋2次大型人才交流会，当年参会应聘人员达2300人，有484名大中专毕业生和专业技术人员签订了就业意向书。

2006年，开通“水泊梁山人才网”，及时在网上发布事业单位招考、企业招聘和毕业生求职信息，集中开展网上招聘高校毕业生活动，努力做好网上招聘求职和网上签约工作，至2013年，网上注册单位380个，招聘岗位3953个，求职简历2990份，累计浏览量59万人次。2011年，编印《梁山县高校毕业生就业须知》《大中专毕业生网上签约流程》《梁山县用人单位招聘须知》以及高校毕业生就业服务卡等各类材料，免费向广大毕业生和用人单位发放。同时在水泊梁山人才网开设了“毕业生就业和用人单位招聘”专题，将网上签约流程做成幻灯片的样式上传到网上，供毕业生和用人单位上网查询。2013年，印制梁山县高校毕业生就业一卡通，印有公务员招考、事业单位招聘、三支一扶、应征入伍、创业贷款、就业创业培训、毕业落户、人事代理、人才流动、人力资源市场等便民电话，方便毕业生随身携带咨询就业信息和公共服务政策，当年发放就业一卡通3000余张。

服务管理　1993年6月，贯彻实施人事部《全民所有制事业单位辞退专业技术人员和管理人员暂行规定》，完善全县事业单位人事管理制度。2007年，成立梁山县人才交流中心党支部，为10余名预备党员办理了按期转正手续，累计管理流动党员50多人。2009年，建立高校毕业生就业见习基地，并制发《关于设立梁山县首批高校毕业生就业见习基地技能培训基地和农村创业园的通知》；同年6月，县审计局等7家下属事业单位建立首批高校毕业生就业见习基地；梁山县职业中等学校为高校毕业生就业技能培训基地、山东科龙畜牧产业有限公司为高校毕业生农村创业园，共招收见习毕业生16人；其后，县劳动就业办公室、梁山中集东岳公司等企业、县文化广电新闻局等所属事业单位相继设立毕业生见习基地，至2013年，全县设立毕业生就业见习基地20处，招收见习毕业生100多人。2010年，审核发放高校毕业生应征入伍证明，对高校毕业生应征入伍实行一次性优待补助，按本科生每人2000元、专科生每人1000元的标准，及时将发放名单交民政局和财政局，积极兑现毕业生入伍优惠政策。

人才引进　1993年5月，梁山县委、县政府出台《关于招聘人才、引进技术和资金的暂行规定》（梁发〔1993〕30号），推进各类专业技术人才引进工作。2002年，人事部门及人才交流中心开始为县内用人单位招聘人才。2011年，制定《关于加快高层次创新型人才引进的若干规定》和《关于实施海外人才引进“511”计划的意见》。当年，引进高层次人才30人，其中海外高层次人才8名，完成率100%；硕士以上高层次人才22名，完成率146.7%。2011年，为科龙公司引进的动物医药领域的专家李俊雅博士后（中国农业科学院北京畜牧兽医研究所）、梁山拓金再生资源有限公司引进的新材料方面的上海东华大学博士生导师李登新博士和时彭辉博士以及开发区大功率LED项目卢汉雄先生申报了济宁市“511”人才引进计划。至2013年，为全县用人单位招聘人才16000余人。

智力引进　2004年起，县人才交流服务中心先后协助有关单位引进国外专家，帮助解决技术难题。2005年，协助林业局引进法国专家普鲁尼·埃等专家，解决桃霉污病的防治、苹果栽培技术和苹果贮藏期果肉褐变的问题；协助轴承厂引进德国专家菲利普帮助解决轴承设计、锻造工艺和工装、生产流程管理和控制等技术难题；协助蓝天集团邀请德国组织专家奥利弗帮助解决进口浆纱机操作和维修难题；协助印刷厂引进俄罗斯专家日丹诺夫斯基解决小森四开四色印刷技术故障处理的问题；为县医院引进以色列脊柱专家约瑟夫教授，帮助解决“经皮穿引推体成形术治疗”和“脊柱内固定手术的并发症”等问题。同年，聘请德国化工专家艾麦克先生，解决了梁山三利树脂有限公司在生产过程中遇到的药物在人体内的生物降解难题，提高了10万分子量的聚乳酸人体内的降解速度；同时组织梁山三利树脂有限公司专业技术人员赴比利时开展医用高分子记忆性材料生产工艺；聘请德国SES志愿者组织的穆勒博士到梁山指导工作，为梁山大华轮胎有限公司解决了生产轮胎时胶料焦化、成品轮胎喷霜等难题。2006年，协助县医院引进德国专家卡尔布莱梅及夫人解决了“恶性肿瘤的血管性、非血管性介入治疗”等问题。2012年10月，帮助梁山中集东岳有限公司引进了法国蒙阿梅德·本玛里克博士，解决了罐车防腐处理等技术难题；同年11月，帮助县林业局引进德国SES专家组织舒沃茨博士解决了梁山水泊湿地保护与恢复工程方面的问题。

档案管理 1993年6月，济宁市人事局转发山东省人事局《山东省国家不包分配的大中专毕业生就业办法》，对梁山不包分配大中专毕业生实行聘用合同制管理，通过人才市场双向选择，档案由人才流动服务机构管理。2000年，律师事务所等机构整建制改革，其工作人员档案全部转至人才交流服务中心，率先实行社会化管理。2004年10月，转发市委组织部、市人事局《关于事业单位新进人员实行聘用制和人事代理的通知》，对事业单位所有新进人员，全部实行聘用制和人事代理，这是全县人事代理制度的一次重大改革。实行“人档分离”，对人才进行社会化管理，为代理对象计算工龄、转正定级、代办社会保险、办理退休等。2007年，加强对代理人员的管理、服务工作。结合事业单位改革和事业单位新进人员实行公开招聘的规定，为考选的2006年本科毕业生等事业单位新进人员办理人事代理。对民办非企业单位人员管理进行管理，监督其用人方式，健全其人事管理制度。为第一实验小学、第二实验小学、宏志中学等单位集体办理人事代理，并做好代理后的服务工作。2013年，接收工商系统、质监系统人员划转档案101份，人才派遣人员档案150份，“三支一扶”毕业生档案11份，为130多名毕业生办理了档案提取和委托管理等转接手续。

第八节 劳动就业

1994年，县劳动局建立梁山县劳动就业办公室，并相继成立梁山县劳务输出公司，共同构成全县城乡劳动力市场交流体系。县内就业由劳动就业办公室为求职者提供求职登记、职业培训、技能鉴定、职业介绍、失业保险、劳动保障代理等一条龙服务；县外就业则通过劳务输出公司最大限度地享受全国劳动力市场供求信息与务工过程的全程优质服务。1996年以后，劳动就业实行在国家政策指导下劳动者自主择业、市场调节就业和政府促进就业的方针，就业安置职能只限于为市场就业和国家指令性安置人员（各类计划内毕业生、复退军人、随军家属）办理安置手续和提供社会保障服务。就业工作重点转向统筹城乡劳动力就业和多方开发就业岗位，为下岗职工再就业服务，劳动就业制度逐步转入市场就业轨道。2008年起，国家把扩大就业放在经济社会发展的突出位置，县政府及劳动部门实施积极的就业政策，坚持劳动者自主择业、市场调节就业、政府促进就业的方针，多渠道扩大就业。至2013年年底，全县灵活就业人员36758人，国有集体企业员工12787人，民营企业员工40176人。

劳动服务 20世纪80年代，县劳动局成立劳动服务公司，用经济手段和行政手段相结合的方法统筹劳动就业，主要是对社会劳动力资源调查，组织城镇待业青年从事服务生产，负责推荐招工对象，按照计划调派临时工、季节工，并对城镇待业人员按隶属关系进行建卡登记，掌握待业人员的变化情况，对待业人员进行组织管理和教育。2005 年，全县大力实施就业优先战略，不断加强人力资源市场规划和监管，统筹城乡就业，完善就业体系，初步形成了以县人力资源市场为中心、15 处乡镇（街道、开发区）人力资源市场为支点、9 家民办职业介绍机构和农民工人力资源市场为补充的人力资源市场体系。同年 6 月，面积 1200 平方米、设施齐全的人力资源市场正式启用，按照“一台五区”功能设置，设立招聘摊位 60 多个，可容纳 800 多名求职者进行求职咨询。2005—2013 年，县人力资源市场累计开办 30 余场大型招聘会和 320 余场固定日交流活动，为上千家用人单位提供招聘用工服务，提供就业岗位 5 万余个，通过市场接受免费就业服务的各类失业人员超过 10 万人次，通过市场职介交流活动达成就业意向 5.7 万人次。城镇下岗失业人员技能培训与企业职工在岗培训等共计 14320 人，创业培训 3728 人，全县人事代理 2000 余人。2006—2010 年，县劳动就业办公室人力资源市场连续 5 年获得济宁市公共就业优质服务窗口，成为全市唯一获“五连冠”殊荣单位；2007 年被授予山东省优质服务窗口；2010 年，被授予全省就业服务工作先进单位；2012—2013 年，连续被授予山东省就业宣传工作先进单位。

劳务输出 劳务输出工作出现于 20 世纪 90 年代，发展于 21 世纪。1991 年 12 月，县政府批准成立“梁山县劳务输出公司”，当年打开向国外及沿海发达地区输出劳动力的大门，向京、津、沪、深及青岛、烟台等沿海地输送劳动力。1992 年，县劳动部门建立“职业介绍所”，根据特区经济和沿海开放城市的劳动力需求，通过各级劳务协作网络，转移开发农村富余劳动力。经过 20 多年探索改进，逐步形成“政府引导，市场化运作，规模化经营，一条龙服务，合理有序”的劳务输出机制。至 2013 年年底，全县向外输出 15 万余人，县内转移就业 10 万余人。2010 年 8 月，梁山县被授予“山东省农村劳动力转移就业工作示范县”。2013 年，全县新增城镇就业 4708 人，新增农村劳动力转移就业 9635 人。

下岗再就业安置 1995 年 7 月，全国下岗职工再就业工程启动。县委、县政府多次进行专题研究，提出关于进一步做好下岗职工分流安置和再就业工作的试行意见，召开全县下岗职工分流安置和再就业工作会议，成立“梁山县下岗职工再就业中心”，出台优惠政策，启动全县再就业工程。但由于企业多半处于停产半停产状态，企业职工大批下岗，且下岗失业人员普遍平均年龄偏大，文化程度偏低，家庭负担过重，转岗转业困难。为加强对下岗失业人员的管理，帮助他们尽快通过内部分流、转岗培训实现再就业，县委、县政府把再就业工程作为全社会关注的“热点”“难点”问题，提出“努力形成各级领导重视，企业认真负责，部门协作配合，政策措施到位，保障服务体系配套，下岗职工自强自立的再就业运作机制”，并成立领导小组，出台优惠政策，采取设立专项解困资金，组织有关单位对特困职工进行救助等形式帮扶。2004—2005 年，通过采取狠抓政策落实、重点帮扶和就业服务等综合措施，动员社会各种力量扩大就业渠道，就业形势明显好转。2013 年，累计举办大型招聘会 6 场，举办“周四专招聘会”46 场，提供就业岗位 1.6 万余个，8617 人达成就业意向；开展下乡三送、就业赶大集等 75 天次，发放招工简章 5 万份，为辖区企业招新员工 2300 余人。

特困群体就业援助 2001 年后，由于失业保险能力不足，部分企业与原单位解除劳动关系人员，得不到补偿又无业可就，失去正常生活收入来源。单位正常缴纳失业保险费，办理劳动代理的，经调查、公示确有劳动能力和就业愿望，女年龄达到 47 岁，男 57 岁（后扩大到女 40 岁，男 50 岁）者，即现称“4050”人员。该部分人员可享受政府岗位补贴待遇三年，劳动就业管理处将岗位补贴拨付给用人单位，单位为劳动者缴纳养老保险，待符合退休条件时办理退休手续。

而不能享受失业保险即当时“两不找”的部分人员，大部分中断了社会保险关系另谋生路。2003年，以发放《再就业优惠证》为突破口，协调落实各项优惠政策，再就业政策的落实力度不断加大。为切实做好困难群体就业援助工作，有效缓解“零就业家庭”和“零转移农户”在生产生活方面的突出困难，梁山县积极探索实施就业帮扶的新方法、新途径，先后建立入户调查制度和动态管理制度，逐步摸索出一条帮扶就业的长效工作机制。同时，走进企业、社区和乡村集市，采取发放宣传材料、现场答疑解惑等与群众互动的形式，重点对就业政策进行宣传和落实，让群众更加直观地了解政策，并充分借助扶持政策实现更高质量的就业和创业。2013年，全县本地企业吸纳就业困难人员183人，公益性岗位安置人数161人，就业困难人员灵活就业人数493人。

第九节 劳动工资

岗位技能工资制 1994年，县供电局、自来水公司、建筑公司3个单位率先实行岗位技能工资制，参加职工1120人，人均增资72元。1996年，完善岗位技能工资制，设立岗位工资单元。按照企业工资税利率，确定月人均增资分别为53元、65元、73年、81元，按岗位工资标准的1、2、3、4档执行，同时，企业实行科学岗位测评，分类定岗。随后，全县企业实行岗位技能工资制，参加套改的国有企业48个，集体企业23个，人均增资110元。

最低工资制度 1995年4月，全县企业实行最低工资制，标准为每人每月170元；1996年9月调整为200元；1999年7月调整为260元；2001年7月调整为310元，每小时2.00元；2002年10月调整为340元，每小时2.20元；2005年1月调整为420元，每小时3.70元；2006年10月调整为480元，每小时4元；2008年1月调整为500元，每小时4.50元；2010年5月调整为600元，每小时6.50元；2011年3月调整为800元，每小时8.7元；2012年3月调整为950元，每小时10元；2013年3月调整为1080元，每小时11元。

工资增长制度 1994年，调整企业职工技能工资标准，一类产业执行100元工资标准；二类产业执行95元工资标准；三类企业执行90元工资标准。调整技能工资标准后，职工工资大体在原标准工资基础上翻了一番。1999年，根据《山东省人民政府关于发布1999年企业工资指导线的通知》精神，按照当年工资指导线确定企业工资增长幅度，当年，全县企业工资指导线的基准线为货币工资增长22.3%，上线26.3%，下线18.3%。2001年基准线为货币工资增长10%，上线16%，下线6%；2002年基准线为9%，上线15%，下线4%；2003年基准线为10%，上线16%，下线4%；2004年基准线为9%，上线为15%，下线为5%；2005年基准线为10.5%，上线为16.5%，下线为5.5%；2006年基准线为11%，上线为17%，下线为6%；2007年基准线为16%，上线为24%，下线为8%；2008年基准线为15%，上线为22%，下线为7%；2009年基准线为9%，上线为15%，下线为4%；2010年基准线为15%，上线为23%，下线为6.5%；2011年基准线为15%，上线为23%，下线为6.5%；2012年基准线为15%，上线为22%，下线为6%；2013年基准线为15%，上线为22%，下线为6%。

自1999年实行工资指导线增资制度后，劳动部门不再审批企业职工的工资标准，改为重点调控企业的工资总额和工资水平，逐步建立起以按劳分配为主体、工资指导线为依据、工资集体协商为手段、劳动力市场价位为指导的宏观调控新模式。各类企业根据本企业生产经营状况，合理安排职工工资增长。

第十节 劳动保护

劳动执法 1995年8月，县劳动局设立劳动监察室，为副科级行政单位；2001年8月，成立劳动监察大队，为县劳动局下属股级事业单位，与劳动监察室合署办公，同为劳动执法机构。2009年，全县15个乡镇设立劳动和社会保障所，为乡镇政府下属股级事业单位。2011年，依托基层劳动社会保障所，全县按乡镇划分为15个网格，每个网格配备2名劳动保障监察协管员，形成了市、县、乡三级网格劳动保障监察全覆盖，并建立了用人单位劳动用工信息数据库，565家用人单位纳入管理。劳动执法机构认真贯彻落实《中华人民共和国劳动法》，加强流动就业管理和职业介绍活动监察，落实就业证、卡合一制度，规范职业介绍机构，对全县开展遵守执行劳动法及有关劳动政策法规情况大检查。同时，不断强化劳动保障执法力度，定期开展清理整顿人力资源市场秩序专项行动、用人单位遵守劳动用工和社会保险法律法规情况专项检查和农民工工资支付等专项检查；开展对全县各级各类企业进行劳动年检，并建立日常巡查制度，每年每个专职监察员对50家以上企业进行日常巡查，在维护劳动者合法权益、构建和谐劳动关系方面做了大量的工作。随着非公有制经济的壮大，呈现出市场主体多元化、用工形式多样化和劳资矛盾复杂化，用人单位违反劳动保障法律法规、侵害劳动者合法权益普遍存在上升趋势，农民工维权意识加强，劳动保障监察工作任务更加繁重，劳动纠纷大量增多。2013年3月，劳动监察大队设一中队和二中队，配备5名专职监察员、55名协管员，本着“热情服务、有诉必查、违法必究、快办快结”的原则，以“先调解后查处”的办案思路，坚持依法办案、依法维权，切实维护了劳动者合法权益。

劳动仲裁 1994年，县劳动局内设劳动争议仲裁股；2002年9月，设劳动争议处理科（挂县劳动争议仲裁委员会办公室牌子），隶属县劳动局；2007年7月，设立县劳动争议仲裁院，为正科级全额事业单位，隶属梁山县劳动和社会保障局。2010年12月，县劳动和社会保障局与县人事局合并后，县劳动争议仲裁院与县人事争议办公室合并，成立劳动人事争议仲裁院，负责全县劳动人事争议处理工作。

1994—2006年，立案受理案件154件，结案154件，其中调解38件，裁决104件，不予受理、驳回12件。2007年，《中华人民共和国劳动合同法》颁布实施，进一步完善了劳动合同制度，明确劳动合同双方当事人的权利和义务，对保护劳动者的合法权益，构建和发展和谐稳定的劳动关系，提供了法律保障。2007—2011年，共立案受理案件305件，结案305件，其中调解74件，裁决211件，不予受理、驳回16件，案外调解116件，调解成功率100%。2012年，《中华人民共和国劳动合同法》进行修订，进一步推动了劳动仲裁工作的开展。2012—2013年，立案审理劳动争议案件55件，结案55件，其中调解24件，裁决20件，其他方式处理11件，结案率100%。案外处理案件72件，其中达成调解协议及和解62件，其他10件，调解成功率100%。处理案件中，涉及劳动者400人，为当事人讨回劳动报酬、社会保险、工伤待遇、经济补偿金、加班费等劳动权益共计502.28万元。

第三章 机构编制

第一节 管理机构

梁山县机构编制委员会办公室，设立于1984年4月，时称县编制委员会办公室，为县编制委员会办事机构（设在原人事局）。1993年12月，县编制委员会办公室改称县机构编制委员会办公室（简称编办），为正科级单位，与县人事局合署办公，编办主任仍由人事局局长兼任。2010年4月，编办单独设置，列入县委机构序列，性质级别未变。县编办内设综合科、行政机构编制科、事业机构编制科3个职能科室，行政编制14名，辖2个全额预算管理事业单位，编制9名（其中参照公务员管理事业编制4名，全额预算事业编制5名）。

第二节 机构改革

梁山建县后，较具影响的机构改革为1984年与1993年两次。1984年机构改革，明确规定部门领导职数、年龄和文化结构，并实行一刀切，由此实行长达30年的部门负责人退二线制度。20世纪90年代后，根据国家统一部署，全县先后于1993年、2002年、2010年进行3次较大规模的党政事业单位机构改革，并于1996年、2005年进行2次机构局部调整。

1993年机构改革 对原有87个县直副科级以上党政机构，设置为县直科级党政机构30个，比改革以前精简57个。对县乡两级机构进行精简调整，增强县乡管理功能，在乡镇直接为农业生产和农村工作服务的农技、农机、农经、林业、畜牧兽医、文化广播等单位全部下放，人、财、物划归乡镇管理。1993年机构改革共涉及5个县委工作部门、26个政府工作部门、9个其他部门和17个内设副科级单位，并进一步明确规范了14个正科级事业单位和12个副科级事业单位，以及部分行政单位、人民团体、经济实体和服务实体。

县委工作部门（5个）：县委办公室、组织部、宣传部、统战部、政法委员会（梁山县社会治安综合治理委员会办公室与其合署），以上部门均为正科级行政单位。

县政府工作部门（26个）：政府办公室、经济贸易委员会、农业委员会、计划委员会、科学技术委员会、城乡建设环境保护委员会（对外可单独使用环保局的名义）、教育委员会、文化体育委员会、计划生育委员会、公安局、司法局、民政局、人事局（梁山县机构编制委员会办公室与其合署）、劳动局、财政局、税务局、交通局、水利局、卫生局、审计局、工商物价行政管理局、土地矿产管理局、统计局、乡镇企业局、梁山风景名胜区管理委员会（对外使用梁山县旅游局的名义）、监察局，以上部门均为正科级行政单位。

按照《中国共产党党章》《中华人民共和国宪法》等有关规定设置的机构：中共梁山县纪律检查委员会、中共梁山县县直机关委员会、梁山县老干部局（正科级行政单位）、梁山县人民法院、梁山县人民检察院、梁山县人民武装部、梁山县总工会、共青团梁山县委员会、梁山县妇女联合会。

内设副科级行政单位（16个）：中共梁山县委办公室研究室、中共梁山县委宣传部精神文明建设办公室、梁山县人民政府办公室经济体制改革办公室、梁山县人民政府办公室研究室、梁山县人民政府办公室法制办公室、梁山县经济贸易委员会工业办公室、梁山县经济贸易委员会财贸办公室、梁山县经济贸易委员会外经办公室、梁山县经济贸易委员会技术进步办公室、梁山县经济贸易委员会技术监督办公室、梁山县经济贸易委员会安全办公室、梁山县城乡建设环境保护办公室、梁山县财政局财务税收物价大检查办公室、梁山县财政局国有资产管理局（梁编发〔2007〕8号撤销）、梁山县计划生育委员会县直计划生育办公室、梁山县卫生局爱国卫生办公室。

保留的行政单位和人民团体（6个）：中共梁山县委梁山县人民政府信访办公室、梁山县科学技术协会、梁山县残疾人联合会、梁山县工商业联合会、梁山县计划生育协会（以上均为正科级），梁山县公证处（副科级）。

正科级事业单位（14个）：县级机关接待处、梁山县移民办公室、扶贫办公室、党校（设立党史研究室为党校内设副科级事业单位）、老龄委员会办公室、档案馆、广播电视中心、梁山报社、离休干部休养所、县人民医院、梁山县教师进修学校、梁山县技工学校、梁山第三、四中学。

副科级事业单位（12个）：梁山县黄淮海平原农业开发办公室（隶属农委）、梁山县多种经营办公室（隶属农委）（梁编发〔1999〕7号撤销）、梁山县律师事务所、梁山县利用世界银行贷款加强农业灌溉项目领导小组办公室、梁山县中医院、梁山县卫生防疫站（梁编发〔2006〕19号撤销）、梁山县妇幼保健站、梁山县计划生育服务站、梁山县殡葬管理所、梁山第二中学、梁山县教育委员会教学研究室、山东省农业广播电视学校梁山分校。

服务实体（6个）：农业服务中心、林业服务中心、水产服务中心、农机服务中心、棉花技术推广服务中心、畜牧服务中心，以上部门为正科级事业单位，归口农业委员会。

经济实体（8个）：商业集团总公司、供销集团总公司（保留县联社牌子）、粮食集团总公司、物资集团总公司、对外贸易集团总公司、电力集团总公司，以上部门归口经济贸易委员会。梁山县房地产开发公司（归口城乡建设环境保护委员会）、梁山县经济开发投资公司（归口财政局）。

梁山一中仍按菏普发〔1989〕37号文件规定，保留原副县级事业单位。其他未涉及的原有副科级以上行政单位（人大、政协、纪委、人武部内设机构除外）、原副科级以上事业单位一律撤销。

1996年机构调整　1996年1月，县委、县政府机构设置进行调整，文化体育委员会分设为文化局、体育运动委员会，增设农业局、林业局、粮食局、技术监督局，农业服务中心、林业服务中心、县经贸委技术监督办公室同时撤销。经济贸易委员会更名为经济委员会，城乡建设环境保护委员会更名为城乡建设委员会，工商物价行政管理局更名为工商行政管理局。同时，设立县委研究室、县人民政府研究室、县经济体制改革委员会、国有资产管理局、物价局，均为正科级行政单位，实行归口管理；设立县人民政府教育督导室，正科级事业单位，实行归口管理；同时撤销原相应内设机构。广播电视中心挂广播电视局牌子，性质级别不变，行使行政职能。

2002年机构改革　县委设工作机构7个、部门管理机构2个，县委工作部门内设机构精简15%左右；县政府工作机构改革调整后设工作部门23个，县政府机关行政编制精简25%，核定行政编制364人。同时，对乡镇党委、政府机构进行合并设置，对人员编制和领导职数进行精简。

县委机构设置（7个）：县纪律检查委员会机关（县监察局与其合署）、县委办公室、县委组织部、县委宣传部、县委统战部（县民族宗教局与其合署，挂县委台湾工作办公室牌子）、县委政法委员会（县社会治安综合治理委员会办公室与其合署）、县委县直机关工作委员会。另外，设部门管理机构（2个）：县信访局，由县委办公室、县政府办公室共同管理，以县委办公室管理为主；县委老干部局，由县委组织部管理。

县政府机构设置（23 个）：县政府办公室、县发展计划局、县经济贸易局（挂县对外贸易经济合作局牌子）、县教育局（挂县体育局、县文化局牌子）、县科学技术局、县公安局、县监察局（与县纪律检查委员会机关合署、不计个数）、县民政局、县司法局、县财政局、县人事局（县机构编制委员会办公室与其合署）、县劳动和社会保障局、县国土资源局、县交通局、县水利局、县农业局（挂县林业局牌子）、县粮食局、县卫生局、县计划生育局、县审计局、县环境保护局、县统计局、县建设局、县民营经济发展局。其中，县发展计划局、县经济贸易局、县农业局、县教育局为撤销合并重组部门，县环境保护局为新组建部门，县科学技术局、县劳动和社会保障局、县国土资源局、县计划生育局、县民营经济发展局、县建设局为更名部门，其他均为保留部门。另外，县物价局并入县发展计划局，县国有资产管理局并入县财政局，梁山风景名胜区管理委员会更名为县旅游局，整建制转为县政府直属事业单位。

乡镇行政机构设置：中心镇和 8 万人口以上的乡镇党委、政府设置党政办公室（挂社会治安综合治理办公室牌子）、经济发展办公室、社会事务办公室、计划生育办公室 4 个综合性办公室；其他乡镇设置党政办公室（挂社会综合治理办公室牌子）、经济发展办公室、社会事务办公室和计划生育办公室（一个机构两块牌子）3 个综合性办公室。综合性办公室负责人由乡镇党政领导兼任。乡镇人大主席一般可由乡镇党委书记兼任，也可以专职担任；乡镇一级不设政协机构。乡镇以下不设立管区等管理层次。

乡镇事业机构设置：中心镇和 8 万人口以上的乡镇设置财政拨款事业单位（不含教育、卫生事业单位，下同）8 个，其他乡镇设置 6 个；一般可设农业综合服务站、农村经济管理站、科技文化服务站、乡镇建设服务站（镇村建设服务站）、计划生育服务站、财税所等。

2005 年机构调整 县发展计划局更名为县发展和改革局，县计划生育局更名为县人口和计划生育局，组建县安全生产监督管理局，县粮食局退出政府组成部门，由县发展和改革局加挂县粮食局牌子，体改办划入发展和改革局，其他部门保持不变。

2010 年机构改革 主要是对政府机构进行改革，制定《梁山县政府机构改革方案》和《关于梁山县人民政府机构改革的实施意见》，提交县委常委会审议通过后于 4 月 29 日正式下发。县政府机构改革以转变政府职能为核心，与市政府机构改革相衔接，构建符合梁山县经济社会发展要求的行政管理体制。

县政府部门设置（24 个）：县政府办公室、发展和改革局、经济和信息化管理局、农业局、科学技术局、教育和体育局、公安局、司法局、民政局、财政局、人力资源和社会保障局、监察局（与县纪律检查委员会机关合署、不计个数）、城乡规划局、国土资源管理局、住房和城乡建设局、环境保护局、交通运输局、水利局、卫生局、食品药品监督管理局、人口和计划生育局、文化广电新闻出版局、审计局、统计局、安全生产监督管理局。其中，县经济和信息化管理局（挂商务局牌子）、县教育和体育局、县人力资源和社会保障局、县住房和城乡建设局、县文化广电新闻出版局、县城乡规划局（挂县城市管理行政执法局牌子）为新组建部门，县交通运输局为更名部门，县食品药品监督管理局由省垂直管理变为县政府部门，其他均为保留部门。原经济贸易局、民营经济发展局、县建设局、县房管局、教育局、体育局、县文化局、县广播电视局（县广播电视中心）、县新闻出版局、人事局、劳动和社会保障局同时撤销。另外，撤销县农委及扶贫办，其职责划入农业局；将农业综合开发办公室划归财政局，为事业单位，级别（正科）不变；原县政府直属事业单位畜牧兽医局（原畜牧局更名）、水产局、农机局归口农业局管理，县移民办归口水利局管理。

第三节 编制管理

全县机构编制主要分为行政机构（包括党政群机关）和事业单位两部分，其人员主要分为行政编制、事业编制；后根据财政状况，事业单位又分为全额拨款事业单位、差额拨款事业单位、自收自支事业单位，人员编制相应分开管理。

行政机构 2013年，全县县直党政群机关行政机构有47个，其中，县委系统11个，政府系统25个，人大、政协系统各1个，政法系统4个，群团系统5个。全县乡镇行政机构共有58个，主要为党政办公室、经济发展办公室（公共安全监督管理办公室）、社会事务办公室（人口和计划生育办公室）、群众工作办公室（社会治安综合治理办公室），拳铺镇、梁山街道办事处还另外设有村镇规划建设办公室。

事业单位 2013年，全县有276个全额事业单位，其中，2个副县级事业单位，60个正科级事业单位，51个副科级事业单位；县直机关事业单位204个，其中，党委系统24个，政府系统176个，武装部2个，人大1个，司法系统1个；乡镇事业机构72个，主要有财政所、农业综合服务中心、计划生育服务站、文化服务中心、社会保障服务，梁山街道办事处和拳铺镇设有经济发展中心。全县有22个差额事业单位，其中正科级事业单位2个，副科级事业单位3个，股级单位17个；差额事业单位主要有卫生局所属的县直医院和乡镇卫生院等，以及水利局所属的引黄灌区管理局，交通运输局的公路工程质量监督管理站等。全县有55个自收自支事业单位，其中，4个正科级事业单位，3个副科级事业单位；自收自支事业单位主要是国土、水利、建设等部门所属的单位。

第四章 社会保障

第一节 服务机构

机关事业养老保险处 1994年7月，梁山县机关事业养老保险处成立，为副科级事业单位，隶属于梁山县人事局；1999年8月，机关事业保险处从县人事局整体划归到县劳动和社会保障局;2010年5月，隶属县人力资源和社会保障局。1999年前，机关事业保险处负责全县党政机关事业单位人员养老保险工作；1999年后，主要负责全县机关事业单位养老保险费的征缴和离退休（职）养老金的待遇审核、支付、管理等工作，还有机关事业单位工作人员失业保险费征缴、失业保险基金的管理工作等。

企业劳动养老保险处 1987年6月，梁山县劳动养老保险处成立，为正科级全额事业单位，隶属于梁山县劳动局；2010年5月，隶属县人力资源和社会保障局，机构编制16人，内设办公室、财务科、福利科、基金科、稽核科、退管科等6个科室。梁山县劳动养老保险处主要负责全县各类企业及其职工、个体工商户和灵活就业人员的养老保险经办业务，做好企业职工养老保险费的征缴和企业离退休人员养老金社会化发放，保障离退休人员生活。

农村社会养老保险处 1994年11月，梁山县农村社会养老保险处成立，为副科级事业单位，编制3人，经费自理，隶属县民政局。1999年9月，将农村社会养老保险处划归劳动和社会保障部门统一领导和管理，机构性质、规格和编制不变。2010年5月，隶属县人力资源和社会保障局，县农村社会养老保险处编制由3名增加到10名。2011年12月，设立办公室、基金科、财务科、保险福利科、稽核科5个内部科室。

第二节 机关养老保险

梁山县机关事业单位保险工作从2000年3月起全面启动。至2013年，全县机关事业单位参加基本养老保险的单位共有197个，参保人数13107人，享受离退休（职）待遇人员共5854人，享受遗属补助待遇人员861人。基本养老保险基金由机关事业单位按本单位在职固定职工工资总额与离退休人员生活费总额之和的22%缴纳，在职人员个人按本人工资额总额的2%缴纳，离退休人员个人不缴费。按养老保险费征缴比例，单位部分44%、个人部分2%；2013年，征缴养老保险费2.2亿元，发放离退休养老金及遗属补助费共计2.1亿元。

失业保险基金，除国家机关公务员以外的职工，由单位按本单位在职固定职工工资总额的2%缴纳，在职人员个人按本人工资总额的1%缴纳。单位缴纳部分，机关和全额拨款的事业单位，由单位列入财政预算；差额拨款事业单位，按差额比例，分别列入财政预算和从单位自有经费中税前列支；自收自支事业单位从单位自有经费中税前列支。个人缴纳部分，由单位从工作人员本人工资中代为扣缴。行政事业单位工作人员的社会保险基金1994年7月之前由单位代发，之后由机关事业保险处统一发放。按失业保险费征缴比例单位部分2%、个人部分1%；2013年征缴失业保险费800万元。

第三节 企业养老保险

1992年12月前，企业养老保险县级统筹，征缴合同制工人养老保险费和企业统筹金，企业合同制工人实行单位和个人按一定比例缴纳养老保险费。企业按固定职工工资和退休人员的退休金之和确定的一定比例缴纳统筹金。1993年1月起，企业养老保险实行市级统筹，固定工与合同制工人一样开始实行个人缴费。1996年1月，企业离休人员养老金实行社会化发放，与企业脱钩。2000年3月，企业退休人员养老金实行社会化发放。至此，企业离退休人员养老金发放与企业脱钩，养老待遇得到进一步保障。

企业单位职工基本养老保险基金采取政府统筹、企业均衡负担的办法。各企业缴纳的基本养老保险金数额为：1996—1997年为企业单位在职职工工资总额的23%，在职职工个人工资的3%；1998年为企业单位在职职工工资总额的22%，在职职工个人工资的4%；1999—2001年4月为企业单位在职职工工资总额的20%，在职职工个人工资的2%；2001年4月以后为企业单位在职职工工资总额的18%，在职职工工资的8%。该基金实行收支两条线管理办法，由劳动保险事业处统一发放，但该基金入不敷出，每年需上级调剂解决。

从2001年起，社会养老保险从县国有集体企业职工逐步扩展到包括国有集体企业、民营企业、外资企业等各类企业及民办非企业单位的所有职工，城镇个体工商户、灵活就业人员也可以参加企业职工养老保险，享受养老保险待遇。为做好养老保险扩面征缴工作，县政府加强领导，常务副县长具体组织研究有关政策，安排部署动员会、专题会，落实目标责任，建立考核体系，确保了养老保险扩面征缴工作顺利进行和养老金的按时足额发放；该次养老保险扩面征缴为推进全县养老保险工作开启了一个良好开端，为全县养老保险事业奠定了一个坚实的基础。至2013年12月，全县企业养老保险参保单位226个，参保人数达46216人，共收缴企业基本养老保险费2.11亿元，完成市下达任务的105%；共发放养老金2.59亿元，确保了13054名企业离退休人员养老金和1119名离退休遗属待遇按时足额社会化发放，社会化发放率达100%。

2010年3月，梁山县启动企业退休人员社会化管理工作，依托企业主管部门或大企业建立电业、纺织、商业等10处社区服务站，同时明确专、兼职社区服务管理人员，配备办公设施，安装启用计算机网络系统。同年8月，将全县企业退休人员移交以企业主管部门为依托的10个退管社区管理。至2013年年底，纳入社会化管理的离退休人员共13054人。同时，定期组织离退休老同志开展文娱活动，对特困、鳏寡孤独、重病、高龄等离退休人员进行走访慰问，并负责企业离退休人员及其遗属的养老金和生活补助金领取资格认证工作。

第四节 农村养老保险

1995年1月—1997年12月，全县共有15698人参加农村社会养老保险，收缴养老保险金627万元，保证了农村社会养老保险基金的安全完整运行。2009年10月，县政府出台《梁山县新型农村社会养老保险试点暂行办法》，在梁山镇、风景区部分村庄实施开展新农保县级自行试点，共有3000余人参保，收缴养老保险金1200余万元。2010年，县政府出台《梁山县农村干部补贴发放管理暂行办法》，启动实施基层干部养老保险工作，2000余人参加基层干部养老保险，收缴保金190余万元。2011年7月，县政府出台《梁山县城乡居民社会养老保险试点实施方案》。至2013年年底，全县41万人参保，共收缴个人缴纳养老保险金19886万元，政府补贴资金12000万元，为全县近11万参保群众发放养老金9900万元。

新型农村社会养老保险制度实施后，2011年5月—2013年12月，共3次调整基础养老金最低标准，第一次于2011年7月，从每人每月20元调整为每人每月55元;第二次于2012年10月，调整为每人每月60元；第三次于2013年1月，调整为每人每月65元。

第五节 城镇医疗保险

1998年，根据国务院《关于建立城镇职工基本医疗保险制度的决定》(国发〔1998〕44号)，有关部门开始筹备基本医疗保险的启动工作。财政部门按照“基本医疗保险费由用人单位和职工共同缴纳，其中用人单位缴费率控制在职工工资总额的6%左右，职工缴费率一般为本人工资收入的2%”等政策规定，安排资金预算列支方案；卫生部门对按原公费医疗政策实施医疗及相关政策执行情况进行总结，为全县城镇职工基本医疗保险制度的启动奠定基础。

城镇职工 2002年，梁山县启动城镇职工基本医疗保险制度；同年10月，成立梁山县社会医疗保险处，为副科级事业单位，隶属梁山县劳动和社会保障局；同年11月，县政府制定《梁山县城镇职工基本医疗保险暂行规定》，至当年12月末，全县城镇职工基本医疗保险参保7100人，收缴基本医疗保险金384739.77元，大额医疗救助金65572元，共向参保职工拨付个人账户金251071.28元。2004—2006年，县政府先后出台进一步完善城镇医疗保障体系、调整和完善城镇职工基本医疗保险有关政策的文件，将农民工纳入城镇职工基本医疗保险的保障范围。2010年，县政府将关、停、并、转、破产企业退休人员纳入基本医疗保障，通过采取多渠道筹集资金，一次性解决了全县集体破产企业945名退休人员基本医疗保险问题，通过不同参保方式解决850名特困退休人员医疗保险问题，维护了社会稳定。同年，济宁市范围内实行医疗保险“一证通”，在济宁范围内二级以上医疗保险综合定点医院就医，可直接办理住院手续，不再办理转诊住院手续，并享受本县规定的同级别医疗保险综合定点医院医保基金支付比例，住院医疗费用出院时按照医疗保险政策规定结算。2011年，争取到上级补助资金和破产资金2320万元，一次性解决破产困难企业2009年前6374名退休人员医疗保险问题，使困难企业5137名职工参加职工医疗保险。2012年，在实行医疗保险全市一证通的基础上，与济南21家医疗机构实行住院联网结算，进一步方便了参保人员就医治疗。至2013年12月，全县参加城镇基本医疗保险人数达到118239人，当年征缴职工医疗保险费6917万元。

城镇居民 2008年，县政府启动实施城镇居民基本医疗保险，并制定《梁山县城镇居民基本医疗保险暂行办法》，在全县成功启动梁山县城镇居民基本医疗保险，至此，全县城镇户籍人口均纳入城镇基本医疗保险保障范围。2009年，县政府制定调整基本医疗工伤保险政策、提高医疗保险待遇，进一步扩大医疗保险覆盖范围，增强医疗保险基金的互济能力，提高医疗保障水平，推进医疗保险制度的健康发展。

第六节 工伤保险

2004年，县医疗保险处设立工伤保险科，后改称工伤保险管理科。同时，县政府颁发《梁山县工伤保险实施细则》，细则规定：本行政区域内各类企业应当依照本实施细则规定参加工伤保险，为本单位全部职工或者雇工缴纳工伤保险费；一、二、三类行业的具体缴费费率分别为本单位在职职工上年度工资总额的0.6%、1.2%、2.4%。至年底，全县工伤保险参保登记达9026人。2006年，按照省市要求，县域内的各类企业（包括本地注册企业、外地注册在本市从事生产经营活动的企业）均应参加工伤保险，为其招用的农民工缴纳工伤保险费；至年底，全县参加工伤保险人数15256人，新增扩面人数3246人，完成济宁市下达扩面任务的105%。2009年11月，县政府办公室发布《关于调整基本医疗工伤保险政策提高医疗保险待遇有关问题的通知》，调整基本医疗工伤保险政策，提高医疗保险待遇，降低工伤保险缴费费率：一、二、三类行业的具体缴费费率分别由本单位在职职工上年度工资总额0.6%、1.2%、2.4%降低到0.5%、1%、2%，减轻了单位负担。至年底，工伤保险参保人数达2.9万人，完成市下达任务的102%；征缴工伤保险费173万元，完成市下达任务的150%。2011年5月，将“老工伤”人员纳入工伤保险统筹管理，全县172名“老工伤”人员纳入工伤保险统筹范围，维护了社会稳定。至年底，参加工伤保险人数达到3.5万人；当年征缴工伤保险费280万元，支付工伤保险待遇252万元。2012年10月，开始把破产企业的工伤职工以及因工死亡职工供养亲属、伤残军人纳入工伤保险统筹范围。至2013年年底，参加工伤保险人数达到3.9万人；当年征缴工伤保险费335万元，支付工伤保险待遇270万元。

第七节 失业保险

1988年，全县建立职工待业保险基金制度，由原劳动服务公司负责筹集并管理，企业按全部职工标准工资总额的1%交纳，税前列支；国家机关、团体、事业单位按合同制工人标准工资的1%，在事业费中列支；由工商银行建立基金专户，并按城乡居民个人存款利率计息。1993年改为失业保险制度。1996年省劳动厅调整失业救济金发放标准，1997年省劳动和社会保障厅、财政厅提高下岗职工和失业人员保障水平，1998年7月1日，按照中央《关于做好下岗职工基本生活和再就业工作的通知》精神，将失业保险金缴费比例由全部职工工资总额的1%提高到3%，由企业单方负担改为企业和职工个人共同负担。其中，用人单位交纳2%，职工个人交纳1%。1999年1月，国务院发布《失业保险条例》，失业保险工作纳入法制管理轨道，有关部门积极深入企业宣传失业保险现行政策法规，提高企业法人、职工参加失业保险的自觉性，同时经常深入企事业单位调查了解企业用工参保情况，准确编制征缴计划，努力做好失业保险新增扩面征缴工作。2013年，失业保险参保38442人，当年征缴失业保险费1093万元。

第五章 计划生育

第一节 管理机构

梁山县人口和计划生育局，正科级行政单位，县政府组成部门，主管全县人口计划生育工作。县人口和计划生育局始建于1982年4月，时称计划生育局，同时设立党组；1984年4月，改称县计划生育委员会(简称计生委),2002年5月，改称县计划生育局；2006年6月，更名为县人口和计划生育局（简称计生局)。

1994年县计生委内设办公室、业务科、宣传教育科、信访科4个股级中层行政科室；1996年9月，增设科技科；2004年，县计生局增设人事秘书科、政策法规科，同时撤销办公室；2010年，县计生局设置办公室、政策法规科、发展规划科、宣传教育科、科学技术科、信访科6个内设机构。

1993年，设立计划生育服务站，为副科级事业单位，隶属县计生委；1994年，设立县直计划生育办公室，为副科级行政单位，隶属县计生委；1995年8月，设立计划生育抽样调查队、流动人口计划生育管理办公室，均为县计生委下属股级事业单位；1998年5月，撤销县流动人口计划生育管理办公室，成立城区流动人口计划生育管理办公室，为副科级事业单位，编制10～15人；同时将计划生育抽样调查队由股级单位升格为副科级单位，编制5～10人；均隶属于县计生委；2003年，县直计划生育办公室更名为城市与流动人口计划生育管理办公室，为县计生局直属副科级全额事业单位，定编5人，同时撤销城区流动人口计划生育办公室，其管理职能划归梁山镇；2007年12月，将原梁山镇城区计划生育管理办公室及其工作人员整建制划归县人口和计划生育局。

1996年前，县计生委及计划生育服务站，一直与县卫生局及防疫站在同一栋办公楼办公；1993年5月，在县城人民北路东段筹建县计划生育服务综合服务楼，1994年7月竣工，1995年 5月计划生育服务站先期搬迁；1996年下半年，县计生委搬迁至计划生育服务综合楼；1999年下半年，县计生委办公楼与县计划生育服务站进行对调；2005年，根据县委、县政府的意见，原在卫生局办公楼的办公场所整体有偿转给县疾病防控中心，由县计生局在县城人民北路东段、县计划生育服务站东邻临街处新建办公楼一栋；2006年5月，县计生局搬迁至新建办公楼。

第二节 政策法规

20世纪90年代及21世纪初，主要贯彻《山东省计划生育条例》,2002年后主要执行国家《人口与计划生育法》，同时，县委、县政府依据上述法律法规及有关政策，制定相应具体政策措施。

生育政策 1994年起，执行的生育政策是：提倡或鼓励公民晚婚晚育，提倡一对夫妻生育一个子女；符合法律、法规规定条件的，可以申请安排生育第二个子女。同时，采取行政制约措施，结婚登记由县民政、公安、计生三部门联合办公，严把晚婚关，坚持除有特殊困难情况外，根据省市考核要求，凡女不满23周岁、男不满22周岁的一律不予给予办理结婚登记，同时将晚婚晚育纳入各级人口目标管理责任书和考核范围。2000年3月起，国家对公民晚婚晚育的政策要求，由"提倡"改为"鼓励"，同时取消原来的行政措施，并对自觉实行晚婚晚育的给予延长婚假、产假，一次性奖励100～500元现金。

生育一孩政策 1992年4月，实行一孩生育证审批。2002年9月，生育一孩政策改为"夫妻可以自行选择生育第一个子女的时间，应当在生育前到一方户籍所在地乡（镇）人民政府或者街道办事处登记，免费领取计划生育服务手册"。

生育二孩政策 1994年起，按山东省计划生育《条例》规定，特殊情况可申请生育二孩，国家机关和企业事业单位职工、城镇居民符合一定条件，经夫妻双方申请，可以由县人口计生行政部门审批安排。2013年6月起，严格按重新颁布实施的《山东省人口和计划生育条例》，在全县及时取消生育二孩年龄间隔限制，全面调整全县二孩生育审批计划安排，认真落实新的照顾生育二孩政策。

奖励政策 计划生育奖励政策主要包括两个方面的内容，即：晚婚晚育奖励政策，独生子女户和双女绝育户奖励政策等。

晚婚晚育奖励政策 1994年起，根据《山东省计划生育条例》规定，男女双方按晚婚要求结婚的，除国家规定的婚假外，增加婚假两周；晚育的，除国家规定的产假外，增加产假两个月。以上增加的假期，视为出勤。对实行晚婚、晚育的农业人口，可免去一年的集体义务劳动工。自2009年6月起，城镇居民女方晚育的，男方护理假在享受省规定7日基础上，对其增加护理假7日。农村居民、城镇无业人员和无固定收入的城镇失业人员晚婚晚育的，给予其夫妻一次性500元的现金奖励。

独生子女户和双女绝育户奖励政策 1994年起，继续延续1988年的政策规定，即：生育一个孩子后采取节育措施不再生育的，发给独生子女证，国家机关和企业事业单位职工的，每月发给独生子女保健费不少于5元，由双方所在单位分担；独生子女父母退休后加发5%的退休金（退休金为百分之百的不加发）。夫妻均为农业人口的，从集体提留或乡（镇）、村企业留利中每年发给独生子女保健费不少于60元，或采取其他奖励形式；夫妻一方为国家机关和企业事业单位职工，另一方为农民的，独生子女保健费由双方所在单位各负担5%。独生子女保健费从领取独生子女证之月起，到独生子女满14周岁止。独生子女优先入托、入学、就医、招工，从小学到高中免缴学费。城镇分配住房、农村划分宅基地应优先照顾独生子女户。1996年10月起，独生子女费每月增加到10元，其他奖励政策不变。2002年9月后，独生子女父母为企业职工的，退休时由所在单位按照设区的市上一年度职工年平均工资的30%发给一次性养老补助，其他奖励政策按原规定执行。自2004年起，全县农村独生子女父母奖励费，改由县财政统筹。自2009年起，还执行以下奖励政策，符合生育第二个孩子的条件自愿报名终生只生一个孩子的夫妻（无生育条件和无生育能力的除外），经夫妻申请，领取独生子女父母光荣证，并给予一次性不少于5000元的现金奖励；是独女户父母的，奖励费由每月10元提高到每月50元，直到符合享受国家计划生育奖励扶助政策条件为止；规定时间内自愿采取绝育措施的双女户，一次性给予500元以上奖励，在分娩第二胎的同时，采取绝育措施的，加奖100元；农村独女户和双女户父母参加新型农村合作医疗个人应缴纳费用，由县级财政解决；享受基本医疗保险基金的支付比例提高5个百分点；农村独女户父母享受大病医疗救助金的支付比例提高20个百分点；农村独生子女户和双女绝育户的学生被全日制大专院校正式录取的，在享受其他入学资助的基础上，给予专科学生1000元、本科学生2000元的一次性现金资助；农村独生子女户和双女户的子女在本市行政区域内初中升高中时给予增加10分的照顾；农村独生子女户和双女绝育户使用土地、办理土地使用证时，国土资源部门免收土地登记费；农村独生子女户和双女绝育户，承包土地、山、林、果园、河滩、水塘等项目给予减免10%的承包金，免费参加政府部门组织的技术培训；农村独生子女户人均纯收入低于县平均水平的，纳入最低生活保障范围；农村身边无子女的60周岁以上的独女户和双女户父母，优先入住敬老院或老年公寓，集中供养；集中供养床位不足的，可实行外养，但应按照不低于集中供养标准的50%给予补助；农村以人均分配集体收入的，独生子女户、双女户各增加1人的集体收入分配份额;以户分配集体收入的，独生子女户、双女户各提高人均集体收入分配份额的20%；为农村独女户和双女绝育户父母办理形式多样的养老保险。

扶助政策 根据国家政策规定，梁山从2005年起，对计划生育困难家庭开始实行扶助政策。

农村计划生育家庭扶助政策 2005年6月，县政府制发专门文件，确定自2005年起，对农村符合一定条件的计划生育家庭实行经济扶助，每人每月发放一定标准的资金救助，并按时、足额发放到奖励扶助对象手中。发放的计划生育奖励扶助金不计入奖励对象家庭收入，不影响其享受农村居民最低生活保障和“五保户”待遇。扶助经费由省、市、县财政按比例承担。期间，按照国家、省、市规定，全县农村部分计划生育家庭扶助金发放标准，调整了4次，2006年由每人每年600元提高到每人每年720元，2007年提高到每人每年840元，2008年提高到每人每年960元，2012年增加到每人每年1200元。

计划生育特殊家庭扶助政策 2009年起，在全县实行计划生育特殊家庭扶助政策，扶助对象是：城镇和农村独生子女死亡或伤、病残后未再生育或收养子女家庭的夫妻。符合条件的对象，由政府发放计划生育家庭特别扶助金。扶助标准是：独生子女死亡后未再生育或收养子女的夫妻，由政府给予每人每月不低于100元的扶助金，直至亡故为止；独生子女伤、病残后未再生育或收养子女的夫妻，由政府给予每人每月不低于80元的扶助金，直至亡故或子女康复为止。计划生育家庭特别扶助资金由省、市、县财政分级负担。期间，按照国家、省、市规定要求，全县计划生育扶助金发放标准，调整2次，2009年由每人每年1200元、1440元，2012年增加到每人每年1440元、1620元。

2002年起，县政府设立梁山县计划生育公益金，开展对全县计划生育困难家庭救助慰问活动。全县每年每个行政村救助一户，每户给予一次性发放计划生育救助金50元，由县财政安排专款进行直接救助。至2007年救助制度纳入全县“生育关怀行动”，改为每年在全县筛选200户计划生育生活特别困难家庭和县直部分困难企业计划生育专兼职干部按每户给予一次性发放1000～2000元救助慰问金，在每年的春节前实施。

其他政策 1997年9月起，对违反计划生育者实行一票否决政策，规定国家机关、企事业单位职工违反计划生育政策，计划外生育子女的，五年内不予提职、晋级、不得评为先进工作者，并按有关规定严肃处理。所在单位不得评为先进单位，不得命名为文明单位。2001年7月起，干部超生的不能担任领导职务。2008年4月起，提拔任用干部，推荐各级党代表、人大代表、政协委员、青联委员候选人、工商联执委，评选各类劳动模范和先进个人时将遵守人口和计划生育法律法规和政策作为一项基本要求，并建立必要的审查制度。凡是违法多生育子女的，不得录（聘）用、招用为国家工作人员；不得晋升国家机关、人民团体、事业单位、国有企业领导职务。凡是企业法定代表人或主要负责人违法生育或其负责的企业违法生育严重的，取消其本人评选各类先进的资格，其企业不得评为行业先进。

另外，2002年3月起，向全县农村实行计划生育的育龄夫妻免费提供避孕节育技术服务。同年9月起，在全县一律取消计划生育有关押金（保证金）、办理生育证和流动人口婚育证明工本费及已婚育龄妇女计划生育查体费。对照顾生育二胎的一律不再收取二胎社会负担费。

2013年，按照县政府制定的《梁山县完善计划生育利益导向机制规定》，将独生子女父母奖励、企业独生子女父母退休职工一次性计划生育养老补助、农村部分计生家庭奖扶、计生特殊困难家庭特扶等法定的计划生育各项奖励、扶助，以及晚婚晚育奖励、双女户绝育奖励等利益导向政策资金，以直通车或发放现金的形式，全部及时发放到户、兑现到人。至年底，累计兑现计划生育利益导向资金718万元，其中：发放农村部分计生家庭奖励扶助金166万元，特殊困难计生家庭特别扶助金17万元；农村独生子女父母奖励费269万元，晚婚一次性奖励金45万元，双女户绝育一次性奖励金4万元，困难企业职工独生子女父母退休计生一次性养老补助金146万元，独生子女父母双亡和独生子女伤残家庭特别救助金4万元，计生困难家庭春节慰问救助金16万元，农村计生家庭大学生救助金38万元，计生技术服务免费13万元。

同时，为农村独生子女户和双女户子女全部落实了初中升高中加10分照顾政策，对新考上正规院校的所有农村计生家庭大学生以发放助学金的形式实施了一次性救助，对困难计生家庭全面开展了春节走访慰问救助活动。开展“计生助福行动”，为计生家庭办理了意外伤害保险。实施县乡村三级联动，对全县2010年后人口出生、已婚育龄妇女管理和落实避孕节育措施等信息，开展集中核查纠错。

第三节 宣传教育

常规宣传 1994年前后，计划生育以分散式宣传为主，各乡镇村居各自为战，以在街面路口刷写标语口号、征订发放计划生育报刊、印发宣传品、进村入户宣传、组织宣传车开展巡回宣传等一般宣传方式为主；至1996年，宣传网络逐步建立健全，县计生委设置宣教科，县、乡两级计划生育服务站均设有宣教室，各行政村都配备1～2名专兼职宣传员，全县宣传人员达1300多人，形成纵向到底、横向到边的宣教组织网络。2000—2013年，以集中宣传为主，每年组织三次集中宣传活动，出动宣传车500多车次，设立宣传站1000多个，印发计生宣传单行本、政策法规、生殖保健知识手册、折页、明白纸、宣传挂历等30万套份，在全县城乡巡回宣传。2001年起，县计划生育部门以县城区为中心，先后在县城显要位置建设7处大型过路计划生育喷绘宣传牌坊，并在人民北路（原油漆厂十字路口至东环路）建设弘扬婚育新风宣传灯箱一条街，大量印发计划生育宣传折页、小册子、年历、年画，在全县免费发放。各乡镇驻地主要街道、路口建有2～3处大型过路计划生育喷绘宣传牌坊，各乡镇、村每年刷写翻新至少三条以上永久性宣传标语。2013年，在开展经常化、集中性宣传的同时，县人口计生局协调县文广新部门，组织计划生育曲艺演唱队巡回演出50多场次，免费送电影下乡1600多场次。

阵地宣传 20世纪90年代末至21世纪初，全县累计投资300多万元，先后建立县人口学校和各乡镇人口学校，作为计划生育主要宣传阵地，并配置了彩电、录像机等宣传器材和宣传车，实现电化教育，全县708个行政村全部建立人口学校，并达到规范化标准。2006年，全面加强人口学校及人口文化大院建设，全县有689个行政村全部建起高标准的人口学校和人口文化大院，420个村庄设立宣传教育一条街，80%的村建立计划生育科技信息宣传栏。县、乡、村充分利用各级人口学校，对广大育龄人群层层组织开展人口计划生育政策法律法规、优生优育、避孕节育优质服务知识等大规模经常化宣传培训。同时，县人口计生局适时对乡镇计生工作人员分期分批进行集中培训，各乡镇计生办又分别对村计生专干进行业务培训，至2013年，每年参加培训人数达5000多人。

网络宣传 2008年后，充分利用网络信息化手段，开展计划生育宣传工作。组建“梁山人口网”，开设人口计生政策法规、政务文件、优生优育、宣传教育、优质服务、关爱女孩、新型生育文化等14个栏目，供公众随时随地点击查阅，以新闻动态的形式将党和国家有关人口和计划生育大政方针、县委、县政府有关人口计划生育政策规定和工作部署要求，面向社会公众时时提供滚动式宣传。同时，县人口计生部门在县城区显要位置将计划生育内容参与到电子屏宣传当中，并协调移动、网通两家网络，充分利用手机短信传播快、覆盖面广、内容更新便捷的优势，发布人口计生遵法守纪警示温馨宣传提示短信。

第四节 生育管理

1994—2007年，县委、县政府每1—2年，与各乡镇、县直各部门单位逐一签订《人口与计划生育目标管理责任书》或《齐抓共管人口与计划生育目标管理责任书》。县计划生育领导小组每年制定严格的考核奖惩办法和调查方案，对各乡镇、各部门单位《人口与计划生育目标管理责任书》或《齐抓共管人口与计划生育目标管理责任书》执行情况，逐年组织严格的调查考核，依据县计划生育领导小组组织的调查考核结果，县委、县政府年初专题召开全县人口与计划生育目标管理责任奖惩兑现大会，按照确定的奖惩办法，对各乡镇、各部门单位年度计划生育工作按考核综合得分排出名次，严格兑现责任奖惩。对被市纳入计划生育重点管理、重点帮促范围的乡镇，以及违法生育问题严重、计划生育工作落后的村，同时纳入县计划生育重点管理、重点帮促乡镇、重点管理、重点帮促村范围，严格按市、县有关规定，对被县计划生育重点管理、重点帮促乡镇、重点管理、重点帮促村范围的乡镇、村居党政主要负责人、分管负责人、有关责任人提拔、重用、工作调动、评先树优实行计划生育一票否决。2008—2012年，县里没有再专题召开全县人口与计划生育目标管理责任奖惩兑现大会，没有按照确定的奖惩办法对各乡镇、各部门单位年度计划生育工作按考核进行综合排名通报。2013年3月，县委、县政府召开全县人口计生工作会议，县委副书记、县长贾治阜主持会议，县委书记、县人大常委会主任田卫东做动员讲话，并制定出台了《关于进一步严格人口和计划生育工作责任追究的暂行规定》（梁发〔2013〕7号文）；会议对15个“完成2012年度人口计生责任目标的乡镇（街道、开发区）”、35个“履行齐抓共管全县人口计生工作职责先进单位”和18个“全县计生村民自治合格村”，给予了表彰，同时通报将连续三年违法生育问题严重的行政村纳入县重点管理范围，并给相关人员以处罚。县委、县政府还与各乡镇（街道、开发区）党委政府和县直相关部门，分别签订了《2013—2015年人口与计划生育目标管理责任书》。同年5月，县委、县政府出台《关于进一步加强机关企事业单位计生管理工作的意见》（梁发〔2013〕13号文），从严格落实部门领导责任、严格落实责任主体、严格落实查体责任、严格落实处罚措施等方面，对计划生育从严做出了进一步规定。县人口计生领导小组制发《致广大居民群众的公开信》，组织对全县机关企事业单位的计划生育情况开展进一步清理。至2013年11月，济宁市对梁山县2013年度《人口目标管理责任书》执行情况综合考核，市考核组对全县2013年人口计生工作取得的进展和成绩给予了充分肯定。

至2013年年底，全县已婚育龄妇女162607人；全年出生人口7585人（其中合法生育6715人、违法生育869人），人口出生率9.69‰，人口自然增长率5.62‰，合法生育率88.5%；在全年出生人口7585人中，男孩4057人、女孩3527人，出生人口性别比115.0：100。一孩4770人、占62.9%，两孩2774人、占36.6%，多孩40人、占0.5%；全年落实计划生育手术15146例，其中男扎258例、女扎2497例、放环7070例、取环4571例。

第五节 技术服务

20世纪90年代初，以县计划生育服务站为龙头、以乡镇计划生育服务站为纽带、以村计划生育服务室为依托的县、乡、村三级计划生育技术服务网初步建立。

县计划生育服务站 梁山县计划生育服务站，始建于20世纪80年代初，时称计划生育技术指导站；1993年12月改称计划生育服务站，为副科级事业单位（编制25人），负责全县计划生育、避孕节育、优生优育等科普知识的宣传、普及、推广和对计划生育技术服务人员教育培训，并对乡、村两级计划生育技术服务工作进行检查指导。1996年下半年，县计划生育服务站技术服务能力提升，服务环境改善，达到市级计划生育优秀服务站标准；1999年下半年，县计划生育服务站服务场所面积扩大到2460平方米，并进行全面升级改造，在设备配置、服务能力、管理水平跨上一个新的台阶，增强了计划生育优质技术服务功能。2006年上半年，根据争创全省计划生育优质服务先进县有关要求，增配一批先进技术服务装备，规范健全技术服务科室，建成数字化服务站。2010年，再次进行以改造外观形象设计为主，全方位、高标准的进行标准化改造。至2013年，梁山县计划生育服务站综合服务楼建筑面积2600平方米，其中业务用房2000平方米。全站共有职工20人，主治医师9人，主管药师2人，主管护师4人。先后获“山东省计划生育科技工作先进单位”“山东省避孕药具管理先进单位”“济宁市巾帼建功示范岗”等荣誉称号。

乡镇计划生育服务站 20世纪90年代初，乡镇服务站场地简陋、设备简单、技术人员缺乏。1999年，县计生委为各乡镇计划生育服务站充实36名专业技术服务人员，解决了乡镇计划生育专业技术服务力量不足问题。2000年，由韩垓镇、杨营镇、梁山镇三个乡镇示范，带动全县各乡镇计划生育服务站，全部按市级优秀计划生育服务站的建设规模、结构、功能标准要求，陆续进行新建或扩建提升改造。2002年，各乡镇计划生育服务站被确定为全额事业单位，所需技术服务人员编制统一原则上按乡镇总人口的万分之三配备。同年7月，各乡镇计划生育服务站全部进行以规范改造外观形象、标志为重点的标准化改造，充分体现计划生育技术服务人文关怀为本理念。同时，全县各行政村建立计划生育服务室，并逐步完成标准化改造和设施规范化配套。

计划生育技术服务 计划生育技术服务机构，围绕满足育龄群众优生优育、避孕节育、生殖保健需求，开展计划生育技术指导，并不断拓宽服务领域，规范计划生育技术服务行为和免费避孕药具流通渠道。1994年后，完成各类节育手术总计15万例，占同期全县完成节育措施总量的73%；1999年后，开展优生优育咨询10.3万人次、孕期保健服务8.9万人次；2004年开展出生缺陷干预工程，累计筛查、治疗各类妇科病37万余人次，干预人次达12.3

万人次，其中指导增补叶酸 6.2 万人次，优生检测 6.1 万人次；2013 年，县人口计生局会同县卫生、财政部门及时研究制定《在全县实施免费孕前优生健康检查项目实施方案》，增加专项经费投入，增置先进技术设备、改造技术服务场所，引进专业技术人员，开展专项培训和宣传，在全县及时启动实施了以提前干预出生缺陷、提高出生人口素质为目标的国家免费孕前优生健康检查项目。

第六节 服务体系

组织建设 1995 年起，乡镇建立由党委书记任组长，有关部门负责人为成员的乡镇计划生育领导小组，明确有一名副书记和副乡镇长主管计划生育工作，同时设立计划生育办公室，作为常设机构，配备主任一名，享受副科级待遇；工作人员按本单位总人口万分之五的比例配备。另外，设立乡镇流动人口计划生育管理办公室。公安、工商、税务、城建等有关部门配合，负责做好流动人口的计划生育管理工作。同时，建立起乡镇计划生育服务站，服务站业务用房一般在 250 ～ 350 平方米，并配备必要的管理、技术人员和设备，切实承担起宣传教育、技术服务、药具管理、人员培训等项任务。

县直部门、企事业单位和驻梁单位均建立计划生育领导小组，并由党政主要负责同志任组长；200 人以下的系统或单位配备一名专职或兼职干部，200 人以上的系统或单位设立计划生育办公室，配备 2 ～ 3 名专职干部，并享受专兼职计划生育工作岗位津贴。行政村建立计划生育领导小组，由村党支部书记任组长，村委会主任任副组长，计生专职主任、计生协会会长、村会计、妇联主任、团支部书记、民兵连长等为成员；计划生育专职主任具体负责村计划生育日常工作，享受村主任待遇；另外，配专职或兼职宣传员、药具管理员、统计员。

队伍建设 1996 年，为全县 24 个乡镇招聘的 191 名计划生育临时工作人员办理转招城镇合同制手续，落实相应待遇。2000 年，对全县乡村两级计划生育队伍进行了整顿，各乡镇除了明确一名党委副书记分管计划生育工作外，统一选配一名实职副科级干部任计生办主任，并由县计生委统一对各乡镇计划生育工作统计员、微机员、人口计划管理员、服务站长进行组织考试、择优选配；村级选配“年龄 35 周岁以下、初中以上文化程度，热心计生工作、敢于负责，有群众工作能力的女同志”任村计划生育专职主任，并集村计生协会副会长、妇女主任、计生孕查员、药管员、统计员、宣传员于一身，享受村支部书记、村委主任同等工资待遇的要求。2001 年 4 月，坚持“公开、平等、竞争、择优”原则，择优考选 4 名专业技术人员，充实加强县计划生育服务站技术服务力量。2002 年 9 月，各乡镇计划生育技术服务人员编制按乡镇总人口的万分之三配备；每个行政村配备 1 名计生专职或兼职主任。千人以下的行政村配备 1 名计划生育服务员，千人以上的行政村配备 1 ～ 2 名计划生育服务员。2009 年下半年，重新进行公开考选、择优选配村级计生专职主任，并对选配人员进行系统的上岗集中培训，其工资待遇由原来的各乡镇发放、每人每月 30 ～ 60 元不等，一次性提高到每人每月平均 300 元（后又增加 100 元），并全部改为由县财政统筹、县计生局监督发放。2011 年，对县乡两级部分计划生育工作人员实行定期轮岗交流：凡从事现岗位工作时间满五年的县乡两级计划生育工作人员，特别是县人口计划生育局中层干部和乡镇计划生育“几大员”以及计生包村工作人员，均进行了内部轮岗交流。2012 年 9 月，县政府确定给梁山、水泊两个街道各增配一支 20 人的专职队伍，同时，为加强对困难企业、新建居民小区、物业小区的管理，给两个街道各增配一支 40 人左右的协管员队伍，进一步建立健全了城区计划生育管理组织网络。2013年，对全县村居计生专职干部队伍进行了集中整顿和培训，督促指导乡村两级依法对计生村规民约进一步修订，增强计划生育群众自治措施的针对性、实效性、可操作性。同时，制定出台从严责任管理措施，对城区计划生育属地化管理进一步强化和规范，计生基层基础工作得到切实加强。

计生协会 1994年，县计划生育协会建立，挂靠县计生委，为协助县政府开展计划生育工作的群众组织，其组成人员由县计生委人员兼职，县计生委主任兼任会长、县计生委副主任兼任副会长，名誉会长由县委、县人大、县政府、县政协主要领导人和县委、县政府分管领导兼任。1995年10月，县计划生育协会召开第三次会员代表大会，选举产生县计划生育协会第三届理事会，除产生名誉会长、会长、副会长外，选配一名专职常务副会长。1998年10月，县计划生育协会召开第四次会员代表大会，会议选举产生县计划生育协会第四届理事会，除产生名誉会长、会长外，选配两名专职副会长，县计生委副主任不再兼任副会长。其后，历届协会基本沿用该配备模式。同时，乡镇普遍建立计划生育协会，分别由会长、副会长、秘书长及有关部门负责同志、各界知名人士和离退休干部等人员组成；设专职副会长，具体负责协会的日常工作；行政村建立以五老（老党员、老干部、老模范、老职工、老长辈）为骨干，以育龄群众为主体的计划生育协会，由村主要负责人或较高威望的同志任会长，负责日常工作。

县计划生育协会会同县计生委参与推行计划生育村民自治，并开展计划生育救助慰问活动。2008年起，县计划生育协会组织全县人口计生系统开展向省人口关爱基金会捐款活动，至2013年累计捐款11.25万元，捐款全部返还，用于救助慰问计生贫困家庭。2009—2013年，全县累计投入资金近2000万元，每年春节救助210户农村和城区下岗职工计生困难家庭，每户发放1000～2000元数额不等的计划生育救助慰问金；凡农村独生子女和双女户家庭子女考上国家全日制大专以上学生每人奖励1000元，本科生每人奖励2000元，共资助1125名计生家庭子女上大学，发放资助金 158.6万元。

第六章 老龄工作

第一节 工作机构

1987年 11月，成立梁山县老龄问题委员会；1990年8月，县老龄问题委员会更名为县老龄委员会（简称老龄委）。老龄委建立之初，由县政府原县长杨峰任名誉主任，县政府调研员林英高任主任，由退下来的有关县级、副县级老领导相继担任副主任。2001年11月，由县委副书记、县政府常务副县长姜居祯兼任县老龄委主任，县委办副主任、县府办副主任、组织部副部长、人事局长、劳动局长、民政局长、老干部局长、老龄办主任任副主任，其他有关部门主要负责人为成员，共由31个成员单位组成。此后，县老龄委均按该模式根据人员变动情况进行调整。县老龄委主要职能是对全县的老龄工作进行综合管理、宏观指导、组织协调和督促检查。

1988年1月，县老龄问题委员会办公室成立，为正科级事业单位，编制5人，隶属于县政府领导。1990年8月，县老龄问题委员会办公室更名为县老龄委员会办公室（简称老龄办），归属县委党群口，办公地点从县政府迁至县委。2008年7月，县老龄办经山东省委组织部、省人事局批准参照《中华人民共和国公务员法》管理。县老龄办贯彻“党政主导、社会参与、全民关怀”的老龄工作方针，深入扎实地开展工作，有力地推动了全县老龄事业的创新发展。

第二节 政策保障

1999年4月30日，县政府转发《山东省老年人优待规定》；2003年县委、县政府制发《关于加强老龄工作的意见》；2010年，县政府办公室转发《济宁市养老服务业建设管理办法》；2012年12月，县委、县政府制发《关于进一步加快老龄事业发展的实施意见》。由此逐步建立起养老、医疗保障体系，健全多形式的养老保障机制，机关企事业单位干部职工、农村和城镇居民养老医疗保险实现全覆盖；高龄老人、“三无”老人养老得到服务照料，特困老人获得救助。

全县机关、事业、企业单位离退休人员离退休费按时足额发放，医药费按规定及时报销；60岁以上城镇居民和农村老年人按时领取养老金，老年人看病问题也得到较好解决；全面做好农村《家庭赡养协议书》续签和兑现工作，签订《家庭赡养协议书》4万余份；做好“五保”老人的供养工作，14处乡镇敬老院全部达到省级规范化标准，1939名“五保”老人都得到政策供养；民办养老机构初步发展，全县有民办老年公寓1家，村级老年房6处；各类老年人保障体系建设全面加强，老龄法规政策得到全面落实。

各级各部门认真贯彻落实省优待老年人规定，做好老年维权和优待工作，2000—2006年，相继减免农村70岁以上老年人“三提五统”和60岁以上老年人“两工一集资”；健全按年龄段发放高龄老年人养老补贴金制度，全县80岁以上老年人享受到政府养老补贴，70岁以上老年人免交新型农村合作医疗或城镇居民医疗保险自筹部分费用，60岁以上计划生育家庭父母享受计划生育特别扶助金。老年人在乘坐公交车、游览、看病、购物、住房保障、法律援助、65岁老年人健康查体、90岁以上老年人免除火化费、百岁老人减免医疗费等方面均得到优先、优待、优惠。

至2013年12月，全县60岁以上老年人11.7万人，占全县人口总数的15.11%。其中，80～89岁老年人1.5万人，90～99岁老年人2108人，百岁老人30人。全县养老补贴金发放标准为：80岁以上每人每月10元，90岁以上每人每月50元，100岁以上每人每月400元。

第三节 主要活动

敬老活动 县委、县政府每年举行庆祝老年节大会，县四大班子派领导参加祝贺节日并为敬老先进代表颁奖，走访看望百岁老人，参与老龄活动。老人节活动期间，老龄办联合有关部门认真开展“敬老文明号”“敬老文明户”“敬老之星”等评选表彰活动。1994年，与团县委、县妇联联合开展全县“尊老敬老”“老有所为”先进集体和先进个人评选活动。2003年进行传统敬老故事24孝展。2005年开展“孝亲敬老楷模”表彰活动。2007年在全县农村开展“敬老人·孝父母”主题宣传教育活动。2009年与工商联联合在全县工商企业界开展“十大孝子”评选活动。2010—2011年，与组织部、老干部局在全县党员干部中相继开展“十大尊老敬老之星”评选表彰活动和“敬老人爱父母从我做起”评选表彰活动。2012、2013年与文明办、总工会、团县委和妇联开展“百佳敬老文明户”和“十佳敬老之星”评选表彰活动。20年间，共有90个尊老敬老先进集体和个人受到国家、省、市部门的表彰，368个尊老敬老先进集体和个人受到县级部门的表彰。

动员社会各界力量，开展为老年人送温暖活动。各部门、各单位和各乡镇街区大力实施“孝德工程”，在县城人民中路、广场附近和各行政村均开辟孝文化一条街，悬挂敬老典型照片事迹和二十四孝图解等孝文化宣传牌，尊老、敬老、爱老、养老、助老在全社会蔚然成风。特别是寿张集镇，不断增加老龄事业投入，启动“村村举办老人节活动”，积极组织开展尊老敬老先进个人、“好媳妇”“好婆婆”评选活动，在全镇形成了人人争当好儿女、村村举办老人节的良好局面。水泊商场每年都在老人节走访慰问百岁老人，中爱医院为“五保”老人献爱心，许多单位在老人节期间召开老干部座谈会、组织老干部参观、为老干部免费查体、向老干部赠送保健品等送温暖活动，还协调剧团送戏下乡，丰富老年人的精神文化生活；协助人寿公司开展“银龄安康工程”，为老年人购买银龄安康保险，积极争取省级财政专项彩票公益金资助银龄安康工程，向困难老年人赠送银龄安康保险，拓展养老保障渠道。

文体活动 县老龄办积极配合老龄委成员单位，支持、引导各涉老组织和老年社团，结合各自实际，有计划地广泛开展科学、健康、有益的文体活动，不断丰富广大老年人的精神文化生活。2004 年，在梁山电视台“水泊大戏台”举办了戏曲擂台赛、老年人绝技绝活表演；2006 年，举办“孝感动天”大型文艺演出；2007 年，举办“孝德颂”文艺专场演出；2008 年，举办“夕阳红”大型文艺演出；2009 年，举办“大孝至爱”专场文艺演出；2010 年，举办“孝德至尊”文艺演出；2011 年，举办庆祝老人节文艺专场晚会；2012 年，举办中老年文体表演。每年老年节期间，老龄办都联合老干部局、教体局、文广新局在水浒文化广场举办庆祝老年节老年人文体展演活动，有大秧歌、广场舞、健身腰鼓、功夫扇、抖空竹、歌伴舞、柔力球、健身球、小合唱、太极拳等丰富多彩的文体节目，还有戏曲专场，深受广大老年人欢迎。各单位和各乡镇街区也都结合各自实际，积极开展一些活动，丰富了广大老年人的精神文化生活。

全县有多个老年文化活动团体。1988 年，老干部诗社成立；2009 年，加入鲁豫沿黄 5 县老年诗刊协会；至 2013 年，共编辑《松鹤诗刊》160 期，影响逐步扩大。2007 年 8 月，夕阳红艺术团成立，活动范围从全县城乡辐射到周边县市区，成为宣传孝德文化的重要力量。各老年体育协会、老年书画协会、老年集邮协会等也都积极开展活动，在省市的各级比赛中不断创造佳绩。同时，在凤凰山脚下设立老年文化娱乐市场，为老年人书画玩物、花鸟虫鱼等交流提供便利；各村（居）建立了老年活动室，为丰富老年人精神文化生活提供活动场所。至 2013 年，全县共有各级各类老年文体活动组织 200 多个。

县委老干部局所属老干部活动中心设立阅文室、阅览室、棋牌室、舞蹈室、乒乓球室等多个室内场所，为老干部学习文件、读书阅览、活动娱乐提供了良好的服务和条件。同时，根据老干部不同文化层次和兴趣爱好，还分别组建乒乓球、钓鱼、摄影、象棋、门球、艺术团、老干部书画等 7 个协会组织。县教体局所属的老年体协设立艺术团、太极拳、棋牌、空竹、钓鱼、门球、台球、乒乓球、地掷球、气排球、柔力球等十多个老年体育组织，经常组织老年人开展比赛、表演等活动。夕阳红艺术团经常组织送戏下乡活动，积极参加县里各项演出。老干部诗社定期组织学习，按时出版诗刊。老年书画协会、老年集邮协会、诗词楹联学会等也都积极开展活动，深受老年人喜爱。

第四节　老年大学

梁山县老年大学创办于 1991 年 7 月，由县老龄办管理，同年招收第一届学员；1993 年，招收第二届学员；1996 年 9 月，老年大学停办。2000 年 9 月，老年大学重新开办，并划归县委老干部局管理，同年招收第三届学员。2004 年 5 月，老年大学定为正科级预算管理事业单位，隶属县委组织部，由老干部局协助管理。至 2013 年，先后招收 10 届学员，第一至三届每届均招收学员 60 人，其后，每届招收学员人数逐渐增多，2012 年，第九届招收学员 220 人，在校学习学员累计达 1000 余人，逐步发展成为多学科、多层次、中等规模的综合性老年大学。

老年大学建有完善的学校规章制度，实行规范化管理；设有学员党支部、学员管理委员会等组织，并注意发挥老干部管理经验丰富、组织协调能力强的优势，由德高望重、热心服务的老干部担任班干部，有效提升了老年大学管理水平。老年大学开设中医保健、西医保健、书法、绘画、摄影、音乐、舞蹈、戏曲、太极拳、电子琴、计算机等多门课程，较好地满足了广大老年人多方面的学习需求。学校还围绕全县工作大局，组织各种形式的政治思想教育和文化演艺比赛活动，定期开展时事政治教育、党史知识竞赛、科学知识讲座、书画摄影展览、音乐舞蹈比赛等活动，为老年人老有所学、老有所乐、老有所为、积极向上提供了良好平台。

老年大学 2002 年 9 月被梁山县委、县政府评为老干部先进集体，2004 年 3 月被济宁市委、市政府评为老干部先进集体，2006 年 1 月被济宁市委老干部局评为全市老干部工作“三个亮点建设”先进单位，2007 年 3 月被市委老干部局等单位评为全市关爱老干部“三个一教育实践活动”先进单位。

梁山縣志

LIANG SHAN XIAN ZHI

1994—2013

第二十篇

DI ER SHI PIAN

教育科技

20世纪90年代初期，是梁山教育快速发展的辉煌时期，继被列为全国百县教育改革试验区后，又被评为全省教育先进县。在此期间，县城中小学和乡镇中学建设取得巨大成就，学校管理取得优异成绩，教学质量在济宁市名列前茅。20世纪90年代后期，实施基本普及九年制义务教育，学校硬件建设得到强化，但由于多方面原因，教育教学管理未能同步，以致教育质量呈下滑趋势。进入21世纪，受教育市场化、产业化、利益化影响，“校中校”及私人办学逐步兴起，国有教育资源不断流失，择校风盛行，教育腐败滋生，教育教学质量持续下滑。2009年起，逐步端正办学方向，加强教学质量管理，教育出现新的转机。特别是梁山一中，坚持以教学为中心，狠抓教学管理，高考成绩逐年上升，2011—2013年，高考录取人数突破千人大关，名列济宁市第四位。

20世纪90年代起，县委、县政府大力推进“科教兴梁”战略，认真开展“科技进步年”活动，大力推进科技事业发展和科技进步。2000年，全县取得科技成果23项，其中，省级2项、市级5项、县级16项；实施市以上各类技术项目35项，其中，新上23项。2013年，全县获市以上科技进步奖3项，获批市以上科技计划项目23项，授权专利136件，其中，发明专利授权7件。高新技术产值占规模以上产业总产值的比重大幅提高，位居济宁市第3名。

第一章 教育行政

第一节 教育机构

梁山县教育体育局（简称教体局），正科级行政单位，县政府组成部门，主管全县教育体育工作。县教体局始称文教科，1956年1月改称教育科，同年7月改为教育局，1959年2月改为教育科，同年9月改为文教局，1962年7月改为文教科，1968年5月建立县革命委员会教育组，1975年6月设立文教局，同年8月文教局分设为教育局、文化局；1993年，县教育局改称县教育委员会（简称县教委）；2002年5月，改称县教育局；2009年9月，教育局和体育局合并，称县教育和体育局。县教育局1979年6月设立党组，1993年12月改称县教委党组，1996年1月撤销县教委党组、设立县教委党委，2002年5月改称县教育局党委，2009年9月改称县教体局党委。

1994年，县教委内设办公室、政工科、基础教育科、职业教育科、成人教育科、计划财务审计科、勤工俭学办公室、招生办等。2005年6月，增设电化教育中心；2006年9月，增设安全监督科；2007年9月，职业教育科和成人教育科合并为职业和成人教育科；2008年1月，勤工俭学办公室分为勤工俭学办公室和图书代办站；同年12月，成立资助管理中心。至2013年，教体局内设办公室、政工科、计财科、规划基建科、基础教育科、职成教科、招生办公室、政策法规科、安全监督科、电教中心、图书代办站、后勤管理科、校安办、档案室等。

县教体局有直属单位11个：梁山县第一中学、梁山县第二中学、梁山县实验中学、梁山县一实小、梁山县二实小、梁山县北关小学、梁山县南关小学、梁山县教体局教研室、梁山县教师进修学校、梁山县职业教育中心、梁山县体育中学，同时管辖14个乡镇教委办公室，19处乡镇中学，164 处农村小学。

1996 年 1 月，设立梁山县人民政府教育督导室，正科级事业单位，由县教委代管。

第二节　教育管理

干部任免　县教育主管部门会同有关部门，负责对全县中、小学校长任命管理。按照干部管理权限，县直中学校长及副科级以上干部，由教育部门提出建议人选，配合县委组织部门考察，由县政府任命；县直小学校长在综合考察的基础上，由教育主管部门直接任命；各乡镇教委办公室主任和乡镇中学校长由县教育主管部门和乡镇党委政府协商、由县教育主管部门任命。

学校管理　中、小学实行校长负责制，县直学校一般设教务处、政教处、总务处，中学增设校长办公室；农村小学只设校长和教导主任，负责学校行政和教学管理工作；教学班设班主任，对学生实施具体管理。1993 年，县教育部门制发《关于推行教育内部管理体制改革的实施意见》（梁教字〔1993〕27 号），实行校长选任责任制、教职工聘任制、岗位目标责任制“三制”改革，并对学校机构设置做出规定：中学 12 个班以上设教导处、总务处，24 个班以上设办公室、政教处、教务处、总务处；小学 12 个班以上设教导处，24 个班以上设政教处、教务处。2000 年，全县实行校长选任责任制、教职工全员聘任制、岗位目标责任制、校内结构工资制“四制”改革，学校管理水平进一步提高。2008 年，县政府成立全县素质教育领导小组，印发《关于在全县中小学深入实施素质教育的意见》，在全县中小学全面推进素质教育。同时印发《梁山县中小学活动管理年实施意见》，严格规范中小学办学行为，根据省课程标准，各中小学按照标准开全课程、开足课时，并统一制定全县中小学作息时间表，严格控制学生作业量，严禁节假日组织学生上课，杜绝收费补课现象。

学籍管理　20 世纪 90 年代初，全县实施义务教育档案上报制度，主要统计适龄儿童受教育情况，通过义务教育档案，反映全县中小学学生变化情况。1993—2005 年，农村小学学籍由乡镇教办统一管理，县直小学和全县中学由县教育局统一管理。新生入校后，学校为每个学生建立学籍登记表（卡），小学建立花名册，报乡镇教委备案，初、高中学籍报县教育局备案，学生即有了学籍。2005 年开始，学籍管理逐步由纸质向电子信息转变，并建立纸质档案，学生信息需要通过电子学籍管理系统建立，日常学籍管理仍以纸质为主。学生因故需要转学，需持有关证明向学校申请转学，然后通过市、县教育局学籍管理系统办理；学生因病住院需要休学，可以持县级以上医院证明、病历等材料向学校申请休学，然后到县、市教育局审批。2008 年，山东省电子学籍管理系统升级为单机版，学籍数据上报到省教育厅，学籍管理由纸质管理为主逐渐转变为以电子学籍管理为主，学籍系统具备了建籍、转休学功能，学籍还成为经费拨付的主要依据。2011 年，山东省建设基础教育信息化管理平台，学籍实现省内联网管理，学籍管理全面进入无纸化管理时代，管理更加规范，实现了学生从小学到高中一个代码。2013 年，全国建立统一的学籍管理系统，学籍实现全国联网管理，学生有了全国学籍号，学籍管理更加严格规范。小学、初中学籍主要由县教育局管理，高中由市教育局管理。

学生评价　对学生的评价，分德、智、体三个方面。品德考核由所在班级的班主任、任课教师、学生评定；学习成绩通过期中期末考试测定；体育由任课体育教师核定。2005 年，全县中小学实行学生素质综合评价。县教育局成立学生素质综合评价工作委员会，各学校成立学生素质综合评定委员会和评定小组，从品质、公民素养、学习能力、交流合作与实践创新、运动健康、审美能力等方面，对学生进行全面评价，并为学生建立成长档案，作为学生升学的重要依据，改变了过去单一依靠考试成绩评价学生的方式。2009年，县教育局印发《关于进一步做好初中学生综合评价的通知》，并成立县教育局综合评价委员会，各校建立健全评价机构，全县实行在义务教育阶段实施无分数评价、初中学生综合素质评价制度和“等级+特长+评语”的评价方式，多把尺子衡量学生，促进学生多元化发展。在评价主体上，改变过去教师作为评价唯一主体的做法，建立起学生自评、小组互评、教师点评、家长参评的多元化互动评价模式，将评价变成学生自我反思、自我教育和自我发展的过程。同时，按照“一考多录、全面考核、分类计绩”的原则，将课程全部纳入中考科目，又将初中毕业生综合素质评价纳入中考录取条件，改变过去单纯以考试成绩作为唯一录取标准的做法，学生评价及招生制度进一步完善。

第三节 教育普及

普及初等教育 1990年，全县开始实施小学段义务教育。县教育局在拳铺镇召开“实施初等”义务教育现场大会，全县24个乡镇宣布实施小学阶段义务教育。其后，各乡镇教委、学校认真落实义务教育实施方案，由乡镇政府签发《入学通知书》和《延缓入学通知书》，对辖区内学生进行摸底登记造册，按规定程序组织适龄儿童入学，1991年，适龄儿童入学率达到99.5%，县直学校达到100%。同时，通过电视、广播、宣传栏、宣传单等方式，大力宣传《中华人民共和国义务教育法》。至1993年，全县24个乡镇实施初等义务教育全部完成，适龄儿童全部入学。

实施两基普及 1995年，县政府在实现普及初等义务教育的基础上，提出基本扫除青壮年文盲、基本普及九年义务教育“两基”奋斗目标；1996年，全县实施基本普及九年义务教育正式启动。1997年，实行义务教育等级证书制度及辍学报告制度，当年，小学辍学率为1%，初中辍学率为2%，残疾儿童入学率80%。1999年6月，通过省政府“普九”验收，至此，“两基”工作任务圆满完成。到2000年，全县基本普及九年义务教育地区人口覆盖率为85%以上，小学学龄儿童入学率达到99.1%，初中阶段入学率达到85%左右。同时，男女儿童入学性别差距基本持平，残疾儿童少年义务教育有较大发展。

经费保障机制 2006年11月，根据国家新《义务教育法》关于“国家建立义务教育经费保障机制”的规定，县委、县政府制发《关于实施教育优先战略加快教育发展的决定》，出台一系列政策措施。2007年1月，县政府根据国家、省、市有关农村义务教育经费保障机制改革的文件规定，确定将义务教育全面纳入财政保障范围，全部免除农村义务教育阶段学生杂费和课本费，并对农村贫困家庭学生及享受城市居民最低生活保障政策家庭的义务教育阶段学生实施“两免一补”。当年，全县共免除杂费2329万元，补助公用经费306万元，免费提供教科书81万元，补助贫困寄宿生生活费28万元，受益学生9万余人。2009—2013年，进一步加大教育投入，为基础教育提供可靠的财力保障。

教育均衡发展 2008年11月，县政府制发《关于推进全县义务教育均衡发展的意见》（梁政发〔2008〕49号），进一步完善“以县为主”的教育管理体制，合理调配教育资源，不断改善办学条件，推进全县基础教育均衡协调发展。2009年后，逐步规范办学行为，全面落实办学基本规范，促进学生德智体全面发展。2011年，县教育主管部门根据上级有关文件精神，制定《梁山县控制初中学生辍学五年规划》，与各初中学校签订控辍责任书，实施动态管理月报制度，逐步降低初中学生辍学比率。2013年年底，小学入学率100%，初中入学率99%，初中在校生巩固率97.2%，高中阶段入学率80%，职普比例进一步协调。

第四节 教育督导

1991年11月，县教育委员会设立梁山县教育督导室，与普教科合署办公，督导室主任由县教委普教科科长兼任。1996年1月，县政府成立梁山县人民政府教育督导室，为正科级事业单位，由县教委代管，教育督导室主任由县教委副主任兼任（未配备），至2003年，县政府教育督导室主任一直空缺，由一名副主任主持工作；2004年开始配备督导室主任。

主要规章 1991年4月，国家教委颁发《教育督导暂行规定》。1995年3月，《中华人民共和国教育法》颁布实施，《教育法》规定："国家实行教育督导制度和学校其他教育机构教育评估制度。"第一次把教育督导与评估制度法定为中国教育的一项基本制度。1997年11月，根据国家教委《普通中小学校督导评估工作指导纲要(修订稿)》及相关要求，县政府制发《梁山县教育督导暂行办法》。2001年12月，山东省人大常委会公布《山东省教育督导条例》，并于2002年3月1日起施行。2012年8月，国务院颁布《教育督导条例》，自2012年10月1日起施行。

主要工作 1993年1月，从中央到地方教育督导集中开展"两基"评估验收。此后，教育督导工作根据教育督导规章制度，对全县教育工作和各乡镇政府及学校的工作进行多种形式的监督、检查、评估、指导，推动教育方针、政策法规的贯彻执行，促进"两基"(基本扫除青壮年文盲，基本实现九年制义务教育）成果的巩固和提高。

1997年12月,根据国家《教育督导暂行规定》及《山东省实施教育督导暂行规定办法》等有关文件要求，县政府以梁政发〔1997〕36号文任命李玉琦、王继朝、许明宽、韩宗全为县政府专职督学;聘任胡景陶、于瑞龙、谭尊勇、袁绍信、翟兰阁、秦月香、叶蔚等为县政府兼职督学。

随着国家和省、市、县对教育督导的重视，教育督导制度、工作机制逐步健全完善，教育督导工作逐步走向正轨。

第五节 教师队伍

20世纪90年代前后，县政府及教育部门不断加强教师队伍建设管理力度，先后出台一系列文件，加大对教育领导干部、教师队伍、科研队伍管理。1998年6月，县政府印发《关于加强教师队伍管理的通知》，要求做好师范类毕业生的安置工作和临时代课教师的清理工作以及学校领导干部的配备工作，禁止抽调教师改做其他工作，禁止不具备教师资格人员进入教师队伍。同时，在全县各级各类学校全面推行以岗位目标责任制、教职工聘任制、校内结构工资制为主要内容的学校内部管理体制改革，从一定程度上推进了教师队伍建设。1999年12月16日，县政府召开全县中小学机构编制工作会议,贯彻落实《山东省全日制中小学、职业中学机构编制管理暂行规定》，县政府办公室印发《关于贯彻落实山东省全日制中小学、职业中学机构编制管理暂行规定的实施方案》。至2013年，全县教职工队伍共有5756人，其中，专业教师4439人，包括小学教师2135人（县直232人、乡镇1903人)、初中教师1601人（县直316人，乡镇1285人)、高中教师625人、职校教师7人、幼师71人；行政教研人员354人，包括教体局局机关52人、县教研室34人、乡镇教办268人；其他882人，包括内退703人、病休46人、借调133人（其中本系统80人)。

公办教师 20世纪90年代，教师的来源主要是师范类大中专毕业生，每年大约100～200人毕业，由于梁山县经济条件落后，重点本科毕业生几乎不回梁山工作，而是选择到发达地区就业，真正毕业分配到梁山的大约100人左右。从

1998年开始，对刚毕业的大学生，实行面试说课的方式，择优安排到县直学校任教，其他分配到户籍所在乡镇。2000年，由于政策及其他原因，教师编制不再增加，专科以及中专学历毕业生自此不再包分配。2006年以后，所有大中专毕业生均不再分配，而是根据岗位需求，公开向社会招聘，择优录用。2006年招聘159人；2007年招聘192人；2008年招聘120人；2009年招聘93人；2010年招聘85人；2011年招聘60人；2012年招聘教师187人。

民办教师 20世纪50年代起，县内招收录用大批民办教师（约占全县教师人数的30%），以满足教育教学需要、解决师资力量不足问题。从1982年起，县里每年分配30～50个名额，让民办教师报考师范，毕业后分配转为公办教师，该项政策措施一直延续到2000年。1985年，根据省、市统一部署，全县对民办教师统一整顿，但由于该次整顿标准不细致，加之基层学校操作不规范，出现违规操作，导致有的民办教师被随意裁减，造成长年上访不断，即所谓的“85民师”事件。2002年7月，根据国家有关政策，县政府提出解决民办教师问题的意见，将合格的民办教师全部转为公办教师，对超出选招年龄的民办教师办理退休手续，并辞退极个别不合格民办教师。至此，教师队伍不再有民办教师，“民办教师”成为一个历史代名词。2013年5月，为解决1985年民办教师整顿遗留问题，山东省教育厅专门下发《关于对原民办代课教师进行调查摸底的通知》，要求各级政府准确掌握本地民办代课教师的数量和有关信息，据情加以解决。

代课教师 代课教师由来已久，每个学校均有代课教师。代课教师由于其临时性，地位、待遇最低，处在教师队伍的最底层。代课教师转正机会少，而被清退的几率高，1998年，全县开展有计划地清退代课教师工作，至1999年，全县共清退代课教师386人。至2013年，各学校仍存有为数不少的代课教师。

教师培训 教师培训主要以县教师进修学校为主阵地，每年对新分配及新选聘的师范类大中专毕业生进行岗前培训。1995年7月，进行新一轮教师试用期培训。1996年起，对分配到小学任教的教师进行基本功培训，并对培训合格者颁发基本功训练合格证书。1997年9月后，在全县各级各类学校结合课堂教学，进行以各科教学常规、教学大纲、教材教法为主要内容的学科基本功训练。2003年，结合新课程改革，实行“先培训，后上岗”，对全县中小学教师进行学科培训，并对考试合格者颁发合格证书。至2007年，全县培训小学一、二年级教师2100人，1700名初中教师参加市级新课程师资培训，650名高中教师参加省级新课程师资培训，为推进新课程的实施奠定基础。另外，县里举办中小学校长岗位培训，推荐初中校长、高中校长参加市、省举办的岗位培训。

学历达标 1992年前，全县中小学教师学历达标率较低。1992年后，县教育局组织中小学教师参加电大、函授、自学考试、脱产进修等各种形式的学习，组织未达标教师参加全省中学教师助学自考，推选小学教师到济宁教育学院进行专科培训等，至2002年，广大教师取得相应学历证书，学历层次和业务素质得到大幅度提高。2005年，全县小学、初中、高中教师学历达标率分别为99.9%、98%、72.6%，2007年，全县小学、初中、高中教师学历达标率分别达到99.8%、95%、92%，至2013年，各学段教师学历达标率为100%。

教师待遇 县委、县政府根据国家有关规定，结合梁山县实际，采取一系列措施，提高教师社会地位和生活待遇，不断在全社会营造尊师重教的良好氛围。随着党的知识分子政策的落实，教师社会地位与政治地位不断提高，大批教师圆了党员梦，成为教育事业中的骨干力量。至2013年，全县5756名教师中，党员达1800余人，占总人数的31.3%，不少教育界共产党员被评为各级优秀共产党员。在历届人大、政协中，教育界代表一直占有一定的比例，且保持了教育界有人大副主任和政协常委、副主席的席位。同时，每年定期评选优秀教师，教师节期间，县委、县政府对优秀教师、先进教育工作者、教育教学工作先进单位进行表彰。1979 年，山东省评选特级教师，当年，梁山一中语文教师王崃生、数学教师徐桂茹被评为省级特级教师。至 1998 年，梁山一中语文教师鲍扬倜、尹世寿、陈绍忠先后被评为省级特级教师。2000 年后，除中学教师外，小学教师也开始评选省级特级教师。2006 年，济宁市在中小学教师中启动市级特级教师评选。至 2013 年，全县有 15 人被评为省级特级教师，其中，中学特级教师 10 人，小学特级教师 5 人；20 人被评为市级特级教师，其中，中学特级教师 11 人，小学特级教师 9 人。

1993 年实行工资制度改革，执行专业技术职务工资标准，主要由职务工资和津贴两部分组成，月均达到 249 元，同年，在乡镇、村庄任教的教师职务工资上浮一级，在农村工作满 8 年者，固定一档职务工资。2002 年，在做好教师资格认定的同时，将 558 名民办教师全部转为公办教师。2005 年，全县农村中小学教师工资实行上划管理，由县财政统一标准、统一发放，并在银行设立教师工资专户，保证全县教师工资及时统一发放。之后，国家连续对机关、事业单位工作人员工资进行 5 次调整标准，至 2013 年，全县教师人均工资达到 2850 元。在住房方面，2000 年以前，各学校都有公房居住，后均进行房改。各学校为留住教师，也都相继建设家属院、家属楼，尽最大限度解决教师工作的后顾之忧。

第六节　教育经费

教育投入 1994—2013 年的 20 年间，全县教育经费投入逐年增加。1994—2001 年，县政府按照“明确各级责任、中央地方共担、加大财政收入、提高保障水平、分步组织实施”原则，成立教育经费筹措领导小组，建立和完善按比例分担农村义务教育经费保障机制，使教育投资呈现多元化，形成以政府财政拨款为主体、社会团体个人捐资以及其他收入并存、多渠道筹措教育经费的格局，教育经费投入由 1995 年的 4865.8 万元，上升到 2000 年的 8936 万元。2001—2007 年，国家财政性教育投资稳步增长，非财政性教育投资尤其是教育事业收费（实际上是一种变相的民间投资）大幅增长，占教育经费的比重大幅提升，教育经费投入由 2001 年的 1.1 亿元上升到 2.2 亿元。

2007 年 1 月，县政府印发《关于实施农村义务教育经费保障机制改革的通知》；2008 年 5 月，根据省政府办公厅《关于开展清理核实农村义务教育债务工作的通知》精神，县政府开始清理核实农村义务教育债务，并印发《梁山县清理核实农村义务教育债务工作实施方案》，至 2010 年 12 月，全县 2892.4 万元的教育债务数额全部化解；同时，县政府根据国家政策，逐步将义务教育全面纳入公共财政保障范围，财政教育经费投入快速增长，社会、团体、个人等民间捐资逐渐减少，教育投资总量进入快速增长阶段，尤其是 2009 年后，投资总量年均增长额超过 1 亿元。2013 年，教育投资总量超过 7 亿元，占全县财政总支出的 25.34%。

1994—2013 年梁山县教育经费投入情况统计表

表 20-1-1　　单位：万元

年度	教育经费总数	国家财政投入	事业收入	其他收入	团体个人	社会捐赠	较上年增长	增长率（%）
1994	4760.9	3680.1	424	270	—	—	—	—
1995	4865.8	3770.9	439	281	—	366	—	—
1996	7858.8	4623	558	263	—	2413	2992	61.5
1997	8079.3	5224.6	553	326	—	1976	222	2.8
1998	7128.3	4764.7	—	—	—	—	—	—
1999	7902.5	5360.4	1444	299	515	106	—	—
2000	8936.5	6137.3	1711	218	194	419	774	10.8
2001	11227.2	6602.2	1898	247	311	343	1034	13.1
2002	14293	6597.5	3554	166	2727	1259	5357	59.8
2003	14131.9	7502.1	3974	174	2355	26	− 162	− 1.1
2004	12041	6799.1	3672	553	1011	16	− 2090	−14.7
2005	14286.4	7204.9	3749	692	1803	838	2245	18.6
2006	18373.5	10027	3866	437	3867	276	4087	28.5
2007	22086.6	17353.8	4233	224	210	67	3714	20.2
2008	25774.9	21241	4217	44	48	35	3688	17.6
2009	26459	22052	4203	131	24	92	684	2.7
2010	36198	29580	5993	541	73	11	9739	33.1
2011	45408.1	37874	6825	383	301	25	9210	25.5
2012	55908.4	46634.5	8459	375	270	170	10500	23.1
2013	70165.5	61018	8893	40	11	203	14157	25.3

财务管理　1994 年，县教委组建“梁山县教育内部银行”，并制定相关实施办法，运用金融信贷手段，开办教育储蓄，汇集融通教育资金，支持校办产业和勤工俭学发展。1997 年 5 月，县教委制发文件，加强对教委机关预算外资金的统筹管理，推进廉洁勤政和行业作风建设。1998 年 11 月，转发《山东省中小学财务管理办法（修订）》；1999 年 6 月，贯彻落实财政部、国家教委《中小学校财务制度》。2001 年，全县教育系统实行“校账乡管”财务管理体制。2003 年 2 月，县教育局制定《关于切实加强教育预算外资金管理的通知》（梁教字〔2003〕6 号），全面加强教育预算外资金管理，汇集融通教育资金。同年 12 月，县教育局在全县教育系统实行财务集中核算，并制定实施方案，方案确定：自 2004 年 1 月起实行教育系统财务集中核算。2004 年 10 月，县教育局设立教育系统财务集中管理核算中心，由教育局计财科管理。2007 年 5 月，全县实行财政

集中支付、会计集中核算；同年6月，县直学校的会计核算由县教育局转到县财政局，统一由梁山县财政集中支付核算中心管理；乡镇中小学的财务运行管理仍由教育财务集中管理核算中心负责。2010年9月，根据《中小学财务制度》《济宁市义务教育经费保障机制财务管理暂行办法》等有关法律法规，结合全县中小学情况，县教育和体育局制订《进一步加强财务管理的若干规定》，规范全县中小学财务行为，加强财务管理工作。2011年5月，教育财务集中管理核算中心并入县财政集中支付核算中心，由县财政局管理。2013年1月1日，全县实行国库集中支付制度，县教体局成立教体局核算中心，与教体局计财科合署办公。

乱收费治理 1995年，针对中小学乱收费状况严重、社会影响较大的状况，教育部门先后制发《关于对全县中小学收费工作情况进行检查的通知》《关于加强学校收费管理工作的意见》；1996年，转发省教委《关于坚决制止中小学乱收费的通知》；1997年，转发市教委《关于坚决制止中小学校乱收费的紧急通知》；全面加强对学校收费的管理监督，努力制止学校乱收费行为。2000年后，进一步贯彻上级教育部门通知精神，加强学校收费管理。2001年，贯彻落实省教育厅等三部门《关于坚决治理农村中小学乱收费的问题的意见》，在全县农村中小学必须实行"一费制"收费办法，加强对收费资金的管理，做到专款专用。至2002年，县教育部门先后转发市教育部门及有关部门《关于对中小学收费情况进行检查的通知》《关于制止各种乱收费行为的紧急通知》《关于对全市学校春季收费工作进行检查的通知》《关于严禁中小学乱收费的紧急通知》，努力治理各种形式的乱收费。2003年后，不断对学校乱收费情况进行专项治理；2013年，按照《山东省教育厅等8部门关于2013年治理教育乱收费工作的实施意见》，县教育部门进一步治理义务教育阶段择校乱收费、中小学教辅材料散滥问题，重点治理中小学补课乱收费，规范各级学校办学及收费行为。

学杂费管理 1994—2000年，县教育部门按照省市县物价部门制定的中小学收费标准进行收费。2000年6月，省政府办公厅转发省物价局等三部门《关于调整规范山东省中小学收费标准的报告》，对义务教育阶段杂费、非义务教育阶段的学杂费、借读费、住宿费以及对贫困家庭学生的救助都做出明确规定，梁山县自2000年秋季开学时开始执行该规定收费标准，但在实际执行中仍有执行不到位、甚至变相收费的现象。2004年3月，根据济宁市政府有关中小学公用经费问题的意见，梁山县农村中小学经费执行最低限额标准，即：初中每生每年180元；小学每生每年110元。同年9月，开始执行"一费制"收费制度。2006年10月，山东省确定对农村义务教育阶段学生免收杂费，并按初中每生每年300元、小学每生每年210元的标准免除，所免杂费补助资金由省市县财政共同承担，自2007年春季开学时实施。2007年1月，县政府印发《关于实施农村义务教育经费保障机制改革的通知》，要求全部免除农村义务教育阶段学生杂费，免杂费标准按省定标准执行；对农村义务教育阶段的部分贫困家庭学生实施"两免一补"（免收学杂费、免费提供教科书，对家庭困难学生补助寄宿生生活费不低于300元）政策。从2013年秋季学期起，全部免除中等职业教育学费，对农村贫困家庭学生免费提供教科书并补助寄宿生生活费，免费标准按市政府有关规定执行。2007—2013年，7年间全县共免中小学生杂费、补助公用经费30508万元，发放贫困生补助生活费584万元。

2007—2013年梁山县免学生杂费、补公用经费及贫困生补助费标准一览表

表20-1-2　　单位：元

年度	小学生		初中生		寄宿贫困生补生活费	
	年免杂费	年补经费	年免杂费	年补经费	小学	初中
2007	210	30	300	40	500	500
2008	210	85	300	145	500	750
2009	210	190	300	300	500	750
2010	210	290	300	400	500	750
2011	210	390	300	500	750	1000
2012	210	390	300	500	1000	1250
2013	210	390	300	500	1000	1250

第七节 办学条件

校舍改造建设 1986—1987年，全县筹集资金1700万元，在菏泽地区第一个全面完成农村中小学“六配套”（教室、课桌凳、宿舍、厕所、大门、围墙）任务，被省政府命名为“农村校舍改造先进县”。从1989年起，梁山县又适时转入城镇校舍改造，至1993年，先后筹集资金2730万元，全县10处城镇学校在规模、校舍、课桌凳、操场、校园环境五方面均达到省定标准，全部顺利通过省市政府验收，全县办学条件得到彻底改善，县直小学第一次建起漂亮的教学楼，中学不仅增建教学楼，还第一次建起图书楼、实验楼等。1995年，结合“普九”及“两基”工作，县政府及教育部门进一步建设完善中小学办学条件；2001年，全县启动中小学危房改造工程，全县办学条件不断改善。2011年，一实小分校在县城西南部新城区开工建设；2012年，二实小分校在县城东南部新城区开工建设；至2013年，一实小分校建成竣工，二实小分校主体工程完成。

学校布局调整 2000年，县教育部门制定《梁山县中小学布局调整规划》，决定合校并点，将农村小学由原来的完小248处、教学点154处调整到146处；初中34处，高中5处。2001年，加快中小学调整步伐，撤并完小30处，教学点20处；2002年撤并完小14处，教学点18处；2003年撤并完小20处，教学点12处；2004年，撤并完小25处，教学点5处。2001—2004年，先后撤并初中11处，同时，中英文学校、新世纪中学、韶华中学等一批私立民办中小学应运而生；有些公办学校受利益驱动，开始出现小学办初中、初中办高中、高中招初中现象。2006—2007年，梁山三中、梁山四中2处高中被相继撤销。在学校撤并调整过程中，教育资源大量流失。

规范化学校建设 1993年，推行中学标准化学校建设，梁山一中、二中、三中、四中和梁山镇一中、小安山镇中学、信楼乡中学、王府集乡中学、韩垓镇一中、馆里乡一中、寿张集乡中学等实现县级学校标准化。2005年，开始启动规范化学校建设，鼓励学校积极创建各级规范化学校，提高办学水平。当年，全县评选出县级规范化学校85所，小安山镇中学、杨营镇良福小学、县第二实验小学被评为市级规范化学校。2006年，梁山一中被评为省级规范化学校。2007年，教育部门印发《关于创建规范化学校的补充通知》，提高创建学校“以奖代补”标准，调动学校创建热情。2007—2009年，先后有小安山镇鲁能希望小学、中心小学、第二中心小学，大路口乡中心小学，寿张集乡育英小学、育才小学、明德小学，赵堌堆乡明德小学、迁一小学、中心小学，小路口镇中心小学、王蜂楼小学，杨营镇京九小学、育英小学、中心小学，拳铺镇明德小学，徐集镇鉴德小学，韩垓镇郭楼小学、东马小学，韩岗镇辛集小学，馆驿镇第二中心小学，徐集一中、馆驿一中、二中、杨营镇中学、小路口镇中学等被评为市级规范化学校。其后，中学除韩岗中学外，其他相继达到市级规范化学校水平。2008年，县第二实验小学被评为省级规范化学校；2009年，留华中学被评为省级规范化学校；2011年，韩垓镇中学被评为省级规范化学校。至2013年，全县有市级规范化学校46处，省级规范化学校4处。

第二章　普通教育

第一节　学前教育

发展概况　1992年，学前教育工作由县妇联划归县教育部门管理。1993年，全县有幼儿园10处。2009年后，县教育局加强学前教育机构的布局调整和发展规划，推进学前教育办园体系建设，初步形成以县实验幼儿园为示范、乡镇中心幼儿园为骨干、村级办园为主体、个人办园为补充的农村学前教育发展格局。2011年3月，县政府出台《梁山县学前教育三年行动计划》，提出农村按照服务人口5000人、服务半径1.5公里以内设置1处幼儿园，全县共规划建设高标准乡镇中心幼儿园17处，县实验幼儿园1处，建筑面积共计3.8万平方米，规划总投资3800万元。同年起，县政府把乡镇中心幼儿园建设列入为民办十件实事之一，新建楼房15幢，平房86间，改扩建楼房2幢，总建筑面积3.4万平方米，完成17处乡镇中心幼儿园建设任务。2012年，新建、改建学校和村集体办园36处；2013年，新建、改建学校和村集体办园40处。至2013年，全县有幼儿园146所，其中公办80所，民办66所，省级示范幼儿园2所，市一级幼儿园39所，县一级幼儿园57所，每个乡镇都有1处标准中心幼儿园。学前三年适龄儿童总数37535人，在园幼儿33532人，学前三年幼儿入园率达到82%。

学制课程　根据《幼儿园工作规程》，幼儿园一般为三年制，亦可一年制或两年制；幼儿园还可分为全日制、半日制、定时制、季节制和寄宿制等。幼儿教育课程一般设置为语言、计算、常识、音乐、手工、画画、体育等。1994年后，全县幼儿园、学前班主要使用山东省统编的《幼儿园（班）教材》。2001年，教育部《幼儿园教育指导纲要（试行）》颁布实施，全县幼儿园、学前班教育内容涉及健康、语言、社会、科学、艺术五个领域。

教学方式　在幼儿教学中，主要培养幼儿主动学习的兴趣、爱好及团结、协作精神，让幼儿主动探究、观察、讨论、比较，发展幼儿动手能力，开发幼儿园潜能，从不同的角度促进幼儿情感、态度、能力、知识、技能等方面的发展，教学方式由过去单一讲课、以游戏为主、逐步向集体上课与区域活动相结合的方式转变。2002年，梁山县机关幼儿园开设了幼儿早期阅读实验班和幼儿英语实验班。

幼师队伍　20世纪90年代初，从事学前教育的教师特别是农村幼儿教师大都自办幼儿园，很多幼师的学历只有初中、高中，没有学前教育专业知识，除机关幼儿园教师外，其他均为民办，幼师素质及待遇普遍偏低。2003年，国家教委颁发《幼儿园工作规程》和《幼儿园管理条例》，县教育局开始做好幼儿园的检查、验收、定级、发证工作，规范办园行为。至2010年，梁山县学前教育快速增长，幼师队伍得到健康发展，基本形成政府、社会、个人对幼儿园共同关注、共同支持的新局面。2011年起，逐步招考在编幼儿教师，或从现有小学教师队伍中调配，再加之社会聘用，幼儿教师队伍逐步加强；期间还聘请省、市县幼儿教育专家分期对全县幼儿教师进行专业培训。至2013年底，全县幼儿教师1495人，其中大专以上学历323人，中专以上学历850人。

第二节 小学教育

发展概况 1994年，梁山处在普及初等义务教育阶段，全县有小学330处，1077个教学班，在校生人数达44805人，毕业学生9360人。其中，农村乡镇小学325处，1027个教学班，在校生人数42805人，毕业学生8960人；城区县直小学5处，50个教学班，在校生人数2000人，毕业学生400人。1996年，实现“两基”，有小学387处。2000年，开始合校并点，2001年开始大幅度撤并小学，至2010年，撤并小学210处。2002年，梁山县一实小开办梁山中英文学校；2003年，梁山县二实小开办梁山创新学校。“校中校”为国有民办，利用国有公办学校资源，按民办学校向学生收取费用。随着学校优势资源的集中，“校中校”得以快速发展，县直两处小学的“校中校”均达到36个教学班的规模。2004年，作为“校中校”的梁山中英文学校进而开设初中班，部分长年在小学任教的教师转而教初中，开了“小学办初中”的先例。其后，“校中校”“特长班”及各种名义的高收费学校、教学班在县内一些学校蔓延。同时，侵占破坏公共教育资源、给百姓带来沉重经济负担的办学模式，引起社会各界和百姓的强烈不满。2008年，山东省教育厅发布文件，对“校中校”进行清理整顿，要求其一律“执行公办学校的招生和收费政策或者停办”，在国家三令五申的政策压力下，梁山“校中校”得以逐步纠正。至2013年，全县共有各级各类全日制小学168处，其中，县直小学5处，农村小学163处，在校生总数为66402人。

学制课程 20世纪90年代，梁山县义务教育沿用“五三学制”，即：小学学制五年，初中学制三年。小学课程设置主要有：语文、数学、自然。至90年代末，课程设置进行较大幅度调整，开设语文、数学、思想品德、社会、体育、美术、音乐、写字等。按照省市要求，全县小学由“五三制学”逐步过渡为“六三”学制，即：小学学制六年，初中学制三年。2000年，县直小学全部由五年制改为六年制。2001年，县教育局制定《关于在全县农村小学实行六年制的意见》，决定从2001年起，全县小学逐步过渡为六年制；至2003年，全县小学学制全部由五年制改为六年制，并全部执行新课程标准。课程设置主要有：语文、数学、品德与生活、科学、音乐、美术、体育、探索实践活动、劳动、信息技术等学科，少数学校开设了外语。

教材教法 1991年，全县使用九年义务教育五年制小学教科书（实验本），1992年使用九年义务教育五年制小学教科书（试用本），有人教版和山东版两个版本。教材内容呈现综合化趋势。至1998年，教学内容有了较大幅度的调整，一些繁重、偏难过时的教学内容被删减，增加了一些具有时代气息的教学内容。教学方法可分为三类：一是讲授法，教师运用口头语言向学生传授知识、技能和培训智力，如把实物（挂图）和直观教具展示给学生；二是练习法，教师指导学生自己学习，倡导教学有法；三是启发式，废除注入式、满堂灌，启发学生认真思考，多从事实践活动。2002年秋季，一年级和三年级部分学科开始使用义务教育课程标准实验教科书，教学方法上提倡教为主导，学为主体，练为主线，发展学生思维能力。教师精心设计问题，少讲精练。幻灯、投影等现代教育手段的使用收到良好的教学效果。2002年后，教学方法的选择一般围绕着知识和能力、过程和方法、情感态度和价值观设计，三个方面相互渗透、融为一体，注重教学结果，注重教学过程。教师角色开始由教学中的权威变为合作者、帮助者、促进者，学习方式由讲授变为倡导学生自主、合作、探究的互动式，帮助指导学生通过适合自己特点的学习方式，在开展主体性学习和研究性学习的同时，鼓励合作学习，促进学生之间交流，共同发展。2010—2013年，小学更加注重学生养成教育，不断推进高效课堂改革和情景化教学模式探索，同时，更加重视现代化教学辅助手段的应用，学生素质得到全面提升。

重点小学　各乡镇均设有1～2处重点小学，县直有第一实验小学、第二实验小学、北关小学、南关小学等，均属于重点小学。在县直小学中，学校规模较大、办学条件较好的是第一实验小学、第二实验小学。

第一实验小学　始建于1976年4月，时称向阳小学，1990年更名为第一实验小学（简称一实小）。一实小位于县城区中心，水泊大街101号。1994年，学校拥有25个教学班，在校学生1900余名，在职教师102人；1999年8月，学校拥有27个小学教学班，9个学前教育班，在校学生2560人，在职教职工120人；2002年，一实小学在校内创办梁山中英文学校，称国有民办学校，即“校中校”，实行分部管理；2009年9月，一实小拥有27个教学班，中英文拥有48个教学班，学前教育21个教学班，学生总数5300人，在岗教职工248人，其中在编教师102人，招聘教师146人；2013年，拥有74个教学班，学生5361人，在岗教师252人，其中招聘教师145人。

1994年，学校占地23亩，拥有教学楼2座，北教学楼4100平方米，为小学部教学区；东教学楼2250平方米，为学前教育区。2002年春，筹集资金115万元，建设西教学楼，面积为1530平方米，同年8月竣工，由中英文学校（一实小校中校）使用；同年秋，为扩大中英文学校招生规模，筹集资金118.7万元，建设南教学楼2200平方米，2003年9月竣工并交中英文学校使用。2006年暑假，投资330万元，拆除北教学楼西段1005平方米，建设西北教学楼3500平方米，一楼为学生图书室和教师阅览室，七楼为多媒体功能室，其他为教室；2007年9月竣工并投入使用。2010年9月，中英文学校迁移至县教师进修学校。至2013年，学校共有教学楼5座，建筑面积12575平方米。2010年起，县政府筹集资金4000万元，在县城西南建设一实小南校区，该校区位于凤凰山路西侧、独山路北侧，占地60亩，规划建筑面积18000平方米，至2013年12月，3栋教学楼业已竣工。

第一实验小学

一实小设有政教处、教务处、总务处，教学成绩一直处于全县小学教学前列。1995年8月，被评为“济宁市教书育人先进单位”。2000年起，学校注重英语教学，英语教学成绩一直是名列前茅。同时，注重个性化的校园文化建设，开展特长教育，先后成立美术、音乐、舞蹈、刻瓷、航模兴趣小组。2001年，学校航模小组在全国青少年航模总决赛中取得第二名；2003年，在济宁市青少年载降火箭比赛中，取得总分第一名。2003年起，学校开始实施“两字一话”（钢笔字、粉笔字、普通话）考核制度、“三课”（研究课、示范课、优质课）制度、科研成果奖评制度。2006年5月，学校开展“小学生自主教育”课题研究成果，受到省市教科研专家的好评，济宁市教育科研工作现场会在一实小召开，全市400余名中、小学教科研工作人员参观课题研究成果。2007年9月，学校编辑出版120余万字的《自主教育新探》系列丛书。2011年，学校实行级部管理制度，设学前教育级部、一二年级级部、三四年级级部、五六年级级部等4个级部。2013年12月，一实小实行一个学校、两个教学区管理模式，在校长统一领导下，北、南两区分别配备一定职数的副校长。学校先后被评定为中国教育学会‘十一五’科研课题实验学校、中国国学经典教育联盟学校等，获“济宁市教科研先进单位”“济宁市教学先进学校”等荣誉称号。

第二实验小学　始建于1979年4月，时称梁山师范附属小学（简称梁师附小）；1990年更名为梁山县第二实验小学（简称二实小）。二实小位于城区中心位置，坐落在凤凰山脚下，西靠凤凰公园，北临凤凰市民广场。1994年，学校拥有20个教学班，在校学生1780人，教职工95人，其中专任教师91人；2000年，学校拥有20个教学班，在校学生1635人，教职工97人，其中专任教师93人；2003年，第二实验小学在校内创办梁山创新学校，称国有民办学校，即“校中校”，实行分部管理；2005年，创新学校招收达

第二实验小学

到36个教学班规模；2008年停止招生。2006年，二实小拥有16个教学班，创新校拥有36个教学班，学生总数2680人，教职工102人，其中专任教师99人；2013年，学校拥有个48教学班，在校学生3149人，教职工103人，其中专任教师100人。

建校之初，学校仅有两排小平房。1990年5月，在城镇校改中动工兴建集教室、办公室、图书室、实验室等为一体的综合教学大楼，建筑面积3800平方米，1992年8月竣工；同时配备标准化课桌凳900套，并增添实验室、语音室现代化教学设备。同年，兴建学前班教学楼一座，建筑面积700平方米。1996年，学校融资200多万元，兴建4单元6层5000平方米教师宿舍楼，1997年9月竣工。2001年起，先后在校门西侧建设面积1350平方米的综合教学楼、东侧建设面积950平方米的教学楼。2002年，县机关幼儿园划归第二实验小学，于2004年兴建面积1380平方米的幼儿园大楼。同年，学校动工兴建3单元4层2688平方米教职工宿舍楼，当年竣工。2005年3月，拆除700平方米的原学前班教学楼，兴建集教学、办公、会议于一体的综合楼，建筑面积2807平方米。至2013年，学校占地28亩，拥有教学楼5栋、综合办公楼1栋、职工宿舍楼3栋，建筑面积12300平方米。2013年8月，县政府投资5000万元，第二实验小学东校区开工建设，该校区位于县城东南部新区汶水路北、金线岭路西，建筑面积17464.21平方米，同年12月，教学楼等主体工程封顶。

20世纪80年代，梁师附小教育教学质量得到全面的提高，在历届升学、竞赛中成绩均名列前茅，1982年在全县语数双科竞赛中获得全县第一名。体育成绩尤为突出，为国家输送体育专业人才28名，被菏泽地区教育局评为“全区学校体育工作先进单位”，被山东省体委命名为“传统体育项目学校”。1983年，学校被菏泽地区行署评为“先进单位”。20世纪90年代后，二实

小坚持把教育教学质量放在首要位置，重视常规教学和常规管理，致力于教学改革的探索与研究，创造独具特色的“情、趣、奇、争”四字教学法，教学成绩大幅提升，得到国家教委及教育专家和同行肯定。1994 年 5 月，二实小的“情趣教育”被济宁市定为重点研究课题；1995 年 9 月，学校被命名为“全国学习科学实验学校”，同年 12 月，学校被济宁市教研室定为首批教育教学“六示范”学校。1998 年 6 月，学校被济宁市教委评为“全市基本功训练先进集体”；还先后获得“济宁市教书育人先进单位”等。

进入 21 世纪，二实小致力于学校内涵发展，加强教师培训，推进素质教育，学校教育教学成绩稳步攀升。2002 年，学校成立小百花艺术团，开设书法班、绘画班、舞蹈班、声乐班、器乐班等，并连续 5 年举办校园文化艺术节，一大批学生获得国家考级证书，其中刘丽获全国“十佳”歌手奖，谢宁获第八届宋庆龄奖学金，王博文、邓焰焰等获山东省第二届讲普通话说英语风采大赛团体冠军。2009 年，学校高标准改善办学条件，先后装备计算机教室、教师电子备课室及实验室、仪器室、音乐室、语音室、美术室、舞蹈室、科学探究室等功能室，与北师大附中联网实现远程教育资源共享。同年，二实小被评为“山东省中小学素质教育工作先进单位”，并率先成为全县唯一省级规范化小学。2010 年 8 月，二实小提出“高点定位、科学发展、努力打造品牌学校”的发展目标；同年 12 月，被评为“山东省学校文化建设重点研究基地”；2011 年 12 月，被评为“山东省学校文化建设示范学校”；2013 年，先后被评定为济宁市“数字化校园”、教育部和山东师范大学基础教育课程研究中心实验学校。

二实小基础教育课程研究中心揭牌仪式

第三节 初中教育

发展概况 1994 年，全县初中 43 处，其中，城区有县直初中 1 处，镇管初中 1 处，梁山一中设有初中部；14 个乡镇共有乡镇初中 41 处，除梁山镇 6 处、小路口镇 8 处、杨营镇 4 处、韩岗镇 5 处、韩垓 3 处外，其他乡镇均为 1 ～ 2 处。1998 年，寿张集乡增加 1 处，小路口镇减少为 4 处。2000 年，原工厂小学合并到梁山二中，举办普通初中教育；原教师进修学校改办为梁山县实验中学，实行国有民办，同年开始招收初中生。2001 年起，每个乡镇原则上保留 1 处初中，逐年进行撤并，至 2007 年撤并完毕；在乡镇初中撤并过程中，有的乡镇特别是梁山镇教育资源流失严重，几处初中相继被私人收购。2008 年，梁山县实验中学转为公办学校。至 2013 年，全县共有初中 21 处，其中，县直学校 2 处，乡镇中学 19 处，在校生 25549 人。

学制课程 全县初中教育执行三年学制。1993 年秋季开始，初一新生实施国家教委颁发的《九年制义务教育全日制小学、初级中学课程方案（试行）》，实行国家、地方、学校三级课程管理，包括学科课程与活动课程两部分。学科课程设思想政治、语文、数学、外语、历史、地理、物理、化学、生物、体育、音乐、美术、劳动技术等 13 科；活动课程设晨会（夕会）、班团队活动、体育活动、科技文体活动、社会实践活动和校际活动等。2002 年 2 月，初中课程分为两大体系、四大版块，两大体系为显性课程和隐性课程，显性课程为国家课程计划规定的学科课程和活动课程，隐性课程为校园文化；四大版块为必修课、选修课、活动课、环境课。

教材教法 20世纪90年代前后，梁山县全部使用全国统编教材。在教法上主要遵循“教育必须为社会主义现代化建设服务，必须与生活劳动相结合，培养德、智、体全面发展的建设者和接班人”的教育方针，加强基本知识、基本理论、基本技能的培养和训练，注重培养学生分析问题和解决问题的能力，注意发现培养有特长的学生。在课堂上始终贯彻“教为主导、学为主体、练为主线”的原则。1994年3月，全县积极开展“目标教学”理论与实践研究，形成了培养学生阅读能力、激发学习兴趣、启发式综合教学、语言情景创设等教学方法。1996年，进行“合作掌握学习”教学改革实验，先在梁山一中、梁山二中、实验中学等学校试点，后在全县推开。2003年3月，开展素质教育、创新教育课堂教学改革；2004年，开始在课堂上试用以学生自主学习为主体的新教法，取得一定效果。

重点初中 20世纪90年代，多数乡镇拥有多处初级中学，一般将乡镇驻地初中作为重点初中；县直初中仅有梁山二中，梁山一中设有初中部，被人们视为重点中的重点；1998年，在县教师进修学校创办实验中学，亦被视为重点中学。2000年后，各乡镇仅保留1处初中，县直初中有梁山二中、实验中学。

梁山二中 始建于1967年，前身系梁山县工人子弟学校。学校位于县城水浒街中段北侧。学校经历多次变迁，1984年7月，县工人子弟学校初中部改为梁山县第二十中学，小学部改为工厂小学；1987年8月，原梁山二中（校址郑垓村）撤销，第二十中学遂更名为第二中学；2000年9月，原工厂小学并入，分为初中部和小学部；2001年8月，小学部停止招生；2003年，学校开始高中招生；2009年，停止高中招生；2010年，学校重新成立小学部。

1994年，学校拥有26个教学班，在校学生1826人，教职工140人，其中专任教师89人；2000年，学校拥有46个教学班（含小学），在校学生3710人，教职工222人，其中专任教师173人；2013年，学校拥有37个教学班（含小学），在校学生2442人，教职工145人，其中专任教师85人。学校设办公室、政教处、教务处和总务处。

1967年建校初，学校占地17601平方米，校舍81间，建筑面积1512平方米；1990年，建设综合教学楼，建筑面积为6508.71平方米，1991年8月竣工。1993—1995年，相继建设3栋教职工宿舍楼。1996年扩建办公楼，建筑面积1281.5平方米。2000年学校新建体育场7818.7平方米。2004年，新建宿舍楼，餐厅楼、门岗楼，建筑面积4462平方米，并建成校园网络和监控系统，开通教育宽带网。至2013年，学校拥有2栋教学楼、1栋综合办公楼、1栋学生宿舍楼、3栋职工宿舍楼，占地面积31371.29平方米，建筑面积15194平方米。

梁山二中教学楼

20世纪90年代，梁山二中立足学校实际，坚持以教学为中心，全面强化学校教学管理、推进教学质量全面提高，多次被梁山县政府评为“全县教育工作先进单位”；1995年9月，被济宁市政府评为“教书育人先进单位”；1996年11月，被山东省教委评为“山东省初中教学先进单位”；

1999年6月，被济宁市确定为素质教育实验基地。进入21世纪，学校坚持“科研兴教，科研兴校”的教学工作思路，把素质教育的要求落实到培养目标、课程教学、评价改革、学校管理和实践活动之中，大力改进教学方式，促进学生主动、全面、个性化的发展。同时积极鼓励教师参与教科研活动，2004—2013年，学校先后承担省级课题《自主感悟下的阅读教学实验与研究》、市级课题《中学生和谐心理构建》《城镇留守学生心理问题调查分析及对策研究》《新课标下英语课堂教学》《情境教学在思想政治教学中的运用》《新课标下如何提升课堂教学效率》《培养学生反思能力的数学教学模式》等19项市级课题的研究工作，并取得一定成果。2009年3月，学校被评为济宁市中小学教育教学网络资源基地；2013年4月，被济宁市教育局评为“济宁市初中教育教学工作先进单位”。

实验中学　始建于1998年，是在梁山县教师进修学校基础上筹建的一所初级中学。学校位于县城文化路中段28号。学校占地面积36亩，拥有教学楼三幢、综合楼一幢，总建筑面积24454平方米，操场面积7800平方米，绿化面积1360平方米；配有物理实验室、化学实验室、生物实验室、美术教室、音乐教室、舞蹈教室、图书室、阅览室、心理咨询室、卫生室、档案室、计算机房等。学校图书馆藏书57307册，阅览室图书8970余册，配备计算机380台。

实验中学一向重视教师素质的提升和教学质量的提高，逐步形成一支由教坛新秀、骨干教师、杏坛名师、省市特级教师组成的师德高尚、业务精良的教师队伍，教学质量在全县名列前茅，享有较高的社会声誉。2013年，学校拥有40个教学班，在校学生2693人；教职工188人（专任教师182人，职工6人），其中，省、市特级教师5人，省、市级教学能手36人；高级教师66人，一级教师67人，二级教师43人，见习教师6人；学历达标率100%。学校先后被评为“山东省依法治校示范校”“济宁市规范化学校”“济宁市教学示范化学校”“济宁市教科研先进单位”等称号，并有多名教师被评为省、市级优秀教师。

第四节　高中教育

发展概况　1994年，全县有高中3处：梁山一中、梁山三中、梁山四中。同时，梁山镇一中设有高中部，招收部分高中学生。1997年，梁山建成私立高中1处，即梁山宏志中学（后更名为梁山现代高级中学）。2000年，原职工中专合并到梁山一中，举办普通高中教育。2003年，梁山二中设立高中部，实行“民办公助”，当年招收6个高中教学班，2004年达到19个高中教学班。2006—2007年，梁山四中、梁山三中被先后撤销，学校随即转卖，近50年积累的教育资产化为乌有。2008年，梁山镇一中停止高中招生，2011年撤销高中部；2009年，梁山二中停止高中招生，2012年撤销高中部。至2013年，全县有高中2处，即：梁山一中、现代高级中学，共有在校生9379人。

学制课程　1994年后，高中教育一直沿用三年制，实行文理分科教学，执行国家教委《现行普通高中教学计划的调整意见》，全年教学时间40周，其中，高一、高二年级每年上课34周，复习考试2周，劳动技术教育4周；高中三年级上课24周，复习考试时间12周，劳动技术教育4周。另外，机动时间1～2周，其余10～11周为假期。课程结构由学科课程和活动两部分组成。学科课程包括必修课和选修课两种形式：必修课程开设政治、语文、数学、外语、物理、化学、生物、历史、地理、体育、劳动技术共11科。政治、语文、数学、体育、劳动技术5科在高中三个年级均为必修课。外语、物理、化学、生物、历史、地理等科在高一、高二年级为必修课。选修课分为两类，一种是单课性选修，在高一、高二年级开设；另一种是分科性选修，分文科、理科、外语、艺术、体育、职业技术六类课程，在高中三年级开设。活动包括课外活动和社会实践活动：课外活动包括体育锻炼、知识讲座、科技活动、各类兴趣小组活动、校班会、时事教育等。社会实践活动每学年安排2周，可分散或集中使用。国防和环保教育等不单独设课，一律安排在选修课和课外活动中进行，或渗透到有关学科中结合进行。1996年下半年，根据国家教委《实行每周40小时标准工作制后调整全日制中小学课程（教学）计划的意见》，对课程设置做了相应调整。2004年，按照新课程标准要求，调整课程设置，调整后的课程为：语文、数学、英语、物理、化学、生物、历史、地理、政治、音乐、美术、体育健康、信息技术、劳动技术、研究性学习。另外，有的学校还开设多种校本课程。

教材教法 1990年起，各高中进行目标教学改革，着重解决教学内容、教学方法、集体教学与个别需要之间的矛盾，并对教学实施全过程管理，教学质量得到大面积提高。1998年，在梁山一中进行“实施单元过关，有效控制目标形成过程”试验，该项试验取得一定成效；1999年开展了素质教育、创新教育课堂教学改革，主要是转变教学观念、转变教师的教学行为和学生的学习行为，实现基本知识与技能、过程与方法、情感与态度价值观三维教学目标的有机统一；在教学关系上突显学生主体地位，教学内容上体现生活化，教学方法上注重启发引导、倡导学生主动参与，教学结构上实行多维互动、合作学习。该项改革的开展，促进了素质教育的实施。2004年，开始推进新课程改革，组织新课改教师课堂教学展示活动。同时，建立校本教研制度，不断提高教师驾驭新课程的能力，校本教研全面推广。另外，在教学中实施走班制、选课制，在管理中实施级部管理，将竞争机制引入班级，取得良好效果。

重点高中 梁山县第一中学（简称梁山一中）为全县唯一一处重点高中，曾被列为全省重点高中之一。梁山一中始建于1951年3月，原校址在县城东南宋胡同；1952年校址迁郑垓，1953年迁现址（后集村西、凤山村东），称山东梁山第一中学；1969年，改称梁山县中学；1978年，复称山东梁山第一中学；2007年10月，改称梁山县第一中学。

梁山一中

梁山一中建校之初，学校只招收初中班；1958年，开始招收高中班，成为全县第一所完全中学。1993年12月，全校高中教学班39个，在校学生2577人；初中教学班4个，在校学生310人。1996年，高中班40个，初中班2个，学生2610人；1997年，停办初中。1999年9月，学校有54个教学班，在校学生3892人；2004年9月，有92个教学班，在校学生6100人；2008年，根据省教育厅关于规范办学的要求，缩减招生人数，当年高一招生1700人，并取消校内复读班；2013年9月，学校有教学班90个，在校学生5200人。

1994年，全校教职工239人，专任教师180人，其中，高级教师27人，中级教师129人；至2013年，全校教职工405人，专任教师364人，其中，高级教师130人，中级教师123人。1994—2013年，全校共有10人评为山东省特级教师，7人评为济宁市特级教师，2人评为济宁市有突出贡献的中青年专家。学校先后承担市级以上实验课题10项，在省级以上报刊公开发表论文270篇，参与编写论著50余部。

1994年，学校占地面积61380平方米，建筑面积31873平方米，教学楼3座，图书楼、实验楼、学生宿舍楼各1座；2000—2002年，先后新建办公楼、教学楼各一座；2006年，对原图书楼、实验楼进行加层改造，新建800平方米体育馆1个，扩建餐厅楼、同时容纳3000名学生就餐；2009年，在学校西邻征地2.73亩，新建体育馆（原体育馆拆除）。至2013年，学校占地面积68652平方米，建筑面积36988平方米，建有综合办公楼、教学楼、图书楼、实验楼、学生餐厅楼、学生公寓楼、体育馆，校内绿树成行，绿地花园，静谧优雅，环境优美，学校被济宁市委命名为“花园式单位”。

20世纪90年代，学校设有7个理化生实验室、5个音美和劳技教室，语言室、微机室、体育训练房各1个，图书3.5万册，建有400米标准跑道田径场，校园绿化面积9836平方米；2001年以来，先后建设多媒体教室、电子备课室、心理咨询室，同时购置图书10万册和大批实验仪器设备。2010年起，建设高标准的多媒体教室90个，每位任课教师配备笔记本电脑，实现了教学手段的现代化。至2013年，学校拥有微机室、语音室、多媒体教室、实验室、图书室、阅览室等，建有校园网，配有音像教学系统、信息教学系统、多媒体教学系统，实现了教学条件的现代化；学校图书馆藏书21万余册，阅览室有报刊600余种；建有体育训练房、塑胶田径运动场和篮球场等，体育设施完备，器材齐全，还设有美术室、书法室、音乐室、劳技室、心理咨询室，均达到省级标准化学校教学设备配置，教学仪器达国家一类标准。

梁山一中全面贯彻德、智、体全面发展的教育方针，以“为国家前途命运负责，为学生终身发展奠基”为办学宗旨，坚持“以人为本、和谐发展、质量强校，办出特色”的办学理念，学校教育教学质量不断提高。1993年，高考升学率达到80%，部分优秀学生考入北京大学、清华大学、中国人民大学、南开大学、山东大学等全国名牌大学；1986—1993年，共考入大中专院校1979人，其中，大学本科604人，专科1071人，中专304人；本科上线人数1988、1989年连续二年位居菏泽地区第一名，1993年本科录取161人，位居济宁市第二名。1994—2008年，高考本科录取人数虽逐年增加，但在济宁市同类学校中位次不高。2009年，高考本科录取413人，增长幅度全市第一，但由于基础较差，在全市仍居于较低位次；2010年，高考本科录取506人，增长幅度仍然全市最大；2011年，梁山一中录取731人，由第9名上升到第4名；2012年，本科录取突破1000人；2013年，本科录取1260人，重点本科上线373人。同时，学校注重因材施教，注重学生的特长教育和个性发展，学校先后有9名学生获全国中学生奥林匹克竞赛数学、物理、化学、生物竞赛山东赛区一等奖。

经60多年的发展，梁山一中逐步发展成为教育水平较高、文化积淀深厚的历史名校。1964年，被列为山东省重点中学之一；1995年，被评为“山东省教书育人先进单位”；1997年，被授予“济宁市规范化学校”称号；2001年，被评为“山东省文学艺术教育先进单位”；2006年，被授予“山东省规范化学校”；2007年1月，获“山东省文明单位”和“山东省卫生先进单位”称号；2009年12月，被评为“山东省心理健康教育先进学校”；2010—2013年，连续四年被评为“济宁市高中教育教学工作先进学校”，2013年，被济宁市教育局评为高中教育“优秀学校”。

第五节　特殊教育

发展概况　1993年，建立梁山县聋哑学校，当年12月招收聋哑生10名，并正式开班上课。同时，各乡镇中心小学建起弱智辅导班，村小学建起弱智儿童就读班，接受初等义务教育的残疾儿童入学。1994 年 11 月，聋哑学校改称特殊教育学校，并建成面积为 2421 平方米的教学楼。1995 年 9 月，成立南关小学，与特殊教育学校一个学校、两块牌子，实行一体化教学管理；当年招收 2 个普通小学班、85 名学生。1999 年 9 月，学校规模发展到 15 个教学班，学生 468 名，聋哑学生 5 个班，学生 60 余名。2003 年，投资 160 万元，扩建教学办公楼一幢，建筑面积 2307 平方米。同年，梁山县特殊教育学校被评为“济宁市规范化学校”。2003 年起，先后购置各种信息化教学设备，实施现代化多媒体教学。至 2013 年，学校有教职工 80 人，教学班 35 个，在校学生 1800 余人，其中，特殊教育在校生 103 人（在读聋哑生 38 人，随班就读聋哑生 65 人），残疾学生入学率达到 96%。

学制和课程 学校从聋童学前教育抓起，进行两年的语言训练，义务教育阶段采取九年一贯制，完成九年义务教育后考入高一级学校。课程设置包括语文、数学、思想品德、体育、美术、劳动、劳动技术、信息技术、社会、自然、理科等。学校采取分类教学的教学方式，教学中以口语为主，手语为辅，采用小班化（每班最多不超过 12 人）教学，在重视德育、智育的同时，通过开展木工、缝纫、园艺、刺绣、雕刻等课程，培养提升学生动手能力，帮助学生掌握一技之长。

经费与管理 1989 年后，县财政设立特殊教育专项补助政策，并逐年增长。生均公用经费、弱智儿童康复训练、特教教师的有关待遇全部落实。县政府采取积极措施，不断加大或追加特教教育经费，保证特殊儿童完成义务教育学业。同时学校不断申请上级专项资金和进行社会募捐，促进了特殊教育的发展。特殊教育学校狠抓教师队伍建设和教育教学设施的配套完善，2005 年，学校建起了实验用室和培智教育资源教室，配备了相关的教学设施。

第三章 社会教育

第一节 职业教育

20 世纪 90 年代前后，全县职业教育得到较快发展；此后几年徘徊不前，及至出现萎缩，甚至走到难以为继的地步。进入 21 世纪，几经资源整合，全县职业教育办学条件、办学规模、办学体制得到较大改善。2008 年 12 月，县政府印发《关于推进职业教育跨越发展的意见》（梁政发〔2008〕55 号），提出构建“政府推动、经济促动、学校主动、校企互动”的职业教育格局，建立和完善与市场需求、劳动就业紧密结合、校企合作、工学结合、结构合理、形式多样、灵活开放、自主发展的现代职业教育体系。至 2013 年，全县职业学校 2 处，在校生 4250 人，其中，县属公办职业中专 1 处，民办职业中专 1 处，初步形成公办与民办共同发展、学历教育与职业培训并举的职业教育发展新格局。

职业高中教育 20 世纪 80 年代，县政府先后将原梁山七中（驻地小安山）改为第一农业技术中学（1980 年）、原梁山十七中（驻地徐集）改为第二农业技术中学（1984 年）、梁山十四中（驻地马营）改为梁山县第三农技中学（1985 年）。1987 年，第一农技中学改为第一职业高中，第二农技中学改为第二职业高中；同年 5 月，第三农技中学改为技工学校，划归县劳动局管理。

农业技术中学学制三年，设农学专业。课程设置分文化课和专业课，文化课同普通高中，使用全国统编教材乙种本；专业课有作物栽培学、作物病虫害防治学、土壤肥料学、植物与植物生理学。后又增设农机专业，农机专业设电工学、农业机械化、机械制图、拖拉机修理4门课程。农业技术中学改为职业高中后，课程设置变化不大。1994年，根据梁教字〔1994〕36号《关于在初中学校渗透职业技术教育的通知》文件精神，从下半年开始，各中学开设职业技术专业课，每周两课时，一节理论课，一节实践课。由于多方面的原因，职业教育生源一直不足，全县职业高中在校学生最多为400人左右。

职业中专教育　20世纪80年代后期至90年代初期，梁山公办中等教育只有梁山技工学校，隶属县劳动局。1993年，技工学校由马营乡政府驻地搬迁至县城原金城路北，先后开设车工、钳工、办公自动化、创储、会统、井下电钳等专业。1994年起，先后建设教学楼、办公楼、实习车间、教工宿舍、餐厅等基本设施。2000年8月，县政府确定将县劳动部门管理的技工学校划归县教育局管理，并以该校与第一职业高中、第二职业高中为依托，组建梁山县职业中等专业学校，同时挂职业教育中心、职工中等专业学校、成人中等专业学校、劳动技工学校、教师进修学校等牌子。同年，在技工学校设立梁山县职业中等专业学校，原宏志中学老校区划归技工学校。至此，梁山职业中专和梁山技工学校实行一个学校、两块牌子、两个校区。学校共占地107亩，建筑面积29400平方米，建有综合楼、教学楼、学生宿舍楼、学生餐厅，配有较高档次的电工专业实验室、多媒体教室、焊工实习车间，建有钳工实训基地、车工实训基地、数控实训基地等设施，有普通车床22台，数控车床18台，电火花数控切割机床1台，机加工中心一台，实训设备总值500万元，实训开出率100%，校图书馆藏书4.5万册。学校共有教职工117人，其中理论课教师44人，专业课教师46人。在校生3020人，专业设置涵盖梁山支柱产业，重点为机械制造、机电一体化、计算机技术、汽车制造与维修、舞蹈、现代服务类、现代农业类专业。2011年12月，学校通过省级重点职业中专和省级重点技工学校验收。

20世纪90年代，职业中专教材内容结构，基本都是在高中教材的框架下进行一些降低难度处理，没有充分体现中专教材的自身特点，对解决实际问题重视不够，导致教学内容和专业应用相脱节。21世纪后，职业中专教材逐步转向轻理论、重应用，例题、习题以生活、专业应用为主，原来的“教学与专业分离”“教学与生活脱节”的现象得到改变，学校办学质量、学生就业率和社会声誉不断提高。2011年后，毕业生全部安置到上海、无锡、芜湖、威海、烟台等发达城市大中企业，就业率100%，学生满意率在98%以上，大多数毕业生已成为企业技术骨干、技改能手。同时，学校积极开展就业与再就业培训工作，年均为社会培训3000多人次。

第二节　成人教育

全县共有成人教育学校7处，即：教师进修学校、卫生进修学校、职工中专、成人中专、劳动技校、职业一中、职业二中。劳动技工学校于2000年由劳动部门划归教育部门管理；至2013年，除卫生进修学校由卫生部门管理外，其他均由教育部门管理。

农民教育　1993年，全县有成人中专1处，23个乡镇都设有农技校，其中达到省级示范化标准的有2处（小安山乡、信楼乡），独立设置并具有一定规模的14处（前集乡、拳铺乡、徐集镇、韩垓乡、开河乡、韩岗镇、馆驿乡、寿张集乡、大路口乡、小路口镇、赵堌堆乡、黑虎庙乡、杨营乡、李官屯乡），村级农技校538处，办学面达76%。经县里登记注册的社会力量办学23处，全县初步形成了农村成人教育三级办学网络。各级各类成人学校年培训能力达到12万人次，涌现出了一批“办一处学校，富一方百姓”的科教兴农先进典型。全县各行政村大都建有村级农技校，广泛开展种植、木工、缝纫、编织等应用技术培训，至2005年，共培训农民约35万人次，提高了农民的科学文化素质。

职工教育 1982年，县政府设立职工教育办公室，对全县职工普遍进行文化测试，确定对4192名成人进行培训。1988年，建立起企业电大、职工学校函授站，开设财会、企管、机械制造、化工机械和国际贸易等专业。同年，成立梁山县职工教育培训中心。1989年，共培训职工2782人；1990年，组织开展“双基”（基本国情和基本路线）教育，有8711名青年职工轮训；至1991年，经全县统考，合格率100%。1993年，县职工教育办公室合并到县教师进修学校。1994年11月，县职业中专成立“职业技能培训基地”，培训车间主任、班组长122名。1995年，国有和集体企业改制后，职工教育培训一般都由改制后的企业自行实施。

自学考试 梁山县自学考试始于1989年，县教育局设有自学考试办公室（后与招生办公室合并），具体组织实施县域范围内的考生报名、教材发行及辅导工作。至2013年，全县共有12569人报名参加自学考试，有1372人获得大学本科、专科文凭。

第三节 社会办学

20世纪90年代初期，梁山社会力量办学逐步兴起；到90年代中后期，社会力量办学越来越多，并对公办教育造成一定影响。梁山县较有影响的私立学校有：宏志中学、韶华中学、嘉诚职业中专、梁山泊武术学校等。至2013年，全县民办私立学校有11处，其中，职业中专1处，普通高中1处，普通初中3处，普通小学4处，幼儿园1处，培训机构1处。

宏志中学（后更名为梁山现代高级中学），是梁山县最大的一所民办普通高中，始建于1997年9月。初建时学校位于梁山县城南，占地18亩，在校生248名，后扩建占地80余亩，在校生1000余名；2001年，学校又在梁山县城西征地300余亩，建设西校区，学校逐渐发展成为占地400亩、建筑面积11万平方米、拥有两个校区、在校生5000多名、教职工400多名的大型学校。学校实行董事会领导下的校长负责制，并聘请教育界一些知名人士参与管理工作。该校在起始阶段，办学效益不错；但由于办学目标、管理体制等先天不足的原因，至2005年，学校资不抵债，走到难以为继的地步，学校董事会不再对学校工作负责。2006年6月，县政府成立梁山宏志中学临时管理小组，对梁山宏志中学正式进行资产清算，其后由县教育局接管。同年7月，学校临时更名为“梁山一中西校区”；2008年6月，更名为梁山现代高级中学。至2013年，学校拥有教学班76个，在校生4260人。

梁山现代高级中学

韶华中学 2003年，原梁山镇三中改制成梁山韶华中学，为全日制民办初级中学。学校占地面积89亩，建筑面积2.1万平方米，有在校学生2780名，教职工210名。学校设有多媒体教室、微机室、语音室、图书馆、音乐教室、报告厅、实验室等，为学生提供良好的学习环境和发展空间。2004年获“全县教育工作先进单位”，2006年6月被确定为“全县教学实验活动基地”，2008年11月被评为“市级规范化学校”，2009年被评为“省级规范化学校”。至2013年，学校拥有教学班58个，在校生2803人。

东城小学 东城小学是由教育部门同意、梁山泊教育集团举办的一所全日制民办小学。学校位于县城公明大道东段南侧（杏苑小区对过），占地面积20亩，建筑面积5000平方米。学校实行小班化教学，并附设幼儿园。学校教师队伍素质较高，教育理念先进，教学设施齐全，坚持严格科学管理，严谨高效教学，学生德、智、体、美等全面协调发展。至2013年，学校共拥有教学班20个，在校学生900人，教职工80人。其中，小学教学班12个，在校学生600人；幼儿园班8个，在校学生300人。东城小学多次被教育部门授予“教育教学先进单位”。

第四章 教学研究

第一节 教研机构

梁山县教育和体育局教学研究室（简称县教研室），副科级事业单位，隶属县教育和体育局。县教研室名称随教育主管部门名称的变化而变化，曾称县教育局教研室、县教育委员会教研室，2009年9月，改称县教育和体育局教研室。县教研室原为教育局下属股级事业单位，2004年升为副科级事业单位，配备主任和副主任。县教研室内设办公室、高中教研组、初中教研组、小学教研组，以及仪器代办站、教科室、工会等组室。高中、初中、小学3个教研组为县教研室的核心教研机构，并按学科配备教研员，实行分组管理。高中和初中教研组分别配备语文、数学、外语、物理、化学、政治、历史、地理、生物等学科教研员，小学教研组配备语文、数学、常识等学科教研员，高中、初中、小学3个教研组各设组长1名，由业务能力强、综合素质高的学科教研员兼任，负责教研组各学科间的综合协调管理。

县教研室原一直和教育局在同一地址办公，2004年，迁出教育局，租赁县委党校四楼办公，从此不再和教育局机关统一管理。

第二节 教学研究工作

20世纪90年代，县政府及教育主管部门注重教学研究工作，在教研、教改方面下大力气，教研活动、教学研究逐步走向正轨。县教研室依据教育教学大纲要求，指导全县教育教学研究，开展教材教法培训，组织教学改革试验，总结推广教学经验，指导教师探讨教学规律、改进教学方法，促进全县教育教学质量不断提高。

1994年起，县教研室始终紧紧围绕提高教育质量和教学成果，重点抓好各学段教学研究和指导工作，在全县开展“目标教学”课堂教学改革，在全县中小学教师中开展“教学系列达标”活动，促进教师课堂教学水平、教师整体素质及整体教学质量的提高。1995年10月，县教研室明确全县中小学各学科教改实验基地、实验教师，各科教研员深入学校及课堂教学第一线，进行面对面教学指导。1996年，在全县中小学教师中开展基本功训练，推进教师业务水平的提高。2000年后，由于多方面的原因，教研工作整体呈现萎靡状态，教研活动受到一定影响，全县中小学教学质量亦呈逐年下降趋势。2009年起，逐渐加大教研工作力度，全县教研活动逐步活跃，在全县中小学教师中开展“自主互动、学案导学”课堂教学改革。2012年，进一步明确教研室教学实验基地，建立教研员及名师包靠学校制度，实行县教研员开“下水课”和蹲点包校。2013年，组织名师和市县教学能手组成讲课团到中小学实验基地送教下乡，发挥优质师资和优质学校的示范、引领作用，提升农村中小学各学科教师的课堂教学水平，促进城乡教学水平的均衡和谐发展。

1994—2013年，县教研室坚持每年都组织骨干教师执教公开课、示范课等各种形式教研活动，并由教研员深入联系学校与教师面对面的座谈、研究、讨论、交流，与教师共同分析教与学的得与失，规范教师课堂教学，指导解决教学实际问题。每2年进行一次优质课评选，每3年开展一次基本功比赛，通过这些比赛评选活动及一系列教研活动的开展，全县教学工作取得较好成效，教学质量不断提升，教师素质得到提高。在全县中小学教师中相继开展“系列优质课活动”“系列创新课活动”，还组织召开业务校长会、各年级学科研讨会，

县教研室充分发挥教学研究对教学教改工作的推进作用，组织实施有关教育科研项目或课题研究，其中有10余项省级教育规划课题结题，多项研究课题被评为“济宁市教育科研成果一等奖”。一实小、二实小、县教学研究室等单位被评为“市级教科研先进单位”。

第三节 教学能手评选

梁山县教学能手评选始于20世纪80年代末。1989年，根据省、市教育部门统一部署，开始在全县中小学教师中开展“教学能手”评选活动，每4年评选1次，至2013年，共进行7批。全县首批评选“初中教学能手”100名，其中，语文27名、数学26名、其他学科47名；评选“小学教学能手”151名，其中，语文65名、数学47名、其他学科39名。其后，于1994年、1996年、1998年、2002年、2006年、2010年先后评选六批教学能手，其中，1989年评选290名，1994年评选70名，1996年评选267名，1998年评选399名，2002年评选438名，2006年评选342名，2010年评选362名。至2013年，全县中小学教师有1256人次获县“教学能手”荣誉称号。除评选县级教学能手外，县教育部门还根据上级教育部门的统一安排，推荐省、市级教学能手的评选，自1989年首次参与菏泽地区教学能手评选，至2013年，共评选省、市级教学能手494名，其中省级教学能手49名，市级教学能手445名。

1989—2010年梁山县教学能手评选统计表

表20-4-1　　单位：人

年度批次	高中				初中				小学				其他	
	合计	语文	数学	其他	合计	语文	数学	其他	合计	语文	数学	其他	幼教	职高中专
1989	—	—	—	—	100	27	26	47	151	65	47	39	—	—
1994	23	4	3	16	17	3	3	11	21	6	6	9	4	5
1996	—	—	—	—	102	21	17	54	165	44	44	77	—	—
1998	48	5	9	34	108	14	23	71	156	50	48	58	21	6
2002	35	5	6	24	172	29	28	115	217	59	53	105	11	3
2006	62	12	8	42	134	27	33	74	143	67	55	21	3	—
2010	54	11	8	35	138	27	18	93	162	52	48	62	8	—

第四节 教学质量评估

教学评估工作在县教育主管部门指导下进行。1994年，县教委转发市教委《全市教育和教学管理指导评估标准》；1997年12月，县教委转发县教研室《关于加强高中教学工作的意见》，制定高中教学工作奖惩办法；2005年，制定《梁山县高中教学质量评价实施方案》；2006年，制定《梁山县小学教学过程监控与质量评估实施细则》；2008年，制定《梁山县初中学校教学工作评估方案（试行）》；2009年，县教育局制发《梁山县中小学教学质量检测考核实施意见》；2012年，制定《梁山县初中教学工作评估方案》《梁山县小学教学工作评估方案》。依据上述教学评估文件要求，县教研室会同教育主管部门主管科室，结合教研活动，认真开展教学评估工作，有效促进了全县教学工作的开展及教学质量的提高。

第五节 电化教学

2000年5月，根据济宁市中小学计算机教育新世纪工程实施方案，启动教育信息化建设。梁山一中、梁山二中、梁山三中、梁山四中、县一实小、县二实小、县北关小学、县南关小学等县直中小学分别建起微机室，配微机400余台，由此拉开全县教育信息化建设的序幕。2003年12月，县教育局建立梁山教育信息中心，开通梁山教育网。2004年6月，教育局要求全县中小学采取借贷等方式多举措筹集资金配置计算机，至同年底，共购进微机1000余台，建起微机室40余个，梁山一中、梁山二中、一实小、二实小先后建成校园网。2005年4月，全县举行首次中考信息技术考试；同年，高考考场全部实行电子监控；至同年底，全县教育信息化建设投入达1544万元，购置微机达2413台，微机室62个，多媒体教室96个，软件资源投入168万元，29处中小学用光纤方式接入教育网，16处小学用ADSL接入教育网。2007年，根据省教育厅、省发改委、省财政厅制定的《山东省农村中小学远程教育工程实施方案》，为210个农村中小学（初中20所，完小118所，教学点72所）配备相应的电教设备，建设多媒体教室21个、中小学微机室18个、卫星地面接收设备81套、光盘播放设备138套，微机350台，以及相应的配套设备。

2010年，县政府制定《梁山县教育信息化行动计划（2011－2015）》，进一步加快全县教育信息化发展进程。2013年，利用国家扶持资金，为全县农村26处教学点全部配置了计算机、多媒体，安装了高配置的路由器、交换机，让偏远的农村儿童享受优质的数字资源，促进全县教育的均衡发展。至2013年，全县多方筹措资金2000余万元，配备计算机4025台，多媒体566套，新建微机室30余处，全面完成157处农村小学百兆宽带接入和21处初中以上学校的网络改造任务，基本实现全县中小学宽带网络“校校通”；县直中小学、小路口中学、韩垓中学、马营中学等学校实现专任教师人手一机，初中以上学校全部实现“班班多媒体”，县实验中学、县二实小还建起高标准的录播教室。

同时，教育部门积极推进信息技术在教学中的应用活动。每年利用寒暑假时间，先后多次组织计算机应用知识、教师网络备课、课件制作、网页设计、网络资源的下载与应用、数据库管理、多媒体应用等培训，提高教师应用水平。每年春季，在全县中小学广泛开展教师电教优质课、公开课、优秀课件评选活动，促进信息技术在课堂教学中的应用。县二实小成立电脑特长班，每个学生配备一台电脑，课上师生用电脑互动交流，并鼓励学生建立自己的博客，培养写作能力，取得较好的实验效果。同时，充分发挥信息化在学校管理中的引领带动作用，以县实验中学、县一实小、县二实小为“数字化校园”试点学校，在教务管理、学生管理、财务管理方面，全面推行数字化考核管理，比常规管理更加科学、客观、准确，带动了全县中小学管理水平的提高。至2013年，全县有41个中小学被命名为“县级电教示范化学校”，7个“市级电教示范化学校”，2个“省级电教示范化学校”。

第五章 招生与高考

第一节 招生管理

梁山县设有招生考试委员会，并根据人员变动情况，每年及时调整。招生考试委员会主任由县政府分管教育的副县长担任，县政府办公室负责联系协调教育工作的副主任和教委主任（教育局长）担任副主任，有关部门负责人为成员，统筹协调每年的招生和高考、中考工作。县教体局（教育局）内设招生办公室，主要负责全县普通高考的报名、体检、组建档案、组织考试、填报志愿等工作；全县普通中专的报名、组建档案、组织考试、填报志愿等工作；全县高等教育自学考试、教师自学考试、社会学历等级证书考试、全县成人高考的报名工作。1994—2013年，梁山县县直小学、初中、高中招生工作，由各学校根据学生来源、学校规模、招生班数确定招生计划人数，报县教体局（教育局）审批、备案，统一组织招生考试；各乡镇（街、区）学校则由各学校确定招生计划，报乡镇（街、区）教育办公室（教育委员会）审批并报县教体局（教育局）备案，统一组织招考。

第二节 中小学招生

小学招生 1990年，全县基本实现儿童年满6周岁入学（盲、聋哑、弱智儿童的入学年龄为7周岁）。1991年起，小学招生基本上由各小学自主招生。1993年起，小学开始实行划片招生，并逐步取消统考和留级制度。县直4处小学招生仅限城区，并实行划片招生；农村各小学在本学校区域范围内招生，学生就近入学。2005年起，由于农村务工人员大量涌入县城，加之教育资源差别以及利益驱动所致，造成城区部分小学班额过大，每班学生一直保持在80～90人。2006年，全县小学招生9480人，其中，农村181处（含教学点）小学招生8418人，县直4处小学招生1062人。2010年，根据县城人口分布情况，重新划分县直各小学招生区域，坚持“就近、免试入学”的原则，确保了全县适龄儿童顺利、就近进入学校学习。2011年，全县小学学生全部纳入山东省基础教育信息化管理平台。2013年，义务教育阶段学校实行“划定区域、相对就近、免试入学、计划管理”的招生办法，全县小学招生14506人，其中，农村小学招生12319人，县直小学招生2187人。

初中招生 1994年后，各乡镇中学和县直中学的招生工作，在县教育主管部门的指导下由各乡镇和县直中学分别组织实施。招生范围本着划片招生、就近入学的原则进行。招生考试由县里统一出题，实行百分制，各招生学校组织考试、阅卷、录取，录取新生报县教育局注册，办理学籍。1997年，县直招收初中14个班，共800人，其中，一中招收4个班，二中招收10个班。2002年起，根据国家有关政策，小学成绩评定取消百分制，实行等级制，小学毕业生免试就近升入初中。2002—2006年，初中招生一般在6000～7000人之间；2007—2013年，初中招生一般在8000人左右。2013年，根据“划定区域、相对就近、免试入学、计划管理”的招生办法，全县初中招生 8420 人。

高中招生 高中招生考试由济宁市教育局统一命题，县教育局组织考试，各招生学校组织阅卷，市教育局张榜公布，招生学校下发录取通知书，所录新生由学校统一到市教育局注册，办理学籍。1994—2003 年，高中招生面向全县，县城内由梁山一中及梁山镇一中高中部招生，农村由梁山三中（校址韩岗镇）和梁山四中（校址大路口乡）两处高中招生，并将梁山一中招生指标分到各初中学校。1995 年，高中招生不再将一中招生指标分配到初中学校，由全县统一划线，从高分到低录取。1998 年，将梁山一中招生计划的 30% 分配到各初中学校。至 1999 年，全县高中招生达 2000 人。随着民办高中的建成招生以及民办公助、初中办高中的形成，农村生源迅速流向城区中学，至 2004 年，生源大战将地理位置适中、教育资源丰富的梁山三中、梁山四中挤垮，两处高中先后被迫停止招生。2007 年起，按照市教育局要求，逐步提高一中招生计划分配比例，将梁山一中招生计划按各学校在校生人数占全县初中在校生人数的比例分配到各初中，其指标分配比例由 50% 提高到 60%。2008 年起，高中招生由市教育局统一命题，统一阅卷，考试除考文化课和体育外，增加理、化、生实验操作和微机考试，逐步改变过去“一考定终身”的单一考试制度。2012 年，高中招生考试中实施“公示、公开、公平”的阳光中考工程，由市教育局统一命题，学生统一录取。2013 年，高中学校招生实行考试成绩与综合评价相结合的方式录取，将梁山一中 60% 的招生指标按在校生数量和学校素质综合等分配到各初中学校，高中招生 3500 人。2003—2013 年，全县高中招生一般维持在 3000 人左右，2005 年最多，达 4800 多人。

第三节 高考与录取

1989 年，改革高考传统方法及内容，高考采取标准化考试，实行国家统一命题，高考时间为每年 7 月 7、8、9 日三天。1991 年，国家实行高中毕业会考制度，梁山首次高中毕业会考从 1992 年 5 月开始。会考科目分为一类科目，即语文、数学、外语；一类为选考科目，即文科考政治、历史，理科考物理、化学。会考合格成绩作为参加高考资格和颁发毕业证书的依据。1996 年，高考考试开始采用标准分记入高考成绩。2000 年，高考实行 3+X 科目设置改革，“3”为语文、数学、外语 3 门必考科目，“X”是指文科综合（政治、历史、地理）、理科综合（物理、化学、生物），由考生根据报考院校和专业选择。同年，信息技术列入普通高中毕业会考科目。2001 年，高考考生实行电子档案。2002 年，高考实行网上录取，取消应届高中毕业生加 10 分政策。2003 年，高考时间改为每年的 6 月 7 日、8 日两天。2005 年起，山东省高考实行自主命题，语文开始实行网上评卷。2007 年，高考实行“3+ 文科综合 / 理科综合 + 基本能力”改革方案，其中，语文 150 分，数学 150 分，外语 150 分，文科综合 / 理科综合 240 分，基本能力 60 分，高考总分为 750 分；高考所有科目实行网上评卷，增加考生电子档案内容，采用原始分记入高考成绩。

20 世纪 80 年代后期至 90 年代，梁山高考成绩在当时菏泽地区一直处于领先地位。1990—1994 年，梁山县在济宁市高考成绩仍然保持比较高的位次，位居全市前三名。其后一段时间，高考成绩大都在全市中等位次徘徊。2000—2008 年，由于多方面的原因，高考成绩逐步下滑，一直在低层次徘徊，及至沉入谷底。2009 年起，梁山扭转办学方向，明确提出教育质量是学校的生命线，并采取一系列措施，全面加强学校管理和教学质量管理，把精力主要用在抓教学上，取得明显成效，高考成绩逐年上升。2009 年，高考报名 4346 人，军检上线 312 人，本科录取 721 人，增长幅度大幅提高，由于基础较差，在全市仍居于较低位次；2010 年高考报名 3352 人，军检上线403人，本科录取899人，增长幅度居全市前列；2011年，高考报名3487人，军检上线544人，本科录取1059人，由第十一名上升到第六名；2012年，高考报名3162人，军检上线695人，本科录取1078人，高考录取人数首次突破千人大关，名列全市第四位；2013年，高考报名3219人，军检上线724人，本科录取人数1261人，名列全市第四位。

高考招生工作由县招生考试委员会及教育部门负责。梁山县高考工作一直严格按照国家规定执行，但在2001年高考当中，梁山镇一中考点出现个别考场考生替考现象，被媒体曝光，当时县教委有关负责人及有关当事人受到行政处理，3位有关负责人被调离教育工作岗位。

1994—2013年梁山县初、高中招生、升学人数统计表

表20-5-1　　　　单位：人

年度	初中招生	初中毕业	升入中专	升入高中	高中毕业	升入专科	升入本科
1994	9322	8296	50	1100	860	374	82
1995	9320	8481	102	1100	880	400	76
1996	8800	9125	118	1100	1050	406	131
1997	9226	9220	127	1350	960	399	142
1998	9100	9120	131	1900	970	425	147
1999	8600	8700	201	2000	980	500	203
2000	8894	9026	279	2100	1200	740	320
2001	8668	8900	125	2150	1680	908	463
2002	8482	8500	121	2150	1780	1077	509
2003	7911	8794	142	3200	1890	1089	624
2004	6866	8560	103	4200	1930	1123	603
2005	7118	8328	116	4850	1900	1202	654
2006	7153	7800	123	4900	2020	1334	576
2007	8102	6760	131	3050	2000	1275	625
2008	8560	7010	136	3180	2580	1815	637
2009	8857	7040	104	3250	2600	1843	721
2010	8873	8000	87	3331	2680	1801	799
2011	8497	8450	76	3185	2760	1856	835
2012	8545	8720	77	3607	2900	1651	1078
2013	8421	8770	115	3574	2880	1470	1261

第六章　科学技术

第一节　管理机构

梁山县科学技术局（简称县科技局），正科级行政单位，县政府组成部门，主管全县科学技术工作。县科技局始建于1959年5月，时称县科学技术委员会（简称县科委），1962年5月，撤销（职能并入文教局）；1964年8月，恢复设立县科委，1970年4月改称县革命委员会科学技术办公室，1977年3月恢复设立县科委；2002年5月，县科委改为县科技局。县科技局1980年2月设立党组。

1994年，县科委内设机构为办公室、科技计划科、科技管理科、科学技术服务中心、地震办公室（技术市场管理办公室）；2002年9月，县科技局增设知识产权科；同年12月，设立"山东梁山生产力促进中心"（内设科技项目部、科技服务部和专利高新技术部），与县科技局一套班子、两块牌子。2003年，设立梁山县地震局，为正科级事业单位，归口县科技局管理；2006年2月，地震局划归县政府办公室管理；同年10月，设立梁山县知识产权局，为正科级事业单位，归口县科技局管理。2008年1月，县科技局撤销知识产权科，成立高新技术科。2013年9月，地震局复归县科技局管理。至2013年12月，县科技局内设办公室、科技计划科、科技管理科、高新技术科，归口管理生产力促进中心、知识产权局、地震局。

第二节　科技研究

科研机构　2013年，全县有各类科研机构69家，主要从事工业、农业、生化、食品、医药等行业的产品开发研究工作。同时拥有有效期范围内的市以上高新技术企业36家，其中，国家级高新技术企业6家，省专利明星企业3家，省创新型试点企业2家。

科研团体　1995年，有关部门认定山东良福制药有限公司、山东梁山馨园园艺有限公司为民营科技企业。1996年，鼓励、支持发展各类民办科研机构，并出台《民办科研机构管理办法》，至2013年12月，全县共发展民办科研所、技术服务中心、科技服务公司等科研团体51家，其中，农业类17家，工业能源类6家，生物化工类9家，食品类8家，医药类11家。

技术研究中心　依照省科技厅2002年颁布《山东省工程技术研究中心暂行管理办法》，梁山县依托企业先后组建3家省级工程技术研究中心，并经省科技厅批准。2005年9月，组建山东省转基因体细胞克隆牛工程技术研究中心；同年12月，组建山东省特种车辆工程技术研究中心；2008年12月，组建山东省专用车制造装备工程技术研究中心。2010年10月，济宁市科技局批准设立鲁南工程技术研究院梁山专用汽车研发分院。2013年，济宁市启动建设市级工程技术研究中心，全县依托企业组建市级工程技术研究中心9家，包括专用汽车配件、危险品运输车辆、农业收获机械关键零部件、医用高分子材料、新型医用敷料设备、奶牛高产养殖、畜禽养殖环境控制等工程技术研究中心。

院士工作站　2009年，全县4家企业建设省级院士工作站，即：水泊焊割院士工作站、良福制药院士工作站、科龙公司院士工作站、瑞芝生物院士工作站。2家企业建设市级院士工作站，即：拓金公司院士工作站、威特立邦院士工作站。

科研活动　科研活动主要依托各类科研机构，

进行专项研究活动，均取得较好研究成效。

转基因体细胞克隆牛研究　山东省转基因体细胞克隆牛工程技术研究中心，依托山东科龙畜牧产业有限公司，以提高转基因体细胞克隆牛生产技术的效率和产业化水平、增加转基因产品开发品种和效益为发展方向，重点搞好转基因克隆牛扩群与提高人类健康水平、生活质量密切相关的转基因生物药品的开发生产。2005年起，对转基因克隆牛进行人工育种扩群；产业化生产含人岩藻糖转移酶基因的牛奶，并对其蛋白的生物活性及营养功能进行分析；对含人岩藻糖基因牛奶的生物安全性进行评估；对用转基因克隆方法生产含人岩藻糖转移酶基因牛奶进行鉴定。2006—2007年，以含人岩藻糖基因牛奶为原料生产用于治疗和预防人类胃溃疡疾病的人岩藻糖转移酶基因药品，并办理上市手续；推广生产技术，开发形成新兴产业。2010年，建成国家动物转基因产品开发、生产核心基地，并于2010年通过省科技厅组织验收。

特种车辆工程技术研究　山东省特种车辆工程技术研究中心，依托梁山东岳挂车制造有限公司（2010年变更为山东万事达专用汽车制造有限公司），立足于提高特种车辆生产与应用工程技术研究水平，充分利用高等院校、科研单位的科技资源，开展科研攻关，开发市场竞争力强、经济效益显著的新产品、新技术，中心采用电子技术、传感技术、自动控制技术、机电一体化技术和智能技术等高新技术，开发技术含量高、智能化、个性化、多样化、专用功能较强的特种车新产品。中心每年开发新产品2～3个，先后研发、转化近100项新车型、新工艺；独立或合作开发项目10余项，于2010年通过省科技厅组织验收。

专用车制造装备工程技术研究　山东省专用车制造装备工程技术研究中心，依托山东水泊焊割设备制造有限公司，立足提高专用车制造装备生产与应用工程技术研究水平，至2012年，通过中心研发技术的带动、培训、辐射，梁山地区共有近10家企业（个人），授权发明、实用新型及外观专利22余项，发明专利有无模板异型封头旋边机、液压式异型封头旋边机等，实用新型专利有支腿纵缝自动焊机等。著名商标3家：梁山东岳挂车制造有限公司、山东梁山通亚汽车制造有限公司、山东梁山华宇汽车制造有限公司。山东名牌4家：梁山东岳挂车制造有限公司、山东梁山通亚汽车制造有限公司、山东水泊焊割设备制造有限公司、山东梁山杨嘉车辆制造有限公司。该中心于2012年通过省科技厅组织的验收，并获得优秀等次。

专用汽车研发　鲁南工程技术研究院梁山专用汽车研发分院，为鲁南工程技术研究院的分支机构，隶属鲁南工程技术研究院。梁山专用汽车研发分院依托山东水泊焊割设备制造有限公司，采取政府启动、企业化运作方式，以民间资本为投入主体建设。主要是瞄准国内外专用汽车产业的最新技术和发展方向，围绕产业提升，紧扣节能、降耗、环保和产品增值等共性技术，进行新技术、新工艺等专用汽车与装备新产品的研发与新标准的制订；为企业提供快速便捷的测试、认证、咨询、信息、培训和研发中试等服务；聚集人才和信息、促进交流与合作。

民营科技研究　民营科技团体主要从事科学研究、技术开发、成果转让、科技咨询、科技服务以及科学技术知识的传播和普及等业务，涉及种植与养殖等农业科技、机械制造、电子信息、精细化工、生物技术、医疗医药、新材料等领域，填补全县多项科研项目的空白，在依靠科技创新实现二次创业中发挥了重要作用。其中，三利树脂研究所结合生产实际，从获取的科技信息当中，筛选“医用高分子记忆性材料”项目，达到国际先进水平，产品填补国内空白。馨园园艺有限公司通过成立梁山花卉研究所，开展了杂交育种、脱毒快繁等10余项先进的种、苗繁育生产技术研究，实现草本花卉种植到主营环境美化、绿化工程，从坐门等客到主动寻求市场，从沿袭传统技术品种到不断创新三大转变，使企业步入良性发展。科晶生物工程技术研究中心开发国内空白的大豆精深加工新工艺，可提取出高纯度大豆蛋白粉、低聚糖、异黄胴、食用纤维等产品，大豆增值 20 倍以上。科星公司成立梁山无机材料应用研究所，从事“仿红木古式雕刻家具”和“仿汉白玉栏杆”研究与开发，研制出用于家庭、公园、花池、建筑的装修的高科技含量产品，市场供不应求。水泊蛇国有限公司成立梁山蛇类研究所，主要从事蛇类的饲养、加工、销售，生产出 3 个产品，10 个产品蛇类系列保健品。三元生物化工研究所，从中国食品发酵研究所高薪聘请 1 名博士生，投资 80 余万元，建成年产 100 吨固体纤维素分解酶（粗酶）的生产厂一处，投入批量生产。

科研成果 1993—1995 年，全县取得重要科技成果 95 项，引进推广科技成果 150 余项，获市以上“科技进步奖”“星火奖”“丰收奖”83 项。1996—2000 年，取得重要科技成果 350 余项。2001—2005 年，取得重要科技成果 121 项，开发新产品 50 余项，获市以上科技进步奖 21 项，其中省级科技进步二等奖、三等奖各一项。2006—2010 年，获得市级以上科研成果 23 项，获得市级以上科技奖励 24 项，其中省级 4 项。2011—2013 年，获得市级以上科技奖励 9 项。

在上述奖项中，工业领域获奖 13 项，其中澳门国际发明奖 1 项，省三等奖 3 项，市二等奖 3 项，市三等奖 7 项；农业领域获奖 23 项，其中国家三等奖 1 项，省一等奖 1 项，省二等奖 1 项，市一等奖 3 项，市二等奖 3 项，市三等奖 14 项；卫生领域获奖 11 项，其中市二等奖 1 项，市三等奖 10 项；社会领域获市三等奖 1 项。

工业成果奖 1994 年，三利树脂公司成功研制出“UF-94”三组分高级原子灰，经省级鉴定达到国际先进水平，1995 年获“第六届国际新技术新发明评选会金奖”，被国家科委列为国家重点新产品。1996—2000 年，县农机厂承担的“高级轿车制动盘”项目达到国际先进水平。2006—2007 年，山东水泊焊割设备制造有限公司研制异形罐体环缝自动焊机、无模板异形封头旋边机，获“省技术发明三等奖”。

农业成果奖 1995 年，陈垓引黄灌区承担的“黄河下游引黄灌溉综合技术研究”项目获国家科技进步三等奖。1996—2000 年，县种子站承担的省科技攻关项目“抗虫棉花新品种引进与试验示范”，筛选出 GK-12、中 R108 和中 R103 三个品系，获济宁市科技进步一等奖。1998 年，承担国家“863 转基因抗虫棉中度项目”，经鉴定达到国内领先水平。2002—2004 年，山东科龙畜牧产业有限公司与中国农业大学密切合作，在克隆牛与转基因克隆牛中，冻胚克隆牛“维娃”和首例转基因牛“岩娃”的出生，被科技部选列为新中国成立 55 周年来“55 个科技新第一”，“岩娃”还被列为改革开放 30 年国家 100 个重大科技成果之一。2004 年 5 月 1 日，朱镕基总理亲自为将梁山出生的两头克隆种公牛题名为“大隆”“二隆”。2008 年，梁山县后孙庄良种繁育场，转基因抗虫棉 GK-12 优异种质的创造与利用，获“省科技进步一等奖”。

医药成果奖 2002 年，县人民医院内啡肽与消化性溃疡的临床研究，获“市科技进步三等奖”；2006 年，县人民医院利用中药熏剂治疗癫痫临床应用研究，获“济宁市科技进步二等奖”。

社会软课题研究奖 2000—2001 年，县政府研究室承担软课题研究，《努力实现欠发达县向经济强县的跨越——梁山县经济和社会发展战略探讨》，先后获“县科技进步一等奖”“市科技进步三等奖”“省优秀调研成果奖”。

1994-2013 年梁山县部分科技成果获奖成果一览表

表 20-6-1

项目名称	完成单位	获奖时间	获奖等级
黄河下游引黄灌溉综合技术研究	陈垓引黄灌区	1995	国家科技进步三等奖
立式滚压制管机	县水利机械厂	—	省科技进步三等奖
“UF-94”三组分高级原子灰	三利树脂公司	1994	澳门国际发明金奖
抗虫棉花新品种引进与试验示范	县种子站	1998	市科技进步一等奖
活化汤对心脑血管及糖尿病患者外周血小板活化分子的影响	县人民医院	1998	市科技进步三等奖
区域土壤养分动态与培肥地力研究	县农业局土肥站	1999	市科技进步三等奖
医用高分子记忆性材料	三利树脂公司	2000	市科技进步二等奖
CD 在胸腰椎骨折内固定中的临床应用	县人民医院	2000	市科技进步三等奖
转基因抗虫棉高产综合配套栽培技术	县政府	2000	市科技进步三等奖
努力实现欠发达县向经济强县的跨越——梁山县经济和社会发展战略探讨	县政府研究室	2001	市科技进步三等奖
小口径镍钛合金支架治疗高位食管狭窄研究	县人民医院	2002	市科技进步三等奖
内啡肽与消化性溃疡的临床研究	县人民医院	2002	市科技进步三等奖
五十万亩旱田化学除草技术开发	县农业局	2002	市科技进步三等奖
梁山县趋区域平衡施肥技术开发	县农业局	2002	市科技进步三等奖
参芪片治疗放射性职业病	县人民医院	2002	市科技进步三等奖
体细胞克隆牛和转基因体细胞克隆牛研究	山东科龙公司	2003	市科技进步一等奖
GN-03 黏合衬布研制	三利树脂公司	2003	市科技进步三等奖
设施农业高产高效技术开发研究	县农业局农技站	2003	市科技进步三等奖
梁山 10 万亩无公害蔬菜生产技术开发	县农业局农广校	2003	市科技进步三等奖
梁山蜜桃优系开发	县农业局果树站	2003	市科技进步三等奖
志愿者和医务人员肺结核 DOTS 管理比较性研究	县结核病防治所	2003	市科技进步三等奖
以鲁西黄牛为受体、应用胚胎生物技术繁育奶牛	科龙公司	2004	省科技进步二等奖
体细胞克隆牛和转基因克隆牛生产技术研究与应用	科龙公司	2004	市科技进步一等奖
脐带血铅含量与产妇铅危险因素暴露情况的相关性	县人民医院	2004	市科技进步三等奖
大口径低压管道防水锤保护器及田间衬砌渠便携式出水口的研究与应用	县水利局	2004	市科技进步三等奖
农业高产高效技术研究及无公害蔬菜生产技术开发	县农业局	2004	市科技进步三等奖
G N－03 黏合衬布研制	三利树脂公司	2004	市科技进步三等奖
慢性非瓣膜心房颤动血栓形成与脂蛋白（a）纤维蛋白原相关性研究	县人民医院	2005	市科技进步三等奖
异形罐体环缝自动焊机	水泊焊割公司	2006	省技术发明三等奖、
黄河滩地及河床地下水资源开发研究	县水利局	2006	省科技进步三等奖

续表 20-6-1

项目名称	完成单位	获奖时间	获奖等级
中药熏剂治疗癫痫的临床研究	县人民医院	2006	市科技进步二等奖
梁山县食用菌生产技术开发	县农业局植保站	2006	市科技进步三等奖
蛹虫草菌种选育及品质研究	灵芝虫草公司	2006	市科技进步三等奖
无模板异形封头旋边机	水泊焊割公司	2007	省技术发明三等奖
甲壳素清洁化生产	科晶公司	2007	市科技进步二等奖
纳豆精华素研究与开发	科晶公司	2007	市科技进步二等奖
转基因抗虫棉 GK-12 种质创造与利用	后孙庄良种场	2008	省科技进步一等奖
东平湖库区中低产田改造实用技术	县移民办公室	2008	市科技进步二等奖
整车电子下线检测系统	徽盛电气公司	2008	市科技进步二等奖
富硒灵芝栽培及有效成分提取加工技术研究	瑞芝生科公司	2011	市科技进步三等奖
人工虫草立体高效栽培示范	瑞芝生科公司	2011	市科技进步三等奖
异型罐体自动焊接成套设备	水泊焊割公司	2011	市科技进步三等奖
锁骨下静脉植入硅橡胶管技术	梁山镇卫生院	2011	市科技进步三等奖
新时期布鲁氏菌病流行及危险因素调查研究	县疾控中心	2011	市科技进步三等奖
新型高强度钢集装箱运输半挂车	中集东岳公司	2012	市科技进步三等奖
臂架式混凝土输送泵车	通亚重机公司	2013	市科技进步三等奖
干混砂浆运输车	通亚汽车公司	2013	市科技进步三等奖
内镜专用粒子推注器	水泊卫生材料厂	2013	市科技进步三等奖

第三节　科技管理

项目管理　1994—2013 年，全县共实施各级各类科技计划近 400 项，其中，2001—2005 年，完成各级各类科技计划项目 157 项；2006—2010 年，完成市级以上科技计划项目 91 项，包括国家级 17 项、省级 16 项，市级 58 项；2011—2013 年，实施市级以上计划项目 53 项，县级计划项目 93 项。

农业研究项目　1995 年，县政府及农业部门承担的“抗虫棉花新品种引进与示范”，被列入省攻关计划项目，筛选出 5 个抗虫棉品种，新增产值 2000 万元；县种子站“双基因抗虫棉新品种选育模式化栽培研究”，被列为市中青年科技发展基金项目；县棉办完成的省攻关项目“转基因抗虫棉高产优质综合配套栽培技术研究”，对 GK-12 促早产栽培技术的研究达到国内领先水平。2001 年，馨园园艺公司承担的“草本花卉杂交育种及组培快繁育技术研究”项目，通过杂交组合培育出 4 个万寿菊品种，达到国际先进水平，引进培育的时兴花卉、脱毒马铃薯、甘薯试管育种苗比普通品种增产 200%、100%。2003 年，科龙公司承担的“应用胚胎移植技术繁育高产优质奶牛”项目成为全市唯一在国家立项并获资助的项目，通过实施，供体奶牛达到 400 头，受体鲁西黄牛达到 800 头，技术达到国内领先水平和大规模推广使用阶段，累计超排 1680 头次，获可用胚胎 13000 多枚，超排效率达到 7.5 枚，移植受体鲁西黄牛 8000 枚，出生胚胎奶牛 2000 多头。

工业开发项目　1996 年，县农机厂承担的“高级轿车制动盘”开发项目，具有国际先进水平，

产品销往美国，创汇 300 多万元；大鹏企业总公司承担的省级星火计划项目成效明显，被命名为“省级星火示范企业”。1999 年，梁山县第一油漆厂研制开发的“水性漆”，改变了传统油漆的生产工艺，填补了国内空白；拓新电子陶瓷有限公司开发出 PTC 电子元件系列产品，具有国内领先水平；良福制药承担的“维甲酸系列产品开发”被列为国家级星火项目。2000 年，三利树脂完成的“医用高分子记忆材料研制”项目达到国际先进水平，产品属国内首创；2002 年，梁山康民制药有限公司与北京大学药物研究所合作开发的新型抗高血压药物——替米沙坦原料药，处于国内领先水平。

项目开发利用 2007 年，山东科龙畜牧产业有限公司承担的省级自主创新成果转化重大专项“优质鲁西黄牛繁育与风味育肥技术开发”项目获经费 100 万元，选育纯种鲁西黄牛 700 多头，建立档案谱系 600 余份，获取鲁西黄牛生理生化指标检测数据上万条。2008 年，山东水泊焊割设备制造有限公司通过承担省自主创新成果转化重大专项“异形罐体自动焊接成套设备”项目获项目经费 200 万元，建立山东省专用车制造装备工程技术研究中心，成立以中国工程院院士蔡鹤皋为首席科学家的“山东省工业机器人院士工作站”，产品获得“山东名牌产品”和“山东首台（套）设备”称号。2010—2013 年，通过项目带动突破一批制约产业发展的关键技术瓶颈，打造了一批行业领军企业。威特立邦通过“矿用混凝土湿喷技术一体化研究与应用”等重大科技项目的实施，引进以宋振骐院士为首的矿山专用设备研发团队，开发出矿用泵送式混凝土湿喷机、矿用连续搅拌机与机械手等一系列矿山专用设备，成为山东省矿山设备领域的一颗新星。通亚重工通过“臂架式混凝土输送泵”重大科技项目的实施，引进一批高层次专用车研发人才，开发一系列拥有自主知识产权的专用车新产品，成为专用车行业的领军企业。蓝天集团的喷气织机引进与新产品开发、拳铺工业园区的赤子心饮料、英克莱—东岳汽贸城、轻型农用车、自卸车、散装水泥运输车开发等项目的实施，产生了较好的经济和社会效益。

成果管理 县科技部门对实施科技计划项目所获得的科技成果进行登记管理，并设立科学技术进步奖励评审委员会，负责县科技进步奖的评审、批准和授予工作，将市级以上成果推荐申报市以上科技进步奖。1995 年 8 月，县委、县政府制发《关于贯彻落实〈中共中央、国务院关于加速科学技术进步的决定〉的意见》，规定：县科技进步一等奖奖励 1000 元，二等奖奖励 800 元，三等奖奖励 500 元。2007 年 7 月，县政府出台《关于修改〈梁山县科学技术进步奖励办法〉的通知》，将县科技进步奖奖金提升至：一等奖奖金 3000 元，二等奖奖金 2000 元，三等奖奖金 1000 元。2011 年 8 月，县政府在《关于支持科技创新的政策意见》中规定：县科技进步奖每年评审一次，一等奖奖金 1 万元，二等奖奖金 5000 元，三等奖奖金 3000 元。

专利管理 技术发明专利管理工作始于 20 世纪 80 年代中期。1985 年，开始受理专利申请，并根据有关规定授权专利；2000 年前，年平均受理专利申请仅 7 件左右，年平均授权专利 4 件左右；2001 年后，受理专利申请、授权专利逐步增加。2005 年，梁山县出台专利资助政策，规定对已获得授权的专利且第一专利权人为梁山县域内的单位或个人给予资助，发明专利资助 500 元／件，实用新型专利资助 300 元／件，外观设计专利资助 100 元／件。2008 年 8 月，梁山县科技工作领导小组出台《关于对专利授权实施资助的通知》，将专利资助标准提高为发明专利资助 1000 元／件，实用新型专利资助 300 元／件，外观设计专利资助 200 元／件。2012 年 11 月，梁山县科技工作领导小组出台《关于调整专利资助办法的通知》，将资助标准提高至发明专利、职务发明每件资助 2000 元，非职务发明专利每件资助 1000

元；实用新型专利、职务发明每件资助 500 元，非职务发明每件资助 300 元；外观设计专利，职务发明每件资助 300 元，非职务发明专利每件资助 200 元；年授权职务发明专利 5 件以上（至少含一项发明专利）的专利大户一次性奖励 5000 元，10 件以上（至少含一项发明专利）的专利大户一次性奖励 1 万元。

1985—2013 年，全县共受理专利申请 1684 件，授权专利 1218 件；其中，1985—2000 年，受理专利申请 112 件，授权专利 57 件；2001—2005 年，受理专利申请 153 件，授权专利 51 件（含授权发明专利 9 件）；2006—2013 年，受理专利申请 1419 件，授权专利 1110 件（含授权发明专利 50 件）。

1985—2013 年梁山县专利申请、授权情况统计表

表 20-6-2　　单位：件

年 度	申请数量	授权数量	发明	实用新型	外观设计
1985-2000	112	57	—	—	—
2001	16	9	3	6	0
2002	20	13	0	12	1
2003	23	8	3	5	0
2004	26	10	1	9	0
2005	68	11	2	9	0
2006	113	34	2	24	8
2007	156	86	2	37	47
2008	219	158	4	122	32
2009	147	207	5	157	45
2010	154	136	12	108	16
2011	220	216	9	193	14
2012	157	137	9	114	14
2013	253	136	7	—	—

第四节　科技促进

创建科技先进县活动　1995 年 8 月，县委、县政府制发《关于贯彻落实＜中共中央国务院关于加速科技进步决定＞的意见》。1996 年，在全县范围内开展创建全国科技先进县活动，县委、县政府先后制发《梁山县“科教兴梁”战略纲要》《关于促进科技进步的决定》《梁山县科技进步奖试行办法》《关于加强技术市场管理的意见》《民办科研机构管理办法》《关于选聘科技副乡镇长的意见》等文件，成立以县委书记王廉秀为组长的“科教兴梁”领导小组，成立以县长赵步荣为组长的创建全国科技工作先进县领导小组，各乡镇、县直有关部门成立相应的科技工作领导小组，各乡镇还设立科技办公室，县直主要经济部门设立科技管理机构，骨干企业都设有技术科。同时，县政府聘请科技副县长，14 个乡镇选聘 28 名科技副乡镇长，709 个行政村全部配齐科技副主任。1997 年 4 月，国家科委以国科发政字〔1997〕15 号文，正式命名梁山县为“全国科技工作先进县”。2006 年 9 月，县委、县政府做出《关于增强自主创新能力建设创新型梁山的决定》，进一步强化和推进科技创新活动，至 2013 年，梁山县仍保持“全国科技工作先进县”荣誉称号。

科技特派员示范工程 2001年，县政府制定《关于进一步加快高新技术产业发展的意见》《关于实施科技特派员示范工程的决定》《关于加强专利工作的意见》等一系列促进科技工作的文件。2004年初，县里成立由县长任组长，县委办公室、县政府办公室、县委组织部、县人事局、县科技局等部门主要负责同志为成员的科技特派员示范工程领导小组，出台了《关于实施农业产业化科技特派员示范工程的决定》和《梁山县农业产业化科技特派员示范工程实施方案》，2004年6月下旬正式启动科技特派员示范工程，102名科技特派员先后入驻68家村、企，从事以科技服务为主的活动，工作初见成效。至2013年，已建科技特派员工作站11个，建立利益共同体13个，形成龙头企业10个，建科技示范点10个，培训农民20班次、2000人，发放科技资料3.2万份，推广新技术项目110个，投入资金8200万元，创造利税12000万元，产生了较好的经济和社会效益。

科技招商与科企合作 2001年3月，县政府及科委、经委等有关部门先期赴北京开展联络活动，与北京首科集团及20余家高等院校、科研单位取得初步联系，寻求对科技招商活动的支持。同年4月，县委、县政府组织全县14个乡镇和经委、财委、农委等县直部门200多人，组成17个招商分团，在北京举行规模较大的科技招商活动。北京方面以中科院部分研究所为代表的50多家高等院校、科研院所近100名专家、教授参加了科技招商会。双方共签订技术合作合同3项、达成合作意向148项，引进高技术人才27名，建立长期技术协作关系8对。2003年，县科技部门组织了北京中关村科技招商活动，组织全县170余家企业在北京中关村友谊饭店与应邀到会的130余家高校、科研单位专家见面洽谈，会后多数意向合作双方进行了专门洽谈和互访，建立了长期合作关系。2008年3月，县政府聘请中国科学院理化技术研究所研究员、国家重大基础研究发展规划“973”项目“分子聚集体化学”首席专家、中国科学院院士佟振合，清华大学环境科学专家、中国工程院院士郝吉明等三位院士为梁山县科技顾问，为梁山县解决化工、环境综合治理和畜牧业发展遇到的技术难题提供技术支持，同时，拿出合适的科技项目在梁山县转化。2010年，县政府聘请中国工程院院士、著名机器人专家、哈工大教授蔡鹤皋为县政府科技顾问，为梁山县专用车产业发展遇到的技术难题提供技术支持。2013年7月，县政府组织水泊焊割、杨嘉公司、通亚公司、中集东岳等企业就专用汽车发展与北京理工大学进行对接，梁山县人民政府与北京理工大学科学技术研究院签订了科技合作协议书，开启了校、县全面合作。

2000—2013年，全县先后组织乡镇、县直有关部门、各大企业1万余人次参加11届中国专利高新技术产品博览会；共布置特装展位4个，标准展位近100个，主要展示梁山现代农业、专用车产业、医药卫生以及食品加工等领域高新技术产品；组织企业参加院士论坛、金融资本高峰论坛、创新创业高端人才论坛等活动。

第七章 防震与气象

第一节 管理机构

1994年，地震预测、防震减灾工作由科技部门管理。2003年12月，成立梁山县地震局，为正科级事业单位，定编3人，隶属县科技局；

2006年，县地震局划归县政府办公室管理；2008年，县地震局定为参照公务员管理事业单位，代管梁山地震台（国家台）；2013年9月，县地震局又划归县科技局管理。县地震管理部门主要任务是在省级地震网内进行地震监测，预报工作由山东省地震局计算机网络统一发布实施。

梁山县气象局始建于1959年，时称气象站，2013年，气象局有干部职工8人，内设办公室、气象台、科技服务中心，主要负责县域内的气象观测、气象服务和管理。县气象局先后获得全省和全市气象系统“气象服务先进集体”“综合目标优秀达标单位”“支持地方经济建设先进集体”“省级文明单位”“市级文明单位”等荣誉称号。

第二节　防震工作

县委、县政府注重加强防震减灾工作的领导，及时调整梁山县防震减灾工作领导小组组成人员；每年5月初召开全县防震减灾工作会议，县人大、县政府、县政协分管领导和县防震减灾领导小组成员单位负责人，各乡镇和县直有关部门负责人参加会议，安排部署年度工作。同时，县政府先后制发《关于加强防震减灾工作的意见》《梁山县防震减灾事业2007—2010年发展规划》《梁山县防震减灾十二五发展规划》《关于进一步规范城市建设审批程序的意见》《梁山县建设工程抗震设防要求和地震安全性评价管理办法》《关于加强建设工程抗震设防要求管理工作的意见》，修订完善《梁山县破坏性地震应急预案》，并由政府办公室印发《梁山县防震减灾三网一员建设方案》《梁山县地震应急检查工作制度》《关于贯彻落实鲁政办发〔2012〕12号文件进一步做好防震减灾工作的通知》等文件。

抗震设防审批　2009年，梁山县城区地震小区划列入省十一五规划项目；2010年，全县抗震设防要求纳入基本项目建设程序；其后，组织开展重大工程、生命线工程、易发生次生灾害工程的地震安全性评价工作，至2013年，依法完成重大审批项目11个，一般性审批项目76个。依法完成了杨营煤矿、县医院病房楼、东方国际、金泰新寓、盛世华城、美的亚广场、滨河大道、运河花园小区等11个项目的地震安全性评价工作。

防震知识宣传　2008年起，以普及地震科学知识为重点，积极组织开展防震减灾知识“进校园、进社区、进企业、进乡村、进家庭”“5.12”防震减灾宣传、全县中小学生“防震减灾知识手抄报比赛”、防震减灾科普示范学校创建等活动。2010年，编印《防震减灾科普知识及法规选编》3万册，发放各类宣传材料数万份，有效地增强了全民防震减灾意识和参与防震减灾活动的自觉性。

应急救援预案　2012年，修订完善《梁山县破坏性地震应急预案》，初步建立了政府、部门、企业、人员密集场所4个层面的预案体系和反应迅速、协调有序、信息畅通、相互支持的应急联动机制。重点做好教育、卫生两大系统各学校、医院应急预案的制定，组织开展预案修订和应急责任落实情况检查，做到组织落实、责任明确、工作到位。同时，结合城区广场、绿地、公园等公共设施，规划设置应急疏散通道和避险场所，组建应急救援队伍和志愿者队伍，开展地震应急演练，有效地增强了广大民众的应急避险能力和全县的应急预警能力。

第三节　地震监测

梁山县地处鲁豫交界地区和聊考（聊城至兰考）断裂地震带上，属于第二、三次全国地震区划7度以上的重要防御地区，汶泗断裂、郓城断裂、嘉祥断裂、巨野断裂、肥城断裂等小断裂经过梁山县，境内有黄河属地上悬河，还有东平湖库区等。同时，梁山人口密度较大，防御地震自然灾害能力较差，防震减灾任务艰巨。

台网建设 1978年，在位于汶泗断裂北、成武断裂东的梁山县城西部、凤凰山东坡建梁山地震台（台代码37050），由梁山县科委管理，采用模拟设备人工观测。1984年，梁山地震台纳入鲁西南遥测台网，由省地震局垂直管理，将模拟信号无线传至嘉祥中心台。1990年，该台改为无人值守台。2004年，该台重建，信号以无线传输方式传至山东省地震局台网中心。2008年4月，投资8万元新建地震信息服务节点，配备服务器、交换机、路由器及防雷设备等，成功与省市地震局联网。2010年，配合市地震局完成强震台和骨干监测井监测设备的安装任务，确保了地震监测设备的正常运转。

震情监测 梁山县地震监测始于20世纪70年代末。2007年，梁山县被列为济宁市唯一的全国重点监视防御区。梁山地震监测严格实行震情监测值班制度，震情值班人员每天二十四小时值班制，12322防震减灾公益服务热线正常运行。同时每月按时召开震情会商会，总结分析震情监测情况和宏观观测情况，并报上级地震管理部门。2008年，在15个乡镇和水利、气象、水产等部门设立宏观观测点19个，建设骨干监测井1眼，配备宏观观测员19人（社会人员16人），配备兼职乡镇防震减灾助理员15人，并配备了灾情速报员、村级防震减灾宣传员等。

第四节 气象监测

气象管理 梁山气象站始建于1959年1月，属国家气象一般气象站，主要观测云、能见度、天气现象、温度、湿度、气压、降水量、风向风速、0～20厘米地温、日照、蒸发、冻土、雪深、雪压。1996年，成立人工增雨防雹工作领导小组，主要对县域内的人工影响天气作业实施管理。1998年，成立梁山县防雷减灾领导小组，主要对县域内的防雷施工审核与工程验收、氢气球施放等进行管理。

气象观测 1994年前后，梁山县对天气气象主要实行人工观测，并实施防雷电设施检测业务，1999年开展人工影响天气作业。2004年1月实现自动气象站观测，增加40～320厘米地温观测项目。2006年1月1日起，梁山县对天气气象开始实行自动观测。2006年9月，建成13个乡镇区域自动气象观测站。2007年，在全县各乡镇建设区域自动站。

气象服务 县气象局针对当地干旱、冰雹、雷雨、大风、洪涝等气象灾害频繁发生的情况，坚持“一年四季不放松、每个过程不放过”的服务理念，通过手机短信气象预警平台、12121天气预报电话自动查询系统，制作发布各种灾害性天气预报，遇到重要降水天气过程及时向县委、县政府、防汛指挥办公室提供雨情。2001年6月22日，实施梁山历史上第一次人工增雨作业并获得成功，至2013年，累计开展人工影响天气作业70余次，有效地缓解了旱情。

梁山縣志

LIANG SHAN XIAN ZHI

1994—2013

第二十一篇

DI ER SHI YI PIAN

医疗卫生

20世纪90年代初至90年代中期，全县医疗、卫生防疫、妇幼保健体系基本形成，乡镇卫生院逐步得到完善。20世纪90年代末至21世纪初，随着国家整体改革及市场经济的逐步形成，各医疗卫生单位由原来的公益性福利事业单位逐步过渡为自主经营、自负盈亏的企业化管理模式，民营医院、个体诊所大量涌现，村卫生室由原来的村集体所有制变为个体私营，大部分乡镇卫生院实行承包经营，并逐步陷入困境。2003年，随着抗击非典的进行、国家卫生政策的变化，全县卫生工作开始向好的方面转化；至2006年，全县卫生工作创造辉煌业绩，梁山卫生事业得到空前发展，全县整体卫生工作首次跨入全市先进行列。2009年起，国家相继出台政策，逐步加大卫生事业投入，同时启动医药卫生体制改革，从乡镇卫生院到村卫生室各项基础设施建设得到快速发展，基层公共卫生受到高度重视，梁山县被命名为“全省慢性非传染性疾病综合防治示范县”。

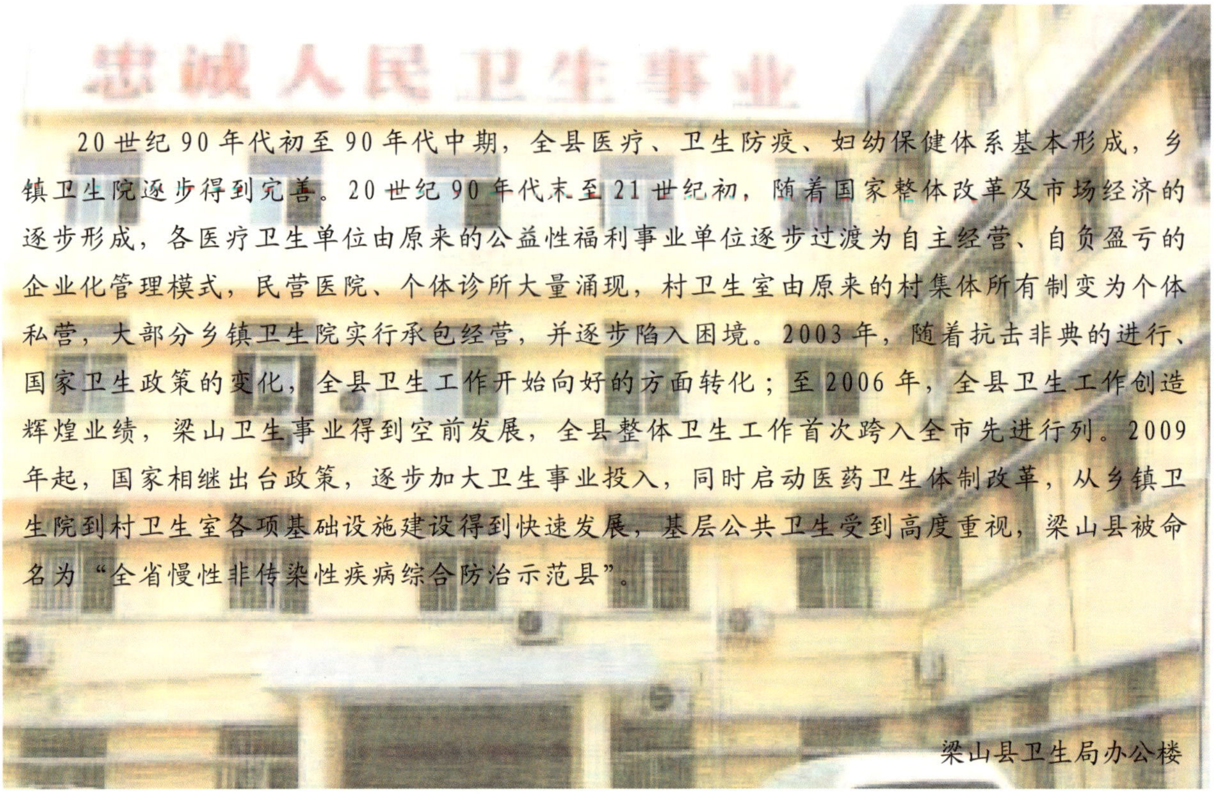

梁山县卫生局办公楼

第一章 卫生行政

第一节 卫生机构

梁山县卫生局，正科级行政单位，县政府组成部门，主管全县医药卫生工作。县卫生局为县政府最早设立的科局之一，始称卫生科；1960年5月改为卫生局，1962年5月改称卫生科，1964年1月改为卫生局，1968年9月县直卫生系统合并组建人民卫生防治院革命委员会，1969年12月设立卫生局革命委员会领导小组，1971年10月，重新设立县卫生局。1980年12月，县卫生局设立党组；1996年1月，县卫生局设立党委，同时撤销党组。

内设机构 1994年，县卫生局内设秘书股、政工股、财务审计股、医政股。2002年9月，县卫生局内设办公室、政工人事科、规划财务科、医政科；2003年3月，增设社会卫生科；2006年6月，增设卫生执法监督科；2007年4月，撤销卫生执法监督科；2009年，重新设立卫生执法监督科。2010年9月，撤销政工科人事，设立人事科教科；撤销社会卫生科，设立基层卫生与疾病控制科；卫生执法监督科改称卫生法制与监督科；2013年11月，撤销基层卫生与疾病控制科，设立基层卫生与妇女保健科、疾病控制科。至2013年，县卫生局内设办公室、人事科教科、规划财务科、医政科、疾病控制科、基层卫生与妇幼保健科、卫生法制与监督科等7个职能科室。

直属单位 1994年，县卫生局辖人民医院、中医医院、精神病院、爱卫办、卫生防疫站、妇幼保健站、卫校、药检所、结防所、地防办等10

处县直医疗卫生单位和16处基层卫生院、16处乡镇防保站。县人民医院为正科级事业单位，县中医医院、县卫生防疫站、县妇幼保健站、县爱卫办为副科级事业单位，其他均为股级事业单位。1996年8月，县妇幼保健站更名为县妇幼保健院；同年12月，建立健康教育所，为股级事业单位。1997年1月，县爱卫办由副科级升格为正科级事业单位，隶属关系不变。2000年4月，设立县红十字会办公室，为副科级事业单位，隶属县卫生局管理。2002年9月，药检所移交县药品监督管理局。2006年5月，设立梁山县新型农村合作医疗管理委员会办公室（简称新农合办），为正科级全额拨款事业单位，隶属县卫生局管理；同年11月，撤销县卫生防疫站，设立梁山县卫生局卫生监督所（简称卫监所，编制40名）、梁山县疾病预防控制中心（简称疾控中心，加挂梁山县卫生检测检验中心牌子，编制80名），均为正科级全额预算管理事业单位，隶属关系不变。其间，基层卫生院亦有合并及更名。至2013年12月，全县有公办医疗卫生机构43处，其中，县直医疗卫生单位13个（人民医院、中医医院、精神病院、妇幼保健院、疾控中心、卫监所、健教所、结防所、地防办、卫校、爱卫办、新农办、红会办），乡镇卫生院13个，社区卫生服务中心2个，乡镇防保站15个。全县有民营医院10处，私人诊所66处。县人民医院、县疾控中心、县卫监所、县爱卫办、县新农合办为正科级事业单位，县中医医院、县妇幼保健站、县红会办为副科级事业单位，其他均为股级事业单位。

第二节 人事管理

人员编制 1990年，县政府实行人员编制管理，卫生事业单位人员安置调动由县编制及人事部门统一管理。1993—2005年，卫生系统副科级以上领导干部由县委管理，卫生局机关副股级以上干部管理权限在县人事局，县级医院正副科主任、正副护士长人员职务及县直卫生单位中层干部由县卫生局直接任命，职工身份人员可聘任股级干部，由县卫生局直接下文聘任。乡镇卫生院干部任免和人员调配划归乡镇政府管理。2005年，县卫生局制定关于加强卫生专业技术人员管理的意见，要求建立和完善依法执业、依法注册、岗位考核制度，卫生专业技术人员调动工作、变更注册，须经本人申请、单位同意、县卫生局批准，先办理工作调动关系，后办理执业注册变更。严禁非卫生技术人员占用卫生技术岗位，对卫生技术岗位上的非卫生技术人员有计划清退，确保卫生队伍的业务水平和整体素质不断提高。2006年，乡镇卫生院人事管理上划县卫生局统一管理。2010年8月，县卫生局就卫生系统中层干部任用管理问题作出规定。同年底，县编办对各乡镇卫生院、街道社区卫生服务中心进行核编工作，按照核定的编制数额和人事管理政策规定对乡镇级医疗卫生服务机构进行了重新定编定岗定员，共核定编制919个，安排到各卫生院和社区卫生服务中心883个，机动数36个，用于调剂使用。在安排到各单位的883个编制中，卫生专业技术人员802个，管理、后勤及其他人员81个。2013年，全县卫生系统人员1666人，其中，专业技术人员1546人，县直单位971人，乡镇卫生院695人。

职称评聘 卫生系统专业技术评审工作始于1987年。1994年后，卫生专业技术职称晋升逐步走向规范，每年评审一次，高级职称由省级有关部门评审，中级职称由市级有关部门组织评审，初级以下职称由县有关部门组织评审，并实行评聘分开，当年，卫生系统共评审、聘任各级各类职称396人。2005年后，卫生系列副高级职称评审工作下放到市级有关部门组织开展。2006年后，初级、中级卫生专业技术资格考试实行网上报名，经县人事部门审核合格后，统一参加考试，考试合格后由省人事部门核发该专业资格证书。2010年后，高级卫生专业技术资格评审严格按照专业技术岗位的设置数量、专业特点和需求进行评审，高级专业技术职务资格人数已超过核准的相应岗位数15%的和尚未实施岗位设置管理制度的事业单位，除引进的急需高层次专业技术人才外，不再推荐申报、评审。至2013年，全县卫生系统有在职专业技术人员1467人，其中，卫生专业技术人员1407人，其他专业技术人员60人；卫生专业技术人员中，正高级18人，副高级89人，中级681人，初级619人。

人才招聘 20世纪90年代以前，大中专毕业生实行统一分配制度。2000年以后，全县实行新的人事管理制度，大中专毕业生不再统一分配，卫生事业单位新进人员实行人才招聘。2004年，县人民医院在县卫生局、人事局等有关部门的支持下，选聘优秀医疗护理人才，并在选聘过程中严格条件、严格程序、严格把关，招聘工作圆满成功。2011年，卫生系统人才招聘对所招人员学历提出新的要求，即必须为专科以上学历，当年共招聘各类卫生专业技术工作岗位55个。2012年，县卫生局会同县人事编制部门招聘事业人员，全县卫生系统共招聘72个工作岗位，其中医疗41人，护理12人，其他专业19人。同年，县卫生局委托县及时雨人力资源开发有限公司，为县直各医疗单位面向社会招聘所需卫生专业技术人员，共招录182个工作岗位。另外，还引进研究生以上学历人才8名，涉及内科、外科、病理科等多个专业。2013年，全县卫生系统共招聘80个工作岗位，其中医疗39人，护理4人，其他专业37人。

职工工资 1993年工资改革，党政机关实行职级工资制，分为职务工资、基础工资、级别工资、工龄工资四大部分，卫生事业人员实行等级工资制，分为工资和津贴两大部分。此后，依据国发〔1993〕79号、鲁人薪〔1995〕3号文件的有关规定，卫生事业单位每两年调整一次工资。2010年进行基层医疗卫生机构综合改革，实行竞聘上岗和绩效工资制度。实施绩效工资后，职工绩效工资水平和全县事业单位工作人员工资水平拉平，部分单位略有提高。2011年，县卫生局、县财政局、县人力资源和社会保障局联合印发《梁山县基层医疗卫生机构绩效考核办法（试行）》，坚持全面、客观、公平、公正、公开、科学的考核理念，建立以社会效益为考核重点的基层医疗卫生机构及其工作人员考核体系，考核结果与基层医疗卫生机构的财政补助、工作人员收入待遇相挂钩。至2013年，乡镇卫生院职工工资水平与党政机关事业单位大抵持平，县级医院略高，县人民医院最高。

第三节 医政管理

分级管理 乡镇卫生院一般为一级医院，县级医院为二级医院。1992年，县卫生局成立医院分级管理领导小组和评审委员会，由卫生局局长担任领导小组组长和评审委员会主任委员，加强对医院分级管理工作的领导。县人民医院、县中医医院、县妇幼保健站及韩岗、梁山镇、小路口、徐集、拳铺5处卫生院相继开展医院分级管理、争创“二级甲”“一级甲”医院活动。同年4月，经山东省卫生厅评审、验收，县人民医院被批准为“二级甲等医院”，梁山镇、韩岗、拳铺、徐集、小路口等5处乡镇卫生院被批准为“一级甲等医院”，县妇幼保健站达到省一级甲等保健站标准。1997年5月，山东省卫生厅批准县中医医院晋升为“二级甲等中医医院”。2013年，县人民医院、县中医医院同时启动迎接二级甲等医院复审活动。同年9月，县中医医院通过省级二级甲等中医医院复审，再次被评定为“二级甲等中医医院”；县中医院肿瘤科、针灸推拿科被济宁市卫生局、济宁市中医药学会授予“全市中医医院等级评审工作先进集体”称号。县人民医院于次年9月通过二级甲等医院复审。

全县医院除分级管理之外，还分为营利性与非营利性医疗机构。2005年10月，县政府批准县人民医院、县中医医院、县妇幼保健院、13处乡镇卫生院为非营利性医疗机构。

执业管理 20世纪90年代，开始实行医师、护士执业资格制度。1993年起，医护执业资格经县卫生技术职务初级评审委员会、县科学技术委员会审核认定后发放医师资格职称证书，凭医师资格职称证书便可从事医临床及护理工作。1995年，全县凡从事护理工作具有护士职称证书或护理专业毕业证书的人员，直接过渡为资格护士并发放护士执业证书；1996年以后，护理人员均需参加国家护士资格考试，考试通过后方可发放护士执业证书。1998—1999年，凡从事临床工作且具有医师职称证书的医务人员，均自然过渡成执业医师并发放执业证书；自2000年开始，医师实行全国资格考试，考试通过后，方可发放医师执业证书。全县平均每年受理医师注册100人左右、受理医师变更40人左右；受理护士注册120名左右，受理护士变更50名左右。至2013年，全县共有医疗专业人员1280人，持证1230人，护理专业人员1490人，持证1476人。

特色专科 1994年，县人民医院被济宁医学院定为临床教学基地，成为重点联系单位，推进预约诊疗服务、优质护理服务、临床路径、检查结果互认、抗菌药物专项整治等工作。1998年12月，中医院骨伤科被济宁市卫生局公布为中医医院重点科室建设单位。2003年，县人民医院小儿科、普外科被评为“市级重点特色专科”。2008年1月，中医院针灸推拿科被国家中医药管理局确定为国家级特色建设专科；2009年7月，针灸理疗推拿专科通过省卫生厅、省财厅验查，获得连续五年的补助资金共300万元。同年8月，县发展和改革局批准设立“针灸理疗康复特色专科项目”。2012年6月，中医院针灸推拿科、中医骨伤科被公布为济宁市“十二五”中医药重点建设单位。2013年5月，中医院针灸推拿科被公布为全国农村医疗机构针灸理疗康复特色专科及全省中医药服务能力提升工程特色专科。

医疗安全 20世纪70年代末，县卫生局设立医疗事故鉴定委员会，此后，根据人员变动情况，80年代先后调整两次，1994年又进行过一次调整。医疗事故鉴定委员会一般由卫生局长任委员会主任，分管医政工作的副局长任副主任，委员由各医疗专业专家担任。负责对全县各级各类卫生机构在工作中出现的差错、事故进行调查、取证、鉴定、分清事故种类（技术事故、责任事故）和事故等级，给当事人双方调解或司法裁决提供依据。2002年以后，医疗事故鉴定改由市医学会负责，县以下卫生行政部门不再承担医疗事故鉴定工作。

第四节 药事管理

20世纪90年代，全县药政管理工作认真贯彻实施国家《药品管理法》，药政管理工作逐步加强。1991年5月，县药品监督检验所通过山东省卫生厅验收，成为全省第一批县级药检所达标单位。1992年，县人民医院等7处医院药剂科通过省卫生厅达标验收。麻醉药品、剧毒药品、精神药品等特殊药品的管理逐步加强，严格掌握购进程序，严格防范违规使用。2002年4月，县药品监督管理局建立，原由县卫生局承担的药政、药检职能及医药管理部门的药品生产、流通监管职能和县卫生局所属的县药品监督检验所，一并划归药品监督管理局。

2005年8月，县卫生局制发《关于加强麻醉药品、精神药品临床使用与规范化管理的通知》，要求各医疗机构切实加强医疗机构麻醉药品、精神药品的使用管理，所购麻醉药品、精神药品一律不得擅自调剂给其他单位，更不得擅自将库存麻醉药品、精神药品销售给其他单位和个人，凡违犯规定的将依法处理，构成犯罪的提交司法机关追究刑事责任。2006年3月，县卫生局对全县取得《麻醉药品印鉴卡》的20家医疗机构，进行麻醉药品管理与使用情况专项检查。

2010年11月，县卫生局成立基本药物合理使用培训指导专家组，主要加强对基层基本药物临床应用的指导，促进基本药物规范使用，提高基层医务人员诊治水平。2011年1月，全县13处乡镇卫生院实施国家基本药物制度，药品实行零差价销售，药品全部在省药品统一招标采购平台购进。2012年1月，全县310处省统一规划的村卫生室全部实施基本药物制度，药品实行零差价销售，药品由乡镇卫生院统一代购配送。同年7月，县卫生局印发《梁山县抗菌药物临床应用专项整治活动实施方案》，进一步加强抗菌药物使用管理，有效控制细菌耐药。

第五节 经费管理

卫生经费 1986年，卫生事业单位开始按财政拨款比例划分为全额事业单位和差额事业单位；其后，县财政对县直卫生事业单位的经费拨付逐年减少，并多年采取增人不增资的财政政策。20世纪90年代以后，卫生经费拨付政策再次调整，对县人民医院、县中医医院实行差额管理的单位，财政拨款逐步停拨；对县卫生防疫站、县妇幼保健院等单位，财政拨款也逐年递减，乡镇卫生院的卫生事业经费更是得不到保障。2005年，县级财政对县直卫生事业单位的拨款降至127万元，乡镇财政对乡镇卫生院的拨款仅为54.6万元。

2006年起，财政拨款逐年有所增加。2009年，国家相继出台政策，各级财政对卫生事业的拨款大幅度增长。同年1月，开始实施政府购买基本公共卫生服务政策，且人年均补助资金不断提高；2009—2010年，按全县人口计，每人每年补助标准15元，其中：中央、省补助6.75元，市补助2元，县补助6.25元；2011—2012年，按全县人口计，每人每年补助标准25元，其中：中央、省补助10.81元，市补助3元，县补助11.19元；2013年，每人每年补助标准提为30元，其中：中央、省补助12.84元，市补助3.60元，县补助13.56元。

2011年起，随着新医改及国家基本药物制度的实施，各级财政开始承担全县基础医疗卫生机构在职人员的工资及“三险一金”。全县13处乡镇卫生院于2011年1月1日实施基本药物制度，药品全部实行零差价销售；县财政拨付13处乡镇卫生院80%的人员工资及100%的“三险一金”，乡镇财政承担13处乡镇防保站人员工资及“三险一金”。全县310处省统一规划的村卫生室于2012年1月开始实施基本药物制度，药品零差率销售；对实行基本药物制度的村卫生室每人每年补助6000元，其中省补助40%、为2400元，市补助25%、为1500元，县补助35%、为2100元；2013年，各级财政补助村卫生室582万元。

另外，根据新医改工作进程，按照省政府及有关部门关于清理化解基层医疗机构债务的文件精神，2011年，县政府成立了由发改、财政、审计、卫生等部门为成员单位的领导小组，并制定实施方案，抽调专门人员对13处基层医疗机构债务进行逐笔核实，锁定2009年12月底前总债务为2049.2万元，其中，基础设施建设维修、设备购置形成的债务768.1万元。按照文件规定，中央、省拨款150万元，市财政拨款78万，县乡财政拨款540.1万元，用于化解基础设施建设、医疗设备购置所形成的债务。至2013年底，应化解债务全部化解完毕。

卫生收费 1994年后，县卫生部门注重加强预算外资金管理，强化财务审计制度，坚持每年对卫生事业单位的会计人员进行培训，并制定财务管理、会计管理、收款室管理、住院处管理、后勤管理等管理制度。同时，要求每个单位至少配备一名会计、一名出纳，坚持做到会计管账不管钱。每年年终，由卫生局规划财务科组织人员对各卫生事业单位财务管理状况进行集中检查。2008年5月，成立乡镇卫生院会计核算中心，由卫生局规划财务科统一管理，并配备4名专职工作人员，对全县13处乡镇卫生院实行“财务统管、集中核算”和“单一账户、集中支付、分户核算”的管理方式，进一步规范了乡镇卫生院会计管理。同年12月，乡镇防保站的财务管理实行“县集中管理、分户核算”，为各乡镇防保站设置独立的账户。

卫生统计　1990年，卫生统计增加20余种常见病的单病种费用统计项目，同时开始实行微机统计管理。2002年起，将包括村卫生室、个体诊所等梁山县辖区内的所有卫生机构统计信息全部录入微机并上传国家卫生部，卫生统计工作逐步规范。在国家卫生部的统一安排部署下，梁山县参与1993、1998、2003年的3次全国卫生服务调查，均圆满完成调查任务。期间，还于2000年开展乡镇卫生院1996年以后欠发工资情况专项调查，于2001年开展乡镇卫生院房屋、医疗设备配备情况专项调查。2008年5月，梁山县作为第四次国家卫生服务调查样本县之一，开展人员培训、入户调查、信息汇总等卫生服务调查任务，共抽样调查5个乡镇、10个行政村的600户、约2300人，圆满完成了卫生部、省卫生厅安排的工作任务。2013年9月，梁山县作为第五次国家卫生服务调查样本县之一，共抽样调查5个乡镇、10个行政村的600户、约2300人。逐户调查填报家庭健康询问调查表，以及县直医疗单位、基层医疗单位机构调查表、医务人员调查表等。

第二章　临床医疗

第一节　中医

中医事业发展　20世纪80年代中期至90年代，全县中医事业走上稳定、快速发展的阶段，县政府成立由分管卫生工作的副县长任组长，卫生、财政、计划、人事、劳动、教育等部门负责人为成员的振兴中医领导小组。1980年，建立县中医医院。21世纪初，中医事业得到进一步发展，至2005年12月，县中医医院占地面积23000平方米，建筑面积19831.44平方米，其中业务用房面积7511平方米，并拥有大中型医疗仪器设备26台件、开设病床100张、干部职工138人；该院成为科室设置齐全、专业技术水平较高的县级综合中医医院和全县卫生事业的重要组成部分。同时，其他各级各类综合医院（卫生院）设中医科室21个，中医医疗从业人员96人，中药剂人员97人。至2013年初，县中医院拥有病床位300张，实有各类人员327人。同年7月，县中医院由原院区（因城市建设拆迁）搬迁至原县劳动技校，新院区占地面积40亩，建筑面积9600平方米，编制床位300张，人员编制515人，其中管理人员7名，专业技术人员480名，工勤人员31名。同年8月，县中医医院通过二级甲等中医医院复验；同年10月，HIS数字化医院信息管理系统在全院正式运行。同时，县人民医院中医科（含针灸科）及乡镇卫生院所设中医科室，随着医院的发展，得到相应发展。

中医治疗技术　1995—2000年，县中医医院内科自拟“愈溃饮”，治疗消化性溃疡及上消化道出血；自拟“排石汤”，治疗胆结石、肾结石；自拟“降糖饮”，以滋阴补肾、清热生津治疗Ⅱ型糖尿；用中药治疗心脑血管疾病、糖尿病、男女不孕不育等疑难症，用肝素钠和葛根素治疗急性心肌梗塞，均取得良好效果。县中医医院骨外科在手法整骨治疗四肢骨折脱位的基础上，开展小针刀治疗颈、肩、腰腿病，三联术治疗先天性髋关节脱位等，均取得良好疗效。中医外科对各种恶性疮疡的治疗有独到的方法和效果；另外，中医医院五官科的牙体种植技术、晶体植入术等高难度技术，填补了县内空白。县人民医院中医科开展中药外敷治疗气管炎、腰椎及颈椎疾病牵引按摩治疗，中药治疗男女不育不孕症，用中药配合牵引疗法治疗腰椎间盘脱出症，疗效明显。2001—2013 年，县中医医院内科自拟“醒脑开窍饮”鼻饲治疗脑出血昏迷，自拟“化疗全软肝煎”治疗肝硬化及腹水病人，均取得良好效果。外科成功完成首例前列腺电切手术，填补了县内该项技术空白。2009 年 4 月，中医院相继设立针灸理疗推拿专科、针灸推拿科病区，开展针灸理疗康复特色专科项目，2012 年，针灸推拿理疗科顺利通过国家中医药管理局组织验收。期间，中医医院设立“国医堂”，聘请退休老中医坐诊。县人民医院中医科，2005 年，开展男性不育症、肥胖症中医治疗，2006 年，开展中医脾胃症及中医妇科的新项目，均取得良好成果。梁山县轴承厂医院自拟中药方熏蒸治疗颈腰椎增生病患者 1800 余例，治愈率达 90% 以上，患者除来自梁山县外，还来自东平、嘉祥、平阴等县。

中西医结合 20 世纪 80 年代以后，中西医结合的方式日趋完善，内容更加充实，除西医学习中医外，主要还有西诊中治、西技中用、针刺麻醉等。西诊中治即利用现代医学检测方法确诊后，用中药、中成药或中西两种药物治疗。西技中用即中医医生学习掌握西医基础理论和诊断技术，能看懂各种现代医学的检测报告单，利用现代医学检测技术对疾病辨证施治。20 世纪 90 年代起，随着现代医学的各种检测技术的发展，中医的“望闻问切”诊断手段得到验证和辅助，中医的诊断符合率和治愈率得以提高，中医医疗技术水平明显提高。1994 年，县人民医院中医科用偏瘫治疗仪配合中草药治疗偏瘫；自制小儿腹泻散配合西药治疗小儿腹泻，均有显效。县中医医院内科于 1995 年用降纤酶和清开灵治疗脑梗塞早期昏迷病人，1999 年用中西医结合方法抢救有机磷中毒病人，2001 年以低分子肝素合用红花注射液治疗急性心肌梗塞，均取得良好疗效。2004 年，县人民医院中医科开展中西医结合治疗乙肝、男性不育、泌尿系统结石等项目，均获显效。

第二节 西医

科室设置 20 世纪 90 年代，全县医疗队伍不断发展壮大，医疗技术不断提高，各医疗单位逐渐按专业分科。1994 年，县人民医院主要设有内一科、内二科、内三科、外一科、外二科、外三科、妇产科、小儿科、五官科、中医科、结防科、急诊室、手术室等临床科室；县中医医院主要设有内一科（以中医为主）、内二科（以西医为主）、外科、骨伤科、肛肠科、针灸科、妇产科、儿科、眼科、口腔科、皮肤科、急诊室、手术室等临床科室。其后，县级医院临床科室逐步增加，至 2005 年，县人民医院设置内一科、内二科、内三科、外一科、外二科、外三科、外四科、妇科、产科、小儿科、急诊科、五官科、中医科、手术室等 19 个临床科室；县中医医院设置急诊科、内科、普外科、骨外科、妇产科、手术室、针灸科、眼科、口腔科等 10 个临床科室。2013 年，县人民医院临床科室又进行一次较大调整分设，内科分设 7 个科室，包括心内、神经、呼吸、消化、分泌、肾病等科；外科分设 5 个科室，包括普外、骨外、胸外、显微外、泌尿外等科；产科分为 2 个，儿科分为 3 个，并增加康复科等科室，临床科室总数达 28 个。中医院临床科室变化不大，共设 12 个临床科室。乡镇卫生院一般设内科、外科、妇产科，少数乡镇设有五官科，小儿科疾病一般由内科医师兼任治疗。县人民医院逐步成为专业分类较齐全、临床科室设置较合理的综合医院。县中医医院临床科室设置相对齐全，乡镇卫生院科室布局逐步合理。

医疗技术 20 世纪 90 年代，县级医院及各乡镇卫生院十分重视临床医疗工作，临床新技术得到应用和推广。2000年前后，由于多方面的原因，临床医疗技术受到一定影响，特别是乡镇卫生院处于勉强维持状态；2005年后，县级医院虽逐步重视临床医疗技术工作，但由于利益驱动使然，临床医疗技术的开展受到一定影响；2010年后，乡镇卫生院则偏重公共卫生，临床医疗得不到足够重视，特别是外科水平逐步下降，有的手术室长期闲置，外科门诊无人应诊。一大批农村需要外科治疗的患者，涌入县人民医院、中医医院和其他系统医院

内科　1994—1999年，县人民医院先后开展了食道调搏术、食道静脉曲张破裂套扎术、光量子治疗脑血栓、肝素治疗心肌梗塞、尿激酶治疗急性心肌梗塞晚期溶栓等症的治疗。2000—2006年，县人民医院先后开展了颅内血肿穿刺治疗高血压性脑出血、血液净化技术、食道气管支架置入术、永久性心脏起搏安装、应用肝素和硫酸镁治疗慢性肺心病、尼麦地林治疗恢复期脑梗塞、急性心肌梗塞溶栓治疗、微创治疗脑出血的改良技术等。

外科　1993—1999年，县人民医院先后开展肾上腺切除术、阴茎再植术、手指再植术、神经移植神经室再造术、椎间盘摘除术、股骨头骨折加压螺旋钉固定术、左半肝规则性切除术、先天性胆总管囊肿切除术、膀胱全切和乙状结肠代膀胱腹壁造瘘术、食管胃单层吻合术等；县中医医院先后开展人工股骨头置换术、开窗治疗腰椎间盘突出症等。2000—2005年，县人民医院先后开展利用胆道镜行肝内胆管结石取出术、多指离断再植术、弃指移位手指再造、胸腰椎骨折AF系统内固定术、左半结肠梗阻改良手术、尿道前列腺电切术、左径右径闭式二尖瓣扩张术、体外循环下心内直视室间隔缺损修补术、脾肾静脉分流术、肝左叶切除术、胆肠吻合术等；2006—2013年，县人民医院先后开展激光治疗大隐静脉曲张术、人工全髋关节置换术、利用显微镜进行脑瘤切除术、腹股沟斜疝无张力疝修补术、胰头癌肿瘤内离子植入治疗术、溴沟区巨大脑膜瘤切除术、全膝关节置换术、全髋关节置换术、高位胸椎骨拆内固定术等。2012年6月，县中医院成功完成首例前列腺电切手术，填补了全县该项技术空白。

妇产科　20世纪90年代初期，县人民医院开展宫颈癌根治术、人工流产无痛术、新生儿窒息新法复苏技术。1996年，开展微波治疗妇科疾病；2000年，开展无疼性分娩；2002年，开展遗传筛查与产前诊断确定遗传性疾病患者和携带者；2005年，开展射频治疗仪的应用；2009年，开展保留子宫动脉的筋膜内子宫切除术和局麻下盆底修复术；2010年，开展张力性尿失禁矫治术、骶韧带悬吊矫治术治疗子宫脱垂、子宫背带缝合治疗产后出血的新技术。

小儿科　20世纪90年代初，县人民医院成功抢救中毒性菌痢、呼吸衰竭、心力衰竭等危重病儿。1997年，相继开展低出生体重儿暖箱救治、急性白血病化疗、恶性组织细胞瘤诊治等，取得较好的效果。2000年，开展经颅缝穿刺放血治疗晚发VK缺乏所致颅内出血合并脑疝，大剂量安定持续静滴治疗重型病毒性脑炎的频繁抽风、留置针静脉穿刺技术；2001年，开展静脉用丙种球蛋白治疗新生儿败血症、新生儿洗胃、雾化吸入；2003年，开展极低出生体重儿肠道外营养支持疗法、无创性正压通气治疗重症肺炎伴呼吸衰竭；2004年，开展静脉用丙种球蛋白治疗重症乙脑等新技术；2006年，开展CPAP治疗重症毛支、丙种球蛋白治疗新生儿溶血症、经皮给药治疗肺炎及腹泻、CPAP治疗一氧化碳中毒的新技术。

五官科　20世纪90年代初，县人民医院先后开展面神经减压术、耳郭再造术、内淋巴囊减压术、颅面联合根治腮上颌窦癌、颈廓肌皮瓣修复上颚缺损，凹鼻整形、滤帘切除术治疗青光眼、残根牙栽桩修复、前牙美容整形修复等几十项新技术。1994—1999年，县医院开展全喉切除术、

腭裂修复咽环扎术、固定整畸术、下颌骨截除肋骨移植术等；县中医院牙体种植技术、晶体植入术等高难度技术，填补县内空白。2000—2005年，县医院开展斜视手术结膜切口改良术、眼球摘除联合Ⅰ期义眼台植入术、喉下咽肿瘤切除及颈部淋巴廓清术、喉疤痕狭窄纠正术、先天性外耳道闭锁成形术、烤瓷牙、铸造牙、牙齿漂白新技术；县中医院承担“光明工程”复明术，开展白内障人工晶状体植入、抗青光眼手术、鼻腔泪囊吻合术、翼状胬肉移植术等。2006年，人民医院开展牙科美容新技术项目。2010年，县人民医院开展超声乳化治疗白内障治疗术和等离子治疗鼾症临床研究。

第三节 护理

梁山县护理工作始于1950年，县人民医院设有护理专业技术人员12人，病床30张，进行肌肉、静脉注射、输液及各种检查治疗准备工作，掌握简单的基础护理技术，分内科、外科和妇产科三个专业。其后，随着临床医疗的不断进步，医院护理工作逐步加强，护理设施得到不断改善，护理人员逐年增加，护理技术逐渐提高。2003年，县人民医院对原有病房改造装修，建立护士站，改善护理设施，增设天轨输液轨道装置，实行中心吸引、中心供氧、床头呼叫的管道化装置。全县护理人员采取各种渠道（电大、函大、自学考试、对口高职等）强化继续教育，1994—2013年，本科毕业达60多人，专科毕业390多人，全县护理人员著书30余部，护理论文分别刊登在国家、省级杂志上107篇，交流论文379篇，护理队伍文化素质得到全面提高。

护理制度 1992年，全县实行医院分级管理，在山东省卫生厅的统一部署要求下，市卫生局进行业务检查督导，要求各医院写出书面申请，进行申报二级、一级医院，在市局的大力支持下，县乡医院分别制订了以岗位责任制为中心的各类人员岗位责任制及查对、差错事故登记、消毒隔离、分级护理、护理文书书写制度45项及护理工作检查标准，逐项检查、扣分，并以经济杠杆约束、与各月奖金挂钩，使岗位责任制及各项制度得到进一步的落实。2004年，县人民医院进行人事制度改革，按照“能者上，庸者下”的原则，进行演讲、评比、打分，选出中层领导，实行科主任负责制，护士长、护士实行双向选择的方法，做到量才实用，调动了护理人员的积极性。2010年，县卫生局制发《关于开展优质护理服务示范工程活动的实施意见》，在全县卫生系统开展优质护理服务示范工程活动，全面推行责任制整体护理模式，落实基础护理内涵，切实履行护士在专业照顾、病情观察、治疗处置、心理支持、健康教育及康复指导等方面的职能，让护理工作更贴近临床、更贴近患者，更能体现护理的专业价值。同年8月，县人民医院率先开展优质护理服务活动，并推出神经内科、神经外科第一批优质护理示范病房；2011年，外三科和内一科被市卫生局授予“优秀护理示范病房”。至2013年，县人民医院共推出11个优质护理示范病区，覆盖率58%。

护理技术 1992年，县人民医院护理部按照山东省卫生厅制定的《护理三基训练标准》，及济宁市卫生局“创甲办”要求，制订19项技术操作规程，制作成录像带，对45岁以下的护士多次进行理论考试和技术操作考核，并多次演练人工呼吸（单人、双人）、吸氧、吸痰、胸外心脏按压术及呼吸机使用操作，人人达到合格要求。1995年，县人民医院开展“护理智力比赛”，其中外一科、手术室获一等奖，小儿科、内科、急诊科获二等奖、三等奖，从此全院增强了学习业务知识的氛围，改变了护理人员只会服药、打针、试体温的“三部曲”。1997年，在全县“创甲、保甲”的基础上，全县护理技术上了一个新台阶，随着医学科学的发展，护理人员的知识技能不断更新。同年，县人民医院妇产科护士熟练掌握了电脑胎心监护仪的使用，小儿科护士运用暖箱救治护理低体重儿、蓝光照射治疗新生儿黄疸和经皮肤监测黄疸指纹等操作。内科使用心电监护仪、呼吸机抢救无数例危重病人，降低了病死率。同年5月，县人民医院举办了各科室6项操作（肌肉注射、静脉输液、吸氧、吸痰、无菌技术、铺床）业务技术大比武，宋秋荣、张雪英、房秀民等获一等奖，护理部主任沈祥兰获济宁市政府颁发的劳动模范证书。1998年，县人民医院小儿科采用头皮静脉采血和1%碳酸氢钠洗胃治疗新生儿呕吐技术。同年10月，县人民医院护理开始使用静脉留置针的应用技术，使每一位具备适应证的患者及昏迷、危重病人真正的受益，一次穿刺可保留7～10天。2000年，县人民医院外三科护士发明两用一次性输液器，获国家专利。2001年，县人民医院妇产科一产妇产下五胞胎（3女2男）低体重儿，除1女新生儿出生时死亡，其余二男二女在小儿科运用婴儿暖箱，经35天的特护，4例早产低体重儿均成活出院。

护士节日 1994年护士节之际，济宁市在梁山县人民医院召开由各县、市、区医院护理部主任参加的“护理文书软件”现场会。1995年后，县卫生局及县人民医院在每年护士节期间，均举办不同形式的纪念活动。2006年4月，县卫生局确定在“5•12”国际护士节期间，举办较大规模的庆祝活动，包括评选表彰30名优秀护士、举行护士节庆祝大会、组织护士节文艺联欢；同年5月，县卫生局举行“5•12”国际护士节庆祝大会及文艺联欢晚会。2010年12月，县卫生局组织开展优质服务示范工程活动，在全社会树立医疗卫生行业全心全意为人民服务的良好形象。2012年5月护士节期间，县人民医院开展“优质护理服务在我心中”演讲比赛活动。

第四节 检验

科室设置 1993年，县人民医院设有检验科、放射科、麻醉科、特检科、B超室、心电图室、脑电图室等医技检验科室；县中医院医技科室有检验科、放射科、心电图室、脑电图室、B超室、药剂科、制剂室；乡镇卫生院都建有放射科。1996年，县人民医院放射科改为影像科。1997年，县中医医院与省卫生资源中心联合建立CT检查室；1998年，县人民医院设立门诊心电图室，其后，设立病房心电图室。2004年，县人民医院特检科改为功能科，同时新增支气管镜、胃镜室、碎石和肺功能测定室。

主要设备 20世纪90年代初，县人民医院、县中医医院及乡镇卫生院只有一般的检验设备，只做一些简单的化验项目。1992年，山东医学院附属医院支援县人民医院日产岛津头颅CT一部，由此结束了县级医院无CT的历史。此后，县人民医院、县中医医院持续加大投资，相继购置现代医技检验设备。1995—2000年，县人民医院先后投资1270多万元，相继购置了日产岛津SCT—4800TE型全身CT机、日产500MA遥控X光机、快速洗片机、内窥镜、高频电刀、血流变仪、血沉分析仪、动态心电和动态血压仪、多导心电图机等，还购置血液透析机和血球计数仪等大型设备。2002—2007年，先后投资3000多万元，购置美国GE公司0.35T永磁型磁共振、全自动生化分析仪、阿洛卡彩超、NT9200数字脑电图机、全自动血流变仪、电化学发光仪等设备。2008—2013年，先后投资11700万元，相继购置美国GE公司0.35T核磁共振、1.5核磁共振2台、64排CT机2台、数字胃肠机2台、DR2台、阿洛卡彩超、GE—1200心电图机、NT9200数字脑电图机、数字乳腺机（钼钯）、直线加速器、数字胃肠机、B超仪等医疗设备。同时，更新16排螺旋CT机和数字胃肠机各1台。至2013年，县人民医院拥有直线加速器、螺旋CT机、CR机、数字胃肠机、全自动生化分析仪、C型臂、彩超、碎石机、切片机、胃镜仪、血分析仪、透析机等大型医疗设备180余台，建有医疗急救中心、肿瘤放疗中心和血液透析中心。乡镇卫生院普遍配备 100MAX ～ 200MAX 线诊断机、B 型超声诊断仪和心电图机。

检验技术 20 世纪 90 年代初，县人民医院相继开展尿液分析、血气分析、血清铁测定、淋巴细胞绝对值计数、纤维蛋白降解产物测定、甲肝、丙肝抗体测定、甲胎蛋白放免定量分析等项目，还开展周围血管造影、脑血管造影、贲门病变的气腹和钡餐双重造影。1994—1996 年，先后开展血清胰岛含量测定、骨性碱性磷酸酶测定、淋球菌抗体测定。1998 年，开展了 B 超引导下肾囊肿穿刺术和输卵管通液术等新技术、CT 定位下导引穿刺颅内血肿和肺内肿块技术。2000 年，开展高低密度脂蛋白心肌酶谱测定、肾功能试验、性病五项检测、介入放射诊断治疗术、股骨头无菌坏死导管溶栓治疗术，填补县内放射导管介入治疗的空白。2001 年，开展结核抗体和肿瘤相关抗原检查、介入治疗术。2002 年，开展乳腺雌激素受体（ER）、孕激素受体（PR）的检测、乙肝病毒 PCR 定量测定等。2005 年，开展血气分析、肿瘤标志物、心肌标志物、性腺激素等检查项目；2008 年，开展基因扩增分析技术；2011 年，开展同型半胱氨酸检测；2012 年，开展急诊干生化分析；2013 年开展血培养系统和药敏分析。县中医医院自 20 世纪 90 年代中期也相继开展肝功、肾功、血脂、蛋白、心肌酶谱、血 Ca、乙肝五项、丙肝、胆碱酯酶等检验项目，2005 年，开展艾滋病、梅毒、食毒检测；2011 年新设胃镜检查室。

第五节 药剂

县人民医院初设药械部及药剂科，后改设为药剂科与设备科，并设有门诊药房与病房药房；中医医院设有药剂职能科室，并设有中药房与西药房。20 世纪 90 年代，县人民医院设有制剂室，主要生产输液剂、普通制剂、中药制剂；2004 年 11 月，制剂室输液剂停止生产；2009 年，制剂室停止生产并撤销。药品采购起初相对分散，2005 年 6 月起，药品采购统一执行济宁市药品集中招标采购价格；2010 年 1 月起，药品采购统一执行山东省药品集中招标采购平台公布价格。2012 年 8 月，全面实施抗菌药物分级管理制度。

药剂管理由最初的人工管理逐步实现微机化、网络化管理，县人民医院率先实施住院电子病历、门诊电子处方，全院药剂实现网络化管理。同时，不断加强药房规范化建设。1994 年 6 月，在县级医院二甲创建活动及评审中，县人民医院药剂科率先通过“二甲”标准评审；2000 年后，市县有关部门多次组织开展“示范药房”创建活动，均取得较好效果。2006 年 12 月，县乡医疗机构启动药剂科标准化建设及药品使用规范化管理达标活动，至 2008 年 12 月，县人民医院、县中医医院及乡镇卫生院相继完成药品使用规范化管理达标。2009 年 8 月，县卫生局制定《药品使用目标管理方案》，控制药占比及抗菌药物的使用；2010 年 8 月，县卫生局依据国家政策，制定基本药物目录；同年 10 月，按照省市卫生部门统一部署，全面实施国家基本药物制度。2011 年，县人民医院、县中医医院相继制定基本药物制度实施方案，规范临床用药和辅助用药，推进合理检查、合理用药，严格控制医药费用过快增长，停、降部分药物品种，药品收入占业务收入比重明显下降。2012 年 12 月，示范药房创建达标工作完成并通过验收，县人民医院药房通过市级“示范药房”验收，并获得济宁市卫生局、济宁市食药局颁发的“济宁市不良反应报告与监测上报先进集体”称号。2013 年 1 月，县人民医院等县乡医疗机构，根据卫生主管部门的统一部署，全面修订制发《基本药物实施方案》《基本药物优先合理使用实施办法》《药品使用目标管理方案》及《抗菌药物应用与管理细则》；此后，抗菌药物管理得到加强，县人民医院总药占比由原来的 54.18% 降到 40% 以下，并大幅度对药品进行降价，降价品规达到 200 多种，让利于民 600 多万元。

第六节 县医院

梁山县人民医院（简称县医院）是一所集医疗、预防、保健、康复、科研、教学为一体的公立综合二级甲等医院，为止科级事业单位，隶属县卫生局管理。

县医院始建于1949年10月，时称县政府卫生所，先后改称县人民卫生院、县人民医院。1999年，投资1000余万元，动工兴建建筑面积10200平方米的门诊和急救中心综合楼，2001年3月正式投入使用。2004年，开工建设传染病房楼及沿街综合服务楼等。2010年4月，投资6500万元，开工建设12层、高度为56.1米、建筑面积20300平方米急救病房综合楼，2012年10月正式竣工并投入使用。至2013年，县医院占地面积7.1万平方米，建筑面积近8万平方米；全院固定资产达1.28亿元。

1994年，县医院被省卫生厅批准为“二级甲等医院”，被济宁医学院定为临床教学基地。1995年，医院职工人数478人，其中高级专业技术人员25人，中级专业技术人员135人；设有医务科、护理部、药械部等9个职能科室和内一、内二、内三、外一、外二、外三、妇产等16个临床及医技科室。至2005年12月，全院科室设置达40个，其中，设临床科室18个、医技科室10个、职能科室12个，编制床位370张；全院人员发展到506人，其中高级卫生技术人员62人，中级专业技术人员230人。至2013年，县医院拥有职工1220余人，中高级专业技术人员380人；设有心内、神经内、血液、呼吸、消化、泌尿、肿瘤、胸外、普外、骨科、妇科、产科、儿科、中医科、口腔科、眼科、耳鼻喉科、感染疾病科、急诊科、ICU、手术室、体检中心、放射科、检验科等30个临床科室、15个医技科室，其中，小儿科为市级特色专科，心内、神经内等13个县级重点专科；全院开放床位975张。

梁山县人民医院

1994年，县医院拥有较为完善的医疗设备。2000—2010年，先后投资3600余万元，相继购置日产奥林巴斯全自动生化分析仪、螺旋CT机加拍片机、东大阿尔派500MA数字胃肠机、血液透析机、血球计数仪、日产电子胃镜、纤维支气管镜、尿道膀胱镜、电切镜、CR机（多通道数字摄片）、全自动血流变仪、病理切片机、核磁共振阿洛卡彩超、GE—1200心电图机、NT9200数字脑电图机、AU—2700全自动生化分析仪、电化学发光仪、16排螺旋CT机、小儿支气管镜、母婴监护仪、小儿高压氧等万元以上大型设备。2011—2013年，先后投入3000余万元，购置64排CT机、GMM1000毫安数字胃肠机、乳腺机、全身自动生化分析仪、DR、GEE9彩色多普勒、全自动化发光仪、1.5核磁共振、德国进口腹腔镜、膝关节镜、胃、肠等系列内窥镜等大型设备，同时投入1000万余元，升级改造和更新医院信息管理系统，县医院信息化水平全面提升。

随着医院规模的不断扩大和医疗技术水平的不断提高，门诊量、治愈率等大幅提升。2005年，门诊量180986人次，住院量18780人次，治愈好转率87.5%，床位使用率90.72%，年业务收入6888万元；2010年，门诊量336916人次，住院量30165人次，治愈好转率96.2%，床位使用率120.89%，年业务收入16630万元；2013年，门诊量512604人次，住院量40248人次，治愈好转率97.08%，床位使用率149.48%，年业务收入28436.8万元。县医院先后获得“梁山县十佳文明服务窗口”“济宁市卫生系统先进集体”“山东省百姓最信赖十佳医院”“全国诚信示范医院”等荣誉称号。

第三章 基层卫生

第一节 乡镇卫生院

乡镇卫生机构从建县初设立，随着区划及政策变化，几经分合演变，1994年，全县有乡镇卫生院16处，乡镇卫生防保站16处，卫生院长兼防保站长，并设专职副站长，实现乡镇医疗防保一体化。1996年7月，经市卫生局批准，韩岗、徐集、拳铺、黑虎庙、小路口为中心卫生院。2000年4月，因区划调整，将李官屯、王府集、信楼三处卫生院及防保站，分别并入小安山、馆驿、徐集卫生院。至2005年底，全县有乡镇中心卫生院5处，一般乡镇卫生院8处，防保站13处，职工704人，其中卫生专业技术人员654人，设有病床位294张。2007年7月，设立梁山县经济开发区防保站、杨营防保站；2010年10月，撤销梁山镇卫生院，设置梁山街道社区卫生服务中心、水泊街道社区卫生服务中心。至2013年，全县有乡镇卫生院13处，社区卫生服务中心2处，防保站15处，职工674人，其中卫生专业技术人员641人。

1998年，乡镇卫生院开始推行乡村卫生管理一体化，从一定程度上促进了乡镇卫生院的发展。2001年后，由于管理及利益分配等方面的原因，乡村卫生管理一体化逐步解体，乡镇卫生院发展随之趋缓。2006年，乡镇卫生院逐步收回并上划县级管理。2009年起，实施“卫生强基工程”。

下放乡镇管理 乡镇卫生院原由县卫生局统一管理。1988年1月，县政府确定将乡镇卫生院下放乡镇，人事、经费由乡镇政府管理，县卫生局只进行业务指导。由于多数乡镇政府对卫生院发展重视不够，加之业务不熟，以致造成乡镇该管不愿管、不会管，而卫生部门想管不能管的局面。继而造成乡镇卫生院领导班子不能及时调整，卫生技术人员难于合理调剂，有的将非卫生技术人员安排到卫生院上班，而专业技术人员难以调入。至1993年，随着市场经济的影响及卫生改革的深入，乡镇政府对卫生院的投入逐渐减少，乡镇卫生院逐步实行自主经营。

个人承包经营 2001年起，全县13处乡镇卫生院除小路口卫生院之外，其他12处先后实行个人承包制经营；其后，乡镇卫生院经营状况日趋下滑，逐步走到难以为继的地步，国有卫生资源大量流失，医务人员大半自谋生路，退休人员集体上访不断，严重制约了卫生院的生存及发展。在乡镇卫生院承包经营中，韩垓、赵堌堆2处卫生院复杂的承包情况，特别是韩垓卫生院曾两度与个人签订承包合同，给乡镇卫生事业发展带来严重损失，为以后政府收回管理带来严重困难。

统一收回管理 2006年3月，为扭转乡镇卫生院困难局面，县卫生局组织有关方面依法废除原承包合同，先后无偿收回大路口、寿张集、小安山、馆驿、韩岗、徐集、拳铺、马营、黑虎庙等10处乡镇卫生院的自主经营管理权，卫生院公益性服务体系逐步恢复建立。同时鼓励县级公立医疗机构通过托管、兼并、合作经营等方式，参与乡镇卫生院的建设和运营，并确定由县人民医院联办小路口中心卫生院，由县中医院帮扶黑虎庙中心卫生院，联办、帮扶以技术指导、人才培训、功能完善为重点，并动员组织县级医疗卫生机构开展下乡服务、对口支援活动，帮助农村基层提高医疗卫生服务水平，启动、增强乡镇卫生院发展活力。自此，多数镇卫生院的技术水平、业务收入等有所提高，乡镇卫生院的困难局面逐步扭转。但是，由于韩垓、赵堌堆情况特殊，2012 年 7 月由县法院判决：终止 2007 年 7 月韩垓卫生院与个人签订的经营管理合同，由韩垓卫生院支付给个人 394.58 万元，该院通过法律程序收回；2013 年 3 月，由政府出资 52.6 万多元，收回赵堌堆卫生院经营管理权。

上划县级管理　2006 年 10 月，县卫生局提出乡镇卫生院上划管理问题，当年 12 月，县政府以梁政字〔2006〕58 号文正式批转卫生局关于乡镇卫生院上划管理的报告，确定将全县 13 处乡镇卫生院人员、业务、经费等全部上划县级卫生行政部门按职责管理，要求乡镇卫生院人员实行下管一级，做到管人管事相统一；业务工作和经费及资产由县卫生局统一管理。卫生、人事、财政等部门上划工作顺利完成，实现了乡镇卫生院人员、业务、经费上划县级卫生行政部门统一管理。

卫生强基工程　2009 年，全县卫生系统实施“卫生强基工程”，充分利用现有卫生资源，实施县级医疗卫生机构帮扶乡镇卫生院和社区卫生服务机构、乡镇卫生院帮扶村卫生室活动，确定县人民医院帮扶小安山卫生院、馆驿卫生院、大路口卫生院，县中医院帮扶梁山镇卫生院（水泊街道社区卫生服务中心、梁山街道社区卫生服务中心）、马营卫生院，县妇幼保健院帮扶寿张集卫生院，“卫生强基工程”每 3 年为一帮扶周期。2012 年 10 月，县卫生局研究确定 1230 名医务人员对口联系帮扶全县 615 个行政村，选派的医务人员每月利用不少于 3 天的时间到对口联系帮扶村开展工作，并要求任何单位或个人不得擅自改变对口联系帮扶关系，不得减少对口联系帮扶时间。

卫生院选介　2013 年，全县有乡镇卫生院 13 处，其中，中心卫生院 5 处，一般卫生院 8 处。

马营卫生院　该院位于县城西部、马营镇政府驻地，始建于 1958 年 8 月，时称芦里公社卫生院；1982 年 3 月，芦里公社卫生院改称马营公社卫生院（后公社改称乡）；1987 年，马营乡卫生院改建为梁山县精神病医院，同时保留乡镇卫生院机构编制；其后，梁山县精神病医院与马营卫生院实行一个医院、两块牌子，是一所既承担乡镇基本医疗、预防保健、公共卫生管理，又担负全县及周边精神疾病治疗、康复、保健的综合性医院。

马营卫生院占地面积 22 亩，建筑面积 7300 平方米，拥有门诊楼和病房楼各一栋；全院在职职工 60 人，其中专业技术人员 59 人（高级 2 人、中级 18 人，其他 39 人）；设内科、外科、妇科、儿科、精神科、心电图室、检验室、X 光室、药房等 12 个科室，临床科室以精神科为主，设置各类病床位 144 张。该院拥有 300MA 的 X 光机、全自动生化分析仪、自动分析心电图机、脑电图地形仪、血球分析仪、全自动尿分析仪、彩色 B 超等医疗设备。

该院自建院起，曾下放乡镇管理，并几度承包；20 世纪 90 年代末至 21 世纪初，由于各种原因，医院状况每况愈下，处于濒临倒闭的状态。2006 年起，马营卫生院管理全面加强，院容院貌貌焕然一新，业务收入快速持续大幅度增长，2006 年业务收入由原来不足 20 万元增至 36 万元，2009 年增至 240 万元，2012 年增至 613 万元，2013 年达到 1125 万元；职工人收入由原来的仅发 200 元生活费，实现了工资按标准足额发放，人均增加 2000 多元，成为该院有史以来收入最多、发展最快、最有成就的时期。

该院坚持一切以病人为中心，改变传统管理模式，优化组合科室，强化临床科室，组建神经系统疾病治疗中心，为精神系统疾病的人群提供康复绿色通道。2009年，完成门诊3000多人次，收治住院病人1385人次，病床使用率达90%以上；该院在实施新医改、强化公共卫生服务中，建立数字化预防接种门诊，并通过省级验收，率先完成从以医疗为主到预防为主、防治结合的体制转型。2006年后，马营卫生院在全县乡镇卫生院综合考核中，连续名列第一；全县基层院站所群众满意度调查获97.399的好成绩，满意度评比获第一名。2013年3月，马营卫生院代表济宁市迎接全省公共卫生服务项目检查，获第一名。

拳铺中心卫生院　该院位于县城南部、拳铺镇政府驻地，始建于1959年，是一所集医疗、急救、疾病预防、母婴保健、社区卫生服务为一体的一级甲等医院。至2013年，全院占地面积17160平方米，建筑面积5500平方米，拥有办公楼、门诊楼、病房楼各一栋；共有在职职工64人，其中中级及以上专业技术人员27人；设有预防保健科、内科、外科、妇产科、小儿科、口腔科、中医科、针灸理疗科、检验科、放射科、心电、B超、中西药房等业务科室；拥有DR、500毫安双管双床X光机、血流变仪、血球计数仪、生化分析仪、尿分析仪、彩色B超机、洗胃机、多功能手术床等医疗设备；全院固定资产达310余万元。

1990—2000年，拳铺卫生院实行乡村一体化及药品代购分发政策，取得良好经济效益和社会效益，促进了卫生院的快速发展。2001年，拳铺卫生院实行承包经营，卫生院发展受到严重影响。2006年起，随着国家政策调整和乡镇卫生院逐步收回管理及上划县级统一管理，拳铺卫生院再次焕发出勃勃生机，2008年，该院实现业务收入311万元，较2005年翻了两番。2013年，全年实现诊疗7.33万人次，业务收入达到750余万元。

该院坚持以病人为中心，以提高医疗服务质量为主题，全面构建和谐医患关系，并不断改善医疗环境，对药房及检验室设施全部进行更新，在济宁市组织的创建“规范化药房”活动中被评为“济宁市示范化药房”，成为全县唯一受此殊荣的一级甲等医院。

第二节 村卫生室

农村卫生室始于1956年，由农业生产合作社兴办，初称保健室；1968年，乡村保健室改称农村卫生室；1987年，基层卫生组织整顿，全县653处行政村卫生室统一换发执照。1998年，推行乡村卫生一体化管理；1999年，全县1126个村卫生室和个体诊所组合为卫生院门诊部269个；2001年，一体化管理逐步自行解体；2006年，重启乡村卫生服务管理一体化；2009年8月，乡村卫生服务一体化管理进入新的阶段。至2013年底，全县设村卫生室502个，其中，省级规范化村卫生室310个，市级规范化村卫生室192个。

村卫生室管理　1999年4月，县卫生局印发《关于进一步加强村卫生组织规范化管理的意见》；同年9月，梁山县召开乡村卫生组织一体化管理工作会议，乡镇卫生组织管理一体化在全县推开。2001年，乡村卫生一体化解体后，由于多方面的原因，村卫生室设置过多，有的1000多人的村多达6家卫生室。2005年，县政府制定《关于梁山县乡村卫生服务管理一体化暂行办法实施细则》，但未能实施；2006年，县卫生局重新修订完善乡村卫生服务管理一体化制度，制定规范化村卫生室基本职责和建设标准，积极稳妥推进乡村卫生服务管理一体化，县委、县政府召开全县乡村卫生服务一体化管理大型动员会议进行部署，全县乡村卫生服务一体化管理工作重新逐步推开。2008年，按照市卫生局《关于加强村卫生室规范化建设的意见》，乡村卫生服务管理一体化全面推开，村卫生室规范化建设开始启动。2009年，开展村卫生室量化分级管理工作，分为A、B、C、D四级，对评定为A级的村卫生室，在资金投入、政策扶持等方面给予优先考虑，对其工作人员进行表彰奖励；对评定为D级的村卫生室，将暂缓校验，暂缓检验期满仍未能改正的，依法吊销其《医疗机构执业许可证》，其工作人员暂停6个月后另行调配使用。至2013年，乡村卫生服务管理一体化管理正常运转。

乡村医生管理　乡村医生，曾称“赤脚医生”。卫生部门注重赤脚医生培训工作，先后于1968年、1975年分批对全县1335名赤脚医生进行培训。1981年，对全县1930名赤脚医生统一考试考核，其中有601人达到中专水平，发给乡村医生证书；1989年，经考试考核，有366人获得医师职称，303人获得医士职称，34人获得卫生员职称。

1999年，从1649名乡村医生中择优录取1100人，由乡镇卫生院根据每个乡村医生的工作业绩，按月发放工资。2004年8—10月，先后两次对乡村医生进行执业注册考试，全县共有1339人考试及格，获得山东省卫生颁发的乡村医生执业资格。2007年5月，全县乡村医生集中开展学历教育，采取集中学习与自学相结合的半脱产教学方式，学制三年，集中理论学习1100学时左右，允许学员分阶段完成学业。学员完成规定的全部课程，经考试、考核合格后，颁发省教育厅验印的普通中专毕业证书，国家承认学历，允许参加执业助理医师考试。2008年7月，对全县乡村医生执业注册重新登记备案。2009年8月，村卫生室人员一律实行聘任制，工资报酬实行定岗定位，定职责，定任务，定奖惩的目标管理责任制，乡镇卫生院对辖区内的乡村医生按行业资质管理准入制度进行综合考核，建立乡村医生档案。2012年1月，村卫生室实施基本药物制度，省、市、县每月对乡村医生基本药物制度补助500元／人，全年6000元／人。乡村医生收入主要包括各级财政补助收入、公共卫生服务项目补助收入、一般诊疗费收入3项。至2013年底，全县有乡村医生2126人。

第三节　社区卫生

服务机构　城市社区卫生服务机构正式建设始于2008年初，社区卫生服务体系建设经费，由市、县两级财政按照1:1比例安排，市级财政对每个社区卫生服务中心和社区卫生服务站分别安排15万元、3万元建设专项资金。同年4月，卫生局制发《梁山县城市社区卫生服务体系建设实施方案》，当年10月，原梁山镇卫生院改建成梁山街道社区卫生服务中心，依托县中医院设立社区卫生服务中心；设立县人民医院机关门诊部人民中路、县中医院迎宾路、梁山街道水泊西路、梁山街道北关4处社区卫生服务站。2011年，梁山街道社区卫生服务中心改为水泊街道社区服务中心，其后，建成两处社区卫生服务站，即：水泊街道社区服务中心景区服务站和县疾控中心社区卫生服务站。至2013年，全县有社区卫生服务机构8处，其中，社区卫生服务中心2处，社区卫生服务站6处，共有全科医师50名，护士40名，以及其他人员9名。

医疗服务　为确保服务质量，卫生部门每年对社区卫生服务的全科医师、社区护士、社区公共卫生医师及管理人员进行岗位培训。同时，定期例会调度社区卫生服务工作进展情况，重点了解掌握人才培养、财务、监督管理、药品管理、质量控制、行业作风、公共卫生服务进度及内容，及时传达相关精神，研究解决出现问题。社区卫生服务机构按照服务区域，积极开展社区卫生服务，至2009年8月，建立城市居民健康档案107552份，为14028名慢性病患者、9985名60岁以上老人、204名残疾人建立了专门健康档案，并对其进行随访和健康指导。

第四节 私营医疗

私营医疗概况 1990年4月，县卫生局制订《梁山县个体开业行医管理修订办法》，对私人办医进行规范。1999年3月，县卫生局印发《关于在城区实行社会办医、个体行医正规化管理实施细则（暂行）》，进一步对各类个体医疗机构实施规范化管理。此后，个体诊所及民营医院逐步发展。但在执行过程中，由于多方面的原因，造成医疗市场混乱，无证行医、借证行医屡禁不止，特别是城区一村多室、一路多所现象普遍存在。至2005年底，梁山县城区个体私营诊所发展到104处，全县各类私营医院、门诊部15处。2006年，停止对个体行医审批，并逐步对医疗市场进行整顿。2008年，恢复审批个体诊所，到2013年，梁山全县私营医院10处，职工医院2个、门诊部4处，诊所73处，城区个体诊所技术人员160人。县内具有一定规模的私营医院主要有友谊医院、博爱医院、中爱医院、仁和医院等，私营医院多为一级综合医院，少部分为专科医院。

博爱医院简介 梁山博爱医院始建于2000年9月，时称梁山县红十字会博爱医院，后更名为梁山博爱医院，是一所集医疗、预防、保健、康复等多种功能于一体的民营一级综合医院。该院前身为地处东平湖滞洪区、位于蒙馆路北侧的王府集乡卫生院，当时仅有20世纪90年代初期所建20多间小平房，后在此基础上由社会有关方面筹建起红十字会博爱医院。博爱医院自建院起，秉持“以人为本、人道博爱”的办院宗旨，全面实施人性化管理，医院把医务人员当上宾，诚心尊重；医生把病患百姓当上帝，竭诚服务。由此，聚集了一大批高级专业人才，县内及省内知名医疗专家纷纷加入博爱医院行列；吸引了众多的病患百姓，梁山县东南、东北部及周边东平、汶上县等地患者大都到博爱医院寻诊就医。至2013年，博爱医院占地24.4亩，建有综合门诊楼、大型病房楼等，建筑面积达10300平方米，其中业务用房8576平方米；拥有美国GE双排螺旋CT、美国GE四维彩超、柯达CR-975、RH51-5数字肠胃机、全自动生化分析仪、微量元素检测仪、数字脑电图仪、动态心电监护仪、全自动麻醉机等大型仪器设备；设有内科、外科、妇产科、小儿科、口腔科、眼科、中医科、肛肠科、针灸理疗科、儿童康复科、医学影像科、医学检验科等20多个临床、医技科室，开放病床位220张；全院有医疗卫生专业技术人员121人，其中主任医师、副主任医师等高级专家12人，中级专家29人；年门诊达62100人次，年出院59500人次；业务收入由2000年建院之初的20多万元，增加到2000多万元。

第四章 公共卫生

第一节 疾病防控

计划免疫接种 20世纪90年代，县、乡、村三级均成立计划免疫冷链运转领导小组、异常反应诊断处理小组，适龄儿童普遍实行两卡一证预防接种制度，严格按照免疫程序实施接种，经国家、省、市多次考核验收，“四苗”正规接种率均在95%以上，相应的传染病发病率明显下降。麻疹、百日咳、白喉近40年全县无发病；脊髓灰质炎达到基本消灭的标准；新生儿破伤风等也得到有效的控制，如期实现三个85%的目标。2008年5月，实施扩大国家免疫规划，儿童免疫规划的疫苗由8种扩大到14种，针对传染病有9种扩大到15种。2009年，补种乙肝疫苗列入国家重点公共卫生服务项目之一，利用3年时间在全县范围内对1994—2001年出生的未免疫儿童实施乙肝疫苗接种。2010年5月1日起，为乙肝病毒感染孕妇所生新生儿免费接种10ug/支乙肝疫苗。同年8月，在全县范围内开展医疗机构产科接种室免疫规划信息管理系统建设和应用工作，马营乡防保站率先建成梁山县首家数字化预防接种门诊，实现取号、登记、接种、留观为一体的数字化服务系统。2012年10月，通过济宁市疾控中心专家组对全县14处预防接种门诊的考核验收。同年11月，梁山县数字化预防接种门诊代表济宁市通过全省国家免疫规划督导评估。全县14处预防接种门诊先后通过省、市级规范化预防接种门诊验收。

急性传染病防治 2003年，“非典”列入二类管理传染病；2004年，手足口病、甲型H1N1流感列为传染病，不明原因的肺炎也被纳入报告范围。至2013年，通过系统直报的共有3类39种法定传染病，主要包括：传染性非典型肺炎（简称非典）、流行性出血热、流行性脑脊髓膜炎（简称流脑）、流行性乙型脑炎（简称乙脑）、脊髓灰质炎（俗称婴儿瘫）、麻疹、流感、禽流感、霍乱、副霍乱等。不同传染病报告时限不同，医疗机构在诊断鼠疫、霍乱两种甲类传染病以及乙类传染病中的肺炭疽、非典、脊髓灰质炎、人感染高致病性禽流感及不明原因疾病暴发等，需要在2小时内报告；其他乙类、丙类传染病，需要在24小时内报告。

抗击非典 传染性非典型肺炎（简称非典）是一种新发传染病，自2002年11月份在广东佛山发现首例病人后，迅速蔓延，呈严重暴发流行趋势。2003年3月，梁山县认真贯彻落实党中央“沉着应对、措施果断、依靠科学、有效防治、加强合作、完善机制”的总体要求和省委、省政府提出的“堵住源头不输入，一旦输入不扩散，医护人员不感染，及时治疗不死亡”的工作目标，实行全民动员，群防群控，筑起抗击非典的坚固防线。县政府成立抗击非典指挥部，由县长任指挥长，卫生、公安、工商等20余个单位为成员单位，指挥部下设综合协调组、技术指导组、药物消毒组、检测检验组、宣传发动组、后勤保障组、热线咨询组、办公室等8个专业组织；各乡镇也成立相应组织，县、乡、村之间相互联动，全天候联络畅通无阻。抗击非典期间，县政府及有关部门加大宣传力度，使全县人民认识“非典”危害，掌握预防方法，树立非典可防、可治、可以战胜的信心，消除广大群众对非典的无奈和恐惧心理，维护了社会安定和经济发展。至2003年底，全国非典型肺炎流行宣告结束，全县无一例非典病例发生，取得抗击非典的胜利，受到省、市政府的表彰。

防控甲流感 2009年，县委、县政府提出“严密防控、科学救治”的指导意见，印发一系列关于加强甲型H1N1流感防控工作通知、工作方案、应急演练预案等文件；县卫生局实行局领导班子分包乡镇制度和责任追究制度，县疾控中心派出专业人员进驻医疗机构靠前指导，并配备消杀药品、监测用品及防护用品，县人民医院储备药品及急救医疗设备，确保县内发生疫情后能够及时开展消毒处理，有效防止了甲型H1N1流感在全县的暴发流行。

其他各类急性传染病的防治 一般是注射疫苗预防，感染者治疗主要在医院用药物进行针对性治疗。由于计划免疫接种的不断加强，各类急性传染病显著下降，有的基本消失。全县自新中国成立起一直未有霍乱、副霍乱发生；麻疹发病率一直控制在0.5/10万以下，周期性流行规律消失；流行性出血热经过1984—1988年全县流行性出血热高发之后，以后逐年减少，发病逐渐成为个例；脊髓灰质炎1990年以后，一直控制在0.1/万以下，达到基本消灭的标准，2000年10月通过省考核验收，2003年通过国家考核验收；流脑发病率一直控制在较低水平，2006—

2013 年，全县无流脑发病报告；乙脑 1994 年发病 26 例，发病率为 3.69‱，其他年份均在 0.2/万以下，基本得到控制。

慢性传染病防治 慢性传染病主要包括结核病、麻风病、艾滋病、性病等。

麻风病防治 梁山县历史上曾是麻风病性病流行较为严重的地区，经过几代疾病预防控制工作者的不懈努力，麻风病性病防治工作取得显著的成绩，1986 年后，全县未发现麻风病新发病例。2011 年，山东省制定《消除麻风病危害规划（2011—2020）》，组织实施麻风愈后患者康复工程；2013 年，全县开展麻风可疑者筛查，对 4 个麻风预后病人进行机体机能康复训练，并对患者及愈后病人邻居体检，未发现可疑者。

结核病防治 1994—2001 年，国家启动世行贷款项目，对传染性肺结核实行免费治疗。2003 年 3 月，县政府制发《梁山县结核病防治规划》，同年，县卫生局制发《梁山县结核病防治工作 2002—2005 年实施计划》。2008 年 6 月，卫生局印发中央补助梁山县结核病防治项目实施方案，在全县 14 个乡镇利用中央财政转移支付专项资金，主要支持可疑就诊病人诊断、肺结核报病管理、督导管理补助、疫情追踪报告、提高肺结核病人发现率。结核病发病率明显下降，规范化治疗率逐年增高，传染源得到较好控制。

艾滋病防治 2003 年 6 月，梁山县首次开展艾滋病流行病学调查。2004 年 6 月，县政府成立防治艾滋病工作委员会，印发《梁山县预防与控制艾滋病规划（2004—2010）》。2005 年 9 月，在全县范围内开展外来妇女艾滋病病毒感染情况调查，并发现首例艾滋病病毒感染者，至同年底，全县累计发现艾滋病病毒感染者 4 例，发病 4 例，死亡 2 例。同年 12 月，县人民医院及县卫生防疫站艾滋病筛查实验室建成并投入使用。2006 年，开展艾滋病防治知识宣传教育活动，推进艾滋病防治工作开展。2009 年 1 月，成立梁山县艾滋病治疗专家组，对现有的艾滋病病毒感染者定期进行随访观察及抗病毒药物治疗。2010 年 12 月，县疾控中心开展世界艾滋病日宣传活动，普及艾滋病防治知识。至 2013 年，全县共发现艾滋病病毒感染者和艾滋病病人 23 例；其中，当年新增感染者和病人 10 例，新增抗病毒治疗感染者和病人 4 例。

防治艾滋病宣传活动

性病防治 新中国成立后，全县逐步中断了性病的传播；随着改革开放的深入，县内梅毒和淋病、尖锐湿疣、生殖器疱疹等性病报告病例逐年增加。针对疫情发病态势，卫生及疾控部门按照 2009 年制定的《山东省性病监测方案》，制定性病防治工作计划，加强疫情监测管理力度，明确县人民医院、妇幼保健院为性病定点监测医院，各有关医疗卫生单位在做好皮肤病诊治的同时，积极主动检索、发现病人。有关部门相互配合，综合治理，打击卖淫嫖娼现象，对高危人群进行强制性的性病及艾滋病检查。

寄生虫病防治 寄生虫病包括疟疾、丝虫病、钩虫病、肝吸虫病等，全县各种寄生虫病逐步得到控制并基本消除。疟疾除 2008 年、2009 年各有 1 例病例报告外，全县没有出现其他新发病例。丝虫病于 2003 年 4 月对全县 5 处乡镇、5 个自然村、8288 人采血镜检，未发现阳性患者，达到卫生部规定的消灭标准。

地方病防治 梁山县地方病主要是因饮水中含氟量过高而引起的大骨节、黄牙根等一系列疾病，统称氟病。氟病主要分布在梁山县境内南半部的韩垓、徐集一带，经过20世纪80年代的除氟改水，氟病得到有效控制。20世纪90年代后，县政府加大投资力度，加强改水工程建设，受益人口进一步增加。2001年，省地研所对东徐集村所有村民进行查体拍片、筛选，该村儿童氟斑牙患病率由1997年的38.95%降至32.2%，重度氟斑牙患者已降至零。2005年，全县共查出有地氟病的村215个，病区人口20.2万余人，受害人口占全县总人口的27%。其中轻病村79个，人口10.29万人；中病村107个，人口8.1万人；重病村29个，人口1.84万。

慢性病防治 慢性非传染性疾病（简称慢性病）主要包括高血压、冠心病、脑卒中等心脑血管疾病和慢性气管炎、肺气肿、糖尿病、肿瘤等，以及精神异常疾病等。20世纪90年代，县政府及卫生部门全面加强对慢性病防治工作，收到一定成效。2011年，梁山县启动创建省级慢性病综合防治示范县活动。全县建立起政府主导、社会参与、多部门联动的良好工作机制，形成专业化防控、立体式宣传、多层面推动的慢性病综合防控格局，实行多环节、多层次、多措施防控慢性病，全面提升全县城乡居民的健康水平。2012年，县疾控中心启动慢性病综合防治工作，全县形成专业化防控、立体式宣传、多层面推动的慢病综合防控格局；疾控中心工作模式和经验得到省卫生厅高度评价，并作为全省唯一县级代表在全省项目工作会议上进行典型发言。2013年1月，梁山县被命名为山东省慢性非传染性疾病综合防治示范县，并被确定为国家“脑卒中高危人群筛查和干预项目”试点县。同年4月16—17日，县政府副县长孙颖应邀参加第四届中国慢病管理大会，在会上代表县政府作慢性病防控工作经验介绍，得到与会领导专家的好评。同时，副县长孙颖作为特邀嘉宾出席慢性病防控高端访谈，围绕“如何动员社会开展慢病防控”，与全国各地慢病防治专家展开讨论交流，并接受媒体采访。

2013第四届中国慢病管理大会现场

第二节 妇幼保健

1992年3月，县妇幼保健站经省卫生厅批准为甲级妇幼保健站。1996年8月，县妇幼保健站更名为县妇幼保健院。1999年，梁山县妇幼保健院获“济宁市卫生系统先进集体”称号；2011年9月，保健院产科被共青团中央授予“青年文明号”称号。

妇女查体及孕产妇保健 20世纪90年代起，妇幼保健院开展妇女保健查体工作，有效控制妇女病的发生及蔓延，提高了妇女身体健康水平。1996年，开展妇女病普查，实查妇女43935人，查出妇女病患者4924人，患病率为11.2%，均进行了适当的治疗。1999年，运用现代医学科学技术，对县直1200名妇女进行健康查体，查出妇女病患者142人，患病率为11.8%，治疗率为100%。2000年起，对妇女病普查普治实行常规化，每年查治育龄妇女的四分之一到三分之一，每3～4年普查一遍，对查出的各种妇女疾病都及时、有针对性地进行治疗。2005年，实查80550人，查出妇女疾病患者14429人，患病率为17.9%，治疗率为100%。2007年2月，开展妇女乳腺病筛查工作；2012年8月，梁山县被定为山东省农村妇女乳腺癌项目检查县之一，当年，全县共进行健康免费查体 52570 人，检出乳腺疾病 9990 人，患病率为 19.01%，检出疾病的妇女均得到卫生指导、有效治疗或转上级医院。至 2013 年底，全县农村适龄妇女共计筛查 85745 人，共检出各类乳腺疾病 16338 例，确诊乳腺癌 31 例；共检出各类宫颈疾病 25999 例，确诊宫颈癌 26 例，基本实现了全县农村适龄妇女乳腺癌、宫颈癌早发现、早治疗、早干预的预期目标。

2009 年，县卫生局先后印发《农村妇女增补叶酸预防神经管缺陷项目实施方案》《农村孕产妇住院分娩项目实施方案》，同时公布县人民医院、县中医医院、县妇幼保健院和 13 处乡镇卫生院，以及友谊医院、博爱医院、中西医结合医院，为农村妇女住院分娩定点助产机构。同年，县妇幼保健院率先开展孕产妇补服叶酸及住院分娩补助、孕产妇及儿童保健等重点公共卫生工作。2010 年 3 月，县妇幼保健院成立妇幼公共卫生项目办公室，负责全县农村孕产妇住院分娩补助和农村孕妇叶酸免费发放工作。2013 年 5 月，启动免费产前筛查工作；同年 6 月，启动“乙肝、梅毒、艾滋病母婴阻断工作”。至 2013 年 12 月，全县住院分娩的农村产妇补助金额达 460 万余元，为农村孕妇发放叶酸达 12 万余瓶，为 63 名新生儿免费注射乙肝免疫球蛋白。

儿童查体及新生儿筛查 1995 年，县妇幼保健站增设内科、儿科门诊，开展学龄前儿童查体。1998 年 3 月，县妇幼保健院正式开展新生儿疾病筛查工作，至 1999 年，两年筛查新生儿 4000 多名。2004 年，县卫生局、计生局联合下发《关于积极开展出生缺陷干预和优生监测工作的意见》和《关于在全县范围内开展产前筛查》的通知；至 2005 年 12 月，累计完成新生儿疾病筛查 50218 例，筛查出先天性甲状腺功能低下症患儿 27 例，苯丙酮症患儿 6 例，儿童听力筛查 3727 人。2009 年 11 月，县卫生局印发《梁山县新生儿听力筛查工作实施方案》及《梁山县新生儿遗传代谢病筛查工作实施方案》，县妇幼保健院规范开展新生儿筛查工作，实行“产前宣传知晓、入院后解释告知、产后医护督促”的连接式工作方式，全县新生儿疾病筛查、听力筛查人数逐年递增，当年新生儿疾病筛查人数为 7508 人次、听力筛查 5532 人次。2013 年，新生儿疾病筛查人数达到 11339 人次、听力筛查人数达到 10538 人次。

创建爱婴医院 1995 年 4 月，全县开展争创“爱婴医院”活动，县妇幼保健院成立爱婴医院创建工作领导小组及母乳喂养领导小组、保健技术领导小组，对全社会进行母乳喂养宣传，0 ～ 1 岁婴幼儿母乳喂养率达 100%。同年 8 月 14 日，“爱婴医院”顺利通过省级达标验收。1997 年，县卫生局成立“梁山县母婴保健医学技术鉴定委员会”，向有关医疗单位发放《母婴保健技术执业许可证》，并由妇幼保健院对从事该项工作的妇保和儿保人员进行培训和考核。1999 年 11 月，梁山县再次通过省市“爱婴县”达标验收，县妇幼保健院获济宁市卫生系统先进集体荣誉称号。2000 年，特邀上级产科及儿科专家对全县妇幼人员进行集中培训，详细讲解婴儿系统管理及新生儿疾病筛查技术。至 2005 年，新法接生率提高到 100%，科学接生率提高到 99.9%，孕产妇建卡率提高到 92.8%，产前检查率提高到 98%，系统管理率提高到 86.6%，住院分娩率提高到 99.9%，高危管理和高危住院分娩率达 100%，孕产妇死亡率降至 2.7/ 万。全县母乳喂养率达 95% 以上，5 岁以下儿童营养不良患病率控制在 2% 以下。

婚前医学检查 1994 年，梁山县开展婚前健康查体试点，县妇幼保健站被定为婚前查体定点单位。当年，婚前查体男女各 1080 人，查出男性乙肝患者 2 人，暂缓结婚 2 对。1997 年 4 月，全县普及婚前健康检查工作。2003 年 11 月，婚检被有关部门强制取消。2009 年，济宁市政府决定，由政府买单为准婚青年实施免费婚检。同年 9 月，全县普遍开展免费婚前医学检查，县妇幼保健院组织专业技术人员在县婚姻登记处现场办公，当年免费婚检率达到 90%。

第三节 精神卫生

梁山县精神病院始建于1987年3月。县精神病院建立后，不断加强精神疾病防治工作，取得较好的成效。至2013年，县精神病院有建筑面积7300平方米的门诊楼、病房楼等，并拥有一批大中型医疗设备，成为全县及周边地区精神疾病医疗预防中心。

精神疾病诊治 1994—2013年，县精神病院坚持以病人为中心，注意改变传统医疗管理模式，重新整合各类资源，科学配置临床医疗科室，组建神经系统疾病治疗中心，为精神系统疾病的人群提供康复绿色通道。同时，县精神病医院积极构建和谐医患关系，对病人多一个微笑、多一份关爱，让其感受温暖和真情，并开展多种形式的救助活动，最大限度地减轻病人负担，2006—2013年，先后救助病人及特困精神病患者达300多人次，救助金额达90万元，被病患者及家属称为“最信赖的医院”。

精神卫生宣传 2000年起，县卫生部门开始组织“世界精神卫生日”活动，当年10月10日，依据“健康体魄+健康心理=美好人生”的世界精神卫生日主题，组织不同形式的精神卫生活动，宣传精神卫生，普及心理健康知识，提高公众对精神卫生问题的认识，促进精神疾病预防和治疗。2006年，按照“健身健心，你我同行”世界精神卫生日主题，号召各单位创造有益于职工身心健康的工作环境，关注职工的心理健康；各学校配备或者聘请心理健康教育教师、辅导人员，对学生进行心理健康教育；新闻媒体、社会组织开展精神卫生的公益性宣传，普及精神卫生知识，引导公众关注心理健康，预防精神障碍的发生。2012年，国家《精神卫生法》颁布实施后，县卫生部门采取多种形式，向家庭、学校、机关、工厂、企事业团体等和青少年、中老年以及有关人员宣传、讲解精神卫生知识，宣传、讲解心身保健对健康的重要性。

精神卫生管理 梁山县认真实施《中华人民共和国精神卫生法》，逐步建立完善“政府组织领导、部门各负其责、家庭和单位尽力尽责、全社会共同参与”的精神卫生工作综合管理机制，全面促进精神卫生工作的开展。县精神病医院和县疾病预防控制中心作为全县精神卫生防治技术指导、日常管理服务机构，负责全县精神卫生业务技术指导与培训，负责严重精神障碍发病报告、登记、信息管理。县精神病医院诊断的严重精神障碍患者和接到上级机构转来的严重精神障碍患者信息后，及时做好确诊患者的信息登记、补充采集，以及信息更新、修改和管理工作，及时转诊到具有严重精神障碍诊断资质的医疗机构进行确诊，并在10个工作日内将严重精神障碍患者确诊相关信息录入山东省重性精神病管理信息系统。2010年起，随着新医改的实施，县政府及卫生主管部门把精神卫生事业当作惠民利民的民生工程，注重精神卫生专门人才培养，保障精神卫生工作经费，组织医疗机构为严重精神障碍患者免费提供基本公共卫生服务，并积极推进精神卫生服务、心理治疗领域的发展，使精神科医生、护士、心理学家以及相关专业的社会工作者参与心理治疗的实践，努力提高精神障碍预防、诊断、治疗、康复能力。

第四节 爱国卫生

梁山县爱国卫生运动委员会（简称爱卫会）成立于1952年12月，为非常设综合协调机构，主任一般由分管卫生工作的副县长兼任。爱国卫生运动委员会办公室（简称爱卫办）设立于1959年4月，1990年8月，爱卫办定为副科级事业单位，隶属县卫生局；1997年1月，爱卫办升格为正科级事业单位，隶属关系不变；爱卫办为爱委会的办事机构，爱卫办主任一般由县卫生副局长兼任，配有专职副主任。

爱国卫生运动任务随社会环境的变化而变化，20世纪90年代，爱国卫生运动主要任务是创建文明卫生单位、文明卫生城市；进入21世纪，爱国卫生运动向更高层次迈进，倡导健康文明的生活方式。1994—2013年，全县爱国卫生运动以改善和提高城乡居民生活环境为目标，大力推进城区市容环境卫生改善、农村环境污染整治，积极开展创建卫生县城、农村改水改厕以及蚊蝇鼠害消杀活动，取得显著成效。

创建卫生县城 20世纪80年代后期，开始创建卫生县城活动，重点治理城区道路、排水沟、公厕、垃圾场及公共场所“脏、乱、差”现象，努力改善和提高城镇居民生活环境，取得明显成效。1989年，梁山县被评为省级爱国卫生活动先进县，菏泽地区卫生县城；1991年，梁山县被评为济宁市城镇爱国卫生先进县。1994年9月，成立创建文明卫生城领导小组，持续推进文明卫生城创建活动的开展，取得较好成效。1996年6月，县委、县政府确定在县城区开展大规模的创建文明卫生城活动，县政府成立由县委副书记、县长赵步荣任指挥长的创建省级文明卫生城指挥部，至1997年初，梁山县被山东省爱卫会命名为“省级卫生县城”。1998年8月，县政府成立城市市容环境卫生综合治理指挥部，当年通过省级卫生县城首次复验。其后，相继通过2000年、2002年、2004年、2006年、2008年、2010年每两年一次的复验。2010年后，改为三年一次复验；2013年，原由县爱卫会协调的卫生县城复验改由县住建局牵头，卫生局、爱卫办负责协助复验工作。但因多方面的原因，梁山卫生县城复验仅达限期整改标准，当年未予通过，延至次年通过复验，继续保持“省级卫生县城”称号。

农村环境治理 20世纪90年代，农村环境治理主要是进行改水改厕。改厕主要是对农村庭院露天旱厕进行改造，达到厕所有门、有窗、有顶、有灯、地面硬化、墙面整洁、粪尿分离的标准；改水主要是通过打深水井，进行除氟改水。进入21世纪，全县农村改水、改厕工作提出更高要求及标准，至2010年，全县共新建、改建公共厕所1850个，改造家庭厕所5524个，改造大口井570眼，新建手压井79195眼，建水塔、水柜124个。同年，爱卫会组织开展“健康山东行动”，改善城乡环境卫生面貌，倡导健康文明的生活方式。农村环境污染治理工作主要针对“脏、乱、差”，对柴草乱放、粪土乱堆、垃圾乱倒、污水乱泼、畜禽乱跑等“五乱”现象不断进行突击检查和重点整顿。至2013年，农民的环境意识、环保理念、乡村风气得到进一步转变，“田园清洁、家园清洁、水源清洁”的目标正在实现。

蚊蝇鼠害消杀 20世纪80年代起，蚊蝇鼠害消杀工作由县爱卫办负责，最初成立业余消杀队。1988年，全县开展了较大规模的创建无鼠害县活动，至1989年初，梁山县被菏泽地区爱卫会命名为“无鼠害县”。1991年，梁山县被评为济宁市冬季灭鼠工作第一名。1996年8月，县爱卫办设立专门蚊、蝇、鼠害消杀站，春、冬两季开展灭鼠活动，夏秋两季开展蚊、蝇消杀活动。2008年，蚊、蝇消杀的工作由爱卫办移交到县疾病预防控制中心。

公共场所开展蚊蝇消杀

第五节 县疾控中心

梁山县疾病预防控制中心（简称县疾控中心）是一所实施全县疾病预防控制与公共卫生技术管

理和服务的公益性机构，为正科级事业单位，隶属县卫生局管理。县疾控中心始建于1956年4月，位于灵龟山脚下，时称县卫生防疫站，为股级事业单位，隶属县卫生局。1989年10月，站址迁到水泊西路59号，新建办公楼和检验楼1646平方米；同年11月，卫生防疫站由股级升格为副科级事业单位，实行财政差额管理。1994年，县卫生防疫站内设办公室、财务后勤科、防疫科、计划免疫科、学校卫生科、劳动卫生科、食品卫生科、检验科、消杀科、健康教育所10个科室。1996年12月，健康教育所从县防疫站划出，为独立股级事业单位，直接隶属县卫生局。1998年，增设慢性病防治科。2003年，县卫生防疫站将科室分为卫生监督、疾病控制两大部分，设14个科室。2004年，增设内科门诊部。2006年11月，撤销卫生防疫站，建立县疾控中心，为全县疾病预防与控制、监测检验与评价、健康教育与促进、应用研究与指导和基本公共卫生服务的业务管理指导中心，正科级事业单位，隶属关系不变。2013年，县疾控中心与县卫生局及卫生监督所等迁至水泊南路原矿柱林场招待所（县医院对面），并筹建疾控中心暨卫生监督大楼。至2013年12月，县疾控中心设置办公室、财务科、免疫规划科、传染病防治科、艾滋病防治科、健康教育科、卫生检验科、质量管理科、卫生监测一科、卫生监测二科、预防接种门诊、健康体检门诊、综合门诊、业务部、社区卫生服务站15个科室；共有69人，其中专业技术人员60人，工勤技能人员9人。

20世纪90年代，县卫生防疫站主要承担计划免疫管理、传染病防治等工作，21世纪起，卫生防疫工作进一步加强。2004年1月，梁山县重大传染病疫情直报系统开通，对法定传染病及突发公共卫生事件实施网络直报。同年4月，各医疗机构对法定传染病及突发公共卫生事件实行网络直报。2006年，随着县疾控中心的建立，全县疾病预防控制体系进一步完善。其后，不断强化疾控网络建设，夯实免疫规划基础，加强重点传染病和慢性病防治，全面推进基本公共卫生服务，全县疾病预防控制体系逐步完善，疾病预防控制事业快速健康发展。2009年起，县疾控中心在全县县直部门单位服务窗口民主评议活动中，连续5年获得前三名，并获梁山县“十佳服务窗口”称号。2010年，被评为全省疾病预防控制工作先进集体。2011年，梁山县被确定为全省疾病控制基层责任指导团队试点县。至2013年12月，疾控中心先后获得实验室计量资质证书、预防性健康检查资质证书、职业健康检查资质证书及职业卫生检测资质证书、计量认证资质证书及食品检验机构资质证书，并多次被评为预防接种先进集体、医院感染控制与消毒工作先进集体、扩大国家免疫规划工作先进单位、全省慢性非传染性疾病综合防控示范县、医学科普先进单位等。

第五章 医疗制度

第一节 公费医疗

干部公费医疗制度始于新中国成立初期，是为保障国家工作人员而实行的、通过医疗卫生部门按规定向享受人员提供免费医疗及预防服务的一项医疗保障制度。

管理机构 建县初，梁山县设立县保健委员会，负责对全县党政机关供给制干部和教师公费医疗进行管理。1952年4月，县保健委员会改称县公费医疗管理委员会。1975年1月，县革命委员会重新组建公费医疗管理委员会，在卫生局设办公室。至2002年，城镇干部职工实行医疗保险制度，干部职工医疗保险管理职能由县卫生局移交县劳动保障局；梁山县公费医疗管理委员会及其办公室随之撤销。

管理制度 1952年，县政府对享受公费医疗人员就诊、转诊、用药报销方法、权限等方面做出规定。1975年1月，县革命委员会转发县卫生局《关于公费医疗经费实行包干管理办法的报告》，规定公费医疗按系统包干，每人每月拨给1.3元，县卫生局每人每月扣留0.2元，用于解决重大伤病转上级医院治疗费用。1978年7月，梁山县革命委员会批转县卫生局《关于加强公费医疗管理意见的报告》，恢复定点医疗和逐级转诊制度，严格报销手续和治疗原则。1987年1月，县政府批转县公费医疗管理委员会《关于公费医疗管理试行办法》，对公费医疗管理进行全面改革，采取多方参与、风险共担、全方位定额管理的办法措施，在更好地发挥公费医疗对干部职工医疗保健作用的同时，最大限度地减轻国家财政负担。由此，公费医疗经费由连年超支转为略有节余。随着干部职工年龄逐年增长和物价、药价逐年提高，县公费医疗人头经费也几次调剂，到1988年，享受公费医疗的在职干部职工和退休人员每人每年按60元拨付，离休人员每人每年按300元拨付。其后，公费医疗人头经费未再变动，由县财政按当年公费医疗总额每年递增15～20%拨付。

1989年，县直干部职工及离退休人员公费医疗由县人民医院承包管理，盈亏自负。1990年7月，县公费医疗管理委员会印发《关于机关门诊公费病房管理的若干规定》，在定额包干、超支分担的基础上，实行专挂号、专医生、专药房取药、专治疗、专收款、专病房和大病历、双处方以及公费医疗经费盈亏与单位、个人利益挂钩的办法，有效地减少了公费医疗经费支出。1993年8月，县政府印发《梁山县县直机关公费医疗管理和改革暂行办法》，根据单位性质将公费医疗经费报销比例划为三个档次，调整了经费标准定额和超支分担比例，继续实行医疗经费与个人利益挂钩，公费医疗管理逐步正规化。

1996年调整医疗费报销比例。在职、退休人员的医疗费由县医院报销60%，职工个人及单位负担40%；离休人员及二等乙级以上伤残军人医疗费用由县医院报销85%，单位负担15%。1998年再次调整报销比例，即在职人员的医疗费由县医院报销50%，所在单位及个人负担50%；退休、离休、二等乙级伤残军人医疗费的报销，单位及个人的负担比例仍按1996年的决定执行。1998年，国务院发布《关于建立城镇职工基本医疗保险制度的决定》（国发〔1998〕44号），其后，全国各地公费医疗制度陆续完成与城镇职工医疗保险制度的接轨。2002年，梁山县城镇干部职工实行医疗保险制度，机关事业单位人员全部纳入基本医疗保险，县内公费医疗制度至此结束。

第二节 合作医疗

发展历程 农村合作医疗始于20世纪60年代初，先后经历60年代的发展、70年代的鼎盛、80年代的解体、90年代后的逐步恢复和发展、21世纪初新型农村合作医疗全面推行阶段。

梁山县农村合作医疗始于1969年，1972年在全县范围内推行。当时，村卫生室均配有医生2～3人，其中女医生1人。各村卫生室拥有资金在2000元以上，多者近万元，有医有药，甚至送医送药上门，极大地方便了农民群众。农村合作医疗在保障农民获得基本卫生服务、缓解农民因病致贫和因病返贫方面发挥了重要作用。1980年后，随着人民公社的解体及各项改革的推行，农村集体经济的“工分制”瓦解，村内的公共卫生机构无法继续支撑，赤脚医生丧失了外出行医的动力，村卫生室逐步推行各种形式的责任制，农村合作医疗停办。2002年10月，中共中央、国务院发布《关于进一步加强农村卫生工作的决定》，确定“逐步建立以大病统筹为主的新型农村合作医疗制度”。梁山县新型农村合作医疗（简称新农合）始于2006年。同年初，济宁市政府将梁山县定为新农合市级试点县。2007年初，梁山县被山东省确定为新农合省级试点县，并在全县全面推行新型农村合作医疗制度。至2013年，全县已经实现新型农村合作医疗制度基本覆盖农村居民的目标。

新农合试点 2006年2月，按照济宁市关于开展新型农村合作医疗制度试点工作的统一部署，县政府选择小路口、黑虎庙、拳铺等3个乡镇进行市级新农合试点。同年3月，县政府召开全县新型农村合作医疗试点工作会议，印发《梁山县新型农村合作医疗试点实施方案》，并由县长分别与3处试点乡镇政府主要负责人签订责任书。在新农合试点工作中，从基线调查到宣传发动，从资金筹集到信息平台建设，县政府高度重视，卫生部门精心操作，财政、人事等部门积极配合，确保了人、财、物及时到位。县、乡两级新型农村合作医疗组织网络很快健全，医疗机构定点、信处平台安装、人员培训等项工作进展顺利，县、乡补助资金及农民个人筹资部分及时到位，3个试点乡镇参合人数为10.7万人，参合率达90%，县财政补助资金53.7万元及农民个人筹资部分107万元及时进入基金账户。基线调查、宣传发动和资金筹集等各项筹备工作在6月底前全面完成。同时，认真加强新农合经办机构建设，组建新型农村合作医疗管理办公室，选配医疗、财会、计算机等优秀专业人员，7月1日正式启动新农合报销程序。梁山新农合试点工作取得显著成效，在济宁市同类市级试点县中位居前列。县卫生局还积极主动地做新型农村合作医疗省级试点争取工作，经过努力，省市批准梁山县为省级试点县，各级财政补助资金大幅度提高。2007年，新型农村合作医疗省级定点在全县各乡镇铺开，全县参合农民61.44万人，参合率99.02%。

新农合管理 2006年3月，县委、县政府成立梁山县新型农村合作医疗管理委员会，下设办公室，为非常设综合协调机构，新型农村合作医疗管理委员会主任及办公室主任分别由县长、县卫生局局长兼任，并成立以纪委书记为主任的新型农村合作医疗监督委员会。同年5月，县编委批准县卫生局设立编制7人的新型农村合作医疗管理委员会办公室（简称新农合办），为新型农村合作医疗管理委员会的办事机构，正科级财政全额拨款事业单位，隶属县卫生局管理；县编制委员会办公室批准县新农合办公室设立综合科、审核科、会计科三个内设股级科室。同时，各乡镇成立由党政主要负责人任主任的新型农村合作医疗管理委员会，下设办公室。新农合日常运行管理工作由新农合办负责。2006年5月，新农合办公室印发《梁山县新型农村合作医疗管理办法（试行）》。

筹资补偿机制 在新农合试点阶段，实行政府补助、个人缴费、集体扶持和社会捐助相结合的筹资机制，筹资标准每人每年不低于25元，其中，以家庭为单位农民个人缴纳10元，市、县两级财政各按每人每年不低于5元进行补助。2007年进入省级试点县及全面推行后，全县新农合筹资水平逐年提高，至2013年，新农合筹资标准达到每年人均350元，其中，以家庭为单位农民个人缴纳70元，中央和省市县各级财政补助每人每年280元。

报销补偿标准 起初，住院医疗费用补偿较低，并设起付线、按比例报销，乡级、县级、市级定点医疗机构起付线逐级提高、报销补偿比例逐级降低。随着筹资标准的提高和政府补助额度的增加，新农合报销补偿比例逐年提高。至2013年，医疗费用报销补偿为：县内乡镇级定点医疗机构起付线为200元，报销比例为80%；县内县级定点医疗机构起付线为500元，住院报销比例为70%；市内市级定点医疗机构起付线为1000元，住院报销比例为50%；市、县级中医院和传染病医院补偿比例在同级报销比例基础上提高5%，针灸等中医适宜技术治疗费用报销比例为90%。经过转诊备案的市外、省级定点医疗机构住院报销比例 45%。2013 年 4 月，县政府确定在 13 处乡镇卫生院，实行全县参合农民患病住院起付线以上合规医疗费用全部报销补偿。

监管审批机制 新农合基金实行专户储存、专项管理、专款专用，严格实行基金封闭运行。由县财政局设立新农合基金专户，各乡镇建立新农合基金专户，基金使用以“以收定支、收支平衡、略有结余”的原则，建立健全既方便农民又便于监管的合作医疗审核和报销办法。

定点医疗 2006 年 3 月，县卫生局确定县人民医院、县中医院、县妇幼保健院和未实行个人承包的 11 处乡镇卫生院，为新农合定点医疗机构。2007 年 4 月，县卫生局将 2 处个人承包乡镇卫生院和私立医院全部纳入新农合定点医疗机构。同年 6 月，县卫生局将拳铺镇郭堂村等 170 处村卫生室列为首批新农合定点卫生室。2009 年 6 月，济宁市卫生局公布 2009 年度新型农村合作医疗定点医疗机构，其中，梁山县 15 处，即：县人民医院、县中医院、县妇幼保健院、梁山镇卫生院、韩岗中心卫生院、徐集中心卫生院、拳铺中心卫生院、小路口中心卫生院、黑虎庙中心卫生院、马营卫生院、馆驿卫生院、小安山卫生院、寿张集卫生院、大路口卫生院、博爱医院。2010 年 12 月，县新型农村合作医疗管理委员会印发《梁山县新型农村合作医疗定点医疗机构审定和管理细则（试行）》，对新农合定点医疗机构的确定原则、定点医疗机构资格评审的基本条件、定点医疗机构申请审批程序、转诊管理、定点医疗机构的管理、定点医疗机构的监督与考核做出规定。

违规查处 2008 年 8 月，根据群众举报反映，县政府领导责成县卫生局调查处理有关新农合定点医疗机构违规报销及套购新农合资金问题。同年 9 月，针对私立医院及 2 处个人承包乡镇卫生院在新农合资金报销补偿中违规问题，县卫生局研究确定：依法撤销韩垓卫生院、赵堌堆卫生院、中西医结合医院、肛肠医院、小路口卫生院楚桥分院、小安山卫生院李官屯分院、梁山镇卫生院骨科分院、梁山镇卫生院肿瘤专科 8 家医疗机构执业资格，吊销其《医疗机构执业许可证》，暂停其新农合定点医疗机构资格，没收其超标准报销资金，追回违规报销资金，并全部上缴县财政局国库。同时，对县卫生局有关责任人员进行党政纪处理。

第三节 惠民医疗

惠民服务 2006 年，县卫生局在先行试点、逐步推进的基础上，精心策划并全面启动惠民医疗服务，并于 8 月 9 日举行梁山县惠民医疗服务暨新农合网上报销启动仪式。县委、县人大、县政府、县政协主要领导和济宁市卫生局局长王汝才出席启动仪式，各乡镇党委书记、乡镇长、县直有关部门主要负责人、卫生系统中层以上干部参加，市卫生局局长王汝才、县委书记商建设、县委副书记冯冲分别作重要讲话。同年，县人民医院紧紧围绕“降低服务收费、方便病人就医”的服务理念，对患者实行“三免五减”等优惠政策，并先后 10 余次将 600 余种药品价格进行下调，降价幅度均在 40% 以上，同时，将中小手术费、数字胃肠检查费、化验费等 70 余项诊疗项目收费在国家规定的收费标准的基础上降低 30 ～ 60%，对内、外、妇、儿、五官等专业的 25 个病种实行单病种限价服务，病人全程住院费用降低 40 ～ 50%。中共济宁市委书记孙守刚等到县医院实地考察，给予充分肯定和高度评价。县中医医院根据国家湖区扶持有关政策，降低服务价格，设立扶贫病房，提高医疗服务水平，累计为湖区群众优惠医疗服务费用达 70 余万元。2011 年 8 月，县卫生局印发《关于在全县医疗机构开展先看病后付费就诊模式的实施方案》，实现“先看病、后付费”。县乡医疗卫生机构按照要求，认真筹备垫付资金，为患者及时就诊开通绿色通道，方便了患者住院治疗。

医德医风　2006年2月，县卫生局在全县卫生系统开展以“倡导优良医德医风，构建和谐医患关系”为主题的医院管理年和医疗质量管理效益年活动，强化医院内涵建设，完善落实各项规章制度，规范医疗服务行为，保障医疗安全。卫生行政主管部门坚持局长为院长服务、院长为大夫护士服务、大夫护士为病人服务的工作理念，组织开展“一满意、四规范”文明单位创建活动，鼓励医生护士“带着爱心进病房，想着病人开处方”，实行规范化和人性化服务，树立人民群众健康卫士的良好形象，医患关系得到有效改善。2012年11月，县卫生局印发《创建群众满意医疗卫生单位活动实施方案》，重点解决整体医疗技术水平不高、服务态度不端正等“生、冷、横、硬”现象，提高群众对医疗卫生工作的满意度。

第四节　新医改

梁山县医药卫生体制改革（简称新医改）始于2009年8月。根据国家新医改方案及省、市统一部署，县政府制发《梁山县基层医疗卫生机构综合改革的实施意见》，同时成立县深化医药卫生体制改革工作领导小组。

基层综合医改　2010年3月，基层医疗卫生机构综合改革启动。县新医改领导小组制定《基层医疗卫生机构人员竞聘上岗实施办法》和《基层医疗卫生机构落聘人员分流安置办法》；县卫生局与财政局、人社局联合印发《梁山县基层医疗卫生机构绩效考核办法》，为综合改革的顺利实施奠定了政策基础。2011年8月，县政府办公室以梁政办发〔2011〕38号文，印发《梁山县医药卫生体制改革2011年重点工作安排的通知》，主要围绕“保基本、强基层、建机制”，统筹推进医药卫生体制五项重点改革。

基层医疗卫生机构综合改革，从医务人员实行竞聘上岗和绩效工资制度着手，由县编办为13处乡镇卫生院和水泊街道、梁山街道2处社区卫生服务中心共核定编制919名，安排到各乡镇卫生院和社区卫生服务中心883名，并预留机动编制36名，以备引进急需专业人才使用。其后，对原有基层医疗卫生机构岗位设置进行适当调整，并按照岗位任职条件和规定程序，由各基层医疗机构组织实施竞聘上岗。同时，对基层医疗卫生机构实行绩效工资制度。该项制度将基层医疗卫生机构人员工资分为基础性绩效工资和奖励性绩效工资两部分，其中基础性绩效工资主要体现地区经济发展、物价水平、岗位职责等因素，占工资总额的60%，一般按月发放；奖励性绩效工资主要体现工作量和实际贡献等因素，根据各单位考核结果发放，比重一般不低于工资总额的40%，一般按年度拨付。通过实施综合改革，基层医疗卫生机构人员工资得到保障，调动了专业技术人才的工作积极性。

基本药物制度　2011年1月，全县乡镇卫生院及社区卫生服务中心实行国家基本药物制度，国家及省确定的523种基本药物，全部按进价实行零差率销售；2012年1月，在全县规范化村卫生室全面实施国家基本药物制度，实行基本药物统一配送，零差价销售。同时，对实行国家基本药物制度的基层医疗机构运行成本，实行政府补助和服务收费补偿。

县乡镇卫生院及社区卫生服务中心实行国家基本药物制度后，政府对其实行专项补助政策。首先，按国家规定核定其收支范围和标准，核定其基本建设、设备购置、人员经费和其承担的公共卫生服务的业务经费，政府补助按照“核定任务、核定收支、绩效考核补助”的办法核定，以保障其正常运行。同时，县级财政为医务人员拨付80%的工资，并且负担缴纳三险一金，以保障医务人员的基本工资待遇。

全县310处省统一规划的村卫生室于2012年1月开始实施基本药物制度，由卫生院在省药品招标平台统一采购，药品零差率销售；同时，对实行基本药物制度的村卫生室每人每年补助 6000 元，其中省补助 40% 为 2400 元，市补助 25% 为 1500 元，县补助 35% 为 2100 元。2012 年，各级财政补助村卫生室 510 万元；2013 年，各级财政补助村卫生室 582 万元。至此，卫生室人员收入由一般诊疗费收入、基本公共卫生服务补助、各级财政补助三部分组成。

公共卫生政策 基本公共卫生服务项目分为 10 个类别，即：城乡居民健康档案管理、健康教育、预防接种、0 ～ 36 个月儿童健康管理、孕产妇健康管理、老年人健康管理、高血压患者健康管理、2 型糖尿病患者健康管理、重性精神疾病患者管理、传染病报告和处理。2011 年，将 0 ～ 36 个月儿童健康管理改为 0 ～ 6 岁儿童健康管理，将传染病报告和处理改为传染病及突发公共卫生事件报告和处理，同时，将卫生监督协管服务规范纳入基本公共卫生服务范围。2013 年，将中医药健康管理服务纳入基本公共卫生服务范围。

随着新医改的实施，国家相继出台政策，各级财政对卫生事业的拨款大幅度增长。2009 年起，全县公共卫生服务项目，人均补助标准 15 元（其中：中央、省补助 6.75 元，市补助 2 元，县补助 6.25 元），按全县人口计，省、市拨付 473.64 万元；2011 年，人均补助标准提高到 25 元（其中：中央省补助 10.81 元，市补助 3 元，县补助 11.19 元），按全县人口计，省、市拨付 984.84 万元，县级财政补助 456.1 万元；2013 年，每人每年补助标准提为 30 元（其中：中央省补助 12.84 元，市补助 3.60 元，县补助 13.56 元），按全县人口计，省、市拨付 1172.34 万元。

县级医改 2003 年 12 月，县人民医院实施人事制度改革，全院设中层科室 40 个，其中，临床科室 18 个，医技科室 10 个，行政后勤科室 12 个；设人员岗位 460 个，其中，临床医护岗位 259 个（高级 54 个、中级 94 个、初级 109 个、其他 2 个），医技检验岗位 106 个（高级 14 个、中级 40 个、初级 58 个、其他 4 个），行政后勤人员岗位 95 个；设中层科室正副职岗位 46 个，院级领导 8 人岗位另设。在竞聘基础上，根据院长提名，县卫生局正式公布任命县人民医院中层科室正副职；县人民医院公布各专业技术人员岗位任职。2012 年，围绕深化医药卫生体制改革工作任务，以取消以药补医机制为突破口，以改革补偿机制和落实医院自主经营管理权为切入点，统筹推进管理体制、补偿机制、医保支付制度等综合改革。至 2013 年底，梁山县级公立医院改革尚未正式纳入试点范围，只是在实行医药收支分开管理、取消药品加成政策等方面进行尝试摸索。

第六章 医疗卫生监管

第一节 监管机构体系

20 世纪 90 年代前后，医疗机构及医疗市场监管由县卫生局医政科负责，药品监管由县卫生局所属的药监所负责，食品卫生及公共场所卫生由县防疫站代管。2002 年 4 月，设立梁山县药品监督管理局，独立行使药品监管职能，县卫生局原药政人员及所属的县药检所人员，划归县药品监督管理局；2004 年 11 月，县药品监督管理局更名为食品药品监督管理局，将由卫生部门监管的食品、保健品、化妆品安全监管职能划归县食品药品监管局。2006 年 12 月，设立梁山县卫生局卫生监督所，统一行使卫生执法监督管理权。2010 年 9 月，将县食品药品监督管理局承担的食品安全综合协调、组织查处食品安全重大事故的职责划归县卫生局；将县卫生局承担的餐饮服务许可、餐饮服务环节食品安全监管和保健食品、化妆品卫生监督管理的职责划归县食品药品监督管理局。

药监局 梁山县食品药品监督管理局（简称药监局），始建于 2002 年 4 月，始称梁山县药品监督管理局，正科级行政单位，为济宁市药品监督管理局直属机构，由济宁市药监局实行垂直管理。2004 年 11 月，县药品监督管理局更名为县食品药品监督管理局。2010 年，县食品药品监督局不再实行垂直管理，列入县政府工作部门，业务上接受上级主管部门的指导和监督。2013 年，县药品监督管理局行政编制 16 名、工勤编制 2 名、事业编制 8 名，内设办公室（挂政策法规科与行政许可科牌子）、餐饮服务食品化妆品安全监管科、药品安全监管科、药品市场监管科、医疗器械监管科 5 个科室。

卫监所 梁山县卫生局卫生监督所（简称卫监所），始建于 2006 年 12 月，正科级事业单位，隶属县卫生局，具体承担卫生法规的卫生监督执法任务。2013 年，县卫生监督所定编 40 人，内设综合科、法制稽查科、许可审办科、卫生监督一科、卫生监督二科、卫生监督三科、卫生监督四科 7 个科室。

监管体系 2004 年 11 月，县政府成立由县政府办公室、食品药品监督管理局、卫生局、工商局、质监局等 19 个部门负责人为成员的梁山县食品药品安全协调委员会，负责综合协调食品药品安全监督管理工作；其办公室设在县食品药品监督管理局，负责县食品安全委员会日常工作和落实县食品安全委员会决定的事项。2005 年 9 月，梁山县被列入全省农村药品监管网络和供应网络建设（简称“两网”建设）试点县，县政府成立县“两网”建设领导小组，建立健全县、乡、村三级食品安全监管网络，在全县各乡镇聘请 48 名食品安全协管员，聘请 686 名村食品安全信息员，全县形成食品药品安全“横向到边，纵向到底”的快速反应工作体系和机制。2007 年 12 月，梁山县食品药品安全协调委员会更名为梁山县食品药品安全委员会，委员会设在县食品药品监督管理局，承办委员会的日常工作。2010 年 9 月，县政府决定将县食品安全委员会办公室设至县卫生局，县食品安全委员会办公室主任由县卫生局局长兼任。

基层监管 2011 年 12 月，梁山县启动卫生监督协管工作，县卫生局印发《梁山县卫生监督协管服务工作实施方案》，安排在全县各乡镇卫生院和村卫生室及社区卫生服务中心建立卫生监督协管制度，每个乡镇卫生院配备 4 名卫生监督协管员，每个规范化卫生室配备 1 名卫生监督协管联络员，乡镇卫生院院长为负责人，负责区域内卫生监督协管工作，对区域内公共场所、学校、幼儿园、生活饮用水、医疗卫生机构、职业卫生开展咨询指导、安全巡查，将发现的问题和违法案件及时上报县级卫生监督机构处理，充分发挥基层卫生监督协管作用。至 2013 年，全县卫生执法监督网络体系进一步健全，卫生执法监督力度进一步加大。

第二节 医疗市场监管

20 世纪 90 年代至 21 世纪初期，县政府对医疗市场多次开展专项整治工作，采取以政府令的形式在全县范围内张贴打击非法行医通告，在电视台滚动播出通告内容，针对部分无证诊所、卫生室不自动关门的，联合公安、工商、新闻等部门开展严厉打击非法行医专项行动，实行强制措施，规范医疗服务市场秩序。但由于多方面原因，非法行医屡禁不止，城区各类诊所多达 150 多处。

2006 年 6 月，县政府调整梁山县打击非法行医专项行动领导小组，卫生部门会同有关部门，整顿规范医疗服务市场，严厉打击非法行医和虚假医疗广告，坚决取缔科室对外承包等违规行为，医疗市场秩序从一定程度上得到好转。同年12月，县卫生局卫生监督所正式组建，医疗市场监管逐步走向经常化、规范化，日常监管工作做到“有报必查、有查必果、执法必严、违法必究”。

2009年6月，卫生局制发《梁山县医疗机构行政许可及管理规定》，提出医疗机构设置标准、审批程序、管理制度等。2010年，开展农村打击非法行医专项整治及诊所规范化建设工作，对全县502处定点卫生室进行重点监督检查，共下达监督意见书623份，取缔“一证多室”及无证诊所42家，没收医疗器械36台件，药品27箱，罚款人民币15.08万元，诊所规范化建设合格率达到90%。2011年，卫生部门增加医疗市场监管人员，对城区医疗各类诊所进行全面整顿，重点对诊所各室设置、诊疗科目、人员资质等开展全面的规范整顿。

2012年，县卫生监督所采取打建并举的方法，联合检察院、法院、纪委、宣传部、公安局、药监局、城市管理综合执法局开展为期4个月的口腔、牙科诊所和“一证多室”打击非法行医专项行动，共出动车辆200余台次，卫生监督人员1000余人次，查处各种违法案件121件，强制执行4件，没收药品、器械价值20余万元，没收违法收入4.2万元，罚款人民币39.6290万元，集中销毁过期变质药品，取缔非法诊所。同年底，全县医疗机构全部实现公示制，监督检查覆盖率100%；65处诊所中43处达到省规范化诊所标准，规范率66%。

第三节 公共卫生监管

学校卫生 20世纪90年代，学校卫生主要是对学生进行一般性健康查体；2002年后，增加乙肝表面抗原筛查；2007年，对学校食堂及从业人员进行监督检查。从学生查体情况来看，近视患病人数逐年升高，同时，沙眼、龋齿、贫血患病人数均占较大比例，并发现乙肝患者；至2005年，五病患病率县城为18.75%，农村为63%，主要是近视和贫血。2011—2013年，卫生监督所联合县教育局对辖区内学校及托幼机构饮用水安全、传染病防治、健康教育等工作进行多次检查，所查学校中，大部分学校在饮水消毒管理方面较好，并设有专职卫生人员，负责对传染病的日常管理、疫情报告。学校将健康教育工作纳入日常教学，丰富了广大师生的健康知识，保障了师生的身体健康和生命安全。

职业卫生 梁山县劳动卫生管理与职业病防治始于1976年，主要工作是对全县的各工厂进行有害因素的调查和监测，对接触有害物质的职工进行全面的健康查体，并建立职工健康档案和企业档案，同时协助企业单位增设防尘防毒设备，搞好工业三废处理，改善工作条件，确保职工的身体健康。20世纪90年代，主要对化学原料、化学制造、金属焊割制造、水泥生产等企业进行监督检查。进入21世纪，进一步加大职业卫生监管力度，开展多种形式的监督检查工作，并把督促企业进行职业健康检查、建立健全职业健康档案作为工作重点，对不按规定进行职业健康检查的单位限期整改，逾期不改正者坚决予以行政处罚。2010年5月，济宁市卫生局联合梁山县卫生局、安监局、总工会、劳动局、市县电视台及15家大型知名企业，在梁山县拳铺镇工业园区开展职业病防治进企业、进社区、进农村、进职业技术学校、进交通站点、进劳务市场“六进”宣传教育活动，提高劳动者及用人单位职业卫生防护知识和意识。2011—2013年，卫生监督部门督促各企业成立由法人和工会相结合的职业病防护领导小组，配备专（兼）职卫生人员，制定职业病防护措施、职业病卫生制度和职业病危害应急救援预案，开展放射防护专项监督检查，重点检查放射诊疗机构贯彻落实放射防护“六项制度”执行情况，以及新建放射诊疗项目预评价和控制效果评价、放射防护用品配备、个人计量监测、健康检查及档案建立情况、放射事故应急预案情况等，凡不合格的，一律令其限期整改。

公共场所 2011年，卫生监督所推进住宿业、沐浴业等重点公共场所的卫生监督量化分级管理工作，促进公共场所经营者自觉采取有力措施提高卫生水平，公共场所卫生监督覆盖率达100%。2012年，全年完成公共场所专项检查2次，共抽查各类公共场所300户，对存在问题单位进行限期整改。同时，全面加强公共场所经营单位管理人员和从业人员的法律法规培训工作，组织集中培训1次，共培训200余人次。

第四节 食品卫生监管

1983年，《食品卫生法》正式颁布实施后，食品卫生专职监督员增至7人，配发职业制服，同时设兼职监督员32名。1992年，开展省级食品卫生达标县创建活动，并顺利通过省市的验收，成为省级食品卫生达标县。1994年起，有关部门对食品的生产、销售、储存、运输及原材料采购环节进行监督管理；至1997年，监督检查食品生产经营单位5568家，合格率70%以上。1998年起，对全县酱油、醋和糕点生产企业进行全面采样检查并对各类食品实行监测，平均年监测30余份，合格率在85%以上；从业人员健康查体3546人/次，合格3494人/次，合格率98%。

2006年，对各类从业人员健康查体4955人，其中：食品从业人员3795人，发放健康证3569人；在食品和公共场所从业人员健康检查中发现有“五病”78人，及时对带病从业人员及时调换工种或调离岗位。2007年，各类从业人员健康查体7068人，发放健康证6129个，查出“五病”129人，并全部调离，下发调离通知率100%。销毁过期变质食品75千克，发放食品卫生许可证2671家，公共场所卫生许可证75家。2008年9月，三鹿牌婴幼儿奶粉事件发生后，县委、县政府研究部署查处三鹿牌奶粉事件相关工作，成立“梁山县应急处置三鹿牌婴幼儿奶粉事件领导小组”，制发《关于加强婴幼儿奶粉有关信息报告和通报的紧急通知》等文件，有关食品安全监管部门各司其职，全力做好患病婴幼儿筛查救治、奶站及饲养场的监管、合格奶制品的市场供应、流通环节奶粉质量的监管等工作，进一步加强全县牛奶及乳制品安全监管工作，切实保障全县人民饮食安全，特别是保障婴幼儿身心健康。至2009年，共出动监督车辆2000辆次，出动卫生监督人员8000余人次，监督户数15000余户次，换发、审验各类卫生许可证共计800多个，其中餐饮业516个，集体食堂63个，公共场所407个；各类健康人员健康查体4666人，发放健康证4562人，查处“五病”人员112人，建立试点企业20家，并均建立完善食品生产经营档案。

2010年7月，食品监管部门派出专人进驻县行政审批大厅，统一行政审批，严格审批程序，严把市场准入审核关，严格掌握餐饮服务许可条件，对食品原料处理加工、周围环境、设备设施、管理人员、规章制度和加工流程等逐一进行审核。其后，举办全县学校、幼儿园和大中型餐馆负责人、食品安全负责人培训班，学习《食品安全法》等法律法规，落实餐饮单位食品安全第一责任人的责任，实行餐饮业提前谈话制度，告知开办者的责任和义务，强化事前预防，并加强日常监督检查。同年，先后组织协调相关部门对全县奶粉市场、小麦粉市场、农药残留、水产品市场等进行专项整治，对全县食品生产企业、饭店、小吃部、学校食堂、集贸市场等进行普遍检查，切实保障了群众饮食安全。

2011年1月，全县餐饮服务食品安全“百日整顿”活动启动，县政府印发《关于2011年为民办好十件实事的通知》，将实施食品安全工程及创建餐饮安全放心街、示范店作为为民办好十件实事之一，予以重点实施。同年7月起，严格规范餐饮服务许可行为，全面落实餐饮服务行业食品原料索证索票制度，严查采购、使用病死或者死因不明的畜禽及其制品、劣质食用油等行为，加大对水浒文化节、专用车博会用餐单位，学校（幼儿园）食堂、小餐桌，建筑工地食堂，企事业单位食堂的监督检查，下达监督意见书和责令限期整改通知书，至2012年10月，全县共1247家餐饮服务食品单位取得经营许可证，创建一条餐饮服务食品安全示范街、70家餐饮服务食品安全示范店，开创了餐饮服务食品安全监管工作的新局面。

第五节 餐饮卫生监管

2007年，卫生监督所全年检查各类餐饮单位281户，餐具检测2300余户，样品1031份，对其中43户达不到卫生要求的给予取缔，2011年，全县共有餐具集中消毒单位11家，全部发放了公共餐饮具集中式消毒审查合格证明，监督覆盖率100%。2012年，对全县15家餐具集中消毒单位实施整合，整合后8家企业均购置全自动消毒设备，全部配备监控设备，对消毒过程实行24小时监控，从业人员做到统一培训、统一着装、统一服务用语、设置举报电话，确保了消毒餐饮具质量。

2011年，卫生监督所联合县水利局开展辖区内镇级及村级生活饮用水的监督检查。检查城镇集中式供水水厂3家，村自备井114口，已启用9口，监督检查100%。检查过程中发现问题较多，村级自备井均未安装净化消毒设施，无检验和检测设备，未进行规范化卫生管理，卫生制度不完善，从业人员未持证上岗。

2012年，继续加强城乡集中式供水、二次供水和学校供水监督检查工作，预防重大饮用水安全事件的发生。全年共开展生活饮用水专项监督检查1次，监督检查县供水厂1家，农村自建水厂114家，农村自备供水学校11家。检测出厂水样24份，合格率达到93.3%，检测末梢水样24份，合格率94.2%，对违反《生活饮用水卫生监督管理办法》的供水单位给予警告。

第六节 医药器械监管

梁山县食品药品监督管理局坚持每年对全县涉药、涉械单位进行拉网式检查和多项专项检查，打击制售假冒伪劣药械违法犯罪行为。2002—2013年，食品药品监督管理局共出动执法人员5800人次，检查涉药单位3500多家次，立案查处各类违法违规假劣药品案件3100多起，涉案金额达3.22亿元。查获假劣药品标值3530.05万元，取缔假劣违法药品窝点158个，全县集中销毁假劣过期失效药品16次，标值1604.56万元。移送涉嫌犯罪案件69件，行政拘留68人，批捕11人，县域内制造、销售假劣药品违法犯罪行为得到有效遏制。

市场专项整治 2002年10月，县政府制发《关于进一步整顿规范药品生产流通秩序的通知》，由县食品药品监督管理局牵头，公安、工商、卫生、医药等部门密切配合，通力合作，共同维护全县药品生产、流通秩序，确保全县人民身体健康和生命安全。2003年3月，县食品药品监督管理局会同梁山县公安局印发《关于联合打击制售假劣药品医疗器械违法犯罪活动的通知》。同年5月，首例制售假药案成功破获，查获赵堌堆乡徐某通过邮寄渠道销售假药品种标示93种，标值66.9万元，邮寄目的地遍布全国29个省（市、自治区）。同年8月，梁山县药品监督管理局与台前县药品监督管理局签订《山东省梁山县、河南省台前县药品监督管理联防联治协议书》。随后，县药品监督管理局印发《关于打一场消灭假劣药品人民战争的通知》，严厉打击制售假劣药品的违法犯罪行为，维护梁山县与台前县的药品流通秩序。在抗击“非典”中，县食品药品监督管理局及时组织广大执法人员投入重点药品、中药饮片和防护器材的市场巡查和稽查办案，查处药品案件51起，查处假药15批次、劣药117批次，不合格医疗器械21批次，查封、扣押不合格医用口罩2370个、活性炭口罩1200个，稳定了市场秩序，保证了群众防治非典用药用械的安全。2004年9月，全省打击制造邮售假药专项整治现场会在梁山召开，省药监局对梁山县打击制造邮售假药成绩给予充分肯定。2007年5月，县药品监督管理局组织全国最大的打击制售假劣药品违法犯罪成果展，建立假劣药品医疗器械标本室。2008年奥运会期间，县食品药品监督管理局实行划片区的网格化管理模式，实行“监管地域无盲区、监管单位无盲点、落实责任无缝隙”，确保奥运会期间在梁山辖区内不出现药源性兴奋剂事件，为奥运会的顺利召开创造了良好环境，被济宁市评为“全市食品药品监管系统奥运食品药品安全保障工作先进集体”。2009年全国运动会期间，县食品药品监督管理局按照《反兴奋剂条例》的规定，全面开展蛋白同化制剂和肽类激素的监督检查工作，全力保障全运会期间的药品安全，全运会召开期间，全县未发生药源性兴奋剂事件。

生产环节监管　2002年起，对辖区内3家药品生产企业、采取跟踪检查、日常监督抽查等方式检查180多次，同时对高风险药品生产企业实施分类管理，并对企业实施药品GMP情况进行监督检查。至2012年，先后有3家药品生产企业完成GMP改造和认证工作，其中，集中药材生产、销售、饮片加工为一体的龙头企业1家，药用胶囊生产企业2家。2013年，全县拥有3家药品生产企业，5家医疗器械生产企业，4家药品经营批发企业，152家药品零售企业。

流通环节监管　2002年起，不断加大对经营特殊药品、二类精神药品的批发企业的监管，加大对零售企业GSP认证后的跟踪检查，对零售药店出租或出借许可证、出租或出借柜台、进货渠道混乱或购销记录不完备、药师不在岗等违法违规经营行为，坚决严肃查处、予以纠正，并严厉打击违法经营疫苗行为。同时，以强化药品经营、单位规范化建设为核心，全面推进“规范化药房”创建工作和推行药品经营诚信活动。2003年，在全县启动“规范化药房”创建活动；2004年4月，对梁山县首批“规范药房”“规范药店”授牌表彰；2008年10月，药监局与全县540家药品经营使用单位签订《药品质量责任承诺书》，共同向社会承诺向人民群众提供安全、有效、放心的药品。至2011年12月，全县540家达到规范化药房标准。

使用环节监管　2002年后，多次举办医疗机构从药人员培训班，并不断完善合理用药管理规章制度，药物临床应用的技术标准进一步规范，医疗机构从药人员合理用药的技术能力进一步提高。开展药品、医疗器械不良反应（事件）监测和再评价工作，重点对化学药品注射剂、中药注射剂、多组分生化注射剂和疫苗、医疗器械等产品不良反应（事件）进行重点监测和再评价，及时上报和处置群体性不良反应事件。2009年后，梁山县每年药品不良反应监测报告数量逐年增多，远超出百万人口1200例的要求，2011年上报1108例。报告质量一直在全市前列。

医疗器械监管　2002—2013年，县食品药品监督管理局对辖区内医疗器械生产、经营、使用单位的生产经营使用情况，特别是高风险医疗器械种类、购进、储存、销售、使用等情况进行排查摸底，确定重点监管单位和重点监管品种。在此基础上，加强日常监督检查力度，严格执行医疗器械日常监管计划，对重点品种企业的质量管理体系进行重点检查，并从医疗器械生产、流通、使用等各个环节进行严格的监督检查，严肃查处无证经营和销售、使用无证产品以及擅自扩大适应证等医疗器械流通领域的违法违规行为。同时，在全县范围内开展隐形眼镜及护理液、义齿专项监督检查活动，对11家经营单位下达限期整改通知书，责令限期整改，对存在违法行为的5家经营单位依法进行了处罚，取缔无证经营业户1家。

第七章 基础设施建设

第一节 基层项目建设

20 世纪 80 年代末至 90 年代初，实施乡镇卫生院改貌工程，较好地改善了乡镇卫生院面貌。2006 年后，国家逐步加大卫生事业投入，先后实施“360”工程、“1127”工程、国债资金项目和扩大内需建设等项目，为乡镇卫生院建设起门诊楼和病房楼，并更新配备大量仪器设备，乡镇医疗卫生基础设施水平全面提升。

改貌工程 1988 年起，国家开始投资乡镇卫生院改貌工程。梁山县在乡镇卫生院率先启动改貌工程，并取得显著成效。1989 年 7 月，菏泽地区卫生改革经验交流会在梁山召开，会议由梁山县介绍乡镇医院改貌经验，并参观马营乡和寿张集乡卫生院。1996 年，乡镇卫生院改貌工作正式结束，共为乡镇卫生院新建业务用房 8048 平方米，维修药房 6257 平方米，购置大中型医疗器械 26 台件，小型医疗器械 35 台件，全县 16 处乡镇卫生院中 12 处发生重大变化。

“360”工程 山东省于 2005 年初启动“360”工程（全省建设 360 处乡镇中心卫生院）项目，中央和省市投资 360 万元，为梁山 4 处中心卫生院各建设一幢 1500 平方米左右的门诊楼，并投资 139 万元为其购置一批医疗设备，投资 10 多万元用于专业技术人员培训。2006 年 2 月，县政府及卫生部门认真贯彻省政府办公厅转发的《省卫生厅省财政厅关于实施“360”工程加强全省重点卫生院建设的意见》，县政府与 4 处中心卫生院所在乡镇政府签订建设项目责任书，“360”工程正式启动。县卫生局采取各种有效措施，积极协调各方关系，想方设法落实配套资金，协调建设部门减免建设审批费用，在项目设计、规划许可、招标投标、施工许可、工程监理等缴费方面，按应缴标准的 10% ～ 20% 缴费，仅此节约资金达 60 多万元。至同年 10 月，4 处中心卫生院门诊综合楼全面竣工。同年 11 月，通过省、市竣工验收，并受到省、市领导的一致好评和高度赞誉。

“1127”工程 2006 年 10 月，开始启动“1127”工程（全省建设 1127 处乡镇一般卫生院）。该项工程是继“360 工程”后又一项推动乡镇卫生院建设的重要工程，全县涉及 3 处一般卫生院门诊楼建设及 5 处一般卫生院业务用房改造。同年 10 月，中央和省市投资 90 万元、建筑面积 1500 平方米的大路口卫生院门诊楼开工建设。2007 年，“1127”工程建设全面展开，中央、省、市投资 195 万元，用于小安山卫生院门诊楼及其他卫生院建设改造。至年底，大路口卫生院 1500 平方米门诊病房楼、小安山卫生院 900 平方米门诊楼、马营卫生院 1100 平方米门诊病房扩建整修、梁山镇卫生院 700 平方米病房整修，以及其他乡镇卫生院业务用房整修改造，均已竣工。同时，投资 102 万元，为 8 处卫生院配备医疗设备。

中央投资工程 2008 年，利用中央国债资金投资基层医疗卫生机构服务体系建设项目，寿张集卫生院门诊楼 1 月开工建设，建筑面积 800 平方米，投资 54 万元，其中中央财政投资 27 万元，省财政投资 27 万元，当年 11 月竣工；韩垓卫生院门诊楼于 3 月开工建设，建筑面积 1960 平方米，投资 90 万元，其中中央投资 31 万元，省财政 31 万元，镇财政投资 28 万元，当年 12 月竣工。2009 年，利用中央扩大内需投资基层医疗机构建设项目，赵堌堆卫生院门诊楼 1 月开工建设，建筑面积 900 平方米，投资 80 万元，其中，中央预算内投资 50 万元，省调控资金 30 万元，当年9月竣工；小路口卫生院病房楼4月开工建设，建筑面积1750平方米，投资120万元，其中，中央预算内投资50万元，省调控资金30万元，乡财政及单位自筹40万元，2010年4月竣工；馆驿卫生院门诊楼于2010年1月开工建设，建筑面积1100平方米，投资91万元，其中，中央预算内投资80万元，省投资11万元，当年12月竣工；马营卫生院病房楼2010年2月开工建设，投资100万元，建筑面积1600平方米，同年12月竣工。2012年，利用中央投资基层医疗机构基础设施建设项目，拳铺中心卫生院病房楼于2013年4月开工建设，建设面积2980平方米，投资300万元，其中中央预算内资金85万元，省预算内资金7万元，镇财政资金208万元，至年底，主体工程基本完成。2013年，寿张集卫生院病房楼、韩岗中心卫生院病房楼同时列入2013年度国家财政部“中国革命老区专项转移支付资金项目”；寿张集卫生院病房楼建筑面积2760平方米，投资310万元，其中，老区专项转移支付资金186万元，中央预算内资金70万元，省预算内资金7万元，县乡财政配套47万元，2013年5月开工建设，至年底，主体工程基本完成；韩岗中心卫生院病房楼建筑面积2986平方米，投资310万元，其中，老区专项转移支付资金214万元，中央预算内资金80万元，省预算内资金7万元，县乡财政配套9万元，正在启动建设；徐集中心卫生院病房楼建设项目，中央预算内资金85万元，省预算内资金7万元，尚未启动建设。同年，利用库区移民专项投资，为小安山、馆驿卫生院各建一幢病房楼。至2013年，全县13处乡镇卫生院，全部建有门诊楼和病房楼。

村卫生室建设 2007年起，梁山县分两批对全县609所村卫生室进行规范化建设，同时印发《梁山县规范化村卫生室建设实施方案》，方案要求：村卫生室业务用房总面积不少于60平方米，诊断室、治疗室、观察室、药房四室独立，并配备必备的诊疗设备。2008年6月，市财政对达标的每个村卫生室给予5000元补助，其中310处省级规范化村卫生室，省级财政补助每处省规范化村卫生室15000元，县级财政按照1:1的比例安排建设专项资金，推动项目建设。至2009年12月，全县502处村卫生室规范化建设任务圆满完成，2010年10月，全部通过省市验收（其中省级规范化村卫生室310处）。

第二节 县级工程建设

20世纪90年代起，县政府及县直医疗卫生机构在积极自筹资金的基础上，大力争取国家及省市专项建设资金，相继建起门诊楼、病房楼及其他业务用房，医疗卫生基础设施不断完善。至2011年，县疾控中心拥有疾病防控综合楼1栋，建筑面积为2690平方米（2011年11月全部拆迁）。至2012年，县中医院拥有门诊楼、病房楼、综合楼3栋，及其他业务用房，建筑面积近8000平方米(2012年8月全部拆迁)。至2013年，县人民医院占地面积71280平方米，拥有门诊楼、病房楼、综合楼等6栋，建筑面积79688平方米，其中，业务用房面积52139平方米；县中医院新院建设工程占地4万平方米，并开工建设；县疾控中心与卫生监督大楼主体工程基本完成；县妇幼保健院拥有门诊楼、病房楼各1栋，建筑面积2720平方米。

县中医院门诊综合楼 20世纪90年代初，县中医院启动门诊楼建设，该门诊楼为四层仿古式建筑，建筑面积2400平方米。1994年1月，县中医院门诊楼正式投入使用，并举行较大规模的门诊楼竣工启用剪彩仪式，省、市、县有关负责人出席并为大楼启用剪彩。

县人民医院门诊综合楼 1999年1月，县医院门诊和急救中心综合楼开工建设。该综合楼为5层，为钢筋混凝土框架结构，建筑物长63.5米，宽54米，建筑面积10200平方米，总投资1000余万元；2000年12月竣工，2001年3月正式投入使用。

两个体系建设 两个体系包括传染病救治体系、疾病预防控制体系。2004—2005年，县人民医院建设传染病房楼、原县卫生防疫站扩建疾病预防控制中心。2004年8月，县人民医院投资202万元，启动三层传染病房楼建设，建筑面积为1496平方米；2005年竣工并交付使用。2005年6月，采取租赁方式，将原计生委1257多平方米办公楼以租金160万元、租期35年租赁给原县防疫站进行改造及装修，至2006年7月，总面积达2690多平方米的疾病预防控制中心正式建成并投入使用。

县人民医院急救病房综合楼 2010年5月，县人民医院急救病房综合楼开工建设。该综合楼为15层，建筑面积21968平方米，总投资6500万元。该建设项目列2010年中央“加强农村卫生服务体系建设项目”，中央预算内投资1100万元，省预算内投资100万元，银行贷款4200万元，单位自筹1100万元。至2012年10月，急救病房综合大楼正式竣工并投入使用。

疾病防控卫生监督大楼 2011年12月，根据县政府安排及规划部门规划，县卫生局确定在水泊南路中段路西（原矿柱林招待所院内）建设疾病防控卫生监督大楼，主要用于卫生局及疾控中心、卫生监督所办公和开展相关业务。大楼建筑面积8600平方米，投资1800余万元，2012年12月开工建设，至2013年12月，大楼主体工程基本完成。

第二十二篇
DI ER SHI ER PIAN

文化体育

1994年起，梁山县坚持把文化建设摆在突出位置，大力加强公共文化体系建设，积极开展丰富多彩的文化活动，全面促进文化事业发展，不断满足人民群众的精神文化需求。1996年5月，梁山县被省委、省政府命名为“全省社会文化先进县”，成为鲁西南第一个省级社会文化先进县。进入21世纪，全县大力发展社会文化，深度开发传统文化资源，加强文化基础设施建设，完善公共文化服务网络，推动文化发展和繁荣，文艺佳作不断涌现，舞台艺术精彩纷呈，文化产业发展迅速，文物保护科学有效，全县文化事业进入全新的发展时期。

1990年，梁山县以争创全国体育先进县活动为契机，大力促进体育事业发展；1992年，梁山县被国家体委命名为“全国体育先进县”。1994年后，在大力推进全县体育事业发展的同时，多次承办国家及省、市运动会，均取得圆满成功。2000年，积极引导社会力量投资开发体育产业，推进体育产业和体育事业发展。2007年6月，县政府制发《关于加快体育设施建设的意见》，进一步推动全县体育工作的深入开展。2012年，在县城东南部新区建设大型体育馆及体育活动中心，为全县体育运动开展奠定基础。

第一章 管理机构

第一节 文化局

梁山县文化局，县政府文化主管部门，始建于1956年1月，时称文化科；1960年3月改为文化局，同年8月并入文教局，其后，文化、教育又有分合；1975年8月，文教局分设为文化局、教育局；1993年12月，县文化局与县体委合并为县文化体育委员会；1996年1月，撤销县文化体育委员会，恢复县文化局、县体委；2010年5月，县文化局撤销，与县广播电视局、县新闻出版局合并。

1994年，县文化局内设秘书科、文化艺术科、文化市场管理科、新闻出版科，下属县文化馆、县图书馆、县文物管理所、县电影公司、县山东梆子剧团、梁山剧院、梁山艺术学校、县文化市场稽查大队、县文化信息共享中心、县文艺创作研究中心、县文化艺术服务中心；17处乡镇文化站。2004年7月，县文化艺术服务中心并入县电影公司；同年11月，成立县文学艺术界联合会，为正科级人民团体组织，挂靠县文化局；2010年，县文学艺术界联合会划归县委宣传部管理。

第二节 广电局

梁山县广播电视局，县政府广播电视主管部门，始建于1976年2月，时称广播事业管理局（简称广播局）；1984年4月改为广播电视局（简称广电局），1993年12月改为县广播电视中心，由正科级行政单位变为正科级事业单位；1996年1月，恢复设立县广播电视局，与广播电视中心同一机构，两块牌子，级别性质不变；2010年5月，县广播电视局撤销，与县文化局、县新闻出版局合并，广播电视业务工作由县广播电视台负责。

1996年2月，县广播电视局内设办公室、财务股、技术股、保卫股；1999年2月，撤销原有内设股室，实行局台（包括广电局、广播台、电视台）合一，重新设立办公室、财务科、社会管理科、总编室、新闻部、专题部、广告文艺部、技术播出部、有线电视工程管理部、物质供应管理部、农村有线电视管理办公室等 11 个部室。2002 年 11 月，成立县广播电视信息网络公司，为副科级事业单位，实行企业化管理，隶属县广播电视局；2010 年 5 月，成立县广播电视台，为正科级事业单位，内设办公室、财务科、总编室、新闻部、社会报道部、广告文艺部、技术播出部、广播部、《今日梁山》栏目组、《关注民生》栏目组、《水浒视界》栏目组，归口县文广新局管理。2012 年 9 月，县广播电视信息网络公司由省网络公司垂直管理。

第三节 新闻出版局

梁山县新闻出版局，正科级事业单位，始建于 2004 年，由原县文化局新闻出版科与济宁日报梁山版编辑部合并组建，归口县委宣传部管理；2010 年 5 月，新闻出版局改称文化产业办公室，单位级别性质及隶属关系不变。

第四节 文广新局

梁山县文化广播电视新闻出版局（简称文广新局），正科级行政单位，县政府组成部门，主管全县文化广播电视新闻出版工作。文广新局始建于 2010 年 5 月，由原文化局、广播电视局、新闻出版局合并组建，内设办公室、文化艺术与文物管理科、文化市场与行政许可科、文化产业科、新闻出版管理科和广播影视管理科；辖文化市场综合执法局、广播电视台、文化馆、图书馆、文物管理所、剧院、剧团、电影公司、梁山艺术学校。2012 年 10 月，撤销县剧团，成立梁山县山东梆子传承保护中心，加挂县演艺中心牌子，为副科级公益性事业单位，隶属县文广新局；艺术学校整体划转县职业中专。全县文化系统共有干部职工 176 人，其中从事文学、艺术创作及图书、文博管理工作的副研究馆员 34 人，国家一级演员 4 人，二级演员 6 人，中级专业人才 60 余人。

第五节 体育局

梁山县体育局，原称梁山县体育运动委员会（简称县体委），县政府体育主管部门，始建于 1956 年 6 月，与文教科合署办公；1993 年 12 月，县体委与县文化局合并为县文化体育委员会；1996 年 1 月，撤销县文化体育委员会，恢复县体委、县文化局；2002 年，县体委改称县体育局；2009 年，县体育局撤销，与教育局合并，成立梁山县教育和体育局，体育业务工作由县体育中心负责。县体育中心内设办公室、群体科等科室，下属体育协会、体育中学等单位。

1982 年，成立梁山县武术协会；1985 年，成立老年体育协会；其后，各类体育代表队相继成立。1994 年，全县有体育协会、武术协会、乒乓球协会、象棋协会、老年人体育协会等各类体育协会 18 个，有篮球队 30 个，排球队 5 个，乒乓球队 5 个，棋类代表队 10 个，牌类代表队 8 个，武术代表队 48 个，门球代表队 7 个。

第二章 文化艺术

第一节 文学创作

20 世纪 90 年代初，县文化主管部门多次举办文学创作培训班、水浒文化研讨会，组建骨干作者队伍，部署重要题材和主旋律作品创作任务，在县文化馆设立文学创作辅导部，《梁山报》《水泊文艺》《小作家报》成为文学创作新平台，梁山文学创作空前繁荣，涌现出一批优秀作者和作品。1992年，孔德雨长篇小说《水浒后传》发表；1993年，赵萍中篇小说《寻寻觅觅》在《时代文学》发表，长篇小说《佳期如梦》由济南出版社出版;1995年，赵萍长篇小说《但愿人长久》由中国国际广播出版社出版；1998年，樊兆阳主编的中国民间文学丛书《名人故事》，由海南出版公司出版发行;1999年,赵萍长篇纪实文学《千山行》发表。

进入21世纪，梁山文学创作萌动出新的生机。2000年，县文化主管部门制定县文学艺术创作奖励基金制度，并举办首届“水泊商场杯”文学艺术创作评奖活动。同年,《梁山文化报》创刊;岳宗周主编的论文集《太阳的光辉》由中国文联出版社出版。2004年，县文化局、文联及作协积极组织、引导、培养文学青年，开展文学创作活动，并会同有实力的企业以文会友，不定期地举办一些文学创作和比赛活动，从一定程度上促进了文学创作的繁荣和发展。青年作者岳喜虎相继出版短篇小说《潘西的把戏》、长篇小说《漂泊的屋顶》。2005年,陈存玉长篇小说《梁山传奇》由中国文联出版社出版;同年，赵萍中篇小说《后妈》，获“全国文学笔会一等奖”。2008年，“中国诗歌万里行走进梁山”《梁山放歌》创作出版。同年，县作协、梁山民盟支部创办文学季刊《水泊梁山》。2012年，丁明烨散文随笔集《生命的体悟》由中国文联出版社出版；同年，县文联创办文学季刊《梁山》。

随着文学创作的发展，同时涌现出一批颇有价值的文化成果。樊兆阳主编的《水浒人物野史》和综合文集《脚印》、搜集整理的《水浒人物口头传说大观》等相继出版；房瑞荣编写的《溯源知识大观》《叠字辞库》《运河古镇开河漫谈》等先后出版；樊兆阳、赵萍和张庆建主编的《水浒文化系列丛书》（六册）以及《民间大水浒》相继出版;闫继方民间故事集《水浒故里传奇》出版;商孟华《女人、家庭、事业》《诗梦年华》先后于2000年、2004年出版；尤宝良《东原问水录》于2006年出版。2010年后，赵萍编写《水浒之旅》等有关梁山的故事传说、井秋奇编撰的《山东梆子经典唱段》、冯建武编撰的《中国梅花拳》等相继出版。

第二节 书画 摄影

1994—2013年，县内书画摄影创作活动日趋活跃，一些画廊、书画艺术会所、收藏馆等相继出现，包括文化、宣传主管部门纪念重大节日开展的美术、书法、摄影活动，以及行业、个人积极筹办的一些美术、书法、摄影活动。

1993年，梁山县举办大型书画展览，纪念毛泽东诞辰100周年。1996年7月，县文化馆、民盟梁山支部组织梁山108位书画家及爱好者，集体创作长113米的书画长卷，纪念长征胜利60周年，县委书记王廉秀为书画长卷挥毫题词：“继承长征传统、发扬梁山精神”。该书画长卷分别在市、县展览，后赠送民盟中央收藏。1998年12月，县委宣传部、县文化局举办纪念改革开放二十周年书画、工艺品大展，参展作品400余件。2001年，梁山一中邀请国内知名书法美术家100余人创作书法美术作品近200幅，庆祝建校50周年，并举行专题书画展，后集结出版。同年6月，县委宣传部、县委组织部、县文化局联合主办纪念建党80周年“水泊商场杯”书画大展，征集作品500余幅，展出300余幅。2002年1月，县委宣传部、县文化局举办全县“世纪风”书画大展，分为成年和少儿两个组，展出作品300余幅。同年4月，梁山县参加全国“运河风情”书画、摄影作品展，获一等奖。同年7月，梁山县参加全省群星美术、书法、摄影作品大展，梁山书画、摄影作品获二等奖、三等奖。2003年1—2月，梁山县参加全市第五届职工文化艺术节和“浏阳河杯”职工大型书画展，获市委、市政府颁发的“优秀组织工作奖”。同年，关义华摄影作品《豪情梁山》在山东省广告摄影学会举办的全省第五届《钢山特曲杯》广告摄影邀请赛中获优秀奖，并被《山东省广告摄影年鉴》收录。2004年，梁山县摄影家协会成立。2005年9月，首届中国“水泊梁山杯”书画大展作品集《翰墨水泊》由中国画报社出版。2006年，王世会、王清然、丁永林合著的集绘画、书法、篆刻于一体的《水浒印象》出版。2007年9月，梁山水浒书画院主办“中国画收藏提名展”，并将作品集结成册，由四川美术出版社、四川出版集团出版。2009年5月，县文联举办“新农村建设杯”水泊流韵摄影展览比赛，展出作品100余幅，评出一、二、三等奖32名。同年9月，县文联、县水泊书画院共同举办“走进梁山”全国书画名家邀请展，画展共征集到全国各地的名家力作100余件，并组织举办庆祝建国60周年作品展。同年，《人物画名家孙景全》一书出版。2010年5月，王世会、王清然、丁永林集绘画、书法、篆刻于一体的《水浒英雄传》刊印。同年9月，举办“全县新型农村社区杯”书法美术摄影作品比赛，共有200多幅作品参赛，评选出一等奖5名、二等奖10名、三等奖16名、优秀奖26名。同年，梁山县政协《梁山县书画摄影作品集》《李厚昌书画集》先后出版。2011年9月，县文联举办“2011中国（梁山）水浒文化节全国名家书画邀请展”，展出全国各地名家书画作品100余幅，并邀请中国扇子艺术学会常务副会长李辉等参加开幕式和书法笔会。2012年3—8月，举办“水浒故里，印象梁山”全国摄影大赛。同年，关义华摄影作品《水墨古城》在由人民摄影报、山东省青年摄影家协会、台儿庄古城建设委员会主办的“寻梦台儿庄”中获全国旅游摄影大展收藏铜奖。2013年5月，主办“梁山县首届名家书画收藏展”，共展出近现代书画名家的精品70余幅。

20世纪80年代起，梁山书画界具代表性的老一辈书画家有：孙景全、刘月楼、王茂君、姜传薪、董兴孟、徐书均等；21世纪后，梁山书画界新生代书画人物主要有：张成钢、毕东风、王存忠、王世会、尤宝柱等。著名画家孙景全500余件作品多次参加海内外美展并获奖。1992年，王存忠中国画作品《春韵》入选加拿大“枫叶杯”中国水墨画大展，荣获优秀奖，并入选《山东美术全书》。1995年7月，王良轩书法作品在国际诗词书画大赛上获银牌奖。1996年2月，王茂君、王世会合作的年画《纺织图》获全国新闻书画大展二等奖。同年5月，王茂君大型立体雕塑《水泊梁山》在上海举办的中国国际花卉博览会获银奖。1999年5月，王存忠绘制的唐三彩壁画《水泊英雄》荣获山东省建设委员会举办的“建筑艺术展”优秀绘画奖。同年9月，张成钢的国画《星外春霄》获全市庆祝建国五十周年美术展览创作一等奖，并入选全省美术展。2000年3月，王存忠的浮雕作品《雪夜上梁山》入选山东省城市雕塑创作设计新作展，并获二等奖。2002年6月，郑冰在菲律宾举办的菲中国际书画联展中获“园丁奖”和金牌。2004年3月，孙景全等创作的127平方米大型唐三彩壁画《水泊英雄聚义图》入选第八届全国美展，并获“全国首届壁画”大奖。2005年，姜传薪在北京美术馆举办个人书法展览。2007年，毕东风书画作品《故乡日记》《记忆风景》，分别获省级金奖、省二等奖；郑冰的《春意》《鹊上枝头》分别获“省级群星奖”、省级二等奖。梁山农民书法家陆书端酷爱书法，其书法作品除参加县内各种书法大展外，还多次在省级书刊上发表。

第三节 戏剧 歌舞

戏剧创作演出 20世纪90年代，梁山戏剧舞台相当活跃，年平均演出500多场，县剧团主要演出剧目有《铡美案》《对花枪》《花打朝》《打金枝》《何巧娘》《杨家将》《煎石记》《女儿恨》《朝阳沟》《小二姐做梦》《穆桂英挂帅》《生儿大奖赛》等，以到农村流动演出为主。县剧团演出的大型古装戏《煎石记》被拍成影视片在山东电视台播放；国家一级演员曹红演出的《小二姐做梦》被中央电视台全场拍摄播放。

戏剧创作 1991—1992年，张庆建先后创作的坠子《孝媳妇》、山东快书《四分钱》，参加济宁市曲艺小品大赛，获创作二等奖，快书《买鞋》在全国刊物《曲艺》上发表。1993年，在济宁“保险之花”曲艺小品大赛中，县文化局组织专业文化工作者和全县业余作者深入生活，历时一年，创作出100余件作品，集结为《保险颂》刊印出版。1997年，县剧团组织创作山东梆子《古道别》伴奏音乐，并完成对剧中杨开慧角色的唱腔设计，该作品在全省会演中获金奖；1998年，该剧参加全市戏剧会演和调演，分获剧目和表演一等奖。进入21世纪后，文化部门认真组织戏曲艺术作品创作，新编历史剧《宋江外传》和舞剧《燕青与李师师》等一批优秀剧本脱颖而出。2000年，《换当家》《劝媳妇》参加省法制宣传戏剧曲艺大赛，均获创作演出二等奖。2011年3月，创作展现社会主义新农村建设的大型现代戏《乡村巨变》；同年9月，创作戏曲枣梆《梁山精神美名传》唱段伴奏音乐。2012年，创作山东梆子水浒戏系列唱段，其中徐晓瑛的戏曲《票友》获全市汇演二等奖。

戏剧参赛 1990年，县剧团演出的《罚赌》参选山东省“古贝春杯”大赛，演员裴九海获“八大名丑”称号，该剧在山东电视台多次播放。2001年，组织参加全市专业戏曲演员大赛，梁山选送的节目获表演一等奖，并获优秀组织奖和剧目奖。2002年，分别参加全省、全市专业戏曲演员会演，梁山分获全市一等奖和全省二等奖。同年12月，县委宣传部、县文化局、县广电局联合主办梁山县“水泊商场杯”《梨园荟萃》戏曲爱好者电视大赛，参演选手近百名。2003年8月，曹红、曹华在全国“国花杯”戏剧演员大赛中，双双获全国“十佳演员”称号，县枣邦剧团获银奖一枚、铜奖三枚；2007年，在梁山举办山东梆子名家名段演唱会。

演艺活动 1994年，由县剧团组织社会戏迷票友成立梁山县业余戏协，每周举行两次集中活动，剧团的专业演员担任指导教师，常年参与活动的会员达130余人。2000年前后，戏剧茶社作为一种新型戏剧展演娱乐方式在梁山出现，最早开办的是位于梁山宾馆院内的梁山戏曲茶社。2004年，县文化局会同广电局组织县剧团、县文化馆，在梁山电视台开办《水泊大戏台》栏目，该栏目吸收本地及周边地区专业戏曲演员和戏迷票友以打擂比赛的方式参与表演和栏目制作，并多次邀请河南豫剧界和省内山东梆子界著名表演艺术家和民间老艺人作为嘉宾演员参演助兴，在全县城乡和周边县引起强烈反响，获得一致好评。至2013年，《水泊大戏台》共举办制作40期、播出120期。

歌舞演出活动 20世纪90年代初，文化主管部门积极举办音乐、舞蹈等文艺大赛，梁山群众文化活动空前活跃，在社会上引起强烈反响。至2013年，在全县文化活动中，音乐舞蹈创作颇丰，演出活动多样，参赛获奖作品较多。

比赛活动 1991年，县委宣传部和县文化局联合主办、县电影公司承办梁山县首届“银光杯”卡拉OK歌手大赛，评出十佳歌手，每届参赛选手100～200名，每届比赛场次10余场，观众2万人以上。该项活动共举办七届，其中第二届还联合嘉祥、郓城三县进行比赛。1992年，县委宣传部和县文化局主办、县电影公司承办梁山县首届“银光杯”舞蹈大赛，分团体、单人、双人、多人各种形式和民族舞、现代舞、交谊舞等多个舞种，参赛团队30余支、参赛选手460余名。1994年，侯平在全市歌手大赛中获一等奖，黄河在全国石化系统歌手大赛中获二等奖。1996年11月，县文化部门会同《梁山报》、梁山电台、电视台组织“梁山县歌”创作征集活动，共征集到创作歌曲60余首，获奖歌曲20首。1997年3—10月，县文化部门先后组织参加在潍坊、青岛等地举办的全省农民文化艺术节舞蹈大赛、歌手大赛等比赛活动，并获铜牌奖和优秀奖、创作一等奖、创作金奖、表演一等奖、最佳演唱奖等。

1998年2月，参加全市新创作音乐、舞蹈汇演，获优秀组织奖，并获创作一等奖1个、二等奖3个、三等奖2个，表演一等奖2个、二等奖1个、三等奖3个，总分位于全市十二县市区之首。2000年7月，梁山县代表济宁市参加全国群星奖舞蹈大赛山东选拔赛，县文化局组织创作的双人舞剧《林冲与林娘子》获创作与表演二等奖。2001年9月，舞蹈《梁山后生》参加全市舞蹈大赛，获创作与表演一等奖。2003年3月，在全省第三届“好家庭杯”健身秧歌比赛中，梁山县分获一、二等奖各1项；同年5月，由“水泊梁山中老年活动站”参赛的健身操，获全国妇联、国家体育总局颁发的“全国亿万妇女健身活动先进奖”；同年6月，朱桂芹编导的舞蹈《快乐跳跳》获全省舞蹈大赛二等奖。2004年5月，县中老年艺术团参加全市首届“金贵杯”秧歌比赛，获“最佳表演奖”；同年3月，范爱华创作的歌曲《希望的中国走向未来》获省级金奖。2005年5月，朱桂芹编创的秧歌舞《俏媳妇》获全国秧歌舞大赛金奖。2006年6月，组织庆祝建党85周年群众歌咏比赛和广场文艺展演，参演参赛团队100余支，参演演员16000余人。2011年4月，水泊梁山中老年艺术团参加全国秧歌舞比赛，获一等奖。2012年8月，县文联主办“山东省第十届少年儿童才艺大赛梁山赛区选拔赛暨梁山县首届百姓才艺大奖赛”，共有270余人参赛，80余人进入复赛，6人在当年山东春晚表演节目。

大型演出 1993年4月，由县文化部门组织编排、700人参演的首届水浒文化节大型广场舞剧《英雄大聚义》演出成功；同年9月，由县文化部门组织创作大型广场舞剧《梁山义》，参加山东省第四届文化艺术节开幕式表演，著名表演艺术家、歌星和主持人李默然、毛阿敏、解晓东、鞠萍等参与节目主持和同场穿插表演。1994年5月，1400人参演的第二届水浒文化节“爱我梁山”大型文艺节目演出成功；同年9月，梁山县第二次组织大型广场舞剧《先师颂》，参加国际孔子文化节开幕式的大型演出，该舞剧主题曲《千古孔子》由著名词作家乔羽作词、著名曲作家张丕基作曲、董文华演唱。1995年春节，大型歌舞《梁山汉子》和大型歌舞剧《东文西武喜迎春》在中央电视台春节上星文艺节目中展播，并参加山东省第四届文化艺术节展演，分获一、三等奖。同年，县文化部门组织创作舞蹈与武术剧《梁山武韵》，参加1995国际孔子文化节开幕式的大型演出；组织创作歌伴舞《在中国大地上》《英雄赞歌》、舞蹈《军嫂》《夯歌》等文艺节目，参加第五届全省文化艺术节职工文艺汇演并获奖。1997年9月，梁山县作为唯一参演县承担97国际孔子文化节《情满人间》的演出任务，著名歌星韦唯、著名播音员陈铎、著名影星朱琳等参与演出，该节目分别由中央电视台一、二、三、八套节目多次播放。2001年1月，县委办公室、县政府办公室、县委宣传部、县文化局联合举办《明天更美好》大型文艺演出，参演演员600余人。2012年7月31日，在水浒文化广场举行“八一军旗红”

“八一军旗红”军警民联欢晚会

梁山县军警民联欢晚会。同年9月，组织参加由中央电视台现场直播的国际孔子文化节开幕式文艺演出，并与前卫歌舞团、解放军艺术学院同台演出，梁山县作为全市唯一参演县获优秀演出奖。同时，组织创作的《梁山谣》在水浒文化节开幕式大型演出中作为开场节目，取得良好效果。

第四节 民间艺术

民间文艺 县委、县政府和文化部门高度重视民间艺术发掘和传承保护，县文化局多次举办梁山民风、民俗、武文化、酒文化专题研讨会，有效地推进了民间艺术的发展。

民间音乐 梁山一带数百年流传下来的民间歌舞音乐十余种，主要有《梁山劳动号子》《生活小调》《儿歌》，较有影响的《梁山劳动号子》包括《夯号》《运河船号》《峨号》等，已列入济宁市市级非物质文化遗产保护名录。民间戏剧音乐流行剧种主要包括山东梆子、枣梆、大平调、豫剧等，形成有地域特色的曲牌40余种，包括戏剧音乐在内的梁山山东梆子剧种已被列入山东省省级非物质文化遗产保护名录。说唱音乐主要有坠子、落子、扬琴、花鼓、琴书等。其中，围绕水浒人物和水浒故事的说唱段子，是梁山民间说唱音乐的经典和特色。另外，还有民间祭祀、念经等形成的宗教音乐。同时，民间器乐流传较广，主要有：吹奏乐器中的笙、芦笙、葫芦丝、笛、埙、唢呐、箫等，打击乐中的大锣、小锣、云锣、大、小钹，碰铃、板、梆子、本鱼、大小鼓、板鼓、排鼓、象脚鼓等，弹拨乐器中的筝、扬琴、月琴、三弦、柳琴等，拉弦乐器中的板胡、马头琴、坠胡等。2000年，参加全市民间艺术汇演，梁山县编排选送的唢呐、落子等分获“挖掘整理一等奖”和“演出一等奖”，并获“优秀组织奖”。

民间曲艺 梁山流行较广的曲种主要有山东琴书、坠子、落子、花鼓等。梁山县境内琴书主要为南路琴书，因其主要伴奏乐器为打琴（后称扬琴或洋琴），群众亦称其为“唱洋琴的”“打洋琴的”。由三五人搭档演唱，既演唱又伴奏，以中间敲琴为主。传统节目多反映农民家庭生活及爱情的故事，乡土气息浓郁。坠子，因其主要伴奏乐器为坠子弦而得名。坠子的主要特点是既善于抒情，又长于叙事，唱腔清新优美、婉转动人，语言通俗、故事性强、因而流行极广。坠子传统曲目十分丰富，主要有《三堂会审》《武松开会》《大红袍》《舍钱记》《杨家将》《偷石榴》《小黑驴》等。落子是莲花落的俗称，宋时已很流行。落子曲调简单，半说半唱，旋律性较差，内容多系通俗小说故事改编而成。梁山较有影响的落子演员是邱忠堂，其演唱的书目有《武松打虎》《包公案》《刘公案》等，多次在省市县曲艺表演中获奖。花鼓，亦名“丁香”，或“花鼓丁香”，从民间歌舞中发展而成。花鼓的唱腔，字多腔少，曲调简单，内容多反映家庭生活和爱情生活，情节简单，语言朴实，通俗易懂，主要曲目有《梁山伯下山》《蜜蜂记》《金钱记》《货郎段》等。

20世纪50年代，梁山县成立曲艺队，经常演出《潘杨讼》《许仙游湖》《舍鞭记》《大红袍》《杨家将》《退彩礼》《梁山好风光》等节目，并在菏泽地区曲艺会演获创作和演出奖；其后，曲艺队时撤时建。60年代建立曲艺厅，曲艺团队演出曲种丰富，有山东琴书、坠子、落子、渔鼓、评书、相声、皮影等，颇受广大城乡群众的欢迎；其后一度停业，80年代后期曲艺厅拆除。但梁山的曲艺活动并未停止，有的时期还相当活跃。1994—1999年，陆续参加济宁市“孔府宴杯”“百花园杯”“中药杯”等曲艺大赛，《书记乘车》《相亲记》《西瓜祭》等曲艺节目，分别获一、二、三等奖。1997年6月，参加全市曲艺调演，获“创作、表演一等奖”和“优秀组织奖”。2000年，参加全市曲艺、小品会演，选送的节目获创作一等奖、表演二等奖，并获“组织工作奖”。2002年8月，参加全省曲艺大赛，《武松打店》获银奖，并入围全国曲艺大赛决赛。2003年1月，选送曲艺作品参加全市曲艺作品评奖活动，部分作品获一、三等奖。2004年，参加全市第七届百花园“祥酒杯”曲艺会演，梁山县获“优秀组织奖”，表演一等奖。2009年8月，梁山县曲艺名家邱忠堂、刘芳等人参加全市曲艺比赛，获3个一等奖、1个“最高贡献奖”及“县文联优秀组织奖”。2011年8

月，梁山县曲艺家协会会员参加全市曲艺小品大奖赛，获 8 个一等奖、9 个二等奖、15 个三等奖及县文联优秀组织奖。2012 年 7 月，梁山县曲艺家协会参加全市曲艺小品大奖赛，获得 6 个一等奖、5 个二等奖、13 个三等奖及县文联优秀组

老年曲艺队表演琴书

织奖。2013 年 4 月，县文联组织戏剧曲艺爱好者 10 余人，参加在泗水县举办的全市梨园春戏剧曲艺比赛，取得 4 个一等奖、5 个二等奖、7 个三等奖的成绩。同年 8 月，县文联组织参加济宁市曲艺小品大赛和第二届电视舞蹈大赛，并在全市决赛中获得奖项，县文联获优秀组织奖。同年 9 月，县文联与济宁市曲艺家协会联合承办在梁山举办的全市曲艺小品大赛，共有 150 多位选手参加，全国文联副主席、著名评书表演艺术家刘兰芳应邀到梁山献艺并为获奖单位颁奖。

舞龙舞狮　梁山境内每逢重大节日或庆典，文化部门都举行舞龙、舞狮、高跷、秧歌、旱船等民间艺术活动。舞龙也叫“耍龙灯”，梁山县每到节日庆典，都有舞龙的习俗。龙在中华民族代表了吉祥、尊贵、勇猛，更是权力的象征。人们在喜庆的日子里用舞龙来祈祷龙的保佑，以求得风调雨顺、五谷丰登。舞龙的主要道具是“龙”，用草、竹、布等扎制，节数以单数为吉利，多见九节龙、十一节龙、十三节龙。舞狮在锣、鼓等乐器的配合下，使舞狮子喜、怒、哀、乐、动、静、惊、疑八态表现的活灵活现，将狮子的威猛与刚

梁山舞狮

劲融为一体。加之狮子的舞动起势、常态、奋起、抓痒、迎宾、施礼、惊跃、发威、过山、翻滚等多种形态。舞者通过不同的马步配合狮头的动作，把各种造型抽象地表现出来，给人们以极大的精神享受。1996 年 2 月，县委、县政府及有关部门举行元宵节盛大民间舞龙、舞狮艺术巡游表演；2001 年，参加全市《龙腾虎跃，雄狮闹春》会演活动，梁山县创作编排狮舞和武术节目分获金、银奖；2002 年 2 月，参加全市“民间艺术展演”活动，梁山县选送的节目狮舞获“优秀表演奖”，并获“优秀组织奖”。2005—2007 年，先后创作北狮、南狮和狮舞情景剧等，参加国际大赛并获奖，其中李逵戏狮获中国（九江）国际龙狮精英赛金奖，南狮（桩阵）《雄狮越天门》获中国（佛

梅花桩舞狮子（徐淑燕摄）

山）国际南北狮王争霸赛银奖。

民间工艺 梁山境内的民间工艺，品种繁多，历史悠久，颇具地方风情，或小作坊加工，发掘工艺价值，或形成产业链，远销国内外。传统的民间工艺主要有鲁锦、根雕、剪纸、纸扎、捏面人、柳编和草编等。随着水浒文化的影响，许多工艺品已经深深烙上了水浒的烙印，如水浒人物娃娃模，水浒108将火花、水浒人物年画、烟花和纸牌等，各种水浒纪念卡、邮票等工艺品也得到较快发展。

鲁锦 梁山鲁锦是民间手纺、手织、天然植物染色的一种纯棉织物（俗称老粗布）及刺绣品的总称。鲁锦纺织工序复杂，技巧严谨，花样繁多。梁山以西至西北一带以提花织造为名，可织文字等精细图案；梁山以东至东南一带则以刺绣为名，刺绣品主要以花草鱼虫、飞禽走兽为题材，如“凤凰戏梅”“鲤鱼跳龙门”“榴开百子”等，同时加入文字、书画等图案。纺织技术在梁山一带渊源已久，明宣德年间，梁山境内出现了“户户植柳，家家织布，夜纺车声，比屋相闻”的景象，而鲁锦技术也达到了炉火纯青的境界。民国初年，机织洋布出现后，人们便把自纺自织的棉布称为“土布”。新中国成立后，梁山一带广大农村妇女纺织“鲁锦”的积极性、创造性得以发挥，家家户户大都会纺线织布，“条花”“方格”等花色品种丰富多彩。20世纪80年代后，梁山服装厂在有关部门的支持下，遍访梁山一带棉布纺织传统工艺，结合实际设计出款式简约、风格新颖的鲁锦织品，包括床单、被面等，并于1986年8月进京参加“鲁锦与现代生活展”，赢得广泛关注和高度评价。其后，梁山县有关商家抢抓机遇，组织鲁锦生产销售，先后创织出“喜盈门”“奔小康”“万家乐”“鸳鸯戏水”“牡丹园花”等颜色多样的新棉织品。随着现代生活节奏的加快，梁山旅游的大力开发，梁山鲁锦已经发展成为五大系列，几百个品种，并远销国内外。

梁山鲁锦织绣

梁山鲁锦织品

剪纸 剪纸又叫刻纸、窗花或剪画，有的用剪子，有的用刻刀，虽然工具有别，但创作出来的艺术作品基本相同，人们统称为剪纸。新中国成立后，梁山剪纸艺术有了很大发展，渗透到很多艺术领域，如单幅主体创作、书籍插图、动画片、壁画、壁挂、商品布置、晚会布置、商标等，同时也涌现出一批新的专家和民间艺人。剪纸包括福字剪纸、喜字剪纸、窗花剪纸、节日装饰剪纸、灯笼花剪纸、十二生肖剪纸、绣花底样剪纸等。剪纸流程为选用特制的彩色宣纸，质地要求平整、柔软、色纯、不反光、质感强、纤维细腻。将选好的剪纸图案打印或复印，根据图案大小将15～20张宣纸剪下来，四周留出一厘米的空间。用钉书器，最好用缝纫机将一沓宣纸和样稿钉（缝）在一起。然后用重物压24小时，便于刻制。根据样稿粗细程度，选用不同的刻刀。2012年7月，梁山县拳铺镇后杨楼村潘秀芝创作“水浒108将”，长50米，宽0.56米，作品刀法细腻，线条流畅，对《水浒传》108位英雄好汉刻画得惟妙惟肖，栩栩如生，在由江苏省文化厅、徐州市人民政府主办的“美丽中国梦——中国剪纸艺术精品江苏邀请展”中获银奖。

插花　插花是发源于春秋时期鲁国的一种原始技艺，是用彩色强捻双股丝、棉线，在较为厚实并裱有棉布、锦缎的打浆袼褙上，借助针的运行穿刺，来构成花纹、图案或文字的一种插花艺术。图腾以龙、凤、虎为常见，具有苍劲粗犷、质地坚实、色彩对比强烈的特征。

纸扎　俗称“扎纸”，行语“扎彩”。纸扎工艺艺人根据民间用途，用细竹、竹篾或芦苇秆绑扎成所需骨架，在骨架上糊以棉纸或彩纸，高等的糊以绢帛，然后加以绘画和装饰，做成精巧逼真的工艺品，以适应用户需要。纸扎一般分为喜庆、玩具、冥器三大类。

柳编　梁山柳条资源丰富，为柳编提供了得天独厚的条件。柳编制品工艺讲究，经过去皮、干燥、挑选分级，然后置于地窖中回潮，再用小蔴经子勒制。编制时多用原条编帮封口，用皮条缠绕拿沿。造型多用圆形、方形、六角形，编法多为起一压一，呈菱形纹，边缘为泥鳅背纹。旧时家用的簸箕、箩筐、粮食囤均是用柳条编织。随着社会的发展，柳编主要是制作纪念品，编法也由原来单一的条编发展为立体编、板条编、双条编，配以白蜡条、草编，使其产品锦上添花。

第五节　文化活动

随着文化事业的发展，全县各层次的文化活动十分活跃，诸如水浒文化节、群众艺术节以及大型文化演出活动等，极大地丰富了城乡居民文化生活。

水浒文化节　水浒文化艺术节始于1993年，1994年举办第二届，其后暂停。2007年起，水浒文化节与专用汽车展博会合并举办，称水浒文化节暨专用汽车博览会。至2013年，水浒文化节单独举办了2届，水浒文化节暨专用汽车博览会联合办了6届。水浒文化节已成为梁山开发利用水浒文化、传播水浒文化、宣传推介梁山的重要平台和具有一定影响力的知名品牌。

历届水浒文化节都有鲜明的地方特色和文化内涵，且规模宏大、精彩纷呈，主要活动内容有：大型开幕式、闭幕式，专场文艺晚会，高端水浒文化研讨会，经济洽谈会，专用汽车展博会，汽车发展研讨会等。开幕式上的大型文艺演出，规模宏大、气势磅礴，展现了悠久灿烂的水浒文化和梁山走向未来的整体形象。文艺演出开始由县文艺工作者创作演出，后每届大都邀请国家知名演员参与演出。水浒文化节期间，除文化专场演出外，还安排民间艺术巡游、登山游览、水浒书画展和斗鸡斗羊等民间艺术活动。同时，每届活动都邀请国内外的名人嘉宾及省市领导参加，出席参加开幕式的有国家有关部委及省市领导，有来自全国多个地市、县市区的党政负责人，有来自世界多个国家和地区的留学生、友人和客商，还有来自全国各地的水浒研究界、文化界、体育界、旅游界、新闻界的专家学者及客商，参会人数从最初的1700多人发展到20000余人。

历届水浒文化节都有一定的指导思想、目标宗旨和主题，比如，开始两届以“文化搭台、经贸唱戏、旅游兴县”为目标，后以“弘扬水浒文化，打造旅游名城，建设和谐梁山”为宗旨，以“水浒故地，魅力梁山”为主题；2010年水浒文化节以“弘扬水浒文化，发展旅游经济，倡树忠义精神，构建和谐社会”为宗旨，以“品读水浒文化，寻游好汉故里”为主题；2012年水浒文化节主题为“大义梁山”。同时，水浒文化节举办规格也逐步提高，开始由梁山县委、县政府主办，2007年起，改为由山东省旅游局、济宁市人民政府主办，梁山县人民政府、济宁市旅游局承办。由于主题明确，组织得当，每届水浒文化节都达到预期目的，取得良好的经济效益和社会效益，逐步实现了由“文化搭台、经贸唱戏”向“文化、经济同台共赢”的嬗变，极大地丰富了人民群众的文化生活，繁荣了全县文化产业和文化事业，形成了较好的品牌效应。

群众艺术节 群众文化艺术节，以艺术的方式，把党的方针、政策融入农民群众的生活当中，创作了一批既富有娱乐性又富有教育意义的作品，同时歌颂梁山县两个文明建设取得的巨大成就。群众文化艺术节以其时间长、规模大、参与面广、时代性强、地方特色浓等特点，深受广大农民群众的欢迎，产生了良好的社会效果。

农民文化艺术节 梁山县农民文化艺术节始于1991年，至2013年已成功举办12届，是全县年度性的群众文化活动的大展演。每届农民文化艺术节期间，各级文化部门都要组织创作人员开展采风创作活动，推出一批贴近生活、贴近实际、贴近群众、反映经济建设和社会发展成就的作品，在艺术节期间进行展演、展览活动。每年活动的时间大都是在下半年开始准备，春节前后跨年度进行展演。活动的方式是以行政区划为单位，进行市、县、乡镇的分级活动。活动的内容有民间艺术巡游，包括高跷、狮舞、花船、抬司衙、武术、戏剧人物、文艺方队等，有戏剧、曲艺、音乐、舞蹈、武术等民间艺术展演，有美术书法、摄影、民间工艺品展览，以及桌球、棋类、球类等专项的文艺表演比赛以及展览活动，还有千场大戏下乡、万场电影下乡、科技咨询、宣传活动，以及闭幕式及总结表彰等。

职工文化艺术节 梁山县职工文化艺术节始于1993年，至2013年，已举办9届。主要活动形式有：戏剧、曲艺、音乐、舞蹈、武术及民间艺术展演；美术书法、摄影、工艺品展览以及桌球、棋类、球类等体育项目；职工技艺比赛、劳模表彰会、闭幕式及总结表彰等。

大型文化演出 梁山县举行多次大型演出活动，诸如组织大型团体参演孔子文化节、邀请著名歌星到梁山演出、梁山歌手大型演唱会等，不仅丰富了人民群众文化生活，而且促进了全县文化活动水平的提升。

参演孔子文化节 1994—1999年，在每年9月的国际孔子文化节期间，梁山县都组织创作大型剧目参与演出，并获得圆满成功。1994年创作演出的《先师颂》大型广场舞剧，参演人员800余人。1995年组织300人的表演队伍，承担《武韵》演出和中国民俗民情艺术巡游。1996年参加专业戏曲比赛，梁山县获“优秀组织奖”“荐才奖”和“表演一等奖”，总分列各县市区和市直专业团体之首。1997年承担《情满人间》演出任务，与著名艺术家陈铎、朱琳、韦唯同台演出。1999年梁山县作为全市唯一参演县与前卫歌舞团、解放军艺术学院同台演出，获“优秀演出奖”。

明星献艺梁山泊 1998年7月1日，著名歌星江涛到梁山剧院演出。1999年9月12日，著名歌唱家宋祖英到梁山，在剧院举办《民歌皇后宋祖英倾情梁山演唱会》。2000年3月9日，著名歌星刘海波到梁山剧院演出。同年3月14日，著名歌星付笛声、任静到梁山剧院演出；2001年5月21日，著名歌星黄鹤翔到梁山剧院演出。同年10月16日，总政歌舞团独唱演员白雪到梁山剧院演出。2002年3月2日，青年歌唱家祖海到梁山剧院演出。2003年11月26日，香港影、视、歌三栖演员成奎安到梁山剧院演出。期间，还先后有李娜、程志、王洁实、谢丽丝、刘海波、韩红、费翔、齐秦、那英、李宗盛、凤凰传奇等到梁山演出，活跃了梁山文艺舞台。

黄河个人演唱会 1995年7月，黄河首次举办个人演唱会，由梁山县文化局与山东省歌舞剧院、济宁市音乐家协会联合主办。“黄河个人独唱音乐会”在梁山县电影院演出，演唱曲目有歌曲《不朽的黄河》《清凌凌的水蓝莹莹的天》、歌剧《沁园春·雪》、豫剧《西厢记》选段、京剧《红灯记》选段、评剧《花为媒》选段、山东梆子《天赐禄》选段等，得到观众的一致好评。

侯平个人演唱会 2009年10月，侯平举办个人演唱会，由梁山县政协与山东省音乐家协会、济宁市文学联合会等联合主办。“相聚凤凰城·祖国之恋”侯平个人音乐演唱会在梁山县电影院举办演出，演唱的歌曲有《相聚中华》《报答》等，著名歌唱家卞小贞等作为嘉宾演员到场祝贺。演出由北京公安歌舞团作为底班团体配合表演，省市新闻媒体进行专题报道。

百姓文化活动 2007年起，文化部门开始举办“百姓大舞台”等一系列文化惠民活动，收到较好的效果。2013年5月，县政府办公室先后印发《关于建设“百姓大舞台”的实施意见》《关于加快推进“村村建团工程”建设的实施意见》，要求发挥各乡镇、街道、开发区综合文化站广场、村文化大院小广场等公共文化阵地作用，开展“政府搭台，百姓听戏，激情广场大家唱”活动，以丰富活跃人民群众精神文化生活。同年6月，县文化馆组织全县文艺骨干160余人注册登记为首批“文化志愿者”，参加“摒弃陋习，倡导文明，建设美好家园”签名仪式，至2013年底发展到300余人。同年10月，县政府制发《关于进一步加强文化工作的实施意见》，要求以社区和乡镇为重点，科学规划、统筹安排，分类指导、分步实施，全面加强基层文化阵地、队伍的建设，不断丰富文化活动的内容和形式，满足广大人民群众不断增长的精神文化需求，促进文化建设与政治、经济、社会建设协调发展。

百姓大舞台 2013年，有关部门采取企业赞助或县、镇两级政府以奖代补的形式，在各乡镇每个行政村逐步实现村村搭建“百姓大舞台”工程。以“文化惠民”为原则，本着“大家办、大家演、大家乐”的宗旨，充分利用重大节日、节假日等时间，开展形式多样、丰富多彩、主题突出的文化活动，开展更加丰富多彩的群众文艺演出活动，不断丰富全县人民群众的文化生活，提高人民群众对文化生活的满意度、幸福感。同年10月，县文广新局在梁山县水浒文化广场举办多场“百姓大舞台”群众文化活动，如：100人表演的秧歌舞、广场舞，800人表演的综艺汇演活动，1000余人参与表演全民健身广场舞大赛，还有戏曲歌曲、太极表演等。同时，在梁山电视台开办《百姓大舞台》综艺栏目，每周录制播放一期。

百姓大舞台

村村建艺团 2013年4月起，县文化部门组织业务骨干，开展“村村建团”广场舞培训活动，至年底，全县15个乡镇已全部培训完毕。通过“村村建艺团”，形成遍地开花的群众文艺团队，为老百姓提供了展示自我的机会，想唱敢唱、想跳敢跳，使老百姓自己能够“办节”，实现活动常有，内容常新，为开创“天天有活动、周周有演出、月月有主题”的局面打下坚实的团队基础。

文化下乡活动 20世纪90年代起，县政府及文化主管部门高度重视送文化下乡活动，每年都要组织“三下乡活动”启动仪式，并组织开展各类送戏下乡、送电影下乡、送图书下乡、送科技下乡等活动。“送电影下乡”活动由县电影公司具体负责组织27个电影放映队到全县15个乡镇（街道、开发区）分别放映。“送戏下乡”活动由县剧团在全县15个乡镇（街道、开发区）巡回演出，县、乡、村共投入专项资金160万元，演出1300余场。演出剧种有深受群众喜爱的山东梆子和河南豫剧，剧目内容健康向上，既有传统戏也有现代戏。演出时间定在农闲时期，地点选在农村集贸市场、较大的行政村和偏远村庄；演出活动各个管区全覆盖，让所有行政村的老百姓都能看上戏，都能品尝到丰盛的文化艺术大餐，受到了基层干部群众的热烈欢迎。1999 年、2001 年、2002 年，县文化局被评为全市“文化下乡先进集体”。

梁山枣梆剧团下乡演出（李继保摄）

第六节 文化设施

1994 年起，梁山县不断加强公共文化场馆设施建设，至 2013 年，梁山县设有文化馆、图书馆、博物馆、影院、剧院等文化场馆设施。

文化馆 梁山县文化馆始建于 1950 年 2 月，位于县城水泊东路 41 号，为公益性股级文化事业单位。文化馆设群文辅导部、少儿辅导部、群文活动部、美术摄影部、文学艺术创作室、办公室等部室，是开展社会宣传教育、普及科学文化知识、辅导培训业余文艺人才、组织举办城乡群众文化艺术活动、保护传承非物质文化遗产的综合性文化事业单位和活动场所。1994 年后，县文化馆坚持“为人民服务、为社会主义服务”的方向和“百花齐放、百家争鸣”的方针，大力弘扬具有水泊梁山地方特色的先进文化，在农民文化艺术节、职工文化艺术节、水浒文化节、社区全民健身、文化下乡、文化进社区、文化惠民工程、百姓大舞台及大型节庆文艺演出、书画展览、文体比赛和其他各类文化活动中，承担策划、创作、统筹、组织和辅导工作，先后开展了一系列形式新、特色浓、品位高、时代感强、深受广大群众欢迎的文化活动。县文化馆于 1999 年、2003 年、2011 年三次被文化部命名为“国家二级公共文化馆”。文化馆大力加强文化志愿者队伍建设，建立文化志愿者档案、文化志愿者 QQ 群，至 2013 年，共组织文化志愿者服务队 10 余支，发展文化志愿者 600 余人，培训各类文艺骨干 3000 余人，深入到乡村、社区，常年开展各类文化服务。

图书馆 梁山县图书馆始建于 1975 年 5 月，位于县城人民中路 41 号，为股级全额财政拨款事业单位。县图书馆主要开展外借、普通阅览、业务辅导等业务。1994 年 2 月，开展“特别读者”业务活动，凡持有该馆外借借书证者，自愿捐献图书一本或十元钱，即可成为该馆“特别读者”，可优先借阅该馆图书，并优先参加馆内组织的文化活动，“特别读者”业务活动被省文化厅在全省公共图书馆范围内推广。同年 4 月，在全国第一次公共图书馆评估定级工作中，被国家文化部命名为“二级图书馆”。1998 年 2 月，在全国第二次公共图书馆评估定级中，再次被国家文化部命名为“二级图书馆”。2003 年 4 月，购进计算机、打印机等相关网络设备，并开通网络宽带业务，初步实现办公和图书借阅自动化。2005 年 11 月，成立“梁山县文化信息资源共享工程管理中心”，与县图书馆一个机构、两块牌子。至 2012 年初，图书馆面积 1032 平方米，有普通图书库、报纸期刊库、特藏图书库等，总藏书量 10 万册，其中期刊总藏 12941 册。同年 5 月，因建设凤凰公园，县图书馆楼被整体拆除，临时搬迁至凤凰城南 14 号楼内，全部馆藏图书、报纸期刊打包封存。

博物馆 梁山县博物馆与县文物管理所实行一个机构、两块牌子。文物管理所始建于 1988 年，位于县水泊东路 43 号，为股级全额财政拨款事业单位。县文物管理所为全县文物专门管理单位，主要征集、收藏、保管、陈列、展示具有历史、艺术、科学价值的可移动文物，同时对全县范围内的历史、民俗文物进行普查、征集和保护，并认真做好各级重点文物保护单位申报、规划保护、修缮审批和指导监察工作。为确保全县文物库房的安全，县文物管理所健全各类防护措施，坚持24小时有人值班。同时做到藏品摆入有序，文物档案健全，入库文物分别陈列在12个保险柜和5个博古架中，达到三级以上文物安全防范标准。2010年，文物管理所加挂县博物馆牌子，同时，博物馆开始免费对外开放。

电影院 梁山电影院始建于20世纪60年代，时为露天电影院，位于县城人民中路西段路南侧；70年代初，在县城人民南路增建室内放映厅1处；1977年10月，在水泊大街中段建成2层、1473个座席的新电影院。1990年，投资近20万元对梁山电影院进行空调制冷安装。1991年，对影院座席进行软席改造，更换航空靠背式座椅和双人包厢式沙发椅，新增豪华录像厅3座。同年，在县城东关（付庙）增设露天电影院1处。2003年，投资近50万元对电影院房顶、墙壁、管线、电路及消防设施进行升级改造。2005年，对电影院前门楼进行翻新改建，新增营业面积2400平方米，并对电影院观众厅及舞台进行大规模装修。经过几次改造，电影院增设灯光、音响、舞美等设施，电影由胶片机全部更换为数字放映设备，并完成数字监控全覆盖。

戏剧院 梁山剧院始称梁山戏院，位于后集村。1963年，在县城水泊大街新建剧院，称东方红剧院。1978年12月，剧院因意外火灾损毁，1981年重建，1983年竣工，称梁山剧院。梁山剧院占地14亩，建筑面积2424平方米，前门厅3层，观众厅2层，木板空心舞台，观众厅设铁脚九合板翻转靠椅1463个，舞台后设有配电室、化妆室、服装室和洗涮室，有全套灯光、音响先进设备。1986年，剧院设立剧场、影视城、文化招待所，经营录像和电影放映，接纳戏剧、歌舞演出团体。1991年7月，开始放映BV800投影。1994—1997年，剧院除承接戏剧、歌舞演出和大型会议外，主要开展投影放映业务，首创星期六夜市放映，活跃了群众的夜市文化生活，并在济宁等周边地区剧院推广。1994—2003年期间，先后接演中国广播艺术团、吉林歌舞剧院、陕西歌舞剧院、江苏歌舞剧院、河南省豫剧一、二、三团、郑州市豫剧团、河南省小皇后豫剧团、山东歌舞剧院、前卫歌舞团等高水平的演出团体20余个，市县级水平的演出团体110余个。河南电视台“梨园春”艺术团曾先后4次到梁山剧院演出，著名戏剧表演艺术家王善朴、杨华瑞、魏云、高洁、海连池、王希玲等随团在梁山剧院登台献艺。在梁山剧院先后演出的明星有彭丽媛、李娜、程志、李秀明、洪雪敏、陈佩斯、朱时茂、马金凤、宋祖英、白雪、江涛、任静、付笛笙、祖海、黄鹤翔、刘尊等。1999年，县剧院获全省“先进演出场所”称号。2000年，剧院两侧分别新建文化宾馆和红太阳鞋城。2006年，梁山剧院停止文化演出活动，改为商业经营场所。

第七节 文化团体

1994年，梁山县有梁山剧团及其他社会演出团体。随着文化事业的不断发展，民间文化团体得到快速发展。至2013年，全县有国营集体演出团体1家，民营演出团体5家，从业人员200余人。

梁山剧团 梁山县剧团始建于新中国成立之初，先后称“洪峰剧社”“晨光剧团”“豫剧团”等；后与相关剧团几经合并，至1960年9月，易名为“梁山县山东梆子剧团”（简称县剧团）。1993年，县剧团由集体所有制转为全民所有制事业单位，人员定编50人；1997年，县剧团招收28名事业编制人员；1998年，新建演员宿舍楼一栋、办公室和排练厅20余间。县剧团曾享誉鲁豫苏皖晋冀和东三省，并先后涌现出几代有影响的老艺人和表演艺术家。建团初期至20世纪70年代主要代表人物有薛子玉（花旦，艺名白牡丹）、张朝云（黑脸、艺名一声雷）、章兆林（黑脸）、李慧（花旦）、李恒（小生、花旦）、闫玉民（老旦）、王武臣（老生）、陈玉霞、刘立霞等；20世纪90年代前后主要代表人物有曹红（旦）、曹华（生）、黄河等，3人均为国家一级演员，并多次在国家、省、市专业戏曲大赛中摘金夺银。在历届水浒文化节、农民文化艺术节、职工文化艺术节等重大节庆以及梁山县承担的国家、省、市大型演出活动中，县剧团均承担策划、表演、剧务等任务。县剧团还曾开办梁山音乐戏曲学校（后更名为梁山艺术专业学校）。2012年10月，县剧团撤销，其职责、人员划入新成立的梁山县山东梆子传承保护中心。

枣梆剧团 梁山枣梆剧团，始建于新中国成立之初，后与梁山剧团几经合并、分设及恢复，至20世纪60年代撤销，从事枣梆演唱的一批老艺人随之被遣散回乡。“文化大革命”期间，枣梆老艺人张庆寒、张庆本兄弟俩在大张村组织起“毛泽东思想文艺宣传队”，用枣梆排练革命样板戏和现代戏等剧目，吸引众多观众，受到干部群众热烈欢迎。20世纪80年代，老艺人张庆本在县文化局支持下，招收60多名学员，学员经6个月学习，枣梆演唱技艺大增，遂以“大路口公社枣梆剧团”名义上场演出，并吸引众多青年拜师学艺。随后，张庆寒、张庆本兄弟俩在大张村分别收徒40余名，并成立枣梆二团和枣梆三团，至此，1个不足千人的大张村就有3个枣梆剧团，成为枣梆戏发展史上的一大景观。1982年秋，《大众日报》刊登长篇通讯《梁山脚下锣鼓声》，记载了梁山枣梆剧团的繁荣景象；其后，中央人民广播电台全文播发长篇通讯《梁山脚下锣鼓声》，《人民日报》海外版全文予以转载，梁山枣梆剧团享誉海内外。其后，梁山县文化局为3个枣梆剧团统一授名为“梁山县枣梆剧团”。20世纪90年代，受市场经济影响，梁山县枣梆剧团日趋萎缩。2000年后，老艺人张庆本及其子张繁和自筹资金，选拔培养人才，枣梆剧团逐步恢复发展。2002年，演出戏伴舞《梁山兴·民营兴》，获县委、县政府颁发的最佳表演奖牌。2004年，在全国国花杯中青年戏曲大赛中，有4名演员荣分别获金、银、铜奖。同年，张繁和新创作的8部现代戏，分别荣获省、市、县嘉奖，整理改编《天波楼》《彩仙桥》《吕布戏貂蝉》《杨二郎劈山救母》等11部传统枣梆戏，由山东齐鲁音像出版社录制光盘在全国销售发行。2008年，枣梆剧团重新登记注册，恢复使用“梁山县晨光枣梆剧团”。至2013年，全团演职员36人，主要演员有李繁平（大红脸）、陶秋芝（大红衣）、贾焕荣（大青衣）、张繁和（老生）、李瑞云（老旦）等。梁山枣梆剧团几十年如一日长期活动在农村，坚持给广大百姓下乡送戏，并连续十多年为全县“两会”代表无偿演出，还代表梁山县参加省、市、县戏曲汇演、大赛等。2013年，梁山枣梆第七代传承人张繁和获“锦绣梨园擂台赛枣梆擂主”，还先后当选为梁山县第八届政协委员、首届“齐鲁文化之星”“济宁市民间艺术家”等。

梁山泊艺术团 梁山泊艺术团始建于2006年，由梁山泊武术学校组建，称梁山泊武校艺术团，经济宁市文化局批准并注册登记；后更名为梁山泊艺术团，由国家文化部网站注册、工商部门登记。梁山泊艺术团为营业性专业文艺表演团体，有演职员67人，其中武术表演队48人、综艺表演队14人、舞效队3人、高级艺术人才2人、行管人员2人。梁山武术和舞龙舞狮是该团两大主打品牌，常年活跃在梁山景区及省内外城乡，开展公益性和营业性演出，每年演出场次100场以上，观众11万人次以上。除常规性演出，艺术团还承担梁山历届水浒文化节、“山寨好汉节”、历次重大节庆、电视春晚、百姓大舞台文化惠民系列工程等一系列大型文化活动的原创、组织策划、舞美设计和演出任务。在省政府主办的第23届省运会开幕式上，精心参与编排领舞表演1200人参演的武术团体操，受到观众热烈欢迎。梁山泊艺术团依托当地特色地域文化资源，打造演艺精品，编导表演的荒诞狮舞剧《时迁戏狮》、舞狮《李逵闹东京》、武术情景剧《武韵》先后获国际、国家和省级大奖。艺术团多次走出国门，前往韩国、科威特、法国、新加坡等国家和地区，开展对外文化交流演出。并多次参加泰山登山节、潍坊风筝节、青岛啤酒节、孔子文化节、全运会、全国旅交会、全国文博会等大型节庆演出，还参加中央电视台《中华情》《同一首歌》《欢乐中国行》《同乐五洲》《走遍中国》等栏目的演出和《水浒传》《大京九》《水浒遗风》《上下五千年》《中国武功》《中华之旅》等影视片的拍摄活动。《人民日报》《大众日报》《大公报》《齐鲁晚报》及中央电视台、香港凤凰卫视、北京电视台、山东卫视、山东体育频道等多家新闻媒体对梁山泊艺术团作专题报道。

好汉艺术团　梁山景区好汉艺术团始建于2006年4月，由梁山风景区20余名员工组成业余演出队，利用节假日和旅游旺季，在梁山寨门前的宋江广场和忠义堂、左军寨等景点，为游客表演《好汉迎宾》《英雄大聚义》等水浒情景剧。2007年10月，梁山景区面向全国招收近50名专业演员和拳师，正式组建起梁山风景区好汉艺术团，在梁山一关、二关、“义”字广场、左军寨、断金亭、黑风亭、聚义厅等景点设立表演区，常年为游客表演水浒情景剧、水浒曲艺说唱剧目，组织各种节会演艺和武术擂台赛，开展与游客互动体验等多种形式的表演活动。好汉艺术团还经常参加央视和各省、市电视台的走秀及展演比赛，并分赴全国各大中城市开展水浒旅游促销演出。至2013年，梁山风景区好汉艺术团累计为游客表演近5000场次，外出参演、促销演出20多场次。

中老年艺术团　水泊梁山中老年艺术团始建于2003年，隶属于梁山县老年体协。该艺术团由离退休干部职工中的文艺骨干、爱好者组成。经过10多年发展，中老年艺术团有成员100余名，主要开展健身球操、健身秧歌、健身腰鼓、柔力球等10余种活动项目，并积极参加水浒文化节、五一文艺晚会、国庆文艺晚会、人大、政协两会演出等县里大型文化演出活动，还在全县范围内组织拥军、慰老、助残、各类公益表演等公益活动10余场次。中老年艺术团积极参加上级比赛、交流活动，并多次获奖。2006年，获济宁市舞蹈大赛银奖；2008年，获济宁市首届老年人运动会健身秧歌、健身球比赛金奖；2010年，代表济宁市参加山东省老运会健身球比赛获银奖;2011年5月，获全国健身秧歌比赛一等奖;同年，代表济宁市参加全省健身球操比赛获2项最佳奖、1项优秀奖；2012年，获济宁市第二届老年人运动会健身秧歌、健身球比赛金奖；2013年5月，获第二届“大成杯”全国中老年健身球邀请赛优秀表演奖。中老年艺术团还先后被国家体育总局和全国妇联授予“亿万妇女健身活动先进集体”,被省妇联授予“山东省巾帼文明标兵队”等称号。

电影公司　梁山县电影发行放映公司（始称电影管理站）始建于1984年8月，设有办公室、财务、业务、片管、发行、宣传、技术等科室，下辖农村放映队117个，全年放映5万场次。1990年，县电影公司受到中宣部、文化部等中央四部委表彰。1991年，县电影公司开展卡拉OK演唱会和周末电影夜市活动，举办“银光杯”卡拉OK歌手大赛和舞蹈大赛，开启梁山举办大型文艺赛事和电影与歌舞联袂展演的先例，丰富了城区广大群众的文化生活。1992年起，举办优秀革命历史题材电影汇映月活动，并在梁山剧院增设电影放映业务。2000年起,在县政府及文化、教育部门支持推动下，电影公司在全县农村和城区中小学校放映爱国主义教育影片。2007年起，县由电影公司组建27支农村电影放映队，在全县600多个行政村巡回放映公益电影。

梁山文联　2006年12月，梁山县文联成立；县作家协会、音乐家协会、舞蹈家协会、美术家协会、书法家协会、摄影家协会、戏剧家协会、曲艺家协会等8个协会同时成立。2007年2月，成立梁山水浒国画院。2008年9月，成立根石艺术协会。2009年6月起，成立毛泽东与水浒研究会、周易文化研究学会、枣梆研究会、曲艺家协会、诗词楹联协会、网络文化协会、硬笔书法家协会、影视学会、水浒画院、水浒聚艺书画院、梁山泊艺术团、水泊曲艺团等26个文艺团体。至2013年，梁山县文联下属文艺协会团体总数达到36个。

第三章 文物古迹

第一节 管理保护

1993年3月，县政府设立梁山县文物管理委员会，由分管文化的副县长任主任，县政府办公室分管副主任和县文化局局长任副主任，公安、城建、土管、文化、财政、旅游等部门的负责人为成员，负责统一协调领导全县的文物工作。根据机构改革和人员变动情况，曾多次对文物管理委员会成员进行调整。1999年8月，县政府成立文物安全工作领导小组，由分管文化的副县长任组长，县政府办公室分管副主任和县文化局局长任副组长，有关部门负责人为成员，进一步强化文物安全工作的领导。2009年8月，县政府有关部门划定县内各级文物保护单位保护范围，做出标志说明，建立记录档案，并区别情况分别设置专门机构专人负责管理。至2013年，梁山文物管理工作无重大文物安全事故发生，多次受到省、市文物主管部门表彰。

1992年，茅家堌堆墓群被省政府公布为省级文物保护单位。1998年，开展三级以上馆藏文物的建档工作，112件三级以上文物单本藏品档案完成登记及拍照工作。同年，县文物管理所完成全县的文物普查任务，并在梁山山体周围收集出土文物18件。1999年，完成“中国文物地图集山东分册”梁山有关资料的征集工作。同年，县文化局、县建委、县土地矿产局联合行文，规定文物丰富地段征地及动土建设实行许可制度，要求全县城乡新征土地和建设施工前开展文物调查或勘探工作。2001年3月，济宁市政府公布全市第三批市级重点文物保护单位，其中，水泊梁山名胜区（包括梁山寨、莲台石刻、东鲁西竺禅师塔、问礼堂、法兴寺、天齐庙、八角琉璃井）、独山抗日歼灭战遗址、贾堌堆遗址3处文物点被公布为市级重点文物保护单位。同年，发掘元代《大元新开会通河记》碑，为汶上分水龙王庙入选国家重点文物保护单位和京杭大运河梁山段参与申报国家重点文物保护单位及世界文化遗产提供了重要史料。2003年6月，县政府公布全县第二批9处重点文物保护单位，其中，石刻1处（大元新开会通河记石碑），古建筑5处（潘氏家祠、张氏家祠、周氏家祠、刘氏祠、玉皇庙），古墓葬3处（王氏墓群、蒋氏墓地、高默墓）。2006年5月，大运河南旺枢纽梁山段（开河）被国务院公布为全国重点文物保护单位；同年12月，山东省政府以鲁政发〔2006〕136号文公布第三批文物保护单位，梁山县法兴寺遗址（包括莲台石刻、问礼堂、东鲁西竺禅师墓塔）被公布为省级文物保护单位。

2007年4月，根据国务院第三次全国不可移动文物普查的通知要求，全县开展文物调查，共普查文物点194处，其中，新发现各类文物点172处，复查文物点22处；古遗址19处，古墓葬24处，古建筑53处，石窟寺及石刻77处，近现代重要史迹及代表性建筑16处，其他5处。2009年11月，梁山县文物普查通过山东省文物普查办实地验收。2010年，在建立全县不可移动文物电子数据管理系统的基础上，建立国家三级及以上文物的数字化管理系统，全县文物包括不可移动文物、馆藏珍贵文物和一般文物均实现了综合业务数据化管理。2012 年 11 月，济宁市政府公布全市第四批市级重点文物保护单位，其中，后集马氏家祠、拳铺岳家大院等 5 处古建筑，赵堌堆杨寨王氏墓群等 3 处古墓葬，大元新开会通河记石碑等碑刻及闸址，共 9 处文物被公布为市级重点文物保护单位。2013 年 3 月，青堌堆遗址被国务院公布为全国重点文物保护单位；同年 10 月，山东省政府以鲁政发〔2013〕204 号文公布第四批文物保护单位，梁山县贾堌堆遗址、张坊张氏家祠、大元新开会通河记石碑及其他运河古迹（袁口闸、靳口闸）3 处被公布为省级文物保护单位。同年，根据国务院开展第一次全国可移动文物普查的通知精神，组织开展全县可移动文物普查，至年底，已完成前期准备工作和全县 406 个国有单位的普查工作。

第二节 馆藏文物

全县馆藏各类文物 11506 件，其中，国家二级文物 5 件，三级文物 88 套、119 件，一般文物 11387 件。各类馆藏文物全部入库存放，藏品摆放有序，文物档案健全。馆藏文物包括：铜器、钱币、石器、陶器、瓷器、玉器、木漆器和纸质等，门类较为齐全，能够充分反映远古文化、汉文化、儒教文化、佛教文化、水浒文化、黄河文化、运河文化、红色文化的基本特征。

二级文物 馆藏国家二级文物主要有汉泥质红陶褐釉双耳罐、元开片梨花白瓷罐、青玉戈、木人像等。

汉泥质红陶褐釉双耳罐 该藏品于 1988 年 10 月在一座汉墓发掘出土（县武装部兴建办公楼时在地下 2 米处发现），其形态特征为泥质红陶，外饰绿釉，方唇，直径，广肩，平底；肩饰双耳，外饰拍印纹，伴有灶、耳杯等，目前保存完整。该器物口径 147 毫米，腹径 254 毫米，底径 135 毫米，高 271 毫米。质量 2980 克。1994 年 5 月 8 日，经山东省文物局专家鉴定为西汉时期的陶器。

元开片梨花白瓷罐 其形态特征为泥质白陶，外饰白釉，一侧绘有牌坠图案，上书“梨花白”三字。目前保存完整。该器物口径 165 毫米，腹径 220 毫米，底径 160 毫米，高 170 毫米。1994 年 5 月 8 日，经山东省文物局专家鉴定为元代器物。

青玉戈 汉代器物。1996 年 9 月，该藏品来源于县文化市场稽查大队在小安山查获盗掘古墓时收缴的文物，同年 9 月 18 日，经济宁市文物局专家鉴定后，拨交给文物管理所保存。其形态特征为汉戈形青玉器，直援，尖峰，内较短，内有一圆形穿，质量 30 克，通长 165 毫米，援宽 37 毫米，内宽 27 毫米。

木人像（两件） 明初时期的饰品。该藏品来源于袁口乡袁口村村民于明方，1986 年，于把自己收藏的两件木人像通过文物爱好者荣忠常捐送到县文物管理所。其形态特征一件为明红木武士立式雕像，头系丝带，身披铠甲，左臂内弯，左手置于身后，右臂置于身前；两腿跨立，脚蹬战靴，面部庄严，威风凛凛。该饰品高 520 毫米，宽 251 毫米，厚 180 毫米，总质量 1760 克。收藏时右手部和右足部稍残；另一件为明红木坐姿立体雕人像，手部和底部稍残。该饰品高 390 毫米，宽 200 毫米，厚 120 毫米。1994 年 5 月 8 日，经山东省文物局专家鉴定。

三级文物 馆藏国家三级文物主要有 80 多套、100 余件。

2013 年梁山县馆藏国家三级文物一览表

表 22-3-1　　单位：件

序号	文物名称	年代	质地	数量	完残程度
1	新石器时代花岗岩石斧	新石器	石	1	完 整
2	清翠玉雕龙带钩	清代	玉	1	完 整
3	清玻璃翠雕帆船	清代	玉	1	微 残
4	青白玉雕竹牌	清代	玉	1	完 整
5	清玛瑙兔扳指	清代	玉	1	完 整
6	清羊脂玉盘龙鸳鸯钟	清代	玉	1	完 整
7	清白玉渔樵云月挂件	清代	玉	1	完 整
8	清碧玉夔龙带钩	清代	玉	2	完 整
9	清羊脂玉童子卧柿页饰件	清代	玉	1	完 整
10	清白玉鱼蚌蜗牛饰件	清代	玉	1	完 整
11	商夹砂灰陶三袋足鬲	商朝	陶	1	完 整
12	汉泥质灰陶双盘博山炉	汉代	陶	2	完 整
13	汉泥质红陶绿釉盘口壶	汉代	陶	1	完 整
14	汉红陶绿釉盘口壶	汉代	陶	2	完 整
15	汉灰陶盘口双耳壶	汉代	陶	1	完 整
16	汉灰陶圈足双耳壶	汉代	陶	2	基本完整
17	汉红陶绿釉圆唇壶	汉代	陶	1	基本完整
18	汉灰陶三蹄形足水波纹樽	汉代	陶	1	完 整
19	汉红陶棕釉圆仓	汉代	陶	1	完 整
20	汉红陶绿釉灶	汉代	陶	3	基本完整
21	汉泥质红陶灶	汉代	陶	3	基本完整
22	汉泥质红陶双拦墙灶	汉代	陶	2	完 整
23	汉泥质灰陶双火眼灶	汉代	陶	1	完 整
24	汉泥质灰陶双火眼无烟道灶	汉代	陶	2	完 整
25	汉泥质灰陶双火眼鱼肉图饰灶	汉代	陶	1	完 整
26	汉泥质红陶桔红釉壶	汉代	陶	1	完 整
27	汉泥质红陶绿釉将军盔型灯	汉代	陶	1	微 残
28	汉泥质红陶桔红釉双铺首衔环壶	汉代	陶	1	完 整
29	汉泥质红陶棕釉单火眼灶	汉代	陶	3	完 整
30	汉泥质灰陶长方体双火眼灶	汉代	陶	1	完 整
31	汉泥质灰陶方形圈	汉代	陶	1	完 整
32	清代蓝釉天球型瓷瓶	清代	瓷	1	完 整
33	清青花瓷蟠莲纹圆瓷鼓凳	清代	瓷	2	完 整
34	唐青釉瓷罐	唐代	瓷	1	完 整

续表 22-3-1-1

序号	文物名称	年代	质地	数量	完残程度
35	隋青釉敛口泪痕瓷罐	隋朝	瓷	1	完 整
36	唐青釉泪痕瓷罐	唐代	瓷	1	完 整
37	隋唐青釉泪痕瓷罐	隋唐	瓷	1	完 整
38	南北朝褐色釉瓷四鼻罐	南北朝	瓷	1	完 整
39	南北朝褐色釉泪痕瓷四鼻罐	南北朝	瓷	1	完 整
40	唐青釉瓷蒜头瓶	唐代	瓷	1	完 整
41	元钧窑敛口瓷碗	元代	瓷	1	完 整
42	清铜胎双龙头耳五彩花卉法郎瓶	清代	铜	2	完 整
43	汉青铜博山炉	汉代	铜	1	基本完整
44	汉青铜单把釜	汉代	铜	1	完 整
45	三国魏铁制剪刀	三国魏	铁	1	完 整
46	汉博局纹四神铭文镜	汉代	铜	1	完 整
47	唐瑞兽葡萄铜镜	唐代	铜	1	完 整
48	汉方形站龟钮铜印	汉代	铜	1	完 整
49	纸质山水人物中堂画	不详	纸	1	基本完整
50	明王人水墨丹青山水画	明代	纸	1	基本完整
51	明钱俊工笔花鸟卷	明代	纸	1	基本完整
52	清乾隆张口《春日还郊》书卷	清乾隆	纸	1	微 残
53	清康熙册封吴玷为文林郎其妇为孺人等五份圣旨	清代	纸	5	基本完整
54	明石质龙头抄手端砚	明代	石	2	完 整
55	汉红陶桔黄釉盘口壶	汉代	陶	2	完 整
56	汉泥质灰陶方形灶门单火眼灶	汉代	陶	2	完 整
57	汉泥质灰陶喇叭形灶门灶	汉代	陶	1	基本完整
58	汉泥质红陶玄纹双耳壶	汉代	陶	1	完 整
59	汉泥质灰陶弯把魁	汉代	陶	1	完 整
60	宋杭州李家功夫石砚	宋代	陶	1	完 整
61	汉泥质红陶椭圆双耳杯	汉代	陶	5	完 整
62	明褐釉瓷瓮棺	明代	瓷	6	完 整
63	明白玉方钮虎印料	明代	玉	1	完 整
64	新石器时代碧玉璜	新石器	玉	3	微 残
65	汉泥质灰陶井	汉代	陶	1	微 残
66	元钧窑釉瓷碗	元代	瓷	1	完 整
67	明宣德莲花铜盘	明代	铜	1	完 整
68	东汉鎏金铜狮	东汉	铜	1	基本完整
69	明紫檀木笔筒	明代	木	1	完 整
70	清黑紫色玳瑁杯	清乾隆	玳瑁	1	完 整

续表 22-3-1-2

序号	文物名称	年代	质地	数量	完残程度
71	汉灰陶水波纹罐	汉代	陶	1	完 整
72	唐青釉敛口瓷罐	唐代	瓷	1	完 整
73	唐豆青釉直领瓷碗	唐代	瓷	1	完 整
74	唐豆青釉瓷碗	唐代	瓷	1	完 整
75	清玉荷花童子	清代	玉	1	完 整
76	汉代红陶黄釉器组	汉代	陶	8	完 整
77	汉泥质红陶釜甑灶	汉代	陶	3	完 整
78	汉红陶棕釉博山炉	汉代	陶	1	缺
79	汉泥质红陶圆仓	汉代	陶	1	完 整
80	元黑釉二系瓷罐	元代	瓷	1	完 整
81	汉泥质红陶黄釉壶	汉代	陶	1	完 整
82	汉泥质红陶桔红釉壶	汉代	陶	1	完 整
83	汉泥质红陶桔黄釉壶	汉代	陶	1	完 整
84	汉泥质红陶桔黄釉博山炉	汉代	陶	1	缺
85	汉泥质红陶桔红釉盆	汉代	陶	1	完 整
86	晋泥质灰陶盆	晋代	陶	1	完 整
87	汉代乐舞庖厨、西王母出行画像石	汉代	石	2	完 整
88	门柱舞蹈画像石	汉代	石	2	完 整

第三节 古迹遗址

古迹遗址，也称不可移动文物。根据文物类型，一般可分为古遗址、古墓葬、古建筑、石窟寺及石刻、近现代重要史迹及代表性建筑等。梁山县境内共有国家、省、市、县级文物保护单位65处，其中国家级2处，即青堌堆遗址、南旺枢纽梁山段（开河）；省级5处，即茅家堌堆墓群、贾堌堆遗址、法兴寺遗址（包括莲台石刻、问礼堂、东鲁西竺禅师墓塔）、大元新开会通河记石碑及其他运河古迹（袁口闸、靳口闸）、张坊张氏家祠；市级10处，即薛垓遗址、王氏墓群、韩氏家祠、马氏家祠、岳家大院、张氏宗祠、刘氏家祠、水泊梁山名胜区（包括天齐庙、梁山寨、八角琉璃井）、陆庄遗址及独山抗日歼灭战遗址；县级48处。

大运河南旺枢纽梁山段 2013年9月20日，世界文化遗产项目国际考察专家莉玛·胡贾女士到梁山县评估考察大运河南旺枢纽梁山段申遗项目。莉玛·胡贾女士一行先后实地考察大运河南

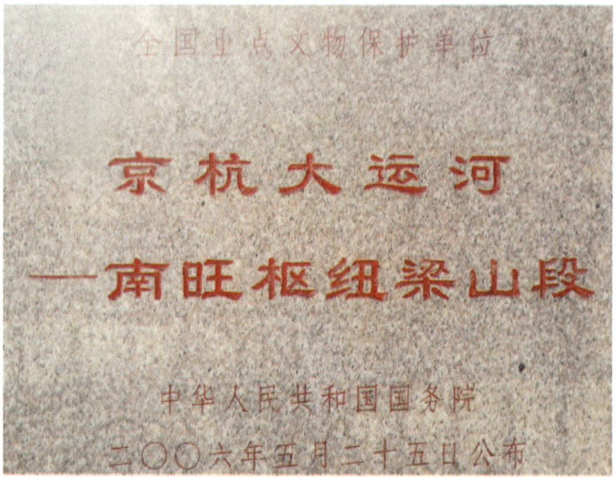

大运河南旺枢纽段碑

旺枢纽梁山段项目成果展、开河闸重修记事碑、河道环境卫生整治等工作，对梁山县前期大运河南旺枢纽梁山段申遗工作给予充分肯定。大运河南旺枢纽梁山段顺利通过国际专家组评估验收。至此，梁山县境内拥有世界文化遗产。2014 年 6 月，第 38 届世界遗产大会宣布，中国大运河项目成功入选世界文化遗产名录。大运河梁山段主要遗址包括大元新开会通河记事碑、开河闸碑、龙王庙等。

大元新开会通河记事碑 位于梁山街道办前码头村东北侧，元代会通河故道南岸，系至元二十六年（公元 1289 年）立。该碑系龙头龟座，碑头现已和碑身分离淤埋于地下，碑身大部被淤泥埋住，只有上部 0.60 米暴露在外，于 1996 年

大元新开会通河记事碑

发现。碑头高 1.50 米，宽 1.24 米，厚 0.42 米，碑身通高 2.68 米，碑文 26 行，满行 71 字。系翰林院直学士承直郎杨文郁撰文，少中大夫礼部尚书张孔孙书，奉政大夫兵部郎中李处巽撰额。该碑对会通河走向、开挖过程及人力、物力来源进行详细记述。该碑的发现，为研究运河文化提供了翔实的实物佐证。2002 年，县文物管理部门对其进行试掘。该碑由于多年裸漏在外，风雨剥蚀，加之人为破坏等，造成碑体右上角破损，文字缺失。2003 年 6 月，梁山县人民政府公布为县级文物保护单位；2006 年，县文物部门对其做文字拓片，参加济宁市古运河成果展览；2013 年 10 月，山东省人民政府公布为省级文物保护单位。

开河闸碑 坐落在梁山县韩垓镇开河村东侧，1289 年建起的开河闸现已不复存在，但重修开河闸碑记尚存，碑大部分被淤泥埋于地下，露出地面高度 0.55 米，宽度 0.76 米，厚度 0.30 厘米，具体内容不详。围绕闸基南北两边尚有河道痕迹约 2.5 公里，由开河向北至袁口村长约 7.2 公里，已无河道痕迹。2009 年，梁山县文广新局将其申报国家级文物保护单位，正在进一步审理中。

龙王庙 南旺龙王庙始建于明朝永乐年间（1403—1424 年），至清代不断增建，渐渐形成了众庙集聚的建筑群。龙王庙建筑群包括龙王庙大殿、戏楼、禹王殿、水明楼、宋公祠、白公祠、关帝庙、观音阁、莫公祠、文公祠、蚂蚱神庙及和尚禅室等 10 余处院落，占地南北长 220 米，东西宽 255 米，面积约 56100 平方米，其中建筑占地 9338 平方米。各个建筑虽年代不一，风格各异，却布局协调，院落交错，堪称明清庙宇建筑大观。

青堌堆遗址 位于梁山县城东北方向 20 公里处（小安山镇董庄村西约 500 米），属原始社会后期文化遗址，距今已有 4500 年历史。1972 年，梁山县革命委员会将青堌堆遗址公布为县级重点文物保护单位；1992 年，被山东省人民政府公布为省级重点文物保护单位；2013 年，被国务院公布为全国重点文物保护单位。青堌堆遗址原是一个高大的堌堆，东西 800 米，南北 400 米；

青堌堆遗址

由于多年来雨水冲刷和人为破坏，面积大大缩小，现仅存地面以上东西61米，南北40米，高约3米的缓坡土堆，堌堆周围地势低洼。堌堆上曾建有一座庙宇，如今已毁。1959年3月，中国科学院考古研究所山东队进行调查性发掘，开探方3个，探沟1条，发掘面积72平方米。1976年3月，菏泽地区文物工作队又对其进行调查性试掘，开探方2个，发掘面积50平方米。通过两次发掘，探得遗址共分七层，一至三层为商中期文化层，四至六层为商早期文化层，七层为原始社会晚期文化层。在第七层中获得丰富的实物资料，发现大批遗物和遗迹，既有生产工具，又有生活工具。生产工具包括石铲、石斧、石锛、石凿、骨锥、骨针、骨箭镞、骨镖、陶网坠、纺轮、蚌刀、蚌锯等；生活用具主要是陶器。遗物有石器、骨角器、蚌器、陶器，还有房屋，灰坑，墓葬等遗迹。从生产生活器物的纹饰、造型、色泽分析，青堌堆遗址是原始社会后期的一处遗存，距今4500年左右。中国科学院考古研究所山东发掘队和山东菏泽地区文物工作队的两次发掘，考证出它兼具山东龙山文化特点和河南龙山文化的特点，是具有独特的地域性风格的龙山文化遗存，其文化性质为龙山文化至汉代文化，它对山东龙山文化和河南龙山文化的研究具有重要价值，被考古界称之为新石器时代“青堌堆类型”龙山文化。由此证明，早在4500年前，梁山一带就有古人类渔猎耕种、繁衍生息。

贾堌堆遗址 位于梁山县城西北11公里处（大路口乡贾堌堆村西200米），占地面积1900平方米，堌堆为东西38米，南北50米，高约3米的缓坡堌堆，堌堆周围地势低洼。贾堌堆遗址为龙山文化遗址，1972年，梁山县革命委员会将贾堌堆遗址公布为县级重点文物保护单位；2001年，济宁市人民政府公布为市级重点保护单位；2013年10月，山东省人民政府公布为省级文物保护单位。1976年4月，菏泽地区文物工作队进行调查性试掘，开探方三个，通过发掘得知，该堌堆为龙山至周时期的居住遗址，其出土文物多为陶器残片及少量细石器，在灰坑中发现少量的蚌片及鹿角，陶片以泥质灰陶和磨光黑陶居多，兼有少量的泥质桔红陶和夹砂灰陶，其纹饰有篮纹、绳纹、堆纹及少量的方格纹。从获得的大量遗物分析，该处遗址系原始社会末期新石器时代龙山文化时期的居住遗址，就器物的型制、纹饰、颜色而论，属青堌堆类型的文化遗址。既有山东龙山文化特点又有河南龙山文化的特点，是具有独特的地域性风格的龙山文化遗存，其文化性质为龙山文化至汉代文化，它对山东龙山文化和河南龙山文化的研究具有较高的文物价值和历史价值。

贾堌堆遗址

茅家堌堆墓群 位于梁山县韩垓镇五里堡村与汶上县南旺镇十里闸、嘉祥县梁宝寺王场交界处，堌堆南北60米，东西40米，高约3米，周围地势较高，地面曾见周至汉代陶片，属东周时期墓群。1992年，山东省人民政府将其公布为省级重点文物保护单位。

法兴寺遗址 位于梁山风景名胜区虎头峰与雪山峰之间的山坳内，为梁山三大佛寺之一，初建于唐代，宋、明时期多次修复，重修于清朝，属省级重点文物保护单位；问礼堂、莲台石刻、东鲁西竺禅师墓塔为其附属文物保护单位。法兴寺原为四进院殿阁式建筑，占地面积约3亩，毁于清末战乱，现存前后大殿房基、厢房遗址、钟架、明代万历二十四年和清乾隆二十一年重修法兴寺碑刻、柱础、经幢等建筑构件。2001年3月，济宁市人民政府公布为市级文物保护单位，2006年12月，山东省人民政府公布为省级文物保护单位。

三教寺遗址 位于梁山县城西北13.5公里处，位于大路口乡和寿张集镇交界处。据有关专家论证，三教寺初建于明，重修于清，再修于民国初。寺院坐北朝南，有宽敞的木寨大门，进院有个王婆骂鸡的雕塑，动作诙谐夸张。院内有东、西廊房各两间，柏树挺拔苍翠，寺院大殿雄踞院落中间，雕梁画栋，飞檐斗拱，屋脊上神态各异的彩陶怪兽。穿过大殿有个后院，为传统四合院，是和尚吃住的地方。三教寺是中国独有的宗教建筑，以合祀孔子、老子、释子（即释迦牟尼）等儒、道、佛三大宗教主神于一殿而称名，与全国各地所建三教寺院一样，是唐宋“以佛修心、以道养身、以儒治世”等“三教合一”思潮在明清得到完美继承和发展的重要历史见证。新中国建立之初，寺院依然较为完整。三教寺曾作为中共地下党联络站，后改建为学校，一度是“大跃进”时期的指挥部。三教寺的名气除寺本身影响之外，主要是其逐步成为梁山西北一带颇有名气的完全小学，学子们纷纷慕名而至，辐射范围达数百里。20世纪60年代初期，该寺大殿进行过一次简易维修，对其雕梁画栋重新绘描；后随着学校扩建，寺院内建筑相继被改建，至20世纪80年代后期，因校舍改造大殿被拆毁，现仅存两块石碑，碑文详细记载了寺院明、清时期两次被洪水吞噬情景及修复的过程。该寺地处交通要塞，新中国成立初，从梁山通往西北继而穿越黄河的官道从寺院大门前经过，至20世纪70年代，随着蒙馆路大路口至寿张集段改线，原有官道逐渐废除，致使该寺渐成偏僻闭塞之处。

天齐庙 位于梁山主峰东侧，马庙村西，始建于唐朝，清朝重修，占地10余亩，分前后二院，由山门、天齐庙、元君庙、楼阁、东西廊坊构成，民国初期，此处被改造为学校，“文化大革命”期间大部分建筑物被毁，现存大殿和朝阳阁，大殿脊兽、门窗及朝阳阁楼板和明天启四年“东岳天齐仁圣帝碑”，碑身稍有损坏。2004年，大殿两侧后人建起东西厢房各三间，仿清建筑。2012年3月，通过民间集资和多方筹备将后殿及院落进行全面维修。1972年梁山县革命委员会公布为县级文物保护单位，2001年被济宁市人民政府公布为市级文物保护单位。

独山抗日歼灭战遗址 位于梁山西南0.5公里处，有一座海拔83.5公里，占地不足0.05平方公里的小丘陵，与梁山主峰昂首相望，当地人称之为“独山”。1939年，八路军一一五师一部在该处对日寇进行一场歼灭战。1972年9月，梁山县人民政府将其公布为县级重点文物保护单位。2001年3月1日，济宁市人民政府将其公布为市级文物保护单位。

梁山抗日歼灭战独山战斗遗址

蔡楼大军渡黄河遗址（将军渡） 位于梁山县赵堌堆乡蔡楼渡口，是刘邓大军渡河之处，人们称之为“将军渡”。1947年6月30日，刘伯承、邓小平率领晋冀鲁豫野战军强渡黄河，一举突破黄河天险，揭开了解放战争战略反攻的序幕。1949年春，中国人民解放军第四野战军，又从该渡口渡河南下，进军大西南。2009年9月，梁山县人民政府将其公布为县级重点文物保护单位。

2013年梁山境内文物保护单位一览表

表 22-3-2

序号	文物名称	所处地址	文物级别	文物类型	历史年代
1	青堌堆遗址	小安山镇董庄村	国家级	古遗址	新石器
2	南旺枢纽（梁山段）	韩垓镇开河村	国家级	古遗址	元明清
3	茅家堌堆墓群	汶、梁、嘉交界处	省级	古墓葬	东周
4	法兴寺遗址及周边遗址	梁山风景名胜区内	省级	古遗址	唐、宋、明
5	贾堌堆遗址	大路口乡吕那里村	省级	古遗址	龙山－东周
6	大元新开会通河记石碑	梁山街道前码头	省级	古遗址	元明清
7	张氏家祠	水泊街道张坊村	省级	古建筑	清代
8	岳家大院	拳铺镇拳西村	省级	古建筑	明清代
9	马氏家祠	水泊街道后集村	省级	古建筑	清代
10	刘氏家祠	大路口乡张博村	省级	古建筑	清代
11	独山抗日歼灭战遗址	梁山街道独山村南	省级	古遗址	1939年
12	薛垓遗址	韩垓镇薛垓村	市级	古遗址	汉代
13	陆庄遗址	拳铺镇陆庄村	市级	古遗址	汉代
14	王氏墓群	赵堌堆乡杨寨村西	市级	古墓葬	明代
15	韩氏家祠	韩岗镇韩堂村	市级	古建筑	清代
16	张氏宗祠	拳铺镇郭堂村	市级	古建筑	清代
17	梁山名胜区	梁山风景名胜区内	市级	古遗址	唐、宋、明
18	土山遗址	梁山街道丁庄村北	县级	古遗址	商－汉
19	五里堡遗址	韩垓镇五里堡村西	县级	古遗址	汉代
20	佛光寺遗址	小安山镇周楼村	县级	古遗址	明代
21	七圣堂遗址	拳铺镇李乡村	县级	古遗址	明清代
22	三教寺遗址	大路口乡双庙村南	县级	古遗址	清代
23	玄帝庙遗址	马营镇鲍垓村	县级	古遗址	明代
24	侯家林	拳铺镇侯庄村	县级	古墓葬	元代
25	高默墓	黑虎庙镇黑北村东	县级	古墓葬	明代
26	丁家林	韩岗镇丁楼村	县级	古墓葬	清代
27	郝家林	韩垓镇高店村	县级	古墓葬	清代
28	孔家林	拳铺镇孔楼村	县级	古墓葬	清代
29	吕氏墓地	梁山街道前尧村	县级	古墓葬	清代
30	蒋氏墓地	馆驿镇大营村东	县级	古墓葬	清代

续表 22-3-2-1

序号	文物名称	所处地址	文物级别	文物类型	历史年代
31	王氏家祠	黑虎庙镇河西村	县级	古建筑	明代
32	三官庙	水泊街道独山村	县级	古建筑	明代
33	三官庙	水泊街道郝山头村	县级	古建筑	明代
34	郑垓天主教堂	水泊街道郑垓村	县级	古建筑	清代
35	二郎庙	拳铺镇二郎庙村	县级	古建筑	清代
36	陈氏家祠	梁山街道凤山村	县级	古建筑	清代
37	韩氏宗祠	韩垓镇韩垓村	县级	古建筑	清代
38	近代民居	经济开发区大侯村	县级	古建筑	清代
39	张氏祠	水泊街道张坊村	县级	古建筑	清代
40	道沟村四合院	寿张集镇道沟村	县级	古建筑	清代
41	许庄民居	马营镇许庄村	县级	古建筑	清代
42	临湖集民居	寿张集镇临湖集村	县级	古建筑	清代
43	周氏家祠	拳铺镇方庙村西南	县级	古建筑	清代
44	玉皇庙	拳铺镇玉皇庙村	县级	古建筑	清代
45	潘氏家祠	拳铺镇潘庄村	县级	古建筑	民国
46	庄氏塔碑	梁山街道庄楼村	县级	石刻	明代
47	清武略将军郝公思慕碑	韩垓镇高店村	县级	石刻	清代
48	清岁进士刘先生教感碑	黑虎庙镇东闫集村	县级	石刻	清代
49	姜化存德教碑等	大路口乡东姜村	县级	石刻	清代
50	黄河上游黄花寺合龙碑	黑虎庙黄河段院内	县级	石刻	民国
51	明轩辕斌将军父子墓碑	馆驿镇轩庄村	县级	石刻	民国
52	庆衍曾元记事碑	黑虎庙镇西小吴村	县级	石刻	民国
53	渡仙桥碑记	小路口镇路那里村	县级	石刻	民国
54	义和碑	马营镇马营村	县级	石刻	民国
55	将军渡	赵堌堆乡蔡楼村	县级	现代史迹	1947 年
56	梁山县委旧址	水泊街道郑垓村	县级	现代史迹	新中国成立初
57	庆祝建国十周年纪念碑	小安山镇闫集村北	县级	现代史迹	1959 年
58	流长河泄水闸	馆驿镇张桥村南	县级	现代史迹	1963 年
59	毛泽东雕塑像	原位山工程局院内	县级	现代史迹	“文化大革命”时期
60	主席台	水泊街道石头园村	县级	现代史迹	“文化大革命”时期
61	许寺工商所旧址	韩岗镇许寺村	县级	现代史迹	“文化大革命”时期
62	司垓泄水闸	韩岗镇司垓村西	县级	现代史迹	1988 年

续表 22-3-2-2

序号	文物名称	所处地址	文物级别	文物类型	历史年代
63	琉璃井	拳铺镇琉璃井村	县级	其他	时代不详
64	前码头闸口遗址	梁山街道前码头村	县级	古遗址	元代
65	杨勇召开军事会议旧址	赵堌堆乡前范城村	县级	近现代	清、民国

第四章 非物质文化遗产

第一节 非遗保护

2006年6月，县政府成立梁山县非物质文化遗产保护工作领导小组，负责全县非物质文化遗产保护工作的统一协调。同年，成立梁山县非物质文化遗产保护中心。2013年3月，成立梁山县非物资文化遗产保护协会，建立县级非物质文化遗产代表名录，申报国家级、省级、市级非物质文化遗产代表名录，保护了一大批珍贵的非物质文化遗产（简称“非遗”）。

抢救保护 2006年4月，县剧团组织人员对山东梆子剧种进行全面系统的调查、发掘、整理和组织撰写“申遗”材料，当年成功申报为省级首批非遗保护项目。2012年12月，为传承保护梁山“山东梆子”省级“非遗”项目和地方稀有剧种，县政府确定撤销原县剧团建制，成立梁山县山东梆子传承保护中心，为公益性副科级事业单位，加挂梁山县演艺中心牌子。2010年，梁山武术研究学会致力于梁山武术的挖掘、研究、保护、传承和开发利用，在“梁山武术”成功成为省级非遗保护项目后，又积极组织梁山武术的拳械发掘、学术论证等工作；同时协同有关部门、单位成功发起、举办中国梅花拳演武大会暨保护发展论坛，整理出版40万字的《中国梅花拳文集》；出席中国成都全国非遗保护传承大会和在北京举办的中华武术四大门派学术交流大会，并组织撰写武术论文11篇，由《山东省非物质文化遗产丛书》公开发表。至2013年，全县非遗普查工作全面完成，通过普查，收集非遗线索2000多条，实地调查、记录非遗资源项目900余项，收集非遗实物200余件，拍摄照片1400余张，录制音像资料110余盘（盒），汇编非遗资料10余卷（册），基本摸清了全县非遗资源的种类、数量、分布状况、生存环境、保护传承状况，并组织人员编撰出版《梁山县非物质文化遗产集萃》。

生态保护 2012年6月，县政府及文化部门启动省级文化生态保护区建设，编制文化生态保护区保护总体规划、生态保护规划、文化遗产保护规划、各类别非遗的保护规划、各级非遗名录代表性传承人的保护规划及实施细则等，并进一步完善档案和建立文化生态保护区数据库。在文化生态保护区内，采取有效措施保护非物质文化遗产，包括如口头传说、表演艺术、社会风俗、宗祠族祭、礼仪、节庆、传统手工艺技能等。通过设置保护区，完善保护区的非遗名录体系，维护文化传承的生态，认定保护代表性传承人及传习场所等。同时，举办各种形式的文化生态保护高层论坛、研讨会，积极开展文化生态保护的政策研究与学术交流。至2013年，梁山县文化生态保护区建设取得明显成效，同年10月，济宁市文广新局组织专家组到梁山实地评估验收；12月，通过省级专家组的初次验收。

第二节 非遗名录

通过对非遗保护，进一步建立、充实、完善了“四级”非遗名录体系。至2013年12月，6个项目列入省级非遗保护名录，16个项目列入市级非遗保护名录，74个项目列入县级非遗保护名录。同时，入选省级传承人2名，市级传承人8名，县级传承人30名。梁山县进入省市非遗名录项目数量，位居济宁市第二位。

省级非遗项目（6个） 梁山山东梆子、梁山武术、梁山梅花拳、梅花桩舞狮子、梁山中华子午门功夫、水浒传说。

市级非遗项目（16个） 梁山山东梆子、梁山枣梆、梁山武术、梁山梅花拳、梅花桩舞狮子、梁山中华子午门功夫、水浒传说、水浒人物故事、梁山地名传说、秃尾巴老李的传说、梁山吼、梁山夯歌 、梁山儿歌、落子、插花、水浒故地乡俗画。

县级非遗项目（74个） 水浒人物故事、水浒传说、梁山地名传说、梁孝王与梁山的传说、宋江传说、凤凰山传说、龟山传说、小安山传说、大运河（梁山段）传说、秃尾巴老李的传说、梁山与五岳的传说、贾堌堆的传说、王府集地名传说、练武场的传说、晁盖墓的传说、甘罗传说、明白二大爷的故事、梁山武术、梁山梅花拳、孙庄秘宗拳、燕青拳、秘踪拳、大洪拳、洪拳、梅花桩舞狮子、舞狮、梁山中华子午门功夫、山东梆子、山东琴书、河南坠子、豫剧、梁山儿歌、枣梆、落子、梁山鼓吹乐、唢呐、渔鼓、花鼓、高跷、梁山民间秧歌舞、民间儿童游戏、梁山民间棋艺、水浒故地乡俗画、插花、纸雕刻、银饰品制作、鲁锦、珠算、梁山酒令、梁山民谣、鲁西南民谣、梁山夯歌、大运河夯歌、梁山吼、泰山石敢当习俗、二月二围囤、乞巧节、腊月二十三祭灶、青堌堆庙会、法兴寺、莲台寺庙会、土山庙会、徐坊酒曲制作、王氏糟鱼制作、道家养生素食及药膳、烧鸡、赵坝狗肉传统制作技艺、拳铺驴肉传统制作技艺、李文斗豆腐传统制作技艺、正骨、刘氏指针按摩法。

第三节 梁山武术

梁山武术是在水泊梁山特定水浒文化环境中，以忠、义、礼、信、仁为基础，以好汉武功遗韵、梁山土著拳械与外来拳种三位一体、相互融通为主要表现形式，体现梁山好汉情怀与气派，所形成的历史传统文化形态。梁山武术具有完整的技术与理论体系，它以武术技艺为外在表现形式，而以忠义信仰、江湖情结和游侠智慧为文化内涵。梁山历来是藏龙卧虎、绿林好汉出没之地，被称为举世闻名的武术之乡和中华武术四大发祥地之一。

梁山县境域社会发展历史悠久。自古以来，梁山爱武、尚武、习武之风甚盛，素有“喝了梁山水都会伸伸胳膊、踢踢腿”之说。梁山武术的源头始于隋末，农民自卫组织的形成，程咬金曾聚众数百，共保乡里；五代至北宋，境内形成八百里水泊，宋江在梁山揭竿而起，各路好汉习武练拳，替天行道；元代，好汉们的武艺开始流入民间，与本土拳械交相生辉；南宋建炎年间，梁山武士张荣聚众万余在梁山起义，多次战败金兵；明初，梁山泊开始水退还耕，山西洪洞县大量移民至此拓荒，外地众多拳种门派也从四面八方随之流入梁山。法兴寺主持西竺禅师率僧众三千开赴浙东，配合戚继光顽斗倭寇；明崇祯年间，武侠李青山聚众起义；明末清初，梅花拳、佛汉拳等外地拳种相继传入；清末，武林高手王君珂联合捻军在梁山玉皇阁起义；民国期间，梁山一带匪盗成灾、强人出没，有“大杆子三十六，小杆子七十二”之说。

新中国成立后至20世纪80年代，全县流行梅花、大洪、小洪、掌洪、少林、二郎、子午、地趟等几十个拳种，经常参加习武健身的数万人。特别是80年代后，梁山县一大批武术馆校和拳场应运而生；至80年代末，全县大小武校20余所，武术训练点百余处，梁山武术遍布城乡，编创的《梁山武术操》进入中小学体育课程，梁山武术进一步普及。1993年，在首届水浒文化节上，十几个国家和地区的武林高手云集梁山，受到武林界的高度评价；1994年，第二届水浒文化节上，来自少林、武当、峨眉、梁山的武林高手进行了友谊比赛，这是中华武术史上第一次四大门派同台竞技，展示了中华武术的精华。2004年7月，梁山少林影视功夫学院武术团一行20人，随文化部到非洲5国参加活动，所表演的《梁山魂》受到国际友人的赞誉。2007年8月，济宁市第十二届运动会武术比赛在梁山举办，全市11个代表队参赛，梁山代表队获金牌、总分两个第一。同年9月，2007'中国（梁山）水浒文化节上，展现梁山传统武术文化的表演《龙狮舞盛世　锣鼓庆祥和》和《梁山武韵》节目以及武文化展示受到嘉宾、专家及广大观众朋友的一致好评。2008年5月1日，县政府在水泊梁山风景区首次成功举办“首届梁山全国功夫争霸赛”，并举行全县舞狮、武术套路、硬气功等景区展演活动，受到专家、嘉宾及广大武林朋友的广泛赞誉。同年11月15日，县政府举办首届中国梅花拳演武大会暨保护发展论坛，全国各地及海外梅拳弟子、运动员、教练员、裁判员和有关领导、专家、学者、新闻界人士，云集梁山，以武会友，弘扬中华武术、传播水浒文化，共商保护传承和发展国家非物质文化遗产大计，取得圆满成功。《人民日报》《大众日报》、中央电视台、日本NHK摄影队等几十家国内外新闻媒体报道梁山武术。梁山武术的发展及对外交流的扩大，进一步提高了梁山的知名度。

梁山武术区域分布很广，其核心区域为梁山全县95%以上的行政村；东平、郓城、菏泽、汶上、台前等周边县市区。其辐射区域包括：

梁山武术

山东省60余个县市区，以及北京、上海、广东、内蒙古、河南、山西等20余省市和港、澳、台地区，还有新加坡、韩国、日本、德国、越南、泰国、法国、科威特、马来西亚、俄国等30余国家和地区。上述区域梁山武术均已相继传入。

梁山武术的门派体系。梁山武术历经数代拳师精心修炼，已形成拥有十大拳种门派、72梁山好汉拳械和36土著拳术套路的武术体系。十大拳种门派包括梁山梅花拳（含架子、成拳、拧拳、器械、内功）、子午门（含38拳路、36器械）、梁山太极拳（共13式）、梁山少林拳（共47式）、佛汉拳（分上中下3盘、8个门头、24变式、72手、36腿）、梁山洪拳（分小洪、中洪、大洪、掌洪）、二门洪拳（分32打、72擒拿）、三晃膀大洪拳（含修身剑和18锤对练）、秘踪拳（分徒手、器械、对练、硬功、保健功）、黄氏二郎拳（分三步架等19种套路）。72梁山好汉拳械包括武松醉拳、时迁悠拳、脱铐拳、连环腿、林冲枪、关胜大刀、董平双枪、三雄钢叉、杨志刀、秦明狼牙棒、史进开山棍、智深禅杖等。36土著拳术套路包括埋伏拳、八极拳等。

梁山武术的基本特征。（1）梁山武术秉承齐鲁文化和水浒文化本色，从习武的理念到拳械技法的演练都贯穿忠、义、礼、信、仁精神，使人们把英雄豪情与梁山武术自然而然地联系在一起。（2）好汉武功遗韵、土著拳术套路与外来拳种门派三位一体，形成完整的体系，在全国武术界独树一帜。（3）梁山武术拳械技法以技击为主，以擒拿、跌打、近身短打见长，软硬兼施，强调以力为基，以快为上，以活为主，以巧制胜；讲究实打实招，严戒玄虚；注重借大地、惯性之力和速度，纵力、横力兼备。（4）梁山武术动作舒展敏捷，手法以甩、拍、滚、掳为主，脚法重跳、挂、截、缠，并配以靠、闪、定、缩等身法。拳路多以好汉姓名与拳名相结合，拳法与好汉们的英雄行径相结合，形成了拳如其人、风格迥异的拳械功夫。

梁山武术的重要价值。（1）历史价值。梁山武术源远流长，其源头可以追溯至隋朝末年，千百年来，经过历代拳师的潜心修炼，已经成为与河南少林、湖北武当、四川峨眉齐名的中华武术四大门派之一。（2）科学与艺术价值。梁山武术博大精深，它拥有十大拳种门派、又有72梁山好汉武功拳械和36土著拳术套路，是一个既庞大而又严密的武术体系，无愧中华武术之瑰宝，具有极高的科学性与艺术性。（3）教育价值。受齐鲁文化和水浒文化的影响，梁山武术崇尚忠义诚信、礼仪仁爱、仗义疏财、乐善好施。因而在习武的同时就具有陶冶情操、修身养性、倡树美德的功效。（4）实用价值。梁山武术具有强身健体、自卫御敌、娱乐表演、医疗保健、对外文化交流等多种功能，对于提高人民群众的生活质量，满足人民群众的精神文化需求都具有重要作用。

2008年4月，县政府出台《关于进一步加强和改进武术运动工作的意见》，对全县武术发展进行规范化管理，政策上扶持，保证武术发展的后劲，被广大武术界人士称之为“梁山武术振兴年”。同时，借助新版《水浒传》在梁山拍摄的有利机遇，县政府与河南中传文化传播有限公司签订投资6000余万元、占地150亩的“中华武术文化标志城”建设协议。2013年，梁山武术作为省级非物质文化遗产正式申报为国家级非物质文化遗产保护项目。

第四节 山东梆子

山东梆子起源于鲁西南的菏泽、济宁及泰安一带，梁山县系山东梆子的核心发源地之一。明末清初，梁山成为京杭大运河上的重要通商口岸，随着晋商的流入而传入的陕晋梆子腔，与当地语言和民间曲艺小调相融合，形成了独立的梆子体系。从清初至新中国成立前，先后有五福班、大曹班、崇圣府班、大姚班、大孔班、蔡林班、寿张大班、长圣班、大井班、小井班等梆子班社活跃在梁山及周边一带。1954年，在民间班社基础上组建起梁山县山东梆子剧团。20世纪60年代至80年代，梁山县山东梆子剧团演唱的山东梆子，在冀、鲁、豫一带享誉盛名。

梁山山东梆子唱腔高亢激越，又称“高调梆子”，亦称“高调”或“高梆”，是中国北方主要剧种之一。梁山一带的山东梆子有弦乐曲牌57支、唢呐曲牌127支、唱腔板式板头51个、锣鼓经61个，传统剧目500余个。因其表演动作粗犷、架势夸张，嗓音高亢洪亮、刚劲激越、富有浓郁的地方色彩，加之“大本腔”和“夹本腔”的唱法，非常适宜演出豪放激昂、慷慨悲壮的大“黑”大“红”戏，有“繁音激楚，热耳酸心”的特点。女声唱腔则以清新、明快、俏丽、挺拔为特色。该剧种由于适应表现各种内容、感情的音乐唱腔，配以粗犷、朴实、逼真的表演，与通俗易懂、雅俗共赏的剧本融为一体，构成了梁山山东梆子浓郁的地方色彩和叱咤风云的艺术风格。

梁山山东梆子具有诸多方面的价值。山东梆子吸取了晋、陕戏曲文化精髓，融入了梁山本土民间艺术营养，特别是受水浒文化、运河文化、孔孟文化的熏陶和滋养，形成了质朴豪放、高亢激昂、场面宏大、表现力强的特色，既适合上演反映社会、民族复杂矛盾斗争的袍带大戏，又能演出反映世风人情、情趣盎然的生活小戏，因而在中国传统戏剧百花园中一枝独秀，绽放异彩，在山东十余个地方剧种中，是最能体现山东人、特别是梁山人豪爽侠义性格特征和山东地方特色的传统剧种，具有极高的历史、文化和艺术价值。山东梆子在其形成和发展的过程中，对发源地的文化、艺术、法制、道德、哲学、宗教、信仰、礼仪、民俗、语言、行为规范等都直接或间接地产生积极影响，具有重要的社会综合价值。山东梆子在梁山以及鲁西南一带是影响较大的地方剧种之一，辐射晋、豫、辽、冀、苏、皖等区域。

第五节 梁山枣梆

梁山枣梆系由山西上党梆子传入。清代乾隆年间，山西戏曲职业班“十万班”到鲁西南演出，深受鲁西南一带人们喜欢。清光绪初年，山东人聘请山西上党梆子老艺人潘朝绪（外号“大闺女”，枣梆艺人尊称其“潘师爷”）等为师，先后在郓城、梁山一带开科授徒，并成立义盛班，成为县境内第一个枣梆戏班。后经几代人传唱演出，使梁山枣梆成为鲁西南一带深受人们喜爱的独具特色的地方戏种。

20世纪40年代后期，梁山枣梆“祥”字科出师后，在梁山西北一带靳庄、大张、贾堌堆、沙窝里、张博集、辛兴屯等村庄授徒传艺，培养出张庆本（大生）、刘继生（大净）、张庆涵、（花旦）、张庆久（青衣）、李凤玉（小生）、刘宪余（丑角），以及文武场张凡忠、黄邦田、梁九文等一批享誉梁山一带及周边地区的枣梆演艺人员。新中国成立后，大部分演艺人员参加县里组建的梁山枣梆剧团。1961年，菏泽专区将地直、郓城、梁山3个枣梆剧团合并组成菏泽地方戏曲剧院枣梆剧团。其后，梁山枣梆剧团下马，部分演艺人员返乡。文化大革命期间，散居乡村的枣梆演艺人员自发组织起来，演唱革命样板戏及新编现代戏，使梁山枣梆得以传承。1996年，大路口乡大张村张繁和重建梁山枣梆剧团，使梁山枣梆进一步发扬光大。

梁山枣梆在表演艺术上，和山东梆子一样，具有粗犷、豪迈的特色，注重表现力。在唱腔上，高亢激昂，委婉活泼，既能表现激昂雄壮的气势，又能表现活泼欢快的情感。唱腔中真假嗓结合，真嗓吐词，假嗓托腔，而且真假嗓音截然分开，由真嗓突然翻高而假嗓，假嗓拖音甚长，小生、小旦的拖腔皆用“咿”“呀”，黑脸、红脸的拖腔皆用“啊”“呕”，腔韵悠长，给观众余音缭绕之感。特别是旦角花腔，细腻缠绵，委婉动听，别具风味，是枣梆特有的韵律。

枣梆一直深受鲁西南群众的热爱，主要流行在菏泽、郓城、巨野、梁山等鲁西南一带，并影响周边地区，东到嘉祥、济宁，南到成武、曹县，西到河南省兰考、内黄，北到黄河以北的范县、濮阳，都有枣梆传唱。2006 年，梁山枣梆被列入市级非物质文化遗产名录；2008 年 6 月，枣梆被列入第二批国家级非物质文化遗产名录。

第六节 民间童谣

小麦穗 小麦穗，焦焦黄，一生两岁没有娘。从小跟着爹爹睡，光怕爹爹寻晚娘。寻了个晚娘三年整，得了个兄弟叫孟郎。有钱买给孟郎吃，没钱赊给孟郎糖。孟郎要喝热面汤，多倒油来少放姜。舀给梦郎一大碗，舀给小妮一点汤。又打水，又劈柴，白眼珠子瞪出来。晚娘晚娘气消消，三年长成大高高。打灯笼，坐花轿，喇叭号吹娶走了，女婿骑马挎大刀，看你晚娘孬不孬。

小板凳 小板凳，打歪歪，寻了个女婿不成材，又喝酒又打牌，赶个集，到黑来，不给小孩买个烧饼来，买了个烧饼没芝麻，气哩小孩打扑拉，一打打到锅底下，一烧烧了秃尾巴。

小板凳 小板凳，打歪歪，俺上家北拉豆秸，拉了豆秸喂老牛，喂了老牛拉石头，拉了石头盖新屋，盖了新屋娶媳妇，娶了媳妇抱娃娃，抱了娃娃喊爸爸。

筛罗罗 筛，筛，筛罗罗，磨麦麦，蒸馍馍，蒸了馍馍给谁吃？给臭妮家老婆婆，老婆婆不吃，扔给猪吃，猪一哼，吓哩臭妮家老婆婆一大惊。

筛罗罗 筛罗罗，打镗镗，磨麦麦，蒸馍馍，蒸了馍馍看姥娘，姥娘没在家，气哩妗子嘎哒哒，嘎到屎茅里，吃哩饱饱哩。

小巴狗 小巴狗，带铃铛，晃啷晃啷到集上，三包子，俩茴香，哪里吃，庙台上，谁陪着，老和尚。

小小虫 小小虫，抖抖毛，拉着柜，携着瓢，要个窝窝吃饱了，要个馍馍撑死了。狼吃啦，狗嚼啦，不拉不拉又活啦。

小老鼠 小老鼠，上灯台，偷油喝，下不来。让奶奶抱，奶奶不抱，让爷爷抱，爷爷不抱，气得小老鼠自个跳。

山蚱子 山蚱子，尾巴长，娶了嬉妇忘了娘。擀白饼，卷白糖，媳妇媳妇你先尝。

雉鸡翎 雉鸡翎，扛大刀，你那班里尽俺挑，挑谁吧！挑二孬，二孬没在家，挑你姊妹仨。

下挂面 小板凳，打歪歪，我给奶奶下挂面。奶奶闲我下哩稠，我给奶奶掌香油。奶奶闲我下哩香，我给奶奶切块姜。

炸果果 炸、炸、炸果果，腰里掖着个铁锁锁。啥炸？油炸。一握，嗑啪。你敲梆子我敲鼓，咱俩变个小老虎。

白菜帮 白菜帮，帮白菜，大官开会才回来。喝里啥？喝里绿豆花，提留裤子屙到家。妮来小来快点擦，再也不喝绿豆花。

鸡蛋蛋 鸡蛋蛋，鸭蛋蛋，香油果果揍饭饭，我一半，你一半，剩下一半喂小燕，喂哩小燕肥肥哩，牵着小燕赶集气，也不买，也不卖，牵着小燕再回来。

小鸡嘎嘎 小鸡嘎嘎，要吃黄瓜；黄瓜有种，要吃白饼；白饼有花，要吃面瓜；面瓜嫌面，要吃鸡蛋；鸡蛋糊嘴，要吃牛腿；牛腿有毛，要吃酸桃;酸桃有核，要吃牛犊，牛犊嘛啦，吃您娘仨。

老爷爷 老爷爷、老奶奶烤地瓜，老爷爷烤了第一名，老奶奶烤了第二名，发给老爷爷一块新手表，发给老奶奶一个破棉袄，气的老奶奶往家跑，跑，跑，跑不了，了，了，了不起，起，起，起不来，来，来，来上学，学，学，学文化。

小麻妮 小麻妮，拾棉花，一拾拾了个大甜瓜。爹一口，娘一口，一咬咬了麻妮的手指头。麻妮麻妮你别哭，我给你买个杭浪鼓，白天拿着玩，黑老吓妈乎。

小槐树 小槐树，槐又槐，槐树底下搭戏台。人家哩闺女都来了，俺哩闺女还没来。说着说着来到了，爹看见，接包袱，娘看见，接娃娃。嫂子看见一扭搭。嫂子嫂子你别扭，当天来里当天走，吃你一口饭，还你一大篓。

豁子牙 豁子牙，啃苦瓜，一啃啃到老五家。老五家有个尿水罐，一啃啃两瓣。

睡觉觉 噉，噉，睡觉觉，猫来了咬耳朵。

挤加油 挤，挤，挤加油，挤哩小孩不露头。

抓抓歌 一抓金，二抓银，三抓不喜是好人。

捋捋肚 捋捋肚，不尿裤，捋捋长长，不尿炕炕。

天皇皇 天皇皇，地皇皇，我家有个夜哭郎。路上的行人念一遍，一觉睡到大天亮。

摸小虫 这里青，这里红，这里痒痒，这里疼，这里搬梯子，这里摸小虫。

刮大风 刮大风，下大雨，南边来了个大闺女，爹一看，娘一看，气的嫂子不待见。

骑大马 驾，驾，骑马哩，前边有个拉呱哩。拉哩啥呱？拉哩小孩吃妈妈。

憋老牛 憋，憋，憋老牛，憋哩老牛爬墙头。憋，憋，憋小哨，憋哩小哨吱吱叫。

第七节 传说故事

莲台石佛由来 莲台石佛据说是佛教创始人释迦牟尼。但梁山还有一说，说石佛是被玉帝冤杀的梁山春神。说某年春天，在王母娘娘定期举行的蟠桃会上，值日星宿喝醉了，向下看时误把漫山遍野的杏花看成一片白雪，认为是春神失职而未开春门，便奏明玉帝，派天兵天将把她杀了。八仙知道后感到事情蹊跷，认为梁山春神向来忠于职守，深得百姓爱戴，不可能失职，便下界私访。当看到满山遍野，杏花盛开，银装素裹，恰似雪的世界，便什么都明白了，遂立即禀报玉帝，但事情已无法挽回。玉帝便说："给她立个替身吧！"这就是莲台佛像的由来。

青龙山传说 很早以前，梁山周围满山满谷都是莽莽榛榛的草木；后来，人们在这里开荒种地，过着自力更生、丰衣足食的生活。有一年，天久不降雨，地里大旱，庄稼枯萎，百姓盼雨望眼欲穿，人们祈祷龙王降雨，解救一方百姓。祈祷声传到了东海龙宫，老龙王置之不理，但感动了最小的一条青龙。小青龙趁老龙王及其他诸龙不注意，悄悄飞到梁山上空，施展法力，降了一场大雨，干枯的庄稼很快变得郁郁葱葱，一片生机。百姓欢呼雀跃，感谢龙王施恩降雨。哪知老龙王知道后，为小青龙越权行事而恼怒，严厉惩罚了小青龙，一怒之下把其赶出大海。小青龙便来到其降雨的地方，在梁山北边的山脚下，化为一座青山。从此，梁山便有了一座青松茂盛的青龙山。后来，王母娘娘听说此事，认为老龙王做的太过分，就派九个仙女下凡到此慰问小青龙，人们便在青龙山南侧建了九女阁，以示纪念。青龙山上仍有一座简陋的九女庙，供奉着王母娘娘及九个仙女，还有泰安奶奶、送子娘娘等。

凤凰山传说 梁山西边有一座不高而连绵起伏的小山，名曰凤凰山（亦称凤山）。据说，很久很久以前，这里还没有这座山，是在一年的春天，柳树吐芽，野草吐绿，桃花、杏花等各种花满山遍野，在这春意盎然的时节，一只美丽的凤凰飞游到梁山一带。她看到这里有山有水，景色宜人，且人们勤劳，民风淳厚，真有点乐不思蜀，便摇身变成一位姑娘，取名凤凰，非常漂亮，且又善良，深受人们喜爱，凤凰在这里每天过着幸福的生活。某天，有一个成了人的老乌龟来到这里，无意中看到凤凰，被她的美貌吸引，随即幻化成一个美男子追求凤凰，凤凰被乌龟精的花言巧语所骗，打算与之成亲，结果在喜宴上乌龟精因喝酒过多，现了原形。凤凰见状，惊吓不已，忙起身便跑，一直向南跑去，怎奈乌龟成精，紧追不舍，一会就追到了凤凰，扯住了凤凰的裙子。说来也巧，此时正遇到梁山降雨的小青龙在天上飞过，青龙看到这一幕，九霄直下，一把将老乌龟摁住，并顺势向前推了凤凰一把，此处便成了现在凤凰山和灵龟山中间的山口，乌龟和凤凰也被神龙的力量波及，变成了现在的凤凰山和灵龟山。青龙因担心乌龟以后会继续纠缠凤凰，索性便将身躯一盘，变成青龙山守护在不远的地方。

灵龟山传说　梁山北边有一座不起眼的小山，名曰灵龟山（亦称龟山）。故事就发生在这山脚下的一个村子。这一天，村子里来了一家逃荒的人，善良淳朴的村民热心地把他们一家安顿了下来，并给他们拿来一些生活日用品和柴、米、油、盐、菜等。过了一段时间，逃荒而来的这家人发现，这村子里的人只是从事简单的耕作，却都衣食无忧。于是他就去问当地的村民，好心的村民告诉他，在村后的小山脚下，有一只灵龟，每到凌晨天将要亮的时候就爬到山上一个隐秘处产下金蛋，只要早早上山等着，就可以捡到金蛋了，但这只灵龟每天只下一个蛋，捡蛋时不能吓着灵龟。逃荒的人听了高兴地回家了。第二天一大早，他就拿着筐上山了，找了个地方藏起来。不一会，看到从远处爬来一只磨盘大的乌龟，慢慢地爬到下蛋的地方。等天蒙蒙亮，就看到在神龟身下突然多了一只金蛋，烁烁发光，神龟下完金蛋就慢慢地爬走了。逃荒人迫不及待地从藏身处爬出来，拿了金蛋，悄悄回家去了。等天明以后，他把金蛋拿到城里，换了很多银两。从此以后，逃荒人天天凌晨就起身上山捡金蛋，然后把捡到的金蛋拿到城里换银子，就这样过上了富足的生活。逃荒人本是懒惰贪财之人，时间长了，又嫌天天跑去捡金蛋太辛苦，于是，一天大早他就拿着剪刀上山了，他想趁灵龟下金蛋的时候，用剪刀剪开神龟的肚子，这样就可以一次拿很多金蛋，以后就再也不用这么辛苦了。这时候乌龟也像往常一样慢慢地爬来了，就在灵龟正下金蛋的时候，逃荒人偷偷爬到神龟身后，拿起剪刀捅了过去。这时就见灵龟突然变成一块巨大的乌龟形的石头，把逃荒人压在了下面再也没能出来。从此，人们就把灵龟产金蛋的山称为灵龟山，龟状巨石就卧在灵龟山的北山坡。据说，逃荒人的家人后来无颜留在村里，匆匆拿了点衣物，又踏上了逃荒的道路。

乾隆游梁山　清乾隆年间，梁山法兴寺有个叫古明的老和尚，不论是才学、为人，都是叮当响，远近州府的文人学士，到梁山拜访他的很多。这事不知咋传到了大清乾隆皇帝的耳朵里。这位风流天子，喜的是游山玩水，爱的是风流韵事，作诗打对无所不通。他就想找机会会会这位高僧。

一年春天，乾隆带文武百官，登龙舟，沿运河南下，去江南观赏苏杭风光，路上正好经过梁山泊。他要登梁山游玩，就命龙舟靠在安山镇，自己做一读书人打扮，只让大臣刘墉一人做伴。到了法兴寺，君臣二人搭眼一看，呵，真好地方，寺院依山而造，松柏覆盖，很幽静，寺院门正对着十里杏花村。朱红山门，一边一个石狮子，门上刻有“法兴寺”三个字。乾隆连连称赞：字写得真好。进了寺院，乾隆叫小和尚去叫古明，就说有个“天下第一才”的求见法师。小和尚急忙朝禅房走去。不一会儿，小门里出来一个白胡子到胸的老和尚，听小和尚一说，古明就知道来对将了。迎上去合掌施礼，“敢问高姓大名，屈尊小寺不知有何见教？请到禅房说话。”乾隆刚要回答，刘墉抢先说：“这是北京城里的天公子，千里来拜访高僧。”古明不记得百家姓上有姓天的，怕慢待了客人，急忙前头带路。乾隆见院内一石桌，说道：“就在这儿说话吧。”众人坐下来，小和尚献上茶来。饮着茶，乾隆问道：“法师，不知寺内有多少和尚？”古明回答：“山野小寺，不过五六个僧众。”两人说着话，就谈开了。

从古到今，山南海北，文人名士，风土人情，古明都答对如流。刘墉一见难不倒老和尚，就偷偷地给乾隆使眼色。乾隆何等聪明，换法就换法，就说：“法师，这不冷不热的二月天，草绿杏红，这梁山景致又好，不如作诗答对，以助谈兴。”古明说：“天学士高见，愿听上联。”乾隆说道：“法兴寺，寺大不过五六僧众。”古明听了，心想这个天学士一定有来历，口气不小，我得好好答他，别让他小瞧这梁山。他略一思索，用手一指梁山顶，说道：“水浒寨，寨小能容百八英雄。”出得快，对得急，乾隆心中暗想：对得好。我本想刺他一下，他倒刺了我一下子。想到这里，一下子看见法兴寺十里杏花，就说道：“红杏林，挂红杏，红山红水。”杏花村本是梁山一大名胜，被乾隆拉过来用上了。古明一听，也抬头看见了法兴寺上面名闻天下的黑风口，马上对道：“黑风口，卷黑风，黑天黑地。”听了两副对子，刘墉不住地点头。这时，乾隆一看难不倒古明和尚，心里有些窝火，自己是万里江山的一朝人王帝主，面子得挽回，随说道：“老和尚，我以我的姓为上联，你对下联，”说道：“四海之内我为大。”一听这联，古明心里咯噔一下子，这位自称天学士的准是当朝的风流天子，他常微服出游，再看那位驼背随从，这准是人们常说的那位能吓倒鬼神的罗锅子左御史刘墉，我也不点破他。乾隆见古明沉思，知道自己的上联吓住了他，不住地偷喜，谁知古明一指寺中的宋江塑像说道：“梁山泊里他为尊。”乾隆听了，脸变色了，胆大的和尚，敢把大盗和我堂堂大清天子并提，真该杀头之罪。刚要发作，刘墉连连摆手，说：“天不早了，该回去了。”古明把君臣二人送出寺门。

临走，刘墉说了句：“梁山本是是非地。”古明也回敬了一句：“古寺不容多事人。”刘墉听了，脸红了，头也不回地陪乾隆下山去了。

安道全看病 安道全，小时家很穷，但他喜欢攻读药书，广收民间秘方，后行医走江湖，并能药到病除，在江湖上落了个妙手回春“神医”的美名。这一年，他行医来到山东东平府，住在城东的客店里。正巧，东门外有个富商的妻子得了重病，当地的名医都请遍了，就是治不好，眼看就要上黄泉路。富商听说神医安道全到了东平，就备了一份礼物，写了大红请帖，叫家人去请安道全。安道全早听说这富商是爱富欺穷的主儿，帖不接，礼不收，对来人说：“偌大的东平府，有的是名医，怎能用我这个江湖卖‘野药’的。”富商没法，只好托人再去请安道全。安道全拗不过朋友的面子，只好到了富商家。富商见安道全衣裳破旧，面目黑瘦，根本不带个名医的派头，从心里看不起他，所以连大门也没开，只把小门开了一扇，进门也没迎接。对此安道全并不当回事，为病人诊脉后，安道全想也没想，拿起笔，唰唰几笔，几张药方开得利利索索。富商拿过药方一看，那字笔力苍劲，如飞龙走蛇，才觉得自己小看了安道全，忙命家人摆酒宴款待先生。安道全站起身说：“按我的处方用药，如果病减轻了，下回就不用找我这个‘卖野药’的了。东门外衣店的老板精通医道，而且强我十倍，就找他好了。”说完就拱手告辞而去。

富商的妻子服了安道全的药后，病情果然有了好转，富翁很高兴，就按安道全的吩咐，叫家人去城东请衣店老板来复诊，这下子可把掌柜的弄傻了。再到别处去打听，东门外的衣店不少，可没一个老板懂医的，富商这才知安道全话里有话。于是备厚礼亲自到客店去请安先生，到店里一问，安先生已走两天了。店家告诉富商，临走给他留下一封信，富商拆开信一看，顿时头嗡的一下子，嘴里说：“完了。”只见上面写道：有眼不识金镶玉，富贵岂能救你妻？一生漂泊风雨里，五湖四海施仁义。

第五章 图书 报刊

第一节 图书

图书发行的主体为梁山新华书店。梁山新华书店始建于1953年，1959年迁现址（人民中路中段）。1990年，梁山县新华书店隶属山东省新华书店管理；2008年6月，山东省新华书店整体改制为山东新华书店集团有限公司；2012年10月，梁山县新华书店更名为山东新华书店集团有限公司梁山分公司，为省属国有小型一类企业，拥有员工44人。公司内设办公室、业务科、财务科、大客户室、教材仓储科、教材一科、教材二科、农村发行科，除城区中心店外，下设4个乡镇网点。梁山新华书店先后被评为“山东省发行百强企业”“山东省新华书店系统先进集体”“山东省新华书店系统规范化门市部”“济宁市十佳发行单位”“梁山县科技、文化、卫生三下乡活动先进单位”等荣誉称号。

梁山新华书店建店之始，主要经营图书及文化用品，后经营全县中、小学课本，20世纪50年代中期不再经营文化用品。1983年，建新华书店营业楼，经营面积达3000多平方米，并先后增设小路口、徐集、拳铺、韩岗经销点。1993年，新建新华书店营业办公综合大楼，图书营业面积增至4000平方米。至此，新华书店作为图书发行及零售的唯一渠道，图书品种3万多种，成为具有较强辐射能力和服务功能的文化企业。

1994年后，梁山新华书店主要承担全县中小学教材教辅的发行任务和一般图书的销售工作。在教材教辅发行中，新华书店针对教材发行时间紧、任务重的实际，充分调动人力、物力，圆满完成教材的发行任务，确保“课前到书、人手一册”。在图书销售中，新华书店制定经营办法和奖励措施，加强图书宣传促销，同时，对中心门店图书卖场装修一新，开辟鲁版图书、重点图书专架，使图书陈列突出，分类清楚，新颖美观，标牌明显，方便了读者选购。另外，制定门市制度及营业员守则，改善服务态度，营业员统一着装，精神饱满，面带微笑，服务主动热情，耐心周到。至2013年，梁山新华书店除拥有4000平方米图书营业面积外，还有教材仓储面积近2000平方米，每个网点有近400平方米用于教材教辅及图书的发行，年销售2000多万元，固定资产1000多万元。

第二节 报刊

梁山报 《梁山报》为中共梁山县委机关报，最早创办于1956年7月，1960年6月停办。1993年7月16日,《梁山报》再次试刊发行（试刊10期），为对开四版小报；1993年9月24日，《梁山报》正式出版发行；至1998年12月25日，共出版265期。1999年1月1日,《梁山报》改为《济宁日报·梁山版》，梁山报社改称济宁日报梁山版编辑部；至2002年12月30日，共出版492期。2003年12月，根据国家政策要求，《济宁日报·梁山版》停刊。自创刊起,《梁山报》10年共出版发行1000余期。

《梁山报》及《济宁日报·梁山版》，作为县委机关报，始终坚持党报宗旨、服务人民和团结、稳定、鼓励、正面宣传的方针，紧紧围绕县委、县政府中心工作，推动经济建设和社会发展，适应不同层次读者需求，开设一系列有特色、有影响、受欢迎的专题和栏目，包括经济发展、精神文明、党建廉政、民主法制、教育卫生、文化体育、工作动态、社会新风等内容，并荟萃具有浓郁地方特色的文学艺术和生产、生活知识。

今日梁山 2012年4月，《今日梁山》开始试刊（4期），为对开四版大报；同年5月，经山东省新闻出版局正式注册批准，《今日梁山》报正式创刊。该报为中共梁山县委机关报，由县委主管、县委宣传部主办、县新闻中心承办、《今日梁山》报编辑部编辑出版；《今日梁山》报每周两期，对开四版，一版为要闻，二版经济要闻，三版社会民生，四版文艺副刊；首期发表《与伟大的时代同行》的创刊词。该报共印4000份，全部向济宁市委、市政府各部门单位和梁山县内党政机关企事业单位赠阅，依托《济宁日报》发行网络投递发行。

《今日梁山》报以“围绕中心，服务大局，贴近实际，关注民生”为宗旨，坚持正确舆论导向，宣传党的主张，传达上级部署，发掘水浒文化，弘扬社会正气，引导社会热点，通达社情民意，做好舆论监督，凝聚发展合力，全力服务好党委、政府的中心工作。至2013年12月，《今日梁山》共出版发行156期。

梁山政务 《梁山政务》由梁山县人民政府主办、县政府办公室具体承办，县政府办公室主任任编委会主任、县政府研究室主任任主编。《梁山政务》属县政府内部刊物，主要以传达政令、指导工作、交流经验、发展探讨为宗旨，先后开辟文件选登、会议专稿、领导论坛、县乡经济、科教兴梁、工作研究、经验交流、调查报告、新闻博览、政务动态、信息之窗、文秘园地、文苑采珠等栏目。《梁山政务》从1998年3月创刊，至2002年1月停刊，共办27期。

第六章 档案 史志

第一节 档案

管理机构 梁山县档案馆成立于1958年9月，是在县委、县人委两个机关档案室的基础上建立起来的，配备档案干部2人。1980年4月，改称为梁山县档案局，为正科级行政单位，人员为4人。1993年12月，撤销梁山县档案局，保留梁山县档案馆，为正科级事业单位，隶属县委办公室。1994年7月，增设秘书股、档案管理股、编研征集股。1995年5月，恢复梁山县档案局，与梁山县档案馆合署办公，实行一个机构、两块牌子，正科级事业单位。1999年7月，全县24处乡镇设立档案管理办公室，股级全额事业单位，定编1人。2002年，成立县文档服务中心。2005年6月，县档案局内设办公室、档案管理科、文书档案指导科、科技档案指导科、编研征集科。2009年11月，增设梁山县政府信息查阅中心。2013年，有在职人员12人。

1995年，档案馆建成并投入使用，总面积1521平方米，其中库房面积480平方米。2007年，县政府拨专款更新档案馆橱具，安装移动档案密集架270立方米。至2013年，县档案馆配置服务器1台、计算机10台、复印扫描一体机2台、数码相机2台，馆藏档案目录全部实现数字化；县直各机关、事业单位、企业，学校、村居都设有档案室，全县综合档案室共有189个，机关、事业单位档案目标规范化管理水平达到了省三级以上标准；其中国家二级档案室5个，省特级档案室6个。全县规模以上非公有制企业253家企业建立档案室，实现规范化管理。

1995年，县档案局（馆）被山东省人事厅、省档案局授予“全省档案系统先进集体”；1996年，被济宁市档案局授予“敬业爱岗先进集体”；1997年，被济宁市委、市政府授予“全市档案工作先进集体”；1999年，被济宁市档案局评为“档案工作先进单位”；2001年，被评为“全省档案宣传工作先进单位”；2002年，被市委、市政府评为“全市档案工作先进集体”；2007年，被省档案局授予“全省档案宣传工作先进单位”，被市委、市政府授予“全市档案工作先进集体”；2010年，被国家档案馆晋升为国家二级档案馆，同时获“济宁市档案工作综合考核一等奖”；2011年，被评为“山东省档案系统先进集体”；2012年，获“全市档案综合测评先进集体”。

管理措施 1998年，县委、县政府把档案工作纳入全县“双文明”考核体系，在全县范围内开展档案规范化目标管理认定活动。2002年，推行立卷改革，执行中华人民共和国档案行业标准《归档文件整理规则》(DA/T22-2000)、《归档文件整理规则》，实行按件整理、盒装归档新规则。同年4月，开展归档文件整理月活动。2003年6月，县档案局组织专门人员进行防治非典专题文件材料的收集归档工作。2004年1月，县委办公室、县政府办公室印发《关于加强档案信息化建设的通知》，在全县统一推广“齐元档案管理系统”，县档案馆建成局域网，全县近70个一级立档单位使用统一的数字档案信息管理平台。2005年底，档案馆“四库”建设初具规模。2007年，执行新的《机关文件材料归档范围和文书档案保管期限规定》，文书档案保管期限由原来的永久、长期、短期，调整为永久、定期30年、定期10年。至2013年，县档案馆馆藏目录数据库达到60多万条，重点全宗、珍贵档案全文数据库5000余页，照片数据库2300余张，新闻视频挂接13000余分钟。

征集建档 1994年7月，县委办公室、县政府办公室印发《关于搞好村级建档工作的通知》，逐步实现村级档案工作的规范化、标准化，使档案工作有效地为农村社会主义建设事业服务。1995年，全面推进村级建档活动；同年，举办行政村档案人员培训班，培训专兼职档案人员200余人。至2004年，全县14个乡镇综合档案室全部达到省三级以上水平，709个行政村建立规范档案。2005年3月，县委、县政府出台《关于进一步推进民营企业档案工作的意见》，促进民营企业建立档案。2006年1月，征集梁山著名人物档案，为全国创业之星、华宇挂车有限公司董事长胡桂花，全国军队优秀转业干部、良福制药有限公司董事长李兰蕴，国家一级美术师孙景全等10位地方名人建立档案，共征集名人证书280件，照片220张，光盘8张，典型材料60份。2007年10月，县档案局出台《梁山县“建家庭档案、促和谐活动”的通知》，开展家庭建档。2008年，县档案局以社保档案为突破口，首批确定重点民生档案21项，并积极推进民生档案征集与建档。2012年3月，梁山县档案局向各立档单位转发《山东省重大活动档案管理办法》，对全县重点工程、重大项目、重大活动开展建档工作，在新城区建设工作中，对各大重点工程指挥部开展建档工作。至2013年，县档案馆接收婚姻档案2732卷、公证档案2363卷、土地延包档案306盒、知青档案34卷、破产企业档案1683卷。家庭建档户已达100余户，其中房瑞荣、李继保2户家庭被命名为全市家庭档案示范户；4户家庭参加济宁市家庭档案展览。

馆藏档案 1993年12月，馆藏93个全宗档案资料24050卷册，其中档案17509卷，资料6541册。检索工具19种，目录524册，卡片7.3万张。1999年和2009年开展两次大规模档案进馆活动，其中，1999—2000年，完成35个县直机关事业单位1995年前档案进馆10730卷，2009—2010年，完成59个单位2000年前档案进馆7568卷，888盒。至2013年，县档案馆馆藏档案全宗142个，20个门类，档案资料总量78360卷（册）。其中，文书及专业档案62258卷，资料16102册，检索工具19种，1366册；图书资料16102册，水浒特色档案共计2000余册（件），已构成“梁山县地方特色档案”的基本框架和支脉；照片108卷（盒）、4528张，主要涉及梁山旅游及文化，水浒文化节、车博会、领导调研等各类重大活动照片；各类印章1158枚，主要是新中国成立后各时期撤并机构印章，其中征集收藏的第五届水浒文化节《水浒英雄谱》“水浒人物108将”绰号及姓名印章216枚，2010年在全县机构改革中收集撤并转单位印章59枚。

档案利用 1994—2013年，年均提供利用档案1200卷，接待社会各方面查档年均700人次，民生档案利用占所有查档人次的58%。档案利用积极服务于县内重大活动，水浒文化节、专业汽车博览会、梁山改革开放30年图片展、建党90周年图片展、汽车产业发展历程图片展等县内重大活动，档案局积极参与，利用了大量馆藏照片资料。

2005年3月，为纪念抗日战争胜利60周年，中央档案馆一行3人到梁山县档案馆，采集1939年发生在梁山一带独山战斗中的有关文字资料和图片，充实大型文献纪录片《抗日中坚——八路军》的内容。2009年，后集村城区拆迁调阅档案45卷、复印档案1800余页，落实980余户宅基面积。2011年7月，梁山服装厂一职工到县人社局办理退休手续，因需到档案馆查找参加工作时调入工厂的调令证明，县档案馆工作人员查到劳动局长期413卷职工调配介绍信，为其办理退休提供了依据。同年9月，闫某再婚后到计生部门办理二胎生育证，计生部门要求其出具与前妻离婚协议书。故闫某到县档案馆查阅，县档案馆工作人员在离婚档案2010年5盒查找到闫某与前妻的离婚协议书，工作人员复印相关资料，使其顺利办理了生育证。

2001年，编写《梁山县档案馆指南》，获得“省档案局档案信息资源开发成果三等奖”；2002年，编写《档案工作者必读》，获省档案局“档案信息资源开发成果二等奖”；同年，与党史委合编《中共地方组织史第三卷》。县档案馆还对历届党代会、人代会、政协会文件材料以及水浒文化节、车博会材料进行整理汇编成册。2004年6月，县档案馆申报的民营经济图片展览、利用原始档案办理退休手续两项开发利用被评为“档案信息资源成果项目三等奖”。2010年9月，梁山县档案局申报的“梁山专用汽车产业发展历程图片展”“宅基公证作依据彰显社会公正性”获山东省“开发利用档案信息资源成果奖二等奖”。同年，县档案局参与编写梁山文史资料《梁山之水》，参与编辑水浒文化节及汽车博览会资料汇编。2006—2013年，全县先后共有25个项目获得山东省档案利用成果奖励，其中，11项获得二等奖，14项获得三等奖。

第二节 史志

工作机构 1982年2月，县政府成立梁山县志编纂委员会及办公室；1984年4月，梁山县志编纂委员会办公室（简称县志办）列编为副科级事业单位，编制10人，隶属县政府；1992年1月，县志办升格为正科级事业单位，隶属关系不变；1993年12月，县志办撤销，其职能划归县政府办公室；1994年2月，县政府办公室设立史志科，为股级行政单位；2006年5月，县政府办公室撤销史志科，设立史志办，为副科级事业单位。

根据领导变化情况，县政府曾先后于1994年、1996年调整并公布梁山县志编纂委员会及办公室成员。2012年，为启动第二轮修志工作，县政府成立梁山县地方史志编纂委员会及办公室。

县志修编 《梁山县志》（第一部）编纂始于1982年，于1997年6月出版，历经15年。1991年12月，第一部《梁山县志》形成初稿（其内容资料下限至1985年），但未能出版。1994年初，县政府根据第一部《梁山县志》初稿下限与现实时间跨度较大的实际和上级史志部门的意见，确定将第一部《梁山县志》时间下限由1985年延至1993年，续编1986年至1993年内容，并对原初稿进行修订。至1995年12月，第一部《梁山县志》续写、修订、统筹编纂完毕。其后，进入送审、出版阶段，1997年6月正式出版。

2012年9月，县政府召开全县第二轮修志工作动员会议，启动二轮修志筹备工作。2013年3月，聘请、借调编辑人员逐步到位，《梁山县志》（1994—2013）编纂正式启动。在《梁山县志》（1994—2013）编纂过程中，县政府分管副县长孙颖作动员报告，并多次进行工作调度；时任县长贾治阜做出批示："修编县志，记载历史，以励后人，意义重大，务必重视，在人员、财力上予以保障支持。"至2013年12月，《梁山县志》（1994—2013）完成初稿90多万字。

行业修志 在第一轮修志工作中，县直绝大多数部门编纂单位志或行业志；1982—1988年，党群志、政权政协志、军事志、教育志、文化志、医药卫生志、城乡建设志、工业志、农业志、劳动人事志、社会风俗志等先后编印成册。进入21世纪，部分部门单位相继进行行业志、专业志的编纂工作，2003年，县财政局编纂出版《梁山县财政志》；2006年，县卫生局编纂出版《梁山县卫生志》；至2013年底，《梁山县政协志》《梁山县电业志》初稿基本完成。

第七章 广播 电视

第一节 广播

发展历程 梁山人民广播电台，始建于1958年7月，始称广播站；1959年1月正式开播，主要转播中央人民广播电台和省电台的节目。1992年12月，梁山人民广播站更名为梁山人民广播电台；1995年12月20日，山东省广播电视厅正式批准更名为梁山人民广播电台。1999年2月，县广播电视局实行局台合一管理体制，从机构上撤销了梁山人民广播电台，仍保留其原有呼号。2004年6月，梁山广播对外承包，由社会人员投资设备，开播"梁山广播——运河之声"。2006年1月，转包给"梁山广播——运河之声"主持人，由其投资新上数字播出设备，并重新开播"梁山人民广播电台"呼号。2013年4月，梁山人民广播电台不再实行承包管理，由梁山广播电视台收回统一经营管理。

传输方式 1992年9月，投资10万元，建成梁山广播调频发射台，自此广播电台改有线传送为无线调频发射，频率为FM105.7，功率为1000瓦。全县形成了无线广播和有线广播混合覆盖的局面，覆盖率达100%；后有线广播逐步停办。

广播节目 梁山广播电台以新闻为突破口，逐步加大宣传力度，除转播上级电台节目外，逐步自办节目，实现了以转播为主到自办为主的转变。1992年，开办的主要节目有《梁山新闻》《健康时空》《戏曲天地》，每天3次，每周21次。随后转播部分所占比例逐年减少，自办节目逐年增加。2009年，梁山人民广播电台与县纪委、监察局联合开办"阳关政务热线"栏目，引起社会关注，收到良好效果。至2013年3月，自办节目有《生活剧场》《美食天下》《百姓书场》《经典美文》《世界名曲欣赏》等，分早、中、晚3次播出，每天播音17小时（6：30—23：30），自办节目7小时/天，转播节目1.5小时/天。其间，结合党在各个时期的中心工作，及时开辟大量的临时性栏目，如《党群连心桥》等，共计上百个栏目。

第二节 电视

电视转播 梁山电视台，始建于1985年，位于凤凰山顶部，时为电视差转台；1988年12月，投资200万元，至青龙山北麓建成电视转播台；1989年1月31日试播，1989年11月7日正式开播，自此结束了梁山没有电视台的历史。电视转播台设有50瓦、1000瓦彩色电视发射机各一部，分别利用10频道、29频道转播中央电视台一、二套节目。正式开播后，利用29频道在晚间开办自办节目。1991年11月，筹资30万元建设司垓差转台，并于1992年春节前开播，使全县电视人口覆盖率由原来的60%提高到100%。1995年12月20日，山东省广播电视厅批准梁山电视转播台更名为梁山电视台。1999年2月，梁山电视台与梁山人民广播电台合并为梁山广播电视台。2006年初，县广播电视局对无线发射设备进行更新改造，电视节目通过无线发射，覆盖半径达到35～40公里，全县所有农民群众都能够通过天线接收到包括中央第一套电视节目和梁山县两套自办节目在内的6～9套电视节目。

20世纪90年代，电视台只有2部模拟M900摄像机、2条编辑线；节目播出由磁带播出、盘带播出，节目发射设备由电子管发射机。至2013年底，数字摄像机增至13部，编辑线由原来的2条增至8条非线编，节目播出改为硬盘播出，节目发射设备更新为全固态发射机，同时，对演播室按照现代化标准进行更新改造，节目播出质量得到进一步提高。

有线电视 1992年6月，投资140万元，筹建有线电视网络；同年9月，城区有线电视正式开通。至1995年，有线电视的年利润达50多万元，成为保障广电事业发展的重要支柱之一。1998年，启动农村有线电视传输网络建设；2000年，完成县至乡镇5条光缆干线，线路长度共计163.6公里，率先在全市实现县、乡光纤传输；至2003年，农村二级光缆传输网络建设全面完成，县、乡两级光纤传输及农村有线电视传输网络全部开通。至2013年，有线电视网络覆盖231个行政村，195个行政村通有线电视。同时，城区网络进一步完善，有线电视传输和管理步入规范化轨道。

数字电视 2006年起，对无线发射设备进行更新改造，自办节目由1套增至2套，全县均能够通过天线无偿接收到包括中央第一套电视节目和县办两套节目在内的6～9套电视节目。2006年底，引进数字“毫米DS”电视传输技术，数字电视信号实现县内全覆盖。至此，全县农村广播电视实现了“村村通”。2010年9月，梁山城区有线电视数转工作拉开序幕，80多套标清数字电视节目取代了传统的模拟电视节目。至2013年底，城区转换有线电视用户4000余户。

电视节目 1989年11月，开办《梁山新闻》节目，开始每周一、周三、周五首播，周二、周四、周六重播。至2013年，转播节目由1套发展为2套，每天转播15小时；自办节目由1个频道发展为2个频道，播出自办节目32小时。《梁山新闻》节目周一到周五每日新闻，次日上午二套重播，该节目主要报道县内政治、经济、文化等方面的重要会议、重大活动等重要消息，具有较强的时效性、针对性和指导性，是梁山电视台的重要品牌栏目，体裁有消息、评论、现场报道、系列报道、连续报道等，每期播出十几条；2010年7月，电视台新闻节目和水泊梁山党建网合作，实现网上同步上传、一月内可点播观看，梁山新闻从此走进了互联网时代。

除新闻节目外，还设有《今日梁山》《热线追踪》《记者走基层》等，一般每周制作播出2期，重点报道县内重点企业、致富典型及文教卫生、政法等各条战线上的模范人物的成绩及经验；《关注民生》主要以老百姓身边事和社会关注的热点话题，反映社情民意，弘扬社会美德，每周制作播出2期；《水浒人家》重点报道普通百姓家中发生的好媳妇、好婆婆等真人真事，每周制作播出1期；《生活365》则以城镇居民为目标，以提供生活资讯服务为主要内容，全方位关注、服务百姓生活，每周制作播出3期；《网罗天下》则搜集报道社会上及网络上的奇闻轶事，让百姓足不出户就了解天下的大事小情，每周制作播出3期；《"睛"彩荧屏》通过边看边议的形式，播放一些经典影视剧剧评（每周1期），《水浒视界》重点报道关于水浒文化的风土人情、民风民俗，宣传水浒文化（两周1期），《百姓大舞台》《武林风》《梁山好声音》等群众参与性节目，主要给普通百姓提供一个展示自己特长的平台，丰富群众业余文化生活（每月4期）。《少儿说天气》每天制作播出。

第三节　宣传

综合宣传　梁山广播电台紧密结合国家重大事件，每年组织几次重大活动宣传，如1997年庆祝香港回归、庆祝党的十五大，1999年建国五十年、庆祝澳门回归等；同时，多次举办有奖竞答活动，既配合了党的中心工作，又提高了听众的参与意识。2007年，相继开办"两会报道""党员风采""民营经济""平安梁山""生态家园""水浒文化节""专用汽车展"等栏目；2008年，围绕全县重点项目建设、招商引资、民心工程等，多形式、多角度、及时采访报道，发挥了较好的作用；2009年，采取即时报道、专题栏目、现场采访等形式，及时采访报道了各类时政性新闻，特别是全县第一批、第二批科学发展观活动、庆祝建国60周年、第五届车博会、城市片区开发、重点项目建设、甲型H1N1流感防控等一系列重大宣传活动；2013年，围绕"跨越发展、争先进位"的主题，积极开展宣传报道和舆论引导，在《梁山新闻》节目中，先后推出"三提一创""解放思想大讨论""倡树文明　摈弃陋习""新形象 新跨越"等专栏。

专题宣传　2010年，为加强政风行风建设，由县纪委监察局和县文广新局主办、梁山广播电视台承办的"阳光政务热线"节目率先在广播节目中开通，后在电视节目中开通。县直行政执法、司法、经济管理和社会公共服务等部门主要负责人定期走进广播电视台直播间，通过热线电话与群众互动交流，采用"电话问答、当场承诺、事后反馈"等方式，介绍单位工作职责，答复群众咨询，受理群众投诉，解决反映问题，受到广大群众的高度关注和热心参与。2012年，广播电视台认真策划组织"城乡重点工作巡礼""喜迎十八大城乡文艺百团汇演"等县内重大专题性宣传，引导人们热爱社会主义、热爱梁山、热爱自己的家园。

服务宣传　梁山人民广播电台和电视台的服务性宣传主要有天气预报、广告、寻人启事等节目。天气预报节目，由梁山县气象局和梁山县广播电视局合作完成，气象局负责提供天气情况信息，梁山人民广播电台和电视台负责制作和播出。梁山电视台广告主要分图像广告和游走字幕两种，图像广告播出量每天两小时以上，大型商场、酒业、家电、家具、婚纱摄影、医院、医药公司等十多家公司在电视台投放常年广告。同时注重栏目赞助广告的开发，先后开发了《梁山新闻》《水浒剧场》《公明剧场》《天罡影院》等节目赞助。

对外宣传　梁山广播电视台注重加强与中央、省、市新闻单位的沟通联系，及时、全面、准确地将梁山改革开放、经济建设、精神文明建设中的重大事件、亮点工作、鲜活题材等内容反映到上级新闻单位，《梁山好汉丁曙光》《最美教师周瑞峰》等优秀作品在中央、省、市台播出。节目播出后，在社会上引起强烈反响，其中，丁曙光被省、市、县三级分别授予“见义勇为”称号。

第八章 文化产业

第一节 文化演艺

20世纪90年代起，县政府及文化部门注重运用“产业政策”推动文化产业的发展，培育和发展文化演艺业，培育演出团体。1994年，除县剧团等国营演出团体外，全县城乡有各类民间唢呐队、曲艺队、歌舞队、军乐队、龙狮队、腰鼓队、文艺宣传队、业余剧团等表演团队25个，剧种有山东梆子、豫剧和枣梆3个。20世纪90年代后期，县剧团因活动困难，文化主管部门鼓励专业演员与民间艺人和业余演员相结合，组建民间剧团和戏剧演出队，深入乡村开展表演活动。大路口乡农民张凡和自筹资金筹办“梁山枣梆剧团”，使枣梆在梁山重新复活。

21世纪初，各类演艺公司和文化传媒公司作为新生事物开始出现，并迅速发展到30余个，规模和影响较大的社会文艺团队主要有：梁山泊武校演艺团、县老年体协中老年艺术团、县老年大学合唱团及腰鼓队、梁山景区好汉艺术团等。其中，梁山泊武校被定为济宁市首批“文化产业示范基地”。同时，全县有200余个庄户剧团、秧歌舞队、广场舞队、唢呐队、曲艺队、锣鼓队、龙狮队等民间文艺团队及4000余业余文艺表演人员常年开展文艺表演活动，丰富和活跃了城乡人民群众的精神文化生活。2010年，梁山县与中国市场协会合作，组建60人的演艺队伍，到北京进行连续三年的《神话武林》节目演出。

2013年初，梁山县以艺术表演团体体制改革为突破口，充分发挥名人、名团、名剧的品牌效应，鼓励重点剧种、剧目参与市场经营，加强演出单位与媒体业、旅游业及大型企业集团的联合，并积极鼓励社会资金投入文艺演出业，增强演艺业的活力和发展后劲。至同年底，全县各类演出团体、各类演艺活动遍于山东、河南等地，年均演出600余场。

第二节 艺术培训

梁山县音乐、舞蹈、美术培训班始建于20世纪70年代，以活跃广大人民群众的文化生活为目的，面向全县进行义务培训，培养了大批的优秀文艺人才。20世纪90年代中后期，全县共办美术、音乐、舞蹈、戏曲、武术、影视特技等学校40余处，学员来自全国各地，常年在校学习的达7000余人，每年推荐到全国各地就业或进入高等专业学校的达1200余人。1992年，在原县文化馆音乐、舞蹈等培训班的基础上，组建梁山艺术学校，开设音乐、舞蹈、综艺等专业。1994年3月，县剧团开办梁山县戏曲学校，并纳入中专职业教育系列，主要设表演等专业，当年招收戏曲专业学员50人；1995年6月，梁山县戏曲学校更名为梁山艺术专业学校，除原有戏曲表演专业外，增设声乐、器乐、舞蹈等专业，面向全国招生，在校生最多时近300人。1996年1月，梁山艺术学校正式列为县事业编制单位；1999年5月，全市艺术教育与培训工作现场会在梁山召开，推广梁山开展艺术教育工作的经验。同年7月，经县教育主管部门批准，以社会力量办学方式，组建梁山舞蹈学校，开设舞蹈、声乐等专业，面向全国招生，主要招收12周岁以上小学及初中毕业生，学制四年，颁发中专毕业证书，学生毕业后全部安置就业。主要就业方向为部队文工团、国有大型企事业单位文艺团体，为社会培养了大批的舞蹈人才，梁山舞蹈学校被济宁市政府命名为全市首批文化产业示范基地。2000年10月，梁山艺术学校新校区建校工程启动，投资180余万元，新建教学楼、学生公寓楼两栋，增加教学设施300余件。至2002年12月，梁山艺术学校为全国各地培养输送各类文艺人才3000余名。2008年8月，梁山舞蹈学校划归梁山县职业中专。

同时，个体举办的各类群众艺术有偿培训活动也相当活跃，每年暑假，音乐班、美术班、少儿舞蹈班，都纷纷开班，社会上涌现了几个较有影响的文化培训机构，如“梁山县青少年培训中心”，集音舞、美术、武术、文化为一体，为社会培养了大批文艺人才。

第三节 民营书业

梁山县民营书业兴起于20世纪90年代初。由于梁山地处两省四市交界处，地理环境比较复杂，民营书业的发展也使非法出版、印刷和销售活动一度猖獗；几家民营书业亦存在业务活动不规范问题，多次受到各地查处，并被省有关部门定为出版印刷业重点管理县。2000年后，县委、县政府及时调整思路，转变观念，对民营书业和印刷业变堵为疏，提出“正确引导、依法治理、规范经营、合法发展、做大做强”的治理工作思路，并把民营书业作为新兴文化产业，从政策、资金、环境等方面给予扶持，使梁山民营书业很快步入健康有序的发展轨道，在短时间内实现了由小变大、由弱变强的飞跃，成为全县一大支柱产业和独具特色的文化产业品牌。

2007年初，县委、县政府把发展新闻出版产业列为县重点建设项目；2010年5月，设立文化产业办公室，统筹协调文化产业管理工作，包括制定文化产业发展规划、申报文化产业项目、办理并监督管理书刊印刷发行及相关企业的设立等。同年，梁山书业及出版印刷产业集群被济宁市委、市政府命名为市级产业集群。2012年，县委、县政府进一步把出版印刷产业列为全县重点培植的3个百亿产业之一，规划建设占地100公顷、总投资12亿元的梁山出版印刷书业园。2013年10月，梁山县被中国书刊发行业协会命名为中国出版物发行产业基地；同时，梁山出版印刷书业园，被评为“省十佳文化产业园”，并作为重点文化园区被纳入山东省“十二五”期间重点文化产业发展规划；山东金榜苑书业公司被评为“山东省文化十佳企业”，并作为重点文化项目被纳入山东省“十二五”期间重点文化产业发展规划；还有4家书业公司被山东省新闻出版局评为“十佳民营书业公司”，5家企业被评为“济宁市重点文化示范基地”。

至2013年，全县有民营书业公司27家，具备国家图书总发资质的2家，二级批发资质的13家，策划发行60余个系列品牌，涵盖6000多种单品。同时，有印刷企业20家，其中，有书刊印刷资质的印刷企业4家，包装装潢印刷企业13家，其他印刷品印刷企业3家，年承印量超过100万令纸。全县出版印刷图书年销售码洋约80亿元，从业人员超过3万余人。梁山民营书业发展被业界人士称为“梁山现象”，人民教育出版社、山东教育出版社、黑龙江教育出版社、江西人民出版社等近80家全国知名出版社与梁山民营书业合作，国家新闻出版总署署长柳斌杰、副署长李东东、阎晓宏等专程到梁山展区视察指导，并给予高度评价。

第四节 市场管理

1996年1月，县文化局设立文化市场管理科，并成立文化市场稽查队，初为自收自支股级事业单位，2001年10月改为财政拨款事业单位。2010年4月，撤销文化市场稽查队，组建县文化市场综合执法局（简称文化执法局），为正科级事业单位，隶属县文广新局；2012年9月，文化执法局不再隶属县文广新局，调整为县政府直属，单位性质级别不变。县文化市场综合执法局内设办公室、法规教育和执法监督科、“扫黄打非”工作科3个职能科室和2个稽查队。2010—2013年，文化执法局被授予“全市未成年人思想道德建设工作先进单位”“全市文化市场综合执法先进单位”“全市扫黄打非工作先进集体”“全省扫黄打非信息工作先进集体”“全省文化市场管理先进单位”。

市场稽查 1996年，文化市场管理部门对全县18家电子游戏机厅进行检查整顿，收缴赌博机24台，非法游戏机电路板81块，严厉打击有奖退币、退分非法经营活动，并将较为分散的游戏厅集中搬迁到“县水泊市场”和“县工会”两个区域，实行集中规范管理。与此同时，连续开展“网吧专项整治行动”，严厉打击网吧接纳未成年人入内的非法行为，开展“校园周边网吧清理整治行动”，将学校周围20余家网吧集中统一搬迁，全部迁至距学校200米之外，取缔5家网吧，暂收电脑主机300余台。1997年，对全县30余家音像店开展“音像市场集中清理行动”，压缩取缔不符合审批条件的音像店、音像摊点，严厉打击经营盗版现象，提高正版市场占有率。1998年，对全县带有卡拉OK包间的场所（饭店40余家，歌舞厅6家）进行检查，共收缴卡拉OK播放器材10余套，盗版音像制品3000余盘（本）2003年，全县新审批加盟连锁网吧，与万佳、中鲁时空、爱书人、网通家园连锁店签约网吧17家。2004年，开始打击演出团体手续不齐全、不备案和带有淫秽色情表演内容的违法经营行为，当年查处非法演出案件10余件，没收演出器材30余件，取缔非法演出活动5次，规范了演出市场秩序。至2010年，全县取缔音像店7家，取缔音像摊点4家，收缴盗版音像制品23268盘（本），累计销毁盗版音像制品40000余盘（本），50余家网吧统一安装“净网先锋”管理软件，并在稽查队设立“净网先锋”监管平台。

规范管理 2010年，建立文化执法信息通报制度，加大对执法工作宣传报道。2011年3月，开展“12318”文化市场综合执法举报宣传活动，共发放宣传资料1000余份，解答疑难问题50余个，受理投诉举报10余件，收到良好效果。2012年5月，县委召开全县印刷企业集中整治工作会议，对印刷市场监管进行部署，县领导与参会印刷企业签订责任书。自此，全体执法人员实行统一着装，统一执法装备，统一执法文书，严格执法标准和执法程序，办案期间全程录像、拍照、取证，文化市场管理水平得到提高。至2013年底，先后组织开展文化市场专项保障、打击侵犯知识产权和销售假冒伪劣商品、打击非法预装计算机软件和制作销售盗版软件、打击淫秽色情出版物和有害信息等一系列专项行动，共检查出版印刷企业、书报刊门店400余家次，责令整改4家，警告5家，收缴盗版等非法出版物15000余本，其中，立案查处世纪儒源公司侵权盗版一案，收缴盗版书400余册，对该公司进行了行政处罚。还开展了“网吧百日整治行动”“娱乐场所集中清理整顿活动”，通过整顿治理，全县网吧市场整体秩序良好，经营规范有序，网吧净网先锋软件在线率在全市名列前茅。

产业监管 随着经济产业和文化事业的发展，全县文化产业逐步形成包括文化演艺、艺术培训、出版印刷、图书发行、文化遗产保护等门类齐全的文化产业格局。文化产业监管部门注重加强有关方面的管理工作，把出版物经营单位、印刷厂房、物流中心的日常巡查工作作为执法工作的重点常抓不懈，对全县印刷市场开展拉网式检查，做到无缝隙、全覆盖。同时，对印刷行业实施分级管理，建立日常巡查台账制度，对有违法记录的企业实施重点检查，对查处有问题的企业，责令限期整改，规范经营。2011—2013年，清查行动共查出问题20余个，办结大小案件50余件，收缴非法出版物30000余册，促进了出版物印刷市场的规范化发展。

扫黄打非 2000年，梁山县在全省第一家成立“扫黄打非”工作局。2004年12月，在全市率先成立独立建制的正科级新闻出版局。新闻出版局内设出版、印刷、版权、扫黄打非、办公室5个科室和出版、印刷两个市场稽查队，为加强管理提供了可靠的组织保证。2011年初，县委、县政府调整扫黄打非领导小组，制发扫黄打非工作实施方案；2012年5月，县委召开全县扫黄打非工作会议，对扫黄打非工作进行部署。此后，逐步建立健全目标责任体系、执行责任体系、监督考核体系三个操作性较强的管理体系，加大“扫黄打非”的工作力度，在全县范围内建立“面、线、片”相连的“扫黄打非”网络，采取“打、防、控”并举，确保出版印刷市场健康发展。至2013年，梁山县未发生政治性非法出版物、淫秽色情出版物案件。

第九章 体育运动

第一节 体育设施

1990年，县政府以争创全国体育先进县为契机，先后投资150万元，在凤凰山脚下建设梁山县体育中心，该体育中心占地面积90余亩，建有400米标准炉渣跑道田径场、高标准多功能综合训练房、容纳3000余人的灯光篮球场、300余平方米的武术训练馆、2层楼房老年人体育活动中心等基础设施。2003年，新建占地1600余平方米的健身路径。2004年7月第五次全国体育场地普查，全县拥有篮球场地64个，小运动场54个，田径场5个，武术房9个，非标准体育场地110处，使用率达90%以上。2006年，为美化环境、完善功能，对体育场进行改建扩建，综合功能进一步完善。2007年6月，县政府制发《关于加快体育设施建设的意见》，提出建设环境优美、功能齐全的城乡体育活动场所，城区规划建设全民健身广场，社区建设健身苑，企事业单位和学校配建体育设施，乡镇建设文体活动中心，同时实施农民体育健身工程，提出50%以上的行政村建设农民体育健身场地，以不断满足全县人民日益增长的体育健身需求。2008年后，县政府又将全民健身工程建设纳入县政府十大“民心工程”，在进一步完善县体育场的同时，建设6处乡镇文体中心和173处村级示范村。

2012年，按照城市统一规划，位于凤凰山脚下的原梁山县体育中心被拆除，建设凤凰公园及市民广场。同时，县委、县政府在县城东南部新城区投资1.6亿元，建设占地面积60余亩、建筑面积1.78万平方米的大型综合体育馆，馆内设座席3000多坐。该工程于2012年开工建设，2013年8月完成主体工程，至年底，装修正在进行中，确保全省第23届运动会前（承办2014年4月全省第23届运动会武术套路和散打的比赛）投入使用。

第二节 体育竞赛

田径比赛 1995年，梁山县获得“济宁市第九届青少年田径锦标赛”金牌总数第四名，并在“济宁市十一届青少年田径锦标赛”中取得女子团体第六名的成绩。2009年以后，由于体校训练场地限制问题，取消田径训练，但是依然选拔适合进行田径项目的运动员，输送到市体校进行专业训练。由于田径训练场地的限制和专业田径教练员的缺乏，田径项目在全县属于弱势项目，运动会成绩也仅限跨栏、长跑等个别小项的奖牌。

球类比赛 全县开展较好的球类项目为篮球和乒乓球。乒乓球的选拔和培养均放在学校和乒乓球俱乐部进行。梁山县参加市级和市级以上乒乓球比赛均获得较好成绩，其中孙姗代表济宁市参加山东省中小学生乒乓球联赛获得团体第一名的好成绩。在2011年济宁市十三届运动会中，梁山县队员获得乒乓球比赛男子丙组第一名的成绩。梁山县一直是济宁市的篮球强县。县体校一直坚持对篮球运动员的选拔和培养，2011年，全县有6名女篮运动员在市体校进行训练。在2011年举办的济宁市十三届运动会篮球项目中，梁山县队员取得总分第二名的好成绩，在2012年济宁市中小学生五项联赛中，梁山县篮球运动员取得高中组第二名的好成绩。

其他赛事 1989年起，县里相继成立体育总会、武术、乒乓球、象棋、自行车、钓鱼、健身秧歌、斗狗、斗羊、斗鸡、老年人体育等20多个单项协会，培养一、二、三级社会体育指导员1178人，并组织开展多种形式的群众性体育比赛。在全县性的体育竞赛方面，春季举办中小学生田径运动会；5月举办全民健身月篮球、乒乓球、趣味运动会、拔河、跳绳等比赛活动；重阳节举办门球、台球、柔力球、健身秧歌、太极拳剑等表演；清明、中秋、春节等传统节日举办斗鸡、斗羊比赛等。除经常举办全县性的各类竞赛外，县里还多次承办国家及省、市运动会。1997年，全国象棋精英赛在梁山举办；1999年，梁山县承办全国中老年太极拳比赛；2000—2001年，连续两年承办山东省赛羊会。2007年8月，济宁市十二届运动会武术比赛在梁山举办。

竞赛成绩 20世纪90年代后，梁山县体育人才辈出，涌现出一批运动健将，竞技能力不断提高。在国内及国际重大比赛中，共获奖牌459枚，其中洲际奖牌8枚，国家级奖牌3枚，省市级金牌130枚、银牌150枚、铜牌168枚。国家级运动员贾庆斌、冯海霞，省级运动员董飞、刚宪义、杨夫广、闫举、肖月花、李庆魁、刘健、刘超等在国家、国际重大比赛中取得优异成绩。在1990年北京亚运会上，梁山籍运动员贾庆斌（现任山东省水上运动学校高级教练）获男子八人单浆有舵手赛艇冠军。2000年6月，王金海获山东省拳击锦标赛男子乙组67公斤第一名，同年10月，获全国青少年拳击锦标赛第三名，2001年获全国青少年拳击锦标赛第二名；2002年，贾红雨获全国赛艇锦标赛第二名；2004年，高兆臣获山东省青少年拳击锦标赛第一名，2005年10月再次获山东省青少年拳击锦标赛第一名；2005年6月，杨会涛获全国男子自由式摔跤青年锦标赛84公斤第一名；2005年12月，郭海峰获全国摔跤总决赛65公斤第三名；2006年，肖玉洁获21届山东省运动会女子跆拳道冠军，后在2010年获全国跆拳道锦标赛第三名；2007年4月，闫举获全国拳击锦标赛69公斤第三名。

第三节 人才培养

梁山作为传统体育强县，在体育人才培养、后备人才储备和体育人口规模上都具有一定基础。2013年，全县有体育事业专职管理人员11

人，体育专业技术人员14人；有国家一级教练员3人，二级教练员5人；国家一级裁判员2人，二级裁判员10人；拥有一、二、三级社会体育指导员478人。

体育学校 梁山县体育中学，始建于1987年，其前身为业余体育学校，是菏泽地区成立最早的集读、训、住为一体的“三集中”县级业余体校。体育中学拥有教室21间，宿舍9间，以及食堂等基础设施；拥有文化课教师20人，教练员（专业课教师）16人，其中，高级教练2人，中级教练6人，助理教练8人；学校年均招生150人，按不同程度、不同类别设5个教学班。至20世纪90年代末，随着市场经济的发展及体育场地被改作他用，体育中学招生逐年下滑直至萎缩；21世纪初及随后几年的时间，体育中学先后停止招生、文化课教师分流到普通中小学任教、教练员被改做他用，教学基础设施也被拆迁。2013年，县体育中学迁至梁山泊武校，与梁山泊武校联合办学，实行一个学校、两块牌子。

人才选拔 1994年后，梁山县竞技体育人才的培养及选拔输送工作，坚持“从小抓起，打好基础、系统训练、全面提高”的指导思想，遵从严格管理、严格训练的方针，从难、从严、从实战出发，实行大运动量训练。同时每年都在全县各中小学校选拔体育学生，然后在县业余体校、体育中学进行试训，试训合格后推荐并输送到上级体校进行训练。另外，武术馆校和体育俱乐部培养的优秀学员也被推荐到省队和国家队进行培养。经过常年不间断的选拔和输送工作，全县体育人才无论从数量上还是质量上都得到有效的提高。至2013年，共向上级体校输送运动员3000余人，其中，向各类大专体育院校输送180余人，并有200余名优秀运动员进入了省队、八一队和国家队。体育人才选拔输送进入全市先进行列。

第四节 群众体育

梁山县高度重视群众体育工作，各级各部门坚持齐抓共管，通力协作，认真贯彻实施《体育法》和《全民健身计划纲要》，推进体育工作社会化，群众体育蓬勃开展，全民健身活动遍布城乡。2001年，杨营镇政府被国家体育总局授予“全国群众体育先进单位”；2003—2007年，县体育局连续5年被济宁市体育局授予“群众体育先进集体”；2004年、2007年被山东省体育局授予“全民健身月优秀组织奖”、被济宁市体育局授予“群众体育工作贡献奖”。2013年，经常参加体育活动的人数达到全县总人口的35.4%。

学校体育 1994—2013年，全县各级、各类学校全面落实《学校体育工作条例》和《中小学体育锻炼标准》，不断提高体育课教学质量，增加体育费用，逐步完善体育场地设施和器材，并坚持上好“两课两操两活动”，确保学生每天一小时的锻炼时间，适龄学生达标率82.7%。每年都召开全县中小学春季田径运动会、秋季田径运动会。全县三年级以上学生实施《国家体育锻炼标准》，达标率85%以上。1995年起，初中毕业生体育成绩纳入考试总成绩。至2007

2012年10月，梁山县举行秋季中小学生田径运动会

年底，以县一中、一实小、二实小等三个市、县级体育传统项目学校为龙头，带动全县中小学共建立篮球、乒乓球、田径、武术等代表队537个，为开展素质教育、提高中小学生健康素质发挥了积极的作用。

职工体育 各机关、企事业单位坚持“因人因地制宜，小型多样”的原则，普遍开展篮球、乒乓球、太极拳、健身舞、大秧歌、登山、慢跑、拔河、钓鱼、棋类等灵活多样的群众性体育活动。2011年5月，梁山县组织全县县直机关、企事业单位职工开展“全民健身月”活动。各单位的业余运动队积极参与，并对体育活动坚持年初有计划、月月有安排、天天有活动、年终有总结，尤其“五一”、国庆、元旦、春节等重大节庆日，全县单项体协、群团组织、业余运动队都举办不同类型的群众性体育活动，参加活动的人数占职工总人数的47%，基本做到群体活动经常化、多样化、灵活化。

县疾控中心业余运动队参加全民健身月登山比赛

农民体育 2006年，根据省委、省政府《关于加快体育强省建设的决定》《加快推进建设体育强省实施意见》，开始重点建设农村体育健身工程；同年，利用省、市体育彩票公益金及省供销社扶持援建7处农村体育健身工程。2007年，利用省、市体育彩票公益金及省发改委工程扶持援建30处农村体育健身工程；同年，拳铺镇被评为“山东省亿万农民健身工程先进集体”。2008年，利用省、市体育彩票公益金援建大路口乡3000平方米文体中心1处，内设水泥硬化篮球场、羽毛球场、门球场各2个，健身路径器材10件，健身操、舞、秧歌训练场地2处，于当年底建成投入使用，并通过省、市体育部门验收。2009年，县里利用体育彩票公益金，建设农村体育健身工程45处；2011年，利用市级体育彩票公益金援建梁山县12个乡镇文体中心、5个社区健身苑、85个农民体育健身示范村工程器材。至2013年，全县省、市援建161个行政村，县级体育彩票公益金建设45个行政村，乡镇、村自建118个。

老年人体育 老年人体育由梁山县老年人体育协会及其办公室具体负责组织。老年人体育协会办公室原为股级事业单位，隶属县体育局；2006年12月，老年人体育协会办公室升格为正科级事业单位，隶属关系未变。同年，县老年体协成立水泊梁山中老年艺术团，以及太极拳、乒乓球、门球、钓鱼、台球、棋牌、地掷球、空竹、气排球十个单项组织。2009年5月，县政府办公室印发《关于进一步加强农村老年体育工作的意见》（梁政办发〔2009〕61号），要求进一步健全完善农村老年体协组织网络，加快农村老年活动场所设施建设，保障农村老年体协组织活动经费，广泛开展农村老年体育健身活动，增进农村老年人身心健康，促进城乡老年体育协调发展。

梁山县老年人体育以太极拳（剑）、健身球操、门球、乒乓球、象棋、大秧歌、钓鱼、空竹等广大老年人喜爱的体育项目为主，各项活动蓬勃发展，活动队伍逐步壮大，在国家、省、市比赛中屡获佳绩。1996年，梁山县承办济宁市老年人门球运动会；1999年10月，梁山县承办全国太极拳比赛，均取得圆满成功。2003年，水泊梁山巾帼健身活动站被国家体育总局、全国妇联授予“全国亿万妇女健身活动先进集

梁山太极拳

体”；2004 年 10 月，水泊梁山中老年艺术团表演水泊梁山巾帼健身操，获全国妇联、国家体育总局颁发的“全国亿万妇女健身活动先进奖”；2009 年，梁山县老年体协被省老年体协授予“2005—2009 年度山东省老年体育先进工作单位”。2013 年，有城区活动站点 38 个，活动队伍 76 支；农村活动站点 57 个，队伍 71 支；参加活动人员超过万人。

梁山广场舞

梁山縣志

LIANG SHAN XIAN ZHI

1994—2013

第二十三篇

DI ER SHI SAN PIAN

水浒文化

水浒文化作为一种地域文化，内涵丰富，源远流长，是鲁西南一带长时间形成并代代传承发展的文化。中国四大名著之一的《水浒传》，使梁山泊英雄好汉的故事广为流传，也使梁山声名远播。一方水土孕育一方文化，梁山县作为水浒故事发祥地，水浒景观众多，地域风情独特，好汉故事家喻户晓。由此在这片土地上孕育了忠义英勇、雄奇豪迈的水浒文化，并与充满地域特色的黄河文化、运河文化、红色文化、民俗文化、儒道佛文化融会贯通、相得益彰，构成独具特色的梁山水浒文化。

梁山县水浒文化研究活动始于20世纪80年代中期，发展于20世纪90年代，兴盛于21世纪初，至2013年，机关干部、文化人物、专家学者、学校教师及工人、农民、商人等水浒文化爱好者均加入到水浒文化研究中，并发表一系列研究水浒文化文章，出版多部研究水浒文化作品。水浒文化作为得天独厚、取之不竭的文化资源，一直受到梁山县各级领导和社会有识之士的高度重视。1994—2013年，县委、县政府深刻把握水浒文化的精髓，充分发掘和合理开发水浒文化资源，并以此推动梁山旅游业的发展，梁山水浒文化逐渐成为提高梁山知名度、促进水浒文化核心区域形成、推动经济和文化强县建设的一支重要力量。

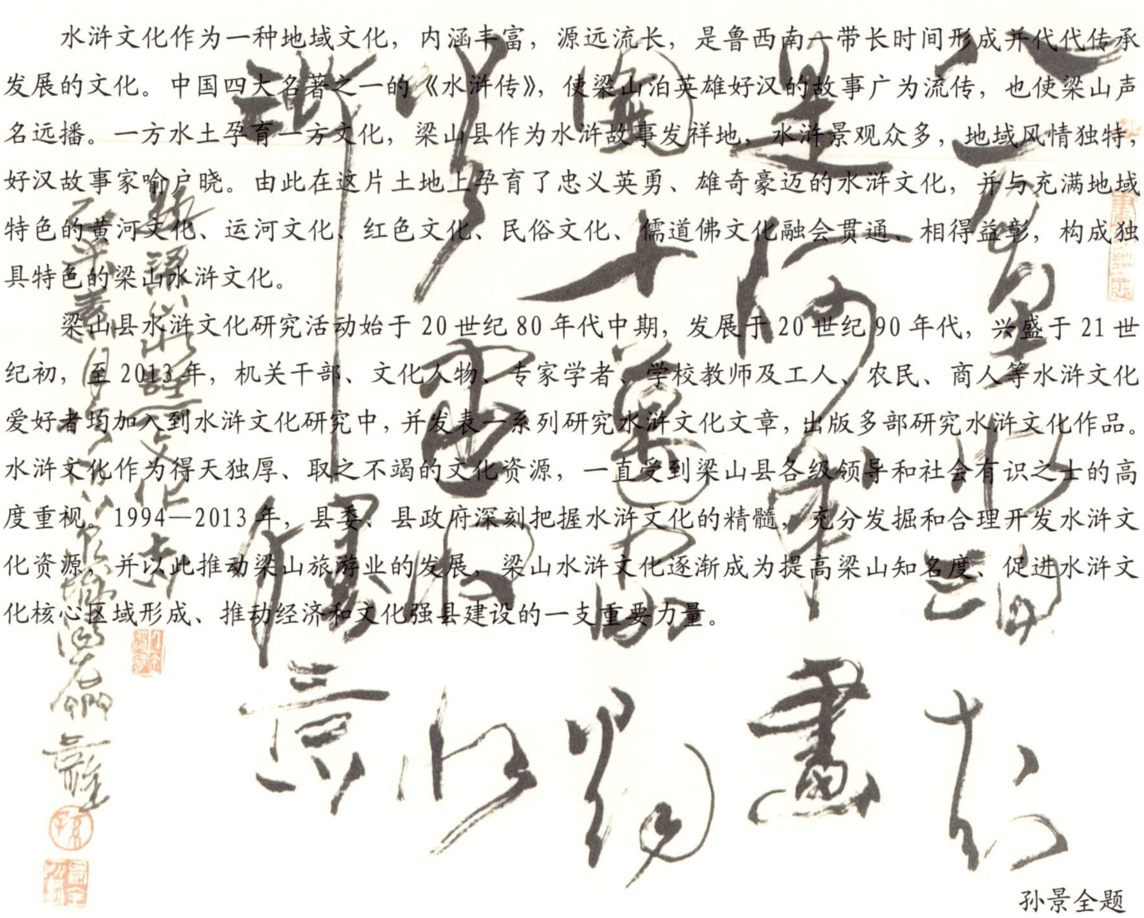

孙景全题

第一章 发展与传播

第一节 水浒文化发展

一次起义造就出无数英雄，一部奇书树立一座丰碑。《水浒传》生动描绘北宋末年波澜壮阔的农民起义画卷，谱写出梁山泊众英雄的悲情壮歌。内容丰富、人物众多、气势恢宏、构思新奇，形象栩栩如生，情节引人入胜，内涵博大精深，影响着一代又一代人，成为中国文学的一座丰碑。

战火与纷争随时空转换烟消云散，文化与精神却在历史积淀中丰富充实。《水浒传》的历史和社会影响逐渐发展成一种文化现象——水浒文化。水浒文化包括无形的精神文化和有形的物质文化，涉及政治、经济、文化和社会生活诸多领域，构成庞大的文化体系，成为民族文化的重要组成部分。

20世纪80年代，梁山县凭借水浒故事发祥地的独特优势，围绕《水浒传》的传播与研究、水泊梁山人文历史资料的挖掘与整理、水浒故事的文学艺术再创作、水浒旅游资源的开发与利用等，精心部署，全面推进，推动了水浒文化的进一步发展。1994—2013年，水浒文化的发掘、整理、研究、开发、弘扬、利用工作快速发展，并通过开展水浒文化节、水浒文化论坛及其他水浒文化活动，进一步促进了水浒文化的发展与传播。

水浒文化在其发展过程中，先后形成忠义文化、武术文化、茶酒文化、饮食文化、旅游文化、民俗文化等子文化；不同内涵、不同形式的水浒文化，在社会历史进程中又不断丰富发展。同时，由于梁山地处黄河与运河交汇处，黄河的决徙和淤积不仅造就了梁山一方热土，而且孕育了黄河文明；运河贯穿梁山县域南北、沿县城东侧缓缓而流，梁山运河文化逐渐形成；加之梁山人民在长期革命斗争和建设实践中形成的梁山“红色文化”，黄河文化、运河文化、红色文化等在梁山大地上相互促进、融会贯通，孕育出豪爽仗义、诚实守信、勤劳勇敢的梁山人品格，凝聚成“天道水浒，忠义梁山”的梁山水浒文化品牌。

第二节 水浒文化传播

历史传播 宋元时期，以水浒故事为题材的话本、戏剧相继在民间传播。《水浒传》的问世，标志着中国已有数百年历史的白话文，进入成熟的阶段。在其后的历史风云中，水浒故事作为文化的载体，传播愈加广泛，又不断地被文化人修改润色，最终形成各式各样的不同版本。大体有70回本、71回本、100回本、105回本、110回本、115回本、120回本、124回本等。通过数百年的刊刻传播，人们现在看到的《水浒传》已经不是最早问世的《水浒传》；一部小说，由无数劳动人民、民间艺人和知识分子共同参与创作，最终又形成如此复杂的版本，成为世界文学史上少有的文化现象。

《水浒传》成书后被传到国外，以后又被译成多种文字走向世界，在国际上引起较大反响。《苏联大百科全书》称：“《水浒传》是14世纪中国文学的纪念碑，这部小说首次通过现实主义形式反映了反对地主和专政的中世纪农民起义，是一部具有丰富形象的画廊。”同时，随着政治的需要，水浒文化的传播形式不断进行变化，且不断完善和发展。“五四”新文化运动时期，以《水浒传》的语言特色为范例，提倡白话文，对当时新文学运动产生深远影响。“文化大革命”期间，由毛泽东主席发起的“评水浒，批宋江”运动，在客观上促进了《水浒传》在全国的出版与传播，形成了水浒文化的繁荣景象。

当代传播 除《水浒传》传播水浒文化外，《水浒传》电视连续剧播出、各类水浒研究活动及文化媒体不同形式的宣传推介，成为推进水浒文化传播的主要形式，专家学者、各类媒体为此作出重要贡献。

随着影视技术的出现和发展，水浒影视传播逐渐成为水浒文化传播的一种方式。在当代文化语境下，水浒故事被演绎为各种不同版本的影视剧，既有忠实于原著的，也有戏说言情的，还有追求视觉冲击的武侠剧，呈现出多层面、多受众、多视角、多风格的繁荣局面。但由于某些文化媒体对《水浒传》和水浒文化区别认识不透，所以有的《水浒传》电视连续剧虽遵循原著的某种理念，但这种理念在某些方面与历史形成的水浒文化相悖，与人们的价值取向相悖，更何况表演中夸大投降成分，缩减侠义成分，所以不为梁山一带人们所接受。尽管如此，电视连续剧及各类文化媒体在推动水浒文化的传播方面发挥了重要作用。

梁山县始终走在水浒文化宣传前列。1987年，梁山县率先提出“水浒文化”的概念，并启动梁山旅游开发；1993年举办首届国际水浒文化节，至2013年，已成功举办6届。水浒文化节通过新闻发布会、开幕式、大型文艺晚会以及水浒文化展示、水浒文化研讨、武术表演、水浒旅游产品推介、经贸洽谈等活动，促进了水浒文化的交流传播。水浒文化节期间，与会者及中外客人听水浒故事，唱水浒戏剧，品水浒盛宴，赏梁山景观，亲身体验极具鲜明地方特色和富于深刻文化内涵的水浒文化。水浒文化节逐渐成为梁山传播水浒文化、开发利用水浒文化、宣传推介梁山的重要平台，推进了梁山县文化旅游产业的快速发展。

2007年，梁山县水浒研究院成立。水浒研究院组织探讨水浒文化，撰写学术论文，开展学术交流、研究编写梁山历史、地理及人文图书，制作对外宣传光盘；申请发展资金用于学术研究和图书出版，在风景区设置“水浒文化产品专柜”销售、赠送水浒文化书籍和光盘，发挥对外宣传梁山、传播水浒文化的“窗口”作用。

第三节 水浒文化影响

《水浒传》成书后，既赢得过“四大奇书”的美誉，也屡次遭到禁毁：视之“忠义”者有之，贬之“诲盗”者有之；颂之为英雄赞歌者有之，斥之为宣扬投降者亦有之。但《水浒传》流传下来，并衍生出大量续书、唱本、戏曲、图画、电影、电视剧等，留给后人一笔丰厚资源，并带来深远影响。

社会影响 《水浒传》作为一部写农民起义的小说，前半部写官逼民反，梁山好汉斗官军；后半部写宋江受招安、打方腊，结尾以悲剧告终。折射出中国封建社会中后期一系列的社会问题，产生了巨大影响。

宋代之后，中国进入封建社会中后期，道学思想对人性的束缚愈加凸显，地主阶级和农民矛盾不断突出，进步文人借《水浒传》表达对封建社会正统观念的质疑，抨击言行不一、人性扭曲的“假道学”，批判社会的黑暗不公。明末农民大起义中，水浒英雄的口号被广泛写在农民军义旗之上，许多义军首领袭用《水浒传》人名或诨号。清末国力衰微，政府腐败无能，中国饱受列强欺凌，农民揭竿而起，太平天国、天地会、小刀会、义和团等农民起义军均受《水浒传》的影响，部分农民起义军打着水浒旗号替天行道。

在梁山一带较为著名且受水浒文化影响的农民起义，当属明末李青山起义。据李青山后人李维东所著《枭雄李青山》及《李青山起义与梁山忠义文化》记载：李青山，生长在梁山附近，自幼好打抱不平，为人豪爽仗义，其行事风格、为人处世深受水浒故事影响，与诸多武林豪杰更多有交往。崇祯年间，梁山一带连年大旱，农田颗粒无收，且瘟疫流行，李青山因帮助饥民买粮与屯粮牟取暴利的奸商发生争执，失手闹出人命，迫于无奈聚众起义，后与官方谈判，最终起义失败，演绎了一场“乱世起义——寻求招安——受骗被杀”壮怀激烈的忠义之剧，再现了《水浒传》描写的宋江起义模式。由此，人们曾把他称之为“梁山的第二个宋江”，足见水浒文化对梁山人影响之深。

进入新的时代，水浒故事在梁山更是家喻户晓，好汉精神渗透入梁山人的血脉中，“路见不平一声吼，该出手时就出手”是梁山人性格的鲜明写照。梁山人对于“忠义”也有了更全面的认识。从古代角度看，梁山好汉高扬替天行道大旗，担当护国安民重任，打抱不平，疾恶如仇，仗义疏财，扶困济贫，忠义精神的内涵是战斗力和正义感；从现当代角度看，尽心于国谓忠，事宜济民谓义，大到忠于人民、忠于国家，小至忠于职守、忠于家庭，忠义成为每一个普通人恪守的价值准则，忠义精神实现了平民化。

文学影响 作为中国文学史第一部白话文章回体小说和第一部以农民起义为题材的小说，《水浒传》和《三国演义》一起，奠定了中国古代英雄传奇长篇小说的民族形式和民族风格。从元代起，历经明清，以水浒故事为题材的杂剧、话本、绘本、戏曲、说唱等文艺作品不断涌现，清代出现《水浒后传》《后水浒传》和《结水浒传》（《荡寇志》）等续书，影响着近现代侠义小说的创作，至现代，水浒故事成为电影、电视剧的素材来源，梁山一带的“水浒戏”为鲁西南传统戏曲的重要组成部分。明嘉靖年间（公元1507—1566年）唐顺之、王慎中等文人盛赞《水浒传》“委曲详尽，血脉贯通，《史记》而下，便是此书”。

《水浒传》不仅影响着中国小说文化和国民精神，而且在世界范围内广泛流传并得到高度评价。《水浒传》17 世纪 70—80 年代传入日本；1757 年，日本出版百回本《忠义水浒传》全译本。19 世纪传入西方；1850 年，开始有法文摘译本；诺贝尔得主赛珍珠（Pearl Buck）于 1933 年翻译出版的名为《四海之内皆兄弟》的 70 回本在欧美非常流行；1978 年，法国由雅克达尔斯（Jacques Dars）翻译的 120 回全译本出版；至 2013 年，已有英、法、德、日、俄、拉丁、意大利、匈牙利、捷克斯洛伐克、波兰、朝鲜、越南、泰国等十多种文字的数十种译本。《大英百科全书》评价说：“元末明初的小说水浒因以通俗的口语形式出现于历史杰作的行列而获得普遍的喝彩，它被认为是最有意义的一部文学作品。”英译家杰克逊说：“《水浒传》又一次证明人类灵魂的不可征服的、向上的不朽精神，这种精神贯穿着世界各地的人类历史。”诺贝尔奖得主美国女作家赛珍珠（Pearl Buck）评价道：“《水浒传》这部著作始终是伟大的，并且饱含着全人类的意义，尽管它问世以来已经过去了几个世纪。”

生活影响 《水浒传》对于主要人物的刻画和市民生活的描写，从社会组织、风俗习惯、交往礼仪，再到饮食服饰、娱乐竞技，都对梁山一带生活产生着深刻的影响。梁山好汉有着自己严密组织，所谓“三十六天罡，七十二地煞”，就是一百单八将最有生命力的组织形式；“梁山泊英雄排座次”不仅仅是将众好汉排列出先后顺序，而是有着具体详细的职责分工。此种严密的纪律和规章制度，不仅成为后世起义者效仿的榜样，而且也影响到人们的社会生活，比如拜把子、排序号，称兄道弟等。《水浒传》中许多话语成为流行语，活跃在后世人们的口头，甚至成为人们认识和行为的指导。例如“好汉”“聚义”“大碗喝酒，大块吃肉”“逼上梁山”“替天行道”等等。《水浒传》还生动地展示了民间的许多风俗习惯，其中描写了许多动人的饮酒场面，仅写酒类就有荤酒、素酒、透瓶香酒、茅柴白酒、浑清白酒、村酒、老酒、头脑酒等近十种，最常见的酒具就有碗、瓶、角、旋，有时还用杯、盏、盅、瓯、壶、葫芦等，在梁山人的现代生活中均有不同程度的体现。

第四节 毛泽东与水浒

毛泽东一生与水浒有不解之缘，韶山私塾读水浒，东山学堂讲水浒，长征路上找水浒，延安窑洞引水浒，将领面前荐水浒，干部教材选水浒，直至逝世仍与《水浒传》相伴。毛泽东爱读《水浒传》，善解《水浒传》，水浒故事背后那些真实的历史遗存在毛泽东心间留下相当深的印象，他对反抗精神、民主精神、平等精神、拼命精神、打虎精神等水浒精神，有着深刻独到的见解；他对梁山好汉的策略、胆识和战术，都给予独具慧眼的解读。

毛泽东的革命生涯深受《水浒传》影响，据统计，毛泽东一生文章和讲话中，有 260 多次引用水浒故事或水浒人物。他认为梁山好汉是敢于反抗的英雄，在讲革命动因时说：“梁山好汉都是逼上梁山的，我们现在也是逼得上山打游击”；探讨革命道路时对瞿秋白说：“我不愿跟你们去住高楼大厦，我要上山结交绿林朋友”；在谈统一战线时讲：“水浒要当一部政治书看，梁山泊好汉来自各个山头，但是统帅得好”。抗日战争时期，他谈到晋察冀讲根据地问题时说：“五台山，前有鲁智深，今有聂荣臻，聂荣臻就是新的鲁智深”；他在抗大说：“《水浒传》里面讲的梁山好汉，都是逼上梁山的，我们现在也是逼的上山打游击”；1944 年，看完新编评剧《逼上梁山》说：“希望多编多演，蔚成风气，推向全国去”。重庆谈判期间，他回击陈立夫：“我们上山打游击，是国民党‘剿共’逼出来的，是逼上梁山。梁山好汉都是些不甘受压榨，敢于反抗的英雄”。1945

年中共“七大”期间，谈革命彻底性时说，“武松、李逵、阮小二不受招安，这三个人可以入党，如果没有人介绍他们入党，我愿当他们的入党介绍人”；在谈隐蔽战线重要性及调查研究工作重要性时，多次引用“三打祝家庄”的战例。1957年，毛泽东号召全党要有拼命精神：“《水浒传》上有那么一位，叫拼命三郎石秀。我们从前干革命，就是有一种拼命精神”；1959年庐山会议期间说：“宋江立忠义堂，劫富济贫，理直气壮，可以拿起就走。而在社会主义时期，在公社化运动中，对农民和生产队的财产，拿起就走则是不对的”。此外，毛泽东经常引用《水浒传》典故和人物，如把红军游击队里工作方法简单、作风粗暴的人，称为“李逵式的长官”；《林冲夜奔》《打渔杀家》等戏剧也是他信手拈来的事例。

第二章 研究及成果

第一节 研究机构

20世纪80年代之前，梁山的水浒研究活动仅是水浒文化爱好者个人行为，尚未建立专门组织。1982年，梁山县成立水浒研究会，由副县长郭文斌兼任会长。1990年后，水浒文化爱好者开始自发组织有关水浒研究的社团组织。2006年5月，梁山县水浒研究学会（民间社会团体）成立，梁山一中党总支副书记孔德雨任会长，县政协主席马传申等县领导为名誉会长，聘请李文朝、李殿魁、张国光、袁世硕、孙景全等为顾问。2007年初，梁山县水浒研究院（正科级事业单位）成立，隶属县旅游局，后归属县委宣传部管理。梁山县水浒研究院的成立，旨在为水浒文化学术研究搭建学术交流平台、促进水浒文化产业发展。

2009年9月19日，山东省水浒文化研究会（为山东省古典文学学会的二级学会）第一届理事会在梁山县召开，会上宣读山东省水浒文化研究会章程，确定第一届理事会成员，会长、副会长主要由发起方山东省古典文学学会，梁山、郓城、东平、阳谷四县以及青州等水浒故事主要发生地代表和省内水浒研究专家组成；第一届理事会会长、秘书长由山东省古典文学学会领导出任，梁山、郓城、东平、阳谷四地分别设副会长、副秘书长各一人，青州市设副会长一人；秘书处挂靠单位在梁山、郓城、东平、阳谷四地，挂靠地的副秘书长为常务副秘书长。2012年4月21日，山东省水浒文化研究会（省一级学会）正式成立，并在山东师范大学举行成立大会，大会审议通过《山东省水浒文化研究会章程》，选举产生山东省水浒文化研究会理事会和常务理事会，杜贵晨当选为会长，王平为常务副会长，王振星、范正生、石耿立、郑树平为副会长，刘洪强为秘书长。

2006—2013年，梁山县先后建起梁山武术研究学会、中国水浒学会书画艺术研究会、中国水浒学会安道全医学养生研究会等单项学会、协会组织。

第二节 研究活动

20世纪80年代前，《水浒传》研究只是专家学者的专利；20世纪80年代初期至20世纪90年代，梁山县对水浒文化研究活动逐步兴起；进入21世纪，水浒文化研究活动得以蓬勃发展。

“水浒文化”的提出 1987年，北京师范学院主办中国水浒研究会，水浒人物画家、时任梁山风景名胜区管理办公室主任孙景全作大会主题发言，首次提出“水浒文化”的概念，得到与会专家广泛认同。20世纪90年代前后，“水浒文化”一词开始在梁山县相关文件、讲稿等文字材料中出现。1993年,梁山县举办首届中国（梁山）国际水浒文化节,“水浒文化”正式成为官方用词。自此,县委、县政府把“水浒文化”作为金字招牌,发展水浒文化产业，推进旅游事业发展，取得明显成效。此后，郓城、阳谷、东平及施耐庵故里江苏大丰市，相继打起水浒文化的牌子。2000年后，水浒文化研究向广度和深度发展。水浒文化研究，不仅有专家学者发掘研究，也有领导干部、水浒文化爱好者潜心探索，水浒文化及开发、利用进入热潮。

孙景全作为梁山当代水浒文化研究的先行者，他首次提出水浒文化概念，并影响了尹世寿、岳玉玺、孔德雨、樊兆阳、赵萍等一批水浒文化研究者。梁山县委书记田卫东，也钟情于水浒文化研究，他指出：“一方水土养一方人，一方水土也孕育一方文化，水浒文化就是一种极具影响力的特殊地域文化。山东人文化性格中的好汉情愫，不可忽视；山东文化品牌中义的价值，不可小看；水浒文化与红色文化的特殊联系，不可淡忘。”

主要研究活动　在水浒文化研究活动中，梁山与全国20多所大专院校和多个省市的水浒研究学会建立密切联系，进行水浒文化交流。具有重大影响的研究活动主要有：

1983年9月，梁山首个以水浒文化交流、展示为主的“水浒陈列馆”建成并对外开放;同年,全国水浒学术讨论会在菏泽召开，与会人员到梁山考察,打开了梁山与外地交流水浒文化的大门。1988年4月，梁山风景区忠义堂举行落成庆典，并邀请水浒专家举行学术研讨；同年10月，中国水浒学会副会长李悔悟、袁世硕及菏泽地区文化部门专家学者到梁山考察，座谈水浒和有关水泊梁山传说方面的问题。1989年4月，全国水浒学术讨论会与会人员再次到梁山考察，水浒文化研究开始逐步深入。

1993—2013年,梁山县以水浒文化节为契机,举办大型水浒文化研讨会，取得较好成果。1993年4月，中国水浒学会会长张国光教授到梁山考察。同年5月10日，首届中国（梁山）国际水浒文化节开幕，举办水浒学术研讨会、梁山武术表演、水浒书画大赛、水浒集邮等文化活动。其后每届水浒文化节都同期举行水浒文化研讨活动，对水浒文化的发掘、研究进行专题研讨。

2000年10月，中国水浒学会会长张国光教授专程到梁山参加水浒文化学术与创作座谈会，与梁山县委、县政府领导及水浒文化学者和爱好者进行座谈交流。2002年4月20日，在《水泊梁山记》摩崖石刻庆典期间举办范曾诗文书画与梁山水浒文化研讨会，省内外专家学者和梁山本地研究者云集交流，范曾做主旨演讲，10余名专家学者做专题发言。2005年6月19日，山东省水浒文化交流中心在济南举办“首届山东省水浒文化与经济发展论坛”，指出“水浒文化是山东省独有的地方文化”，“热情好客、诚实守信、忠义豪放”的水浒精神也是山东人的人文精神之一。其后至2013年，梁山县先后7次举办“水浒文化与旅游发展专题座谈会”，促进了水浒研究活动及梁山旅游事业的发展。

2010年10月17—20日,首届“中国（梁山）天下水浒论坛”在梁山举行，论坛由中国社会科学院中国古代小说研究中心、山东省水浒文化研究会主办，济宁市文广新局、济宁市旅游局、梁山县人民政府承办，中国社科院和省、市有关领导，国内五大权威水浒学会、三十多家高校、水浒研究机构专家学者，郓城、阳谷、东平、高唐等县市分管领导和文化、旅游、文联等部门负责人，以及来自7个国家的外国学者，近200多人参加论坛。17日，“中国（梁山）天下水浒论坛”在梁山风景区举行开幕式，中国社会科学院和省市县有关领导、山东省古典文学学会会长袁士硕、中国水浒学会会长佘大平到会致辞，省市领导分别为“水泊梁山”注册商标和“中国水浒学会秘书处”揭牌，与会专家实地考察毛泽东登梁山路

首届中国（梁山）天下水浒论坛

线，并在“水泊梁山记”广场举行“毛泽东与水浒专题研讨会”。18 日，与会全体专家学者到宋金河古道共同见证“八百里水泊遗址”命名仪式。论坛期间，与会专家学者进行“中国（梁山）天下水浒论坛”专题研讨活动，同意梁山县为“中国水浒文化研究基地”并发布由与会全体专家学者签字的《梁山宣言》。

第三节 研究成果

水浒文化系列丛书 2003 年 5 月，原县文化局副局长赵萍历时三年编著而成的《水浒文化系列丛书》由山东友谊出版社出版。全书共 68 万字，分为《水浒轶事》《水浒客话》《水浒风情》《水浒中的婚丧礼俗》《水浒中的女人》《水浒中的饮食文化》6 分册。

《水浒文化系列丛书》

《水浒轶事》由水浒人物绰号、水浒中的市镇与乡村、水浒中的庙宇山林、水浒中的武术四部分组成。水浒人物绰号部分介绍了及时雨宋江、黑旋风李逵、智多星吴用等水浒人物的绰号由来及传说故事；水浒中的市镇与乡村部分介绍了东京开封府、北京大名府等宋代都市，东平州、阳谷县、郓城县等市镇及清风寨、祝家庄、桃花村等集镇；庙宇部分介绍了开封大相国寺、龙虎山上清宫、岱岳庙等大寺庙和郓城县九天玄女庙等乡野小庙；武术部分介绍了燕青拳、武松刀、天罡剑等水浒拳械。

《水浒客话》由《水浒传》中的人物阶层、梁山一带的娱乐与游戏、《水浒传》中的民间游艺三部分组成。人物阶层部分通过解读《水浒传》中出现的皇帝、官僚、豪绅、地主、游侠、军官、胥吏、市民、商人、手工业者、和尚、农民、艺人、娼妓等各色人物，再现了 800 年前人物的生存状况。娱乐与游戏和民间游艺部分通过对百姓吃穿住用和娱乐游艺的描写，为了解北宋时期的民间娱乐和游艺活动打开了窗口。

《水浒风情》由遥看梁山泊、侠肝义胆真梁山、郓城头上有反骨、阳谷县可真够古老的、遍地英雄下夕烟五部分组成。通过对梁山、郓城、阳谷等地地理环境和人文遗迹的介绍，引领读者体验当年断金亭上、忠义堂里众位兄弟相聚在大本营中，打高唐、取青州、两赢童贯、三败高俅的赫赫战果，使读者领略到“大碗喝酒，大块吃肉，论秤分金银，异样穿绸缎”的兄弟情义。

《水浒中的婚丧礼俗》由婚嫁、丧葬、礼仪三部分组成，婚嫁部分介绍了《水浒传》中的婚嫁风俗、家庭以及梁山一带的婚嫁风俗及水浒人物传说、典故；丧葬部分介绍了《水浒传》中的丧葬礼仪、祭奠日期、祭奠方式以及梁山地区的丧葬风俗；礼仪部分介绍了《水浒传》中的社会交往与交往形式，《水浒传》中的生活礼仪、朝拜礼仪、宗教礼仪，梁山一带的礼仪及传说。从民俗学角度深入研究了《水浒传》中的婚嫁风俗及主要人物的婚姻家庭生活，并结合梁山本地的民俗风情进行了阐发。

《水浒中的女人》从《水浒传》中提到的有名有姓的近70名女性中选取着墨较多的34名设立34个单篇，包括顾大嫂、孙二娘、扈三娘等水浒女英雄；林娘子、玉娇枝等贞洁烈女；王进母亲、何涛妻等好母亲、好妻子；李师师等京师名妓；金翠莲、刘太公侄女等底层妇女；潘金莲、阎婆惜等"淫妇荡妇"及不太为人熟知的娇秀、段三娘、金芝公主等人物。通过对性格鲜明、遭遇迥异的女人命运的解读，勾勒出《水浒传》女性人物图，为宋代女性研究提供了资料。

《水浒中的饮食文化》由《水浒传》中的茶、酒、食品三部分组成。茶部分介绍了提到的茶、茶馆、茶肆，以及由此引发的杀潘金莲、见李师师等事件，并介绍了梁山一带的饮茶风俗及故事传说；酒部分介绍了北宋时饮酒的风俗习惯、《水浒传》中的酒、酒楼、酒肆以及梁山一带的饮酒习惯及典故；食品部分解读了《水浒传》中描写的宋人的饮食风貌和各阶层饮食生活以及梁山地区的饮食习惯。

《水浒文化系列丛书》从民俗学角度反映了水浒文化在政治、经济、文化、社会、自然等各个方面历史的、现实的存在状况，记录了流传于民间的诸多传说，反映了梁山一带淳厚、多彩的乡风民情。该丛书雅俗共赏，既为当代《水浒传》文本研究提供了研究史料，又适合水浒爱好者阅读欣赏。

水浒博览大典 2006年6月，水浒人物画家、水浒研究专家孙景全及夫人杜风银历时十余载编著而成的《水浒博览大典》由济南出版社出版。《水浒博览大典》为辞书专著，全书文图并茂，设19篇、2000余条词条、400余幅图片，共计34.6万字，是孙景全先生40年读水浒、画水浒、研究水浒心血的凝结。孙先生以画家独特的视角和学者的缜密思维，对水浒中的语词、人物、职官、地名、建筑、兵器、武技、谋略、酒食、胜迹、景观等20余项门类进行详尽解读，究深探奥，阐精释微，旨在诠释水浒中蕴藏的深层民族文化心理和文化遗传密码。全书分十九篇，涉及水浒的政治、经济、军事、文化、天文地理、宗教信仰、图谱景观以及水浒成书的考证、版本、作者、历代评述论争，应收尽收，而且经过了作者去粗存精、去伪存真的严格筛选，其中服饰篇、兵器篇、武技篇、谋略篇、人鉴篇等，均堪称匠心独运，气象超然。《水浒博览大典》立意新颖，语言简洁，深具学术性、知识性、趣味性，不仅展现了一个情趣盎然、多姿多彩的"水浒世界"，而且填补了水浒综合性辞书的空白。

水浒之旅 2010年12月，由原梁山县文化局副局长、国家一级作家赵萍历时近3年编著而成《水浒之旅》由人民文学出版社出版，中国水浒学会会长佘大平为该书作序。在该书编著过程中，山东大学袁世硕教授提出中肯建议，梁山一中原副校长孔德雨进行统编统审。《水浒之旅》根据梁山好汉在水浒故事中的活动，沿好汉活动涉及的地名展开，介绍了梁山、郓城、阳谷、东平、聊城、蓟州、九江、杭州等水浒故事发生地的历史变迁，具有鲜明的水浒文化之旅意味。该书共16章，第一章记述水泊梁山的由来变迁和景点故事；第二至十三章围绕水浒主要人物叙述水浒故事和遗址景观；第十四至十六章围绕水浒中的重要事件讲述水浒故事和水浒人物结局，揭示水浒文化的厚重及开发利用的意义。《水浒之旅》的突出特点是将水浒旅游文化作为水浒文化的一个分支来叙述研究，进而与区域经济发展结合起来进行阐述。该书文字质朴、清新，给读者以身临其境的感受。

水浒文化论丛 20世纪80年代起，梁山逐步涌现一批致力于水浒文化研究的地方学者和水浒爱好者，并出版一系列水浒文化丛书，在学术研究期刊以及博客等网络平台上发表诸多关于水浒文化研究的文章。

梁山一中原党总支副书记、副校长孔德雨1990年创作长篇小说《梁山泊英雄传奇》，此后开始进行水浒文化研究，取得一定成果。2010年后，重点进行水浒文化专题研究，先后撰写《水浒市井文化》《水浒江湖文化》《水浒儒家文化》《水浒民俗文化》《水浒复仇文化》《水浒武文化》《水浒义文化》《水浒药文化》《水浒酒文化》等40余篇水浒文化专题文章，详细介绍涉及水浒文化的义、武、江湖、市井、民俗、色情、舟船、面点、酒、茶、药等，对水浒文化的研究与传播发挥了重要作用。同时，他把研究水浒文化和研究梁山旅游相结合，先后撰写《关于宋江起义曾经以梁山泊为根据地的探讨》《水浒文化的产生发展和向国外的蔓延》《水浒英雄大义三题》《从军事角度看水浒》《梁山景区的建设理念和文化承载》《梁山景区的主题定位和功能划分》等理论文章，部分在水浒大讲堂宣讲，部分在网络平台发表。

水浒人物画家孙景全与朱希江合作编著《梁山揽胜》《梁山泊诗词选注》等书图文并茂地介绍了梁山的自然景观和人文景观。2011年，孙景全为中国工人出版社出版的全新注释绘图本《水浒传》（上、下）创作16 幅彩色插图。丁咏林、王清然、王世会三人合作而成的《水浒印象》一书，通过国画、书法、篆刻和评论等方式，站在各自的视角重新描绘水浒人物，从不同的侧面阐发水浒文化内涵，使梁山好汉的形象更加具体、生动，让人们在欣赏书法、绘画、篆刻等艺术的同时，体会到蕴含于《水浒传》中的人文精神，进一步开拓了水浒文化研究的思路和视野。

2006年9月，梁山县水浒研究学会创刊《水浒与梁山》杂志；2010年8月，创办“天下水浒”网站；通过杂志及网站，全方位、多角度地宣传水浒研究成果。2010年12月，梁山县水浒研究院创办《水浒文化研究》，主要栏目设有水浒研究、水浒争鸣、水浒遗风、水浒传说、水浒书画苑、水浒诗文鉴赏、水浒文化产业发展动态等。2012年3月，经济宁市文化局批准，《水浒文化研究》更名为《水浒研究》；至2013年12月，《水浒研究》已出版10期。

第四节 忠义文化

水浒传原名为《忠义水浒传》或《忠义传》，义是水浒文化的核心内容。当代水浒文化研究表明，水浒文化是一种叛逆而忠义、勇武而侠义、深厚而质朴的民间侠义文化。其文化主旨为忠义，价值核心是以人为本，道德标准是勇武、侠义、守信、豪放，人生观为积极进取、乐于助人。具体表现为“反贪官不反皇帝”的忠义观念，“四海之内皆兄弟”的博大情怀，“路见不平一声吼”的侠义品格，“大碗喝酒大块吃肉”的豪爽做派，天人合一的自然精神，立身处事皆侠义当先、有勇有智、敢作敢为。

忠义文化的历史影响 梁山英雄“但愿共存忠义于心，同著功勋于国，替天行道，保境安民”的誓词和把“聚义厅”改为“忠义堂”的活动均凸显着“忠义”的水浒文化内核。施耐庵借《水浒传》淋漓尽致地表达了自己对“义”的崇敬和对“忠”的向往。《水浒传》影响极大，梁山人只爱看梁山好汉造反的章节而不愿谈及他们的招安，对宋江的投降在情感上不愿认同。梁山作为水浒文化发祥地，是“好汉”情愫和“义”字文化的附着地。梁山好汉108将忠勇侠义，替天行道，影响深远；当今梁山人包括在外地的梁山人，又演绎了数不清的好汉故事。从古到今，“好汉”情愫在梁山人的心目中根深蒂固。梁山形成“天道水浒，大义梁山”的文化品牌，真实反映了这一方文化特点，生动体现了梁山人的人文性格。

忠义文化的现实意义 李文朝将军于2007年9月在《试论水浒“忠义”文化的现实意义》一文中指出：新时代的“忠义”，就是忠贞正义，完全是积极的、正面的思想内涵，是值得提倡和褒扬的道德理念。“忠”，从大的方面来讲，是对国家、民族的忠诚；从小的层面看，为忠厚、忠诚、忠实，是一种处世哲学和道德观念，是赤诚相见、真诚相待的内在品格。“义”，是正义感，是君子内在品格塑造的基石。在梁山人的文化性格中，最为突出的是“忠诚”“信义”“正义”等。梁山一带的乡风民俗，以“忠孝传家久”作为治家格言，讲究对国家要尽忠，对父母要尽孝，当忠孝不能双全时，要以对家尽孝服从为国尽忠；梁山人讲信义，奉行“诚实守信，童叟无欺”“君子一言，驷马难追”，凡是梁山人答应了的事情，“头拱地”也要兑现；梁山人富有正义感，喜济贫扶弱，爱打抱不平，“路见不平，拔刀相助”。梁山人把梁山好汉引以为豪，把忠义之士引以为荣，自觉认同“忠义”文化和“尽心于为国，事宜在济民”的忠义内涵。

忠义文化的四重境界　中共梁山县委书记田卫东对水浒文化有独到的见解。2012 年 10 月，他在《谈谈水浒文化》一文中，对水浒文化的内涵作了深刻解读。他认为，从古到今，“好汉”情愫在梁山人的心目中根深蒂固。梁山人血液中流淌着两种文化基因，一种是儒家文化，一种是水浒文化。儒家文化教会了梁山人“正”，做正人君子；水浒文化给梁山人注入了“直”，即为人直爽。受水浒文化的影响，梁山人在重礼仪道德的同时，表现出敢作敢为、行侠仗义的血性。对水浒文化中的“义”字文化，田卫东认为，“‘义’有四个境界层次：第一个境界是忠义，是从理想价值层面讲。梁山好汉过去讲求忠君报国，在现代‘忠义’就是忠于国家，忠于民族，这是‘义’的最高境界。第二个境界是‘道义’，是从道德价值层面讲。梁山好汉打出‘替天行道’的旗号，包含着对公平正义的追求，‘铁肩担道义’也正是历代仁人志士社会责任感的写照，‘道义’也是我们今天追求的社会核心价值。第三个境界是‘信义’，是从行为价值层面讲。重信守诺，言必有信，这种诚信正是当今社会最值得提倡的理念。诚信文化既是一种社会文化价值，也是一种商业文化价值。第四个境界是‘情义’，是从伦理价值层面讲。做人要有情有义、重情重义，不能忘恩负义、背信弃义。适用于所有社会关系。如果人们都有这种追求，那么世界将充满爱。”由此，他提出忠义文化亦是“大义文化”，“大”即豪放大气，大象无形，大音希声，大美无痕，大爱无疆；“义”即忠义，道义，信义，情义。

梁山泊广场四义柱

梁山县深刻把握水浒文化核心，赋予“义”其新的时代内涵，打出“天道水浒，忠义梁山”的主题定位。与社会主义核心价值体系建设的结合，积极传承和弘扬水浒文化的精髓，将“忠义”中爱憎分明的忠义观念、乐善好施的道德追求、异性一家的团队精神、八方共域的包容品格、见义勇为的侠义情怀等梁山人的性格特征，升华为忠于国家、勤恳敬业、无私奉献、见义勇为的内在品质，树立为正义诚信、豪迈直爽、乐善好施的忠义精神，不畏权势、爱憎分明、奋起抗争的造反精神，勇敢向上、一往无前、不怕艰险的进取精神，肝胆相照、荣辱与共、协作配合的团队精神。按照山东省政府打造十大文化旅游品牌之一“水浒故里”的目标，依据水浒“忠义”文化，提出了“水浒故里、忠义梁山”的文化旅游品牌，梁山逐渐形成以“忠义、道义、信义、情义”为核心的民俗文化、武术文化、酒文化、食文化、旅游文化、城市文化等代表性水浒文化。

第三章 开发及利用

第一节 水浒文化资源

梁山作为水浒故事发祥地，有山、有水、有遗迹，水浒文化积淀深厚，资源丰富。《水浒传》成书之前，梁山一带就流传着北宋末年宋江领导的农民起义军行侠仗义、惩恶扬善的英雄事迹。当代梁山人走到哪里，都会被尊称为“梁山好汉”。梁山民风淳朴，百姓豪爽好客，随处可见大块吃肉、大碗喝酒的水浒遗风，彰显着豪爽仗义、忠勇顽强的大义精神。水泊梁山拥有水浒遗址、水浒传说、水浒尚武遗风等丰厚的水浒文化资源。

水浒遗址 梁山古称良山，《史记》载：汉文帝次子梁孝王“北猎良山”“病热，六日卒”，死后葬于山麓，故名梁山。梁山由四大主峰七支山脉组成，主峰海拔 197.9 米。五代至北宋，黄河多次溃决，水汇山麓，围成水泽，形成“八百里水泊梁山”。宋江凭借水泊天险，啸聚山林，除暴安良。宋江起义虽已过去八百多年，山峦间英雄好汉的踪迹却仍历历在目，前寨、后寨、左军寨、右军寨、宋江寨墙、宋江马道、练武场、晒粮场等遗址尚存，梁山脚下问礼堂、莲台寺、法兴寺等佛、儒、道三教名胜遗迹犹在，传说和遗风众多。宛子城为水浒中 108 位梁山好汉的大本营。清康熙年间编撰而成的《寿张县志》载：“梁山在县治东南七十里，上有虎头崖，宋江寨，莲花台，石穿洞，黑风洞等迹。……宛子城内的聚义厅等建筑已经修复，其城墙仍保持原样，城墙四周悬崖峭壁，壁垒森严。”

水浒遗风 《水浒传》对梁山水浒文化及乡风民俗的影响广泛、深刻、久远；秉承水浒遗风，梁山人忠义、道义、信义、情义的大义精神，可谓是声名远播。其中，人格脾性、饮酒吃肉、崇尚武术等水浒遗风流传甚广。

人格遗风 《水浒传》中的 108 将都是豪侠义气英雄，诸如：“八方共域，异性一家”，梁山好汉盟誓结拜，鲁智深“杀人须见血，救人须救彻”，武松“磨剑问不平，士为知己死”，深深影响着一代又一代梁山人。梁山人性格豪爽、耿直大方、心直口快、重情重义、仗义执言、见义勇为、乐善好施、诚实守信、做事果断，都体现出水浒英雄的豪气、大气等人格遗风。同时，受水浒遗风的影响，梁山一带自古就有结拜兄弟的习俗。结拜者选良辰吉日，行八拜之礼，盟誓“肝胆相照、吉凶相救、患难相扶”，视同手足弟兄，并视对方父母为仁父仁母。

尚武遗风 《水浒传》中的 108 条好汉个个尚武尚勇、精通武艺、身怀绝技；水泊梁山既是武林高手的集聚地，也是梁山武术的传授地，是中华武术的发祥地；梁山武术与河南少林、湖北武当和四川峨眉齐名，被尊为中华武术四大门派之一。梁山素称“武术之乡”，民间习武之风甚盛。农闲季节，人们天暖时凑场院、天冷时找闲屋挖地窖习武，此种现状况几乎村村都能见到，因此素有“喝梁山水，都会伸伸胳膊踢踢腿”之说。千百年来，梁山人崇武尚勇之风代代相传，梁山武术已申报国家非物质文化遗产。20 世纪 80 年代，梁山县体委在全县范围内，挖掘、整理传统武术10余个拳种的100多个套路。20世纪80年代后期，全县村村都有习武人，乡乡均设辅导站，农民自建众多武术馆、校，武术村发展到128个，武术乡发展到13个，全县习武人数多达13.2万人。

饮酒遗风《水浒传》回回见酒，酒贯全书。好汉们忠勇侠义、爱恨情仇无不与酒相伴，其大碗喝酒、大块吃肉的性格特点和英雄气概动人心魄。水浒英雄们这种“大碗喝酒，大块吃肉”的“吃相”对后世影响深远。梁山一带仍保留着昔日英雄好汉酒“大碗喝酒、大块吃肉”的饮酒方式，一些宴席除了备好大碗酒之外，第一道菜多是热腾腾的“大块肉”，朋友坐在一起，先吃大块肉，再喝大碗酒，酒成了梁山人生产与生活中的必需品及人际交往的润滑剂，形成了独具特色的梁山酒文化。

水浒传说 水浒故事在梁山等地生生不息，有关水浒人物的传说比比皆是。诸如：晁盖为民除害、花和尚除霸、武松除淫僧、李逵杀鬼等梁山好汉锄强扶弱，宋江审牛、吴用巧对戏君王、呼延灼古寺布奇兵、柴进智救九纹龙等梁山好汉智勇双全，公孙胜学道、花荣练箭、李应访师学艺、张清放马练奇功等梁山英雄练就武功，还有晁盖砚墨池和习文台、宋江钓鱼台、九天玄女娘娘庙、黄旗与小黄山、梁山练武场和晒粮场、黑风口、孙二娘脚印、宋江妻和鸡头米、梁山“义酒”等有关水浒风物传说。

第二节 饮酒文化

酒，既是水浒文化的重要组成部分，又是水浒文化的表现形式之一。《水浒传》是对酒描述最多的古典文学名著，回回设酒，回回见酒，酒贯全书。作者不遗余力地描写了大量酒肆、酒具、酒名、酒的品色及饮酒的场面和形态，有时一笔带过、点到为止，有时酣畅淋漓、大书特书。108将无人不酒，梁山好汉的招贤纳士、忠勇侠义、爱恨情仇、成功与失败等，无不与酒相伴。受水浒遗风影响，酒文化已深深融入梁山人的精神文化生活之中，形成梁山一带独具特色的文化之一。

梁山饮酒特点 梁山饮酒文化的孕育过程深深地打上水浒烙印，饮酒习俗、酒品、酒风，无不彰显水浒风范。梁山一带素有“无酒不成礼”“有事便有酒”之说，忙亦饮、困亦饮、喜亦饮、忧亦饮。饮酒的名目众多，如接风酒、辞行酒、发财酒、庆功酒、祝寿酒、开业酒、温锅酒等。饮酒作为一种礼俗，有其特定规矩。主人要千方百计地让客人喝好，尽地主之谊。所谓“好”，并不以醉与不醉来衡量，只要客人“神智”清楚，就想方设法劝下去，直到喝得天昏地暗，风卷残云，人人扶墙回家才算喝好。宴席重在气氛营造，由主人定调，气氛靠客人相互感染，宴席上饮酒高潮是客人之间相互敬酒，互敬双方都“避席”起立，以表尊重和客气。以先喝为敬，双方恐给对方造成“不敬”的印象，均争先恐后地喝干，此刻最能体现梁山人的性格。“酒肉穿肠过，朋友心中留。”“感情深，一口闷，感情浅，添一添，没有感情赏个脸！”“天不管，地不管，只有酒管；碗也罢，杯也罢，大胆喝吧！”等酒场用语均是梁山酒文化的典型体现。

饮酒文化礼仪 座次：主要客人坐对着门的正座，谓之“上首”，以此显示对客人的尊重；然后按主次依次向其两边分开，主人则坐在主要客人的对面最靠门的位置。随着现代礼仪及外来文化的影响，公务、商务宴请大都是主人坐对门的位置，其左边是主宾，右边是次宾，往后依次类推。尽管如此，受水浒文化的影响，家宴、师生宴或要好的朋友聚会，特别是农村地区的宴请，仍保留传统的“以客为主”坐法。菜肴：先上四个或六个菜，谓之“四喜”“六顺”，即可开始饮酒；然后陆续上菜，根据客人规格高低、人员多少等，菜肴总数可至十个、十二个、十六个，一般不能上八个（据说是避讳“狗上桌子扒大碗”之说）。菜品一般要包括鸡、鱼、大块肉等“大菜”，寓意吉祥、年年有余，是“大块吃肉”的水浒遗风的体现。鸡、鱼的摆法有讲究，“鱼朝东海”指鱼头的方向朝东;“文腹武背”指文客以鱼腹对之，赞文人肚里有“墨水”，武客以鱼背对之，寓武将为国家“脊梁”。饮酒：喝酒前主人都有开场白，长短不限，内容是对客人的到来表示欢迎，并点明设宴目的。也有主人只道“一切在酒里了”就开始，更显豪爽。第一杯酒有“拜、祭、品、透”的礼数。“拜”，指端起酒杯做拜的动作;“祭”指把杯中酒倾倒地上一点，祭谢土地生养之恩；“品”就是先用嘴浅饮一点酒予以品尝，一般主人问“怎么样？”客人会都说：“好酒！”；然后一饮而尽，谓之“透”。酒场上一般由主人带酒三杯，也有带四杯、六杯、七杯、八杯、九杯的，最多十二杯。主人带的酒都要喝干。三杯突出“义”字，随后为四喜、六顺、七上、八方来财、地久天长、十全十美，年年有余。主人带罢酒后，还要挨个为客人敬酒。一般只敬不陪，就是说，给谁敬酒谁喝，敬酒者不喝。接下来就是客人向主人回敬、客人之间互敬。大家都感觉喝得差不多了由主客发话要面食，在客人多次要求下，主人发话，喝一个圆场酒，大家一块吃饭，宴席结束。

酒水文化开发 梁山的酿酒业非常发达，各类酒厂数百家，仅号称酒曲之乡的寿张集镇就有各类酒曲厂家30多家。酒水品种、品牌也越来越丰富，如梁山义酒、梁山人酒、水泊特曲、好汉酒、将军酒等。同时，各类酒楼、酒店、酒坊数不胜数，杏花村酒店水浒酒文化体验馆的建成开放，进一步推动了以酒文化为特色的经济产业链。

第三节 饮食文化

饮食作为水浒文化的表现形式之一，在《水浒传》中所叙述的食物并不多，多以“酒”“肉”论之。梁山每打一次胜仗，每有新头领上山或逢年过节，山寨都会大吹大擂，大鱼大肉，大吃大喝，其饮食气氛，充分显示了好汉们的豪爽风格。

梁山饮食特征 梁山境内素有“大碗喝酒，大口吃肉”的习惯，“天下一家人，来者即是客”，承袭着水浒英雄豪爽不拘束的性格。梁山境内饮食不拘一格，以包子、馒头、烧饼、饺子、面条等面食为主。早餐文化丰富，在小吃摊上，摆放几张桌椅板凳，互不相识的男女老少围坐在一起，吃着茶叶蛋、炸蛤蟆、油条、菜饼，喝着糊粥、胡辣汤、豆腐脑、八宝粥，常听到“来碗胡辣汤”“好嘞”“来喽”的吆喝声，摊主端着托盘穿梭其间，热闹非凡。饮食体现梁山人重情重义的品格。主人热情好客，在餐桌上讲究“吃好喝好”。家中聚餐，多是主人提前备菜，肉食、鱼类、蔬菜瓜果，应有尽有，菜数一般以六个、八个或十个等为主。主人在饭桌上与客人边吃边聊，如有男客，常饮小酒，并不断“让菜”（意为让客人多吃菜），使客人吃好吃饱。在酒店就餐，座次与酒文化所提及的大致相同，若是熟识的朋友关系，随便入座也比较常见。主人一般会让客人点餐，以尽地主之谊。改革开放之后，大吃大喝、奢侈浪费的现象比较盛行；党的十八大特别是深入开展反腐败，出台“中央八项规定”后，国家“厉行勤俭节约、反对铺张浪费”政策逐步贯彻执行，梁山境内公款大吃大喝之风得到有效控制，但梁山人民热情好客的豪爽性情依然保留。梁山“大块吃肉，大碗喝酒”豪爽义气的好客酒食招待，与曲阜“有朋自远方来，不亦乐乎”的文质彬彬好客，成为山东省旅游局打造“好客山东”旅游品牌两大文化支撑。

饮食文化开发 梁山立足水浒饮食故事描写，以鲁菜烹调技术为基础，对《水浒传》中所提及的菜肴进行反复推敲试制、试吃，创制成独具特色的“水浒宴”。水浒大酒店、杏花村酒店、梁山泊酒楼、水泊宾馆等梁山餐饮业，着力打造水浒文化特色餐饮店及特色餐饮品牌。2012年，梁山县开展“舌尖上的水泊梁山”系列美食活动，将“水浒文化”与“鲁菜餐饮文化”相结合，并邀请县内外知名专家、学者举办“水浒与鲁菜餐饮文化座谈会”，致力打造水浒与鲁菜餐饮文化品牌；倡议举办“梁山县水浒与鲁菜餐饮文化节”，挖掘梁山县餐饮文化底蕴；举办“梁山县首届烹饪及服务技能大赛”，评选出“梁山餐饮十佳名厨、十佳名菜、十佳餐饮管理者”，对涌现出的优秀厨师和餐饮服务人员，向上级餐饮行业协会推荐高级职称。组织配合酒店分级认定及“中华名小吃”“中华老字号”非物质文化的推荐评定，整理、编辑、出版梁山县餐饮名店、名师、名菜专辑，挖掘以梁山物产为主的美食有糖醋黄河鲤鱼、奶汤鸡、炸木瓜花、糖鲜莲子等14种，特色宴席有水泊宴、水浒宴、梁山湖养生宴、梁山素宴等5种。

水浒菜系形成 水浒菜，又名江湖菜，是依托梁山好汉饮食习俗而形成的一种带有鲜明江湖特色的民间菜系。水浒菜起源于北宋末年梁山好汉们“大块吃肉、大碗喝酒”等粗犷豪放的饮食习俗和智深狗肉、时迁烤鸡、大郎炊饼、孙二娘包子等美食；元代大运河通航南北商贾的涌入，明代山西移民的迁入丰富了梁山一带餐饮文化，水浒菜系作为江湖大菜逐渐形成。清同治年间（公元1862—1874年），大厨苑存胜在大运河水旱码头开河镇开办“苑家菜馆”，融和当地特色和南北私家菜，使水浒菜在梁山问世。中华人民共和国成立后，经水浒菜大厨苑明顺、水浒菜第五代传人林杰在传承的基础上进一步研发，形成独具特色的梁山水浒菜。梁山水浒菜依托水泊梁山一带得天独厚食材资源，以好汉粗犷豪放的饮食遗风和鲁菜特色为基调，兼采淮扬菜、豫东菜、直隶官府菜系之长，汲取宫廷菜、官府菜、市肆菜和民间菜之精华，具有“蒸、煮、烤、酿、煎、炒、熬、煲、烹、炸、腊、盐、豉、醋、酱、酒、蜜、椒”等十八种烹调技法，有“天罡三十六压桌菜”“地煞七十二招牌菜”“江湖八十四风味菜”等，山海俱备，水陆杂陈，搭配组合成水浒英雄宴、梁山泊全鱼宴、鲁西肥牛宴、青山羊全羊宴、御膳宴等。2000年，水浒菜第五代传人林杰建起三星级水浒文化主题酒店，研发推出水浒菜为主的水浒宴，2004年获首届京杭大运河美食节“最佳宴席奖”及“菜品金奖”。

第四节 武术文化

武是水浒文化的主要标志。梁山武术文化底蕴丰富，技艺高超，博大精深，形成了独特的技术风格特点和武术文化特色；梁山功夫强身健体，展现阳刚之气和勇武之威，成为梁山好汉文化性格的外在表现。

武术起源发展 梁山武术源远流长，与少林、武当、峨眉被誉为中华武术四大发祥地。受勇武、侠义文化的影响，梁山民间尚武、习武之风盛行，白日劳作，夜间学武，素有“喝梁山水，都会伸伸胳膊踢踢腿”之说。宋末，梁山英雄好汉“聚兄弟于梁山，结英雄于水泊”，采众家所长，形成了武松拳、林冲枪、李逵斧、杨志刀、燕青拳等拳功规范套路。明代，法兴寺主持西竺禅师，武艺超群，武德高尚，培养大批技术娴熟的武僧，并带领弟子3000余众开赴浙东沿海抗击倭寇。明末梁山西北寿张集武林志士李青山，聚众数百，杀富济贫，连克寿张、东平等四县，声威大震。清末，太平天国运动和捻军起义爆发后，嘉祥人胡四在梁山一带结交武林高手王君坷、马声彦、刘何真、高建成等，在寿张集西徐楼玉皇阁起义，梅花拳等在该时期逐步形成。民国时期，梁山不少武术强将受聘到各级国术馆任教，姜庄续贞为被聘为“汶上县国术馆教习”，并任该国术馆副馆长。抗日战争时期，马达、冯天民、李相山、王俊山等武术家，以高超的武功痛击日寇，保卫家园。尚武之风造就了现当代梁山武术流派林立、风格独具的武林特色，涌现出一批武术名家，如李相山、冯天民、贾克俊、梁传友、冯建设、冯建武、宋义祥、刘庆兰、孙久才、戴景领、轩诗柱等。梁山武术以“武术之乡”“东方武城”著称于世，“好汉”情愫在梁山人的心目中根深蒂固，通过开展武术比赛、武术表演、武术修学、武术研究等活动，梁山武术成为水浒文化的重要组成部分。2013年，梁山武术被推荐列入国家级非物质文化遗产。

主要武术拳种 梁山武术拳种流派众多，至2013年，境内有武术流派10余种，拳种50余个，几乎囊括了中国所有的拳术门类，如：太极拳、梅花拳、大洪拳、小洪拳、少林拳、武松拳、燕青拳、林冲枪、李逵斧、杨志刀、子午门等拳功。

太极拳 梁山一带，自清朝中期开始有人习练太极拳，但极少授徒，只作为少数人家传的健身自娱，在封闭的状态中传承，加之太极拳弟子习练太极拳轻技击、重修性，淡泊名利，与世无争，太极拳在梁山没有形成武林门派。1949—1955年，练习武术更多以防身制敌为目的，太极拳没有广泛流传，仅停留在分散的个人习练状态。1956年，国家编写出版《简化太极拳》后，梁山城镇习练太极拳人数开始增多。1984年，太极拳在梁山大面积推广。贾克俊在凤凰山脚下县体育场传授太极拳，采用集中授课、分散练习的办法，传授国家编写的24式太极拳。1985年1月，山东省武协副主席周永福到梁山传授国家套路48式、88式太极拳和32式太极剑以及太极推手、对练等，梁山太极拳走向规范化发展道路。1984—1986年，贾克俊、秦传兰、邓振华等办起10多处太极拳培训班和辅导站，涌现出贾金印、韩玉真、冯霞、邓玉珍、郭兰英等优秀学员。1987年，梁山太极拳研究会成立，由孟繁林任名誉会长，贾克俊任会长，理事21人，太极拳习练队伍发展至数千人。1989年9月，山东省老年体协在张店举办杨、陈、孙、吴四式太极拳竞赛套路学习班，杨、陈、孙、吴四大流派太极拳在梁山进一步发展壮大。1990年4月，县委、县政府把太极拳定为党政机关和事业单位工间操的活动内容。1995年4月，梁山太极拳研究会正式成为群众性武术团体。1998年，梁山太极拳拥有国家一级辅导员6人，国家二级辅导员21人，国家三级辅导员33人。至2003年，梁山太极拳队习练者2万人，太极拳成为梁山武术第一大门派。

梁山县太极拳师贾克俊演示教练太极拳

梁山太极拳积极参与全国、省、市级比赛，并获得较好荣誉。1988年秋，山东省老年体协在泰安举行“长寿杯”太极拳、剑比赛，梁山组团代表菏泽地区参加比赛，贾克俊获太极拳一等奖，刘月兰获太极剑二等奖。1990年，山东省体委在莱西市举办“振兴杯”武术比赛，杨希贞、程忠新太极拳推手对练获二等奖。1991—1998年，梁山太极拳先后在全国中老年太极拳剑比赛、全国农民武术运动会、全省太极拳比赛、济宁市全民健身杯武术比赛中获得较好名次，在济宁市全民健身杯武术比赛中囊括太极拳类六个第一名。1999年10月21—24日，全国中老年太极拳比赛在梁山举行。梁山代表队为唯一的县级代表队参赛，获得40式太极拳团体总分第一名、42式太极剑团体总分第五名，胡爱民获得42式太极拳第一名、42式太极剑第四名，江春菊取得42式太极拳第二名、42式太极剑第三名，邓玉珍取得武当剑第八名、传统太极拳第五名。2000年6月和10月，梁山代表队分别在全市和全省中老年太极拳、剑比赛中获总分第一名的好成绩，邓玉珍为个人总分第一名。2003年6月，中央电视台一、四套节目四次播放了邓玉珍教练太极拳、剑和艺术活动讲述。至2013年，太极拳在梁山发展成为组织健全、地位合法、教练力量雄厚、活动资金充足、深受社会各阶层欢迎的拳种，杨、陈、孙、吴、武五大流派都有众多习练者。

梅花拳　古称梅拳，也叫梅花桩，因在百余根桩阵上练习武功而得名，是中国较古老的拳种之一，已有3000多年有史籍记载的历史。梅花拳以“天下梅花是一家”为根本宗旨，具有“锻炼身心、治病救人、技击制敌、开发智慧”的功能，突出特征是：有文场和武场之分，有文武齐全的活动形式；无“掌门”，能者为师，有“梅花拳珍珠倒卷帘，徒弟倒把师傅传”之说；演练风格讲究左右对称、动静结合、刚柔相济、内外兼练、灵活多变。梅花拳进师要求十分严格，要通过2～3年师的严格考核，拜师时徒弟要在老祖大驾前双膝跪地，手捧线香宣誓：“我志愿加入梅花拳，遵守梅花拳拳规拳理，五戒五要，替祖传道，替师代劳，传承梅花拳，不许退前落后，不许忘师背祖。”

明末清初，梅花拳传入梁山一带，成为在梁山广泛传播、门徒众多的拳种之一。梅花拳传入梁山后，融古老梅花拳法与梁山武功为一体，使传统梅花拳得到了新的演化与发展，呈现出明显的地域特色。义和团农民起义爆发时，梁山梅花拳师刘玉美等人高举义旗，英勇杀敌，在义和团运动中展示了梁山梅花拳的强大威力。中华人民共和国成立后，梁山梅花拳进入新的发展时期，梁山镇马振杨村、张坊村分别创建“梅花拳武术村”，组织数百人和近千人参加习武，是新中国成立后梁山最早的民间习武组织。梁山梅花拳弟子通过创办武术学校，举办武术比赛，组团组队参加国际、国家及省、市级各类武术比赛和演出，取得了极其优异的成绩，增强了巨大的影响力。1996年10月，梁山县梅花拳研究会正式成立；2006年，梁山梅花拳进校区、进课堂活动全面展开，梁山梅花拳的保护与传承工作进入新的发展时期；2008年11月，梁山举办首届中国梅花拳演武大会暨保护与发展论坛，取得圆满成功；2009年，梁山梅花拳被列入山东省非物质文化遗产名录；2010年10月，梁山举办中国梅花拳第二届演武大会暨保护发展论坛，前国家体委副主任、亚洲武协主席徐才先生携夫人刘华女士莅临指导。至2013年，梁山本土有弟子近万人，在全国10余个省市和港澳台地区以及新加坡、韩国、法国、埃及、意大利、日本、德国、越南、泰国等国家仍分布着众多的梅花拳弟子，在梁山武术门派中，梅花拳是分布最广、习练者最多的拳种。

梅花拳传承人冯建武演练梅花拳（徐淑燕摄）

武术学校培训　早在20世纪30年代，梅花拳十六代宗师冯天民就创建习武班；1978年，他又创建精武学校。1984年，洪拳大师李相山办起水泊武馆。1989年，梅花拳大师冯天民创办梁山武术运动中心；至此，全县有大小武校20余所，武术训练点百余处，武术之花遍布城乡。全县20余处武术馆校全部由社会力量投资兴办，累计投资上千万元。至2013年，梁山泊武术学校成为全县唯一一处规范化武术培训学校。

梁山泊武术学校　梁山泊武术学校前身为始建于1989年的梁山武术运动中心；1999年，更名为梁山泊武术学校。至2013年，学校拥有练功房、排练厅、教室、餐厅、学生公寓等办学设施，总建筑面积3000多平方米，可满足400名学生就学需要。该武校为文武兼修的综合性专业学校，文科教学设国家规定课程，使用国家统编教材；武术训练主要传授梅花拳套路、散打、跆拳道、硬气功等。校长冯建武系梅花拳后百代第十七代

梁山泊武术学校训练叠罗汉（冯建武 摄）

传承人，学校以“普及文化教育，突出武术特色，依法制校，以德育人”为宗旨，“培养文武兼备、德艺双馨人才”为目标，发扬“用事实说话，以质量做人”的务实精神，累计培养学生4000多人，向体育院校、体工队、影视制作单位、武术表演团体、解放军武警部队、武术教练队伍输送1000多人，曾出访俄罗斯、韩国等国家和地区，多次参加中央电视台、山东电视台、上海卫视、香港凤凰卫视等电视节目录制活动。2004—2007年，连续4年受国家体育总局指派作为山东省唯一参赛队，参加国际龙狮精英争霸赛并获银、铜奖。在各类武术比赛中，先后获国际、国家级金奖3项、银奖6项、铜奖11项，省市级以上奖励90余项。被评为“先进武术学校”“社会力量办学先进单位”，被济宁市命名为“文化产业示范基地”。

梁山功夫院　梁山功夫院是经国家教委颁发社会力量办学许可证，由全国十佳武术教练、济宁市政协委员、子午门第二十一代掌门人宋义祥创办的集文化教育和武术训练于一体的综合性武术院校。梁山功夫院先后为国家培养出上万名文武两用人才和200余名一级武士及20余名全国武术冠军。其中1200名学员获得了国家二级运动员称号，先后获得省、市和全国武术比赛奖杯30余个，金牌80余枚，银牌90余枚；为俄罗斯、保加利亚、法国、东南亚等一些国家培训了80余名武术教练。在参赛的全国历届“子午门、少林民间武术争霸赛”和全国“育才杯”武林精英邀请赛中，均获得团体第一名的好成绩。《人民日报》《光明日报》《武魂》《武当》《少林与太极》等报刊，以及中央电视台“走遍全国”“希望英语”“科技之光”等栏目，黑龙江电视台“龙武堂”栏目，台湾东森电视台和日本电视台等国内外媒体都曾对该院子午门功夫做过专题报道。2001年，梁山功夫院排练功夫剧《少林雄风》并出国巡演，足迹遍布美国、加拿大、澳大利亚等70余个国家及城市；2010年初，泰国拳王到中国挑战武林，曾专程到该院切磋技艺。2003年10月，被评为“中华爱国英才培训基地”。2009年春，山东省影视文化协会等十部门把该院确立为“山东影视文化教育基地”。

武术比赛活动　梁山是武术的故乡，与少林、武当、峨眉并称中华武术四大发祥地，习武之风遍及城乡，民间有“喝了梁山水，都会伸伸胳膊动动腿”的俗语。同时，梁山县多次承办中国武术四大门派友谊赛、全国中老年太极拳赛、中国梅花拳演武大会、功夫王走进水泊梁山以及“擂台赛”“挑战赛”“争霸赛”等赛事，弘扬了梁山武术和水浒文化。

全国武术四大门派比赛　1994年，第二届水浒文化节上，全国四大武术门派友好邀请赛举行，中华四大门派第一次同台竞技，来自少林、武当、峨眉、梁山中华武术四大发祥地的高手会聚梁山，切磋技艺，进行友谊比赛。

全国中老年太极拳比赛　1999年10月21日，全国中老年太极拳比赛在梁山县体育场隆重开幕，全国63支代表队参加，中国老年体育协会和山东省老年体育协会以及市、县领导出席开幕式，中国老年人体育协会常务副主席兼秘书长朱德禄致开幕词，梁山县政府县长张忠建致欢迎词。

63个代表队运动员经过6场次、1448人次激烈的角逐，有28个代表队和232人次获得比赛奖，8个单位获体育道德风尚奖。梁山县代表队获集体拳第一名、集体器械第五名、胡爱民获得女子拳第一名、器械第二名、邓玉珍获得男子拳第五名、器械第八名。

中国梅花拳演武大会 2008年11月15日，由梁山县人民政府主办、梁山武术研究学会和梁山泊武术学校承办的首届中国梅花拳演武大会暨保护发展论坛在梁山风景区开幕。全国各地及海外梅拳弟子、运动员、教练员、裁判员和有关领导、专家、学者、新闻界人士，云集梁山，出席演武盛会，以武会友，切磋武场技艺、研讨文场学术、弘扬中华武术、传播水浒文化，共商保护传承和发展国家非物质文化遗产大计。参赛代表队共51支，运动员496人，参加保护发展论坛的专家学者和学术报告人共80余人，是中国梅花桩拳规模最大、参与最广的梅拳武术盛会。至2013年，中国梅花拳演武大会暨保护发展论坛已在梁山连续举办3届。中国梅花拳演武大会暨保护发展论坛除梅拳弟子以表演比赛形式展示、切磋梅花拳的武功技艺之外，还以大会发言和学术报告形式，交流研讨梅花拳的文理功法、历史源流、保护发展等方面的问题。出席论坛并进行报告演讲的大都来自国家机关、高等学府、梅花拳专业研究机构和梅花拳界的著名专家、学者、老拳师。中国梅花拳演武大会暨保护发展论坛组委会将梅花拳著名专家学者、知名拳师弟子及社会有关人士的文章编辑成《中国梅花拳文集》。

其他比赛活动 2011年4月，由山东电视台体育频道“功夫王”栏目组主办、山东梁山影视武校承办的“水泊梁山功夫王”中泰明星对抗赛在水泊梁山风景区一关举行，董传超、姜周文、郭镇、张景磊、马岩、张勇等中方拳手和麦神猜、颂挫·阿喃达桑、沙拉阿哟、阿努颂、贡特波洛等泰方拳手进行了激烈比赛。同年8月，“日本武士挑战梁山好汉”中日搏击擂台赛在梁山一关举行，中方以绝对优势大获全胜。2013年，梁山县旅游总公司与山东体育频道合作，共同打造《武行天下—梁山英雄擂》栏目，双方签署长达3年的战略合作项目“梁山英雄擂”并举办多场赛事。另外，梁山县还相继举办2011水泊梁山国际搏击明星争霸赛、第十二届全国子午门武术争霸赛、第十三届中国梁山全国武术功夫争霸赛暨第三届山东省武术非物质文化遗产技艺交流大会等武术活动。

梁山武术研究 2007年5月，梁山武术研究学会正式成立。第一次会员代表大会审议通过《梁山县梁山武术研究学会章程》，选举产生梁山县梁山武术研究学会理事会，冯建武为会长，聘请县委、县政府领导为名誉会长；聘请有关部门原主要负责人为名誉副会长；聘请全国武术界著名人物等为顾问。2012年5月，梁山武术研究学会举行第二次会员代表大会，审议修改学会章程，调整充实学会领导机构。该学会成功发起、举办中国梅花拳演武大会暨保护发展论坛，参与梁山武术申报国家级非物质文化遗产申报工作；组织编创武术、硬气功、舞龙舞狮剧目，参加国际孔子文化节、全国非物质文化遗产保护传承大会、全国城运会、山东省民族运动会、山东省农民运动会、中央电视台《中华情》和《同乐五洲》栏目、济宁市农民和职工文化艺术节、梁山水浒文化节和车博会开幕式、第23届省运会和第9届省残运会开幕式等大型武术表演比赛，在九江、佛山、梧州分获国际龙狮争霸赛金、银、铜奖各一枚；代表梁山武术界参加在北京举办的中华武术四大门派学术交流大会。

第五节　旅游文化

梁山作为水浒故事的发祥地，不仅积淀了豪迈奔放、博大精深的文化底蕴，而且提供了丰富的旅游资源，以水浒文化内涵为主的梁山风景名胜区自然景观壮丽，人文景观丰富，水浒遗迹众多，景点星罗棋布。随着旅游事业的快速发展，梁山县充分利用水浒文化资源，全面开发水浒旅游景区，不断丰富景区旅游内容，逐步增加景观意态趣味，形成具有鲜明特色的水浒旅游文化。

旅游文化形成 20世纪90年代后，梁山县以水浒文化为依据，挖掘其内涵，丰富其内容，并以旅游诸要素为依托，全面加强旅游设施建设和旅游文化建设，借以“弘扬水浒文化，打造旅游名城”，推动县域经济发展。进入21世纪，先后以“品读水浒文化，寻游好汉故里”“水浒故地，魅力梁山”“天道水浒，大义梁山”为主题形象定位，深入挖掘水浒文化，做活“文化旅游”，不仅建设景点，而且通过演出、互动、声音、影像等，活化梁山好汉啸聚山林、除暴安良、忠义双全、替天行道的那段历史，让游客感受水浒文化。至2013年，梁山在加强梁山风景区景点建设的同时，先后建设水浒文化博物馆、水浒文化广场、梁山泊广场的主题园，开发杏花村、郝山头等风情村，建设水浒街等游览街区，开发杏花村酒店、水浒大酒店等主题酒店，特别举办水浒文化节大型旅游文化活动，并在风景区推出梁山好汉过大年、好汉闹元宵、山寨好汉节、好汉品酒会、好汉菊花会及民俗娱乐等一系列水浒文化旅游活动，唱响水浒文化主旋律，打响黄金节庆品牌，使水泊梁山逐步形成水浒文化旅游核心区，有力地推动了梁山水浒旅游文化的形成，拉动了县域旅游经济发展。

水浒文化演艺 2006年4月，梁山风景区组建由20余名职工组成的业余演出队，利用节假日和旅游旺季，在梁山寨门前的宋江广场和忠义堂、左军寨等景点，为游客表演《好汉迎宾》《英雄大聚义》等33部水浒情景剧。2009年，梁山县旅游总公司梁山好汉艺术团正式成立，属全国首个水浒实景剧表演团体。梁山好汉艺术团招收50名专业演员和拳师，以主要水浒人物和故事情节为素材，通过水浒实景剧演艺的形式，再现梁山好汉当年行侠仗义的雄风神韵，展示梁山武术作为中华武术四大门派之一的博大精深，让广大游客在水泊梁山品味到原汁原味的水浒文化。2012年，梁山好汉艺术团策划演绎大型水浒情景剧《大义梁山》，为游客打造了一台具有特色鲜明、气势恢宏的水浒文化演艺盛宴。另外，景区中有莲花落、山东快书、渔鼓、扬琴等民间艺术表演，展示水浒遗风和民俗文化的独特魅力。2013年7月，梁山景区开办好汉文武术学校，专门为景区好汉艺术团和社会各界培养输送武术表演人才。

水浒文化修学 重点针对高校和中小学生，主要分为水浒忠义文化修学游、武文化修学游、

水浒文化修学游

民俗文化修学游等，每年暑假、寒假时段是各种修学游的旺季，学员团队来自全国四面八方。其中水浒文化修学游是主要的精品修学旅游产品。水浒文化修学游是以水泊梁山风景区为主体，配合水浒酒文化体验馆开展修学游活动，主要是整合各种文化资源，学习参与具有强烈地域文化特色的义文化、武术文化、酒文化、民俗文化精髓的体验项目和活动。包括观看、参与《好汉迎宾》《英雄大聚义》《大义梁山》等水浒情景剧表演，欣赏山东快书、莲花落、渔鼓、碗乐等民俗演艺，观看斗鸡、斗羊等民俗表演，参与好汉练武、英雄射箭、骑马上山等活动，学习梁山武术，跟着好汉学几招等，使游客充分领略水浒文化的博大精深及梁山景区的独特魅力，尽情徜徉于水浒故事之中，亲身体验当年梁山好汉“大块吃肉”“大碗喝酒”、射箭论英雄的水浒豪情。

主要节庆活动　梁山围绕水浒文化先后开展多种形式的旅游节庆活动，诸如好汉过大年、山寨好汉节及民俗娱乐等，均在旅游旺季或特定的节假日期间举办。

山寨好汉节　2012 年起，在“五一”期间配合梁山景区各景点的水浒情景剧等演出，推出“山寨好汉节”，让游客“穿越”当年梁山好汉聚义年代的爱恨情仇，全面体验和领略水浒文化的博大精深和梁山好汉的侠肝义胆。假期旅游演艺活动期间，上山沿途伴有山东快书、莲花落、渔鼓、碗乐等山东曲艺表演；各景点上演《好汉迎宾》《扈三娘比武招亲》《燕青打擂》等水浒情景剧；左军寨开展“我跟林冲学几招”、与好汉同台打擂等互动活动；忠义堂中“宋江”带领众好汉为远道而来的游客接风洗尘，品尝梁山大碗酒；在梁山大寨，游客可客串好汉角色参与“神行太保兄弟行”、骑马、射箭等活动，并可学习操练武松拳、武松脱铐拳、燕青棍、林冲枪、李逵斧等梁山功夫；在水浒酒文化体验馆，游客可观看水浒民俗表演，品“江湖老味”。从好汉迎宾到打擂、习武，从进入忠义堂观看好汉聚义到酒文化体验馆大碗喝酒，通过各类表演和参与性活动，营造出浓厚的水浒文化游氛围，让游客在享受五一假期的同时，体验梁山的民风民俗和水浒文化。

好汉品酒会　2004 年，梁山推出“英雄大聚义　好汉品美酒”品酒大会，至 2013 年，每年 9 月如期举行。活动以水浒白酒展示为平台，为酒饮企业和水浒酒文化爱好者搭建信息交流的桥梁，以酒文化促进旅游业进步，以旅游带动水浒酒文化发展。登山游客可凭大碗酒票到忠义堂装扮出演《英雄大聚义》，与好汉一起体验大碗喝酒、大块吃肉的水浒豪情。

好汉品酒会

好汉菊花会　菊花会是梁山风景区的一项重要文化活动。《水浒传》七十一回描写：“重阳节近，宋江便叫宋清安排筵席，令众兄弟同赏菊花，唤作菊花会。忠义堂上遍插菊花，众好汉各依次坐，分头把盏。”2008 年 9 月 16 日，举办“走进水浒，相聚梁山”好汉菊花会系列活动启动仪式；2009 年 9 月 29 日，举行“好汉菊花会，遍撒英雄帖”中国梁山好汉菊花会启动暨百家旅行社签约仪式；同年 10 月 18 日—26 日，举办“登高赏菊品美酒，天下英雄聚梁山”。同时，举办九九重阳登高大赛活动，推动健身与旅游、健康与休闲的完美融合，并对年满 60 周岁以上的老人凭有效证件免费登山参观景区，营造关爱老年人氛围，倡导“孝义”文化，弘扬中华民族尊老、敬老、爱老的传统美德。每逢“好汉菊花会”，景区摆满菊花，成为参展菊花品种齐全、规模大、档次高、影响深的花事盛会。同时，开展品箫、唱曲、弹筝、武术表演等，再现水浒场景。至 2013 年，好汉菊花会成功举办 6 届，参会旅游、观光人数日趋增多，成为景区重要的节会活动和敬老爱老活动。

好汉菊花会

忠义堂前表演扈三娘比武招亲

梁山好汉过大年 2009年12月31日，首届“好客山东贺年会”成功启动。活动由山东省旅游局依托“好客山东”文化旅游品牌、将年节文化注入旅游活动而发起，后逐渐成为区域性旅游品牌。2010年1月1日，“好客山东贺年会”“印象水浒、印象梁山”之“梁山好汉过大年”活动启动。首届“梁山好汉过大年”活动主要围绕元旦、春节、元宵三个节点，分别推出水浒民俗文化大赛、扈三娘比武招亲、梁山好汉闹元宵等活动，让游客感受底蕴深厚的水浒文化，欣赏独具特色的水浒婚庆表演，同时为游客提供丰富的冬季旅游大餐，成为“好客山东贺年会”的一大亮点。至2013年，“梁山好汉过大年”成功举办4届。同时，按照“常办常新”的思路，每届都突出一个主题，以增强节日的吸引力，达到“以节造势，以势聚客，以客促发展”的节庆旅游目的。

梁山好汉闹元宵 每年元宵节举办该活动，白天在风景区、晚间在水浒街，由“宋江”率梁山众好汉与游客和观众见面，相互交流，表演《李逵元夜闹东京》《燕青与李师师》等情景剧及好汉舞龙舞狮和武功，并组织“扈三娘”“李师师”“李娘子”“潘金莲”等水浒四大美人与游客和观众一同观花赏月。同时，每年从腊月中旬开始，在水浒街设立年货大集，展示北宋民俗和风味小吃，组织民间艺术队伍巡游表演、猜灯谜等活动，至元宵夜将活动推向高潮。

好汉闹元宵

中国旅游日 2011年5月19日为首个“中国旅游日”；当天，以“读水浒 游梁山”为主题的首个中国旅游日济宁庆祝活动暨“万人游梁山”启动。活动由济宁市旅游局、梁山县人民政府、山东省旅游行业协会旅行社分会主办，梁山风景名胜区管理委员会、梁山县旅游局承办，梁山县旅游局局长佟振堂为“水浒故地万人游”首个旅游团当导游。2013年5月19日，即第三个“中国旅游日”以“休闲惠民，美丽中国”为活动主题，山东主会场（梁山）庆祝活动暨济宁二日游、三日游团队联票启用仪式在梁山风景区盛大启幕，活动由山东省旅游局、济宁市人民政府主办，济宁市旅游局，梁山县人民政府承办，济宁市政府和市旅游、邮政等部门及梁山县委、县政府负责人，参加“公益直通车”的老年朋友、山东省60家重点地接旅行社代表、新闻媒体以及市民游客出席活动。活动内容包括孝心旅行、济宁二日游、三日游团队联票启用暨“好客山东”邮资明信片

县委书记为老人旅游团当导游（张仪凤摄）

发行仪式等。活动当天，水泊梁山风景区推出全天免费游览，县委书记田卫东为“公益旅游直通车”首批老人旅游团当导游，献礼“5•19”中国旅游日。除中国旅游日等重要节事外，水泊梁山景区以节庆日为契机，推出系列优惠活动。2010年起，大年初一梁山风景区对所有游客免费开放；2012年1月起，梁山县居民持身份证可免费游览水泊梁山风景区。

特色旅游活动　除了重点组织风景区主要景点游览外，梁山县根据水浒文化特色及景区周边景观，为不同的游客安排各具特色的旅游活动。

踏青赏花游　根据桃花、杏花、苹果花的不同花期，每年推出多条踏青赏花春游线路供游客选择，比如以“梁山笑迎八方客，桃花妖娆三月天”为主题的系列“踏青赏花游”“杏花村民俗游”“郝山头赏花节”等。初春3月，正是青龙山生态桃花园桃花的盛花期，吸引众多喜爱桃花和摄影爱好者到梁山最先感受花开满树、摇曳生姿的桃花怒放的艳丽姿态；青龙山北侧的生态桃花园区由于受地理、地质环境的影响，与其他地区花开的次第顺序不同，总是先于杏花开放，也是北方桃花花期开放最早的地方，堪称“齐鲁一大怪”。每年4月，位于梁山东麓、素有“杏林飞霞”之美誉的“十里杏花村”杏花争相开放，杏花宛如粉白色的大海，绵延十余华里；十里沃野，桃红杏白，芳香扑鼻，烂漫如诗，徜徉林中，恍若置身仙境，在体验水泊梁山粗犷豪放山寨气息的同时，感受梁山温婉、旖旎的自然风光。

休闲采摘游　每年6月，随着各种应季新鲜水果上市，融入农家乐的休闲采摘游，富有体验乐趣而广受欢迎。位于梁山风景区的梁山脚下的杏花村、西马庙村农民推出“红太阳杏”等采摘旅游项目，受到游客青睐，吸引众多游客前去体验采摘休闲之乐。游人们融入其中、乐在其中，尽情享受自然风光，不少本地的市民和外地游客带着孩子，在山坡上的杏园中采摘购买“红太阳杏”“麦黄杏”，品尝自己亲自采摘的新鲜果实，欣赏在大自然中体验“杏好吃自己摘”的乐趣。杏花村是古典文学名著《水浒传》和元杂剧水浒戏中描述的“杏花村”所在，栽植杏树历史悠久，有杏树1万多棵，其中百年以上杏树200多棵，有“十里杏花村”之说。梁山风景区不仅拥有杏花村民俗休闲旅游区、郝山头果林采摘基地，还有马营乡生态采摘基地、现代林业观光园等多个生态采摘基地。由此，各种形式的生态游、休闲游、农家乐、渔家乐、采摘节等应运而生，乡村旅游逐渐成为梁山文化旅游的重要组成部分。

采摘游

民俗娱乐活动　斗羊、斗鸡、斗狗是梁山传统民间项目，村民利用集会每年举行100多场比赛。独山乡风民俗古会在每年农历腊月初八举行，斗羊、斗鸡为古会重点项目，全国各地的斗羊、斗鸡爱好者也从四面八方汇聚到此。会上有各种风味小吃和乡土特产，吹拉弹唱，民间绝活，热闹非凡。

斗羊　梁山斗羊历史悠久。民间素有“家家

斗羊

植树，户户养羊”的习惯，并以驯化畜禽搏击为乐，最爱驯养抵羊；每至冬春农闲时节或集日、庙会期间，都有几场斗羊比赛。梁山斗羊品种均为小尾寒羊公羊，前胸宽厚，腰直腕圆，腿粗蹄齐，鼻隆耳大，犄角矫健。玩斗羊的人，手握三尺赶羊鞭，指挥斗羊或进或退，或是死斗，或者佯攻；相抵一次为一个回合，如此反复多次，直到有一羊败阵为止。斗羊人都是梁山汉子风格，讲究忠诚、仁义，实实在在，只有重量、牙口相当，才能让两只羊抵斗。

斗鸡 梁山斗鸡是中原斗鸡的分支，具有体型高大魁梧、喙如鹰嘴、体质健壮、羽色华丽等特征。斗鸡主要有高头大咬打法（斗架时头势昂得高、斗势好看）、平头平身打法（斗势不太好看但实用）、跑圈打法（打几下就跑圈）、四路全打法（全能，最理想的打法），且有嘴叨、翅扑、爪击三种技法招数；两鸡相遇，或伸喙强攻，或腾空扑打，或闪转腾挪，时而跳跃高咬，时而鼎立低打，让人目不暇接，心跳不已，极具观赏性，与斗羊并称为鲁西南地区民间娱乐活动的“双绝”。玩斗鸡者，多数爱练武，又爱喝酒，义气深重，帮纪严明；斗鸡不兴买卖，只兴馈赠。

斗鸡

斗狗 斗狗起源于宋代皇宫，朝廷负责养狗的官员往往都是七品的官衔，所谓“狗官”一词即来源于此。梁山的斗狗相传当年为李逵随宋江赴东京时带回梁山，并令手下喽啰豢养个头大、猎食欲强、生性凶狠的斗狗，时常在梁山大寨耍斗，满足梁山好汉们好斗的性格。后来，斗狗的习俗逐渐传入民间。

斗鹌鹑 斗鹌鹑是梁山一带流行的民俗。刚捉到的鹌鹑野性很大，故需下功夫进行驯化，驯化鹌鹑叫作“把鹌鹑”。鹌鹑相搏时，只见二鸟相斗，上下翻腾，跳跃扭打，激烈时连连发出撕咬之声；得胜者会发出兴奋的欢叫，败者敛其翅溜之大吉，行话叫“窜圈”。有人把这话用到怯阵的人身上，称之：“吓溜圈了”。

斗蛐蛐 斗蛐蛐是把两只斗蛐蛐放在罐里，用蛐蛐草引一下，让蟋蟀相斗取乐的娱乐活动。蟋蟀从原先的听其声，发展到观其斗，一般认为源于唐代，宋代朝野内外大兴斗蟋蟀之风，梁山一带也是那时兴起。梁山一带的蟋蟀个大、强健、凶悍，有顽强的斗性和耐力。

第六节 城市文化

随着梁山水浒文化品牌的形成，县委、县政府在城市建设中，充分利用水浒文化资源，全面提升城市水浒文化内涵，逐步形成以水浒文化为特色的现代文化旅游名城。

规划制定 在城市规划中，县政府始终坚持突出水浒文化特色。1995 年，梁山县编制第二轮城市规划，首次提出将城市性质定为全市政治、经济、文化中心，以发展纺织、机械、食品等支柱工业为主、以“水浒文化”为特色的现代化旅游城市。其后两轮规划（2005 年、2010 年）除主导产业有所变化外，以“水浒文化”为特色的旅游城市始终没有变。2010 年编制的第四轮城市规划，进一步提出，充分利用梁山山水文化特色资源，围绕山、水、绿、水浒文化和运河文化等进行构思，建设水浒文化旅游标志城。

城市建设　在城市建设中，梁山县把彰显水浒文化与体现现代风格有机结合起来，有效的增加了城市文化内涵。水浒街建设均为三层仿宋建筑，错落有致，入口处有大型水浒街牌坊，牌坊为三门四柱五楼式宋代传统造型，再现了《水浒传》所描述的水浒人物及当时的生活场景。梁山泊广场依山傍水，从整体到局部，处处彰显水浒文化元素，位于广场中心的四座义柱高擎，义薄云天，将忠义、道义、信义、情义展示的淋漓尽致。水浒大酒店建筑布局及改造后的杏花村酒店，均体现了水浒文化的深刻内涵。新建的县政务中心、水浒文化广场等，都充分展现了水浒文化元素。

特色冠名　为体现城市的水浒文化特色，梁山县在城市建筑标志、道路命名及商业、文化产业的发展中，注重体现水浒文化，塑造水浒文化品牌，形成水浒文化氛围。在城市道路命名中，将南北中心大街命名为“水泊大街”，东西中心主干道命名为“公明大道”，新建东西主干道命名为“水浒大道”，其他命名为“忠义路”“天罡路”“水浒街”等。在开发具有宋代特色的商铺、商品、饮食、娱乐、服务、产品时，围绕水浒做文章，反映水浒文化风格，如有的店铺命名“梁山泊”“快活林”“群英会”等，让人们及外来游客体会到“水浒故地，英雄故乡”的真实感觉。

第七节　系列文化产业

梁山依托水浒故事传说、历史遗迹等文化元素，开展各种各样的文化发掘和建设，以文物收藏与藏品展览为主的文化博览业、以绘画设计与票卡制作为主的文化策划业、以场景建设与水浒传播为主的影视文化业等，应运而生，并不断发展，形成梁山水浒文化系列产业。

文化博览业　文博业的发展起始于民间文物的收藏，民间文物收藏起源虽早，但未成规模；2012 年，水浒文化博物馆建成；2013 年，梁山民俗博物馆开放；2 处博物馆均通过省级有关部门专家组验收并批准设立。

水浒文化博物馆　水浒文化博物馆位于梁山脚下，始建于 2012 年，由马克桓个人出资主办，被济宁市委宣传部公布为爱国主义教育基地。水浒文化博物馆占地面积 3600 平方米，展览区又分为室内展区与室外展区，室内展区分为梁山与水浒、名人与水浒、水浒文化研究成果、水浒文化实物等四个部分；室外展区分为水浒碑林展区和宋江战船展区两部分。水浒文化博物馆室内展区有藏品 21648 件，主要来源于马克桓的私人收藏，部分来源于社会人士捐赠。馆藏内容包括毛主席像章、毛泽东到梁山、毛泽东评水浒及相关书籍资料，《水浒传》、水浒研究资料、水浒文化研究及相关活动资料，各时期名人到梁山追忆水浒文化的资料，水浒文化与传统文化、齐鲁文化、黄河运河、运河文化及红色文化相关的历史文物等。水浒文化博物馆室外展区水浒碑林共刻石碑 300 余块，涉及书法大家 400 余人，集有多个时期的代表作品，其中，有康熙撰文并书写的“康熙训斥士子文碑”，孙中山、毛泽东等伟人作品，还有周巍峙题写的“梁山传颂好汉，民间蕴藏奇人”，臧克家题写的“世间偏多不平事，五洲到处说梁山”等。

民俗博物馆　梁山民俗博物馆位于梁山县水泊南路南段，建于 2013 年，由杏花村大酒店投资并在杏花村酒店原址建设。民俗博物馆按照北宋乡风民俗、水浒酒肆、客栈和市井文化风貌特点进行设计装饰。建筑面积 9115 平方米，主要包括序厅区、水泊梁山民俗风情视频展播区、酒文化知识展区、酒器酒具展区、水浒名酒展区、水浒菜品展区、水浒遗风展区、水泊梁山乡风民俗展区、北宋酒店体验区、水浒酒作坊、水浒酒窖等 12 大功能区。民俗博物馆是以梁山水浒文化和民俗文化为一体，以教育、研究、欣赏为目的，收藏、保护、研究、展示了水浒文化、水浒遗风、民俗文化。

文化策划业 1997年12月，《水浒传》特种邮票（第五组）首发式在梁山举行。《水浒传》特种邮票共5组23枚，第一组发行于1987年，被评为当年最佳邮票，第五组是该系列是最后一组关门票。该系列邮票以艺术的手法，再现梁山好汉英雄气魄，形象逼真，惟妙惟肖。1999年，孙景全应邀为中国工商银行济宁分行创作设计《水浒传》系列“牡丹珍藏卡”之一、之二两套，分别由新加坡和上海印制发行。2013年，孙景全应山东集邮协会与济南出版社之约，为中国第十届艺术节创作设计水浒特种个性化邮票“109将”，由国家邮票印制局出版发行。

影视文化业 2008年10月10日，县委、县政府举行梁山影视基地奠基仪式。影视基地位于梁山脚下，规划占地面积约1000亩；基地建筑以宋代风格为主，由仿宋古城镇、古战场、城堡及古村落等部分组成，占地200亩，包括兵营、村舍、府衙、官邸、祠堂等场景；至2010年，影视基地主要建筑包括民居、肉铺、面馆、衙门、池塘等已经建成。依托梁山影视基地，先后完成了大型系列数字电影《水浒人物谱》之《拼命三郎石秀》等多部电影的拍摄；拍摄了《寻找水浒》《八百年水浒》大型纪录片。配合水浒文化游，旅游部门策划编排大型水浒场景剧“大义梁山”“好汉大聚义”“武二郎娶亲”“扈三娘比武招亲”等水浒情景剧，为游客打造出具有鲜明特色的水浒文化演艺盛宴。至2013年12月，梁山影视基地已拍摄8部数字电影、12部水浒108个人物传记，创作编排水浒情景剧24部。

第八节 历届水浒文化节

1993—2013年，梁山县共举办6届水浒文化节，前2届专题举办，后4届与专业汽车博览会合办。

首届水浒文化节 1993年，县委、县政府研究决定举办首届国际水浒文化节，后定名为“首届中国（梁山）国际水浒文化节”。2月21日，县政府制发《关于举办国际水浒文化节的构想》，拟定5月9—13日举办首届水浒文化节，并以“文化搭台、经贸唱戏、旅游兴县”为指导思想，以弘扬水浒文化、展示梁山风貌、加快对外开放步伐为总要求。首届水浒文化节经省文化厅批准、由省旅游局和济宁市政府主办、济宁市旅游局和梁山县人民政府承办。首届水浒文化节开幕式于5月10日举行，国家有关部委和省市各级领导及海内外专家、学者、客商2000余人应邀出席，县长赵步荣主持开幕式，县委书记连广生致辞；开幕式上演出500多人参加的“笑迎嘉宾聚梁山”大型文艺节目，包括英雄大聚义、欢腾满水泊、武术遍梁山、群狮展雄风、美酒敬嘉宾等五幕场景演出，激扬雄浑，动人心魄。水浒文化节期间，举办水浒学术研讨会，展出100多幅水浒人物书画和四个展板的集邮珍品，进行多场经贸技术合作洽谈活动，安排梅花拳、燕青拳、二郎拳16场武术表演，组织登山游览迎活动和斗鸡、斗羊等民俗表演活动，近百支文艺表演队、50部彩车、5000多名演员进行巡街表演，表演彩旗舞、军乐、戏剧、腰鼓、秧歌、唢呐、高跷、

1993年，首届水浒文化节开幕式

花船、武术、狮舞、龙灯舞、彩带舞、抬司衙和水浒故事等节目，艺术巡游队伍绵延七八华里，鼓乐齐鸣，蔚蔚壮观，展现了梁山民间文化艺术的精华和魅力、水泊梁山浓郁的风土人情和独具特色的水浒文化，实现了“文化搭台、经贸唱戏”。

第二届水浒文化节 1994 年 4 月 15—17 日，第二届中国（梁山）国际水浒文化节举行，该届水浒文化节由省旅游局和济宁市政府主办、济宁市旅游局和梁山县人民政府承办，目标为“文化搭台、经贸唱戏、旅游兴县”。第二届水浒文化节举行开幕式、大型文艺演出、民间艺术巡游、登山游览、中华武术四大门派表演、水浒书画展和斗鸡斗羊等项活动。活动主要依

1994 年，第二届水浒文化节开幕式

托当地民间文化资源，由地方演员和民间艺人担当开幕式大型演出和民间艺术巡游表演的任务，城乡群众广泛参与，自娱自乐。开幕式上演出的大型文艺节目《爱我梁山》，有 1000 余名演员参加，展现了悠久灿烂的水浒文化的梁山改革开放走向未来的整体形象。开幕式后进行了 8 个文艺方队、13 个民间艺术队伍和 18 辆彩车、2000 余人组成的民间艺术巡游，展示了水浒文化的魅力。水浒文化节期间，梁山县还邀请少林、武当、峨眉与梁山成功举办中华武术四大门派表演赛，少林、武当、峨眉、梁山中华武术四大门派首次在梁山汇聚进行武术交流，4 个参赛代表队共 71 人，表演项目 68 项。不仅表现出梁山好汉的习武传统和尚武精神，而且梁山武术与少林、武当、峨眉同为中华武术四大发祥地的提法得到世人认可。

2007 年水浒文化节 2007 年 9 月 17—26 日，2007 年中国（梁山）水浒文化节暨第三届专用汽车博览会举行。该次水浒文化节以“水浒故地，魅力梁山”为主题，以“弘扬水浒文化，打造旅游名城，推动经济发展，共建和谐梁山”为宗旨，主要活动内容包括新闻发布会、开幕式、大型文艺晚会、宴宾酒会、水浒文化展示、武术表演赛、水浒文化高层论坛、景区游览及经贸招商活动（与梁山专用汽车展销会结合）。由山东省旅游局、济宁市人民政府主办，济宁市旅游局、梁山县人民政府承办，水浒文化节开幕式和文艺晚会与央视四套《同乐五洲》栏目合作，并邀请著名歌手费翔、齐秦、姜昆、大山、韩红、屠洪刚、凤凰传奇及主持人刘芳菲等，阵容强大，精彩纷呈，全程录播，融入梁山县精心编排的《信念》《龙狮舞盛事、锣鼓庆祥和》《梁山武韵》3 个地方文艺节目。水浒文化节期间，组织水浒文物、水浒书籍影视、水浒摄影、水浒书画楹联、水浒邮票、水浒根雕、水浒武文化、水浒酒文化、水浒鲁锦、水浒工艺品等十项水浒文化展览；组织专家云集的水浒文化高层论坛，精心策划景区游览、“水浒之旅”启动暨百

2007 年水浒文化节文艺晚会

家旅行社签约活动，景区游览活动开展包括好汉品美酒、好汉迎宾及舞龙、舞狮、斗鸡、斗羊、渔鼓、莲花落等传统民间艺术展演活动。

2010年水浒文化节 2010年9月13—19日，2010年中国（梁山）水浒文化节暨第六届专用汽车博览会举行。该次水浒文化节以“品读水浒文化，寻游好汉故里”为主题，以“弘扬水浒文化，发展旅游经济，倡树忠义精神，构建和谐社会”为宗旨，先后举办一系列独具特色、精彩纷呈的文化活动。9月14日上午，在梁山景区一关广场举行以“千年等一回，只为这一天”为主题的世界旅游小姐走进水泊梁山入城仪式、《武林风》走进水泊梁山活动及《阮氏三兄弟》《梁山功夫》等6个地方文艺节目，制作推出“燕青打擂”“真假李逵”“杨志卖刀”等水浒情景剧展演，并开展水浒曲艺说唱、民间艺术展演、斗鸡斗羊等民俗展演等活动。9月16日晚，开幕式和大型文艺演出在凤凰山体育场举行。梁山县与央视3套《艺苑风景线》、山东有线电视中心合作，邀请赵宝乐、董姝为主持人，李宗盛、郭峰、那英、光头李进、李慧珍、阿木、爱朵女孩等歌手到场表演，《水浒人物谱》中孙二娘扮演者周海媚、潘巧云扮演者温碧霞、石秀扮

2010年水浒文化节文艺演出

演者孟飞等明星助阵演出现场，为参会嘉宾和梁山人民奉献了一场阵容强大、精彩纷呈的文化盛宴。

水浒文化节期间，举行“毛泽东与水浒”专题研讨会及“天下水浒讲坛”，上海电视大学中文系教授鲍鹏山开设讲坛，品评水浒，其《新说水浒》以与众不同的眼光和视角，将水浒108将深刻透彻地展示在观众面前；与会专家学者起草通过《天下水浒论坛之梁山宣言》。同时举行水浒文化旅游产业发展专家座谈会、水泊梁山旅游推介会，国内百家旅行社举行签约仪式。

2011年水浒文化节 2011年9月10—16日，2011年中国（梁山）水浒文化节暨第七届专用汽车博览会举行。该次水浒文化节由山东省旅游局、济宁市人民政府主办，梁山县人民政府、济宁市旅游局承办，以“创5A景区，建旅游强县”

2011年水浒文化节开幕式

为主题，共举办10余项活动。水浒文化节开幕式和文艺演出由山东电视台全程录播。9月16日，开幕式和大型文艺演出在梁山水浒文化广场举行。9月17日，举行“水泊英雄大聚义·梁山好汉品美酒”大型文艺演出及品酒大会，刘欢等明星齐聚梁山，八千余名歌迷共聚一堂、会场品酒、共享盛宴，喝大碗酒、吃大块肉、赏情景剧，持续三天，全面展示民俗遗风，提升水浒酒文化影响力，增强水浒旅游的吸引力。其间，举行精彩激烈、特色突出的“水泊梁山功夫王比赛”，气韵传神、情致细密的水浒书画展，领域广、项目优的经贸招商活动，通过一系列丰富多彩、场面宏大的文化活动，全方位、深层次、立体化地展示水浒文化精品，扩大水

2012 年水浒文化节开幕式

浒文化交流与合作。

2012 年水浒文化节 2012 年 9 月 16—19 日，2012 中国（梁山）水浒文化节暨第八届专用汽车博览会举行。9 月 16 日晚，开幕式及大型文艺演出在梁山水浒文化广场举行。该次水浒文化节主题为“大义梁山”，由中国旅游协会、山东省旅游局和济宁市人民政府主办，济宁市旅游局和梁山县人民政府承办，开幕式和文艺演出由山东电视台《唱响山东》栏目全程录播。山东省旅游局党组成员张明池、济宁市政府市长梅永红、中共梁山县委书记田卫东分别在开幕式上致辞，梅永红宣布 2012 中国（梁山）水浒文化节暨第八届中国（梁山）专用汽车博览会开幕，中共梁山县委副书记、县长贾治阜主持开幕式。国家有关部委，省市有关领导，梁山县委、县政府领导等出席开幕式。大型文艺演出在童谣《梁山谣》中拉开帷幕；晚会邀请了刀郎、韩红、七小福、东方神骏乐团等明星出演，歌曲《兄弟无数》、诗朗诵《大义梁山》、歌曲《天时地利人和》等节目诠释梁山大义精神。开幕式当天，成功举办 CCTV-1《吉尼斯中国之夜》走进水泊梁山、挑战吉尼斯大型活动。文化节先后举行了水浒文化节和专用汽车博览会新闻发布会、2012 中国·梁山水浒文化与旅游发展高峰论坛暨旅行社合作大会、“舌尖上的水泊梁山”美食季启动暨梁山水浒宴研发中心揭牌仪式、“英雄大聚义，好汉品美酒”梁山寨品酒大会及大型水浒情景剧《大义水浒》首演仪式、《激情梁山》文艺演出、《水浒戏》汇报演出、筹拍《烽火梁山》电视片新闻发布会、中国（梁山）梅花拳第三届演武大会、专用汽车及零部件展览开展仪式、中国专用汽车产业发展论坛、经贸招商项目签约仪式等多项大型活动。

第四章 名人与梁山

第一节 毛泽东与梁山

1919 年，五四运动爆发，时任北京大学图书管理员的青年毛泽东从北京回湖南，途径鲁西南，攀登泰山、拜谒孔墓、游览孟子出生地，并专程登临梁山。据《毛泽东传记载》：梁山是《水浒传》中英雄聚义的地方，青年毛泽东决定上梁山。毛泽东到梁山后，下榻在后集村马氏家祠的私塾学堂里，次日天亮后登山。毛泽东登山从马氏家祠出发，经后集大隅首向南，穿马家林，过梁孝王墓，上鏊子山，折东经薛家林，过薛家桥，在馍台村柿子行里休息，然后沿小黄山和东狗爪子山山谷中的小路登骑三山，过黑风口，直上虎头峰。

梁山百姓津津乐道毛泽东到梁山的故事，并时常回味毛泽东与水浒、毛泽东与水泊梁山的不解之缘。毛泽东晚年身边的工作人员逄先知等及亲属张文秋、邵华、毛新宇等也先后到梁山，寻追伟人足迹。2010 年，中央电视台科教频道（CCTV10）《寻找水浒》纪录片开篇翔实地描述了这一史实。毛泽东的嫡孙毛新宇到梁山时说，主席到梁山这件事，填补了他革命生涯的一段历史，延伸了伟人的革命足迹，是先到了梁山，才有了后来的井冈山斗争。毛泽东上梁山，为梁山发掘水浒文化、发展红色旅游提供了重要依据。

青年毛泽东的梁山之行，对毛泽东的革命思想产生重要影响。梁山是好汉聚义之地，毛泽东从水浒英雄占据梁山的起义故事中得到启发，占据山林，创建革命根据地、农村包围城市、武装夺取政权的革命思想开始萌芽。据记载，大革命失败后，针对党内右倾错误，毛泽东在党内会议上毅然宣称“学梁山泊好汉”；1927年八七会议，提出了“枪杆里面出政权”的重要论断；1939年7月，在陕北演讲时称自己带队伍上井冈山是“没法子，被逼上梁山”。历经土地革命战争、抗日战争、解放战争，工农武装割据、农村包围城市、最后夺取全国胜利，毛泽东的革命思想在实践中被论证。

第二节 习近平与梁山

1991年11月，时任中共福建省福州市委书记习近平携夫人彭丽媛到梁山。时任梁山县委副书记耿进学，县委常委、县委办公室主任李进普等陪同。

习近平到梁山的消息是通过邻县县委办公室传递的，由于习近平特别嘱咐不要到边界迎接、不要领导陪同、只需引领一下即可。据此，耿进学、李进普在梁山脚下等待习近平。

下午两点左右，身穿皮夹克、面带微笑的习近平及夫人彭丽媛从车上走下来，耿进学、李进普随即上前迎接，握手寒暄后，习近平开门见山地说：“我对《水浒传》非常喜爱，早就想到梁山来看一看，今天有缘，我们一块去走一走，体验一下。”

天高气爽，微风拂面，路两旁翠柏幽深。习近平身体矫健，步履轻盈，与耿进学两人一直走在前面，谈兴甚浓。习近平说：“水泊梁山在国内外享有很高的知名度，今天能在好汉聚义的地方走走看看，感到非常高兴。”他详细询问当年宋江农民军安营扎寨、人员布设情况，耿进学作了详细介绍。一行人先后登上断金亭、黑风口、忠义堂，在虎头崖，习近平俯瞰梁山大地并询问山西侧独立山头的来历。耿进学告诉他，山头叫独山，1938年8月，梁山人民在独山配合陈光、罗荣桓领导的八路军一一五师一举歼灭包括日本天皇叔父长田敏江在内的400余名日伪军，使“梁山战斗”成为抗战后八路军取得重大胜利的著名战役。习近平频频点头。

途中，习近平询问梁山近年来经济发展建设情况，听了耿进学关于梁山发展情况的介绍，习近平说：“梁山这几年经济建设搞得很好，发展很快，让群众得到了实惠。”耿进学告诉习近平：“梁山是和新中国同时建立的，属新建县，底子薄。”习近平说：“梁山是宋江起义的大本营，也是中国革命的根据地，历史文化丰厚，是梁山的宝贵财富，一定要把这些遗迹保护好，把梁山文化旅游这块金字招牌打出去。你们要有水浒英雄的底气，发扬拼命三郎的精神，现在又有党的好政策，发展前景一定会很好。”

走到摩崖石刻前，习近平招呼大家：“非常感谢梁山县委领导同志的陪同，我们就在这里合个影吧。”就这样，在舒同题写的“水泊梁山”四个大字下，一张珍贵的合影定格。

习近平因有事要赶往北京，下山后未作停留即与大家匆匆告别。他一边亲切地握着耿进学、李进普等人的手，一边诚恳地说：“我们两地要把沟通的桥梁架起来，今后要多走动，多联系；真诚欢迎你们到福州考察合作。”说完，劝止了要送一程的耿进学等，轻车简从离开了梁山。

第三节 胡耀邦视察到梁山

1961年9月7—8日，共青团中央第一书记胡耀邦到梁山视察，共青团山东省委书记林萍、菏泽团地委书记张梅林陪同。9月7日傍晚，胡耀邦到梁山，当即同省、地、县主要领导见面交谈。9月8日上午，胡耀邦在梁山县委常委会议室召开座谈会，主要座谈粮食征购和群众生活情况。参加会议的有公社党委书记、县直农业、粮食部门的同志和共青团干部。发言时，有的同志喊胡书记，胡耀邦说："请同志们不要叫我'胡书记'，共青团不兴喊职务，大家都叫我'耀邦'或'耀邦同志'，彼此多亲切啊！"大家看到胡耀邦同志亲近待人，发言越来越热烈，大家如实说出购过头粮、群众挨饿的情况。他会后将此情况告诉地委、省委，梁山县也很快把购的过头粮返给了群众。

胡耀邦对《水浒传》中梁山好汉的故事非常熟悉。在座谈发言中，当县委副书记吴觉同志介绍拳铺公社党委书记朱士江和班鸠店公社党委书记马玉振时，他笑着说："幸会！你们拳铺，《水浒传》中是朱贵卖酒的地方，实际是'上梁山'的联络点；班鸠店是程咬金的家乡，程咬金是唐朝开国名将、鲁国公，也是大英雄。真是梁山英雄地，自古多英雄！"9月8日下午，胡耀邦一行参观梁山寨遗址等十多处景点。他在山上边看边谈，讲了许多水浒英雄的传说故事。当看到黑风口时，他说："这就是李逵把守的险要关口？风好大啊！传说'无风三尺浪，有风刮掉头！'"。当走到梁孝王墓坑时，他说："这个帝王墓坑与梁山的来历有关：梁山本名良山，西汉时，梁孝王常在良山北麓打猎，后病葬于此，故而良山改名梁山。"他还提出："梁山大名鼎鼎，一部水浒名扬天下，这是中国和世界的骄傲，更是梁山人的光荣！要上下一齐努力把梁山建好。"又说"梁山是游览的好地方，一百单八将在梁山的活动点很多，应当根据历史记载逐步修复，使水浒景点真实再现，让后人观赏它的原貌"。还说："当年梁山森木茂密，是藏龙卧虎之地，现在应多植树，把山绿起来。"此后，梁山县委让团县委带领青年，连年在梁山栽植柏树。

胡耀邦下山后，来到梁山县委礼堂门前，菏泽地区十个县的团县委书记和梁山的县社全体共青团干部，都正在等候耀邦同志下山，专来看望胡耀邦书记。他欣然提出"我们在这里合个影吧，在梁山留个纪念！"并说，"宋江排座次，我们合影不排座次，大家随便坐吧！"大家热烈鼓掌。

第四节 吴邦国视察到梁山

1995年5月20日，时任中共中央政治局委员、国务院副总理的吴邦国，在时任铁道部长韩杼滨和山东、河南两省党政主要领导陪同下，到梁山参加京九铁路黄河特大桥通车典礼，并视察梁山风景名胜区。京九铁路黄河特大桥通车典礼完毕，吴邦国同有关方面一一握手道别；梁山县委书记王廉秀邀请其到梁山去看看，吴邦国愉快地接受邀请，并直接去梁山风景区。

为迎接吴邦国到梁山，县委、县政府安排有关部门临时组织编排一批体现水浒文化和梁山地域民俗文化的文艺节目，在吴邦国一行到达梁山风景名胜区时，在宋江广场、断金亭、黑风口、忠义堂等十余处景点安排了汇报表演。吴邦国在登山途中，精神矍铄，健步如飞，平易近人，边走边与省市县陪同领导交谈，饶有兴趣地询问梁山民俗文化、梁山武术和水浒文化遗风等相关问题。每到有节目表演的景点，他都停下来，认真地观看表演，演出结束，他都与演职员热情交流并合影留念。

到达忠义堂后，吴邦国首先与陪同的梁山县党政主要领导进行了亲切会见和交谈。时任县委书记王廉秀向吴邦国副总理做了简要汇报；其后，吴邦国副总理与梁山县有关部门的负责同志会见并亲切交谈，一一询问大家的姓名、单位、职务或岗位，并一再对梁山热情接待表示谢意。他特别提出："水浒文化底蕴深厚，希望你们好好的发掘保护，开发利用。"交谈中，王廉秀书记提出让吴邦国副总理为梁山站题写站名，吴邦国谦称自己不善书法而再三推脱，但在梁山县领导的再三恳请下，吴邦国欣然命笔，写下"梁山站"三个苍劲有力的大字。三个大字镶嵌在京九铁路梁山火车站前门楼上方中央。会见结束时，吴邦国副总理分别与县领导和在场的有关方面的同志合影留念。

第五节 李克强考察到梁山

1987年10月21日，时任团中央书记处书记的李克强，在菏泽参加全国中学实践教育活动现场会后，在时任山东团省委副书记杨传堂、菏泽团地委书记贾凤英等陪同下，到梁山县考察工作。在梁山期间，县委副书记、县长霍正气，县委副书记邵好学等县领导陪同李克强及省地共青团的领导考察黄河防护林建设工程、水泊梁山风景区、以及水泊商场等。在黄河防护林建设工地，李克强说，黄河是祖国的母亲河，沿河建设防护林工程，惠及百姓、造福后代，梁山县做了件大好事。视察水泊梁山风景区时，李克强指出，水泊梁山名气很大，国内外都给予很高期望，梁山的同志要把风景区保护好、建设好，为当地经济社会发展做贡献。水泊商场曾被团中央商业部授予"全国文明经营示范单位"称号，李克强在这里说，在生活不太富裕的鲁西南地区，水泊商场搞这么好，真不简单。李克强在梁山期间，还与省地县共青团干部座谈，鼓励各级团干部振奋精神，勇于创新，进一步开创共青团工作新局面。

第六节 贾庆林调研到梁山

2011年 12月18日，时任中共中央政治局常委、全国政协主席贾庆林在山东调研期间到梁山县调研水浒文化旅游产业发展情况。时任省委书记、省人大常委会主任姜异康，省委副书记、省长姜大明，市委书记张振川，市委副书记、代市长梅永红，县委书记、县人大常委会主任陈国华，县委副书记、县长田卫东等省、市、县领导陪同调研。

在梁山县调研期间，贾庆林考察了梁山风景区一关、二关、摩崖石刻等景点，听取了梁山县近年来景区开发、旅游产业发展等方面的情况汇报。在梁山寨广场，贾庆林兴致勃勃地观看了武术表演，并同武校师生进行亲切交谈。贾庆林说，梁山是水浒故事的发祥地，有深厚的文化底蕴，要充分利用水浒文化旅游资源，围绕水浒文化旅游产业这个主题，突出项目建设和营销提升两个重点，搞好旅游产业综合发展规划和景区总体规划修编，打造好品牌旅游产品，形成水浒文化旅游大景观，做足做好水浒文化旅游大文章。

贾庆林指出："在旅游产业发展过程中，要坚持可持续性发展，合理开发，永续利用宝贵的自然资源、人文资源，真正把水泊梁山这个牌子打出去。"他特别要求各级党委、政府和党员领导干部要牢固树立群众观念，深入基层、深入群众，送政策释民惑，送温暖聚民心，送服务解民难，做好保障和改善民生工作，将党和政府的温暖送到千家万户。

第七节 文化名人在梁山

彭丽媛到梁山义演 彭丽媛于1986年11月到梁山演出。当时彭丽媛带团到菏泽地区进行巡回义演，在菏泽地区领导的安排下，彭丽媛在巨野县演出结束后便马上赶往梁山。梁山剧院负责人从巨野把演员们接到梁山。在路上，彭丽媛高兴地对剧院负责人杨义说，梁山是个好地方，小时候我曾去过。咱们是邻县，是老乡。

进了县城，又说，梁山发展得很快，建设得挺好，变化很大，和小时来的时候大不一样了。晚上，梁山剧院灯火通明，彭丽媛激情演唱了《父老乡亲》《在希望的田野上》及一些军旅歌曲，剧

彭丽媛与梁山县领导合影

场里不时爆发出阵阵热烈的掌声。彭丽媛的演出，给梁山人民留下美好的印象，她热爱家乡，对父老乡亲的浓浓亲情也永远地留在了人们的心中。

范曾与《水泊梁山记》 范曾与梁山的情缘，源于他对古典文化艺术的一往情深。20 世纪 70 年代初，为创作国画《逼上梁山》，他曾在梁山一住两个多月，梁山人民和文化界同行热情相待，彼此结下深厚的友谊，并使其对梁山情有独钟。2001 年春，范曾怀着对梁山人民的深厚感情和对水浒 108 位好汉的敬仰，意为梁山撰写词赋，并派员与梁山县方面沟通。2001 年夏至 2002 年初，梁山县政府及文化、旅游部门多次赴北京、天津，与范曾商议《水泊梁山记》创作、捐赠、镌刻等事宜。范曾步先人范仲淹《岳阳楼记》韵，为水泊梁山撰写鸿篇巨文《水泊梁山记》，全文 368 字，与《岳阳楼记》异曲同工。文中倡导“以德治天下，正兴国之本欤”治国思想，弘扬“德治国兴，文倡民治，和谐发展”时代主旋律，与范仲淹‘先天下之忧而忧，后天下之乐而乐’的忧国忧民情怀一脉相承，构成跨越时空的精神对话。《水泊梁山记》经范曾反复润色和三次挥毫泼墨成稿后，他邀请梁山县政府及有关部门负责人到他家中审定选用文本。当得知梁山地方经济欠佳时，范曾随即确定将《水泊梁山记》无偿捐赠梁山，并提议《水泊梁山记》摩崖石刻落成庆典时，有关名人邀请及相关费用由他本人负责，并在南开大学举行《水泊梁山记》交接仪式。同时，他还将新版《范曾书画集》分别捐赠梁山县政府、县文物管理所、县图书馆，并亲笔题写赠言。其后，历时三个月在梁山风景区天然崖岩纹理上完成《水泊梁山记》的镌刻。2002 年 4 月 20 日，梁山县委、县政府为《水泊梁山记》摩崖石刻举行落成庆典，省、市领导，范曾和著名影视演艺界明星等出席庆典仪式，为落成庆典平添一份光彩。庆典上进行了《名山新辉》的大型文艺演出，庆典仪式现场，县委书记韩军代表梁山县政府向范曾颁发政府顾问聘书，范曾向梁山县政府赠送范曾画集以示纪念。之后，又在梁山宾馆分别举办“范曾学术报告会”和“范曾诗文书画研讨会”，梁山本地和省内外各界 100 余名诗文书画人士云集交流，范曾作主旨演讲，10 余名专家学者作了专题发言。当晚，在梁山剧院举办《范曾诗文演唱音乐会》，范曾应邀走上舞台，参与即兴演出，并深情地吟哦了众多古今诗词乐章。

赵忠祥两次梁山行 央视主持人赵忠祥曾先后两次到梁山。第一次是在 1995 年的 4 月 8—9 日，作为电视系列片《大京九》的主持人兼解说员，为拍摄有关梁山和水浒文化的内容，随摄制组到梁山。第二次是在 2002 年的 4 月 19—20 日，作为特邀嘉宾再次到梁山，参加范曾《水泊梁山记》摩崖石刻落成庆典大型演出，为庆典活动助兴。1995 年 4 月 8 日，赵忠祥随铁道部与中央电视台大型电视风光片《大京九》摄制组抵达梁山。刚到梁山，他就动情地说:“梁山，今天我终于来了”。在进餐中，他妙语连珠，不时用风趣的玩笑彰显他的风采和博学，梁山人的热情好爽更让他脱口说出 :“梁山人是中国

的山东人，世界的中国人”。为全面展示梁山的人文地理、自然风光、风俗人情及经济社会发展前景，赵忠祥不顾旅途疲劳，随摄制组编导等人员与梁山县方面研究商定拍摄内容及重点。拍摄中，每到一处景点，赵忠祥都要停下来，通过向导游员或向陪同人员提问等形式，力争通过电视片对梁山景区做尽可能翔实的推介。拍摄完武文化、民间艺术的展示，赵忠祥感慨地对我们说：“越是民族的，越属于世界和整个人类；越是有特色的东西，越容易广泛传播和留给子孙后代。今天在水泊梁山看到的这一切，使我们再一次验证了这一点”。摄制组在梁山拍摄的内容大部分被纳入《大京九》电视系列片，还有一部分内容作为《大京九》拍摄花絮，由中央电视台进行播放。2002 年初，由著名书画大师范曾为梁山亲笔撰文并书写的《水泊梁山记》摩崖石刻在梁山景区完成，县委、县政府确定在梁山景区为其举行落成庆典。赵忠祥作为特邀嘉宾，于 4 月 19 日与范曾和省市领导一起，又一次到梁山。次日，范曾《水泊梁山记》摩崖石刻落成庆典隆重举行，并举行《名山新辉》大型文艺演出，在庆典演出现场，赵忠祥声情并茂地朗诵了范曾大作《水泊梁山记》。

梁山縣志

LIANG SHAN XIAN ZHI

1994—2013

第二十四篇

DI ER SHI SI PIAN

梁山景观

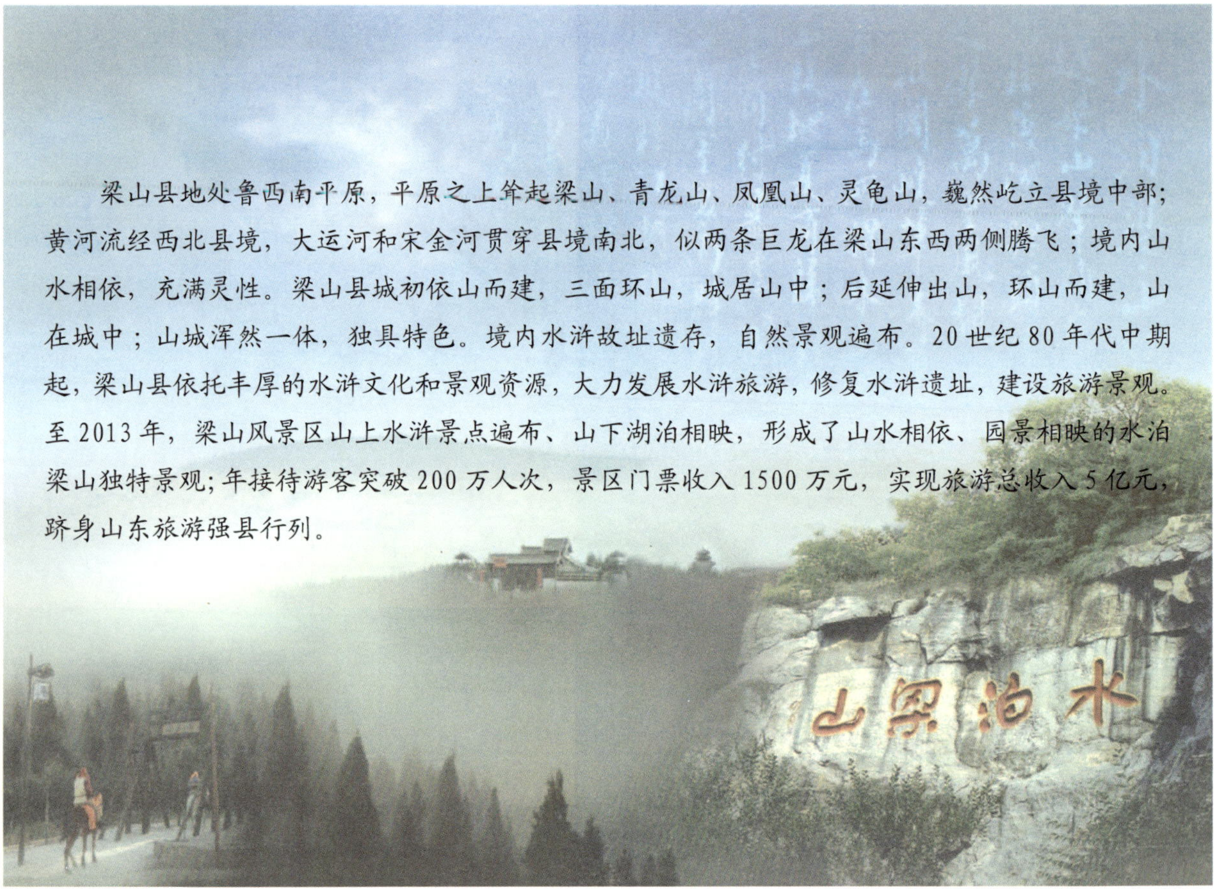

梁山县地处鲁西南平原，平原之上耸起梁山、青龙山、凤凰山、灵龟山，巍然屹立县境中部；黄河流经西北县境，大运河和宋金河贯穿县境南北，似两条巨龙在梁山东西两侧腾飞；境内山水相依，充满灵性。梁山县城初依山而建，三面环山，城居山中；后延伸出山，环山而建，山在城中；山城浑然一体，独具特色。境内水浒故址遗存，自然景观遍布。20世纪80年代中期起，梁山县依托丰厚的水浒文化和景观资源，大力发展水浒旅游，修复水浒遗址，建设旅游景观。至2013年，梁山风景区山上水浒景点遍布、山下湖泊相映，形成了山水相依、园景相映的水泊梁山独特景观；年接待游客突破200万人次，景区门票收入1500万元，实现旅游总收入5亿元，跻身山东旅游强县行列。

第一章 山

第一节 梁山

梁山，位于梁山县中部，占地面积4.6平方公里，由虎头峰、雪山峰、郝山峰及骑三山、小黄山、小平山等山脉组成，山体险峻，藏奇纳胜。梁山主峰虎头蜂位于山体最南端，因深崖绝壁，状如虎首，故名虎头峰，海拔197.9米。

梁山本名“良山”。《史记·梁孝王世家》中有孝王“北猎良山”的记载，“良山”，即“梁山”。“良山”改称“梁山”始于汉代，因梁孝王游猎而赐。梁孝王刘武是西汉文帝之子（刘邦之孙，汉景帝之弟），封为梁王。刘武游猎良山，暴病而亡，葬于良山，遂易名“梁山”，汉景帝为之树碑。《大清一统志》载：“梁山在寿张县东南七十里，本名良山，以梁孝王游猎于此而名。”顾祖禹《读

梁山

史方舆纪要》亦云：“梁山，本名良山，汉梁孝王尝游猎于此，因改为梁山。”

梁山进山道路主要有三条：（1）北路：从梁山县城东西主干道公明大道东段，由“水浒街”石牌坊进入，沿水浒街向南经“聚义湖”沿岸，达景区一关广场。进一关，经“毛泽东上梁山休息处”，达“水泊梁山记”摩崖石刻；过二关，沿山路攀登，过层级石阶，观赏“左寨七英”，游览“点将台”，再由“左军寨”至“精武门”，过“黑风口”至“忠义堂”。（2）西路：从梁山县城水泊南路北段，由青龙山路“水泊梁山”石牌坊进入，沿青龙山路经“宋街”仿宋建筑，过水浒文化广场，达梁山寨门前广场；由梁山寨拾级而上，至“水泊梁山”摩崖石刻群；由“双雄镇关”攀登“108级台阶”，至“断金亭”，沿途可观赏“林冲雪夜上梁山”大型浮雕屏风；再沿“宋江马道”或鸭嘴滩石路前行，至分军岭，前行游览“号令台”、黑风口、黑风亭、李逵塑像、孙二娘脚印、宋江寨墙和扭头门、花荣雕像，进入主体景点“忠义堂”，在“忠义堂”周围游览宋江井、靖忠庙、天书阁、石碣文台、雁台等景点。（3）东路：从天罡路（220国道、原东环路），由水泊梁山景区东大门进入，该线路为水陆并用线路，由景区入口处原生态河道乘游船或乘坐景区电瓶车入景区，经“聚义湖”北岸，到达一关广场或寨门广场，然后选择北面通道或西面通道上山。

梁山文物古迹众多，帝子遗碑、梁山叠翠、法兴夕照、莲台春色、石井甘泉并称五大胜景。八百多年历史沧桑，古战场虽已不在，但峰峦间遗迹犹存，好汉踪迹依稀可寻。通过历年对梁山景观遗址修复建设，宋江大寨忠义堂、水浒寨中靖忠庙，前后呼应；断金亭、黑风亭、疏财台，三景鼎立；黑风口，李逵像，遥相呼应；花荣射雁、双雄镇关、林冲雪夜上梁山、试刀石、练武场、宋江马道等遗迹，唤起思古之情；一关、二关，雄关壁垒；范曾撰文并书写的《水泊梁山记》镌刻在140多平方米的摩崖上，气势宏伟；水浒街等仿宋街区，错落有致，再现宋代市井场景。

宋江大寨　位于梁山最高峰虎头峰。虎头峰顶端开阔平坦，易筑营扎寨，南面为悬崖，东、西、南三面山石陡峭，危岩壁立，四周有两道内外石砌寨墙围绕。宋江大寨是北宋末年梁山泊义军的军事重寨，108将大本营，构思缜密，是天罡地煞星会合之地、具有强大内聚力。据考证，宋江寨墙高丈余、宽七尺，围墙分内外两道，全部用荒石垒砌，北侧有两重扭头门，固若金汤，易守难攻，当年由朱仝、雷横把守。扭头门和宋江寨墙是山寨留存不多的历史遗迹之一，已塌落为残垣。进入大寨，一杆“替天行道”杏黄大旗在空中飘舞；寨中央有聚义厅（忠义堂）、靖忠庙、旗杆窝、宋江井遗址。

古寨墙与扭头门

左右军寨　左军寨、右军寨与宋江大寨成“品”字形对峙，左军寨位于雪山峰，寨中有练武场、

左寨七英

点将台、观武台、比武场、左寨七英塑像，是梁山好汉练武比武、点将出征之地；右军寨位于郝山峰，寨中有疏财台、杨志试刀石、滚木擂石关、炮台关，是梁山好汉“论秤分金银，异样穿绸锦”之地。

宋江马道 起自梁山后寨，蜿蜒回旋，穿越鳌子山、狗爪子山、骑三山等支脉，通过黑风口，直达虎头峰宋江大寨。因可走马而被称为“宋江马道”，是义军将士搬运粮草、报事上哨、防御进攻、连接前后寨的隐蔽交通要道。岁月变迁，“宋江马道”已不完整，仅留存断金亭至黑风口路段。2005年，“宋江马道”在原路线基础上修建完成。

宋江马道

一关二关 一关是进入梁山的第一道屏障，位于小黄山与狗头山山谷中，壁垒森严。2002年进行修复，修葺后的一关为木质结构，栅栏形式；2005年重建，同年9月竣工。重建后的一关城门为二层，由两个镝楼和四个炮台组成，长40米，高9米，宽20米，总建筑面积430平方米。二关为边关哨卡式建筑，占地面积200平方米，长40余米，高8米，宽3.5米，位于山势险峻、深谷茂林之中，是进入大寨的险关之一。1997年，依照山势，采用全石结构，延卡谷而立，用当年义军用干碴砌垒，森严壁垒，旗掩霸寨、固若金汤。2005年9月，在此基础上增建廊亭，加挂“义纳天下”匾额。

梁山一关

梁山二关

黑风口 位于虎头峰与骑三山相连的山凹处，是通往梁山大寨的咽喉。主峰虎头峰向北500米是骑三山，从骑三山向东延伸为雪山峰，向西延伸为郝山峰，均呈山岭状，与虎头峰之间以狭窄的山梁相连，形成一组“工”字形山脉，南北山峰之间的山梁即黑风口。因山凹处风大且急，有“无风三尺浪，有风刮掉头”之说，故得名“黑风口”，号称梁山第一险关，由黑旋风李逵把守。黑风口北端西侧，竖立书法家沙孟海手书“黑风

黑风口

口”三字的巨石；南端，立有6.5米高的李逵塑像，像中李逵头扎头巾，身着罗汉布褂，裸露胸膛，脚穿草鞋，手握板斧，豹眼圆睁，胡须怒乍，双臂青筋毕露，身上毛发竖立，迈步向前，把守关口；整体造型逼真，栩栩如生，威风凛凛。施耐庵有词赞曰：梁山泊里无奸佞，忠义堂前有诤臣，留得李逵双斧在，世间正气尚能伸。

李逵镇守黑风口

宋江井　位于梁山虎头峰上、靖忠庙西侧，为宋江带领好汉在岩石上人工开凿而成，故称宋江井，也叫英雄井。梁山泊义军在这里安营扎寨，人马均赖此为生。传说很久以前，这里是个深不

宋江井

可测的石潭，池水甘甜清洌，取用不竭，饮之爽心滋体，被樵夫猎户誉为天露，并有喝了宋江井里的水，力气能增十倍的说法。宋江井天旱水长，正常年景只有半池碧水，大旱之年则有溢出。井水一度干涸，后进行修复。

石井甘泉　位于莲台寺东南石径南侧，凿于明代，井口由八块大型方石砌成，井壁用琉璃方砖砌垒，径约3米，深约5米，俗称“八角琉璃井”。传说井中泉水清澈、甜如甘露，泉眼直通东海，逾千年不干。《寿张县志》称之为“石井甘泉”，并列为寿张八景之一。有诗赞曰：“派接银河水，源分碧海波。冰心通彼岸，仙液入恒河”。时光无情，井水已干涸，仅存一口枯井。

问礼堂　位于梁山支峰小平山南麓，传为孔子问礼于老子处，又称“老君堂”。始建于北宋，为人工依山开凿的石窟。内立石雕老子、孔子坐像两尊，孔子正恭敬向老子请教周礼。石窟西面刻有：“鸟吾知其能飞，鱼吾知其能游，兽吾知其能走。走者可以为罔，游者可以为纶，飞者可以为矰。至于龙吾不能知，其乘风云而上天。吾今日见老子，其犹龙邪。”石窟保存较好，一石像头部遭到破坏，但仍不失艺术价值。

莲台寺　位于梁山支峰雪山峰南麓西段，始由唐代高僧创建，后屡经重修。因寺内莲台石佛而得名莲台寺。寺下有十里杏花村，阳春三月，杏花竞放，似雪堆浪涌，有“雪花莲台”之景。寺内大殿原有“唐朝创建，鲁王重修”铭文，佛像座下莲盆后壁刻有“雪花莲台”，惜已不存。莲台寺历经多次重修。明朝初年，朱元璋第十子鲁王朱檀十五岁时封藩兖州，到梁山莲台寺进香并出资重修，将竣工之日农历四月初八定为香火大会，延续至今。清朝咸丰年间，进行大规模修缮，建有三进院落，供奉千手千眼佛和莲台石佛，《重

莲台寺

修莲台寺碑记》对修缮后的莲台寺进行了详细记载，“莲台春色”也被列为地方盛景。中华人民共和国建立时，莲台寺尚存三组院落，但已严重破损，部分房屋倒塌。其后，由于开山采石，石佛像头部被误砸掉，残存文物亦受重创，寺院基本不复存在。至20世纪90年代，仅存石佛基座一角；崖壁残存16块宋、明、清时代崖碑，已残缺不全，字迹不清。1997年，县委书记王廉秀登山调研梁山古迹遗址，当场决定重建莲台寺，并直接筹建社会资金160万元，安排旅游部门进行先期规划设计，要求尽快实施建设。进入21世纪，莲台寺在旧址重修。院门口设“南无阿弥陀佛”黄色影壁，后为二根经幢石柱。拾级而上，是“莲台寺大雄宝殿”，东西12米，南北10米，高9米，殿内正中为金色释迦牟尼佛像，高2.5米，重8吨。攀登64级石阶，为古寺院遗址，东西两边各建一座边长4.5米、高6米的正方形红亭，遗址正北为依山体而浇筑的二根圆柱，上书对联：“觉门大君浩浩独超三界外”“禅理弘扬巍巍高踞万方尊”，横额为“一心念佛”。再上即为红亭覆盖的莲台石佛像，佛像坐于莲台之上，庄严肃穆，神态安然；莲台高一米，宝装莲瓣，花饰壶门；莲台下为基石，正方形，高一米许，四方束腰；佛像、莲台、基石为山体上人工开凿而成，浑然一体。近看佛像巍然肃伫，和蔼慈祥；远眺与梁山虎头峰相望，朦胧生辉。

法兴寺 位于十里杏花村中，与莲台寺相对应，又称“下莲台寺”。《寿张县志》有诗赞道“山中别有天，隐隐见佛殿，龛座非向西，回光照佛面”。红日西沉，天光尽收，唯法兴寺一片余晖，形成了“法兴夕照”“法兴钟声”之景观，与莲台春色、石井甘泉等并称为“古寿张八景”。法兴寺初建于唐朝，重修于清朝，为佛教圣地；寺内中心建筑是大雄宝殿，殿中有四大天王塑像，寺内有古柏四百八十棵，晨钟暮鼓，香火繁盛。清雍正、乾隆皇帝曾多次建造法兴寺，重修大殿，数幢龙碑至今完好。其中，碑文记载了嘉庆年间，法兴寺的重建规模：山门南向，门外小道石砌而成，石阶盘路通往寺院，踏进山门，门里两旁是各一钟鼓楼；前院是大雄宝殿，配殿及东西厢房，大殿雕梁画栋，左右建小门，直通后院；大殿中有酒色财气四大天王塑像，雄壮威严，神态各异；后院建有后殿和内宫，翘角飞檐，风格古朴雄奇，是僧侣们住宿的地方；外以石壁女墙围之。法兴寺历遭战火，至20世纪90年代，仅存大雄宝殿地基残垣、厢房遗址、钟架、明清两代重修龙头石碑数方、抗倭英雄东鲁西竺禅师墓塔、墓碑等遗迹。2010年9月5日，梁山县举行梁山法兴寺重建奠基仪式，法兴寺重建工程正式启动；2013年7月，法兴寺主体工程大雄宝殿开工建设。法兴寺规划占地约2万平方米，总建筑面积约4300平方米，包括佛法研修区、寺庙生活区、生活辅助区、公共活动区四大板块，修复大雄宝殿、法堂、藏经阁等主体内容，彰显“拙朴古雅、禅意盎然”。

法兴寺

西竺禅师墓 位于法兴寺附近，墓前立一座七级佛塔，塔上刻有“圆寂本师和尚觉灵”，高约5米，各层以整块石头雕成，最上面雕刻歇山顶；塔前立有《东鲁西竺禅师铭志》记事碑，碑文记有寺院的创建年代、重修情形、优美景色等，碑前有石香案。碑文记述，西竺祖籍山东莱州，自幼出家，传为嵩山少林寺僧人，后到梁山法兴寺，招收僧徒教授拳术，弟子遍及梁山各寺院。后赴泰山、灵岩寺名刹瞻仰胜境途中，闻听倭寇窜犯沿海烧杀抢掠，遂返回法兴寺，联合梁山各寺及少林寺僧人3000余人，组成抗倭义勇军开赴胶东，战败倭寇，立下战功。为表彰西竺禅师的爱国功绩，佛门弟子和梁山一带老百姓捐资为其修造墓塔，并立下墓碑，记述其生平功业。该塔碑建于明嘉靖四十四年（公元1565年），塔及碑均保存完好。

西竺禅师墓

杏花村　位于梁山东麓山坳间开阔地，占地340余亩，植有万株梨杏，阳春三月，杏、梨、桃等花相继开放，杏白桃红，芳香扑鼻，有“杏林飞霞”之景，被称为十里杏花村。有诗赞曰：“桃杏值春开，馨香趁风起，闲步莲台间，生机千万里”。相传，杏花村是《水浒传》中王林酿酒之地，也是梁山好汉喝庆功酒的地方。旧时杏花村集自然风光和人文景观为一体，融合了帝子遗碑、梁山叠翠、莲台春色、法兴夕照、石井甘泉、线岭秋蝈、独山樵唱、会河帆影的“梁山八景”。

梁山脚下十里杏花

2000年后，逐步恢复杏花村自然景观，至2013年，杏花村老树犹在，新树倔壮，杏花盛开，逐步成为以杏林生态观光区、果品采摘品尝区、古村风貌体验区为主的休闲旅游度假景点。

忠义堂　梁山大寨指挥中心，为梁山108将商议军机、调兵遣将、接纳四方好汉、设宴聚会之处；原称“聚义厅”，后被宋江改为“忠义堂”。20世纪80年代，仅留下房基、旗杆窝和“宋江井”。1988年4月，忠义堂完成修建；2003年10月，

忠义堂外景

忠义堂选址重新建设，2005年9月竣工，原忠义堂改为靖忠庙。新建忠义堂坐落在宋江寨扭头门南150米处，坐南朝北，占地面积3850平方米，建筑面积1475平方米，建筑风格粗犷豪放，大气磅礴，雄浑壮观，为大寨核心建筑。忠义堂与山门、前厅、中廊、回廊、栈道、瞭望楼、议

忠义堂大厅

事房、演兵场共同构成建筑群。堂门上方悬“忠义堂”三字匾额，抱楹刻有黑底金字对联：“常怀贞烈常忠义，不爱资财不扰民”。门外庭院中央高竖“替天行道”杏黄大旗，东西两侧各伴有朱红色大旗，西面旗帜上书“山东呼保义宋江”，东边旗帜书“河北玉麒麟卢俊义”。堂内大厅为边长24米的正方形，建筑面积560平方米，36根直径48厘米的大柱在厅中排列成纵横各六排的柱列，象征三十六天罡星；厅外三面围廊环有72根柱子，象征七十二地煞星；108根大柱寓意108将顺应天意、齐心协力、顶天立地，共同支起擎天大厦。大堂正厅悬挂“忠义堂”匾额，其下高台上安放三张交椅，中间是寨主宋江座席，两侧分别是卢俊义和吴用的座席；台下105张座椅，按天罡地煞排定的位次摆放。瞭望楼屹立在大厅两侧，廊子外墙用石块砌成，屋顶上设栈道，由栈道可直登两侧瞭望塔；廊子内侧无墙，反映了好汉豪放不羁的性格。

靖忠庙 相传宋江等好汉被奸臣所害后，宋徽宗为抚慰英灵，起盖庙宇，妆塑好汉神像，亲书“靖忠之庙”。明末清初，靖忠庙遭到严重毁坏。2005年9月，新忠义堂建成；原忠义堂遂改为靖忠庙。靖忠庙位于水浒大寨前院虎头峰顶端，由正殿、东西厢房、东西耳房、大门和院墙组成，坐北朝南，为仿宋歇山式建筑，建筑面积640平方米，面阔5间。正殿殿额高悬宋徽宗瘦

靖忠庙

金体“靖忠之庙”匾额；楹联“千古为神皆庙食，万年青史播英雄”；殿内供奉呼保义宋江、玉麒麟卢俊义和智多星吴用玻璃钢塑像；殿内墙壁镶嵌着大型水浒故事壁画《水泊梁山英雄聚义图》，该画是由山东工艺美院张一民教授和水浒人物画家孙景全先生合作，从1988年起历经三载创作而成，画面127平方米，共4684块瓷瓦拼接成，刻有174个人物、164样器具、169面锦旗、30只动物，展现了30多个水浒故事，如高俅踢球、智取生辰纲、鲁智深拳打镇关西、林冲风雪山神庙、武松景阳冈打虎等。东西厢房为悬山式，立有三十六天罡星塑像，个性鲜明、神色逼真、怒目圆睁、呼之欲动。东西耳房为卷棚式建筑。大门为歇山式建筑，紧邻峭壁，门上嵌有铜钉兽环，门旁立一对石狮，檐下悬“靖忠庙”匾额，两边为雕塑大师刘开渠所刻“宛子城中藏虎豹，蓼儿洼内聚蛟龙”楹联。

天书阁 相传宋江上梁山后，建“天书阁”，供奉九天玄女娘娘赐予的三卷天书，每决大事，必来此祭拜，祈求赐计降福。2008年初天书阁开工建设，2009年9月落成。天书阁修建在忠义堂东南80米的山梁上，建筑面积146平方米，为三层全木质结构阁楼，二、三层采用双层歇山重檐屋顶。

天书阁

石碣文台 相传梁山好汉功绩卓著，感动上苍，天赐石碣，上刻108罡煞英名，宋江等好汉

遂建坛立亭，供奉石碣、仰答上苍、祈求吉祥。后人亦在此凭吊怀古，缅怀好汉。2003 年 10 月石碣文台开工奠基，2005 年 9 月落成，位于忠义堂和靖忠庙西侧，占地面积 525 平方米，建筑面积 65 平方米，由石碣亭和虚皇台组成，建筑风格粗犷、古朴、浑厚。

石竭文台

雁台　以雁飞之高为借喻，为高高的筑台；《水浒传》中雁台为军队监察敌情及观视天象的地方。2008 年初开工建设雁台，2009 年 9 月落成，位于忠义堂和靖忠庙东侧，建筑面积 250 平方米，由正厅、东西厢房、左右代房、香鼎台和雁台组成，可在此登台祭天，缅怀英雄。

雁台

号令台　位于梁山分军岭与黑风口的制高点，是水浒义军察看寨情、通报信息、征兵出兵的指挥枢纽。2003 年 10 月开工重建，2005 年 9 月落成。占地面积 238.38 平方米，建筑面积 329.88 平方米，总高度 13 米，由 1 个 3 层主台和 3 个望台 4 部分组成，台间用栈桥相连，东台为巨锣亭，西台为大鼓亭，南台为望台，设信号灯、标志旗、响箭，可迅速传达号令，通报敌情。建筑风格粗犷奔放，别具雄险。登临高台，可领略梁山泊遗迹及山寨风光。

号令台

断金亭　地处梁山支脉狗头山，位于 108 级石阶尽处的崖上，三面临谷，地理位置险要。是林冲接纳晁盖等“七星”入伙，火并嫉妒贤能的白衣秀士王伦的地方。因取《易经》“二人同心，其利断金”之意，故名“断金亭”，又名“同心亭”。该亭修建于 1982 年，木石结构。亭顶为歇山卷棚式，四檐上翘，上立脊兽，凌空欲飞；檐下悬书画家范曾所题“断金亭”牌匾，顶下环十二根

断金亭

石柱；亭中置石桌石凳。置身亭榭，凭栏俯瞰，令人浮想联翩。

黑风亭 位于黑风口北端，北有雪山峰、小黄山，西有右军寨、郝山峰，东有左军寨，风大且急。黑风口有一处“避风港”，李逵上梁山后便据此察看寨情，每闲暇时，众头领到杏花村王林酒店打酒，在黑风亭宴请兄弟。时过境迁，过去的黑风亭已不存在。1986 年，在骑三山至高处（现号令台位置）重建黑风亭；1989 年，龙卷风使该亭遭到破坏；1990 年，在原址重修；2006 年 5 月，移址黑风口北端进行重修，同年 9 月竣工。黑风亭为木质结构，亭高 9 米，为 6×6 米仿宋式方亭，以供游人休憩为主要功能，亭内可远眺大寨、左右军寨和杏花村佳景。

黑风亭

石雕塑像 1996 年前后，梁山县委托山东艺术学院副院长、雕塑家刘大力教授等人设计，由嘉祥县诚信石雕厂进行制作“施耐庵像”“双雄镇关”“花荣射雁”“左寨七英”“右寨七雄”、浮雕“逼上梁山”等石雕艺术作品，为梁山风景区平添了一批亮丽的文化艺术景观。

毛泽东登临梁山休息处 毛泽东从少年时期便阅读《水浒传》，一生与《水浒传》结下不解之缘。据美国人 R·特里尔所著《毛泽东传》记载，“1919 年 5 月 4 日，北京爆发学生反帝爱国运动。就在北京的学生砸烂孔家店时，他去山东拜谒了孔墓。他回忆说：我看到了孔子的弟子们

毛泽东读书休息处

濯足的那条小溪和孔子幼年所住的小镇。他攀登了东岳泰山，游览了孟子的出生地，然后他又到了梁山，因为这是《水浒传》中英雄聚义的地方。”经考证，当时毛泽东在梁山觅古寻踪，游览探访，并在梁山脚下柿子林内休息，自此梁山上留下了一代伟人的足迹。梁山北山脚下留有“毛泽东休息处”遗迹。

水泊梁山摩崖石刻 摩崖石刻位于梁山北麓，在悬崖石壁上镌刻着众多名人题字、赞诗。据考证，北宋韩琦（公元 1008—1075 年）最早在梁山上留诗刻石。当时，韩琦作为朝廷大臣，乘舟到梁山游玩时在石壁上写道“巨泽渺无际，齐船度日撑”，济州知府请来人把诗句刻在了峭壁上。后代文人墨客被水泊风光所吸引，仿效前人题诗

水泊梁山摩崖石刻群

写赋，镌刻在石壁上，渐成摩崖石刻群。明崇祯年间（公元1628—1644年），战火不断，勒石清地，梁山摩崖石刻群遭到破坏。中华人民共和国成立后，水泊梁山摩崖石刻集中了舒同、范曾、赵朴初、费新我等书画大家的优秀作品，成为梁山重要景观。"水泊梁山"四个红色大字是梁山的标志，由"马背上的书法家"、曾任山东省委书记的舒同题写，字迹饱满浑厚，俊逸豪放，与梁山粗犷古朴的风格融为一体。当代名家范曾题写的"撞破天罗归水浒，掀开地网上梁山"，苍劲有力、飘逸俊秀。费新我先生用左手写的"草莽名山"四字，拙中寓巧，其中"山"字别具一格，构思巧妙，上面三个人叠加，象征众多英雄好汉，下边四点水，代表八百里水泊，寓意众多英雄好汉聚义在水泊梁山。中国佛教协会原会长、中国书法家协会原副主席赵朴初先生题写的称赞浪子燕青的一首诗："废书而长叹，燕青是可儿。名虽蒙浪子，不犯李师师"，章法严谨，字体潇洒，寓意深刻，耐人寻味。中国书法家协会副主席王学仲题写意境非凡诗句："满川水泊梁山青，落草投荒聚义厅，剑光刀影呼啸处，英雄自古藐朝廷"。刘炳森先生的"怀古"二字，古朴庄重，笔力苍健，雄浑有力。孙景全先生的"浩然雄风"笔势遒劲雄健，富有神韵。江苏书法家饭牛（原名田原）的"梁山好汉，水泊英雄"，雄沉拙拔，气贯千秋。天津书法家傅以新先生题写的五个大字"浩气撼山岳"也是不可多得的珍品。

水泊梁山记摩崖石刻

水泊梁山记摩崖石刻 《水泊梁山记》是范曾为纪念先祖范仲淹千年诞辰，依《岳阳楼记》368字之数，于2001年春撰写的力作。描述了水泊梁山河岳阔峻、草木萧森的雄奇景象，阐述了梁山的历史、自然及好汉忠肝义胆的精神。《水泊梁山记》在梁山风景区天然崖岩纹理上镌刻，石刻通高7米、宽14米，总面积98平方米，最大字高56厘米，最小字高34厘米，镌刻面积、难度、字数国内罕见，堪称当代第一摩崖书。该石刻历时仨月完成，2002年4月20日，县政府举行《水泊梁山记》摩崖石刻落成典礼，副省长邵桂芳、省旅游局局长祝利民、市委书记贾万志、市长周齐、范曾夫妇、赵忠祥、王刚、张金玲、王铁成等嘉宾出席。自此形成南有《岳阳楼记》、北有《水泊梁山记》的文史游览格局。

梁山水浒碑林 水浒碑林位于水泊梁山脚下风景区内，与《水泊梁山记》摩崖石刻相呼应。

水浒碑林

始建于1996年，由水浒文化爱好者马克桓筹资兴建。1998年，县政府确定支持水浒碑林建设，收集、撰写反映梁山的书法作品。1999年，水浒碑林第一块“兰亭集序”碑刻成建好。1998—2004年，县政府广泛收集并向知名书法家定向征集了大量珍贵作品，还邀请范曾题写“水浒碑林”四字。碑林共刻石碑300余块，涉及书法家400余人，其中有历代名人题写的108个“義”字，彰显了“天道水浒，大义梁山”的文化内涵。“康熙训斥士子文碑”系康熙撰文并书写，全国仅发现两块，国子监一块，水浒碑林一块。碑林内有孙中山、毛泽东等伟人作品及许多现当代名家作品，如周巍峙题写的“梁山传颂好汉，民间蕴藏奇人”，臧克家题写的“世间偏多不平事，五洲到处说梁山”，另有沈鹏、张海、欧阳中石、启功、刘炳森、李铎、蒋维松、魏启后、王遐举、杨再春等名家作品。内容多反映水浒文化，部分反映传统文化和地域文化。2006年，马克桓将碑林内作品整理，付梓出版《中国水浒碑帖集》（上、下册）。

第二节 青龙山

青龙山位于县城中南部，为梁山支脉，因山体由北向南、再由东向西，主峰位于中部，海拔116.2米。青龙山似一条蜿蜒腾飞的巨龙，并与凤凰山似一对恋人隔城相望、并驾齐驱。

植被恢复 20世纪80—90年代，附近居民开山采石，青龙山山体植被遭到破坏，山南部、西部大面积损毁，岩石裸露，植被全无。2000年起，山体植被逐步恢复；2010年，青龙山纳入梁山地质公园建设工程，通过采石削平陡崖、放缓边坡覆土、修筑挡土墙、筑建平台等措施，至2013年，增加绿化坡面1万平方米，种植树木1.6万棵，建设环山步道及蓄水池、排水沟等，青龙山山体、植被得到全面恢复。

初春桃花 桃林位于青龙山中部北侧生态桃花园区，受地理、地质环境影响，青龙山桃花不同于其他地方晚于杏花开的物候，桃花要早于杏花开放，被称为“齐鲁一大怪”。每年三月中旬，桃花怒放枝头，吸引大批游客观赏。

青龙山桃花

梁孝王墓 梁孝王墓位于梁山北、青龙山东北段支峰（亦称鏊子山）南侧。梁孝王名刘武，汉高祖刘邦之孙、文帝刘恒之次子，公元前168年被封为“梁王”。其时，梁山一带为梁国属地，刘武经常在此打猎。公元前144年6月，刘武在“北猎良山”时病死，因时值盛夏，且交通不便，遂葬于梁山，谥号“孝王”。后汉景帝为之立碑，史称“帝子遗碑”，墓址尚存。

第三节 凤凰山

凤凰山（亦称凤山）位于县城西北部，因状如栖地凤凰而得名。山体呈东北西南走向，由数个首尾相连的低丘组成，山势连绵，自南向北有3个山峰，以南边山峰为最高峰，海拔98.4米；山上植被茂密，古柏森森。2000年后，凤凰山被逐步开发为公园，山上建有凤凰阁、望夫亭等景观；东侧山脚下建成凤凰公园及广场。

凤凰溶洞 山上有多处天然溶洞，海拔70米处有一长条形溶洞环绕在山体南侧。海拔80米处有4个厅堂式溶洞，总面积2095平方米，从南向北，一号溶洞面积210平方米；二号溶洞1130平方米，高7米，有5个自然石柱支撑洞顶，状似殿堂；三号溶洞505平方米，倾斜向上，冷空气下沉洞底，水汽凝结，洞内长年气温很低、滴水不断，洞口雾气缭绕；四号溶洞面积250平方米。据探测，凤凰山溶洞是由于溶蚀和崩塌作用在山中部岩层面发育形成，面积之大在中国北方属罕见。溶洞是当年梁山寨义军与官兵周旋的天然壁垒，亦是避暑、游览的理想去处。同时，溶洞对推断中国北方古气候和恢复古自然地理环境有重要的科学价值。

凤凰溶洞

凤凰阁 凤凰阁位于梁山县凤凰山山顶，为三层、四檐、四角攒尖的楼阁式仿宋景观建筑，由上海复旦规划建筑设计研究院设计，2012年开工建设，2013年竣工落成。总建筑面积480.37平方米，高19.21米，投资额291万元。凤凰阁为钢筋混凝土框架仿木结构，以仿木构件为主要结构件，檐柱采用圆柱为主要承重构件，檐柱与檐柱间采用额枋连接、檐柱与金柱采用冬瓜梁连接。外观以红色和青灰色为主，外墙为白色，仿古木构件以红色调为主。基座为正方形，上有四面空透的圆柱回廊；一层中间有天井，四面正中各有高2.46米、宽4.35米的隔扇门和高2.46米、宽2.25米的隔扇窗；二层设回廊，四面正中各有高2.46米、宽4.35米的隔扇门和高1.255米、宽2.25米的隔扇窗；三层采用长窗，高0.7米、宽4.4米。飞檐三层，攒尖阁顶，采用十字交叉式（俗称十字脊），覆盖青灰色筒瓦，四角脊背上立着鸱兽，有龙头、鱼尾、剑把等形状，中间置有圆形鎏金宝顶。凤凰阁凌空而建，气势宏伟，登阁远眺，满目风光。夜间，经灯光装饰，凤凰阁更显富丽堂皇。

凤凰阁

第四节 灵龟山

灵龟山（亦称龟山）位于县城西北部，山北坡半山腰突出一块酷似灵龟向上爬行的奇石而得名灵龟山。山体南连凤凰山，呈东北西南走向，主峰靠南端，海拔119米，山势陡峭，山石奇特。灵龟山属于沙石山，整体如一块巨石，青草、翠柏等植物在山体裂隙和风化的沟坎中生长，使灵龟山呈现苍翠之色。

灵龟石 灵龟石位于灵龟山北坡半山腰，灵

灵龟石

龟石突兀险峻，状似龟在爬行。有关灵龟石的传说很多，助贫说流传较为广泛。传说很久以前，梁山一带较为贫困，修行上千年的灵龟听说后，便于每年的大年初一天亮前爬到山顶，产下一颗金蛋，救援当地百姓。有个贪心的财主，想独占金蛋，便在一年的大年初一天亮之前赶到灵龟山，见灵龟正在吃力地爬着，欲产的金蛋刚露出一部分，这个贪心的财主急不可耐，便上前用铲子强行将金蛋挖出，而灵龟趴在那里再也没有动。

卧牛洞 灵龟山南部有大山沟和小溶洞。南部岩石裂隙发育，形成一道长达100余米、宽3～4米、最深处10余米的大裂隙，如刀切斧劈，裂隙顶部中间横填一巨石，因远看似飞龙昂首摆尾，口衔巨石，故名“飞龙衔石”。裂隙右侧有一浅溶洞，洞口有块被溶蚀的岩体贴在裂隙底部，恰似雄健的石牛，藏尾于洞内，昂首于洞口，故名“卧牛洞”。

第二章 水

第一节 黄河

梁山地处黄河与京杭大运河的交汇处，河湖纵横相连；黄河水、黄河大坝、黄河特大桥、黄河生态防护林等，构成一条多彩生动的黄河风情线。沿黄河梁山段，可以欣赏黄河的汹涌波涛、纵横漩涡、伟岸大坝、丰茂滩林的黄河景色，可领略黄河特有的跌宕冲撞、奔腾而来、咆哮而去的大河气度，还可体验黄河岸边独特的水浒文化、乡风民俗、梁山文明的文化内涵。

黄河河道 梁山县位于黄河下游，黄河自梁山县西北过境，境内河道长30.2公里。黄河梁山段是黄河最活跃的河段之一，在漫长的历史过程中，黄河不断地迁徙决溢。据史料记载，几千年黄河大小决徙达一千次之多，流路涉及梁山的有7次。境内黄河河道是1855年黄河从河南铜瓦厢（兰考县东坝头以西）决口改道北流后逐渐形成，至2013年，已行河158年。境内河道总体呈西南东北流向，属游荡型向弯曲型河道的过渡性河段；由于黄河泥沙进入下游河道，除输入大海增加黄河入河口陆地面积外，泥沙淤在河道抬高河床，使黄河形成“地上河”。

梁山黄河

黄河大堤 梁山境内黄河大堤修筑始于清光绪元年（公元1875年），由山东巡抚丁宝桢组织修筑南岸障东堤（也称南金堤），时为防御洪水的主堤。清末至民国初年，又进行几次较大规模的培修，主要是加高帮宽。1946年，高堂至黄花寺民埝改修成临黄堤，原官堤障东堤（南金堤）成为二线堤防。20世纪50—80年代中期，先后进行4次大规模的复堤；1986—2005年，黄河堤防未再进行大规模加高，只在险工段由黄河大堤向河滩筑起迎水防护堤坝，称坝岸（亦称黄河坝头），用以裹护黄河大堤、缓冲洪水。梁山县境内黄河大堤共筑有146道坝岸，其中，程那里、路那里2处险工段筑有51道，于楼、蔡楼、朱丁庄3处控导工程筑有90道，临黄堤（亦称国十堤）筑有5道。每一坝岸均存有几千或上万立方米的备防石，坝岸平面布局形式均为凹型。2009年2月25日，梁山境内投资2亿元的黄河标准化堤防工程建设举行开工仪式，至2010年8月，先后完成防浪林工程、赵堌堆堤防加固堤段、路那里险工、于楼控导工程、蔡楼控导工程、朱丁庄控导工程、堤防帮宽工程、堤防道路工程，至此，黄河堤顶道路实现硬化，堤侧形成200多米宽的绿色生态长廊。

黄河大桥 梁山县境内，横跨黄河建有京九铁路黄河特大桥、瓦日铁路黄河特大桥。至2013年，蒙馆路黄河公路大桥正在建设中。

京九铁路黄河大桥（冯传杰摄）

京九铁路黄河特大桥是一座跨越黄河的双线特大型铁路桥，位于黄河“将军渡”附近。由铁道部大桥局勘察设计，铁道部大桥局第二、第四桥梁工程处承建，济南铁路局聊城工段管理，总投资48730万元，于1991年9月开工兴建，1995年5月竣工通车，是中国第一座采用整体节点焊接的钢桁梁桥。大桥整体由北岸引桥工程、主桥工程、南岸引桥工程组成，桥宽10米，全长6520米，其中，北岸引桥长1581.8米，为48孔跨度32米预应力异型钢筋混凝土梁；主桥北岸828.15米，为20孔跨度40米预应力异型钢筋混凝土梁；主河道1735.2米，为4连4孔跨度108米栓焊下承式桁梁；南岸引桥1091.17米，为33孔跨度32米预应力异型钢筋混凝土梁。

瓦日铁路黄河特大桥（亦称将军渡黄河特大桥）是一座穿越北金堤、横跨黄河的特大型桥梁，位于黄河“将军渡”附近，北起河南省濮阳市台前县境内，跨越黄河，南至山东省济宁市梁山县境内，由中铁大桥局承建，2010年10月开工建设，主桥于2012年7月28日合龙，2013年5月正式竣工。全长9928.66米，主桥采用1孔99.05米+10孔128米双线下承式简支钢桁梁跨越黄河主槽。瓦日铁路黄河特大桥与京九铁路黄河特大桥相距3公里，如两条青龙横亘在黄河上空。

蒙馆路黄河公路大桥，位于京九铁路黄河特大桥下游230米处，北岸为河南省濮阳市台前县孙口乡，南岸为山东省梁山县赵堌堆乡。大桥设计全长8770米，其中主桥长3556米，主桥宽12米，总投资2.41亿元。于2003年8月开工建设，2004年10月因故停工，仅建成数个桥墩，至2013年仍未再开工建设。

黄河浮桥 梁山境内在黄河架设浮桥始于1947年6月，为刘邓大军强渡黄河所建，中华人民共和国成立后，梁山县先后修建3座黄河浮桥，即蔡楼浮桥、范那里浮桥、刘灿东浮桥。根据黄河防汛的需要，梁山县加大对黄河浮桥的建设管理力度。1996年12月14日，梁山县政府出台《梁山县黄河浮桥、渡口建设使用管理办法》。2005年，完成梁山县黄河浮桥整改、完善审批手续。2006年3月，首次与县境内3家浮桥运营单位签订《梁山县黄河浮桥管理协议》。

黄河浮桥（艾兰英摄）

蔡楼浮桥始建于1989年，左岸位于台前县孙口乡尚岭村（相应大堤桩号164+100），右岸位于梁山县赵堌堆乡蔡楼村（相应大堤桩号323+750），长184米、宽15～18米，为九八式浮桥舟组合结构型式，计算荷载80吨，管理单位为蔡楼村民委员会。2006年，被山东省交通厅港航局、济宁市航运局评为“文明浮桥”。2009年进行更新，吨位达180吨，并对通往渡口的道路进行了拓展整修。

范那里浮桥始建于1998年，左岸位于台前县孙口乡尚岭村（相应大堤桩号163+030），右岸位于梁山县赵堌堆乡范那里村（相应大堤桩号321+200），长300米、宽12.6米，为九七式承压舟结构型式，计算荷载60吨，管理单位为范那里村民委员会。2009年1月，范那里村两委带领乡亲们投资900多万元，对浮桥进行更新，通行吨位达120吨。

刘灿东浮桥始建于2005年，左岸位于台前县打鱼陈乡沙楼村（相应大堤桩号173+100），右岸位于梁山县小路口镇刘灿东村（相应大堤桩号326+700），长246米、宽12米，为九六式浮桥舟组合结构型式，计算荷载60吨，管理单位为梁山县交通局和小路口镇。

治黄大业 清光绪元年（公元1875年），山东巡抚丁宝桢始修南岸障东堤（今南金堤），终使“民安其居、运道永固”，黄河由此结束了长期漫流的局面。民国时期，梁山黄河堤防失修，难御洪流；抗日战争时期，部分堤段惨遭损害，百姓苦不聊生。1946年，冀鲁豫解放区黄河水利委员会成立，开启了治黄新纪元。此后，梁山治黄主动出击，从最初的遏制险情，发展到综合治理，走向长治久安。1949—2013年，梁山黄河工程得到明显改善。至2013年，梁山黄河工程有黄堤24.383公里、金堤15.059公里，程那里、路那里险工两处，于楼、蔡楼、朱丁庄控导三处，陈垓、国那里引黄闸两处。除现有的黄河工程，梁山人民悠久的治黄历史留下了诸多治黄遗迹，境内主要有南金堤、黄花寺决口合龙处碑和德政碑、民国时期原始水准点等遗迹。梁山县在黄河运河交汇景区，正在建设“黄河之水天上来”观景台、穿黄闸、杨勇纪念馆等；在黄花寺景区，建设黄花寺和丁宝桢治黄纪念馆、蒋作锦治黄纪念馆、梁山治黄纪念馆，并建设“黄花寺合龙处碑”“茂泉林公德政碑”“禹文马大人德政碑”“民国时期原始水准点”等碑亭；在将军渡景区，建设“刘邓大军渡河处”石碑、“刘邓大军渡黄河纪念塔”“刘邓大军渡黄河纪念馆”等，供游客参观游览。

沿黄民俗 沿黄百姓的生产生活与黄河戚戚相关，既受益于黄河的哺育，也不断与黄河的变幻搏斗着，结下了不解之缘。在这种“你争我斗，其乐无穷”的道路上，沿黄群众摸索出极具黄河特色的民俗文化。先民们高亢嘹亮的黄河号子已经逐渐淡出人们的现代生活，但艺术价值却得代代传承。洪水来临，抢险救灾时的黄河抢险号子，高亢激昂，催人上进；统一劳动节奏，协调劳动动作时的土硪号子，调节情绪，解困疲乏；反映船民生活，抒发情感世界的黄河船工号子，丰富多彩，以号传情，黄河号子不仅仅是唱歌、顺口溜，更是把沿黄群众的喜怒哀乐、生产生活和治黄经验都融入其中。沿黄群众常说:“有理的街道，无理的河道”，见证了渡船代代相沿的风俗。古时渡船夜间不开航，俗称“夜不渡河”；本村人渡河不收费；说书唱戏、打卦算命及乡间医生过河，均不收费。古时过黄河多靠渡船过河，梁山境内有名的渡口为蔡楼渡口，也称将军渡。房台是梁山黄河滩区及沿黄一带房屋建筑的特色，初为防洪而设，后逐渐演变为区域特色，而夯房台也成为滩区居民传统的技术活。建房台一定要唱夯号，即“建房不打哑巴夯”，往往一家垫房台，全村都听得见响亮浑厚的夯号，从中领略黄河人的淳朴和厚重。

黄河资源 黄河的决徙和淤积不仅孕育了黄河平原、造就了梁山人赖以生存的土地，也为梁山提供了尤为珍贵的淡水资源和水产资源。浊浪雄浑的黄河水，成为梁山县经济和社会发展的丰厚资源，给梁山人民带来福泽。20 世纪 70 年代，梁山人民引黄压淤，改良土壤，部分田地实行旱田改水田，水稻丰收、大米飘香。20 世纪 80—90 年代，修筑沉沙池，黄河浑浊水变成青绿水，流到梁山境内，进入梁山泊，变得清澈碧绿，赢得了“黄河之水梁山清”的美名。至 2013 年，黄河梁山段拥有配套的引黄水利设施，年均引黄河水 2 亿多立方米；建有陈垓、国那里两处大型引黄灌区，灌溉面积 70 万亩，占全县耕地总面积的 90%。

黄河文化 黄河文化浸透到梁山县历史的方方面面，不仅深刻地影响着梁山县的自然、经济、社会，而且给梁山的文化艺术也打上了深深的烙印。许多作家、诗人的作品与黄河有关，具有明显的黄河特色；以黄河为题材的梁山民间艺术、民间故事不胜枚举。以黄河水为载体的黄河文化，已成为重要的资源，与全县的生态文明建设、旅游文化建设、文化产业发展等密切相关。尤宝良编著的《东平湖与黄河文化》，2009 年 7 月，由黄河水利出版社出版。该书以黄河文化为主线，叙述了黄河、东平湖的历史和现状、治理运用历程、决策思想，展示了黄河工作者、人民群众治水过程中凝聚的智慧之花和水文化结晶，描绘了区域内丰厚的文物胜迹、绮丽的自然风光、黄河遗留的文化痕迹，讲述了区域风土人情、与河湖有关的民间故事传说等，展现了黄河及东平湖水脉交织纵横的区域特性以及厚重的文化积淀，具有重要的文史价值。

第二节 运河

梁济运河 梁济运河为京杭大运河中的一段，北起梁山县境内黄河南岸大堤，沿东平湖西、穿金线岭高地和南旺湖洼地，于济宁市西南入南阳湖，全长 90 公里，流域面积 3306 平方公里。梁山县境内梁济运河，北起小路口镇国那里村，南至韩垓镇五里堡村，境内长 48 公里，流域面积 985 平方公里。1958 年，黄河以南部分的运河河道被截入库区。1960 年，国家确定开挖黄河以南至南四湖段京杭运河，梁山境内在老运河以西、东平湖堤西侧另开新河，始称湖西排水沟；1963 年，对其再度疏浚治理，改称梁济运河。1967—1970 年，相继建成郭楼节制闸、船闸和国那里入黄闸。1970 年，梁济运河梁山至济宁段开始通航；1980 年，由于河道淤积而停航。国那里入黄船闸因达不到黄河防汛要求，于 1981 年封堵停止使用。1989 年 11 月—1991 年 7 月，进行挖河退堤工程，治理后的梁济运河干流泄流量由 400 立方米每秒提高至 1260 立方米每秒，成为梁山县的主要排水河道。2002 年，大运河被纳入“南水北调”东线工程输水干线，梁山段在邓楼修建提水泵站入东平湖二级湖，并筹建梁济运河自济宁经梁山至东平湖疏通北延工程。

梁济运河

运河水系 梁济运河水系于运河东西两侧垂直排列，形成羽毛状水系。县境内流域面积 100 平方公里以上支流 4 条，即宋金河、郓城新河、湖东排渗河、琉璃河；50 平方公里以上支流 4 条，即龟山河、金码河、岱玛河、流畅河。宋金河源自郓城县南临集附近、向北经郓城县城东、梁山县境西部、至徐桥向东北到戴庙汇入老运河后流入东平湖，全长 70 公里，流域面积 2400 平方公里。郓城新河流经郓城、梁山和嘉祥县境，全长 28 公里，流域面积 225 平方公里。琉璃河，因河道流经梁山县琉璃井村而得名，西起梁山县赵坝村，南沿宋金河故道至倪楼，折向东南出宋金河，沿郓城、梁山两县边界线，东流入梁济运河，全长24.75公里，流域面积218平方公里。流畅河，为原柳长河上游段，由后孙庄北入梁济运河，河名演变为流畅河，河长8.68公里，流域面积56.3平方公里。金码河，西起金堤，沿陈垓引黄总干渠东至后码头入梁济运河，总长14.6公里，流域面积77平方公里。

运河故道 史载，京杭大运河会通河至元二十六年（1289年）正月己亥开工，征郡丁三万，于六月辛亥完工，决汶水入运河，河水滔滔，蔚为壮观，沿岸群众扶老携幼，乐观其成喜不自胜，盛赞工程既得安居乐业又见舟船之便。元运河的开凿，是京杭大运河通过梁山一带之始。梁山县境内元代运河自韩垓镇五里堡村入境，一直向西北，经开河、袁口、前码头、寿张集，至小路口镇路那里过黄河，全长40多公里。新中国建立后，梁山一带被辟为黄河滞洪区。1958年，东平湖水库修建，黄河以南部分运河河道截入库区，运河故道逐渐淹没。迄今，五里堡村至袁口村仍有运河流路迹象，梁山街道前码头村《大元新开会通河记》碑出土后保存完好，其他亦无河道遗迹可寻。

运河古闸 京杭运河山东段由于水源有限，沿途地势起伏，行水困难，遂采用“相地置闸，以时蓄泄”的办法，在河道上设置一系列闸门，调控水量和水位，舟船利用启闭闸门时的放水和蓄水逐段地航行前进。元代运河梁山段建有三个船闸，即开河闸、安山闸和寿张闸。开河闸位于梁山县城东南26公里（今开河村附近），至元年间（1264—1294年）建，南距济州闸63公里；安山闸位于梁山北3.5公里码头村附近，至元二十六年（1289年）建，南距开河闸42.5公里；寿张闸在寿张故城（今梁山县寿张集）东门外，至元三十一年（1294年）建，南距安山闸4公里。由于明代重开运河时袁口以北运道东涉二十里开新河，安山闸和寿张闸遂废修；至2013年，寿张闸已无迹可寻，在2010年3月，梁山县梁济运河前码头村段进行南水北调附属工程截污排流工程施工时发现安山闸闸口遗址。明清运道今梁山段亦建有船闸三个，即开河闸、袁家口闸和靳家口闸。其中，开河闸是在元代运河开河闸基础上于永乐九年（1411年）重修的；袁家口闸于正德元年（1506年）创建，址在梁山东南23公里处，南距开河闸6公里；靳家口闸，嘉靖四年（1525年）创建，址在梁山东17.5公里处，南距袁家口闸9公里。历史沧桑，环境不在，繁华一时的运河古闸只留下昔日传说和残存遗址。

运河古镇 运河古闸的存在，催生了运河古镇的产生和繁华。按运河船闸的定制，船只必须排队依次单独通过。在航运旺季，会造成船只堵塞，船商滞留，行政机构、兵力劳力、服务设施等应运而生，每个节制闸附近逐渐形成集镇。运河经过梁山，依托船闸而形成了安山、寿张、袁口、靳口、开河等深蕴丰富文化的繁华古镇，带动了梁山一带的发展。安山镇是依托明代重浚运河后的安山闸而形成的古镇。古志中记载的所谓东平八景之一的“会河帆影”就在安山镇东边运河大湾处，指的是安山镇当时“商旅云集、店铺遍布，运道上下，白天舳橹敝水、帆樯林立，夜晚桅灯高悬、渔火满天，繁荣景象盛极一时”的情景。开河镇位于梁山县城东南26公里处开河村，大运河穿村而过。历史上的开河镇百业俱兴，店铺林立，经济繁荣，以庙宇多而著名，有“百步一庙”之说。袁口镇位于梁山东南23公里处。清末时期，袁口镇发展到辉煌时期，经济的繁荣促进了民间文化的昌盛，戏曲、高跷等阵容庞大，表演独具特色，境内仍然流传着如“袁口唱戏——不请客”“袁口唱戏——欺（七）天”“袁口唱戏——三天两头的事”等歇后语。靳口镇位于靳口闸北面，四周筑有两丈多高的寨墙，运河从镇中穿过。镇内河东岸建有山西会馆一处，为山西商人所建，面积三亩有余。馆内建戏楼三间、钟鼓二楼、关帝大殿一座及卷棚等建筑。随着晚清大运河的断航，古镇也因失去生存条件而逐渐萎缩，昔日的繁荣自然成为美好的回忆，但沉淀下来的文化仍为人们乐道。

运河风情　京杭运河的开通带来各路人流的交汇、风俗文化的碰撞，带动当地经济的发展。据统计，梁山95%村庄建立于元、明时期，方言习惯、宗教信仰、文化民俗等无不打上了运河的烙印，形成特有的运河风情，流传较多的有财神关公、运河蜃景和运河号子等。运河百姓有经商拜关公的习俗，源于运河沿途的商人对关公的崇奉。在梁山，关公既是威灵正义的化身，又是招财利市的财神，商铺店面多会摆放一尊关公神像，早晚供奉，以求和气生财，生意兴隆。运河蜃景，是当地百姓的一个传说，出现在开河村附近，日出之前，在烟波浩渺的湖面上，出现城楼和出入的旅商，日出之时慢慢隐退。据说，蜃景所现之城俗称“陷皇城”，积德行善和清心寡欲之人才有缘进入。之后，又被当地百姓编成了一连串亦真亦假的故事，为蜃景增加了神秘色彩。运河百姓的劳作，与高昂雄浑的运河号子相伴随，而最具文化内涵的当属于夯歌，合辙押韵，朗朗上口。梁山运河夯歌主要有三种类型：高喊急应、势如破竹的雄壮型，悠然自得、舒缓放松的幽婉型，以及随意编唱、荤素杂烩的调侃型。随着时代的变迁，运河工程已经机械化，运河夯歌的悠扬声音也留在了历史的长河中。

运河申遗　大运河是中华民族勤劳智慧的结晶。地处梁山境域部分的南旺分水枢纽，系庞大而完整的系统工程，凝聚了数代乃至数十代中国人民的智慧和力量，为运河全线科技含量最高的“心脏工程”;“水脊”的南旺，为运河全线海拔的最高点。明初，工部尚书宋礼在此建设南旺分水工程，形成“三分朝天子，七分下江南”的分水奇观，又在主河道建闸31座，保证了京杭大运河一年四季南北贯通。2007年，大运河南旺枢纽梁山段启动申遗工作，梁山县根据国家文物局《关于做好大运河保护与申报世界文化遗产工作的通知》和省市文物局有关文件精神，及时成立和调整大运河梁山段申遗领导小组，多次组织有关人员实地查看、走访，并进行GPS定位、测绘丈量、资料收集等，较全面地掌握了大运河的基本情况。2010年，国家文物局组织召开大运河申遗预备名单遴选专家评审会，明确拟推荐申报世界文化遗产的大运河遗产预备名单，其中，梁山县境内南旺枢纽梁山段被列入申遗预备名单。2013年9月20日，世界文化遗产项目国际考察专家莉玛·胡贾女士到梁山县考察评估大运河南旺枢纽梁山段申遗项目，并给予充分肯定。

运河新貌　梁山县城位于京杭运河西，运河水沿县城东缓缓而流，滋养着梁山一方沃土。1949—1979年，京杭运河水质优良、清澈干净。1980—1999年，企业排污，疏于治理，运河水受到严重污染，变得浑浊黑臭，加之连年淤积，河道变浅变窄。2000—2009年，梁山县开始对京杭运河梁山段逐步治理，水质好转，达到景观水标准。大运河申遗工作的启动，进一步促进大运河的治理保护。2010—2013年，县委、县政府审时度势，在南水北调工程建设的基础上，对京杭运河梁山段环境进行综合治理，开挖展宽河道，营造生态水系，建设运河湿地及相邻的流畅河湿

建设中的梁济运河（李长义摄）

地，打造宜游宜居的运河生态景观带。同时，根据梁山城市总体规划，结合京杭运河治理，在完善旧城区改造的基础上，沿运河岸启动新城区建设，至2013年，运河沿岸新城区充满生机，运

河路、雪山峰路、安民山路、迎宾大道、水浒大道、忠义路、泰山路、汶水路、浒源路、杏花村路等道路均建成通车；政务中心、体育中心竣工，学校、医院正在建设之中；运河花园、德馨花园、杏花村苑、流畅河人家等住宅区亦正在建设之中，梁山新城正在运河岸边崛起。古老的大运河与崛起的梁山城交相辉映，焕发出青春风采。

第三节 宋金河

宋金河位于梁山县西部，自郓城县城东向北流经梁山县境西部，由大路口乡彭那里村向东北汇入东平湖，全长70公里。梁山县境内宋金河南从马营镇倪楼村入县境，向北至大路口乔辛村出县境，河长约30公里，河宽约300米。20世纪60年代前，宋金河水源为黄河水和天然水，流域生态环境良好，河内生长着多种植物及野生动物；清澈的河水是沿河两岸居民灌溉的“源头”、发展畜牧业的天然养殖场，还是人们游泳的水上乐园，为梁山、郓城两县人民提供了良好的生产、生活条件。20世纪50年代后期至60年代初期，曾对两岸河堤修复加高，并对陈营至路那里段18公里河道进行疏整。20世纪60年代中期至70年代，由于引黄及水系调整，该河逐渐被分段切割，大部分湮废，下游大路口乡徐桥至路那里段主要用于排水。该河段先后于1997年、2009年进行清淤疏浚，设计水深3.05米，内边坡1:2.5，底宽 8～6.5米，设计底高程36.55～35.81米。至2013年，梁山境内上游马营段，仍保留着原河道，成为湿地，并被有关专家认定为梁山泊遗址；下游大路口乡徐桥至路那里段改称北宋金河，主要承担陈垓总干渠以北、金堤两侧的汇水，流域面积51.2平方公里。重新疏通宋金河，恢复宋金河景观，再现当年美好生态环境，成为生态环境建设的一个重大课题。

第四节 东平湖

东平湖位于梁山县东北部，地处梁山、东平和平阴三县交界处，是黄河下游仅有的一个天然湖泊和山东省第二大淡水湖泊，系黄河三大湖泊之一。东平湖历史悠久，古为大野泽和宋代梁山泊的一部分，素有小洞庭之称，唐朝诗人白居易留有“湖山上头别有湖，临河香气占仙都”的诗句。后黄河决口改走大清河入海，东平湖成为自然调蓄黄河和大汶河洪水的滞洪区。20世纪50年代，东平湖水库面积943平方公里，后因水利工程建设及京杭运河改线，水库面积缩为627平方公里。20世纪60年代，东平湖水库加修二级湖堤，分为一级湖（老湖区、面积为209平方公里）、二级湖（新湖区、面积为418平方公里）。经行政区划调整，老湖区已不在梁山县境内，新湖区在梁山县境内235平方公里，占新湖区面积的56%。

第五节 聚义湖

聚义湖位于梁山山体东北侧，水面面积约800亩，是为发展梁山旅游、打造“水泊”景观而开挖建设的人工湖。一千多年前，梁山水泊四面环绕，进剿官兵难以近前；后因黄河改道，水逐渐退去，沧海桑田，八百里水泊不见踪迹。为弥补“水泊梁山有山无水”之遗憾，梁山县启动再造梁山水泊景观工程。2010年4月，工程开工建设，2011年12月，聚义湖建成蓄水。工程由水面工程、供水工程、排水泄洪工程三部分组成，投资5200万元，设计水位42米，坝顶高程43.5米，内坡1:3，水深1.5～6米，库容约65万立方米；库底及周围采用复合防渗膜防渗，上覆0.8米黏土；坝坡面采用绿格网箱护砌，内填级配碎石土料，以利生长芦苇、水草等植物；四周水面以下0.5米处设置5米宽的亲水平台。

2013年，工程进一步充实码头、营帐、芦苇荡等场景性内容，并从溢流坝至梁济运河，打造全长2500米、河宽30米、平均水深0.7米的河湖通道，内置大小不一景石，营造溪水山谷一体的自然景观。建成后的聚义湖，分为东、西两个区域，西水域景点主要包括梁山码头、水军指挥塔、水军营寨和朱贵酒店，全面展现《水浒传》中水军的活动场景；东水域景点主要包括石碣村、渔村及垂钓台和水城门。同时，沿岸植芦苇、蒲草、水生美人蕉等植物，禽飞鱼跃，帆船点点，成为"生态和谐、自然文化"的水泊景区。聚义湖的建成，改变了水泊梁山有山无水的现状，再现了水泊意境。

聚义湖

第六节 梁山泊

梁山泊位于梁山主峰以南、220国道以西、蒙馆路东北夹角位置，南临水浒大道。梁山泊工程永久占地面积3000亩，水域面积2000亩，广场及绿化面积1000亩，环库道路4282米，水库设计最高蓄水水位40.08米，最大库容677.26万立方米，是为发展梁山旅游、打造"水泊"景观而开挖建设的平原水库。隋唐五代时期，黄河多次溃决，洪水泄入大野泽，大野泽水域不断扩大，至北宋时形成以梁山为中心的八百里水泊，故得名"梁山泊"。后黄河水裹挟着泥沙，逐渐淤积，梁山泊变成黄土地。为完善水泊梁山风景区景观、改善梁山县城生态环境、保障城区居民饮水安全，梁山县依据得天独厚的引黄优势，开工建设梁山泊平原水库。水库工程由引水渠、围坝、入库泵站、出库泵站等工程部分组成，并由混凝土预制块护坡，工程总投资近3.5亿元。2012年12月，梁山泊水库工程开工建设，至2013年底，水库土方工程、引水渠、入库泵站、出库泵站等基本完成。建成蓄水后的梁山泊，由水面、园林、景观、道路等工程等组成，构建梁山泊广场、水韵码头、栈道及观湖长廊、观景及亲水平台、瞭望塔、湖心亭、浮雕、绿化等游览景观，并与以水上旅游观光为主的亲水线、木栈道相连接，构成滨水游线，营造出植物与道路、植物与水面相呼应的景观特色，再现昔日八百里水泊壮丽景象。同时，以水浒文化为核心，选取《水浒传》有代表性和主题突出的故事情节和场景，沿环湖道路进行景点建设，通过建筑、绿化、雕塑等手段，再现野猪林、十字坡、蜈蚣岭、黄泥岗、飞云浦、秋林渡等水浒故事景观，以现代方式诠释水浒文化内涵，形成历史文化底蕴深厚和水浒特色鲜明的水泊氛围。

梁山泊（关义华摄）

第三章 景观

第一节 地质公园

梁山地质公园为省级地质公园，包括梁山园区、龟山—凤凰山园区两大园区，总面积3.33平方公里，是以岩溶地质地貌景观遗迹为鲜明特色、综合地质剖面和构造形迹遗迹为典型特征，集科研科普、游览观光、休闲度假为一体的科学、生态、综合性小型地质公园。梁山地质公园处于华北海侵的边缘地带，记录了华北板块东南缘古生代的海进海退和沉积旋回，地质地貌遗迹融合了森林、奇山异峰等自然景观和以水浒故事为主题的一系列人文景观，是一个以岩溶地质地貌遗迹为鲜明特色，兼顾地质剖面和断裂构造等地质遗迹的立体式多元化地质公园，具有重要的科学研究价值、科普教育价值和旅游观赏价值。该公园地质遗迹丰富，主要有：溶蚀地貌遗迹、岩溶洞穴遗迹、岩溶塌陷洼地、黄土地貌及地质界线点与地质特征、地层剖面等。2010年1月，山东省国土资源厅批准授予梁山省级地质公园资格；2012年3月，启动梁山地质公园建设工作；2013年12月，梁山地质公园（梁山园区、龟山—凤山园区）通过省级地质公园专家组验收。

梁山省级地质公园

梁山园区 梁山园区包括梁山虎头峰、郝山峰和青龙山以及山北废弃砖瓦黏土矿区，主要特色为中厚层张夏组灰岩地貌、黄土地貌以及岩溶地质地貌景观，该园区雪峰山溶洞发育在寒武系张夏组下灰岩段中，洞口呈长方形，长约1.8米，宽1.1米。洞内石钟乳等洞穴堆积物发育（已被人为破坏），其险在垂深34.1米处。洞壁有较多凹痕，潮湿润滑；洞体曲折弯转，高低不平，总体向西延伸。溶洞共有3个洞室：1号洞，长41米，宽9.5米，高2.5米；2号洞，长6.5米，宽4.3米，高4.8米；3号洞，长21米，宽1.5米（最宽处2米），高3米。园区内黄土具有垂直节理和含姜石层两大显著特点，是山东省境内典型的黄土地貌之一。黏土结构致密，垂直节理发育，节理为原生节理，较密集，延伸长，直立性强。梁山界线点，界线以上为晚更新世大站组，岩性为褐黄色黏土含姜石结核黏土。界线以下为中更新世羊栏河组，岩性为深红、棕红色黏土、沙砾石层为主夹砂质黏土等冲洪积、坡积物。加之园区所拥有人文历史景观和自然生态景观，使梁山园区成为观光游览、避暑度假、怀古凭吊、地质考察、洞穴探险的综合性游览区。2012年，启动虎头峰、郝山峰和青龙山以及山北废弃砖瓦黏土矿区综合

梁山地质公园—梁山园区

治理。虎头峰治理区，主要治理修复山体，恢复建设佛教圣地法兴寺、莲台寺等遗迹；郝山峰治理区，主要卸载危岩体、恢复地质地貌，并进行绿化，与景区相协调；青龙山南侧治理区，主要是削平陡崖，构筑平台，放缓边坡覆土绿化，回填客土63.8万立方米，种植各类树木1.6万余棵，并修筑排水沟、挡土墙；对山北砖瓦黏土矿坑主要进行防水、筑坝、蓄水，扩大山北水面面积，开挖800余亩的水面，至2013年建成蓄水。同时建设聚义门、瞭望亭、水寨、生态禽岛等，打造成“芦苇荷花、禽飞鱼跃、生态和谐、自然文化”的水泊景区。

亀山—凤山园区　亀山—凤山园区包括灵亀山和凤凰山两个区域，主要特色为岩溶地质地貌景观、古生代地层地质界线点及地质特征、断裂遗迹和自然生态景观，该园区凤凰山溶洞为落水洞，发育在奥陶纪三山子组b段白云岩中，溶洞呈北西方向展布，主要受灵亀山与凤凰山断裂控制。凤凰山溶痕和溶沟比较发育，宽10～25厘米，深10厘米，长数米，排列密集，其间有穿孔相通。该园区拥有典型地质界线点、地质剖面、断裂构造。亀山界线点，界线以上为奥陶纪三山子组a段（原称亮甲山段），岩性为灰色厚层含燧石结核（或条带）细晶白云岩夹角砾状细晶白云岩、叠层石白云岩。界线以下为奥陶纪三山子组b段（原称冶里段），岩性为灰褐色中层细晶白云岩夹小竹叶状砾屑白云岩，突出特点为“刀砍纹”。凤凰山界线点，界线以上为寒武纪三山子组c段，灰色厚层细晶白云岩上部发育薄层竹叶状砾屑白云岩夹藻丘状白云岩。界线以下为寒武纪炒米店组，岩性为灰岩与泥质灰岩互层夹灰色砾质灰岩、黄绿色页岩。园区内拥有灵亀山、凤凰山等自然生态景观，成为集观光游览、避暑度假、地质科考等为一体的综合性游览区。2012年，启动凤凰山东侧的拆迁和建设，2013年12月，上山木制栈道、木制平台、休息亭、山间石径、山上及山下夜间景观亮化工程完成，景观、娱乐、休闲为一体的凤凰公园建成开放。

第二节　湿地公园

梁山泊湿地公园　梁山泊湿地公园包括梁山泊遗址（宋金河）湿地、梁山泊和聚义湖及其间的连接水系。2010年，梁山泊湿地公园规划总面积6.8平方公里，其中湿地面积3.42平方公里，湿地率50.26%；规划建设期限为7年，分三期完成。公园设有科普宣教区，面积0.36平方公里；合理利用区，面积0.69平方公里；管理服务区，面积0.045平方公里。设置入口大门、游客中心、停车场等，用于服务游客和整个公园行政管理工作。2013年1月，梁山泊湿地公园被批准为省级湿地公园。

梁山地质公园—亀山凤山园区

梁山泊遗址湿地（冯传杰摄）

梁山泊遗址湿地系宋金河道的一段，地处梁山县城西马营镇境内，是《水浒传》中描写的“八百里水泊梁山”唯一遗存水域，面积1.572平方公里，为湿地公园的生态保育区。该湿地包括河流、沼泽、库塘三大湿地类型，对涵养水源、净化水质、维护区域生态安全起到了重要作用。湿地物种丰富，共有动物120多种、植物150多种，是多种鸟类、兽类动物的栖息地，具有保护价值和科研价值。该湿地是梁山县面积最大和保存最完好的天然湿地。梁山泊和聚义湖及其间的连接水系，面积4.13平方公里，为湿地公园的恢复重建区。至2013年12月，聚义湖建成蓄水。

大运河湿地公园 梁山大运河湿地公园位于梁山县城东南部，沿运河北起任庄桥、南至邓楼节水闸，包括流畅河湿地公园，总面积4.16平方公里，湿地面积3.34平方公里，湿地率80.3%。其中河流湿地面积2.79平方公里，沼泽湿地面积0.0832平方公里，库塘湿地面积0.462平方公里。该湿地公园规划为生态保育区、恢复重建区、科普宣教区、合理利用区、管理服务区，生态保育区面积2.12平方公里，占总面积的50.9%；恢复重建区面积1.198平方公里，占总面积的28.8%；宣教展示区面积0.14平方公里，占总面积的3.4%；合理利用区面积0.64平方公里，占总面积的15.6%;管理服务区面积0.54平方公里，占总面积的1.3%。2012年12月，运河湿地公园举行开工仪式，建设期限为5年。

流畅河湿地公园 位于流畅河东段，地处梁山县城东南部。流畅河位于梁山县城以南，西起汪海屯，东至后孙庄入京杭运河，全长8.68公里，河宽50～90米，流域面积56.3平方公里。流畅河湿地公园西起西环城河，东至京杭运河，为城区环城水系的南侧东西向景观河道，长约3公里，水面最窄处120米，局部拓宽处约300多米，湿地面积0.8平方公里，其中水面及人工浮岛0.518平方公里，建设亲水平台1000平方米，绿化0.282平方公里，绿化苗木8万棵。2010年10月，梁山县规划实施流畅河湿地工程，工程占地1080亩，流畅河后孙庄段河道整体拓宽并南移，在河北岸留出坡地，河南岸利用挖河土方营造景观，分为自然景观区、入口形象区、滨水休闲区、文化娱乐区四个区域，打造入口公园景观、滨水休闲景观、水浒文化主题景观三个节点，结合前孙庄社区建设设计，景观空间主要由公园、滨水步道、亲水平台、园路以及广场等节点组合而成，流畅河湿地公园于2013年建成开放。建成后的流畅河湿地公园，北靠新城区，南连工业园，是进入梁山城区的主要景观。景观特色以自然生态湿地滨水景观为主，贯通环城水系，连接运河，依水造景，北面造坡植草，南面砌石，沿河置游步道，局部设置游憩空间，同时设置小型水浒文化雕塑景观文化广场，丰富“水浒”文化景观，成为展现梁山美好景观的窗口。

流畅河湿地公园

第三节 公园绿地

梁山县城有较大型公园1处，有较大型路口、街心、街头绿地9处，绿地大部分分布在水泊大街和安民山路两侧。

凤凰公园 因依凤凰山建设而命名凤凰公园。投资1000万元，由上海蓝德斯建筑景观设计有限公司设计承建，始建于2012年8月，2013年12月竣工开放。凤凰公园东起水泊西路，西至凤山山体，南起凤园水厂，北至公明大道，分为凤凰市民广场（北区）、凤凰休闲公园（南区）两部分，总面积9.68万平方米，其中，建筑面积3.64

万平方米。是梁山县老城区面积最大的集娱乐、健身、休闲、观光等于一体的城市园林绿地广场。

北区凤凰市民广场占地6.39万平方米，结合自然地形，以市民广场、健身公园为主题，建

凤凰公园北区市民广场

有环形步道、登山步道、人行道等道路，门球场、网球场、篮球场、羽毛球场等运动场地，并设有市民健身区，配备健身器材。环境绿化采用树阵布置，在花坛、绿地上植有银杏等树木，形成大乔木与花灌木穿插错落的景观格局。建有灯光音乐喷泉、景观灯、高杆灯、广场灯、庭院灯、球场灯、草坪灯、水底灯、文化景墙等景观，通过环形道路、园路串联入口和景观节点。广场东侧设主入口，南北两侧设次入口，以入口广场和旱喷广场强化东西、南北两条轴线。

南区凤凰休闲公园占地3.29万平方米，是

凤凰公园一角（袁博摄）

与自然山体结合而建的生态公园。依山就势，建有假山、瀑布、小河、水池、凉亭、游览便道等。绿化结合自然地形，除保留原有大树外，配置小乔木和花灌木，共种植乔木30余种，有皂角、银杏、合欢、法桐、白蜡、雪松、枫杨、广玉兰、大叶女贞等，约1500棵；灌木30余种，有四季桂、樱花、蜡梅、红枫、连翘、龙柏、红叶石楠、小叶黄杨等，约5000棵；草坪撒播25476平方米。园区山水交融、花木相映、叠水瀑布、溪流淙淙、大树参天、曲径通幽，层次丰富，呈现山水和谐、生态自然、休闲适宜的整体形象，并与山顶凤凰阁遥相呼应，烘托出历史文化氛围。

凤凰公园休闲区（李长义摄）

林业观光园　位于县城东北部，东靠京杭运河，西靠天罡路（原东环路），北依老城区，南邻公明大道（原人民北路），占地面积80.53万平方米，是集生态采摘、观光体验、休闲旅游于一体的现代化林业产业园区。始建于2012年10月，2013年5月4日正式开园。观光园由包括道路景观带、运河风景带、外围防护林景观带和入口景观区、中心游览区、森林体验区、果品采摘区及各类适生果树园在内的“三带四区多园”组成，各园区通过园内环游路相连接。园内环形步道长8000米，其中，主环路长2500米，次环路长5500米。入口景观区建有门厅、广场、停车场，面积达6000平方米；中心游览区包括广场、绿地，并建有面积4万平方米的人工湖，湖中植

林业生态观光园（周长军摄）

有芦苇、蒲草等水生植物；森林体验区堆砌土山30万立方米，并进行了绿化，四周防护林带栽植法桐、大叶女针、垂柳、蜀桧等林木；果品采摘区栽植苹果、核桃、石榴、樱桃等12种果树5万棵，共66.7万平方米。

灵龟山绿地 位于凤凰公园北侧（原中医院、黄河位山局拆迁区），南临公明大道（原人民北路），北临龟山山体，面积约1.36万平方米。绿地工程于2013年启动建设，规划建设入口展示区、密林氧吧区、康体活动区、生态停车区等功能区，由绿化、亮化、硬化、排水、挡土墙砌垒等工程组成。至2013年12月，完成部分土方工程和挡土墙砌筑工程。

招待所绿地 位于水泊大街与公明大道交叉路口。始建于2007年8月，在拆迁招待所沿街楼基础上，建设面积2820平方米的绿地，栽植了迎客松、银杏树、广玉兰等苗木，放置泰山石，完善了喷泉、射树灯、草坪灯等设施；2009年5月，在该路口西北侧人行楼前修建绿地560平方米，栽植了7米高的雪松，围绕雪松种了红叶石楠球、无刺构骨球等；2012年8月，路口东南侧在拆迁电业局楼基础上，修建绿地3877平方米，四季桂和造景松搭配泰山石作为主要景观，苗木以国槐、合欢、玉兰为主，配以雪松、白皮松、水杉、百日红等；中间的廊架连接主景观和南侧玉兰树，并铺有鹅卵石小道；同年9月，路口东北侧在拆迁大鹏公司楼基础上，修建绿地2234平方米，绿地主入口为上升式小广场，中间圆形花池栽植皂角，西侧放置天然泰山石。招待所绿地公园是以休闲、健身为主的街头绿地，以花架、座凳、园路、地面铺装构成运动、休闲场所；以多种植物搭配形成高低错落的绿地景观，并点缀景观小品。

招待所路口绿地

张坊三角绿地 位于水泊大街东、水泊南路西、青龙山路北三路的夹角区，由原三角花园向南延扩而成。始建于2012年12月；至2013年12月，绿化、亮化、硬化等建设项目全部完成。绿地占地2.87万平方米，其中，铺装面积10642平方米，绿化面积20058平方米，栽植绿化树木500余棵。公园构架以两条飘带状漫步道为主，辅以大片树林草坡，空间开放，营造出城市森林。

独山三角绿地 位于汶水路（原南环路）东端，始建于2004年4月，占地面积9250平方米，建有中心花园和南北两侧椭圆形花园，呈三角形分布。中心花园的中间置有泰山石，四周种植泰山松，园内植有小龙柏、金叶女贞、月季、百日红、金叶女贞球、造型松、雪松、紫叶李、红叶小檗、迎春、连翘、碧桃等花木。南北两侧花园最外围是围栏，外侧以绿地为主，有白三叶、草皮，中间层植有金叶女贞、小龙柏、红叶小檗，迎春花、金枝槐、扶芳藤、小叶黄杨球、火棘球，最里层是国槐、毛白杨、栾树，由外及里，层次分明。

安民山路绿地　安民山路街头绿地主要有3处，始建于2013年10月，分别位于安民山路与浒源路、济水路、水浒大道的交叉口处。安民山与浒源路交叉口绿地面积2.56万平方米，其中，草坪覆盖面积3361.5平方米，白三叶覆盖面积5420平方米，绿化植物有大叶女贞、黄栌、木槿、雪松、紫荆、五角枫等29种。安民山路与济水路交叉口绿地面积3.95万平方米，其中，小龙柏覆盖面积1304平方米，草坪覆盖面积4554平方米，白三叶覆盖面积19432平方米，绿化植物有刺槐、大叶黄杨球、金枝槐、五角枫、雪松、紫叶李等34种。安民山与水浒大道交叉口绿地面积为2.92万平方米，其中，草坪覆盖面积8171平方米，白三叶覆盖面积12776平方米，绿化植物有大叶黄杨、大叶女贞、花石榴、金丝垂柳、速生白蜡、雪松，紫叶李、凤尾兰等23种。

第四节　园林建筑

水浒街　位于梁山北侧，聚义湖畔，长600米、宽36米，道路两侧为二层或三层仿宋建筑，灰墙青瓦，错落有致，并在其与公明大道交叉口处建有水浒街牌坊。水浒街为特色旅游街区，内有饭店、酒吧、茶楼、旅行社、旅游商品店、高档会所、休闲小店等60余家商户，为游客提供吃、住、行、游、购、娱服务。水浒街工程于2009年启动建设，2012年5月，水浒街及牌坊建成。水浒街牌坊为三门四柱五楼式宋代造型，由山东美术家协会会员、国家二级美术师王存忠整体设计，中国美术家协会会员、中国壁画学会理事孙景全水浒纹样设计；采用福建青玉花岗岩制作，总重500吨。牌坊高14.15米、宽21.5米，主门高6.6米、宽7.2米，侧门高5.7米、宽5.1米，纵深2.2米。牌坊一层花板中间部位雕刻汉代玉璜双龙、双凤寓意龙凤呈祥，两侧云纹图设计象征斧钺、钢叉，寓意梁山历史文化灿烂，好汉豪气冲天，保卫富贵宝地、吉祥家园。二层、三层花板分别设计水纹、云气图及星辰纹，寓意八百里水泊的历史背景，梁山好汉为天地之神，造福人间。三层花板采用云、水交替变换的纹样，目的是强化“水泊”意境，寓意梁山好汉于天地之间演绎人间活剧。底座叫“须弥座”，采用吉祥卷云纹样和北斗星座纹样，寓意梁山108条好汉乃天上星宿。牌坊正面主匾额“水浒街”和中柱楹联“撞破天罗归水浒，掀开地网上梁山”由范曾题写；副匾“替天行道，忠义双全”由孙墨龙先生题写，两侧立柱楹联“宛子城中藏虎豹，蓼儿洼内聚蛟龙”由刘开渠先生题写。背面正副匾额“天下水浒，心昭日月，义薄云天”出自孙景全先生之手；中柱楹联“天罡尽数投山寨，地煞空群聚水涯”由李铎将军题写;两侧立柱楹联“逼上梁山，义行天下，奇传水浒，侠照人寰”由刘子善先生题写。诸名家墨宝雄强厚重，气势博大，骨肉坚实，与水浒精神相得益彰。水浒街牌坊成为梁山水浒文化地标性建筑。

水浒街牌坊

水浒文化广场　水浒文化广场位于梁山郝山峰脚下、青龙山路东段南侧，包括万人广场、文化表演馆、水浒文化交流中心、水浒大酒店四大主体建筑，是集文化展示、演艺集会、餐住娱乐

水浒文化广场

于一体的水浒文化广场。广场由古建筑专家钱运选设计、梁山水浒旅游开发有限公司开发建设，总占地11.73万平方米，总投资2.8亿元，其中，万人广场占地1.068万平方米，水浒大酒店占地3.5万平方米。整体工程于2010年4月开工，广场于2011年建成，2012年正式对外开放；表演馆、大酒店于2013年底基本竣工。水浒文化广场为大型集会和演艺活动场所，其中，水浒文化表演馆为可容纳1100人的中型多功能表演馆，水浒大酒店主楼四层，按四星级水浒文化主题酒店设计建设，设有管理中心、餐饮中心、接待中心等，是集餐饮、住宿、会议、娱乐等功能为一体的综合旅游服务设施。建筑融仿古建筑艺术与现代建设风格、传统水浒文化和现代文化理念为一体，别具一格，庄重典雅。

梁山泊广场　梁山泊广场位于水浒大道北侧、梁山泊南岸，是一处大型景观休闲广场。梁山泊广场占地面积0.67平方公里，包括水韵广

梁山泊广场

场、飞云浦、秋林渡、野猪林、蜈蚣岭、黄泥岗、十字坡等部分，广场中心建有号令台、文化柱、景观柱、浮雕墙等景观，与梁山泊及湖心岛、亲水台、观景台、木栈道、码头、水榭、哨塔、茶亭、怀古长廊等遥相呼应。由中国风景园林设计院杭州分院规划设计，总投资2亿元，2013年开工建设。

第五节　建筑景观

县政府办公楼　位于人民中路东端北侧，1981年10月建成，由梁山县建筑设计室设计，梁山县建筑工程公司施工。办公楼中间四层，东西两侧三层，总建筑面积4060平方米。中间门厅部分为钢筋混凝土框架结构，其余部分为砖石结构；门厅底层柱垛以白、灰两色大理石贴面，朴实庄重。楼正面以附墙垛竖线条为主，以每层窗上沿外挑十厘米遮阳板横线条为辅。主墙干粘海阳绿石子，突出线条均以白色涂料粉刷。2000年前后，楼外墙进行粉刷，整体呈米黄色。

县政务中心　位于梁山县城东南部新区，东依安民山路，西邻金线岭路，南连忠义路，北靠泰山路，占地18万平方米。2012年开工建设，2013年12月完成主体工程。政务中心呈对称布局，主楼五层位于中央；东西辅楼三层分别位于主楼左前右前两侧，三建筑共同围合成开放的中

政务中心主楼及广场（杨建江摄）

心广场。建筑均为中空式、采取现代墙体与仿宋楼顶相结合、横向舒展与出挑大檐相结合的建筑形式，古朴庄重、色调淡雅、威严内敛。政务中心广场采用规则式与自然式结合的形式，由南北轴线和东西轴线组成，纵轴为中心轴线，由南侧主入口景石景观—中心绿地走廊—行政中心—丘陵休憩绿地组成；横轴为次要轴线，由东侧入口景观—树阵广场—行政中心—树阵广场—西侧入口景观组成；整体呈对称分布，与传统建筑布局方式相契合，彰显广场的开阔环境，突出政务中心的庄严大气和包容开放，增强市民认同感和归属感。

梁山体育馆 位于梁山县东南部城区，北临浒源路，东靠雪山峰路。占地面积4万平方米，建筑面积1.78万平米，馆内设固定座椅3300席、活动座椅1100席。2013年4月开工建设，同年8月初完成主体工程，至12月，体育馆室内外装饰装修基本完成，场馆附属设施、场外景观绿化、馆内设施等正在建设中。体育馆地上三层，采用钢筋砼框架—剪力墙结构体系；基础采用桩基或独立基础形式；屋盖采用空间钢桁架结构体系，既包含传统建筑的端庄、厚重，又运用了现代建筑中细节处理。体育馆体现了天下水浒、大义梁山的人文情怀，是梁山新城区标志性建筑。

梁山体育馆

财政局办公楼 位于水泊西路31号，由山东省金城建筑设计院设计、济南城建集团总公司施工承建，工程投资670万元，建筑面积5028.8平方米，2002年5月开工建设，年底竣工。该办公楼为钢筋混凝土框架结构，粉煤灰灌注桩及桩承台基础，造型庄重典雅，集古今、中欧建筑风格于一体，布局科学合理，风格庄重大方。

梁山县财政局办公楼（关义华摄）

二实小教学楼 位于凤凰山脚下、人民中路西端，北、西两面紧邻凤凰公园。始建于1990年，1992年竣工，为5层阶梯式仿古建筑，建筑面积4600平方米。整体建筑将对称与非对称结构相结合，北面红圆柱、白墙，二层设有圆弧形门楼；南面白方柱、白墙，走廊配弧形淡蓝色栏杆墙；中间设有四边形天井；楼顶呈剪边形，镶顶绿瓦。2001—2002年，学校先后在教学楼北面

梁山二实小教学楼（袁博摄）

东西两侧建起两栋面积分别为900平方米、1300平方米的两层副楼，每层以走廊与主楼连为一体，总建筑面积达6800平方米。

县医院病房楼 位于水泊南路中段东侧，始建于2010年5月，2012年10月竣工。总建筑面积21208平方米，投资额6000万元，由山东省建筑设计研究院设计，山东宁建建设集团有限公司施工。工程采用框架剪力墙结构，地下一层、地上十三层，总建筑高度54.6米。大楼是一座多功能综合性医用建筑，内主要设有：标准病房、各临床护理单元、洁净手术室、重症监护室、血液透析室、中心供应室等。

供电大楼 位于公明大道东段北侧，2004年9月开工建设，2010年6月竣工，由山东中建建筑设计院设计，淄博淄建集团有限公司施工，建筑面积10830.3平方米，投资1125多万元。大楼为框架结构，地上楼高七层（半地下一层），外观为蓝灰色，庄重大气。

供电公司大楼

百货大楼 位于水泊大街与人民中路交汇处，地处县城繁华黄金地段，三层建筑，始建于1986年，占地5000多平方米，经营面积1.2万平方米。1994—2013年多次扩建改造，2013年进行全面改造，外墙用栅栏式铝合金装饰板装饰，并装置两块大型LED屏幕，设计多幅广告橱窗。建筑外观为棕色，造型庄重，色调和谐，彰显现代建筑风格，为梁山县商业标志性建筑。

中韩大酒店（冯传杰摄）

梁山大厦（中韩大酒店） 梁山大厦位于水泊大街与人民中路交汇处，始建于1991年，框架结构，由主楼和裙楼组成，主楼15层，地上高度55米，建筑面积9300平方米，由中建八局设计承建，投资3000多万元；1994年12月完成主体工程，其后进入装修阶段，先期完成1、2层装修，并投入运营，主要经营宾馆、餐厅、娱乐、服务业等。梁山大厦一度为梁山县城第一高楼，并成为县城标志性建筑。2001年，梁山大厦破产拍卖，由中韩大酒店购买并经营。

水浒商贸城 水浒商贸城位于公明大道与银

水浒商贸城

山路（原兴海路）交叉处，北靠龟山河，南眺凤凰山。门楼高四层，建筑面积2800平方米，为对称性仿古建筑，红墙黄瓦，庄重大方；门楼前建有面积4200平方米的广场，广场中心塑有毛主席全身像，广场上装有中华灯，并设置花坛草坪。水浒商贸城为综合批发市场，工程分两期建设，一期工程于2000年4月开工建设，总面积15万平方米，总投资3000万元，为二层楼建筑结构，大棚式通道，经营摊位2000个。2001年10月一期工程竣工，二期工程开工建设。至2003年，水浒商贸城全面竣工，并投入运营。

水浒大酒店 位于青龙山路东段南侧，背靠郝山峰，面朝青龙山，占地面积24万平方米，建筑面积2.96万平方米，包括门区、管理中心、餐饮中心、接待中心四个区域。酒店由山东同圆设计集团有限公司设计，并特邀钱运选先生总体设计，梁山水浒旅游开发有限公司投资1.8亿元开发建设。2010年12月开工，2013年12月竣工，主楼为四层仿古建筑，框架结构，重檐歇山顶屋面，四角庑殿式敞轩，飞檐斗拱，青砖黛瓦，亭台楼阁，融建筑语言、景观艺术和人文元素于一体，形成水浒旅游的亮丽风景线。

水浒大酒店

杏花村大酒店 位于水泊南路与济水路交汇处，西邻新客运中心，占地面积1.2万平方米，建筑面积9600平方米。该酒店在原杏花村宾馆（梁山首家三星级酒店）的基础上，改造升级成为杏花村大酒店并增建水浒酒文化体验馆。该水

杏花村大酒店

浒酒文化体验馆由梁山县旅游局王存忠主创策划设计，梁山县杏花村酒店有限公司开发建设，总投资5000万元。该体验馆整体建筑采用仿宋式民间建筑风格，按照北宋酒肆、客栈和市井文化风貌的特点，打造集吃、住、游、购、娱与一体的水浒酒文化体验游览格局，包括水浒酒文化体验区、民俗文化展示区、宋代酒器酒具展示区、水浒酒楼、水浒客栈等10个旅游功能区，各区间连为一体，形成完整的游览观光和体验线路，成为梁山第一家酒文化体验旅游场所。游客可在此感悟水浒酒文化，领略宋代民俗，品尝特色水浒菜肴，品味独特的宋代民宿服务。

第六节 路桥景观

水泊大街（码头大桥—水浒大道） 南北走向，全长8.8公里，是县城建设最早、纵贯城区中心的主干道。北段、中段为三块板形式，南段为四块板形式，该大街分别在灵龟山东、三角花园西处转弯，在灵龟山东由北偏向西南方向，至三角花园西再折向南方向。道旁均植国槐，招待所路口设有大型绿地公园，梁山一中路口设有小型公园。梁山大厦、百货大楼、新华书店、政府招待所、汽车站及县城第一座过街天桥——水浒天桥均分布在水泊大街中间路段，该路段是车流量最多、商业最繁华的街道，每到夜晚，华灯初上，车水马龙，车灯、街灯、

霓虹灯装点出一个充满活力的县城。

公明大道（大运河—火车站） 东西走向，全长17.9公里，是横贯城区中心、里程最长、连接京九铁路梁山火车站的主干道。该路东段（天罡路—西环路）为三块板形，并在凤凰公园北、水浒商贸城南设转弯道，穿过灵龟山与凤凰山之间的寿翔桥。道旁绿化植物丰富，与附近的山体景观相映成趣。水浒商贸城、凤凰公园、建设大楼、电业大楼等分布于该路段两侧。该路西段（西环路—火车站）为一块板形式，亦属省道济梁路延伸段，道路宽阔笔直，道旁绿树成荫。

水浒大道（运河路—西环路） 位于梁山泊水库以南，东西走向，全长6.66公里，是贯穿县城南部的城市主干道。该路为四块板形式，道路中央设有10米宽绿化带和各4.5米分隔绿化带及道旁30米宽绿地，绿化面积达52万平方米，种植雪松、油松、白皮松、银杏、柿子树、五角枫、金丝垂柳、金枝槐、紫叶李、樱花、紫荆、花石榴、木槿、紫薇、榆叶梅、丁香、蜡梅、红枫、丛生紫薇、迎春、连翘、锦带花、小叶扶芳藤、小叶黄杨、金森女贞、紫叶小檗、红叶石楠、小龙柏、萱草、鸢尾、麦冬、草坪、山楂、碧桃等植物。该路与水泊大街、原东环路交叉路口还分别建有街头绿地公园。

安民山路（公明大道—迎宾大道） 位于东部新城区行政中心以东，南北走向，全长5.85公里，是贯穿县城东部的城市主干道。该路为四块板形式，道路整体笔直，在杏花村路以北稍向西北偏斜。道路中间设有10米宽中央绿化带，道旁各30米宽绿地，绿化面积39.5万平方米，种植雪松、油松、白皮松、黑松、桧柏、大叶女贞、银杏、法桐、柿子树、白蜡、皂荚、国槐、刺槐、三角枫、五角枫、金丝垂柳、馒头柳、合欢、黄山栾、枫杨、白玉兰、紫玉兰、金枝槐、紫叶李、西府海棠、黄栌、杏、碧桃、樱花、紫荆、金边大叶黄杨、大叶黄杨、小叶扶芳藤、小叶黄杨、金森女贞、紫叶小檗、红叶石楠、小龙柏、麦冬、草坪、鹅掌楸、紫叶桃等植物。该路与忠义路、济水路、浒源路交叉路口还分别建有街头绿地公园。

安民山路

天罡路（北环路—济梁路） 位于县城东部，原220国道外环路，南北走向，全长9.5公里，主车道宽18米，升级改造的主车道为三块板式，中间设隔离护栏，自刘集村东向正南方向至济梁路进行南北取直建设。改造取直后的天罡路成为东部新城区南北走向的主干道。

西环路（蒙馆路—水浒大道） 位于县城西部，省道济梁路外环路，南北走向，全长8.9公里，2013年7月后，对西环路进行分段拓宽改造，并从济水路西端向南延伸至水浒大道。延伸扩建后的西环路，笔直宽敞，成为南北走向的城市主干道。

寿翔桥 位于灵龟山和凤凰山之间，横跨公

寿翔桥

明大道，是连接凤凰山和灵龟山的大型廊桥。灵龟山和凤凰山是县城的西北部的屏障，原连为一体。为通行方便，吕屺口村在两山相连处开山辟路，将两山分开，公明大道在该处通过，成为县城至火车站的最近距离通道。2007年，梁山县打造凤凰山、灵龟山景区，在两山之间建起寿翔桥，成为县城的一道风景。该桥为仿宋风格的钢筋混凝土结构大型廊桥，由钱运选先生设计，投资260万元，长29米，宽8.4米，高6.4米。取龟为“寿”、凤能“翔”之意，命名为“寿翔桥”，由司法部原部长高昌礼题写，两大桥柱有“崇仁尚义，重礼施德”题联。

第四章 旅游开发

第一节 旅游资源开发

梁山历史悠久、文化灿烂，旅游资源丰富。新石器时代，先人在这里耕种稼穑，繁衍生息，留下青堌堆等古文明遗址。西汉时期，为皇家猎场，汉文帝之子梁孝王封地，并因梁孝王病故葬于山麓而得名。隋唐两朝，为佛教圣地。五代到北宋，黄河多次溃决，大水汇于梁山脚下，形成八百里水泊，故又名水泊梁山。北宋宣和年间，好汉聚义梁山，凭借水泊天险，演绎了一幕幕波澜壮阔的历史活剧。明嘉靖年间，东鲁西竺禅师率领僧兵三千，赴胶东半岛抗击倭寇，后在梁山法兴寺讲学，法兴寺声名远播。1919年春，毛泽东到梁山，寻求革命救国之道。1939年8月，“梁山歼灭战”创造了成建制歼灭日军的模范战例。解放战争时期，刘邓大军在蔡楼渡口强渡黄河，挺进中原，揭开战略反攻的序幕，留下梁山人引以为豪的“将军渡”。此外，梁山还是中华武术四大发祥地之一，习武之风遍及城乡，梁山武术被列入国家非物质文化遗产；斗鸡、斗羊、山东快书、琴书、莲花落等民俗与民间艺术也成为梁山旅游发展的独特优势。1985年，山东省人民政府首批公布水泊梁山为省级风景名胜区，成为全国唯一一处以农民起义遗址为游览内容的风景区。

实施政策推动 20世纪80年代，梁山风景区旅游资源开发处于初始阶段。作为《水浒传》真实而集中的附着地，梁山县依托水浒文化和山体景观，以《水浒传》和史料为依据，以恢复或重现水浒遗址、遗迹为主线，在水泊梁山风景区先后修复、建设了一批单体景点建筑，初步形成水浒山寨景观，为景区开发奠定了基础。1988年，梁山县委、县政府隆重举行水泊梁山忠义堂落成典礼，梁山成为最早开展水浒文化旅游开发建设的县。20世纪90年代，梁山县不断加大景区旅游资源开发力度，历史文化资源得到进一步保护，水浒文化旅游开发进一步加快。1993年、1994年县委、县政府连续出台梁山风景区开发建设及县域对外招商引资、综合开发实施意见，并以举办水浒文化节为平台，实施“文化搭台、经贸唱戏、旅游兴县”。1996年，县委、县政府出台鼓励国家、集体、个人一起开发梁山风景区的优惠政策，并欢迎国内外客商到梁山独资或合资开发。进入21世纪，为做大做强旅游业，提升梁山旅游品质，梁山依托其独特的自然资源和多元文化交融的特点，高点定位，大力发展文化旅游产业，加快实施旅游项目建设，努力建设文化旅游强县，着力把旅游产业打造成为梁山经济社会发展战略支柱产业。县委、县政府相继出台《关于进一步加快旅游业发展的意见》及配套政策，实行风景区管委会、旅游局、水泊街道三位一体管理体制，建立专家、领导、县直有关部门和旅游局四位一体工作模式，并成立文化旅游开发建设指挥部。同时坚持以重大项目为牵动，加大投融资力度，强力推进景区旅游开发建设。

组建融资平台 2008年7月，梁山县组建水浒文化旅游股份有限公司，吸引4家民营企业出资2000万元入股，投入旅游项目的开发建设和经营管理。2009年6月，组建聚义旅游有限公司，作为水浒文化旅游公司的全资子公司，全面承接景区经营业务，将景区门票收入、景点房产和土地转化为运作资本，深化景区的市场化运作，增强平台投融资能力，争取省建设银行5000万元中期贷款，形成了政府主导、社会联动发展旅游业的良好局面。2011年11月，梁山县启动“山东省旅游强县”创建工作，以项目建设推动全域旅游大发展，加大资金投入，启动山体复绿、水浒大酒店、旅游主题游线等十大重点旅游项目建设，不断完善旅游基础设施和配套设施建设，不断提升城区及景区周边环境，旅游服务功能不断提升。2013年1月，梁山县被正式命名为“山东省旅游强县”。同年8月，梁山县组建水泊梁山影视基地股份有限公司，公司注册资本1000万元，北京时代电影有限公司、梁山水浒文化旅游股份有限公司、济宁市惠达投资有限公司董事分别持有51%、24.5%和24.5%的股份。该公司是梁山水浒文化主题公园资本运作的“目标公司”，主要开展旅游项、地产开发、基础设施建设、影视文化项目开发、文化投资、演艺人员培训等方面的经营。

推进资源共享 水浒文化的开发利用及旅游业的发展，在梁山周边呈现竞争态势，郓城、东平、阳谷也各自单枪匹马进行水浒旅游资源开发，期间发生东平侵占梁山地面权纠纷，影响了水浒故地的声誉。省政府及有关部门多次组织召开梁山、郓城、阳谷、东平四县座谈会。2003年2月，梁山、郓城、阳谷、东平四县旅游部门召开水浒旅游线四景区联谊会，决心突破行政区域束缚，切实做好区域合作，实行品牌一体化，统一规划、统一包装、共同促销，走大水浒、大旅游的路子，共同打造水浒旅游品牌，同时成立水浒合作协会，制定协会章程，每年至少召开一次联谊座谈会，四县轮流坐庄，共商发展大计。2006年12月，在山东省水浒文化交流中心召开的水浒文化座谈会上，梁山、郓城、东平、阳谷、高唐五县确定成立“山东省水浒区域文化旅游联席会议”，联席会议每年召开两次。2007年8月，梁山、郓城、东平和阳谷达成五点共识：一是三景区对外使用统一的名称，即“大水浒旅游景区”；二是设计统一的旅游标志，对外公开使用；三是联合促销，统一印刷宣传资料，在各自县域内设置其余三景区的宣传牌，在旅游宣传活动中同时宣传其余两景区；四是进行深层次合作，商讨制作出售四景区通票，实现“一票通”；五是增进经营管理方面的合作，共同开展管理制度建设和职工培训，相互交流借鉴学习经验。后因为东平未履行达成五点共识，区域联合搁浅。2007年，山东省旅游局委托山东省旅游规划设计研究院编制《山东水浒旅游专项指导规划》，将“水浒游”的核心定位为“一轴、两核”，梁山和东平湖将成为“大水浒”文化旅游中重要的“两核”，一轴是完整的水浒旅游线，横跨梁山、东平、郓城、阳谷等地，在梁山上建立水浒山寨，以梁山为主体，展示水浒原著中所描述的山寨场面，打造成水浒旅游线核心产品；在东平湖上将再现八百里梁山水泊的风貌；郓城的仿宋街和阳谷的狮子楼以及其他县正在规划建设的水浒旅游产品也在“水浒游”专项规划范围内。由于该规划中涉及地名权和对“两核”空间布局不认可，该规划没有实施。同年9月5日，山东省召开水浒旅游区域发展座谈会，会议确定，成立梁山、郓城、东平、阳谷四县旅游联盟，以资源为基础，产品为纽带，打造水浒旅游产品集群，共同宣传，相互推介，统一市场，联合促销，逐步向“一票通”的联营方式发展，实现共赢。

第二节 景区规划建设

通过几十年开发建设，梁山风景区内，梁山寨门、断金亭、黑风口、忠义堂等景点构筑成梁山大寨的雄姿，宋江寨墙、扭头门、宋江井、疏财台、试刀石等遗迹诉说着好汉故事；左寨七英、双雄镇关、林冲雪夜上梁山等巨型石雕再现英雄风姿；号令台和石碣文台等系列水浒核心景点体现着水浒精神和梁山个性。2000年，梁山风景名胜区被评为山东省八大旅游名胜之一；2002年，晋升为国家AAA级旅游景区；2008年，升级为国家AAAA级旅游景区；2010年，梁山被评为省级森林公园和省级地质公园；2012年，梁山风景名胜区获“山东最佳文化旅游目的地”称号，梁山水浒文化产业园被列为省政府重点产业项目和山东省重点文化产业项目。

规划编制 水泊梁山风景名胜区规划编制始于20世纪90年代。1994年春，梁山县制定《水泊梁山风景区综合开发规划》。1996年，县政府聘请北京大学谢凝高、陈青慧、何绿萍等规划专家编制《水泊梁山风景名胜区总体规划》；1999年6月，山东省政府以鲁政字〔1999〕133号文批准该规划。该规划确定梁山风景区及外围保护区范围4.6平方公里，另涉及东平湖腊山、棘梁山、六工山；确立风景区资源保护、管理和开发基本构架，提出景观、景点和设施建设基本内容，包括仿宋商业街、水浒大观、水浒寨后院、环山造湖工程、杏花村游览区、莲台寺、法兴寺、烽火台、左右军寨、梁孝王墓、水浒博物馆等。2001年，聘请曲阜师范大学王衍用、陈国忠规划团队编制《水泊梁山景区旅游规划》，对风景区空间布局、改造升级、旅游产业、产业结构进行梳理设计。2003年10月，聘请古建筑专家钱运选等对风景区聚义厅、左右军寨、号令台、雁台、天书阁等12处景点进行单体设计，对一关、二关进行改造设计，并编制水浒文化城、水浒景观城及水浒度假村详细规划。2007年3月，省旅游局主持规划评审，并提出“走进水浒王国、再现水浒场景、演绎水浒故事、弘扬忠义豪情”的策划理念，后水浒文化城被调整为水浒文化广场项目。2009年8月，县政府及旅游部门委托北京大衍致用规划设计院编制《梁山县旅游产业发展总体规划》。该规划将梁山主题形象定位为“水浒故地、忠义梁山”，整体空间布局形成“核心景区、服务基地、梁山泊水系”的圈层规划结构，确定“四区一带”的规划分区，即水泊梁山旅游区、中心城市服务区、水泊湿地休闲区、梁山水泊滞洪区和大河水工景观带，提出梁山作为中国水浒文化旅游的龙头，最终建设成为中国水浒文化基地、水浒旅游目的地、中国文化旅游胜地、中国旅游强县，形成山东旅游“泰山、曲阜、水浒”的金三角。该规划于2010年12月28日由县人大常委会批准实施。2012年5月，确立“天道水浒·大义梁山”主题定位，赋予水浒文化新时代内涵，将“大义”文化阐释为忠义、道义、信义、情义；提出“从大山水修复到梁山大景观再生、从大本营解读到水浒山水寨再现、从宛子城遗产到特殊聚落群再塑、从大梁山武术到中华武文化再植、从上梁山揭秘到红色大地标再立”的策划理念，按照“山上建寨、山下引水、周边造景、整体塑造”的总体思路，委托同济大学制订景区总体规划，明确“一轴四环六区”景区开发格局，“一轴”即水泊梁山水浒文化旅游发展轴，“四环”即环山水系、环山故道、内环干道、外环干道，“六区”即水浒大寨、梁山泊、后军寨、十里杏花村、梁山武术文化、红色文化“六大旅游区”。该规划进一步明确了梁山旅游及景区开发建设功能分区和项目布局思路，在山上打造梁山好汉大本营，再现当年山寨义军生活、战斗场景，体现原真性水浒文化；在山下恢复重建梁山水寨、水浒景观城，再现港汊纵横、芦苇草荡的意境和山水一体、烟波浩渺的景观，同时开发建设法兴寺、影视基地、水浒文化广场等项目，体现相关性水浒文化；周边开发仿古街和民俗文化村，打造水浒旅游特色街区和古村落，彰显梁山特色地域风情，体现延伸性水浒文化。

景区建设 20世纪80—90年代初，梁山风景区以基础设施建设为主，建设规模较小。1995年5月4日，水泊梁山进山石牌坊落成。1996年上半年修复问礼堂，修筑莲台寺平台和石阶，修建由黑风口通往杏花村的盘山路。1997年，莲台寺三个平台垒砌一期工程完成；同年，由个人投资建设的“宋江战船”“毛泽东与水浒博物馆”在景区相即落成开放。1999年，由山东省艺术学院刘大力教授设计的鲁智深武松组雕、花荣射雁像、林冲雪夜上梁山浮雕屏风、左寨七英雕塑安装完成。2000年，吸纳民间资金1000余万元建设越山南路仿宋街。2001年4月，范曾为梁山风景区撰写《水泊梁山记》；2002年4月《水泊梁山记》摩崖石刻竣工。同年，梁山风景区一关、二关建成。2003年10月，忠义堂新建及莲台寺修复开工奠基。2005年9月，梁山风景区核心景点忠义堂、号令台、石碣文台落成。2006年3月，梁山风景区修建水浒博物院；同年5月，梁山风景区重新修建黑风亭，并于9月竣工。2008年7月，理顺风景区体制，构建起山上、山下和周边村居一体化开发的大格局。2009年9月19日，山上一关重建与二关扩建以及左军寨、右军寨、天书阁、雁台等六大景点竣工，并陆续完善水浒寨门广场、一关广场、旅游厕所、游步道、引导标识标牌等基础设施和服务设施。2010年9月5日，投资5000万元的法兴寺举行重建开工奠基仪式；2012年7月，启动法兴寺大雄宝殿主体工程建设。同年，聚义湖、梁山泊等水面工程以及景区东主入口与3公里的水路通道、电瓶车道和游步道相继开工建设。2013年，53.3万平方米的山北聚义湖建成蓄水，13.3万平方米的山南梁山泊基本建成，沿湖路、水路通道、生态停车场等基础设施投入使用。至2013年底，梁山先后修复历史遗迹寨墙扭头门、宋江马道、精武坊、疏财台、点将台等，建设一关、二关、断金亭、黑风亭、号令台、演武台、左军寨、右军寨、忠义堂、靖忠庙、石碣亭、天书阁、雁台、石碣文台、虚皇坛等，塑造了双雄镇关、左寨七英、花荣射雁、李逵镇守黑风口、林冲雪夜上梁山等大型石雕浮雕等景观，逐步恢复“梁山叠翠”“运河烟柳”“帝子遗碑”“法兴夕照”“莲台春色”“石井甘泉”六大胜景；山下先后开挖了聚义湖、梁山泊、龟山河、天佑河等，建设了水寨、码头、水亭、亲水台、水浒故事景点等，再现了八百里水泊新景观。先后修建集商铺、文化、景观、旅游于一体的水浒街，集水浒文化展示、演艺集会和旅游服务于一体的水浒文化广场，集兵营、村舍、古街、店铺、府衙、官邸、祠堂、庙宇、民居等场景于一处、兼有旅游观光和影视拍摄多种功能的水浒影视基地相继建成开放。

第三节 旅游产品开发

梁山县利用资源优势，以“水浒”为主题，搜集整理民间民俗文化，编撰梁山文化旅游系列丛书；启动旅游修学、武术修学等，开发水浒文化主题旅游品牌；发展梁山特产，发掘梁山美食，弘扬梁山传统名吃，并以《水浒传》为蓝本提炼美食情节、延伸美食效果，创设“水浒宴”，开发系列旅游产品。

梁山义酒 梁山义酒是梁山县酒厂在继承宋代杏花村王林酿酒工艺基础上，结合现代科技，将单粮酿制转换为多粮酿制工艺，以优质高粱、小麦、大米、糯米、玉米等为主要原料，以中高温大曲为糖化发酵剂，经原生态酵泥老窖长期发酵、分级摘酒、长期储存而酿制的义酒等系列品种，具有窖香浓郁、香味协调、绵甜爽净、回味悠长等特点，并以水浒文化的核心“大义”为品牌文化。梁山酒厂主要生产“义”字牌、“水泊”牌、“梁山好汉”牌三大系列近百个品种。1987 年 4 月，全国酿酒专家熊子书为酒厂生产的“水泊义酒”题词：“水泊义酒，香飘九州。”1988 年 11 月，酒厂生产的“義（义）酒”“聚义酒”“大碗酒”“水泊老窖”在中国首届食品博览会上分获银质奖、铜质奖；其后，52 度义酒、35 度义酒、38 度水泊特曲、46 度水泊老窖、39 度梁山好汉、46 度梁山好汉等部分产品，连续几年被山东省评为优级产品。2004 年 6 月、2006 年 10 月，“義”“水泊”“梁山好汉”三大系列白酒先后被文化部诗酒文化协会评为“中华地方文化名酒”“中华文化名酒”。 梁山义酒被中国

梁山义酒（关义华摄）

国际诗酒节授予金爵奖，并获首届中国食品博览会金奖。梁山义酒除成为梁山的“市酒”之外，销往省内各地及北京、天津、上海、河南及东部各省；1988 年，“聚义酒”开始出口日本等国及台湾、香港等地区。

梁山人酒 梁山人酒是山东梁山徐坊大曲有限公司热销产品之一，在白酒中深受大众喜爱。梁山人酒精心酿制生产多系列、多品种产品，除“梁山人”酒之外，还生产“梁山泊”“将军渡”“徐坊村”等系列白酒，被评为山东省优质产品，并

梁山人酒

通过国际质量体系认证。

梁山好汉酒 梁山好汉酒是梁山好汉酒业有限公司酿制的白酒产品。梁山好汉酒业有限公司在原宋江井旧址重开井泉，依托充沛优质的水源，延续好汉朱富酿酒之蒸馏工艺，以多粮精华、传统制曲发酵、藏窖贮存涵养，酿制出“好汉酒”“替天行道”“第一把交椅”“入伙酒”等系列白酒，具有香、淳、甜、净、爽等特点，酒体丰满醇正，被评为“旅游文化名酒”“水浒文化名酒”。

梁山好汉酒

梁山牛肉 梁山牛肉主要源于鲁西黄牛，鲁西黄牛主要分布于北自黄河、南至黄河故道、东至运河两岸的三角地带，以梁山为中心。梁山牛肉蛋白质含量高，脂肪含量低，有“肉中骄子”的美称，鲁西黄牛中的育肥牛产肉率较高，膘肥

肉嫩，肉质良好，有“五花三层肉”之美誉。

红烧牛肉 红烧牛肉不腻不燥，味道鲜美，是梁山民间传统下酒菜。梁山好汉素有大块吃肉的习惯，其中，大块吃肉便是指吃红烧牛肉。红烧牛肉做法是取牛肉洗净，放入配好大料的锅中大炖，至烂熟为止。

拳铺驴肉 拳铺李家驴肉起源于清朝末年，至今已有100年历史。采用祖传秘制百年老汤，选用3～4岁活驴宰杀，配以二十多味天然中药材，用传统工艺烹制而成。色泽鲜亮，肉滑而不腻，质实而不硬，热食可切块，冷食切薄片，香气浓郁，引人食欲。2012年，拳铺李家驴肉店获“山东老字号”称号，“拳铺李家驴肉”已在国家工商局注册商标。

拳铺驴肉

梁山羊肉 梁山羊肉包括绵羊（小尾寒羊）肉、山羊（青山羊）肉，以山羊肉为佳，乌骨羊肉为羊肉中珍品。乌骨羊肉无膻味，味道鲜美，具有极高的药用和保健价值；山羊肉质细嫩，腥膻味小，具有天然滋补功能，烧制的羊肉汤色白似奶、水脂交融、质地纯净，开胃健脾，有“天下第一汤”的美誉，在中华名菜谱上，以汤入谱的仅此一例；绵羊具有肉质细嫩，肥瘦适度，裘肉兼用的优点。

梁山猪肉 梁山猪肉具有肉质鲜嫩、口感醇香、高钙低脂、膘厚适中、肥而不腻等特征，尤以梁山黑猪肉为佳，猪肉与牛肉、羊肉同为梁山人“大快吃肉”的三大肉食。

梁山笨鸡 梁山笨鸡又叫柴鸡，笨鸡肉质鲜美，易被人体吸收利用；鸡蛋品质优良、营养丰富，为餐桌上的佳肴。

梁山笨鸡

梁山麻鸭 梁山麻鸭属体型较小的蛋肉兼用型地方品种，因母鸭羽毛呈麻褐色带黑斑而得名，前胸较小，后躯丰满，每只重2.5～3公斤。麻鸭营养丰富，大炖麻鸭远近闻名。梁山水域饲草资源丰富，适于麻鸭养殖，麻鸭蛋也成为人们节日走访的伴手礼。

金河泥鳅 泥鳅属底层鱼类，常见于底泥较深的湖边、池塘、水沟等浅水水域。梁山富有湿地资源，盛产泥鳅。梁山人吃泥鳅的方法很多，清蒸、红焖、油炸均可。

湖里毛蟹 梁山湖里毛蟹富含丰富的蛋白质及微量元素，对人身体有很好的滋补作用，并含有较多的维生素A，对皮肤的角化有帮助，还有抗结核作用，吃蟹对结核病的康复大有补益。但螃蟹含有高胆固醇、高嘌呤，痛风患者食用时应自我节制，患有感冒、肝炎、心血管疾病的人不宜食蟹。

黄河鲤鱼 黄河鲤鱼俗称红鱼，亦称梁山黄河鲤鱼，为食之上品。黄河梁山段静水面水生植物繁多，饵料丰富，利于鲤鱼生长，三五斤鲤鱼最为常见，最大体长达1米，是国内鲤鱼主要产地之一。梁山黄河鲤鱼主要分布在小路口、大路口、赵堌堆、黑虎庙等沿黄乡镇，其他乡镇均有养殖，梁山黄河鲤鱼蛋白质含量高、质量好，并含氨基酸、维生素A、维生素D等多种元素，糖酥、酱汁、红烧、清炖鲤鱼为地方名菜。2009 年“梁山泊”牌活鱼商标注册成功，其中包括黄河鲤鱼。

梁山黄河鲤鱼

黄河甲鱼 俗称团鱼。甲鱼的味道鲜美，营养价值极高，由于其具有诸多滋补药用功效，有清热养阴，平肝熄风，软坚散结，对肝硬化，肝脾肿大，小儿惊痫等有疗效。所以它不仅是餐桌上的美味佳肴，上等筵席的优质材料，还可作为重要中药材料入药。肉具有鸡、鹿、牛、羊、猪 5 种肉的美味，故素有“美食五味肉”的美称。

梁山糟鱼 糟鱼是梁山一带的特色菜。梁山县是黄河和汶河下游的蓄滞洪区，水资源丰富，渔业条件得天独厚，为糟鱼的制作提供了丰富的原材料。梁山糟鱼以四寸以下的鱼为最佳材料，骨刺好烂，易入味。做法是将鱼去腮，不去鳞，

梁山糟鱼

将洗净的蒜编（干的大蒜茎叶）铺在锅底，鱼头尾相靠，逐一码放，每放一层，撒上一层盐和花椒；全部码完后，加水，水稍稍漫过鱼即可盖上锅盖。起火锅烧，用慢火（文火），先用明火，再用暗火（木炭火）“温”，炖制一夜而成。梁山糟鱼有两大特色：一是“糟而不糟”，“糟”是指鱼的鳞、骨、刺烂熟酥面，“不糟”是指鱼体完整，鱼肉烂而筋硬、耐嚼；二是糟鱼原料用的是包括鳞在内的草鱼“全鱼”，营养全面。梁山糟鱼被誉为长寿、美容食品而受“吃家”青睐。

大炖鱼 梁山境内传统名吃，民众过节或宴请宾客时的必备菜。安山镇的炖鱼誉满水泊。民国初年，全镇专营炖鱼的行家有 10 余户。大炖鱼制作方法是：将民间传统制作方法与济宁小闸口“文火煮鱼，大火油炸”的技艺相结合，精心制作而成。味道鲜美，鱼刺绵软不扎嘴，鱼肉筋硬耐品嚼，回味悠长。

水浒宴 依据《水浒传》故事，在汲取传统烹饪技艺、博采当代名家之长的基础上制作而成。以水浒菜为主，前奏有四干四鲜四果碟四酒肴，迎门汤点打底安席，接着是聚义大件菜开席喝酒，后是天罡 36 道江湖菜，地煞 72 道风味菜，外加 24 道蒸碗饭菜。每道菜均有典故，整桌宴席突出“撞破天罗归水浒，掀开地网上梁山”的水浒故事，菜品形象生动，烹制精美，“色、香、味、形、意、养”俱全。著名菜品有：黄河鲤鱼、水泊糟鱼、梁山松花蛋、杏香时迁鸡、智取生辰纲、七哥烧田螺、张顺红尾鱼、祝家报晓鸡、雪夜上梁山、好汉大块肉、山寨风情、好汉聚义、孙二娘大包等。宴席餐具为粗陶大碗专制餐具，体现出好汉“大碗喝酒，大块吃肉”的豪放性格。

炸蛤蟆 梁山特有名吃，做法是先将面皮放入油锅中炸成四角形袋状，然后灌入鸡蛋汁，放油中炸熟即可。因其四角突出，外形极似青蛙，故被称为“炸蛤蟆”。外焦里软，香酥可口，营养丰富，配以辣汤、豆腐脑、糊粥食用，口感尤佳，

油炸河蟆

是梁山人早餐桌上的常客。

炸糖糕 制作糖糕的方法通常有两种。一是将加了糖的烫面团，根据需要制成 50 ～ 100 克不等的小剂，分别在每个剂子表面抹一层油后，或拍成厚 1.5 厘米、直径约 3 厘米的圆饼，或是将抹有油的面剂制成椭圆形的饼，入油锅炸制。二是烫面时未加糖的烫面团，包入馅心（如红糖、豆沙、果酱、莲蓉等），在包制时避免把馅心沾到糖糕表面，否则炸制时会出现黑斑点。炸制糖糕须选用植物油，最好选用菜籽油，从而使炸制的糖糕能较快上色，气味芳香。

武大郎炊饼 梁山风味小吃，最早出现于北宋年间，四大名著《水浒传》中有记载。武大郎炊饼具有两大特色。其一，香味浓郁悠长，制作过程中把几十种香料秘制而成的肉馅撒在表层，并附以营养丰富的鹌鹑蛋，经明火烘烤，散发出诱人的香味，令人百吃不厌；其二，面质松软细腻，发酵过程精细，根据不同的季节以不同的方法发酵面粉，使口感油而不腻，鲜香可口。

梁山烧饼 梁山烧饼由“土炭炉”烤制，“土炭炉”是由两口十印铁锅扣在一起，上面的锅打掉边沿的五分之一，在锅口边沿留出 30 厘米方口为操作口，两口锅要用铁丝缠牢，外糊以灰土保温，放到特制的木架上，木架的高度以操作者身高而定。底下的锅用于存放点着的木炭，上面的锅用于贴烤烧饼。马蹄烧饼用优质面粉、芝麻、植物油、糖稀、五香佐料为主要原料，手工制作而成。和面时加“老面”发酵，面和好后要“醒”，做烧饼时先揪面团，接着揉面团、赶面饼，在面饼上擦抹掺有五香佐料的油后包成面团再揉，在面团的正面用刀划几道划痕后放在手盘内，用手沾水旋转着挤压面团，使之成为边沿厚、有花纹、中间薄的圆饼，再在圆饼的正面涂一层糖稀、粘上芝麻，用手将圆饼背贴在烤炉上边铁锅内面，下面铁锅内的木炭火烤至熟，梁山烧饼就制作而成了。烧饼的厚薄决定酥脆程度，各烧饼作坊也稍有差别。梁山烧饼因不同师傅传授而呈现不同的特色，因佐料的不同而呈现不同的基本味道，但主要有甜、咸两种，基本特色为：圆形，直径一般为 15 ～ 20 厘米，中间薄，边沿厚，呈浅碟状，亦称马蹄烧饼。

老味煎包 老味煎包主要有合手包、水煎包和三角包三种。风味不同，做法各异。合手包多用于猪肉馅，擀好面皮，放入馅子，两手一合即成，故名合手包，包好后放入蒸笼蒸熟后即可食用。水煎包多用于韭菜肉丁做馅，为圆形，包好后放入平底锅中加油煎熟。三角包呈三角形，多用羊肉馅，蒸熟后放入平底锅放油煎黄，以寿张集煎包较为有名。

梁山糊粥 又称糊涂，白粥，梁山特色名吃。粥的特点是看上去非常粘稠，喝起来却如同饮茶，口感细腻，略带苦味和糊香，故称“糊”粥。制

梁山糊粥

作方法是取黄豆、小米浸泡发胀后，用水磨磨成稀浆，去渣后慢慢煮熟而成。食之，温润养胃，增进食欲，促进消化，还有维护神经系统正常功能、中和人体酸性环境、缓解疲劳、增加体能的功效。

梁山辣汤 梁山辣汤以面粉为主料，外加几样佐料，制作诀窍在技术上。制作一般要提前10个小时以上和面、洗面，即第一天下午准备，第二天早晨食用。具体做法是：将面粉掺水和成面团，加清水用手慢洗，洗到只剩面筋为止。将洗好的面筋放在盆内养起来，10小时后把养好的面筋徐徐搅入面汤开水锅里。烧开后放入胡椒、豆腐皮、青菜、海带丝、鸡蛋皮等佐料，即可出锅。食用时再加少许醋及香油，味道香辣可口。汤内含多种营养成分，夏天可去火防暑，冬季可开胃避寒，是老少皆宜的早餐佳羹。

梁山白杏 亦称白核杏、大白杏、银杏，又因成熟后果体透明如成熟的桑蚕，色白透明，朝阳面密布小红点，又名蚕白杏。白杏果大、皮薄、色鲜、味美，肉质细嫩，甘甜微面，浆液多，有清香。核中果实称杏仁，杏仁分苦、甜两种，为重要中药材，有镇咳祛痰等功效。经加工处理腌制的杏仁，香脆可口。

梁山蜜桃 梁山蜜桃蜜有大白桃、平顶桃、大青桃、水红桃等品种，其突出特点是个头大、形色好、纤维少、皮薄肉嫩，汁液丰富，味美香甜，含有丰富的维生素C等营养成分，有民谚说，

梁山蜜桃

“吐鲁番的葡萄乐陵的枣，甜不过梁山水蜜桃。”20世纪70—80年代，梁山蜜桃被誉为“山东四大蜜桃”之一，被编入农学教科书。

梁山西瓜 梁山西瓜以赵堌堆乡黄河滩沙滩区与马营镇南部沙土区西瓜为最佳。赵堌堆乡黄河滩沙滩所产西瓜亦称“黄河西瓜”，个大、皮薄、瓤沙、籽少、汁多、味甜、果肉细腻、营养丰富，绿色天然，被誉为“西瓜之王”。马营镇沙土区所产“特大丰收一号”西瓜，椭圆、皮韧、果肉鲜红、瓜质紧密、脆甜可口，中心糖分含量达11%，是消渴解暑的佳品。

小窑红薯 小窑红薯产于韩岗镇小窑村，清代曾作为贡品多次向皇宫进献。特点是个体圆长匀称，表面光滑无须，含糖量高，纤维少，蒸熟后表皮微裂，口味香甜，软硬适度。

安山香椿 安山香椿芽产于梁山县境内的安民山上。安民山因地高干燥，土层肥沃而适于椿树生长。安山香椿芽叶片肥厚，纤维少，易咀嚼，不塞牙，香味浓烈，适合腌制小菜。

杨营粉条 杨营粉条系列产品包括净化红薯淀粉、冷冻粉条、方便粉丝及机制粉皮、手工粉皮等，产品销往全国各地并出口东南亚各国。粉条选用优质淀粉，采用传统工艺，利用现代化技术设备，经全自动封闭式烘干线制作而成，制作过程中不添加人工色素和防腐剂。外观晶莹剔透，口感爽滑、劲道，有“人造鱼翅”的美誉。

水泊鲁锦 在优质原布、色布基础上，以苏绣为典范，饰以抽纱，运用手缝、手绣等民间技艺，提取出工笔图案、自然花草等元素，运用几十种阵法制作而成。水泊鲁锦色泽古朴，结实耐用，曾获中国水浒学会推荐品牌手工艺纺产品、2010年第八届中国妇女手工精品创意大奖赛金奖、第三届中国家纺手工精品创意大奖赛银奖、山东省民间工艺美术品博览会优质奖。

梁山葫芦 因《水浒传》而驰名，是好汉们当年盛水、盛酒的最方便的工具，旅游纪念品商店销售的梁山葫芦，已成为畅销的旅游纪

念品。

梁山葫芦

水浒图书 《水浒传》《水浒英雄谱》作为精神食粮和馈赠佳品成为游客首选纪念品。《水浒英雄谱》内容为108将的彩色人像和每个人的名号，采用手工双页宣纸线装仿古版制作，柔韧耐折叠、洁白匀密、润墨性好、防腐防蛀，是收藏、馈赠的珍品。

第四节 旅游宣传推介

旅游宣传推介，主要通过媒体宣传、推介营销、策划活动等多种形式，以宣传促销为抓手，多渠道、多形式开展宣传推介活动，提升了梁山旅游知名度和影响力。同时，与1000多家旅行社建立了长效合作机制，并主动与郓城、阳谷、东平联合打造“水浒之旅”大品牌，积极融入济宁二日游、三日游产品开发活动，统一价格、统一标准，重点客源市场得到迅速突破。

大众媒体宣传 积极利用中央电视台、山东卫视、凤凰卫视、《中国旅游报》《齐鲁晚报》等媒体进行各种形式的宣传，吸引海内外高端媒体先后到梁山风景区录制节目。1994年，台湾中华电视节目主持人刘传论到梁山拍摄《梁山水浒名胜》风光片；1995年，中央电视台赵忠祥率《大京九》摄制组到梁山拍摄；2008年8月6日，水泊梁山旅游网正式开通；2009年，日本朝日电视台《中国神秘纪行》摄制组一行六人到梁山拍摄纪录片《水泊梁山——山东人性格解密》；2010年1月，中央电视台《探索发现》栏目《寻找水浒》摄制组一行4人走进梁山，用镜头记录梁山水浒文化；2012年6月，中央电视台《探索发现》栏目组再次到水泊梁山风景名胜区，对景区及梁山酒文化进行专题采访；同年，中央电视台综合频道《吉尼斯中国之夜》栏目到梁山录制节目。2013年5月24日，水泊梁山风景区微信公众平台官方认证成功，成为打造景区互联网营销又一平台。

会议宣传推介 县政府及有关部门组织举办大型活动，召开多形式推介会，全方位宣传推介梁山旅游。自1988年隆重举办忠义堂落成典礼之后，凡大型景点落成都举行相应的落成典礼，以宣传推介梁山。2002年4月20日，举行《水泊梁山记》摩崖石刻落成典礼，省政府副省长邵桂芳、省旅游局局长祝利民、市委书记贾万志、市长周齐、范曾夫妇以及王刚、张金铃等嘉宾出席仪式。2009年3月，在济南舜耕山庄举办国家AAAA级旅游区水泊梁山风景区旅游推介会，省委宣传部、省旅游局、北京时代电影公司负责人及《水浒人物谱》数字电影执行导演、108集纪录片《八百年水浒》制片人等出席会议，山东师范大学等6家高校旅游专家、教授应邀参加，新华社山东分社、中新社山东分社、人民网法治山东、山东卫视、卫视生活频道、齐鲁电视台、《大众日报》《齐鲁晚报》等15家主流媒体出席；推介会上，梁山风景区与4家旅行社举行合作签字仪式，向高校、浙商驻鲁商会和舜耕山庄等酒店赠送景区门票。同年9月，举行一关、二关、左军寨、右军寨、天书阁、雁台等六大景点落成典礼，山东省政协原副主席李殿魁，山东省旅游局副局长赖征宇，省社会科学界联合会副主席李海萍，济宁市委常委、宣传部部长刘成文，济宁市政协副主席姜化铸，中国旅游通讯杂志社编辑部主任周维龙，山东省古典文学学会会长、山东大学教授袁世硕，北京水浒研究会会长、中国人民大学教授李永祜等出席仪式。

广告环境宣传 旅游部门逐步完善旅游指示牌、门票、游步道、导游图、核心景点等，优化旅游环境，并制作济菏高速、梁济公路等主干道两侧的广告牌，参加北京全国百城旅游宣传周、河南旅交会等活动，与省内外的1000多家旅行社签订合作协议。利用梁山影视拍摄基地拍摄108集大型纪录片《八百年水浒》和“水浒人物”系列电影，扩大景区知名度，打造水浒旅游精品和世界知名旅游品牌。至2013年，梁山与客源地市场的合作向纵深发展，客源市场不断外扩，半径由原来的200公里扩展到500公里，江苏、浙江、河南、河北、广东、四川、山西等长线游客逐渐增多。

另外，举办系列活动，打造梁山旅游品牌。2010年上海世博会期间，梁山景区好汉艺术团赴上海参加由国际旅游休闲协会和人民日报社联合举办的“国际旅游品牌发展论坛”，进行武术表演，展示了水浒好汉的豪气和忠义，水泊梁山风景区被论坛主办方和专家团授予“国际知名旅游目的地”称号。2012年8—10月，梁山县开展“舌尖上的水泊梁山美食季”，实施餐饮名店名菜名师工程，挖掘梁山县深厚的餐饮文化，塑造梁山美食品牌。

第五节 旅游强县创建

2011年11月，县政府向省旅游局提交申请，梁山县“山东旅游强县”创建工作启动。县政府以及旅游局等各有关部门，以创建山东旅游强县为动力，把创建旅游强县工作作为推动县域旅游产业和经济发展的重要措施来抓，充分利用资源优势，以“山水城”一体化发展促产业转型升级，以项目建设推动全域旅游大发展，加大资金投入，启动山体复绿、水浒大酒店、旅游主题游线等十大重点旅游项目建设，完善旅游基础设施和配套设施建设，提升城区及景区周边环境，旅游服务功能不断提升。以创建旅游强县为契机，多措并举，加强旅游宣传推介，创新宣传营销模式，持续推进客源市场拓展，并在全县营造浓厚旅游发展氛围，在全县上下形成了县级领导亲自挂帅、部门和乡镇领导齐上阵、各责任单位人员共抓落实的创建工作推进机制，有力保障了旅游强县创建工作的顺利开展和梁山旅游环境的提升。

2012年7月，济宁市旅游局对梁山旅游强县创建工作进行初审，对创建工作表示满意。同年底，山东省旅游局对梁山县“山东旅游强县”创建工作实施检查验收，听取梁山县创建“旅游强县”工作情况汇报和济宁市旅游局关于初审情况的介绍，然后按照《山东旅游强县标准》，采取查阅资料、实地检查、抽样调查等方式，严格对标准所涉及的9大项有关内容进行全面检查验收，先后检查梁山风景区、城市规划展览馆、现代林业生态观光园、水浒文化广场以及有关旅游示范点、旅游商品生产厂家、星级饭店、星级餐馆、社会宾馆、社会餐馆、农家乐等，并对县旅游咨询服务中心、城市旅游厕所、城区及道路交通指示牌、景区导向牌及各类公共信息图形符号等有关项目进行检查，还就梁山县创建旅游强县工作的开展情况，向市民和游客进行随机调查。2013年1月，梁山县被正式命名为“山东旅游强县”。

第六节 旅游管理服务

管理机构 梁山风景名胜区管理委员会（梁山县旅游局），始建于1985年5月，时称梁山风景名胜管理办公室，为县政府直属科级事业单位。1992年6月，设立梁山县旅游事业管理局，与梁山风景名胜管理办公室实行一个单位两个牌子。

1993年12月，梁山风景名胜管理办公室更名为梁山风景名胜区管理委员会，由事业单位改为行政单位，并列为县政府组成部门；梁山县旅游事业管理局更名为梁山县旅游局，与风景名胜区管理委员会仍实行一个单位两个牌子。2002年5月，撤销梁山风景名胜区管理委员会名称，保留县旅游局，整建制转为县政府直属事业单位，管理职能不变。2004年5月，设立梁山县风景名胜区管理局，与梁山县旅游局实行一个机构两块牌子。2005年11月，梁山县风景名胜区管理局更名为梁山风景名胜区管理委员会。2008年7月，县委、县政府下发《关于调整理顺梁山风景名胜区管理体制机制的意见》，设立梁山风景名胜区党工委，将风景区周边18个行政村划归风景区管委会统一管理，实行景区和周边行政村管理权、开发权相统一。2010年9月，成立梁山县水泊街道党工委、办事处，与风景区党工委、管委会和县旅游局合署办公。梁山风景名胜区管理委员会（梁山县旅游局）内设办公室、规划建设科、旅游规划科、旅游市场开发科（旅游信息中心）、旅游行业管理科（旅游监察执法大队、旅游投诉中心、旅游咨询培训中心）5个职能科室及梁山县旅游总公司1个企业单位。1999年，梁山县风景区管委会、旅游局被评为“山东省旅游行业先进集体”，2013年被评为“全省旅游系统先进集体”。

旅游服务 随着风景区的开发建设，梁山旅行社及各种旅游服务业得到较快发展。起步较早、发展规模较大的有阳光旅行社、水泊旅行社、公明旅行社、聚义旅行社等。阳光旅行社，成立于2003年，是经省旅游局批准专业旅游企业，曾获“全国青年文明号”称号。水泊旅行社，成立于2005年，是经省旅游主管部门批准的专业旅行社，隶属于梁山县旅游局，是梁山实力较强的旅游服务企业。公明旅行社，成立于2006年，是经山东省旅游局批准的国内旅行社，主要经营国内旅游、入境旅游。聚义旅行社，成立于2009年3月，至2013年12月，该旅行社先后接待河南、河北，江苏等地200多家旅行社、420个旅游团体，完成省、市、县各级部门政府接待337次。至2013年，全县有旅行社10家、星级旅游饭店6家、星级旅游餐馆5家、旅游餐馆150余家、社会旅馆70余家，旅游接待能力和服务水平不断提高。

梁山縣志

LIANG SHAN XIAN ZHI

1994—2013

第二十五篇

DI ER SHI WU PIAN

社会生活

1994—2013年，全县经济快速发展，城乡居民生活日益丰富，消费观念不断转变，从“吃、穿、用”为主消费转向“住、行、游”为主消费，人均住房面积大幅度提高，电视机、电冰箱、空调、电脑、轿车等进入寻常百姓家，衣、食、住、行、用均发生显著变化，城乡居民生活质量明显改善，人民生活水平普遍提升。人民生活的改善，也带来民俗风情的逐步变化。水浒文化、黄河文化、运河文化的融会贯通，儒家思想、宗教信仰的传承，现代思想理念的发展，梁山一带形成色彩丰富又独具特色的社会生活风俗人情，并渗透到百姓的衣食住行等生活中。

第一章 居民生活

第一节 农村居民生活

经济收入 1994—2013年，是农村经济结构调整的重要时期，农村居民收入方式、收入结构发生重大变化：耕地收入中粮食种植收入比重下降，经济作物收入比重上升；林、牧、副、渔、工、商、餐饮、建筑、运输等家庭生产经营收入成为农村居民收入重要来源。外出务工人数增多、民营企业增加，拉动了地区经济发展，增加了农村居民收入。

1994—1998年，农村居民劳动收入主要来源于种植业、养殖业和林业，少数农民从事运输业、建筑业、制造业和服务业，外出务工和自主创业者凤毛麟角，其中，1994年农村居民人均纯收入1061元。1999—2006年，农民思想逐步解放，农业机械化程度不断提高，大量青壮年进城务工或投身于乡村二、三产业，梁山农民务工的主要务工地是北京、广东等省市及东北、江浙一带，新型农村企业大量涌现为本地农民提供了更多的就业机会，农村居民收入的主要来源逐渐偏离农业和林业，其中，2003年农民人均纯收入2845元。2007—2013年，城镇对农民工需求不断增加，农民创业方式更加多样化，收入渠道更为广泛，收入不断攀升，至2013年，农村居民人均纯收入达10554元。

消费支出 1994—2013年，农村居民消费水平不断提升，消费结构得以优化，食品消费支出的比重下降，居住消费、家庭用品消费、文化娱乐消费占生活消费比重上升。农民食品消费趋向多样化，衣着消费趋向个性化，消费意识逐渐城市化。

1994—1999年，农村居民消费主要以食品消费为主，其次为居住消费，其他消费所占比重较小。1994年，农村居民人均生活消费支出644元，其中食品消费所占比重为51%，衣着消费所占比重为8.9%，居住消费所占比重为19.7%，家庭设备、用品消费支出比重为5.9%，文化教育、娱乐消费支出为7.6%，其他消费为6.9%。进入21世纪，农民购买力逐步提高，生活消费支出中，自产自用消费由多到少，商品性消费由少到多。至2013年，农村居民人均生活消费支出4961元，其中食品消费所占比重为38%，比1994年下降13%；衣着消费所占比重为15.2%，比1994年提升6.3%；居住消费比重为30%，比1994年提升10.3%；家庭设备、用品消费为7.8%，比1994年提升2%；文化教育、娱乐消费支出为17%，比1994年提升9.4%。

衣着服饰 农村居民的服装经历了由手工制作向成衣化、款式化、时尚化和个性化的转变。

1994—1998年，农村居民的衣服多是家庭手工和裁缝店制作而成，样式单一，绿、蓝、灰、黑色为主。1999—2005年，农民收入水平提高，私营服装店增加，越来越多的农民有能力购买成衣，农民的衣服数量增多，款式更加丰富，男士的西装、夹克、皮衣、皮鞋、羊毛衫等进入农民衣橱，连衣裙、风衣等也受到农村女性的欢迎，购买范围主要以所在村镇为主。2006—2013年，交通的便利、收入的增加和消费意识的转变使得农民涌入县城甚至市、省会消费，主要以中低价位的流行服饰消费为主，少数高收入农民开始追求品牌和档次。

饮食就餐　农村居民饮食结构不断优化，饮食品质得以提升。1994—1999年，农村居民食物来源为自产自收的小麦、玉米、高粱、地瓜等粮食和白菜、萝卜、豆角、黄瓜、韭菜等蔬菜。主食以手工粗面馒头为主，辅以面条、地瓜干、锅贴、煎饼等，早餐、晚餐以自家腌制的酱菜、咸菜为主，肉类、鱼类、禽类、蛋类食物多在重大节日或喜庆活动中出现。2000—2006年，大棚种植技术普及，运输业快速发展，农村居民食品种类趋于丰富，食品结构不断优化，主食多变为白面馒头，洋葱、西红柿、生菜、甘蓝、土豆、西葫芦等蔬菜走上农村餐桌。2007—2013年，农民饮食结构进一步优化，以面食为主的食品消费下降，副食品消费和在外饮食消费上升。主食注重粗细粮搭配、副食注重蔬菜肉类搭配、冷食熟食搭配，肉、蛋、奶等动物性食品消费提高，水果、牛奶及奶制品消费增长较快。

居住条件　农村居民居住环境逐步改善，饮食品质得以提升。1994—1998年，全县大部分村户搬进砖瓦房，少数农民仍居住在阴暗低矮、面积狭小的土坯房中。1999—2006年，宽敞高大、墙面洁白、采光良好的砖瓦房成为农村最常见房屋样式，受经济条件限制，房屋内部少有装修，只有床、桌、椅等基本家具，部分家庭配备电视、冰箱、洗衣机等家电。2007—2013年，土坯房基本消失，经济条件较好的农村家庭对房子进行翻盖，盖起高高的大门，部分富裕家庭盖起两层小楼，并配备厨房、卫生间、车库等；农村住房更加注重室内装修，窗帘、地板砖等装饰进入农村家庭，电视、冰箱、洗衣机等家电逐渐普及，取暖、卫浴、无害化厕所开始在农村推广。

耐用品消费　农村居民耐用品消费经历了数量由匮乏到充裕，品种由单一到多样的转变。1994—1999年，农村家庭耐用品匮乏，以黑白电视机、收音机、自行车为主。1994年，农村居民每百户耐用消费品平均拥有量：电视机73.3台，其中彩色电视机4.2台，收录机16.8台，洗衣机0.6台，电风扇89.5台，缝纫机79.5台，自行车171.4辆。2000—2004年，农村生活有了很大改善，彩色电视机、洗衣机、电冰箱、摩托车等耐用消费品陆续进入农民家庭。2004年，农村居民每百户耐用消费品平均拥有量为：彩色电视机68台、洗衣机15.3台、电冰箱10台、摩托车26辆。2005—2013年，农村耐用品消费进一步现代化，电动自行车、电动三轮车、空调、电脑、数码相机逐渐进入农民家庭，部分富裕农民开上了家用汽车。2012年，在国家家电下乡政策推动下，农村掀起耐用品购买热潮，家电产品通过以旧换新实现了更新换代。2013年，农村居民每百户拥有量为：彩色电视机101台，下降8.18%；洗衣机88台，增长3.53%；电冰箱75台，增长8.7%；空调机34台，增长30.77%；热水器73台，增长2.82%；移动电话212部，增长10.42%。

第二节　城镇居民生活

1994—2013年，全县城镇居民收入大幅增长，生活水平不断提高。城镇居民消费观念转变，消费层次提升，衣食住行用发生显著变化。

居民收入　1994—2013年，城镇居民人均收入随经济的发展逐步提高。1994年，城镇职工年人均工资3062元；2003年，城镇居民人均可支配收入 4423 元；2012 年，城镇居民人均可支配收入 18128 元；2013 年，城镇居民人均可支配收入 20466.41 元。

工薪收入　工薪收入是城镇居民家庭收入构成和增长的主体。1994 年，全县在岗职工年人均工资 3062 元；2006 年，在岗职工年人均工资 10225 元。1994—2006 年年均递增 10.76%，工资增长相对较慢。2007—2013 年，机关企事业单位工资增长较快。2012 年，在岗职工年人均工资 30946 元，2006—2012 年年均递增 20.27%。至 2013 年，全县在岗职工年人均工资 36346 元，比 2012 年增长 16.2%。

经营收入　1994—2013 年，城镇居民收入渠道趋于多元化，除工资性收入，城镇居民人均经营性收入增加，占家庭可支配收入的比重增大。城镇居民财产性收入，包括利息和红利收入、保险收益、其他投资收入、出租房屋收入、其他财产性收入等呈增长的趋势，社会救济收入、赡养收入等转移性收入也逐年增长。

消费支出　1994—1999 年，城镇居民消费观念、消费方式和消费领域、消费结构发生很大变化，消费需求逐步由满足生存需要向满足发展和享受需要发展，居民家庭消费支出随之增长。2008—2013 年，国家启动消费、扩大内需政策的实施进一步促进了城镇居民家庭消费性支出的快速增长，消费逐步向多元化、个性化、理性化发展。城镇居民年人均消费支出大幅增长，2013 年，城镇居民年人均消费支出达 12303.87 元。

衣食　2002—2009 年，城镇居民饮食由吃饱向吃好转变，食品消费开始追求质量，注重营养，主食占食品消费总比重降低，副食比重上升；用粮减少，品质提高；蔬菜数量增加，鲜蛋及肉食类、水产品、鲜瓜果、奶类制品增加。灶具由无烟煤、液化气向电磁炉、电饭锅转变。衣着在冬暖夏凉的基础上，向多元化、个性化、优质化发展。冬季服装羊毛制品、羽绒制品、皮制品已趋普遍。1994 年，城镇居民衣服开始注重款式和颜色，制衣店和成衣店为主要的衣服来源；2001 年，城镇居民衣着消费向时装化、名牌化、个性化发展的倾向更加明显，成衣化倾向成为主流。

住行　1994 年，城镇居民多以单位福利房为主，部分城镇居民住上了单元配套房，居住面积不断扩大，居住环境得到改善。1998 年，以公房改革为契机，政府加大住房建设力度，城镇居民住宅实现社会化、商品化。2008 年，城镇化加速发展，居民住宅小区规模建设，多数居民入住宽敞、现代、舒适的小区楼房，居住条件明显改善，车库、电梯等基础设施日渐完善。2013 年，城镇居民人均住房面积 40 平方米，拥有多套房家庭数量增加。

1994 年，普通百姓就近出行多用自行车、三轮车；出远门则需要去公共汽车站搭乘公共汽车。县城的公共交通也很少采用机动车辆，多为人力脚踏的“木的”和三轮“摩的”。小汽车多为部分机关领导干部使用，样式单一，以吉普车、桑塔纳为主，配有专门司机。2000 年，除机关单位车辆持续增加外，汽车开始进入家庭，并逐步成为一般家庭的交通工具。

耐用品　1994—2013 年，城镇居民家庭耐用消费品更新换代加快，消费档次提高，品种日益多样，人民群众的选择性更多。1994 年，城镇居民家庭中洗衣机、冰箱、彩电、电话等耐用消费品是家庭中的重要财产，热水器、空调、家庭影院、照相机、录像机普及率很低。2000 年，人民生活水平提高，热水器、空调、电脑、微波炉、豆浆机等家电产品日益普及，常使用的家电品牌主要为海尔、海信、美的、格力、九阳、格兰仕等。照相机经历了由胶片向数码的更新换代，索尼、尼康、佳能等品牌深受梁山消费者的喜爱。2013 年，家庭高档耐用消费品拥有量逐渐增加，厨房用具如电饭锅、微波炉、电磁炉等基本普及。

其他消费　1994—2013 年，城镇居民消费主要在教育、医疗、文化娱乐、交通通讯等方面增长。教育投入增长迅速，教育支出成为家庭支出的重点；医疗支出增加，绝对支出额和支出比重均上升；文化娱乐消费增长迅速；移动电话及家用汽车等交通通讯支出持续增长。1994—2013年，居民的通讯方式经历了固定电话（座机）—寻呼机—功能手机—智能手机的发展历程。1994，固定电话主要应用于机关、企事业单位等的办公场所，只有少数家庭安装固定电话。1995年，固定电话开始进入城镇居民家庭并逐渐普及。2000年底，城镇居民家庭的固定电话普及率达80%以上；农村居民家庭固定电话率达70%以上。移动电话更新换代、数量增长更为迅速，至2013年，全县移动电话基本普及。

第三节　社会消费

超市购物　居民购物经历了从传统到现代、从卖场到超市、从单一到多元、从少到多、从多到精的发展过程。1994—2001年，县内商店经营模式以柜台零售为主，较大的商场有百货大楼、经纬大楼、水泊商场，均位于梁山县人民中路。2002年，水泊商场联华超市开业，成为梁山县第一家现代化模式的超市；2002—2004年，苏果超市、百货大楼华联超市相继开业；2005年，经纬大楼改建为爱客多超市；2006—2013年，佰度超市、物美超市、亿隆超市、兴隆超市等便民超市相继出现。超市现代化的购物模式给县城居民生活带来了极大便利。水泊商场、爱客多超市等商家推出会员卡和积分卡，支持银行卡刷卡支付，减少了现金交易，方便了顾客消费。

服装专卖　城乡居民服装由家庭手工制作逐步到商店购买成衣。1994—1998年，城乡居民穿戴的毛衣、围巾、帽子、手套多由自家人手工编织或钩织，质朴厚实，颜色多样，饱含着家人的关爱。1999—2005年，服装生产、销售日益商品化，服装店铺增多，家庭手工衣物渐被商店里购买的成衣取代。1999年，梁山县城第一家儿童服装店“童心店”开业，品牌专卖店开始入驻梁山。2005—2013年，服装专卖店盛行。男装专卖店有劲霸男装、昊宝西服、国人西服、海澜之家、七匹狼、杉杉等；女装专卖店有阿依莲、千黛百合、衣香丽影、舒朗女装、秋水伊人、雁皇等品牌；运动类品牌有乔丹、安踏、特步、李宁、361°、CBA、阿迪达斯、卡帕（KAPPA）等；童装专卖店有童心店、大风车、红果果童装店、俏妈妈童装店、贝贝童装店等；青少年品牌店有美特斯邦威、森马、真维斯、以纯、唐狮等；孕婴店有亲亲宝贝、皇家贝贝、可爱可亲等孕婴连锁专卖店。专卖店主要在水泊大街、人民中路、人民南路、步行街等路段。

餐饮消费　县内餐饮业由少至多，由本土到连锁，种类不断丰富，花样日益翻新，形式趋于现代，设施不断完备。县内的餐饮行业主要分为两大类：一类是以经营早点为主的路边早点铺或早点摊，另一类是具有店面的餐馆或饭店。1994—1997年，县内早点以传统早点烧饼、油条、炸蛤蟆、炸糖糕、胡辣汤、豆腐脑、糊粥等为主。1997年，县城水泊西路早点摊开业，推出豆浆、八宝粥、油茶、油酥饼、菜饼、水煎包、甜豆包等新式早点，其他摊位竞相效仿，豆浆、菜饼等进入梁山人的早点餐桌。具有地方特色的菜馆或餐馆主要有笨鸡鸽子店、单县羊肉汤、南京小笼包、乐福门水饺城、老家馄饨等，综合性的饭店主要有政府招待所、杏花村酒店、中韩大酒店、三元大酒店、水泊商场餐厅等。

2006年，梁山县餐饮业由传统走向现代，同年，中韩大酒店三楼引进自助餐，采用酒精小火锅形式；2007年，经纬一楼引进第一家西式快餐“曼德夫”；2009年，“德克士”入驻梁山县百货大楼一楼；2012年，中韩大酒店引进美国快餐“肯德基（KFC）”。2006—2013年，永和豆浆、吉祥馄饨等中式连锁快餐入驻梁山；北京汉丽轩烤肉连锁店采用自助餐方式开业；一和涮园、顺风肥牛等火锅店相继开业，餐馆采用电磁火锅形式，菜品包括传统的牛羊肉和时令蔬菜、海鲜等。京都馅饼、多禾馅饼、乡禾馅饼、缘汁原味米线店等多家中式快餐店也陆续开业；这些快餐大多菜种丰富、物美价廉，符合大众化的消费需求。2007年，武汉绝味鸭脖、怡硕香蛋糕坊、法式古驰蛋糕、提拉米苏蛋糕店等陆续入驻梁山，糕点业获得了发展，既有桃酥、蜜三刀、绿豆饼、锅巴等传统点心，又增加了曲奇、泡芙、三明治、葡式蛋挞、吐司面包、慕斯等西式甜点。2009年后，梁山县鲜奶业迅速发展，学校、社区周围“鲜奶吧”遍地开花，出现了尚上品鲜奶吧、康宁鲜奶吧、1+1鲜奶吧等。2013年，梁山县的大型酒店有中韩大酒店、杏花村大酒店、三元大酒店、水泊宾馆、爱客多大酒店等，汉庭、速8等连锁酒店和柏林小镇等主题酒店也入驻梁山。

娱乐健身 1994—1996年，歌舞厅流行，跳舞作为社会交际的方式受到中青年人欢迎。1997—1999年，家庭影院出现、卡拉OK厅等娱乐场所兴起使舞厅渐被冷落。2005—2013年，KTV（提供卡拉OK影音设备与视唱空间的场所）数量增加，金乐迪、天池、尚口音乐、幸福时光、金永歌城、0537量贩式KTV等入驻梁山。民众对KTV的看法由排斥转为接受，K歌渐成流行的休闲娱乐方式，一些商务会谈也在此进行。2006—2013年，县城相继出现佳俊健身会馆、大鹏健身俱乐部、舒派女子健身会馆等健身场馆，馆内设有跑步机、哑铃椅、健身车等健身器材，开设搏击、跆拳道、瑜伽、有氧操、广场舞、肚皮舞、瑜伽等课程，满足县城人民日益多样化的健身需要。

第四节 生活时尚

1994—2013年，县城居民紧跟时代潮流，衣着打扮、餐饮模式日趋时尚，通讯方式、交通运输方式日益便捷。

手机热 1994—2013年，手机发展先后经历模拟手机、GSM、2.5G、3G和4G时代，手机通信服务提供商形成移动、联通、电信公司三足鼎立局面。手机应用从单一通话功能发展至集通信、网络、音频、视频、游戏等多种功能于一体。1994年，梁山居民通讯方式主要是固定电话和寻呼机，寻呼机成为年轻人的联络工具和时尚象征；手机也开始在县城出现，最初是“模拟手机”，机身大、天线长，以摩托罗拉产品居多，摩托罗拉3200、摩托罗拉8900、摩托罗拉9900等型号较普遍，俗称“大哥大”，最高售价达2万元，价格昂贵，尚未普及，只有部分企业老板拥有，成为身份的象征。2000—2006年，GSM数字网全面取代了模拟网，手机价格下降，通信费用下调，功能手机开始在县城居民中普及。诺基亚、爱立信、摩托罗拉等品牌受到居民欢迎，手机体型缩小，机身变薄、变轻，颜色更加丰富，女性手机、学生手机和老人手机等机型的推出满足了不同群体的消费需求，直板式、翻盖式等样式使手机便于携带，手机的音乐功能、视频功能也逐渐完备。2007—2012年，县城居民手机经历了由功能手机向智能手机的过渡。一方面，功能手机方兴未艾，品牌范围扩大，由摩托罗拉、诺基亚扩至波导、夏新、联想、步步高、OPPO等品牌，手机功能提升、价格更加亲民。另一方面，智能手机兴起，集通信、上网、社交、视频、天气等多种功能于一体，并逐渐受到消费者青睐。苹果、三星、小米、华为、联想、中兴品牌受到消费者欢迎，手机价格几百元至五六千元不等；微博、微信、电子阅读、电子地图、GPS导航等应用逐渐普及，大部分功能手机被智能手机所取代。手机专卖店随着手机的普及而迅速发展，至2013年，除九龙家电、苏宁电器、水泊商场、银座商城、移动营业厅、联通营业厅、电信营业厅等各大卖场销售手机外，三星、苹果、联想等手机专卖店等兴起，全县共有大小手机店30处。手机维修、贴膜、美容等相关行业兴起。

上网热 1994年，梁山只有少数机关事业单位安装了电脑，极少数专业人员会使用电脑，主要用于公务处理，电脑、网络对普通民众来说相对陌生。1996年，各机关及企事业单位开始引进电脑，上网采用电话拨号方式，操作复杂，网页内容单调、形式单一。1998—2006年，电脑在办公场所应用日趋广泛，办公自动化水平不断提高，自上而下的局域网建成并完善，电子邮件得到广泛应用；家庭电脑、个人电脑逐渐普及，网民人数急速增加，上网侧重于新闻浏览、社交聊天、影音下载、电子阅读、打游戏等休闲娱乐活动。2007—2009年，网络应用进一步生活化，QQ、UC、MSN、BBS等即时通信工具普及，语音、视频等网络社交拉近了人们的距离，网上缴费、网络购物、论坛发帖等方便了民众的生活，拓展社会交往的空间。2010—2013年，智能手机用户增多，无线网络发展迅速，上网方式由宽带有线连接向无线连接方式发展，消费娱乐场所多免费提供无线网络满足顾客上网需求。上网方式不再仅局限于台式电脑上网，平板电脑上网、手机上网成为新时尚。微博、微信使人人成为自媒体，发状态、晒照片、在朋友圈中分享新闻成为许多人的生活习惯。2006—2008年，网络购物开始被县城居民所接受。2009—2013年，网络购物逐渐普及。居民购买商品不再局限于商场、百货等实体商店，淘宝、当当、京东、天猫、苏宁易购、亚马逊等网上商城受到居民欢迎，通过注册会员账号，利用网上银行或支付宝等第三方支付机构进行支付，县城居民足不出户即可买到想要的商品。网购内容由衣、鞋、包、零食等日常生活消费品发展至家电、家具等耐用品，逐步涵盖了居民衣、食、住、行、用等各个方面。品种多样、价格实惠使网购成为众多年轻人购物的首选，但也对县域内的实体商店经营造成一定冲击。美团、糯米等团购性质网站兴起，梁山商家积极参与，电影、酒店、订餐均可通过团购进行，节省了消费成本。2008—2013年，县域内物流行业也在网络购物的推动下迎来高速发展期，圆通、中通、申通、韵达、顺丰等多家快递公司建立梁山分公司，快递员数量激增。

网络为民众反映社情民意搭建了桥梁，为政府公开政务信息打开了窗口。2004年，“梁山吧”建立，为县城人民求职、买房、租房、购物、出行提供信息，包含实用便民贴、房产交易/租赁便民贴、广告信息专用贴、求职/招聘等专用贴。2008—2013年，中共梁山县委、县政府门户网站，各乡镇政府网站，水泊梁山人才网、梁山卫生人才网、梁山县人力资源与社会保障局等各职能部门网站陆续建立。

求知热 社会的发展进步催生了人们对知识的渴求。知识改变命运、知识丰富生活成为梁山居民的共识，老中青求知热情高涨。

少年艺术培训热 1994—2005年，梁山县文化馆开办舞蹈、书法、绘画类暑期少儿培训班，开设形体、民族舞、静物写生、儿童水彩等课程，丰富了孩子们的假期生活。2006—2013年，金太阳少儿舞蹈培训、小天鹅少儿舞蹈培训等舞蹈培训机构先后建立，提供形体芭蕾、拉丁、街舞等舞蹈课程，在法定节假日、周末和工作日晚上为孩子提供舞蹈培训。2006—2013年，梁山乐器培训行业快速发展，韵升琴行、雅禾琴行、滚石琴行、知音琴行、晓雯音乐学校等音乐培训机构先后涌现，钢琴、小提琴、吉他、架子鼓、古筝、二胡、葫芦丝等乐器培训项目日益成熟。

青年专业培训热 1994—1999年，农村女青年学习缝纫技术形成一股热潮，服装培训机构遍布县城。1995—2002年，计算机培训形成热潮，培训机构风生水起，新世纪计算机培训学校、东方计算机培训学校等民办计算机培训机构逐步发展壮大。2003年，新东方英语在梁山县文化馆举办英语培训；2006—2013年，具有先进的培训理念，配备多媒体教学设备的中小学生专业培训机构入驻梁山，学校课程设置科学新颖而有针对性，着力激发学生兴趣、开发学生潜力，为中小学生提供了高质量的校外培训教育。2005—2013年，在艺考热的推动下，新创画室、大鼎画室等绘画培训机构不断涌现，主要对艺考生的中考、高考进行考试辅导，并对社会青少年进行基础的素描、色彩、设计训练。

中年进修热 1994年，机关、企事业单位职工学历以中专、大专为主；2006年，本科学历要求成为县直机关招考公务员、事业单位招聘的必要条件；2008年，机关企事业单位本科学历职工逐渐增多。工作要求的提高、职业岗位技术含量的增大使计算机和信息技术渗透到各行各业，加之“双向选择、竞争上岗”的人才市场的形成，越来越多的职工关注继续教育、参与继续教育。在机关企事业单位中，一些在岗职工为了适应工作需要，开始攻读其他专业或更高学历相关专业，充实相应知识，通过党校或其他高等学校的在职教育专业学习，获取本科、硕士、博士学历。单位也鼓励职工参加培训班进修，以短期业务培训、思想教育培训及党的方针政策理论培训为主，除了国内培训，还有各种形式的出国学习。另外，为达到职称评定标准，参加外语、计算机、会计等各种形式的培训与考试也是在职人员学习教育的一个重要因素。

老年学习热 1991年7月，梁山县老年大学创立，先后开办中医保健、西医保健、书法、绘画、摄影、音乐（初级）、音乐（中级）、舞蹈、戏曲九个专业班次，为老年人老有所学、老有所乐、老有所求、老有所为创造教育环境。退休老年人通过在老年大学学习养生、保健、唱歌、舞蹈、书法、绘画、戏曲等，增强了文化知识，提升了艺术素养，丰富了保健知识、提高了生活技能。至2013年底，梁山县老年大学累计毕业1000人，在校学员由最初的60人达220人。除老年大学之外，不少老年人还采取多种灵活多样的学习形式，不断丰富知识、充实生活。

农民住县城 1994—2002年，城乡人口流动率低，农民进城主要是为购买种子、肥料或生活用品。梁山农民把进县城称为“上梁山”，多人经提前约定，或骑自行车、摩托车，或坐拖拉机、农用三轮车进城，一般当天去当天回，必要时留住在县城亲戚家，极少有在县城常住甚至买房者。2003—2013年，城镇化快速发展，城乡人口流动性增强，农民进县城来去方便，住县城不再是奢望。县城优质的教育、医疗、文化资源和便捷的交通、邮电等公共基础设施满足着人们对生活品质的追求。挂车和出版产业高速发展催生的高身价老板、二手车中介人员、印刷产业销售人员，外出打工致富的农民工等群体倾向于在生活便利、环境优良的县城高中档小区买房，“80后”“90后”农村青年也热衷于在县城结婚生活，农民融入城镇之中，城镇人口不断增多。2005年，吕屺口、马庄两个城中村率先进行改造，建起高层楼房或标准整齐二层小楼；2008年，张坊、后集、凤山等城中村陆续开发建设居民小区，村民变居民，住上了楼房，当上“城里人”。大规模城中村改造拓展了城镇区域，完善了基础设施，提升了城镇人口容纳量，改善了居住条件，使城乡一体化得以发展。

汽车进家庭 1994年，全县小型汽车保有量113辆。2000—2004年，机关企事业单位汽车保有量不断增加，部分富裕家庭开始购买私家车，2004年全县小型汽车保有量1310辆。2005—2010年，汽车走进寻常百姓家，2010年全县小型汽车保有量达8283辆。2010—2013年，全县家庭用车保有量继续增加，2013年小型汽车保有量达9935辆。私家车档次根据购车群体的收入呈现明显差异：奔驰、宝马、路虎、奥迪等高档轿车多为企业老板所有，别克、帕萨特、马自达、丰田、尼桑等满足中等收入群体需求，奇瑞QQ、吉利等车也顺应了普通家庭的出行需要。汽车进家庭带动了驾校业务的快速发展，“考驾照”成为时尚，会驾车成为必备技能；4S店、洗车店、汽车美容装饰店等配套服务行业也日渐兴起。但社会治理也面临新的挑战，车位规划和道路规划滞后使居民区车位一位难求，城区交通堵塞、空气污染问题亦呈现加重之势。

第五节 精神文明

道德文明教育 1990年，社会公德教育倡导“我为人人、人人为我”新风尚，推广使用文明用语。1995年，在全县开展“做、当、创、建”活动，制定“文明人”标准和《文明市民公约》，增强了广大市民的文明意识，促进了市民文明素质的提高。2001年9月，以《公民道德建设实施纲要》公布实施为契机，广泛开展以养老敬老为主题的“文明家庭”评选活动和农村“十星级文明户”“十佳敬老之星”“百佳敬老文明户”“五好文明家庭”“孝顺好儿女”“互敬好婆媳”及“和睦好夫妻”等系列全民文明教育主题活动，先后推出一系列国家和省、市各级公民道德典型，他们的先进事迹先后被各级电视台、《人民日报》《大众日报》等新闻媒体播发。2002年，围绕“爱国守法、明礼诚信、团结友善、勤俭自强、敬业奉献”20字基本道德规范，进行社会公德、职业道德、家庭美德教育，开展“弘扬传统美德，倡树时代新风，共建美好梁山”的活动，评选表彰十佳新事、十佳文明人、十佳行业标兵、十佳文明家庭。2003年，全县广泛开展以“讲文明、讲卫生、讲科学、树新风”为主题的“道德评议、公德巡查、美德夸奖”活动。2006年，组织开展社会主义荣辱观学习宣传教育和实践活动。2008年起，先后开展两届全县道德模范评选活动，举办两次全县道德模范先进事迹报告会，得到社会各界的广泛参与和好评。2012年11月，县委宣传部、县工会、团县委、县妇联及新闻媒体联合启动首届“感动梁山”十大人物评选活动，丁曙光、于崇运、吕玉军、苏奇岩、宋纯振、张娟、郝迎冰、韩玉勇、韩相涛等10人入选感动梁山十佳人物，县法院院长王爱新获感动梁山特别奖，并于2013年1月13日在电影院举办隆重颁奖典礼。同时，丁曙光被中央电视台誉为“最美中国人”，被省各大媒体誉为“山东好人”，被省委宣传部确定为学习雷锋、见义勇为的全省重要典型，被评为各级见义勇为先进分子、道德模范。2013年4月，开展第二届“感动梁山”十佳人物评选活动，马昭阳、王万秋、王守庆、王美英、闫华伟、汤玉民、肖作芝、张传纪、赵如风、殷邵敏、黄河勇士等入选感动梁山十佳人物，马保军和全体驻村干部获感动梁山特别奖，并于2014年1月4日举办第二届“感动梁山”十佳人物颁奖盛典。

“四德”工程建设 2013年6月，县委、县政府以梁发〔2013〕14号文印发《关于深入推进社会主义核心价值体系“四德”工程建设的实施方案》，并召开动员大会，启动“四德”（爱德、诚德、孝德、仁德）工程建设，在全县开展“讲四德，重大义，共建文明梁山”活动。“四德”工程建设活动以互助互爱为重点，实施“爱德工程”；以诚实守信为重点，实施“诚德工程”；以孝老爱亲为重点，实施“孝德工程”；以责任担当为重点，实施“仁德工程”。整个活动以“走、读、唱、讲”形式，由干部走下去宣传“四德”建设，读道德诗文格言，学唱“四德歌”，组织道德先模人物巡回演讲，传播道德风尚，激发社会崇尚道德、积极向上的力量。县委宣传部策划摄制“四德歌”MTV，组织编印《四德讲堂》系列丛书，县电台、电视台开设“爱诚孝仁、德润梁山”专题，梁山文明网开设“四德工程”“道德讲堂经典篇”专栏。全县普遍建设“四德”工程宣传栏，建设“四德”文化长廊、设立善行义举“四德”榜。“四德”工程建设活动的全面开展，激发起全县群众学“四德”、讲“四德”、参与“四德”建设的空前积极性。该活动从2013年6月开始，至12月基本结束，其后转入规范运作。通过“四德”工程建设活动，拳铺镇和杨营镇2个镇及梁山街道周庄村等5个村、县卫生局等5个行政机关、县供电公司等4个公司、县一实小等5个小学被评为济宁市四德工程建设示范点。水泊商场赵庆珠、中爱医院赵如风分别入选济宁市善行义举四德榜“榜上有名”诚德榜、孝德榜，赵庆珠还获山东省善行义举四德榜“榜上有名”诚德榜提名奖。

同时，先后组织法院110余名干警组成自行车法制宣传队，开展“深化‘法律六进’、推进依法治国”法制宣传教育主题活动；县人社局、卫生局、教体局等分别开展送岗位进村居、保健医生进农户、万名教师大家访等活动；县供电公司开展“美丽彩虹服务队”系列活动；还在全县广泛开展创建“梁山——好人县”教育实践活动，先后推出舍己救人的董玉光、勇救落水司机的马营乡四名教师、勇救落水男孩的韩岗镇郝迎冰、烟台海水浴场救人的寿张集镇井振邦等，还推出了韩玉勇、赵如凤、苑文正等12个人物典型，形成“梁山好人”群体效应和“梁山好人县”文化品牌。主题实践活动的开展，为“四德”工程建设活动搭建了平台，增强了活动的实效性。

创建文明单位 1995年在全县范围内持续开展文明单位创建活动，拍摄专题节目《梁山魂》进行宣传报道，产生了较好的社会效应。1996年，制发《梁山县“九五”期间社会主义精神文明建设规划》及开展相关活动的意见。1997年，在全县12个窗口服务行业开展以“服务好、信誉好、风气好、环境好”的“四好”文明行业竞赛活动，推行承诺服务，规范行业行为。1998年，县文明委颁发实施《梁山县文明单位管理办法》，把创建文明行业活动由窗口行业向其他行业扩展，包括党政机关和执法部门，以“六比六赛六创”为主要内容，以服务人民、奉献社会为宗旨，解决垄断性行业、执法部门存在的“冷、硬、拖、卡”问题，并组织30名社会义务监督员对活动情况进行督导，使文明单位管理工作走上规范化的轨道。2000年，在开展规范化服务，争创文明行业活动的基础上，窗口服务单位开展“服务最佳单位”“服务最差单位”评选活动，同时举办“创建文明城市，争做文明人”演讲比赛和梁山县“水泊商场杯”文明公民知识电视竞赛，推进文明行业创建活动的开展。2001年，大力倡导诚信为本、操守为重的社会风尚，努力推进全县文明行业、社会信用体系建设，各窗口行业、窗口单位以“服务人民、奉献社会”为宗旨，积极开展“共铸诚信”主题活动，普遍实行公开办事制度、服务承诺制和首问负责制，服务水平、服务质量明显提高。2006年，以“文明梁山、从我做起”为总目标，加强对各类精神文明创建活动的指导和调度，在全县开展“知荣辱、树新风、人人争做文明人、家家争当文明户”活动。2007年，开展“诚信”建设和“百城万店无假货”活动，在各行各业加大诚信教育和建设力度，并以明察暗访的方式，对全县窗口行业、执法部门和文明示范窗口单位行风进行测评，不断推动文明行业创建取得实效。2008年起，精心组织学习宣传精神文明建设典型，连续3年开展“四十佳、双百佳”评选活动，至2013年，全县有省级文明单位17个，市级文明单位35个。

创建文明城市 1996年7月，县委、县政府组织创建省级文明卫生县城活动，道路、绿化、照明、环卫等城市基础设施进一步完善，城区脏、乱、差现象明显改变，县城市容市貌为之一新。1997年1月，梁山县城被命名为省级卫生县城。1998年10月，梁山县省级卫生城顺利通过复查验收。同年，投资6000万元建设城市供热工程，实现了城区供热零的突破；组建民营城市公共客车有限公司，结束了梁山县城无公交车的历史。1999年8月，县委、县政府制发《关于开展创建文明城市活动的实施意见》，召开全县创建文明城市动员大会，创建活动分为五条工作线，即：由宣传部牵头的思想道德建设工作线、由政法委牵头的社会秩序管理工作线、由建委牵头的城市环境卫生建设工作线、文化局牵头的文化建设工作线、由文明办牵头的社会服务和规范化服务竞赛活动工作线，文明城市创建成效明显。2008年，开展“争做文明人，共建文明城”主题教育实践活动，进行系列文明礼仪宣教，征集评选“十大不文明行为”，向全县人民发出“告别不文明行为，共建美好家园”的倡议，并组织“向十大不文明行为告别”签字活动。2011年，开展“实施六大提升工程，创建文明和谐梁山”主题实践活动及“全民学礼仪”教育实践活动，以“做一个文明有礼的梁山人”大讨论活动为牵手，从群众最关心、最直接、最迫切的实际问题入手，集中整治不文明行为、不断改善乡村环境面貌，努力提高公民文明素质和社会文明程度。

同时，组织开展文明乡镇，文明村、文明生态村、文明小康村、十星级文明户、五好文明家庭评选活动。1999年，为深化农村精神文明建设工作，县委组织开展了一系列农村面貌整治活动。2000年，开展“农村文明一条街创建”活动；2005年进行“创绿色家园，建文明新村”活动；2006年，开展创建“文明生态村、文明小康村”活动；各项活动均取得较好成效，从一定程度上改善了农民生产生活条件和农村面貌。

第二章 习俗风情

第一节 生活习俗

衣饰 梁山一带生孩子、满月、结婚、丧葬等场合有特定的穿衣习俗。刚出生的婴儿，不给穿衣，而是用爷爷或者父亲的裤片包裹，意为继承祖业父志；新生儿第一次穿的衣服是用粗布缝制的黑色毛茬兜兜，用黑色为镇邪之意，意为保护孩子健康成长、长命百岁；婴儿满月时，上袄下裤，内衣外罩，衣服大多绣有寓意吉祥、富贵、平安、健康成长的图案；“老虎帽、狮子鞋、长命裤子富贵袄”，是小孩必不可少的穿戴。该习俗当今不大讲究，新生儿服饰以纯棉质地为主，讲究卫生、舒适、实用。结婚男女服饰，男婚礼服一般是蓝缎长袍、黑色或者棕色马褂，头戴乌纱帽，后更为礼帽，身上披红挂绿，脚穿青缎靴，现在多为西装、皮鞋；女婚礼服颜色以大红为主，红袄红裤红鞋红袜红腰带，头蒙红纱，寓意吉祥富贵，红火喜庆，后出现白色或红色婚纱。旧时梁山一带常见一种较为独特的衣饰，即包袱带子，是女孩婚嫁时，娘家人包裹花布或被子的一条宽约9厘米，长3.5米的布制带子，两头并有璎珞；包袱带子用途很多，新婚后回娘家时，日用衣物放在一块印花包袱里，四角向里一折，拿过包袱带子，扎一个“十”字花扣，挎在胳膊肘上，行走方便利索；生孩子后，由于旧时女人棉裤的腰很高，扎起腰带，胸前形成一个棉窝窝，把孩子贴皮贴肉地装在这个窝窝之中，然后穿上长可及膝的大襟棉袄，使小孩子的头由肩膀里侧露出来，最后用包袱带子由背后斜着交叉捆扎，结一个大花在胸前，这种带孩子的方法，当地叫作“揣孩子”，该法当今已不多见。

饮食 梁山传统饮食以五谷杂粮为主，辅以蔬菜、肉食。饮食方式主要是聚餐制，体现了梁山人重视血缘亲属关系和家庭家族观念。主食有白馍馍、花卷、窝窝头、烙饼、面条、糊涂（粥）、煎饼、烧饼、花糕等。旧时一般百姓饮食主要是窝窝头、糊涂（粥），改善生活才喝面条，来客人才烙饼，逢年过节才吃白馍馍。1994—2013年，县境内饮食花样增多，但主食基本未变，蔬菜、肉食等副食则更加丰富。在梁山饮食中，烙饼、烧饼等是较有特色的饮食方式。烙饼是改善生活、招待客人的一种方式，虽吃起来稍感费力，但又香又筋道。烧饼主要由吊炉烤制，饼团表面撒满芝麻，经木炭烧烤，又香又酥，配油条吃更觉香醇。蒸花糕是梁山境内春节习俗，正月初二闺女回门时，娘家会送上一个蒸好的大花糕，一般直径50厘米以上，高40厘米，层层叠码成一个金字塔形，嵌上红枣，寓意是盼着一年比一年更好，步步登高，花糕虽大小有别，饱含了母亲对儿女浓浓的爱。

蒸花糕

住房 梁山居住房屋的基本原则是住宅的西北要高，东南要低，堂屋要高，配房要低，周围要有道路，但道路不与大门相冲，周围的流水不与宅基地直接相冲等。农村建设房屋时，一般要经过拉土垫宅子、打夯、垒石头、打墙、上梁、上门、落成等程序。动工和上梁要选择黄道吉日，上梁是建设房屋最关键、最重要的一道程序，梁山人非常重视。无论是土木结构，还是砖木结构的房屋，都要举行上梁仪式，待木匠把屋架做好后，选择黄道吉日，立柱、上梁、沟檩。在梁上用红纸写上“上梁大吉”，在中檩上挂上装有五谷的红布袋或者八卦图、铜钱、红筷、桃木宝剑，在对称的柱子上贴上对联，院内摆上供桌供品，供奉黑白赤青黄五帝和太岁、三煞、天地。中午，主人要摆供、烧香、敬纸、燃放鞭炮，以图吉利。上梁的当天，亲朋好友都要携带物品前来祝贺，梁山称之为“扶梁”。入住，又称安锅，一般有燃放鞭炮庆祝的习惯。

出行 旧时百姓出行主要靠步行，交通工具主要有独轮车、双轮大车（牛车）、人力地排车；1994—2003 年，交通工具转变为自行车、摩托车、机动三轮车和四轮车；2004—2013 年，出行方式逐步变为公交车、出租车、电动车和家用汽车。双轮大车称牛车，以靠牛拉而得名，是过去重要的交通工具，牛车一般长 5 米、宽 1.8 米左右，两个大车杆和连接两个大车轮的大车轴是牛车主要构件，大车轮直径在 1.5 米左右。打造牛车需要上好的槐木、枣木，还须用上好的铁件几百斤，打造的老牛车结实耐用，三五十年也用不坏。人力地排车主要是 20 世纪 60—70 年代的农村主要交通运输工具，与牛车相比，样式相仿，缩小、轻巧了许多，木轮变成了胶带轮，地排车由毛驴拉，被称为毛驴车。同时，梁山民间出行禁忌不少，坐车、坐船等出行时，绝对不能说不吉利的话。

第二节 礼仪习俗

婚嫁 民国时期，梁山一带实行父母之命、媒妁之言的包办婚姻制度。中华人民共和国成立后，封建婚姻制度被废除，实行男女平等、婚姻自由。旧时，早婚的习俗比较流行，一般男 15 ～ 16 岁即娶；早婚大多是女长于男，一般相差七八岁，有的甚至 10 岁即娶 18、20 岁之妇。1950 年国家颁布《婚姻法》，规定婚龄男不小于 20 岁，女不小于 18 岁。1980 年新的《婚姻法》规定，结婚年龄为男满 22 周岁，女满 20 周岁。由于政府提倡晚婚，实际婚龄男 25 周岁，女为 23 周岁。

结婚女方要陪送嫁妆，是俗语“拉巴闺女赔钱货”的来历。20 世纪 90 年代前后，农村多半是由男方备好嫁妆，在结婚前先送到女方去，到结婚之日再由男家来人抬回男方，或由娘家人提前一步送去。拉嫁妆路线一般与结婚当天路线相同，也要燃放爆竹。嫁妆多少，视女家经济情况而定。20 世纪 90 年代之前，嫁妆有床单、棉被、缝纫机、电视机、自行车等，贫家有的只陪送一个柜子或箱子，有的连柜箱也没有，只有一个花包袱包裹衣物。进入 21 世纪后，一般嫁妆包括床上用品、家用电器如电视、冰箱、洗衣机、空调等大件、电动自行车、摩托车等，有经济条件的陪送汽车、楼房等。

县境内婚嫁主要包括议婚、订婚、结婚三个步骤，结婚的重点是婚礼。

议婚　议婚就是媒人来往于双方家长之间，商量结婚事宜。媒人有临时的、有职业的。职业媒人多由巧嘴中年妇女担任，俗称“媒婆”，经多识广、信息灵通，为人说媒收受谢礼。媒婆议亲，先口头探寻女方意图，女方不允，一般也只婉言谢绝，俗谚“一家女，百家求”，可以不允，但不可以得罪媒人。男女双方如果是自由恋爱，也需要找一个熟悉的中间人当媒人。若双方可以做亲，这时一般由男方出面正式请媒人商量定亲事宜。议婚年龄不尽相同，通常在婚前一年议定，但旧时也有指腹为婚、娃娃亲和童养媳等现象。

订婚　如果双方觉得合适，就进入订婚环节。旧称“下恳”，又称“开名”“换帖”“换书”“换小字”，就是正式订婚的文书。帖用红纸写上“正亲家某某之长（次）子”及属相，由媒人送往女家；女家答以“允帖”，帖上写“正亲家某某之长（次）女”及属相，由媒人送往男家，此为小帖。贫寒之家，只换小帖，便定终身。富裕之家，还要换大帖，又称传柬。柬帖是用一块长方红纸叠作四折，俗称“四幅柬”。帖上写“赤绳良缘，百年好合”“敬求金诺”等字样，早晨由媒人送往女家；女家在复柬封套上印有“广寒宫殿”“仰答尊命”等字样，早饭后由媒人送往男家。订婚当日的中午，男家须设宴招待媒人和女方客人。20世纪90年代后，订婚仪式逐步简化，省略了订婚文书，男方定好订婚的日子后通知女方，订婚当天男方要为女方准备聘礼、订婚钱和五金，女方改口叫爸妈要准备改口红包。

结婚　20世纪50年代，结婚嫁衣是新做的普通样式，有不少新婚夫妇办完结婚登记手续便一起回家。20世纪60年代，流行女方由三、五位伙伴陪同去其婆家，男方组织人在路上敲锣打鼓迎亲，到家后举行结婚仪式，婚后一两天便参加集体生产劳动。20世纪70年代，男方组织一帮青年男女，骑着自行车，胸带红花至女家将新娘带回，回家后举行简单婚礼。20世纪80年代后，县城结婚开始使用小汽车，新娘在前一天下午到理发店梳妆，其嫁衣多为红裙套装，有的是白色婚礼服。农村则用拖拉机、地排车迎接新娘，然后再举行婚礼。更有少数新潮的青年男女，领取结婚证后，外出旅游，不再办婚礼和婚宴，谓之“旅行结婚”，曾经风靡一时。此外，还有的举行集体婚礼。20世纪90年代后，婚嫁程序逐步简化，大体保留了原来的议婚、订婚、结婚等主要程序。

婚礼　20世纪80—90年代，婚礼形式逐渐多元化，婚礼仪式既沿用部分旧的形式，又实行新的庆祝形式，部分新人选择隆重又简朴的集体婚礼。进入21世纪，婚礼越来越隆重、奢侈，西方的浪漫婚礼走入百姓生活，并出现了专门的婚庆公司来筹办婚礼，提供一条龙服务。其后，有的旧式婚礼与新式婚礼并用，阔气但庸俗繁杂。

旧式婚嫁仪式。嫁娶喜日前一天，男家张贴喜联，收拾新房；红包按接亲人数提前算好。迎娶时，男方给女方家携带猪肉，俗称“离娘肉”，并带一红色公鸡，腿拴红彩线；一般在早晨五时左右出门接亲，带着鞭炮；娶亲人鸣炮“催驾”，一般催三次；新娘“痛哭流涕”，不舍爹娘。上车时避开生肖和方向的禁忌。娶亲时忌走原路，一般是出东进西，路上如遇井、石、庙宇、坟地和十字路口都须放鞭炮，或用红毡遮蔽。接回男方家后，下车时由女方家嫂嫂打把红伞，男方家一位“全备”妇女手端托盘，上放酒和用红纸封的进门礼（钱）相迎。新娘下车时足不着地，新郎抱下新娘，在红毡上拜天地。新郎家院子里，放八仙桌，桌上放一斗粮食，粮食上放一杆秤、一把香，另放象征四季的四个碗，里面放上花生、豆、麦、高粱等物。在鼓乐声中，一拜天地，二拜高堂，小夫妻互拜，便将新娘子推搡着拥进洞房。新婚之日，筵席多为八八席面，即八个碟子，八个大碗，新郎新娘敬酒，在媒人的筵席上必不可少鲤鱼菜，清蒸或红烧，专门给媒人吃。新婚三日内不分男女老幼，均可到洞房去“闹”。三天后，新郎新娘同去新娘家，俗称“回门”，古称“归宁”。“回门”当天，女家设盛筵相待，并请娘舅、姑夫、伯叔相陪。新娘回门之后即可参加家庭日常劳动。21 世纪以后，农村的婚嫁仪式也开始向城镇看齐。从最初在农村大院或胡同里摆筵席、自家买菜做饭发展到去饭店订喜宴，喜糖、喜烟、喜酒也随着农民生活水平的提高不断提高档次。

新式婚嫁仪式。新娘早早起床，去影楼化妆、换婚纱，一般都选取白色婚纱，有条件的家庭则选择随身化妆师。由两个或更多伴娘陪伴，等待新郎的到来。新郎手捧鲜花到达新娘娘家后，一般要先敲新娘房间的门，此时伴娘“坚决”不开门，并出各种难题来“为难”新郎，如让新郎唱歌表白、用针穿线等。新郎在“无奈”完成伴娘出的难题后，会拿出红包“讨好”伴娘，红包里一般是十元或五元。伴娘“满意”后，新郎方可进入新娘的闺房。新郎单膝跪地，将鲜花献给新娘，并找到新娘的鞋子，给新娘穿上，抱起新娘下楼，抱进车里。在新娘进车子之前，脚不能碰地。婚车一般是一个车队，车辆数目不定，品牌不定，有的是新郎家或亲朋好友家的车组成，有的是租借来的，条件好的用奔驰、奥迪、宝马，更好的用凯迪拉克等名车。城镇家庭结婚一般是婚庆公司来主持，铺设红地毯，架起彩虹桥、拉起写有新郎新娘的名字的红条幅。婚车到达新郎家院门口或楼道门口，新郎抱新娘下车，走到男方家已经备好的红地毯上。红地毯的另一头，摆好八仙桌和两把凳子，新郎的父母或者长辈坐在椅子上等待新人的跪拜。新娘挽着新郎同步走上红地毯。司仪开始主持。主持完毕，新郎新娘入洞房、闹洞房。2005—2013 年，城镇居民结婚大多选择婚庆公司，提供全方位的服务，更有经济条件好的家庭或者远在他乡的新娘会在酒店举办婚礼，包括结婚仪式和洞房花烛等。

丧葬 丧葬多循古礼，子女们不论生活条件如何，在老人丧礼上都不计较花费，为老人最后一次尽孝，礼仪繁琐而庄重。中华人民共和国成立后，丧葬礼仪逐步从简，并根据情况有所改变。20 世纪 60 年代和 70 年代，一些农村家庭开始以砖砌墓代替木棺，城镇居民开始采取召开追悼会、亲朋好友赠送花圈的方式进行悼念。20 世纪 80 年代后，政府推行丧葬改革，人死亡后火化尸体，通知亲友开追悼会，孝子捧骨灰盒，其亲友护送至茔地深埋，不聚坟头。对有功于人民者，骨灰盒安放到烈士陵园。2009 年，国家深化殡葬改革，实行火葬，改革土葬，节约殡葬用地、文明节俭办丧事已成为梁山社会共识。

小殓 小殓即替死人穿好衣服，俗称“穿寿衣”。旧俗极讲究“寿终正寝”，“正寝”俗称“倒头”，也就是病人刚刚咽了气，倒了头。凡是正常死亡的老人，尽量避免在床上咽最后一口气。当生命垂危之际，应先将其移到灵床上，头外脚里，如上有老人尚在则头里脚外，在亲友守护下度过弥留时刻，这叫“送终”。灵床一般用现成较小木床，床上铺一条棉被。灵床通常设置在死者居住的正堂明间中央，如上有老人尚在，则灵床位置要偏一些。在即将倒头的前几分钟把寿衣穿好，避免赤身裸体到另一个世界；口衔铜钱，谓之“紧口钱”；头枕“鸡鸣枕”（中间凹陷两边翘起）；下铺缎褥上盖绸被，左手拿一手帕，内包冥钱，据说是去阴间买通上下之用，右手拿鞭，据说是过“奈何桥”时打狗之用；面盖“蒙脸纸”；在灵床前放一矮方桌，上放长明灯及倒头饭碗，相传阴间漆黑一团，寸步难行，长明灯是为死者照路的，直到发丧时才能灭；倒头饭，是由小米煮成半熟盛在碗里，上盖一圆饼，饼由孝子每人咬一口，并在饼上抹上锅灰，然后盖在半熟的米饭上，还要用一双红筷子通过饼直插碗内。据说，这是老人倒头，儿女们已顾不上饭的生熟，也顾不上是否吃饱，匆匆将饭放下去照顾老人，并把这最后一顿告别饭永远放在老人身边，以示孝心。倒头后，立即烧倒头纸，全家举哀；儿媳随即手持纸钱，去门外焚化，并焚烧预先扎好的“倒头轿”。

报丧　死者全家举哀实际上就等于给村里四邻报信，这是报丧的开始。邻里听到哭声便纷纷前来吊唁、议事，本族晚辈则急忙赶来灵前举哀。举哀完毕，便在灵床左右铺上麦秸，男左女右守灵在侧，阖族长辈与孝子邻居便开始商议发丧事宜。老人亡故后要向有关亲友故旧报丧，重要的还要呈报丧帖。死者的至亲要由孝子亲自去报，路遇外姓亲朋、世家，当即叩头报丧，被叩报者如果是晚辈，则须还礼，但路遇同姓，不管辈数长晚均不叩头。死者如系女性，孝子必须在倒头后先到外祖家步行报丧。此时孝子来不及做孝衣，只戴顶孝帽，腰上系一根孝带。到了家门不能进门，需等人出来，当面禀报治丧事宜，多大规模、什么规格，听外祖父或舅父的意见，在门外听候答复。得到允许才能返回照办。同时，丧家要在门外悬白色岁头纸（主要作用是为前来吊唁者引路。按亡者年龄每岁一张，悬挂方位男左女右）、安排孝服和扎灵棚，灵棚有内、外之分，内灵棚在灵床左右，陪灵的孝子男左女右。外灵棚在院子里，与内灵棚隔一竹帘，帘外设供桌，桌上放灵位（牌位）摆祭物，供桌两旁站立司仪，吊唁者在桌前行礼吊唁。

大殓　大殓也叫成殓，就是将尸体移至棺材内。时间上没有定规，要视吉日、天气寒热而定。若是热天，倒头的当日就要大殓，若是冬天，也可三天大殓。但不论何时大殓，都必须等死者至亲如娘家人、闺女家遗体告别后才能进行。大殓时要先撤去竹帘和供桌，把灵床移到右边，把棺材请到原灵床处，孝子把蒙脸纸揭去，正孝子捧头（女死者也有娘家人捧头的），男女家人抬褥子，将死者放到棺内。一应殉葬物品也同时放进去。放好尸体后，由正孝子为死者净面。用碗盛上清水，正孝子手拿棉球蘸清水擦洗死者的脸，家人用土坯或棉花把死者周围填实，再用镜子来回在棺内照几次，然后把碗和镜子摔碎，接着盖棺。家人、亲友举哀。不过棺材合盖有讲究：成殓后棺盖只能虚掩而不上销钉，以备因故没能按时到来参加成殓的亲人来到时观看遗容，这叫“留口”；“煞口”时应将棺体两侧各用销钉煞死，死者为男性，销钉为左二右一，若是女性，则左一右二，另外还有一枚桃形寿钉，按男左女右销在棺侧，寿钉上系有红绸一条，“煞扣”时此钉只准砸一斧头，这一斧头在砸前孝子要高喊：“请爹（娘）躲扣！”这是孝子认为老人灵魂有知而做的尽心体贴，生怕因此而受到惊扰。其余三枚销钉都是砸到底的。

家祭　家祭是丧葬礼仪中的重要一环，一般安排在出殡前时刻。家祭前先由孝子抱公鸡赴墓地破坟，由挖坑人挖墓坑。是日，接到报丧的亲朋都备祭礼而来，所送祭礼包括祭席、挽幛、挽联、折仪（代替祭物的货币）等等不一。吊客来后要先在门外路棚报告、登记，然后听从安排接供。接供是吊客在离丧家大门还有一段距离时停下，报鼓三声，孝子弯腰由两名帮丧人随左右搀扶，在鼓乐声中来到吊客面前叩头谢礼，然后退几步叩一个头，接着引供进入灵棚。吊纸是吊客进入灵棚一揖，跪下就哭，司礼高喊“孝子谢客！”吊客连叩四个头，起来对灵位一揖便可出门，等候家祭。家祭在吊客到齐后进行。家祭时，一般顺序是孝子及族人先祭，如系女丧，娘家人先祭，其余按亲、疏、辈分依次祭奠。吊客可根据与死者的关系行不同的奠礼。其中八拜礼，系一般的奠礼。吊客在哀乐声中进入灵棚，先到供案前一揖跪下，由司礼递香、递酒，然后四叩首，起来一揖，退至灵棚中央，一揖，跪下举哀（哭），司礼高喊“孝子谢客！”吊客四叩首，起来一揖，退出。十二拜礼，系较隆重的奠礼。吊客在哀乐声中进入灵棚，一揖四叩首，起来一揖，以下与八拜礼相同。二十四拜礼，是最烦琐的一种奠礼，只有那种“贵而不哀”或“哀而不痛”的吊客行此礼。

出殡　出殡时，灵柩出门停在街上，由孝子带领举行集体路祭；孝子摔“老盆”后柩起行；孝子手挑纸幡，带领孝眷、亲友随柩佝偻前行，且行且哭，行少许至宽敞处，送殡亲友在柩前行“辞灵礼”，停送；至茔地，孝子祭“后土”，告祖先；然后将柩木抬入墓坑中掩埋，聚成圆锥体坟头。

丧后琐礼　葬后三日，俗称“赴三”，孝子孝眷上坟烧纸钱、添土，谓之“圆坟”。三天或七天烧纸屋，一般多扎有楼堂瓦舍、童男童女、金山银山、鸟兽、钱柜、摇钱树等。葬后七日为“一七”，共祭第一、三、五、十四个“七日”，其中“五七”最为隆重。另外，还有“百天”、一、二、三周年祭日，孝子、孝眷及有关亲朋赴墓地祭奠举哀。周年满祭以后，即按通常礼俗祭扫坟茔。三年内，主家过春节，不贴红春联，以示哀痛。

生育　生儿育女，自古至今都倍受重视。受儒家思想影响，讲究忠孝，无后为大。当今生儿育女是一个公民应尽的责任和义务。

祈子　梁山的祈子习俗从结婚就开始。比如，在女方将嫁妆送到婆家为新人铺床时的礼仪当中，铺床人选“全命”的嫂嫂或婶婶；随铺床随唱的铺床歌谣；枕头上绣的“麒麟送子”图案；房间贴男宝女宝的大幅图片；填枕头时放入的红枣、栗子；新床中间铺枣和栗子等等，都属于“祈子”的范畴。传统观念以早生子为荣，婚后年久不孕，往往即行祈子，但多带有迷信的色彩。如向送子娘娘庙、各地泰山老奶奶行宫甚至不远长途跋涉去泰山老奶奶庙去求子；在祈子回来的途中还要拾块石头压在途中松柏等树杈间，压得越结实越好，这叫“压子”，即压着儿子不会再逃跑了。还有食物祈子，如家人到生孩子的人家讨红皮鸡蛋回来给媳妇吃，据说很快就能怀孕；清明节买个南瓜整个放入锅里煮烂，午时放在桌上，夫妻并肩而坐，同时举筷，尽量饱食，不久即可怀孕生子等。以上祈子旧俗延续至今，只有部分保留，在梁山农村更为注重这些习俗。现在依然保留着婚前为新人铺床、贴画的一些习惯，而行宫求子和食物求子则日益淡化。若婚后不孕，一般选择专业医院科学治疗。

有喜　在梁山，媳妇怀孕叫“有喜”“有了”。旧时，亲友的女眷特别是媳妇的娘家人都要携礼品来贺喜，礼品多为鸡蛋、红糖以及小孩的小衣、小帽、小鞋等。但这种贺喜形式，至今已不太重要，可有可无。“有喜”以后的“禁忌”颇多：首先，孕妇又被称作“双身人”，刚娶进门的新娘忌见“双身人”，特别是别人家有红白喜事、生孩子，更不能前往。其次，人们认为，有些食物对胎儿不利，吃东西时要有所避忌。如忌食兔肉，否则孩子生下来是“兔唇”（豁嘴）；吃姜生的孩子是“六指”；鸡肉、狗肉、山羊内脏会将胎儿化掉；不准吃葡萄，不准在葡萄架下睡觉，怕生葡萄胎等。再就是，在“有喜”期间要“出居别宫，目不斜视，耳不妄听，音乐滋味，以礼节之”，绝不能听淫乱、叫骂、斗殴、杀生等不洁之音，不看淫邪、异常事物等，也就是周围的环境要和睦、安静。现在，这些禁忌已是因人而异，除了避免红白喜事的场合等，有喜期间的饮食起居习惯逐渐被科学的养胎知识所取代，更加注重胎儿的全面营养和各种形式的胎教等。

生产　婴儿降生，俗称“添喜”，又称“临盆”“落草（儿）”“添孩子”等。生男谓之大喜，生女谓之小喜。旧时，一般家庭的妇女添喜，既无医院可住，又无专科医生助产，多在自己家中请个产婆来接生。产婆，俗称收生婆、接生婆，多是以助产为职业的老妇，也可临时请邻里或家中有经验的老妇充当，但必须是夫妻同在，儿女双全的。产房通常设在产妇的卧室，卫生条件一般不太讲究，只要安静、暖和、不透风就可以。产妇分娩时，产房内不能有闲杂人，男性、儿童、寡妇和没出嫁的姑娘是绝对不许在场的。婴儿降生时，只能在婆家不准在娘家，不准落在床上，据说是怕污血冲了床神，对产妇和婴儿不利。生产时一般在床前铺块土坯，上面铺上麦穰或谷草，让婴儿生在草上，叫“落草”。落草生下的婴儿要用烛火上烤过的剪刀剪断脐带，扎脐带的棉线要用白酒泡过。胎衣要找一个很僻静的地方深埋，不能让人践踏，更避免让狗吃掉，否则孩子不能成人。难产时，梁山的习俗是把通往大街的所有门打开，如还不行，赶快到四邻找仙人掌，找到后把仙人掌架得高高的，如能顺利生产，过后要给这棵仙人掌挂红彩绸。婴儿降生后第一次吃奶不吃母亲的，而是吃另一位正在哺乳的妇女一口奶，叫“开口”。并且，男孩要找哺育女婴的妇女开口，女婴要找哺育男婴的妇女开口，说是这样可催产妇下奶。旧时，由于卫生条件很差，又加土法接生，孕妇和婴儿死亡率较高。现在，随着人们思想的不断进步和医疗条件的逐步改善，大部分生育旧俗淘汰将尽，人们都选择在妇幼保健院或医院生产，安全卫生。

坐月子 梁山坐月子有许多禁忌，主要是忌生人进屋，生人进屋谓之“踩生”；产妇分娩之后，三日之内不下床，一个月之内不出屋门，或者不出院门；注意保暖，不能受风吹，一般习惯是扎裤腿、包着头；饮食主要是煮鸡蛋、小米或糯米做的稠饭，再加上红糖，还要吃些猪蹄、鲫鱼汤之类的下奶和补养身体的食物；忌吃豆制品、干硬的食物，以免“叉奶”。现在，提倡科学饮食和适量运动的“科学坐月子”替代了“传统坐月子”。

送粥米 送粥米是梁山县境内生孩子贺喜的重要习俗。新婚夫妇生第一个孩子（谓之头生）时，于第三天向女方娘家及姑家、姨家等近亲和好友报喜（生男孩称“大喜”，生女称“小喜”）、送面条（习称“送喜面”），并告之送粥米的日期，一般大喜第十二天，小喜第九天。至期，送粥米的亲友带着小米、大米、江米、白面、红糖、鸡蛋、老母鸡、婴儿用的尿布、衣裳、包褥等物前往贺喜，姥姥还要为婴儿赠送银质手镯、长命牌、长命锁等吉祥贵重之物。是日，主家要设宴款待贺喜亲朋，这叫“吃喜面”。饭后，每位客人还要带上十个“喜鸡蛋”(红鸡蛋)回家。二胎(谓之二生)也有同样的习俗，但仪式从简。如今，送粥米的习俗有了一些改变。现在经济条件好了，“粥米”的内容也丰富了许多，包括小孩子用的披风、毛毯、包被、睡袋、童床、童车、学步车、童装、鞋帽、大米、鸡蛋、面粉等。同时，除了姥爷、姥姥给宝宝一份红包外，亲朋好友还要给小孩送上一笔“见面礼”或者一份礼物。

满月 婴儿降生一个月，称为“满月”。满月之后，产妇结束了坐月子生活，可以正常活动，对婴儿的许多禁忌也解除了。产妇的娘家不仅要来祝贺，而且还要把婴儿母子接回去住几天，称作“挪满月”“叫满月”或“请满月”。此外，梁山讲究婴儿穿衣上、下衣必须“姨家的布，姑家的活”，但有一点要注意，姨、姑两家必须是未死过小孩的，如没有，叔伯姨、姑也可；围嘴和袜子要妗子做；虎头鞋和帽必须姥姥做，这样做小孩大了后“脚生根，有头脑，聪明伶俐会思考，带着弟弟妹妹跟着跑，一个更比一个好”。现在，挪满月的习俗一直保留下来。

百天 “百”有圆满的意思。梁山的婴儿“百天礼”，姑、姨、妗子走百家、串百户，为孩子找布做“百家衣”。所谓“百家衣”，外形与僧人穿的道袍相似，布料是从各家取一块布片拼合成许多颜色的布，并按每块布的颜色，绣上花、鸟、鱼、虫或人物等。梁山民俗认为婴儿穿上百家衣，能保长命百岁。如今，做百家衣的习惯不再延续，多以拍百天照留念代之。

周岁　婴儿出生满一年，称周岁，俗谓之生日，过生。周岁这天不仅要庆贺，而且还要举行抓周仪式。即将书、笔、秤、馒头等物品放在一个器皿里，让小孩去抓。如今，抓周仪式不再流行，梁山县城乡居民大多选择为婴儿拍照留念，一家人自行庆贺。

寿诞　作为人生礼俗，祝寿从形式上虽也有“自寿”的，但更多的是子孙们“孝”的一种行为。虽然按中国人的习惯年满三十岁即可称寿，而真正作为礼俗的祝寿一般在“不惑”（四十岁）之后。在梁山，祝寿有三个“不”：其一，四十岁不祝寿，因为“四”与“死”谐音，犯“忌讳”；其次，“父母在不言寿”；第三，无子女不祝寿，但老师除外，因为，梁山有“一日从师，终身为父”的传统。

梁山一般从六十岁才开始举行祝寿礼仪，称为“六十大寿”。但对于父母已经下世者，一般从五十岁开始过“大寿”。此后，逢十过大寿，一般特别重视六十大寿、六十六大寿，此后的七十大寿、八十大寿，俗称“整寿”。其他情况则一般称过生日，并不大操大办。六十六大寿，子女多为老人买肉庆贺，俗话说“六十六、吃块肉”。七十三岁时，有“七十三，吃条鲤鱼蹿一蹿”的俗话。但是当地老人忌 73 岁与 84 岁，谚语：“七十三、八十四，阎王不叫自己去”，所以一般提前过寿。

旧时，一般在寿诞当天，在上房设寿堂，摆寿烛，挂寿幛，张灯结彩；寿堂正中设礼桌，寿堂正面要贴红底金黄大寿字，礼桌上摆寿桃、寿糕、寿面、香花、水果等。亲朋到齐，庆寿开始，寿翁（寿婆）上坐。拜寿顺序先是儿、媳、孙子，均要磕个头（也有鞠躬的），接着是亲朋好友，或集体，或个人，或一家，行三鞠躬（也有磕头的）。祝寿礼节完毕，皆要入宴席吃寿酒。在梁山，祝寿宴席上的座次有个讲究，这一天来的客人再多，甚至有长辈的，不论再亲，地位再高，都不能坐上席，只有寿翁（寿婆）坐上席。在宴席上必须猜拳，猜拳中有“八仙寿”“六六大顺”等吉利话，主人家在让客人酒时，也要让八个酒，以示八仙来庆寿，哪怕不会喝酒，点到为止也要端起酒杯表示一下，然后再让四杯酒（四喜），六杯酒（六六大顺）。客人走时，也要对寿翁（寿婆）说些吉利话。传统的祝寿是吃面条，谓之“长寿面”。新中国成立后，拜寿仪式渐废，祝寿礼仪从简。现在一般会选择在酒店举行寿诞筵席。

第三节　节日习俗

传统节日

春节　俗称“年节”，自汉武帝太初元年始，以夏年（农历）正月初一为“岁首”（即“年”），延续至今。梁山县境内从腊月二十三（小年）起，人们便开始“忙年”：扫房屋、洗头沐浴、准备年节器具等。腊月二十三，谓之“小年”，开始进入过春节的各项筹备；腊月二十四，有“掸尘扫房子”之说，家家户户都要打扫房屋，清洗各种器具及窗帘；腊月二十六，赶集买肉，准备过年的猪肉、羊肉等；腊月二十七，蒸馒头、包菜馍、做枣卷、打花糕，连续蒸几天，做的各类面食要一直吃到来年的正月十六；腊月二十八，贴画画，贴春联；腊月二十九，煮大肉，炸丸子、包括炸鱼，预示年年有余。腊月三十，中午吃肉馅水饺，女主人在下饺子时还要喊一声“下饺子了”，以示快放鞭炮，鞭炮一响，饺子下锅，饺子出锅，敬天地祖宗诸路神仙，全家人开始吃饺子，吃过饭后，女人在家叠元宝，男人带着香纸鞭炮去上坟请祖先过春节；三十晚上，做好丰盛的年夜饭，守岁，长辈会给孩子们分发压岁钱，又称压腰钱；子夜，点燃蜡烛、烧香、上供品祭神主，向神灵、祖先磕头求富，一炷香尽，燃放鞭炮；正月初一，农村百姓早晨起“五更”给长辈磕头拜年；初一早晨的水饺必须是素馅的，讲究素净，预示一年平平安安；正月初二，出嫁闺女回娘家日子，闺女们带着丈夫、儿女回娘家拜年，从这天开始亲戚间走访拜年；正月初五，梁山县境内称为“破五”，民俗认为之前诸多禁忌过此日皆可破而得名，自当日起，不论做大生意小买卖都要首先放上一挂大红腰子的鞭炮，打跑晦气，开始陆续开张，后来因谐音演变为“无忙日”，即初五当天不可干活，否则一年都会劳累。至正月十四，过年方结束。整个春节期间不吃面条、不动针线、不倒垃圾，正月里不理发。

元宵节 农历正月十五为元宵节，又称“灯节”“上元节”，是春节过后第一个重要传统节日，含全家团圆，健康幸福之意。元宵节源于汉代，平息“诸吕之乱”后，汉文帝深感太平盛世来之不易，把正月十五定为普天同庆、与民同乐的元宵节。节日当天，梁山境内家家户户放鞭炮，吃汤圆。元宵之夜，赏花灯、看烟花是传统节目，此外有猜灯谜、踩高跷、扭秧歌、舞狮、花船、武术、杂耍等活动，男女老少相邀参与。2000—2013年，元宵节期间梁山县主要街道安装彩带，沿街单位悬挂彩灯，喜气洋洋。元宵节晚饭后，城镇烟花燃放点开始烟花表演，梁山县国棉厂门口有舞狮、秧歌表演，仿宋街有花灯猜谜等活动，县城居民饭后涌到街上，周边乡镇居民也骑车甚至驾车来观看，表演活动一般持续到晚十点左右。

二月二 农历二月初二，俗称“青龙节”。二月初二逢惊蛰节气，传说这时冬眠的龙会被雷声惊醒，有“二月二，龙抬头”的说法。在梁山县境，二月二要吃“料豆”，俗称“蝎子爪”。“料豆”一般以黄豆为原料，粘上糖面或经盐水中浸泡后炒制而成，香脆可口，全家分食，邻里互赠，取避蝎蛰之意。“围仓”也是梁山习俗之一，当日黎明时分，在室内、院中、门外、场院等处用草木灰围城圆圈，名曰“围仓”。场、院中的“仓”里埋放一撮五谷杂粮，取“五谷丰登”之意，室内“仓”里埋放硬币，意祈“钱龙引进”。此外，境内还流行“剃龙头”习俗。旧时在民间流传着“正月剪头死舅舅”的说法，所以很多人在腊月理完发后不再理发，直到“二月二”才解禁。这一民间禁忌近年来已渐淡薄，但人们依然认为二月二洗头，给小孩子理发会使人红运当头、福星高照。二月二当天有很多忌讳，太阳出来之前不能从井中打水，怕“惹怒井龙王”；不可动针，怕刺伤“龙眼”；妇女不在屋内梳头，更不准用长绳，免得屋上掉蛇、蝎子、蚰蜒等。1994—2013年，“围仓”“剃龙头”之俗渐废，“吃蝎子爪”仍盛行。炒“料豆”者逐渐减少，改从超市买成品料豆代之。

清明节 清明节为农历二十四节气中第五个节气，又称为“寒食节”，是中国传统节日，也是最重要的祭祀节日。民国时期，当日农村多有禁火、寒食、吃“多打”（用菜和杂粮蒸制）的习俗，祈望多打粮食。日出前，家家户户折柳枝插于门旁，以纪念介子推。同时，民间还盛行上坟扫墓祭祖。扫墓时，人们携带酒食果品、纸钱等物品到墓地，将食物供祭在亲人墓前，再将纸钱焚化，为坟墓培上新土，然后叩头行礼祭拜。新中国成立后，县境内保留着清明节吃鸡蛋、上坟烧纸的习俗，清明节是人们祭拜祖先，缅怀先烈、悼念已逝亲人的重要节日。

端午节 农历五月初五为端午节，又称“端阳”“重五”“端五节”。当日，人们将糯米、红枣、白糖、豆沙等用苇叶包制粽子，或到集市上买食现成粽子。在农村，人们在节前傍晚将鲜艾插入房门两旁，次日日出前采集野草、树叶，泡制成茶叶自饮。端午节吃鸡蛋、粽子的习惯一直延续至今。

六月六 农历六月初六，吃炒面，是梁山

县境相传的习俗。把小麦、高粱等五谷杂粮炒熟后磨成面粉，用开水冲和，加盐或糖后搅拌成糊状食用。据传，此日吃炒面，可防秋凉腹泻。

乞巧节　农历七月初七，又称“七夕”，是中国传统节日中最具浪漫色彩的一个节日。坐看牵牛织女星，是县境的民间习俗。相传，七夕晚上是牛郎织女在鹊桥相会之时，夜深人静，在葡萄架下能听到牛郎、织女的说话声。织女是一个美丽聪明、心灵手巧的仙女，凡间的妇女便在这一天晚上向她乞求智慧和巧艺，也少不了向她求赐美满姻缘，所以七月初七被称为乞巧节。新中国成立后，妇女乞巧活动基本停止。2000 年后，“七夕”被年轻人称为“中国的情人节”，至 2013 年，梁山县在七夕多次举办各种相亲大会，年轻小伙手捧玫瑰花、巧克力等向心爱的人求爱，七夕成为中式情人节。

中秋节　农历八月十五，是县境内仅次于春节的重要节日。旧时，节前亲友互相馈送月饼、酒肉、鸡鱼、水果等，当日晚，对月焚香叩拜，家人欢聚一堂，饮酒赏月，俗称“圆月”。中华人民共和国成立后，祭月习俗废除，亲人团聚、探亲访友更为盛行。青年男女订婚后，男方要给女方家送节礼，结婚后女儿也要在中秋节前给娘家送礼品。随着月饼花样的增多、礼品的增加，人们对节前送礼越来越重视，礼品越来越厚重。

重阳节　农历九月初九，为传统的重阳节。因九九寓意长久，重阳节为祈福增寿之节，重阳节发展为敬老爱老的节日，被政府规定为“老人节”。在梁山县，重阳节插茱萸的习俗已不多见，只有登高、望远、品酒的影子。2000—2013 年，梁山县在重阳节推出各种登山主题活动、好汉菊花会、赏菊品酒活动等。重阳节的敬老爱老内涵更加浓重，为家中老年人过节成为一种时尚，也成为一种表达孝心的方式。

祭祖节　农历十月初一，称“祭祖节”，俗称“鬼节”，与清明节同为民间上坟祭祖之日。旧时，“烧包袱”是祭祀祖先的主要形式，包袱里主要是用金银箔叠成的元宝、锞子，冥钱等。坟前设供，全家依尊卑长幼行礼后，即可开始焚化。焚化时，绕坟地划一大圈，将包袱于圈内焚烧。中华人民共和国成立后，上坟烧纸祭祖仍如旧习。2009—2013 年，鲜花祭祖渐渐成为新兴风气。

腊八节　农历十二月初八，为腊八节。民国时期，民间盛行少女穿耳（戴耳环之洞）之风，并以黏米、红枣等熬成粥食用，谓之喝“腊八粥”，以御寒防病。中华人民共和国成立之后，腊八风俗一直延续。1994—2013 年，少女穿耳的习俗不再留存，喝腊八粥之俗得以延续。

外来节日

圣诞节　公历十二月二十五日为圣诞节，是西方用来庆祝耶稣诞辰的宗教节日，又名“耶诞节”。1994—2004 年，县境内只有部分基督教徒庆祝圣诞节；2005—2013 年，圣诞节逐渐被群众知晓和接受，进而参与到圣诞节活动中，参与者逐步由追求新奇的年轻人扩展为普通群众。圣诞节前夜（12 月 24 日）为平安夜，因苹果的“苹”与平安的“平”同音，便有了平安夜送苹果的习俗，梁山县境内也流行送“平安果”。“平安果”多用色泽鲜艳的红蛇果、青蛇果等进口苹果装扮而成，少部分为国产红富士苹果。圣诞节成为县境内商家促销的一个契机，各大卖场通过开展圣诞优惠活动，摆放圣诞树、挂彩灯、张贴圣诞吉祥物，营业员装扮成圣诞老人等方式来吸引顾客前来消费。

情人节　公历二月十四日为情人节，又称圣瓦伦丁节。1994—1999 年，县域内少有人庆祝情人节；2000—2006 年，情人节开始被梁山人所接受；2007—2013 年，情人节在县境内流行开来，成为年轻男女和夫妻之间庆祝的节日。庆祝方式多为约会和送礼物，礼物以玫瑰、巧克力、水晶为主。情人节当天，县境内各商业街街口均可见卖玫瑰者，鲜花店、步行街、

KTV 生意兴隆。同时，在情人节登记结婚也成为一种潮流。

母亲节　公历五月的第二个星期日为母亲节，最早出现在古希腊，现代母亲节由美国安娜·贾维斯发起。1994—1999 年，母亲节传入梁山县境内；2000—2007 年，母亲节在梁山境内推广；2008—2013 年，母亲节渐成为县域内一种常态化的节日。母亲节是感恩母亲的节日，孩子们会送给母亲鲜花（以康乃馨、百合、玫瑰等为主）、定做蛋糕、亲手烹制饭菜、购买衣服首饰等方式为母亲过节。梁山县在母亲节先后开展了如“情满五月天，感恩母亲节”“感恩母亲，义行梁山”“爱要‘说’出来，更要‘写’出来”等系列主题活动。

父亲节　公历六月的第三个星期日为父亲节，始于 20 世纪初的美国。父亲节在县境内的流行稍晚于母亲节，孩子们的表达方式也不尽相同。出于对父爱表达的含蓄，父亲节庆祝不像母亲节庆祝那么大胆而热烈。孩子会为父亲准备贺卡、鲜花等小礼品，成年人会买衣服、手机、足浴盆等礼物，部分家庭则选择聚餐或旅游等方式感恩父爱。梁山县也在父亲节当日展开各种活动，如 2010 年在全县独生子女中开展“感恩父亲、从我做起”活动，独生子女给父亲洗脚，感恩父亲的辛苦操劳；梁山景区也推出父亲节系列活动。

第四节　方言俚语

方言

俺家里——结婚的男同志指自己的妻子。例如：这位是俺家里。

老生儿——最小的儿子或女儿。例如：小六是个老生儿，太娇惯了。

双生儿——双胞胎。例如：她添了对双生儿。

妮儿——女孩。例如：张兰兰那个小妮儿长哩真俊！

小儿——男孩。例如：刘家大妮生了个小儿。

梁桥儿——连襟。例如：双胞胎男孩跟双胞胎女孩结了婚，亲兄弟变成了梁桥儿。

添房——男子丧妻后再娶的妻子。例如：小燕嫁给了邻村那个丧偶的男人，成了添房。

二婚头——再婚的女人。例如：如今，二婚头的女人不再受到歧视。

带犊子——妇女再嫁时带的孩子。例如：小燕再婚时带的带犊子。

老绝户——没儿女或只有女儿的人。例如：他这老绝户不受罪，多亏闺女了。

老缺——强盗、土匪等品行恶劣的人。例如：这个人真像个老缺。

荒子——对不满意人的称呼，有时也称家伙。例如：你这荒子，这几天跑哪里了？

逆歪头——不懂事的人。例如：小王可是个逆歪头，真难管教。

愣头青——行为鲁莽的人。例如：这个愣头青，又闯祸了！

尖杆子——吝啬。例如：这个尖杆子，一毛不拔啊，真孬！

亲(qing)受——承受(财产或子女)。例如：小红改嫁后，亲受了男方的一个儿子。

皮锤——拳头。例如：哥俩打架，他一皮锤，他一巴掌，疼毁他俩里娘啦！

耳刮子——巴掌。例如：小王被他爹打了两耳刮子。

肋巴骨——肋骨。例如：上班时，骑车子摔了一下，肋巴骨疼啊！

胳膊肘子——肘关节。例如：刚才不小心碰胳膊肘子了，疼啊。

胳肢窝儿——腋窝。例如：别挠我里胳肢窝儿，痒痒，哈哈哈……

脚合拉子——两脚趾之间的缝隙。例如：脚气又犯了，脚合拉子直痒痒。

妈妈——乳汁、乳房。例如：恁小儿还吃妈妈啊，该断奶了吧。

呲麻糊——眼屎。例如：满月之前的小孩经常有呲麻糊。

擓（kuai）痒痒——抓、挠的意识。例如，后背很痒痒，快给我擓擓。

苶（nie）不几哩——精神不振，例如，他这两天有点苶不几哩。

尥（liao）蹶子——原意指骡马用后腿向后踢，也形容某人干活不使正劲。例如，这家伙不好指使，好尥蹶子。

贱才——形容爱动手动脚，或指没骨气的人。例如：这个小男孩可贱才了。

慌浪——做事不稳妥、零散。例如：这个小伙子是个慌浪孩，很不可靠。

疵毛——差劲。例如：这人真疵毛，开车碰了人竟然跑了。

邪古——为人古怪、多心；脆弱。例如：小女孩比男孩要邪古。

戳叽——挑唆、挑衅。例如：你戳叽他俩打架，结果还不是害了你自己。

难缠——不好对付。例如：这个人真难缠，软硬不吃。

臊么——挖苦。例如：小美小鸡肚肠，经常臊么人。

尔乎——搭理。例如：你咋不尔乎俺啦？俺没惹你唉。

迂磨——言行不利索。例如：快点，别这么迂磨。

咯躁——着急。例如:你别咯躁,等等再说。

白楞——白眼看人,表示厌恶、不满。例如:两口子生气，小燕老是白楞她对象。

作假——客气。例如：多吃点菜，别作假。

谝（pian）能——显摆、夸耀自己。例如，他就是好谝能。

恶硬——讨厌、烦。例如：我很恶硬小王。

咁（gan）哕（yue）——呕吐。例如，吃得不好，光想咁哕。

不迭里——顾不得，也叫迭不里。例如：这两天很忙，也不迭里回家看看老人了。

觉摸着——猜测。例如：我觉摸着这个事十有八九得成了。

验准儿——正好。例如：给妈妈在网上买的衣服，穿上验准儿。

叙乎——亦称“记乎”，在意、留心。你来里时候叙乎门口有个收破烂里吗？

二乎——没把握、说不准。例如：这个事办里有点二乎。

虾腰——弯腰。例如：你虾腰把钥匙捡起来。

怪意——见怪。例如：你可别怪意我，我也是好心。

毛包——乱七八糟。例如：你咋收拾里房间啊，毛包！

吱歪——大声叫。例如：吱歪啥，有话好好说！

聒（guo）哩慌——噪音特别大,令人心烦。例如：门口敲鼓打锣，聒哩人受不了！

馃（guo）子——指油炸面食。例如，香油馃子（油条）

喝汤——吃晚饭。例如：小三，恁妈喊你回家喝汤。

糊嘟——小米面或玉米面做的粥。例如：早晨喝个玉米糊嘟挺好。

扁食——水饺。例如：大年初一吃扁食。

豆萁儿——切成菱形的小面片。例如：早晨下豆萁儿，打俩鸡蛋，可好喝啦。

鸡蛋茶——用开水冲的鸡蛋汤。例如：喝点鸡蛋茶，吃个包子。

长果儿——花生。例如：梁山境内种长果儿的已经很少了。

熥（teng）熥饭——给食物加热。例如，馍凉了，放锅里熥熥再吃。

燸（xu）一下——指给食物加热,同“熥”。

例如，馍凉了，放锅里燸燸。

饧（xing）饧面——和好的面变柔软蓬松的过程。例如，你把面和好得再饧一会。

搲（wa）面——用瓢在面缸里盛面。例如，拿瓢搲面，和面蒸馍馍。

搋（chuai）面——用手压、揉面使其均匀柔和。例如，和面得使劲搋.

鬻（yu）锅了——锅里的汤加热后溢出锅外。例如，快降火，要鬻锅了。

长醭（bu）——食品表面生出的白色霉菌。例如，馒头长醭了，不能吃了。

劐（huo）开——指用刀划开，例如，劐开鱼肚子。

潲（shao）雨——指雨水被风吹的斜洒。例如，窗子没关好，东西都让雨潲湿了。

繚（liao）几针——指缝衣裳。例如，衣服这里开了个口，给繚几针。

薅（hao）草——拔出的意思，例如，我到地里薅草去。

趿（ta）拉鞋——把鞋后帮踩在脚后跟下。例如，他走路就好趿拉着鞋。

得咦里——故意。例如：这个人得咦里往人多的地方挤。

得力儿——舒服，得劲儿。例如：按摩里真得力儿。

得——惬意、熟练。例如:刚交了个桃花运，得哩个他哦。

嚷——训斥。例如：上午俺妈嚷我了，嫌我作业写得乱七八糟。

草鸡——母鸡。例如：据说产妇坐月子要喝草鸡汤。

牙狗——公狗。例如：小王家那条狗是只牙狗。

河蟆——青蛙。例如：一到夏天，河蟆叫里可欢了。

长虫——蛇。例如：杂草丛里忽然爬出来一条长虫，吓死我了。

小虫——麻雀。例如：小时候，哥哥特别喜欢给我逮小虫儿。

爬嚓——蝉的幼虫。例如：爬嚓儿放到油里炸一炸，可好吃啦。

扑棱蛾——蝴蝶。我捉了几只扑棱蛾，做了个标本。

蝎虎子——壁虎。例如：蝎虎子是益虫，吃蚊子。

檐面虎子——蝙蝠。例如：檐面虎子不是鸟类。

蛾狼蛛子——蜘蛛。例如：常年不打扫的房子墙角里，经常能看到蛾狼蛛子织的网。

颤打木子——啄木鸟。例如：颤打木，专吃树里虫子。

前里儿——前天。例如：你是前里儿来的吧？

夜里儿——昨天。例如：夜里儿你干啥气了，恁娘找也找不着你。

今门儿——今天。例如：今门儿下了一天雨，怪烦人哩。

明里儿——明天。例如：明里儿，你跟我上城里买点东西气！

过明儿——后天。例如：这两天家里都有事，咱过明儿再去吧。

清起来——早晨。例如：大清起来，你咋呼啥！

头晌午——上午。例如：头晌午，店里卖出去好几件衣裳，买卖还行哩。

晌午顶——中午。例如：一到晌午顶就开始犯困，睁不眼。

过晌午——下午。例如：咱过晌午再办这个事。

傍黑儿——傍晚。例如：都傍黑儿了，赶紧回家吧小孩，一会该黑天了。

黑介——黑夜。例如：一个人黑介走夜路真害怕！

年时——去年。例如：俺闺女年时的衣裳

都小了，恁不嫌孬就给恁妮穿吧。

过年儿——明年。例如：过年春天，俺对象准备上广东打工去。

年下——除夕、春节前后。例如：年下啦，恁家里都准备好东西了吗？

一绷儿——一小会儿。例如：你一绷儿就回家吧，这里也没大事。

就里——马上。例如：你稍微一等，我就里就过来。

堂屋——坐北朝南的正房。例如：农村里的堂屋，功能相当于城里的客厅。

屋当门——屋内地面。例如：在屋当门有一把椅子，别碰着了啊！

灶火窝——厨房放柴草的地方。例如：把那些棒子芯子放灶火窝里，烧大锅用。

当院——庭院。例如：夏天，傍黑在当院里吃饭可凉快了。

当街——大门外。例如：当街来了个卖馍里，买点不？

茅子——厕所。例如：小刚刚上茅子里气了，你等他一会吧。

就地儿——地面。例如：别坐就地，忒凉。

当挡儿——中间。例如：你别站路当挡儿，些碍事！

叶地儿——太阳、阳光照到处。例如：今天是个大晴天，叶地儿不孬。

凉凉儿——阴凉地。例如：热死了，赶紧找个凉凉儿凉快凉快。

门插桩——门闩。例如：关好门，把门插桩插上。

门前子——门槛。例如：出门里时候，小心门前子。

杌子——旧时的高凳子。例如：给我拿把杌子来，我修修灯泡。

勾担——两头系钩的扁担。例如：用勾担挑水已经成为旧时的一道风景。

盖体——被子。例如：新媳妇结婚时，娘家一般都会做十几床的新盖体。

豆枕——枕头。例如：把豆枕拿阳台晒晒。

疥子——尿布。例如：奶奶上街扯了些布，给孙子做疥子。

胰子——肥皂。例如：好好洗洗你的手，打点胰子。

锅拍子——高粱秸编的圆形锅盖。例如：你拿个大点里锅拍子来盖上锅。

转遭儿——周围、逛游。例如：梁山转遭儿有山有水，好好玩玩！

俗语

人人为我，我为人人。

家有一老，犹如一宝。

子不嫌母丑，狗不嫌家贫。

不听老人言，吃亏在眼前。

抬木抬小头，问路问老头。

人老智多，树老根多。

老将出马，一个顶俩。

女大三，抱金砖。

儿孙自有儿孙福，莫为儿孙做远忧。

吃饭先喝汤，老了不受伤。

热带衣裳，饱带干粮。

种瓜得瓜，种豆得豆。

天下无难事，只怕有心人。

人生不读书，活着不如猪。

人多事早完，水大好撑船。

人往高处走，水往低处流。

靠山吃山，靠水吃水。

留得青山在，不怕没柴烧。

宁绕十步远，不走一步险。

一年之计在于春，一朝之计在于晨。

百闻不如一见，百见不如一练。

害人之心不可有，防人之心不可无。

大鱼吃小鱼，小鱼吃虾米，虾米吃汁泥。

天上下雨地下滑，自己跌倒自己爬。

有理走遍天下，无理寸步难行。

若要人不知，除非己莫为。

一朝被蛇咬，十年怕草绳。

笑一笑，十年少；愁一愁，白了头。

日出东海落西山，愁也一天，喜也一天。

遇事不钻牛角尖，人也舒坦，心也舒坦。

家和万事兴。

知足常乐。

谚语

一场春雨一场暖，一场秋雨一场寒，十场秋雨穿上棉。

南风暖，北风寒，东风潮湿，西风干。

清明前后，种瓜种豆。

枣花多主旱，梨花多主涝。

八月十五云遮月，正月十五雪打灯。

过了八月节，夜寒白天热。

立秋天渐凉，处暑谷渐黄。

立秋十八天，寸草结子。

今冬麦盖三层被，来年枕着馒头睡。

八成熟，十成收；十成熟，二成丢。

久晴大雾必阴，久雨大雾必晴。

蚂蚁搬家蛇过道，大雨不久就来到。

黑云接驾，不阴就下。

云低要雨，云高转晴。

急雨易晴，慢雨不开。

雨后生东风，未来雨更凶。

天上钩钩云，地上雨淋淋。

天上扫帚云，三天雨降淋。

天上乌云盖，大雨来得快。

日晕三更雨，月晕午时风。

河里鱼打花，天天有雨下。

蛤蟆哇哇叫，大雨就要到。

腰酸疮疤痒，有雨在半晌。

朝霞不出门，晚霞行千里。

大雾不过三，过三阴雨天。

晴天不见山，下雨三五天。

喜鹊枝头叫，出门晴天报。

歇后语

关公斗李逵——大刀阔斧

张飞找李逵——黑对黑

李逵卖煤炭——黑上加黑

李逵穿针——粗中有细

李逵上阵——身先士卒

梁山的军师——无用（吴用）

好汉上梁山——被逼的

梁山好汉喝酒——大腕

林冲看守草料场——英雄无用武之地

林冲误入白虎堂——有口难辩

林冲到了野猪林——绝处逢生

林教头发配沧州——一路风险

武大郎的身子——不够尺寸

武大郎看戏——人云亦云

武大郎开店——不容大个儿

西门庆请武大郎——没安好心

潘金莲给武松敬酒——别有用心

武松打虎——一举成名

花荣射箭——百发百中

王伦当寨主——不能容人

孙二娘开店——谋财害命

母夜叉撒泼——惹不起

鲁提辖拳打镇关西——打抱不平

时迁照镜子——贼头贼脑

鲁智深出家——无牵无挂

张天师捉妖——拿手好戏

阎王爷贴告示——鬼话连篇

猪八戒照镜子——里外不是人

小庙的神——没见过大香火

寡妇死儿——没指望

哑巴吃扁食——心里有数

哑巴吃黄连——有苦（口）难言

两个哑巴亲嘴——好得没话说

聋子看戏——饱眼福

瞎子点灯——白费蜡

裁缝丢剪子——光剩尺（吃）了
上鞋不用锥子——针（真）管
茶壶里煮饺子——肚里有，嘴里说不出
墙头上的草——风吹两边倒
十冬腊月吃冰冰——里外都凉
十五个吊桶打水——七上八下
茅坑里石头——又臭又硬
头上长疮脚下流脓——坏透了
脱裤子放屁——多此一举
针线穿豆腐——不能提
小葱拌豆腐——一青二白
竹筒倒豆子——一干二净
骑毛驴看唱本——走着瞧
肉包子打狗——有去无回
老虎屁股——摸不得
狗熊掰棒子——掰一个丢一个
黄鼠狼吃天鹅肉——痴心妄想
黄鼠狼给鸡拜年——没安好心
黄鼠狼生老鼠——一窝不如一窝
老鼠过街——人人喊打
老鼠钻到风箱里——两头受气
猫哭老鼠——假慈悲
猪鼻里插葱——装象
屎壳郎搬家——滚蛋
屎壳郎戴花——臭美
老王卖瓜——自卖自夸
八仙过海——各显其能
芝麻开花——节节高

第五节 流行语言

20 世纪 90 年代前后，梁山开始接纳大量流行语。1994—1999 年，流行语主要通过收音机、电视机获得和南下打工和外出学习者带来，逐渐在县境内流行；2000—2013 年，手机、互联网快速发展，网络流行语以信息量大、时代性强、传播面广的优势在梁山流传。

流行语的发展 1994—1999 年，外来语和港台流行语渗入梁山，如卡拉 OK、大哥大、红包、桑拿、老板、打工仔、玩家、的哥、的士、克隆、炒作、作秀、蛮好的、下海、没商量、发烧友、第二职业、生猛、火爆、抢滩、登录、泰坦尼克号等；下岗、再就业、房改等反映社会变革的语言也成为老百姓的口头语。2000—2006 年，县境内流行语主要来自于网络和社会新闻热点两方面。网络的发展使网络语言走入百姓生活，哇噻、酷毙了、帅呆了、新生代、上网、QQ、楼主、博客、恶搞、潜规则、草根文化等网络语言迅速流行。伊拉克战争、反恐、海啸、六方会谈、世界杯等流行语折射了国际热点；入世、WTO、申奥、非典、神舟五号、三峡工程、审计风暴、零关税、取消农业税、社保基金等流行语反映出着中国发展；车市、贺岁片、原生态、新新人类、韩流、小资等流行语映射着时尚潮流。2007—2013 年，县境内网络流行语普及，且呈现出由词汇向语句的发展趋势。流行词汇主要有山寨、雷人、晕、宅、打酱油、土豪、屌丝、高富帅、白富美、男萝莉、女汉子、萌妹子、不差钱、羡慕嫉妒恨、杯具、蜗居、粉丝、坑爹、逆袭、给力、正能量等。流行语句主要有“神马都是浮云！”“元芳，你怎么看？”“你懂得！”“你幸福吗？”“×××，你妈喊你回家吃饭！”“不要迷恋哥，哥只是个传说”“哥吃的不是面，是寂寞”“高端大气上档次、低调奢华有内涵。奔放洋气有深度，简约时尚国际范。低端粗俗甩节操，土鳖矫情无下限。装模作样绿茶婊，外猛内柔女汉子。卖萌嘟嘴剪刀手，忧郁深沉无所谓。狂拽帅气吊炸天，冷艳高贵接地气。时尚亮丽小清新，可爱乡村非主流。”等。2010—2013 年，“凡客体”“咆哮体”“淘宝体”“高铁体”“怨妇体”“撑腰体”“赵本山体”“甄嬛体”等流行语体先后流行。

网络语的形成 1994—2013 年，梁山县流行的网络语言主要有谐音类、英文缩写类、数字缩写类、拼音缩写类和话语缩写类。

谐音类　将汉语词的读音谐音成为另一个词，使表达更自然、更富于趣味。常见词如驴友（旅友，指一起旅行的人）、斑竹（版主，指论坛版块的管理者）、稀饭（喜欢）、酱紫（原来是这样子）、果酱（过奖了）、筒子（同志）、碉堡了（屌爆了，形容某人很厉害）。

英文缩写类　将英文缩写成为首字母或相应的汉语词汇，使表达更简洁、更清晰，常见的有 DIY（英文 do it yourself 的缩写，指自己动手做）、酷（英文 cool，指人很帅）、萝莉（英文 Lolita，指小女孩）、BBS（英文 Bulletin Board System 的缩写，指电子公告板系统，国内统称论坛）等。

数字缩写类　将数字的读音谐音成为现代汉语，加快了交流速度，久而久之固定了下来，成为非常有趣的网络语言，常见的如 88（拜拜，再见）、521（我爱你）、211314（爱你一生一世）、4242（是啊是啊）、9494（就是就是）等。

拼音缩写类　用所缩写词汇拼音的首字母来指代该词，拼音缩写使缩写的的词汇能够快速输入，并使某些具有讽刺意味的词语表达更委婉，常见如 BH（彪悍）、PPMM（漂漂美眉）、BS（鄙视）、BT（变态）等。

话语缩写类　2013 年，“网络成语”在梁山大为流行，采用“话语缩写”的形式将流行语缩减成为“四字成语”来表达特定含义，语言诙谐幽默，含有自嘲成分，典型的有：不明则厉（虽然不明白你在说什么，但是听起来感觉很厉害的样子）、男默女泪（男生看了会沉默，女生看了会流泪）、喜大普奔（喜闻乐见，大快人心，普天同庆，奔走相告）、人艰不拆（人生已经如此艰难，有些事情就不要拆穿了）、累觉不爱（很累，感觉自己不会再爱了）等。

主要流行语　流行语在网络空间流传和现实生活运用中有其特定的用语环境和特殊语义。

屌丝　草根青年男女的自嘲。

小资　“小资产阶级”的简称，原指向往西方思想生活，追求内心体验、物质和精神享受的年轻人。后指都市白领，在社会中有一定的工作能力、经济收入、生活品位、思想水准的人。

草根　源于美国 19 世纪的寻金热。作为流行语，指平民、大众等民间力量。

土豪　泛指有钱人，多形容暴发户。

玩家　泛指在网络游戏中的参与者，也指数码相机、手机等电子产品的使用者。

韩流　指韩国电视剧、电影、音乐等娱乐事物登陆后产生的地区性影响。原意为韩国流，因谐音于“寒流”而简称为韩流。最早出现于围棋界，1994—2005 年，韩国围棋在国际大赛上频频夺冠，被称“韩流”。后被引用到足球、音乐、电视剧、电影等其他领域。

山寨　本义指山中的城寨，被衍生为指由模仿、复制、抄袭而来的假冒产品。如山寨春晚、山寨手机、山寨品牌等。

奇葩　本义指奇特而美丽的花朵，常用来比喻不同寻常的优秀文艺作品或非常出众的人物，为褒义。作为流行语，比喻某人或某事个性十足，不太符合既定社会价值观念，多为中性或贬义。

粉丝　英语 fans 的音译，指崇拜体育、电影明星和专家学者的一类群体。

哇塞　原为流行于台湾的闽南话粗口，作为流行语被用于表示惊叹。

给力　原为北方方言，表示给劲、带劲的意思。日本搞笑动画《西游记：旅程的终点》中文配音版中悟空抱怨：“这就是天竺吗，不给力啊老湿。”使“给力”一词蹿　红。“给力”可理解为有帮助、有作用、给面子。2010 年世界杯期间，“给力”成为热门词汇。

潜水　经常用于网络聊天室、网络专栏和专题讨论，是指只浏览页面，只看帖子而不发表意见，与潜在水下不露头的潜水动作类似，与“灌水”意思相反。

炒作　指为扩大人或事物的影响而通过媒体反复宣传，是一种商业技巧，目的是提高人气、吸引公众注意力，从而获取名气和金钱。

桑拿　指在封闭房间内用蒸气对人体进行理疗的过程。

恶搞　简称EG（“恶搞”汉语拼音首字母）。把完美或者严肃的事物改造为庸俗的东西，通过两者之间强烈反差达到喜剧效果的做法，和无厘头文化十分相似。在周星驰电影的影响下，恶搞文化泛滥。

雷人　本义是云层放电时击倒某人。作为流行语，指出人意料且令人震惊的言论或行为。

无语　本义指没话讲。作为流行语，指看到某人或某事表示不理解、没头绪，或是不愿为此计较、懒得说。

坑爹　原为地方方言，因网络游戏魔兽世界而成为流行语，意指因被欺骗而导致的内心不满和宣泄。

晕　原指头脑发昏、天旋地转的身体状态。作为流行语，用于表示惊叹或无可奈何。

大哥大　移动电话刚刚进入大陆的时候，称作“大哥大”，在20世纪90年代初是身份、地位和财富的象征。

发烧友　即爱好者，指对于某些体育项目、人物、产品、艺术品、信念或流行趋势抱有极度、无法抑制的喜爱与支持的人。

不差钱　指不缺钱，一般是想说明自己买东西有钱给卖家。因2009年央视春节联欢晚会小品《不差钱》而走红。

酷毙了　通常指很有男子汉味道和吸引力，也形容办事沉着冷静，十分厉害。

中国式　源自王海鸰小说《中国式离婚》，后衍生出“中国式××”的说法。2012年，网友提出“中国式过马路”，即“凑够一撮人就可以走了，和红绿灯无关”，使“中国式”用法爆发。

高富帅　形容男性个子高、长得帅同时又有钱，是女性梦想中的择偶对象。

白富美　形容女性皮肤白、长相美同时又有钱，是男性心目中的择偶标准。

新生代　原指地球历史上最新的一个地质时代，后衍生为形容新出生一代。“新生代”给人的印象是年轻的、有锐气的、但往往是缺乏经验、不成熟的。

原生态　指未被雕琢，存在于民间、原始的、散发着乡土气息的表演形态或人物。原生态是大众文化的符号之一，是一种逐渐被遗忘或抛弃的民俗文化。

潜规则　指看不见、未被明文规定，但又被广泛认同、起实际作用、人们必须“遵循”的一种规则。最早出现于娱乐圈，后诸多行业出现关于潜规则的报道。

正能量　与负能量相对，2012年伦敦奥运会圣火传递期间微博上流传的“点燃正能量，引爆小宇宙”使正能量一词家喻户晓。作为流行词汇，被用来指健康乐观、积极向上的动力和情感。

草根文化　具有平民文化的特质，是区别于雅文化、上流文化、传统文化的一种副文化、亚文化。是在大众道德观念、爱好趣味、价值审美变化出现的多元文化的发展趋势下，在民间产生的大众平民文化现象。在一定意义对主流文化形成了补充，使文艺体现出了的“雅俗共赏”的特点，但部分愚昧落后的“草根文化”对主流文化带来了辐射、腐蚀和冲击。

宅男宅女　从日本传入，指整天待在家里、依赖电脑与网络、痴迷于某事物，足不出户的青年人。

第三章 宗教

第一节 佛教

佛教于唐朝时传入梁山，元、明两代较盛。至清朝，县境内有较大寺庙19处。民国时期，梁山县境内有佛教寺庙100余处，有名的有建福寺、月岩寺、莲台寺、法兴寺，有僧侣200余人。中华人民共和国成立后，僧侣离庙还俗，至1954年，全县有僧侣12人，尼姑1人。20世纪50—60年代，一些寺庙改做学校、林场等。20世纪80年代，宗教活动逐步恢复。1998年，梁山镇冯屺口村建立慈光寺，僧侣2人，2007年5月注册登记为正规佛教场所，有住持1人，信众100余人，并注册慈光义工公益团，从事于慈善事业。至2013年，全县共有僧侣3人，佛教信徒1100人。

第二节 道教

县境内的道教为全真派，男女道士皆蓄发，终身不婚，俗称“清居道士”。民国时期，境内道教庙宇甚多，如玉皇庙、三官庙、关帝庙、奶奶庙、三清宫、九女阁、碧霞行宫、财神庙、城隍庙、铁老鸹庙等，土地庙遍及每个村庄。1949年，境内有道教宫观70余座，多建于明清两代，规模较大的有三清宫、邱祖阁、玉皇阁、元阁祠等，有道士20余人。中华人民共和国成立后，道观数量和道士人数锐减。1954年，全县有道教宫观3处，道士3人。1985年，县境内道士先后还俗。20世纪90年代，县境内无道教宫观，无道士在梁山活动。

至2013年，县境内较有名的道教庙宇是位于水泊街道西马庙村西的天齐庙，为县级文物保护单位。但无一处注册道教活动场所，无道教教职人员。

第三节 基督教

清光绪二十二年（1896）基督教传入梁山，在徐集等村发展教徒。光绪二十七年（1901年）在梁山建设第一座教堂。民国九年（1920年）后，相继建立靳口、寿张集、吕屺口、许寺4处传教点，发展教徒300余人。1949年，全县共有教徒1697人。其后，信众渐少，宗教教务活动逐渐中止。1978年后逐渐恢复，教徒多分布于李楼、丁那里、雷黄、葛集、东西李村一带。1984年，全县批准8处基督教活动点，教徒每星期二、五的早晚在本村活动，星期日到活动点活动。古历每月第一个星期日在郓陈乡葛集村召开月灵会。1985年，全县有耶稣教徒2806人，其中男335人，女2471人，活动点22处。

20世纪90年代，农村基督教教徒人数增多。1991年，成立“基督教”三自爱国运动会委员会。1993年，全县批准传教点37处，主要分布在赵堌堆、郓陈、大路口、黑虎庙、小路口等乡镇，信教者5273人，其中教徒2200人，慕道友3073人。1994年，针对传教点不规范、部分讲经人员素质差等问题，对其进行整顿，并逐步加大管理力度，至2000年，基督教传教状况得以好转。2007年，全县第二次宗教活动场所登记，有基督教活动点38个，副牧师1人、长老3人，教徒人数7709人。2008年5月，全县共批准38处基督教活动场所，其中茶庄、前集、大路口、梁庄、郭堂等场所规模较大，周日聚会时每场参会人数所达300人。2012年

5月，县基督教两会（县基督教三自爱国运动委员会、县基督教协会）进行换届选举。2013年，县内共有长老3人，神学生11人，教徒6642人。

第四节 天主教

清光绪五年（1879），天主教始传入梁山境内。德、法等国传教士先后在郑垓、刘集、东姜、前码头等村建起5处教堂和20余处传教点，相继派驻神父24人（其中德国神父11人，法国神父1人，中国神父12人）及23名职员及和名修女前来传教，教徒达6000人。中华人民共和国成立后，天主教徒减少。1965年，全县教徒370人，后宗教活动中止。1978年，天主教的活动开始恢复，有教徒130人，无神父和传教士。1993年，县境内共1420人信奉天主教，其中教徒500人，望友920人。1999年2月，成立天主教爱国小组；2007年，全县第二次宗教活动场所登记，有天主教活动点3个，神父1人、修女2人。2008年5月，县内共有吕屺口、前码头、小路口3处天主教活动场所，信众400余人。其中吕屺口天主教堂教徒较多，影响较大。2011年5月，县内有6名天主教徒参加天主教兖州教区祝圣活动。

第五节 伊斯兰教

县境内信奉伊斯兰教的主要是回族群众，回族群众少（据第六次人口普查统计共216人）且住处分散，宗教活动开展难以集中。1949年，县境内有1处清真寺，阿訇1人，教徒200余人。后清真寺遭破坏，宗教活动中止。1984年，成立“伊斯兰教协会”，恢复了正常的宗教活动。1993年，全县信伊斯兰教者262人。2013年，共有穆斯林群众296人，主要分布在水泊街道后集村和馆驿镇王府集村，没有清真寺和阿訇，穆斯林群众的宗教活动主要是在家中进行，重大仪式请外地的阿訇主持。

梁山縣志

LIANG SHAN XIAN ZHI

1994—2013

第二十六篇

DI ER SHI LIU PIAN

乡镇名村

1994年，全县设有乡镇24个，其中，建制镇4个，乡20个；2000年，乡镇合并后全县设乡镇14个，其中，建制镇9个，乡5个。其后，经乡建镇、镇合并、设街道、开发区等调整，至2013年，全县设有建制镇10个，乡2个、街道2个、经济开发区1个。

在梁山这片古老的土地上，历经岁月沧桑，形成一些历史文化名村；中国历史文化传统和社会主义现代化建设的融合，涌现一批经济特色乡、专业发展村，使梁山更富名气与活力。

第一章 乡镇

第一节 拳铺镇

拳铺镇位于梁山县城南部，地处济宁、菏泽两市和梁山、郓城、嘉祥三县交汇处，镇驻地距梁山县城19公里。南与嘉祥县梁宝寺镇为邻，北接韩岗镇，东连韩垓镇，西与郓城接壤，辖区总面积145平方公里，总人口110994人。境内为黄泛冲积平原，大部分地势平坦，有高地微型地貌，海拔4041.8米，海拔最高点为垄岗高地（即金线岭）。境内主要河流有京杭运河、郓城新河、琉璃河、湖外流畅河和林庄干沟，总长度41.67公里，流域面积242平方公里。境内年平均气温13.5℃，降水量601毫米。

全镇有农业耕地10余万亩，以小麦、玉米、棉花种植为主；2008年，开始大户承包，土地流转，至2013年，土地流转面积2.7万亩，农业合作社47家。工业发展起始于20世纪90年代后期，2000年，启动拳铺工业园区建设，规模逐步扩大，初步形成以专用汽车及配件产业为主导，以物流商贸、医药化工、纺织服装、农副产品加工等产业为辅助的多元化产业发展格局。2013年工业总产值139.5亿元，拥有工业企业256家，从业人员12098人。商贸业拥有商业网点163个，城乡集贸市场10个，年成交额6亿元。全镇道路交通通信设施完备，道路硬化实行了村村通、户户通，通信网络实现现代化。2013年，全镇人均收入11400元，住房以砖房、楼房为主，轿车、摩托车、电动车逐渐取代自行车。

2013年，全镇初级中学3处，56个教学班，在校生3420人；小学28处，220个教学班，在校生8300人；在职在编教师528人，其中，中学教师236人，小学教师292人。拥有镇文化站1处，村级文化活动中心124处，各类文化专业户45户，各类图书室135个，藏书60余万册，音乐、美术、书法、摄影及文学业余创作队伍90人。中心卫生院2处，床位110张，专业卫生人员520名，其中，执业医师72人，执业助理医师75人，注册护士32人；村卫生室76个。新农合参合率达到100%，新农保参保率80%。

拳铺镇为著名的挂车之乡。挂车产业起步于20世纪90年代初，20世纪90年代末，政府适时引导挂车制造业产业化、规模化、集约化、规范化、法治化发展，东岳、通亚等挂车企业脱颖而出，成为梁山挂车产业的龙头。2002年，东岳公司重组湖南长沙汽车改装厂，华宇公司兼并湖北大沙机械厂，两家企业进入国家经贸委汽车产业目录公告。拳铺镇挂车产业的兴起，带动车轿、钢圈、轮胎、板簧、螺丝、螺母等挂车配件、零部件产业迅速发展，梁山县形成挂车产业集群，被领导、专家称为“梁山现象”“拳铺模式”。2005 年，拳铺专用汽车制造及零部件生产厂家发展至 50 家，生产全挂车、半挂车、厢式车、自卸车、消防车等 10 大系列、100 多个品种产品，专用汽车产量占全国三分之一、全省二分之一，实现销售收入 20 亿元，创利税 2 亿元；中集集团车辆公司和梁山东岳挂车制造有限公司创立合资企业——中集东岳；同年 7 月，中国汽车工业协会授予梁山县“中国挂车（专用车）生产基地”称号；同年 9 月，梁山县举办“首届中国（梁山）专用汽车展销会”，并举行“中国挂车之乡”命名仪式。至 2013 年，有中集东岳、通亚汽车、水泊焊割等企业为龙头的专用汽车及配件生产企业 256 家，纳入国家工信部公告目录管理 18 家，可生产 10 大系列 200 余个品种的专用汽车产品，拥有山东省著名商标 5 个，山东名牌产品 6 个。

拳铺镇成为全县重要工业区和新兴城镇，2007 年，拳铺镇被省政府命名为“特色产业镇”；2008 年 5 月，拳铺镇被市委、市政府确定为新型乡镇建设试点镇；2012 年 8 月，拳铺镇被省政府首批公布为全省“百镇建设示范行动”示范镇；同年，被中国汽车工业协会命名为“中国专用车产业基地”。还被命名为“市级文明镇”“全市经济强乡镇”“全省环境优美乡镇”。

第二节 韩垓镇

韩垓镇位于梁山县东南部，地处梁山、嘉祥、汶上三县交界处，东临汶上县，南接嘉祥县，西临拳铺镇，北依韩岗镇，镇驻地距县城 27 公里。辖区东西最大距离 9.06 公里，南北最大距离 10.44 公里，总面积 66 平方公里，总人口 59777 人。境内为黄河冲积平原，地势平坦、土地肥沃，地势略为西高东低、北高南低，平均海拔 40.84 米，最高点位于李垓村 42.30 米，最低点位于石钟楼村 37.71 米。境内属淮河流域，京杭运河水系，京杭运河由北而南，从东马垓村入境，侯庄村出境，境内河道长 10 公里。年均气温 13.6℃，年均降雨量 586 毫米。

全镇有农业耕地 7.3 万亩，人均 1.19 亩；以小麦、玉米、大豆、棉花、蔬菜等传统农作物种植为主。2013 年，粮食产量 59765 吨，人均 1060 公斤，其中，小麦 32722 吨，玉米 24382 吨；棉花种植面积 5355 亩，产量 516 吨；蔬菜种植面积 26975 亩，产量 9.53 万吨；农业总产值 5.6 亿元。注重发展农业特色产业，至 2013 年，油坊千亩绿色无公害蔬菜基地种植面积 6000 余亩，开河南村玫瑰基地发展为千亩玫瑰种植园，各类绿化苗木基地 2000 余亩。工业发展始于 2000 年，以新型建材业为主，建有大型玻璃批发市场，一度为鲁西南地区最大玻璃集散地。至 2013 年，以济宁兴华钢构公司、普凯瑞高分子材料（山东）公司、济宁赛德丽节能科技公司等企业为支撑的新型建材行业成为该镇支柱产业，初步形成以新型建材、玻璃生产批发、红木家具、服装加工、机械制造、建筑材料、商贸物流多业并举的产业发展格局。2013 年，全镇民营业户 118 家，其中规模以上企业 9 家，交易额突破 5 亿元。商贸业有农村集贸市场 7 个，商业、服务业个体户 646 户，从业人员 2700 余人，商业网点年成交额 9 亿元。全镇道路交通通信设施完备，道路硬化实现村村通、户户通，固定电话用户 1.2 万户，移动电话用户 4.7 万户，互联网用户 0.8 万户。

2013 年，全镇初中 1 处，在校学生 1600 人，专任教师 115 人；小学 11 处，在校学生 3516 人，专任教师 247 人；公办幼儿园 1 处，在园幼儿 2084 名，专任教师 110 人。文化站、广播站各 1 处，村级文化活动中心 48 处，数字有线电视用户 8100 户，入户率 54%。乡镇卫生院 1 处，床位 30 张，专业卫生人员 35 名，其中，执业医师13人，执业助理医师12人，注册护士8人；村级卫生室36个。参加新型农村养老保险2.9万人，参保率99.8%。农村最低生活保障户数1174户，人数1988人，支出286.8万元。国家抚恤、补贴各类优抚对象104人，抚恤事业费支出64万元。

第三节 韩岗镇

韩岗镇位于梁山县东南部，东部与汶上县郭楼镇、寅寺镇接壤，西部和北部与馆驿镇为邻，南接韩垓镇，西南连拳铺镇，镇驻地距县城19公里。境域东西最大距离13.5公里，南北最大距离15.3公里，总面积98.6平方公里，总人口65056人。境内大部属黄河冲积平原，北半部属东平湖库区，境内地势平坦，土壤肥沃，土壤为潮土，土多沙，有部分黏性土。境内主要有济梁运河、时庄干沟、彭庄干沟、侯庄干沟和湖东排涝河5条河流流经。年平均气温13.4℃，年均降雨量582.9毫米。韩岗镇东北部邻近汶上县阳城煤矿，镇域东北部为压煤区，煤炭资源较为丰富。

全镇有耕地面积7.12万亩，粮食作物播种面积15万亩，主要种植小麦、玉米以及谷子、绿豆、高粱、大豆等杂粮；经济作物播种面积3万亩，主要种植山药、地瓜、花生、芝麻、西瓜、圆葱、白菜、韭菜，以及藕、桑、药材等。通过实施黄淮海农业综合开发项目建设，农田基础设施基本配套，农田林网基本形成，兴建了蔬菜种植、良种繁育、食用菌栽培、5.6万亩林网等六大特色农业基地。2013年，粮食总产7.3万吨，平均亩产490公斤，农业总产值5.74亿元，肉、蛋、奶产量1.58万吨，水产品总产量2038吨。全镇工业以挂车生产、纺织刺绣、面粉加工、火机制造等为主导产业，至2013年，建成纺织挂车产业园、汶梁煤炭生态工业园，有民营企业82家，其中规模以上民营企业21家；全镇实现规模以上工业总产值12.05亿元，规模工业销售收入11.8亿元，实现利税1.53亿元，利润9443万元，工业投资13.6亿元，技改投资6.25亿元，完成地方财政收入1609万元。镇境内高速公路、干线公路与县乡公路纵横交织，县乡路有双韩路、韩袁路、开屯路、许馆路等，并有袁口至梁山、油坊至梁山、草庙至梁山3路20辆城乡客车运行；有35千伏变电站1座，邮电支局2处，固定电话用户6000户，移动电话用户1.8万户，互联网用户0.12万户。

2013年，全镇初中1处，在校学生627人，专职教师56人；小学16处，在校学生3470人，专任教师286人；幼儿园11处，在园幼儿1450人，专任教师42人。中心卫生院1处，床位60张，卫生人员70名，其中，执业医师22人，执业助理医师6人，注册护士20人；村卫生室42个。参加新型农村养老保险2.61万人，新型农村合作医疗参保率98.45%。全镇农村最低生活保障户数1172户，人数2459人，支出349.5276万元，月人均118.45元；国家抚恤、补助各类优抚对象96人，抚恤事业费支出49万元。

第四节 馆驿镇

馆驿镇位于梁山县东部，南连韩岗镇，北与小安山镇为邻，东与汶上县郭楼镇接壤，西邻京杭运河。镇驻地距梁山县城10公里。境域总面积96平方公里，其中陆地面积88.32平方公里，占92%；水域面积7.68平方公里，占8%。辖区总人口55311人。境内全部为黄河冲积平原，地势南高北低，地貌平坦，地面高度在海拔33～44.26米，最高点高庄村海拔44.26米，最低点小营村（辛庄）海拔33米。南水北调东线工程纵贯南北，过境河道长度11.6公里。历年平均气温12.8℃。

全镇有耕地面积79913亩，人均1.6亩；

农业以种植小麦、玉米、蔬菜为主。2007年，建立占地5000亩无公害大棚蔬菜生产基地，是济宁市唯一一家2008年奥运会供菜单位；2008年，建立占地1000多亩、日产鲜菇30吨食用菌工厂化生产示范基地，为全省十大食用菌生产区之一；2010年，建立国家级鲁西黄牛保种繁育基地，发展畜牧龙头企业3处，建养殖区11处，成为全国鲁西黄牛和小尾寒羊饲养繁育基地；2011年，经济规模专业村发展至12个；2013年，速生林发展至1.22万亩，森林覆盖率27%，林木积蓄量14.64万立方米。工业逐步建成挂车制造、纺织、食品加工、服装、建材、木器加工等项目，2013年，有工业企业16家，职工1820人，实现工业增加值1.5亿元。商贸业有农村集贸市场6个，商业网点20个，从业人员1206人，社会商品零售总额6亿元。境内有省道蒙馆路通过，全镇建乡村路312条，总长860公里，实现了村村通柏油路；客运站日发客运汽车36班次，日均客容量720余人次。供电站1处，邮电支局1处，固定电话用户0.51万户，移动电话用户3.1万户，互联网用户0.09万户；深水井8眼，年供水量2.65万立方米，实现村村通自来水；冰箱、洗衣机、空调、电脑等成为普通家用电器，电动车、摩托车、面包车、轿车走进普通家庭。

2013年，全镇初中2处，在校学生2100人，专任教师150人；小学17处，在校学生3400人，专任教师170人。文化站、有线广播电视管理站各1处，村级文化活动中心47处，文化专业户3户，图书室15个，藏书5万余册，有文学创作、书法、音乐、美术、摄影等文艺人才176人；县级以上文物保护单位4处；数字有线电视用户6800户，入户率64.64%。拥有镇卫生院1处，床位114张，专业卫生人员203名，其中执业医师10人，执业助理医师24人，注册护士28人；村级卫生室24个。新型农村合作医疗参保率100%，适龄人群新型养老保险参保率100%。

馆驿镇先后被评为“省级文明乡镇”“山东省食用菌行业十大主产基地乡镇”；被首届全国食用菌工厂化高层研讨会组委会定为“梁山县馆驿镇现代食用菌产业园工厂化生产示范区”。

第五节　小安山镇

小安山镇位于梁山县东北部，地处东平湖滞洪区，北靠东平湖，东北与泰安市东平县接壤，西靠京杭大运河，南与馆驿镇为邻。镇驻地距县城6公里，境域总面积96.7平方公里，其中，山地14.12平方公里，占14.6%；陆地51.26平方公里，占50.01%；水域31.32平方公里，占32.39%。总人口5.35万人。境内除有小安山山体外，其余为黄河冲积平原，地势西高东低，南高北低，地面高度平均海拔45～48米，最高点为小安山东南部的顶峰157.4米，最低点为张官屯村东北部35.7米。年平均气温13.6℃。

全镇有耕地面积10.1万亩，人均1.85亩，以种植小麦、玉米、棉花、蔬菜为主，其中，小麦9.7万亩，玉米8.7万亩，大豆1万亩，棉花710亩，蔬菜5000亩。发展规模畜牧养殖和水产养殖，逐步形成以安山牧业（省级科技示范企业）和金合种禽（市级科技示范企业）为主，家庭散养为辅的畜牧养殖发展格局；先后建成万亩无公害渔业养殖基地和百忍庄、鹅鸭场、老王庄、四柳树、冯庄等水产养殖专业村；2013年，全镇存栏牛4560头，生猪46800头，羊31890只，蛋鸡528700只，年出栏鸭子270万只，年总销售收入1.28亿元，纯收入1800万元；拥有养殖水面14800亩，亩产1000公斤，亩效益1万余元。农田林网和速生林建设规模和标准居全县前列，利用山、沟渠、滩涂地发展成方连片速生林3.6万亩，森林覆盖率35.3%，林木蓄积量21.6万立方米。工业产业主要以蔬菜食品加工、粮食收储加工、奶牛、肉鸡养殖及加工、建筑材料生产为主，其中安达水泥、安山砼业、安山牧业、三安农业科技、宇泉生物科技、金合种禽等为全镇的支柱企业；2013 年，全镇拥有工业企业 32 家，职工 1967 人，实现工业生产总值 11.74 亿元，工业增加值 5.51 亿元。农村集贸市场 3 个，年成交额 3.96 亿元；2000 平方米以上的大型商场 2 家，商业网点 86 个，职工 1257 人，社会商品零售总额达 12.3 亿元。全镇乡村公路 35 条，总长度 95 公里，实现了村村通公路；境内有 220 国道、省道 250 线等 2 条干线公路交汇，南水北调主干线穿越全境并建成通水。灌溉用机井 1537 眼，饮用深水井 18 眼，年供水 5 万立方米，实现村村通自来水。农民人均纯收入 10365 元。

2013 年，全镇初中 1 处，在校学生 1295 人；小学 17 处，其中完小 9 处，教学点 8 处，在校学生 3730 人；幼儿园 12 处，在园幼儿 1700 人；共有专任教师 258 人。文化站、广播站各 1 处，村级文化活动中心 33 处，文化专业户 42 户，图书室 37 个，藏书 9600 余册，音乐、美术、书法、摄影及文学业余创作队伍 57 人；数字有线电视用户 3423 户，入户率 22.2%；省、市、县级文物保护单位 3 处，其中，青堌堆为国家级文物保护单位。乡镇卫生院 1 处，民办医院 1 处，床位共 35 张，专业卫生人员 40 名，其中执业医师 5 人，执业助理医师 4 人，注册护士 11 人；村级卫生室及其他诊所 41 处。新型农村合作医疗参保人数 46074 人，新型农村养老保险参保人员 23601 人。低保户 637 户，发放专项资金 700 余万元；五保户 40 户，发放专项资金 13.2 万元。

第六节 寿张集镇

寿张集镇位于梁山县城西北部，镇驻地距县城 7 公里，东依京杭大运河，西临京九铁路梁山站，北靠大路口乡，东南与县城接壤。境内金码河横贯东西，省道蒙馆路贯穿南北，镇域面积 42 平方公里，总人口 3.65 万人。以黄河冲积平原为主，地面高程一般为 36.6 米，最高点海拔 41.9 米，最低点海拔 32.8 米。境内土壤肥厚，水源充沛，年平均气温 13.6℃。矿产资源以煤炭为主。

全镇有耕地面积 4 万亩，人均 1.14 亩，以种植小麦、玉米为主，年生产粮食 3.6 万吨，人均 1005 公斤，其中小麦 2.7 万吨，玉米 0.9 万吨。注重发展特色农业产业，初步形成酒曲产业、板皮加工、肉牛养殖、奶牛养殖、狐狸养殖、肉鸭养殖、肉鸡养殖、蛋鸡养殖、大棚蔬菜种植等 9 个产业化专业村，至 2013 年，共发展规模养殖专业合作社 12 个，规模户 13 户，存栏量 40 万只，年销售收入 4700 万元，位居全县乡镇之首。工业发展起步于 20 世纪 90 年代，突出发展酒曲产业，先后建设梁山酒曲产业园、农机制造产业园、木器加工产业园和铁水联运物流产业园，形成以酒曲、农机、木器加工、物流为主的产业格局。至 2013 年，全镇规模以上企业 7 个，年产酒曲、酶制剂 20 万吨，农机配件 360 万件，板皮 80 万立方米，高中低档木器 280 万件，实现工业销售产值 15 亿元。农村集贸市场 3 处，商业、服务业个体户 826 人，从业人员 2500 余人，商业网点年成交额 2.1 亿元。干线公路蒙馆路、县乡公路黄兴路贯穿南北，硬化道路实现了村村通，对村内小街巷进行了部分硬化。客运站 1 处，邮政支局 1 处，自来水厂 1 处，深水井 9 眼，年供水 6 万立方米，实现了村村通自来水。

2013 年，全镇初级中学 1 处，在校学生 980 人，教职工 78 人；小学 5 处，其中 4 处完全小学，1 处教学点，在校学生 2663 人，教职工 98 人；幼儿园 10 处，其中公办幼儿园 6 处，在园幼儿 1500 人，专任教师 52 人。文化站 1 处，秧歌队 8 个，文化活动中心 18 处，农家书屋 18 处，藏书 5 万余册；数字电视用户 2000

户，入户率25%。全镇有乡镇卫生院1处，专业卫生人员168名，其中职业医师10人，职业助理医师25人，注册护士27人；村级卫生室和其他诊所20处。参加新型农村养老保险19.97万人，参保率89%，新型农村合作医疗参合率99.2%。农村最低生活保障715户，1243人，支出164.4万元；国家抚恤、补贴各类优抚对象98人，抚恤事业费支出45万元；慈善分会1个，全年接受社会捐款3万元；敬老院1家，床位70张，收养农村五保人员45人。

寿张集镇为全国最大的制曲基地，有酒曲之乡之称。1979年，寿张集镇徐坊村成立全省第一家专业制曲厂，并逐渐发展成为集生产、科研、销售为一体的山东梁山徐坊大曲有限公司。2000年，寿张集镇以酒曲产业为主导，走"曲香酒醇"特色产业发展之路，继承传统工艺精华，引进先进生产技术，创造出多功能曲、窖泥功能菌、酱香型与芝麻香型酶制剂、酯化酶、成品窖泥、生香酵母等高新生物产品，生产出徐坊、梁山人、中国红、将军渡、徐家老店、第一把交椅等系列白酒品牌。2010年，寿张集镇大力推进酒曲产业的规模发展，规划建设占地1200亩的梁山酒曲文化产业园，园区承载徐曙生物、徐坊大曲、良友生物、徐旭酒曲、徐氏生物等35家酒曲企业。同时，积极推进酒曲产业与外地知名酒厂联合，成功招引江苏洋河集团、山东大学生命科学院和科研机构等到寿张集镇合资办厂，四川泸州老窖、孔府家酒、兰陵、景芝等知名酒厂均与寿张集酒曲企业长期合作。至2013年，全镇拥有白酒生产许可证企业3家，制曲企业8家，规模以上酿酒制曲企业26家，其他企业及制曲专业户168家，从业人员4000余人，年产酒曲及酶制剂12万吨，产值超6亿元，曲类产品销往全国20多个省市自治区，占全国销量的60%以上，酶制剂产销量占全国的65%，酒曲产业税收占地方财政税收的60%以上。

寿张集镇被济宁市授予"特色产业乡镇"称号，并连续多年被县委、县政府评为"发展民营经济先进乡镇""招商引资工作先进乡镇"。

第七节 大路口乡

大路口乡位于梁山县西北部，东邻京杭大运河，西靠宋金河古道，北临黄河，南与寿张集镇接壤，乡驻地距梁山县城10公里。全乡总面积43.67平方公里，总人口35026人。境内为黄河冲积平原，地势低洼，土质淤沙混合。年平均气温13.6℃。

全乡有耕地面积3.7万亩，人均1.09亩，以种植小麦、玉米、蔬菜、特色地瓜为主；粮食作物播种面积7.25万亩，经济作物播种面积2.2万亩，建有水泊薯业甘薯繁育基地，种植特色甘薯1000余亩；粮食总产3.55万吨，平均亩产392公斤；肉、蛋、奶产量1.01万吨，水产品总产量580吨，林木覆盖率26.3%，农业总产值4.78亿元。实施国家新增千亿斤粮食增产项目和省级基本农田整理项目，形成"田成方、林成网，路相通、渠相连，旱能浇、涝能排"的农业生产格局。全乡工业主要有以木材深加工为主导的板材加工产业，以圣德棉业、元盛纺织为龙头的纺织产业，以大桥涂料、久源生物、鹏远生物为龙头的生物化工产业等。2013年，有民营业户480家，工业总产值7.16亿元，实现工业增加值2亿元。有农村集贸市场2个，商业网点83个，职工1213人，社会商品零售总额5.8亿元。乡境内瓦日铁路、干线公路蒙馆路横贯东西，县乡路黄兴路贯穿南北；乡村道路200余条，实现了村村通公路。有客运站1处，邮政支局1处，代办所30处，电信企业1家，固定电话用户2800户，移动电话用户0.9万户，互联网用户2000户。

2013年，全乡初级中学1处，在校学生680人，专任教师49人；小学7处，在校学生2452人，专任教师88人；幼儿园5处，在园幼儿700人，专任教师37人。文化站1处，村级文化活动中心44处，各类文化专业户16户，各类图书室20个，藏书21万册，秧歌、高跷、枣梆剧团、书法、摄影及文学业余创作队伍84人，市级文物保护单位2处。乡镇卫生院1处，专业卫生人员107名，其中职业医师8人，执业助理医师2人，注册护士9人；村级卫生室和其他诊所31处。农村最低生活保障户数716户，人数896人，支出79万元，月人均75元；国家抚恤、补助各类优抚对象15人，抚恤事业费支出15万元；敬老院1家，床位74张，收养农村五保人员74人；参加新型农村养老保险1.6万人，参保率90%；新型农村合作医疗参合率达99.4%。

第八节 小路口镇

小路口镇位于梁山县西北部，地处两省（山东、河南）三县（梁山、东平、台前）交界处，东与大路口乡相连，西与赵堌堆乡为邻，南与黑虎庙镇、杨营镇接壤，北与台前县打渔陈乡隔黄河相望，镇驻地距县城24公里。镇域东西最大距离11公里，南北最大距离13.2公里，总面积69.72平方公里，辖区总人口53173人。境内大部为黄河冲积平原，地势西高东低、北高南低，地面高程一般在海拔37～45米；黄河沿境北自西向东流过，域内流经里程15公里，是梁山县黄河流经里程最长的乡镇，也是唯一同时具有黄河自流灌区、黄河滩区、东平湖区三种不同地形的乡镇。

全镇农业以粮、棉及蔬菜种植为主，粮食作物以小麦、玉米种植为主，养殖以猪、羊及家禽为主，黄河滩区西瓜、食用菌、花木等优质产品享有盛名。2013年，粮食播种面积10.6万亩，生产粮食5.2万吨，其中小麦2.6万吨，玉米2.6万吨；棉花播种面积 0.1万亩，产量0.1万吨；蔬菜种植面积1.17万亩，产量2.9万吨，其中，食用菌栽培面积750亩，菌菇产量达50万公斤；畜禽养殖大牲畜存栏量1260头，生猪存栏16800头，羊存栏6200只，家禽饲养量22万羽，水产养殖甲鱼产量20吨，鲤鱼产量100吨。全镇拥有工业企业70家，从业人员2080人，其中，规模以上企业5家，大型龙头企业3家，木材深加工企业1家，小型板皮加工厂33家，木材打渣厂2家；工业主营业务收入30699万元，工业利润3918万元，实现工业利税5715万元。城乡集贸市场7个，年成交额6亿元；商业、服务业个体户442户，从业人员1050人，社会商品零售总额12.8亿元。境内有省道蒙馆路、县乡路张杨路等多条公路交汇，村庄之间道路及村内道路基本硬化完毕，至2013年，镇内公路里程136公里。农民年人均纯收入9263元，人均住房面积35平方米，自行车、摩托车、电动车普及，家用轿车开始走入农家。

2013年，全镇初中1处，在校学生1323人；小学10处，在校学生4450人；幼儿园11处，在园幼儿1270人，专任教师77人。文化站1处，村级文化活动中心56处，图书室32个，藏书8万册，民间文艺表演队伍70支，培养文艺人才120余人；数字电视用户1680户，入户率13.7%。乡镇卫生院1处，病床位53张，专业卫生人员46名，其中执业医师16人，执业助理医师8人，注册护士11人；村卫生室29处。新型农村合作医疗参保率98%；参加新型农村养老保险2.4万人。国家抚恤、补助各类优抚对象78人；农村最低生活保障户数1297户，2293人，月人均131元；敬老院1处，入院老人156人，集中供养率84%。

第九节 赵堌堆乡

赵堌堆乡位于梁山县西北端，地处黄河东南岸，西北与河南省台前县隔黄河相望，东与小路口镇接壤，南与黑虎庙镇为邻，乡驻地距县城25公里。乡域总面积41.69平方公里，其中陆地38.59平方公里，占92.56%；水域3.1平方公里，占7.44%；总人口3.07万人。境域黄河沿西北边境穿过，过境河道长11.2公里。境内除有部分残丘外，其余为黄河冲积平原，从黄河向东逐渐降低，地面高程一般在海拔30～40米。年平均气温13.6℃。

全乡耕地面积2.9万亩，人均0.97亩，以种植小麦、玉米为主。2013年，生产粮食2.6万吨，其中小麦1.4万吨，玉米1.2万吨；花生、西瓜、大蒜等高价值经济作物面积共计1.8万亩。速生林种植、银耳种植及黄河滩西瓜种植为特色产业，银耳养殖成规模化发展，以联民、诚信食用菌合作社为龙头，辐射带动10余个村庄进行食用菌种植；利用黄河滩涂地发展连片速生林1.7万亩，森林覆盖率46%，林木蓄积量20万立方米，速生林及农田林网建设规模和标准居全县前列。工业发展始于20世纪90年代初，宁阳郭村村民开办第一个板材加工厂，以木材加工为主的企业迅速发展。至2013年，全乡板皮加工厂580余家，大型板皮加工企业6家，从速生林种植、运输到板皮加工、下脚料处理，形成了完整产业链，带动从业人员近万人；民营业户580家，其中私营企业34家（含规模以上企业10家）；规模以上工业企业完成销售收入7.2亿元。农村集贸市场2个，商业、服务业个体户372户，从业人员960人，商业网点年成交额7.8亿元。京九铁路穿境而过，省级蒙馆路、德商路在此交汇，将军渡浮桥、京九浮桥连通黄河两岸，日均车流量近千辆，为区域性黄河交通枢纽；全乡建设乡村道路52条，总长度126.2公里，实现了村村通公路；有客运站1处，日发客运汽车40班次；深水井6眼，年供水8万立方米，除滩区外各村均通了自来水。

2013年，全乡初级中学1处，在校学生636人；小学5处，在校学生1867名；幼儿园5处，在园幼儿1416名；教职工共160人，其中专任教师152人。有乡文化站、广播站各1处，村级文化活动中心30处；数字有线电视用户1267户，入户率15%。乡镇卫生院1处，床位86张，专业卫生人员102名，其中执业医师3人，执业助理医师7人，注册护士5人；村卫生室及其他诊所22个。参加新型农村养老保险1.08万人，参保率85%；新型农村合作医疗参保率98%。农村最低生活保障户数526户，人数822人，支出112万元；国家抚恤、补贴各类优抚对象46人，抚恤事业费支出32.1万元；敬老院1家，床位84张，收养农村五保户人员64人。

赵堌堆乡地处黄河滩区，20世纪90年代起，该乡开展植树造林、固本防沙，形成一定规模的防护林。2000年后，围绕“黄河生态经济”发展定位，利用黄河及滩区沙性土壤为优势，大搞特色种植，逐步形成“黄河生态之乡”。2010年，赵堌堆乡创新发展思路，将黄河滩区西瓜列为重点项目，通过土地流转、引进新品种、推广新技术等方式，逐步走上规模化种植、无公害栽培、标准化管理的新型农业产业道路，至2013年，形成范那里、钟那里、西刘、贾庄等8个西瓜种植专业村，种植丰收3号、兴农3号、新农8号、黑美、黑旋风、章优王子等10个品种，面积3000多亩，年产量1万吨，特别是黄河滩区优质的沙质土壤、充足的光照条件和充沛的黄河水源，使西瓜具有个大、味甜、沙瓤的特点，成为有名的黄河西瓜，畅销济南、青岛等地。同时，进一步加大黄河沿岸生态建设，并依托黄河过境11.3公里优势，发展沿黄观光游、林业生态游，打造黄河生态旅游区，先后引进济宁黄河风旅游开发有限公司，建设旅游码头、停车场和观光区主干道2000米，设置大型旅游引导标识牌3处，购进旅游船和气垫船。至2013年，建成1.7万亩的速生林基地、万米黄河防浪林带、京九铁路绿色长廊，黄河沙滩变绿林，生态环境显著改善，先后推出“森林之乡——绿色氧吧”“黄河漂流——水上景观”等旅游品牌，并建设“黄河人家”等旅游服务设施，逐步形成“观黄河风光、品黄河鲤鱼、住黄河人家”一日游。有诗赞曰：“绿树成荫黄河岸，西瓜香飘黄河滩；黄河游览惹人醉，黄河生态感苍天。”

第十节 黑虎庙镇

黑虎庙镇位于梁山县城西北部，地处山东、河南两省和梁山、郓城、台前三县交界处，东与杨营镇接壤，西与台前县马楼乡隔黄河相望，南与郓城县黄集镇为邻，北接赵堌堆乡，镇驻地距县城15公里。黄河沿镇域西部过境，由南而北，境内河道长6.3公里。京九铁路、省道德商线贯穿全境。辖区东西最大距离6.1公里，南北最大距离9.6公里，总人口32455人。总面积42平方公里，其中陆地35平方公里，占83%；水域7平方公里，占17%。境内大部为平原，地势略为西高东低、南高北低。

全镇耕地面积4.09万亩，人均1.26亩，以种植小麦、玉米、蔬菜为主。2013年，粮食产量3.68万吨，人均1130公斤，其中小麦1.70万吨，玉米1.89万吨；蔬菜产量2.7万吨；畜牧业以猪、羊、家禽为主，生猪年末存栏1.12万头，羊年末存栏2.52万只；家禽年饲养量203.83万羽。工业发展始于20世纪90年代，主要有农机具配件加工、房屋保温材料、造纸等产业项目；至2013年，全镇工业以钢球制造、板皮加工、淀粉加工、食品冷藏为主，成功打出了“龙跃”钢球、于涛粉条、“于憨子”粉条、“好汉”酱油等知名品牌。中小微企业77家，规模以上企业8家。镇内有集贸市场2处，商贸街3处，商业网点151个，从业人员1672人，社会商品零售总额达7.6亿元。2005年，互联网开始进入寻常百姓家，随后有线电视及数字电视进村入户；2006年，“村村通公路”工程实施，镇域内“四纵七横”主要道路逐步硬化，形成了路相通、村相连的网格化乡村公路格局，18个行政村全部实现了村村通公路，通路里程187公里；2008年，实施村村通自来水工程，全镇自来水普及率100%；2013年，义和社区、西张庄社区、西小吴社区基本建成。

2013年，全镇初级中学1处，在校学生1061人，教职工76人；小学5处，在校学生1800人，专职教师125人；幼儿园7处，在园幼儿1700人，专任教师42人。文化站1处，文化活动团队12个，村级文化活动中心18处，文化专业户10户，图书室28个，藏书10余万册；民间曲艺莲花落、唢呐、秧歌、高跷等民俗表演盛行；市级文物保护单位1处，县级文物保护单位2处。乡镇卫生院1处，床位40张，专业卫生技术人员56人，其中，执业医师29人，执业助理医师8人，注册护士9人；门诊部（所）25处。新型农村养老保险12800人，参保率85%；新型农村合作医疗参保率98%。农村最低生活保障户数389户，人数824人，支出74.1万元，月人均75元；国家抚恤、补助各类优抚对象31人，抚恤事业费支出15.9万元；敬老院1家，床位79张，收养农村五保人员79人。

第十一节 杨营镇

杨营镇位于梁山县境西部，东与梁山城区相接，西与黑虎庙镇接壤，北与寿张集镇、小路口镇交界，南与马营乡及郓城县毗邻，镇驻地距县城13公里。辖区东西最大距离13.5公里，南北最大距离9公里，面积61平方公里，总人口46040人。地势西高东低，地面高程一般在海拔41.6米。历年平均气温13.6℃。

全镇耕地5.55万亩，人均1.2亩，以种植小麦、玉米、大豆、棉花、地瓜、蔬菜为主。2013年，粮食产量5061万吨，其中小麦2213.7万吨，玉米2762.6万吨；以抗虫棉为主的经济作物种植4.2万亩；畜牧业以猪、羊、牛为主，生猪存栏量20963头，牛存栏量16820头，羊存栏量32173只，规模以上养殖户320户，畜牧业总产值8657万元；有六和樱源、强大种鸡、天立畜牧等产业化龙头企业20个，薛阁肉牛、刘庄青山羊两个县级特色村，冯庄奶牛、高庄优质猪等镇级养殖专业村16个，组建农业经济合作组织和种养协会35个。工业发展始于20世纪90年代，至2013年，全镇有村办纺纱厂1处，家庭式粉条作坊51处，糖稀作坊12处，木器加工9处，从业人员610人，固定资产500万元，年产值800万元，利税68万元。有杨营煤矿、中粮国家粮食储备库、万达碳素、三星机械、天润纺织、蓝天制药、水浒轮胎、中联水泥等16个规模以上企业，形成以煤电、轮胎、食品生物、医药化工、涤棉纺织、汽车配件、仓储物流及农副产品精深加工等产业为主导的产业体系。全镇有商业街1条、大型商场4家、大型集贸市场4处、商业网点21个，工商业户2500余户。京九铁路纵贯南北，境内铁路长14公里，梁山火车站设在镇政府驻地附近。境内有省道337、省道254两条公路干线交汇；村村通公路里程达到306公里，位居全县第一。有变电所1处，深水井12眼，年供水64万立方米，自来水普及率达100%。

2013年，杨营镇有初级中学1处，在校学生916人；小学7处，其中完全小学6处、小学教学点1处，在校学生2821人；幼儿园6处，入园幼儿2673人；共有在职教师339人。文化站1处，村级文化活动中心48处，文化广场50个，农家书屋18处，藏书4.2万册，文化团体63个。该镇舞狮历史悠久，素有“武术之乡”之称，全镇共有狮子60余架，董相白、东李庄的舞狮最负盛名，曾多次代表梁山县到外地表演。有乡镇防保站1处，私营医院2处，专业卫生人员84名，其中执业医师11人，执业助理医师24人，注册护士49人；门诊部50个，村卫生室34个。新型农村养老保险3.48万人，参保率91%；新型农村合作医疗参保率达99%。农村最低生活保障户1027户，1739人，支出145万元，月人均110元；农村五保人员110户，110人；国家抚恤、补助各类优抚对象27人，抚恤事业费支出3.5万元。敬老院1所，床位90张，收养农村五保人员80人。

2000年4月，杨营镇被济宁市政府授予“孔孟之乡乡镇之星”称号；2001年4月，被济宁市委、市政府授予“2000年度经济强乡镇”称号；同年7月，被济宁市委授予“先进基层党组织”称号；2013年12月，杨营镇被省政府第二批公布为全省“百镇建设示范行动”示范镇。

第十二节　马营镇

马营镇位于梁山县西部，东邻梁山街道，西南与郓城县接壤，南接拳铺镇，北连杨营镇，镇驻地距梁山县城5公里。辖区东西最大距离10.8公里，南北最大距离8.4公里，总面积52.39平方公里，总人口33286人。境内为黄泛冲积平原，境内地势平坦，为高地微型地貌，平均气温13.3℃，年平均降水量605.9毫米。区内有面积4250亩的梁山泊遗址湿地，其中水面2750亩，渗水区1200亩，进出水口区300亩。

全镇有耕地面积4.6万亩，人均1.4亩，粮食作物以小麦、玉米、大豆为主。2013年，粮食播种面积7.37万亩，总产3.7万吨；瓜果蔬菜种植2.19万亩，总产7.8万吨；棉花4300亩，总产366吨；种植业产值达3.2亿元；林木种植面积1.76万亩，森林覆盖率达到30%，林业产值613万元；大牲畜存栏3132头，猪存栏31600头，羊存栏0.9万只，家禽存栏33.9万只，畜牧业总产值1.4亿元；水产品总量1930吨，渔业产值1422万元；农林牧渔业总产值4.99亿元。工业起步于20世纪90年代，至2013年，全镇民营企业发展到33家，其中规模以上企业5家；全镇规模以上企业收入9.15亿元，利税完成1.4亿元。全镇有城镇集贸市场4个，商业网点93个，职工1028人，社会商品零售总额0.87亿元，外贸出口完成700多万美元，主要产品有服装、棉纺产品、农副产品、稀土新材料、建筑新材料、农机配件等，销往欧洲、美洲、日本、东南亚等地。同时，推出乡村田园风情游、踏青赏花游、采摘游，积极培育农家乐、特色餐饮农庄，不断完善基础设施，大力发展乡村旅游，吸引了大批周边地市的游客。境内有国道220、省道254、省道337等3条公路干线，建设乡村道路50余条，总长120多公里，实现了村村通公路；5路和10路城区公交通往马营镇。有邮政支局1处，电信企业2家，服务网点68个，固定电话用户4733户，电话普及率89%，移动电话用户2万户，互联网用户1200户。

2013年，全镇有初中1处，在校学生630余人，专任教师93人；小学7处，在校学生1600人，专任教师121人；幼儿园11处，其中公办幼儿园5处，在园幼儿600余人，专任教师2人。乡镇文化站1处，村级文化活动中心24处，文化专业户29户，图书室25个，藏书10万余册；有线电视用户3218户，入户率35.5%；数字电视用户2592户，入户率28.6%。乡镇卫生院1处、县精神病专科医院1处（与乡镇卫生院一个机构、两块牌子），专业卫生人员54名，其中执业医师13人，执业助理医师9人，注册护士17人；村级卫生室32个，门诊部1个。参加新型农村养老保险2.1万人，参保率80%；新型农村合作医疗参合率100%。农村最低生活保障户数507户，人数945人，支出71.6万元，月人均63.1元；国家抚恤、补助各类优抚对象41人，抚恤事业费支出26.3万元；敬老院1家，床位72张，收养农村五保人员60人；社区服务设施25个，其中社区服务中心1个。

马营镇素有种植林果瓜菜的传统，薛屯葡萄、杨屯西瓜久负盛名，被称为林果之乡。马营镇立足城郊地域优势，依托环境资源，按照“人无我有、人有我优、一村一品、村村特色”原则，积极引导和扶持群众发展优质生态农业，重点推进有机葡萄、烟台苹果、韩国梨、西瓜等林果种植，林果业逐步发展成为马营镇的优势产业。2007年，薛屯葡萄获国家无公害农产品认证，注册“浒泊”牌商标；同年，韩国梨种植示范基地被认定为省级无公害农产品基地，辛兴屯西瓜基地申报为省级无公害农产品基地；2009年，张飞垓种植的“华山”韩国梨在全国第六届林产品交易会获得金奖；2013年12月，薛屯葡萄获绿色食品认证。全镇林果种植面积达7000余亩，其中，韩国梨种植示范基地5000亩，亩产8000～10000斤，主要品种有圆黄、华山、秋黄、新高等，并以其皮薄、核小、香味浓而深受消费者青睐；葡萄种植1800余亩，亩产6000～8000斤，主要品种有巨峰、京亚、紫珍香、晚红提等；瓜菜种植23300亩，总产8.08万吨；形成薛屯葡萄、辛兴屯西瓜、张飞垓韩国梨等特色专业种植村。同时，马营镇大力推进生态林业建设。2013年，投资120万元，栽植垂柳、法桐等乔木2754棵，樱花、木槿等花灌木3100棵，建成梁五路景观带；投资37万元，植国槐、栾树等乔木96棵，紫叶李、石榴等花灌木158棵，绿化镇政府驻地；投资160余万元，栽植国槐、大叶女贞、柿子、石楠球等绿化苗木19100棵，推进美丽生态乡村建设，大力发展乡村采摘游、农家乐特色游及旅游度假区。

马营镇为省级文明乡镇、山东省特色林果之乡。2009年，被济宁市委、市政府评为平安济宁建设模范乡镇；2010年，被山东省委省政府评为全省信访工作先进单位；同年，被县委、县政府授予综合考核一等奖；2013年，在全县经济发展、社会民生等单项工作考核评比和综合考核中，排名居乡镇、街区第一名，获一等奖。

第十三节 水泊街道

水泊街道位于梁山县城区东部，地处水泊梁山风景区，东接馆驿镇，东南与拳铺镇相邻，西与梁山街道接壤，北临小安山镇，辖区东西最大距离3.75公里，南北最大距离4.2公里，总面积31.76平方公里，总人口10万人。境内大部为山前平原，一般在海拔20～40米，年平均气温13.5℃，年平均降水量601毫米。

水泊街道有耕地22895亩，人均0.23亩，农业以种植小麦、玉米、蔬菜为主。2013年，生产粮食11260万吨，人均1126公斤；蔬菜种植面积576公顷，产量3.6万吨，主要品种有韭菜、辣椒、西红柿、芹菜等;畜牧业以猪、羊、家禽养殖为主，生猪年末存栏2.28万头，羊年末存栏0.70万只；农业总产值2.76亿元，占区域生产总值的12%。全区4家规模以上民营工业企业，实现销售收入6.43亿元，利税6580元，利润4558元；私营企业和个体工商户累计1884户，私营个体经济从业人数3740人。城乡集贸市场3个，年成交额3.5亿元；第三产业主要以旅游服务、物流和餐饮为主，社会商品零售总额达12.8亿元。村村通公路里程58公里；开通1、2、3、5、6路等5条城区公交线路，另设有城乡客车站停靠点;有邮政局1处，代办所2处，邮政业务总量580万元；电信企业2家，服务网点38个，固定电话用户1.7万户，电话普及率98%；移动电话用户2.9万户，互联网用户1.6万户，电信业务收入2900万元。

2013年，水泊街道有小学9处，在校学生3054人，专任教师108人；幼儿园7处，在园幼儿1595人，专任教师132人。街道文化站1处，文化大院7处，村级文化活动中心18处，文化专业户25户，图书室21个，藏书30万册，学校体育场5个，音乐、美术、书法、摄影及文学业余创作队伍48人，庄户剧团、唢呐队、舞狮队、秧歌队等各类文化团队26个。各级医疗卫生机构4个，门诊部（所）39个，床位745张;专业卫生人员397名，其中执业医师175人，执业助理医师368人，注册护士372人。群众公共服务中心1处，新农保和新农合等各类社会保障服务均达到标准。

第十四节 梁山街道

梁山街道位于梁山县城区，东与馆驿镇相邻，西与马营乡和杨营镇接壤，南与拳铺镇接界，北与小安山镇和寿张集镇相连。辖区东西最大距离11.3公里，南北最大距离21.5公里，总面积60平方公里，其中陆地54.85平方公里，占91.42%；水域5.15平方公里，占8.58%；总人口7.41万人。地势西南高，东北低，境内大部分为平原，地面高程一般在海拔30～50米，多年平均气温13.5℃，年平均降水量601毫米。

梁山街道有耕地4.4万亩，人均1.06亩，农业以种植小麦、玉米、棉花、蔬菜为主。2013年，粮食产量4.1万吨，人均931.8公斤，其中小麦2.2万吨，玉米1.9万吨；蔬菜产量2.3万吨，主要品种有白菜、大葱、西红柿等；畜牧业以鲁西黄牛、小尾寒羊、猪、家禽为主，其中鲁西黄牛年末存栏量1792头，小尾寒羊年末存栏量11893头，生猪年末存栏8474头。工业逐步发展为以专用车制造、专用车配件、纺织、化工、机械加工、卫生材料、食品加工等为主的工业体系，2013年，完成工业总产值81亿元，固定资产投资29亿元。拥有金泊园农贸批发市场、水浒商贸城、金马家居城、金马建材市场、姜庄建材市场、林庄二手车市场、凤凰城商业街等多个专业物流商贸市场，商业网点1万余个，职工2.5万人，2013年出口创汇1000万美元，主要产品有天威食品、水浒禽蛋、日照山河牛羊肉等，远销韩国、日本、东南亚和欧美地区。邮政局1处，代办所46处，电信企业2家，固定电话用户1.5万户，电话普及率98%;移动电话用户4.7万户，互联网用户1.8万户。自来水厂1处，有深水井28眼及成套净化设备，年供水3.75万立方米，全街道实现村村通自来水，街区主要道路两侧铺设排水管道8000米，绿化面积3.7万平方米。

2013年，梁山街道有初中2处，在校学生3401人，专任教师170人；小学13处，在校学生3468人，专任教师100人；幼儿园23处，在园幼儿2900余人，专任教师86人。街道文化站1处，村级文化活动中心38处，图书室32个，藏书40万册，音乐、戏曲、书法、武术、舞蹈等业余创作队伍300余人。各级医疗卫生机构34个，门诊部（所）28个，床位320张；专业卫生人员470余名，其中执业医师95人，执业助理医师184人，注册护士198人。参加新型农村养老保险4.4万人，参保率99%；新型农村合作医疗参保率100%。农村最低生活保障户数698户，人数1139人，支出60.03万元，月人均140元，国家抚恤、补助各类优抚对象33人；敬老院1家，入院老人142人，集中供养率81%，年人均供养标准4000元。

2007年5月，济宁市委、市政府授予梁山镇“2006年度经济强乡镇”称号;2008年2月，济宁市绿化委员会、市林业局授予梁山镇“济宁市绿化示范乡镇”称号；2011年4月，济宁市委、市政府授予梁山街道“2010年度经济强乡镇”称号；2013年3月，山东省绿化委员会、省林业厅授予梁山街道“山东省绿化模范镇”称号；同年7月，山东省委、省政府授予梁山街道“全省信访工作先进单位”称号。

第十五节 经济开发区

梁山经济开发区位于梁山县城西部，东连梁山街道，西、北接杨营镇，南与马营镇接壤，公明大道横贯全区东西，辖区总面积12平方公里，总人口9016人。地势西高东低，地面高程一般在海拔41.6米。历年平均气温13.6℃。

全区耕地面积7500亩，人均1.3亩，农业以种植小麦、玉米、大豆、地瓜为主，主要经济作物为棉花、蔬菜。2013年，粮食产量13万吨，其中小麦7.5万吨，玉米5.5万吨，以抗虫棉为主经济作物4000亩；畜牧业以猪、羊、牛、家禽为主，规模以上养殖户7户，大牲畜存栏量3000头，生猪存栏量0.04万头，羊存栏1万只，家禽存栏15万只。境内有农业产业化龙头企业1个（科龙畜牧公司），养殖专业村2个，农业经济合作组织和种养协会12个。工业发展以出版印刷、纺织服装、生物科技、机械加工、畜牧食品加工以及化工及新材料等主导产业，其中，出版印刷产业规划建设占地1500亩、投资12亿元的产业园，金榜苑、天成、新坐标、水浒、金太阳等11家书业公司入园建设并投入运营，初步形成图书编辑、出版印刷、发行物流于一体的文化产业基地，出版印刷产业园先后被命名为全省文化产业重点园区和全省十佳文化产业园区；纺织服装主要有蓝天纺织4万吨新型纤维纱线项目、大和纺织2万纱锭及年产7万米高档家纺胚布等项目，生物科技主要有良福制药、永杨药业等项目，机械加工主要有神力汽车配件、远生农机、宝丰机械等项目，其他有百世达木业、中联建材等。至2013年，规模以上企业有11家，主营业务收入6.4亿元，主营业务收入利润4509万元；全区实现工业总产值29.7亿元，全区商业网点2个，大型集贸市场2处，发展工商业户67户，出口总额600万元；主要产品有汽车配件、纺织产品、拉花创新等工艺品，销往非洲、韩国等地。

经济开发区大力推进基础设施建设，先后开工建设3800米文化西路、3800米迎宾西路、2700米黄兴路升级改造、2100米科技路延伸、3000米万达东路延伸等道路工程，以及樱花路绿化、排水等提档升级工程，至2013年，开发区修建道路13条、总长度50多公里，形成了“六纵七横”道路网络。电力、通讯、天然气、污水处理、供排水、绿化、美化、亮化等基础设施配套建设完善，有变电所1处，深水井27眼，年供水210万立方米，自来水普及率达100%，综合服务功能全面提升。

2013年，全区有小学3处，在校学生1120人，专职教师48人；幼儿园3处，在校学生516人，在编幼师2人。综合文化站1处，村级文化活动中心10处，农家书屋8处，藏书1.3万余册，音乐、美术、书法、摄影及文学业余创作队伍10人，县级物质文化遗产2项，舞狮在开发区盛行，其中孙庄的舞狮最负盛名，曾多次代表梁山县到外地比赛表演；唢呐队3支，秧歌队2支。有线电视入户率75%，位居全县第一名。村卫生室及诊所6处。新型农村合作医疗参保率98%；参加新型农村养老保险3874万人，参保率98%；农村最低生活保障户数160户，人数260人，支出33万元；农村五保人员24户，24人；低保户155户，239人，支出37.5万元；国家抚恤、补助各类优抚对象84人；敬老院1所，床位68张，收养农村五保人员60人。

第二章 名村

第一节 历史文化村

寿张集 始建于元代，因村址系寿张县故城，又为贸易场所，故命名为寿张集。寿张集村历史悠久，系古城池，曾为县驻地。公元386—534年，北魏占据中原，设置州郡，济州东平郡的寿张县，治所在寿张集村。寿张县治自北魏设置于寿张集以后，历经隋、唐、五代、北宋、金、元等朝，未大调整变动，至“明洪武年间（公元1368—1398年），城圮于水，址尚存，即今寿张集”（《东平州志·古迹》）。寿张集现为镇政府所在地，距梁山县城7公里，西邻宋金河，东靠大运河，省道蒙馆路从镇政府门前穿过。

寿张县城迁出寿张集村后，从明、清至民国，寿张集仍为梁山地区政治军事要地，晚清时期的五保团总、民国初年的区部、抗日战争和解放战争时期的根据地均在寿张集村。村四周曾筑有寨墙，设东、西、南、北四大寨门和小南门。村内街道分东西方向和南北方向两大主街，街巷交错，摊位密布。主街两旁设有金货铺（百货）、杂货铺、钱庄、药铺、盐店、铁货铺、货栈、饭馆、客栈、馍房、包子店、文具店、茶馆、剃头铺、牙行、斗行、秤行、线行、猪行、屠行等。村内庙宇众多，有遗迹或已重建的有大隅首的地藏王庙、老东门的土地庙、老西门的城隍庙以及关公庙、关帝庙、阎王庙、观音庙等。至2013年，村民有18姓，多是古代来此贸易的商人后裔。

寿张集村除逢农历三、八为集日外，每年有几次大型古会，包括农历三月初三隅首地藏王庙香火会、四月初八阎王庙香火会、四月二十三观音庙香火会、十月二十三至二十八的“十月会”。古会由会首主办，会首一般由村中王、井两大姓头面人物担任，并设有分行管理人员，负责交易、抽税、敛会费、保卫等事项。古会期间，各地大商大贾，如蒙古的骡马商、山西的寒羊和皮货商、鼓城及辄沟的窑货商、济南与天津的洋庄、济宁泰顺家的铁货铺、苏杭的绸缎商及邻近县境有名气的客商都到会交易。每逢古会都有大戏，另有道情、琴书、莲花落、花鼓、快书等民间曲艺和拉洋片、走大吼、跑马戏、打十番、玩猴、跑象等杂耍。其中，十月会时间最长、规模最大、最为闻名。十月会以牲口交易和皮货交易为主，牲口市设在东门外，会期一天所上牲畜数以万计，品种多为鲁西黄牛，主要卖给天津、济南、青岛洋行的买办；耕牛、毛驴的成交量也很可观；骡马的上市与成交量一般不多。皮货交易设在隅首西南几大客店内，货源是本地及周边地区的山羊皮、绵羊皮、草狐皮，以郓城、曹县的猾子皮最为珍贵，会期成交量千件以上。古会成交的黄牛、骡马和各类皮货通过古运河和黄河分别运往济宁、徐州、济南等地洋行，转销外国商人。土布、花生米等土特产多被济南、济宁等地大糕点商购走。十月会的娱乐项目也比其他古会多，古会期间，村内和附近村庄住户都把远村的老亲少眷请来听戏、逛会，很是热闹。

寿张集村文化较发达，元末明初就有办学的历史。史料记载，清宣统三年（公元1911年）设立学堂；民国十六年（公元1927年）建立占地10余亩的高级学堂；民国十九年（公元1930年）建寿张集高级小学。1935年，国民党政府在寿张集村设乡农学校，配校长1人，政务、教务、军训、庶务主任各1人；募兵在校受训期满后，补入军队；1939年停办。1941年3月，寿张集村成立六年制高级小学；1946年春，成为正规学校。寿张集村中设有戏院子，民国时期井守俊在村里先后创办过三个职业性的山东梆子戏班，其中“长生班”盛极一时，应邀到孔府演出，孔子七十六代孙孔令贻亲笔题赠“长生班”匾额一块，“虎头牌”一对，落款“衍圣公府”。后创办“大井班”“小井班”，外地名角纷至入班，四乡青年踊跃学戏，村内吹拉弹唱、锣鼓声声，摔打蹦跳、昼夜不息。民国十六年（公元1927年），道沟村人赵福田在寿张集村开设县境内最早的西医医院“保爱医院”；民国十八年（公元1929年），毛清连开设“中国西药医院”，第二年，乡人赠匾“济世活人”。民国二十年（公元1931年），贾怀成在徐州基督教医学院毕业后，到寿张集村开办“民生医院”。1949年11月，县政府筹建两处卫生所，其中一处设在寿张集村。

张博士集 始建于元代至元年间，村名芬里集；明正统年间（公元1436—1449年），刘氏刘文敬一支从汶上迁至此地，繁衍生息；明万历二十年（公元1592年），名士张博士倡议成立张博士集，芬里集遂改名为张博士集。张博士集位于梁山县城西北15公里处，北临黄河，东靠运河，村中大街古时为冀州至徐州的官道。1966年，张博士集分为东张博、西张博两个生产大队（后称行政村）。

张博士集村内有刘氏祠堂，亦被称为御基庙，位于村南门，南北大街东侧，坐东朝西，大门悬有“刘氏祠”金字招牌，门两侧卧有两只石狮。祠堂始建于明弘治二年（公元1489年），由四世祖圮公带领修建，建有大殿一座，供奉始祖刘世杰、一世祖刘宁等列祖列宗。十五世祖刘儒公于清道光年间重修，新建暖阁和卧碑，卧碑记述一世祖刘宁夫妇事迹。大殿三间坐东朝西，青瓦施顶，青砖铺地，屋檐上安有吉寿、龙凤、虎头等吻兽。正殿三间带廊，门额挂有“夫妇双清”圣旨匾额。暖阁内正中供奉始世祖杰公、一世祖宁公牌位，二世祖、三世租、四世祖、五世祖牌位分立两旁。大殿前的院内立有宁公兄弟六人石碑。1965年，庙中大殿、暖阁遭到严重破坏。2002年，刘氏祠堂被列为县级文物保护单位。2005年，十八世刘振达、刘振学二人主事后翻修祠堂，重建三个暖阁，重立一世祖石碑和永乐皇帝圣旨碑，并被公布为省级重点文物保护单位。

张博士集曾为县委、县政府驻地。1940年8月，中共鲁西区委决定在阳谷、寿张、郓城、南旺、汶上、东平、东阿等县边区建立昆山试验区，成立中共昆山试验区工委；1941年1月，中共昆山试验区工委改为中共昆山县委，成立昆山县抗日民主政府；昆山试验区工委和昆山县委及抗日民主政府驻地均在张博士集。1949年8月，昆山县改称梁山县，县委、县政府驻地迁至西小吴村，1950年迁至郑垓，1952年春迁至后集村人民中路1号。

后集　始建于宋代，北宋末年，起义军在梁山聚义，于梁山北麓安顿眷属，成为后寨；明初，毛氏建村，多在梁山山后经营店铺，故名店子；明朝永乐年间，马氏、史氏从山西洪洞县迁至此处，成立集市，改名为后集。1952年，县政府驻地迁后集。

后集村位于梁山北麓、县城中部。原为古集市，以盐、茶、粮、布、丝、绸、马等贸易为主。明清时期，商贾云集、店铺林立。村东十字路口，是昔日繁华之地，有茶馆、戏楼、饭店、当铺等，被称为"隅首"。道旁古木参天，马氏家祠、三观庙、玄武庙、沿街老宅拴马石柱、镇宅石狮、寨门等遗迹尚存。清代曾在后集村设置梁山营，负责东阿、东平、寿张、郓城、汶上五县军务，防止匪患，震赫百姓。梁山营占地50余亩，建有营房、府街、演武厅、关帝庙、戏楼等，阅边北至东昌（聊城市），南至曹州（菏泽市），西至范县，东至兖州，属朝廷直辖。梁山营实授官员多为武举出身的旗人榜眼、探花、进士等，也有行伍出身的汉人，战时起用地方名流富绅。清末朝廷对梁山营无暇顾及；宣统年间（公元1909—1911年），每天仅在子、寅、亥时鸣放3声定更炮，对匪患不足震赫。辛亥革命（公元1911年）后，梁山营撤销，兵员遣散，最后一任旗人都司官在当地富绅护送下回京，梁山营结束了200余年的历史使命。

后集村有马氏家祠，为清初顺治年间著名御史马士鲲离开仕途回乡后于康熙年间修建。马氏家祠系清代四合院式建筑，分为正堂、东西厢房和大门；祠堂于清同治四年（公元1865年）进行整修，2002—2006年又先后两次进行整修。家祠附碑刻十通，其中一通为建修碑，立于同治四年（公元1865年），被修于迎门墙中；其余为马氏家族分支谱碑，立于民国十四年（公元1925年），分立于东西厢房。马氏家祠西临后集村民国私塾旧址，相传毛泽东到梁山时曾在此休息。

张坊　始建于明永乐年间，张氏先祖原为南京水西门张家胡同人，为保燕王朱棣征北到此定居，称为张庄；冯氏先祖由山西洪洞县迁此建村，称为冯庄；张姓一大户开设经营豆腐、蒸酒、打油、住宿、吃饭、赶火（用顾客面食加工）的作坊，经营有方，远近闻名，被称为张家坊；因张庄与冯庄相距较近，且村人来往密切，两庄遂合并为张坊。张坊村东邻青龙山，三面由梁山县城环绕，属城中村，先后隶属梁山县城关公社、梁山镇、水泊街道。

张坊村有保存完好的清代建筑张氏家祠，又称"世袭武毅将军张公祠"，于清雍正十年（公元1732年）告竣。祠堂为四合院式建筑，占地770平方米，南北长35米，东西长22米，分前后两院，整体建筑古典文雅，庄严肃穆，为县内保存最完整的古代建筑。进入大门为迎壁碑刻，上书"奉赠前明世袭武毅将军张公祠"和"崇恩荣幽"，后面是十二世祖张泰璠作谨序，记载张氏家族从南京到梁山及二世祖张清、三世祖张义保燕王朱棣征北各个战役的功劳、事迹和封赏，建祠堂续家谱修墓茔等事宜（该碑由亚圣裔谷邑拔贡孟延祀题写，刻于清乾隆十二年孟月）。前院面阔9.92米，进深4.45米，过厅三间，到后院至后堂正房；过厅是接皇王圣旨及举行重大事宜的场所，门上边有御赐金匾，上书"胜国干城"（为翰林杨汝勇书）。后院有正堂和东西厢房，正堂面阔10.45米，进深9.3米，正堂三间，前出厦、飞檐走壁、雕梁画栋，雕刻着人、兽、鸟及花纹，正堂对联左为"源出金陵徙居寿邑卜堂构而依山林子姓蕃盈承旧业"，右为"世分虎符志乐桑田传箕裘课耕读云仍似续崇明礼"（该联由郓邑举人侯勤题）；门上方有御赐的金字匾，上书“世胄缵缨”（为翰林轩辕浩书写）；东西厢房都是三间一口，分列左右的两旁。张氏家祠院内原有20多通贞碑，几经动乱，只保存下来10通（其中谱碑9通），最早的是乾隆十二年孟月石刻谱碑，其后是道光二十三年、光绪五年、民国十四年（公元1922年）、1951年分别4次石刻谱碑，最后刻石碑两通，分别立在正堂前两边。2001年，张坊村张氏家族对张氏家祠进行维修。2009年9月，张氏家祠被梁山县人民政府批为县级文物保护单位；2013年10月，被山东省人民政府批为省级文物保护单位。

孟庄 又名“孟家店”，始建于明洪武年间，地处梁山南麓，虎头峰下，紧靠“梁山泊”。《孟氏祖谱》记载，梁山孟氏始迁祖孟之达，是亚圣孟子五十三代后裔。洪武二年（公元1369年），朝廷下旨选才，选孟之达为督使，率家眷由邹县到梁山就职，不久因振铎劳瘁报国而终。其弟孟之成葬其兄于梁山之阳，虎头峰西南侧；此后，孟之成不忍弃兄茔而去，遂定居梁山。孟氏自迁梁山定居后，遵记耕读俭朴之古训，代有乡贤，层出不穷，成为当地人丁兴旺的大家族之一。《寿张县志》《孟氏祖谱》和孟家林古碑均有记载。孟氏祖茔俗称孟家林，位于村后山前，茔地100余亩，有石砌的林墙，墙内有林河、林桥等，迄今已有六百余年历史，安息着数百名孟氏先人，谱碑联“忆东周看齐鲁振兴儒业，走邹城到梁山万众启迪”。林地原有老柏树数百棵，最粗的三四人不能合抱，其中的龙爪柏、柏接柏远近闻名；现尚余三株数百年的老柏树，其余800多棵为近百年新植。墓地为倒行穴，瘗葬略无规律。孟家林东北角有一个砖墓塔，塔下埋葬着万历年间孟氏先人孟承汤，外号孟二花牛，看病救人无数，人称“活神仙”，梁山一带一直流传着一些他的传奇故事。

孟庄村原有垓子墙，是清朝梁山大寨的组成部分，墙高5米，顶宽2米，底有10多米，外面是垓子沟，宽约10米，平房式的寨门能过大车。新中国成立之初，垓子墙仍相当坚固，20世纪60年代后逐渐拆毁。村内原有琉璃庙、石爷庙、关老爷庙，今均不存在。孟庄村有悠久的革命传统，1939年8月，八路军115师挺进山东地区后，曾在孟家林东北梁山虎头崖下的一座小庙里设立指挥部，召开战前动员会，梁山歼灭战胜利结束后，罗荣桓挥笔写下“还我河山”四个苍劲有力的大字。迄今，村内沿街商店林立，每逢一、六日是孟庄大集，每年腊月初八、四月十八是古会，一派繁荣热闹景象。

刘集 始建于元末明初，刘集村刘氏一脉为汉高祖刘邦后裔，由江苏省沛县以军户迁到梁山建村定居，以姓氏命名刘家庄，1949年改称刘集村。刘集村位于梁山脚下、运河岸边，西靠梁山虎头峰，东临京杭大运河，南眺梁山泊。

刘集村古迹众多。村内留存有“三元行宫庙”“九天玄女庙”“燕青台”“刘氏宗祠”“刘氏家塾”“刘家大院”等古迹；保留着手工老土布纺织、刺绣、编织、剪纸、绣花、红木家俱制作、石雕、铜铁工艺等民间技艺。刘家大院始建于明代，是一座具有北方风格并带有完整立体军事攻防功能的古堡式大四合院古建筑群，早溯为汉朝皇家汉苑行宫。建筑群包括城垣、住宅、池塘、广场、学堂、祠堂和花果园，占地60多亩，房屋200余间；城垣和住宅由青石、砖瓦垒砌而成，高大坚固。主体建筑群按照汉代“前堂后寝，左右厢房”的原则排列，大四合院套小四合院，格局对称，工整严谨；大院坐北朝南分三路五进展开，主体建筑除九个大四合院以外，还在主建筑的四面辅以东园子、西广场、南园子、北后花园拱卫；东园子内辟有学堂，为一座二层中西合璧式楼房，门前为日、月型浅水池；西广场为族人练武和学生上操之地，靠西居中有古戏楼一幢；南园子是为刘家大院提供日常生活保障的基地；北后花园内亭台楼阁，池馆水榭，假山怪石，花坛盆景，点缀其间。众多庭院中有一南大厅院，清代建筑风格，为历代祖先会见重要客人的地方，是刘家大院保存最好的建筑之一。房顶属北方起脊式瓦房顶，山墙为歇山式，上面两侧各有富贵牡丹花、波浪水纹及吉祥兽装饰。大厅内置八仙桌一张、条几一幅、官帽靠背椅子一对，后墙正中悬有清末重臣左宗棠亲书对联一副，用硬木阳刻，上联缺失，下联曰："清诗高画出东南"，匾额为汶上县清代白状元书写的"恭惠效宪"四字；厅前廊柱为实木缠金、细纱浆漆，书对联一副："山静松声远，秋涛书气香"。刘家大院内外城各有四门，内城墙四角各有一个玲珑的角楼，外城墙四门由砖石砌成，其中南门为主门，门洞为拱形。刘家大院对外防备森严，内宅也非常严密，宅院都布满暗道机关，内宅院每个房子独立又互通，分则自成系统，合则浑然一体。2010 年，刘集村被评为"山东省旅游特色村"。

拳铺　古称船住堡、权家铺，始建于北宋末年，是《水浒传》中朱贵开店卖酒之处，位于梁山以南。北宋末年，梁山为沼泽湖泊，山麓南有一块隆起的高地，名金线岭，俗称金沙滩，来往船只常在该处歇脚，渐被称为船住堡。朱贵在船住堡开设酒店，成为梁山好汉在山下的联络地点，负责打探来往客商消息，接纳四方豪杰。宋末元初，黄河改道，梁山泊水退田出，权氏祖率族人来此垦荒种地，始称权家铺；后来又有葛、庞、杜、毛、吴等姓氏先民陆续来此定居，葛井、毛家井、庞林、杜林等历史遗迹见证着多姓氏聚居的局面。明洪武年间（公元 1368—1398 年），李氏、岳氏家族从山西洪洞县移民迁至权家铺繁衍生息。明清时期，权家铺位于曹（曹州府）、济（济南府）和汶郓交界处，官道在此通过，地理位置优越，交通便利。晚清时期，已是三里长街，人口兴旺的大集镇，钱庄、粮行、酒馆、药铺、当铺、车马店等商铺林立，往来客商络绎不绝。清末民初（1911 年），军阀混战，盗匪猖獗，为抵抗匪患，权家铺青年多数参加"红枪会"，持枪习武，蔚然成风。为壮村威，经各家族商议，遂将权家铺改称拳铺。1978 年，拳铺分为拳东、拳西、拳南、拳北 4 个生产大队（后称行政村）。

拳铺村古时寺庙甚多，有佛爷庙、阎王庙、关帝庙、泰山行宫、送子奶奶庙、观音庙等 10 余座，分布在村庄和周边地区。灵都寺是其中最大的寺庙，传说是唐朝尉迟敬德监制而建，坐落于拳铺北门里路西，占地 10 余亩，庙前有广场，广场上有龟驮雕龙碑 10 多座；庙院分三层，两边塑有威猛的哼哈二将，山门两边有钟、鼓二楼，迎山门是大雄宝殿；宝殿共有五大门间，宽十余米，四角高翅，上挂风铃，四面回廊雕梁画柱，上盖绿色琉璃瓦，脊上飞禽走兽；殿内有五尺高的神台，台上塑有三尊佛像，盘膝静坐、宽衣露胸、叠指闭目；神像旁塑有十八罗汉，西边山墙上绘有神像；大殿后院有三层九女阁，两边均有配房，供和尚生活食宿用。每逢初一、十五烧香者络绎不绝，每年四月初十香火会，人山人海，十分热闹。灵都寺毁于抗日战争时期，仅剩铁铸僧王爷像和大钟，后亦被毁。

拳铺村岳家大院始建于明成化年间，已有 550 多年的历史。岳氏迁至权家铺后，家族兴旺，财源广进，成为当地的大族。为纪念先祖、彰显家威，修建岳家大院。共建有堂楼、后堂楼、堂厅、配房及商铺共 100 余间。岳家大院在"文化大革命"期间遭到损毁，1986 年改建为拳铺小学。至 2013 年，仅存堂楼、后堂楼、堂厅和几间配房，院内生长着一棵 300 多年树龄的老槐树，仍枝繁叶茂。

开河　始建于明朝永乐九年（1411 年），开浚会通河，"开河"由此得名；大运河穿村而过，为京杭运河上有名的水旱码头。据说，乾隆每次下江南都在开河停靠上岸驻留。1958 年，开河分为东村、西村、南村、北村 4 个生产大队（后称行政村），至 20 世纪 90 年代，开河村逐渐发展成为百个姓氏、过万人的百姓之村，曾称开河镇。开河村地处梁山县东南端，位于梁山县与济宁市之间，距梁山县城东南26公里，距济宁市区约40公里。

元代运河曾置闸于此，称开河闸，开河闸是运河上最早的古闸之一。基础是柏木桩，基石为麻片石；明朝改建时上面又垒了13层巨石；闸宽4米，两边有板槽，备有闸板，闸板约20厘米厚；闸门上下的石墙呈八字形向前后扩展，称为闸翅，每翅长约8米；闸口架有活动木桥，桥梁为巨木制成，桥板坚实，以供载重车辆通行；如过航船，则由专人拉开桥板、桥梁。因开河闸是鲁西南军事要地，清廷在开河设镇驻军，修围墙，设四门，各门飞檐高耸，气势宏伟；楼下门洞深广，铁门启闭，坚固异常。周围村民遂在街道两旁做起买卖，较大规模的店铺有粮行、油坊、染坊、当铺、药铺、旅店、酒店、茶馆、餐馆、铁匠铺、银匠铺、酱油铺、造酒坊等20余家，有“万金堂”“同样号”“益寿堂”“四海居”“福兴源”“范家店”“韩家店”“高升”“义和”等几十个堂号，百业俱兴，热闹非凡。

商贸经济的繁荣，也带来了南北各地的风情民俗、官民礼仪、饮食服饰、宗教信仰、文学艺术等，使开河村形成了独特的运河风情和民俗文化。旧时开河有“百步一庙”之称，至2013年，仍存古庙遗址20余座。主要有佛教寺庙，如南海大寺庙、佛爷庙、北大寺等；道教庙观，如泰山碧霞元君行宫庙、真武庙、三清庙等；圣贤庙，如孔子庙、关公庙等；风俗传说庙，如送子娘娘庙、土地庙、火神庙、财神庙、阎王庙、龙王庙等；行业始祖庙，如东方朔庙、鲁班庙、华佗庙等。庙宇规模大小不一，规模较大的有创建于明嘉靖年间的南大寺，占地20余亩，三进院落，有山门、前殿、大雄宝殿、东西配殿、钟鼓楼；鼎盛时期常驻僧人100余人，庙产土地200余亩。有的庙宇规模小，如南村小庙口的三清庙，庙基不到4平方米，却飞檐斗拱，内装透花木棂隔屏，壁画精致美观，神像栩栩如生。关帝庙数量最多，约有四五处，为来此经商的山西客商所建。咸丰年间（公元1850—1861年）捻军北上，马店人来开河避难，并把马店香火会习俗也带进开河；几年后，开河人发起自己的庙会，确定每年农历三月二十五日为琉璃庙会；鼎盛时期，蒙古的马帮、芜湖的钢铁、京都的大戏、民间的马戏、杂耍都汇集于庙会上；运河两岸，大街小巷，五彩缤纷；琉璃庙前，老少妇幼，顶礼膜拜。琉璃庙会沿袭至今，从农历三月二十五至四月初一，大戏连台，周围村庄农民借春闲之际，赶会买卖农副产品及手工制品。

袁口 始建于明代，明洪武年间，袁氏在此建村，并设有渡口，故名袁口。据袁口村内古碑记载，明永乐九年（公元1411年），一位叫袁升的官员率众开挖此段运河，一说其间因瘟疫流行、民工死亡过半而获罪削职，只好就地开荒种田安居，后人丁兴旺，形成村落，并在河上置渡口，取名为袁口；一说因期间连月暴雨而影响工期、后奏明皇上主动请辞，并在渡口摆船义渡、将功补过，袁口村袁氏族人和其他村民受之感动，纷纷捐资建造船只及其他设施，并出人、出物帮助过往行旅。袁口村位于梁山县城东偏南28公里处，地处梁山、汶上交界处，东与汶上接壤，明清时期设置袁口镇，20世纪80—90年代设袁口乡，2000年隶属韩岗镇，分南袁口、北袁口、东袁口3个行政村。

袁口村是旧时运河有名的水旱码头，自袁口向北有靳口、安山二镇，向南有开河、南旺二镇，袁口居中，有“百里五镇、袁口之首”之说，成为汶西首镇。村内存一管明清“义渡碑”，承载着古镇昔日的辉煌。袁口镇跨越古运河，东岸曰“东袁口”，西岸曰“西袁口”。通过驿道，向东至汶上、兖州，向西至梁山、郓城、鄄城。明正德元年（公元1506年）袁口运河节制闸建成后，随着河务、官府机构的设置和官员、兵防、河夫及过往商贾行旅的增多，航运交通更加繁忙，极大地促进了袁口的运输、商贸及手工百业的快速发展，村镇集市逐渐繁荣。至清代，袁口已是“居民三千户，通商贾百货”，山西、京、津、济宁等地巨商大贾云集袁口，镇内居民达300户。东大街临街的商店、客栈多为官商盐店，兼营达官贵人食宿，“德兴”银号为东袁口荣氏家族创办，实力雄厚，银票可在周围6个县和济宁州等地流通；“水浒斋”纺织染坊由东袁口杨氏创办于清康熙年间，初经营手工纺织印染，所织染的土布布面平整柔软、纺织精细，色线讲究，其“柴大官人”织绣坊花色品种丰富多彩，纹饰花样千姿百态，清康熙四十六年曾被地方官员作为贡品，献给南巡回銮过境开河镇北朱家湾的圣驾，受到“织绣成文、精艳四方”之封誉，留下“百里五镇袁口中，‘柴大官人’进了京”的佳话。西大街规模较大的粮行有16家，“益盛”粮行、“万兴”油房最有名气，资金雄厚，铺面考究，为山西及京津客商创办。南大街多为饮食服务业。袁口村航运、商贸业的发展促进了民间文化的繁荣。每年入冬后，由镇上商会出资，组织民间艺术爱好者排练戏曲、高跷，另有“旱船”“竹马”“狮子”“摔二鬼”“五鬼闹判”“月明和尚”“十不闲”“蟒精”等名目。此外，袁口镇上常有戏班唱戏。当地流行歇后语：“袁口唱戏——欺（七）天”“袁口唱戏——三天两头儿的事”“袁口唱戏——不请客”，反映出戏班的活跃与演出的频繁。

靳口 始建于明洪武年间，因靳氏在此管理渡口闸而得名靳口，是明清时期漕运重镇。位于梁山县城东部，分为东靳口、西靳口和刘庄。古语说：“北京到南京，靳口在当中”，可见靳口村当时地理位置的重要。靳口古镇位于靳口闸北面，南北约2.5公里，东西约1.5公里，四周筑有两丈高的寨墙，运河从镇中穿过，在镇中设有两处渡口，中间一处桥渡，北街一处船渡，是泰安至菏泽的交通要道。靳口经济繁荣，店铺林立，据记载，镇上设“泰顺”“裕茂昌”“广义和”钱庄3家，均为山西商人开办；粮行12家，每家每年吞吐粮食百万斤；设有多家旅馆、菜馆、茶馆、酒楼、药铺、酒厂、油坊、当铺、澡堂等。古镇运河东岸有山西商人所建山西会馆一处，占地面积3亩，为典型的轴对称布局。会馆的中心建筑为主馆，馆体高大宏伟，馆内设关帝大殿，塑有象征忠义精神的关公像，以表达山西客商对关公的敬重，殿两旁为配房，内塑关平、周启的泥像，神态庄严。殿前有卷棚，可容数百人，为商人聚会之所。另设戏楼三间，戏楼旁配钟鼓二楼，用以节庆活动使用。

靳口闸建于明嘉靖四年（公元1525年），闸口宽一丈二尺（约4米）。闸基以柏木制成万年桩，桩上砌石，石块交界处有扣眼连接，上下石间有圆眼连接。石头间用铁扣相连，扣上铸有“靳口闸”三字。闸板厚约20厘米，闸两旁有拜扇，斜长20米。闸有闸官，官职世袭，河滩上淤出的土地都归闸官种，不用向官府交粮。粮船一来，有开道锣，闸官闻锣开闸，船过关闸。清光绪后，漕运停止，靳口古闸渐失去作用而遭废弃，在风雨冲刷中倒塌，仅存遗址。明清时期，靳口有规模较大的寺庙六座，河东有三官庙、大王庙、奶奶庙；河西有大寺庙、火神庙、龙王庙，镇内有罗汉庙、关帝庙、韦驮庙、玄帝庙、土地庙等。规模最大的为大寺庙。大寺庙位于靳口古镇西北隅，占地约10亩，始建于唐朝，后经宋、明、清历代重修。据村中老人回忆，寺庙中有龙头碑、圆头碑十余块。寺庙三进院落，院内设亭台殿阁，殿中置彩绘泥塑。寺门外有宽阔的广场，场东是20亩水塘，种植荷花，每年夏莲盛开，香远益播。每逢初一、十五庙会，香客络绎不绝。大寺庙惜于1940年被日本兵所毁，未被修复。

蔡林 始建于唐代，相传唐朝李世民率大军平叛，见此处于南北通衢要冲，大树参天，杨柳成林，于是号令三军在此歇马晒盔甲，以此取村名“晒甲林”，后讹传为“蔡家林”，简称蔡林。蔡林村地处梁山寨东南15公里处，位于“金线岭”，是水泊梁山境内少有的高地之一，宋江等梁山好汉以水泊梁山为根据地，抗拒官军，杀贪官、诛污吏，威震朝野，亦曾在此秣马屯兵，晾晒盔甲，在当地留下不少遗迹和优美传说。

蔡林村历史悠久，庙宇众多，百步一庙，香火氤氲，神秘古朴。史上建有泰山奶奶庙、僧王庙、三官庙、关老爷庙，亦称东庙、西庙、南庙、北庙，还有土地庙、财神庙、火神庙、关公庙，奶奶庙、阎君庙等，其中规模较大的东庙、西庙建于元、明年间，位于村的东西两头，占地十余亩，鼎盛时期常住僧侣达100多人。村里有古庙会6个，其中较大的有农历三月十三庙会、十一月二十一庙会。庙会上有担经的，唱戏的，耍猴的，打把式卖艺的，非常热闹。蔡林村史上还建有三圣银行、石家大染房、石家药铺、王家药铺、德国教堂；相传150多年前，山东梆子曾在该村创办“小窝班”，广收弟子100余人，蔡林梆子剧团在鲁西南一带较有名声。新中国建立之初，蔡林曾设有乡公所。1981年，蔡林村分为蔡东、蔡西、蔡南、蔡北4个生产大队（后改称行政村）。迄今，该村有石、关、邓、李、孙、杨、宋、刘、苗、贾、董、穆等30多姓。蔡林村的陈家狗肉、田家包子、关家酱菜，很有名气。

蔡楼 始建于清朝顺治年间，蔡氏祖由大路口乡双庙村迁此建村并建造楼房，故名为蔡楼。蔡楼村位于梁山县西北部，地处黄河南岸，距梁山县城22公里；分为前蔡楼、后蔡楼、蔡楼3个村。

蔡楼村西自古有黄河渡口，称蔡楼渡口；渡口与黄河北岸的河南省台前县孙口渡口隔河相望，建有临时性浮桥，成为连接山东省和河南省的重要通道。解放战争时期，蔡楼渡口为刘邓大军渡过黄河的八大渡口之一，因刘邓大军曾在此渡河而被称为“将军渡”。1947年3月，刘邓大军主力突破黄河天险，跳到外线，把战争引到国统区，发起鲁西南战役，揭开了解放战争战略反攻的序幕。为支援刘邓大军渡过黄河，中共昆山县（1949年改称梁山县）县委、县政府命令黄河修防段（现梁山黄河河务局）专门赶造了4只一次可渡200人特大船，并挑选精干艄公充实到黄河指挥部水兵四大队第一连。6月30日晚，十几万大军在北岸集结强渡黄河。当日晚9时，北岸大炮开火，一艘艘渡船满载解放军战士冲向南岸。在蔡楼渡口，解放军控制滩头阵地后，冒着枪林弹雨扑向大堤，国民党军黄河防线很快被突破，解放军实现了“大举出击，经略中原”的关键一步。鲁西南战役歼灭国民党军4个师部9个半旅约6万人，打乱了国民党军在南线的战略部署，有力地配合了西北和山东野战军粉碎国民党军队的重点进攻。自此，蔡楼渡口便因其红色历史而远近闻名，被称为“将军渡”。后因经济社会发展，渡口逐渐被黄河浮桥所取代。

耿楼 始建于明朝末年，耿氏祖由山西洪洞迁此建村，命名为耿庄；清道光年间，耿氏在村内建造高楼，故改为耿楼。耿楼村因明末起义领袖李青山而闻名。李青山，又名李连堂，讳称李良才，其祖原居耿楼村南李养渔村，出身贫苦农家，以屠宰为业。他与弟弟李明山皆力强好斗，民多依附；举凡散勇流寇、作奸犯科者来投，他都乐于招待；他家经常“窝盗”，并因此发迹致富，远近闻名。明崇祯十四年（公元1641年），寿张集附近有一戚姓大户居市屯粮放贷，牟取暴利，为民所愤恨。李青山打抱不平，仗义疏财，为助贫民买粮与戚家发生争执，一时怒起，抄刀砍杀数人。事发后，李青山遂举刀盟誓，揭竿而起，发动起义，啸聚梁山；截漕运，攻城池，所至州县，鼎沸数日不息；起义队伍一度达数万人，震惊朝野。其后，李青山愿效仿水浒中宋江招安报国，被当时内阁首辅周延儒所骗，兵败后惨遭杀害，被史学界称为“第二个宋江”。李青山被害后，其父李养世恐受株连，便携家人迁居耿楼村，因李氏族人散去，李养渔村由此即废。2012年始，李青山后人筹备为李青山树碑立传；耿楼村为此举行李青山起义纪念碑落成庆典暨《运河枭雄李青山》一书首发式，并建成全县第一个公益性青山书院。

西小吴　始建于元代前，坐落在黄河岸边，依黄河故道而居，因系水泊梁山军师吴用后代所建，故名小吴家庄，又因附近有多处名为小吴的村庄，后更名为西小吴。西小吴村东西三条大街，南北三条辅街，为黑虎庙镇政府驻地。西小吴村有传统民居等历史建筑，多建于民国，建筑规模1.33万平方米，以民国时期建筑风格为主，砖木土墙，保存基本良好，主要集中在村中央，居住在传统建筑的居民仍有500人。该村有建于清代的环村寨墙，东西南北四个寨门，旧址依稀可见，称金石寨旧址；有立于清道光十四年（公元1844年）的庆衍曾元记事碑。建有白衣堂，始建于民国，建筑面积30平方米。西小吴村拥有硪工号子、传统技艺节节高等非物质文化遗产。硪工号子是民间民俗建筑夯实劳动所形成的，已在该村传承100年以上。传统技艺节节高作为民间艺术，既彰显文化艺术，又富有武术内涵，每逢节庆日都有展示活动。该村落基本保持了传统村落格局。

田大店　始建于明洪武年间，田氏祖由青州田家大街迁此建村并开设客店，得名田店；清顺治年间，田氏分支在村西建立西田店，自此，田店村分为东田店（也称田大店）、西田店（也称田小店）。东田店村革命历史传统悠久，是革命烈士田子珍、田中显的家乡，也是万里同志革命生涯的起点。抗日战争初期，万里、田子珍、田中显、杨勇、杨得志、宋任穷、吴忠、赵建民、邵子言、管学思等老一辈革命家以田大店小学为中心，撒播革命火种，开展了轰轰烈烈的抗日救国运动。1936年，万里来到田大店小学，倡导成立“读书会”，引导学生阅读革命书刊，为学生讲解书中进步思想，剖析社会弊病，致力于引导教师、学生和群众中的进步分子走向革命道路。1937年暑假，万里、董临仪等党员利用参加全县小学教师训练班的机会，倡导全县教师集资1000元在城内开办新文化书店，购进进步书籍和刊物提供给进步师生，成为共产党最初开展宣传教育工作的场所。1937年秋，建立田大店小学党支部，直属中共东平县委领导，同时为提高农民觉悟，扩大党的影响，成立“农民福利会”，田大店有100多人参加，该会成为中国共产党在农村的外围组织。1938年（农历正月初六），中共东平县工委举行永安寺起义，成立抗日自卫队。1938年5月，万里在田大店建立地下交通站，随后又组建湖西抗日游击大队。

王老君　始建于明代洪武年间，王氏祖由山西洪洞县迁此建村，因村中一人为朝廷运粮有功，皇帝赐名王老君，便以王老君为村名。初建村时只有王、布两姓村民，后王姓迁到寿张集镇，布姓家族也迁到外地谋生。约500年前，孟氏家族搬迁于此；郭家、徐家等家族先后于200年前在该村安家落户。清末，王老君村因黄河在村西流过，建有黄河大码头，远近商船商户都称其为保险码头。王老君黄河大码头停泊的大小商船一靠就是几里地长，绝大部分是外埠商船。商船众多，当地村民遂收取停泊管理费用，赚得可观收入，也促进了地方经济发展和文化交流。每天黄河岸边的大小木船点缀在该村码头，旭日东升、黄河落日，纤夫拉船的黄河号子响彻云霄；夜幕降临，河岸边灯火阑珊，聚众杂耍，商讨生意，尽情娱乐，一派繁荣之气。该村杨如章曾在清代军队得一官衔，统领500余人应战，后告老还乡，颇具威信。村民袁平水善于经商、交际，在宁阳郭兴办集市，进行粮食、药材、牲畜家禽等商品的买卖；

由于经营有道、管理有方，集市生意红火兴隆，后由于集市被黄河水淤积，便转移到赵堌堆村。王老君村继续发扬勤劳俭朴的优良传统，村民生活甜蜜，日子红火。除种植苹果、芍药、山药、金银花、黄芪、熟地、生地等多种水果和药材外，部分村民承包了河南省台前县数百亩土地进行花生、西瓜等经济作物种植，涌现出诸多书业老板、运输专业户、工程承包专业户、速生丰产林种植专业户等。

贾堌堆 贾堌堆村始建于明洪武年间，贾氏祖由山西洪洞迁此建村，因村西堌堆而得名，堌堆因村而得姓。贾堌堆村西的贾堌堆遗址，是远古龙山文化发祥地，2001年被认定为济宁市重点保护文物，2013年被确定为省级文物保护单位。贾堌堆村除地处古文化遗址外，村内秀才大院亦令贾堌堆名望乡里。贾氏十八世祖贾公讳怀桂，字光月，友善乡邻，勤俭持家，酷爱读书，并对子孙学业督监甚严。其子永锡，自幼品学兼优，后由孔子后裔衍圣公派往曲阜任至圣庙屯官；其孙昌泰，字穆卿，学业有成，中秀才，进州学，并选为博士弟子。因贾公怀桂教道有方，本人也遇覃恩，赠至庙屯官。清光绪二十六年，穆卿在东平州龙山书院读书时，请山长即恩师傅旭安先生为祖父作序文，傅先生欣然应诺，遂作《敕赠徵仕郎至圣庙屯官贾公行为表》一篇锦绣文章，对贾公怀桂及后人家风颂扬褒奖。此文对教化后人、净洁乡里、修身养德大有裨益。2010年后，大路口乡积极推动美丽乡村建设，贾堌堆村作为建设重点，村容村貌有了较大改观，贾堌堆遗址也越来越受到重视和保护。2013年起，大路口乡开始进一步保护贾堌堆文化遗址，并围绕贾堌堆龙山文化及当地乡土村落、民俗、美食等，将贾堌堆、沙沃李、大张3个村列入“乡村连片治理”项目，规划发展贾堌堆农家寨乡村游，保护建设富有鲁西南特色的“胡同、老屋、古树、坑塘”，并逐步建成乡村游示范景区。

张文一 张文一村始建于明初，由山西洪洞迁此建村，是梁山最早建村的村庄之一。张氏祖系一读书之人，喜文墨，好交友，被人誉为十里八乡“文化第一”，故称其为“张文一”，后逐渐演化为村名，且读书习文之风不断延续。明末清初，袁姓一族由郓城县袁楼迁居该村，袁姓人秉持诚信，讲究仁义，宽宏大量，和睦邻里，并受该村读书习文之风熏陶，多有读书之人，逐渐成为村中望族。革命战争年代，老一辈革命家杨勇曾在该村从事革命活动，并在空闲时教邻居孩子识字，其居住的老屋还在。新中国成立后，该村更加注重文化教育，成为周围十里八村最早建立学校的村庄之一；20世纪80年代，是全县第一批完成校改“六配套”的完全小学之一。村中文化人多，中学生、大学生都比邻村多；村中教师多，300多人的小村庄，先后当过教师的有30多人，一家人多个当教师的不在少数，多有教育世家、书香门第。村中多有能工巧匠，史上村西开有规模不小的油坊，油坊的号子声，卖油的吆喝声，在村庄中营造出一派欢乐景象。村里还有赶炮仗（制鞭炮）的历史，进入冬季，几家联合挖两间屋子大的地窨子，成为炮仗生产车间；进入腊月，将赶制好的炮仗运到集会上去卖。20世纪90年代后，从事建筑行业的逐渐增多；进入21世纪，张文一村成为建筑专业村，抹墙技术为一绝。除农忙季节外，全村青壮劳力组成专业队奔赴全国各地，为各大城市高楼大厦添砖加瓦，涂彩增色。张文一村重和谐，讲究睦邻友好，逢年过节、红白喜事，全村人不分姓氏，彼此拜年祝福，相互照应帮忙。人和寿高，与邻村相比，村中80岁、90岁以上老人多，深受邻村羡慕。

杏花村 曾名莲台村、张垓村，始建于明洪武年间，地处梁山东麓，雪山峰下。明初，冯氏祖由山西洪洞县迁此建村，因居莲台寺附近，故名莲台村；后张氏迁入，教授梅花拳，名声大震，遂更名张家垓。2000年，因该村地处《水浒传》中“杏花村”所在地，更名为杏花村。杏花村一带，风光秀美，景观宜人，有莲台寺、法兴寺、天齐庙、问礼堂、人祖庙、三教堂、梵王洞和龙王盛水池等古迹。村东建有杏花村牌坊，并有以杏花村命名的县城东部新区东西干道，为梁山县城第一条以村庄命名的城市道路。杏花村现存清代进士冯朝选故居及手书古碑、清代贡生宋继武老宅、当代武术家冯天民故居、抗战老兵宋金函故居。杏花村曾有一个美丽的传说，杏花仙子因偷瞰梁山盛景，被王母发现而被逐出天庭，降落在梁山山麓变成一株枯杏；后有一樵夫凿石七七四十九天，终于石破泉涌，又浇水九九八十一天，枯杏复活开花，并不断在梁山山麓繁衍，方圆十里皆是杏树。时至今日，每逢阳春三月，梁山脚下，漫山遍野、杏花开放，将梁山山麓装扮成粉色的世界，形成名副其实的十里杏花村。

第二节 专业经济村

徐坊曲酒专业村 徐坊村位于梁山县城西北13公里处，地处古宋金河东岸，隶属寿张集镇，以生产曲酒而闻名。据徐氏碑文记载：清朝初期，徐氏祖徐九思由东平州章州镇迁此建村，命名徐坊。徐氏族人自古以踩曲酿酒为业，徐坊即由徐家酒坊衍化而来。元代，徐氏家族在淮安、泗洪一带（今属江苏省）以酿酒为业；元末明初，徐氏家族为躲战乱举家沿运河北上，迁至山东东平州章州镇，经营“隆昌号徐家酒坊”；清初，徐氏家族徐九思一支迁到寿张集以西建村，即徐坊村。徐家酒坊以高粱、大米、糯米、小麦和豌豆五种粮食为原料，特制曲为动力，经陈年老窖发酵，长年陈酿，精心勾兑出香气悠长、酒味醇厚、入口甘洌、清爽的美酒。1979年，徐坊村踩曲酿酒第21代传人徐恩润利用祖传酿酒工艺办厂经商，创办省内第一家专业制曲厂，经过30多年的发展，徐坊酒曲厂成为集生产、科研、销售为一体的综合性制曲酿酒企业。至2013年，公司占地约8万平方米，建筑面积约4万平方米，下设大曲、粮酒、酶制剂三个分公司，拥有两条年产万吨大曲生产线、一条千吨粮酒生产线、一条千吨酶制剂生产线，生产大曲、粮酒、酶制剂三大系列上百个品种，产品畅销二十多个省市自治区。

李文斗豆腐专业村 李文斗村，隶属寿张集镇，以生产豆腐而闻名。李文斗豆腐起源于明朝时期。村中人家大多靠做豆腐为生。传统豆腐做法为挑选黄豆用小磨脱皮，放到大缸里进行浸泡，四五个小时后，豆子大约膨胀成两倍体积，掰开后可见褐色豆芯时开始磨制。古时用石磨磨豆浆，用勺子舀着泡好的豆子放到磨中心的石孔中，手不停地推转，使细腻的豆浆水一点一点地研出来；上锅煮豆浆，煮制过程中加入石膏或者卤水，用卤水点豆腐，倒在模具里压制四五个小时，把水分都压出去，遂制成鲜嫩的水豆腐。豆腐色泽嫩白，食法多样，鲜嫩可口，可切块、切片，有冷食、炒食、煎食、烤食、凉醺等多种吃法。其中，以千层豆腐闻名，千层豆腐的做法和水豆腐的做法相接近，但最后压水环节比水豆腐繁琐，模具需里倒一层豆浆铺一层布包，一个豆腐下来要用30多块布包，层层压叠，遂有了层次分明的千层豆腐。2000—2013年，豆腐制作进入机械化、电器化时代。磨浆机、甩浆机、压干机，将豆腐制作从泡黄豆到出成品形成一条龙生产线，日产量倍增，但豆腐仍以石磨磨制口味最佳。为保护李文斗豆腐传统制作技艺，李文斗豆腐被列入梁山县第三批县级非物质文化遗产名录。

张飞垓韩国梨种植村 张飞垓村位于梁山县城西南部，隶属马营镇。2000年后，全村整地改土500亩，修建水渠1000米，铺设地下管道120米，整修田间路5.8公里，成立林果生产合作社及果树生产技术服务队，实行产前、产中、产后全程服务，并先后在上海、青岛等城市建立季节性销售点，与10多个果商建立长期稳固的供求关系，部分果产品进入国际市场。该村育有以韩国梨为主的优质林果，品种主要有圆黄、秋黄、新高、华山等，以个大、皮薄、核小、无石细胞、含糖量高、香味浓为特点受到人们青睐，在全国第六届林产品博览会上“华山品种”获金奖。2008年，该村韩国梨注册“浒泊”牌商标，获农业部颁发的无公害农产品认证证书，被济宁市列为农产品生产安全示范区。至2013年，全村种植韩国梨面积1100亩，人均40株，亩均产3750公斤，全村林果收入700余万元，人均收入超过1万元。

薛屯葡萄种植村 薛屯村位于梁山县城西1公里处，隶属马营镇。1997年起，该村开始大规模种植葡萄，后不断引进国内外优良品种，如美国黑提、紫珍香、京亚等。至2013年，葡萄种植面积1600余亩，苹果、草莓等其他林果300余亩，葡萄种植人均纯收入突破1.5万元。薛屯在发展林果生产中，充分发挥农业协会和合作社示范带动作用，注重与农业观光旅游相结合，建设林果采摘园及采摘长廊，推进了葡萄等林果种植业的发展，葡萄等林果产品先后通过农业部无公害认证、国家农产品绿色产品认证。在中国第十一届林产品交易会上，该村葡萄等果品获金奖、银奖。

薛阁肉牛养殖村 薛阁村位于公明大道以北，隶属杨营镇。该村以肉牛养殖为主，养牛专业户286家，从事养牛人口725人。建有天立肉牛畜牧养殖合作社及占地80亩天立肉牛养殖园，养殖合作社及肉牛养殖园采取“基地+农户”的饲养方式和“五统一”的管理模式，组织社员统一饲养肉牛，统一为社员提供牛犊，统一负责青贮、供应饲料及购进养殖所需要设备，统一提供疾病防治技术，统一引进先进的养殖技术、统一销售成牛。合作社与养殖户风险同担，利益共享。全村主要养殖鲁西黄牛、西门塔尔肉牛、新疆肉牛等优质品种，至2013年，全村建有10个2万平方米标准化牛舍，1个2000平方米大型饲料青贮池，另建有饲料配制厂房1000平方米，病牛治疗室、观察室等配套场所10多间；肉牛存栏量达1万余头，实现产值过亿元。

西潭木材加工村 西潭村位于赵堌堆乡中南部。20世纪90年代，村中引进第一台板皮旋切机，凭借木材原料充足、易操作、投资少、见效快、效益高、板皮加工用工量大、男女皆可做的优势，全村板皮加工厂如雨后春笋般兴起，男的锯木、切皮，女的晾晒、打包，每处加工厂可提供20多个就业岗位。该村因势利导，建立板皮加工专业园区，引导村民集中经营，发挥群聚效应。至2013年，全村有板材加工厂40多家，木材运输、板皮销售、下脚料回收户10余家，全村三分之二以上的村民从事板材加工行业，年创产值近4000万元，效益400多万元；仅板材加工产业一项，全村人均增收达5000元以上。西潭村板皮加工很快带动全乡板材加工业的发展，成为全乡群众增收致富的主导产业。

梁山縣志

LIANG SHAN XIAN ZHI

1994—2013

REN WU

人物

人物传略

徐昆（1908—1942）又名徐继颜，梁山县寿张集镇道沟村人。1934年，考入滋阳（今兖州）省立第四乡村师范学校。在进步师生影响下，阅读大量进步书籍。1935年，受“一二•九”爱国运动影响，积极参加中共组织开展的罢课斗争，参与编写《抗日快报》《冲锋号》《农民的话》等刊物，编演进步文艺节目，在街道和学校附近演讲或演出。同年春，加入中国共产党。1936年秋乡师毕业，到滋阳第五乡村小学任教。1937年初，利用寒假在家乡道沟、寿张集、杨楼、肖庄、安楼、临湖集、王芝茂、干鱼头、倪楼等村秘密开展革命活动，宣传马克思列宁主义，在群众中培养积极分子，发展共产党员。并在杨楼村建立学校，在学校设立党的秘密联络站。同年10月，参加共产党员管大同在寿张县城举办的第一期抗日骨干政治培训班，较系统地接受了党的抗日救国、统一战线、游击战术等方面的教育。培训班结业后，即在梁山西北一带宣传动员民众，组建群众抗日组织，并先后在王芝茂村和郭楼村办起抗日小学，开展抗日活动。1938年1月任寿张县政治部主任，在寿张县城秘密发展中华民族解放先锋队成员，并在梁山西北部组建青年抗日救国团，建立中共寿张集和安楼村支部，任寿张集村支部书记，梁山西北部党组织迅速发展壮大。1939年6月，任中共寿（张）阳（谷）东（平）边区县委书记。同年秋，中共寿（张）阳（谷）东（平）边区县委撤销，组建中共寿张县委，徐昆任县委书记兼组织部长。他发动群众，建立抗日政权和地方武装，积极配合115师东进支队杨勇部，在梁山及鲁西南一带开展抗日武装斗争。1941年，寿张县沦陷后，徐昆打入敌人内部，开展统战工作，不幸被敌人逮捕。在严刑拷打下，徐昆宁死不屈，与敌人进行顽强的斗争，1942年在济南被害，年仅34岁。

张儒玉（1888—1969）字德如，梁山县寿张集镇张东溪人。幼年在家乡读书，后考入山东省法政专科学校学习，毕业后到平阴县公署任承审员，不久被济南道尹公署聘任为秘书。1924年冬，熊秉琦省长公署委任他为招远县知事（即县长）。在任年余，体察民情，兴利除弊，其政绩为民众所称颂，后因不满世道混乱，遂辞职回乡务农。1925年，先后被委任为招远县和即墨县县长，因军阀刘珍年割据该地，拒不交接，故未到任，后被委任为峄县、郯城县县长。1930年冬，国民党山东省主席韩复榘先后委任张儒玉为观城、桓台、武城县县长。在桓台期间，驻县骑兵团长向百姓买草料不付钱，张儒玉亲自与驻军交涉，驻军不予理睬。张儒玉召集地方各方代表商讨此事，代表们均认为军队难惹，建议用地方公款代付了之。张儒玉为维护正义，亲自去济南向韩复榘报告此事，经大量工作，最后判军队将草料钱付给百姓，团长撤职查办，押解济南。1934年夏，韩复榘调张儒玉为滨县县长。在任期间，张儒玉严惩贪污受贿，将主管钱粮税收、贪污至巨、作恶多端的赵某追缴赃款、判以重刑。为消除匪患，他亲自率民团和公安人员追剿缉捕，活捉祸害一方的匪首常老十，惩治敲百姓竹杠的地痞恶棍，采取严厉措施禁止赌博吸毒，并兴修张马虹吸水利工程，两次试验放水，均获成功。1937年秋，日寇入侵滨县前夕，韩复榘调张儒玉回济南听候安排，他对前途失望，回家乡隐居。1939年春，鲁西行署主任李树春聘张儒玉为参议，他响应抗战号召，积极捐款捐粮。1941年冬，汉奸区长陈玉晶请他出来做事，他不愿当汉奸，只好率全家徒步逃往安徽茶山一带谋生，后在一私立中学任教。1947年后，携全家回济南定居。中华人民共和国成立后，张儒玉任济南市槐荫区人民政府青年公园街道办事处一居委员会生产主任，并于1963年4月和1965年12月先后被选为槐荫区第五、六届人代会代表。1969年秋，因突发脑溢血抢救无效去世，终年81岁。

马达（1915—1973）原名马凤魁，梁山县水泊街道马庙村人。他早年参加革命工作，是梁山县早期共产党员之一。1937年，参加共产党员管大同在寿张县城举办的抗日骨干政治培训班，接受抗日救国教育和革命道理，并以教学为掩护，开展抗日救国革命活动。1938年，马达与徐昆、杨岗等人在梁山一带组建“抗日动员委员会”，开展抗日活动。1942年，马达任寿张县抗日政府第四区区长。当时，日军在梁山地区肆意抢掠烧杀，一些地主恶霸、土豪劣绅、地痞流氓，为虎作伥，欺压百姓。为打开局面，马达领导四区武工队深入敌占区，割电线、端炮楼、打鬼子、除汉奸。仅1942年下半年，马达就率领武工队相继在日伪据点中将两名日军小队长和三名汉奸队长处死，狠刹了日伪的嚣张气焰，鼓舞了抗日军民的斗志。1943年冬，因叛徒出卖，区党组织遭到日军围剿，三名共产党员惨遭杀害。马达气愤填膺，立即命身边的得力助手李相山、师丙月等人，想尽一切办法将叛徒抓获。第二天中午，马达命人将告密者张某带到荒野中的一条壕沟边，将其踩进壕里，对着叛徒连开十几枪。马达采取铁的手段，使日伪谈及色变，也招致了疯狂报复。马达的父母、兄弟、叔父都曾被日伪抓去审问和毒打，家中多次被抄，家人不得不分散到亲戚家避难。1943年夏，寿张县伪县长李永勤派人抄了马达的家，将马达的老母亲带到肖皮口据点作为人质，逼迫马达就范。马达闻讯后，当晚派李相山到李永勤的老家李阁村将李母绑到黄河北关起来，之后让李永勤的弟弟给李永勤捎去口信：“如果不放马母，就把李永勤的娘碎尸万段，扔进黄河，并把李永勤所有的亲戚统统杀光！”李永勤听说后，吓得立刻用马车将马母送回家中。1944年后，他组织带领群众，打日本、除汉奸、拔据点，为抗日战争的胜利作出重要贡献。中华人民共和国成立后，马达被派往东北地区从事采矿工作。1973年病逝于北京宣武医院，享年58岁。

杨岗（生卒年限不详）梁山县寿张集镇临湖集崔杨庄人。少年时期参加革命。1939年春，中共东平湖西中心区委成立，杨岗任宣传委员。1939年4月，寿（张）阳（谷）东（平）边区文化救国会在寿张集村成立，杨岗被选为领导成员。同年6月，中共寿阳东边区县委成立，杨岗任宣传部长。同年7月，中共寿阳东边区县委撤销，在唐坊村（现属梁山县寿张集镇）组建成中共寿张县委，杨岗任宣传部长。1942年8月，时任中共昆山县工委书记的杨岗领导对敌开展政治攻势，宣传发动群众，积极开展抗日斗争。1942年9月底，日寇对梁山一带进行“扫荡”，为掩护共产党干部，杨岗日夜活动在敌占区边缘，妥善转移了一大批干部。1943年2月，抗日战争进入白热化阶段，杨岗有时随支队打游击，有时深入敌后做工作，从事恢复党组织，争取瓦解伪政权，打击叛徒，为八路军征粮等工作。1947年8月，华野十纵宋时轮部诱敌于黄河之南昆山一带，杨岗率民兵配合行动，完成任务后，随军过河北去。三野过黄河路过昆山县，时任中共昆山县委书记的杨岗到司令部向陈毅、粟裕首长汇报昆山县工作情况。同年 12月底，杨岗带领昆山县部分干部赴黄河北参加整党。中华人民共和国成立后，杨岗担任北京俄文专修学校党总支书记等职。

李慧（1938—1977）1938年11月生，女，山东省曹县王集镇双铺集村人，原梁山县剧团演员，表演艺术家。1951年，13岁的李慧师从豫剧大师崔兰田；1954年7月在梁山县洪峰剧团（梁山县山东梆子剧团前身）参加工作，拜山东梆子表演艺术家薛子玉（艺名白牡丹）为师，潜心钻研山东梆子的声腔艺术。她戏路宽广，主攻花旦，兼擅闺门旦、青衣，并能反串小生；扮相俊美，嗓音清脆，吐字明快，声腔明亮圆润，表演真切、自然；博采众长，广泛吸收，在继承和发展“崔派”和“白牡丹”表演艺术的基础上，兼收豫剧和山东梆子剧种优点和“陈、马、常、阎”各派之长，形成委婉、清越、华贵、典雅的艺术风格，成为20世纪50年代初至20世纪70年代末山东梆子领军人物。20世纪50年代中期至20世纪70年代中后期为梁山县剧团主要演员。1977年5月病逝，时年39岁。县文化主管部门在梁山剧院召开追悼大会，各界群众自发到追悼大会现场，深情悼念一代表演艺术家。

崔绪照（1930—1991）1930年9月生，山东省郓城县常庄乡崔楼村人，中师毕业，中共党员，原梁山县人大常委会主任、党组书记。1947年12月—1948年2月，在郓北三区常庄小学任教师；1948年2月—1950年7月，在郓北三区红门厂小学任教师；1950年7月—1951年7月，菏泽师范学习；1951年7月—1951年10月，在郓城县二区做土地发证工作；1951年10月—1956年7月，在郓城县黄集区红庙小学先后任主任、校长；1956年7月—1957年8月，在郓城县文教局任视导员（期间于1957年3月加入中国共产党）；1957年8月—1959年3月，在郓城县人委办公室任干事；1959年3月—1965年4月，在郓城县档案馆（科）先后任馆长、副科长；1965年4月—1971年5月，在郓城县黄安公社任党委副书记；1971年5月—1973年7月，在郓城县黄堆集公社任党委书记；1973年7月—1980年7月，任中共郓城县委副书记。1980年7月—1981年1月，任中共梁山县委副书记；1981年1月—1984年3月，任中共梁山县委副书记、县长；1984年3月—1990年3月，任梁山县人大常委会主任、党组书记。1990年3月退休，1991年1月病逝。崔绪照曾于1971年7月，当选中共菏泽地区第一次代表大会代表；1971—1987年连续当选中共郓城县第四、五、六、七次代表大会代表；1978年11月，当选郓城县第八届人民代表大会代表；1981—1987年，连续当选梁山县第九、十、十一届人民代表大会代表。

唐守愚（1910—1992）1910年1月生，梁山县人，原中国文字改革委员会副主任。1933年加入中国共产党，1935年毕业于北京大学历史系，曾任中共江苏南通地区江北特委书记，中共江苏省委及上海局文委书记；中华人民共和国成立后，历任上海高等教育处处长、华东军政委员会教育部副部长、高等教育部工业教育司司长、福州大学副校长、北京图书馆副馆长、文化部文物局副局长、中国文字改革委员会副主任。1985年6月离休。唐守愚长期从事文教工作，为新中国的文教事业作出了重要贡献，著有《论中国前途》等书。在山东威海市疗养期间，因心脏病突发，抢救无效，于1992年7月10日零时10分逝世，终年82岁。

冯天民（1914—1995）1914年生，梁山县水泊街道杏花村（原张垓村）人，梅花拳十六代宗师，鲁西南武术大师。1940年，参加八路军武工队，后任武工队队长，他凭借胆识和精湛武功，带领武工队英勇抗击日寇。1947年，他加入中国共产党，帮助解放军转移粮食，支援前线，屡立战功。1949—1957年，先后任郑垓乡乡长、前集乡乡长。1958年起，在梁山县粮食局工作，后因故离职。1995年初，政策落实，享受离休干部待遇。冯天民出生于武术世家，自幼饱受拳术熏陶，一生醉心于梅花拳事业，创办专业武校，培养武术人才，致力于梁山武术发扬光大，并见义勇为，扶弱抑强。冯天民先后被推选为梁山县武协副主席、梁山县梅花拳协会主席、国际武协委员；山东电视台等媒体对他做过专题报道，还曾多次接受美、日、英、俄及港澳地区友好人士的拜访，传略分别被载入《中国武术家名典》《中国民间武功家名典》《中国百科专家人物专集》。1995年10月28日，与世长辞，享年81岁。

贾桂存（1903—1996）1930年生，梁山县大路口乡王芝茂村人，早年加入中国共产党，著名革命老人，新中国成立后，曾任大路口公社敬老院院长。她出身贫苦，23岁时丈夫去世，带着一双儿女艰苦度日。艰苦的岁月让20多岁的她苍老的像个老大娘，人们故多称其“大娘”，以致“贾大娘”就成了她永远的称谓。在革命战争年代，贾大娘掩护革命干部，救治伤病员，递送情报，她的家成为党的地下联络点。1938年，林彬（杨勇之妻）女扮男装在梁山西北一带开展革命工作，有段时间住在贾大娘家，贾对其精心保护，尽心照顾，林彬感激不尽，临走要求认贾作“干娘”，贾婉言相劝说：咱们都是革命同志，还是以姐妹相称吧。1939年秋，中共地下党组织负责人让她将一封急信送给区长苏思。她找一根粗高粱秸挖空，将情报放进去并伪装好，然后挎着篮子、拿着高粱秸当棍子，沿途遇到敌人几次盘查，她都机智过关，将情报顺利送到苏区长手中。在那个艰苦的战争年代，她就是凭着自己的机智和无畏，为党组织送出了大量的情报，并从未出过差错。1941年春节前，区长苏思等多人患病，她冒险买药，并熬药送水，精心照料其至痊愈。每当伤病员送到她家，她都精心照料，安全转移。1942年10月，日伪军实行铁壁合围，苏区长被困在贾大娘家，当敌人搜查到她家进行盘问时，她沉着地指着苏区长说：“这是我儿子”，经反复盘问，敌人仍找不出破绽，只好悻悻地走了。1943年冬，边涛（万里之妻）及40多名抗大毕业生黑夜冒雪赶到贾大娘家，她急忙把大家安顿好，并从可靠人家借来替换的衣服，把大家分头隐蔽起来，白天她和敌人周旋，隐藏的同志一直没有被敌人发现。贾桂存在她的革命生涯中，为党、为革命事业做出重要贡献，新中国成立后，先后任五区（凤山）妇联主任、大路口公社敬老院院长，其当年用过的讨饭篮子、穿过的破衣裳等被陈列在中国历史博物馆。1996年，她因年老多病去世，享年93岁。

穆衍峰（1942—1996）1942年3月生，梁山县寿张集镇穆桥村人，大专毕业，中共党员，梁山县人大常委会原主任、党组书记。1968年7月，毕业于山东财经学院金融系；1968年9月，在济南军区工程兵农场劳动锻炼；1970年1月，在梁山县人民银行任副股长、副行长；1973年11月，加入中国共产党；1977年5月，在大路口公社任党委副书记；1978年9月，在大安山公社任党委副书记、革委会主任；1979年9月，在徐集公社任党委副书记、管委会主任；1981年3月，任徐集公社党委书记；1983年3月，任梁山县人民政府副县长；1983年12月，任中共梁山县委副书记；1985年8月，任中共梁山县委副书记、巨野县人民政府县长；1989年8月，任中共梁山县人大常委会党组副书记；1990年3月，任梁山县人大常委会主任、党组书记。1996年6月15日因病逝世，享年55岁。穆衍峰1981年当选梁山县第九届人民代表大会代表，1984年当选梁山县第十届人民代表大会代表，同年5月当选中共梁山县第六届代表大会代表，1987年3月当选中共巨野县第七届代表大会代表、巨野县第十一届人民代表大会代表，同时当选山东省第六届人民代表大会代表，1988年当选山东省第七届人民代表大会代表。在梁山一中学习期间，曾任学校学生会主席、团委副书记，在山东财经学院学习期间任班团支部书记，在梁山县人民银行工作期间被评为模范干部、先进工作者。穆衍峰在不同的工作岗位上，以高度的责任感、强烈的事业心和较高的组织领导能力，勤政敬业，为党和人民的事业作出了重要贡献；他公道正派，为人正直，严于律己、宽以待人，始终保持党员领导干部的优秀品质，享有很高的群众威信。

张成武（1910—2000）1910年10月出生，梁山县寿张集镇张东溪村人，1938年参加革命工作，同年7月加入中国共产党，曾任秘书、政治指导员、队长、科长等职；1947年，任华北军区前方兵站副政委；新中国成立后，任华北局信访室副主任；1954年，任全国人大常委会信访局接待组长；1958年，任云南省委宣传部处长；1961年，任山西体育学院党委书记；1963年，任山西省人民医院院长；1964年，任山西省中医研究所党委书记兼第一副所长；“文化大革命”中被停职，1971年恢复工作，1975年退二线，1982年离休。张成武退居二线及离休后，认真学习马列主义、毛泽东思想，撰写多篇歌颂党和领袖的诗歌等作品，被中国当代作家文献馆等单位收藏。同时，他从微薄工资中捐献一部分，作为学生奖学金，关心支持青少年成长。2000年2月6日，张成武因病逝世，享年90岁；遵其生前遗嘱，丧事从简，遗体捐献医学研究。

王诚志（1920—2003）1920年生，山东省东平县大安山人，中共党员，梁山一中原校长。自幼入私塾，稍长进东平县学堂、简易师范深造。1939年秋，在东平县马口等村以开药铺为名，为中共泰西和鲁西行署间来往的地下交通员当眼线。1949年，任梁山县政府文教科长；1950年，主持筹建梁山县第一中学并担任校长；文化大革命中间断，1978年继续主持梁山一中工作；1981年10月退休，享受厅局级待遇。退休后先后为《梁山县三套集成》撰述民间故事、歌谣、农谚等约20万字，为山东省作协编写的《齐鲁民俗大词典》撰写300余条民俗约10万字；为山东省友谊出版社撰写《水泊故事》10多篇。被中国民间文艺家协会山东分会吸收为会员，载入山东作家协会出版的《作家名人大辞典》。自县政协《梁山文史资料》创办起，每期都撰写2～3篇史料，至第十二期，撰写史料20多篇、20余万字。他被县政协聘为文史资料委员会特约顾问。“梁山老干部诗社”成立后，王诚志被聘为社长，组织退休老干部参加诗社活动，每期为《松鹤诗刊》写一二首诗词，累计逾百首。

李相山（1922—2003）1922年生，梁山县杨营镇东李庄村人，1938年参加革命，先后任地下情报员、区队队员、区武装部长等职，为一代掌红拳拳师。李相山11岁跟随陈家营村表叔、大洪拳“八套拳”传人陈绍汤习武，14岁时经表叔引荐拜其师兄张瑞林为师，武艺大进。1935年外出利津逃荒，1937年抗战爆发回家，1938年经地下工作者李玉民介绍参加道沟村徐继颜（梁山地区最早的共产党员之一）领导的“抗日动员委员会”（简称动委会），后到寿张四区区队、武委会工作。1943年正式参加八路军冀鲁豫八团，被编入教导队干部连。1946年起，相继在冀鲁豫军区参谋处、齐禹县大队、寿张县武委会工作。1948年调菏泽人武部工作，拜师学习掌红拳武功——阴阳掌。抗日战争和解放战争时期，他出生入死，抗日杀敌，“馆里村枪杀王谍报”“黑虎庙智歼熊允吉”等英雄事迹流传至今，他也成为梁山作家陈存玉章回小说《梁山传奇》中英雄人物的原型。在八路军冀鲁豫八团教导队干部连受训期间遭受日伪袭击，他用高超的武功连杀三个鬼子，缴获三支步枪、一支手枪，战后被部队授予“战斗英雄”称号，并颁发奖状和立功纪念章。新中国成立后，李相山在梁山县农、林、水部门工作，后在县粮食局离休。其武艺高强，酷爱武术，在梁山一带收受众多弟子。1984年7月，自筹资金1万元创办水泊武馆，传授国家规定的武术套路，并开设文化课，学员初始80余人，1985年发展到300余人，学员来自18个省、20个县市，10年间培养武术人才2500人。山东省省长李昌安曾到武馆视察，国家体委副主任、全国武协主席徐才也到武馆指导，中央电视台、《农民日报》《武林》杂志等十多家新闻单位对水泊武馆进行采访报道。2003年7月6日，李相山逝世，享年81岁。

胡景陶（1936—2007）1936年10月生，梁山县马营乡胡屯村人，大学本科学历，中学高级职称，中共党员，原梁山县教育局局长。1962年7月毕业于曲阜师范大学政治系，同年8月参加工作，先后任兖州一中政治教师、济宁地区教育局教研室研究员、梁山县教育局教研室研究员。1977年1月，加入中国共产党；1980年12月，任中共梁山县委宣传部副科长；1981年12月，任梁山县教育局副局长；1984年3月，任梁山县科协主任；1985年1月，任梁山县教育局长。胡景陶在任教育局长期间，面对农村中小学校舍多是黑屋子、土台子的状况，提出“人民教育人民办”的整套建议构想，得到县委、县政府高度重视及大力支持。1986年10月，他在县政府的直接领导下，以极大的魄力组织协调了大规模的农村中小学校改运动，梁山县成为菏泽地区第一个全面完成农村中小学校改“六配套”合格县，被省政府命名为“农村校舍改造先进县”。1989年，胡景陶组织有关人员起草《关于赴莱芜、临淄、周村等地校改考察汇报》，受到县委、县政府高度重视，并迅速制发《关于搞好国办学校校改工作的意见》，掀起城镇中小学校改热潮，全县10处城镇学校在规模、校舍、课桌凳、操场、校园环境等五方面均达到省定优秀标准。在抓好校改工作的同时，他大力倡导尊师重教，改善教师待遇，注重人才培养和管理，推进教育教学质量全面提升，梁山高考成绩在菏泽地区和济宁市一直处于领先地位，同时，实施普教、职教、成教“三教”统筹，推动大教育全面发展。1987年，省政府授予梁山县“尊师重教先进县”称号；1989年，梁山县相继成为全国百县教育改革试验区、全省实施“燎原计划”示范县，并被山东省政府授予“教育先进县”称号。1990年12月，胡景陶调任梁山一中党支部书记和县人大常委会委员。1996年1月内退，1998年2月退休，2007年因病去世。胡景陶任职教育局长期间，成为梁山教育发展最为辉煌的时期，其教育理念、治学方法也成为梁山教育事业的一笔宝贵遗产。

高玉真（1948—2007）1948年9月14日生，女，山东省巨野县田庄乡高庄村人，原梁山县卫生局副局长、党委副书记、爱卫办主任。1963年5月加入中国共青团，1964年8月考入菏泽卫校学习，1967年8月毕业分配到梁山县小安山公社卫生院任护士。1972年12月，加入中国共产党；1975年4月，任小安山公社卫生院副院长；1977年4月，调梁山县卫生防疫站任副站长；1984年6月，任梁山县爱卫办主任；1986年8月，任梁山县卫生局副局长、爱卫办主任；1996年8月，任梁山县卫生局党委副书记、副局长、爱卫办主任。高玉真长期从事并主持爱国卫生工作，组织协调各乡镇和有关部门，在全县城乡开展一次次较大规模的灭鼠除害、创建无鼠害县、创建卫生县城等活动，并使全县爱国卫生一直走在菏泽地区、济宁市的前列，多次受到地市表彰。1988年初，梁山县被菏泽地区授予“无鼠害县”称号；1996年末，创建省级卫生县城获得圆满成功，梁山县城成为鲁西南地区第一个省级卫生县城。她连年被县委、县政府授予先进工作者称号，连续六年被菏泽地区评为爱国卫生先进工作者，多次被评为全省爱国卫生先进工作者，1997年1月，县委、县政府授予其三等功奖励。1998年6月，按照地方年龄政策内退，2003年9月退休。从工作岗位上退下来之后，她仍然关心支持卫生事业发展，为卫生事业发展建言献策，荐贤举能，获得县领导和同志们的高度评价和普遍尊重。2007年1月24日，高玉真不幸因病去世，享年59岁。

邵长立（1952—2008）1952年生，梁山县水泊街道邵楼村人，大学专科文化，工程师，中共党员，原任梁山镇人大副主席等职。1971—1983年，任梁山县城关公社建筑队工程技术员；1984—1985年，任前集乡建筑管理站站长。1986年，他创办鲁西南第一家古建筑公司，先后承建定陶县中沙海清真寺、梁山县水浒寨、忠义堂等4处古建筑，均保质保量提前完成施工任务。1989年，他在古建公司的基础上，创办梁山县腾达企业总公司，并任公司总经理兼党支部书记，先后兼并建筑机械厂、印刷厂、面粉厂、电器安装公司、花卉公司等企业，腾达企业总公司改称腾达集团有限公司。从建管站发展成为综合性企业公司，邵长立付出巨大的心血和汗水，《大众日报》《中国工商》《济宁日报》《农业管理科学》等多家报社杂志报道腾达公司的经验和邵长立的事迹。1988年起，他连续4年被评为全县优秀共产党员，连续3年被评为全县企业先进工作者，公司先后被评为县级、地市级和省级先进企业；1990年，先后被菏泽地区行署、济宁市政府授予“地区乡镇企业家”“市级乡镇企业家”称号；1991年，被县政府评为“七五期间优秀科技工作者”和“七五期间技术进步先进工作者”；1992年，公司被评为“山东省特级信用企业”。1993年起，邵长立任前集乡政府副乡长、经贸办副主任、梁山腾达集团有限公司董事长，并当选山东省第八届人民代表大会代表。1994年3月，县委、县政府授予他乡镇企业工作记功奖励；1995年3月，县委、县政府为其记三等功；同年，被济宁市授予“八五”功勋奖章。1996年，邵长立被济宁市人事局录用为国家正式干部；其后，先后任前集乡政府副乡长、前集乡人大副主席、梁山镇人大副主席、县建委副主任科员、县建设局副主任科员。2008年3月，突发心脏病去世，享年56岁。

樊兆杨（1937—2009）字春辉，号沛邱，笔名鲁豫苏、鲁岳，1937年生，山东省定陶县力本屯乡大樊庄人，大学文化，中共党员，原梁山县文化局原副局长，山东省民间文学作家。1963年毕业于甘肃师大中文系，同年分配到甘肃省庆阳师范工作，任团委副书记；1965年7月，调庆阳地区一中，任团委副书记；1966年12月，调入山东省梁山县，历任县教育工会主席、县剧团副团长、电影管理站站长、县委宣传部宣传科长、县文化局副局长等职务。樊兆阳一生致力于文学创作和民间文学研究。大学期间，作为学生会主席，除组织参与创办校刊、撰写文章外，还热爱文学创作，组织大学生诗社，创作了多首优秀诗篇及一篇50余万字的长篇小说。1958年夏天，在《河南日报》发表处女作短诗《大河和小河》。1970年后，参与县剧团《水泊激浪》《煎石记》的改编，并于1972年赴省会演；创作现代戏《疯二嫂》，在菏泽、济宁两市演出上百场。他还积极参与《水浒外传》续集创作，并著有小说、故事、诗歌、报告文学千余篇，在《民间文学》《故事会》《当代小说》等多家报刊上发表作品。他编撰《名人故事》《圣地传奇》《孔子外传》《水浒人物野史》《水浒梁山的传说》《水泊梁山民间故事》《水浒人物口头传说大观》及中国非物质文化遗产典藏本《民间大水浒》等民间文学集，并出版个人文学作品选《脚印》。1985年5月，他出任梁山县民间文学三套集成办公室主任、主编，组织10余名热爱民间文学的作者，采录故事12928篇，歌谣2000余首，谚语8600条，总字数300余万，主编出版《梁山民间故事卷》4卷，《梁山歌谣谚语卷》1卷，受到国家总编委会和省编委会的高度评价。1988年4月，当选为山东省五次文代会代表；同年10月，所编三集成故事等获文化部、国家民委、中国社会科学规划领导小组《十大志书》编撰奖；梁山民间文学集成卷本获山东省优秀卷本奖。1989年，任济宁市民间文艺家协会副主席、顾问、名誉主席；并先后获山东省文化厅等授予的“先进工作者”称号和全国三套集成总编委会授予的“先进工作者”称号；同年12月内退。1991年，被评为梁山县首届“专业技术拔尖人才”。1996年12月退休。从工作岗位上退下来以后，撰写《也谈宋江起义与梁山泊》《替天行道浅析》等水浒系列论文，先后在各级刊物发表。同时，在编写出版中国民间文学丛书之余，编撰中国民间故事全书山东省济宁市梁山县卷（上），可惜未能成书；他踌躇满志准备研究的三十六天罡人物性格分析，也只是成篇宋江、晁盖两人，收集研究的手稿有一尺多高。2009年患病去世。

薛文玉（1952—2012）1952年11月23日生，梁山县赵堌堆乡梁岭村人，大学文化，中共党员，国家一级飞行员，原南航北方公司党委书记。1969年3月入伍，在陆军26军76师历任战士、班长；1970年10月，加入中国共产党；1971年7月，在空军14航校为飞行学员；1974年7月，在民航第16飞行大队1中队先后任飞行副驾驶、正驾驶；1985年7月，历任民航16飞行大队副科长、科长、副大队长；1992年7月，在南航河南公司任副总经理；1996年6月，在南航湖南公司任副总经理；并多次被上级组织评为“先进工作者”“优秀共产党员”。1999年10月，任南航汕头公司总经理，他大力开拓义乌航空市场，为南航拓深拓宽华东市场、建立南航基地奠定了坚实基础。2000年，他被评为国家一级飞行员。2003年7月，任南航广西公司任总经理、党委副书记，他采取果断措施，调整航线航班，清理包机价格，当年底减亏2700万元，被南航评为“蓝天振兴先进单位”。2004年，带领公司作出将工作重心向南宁市场转移的战略决定，形成广西公司桂林、南宁双基地“两翼齐飞”的战略格局，使公司逐步成为“立足广西、辐射全国、连接世界”的现代化中型航空企业。同时，他致力于经营品质的提升和综合效益的提高，致力于航空服务品牌的打造，使公司服务质量稳步提升。2008年，他获国家民航局授予的“安全飞行金质奖章”；2009年，获“全国五一劳动奖章”；有关媒体以《敢为人先潮头立，肩挑责任木棉红——记全国五一劳动奖章获得者、南航广西分公司总经理薛文玉》为题，刊登他的先进事迹。他领导的南航广西分公司一举包揽2006年度“航空安全管理”“飞行无差错”“飞机维修无差错”“客舱无差错”“无差错安全员中队”“车辆安全管理”六块奖牌，实现年度安全生产管理的“全垒打”，实现南航广西分公司连续15年保持飞行安全和空防安全目标，并获得广西壮族自治区“五一”劳动奖状，公司飞行部被中国民用航空总局评为“全国民航先进集体”。2010年1月，任南航北方总公司党委书记、副总经理，他注重加强班子建设、组织建设和队伍建设，促进了北方分公司的和谐和发展。2012年3月21日，因病逝世，享年60岁。薛文玉作为飞行员，他在近40年的飞行生涯中，以精湛的技术和严谨的作风多次出色完成国内外政要专机保障、新机场试飞、航线首航等重大飞行任务。作为梁山人，他承袭了梁山好汉正义侠义、重情重义的品格，为济宁机场争取航线航班，为梁山发展献计献策，为推动家乡发展做出重要贡献。

管学思（1920—2013）1920年12月生，梁山县韩岗镇管庄村人，四川省原副省长。1938年3月参加革命工作，1938年10月加入中国共产党。历任鲁西北政干校学员，八路军晋冀鲁豫运河支队、昆张支队连指导员，保卫干事、特派员，山东省汶上县工委书记、团教导员，团政治处副主任、主任，冀鲁豫八分区五团一营政治教导员，第二野战军晋冀鲁豫第七纵队二十旅五十八团政治处副主任、主任，接管国民政府水利部军代表。中华人民共和国成立后，历任西南服务团财经大队组织科科长，西南财办干部科科长，西南贸易部人事处副处长，西南百货公司副经理、经理，四川省商业厅副厅长、粮食厅厅长、物价局局长，四川省财贸办公室主任，省革委会副主任，副省长，省人民政府顾问。1992年6月离职休养，享受省长级医疗待遇。2013年11月25日在海南省三亚市因病医治无效逝世，享年93岁。管学思业绩曾被编入《梁山党史》《济宁党史人物》《孔孟之乡现代名人录》《开国将士风云录》等书刊。

吕玉山（1941—2013）1941年11月生，梁山县梁山街道办吕屺口村人。1961年8月—1966年7月，在山东工学院机电系学习；1966年7月参加工作，任梁山县发电厂技术员、生产技术组长；1975年10月加入中国共产党，1977年2月—1981年5月，任梁山县发电厂副厂长；1981年5月—1984年3月，任梁山县发电厂党支部书记、电业局副局长；1984年3月—1984年8月，任梁山县经委主任；1984年8月—1985年8月，任梁山县棉纺织厂党委书记；1985年8月—1986年5月，任中共梁山县委常委、县政府副县长；1986年5月—1988年9月，任中共梁山县委副书记；1988年9月—1989年12月，任菏泽地区纺织工业公司经理；1989年12月—1991年7月，任中共梁山县委副书记、县政府县长；1991年7月—1999年8月，任济宁市计委副主任、党组副书记兼市经济和社会发展战略研究委员会办公室主任；1998年3月—1999年8月，兼任市政协经济委员会副主任；1999年8月—2001年12月，任济宁市计委调研员；2003年5月退休。2013年8月因病逝世，享年72岁。吕玉山在不同的工作岗位上，以高度的政治责任感，强烈的事业心，尽心尽责，勤奋工作，为党和人民的事业做出了重要贡献。他公道正派，严于律己，宽以待人，与人为善，光明磊落，始终保持一个共产党员和领导干部的优秀品质。

人物简介

李　飞　原名李相三，曾用名李松明，1919年2月生，梁山县黑虎庙乡小吴庄人，中国人民银行原常务副行长。1934年春参加革命，同年5月加入中国共产党。1936年起历任中共聊城师范党支部书记、暨南区党委干事，军分区组织股长、巡视员，旅直属队党总支书记，分区组织科副科长；1942年起历任阜东县县长、县委书记，聊堂县委书记兼马颊河支队政委，鲁西北地委委员、莘县县委书记，晋冀鲁豫野战军旅政治部副主任、主任；1947—1949年，历任湖北省宜昌军分区副政委、副书记，宜昌地委常委；1949—1971年，历任湖北省监委秘书长，法院副院长，省统计局副局长、党组书记，省计委副主任、党组副书记；1972—1978年，历任省革命委员会生产指挥组副组长，省委常委，省委工交政治部主任，省计划、工交党的核心小组组长，省计委主任；1978年2月，任中国人民银行副行长、党组成员兼政治部主任，中国人民银行党组副书记兼机关党委书记、全国银行工会工作委员会主任，中国人民银行理事会理事。1985年12月离休。李飞系中共十二大代表，全国总工会第九、十届执委，中国人民银行特约顾问，中国金融职工教育研究会会长。

贾克俊　1925年7月生，山东省东平县商老庄乡田庄村人，初中文化，中共党员，离休干部，享受副处级干部待遇；太极拳名师，国家一级社会体育指导员。1945年5月参加工作，先后任冀鲁豫边区一中教师、昆山县政府管理员等；1949年8月起，先后任梁山县一区副区长、区长；1950年，加入中国共产党；1952年5月—1956年7月，先后任梁山县税务局副局长、局长；1956年8月，任梁山县财政局局长；1957年4月—1959年5月，先后任拳铺区党委书记、拳铺乡党委书记、徐集公社副社长等；1959年5月，被错划右派下放劳动；1961年11月—1979年5月，先后在县税务局、大路口税务所、戴庙税务所工作；1979年5月，任梁山县财税局副局长；1983年10月，任梁山县税务局副局长；1984年4月退居二线，1990年12月离休。离休之后，他潜心修炼太极拳，致力推广太极拳，为全县体育事业做出突出贡献。为习练太极拳，他足踏6个省市，行程7000余里，遍访名师，并得到武当山钟道蜀道长点拨，聆听太极名家门惠丰、杨振铎指点。他集众师之长，兼收并蓄，逐渐形成自己的风格。他演练的太极拳沉稳舒缓、神静体松、典雅优美、轻松自然，成为梁山一代太极拳名师。1984年，他在县体育场义务推广太极拳。1987年春，他推广国家新编竞赛套路42式太极拳和太极剑。并组建梁山太极拳代表队，参加各类各级比赛活动，1988年秋，他在全省“长寿杯”太极拳、剑比赛中获太极拳一等奖。20世纪90年代，他带领梁山太极拳走进全国赛场，多次获最佳奖或优胜奖，多次获省级比赛第一名。1993年，他带领太极拳36人方队，在首届水浒文化节开幕式上表演24式太极拳，大获成功。1995年4月，组建梁山太极拳研究会，并建立20多个太极拳辅导站。1999年10月，他带领梁山县代表队在全国中老年太极拳、剑比赛中与各省队比赛取得良好名次。2010年，他在梁山组建“和谐家园太极拳辅导站”，并在济宁市高新区组建“黄冠太极拳学友会”，教练推广太极拳，至2013年，发展至5个辅导站、10个训练点、正式注册学员200多人。由于他几十年致力于太极拳的推广普及，梁山县呈现出“太极之花开满地，梁山处处舞太极”的动人景象。他的事迹先后入选《中国民间武术家名典》《当代中华武术大典》。他先后担任梁山县体育总会副主席、梁山县老年人体育协会副主席、梁山县武术协会副主席、梁山县太极拳研究会副会长兼总教练等职务；先后获“全省老年体育优秀辅导员”；“山东省健康老人”称号；2011年8月，被授予“梁山县老年体育特殊贡献奖”。

姜传薪 字若谷，号愚如，1930年7月生，梁山县人，中国民盟会盟员，水泊梁山书画院院长、菏泽书法协会理事、曾任梁山县政协常委，被聘为山东画院高级书画师、中国社科院书法顾问。姜传薪幼时家贫，酷爱书法，五六岁学写大仿，九岁时到天津请教于津门大家，华世奎先生赞其用笔“古朴厚重，久之必影响一方”。为习书法，他曾遍访名家，先后到济南、章丘、郓城、菏泽、济宁、东平、平阴、阳谷等地，就教于晚清进士张稷臣、举人王讷（墨仙）等。新中国成立后，就职于县粮食局，后调入综合社，以刻章写字为业。20世纪60年代初，他拜书法家张立朝为师，后结交众多书家；70年代，还曾与范曾交往；80年代，为梁山风景区景点题碑刊石，留下墨宝；90年代，在中国美术馆举办“姜传薪先生书法展”。他几十年如一日，对书法艺术孜孜以求，真、行、草一应俱全，中堂、条屏、匾联丰富多彩，并形成独特的“姜体”风格，其书法厚重朴实、气韵生动、章法多变、爽健洒脱。特别是晚年的行草书体，似龙飞凤舞，妙趣横生。他的书法作品在全国多次获奖，其书法长卷《沁园春·雪》《爱莲说》《赤壁怀古》等多幅作品被毛主席纪念堂、济南南郊宾馆等机构所收藏，先后出版《行楷千字文》专集、《姜传薪书法集》。2012年，姜传薪艺术馆开馆。

王笃信 1931年7月生，山东省东平县人。1949年5月参加工作，1950年3月参加中国共产党，中共梁山县委原巡视员。1945年4月，任本村儿童团团长、村记账员等；1949年夏，在粮所帮助收粮入仓，其后到县政府民政科工作（搞土地契税发证）。1950年9月，调县农税科工作。

1952年3月，参加三反、五反运动，其后调省财政干部学习并参加全省农村经济发展调查工作。1952年11月，到县政府财政科工作。1953年3月，调县政府监察委员会工作。1954年9月，调泰安地区专员公署监察处工作。1956年，任泰安地区专员公署监察处监察助理员。1958年1月，调东平县监察组。1959年3月，任东平县委纪律检查委员会秘书。1960年6月，调中共菏泽地委。1966年5月，任中共菏泽地委检察委员会检察员。1967年11月，在小安山“五七”干校劳动。1970年3月，任菏泽地委办公室（时称地委核心领导小组）秘书组组长兼行政组长、党支部书记（包括秘书组、行政组、机要组、机要通信组、人民来信来访接待组）。1973年2月，调任中共梁山县委常委、梁山县政府生产指挥部副指挥长。1978年4月，任中共梁山县委副书记，1979年6月，兼任梁山县委纪律检查委会书记；1981年1月，当选梁山县人民代表大会常务委员会主任；1983年5月，调任中共单县县委副书记、单县人民代表大会常务委员会主任；1989年9月，调任中共梁山县委巡视员，1991年12月离休。

姜洪泉 1932年1月生，梁山县大路口乡西姜村人，大专文化，北京军区原副司令员，中将军衔。1943年6月参加革命，1947年10月加入中国共产党，历任冀鲁豫军区昆山县勤务员、晋冀鲁豫军区野战军第七纵队战士、第2野战军五兵团见习参谋、陆军5兵团第18军连长；1953年进藏，1955—1956年在中央公安学院边防保卫系学习；1956年，任西藏军区司令部公安处谍报科副科长；1957年，任西藏军区司令部陆军团侦察股股长；1960年；先后任西藏军区昌都军分区司令部侦察科副科长、科长；1964年，先后任西藏军区司令部情报部边防侦察科副科长、科长；1970年，任西藏军区司令部侦察处处长；1973年，任西藏军区副参谋长；1978—1979年，在解放军军事学院指挥系学习；1979年，任成都军区司令部情报部部长；1981年4月，任西藏军区副司令员；1984年4月，任西藏军区司令员；1985年9月，增选为中共第十二届中央候补委员；1987年10月，当选为中共第十三届中央委员；1988年9月，授予少将军衔；1991年4月，任成都军区副司令员兼西藏军区司令员；1991年12月，任成都军区副司令员；1992年11月；任北京军区副司令员；1993年7月，晋升中将军衔。1995年7月退役。1998年3月当选为政协第九届全国委员会常务委员。

王永在 1932年12月6日生，河北省定州市清风店人，大专文化，主任医师，梁山县人民医院原院长，外科专家。1947年1月参加华北八路军第四纵队，在华北陆军医院工作，后转业平原卫校；1952年12月，毕业于平原省医学专科学校医疗系。1953年，在梁山县人民医院工作，先后任住院医师、主治医师、副主任医师、主任医师。20世纪50—60年代，在进行以普外为重点的疾病诊断与外科手术治疗的基础上，他率先开展胃癌切除术、乳腺癌扩大切除术、空肠段马蹄形肠腔扩大代胃术等，并进行胸外科探索研究，开展纵膈、食道、肺部肿瘤切除术，肾切除术、膀胱肿瘤全膀胱切除术后肠道代膀胱手术，胸腰椎结核病灶清除术等，均取得较好疗效。1981年1月，王永在当选县政协第一届副主席；1982年1月，加入中国共产党；同年8月，任梁山县人民医院院长；1989年5月，任梁山县人民医院名誉院长。在担任医院领导职务和社会兼职的同时，仍坚持临床医疗第一线，开展二尖瓣狭窄分离术、房室间隔缺损修补术等心脏外科手术，同时，对其他疑难重症实施外科手术治疗，均取得良好疗效，成为全县公众认可的德高望重的外科专家。1992年12月退休；1993年，晋升为外科主任医师。

赵庆珠 1935年生，梁山县韩岗镇辛集村人，中共党员，大专文化，教授级高级政工师、经济师，现任梁山水泊商场总经理、党总支书记。1953参加工作，1959年10月入党，历任基层供销社营业员、人秘干事、秘书股长；1959年，任县商业局人秘股副股长；1962年，任县煤建公司副经理；1974年任土产杂品公司经理、书记；1984年，开始任水泊商场党总支书记兼总经理。赵庆珠始终坚持诚信为本、以德经商，并创建“一级法人”“三级管理”“三级承包”“三级核算”“两抓、十定、八考核”，以联责、联利、联股金、联风险金、联管理目标“五联”为主计酬、工资奖金全浮动等经营管理机制，将一个普通乡镇基层供销社发展成为集购物娱乐、批发零售、连锁超市、物流配送、生产资料、餐饮服务等功能于一体的大型现代化综合性商业集团。他于1989年获“全国商业劳动模范”称号，1992年、1996年连续两届被评为济宁市“专业技术拔尖人才”，1993年获山东省“富民兴鲁劳动奖章”，1995年被县政府聘为政府经济顾问，2004年获梁山县老有所为功勋奖，2006年被评为全国守信企业家，2008年被评为山东省“十佳”诚信企业家，同年被济宁市政府授予济宁市首届“十佳”模范老人称号，2009年被评为山东省流通改革发展三十年功勋企业家，2010年被评为全国供销社系统优秀企业家，同年被评为济宁市十佳道德模范和山东省首届十大感动齐鲁老人。赵庆珠从1971年起，先后当选中共梁山县第四、六、七、八、九届代表大会代表；1993年起，连续当选济宁市第八、九届政协委员；1998年起，连续当选梁山县第十四、十五、十六、十七届人民代表大会代表；还先后当选中国合作贸易企业协会常务理事、山东省企业经营管理学会理事、山东省供销社理事、梁山县服务业工会常务副主席、梁山县工商联合会副主席、梁山县慈善协会副会长、梁山县劳动模范协会副会长等。

樊思宝 1936年生，山东省郓城县郓城镇芦庄科村人，大专文化，中共党员，曾任中共梁山县委书记，原任政协山东省委员会菏泽地区工作委员会主任、党组书记。1958年8月，参加工作并任郓城县第九中学语文教师；1961年9月，任郓城县文教局教研室教研员。1964年8月起，先后任中共郓城县委办公室秘书、秘书组长、政策研究组组长；1972年8月，任郓城县革命委员会办公室副主任；1973年5月，任中共郓城县委常委。1975年6月，任中共巨野县委常委、宣传部部长；1976年6月，任巨野县常委、组织部长；1978年4月，任中共巨野县委副书记；1979年5月，任中共巨野县委副书记兼巨野县纪律检查委员会书记；1981年1月，任中共巨野县委副书记兼政协巨野县委员会主席、党组书记。1982年12月，任中共成武县委副书记。1984年1月，任中共梁山县委书记兼梁山县人民武装部第一政治委员、党委第一书记。1986年3月，任中共菏泽地委副书记（1988年上半年在中共中央党校学习）；1989年3月，任中共菏泽地委副书记兼政协山东省委员会菏泽地区工作委员会主任、党组书记（1989年参加全国第九期在香港、深圳举办的沿海地区领导干部研究班）；1992年12月，任政协山东省委员会菏泽地区工作委员会主任、党组书记。1998年7月退休。樊思宝曾先后当选为中共郓城县、巨野县、梁山县代表大会代表，并曾当选山东省第六、七届人民代表大会代表和政协山东省第七届委员会委员，还曾兼任菏泽地区心理学会、青年企业家协会、摄影家协会等社团组织名誉主席、会长、理事长等荣誉职务。

王崃生 1937年2月28日生，江苏省兴化市人，大学本科毕业，中学高级教师，梁山一中原名誉校长，梁山县政协副主席，山东省特级教师。1958年8月，毕业于山东师范学院（现山东师范大学），分配到梁山一中工作，先后任语文教师、教研组长。1979年，他被省政府授予首批“山东省特级教师”称号。1983年，任梁山一中副校长；1987年，任梁山一中名誉校长；1986年起，担任苏鲁豫皖四省中学语文教学研究会副会长（该研究会后更名为全国中学语文教学研究会课堂教学研究中心，他任副理事长）。1988年12月，调济南一中任语文教研组长，并担任济南市中学语文教学研究会副会长。他长期从事高中语文教学和教学研究工作，承担高三语文教学任务，并致力于高考作文指导的研究，教学经验丰富，教学成绩优异，深受学生爱戴。1993年，被全国中学语文教学研究会评为“全国优秀语文教师”。他从1979—1999年，连续20年参加全省高考语文学科评阅试卷的组织、检测工作，先后担任山东省高考语文学科阅卷领导小组成员、山东省高考语文学科评卷质量检查组副组长。他认真总结阅卷、评卷经验，参与主编《高考作文样卷评析》《阅卷教师讲评高考作文》等专著，参与编写《中学语文基础知识》《语文学习大全》等丛书。1997年8月退休，其后相继应邀在济南、青岛筹建私立中学；2006年起，一直担任济南一中老教育工作者协会会长；2012年，被评为山东省老教育工作者协会先进工作者。王崃生于1983年起，连续当选山东省第五届、第六届政协委员；1984年5月起，连续当选梁山县第二届、第三届政协委员，并当选二、三届县政协副主席；1999年，当选济南市第九届政协常委。

佟振合 1937年9月1日生，梁山县韩垓镇佟楼村人，中国科学院院士。1963年，毕业于中国科学技术大学高分子化学和物理系；1963年9月—1974年4月，任中国科学技术大学助教；1974年4月—1979年9月，任中国科学院感光化学研究所助理研究员；1983年，获美国哥伦比亚大学化学系博士学位；1983年9月—1987年9月，任中国科学院感光化学研究所副研究员；1987年9月起，任中国科学院理化技术研究所研究员；1999年，当选中国科学院院士；2012年9月10日，全职加盟山东大学。曾任中国科学院感光化学研究所所长、中国科学院理化技术研究所学术委员会主任及国际刊物编委。现任中国科学院理化技术研究所研究员，学术委员会主任，中国化学会光化学委员会主任，亚洲光化学会副主席。佟振合主要从事超分子有机光化学研究，涉及光化学反应中的微环境反应、疏水－亲脂作用对光化学和光物理过程的影响、光诱导电子转移和能量传递等方面。作为首席专家，他承担“有序分子聚集体的组装及分子组装体中的能量传递、电子转移和化学转换”国家自然科学基金重点项目和“分子聚集体中的电子转移、能量传递和化学转换”科技部973计划课题研究。他利用超分子体系作为微反应器，在高底物浓度条件下高选择性地合成大环化合物，并提出在烯烃光敏氧化中得到单一类型的氧化产物的新方法。提出疏脂性的概念并证明其存在。研究用硬链段连接的给体－受体分子内远程电子转移和三重态能量传递，用光化学和光物理相结合的方法为通过“化学键”进行电子转移和能量传递提供了成功的例证。他著有学术论著多部，在国际刊物发表论文300余篇，多次应邀在国际学术会议上报告工作。1992年，获中国科学院自然科学奖二等奖（第一完成人）；2003年，获何梁何利基金科学与技术进步奖；2005年，获国家自然科学奖二等奖（第一完成人）；2008年，获亚洲及大洋洲光化学学会成就奖，成为该奖项设立以来的第一位获奖的中国人；2010年，获中国化学会—中国石油化工股份有限公司化学贡献奖;2011年，获物理有机化学成就奖。

张先知 1939年2月4日生，梁山县寿张集镇肖庄村人，大专学历，中学高级教师，梁山县人大常委会原副主任。1958年7月—1969年6月，先后在山东省阳信四中、三中任初中教师、教研组长；1960年，当选教师代表参加阳信县文教群英会，其后多次被评为县、校级模范教师。1969年6月，调梁山十四中任高中教师、教研组长；1978年8月，调梁山一中任高中教师、班主任。在30多年的教学生涯中，所教语文成绩和班级学生管理工作名列前茅，1984年，被评为山东省优秀班主任、全国优秀班主任。1987年1月，当选为梁山县人大常委会副主任（不驻会）；1992年2月，任梁山县政府副县长；1994年，获济宁市委、市政府记大功；1996年，济宁市政府授予“劳动模范”称号；1998年，省人事厅等部门授予二等功；1999年1月，任县政协副主席；2001年2月，任县人大常委会副主任。在10多年的从政历程中，他谦恭低调，深入调查研究，促进分管工作开展，并积极建言献策，发挥参与国事、民主监督作用。张先知于1951年以普通学生身份被推选为梁山县各界人民代表大会代表，1987年起先后当选梁山县第十一、十二、十四、十五届人民代表大会代表，1984年、1998年分别当选政协梁山县第二、六届委员会委员，1993年当选山东省政协第七届委员。2003年4月退休，并先后任县少工委副主任、县老年体协副主席、县武术协会副会长等职务。

王福岱 1939年8月11日生，梁山县韩垓镇前王村人，大专文化程度，1953年加入青年团，1956年参加工作，1959年加入中国共产党，曾任梁山县政协主席、党组书记，原任菏泽电业局党委书记、局长。1956年，任开河区下八乡高级社主管会计；1958年，任孙庄公社开河管理区文秘；1959年，任开河供销社人事秘书；1960年任开河公社组织监察干事；1964年，任梁山团县委副书记，曲阜四清工作队任副组长；1965年，在梁山前集四清分队任指导员；1966年7月，任梁山文革办公室主任；1966年9月，任菏泽地委文革办公室副主任；1967年2月，回梁山修建黄河闸、看沉沙池；1970年，任梁山县委“一打三反”办公室副主任，县委整党办公室副主任；1970年12月，任梁山县岱庙公社党委书记；1976年9月，任梁山县委副书记；1981年1月，任梁山县委副书记、县政协主席、党组书记；1984年1月，任菏泽电业局党委书记、局长，曾被评为高级政工师、山东省劳动模范；1999年退休，享受副厅级待遇。

尹世寿 1939年8月生，山东省即墨市人，中学高级教师，梁山一中原教务主任，山东省特级教师。1961年8月，菏泽师专中文系毕业分配参加工作，在单县中师函授学校任语文教师；1966年3月，曲阜师大中文系（函授）本科毕业；1966年，调梁山一中任语文教师；1978年，调梁山师范任语文教师；1985年，调梁山一中任语文教师；1986年，加入中国共产党；其后，任梁山一中教务处主任；1999年8月退休。在教学工作中，他注重运用启发式教学，授课善于诱导，巧于点拨，实活兼具，多次执教市县观摩教学课；自编高三写作教材，先后在菏泽、济宁两个地市连续使用10多年，嗣后出版发行；主编高中和初中读写双快教材，得到广泛推广使用；实施“目标教学”“一课一得，得得相连”等教改实验，教学质量明显提高。在繁忙的教学管理事务中，他兼课数年，笔耕不辍，先后出版专著《中国散文美学发凡》，主编《记叙文写作初阶》《文体写作导引》《高中古诗文阅读》《初中读写双快能力训练与检测》《高中读写双快能力训练与检测》《学习心理学》6部著作，其中《记叙文写作初阶》获中国写作学会青少年写作研究会科研成果奖，《初中读写双快能力训练与检测》《高中读写双快能力训练与检测》均获中国阅读学会优秀科研成果奖。参编《写作学引论》《高中作文训练教程》《全国中学生优秀作文比较丛书》《简明学习方法词典》《高考作文技法谈》等20余部著作，其中，《写作学引论》获山东省教委颁发的优秀大专教材二等奖，《高中作文训练教程》获山东省写作学会优秀科研成果奖。先后发表《中学写作教学摭谈》《杯水新解——语文教师主导作用杂谈》《无心插柳，有意成春——作文教学一得》《想象与写作》《水浒艺术谈片》等数10篇论文，其中《中学写作教学摭谈》获山东省语文教学十年优秀论文奖、《杯水新解——语文教师主导作用杂谈》获苏鲁豫皖四省中语会颁发的优秀论文奖，并均被当年“中国人民大学人文社会科学学术成果评价研究中心·书报资料中心”主办的《中学语文教学》月刊全文复印转载。另有散文、诗歌（如梁山一中校歌歌词）见诸报刊。尹世寿于1991年被授予“山东省优秀教师”称号，1993年被选拔为梁山县首批优秀知识分子，1994年被山东省政府授予“山东省中学特级教师”称号；他曾当选中国阅读学会读写双快培训中心副理事长、中国写作学会山东分会常务理事、中国中语会教学研究中心理事兼研究员等。

房瑞荣 字耀文，号博荟轩居士，又号云鹤翁，笔名半文，1939年11月20日生，梁山县韩垓镇开河南村人，中专文化，中共党员，梁山县政协原常务副主席、党组副书记。1954年4月参加革命工作，1955年1月加入中国共产主义青年团，1956年10月加入中国共产党。1954年4月—1965年6月，先后在开河区公所、开河、孙庄、芦里公社任干事、文书、会计、党委监察委员等；1965年7月—1975年6月，先后任寿张集公社党委副书记、革委会副主任、韩岗公社党委副书记等；1975年6月—1979年6月，先后任大安山公社、小安山公社党委书记；1979年6月—1980年9月，任梁山县委办公室副主任；1980年9月—1981年6月，任梁山县委常委、办公室主任；1981年6月—1984年4月，任梁山县委常委、农村工作部部长；1984年4月—1986年3月，任梁山县委统战部部长、县政协副主席；1986年4月—1998年1月，任县政协常务副主席、党组副书记；1998年2月—2003年4月，任县政协助理调研员；2003年4月退休。房瑞荣曾当选中共梁山县第五、六、七、八、九、十次代表大会代表，梁山县第九、十、十二次人民代表大会代表，中共济宁市第八次代表大会代表，还兼任中国管理科学研究院特约研究员、中国水浒学会会员、梁山水浒画院名誉院长、梁山太极拳研究会副会长、梁山收藏家协会名誉会长等社会职务。房瑞荣政务之余，乐于笔耕，常在报纸上发表短文。1990年起，先后编著《人民政协基本知识》《溯源知识大观》《汉语叠音词典》《统战政协知识大全》《婚丧喜庆礼俗》等多部著作，主持编辑出版《水泊梁山》《梁山运河文化寻踪》和《梁山文史资料》一至十二辑，被评为山东省政协“特邀优秀文史工作者”。2013年初，执行主编近50万字的《梁山县政协志》。至2013年，共出版个人专著8部，共计300万字。多次被济宁市委组织部、济宁市委老干部局授予“全市优秀离退休干部党员”“离退休干部先进个人”。其业绩先后被收入《政协委员风采录》《中国当代学者风采录》《当代人力资源宝库》等。

李殿魁 1939年12月生，梁山县杨营镇侯寺村人，毕业于山东理工大学，中共党员，原任山东省政协副主席、党组副书记。1964年，在莱阳拖拉机厂参加工作，历任技术员、科长、工会主任、革委会副主任，汽车厂党委书记、厂长。1980年，任烟台市委副书记兼烟台大学校务委员会副主任。1986年，任东营市副市长、市长、市委书记、东营军分区政委。1993年4月，任山东省政协副主席。1995—2003年3月，任山东省政协副主席兼秘书长、省政协副主席、党组副书记，中共十四大代表，第七届全国人大代表。2003—2013年，任山东日本学会会长，山东诗词学会常务副会长，黄河研究会技术顾问，山东黄河河务局技术顾问，山东师范大学、中国海洋大学、山东农业大学兼职教授。他长期坚持水利决策问题研究，在东营市任职期间，潜心研究黄河治理，把约束论和能量平衡原理引进治黄，提出“三约束”理论，受到党和国家领导人及专家的充分肯定，并发表数篇专论和专著，为长期稳定黄河现行流路，根治黄河水患，指出了正确方向和具体的工程方案，被誉为“黄河书记”。在省政协任职期间，致力于推动京杭大运河的复航，提出开通京杭大运河穿黄隧道，并认为大运河复航是对中国大运河最好的保护，是申请世界遗产成功最可靠的保证。他与诸多政协委员、水利专家一道，为尽快恢复京杭大运河全线复航不遗余力，被称为“掉进运河不能自拔”的水利专家。他还曾承担国家“八五”重大科技攻关课题《延长黄河口清水沟流路行水年限的研究》，主要著作有《黄河三角洲——中国重大的科技经济课题》《都江堰原理与济南堰建设——兼论鲁水鲁用兴水治黄》《论渤海动力与黄河口治理》《黄河口治理与三约束理论》《重视“三约束”理论，科学指导黄河下游水患的根治》《论我国水系网络化建设——兼论新世纪治黄的新思路》等。其中《黄河三角洲——中国重大的科技经济课题》获1997年山东社会科学一等奖。

张宗亮 1940年7月生，梁山县赵堌堆乡房那里村人，研究生学历，中共党员，原任山东省人大常委会副主任。1965年6月毕业于山东师范大学物理系，同年8月参加工作；1966年4月加入中国共产党；1965年8月—1966年9月，为平原县城关公社“四清”工作队员；1966年9月—1972年3月，先后任平原县城关公社副社长、革委会副主任；1972年3月—1976年5月，任平原县委办公室干事；1976年5月—1979年7月，任平原县委办公室副主任；1979年7月—1980年11月，任平原县王打卦公社党委书记；1980年11月—1983年9月，任平原县委副书记；1983年9月—1985年7月，为中央党校干部培训班学员；1985年7月—1986年12月，任德州市（县级）委书记，1986年12月—1987年8月，任德州地委副书记；1987年8月—1992年5月，任省委组织部副部长；1992年5月—1994年12月，任省委组织部副部长兼省人事局（厅）局长（厅长）、党组书记，省编委办公室主任；1994年12月—1995年2月，任省委组织部常务副部长兼省人事厅厅长、党组书记，省编委办公室主任；1995年2月—1996年1月，任省委秘书长；1996年1月—1996年11月，任省委常委、秘书长；1996年11月，任省委常委、秘书长兼省委省直机关工委书记；1998年4月，在山东省第九届人民代表大会第一次会议上当选为省人大常委会副主任。中共十五大代表，第六届省委委员，七届省政协常委，省第五、六次党代会当选为省纪委委员。2003年4月任山东省人大常委会副主任、党组副书记。2006年初退休。

孙景全 号滴石斋居士，1940年生，山东省郓城县人，大学文化，中共党员，国家一级美术师、中国美术家协会会员、中国壁画学会理事、中国水浒学会副秘书长、水浒画院院长、山东画院高级画师，水浒人物画家、壁画家，梁山当代水浒文化研究的先行者。1963年毕业于山东艺术学院油画专业，毕业后供职于梁山，先后任县文化馆馆长、文化局副局长、旅游局长、水泊梁山风景名胜区管委会主任等职。1993年退居二线，2003年退休。

任县旅游局长和风景名胜区管委会主任期间，先后主持梁山风景名胜区总体规划的制定、评审、实施，主持忠义堂内36天罡星大型壁画、彩塑工程，是梁山旅游事业发展的奠基人。他致力于水浒文化的研究，1987年，应邀在北师大主办中国水浒研究会上作《水浒与梁山泊》主题发言，首次提出“水浒文化”的概念，得到与会专家学者的广泛认同。他以水浒为母题，先后从事油画、中国画、壁画、特种邮品及书法的创作研究，为省内外名胜区和宾馆创作了一批题材多样、材质各异的壁画作品，如唐三彩壁画《辉光日新》《梁山好汉图》、木雕壁画《武魂雄风》《水浒魂》、珐琅彩壁画《华夏文明》、高温花釉壁画《温泉的传说》、锻铜壁画《笑迎天下宾朋》、大理石浮雕壁画《东征沐浴图》、景泰蓝壁画《彪炳千秋·秦琼》、铸铜壁画《文明乐章》等，还创作了铸铜人物雕塑《风骨颂》。他主创的大型唐三彩壁画《水泊英雄聚义图》获由中国美术家协会与中国壁画学会主办的“2004·首届全国壁画大展”最高奖；大理石浮雕壁画《大唐击鞠图》（中华体育五千年系列之一）定为“北京永久性奥运场馆景观壁画”安置于国家奥体中心；中国画《相马》获山东优秀奖，《天界》获香港国际书画大展银奖，《唐宫乐图》获台湾星际艺术家银奖，《水浒英雄谱》获北京、香港国际图书博览会二等奖；水墨画《醉》获加拿大国际水墨画展“枫叶奖”，《高洁图》获泰国“当代国际水墨画名家展”金奖；连环画《促织》获第四届莫斯科国际书展二等奖；中国画《清风万里图》入选中国画院美术馆举办的“当代书画名家作品展览”，并辑录《中国文化遗产年鉴》（书画卷）；一百单八将群雕获“最佳设计奖”；书画作品被河南、江苏、浙江、湖南、山东等地博物馆、纪念馆收藏，部分书画被景区碑林镌石铭刻，并结集出版。

从工作岗位上退下来后，他以对水浒英雄、水泊梁山的不解之缘，深入挖掘整理前贤研究成果，系统翔实归纳水浒资料，将自己读水浒、画水浒、研究水浒40余年的成果，与夫人杜凤银一道，呕心沥血10余载，凝聚成一部34万字、400幅图片的《水浒博览大典》，填补了水浒综合性辞书空白，为水浒文化研究提供了准确、客观、权威性宝贵资料。孙景全学养丰厚，博览经史，先后被济宁市政府授予“专业技术拔尖人才”、被国家有关部门授予“有突出贡献艺术工作者”称号，并颁发证书和奖章。艺术生涯被《中国当代书画家大辞典》《世界华人艺术博览大典》《世界美术家传》（华人卷）等数十部典籍收录。新华社、《人民日报》《中国书画报》《亚洲时报》《美术》及中央电视台、中国国际广播电台、山东电视台、江苏电视台、日本NHK电视台等新闻媒体曾对其进行过专题采访宣传。

岳宗周 1941年12月生，梁山县小路口镇丁井村人，大学文化，副研究馆员，民盟盟员，曾任民盟梁山支部主委，梁山县政协原副主席，2012年6月退休。1965年1月—1972年11月，在县水建指挥部工作（后为县水利局）；1972年11月—1997年12月，在县文化馆工作，任创作室主任，并先后担任梁山县作家协会主席、名誉主席，中国楹联学会会员、山东楹联艺术家协会理事，梁山县诗词楹联学会会长，中国作家出版集团特约作家等。其间，先后发表长篇叙事诗《沸腾的渡口》（1973年《诗刊》），以及其他小说、诗歌、散文、故事、剧本、学术论文300余万字，主编论文等各类专业图书12本，创作的七幕剧《水泊激浪》获省汇演二等奖，六幕剧《李逵闹衙》获菏泽地区创作汇演三等奖，《梁山蜜桃歌》《黄河新艄公》《榴花红似火》《春上梁山》等重要作品在全国、全省获得较好影响，歌曲《请您到梁山看一看》《梁山，我可爱的故乡》在县内外广为传唱。先后创办《水泊文艺》《小作家报》《水泊梁山》等，担任主编，先后培育一批文学新苗，并催生出一批文学力作。岳宗周1990年1月加入中国民主同盟，同年8月，开始筹建民盟梁山支部，1995年6月民盟梁山支部正式成立，先后任民盟梁山县支部第一、二、三、四届主委、第五届副主委，民盟济宁市委第四届委员；1997年7月，当选民盟山东省第六次代表大会代表。1998年1月—2007年1月，任梁山县政协第六、七届副主席，同期任济宁市政协第七、八届委员。1998年12月21日，以贵宾身份被邀请出席中共第十次代表大会。主持民盟梁山支部工作期间，积极组织开展民主参政议政活动，致力于水浒文化研究，先后担任梁山水浒研究院名誉院长、山东省水浒文化研究会副会长、中国水浒学会副会长等，主编《水浒探源》《水泊梁山历代诗文选》等水浒文化丛书，后结集出版，并参与组织“天下水浒论坛”；主编文学杂志《水泊梁山》，开展本土文学作品创作，兴建楹联及书画艺术文化墙，讴歌梁山的新形势、新面貌、新变化。民盟梁山支部组织创作的“纪念红军长征胜利60周年”百米长卷被民盟中央收藏。同时，支持梁山功夫院整理挖掘武术文化，帮助举办子午门、少林、民间武术争霸赛；支持并帮助部分酒厂开展饮酒文化创新开发，邀请知名专家在梁山县举办酒文化研讨会。他作为全国岳飞思想研究会副会长、梁山分会会长，集聚周边数县岳飞后裔积极参与岳飞思想研究，并在江西九江“纪念岳飞诞辰”等大型活动中发表演讲；他主持创作大型石雕岳飞像，于2008年2月15日在梁山县小路口镇举行安放仪式，弘扬岳飞“精忠报国”的爱国思想。

杨朝福 1942年2月11日生，梁山县大路口乡西杨村人，大学文化程度，1967年8月参加工作，1966年8月入党，原任梁山县政协主席、党组书记。1967年8月，山东海洋学院水产系毕业；1967年8月—1970年1月，在济南军区6144部队15分队锻炼；1970年1月—1971年6月，在梁山人民银行任办事员；1971年6月—1976年5月，在梁山县小路口公社先后任团委书记、党委常委、党委副书记；1976年5月—1981年10月，在梁山寿张集公社任党委副书记、革委会主任；1981年10月—1984年3月，在梁山县委农村工作部先后任秘书、副部长；1984年3月—1984年8月，在县委办公室任副主任；1984年8月—1985年8月，任梁山县委常委、副县长；1985年8月—1987年1月，任梁山县委副书记；1987年1月—1987年9月，任梁山水泥厂党委书记；1987年9月—1988年8月，任菏泽地区农机服务公司经理、党组书记；1988年8月—1990年3月，任梁山县人大常委会副主任、党组成员；1990年3月—2001年1月，任梁山县政协主席、党组书记；2001年1月—2003年4月任县政协调研员；2003年4月退休。

刘忠泉 1943年4月生，山东省烟台市牟平区人，大学本科学历，主任医师，中共党员，县人民医院原党总支书记、副院长，心内科专家，山东省高级卫生专业技术职务评审委员会委员。1969年8月毕业于山东医学院，任山东医学院实习医师，其后分配到梁山县小安山公社卫生院任内科医师；1975年，调梁山县人民医院工作，先后任内科医师、内科主治医师、内科副主任医师、内科主任医师。1986年，任县人民医院副院长；1994年1月，任县人民医院党总支书记、副院长；2012年2月退休，被县人民医院返聘。他从事内科临床40余年，对高血压、冠心病、心肌病等心脑血管疾病具有丰富诊疗经验，在内科循环系统疾病治疗方面造诣尤深，对顽固心衰、复杂心律失常、急性心梗等急难症的治疗取得较好效果，能妥善处理和指导循环系统疾病治疗与抢救。他注重学术理论研究，在省级以上医学期刊发表学术论文11篇，其中国家级3篇，在全国和全省医学学术会议发表论文20余篇。任副主编编著出版《临床心电图诊断与鉴别诊断》专著，任第二研究人员“普乐林治疗肺心病加重期血流变化的研究”，获1994年县“科技进步一等奖”。刘忠泉多次被评为“全县卫生系统先进工作者”；1990年，被县委、县政府授予记功奖励；1991年，被评为全县“七五”期间优秀科技工作者；1993年5月，被县委、县政府授予梁山县首批“优秀知识分子”称号。1998年1月，当选梁山县十四届人大代表，并当选为县十四届人大常委会委员；2003年2月，当选山东省十届人大代表；2007年12月，当选济宁市十五届人大代表。

闫玉贤 1944年10月生，梁山县寿张集镇寿张集村人，中共党员，原石家庄陆军指挥学院元氏分院政委，少将军衔。1964年参加中国人民解放军，先后在团、师政治部、总参政治部、总参纪委和军队院校等单位工作，历任战士、排长、干事、副科长、部长。1998年10月，任装甲兵指挥学院政委；1999年7月，晋升少将军衔；1999年11月，任石家庄陆军指挥学院元氏分院政委；2003年退休。主要著作有：《基层纪检工作200问》《纪检办公指南》《纪检办公必读》《廉政与纪律知识问答》《装甲机械化部队作战研究》《军队初级指挥军官政治理论教学改革研究》等。

王传琦 1944年12月生，梁山县小路口镇王洼村人，大学本科学历，主任医师，心胸外科专家，梁山县人民医院原院长、山东省立医院西院外科主任兼党支部书记。1969年8月，毕业于青岛医学院医疗系，分配在梁山县大路口卫生院工作，任住院医师；1973年8月，调梁山县人民医院，先后任外科医师、主治医师、副主任医师；1982年8月，任县人民医院外科副主任；1984年8月，任县人民医院副院长兼外科主任；

1986 年 8 月，任县人民医院院长兼外科主任；1990 年 8 月，任县人民医院党总支书记、第一副院长兼外科主任；1994 年 8 月，调山东煤矿总医院，任外科副主任兼外科支部副书记；1996 年 8 月，任山东煤矿总医院外科主任兼支部书记；同年 10 月，晋升为外科主任医师；2000 年，任山东省立医院西院外科主任兼支部书记；2004 年 12 月退休，返聘于省立医院西院。在梁山县人民医院工作期间，他先后成功实施一系列高难度大型手术。1982 年，开展风湿性心脏病二尖瓣膜狭窄闭式扩张术；1984 年，开展先天性心脏病室间隔缺损在体外循环下直视修补术，使梁山县人民医院成为全国第二家、长江以北第一家开展体外循环手术的县级医院；其后，先后成功开展体外循环心脏手术 10 余例。1986 年，他在菏泽地区县级医院中组织开展第一例肝硬变门静脉高压分流术、脾肾静脉吻合术，取得圆满成功。其后，又相继开展脾腔静脉吻合、脾肠（脾静脉和肠系膜上静脉）吻合术、十二指肠肿瘤切除术、食管癌和肺癌根治性切除术等。至 1994 年，共开展各类重大手术 360 余例，均获圆满成功。在山东煤矿总医院、省立医院西院工作期间，成功开展巨大纵隔肿瘤摘除术、低温麻醉下先天性心脏病房间隔缺损修补术、先天性心脏病动脉导管胃壁手术、先天性心脏病肺动脉瓣狭窄术，《齐鲁晚报》《济南日报》先后进行报道。他还注重医学理论研究，先后在省级和国家级刊物发表论文 20 余篇 ，主编《急性疾病的防治》一书，任《儿童营养和培养》一书副主编，参加编写《支气管外科学》一书。王传琦于 1988 年被评为山东省先进科技工作者，同年获山东省“富民兴鲁”劳动奖章，并当选山东省第七届人民代表大会代表；1992 年当选济宁市第十二届人民代表大会代表；2000 年获山东省煤炭系统“劳动模范”（地市级）称号，并获“劳动模范奖章”；同年被评选为山东省省直党工委模范党支部书记，同时获“模范共产党员”称号和奖章。

秦兰悦 1945 年 4 月生，梁山县馆驿镇秦楼村人，大学文化，中共党员，原海军航空工程学院院长，少将军衔。1964 年参加中国人民解放军，在海军飞行学院历任战士、学员、教员、教研室副主任（副团）、飞行团长、海军航空工程学院系主任（副师）、海军航空技术学院院长（正师）、海军航空工程学院副院长（副军）、海军航空工程学院院长（正军）。2005 年 11 月退休。先后被评为学习毛主席著作积极分子、学习雷锋积极分子、海军优秀教育工作者、全军优秀教育工作者、获三等功一次、海军优秀学术论文一等奖、二等奖各一次，全军优秀教育论文一等奖、二等奖各一次，全军优秀教学成果一等奖三次，全国优秀教育成果二等奖一次。

张忠建 1945 年 7 月生，山东省汶上县军屯乡戚姬村人，1964 年 1 月入伍，1965 年 12 月入党，大专文化，曾任梁山县委副书记、县人民政府县长，原任济宁市人民政府副秘书长。1964 年 1 月—1976 年 3 月，在部队历任战士、班长、指导员、沈阳军区工程兵政治部组织处干事、沈阳军区政治部组织部干事。1976 年 3 月—1981 年 3 月，先后任汶上县人事局办事员，中共汶上县委组织部干事、组长；1981 年 3 月—1986 年 3 月，任中共汶上县白石公社党委书记；1986 年 3 月—1988 年 7 月，任汶上县税务局党组书记、局长；1988 年 7 月—1992 年 12 月，任汶上县人民政府党组成员、副县长；1992 年 12 月—1995 年 9 月，任中共汶上县常委、政府副县长。1995 年 9 月—1998 年 1 月，任中共梁山县委副书记；1998 年 1 月—1998 年 3 月，任中共梁山县委副书记、副县长（主持县政府工作）；1998 年 3 月—2000 年 1 月任中共梁山县委副书记、代县长、县长。2000 年 1 月—2004 年 8 月，任济宁市人民政府副秘书长、政府办公室党组成员、调研员。2004 年 8 月退休。张忠建曾在部队立三等功一次，被树为沈阳军区活学活用毛主席著作积极分子；三次出席沈阳军区活学活用毛主席著作积极分子代表大会。1993年2月获国家人事部、国家林业部“全国先进个人”奖励。

张茂峰 1945年8月生，梁山县韩岗镇张楼村人，大专文化，中共党员，原国防大学进修系政委，少将军衔。1963年12月参加中国人民解放军，先后在野战部队和军事高等学府从事新闻、宣传、组织、秘书及机关、学员系、队政治领导、行政管理工作，历任战士、班长、团政治处干事、军区政治部干事、北京军事学院办公室秘书（副团）、学员队副政委（正团）、国防大学研究生院办公室副主任（副师）、基本一系学员队政委（正师）、进修系政委（副军、少将）。2003年12月退休。参与策划合著《军事辩论法教程》《军事领导学》等著作，主导策划并协助主编《军事谋略学》《刘伯承故事传》，专著《把握住自己十六慎》，在军内外报刊发表文章150余篇，讲课160多次，印发讲稿4000多份，被学员誉为精品课、品牌课。

高太平 1945年10月生，山东省曲阜市人，1973年5月入党，1968年9月参加工作，大学毕业，农学学士，原任梁山县人大常委会主任、党组书记。1964年9月—1968年9月，在山东农学院植保系植保专业学习；1968年9月—1973年6月，在东明县城关公社先后任农业技术员、团委书记；1973年6月—1979年11月，任东明县委宣传部理论教员；1979年11月—1984年1月，任东明县委宣传部科长；1984年1月—1988年11月，任东明县委常委、宣传部部长；1988年11月—1989年9月，任东明县纪委书记；1989年9月—1990年2月，任曹县县委常委、政府副县长；1990年2月—1992年12月，任梁山县政府副县长；1992年12月—1997年2月，任梁山县委副书记、政府副县长；1997年2月—2006年1月，任梁山县人大常委会主任、党组书记；2012年3月退休。高太平于1996年5月在支援京九铁路建设中，获山东省政府“先进工作者”称号；2003年4月获济宁市委、市政府嘉奖；2004年4月获济宁市委、市政府嘉奖。

臧凤柱 1945年12月生，山东省东平县银山镇人，大专文化，1968年8月参加工作，1972年12月加入中国共产党，原任梁山县政协主席、党组书记。1968年8月—1971年8月，原梁山县银山镇徐庄联中任教师；1971年8月—1973年8月，在菏泽农专农机专业学习；1973年8月—1976年4月，在梁山县良种场任技术员；1976年4月—1983年8月，先后在农业局、农委任办事员；1983年8月—1984年2月，在寿张集公社任党委副书记；1984年2月—1986年6月，在馆驿乡任党委书记；1986年6月—1990年3月，任梁山县政府副县长；1990年3月—1992年12月，任梁山县委常委、县政法委书记；1992年12月—1997年12月，任梁山县委常委、县纪委书记；1997年12月—1998年9月，任梁山县委副书记、县纪委书记；1998年9月—2001年1月，任梁山县委副书记；2001年1月—2006年1月，任梁山县政协主席、党组书记；2012年6月退休。臧凤柱于1994年1月被省纪委、省监察局授予“先进个人”；2000年12月，被省纪委授予“先进工作者”。

赵步荣 1946年6月生，山东省金乡县卜集镇人，大专文化，1964年8月参加工作，1971年11月加入中国共产党，曾任中共梁山县委副书记、县长，原任济宁市物价局局长、党组书记。1964年8月—1970年10月，在金乡县卜集公社任民办教师；1970年10月—1973年4月，在金乡县第十二中学任教师；1973年4月—1975年9月，在金乡县广播站任编辑；1975年9月—1980年10月，在金乡县委办公室任秘书；1980年10月—1983年8月，任金乡县委办公室副主任；1983年8月—1985年7月，在山东大学社科系干部专修科学习；1985年7月—1990年2月，任金乡县委常委、办公室主任；1990年2月—1992年12月，任中共金乡县委副书记；1992年12月—1997年1月，任中共梁山县委副书记、梁山县县长；1997年1月—1997年6月，任济宁市物价局副局长、党组副书记；1997年6月—2001年4月，任济宁市物价局局长、党组书记；2001年4月—2003年5月，任济宁市政协常委。赵步荣于1993年3月当选山东省第八届人大代表。

高登广 1946年7月生，梁山县黑虎庙镇马庄村人，大专文化，高级经济师，原北京城建投资发展股份有限公司副总经理兼北京城建兴华地产有限公司董事长、总经理。1964年参军入伍，1965年12月加入中国共产党，曾任战士、给养员、师部参谋，并多次获嘉奖、荣立三等功。1983年，在城建集团任副科长、科长；1987年6月，毕业于北京建工学校经济管理专业；1991年，任北京市城建工程承发包公司（隶属北京城建集团）经理。他带领北京市城建工程承发包公司，先后承建阜石路、北苑路、成寿寺路、北太平庄立交桥、水源九厂配水管道、安全局“三九一”工程、陕甘宁天然气进京工程（北京段）、双榆树供热厂、高碑店污水处理厂、华能热力等10多项公用市政基础设施工程，以及牡丹园居住区、罗庄西里小区等市政拆迁安置用房建设工程，总投资近百亿元，为首都市政建设作出积极贡献。1997年，任北京城建兴华地产有限公司董事长、总经理。1999年，在国家“九五”重点工程陕甘宁天然气进京工程建设中，他组织公司精干力量，抢时间、争速度，仅3个月，准时、高质完成了任务，其公司承建的北京段工程获1999年度北京市优质工程“长城杯”。2000年，其公司转产进入房地产开发行业，陆续成功开发建设北京市北苑家园大型社区项目和中关村海兴大厦、筑华年等项目，并带领北京城建兴华地产有限公司在政策突变中顺利转型，并驶入发展的快车道，逐步发展成为拥有房地产开发国家一级资质、国家建设工程承发包二级资质、注册资金6.5亿元的大型房地产开发企业。2001年6月，任北京城建投资发展股份有限公司副总经理、北京城建兴华地产有限公司董事长、总经理，他随即做出长远谋划：打造物业管理，培育公司新的利润增长点；实施经营性商业，出租营业场所，推进公司股权多元化，引入医药、汽车等利润丰厚行业参股，推动企业转型升级。2002年，他被评为“北京市经济技术创新标兵”；2003年，他获得北京地产年度风云榜“北京地产英雄”奖；他还多次获得“北京市杰出管理者”等称号和创业奖。2006年2月退休。高登广乡情浓厚，先后投资百万元，为家乡修路、打井、建学校，并采取多种形式支持家乡发展，为家乡人民服务，赢得家乡干部群众的尊重。

郝吉明 1946年8月25日生，梁山县馆驿镇西郝庄村人，教授、博士生导师、环境工程专家。1970年毕业于清华大学，1981年获清华大学硕士学位，1984年获美国辛辛那提大学博士学位，2005年当选为中国工程院院士，2006年评定为国家级教学名师。曾任清华大学环境科学与工程系主任、教育部长江学者奖励计划首批特聘教授，现任清华大学环境科学与工程研究院院长。兼任清华大学全球环境研究中心主任、教育部环境科学与工程教学指导委员会主任、污染控制与资源化研究国家重点实验室主任、国家环境咨询委员会委员、中国环境科学学会副理事长、世界工程组织联合会工程与环境委员会委员，及《环境科学》《中国环境科学》《环境科学学报》《环境工程学报》副主编等职。郝吉明致力于中国空气污染控制研究40余年，先后主持全国酸沉降控制规划与对策研究，划定酸雨和二氧化硫控制区，被国务院采纳实施，为确定国内酸雨防治对策起到主导作用。主持建立城市机动车污染控制规划方法，推动国内机动车污染控制的进程。深入开展大气复合污染特征、成因及控制策略研究，发展特大城市空气质量改善的理论与技术方法，推动我国区域性大气复合污染的联防联控。作为领衔专家，领导完成《第29届奥运会北京空气质量保障措施》，获国务院批准。他先后主编《大气污染及其防治》《大气污染控制工程》《燃煤二氧化硫污染控制技术手册》《酸沉降临界负荷及其应用》《城市机动车排放污染控制》等学术专著10多部，发表学术论文200余篇，获国家发明专利14项，获多项国家和省、部级科技进步一等奖、二等奖。主讲本科生《大气污染控制工程》、研究生《可持续发展引论》等国家精品课程，培养了众多硕士、博士、博士后人才。1996年，获“全国环境保护科技先进工作者”称号；1998年，获国家科技进步一等奖；2000年，被评为全国环保杰出贡献者；2005年，获全国高等教育国家级教育教学成果一等奖；2008年，被评为绿色中国年度人物；2009年，获国家自然科学二等奖，同年获全国高等教育国家级教育教学成果一等奖；2010年、2011年，连续获国家科技进步二等奖；2011年获“首都精神文明建设奖”“第四届国合会委员纪念奖”；获2015年度哈根—斯密特清洁空气奖（Haagen-Smit Clean Air Awards），成为中国大陆首位获得该奖的科学家。

曹耀华 1947年1月17日生，山东省嘉祥县梁宝寺镇曹南村人，大学文化，1966年7月参加工作，1971年4月加入中国共产党，曾任中共梁山县委副书记、梁山县县政府县长，原任济宁市航运管理局党委书记、副局长。1963年9月—1967年7月，在济宁师范上学；1967年7月—1969年1月，在微山县鲁桥公社仲浅小学任教师；1969年1月—1975年6月，在嘉祥县梁宝寺公社梁宝寺联中任教（其间：1971年11月任嘉祥县委委员；1972年任梁宝寺公社党委常委、梁宝寺联中负责人）。1975年6月—1979年1月，任嘉祥县城关公社党委副书记。1979年1月—1980年1月，任嘉祥县核桃园公社党委副书记；1980年1月—1983年9月任嘉祥县核桃园公社党委书记。1983年9月—1985年7月，在省委党校干部专修科学习。1985年7月—1987年2月，任嘉祥县纪律检查委员会副书记；1987年2月—1990年2月，任嘉祥县委常委、宣传部长；1990年2月—1992年12月，任嘉祥县委常委、常务副县长。1992年12月—1996年1月，任梁山县委副书记；1996年1月—1997年12月，任梁山县委副书记、代县长、县长。1997年12月—2003年3月，任济宁市航运管理局党委书记、副局长。2003年3月—2008年1月，任济宁市政协常委、人口资源环境委员会副主任。2008年1月退休。曹耀华于1993年被山东省委、省政府授予“抗洪抢险先进个人”称号。

连广生 1947年3月生，山东省齐河县宜章屯镇钱玉屯人，大学毕业，1970年8月参加工作，1982年12月加入中国共产党，曾先后任梁山县人民政府县长、中共梁山县委书记，原任济宁市人大常委会党组书记、第一副主任（正厅级）。1953年9月—1965年7月，在家乡读小学、初中、高中，1965年7月齐河三中高中毕业考入山东大学数学系学习，1970年8月大学毕业。1970年8月—1971年12月，在山东省军区4807部队锻炼。1971年12月—1983年12月，在山东省梁山县从事教育工作，先后任高中数学教师、教研室数学教研员、梁山一中教导主任。1983年12月—1993年2月，先后任梁山县副县长，县委常委、常务副副县长，1988年11月—1989年8月，任中共梁山县委副书记；1989年8月—1990年2月，任中共曹县县委副书记；1990年2月—1991年7月，任中共梁山县委副书记；1991年7月—1993年2月，任中共梁山县委副书记、县长，1993年2月—1995年3月，任中共梁山县委书记；1995年3月—1997年12月，任嘉祥县委书记。1997年12月起，先后任济宁市委常委、秘书长，市委常委、纪委书记，市委副书记、纪委书记，市人大常委会党组书记、第一副主任。2007年退休。连广生于1987年被山东省委、省政府授予“先进个人”称号，曾当选中共山东省第七届、第八届纪委委员，山东省第六次、第八次党代会代表，山东省第十届人大代表。

李清印 1947年7月生，梁山县拳铺镇圣庄村人，中央党校研究生学历，中共党员，中国武装警察部队原副政治委员兼纪委书记，武警中将警衔。1969年3月，参加中国人民解放军，任中国人民解放军陆军步兵团炮连战士；1969年10月，加入中国共产党；1973年2月，先后任陆军步兵团炮连排长、组织科干事；1974年10月，任陆军师政治部组织科干事；1979年3月，先后任济南军区政治部组织部青年处干事、副处长、组织处处长；1990年5月，任陆军54军团128师政治部主任；1993年4月，任陆军师政治委员；1996年10月，任武警第128师政治委员；1998年1月，任武警河南省总队政治委员；同年7月，被授予武警少将警衔；2000年4月，任武警北京市总队政治委员；2002年3月，任武警部队政治部副主任兼北京市总队政治委员（其间2002年9月—2005年2月在中央党校省部级干部研究生班政治学专业学习）；2005年7月，任武警部队副政治委员兼纪委书记、武警部队党委常委；2006年7月，晋升武警中将警衔。2007年10月，当选中共第十七届中央纪律检查委员会委员。

李文朝 1948年3月生，梁山县赵堌堆乡前范城村人，解放军电视宣传中心主任，中共党员，少将军衔；高级记者，兼职专业技术三级（副大军区级工资待遇），新闻传播学硕士研究生导师；中国作家协会诗歌委员会副主任、中华诗词学会常务副会长（法定代表人）、中国广播电视学会电视军事节目委员会会长、中华诗书画委员会常务副主任、中国书法艺术家协会常务理事等。1966年，梁山县委破格吸收为地方干部并入党，从事新闻宣传工作。1972年11月，菏泽军分区破例特批他成为菏泽军分区新闻干事。其后相继被调入山东省军区和济南军区，历任政治部新闻干事、副处长、代理团政委、济南军区司令部办公室秘书、济南军区政治部宣传部处长、副部长、济南陆军学院政治部主任等职。1996年，任解放军电视宣传中心副主任兼新闻部主任；2000年4月，先后任解放军电视宣传中心政委、中心主任、党委书记、总政治部直属党委委员；2002年7月，晋升少将军衔。2009年退役，到地方兼任中华诗词学会常务副会长（法定代表人）。

李文朝在代理团政委期间，与团长精诚合作，团结带领团党委一班人，全面做好部队管理工作，妥当处理突发事件。任济南陆军学院政治部主任期间，在选配干部、招收学员等敏感问题上，为院党委严格把关，当好参谋。任解放军电视宣传中心副主任兼新闻部主任，他提出“同心干事业，诚心交朋友”的为人处事原则和“大局为重，事业为本，精心为事，诚心为人”的栏目精神，开创了电视军事宣传的新局面。他还总结提出当好党委书记要“统揽不包揽，决断不武断，民主不无主，善谈不空谈，放手不撒手，实干不蛮干”的经验，受到总政治部高度赞誉，先后3次荣立三等功，多次受嘉奖，并受到总参谋部、总政治部、总后勤部联合通报表彰。

李文朝作为一名军人，以令人叹服的诗词艺术成为知名作家，以对新闻艺术孜孜不倦的追求成为著名新闻专家。1975年，他开始发表作品，同年，他以“菏泽军分区政治部”的名义，主编第一部反映菏泽地区民兵革命斗争故事的报告文学集《万丈长缨》。1979年，他在《解放军报》一版头条发表《正本清源的有力武器，思想解放的必修课程——真理标准讨论这一课非补好不可》重头新闻，成为军队思想解放宣传的开篇力作。同时，他采写推出许多重大典型，特别是为宣传“时代英雄”徐洪刚、“新时期好战士”李向群作出突出贡献。他引领中央电视台军事节目上台阶、上质量，多次受到中央军委、总政治部和国家广电总局表扬。他主创提出并成功组织《世纪初年走边关》大型电视系列报道活动，且概括提炼出“披世纪朝霞，走万里边关，领千般风情，颂不朽军魂”的活动主题，受到党中央、中央军委首长和新闻界的高度赞誉，被誉为“中国新闻史上的创举”和“中国电视史上的万里长征”。作为总编导，他还参与主创向党的十六大献礼文献纪录片《我们的队伍向太阳》，开创了中国电视“当代修史”的先河，该片获第九届全国精神文明“五个一工程”奖。他先后在军内外报刊、电台、电视台发表新闻千余篇，其中近百篇获全国、全军等各类好新闻奖，著有新闻专著《新闻行知录》、作品集《长城壮歌》《军事报道》等。2005年，他加入中国作家协会，成为以传统诗词艺术成就跻身中国作家队伍少数代表性人才之一。著有古体诗词集《古枝新蕾》《戎雅春秋》《李文朝诗词诗论选》，《沁园春·四季画屏》和《五言古体诗·登泰山》可称其为两篇代表作，并有多首诗词发表在《人民日报》《光明日报》《解放军报》等主要报纸和刊物，其作品手稿著作被中国国家图书馆和中国现代文学馆收藏；本人入选《中国作家大辞典》《中国诗人大辞典》《中国历代书画名家辞海》《中国书法名家全集》等辞书，成为当代中华诗词事业的领军人之一。他所领导的中华诗词学会被国家民政部表彰为“全国先进社会组织”。2007年3月，国务院决定向其颁发政府特殊津贴及证书。

李广生 1948年9月生，梁山县杨营镇人，大学文化，1969年1月参加工作，1976年入党，曾任中共梁山县委书记，原任济宁市政协副主席。1969年—1976年，芦里公社干部；1976年—1983年，历任银山公社党委副书记，大路口公社党委副书记、管委会主任，韩岗公社党委书记；1984年1月—1989年7月，先后任郓城县县长、县委书记；1989年7月—1989年12月，任中共定陶县委书记；1989年12月—1993年2月，任中共梁山县委书记；1993年5月—9月，任中共济宁市委秘书长；1993年9月—1994年8月，任中共济宁市委常委、秘书长；1994年8月—2006年12月，任济宁市政府副市长；2006年12月—2008年12月，任济宁市政协副主席；2013年5月退休。

吕学泉 曾用名吕学全，1950年10月10日（农历）生，梁山县小路口镇南口村人，中共党员，研究生学历，青海省军区原副司令员，少将军衔。1969年11月，参加中国人民解放军，先后任郑州炮校教练营战士、副班长，后赴北京参加军委炮兵地下指挥工程建设；1970年9月，加入中国共产党；1971年—1981年，先后任陆军第十九军高炮团司令部文书、指挥连侦察雷达班长、炮二营营部侦察班班长、排长、司令部侦察股参谋、副股长（代股长）、作训股股长；1981年—1984年，先后任陆军第十九军司令部参谋、兰州军区司令部炮兵部参谋；1984年，任兰州军区直属高炮六三〇团参谋长；1985年—1992年，先后任兰州军区直属高炮七旅参谋长、副旅长、旅长；1992年，任陆军第二十一集团军高炮旅旅长；1994年，任陆军第二十一集团军党委常委、装备部部长、党委书记；2002年，任陕西省军区副司令员；2004年，任青海省军区副司令员，同年6月，授少将军衔。2009年1月退休。吕学泉先后在全军和军区刊物和报纸上发表30余篇学术论文，并多次被评为军区和军委先进个人，两次荣立三等功，受到总部、军区和军委表彰奖励。

霍正气 1950年11月生，山东省鄄城县红船镇霍坝村人，大学文化，1968年10月参加工作，1971年8月加入中国共产党，曾任中共梁山县委副书记、梁山县县长，原任中共山东省委老干部局局长。1968年10月—1971年12月，任鄄城县引马公社霍坝村民办教师；1971年12月—1975年8月，任鄄城县革委政治部报道组干事；1975年8月—1976年3月，任鄄城县林卜公社党委常委、团委书记；1976年3月—1976年7月，任鄄城县闫什口公社党委书记；1976年7月—1980年8月，任鄄城县委常委、闫什口公社党委书记、城关公社党委书记；1980年8月—1982年9月，在山东大学科学社会主义系学习；1982年9月—1984年1月，任鄄城县政府党组成员、农委主任、县委农工部部长；1984年1月—1984年8月，任梁山县小路口区委书记；1984年8月—1986年4月，任中共梁山县委副书记；1986年4月—1989年7月，任中共梁山县委副书记、梁山县县长；1989年7月—1991年6月，任中共成武县委副书记、成武县县长；1991年6月—1994年7月，任中共成武县委书记；1994年7月—2000年11月，任中共菏泽地委委员、秘书长；2000年11月—2006年2月，任中共聊城市委副书记；2006年2月—2006年12月，任中共聊城市委副书记、纪委书记；2006年12月—2008年2月，任山东省人口和计划生育委员会副主任、党组副书记；2008年2月—2011年2月，任中共山东省委老干部局局长；2011年2月起，任山东省政协常委、人口资源环境委员会副主任；2013年12月退休。霍正气曾当选山东省第七届人民代表大会代表，中共山东省第六次、第八次党代表大会代表。

贾凤英 女，1951年11月生，梁山县大路口乡贾堌堆村人，1971年4月加入中国共产党，同年12月参加工作，中央党校党政理论研究生学历，曾任共青团梁山县委书记、梁山县政府副县长，原任菏泽市政协主席、党组书记。1971年12月—1972年12月，在梁山县大路口公社任青年干事；1972年12月—1973年3月，在梁山县委群工组任干事；1973年3月—1975年7月，任共青团梁山县委副书记；1975年7月—1976年6月，任共青团梁山县委书记；1976年6月—1977年3月，任梁山县代庙公社党委副书记；1977年3月—1982年6月，任梁山县广播事业局副局长（期间，1980年3月—1982年6月在山东农学院干修科农学专业学习）；1982年6月—1983年3月，任梁山县农委副主任；1983年3月—1985年11月，任梁山县政府副县长；1983年12月—1986年7月，任中共菏泽地委委员，菏泽地区妇联主任、党组书记（期间，1984年9月—1986年7月在中央党校党政理论研究生班学习）；1986年7月—1992年12月，任中共菏泽地委委员、团地委书记；1992年12月—1997年12月，任菏泽地委委员、宣传部长；1997年12月—2001年1月，任菏泽地区行署副专员、党组成员；2001年1月—2003年2月，任菏泽市副市长、党组成员；2003年2月—2006年2月，任中共菏泽市委副书记；2006年2月—2008年1月，任菏泽市人大第一副主任（正厅级）、党组副书记；2008年1月—2011年2月，任菏泽市政协主席、党组书记；2011年2月—2012年12月，任山东省政协常委。2013年退休。贾凤英于1988年获中国共产主义青年团“五四”奖章。

牛恒明 1952年1月生，梁山县拳铺镇牛楼村人，中国人民解放军第二军医大学第二附属医院门诊部原主任，外科教授、主治医师（文职3级、技术5级）。1969年3月入伍，历任战士、第二军医大学学员，二医大二附院医师，急诊部副主任、主任，外科主治医师，副主任医师，第二军医大学第二附院院长，享受军级工资待遇。他先后发表医学、管理论文30余篇，参编医学专著3部；先后担任中国人民解放军门急诊专业委员会委员、中华医学会（上海）分会门急诊专业委员会委员、上海山东籍医学博士团副秘书长，《人民日报》华东分社特约医学专家、《中国医学实践杂志》编委；先后获嘉奖20余次，三等功1次，被评为优秀共产党员3次、模范党支部书记3次，获上海市黄浦区拥政爱民先进个人称号。

关广聚 1952年7月生，梁山县梁山街道关庄村人，山东大学第二医院副院长、教授、主任医师、博士生导师。1976年12月，毕业于山东大学医学院医疗系，历任济南军区总院肾内科医师、主治医师，山东医科大学附属医院肾内科副教授，山东大学第二医院肾内科主任、主任医师、教授、副院长兼血液净化中心主任、临床分子生物学实验室主任，中华医学会山东生物医学工程学会血液净化专业委员会副主任委员，《国外医学移植与血液净化分册》编委、《山东大学学报

（医学版）》编委、《山东医药》编委。他长期从事肾脏专业的医疗、科学教研工作，是山东省唯一的内科学肾脏病专业博士生导师，先后培养硕士研究生 16 名，博士生 7 名。其代表著作有《新编肾脏病学》《临床血液净化学》，在国内外医学核心期刊发表学术论文 40 余篇，主编大型学术专著 4 部，研究成果获省级科技进步一等奖 2 项、三等奖 2 项。现承担省部级科研课题 4 项，是山东大学第二医院重点学科（肾脏病）学术带头人。

陈绍忠 1952 年生，梁山县大路口乡大路口村人，大学本科学历，中学高级教师，中共党员，中学语文特级教师，著名语文教育专家，全国语文高考研究资深专家，享受全国特级教师津贴。他在梁山一中任语文教师期间，善于推陈出新，旁征博引，善于点拨追问，相机诱导，引发学生深入思考，使课堂教学充满活力。同时，他先后承担多项省市级教科研课题，主编及参编教育教学论著 10 余部，主要论著有《中国当代教学论谈》《当代语文教育论文集》等；在省级以上报刊发表《个性——语文教师专业发展的主要特征》《从新课标反思教学行为的转变》《让语文学习闪烁人生的光芒》《关于学生问题意识的思考与探索》等论文 10 多篇。数次参加高层次学术活动，多次受邀外出讲学，在多处相继作题为《关注学生的心灵》《风中芦苇在思考》《惊起一滩鸥鹭》《激活手中的素材》等学术报告，推广教育理念和思想。1993 年被评为山东省优秀教师，1995 年被评为全国优秀教师，同年山东省政府授予其“杰出人民教师”称号，1998 年被评为山东省特级教师。2001 年，他被引进到江苏省怀仁中学（南师大怀仁实验中学）任教。2005 年被评为江苏省特级教师，江苏省政府授予其“中学语文学科特级教师”永久证书，2001—2009 年，连续获学年“教书育人政府奖”。2010 年，被聘为江苏省无锡市锡山区教师进修学校导师、锡山区第一期品牌教师培养研修班导师；同年 12 月，江苏省怀仁中学为其建立“陈绍忠特级教师工作室”。2012 年退休。

王廉秀 1952 年生，山东省金乡县人，复旦大学研究生硕士学位，研究员，中共党员，曾任中共梁山县委书记，提名济宁市政府副市长、党组成员。1975—1977 年，任金乡县鱼山中学、鸡黍中学教师，校团总支书记、公社团委副书记；1977—1979 年，任金乡县体委教育局和县委科级秘书；1979—1984 年，任金乡城郊公社党委书记；1984—1987 年，任金乡县委副书记、县长；1987—1990 年，任兖州县委副书记、县长；1990—1995 年，任济宁市体改委主任、党组书记（其间：当选中国改革研究会理事，于 1990 年参加中央党校中青年后备干部培训班，1991 年参加中（国）新（加坡）高级经济管理人才学习班）；1995—1997 年，任中共梁山县委书记、县武装部第一政委、县党校校长；1997 年，被中共山东省委提名为济宁市政府副市长、党组成员；1998 年病休。其后，在中国美院研修并师从卢坤峰教授画墨竹和书法；2000 年，被聘为复旦中国环境经济研究中心研究员；2004 年，当选为济宁市老干部书画研究会常务会长兼秘书长，并当选国家老年书画研究会常务理事；同年，中国美协培训中心研究生课程班结业，被聘为高级书画师；2005 年，被省老年书画研究会评为山东老年画家、山东老年书法家；2012 年，被聘为中国法治发展战略研究院高级顾问。王廉秀曾当选山东省第六届、第七届人大代表，并于 1978 年—1983 年获济宁市委、市政府水利建设、农业生产、发展乡镇企业、农村党建、精神文明建设等多次表彰奖励，1985 年获省委、省政府“创建全国绿化先进县优秀领导干部奖”，1988 年获省政府“创建全国体育先进县突出贡献奖”，1994 年获国家体改委“改革工作先进个人奖”；2008 年，获北京奥运会书画大赛金奖，同年，获捐 1.8 万元（拍卖价）书画作品爱心慈善纪念奖。同时，出版《论社会主义市场经济》《论经济体制改革》《论县域经济发展》《论兖州发展战略》《鲁西南金三角（济兖邹曲）发展初探》《书法五字经》《高风亮节——知三画竹》《高风亮节——翁诗书画》等著作。

王世臣 1953年6月生，梁山县韩垓镇后王楼村人，大学文化，中共党员，原海军南海舰队副政委、亚丁湾护航编队政委，少将军衔。1968年1月在原韩垓公社任前王楼联中民兵连长；1970年12月参加中国人民解放军，在兰州军区19军建筑工程兵134团4营任战士；1977年1月，转隶海军工程兵18团，历任战士、营部书记、连副指导员、团政治处干事；1979年3月，在海军政治部组织部历任干事、副处长、处长、副部长、部长；2003年3月，任海军工程学院政委；同年7月，被授予少将军衔；2008年8月，任海军南海舰队副政委；2009年3月，参加第二批亚丁湾护航任编队政委。2013年6月退休。

刘继臣 1953年6月生，梁山县大路口乡张博士集村人，住河南省郑州市二七区，中共党员，经济学和管理学博士，现任郑州新友谊（集团）股份有限公司董事长，兼任全国山东商会战略联盟常务副主席兼执行主席、中国齐鲁英才合作发展理事会执行理事长、河南九省联盟主席、河南省山东商会党委书记兼会长等职，郑州大学、河南大学名誉教授。1971—1973年，在安阳矿务局工作；1973—1975年，在焦作矿院上大学；1976—1983年，先后在安阳矿务局宣传部、纪检委工作；1984—1987年，任安阳地区土产杂品公司总经理；1987—1992年先后任郑州化工原料公司、郑州五金交电公司副总经理；1992年起，任郑州新友谊（集团）股份有限公司董事长。1993年，在职攻读河南大学经济学硕士研究生；2007年，在职攻读武汉大学管理学博士；2008年11月，全国工商联会授予“全国先进爱国企业家”称号；同年12月，河南省商业行业协会授予“河南省商业服务业改革开放30周年功勋人物”称号；2009年9月，获“新中国60周年经济建设十大功勋人物”称号；同年10月，获“首届中国儒商”称号；同年11月，获“建国60周年中国优秀创新企业家”称号；同年12月，获“河南省民营经济功勋企业家”称号；2010年6月，中国商业联合会授予“十大著名企业策划家”称号；2010年11月，河南省工业经济联合会授予“河南工业转变发展方式先进个人”。曾当选郑州市二七区人大代表、郑州市人大代表、全国劳动模范，2012年，被河南省人民政府聘为经济顾问和招商顾问。

赵萍 女，1953年11月年生，山东省商河县人，中共党员，大专学历，文学创作一级职称，县委党史研究室原副主任。1974年8月—1979年12月，拳铺公社琉璃井村下乡知青；1979年12月—1987年10月，任梁山县文化馆创作员（其间，1983年—1985年，菏泽教育学院中文系学习）；1987年10月—1995年9月，任梁山县广播电视台任记者、编辑、副台长；1995年9月—2003年，任县文化局副局长；2003年，任梁山县委党史研究室副主任；2009年退休。赵萍长期从事文学创作，创作发表的长中篇小说、纪实文学、散文诗歌累计500万字。著有长篇小说《佳期如梦》《但愿人长久》《千山行》，中篇小说《还阳草》，分别由济南人民出版社、中国国际广播出版社、中国文联出版社、山东友谊出版社等出版。其中，1983年在山东省大型文学期刊《柳泉》上发表的中篇小说《还阳草》，填补菏泽地区中篇小说创作的空白，1985年受到菏泽地委宣传部的表彰。1993年，被梁山县委、县政府评为全县第二批专业技术拔尖人才；1994年，被菏泽教育学院聘为客座教授；1996年，长篇小说《但愿人长久》获山东省写作学会1995—1996年度优秀科研成果著作一等奖；1999年，被山东省妇联授予“三八红旗手”；2000年，中篇小说《后妈》获山东文学胜利杯全国文学笔会征文一等奖。2005年起，赵萍以梁山县历史为背景，创作长篇小说《女人百年》，全篇50万字。赵萍系中国水浒学会常务理事兼学务委员，著有《水浒文化系列丛书》，共六册，80万字。2013年，纪实散文《水浒之旅》由人民文学出版社出版。赵萍曾当选梁山县第六、七届政协委员，济宁市第十次、第十一次党代会代表，济宁市作协副主席、梁山县作协副主席等。

周建 1953年11月生,梁山县人。中共党员，法学硕士，工程师，原环境保护部副部长。1970年1月,在湖北省襄阳县参加工作,1971年9月—1973年9月，解放军5713厂工人;1973年9月—1976年12月，在北京航空学院航空材料系航空金属材料腐蚀与防护专业学习；1976年12月—1982年4月，任解放军5713厂技术组长；1982年4月—1985年4月，任武汉市环保局管理处干部、办公室副主任;1985年4月—1988年10月，先后任城乡建设环境保护部国家环保局干部、人事处副处长；1988年10月—1998年7月，历任国家环境保护局人事处副处长、政策研究处处长兼局长秘书、党组秘书，政策法规司副司长、人事司副司长、办公室主任（其间于1989年9月—1991年7月在武汉大学法学院在职攻读法学硕士学位）；1998年7月—2006年12月，先后任国家环境保护总局办公厅主任、规划与财务司司长；2006年12月任国家环境保护总局副局长、党组成员；2008年3月，任国家环境保护部副部长。2013年退休。

韩军 1956年2月生，山东省枣庄市人，大学文化，1974年9月参加工作，1980年12月加入中国共产党，曾任中共梁山县委书记等职。1974年9月—1975年11月，在汶上县南旺公社任知青组长；1975年11月—1977年6月，在济宁人民银行任信贷员;1977年6月—1978年6月，在济宁市财办帮助工作；1978年6月—1979年6月，在山东广播电台学习；1979年6月—1980年9月，在济宁市财办任秘书；1980年9月—1981年3月,在济宁市人大常委会办公室任秘书;1981年3月—1983年1月，在济宁师专干修科学习；1983年1月—1984年9月，在济宁市市中区委办公室任秘书；1984年9月—1987年2月，任济宁市市中区委办公室副主任；1987年2月—1992年12月，任济宁市市中区委常委、办公室主任；1992年12月—1997年12月，任济宁市中区委副书记、市中区区长（1995年2月—1996年12月在省委党校中青年干部培训班学习）；1997年12月—2004年6月，任中共梁山县委书记(1998年1月—2004年6月兼党校校长，2000年9月—2002年12月在省委党校经济管理专业学习)。韩军当选山东省七、八次党代会代表，山东省八、九届人代会代表，中共济宁市第九届市委委员。

商建设 1956年10月生，山东省巨野县人，1973年2月参加工作，1975年4月加入中国共产党，大学文化，曾任梁山县委副书记、县政府县长，县委书记、县人大常委会主任等职，现任济宁市人大常委会副主任、党组副书记。1973年2月－1975年9月，在嘉祥县核桃园公社任民师；1975年9月－1975年12月，在嘉祥县委工作组驻大山头工作组任副组长;1975年12月－1978年12月，任嘉祥县核桃园公社党委副书记;1978年12月－1983年3月，任嘉祥县仲山公社党委常委、党委秘书(1981年1月－1983年3月，在济宁师专干修科学习)；1983年3月－1983年5月，任嘉祥县仲山公社党委委员、管委会副主任；1983年5月－1984年5月，任嘉祥县满硐公社党委副书记；1984年5月－1987年2月，先后任嘉祥县满硐乡党委书记、万张乡党委书记;1987年2月－1992年12月，任嘉祥县委常委、县委办公室主任；1992年12月－1997年12月，任嘉祥县政府副县长、党组副书记(1993年9月—1996年7月在省经济管理干部学院经济专业学习)；1997年12月－1998年3月，任中共梁山县委副书记；1998年3月－1999年8月，任中共梁山县委副书记、组织部长；1999年8月－2000年1月，任中共梁山县委副书记，县政府常务副县长、党组副书记，代县长、党组书记；2000年1月－2004年6月，任中共梁山县委副书记，县政府县长、党组书记；2004 年 6 月—2004 年 8 月，任中共梁山县委书记，县政府县长、党组书记；2004 年 8 月－2006 年 1 月，任中共梁山县委书记、县委党校校长；2006 年 1 月—2009 年 7 月，任中共梁山县委书记，县人大常委会主任、党组书记，县委党校校长；2009 年 7 月—2010 年 4 月，任济宁市副市级干部，中共梁山县委书记，县人大常委会主任、党组书记，县委党校校长；2010 年 4 月—2012 年 2 月，任济宁市政府党组成员、特邀咨询；2012 年 2 月起，任济宁市人大常委会副主任，先后任党成组员、党组副书记。商建设于 1974 年被济宁地委授予“青年积极分子”称号，1985 年被嘉祥县委授予“先进个人”称号，1993 年被济宁市委、市政府授予“抗洪斗争先进个人”称号，1998 年被济宁市委、市政府授予“老干部工作功勋奖”，1999 年 5 月获济宁市委、市政府嘉奖，2000 年 4 月获济宁市委 、市政府记三等功。2003 年当选山东省第十届人大代表。

尚勇 1957 年 1 月生，梁山县人，中共党员，研究生学历，工学博士，副教授，现任中共江西省委副书记，中共中央十七届中央纪委委员，十八届中央候补委员。1973 年 3 月—1974 年 7 月，山东省郓城县搪瓷厂工人；1974 年 7 月—1975 年 12 月，山东省郓城县仝老家生产队插队知青；1975 年 12 月—1978 年 2 月，山东省郓城县水利建设指挥部工人；1978 年 2 月—1982 年 2 月，山东矿业学院机电系煤矿机械制造专业学习；1982 年 2 月—1984 年 12 月，中国矿业学院北京研究生部矿山工程力学专业硕士研究生，获工学硕士学位。1984 年 12 月—1989 年 2 月，中国矿业学院北京研究生部力学研究室教师（其间 1985 年 1 月—1987 年 10 月中国矿业学院北京研究生部矿山工程力学专业博士研究生，获工学博士学位）；1989 年 2 月—1991 年 4 月，任中国矿业大学北京研究生部副主任（其间 1990 年 9 月—1991 年 4 月借调到国家科委办公厅工作）；1991 年 4 月—1991 年 10 月，国家科委办公厅调研室干部；1991 年 10 月—1992 年 9 月，任国家科委办公厅调研室副主任；1992 年 9 月—1995 年 9 月，任国家科委办公厅副主任；1995 年 9 月—2001 年 4 月，任国家科委（1998 年 8 月改称国家科学技术部）政策法规与体制改革司司长；2001 年 4 月—2004 年 1 月，任科技日报社社长（副部长级）、科学技术部党组成员（其间 2002 年 3 月—2002 年 7 月在国家行政学院部级干部英语培训班学习）；2004 年 1 月—2004 年 12 月，任科学技术部副部级党组成员；2004 年 12 月—2008 年 8 月，任科学技术部副部长、党组成员（其间 2005 年 8 月至 2006 年 1 月以高级研究员身份赴美国哈佛大学肯尼迪政府学院研修）；2008 年 8 月—2012 年 2 月，任中共江西省委常委、省纪委书记；2012 年 2 月—2012 年 10 月，任中共江西省委常委、省纪委书记、省委副书记；2012 年 10 月，任中共江西省委副书记。

李大友 1957 年 4 月生，梁山县人，大学文化，1972 年 2 月参加工作，1979 年 12 月加入中国共产党，现任孔子研究院党委书记。1972 年 2 月—1972 年 12 月，梁山轴承厂工人；1972 年 12 月—1975 年 10 月，梁山县公安局通讯员；1975 年 10 月—1981 年 9 月，梁山县公安局城关派出所民警；1981 年 9 月—1984 年 8 月，任梁山县公安局城关派出所副所长；1984 年 8 月—1985 年 1 月，任梁山县公安局县直派出所副所长；1985 年 1 月—1985 年 10 月，任梁山县政法委秘书；1985 年 10 月—1987 年 2 月，任梁山县政法委秘书、梁山风景名胜区办公室主任；1987 年 2 月—1987 年 9 月，任梁山县政法委副书记；1987 年 9 月—1990 年 2 月，任梁山县小安山乡党委书记；1990 年 2 月—1991 年 7 月，任梁山县政府副县长；1991 年 7 月—1998 年 7 月，任济宁市委老干部局副局长（其间：1992 年 5—7 月在山东省委党校县处级干部进修班学习，1994 年 7 月—1996 年 12 月在山东省委党校业余本科班涉外经济管理专业学习）；1998年7月—2003年7月，任济宁市航运管理局副局长、党委委员；2003年7月—2004年7月，任济宁市航运管理局副局长、党委副书记；2004年7月—2006年4月，任济宁市航运管理局副局长、党委副书记，市地方海事局局长、党支部书记；2006年4月—2006年6月，任济宁市交通局党委副书记，市航运管理局局长、党委书记，市地方海事局局长、党支部书记；2006年6月—2008年1月，任济宁市交通局党委副书记，市航运管理局局长、党委书记；2008年1月—2008年3月，任济宁市交通局党委书记，市公路局党委书记，市航运管理局局长、党委书记；2008年3月—2008年10月，任济宁市交通局局长、党委书记，市公路局党委书记，市航运管理局局长、党委书记；2008年10月—2010年1月，任济宁市交通局局长、党委书记，市公路局党委书记，市航运管理局党委书记；2010年1月—2013年12月，任济宁市交通运输局局长、党委书记，市公路局党委书记，市航运管理局党委书记；2013年12月起，任孔子研究院党委书记。

马传申 1957年10月出生，梁山县水泊街道人，省委党校研究生学历，理学学士学位，1982年8月参加工作，1976年4月加入中国共产党。现任梁山县政协主席、党组书记。1978年2月—1982年8月，在山东大学电子系电子测量专业学习（大学）；1982年8月—1984年4月，在梁山县广播局工作；1984年4月—1989年7月，任共青团梁山县委书记（其间1987年7月—1989年7月在山东省委党校研究生班党政专业学习）；1989年7月—1992年12月，任梁山县韩垓乡党委书记；1992年12月—1998年9月，任梁山县委常委、宣传部长（其间1993年10月—1994年12月在陕西省定边县挂职政府副县长）；1998年9月—2001年1月，任梁山县委常委、县纪委书记；2001年1月—2006年1月，任梁山县委副书记（其间2004年3月—2005年3月在平度市挂职市委副书记）；2006年1月起，任梁山县政协主席、党组书记。马传申于2013年2月获济宁市委、市政府嘉奖。

马利杰 1957年10月生，梁山县韩垓镇东马垓村人，中共党员，大学本科学历，中学高级教师，曾任梁山一中副校长，济宁市育才中学校长，现任济宁市育才中学党委书记，山东省高中化学特级教师。1977年10月，在梁山韩垓镇二中任初中化学教学教师；1978年10月—1980年6月，在菏泽师专化学系学习；1980年7月，在梁山县第十八中学任高中化学教师；1981年7月—1983年12月，在曲阜师范学院化学系学习；1982年8月—1996年7月，在梁山一中先后任高中化学教师、教务主任、副校长；1996年7月起，在济宁市育才中学先后任副校长、校长、党委书记。2012年，被国家教育科学十二五规划重点课题“信息技术促进区域教育均衡发展的实证研究”课题组聘为专家组成员。此外，他还担任中国化学学会会员、山东省化学教学研究专业委员会理事、山东省教育管理专业委员会研究员。他以导学案为载体，构建自主合作、优质高效的课堂教学模式，运用系列迁移教学法对元素化合物知识进行整体教学，先后获山东省化学优质课比赛一等奖、山东省中青年教师优质课比赛三等奖，所教班级高考化学成绩连续多次在全市（区）名列榜首，所带班级连续六次被评为模范班集体和先进团支部，先后8次被评为模范班主任。他还致力于教育科学研究，潜心探索中学化学教学规律方法，提出“系列迁移教学法”“化学六环节课堂教学模式”“化学解题规律与技巧”“专题要点突破复习法”“化学目标复习法”，并被广泛推广应用。先后发表论文11篇，主编出版专业论著6部。多次承担省市中学化学教学改革实验课题，主持完成三项市级教育科研课题，两项省级教育科研课题，两项国家教育科研课题，其中四项成果获省、市教育科研优秀成果一等奖，一项成果获全国教育管理科研成果优秀奖。主持开展山东省教育科学“十一五”规划重点课题“高中自主合作、实用高效教学模式”研究，取得显著成效。1991年9月和2004年，先后两次被评为“济宁市优秀人民教师”；1992年，被评为首届“梁山十佳青年”；1993年9月，获得“全国教育系统劳动模范”称号，并获全国“人民教师”奖章；同年，被选为梁山县首批“优秀知识分子”；2004年5月，获济宁市“五一劳动奖章”；2005年3月，获山东省“富民兴鲁劳动奖章”；2007年7月，被评为济宁市有突出贡献的中青年专家；同年9月，被评为山东省科研创新校长；2009年9月，被评为全国教育科研杰出管理者；2010年8月，被评为济宁市名校长。马利杰曾当选济宁市第十一届、十二届政协委员。

戚万学 1962年5月生，梁山县大路口乡西戚村人，中共党员，教育学博士，二级教授，博士生导师，山东师范大学副校长，中国教育大数据研究院院长。系山东师范大学教育学博士学位授权一级学科带头人，教育学博士后科研流动站带头人，国家重点（培育）学科教育学原理学科带头人，国家特色专业教育学带头人，国家精品课程德育原理课程带头人，国家教学团队德育原理教学团队带头人，山东省省级学科带头人，山东省“十五”“十一五”“十二五”强化重点学科“教育学原理”学科带头人。兼任国务院学位委员会全国教育专业学位教育指导委员会成员、全国教育科学规划领导小组德育学科规划组副组长、全国普通高校教育学类专业教学指导委员会副主任委员、中国教育学会常务理事、中国高等教育管理研究会副理事长、全国德育专业委员会副理事长、教育部义务教育《品德与社会》课标修订组组长、山东省社会科学界联合会副主席、山东省德育研究会理事长、山东省课程与教学论研究会理事长，北京大学教育学院、北京师范大学兼职博士生导师，教育部人文社会科学重点研究基地南京师范大学道德教育研究所兼职研究员，《教育研究》杂志编委。

1987年7月，毕业于山东师范大学教育系，获教育学硕士学位，分配在山东师范大学任教。1991年9月，在南京师范大学攻读博士学位；1994年7月，获教育学博士学位，毕业后到山东师范大学任教，同年，由讲师破格晋升为教授。1995年，获“山东省精品工程十佳理论工作者”称号。1996年6月，先后任山东师范大学教育系副主任、教育学院副院长；同年3—9月，赴香港中文大学作访问学者。1999年8月，任山东师范大学党委委员、校长助理；同年，获“山东省优秀中青年知识分子标兵”称号。2000年7月，被审议批准为教育学原理专业博士生导师；同年10月，任山东师范大学副校长。2003年，被省政府评定为山东省首批有突出贡献的中青年专家。2004年，被批准为国务院政府特殊津贴资助专家。2006年，被中央组织部列为中央直接掌握联系的高级专家，被人事部纳入“新世纪百千万人才工程”国家级人选，被教育部定为“新世纪优秀人才支持计划”资助专家。2008年，被教育部授予“国家教学名师”称号；同年，获第四届中国高等学校教学名师奖。

他先后指导21届45名硕士研究生，其中39名获硕士学位；指导14届35名博士研究生，其中24名获博士学位，5篇毕业论文获省优博士论文；指导博士后科研人员13名。他先后主持完成国家社会科学基金重点项目、一般项目、国家自然基金项目、教育部人文社科重点基地重大项目、教育部人文社会科学重点项目、全国教育科学规划重点项目、教育部新世纪优秀人才计划重点支持项目、霍英东基金会青年教师基金项目等10余项。他长期从事教育学原理、道德教育理论与实践、西方现代道德教育思潮等专业方向的教学与研究工作，相继出版《冲突与整合：20世纪西方道德教育理论》《活动道德教育论》《现代西方道德教育理论研究》《道德教育的文化使命》《优化学校教育》等13部专著。还曾主编国家标准教材《品德与生活》《品德与社会》（12册）、《教育哲学研究丛书》（8部）、《京师道德教育论丛》(7部)、《现代西方道德教育研究丛书》(5部)、《教师教育书系》(16部)等研究丛书，并在The Journal of Moral Education(英国)、《教育研究》《新华文摘》《人民教育》等发表《活动道德教育模式的理论构想》《当前中国道德教育的文化困惑与文化选择》等学术论文40余篇，其中在教育类最高学术杂志《教育研究》发表15篇。他先后获多项科技成果奖：1996年，获“山东省社会科学优秀成果二等奖”；1998年，获“中国高校人文社会科学研究优秀成果三等奖”；1999年，获“教育部全国教育科学研究优秀成果一等奖”；2000年，获“山东省社会科学优秀成果一等奖”；2001年，获“教育部第三届人文社科优秀成果二等奖”；2003年，获“中国高校人文社会科学研究优秀成果二等奖”；2005年，获“山东省社会科学优秀成果一等奖”“高等教育省级教学成果一等奖”“高等教育国家级教学成果奖二等奖”；2006年，获“中国高校人文社会科学研究优秀成果二等奖”；2009年，获《教育研究》创刊30周年30篇杰出论文奖；2011年，获“山东省社会科学优秀成果一等奖”“教育部全国教育科学研究优秀成果一等奖”。

倪丽君 女，1962年10月生，梁山县人，1985年11月加入共产党，1979年12月参加工作，研究生学历，曾任中共梁山县委常委、县委宣传部部长，现任济宁市妇联主席、党组书记。1979年12月—1981年7月，在梁山县副食品公司工作；1981年7月—1984年9月，在梁山县商老庄公社任团委书记；1984年9月—1986年7月，在山东师范大学政治系干修科思想政治教育专业学习；1986年7月—1993年5月，任梁山县团委干事、学生部长、宣传部长；1993年5月—1996年1月，任梁山县团委副书记；1996年1月—1997年4月，任梁山县团委书记；1997年4月—1997年12月，任梁山县李官屯乡党委书记(其间：1995年9—1997年12月 山东省委党校本科班经济管理专业学员)；1997年12月—1998年9月，任梁山县委常委、李官屯乡党委书记；1998年9—2004年7月，任梁山县委常委、宣传部部长(其间：2000年9月—2003年7月，山东省委党校在职干部研究生班经济管理专业学员)；2004年7月—2008年2月，任济宁市妇联副主席、党组副书记；2008年2月起，任济宁市妇联主席、党组书记。倪丽君2004年1月获济宁市委、市政府嘉奖，2007年8月被山东省人事厅、省妇联评为“全省妇联系统先进个人”，2012年12月，被全国妇联授予“全国三八红旗手”，并受到济宁市委、市政府嘉奖。

张继民 1963年3月生，梁山县馆驿镇张庄村人，研究生学历，硕士学位，1979年12月参加工作，1982年2月加入中国共产党，现任济宁市副市长、市政府党组成员。1979年12月—1980年12月，在梁山县人民银行任会计；1980年12月—1982年5月，在梁山县农业银行任会计；1982年5月—1983年9月，在梁山县农业银行任人事干事；1983年9月—1987年7月，在山东省委党校理论班党史党建专业学习；1987年7月—1988年8月，在梁山县委党校任理论教员；1988年8月—1990年9月，在梁山县委办公室任研究室科员；1990年9月—1992年3月，任济宁市委办公室秘书；1992年3月—1993年8月，任济宁市委办公室副科级秘书；1993年8月—1996年3月，任济宁市委组织部副科级组织员；1996年3月—1998年10月，任济宁市委组织部企业干部科科长；1998年10月—2000年1月，任济宁市委组织部办公室主任；2000年1月—2001年8月，任济宁市委组织部助理调研员、办公室主任；2001年8月—2005年2月，任济宁市委组织部副部长；2005年2月—2007年12月，任济宁市委组织部副部长，市人事局局长、党组书记，市机构编制委员会办公室主任(其间：2004年9月—2007年7月，在山东省委党校在职干部研究生班经济管理专业学习)；2007年12月—2011年12月，任济宁市市中区委书记，区人大常委会主任、党组书记，区委党校校长，山东陆军预备役炮兵师副参谋长（上校军衔）（其间：2005年9月—2008年1月，在北京交通大学经管学院工商管理专业学习，获工商管理硕士学位）；2011年12月—2012年2月，任济宁市政府党组成员；2012年2月起，任济宁市副市长、市政府党组成员，兼任市老龄委主任、市残工委主任。张继民历任中共济宁市第十一、十二、十三届市委委员，济宁市人民代表大会第十五、十七届人大代表。

陈国华 1963年3月生，山东省曲阜市人，1993年8月加入中国共产党，1983年7月参加工作，省委党校研究生，工商管理硕士，曾任梁山县委副书记、县政府县长，县委书记、县人大常委会主任等职。1981年9月—1983年7月，在山东省财政学校财会专业学习；1983年7月—1998年8月，先后任济宁市财政局办事员、科员、副科长、科长兼国债服务部主任；1998年8月—2001年12月，先后任济宁市预算外资金管理局副局长、局长；2001年12月—2003年2月，任济宁市财政局副局长、兼预算外局局长（1999年7月—2002年1月在山东省委党校在职干部研究生班经济管理专业学习）；2003年2月—2006年6月，任济宁市财政局副局长；2006年6月—2006年12月，任济宁市物价局局长、党组书记（2004年9月—2006年9月在北京理工大学管理经济学院工商管理专业学习）；2006年12月—2010年4月，任中共梁山县委副书记，县政府县长、党组书记；2010年5月—2011年11月，任中共梁山县委书记，县人大常委会主任、党组书记，县委党校校长。陈国华2004年7月获市委、市政府、济宁军分区记二等功，2009年3月获市委、市政府嘉奖，2010年3月获济宁市委、市政府嘉奖。

宋科 1963年6月生，山东省鱼台县人，1988年6月加入中国共产党，1984年7月参加工作，研究生学历，曾任中共梁山县委副书记、梁山县人民政府县长，现任济宁市港航局局长、党委副书记。1982年9月—1984年7月，在济宁师专政治系政治专业学习；1984年7月—1985年12月，在济宁人民银行任科员；1985年12月—1989年5月，在济宁市委讲师团任科员；1989年5月—1990年12月，任济宁市委办公室信息科科员（其间：1990年9月—1993年6月在中央党校经济管理专业学习）；1990年12月—1995年7月，任济宁市委办公室信息科副科长；1995年7月—1997年6月，任济宁市委办公室信息科正科级秘书；1997年6月—2000年1月，任济宁市委办公室综合二科科长；2000年1月—2001年1月，任济宁市委办公室副县级秘书（其间：2000年9月—2003年6月在省委党校研究生班函授）；2001年1月—2004年8月，任梁山县委副书记、纪委书记；2004年8月—2006年12月，任梁山县委副书记、县长。2006年12月后，先后任济宁市科技局局长、中共济宁市委副秘书长、市委机关工委书记、港航局局长、党委副书记。宋科2004年4月获济宁市委、市政府嘉奖。

贾治皐 1963年12月生，山东省济宁市任城区人，1982年7月参加工作，1985年12月加入中国共产党，党校研究生学历，现任中共梁山县委副书记、县政府县长、县慈善总会会长。1980年9月—1982年7月，在济宁农业学校农学专业学习；1982年7月—1985年12月，任城区二十里铺镇办事员；1985年12月—1991年6月，任城区委办公室工作（1985年7月—1988年9月在济宁电大新闻学专业学习）；1991年6月—1993年1月，任城区委研究室副主任；1993年1月—1993年12月，任城区委研究室主任（1993年8月—1993年12月在中央党校本科班政治专业学习）；1993年12月—1995年8月，任城区委办公室副主任、研究室主任；1995年8月—1996年1月，任城区柳行镇党委书记；1996年1月—2000年1月，任城区柳行镇党委书记兼人大主席（1994年5月—1997年6月在山东省委党校在职研究生班经济管理专业学习）；2000年1月—2002年5月，任济宁高新技术开发区管委会副主任；2002年5月—2005年11月，任梁山县政府副县长；2005年11月—2007年11月，任梁山县政府副县长、梁山经济开发区党工委书记；2007年11月—2008年11月，任梁山县委常委、县政府副县长、梁山经济开发区党工委书记；2008年11月—2010年9月，任梁山县委常委、县政府副县长、县政府党组副书记、梁山经济开发区党工委书记；2010年9月—2011年11月，梁山县委常委、县政府副县长、县政府党组副书记；2011年11月—2012年1月，梁山县委副书记、县政府代理县长、县政府党组书记；2012年1月起，任梁山县委副书记、县政府县长、县政府党组书记；2009年5月起，兼任梁山慈善总会会长。贾治阜于1999年3月获济宁市委、市政府二等功，1999年7月被评为“济宁市委优秀乡镇党委书记”，2010年3月获济宁市委、市政府嘉奖。

田卫东 1968年9月生，山东省巨野县人，1989年6加入中国共产党，1989年7月参加工作，中央党校研究生，管理学博士，曾任梁山县委副书记、县政府县长，现任中共梁山县委书记、县人大常委会主任等职。1987年7月—1989年7月，在菏泽师专物理系学习；1989年7月—1990年1月，菏泽市刘寨中学任教师；1990年1月—1990年10月，菏泽市刘寨乡政府任办事员；1990年10月—1993年5月，菏泽地区菏泽市政府法制局任办事员（1990年8月—1992年12月在中央党校函授学院党政管理专业本科班学习）；1993年5月—1995年8月，菏泽地区菏泽市政府办公室先后任办事员、副股级秘书；（1995年8月—1998年1月在中央党校研究生部党建专业学习）；1998年1月—1998年7月，菏泽地区菏泽市政府办公室先后任秘书、副科级秘书；1998年7月—2001年4月，任菏泽地委政研室副主任科员；2001年4月—2001年12月，任菏泽市委政研室党刊科主任科员；2001年12月—2006年6月，任济宁市教育局副局长；2006年6月—2008年10月，任济宁市委副秘书长、市委政策研究室副主任（主持工作）；2008年10月—2010年2月，任济宁市委副秘书长、市委政策研究室主任；2010年2月—2010年4月，任中共梁山县委副书记；2010年4月—2011年11月，任中共梁山县委副书记，县政府县长、党组书记（2006年7月—2010年12月在天津大学管理学院管理科学与工程专业学习，获得管理学博士学位）；2011年11月起，任中共梁山县委书记，县人大常委会、党组书记，县委党校校长。田卫东于2007年5月获济宁市委、市政府嘉奖，2009年3月获济宁市委、市政府嘉奖，2010年3月获济宁市委、市政府记三等功。

人物名录

宋兰峰 1938年1月生，梁山县水泊街道茶庄村人，中共党员，中专文化。1976年7月，任县人民医院中医科副主任；1977年12月，当选山东省第五届人大代表；1978年起，连续当选梁山县第八届、第九届人大常委会委员。1980年，任县中医医院首任院长。1992年6月，任县卫校副校长。长期从事中医临床医疗，多次被评为全县、全区卫生系统先进工作者。1998年退休。

贾永太 1938年2月生，梁山县寿张集镇蒋集村人，中共党员，大学本科学历，主任医师，县人民医院原放射科主任，放射影像专家。他具有丰富的临床放射影像诊断经验，以高度的临床与放射诊断符合率赢得省级医院赞誉。1990年，被济宁市委授予“优秀共产党员”称号；1993年

7月，被梁山县委、县政府评选为首批“优秀知识分子”。1990年3月、1993年2月连续当选梁山县第四届、第五届政协委员。1998年2月退休。

宋进亮 1944年2月生，梁山县小安山镇人，大学本科学历，主任医师，县人民医院原外科主任，普外科专家。先后被评为济宁市卫生系统“最佳文明职工”“职业道德建设先进个人”、梁山县“十佳医务工作者”等称号。1991年，被济宁市政府授予市级“劳动模范”称号；1993年2月，当选梁山县第十三届人大代表；同年7月，被梁山县委、县政府评选为首批“优秀知识分子”；1999年11月，获济宁市人事局、卫生局嘉奖。2004年退休。

崔洪珂 1944年8月生，梁山县韩岗镇人，中学高级教师，县教育局教研室原小学语文教研员、小学教研组组长。善于总结教学教研工作经验，先后在省级以上教学刊物发表论文25篇，教学教研成就得到业内充分肯定和高度评价。1978年，被菏泽地区教育局授予“全区教育先进工作者”称号;1985年,被山东省教研室评为“全省教学研究积极分子”；1993年，被县委、县政府评选为首批“优秀知识分子”。2004年退休。

乔明路 1946年3月生，梁山县大路口乡大乔村人，小学高级教师，大路口乡大乔小学原校长。他拖着残疾之腿，艰苦创办大乔小学，40年如一日从事基层教学工作，教学成绩在全乡名列前茅。1986年9月，乔明路被国家教委授予“全国教育系统劳动模范”，并获人民教师奖章。1987年被菏泽地区评为“模范共产党员”。2006年退休。

徐新生 1952年11月生，山东省东阿县铜城人，中共党员，研究生学历，主任舞台技师，高级政工师，原县文化局局长。他创作40余件歌曲、曲艺、情景剧剧本，撰写30余篇学术论文在国家和省级期刊上发表，创办起全省第一个县级国办艺校，多次组织参与国家、省市大型演出。退休后，受聘担任水浒学会副会长兼秘书长及其他社团名誉主席或顾问，撰写30余万字的梁山武术、山东梆子“申遗”材料，策划“中国梅花拳演武大会暨保护与发展论坛”，指导创办水浒文化体验馆，2013年12月，受邀策划、指挥23届省运会和9届省残运会开幕式武术剧目。

吕玉来 1955年10月生，梁山县梁山街道吕屺口村人，中共党员，大专文化，高级经济师，梁山街道吕屺口村原党支部书记、银河集团总公司总经理、梁山镇政府副镇长。吕玉来带领群众开山修路，建设新村，创办银河集团公司，建设大型水浒商贸城。梁山县委、县政府多次授予吕玉来“优秀共产党员”“劳动模范”“十佳致富带头人”等称号；1990年，被济宁市委授予“优秀村支部书记”称号；1995年12月，被济宁市政府授予“市级劳动模范”称号；1997年6月，被山东省委授予“山东省优秀共产党员”称号；1998年4月，山东省政府授予其“省级劳动模范”称号。1998年起，连续当选济宁市第十三届、十四届人大代表，同时当选梁山县第十四届、十五届人大代表。

梁传友 1956年4月11日生，梁山县水泊街道郝山头村人，梁山县公交公司董事长兼总经理，水泊街道郝山头村党支部书记兼村委会主任，梁山县工商联副主席。1998年7月，他创建省内首家民营公交公司，结束了梁山县城无公交的历史。2008年4月起，他带领村民实施美丽乡村建设，建成生态观光园。2003年12月，获“梁山县富民模范”称号；2010年9月，被评为“第七届感动中国十佳杰出企业家”；同年，被授予“全国孝亲敬老之星”称号;2012年4月，获“梁山县劳动模范”称号；同年6月，被济宁市总工会授予“济宁市五一劳动奖章”。当选梁山县政协第七届、第八届、第九届政协委员，梁山县第十五届人大代表，济宁市第十五届、第十六届人大代表。

陈保德 1956年7月生，山东省郓城县人，中共党员，研究生学历，主任医师，妇产科专家，梁山县人民医院原院长，济宁市医学会妇产科专业委员会副主任委员，济宁医学院兼职临床医学教授。长期从事妇产临床医疗和医院管理工作，多次获"十佳医务工作者""优秀共产党员"称号；1993年7月，被县委、县政府评为首批"优秀知识分子"；1996年8月，济宁市委、市政府授予其"全市八五期间科技贡献先进工作者"称号，市卫生局授予其"全市医院分级管理先进工作者"称号；同年12月，被县委、县政府评为"专业技术拔尖人才"；2002年，获济宁市"五一劳动奖章"；2003年，济宁市政府授予其市级"劳动模范"称号，济宁市委授予"优秀共产党员"称号，山东省政府为其记三等功；同年，先后当选梁山县第十五届人大代表、济宁市第十次党代会代表；2007年，先后当选济宁市第十一次党代会代表、梁山县第十六届人大代表，并当选县人大常委会委员。2008年12月，济宁市医学会授予其"济宁市名医"称号。

张新荣 女，1957年9月生，梁山县大路口乡人，大学专科，中学高级教师，县教育局教研室原小学语文教研员、小学教研组组长，济宁市小学语文学会常务理事。长期从事教学教研工作，多次执教省、市公开课、观摩课，悉心研究指导全县小学语文教学，教学、教研成绩优异。撰写多篇教学教研论文在国家和省市级学术报刊发表，并先后获"全国小学语文教师论文比赛一等奖""全省小学科研优秀成果二等奖""全省自然学科论文评选一等奖"等教学教研成果奖。参与省市教辅读物编写和市级科研项目研究，均取得优秀成果。1989年，先后获梁山县首批"小学语文教学能手"、菏泽地区首批"小学语文教学能手"称号；1996年1月，获"山东省优秀教研员"称号；2002年9月，获济宁市"小学语文教学能手"称号。1995—2000年，先后获"优秀政协委员""三八红旗手""巾帼十杰"称号。当选梁山县政协第五、六届政协委员，济宁市第十三届人民代表大会代表。2012年10月退休。

赵性洪 1958年1月生，梁山县马营镇赵坝村人，中共党员，中学高级教师，大学文化，北师大教育管理研究生课程结业。1981年参加工作，任原芦里公社联中教师；1986年调梁山一中任教，历任政治教研组长、教务处副主任、年级部主任、副校长等职。连续11年担任高三毕业班政治课，在济宁市政治学科高考成绩排名中，7年获全市第一名，3年获第二名，1年获第三名。多次在全市执教示范课，其具特色的高三政治教学模式在全市推广。多年担任济宁市教研室政治学科中心组成员，承担统考命题等教研任务，其多篇论文获全省政治课优秀论文成果二等奖、全国政治课教学论文优秀成果奖，《社会热点与政治高考》由天津教育出版社出版，并在省级以上出版的6部书中分别担任主编、副主编、编委等。曾多次被评为梁山县优秀教师、优秀共产党员，1996年被评为梁山县优秀知识分子，1999年被评为济宁市第一批高中政治学科带头人，2001年4月获山东省富民兴鲁劳动奖章，同年6月被评为济宁市优秀科技工作者，并记三等功，同年12月被评为梁山县专业技术拔尖人才，2003年4月被省政府授予"山东省劳动模范"称号。

郭德勇 1958年9月生，梁山县小路口镇张三槐村人，大专学历，中共党员，副主任医师，梁山县结防所副所长，曾任小路口卫生院院长。长期从事临床医疗和基层卫生院管理工作，他带领全院以总分第一的成绩通过一级甲等医院验收，坚持实行卫生院公益性管理，使小路口中心卫生院在全县乡镇卫生院中独树一帜，为维护医疗资源、确保医院公益性做出重要贡献。从1984年起，他连年被评为全县卫生系统"先进工作者"，多次被县委授予"优秀共产党员"称号，并先后被评为"全市卫生先进工作者""医院管理先进工作者""全市农村卫生工作先进个人"。2003年1月，当选县政协第七届委员会委员。2007年12月，当选县十六届人民代表大会代表。2009

年，被山东省卫生厅授予“全省优秀乡镇卫生院院长”。

贾玉环 女，1961年11月生，梁山县人，大专文化，杏花村大酒店总经理、县工商联副主席、女企业家协会副会长、第七届县政协委员、第八届县政协常委。先后投资2000多万元，建设经营“三星级旅游饭店”，并将其打造成为集食、住、行、游、购、娱为一体的AAA级旅游景点。先后被评为“全国旅游系统巾帼建功标兵”“山东省餐饮业优秀企业家”“济宁市优秀女企业家”“济宁市三八红旗手”“济宁市妇女创业带头人”等称号。

崔相平 1963年6月生，梁山县拳铺镇崔庄村人，中共党员，大学本科，副主任医师，县疾病预防控制中心主任助理。多次参与预防接种、疫情报告信息管理等专业课题研究及专业书籍编著，撰写多篇学术论文在国家级刊物发表，2009年获国家专利3项；连续多年被评为市、县先进工作者、优秀共产党员，2003年被县委、县政府授予三等功，2006年被授予“全省疾病监测先进工作者”称号，2007年获市人事局和市卫生局嘉奖，2009年被评为全省丝虫病防治先进工作者，同年被济宁市政府授予“劳动模范”称号，2012年被山东省卫生厅评为“我最喜爱的健康卫士”，并担任“健康山东”首任健康大使。

孙刚顺 1963年生，梁山县小安山镇彭村人，大学本科，中共党员，主任医师，梁山县人民医院党总支副书记、副院长兼神经内科主任，济宁市医学会神经内科分会副主任委员，神经内科专家。他多年从事神经内科临床医疗及研究工作，注重总结临床经验，先后在省部级杂志上发表论文10余篇，1项获梁山县科技进步一等奖，3项获济宁市科技进步三等奖。他还发明实用型国家专利4项。获“山东省优秀医务工作者”称号，并记三等功；先后被评为“山东省重点传染病先进个人”“全省卫生系统平安医院示范标兵”“济宁市优秀保健专家”等20余项省、市、县荣誉称号。

曹红 女，1964年2月生，山东省郓城县水堡镇马楼村人，国家一级演员，高级讲师。曹红出身梨园世家，八岁起登台献艺，后拜山东梆子表演艺术家刘桂松、刘君秋为师，并师从王希玲、虎美玲等豫剧表演艺术家。她博采众长，形成既有山东梆子高亢激越、兼纳豫剧圆润柔美的表演艺术风格。她曾在60余台剧中担任主要角色，先后塑造50余个艺术形象，多次在菏泽和济宁两地市历届戏曲大赛中获“一等奖”；1997年，在山东省“首届中青年专业戏曲演员电视大赛”中获金奖。2000年，被评定为“国家一级演员”。2007年8月，调入菏泽艺术学校任戏剧专业教授级高级讲师。2010年，获“全国戏曲演员大赛十佳旦角金奖”。她先后当选济宁市第十一、十二、十三、十五届人大代表，梁山县第十五届人大代表，梁山县第四、五、六届政协委员，中国戏剧家协会会员、山东省山东梆子专业委员会委员、梁山县戏剧家协会名誉主席等；还先后获县“优秀知识分子”“三八红旗手”“优秀科技人才”等称号，并担任梁山县山东梆子传承保护中心艺术指导、齐鲁音乐学院客座教授。

解培顺 1964年5月生，山东省东平县人，大学本科，中共党员，主任医师，梁山县人民医院心内科主任，心内科专家。解培顺先后成功开展心包穿刺、电除颤、食道调博等医学项目，积极开展医学新项目研究，心血管内科专用引流瓶和稳固性四肢用心电图电极夹先后获国家级专利。2000年12月，被县委、县政府评选为优秀知识分子；2005年后，连续多年被县委、县政府及有关部门评为“优秀共产党员”“先进卫生工作者”等；2011年3月，当选济宁市医学会高血压分会副主任委员；先后当选山东省老年医学会委员、济宁市医学会心血管学会委员等专业学会成员；2012年4月，被县政府授予“劳动模范”称号。

李建宝 1964年8月生，梁山县徐集镇蔡林村人，中国民主同盟盟员，大学文化，高级工程师，高级经营师，梁山三利树脂有限公司董事长兼总经理，兼任民盟梁山县总支部主委、梁山现代高级中学董事长、梁山中英文学校理事长，曾任徐集镇科技副镇长、济宁市工商联副主席。长期致力于树脂化工产品的研究与开发，先后研制出高级黏粘合衬布、原子灰、医用高分子记忆性材料，其中医用高分子记忆性材料填补国内空白，获国家专利和“国家重点新产品”证书。1993 年 12 月，获“山东省新长征突击手”称号；1994 年 8 月，获“全国科技星火带头人”；1995 年 12 月，获“济宁市劳动模范”称号；1997 年 10 月，获“济宁市有突出贡献的中青年专家”“济宁市拔尖人才”称号;2005 年 4 月,获“济宁市五一奖章”;同年 12 月，获“山东省优秀民营企业家”称号；2009 年 7 月，被评为“二〇〇八年度山东盟务工作先进个人”。他的多篇企管论文在国家、省部级刊物上发表或获奖，在山东省青春建功立业活动中获省级一等奖、济宁市特等奖。当选第五届梁山县政协常委、第十届济宁市政协常委、山东省第十届人大代表，2006 年 6 月，当选梁山县慈善总会副会长。

黄河 女，1965 年 9 月生，梁山县赵堌堆乡八分庄村人，中专文化，国家一级演员，中国民盟盟员，中国戏剧家协会会员，山东省山东梆子专业委员会理事，济宁市文联理事，西安市豫剧团艺术总顾问，陕西师范大学艺术学院客座教授。黄河 12 岁入梁山县山东梆子剧团，后就读于解放军艺术学院，拜李双江为师。1997 年，举办《黄河个人演唱会》；1998 年，获第二届全国艺术新人才艺大赛声乐专业银奖；2003 年，获全国首届《红梅奖》戏曲大赛金奖；2010 年，被评选为“山东梆子十大名演”；多次在河南电视台“梨园春”、陕西电视台“秦之声”等栏目中担任评委或嘉宾演员，60 余个唱段入选《山东梆子名家名段》CD 专辑，并先后在各类戏剧艺术节等戏曲大赛中获一、二等奖。当选为济宁市第九、十、十一、十二届政协委员，被评为“济宁市第六届有突出贡献的中青年专家”、梁山县“第三届优秀青年科技人才”“新长征突击手”。

侯平 1966 年 8 月生，女，山东省东平县戴庙镇人，大学本科，国家一级声乐演员，梁山县文艺创作研究中心副主任，曾任梁山艺校副校长、县文化馆副馆长、馆长。侯平自幼具有演唱天赋，被称为校园“百灵鸟”。20 世纪 90 年代前后，在菏泽、济宁两地市声乐专业大赛中屡次夺魁。后进入中国音乐学院深造，在金铁霖等指导下学习声乐理论和演唱技巧。2009 年，成功举办《祖国之恋》侯平个人演唱会。她积极参与文化三下乡活动，把歌声撒遍水泊大地；多次在央视及地方电视台文艺栏目中担任评委或嘉宾演员，并在国家、省、市大型演出活动中承担独唱、领唱任务；其创作歌曲《诚信》获省、市文艺汇演作曲一等奖。她还担任中国音乐家协会会员，山东省文化艺术科学协会会员，济宁市音乐家协会常务理事，梁山县音乐家协会副主席兼秘书长。当选为梁山县第六届、七届、八届、九届政协委员，第七届、第八届政协常委，济宁市第十三届人大代表。

岳增才 1966 年 9 月 1 日生，梁山县拳铺镇拳铺北村人，梁山中集东岳车辆有限公司总经理。1987 年，创办拳铺挂车厂，2001 年创办东岳挂车制造有限公司（后与中集集团重组中集东岳车辆有限公司）；2003 年，获“济宁市劳动模范”称号；2004 年，当选济宁市专用汽车行业协会首任会长，并当选山东省中小企业家协会副会长。2005 年，获“济宁市功勋民营企业家”称号；2006 年 5 月，获山东省“富民兴鲁”劳动奖章；2008 年 12 月，获农业部授予的全国优秀企业家杰出成就奖；2009 年 10 月，被济宁市总工会等单位授予“优秀社会主义建设者”称号；2013 年 3 月，被梁山县人大常委会授予“梁山人民奖章”；同年 4 月，获山东省政府授予的“山东省劳动模范”称号。

雷其清 1967 年 12 月生，梁山县赵堌堆乡井雷村人，天成教育集团董事长，梁山县工商联副主席。2001 年，创办水浒书业有限公司；2006 年 4 月，成立天成书业有限公司。2007 年起，连续当选梁山县第八届、第九届政协委员；2011 年，当选梁山县第十七届人大代表；同年，获“济宁市最具公益和社会责任企业家”“和谐山东（2011）最具社会责任感企业家”“2011 山东榜样十佳公益人物”称号；2012 年，当选济宁市第十二届政协委员；同年，济宁市政府授予其市级“劳动模范”称号。2013 年，当选中国出版发行行业协会常务理事。

蔡娟霞 女，1968 年 7 月出生，梁山县赵堌堆乡人，大学本科学历，中共党员，高级教师，梁山县第二实验小学教务主任。多次被评为县优秀教师、优秀少先队辅导员、优秀共产党员、“三八红旗手”等称号；2002—2006 年，先后被评为济宁市优秀教师、教学能手、第二批学科带头人、首届杏坛名师；承担和参与多项课题研究，获全国实验研究成果二等奖，还被评为全国青少年读书活动先进工作者。

王朝银 1968 年 11 月生，梁山县赵堌堆乡王大井村人，金榜苑文化传媒有限责任公司董事长。2001 年，创办山东金榜苑文化传媒有限责任公司，至 2013 年，企业发展成为集图书策划、发行、数字出版为一体的集团文化公司。2007 年 12 月，当选梁山县人大代表；2009 年 5 月，梁山县政府授予其“劳动模范”称号；同年 9 月，被山东省新闻出版局评为“山东省百名有突出贡献的新闻出版工作者”；2011 年，获济宁市总工会授予的济宁市“五一劳动奖章”；同年，获山东省委宣传部颁发的“首届山东省新闻出版奖优秀人物奖”，并被授予“济宁市职工创业人才”称号；2012 年 3 月，被山东省委组织部、宣传部等部门选拔为“首批齐鲁文化之星”。

董玉霞 女，1968 年 12 月生，梁山县小路口镇人，中专文化，中共党员，马营卫生院院长。2006 年 9 月，董玉霞从一名普通职工走上卫生院院长的岗位，带领全院职工使陷于瘫痪状态的卫生院起死回生。在短短几年里，先后建设门诊楼 1505 平方米、封闭式病房楼 3732 平方米，增建各类业务用房达 6000 平方米，同时添置大批大型诊疗设备。全院业务收入从 2006 年的 26.8 万元，至 2013 年突破 1100 万元；职工人收入由原来仅发 200 元生活费，实现工资按标准足额发放，人均增加 2000 多元。同时，在新农合、新医改、公共卫生服务等项工作中，她均带领全院走在全县前列，在全县乡镇卫生院综合考核中连续名列第一，创造了马营卫生院发展史上乃至全县乡镇卫生院发展史上从未有过的辉煌。她连续多年受到县委、县政府表彰奖励，2013 年被县政府授予“劳动模范”称号；被济宁市卫生局授予“优秀院长”“先进卫生工作者”等称号。

王秀梅 女，1969 年 1 月出生，梁山县人，大专学历，高级教师，梁山县第二实验小学教科室主任。梁山县学科带头人、济宁市教学能手、优秀教师、山东省特级教师，2004 年获济宁市“五一劳动奖章”，2005 年被评为梁山县“十大杰出青年”，2006 年被评为梁山县“十佳教师”、济宁市首届杏坛名师。

冯建武 1971 年 7 月生，梁山县人，中专文化，国家武术套路一级裁判，武术六段，梁山泊武术学校校长、梁山泊武文化艺术团团长、梁山泊教育集团董事长。冯建武自幼随父冯天民习武，后入专业武术院校深造。1992 年，创办梁山泊武术学校；2006 年，创办梁山武术研究学会；2007 年，入选济宁市二十位文化名人录；2008 年，发起组织首届中国梅花拳国际演武大会暨保护发展论坛；2010 年，创办水泊街道幼儿园和东城小学；2012 年，促成梁山泊武术学校与县体育中学联合办学。作为梅花拳第十七代传人，他致力于梁山武术文化研究，推进梁山武术入选省级和国家级非物质文化遗产名录，主持编纂《梁山武术综述》《中国梅花拳文集》等多部学术专著。2011 年，被省政府命名为省级非物质文化遗产代表性传承人;2012 年,获山东省首批"齐鲁文化之星"称号;2013 年,被省文化厅评为"山东省非物质文化遗产"十大模范传承人。1993 年起,连续当选梁山县第五、六、七、八、九届县政协委员;1998 年起,连续当选梁山县第六、七、八、九届政协常委;还当选梁山县文联民间文艺家协会副主席。

董郁梅 女,1972 年出生,梁山县人,中共党员,本科学历,中学高级教师,梁山县实验中学教师,山东省特级教师。在省、市教学、教研活动中执教示范课、观摩课 20 多次,连续多年为市、县教师培训作专题讲座,先后被评为山东省体育教学能手、山东省思想品德教学能手,2002 年被评为山东省教研教学先进工作者,2006 年被评为济宁市首届杏坛名师。

人大代表先进模范人物等一览表

梁山县 1994—2013 年山东省人大代表一览表

姓名	性别	出生年月	学历	籍贯	工作单位	时任职务	届别	当选时间
赵步荣	男	1946.04	大专	金乡	县政府	县长	省八届	1993.03
邵长立	男	1952.06	中专	梁山	腾达公司	总经理	省八届	1993.03
鲍扬倜	男	1936.04	大专	湖北	梁山一中	教师	省八届	1993.03
韩　军	男	1956.02	大专	枣庄	梁山县委	书记	省九届	1998.02
马　敏	女	1952.03	初中	梁山	水泊商场	副经理	省九届	1998.02
王成东	男	1965.09	大学	梁山	梁山镇政府	副镇长	省九届	1998.02
商建设	男	1956.10	大学	巨野	县政府	县长	省十届	2003.02
刘忠泉	男	1944.07	大学	牟平	县人民医院	党总支书记	省十届	2003.02
李兰蕴	男	1963.01	硕士	梁山	良福集团	总经理	省十届	2003.02
李建宝	男	1964.08	大学	梁山	三利树脂公司	总经理	省十届	2003.02
陈国华	男	1963.03	硕士	曲阜	县政府	县长	省十一届	2008.01
胡桂花	女	1958.10	高中	梁山	华宇集团	董事长	省十一届	2008.01
杨奉社	男	1974.07	大学	梁山	通亚公司	董事长	省十一届	2008.01
贾治阜	男	1963.12	硕士	任城	县政府	县长	省十二届	2013.01
王朝君	男	1968.05	大专	梁山	金榜苑公司	总经理	省十二届	2013.01
蒋海燕	女	1977.12	大学	梁山	梁山一中	数学组长	省十二届	2013.01
胡桂花	女	1958.10	高中	梁山	华宇集团	董事长	—	2013.02

梁山县 1994—2013 年济宁市人大代表一览表

姓名	性别	出生年月	学历	籍贯	工作单位	时任职务	届别	当选时间
王修智	男	1945.04	大学		中共济宁市委	书记	市十二届	1993.02
宋怀川	男	1935.11	初中	兖州	市人大常委会	副主任	市十二届	1993.02
王胜堂	男	1935.12	高中	梁山	市人大常委会	委员	市十二届	1993.02
朱山栋	男	1934.03	高中	安徽	市人大常委会	委员	市十二届	1993.02

续表

姓名	性别	出生年月	学历	籍贯	工作单位	时任职务	届别	当选时间
彭开坤	男	1942.09	大学	乳山	市人大常委会	委员	市十二届	1993.02
韩秀林	男	1953.04	大专	济宁	济宁华联商厦	总经理	市十二届	1993.02
穆衍峰	男	1942.03	大学	梁山	县人大常委会	主任	市十二届	1993.02
李文汉	男	1937.09	高中	梁山	县人大常委会	委员	市十二届	1993.02
高太平	男	1945.04	大学	曲阜	县政府	副县长	市十二届	1993.02
刘殿印	男	1943.03	高中	东平	县武装部	政委	市十二届	1993.02
宋声武	男	1938.04	高中	梁山	县人民法院	院长	市十二届	1993.02
王志宪	男	1945.11	高中	梁山县	梁山镇党委	副书记	市十二届	1993.02
李厚道	男	1950.11	大专	东平	郓陈乡党委	书记	市十二届	1993.02
刘继庆	男	1940.08	初中	梁山	县财政局	局长	市十二届	1993.02
张兆兰	男	1944.09	高中	梁山	县农委	主任	市十二届	1993.02
张忠恕	男	1954.11	大专	梁山	县陈垓灌区	副主任	市十二届	1993.02
王传琦	男	1943.11	大学	梁山	县人民医院	副院长	市十二届	1993.02
李翠菊	女	1956.06	中专	梁山	徐集卫生院	护士长	市十二届	1993.02
王笃庆	男	1950.03	大学	梁山	梁山三中	校长	市十二届	1993.02
侯素珍	女	1940.11	大专	菏泽	梁山镇一中	教师	市十二届	1993.02
曹　红	女	1964.02	高中	郓城	县梆子剧团	演员	市十二届	1993.02
杨奉贞	男	1943.05	大学	梁山	梁山轴承厂	厂长	市十二届	1993.02
吴桂英	女	1958.12	中专	郓城	梁山国棉厂	车间书记	市十二届	1993.02
蓝寿华	男	1943.08	大学	莱阳	梁山石棉厂	厂长	市十二届	1993.02
张德仲	男	1943.11	大学	郓城	梁山油漆厂	副书记	市十二届	1993.02
单昭卿	男	1962.03	大专	安徽	水泥制品厂	厂长	市十二届	1993.02
刘　辉	男	1956.11	大专	江苏	东平湖管理局	副科长	市十二届	1993.02
师瑞兰	女	1947.09	高中	梁山	纺织配件厂	统计员	市十二届	1993.02
孙登玉	男	1945.02	中专	梁山	外贸肥料厂	厂长	市十二届	1993.02
任庆华	男	1946.03	高中	梁山	县建筑公司	工长	市十二届	1993.02
张宪花	女	1953.12	初中	东平	县百货公司	营业员	市十二届	1993.02
高建山	男	1949.06	高中	梁山	县运输公司	经理	市十二届	1993.02
吴兆海	男	1952.07	初中	梁山	先达公司	经理	市十二届	1993.02
邵长立	男	1952.06	中专	梁山	腾达公司	总经理	市十二届	1993.02
于凤芝	女	1957.09	初中	梁山	后孙庄邓庄	妇女主任	市十二届	1993.02
于明全	男	1950.09	高中	梁山	徐集西徐村	村主任	市十二届	1993.02
万吉秀	男	1934.09	高小	梁山	寿张集道沟	村支书	市十二届	1993.02
马习峰	男	1953.08	初中	梁山	马营马营村	村主任	市十二届	1993.02
王玉香	女	1947.11	初中	梁山	馆驿乔庄村	村支书	市十二届	1993.02
王先珠	男	1939.01	大学	梁山	黑虎庙河西	乡村医生	市十二届	1993.02
齐道正	男	1960.06	高中	梁山	王府集侯集	村主任	市十二届	1993.02

续表

姓名	性别	出生年月	学历	籍贯	工作单位	时任职务	届别	当选时间
孙久新	男	1950.01	高中	梁山	馆里孙庄村	—	市十二届	1993.02
李相社	男	1945.02	高中	梁山	拳铺李乡村	村支书	市十二届	1993.02
杨颜灵	女	1963.01	高中	梁山	信楼前杨楼	幼儿教师	市十二届	1993.02
阎秀萍	女	1959.09	高中	梁山	寿张集寿张集	妇女主任	市十二届	1993.02
董传福	男	1956.08	初中	梁山	小路口南董	村支书	市十二届	1993.02
史遵衡	男	1955.05	大学	市中区	济宁市委	副书记	市十三届	1998.01
关敬琇	女	1940.03	大学	北京	市人大常委会	副主任	市十三届	1998.01
周延林	男	1940.01	大学	微山	市人大常委会	委员	市十三届	1998.01
王好平	男	1938.11	大学	长清	市人大常委会	—	市十三届	1998.01
姜化铸	男	1952.07	大专	济宁	市民政局	局长	市十三届	1998.01
韩　军	男	1956.02	大专	枣庄	梁山县委	书记	市十三届	1998.01
温杭东	男	1956.01	大学	微山	梁山县委	副书记	市十三届	1998.01
商建设	男	1956.10	大学	巨野	梁山县委	副书记	市十三届	1998.01
高太平	男	1945.10	大学	曲阜	县人大常委会	主任	市十三届	1998.01
李文汉	男	1945.01	大专	梁山	县检察院	检察长	市十三届	1998.01
贾祥福	男	1958.04	大学	梁山	郓陈乡党委	书记	市十三届	1998.01
王洪伦	男	1946.03	高中	东平	县经委	主任	市十三届	1998.01
艾玉山	男	1953.10	大专	梁山	县建委	主任	市十三届	1998.01
马传儒	男	1951.11	大学	梁山	县民政局	局长	市十三届	1998.01
刘东升	男	1961.10	初中	东平	县财政局	局长	市十三届	1998.01
王学全	男	1956.08	大专	邹城	县公安局	局长	市十三届	1998.01
李厚道	男	1950.12	大专	东平	县水利局	局长	市十三届	1998.01
戚聿军	男	1954.02	大学	梁山	县电业局	局长	市十三届	1998.01
王福华	男	1954.10	大学	巨野	县邮电局	局长	市十三届	1998.01
王广耀	男	1946.06	中专	曹县	人行梁山支行	行长	市十三届	1998.01
张新荣	女	1957.09	中师	梁山	县教委教研室	教研员	市十三届	1998.01
侯　平	女	1966.09	大专	东平	县艺校	副校长	市十三届	1998.01
孙常兰	女	1954.10	中专	梁山	县医院外科	护士长	市十三届	1998.01
王先珠	男	1939.01	大学	梁山	黑虎庙河西	乡村医生	市十三届	1998.01
马四清	女	1963.10	初中	梁山	韩垓东马垓	村民	市十三届	1998.01
胡长江	男	1949.10	中专	济南	梁山油漆厂	厂长	市十三届	1998.01
毕德健	男	1964.01	大学	巨野	梁山石棉厂	厂长	市十三届	1998.01
侯春云	女	1968.05	初中	梁山	云雁集团	操作员	市十三届	1998.01
师瑞兰	女	1947.09	高中	梁山	县机械总厂	职工	市十三届	1998.01
高建山	男	1949.06	大专	梁山	县运输公司	经理	市十三届	1998.01
吕玉来	男	1955.10	初中	梁山	梁山吕屹口	村支书	市十三届	1998.01
王佑灿	男	1954.12	高中	梁山	前集独山村	支书	市十三届	1998.01

续表

姓名	性别	出生年月	学历	籍贯	工作单位	时任职务	届别	当选时间
孙爱云	男	1963.05	高宗	梁山	馆驿馆驿村	妇女主任	市十三届	1998.01
孙登玉	男	1945.02	高中	梁山	绿宝生化厂	厂长	市十三届	1998.01
潘世殿	男	1958.10	中专	梁山	第一肉联厂	厂长	市十三届	1998.01
李兰蕴	男	1963.01	硕士	梁山	良副公司	总经理	市十三届	1998.01
吴兆海	男	1954.05	高中	梁山	先达公司	总经理	市十三届	1998.01
王恩信	男	1959.03	高中	梁山	恩信实业公司	经理	市十三届	1998.01
谭新合	男	1959.07	高中	梁山	谭庄养鸡场	场长	市十三届	1998.01
李相社	男	1945.02	高中	梁山	拳铺李乡村	村支书	市十三届	1998.01
宋恒臣	男	1953.05	大专	梁山	小安山宋庄	村支书	市十三届	1998.01
王成录	男	1947.10	初中	梁山	赵堌堆八分庄	村支书	市十三届	1998.01
刘振达	男	1947.04	初中	梁山	大路口东张博	主任	市十三届	1998.01
张兆启	男	1952.11	大学	枣庄	市政府	副市长	市十四届	2003.01
李怀君	男	1945.07	大学	郓城	市人大常委会	教科主任	市十四届	2003.01
仲跻高	男	1946.04	大学	微山	市人大常委会	法工主任	市十四届	2003.01
韩笔祥	男	1939.10	大专	武乡	济宁市政协	原主任	市十四届	2003.01
关升英	男	1957.05	硕士	定陶	市中级法院	院长	市十四届	2003.01
颜廷芳	男	1952.06	大学	汶上	市计生委	主任	市十四届	2003.01
韩　军	男	1956.02	大学	枣庄	梁山县委	书记	市十四届	2003.01
商建设	男	1956.10	大学	巨野	县政府	县长	市十四届	2003.01
高太平	男	1945.10	大学	曲阜	县人大常委会	主任	市十四届	2003.01
宋　科	男	1963.06	硕士	鱼台	梁山县委	副书记	市十四届	2003.01
陈国华	男	1963.03	硕士	曲阜	梁山县委	副书记	市十四届	2003.01
张传胜	男	1957.05	大学	梁山	小路口党委	书记	市十四届	2003.01
张恒福	男	1956.05	大专	梁山	县建设局	局长	市十四届	2003.01
陈丕英	男	1955.09	大学	梁山	县水利局	局长	市十四届	2003.01
陈启明	男	1952.09	大专	汶上	县公安局	局长	市十四届	2003.01
杨奉月	男	1965.12	大学	梁山	县财政局	局长	市十四届	2003.01
蔡健民	男	1958.09	大专	梁山	县经贸局	局长	市十四届	2003.01
刘本相	男	1954.11	大专	梁山	县政府办公室	主任	市十四届	2003.01
戚聿君	男	1954.02	大学	梁山	县电业公司	经理	市十四届	2003.01
贾祥福	男	1958.04	大学	梁山	县畜牧中心	主任	市十四届	2003.01
王玉湖	男	1962.12	大学	曲阜	人行梁山支行	行长	市十四届	2003.01
王凤珍	女	1960.04	大学	蓬莱	教育局教研室	教研员	市十四届	2003.01
孙长兰	女	1954.10	中专	梁山	县人民医院	护士长	市十四届	2003.01
王先珠	男	1943.01	大学	梁山	黑虎庙河西	乡村医生	市十四届	2003.01
王佑灿	男	1954.12	大专	梁山	独山村	党支书	市十四届	2003.01
吕玉来	男	1955.10	大专	梁山	吕屺口村	党支书	市十四届	2003.01

续表

姓名	性别	出生年月	学历	籍贯	工作单位	时任职务	届别	当选时间
刘兴才	男	1957.06	高中	梁山	鲁岗浸油厂	厂长	市十四届	2003.01
孙爱云	女	1963.11	高中	梁山	馆驿馆驿村	村主任	市十四届	2003.01
李守忠	男	1966.08	高中	梁山	远洋淀粉公司	经理	市十四届	2003.01
李相社	男	1945.02	高中	梁山	拳铺李乡村	党支书	市十四届	2003.01
吴兆海	男	1954.11	大专	梁山	先达公司	经理	市十四届	2003.01
宋恒臣	男	1953.05	大专	梁山	小安山宋庄	党支书	市十四届	2003.01
张启超	男	1946.10	初中	梁山	徐集郭楼村	党支书	市十四届	2003.01
岳增才	男	1966.09	高中	梁山	东岳挂车公司	经理	市十四届	2003.01
徐恩润	男	1962.11	高中	梁山	徐坊大曲公司	总经理	市十四届	2003.01
高建山	男	1949.06	大专	梁山	县运输公司	经理	市十四届	2003.01
黄广良	男	1971.05	大专	梁山	小路口二中	教导主任	市十四届	2003.01
曹　红	女	1964.02	中专	郓城	县剧团	演员	市十四届	2003.01
董衍巽	男	1957.07	大学	梁山	县移民办	副主任	市十四届	2003.01
韩玉华	女	1960.09	大专	梁山	韩岗镇	计生站长	市十四届	2003.01
谭新和	男	1959.07	高中	梁山	新合鸡厂	厂长	市十四届	2003.01
潘世殿	男	1958.10	大专	梁山	第一肉联厂	厂长	市十四届	2003.01
刘成文	男	1958.07	大学	莱山	济宁市委	常委部长	市十五届	2007.12
颜廷芳	男	1953.03	大专	汶上	济宁市委	副秘书长	市十五届	2007.12
李进普	男	1952.03	大学	梁山	市人大常委会	委员	市十五届	2007.12
赵卫国	男	1951.01	大专	乳山	市人大常委会	委员	市十五届	2007.12
陈开新	男	1953.04	大学	微山	市纪委	副书记	市十五届	2007.12
关升英	男	1957.04	大学	定陶	市中级法院	院长	市十五届	2007.12
李心善	男	1955.03	大专	东平	市教育局	局长	市十五届	2007.12
商建设	男	1956.10	大学	巨野	梁山县委	书记	市十五届	2007.12
陈国华	男	1963.06	硕士	曲阜	县政府	县长	市十五届	2007.12
田卫东	男	1968.09	博士	巨野	县政府	县长	市十五届	2007.12
刘振诺	男	1953.11	大学	梁山	县人大常委会	副主任	市十五届	2007.12
李培宪	男	1963.09	大学	鱼台	县法院	院长	市十五届	2007.12
贾朝凤	男	1957.09	大专	梁山	县发改革局	局长	市十五届	2007.12
陈丕英	男	1955.09	大学	梁山	县水利局	局长	市十五届	2007.12
张传胜	男	1957.05	大学	梁山	县监察局	局长	市十五届	2007.12
张志平	男	1955.07	大专	梁山	县计生局	局长	市十五届	2007.12
蔡健民	男	1958.09	大学	梁山	县经贸局	局长	市十五届	2007.12
李　朋	男	1970.06	大学	梁山	小路口党委	书记	市十五届	2007.12
王宇帆	男	1968.10	大学	梁山	拳铺镇	镇长	市十五届	2007.12
刘忠泉	男	1944.07	大学	牟平	县医院	党总支书记	市十五届	2007.12
马友利	男	1962.12	大学	中区	县工商局	局长	市十五届	2007.12

续表

姓名	性别	出生年月	学历	籍贯	工作单位	时任职务	届别	当选时间
马兆海	男	1957.06	大专	梁山	梁山镇政府	副镇长	市十五届	2007.12
马秀君	女	1958.11	大学	梁山	县环卫处	主任	市十五届	2007.12
王凤珍	女	1960.04	大学	蓬莱	教育局教研室	教研员	市十五届	2007.12
韦美珍	女	1968.07	小学	南宁	韩岗薛庄村	农民	市十五届	2007.12
刘兴才	男	1957.06	高中	梁山	鲁岗酿造厂	厂长	市十五届	2007.12
刘宪福	男	1962.09	大专	梁山	水泊焊割公司	董事长	市十五届	2007.12
孙爱云	女	1963.11	高中	梁山	馆驿馆驿村	村民	市十五届	2007.12
李传茂	男	1952.08	小学	梁山	马营倪楼村	村民	市十五届	2007.12
李守忠	男	1966.08	高中	梁山	远洋淀粉公司	总经理	市十五届	2007.12
吴兆海	男	1954.07	大学	梁山	先达公司	总经理	市十五届	2007.12
徐恩润	男	1962.11	高中	梁山	徐坊大曲公司	董事长	市十五届	2007.12
高建山	男	1949.06	大专	梁山	县运输公司	总经理	市十五届	2007.12
黄广良	男	1971.05	大学	梁山	小路口中学	副校长	市十五届	2007.12
梁传友	男	1956.04	高中	梁山	公交公司	董事长	市十五届	2007.12
谢国林	男	1961.02	大专	曹县	县信用联社	理事长	市十五届	2007.12
潘世殿	男	1958.10	中专	梁山	臻嘉食品公司	董事长	市十五届	2007.12
宋恒臣	男	1953.04	高中	梁山	小安山	村支书	市十五届	2007.12
张立梅	女	1968.04	大学	菏泽	县文馆所	党支书	市十五届	2007.12
王次忠	男	1963.02	硕士	—	济宁市委	常委部长	市十六届	2012.01
段修龙	男	1953.02	大学	—	市人大常委会	原副主任	市十六届	2012.01
王金城	男	1964.09	硕士	—	市公安局	局长	市十六届	2012.01
颜景友	男	1956.01	大学	—	市人大常委会	委员	市十六届	2012.01
王保清	男	1956.04	大学	—	市人大常委会	委员	市十六届	2012.01
孟昭振	男	1958.12	大学	—	市计生委	主任	市十六届	2012.01
田卫东	男	1968.09	博士	巨野	梁山县委	书记	市十六届	2012.01
贾治阜	男	1963.12	硕士	任城	县政府	县长	市十六届	2012.01
蒋衍涛	男	1959.10	大学	梁山	县人大常委会	副主任	市十六届	2012.01
钟秀芳	女	1974.10	硕士	泗水	梁山县委	常委部长	市十六届	2012.01
王爱新	男	1968.07	大学	兖州	县法院	院长	市十六届	2012.01
臧卫华	男	1963.02	大学	兖州	县检察院	检察长	市十六届	2012.01
曹东明	男	1963.05	大学	嘉祥	梁山一中	校长	市十六届	2012.01
李　朋	男	1970.06	硕士	梁山	拳铺镇党委	书记	市十六届	2012.01
仲崇斌	男	1971.12	硕士	梁山	马营乡党委	书记	市十六届	2012.01
仝兆水	男	1961.06	大学	郓城	黄河河务局	局长	市十六届	2012.01
李士兵	男	1962.12	大学	郓城	县财政局	局长	市十六届	2012.01
马友利	男	1962.12	大学	中区	县工商局	局长	市十六届	2012.01

续表

姓名	性别	出生年月	学历	籍贯	工作单位	时任职务	届别	当选时间
王建设	男	1965.09	大学	汶上	县国土局	局长	市十六届	2012.01
刘志刚	男	1965.05	大学	东平	县水利局	局长	市十六届	2012.01
赵锦民	男	1965.09	大学	东平	城乡规划局	局长	市十六届	2012.01
吕成见	男	1969.11	大学	兖州	县地税局	局长	市十六届	2012.01
侯昭良	男	1959.01	大学	梁山	县粮食局	局长	市十六届	2012.01
黄尊科	男	1961.09	大学	梁山	县计生局	局长	市十六届	2012.01
郭广全	男	1963.05	大学	东平	县人民医院	院长	市十六届	2012.01
张延文	男	1963.09	大学	任城	工行梁山支行	行长	市十六届	2012.01
国殿振	男	1963.08	大学	梁山	东平湖管理局	局长	市十六届	2012.01
王朝君	男	1968.05	大专	梁山	金榜苑公司	总经理	市十六届	2012.01
吕玉军	男	1954.04	高中	梁山	吕屺口居委会	党总支书	市十六届	2012.01
刘兴才	男	1957.06	高中	梁山	鲁岗酿造厂	厂长	市十六届	2012.01
闫崇高	男	1962.09	大专	梁山	小安山冯庄	村支书	市十六届	2012.01
孙爱云	女	1963.11	高中	梁山	馆驿馆驿	村支书	市十六届	2012.01
李守忠	男	1966.08	高中	梁山	中韩大酒店	总经理	市十六届	2012.01
吴兆海	男	1954.07	大专	梁山	先达集团	董事长	市十六届	2012.01
张立梅	女	1967.04	大学	牡丹区	县文管所	党支书	市十六届	2012.01
张继玉	男	1968.02	大专	梁山	县运输公司	经理	市十六届	2012.01
岳增才	男	1966.09	硕士	梁山	中集东岳公司	总经理	市十六届	2012.01
侯庆堂	男	1964.09	大学	齐河	蓝天集团	董事长	市十六届	2012.01
柴玉成	男	1969.01	大学	曲阜	烟草公司	经理	市十六届	2012.01
徐恩润	男	1962.11	高中	梁山	徐坊大曲公司	董事长	市十六届	2012.01
郭恩省	男	1957.08	高中	梁山	龙跃钢球公司	董事长	市十六届	2012.01
黄广良	男	1971.05	大学	梁山	小路口教办	主任	市十六届	2012.01
梁传友	男	1956.04	高中	梁山	公交公司	董事长	市十六届	2012.01
董圣雪	男	1963.02	大学	梁山	建筑劳保站	站长	市十六届	2012.01
潘世殿	男	1958.10	中专	梁山	臻嘉食品公司	董事长	市十六届	2012.01
高培飞	男	1971.08	大专	梁山	济宁兴华钢构公司	董事长	市十六届	2012.01

梁山县 1994—2013 年全国劳模一览表

姓名	性别	出生年月	学历	籍贯	工作单位	时任职务	称号	授予单位	授予时间
杨志魁	男	1952.4	大专	梁山	梁山水泥厂	厂长	全国劳模	国务院	1995
胡桂花	女	1957.12	高中	梁山	华宇集团	董事长	全国劳模	国务院	2010
马　敏	女	1952.6	初中	梁山	水泊商场	工会主席	全国五一奖章	全国总工会	

梁山县 1994—2013 年省部级劳模一览表

姓名	性别	出生年月	学历	籍贯	工作单位	时任职务	称号	授予单位	授予时间
李庆仁	男	1938.8	大学	梁山	县供电公司	经理	省劳模	省政府	1995
王佑灿	男	1952.12	大专	梁山	独山村	村支书	省劳模	省政府	1995
师青山	男	1949.1	大专	梁山	梁山水泥厂	厂长	省劳模	省政府	1995
吕玉来	男	1955.1	大专	梁山	梁山镇	副镇长	省劳模	省政府	1998
马　敏	女	1952.6	初中	梁山	水泊商场	工会主席	省劳模	省政府	1998
赵性洪	男	1958.1	大学	梁山	梁山一中	副校长	省劳模	省政府	2003
马兆海	男	1959.4	大专	梁山	梁山镇	副镇长	省劳模	省政府	2003
陈永绪	男	1951.3	大专	梁山	风山村	村支书	省劳模	省政府	2008
吴兆海	男	1950.6	大专	梁山	韩垓镇	副镇长	省劳模	省政府	2008
吕玉军	男	1954.3	高中	梁山	吕屺口村	村支书	省劳模	省政府	2013
杨玉岭	男	1963.1	大学	金乡	菱花生物	董事长	省劳模	省政府	2013
岳增才	男	1966.9	大专	梁山	东岳公司	董事长	省劳模	省政府	2013
祝　斌	男	1980.6	大学	梁山	华宇集团	车间主任	省劳模	省政府	2013
唐家民	男	1965.8	大专	梁山	东尚庄村	农民	省劳模	省政府	2013
赵德亮	男	1956.7	大学	梁山	韩垓镇教办	主任	全国优秀教师	人事部教委	1993
林淑青	女	1944.7	中师	梁山	县二实小	校长	全国优秀教师	人事部教委	1995
艾云祥	男	1942.1	中专	梁山	县疾控中心	科长	全国卫生劳模	卫生部人事部	1995
李兰蕴	男	1963.2	研究生	梁山	良福公司	董事长	全国模范军转	民政部	2001
刘明良	男	1964.3	大学	山东	蓝天集团	总经理	全国纺织劳模	人事部纺织部	2006
侯庆堂	男	1964.3	大学	山东	蓝天集团	董事长	全国纺织劳模	人事部纺织部	2010
刘万功	男	1955.1	大学	梁山	县旅游局	局长	旅游先进个人	人事部旅游局	2007

梁山县 1994—2013 年市级劳模一览表

姓名	性别	出生年月	学历	籍贯	工作单位	时任职务	技术职称	称号	授予单位	授予时间
艾云祥	男	1942.10	中专	梁山	县防疫站	科长	副主任医师	劳模	市政府	1994
林淑清	女	1944.05	中师	梁山	县二实小	校长	中高教师	劳模	市政府	1994
李庆仁	男	1938.08	大学	梁山	县供电局	局长	工程师	劳模	市政府	1994
师青山	男	1949.10	大专	梁山	梁山水泥厂	技师	经济师	劳模	市政府	1994
彭兴伟	男	1970.10	大学	梁山	县水利局		助理统计师	劳模	市政府	1994
赵纯堂	男	1953.03	初中	东平	县农机厂	工长	—	劳模	市政府	1994
鲍扬倜	男	1936.04	大学	黄冈	梁山一中	教师	特级教师	劳模	市政府	1994
吕玉来	男	1955.10	大专	梁山	吕屺口	书记	高级经济师	劳模	市政府	1996

续表

姓名	性别	出生年月	学历	籍贯	工作单位	时任职务	技术职称	称号	授予单位	授予时间
马兆海	男	1957.06	大专	梁山	马庄村	书记	高级工程师	劳模	市政府	1996
李建宝	男	1964.08	研究生	梁山	三利公司	经理	高工	劳模	市政府	1996
孟香菊	女	1953.12	大学	梁山	县植保站	副站长	研究员	劳模	市政府	1996
孙长勤	男	1941.09	初中	梁山	馆驿孙庄	书记	—	劳模	市政府	1996
孙登玉	男	1953.80	高中	梁山	绿宝肥厂	厂长	—	劳模	市政府	1996
王成东	男	1965.09	大学	梁山	大鹏公司	经理	—	劳模	市政府	1996
张以林	男	1949.00	大专	梁山	拳铺郭堂	书记	—	劳模	市政府	1996
周生祥	男	1954.04	初中	梁山	夏庄村	农民	—	劳模	市政府	1996
姜序录	男	1944.04	大学	梁山	县农机厂	厂长	工程师	劳模	市政府	1997
刘传兴	男	1946.05	大专	东平	县二电厂	厂长	政工师	劳模	市政府	1997
彭明英	女	1961.12	初中	郓城	梁山公路局	收费员	—	劳模	市政府	1997
秦福荣	女	1972.11	高中	梁山	红房子商场	营业员	—	劳模	市政府	1997
沈祥兰	女	1955.02	大专	曹县	县医院	主任	副主任护师	劳模	市政府	1997
吴育林	男	1970.03	大学	梁山	县二中	教师	中教高级	劳模	市政府	1997
郑延恩	男	1951.05	高中	梁山	县造纸厂	厂助	—	劳模	市政府	1997
刘广全	男	1949.11	高中	梁山	黄河工程处	班长	—	劳模	市政府	1997
张月豪	女	1956.07	大学	梁山	大鹏公司	统计员	—	劳模	市政府	1997
张继勤	男	1948.10	初中	梁山	县军休所	干部	—	模范军休	市委、市府	1997
薛庆芝	男	1964.03	高中	梁山	县质监局	所长	—	模范残军	市委市府军区	1997
林存峰	男	1963.05	大学	梁山	云雁集团	董事长	工程师	劳模	市政府	1997
刘明良	男	1964.03	大学	梁山	蓝天集团	副总	高级工程师	劳模	市政府	2000
戚聿君	男	1954.02	大学	梁山	县电业局	局长	高工	劳模	市政府	2000
郭仁柱	男	1954.05	初中	东平	县运输公司	驾驶员	—	劳模	市政府	2000
季昌生	男	1950.12	大学	梁山	县粮食局	局长	—	劳模	市政府	2000
李　健	男	1971.12	高中	茌平	县二电厂	工人	电气焊	劳模	市政府	2000
温茂文	男	1958.06	高中	梁山	京九石化	经理	—	劳模	市政府	2000
王安学	男	1958.08	大专	东平	县实验中学	教师	中教高级	劳模	市政府	2000
张继余	男	1954.05	大学	梁山	县种子公司	站长	高级农艺师	劳模	市政府	2000
郝云华	女	1952.02	大专	栖霞	益寿春	经理	助理经济师	就业模范	市政府	2002
胡桂花	女	1957.12	高中	梁山	华宇集团	总经理	—	就业模范	市政府	2002
侯庆堂	男	1964.09	大学	齐河	蓝天集团	董事长	高级会计师	劳模	市政府	2003
岳增才	男	1966.09	大专	梁山	挂车公司	董事长	经济师	劳模	市政府	2003
陈立恩	男	1956.10	大学	郓城	金谷纺织	职工	工程师	劳模	市政府	2003
侯鹏翔	男	1964.10	大学	梁山	良福集团	班长	会计师	劳模	市政府	2003
马双文	男	1972.04	大学	梁山	县公安局	队长	—	劳模	市政府	2003

续表

姓名	性别	出生年月	学历	籍贯	工作单位	时任职务	技术职称	称号	授予单位	授予时间
陈保德	男	1956.07	大学	郓城	县医院	院长	主任医师	劳模	市政府	2003
王世宏	男	1967.07	大学	梁山	县科协	科员	工程师	劳模	市政府	2003
李兰蕴	男	1963.01	研究生	梁山	良福集团	董事长	讲师	劳模	市政府	2004
吕传祥	男	1954.12	大专	梁山	梁山镇四中	教师	中教高级	劳模	市政府	2004
唐家民	男	1963.04	大专	梁山	馆驿镇东尚庄	农民	高级	劳模	市政府	2006
吴兆海	男	1954.07	大专	梁山	韩垓镇开河村	农民	工程师	劳模	市政府	2006
陈坚冲	男	1963.02	高中	梁山	杨营镇西杨庄	农民	—	劳模	市政府	2006
高建山	男	1949.06	大专	梁山	县运输公司	经理	高级政工师	劳模	市政府	2006
梁学典	男	1956.07	中专	梁山	县医院	书记	副主任医师	劳模	市政府	2006
刘德礼	男	1972.11	大学	梁山	馆驿镇信用社	业务员	经济师	劳模	市政府	2006
马登善	男	1955.08	大专	梁山	梁山镇马庄	党支书	经济师	劳模	市政府	2006
杨绍建	男	1953.05	大学	梁山	县农业局	局长	—	劳模	市政府	2006
王克宝	男	1962.10	大专	梁山	盛达棉纺	保全工	—	劳模	市政府	2006
孙　晔	女	1962.02	大学	梁山	梁山收费站	站长	—	劳模	市政府	2006
孙长春	男	1961.02	大专	东平	县城管队	队员	—	劳模	市政府	2006
孙长亮	男	1971.06	大专	梁山	梁山镇前孙庄	农民	—	劳模	市政府	2006
杨爱臣	女	1960.07	大专	梁山	马营镇薛屯小学	教师	小教高级	劳模	市政府	2006
赵庆宇	男	1966.02	大专	梁山	天弘塑料	总经理	工程师	劳模	市政府	2006
潘世殿	男	1958.10	大专	梁山	臻嘉食品	总经理	工程师	劳模	市政府	2006
张先知	男	1939.02	大专	梁山	县人大	副主任	中教高级	劳模	市政府	1996
吕玉军	男	1954.06	高中	梁山	梁山镇吕屺口	书记	经济师	劳模	市政府	2009
李兰东	男	1969.03	大学	梁山	良福公司	主任	—	劳模	市政府	2009
崔向平	男	1963.06	大专	梁山	县疾控中心	医生	副主任医师	劳模	市政府	2009
王　斌	男	1974.03	大学	梁山	杨营镇派出所	所长	—	劳模	市政府	2009
高培飞	男	1971.08	大学	梁山	兴华建材厂	技术员	—	劳模	市政府	2009
张林新	男	1978.03	大学	梁山	县建设局	施工员	助工	劳模	市政府	2009
杨奉社	男	1978.07	研究生	梁山	通亚公司	董事长	高工	劳模	市政府	2009
吕卫清	男	1976.06	大专	梁山	蓝天集团	科长	助工	劳模	市政府	2009
朱秋芝	女	1963.12	大专	梁山	县一实小	园长	小教高级	劳模	市政府	2009
刘继跃	男	1963.05	大专	梁山	韩岗镇地税分局	局长	会计师	劳模	市政府	2009
秦立胜	男	1956.04	大学	梁山	县棉办	主任	研究员	劳模	市政府	2009
徐恩润	男	1962.11	高中	梁山	徐坊大曲公司	总经理	—	劳模	市政府	2009
谭新合	男	1960.10	高中	梁山	新合养鸡场	场长	—	劳模	市政府	2009
李同库	男	1965.06	中专	梁山	拳铺村	农民	—	劳模	市政府	2009
师尚合	男	1958.07	大专	梁山	黑虎庙镇师庄村	农民	—	劳模	市政府	2009
祝　斌	男	1982.10	大学	梁山	华宇集团	主任	—	劳模	市政府	2012

续表

姓名	性别	出生年月	学历	籍贯	工作单位	时任职务	技术职称	称号	授予单位	授予时间
杨　涛	男	1961.05	大专	梁山	蓝天集团	职工	高级政工师	劳模	市政府	2012
董　辉	男	1971.12	大学	梁山	银都房产	经理	—	劳模	市政府	2012
雷其清	男	1967.12	大专	梁山	天成书业	董事长	发行员	劳模	市政府	2012
王天路	男	1962.10	研究生	济宁	移动公司	经理	工程师	劳模	市政府	2012
吴翠香	女	1966.12	中专	鄄城	县医院	主任	主任医师	劳模	市政府	2012
吕成见	男	1969.11	大学	兖州	地税局	局长	会计师	劳模	市政府	2012
王华强	男	1981.03	大专	梁山	旅游公司	组长	导游	劳模	市政府	2012
张秀红	男	1967.04	中专	梁山	沃园种植公司	经理	—	劳模	市政府	2012
闫崇高	男	1962.09	大专	梁山	小安山镇冯庄村	书记	—	劳模	市政府	2012
徐恩厚	男	1965.07	高中	梁山	寿张集镇徐坊村	书记	—	劳模	市政府	2012
张得格	男	1948.07	高中	梁山	马营镇张飞垓	书记	农艺师	劳模	市政府	2012
陈绍华	男	1956.06	高中	梁山	金泊公司	经理		劳模	市政府	2012

梁山县 1994—2013 年市级以上三八红旗手一览表

姓名	性别	工作单位	时任职务	荣誉称号	授予单位	授予时间
马　敏	女	水泊商场	营业员	三八红旗手	市妇联	1994.11
周菊兰	女	前集乡	妇联主任	三八红旗手	市妇联	1994.11
艾玉华	女	县法院	副庭长	三八红旗手	市妇联	1994.11
林淑清	女	县二实小	校长	三八红旗手	市妇联	1994.11
苏力民	女	农业银行	储蓄员	三八红旗手	市妇联	1994.11
朱杏丽	女	县造纸厂	厂长	三八红旗手	市妇联	1999.12
田玉兰	女	徐集镇	妇联主席	三八红旗手	市妇联	1999.12
闫梅霞	女	梁山镇	妇联主席	三八红旗手	市妇联	1999.12
郑金焕	女	振兴养殖场	场长	三八红旗手	市妇联	1999.12
王淑英	女	县研究室	教研员	三八红旗手	市妇联	1999.12
程秀平	女	县医院	护士长	三八红旗手	市妇联	1999.12
郭秀江	女	机关党委	书记	三八红旗手	市妇联	1999.12
张桂君	女	县法院	档案科长	三八红旗手	市妇联	1999.12
王玉玲	女	商业集团	工会主席	三八红旗手	市妇联	1999.12
李玉兰	女	方庙乡	妇联主席	三八红旗手	市妇联	1999.12
郑淑娟	女	缝纫学校	校长	三八红旗手	市妇联	1999.12
郭建华	女	黑虎庙乡	党委副书记	三八红旗手	市妇联	1999.12
张　玮	女	县妇联	办公室主任	三八红旗手	市妇联	1999.12

续表

姓名	性别	工作单位	时任职务	荣誉称号	授予单位	授予时间
张兰英	女	马营薛屯	妇代主任	三八红旗手	市妇联	1999.12
孙爱珍	女	县妇联	副主席	三八红旗手	市妇联	2002
田玉兰	女	徐集镇	妇联主席	三八红旗手	市妇联	2002
王　静	女	国税局	科长	三八红旗手	市妇联	2002
李玉兰	女	拳铺镇	妇联主席	三八红旗手	市妇联	2002
牛淑慧	女	卫生局	副局长、	三八红旗手	市妇联	2004
高　琦	女	教育局	妇委主任	三八红旗手	市妇联	2004
陆　彦	女	财政局	副主任	三八红旗手	市妇联	2004
侯冬莲	女	计生站	站长	三八红旗手	市妇联	2004
胡金荣	女	水泊商场	楼层经理	三八红旗手	市妇联	2004
孙　晔	女	国道收费站	站长	三八红旗手	市妇联	2004
孙洪霞	女	马营乡	妇联主席	三八红旗手	市妇联	2004
齐月雨	女	拆迁局	科员	三八红旗手	市妇联	2007
马湘连	女	移民办	—	三八红旗手	市妇联	2007
陆　梅	女	浒源律师所	副主任	三八红旗手	市妇联	2007
王玉玲	女	商业集团	工会主席	三八红旗手	市妇联	2007
郭瑞萍	女	县医院	护士长	三八红旗手	市妇联	2007
陈月萍	女	杨营镇	妇联主席	三八红旗手	市妇联	2007
闫晓萍	女	梁山一中	高级教师	三八红旗手	市妇联	2007
吴春玲	女	技工学校	教师	三八红旗手	市妇联	2007
吕淑婷	女	县妇联	副主席	三八红旗手	市妇联	2009
焦爱华	女	县就业办	贷款主任	三八红旗手	市妇联	2009
吴翠香	女	县医院	科主任	三八红旗手	市妇联	2009
周桂云	女	县医院	产科护师	三八红旗手	市妇联	2009
吕晓路	女	县二实小	教师	三八红旗手	市妇联	2009
杨存华	女	荣善菌业	副总经理	三八红旗手	市妇联	2009
雷翠峰	女	县保健院	院长	三八红旗手	市妇联	2011
石　琳	女	县综治办	科长	三八红旗手	市妇联	2011
袁传英	女	徐集中学	教师	三八红旗手	市妇联	2012
袁　玉	女	县发改局	办公室主任	三八红旗手	市妇联	2012
曹晓菲	女	杨营镇	教师	三八红旗手	市妇联	2012

续表

姓名	性别	工作单位	时任职务	荣誉称号	授予单位	授予时间
刘凤婷	女	县医院	医生	三八红旗手	市妇联	2012
王旭敏	女	粮食局	科员	三八红旗手	市妇联	2012
顾冬梅	女	小路口	教师	三八红旗手	市妇联	2012
孟桂荣	女	县医院	妇科主任	三八红旗手	市妇联	2012

梁山县 1994—2013 年市级以上巾帼人物一览表

姓名	性别	工作单位	时任职务	荣誉称号	授予单位	授予时间
刘兴焕	女	水泊商场	监事会主任	省巾帼建功先进个人	省妇联	1993.03
刘玉玲	女	梁山二中	教师	巾帼建功先进个人	市妇联	2004
张海凤	女	县地税局	—	巾帼建功先进个人	市妇联	2004
田玉兰	女	徐集镇政府	—	巾帼建功先进个人	市妇联	2004
李玉兰	女	拳铺镇政府	—	巾帼建功先进个人	市妇联	2004
柳　明	女	县人民医院	护士长	巾帼建功先进个人	市妇联	2004
赵巧云	女	县林业局	—	巾帼建功先进个人	市妇联	2004
王淑英	女	县教育局教研室	教研员	巾帼建功先进个人	市妇联	2004
郭　华	女	县国税局	—	巾帼建功先进个人	市妇联	2004
牛雪岩	女	县工商局	—	市巾帼岗位明星	市妇联	2004
王卫红	女	供电公司	—	市巾帼岗位明星	市妇联	2004
董　萍	女	通信公司	—	市巾帼岗位明星	市妇联	2004
李文娟	女	实验中学	教师	市巾帼岗位明星	市妇联	2004
辛世荣	女	县检察院	—	市巾帼岗位明星	市妇联	2004
闫　峰	女	县公安局	—	市巾帼岗位明星	市妇联	2004
耿淑君	女	县国税局	—	市巾帼岗位明星	市妇联	2004
李　莉	女	县地税局	—	市巾帼岗位明星	市妇联	2004
乔　云	女	县地税局	—	市巾帼岗位明星	市妇联	2004
王　青	女	县国税局	城区分局长	市巾帼建先进个人	市妇联	2007
田玉兰	女	徐集镇	妇联主席	市巾帼建先进个人	市妇联	2007
陆　彦	女	县财政局	财务科科长	市巾帼建先进个人	市妇联	2007
赵　霞	女	县妇联	副主席	市巾帼建先进个人	市妇联	2007
侯冬莲	女	计生服务站	站长	市巾帼建先进个人	市妇联	2007
蒋素玲	女	县建设局	副主任科员	市巾帼建先进个人	市妇联	2007
冯　莉	女	寿张集乡	经管站长	市巾帼岗位明星	市妇联	2008

续表

姓名	性别	工作单位	时任职务	荣誉称号	授予单位	授予时间
李　瑾	女	县妇幼保健院	副院长	市巾帼岗位明星	市妇联	2008
张丽燕	女	县人民医院	内科护士长	市巾帼岗位明星	市妇联	2008
李月芬	女	县人民医院	护士长	市巾帼岗位明星	市妇联	2008
王秀贞	女	杨营镇一中	教师	市巾帼岗位明星	市妇联	2008
王秀玲	女	县政府招待所	所长	市巾帼岗位明星	市妇联	2008
王巧玲	女	县供电公司	职工	市巾帼岗位明星	市妇联	2009
王秋云	女	县二实小	教师	市巾帼岗位明星	市妇联	2009
李凤霞	女	县广电局	新闻部主任	市巾帼岗位明星	市妇联	2009
梁　敏	女	梁山一中	教师	市巾帼岗位明星	市妇联	2009
郝云华	女	益寿春公司	总经理	市巾帼创业带头人	市妇联	2009
李冬亚	女	新世纪电脑学校	校长	市巾帼创业带头人	市妇联	2009
马海灵	女	县环保局	副科长	市巾帼建功示范标兵	市妇联	2012
于传云	女	县人民医院	党办副主任	市巾帼建功示范标兵	市妇联	2012
张　辉	女	济宁银行	会计柜员	市巾帼建功示范标兵	市妇联	2012
程爱民	女	梁山一中	高级教师	市巾帼岗位明星	市妇联	2013
岳　洁	女	水泊街道	教师	市巾帼岗位明星	市妇联	2013
孟桂莲	女	县人民医院	儿科主任	市巾帼岗位明星	市妇联	2013
普　静	女	县公安局	人事科科长	市巾帼岗位明星	市妇联	2013
胡凤云	女	拳铺镇政府	纪委副书记	市巾帼岗位明星	市妇联	2013

梁山县十佳人物一览表

姓名	性别	单位及职务	荣誉称号	授予单位	授予时间	备注
赵　萍	女	县文化局副局长	巾帼十杰	县妇联、文明办	2000.3	
杨凤玲	女	县地税局副局长	巾帼十杰	县妇联、文明办	2000.3	
辛世荣	女	县检察院监察室主任	巾帼十杰	县妇联、文明办	2000.3	
张新荣	女	县教委教研室教研员	巾帼十杰	县妇联、文明办	2000.3	
陆国华	女	梁山电视台编辑	巾帼十杰	县妇联、文明办	2000.3	
侯　平	女	梁山艺术学校副校长	巾帼十杰	县妇联、文明办	2000.3	
韩华丽	女	二实小教师	巾帼十杰	县妇联、文明办	2000.3	
韩桂芹	女	水泊商场审计科长	巾帼十杰	县妇联、文明办	2000.3	
陆　梅	女	浒律师事务所律师	巾帼十杰	县妇联、文明办	2000.3	
马秀君	女	环卫所所长	巾帼十杰	县妇联、文明办	2000.3	

续表

姓名	性别	单位及职务	荣誉称号	授予单位	授予时间	备注
马广军	男	梁山县二中	十佳校长	县政府	2006.9	
王守贞	男	小路口镇二中	十佳校长	县政府	2006.9	
徐龙忠	男	寿张集乡二中	十佳校长	县政府	2006.9	
唐家民	男	馆驿镇一中	十佳校长	县政府	2006.9	
庞国忠	男	馆驿镇二中	十佳校长	县政府	2006.9	
张学集	男	梁山县二实小	十佳校长	县政府	2006.9	
史桂芹	女	梁山镇后集小学	十佳校长	县政府	2006.9	
杨以坤	男	拳铺镇后杨楼小学	十佳校长	县政府	2006.9	
贾秀真	女	徐集镇第一中心小学	十佳校长	县政府	2006.9	
张作生	男	小安山镇鲁能希望小学	十佳校长	县政府	2006.9	
林宪良	男	梁山一中	十佳教师	县政府	2006.9	
高继德	男	梁山一中	十佳教师	县政府	2006.9	
宋爱芳	女	梁山县二中	十佳教师	县政府	2006.9	
崔国文	男	一实小	十佳教师	县政府	2006.9	
王秀梅	女	二实小	十佳教师	县政府	2006.9	
邱朝喜	男	拳铺镇中学	十佳教师	县政府	2006.9	
白秀华	女	徐集镇中学	十佳教师	县政府	2006.9	
李吉朋	男	小安山镇中学	十佳教师	县政府	2006.9	
张　霞	女	小路口中心小学	十佳教师	县政府	2006.9	
牛艳丽	女	馆驿镇第二中心小学	十佳教师	县政府	2006.9	
丁曙光	男	黑虎庙镇机关职工	感动梁山十大人物	宣传部等部门	2012.12	
于崇运	男	馆驿镇贾庄村民	感动梁山十大人物	宣传部等部门	2012.12	
吕玉军	男	吕岠口党总支书记	感动梁山十大人物	宣传部等部门	2012.12	
刘承仁	男	韩岗镇鹿吊退休教师	感动梁山十大人物	宣传部等部门	2012.12	
苏奇岩	女	县自来水公司职工	感动梁山十大人物	宣传部等部门	2012.12	
宋纯振	男	县地税局考核办主任	感动梁山十大人物	宣传部等部门	2012.12	
张　娟	女	县医院内科护士长	感动梁山十大人物	宣传部等部门	2012.12	
郝迎冰	男	韩垓镇小屯村	感动梁山十大人物	宣传部等部门	2012.12	
韩玉勇	男	韩垓司法所原所长	感动梁山十大人物	宣传部等部门	2012.12	
韩相涛	男	赵堌堆派出所指导员	感动梁山十大人物	宣传部等部门	2012.12	
吴玉杰	女	县地税局妇委会主任	十佳敬老之星	文明办老龄办	2013.9	

续表

姓名	性别	单位及职务	荣誉称号	授予单位	授予时间	备注
王守庆	男	拳铺镇前王村村民	十佳敬老之星	文明办老龄办	2013．9	
孙长魁	男	经济开发区西孙庄村民	十佳敬老之星	文明办老龄办	2013．9	
吕玉军	男	梁山街道吕屺口书记	十佳敬老之星	文明办老龄办	2013．9	
邱秀荣	女	黑虎庙镇吴楼村村民	十佳敬老之星	文明办老龄办	2013．9	
赵春荣	女	小路口镇刘灿东村民	十佳敬老之星	文明办老龄办	2013．9	
丁玉莲	女	韩垓镇李垓村村民	十佳敬老之星	文明办老龄办	2013．9	
郑凤菊	女	韩岗镇季庙村村民	十佳敬老之星	文明办老龄办	2013．9	
吴云忠	男	馆驿镇教师	十佳敬老之星	文明办老龄办	2013．9	
南兆春	男	小安山自周楼村村民	十佳敬老之星	文明办老龄办	2013	
马昭阳	男	小路口马岔河乡村医生	感动梁山十大人物	宣传部等部门	2013.11	
王万秋	男	大路口王芝茂退休教师	感动梁山十大人物	宣传部等部门	2013.11	
王守庆	男	拳铺前王村销售经理	感动梁山十大人物	宣传部等部门	2013.11	
王美英	女	杨营胡台庙青年演员	感动梁山十大人物	宣传部等部门	2013.11	
闫华伟	男	刑警大队副大队长	感动梁山十大人物	宣传部等部门	2013.11	
汤玉民	女	拳铺东侯村党支部书记	感动梁山十大人物	宣传部等部门	2013.11	
肖作芝	女	黑虎庙吕那里村民	感动梁山十大人物	宣传部等部门	2013.11	
张传记	男	赵堌堆乡中学教师	感动梁山十大人物	宣传部等部门	2013.11	
赵如风	男	中爱医院院长	感动梁山十大人物	宣传部等部门	2013.11	
黄河勇士	男	赵堌堆范那里蔡楼村民	感动梁山十大人物	宣传部等部门	2013.11	

注：黄河勇士（6人）：范传会、范在保、范道鹏、范圣奎、蔡令营、蔡如乾

梁山县专业技术拔尖人才一览表

姓名	单 位	职 务	职 称	命名时间
樊兆阳	县文化局	副局长	—	1991.9
闫明敬	县广电局	—	高级工程师	1991.9
王咸福	县水利局	—	工程师	1991.9
鲍扬倜	梁山一中	教研组长	中学高级教师	1991.9
王英兰	县二实小	教导主任	小学高级教师	1991.9
孙景全	县风景委	主任	二级美术师	1991.9
赵庆珠	梁山镇供销社	主任、党支书	高级经济师	1991.9
王志宪	梁山镇政府	副镇长	经济师	1991.9

续表

姓名	单 位	职 务	职 称	命名时间
刘 沛	县建委	副主任	工程师	1993.7
赵 萍	县文化局	副局长	二级作家	1993.7
刘春玲	县二实小	教务副主任	小学一级教师	1993.7
李光华	县人民医院	五官科主任	主治医师	1993.7
张作灵	梁山大鹏公司	副总经理	高级工程师	1993.7
李庆仁	电力集团公司	党委书记	高级工程师	1993.7
杨国庆	县种子站	党支部书记	高级农艺师	1993.7
任宪銮	县卫生局	副局长	主管药师	1996.12
王学真	梁山一中	中学教师	中学高级教师	1996.12
陈保德	县人民医院	妇产科主任	主治医师	1996.12
王成东	梁山大鹏公司	总经理	经济师	1996.12
姜序录	县机械总厂	厂长	高级工程师	1996.12
董衍哭	县陈垓灌区	主任	工程师	1996.12
马德鹤	县中医医院	副院长	副主任医师	2000.12
王世宏	县科协	科员		2000.12
赵性洪	梁山一中	副校长	中学高级教师	2000.12
孙文军	县黄灌处	党支部书记	工程师	2000.12
杨玉强	县种子站	党支部书记	高级农艺师	2000.12
张曙光	县果树站	站长	高级工程师	2000.12
李建宝	三利树脂公司	董事长	工程师	2000.12

注：1991—2000年，县委、县政府共评选、命名表彰四批专业技术拔尖人才，计28人，其中，第一批命名8人，第二批命名7人，第三批命名6人，第四批命名7人；第一批于1994年12月延期管理3人，第二批于1996年12月延期管理5人，第三批于2000年延期管理1人。

梁山县优秀知识分子一览表

姓名	单 位	职 务	技术职称	命名时间
王传奇	县人民医院	副院长、党总支书记	副主任医师	1993.7
刘忠泉	县人民医院	副院长	副主任医师	1993.7
李天云	县人民医院	副院长	主治医师	1993.7
宋进亮	县人民医院	外科主任	主治医师	1993.7
贾永太	县人民医院	放射科主任	副主任医师	1993.7

续表

姓名	单 位	职 务	技术职称	命名时间
陈保德	县人民医院	妇产科主任	主治医师	1993.7
刘昭坤	县中医医院	医生	主治医师	1993.7
彭延清	进修学校	校长	中学一级教师	1993.7
尹世寿	梁山一中	教务处主任	中学高级教师	1993.7
马利杰	梁山一中	教务处副主任	中学一级教师	1993.7
王学真	梁山一中	教师	中学一级教师	1993.7
陈绍忠	梁山一中	教师	中学一级教师	1993.7
侯素珍	梁山镇一中	教师	中学一级教师	1993.7
崔洪珂	县教研室	教研员	中学高级教师	1993.7
刘传智	县一实小	副校长	小学高级教师	1993.7
曹　红	县剧团	—	三级演员	1993.7
侯　平	县文化馆	副馆长	助理馆员	1993.7
孟香菊	县植保站	副站长	农艺师	1993.7
张曙光	县林果树	助理工程师	—	1993.7
于秀坤	县农机公司	经理	经济师	1993.7
田高奎	县农机站	站长	工程师	1993.7
姜序录	县农机厂	厂长	工程师	1993.7
马孝爱	县农机厂	技术科长	工程师	1993.7
刘圣迎	县床单厂	厂长	经济师	1993.7
刘俊明	县电业局	副局长	高级工程师	1993.7
张建华	建筑设计室	主任	工程师	1993.7
魏连玉	水利设计室	主任	工程师	1993.7
彭秀清	县粮油公司	助理工程师	—	1993.7
刘慎刚	县人事局	副局长	—	1993.7
叶　蔚	县审计局	局长	会计师	1993.7
李道林	县审计局	副局长	审计师	1993.7
孔德雨	县委宣传部	副部长	—	1993.7
商梦华	县委宣传部	副部长	—	1996.12
袁绍信	县政府	办公室副主任、研究室主任	—	1996.12
于观跃	县财政局	总会计师	高级会计师	1996.12
马德鹤	中医医院	副院长	主治医师	1996.12

续表

姓名	单位	职务	技术职称	命名时间
程秀萍	县人民医院	手术室护士长	主管护师	1996.12
于　华	县人民医院	医生	主治医师	1996.12
王阳奎	县药检所	所长	主管药师	1996.12
李春贵	梁山一中	教师	中学一级教师	1996.12
赵性洪	梁山一中	教师	中学一级教师	1996.12
王世宏	梁山镇二中	教师	中学二级教师	1996.12
林淑清	县二实小	校长	小学高级教师	1996.12
刘凤菊	县教研室	教研员	小学高级教师	1996.12
张义凤	县教研室	教研员	小学高级教师	1996.12
张忠安	县文化馆	—	助理馆员	1996.12
于振章	广播电台	副台长	编辑	1996.12
李明军	广播电台	编辑部副主任	记者	1996.12
张继余	县种子站	副站长	高级农艺师	1996.12
李寿明	县土肥站	站长	农艺师	1996.12
陈庆科	棉花中心	副主任	农艺师	1996.12
陈培秀	电力集团	生技科长	高级工程师	1996.12
李建宝	三利公司	总经理	工程师	1996.12
梁学典	县人民医院	副院长	主管检验师	2000.12
解培顺	县人民医院	内二科副主任	主治医师	2000.12
陈玉书	县人民医院	副院长	副主任医师	2000.12
冯修武	县人民医院	结防所长	主治医师	2000.12
彭存旭	县人民医院	产科医生	主治医师	2000.12
林宪良	梁山一中	教务副主任	中学高级教师	2000.12
张忠华	梁山一中	生物组长	中学一级教师	2000.12
周生昌	梁山一中	化学组长	中学高级教师	2000.12
高继德	梁山一中	历史组长	中学一级教师	2000.12
吴育林	梁山二中	政治组长	中学一级教师	2000.12
李　升	梁山二中	办公室副主任	小学高级教师	2000.12
张春玲	县一实小	副校长	小学高级教师	2000.12
张春荣	县一实小	教务主任	小学高级教师	2000.12
王学理	县二实小	政教主任	小学高级教师	2000.12

姓名	单 位	职 务	技术职称	命名时间
朱学迪	县二实小	副校长	小学高级教师	2000. 12
黄荣华	县二实小	副校长	小学高级教师	2000. 12
许圣民	县教研室	副主任	中学一级教师	2000. 12
陈昌焕	县教研室	教研员	中学高级教师	2000. 12
黄凤华	县委党校	理教室主任	高级讲师	2000. 12
杨建兵	县农机局	机务股长	高级工程师	2000. 12
赵 伟	县粮食局	副局长	工程师	2000. 12

注：1993—2000 年，县委、县政府共评选、命名表彰三批优秀知识分子，计 74 人，其中，第一批命名 32 人，第二批命名 21 人，第三批命名 21 人；第一批于 1996 年 12 月延期管理 17 人，第二批于 2000 年 12 月延期管理 11 人。

梁山县省、市特级教师一览表

姓名	性别	出生年月	参工时间	文化程度	所在学校	所任学科	教师职称	荣誉称号	评审时间
王峡生	男	1937	1958	大学本科	梁山一中	高中语文	中高	省特级教师	1979
徐桂茹	女	1936	1958	大学本科	梁山一中	高中数学	中高	省特级教师	1979
鲍扬倜	男	1936	1955	大学本科	梁山一中	高中语文	中高	省特级教师	1990
尹世寿	男	1939	1961	大学本科	梁山一中	高中语文	中高	省特级教师	1994
陈绍忠	男	1952	1976	大学本科	梁山一中	高中语文	中高	省特级教师	1998
林宪良	男	1957	1976	大学本科	梁山一中	高中语文	中高	省特级教师	2002
高继德	男	1965	1988	大学本科	梁山一中	高中历史	中高	省特级教师	2006
周生昌	男	1962	1982	大学本科	梁山一中	高中化学	中高	省特级教师	2010
程爱民	女	1968	1990	大学本科	梁山一中	高中历史	中高	省特级教师	2013
蒋海燕	女	1977	1997	大学本科	梁山一中	高中数学	中高	省特级教师	2013
刘春玲	女	1953	1968	大学本科	聋哑学校	小学数学	中高	省特级教师	
黄荣华	女	1963	1981	大学本科	二实小	小学数学	中高	省特级教师	
王秀梅	女	1969	1985	大学专科	二实小	小学数学	中高	省特级教师	2010
董郁梅	女	1972	1991	大学本科	一实小	小学思品	中高	省特级教师	2010
崔国文	男	1970	1990	大学专科	一实小	小学语文	中高	省特级教师	2013
周生昌	男	1962	1982	大学本科	梁山一中	高中化学	中高	市特级教师	
程爱民	女	1968	1990	大学本科	梁山一中	高中历史	中高	市特级教师	2007
张合华	男	1971	1990	大学本科	梁山一中	高中语文	中高	市特级教师	2007
刘显金	男	1963	1984	大学本科	梁山一中	高中物理	中高	市特级教师	2007
张玉鹏	男	1970	1995	大学本科	梁山一中	高中信息	中一	市特级教师	2012

续表

姓名	性别	出生年月	参工时间	文化程度	所在学校	所任学科	教师职称	荣誉称号	评审时间
蔡东阁	男	1968	1987	大学专科	梁山二中	初中数学	中高	市特级教师	2007
荣凤华	女	1975	1995	大学本科	梁山二中	初中英语	中一	市特级教师	2012
王　梅	女	1974	1995	大学本科	梁山二中	初中英语	中高	市特级教师	
李建芳	女	1975	1995	大学本科	现代中学	高中政治	中高	市特级教师	
李秀霞	女	1974	1997	大学本科	实验中学	初中英语	中一	市特级教教	2012
程　玲	女	1972	1992	大学专科	水泊街道一中	初中语文	中一	市特级教师	2012
李　薇	女	1964	1984	大学专科	二实小	小学数学	小高	市特级教师	2007
王军仁	男	1974	1993	大学本科	二实小	小学数学	小高	市特级教师	2007
李长青	男	1963	1985	大学专科	聋哑学校	小学社会	小高	市特级教师	
张焕玲	女	1974	1993	大学专科	北关小学	小学数学	小高	市特级教师	
李　霞	女	1973	1991	大学本科	北关小学	小学语文	小高	市特级教师	2012
韩华丽	女	1968	1986	大学本科	二实小	小学语文	小高	市特级教师	2012
朱秋芝	女	1967	1986	大学专科	一实小	幼教	小高	市特级教师	2012
苏　芬	女	1972	1992	大学专科	一实小	幼教	小高	市特级教师	2007

梁山县部分医卫专家一览表

姓名	性别	出生年月	学历	籍贯	参工时间	工作单位	专业	职称	评审时间
刘忠泉	男	1944.07	大学	牟平	1969.08	县医院	心内科	主任医师	1996.11
陈桂兰	女	1955.07	大普	梁山	1974.02	县医院	心内科	主任医师	2005.12
解培顺	男	1964.10	大学	东平	1983.07	县医院	心内科	主任医师	2001.12
王瑞敏	男	1954.11	中专	梁山	1976.08	县医院	心内科	副主任医师	2001.12
王兆颜	男	1950.12	大普	梁山	1977.12	县医院	心内科	副主任医师	1996.11
马德鹤	男	1954.09	本科	梁山	1976.12	中医院	心内科	副主任医师	1996.11
张继明	男	1963.08	研究生	梁山	1976.06	县卫校	心内科	主任医师	2008.01
刘洪业	男	1944.07	大学	梁山	1970.08	县医院	消化内	主任医师	2003.11
李同昌	男	1956.08	大普	梁山	1979.07	县医院	消化内	主任医师	2005.12
袁　魁	男	1963.5	本科	菏泽	1985.07	县医院	消化内	副主任医师	2001.12
张延峰	男	1963.08	大学	梁山	1984.08	县医院	消化内	副主任医师	2003.11
黄淑存	男	1965.09	大学	梁山	1991.07	县医院	消化内	副主任医师	2005.01
程月香	女	1958.01	大专	梁山	1975.05	县医院	内分泌	主任医师	2009.01
刘　生	男	1965.12	大学	梁山	1988.08	县医院	内分泌	主任医师	2011.01

续表

姓名	性别	出生年月	学历	籍贯	参工时间	工作单位	专业	职称	评审时间
张清月	男	1962.10	大学	梁山	1987.08	县医院	内分泌	副主任医师	2003.11
刘　东	男	1973.04	本科	郓城	1991.07	县卫校	内分泌	副主任医师	2011.03
孙刚顺	男	1963.02	大学	梁山	1986.07	县医院	神经内	主任医师	2012.12
戚甫国	男	1964.01	大学	梁山	1983.07	县医院	神经内	副主任医师	2005.01
黄红梅	女	1968.01	大学	东平	1991.07	县医院	神经内	副主任医师	2006.01
李清河	男	1946.12	大专	梁山	1968.03	县医院	呼吸内	副主任医师	1998.11
刘克运	男	1962.06	大学	梁山	1982.07	县医院	呼吸内	副主任医师	1999.12
冯修武	男	1962.10	大学	梁山	1982.07	县医院	呼吸内	副主任医师	2001.12
庄同杰	男	1963.03	大专	梁山	1983.07	县医院	呼吸内	副主任医师	2005.01
陆相亮	男	1964.10	大学	东平	1990.07	县医院	呼吸内	副主任医师	2006.01
张道春	男	1950.01	大专	梁山	1968.03	县医院	病理内	副主任医师	2001.12
田希兰	女	1954.09	大普	梁山	1977.12	县医院	病理内	主任医师	2009.01
赵德琴	女	1938.09	大学	济南	1963.08	县医院	内科	副主任医师	1987.12
赵锡祯	男	1938.07	大学	邹城	1963.08	县医院	内科	副主任医师	1987.12
宿吉祥	男	1943.12	大学	莱州	1970.08	县医院	内科	主任医师	2003.11
叶连起	男	1946.02	大学	长清	1970.08	县医院	内科	副主任医师	1994.01
冯秀芹	女	1955.08	大普	梁山	1971.10	县医院	内科	主任医师	2009.01
陈存英	女	1951.10	大专	梁山	1971.05	卫生院	内科	副主任医师	1993.03
伏爱华	女	1945.11	大学	郯城	1970.08	卫生院	内科	副主任医师	1993.03
宋进亮	男	1944.02	大学	梁山	1970.08	县医院	普外科	主任医师	2001.12
田均胜	男	1943.11	大学	梁山	1969.08	县医院	普外科	副主任医师	1993.08
曹务星	男	1952.05	中专	梁山	1971.08	县医院	普外科	副主任医师	2001.12
崔宗良	男	1962.01	大学	嘉祥	1982.07	县医院	普外科	副主任医师	2000.11
田均岩	男	1957.12	大专	梁山	1981.08	县医院	普外科	副主任医师	2001.12
李传柱	男	1967.02	大学	梁山	1991.07	县医院	普外科	副主任医师	2005.01
刘广柱	男	1954.12	大专	东平	1976.08	县医院	骨外科	副主任医师	1999.12
吴春辉	男	1968.02	大学	梁山	1991.07	县医院	骨外科	副主任医师	2006.01
刘　仓	男	1962.10	大学	郓城	1981.07	县医院	胸外科	副主任医师	2001.12
柏心岩	男	1954.06	中专	东平	1973.07	县医院	胸外科	副主任医师	2006.01
高成稳	男	1951.10	大学	梁山	1968.07	县医院	神经外	主任医师	2004.11
王万明	男	1966.08	大学	梁山	1988.08	县医院	神经外	副主任医师	2006.01

续表

姓名	性别	出生年月	学历	籍贯	参工时间	工作单位	专业	职称	评审时间
张庆君	男	1950.07	大普	梁山	1971.03	县医院	泌尿外	副主任医师	1994.01
王永在	男	1932.11	大学	定县	1949.07	县医院	外科	主任医师	1993.07
吴　剑	男	1934.11	大学	干县	1960.08	县医院	外科	副主任医师	1987.12
丁明勇	男	1965.09	本科	梁山	1986.07	县中医院	外科	主任医师	2012.12
陈保德	男	1956.07	大专	郓城	1981.07	县医院	妇产科	主任医师	2006.12
扈新莲	女	1949.11	大普	东平	1969.01	县医院	妇产科	副主任医师	1994.10
李厚芝	女	1964.02	大学	东平	1986.07	县医院	妇产科	副主任医师	2006.01
孟桂荣	女	1966.03	大学	东平	1988.08	县医院	妇产科	副主任医师	2006.12
蔡瑞霞	女	1955.12	中专	梁山	1971.02	县保健院	妇产科	副主任医师	2006.3.20
袁风春	女	1973.01	专科	梁山	1995.08	县保健院	妇产科	副主任医师	2012.2.9
张吉君	男	1937.11	大学	青岛	1962.09	县医院	儿科	主任医师	1993.07
汤庆立	男	1946.02	大学	河南	1970.08	县医院	儿科	主任医师	2004.11
王玉兰	女	1945.11	大学	菏泽	1969.08	县医院	儿科	副主任医师	1993.08
焦茂云	女	1953.07	大学	东平	1968.01	县医院	儿科	主任医师	2003.11
杨守珍	男	1954.10	大专	梁山	1972.12	县医院	儿科	副主任医师	1997.11
李作显	男	1957.08	大普	四川	1974.10	县医院	儿科	副主任医师	1998.11
孙久科	男	1957.04	大普	梁山	1974.07	县医院	儿科	主任医师	2008.01
林学军	男	1963.04	大学	栖霞	1982.07	县医院	儿科	主任医师	2008.01
李天云	男	1940.09	大学	梁山	1969.08	县医院	中医内	主任医师	2000.08
王守智	男	1943.12	大学	梁山	1970.08	县医院	中医内	副主任医师	1994.01
戚聿英	女	1944.02	大学	梁山	1970.08	县医院	中医内	副主任医师	1994.01
李自宪	男	1938.01	本科	梁山	1967.07	中医院	中医内	副主任医师	1989.09
刘继生	男	1942.04	中专	梁山	1964.08	中医院	中医内	副主任医师	1996.11
刘传太	男	1942.08	中专	梁山	1964.08	中医院	中医内	副主任医师	1996.11
于　华	男	1963.05	大学	梁山	1982.07	县医院	针灸	主任医师	2008.01
房　毅	男	1972.02	本科	梁山	1994.07	中医院	针灸	副主任医师	2010.03
贾永太	男	1938.02	大学	梁山	1963.05	县医院	影像	副主任医师	1989.12
梁学典	男	1956.06	中专	梁山	1974.05	县医院	检验	副主任检验师	2000.11
史一珍	男	1951.08	大学	梁山	1968.09	县医院	麻醉	副主任医师	1994.10
崔曰玲	女	1954.10	大普	梁山	1971.09	县医院	药剂	主任药师	2008.01
李文芝	女	1952.08	大普	曲阜	1974.01	县医院	药剂	副主任药师	1997.11

续表

姓名	性别	出生年月	学历	籍贯	参工时间	工作单位	专业	职称	评审时间
王晋存	男	1953.10	本科	梁山	1974.04	中医院	药学	副主任药师	1994.01
王乐静	男	1965.04	本科	梁山	1987.07	中医院	中药	副主任药师	1993.09
孙　琳	女	1931.07	中专	淄博	1948.08	县医院	护理	副主任护师	
朱绪娥	女	1937.03	中专	济南	1952.11	县医院	护理	副主任护师	1987.05
程秀平	女	1953.05	中专	梁山	1971.01	县医院	护理	副主任护师	2001.12
沈祥兰	女	1954.02	大专	曹县	1972.02	县医院	护理	副主任护师	1999.12
吴成华	女	1953.09	中专	曹县	1968.08	县医院	护理	副主任护师	2003.11
侯兰芝	女	1954.08	中专	梁山	1977.08	县医院	护理	副主任护师	2003.11
孙长兰	女	1953.05	中专	梁山	1977.07	县医院	护理	副主任护师	2005.01
仝　雪	女	1966.11	本科	郓城	1985.07	中医院	护理	副主任护师	2013.04
任宪鎏	男	1952.03	中专	梁山	1976.08	县医院	公共卫生	副主任医师	1999.12
郭广全	男	1964.05	大学	东平	1983.07	县医院	公共卫生	副主任医师	2006.01
崔向平	男	1963.06	本科	梁山	1978.07	疾控中心	疾病预防	副主任医师	2010.03
艾云祥	男	1942.10	中专	梁山	1964.08	疾控中心	食品卫生	副主任医师	1996.09
倪崇祯	男	1942.06	专科	梁山	1960.10	疾控中心	疾病预防	副主任医师	1999.11
周传水	男	1953.10	专科	梁山	1972.12	疾控中心	公共卫生	副主任医师	2006.10
吕忠堂	男	1953.12	专科	梁山	1971.12	疾控中心	公共卫生	副主任医师	2005.12
贾美华	女	1969.07	大学	梁山	1990.08	县医院	统计	高级统计师	2005.12

FU LU

附录

前志简述

《梁山县志》(第一部)由梁山县志编纂委员会编，新华出版社出版。

《梁山县志》(第一部)修编工作始于1982年，1997年6月出版，历时15年。梁山县委、县政府高度重视第一部《梁山县志》修编工作，设立梁山县志编纂委员会及其办公室，并将办公室定为县政府直属副科级事业单位，后升格为正科级事业单位，投入足够的人力物力，保证了修志工作的正常进行。

《梁山县志》(第一部)初始设定时间上限为1949年建县起，下限至1985年12月止。至1991年12月，《梁山县志》(第一部)形成初稿，但未评审及出版付印。1994年初，根据上级史志部门意见和原志稿下限与成稿时间跨度较大的实际，县政府确定将《梁山县志》(第一部)下限由1985年延至1993年，续编1986年至1993年间内容，并对原初稿进行修订。同时，明确由县政府办公室分管副主任具体主持《梁山县志》续编及全志的统筹修订工作，并正式行文重新调整县志编纂委员会及其办公室，确定主编、副主编。至1995年1月，首部《梁山县志》续写、修订、统筹编纂完毕，油印成册(5册)，但仍未正式出版。后对1995年1月所定稿调换个别章节位置、调整概述及个别内容，1997年3月正式出版付印。该志1995年1月定稿时，由时任县委书记连广生、县长赵步荣分别作序；1997年3月付印时，替换为县委书记王廉秀、县长曹耀华共同作序，同时由山东省地方史志办公室原主任李化诚作序，并调整更换主编。

《梁山县志》(第一部)除前置概述、大事记，后设附录外，主体按大篇制列篇，分建置、地理、经济、政治、军事、文化、风情、人物等8篇，共设54章208节，全书共75万字。建置篇，设区域位置、历史沿革、行政区划、县城乡村、人口民族、计划生育6章；地理篇，设地质地貌、气候物候、土壤植被、自然资源、自然灾害5章；经济篇，设农业、林业、牧业、渔业、水利、工业、电力、交通、邮电、商业、工商管理、财政税务、金融、城乡建设、环保土管和人民生活16章；政治篇，设中国共产党、权力机构、行政机构、人民政协、群众团体、政法、民政、劳动人事8章;军事篇，设武装建置、驻军、民兵、兵役、战事5章;文化篇，设教育、科技、文化、新闻、卫生、体育、旅游、档案8章;风俗民情篇，设风俗、方言谣谚、民间故事与传说、宗教4章；人物篇，设革命烈士、知名人物2章。

《梁山县志》(第一部)记述了梁山县1949年建县至1993年40多年间县域、机构的变迁，自然、地理、环境的变化，政治、经济、文化、社会的发展历程，反映了全县干部群众在中国共产党的领导下所取得的社会主义革命和社会主义建设的伟大成就，展示了梁山人民团结奋进、艰苦创业的精神风貌。梁山县境域由原寿张、东阿、东平、汶上、南旺、嘉祥、郓城、阳谷等县边缘地带组成，并先后隶属菏泽、济宁两地市。梁山建县后，在一穷二白的基础上，县委、县政府团结带领全县人民自力更生，艰苦奋斗，工业、农业、商贸、城市建设等全面发展，科教、文化、卫生、人民生活等全面进步。至1993年，全县形成了较完整的工业体系，拥有电力、机械、化工、建材、纺织、造纸、印刷等18个工业门类、50多个工业产品，工业总产值达17.65亿元；全县粮食总产量2.9亿公斤，农业总产值6.46亿元，先后被评为全国粮食、棉花生产“创高产先进单位”，全国“平原绿化先进单位”，全省“农田水利基本建设先进县”；梁山县社会事业全面进步，先后被省政府授予教育先进县，被国家体委授予“全国体育先进县”，初级卫生保健实现省级达标，文化旅游事业逐步兴起，人民生活水平全面提高。

《梁山县志》（第一部）作为梁山建县以来的首部县志，发挥了“存史、资政、教化”的作用，亦得到社会不同程度的认可。但不可否认，由于客观原因及主观因素所致，志书也存在内容不够全面、部分存在纰漏等问题；再就是该志特色不够突出，水泊梁山的地域特色、旅游特色和文化特色没有得到深度挖掘。

专志简介

梁山县专业志、行业志编纂始于20世纪80年代，但成稿印制的不多，正式出版的更少。仅介绍几部具有一定影响的专业志、行业志。

财政志 《梁山县财政志》修编始于1984年春，至2002年，先后编纂《梁山县财政志》三卷。《梁山县财政志》第一卷上限为1941年，下限为1985年，由叶蔚、刘美礼任主编，8.2万字，1989年12月定稿印刷；《梁山县财政志》第二卷上限为1986年，下限为1990年，由叶蔚任主编、许崇文任副主编，12万字，1991年11月定稿印刷；《梁山县财政志》第三卷上限为1991年，下限为2000年，由时任县财政局长刘东升任主编，27万字，2002年12月定稿印刷。《梁山县财政志》分别记述全县各个时期财政收入、支出情况，总结县财政部门为巩固财政、发展经济、促进社会事业进步所做出的努力，以及工作中的经验教训。

教育志 《梁山县教育志》由梁山县教育局教育志办公室编。该志修编始于1984年，1987年12月完成初稿，并油印成册。该志上限起自1941年，下限至1985年；前有概述，设大事记、教育宗旨、教育行政、幼儿教育、小学教育、中学教育、中专教育、业余教育、教师、教学、学校管理、党群组织、经费、体育卫生、人物谱、附录等16章，有史有志，有传有录，详细记述了梁山44年间教育的发展变化。为编好《梁山县教育志》，县教育局成立由原任教育局局长张忠平、时任教育局副局长李凌岩为组长的《梁山县教育志》编纂领导小组，并设立专门的教育志编纂办公室，抽调专人专职从事教育志编纂工作；时任教育局局长胡景陶为该志作序。《梁山县教育志》作为早期编纂的一部行业志，以其丰富翔实的资料，发挥了“存史、资政、教化”的作用，亦得到教育界的认可。但由于该志上下限时间跨度大，有的内容上延至清末民初，又经历多个历史时期，加之受编纂时间局限及编纂人员水平所限，以致对教育事业发展、教学管理规律没有进行深度挖掘，另外，该志在体裁、结构、形式、文字等方面存在缺陷，为该志留存些许遗憾。

卫生志 《梁山县卫生志》修编始于2006年5月，当年12月成稿，由济宁市新闻出版局批准付印。《梁山县卫生志》上限自1949年，下限至2005年；前置概述、大事记，主体分9篇、27章、59节，包括卫生行政、公共卫生、疾病控制、医疗护理、医学教育科研、社会卫生团体、医林人物等内容，后设附录、编后记，共9万余字。全志记述了1949年至2005年梁山县卫生事业发展历程和现状，概况展示了全县卫生机构的发展变迁、卫生事业的发展成就、主要工作的开展及经验教训，反映了半个多世纪全县卫生系统几代人的工作历程和精神风貌。《梁山县卫生志》是在20世纪80年代所编卫生志初稿基础上，组织卫生系统老领导、老干部重新编纂而成。为做好卫生志编纂工作，县卫生局专门成立《梁山县卫生志》编纂委员会，由县卫生局历任老局长李天信、任兰生、赵法鲁担任编委会名誉主任，时任卫生局长袁绍信任编委会主任，并担当主编，直接主持《梁山县卫生志》的编纂工作，具体负责全志的策划、谋篇、修改、审阅、定稿。时任县委书记商建设、分管卫生工作副县长任艳云分别为该志作序。

电业志 《梁山县电业志》修编始于1995年7月，完成初稿后搁置未出版；2013年8月，在原稿基础上，重新续写、修订、完善，同年12月完成初稿；2014年1月，由人民日报出版社出版。《梁山县电业志》上限时间始于1958年，下限时间止于2013年12月，主要记述梁山县55年间电力工业的发展历程。该志除前置概述、大事记，后设附录外，主体分设发电、电网建设、生产技术和管理、调度、用电与管理、安全管理、多种经营、党群组织、行政机构、综合管理、精神文明建设、驻地建设、职工队伍与职工文体生活、光荣榜等14编，共74章、190节。同时，该志从多角度反映了梁山县电力事业的发展变化，包括供电经营管理、精神文明建设、职工队伍建设等，内容翔实丰富，具有较强的资料价值和借鉴作用。该志由梁山县电业志编纂委员会编，国网梁山县供电公司总经理刘峰担任编委会主任和主审，公司原审计科科长赵国海、公司人力资源部主任戚元海任主编。

旧志辑存

《寿张县志》

（清康熙五十六年续修）

卷一（方舆志）“山川”篇载：“梁山在县治东南七十里，上有虎头崖、宋江寨、莲花台、石穿洞、黑风洞等……梁孝王尝田猎于此山之北，因名梁山。”

《寿张县志》卷首“梁山图”

卷一（方舆志）“山川”篇载：“梁山为寿张治属，其山周围可十里”。

卷一（方舆志）“乡市”篇载：“黑虎庙集、范城集（今赵堌堆乡驻地——编者注）、梁山集、土山集、凤凰集、张博士集、旧寿张集（今寿张集镇驻地——编者注）、大路口集、小路口集”等。

卷一（方舆志）“古迹”篇载：“梁山泺，在县东南即梁山坡也。”

卷一（方舆志）“古墓”篇载：刘武王墓（梁孝王）“在梁山之阳，旧志云：汉文帝第二子因畋猎终于此、旧有古碑，洪武十七年黄河水溢淤没无存。

卷二载：“寿张县巡检司在梁山虎头崖前（乾隆三年七月裁撤）”

《东平州志》

（清乾隆三十五年续修）

凡例叙述："梁山跨东平、寿张之境，吴幼清云：梁山在寿张县东南七十里，东平州西南五十里，东接汶上县界是也。"

卷二（方域志）山川篇载：安民山，"州西南三十五里旧为寿张境，元至正间黄河大决，城圮邑废改属东平。山半有寺，明景泰间侩洪钦凿石百尺涌出清泉、曰清岩井，上有甘罗墓。"

梁山，"州西南五十里，接寿张县界，《方舆纪要》云：本名良山，汉梁孝王常游猎于此，因改梁山。《史记》梁孝王北猎良山是也。《山东通志》云：山属寿张，寿张本名寿良，因光武帝避叔讳改名寿张，则山之改良为梁。以此今按梁山周二十余里，跨东平、寿张之境，上有虎头崖及古石龛迹，又有石台凿石为莲花、周围二丈，相传有神侩说法。其上唐乾宁二年，朱全忠击郓城帅朱宣，战于梁山，郓兵大败走。宋政和中、盗宋江等深于据此山，南为梁山泺即古巨野泽，《禹贡》所谓大野、暨潴也。"

亭子泊，"漕河东岸即故安民亭也，北阻金腊诸山，安山湖水溢而东注，即汇于此，其南为麻王泊、南旺湖，水溢而北流，则汇于此。凡此、皆古巨野泽之东畔，宋时梁山泺也。"

卷四（沟渠志）闸篇载："靳家口闸在州南三十里，袁家口闸北十八里，明正德十二年建。设闸官一员，闸夫三十八名，浅铺东平汛一座。"

卷五（古迹志）载："吕母桥，州西南。《水经注》曰：东海吕母起兵所造，梁山北三里有吕母宅，宅东三里济水所经也。"

《东平州志》

（清道光五年续修）

卷三（山川志）载：安民山，"《明史一地理志》西南有安山，亦曰安民山。下有积水湖，一名安山湖。山南有安山镇，会通河所经也。"

卷五（漕渠志下）闸坝篇载："靳家口闸在州南三十里，袁家口闸北十八里，明正德十二年建。""安山闸在州西十二里，靳家口闸北三十里，明成化十八年建。西邻安山湖，减水有通湖闸。"

卷七（田赋志）兵防篇载："东平州汛梁山营，把总一员，奉薪银三十六两，养廉银一百两。马兵三十名，每名饷乾米折银三十六两。步兵四十一名，每名饷乾米折银十四两八钱。"

《汶上县志》

（明万历三十六年）

卷一（方域志）山川篇载："邑之西其半属于汶者为梁山、独孤山。梁山在寿良之境，其东南属汶上；独孤山隶于郓（城），其东北属汶（上）。"

卷一（方域志）山川篇载："邑旧有大清河，济水故道也，旧为汶境。……邑之西偏有小清河……其在寿郓之界，亦有黄河故道焉。"

卷二（建置志）公署篇载："置于县署外者以广赈恤则有常平仓、保赤仓等，以给转运则有兑军仓在袁家口水次。""邑城西三十里有开河水驿，舍亭圮（坏）不蔽风雨矣。西为驿丞厅，其开河镇、袁家口、南旺上下寺前铺诸闸厅濒河列焉。"

卷二（建置志）学校篇载："圣泽书院旧为讲堂，在城西南二十五里开河之东，昔孔子宰中都政治之暇与群弟子讲习地也。"

卷二（建置志）编里篇载："邑之编里国之初三十有六，后增十二焉。永乐间议迁汶民数百于胶州。邑令史公奏止之，并招抚之民共增为四十八社，分六乡以领之今西曰孝义乡（今徐集镇一带），西北曰遵义乡（今韩岗镇一带）拳家铺社、平原社、德义社焉，按国初之法，因方分里，族处萃居，畛域攸分，安可溷也。”

“邑之西，（村庄）……曰开河（三十里，其自漕河而西），……曰蔡家林，……曰黑虎庙，曰野猪淖……曰张博士集（一百二十里）。”

“邑之西，（集市）濒河则有……开河市、袁家口市；河之西则有蔡家林市、全家铺市……黑虎庙市……野猪淖市、张博士市”。

“漕河之间，逦置之以防膠舟浅舖也，……曰开河浅……曰袁家口浅，……；其濒河便于艤舟者渡口也，曰开河渡……曰袁家口渡”。

卷三（职官志）职官表载：“元朝，侯德山。邑人也（今梁山县郭仓人），当以武略将军，行汶上令事有传。”

卷六（人物志）孝义篇载：“孝义董天知。今开河贫民也，父早世，母彭氏，甫二十八岁守贞不嫁，知未（当）学，性至孝，与妻尹氏以力作给养。得粟饱母，自啖糠覈，早必待食而出。从无得干脆，每怀饼果归，则避稚小奉之。寝必安，衣必燠，远行必负，三十余年弗懈也。又抚弟天祥，以及成立时，有不逊色当怡然不觉。其有拂焉，弟欲析（），则出诸什器，姿其择取。间有为弟所需而偶遗者，仍推与之。弟感动，隧复同居。其孝友如此，乃不得闻于上。小民，金私为置坊，知讶之盖，发于至性不自知其德云。”

卷七（杂志）灾祥篇载：“宋熙宁十年河东汇于梁山泺。”“明弘治十五年地震，邑西北徂东南有声如雷又天鼓鸣。”

卷八（艺文志）载：邑令永清张公请建社仓文移畧曰：“岁有丰凶，谷有贵贱。而民生休戚，因之储谷备荒诚牧民者之责矣，但事以预立法贵周详，使国之不预则卒（值）。凶年束手而无策，若虑之不周则惠难偏及有名而无实。此勤恤者每长叹于噬脐而困穷者竟为免于枵腹也。本职新建常平仓积谷五千一十一石，三月间开仓比时价减三分之一（后省略）。已经齐集乡民于庭而舆酌，议择其镇店之大、居民之稠密，以建置者四乡共二十处，邑西高里、袁家口、韩家林、拳家铺、秦家铺、桑科集、开河镇、南旺并西九处等，各处之左右前后凡在十里之内者悉以附焉。每处议建门楼一座，前房三间，团仓三座，后房三间，厢房三间，即置为社学。选教读一人于内不独令其训诲童蒙，（仰）且资其看守附记一处，工料费约银二十二两，分委建今已告完。”

《汶上县志》

（清康熙五十六年续修）

卷一（方域志）山川篇载：“开河闸，北距袁家口闸十二里，距城三十五里，元至正间建，永乐九年重修，曰河长一百二十六丈。袁家口闸，北距靳口闸十八里，距城三十里，正德间郎中商良辅建，康熙五十一年知县闻重修，曰河长九十九丈。”

卷一（方域志）山川篇载：“邑西七十里许有古井，曰琉璃井，由井口下视周围光耀似琉璃镕结而成。土人云：掘至水底皆然并无泥沙。不知始于何时，相传尧时伯益所开，然无可稽矣，附识泉湖之未昭奇蹟焉。”

卷三（艺文志）载：端阳日圣驾过开河镇——“彩旌迤逦射波红，画鹢乘流驭顺风。日照牙墙悬艾虎，霞侵锦缆驾飞龙。两堤男妇迎天笑，万国山川献帝功。长缕无庸呈五色，华封三祝古今同。”

《郓城县志》

（清康熙五十五年）

《郓城县志》载：“郓城，……北距寿张县界之黑虎庙七十里，……东北距汶上县界拳家铺三十六里”

卷一（方兴志）山川篇载：“梁山，在独孤山后一里许，宋元以前与安民山通属郓，今割属寿张。”

卷一（方兴志）山川篇载：“独孤山（即独山——编者注，下同），县东北五十里，高五六丈，与梁山接垅。”

卷一（方兴志）山川篇载：“金线岭，县东十里许，自梁山发脉，东西横亘三十余里，高低不齐，隐隐若虹，上多官柳，垂条犹如线，故名。”

卷一（方兴志）山川篇载：“济河，……经县南八里河，环城东北至安民山入运河。……宋史·河渠志载：‘广济河导菏水，自开封历陈留、曹、济、郓、其广五丈’……由合蔡而通梁山泊”（ 济河，亦称济水，为中国古代四大河流之一，后周称五丈河，宋代称广济河，明清以来称宋金河，是宋代京都汴梁与梁山泊之间的一条黄金水道，也是梁山好汉经常劫掠官船的河道。清咸丰五年，黄河北徙夺大清河入海，济水故道变为黄河故道——编者注）。”

卷一（方兴志）古迹篇载：线岭秋烟——“柳线垂垂如金，秋霁晓烟，尤有异色。”独山樵唱——“孤峰耸峙，林壑深处，樵苏之声堪听。”

《兖州府志》

（清乾隆三十五年）

卷三（山川志）山部载：“梁山，在寿张县南七十里，本名良山，梁孝王常猎于此，改为梁山。”

卷三（山川志）水部载：“八角井，在寿张县南法兴寺前，泉涵清甘、绠不及底。”

卷四（建置志）载：“寺前闸署、开河闸署、南旺闸署、袁家口闸署、驻防署在兖镇左营汛。

“开河闸，明成化六年建，袁家口闸正德元年建。

“梁山巡检司在寿张县南七十五里虎头崖，一名荡寇寨。

“野猪脑堰在寿张县南六十里，土石筑砌、亘延三十里，以潴水不至冲决漕河堤岸。”

卷十七（兵防志）载：“皇清顺治七年设梁山营，额兵三百名，河标拨兵一百四十七名，召募一百五十三名，领以守备一、把总二驻劄梁山。自康熙二十二年至六十一年，续裁兵九十三名旧属登镇总防、雍正元年改属兖镇。四年又抽调步兵二名归沂州营、添防大兴镇。九年改守备为都司，十三年增马步兵五十名，马十步四、十系河标拨增，今定制。本营都司一员，把总二员，外委把总一员，马兵五十六名，步兵二百二十名。

“梁山营驻劄本汛，寿张县地方都司一员，马兵一十二名，步兵六十八名。”

卷十七（兵防志）载：“汶上县开河水驿在县西南三十里，永乐间开通河道建本驿，水夫二百三十名，工食银二千三百七十四两四钱二分，供应中伙廪粮支销银四十八两三钱八分。”

卷十八（河渠志）载：“开河闸在十里闸北十五里，东邻马踏湖、放水有新河头闸，西临南旺湖，放水有关家闸、五里闸。

“袁家口闸在开河闸北十二里，东邻马踏湖、放水有弘仁桥闸，西岸进水有兼济闸，北至靳家口闸交界入捕河厅汛东平州境。

“宋神宗熙宁十年，黄河决口澶渊之曹村，北流断绝、河道南徒，东汇于梁山张泽泺。分为二派、一合南清河入于淮，一合于北清河入于海。”

卷十九（古迹志）载：“莲台在寿张县南雪山之阳，上有安禅记，下有石洞、又有八角井，围可二丈。

“寿张旧城，一在县南隋末居人所筑后当置寿州者。一在县西南三十五里竹口镇。一在县南五十里梁山东。”

卷二十（寺观志）载：“观音寺在汶上县西南开河镇，明天顺间建。

“永安寺在汶上县西六十里，元至正三年建。

“灵都寺在汶上县西拳家铺集北，明弘治二

年重修。

“法兴寺在寿张县东南七十里梁山东麓，旁有莲台石井。”

文献辑录

梁山县人民政府
关于加强政府自身建设的若干规定

（梁政发〔1996〕9号）

为建立起廉洁勤奋、团结苦干、务实高效的政府工作机制，更好地履行组织经济建设和管理社会事务的职能，加快全县经济发展和社会事业进步，根据中共中央、国务院和省市有关要求，结合县政府工作实际，就加强政府自身建设问题做如下规定：

一、加强理论学习，提高工作能力。县政府成员要认真学习马列主义、毛泽东思想，学习建设有中国特色的社会主义理论，学习党和国家的政策、法律、法规，学习市场经济知识、现代管理知识、科学文化知识和工作业务知识。县政府领导成员除按时参加县委中心组学习外，每月安排一次集中学习，平时以自学为主，每周至少要保证半天学习时间，并撰写学习笔记。要坚持每天收听收看中央电台、电视台新闻联播节目。通过学习，提高理论水平、知识技能、政策水平和决策水平，增强总揽经济全局的本领和驾驭市场经济的能力。

二、加强政治修养，坚持正确方向。县政府成员要坚持正确的政治方向、政治立场、政治观点，坚定不移地贯彻执行党的路线、方针、政策，在政治上、思想上和行动上与党中央保持一致。各级领导干部要带头加强党性锻炼，努力改造世界观，牢固树立群众观点，全心全意为人民服务。要坚持走群众路线，关心群众疾苦，倾听群众呼声，多为基层和群众排忧解难，解决实际问题。

三、搞好班子团结，建立融洽氛围。县政府及部门领导班子要加强内部团结和上上下下、方方面面的团结。每个政府成员都要识大体、顾大局、讲团结、求共识，做到不利于团结的话不说，不利于团结的事不做，既要善于团结和自己意见一致的同志，又要善于团结和自己意见不一致、甚至反对过自己的同志。要心地坦荡，正大光明，在思想上多交流，感情上多沟通，工作中多商量，勇于开展批评与自我批评，形成相互信任、相互支持、相互谅解、相互配合的团结气氛。

四、坚持分工负责，加强工作协调。县政府实行首长负责制，县长对县政府全面工作负责，分管县长对县长负责，部门和乡镇对县政府负责，部门和乡镇副职对其正职负责。政府领导成员都要积极协调自己分管的工作，主动协商部门之间的工作。部门解决不了的问题，要按照各自隶属关系，按程序汇报请示；分管县长解决不了的，由其向县长汇报请示；一般不得多头或越级汇报请示工作。县政府要建立工作情况通报制度，每月安排一次例会，相互通报工作情况。各级各部门都要本着认真负责的精神，尽职尽责做好工作，把问题解决在基层，不得相互推诿，不得把矛盾上交。确实解决不了、需要上交的问题，要向县政府写出书面报告。

五、严守政务纪律，确保政令畅通。县政府各部门对县委、县政府做出的决定，要坚决贯彻执行，不得讨价还价、断章取义、各取所需，不得推诿扯皮、敷衍塞责，更不准顶着不办。县政府全体组成人员一定要维护县政府权威，一定要顾全大局，想问题办事情，要从全县利益出发，坚决反对画地为牢、只顾部门利益的行为，真正做到个人服从组织，下级服从上级，局部服从全局。要严格请假制度，部门正职请假1—2天的，由分管县长批准，请假3天以上的，由县长批准；分管县长请假由县长批准。对有令不行、有禁不止、各行其是的单位和个人，要严肃查处;对玩忽职守、失职渎职、给工作造成严重影响的，要依法追究责任。

六、坚持调查研究，改进工作方法。县政府成员要认真做好调查研究工作，深入基层，深入群众，掌握第一手材料，抓住规律性的东西，实施正确决策。县政府领导成员要坚持联系点制度，总结点上的经验，指导面上的工作；每人每年至少要有三分之一的时间深入联系点，深入第一线，围绕经济体制转变和经济增长方式转变等重大问题进行专题调查研究，并写出两篇以上有分量、有指导意义的调查报告，交由县政府研究室刊发。

七、坚持求实务实，转变工作作风。县政府成员要发扬梁山精神，敢为人先，开拓奋进，脚踏实地，团结苦干，做到鼓实劲、讲实话、办实事、求实效。要讲究领导艺术，加快工作节奏，提高工作效率，养成雷厉风行、立说立行、马上就办的工作作风。凡是上级有明确要求，县委、县政府作出决定的事情，必须一抓到底，抓出成效。要克服有布置、无检查、议而不决、决而不行的不良作风，真正在政府机关形成一种扎扎实实干事业、勤勤恳恳为人民的优良风气，确保高效优质地完成各项任务。

八、强化经济意识，抓好经济工作。县政府成员要坚持党的基本路线，牢固树立“发展是硬道理”的思想，自觉服从、服务于经济建设，自觉运用经济手段解决发展中出现的问题。要认真研究全县经济发展的目标、规划、重大措施，积极争项目、跑资金。要坚持理论与实践的辩证统一，把加快发展的热情和科学求实的态度结合起来，创造性地开展工作，确保我县经济建设的持续、快速、健康发展。

九、增强法律观念，坚持依法行政。县政府成员要加强民主法制建设，严格依法办事。要坚持领导学法日制度，做到学法、懂法、用法。要加强执法队伍建设和行政执法监督检查，认真落实执法责任制，善于运用法律手段解决经济和社会发展中出现的问题。要严格执法程序，自觉接受县人民代表大会及其常委会的监督，认真执行县人大的各项决定、决议，要充分发挥人民政协的民主监督作用，广泛听取并积极采纳民主党派、群众团体的意见。要坚持严格执法，努力改变有法不依、执法不严的现象。

十、坚持廉洁从政，树立良好形象。县政府成员要模范地执行各项廉政规定，不准用公款吃喝玩乐，不准违反规定购置和更换小汽车，不准在住房、建房、购房、装修住房等方面以权谋私，不准安排子女和家属在自己身边工作，不准在公务活动中以任何名义和变相形式接受礼金和有价证券。县政府成员到基层检查工作，一律轻车简从，一般不在基层就餐，确需就餐的，一律按标准执行。政府各部门要纠正和抵制行业不正之风，不准利用手中权力对企业吃拿卡要，不准无偿占用企业的人、财、物。对违反规定的，要严肃查处。政府各级干部都要严以律己、防微杜渐，坚持“自重、自省、自警、自励”，做到为官一任，造福一方，树立良好的政府形象。

一九九六年三月十八日

梁山县人民政府
关于进一步加强政务纪律的通知

（梁政发〔2000〕12号）

为进一步加强政务纪律，建立廉洁勤奋、纪律严明、团结苦干、务实高效的政府工作机制，确保政府工作的正常、高效运转，更好地履行组织经济建设和管理社会事务的职能，根据上级有关规定，特作如下通知：

一、严守政治纪律，确保政令畅通

坚定不移地贯彻执行党的路线方针政策，在思想上、政治上、行动上始终与党中央保持高度一致。要树立全局观念，摆正自我与整体、小局与大局的关系，绝不能把部门利益、自我利益摆在整体和大局利益之上，更不准对立起来。不论在任何情况下，都必须做到个人服从组织、下级服从上级、局部服从全局。在县政府制定或做出决策之前，各部门应本着高度负责的精神，说真话，说实话，充分发表意见。县政府一经作出决定，各部门必须不折不扣地贯彻执行，不得断章取义，各取所需，自行其是；不得讨价还价，敷衍塞责，拖着不办；不得搞上有政策，下有对策，更不准顶着不办；决不允许各自为政、部门权力化、权力利益化问题的发生，严禁有令不行，有禁不止，坚决做到有令必行，有禁必止，确保政令畅通。同时，加大督查力度，及时跟踪督查，凡是县政府决定的事项由分管县长或办公室主任签发督查通知，各承办单位必须按时间、质量要求积极办理，并及时回复。落实好的给予表扬，落实不好的通报批评，拖着不办的视情节给予严肃处理。

二、严格履行职责，规范办事程序

县政府实行首长负责制。县长对县政府工作全面负责，分管县长对县长负责，部门和乡镇对县政府负责，各级副职对正职负责。各部门和乡镇要认真履行岗位职责，做到在其位，负其责。凡部门和乡镇职权范围内的事情，应积极主动，大胆协调，果断处理，不得相互推诿，不得上推下卸，确实把握不准的，应拿出解决问题的意向请示分管县长，分管县长解决不了的，向县长汇报请示，不得多头或越级汇报请示工作。部门或乡镇向县政府汇报请示工作时，应先向县政府办公室说明情况，由县政府办公室向有关领导请示后安排。对县政府安排部署的工作，乡镇和部门凡无正当理由而拖延不办、贻误时机、造成损失的，要追究乡镇和部门主要领导和经办人的责任。

三、严守工作纪律，做好本职工作

严格执行《国家公务员暂行条例》及各项工作制度，建立健全各项工作纪律，每个机关工作人员都要严守工作岗位，提高工作效率，集中精力做好本职工作，不得迟到早退，不得在工作时间和工作日中午饮酒，严禁违犯工作纪律的现象发生。严格请假制度，不准随意旷工或擅离职守，有事外出需提前请假。部门正职请假1—2天的由分管县长批准，请假3天以上的由县长批准；乡镇长请假3天以上由县长批准；分管县长请假由县长批准。

四、严格会议纪律，确保会议效果

县政府召开的重要会议，必须按照会议通知要求的人员范围和时间参加会议，不得迟到，不得无故缺席和派人顶替，确有特殊情况的，应事先请假。严格遵守会场纪律，会议期间不得早退，不得交头接耳，不得随意离开会场，通信工具一律关闭。每次会议对无故缺席或迟到早退的予以通报批评。对会议的贯彻落实情况，必须按照会议要求和规定的时间、内容、形式及时汇报，确保会议精神的贯彻落实。坚持务实、高效、节俭的原则，严格控制各种会议，能合并召开的要合并召开，对无实质内容或可开可不开的会议，一律不开。对确有必要召开的会议，应严格控制数量、会期和参加人数。坚决执行党政机关召开会议不赠送礼品和纪念品的规定，从严控制各种类型的纪念会、研讨会、联谊会、评比会、庆典会等。

五、严格财经纪律，做到廉洁勤政

牢固树立过紧日子的思想，严格执行各项财务规定，从严控制支出，坚决杜绝铺张浪费，真正把资金用在刀刃上。特别是执收执罚部门，要认真执行“收支两条线”的规定，严禁任何单位和个人私设小金库。严禁假公济私、损公肥私、挥霍公款，不准以任何名义滥发钱物。严格执行公务接待制度，公务接待一律按标准执行，所有机关工作人员严禁借检查、评比等活动到企、事业单位吃拿卡要。下基层确需就餐的，一律吃份饭。严禁利用职权和职务上的便利，干预和插手建设工程发包、收受贿赂和回扣。严禁利用职务之便为家属、子女、身边工作人员及其他亲友经商办企业提供优惠条件，不准将本人或亲属应由个人支付的费用在本单位或其他单位报销。

以上通知要求，各部门、各乡镇务必认真执行，同时制定具体的规章制度，并切实抓好落实。今后如再出现有令不行、有禁不止、各行其是的单位和个人，要从严处理；对玩忽职守、失职渎职、造成重大经济损失、给工作带来严重影响的，要给予党纪政纪处分；触犯刑律的坚决追究其刑事责任。

二〇〇〇年四月六日

梁山县人民政府
关于建立住房公积金制度的通知

（梁政发〔2005〕24号）

各乡镇人民政府、开发区管委会、县政府各部门、驻梁各单位：

根据国务院《住房公积金管理条例》的有关规定，结合我县实际，县政府确定从2005年1月份起在全县范围内实行住房公积金制度。现将有关问题通知如下：

一、建立住房公积金制度的范围。全县各行政、事业单位，各国有、集体企业，驻梁各单位。

二、住房公积金实行的时间。我县住房公积金制度从2005年1月份起实行，2005年7月份起兑现。各单位2005年1—6月所欠缴的住房公积金，待财政状况好转时再进行补缴。同时，各单位必须在2005年7月份发工资前到县财政局住房公积金管理中心办理住房公积金缴存登记手续，为本单位职工设立住房公积金账户。

三、住房公积金的缴存比例。单位和职工各按职工现行月工资总额的5%执行。已执行住房公积金制度的驻梁单位，缴存比例高于5%的不再调整。

四、缴存住房公积金的工资基数。这次调整工资的单位按增资后的职工个人现行月工资总额计算，不调整工资的单位按上年度职工个人月平均工资总额计算。工资收入较高的单位的职工，缴存住房公积金的月工资基数不应超过统计部门公布的本地上年度职工月平均工资的3倍。超过3倍的调整到3倍计算住房公积金缴存额。

五、建立住房公积金制度后，每年7月份为调整住房公积金缴存额的时间。其他时间调整工资的职工，不调整住房公积金缴存额。

六、以上规定与上级文件相抵触的，按上级文件执行。

二〇〇五年七月六日

梁山县文化局 梁山县建设局 梁山县规划局 关于划定梁山县全国重点和市级以上文物保护单位 保护范围和建设控制地带的实施方案

（二〇〇九年八月二十日）

为进一步加强我县文物的保护管理工作，根据《中华人民共和国文物保护法》等文件规定，结合我县实际，制定梁山县全国重点和市级以上文物保护单位保护范围和建设控制地带实施方案。

一、青堌堆遗址（位于小安山镇董庄村，经度116° 11′ 36″，纬度35° 52′ 44″，海拔高度40米。）

保护范围：以现有堌堆灰桩为基点，向东延伸140米，向南延伸144米，向西延伸120米，向北延伸156米。

建设控制地带：沿保护范围外缘线向外延伸200米。

二、贾堌堆遗址（位于大路口乡吕那里村，经度116° 01′ 54″，纬度35° 53′ 29″，海拔高度34米。）

保护范围：以堌堆上面灰桩为基点，向东延伸140米，向南延伸144米，向西延伸120米，向北延伸156米。

建设控制地带：沿保护范围外缘线向外延伸200米。

三、独山抗日歼灭战遗址（位于风景委独山村，经度116° 05′ 20″，纬度35° 46′ 30″，海拔高度44米。）

保护范围：以独山山体高出地面部分为界。

建设控制地带：沿保护范围外缘线向外延伸30米。

四、水泊梁山名胜区（位于梁山景区）

（1）梁山寨

保护范围：以登山道与现存的第一道北寨墙为基点，向南延伸260米，向东延伸100米，向西延伸170米。

（2）莲台石刻（经度116° 06′ 11″，纬度35° 47′ 10″，海拔高度79米。）

保护范围：以石佛为基点，向东西各延伸25米，向北延伸156米，向南延伸144米。

（3）东鲁西竺禅师塔（经度116° 06′ 12″，纬度35° 47′ 08″，海拔高度69米。）

保护范围：以基塔为基点，向四周各延伸50米。

（4）问礼堂（经度116° 06′ 19″，纬度35° 47′ 09″，海拔高度88米。）

保护范围：以石窟为基点，向东西各延伸25米，向南北各延伸50米。

（5）法兴寺（经度116° 06′ 15″，纬度35° 47′ 06″，海拔高度59米。）

保护范围：以重修法兴寺碑为基点，向四周各延伸40米。

（6）天齐庙（经度116° 06′ 22″，纬度35° 46′ 55″，海拔高度54米。）

保护范围：以朝阳阁为基点向东延伸20米，向西延伸60米，向北延伸70米，向南延伸60米。

（7）八角琉璃井（经度116° 06′ 13″，纬度35° 47′ 06″，海拔高度53米。）

保护范围：以井口为基点，向四周各延伸15米。

五、王氏墓群（位于黑虎庙乡河西村，经度115° 56′ 47″，纬度35° 52′ 37″，海拔高度41米。）

保护范围：以现有墓地界划定，南北277.5米，东西96.5米。

建设控制地带：沿保护范围外缘线向南北延伸120米，东西延伸60米。

六、高默墓（位于黑虎庙乡河西村，经度115° 56′ 47″，纬度35° 51′ 01″，海拔高度42米。）

保护范围：以现有牌坊中心为基点向东延伸26米，向南延伸18米，向北延伸170米，向西延伸120米。

建设控制地带：沿保护范围外缘线向外延伸20米。

七、玉皇庙（位于拳铺镇玉皇庙村）

保护范围：目前院落南北11.7米，东西10.2米。

建设控制地带：以院落外缘线向外延伸5米。

八、蒋氏墓地（位于馆驿镇大营村，经度116° 13′ 01″，纬度35° 48′ 56″，海拔高度47米。）

保护范围：以墓地东南角排水沟为基点，向西延伸45米，向北延伸35米。

建设控制地带：沿保护范围外缘线向外延伸50米。

九、周氏家祠（位于拳铺镇方庙村，经度116° 07′ 13″，纬度35° 39′ 27″，海拔高度31米。）

保护范围：目前院落南北22.8米，东西27米。

建设控制地带：以院落外缘线向东西延伸3米，向北延伸6米。

十、刘氏家祠：（位于大路口乡张博士集村，经度116° 01′ 50″，纬度35° 55′ 25″，海拔高度35米。）

保护范围：目前院落南北16.1米，东西25.5米。

建设控制地带：以建筑物缘线向外延伸2米。

十一、张氏家祠（位于拳铺镇郭堂村，经度116° 05′ 48″，纬度35° 43′ 06″，海拔高度52米。）

保护范围：目前院落南北10.2米，东西6.5米。

建设控制地带：以建筑物缘线向外延伸5米。

十二、潘氏家祠（位于拳铺镇潘庄村）

保护范围：目前院落南北24.2米，东西15.3米。

建设控制地带：以院落外缘线向外延伸5米。

十三、土山遗址（位于梁山县丁庄村，经度116° 04′ 56″，纬度35° 49′ 33″，海拔高度46米。）

保护范围：以遗址中心为界东西57米，南北61米。

建设控制地带：沿保护范围外缘线向外延伸20米。

十四、韩氏家祠（位于韩岗镇韩堂村，经度116° 17′ 55″，纬度35° 44′ 30″，海拔高度36米）

保护范围：目前院落南北47.35米，东西12.15米。

建设控制地带：以院落外缘线向外延伸5米。

十五、张氏祠（位于风景委张坊村，经度116° 05′ 07″，纬度35° 47′ 43″，海拔高度39米。）

保护范围：目前院落。

建设控制地带：以院落外缘线向外延伸5米。

十六、将军渡（位于赵堌堆乡蔡楼村，经度115° 54′ 17″，纬度35° 56′ 03″，海拔高度46米。）

保护范围：梁山境内黄河两岸。

建设控制地带：梁山境内黄河两岸。

十七、薛垓墓群（位于韩垓镇薛垓村，经度 116° 16′ 18″，纬度 35° 38′ 53″，海拔高度 54 米。）

保护范围：东西长 400 米，南北宽 200 米。

建设控制地带：沿保护范围外缘线延伸 50 米。

十八、陆庄遗址（位于拳铺镇陆庄村，经度 116° 15′ 17″，纬度 35° 38′ 29″，海拔高度 36 米。）

保护范围：东西长 400 米，南北宽 350 米。

建设控制地带：沿保护范围外缘线延伸 50 米。

十九、轩辕斌父子碑（位于馆驿镇轩庄村，经度 116° 13′ 43″，纬度 35° 47′ 49″，海拔高度 40 米。）

保护范围：东西长 10 米，南北宽 10 米。

建设控制地带：沿保护范围外缘线延伸 20 米。

二十、岳家大院（位于拳铺镇拳铺村，经度 116° 06′ 56″，纬度 35° 41′ 49″，海拔高度 34 米。）

保护范围：目前院落东西 105 米，南北 95 米。

建设控制地带：沿保护范围外缘线延伸 20 米。

二十一、大元新开河通河记碑（位于梁山镇前码头村东侧，经度 116° 06′ 10.3″，纬度 35° 50′ 32.7″，海拔高度 44 米。）

保护范围：以碑体为中心向四周分别延伸 5 米。

建设控制地带：以保护范围外缘线分别向四周延伸 20 米。

二十二、开河闸碑（位于韩垓镇开河村东侧，经度 116° 19′ 12″，纬度 35° 39′ 21″，海拔高度 44 米。）

保护范围：以碑体为中心向四周分别延伸 5 米。

建设控制地带：以保护范围外缘线分别向四周延伸 20 米。

二十三、靳口闸遗址（位于馆驿镇靳口村，经度 116° 17′ 10″，纬度 35° 47′ 19″，海拔高度 32 米。）

保护范围：东西 50 米，南北 50 米。

建设控制地带：以保护范围外缘线分别向四周延伸 50 米。

二十四、袁口闸遗址（位于韩岗镇袁口村东侧，经度 116° 20′ 09″，纬度 35° 43′ 17″，海拔高度 35 米。）

保护范围：东西 50 米，南北 50 米。

建设控制地带：以保护范围外缘线分别向四周延伸 50 米。

山东省国土资源厅
关于批准第六批省级地质公园资格的通知

（鲁国土资字〔2010〕86 号）

各市国土资源局：

为有效保护、合理开发利用我省地质遗迹资源，加强地学研究与普及，在省地质公园评审专家组评审通过的基础上，经省厅研究，同意授予济南水帘峡、烟台昆嵛山等 10 个地质遗迹景观集中分布区为第六批省级地质公园资格。获得资格的地质公园要以科学发展观为指导，遵循“顺应自然、保护生态、适度开发”的原则，做好地质遗迹和地形地貌景观保护、科普宣传及公园建设工作，并在 2012 年 1 月底前揭牌开园。预期未达到揭牌开园标准的，将取消省级地质公园资格。各级国土资源行政主管部门要切实做好地质遗迹保护和地质公园建设的指导监督管理工作，促进当地资源、环境和经济的可持续发展。

二〇一〇年一月二十二日

附件：第六批省级地质公园资格名单

山东济南水帘峡省级地质公园

山东金乡羊山省级地质公园

山东莱阳金港口恐龙遗迹省级地质公园

山东苍山文峰山省级地质公园

山东临清黄河故道省级地质公园

山东梁山省级地质公园

山东泗水龙门山省级地质公园

山东宁阳神童山省级地质公园

山东莱芜九龙大峡谷省级地质公园

山东烟台昆嵛山省级地质公园

中共梁山县委
关于打造区域桥头堡冲刺鲁西20强的决议

（2013年7月31日中国共产党梁山县第十三届委员会第三次全体会议通过）

中共梁山县委十三届三次全体会议，对贯彻落实党的十八大、省十次党代会和市委十二届四次全体会议精神，“打造区域桥头堡，冲刺鲁西20强”有关问题进行了认真讨论，决议如下：

一、“打造区域桥头堡，冲刺鲁西20强”的重大现实意义

省十次党代会明确提出，大力实施重点区域带动战略，不断优化区域发展布局，研究制定支持西部地区发展优惠政策，建设新的经济隆起带。市委十二届四次全会提出，抓住区域发展格局调整带来的机遇，努力打造鲁西地区科学发展高地，不断增创区域发展新优势。这一重要决策部署，对梁山今后一个时期乘势而上、加速赶超指明了方向。

为贯彻落实省市重要会议精神，梁山县委提出了“打造区域桥头堡，冲刺鲁西20强”。“打造区域桥头堡”，就是借助瓦日铁路、跨黄河大桥、跨黄河高速、滨河大道北延、铁水联运等一批重大交通设施建设，加快推进主导产业发展、城市规模扩大、物流项目建设，实现区域性大开放、大合作、大发展。“冲刺鲁西20强”，就是依托优势产业、园区平台、城镇建设、生态环境和工作机制，着力培育一批发展亮点，以创新赶超的成效，抢占县域发展制高点，在鲁西60个县市区中实施大进位、五年进入20强行列。这一目标要求，是梁山实现后发快进、赶超跨越的现实需要，也是全县发展思路目标的深化和提升。

县十三次党代会确立了建设“工业强县、文化名城、生态和谐家园”的发展定位，全党抓经济，重点抓项目、突出抓招商、关键抓园区。今年我们又提出集中突破工业发展、城市建设、文化旅游、镇域经济、生态建设，加快构建民生保障体系。这些思路目标与“打造区域桥头堡，冲刺鲁西20强”的要求一脉相承、相互衔接，必须坚持不懈、一以贯之地抓好贯彻落实。梁山文化积淀深厚、区位优势明显、产业特色鲜明，“打造区域桥头堡，冲刺鲁西20强”基础条件已经具备。抓住并利用好这次机遇，就能乘势而上、赶超跨越，在区域竞争中赢得主动和先机。各级必须切实增强机遇意识，坚决贯彻落实好省全委会精神，以高度的责任感和使命感，加快推动科学发展赶超跨越步伐，努力在鲁西科学发展高地打造中抢占主动权，增创新优势。

二、“打造区域桥头堡，冲刺鲁西20强”

的定位目标

“打造区域桥头堡，冲刺鲁西20强”，必须紧扣“发展”做文章，围绕“冲刺”求突破，为济宁打造鲁西科学发展高地作出突出贡献。为此，必须着力突出以下几个具体定位：

——现代工业基地。坚持规模化、基地化、集约化、品牌化方向，实施重点产业培植工程，壮大专用汽车、食品加工、出版印刷、纺织服装等主导产业规模，打造国家级产业基地；加快新材料、新能源发展，建设煤炭化工、碳素材料生产基地。推进工业园区提档升级、主导产业集聚发展、大企业大集团加速膨胀、规模以上企业户数增加，确保工业增加值比重提高，建成主导产业优势突出、核心竞争力强的现代产业基地。

——商贸物流中心。依托新城商务区，打造金融、建材、商贸聚集区；依托老城改造，打造商业、餐饮、零售等传统服务聚集区；依托梁山专用车产业，打造专用车（二手）交易服务聚集区；依托铁水联运作业区，打造仓储物流产业聚集区；引进培育一批现代物流企业，加快建立汽贸、食品、图书、农产品专业物流服务体系，把我县建成鲁豫交界地区有影响力的商贸物流中心。

——文化旅游名城。坚持“山水城一体建设、城市和景区同步开发”，做大做强中心城区，创新业态、做优结构、做足特色，提升梁山城市知名度。以此为依托，大力实施“水浒文化品牌”带动战略，整合文化旅游资源，完善配套服务体系，策划旅游体验项目，打造水浒大寨、十里杏花村、独山红色文化和休闲等旅游板块，做足“吃住行游购娱”文章，创建国家5A级景区，将梁山风景区打造成全国一流休闲度假旅游区和国内旅游目的地。

——生态文明建设示范县。加大环境保护和生态修复力度，发展循环经济；加快城区、景区、城镇、社区和村居绿化步伐，形成“点线面”结合的绿化格局；开展各类精神文明创建活动，深入推进“四德”工程建设，提升市民群众文明素养，五年内建成全国生态文明建设示范县。

——民生和谐示范区。加快全县共同富裕步伐，发展各项社会事业，完善社会保障体系，提高人民生活质量、幸福指数及群众满意度，形成社会安定有序、文明和谐、充满活力的大好局面。

按照以上战略定位，依据县“十二五”发展规划和县十三次党代会确立的总体目标，充分考虑现实条件和优势，确立以下发展目标：

——综合实力进一步增强。2017年GDP达到400亿元，经济总量、均量、质量大幅提升，新型产业体系更加完善；规模以上固定资产投资完成375亿元，年均增长25%以上财政保障能力进一步提高，地方财政收入年均增长26%以上。

——城镇化水平进一步提高。2017年全县城镇化率确保达到45%以上，每年确保提高3个百分点以上。城镇规模不断扩大。城镇建设用地面积达到50平方公里，城镇人口达到35万人左右。成功创建国家文化旅游名城、国家园林城市、国家卫生城市、全国绿化模范县、国家环保模范城市、省级文明城市和省级生态县。

——人民生活进一步改善。2017年城镇居民人均可支配收入36462元，年均增长15%；农民人均纯收入18593元，年均增长15%，确保与省市同步提前全面建成小康社会。

三、“打造区域桥头堡，冲刺鲁西20强”的重要措施

“打造区域桥头堡，冲刺鲁西20强”，必须坚定不移实施“工业化、城镇化”战略，加快推进大项目建设和招商引资，最大限度发挥优势，科学确立发展路径，着力实施重点突破。

（一）加速发展工业经济。坚持“工业强

县、产业兴县”，加快推进新型工业化进程。一是壮大产业发展集群。分类别制定产业发展规划，集中培植专用汽车、食品加工、出版印刷、纺织服装、化工及新材料等产业，打造知名的国家级专用汽车基地、生物产业基地、文化出版及创意产业园，力争2017年五大产业销售收入1000亿元，利税突破150亿元。积极发展新医药、新能源、新材料等新兴战略产业，加快建设生物科技产业园、化工及碳素新材料产业园、高新区第十二工业园、木材加工产业带，力促形成新的产业集群。二是扩大规模企业数量。实施“一企一策”助推计划，强化企业上市、技术创新和人才引进，推动中小企业成长壮大、膨胀升级，力争5年内培育销售收入过100亿元企业3家、50亿元企业5家、10亿元企业20家以上。三是大力实施项目带动。坚持“大上项目、上大项目”，继续实行指挥部体制和领导招商引资、包保项目责任制，持续掀起招引大项目、建设大项目、服务大项目热潮，以大项目突破带动工业突破。今后5年确保新上投资过亿元项目150个、10亿元以上项目15个。四是打造高端发展平台。通过融资、代建等方式，加大园区基础设施投入。县财政连续3年每年安排2000万元，支持园区搞好基础设施建设。出台《经济开发区加快发展的意见》，强化政策扶持，创新体制机制，促进县经济开发区加快发展。梁山工业园抢抓列入“百镇建设示范镇”机遇，搞好政策与对接。从今年开始，每年确保工业园、开发区固定资产投资、财政收入、工业增加值递增30%以上。

加快推进农业现代化进程。突出特色发展，立足滩湖区乡镇实际，扶持发展食用菌、苗木花卉、精细瓜菜等经济作物和奶牛、肉牛、鸡鸭、水产养殖等特色生产基地和龙头企业，打造现代农业示范区。突出培育经营主体，把龙头企业做“大”、合作组织做“实”，服务组织做“活”，创新组织做“优”、专业村（户）做“特”。制定现代服务业聚集区总体规划，构建集商贸、餐饮、金融、信息、物流、研发和展示等多种服务功能于一体的聚集区，推进服务业聚合发展。

（二）大力推进全民创业。扎实发展民营经济，大力实施“十百千万”工程，利用3年时间，创建市级以上创业示范基地和专业市场各10个以上；新增专业村、特色村100个、培育专业大户200家以上；新增小微企业2000家以上、个体工商户2000家以上；创业带动就业2万人以上。一是培育创业主体。大力弘扬创业文化，鼓励各个领域、各个层次、各种类型的发展主体投身创业实践，鼓励农民、大、中专毕业生和转业退伍军人、下岗失业工人和返乡农民工、在外务工人员、退休干部职工自主创业，形成“干部带能人，能人带群众，人人搞经济、个个忙创业”的局面。筛选一批有特色、有活力、有潜力的中小微企业，进行重点培育，形成企业发展梯队。二是搭建创业平台。突出抓好特色乡镇、专业村、专业市场、专业大户“四大载体”建设，鼓励乡镇依托资源优势，错位发展；大力培植专业村、特色村，实现“一户带动多户，一业富一村”滚动发展。在规划建设城镇基础设施时，有选择、有重点地培育一批区域性特色市场。三是强化政策扶持。不折不扣落实去年市县出台的鼓励全民创业、发展民营经济的《意见》，从主体培育、创业培训、平台建设、财税金融扶持等方面做出政策安排；本着放宽、放活、放到位原则，加大政策创新力度，把梁山打造成全民创业的成本洼地和政策高地。

（三）集中突破城镇建设。编制建设总体规划、专项规划和重点区域详细规划，构建中心城区、小城镇、社区递次发展的战略布局，推进城乡融合发展。一是做大做强中心城区。坚持党代会提出的“一年拉框架、三年成规模、五年出新城”的目标不动摇，合理展开工作布局。按照“加快建，科学建，建精品”要求，推进东部新区建设作为全县城镇化的牵动，设立封闭式工作机构，全面负责组织和实施东部新区建设，切实加强组织行政管理、经济管理、用地指标管理，落实管理权限，随时解决建设中出现的矛盾和问题，推动东部新区开发建设实现新突破。老城区重点疏解过密人口，完善公共服务设施，拓展公共空间。二是加快推进小城镇建设。加快县乡之间、乡镇之间道路建设，配套给排水、供气、电力、通讯、燃气和污水、垃圾处理设施，扩张城镇规模、完善城镇功能、提升城镇面貌。拳铺镇、开发区、马营镇、杨营镇与县城相对接、融合发展，带动县域城镇水平整体提高。韩岗镇、韩垓镇、寿张集镇依托工业园区，尽快建成综合性城镇；其他乡镇着眼人口和产业聚集，逐年实施一批城镇片区开发和基础配套项目，增强辐射带动能力。三是提速推进社区建设。优先迁并城中村、城郊村、园中村、区中村、大企业周边村。乡镇结合城镇搬迁改造和城乡建设用地增减挂钩政策，每年启动新建1至2处新型农村社区。四是不断强化城市管理。提升城市经营管理水平，放开搞活城市开发建设市场，走出依靠市场力量开发建设城市的新路径；完善管理体制，创新运行机制，推进城市管理精细化、科学化、扁平化、网络化。

（四）大力发展镇域经济。出台《关于加快镇域经济发展的意见》，推进乡镇科学发展、跨越发展、统筹发展。一是明确发展目标。乡镇按照“工业化、城镇化”协调发展路子，着力推进大项目建设和招商引资，加快推动小城镇建设。乡镇地方财政收入、固定资产投资指标均实现“三年倍增”。到2015年，县经济开发区进入全市开发区前8强，拳铺镇地方财政收入进入全市前15位，梁山街道、水泊街道进入全市前20位；其他乡镇地方财政收入确保每年迁移三个位次。二是确定发展定位。按照“特色发展、错位发展”要求，将15个乡镇、街区划分为工业主导、宜工宜贸、以工哺农、特色农业、文化旅游五种发展类型，明确各自的发展定位和产业特色，细化3年目标，实施“差异化”考核，严格兑现奖惩。三是强化政策扶持。从财税扶持、要素保障、简政放权等方面制定含金量高的扶持政策，由部门制定具体的操作办法，确保扶持政策落实到实处，做大做强镇域经济。

（五）倾力构建文化高地。把文化建设作为推动科学发展、提升文明素质的抓手，打造具有梁山特色的人文品牌。一是加快发展文化旅游业。积极对接、争取省市关于支持文化产业发展的政策，以景区开发策划和总体规划全覆盖；按照“打基础、增亮点、创品牌”的思路，加强景区基础设施，策划体验性和休闲度假类旅游项目，拓展客源市场；抓住省扶持乡村旅游的机遇，搞好周边村庄搬迁和建设；积极对接大集团、大公司，探索地产带旅游、土地捆绑项目等运作模式，以市场运作解决投入资金问题。力争2017年接待游客达到万人次，实现旅游总收入亿元，建成以梁山为核心、辐射周边的旅游目的地城市。二是增强文化发展生机活力。支持有条件的文化企业跨行业兼并重组，培育发展一批传媒、文艺、出版、旅游等大型文化企业集团。推进文化及科技、金融融合发展，促进文化产业蓬勃发展。三是提升文化事业发展水平。加快重大文化设施建设，加快布局影视城、科技馆、文化馆、图书馆等重点文化设施；抓好基层文化站所建设，活跃基层文化生活；把社会主义核心价值体系贯穿文化建设各个方面，开展精神文明创建活动，提升市民群众文明素质。

（六）加快建设生态梁山。大力实施生态县创建计划，走好生态发展道路，建设美丽梁山。一是发展循环生态产业。坚持循环生态产业发展方向不动摇，严把项目入园关口，加快园区专业集成、投资集中、资源集约、效益集聚步伐，尽快将园区建成现代化、生态型示范工业园区。二是打造生态宜居城镇。深入开展大绿化攻坚会战，大规模植树造林，实施好城区、山区、通道、水系等绿化工程，争创全国绿化模范县，创成国家园林城市、省级文明城市。以改善农村居住条件、提升人居环境为目标，抓住纳入“全省农村公路网化示范县”机遇，加快推进镇村绿化、公路通达、城乡环境卫生保洁全覆盖，实现县镇村内在功能、外在形象同步优化、一体提升。三是搞好污染防治整治。抓好全县水污染防治和大气污染治理，确保水质和大气污染排放全面稳定达标。加快南北水调治污工程建设，实现一泓清水安全过境。

（七）共建共享民生和谐。实施“居民收入倍增计划”，力争干部职工工资、城镇居民收入、农民人均纯收入连续增长。坚持全覆盖、保基本、多层次、可持续原则，提升统筹层次，让群众享有更高水平的社会保障。加大教育投入，优化教育布局，打造教育高地。健全城乡卫生一体化服务体系，完善“先看病后付费”配套政策，让群众少得病、能看病、看好病。坚持“住有所居、居有所安”，实现便民实施全覆盖，打造宜居幸福家园。全面创新社会管理，第一时间解决群众合理诉求，深入推进“打恶除霸”专项行动，全力实施“天网”工程，把梁山打造成全省最具安全感的地区之一。继续抓好“创满”工作，不断提高群众满意度。

四、“打造区域桥头堡，冲刺鲁西 20 强”的根本保障

“打造区域桥头堡，冲刺鲁西 20 强”，必须从组织领导、体制改革、对上争取、完善政策和凝聚合力等方面着力，为科学发展跨越发展提供强有力的支持。

一是科学制定发展规划。各级各部门要认真学习贯彻《中共济宁市委关于打造鲁西科学发展高地的决议》，按照县委“打造区域桥头堡，冲刺鲁西 20 强”的总要求，结合自身实际，主动作为、超前谋划，研究制定各自工作规划和实施方案，有计划推进年度目标和阶段性任务。有关部门要围绕县委、县政府重大决策，编制好总体规划、专项规划，并把规划更多落实到具体项目上，逐一明确项目推进完成的时间节点。

二是加大对上争取力度。对“西部经济隆起带”“鲁西科学发展高地”等上级即将出台的各项政策，要进行统一梳理，统筹做好向上对接争取工作。县里成立争取政策协调推进组织机构，把争取政策目标化、具体化、项目化，作为硬性任务分解落实到有关部门和单位。对照国家或省市级有关规定，梳理筛选一批重点产业、重大项目更多地进入上级计划“盘子”。对上级已经明确的扶持政策，确保全部落实到位；对纳入国家或省市及规划的重点工程、重大项目，采取一个项目一套班子，全力靠上对接包保。研究制定对上争取奖励政策，切实调动起各方面对上争取的积极性和主动性。

三是严格执行政策措施。对照省建设西部经济隆起带、市打造鲁西科学发展高地等规划，有针对性制定涉及产业发展、城市建设、科技创新等方面的政策。对县里出台的《关于打造区域桥头堡，冲刺鲁西 20 强的决议》和《关于加快镇域经济发展的意见》两个重要文件，各乡镇和各部门要认真进行研究，制定相关落实措施；对县里推出的扶持政策，财政、国土、金融服务等相关部门要细化、具体化，拿出便于操作的政策措施，确保工作落实到实处。

四是确保工作全面落实。各级领导干部要带头转变作风，主动深入一线解决问题，一级带着一级干，一级干给一级看，把跨越赶超的决心信心传递给每一位干部群众。要把任务目标逐级分解，层层抓落实，人人有目标。建立决策执行委员会，健全大督导委员会，坚持令出督随，盯住不落实的事，查处不好典型、推广新经验，提振精气神、集聚正能量，进一步

营造跨越赶超、争先进位的发展氛围。

全委会号召，全县各级党组织和广大党员干部要深入贯彻落实党的十八大、省市党代会、县十三次党代会和全委会精神，切实增强政治责任感、历史使命感和发展紧迫感，以更加饱满的热情、更加昂扬的斗志、更加顽强的作风，心无旁骛，沉毅笃行，为加快全县科学发展跨越发展做出积极贡献。

（中共梁山县委梁发〔2013〕18号，2013年8月8日印发）

诗文集锦

梁山翠满庭

唐·贾岛

跃蹄归鲁日，带漏别秦星。
易折芳条桂，难穷邃义经。
登封多泰岳，巡狩遍沧溟。
家在何林下，梁山翠满庭。

梁山泊见荷

宋·苏辙

南国家家漾彩舲，芙蕖远近日微明。
梁山泊里逢花发，忽忆吴兴十里行。
终日舟行花尚多，清香无奈着人何。
更须月出波光净，卧听渔家荡桨歌。
行到平湖意自宽，繁花仍得就船看。
回头却向吴侬说，从此远游心未阑。
花开南北一般红，路过江淮万里通。
飞盖靓妆迎客笑，鲜鱼白酒醉船中。
菰蒲出没风波际，雁鸭飞鸣雾雨中。
应为高人爱吴越，故于齐鲁作南风。

过梁山泊

宋·韩琦

巨泽渺无际，斋船度日撑。
渔人骇铙吹，水鸟背旗旌。
蒲密遮如港，山遥势似彭。
不知莲芰里，白昼苦蚊虻。

梁山泊

宋·陈师道

积阴风易作，隆寒声益急。
百为定有数，一动必三日。
奔隤水势壮，皞朕波头立。
前行后浪促，突起旁扶肘。
奔腾万骑来，倏忽一箭疾。
摧残蒲苇尽，簸荡鱼龙泣。
私忧地轴脱，已分梁山没。
向来万斛重，不作一叶直。
舟行两水间，触夺声蟋蟀。
路转帆举落，舟排冰叠积。
经事长一智，中人所知识。
千金不垂堂，岂复待一失。
穷途得伟观，老气犹少色。
事定未得忘，嗟来庶可及。

梁山泊

元·袁桷

千顷芙蕖送我船，碧香红影弄娟娟。
梁山风景能消得，不到西湖却十年。

梁山泺

元·袁桷

梁山水泺八百里，容得碧鸥千万群。
愧我扁舟数归路，晚风掠阵入苍云。
嫩草丰茸间软蒲，一川晴绿映春芜。

平冈散牧分云锦，簇簇斜阳是画图。
大船晒网小船罾，知是吴侬唤得应。
共说五湖难住却，朔风吹雨卷千应。
月下看花花气清，羡君不饮更分明。
五云破晓回归马，疑上天邉碧玉城。

雨过梁山

元 · 萨天锡

题诗芦叶雨斑斑，底事诗人不奈闲。
满泊荷花开欲遍，客程五月过梁山。

题宋江三十六人画赞

元 · 陆友仁

忆昔熙宁全盛日，百年未曾识干戈。
江南丞相变法度，不恤人言新进多。
蔡家京下出门下，首乱中原倾大厦。
睦州盗起隳连城，谁挽长江洗兵马。
京东宋江三十六，白日横行大河北。
官军追捕不敢前，悬赏招之使擒贼。
后来报国收战功，捷书夜奏甘泉宫。
楚龚如古在画赞，不敢区区逢圣公。
我尝舟过梁山泊，春水方生何渺漠。
或云此是石碣村，至今闻之犹褫魄。

梁山泺

明 • 张以宁

风正吴樯去不牵，雪融汶水绿堪怜。
菰蒲渺渺官为市，杨柳青青客上船。

夜过梁山泺

明 · 胡翰

日落梁山西，遥望寿张邑。
洸河带泺水，百里无原隰。
葭菼参差交，舟楫窅窈入。
划若厚土裂，中含元气湿。
浩荡无端倪，飘风向帆集。
野阔天正昏，过客如鸟急。
往时冠带地，孰踵萑蒲习。
肆噬剧跳梁，潜谋固坏蛰。
古云萃渊薮，岂不增怏悒。
蛙鸣夜未休，农事春告及。
渺焉江上怀，起向月中立。

咏梁山泊分赃台

明 · 刘基

突兀高台累土成，人言暴客此分赢。
饮泉清节今寥落，可但梁山独擅名。

梁山叠翠

明 · 郭锡光

万仞凌霄翠色连，梁山石上水涓涓。
松涛染碧三春雨，柳浪浓沾四月烟。
峭壁阴森垂马鬣，危峰罅漏滴龙涎。
谢君此处留仙迹，策杖穿云细问禅。

梁山道中

明 · 李仰

翠绕梁山石径斜，鸟声深处绿云遮。
烟含曲涧村边树，云起孤峰天际霞。
残暑临风成爽籁，野田傍屋半生涯。
褰帏灯火寻兰若，晓发岧峣泛客槎。

舟行杂兴

明 · 王洪

旷野杳无际，孤舟齐鲁间。
河流东下险，天气北来寒。
古道苍烟迥，长亭落日间。
微茫云水外，一点是梁山。

咏梁山诗五首

明 · 吴之恺

梁山叠翠

奇云无数满天台，石黛危楼洗炲煤。
怪得摊书常染翠，朝朝爽气自东来。

帝子遗碑

梁王倦猎息山隅，螺扁蝌旋草色枯。
传道古文人不识，他年献字出天吴。

石井甘泉

沆瀣低随地脉浮，石旁汲绠未曾收。
蔗浆最解相如渴，不羡仙人掌上流。

莲台春色

垂云叶叶带花环，千尺芙蕖铁作瘢。
掘匠一时唐突后，无颜仰看虎头山。

樵云晚唱

前坡争欲下牛羊，伐木归来带夕阳。
出谷一声人不见，白云絮重隔山庄。

咏梁山诗五首

清 · 滕永祯

梁山叠翠

巍巍高耸蓼儿洼，径曲幽深去路赊。
雨润青松凝碧霞，日融枫木衬丹霞。
层峦直矗晴云外，众壑横连渤海涯。
楼阁重重光灿灿，花飞疑是梵王家。

帝子遗碑

曾闻帝子有遗碑，千载相传名并垂。
苔藓尘封成韫椟，儿童摩出认琉璃。
阴文璀璨冲牛斗，龙篆光华集凤池。
堪叹当年风雨急，至今吊古有遥思。

莲台春色

西方铁鉢现莲台，东土衹园陆地开。
莫道天宫生妙品，却教人力化凡胎。
融和吐焰迎红日，景丽含光映绿苔。
一似如来登彼岸，空留色相寄尘埃。

法兴夕照

暮色光天映刹清，落霞风送法云擎。
参禅到晚存心静，登眺留辉待月明。
树影东移随地转，花容西向对晴迎。
偏偏一派斜阳景，会向空林静里行。

石井甘泉

梵宫古井法论圆，穿透云根涌咄泉。
派接恒河归净域，味同液露洗心田。
洞虚照彻壶中月，渊极深沈地底天。
静看光明千载鉴，何妨醉后学逃禅。

寿张怀古

清 · 武全文

谁把弹丸留刚寿，黄流几度寿张分。
郊原汉杰遗邱在，堤上前贤负米闻。
索纸从容书忍字，挺枪慷慨忆将军。
登高频问梁山险，极目寒烟猎日曛。

过梁山

清 · 陈璜

不见蓼儿洼，梁山一带斜。
黄河归故道，绿野任驱车。
弦诵声名起，桑麻岁事奢。
荆公田泊语，今日尽农家。

过梁山记

清 · 曹玉珂

往读施耐庵小说，疑当时弄兵潢池者，不过数十百人耳。宋势虽弱，岂以天下之力不能即奏荡平？应作者讥宋失政，其人其事，皆理之所必无者。继读《续纲目》载：“宋江以三十六人，转掠河朔，莫能撄其锋”；又《宣和遗事》备书三十六人姓名，宋龚开有赞，侯蒙有传，其人既非诬矣。意梁山者，必峰峻壑深，过于孟门、剑阁，为天下之险，若辈方得凭恃为雄。

丁未秋，改令寿张，梁山正在境内，拟莅止之后，必详审地利，察其土俗，以绸缪于未雨。至寿半月，言迈瑕丘，纡途山麓，正午停舆骑马，浏览其山，塿然一阜，坦首无锐。外有二三小山，亦断而不联。村落比密，塍畴交错。居人以桔槔灌禾，求一溪一泉不可得，其险无可恃者，乃其上果有宋江寨焉。

于是，进父老而问之，对曰：“昔黄河环山

夹流，巨浸远汇山足，即桃花之潭，因以泊名，险不在山而在水也”。又云：“祝家庄者，邑西之祝口也;关门口者，李应庄也。郓城有曾头市，晁、宋皆有后于郓。旧寿张，则李逵扰邑令故治也。武松打虎之景阳冈，今在阳谷”。且战阵往来，皆能历述，多与《水浒传》合，更津津艳称忠义之名，里闬犹馀慕焉。

余闻之否否，客笑于侧，曰：“宋之盛时无论矣，哲宗行仁宗之政，远人戒勿生事，则中土可知。道君用朱勔、高俅之徒如恐不及，若辈又各进其党，摈贤弃才。道德诗书之儒隐泉石，而肥豚强毅果敢之夫不安贫贱，复陷刑辟，相率揭竿，斥其所失，天下众郁，亦借一抒。同时之士大夫，尚传之赞之，无怪乎后世不逞者，闻风而起，遗害无穷也。是俅勔柄用后，平川旷野无地非梁山之泊。梁山之泊不在鸟道沮洳，而在乎象魏阙庭。”黄山谷云：“险易之实关人心，不关山川，君又何疑哉？”余是其言，因题于壁。

水泊梁山记

范曾

迤逦梁山，荦确延岱宗脊脉；浩淼水泊，波澜接黄河源头。千秋云走，史乘载铮铮人杰；万里风飙，《水浒传》凛凛鬼雄。盖凡河岳阔峻、草木萧森之地，必有万千气象在焉，所谓水土养人，斯之谓也。

梁山故地，夏商归于兖州，自古多激扬赴义之士。商纣暴虐，国祚已尽，微子兴悲，良有以也。周室衰而群雄起，礼崩始于庙堂，乐坏被于江湖。孔子著《春秋》倡仁，孟子继起而倡义。所谓君子之怀，蹈仁义而弘大德者也。富贵不能淫，贫贱不能移，威武不能屈，遂为大丈夫懿范。梁山以一隅之地而名彪青史，岂偶然哉？

上溯九百年，北宋衰微，大厦毁于白蚁，山崩起于朽壤。宋江兴师除奸，威名动天地，纵横十郡，所向披靡。元末有施耐庵者，网罗放失旧闻，汇为《水浒传》，以生花之妙笔，演绎史迹，写梁山一百单八将传奇故事，石破天惊、气干霄汉，六百年来为天下所共赏。梁山英雄“替天行道”云者，亦处江湖之远则忧其君之大德使然也。

伫立八百里水泊之涯，古今骚人，皆忾然而太息，有不为天地大德之运行而忧思难忘者乎？吁噫，以德治天下，正兴国之本欤。

辛巳春于北京

水浒传诗选

万姓熙熙化育中，三登之世乐无穷。
岂知礼乐笙镛治，变做兵戈剑戟丛。
水浒寨中屯节侠，梁山泊内聚英雄。
细推治乱兴亡数，尽属阴阳造化功。

——《水浒传》引首

光耀飞离土窟间，天罡地煞降尘寰。
说时豪气侵肌冷，讲处英风透胆寒。
仗义疏财归水泊，报仇雪恨上梁山。
堂堂一卷天文字，付与诸公仔细看。

——《水浒传》第七十一回

梁山泊里无奸佞，忠义堂前有诤臣。
留得李逵双斧在，世间直气尚能申。

——《水浒传》第七十三回

水泊梁山题词选

宛子城中藏虎豹，蓼儿洼内聚蛟龙。

——刘开渠

撞破天罗归水浒，掀开地网上梁山。

——范曾

天罡尽数投山寨，地煞空群聚水涯。

——李铎

常怀贞烈常忠义，不爱资财不扰民。

——张仃

世间偏多不平事，五洲到处说梁山。

——臧克家

逼上梁山，义行天下；奇传水浒，侠照人寰。

——刘子善

替天行道，忠义双全。

——孙墨龙

梁山好汉，水泊英雄。

——饭牛

梁山縣志

LIANG SHAN
XIAN ZHI

1994—2013

SUOYIN

索 引

说明：

1. 本索引为综合性主题索引。
2. 索引款目按汉语拼音（同音字按声调）顺序排列。
3. 款目后的阿拉伯数字表示内容所在的页码。
4. 同一主题的内容在文中多处出现的，在其款目后用不同的页码标明。

A

B

C

D

F

G

H

J

K

L

M

N

P

Q

R

S

T

W

X

Y

Z

编后记

《梁山县志》（1994—2013）几经寒暑，即将付梓问世。我有幸主持该部县志的编纂工作并担当主编，尤感欣慰，谨附浅见。

梁山建县以来，勤劳勇敢的梁山人民在历届县委县政府领导下，开拓创新，勇于进取，经济、文化、社会事业都有了很大的发展，人民群众安居乐业，社会气象欣欣向荣。第一部《梁山县志》记述了梁山建县至1993年间的历史发展，第二部《梁山县志》主要记述1994年至2013年的发展变化。20年来，梁山发展变化之大之快，出乎人们的预料，如今的梁山县，经济迅猛发展，专用汽车主导产业风生水起，文化出版产业异军突起，旅游服务业蓬勃发展，基础设施建设有序推进，城乡面貌日益改观，社会事业全面进步。为记录这段跌宕起伏的历史，以存史借镜、惠及后人，县政府根据全国第二轮修志的统一部署，确定编纂《梁山县志》（1994—2013）。

《梁山县志》（1994—2013）的编纂，采用“述、记、志、传、图、表、录”等国家统一之体裁，取“篇、章、节、目”之架构，首为概述，次为大事记，后为志书主体，末为附录，志书主体部分按中篇结构列篇，计26篇、136章、626节，116万余字。全书以全县经济社会发展为主线，运用辩证唯物主义与历史唯物主义观点分析事物规律，把握发展脉络，记述了新世纪前后20年全县各行各业发生的巨大变化，既有宏观鸟瞰、一县概况，又有微观透视、沧桑变化。该部志书不仅在内容上如实还原历史，在形式上更是突破旧体例，图文并茂，阅读性强，涵盖了自然地理、政治经济、社会人文、乡风民俗等内容，有静态描述，也有动态发展，有人物传记，也有大事记述，有史事记录，更有精神和文化的传递，堪称一部经典志书，亦是全县社会主义文化建设的重大成果。

为确保《梁山县志》（1994—2013）编纂圆满成功，县政府专门聘请有学识、有经验、熟悉县情的老同志从事县志编纂工作。在近四年的时间里，编纂人员发扬对党、对人民、对历史高度负责的精神，以勤勉、踏实、严谨的作风，在资料搜集、内容编辑、文字修改、志稿总纂等方面，付出了艰辛的劳动，作出了突出的贡献。县人大常委会副主任崔根博对志稿部分内容作了审阅，并提出宝贵意见；县政协原副主席房瑞荣、徐长富等几位老同志帮助审阅初稿，付出了辛勤的劳动；原县劳动局局长、曾任县政府办公室主任的许安民对一些史料的鉴别采用，提出了中肯的意见。当志书付梓之际，谨向为本志编纂做出贡献的同志们致以深切的慰问和衷心的感谢。

志书修撰工程浩繁，虽经各方共同努力，精雕细琢，但差错疏漏仍在所难免。希望读者不吝赐教，以便今后再次修志时纠谬补遗。

梁山县政府办公室主任 孔庆金

2016年12月

《梁山县志（1994—2013）》供稿及资料提供人员名单

（排名不分先后）

王占甲　蒋先灵　李　豪　潘世侨　王立博　庄　严　李海华　毛庆凯　娄志伟　樊　炜

许佃文　张世骞　李忠磊　梁　滨　林　莹　李兴瑞　贾　辉　孙长城　李孟雷　马　宁

庞广雷　关雪华　冯园园　王　亚　陈　昌　韩瑞丽　刘　洋　陈海勇　牛　露　徐瑞玲

王月银　周　赟　方　勇　范爱荣　魏英超　于　腾　王瑞鑫　齐崇刚　刘　洁　程兆伟

申天凯　刘　辉　史　悠　崔忠华　刘兴举　王　红　孙　佩　陈淑娟　刘春华　郭恒旭

侯典明　尹燕新　齐　艳　杨娉娉　陶云平　王凤霞　宋焕金　闫昭君　李绘青　张立峰

杨成国　景瑞雪　张玉红　马林森　张　磊　李春景　李树合　白　莉　李宪斌　井东华

董立荣　于振章　武桂平　叶　蔚　张　波　张　军　马　驰　吴修月　闫玮琳　王春霞

王　军　王迎春　赵占泊　王至东　孟山洪　董传哲　王　丽　刘志军　仇念堂　周广德

马　彪　徐龙亭　乔燕青　周长青　戚凤兰　袁继军　安　军　李　静　黄迎启　李路昌

尚新梅　刘建仓　董志军　周传华　韩仰河　缴秋祥　闫庆民　李新成　赵生莲　张淑娟

陈冬丽　张长征　徐新生　张庆建　冯传杰　陈存玉　张　丽　杨红娟　王玉荣　艾　辉

张玉生　孙　源　李　华　白建镇　刘兴宇　张华胜　白玉梅　徐淑燕　冯昌伟　师清扬

张继达　张洪凯　高　辉　刘永强　郝天旺　程素君　张远朝　邵凤霞　李雪艳　朱　超

张余滨　蔡铁祥　张云功　史月华　杨静静　王　曦　刚秋霞　杨在峰　闫晓娟　王成雪

李志民